J. von Staudingers
Kommentar zum Bürgerlichen Gesetzbuch
mit Einführungsgesetz und Nebengesetzen
EGBGB/IPR
Einleitung zu Art 27 ff EGBGB;
Art 27–33 EGBGB;
Anhang zu Art 33 EGBGB: Internationales Factoring;
Art 34 EGBGB;
Anhang zu Art 34 EGBGB: Internationales Währungs-
und Devisenrecht;
Art 35-37 EGBGB;
Anhang I zu Art 37 EGBGB: IPR der Versicherungsverträge;
Anhang II zu Art 27–37 EGBGB: Internationale Zuständigkeit;
Gerichtsstands- und Schiedsvereinbarungen

Kommentatorinnen und Kommentatoren

Dr. Karl-Dieter Albrecht
Vorsitzender Richter am Bayerischen Verwaltungsgerichtshof, München

Dr. Hermann Amann
Notar in Berchtesgaden

Dr. Christian Armbrüster
Professor an der Bucerius Law School, Hamburg

Dr. Martin Avenarius
Wiss. Assistent an der Universität Göttingen

Dr. Christian von Bar
Professor an der Universität Osnabrück, Honorary Master of the Bench, Gray's Inn (London)

Dr. Wolfgang Baumann
Notar in Wuppertal

Dr. Okko Behrends
Professor an der Universität Göttingen

Dr. Detlev W. Belling, M.C.L.
Professor an der Universität Potsdam

Dr. Werner Bienwald
Professor an der Evangelischen Fachhochschule Hannover

Dr. Andreas Blaschczok †
Professor an der Universität Leipzig

Dr. Dieter Blumenwitz
Professor an der Universität Würzburg

Dr. Reinhard Bork
Professor an der Universität Hamburg, Richter am Hanseatischen Oberlandesgericht zu Hamburg

Dr. Wolf-Rüdiger Bub
Rechtsanwalt in München, Professor an der Universität Potsdam

Dr. Elmar Bund
Professor an der Universität Freiburg i. Br.

Dr. Jan Busche
Professor an der Universität Düsseldorf

Dr. Michael Coester, LL.M.
Professor an der Universität München

Dr. Dagmar Coester-Waltjen, LL.M.
Professorin an der Universität München

Dr. Dr. h.c. mult. Helmut Coing †
em. Professor an der Universität Frankfurt am Main

Dr. Matthias Cremer
Notar in Dresden

Dr. Hermann Dilcher †
em. Professor an der Universität Bochum

Dr. Heinrich Dörner
Professor an der Universität Münster

Dr. Christina Eberl-Borges
Privatdozentin an der Universität Potsdam

Dr. Werner F. Ebke, LL.M.
Professor an der Universität Konstanz

Dr. Jörn Eckert
Professor an der Universität zu Kiel, Richter am Schleswig-Holsteinischen Oberlandesgericht in Schleswig

Dr. Eberhard Eichenhofer
Professor an der Universität Jena

Dr. Volker Emmerich
Professor an der Universität Bayreuth, Richter am Oberlandesgericht Nürnberg a. D.

Dipl.-Kfm. Dr. Norbert Engel
Ministerialdirigent im Thüringer Landtag, Erfurt

Dr. Helmut Engler
Professor an der Universität Freiburg i. Br., Minister in Baden-Württemberg a. D.

Dr. Karl-Heinz Fezer
Professor an der Universität Konstanz, Honorarprofessor an der Universität Leipzig, Richter am Oberlandesgericht Stuttgart

Dr. Johann Frank
Notar in Amberg

Dr. Rainer Frank
Professor an der Universität Freiburg i. Br.

Dr. Bernhard Großfeld, LL.M.
Professor an der Universität Münster

Dr. Karl-Heinz Gursky
Professor an der Universität Osnabrück

Dr. Ulrich Haas
Professor an der Universität Mainz

Norbert Habermann
Richter am Amtsgericht Offenbach

Dr. Stefan Habermeier
Professor an der Universität Greifswald

Dr. Johannes Hager
Professor an der Humboldt-Universität zu Berlin

Dr. Rainer Hausmann
Professor an der Universität Konstanz

Dr. Dott. h.c. mult. Dieter Henrich
Professor an der Universität Regensburg

Dr. Reinhard Hepting
Professor an der Universität Mainz

Christian Hertel, LL.M.
Notar a. D., Geschäftsführer des
Deutschen Notarinstituts, Würzburg

Joseph Hönle
Notar in Tittmoning

Dr. Bernd von Hoffmann
Professor an der Universität Trier

Dr. Heinrich Honsell
Professor an der Universität Zürich,
Honorarprofessor an der Universität
Salzburg

Dr. Dr. Dres. h. c. Klaus J.
Hopt, M.C.J.
Professor, Direktor des Max-Planck-
Instituts für Ausländisches und Inter-
nationales Privatrecht, Hamburg

Dr. Norbert Horn
Professor an der Universität zu Köln

Dr. Heinz Hübner
Professor an der Universität zu Köln

Dr. Rainer Jagmann
Vorsitzender Richter am Landgericht
Freiburg i. Br.

Dr. Ulrich von Jeinsen
Rechtsanwalt und Notar in Hannover

Dr. Dagmar Kaiser
Professorin an der Universität Mainz

Dr. Rainer Kanzleiter
Notar in Neu-Ulm, Professor an der
Universität Augsburg

Wolfgang Kappe †
Vorsitzender Richter am Oberlandesgericht Celle a.D.

Dr. Ralf Katschinski
Notar in Hamburg

Dr. Benno Keim
Notar a. D. in München

Dr. Sibylle Kessal-Wulf
Richterin am Bundesgerichtshof,
Karlsruhe

Dr. Diethelm Klippel
Professor an der Universität Bayreuth

Dr. Hans-Georg Knothe
Professor an der Universität Greifswald

Dr. Helmut Köhler
Professor an der Universität München,
Richter am Oberlandesgericht München

Dr. Jürgen Kohler
Professor an der Universität Greifswald

Dr. Heinrich Kreuzer
Notar in München

Dr. Jan Kropholler
Professor an der Universität Hamburg,
Wiss. Referent am Max-Planck-Institut
für Ausländisches und Internationales
Privatrecht, Hamburg

Dr. Hans-Dieter Kutter
Notar in Schweinfurt

Dr. Gerd-Hinrich Langhein
Notar in Hamburg

Dr. Dr. h.c. Manfred Löwisch
Professor an der Universität Freiburg
i. Br., vorm. Richter am Oberlandesgericht Karlsruhe

Dr. Dr. h. c. Werner Lorenz
Professor an der Universität München

Dr. Peter Mader
Ao. Professor an der Universität
Salzburg

Dr. Ulrich Magnus
Professor an der Universität Hamburg,
Richter am Hanseatischen Oberlandes-
gericht zu Hamburg

Dr. Peter Mankowski
Professor an der Universität Hamburg

Dr. Peter Marburger
Professor an der Universität Trier

Dr. Wolfgang Marotzke
Professor an der Universität Tübingen

Dr. Dr. Michael Martinek,
M.C.J.
Professor an der Universität des
Saarlandes, Saarbrücken

Dr. Jörg Mayer
Notar in Pottenstein

Dr. Dr. h.c. mult. Theo Mayer-
Maly
Professor an der Universität Salzburg

Dr. Dr. Detlef Merten
Professor an der Deutschen Hochschule
für Verwaltungswissenschaften Speyer

Dr. Peter O. Mülbert
Professor an der Universität Mainz

Dr. Dirk Neumann
Vizepräsident des Bundesarbeitsgerichts
a. D., Kassel, Präsident des Landes-
arbeitsgerichts Chemnitz a. D.

Dr. Ulrich Noack
Professor an der Universität Düsseldorf

Dr. Hans-Heinrich Nöll
Rechtsanwalt in Hamburg

Dr. Jürgen Oechsler
Professor an der Universität Potsdam

Dr. Hartmut Oetker
Professor an der Universität Jena, Richter am Thüringer Oberlandesgericht Jena

Wolfgang Olshausen
Notar in Rain am Lech

Dr. Dirk Olzen
Professor an der Universität Düsseldorf

Dr. Gerhard Otte
Professor an der Universität Bielefeld

Dr. Hansjörg Otto
Professor an der Universität Göttingen

Dr. Lore Maria Peschel-Gutzeit
Senatorin für Justiz a.D. in Hamburg und
Berlin, Vorsitzende Richterin am Hanseatischen Oberlandesgericht zu Hamburg
i. R.

Dr. Frank Peters
Professor an der Universität Hamburg,
Richter am Hanseatischen Oberlandes-
gericht zu Hamburg

Dr. Axel Pfeifer
Notar in Hamburg

Dr. Alfred Pikalo †
Notar in Düren

Dr. Jörg Pirrung
Ministerialdirigent im Bundesministerium
der Justiz, Berlin, Richter am Gericht
erster Instanz der Europäischen Gemeinschaften, Luxemburg

Dr. Ulrich Preis
Professor an der Fern-Universität Hagen
und an der Universität zu Köln

Dr. Manfred Rapp
Notar in Landsberg a. L.

Dr. Thomas Rauscher
Professor an der Universität Leipzig,
Dipl. Math.

Dr. Peter Rawert, LL.M.
Notar in Hamburg, Professor an der
Universität zu Kiel

Eckhard Rehme
Vorsitzender Richter am Oberlandesgericht Oldenburg

Dr. Wolfgang Reimann
Notar in Passau, Professor an der
Universität Regensburg

Dr. Dieter Reuter
Professor an der Universität zu Kiel,
Richter am Schleswig-Holsteinischen
Oberlandesgericht in Schleswig

Dr. Reinhard Richardi
Professor an der Universität Regensburg

Dr. Volker Rieble
Professor an der Universität Mannheim

Dr. Wolfgang Ring
Notar in Landshut

Dr. Anne Röthel
Wiss. Mitarbeiterin an der Universität Erlangen-Nürnberg

Dr. Herbert Roth
Professor an der Universität Regensburg

Dr. Rolf Sack
Professor an der Universität Mannheim

Dr. Ludwig Salgo
Professor an der Fachhochschule Frankfurt a. M., Apl. Professor an der Universität Frankfurt a. M.

Dr. Gottfried Schiemann
Professor an der Universität Tübingen

Dr. Eberhard Schilken
Professor an der Universität Bonn

Dr. Peter Schlosser
Professor an der Universität München

Dr. Jürgen Schmidt
Professor an der Universität Münster

Dr. Karsten Schmidt
Professor an der Universität Bonn

Dr. Günther Schotten
Notar in Köln, Professor an der Universität Bielefeld

Dr. Hans Hermann Seiler
Professor an der Universität Hamburg

Dr. Walter Selb †
Professor an der Universität Wien

Dr. Reinhard Singer
Professor an der Universität Rostock, Richter am Oberlandesgericht Rostock

Dr. Jürgen Sonnenschein †
Professor an der Universität zu Kiel

Dr. Ulrich Spellenberg
Professor an der Universität Bayreuth

Dr. Sebastian Spiegelberger
Notar in Rosenheim

Dr. Hans Stoll
Professor an der Universität Freiburg i.Br.

Dr. Hans-Wolfgang Strätz
Professor an der Universität Konstanz

Dr. Dr. h. c. Fritz Sturm
Professor an der Universität Lausanne

Dr. Gudrun Sturm
Assessorin, Wiss. Mitarbeiterin an der Universität Lausanne

Burkhard Thiele
Ministerialdirigent im Justizministerium Mecklenburg-Vorpommern, Schwerin

Dr. Bea Verschraegen, LL.M.
Professorin an der Universität Wien

Dr. Klaus Vieweg
Professor an der Universität Erlangen-Nürnberg

Dr. Reinhard Voppel
Rechtsanwalt in Köln

Dr. Günter Weick
Professor an der Universität Gießen

Gerd Weinreich
Richter am Oberlandesgericht Oldenburg

Dr. Birgit Weitemeyer
Wiss. Assistentin an der Universität zu Kiel

Dr. Joachim Wenzel
Vorsitzender Richter am Bundesgerichtshof, Karlsruhe

Dr. Olaf Werner
Professor an der Universität Jena, Richter am Thüringer Oberlandesgericht Jena

Dr. Wolfgang Wiegand
Professor an der Universität Bern

Dr. Peter Winkler von Mohrenfels
Professor an der Universität Rostock, Richter am Oberlandesgericht Rostock

Dr. Roland Wittmann
Professor an der Universität Frankfurt (Oder), Richter am Brandenburgischen Oberlandesgericht

Dr. Hans Wolfsteiner
Notar in München

Dr. Eduard Wufka
Notar in Starnberg

Dr. Michael Wurm
Richter am Bundesgerichtshof, Karlsruhe

Redaktorinnen und Redaktoren

Dr. Christian von Bar
Dr. Wolf-Rüdiger Bub
Dr. Heinrich Dörner
Dr. Helmut Engler
Dr. Karl-Heinz Gursky
Norbert Habermann
Dr. Dott. h. c. mult. Dieter Henrich
Dr. Heinrich Honsell
Dr. Norbert Horn
Dr. Heinz Hübner
Dr. Jan Kropholler

Dr. Dr. h. c. Manfred Löwisch
Dr. Ulrich Magnus
Dr. Dr. Michael Martinek, M.C.J.
Dr. Gerhard Otte
Dr. Lore Maria Peschel-Gutzeit
Dr. Peter Rawert, LL.M.
Dr. Dieter Reuter
Dr. Herbert Roth
Dr. Hans-Wolfgang Strätz
Dr. Wolfgang Wiegand

J. von Staudingers
Kommentar zum Bürgerlichen Gesetzbuch
mit Einführungsgesetz und Nebengesetzen

Einführungsgesetz zum
Bürgerlichen Gesetzbuche/IPR
Einleitung zu Art 27 ff EGBGB;
Art 27–33 EGBGB;
Anhang zu Art 33 EGBGB: Internationales Factoring;
Art 34 EGBGB;
**Anhang zu Art 34 EGBGB: Internationales Währungs-
und Devisenrecht;**
Art 35–37 EGBGB;
Anhang I zu Art 37 EGBGB: IPR der Versicherungsverträge;
**Anhang II zu Art 27–37 EGBGB: Internationale Zuständigkeit;
Gerichtsstands- und Schiedsvereinbarungen**

Dreizehnte
Bearbeitung 2002
von
Christian Armbrüster
Werner F. Ebke
Rainer Hausmann
Ulrich Magnus

Redaktor
Ulrich Magnus

Sellier – de Gruyter · Berlin

Die Kommentatorinnen und Kommentatoren

Dreizehnte Bearbeitung 2002
Einl zu Art 27 ff, Vorbem zu Art 27 ff,
Art 27–30, Art 32, Art 34, Art 36, Art 37
EGBGB: ULRICH MAGNUS
Art 31, Art 33, Anh zu Art 33, Art 35, Anh II zu
Art 27–37 EGBGB: RAINER HAUSMANN
Anh zu Art 34 EGBGB: WERNER F. EBKE
Anh I zu Art 37 EGBGB: CHRISTIAN
ARMBRÜSTER

12. Auflage
Einl zu Art 27 ff, Art 27 f, 30, 32, 34 EGBGB:
Professor Dr. ULRICH MAGNUS (1998)
Vorbem zu Art 27 ff EGBGB: Richter am
BayObLG a. D. Professor Dr. KARL FIRSCHING
(1987)
Art 29, 36 f EGBGB: Professor Dr. GERT
REINHART (1998)
Art 31, 33, 35, Anh zu Art 27 ff EGBGB:
Professor Dr. RAINER HAUSMANN (1998)
Anh zu Art 34 EGBGB: Professor Dr. WERNER
F. EBKE (1998)

11. Auflage
Vorbem zu Art 12 EGBGB: Richter am
BayObLG Professor Dr. KARL FIRSCHING
(1978)

Sachregister

Rechtsanwalt Dr. Dr. VOLKER KLUGE, Berlin

Zitierweise

STAUDINGER/MAGNUS (2002) Einl A1 zu
Art 27 ff EGBGB
STAUDINGER/HAUSMANN (2002) Art 31
EGBGB Rn 1
STAUDINGER/ARMBRÜSTER (2002) Anh I zu
Art 37 EGBGB Rn 1

Zitiert wird nach Paragraph bzw Artikel und Randnummer.

Hinweise

Das **Vorläufige Abkürzungsverzeichnis** 1993 für das „Gesamtwerk STAUDINGER" befindet sich in einer Broschüre, die den Abonnenten zusammen mit dem Band §§ 985–1011 (1993) bzw seit 2000 gesondert mitgeliefert wird. Eine aktualisierte Neubearbeitung befindet sich in Vorbereitung und wird den Abonnenten wiederum kostenlos geliefert werden.

Der **Stand der Bearbeitung** ist jeweils mit Monat und Jahr auf den linken Seiten unten angegeben.

Am Ende eines jeden Bandes befindet sich eine Übersicht über den **aktuellen Stand** des „Gesamtwerk STAUDINGER".

Die Deutsche Bibliothek – CIP-Einheitsaufnahme

J. von Staudingers Kommentar zum Bürgerlichen Gesetzbuch : mit Einführungsgesetz und Nebengesetzen / [Kommentatoren Karl-Dieter Albrecht ...]. – Berlin : Sellier de Gruyter
ISBN 3-8059-0784-2

[Erg.-Bd.] Einführungsgesetz zum Bürgerlichen Gesetzbuche, IPR Einleitung zu Art 27 ff EGBGB [u. a.]. – 13. Bearb. / von Christian Armbrüster ... Red. Ulrich Magnus. – 2002
ISBN 3-8059-0947-0

© Copyright 2002 by Dr. Arthur L. Sellier & Co. – Walter de Gruyter GmbH & Co. KG, Berlin. – Printed in Germany.

Dieses Werk einschließlich aller seiner Teile ist urheberrechtlich geschützt. Jede Verwertung außerhalb der engen Grenzen des Urheberrechtsgesetzes ist ohne Zustimmung des Verlages unzulässig und strafbar. Das gilt insbesondere für Vervielfältigungen, Übersetzungen, Mikroverfilmungen und die Einspeicherung und Verarbeitung in elektronischen Systemen.

Satz: jürgen ullrich typosatz, Nördlingen.

Druck: H. Heenemann GmbH & Co., Berlin.

Bindearbeiten: Lüderitz und Bauer, Buchgewerbe GmbH, Berlin.

Umschlaggestaltung: Bib Wies, München.

♾ Gedruckt auf säurefreiem Papier, das die DIN ISO 9706 über Haltbarkeit erfüllt.

Inhaltsübersicht

	Seite*
Vorwort	IX
Allgemeines Schrifttum	XI

Einführungsgesetz zum Bürgerlichen Gesetzbuche/IPR

Fünfter Abschnitt
Schuldrecht
Erster Unterabschnitt
Vertragliche Schuldverhältnisse

Einleitung zu Art 27–37 EGBGB	
A. Allgemeine Rechtsgeschäftslehre	1
B. Das Römische Übereinkommen von 1980 (EVÜ) – Texte	25
Vorbemerkungen zu Art 27–37 EGBGB	84
Art 27–33 EGBGB	103
Anh zu Art 33 EGBGB. Internationales Factoring	570
Art 34 EGBGB	596
Anhang zu Art 34 EGBGB. Internationales Devisenrecht	634
Art 35–37 EGBGB	677
Anhang I zu Art 37 EGBGB. IPR der Versicherungsverträge	720
Anhang II zu Art 27–37 EGBGB. Internationale Zuständigkeit; Gerichtsstands- und Schiedsvereinbarungen	752
Sachregister	923

---

* Zitiert wird nicht nach Seiten, sondern nach Paragraph bzw Artikel und Randnummer; siehe dazu auch S VI.

Vorwort

Nach langen stillen Jahrzehnten befindet sich das internationale Vertragsrecht seit einigen Jahren in lebhafter Bewegung. Das spiegelt auch die Neubearbeitung wider. Hervorgehoben seien nur: die Kommentierung des im Jahr 2000 erlassenen Art 29 a, das deutsche Inkrafttreten der Factoring-Konvention von Ottawa (kommentiert im Anhang zu Art 33), das Ingmar-Urteil des EuGH (insbesondere bei Art 34 behandelt), die Auswirkungen, die das neue Schiedsrecht sowie der Übergang vom EuGVÜ auf die EuGVVO für das internationale Vertragsrecht haben. Neu aufgenommen ist auch der Abschnitt über das IPR der Rechtsgeschäfte im Allgemeinen, insbesondere der Stellvertretung (Einleitung zu Art 27–37). Eingearbeitet sind schließlich schon die Änderungen, die das Schuldrechtsmodernisierungsgesetz vom 26. 11. 2001 (BGBl I 3138) – ua bei Art 29a – für das Internationale Vertragsrecht mit sich gebracht hat.

Hinzu kommt ein Wechsel im Kreis der Kommentatoren: GERT REINHART ist ausgeschieden; seinen Teil habe ich übernommen. Für die Bearbeitung des internationalen Versicherungsvertragsrechts (Anhang I zu Art 37) konnte CHRISTIAN ARMBRÜSTER gewonnen werden.

Hamburg, im Januar 2002   ULRICH MAGNUS

Allgemeines Schrifttum

Das Sonderschrifttum ist zu Beginn der einzelnen Kommentierungen bzw in Fußnoten innerhalb der Kommentierung aufgeführt.

I. Materialien
GIULIANO/LAGARDE, Bericht über das Übereinkommen über das auf vertragliche Schuldverhältnisse anzuwendende Recht, BT-Drucks 10/503, 33
HARTWIEG/KORKISCH, Die geheimen Materialien zur Kodifikation des deutschen IPR 1881–1896 (1973)
JAYME/HAUSMANN (Hrsg), Internationales Privat- und Verfahrensrecht (10. Aufl 2000)
KROPHOLLER/KRÜGER/RIERING/SAMTLEGEN/SIEHR, Außereuropäische IPR-Gesetze (1999)
PIRRUNG, Internationales Privat- und Verfahrensrecht nach dem Inkrafttreten der Neuregelung des IPR (1987)
RIERING (Hrsg), IPR-Gesetze in Europa (1997).

II. Kommentare
BGB-RGRK/Bearb, Das Bürgerliche Gesetzbuch mit besonderer Berücksichtigung der Rechtsprechung des Reichsgerichts und des Bundesgerichtshofes VI, 2 Bde (12. Aufl 1981)
ERMAN/Bearb, Handkommentar zum Bürgerlichen Gesetzbuch (10. Aufl 2000)
HEINI/KELLER/SIEHR/VISCHER/VOLKEN (Hrsg), IPRG-Kommentar (1993) (zit: HEINI/Bearbeiter)
Münchener Kommentar/Bearb, zum Bürgerlichen Gesetzbuch X und XI (3. Aufl 1998/99)
PALANDT/Bearb, Bürgerliches Gesetzbuch (60. Aufl 2001)
SOERGEL/Bearb, Bürgerliches Gesetzbuch mit Einführungsgesetz und Nebengesetzen X (12. Aufl 1996).

III. Lehr- und Handbücher zum Internationalen Einheits-, Privat- und Verfahrensrecht sowie zum Europarecht
ANTON, Private International Law (2. Aufl 1990)
ARETZ/KORTH, Internationales Privat- und Verfahrensrecht (1989)
AUDIT, Droit international privé (3. Aufl 2000)
BALLARINO, Diritto internazionale privato (2. Aufl 1996)
vBAR, Internationales Privatrecht I (1987), II (1991)
BASEDOW (Hrsg), Europäische Vertragsrechtsvereinheitlichung und deutsches Recht (2000)
BATIFFOL/LAGARDE, Droit international privé I (8. Aufl 1993), II (7. Aufl 1983)
BLECKMANN, Europarecht. Das Recht der Europäischen Wirtschaftsgemeinschaft (6. Aufl 1997)
BRÖDERMANN/ROSENGARTEN, IPR – Anleitung zur systematischen Fallbearbeitung im Internationalen Privat- und Verfahrensrecht (2. Aufl 1996)
CALVO CARAVACA ua, Derecho internacional privado I, II (2. Aufl 2000)
CHESHIRE/NORTH, Private International Law (13. Aufl 1999)
DICEY/MORRIS, The Conflict of Laws I, II (13. Aufl 2000)
DROBNIG, American-German Private International Law (1972)
FERID, Internationales Privatrecht (3. Aufl 1986)
GEIMER, Internationales Zivilprozeßrecht (4. Aufl 2001)
GEIMER/SCHÜTZE, Europäisches Zivilverfahrensrecht (1997)
GONZÁLEZ CAMPOS ua, Derecho internacional privado, Parte especial (6. Aufl 1995)
VAN HECKE/LENNAERTS, Internationaal privaatrecht (2. Aufl 1989, zitiert: VAN HECKE IPR)
vHOFFMANN (Hrsg), European Private International Law (1998)
ders, Internationales Privatrecht (6. Aufl 2000)
JUNKER, Internationales Privatrecht (1998)
KEGEL/SCHURIG, Internationales Privatrecht (8. Aufl 2000)
KELLER/SIEHR, Allgemeine Lehren des Internationalen Privatrechts (1986)

KOCH/MAGNUS/WINKLER VON MOHRENFELS, IPR und Rechtsvergleichung (2. Aufl 1996)
KROPHOLLER, Internationales Einheitsrecht (1975, zitiert: Einheitsrecht)
ders, Europäisches Zivilprozeßrecht (6. Aufl 1998, zitiert: EuZPR)
ders, Internationales Privatrecht (4. Aufl 2001)
KUNZ, Internationales Privatrecht (4. Auf 1998)
LANGEN, Transnationales Recht (1981)
LASOK/STONE, Conflict of Laws in the European Community (1987)
LEWALD, Das deutsche internationale Privatrecht (1931)
LINKE, Internationales Zivilprozeßrecht (3. Aufl 2001)
LOUSSOUARN/BOUREL, Droit international privé (6. Aufl 1999)
LÜDERITZ, Internationales Privatrecht (2. Aufl 1992)
MÄNHARDT/POSCH, Internationales Privatrecht, Privatrechtsvergleichung, Einheitsprivatrecht (2. Aufl 1999)
MAYER, Droit international privé (6. Aufl 1998)
NAGEL/GOTTWALD, Internationales Zivilprozeßrecht (4. Aufl 1997)
NUSSBAUM, Deutsches internationales Privatrecht. Unter besonderer Berücksichtigung des österreichischen und schweizerischen Rechts (1932)
OPPERMANN, Europarecht. Ein Studienbuch (2. Aufl 1999)
RAAPE, Internationales Privatrecht (5. Aufl 1961)
RAAPE/STURM, Internationales Privatrecht I (6. Aufl 1977)
RABEL, The Conflict of Laws I (2. Aufl 1958), II (2. Aufl 1960), III (2. Aufl 1964), IV (1958)
RAUSCHER, Internationales Privatrecht (1999)
REICHELT (Hrsg), Europäisches Kollisionsrecht – Die Konventionen von Brüssel, Lugano und Rom (1993)
RIGAUX/FALLON, Droit International Privé, II: Droit positif belge (2. Aufl 1993)
VAN ROOIJ/POLAK, Private International Law in the Netherlands (1987)
SCHACK, Internationales Zivilverfahrensrecht (2. Aufl 1996)
SCHLOSSER, Das Recht der internationalen privaten Schiedsgerichtsbarkeit (2. Aufl 1989)

SCHLOSSHAUER-SELBACH, Internationales Privatrecht (1989)
SCHNITZER, Handbuch des Internationalen Privatrechts Bd 2 (4. Aufl 1958)
SCHOTTEN, Das Internationale Privatrecht in der notariellen Praxis (1995)
SCHWIMANN, Internationales Privatrecht (1993)
SCHWIND, Internationales Privatrecht. Lehr- und Handbuch (1990)
SIEHR, Internationales Privatrecht (2001)
STRIKWERDA, Inleiding tot het Nederlands internationaal Privaatrecht (6. Aufl 2000)
VITTA, Diritto internazionale privato I (1972), II (1973), III (1975).

IV. Monographien und Sammelwerke zum Internationalen Vertragsrecht und zum EVÜ

VBAR (Hrsg), Europäisches Gemeinschaftsrecht und Internationales Privatrecht (1991)
BARTOLOTTI, Diritto dei contratti internazionali (1997)
BONELL, An International Restatement of Contract Law (1994)
CALVO CARAVACA/FERNÁNDEZ de la GÁNDARA (Hrsg), Contratos Internacionales (1997)
CZERNICH/HEISS (Hrsg), EVÜ – Das Europäische Schuldvertragsübereinkommen (1999)
HORN, Internationales Vertragsrecht. Die IPRG-KSchG-Novelle 1998 samt EVÜ (1999)
KASSIS, Le nouveau droit européen des contrats internationaux (1993)
KAYE, The New Private International Law of Contract of the European Community (1993)
KILIAN, Europäisches Wirtschaftsrecht (1996)
LANDO, Contracts, IntEncCompL III 24 (1976)
LANDO/VHOFFMANN/SIEHR (Hrsg), European Private International Law of Obligations (1975)
MANKOWSKI, Seerechtliche Vertragsverhältnisse im Internationalen Privatrecht (1995)
NORTH (Hrsg), Contract Conflicts (1982)
PLENDER, The European Contracts Convention (1995)
QUITTNAT, Das Recht der Außenhandelskaufverträge, IPR, deutsches Sachrecht und Vertragsgestaltung (1988)
RAMMELOO, Das neue EG-Vertragskollisionsrecht (1992)
REITHMANN, Internationales Vertragsrecht (3. Aufl 1980)

REITHMANN/MARTINY, Internationales Vertragsrecht (4. Aufl 1988; 5. Aufl 1996)
SCHRÖDER/WENNER, Internationales Vertragsrecht – Das Kollisionsrecht der internationalen Wirtschaftsverträge (2. Aufl 1998)
UNIDROIT (Hrsg), Principles of International Commercial Contracts (1994)
VISCHER, Internationales Vertragsrecht (1962)
VISCHER/HUBER/OSER, Internationales Vertragsrecht (2. Aufl 2000).

V. Allgemeine Aufsätze zum EVÜ

DUTOIT, The Rome Convention of Law for Contracts, in: vHOFFMANN (Hrsg), European Private International Law (1998) 39
JAYME/KOHLER, Europäisches Kollisionsrecht 1996 – Anpassung und Transformation der nationalen Rechte, IPRax 1996, 377
dies, Europäisches Kollisionsrecht 1997 – Vergemeinschaftung durch Säulenwechsel?, IPRax 1997, 385
dies, Europäisches Kollisionsrecht 2000 – Interlokales Privatrecht oder universelles Gemeinschaftsrecht?, IPRax 2000, 454
JUENGER, Parteiautonomie und objektive Anknüpfung im EG-Übereinkommen zum internationalen Vertragsrecht, RabelsZ 46 (1982) 57
LAGARDE, Le nouveau droit international privé des contrats après l'entrée en vigueur de la Convention de Rome du 19 juin 1980, Rev crit 1991, 287
MARTINY, Das Römische Vertragsrechtsübereinkommen vom 19. Juni 1980, ZEuP 1993, 298
ders, Internationales Vertragsrecht zwischen Rechtsgefälle und Vereinheitlichung. Zum Römischen Übereinkommen vom 19. Juni 1980, ZEuP 1995, 67
ders, Europäisches Internationales Vertragsrecht – Erosion. der Römischen Konvention?, ZEuP 1997, 107
ders, Europäisches Internationales Vertragsrecht – Ausbau und Konsolidierung, ZEuP 1999, 246
ders, Internationales Vertragsrecht im Schatten des Europäischen Gemeinschaftsrechts, ZEuP 2001, 308
PFEIFFER, Die Entwicklung des Internationalen Vertrags-, Schuld- und Sachenrechts in den Jahren 1995/96, NJW 1997, 1207
ders, Die Entwicklung des Internationalen Vertrags-, Schuld- und Sachenrechts, 1997–1999, NJW 1999, 3674.

VI. Weitere allgemeine Werke

HOPT, HGB (30. Aufl 2001)
K SCHMIDT, Handelsrecht (5. Aufl 1997)
SCHMITTHOFF, Export Trade (9. Aufl 1990)
STEIN/JONAS, Kommentar zur Zivilprozeßordnung (21. Aufl 1993 ff)
ULMER/BRANDNER/HENSEN, AGB-Gesetz: Kommentar zum Gesetz zur Regelung des Rechts der Allgemeinen Geschäftsbedingungen (9. Aufl 2000)
WIECZOREK/SCHÜTZE, ZPO und Nebengesetze. Großkommentar (3. Aufl 1994 ff)
WOLF/HORN/LINDACHER, Gesetz zur Regelung des Rechts der Allgemeinen Geschäftsbedingungen (4. Aufl 1999)
ZWEIGERT/KÖTZ, Einführung in die Rechtsvergleichung (3. Aufl 1996).

Fünfter Abschnitt
Schuldrecht

Erster Unterabschnitt
Vertragliche Schuldverhältnisse

Einleitung zu Art 27–37 EGBGB

A. Allgemeine Rechtsgeschäftslehre

Schrifttum

ACKMANN, Zur Geltung des „Wirkungsstatuts" im Fall des Handelns eines Vertreters von seiner ausländischen Niederlassung aus, IPRax 1991, 220
BERGER, Das Statut der Vollmacht im schweizerischen IPR mit vergleichender Berücksichtigung Deutschlands, Frankreichs, Großbritanniens sowie der internationalen Verträge und Vertragsentwürfe (1974)
BRAGA, Der Anwendungsbereich des Vollmachtsstatuts, RabelsZ 24 (1959) 337
vCAEMMERER, Die Vollmacht für schuldrechtliche Geschäfte im deutschen internationalen Privatrecht, RabelsZ 24 (1959) 201
DORSEL, Stellvertretung im IPR, MittRhNotk 1997, 6
EBENROTH, Kollisionsrechtliche Anknüpfung kaufmännischer Vollmachten, JZ 1983, 821
FICKER, Die Bestimmung des Vollmachtsstatuts in besonderen Fällen, RabelsZ 24 (1959) 330
FISCHER, Rechtsscheinshaftung im internationalen Privatrecht, IPRax 1989, 215
ders, Verkehrsschutz im internationalen Vertragsrecht (1990)
HUPKA, Die Vollmacht (1900)
KAYSER, Die Vertretung ohne Vertretungsmacht im deutschen internationalen Privatrecht (Diss Würzburg 1967)
KINDLER, Die Stellvertretung am Beispiel des Handelsvertreters im italienischem Recht, RiW 1986, 350
KLINKE, Bemerkungen zum Statut der Vollmacht, RiW 1978, 642
KROPHOLLER, Die Anscheinshaftung im internationalen Recht der Stellvertretung, NJW 1965, 1641
LEIBLE, Vollmachtsanknüpfung bei inländischen Zweigniederlassungen ausländischer Gesellschaften, IPRax 1997, 133
ders, Vertretung ohne Vertretungsmacht, Genehmigung und Anscheinsvollmacht, IPRax 1998, 257
LUDWIG, Zur Form der ausländischen Vollmacht für inländische Gegenstände, insbesondere Liegenschaften, NJW 1983, 495
LUTHER, Kollisionsrechtliche Vollmachtsprobleme im deutsch-italienischen Rechtsverkehr, RabelsZ 38 (1974) 421
LÜDERITZ, Prinzipien im internationalen Vertragsrecht, in: FS Coing II (1982) 305
MÜLLER, Die Vollmacht im Auslandsgeschäft – ein kalkulierbares Risiko?, RiW 1979, 377
MÜLLER-FREIENFELS, Die Sonderanknüpfung der Vollmacht, RabelsZ 24 (1959) 336
ders, Die Vertretung beim Rechtsgeschäft (1955)
PFISTER, Vollmacht und Stellvertretung im internationalen Privatrecht (Diss Zürich 1927)
RABEL, Vertretungsmacht für obligatorische Rechtsgeschäfte, RabelsZ (1929) 807
REITHMANN, Auslegung und Wirkung ausländischer Vollmachten, DNotZ 1956, 125
RUTHIG, Vollmacht und Rechtsschein im internationalen Privatrecht (1996)

SCHÄFER, Das Vollmachtsstatut im deutschen IPR – einige neuere Ansätze in kritischer Würdigung, RiW 1996, 189

SPELLENBERG, Geschäftsstatut und Vollmacht im internationalen Privatrecht (1979)

STEDING, Die Anknüpfung der Vollmacht im internationalen Privatrecht, ZvglRWiss 86 (1987) 25.

Systematische Übersicht

I. **Allgemeines**	A 1
II. **Vertretung**	
1. Allgemeines, Qualifikation	A 3
2. Gesetzliche Vertretung	A 5
a) Vertretung natürlicher Personen	A 6
b) Organschaftliche Vertretung juristischer Personen und Personenzusammenschlüsse	A 7
3. Rechtsgeschäftliche Vertretung	A 8
a) Rechtsvereinheitlichung	A 8
b) Autonome Anknüpfungsregeln	A 10
aa) Selbständige Anknüpfung des Vollmachtstatuts	A 10
bb) Nur begrenzte Rechtswahlmöglichkeit	A 12
cc) Grundsätzliche Anknüpfung	A 13
dd) Festlegung des Gebrauchsortes	A 20
ee) Ausnahmen und Sonderregeln	A 24
α) Kaufmännische Bevollmächtigte	A 24
β) Vertretungsmacht des Kapitäns	A 28
γ) Grundstücksgeschäfte	A 30
δ) Börsengeschäfte und Versteigerungen	A 32
ε) Registrierte Vollmacht	A 33
ff) Prozessvollmacht; sonstige Verfahrensvollmachten	A 34
gg) Rechtsscheinsvollmachten	A 35
hh) Einziehungsermächtigung	A 37
ii) Reichweite des Vollmachtstatuts	A 38
kk) Vertretung ohne Vertretungsmacht	A 54
ll) Form	A 58
mm) Renvoi	A 61
III. **Einseitige Erklärungen**	A 62
IV. **Verjährung**	A 65
V. **Rechtsverteidigung; Selbsthilfe**	A 66
VI. **Sicherheitsleistung; Hinterlegung**	A 71
VII. **Aufrechnung**	A 72
VIII. **Abtretung**	A 73
IX. **Schuldübernahme; Vertragsübernahme**	A 74
X. **Anfechtung**	
1. Allgemeines; Qualifikation	A 76
2. Anfechtung eigener rechtsgeschäftlicher Erklärungen	A 77
3. Gläubigeranfechtung	A 78
4. Insolvenzanfechtung	A 80
XI. **Materielle Gültigkeit von Rechtsgeschäften**	A 81
XII. **Gesetz- und Sittenwidrigkeit**	A 83
XIII. **Verwirkung**	A 85
XIV. **Einheit/Trennung eines Rechtsgeschäfts**	A 87
XV. **Cic, Sachwalterhaftung, Vertretereigenhaftung**	
1. Culpa in contrahendo	A 89
2. Sachwalterhaftung	A 90
3. Vertretereigenhaftung	A 92
XVI. **Zustimmung zu Rechtsgeschäften Dritter**	A 93
XVII. **Zurechnung des Verhaltens Dritter**	A 98

5. Abschnitt. Schuldrecht.
1. Unterabschnitt. Vertragliche Schuldverhältnisse

Einl zu Art 27–37 EGBGB

Alphabetische Übersicht

Abtretung	A 73
Anfechtung	
– Form	A 77
– Qualifikation	A 76
– Statut	A 77
Aufrechnung	A 72
Belegenheitsort	A 30
Betreuung	A 6
Culpa in contrahendo	A 89
Deliktsstatut	A 67
Doppelvertretung	A 47
Eigenhaftung des vollmachtlosen Vertreters	A 54
Eigenmacht	A 68
Einheitsstatut	A 1, A 62
Einzelvertretungsbefugnis	A 49
Einziehungsermächtigung	A 37
EVÜ s Römisches Übereinkommen	
Falsus procurator	A 54
Flaggenrecht	A 28
Genehmigung	A 62, A 93
Genehmigung vollmachtloser Vertretergeschäfte	A 57
Generalvollmacht	A 43
Genfer Übereinkommen über die Stellvertretung	A 3
Genfer UNIDROIT-Übereinkommen über die Vertretung	A 8
Gesamtvertretungsbefugnis	A 49
Geschäftsführung ohne Auftrag	A 67
Geschäftsstatut	A 11, A 18, A 40
Geschäftsstatut	A 62 ff
Gesellschaftsstatut	A 7
Gesetzwidrigkeit von Verträgen	A 83 f
Gläubigeranfechtung	A 78 f
Haager Minderjährigenschutzübereinkommen	A 6
Haager Stellvertretungsabkommen	A 3, A 8
Handeln unter falschem Namen	A 41
Handelsvertreter	A 24
Handschuhehe	A 43
Hinterlegung	A 71
Insolvenzanfechtung	A 80
Insolvenzverfahren über den Vollmachtgeber	A 51
Internationales Vertragsrecht	A 1
Kaufmännische Bevollmächtigte	A 24 ff
Kündigung	A 62
Leistungsbestimmung	A 62
Mahnung	A 62
Mängelanzeige	A 62
Missbrauch der Vertretungsmacht	A 50
Nebenansprüche aus der Bevollmächtigung	A 53
Niederlassungsort	A 24
Notwehrrechte	A 66
Österreich	A 15
Pflegschaft	A 6
Prokuristen	A 24
Prozessvollmacht	A 34
Rechtsgeschäft	
– Einheitliches	A 87
– Mehrzahl	A 88
– durch einen Nichtberechtigten	A 93
Rechtsgeschäftliche Erklärungen	A 81
Rechtsscheinvollmacht	A 35 ff, A 54
Rechtsverteidigung	A 66 ff, A 69
Rechtswahl vollmachtloser Vertretergeschäfte	A 57
Registrierte Vollmacht	A 33
Reisevertreter	A 27
Römisches Übereinkommen (EVÜ)	A 9
Sachwalterhaftung	A 90 f
Schuldbeitritt	A 74
Schuldübernahme	A 74
Schwebend unwirksame Rechtsgeschäfte	A 93
Schweiz	A 15
Selbsthilfe	A 66 ff

Sicherheitsleistung	A 71	– Wirkungsland	A 13, A 18
Sittenwidrigkeit von Verträgen	A 83 f	Vertretung für den den es angeht	A 40
Spezialvollmacht	A 43	Vertretungsmacht s Vollmacht	
		Verwirkung	A 85 f
Tod des Vollmachtgebers	A 51	Vollmacht	
		– Agenten	A 24
Überschreitung der Vollmacht	A 50	– Auslegung	A 46
Untervertretung	A 48	– Begründung	A 38
		– Dauer	A 51
Verjährung	A 65	– Erlöschen	A 38
Vertragsübernahme	A 75	– Form	A 58 ff
Vertretung		– Inhalt	A 38, A 45
– Anknüpfung	A 3, A 13 ff	– Offenlegungspflicht	A 40
– Börsengeschäfte	A 32	– selbständige Anknüpfung	A 10, A 13 ff
– Börsenmakler	A 32	– unselbständige Anknüpfung	A 11
– Definition	A 3	– Widerruflichkeit der Vollmacht	A 52
– Drittschutzinteresse	A 13 ff	– Wirksamkeit	A 39
– Funktionelle Qualifikation	A 3	– Wirkung	A 38
– Gebrauchsort	A 13, A 16, A 20 ff	Vollmachtslose Vertretung ohne Vertretungsmacht	A 54
– Gesetzliche	A 4 ff	Vollmachtsstatut	
– gesetzliche Regelung	A 4	– Reichweite	A 8, A 38 ff, A 45
– Grundstücksgeschäfte	A 30, A 60	– Renvoi	A 61
– Höchstpersönliche Geschäfte	A 43	– Verkehrsinteresse	A 13, A 19
– Internetgeschäfte	A 20	– Vertrauensschutz	A 26, A 36
– juristischer Personen	A 7	Vormundschaft	A 6
– Kapitän	A 28		
– natürlicher Personen	A 6	Willensmängel	A 81
– nicht voll Geschäftsfähiger	A 42		
– organschaftliche	A 7	Zurechnung des Verhaltens Dritter	A 98 ff
– Qualifikation	A 3, A 9	Zustimmung zu Rechtsgeschäften Dritter	
– rechtsgeschäftliche	A 8 ff	– Form	A 97
– Rechtswahl	A 12	– Rechtswahl	A 96
– Schiedsverfahren	A 34	– Staut	A 94 ff
– Selbstkontrahierungsverbot	A 47		
– Versteigerungen	A 30		

I. Allgemeines

A 1 Anknüpfungsgrundsätze zur allgemeinen Rechtsgeschäftslehre sind bisher – **außerhalb des Vertragsrechts** – nur in begrenztem Umfang in internationalen Konventionen und im autonomen deutschen Kollisionsrecht kodifiziert worden. Internationale Regelungen über das insoweit anwendbare Recht finden sich bislang für Einzelbereiche wie zB die **Stellvertretung** oder die Vertretung beim internationalen Warenkauf (vgl unten Rn 8). Das autonome Recht hat für die Rechts- und Geschäftsfähigkeit (Art 7 und 12 EGBGB), die Form (Art 11 EGBGB) und die gesetzliche Vertretung (Art 21 und 24 EGBGB) gesetzliche Kollisionsregeln aufgestellt. Im Übrigen findet sich noch die eine oder andere versteckte Regelung wie seit kurzem zB § 19 AnfG (vgl näher unten Rn 78), aber keine generelle Festlegung des Statuts derjenigen Rechtsgeschäftsfragen, die – wie beispielsweise die Verwirkung oder die Verjährung – nicht nur im Vertragsbereich, sondern darüber hinaus bei allen Rechtsbeziehungen eine Rolle spielen können. Die Gründe für diese weitgehende Zurückhaltung liegen zum einen darin, dass der Begriff der allgemeinen Rechtsgeschäftslehre international keineswegs einheitlich zu fassen ist. Nur wenige Gesetzbücher enthalten einen Allgemeinen Teil nach der Art des BGB (vgl dazu ZWEIGERT/KÖTZ § 11 II). Zum andern spielen Rechtsgeschäftsfragen gewöhnlich nicht für sich, sondern im jeweiligen Zusammenhang des Vertrags-, Sachen-, Familien-, Erbrechts ihre Rolle und werden dann meist dem insoweit geltenden Statut unterstellt. Für das internationale Vertragsrecht folgt dieser Grundsatz eines möglichst weitreichenden Einheitsstatuts aus Art 31, 32 EGBGB, denen die entsprechende Regelung im EVÜ zugrunde liegt (zum Grundsatz des Einheitsstatuts s auch MünchKomm/SPELLENBERG Vor Art 11 Rn 6 sowie unten Einl 35 f zu Art 27 ff).

Im Folgenden sind die Kollisionsregeln für diejenigen Rechtsinstitute zusammengestellt, die auch in rechtsvergleichender Sicht als solche der allgemeinen Rechtsgeschäftslehre und des allgemeinen Vertragsrechts qualifiziert werden können. Soweit diese Regeln an anderer Stelle, insbes bei Art 31 – 33 EGBGB näher behandelt werden, wird darauf lediglich verwiesen. **A 2**

II. Vertretung

1. Allgemeines, Qualifikation

Trotz sehr unterschiedlicher Ausgestaltung des Vertretungsrechts in den nationalen Rechtsordnungen lässt sich im Vergleich ein gemeinsamer Kern erkennen, der eine funktionelle Qualifikation erlaubt: Vertretung bedeutet, dass eine Person **durch Erklärung für eine andere Person deren rechtsgeschäftliche Bindung gegenüber Dritten** erzeugen kann. Für die Anknüpfung der Vertretung ist dabei zwischen gesetzlicher und rechtsgeschäftlicher Vertretungsmacht zu unterscheiden. Versuche, das internationale Recht der rechtsgeschäftlichen Stellvertretung in Konventionen – nämlich dem Haager Stellvertretungsabkommen vom 16. 6. 1977, ferner im Genfer Übereinkommen über die Stellvertretung auf dem Gebiet des internationalen Warenkaufs vom 17. 2. 1983 – zu vereinheitlichen, sind bisher wenig erfolgreich. Denn nur die erste der erwähnten Konventionen ist bislang in wenigen Staaten in Kraft (s zu den Konventionen unten Rn 8). **A 3**

Im autonomen Recht ist nur das Kollisionsrecht der gesetzlichen Vertretung natürlicher Personen gesetzlich geregelt. Im Übrigen fehlt eine gesetzliche Festlegung. **A 4**

2. Gesetzliche Vertretung

Für die gesetzliche Vertretung ist zwischen natürlichen und juristischen Personen zu trennen. **A 5**

a) Vertretung natürlicher Personen
Nach Art 21 EGBGB bestimmt das Recht des gewöhnlichen Aufenthalts des Kindes über alle Fragen des Eltern-Kind-Verhältnisses und damit auch über **die gesetzliche Vertretung minderjähriger Kinder** durch ihre Eltern (PALANDT/HELDRICH Art 21 EGBGB **A 6**

Rn 5). Bei angeordneter Vormundschaft, Betreuung und Pflegschaft richten sich Bestand und Umfang der damit ggfs verbundenen Vertretungsmacht dagegen gemäß Art 24 Abs 3 EGBGB nach dem Recht des Staates, der die Maßnahme angeordnet hat (MünchKomm/KLINCKHARDT Art 24 EGBGB Rn 25; PALANDT/HELDRICH Art 24 EGBGB Rn 4; STAUDINGER/KROPHOLLER [1996] Art 24 EGBGB Rn 42). Vielfach wird jedoch vorrangig das Haager MinderjährigenschutzÜbk von 1961 bzw nach ihrem Inkrafttreten die Neufassung von 1996 eingreifen. Tritt eine Vormundschaft, Betreuung oder Pflegschaft von Gesetzes wegen ein, dann entscheidet das Heimatrecht des Betroffenen über die insoweit gegebene Vertretungsmacht (näher STAUDINGER/KROPHOLLER [1996] Art 24 EGBGB Rn 44).

b) Organschaftliche Vertretung juristischer Personen und Personenzusammenschlüsse

A 7 Juristische Personen, Gesellschaften, Vereine bedürfen auf Grund ihrer Struktur der Vertretung. Diese **organschaftliche Vertretung** richtet sich nach dem Statut, dem der Personenzusammenschluss untersteht. Das **Gesellschaftsstatut** entscheidet, wer in welchem Umfang die Gesellschaft, sei sie juristische Person oder Personengesellschaft, vertritt (vgl eingehend zum IPR der organschaftlichen Vertretung STAUDINGER/GROSSFELD [1998] IntGesR Rn 278 ff).

3. Rechtsgeschäftliche Vertretung

a) Rechtsvereinheitlichung

A 8 International hat das Haager Übk über das auf Vertreterverträge und die Stellvertretung anwendbare Recht vom 14. 3. 1978 (engl und franz Text: RabelsZ 43 [1979] 176 m Bericht MÜLLER-FREIENFELS RabelsZ 43 [1979] 80; eingehend ferner VERHAGEN, Agency in Private International Law. The Hague Convention on the Law Applicable to Agency [1995]) das **Kollisionsrecht der rechtsgeschäftlichen Stellvertretung vereinheitlicht.** Diese Konvention unterstellt den Bestand, Umfang und die Wirkungen einer Vollmacht dem Recht des Staates, in dem der Vertreter gehandelt hat, sofern dort zugleich der Vertretene oder die dritte Partei Niederlassung oder gewöhnlichen Aufenthalt hatten oder wenn der Vertreter bei einer Börse oder Versteigerung aufgetreten ist oder wenn er selbst keine geschäftliche Niederlassung hat; im Übrigen gilt das Recht am Ort der geschäftlichen Niederlassung des Vertreters (Art 11 Übk). Die Konvention ist bisher nur von wenigen Vertragsstaaten ratifiziert worden (Stand 1. 1. 2001: Argentinien, Frankreich, Niederlande, Portugal). Die Bundesrepublik hat das Übk bislang weder ratifiziert noch gezeichnet. Noch nirgends in Kraft getreten ist das Genfer UNIDROIT-Übereinkommen über die Vertretung beim internationalen Warenkauf vom 17. 2. 1983* (Text: ENDERLEIN/MASKOW/STROHBACH), das das materielle Stellungsvertretungsrecht vereinheitlicht.

---

* BADR, Agency: Unification of Material Law and of Conflict Rules, Rec d cours 184 (1989) 13; BONELL, The 1983 Geneva Convention on Agency in the International Sale of Goods, Unif L Rev 1984/I, 73; MASKOW, Die Konvention über die Vertretung beim internationalen Warenkauf, AW Nr 120 (1990) I; MOULY, La convention de Genève sur la représentation en matière de vente internationale de marchandises, Rev dr int comp 1983, 829; SARCEVIC, The Geneva Convention on Agency in the International Sale of Goods, in: SARCEVIC/VOLKEN (Hrsg), International Sale of Goods (1986) 443; STÖCKER, Das Genfer Übereinkommen über die Vertretung beim internationalen Warenkauf, WM 1983, 778.

Das **EVÜ** hat die Stellvertretung ausdrücklich aus seinem Anwendungsbereich aus- **A 9** geschlossen (Art 1 Abs 2 lit f = Art 37 Nr 3 EGBGB; vgl näher die Erl zu dieser Vorschrift). Der Ausschluss wurde im Wesentlichen damit begründet, dass der Grundsatz der Parteiautonomie hier nicht passe (GIULIANO/LAGARDE 45). Die Stellvertretung ist damit in aller Regel nach den unkodifizierten richterrechtlichen Regeln des autonomen Kollisionsrechts zu beurteilen.

b) Autonome Anknüpfungsregeln
aa) Selbständige Anknüpfung des Vollmachtstatuts
Nach hM ist die rechtsgeschäftliche **Stellvertretung selbstständig anzuknüpfen.** Sie **A 10** folgt damit weder unmittelbar dem Recht, das die Beziehung Vertreter – Vertretener beherrscht, noch jenem Recht, das für die zu vermittelnde Beziehung zwischen dem Vertretenen und der dritten Partei gilt (BGH DB 1958, 1010; BGH NJW 1990, 3088; BGHZ 128, 47; ERMAN/HOHLOCH Anh I Art 37 Rn 13; KEGEL/SCHURIG § 17 V 2 a; PALANDT/HELDRICH Anh zu Art 32 BGBGB Rn 1; REITHMANN/MARTINY/HAUSMANN Rn 1716 ff). Begründet wird die Sonderanknüpfung des Vollmachtsstatuts mit der eigenständigen Bedeutung der Bevollmächtigung, die weder allein dem Innenverhältnis des Vertreters zum Vertretenen noch dem Außenverhältnis zum Dritten zuzuordnen ist. Vielmehr stellt sie ein eigenes Rechtsgeschäft dar, dessen Schwerpunkt keineswegs an dem Ort liegen muss, mit dem das Vertretungsgeschäft am engsten verbunden ist.

Nach **abweichender Ansicht** soll die Vollmacht dagegen unselbständig angeknüpft **A 11** und nach dem Recht des zu vermittelnden Geschäfts, dem Geschäftsstatut beurteilt werden. Denn die selbständige Anknüpfung der Vollmacht führe zu unterschiedlichen Regelungen für eigenhändige und für durch Vertreter abgeschlossene Rechtsgeschäfte. Ferner erlange die Vertretung erst im Vertretergeschäft ihre Rechtswirkung (MünchKomm/SPELLENBERG Vor Art 11 EGBGB Rn 229 ff). Beide Argumente tragen allerdings nicht. Denn die selbständige Anknüpfung der Stellvertretung bedeutet ja nicht, dass ihr Statut auch für das vom Vertreter geschlossene Geschäft gilt. Vielmehr ist dieses Geschäft ebenso wie ein eigenhändiges Geschäft des Vertretenen anzuknüpfen. Dass die Bevollmächtigung als solche dann uU nach einem anderen Recht angefochten werden kann als das vom Vertreter zustande gebrachte Geschäft, entspricht der Unterscheidung beider Geschäfte und kann nicht damit in Frage gestellt werden, dass ausnahmsweise beide Geschäfte am selben Willensmangel leiden (so aber MünchKomm/SPELLENBERG Vor Art 11 EGBGB Rn 232). Auch dass die Vertretung erst im Vertretergeschäft Wirkung erlange, überzeugt als – materiellrechtlich begründetes – Argument nicht; denn mit der Bevollmächtigung wird eine Befugnis eingeräumt, die auch vor ihrer Ausübung besteht und etwa wieder entzogen werden und damit Wirkung entfalten kann. Kein hinreichendes Argument für eine grundsätzliche Anknüpfung an das Geschäftsstatut stellt es schließlich auch dar, dass die Abgrenzung zwischen der Reichweite des Vollmachtsstatuts und derjenigen des Geschäftsstatuts nicht in allen Punkten geklärt, sondern teilweise umstritten ist (vgl unten Rn 38 ff; hierauf weist insbes MünchKomm/SPELLENBERG Vor Art 11 Rn 222 ff hin). Zum einen dürfen die strittigen Punkte in ihrem Gewicht nicht überbewertet werden. Für die meisten Abgrenzungsfragen gibt es eine deutlich vorherrschende Auffassung, von der nur Einzelstimmen abweichen wollen (vgl unten Rn 38 ff). Zum andern sehen sich auch die Anhänger einer unselbständigen Anknüpfung an das Geschäftsstatut genötigt, diese Lehre aus Zumutbarkeitsgründen teilweise einzuschränken (vgl MünchKomm/SPELLENBERG Vor Art 11 Rn 243 f). In den Ergebnissen liegen die gegensätzlichen Auffassungen deshalb weniger weit auseinander, als es der theoretische Ausgangspunkt vermuten lässt. Recht häufig führen Vollmachts- und Geschäftsstatut zudem auch zum selben Recht (darauf weist zu Recht MünchKomm/Spellenberg Vor Art 11 Rn 239 hin). Dem Meinungsstreit kommt deshalb nur selten entscheidende Bedeutung zu. Die selbständige Anknüpfung der Vollmacht entspricht ferner Art 1 Abs 2 lit f EVÜ (= Art 37 Nr 3 EGBGB), der Vollmachtsfragen vom Geltungsbereich des für Schuldverträge geltenden Statuts gerade ausnimmt. Sie findet sich auch in allen neueren europäischen IPR-Kodifikationen (Art 60 ital IPR-Gesetz vom 31. 5. 1995; § 39 öst IPR-Gesetz vom 15. 6. 1972; Art 39 port Codigo civil vom 25. 11. 1966; Art 126 Abs 2 schweiz IPR-Gesetz vom 18. 12. 1987; Art 10 Abs 11 span Codigo civil idF vom 13. 5. 1981). Ferner ist sie der Standpunkt des Haager StellvertretungsÜbk (vgl oben Rn 8).

bb) Nur begrenzte Rechtswahlmöglichkeit

A 12 Eine **parteiautonome Festlegung** des maßgebenden Rechts kommt für das Vollmachtsstatut aus Gründen des Drittschutzes, aber auch des Vertreterschutzes **nur in sehr begrenztem Umfang** in Betracht. Zulässig ist sie zum einen bei Einverständnis aller Beteiligten: Vertreter, Vertretener und Dritter müssen zustimmen (OLG Karlsruhe IPRspr 1998 Nr 27; Junker Rn 336; Kropholler § 41 I 2 e; Lüderitz, in: FS Coing II 319; eingehend MünchKomm/Spellenberg, Vor Art 11 EGBGB Rn 190 ff). Darüber hinaus genügt nach überwiegender Meinung, dass Vertretener und/oder Vertreter ihre Rechtswahl dem Dritten so verständlich und rechtzeitig zur Kenntnis gebracht haben, dass er den Geschäftsabschluss noch ablehnen konnte (Kropholler aaO; MünchKomm/Spellenberg, Vor Art 11 EGBGB Rn 193; Reithmann/Martiny/Hausmann Rn 1722; Ruthig 124). Ist die Vollmacht ausdrücklich – etwa in der Vollmachtsurkunde – auf ein bestimmtes Land beschränkt, dann wird darin eine Wahl des Rechts dieses Landes gesehen (Reithmann/Martiny/Hausmann Rn 1723). Doch ist auch hier zu fordern, dass Vertreter und Dritter hiervon rechtzeitig unterrichtet waren. Im Übrigen wird eine stillschweigende Rechtswahl kaum einmal in Betracht kommen. Insbesondere genügt hierfür noch nicht die Verwendung des Vertretungsausdrucks eines bestimmten Rechts (zB „Prokura", „fondé de pouvoir" etc) in einer Vollmachtsurkunde (aA aber MünchKomm/ Spellenberg Vor Art 11 EGBGB Rn 192). Denn sie lässt zwar die Absicht der Bevollmächtigung, nicht aber das für sie geltende Recht hinreichend deutlich erkennen. Volle Wirksamkeit hat aber auch eine – auch stillschweigende – Rechtswahl, die ein vollmachtloser Vertreter mit einem Geschäftspartner trifft, wenn es zwischen ihnen um die Eigenhaftung des Scheinvertreters wegen Nichtexistenz des angeblichen Vertretenen geht (so OLG Karlsruhe IPRspr 1998 Nr 27). Denn dann können schutzwürdige Interessen des vollmachtlos Vertretenen nicht berührt sein.

cc) Grundsätzliche Anknüpfung

A 13 Nach zutreffender hM, der auch die Rechtsprechung folgt, untersteht die rechtsgeschäftliche Vollmacht dem Recht des Ortes, an dem von ihr Gebrauch gemacht wird, wo sie wirken soll (**Recht des Wirkungslandes bzw Gebrauchsortes:** BGHZ, 43, 21; BGHZ 64, 183; BGH IPRax 1991, 247 m Aufs Ackmann IPRax 1991, 220; BGH VersR 1993, 1244; BGHZ 128, 41 [47]; BGH RiW 2001, 937 [939]; ferner vBar II Rn 585 ff; Erman/Hohloch Anh I Art 37 Rn 13; Fischer 298; vHoffmann § 10 Rn 14; Junker Rn 334; Kropholler § 41 I 2; Palandt/ Heldrich Anh zu Art 32 EGBGB Rn 1; Reithmann/Martiny/Hausmann Rn 1719; Soergel/ Lüderitz Anh Art 10 Rn 95). Maßgebend für diese Anknüpfung ist der vorrangige Schutz des Geschäftsgegners sowie generell des Rechtsverkehrs und Dritter, die auf die Vertreterbestellung und ihre Umstände ja keinen Einfluss haben, sie regelmäßig auch nicht kennen und sich deshalb auf die Stellvertretungsregeln des Ortes verlassen können sollen, an dem die Vollmacht für den Abschluss von Geschäften eingesetzt wird. Diesen Ort kann der Geschäftspartner oder ein Dritter in aller Regel leicht erkennen und das dort geltende Vertretungsrecht damit überprüfen. Dass für Dritte der Bestand und Umfang einer Vollmacht möglichst leicht und sicher feststellbar sein müssen, muss auch auf kollisionsrechtlicher Ebene gesichert werden (vgl schon RG SeuffA 66 Nr 73 [1910]; ebenso BGHZ 43, 21; KROPHOLLER § 41 I 2). Diesem Drittschutz- und Verkehrsinteresse ist bei der Festlegung der Kollisionsregel grundsätzlich der Vorrang einzuräumen, wie auch Art 12 und 16 EGBGB für ähnlich gelagerte Zusammenhänge belegen.

Allerdings darf die Anknüpfungsregel nicht nur die Interessen des Dritten und des Rechtsverkehrs beachten. Sie muss vielmehr einen Ausgleich zwischen allen beteiligten Interessen – also auch mit jenen des Vertretenen und des Vertreters – anstreben. Die Interessen des Vollmachtgebers verdienen indessen kollisionsrechtlich deshalb weniger Schutz als die Drittinteressen, weil es gewöhnlich der Vollmachtgeber ist, der die Vertretungslage schafft, sich die Vertretungsmöglichkeit zunutze macht und den Vertreter auch aussuchen kann. Geringeren kollisionsrechtlichen Rang haben in der Regel ebenso die Interessen des Vertreters, der weiß, wo er die Vollmacht einsetzt, und sich über die Reichweite und Wirkungen ‚seiner' Vollmacht leichter informieren kann als ein hiermit unvertrauter Geschäftspartner (zu Ausnahmen allerdings unten Rn 22, 24 ff). Eine Grundanknüpfung an das Recht des Gebrauchsortes der Vollmacht verbunden mit Ausnahmen, soweit der berechtigte Schutz des Vertretenen und des Vertreters dies fordert, trägt den beteiligten Interessen daher kollisionsrechtlich am besten Rechnung. **A 14**

Derselben Grundanknüpfung an das Recht des Wirkungslandes folgen auch die **Schweiz** (Art 126 Abs 2 schw IPRG) und **Österreich** (§ 49 öst IPRG). **A 15**

Doch werden auch zahlreiche **abweichende Ansichten** vertreten. Wohl nur eine andere Bezeichnung der grundsätzlichen Anknüpfung an den Gebrauchsort verwendet LÜDERITZ, wenn er die Stellvertretung demjenigen Recht unterstellt, „unter dem der Vertreter erkennbar auftritt" (SOERGEL/LÜDERITZ Vor Art 10 Rn 101; ders, in: FS Coing II 319 ff). Sachliche Unterschiede zur hM werden nicht erkennbar. Zu ihnen führen jedoch die weiter vertretenen Auffassungen. **A 16**

So soll sich das maßgebende Vertretungsrecht zum einen nach dem Recht am gewöhnlichen Aufenthalt oder Sitz des Vollmachtgebers bestimmen, da dessen Interesse und Schutz als vorrangig angesehen werden müssten (so EBENROTH JZ 1983, 821; KEGEL/SCHURIG § 17 V 2 a; ferner DORSEL MittRhNotK 1997, 99). **A 17**

Zum Teil wird das Geschäftsstatut als maßgeblich betrachtet, um den materiellrechtlichen Zusammenhang zwischen Vertretung und abgeschlossenem Geschäft zu wahren (so MünchKomm/SPELLENBERG Vor Art 11 Rn 268; ders, Geschäftsstatut und Vollmacht im IPR, 271; dazu oben Rn 11). Nach älterer Auffassung sollen das Recht des Wirkungslandes und das Recht am Sitz des Vollmachtgebers kumulativ gelten (so FERID Rn 5–147 ff; LUTHER RabelsZ 38 [1974] 421). **A 18**

A 19 Alle abweichenden Ansichten gewichten im Kern die Verkehrsinteressen und den Schutz dritter Geschäftspartner jedoch zu gering.

dd) Festlegung des Gebrauchsortes

A 20 Der **Ort,** an dem von der Vollmacht Gebrauch gemacht wird, liegt grundsätzlich in dem Land, in dem der Vertreter **die Erklärung abgibt oder entgegennimmt,** die für und gegen den Vertretenen wirken soll (vHOFFMANN § 10 Rn 14; KROPHOLLER § 41 I 2 a; REITHMANN/MARTINY/HAUSMANN Rn 1720; STAUDINGER/FIRSCHING[10/11] Vorbem 229 zu Art 12). Bei Vertretungsgeschäften unter Anwesenden ist das der Verhandlungsort; bei Distanzgeschäften der Ort, an dem der Vertreter die maßgebende Erklärung abgibt bzw annimmt (OLG Saarbrücken IPRspr 1968/69 Nr 19 a; OLG Frankfurt IPRspr 1968/69 Nr. 21; ERMAN/HOHLOCH Anh I Art 37 Rn 16; JUNKER Rn 334; KROPHOLLER, REITHMANN/MARTINY/HAUSMANN jeweils aaO); bei **Geschäften über das Internet** der Ort, an dem der Vertreter die Erklärung in das **Netz einspeist,** sie also unmittelbar eintippt oder eintippen lässt.

A 21 Fallen der beabsichtigte und der tatsächliche Gebrauchsort auseinander, dann entscheidet – wiederum wegen des vorrangigen Verkehrsschutzes – das **Recht des tatsächlichen Gebrauchsortes** (OLG Düsseldorf IPRax 1996, 3423 [425] m Anm KRONKE; ebenso vBAR II Rn 588; ERMAN/HOHLOCH Anh I Art 37 Rn 16; vHOFFMANN § 10 Rn 14; JUNKER Rn 334; KROPHOLLER § 41 I 2 a; REITHMANN/MARTINY/HAUSMANN Rn 1720; STAUDINGER/FIRSCHING[10/11] Vorbem 231 zu Art 12 EGBGB). Nach anderer Ansicht gilt dagegen stets das Recht des beabsichtigten Gebrauchsortes (PALANDT/HELDRICH Anh zu Art 32 EGBGB Rn 1). Der BGH hat bisher, ohne dass die unterschiedliche Formulierung aber ersichtliche Konsequenzen haben sollte, teils darauf abgestellt, wo die Vollmacht „Wirkung entfalten soll" (so BGHZ 64, 183 [192], BGH NJW 1982, 2733; BGHZ 128, 41 [47]), teils wo von ihr „Gebrauch gemacht wird" (BGH NJW 1990, 3088; auch BGH NJW 1954, 1561).

A 22 Wusste der Geschäftspartner allerdings oder hätte er wissen müssen, dh leicht erkennen können, dass der Vertreter von der Vollmacht nur in einem bestimmten Land Gebrauch machen sollte, dann bedarf der Geschäftspartner keines Schutzes. Nach dem Gedanken des Art 12 Satz 1 EGBGB untersteht die Vollmacht dann dem Recht des bestimmungsgemäßen Gebrauchsortes (ebenso ERMAN/HOHLOCH Anh I Art 37 Rn 16; KROPHOLLER § 41 I 2 a; auch KEGEL/SCHURIG § 17 V 2 a).

A 23 Hat der Vertreter die Vollmacht noch nicht verwendet, dann gilt für sie – etwa ihren Widerruf – ebenfalls das Recht des Ortes, an dem sie ihre Wirkung entfalten soll (BGHZ 64, 183; STAUDINGER/FIRSCHING[10/11] Vorbem 229 zu Art 12).

ee) Ausnahmen und Sonderregeln
α) Kaufmännische Bevollmächtigte

A 24 Eine gewisse Ausnahme von der grundsätzlichen Anknüpfung an den Gebrauchsort gilt nach hM bei **kaufmännischen Bevollmächtigten,** die eine **eigene ständige Geschäftsniederlassung** haben. Die Vollmachten solcher Handelsvertreter, Agenten, Prokuristen oder ähnlicher Mittelspersonen unterstellt die Rechtsprechung und die überwiegende Literaturmeinung dem Recht am Ort dieser Niederlassung (BGH Z 43, 21 [26]; BGH NJW 1990, 3088; BGH NJW 1993, 2753 [2754] = IPRax 1994, 115 m Aufs GEIMER IPRax 1994, 82; JUNKER Rn 335; KROPHOLLER § 41 I 2 b; PALANDT/HELDRICH Anh zu Art 32 Rn 2; REITHMANN/MARTINY/HAUSMANN Rn 1730 ff; STAUDINGER/FIRSCHING[10/11] Vorbem 228 zu Art 12). An diesem Ort wird in der Regel von der Vollmacht auch Gebrauch gemacht. Doch soll die Regel ebenso gelten, wenn der Vertreter die Vollmacht nicht von seiner Niederlassung aus, sondern in einem anderen Land verwendet. Aus Gründen des Verkehrsschutzes bleibt es in diesem Fall jedoch beim Recht des Gebrauchsortes, wenn der Geschäftspartner die ständige Niederlassung des Vertreters weder kannte noch kennen musste (BGH NJW 1990, 3088; JUNKER, KROPHOLLER, PALANDT/HELDRICH, REITHMANN/MARTINY/HAUSMANN, STAUDINGER/FIRSCHING[10/11] jeweils aaO). Man wendet dann wieder den Gedanken des Art 12 S 1 EGBGB an.

Nach **anderer Ansicht** gilt auch für die Bevollmächtigung von Vertretern mit ständiger Niederlassung ohne Einschränkung die Anknüpfung an den Gebrauchsort (so OLG Köln IPRspr 1966/67 Nr 25; vBAR II Rn 592; ERMAN/HOHLOCH Anh I Art 37 Rn 17; SANDROCK/MÜLLER D Rn 31; STEDING ZvglRWiss 86 [1987] 45; vgl auch MünchKomm/SPELLENBERG Vor Art 11 Rn 237). Das wird vor allem mit dem Vertrauensinteresse des Drittkontrahenten begründet (vgl die in der vorigen N Zitierten).

Die herrschende Auffassung verdient den Vorzug, ist aber in einem Punkt zu ergänzen. Allerdings ist zunächst hervorzuheben, dass beide Ansichten nur in den seltenen Fällen zu unterschiedlichen Ergebnissen gelangen, in denen der Vertreter nicht von seiner ständigen Niederlassung aus handelte, der Geschäftspartner aber erkennen konnte, dass eine solche Niederlassung bestand. Nach hM unterliegt die Vollmacht in diesem Fall dem Recht des Niederlassungsortes des Vertreters, nach der abweichenden Ansicht dagegen dem Recht des Gebrauchsortes. Bei der Geltung des Niederlassungsrechts sollte es hier nur dann sein Bewenden haben, wenn – insoweit ist die hM zu ergänzen – dem Drittkontrahenten nicht nur die ständige Niederlassung des Vertreters bekannt oder erkennbar war, sondern auch der Umstand, dass der Vertreter gewöhnlich von ihr aus handelte. Dann ist dem berechtigten Vertrauensschutz des Dritten Rechnung getragen. Die Beweislast, dass die ständige Niederlassung und das gewöhnliche Handeln von ihr aus zumindest erkennbar waren, wird demjenigen aufzuerlegen sein, der sich hierauf zu seinem Vorteil beruft. Generell zur Anknüpfung an den Gebrauchsort überzuwechseln, wie die genannte abweichende Ansicht vorschlägt, erscheint dagegen insbesondere für die Fälle unangemessen, in denen der Vertreter mit erkennbarer ständiger Niederlassung nur zufällig oder gar aus Missbrauchsgründen die Vollmacht in einem anderen Staat ausnutzt, zu dem weder er noch der Geschäftspartner einen Bezug hat.

Für **kaufmännische Bevollmächtigte ohne feste Niederlassung**, etwa Reisevertreter, bleibt es bei der Anknüpfung der Vollmacht an den jeweiligen **Gebrauchsort** (vCAEMMERER RabelsZ 24 [1959] 206; PALANDT/HELDRICH Anh zu Art 32 Rn 2; REITHMANN/MARTINY/HAUSMANN Rn 1734).

β) Vertretungsmacht des Kapitäns

Ob und welche besondere gesetzliche oder rechtsgeschäftliche Vertretungsmacht der Kapitän eines Schiffes hat, richtet sich nach dem **Recht der Flagge,** unter der das Schiff fährt (LG Hamburg IPRspr 1962/63 Nr 48; vBAR II Rn 590; ERMAN/HOHLOCH Anh I Art 37 Rn 17; KEGEL/SCHURIG § 17 V 2 b; PALANDT/MARTINY/HAUSMANN Rn 1735; SOERGEL/LÜDERITZ Vor Art 10 Rn 97). Diese Regel soll – wegen der leichten Erkennbarkeit der Flagge – auch bei Billigflaggen gelten (ERMAN/HOHLOCH, KEGEL/SCHURIG, REITHMANN/MARTINY/HAUSMANN jeweils aaO; speziell zur Vollmacht bei der Konnossementsausstellung MANKOWSKI TranspR 1991, 258).

A 29 Führt das Flaggenrecht zu einem Staat mit territorialer Rechtsspaltung, in dem auch der Heimathafen liegt, dann ist ergänzend dessen Recht heranzuziehen (KEGEL/SCHURIG § 17 V 2 b), sonst die Teilrechtsordnung, zu der im Übrigen die engste Verbindung besteht.

γ) **Grundstücksgeschäfte**
A 30 Die **Vollmacht, über Grundstücke oder Grundstücksrechte zu verfügen,** untersteht der lex rei sitae, auch wenn von der Vollmacht an einem anderen als dem **Belegenheitsort** Gebrauch gemacht wird (RGZ 149, 93; OLG Stuttgart IPRspr 1980 Nr 12; OLG München IPRax 1990, 320 m Aufs SPELLENBERG IPRax 1990, 295; wohl auch BGH NJW 1963, 46; ERMAN/HOHLOCH Anh I Art 37 Rn 17; vHOFFMANN § 10 Rn 18; JUNKER Rn 334; KEGEL/SCHURIG § 17 V 2 a; KROPHOLLER § 41 I 2 d; PALANDT/HELDRICH Anh zu Art 32 Rn 2; REITHMANN/MARTINY/HAUSMANN Rn 1737 f; STAUDINGER/STOLL [1996] Int SachenR Rn 229; **aA** RUTHIG 161 ff [Recht des Gebrauchsortes]). Maßgebend dafür ist, dass Verfügung und Vollmacht demselben Recht unterstehen sollen, um Widersprüche und praktische Schwierigkeiten bei der Durchführung des Grundstücksgeschäfts zu vermeiden (vgl auch STAUDINGER/STOLL aaO).

A 31 Für die Vollmacht zum **Abschluss schuldrechtlicher Verträge über Grundstücke** gelten dagegen keine Sonderregeln. Hier entscheidet das Recht am **Gebrauchsort** der Vollmacht (vBAR II Rn 591; ERMAN/HOHLOCH Anh I Art 37 Rn 17; REITHMANN/MARTINY/HAUSMANN Rn 1739; **anders** allerdings OLG Frankfurt WM 1963, 872 [für Vollmacht für Hausverwaltung Recht des Belegenheitsortes], zust KROPHOLLER § 41 I 2 d).

δ) **Börsengeschäfte und Versteigerungen**
A 32 Für die Bevollmächtigung zu Börsengeschäften und Versteigerungen ist das Recht maßgebend, das **am Börsen- oder Versteigerungsort** gilt (KROPHOLLER § 41 I 2 d; REITHMANN/MARTINY/HAUSMANN Rn 1741, jeweils unter Hinweis auf Art 11 Abs 2 lit e Haager StellvertretungsÜbk). Auch wenn der Bevollmächtigte, etwa ein Börsenmakler, seinen festen Sitz an einem anderen Ort hat, kommt es auf das Recht des Ortes an, an dem er von der Vollmacht Gebrauch macht. Das hat auch dann zu gelten, wenn die bevollmächtigten Börsengeschäfte oder Versteigerungen über das Internet oder sonst auf elektronischem Weg durchgeführt werden. Maßgebend ist dann das Recht am Sitz dessen, der diese Börse oder Versteigerung organisiert.

ε) **Registrierte Vollmacht**
A 33 Ist eine Vollmacht in einem Register eingetragen, wie zB die Prokura im Handelsregister, dann wird teilweise angenommen, dass ein ausländischer Vertragspartner die Obliegenheit habe, sich im Register zu informieren (so MünchKomm/SPELLENBERG Vor Art 11 Rn 203 f). Das kann freilich nur gelten, wenn im Registerland von der Vollmacht Gebrauch gemacht wird. Dann ist es für den Schutz Dritter und des Rechtsverkehrs angemessen, auf die am Registerort übliche Registerwirkung zu verweisen. Verwendet der Vertreter die Vollmacht aber an einem anderen als dem Registerort, dann haben Dritte keinen Anlass, in ausländischen Registern nachzuforschen. Ein Dritter muss die **Registrierung** und ihre Wirkung in diesem Fall **nur bei positiver Kenntnis** sowohl der Registrierung als auch ihrer Wirkung gegen sich gelten lassen; eine Nachforschungspflicht trifft ihn hier nicht (**anders** MünchKomm/SPELLENBERG Vor Art 11 Rn 203 f Nachforschungspflicht, soweit Nachforschung zumutbar und möglich). Sind in einem inländischen Register dagegen ausländische Vertretungsverhältnisse eingetragen, dann nehmen sie an der Registerwirkung teil, wenn die Vollmacht im Inland

verwendet wird (vgl auch STAUDINGER/GROSSFELD [1998] Int GesR Rn 1021 ff; ferner RUTHIG 174 ff).

ff) Prozessvollmacht; sonstige Verfahrensvollmachten
Für die Prozessvollmacht gilt das **Recht des Ortes, an dem der Prozess zu führen ist** A 34 (ganz hM: BGHZ 40, 197 [203]; BGH IPRspr 1958/59 Nr 38 = MDR 1958, 319; BGH NJW 1990, 3088; LG Frankfurt MDR 1979, 411; OLG Hamm RiW 1994, 513 [514]; LG Hamburg RiW 1998, 894; [speziell zu einer Prozessvollmacht nach englischem Recht: KG IPRspr 1997 Nr 23]; ERMAN/HOHLOCH Art 37 Anh I Rn 17; KEGEL/SCHURIG § 17 V 2 a; KROPHOLLER § 41 I 2 d; MünchKomm/SPELLENBERG Vor Art 11 Rn 187; PALANDT/HELDRICH Anh zu Art 32 Rn 2; REITHMANN/MARTINY/HAUSMANN Rn 1742; RUTHIG 164 ff; SCHACK Rn 547; SOERGEL/LÜDERITZ Anh Art 10 Rn 96). Wird ein Anwalt zur **Prozessvertretung in mehreren Ländern** bevollmächtigt, dann ist seine Vollmacht jeweils gesondert nach dem Recht des Landes zu beurteilen, in dem ein Prozess geführt wird (vgl schon BGH IPRspr 1958/59 Nr 38). Für die Vollmacht zur **Vertretung im Schiedsverfahren** ist ebenfalls das Recht am Schiedsort maßgebend. Ebenso untersteht die Vollmacht bei sonstigen Verfahren dem Recht des Verfahrensortes (vgl etwa BFH RiW 1987, 635: Vertretungsmacht des Spediteurs bei Zollabfertigung; BPatG IPRspr 1988 Nr 14: Patentverfahren; OLG München IPRspr 1970 Nr 93: Rückerstattungsverfahren).

gg) Rechtsscheinsvollmachten
Die Duldungs- und Anscheinsvollmacht oder eine sonstige auf Rechtsschein beru- A 35 hende Vollmacht unterliegt dem **Recht des Ortes, an dem der Rechtsschein gesetzt wurde** (BGHZ 43, 21 [27]; BGH IPRspr 1968/69 Nr 196; OLG Karlsruhe IPRax 1987, 237 m Aufs WEITNAUER IPRax 1987, 221; KG IPRspr 1996 Nr 26 [selbst bei Beteiligung eines Ministers als Vertreter eines Staates]; ERMAN/HOHLOCH Art 37 Anh I Rn 19; offen gelassen aber von BGH NJW-RR 1990, 250; vHOFFMANN § 10 III Rn 15; JUNKER Rn 338; KEGEL/SCHURIG § 17 V 2 a; KROPHOLLER § 41 III 3; PALANDT/HELDRICH Anh zu Art 32 Rn 3; REITHMANN/MARTINY/HAUSMANN Rn 1763; STAUDINGER/FIRSCHING[10/11] Vorbem 236 zu Art 12; abweichend LEIBLE IPRax 1998, 260). Fallen der Ort, an dem der Vertreter den Anschein berechtigter Vertretung setzt, und der Ort, wo der Drittkontrahent auf diesen Schein vertraut, auseinander, dann ist aus Gründen des Verkehrs- und Vertrauensschutzes das Recht an letzterem Ort maßgebend (ebenso OLG Köln IPRspr 1966/67 Nr 25; offenbar aA RUTHIG 217 ff mit unklarer Unterscheidung zwischen wahrer und scheinbarer Rechtslage). Denn dort wirkt sich der Anschein einer wirksamen Bevollmächtigung aus. Damit folgt die Anknüpfung der Rechtsscheinsvollmacht im Ergebnis auch dem allgemeinen Vollmachtstatut.

Zum Teil wird auch vertreten, der kraft Rechtsscheinsvollmacht Gebundene könne A 36 sich analog zu Art 31 Abs 2 EGBGB auf das Recht seines gewöhnlichen Aufenthalts berufen, wenn dieses keine Rechtsscheinhaftung vorsehe und der Gebundene nicht mit der Anwendung eines fremden Rechts habe rechnen müssen (so OLG Koblenz IPRax 1989, 232 m Aufs FISCHER IPRax 1989, 215; FISCHER 305; JUNKER Rn 338; PALANDT/HELDRICH Anh zu Art 32 Rn 3; SOERGEL/LÜDERITZ Art 10 Anh Rn 107). Da es bei der Ermittlung des Statuts der Scheinvertretung insoweit allerdings allein um eine Tatfrage geht, nämlich wo der Gebundene den Rechtsschein in zurechenbarer Weise tatsächlich gesetzt hat, kann eine abweichende materiell-rechtliche Regelung im Aufenthaltsrecht des Gebundenen diese Tatsache und damit die Anknüpfung nicht beeinflussen (mit anderer Begründung – Wirksamkeitsfrage des Vertrags sei berührt, die Art 31 Abs 2 nicht erfasse – ebenso ERMAN/HOHLOCH Art 37 Anh I Rn 19). Der notwendige Vertrauensschutz des scheinbar Vertretenen hat dadurch zu erfolgen, dass das Merkmal Veranlassung des tatsächlichen Rechtsscheins bei internationalen Fällen in vernünftiger Weise gehandhabt wird. Wer duldet oder wer erkennen und unterbinden konnte, dass ein vollmachtloser Vertreter für ihn in fremden Ländern auftritt, muss mit einer Bindung durch dieses Verhalten rechnen und kann sich deshalb nicht darauf berufen, dass das eigene Recht eine solche Bindung nicht vorsieht.

hh) Einziehungsermächtigung

A 37 Die Ermächtigung zur Einziehung einer fremden Forderung bedeutet keine Bevollmächtigung im eigentlichen Sinn, sondern steht weitgehend einer Abtretung gleich. Kollisionsrechtlich wird sie deshalb wie diese behandelt (vgl BGHZ 125, 196; näher STAUDINGER/HAUSMANN Art 33 Rn 342; aA Vollmachtsstatut gilt – KEGEL/SCHURIG § 17 V 2 a).

ii) Reichweite des Vollmachtstatuts

A 38 Das Recht, dem die Vollmacht untersteht, beherrscht grundsätzlich alle unmittelbaren Vollmachtsfragen von der **Begründung** über **Inhalt** und **Wirkung** bis zum **Erlöschen** der Vollmacht (vgl ERMAN/HOHLOCH Art 37 Anh I Rn 19; JUNKER Rn 337; KROPHOLLER § 41 I 3; PALANDT/HELDRICH Anh zu Art 32 Rn 3; REITHMANN/MARTINY/HAUSMANN Rn 1745; STAUDINGER/FIRSCHING Vor Art 12 Rn 248). Gemeint sind damit alle Punkte, die sich darauf beziehen, ob jemand einen anderen „Dritten gegenüber verpflichten kann" (so die Formulierung in Art 37 Nr 3 EGBGB = Art 1 Abs 2 lit f EVÜ). Es muss also um Bestand und Inhalt der Befugnis gehen, einen anderen rechtlich gegenüber einem Dritten zu binden. Die Abgrenzung zum Recht, das das vom Vertreter vorgenommene Geschäft beherrscht (Geschäftsstatut), ist gleichwohl nicht in allen Punkten klar. Hilfreich für die Abgrenzung kann sein, ob die jeweilige Frage auch in anderen Zusammenhängen entweder für das Geschäft oder für die Vertretung eine Rolle spielen kann. Entsprechend ist sie dann insgesamt dem Geschäfts- oder dem Vertretungsstatut zuzuordnen. Für die Abgrenzung ist ferner zu beachten, dass das Vertretungsgeschäft gewöhnlich eine freie Rechtswahl erlaubt. Es kann für die Zuordnung einer Rechtsfrage zum Vollmachtsstatut sprechen, wenn die freie Rechtswahlmöglichkeit dazu führen würde, dass die Interessen einer der Beteiligten beeinträchtigt würden.

A 39 So bestimmt das Vollmachtsstatut, ob eine Vollmacht **wirksam erteilt** wurde (BGH JZ 1963, 167 m Anm LÜDERITZ; BGHZ 64, 183 [192]; BGH IPRax 1983; 67 m Aufs STOLL IPRax 1983, 52; OLG Koblenz RiW 1996, 152; OLG Köln NJW-RR 1996, 411; ERMAN/HOHLOCH Art 37 Anh I Rn 19; JUNKER Rn 337; KROPHOLLER § 41 I 3; PALANDT/HELDRICH Anh zu Art 32 Rn 3; REITHMANN/MARTINY/HAUSMANN Rn 1745; STAUDINGER/FIRSCHING[10/11] Vorbem 248 zu Art 12), wem gegenüber sie als Innen- oder Außenvollmacht zu erteilen war, ob die Erteilung durch einseitige Erklärung oder Vertrag erfolgen musste (ebenso vCAEMMERER RabelsZ 24 [1959] 215; MünchKomm/SPELLENBERG Vor Art 11 Rn 223; REITHMANN/MARTINY/HAUSMANN Rn 1745).

A 40 Ob der Vertreter die **Vertretung offen legen** muss oder aber auch als verdeckter Stellvertreter (undisclosed agent, indirekte Stellvertretung) wirksam vertreten kann, wird allerdings weitgehend dem **Geschäftsstatut** unterstellt (so OLG Hamburg IPRspr 1964/65 Nr 46; indirekt LG und OLG Köln VersR 1982, 985; BRAGA RabelsZ 24 [1959] 338; REITHMANN/MARTINY/HAUSMANN Rn 1767; SOERGEL/LÜDERITZ Anh Art 10 Rn 103, 106; **anders** – Vollmachtstatut – aber STEDING ZvglRWiss 86 [1987] 47; ferner das Schweizer Recht: BGE 88 II 194; BGE 100 II 207 f; HEINI/KELLER/GIRSBERGER Art 126 Rn 23). Denn damit ist vorrangig das

Zustandekommen des Vertretungsgeschäfts berührt. Gleiches – Maßgeblichkeit des Geschäftsstatuts – wird für die Frage zu gelten haben, ob eine **Vertretung für den, den es angeht,** zulässig ist. Ob der Vertreter in diesen Fällen nicht offenbarter Stellvertretung Vertretungsmacht hatte, richtet sich freilich nach dem Vollmachtsstatut.

Alleine nach dem **Geschäftsstatut** beurteilen sich auch die Rechtsfolgen, wenn jemand **unter falschem Namen** handelt (vgl dazu LÜDERITZ, in: FS Coing II 317 [320]; SPELLENBERG, Geschäftsstatut 32 f). **A 41**

Dem Vertretungsstatut untersteht dagegen die Frage, ob ein nicht voll Geschäftsfähiger wirksam bevollmächtigt werden kann (vCAEMMERER RabelsZ 24 [1959] 215; **anders für Geschäftsstatut aber** MÜLLER-FREIENFELS 243; RAAPE 503; STAUDINGER/FIRSCHING[10/11] Vorbem 252 zu Art 12). Gründe des Verkehrsschutzes sowie der Gedanke des Art 12 EGBGB sprechen für die hier vertretene Lösung. Die Geschäftsfähigkeit selbst, auch die des Vollmachtgebers, ist dagegen gesondert nach Art 7 EGBGB anzuknüpfen (vgl vCAEMMERER RabelsZ 24 [1959] 217; REITHMANN/MARTINY/HAUSMANN Rn 1745). **A 42**

Ob bei dem angestrebten Geschäft **Stellvertretung** überhaupt **zulässig** ist – zB eine Handschuhehe –, beantwortet wiederum nicht das Vollmachtsstatut, sondern das jeweilige Geschäftsrecht, das aus unterschiedlichen, in diesem Geschäft liegenden Gründen – wie bei der Eheschließung, dem Testament etc – auf der Höchstpersönlichkeit einer rechtsgeschäftlichen Erklärung bestehen kann (BayObLG IPRspr 1987 Nr 14 A [Vollmacht zur Anmeldung einer Kapitalerhöhung]; KROPHOLLER § 41 I 3; PALANDT/HELDRICH Anh zu Art 32 Rn 3; REITHMANN/MARTINY/HAUSMANN Rn 1766; SCHOTTEN IPR Rn 97; SOERGEL/LÜDERITZ Anh Art 10 Rn 103; **aA** aber das Schweizer Recht: HEINI/KELLER/GIRSBERGER Art 126 Rn 20). Auch ob das Vertretungsgeschäft eine General- oder Spezialvollmacht oder eine sonstige besondere Bevollmächtigung erfordert, wird nach dem Geschäftsstatut beurteilt (OLG Bremen FamRZ 1975, 209 – Handschuhehe; REITHMANN/MARTINY/HAUSMANN, SOERGEL/LÜDERITZ jeweils aaO). **A 43**

Ebenso entscheidet das **Geschäftsstatut** darüber, wie sich **Willensmängel** wie Irrtum, Täuschung, Drohung, ferner Kenntnis oder Kennenmüssen (Gutgläubigkeit) auf das Vertretungsgeschäft auswirken (OLG Bremen FamRZ 1975, 209 [indirekt]; vCAEMMERER RabelsZ 24 [1959] 216; REITHMANN/MARTINY/HAUSMANN Rn 1768; SOERGEL/LÜDERITZ Anh Art 10 Rn 104). Denn dabei handelt es sich, wie eher selbstverständlich ist, nicht um Besonderheiten der Stellvertretung. Das Vollmachtsstatut entscheidet aber, ob es auf die Bewusstseinslage des Vertreters oder des Vertretenen ankommt (RGZ 78, 44 [60]; RG IPRspr 1929 Nr 29; RGZ 134, 67 [69]; LG Essen RiW 1992, 227; vCAEMMERER, SOERGEL/LÜDERITZ jeweils aaO; STAUDINGER/FIRSCHING[10/11] Vorbem 242 zu Art 12; **aA** – Geschäftsstatut – REITHMANN/MARTINY/HAUSMANN Rn 1768). **A 44**

Der **Inhalt und Umfang** der Vollmacht, insbesondere eine **gesetzlich vorgeschriebene oder übliche Reichweite,** bestimmt sich nach dem Vertretungsstatut (RGZ 38, 198 – Londoner Gebräuche bestimmen Umfang der Vollmacht des Londoner Agenten; RGZ 51, 147 – deutsches Recht für Vollmachtsgrenzen des Frankfurter Agenten eines New Yorker Vollmachtgebers; BGH JZ 1955, 702 m Anm GAMILLSCHEG – deutsches Recht für Reichweite einer Vollmacht zum Gastwirtsbetrieb in Deutschland; BGH WM 1958, 557; OLG München IPRax 1990, 321; ERMAN/HOHLOCH Art 37 Anh I Rn 19; JUNKER Rn 337; KROPHOLLER § 41 I 3; MünchKomm/SPELLENBERG Vor Art 12 Rn 223; PALANDT/HELDRICH Anh zu Art 32 Rn 3; REITHMANN/MARTINY/HAUSMANN **A 45**

Rn 1748; SOERGEL/LÜDERITZ Anh Art 10 Rn 102). Nach dem Recht des Wirkungslandes richtet sich deshalb:

A 46 – die **Auslegung der Vollmacht** (ganz hM, vgl BGHZ 43, 21 [27]; BGHZ 64, 183 [192], OLG Düsseldorf WM 1971, 168; OLG München IPRax 1990, 321; aus dem Schrifttum: KROPHOLLER § 41 I 3; MünchKomm/SPELLENBERG Vor Art 11 Rn 223; PALANDT/HELDRICH Anh zu Art 32 Rn 3; SOERGEL/LÜDERITZ Anh Art 10 Rn 102);

A 47 – ob und unter welchen Voraussetzungen der Vertreter mit sich **selbst kontrahieren** darf oder zur **Doppelvertretung** berechtigt ist (vgl schon RG IPRspr 1928 Nr 13; BGHZ 1992 m Anm vBAR; OLG Koblenz RiW 1996, 152; OLG Düsseldorf IPRax 1996, 423 [425] m Anm KRONKE; ebenso vBAR II Rn 593; ERMAN/HOHLOCH, JUNKER, PALANDT/HELDRICH, SOERGEL/LÜDERITZ alle aaO; KEGEL/SCHURIG § 17 V 2 a; REITHMANN/MARTINY/HAUSMANN Rn 1750; RUTHIG 168; STAUDINGER/FIRSCHING[10/11] Vorbem 243 zu Art 12);

A 48 – die Berechtigung des Vertreters, Dritte zur **Untervertretung** zu bevollmächtigen (LG Berlin IPRspr 1962/63 Nr 164; MünchKomm/SPELLENBERG, SOERGEL/LÜDERITZ jeweils aaO; REITHMANN/MARTINY/HAUSMANN Rn 1749);

A 49 – ob die mehreren erteilte Vollmacht **Einzel- oder Gesamtvertretungsbefugnis** bedeutet (REITHMANN/MARTINY/HAUSMANN Rn 1751; ebenso für die Schweiz; HEINI/KELLER/GIRSBERGER Art 126 Rn 25);

A 50 – welche Folgen die **Überschreitung** einer erteilten Vollmacht oder der **Missbrauch** einer formal eingehaltenen Vollmacht vertretungsrechtlich hat, ob also eine Bindung des Vertretenen dennoch eintritt (RGZ 134, 67 [71]; RG DNotZ 1944, 151;BGH JZ 1963, 167 m Anm LÜDERITZ; vCAEMMERER RabelsZ 24 [1959] 214; REITHMANN/MARTINY/HAUSMANN Rn 1752; SOERGEL/LÜDERITZ Art 10 Anh Rn 102). Nicht mehr unter das Vollmachtsstatut gehört dann aber die Frage, ob der unwirksam Vertretene dem Drittkontrahenten aus anderen Rechtsgründen, etwa aus cic, Delikt etc haftet (ebenso LÜDERITZ JZ 1963, 171 f; REITHMANN/MARTINY/HAUSMANN, STAUDINGER/FIRSCHING[10/11] jeweils aaO; aA – Geltung des Vollmachtsstatuts – RUTHIG 171). Hierfür gilt das insoweit maßgebende Statut (zur Vertretereigenhaftung vgl unten Rn 54);

A 51 – Dem Recht des Wirkungslandes als Vertretungsstatut unterstehen auch die **Dauer und das Ende der Vollmacht,** insbesondere die Frage, ob eine gesetzliche Geltungsdauer vorgesehen ist (BGH IPRspr 1958/59 Nr 38; BGHZ 64, 183 – Solschenizyn; MünchKomm/SPELLENBERG Vor Art 11 Rn 223; REITHMANN/MARTINY/HAUSMANN Rn 1759). Das gleiche Statut bestimmt, ob der **Tod** des Vollmachtgebers, die Eröffnung eines **Insolvenz**verfahrens über ihn oder seine **Geschäftsunfähigkeit** die Vollmacht erlöschen lassen (BGH IPRspr 1958/59 Nr 38; LG Berlin IPRspr 1935/44 Nr 49; OLG Frankfurt RiW 1963, 872 [875]; OLG München IPRspr 1970 Nr 93; LG Frankfurt RiW 1980, 291 [Konkurs]; MünchKomm/SPELLENBERG aaO; REITHMANN/MARTINY/HAUSMANN Rn 1760).

A 52 – Das Vollmachtstatut gilt für die **Widerruflichkeit der Vollmacht,** für Widerrufsgründe und die Wirkung eines Widerrufs oder der Unwiderruflichkeit auf die Vollmacht (RGZ 30, 122; LG Berlin IPRspr 1932 Nr 63; KG IPRspr 1933 Nr 9 [LS]; KG IPRspr 1958/59 Nr 40; MünchKomm/SPELLENBERG Vor Art 11 Rn 223; PALANDT/HELDRICH Anh zu

5. Abschnitt. Schuldrecht. Einl zu Art 27–37 EGBGB
1. Unterabschnitt. Vertragliche Schuldverhältnisse A 53–A 57

Art 32 Rn 3; REITHMANN/MARTINY/HAUSMANN Rn 1761; SOERGEL/LÜDERITZ Anh Art 10 Rn 102).

– Auch **Nebenansprüche** aus der Bevollmächtigung, wie zB ein Anspruch auf Rück- A 53 gabe der Vollmachtsurkunde, unterstehen dem Vertretungsstatut (OLG Köln IPRspr 1976 Nr 10; SOERGEL/LÜDERITZ Anh Art 10 Rn 102).

kk) Vertretung ohne Vertretungsmacht
Sehr umstritten ist die Anknüpfung der möglichen **Eigenhaftung des vollmachtlosen** A 54 **Vertreters**. Es überwiegt die Auffassung, dass hierüber das Vollmachtstatut zu entscheiden habe (vgl OLG Hamburg VersR 1987, 1216; FISCHER 312 f; ders IPRax 1996, 335; JUNKER Rn 337; KAYSER 126 ff; KEGEL/SCHURIG § 17 V 2 c; KROPHOLLER § 41 I 3; PALANDT/HELDRICH Anh zu Art 32 Rn 3; RUTHIG 169; SOERGEL/LÜDERITZ Anh Art 10 Rn 105, STEDING ZvglRWiss 86 [1987] 47). Wesentliches Argument ist der enge Zusammenhang zwischen der Vollmacht und den Folgen ihres Fehlens (so OLG Hamburg aaO); ferner die materiellrechtliche Erwägung, dass die Haftung des falsus procurator eine gesetzliche Anscheinshaftung im Verkehrsinteresse bedeute, die der Rechtsscheinsvollmacht nahe stehe (so insbes schon KROPHOLLER NJW 1965, 1646; ders § 41 I 3).

Die Gegenauffassung verweist wegen der Vertragsähnlichkeit der Haftung des voll- A 55 machtlosen Vertreters auf das Statut des Vertretergeschäfts (so vBAR II Rn 593; vCAEMMERER RabelsZ 24 [1959] 217 f; ERMAN/HOHLOCH Art 37 Anh I Rn 19; RABEL RabelsZ 3 [1929] 823 f; REITHMANN/MARTINY/HAUSMANN Rn 1773; STAUDINGER/FIRSCHING[10/11] Vorbem 250 zu Art 12).

Auch im Rahmen des Geschäftsstatuts bleibt es aber eine Frage des Vertretungs- A 56 rechts, nicht des Vertragsrechts, ob und wie ein **vollmachtloser Vertreter** selbst haftet, ob er selbst etwa Vertragspartner wird, ggfs nur Schadensersatz leisten muss oder der Drittkontrahent hierzwischen wählen kann. Da eine für das angebliche Vertretungsgeschäft regelmäßig freie Rechtswahl ferner die Interessen des vollmachtlos Vertretenen beeinträchtigen kann, sprechen die stärkeren Argumente für die **Geltung des Vollmachtstatuts**.

Nicht ganz konsequent, jedoch überwiegend unterstellt man die Frage, ob und mit A 57 welcher Wirkung der Vertretene ein **vollmachtloses Vertretergeschäft genehmigen** kann, dagegen dem Geschäftsstatut (BGH IPRspr 1964/65 Nr 34; BGH NJW 1992, 618 [619] = IPRax 1996, 342 m zust Aufs FISCHER IPRax 1996, 332 [335]; BGHZ 128, 41 [48] OLG Celle WM 1983, 494 [500]; KG IPRax 1998, 283; vBAR JZ 1992, 582; vCAEMMERER RabelsZ 24 [1959] 217; ERMAN/HOHLOCH Art 37 Anh I Rn 19; JUNKER Rn 337; LEIBLE IPRax 1998, 259; PALANDT/HELDRICH Anh zu Art 32 Rn 3; REITHMANN/MARTINY/HAUSMANN Rn 1779; SOERGEL/LÜDERITZ Anh Art 10 Rn 103; STAUDINGER/FIRSCHING[10/11] Vorbem 249 zu Art 12). Vorzuziehen ist auch hier aus den oben Rn 56 genannten Gründen die Geltung des Vollmachtsstatuts (ebenso KAYSER 95 f; KEGEL/SCHURIG § 17 V 2 c; KROPHOLLER § 41 I 3; RUTHIG 170 f; öst OGH ZfRV 1987, 205 [207]; für die Schweiz: HEINI/KELLER/GIRSBERGER Art 126 Rn 22). Eine Rechtswahl für die vollmachtlose Vertretung hat, wie auch sonst nur bei Zustimmung aller Beteiligten – des vollmachtlosen Vertreters, des angeblich Vertretenen und des Drittkontrahenten – Wirkung (vgl OLG Karlsruhe IPRspr 1998 Nr 27). Ausnahmsweise genügt die – auch stillschweigende – Rechtswahl zwischen dem Scheinvertreter und dem Dritten, wenn es zwischen ihnen nur um die Eigenhaftung des angeblichen Vertreters wegen Nichtexistenz des Vertretenen geht (OLG Karlsruhe aaO).

ll) Form

A 58 Ganz weitgehende Einigkeit besteht über die Anknüpfung der Vollmachtsform. In welcher Form eine Vollmacht erteilt werden muss, richtet sich nach Art 11 Abs 1 EGBGB. Es genügt deshalb die **Beachtung der Ortsform oder der vom Vollmachtsstatut vorgeschriebenen Form** (BGH IPRspr 1964/65 Nr 34; KG IPRspr 1931 Nr 21; SchlHOLG IPRspr 1960/61 Nr 22; OLG Hamburg RiW 1979, 482; OLG Stuttgart MDR 1981, 405; OLG München IPRax 1990, 32 – Auflassungsvollmacht – m Aufs SPELLENBERG IPRax 1990, 295; ERMAN/HOHLOCH Art 37 Anh I Rn 20; JUNKER Rn 337; PALANDT/HELDRICH Anh zu Art 32 Rn 3; REITHMANN/MARTINY/HAUSMANN Rn 1753 ff; SOERGEL/LÜDERITZ Anh Art 10 Rn 108 ff).

A 59 Das gilt auch, wenn am Vornahmeort eine **mildere Form** der Bevollmächtigung als nach dem Recht erforderlich ist, das das Vertretungsgeschäft beherrscht. Umgekehrt genügt es aber nicht, wenn zwar die nach dem Vertretungsgeschäft notwendige Form eingehalten ist, nicht aber jene des Bevollmächtigungsortes oder des Vollmachtstatuts. Denn Art 11 Abs 3 EGBGB bezieht sich auf die Form des Vertretungsgeschäfts, nicht auf die der Vollmacht (vgl MünchKomm/SPELLENBERG Art 11 Rn 70; wohl auch STAUDINGER/WINKLER vMOHRENFELS [2000] Art 11 EGBGB Rn 225 ff).

A 60 Soweit die Vollmacht nicht an das Recht des Wirkungslandes angeknüpft wird (vgl oben Rn 24 ff), ist das dann maßgebende Recht alternativ zum Ortsrecht heranzuziehen. Bei Grundstücksgeschäften wird freilich auch vertreten, dass dann gemäss Art 11 Abs 5 EGBGB ausschließlich das Belegenheitsrecht des Grundstücks über die Form der Vollmacht entscheidet (vgl näher STAUDINGER/WINKLER vMOHRENFELS aaO; ferner LUDWIG NJW 1983, 495).

mm) Renvoi

A 61 Ein Renvoi des Vollmachtsstatuts wird von der hM zu Recht für unbeachtlich gehalten (ebenso vBAR II Rn 589; ERMAN/HOHLOCH Art 37 Anh I Rn 18; KROPHOLLER § 41 I 4; PALANDT/HELDRICH Anh zu Art 32 Rn 1; REITHMANN/MARTINY/HAUSMANN Rn 1726; RUTHIG 34; SOERGEL/LÜDERITZ Art 10 Anh Rn 112; aA SANDROCK/MÜLLER Rn D 101; STAUDINGER/FIRSCHING[10/11] Vorbem 239 zu Art 12). Denn die Anknüpfung an das Wirkungsland, die vor allem auf Verkehrsschutzgesichtspunkten beruht, würde ihren Sinn verlieren, wenn eine Weiter- oder Rückverweisung doch zu einem anderen als dem Recht des Ortes führen könnte, an dem der Verkehr auf die Vollmacht vertraute und vertrauen durfte. Das gilt erst recht für die Anknüpfung von Vollmachten, die auf Rechtsschein beruhen und dem Recht des Ortes unterstehen, an dem der Rechtsschein gesetzt wurde.

III. Einseitige Erklärungen

A 62 Einseitige Erklärungen, die Rechtswirkungen erzeugen sollen – wie etwa die Kündigung, die Leistungsbestimmung, die Mahnung, die Mängelanzeige oder ähnliche Erklärungen – stehen gewöhnlich nicht allein, sondern werden im Rahmen einer bestimmten Rechtsbeziehung, insbesondere eines Vertrages, abgegeben. Sie unterliegen deshalb in ihren Voraussetzungen und Wirkungen grundsätzlich dem Statut des Rechtsgeschäfts, innerhalb dessen sie wirken sollen **(Geltung des Geschäftsstatuts)**. Das folgt schon aus dem Grundgedanken des „Einheitsstatuts", der in Art 31, 32 EGBGB verankert ist und nach Möglichkeit alle Teile eines Rechtsgeschäfts einer einzigen Rechtsordnung unterstellt (KEGEL/SCHURIG § 17 V 1 a; MünchKomm/SPELLENBERG Vor Art 11 Rn 6; vgl oben Einl 35 f zu Art 27 ff). Insbesondere Gründe der Klarheit und

Praktikabilität sprechen auch in der Sache für diese Lösung. Denn Widersprüche und Anpassungsschwierigkeiten sind unvermeidlich, wenn zusammenhängende Fragen mehreren Rechtsordnungen unterstellt werden.

Ausnahmen vom Grundsatz des Einheitsstatuts sind daher nur begrenzt zuzulassen. Gesetzlich ist eine Ausnahme etwa in Art 32 Abs 2 vorgesehen (vgl dazu Art 32 Rn 79 ff). **A 63**

Für die Genehmigung durch Dritte vgl unten Rn 93 ff. **A 64**

IV. Verjährung

Die Verjährung untersteht dem **Statut, dem der Anspruch** unterliegt, um dessen Verjährung es geht. Das folgt für Vertragsansprüche aus Art 32 Abs 1 Nr 4 EGBGB (vgl näher die Erl zu Art 32 Rn 68 ff). Diese Regel ist als Grundsatz auf alle Ansprüche zu erstrecken (ebenso KEGEL/SCHURIG § 17 VI 1; VISCHER/HUBER/OSER § 6 I; für die Schweiz auch ausdrücklich: § 148 IPRG; eingehend zum internationalen Verjährungsrecht GIRSBERGER passim). **A 65**

V. Rechtsverteidigung, Selbsthilfe

Viele Rechtsordnungen sehen vor, dass jemand seine Rechte ausnahmsweise nicht mit Staatshilfe, sondern selbst durchsetzen oder jedenfalls verteidigen darf, wenn sein Recht, zT auch Rechte anderer sonst unwiderruflich auf das Spiel gesetzt würden (vgl auch die rechtsvergleichenden Hinweise bei STAUDINGER/WERNER [2001] § 227 Rn 36 ff, § 228 Rn 34 ff, § 229 Rn 30 ff). Die Voraussetzungen für dieses Recht regeln die nationalen Rechtsordnungen unterschiedlich (vgl STAUDINGER/WERNER aaO). Als Rechtsfolge entfällt in der Regel die Rechtswidrigkeit eines Verhaltens, für das die Voraussetzungen der eigenmächtigen privaten Rechtsdurchsetzung gegeben sind. Bedeutung kann diese Wirkung in unterschiedlichen Feldern, insbesondere im Deliktsrecht, aber auch im Vertrags- oder Sachenrecht haben. **A 66**

Die maßgebende Rechtsordnung, die die Voraussetzungen und Wirkungen eines eventuellen Notwehr-, Notstands-, Nothilfe- oder Selbsthilferechts festlegt, wird bisher regelmäßig nach dem **Statut derjenigen Rechtsposition bestimmt, auf die sich das eigenmächtige Durchsetzungsverhalten ggfs rechtfertigend auswirkt:** So ergibt das Deliktsstatut, ob und wann Notwehr, Not- oder Selbsthilfe zulässig sind und ein Delikt rechtfertigen (vgl MünchKomm/KREUZER Art 38 Rn 282; STAUDINGER/vHOFFMANN [2001] Art 38 Rn 178). Nach dem Statut der Geschäftsführung ohne Auftrag, nämlich dem Recht am Ort der Geschäftsführung richtet sich, wie Fälle der Nothilfe im Rahmen der GoA zu beurteilen sind (MünchKomm/KREUZER II Vor Art 38 Rn 6). **A 67**

Für die **berechtigte oder verbotene Eigenmacht** gegenüber dem Besitzer sowie für das Selbsthilferecht des Besitzers gilt das **Recht des Ortes, an dem sich** die fragliche **Sache befindet** (STAUDINGER/STOLL [1996] IntSachR Rn 148). **A 68**

Ob allerdings auch das Vertragsstatut entscheidet, ob und wann eigenmächtige Rechtsdurchsetzung eine Vertragsverletzung rechtfertigt, erscheint zweifelhaft. Wegen des engen Zusammenhangs der privaten Rechtsdurchsetzung mit den örtlichen Gegebenheiten und der Inanspruchnahme des örtlich bestehenden staatlichen Zwan- **A 69** ges dürfte das **Recht desjenigen Ortes** anzuwenden sein, **an dem** der **Akt der eigenmächtigen Rechtsverteidigung stattfindet.**

A 70 Innerhalb von Vertragsbeziehungen kann dafür auch auf den Gedanken des Art 32 Abs 2 EGBGB verwiesen werden, der die Erfüllung – auch im Weg eigener Rechtsdurchsetzung – dem Recht des tatsächlichen Erfüllungsortes unterstellt. Bei der eigenmächtigen Rechtsverteidigung ist das der Ort, an dem Notwehr, Not- oder Selbsthilfe geübt wird.

VI. Sicherheitsleistung; Hinterlegung

A 71 Ob und ggfs wie sich ein Schuldner durch Sicherheitsleistung oder Hinterlegung von einer – umstrittenen – Leistungspflicht zumindest vorläufig befreien kann, bestimmt das Statut, dem diese Leistungspflicht untersteht; bei Verträgen gilt also das Vertragsstatut (vgl näher Art 32 Rn 60, 67).

VII. Aufrechnung

A 72 Ob eine Aufrechnung zulässig ist, welche Voraussetzungen sie erfordert und welche Wirkung sie hat, untersteht nach ganz überwiegender Meinung dem Recht, das für die Forderung gilt, die durch die Aufrechnung erlöschen soll (Statut der Hauptforderung). Vgl zu den Einzelheiten näher Art 32 Rn 61 ff.

VIII. Abtretung

A 73 Die Abtretung, auch die Legalzession, ist in Art 33 EGBGB geregelt. Die Zulässigkeit und Wirkung der rechtsgeschäftlichen Abtretung bestimmt sind danach im Wesentlichen nach dem Recht, dem die abgetretene Forderung untersteht. Für die Legalzession und das mit ihr verknüpfte Regressrecht ist dagegen das Statut maßgebend, das die grundsätzliche Leistungspflicht dessen beherrscht, auf den kraft Gesetzes Ansprüche übergehen sollen. Zu den Einzelheiten vgl STAUDINGER/HAUSMANN Art 33.

IX. Schuldübernahme; Vertragsübernahme

A 74 Für die Schuldübernahme – als Schuldbeitritt oder befreiende Übernahme – gilt mangels Rechtswahl das Recht des Beitretenden bzw Übernehmenden (vgl eingehend STAUDINGER/HAUSMANN Art 33 Rn 72 ff).

A 75 Eine Vertragsübernahme untersteht dagegen bei fehlender Rechtswahl dem Statut des Vertrages, um dessen Übernahme es geht. Zu den Einzelheiten näher STAUDINGER/HAUSMANN Art 33 Rn 80 ff.

X. Anfechtung

1. Allgemeines; Qualifikation

A 76 Als Anfechtung ist eine Erklärung zu verstehen, die ihrerseits einer rechtsgeschäftlichen Erklärung oder Rechtshandlung im Nachhinein ihre Rechtswirkung nimmt.

Die Voraussetzungen der Anfechtbarkeit und die genauen Rechtsfolgen der erklärten Anfechtung legen die nationalen Rechte allerdings durchaus unterschiedlich fest. Teils kann nur die eigene Erklärung – etwa wegen Irrtums oder sonstiger Willensmängel – angefochten werden; teils sind auch Rechtshandlungen Dritter anfechtbar (**actio pauliana**) – wie in Deutschland nach dem AnfG (rechtsvgl zu Anfechtungsgründen ZWEIGERT/KÖTZ 405 ff; zur Anfechtung wegen arglistiger Täuschung nach spanischem Recht LG Wuppertal IPRspr 1992 Nr 36; zur Irrtumsanfechtung nach türkischem Recht OLG Düsseldorf NJW-RR 1995, 1396; vgl auch die ältere Rechtsprechung: OLG Frankfurt IPRspr 1964/65 Nr 37 [Irrtumsanfechtung nach australischem Recht]; LG Hamburg RiW 1980, 517 [Arglistanfechtung nach italienischem Recht]). Teils werden die Gründe für eine Anfechtung sehr eng, teils großzügig gefasst. Teils wirkt die Anfechtung zurück, teils nur in die Zukunft.

2. Anfechtung eigener rechtsgeschäftlicher Erklärungen

Die Anfechtung eigener **rechtsgeschäftlicher Erklärungen** richtet sich nach dem **Geschäftsstatut,** also dem Recht, dem die angefochtene Erklärung ihrerseits untersteht (MünchKomm/SPELLENBERG Vor Art 11 Rn 160). Soweit **vertragliche Erklärungen** angefochten werden sollen, bestimmen sich die Voraussetzungen und Wirkungen der Anfechtung damit nach dem **Vertragsstatut** (vgl OLG Hamburg IPRspr 1998 Nr 34). Das wird für die Voraussetzungen der Anfechtung Art 31 Abs 1 und für ihre Wirkungen Art 32 Abs 1 Nr 5 EGBGB entnommen (vgl OLG Hamburg aaO; REITHMANN/MARTINY/MARTINY Rn 226, 228; MünchKomm/SPELLENBERG Vor Art 11 Rn 160; SOERGEL/vHOFFMANN Art 32 Rn 33; vgl auch unten Art 31 Rn 18, Art 32 Rn 78). Außer den Anfechtungsgründen und den Rechtsfolgen der Anfechtung legt das Geschäftsstatut auch fest, wem gegenüber anzufechten ist. Es soll ferner bestimmen, ob die Anfechtung durch einfache Erklärung oder nur im Klageweg wirksam ausgeübt werden kann (so LG Hamburg RiW 1980, 517 mit der Begründung, dass das Klageerfordernis nicht prozessrechtlich, sondern materiellrechtlich zu qualifizieren sei). Indessen betrifft die Art, wie die Anfechtung geltend zu machen ist, die Form der Anfechtung. Für die Form ist Art 11 EGBGB maßgebend. Sie richtet sich deshalb nach dem Recht des Ortes, an dem die Anfechtungserklärung abgegeben wird bzw nach dem Geschäftsrecht.

3. Gläubigeranfechtung*

Ob ein Gläubiger ihm nachteilige Rechtshandlungen seines Schuldners außerhalb eines Insolvenzverfahrens anfechten kann, bestimmt sich jetzt gemäß § 19 AnfG nach dem Recht, „dem die Wirkungen der angefochtenen Rechtshandlung unterliegen". Dies ist regelmäßig die Rechtsordnung, nach der sich ein Erwerb aufgrund der angefochtenen Rechtshandlung vollzieht (vgl OLG Düsseldorf IPRax 2000, 534 [537]; HUBER, AnfG § 19 Rn 6; KUBIS IPRax 2000, 506; SCHMIDT-RÄNTSCH 129 ff; REITHMANN/MARTINY/

---

* HANISCH, IPR der Gläubigeranfechtung, ZIP 1981, 569; HOHLOCH; Gläubigeranfechtung international, IPRax 1995, 306, HUBER, Anfechtungsgesetz (9. Aufl 2000) § 19; KUBIS, Internationale Gläubigeranfechtung vor und nach Inkrafttreten der Insolvenzrechtsreform, IPRax 2000, 501; NERLICH/NIEHUS, Anfechtungsgesetz (2000); SCHMIDT/RÄNTSCH; Die Anknüpfung der Gläubigeranfechtung außerhalb des Konkursverfahrens (1984); SCHWIND, Auf der Suche nach einem allgemeinen Anfechtungsstatut, IPRax 1986, 249; VERHAGEN, De Pauliana in het Nederlandse internationaal privatrecht, NIPR 2000, 3; VERSCHRAEGEN, Die internationale Gläubigeranfechtung außerhalb des Konkurses, ZfRV 1986, 272.

MARTINY Rn 230). Bei der Veräußerung von Sachen entscheidet das Belegenheitsrecht, ob ein benachteiligter Gläubiger den Erwerb anfechten kann. Entscheidender Zeitpunkt ist der Zeitpunkt, zu dem sich der anfechtbare Erwerb vollzieht.

A 79 Für Rechtshandlungen, die vor dem 1.1.1999 lagen, gilt allerdings nicht § 19 AnfG (vgl § 20 Abs 1 AnfG), sondern noch die bis dahin herrschende richterliche Kollisionsregel. Danach war das Recht maßgebend, auf das „alle wesentlichen Verhältnisse persönlicher und sachlicher Art zwingend" hinwiesen (BGH NJW 1999, 1395 [1396]; vgl ferner BGHZ 78, 318 = IPRax 1981, 130 m Aufs GROSSFELD IPRax 1981, 116; ferner HANISCH ZIP 1981, 569; KUBIS IPRax 2000, 502; SCHACK Rn 997 ff).

4. Insolvenzanfechtung

A 80 Auch im Rahmen von Insolvenzverfahren sehen die nationalen Konkurs- und Insolvenzgesetze regelmäßig Anfechtungstatbestände vor, auf die sich Insolvenzgläubiger stützen können, wenn Rechtshandlungen des Schuldners sie benachteiligen (vgl etwa § 129 ff InsO). Die VO (EG) Nr 1346/2000 vom 29.5.2000 über Insolvenzverfahren (ABl Nr L 161 v 30.6.2000, S 1; in Kraft ab 31.5.2002) unterstellt die Anfechtbarkeit einer Rechtshandlung, die die Gesamtheit der Gläubiger benachteiligt, grundsätzlich dem Recht des (Mitglied-)Staates, in dem das Insolvenzverfahren eröffnet wurde (Art 4 Abs 2 lit m InsVO). Eine Einschränkung dieser Regel folgt aber aus Art 13 InsVO: Kann der von der anfechtbaren Handlung Begünstigte nachweisen, dass die anfechtbare Handlung ausschließlich einem anderen Recht als dem des Eröffnungsstaates unterliegt – etwa weil ein anderes Vertragsstatut gewählt war – und dass die Handlung nach diesem Recht unanfechtbar war, dann gilt die materielle Lösung dieses anfechtungsfeindlichen Rechts (vgl auch SIEHR § 55 II 2 d).

Im autonomen internationalen Konkursrecht galt für die Konkursanfechtung grundsätzlich das Statut, dem das Konkursverfahren unterstand (so OLG Hamm NJW 1977, 504 m zust Anm OEXMANN; ebenso SOERGEL/KRONKE Art 38 Anh IV Rn 230). Seit 1.1.1999 ist Art 102 Abs 2 EGInsO zu beachten. Danach kann ein ausländischer Insolvenzverwalter eine Rechtshandlung, deren Wirkung inländischem Recht untersteht, nur dann wirksam anfechten, wenn die Anfechtung nach inländischem Recht zulässig ist oder die Rechtshandlung aus anderen Gründen keinen Bestand hat.

XI. Materielle Gültigkeit von Rechtsgeschäften

A 81 Die materielle Gültigkeit – etwa der Einfluss von Willensmängeln – richtet sich für Verträge nach demjenigen Vertragsstatut, das bei unterstellter Gültigkeit des Geschäfts anzuwenden wäre (s Art 31 Abs 1 und die Erl dort, insbes STAUDINGER/HAUSMANN Art 31 Rn 16 ff).

A 82 Über die Gültigkeit sonstiger rechtsgeschäftlicher Erklärungen entscheidet dasjenige Recht, dem diese Erklärungen im Übrigen unterstehen (dem **Geschäfts-** oder **Wirkungsstatut;** vgl vHOFFMANN § 10 I; JUNKER Rn 318; KEGEL/SCHURIG § 17 V 1 a; ferner oben Rn 62 ff).

XII. Gesetz- und Sittenwidrigkeit

Grundsätzlich sind auch die Voraussetzungen und Wirkungen der Gesetz- oder Sittenwidrigkeit von Verträgen nach dem Vertragsstatut zu beurteilen (näher STAUDINGER/ HAUSMANN Art 31 Rn 19 ff). Zwingende gesetzliche Vorschriften können allerdings bereits vorrangig über Art 27 Abs 3, Art 29, Art 30 oder insbesondere über Art 34 zu berücksichtigen sein (vgl die Erl zu diesen Vorschriften). **A 83**

Die Gesetz- oder Sittenwidrigkeit einseitiger rechtsgeschäftlicher Erklärungen richtet sich nach dem Geschäfts- oder Wirkungsstatut, dem diese Erklärungen unterstehen (vgl etwa v HOFFMANN § 10 Rn 2; MünchKomm/SPELLENBERG Vor Art 11 Rn 153 ff). Doch kommt auch hier in Betracht, dass die zwingenden Vorschriften einer weiteren ebenfalls berührten Rechtsordnung Vorrang beanspruchen. Zu dieser Sonderanknüpfung international zwingenden Rechts vgl die Erl zu Art 34. **A 84**

XIII. Verwirkung

Ob und unter welchen Voraussetzungen ein Recht oder Anspruch verwirkt werden kann, bestimmt sich für Vertragsansprüche nach uU bestehendem Einheitsrecht, sonst nach dem Vertragsstatut (vgl die Nachweise bei Art 32 Rn 73). **A 85**

Für andere als vertragliche Rechtspositionen – zB familien- oder erbrechtliche Ansprüche – gilt jeweils das Recht, das diese Beziehung als Geschäftsstatut beherrscht (vgl auch MünchKomm/SPELLENBERG Art 32 Rn 104). **A 86**

XIV. Einheit/Trennung eines Rechtsgeschäfts

Ob ein Rechtsgeschäft als Einheit oder als eine Mehrzahl jeweils getrennt zu behandelnder und ggfs unterschiedlich anzuknüpfender Geschäfte zu betrachten ist, richtet sich bei Verträgen zunächst nach dem Vertragsstatut, sofern ein einheitliches Statut auch für die mehreren Geschäfte gelten würde. **A 87**

Würden dagegen bei Mehrheit die verschiedenen Geschäfte unterschiedlichen Statuten unterstehen, dann dürfte die Frage der Einheit oder Mehrheit auf kollisionsrechtlicher Ebene zu lösen sein: bereits kollisionsrechtlich sollte dann nach selbständigem, nur dem Kollisionsrecht entnommenen Maßstab bestimmt werden, ob der Zusammenhang der verschiedenen Geschäfte so stark ist, dass ein einheitliches Geschäft und die Geltung eines einheitlichen Statuts oder aber eine Mehrzahl von Geschäften und die Geltung unterschiedlicher Statute anzunehmen ist. **A 88**

XV. Cic, Sachwalterhaftung, Vertretereigenhaftung

1. Culpa in contrahendo

Die Haftung aus culpa in contrahendo wird überwiegend dem Recht des Vertragsverhältnisses unterstellt, in dessen Vorfeld sie auftritt (zu Einzelheiten s Art 32 Rn 116 ff). **A 89**

2. Sachwalterhaftung

A 90 Für die Sachwalterhaftung, bei der es um die Haftung vertragsfremder Dritter geht, wird teils eine Anknüpfung an das Recht des Hauptvertrages vertreten (AHRENS IPRax 1986, 355 [358]; MünchKomm/SPELLENBERG Art 32 Rn 45; ohne Erörterung der Problematik auch BGH NJW 1987, 1141). Teils empfiehlt man die Unterstellung unter das Deliktsstatut (OLG Frankfurt IPRax 1986, 378; KREUZER IPRax 1988, 20). Zu bevorzugen ist eine eigenständige Bestimmung des Sachwalterstatuts, die mangels Rechtswahl das **Recht des Staates** beruft, in dem der Sachwalter seine **Niederlassung,** hilfsweise seinen gewöhnlichen Aufenthalt hat (vgl DÖRNER JR 1987, 802; PALANDT/HELDRICH Art 32 Rn 8; REITHMANN/ MARTINY/MARTINY Rn 263; STAUDINGER/vHOFFMANN [2001] Art 38 Rn 108 [allerdings mit deliktsrechtlicher Qualifikation, sofern das Integritätsinteresse verletzt ist]).

A 91 Bei engerer Verbindung mit einem anderen Recht sollte freilich dieses gelten. Zu weiteren Einzelheiten vgl STAUDINGER/vHOFFMANN (2001) Art 38 Rn 106 ff.

3. Vertretereigenhaftung

A 92 Vgl dazu oben Rn 54 ff.

XVI. Zustimmung zu Rechtsgeschäften Dritter

A 93 Für eine ganze Reihe von Fällen sehen Rechtsordnungen vor, dass ein Rechtsgeschäft zwischen zwei Parteien erst dann Wirksamkeit erlangt, wenn ihm ein berechtigter (privater) Dritter vorher oder nachträglich zugestimmt hat. Allerdings liegen diese Fälle durchaus unterschiedlich. Im deutschen Recht gehören hierher die Zustimmung des gesetzlichen Vertreters zu sonst unwirksamen Rechtsgeschäften des Vertretenen (§ 107 BGB; ähnlich § 1903 BGB), die Genehmigung unwirksamer Geschäfte eines rechtsgeschäftlichen Vertreters (§ 177 BGB), die Zustimmung zu einer Verfügung oder Leistungsannahme durch einen Nichtberechtigten (§§ 185, 362 Abs 2 BGB), die Genehmigung einer Schuldübernahme (§ 415 BGB) sowie zahlreiche Einzelfälle, in denen ein Rechtsgeschäft zwischen zwei – oder mehr – Parteien zugleich die Interessen eines Dritten berührt (zB §§ 458, 876, 1365 f, 2120 BGB). Der Grund für die Zustimmungsbedürftigkeit liegt entweder darin, dass der zustimmungspflichtige Dritte die Interessen eines schutzbedürftigen Erklärenden wahren soll – so bei der gesetzlichen Vertretung, Betreuung etc –, oder darin, dass ein Eigeninteresse des Dritten so stark berührt ist, dass eine von anderen vereinbarte Rechtswirkung nicht ohne seinen Willen eintreten darf.

A 94 Für die Anknüpfung ist diese unterschiedliche Interessenlage bedeutsam. Je nachdem, welche Interessen die Zustimmung wahren soll, gelangen unterschiedliche Kollisionsregeln zur Anwendung. Die Drittzustimmung wegen besonderer Schutzbedürftigkeit des Erklärenden richtet sich grundsätzlich nach dem – nicht frei wählbaren – **Statut, das für die gesetzliche Vertretung,** Betreuung etc gilt (vgl näher STAUDINGER/HAUSMANN [2000] Art 7 Rn 9 ff, 69 ff; STAUDINGER/KROPHOLLER [1996] Art 24 Rn 122 a ff).

A 95 Die Zustimmung des Dritten aus Gründen der eigenen Interessenwahrung soll als bloßes Hilfsgeschäft grundsätzlich dem Recht folgen, dem das **zustimmungsbedürftige Hauptgeschäft** untersteht (so MünchKomm/SPELLENBERG Vor Art 11 EGBGB Rn 28 f; zurückhaltend BGH RiW 2000, 704 [705]; für Genehmigung vollmachtlosen Handelns vgl oben Rn 57). Doch kommt auch eine Sonderanknüpfung an ein anderes Recht in Betracht, wenn zu ihm ein hinreichend enger Bezug besteht (vgl BGH aaO). Die Rechtsprechung hat ihn etwa darin gesehen, dass eine nach ausländischem Sachstatut unwirksame Übereignung eines Schiffes im Inland zwischen inländischen Beteiligten genehmigt wurde, nachdem das Schiff in einen inländischen Heimathafen überführt worden war (BGH aaO). Hier beurteilte sich die Wirkung der Genehmigung nach inländischem Recht.

Eine **Rechtswahl,** die für das Hauptgeschäft getroffen wurde, kann für die Zustimmung allerdings nur gelten, wenn der Zustimmungspflichtige sie gebilligt oder von ihr so rechtzeitig erfahren hat, dass er seine Zustimmung in Kenntnis dieses Umstandes abgeben konnte (vgl zum parallelen Problem bei der Genehmigung vollmachtlos abgeschlossener Geschäfte oben Rn 57). **A 96**

Das Zustimmungsstatut, sei es an das Hauptgeschäft angeknüpft oder ausnahmsweise selbständig bestimmt, umfasst die Frage, ob die Zustimmung des Dritten erforderlich ist, welchen materiellen Voraussetzungen sie genügen muss und welche Wirkung sie hat. Die Form der Zustimmung richtet sich dagegen nach Art 11 EGBGB (ebenso STAUDINGER/WINKLER vMOHRENFELS [2000] Art 11 Rn 108). Ob die Zustimmung eine bestimmte Form einhalten muss, bestimmt sich deshalb nach dem Recht des Ortes, an dem die Zustimmungserklärung abgegeben wird, oder nach dem Zustimmungsstatut. **A 97**

XVII. Zurechnung des Verhaltens Dritter

Ob und wann sich eine Person das Verhalten Dritter bei Rechtsgeschäften zurechnen lassen muss, beurteilt sich nach dem Statut des Geschäfts, in dessen Zusammenhang diese Frage auftritt. **A 98**

Bei Verträgen entscheidet also das Vertragsstatut, ggfs auch vorrangig anwendbares Einheitsrecht (zB Art 79 Abs 2 CISG) unter welchen Voraussetzungen eine Vertragspartei für das Verhalten eines Dritten einzustehen hat (vgl unten Art 32 Rn 38). **A 99**

Außerhalb des Vertragsrecht – zB im Vertretungsrecht – entscheidet das Recht über die Zurechnung, das für den Rechtskomplex gilt, innerhalb dessen sich die Zurechnungsfrage stellt: das Wissen etwa eines Stellvertreters ist dem Vertretenen deshalb in dem Umfang zuzurechnen, in dem das Vertretungsstatut dies vorsieht (vgl näher oben Rn 44). **A 100**

B. Das Römische Übereinkommen von 1980 (EVÜ) – Texte

Systematische Übersicht

I.	Das Vertragsgesetz zum EVÜ	B 1	III. Protokolle zum EVÜ	
			1. Erstes Protokoll	B 3
II.	Konsolidierte deutsche Fassung des		a) Text des Protokolls	B 3
	EVÜ	B 2	b) Gemeinsame Erklärungen	B 4

Einl zu Art 27–37 EGBGB
B 1, B 2

1. Teil. Allgemeine Vorschriften.
2. Kapitel. IPR

aa)	Gemeinsame Erklärung zum Informationsaustausch	B 4	IV.	Konsolidierte englische Fassung des EVÜ mit Protokoll und Erklärungen	B 8
bb)	Gemeinsame Erklärung zum Beitritt	B 5			
2.	Zweites Protokoll	B 6	V.	Konsolidierte französische Fassung des EVÜ mit Protokoll und Erklärungen	B 9
3.	Das Vertragsgesetz zu den Protokollen zum EVÜ	B 7			

I. Das Vertragsgesetz zum EVÜ

B 1 Gesetz zu dem Übereinkommen vom 19. Juni 1980 über das auf vertragliche Schuldverhältnisse anzuwendende Recht

[Vom 25. Juni 1986 (BGBl 1986 II 809)]

Artikel 1

(1) Dem in Rom am 19. Juni 1980 von der Bundesrepublik Deutschland unterzeichneten Übereinkommen über das auf Schuldverhältnisse anzuwendende Recht sowie dem Protokoll zum Übereinkommen wird zugestimmt. Das Übereinkommen, das Protokoll sowie die beiden gemeinsamen Erklärungen werden nachstehend veröffentlicht.

(2) Die Zustimmung erfolgt mit der Maßgabe, dass die in Artikel 1 bis 21 des Übereinkommens enthaltenen Vorschriften innerstaatlich keine unmittelbare Anwendung finden.

Artikel 2

Dieses Gesetz gilt auch im Land Berlin, sofern das Land Berlin die Anwendung dieses Gesetzes feststellt.

Artikel 3

(1) Dieses Gesetz tritt am Tage nach seiner Verkündigung in Kraft.

(2) Der Tag, an dem das Übereinkommen nach seinem Artikel 29 sowie das Protokoll für die Bundesrepublik Deutschland in Kraft treten, ist im Bundesgesetzblatt bekanntzugeben.

II. Konsolidierte deutsche Fassung des EVÜ

B 2 Übereinkommen von Rom über das auf vertragliche Schuldverhältnisse anzuwendende Recht vom 19. Juni 1980 (konsolidierte Fassung)

[ABl Nr C 27 vom 26.1. 1998 S 34–46]

[Amtliche Vorbemerkung

Nach der am 29. November 1996 erfolgten Unterzeichnung des Übereinkommens über den Beitritt der Republik Österreich, der Republik Finnland und des Königreichs Schweden zum Übereinkommen von Rom über das auf vertragliche Schuldverhältnisse anzuwendende Recht sowie zu den beiden Protokollen über die Auslegung des Übereinkommens durch den Gerichtshof erscheint es wünschenswert, eine kodifizierte Fassung des Übereinkommens von Rom und der beiden genannten Protokolle zu erstellen.

Diese Texte werden durch drei Erklärungen ergänzt: Nach der ersten Erklärung von 1980 ist anzustreben, dass auf Gemeinschaftsebene Kollisionsnormen angenommen werden, die mit denen des Übereinkommens in Einklang stehen; die zweite, ebenfalls 1980 abgegebene Erklärung betrifft die Auslegung des Übereinkommens durch den Gerichtshof und die dritte, 1996 abgegebene Erklärung betrifft die Einhaltung des Verfahrens nach Artikel 23 des Übereinkommens von Rom in Bezug auf die Güterbeförderung zur See.

Das Generalsekretariat des Rates, in dessen Archiv die Urschriften der betreffenden Rechtsakte hinterlegt sind, hat den vorliegenden Text erstellt. Es sei jedoch darauf hingewiesen, dass dieser Text nicht verbindlich ist. Die amtlichen Fassungen der kodifizierten Rechtsakte sind in den ... Amtsblättern enthalten.]

Präambel

DIE HOHEN VERTRAGSPARTEIEN des Vertrages zur Gründung der Europäischen Wirtschaftsgemeinschaft –

IN DEM BESTREBEN, die innerhalb der Gemeinschaft insbesondere im Bereich der gerichtlichen Zuständigkeit und der Vollstreckung gerichtlicher Entscheidungen bereits begonnene Rechtsvereinheitlichung auf dem Gebiet des internationalen Privatrechts fortzusetzen,

IN DEM WUNSCH, einheitliche Normen für die Bestimmung des auf vertragliche Schuldverhältnisse anzuwendenden Rechts zu schaffen –

SIND WIE FOLGT ÜBEREINGEKOMMEN:

Titel I Anwendungsbereich

Artikel 1 Anwendungsbereich

(1) Die Vorschriften dieses Übereinkommens sind auf vertragliche Schuldverhältnisse bei Sachverhalten, die eine Verbindung zum Recht verschiedener Staaten aufweisen, anzuwenden.

(2) Sie sind nicht anzuwenden auf

a) den Personenstand sowie die Rechts-, Geschäfts- und Handlungsfähigkeit von natürlichen Personen, vorbehaltlich des Artikels 11;

b) vertragliche Schuldverhältnisse betreffend

– Testamente und das Gebiet des Erbrechts,

– die ehelichen Güterstände

– die Rechte und Pflichten, die auf einem Familien-, Verwandschafts- oder eherechtlichen Verhältnis oder auf einer Schwägerschaft beruhen, einschließlich der Unterhaltsverpflichtungen gegenüber einem nichtehelichen Kind;

c) Verpflichtungen aus Wechseln, Schecks, Eigenwechseln und anderen handelbaren Wertpapieren, sofern die Verpflichtungen aus diesen anderen Wertpapieren aus deren Handelbarkeit entstehen;

d) Schieds- und Gerichtsstandsvereinbarungen;

e) Fragen betreffend das Gesellschaftsrecht, das Vereinsrecht und das Recht der juristischen Personen, wie z. B. die Errichtung, die Rechts- und Handlungsfähigkeit, die innere Verfassung und die Auflösung von Gesellschaften, Vereinen und juristischen Personen sowie die persönliche gesetzliche Haftung der Gesellschafter und der Organe für die Schulden der Gesellschaft, des Vereins oder der juristischen Person;

f) die Frage, ob ein Vertreter die Person, für deren Rechnung er zu handeln vorgibt, Dritten gegenüber verpflichten kann, oder ob das Organ einer Gesellschaft, eines Vereins oder einer juristischen Person diese Gesellschaft, diesen Verein oder diese juristische Person gegenüber Dritten verpflichten kann;

g) die Gründung von „Trusts" sowie die dadurch geschaffenen Rechtsbeziehungen zwischen den Verfügenden, den Treuhändern und den Begünstigten;

h) den Beweis und das Verfahren, vorbehaltlich des Artikels 14.

(3) Die Vorschriften dieses Übereinkommens sind nicht anzuwenden auf Versicherungsverträge, die in den Hoheitsgebieten der Mitgliedstaaten der Europäischen Wirtschaftsgemeinschaft belegene Risiken decken. Ist zu entscheiden, ob ein Risiko in diesen Hoheitsgebieten belegen ist, so wendet das Gericht sein innerstaatliches Recht an.

(4) Absatz 3 gilt nicht für Rückversicherungsverträge.

Artikel 2 Anwendung des Rechts von Nichtvertragsstaaten

Das nach diesem Übereinkommen bezeichnete Recht ist auch dann anzuwenden, wenn es das Recht eines Nichtvertragsstaats ist.

Titel II Einheitliche Bestimmungen

Artikel 3 Freie Rechtswahl

(1) Der Vertrag unterliegt dem von den Parteien gewählten Recht. Die Rechtswahl muss ausdrücklich sein oder sich mit hinreichender Sicherheit aus den Bestimmungen

des Vertrages oder aus den Umständen des Falles ergeben. Die Parteien können die Rechtswahl für ihren ganzen Vertrag oder nur für einen Teil desselben treffen.

(2) Die Parteien können jederzeit vereinbaren, dass der Vertrag nach einem anderen Recht zu beurteilen ist als dem, das zuvor entweder aufgrund einer früheren Rechtswahl nach diesem Artikel oder aufgrund anderer Vorschriften dieses Übereinkommens für ihn maßgebend war. Die Formgültigkeit des Vertrages im Sinne des Artikels 9 und Rechte Dritter werden durch eine nach Vertragsabschluss erfolgende Änderung der Bestimmung des anzuwendenden Rechts nicht berührt.

(3) Sind alle anderen Teile des Sachverhalts im Zeitpunkt der Rechtswahl in ein und demselben Staat belegen, so kann die Wahl eines ausländischen Rechts durch die Parteien – sei sie durch die Vereinbarung der Zuständigkeit eines ausländischen Gerichtes ergänzt oder nicht – die Bestimmungen nicht berühren, von denen nach dem Recht jenes Staates durch Vertrag nicht abgewichen werden kann und die nachstehend „zwingende Bestimmungen" genannt werden.

(4) Auf das Zustandekommen und die Wirksamkeit der Einigung der Parteien über das anzuwendende Recht sind die Artikel 8, 9 und 11 anzuwenden.

Artikel 4 Mangels Rechtswahl anzuwendendes Recht

(1) Soweit das auf den Vertrag anzuwendende Recht nicht nach Artikel 3 vereinbart worden ist, unterliegt der Vertrag dem Recht des Staates, mit dem er die engsten Verbindungen aufweist. Läßt sich jedoch ein Teil des Vertrages von dem Rest des Vertrages trennen und weist dieser Teil eine engere Verbindung mit einem anderen Staat auf, so kann auf ihn ausnahmsweise das Recht dieses anderen Staates angewendet werden.

(2) Vorbehaltlich des Absatzes 5 wird vermutet, dass der Vertrag die engsten Verbindungen mit dem Staat aufweist, in dem die Partei, welche die charakteristische Leistung zu erbringen hat, im Zeitpunkt des Vertragsabschlusses ihren gewöhnlichen Aufenthalt oder, wenn es sich um eine Gesellschaft, einen Verein oder eine juristische Person handelt, ihre Hauptverwaltung hat. Ist der Vertrag jedoch in Ausübung einer beruflichen oder gewerblichen Tätigkeit dieser Partei geschlossen worden, so wird vermutet, dass er die engsten Verbindungen zu dem Staat aufweist, in dem sich deren Hauptniederlassung befindet oder in dem, wenn die Leistung nach dem Vertrag von einer anderen als der Hauptniederlassung zu erbringen ist, sich die andere Niederlassung befindet.

(3) Ungeachtet des Absatzes 2 wird, soweit der Vertrag ein dingliches Recht an einem Grundstück oder ein Recht zur Nutzung eines Grundstücks zum Gegenstand hat, vermutet, dass der Vertrag die engsten Verbindungen zu dem Staat aufweist, in dem das Grundstück belegen ist.

(4) Die Vermutung nach Absatz 2 gilt nicht für Güterbeförderungsverträge. Bei diesen Verträgen wird vermutet, dass sie mit dem Staat die engsten Verbindungen aufweisen, in dem der Beförderer im Zeitpunkt des Vertragsabschlusses seine Hauptniederlassung hat, sofern sich in diesem Staat auch der Verladeort oder der Entlade-

ort oder die Hauptniederlassung des Absenders befindet. Als Güterbeförderungsverträge gelten für die Anwendung dieses Absatzes auch Charterverträge für eine einzige Reise und andere Verträge, die in der Hauptsache der Güterbeförderung dienen.

(5) Absatz 2 ist nicht anzuwenden, wenn sich die charakteristische Leistung nicht bestimmen lässt. Die Vermutungen nach den Absätzen 2, 3 und 4 gelten nicht, wenn sich aus der Gesamtheit der Umstände ergibt, dass der Vertrag engere Verbindungen mit einem anderen Staat aufweist.

Artikel 5 Verbraucherverträge

(1) Dieser Artikel gilt für Verträge über die Lieferung beweglicher Sachen oder die Erbringung von Dienstleistungen an eine Person, den Verbraucher, zu einem Zweck, der nicht der beruflichen oder gewerblichen Tätigkeit des Verbrauchers zugerechnet werden kann, sowie für Verträge zur Finanzierung eines solchen Geschäfts.

(2) Ungeachtet des Artikels 3 darf die Rechtswahl der Parteien nicht dazu führen, dass dem Verbraucher der durch die zwingenden Bestimmungen des Rechts des Staates, in dem er seinen gewöhnlichen Aufenthalt hat, gewährte Schutz entzogen wird:

– wenn dem Vertragsabschluss ein ausdrückliches Angebot oder eine Werbung in diesem Staat vorausgegangen ist und wenn der Verbraucher in diesem Staat die zum Abschluss des Vertrages erforderlichen Rechtshandlungen vorgenommen hat oder

– wenn der Vertragspartner des Verbrauchers oder sein Vertreter die Bestellung des Verbrauchers in diesem Staat entgegengenommen hat oder

– wenn der Vertrag den Verkauf von Waren betrifft und der Verbraucher von diesem Staat ins Ausland gereist ist und dort seine Bestellung aufgegeben hat, sofern diese Reise vom Verkäufer mit dem Ziel herbeigeführt worden ist, den Verbraucher zum Vertragsabschluss zu veranlassen.

(3) Abweichend von Artikel 4 ist mangels einer Rechtswahl nach Artikel 3 für Verträge, die unter den in Absatz 2 bezeichneten Umständen zustande gekommen sind, das Recht des Staates maßgebend, in dem der Verbraucher seinen gewöhnlichen Aufenthalt hat.

(4) Dieser Artikel gilt nicht für

a) Beförderungsverträge,

b) Verträge über die Erbringung von Dienstleistungen, wenn die dem Verbraucher geschuldeten Dienstleistungen ausschließlich in einem anderen als dem Staat erbracht werden müssen, in dem der Verbraucher seinen gewöhnlichen Aufenthalt hat.

(5) Ungeachtet des Absatzes 4 gilt dieser Artikel für Reiseverträge, die für einen Pauschalpreis kombinierte Beförderungs- und Unterbringungsleistungen vorsehen.

Artikel 6 Arbeitsverträge und Arbeitsverhältnisse von Einzelpersonen

(1) Ungeachtet des Artikels 3 darf in Arbeitsverträgen und Arbeitsverhältnissen die Rechtswahl der Parteien nicht dazu führen, dass dem Arbeitnehmer der Schutz entzogen wird, der ihm durch die zwingenden Bestimmungen des Rechts gewährt wird, das nach Absatz 2 mangels einer Rechtswahl anzuwenden wäre.

(2) Abweichend von Artikel 4 sind mangels einer Rechtswahl nach Artikel 3 auf Arbeitsverträge und Arbeitsverhältnisse anzuwenden:

a) das Recht des Staates, in dem der Arbeitnehmer in Erfüllung des Vertrages gewöhnlich seine Arbeit verrichtet, selbst wenn er vorübergehend in einen anderen Staat entsandt ist, oder

b) das Recht des Staates, in dem sich die Niederlassung befindet, die den Arbeitnehmer eingestellt hat, sofern dieser seine Arbeit gewöhnlich nicht in ein und demselben Staat verrichtet,

es sei denn, dass sich aus der Gesamtheit der Umstände ergibt, dass der Arbeitsvertrag oder das Arbeitsverhältnis engere Verbindungen zu einem anderen Staat aufweist; in diesem Fall ist das Recht dieses anderen Staates anzuwenden.

Artikel 7 Zwingende Vorschriften

(1) Bei Anwendung des Rechts eines bestimmten Staates aufgrund dieses Übereinkommens kann den zwingenden Bestimmungen des Rechts eines anderen Staates, mit dem der Sachverhalt eine enge Verbindung aufweist, Wirkung verliehen werden, soweit diese Bestimmungen nach dem Recht des letztgenannten Staates ohne Rücksicht darauf anzuwenden sind, welchem Recht der Vertrag unterliegt. Bei der Entscheidung, ob diesen zwingenden Bestimmungen Wirkung zu verleihen ist, sind ihre Natur und ihr Gegenstand sowie die Folgen zu berücksichtigen, die sich aus ihrer Anwendung oder ihrer Nichtanwendung ergeben würden.

(2) Dieses Übereinkommen berührt nicht die Anwendung der nach dem Recht des Staates des angerufenen Gerichtes geltenden Bestimmungen, die ohne Rücksicht auf das auf den Vertrag anzuwendende Recht den Sachverhalt zwingend regeln.

Artikel 8 Einigung und materielle Wirksamkeit

(1) Das Zustandekommen und die Wirksamkeit des Vertrages oder einer seiner Bestimmungen beurteilen sich nach dem Recht, das nach diesem Übereinkommen anzuwenden wäre, wenn der Vertrag oder die Bestimmung wirksam wäre.

(2) Ergibt sich jedoch aus den Umständen, dass es nicht gerechtfertigt wäre, die Wirkung des Verhaltens einer Partei nach dem in Absatz 1 bezeichneten Recht zu bestimmen, so kann sich diese Partei für die Behauptung, sie habe dem Vertrag

nicht zugestimmt, auf das Recht des Staates ihres gewöhnlichen Aufenthaltsorts berufen.

Artikel 9 Form

(1) Ein zwischen Personen, die sich in demselben Staat befinden, geschlossener Vertrag ist formgültig, wenn er die Formerfordernisse des auf ihn nach diesem Übereinkommen materiell-rechtlich anzuwendenden Rechts oder des Rechts des Staates, in dem er geschlossen wurde, erfüllt.

(2) Ein zwischen Personen, die sich in verschiedenen Staaten befinden, geschlossener Vertrag ist formgültig, wenn er die Formerfordernisse des auf ihn nach diesem Übereinkommen materiell-rechtlich anzuwendenden Rechts oder des Rechts eines dieser Staaten erfüllt.

(3) Wird der Vertrag durch einen Vertreter geschlossen, so muss bei Anwendung der Absätze 1 und 2 der Staat berücksichtigt werden, in dem sich der Vertreter befindet.

(4) Ein einseitiges Rechtsgeschäft, das sich auf einen geschlossenen oder zu schließenden Vertrag bezieht, ist formgültig, wenn es die Formerfordernisse des Rechts, das nach diesem Übereinkommen für den Vertrag maßgebend ist oder maßgebend wäre, oder die Formerfordernisse des Rechts des Staates erfüllt, in dem dieses Rechtsgeschäft vorgenommen worden ist.

(5) Die Absätze 1 bis 4 sind nicht anzuwenden auf Verträge, für die Artikel 5 gilt und die unter den in Artikel 5 Absatz 2 bezeichneten Umständen geschlossen worden sind. Für die Form dieser Verträge ist das Recht des Staates maßgebend, in dem der Verbraucher seinen gewöhnlichen Aufenthalt hat.

(6) Abweichend von den Absätzen 1 bis 4 beurteilen sich Verträge, die ein dingliches Recht an einem Grundstück oder ein Recht zur Nutzung eines Grundstücks zum Gegenstand haben, nach den zwingenden Formvorschriften des Staates, in dem das Grundstück belegen ist, sofern diese nach dem Recht dieses Staates ohne Rücksicht auf den Ort des Abschlusses des Vertrages und auf das auf ihn anzuwendende Recht gelten.

Artikel 10 Geltungsbereich des auf den Vertrag anzuwendenden Rechts

(1) Das nach den Artikeln 3 bis 6 und nach Artikel 12 dieses Übereinkommens auf einen Vertrag anzuwendende Recht ist insbesondere maßgebend für

a) seine Auslegung,

b) die Erfüllung der durch ihn begründeten Verpflichtungen,

c) die Folgen der vollständigen oder teilweisen Nichterfüllung dieser Verpflichtungen, einschließlich der Schadensbemessung, soweit sie nach Rechtsnormen erfolgt, in den Grenzen der dem Gericht durch sein Prozessrecht eingeräumten Befugnisse,

d) die verschiedenen Arten des Erlöschens der Verpflichtungen sowie die Verjährung und die Rechtsverluste, die sich aus dem Ablauf einer Frist ergeben,

e) die Folgen der Nichtigkeit des Vertrages.

(2) In Bezug auf die Art und Weise der Erfüllung und die vom Gläubiger im Falle mangelhafter Erfüllung zu treffenden Maßnahmen ist das Recht des Staates, in dem die Erfüllung erfolgt, zu berücksichtigen.

Artikel 11 Rechts-, Geschäfts- und Handlungsunfähigkeit

Bei einem zwischen Personen, die sich in demselben Staat befinden, geschlossenen Vertrag kann sich eine natürliche Person, die nach dem Recht dieses Staates rechts-, geschäfts- und handlungsfähig wäre, nur dann auf ihre aus dem Recht eines anderen Staates abgeleitete Rechts-, Geschäfts- und Handlungsunfähigkeit berufen, wenn der andere Vertragsteil bei Vertragsabschluss diese Rechts-, Geschäfts- und Handlungsunfähigkeit kannte oder infolge Fahrlässigkeit nicht kannte.

Artikel 12 Übertragung der Forderung

(1) Für die Verpflichtungen zwischen Zedent und Zessionar einer Forderung ist das Recht maßgebend, das nach diesem Übereinkommen auf den Vertrag zwischen ihnen anzuwenden ist.

(2) Das Recht, dem die übertragene Forderung unterliegt, bestimmt ihre Übertragbarkeit, das Verhältnis zwischen Zessionar und Schuldner, die Voraussetzungen, unter denen die Übertragung dem Schuldner entgegengehalten werden kann, und die befreiende Wirkung einer Leistung durch den Schuldner.

Artikel 13 Gesetzlicher Forderungsübergang

(1) Hat eine Person, der Gläubiger, eine vertragliche Forderung gegen eine andere Person, den Schuldner, so hat ein Dritter die Verpflichtung, den Gläubiger zu befriedigen, oder befriedigt er den Gläubiger aufgrund dieser Verpflichtung, so bestimmt das für die Verpflichtung des Dritten maßgebende Recht, ob der Dritte die Forderung des Gläubigers gegen den Schuldner gemäß dem für deren Beziehungen maßgebenden Recht ganz oder zu einem Teil geltend zu machen berechtigt ist.

(2) Dies gilt auch, wenn mehrere Personen dieselbe vertragliche Forderung zu erfüllen haben und der Gläubiger von einer dieser Personen befriedigt worden ist.

Artikel 14 Beweis

(1) Das nach diesem Übereinkommen für den Vertrag maßgebende Recht ist insoweit anzuwenden, als es für vertragliche Schuldverhältnisse gesetzliche Vermutungen aufstellt oder die Beweislast verteilt.

(2) Zum Beweis eines Rechtsgeschäfts sind alle Beweisarten der lex fori oder eines jener in Artikel 9 bezeichneten Rechte, nach denen das Rechtsgeschäft formgültig ist,

zulässig, sofern der Beweis in dieser Art vor dem angerufenen Gericht erbracht werden kann.

Artikel 15 Ausschluss der Rück- und Weiterverweisung

Unter dem nach diesem Übereinkommen anzuwendenden Recht eines Staates sind die in diesem Staat geltenden Rechtsnormen unter Ausschluss derjenigen des internationalen Privatrechts zu verstehen.

Artikel 16 Öffentliche Ordnung

Die Anwendung einer Norm des nach diesem Übereinkommen bezeichneten Rechts kann nur versagt werden, wenn dies offensichtlich mit der öffentlichen Ordnung des Staates des angerufenen Gerichtes unvereinbar ist.

Artikel 17 Ausschluss der Rückwirkung

Dieses Übereinkommen ist in einem Vertragsstaat auf Verträge anzuwenden, die geschlossen worden sind, nachdem das Übereinkommen für diesen Staat in Kraft getreten ist.

Artikel 18 Einheitliche Auslegung

Bei der Auslegung und Anwendung der vorstehenden einheitlichen Vorschriften ist ihrem internationalen Charakter und dem Wunsch Rechnung zu tragen, eine einheitliche Auslegung und Anwendung dieser Vorschriften zu erreichen.

Artikel 19 Staaten ohne einheitliche Rechtsordnung

(1) Umfasst ein Staat mehrere Gebietseinheiten, von denen jede für vertragliche Schuldverhältnisse ihre eigenen Rechtsnormen hat, so gilt für die Bestimmung des nach diesem Übereinkommen anzuwendenden Rechts jede Gebietseinheit als Staat.

(2) Ein Staat, in dem verschiedene Gebietseinheiten ihre eigenen Rechtsnormen für vertragliche Schuldverhältnisse haben, ist nicht verpflichtet, dieses Übereinkommen auf Kollisionen zwischen den Rechtsverordnungen dieser Gebietseinheiten anzuwenden.

Artikel 20 Vorrang des Gemeinschaftsrechts

Dieses Übereinkommen berührt nicht die Anwendung der Kollisionsnormen für vertragliche Schuldverhältnisse auf besonderen Gebieten, die in Rechtsakten der Organe der Europäischen Gemeinschaften oder in dem in Ausführung dieser Akte harmonisierten innerstaatlichen Recht enthalten sind oder enthalten sein werden.

Artikel 21 Verhältnis zu anderen Übereinkommen

Dieses Übereinkommen berührt nicht die Anwendung internationaler Übereinkommen, denen ein Vertragsstaat angehört oder angehören wird.

Artikel 22 Vorbehalte

(1) Jeder Vertragsstaat kann sich bei der Unterzeichnung, der Ratifizierung, der Annahme oder der Zustimmung das Recht vorbehalten, folgende Bestimmungen nicht anzuwenden:

a) Artikel 7 Absatz 1,

b) Artikel 10 Absatz 1 Buchstabe e).

(2) *[Absatz 2 gestrichen gemäß Artikel 2 Nummer 1 des Beitrittsübereinkommens von 1992.]*

(3) Jeder Vertragsstaat kann jederzeit einen von ihm eingelegten Vorbehalt zurückziehen; der Vorbehalt wird am ersten Tag des dritten Kalendermonats nach Notifizierung der Rücknahme unwirksam.

Titel III Schlussvorschriften

Artikel 23

(1) Wünscht ein Vertragsstaat, nachdem dieses Übereinkommen für ihn in Kraft getreten ist, eine neue Kollisionsnorm für eine bestimmte Gruppe von Verträgen einzuführen, die in den Anwendungsbereich des Übereinkommens fallen, so teilt er seine Absicht den anderen Unterzeichnerstaaten über den Generalsekretär des Rates der Europäischen Gemeinschaften mit.

(2) Innerhalb von sechs Monaten nach der Mitteilung an den Generalsekretär des Rates kann jeder Unterzeichnerstaat bei diesem beantragen, Konsultationen mit den Unterzeichnerstaaten einzuleiten, um zu einem Einvernehmen zu gelangen.

(3) Hat innerhalb dieser Frist kein Unterzeichnerstaat Konsultationen beantragt oder haben die Konsultationen innerhalb von zwei Jahren nach Mitteilung an den Generalsekretär des Rates nicht zu einem Einvernehmen geführt, so kann der betreffende Vertragsstaat sein Recht ändern. Die von diesem Staat getroffene Maßnahme wird den anderen Unterzeichnerstaaten über den Generalsekretär des Rates der Europäischen Gemeinschaften zur Kenntnis gebracht.

Artikel 24

(1) Wünscht ein Vertragsstaat, nachdem dieses Übereinkommen für ihn in Kraft getreten ist, einem mehrseitigen Übereinkommen beizutreten, dessen Hauptziel oder eines seiner Hauptziele eine international-privatrechtliche Regelung auf einem der Gebiete dieses Übereinkommens ist, so findet das Verfahren des Artikels 23 Anwendung. Jedoch wird die in Artikel 23 Absatz 3 vorgesehene Frist von zwei Jahren auf ein Jahr verkürzt.

(2) Das in Absatz 1 bezeichnete Verfahren braucht nicht befolgt zu werden, wenn ein Vertragsstaat oder eine der Europäischen Gemeinschaften dem mehrseitigen Übereinkommen bereits angehört oder wenn sein Zweck darin besteht, ein Übereinkom-

men zu revidieren, dem der betreffende Staat angehört, oder wenn es sich um ein im Rahmen der Verträge zur Gründung der Europäischen Gemeinschaften geschlossenes Übereinkommen handelt.

Artikel 25

Ist ein Vertragsstaat der Auffassung, dass die durch dieses Übereinkommen erzielte Rechtsvereinheitlichung durch den Abschluss anderer als in Artikel 24 Absatz 1 bezeichneter Übereinkommen gefährdet ist, so kann dieser Staat beim Generalsekretär des Rates der Europäischen Gemeinschaften beantragen, Konsultationen zwischen den Unterzeichnerstaaten dieses Übereinkommens einzuleiten.

Artikel 26

Jeder Vertragsstaat kann die Revision dieses Übereinkommens beantragen. In diesem Fall beruft der Präsident des Rates der Europäischen Gemeinschaften eine Revisionskonferenz ein.

Artikel 27

[Artikel 27 gestrichen gemäß Artikel 2 Nummer 1 des Beitrittsübereinkommens von 1992.]

Artikel 28

(1) Dieses Übereinkommen liegt vom 19. Juni 1980 an für die Vertragsstaaten des Vertrages zur Gründung der Europäischen Wirtschaftsgemeinschaft zur Unterzeichnung auf.

(2) Dieses Übereinkommen bedarf der Ratifizierung, Annahme oder Zustimmung durch die Unterzeichnerstaaten. Die Urkunden über die Ratifizierung, Annahme oder Zustimmung werden beim Generalsekretär des Rates der Europäischen Gemeinschaften hinterlegt.

[Die Ratifizierung der Beitrittsübereinkommen ist in den folgenden Bestimmungen dieser Übereinkommen geregelt:

– hinsichtlich des Beitrittsübereinkommens von 1984 in Artikel 3 desselben Übereinkommens, der wie folgt lautet:

„*Artikel 3*

Dieses Übereinkommen bedarf der Ratifizierung durch die Unterzeichnerstaaten. Die Ratifikationsurkunden werden beim Generalsekretär des Rates der Europäischen Gemeinschaften hinterlegt.";

– hinsichtlich des Beitrittsübereinkommens von 1992 in Artikel 4 desselben Übereinkommens, der wie folgt lautet:

„*Artikel 4*

Dieses Übereinkommen bedarf der Ratifizierung durch die Unterzeichnerstaaten. Die Ratifikationsurkunden werden beim Generalsekretariat des Rates der Europäischen Gemeinschaften hinterlegt. ";

– hinsichtlich des Beitrittsübereinkommens von 1996 in Artikel 5 desselben Übereinkommens, der wie folgt lautet:

„Artikel 5

Dieses Übereinkommen bedarf der Ratifikation durch die Unterzeichnerstaaten. Die Ratifikationsurkunden werden beim Generalsekretär des Rates der Europäischen Union hinterlegt."]

Artikel 29

(1) Dieses Übereinkommen tritt am ersten Tag des dritten Monats in Kraft, der auf die Hinterlegung der siebten Urkunde über die Ratifizierung, Annahme oder Zustimmung folgt.

(2) Das Übereinkommen tritt für jeden Unterzeichnerstaat, der später ratifiziert, annimmt oder zustimmt, am ersten Tag des dritten Monats in Kraft, der auf die Hinterlegung seiner Urkunde über die Ratifizierung, Annahme oder Zustimmung folgt.

[Das Inkrafttreten der Beitrittsübereinkommen ist in den folgenden Bestimmungen dieser Übereinkommen geregelt:

– hinsichtlich des Beitrittsübereinkommens von 1984 in Artikel 4 desselben Übereinkommens, der wie folgt lautet:

„Artikel 4

Dieses Übereinkommen tritt für die Staaten, die es ratifiziert haben, am ersten Tag des dritten Monats in Kraft, der auf die Hinterlegung der letzten Ratifikationsurkunde durch die Republik Griechenland und sieben Staaten folgt, die das Übereinkommen über das auf vertragliche Schuldverhältnisse anzuwendende Recht ratifiziert haben.

Für jeden Vertragsstaat, der das Übereinkommen später ratifiziert, tritt es am ersten Tag des dritten Monats in Kraft, welcher der Hinterlegung seiner Ratifikationsurkunde folgt. ";

– hinsichtlich des Beitrittsübereinkommens von 1992 in Artikel 5 desselben Übereinkommens, der wie folgt lautet:

„Artikel 5

Dieses Übereinkommen tritt für die Staaten, die es ratifiziert haben, am ersten Tag des dritten Monats in Kraft, der auf die Hinterlegung der letzten Ratifikationsurkunde durch das Königreich Spanien oder die Portugiesische Republik und einen der Staaten folgt, der das Übereinkommen über das auf vertragliche Schuldverhältnisse anzuwendende Recht ratifiziert hat.

Für jeden Vertragsstaat, der das Übereinkommen später ratifiziert, tritt es am ersten Tag des dritten Monats in Kraft, welcher der Hinterlegung seiner Ratifikationsurkunde folgt.";

– *hinsichtlich des Beitrittsübereinkommens von 1996 in Artikel 6 desselben Übereinkommens, der wie folgt lautet:*

„Artikel 6

(1) Dieses Übereinkommen tritt für die Staaten, die es ratifiziert haben, am ersten Tag des dritten Monats in Kraft, der auf die Hinterlegung der letzten Ratifikationsurkunde durch die Republik Österreich, die Republik Finnland oder das Königreich Schweden und durch einen Vertragsstaat folgt, der das Übereinkommen über das auf vertragliche Schuldverhältnisse anzuwendende Recht ratifiziert hat.

(2) Für jeden Vertragsstaat, der das Übereinkommen später ratifiziert, tritt es am ersten Tag des dritten Monats in Kraft, welcher der Hinterlegung seiner Ratifikationsurkunde folgt."]

Artikel 30

(1) Dieses Übereinkommen wird für zehn Jahre vom Zeitpunkt seines Inkrafttretens nach Artikel 29 Absatz 1 an geschlossen; dies gilt auch für die Staaten, für die es nach diesem Zeitpunkt in Kraft tritt.

(2) Vorbehaltlich einer Kündigung verlängert sich die Dauer dieses Übereinkommens stillschweigend jeweils um fünf Jahre.

(3) Die Kündigung ist dem Generalsekretär des Rates der Europäischen Gemeinschaften mindestens sechs Monate vor Ablauf der zehnjährigen oder fünfjährigen Frist zu notifizieren *[Satz gestrichen gemäß dem Übereinkommen von 1992.].*

(4) Die Kündigung hat nur Wirkung gegenüber dem Staat, der sie notifiziert hat. Für die anderen Vertragsstaaten bleibt das Übereinkommen in Kraft.

Artikel 31

Der Generalsekretär des Rates der Europäischen Gemeinschaften notifiziert den Vertragsstaaten des Vertrages zur Gründung der Europäischen Wirtschaftsgemeinschaft

a) die Unterzeichnungen,

b) die Hinterlegung jeder Urkunde über die Ratifizierung, Annahme oder Zustimmung,

c) den Tag, an dem dieses Übereinkommen in Kraft tritt,

d) die Mitteilung gemäß den Artikeln 23, 24, 25, 26 und 30 *[Buchstabe d) geändert gemäß dem Beitrittsübereinkommen von 1992.],*

e) die Vorbehalte und deren Rücknahme gemäß Artikel 22.

5. Abschnitt. Schuldrecht.
1. Unterabschnitt. Vertragliche Schuldverhältnisse

[Die Notifikation betreffend die Beitrittsübereinkommen ist in den folgenden Bestimmungen dieser Übereinkommen geregelt:

– hinsichtlich des Beitrittsübereinkommens von 1984 in Artikel 5 desselben Übereinkommens, der wie folgt lautet:

„Artikel 5

Der Generalsekretär des Rates der Europäischen Gemeinschaften notifiziert den Unterzeichnerstaaten

a) die Hinterlegung jeder Ratifikationsurkunde;

b) die Tage, an denen dieses Übereinkommen für die Vertragsstaaten in Kraft tritt. ";

– hinsichtlich des Beitrittsübereinkommens von 1992 in Artikel 6 desselben Übereinkommens, der wie folgt lautet:

„Artikel 6

Der Generalsekretär des Rates der Europäischen Gemeinschaften notifiziert den Unterzeichnerstaaten

a) die Hinterlegung jeder Ratifikationsurkunde;

b) die Tage, an denen dieses Übereinkommen für die Vertragsstaaten in Kraft tritt. ";

– hinsichtlich des Beitrittsübereinkommens von 1996 in Artikel 7 desselben Übereinkommens, der wie folgt lautet:

„Artikel 7

Der Generalsekretär des Rates der Europäischen Union notifiziert den Unterzeichnerstaaten

a) die Hinterlegung jeder Ratifikationsurkunde;

b) die Tage, an denen dieses Übereinkommen für die Vertragsstaaten in Kraft tritt."]

Artikel 32

Das im Anhang enthaltene Protokoll ist Bestandteil des Übereinkommens.

Artikel 33

Dieses Übereinkommen ist in einer Urschrift in dänischer, deutscher, englischer, französischer, irischer, italienischer und niederländischer Sprache abgefasst, wobei jeder Wortlaut gleichermassen verbindlich ist; es wir im Archiv des Generalsekretariats des Rates der Europäischen Gemeinschaften hinterlegt. Der Generalsekretär übermittelt der Regierung jedes Unterzeichnerstaats eine beglaubigte Abschrift.

[Die Aufzählung der verbindlichen Wortlaute der Beitrittsübereinkommen ergibt sich aus folgenden Bestimmungen dieser Übereinkommen:

– hinsichtlich des Beitrittsübereinkommens von 1984 aus den Artikeln 2 und 6 desselben Übereinkommens, die wie folgt lauten:

„Artikel 2

Der Generalsekretär des Rates der Europäischen Gemeinschaften übermittelt der Regierung der Republik Griechenland je eine beglaubigte Abschrift des Übereinkommens über das auf vertragliche Schuldverhältnisse anzuwendende Recht in dänischer, deutscher, englischer, französischer, irischer, italienischer und niederländischer Sprache.

Der griechische Wortlaut des Übereinkommens über das auf vertragliche Schuldverhältnisse anzuwendende Recht ist dem vorliegenden Übereinkommen beigefügt. Der griechische Wortlaut ist gleichermassen verbindlich wie die anderen Fassungen des Übereinkommens über das auf vertragliche Schuldverhältnisse anzuwendende Recht."

„Artikel 6

Dieses Übereinkommen ist in einer Urschrift in dänischer, deutscher, englischer, französischer, griechischer, irischer, italienischer und niederländischer Sprache abgefasst, wobei jeder Wortlaut gleichermassen verbindlich ist; es wird im Archiv des Generalsekretariats des Rates der Europäischen Gemeinschaften hinterlegt. Der Generalsekretär übermittelt der Regierung jedes Unterzeichnerstaats eine beglaubigte Abschrift.";

– hinsichtlich des Beitrittsübereinkommens von 1992 aus den Artikeln 3 und 7 desselben Übereinkommens, die wie folgt lauten:

„Artikel 3

Der Generalsekretär des Rates der Europäischen Gemeinschaften übermittelt der Regierung des Königreichs Spanien und der Regierung der Portugiesischen Republik je eine beglaubigte Abschrift des Übereinkommens über das auf vertragliche Schuldverhältnisse anzuwendende Recht in dänischer, deutscher, englischer, französischer, griechischer, irischer, italienischer und niederländischer Sprache.

Der spanische und der portugiesische Wortlaut des Übereinkommens über das auf vertragliche Schuldverhältnisse anzuwendende Recht sind dem vorliegenden Übereinkommen als Anhänge I und II beigefügt. Der spanische und der portugiesische Wortlaut sind gleichermassen verbindlich wie die anderen Fassungen des Übereinkommens über das auf vertragliche Schuldverhältnisse anzuwendende Recht."

„Artikel 7

Dieses Übereinkommen ist in einer Urschrift in dänischer, deutscher, englischer, französischer, griechischer, irischer, italienischer, niederländischer, portugiesischer und spanischer Sprache abgefasst, wobei jeder Wortlaut gleichermassen verbindlich ist; es wird im Archiv des Generalsekretariats des Rates der Europäischen Gemeinschaften hinterlegt. Der Generalsekretär übermittelt der Regierung jedes Unterzeichnerstaats eine beglaubigte Abschrift.";

– hinsichtlich des Beitrittsübereinkommens von 1996 aus den Artikeln 4 und 8 desselben Übereinkommens, die wie folgt lauten:

„Artikel 4

(1) Der Generalsekretär des Rates der Europäischen Union übermittelt den Regierungen der Republik Österreich, der Republik Finnland und des Königreichs Schweden je eine beglaubigte Abschrift des Übereinkommens von 1980, des Übereinkommens von 1984, des Ersten Protokolls von 1988, des Zweiten Protokolls von 1988 und des Übereinkommens von 1992 in dänischer, deutscher, englischer, französischer, griechischer, irischer, italienischer, niederländischer, portugiesischer und spanischer Sprache.

(2) Der finnische und schwedische Wortlaut des Übereinkommens von 1980, des Übereinkommens von 1984, des Ersten Protokolls von 1988, des Zweiten Protokolls von 1988 und des Übereinkommens von 1992 sind gleichermassen verbindlich wie die anderen Wortlaute des Übereinkommens von 1980, des Übereinkommens von 1984, des Ersten und des Zweiten Protokolls von 1988 sowie des Übereinkommens von 1992."

„Artikel 8

Dieses Übereinkommen ist in einer Urschrift in dänischer, deutscher, englischer, finnischer, französischer, griechischer, irischer, italienischer, niederländischer, portugiesischer, schwedischer und spanischer Sprache abgefasst, wobei jeder Wortlaut gleichermassen verbindlich ist; es wird im Archiv des Generalsekretariats des Rates der Europäischen Union hinterlegt. Der Generalsekretär übermittelt der Regierung jedes Unterzeichnerstaats eine beglaubigte Abschrift."]

Zu Urkund dessen haben die hierzu gehörig befugten Unterzeichneten ihre Unterschriften unter dieses Übereinkommen gesetzt.

Geschehen zu Rom am neunzehnten Juni neunzehnhundertachtzig.

Protokoll

[Wortlaut geändert gemäß den Beitrittsübereinkommen von 1996.]

Die hohen Vertragsparteien haben folgende Bestimmung vereinbart, die dem Übereinkommen als Anhang beigefügt ist:

„Ungeachtet der Vorschriften des Übereinkommens können Dänemark, Schweden und Finnland ihre innerstaatlichen Vorschriften beibehalten, die das Recht betreffen, das auf Fragen im Zusammenhang mit der Güterbeförderung zur See anzuwenden ist, und diese Vorschriften ohne Einhaltung des Verfahrens des Artikels 23 des Übereinkommens von Rom ändern. Hierbei handelt es sich um die folgenden innerstaatlichen Vorschriften:

– in Dänemark, die §§ 252 und 321 Abschnitte 3 und 4 des ‚Sölov' (Schiffahrtsgesetz);

– in Schweden Kapitel 13 § 2 Absätze 1 und 2 sowie Kapitel 14 § 1 Absatz 3 des ‚Sjölagen' (Schiffahrtsgesetz);

– in Finnland Kapitel 13 § 2 Absätze 1 und 2 und Kapitel 14 § 1 Nummer 3 des ‚merilaki/sjölagen' (Schiffahrtsgesetz)."

Zu Urkund dessen haben die hierzu befugten Unterzeichneten ihre Unterschriften unter dieses Protokoll gesetzt.

Geschehen zu Rom am neunzehnten Juni neunzehnhundertachtzig.

Gemeinsame Erklärung

Die Regierung des Königreichs Belgien, des Königreichs Dänemark, der Bundesrepublik Deutschland, der Französischen Republik, Irlands, der Italienischen Republik, des Großherzogtums Luxemburg, des Königreichs der Niederlande und des Vereinigten Königreichs Großbritannien und Nordirland – im Augenblick der Unterzeichnung des Übereinkommens über das auf vertragliche Schuldverhältnisse anzuwendende Recht –

I. in dem Bestreben, die Aufteilung der Kollisionsnormen auf zahlreiche Rechtsinstrumente und Unterschiede zwischen diesen Normen soweit irgend möglich zu vermeiden, wünschen, dass sich die Organe der Europäischen Gemeinschaften in Ausübung der ihnen aufgrund der Verträge zur Gründung der Europäischen Gemeinschaften gegebenen Zuständigkeiten bemühen, gegebenenfalls Kollisionsnormen anzunehmen, die soweit wie möglich mit denen des Übereinkommens in Einklang stehen;

II. erklären ihre Absicht, von der Unterzeichnung des Übereinkommens an, solange sie nicht durch Artikel 24 des Übereinkommens gebunden sind, in den Fällen gegenseitige Konsultationen vorzunehmen, in denen einer der Unterzeichnerstaaten Vertragspartei eines Übereinkommens werden will, auf das das Verfahren des Artikels 24 Anwendung findet;

III. äussern in Erwägung des Beitrags, den das Übereinkommen über das auf vertragliche Schuldverhältnisse anzuwendende Recht zur Vereinheitlichung der Kollisionsnormen innerhalb der Europäischen Gemeinschaften leistet, die Ansicht, dass jeder Staat, der Mitglied der Europäischen Gemeinschaften wird, diesem Übereinkommen beitreten müsste.

Zu Urkund dessen haben die hierzu befugten Unterzeichneten ihre Unterschriften unter diese gemeinsame Erklärung gesetzt.

Geschehen zu Rom am neunzehnten Juni neunzehnhundertachtzig.

Gemeinsame Erklärung

Die Regierung des Königreichs Belgien, des Königreichs Dänemark, der Bundesrepublik Deutschland, der Französischen Republik, Irlands, der Italienischen Republik, des Großherzogtums Luxemburg, des Königreichs der Niederlande und des Vereinigten Königreichs Großbritannien und Nordirland –

im Augenblick der Unterzeichnung des Übereinkommens über das auf vertragliche Schuldverhältnisse anzuwendende Recht,

in dem Wunsch, eine möglichst wirksame Anwendung dieses Übereinkommens zu gewährleisten,

in dem Bestreben zu verhindern, dass durch unterschiedliche Auslegung die durch dieses Übereinkommen angestrebte Einheitlichkeit beeinträchtigt wird –

erklären sich bereit:

1. die Möglichkeit zu prüfen, dem Gerichtshof der Europäischen Gemeinschaften bestimmte Zuständigkeiten zu übertragen und gegebenenfalls über den Abschluss eines derartigen Übereinkommens zu verhandeln;

2. ihre Vertreter in regelmässigen Zeitabständen miteinander in Verbindung treten zu lassen.

Zu Urkund dessen haben die hierzu gehörig befugten Unterzeichneten ihre Unterschriften unter diese gemeinsame Erklärung gesetzt.

Geschehen zu Rom am neunzehnten Juni neunzehnhundertachtzig.

III. Protokolle zum EVÜ

1. Erstes Protokoll

a) Text des Protokolls
Erstes Protokoll betreffend die Auslegung des am 19. Juni 1980 in Rom zur Unterzeichnung aufgelegten Übereinkommens über das auf vertragliche Schuldverhältnisse anzuwendende Recht durch den Gerichtshof der Europäischen Gemeinschaften (Konsolidierte Fassung)

[ABl Nr L 048 vom 20.02. 1989 S 1–7]

DIE HOHEN VERTRAGSPARTEIEN DES VERTRAGES ZUR GRÜNDUNG DER EUROPÄISCHEN WIRTSCHAFTSGEMEINSCHAFT –

UNTER BEZUGNAHME AUF die Gemeinsame Erklärung im Anhang zu dem am 19. Juni 1980 in Rom

zur Unterzeichnung aufgelegten Übereinkommen über das auf vertragliche Schuldverhältnisse anzuwendende Recht –

HABEN BESCHLOSSEN, ein Protokoll zu schließen, durch das dem Gerichtshof der Europäischen Gemeinschaften bestimmte Zuständigkeiten zur Auslegung des genannten Übereinkommens übertragen werden, und haben zu diesem Zweck zu ihren Bevollmächtigten ernannt: *[Namen der Bevollmächtigten]*

DIESE im Rat der Europäischen Gemeinschaften vereinigten Bevollmächtigten sind nach Austausch ihrer in guter und gehöriger Form befundenen Vollmachten

WIE FOLGT ÜBEREINGEKOMMEN:

Artikel 1

Der Gerichtshof der Europäischen Gemeinschaften entscheidet über die Auslegung

a) des am 19. Juni 1980 in Rom zur Unterzeichnung aufgelegten Übereinkommens über das auf vertragliche Schuldverhältnisse anzuwendende Recht, im Folgenden als „Übereinkommen von Rom" bezeichnet,

b) der Übereinkommen über den Beitritt der Staaten zu dem Übereinkommen von Rom, die nach dem Tag Mitglieder der Europäischen Gemeinschaften geworden sind, an dem es zur Unterzeichnung aufgelegt wurde,

c) dieses Protokolls.

Artikel 2

Folgende Gerichte können eine Frage, die bei ihnen in einem schwebenden Verfahren aufgeworfen wird und sich auf die Auslegung von Regelungen bezieht, die in den in Artikel 1 genannten Übereinkünften enthalten sind, dem Gerichtshof zur Vorabentscheidung vorlegen, wenn sie eine Entscheidung darüber zum Erlass ihres Urteils für erforderlich halten:

a) – in Belgien:

la Cour de cassation/het Hof van Cassatie und le Conseil d'État/de Raad van State,

– in Dänemark:

Höjesteret,

– in der Bundesrepublik Deutschland:

die obersten Gerichtshöfe des Bundes,

– in Griechenland:

(der Areopag)

– in Spanien:

el Tribunal Supremo,

– in Frankreich:

la Cour de cassation und le Conseil d'État,

– in Irland:

the Supreme Court,

– in Italien:

la Corte suprema di cassazione und il Consiglio di Stato,

– in Luxemburg:

la Cour Supérieure de Justice siégeant comme Cour de Cassation,

– in den Niederlanden:

de Hoge Raad,

– in Portugal:

o Supremo Tribunal de Justiça und o Supremo Tribunal Administrativo,

– im Vereinigten Königreich:

the House of Lords und andere Gerichte, gegen deren Entscheidungen kein Rechtsmittel mehr möglich ist;

b) die Gerichte der Vertragsstaaten, sofern sie als Rechtsmittelinstanz entscheiden.

Artikel 3

(1) Die zuständige Stelle eines Vertragsstaats kann bei dem Gerichtshof beantragen, dass er zu einer Auslegungsfrage, die Regelungen betrifft, die in den in Artikel 1 genannten Übereinkünften enthalten sind, Stellung nimmt, wenn Entscheidungen von Gerichten dieses Staates der Auslegung widersprechen, die vom Gerichtshof oder in einer Entscheidung eines der in Artikel 2 angeführten Gerichte eines anderen Vertragsstaats gegeben wurde. Dieser Absatz gilt nur für rechtskräftige Entscheidungen.

(2) Die vom Gerichtshof auf einen derartigen Antrag gegebene Auslegung hat keine Wirkung auf die Entscheidungen, die den Anlass für den Antrag auf Auslegung bildeten.

(3) Den Gerichtshof können um eine Auslegung nach Absatz 1 die Generalstaatsanwälte bei den Kassationsgerichtshöfen der Vertragsstaaten oder jede andere von einem Vertragsstaat benannte Stelle ersuchen.

(4) Der Kanzler des Gerichtshofs stellt den Antrag den Vertragsstaaten, der Kommission und dem Rat der Europäischen Gemeinschaften zu, die binnen zwei Monaten nach dieser Zustellung beim Gerichtshof Schriftsätze einreichen oder schriftliche Erklärungen abgeben können.

(5) In dem in diesem Artikel vorgesehenen Verfahren werden Kosten weder erhoben noch erstattet.

Artikel 4

(1) Soweit dieses Protokoll nichts anderes bestimmt, gelten die Vorschriften des Vertrages zur Gründung der Europäischen Wirtschaftsgemeinschaft und des dem Vertrag beigefügten Protokolls über die Satzung des Gerichtshofs,

die anzuwenden sind, wenn der Gerichtshof im Wege der Vorabentscheidung zu entscheiden hat, auch für das Verfahren zur Auslegung der in Artikel 1 genannten Übereinkünfte.

(2) Die Verfahrensordnung des Gerichtshofs wird, soweit erforderlich, gemäß Artikel 188 des Vertrages zur Gründung der Europäischen Wirtschaftsgemeinschaft angepasst und ergänzt.

Artikel 5

Dieses Protokoll bedarf der Ratifikation durch die Unterzeichnerstaaten. Die Ratifikationsurkunden werden beim Generalsekretär des Rates der Europäischen Gemeinschaften hinterlegt.

Artikel 6

(1) Zu seinem Inkrafttreten bedarf dieses Protokoll der Ratifikation durch sieben Staaten, für die das Übereinkommen von Rom in Kraft ist. Dieses Protokoll tritt am ersten Tag des dritten Monats in Kraft, der auf die Hinterlegung der Ratifikationsurkunde durch denjenigen dieser Staaten folgt, der diese Förmlichkeit als letzter vornimmt. Tritt jedoch das am 19. Dezember 1988 in Brüssel geschlossene Zweite Protokoll zur Übertragung bestimmter Zuständigkeiten für die Auslegung des am 19. Juni 1980 in Rom zur Unterzeichnung aufgelegten Übereinkommens über das auf vertragliche Schuldverhältnisse anzuwendende Recht auf den Gerichtshof der Europäischen Gemeinschaften (1) zu einem späteren Zeitpunkt in Kraft, so tritt das vorliegende Protokoll ebenfalls am Tag des Inkrafttretens des Zweiten Protokolls in Kraft.

(2) Eine Ratifikation, die nach Inkrafttreten des vorliegenden Protokolls erfolgt, wird am ersten Tag des auf die Hinterlegung der Ratifikationsurkunde folgenden dritten Monats wirksam, sofern die Ratifikation, Annahme oder Genehmigung des Übereinkommens von Rom durch den betreffenden Staat wirksam geworden ist.

Artikel 7

Der Generalsekretär des Rates der Europäischen Gemeinschaften notifiziert den Unterzeichnerstaaten

a) die Hinterlegung jeder Ratifikationsurkunde,

b) den Tag, an dem dieses Protokoll in Kraft tritt,

c) die Benennungen nach Artikel 3 Absatz 3,

d) die Mitteilungen nach Artikel 8.

Artikel 8

Die Vertragsstaaten teilen dem Generalsekretär des Rates der Europäischen Gemeinschaften den Wortlaut ihrer gesetzlichen Vorschriften mit, die zu einer Änderung der Liste der in Artikel 2 Buchstabe a) bezeichneten Gerichte führen.

Artikel 9

Dieses Protokoll gilt so lange, wie das Übereinkommen von Rom nach seinem Artikel 30 in Kraft bleibt.

Artikel 10

Jeder Vertragsstaat kann eine Revision dieses Protokolls beantragen. In diesem Fall beruft der Präsident des Rates

der Europäischen Gemeinschaften eine Revisionskonferenz ein.

Artikel 11

Dieses Protokoll ist in einer Urschrift in dänischer, deutscher, englischer, französischer, griechischer, irischer, italienischer, niederländischer, portugiesischer und spanischer Sprache abgefasst, wobei jeder Wortlaut gleichermassen verbindlich ist; es wird im Archiv des Generalsekretariats des Rates der Europäischen Gemeinschaften hinterlegt. Der Generalsekretär übermittelt der Regierung jedes Unterzeichnerstaats eine beglaubigte Abschrift.

Geschehen zu Brüssel am neunzehnten Dezember neunzehnhundertachtundachtzig.

Für den Präsidenten der Bundesrepublik Deutschland

b)   Gemeinsame Erklärungen
aa) Gemeinsame Erklärung zum Informationsaustausch
Die Regierungen des Königreichs Belgien, des Königreichs Dänemark, der Bundesrepublik Deutschland, der Griechischen Republik, des Königreichs Spanien, der Französischen Republik, Irlands, der Italienischen Republik, des Großherzogtums

Luxemburg, des Königreichs der Niederlande, der Portugiesischen Republik und des Vereinigten Königreichs Großbritannien und Nordirland –

im Augenblick der Unterzeichnung des Ersten Protokolls über die Auslegung des am 19. Juni 1980 in Rom zur Unterzeichnung aufgelegten Übereinkommens über das auf vertragliche Schuldverhältnisse anzuwendende Recht durch den Gerichtshof der Europäischen Gemeinschaften,

in dem Wunsch, eine möglichst wirksame und einheitliche Anwendung des Übereinkommens zu gewährleisten –

erklären sich bereit, im Zusammenwirken mit dem Gerichtshof der Europäischen Gemeinschaften einen Austausch von Informationen über die rechtskräftigen Entscheidungen einzurichten, die von den in Artikel 2 des genannten Protokolls angeführten Gerichten in Anwendung des Übereinkommens über das auf vertragliche Schuldverhältnisse anzuwendende Recht erlassen worden sind. Der Informationsaustausch umfasst

– die Übermittlung der Entscheidungen der in Artikel 2 Buchstabe a) genannten Gerichte sowie der wichtigen Entscheidungen der in Artikel 2 Buchstabe b) genannten Gerichte durch die zuständigen innerstaatlichen Stellen an den Gerichtshof;

– die Klassifizierung und dokumentarische Auswertung dieser Entscheidungen durch den Gerichtshof, erforderlichenfalls einschließlich der Erstellung von Zusammenfassungen und Übersetzungen sowie der Veröffentlichung von besonders wichtigen Entscheidungen;

– die Übermittlung des dokumentarischen Materials durch den Gerichtshof an die zuständigen innerstaatlichen Stellen der Vertragsparteien des Protokolls sowie an die Kommission und den Rat der Europäischen Gemeinschaften.

Zu Urkund dessen haben die unterzeichneten Bevollmächtigten ihre Unterschrift unter diese Gemeinsame Erklärung gesetzt.

Geschehen zu Brüssel am neunzehnten Dezember neunzehnhundertachtundachtzig.

Für die Regierung der Bundesrepublik Deutschland

bb) Gemeinsame Erklärung zum Beitritt

B 5 Die Regierungen des Königreichs Belgien, des Königreichs Dänemark, der Bundesrepublik Deutschland, der Griechischen Republik, des Königreichs Spanien, der Französischen Republik, Irlands, der Italienischen Republik, des Großherzogtums Luxemburg, des Königreichs der Niederlande, der Portugiesischen Republik und des Vereinigten Königreichs Großbritannien und Nordirland –

im Augenblick der Unterzeichnung des Ersten Protokolls über die Auslegung des am 19. Juni 1980 in Rom zur Unterzeichnung aufgelegten Übereinkommens über das auf vertragliche Schuldverhältnisse anzuwendende Recht durch den Gerichtshof der Europäischen Gemeinschaften,

unter Bezugnahme auf die Gemeinsame Erklärung im Anhang zu dem Übereinkommen über das auf vertragliche Schuldverhältnisse anzuwendende Recht,

in dem Wunsch, eine möglichst wirksame und einheitliche Anwendung des Übereinkommens zu gewährleisten,

in dem Bestreben zu verhindern, dass durch unterschiedliche Auslegung die durch das Übereinkommen angestrebte Einheitlichkeit beeinträchtigt wird –

vertreten die Auffassung, dass jeder Staat, der Mitglied der Europäischen Gemeinschaften wird, diesem Protokoll beitreten sollte.

Zu Urkund dessen haben die unterzeichneten Bevollmächtigten ihre Unterschrift unter diese Gemeinsame Erklärung gesetzt.

Geschehen zu Brüssel am neunzehnten Dezember neunzehnhundertachtundachtzig.

Für die Regierung der Bundesrepublik Deutschland

2. Zweites Protokoll

Zweites Protokoll zur Übertragung bestimmter Zuständigkeiten für die Auslegung des am 19. Juni 1980 in Rom zur Unterzeichnung aufgelegten Übereinkommens über das auf vertragliche Schuldverhältnisse anzuwendende Recht auf den Gerichtshof der Europäischen Gemeinschaften (Konsolidierte Fassung)

[ABl Nr L 048 vom 20.02. 1989 S 17–22]

ZWEITES PROTOKOLL zur Übertragung bestimmter Zuständigkeiten für die Auslegung des am 19. Juni 1980 in Rom zur Unterzeichnung aufgelegten Übereinkommens über das auf vertragliche Schuldverhältnisse anzuwendende Recht auf den Gerichtshof der Europäischen Gemeinschaften (89/129/EWG)

DIE HOHEN VERTRAGSPARTEIEN DES VERTRAGES ZUR GRÜNDUNG DER EUROPÄISCHEN WIRTSCHAFTSGEMEINSCHAFT –

IN DER ERWÄGUNG, dass das am 19. Juni 1980 in Rom zur Unterzeichnung aufgelegte Übereinkommen über das auf vertragliche Schuldverhältnisse anzuwendende Recht, im Folgenden als „Übereinkommen von Rom" bezeichnet, nach der Hinterlegung der siebten Ratifikations-, Annahme- oder Genehmigungsurkunde in Kraft tritt,

IN DER ERWÄGUNG, dass zur einheitlichen Anwendung der mit dem Übereinkommen von Rom eingeführten Vorschriften ein Mechanismus erforderlich ist, der eine einheitliche Auslegung dieser Vorschriften gewährleistet, und dass es sich daher empfiehlt, dem Gerichtshof der Europäischen Gemeinschaften entsprechende Zuständigkeiten zu übertragen, noch bevor das Übereinkommen von Rom für alle Mitgliedstaaten der Europäischen Wirtschaftsgemeinschaft in Kraft ist,

HABEN BESCHLOSSEN, dieses Protokoll zu schließen, und haben zu diesem Zweck zu ihren Bevollmächtigten ernannt: *[Namen der Bevollmächtigten]*

DIESE im Rat der Europäischen Gemeinschaften vereinigten Bevollmächtigten sind nach Austausch ihrer in guter und gehöriger Form befundenen Vollmachten

WIE FOLGT ÜBEREINGEKOMMEN:

Artikel 1

(1) Der Gerichtshof der Europäischen Gemeinschaften besitzt für das Übereinkommen von Rom die Zuständigkeiten, die ihm durch das am 19. Dezember 1988 in Brüssel geschlossene Erste Protokoll betreffend die Auslegung des am 19. Juni 1980 in Rom zur Unterzeichnung aufgelegten Übereinkommens über das auf vertragliche Schuldverhältnisse anzuwendende Recht durch den Gerichtshof der Europäischen Gemeinschaften übertragen worden sind. Das Protokoll über die Satzung des Gerichtshofs der Europäischen Gemeinschaften und die Verfahrensordnung des Gerichtshofs sind anwendbar.

(2) Die Verfahrensordnung des Gerichtshofs wird, soweit erforderlich, gemäß Artikel 188 des Vertrages zur Gründung der Europäischen Wirtschaftsgemeinschaft angepasst und ergänzt.

Artikel 2

Dieses Protokoll bedarf der Ratifikation durch die Unterzeichnerstaaten. Die Ratifikationsurkunden werden beim

Generalsekretär des Rates der Europäischen Gemeinschaften hinterlegt.

Artikel 3

Dieses Protokoll tritt am ersten Tag des dritten Monats in Kraft, der auf die Hinterlegung der Ratifikationsurkunde durch denjenigen Unterzeichnerstaat folgt, der diese Förmlichkeit als letzter vornimmt.

Artikel 4

Dieses Protokoll ist in einer Urschrift in dänischer, deutscher, englischer, französischer, griechischer, irischer, italienischer, niederländischer, portugiesischer und spanischer Sprache abgefasst, wobei jeder Wortlaut gleichermassen verbindlich ist; es wird im Archiv des Generalsekretariats des Rates der Europäischen Gemeinschaften hinterlegt. Der Generalsekretär übermittelt der Regierung jedes Unterzeichnerstaats eine beglaubigte Abschrift.

Zu Urkund dessen haben die unterzeichneten Bevollmächtigten ihre Unterschrift unter dieses Protokoll gesetzt.

Geschehen zu Brüssel am neunzehnten Dezember neunzehnhundertachtundachtzig.

Für den Präsidenten der Bundesrepublik Deutschland

3. Das Vertragsgesetz zu den Protokollen zum EVÜ

Gesetz zu den Protokollen vom 19. Dezember 1988 betreffend die Auslegung des Übereinkommens vom 19. Juni 1980 über das auf vertragliche Schuldverhältnisse anzuwendende Recht durch den Gerichtshof der Europäischen Gemeinschaften sowie zur Übertragung bestimmter Zuständigkeiten für die Auslegung dieses Übereinkommens auf den Gerichtshof der Europäischen Gemeinschaften

[Vom 16. November 1995 (BGBl 1995 II 914)]

Artikel 1

Den folgenden in Brüssel am 19. Dezember 1988 von der Bundesrepublik Deutschland unterzeichneten Protokollen wird zugestimmt:

1. dem ersten Protokoll betreffend die Auslegung des am 19. Juni 1980 in Rom zur Unterzeichnung aufgelegten Übereinkommens über das auf vertragliche Schuldverhältnisse anzuwendende Recht (BGBl 1986 II S. 809) durch den Gerichtshof der Europäischen Gemeinschaften (im Folgenden: Erstes Protokoll);

2. dem Zweiten Protokoll zur Übertragung bestimmter Zuständigkeiten für die Auslegung des am 19. Juni 1980 in Rom zur Unterzeichnung aufgelegten Übereinkommens über das auf vertragliche Schuldverhältnisse anzuwendende Recht (BGBl 1986 II S. 809) durch den Gerichtshof der Europäischen Gemeinschaften (im Folgenden: Zweites Protokoll);

Die Protokolle werden nachstehend veröffentlicht.

Artikel 2

(1) In dem Vorlagebeschluss an den Gerichtshof zur Vorabentscheidung ist die zu klärende Auslegungsfrage darzulegen und

1. falls die Frage eine Regelung betrifft, die in einem Übereinkommen nach Artikel 1 des Ersten Protokolls enthalten und in das Einführungsgesetz zum Bürgerlichen Gesetzbuche übernommen worden ist, die zugrundeliegende Vorschrift des Übereinkommens zu bezeichnen,

2. in den übrigen Fällen die auszulegende Vorschrift eines der in Artikel 1 des Ersten Protokolls genannten Übereinkommen oder des Protokolls zu bezeichnen.

(2) Soweit dies zur Beurteilung der Auslegungsfrage erforderlich ist, ist der Sach- und Streitstand in gedrängter Form darzustellen.

Artikel 3

Das Bundesministerium der Justiz bestimmt die zuständige Stelle im Sinne des Artikels 3 des Ersten Protokolls.

Artikel 4

(1) Diese Gesetz tritt am Tage nach seiner Verkündigung in Kraft.

(2) Der Tag, an dem das Erste Protokoll nach seinem Artikel 6, und der Tag, an dem das Zweite Protokoll nach seinem Artikel 3 für die Bundesrepublik Deutschland in Kraft tritt, sind im Bundesgesetzblatt bekanntzugeben.

IV. Konsolidierte englische Fassung des EVÜ mit Protokoll und Erklärungen

B 8 Convention on the law applicable to contractual obligations opened for signature in Rome on 19 June 1980 (consolidated version)

[OJ C 27 26. 01. 1998 p 34 – 46]

[Official preliminary note

The signing on 29 November 1996 of the Convention on the accession of the Republic of Austria, the Republic of Finland and the Kingdom of Sweden to the Rome Convention on the law applicable to contractual obligations and to the two Protocols on its interpretation by the Court of Justice has made it desirable to produce a consolidated version of the Rome convention and of those two Protocols.

These texts are accompanied by three Declarations, one made in 1980 with regard to the need for consistency between measures to be adopted on choice-of-law rules by the Community and those under the Convention, a second, also made in 1980, on the interpretation of the Convention by the Court of Justice and a third, made in 1996, concerning compliance with the procedure provided for in Article 23 of the Rome Convention as regards carriage of goods by sea.

The text printed in this edition was drawn up by the General Secretariat of the Council, in whose archives the originals of the instruments concerned are deposited. It should be noted, however, that this text has no binding force. The official texts of the instruments consolidated are to be found in ... Official Journals.]

Preamble

THE HIGH CONTRACTING PARTIES to the Treaty establishing the European Economic Community,

ANXIOUS to continue in the field of private international law the work of unification of law which has already been done within the Community, in particular in the field of jurisdiction and enforcement of judgements,

WISHING to establish uniform rules concerning the law applicable to contractual obligations,

HAVE AGREED AS FOLLOWS:

Title I Scope of the convention

Article 1 Scope of the Convention

1. The rules of this Convention shall apply to contractual obligations in any situation involving a choice between the laws of different countries.

2. They shall not apply to:

(a) questions involving the status or legal capacity of natural persons, without prejudice to Article 11;

(b) contractual obligations relating to:

– wills and succession,

– rights in property arising out of a matrimonial relationship,

– rights and duties arising out of a family relationship, parentage, marriage or affinity, including maintenance obligations in respect of children who are not legitimate;

(c) obligations arising under bills of exchange, cheques and promissory notes and other negotiable instruments to the extent that the obligations under such other negotiable instruments arise out of their negotiable character;

(d) arbitration agreements and agreements on the choice of court;

(c) questions governed by the law of companies and other bodies corporate or unincorporate such as the creation, by registration or otherwise, legal capacity, internal organization or winding up of companies and other bodies corporate or unincorporate and the personal liability of officers and members as such for the obligations of the company or body;

(f) the question whether an agent is able to bind a principal, or an organ to bind a company or body corporate or unincorporate, to a third party;

(g) the constitution of trusts and the relationship between settlors, trustees and beneficiaries;

(h) evidence and procedure, without prejudice to Article 14.

3. The rules of this Convention do not apply to contracts of insurance which cover risks situated in the territories of the Member States of the European Economic Community. In order to determine whether a risk is situated in those territories the court shall apply its internal law.

4. The proceeding paragraph does not apply to contracts of re-insurance.

Article 2 Application of law of non-contracting States

Any law specified by this Convention shall be applied whether or not it is the law of a Contracting State.

Title II Uniform Rules

Article 3 Freedom of choice

1. A contract shall be governed by the law chosen by the parties. The choice must be expressed or demonstrated with reasonable certainty by the terms of the contract or the circumstances of the case. By their choice the parties can select the law applicable to the whole or a part only of the contract.

2. The parties may at any time agree to subject the contract to a law other than that which previously governed it, whether as a result of an earlier choice under this Article or of other provisions of this Convention. Any variation by the parties of the law to be applied made after the conclusion of the contract shall not prejudice its formal validity under Article 9 or adversely affect the rights of third parties.

3. The fact that the parties have chosen a foreign law, whether or not accompanied by the choice of a foreign tribunal, shall not, where all the other elements relevant to the situation at the time of the choice are connected with one country only, prejudice the application of rules of the law at the country which cannot be derogated from by contract, hereinafter called ‚mandatory rules'.

4. The existence and validity of the consent of the parties as to the choice of the applicable law shall be determined in accordance with the provisions of Articles 8, 9 and 11.

Article 4 Applicable law in the absence of choice

1. To the extent that the law applicable to the contract has not been chosen in accordance with Article 3, the contract shall be governed by the law of the country with which it is most closely connected. Nevertheless, a separable part of the contract which has a closer connection with another country may by way of exception be governed by the law of that other country.

2. Subject to the provisions of paragraph 5 of this Article, it shall be presumed that the contract is most closely connected with the country where the party who is to effect the performance which is characteristic of the contract has, at the time of conclusion of the contract, his habitual residence, or, in the case of a body corporate or unin-

corporate, its central administration. However, if the contract is entered into in the course of that party's trade or profession, that country shall be the country in which the principal place of business is situated or, where under the terms of the contract the performance is to be effected through a place of business other than the principal place of business, the country in which that other place of business is situated.

3. Notwithstanding the provisions of paragraph 2 of this Article, to the extent that the subject matter of the contract is a right in immovable property or a right to use immovable property it shall be presumed that the contract is most closely connected with the country where the immovable property is situated.

4. A contract for the carriage of goods shall not be subject to the presumption in paragraph 2. In such a contract if the country in which, at the time the contract is concluded, the carrier has his principal place of business is also the country in which the place of loading or the place of discharge or the principal place of business of the consignor is situated, it shall be presumed that the contract is most closely connected with that country. In applying this paragraph single voyage charter-parties and other contracts the main purpose of which is the carriage of goods shall be treated as contracts for the carriage of goods.

5. Paragraph 2 shall not apply if the characteristic performance cannot be determined, and the presumptions in paragraphs 2, 3 and 4 shall be disregarded if it appears from the circumstances as a whole that the contract is more closely connected with another country.

Article 5 Certain consumer contracts

1. This Article applies to a contract the object of which is the supply of goods or services to a person (‚the consumer') for a purpose which can be regarded as being outside his trade or profession, or a contract for the provision of credit for that object.

2. Notwithstanding the provisions of Article 3, a choice of law made by the parties shall not have the result of depriving the consumer of the protection afforded to him by the mandatory rules of the law of the country in which he has his habitual residence:

– if in that country the conclusion of the contract was preceded by a specific invitation addressed to him or by advertising, and he had taken in that country all the steps necessary on his part for the conclusion of the contract, or

– if the other party or his agent received the consumer's order in that country, or

– if the contract is for the sale of goods and the consumer travelled from that country to another country and there gave his order, provided that the consumer's journey was arranged by the seller for the purpose of inducing the consumer to buy.

3. Notwithstanding the provisions of Article 4, a contract to which this Article applies shall, in the absence of choice in accordance with Article 3, be governed by the law of

the country in which the consumer has his habitual residence if it is entered into in the circumstances described in paragraph 2 of this Article.

4. This Article shall not apply to:

(a) a contract of carriage;

(b) a contract for the supply of services where the services are to be supplied to the consumer exclusively in a country other than that in which he has his habitual residence.

5. Notwithstanding the provisions of paragraph 4, this Article shall apply to a contract which, for an inclusive price, provides for a combination of travel and accommodation.

Article 6 Individual employment contracts

1. Notwithstanding the provisions of Article 3, in a contract of employment a choice of law made by the parties shall not have the result of depriving the employee of the protection afforded to him by the mandatory rules of the law which would be applicable under paragraph 2 in the absence of choice.

2. Notwithstanding the provisions of Article 4, a contract of employment shall, in the absence of choice in accordance with Article 3, be governed:

(a) by the law of the country in which the employee habitually carries out his work in performance of the contract, even if he is temporarily employed in another country; or

(b) if the employee does not habitually carry out his work in any one country, by the law of the country in which the place of business through which he was engaged is situated;

unless it appears from the circumstances as a whole that the contract is more closely connected with another country, in which case the contract shall be governed by the law of that country.

Article 7 Mandatory rules

1. When applying under this Convention the law of a country, effect may be given to the mandatory rules of the law of another country with which the situation has a close connection, if and in so far as, under the law of the latter country, those rules must be applied whatever the law applicable to the contract. In considering whether to give effect to these mandatory rules, regard shall be had to their nature and purpose and to the consequences of their application or non-application.

2. Nothing in this Convention shall restrict the application of the rules of the law of the forum in a situation where they are mandatory irrespective of the law otherwise applicable to the contract.

Article 8 Material validity

1. The existence and validity of a contract, or of any term of a contract, shall be determined by the law which would govern it under this Convention if the contract or term were valid.

2. Nevertheless a party may rely upon the law of the country in which he has his habitual residence to establish that he did not consent if it appears from the circumstances that it would not be reasonable to determine the effect of his conduct in accordance with the law specified in the preceding paragraph.

Article 9 Formal validity

1. A contract concluded between persons who are in the same country is formally valid if it satisfies the formal requirements of the law which governs it under this Convention or of the law of the country where it is concluded.

2. A contract concluded between persons who are in different countries is formally valid if it satisfies the formal requirements of the law which governs it under this Convention or of the law of one of those countries.

3. Where a contract is concluded by an agent, the country in which the agent acts is the relevant country for the purposes of paragraphs 1 and 2.

4. An act intended to have legal effect relating to an existing or contemplated contract is formally valid if it satisfies the formal requirements of the law which under this Convention governs or would govern the contract or of the law of the country where the act was done.

5. The provisions of the preceding paragraphs shall not apply to a contract to which Article 5 applies, concluded in the circumstances described in paragraph 2 of Article 5. The formal validity of such a contract is governed by the law of the country in which the consumer has his habitual residence.

6. Notwithstanding paragraphs 1 to 4 of this Article, a contract the subject matter of which is a right in immovable property or a right to use immovable property shall be subject to the mandatory requirements of form of the law of the country where the property is situated if by that law those requirements are imposed irrespective of the country where the contract is concluded and irrespective of the law governing the contract.

Article 10 Scope of applicable law

1. The law applicable to a contract by virtue of Articles 3 to 6 and 12 of this Convention shall govern in particular:

(a) interpretation;

(b) performance;

(c) within the limits of the powers conferred on the court by its procedural law, the consequences of breach, including the assessment of damages in so far as it is governed by rules of law;

(d) the various ways of extinguishing obligations, and prescription and limitation of actions;

(e) the consequences of nullity of the contract.

2. In relation to the manner of performance and the steps to be taken in the event of defective performance regard shall be had to the law of the country in which performance takes place.

Article 11 Incapacity

In a contract concluded between persons who are in the same country, a natural person who would have capacity under the law of that country may invoke his incapacity resulting from another law only if the other party to the contract was aware of this incapacity at the time of the conclusion of the contract or was not aware thereof as a result of negligence.

Article 12 Voluntary assignment

1. The mutual obligations of assignor and assignee under a voluntary assignment of a right against another person ('the debter') shall be governed by the law which under this Convention applies to the contract between the assignor and assignee.

2. The law governing the right to which the assignment relates shall determine its assignability, the relationship between the assignee and the debtor, the conditions under which the assignment can be invoked against the debtor and any question whether the debtor's obligations have been discharged.

Article 13 Subrogation

1. Where a person ('the creditor') has a contractual claim upon another ('the debtor'), and a third person has a duty to satisfy the creditor, or has in fact satisfied the creditor in discharge of that duty, the law which governs the third person's duty to satisfy the creditor shall determine whether the third person is entitled to exercise against the debtor the rights which the creditor had against the debtor under the law governing their relationship and, if so, whether he may do so in full or only to a limited extent.

2. The same rule applies where several persons are subject to the same contractual claim and one of them has satisfied the creditor.

Article 14 Burden of proof, etc.

1. The law governing the contract under this Convention applies to the extent that it contains, in the law of contract, rules which raise presumptions of law or determine the burden of proof.

2. A contract or an act intended to have legal effect may be proved by any mode of proof recognized by the law of the forum or by any of the laws referred to in Article 9 under which that contract or act is formally valid, provided that such mode of proof can be administered by the forum.

Article 15 Exclusion of convoi

The application of the law of any country specified by this Convention means the application of the rules of law in force in that country other than its rules of private international law.

Article 16 ‚Ordre public'

The application of a rule of the law of any country specified by this Convention may be refused only if such application is manifestly incompatible with the public policy (‚ordre public') of the forum.

Article 17 No retrospective effect

This Convention shall apply in a Contracting State to contracts made after the date on which this Convention has entered into force with respect to that State.

Article 18 Uniform interpretation

In the interpretation and application of the preceding uniform rules, regard shall be had to their international character and to the desirability of achieving uniformity in their interpretation and application.

Article 19 States with more than one legal system

1. Where a State comprises several territorial units each of which has its own rules of law in respect of contractual obligations, each territorial unit shall be considered as a country for the purposes of identifying the law applicable under this Convention.

2. A State within which different territorial units have their own rules of law in respect of contractual obligations shall not be bound to apply this Convention to conflicts solely between the laws of such units.

Article 20 Precedence of Community law

This Convention shall not affect the application of provisions which, in relation to particular matters, lay down choice of law rules relating to contractual obligations and which are or will be contained in acts of the institutions of the European Communities or in national laws harmonized in implementation of such acts.

Article 21 Relationship with other conventions

This Convention shall not prejudice the application of international conventions to which a Contracting State is, or becomes, a party.

Article 22 Reservations

1. Any Contracting State may, at the time of signature, ratification, acceptance or approval, reserve the right not to apply:

(a) the provisions of Article 7 (1);

(b) the provisions of Article 10 (1) (e).

2. *[Paragraph deleted by Article 2 (1) of the 1992 Accession Convention.]*

3. Any Contracting State may at any time withdraw a reservation which it has made; the reservation shall cease to have effect on the first day of the third calendar month after notification of the withdrawal.

Title III Final Provisions

Article 23

1. If, after the date on which this Convention has entered into force for a Contracting State, that State wishes to adopt any new choice of law rule in regard to any particular category of contract within the scope of this Convention, it shall communicate its intention to the other signatory States through the Secretary-General of the Council of the European Communities.

2. Any signatory State may, within six months from the date of the communication made to the Secretary-General, request him to arrange consultations between signatory States in order to reach agreement.

3. If no signatory State has requested consultations within this period or if within two years following the communication made to the Secretary-General no agreement is reached in the course of consultations, the Contracting State concerned may amend its law in the manner indicated. The measures taken by that State shall be brought to the knowledge of the other signatory States through the Secretary-General of the Council of the European Communities.

Article 24

1. If, after the date on which this Convention has entered into force with respect to a Contracting State, that State wishes to become a party to a multilateral convention whose principal aim or one of whose principal aims is to lay down rules of private international law concerning any of the matters governed by this Convention, the procedure set out in Article 23 shall apply. However, the period of two years, referred to in paragraph 3 of that Article, shall be reduced to one year.

2. The procedure referred to in the preceding paragraph need not be followed if a Contracting State or one of the European Communities is already a party to the multilateral convention, or if its object is to revise a convention to which the State

concerned is already a party, or if it is a convention concluded within the framework of the Treaties establishing the European Communities.

Article 25

If a Contracting State considers that the unification achieved by this Convention is prejudiced by the conclusion of agreements not covered by Article 24 (1), that State may request the Secretary-General of the Council of the European Communities to arrange consultations between the signatory States of this Convention.

Article 26

Any Contracting State may request the revision of this Convention. In this event a revision conference shall be convened by the President of the Council of the European Communities.

Article 27

[Article deleted by Article 2 (1) of the 1992 Accession Convention.]

Article 28

1. This Convention shall be open from 19 June 1980 for signature by the States party to the Treaty establishing the European Economic Community.

2. This Convention shall be subject to ratification, acceptance or approval by the signatory States. The instruments of ratification, acceptance or approval shall be deposited with the Secretary-General of the Council of the European Communities.

[Ratification of the Accession Conventions is governed by the following provisions of those conventions:

– as regards the 1984 Accession Convention, by Article 3 of that Convention, which reads as follows:

‚Article 3

This Convention shall be ratified by the signatory States. The instruments of ratification shall be deposited with the Secretary-General of the Council of the European Communities.‘,

– as regards the 1992 Accession Convention, by Article 4 of that Convention, which reads as follows:

‚Article 4

This Convention shall be ratified by the signatory States. The instruments of ratification shall be deposited with the Secretary-General of the Council of the European Communities.‘,

– as regards the 1996 Accession Convention, by Article 5 of that Convention, which reads as follows:

'Article 5

This Convention shall be ratified by the signatory States. The instruments of ratification shall be deposited with the Secretary-General of the Council of the European Union.']

Article 29

1. This Convention shall enter into force on the first day of the third month following the deposit of the seventh instrument of ratification, acceptance or approval.

2. This Convention shall enter into force for each signatory State ratifying, accepting or approving at a later date on the first day of the third month following the deposit of its instrument of ratification, acceptance or approval.

[The entry into force of the Accession Conventions is governed by the following provisions of those Conventions:

– as regards the 1984 Accession Convention, by Article 4 of that Convention, which reads as follows:

'Article 4

This Convention shall enter into force, as between the States which have ratified it, on the first day of the third month following the deposit of the last instrument of ratification by the Hellenic Republic and seven States which have ratified the Convention on the law applicable to contractual obligations.

This Convention shall enter into force for each Contracting State which subsequently ratifies it on the first day of the third month following the deposit of its instrument of ratification.',

– as regards the 1992 Accession Convention, by Article 5 of that Convention which reads as follows:

'Article 5

This Convention shall enter into force, as between the States which have ratified it, on the first day of the third month following the deposit of the last instrument of ratification by the Kingdom of Spain or the Portuguese Republic and by one State which has ratified the Convention on the law applicable to contractual obligations.

This Convention shall enter into force for each Contracting State which subsequently ratifies it on the first day of the third month following the deposit of its instrument of ratification.',

– as regards the 1996 Accession Convention, by Article 6 of that Convention, which reads as follows:

'Article 6

1. This Convention shall enter into force, as between the States which have ratified it, on the first day of the third month following the deposit of the last instrument of ratification by the Republic of Austria, the Republic of Finland or the Kingdom of Sweden and by one Contracting State which has ratified the Convention on the law applicable to contractual obligations.

2. *This Convention shall enter into force for each Contracting State which subsequently ratifies it on the first day of the third month following the deposit of its instrument of ratification.'.]*

Article 30

1. This Convention shall remain in force for 10 years from the date of its entry into force in accordance with Article 29 (1), even for States for which it enters into force at a later date.

2. If there has been no denunciation it shall be renewed tacitly every five years.

3. A Contracting State which wishes to denounce shall, not less than six months before the expiration of the period of 10 or five years, as the case may be, give notice to the Secretary-General of the Council of the European Communities. Denunciation may be limited to any territory to which the Convention has been extended by a declaration under Article 27 (2) *[Phrase deleted by the 1992 Accession Convention.]*.

4. The denunciation shall have effect only in relation to the State which has notified it. The Convention will remain in force as between all other Contracting States.

Article 31

The Secretary-General of the Council of the European Communities shall notify the States party to the Treaty establishing the European Economic Community of:

(a) the signatures;

(b) deposit of each instrument of ratification, acceptance or approval;

(c) the date of entry into force of this Convention;

(d) communications made in pursuance of Articles 23, 24, 25, 26 and 30 *[Point (d) as amended by the 1992 Accession Convention.]*;

(e) the reservations and withdrawals of reservations referred to in Article 22.

[Notification concerning the Accession Convention is governed by the following provisions of those Conventions:

– as regards the 1984 Accession Convention, by Article 5 of that Convention, which reads as follows:

„Article 5

The Secretary-General of the Council of the European Communities shall notify Signatory States of:

(a) the deposit of each instrument of ratification;

(b) the dates of entry into force of this Convention for the Contracting States.',

– as regards the 1992 Accession Convention, by Article 6 of that Convention, which reads as follows:

‚Article 6

The Secretary-General of the Council of the European Communities shall notify the signatory States of:

(a) the deposit of each instrument of ratification;

(b) the dates of entry into force of this Convention for the Contracting States.',

– as regards the 1996 Accession Convention, by Article 7 of that Convention, which reads as follows:

‚Article 7

The Secretary-General of the Council of the European Union shall notify the signatory States of:

(a) the deposit of each instrument of ratification;

(b) the dates of entry into force of this Convention for the Contracting States.'.]

Article 32

The Protocol annexed to this Convention shall form an integral part thereof.

Article 33

This Convention, drawn up in a single original in the Danish, Dutch, English, French, German, Irish and Italian languages, these texts being equally authentic, shall be deposited in the archives of the Secretariat of the Council of the European Communities. The Secretary-General shall transmit a certified copy thereof to the Government of each signatory State.

[An indication of the authentic texts of the Accession Convention is to be found in the following provisions:

– as regards the 1984 Accession Convention, in Articles 2 and 6 of that Convention, which reads as follows:

‚Article 2

The Secretary-General of the Council of the European Communities shall transmit a certified copy of the Convention on the law applicable to contractual obligations in the Danish, Dutch, English, French, German, Irish and Italian languages to the Government of the Hellenic Republic.

The text of the Convention on the law applicable to contractual obligations in the Greek language is annexed hereto. The text in the Greek language shall be authentic under the same conditions as the other texts of the Convention on the law applicable to contractual obligations.'

5. Abschnitt. Schuldrecht.
1. Unterabschnitt. Vertragliche Schuldverhältnisse

Article 6

This Convention, drawn up in a single original in the Danish, Dutch, English, French, German, Greek, Irish and Italian languages, all eight texts being equally authentic, shall be deposited in the archives of the General Secretariat of the Council of the European Communities. The Secretary-General shall transmit a certified copy to the Government of each Signatory State.',

– as regards the 1992 Accession Convention, in Articles 3 and 7 of that Convention, which read as follows:

Article 3

The Secretary-General of the Council of the European Communities shall transmit a certified copy of the Convention on the law applicable to contractual obligations in the Danish, Dutch, English, French, German, Greek, Irish and Italian languages to the Governments of the Kingdom of Spain and the Portuguese Republic.

The text of the Convention on the law applicable to contractual obligations in the Portuguese and Spanish languages is set out in Annexes I and II to this Convention. The texts drawn up in the Portuguese and Spanish languages shall be authentic under the same conditions as the other texts of the Convention on the law applicable to contractual obligations.'

Article 7

This Convention, drawn up in a single original in the Danish, Dutch, English, French, German, Greek, Irish, Italian, Portuguese and Spanish languages, all texts being equally authentic, shall be deposited in the archives of the General Secretariat of the Council of the European Communities. The Secretary-General shall transmit a certified copy to the Government of each Signatory State.',

– as regards the 1996 Accession Convention, in Articles 4 and 8 of that Convention, which read as follows:

Article 4

1. The Secretary-General of the Council of the European Union shall transmit a certified copy of the Convention of 1980, the Convention of 1984, the First Protocol of 1988, the Second Protocol of 1988 and the Convention of 1992 in the Danish, Dutch, English, French, German, Greek, Irish, Italian, Spanish and Portuguese languages to the Governments of the Republic of Austria, the Republic of Finland and the Kingdom of Sweden.

2. The text of the Convention of 1980, the Convention of 1984, the First Protocol of 1988, the Second Protocol of 1988 and the Convention of 1992 in the Finnish and Swedish languages shall be authentic under the same conditions as the other texts of the Convention of 1980, the Convention of 1984, the First Protocol of 1988, the Second Protocol of 1988 and the Convention of 1992.'

Article 8

This Convention, drawn up in a single original in the Danish, Dutch, English, Finnish, French, German, Greek, Irish, Italian, Portuguese, Spanish and Swedish languages, all 12 texts being equally *authentic, shall be deposited in the archives of the General Secretariat of the Council of the European Union. The Secretary-General shall transmit a certified copy to the Government of each signatory State.']*

In witness whereof the undersigned, being duly authorized thereto, having signed this Convention.

Done at Rome on the nineteenth day of June in the year one thousand nine hundred and eighty.

[Signatures of the plenipotentiaries]

Protocol

[Text as amended by the 1996 Accession Convention.]

The High Contracting Parties have agreed upon the following provision which shall be annexed to the Convention:

‚Notwithstanding the provisions of the Convention, Denmark, Sweden and Finland may retain national provisions concerning the law applicable to questions relating to the carriage of goods by sea and may amend such provisions without following the procedure provided for in Article 23 of the Convention of Rome. The national provisions applicable in this respect are the following:

– in Denmark, paragraphs 252 and 321 (3) and (4) of the „Solov" (maritime law),

– in Sweden, Chapter 13, Article 2 (1) and (2), and Chapter 14, Article 1 (3), of „sjölagen" (maritime law),

– in Finland, Chapter 13, Article 2 (1) and (2), and Chapter 14, Article 1 (3), of „merilaki"/„sjölagen" (maritime law).'

In witness whereof the undersigned, being duly authorized thereto, have signed this Protocol.

Done at Rome on the nineteenth day of June in the year one thousand nine hundred and eighty.

[Signatures of the Plenipotentiaries]

Joint Declaration

At the time of the signature of the Convention on the law applicable to contractual obligations, the Governments of the Kingdom of Belgium, the Kingdom of Denmark, the Federal Republic of Germany, the French Republic, Ireland, the Italian Republic, the Grand Duchy of Luxembourg, the Kingdom of the Netherlands and the United Kingdom of Great Britain and Northern Ireland,

I. anxious to avoid, as far as possible, dispersion of choice of law rules among several instruments and differences between these rules, express the wish that the institutions of the European Communities, in the exercise of their powers under the Treaties by which they were established, will, where the need arises, endeavour to adopt choice of law rules which are as far as possible consistent with those of this Convention;

II. declare their intention as from the date of signature of this Convention until becoming bound by Article 24, to consult with each other if any one of the signatory States wishes to become a party to any convention to which the procedure referred to in Article 24 would apply;

III. having regard to the contribution of the Convention on the law applicable to contractual obligations to the unification of choice of law rules within the European Communities, express the view that any State which becomes a member of the European Communities should accede to this Convention.

In witness whereof the undersigned, being duly authorized thereto, have signed this Joint Declaration.

Done at Rome on the nineteenth day of June in the year one thousand nine hundred and eighty.

[Signatures of the Plenipotentiaries]

Joint Declaration

The Governments of the Kingdom of Belgium, the Kingdom of Denmark, the Federal Republic of Germany, the French Republic, Ireland, the Italian Republic, the Grand Duchy of Luxembourg, the Kingdom of the Netherlands and the United Kingdom of Great Britain and Northern Ireland,

On signing the Convention on the law applicable to contractual obligations;

Desiring to ensure that the Convention is applied as effectively as possible;

Anxious to prevent differences of interpretation of the Convention from impairing its unifying effect;

Declare themselves ready:

1. to examine the possibility of conferring jurisdiction in certain matters on the Court of Justice of the European Communities and, if necessary, to negotiate an agreement to this effect;

2. to arrange meetings at regular intervals between their representatives.

In witness whereof the undersigned, being duly authorized thereto, have signed this Joint Declaration.

Done at Rome on the nineteenth day of June in the year one thousand nine hundred and eighty.

[Signatures of the Plenipotentiaries]

V. Konsolidierte französische Fassung des EVÜ mit Protokoll und Erklärungen

B 9 Convention sur la loi applicable aux obligations contractuelles ouverte à la signature à Rome le 19 juin 1980 (version consolidée)

[Jo n° C 27 du 26.01. 1998 p 34–46]

[Note préliminaire officiel

La signature, le 29 novembre 1997, de la convention d'adhésion de la République d'Autriche, de la République de Finlande et du Royaume de Suède à la convention de Rome sur la loi applicable aux obligations contractuelles ainsi qu'aux deux protocoles concernant son interprétation par la Cour de justice a rendu souhaitable de procéder à une version codifiée de la convention de Rome et des deux protocoles précités.

Ces textes sont complétés par trois déclarations, l'une faite en 1980, ayant trait à l'harmonie à prévoir entre des mesures à adopter en termes de règles de conflit adoptées au niveau de la Communauté avec celles de la convention, une deuxième, faite également en 1980, concernant l'interprétation par la Cour de justice de la convention et une troisième, en 1996, relative au respect de la procédure prévue à l'article 23 de la convention de Rome en matière de transport de marchandises par mer.

Le secrétariat général du Conseil, dans les archives duquel sont déposés les originaux des instruments concernés, a établi le texte imprimé dans le présent fascicule. Il convient toutefois de noter que ce texte n'a pas de valeur contraignante. Les textes officiels des instruments codifiés se trouvent dans les journaux . . . .]

Préambule

LES HAUTES PARTIES CONTRACTANTES au traité instituant la Communauté économique européenne,

SOUCIEUSES de poursuivre, dans le domaine du droit international privé, l'oeuvre d'unification juridique déjà entreprise dans la Communauté, notamment en matière de compétence judiciaire et d'exécution des jugements,

DÉSIRANT établir des règles uniformes concernant la loi applicable aux obligations contractuelles,

SONT CONVENUES DES DISPOSITIONS QUI SUIVENT:

Titre Premier Champ d'application

Article premier Champ d'application

1. Les dispositions de la présente convention sont applicables, dans les situations comportant un conflit de lois, aux obligations contractuelles.

2. Elles ne s'appliquent pas:

a) à l'état et à la capacité des personnes physiques, sous réserve de l'article 11;

b) aux obligations contractuelles concernant:

– les testaments et successions,

– les régimes matrimoniaux,

– les droits det devoirs découlant des relations de famille, de parenté, de mariage ou d'alliance, y compris les obligations alimentaires envers les enfants non légitimes;

c) aux obligations nées de lettres de change, chèques, billets à ordre ainsi que d'autres instruments négociables, dans la mesure où les obligations nées de ces autres instruments dérivent de leur caractère négociable;

d) aux conventions d'arbitrage et d'élection de for;

e) aux questions relevant du droit des sociétés, associations et personnes morales, telles que la constitution, la capacité juridique, le fonctionnement interne et la dissolution des sociétés, associations et personnes morales, ainsi que la responsabilité personnelle légale des associés et des organes pour les dettes de la société, association ou personne morale;

f) à la question de savoir si un intermédiaire peut engager, envers les tiers, la personne pour le compte de laquelle il prétend agir ou si un organe d'une société, d'une association ou d'une personne morale peut engager, envers les tiers, cette société, association ou personne morale;

g) à la constitution des trusts, aux relations qu'ils créent entre les constituants, les trustees et les bénéficiaires;

h) à la preuve et à la procédure, sous réserve de l'article 14.

3. Les dispositions de la présente convention ne s'appliquent pas aux contrats d'assurance qui couvrent des risques situés dans les territoires des États membres de la Communauté économique européenne. Pour déterminer si un risque est situé dans ces territoires, le juge applique sa loi interne.

4. Le paragraphe précédent ne concerne pas les contrats de réassurance.

Article 2 Caractère universel

La loi désignée par la présente convention s'applique même si cette loi est celle d'un État non contractant.

Titre II Règles uniformes

Article 3 Liberté de choix

1. Le contrat est régi par la loi choisie par les parties. Ce choix doit être exprès ou résulter de façon certaine des dispositions du contrat ou des circonstances de la cause. Par ce choix, les parties peuvent désigner la loi applicable à la totalité ou à une partie seulement de leur contrat.

2. Les parties peuvent convenir, à tout moment, de faire régir le contrat par une loi autre que celle qui le régissait auparavant soit en vertu d'un choix antérieur selon le présent article, soit en vertu d'autres dispositions de la présente convention. Toute modification quant à la détermination de la loi applicable, intervenue postérieurement à la conclusion du contrat, n'affecte pas la validité formelle du contrat au sens de l'article 9 et ne porte pas atteinte aux droits des tiers.

3. Le choix par les parties d'une loi étrangère, assorti ou non de celui d'un tribunal étranger, ne peut, lorsque tous les autres éléments de la situation sont localisés au moment de ce choix dans un seul pays, porter atteinte aux dispositions auxquelles la loi de ce pays ne permet pas de déroger par contrat, ci-après dénommées „dispositions impératives".

4. L'existence et la validité du consentement des parties quant au choix de la loi applicable sont régies par les dispositions établies aux articles 8, 9 et 11.

Article 4 Loi applicable à défaut de choix

1. Dans la mesure où la loi applicable au contrat n'a pas été choisie conformément aux dispositions de l'article 3, le contrat est régi par la loi du pays avec lequel il présente les liens les plus étroits. Toutefois, si une partie du contrat est séparable du reste du contrat et présente un lien plus étroit avec un autre pays, il pourra être fait application, à titre exceptionnel, à cette partie du contrat de la loi de cet autre pays.

2. Sous réserve du paragraphe 5, il est présumé que le contrat présente les liens les plus étroits avec le pays où la partie qui doit fournir la prestation caractéristique a, au moment de la conclusion du contrat, sa résidence habituelle ou, s'il s'agit d'une société, association ou personne morale, son administration centrale. Toutefois, si le contrat est conclu dans l'exercice de l'activité professionnelle de cette partie, ce pays est celui où est situé son principal établissement ou, si, selon le contrat, la prestation doit être fournie par un établissement autre que l'établissement principal, celui où est situé cet autre établissement.

3. Nonobstant les dispositions du paragraphe 2, dans la mesure où le contrat a pour objet un droit réel immobilier ou un droit d'utilisation d'un immeuble, il est présumé que le contrat présente les liens les plus étroits avec le pays où est situé l'immeuble.

4. Le contrat de transport de marchandises n'est pas soumis à la présomption du paragraphe 2. Dans ce contrat, si le pays dans lequel le transporteur a son établissement principal au moment de la conclusion du contrat est aussi celui dans lequel est situé le lieu de chargement ou de déchargement ou l'établissement principal de l'expéditeur, il est présumé que le contrat a les liens les plus étroits avec ce pays. Pour l'application du présent paragraphe, sont considérés comme contrats de transport de marchandises les contrats d'affrètement pour un seul voyage ou d'autres contrats lorsqu'ils ont principalement pour objet de réaliser un transport de marchandises.

5. L'application du paragraphe 2 est écartée lorsque la prestation caractéristique ne peut être déterminée. Les présomptions des paragraphes 2, 3 et 4 sont écartées lorsqu'il résulte de l'ensemble des circonstances que le contrat présente des liens plus étroits avec un autre pays.

Article 5 Contrats conclus par les consommateurs

1. Le présent article s'applique aux contrats ayant pour objet la fourniture d'objets mobiliers corporels ou de services à une personne, le consommateur, pour un usage pouvant être considéré comme étranger à son activité professionnelle, ainsi qu'aux contrats destinés au financement d'une telle fourniture.

2. Nonobstant les dispositions de l'article 3, le choix par les parties de la loi applicable ne peut avoir pour résultat de priver le consommateur de la protection que lui assurent les dispositions impératives de la loi du pays dans lequel il a sa résidence habituelle:

– si la conclusion du contrat a été précédée dans ce pays d'une proposition spécialement faite ou d'une publicité, et si le consommateur a accompli dans ce pays les actes nécessaires à la conclusion du contrat

ou

– si le cocontractant du consommateur ou son représentant a reçu la commande du consommateur dans ce pays

ou

– si le contrat est une vente de marchandises et que le consommateur se soit rendu de ce pays dans un pays étranger et y ait passé la commande, à la condition que le voyage ait été organisé par le vendeur dans le but d'inciter le consommateur à conclure une vente.

3. Nonobstant les dispositions de l'article 4 et à défaut de choix exercé conformément à l'article 3, ces contrats sont régis par la loi du pays dans lequel le consommateur a sa

résidence habituelle, s'ils sont intervenus dans les circonstances décrites au paragraphe 2 du présent article.

4. Le présent article ne s'applique pas:

a) au contrat de transport;

b) au contrat de fourniture de services lorsque les services dus au consommateur doivent être fournis exclusivement dans un pays autre que celui dans lequel il a sa résidence habituelle.

5. Nonobstant les dispositions du paragraphe 4, le présent article s'applique au contrat offrant pour un prix global des prestations combinées de transport et de logement.

Article 6 Contrat individuel de travail

1. Nonobstant les dispositions de l'article 3, dans le contrat de travail, le choix par les parties de la loi applicable ne peut avoir pour résultat de priver le travailleur de la protection que lui assurent les dispositions impératives de la loi qui serait applicable, à défaut de choix, en vertu du paragraphe 2 du présent article.

2. Nonobstant les dispositions de l'article 4 et à défaut de choix exercé conformément à l'article 3, le contrat de travail est régi:

a) par la loi du pays où le travailleur, en exécution du contrat, accomplit habituellement son travail, même s'il est détaché à titre temporaire dans un autre pays

ou

b) si le travailleur n'accomplit pas habituellement son travail dans un même pays, par la loi du pays où se trouve l'établissement qui a embauché le travailleur,

à moins qu'il ne résulte de l'ensemble des circonstances que le contrat de travail présente des liens plus étroits avec un autre pays, auquel cas la loi de cet autre pays est applicable.

Article 7 Lois de police

1. Lors de l'application, en vertu de la présente convention, de la loi d'un pays déterminé, il pourra être donné effet aux dispositions impératives de la loi d'un autre pays avec lequel la situation présente un lien étroit, si et dans la mesure où, selon le droit de ce dernier pays, ces dispositions sont applicables quelle que soit la loi régissant le contrat. Pour décider si effet doit être donné à ces dispositions impératives, il sera tenu compte de leur nature et de leur objet ainsi que des conséquences qui découleraient de leur application ou de leur non-application.

2. Les dispositions de la présente convention ne pourront porter atteinte à l'application des règles de la loi du pays du juge qui régissent impérativement la situation quelle que soit la loi applicable au contrat.

Article 8 Consentement et validité au fond

1. L'existence et la validité du contrat ou d'une disposition de celui-ci sont soumises à la loi qui serait applicable en vertu de la présente convention si le contrat ou la disposition étaient valables.

2. Toutefois, pour établir qu'elle n'a pas consenti, une partie peut se référer à la loi du pays dans lequel elle a sa résidence habituelle s'il résulte des circonstances qu'il ne serait pas raisonnable de déterminer l'effet du comportement de cette partie d'après la loi prévue au paragraphe précédent.

Article 9 Forme

1. Un contrat conclu entre des personnes qui se trouvent dans un même pays est valable quant à la forme s'il satisfait aux conditions de forme de la loi qui le régit au fond en vertu de la présente convention ou de la loi du pays dans lequel il a été conclu.

2. Un contrat conclu entre des personnes qui se trouvent dans des pays différents est valable quant à la forme s'il satisfait aux conditions de forme de la loi qui le régit au fond en vertu de la présente convention ou de la loi de l'un de ces pays.

3. Lorsque le contrat est conclu par un représentant, le pays où le représentant se trouve au moment où il agit est celui qui doit être pris en considération pour l'application des paragraphes 1 et 2.

4. Un acte juridique unilatéral relatif à un contrat conclu ou à conclure est valable quant à la forme s'il satisfait aux conditions de forme de la loi qui régit ou régirait au fond le contrat en vertu de la présente convention ou de la loi du pays dans lequel cet acte est intervenu.

5. Les dispositions des paragraphes précédents ne s'appliquent pas aux contrats qui entrent dans le champ d'application de l'article 5, conclus dans les circonstances qui y sont décrites au paragraphe 2. La forme de ces contrats est régie par la loi du pays dans lequel le consommateur a sa résidence habituelle.

6. Nonobstant les dispositions des quatre premiers paragraphes du présent article, tout contrat ayant pour objet un droit réel immobilier ou un droit d'utilisation d'un immeuble est soumis aux règles de forme impératives de la loi du pays où l'immeuble est situé, pour autant que selon cette loi elles s'appliquent indépendamment du lieu de conclusion du contrat et de la loi le régissant au fond.

Article 10 Domaine de la loi du contrat

1. La loi applicable au contrat en vertu des articles 3 à 6 et de l'article 12 de la présente convention régit notamment:

a) son interprétation;

b) l'exécution des obligations qu'il engendre;

c) dans les limites des pouvoirs attribués au tribunal par sa loi de procédure, les conséquences de l'inexécution totale ou partielle de ces obligations, y compris l'évaluation du dommage dans la mesure où des règles de droit la gouvernent;

d) les divers modes d'extinction des obligations, ainsi que les prescriptions et déchéances fondées sur l'expiration d'un délai;

e) les conséquences de la nullité du contrat.

2. En ce qui concerne les modalités d'exécution et les mesures à prendre par le créancier en cas de défaut dans l'exécution on aura égard à la loi du pays où l'exécution a lieu.

Article 11 Incapacité

Dans un contrat conclu entre personnes se trouvant dans un même pays, une personne physique qui serait capable selon la loi de ce pays ne peut invoquer son incapacité résultant d'une autre loi que si, au moment de la conclusion du contrat, le cocontractant a connu cette incapacité ou ne l'a ignorée qu'en raison d'une imprudence de sa part.

Article 12 Cession de créance

1. Les obligations entre le cédant et le cessionnaire d'une créance sont régies par la loi qui, en vertu de la présente convention, s'applique au contrat qui les lie.

2. La loi qui régit la créance cédée détermine le caractère cessible de celle-ci, les rapports entre cessionnaire et débiteur, les conditions d'opposabilité de la cession au débiteur et le caractère libératoire de la prestation faite par la débiteur.

Article 13 Subrogation

1. Lorsque, en vertu d'un contrat, une personne, le créancier, a des droits à l'égard d'une autre personne, le débiteur, et qu'un tiers a l'obligation de désintéresser le créancier ou encore que le tiers a désintéressé le créancier en exécution de cette obligation, la loi applicable à cette obligation du tiers détermine si celui-ci peut exercer en tout ou en partie les droits détenus par le créancier contre le débiteur selon la loi régissant leurs relations.

2. La même règle s'applique lorsque plusieurs personnes sont tenues de la même obligation contractuelle et que le créancier a été désintéressé par l'une d'elles.

Article 14 Preuve

1. La loi régissant le contrat en vertu de la présente convention s'applique dans la mesure où, en matière d'obligations contractuelles, elle établit des présomptions légales ou répartit la charge de la preuve.

2. Les actes juridiques peuvent être prouvés par tout mode de preuve admis soit par la loi du for, soit par l'une des lois visées à l'article 9, selon laquelle l'acte est valable quant à la forme, pour autant que la preuve puisse être administrée selon ce mode devant le tribunal saisi.

Article 15 Exclusion du renvoi

Lorsque la présente convention prescrit l'application de la loi d'un pays, elle entend les règles de droit en vigueur dans ce pays à l'exclusion des règles de droit international privé.

Article 16 Ordre public

L'application d'une disposition de la loi désignée par la présente convention ne peut être écartée que si cette application est manifestement incompatible avec l'ordre public du for.

Article 17 Application dans le temps

La convention s'applique dans un État contractant aux contrats conclus après son entrée en vigueur pour cet État.

Article 18 Interprétation uniforme

Aux fins de l'interprétation et de l'application des règles uniformes qui précèdent, il sera tenu compte de leur caractère international et de l'opportunité de parvenir à l'uniformité dans la façon dont elles sont interprétées et appliquées.

Article 19 Systèmes non unifiés

1. Lorsqu'un État comprend plusieurs unités territoriales dont chacune a ses propres règles en matière d'obligations contractuelles, chaque unité territoriale est considérée comme un pays aux fins de la détermination de la loi applicable selon la présente convention.

2. Un État dans lequel différentes unités territoriales ont leurs propres règles de droit en matière d'obligations contractuelles ne sera pas tenu d'appliquer la présente convention aux conflits de lois intéressant uniquement ces unités territoriales.

Article 20 Priorité du droit communautaire

La présente convention ne préjuge pas l'application des dispositions qui, dans des matières particulières, règlent les conflits de lois en matière d'obligations contractuelles et qui sont ou seront contenues dans les actes émanant des institutions des Communautés européennes ou dans les législations nationales harmonisées en exécution de ces actes.

Article 21 Relations avec d'autres conventions

La présente convention ne porte pas atteinte à l'application des conventions internationales auxquelles un État contractant est ou sera partie.

Article 22 Réserves

1. Tout État contractant, au moment de la signature, de la ratification, de l'acceptation ou de l'approbation, pourra se réserver le droit de ne pas appliquer:

a) l'article 7 paragraphe 1;

b) l'article 10 paragraphe 1 point e).

2. *[Paragraphe supprimé par l'article 2 point 1 de la convention d'adhésion de 1992.]*

3. Tout État contractant pourra à tout moment retirer une réserve qu'il aura faite; l'effet de la réserve cessera le premier jour du troisième mois du calendrier après la notification du retrait.

Titre III Clauses finales

Article 23

1. Si, après la date d'entrée en vigueur de la présente convention à son égard, un État contractant désire adopter une nouvelle règle de conflit de lois pour une catégorie particulière de contrats entrant dans le champ d'application de la convention, il communique son intention aux autres États signataires par l'intermédiaire du secrétaire général du Conseil des Communautés européennes.

2. Dans un délai de six mois à partir de la communication faite au secrétaire général, tout État signataire peut demander à celui-ci d'organiser des consultations entre États signataires en vue d'arriver à un accord.

3. Si, dans ce délai, aucun État signataire n'a demandé la consultation ou si, dans les deux ans qui suivront la communication faite au secrétaire général, aucun accord n'est intervenu à la suite des consultations, l'État contractant peut modifier son droit. La mesure prise par cet État est portée à la connaissance des autres États signataires par l'intermédiaire du secrétaire général du Conseil des Communautés européennes.

Article 24

1. Si, après la date d'entrée en vigueur de la présente convention à son égard, un État contractant désire devenir partie à une convention multilatérale dont l'objet principal ou l'un des objets principaux est un règlement de droit international privé dans l'une des matières régies par la présente convention, il est fait application de la procédure prévue à l'article 23.

Toutefois, le délai de deux ans, prévu au paragraphe 3 de l'article 23, est ramené à un an.

2. La procédure prévue au paragraphe précédent n'est pas suivie si un État contractant ou l'une des Communautés européennes sont déjà parties à la convention multilatérale ou si l'objet de celle-ci est de réviser une convention à laquelle l'État intéressé est partie ou s'il s'agit d'une convention conclue dans le cadre des traités instituant les Communautés européennes.

Article 25

Lorsqu'un État contractant considère que l'unification réalisée par la présente convention est comprise par la conclusion d'accords non prévus à l'article 24 paragraphe 1, cet État peut demander au secrétaire général du Conseil des Communautés européennes d'organiser une consultation entre les États signataires de la présente convention.

Article 26

Chaque État contractant peut demander la révision de la présente convention. Dans ce cas, une conférence de révision est convoquée par le président du Conseil des Communautés européennes.

Article 27

[Article supprimé par l'article 2 point 1 de la convention d'adhésion de 1992.]

Article 28

1. La présente convention est ouverte à compter du 19 juin 1980 à la signature des États parties au traité instituant la Communauté économique européenne.

2. La présente convention sera ratifiée, acceptée ou approuvée par les États signataires. Les instruments de ratification, d'acceptation ou d'approbation seront déposés auprès du secrétariat général du Conseil des Communautés européennes.

[La ratification des conventions d'adhésion est faite conformément aux dispositions suivantes de ces conventions:

– en ce qui concerne la convention d'adhésion de 1984, de l'article 3 de la même convention qui s'établit comme suit:

„*Article 3*

La présente convention sera ratifiée par les États signataires. Les instruments de ratification seront déposés auprès du secrétaire général du Conseil des Communautés européennes."

– en ce qui concerne la convention d'adhésion de 1992, de l'article 4 de la même convention qui s'établit comme suit:

„*Article 4*

La présente convention est ratifiée par les État signataires. Les instruments de ratification sont déposés auprès du secrétariat général du Conseil des Communautés européennes."

– *en ce qui concerne la convention d'adhésion de 1996, de l'article 5 de la même convention qui s'établit comme suit:*

„*Article 5*

La présente convention sera ratifiée par les État signataires. Les instruments de ratification seront déposés auprès du secrétaire général du Conseil de l'Union européenne."]

Article 29

1. La présente convention entrera en vigueur le premier jour du troisième mois suivant le dépôt du septième instrument de ratification, d'acceptation ou d'approbation.

2. La convention entrera en vigueur pour chaque État signataire ratifiant, acceptant ou approuvant postérieurement, le premier jour du troisième mois suivant le dépôt de son instrument de ratification, d'acceptation ou d'approbation.

[L'entrée en vigueur des conventions d'adhésion est faite conformément aux dispositions suivantes de ces conventions:

– *en ce qui concerne la convention d'adhésion de 1984, de l'article 4 de la même convention qui s'établit comme suit:*

„*Article 4*

La présente convention entrera en vigueur, dans les rapports entre les États qui l'auront ratifiée, le premier jour du troisième mois suivant le dépôt du dernier instrument de ratification par la République hellénique et sept États ayant ratifié la convention sur la loi applicable aux obligations contractuelles.

La présente convention entrera en vigueur pour chaque État contractant qui la ratifiera ultérieurement le premier jour du troisième mois suivant le dépôt de son instrument de ratification."

– *en ce qui concerne la convention d'adhésion de 1992, de l'article 5 de la même convention qui s'établit comme suit:*

„*Article 5*

La présente convention entre en vigueur, dans les rapports entre les États qui l'ont ratifiée, le premier jour du troisième mois suivant le dépôt du dernier instrument de ratification par le royaume d'Espagne ou la République portugaise et un État ayant ratifié la convention sur la loi applicable aux obligations contractuelles.

La présente convention entre en vigueur pour chaque État contractant qui la ratifie ultérieurement le premier jour du troisième mois suivant le dépôt de son instrument de ratification."

– *en ce qui concerne la convention d'adhésion de 1996, de l'article 6 de la même convention qui s'établit comme suit:*

„Article 6

1. La présente convention entre en vigueur, dans les rapports entre les États qui l'ont ratifiée, le premier jour du troisième mois suivant le dépôt du dernier instrument de ratification par la république d'Autriche, la république de Finlande ou le royaume de Suède et un État contractant ayant ratifié la convention sur la loi applicable aux obligations contractuelles.

2. La présente convention entre en vigueur pour chaque État contractant qui le ratifie ultérieurement le premier jour du troisième mois suivant le dépôt de son instrument de ratification."]

Article 30

1. La convention aura une durée de dix ans à partir de la date de son entrée en vigueur conformément à l'article 29 paragraphe 1, même pour les États pour qui elle entrerait en vigueur postérieurement.

2. La convention sera renouvelée tacitement de cinq ans en cinq ans sauf dénonciation.

3. La dénonciation sera notifiée, au moins six mois avant l'expiration du délai de dix ans ou de cinq ans selon le cas, au secrétaire général du Conseil des Communautés européennes *[Phrase supprimée par la convention de 1992.]*.

4. La dénonciation n'aura d'effet qu'à l'égard de l'État qui l'aura notifiée. La convention restera en vigueur pour les autres États contractants.

Article 31

Le secrétaire général du Conseil des Communautés européennes notifiera aux États parties au traité instituant la Communauté économique européenne:

a) les signatures;

b) le dépôt de tout instrument de ratification, d'acceptation ou d'approbation;

c) la date d'entrée en vigueur de la présente convention;

d) les communications faites en application des articles 23, 24, 25, 26 et 30 *[Point d) modifié par la convention d'adhésion de 1992.]*;

e) les réserves et le retrait des réserves mentionnées à l'article 22.

[La notification des conventions d'adhésion est faite conformément aux dispositions suivantes de ces conventions:

– en ce qui concerne la convention d'adhésion de 1984, de l'article 5 de la même convention qui s'établit comme suit:

„*Article 5*

Le secrétaire général du Conseil des Communautés européennes notifiera aux États signataires:

a) le dépôt de tout instrument de ratification;

b) les dates d'entrée en vigueur de la présente convention pour les États contractants."

– en ce qui concerne la convention d'adhésion de 1992, de l'article 6 de la même convention qui s'établit comme suit:

„*Article 6*

Le secrétaire général du Conseil des Communautés européennes notifie aux États signataires:

a) le dépôt de tout instrument de ratification;

b) les dates d'entrée en vigueur de la présente convention pour les États contractants."

– en ce qui concerne la convention d'adhésion de 1996, de l'article 7 de la même convention qui s'établit comme suit:

„*Article 7*

Le secrétaire général du Conseil de l'Union européenne notifie aux États signataires:

a) le dépôt de tout instrument de ratification;

b) les dates d'entrée en vigueur de la présente convention pour les États contractants."*]*

Article 32

Le protocole annexé à la présente convention en fait partie intégrante.

Article 33

La présente convention, rédigée en un exemplaire unique en langues allemande, anglaise, danoise, française, irlandaise, italienne et néerlandaise, ces textes faisant également foi, sera déposée dans les archives du secrétariat général du Conseil des Communautés européennes. Le secrétaire général en remettra une copie certifiée conforme à chacun des gouvernements des États signataires.

5. Abschnitt. Schuldrecht.
1. Unterabschnitt. Vertragliche Schuldverhältnisse

[L'indication des textes faisant foi des conventions d'adhésion résulte des dispositions suivantes de ces conventions:

– en ce qui concerne la convention d'adhésion de 1984, des articles 2 et 6 de la même convention qui s'établissent comme suit:

„Article 2

Le secrétaire général du Conseil des Communautés européennes remet au gouvernement de la République hellénique une copie certifiée conforme de la convention sur la loi applicable aux obligations contractuelles en langues allemande, anglaise, danoise, française, irlandaise, italienne et néerlandaise.

Le texte de la convention sur la loi applicable aux obligations contractuelles établi en langue grecque est annexé à la présente convention. Le texte établi en langue grecque fait foi dans les mêmes conditions que les autres textes de la convention sur la loi applicable aux obligations contractuelles."

„Article 6

La présente convention, qui est rédigée en un exemplaire unique en langues allemande, anglaise, danoise, française, grecque, irlandaise, italienne et néerlandaise, les huit textes faisant également foi, sera déposée dans les archives du secrétariat général du Conseil des Communautés européennes. Le secrétaire général en remettra une copie certifiée conforme à chacun des gouvernements des États signataires."

– en ce qui concerne la convention d'adhésion de 1992, des articles 3 et 7 de la même convention qui s'établissent comme suit:

„Article 3

Le secrétaire général du Conseil des Communautés européennes remet au gouvernement du royaume d'Espagne et au gouvernement de la République portugaise une copie certifiée conforme de la convention sur la loi applicable aux obligations contractuelles en langues allemande, anglaise, danoise, française, grecque, irlandaise, italienne et néerlandaise.

Les textes de la convention sur la loi applicable aux obligations contractuelles établi en langues espagnole et portugaise figure aux annexes I et II de la présente convention. Le texte établi en langues espagnole et portugaise fait loi dans les mêmes conditions que les autres textes de la convention sur la loi applicable aux obligations contractuelles."

„Article 7

La présente convention, rédigée en un exemplaire unique en langues allemande, anglaise, danoise, espagnole, française, grecque, irlandaise, italienne, néerlandaise et portugaise, les dix textes faisant également foi, est déposée dans les archives du secrétariat général du Conseil des Communautés européennes. Le secrétaire général en remet une copie certifiée conforme à chacun des gouvernements des États signataires."

– en ce qui concerne la convention d'adhésion de 1996, des articles 4 et 8 de la même convention qui s'établissent comme suit:

„Article 4

1. Le secrétaire général du Conseil de l'Union européenne remet aux gouvernements de la république d'Autriche, de la république de Finlande et du royaume de Suède une copie certifiée conforme de la convention de 1980, de la convention de 1984, du premier protocole de 1988, du deuxième protocole de 1988 et de la convention de 1992, en langues allemande, anglaise, danoise, espagnole, française, grecque, irlandaise, italienne, néerlandaise et portugaise.

2. Les textes de la convention de 1980, de la convention de 1984, du premier protocole de 1988, du deuxième protocole de 1988 et de la convention de 1992, établis en langues finnoise et suédoise, font foi dans les mêmes conditions que les autres textes de la convention de 1980, de la convention de 1984, du premier protocole de 1988 et du deuxième protocole de 1988 et de la convention de 1992."

„Article 8

La présente convention, rédigée en un exemplaire unique en langues allemande, anglaise, danoise, espagnole, finnoise, française, grecque, irlandaise, italienne, néerlandaise, portugaise et suédoise, les douze textes faisant également foi, est déposée dans les archives du secrétariat général du Conseil de l'Union européenne. Le secrétaire général en remet une copie certifiée conforme à chacun des gouvernements des États signataires."]

En foi de quoi, les soussignés dûment autorisés à cet effet, ont signé la présente convention.

Fait à Rome, le dix-neuf juin mil neuf cent quatre-vingt.

Protocole

[Texte tel que modifié par la convention d'adhésion de 1996.]

Les hautes parties contractantes sont convenues de la disposition ci-après qui est annexée à la convention.

„Nonobstant les dispositions de la convention, le Danemark, la Suède et la Finlande peuvent conserver les dispositions nationales concernant la loi applicable aux questions relatives au transport de marchandises par mer et peuvent modifier ces dispositions sans suivre la procédure prévue à l'article 23 de la convention de Rome. Les dispositions nationales applicables en la matière sont les suivantes:

– au Danemark, les paragraphes 252 et 321 sous-section 3 et 4 de la „Sølov" (loi maritime),

– en Suède, le chapitre 13 article 2 paragraphes 1 et 2, et le chapitre 14 article 1er paragraphe 3 de la ‚sjölagen' (loi maritime),

– en Finlande, le chapitre 13 article 2 paragraphes 1 et 2, et le chapitre 14 article 1er point 3 de la ‚merilaki'/‚sjölagen, (loi maritime)."

En foi de quoi, les soussignés, autorisés à cet effet, ont signé le présent protocole.

Fait à Rome, le dix-neuf juin mil neuf cent quatre-vingt.

Déclaration commune

Au moment de procéder à la signature de la convention sur la loi applicable aux obligations contractuelles, les gouvernements du royaume de Belgique, du royaume de Danemark, de la république fédérale d'Allemagne, de la République française, de l'Irlande, de la République italienne, du grand-duché de Luxembourg, du royaume des Pays-Bas et du Royaume-Uni de Grande-Bretagne et d'Irlande du Nord,

I. soucieux d'éviter dans toute la mesure du possible la dispersion des règles de conflit de lois entre de multiples instruments et les divergences entre ces règles, souhaitent que les institutions des Communautés européennes, dans l'exercice de leurs compétences sur la base des traités qui les ont instituées, s'efforcent, lorsqu'il y a lieu, d'adopter des règles de conflit qui, autant que possible, soient en harmonie avec celles de la convention;

II. déclarent leur intention de procéder, dès la signature de la convention et en attendant d'être liés par l'article 24 de la convention, à des consultations réciproques dans le cas où l'un des États signataires désirerait devenir partie à une convention à laquelle s'appliquerait la procédure prévue audit article;

III. considérant la contribution de la convention sur la loi applicable aux obligations contractuelles à l'unification des règles de conflits au sein des Communautés européennes, expriment l'opinion que tout État qui deviendrait membre des Communautés européennes devrait adhérer à cette convention.

En foi de quoi, les soussignés, autorisés à cet effet, ont signé la présente déclaration commune.

Fait à Rome, le dix-neuf juin mil neuf cent quatre-vingt.

Déclaration commune

Les gouvernements du royaume de Belgique, du royaume de Danemark, de la république fédérale d'Allemagne, de la République française, de l'Irlande, de la République italienne, du grand-duché de Luxembourg, du royaume des Pays-Bas et du Royaume-Uni de Grande-Bretagne et d'Irlande du Nord,

au moment de la signature de la convention sur la loi applicable aux obligations contractuelles,

désirant assurer une application aussi efficace que possible de ses dispositions,

soucieux d'éviter que les divergences d'interprétation de la convention ne nuisent à son caractère unitaire,

se déclarent prêts:

1) à examiner la possibilité d'attribuer certaines compétences à la Cour de justice des Communautés européennes, et à négocier, le cas échéant, un accord à cet effet;

2) à instituer des contacts périodiques entre leurs représentants.

En foi de quoi, les soussignés, dûment autorisés à cet effet, ont signé la présente déclaration commune.

Fait à Rome, le dix-neuf juin mil neuf cent quatre-vingt.

Vorbemerkungen zu Art 27–37 EGBGB

Schrifttum

BASEDOW, Europäisches Internationales Privatrecht, NJW 1996, 1921
ders, Der kollisionsrechtliche Gehalt der Produktfreiheiten im europäischen Binnenmarkt: favor offerentis, RabelsZ 59 (1995) 1
COESTER-WALTJEN, Der Eskimo-Mantel aus Spanien – Ist der kollisionsrechtliche Verbraucherschutz zu kurz gestrickt?, in: FS W Lorenz (1991) 297
DÖRNER, Interlokales Erbrecht nach der Wiedervereinigung – ein schwacher Schlußstrich, IPRax 1995, 89
DRASCH, Das Herkunftslandprinzip im internationalen Privatrecht. Auswirkungen des europäischen Binnenmarktes auf Vertrags- und Wettbewerbsstatut (1997)
GRUNDMANN, Europäisches Schuldvertragsrecht: das europäische Recht der Unternehmensgeschäfte (1999)
ders, Binnenmarktkollisionsrecht – vom klassischen IPR zur Integrationsordnung, RabelsZ 64 (2000) 457
HARTMANN, Innerdeutsches Kollisionsrecht für Altfälle und Vertrauensschutz, RabelsZ 61 (1997) 454
HESS, Intertemporales Privatrecht (1998)
vHOFFMANN, Empfiehlt es sich, das EG-Übereinkommen über das auf vertragliche Schuldverhältnisse anzuwendende Recht in das deutsche IPR-Gesetz zu inkorporieren?, IPRax 1984, 10
ders, General report on contractual obligations, in: LANDO/vHOFFMANN/SIEHR 1

JESSURUN D'OLIVEIRA, Die Freiheit des niederländischen Richters bei der Entwicklung des Internationalen Privatrechts. Zur antizipierenden Anwendung des Benelux-Einheitsgesetzes über das Internationale Privatrecht – ein Requiem, RabelsZ 39 (1975) 224
A JUNKER, Die einheitliche europäische Auslegung nach dem EG-Schuldvertragsübereinkommen, RabelsZ 55 (1991) 682
KOHLER, Kein Weg zur Rechtsvereinheitlichung – Zur Übernahme des EG-Übereinkommens vom 19. Juni 1980 über das auf vertragliche Schuldverhältnisse anzuwendende Recht, EuR 1984, 155
ders, Gemeinschaftsrecht und Privatrecht: Zur Rechtsprechung des EuGH im Jahre 1995, ZEuP 1996, 452
MAGNUS, Deutsche Rechtseinheit im Zivilrecht – die Übergangsregelungen, JuS 1992, 456
MANSEL, Staatsverträge und autonomes internationales Privat- und Verfahrensrecht nach der Wiedervereinigung, JR 1990, 441
MARTINY, Autonome und einheitliche Auslegung im Europäischen und Internationalen Zivilprozeßrecht, RabelsZ 45 (1981) 427
Max-Planck-Institut, Kodifikation des deutschen Internationalen Privatrechts. Stellungnahme des Max-Planck-Instituts für ausländisches und internationales Privatrecht zum Regierungsentwurf von 1983, RabelsZ 47 (1983) 595
PIRRUNG, Die Einführung des EG-Schuldvertragsübereinkommens in die nationalen Rechte, in: vBAR (Hrsg), Europäisches Gemeinschafts-

recht und Internationales Privatrecht (1991) 21

RABEL, Das Problem der Qualifikation, RabelsZ 5 (1931) 241

RADICATI DI BROZZOLO, L'influence sur les conflits de lois des principes de droit communautaire de libertéde circulation, Rev crit 1993, 401

REINHART, Zur einheitlichen Auslegung vereinheitlichter IPR-Normen nach Art 36 EGBGB, RiW 1994, 445

ROTH, Der Einfluß des Europäischen Gemeinschaftsrechts auf das Internationale Privatrecht, RabelsZ 55 (1991) 623

SONNENBERGER, Die Umsetzung kollisionsrechtlicher Regelungsgebote in EG-Richtlinien, ZEuP 1996, 382

vWILMONSKY, Der internationale Verbrauchervertrag im EG-Binnenmarkt, ZEuP 1995, 735

WINKLER vMOHRENFELS, Ehebezogene Zuwendungen im Internationalen Privatrecht, IPRax 1995, 379.

Systematische Übersicht

I. **Begriff und Bedeutung des internationalen Vertragsrechts** _____ 1

II. **Internationales Vertragsrecht und europäisches Gemeinschaftsrecht** ___ 4

III. **Geschichtliche Entwicklung des internationalen Vertragsrechts in Deutschland**
1. EGBGB von 1900 _____ 14
2. IPR-Neuregelung von 1986 _____ 16
3. Deutsche Einigung von 1990 _____ 19

IV. **Vereinheitlichung des internationalen Vertragsrechts durch das EVÜ**
1. Entstehung des EVÜ _____ 22
2. Umsetzung des EVÜ in der Bundesrepublik _____ 27
3. Ratifikationsstand _____ 31
4. Reform des EVÜ _____ 32

V. **Grundprinzipien des geltenden internationalen Vertragsrechts**
1. Parteiautonomie _____ 33
2. Engste Verbindung _____ 34
3. Schutz der schwächeren Vertragspartei _____ 35
4. Günstigkeitsprinzip _____ 36
5. Einheitliches Vertragsstatut _____ 38

VI. **Allgemeine IPR-Fragen im internationalen Vertragsrecht**
1. Qualifikation _____ 40
2. Renvoi _____ 44
3. Ordre public _____ 45

VII. **Intertemporales Recht nach der Reform von 1986** _____ 46

VIII. **Deutsch-deutsches Verhältnis** _____ 49

IX. **Verfahrensfragen**
1. Feststellung des anwendbaren Rechts _____ 55
2. Internationale Zuständigkeit _____ 57

Alphabetische Übersicht

Abgeschlossener Vorgang _____ 47 f, 51
Allgemeine Geschäftsbedingungen _____ 55
Anknüpfungsregeln _____ 34 f
Arbeitsgerichtliches Verfahren _____ 55
Arbeitsvertrag _____ 33, 35 f, 48
Aufenthaltsrecht _____ 35, 37, 39
Auslegung, einheitliche _____ 29 f, 41 ff
– gemeinschaftskonforme _____ 6

Auslegungskompetenz des EuGH ___ 7, 25, 29
Außervertragliches Schuldrecht _____ 22, 24 f
Autonom-rechtsvergleichende Qualifikation _____ 42

Belgien _____ 22, 31

Charakteristische Leistung _____ 19 f, 34, 52

CISG	2	Kopiermethode	29
Dänemark	31	Luxemburg	22, 31
Dauerschuldverhältnisse	48		
DDR	19 ff, 49 ff	Materielles Einheitsrecht	2
Deutsche Einigung	19 ff, 49 ff	Mutmaßlicher Parteiwille	11 f
– Altfälle	50 ff		
		Niederlande	22, 31
EG-Richtlinien	6, 10		
Einheitsprivatrecht	2	Ordre public	22, 452
Engste Verbindung	34	Österreich	18, 26, 31
Erfüllungsort	11, 39		
Ermittlung ausländischen Rechts	55	Parteiautonomie	11, 33, 38
EuGVÜ s GVU		Parteiwille, mutmaßlicher/hypothetischer	11 f
Europäischer Gerichtshof	7, 25, 29, 42 f	Portugal	26, 31
Europäisches Gemeinschaftsrecht	4 ff, 6, 10, 42	Qualifikation	40 ff
EVÜ s Römisches Übereinkommen		– autonom-rechtsvergleichende	42 f
		– nach der lex fori	40 f
Finnland	18, 26, 31		
Frankreich	31	Rechtsanwendungsgesetz (RAG)	19 ff, 51
		Rechtsvereinheitlichung	1, 3, 22 ff
Gerichtsstandsvereinbarung	56	Rechtsvergleichende Qualifikation	41 ff
Griechenland	26, 31	Rechtswahlfreiheit	9, 11, 33 f
Großbritannien	31	Renvoi	22, 44
Grundfreiheiten	9	Revisionsgründe	55
Günstigkeitsprinzip	36 f	Römisches Übereinkommen (EVÜ)	7 ff, 16 ff
GVÜ	7, 43	– Auslegung	41
		– Entstehungsgeschichte	22 ff
Hypothetischer Parteiwille	11 f	– und Gemeinschaftsrecht	4 ff
		– Ratifikation	31 f
Inlandsfälle	39	– Umsetzung in Deutschland	27 ff
Interlokales Kollisionsrecht	49 ff		
Internationale Zuständigkeit	56	Sachnormverweisung	44
Internationales Deliktsrecht	22, 24 f, 37, 43	Schiedsgerichtsvereinbarung	56
Internationales Sachenrecht	22 f, 43	Schutz der schwächeren Vertragspartei	
Internationales Vertragsrecht	1 ff, 22, 24	– Arbeitnehmer	33, 35 f
– Bedeutung	3	– Verbraucher	33, 35 f
– Begriff	1 f	Schweden	18, 26, 31
– und Einheitsrecht	2	Sonderanknüpfungen	39
– und Gemeinschaftsrecht	4 ff	Spanien	26, 31
– Geschichtliche Entwicklung	11 ff		
– Grundprinzipien	33 ff	Umsetzung des EVÜ	27 ff
– Neuregelung	16	UN-Kaufrecht s CISG	
Intertemporales Kollisionsrecht	46 ff	Unmittelbare Anwendung des EVÜ	28 f
IPR-Reform	16		
Irland	31	Verbrauchervertrag	33, 35 f, 45
Italien	31	Verfahrensrecht	54 ff

5. Abschnitt. Schuldrecht.
1. Unterabschnitt. Vertragliche Schuldverhältnisse

Vorbem zu Art 27–37 EGBGB
1–3

Vertragsrecht, internationales s Internationales Vertragsrecht	
Vertragsschluss 37, 39	
Vertragsspaltung 11, 38	
Vertragsstatut .... 38 f	
Vorbehalt zum EVÜ 28	
Zustimmungsgesetz zum EVÜ 28	
Zwingendes Recht 39	

I. Begriff und Bedeutung des internationalen Vertragsrechts

Das internationale Vertragsrecht ist der **Gesamtbestand derjenigen Regeln, die das anwendbare Recht festlegen, dem internationale Schuldverträge unterstehen.** Ganz überwiegend sind diese Regeln inzwischen gesetzlich fixiert – vor allem in den Art 27–37 EGBGB, aber etwa auch in den Art 7 ff VVG, in § 61 BörsenG und ähnlichen Vorschriften. Die § 12 AGBG und § 8 Teilzeit-WohnrechteG, die wie der schon am 1.6.1999 außer Kraft getretene § 11 FernUG ebenfalls spezielle IPR-Regelungen enthielten, sind dagegen mit Wirkung zum 1.7.2000 aufgehoben und durch den neuen Art 29 a EGBGB ersetzt worden (Art 3 Nr 3, Art 6 Abs 3 Nr 5, Art 12 FernabsatzG). Grundlage fast aller dieser Regelungen waren Rechtsakte der EU bzw Staatsverträge ihrer Mitgliedstaaten zur Kollisionsrechtsvereinheitlichung oder -angleichung (dazu eingehend BASEDOW NJW 1996, 1921 ff und noch unten Rn 10). Mit Art 29 a EGBGB hat der Bundesgesetzgeber zwar eigene Wege beschritten; doch fasst die Vorschrift nur verschiedene spezielle IPR-Regeln aus EG-Richtlinien zusammen (vgl näher die Erl zu Art 29 a). **1**

Im weiteren Sinn ist auch **materielles Einheitsrecht** auf dem Gebiet des Schuldvertragsrechts zum internationalen Vertragsrecht zu zählen – so etwa das UN-Kaufrecht, die Transportrechtskonventionen etc. Denn mit seinen Anwendungsregeln legt es ebenfalls fest, wann bestimmte Verträge einem bestimmten Recht – eben dem Konventionsrecht – unterstehen. Zwar verdrängen die einheitsrechtlichen Konventionen regelmäßig das eigentliche internationale Privatrecht. Doch erfüllen ihre Anwendungsregeln, die den jeweiligen Geltungsbereich umschreiben, damit zugleich kollisionsrechtliche Funktionen (vgl auch KROPHOLLER § 52 I 1). **2**

Die **Bedeutung des internationalen Vertragsrechts** im kollisionsrechtlichen Sinn ist – trotz aller Rechtsvereinheitlichung – nicht gesunken, sondern eher gestiegen (ebenso allgemein für das IPR im europäischen Rahmen: BASEDOW NJW 1996, 1921, 1929). Denn zum einen haben sich die Märkte und Wirtschaftsbeziehungen mit einer Rasanz internationalisiert und globalisiert, die internationale Verträge immer häufiger werden lässt. (Das lässt sich etwa am ständig steigenden Volumen der Ein- und Ausfuhren der Bundesrepublik ablesen: dessen Wert hat sich 1994 gegenüber 1960 ungefähr verfünfzehnfacht, gegenüber 1970 versechsfacht und gegenüber 1980 verdoppelt, vgl Statistisches Jahrbuch der Bundesrepublik 1975, 294; 1995, 282.) Der Tendenz weltweiten Wirtschaftens hinkt der Stand dafür passender Rechtsvereinheitlichung jedoch immer mühsamer hinterher. Es bleibt daher vielfach nur das Kollisionsrecht, um Konflikte um das jeweils anwendbare nationale Recht zu entscheiden. Zum andern haben die Vereinheitlichungsbemühungen bisher nur punktuellen Charakter; zT konkurrieren auch unterschiedliche Konventionen zum selben Gegenstand miteinander. Deshalb behält das IPR für das Verhältnis zwischen Konventions- und **3** nationalem Recht und regelmäßig auch für die Lückenfüllung der Konventionen seine Bedeutung (REITHMANN/MARTINY/MARTINY Rn 43).

II. Internationales Vertragsrecht und europäisches Gemeinschaftsrecht

4 Das Verhältnis zwischen dem Europarecht – dem primären und sekundären Gemeinschaftsrecht – und dem nationalen Kollisionsrecht, insbesondere dem internationalen Vertragsrecht der Mitgliedstaaten ist noch nicht vollständig geklärt.

5 Grundsätzlich gilt das **Gemeinschaftsrecht unmittelbar und vorrangig vor nationalem Recht** (EuGH Slg 1964, 1251, Costa ./. Enel; EuGH Slg 1978, 629, Simmenthal II). Dieser Vorrang besteht auch gegenüber nationalen Kollisionsregeln (EuGH Slg 1993 I 887 = IPRax 1994, 199 m Aufs MAGNUS; BASEDOW RabelsZ 59 [1995] 27 ff; BRÖDERMANN/IVERSEN/BRÖDERMANN Rn 6 ff, 419 ff; REITHMANN/MARTINY/MARTINY Rn 31). Nationales Kollisionsrecht, das gegen EG-Recht verstößt, ist damit nicht anzuwenden. Dieser Grundsatz erstreckt sich auch auf staatsvertragliches Recht, das in nationales transformiert ist und in der Bundesrepublik nur einfach-gesetzlichen Rang hat. Allerdings ist jeweils durch Auslegung des unmittelbar geltenden Gemeinschaftsrechts – Primär- und Verordnungsrechts – zu ermitteln, in welchem Umfang es sich auch kollisionsrechtlich durchsetzen will (vgl auch unten Rn 9).

6 Ferner ist das nationale (Kollisions-)Recht **gemeinschaftskonform auszulegen** (EuGH Slg 1990 I 4135, Marleasing [für richtlinienkonforme Auslegung]). Gemeinschaftsakte, insbesondere Richtlinien können daher zu einer Uminterpretation bestehender nationaler (Kollisions-)Normen zwingen.

7 Im Bereich des internationalen Vertragsrechts ist die Lage dadurch etwas komplizierter, dass die EG-Staaten mit dem EVÜ (dazu unten Rn 22 ff) eine eigenständige Konvention geschaffen haben, die zwar weder primäres noch sekundäres Gemeinschaftsrecht darstellt, die aber ganz ähnlich wie das bisherige GVÜ **gemeinschaftsnahes Privat-(Kollisions-)Recht** bildet, das als tertiäres Gemeinschaftsrecht bezeichnet werden könnte. Die prinzipielle, nur noch nicht umgesetzte Auslegungskompetenz des EuGH für das EVÜ zeigt den Gemeinschaftsbezug besonders deutlich.

8 Als den „Herren der Verträge" stand den Mitgliedstaaten dieser Weg der Normsetzung – über Art 308 (ex Art 235 EGV) – offen. Dass die Mitgliedstaaten ihn beschritten, statt seinerzeit eine entsprechende Kompetenz in den EGV aufzunehmen, zeigt, dass dieses Rechtsgebiet zunächst bewusst außerhalb des originären Gemeinschaftsrechts geregelt werden sollte. Es erscheint deshalb als problematisch, die Regeln des EVÜ an den Vorgaben des Gemeinschaftsrechts zu messen (so aber zB vWILMOWSKY ZEuP 1995, 736 f). Künftig wird sich die Situation insoweit ändern, als der Vertrag von Amsterdam in Art 65 lit b EGV eine Kompetenz für die „Förderung der Vereinbarkeit der in den Mitgliedstaaten geltenden Kollisionsnormen" aufgenommen hat. Entsprechend wird erwogen, das EVÜ als EG-Verordnung neu zu erlassen (dazu JAYME/KOHLER IPRax 2000, 463). Indessen dürften Widersprüche zwischen dem EVÜ und dem Gemeinschaftsrecht schon jetzt kaum bestehen (s die Untersuchung von BASEDOW RabelsZ 59 [1995] 27 ff). Es ist auch davon auszugehen, dass die Mitglied-

staaten ein völlig widerspruchsfreies Nebeneinander von Gemeinschaftsrecht und EVÜ beabsichtigt hatten.

Der kollisionsrechtliche Grundsatz der **Rechtswahlfreiheit und die Grundfreiheiten** 9 des Gemeinschaftsrechts, insbesondere die Waren- und Dienstleistungsverkehrsfreiheit entsprechen und ergänzen einander vielmehr widerspruchsfrei (so auch BASEDOW RabelsZ 59 [1995] 27; RADICATI DI BROZZOLO Rev crit 82 [1993] 411; ROTH RabelsZ 55 [1991] 672; vWILMOWSKY ZEuP 1995, 736; mittelbar auch EuGH Slg 1991 I 107 – Alsthom Atlantique ./. Sulzer). Auch die Grenzen der Rechtswahlfreiheit, die das EVÜ vorsieht, wären mit dem Gemeinschaftsrecht kompatibel, wenn man dessen unmittelbare Geltung für das EVÜ bejahen würde (vgl BASEDOW, vWILMOWSKY aaO). Sollten sich je Widersprüche zum Gemeinschaftsrecht ergeben, ist zwar von der Zulässigkeit der EVÜ-Regelung auszugehen, da sie bewusst ergänzend zum Gemeinschaftsrecht geschaffen wurde. Andererseits sollten die Vorschriften des EVÜ – bzw der auf ihm basierenden nationalen Regelungen – nach Möglichkeit im Einklang mit den Vorgaben des Gemeinschaftsrechts ausgelegt werden (ebenso JUNKER RabelsZ 55 [1991] 682 ff; REINHART RiW 1994, 450; REITHMANN/MARTINY/MARTINY Rn 16; übereinstimmend zum GVÜ KROPHOLLER, Europäisches Zivilprozessrecht Einl Rn 10; vgl näher zur Auslegung die Erl zu Art 36). Der grundsätzliche Vorrang des unmittelbar anwendbaren Gemeinschaftsrechts führt auch nicht dazu, dass das Prinzip der Rechtswahlfreiheit im Bereich des EU-Primär- oder Verordnungsrechts abgeschafft wäre. Wo Verordnungsrecht gilt, ist seine Abwahl dennoch möglich. Wird allerdings das Recht eines anderen EU-Staates gewählt, dann bleibt es bei der (EU-weiten) Geltung des unmittelbar anwendbaren Verordnungsrechts.

Im Bereich der objektiven Anknüpfung bedeutet der Vorrang des Gemeinschaftsrechts damit zunächst, dass auch das Gemeinschaftsrecht Bestandteil der objektiv bestimmten Rechtsordnung ist, wenn das Recht eines EU-Staates berufen ist. Im Übrigen hat die Ausgestaltung der Kollisionsregeln, insbesondere die Wahl der Anknüpfungspunkte in wirtschaftlichen und binnenmarktbezogenen Rechtsgebieten den Grundfreiheiten des Gemeinschaftsrechts und dem Diskriminierungsverbot Rechnung zu tragen. Das EVÜ beachtet diese Vorgaben indessen.

Schließlich kann sich Gemeinschaftsrecht als international zwingendes Recht iSd Art 34 (= Art 7 Abs 2 EVÜ) gegenüber drittstaatlichem Recht durchsetzen, das als gewähltes oder objektives Vertragsstatut gilt (vgl auch EuGH ZIP 2000, 2108 – Ingmar GB Ltd ./. Eaton Leonard Technologies Inc; ferner näher die Erl zu Art 34, insbes Rn 42).

Neben dem EVÜ enthält eine Reihe jüngerer **EG-Richtlinien Kollisionsrecht,** dessen 10 Vorrang Art 3 Abs 2 EGBGB, der Art 20 EVÜ übernommen hat, ausdrücklich respektiert (zur Erosion des EVÜ durch Richtlinien-IPR BASEDOW NJW 1996, 1923; JAYME/KOHLER IPRax 1995, 343; MARTINY ZEuP 1997, 108 f; ders ZEuP 1999, 249 ff). Aus ihnen entsteht wegen der begrenzten Richtlinienwirkung zwar nicht unmittelbar Gemeinschafts-IPR, das am Vorrang des Europarechts teilhat; umgesetztes Richtlinienrecht setzt sich aber gemäß Art 3 Abs 2 Satz 2 EGBGB und Art 20 EVÜ gleichwohl vorrangig durch. Beide Bereiche – staatsvertragliches und originär europäisches IPR – müssen nach aller Möglichkeit in Einklang gehalten werden. Auch das kann nur durch gemeinschaftskonforme Auslegung des EVÜ geleistet werden. Es ist deshalb überfällig, dass dem EuGH die einheitliche Auslegung des EVÜ auch tatsächlich eingeräumt bzw das EVÜ in eine Gemeinschafts-VO umgeformt wird, die nicht nur unmittelbar anwendbar, sondern auch ohne Einschränkung vom EuGH auszulegen wäre.

11 Eine neuere Ansicht will ein **spezifisches Binnenmarktkollisionsrecht** für die EG entwickeln (s insbes GRUNDMANN RabelsZ 64 [2000] 457 ff). Danach soll in jenen Rechtsbereichen, in denen Richtlinien das Recht der Mitgliedstaaten harmonisiert haben, in innergemeinschaftlichen Kollisionsfällen grundsätzlich der Richtlinienstandard zugrunde gelegt werden, gleichgültig, ob das nationale Recht des Mitgliedstaates den Richtlinienstandard über- oder unterschreitet (GRUNDMANN RabelsZ 64 [2000] 466 ff, 471 f). Ausnahmen sollen im Wesentlichen nur gelten, soweit der Mitgliedstaat – unzulässigerweise – bewusst den Richtlinienstandard unterschreiten will oder soweit es die Richtlinie den Mitgliedstaaten ausdrücklich erlaubt, strengere Standards einzuführen oder beizubehalten (GRUNDMANN aaO).

12 Im Kern geht es dieser Auffassung damit darum, die innergemeinschaftlichen Kollisionsfälle im Richtlinienbereich mit den Mitteln des Europarechts weitestmöglich zu reduzieren. Als Ziel ist dem uneingeschränkt zuzustimmen. Hier berührt sich diese Auffassung auch mit Überlegungen, im Rahmen des Art 27 Abs 3 (= Art 3 Abs 3 EVÜ) die EU insgesamt als ein Land zu betrachten (vgl näher Art 27 Rn 127).

13 Zu einem spezifischen Binnenmarktkollisionsrecht führt die dargestellte Auffassung freilich nicht, denn für die verbleibenden Kollisionsfälle hat es auch nach ihr bei den traditionellen IPR-Regeln sein Bewenden.

III. Geschichtliche Entwicklung des internationalen Vertragsrechts in Deutschland*

1. EGBGB von 1900

14 Das EGBGB von 1900 enthielt keine Regeln zum internationalen Vertragsrecht. Der Gesetzgeber hatte diesen Bereich des Kollisionsrechts bewusst ausgespart, weil man sich über eine einheitliche Lösung nicht einigen konnte und auch außenpolitische Überlegungen eine Rolle spielten. So hieß es bei Schaffung des EGBGB in der Begründung, mit der eine Anknüpfungsregel zum Vertragsrecht abgelehnt wurde: „Die Vorschrift (zum internationalen Vertragsrecht) enthalte eine so weitgehende Anerkennung auswärtiger Rechte, wie sie ohne Gewährung der Gegenseitigkeit kaum zugestanden werden könne. Der deutsche Kaufmann, der mit dem französischen Kaufmann in Paris ein Geschäft abschließe, müsste sich gefallen lassen, von deutschen Gerichten dem französischen Rechte unterworfen zu werden, während kaum wahrscheinlich sei, dass ihm im umgekehrten Falle der französische Richter nach deutschen Gesetzen Recht sprechen würde." (vgl KORKISCH/HARTWIEG 270, ferner 264 ff, 330 ff). Schon vor Schaffung des EGBGB hatte die Rechtsprechung freilich den Grundsatz der Parteiautonomie anerkannt und den Parteien das Recht zugebilligt, die anwendbare Rechtsordnung für ihren Vertrag zu wählen (RGZ 38, 144; vgl ferner LEWALD 196 ff, 199 ff). Mangels Rechtswahl knüpften die Gerichte an den **mutmaßlichen**

---

* ANHÄUSER, Das internationale Obligationenrecht in der höchstrichterlichen Rechtsprechung des 19. Jahrhunderts (1986).

(**hypothetischen**) **Parteiwillen** an (RGZ 81, 275). Ließ er sich nicht ermitteln, galt schließlich hilfsweise das Recht am Erfüllungsort der jeweiligen Leistungspflicht (RGZ 95, 166; 103, 259). Unterschiedliche Leistungsorte führten damit zur Anwendung mehrerer Rechte auf einen einheitlichen Vertrag und zur Vertragsspaltung (vgl etwa RGZ 145, 121).

Der BGH setzte diese Rechtsprechung fort, stellte aber für die objektive Anknüpfung **15** stärker heraus, dass es sich bei ihr „in Wirklichkeit nicht um die Ermittlung hypothetischer subjektiver Vorstellungen der Parteien, sondern um eine vernünftige Interessenabwägung auf rein objektiver Grundlage anhand der Verhältnisse zur Zeit des Vertragsschlusses" handele (BGHZ 7, 235 und stdg). Wegen des starken Einzelfallbezugs ließ sich freilich kaum voraussagen, welchem Recht Verträge objektiv unterstanden.

2. IPR-Neuregelung von 1986

Eine erstmalige Kodifizierung und zugleich erhebliche Änderung des richterrechtli- **16** chen Gewohnheitsrechts zum Vertragsstatut brachte das Gesetz zur Neuregelung des internationalen Privatrechts vom 25. 7. 1986 (BGBl 1986 II 1142; in Kraft seit 1. 9. 1986). Es inkorporierte – im Wesentlichen in den Art 27–37 EGBGB – das Römische EWG-Übereinkommen über das auf vertragliche Schuldverhältnisse anzuwendende Recht (EVÜ) vom 19. 6. 1980 in das insgesamt neu formulierte EGBGB (näher zum EVÜ unten Rn 33 ff; der Text ist in der deutschen, englischen und französischen Fassung oben Vorbem B zu Art 27 ff abgedruckt). Die zentrale Änderung gegenüber dem vorherigen Rechtszustand bestand darin, dass die objektive Anknüpfung nicht mehr aus der Abwägung aller Einzelfallumstände, sondern zunächst schematisch aufgrund bestimmter Vermutungen – insbesondere zugunsten des Sitzrechts des charakteristisch Leistenden (Art 28 Abs 2) – gewonnen wird. Das neue Recht schafft damit größere Rechtssicherheit.

Zu den intertemporalen Fragen noch unten Rn 46 ff. **17**

Da alle EU-Staaten das EVÜ übernommen haben, gilt insoweit bereits **einheitliches** **18** **Kollisionsrecht in der gesamten EU.** Denn auch die neuen Mitgliedstaaten Finnland, Österreich, Schweden haben das EVÜ bei sich inzwischen ebenfalls in Kraft gesetzt.

3. Deutsche Einigung von 1990

Die deutsche Einigung war für das internationale Vertragsrecht wenig bedeutungs- **19** voll. Mit dem Beitritt der DDR trat zwar formell das Rechtsanwendungsgesetz der DDR außer Kraft, das dort seit 1975 gegolten hatte. Eine wesentliche sachliche Änderung des internationalen Vertragsrechts war für das Beitrittsgebiet damit aber nicht verbunden. Denn das RAG hatte die Anknüpfung an das Sitzrecht des charakteristisch Leistenden bereits in detaillierter Form kodifiziert (§ 12 RAG):

> **§ 12. Rechtsanwendung auf Verträge** **20**
>
> (1) Wurde zwischen den Partnern von internationalen Wirtschaftsverträgen eine Vereinbarung über das anzuwendende Recht nicht getroffen, ist auf den Vertrag das Recht anzuwenden, das maßgeblich ist am Sitz des

a) Verkäufers bei Kaufverträgen,

b) Herstellers bei Werkleistungs- und Montageverträgen,

c) Auftraggebers bei Verträgen über wissenschaftlich-technische Leistungen und Verträgen über die Errichtung von Industrieanlagen,

d) Auftragnehmers bei Dienstleistungs-, Kundendienst-, Kontroll- und Beratungsverträgen,

e) Auftraggebers bei Handelsvertreterverträgen,

f) Frachtführers bei Gütertransportverträgen,

g) Spediteurs bei Speditionsverträgen,

h) Umschlagbetriebes bei Verträgen über den Umschlag von Gütern,

i) Lagerhalters bei Lagerverträgen,

j) Beförderers bei Verträgen über Personenbeförderung,

k) Bankinstituts bei Verträgen, die Bankgeschäfte betreffen,

l) Überlassers bei Nutzungsverträgen, insbesondere Miet- und Lizenzverträgen,

m) Verwenders bei Verträgen über die Nutzung urheberrechtlich geschützter Werke,

n) Versicherers bei Versicherungsverträgen.

(2) Ist das auf den Vertrag anzuwendende Recht nicht gemäß Abs 1 bestimmt, so findet das Recht am Sitz des Partners Anwendung, der die den Inhalt des Vertrages bestimmende Leistung zu erbringen hat. Kann diese nicht festgestellt werden, ist das Recht des Staates anzuwenden, indem dem Anbietenden die Erklärung über die Annahme des Angebots zugeht (Vertragsabschlussort).

(3) Auf Verträge über das Eigentum und andere Rechte an Grundstücken und Gebäuden in der Deutschen Demokratischen Republik ist ausschließlich das Recht der Deutschen Demokratischen Republik anzuwenden.

21 Zu den übergangsrechtlichen Fragen vgl unten Rn 49 ff.

IV. Vereinheitlichung des internationalen Vertragsrechts durch das EVÜ

1. Entstehung des EVÜ

22 Keimzelle der europäischen Vereinheitlichung des internationalen Vertragsrechts war das Vorhaben der Beneluxländer, ihr internationales Privatrecht insgesamt durch eine entsprechende „loi uniforme" zu vereinheitlichen. Dazu hatten sich Belgien, Luxemburg und die Niederlande bereits 1951 vertraglich verpflichtet und dafür auf einen IPR-Gesetzentwurf des Niederländers MEIJERS zurückgegriffen, den dieser während der deutschen Besatzungszeit im 2. Weltkrieg verfertigt hatte (näher JESSURUN D'OLIVEIRA RabelsZ 39 [1975] 224 ff). Dieser ständig verbesserte und 1969 von den Beneluxstaaten sogar gezeichnete Entwurf (Text zuletzt: Rev crit 1968, 812) ist nie Gesetz geworden. Doch verlangten die Beneluxländer bereits 1967 in der Kommission der Europäischen Gemeinschaft, dass auf seiner Grundlage das IPR in der Gemeinschaft vereinheitlicht werden solle (näher GIULIANO/LAGARDE 36). Die Kommission hielt diesen Plan nach Beratung durch eine Gruppe Regierungssachverständiger für sinnvoll, beschränkte ihn aber auf die Vereinheitlichung der Materien, „die am engsten mit dem guten Funktionieren des gemeinsamen Marktes zusammenhängen" (GIULIANO/LAGARDE 37). Dazu wurden damals nur das internationale Sachenrecht, das internationale vertragliche und außervertragliche Schuldrecht, die IPR-Regeln über Geschäftsform und Beweis sowie die zugehörigen allgemeinen IPR-Fragen, insbesondere Renvoi, ordre public etc gerechnet (GIULIANO/LAGARDE aaO). In der Folge betraute die Kommission die Sachverständigengruppe mit der Aufgabe, auf diesen Gebieten Entwürfe zu erarbeiten, um damit die „natürliche Fortsetzung" der mit dem GVÜ begonnenen IPR-Vereinheitlichung zu leisten (GIULIANO/LAGARDE sowie Präambel zum EVÜ).

Die Gruppe stellte das internationale Sachenrecht alsbald zurück, weil der Berichterstatter für diesen Bereich, der Deutsche ARNDT, zur Vorbereitung eine vergleichende Studie über die wichtigsten Sicherungsrechte für erforderlich hielt (GIULIANO/LAGARDE 38). **23**

Im Jahr 1972 legte die Gruppe dann einen Vorentwurf zum internationalen vertraglichen und außervertraglichen Schuldrecht vor (deutscher Text: RabelsZ 38 [1974] 211 ff; dazu erläuternder Bericht von GIULIANO/LAGARDE sowie VAN SASSE VAN YSSELT, in: LANDO/vHOFFMANN/SIEHR 241 ff). **24**

Stellungnahmen der Regierungen der Mitgliedstaaten und die Mitwirkung der Vertreter der inzwischen beigetretenen neuen Mitglieder Dänemark, Großbritannien und Irland führten schließlich 1979 zu einem überarbeiteten Entwurf. Er enthielt auf britischen Antrag nicht mehr das internationale außervertragliche Schuldrecht, das man aus Zeitgründen abgehängt hatte, um zunächst den Teil über das internationale Vertragsrecht fertigstellen zu können (GIULIANO/LAGARDE 39). Der Entwurf wurde nach Stellungnahmen der Mitgliedsregierungen nochmals von einer Ad-hoc-Gruppe „Internationales Privatrecht" überarbeitet und schließlich auf der Sitzung des Rates der Europäischen Gemeinschaft als dem Vertreter der beteiligten Regierungen am 19. 6. 1980 als **Übereinkommen über das auf vertragliche Schuldverhältnisse anzuwendende Recht** angenommen (die deutsche, englische und französische Fassung ist oben Einl B zu Art 27 ff abgedruckt). Noch vor dem Inkrafttreten des EVÜ im Jahr 1991 wurde grundsätzliche Einigkeit darüber erzielt, dass der EuGH das EVÜ auslegen solle, um auf diese Weise die angestrebte Einheitlichkeit der Auslegung auch institutionell zu sichern. Die Ad-hoc-Gruppe erhielt den Auftrag, hierfür eine konkrete Lösung zu entwickeln. Das Ergebnis dieser Bemühungen waren die beiden Auslegungsprotokolle vom 19. 12. 1988. Das *Erste Brüsseler Protokoll betreffend die Auslegung des am 19. Juni 1980 in Rom zur Unterzeichnung aufgelegten Übereinkommens über das auf vertragliche Schuldverhältnisse anzuwendende Recht durch den Gerichtshof der Europäischen Gemeinschaften* regelt die Auslegung des EVÜ **25** durch den EuGH und folgt insoweit dem Auslegungsprotokoll zum GVÜ, das das Vorabentscheidungsverfahren nach Art 234 EGV (ex Art 177) für das (staatsvertragliche) Übereinkommen öffnet. Das *Zweite Brüsseler Protokoll zur Übertragung bestimmter Zuständigkeiten für die Auslegung des am 19. Juni 1980 in Rom zur Unterzeichnung aufgelegten Übereinkommens über das auf vertragliche Schuldverhältnisse anzuwendende Recht auf den Gerichtshof der Europäischen Gemeinschaften* überträgt dem EuGH die für die Auslegung erforderliche Zuständigkeit (näher dazu der begleitende Bericht von Tizzano ABl EG 1990 Nr C 219/1; Text der Protokolle oben Einl B zu Art 27 ff).

26 Im Rahmen der Süderweiterung der EG sind das Luxemburger Übereinkommen über den Beitritt Griechenlands zum EVÜ vom 10. 4. 1984 (BGBl 1988 II 583) und das Übereinkommen von Funchal über den Beitritt Spaniens und Portugals zum EVÜ vom 18. 5. 1992 (BGBl 1995 II 305) abgeschlossen worden. Im Rahmen der Norderweiterung der EU ist das Brüsseler Übereinkommen über den Beitritt Finnlands, Österreichs und Schwedens zum EVÜ vom 29. 11. 1996 (BGBl 1998 II 1422) vereinbart worden. Damit gilt das EVÜ heute in allen fünfzehn EU-Staaten (vgl den Ratifikationsstand unten Rn 31).

2. Umsetzung des EVÜ in der Bundesrepublik

27 Deutschland ist Vertragsstaat des EVÜ, hat es aber in besonderer Form umgesetzt.

28 Die Bundesrepublik stimmte dem EVÜ bereits mit Gesetz vom 25. 7. 1986 (BGBl 1986 II 809; oben Einl B I zu Art 27) zu, legte aber in Art 1 Abs 2 des Zustimmungsgesetzes fest, dass die **Art 1–21 EVÜ innerstaatlich keine unmittelbare Anwendung** finden. Trotz der Ratifikation des EVÜ, die zum 1. 4. 1991 wirksam wurde, gelten die Bestimmungen des EVÜ in Deutschland damit weder unmittelbar noch nehmen sie am grundsätzlichen Vorrang staatsvertraglichen Kollisionsrechts (Art 3 Abs 2 EGBGB) teil (eingehend dazu Reithmann/Martiny/Martiny Rn 13). Der deutsche Gesetzgeber hat die Bestimmungen des EVÜ vielmehr bereits bei der IPR-Reform von 1986 im Wesentlichen in die Art 27–37 EGBGB übernommen. ZT ist der Wortlaut etwas verändert oder umgestellt worden. Einige allgemeine Vorschriften des EVÜ mussten wegen des Sachzusammenhanges auch an anderer Stelle des EGBGB – nämlich in Art 3 Abs 1 Satz 1, Art 6 Satz 1, Art 11 Abs 1–4, Art 12 Abs 1 Satz 1 – untergebracht werden. Bei der Ratifikation hat die Bundesrepublik ferner einen nach Art 22 Abs 1 lit a EVÜ zulässigen Vorbehalt gegen Art 7 Abs 1 EVÜ – die Berücksichtigung ausländischen zwingenden Rechts – eingelegt und nur Art 7 Abs 2 EVÜ als Art 34 in das EGBGB übernommen.

29 An der Übernahme des EVÜ durch die sog Kopiermethode ist zu Recht **erhebliche Kritik** geübt worden (vgl vHoffmann IPRax 1984, 10 ff; Kohler EuR 1984, 155 ff; Max-Planck-Institut RabelsZ 47 [1983] 602 ff, 665 ff; Reithmann/Martiny/Martiny Rn 13 ff). Dem deutschen Rechtsanwender wird nur noch durch Art 36 EGBGB der staatsvertragliche Hintergrund der Art 27–37 vermittelt. Für die an anderer Stelle untergebrachten EVÜ-Vorschriften ist er gänzlich unkenntlich geworden. Eine einheitliche Auslegung, die die Praxis der anderen EVÜ-Staaten zur jeweiligen EVÜ-Vorschrift beachtet, ist damit erheblich erschwert, weil stets erst das EVÜ-Pendant der deutschen Vorschrift aufgesucht werden muss. Ob dem EuGH, wenn er denn noch für die

einheitliche Auslegung des EVÜ zuständig werden sollte, die EVÜ-Vorschriften des EGBGB zur Auslegung vorgelegt werden könnten, erscheint zweifelhaft (dazu auch PIRRUNG, in: vBAR 69 f). Denn die – in den EVÜ-Protokollen vereinbarte – Auslegungszuständigkeit des EuGH besteht nur für das EVÜ, spätere Beitrittsübereinkommen und das Auslegungsprotokoll (Art 2 iVm Art 1 1. Protokoll). Das EVÜ gilt in der Bundesrepublik aber nicht unmittelbar und die EGBGB-Vorschriften sind ausschließlich nationales Recht (vgl in diesem Zusammenhang auch die Kleinwort-Benson-Entscheidung des EuGH Slg 1995 I 615; dazu KOHLER ZEuP 1996, 453 ff). Für die Vereinheitlichung der Auslegung des EVÜ stellt sich deshalb die erwogene Überführung des EVÜ in eine Gemeinschafts-VO als erheblicher Vorzug dar.

Derzeit lässt sich der vom EVÜ angestrebten Rechtsvereinheitlichung freilich nur durch eine ernstgenommene einheitliche Auslegung Rechnung tragen (vgl auch oben Rn 22; näher die Erl zu Art 36). **30**

3. Ratifikationsstand

Das EVÜ gilt in den folgenden EG-Staaten (Stand: 1. 9. 2001; vgl auch BGBl-Fundstellennachweis B): **31**

Belgien (seit 1. 4. 1991)

Dänemark (seit 1. 4. 1991; Geltung auch für Faröer-Inseln)

Deutschland (seit 1. 4. 1991; Vorbehalt nach Art 22 Abs 1 lit a; keine unmittelbare Geltung des EVÜ)

Finnland (seit 1. 4. 1999)

Frankreich (seit 1. 4. 1991; Geltung auch für das außereuropäische Hoheitsgebiet Frankreichs; Art 27 Abs 1 EVÜ)

Griechenland (seit 1. 4. 1991)

Großbritannien (seit 1. 4. 1991; Geltung auch für Gibraltar seit 18. 7. 1994; Vorbehalte nach Art 22 Abs 1 lit a und b)

Irland (seit 1. 1. 1992; Vorbehalt nach Art 22 Abs 1 lit a)

Italien (seit 1. 4. 1991; Vorbehalt nach Art 22 Abs 1 lit b)

Luxemburg (seit 1. 4. 1991; Vorbehalt nach Art 22 Abs 1 lit a)

Niederlande (seit 1. 9. 1991; seit 1. 8. 1993 Geltung auch für die Niederländischen Antillen und Aruba)

Österreich (seit 1. 12. 1998)

Portugal (seit 1. 9. 1994)

Schweden (seit 1.1.1999)

Spanien (seit 1.9.1993)

Die beiden Protokolle zum EVÜ sind mangels hinreichender Zahl an Ratifikationen bislang noch nicht in Kraft getreten. Die Bundesrepublik hat sie inzwischen ratifiziert (BGBl 1995 II 914). Eine Zuständigkeit des EuGH, das EVÜ auszulegen, besteht daher noch immer nicht.

4. Reform des EVÜ

32 Seit dem Amsterdamer Vertrag von 1998 ist eine Reform des EVÜ im Gespräch (vgl Aktionsplan des Rates und der Kommission zur bestmöglichen Umsetzung der Bestimmungen des Amsterdamer Vertrags über den Aufbau eines Raums der Freiheit, der Sicherheit und des Rechts, ABl EG 1999 C 19/1, 10 Rn 40c). Insbesondere wird eine Überführung des EVÜ in eine Verordnung erwogen (Kom [2000] 167 endg v 24.3.2000). Konkrete Vorschläge der Kommission liegen jedoch noch nicht vor.

Solche Vorschläge hat aber die European Group for Private International Law unterbreitet. Danach sollen Art 3, 5 und 7 EVÜ in der folgenden Weise geändert werden (franz Text in IPRax 2001, 64 f; dazu JAYME IPRax 2001, 65 f).

Art 3 (3) EVÜ (= Art 27 Abs 3 EGBGB) soll lauten:

„The fact that the parties have chosen the law of a non-Member State, whether or not accompanied by the choice of a tribunal of a non-Member State, shall not, where all the other elements relevant to the situation at the time of the choice are connected with one or more of the Member States, prejudice the application of the mandatory rules which are contained in or originate in acts of the institutions of European Community and which are applicable in a Member State whose law would be applicable in the absence of a choice of law by the parties."

Art 5 EVÜ (= Art 29 EGBGB) soll lauten:

„1. This Article applies to a contract the object of which is the supply of property, whether movable or immovable, or of services to a person („the consumer") for a purpose which can be regarded as being outside his trade or profession, by a person who is acting in the course of his trade or profession („the supplier").

2. The law applicable by virtue of Articles 3, 4 and 9 cannot deprive the consumer of the protection afforded to him by the mandatory rules of the law of the country in which he has his habitual residence at the time of the conclusion of the contract, unless the supplier can establish that he was not aware of the country in which the consumer had his habitual residence, as a result of the conduct of the consumer.

The preceding paragraph does not apply:

when the consumer travels to the supplier's country and there concludes the contract, or when property or services were or ought to have been supplied in the country in which the place of business through which such supply was or ought to have been effected was situated,

unless, in either case, the consumer was induced by the supplier to travel to the aforementioned country to conclude the contract."

Art 7 EVÜ (= Art 34 EGBGB) soll bei Überführung des EVÜ in eine VO um einen Abs 3 ergänzt werden:

„3. Effect may only be given to the mandatory rules of a Member State to the extent that their application does not constitute an unjustified restriction on the principles of freedom of movement provided for in the treaty."

Internetadresse der European Group for Private International Law: http://www.drt.ucl.ac.be/gedip/gedip-documents-10pe.html

V. Grundprinzipien des geltenden internationalen Vertragsrechts

1. Parteiautonomie

Beherrschender Grundsatz des internationalen Vertragsrechts ist in Deutschland, aber auch weltweit die Parteiautonomie. Im Ausgangspunkt sollen die **Parteien selbst bestimmen** können, welche Rechtsordnung für ihre vertraglichen Beziehungen gilt. Da Drittinteressen bei Verträgen nur ausnahmsweise berührt werden, respektiert das staatlich gesetzte Kollisionsrecht grundsätzlich den Willen der Vertragspartner auch im Hinblick auf das anwendbare Recht. Dem folgt Art 27 EGBGB (= Art 3 EVÜ). Nur für Sondersituationen – insbes bei Verbraucher- und Arbeitsverträgen – werden der Rechtswahlfreiheit Grenzen gezogen (vgl näher die Erl zu Art 27, 29, 29 a und 30). **33**

2. Engste Verbindung

Komplementär zur kollisionsrechtlichen Parteiautonomie gilt der Grundsatz der engsten Verbindung: Soweit die Parteien von ihrer Rechtswahlfreiheit keinen Gebrauch machen, ist ihr Vertrag jenem Recht zuzuordnen, zu dem er die **engste Verbindung** aufweist. Sie wird nach objektiven, insbesondere räumlichen Anknüpfungsmerkmalen festgelegt. Art 28 EGBGB (= Art 4 EVÜ) versucht dabei, durch Vermutungen Rechtssicherheit zu erzielen, gewährt mit seiner Ausweichklausel (Abs 5) aber auch Flexibilität, die Anknüpfung dem konkreten Fall anzupassen. Kernregel ist dabei das Konzept der charakteristischen Leistung. Grundsätzlich soll das Recht am Niederlassungsort dessen gelten, der die Leistung schuldet, die den Vertrag prägt. Die prinzipielle Bevorzugung des Schuldners der charakteristischen Leistung wird damit gerechtfertigt, dass er gewöhnlich die regelungsintensivere Pflichtenstellung innehat und, da er die Leistung häufig berufsmäßig und oft auch als Massengeschäft erbringt, vom anwendbaren Recht stärker als der Vertragspartner betroffen wird (vHoffmann, in: Lando/vHoffmann/Siehr 8; Kegel/Schurig § 18 I 1 d; eingehend Vischer/Huber/Oser 114 ff; vgl näher unten Art 28 Rn 63 ff). **34**

3. Schutz der schwächeren Vertragspartei

35 Die „Armut des IPR an sozialen Werten" (ZWEIGERT RabelsZ 37 [1973] 435) ist seit längerem beklagt worden. Doch erwies es sich als schwierig, auf der Ebene des insoweit scheinbar gänzlich neutralen Verweisungsrechts die sozial schwächere Vertragspartei besonders zu schützen. Mit dem EVÜ ist hier ein beachtlicher Fortschritt gelungen. Auch das EVÜ hat freilich keinen allgemeinen Grundsatz eingeführt, dass stets das Recht der schwächeren Partei zu gelten habe. Nach welchen Kriterien sollte auch die jeweils schwächere Partei bestimmt werden? Doch für detailliert umschriebene Situationen sieht das Vertrags-IPR jetzt **besondere Anknüpfungsregeln** vor, die solchen Vertragspartnern schon auf kollisionsrechtlicher Ebene zu „ihrem" Recht verhelfen, die typischerweise regelmäßig die schwächere Vertragsposition haben, nämlich **Verbraucher und Arbeitnehmer.** Art 29 (= Art 5 EVÜ) behält dem Verbraucher in eng begrenzten Fällen sein Aufenthaltsrecht vor. Zusätzlich sichert Art 29 a dem Verbraucher einen bestimmten Schutzstandard, der sich aus europäischem Richtlinienrecht ergibt. Art 30 (= Art 6 EVÜ) belässt dem Arbeitnehmer grundsätzlich den Schutz an seinem Arbeitsort. Allerdings kann der kollisionsrechtliche Schutz des Verbrauchers häufiger „zu kurz gestrickt" sein (COESTER-WALTJEN, in: FS W LORENZ 297; vgl näher unten die Erl zu Art 29 und 29 a). Sonderregeln gelten ferner für Versicherungsverträge (vgl Art 7 ff EGVVG).

4. Günstigkeitsprinzip

36 In begrenztem Umfang erlaubt das internationale Vertragsrecht, zwischen mehreren Rechtsordnungen die für eine Partei günstigere zu wählen. Als allgemeine Regel des Kollisionsrechts ist das Günstigkeitsprinzip untauglich, weil es stets eine Seite bevorteilt. Bei besonderer Schutzbedürftigkeit einer Partei vermag es aber – wie etwa im früheren internationalen Deliktsrecht – deren Schutz erheblich zu verstärken. Aus diesem Grund ist bei **Verbraucher- und Arbeitsverträgen,** soweit hier Unterschiede zwischen den zwingenden Regelungen des gewählten und des objektiv geltenden Rechts bestehen, nach Art 29 und 30 die dem Verbraucher bzw Arbeitnehmer günstigere Ordnung anzuwenden.

37 Eine ähnliche Wahl des einer Partei günstigeren Rechts räumt Art 31 Abs 2 (= Art 8 Abs 2 EVÜ) ein. Hier kann sich eine Partei statt auf das präsumtive Vertragsschlussstatut auf ihr eigenes (Aufenthalts-)Recht berufen, wenn ihr Verhalten keine Vertragsschlusswirkung haben soll. Einer Ausdehnung auf andere als die genannten Fälle ist das Günstigkeitsprinzip freilich nicht fähig.

5. Einheitliches Vertragsstatut

38 Das geltende internationale Vertragsrecht unterstellt Verträge im Grundsatz **einer einzigen Rechtsordnung,** nach der alle Vertragsfragen zu beantworten sind (Art 32 EGBGB = Art 10 und 14 EVÜ). Das ist aus Gründen der inneren Konsistenz und einfacheren Rechtsanwendung auch wünschenswert. Doch werden einige Ausnahmen zugelassen. Zunächst können die Parteien – in Anerkennung ihrer Parteiautonomie – den Vertrag spalten und – vernünftige – Teile unterschiedlichen Rechtsordnungen unterstellen (Art 27 Abs 1 Satz 2 EGBGB = Art 3 Abs 1 Satz 2 EVÜ). In seltenen Fällen kann auch das objektive Vertragsstatut aufgespalten werden (Art 28 Abs 1 Satz 2 EGBGB = Art 4 Abs 1 Satz 2 EVÜ).

Zum andern sieht das Gesetz auch einige **echte Sonderanknüpfungen** vor: so allgemein zugunsten der international zwingenden Bestimmungen des deutschen Rechts (Art 34 EGBGB = Art 7 Abs 2 EVÜ); ferner bei reinen Inlandsfällen zugunsten des zwingenden Inlandsrechts (Art 27 Abs 3 EGBGB = Art 3 Abs 3 EVÜ); schließlich bei Erfüllungsmodalitäten und ihrer Beanstandung zugunsten des Rechts am Erfüllungsort (Art 32 Abs 2 EGBGB = Art 10 Abs 2 EVÜ). Auch die Möglichkeit, das Aufenthaltsrecht gegenüber einem strengeren Vertragsschlussstatut anzuwenden (Art 31 Abs 2 EGBGB = Art 8 Abs 2 EVÜ), gehört hierher. Im Kern versuchen die Sonderanknüpfungen, als wichtig angesehene Rechtspostulate einer intensiv berührten Rechtsordnung gegenüber einem abweichenden Vertragsstatut zur Geltung zu bringen. Die richtige Balance zwischen der unbedingten Befolgung fremden Rechts, das als Vertragsstatut gilt, und der Einschaltung solchen nationalen Rechts, das als unabdingbar betrachtet wird, wird freilich immer prekär bleiben. 39

VI. Allgemeine IPR-Fragen im internationalen Vertragsrecht

1. Qualifikation

Grundsätzlich sind Tatbestandsmerkmale des Kollisionsrechts nach den Systembegriffen des angerufenen Gerichts festzulegen (**Qualifikation nach der lex fori,** stdg Rechtsprechung vgl etwa BGHZ 29, 139; 44, 124; 47, 324; BGH IPRax 1995, 399 m Aufs WINKLER vMOHRENFELS IPRax 1995, 379 ff; NJW 1996, 54 [55]; generell zur Qualifikation vBAR I Rn 581 ff; KEGEL/SCHURIG § 7; KROPHOLLER §§ 15–17 [dort auch zur funktionellen Qualifikation]). 40

Die deutsche Rechtsprechung vertritt diesen Standpunkt auch für das internationale Vertragsrecht (BGH aaO). Für dieses Gebiet schreibt Art 36 EGBGB allerdings eine einheitliche Auslegung und Anwendung in den Vertragsstaaten des EVÜ vor. Die Vorschrift ist auch für die Qualifikationsfrage zu beachten. Ob ein Rechtsverhältnis unter die Systembegriffe fällt, die die Art 27–37 EGBGB verwenden – zB Vertrag, Arbeitsverhältnis etc –, ist deshalb nicht allein aus der Sicht des deutschen Rechts zu bestimmen. Vielmehr ist für die Festlegung des Bedeutungsgehalts dieser Begriffe auch die Rechtsprechung und Lehre der übrigen EVÜ-Vertragsstaaten mitzuberücksichtigen. Das **EVÜ** hat sich hier bewusst für die **rechtsvergleichende Qualifikation** entschieden (vgl GIULIANO/LAGARDE 70 zu Art 18 EVÜ, der Art 36 EGBGB entspricht: „Das Problem der Qualifikation, für welche das Übereinkommen ... keine besondere Regel vorsieht, ist im Sinne dieses Artikels zu lösen."). Sie hatte schon ERNST RABEL verfochten (RabelsZ 5 [1931] 241 ff). Allerdings begrenzt sich die Rechtsvergleichung auf die EVÜ-Vertragsstaaten. 41

Der **autonom-rechtsvergleichenden Qualifikationsmethode** ist auch deshalb zu folgen, weil sie die grundsätzliche Methode des EuGH bei der Auslegung des Gemeinschaftsrechts und des gemeinschaftsnahen Völkervertragsrechts ist (vgl BEUTLER/BIEBER/PIPKORN/STREIL 7.2.4.1.; zum GVÜ MARTINY RabelsZ 45 [1981] 427 ff; zur Auslegung der Art 27–37 vgl eingehend die Erl Art 36). Da der EuGH die einheitliche Anwendung des EVÜ voraussichtlich einmal überwachen und dann dieser Qualifikationsmethode folgen wird, sollte sie bereits jetzt verwendet werden. 42

43 Damit ist nicht allein nach deutschem Recht zu qualifizieren, ob eine Rechtsfrage dem internationalen Vertragsrecht oder etwa dem internationalem Delikts-, Sachenrecht etc zuzuordnen ist. Vielmehr ist mit heranzuziehen, wie diese Abgrenzung in den anderen EVÜ-Staaten erfolgt. Bestehen Unterschiede, so sollte die am ehesten internationalisierungsfähige Lösung gesucht und übernommen werden. Anhalt kann insoweit, solange der EuGH noch nicht endgültige Auslegungsinstanz des EVÜ ist, seine **Rechtsprechung zum GVÜ,** aber auch **zum Gemeinschaftsrecht** geben. Dort sind Begriffe wie etwa Vertrag, Niederlassung, Dienstleistung etc schon definiert worden. Diese Definitionen lassen sich für die Auslegung der auf dem EVÜ beruhenden Art 27–37 regelmäßig übernehmen.

2. Renvoi

44 Im internationalen Vertragsrecht gelten für den Renvoi gegenüber dem allgemeinen Kollisionsrecht abweichende Regeln. Art 35 Abs 1 EGBGB (= Art 15 Abs 1 EVÜ) bestimmt, dass die Verweisungen des Vertragskollisionsrechts – im Gegensatz zur Grundregel des Art 4 Abs 1 EGBGB – **stets Sachnormverweisungen** sind (vgl näher die Erl zu Art 35). Doch können Vertragsparteien – anders als das Art 4 Abs 2 im Übrigen zulässt – nach hM auch das Kollisionsrecht eines bestimmten Landes wählen (str; vgl näher Art 27 Rn 14, 36).

3. Ordre public

45 Der ordre public (Art 6 EGBGB, dessen Satz 1 Art 16 EVÜ entspricht) spielt im internationalen Vertragsrecht nur noch gelegentlich eine Rolle, nachdem Art 34 und Art 27 Abs 3 EGBGB Einfallstore für inländische Rechtsvorstellungen geschaffen haben. Insbesondere genügen Abweichungen eines ausländischen Vertragsstatuts vom Schutzstandard deutschen Verbraucherschutzrechts in aller Regel nicht, um den deutschen ordre public auf den Plan zu rufen (vgl auch Art 27 Rn 19).

VII. Intertemporales Recht nach der Reform von 1986

46 Die intertemporalen Kollisionsfragen, die sich nach dem Inkrafttreten der IPR-Reform am 1. 9. 1986 stellten, sind in Art 220 Abs 1 EGBGB geregelt (allgemein zum intertemporalen Recht STAUDINGER/STURM/STURM [1996] Einl 502 ff zum IPR). Danach gilt „für vor dem 1. 9. 1986 abgeschlossene Vorgänge" das bisherige IPR weiter. Später abgeschlossene Vorgänge sind dagegen nach neuem IPR zu beurteilen. Da sich altes und neues IPR im Vertragskollisionsrecht deutlich nur bei der objektiven Anknüpfung unterscheiden (vgl oben Rn 12 f), hat die Vorschrift im Wesentlichen nur bei ihr praktische Bedeutung für internationale Verträge.

47 Für Verträge kommt es damit **grundsätzlich auf den Zeitpunkt ihres Abschlusses** an, da sich in diesem Zeitpunkt das für sie geltende Recht dann entweder kraft Rechtswahl oder kraft objektiver Anknüpfung fixiert (zum Streit zwischen dieser vorherrschenden kollisionsrechtlichen und der materiellrechtlichen Betrachtungsweise bei Art 220 EGBGB eingehend ERMAN/HOHLOCH Art 220 Rn 5 f; PALANDT/HELDRICH Art 220 Rn 2; STAUDINGER/DÖRNER [1996] Art 220 Rn 10 ff jeweils mit zahlreichen Nachweisen). Sie sind deshalb als **abgeschlossene Vorgänge** anzusehen, wenn sie aufgrund des nach altem IPR anwendbaren Rechts vor dem Stichtag wirksam zustande gekommen waren. Ob sie erst nach dem Stichtag zu erfüllen waren, ist im Allgemeinen gleichgültig (ERMAN/HOHLOCH Vor Art 27–37 Rn 12, Art 27 Rn 6; KROPHOLLER § 27 III 1; MünchKomm/MARTINY Vor Art 27 Rn 31; SOERGEL/SCHURIG Art 220 Rn 14; STAUDINGER/DÖRNER [1996] Art 220 Rn 60).

Nach einer verbreiteten Ansicht sind auch **Dauerschuldverhältnisse,** die vor dem **48** Stichtag eingegangen wurden, deren Wirkungen sich aber nach dem Stichtag fortsetzen, als abgeschlossene Vorgänge zu betrachten (so OLG Koblenz RiW 1993, 935; PALANDT/HELDRICH Art 220 Rn 4; SOERGEL/SCHURIG Art 220 Rn 14; grundsätzlich auch ERMAN/HOHLOCH Vor Art 27–37 Rn 12). Eine vorzuziehende Ansicht sieht diese Verträge wegen ihrer Fortwirkung dagegen **nicht als abgeschlossen** an und unterstellt ihre nach dem Stichtag eintretenden Wirkungen dem neuen IPR (so OLG Hamm RiW 1993, 940; speziell für Arbeitsverträge BAG IPRax 1991, 407; BAG IPRax 1994, 123; HESS 247; MAGNUS JuS 1992, 458; MünchKomm/SONNENBERGER Art 220 Rn 17; MünchKomm/MARTINY Vor Art 27 Rn 32; eingehend STAUDINGER/DÖRNER [1996] Art 220 Rn 62; offengelassen von BGH NJW 1993, 2754). Andernfalls würde die Geltung der vom Gesetzgeber für angemessen erachteten und in Europa vereinheitlichten Anknüpfungsregeln in diesen Fällen unter Umständen noch auf lange Zeit hinausgeschoben, ohne dass Vertrauens- oder Schutzinteressen der Beteiligten dies zwingend fordern (näher MünchKomm/SONNENBERGER, STAUDINGER/DÖRNER jeweils aaO).

VIII. Deutsch-deutsches Verhältnis

Seit dem 3. 10. 1990 sind neuabgeschlossene internationale Schuldverträge, die in **49** Deutschland vor die Gerichte gelangen, **bundeseinheitlich** nach den Vorschriften des EGBGB bzw vorrangigen, in Deutschland geltenden Staatsverträgen zu beurteilen. Ein besonderes interlokales, deutsch-deutsches Kollisionsrecht besteht für seither abgeschlossene Verträge nicht mehr.

Für **Altfälle** gelten allerdings noch **Sonderregeln.** Für sie ist zwischen Fällen mit **50** Auslandsbezug zu Drittstaaten, Fällen mit deutsch-deutschen Bezugspunkten und Fällen mit rein internem Bezug (allein zum früheren DDR-Gebiet) zu unterscheiden. Dabei ergibt sich der jeweilige Fallbezug im internationalen Vertragsrecht aus dem Sitz der Vertragsparteien, auf den ersichtlich die Überleitungsvorschriften des Einigungsvertrages (Art 230 EGBGB) abstellen und der sowohl im bundesdeutschen IPR wie im früheren DDR-Recht übereinstimmend der entscheidende Anknüpfungspunkt für die territoriale Lokalisierung eines Vertrages war und ist.

Verträge mit Auslandsbezug, die vor dem 3. 10. 1990 als Vorgänge abgeschlossen **51** wurden, sind gemäß Art 236 § 1 EGBGB nach dem bisherigen IPR anzuknüpfen, das in dem jeweiligen deutschen Teilgebiet – Bundesrepublik oder DDR (dort das RAG) – galt, wenn die deutsche Partei in dem Teilgebiet ihren Sitz hatte (vgl MAGNUS JuS 1992, 458; MANSEL JR 1990, 447; PALANDT/HELDRICH Art 236 Rn 1; STAUDINGER/DÖRNER Art 236 Rn 65). Soweit diese Verträge noch fortwirken, sind ihre Wirkungen aber – wie für Art 220 EGBGB (oben Rn 45) – nach den jetzt geltenden Regeln des EGBGB zu bestimmen (str, wie hier STAUDINGER/DÖRNER [1996] Art 236 Rn 66 m umfassenden Nachweisen).

Für **innerdeutsche Altfälle,** die Bezüge zu beiden deutschen Teilgebieten hatten, gilt **52** Art 236 EGBGB nicht unmittelbar. Hier ist einheitlich das jetzige Kollisionsrecht analog anzuwenden, soweit damit nicht in wohl erworbene Rechte eingegriffen wird (BGHZ 124, 270 = JZ 1994, 468 m zust Anm THODE = IPRax 1995, 114 m krit Aufs DÖRNER IPRax 1995, 89 ff; KROPHOLLER § 29 III 2; PALANDT/HELDRICH Art 236 Rn 1; **aA** etwa STAUDINGER/DÖRNER [1996] Art 236 Rn 83 ff). Damit bestimmt mangels Rechtswahl der Sitz der charakteristisch leistenden Partei (Art 28 Abs 2), ob bundesdeutsches oder altes DDR-Recht anzuwenden ist (vgl BGH aaO).

53 Auf **Altfälle** schließlich, die **allein Bezüge zum ehemaligen DDR-Gebiet** aufweisen, ist dagegen gemäß Art 232 § 1 EGBGB grundsätzlich das dort vor dem 3.10. 1990 geltende Recht anzuwenden (BGHZ 121, 378 [386]; BGH WM 1996, 1183; WM 1997, 1028; zu Einschränkungen vgl Art 232 § 2 ff EGBGB).

54 Die **Staatsverträge privatrechtlichen Inhalts,** die die **DDR** abgeschlossen hatte – zB CISG, UN-VerjährungsÜbK etc –, sind, soweit sie nicht auch in der Bundesrepublik galten, mit dem Beitritt außer Kraft getreten (vgl eingehend STAUDINGER/DÖRNER [1996] Art 236 Rn 38 ff).

IX. Verfahrensfragen

1. Feststellung des anwendbaren Rechts

55 In Fällen mit Auslandsbezug ist das deutsche **Kollisionsrecht** bzw vorrangiges Konventionsrecht **von Amts wegen anzuwenden** (BGHZ 36, 348 [353]; 118, 151 [162]; BGH NJW-RR 1996, 732 [733]). Die Berufungsgerichte als Instanzgerichte dürfen auch nicht offen lassen, auf welcher Rechtsordnung ihre Entscheidung beruht, selbst wenn die in Betracht kommenden Rechte zum selben materiellrechtlichen Ergebnis führen (BGH NJW 1991, 2214).

56 Steht die anwendbare Rechtsordnung fest, so ist ihr **Inhalt von Amts wegen zu ermitteln** (§ 293 ZPO; BGHZ 77, 32). Falsche Feststellung und falsche Anwendung ausländischen Rechts stellen aber – anders als in Arbeitsgerichtsverfahren (BAG WM 1976, 194 [196]) – keine Revisionsgründe dar (§ 549 Abs 1 ZPO; BGHZ 48, 214; BGH WM 1971, 1094; WM 1986, 461; BGH NJW-RR 1996, 732; näher KROPHOLLER § 59 I 3; SCHACK Rn 646 ff). Das gilt auch für falsche Auslegung und Anwendung ausländischer AGB (BGH ZIP 1986, 653 [655]). Revisibel sind dagegen Verstöße gegen die Ermittlungspflicht, etwa indem zugängliche Erkenntnisquellen nicht ausgeschöpft wurden (vgl BGH NJW 1988, 647; NJW 1990, 581).

2. Internationale Zuständigkeit

57 Zur internationalen Zuständigkeit in internationalen Vertragsstreitigkeiten vgl STAUDINGER/HAUSMANN Anh II zu Art 37 Rn 1 ff.

Zu internationalen Gerichtsstands- und Schiedsgerichtsvereinbarungen vgl STAUDINGER/HAUSMANN Anh II zu Art 37 Rn 104 ff, 156 ff.

5. Abschnitt. Schuldrecht.
1. Unterabschnitt. Vertragliche Schuldverhältnisse

Art 27 EGBGB. Freie Rechtswahl

(1) Der Vertrag unterliegt dem von den Parteien gewählten Recht. Die Rechtswahl muss ausdrücklich sein oder sich mit hinreichender Sicherheit aus den Bestimmungen des Vertrages oder aus den Umständen des Falles ergeben. Die Parteien können die Rechtswahl für den ganzen Vertrag oder nur für einen Teil treffen.

(2) Die Parteien können jederzeit vereinbaren, dass der Vertrag einem anderen Recht unterliegen soll als dem, das zuvor auf Grund einer früheren Rechtswahl oder auf Grund anderer Vorschriften dieses Unterabschnitts für ihn maßgebend war. Die Formgültigkeit des Vertrages nach Artikel 11 und Rechte Dritter werden durch eine Änderung der Bestimmung des anzuwendenden Rechts nach Vertragsabschluß nicht berührt.

(3) Ist der sonstige Sachverhalt im Zeitpunkt der Rechtswahl nur mit einem Staat verbunden, so kann die Wahl des Rechts eines anderen Staates – auch wenn sie durch die Vereinbarung der Zuständigkeit eines Gerichts eines anderen Staates ergänzt ist – die Bestimmungen nicht berühren, von denen nach dem Recht jenes Staates durch Vertrag nicht abgewichen werden kann (zwingende Bestimmungen).

(4) Auf das Zustandekommen und die Wirksamkeit der Einigung der Parteien über das anzuwendende Recht sind die Artikel 11, 12, 29 Abs. 3 und Artikel 31 anzuwenden.

Materialien: Art 2 und 3 Vorentwurf zum EVÜ; Art 3 EVÜ; Bericht GIULIANO/LAGARDE BT-Drucks 10/503, 47 ff; Begründung zum Gesetzentwurf der Bundesregierung zur Neuregelung des IPR v 20. 10. 1983, BT-Drucks 10/504, 76 f.

Schrifttum

BACHMANN, Internet und Internationales Privatrecht – Vertragsschluß und Haftung im Internet, in: LEHMANN (Hrsg), Internet- und Multimediarecht (Cyberlaw) (1997) 169
BACKERT, Kollisionsrechtlicher Verbraucherschutz im Mosaik der Sonderanknüpfungen des deutschen internationalen Schuldvertragsrechts. Eine Darstellung am Beispiel der „Gran Canaria-Fälle" (2000)
BASEDOW, Vertragsstatut und Arbitrage, JbPraxSch 1 (1989) 3
BAUER, Grenzen nachträglicher Rechtswahl durch Rechte Dritter im Internationalen Privatrecht (1992)
BAUMERT, Abschlußkontrolle bei Rechtswahlvereinbarungen, RiW 1997, 805
BIRK, Die Bedeutung der Parteiautonomie im internationalen Arbeitsrecht, RdA 1989, 201
BLAUROCK, Übernationales Recht des Internationalen Handels, ZEuP 1 (1993) 247
BOOYSEN, Völkerrecht als Vertragsstatut internationaler privatrechtlicher Verträge, RabelsZ 59 (1995) 245
BOELE-WOELKI, Principles and Private International Law, The UNIDROIT Principles of International Commercial Contracts and the Principles of European Contract Law: How to Apply them to International Contracts, ULR 1996, 652
dies, Die Anwendung der UNIDROIT Principles auf internationale Handelsverträge, IPRax 1997, 161
dies, European and UNIDROIT Principles of Contract Law, in: vHOFFMANN, European Private International Law (1998) 67
BUCHTA, Die nachträgliche Bestimmung des

Schuldstatuts durch Prozeßverhalten im deutschen, österreichischen und schweizerischen IPR (1986)
BUNGERT, Gemeinschaftsrechtswidrigkeit von Grundstückserwerbsbeschränkungen für EG-Angehörige im spanischen Recht, IPRax 1992, 296
CALVO, The New ICC Rules of Arbitration. Substantial and Procedural Changes, JInt Arb 1997, 41
COING, in: VISCHER/KLEIN (Hrsg), Colloque de Bâle sur da loi régissant les obligations contractuelles (1983)
DASSER, Internationale Schiedsgerichte und lex mercatoria (1989)
DROBNIG, The Use of the UNIDROIT Principles by National and Supranational Courts, in: Institute of International Business Law and Practice/International Chamber of Commerce (Hrsg), The UNIDROIT Principles for International Commercial Contracts: A New Lex Mercatoria? (1995) 223
DROSTE, Der Begriff der „zwingenden Bestimmung" in Art 27 ff EGBGB (Diss Freiburg 1991)
DUTOIT, The Rome Convention of the Choice of Law for Contracts, in: vHOFFMANN (Hrsg), European Private International Law (1998) 39
EINSELE, Rechtswahlfreiheit im Internationalen Privatrecht, RabelsZ 60 (1996) 417
EKELMANS, Le dépeçage du contrat dans la Convention de Rome, Mélanges Vander Elst I (1986) 243
FERRARI, Defining the Sphere of the 1994 UNIDROIT Pinciples for International Commercial Contracts, Tul LRev 169 (1995) 1225
FLESSNER, Interessenjurisprudenz im internationalen Privatrecht (1990)
GOLDMANN, The Applicable Law: General Principles of Law, The Lex Mercatoria, in: LEW (Hrsg), Contemporary Problems in International Arbitration (1986) 113
GRUNDMANN, Lex Mercatoria und Rechtsquellenlehre, Jb Jung Zivil Wiss (1991) 62
HARTENSTEIN, Die Privatautonomie im Internationalen Privatrecht als Störung des europäischen Entscheidungseinklangs (2000)
vHOFFMANN, Grundsätzliches zur Anwendung der lex mercatoria durch internationale Schiedsgerichte, in: FS Kegel (1987) 215

HOWARD, Floating Choice of Law Clauses, Lloyd's MaritComLQ 1995, 1
IVERSEN, EG-Richtlinien und internationales Privatrecht, in: BRÖDERMANN/IVERSEN, Europäisches Gemeinschaftsrecht und Internationales Privatrecht (1995)
JAYME, Inhaltskontrolle von Rechtswahlklauseln in Allgemeinen Geschäftsbedingungen, in: FS W Lorenz (1991) 435
ders, Betrachtungen zur „dépeçage" im IPR, in: FS Kegel (1987) 253
JUNKER, Internationales Arbeitsrecht im Konzern (1992)
ders, Die freie Rechtswahl und ihre Grenzen – Zur veränderten Rolle der Parteiautonomie im Schuldvertragsrecht, IPRax 1993, 1
KAPPUS, „Lex mercatoria" als Geschäftsstatut vor staatlichen Gerichten im deutschen internationalen Schuldrecht, IPRax 1993, 137
ders, Internationales Vertragsrecht im Internet. Im Blickpunkt: Internationale Zuständigkeit und anwendbares Recht, RiW 1999, 809
KINDLER, Der Ausgleichsanspruch des Handelsvertreters im deutsch-italienischen Rechtsverkehr (1987)
H KOCH, Ausländischer Schadensersatz vor deutschen Gerichten, NJW 1992, 3073
KOST, Konsensprobleme im internationalen Schuldvertragsrecht (1994)
KROEGER, Der Schutz der „marktschwächeren" Vertragspartei im Internationalen Privatrecht (1984)
KRONKE/BERGER, Wertpapierstatut, Schadensersatzpflichten der Inkassobank, Schuldnerschutz in der Zession – Schweizer Orderschecks auf Abwegen, IPRax 1991, 338
LANDO, The 1955 and 1985 Hague Convention on the Law Applicable to the International Sale of Goods, RabelsZ 57 (1993) 155
ders, Some Issues Relating to the Law Applicable to Contractual Obligations, King's Coll LJ 7 (1996/97) 55
LEIBLE, Außenhandel und Rechtssicherheit, 2 VglRWiss 97 (1998) 286
E LORENZ, Die Rechtswahlfreiheit im internationalen Schuldvertragsrecht, RiW 1987, 569
ders, Die Auslegung schlüssiger und ausdrücklicher Rechtswahlerklärungen im internationalen Schuldvertragsrecht, RiW 1992, 697

5. Abschnitt. Schuldrecht.
1. Unterabschnitt. Vertragliche Schuldverhältnisse

W Lorenz, Vom alten zum neuen internationalen Schuldvertragsrecht, IPRax 1987, 269

Lüderitz, Internationaler Verbraucherschutz in Nöten, IPRax 1990, 216

ders, Wechsel der Anknüpfung in bestehendem Schuldvertrag, in: FS Keller (1989) 459

Lüthge, Die kollisionsrechtliche Funktion der Schiedsgerichtsvereinbarung (1975)

Mäsch, Rechtswahlfreiheit und Verbraucherschutz (1993)

Mankowski, Das Internet im Internationalen Vertrags- und Deliktsrecht, RabelsZ 63 (1999) 203

ders, Internationales Privatrecht der Providerverträge, in: Spindler, Vertragsrecht der Internet-Provider (2000) 161

Mann, Kollisions- und zuständigkeitsrechtlicher Gleichlauf der vertraglichen deliktischen Haftung, ZvglRWiss 86 (1987) 1

Martiny, Das Römische Vertragsübereinkommen vom 19. Juni 1980, ZEuP 1993, 298

ders, Internationales Vertragsrecht zwischen Rechtsgefälle und Vereinheitlichung. Zum Römischen Übereinkommen vom 19. Juni 1980, ZEuP 1995, 67

ders, Europäisches Internationales Vertragsrecht – Erosion der Römischen Konvention?, ZEuP 1997, 107

Mengel, Erhöhter völkerrechtlicher Schutz durch Stabilisierungsklauseln in Investitionsverträgen zwischen Drittstaaten und privaten Investoren?, RiW 1983, 739

Meyer/Sparenberg, Rechtswahlvereinbarungen in Allgemeinen Geschäftsbedingungen, RiW 1989, 347

Michaels, Privatautonomie und Privatkodifikation, RabelsZ 62 (1998) 580

Michaels/Kamann, Europäisches Verbraucherschutzrecht und IPR, JZ 1997, 601

Mitterer, Die stillschweigende Wahl des Obligationsstatuts nach der Neufassung des EGBGB vom 1. 9. 1986 (Diss Regensburg 1993)

Möllenhoff, Nachträgliche Rechtswahl und Rechte Dritter (1993)

Mustill, The New Lex Mercatoria, The First Twenty-five Years, Int Arb 4 (1988) 110

Pfeiffer, Handbuch der Handelsgeschäfte (1999)

TH Pfeiffer, Die Entwicklung des Internationalen Vertrags-, Schuld- und Sachenrechts in den Jahren 1995/96, NJW 1997, 1207

Püls, Parteiautonomie (1995)

Rasmussen/Bonne, Alternative Rechts- und Forumswahlklauseln (1999)

Reinhart, Zur nachträglichen Änderung des Vertragsstatuts nach Art 27 Abs 2 EGBGB durch Parteivereinbarung im Prozeß, IPRax 1995, 365

W H Roth, Angleichung des IPR durch sekundäres Gemeinschaftsrecht, IPRax 1994, 165

Sandrock, „Versteinerungsklauseln" in Rechtswahlvereinbarungen für internationale Handelsverträge, in: FS Riesenfeld (1983) 211

Schack, Rechtswahl im Prozeß?, NJW 1984, 2736

ders, Keine stillschweigende Rechtswahl im Prozeß!, IPRax 1986, 272

Rühl, Rechtswahlfreiheit und Rechtswahlklauseln in Allgemeinen Geschäftsbedingungen (1999)

Schnyder, Anwendung ausländischer Eingriffsnormen durch Schiedsgerichte, Überlegungen zu einem Grundsatzentscheid des Schweizer Bundesgerichts, RabelsZ 59 (1995) 293

Schröder, Vom Sinn der Verweisung im internationalen Schuldvertragsrecht, IPRax 1987, 90

Schurig, Zwingendes Recht, „Eingriffsnormen" und neues IPR, RabelsZ 54 (1990) 217

ders, Die Gesetzesumgehung im Privatrecht. Eine Studie mit kollisionsrechtlichen und rechtsvergleichenden Aspekten, in: FS Ferid (1988) 375

Siehr, Die Parteiautonomie im Internationalen Privatrecht, in: FS Keller (1989) 485

Spellenberg, Atypischer Grundstücksvertrag, Teilrechtswahl und nicht ausgeübte Vollmacht, IPRax 1990, 295

Spickhoff, Internationales Handelsrecht vor Schiedsgerichten und staatlichen Gerichten, RabelsZ 56 (1992) 116

ders, Nachträgliche Rechtswahl – Interlokales und Intertemporales Kollisionsrecht, Form, Rückwirkung und Beweislast, IPRax 1998, 462

Steiner, Die stillschweigende Rechtswahl im Prozeß im System der subjektiven Anknüpfungen im deutschen internationalen Privatrecht (1998)

STEINLE, Konkludente Rechtswahl und objektive Anknüpfung nach altem und neuem deutschen Internationalen Vertragsrecht, ZVerglRW 93 (1994) 300
TIEDEMANN, Kollidierende AGB-Rechtswahlklauseln im österreichischen und deutschen IPR, IPRax 1991, 424
THODE, Die Bedeutung des neuen internationalen Schuldvertragsrechts für grenzüberschreitende Bauverträge, ZfBR 1989, 43
VISCHER, The Relevance of the Unidroit Principles for Judges and Arbitrators in Disputes Arising out of International Contracts, EurJI. Ref 1 (1998/1999) 210
WEISE, Lex mercatoria (1990)
WENGLER, Allgemeine Rechtsgrundsätze als wählbares Geschäftsstatut?, ZfRVgl 23 (1982) 11
WICHARD, Die Anwendung der Unidroit-Prinzipien für internationale Handelsverträge durch Schiedsgerichte und staatliche Gerichte, RabelsZ 60 (1996) 269
WINDMÖLLER, Die Vertragsspaltung im Internationalen Privatrecht des EGBGB und des EGVVG (2000)
WINKLER vMOHRENFELS, Ehebezogene Zuwendungen im internationalen Privatrecht, IPRax 1995, 379
WOHLGEMUTH, Veränderungen im Bestand des Geltungsgebietes des Vertragsstatuts (1979)
WOLF, Auslegung und Inhaltskontrolle von AGB im internationalen kaufmännischen Verkehr, ZHR 153 (1989) 300.

Systematische Übersicht

I.	Regelungsgegenstand und Normzweck	1
II.	Entstehungsgeschichte	7
III.	Anwendungsbereich der Vorschrift	9
IV.	Geltung allgemeiner Vorschriften	
1.	Renvoi	14
2.	Ordre public	17
V.	Grundsatz der freien Rechtswahl (Abs 1 Satz 1)	
1.	Kollisionsrechtliche Parteiautonomie	21
2.	Schranken der Rechtswahlfreiheit	26
3.	Rechtswahl durch Vertrag	30
4.	Wählbare Rechte	34
a)	Allgemeines	34
b)	Bestimmte nationale Rechtsordnung	35
c)	Versteinerungs- und Stabilisierungsklauseln	40
d)	Grundlegende Änderungen im gewählten Recht	43
e)	Optionale und alternative Rechtswahl	44
f)	Wahl anationalen Rechts	45
g)	Lex mercatoria als Vertragsstatut?	49
h)	Völkerrecht als Vertragsstatut	51
VI.	Ausdrückliche Rechtswahl (Abs 1 Satz 2)	52
VII.	Stillschweigende Rechtswahl (Abs 1 Satz 2)	
1.	Allgemeines	59
2.	Einzelumstände	63
a)	Gerichtsstandsvereinbarung	64
b)	Schiedsgerichtsvereinbarung	68
c)	Verhalten der Parteien im Prozess	70
d)	Bezugnahme des Vertrages auf ein bestimmtes Recht	75
aa)	Interpretationsvorschriften	76
bb)	Ausdrückliche Bezugnahme	77
cc)	Verwendung der Bedingungen einer Seite	80
dd)	Anlehnung an andere Verträge	81
e)	Weitere Umstände	83
aa)	Einheitlicher Erfüllungsort	83
bb)	Sitz der Parteien	84
cc)	Abschlussort, Vertragssprache, Währung, Staatsangehörigkeit; Summierung	85
dd)	Anwendungsinteresse einer Partei	88
ee)	Sonstige Umstände	89
VIII.	Teilrechtswahl, dépeçage (Abs 1 Satz 3)	
1.	Aufspaltung des Vertragsstatuts	90

September 2001

5. Abschnitt. Schuldrecht.
1. Unterabschnitt. Vertragliche Schuldverhältnisse

2. Grenzen	94	
3. Wirkung	95	
IX. Zeitpunkt der Rechtswahl (Abs 2)	99	
1. Jederzeitige Rechtswahlmöglichkeit (Abs 2 Satz 1)	99	
2. Maßgebendes Recht	104	
3. Wirkung	108	
4. Formgültigkeit und Rechte Dritter (Abs 2 Satz 2)	111	
X. Rechtswahl bei reinem Inlandsfall (Abs 3)		
1. Allgemeines	115	
2. Rechtswahl	119	
3. Fehlender Auslandsbezug	121	
a) Grundsatz	121	
b) Einzelumstände	122	
c) Maßgeblicher Zeitpunkt	126	
d) EU-Binnensachverhalt	127	

4. Rechtsfolgen	129
a) Zwingende Bestimmungen	130
b) Beachtung des Einbettungsstatuts	131
c) Verhältnis zwischen Art 27 Abs 3 und Art 34	134
XI. Zustandekommen und Wirksamkeit der Einigung über das anzuwendende Recht (Abs 4)	
1. Allgemeines	135
2. Zustandekommen der Rechtswahlvereinbarung	140
3. Materielle Wirksamkeit	143
4. Rechtswahlklausel in AGB, § 12 aF AGBG	144
5. Form	147
6. Verkehrsschutz	150
XII. Wirkung der gültigen Rechtswahl	151

Alphabetische Übersicht

Abschlussort des Vertrages	63, 85 f, 123
Abtretung	112
Abwahl staatlichen Rechts	45, 56
AGBG	132, 145 f
Akzessorische Anknüpfung	136
Allg dt Spediteurbedingungen	77, 80
Allg Geschäftsbedingungen	52 f, 80, 142, 144 ff
Allg Rechtsgrundsätze	46 f
Alternative Rechtswahl	44
Anationales Recht	45
Angelehnter Vertrag	81
Anknüpfung der Rechtswahlvereinbarung	135 ff
Anlagenbauvertrag	91
Anteilskauf	97
Anwendungsbereich	9
– territorialer	15
Arbeitsvertrag	9, 28, 137
Auslandspersonal	88
– Nachträgliche Rechtswahl	102, 106
– Stillschweigende Rechtswahl	59
Ausdrückliche Rechtswahl	52 ff
Ausländisches zwingendes Recht	133
Auslandsbezug, fehlender	121 ff
Auslandspersonal	88
Auslegung der Rechtswahl	55

Außervertragliches Schuldrecht	10
Beförderungsvertrag	9
Belegenheit des Sachverhalts	7
Bestätigungsschreiben	140, 144
Beurkundungsort	89
Bill of Lading s Konnossement	
Binnensachverhalt s Inlandsfall	
Brautgeschenke	78
Bürgschaft	19, 81, 112
CISG	33, 52, 57, 70
Code civil	78
Construction clause	76
Contrat sans loi	45
DDR-Recht	22, 40
Deliktsansprüche	10
Dépeçage s Teilrechtswahl	
Dokumentenakkreditiv	48
Drittpartei, Rechte einer	112 ff
EG-Richtlinien	127
Ehegatten, Vertrag zwischen	9
Einbettungsstatut	115, 131
Einheitsrecht	33

England, Arbeitnehmerschutz — 15
Engste Verbindung — 56
Entstehungsgeschichte — 7 f
Erfüllungsort — 63, 83, 86, 122
EU-Binnensachverhalt — 127
EuGVÜ s GVÜ
Europäisches Gemeinschaftsrecht — 127 f

Form der Rechtswahl — 106 f, 147 ff
– elektronische Kommunikation — 9
Formgültigkeit eines Vertrages — 111
Formularmäßige Rechtswahl — 146
Französisches Recht, Wahl — 78
Fraus legis — 29

Garantie — 81
Gebietseinheiten eines Staates — 16, 37 f
Gebräuche — 39
Gerichtsstandsvereinbarung — 13, 44, 63 ff
Gesamtverweisung — 36
Geschäftsfähigkeit — 31
Gesellschaftsvertrag — 12
Gesetzesumgehung — 29
Gewohnheitsrecht — 39
Gran-Canaria-Fälle — 29, 123
Großbritannien
– Arbeitnehmerschutz — 15
– Teilrechtsordnungen — 38
Grundstückskauf — 9, 59, 89, 97, 111, 124, 147
Gültigkeit der Rechtswahl — 135 ff
GVÜ — 65, 67

Handelsvertretervertrag — 125
Haustürwiderrufsgesetz — 132

IHK-Schiedsgericht — 69
Incoterms — 33, 48
Inlandsfall — 5, 17, 25, 27, 115 ff, 145
International zwingendes Recht — 134
Internet — 9, 124
Interpretationsklausel — 76
Intertemporales Recht — 37
Investitionsverträge — 42, 51
Islamisches Recht — 38, 78

Kaufleute — 141
Klauselwerke — 48
Kollidierende Rechtswahlklauseln — 142
Kollisionsrechtliche Verweisung — 32

Konkludente Rechtswahl s stillschweigende Rechtswahl
Konnossement — 53, 79, 81
Koreanisches Recht — 38
Kreditvertrag für Auslandsprojekt — 122

Lex causae — 42, 148
Lex mercatoria — 49 f
Lloyd's Seeversicherungspolice — 77

Maklervertrag — 81
Matcrielle Wirksamkeit der Rechtswahl — 143
Materiellrechtliche Verweisung — 33, 47, 49, 51
Missbrauch der Rechtswahlfreiheit — 24, 26

Nachträgliche Rechtswahl — 100 ff
Negative Rechtswahl — 56 f

Optionale Rechtswahl — 44
Ordre public — 17 ff
Österreichisches Recht — 145

Parteiautonomie — 1, 18, 21 ff, 99
Parteiinteressen — 88
Parteiwille — 21, 45, 60 f
– hypothetischer — 61
Prozessverhalten — 70 ff, 86
Punitive damages — 19

Qualifikation — 11

Rechnungsformular — 65
Rechtsänderungen — 43
Rechtsanwendungsgesetz (RAG) — 22
Rechtsspaltung, räumliche — 16, 37 f
Rechtswahl
– alternative — 44
– ausdrückliche — 52 ff
– bedingte — 58
– nachträgliche — 100 ff
– negative — 56 ff
– optionale — 44
– stillschweigende — 3, 59 ff, 103, 120, 126, 138
– teilweise — 90 ff
– Wirkung — 151 ff
Rechtswahlfreiheit — 3 ff, 21 ff
– bei Inlandsfällen — 115 ff
– Schranken — 26 ff

Rechtswahlvereinbarung, Zustandekommen	140 ff
Renvoi	14 ff
Revolution	43
Römisches Recht	40
Rück- oder Weiterverweisung	14 ff
Sachenrecht	11
Sachnormverweisung	14, 32, 36, 96
Schiedsgerichtsbarkeit der IHK	69
Schiedsvereinbarung	13, 36, 49 f, 63, 68 f, 120
Schweigen als Zustimmung	140, 144
Schweiz, Verbraucherschutz	9, 59, 137
Sicherungsgeschäft	81
Sitten und Gebräuche	39
Sitz der Parteien	84
Spaltung des Vertragsstatuts	90 ff
Spediteurbedingungen	77, 80
Sprache des Vertrages	63, 79, 85 f
Staatsangehörigkeit	63, 85 f, 124
Stabilisierungsklausel	42
Stammessitten	39
Stationierungsstreitkräfte	88
Statutenwechsel	108
Stillschweigende Rechtswahl	3, 59 ff, 103, 120, 126, 138
Strafschadensersatz	19
Teilrechtsordnungen	16, 37 f
Teilrechtswahl	90 ff, 101
– Grenzen	94
– Wirkung	95 ff
Termingeschäfte	29, 144
Umgehung des Gesetzes	20, 29
Unfair Contract Terms Act	133
Unidroit-Principles	48
UN-Kaufrecht s CISG	
Unternehmenskauf	89
USA, Einzelstaaten	38
Verbraucherkreditgesetz	132
Verbrauchervertrag	9, 28 f, 123, 137, 149
– Nachträgliche Rechtswahl	102, 106
– Ordre public	19
– Stillschweigende Rechtswahl	59
Verkehrsschutz	150
Versicherungsvertrag	12, 28, 106
Versteinerungsklausel	41, 152
Vertrag mit Schutzwirkung für Dritte	112
Vertrag zu Gunsten Dritter	112
Vertragsschluss	94
Vertragssprache	63, 79, 85 f
Vertragsstatut, Spaltung	90 ff
Vertretung	31
Verweisungsvertrag	6, 30 ff, 54, 135 ff
Völkerrecht	51
Vollmachtsstatut	31
Vornahmeort	148
Wählbare Rechte	34 ff
Währung des Vertrages	63, 85 f
Wertpapierrecht	11 f, 53
Wirkung der Rechtswahl	151 f
Zeitpunkt der Rechtswahl	4, 99 ff, 126, 152
Zinsen	91
Zulässigkeit der Rechtswahl	137
Zustandekommen der Rechtswahl	140 ff
Zweck der Norm	1 ff
Zwingende Bestimmungen	2, 26 f, 32, 97, 130, 133 f
Zwingendes Recht, ausländisches	133

I. Regelungsgegenstand und Normzweck

Die Vorschrift legt den beherrschenden Grundsatz fest, nach dem sich im internationalen Vertragsrecht das anwendbare Recht in erster Linie bestimmt: den **Grundsatz der kollisionsrechtlichen Parteiautonomie.** Ferner behandelt Art 27 eine Reihe von Einzelproblemen, die mit einer Rechtswahl verbunden sein können. 1

Zunächst können die Parteien selbst das für ihren Vertrag geltende Recht festlegen. Dieser aus dem EVÜ übernommene Grundsatz ist heute in den meisten Rechtsordnungen verankert. Das EGBGB erkennt ihn – in Übernahme des EVÜ – **im** 2 weitesten denkbaren Umfang an und unterwirft ihn nur insoweit Schranken, als die Rechtswahl in bestimmten Fällen zwingendes Inlandsrecht (Art 27 Abs 3, 34, 6) ausschließen oder zu Lasten der schwächeren Partei abbedingen will (Art 29, 30). Auch in diesen Fällen bleibt die Rechtswahl selbst zulässig; lediglich ihre Wirkungen werden begrenzt. Mit dem EG-Recht ist der Grundsatz der Parteiautonomie jedenfalls vereinbar (vgl etwa BASEDOW RabelsZ 59 [1995] 27 f; CZERNICH/HEISS/HEISS Art 3 Rn 2; PFEIFFER, Handbuch § 21 Rn 13; vWILMOWSKY RabelsZ 62 [1998] 19 f).

3 In seinem Abs 1 räumt Art 27 ganz grundsätzlich die Freiheit der – auch teilweisen – **Rechtswahl** ein, verlangt allerdings, dass eine Wahl **hinreichend deutlich** erfolgen, ein realer Parteiwille erkennbar sein muss. Damit soll Entscheidungen vorgebeugt werden, die eine Rechtswahl – etwa aufgrund des hypothetischen Parteiwillens – lediglich unterstellen (GIULIANO/LAGARDE 49).

4 Abs 2 behandelt den **zeitlichen Aspekt der Rechtswahlfreiheit.** Die Parteien können das anwendbare Recht jederzeit, damit auch nachträglich wählen und eine frühere Wahl jederzeit ändern; allerdings bleiben die Formgültigkeit des Vertrages und Rechte Dritter von einer Rechtswahl unberührt, die dem Vertragsschluss erst nachfolgt (Abs 2 Satz 2).

5 Abs 3 beschränkt die Wirkungen einer Rechtswahl, wenn der Fall einen reinen **Binnensachverhalt** betrifft. Die Vorschrift will verhindern, dass in Inlandsfällen durch Rechtswahl zwingendes Inlandsrecht außer Kraft gesetzt und die Rechtswahlmöglichkeit auf diese Weise missbraucht wird.

6 Art 27 Abs 4 bestimmt durch Verweisung auf die Art 11, 12, 29 Abs 3 und 31, welchem Recht die Einigung der Parteien über das anwendbare Recht (der sog Verweisungsvertrag) ihrerseits untersteht. Das Zustandekommen und die Wirksamkeit des **Verweisungsvertrages** ist selbständig zu beurteilen. Doch richtet es sich nach den gleichen Regeln und damit meist auch im Ergebnis nach dem gleichen Recht, das für den Hauptvertrag gilt (MünchKomm/MARTINY Art 27 Rn 5).

II. Entstehungsgeschichte

7 Mit Art 27 EGBGB hat der deutsche Gesetzgeber Art 3 EVÜ übernommen (näher zur Übernahme des EVÜ Einl 19 ff zu Art 27 ff; Text des EVÜ vgl Vorbem 140 zu Art 27–37 nF). Die **Übernahme** ist allerdings **nicht wortwörtlich** erfolgt. Eine Umformulierung hat vor allem Art 3 Abs 3 EVÜ erfahren. In ihrer deutschen Fassung stellt diese Vorschrift des EVÜ auf die „Belegenheit des Sachverhalts" in ein und demselben Staat ab, während Art 27 Abs 3 EGBGB die „Verbindung" des Sachverhalts mit nur einem Staat fordert. Sachlich sind daraus indessen, wie auch aus den übrigen Formulierungsabweichungen, keine Unterschiede herzuleiten. Wie die englische und französische Fassung zeigen, meint auch das EVÜ die Verbundenheit des Sachverhalts mit nur einem Staat. Ohnehin erscheint es problematisch, die ‚Belegenheit' von Vertragsverhältnissen festzustellen.

8 Die Abs 1, 2 und 4 des Art 3 EVÜ gehen ihrerseits auf Art 2 Abs 1, 2 und 3 des Entwurfs von 1972 zurück. Art 3 Abs 3 EVÜ war dagegen nur andeutungsweise in

Art 1 Abs 1 des Entwurfs enthalten, der einen „internationalen Charakter" des Falls forderte (näher dazu vHOFFMANN, in: LANDO/vHOFFMANN/SIEHR 2 ff).

III. Anwendungsbereich der Vorschrift

Art 27 gilt grundsätzlich **für alle schuldrechtlichen Verträge,** soweit sie nicht vorrangigen staatsvertraglichen oder sonst spezielleren Regelungen wie zB Art 7 ff EGVVG unterstehen. Art 27 ist deshalb etwa auch bei Grundstückskäufen, Beförderungsverträgen oder Verträgen zwischen Ehegatten anzuwenden. Er gilt ferner uneingeschränkt bei Verträgen, die durch elektronische Kommunikation, etwa über das Internet, zustande gekommen sind (vgl näher BACHMANN, in: LEHMANN 176 ff; JUNKER RiW 1999, 816 f; MANKOWSKI RabelsZ 63 [1999] 209 ff). Wie Art 29 und 30 zeigen, gilt das Prinzip der Rechtswahlfreiheit ebenso bei Verbraucher- und Arbeitsverträgen, unterliegt dort aber in seinen Wirkungen Einschränkungen (vgl näher die Erläuterungen zu Art 29 und 30; anders etwa das Schweizer Recht, das bei Verbraucherverträgen keine Rechtswahl zulässt, § 120 Abs 2 Schweizer IPRG). Art 27 bindet ferner ohne Einschränkung alle **staatlichen Gerichte.** Für **Schiedsgerichte** besteht dagegen nach vorherrschender und zutreffender Meinung keine strikte Bindung an Art 27 ff bzw das EVÜ (vgl BASEDOW JbPraxSch 1 [1987] 3 f; MARTINY, in: FS SCHÜTZE 533; PLENDER Rn 4.22). Das ergibt sich zum einen aus dem Ausschluss von Schiedsvereinbarungen und des Schiedsverfahrens vom EVÜ (Art 1 Abs 2 lit d EVÜ, dazu GIULIANO/LAGARDE 43) Zum andern zeigt der in § 1051 ZPO übernommene Art 28 des UNCITRAL Model Law on International Commercial Arbitration, dass international das Verständnis besteht, dass Schiedsrichter nicht zwingend bestimmte nationale Kollisionsregeln zu befolgen haben. Für Schiedsverfahren in Deutschland (§ 1025 Abs 1 ZPO) sieht die speziellere Vorschrift des § 1051 Abs 1 S 1 ZPO jedoch ebenfalls den Vorrang derjenigen Rechtsvorschriften vor, „die von den Parteien als auf den Inhalt des Rechtsgeschäfts anwendbar bezeichnet worden sind". Damit gilt auch für in Deutschland durchgeführte Schiedsverfahren das Prinzip der Rechtswahlfreiheit. Die folgenden Erläuterungen treffen deshalb im Wesentlichen auch für die Rechtswahl im Rahmen von Schiedsverfahren zu; Abweichungen werden hervorgehoben.

Auch wenn Parteien für ihre **außervertraglichen Schuldrechtsbeziehungen,** zB Deliktsansprüche, eine Rechtswahl treffen wollen, ist, soweit Art 42 eine Rechtswahl hier zulässt, Art 27 heranzuziehen (ERMANN/HOHLOCH Art 42 Rn 8; MünchKomm/KREUZER Art 38 Rn 59; SOERGEL/LÜDERITZ Art 38 Rn 81 [der auch Beachtung der Art 29 und 30 verlangt]; eingehend zur Rechtswahl im Deliktsrecht STAUDINGER/vHOFFMANN [2001] Art 38 Rn 145 ff).

Art 27 gilt dagegen **nicht für sachenrechtliche Verträge** wie etwa die dingliche Einigung nach § 925 oder § 929 BGB (Denkschrift BT-Drucks 10/503, 22; GIULIANO/LAGARDE 42; MünchKomm/MARTINY Vor Art 27 Rn 13). Bei ihnen handelt es sich nicht um schuldrechtliche, dh nur verpflichtende Verträge. Die Abgrenzung zwischen dinglichen und schuldrechtlichen Verträgen dürfte nach der lex fori vorzunehmen sein (GIULIANO/ LAGARDE 42 äußern sich hierzu nicht unmittelbar, überlassen aber bei einer anderen ausgeschlossenen Materie – dem Wertpapierrecht – die Qualifikation ebenfalls der lex fori [S 43]; zur Qualifikation im internationalen Vertragsrecht vgl Einl 37 ff zu Art 27 ff).

Art 27 gilt ferner nicht für die in Art 37 ausgenommenen Schuldverträge auf dem

Gebiet des Wertpapier-, Gesellschafts- und Versicherungsvertragsrechts (näher dazu die Erl zu Art 37).

13 Schiedsvereinbarungen und Gerichtsstandsvereinbarungen unterliegen im Wesentlichen eigenen Regelungen (insbes Art 17 GVÜ, §§ 38 ff ZPO; vgl auch BGHZ 123, 380 [382 f]). Nur soweit diese keine Regeln enthalten – etwa für das materiellrechtlich wirksame Zustandekommen von Gerichtsstandsvereinbarungen oder für deren Auslegung –, gilt das über Art 27 ff EGBGB zu ermittelnde Recht (SCHACK IZPR Rn 432; ferner Anh zu Art 37).

IV. Geltung allgemeiner Vorschriften

1. Renvoi

14 Die Rechtswahl der Parteien ist **grundsätzlich** als **Wahl des Sachrechts** zu verstehen. Das Kollisionsrecht der gewählten Rechtsordnung bleibt gemäß Art 35 Abs 1 außer Betracht; eine Rück- oder Weiterverweisung ist daher unbeachtlich (Begründung BT-Drucks 10/504, 39, 84; GIULIANO/LAGARDE 69; ERMAN/HOHLOCH Art 27 Rn 3; MünchKomm/MARTINY Art 27 Rn 93; PALANDT/HELDRICH Art 27 Rn 2). Allerdings können die Parteien auch das Kollisionsrecht in ihre Rechtswahl einschließen (ERMAN/HOHLOCH, MünchKomm/MARTINY jeweils aaO; KROPHOLLER § 24 II 6; **anders** dagegen W LORENZ IPRax 1987, 276; PIRRUNG 184; STAUDINGER/HAUSMANN [1996] Art 3 Rn 283). Art 35 Abs 1 (= Art 15 Abs 1 EVÜ) verbietet eine solche Wahl fremder Kollisionsregeln nicht ausdrücklich und geht als speziellere Vorschrift Art 4 Abs 2 EGBGB vor (vgl näher unten Rn 36). Ohne deutliche Anhaltspunkte für einen solchen Parteiwillen bedeutet die Rechtswahl aber stets eine Sachnormverweisung. Für die parteiautonome Rechtswahl im Rahmen von Schiedsverfahren sieht § 1051 Abs 1 Satz 2 ZPO dies jetzt ausdrücklich vor.

15 Kein Problem der Verweisung, sondern der Anwendung des berufenen Rechts stellt es jedoch dar, wenn **Sachvorschriften** des gewählten Rechts etwa ihren **territorialen Anwendungsbereich** selbst festlegen, beispielsweise bestimmte englische Arbeitnehmerschutzvorschriften nur bei Tätigkeit in England eingreifen (vgl dazu JUNKER SAE 1990, 323 [324 f]; MAGNUS IPRax 1991, 382 [386]; allgemein ebenso DICEY/MORRIS Rn 32–042 Fn 5 für „self-limiting internal rules"; KROPHOLLER § 52 II 3a). Es sind dann diese Anwendungsvoraussetzungen des Sachrechts zu prüfen. Fehlen sie, so ist zu ermitteln, wie das gewählte Sachrecht damit umgeht. In England greift dann etwa das Common Law ein, wenn die (territorialen) Voraussetzungen der jeweiligen Gesetzesvorschrift nicht gegeben sind (näher MAGNUS aaO).

16 Wird das Recht eines Staates gewählt, dessen Zivilrecht nicht einheitlich, sondern **räumlich gespalten** ist wie in den USA, Großbritannien, Kanada, Australien etc, dann ist regelmäßig im Weg der Auslegung zu ermitteln, das Recht welcher Gebietseinheit (zB englisches, schottisches, New Yorker Recht) gewählt sein soll. Haben die Parteien unmittelbar das Recht einer Gebietseinheit eines Staates mit gespaltener Rechtsordnung gewählt, dann ist nach Art 35 Abs 2 die Rechtsordnung dieser Gebietseinheit wie das Recht eines selbständigen Staates anzusehen und unmittelbar anzuwenden.

2. Ordre public

Der Anwendung des gewählten Rechts kann der deutsche ordre public entgegenstehen (Art 6 EGBGB; die ordre-public-Vorschrift des EVÜ [Art 16] ist nicht unmittelbar anzuwenden; sachlich entspricht sie aber Art 6 EGBGB). Voraussetzung ist ein hinreichender **Inlandsbezug und** die offensichtliche **Unvereinbarkeit** des gefundenen Ergebnisses mit wesentlichen Grundsätzen des deutschen Rechts. Da zwingende Vorschriften des deutschen Rechts aber schon über Art 34, bei reinen Inlandsfällen auch über Art 27 Abs 3 zum Zug kommen können, besteht seit der IPR-Reform von 1986 wenig Bedarf für die Anwendung des Art 6 im Bereich des internationalen Vertragsrechts. **17**

Art 6 erlaubt eine Korrektur des anwendbaren ausländischen Rechts. Die Rechtswahl selbst kann dagegen nicht an Art 6 scheitern (PALANDT/HELDRICH Art 27 Rn 3; **aA** LG Berlin NJW-RR 1995, 754). Denn mit Art 27 ist das Prinzip der kollisionsrechtlichen Parteiautonomie im deutschen Recht auch gesetzlich verankert worden. **18**

Angenommen wurde ein ordre-public-Verstoß etwa, wenn das anwendbare Schuldrecht **Strafschadensersatz** (punitive damages) als Sanktion vorsieht (BGHZ 118, 312 [Vollstreckbarerklärung entsprechenden ausländischen Urteils insoweit abgelehnt]; dazu H KOCH NJW 1992, 3073). Ferner wurde es als ordre-public-widrig angesehen, wenn ein Gläubiger (ein Staat) einen Bürgen auf Zahlung in Anspruch nimmt, nachdem er dem Bürgen dessen **Anteile** am Hauptschuldner **entschädigungslos entzogen** hat (BGHZ 104, 240 m Aufs BEHRENS IPRax 1989, 217). Ausländische Regeln, die stark von deutschem Verbraucherschutzrecht abweichen, werden seit der IPR-Reform dagegen ganz überwiegend nicht als unvereinbar mit Art 6 angesehen (vgl die Übersichten bei ERMAN/HOHLOCH Art 6 Rn 52 ff; PALANDT/HELDRICH Art 6 Rn 16). **19**

Zur Gesetzesumgehung vgl u Rn 29. **20**

V. Grundsatz der freien Rechtswahl (Abs 1 Satz 1)

1. Kollisionsrechtliche Parteiautonomie

Die Parteien können gemäß Art 27 Abs 1 Satz 1 und § 1051 Abs 1 Satz 1 ZPO selbst bestimmen, welchem Recht ihr Vertrag unterstehen soll. Ihr **Wille** ist **primäres Anknüpfungsmerkmal** für die Festlegung des Vertragsstatuts. Allerdings folgt die Beachtlichkeit der Rechtswahl nur aus dem maßgebenden Kollisionsrecht, nicht schon aus dem Parteiwillen selbst (so zu Recht vBAR II 308; FLESSNER 99 f; KROPHOLLER § 40 III 1; VISCHER/HUBER/OSER § 1 I 1). Das jeweilige Kollisionsrecht muss die Rechtswahlmöglichkeit einräumen, die Parteien können sie sich nicht selbst gewähren. **21**

Der **Grundsatz der kollisionsrechtlichen Parteiautonomie** ist heute wohl **weltweit anerkannt** (Nachweise bei vBAR II Rn 412; LANDO Int Enc CompL III 24–14 ff; STAUDINGER/FIRSCHING Vorbem 13 ff zu Art 27 ff). Kraft Art 3 EVÜ gilt er nunmehr auch in allen Vertragsstaaten des EVÜ. Er ist ferner in den modernen Konventionen zum Vertragskollisionsrecht verankert und in der Schiedsgerichtsbarkeit anerkannt (vgl die Nachweise bei vBAR aaO und GIULIANO/LAGARDE 48). Die deutsche Rechtsprechung hatte den Grundsatz bereits vor der IPR-Reform von 1986 gewohnheitsrechtlich **22** angewendet (etwa RGZ 120, 70 [72]; BGHZ 52, 239 [241]; BGHZ 73, 391 [393]). Er galt auch in der ehemaligen DDR (§ 12 RAG).

23 Der Grundsatz der freien Rechtswahl stellt keineswegs eine bloße „Verlegenheitslösung" dar (so aber KEGEL/SCHURIG § 18 I 1c; dagegen zu Recht FLESSNER 99; KROPHOLLER § 40 III 2; auch vBAR II Rn 415). Er entspricht vielmehr als **kollisionsrechtliches Pendant der Vertragsfreiheit** im materiellen Recht. Die Parteien wissen in der Regel selbst am besten, welches Recht ihnen frommt. Ferner dient es der Voraussehbarkeit der Rechtsanwendung, damit der Rechtssicherheit und oft der Streitvermeidung, wenn die Parteien das maßgebende Recht im vorhinein festlegen können. Die Anknüpfung des Vertragsstatuts an objektive Merkmale leidet dagegen stets unter dem Dilemma, entweder zu rigide oder zu vage zu sein. Beides vermag die „handgeschneiderte" Rechtswahl durch die Parteien zu vermeiden (zur Rechtfertigung der Parteiautonomie im internationalen Vertragsrecht eingehend vBAR II Rn 412 ff; FLESSNER 97; KROPHOLLER § 40 III; MünchKomm/MARTINY Art 27 Rn 7; VISCHER/HUBER/OSER § 1 I 1).

24 Allerdings müssen wie im materiellen Recht auch im Kollisionsrecht **Schranken gegen einen Missbrauch** der Rechtswahlfreiheit aufgerichtet werden (dazu unten Rn 26 ff).

25 Die Rechtswahlfreiheit wird den Parteien zugestanden, ohne dass es auf ein besonderes oder anerkennenswertes Interesse an der Rechtswahl oder auf ein besonderes Auslandselement des Falles ankäme (OLG Frankfurt IPRax 1990, 236 m Aufs LÜDERITZ IPRax 1990, 216 ff; GIULIANO/LAGARDE 50; Begründung BT-Drucks 10/504, 77; AUDITZ Rn 794; BIRK RdA 1989, 201 [203]; DICEY/MORRIS Rn 32-063 ff; vHOFFMANN § 10 Rn 27; MünchKomm/ MARTINY Art 27 Rn 17; aA aber etwa vBAR II Rn 417; KEGEL/SCHURIG § 18 I 1c; SCHURIG RabelsZ 54 [1990] 217 [222]). Wie Art 27 Abs 3 zeigt, ist eine Rechtswahl auch bei einem reinen Binnensachverhalt – zwei Deutsche unterstellen ihren Vertrag über eine Lieferung in Deutschland englischem Recht – ohne weiteres anzuerkennen (so ausdrücklich die Begründung und GIULIANO/LAGARDE jeweils aaO). Aus diesem Grund wurde im Zuge der IPR-Reform von 1986 § 10 Nr 8 AGBG aufgehoben, der eine Rechtswahl in AGB für unwirksam erklärt hatte, wenn für sie „kein anerkennenswertes Interesse" vorlag. Der **Parteiwille** allein vermag damit **bereits das internationale Element** zu vermitteln, das Art 3 Abs 1 Satz 1 EGBGB und Art 1 Abs 1 EVÜ – Verbindung zum Recht mehr als eines Staates – fordern (Begründung BT-Drucks 10/504, 35). Allerdings setzt Art 27 Abs 3 diesem Willen zur Internationalität bei im Übrigen reinen Inlandsfällen enge Grenzen (vgl u Rn 115 ff).

2. Schranken der Rechtswahlfreiheit

26 Eine unbegrenzte Rechtswahlfreiheit kann – insbesondere bei wirtschaftlicher Ungleichheit der Vertragspartner – zu **Missbräuchen** führen, indem die stärkere Partei ihre Überlegenheit ausnutzt, um eine Rechtsordnung, die die schwächere Partei schützen will, gezielt abzuwählen. Ferner kann das freie Ausweichen auf eine fremde Rechtsordnung mit den **Zielen zwingender staatlicher Vorschriften** kollidieren, an deren Beachtung und Durchsetzung der berührte Staat ein starkes Interesse hat. Das EGBGB erkennt – dem EVÜ folgend – diese Gedanken an, schränkt aber nicht die Zulässigkeit der Rechtswahl selbst ein, sondern begrenzt nur ihre Wirkungen.

27 Dem Interesse, bestimmte zwingende Regeln des deutschen Rechts selbst dann

durchzusetzen, wenn ausländisches Vertragsstatut gilt, trägt in erster Linie **Art 34** Rechnung (vgl die Erl dort). Das gewählte Recht tritt hier in dem Umfang zurück, in dem diese Sonderanknüpfung international zwingenden Rechts durchgreift. Gleiches gilt bei **reinen Inlandsfällen** für alles zwingende Inlandsrecht (Art 27 Abs 3). Dieses verdrängt das gewählte Recht. Äußerstenfalls sind inländische Rechtsvorstellungen schließlich über die allgemeine Schranke des ordre public durchzusetzen (Art 6).

Ein besonderer **kollisionsrechtlicher Schutz der schwächeren Vertragspartei** ist nicht generell, sondern für bestimmte Fallgruppen vorgesehen: in Art 29 für Verbraucher, in Art 30 für Arbeitnehmer, in den Art 7 ff EGVVG zum Teil für Versicherungsnehmer. Im Kern werden hier der zu schützenden Partei die günstigeren Vorschriften „ihres" Statuts erhalten, auch wenn ein anderes Vertragsstatut gewählt ist. **28**

Ob sich eine Schranke der Rechtswahlfreiheit über die bisher genannten Grenzen hinaus unter dem Gesichtspunkt der **Gesetzesumgehung** (fraus legis) ergeben kann, ist strittig (wohl grundsätzlich verneinend KROPHOLLER § 23 II 3; nur sehr zurückhaltend MünchKomm/MARTINY Art 27 Rn 10 f; dafür LANDO RabelsZ 57 [1993] 155 [164 f]; auch KINDLER, Ausgleichsanspruch 142 ff; allgemein KEGEL/SCHURIG § 14). Da die Rechtswahl in Art 27 ohne Rücksicht auf ihre Motive zugelassen wird, kann fraus legis, die eine Umgehungsabsicht voraussetzt (KROPHOLLER § 23 II 1; SCHURIG, in: FS FERID 398 f), kaum einmal angenommen werden. Das gilt auch in jenen Fällen, in denen etwa bestimmte Verbraucherschutzvorschriften durch Rechtswahl gezielt ausgeschlossen werden sollen (etwa bei den sog Gran-Canaria-Fällen, vgl näher die Erl zu Art 29). Gegenüber der Ausnutzung eines Rechtsgefälles durch Rechtswahl sind die speziellen Vorschriften der Art 29, 30 und 27 Abs 3, ggfs auch Art 34 oder Art 6 anzuwenden (so auch die Rechtsprechung zur Wahl fremden Rechts bei Börsentermingeschäften mit privaten inländischen Anlegern; BGH RiW 1995, 150; OLG Düsseldorf RiW 1995, 769). **29**

3. Rechtswahl durch Vertrag

Die Bestimmung des anwendbaren Rechts erfolgt durch Vertrag. Notwendig ist also eine **reale Einigung über die Rechtswahl.** Häufig wird die Wahl als ausdrückliche Klausel einem Hauptvertrag beigefügt sein; doch kann sie sich ebenso stillschweigend aus den Umständen ergeben. In beiden Fällen wird die Rechtswahl als eigenständiger Verweisungsvertrag aufgefasst, dessen Zustandekommen und Wirksamkeit grundsätzlich selbständig zu prüfen sind (eingehend MünchKomm/MARTINY Art 27 Rn 13 ff). Das dafür maßgebende Recht ist gemäß der Verweisung des Art 27 Abs 4 in gleicher Weise wie für den Hauptvertrag zu bestimmen. Regelmäßig werden Haupt- und Verweisungsvertrag dem gleichen Recht unterstehen, da eine besondere Rechtswahl nur für den Verweisungsvertrag zwar nicht ausgeschlossen, aber gänzlich unüblich ist (vgl näher unten Rn 36). Doch kann es durchaus eine wirksame Rechtswahlvereinbarung, aber einen nach dem gewählten Recht unwirksamen Hauptvertrag geben (vBAR II Rn 421; KROPHOLLER § 52 II 2; MünchKomm/MARTINY Art 27 Rn 89; aus der früheren Rechtsprechung etwa BGHZ 52, 239 [241]; BGHZ 73, 391 [394]). **30**

Wie jeder Vertrag setzt der Verweisungsvertrag **Geschäftsfähigkeit** und ggfs **wirksame Vertretung** der Vertragsparteien voraus (vgl auch OLG Köln NJW-RR 1996, 1144). Ob diese Voraussetzungen gegeben sind, richtet sich nicht nach dem Vertragsstatut, sondern nach dem insoweit geltenden Recht (Art 7 bzw Vollmachtsstatut; allerdings **31** ist auch Art 12 zu beachten; vgl auch vBAR II Rn 43; KROPHOLLER § 42 I 1; PALANDT/HELDRICH Art 7 Rn 5; PFEIFFER NJW 1997, 1210; **aA** – Vertragsstatut gilt – OLG Düsseldorf IPRax 1996, 199 m Aufs BAETGE IPRax 1996, 185; MünchKomm/BIRK Art 7 Rn 35).

32 Der Verweisungsvertrag hat **gewöhnlich kollisionsrechtliche Wirkung;** dh er führt zur Abwahl der objektiv geltenden (Vertragsrechts-)Rechtsordnung in ihrer Gesamtheit einschließlich ihrer zwingenden Vorschriften (MünchKomm/MARTINY Art 27 Rn 13; zur Terminologie KEGEL/SCHURIG § 18 I 1c; KROPHOLLER § 40 I). Statt dessen gilt das gewählte Sachrecht einschließlich seiner zwingenden Vorschriften zum Vertragsrecht (JUNKER IPRax 1993, 2f; MARTINY ZEuP 1995, 75). Auch die kollisionsrechtliche Wirkung des Verweisungsvertrages führt aber nicht dazu, dass das Kollisionsrecht der verwiesenen Rechtsordnung mitberufen ist (vgl oben Rn 14).

33 Dagegen ist die Rechtswahl nur ausnahmsweise als **bloß materiellrechtliche Verweisung** zu verstehen (MünchKomm/MARTINY Art 27 Rn 14). Als solche belässt sie den zwingenden Vorschriften des ohne Rechtswahl maßgebenden Vertragsstatuts ihre Geltung und ergänzt diese Vorschriften lediglich durch die nicht entgegenstehenden Sachvorschriften des gewählten Rechts. Die Verweisung auf das ausländische Recht wirkt dann ähnlich wie eine Verweisung auf AGB; die Gültigkeit ist am Maßstab des objektiv anwendbaren Rechts zu messen. Auch die Vereinbarung internationalen Einheitsrechts wie des CISG oder internationaler Klauselwerke wie der Incoterms hat diese materiellrechtliche Wirkung: Das dispositive Recht des objektiven Vertragsstatuts wird soweit verdrängt, wie die vereinbarte Regelung reicht (zum CISG s STAUDINGER/MAGNUS [1994] Art 6 Rn 64 ff). Dass die Parteien selbst eine nur materiellrechtliche Verweisung vorsehen, ist jedoch selten (etwa LG Hamburg VersR 1969, 442). Das EGBGB verordnet sie in Art 27 Abs 3 (dazu unten Rn 115 ff). Teilweise folgt man allerdings einer anderen Terminologie und bezeichnet als kollisionsrechtlich auch noch eine Verweisung, die nur die dispositiven Normen einer Rechtsordnung beruft (so etwa RÜHL 184 f). Als materiellrechtlich soll dagegen eine Verweisung nur anzusehen sein, wenn für sie die Einbeziehung jeder einzelnen dispositiven Norm des fremden Rechts in den Vertrag zu überprüfen ist, die Verweisung auf eine fremde Rechtsordnung damit nur als abgekürzte Fassung des Vertragstextes erscheint (RÜHL aaO). Da derartige Verweisungen so gut wie nicht vorkommen und wegen ihrer Unpraktikabilität auch nicht als Parteiwille unterstellt werden können, sollte es bei der oben genannten, üblichen Terminologie bleiben, die auch hier verwendet wird.

4. Wählbare Rechte

a) Allgemeines

34 Art 27 Abs 1 erlaubt die Wahl eines bestimmten „Rechts". Darunter ist zunächst nur die **staatlich gesetzte Rechtsordnung eines Landes** zu verstehen. Das ergibt sich aus dem Wortlaut und Zusammenhang des Art 27 iVm Art 28 Abs 1 („Recht des Staates") und insbesondere aus Art 35 und gilt ebenso für das zugrunde liegende EVÜ (für dieses LAGARDE Rev crit 1991, 300; ebenso DICEY/MORRIS Rn 32–079 f). Zur Wahl anderen als staatlichen Rechts äußert sich Art 27 dagegen nicht. Entsprechend umstritten ist es, ob und mit welcher Wirkung Vertragsparteien statt einer staatlichen Rechtsordnung ein anderes Regelwerk als maßgebendes Recht vereinbaren können. Dass dies gänzlich ausgeschlossen sei, bestimmt Art 27 Abs 1 allerdings nicht (ebenso BASEDOW

JbPraxSch 1 [1989] 10; KAPPUS IPRax 1993, 139 f; WICHARD RabelsZ 60 [1996] 282 und zu Art 3 Abs 1 EVÜ LAGARDE aaO; **aA** SOERGEL/VHOFFMANN Art 27 Rn 12). Im Rahmen von Schiedsverfahren sind die Parteien in der Wahl der maßgebenden Entscheidungsgrundlage allerdings jedenfalls frei. Sie können auch die Entscheidung nach Billigkeit und die gänzliche Unabhängigkeit von einer staatlichen Rechtsordnung vereinbaren (§ 1051 Abs 3 ZPO; näher noch unten Rn 45 ff).

b) Bestimmte nationale Rechtsordnung
Die Parteien können für ihren Vertrag **jede geltende Rechtsordnung** wählen. Ihre 35 Wahlfreiheit ist hier unbegrenzt (ERMAN/HOHLOCH Art 27 Rn 8; KROPHOLLER § 52 II 3; FIRSCHING/VHOFFMANN § 10 Rn 27). Es ist nicht erforderlich, dass der Sachverhalt mit dem gewählten Recht irgendeine Verbindung aufweist oder dass ein besonderes Parteiinteresse die Wahl rechtfertigt (AUDIT Rn 794; DICEY/MORRIS Rn 32–063; JUNKER Rn 350; MünchKomm/MARTINY Art 27 Rn 20; REITHMANN/MARTINY/MARTINY Rn 52; ferner die in Rn 34 Zitierten; **aA** aber etwa FG Düsseldorf IPRspr 1997 Nr 32 [durch Parteiinteresse gerechtfertige Verknüpfung zum gewählten Recht gefordert]; VBAR II Rn 417; KEGEL/SCHURIG § 18 I 1c; vgl auch oben Rn 25). Häufig kommt es den Parteien gerade auf ein neutrales Recht an, zu dem weder eine der Parteien noch der Vertrag einen Bezug hat.

Die Rechtswahl bedeutet im Zweifel stets **Wahl der Sachvorschriften** unter Ausschluss 36 des Kollisionsrechts der gewählten Ordnung (Art 35 Abs 1; dazu KROPHOLLER § 52 II 3a; SOERGEL/VHOFFMANN Art 27 Rn 13; ferner oben Rn 14). Die Wahl fremden Rechts einschließlich seiner Kollisionsregeln ist freilich zulässig und bei entsprechend deutlicher Äußerung anzuerkennen (ERMAN/HOHLOCH Art 4 Rn 14; JUNKER Rn 350; KROPHOLLER § 24 II 6; MünchKomm/MARTINY Art 35 Rn 4; SOERGEL/VHOFFMANN Art 27 Rn 13, Art 35 Rn 7; **aA** aber VBAR II Rn 424; STAUDINGER/HAUSMANN [1996] Art 4 Rn 283 unter Hinweis auf Art 4 Abs 2 EGBGB. Im Schuldvertragsrecht geht dieser Vorschrift aber der speziellere Art 35 [= Art 15 EVÜ] vor, der den Parteien eine Gesamtverweisung auf fremdes Recht nicht verbietet; so zu Recht KROPHOLLER, MünchKomm/MARTINY jeweils aaO). Bei Schiedsverträgen kann es sich häufig sogar empfehlen, das anzuwendende Kollisionsrecht festzulegen, da hier oft – insbesondere bei fehlendem ständigen Sitz des Schiedsgerichts – problematisch ist, von welchem Kollisionsrecht das Schiedsgericht ausgehen soll (vgl auch MünchKomm/MARTINY Art 35 Rn 5). § 1051 Abs 1 Satz 1 ZPO erkennt jetzt ausdrücklich an, dass die Schiedsparteien nicht nur ein bestimmtes Sachrecht, sondern auch ein bestimmtes Kollisionsrecht wählen können.

Unproblematisch ist die Wahl des Rechts eines bestimmten Landes (zB Schweizer 37 Recht). Es gilt dann das Recht dieses Landes in der **Fassung,** die dort – einschließlich ihrer intertemporalen Regelungen – **zZ der Entscheidung des Rechtsstreits** in Kraft ist (DICEY/MORRIS Rn 32–080; LAGARDE Rev crit 1991, 303; MünchKomm/MARTINY Art 27 Rn 19). Ebenso wirkt die Wahl einer selbständigen Teilrechtsordnung eines Landes, etwa die Wahl englischen oder New Yorker Rechts.

Wird die Rechtsordnung eines Staates gewählt, dessen **Zivilrecht territorial** gespalten 38 ist (USA, Großbritannien), dann muss im Weg der Auslegung ermittelt werden, welche Teilrechtsordnung gelten soll. Ist das nicht möglich, dann scheitert die Rechtswahl (VBAR II Rn 464). Gleiches gilt, wenn ein Recht gewählt wird, das – auch nach Auslegung – keine klare Zuordnung zu einem bestimmten Land gestattet wie etwa bei der Wahl koreanischen Rechts (Nord-/Südkorea?) oder islamischen Rechts. Der

Vertrag ist dann objektiv anzuknüpfen. In der Formulierung „law governing this agreement as per European common market (EU)" in einem deutsch-chinesischen Vertriebsvertrag ist die Wahl deutschen Rechts gesehen worden, da das Vertriebsgebiet im Wesentlichen Deutschland war (OLG Hamburg TranspR-IHR 1999, 37).

39 Keine Wahl des Rechts eines Staates stellt die Vereinbarung dar, dass bestimmte **Stammessitten, Gebräuche** – zB das Gewohnheitsrecht der Roma – gelten sollen (ebenso OLG Köln NJW-RR 1994, 1026). Derartigen ausdrücklichen oder stillschweigenden Vereinbarungen kommt nur materiellrechtliche, nicht aber kollisionsrechtliche Wirkung zu (OLG Köln aaO sowie noch unten Rn 48). Sie sind also soweit anzuerkennen, wie das kollisionsrechtlich berufene Recht sie zulässt.

c) Versteinerungs- und Stabilisierungsklauseln

40 Als unzulässig wird die Wahl eines **heute nicht mehr geltenden Rechts,** etwa des römischen Rechts, angesehen (ERMAN/HOHLOCH Art 27 Rn 10; MünchKomm/MARTINY Art 27 Rn 21; STAUDINGER/FIRSCHING10/11 Vorbem 332 zu Art 12 aF; **aA** – materiellrechtliche Verweisung – SOERGEL/vHOFFMANN Art 27 Rn 18). Soweit die Parteien das Recht eines gerade untergegangenen Staates wählen, dessen Rechtsordnung nicht mehr existiert – zB das Recht der DDR –, muss gleiches gelten (**aA** STAUDINGER/RAUSCHER [1996] Art 232 § 5 EGBGB Rn 5). Dafür spricht schon die Praktikabilität. Denn mit wachsendem zeitlichen Abstand ist der Inhalt einer solchen Rechtsordnung immer weniger zuverlässig festzustellen. Im Beispiel der DDR kommt hinzu, dass das frühere DDR-Recht nur ohne seinen spezifisch sozialistischen Gehalt angewendet werden dürfte und dazu erst entsprechend abgeändert und fortentwickelt werden müsste. Ein Rechtssystem, das eine Gesellschaft nicht ohne Grund aufgegeben und beseitigt hat, sollte aber nicht richterrechtlich auf diese Weise künstlich am Leben erhalten werden. Materiellrechtlich könnten die Parteien allerdings jede Regel in ihren Vertrag aufnehmen, die etwa in der früheren DDR galt, soweit nicht Gültigkeitsvorschriften des anwendbaren Vertragsrechts entgegenstehen.

41 Problematisch in ihrer Wirksamkeit sind auch Klauseln, die den Zustand des gewählten Rechts auf einen bestimmten Zeitpunkt einfrieren wollen (sog **Versteinerungsklauseln;** dazu SANDROCK, in: FS Riesenfeld 211 ff). Eine kollisionsrechtliche Wirkung von Versteinerungsklauseln wird überwiegend abgelehnt (vBAR II Rn 482; ERMAN/ HOHLOCH Art 27 Rn 10; MünchKomm/MARTINY Art 27 Rn 24, wohl auch KROPHOLLER § 52 II 3d; **aA** aber etwa SANDROCK, in: FS Riesenfeld 220 ff). Die Parteien können also nicht selbst festlegen, dass eine bestimmte Rechtsordnung ungeachtet ihrer späteren Änderungen – zB englisches Recht auf dem Stand v 1. 1. 1960 – gelten soll. Eine solche Wahl hat aber nach hM eine materiellrechtliche Wirkung: Die Altregelungen des gewählten Rechts bleiben in dem Umfang wirksam vereinbart, in dem die gewählte Rechtsordnung sie noch zulässt und sie nicht durch zwingende Vorschriften beseitigt hat (KROPHOLLER, MünchKomm/MARTINY jeweils aaO; SOERGEL/vHOFFMANN Art 27 Rn 23).

42 In etwas weiterem Umfang als die „Versteinerungsklauseln" werden sogenannte **Stabilisierungsklauseln** (stabilization clauses) für wirksam erachtet. Stabilisierungsklauseln finden sich vor allem in Investitionsverträgen zwischen Staaten und ausländischen Investoren und sollen letztere von nachteiligen Änderungen im Recht des beteiligten Staates schützen, da dieser sonst einseitig die maßgebende Rechtsgrundlage ändern könnte. Grundsätzlich sind diese Klauseln nach Maßgabe der lex causae des Hauptvertrages wirksam (vBar II Rn 482; Erman/Hohloch Art 27 Rn 10; Kropholler § 52 II 3d; Lagarde Rev crit 1991, 303; Soergel/vHoffmann Art 27 Rn 23; näher J Stoll passim; Mengel RiW 1983, 739; **aA** aber etwa Dicey/Morris Rn 32–080).

d) Grundlegende Änderungen im gewählten Recht

Haben die Parteien das Recht eines Landes gewählt, das seine Rechtsordnung inzwischen – durch **Revolution, Systemwechsel, Gebietsänderungen** – grundlegend geändert hat, so wird eine Ausnahme von dem Grundsatz zugelassen, dass eine Rechtsordnung in ihrer jeweils geltenden Fassung gewählt ist (oben Rn 37). Es soll dann regelmäßig das frühere Recht maßgebend sein (so vBar II Rn 482; Kropholler § 52 II 3d; wohl auch Erman/Hohloch Art 27 Rn 10; differenzierter MünchKomm/Martiny Art 27 Rn 25). Bei dem früheren Recht verbleibt es in diesen Fällen jedoch nur, sofern die Parteien nicht übereinstimmend von der Geltung des neuen Rechts – wie uU jetzt nach dem Systemwechsel in den mittel- und osteuropäischen Ländern – ausgehen.

e) Optionale und alternative Rechtswahl

Gelegentlich enthalten Verträge Rechtswahl- oder Gerichtsstandsklauseln, die das anwendbare Recht und/oder die Zuständigkeit davon abhängen lassen, welche Partei klagt („Jede Partei kann Ansprüche an ihrem Sitz einklagen. Es gilt das dortige Recht"; ähnlich OLG München IPRspr 1975 Nr 26). Häufiger wird auch einer Partei die **Wahl zwischen mehreren Rechten** (und Gerichtsständen) überlassen. Selbst wenn die Wahl einem Dritten oder einer Losentscheidung zugewiesen wird, sind derartige Rechtswahlklauseln zulässig (Dicey/Morris Rn 32–084 f; Kegel/Schurig § 18 I 1c; Kropholler § 52 II 3c; MünchKomm/Martiny Art 27 Rn 16; **aA** Wengler ZfRvgl 1982, 25; näher zu derartigen Klauseln Rasmussen/Bonne). Solange die Wahl freilich nicht ausgeübt ist, bestimmt sich das anwendbare Recht objektiv nach Art 28 (Dicey/Morris, Kropholler, MünchKomm/Martiny jeweils aaO).

f) Wahl anationalen Rechts

Die Abwahl jeden staatlichen Rechts ist unwirksam (ebenso Audit Rn 798; vBar II Rn 425; Erman/Hohloch Art 27 Rn 9; vHoffmann § 10 Rn 28; Kropholler § 52 II 3e; MünchKomm/Martiny Art 27 Rn 36; Soergel/vHoffmann Art 27 Rn 19). **Rechtsordnungslose Verträge** (contrats sans loi), die allein auf dem Parteiwillen fußen und sich von jeder Bindung an staatliches Recht befreien wollen, sind nicht anzuerkennen (vgl die zuletzt Zitierten; zT anders E Lorenz RiW 1987, 573). Auch aus praktischen Gründen muss eine staatliche Rechtsordnung ergänzend zur Verfügung stehen, da selbst der detaillierteste Vertrag nicht alle denkbaren Streitfragen regelt. Der rechtsordnungslose Vertrag untersteht daher dem nach Art 28 bestimmten Vertragsstatut (Erman/Hohloch aaO).

Weitgehend anerkannt werden dagegen Klauseln, die auf die **allgemeinen Rechtsgrundsätze** (general principles of law) verweisen (ablehnend aber etwa Dicey/Morris Rn 32–079).

Überwiegend billigt man ihnen aber nur eine **materiellrechtliche Wirkung** zu, da die allgemeinen Rechtsgrundsätze keine geschlossene Rechtsordnung darstellen (vBar II Rn 425; Czernich/Heiss/Heiss Art 3 Rn 45; Kropholler § 11 I 3; wohl auch vHoffmann § 10 Rn 28). Nach **aA** haben sie – jedenfalls in Verträgen zwischen Staaten und Privaten – kollisionsrechtliche Wirkung, verdrängen also alle anderen Rechtsordnungen (Münch-

Komm/MARTINY Art 27 Rn 29; REITHMANN/MARTINY/MARTINY Rn 60; SOERGEL/vHOFFMANN Art 27 Rn 28).

48 Ebenso wie die Vereinbarung der allgemeinen Rechtsgrundsätze wirkt die **Vereinbarung internationaler Klauselwerke** wie etwa der Incoterms, der einheitlichen Richtlinien über Dokumenten-Akkreditive oder der Unidroit-Principles of international commercial contracts nur als materiellrechtliche Verweisung. Sie treten nach ihrem eigenen Anspruch nur ergänzend zum anwendbaren Recht hinzu und verdrängen es, soweit es nicht zwingende Regeln enthält (so ausdrücklich Unidroit [Hrsg], Principles of International Commercial Contracts [1994] 3; ebenso DROBNIG, in: ICC, The UNIDROIT Principles ... [1995] 223 ff [225]; FERRARI Tul L Rev 69 [1995] 1227 ff; MICHAELIS RabelsZ 62 [1998] 585 ff; MünchKomm/MARTINY Art 27 Rn 30). Insbesondere für die UNIDROIT-Principles, die eingehende Regeln für internationale Handelsverträge aufstellen, wird allerdings zT weitergehend vertreten, dass ihre Wahl kollisionsrechtliche Wirkung habe (etwa BOELE-WOELKI ULR 1996, 664 ff; dies IPRax 1997, 166 ff; dies, in: vHOFFMANN 81; DUTOIT, in: vHOFFMANN 44 f; LANDO King's Coll LJ 7 [1996/97] 62; LEIBLE ZVglRWiss 97 [1998] 312 ff; VISCHER/HUBER/OSER S 2 V, 2; VISCHER Eur J LRef 1 [1998/1999] 210 ff; WICHARD RabelsZ 60 [1996] 282 ff). Indessen klammern auch die UNIDROIT Principles noch wichtige Vertragsfragen aus – etwa die Rechts- und Sittenwidrigkeit (Art 3.1). Schon deshalb muss ein subsidiäres Vertragsstatut zur Verfügung stehen, diese Fragen der Vertragsgültigkeit zu lösen. Schließlich spricht es auch nicht gegen die lediglich materiellrechtliche Wirkung der Wahl der UNIDROIT-Prinzipien, dass das zwingende Recht der subsidiär anwendbaren Rechtsordnung häufig nur für interne Fälle ohne Auslandsbezug gedacht sind (so aber VISCHER/HUBER/OSER aaO). Denn diesem Einwand ist durch Auslegung der nationalen Norm und ggfs der Begrenzung ihres Anwendungsbereichs auf interne Fälle zu begegnen.

g) Lex mercatoria als Vertragsstatut?

49 In gleicher Weise wie Verweisungen auf sonstiges anationales Recht dürften Klauseln zu behandeln sein, die die lex mercatoria, das internationale Handelsgewohnheitsrecht als anwendbar erklären, wie sie sich insbesondere in Schiedsverträgen öfters finden. Jedenfalls vor staatlichen Gerichten haben diese Klauseln nur die Wirkung einer **subsidiären materiellrechtlichen Verweisung** (ebenso ERMAN/HOHLOCH Art 27 Rn 9; vHOFFMANN § 10 Rn 28; JUNKER Rn 350; KROPHOLLER § 11 II 3; LAGARDE Rev crit 1991, 301; MünchKomm/MARTINY Art 27 Rn 31; SOERGEL/vHOFFMANN Art 27 Rn 16; eingehend SPICKHOFF RabelsZ 56 [1992] 133 f; ferner KAPPUS IPRax 1993, 137). Die in ihrem Inhalt recht vage lex mercatoria – eine Zusammenstellung ihrer Grundsätze gibt MUSTILL (Arb Int 4 [1988] 110 ff) – vermag daher das anwendbare staatliche Recht zu ergänzen, aber nicht zu ersetzen.

50 Andere Auffassungen wollen der lex mercatoria dagegen weitergehende Bedeutung einräumen und sie entweder vorrangig vor jedem staatlichen Recht anwenden (so etwa GOLDMANN 116; WEISE 141; LANGEN, Transnationales Recht 13 ff; VISCHER/HUBER/OSER § 2 V 2) oder ihr jedenfalls gleichen Rang wie einer staatlichen Rechtsordnung zubilligen (etwa COING, in: KLEIN/VISCHER 49 ff). Ein derart weitgehendes Ausschalten staatlichen Rechts erscheint nur zulässig im Rahmen der Schiedsgerichtsbarkeit, soweit die Parteien hier die lex mercatoria als maßgebend vereinbart haben (ähnlich ERMAN/HOHLOCH Art 27 Rn 9; vHOFFMANN, in: FS KEGEL 233; KROPHOLLER § 11 II 3; MünchKomm/MARTINY Art 33 Rn 27; SOERGEL/vHOFFMANN Art 27 Rn 17). Allerdings sind Schiedssprüche, die zulässigerweise auf der Grundlage der lex mercatoria ergangen sind, von staatlichen Gerichten anzuerkennen (ebenso MünchKomm/MARTINY Art 27 Rn 29; SPICKHOFF RabelsZ 56 [1992] 136; SCHLOSSER Rn 863).

h) Völkerrecht als Vertragsstatut

Gelegentlich findet sich, vor allem in **Verträgen zwischen Staaten und privaten Investoren,** die Verweisung auf das Völkerrecht (näher dazu BOOYSEN RabelsZ 59 [1995] 245 ff; REITHMANN/MARTINY/MARTINY Rn 64). Überwiegend billigt man auch dieser Verweisung, jedenfalls außerhalb von Schiedsverträgen nur materiellrechtliche Wirkung zu, lässt also das zwingende Recht des an sich geltenden Vertragsstatuts in Kraft (MünchKomm/ MARTINY Art 27 Rn 37 m weiteren Nachweisen; wohl auch BOOYSEN RabelsZ 59 [1995] 253, 256 f). 51

VI. Ausdrückliche Rechtswahl (Abs 1 Satz 2)

Eine ausdrückliche Rechtswahl liegt vor, wenn die Parteien durch Individualvereinbarung oder in AGB ein bestimmtes Recht festgelegt haben, das für ihren Vertrag gelten soll, etwa durch Klauseln wie: „Für dieses Vertragsverhältnis gilt deutsches Recht", „Es ist deutsches Recht anzuwenden", „This contract is governed by English law", „Le contrat est régi par le droit français" (zu Rechtswahlklauseln in AGB eingehend RÜHL passim). Zu beachten ist, dass die **Wahl deutschen Rechts** spezielle Regelungen einheitsrechtlichen Charakters wie zB das CISG einschließt (so zum CISG BGH NJW 1997, 3309; OLG München VersR 1997, 875; OLG Düsseldorf IPRax 1993, 412 m Aufs MAGNUS IPRax 1993, 390; LG Kassel IPRspr 1996 Nr 30; SCHLECHTRIEM, Int UN-Kaufrecht Rn 15). Zu beachten ist ferner, dass eine ausdrückliche Rechtswahl dann wirkungslos ist, wenn sie unklar und auch durch Auslegung nicht eindeutig festzulegen ist wie zB die Wahl europäischen oder amerikanischen Rechts, wenn keine sonstigen Indizien für die Wahl des Rechts eines Einzelstaates dieser Gebiete sprechen (vgl auch JUNKER Rn 345 und schon oben Rn 38). Als noch hinreichend klar ist aber etwa die Wahl des Rechts der Bundesrepublik Deutschland – für den Kauf eines DDR-Grundstücks – angesehen worden, obwohl zusätzlich bestimmt war: „soweit nicht zwingendes Recht entgegensteht", da damit zwingendes DDR-Recht gemeint gewesen sei (BGH NJW 2000, 1487). 52

Um eine ausdrückliche Rechtswahl handelt es sich auch dann noch, wenn eine **Rechtswahlklausel in AGB** enthalten ist, die ihrerseits stillschweigend vereinbart wurden (BGHZ 108, 353 = IPRax 1991, 338 m Aufs KRONKE/BERGER IPRax 1991, 316 ff; zustimmend KEGEL/SCHURIG § 18 I 1c). Ferner liegt eine ausdrückliche Rechtswahl vor, wenn ein Vertrag auf die Bedingungen eines anderen verweist oder ihn ausdrücklich einbezieht, der seinerseits eine Rechtswahl enthält (zB beim Konnossement, das auf die Charterpartie verweist oder bei einer Anleihe, bei der ein Hinweis auf den Schuldverschreibungen auf den Treuhandvertrag der Anleger verweist, RG IPRspr 1935–44 Nr 454). 53

Ob eine solche Rechtswahlvereinbarung materiell und formell wirksam zustande gekommen ist, bestimmt sich nach dem insoweit geltenden Recht, das ebenso wie für den Hauptvertrag zu ermitteln ist (Art 27 Abs 4, dazu unten Rn 135 ff). 54

Strittig ist die Frage, nach welchem Recht sich die **Auslegung einer ausdrücklichen Rechtswahlvereinbarung** richtet, wenn deren Inhalt oder Umfang zweifelhaft ist. 55

Hierher gehört auch die Frage, ob eine Vereinbarung überhaupt als Rechtswahlklausel zu verstehen ist. Art 27 Abs 4 iVm Art 31 äußert sich zu dieser Frage nicht, sondern betrifft nur das Zustandekommen und die Wirksamkeit von Rechtswahlvereinbarungen. Nach verbreiteter Auffassung gelten für die Auslegung die Interpretationsmaximen der lex fori (vHoffmann § 10 Rn 31; Lando RabelsZ 38 [1974] 391). Denkbar ist es auch, insoweit das präsumtive Vertragsstatut anzuwenden. Nach aA sind aus dem EVÜ autonome Auslegungsmaßstäbe zu entwickeln (Dicey/Morris Rn 32–078: „a broad convention based approach, not constrained by national rules of construction"; ebenso Rühl 83). Für letztere Ansicht spricht vor allem die in Art 36 (= Art 18 EVÜ) verankerte Pflicht zur einheitlichen Auslegung. In den Vertragsstaaten des EVÜ sollte die Reichweite von Rechtswahlklauseln, was ihren Inhalt und Umfang angeht, nach Möglichkeit einheitlich verstanden werden.

56 Die Parteien können ein bestimmtes Recht auch lediglich ausdrücklich abwählen. Diese **negative Rechtswahl** hat die Wirkung, dass das abgewählte Recht nicht zur Anwendung gelangt. Welches Recht statt dessen gelten soll, ist nach den Grundsätzen zur stillschweigenden Rechtswahl bzw durch objektive Anknüpfung zu ermitteln. Haben die Parteien gerade das nach Art 28 Abs 2 objektiv geltende Recht abgewählt, dann ist diejenige Rechtsordnung heranzuziehen, mit der im Übrigen die engste Verbindung besteht (ebenso vHoffmann § 10 Rn 28; Soergel/vHoffmann Art 27 Rn 20).

57 Eine isolierte negative Rechtswahl ist selten. Häufiger findet sich eine **Kombination zwischen gleichzeitiger Berufung und Abwahl** eines bestimmten Rechts, etwa „Es gilt deutsches Recht unter Ausschluss des UN-Kaufrechts (unter Ausschluss internationalen Einheitsrechts etc)." Eine solche Kombination ist zulässig und wirksam, soweit das jeweils bestimmte Recht die Zu- oder Abwahl zulässt.

58 Eine Parteivereinbarung, die lediglich ein bestimmtes **Kollisionsrecht ausschließt** („die Art 27–37 EGBGB/das EVÜ sind auf diesen Vertrag nicht anzuwenden"), wird jedoch nicht anzuerkennen sein (so Dicey/Morris Rn 32–043; aA Mann 107 [1991] LQR 353). Sie lässt in keiner Weise erkennen, welche Rechtsordnung für den Vertrag gelten bzw nicht gelten soll. Die Parteien können aber ihre Rechtswahl unter eine Bedingung stellen, etwa dass die Rechtswahl nur gelten soll, wenn die Genehmigung für ein Geschäft in einem bestimmten Land erteilt wird.

VII. Stillschweigende Rechtswahl (Abs 1 Satz 2)

1. Allgemeines

59 Gemäß Abs 1 Satz 2 muss eine Rechtswahl nicht ausdrücklich sein, sie kann vielmehr auch stillschweigend erfolgen. Das gilt grundsätzlich **für alle Vertragsverhältnisse,** also etwa auch für Grundstückskäufe. Das für sie maßgebende Recht kann damit formlos konkludent gewählt werden, selbst wenn der Grundstückskauf seinerseits formgebunden ist (MünchKomm/Martiny Art 27 Rn 88; ebenso zum alten Recht BGHZ 52, 239; näher unten Rn 111, 135, 147). Gleiches gilt auch für Arbeitsverträge (vgl dazu Art 30 Rn 59 ff, 65 ff). Für Verbraucherverträge folgt dagegen eine gewisse Einschränkung aus Art 29 Abs 3, die gemäß Art 27 Abs 4 auch schon für die Rechtswahl zu beachten ist. Eine stillschweigende (formlose) Rechtswahl scheidet hier aus, wenn das objektive Verbraucherstatut einen Formzwang für das Verbrauchergeschäft vorsieht (ebenso Münch-Komm/MARTINY Art 29 Rn 50; weitergehend etwa Art 120 Abs 2 Schweizer IPRG, der bei Konsumentengeschäften eine Rechtswahl ganz ausschließt; vgl näher die Erl zu Art 29).

Eine stillschweigende Rechtswahl ist nur anzunehmen, wenn sich ein entsprechender **60** **realer Parteiwille mit hinreichender Sicherheit** („reasonable certainty", „de façon certaine") aus dem Vertrag oder den Fallumständen ergibt. Diese Formulierung der Vorschrift soll ausdrücken, dass der „Richter in keiner Weise ermächtigt (ist), eine Rechtwahl durch die Parteien zu unterstellen, sofern diese nicht die bestimmte Absicht der Vornahme einer solchen Rechtswahl hatten" (GIULIANO/LAGARDE 49). Wann eine solche Absicht besteht, ist unter Beachtung aller Umstände des Falles zu ermitteln (BGH RiW 1992, 54; BGH RiW 1997, 426; BGH RiW 1999, 537; Egon Oldendorff v Libera Corporation [1996] Lloyd's Rep 380 [387]). Allerdings dürfen dabei einzelne Faktoren als Indizien einer stillschweigenden Rechtswahl auch nicht überbewertet werden. Soll die Annahme einer stillschweigenden Rechtswahl nicht entweder zur Fiktion oder zur unvorhersehbaren Einzelfallentscheidung werden – und praktisch der Ermittlung des hypothetischen Parteiwillens nach früherem Recht gleichkommen –, dann ist eine gewisse Typenbildung und Festlegung des Gewichts der einzelnen Faktoren unumgänglich.

Nur soweit Umstände einzeln oder in ihrer Gesamtheit deutlich genug den wirk- **61** lichen Willen der Parteien belegen, dass für ihren Vertrag ein bestimmtes Recht gelten soll, können sie eine stillschweigende Rechtswahl indizieren. Dagegen kommt es nicht darauf an, welche Rechtswahl die Parteien getroffen hätten, wenn sie sich der Wahlmöglichkeit bewusst gewesen wären. Auf einen **bloß hypothetischen Parteiwillen,** der nach früherem Recht maßgeblich war (BGHZ 7, 235 und bis 1986 ständig), darf die Annahme einer Rechtswahl ebenso wenig gestützt werden wie auf reine Parteierwartungen, Rechtsansichten gar einer Partei oder auf eine Geltungsannahme durch die Parteien (ebenso MünchKomm/MARTINY Art 27 Rn 41 f; SOERGEL/vHOFFMANN Art 27 Rn 43). Die Rechtsprechung zum vor der IPR-Reform geltenden Recht kann für die Frage konkludenter Rechtswahl deshalb nur noch mit Vorbehalt herangezogen werden (so zu Recht PALANDT/HELDRICH Art 27 Rn 5; THODE ZfBR 1989, 45).

Lässt sich ein schlüssig geäußerter, realer Rechtswahlwille nicht feststellen, dann gilt **62** das objektive Vertragsstatut des Art 28. Steht dagegen eine stillschweigende Einigung auf ein bestimmtes Recht fest, dann bestimmt sie das anwendbare Recht und ändert gegebenenfalls auch eine frühere Rechtswahl der Parteien. Gerade wegen dieses Effektes muss hinreichende Sicherheit bestehen, dass eine solche Änderung dem wirklichen Willen der Parteien entspricht. Eine ausdrückliche Wahl fremden Rechts darf nicht vorschnell mit dem Hinweis überspielt werden, die Parteien hätten hilfsweise mit deutschem Recht argumentiert und dieses Recht deshalb konkludent gewählt (so zu Recht MünchKomm/MARTINY Art 27 Rn 50; SCHACK IPRax 1986, 272; aA aber BGH NJW-RR 1986, 456). Andererseits muss eine stillschweigende Rechtswahl, die eine frühere – auch ausdrückliche – Rechtswahl abändert, keinen grundsätzlich höheren Anforderungen genügen, als sie für eine erstmalige stillschweigende Rechtswahl gelten (BGH NJW-RR 200, 1002 [1004]). Erforderlich, aber auch genügend ist die hinreichende Sicherheit über einen realen Rechtswahlwillen der Parteien. Sie besteht etwa, wenn die Parteien in Frankreich durch französische Anwälte und in französischer Sprache einen Vergleich über ein früheres, ausdrücklich dem deutschen Recht unterstelltes Vertragsverhältnis abschließen und diesen

Vergleich in der schriftlichen Urkunde als einen solchen nach Art 2044 ff des französischen Code civil bezeichnen (so der Fall BGH NJW-RR 2000, 1002).

2. Einzelumstände

63 Grundsätzlich ist es eine Frage des konkreten Einzelfalles, ob die Parteien ein bestimmtes Recht stillschweigend gewählt haben. Einer Reihe von Fallumständen wird aber in der Regel eine konkludente Rechtswahl entnommen. Sie haben Indizwirkung, sofern sich keine gegenläufigen Umstände ergeben. Allerdings ist die **Indizwirkung** der einzelnen Umstände durchaus unterschiedlich zu gewichten. Gerichtsstands- oder Schiedsgerichtsvereinbarung, Bezugnahme auf ein Recht und Prozessverhalten der Parteien haben im Allgemeinen starke indizielle Bedeutung für das anwendbare Recht. Umstände wie der Abschlussort, Erfüllungsort, die Staatsangehörigkeit, Vertragssprache, Vertragswährung, besonderes Interesse einer Partei haben dagegen nur schwaches Gewicht (BGH NJW 1992, 618). Einzeln können sie keine stillschweigende Rechtswahl belegen. Nur wenn alle oder die meisten von ihnen zum selben Recht führen, darf ihnen Rechtswahlwirkung beigelegt werden.

a) Gerichtsstandsvereinbarung

64 Haben die Parteien einen **ausschließlichen Gerichtsstand** vereinbart, dann liegt darin ein starker Hinweis auf eine schlüssige Wahl des am Gerichtsort geltenden Rechts (qui eligit iudicem, eligit ius – BGHZ 104, 268; BGH NJW-RR 1990, 183; BGH NJW 1991, 1420; BGH NJW 1996, 2569; OLG Celle RiW 1988, 137; OLG Frankfurt RiW 1989, 912; OLG Hamburg TranspR 1993, 111; OLG Frankfurt RiW 1998, 477; Giuliano/Lagarde 49; Czernich/Heiss/Heiss Art 3 Rn 10, Dicey/Morris II 1226; Erman/Hohloch Art 27 Rn 12; vHoffmann § 10 Rn 35; Junker Rn 346; Kegel/Schurig § 18 I 1c; Kropholler § 52 II 1; Lüderitz Rn 271; MünchKomm/Martiny Art 27 Rn 43; Palandt/Heldrich Art 27 Rn 6; Soergel/vHoffmann Art 27 Rn 47; sehr zurückhaltend dagegen vBar II Rn 469 f; gegen eine Indizwirkung Mitterer 89; zurückhaltend auch Vischer/Huber/Oser § 3 III 2a) aa). Ohne deutlich gegenläufige Indizien gilt dieses Recht als gewählt. Etwas anderes ist auch nicht aus Abs 3 abzuleiten. Sein Wortlaut erweckt zwar den Eindruck, als könne eine Gerichtsstandsvereinbarung allein keine – stillschweigende – Rechtswahl begründen. Das ist indessen nicht gemeint (Giuliano/Lagarde 49).

65 Ist eine Gerichtsstandsklausel allerdings nicht **wirksam vereinbart,** zB nur einseitig auf einem Rechnungsformular nachgeschoben, dann kommt ihr auch keine Indizwirkung zu (BGH LM Art 7 ff Nr 33 = DB 1969, 1053; MünchKomm/Martiny, Palandt/Heldrich jeweils aaO). Ob ein Gerichtsstand wirksam vereinbart ist, richtet sich nach Einheitsrecht (insbes Art 17 GVÜ), soweit dieses anwendbar ist und soweit seine Regelung reicht; im Übrigen nach dem Recht, das bei wirksamer Gerichtsstandsvereinbarung als stillschweigend gewähltes Recht indiziert wäre. Der Gedanke des Art 31 Abs 1 EGBGB gilt auch hier (vgl näher zu Gerichtsstandsvereinbarungen Anh zu Art 37).

66 Die Indizwirkung einer Gerichtsstandsklausel entfällt, wenn die Klausel **Gerichtsstände in mehreren Staaten zur Wahl** stellt, zB „Bejing or London in defendant's option" (vgl The Star Texas [1993] 1 Lloyd's Rep 445; ferner BGH IPRspr 1958–59 Nr 53; MünchKomm/Martiny Art 27 Rn 43 a). Gleiches gilt, wenn die Klausel nur eine oder mehrere weitere Zuständigkeiten zu den gesetzlichen Gerichtsständen eröffnen soll oder wenn die Gerichte am Sitz des jeweiligen Beklagten zuständig sein sollen (Erman/

HOHLOCH Art 27 Rn 14; MünchKomm/MARTINY aaO; zT **anders** BGH IPRax 1986, 292 m Aufs SCHACK IPRax 1986, 272). In diesen Fällen führt die Vereinbarung des Gerichtsstandes nicht mit genügender Sicherheit zu einem bestimmten Recht.

Dagegen verliert eine Gerichtsstandsklausel nicht dadurch ihre Indizwirkung, dass 67 die Parteien kein bestimmtes Gericht (zB High Court London, LG Hamburg), sondern allgemein die **Gerichte eines Landes** gewählt haben („Jurisdiction of English Courts"). Im Bereich des GVÜ sieht Art 17 Abs 1 Satz 1 dies ausdrücklich vor („ein Gericht oder die Gerichte eines Vertragsstaats").

b) Schiedsgerichtsvereinbarung
Ähnlich wie für Gerichtsstandsklauseln stellt sich die Lage bei Schiedsgerichtsver- 68 einbarungen dar. Soweit die Parteien ein **ständiges Schiedsgericht** zur Entscheidung berufen, wählen sie damit in der Regel stillschweigend das Recht am Sitz dieses Schiedsgerichts, soweit das Schiedsgericht dieses Recht gewöhnlich anwendet und der Annahme einer stillschweigenden Rechtswahl nicht andere gegenläufige Gesichtspunkte entgegenstehen (qui eligit arbitrum, eligit ius – BGHZ 70, 31; OLG Hamburg IPRspr 1982, Nr 38; OLG Düsseldorf TranspR 1992, 415; OLG Hamm NJW-RR 1993, 1445; Egon Oldendorff v Libera Corporation [1996] 1 Lloyd's Rep 380; Schiedsgericht der Handelskammer Hamburg NJW 1996, 3229 [3230]; LG Berlin RiW 1997, 873; GIULIANO/LAGARDE 49; DICEY/MORRIS Rn 32–093 ff; ERMAN/HOHLOCH Art 27 Rn 15; LÜDERITZ Rn 271; PALANDT/HELDRICH Art 27 Rn 6; REITHMANN/MARTINY/MARTINY Rn 78; SOERGEL/vHOFFMANN Art 27 Rn 48). Die Vereinbarung, dass das Schiedsgericht des Vereins der Getreidehändler oder des Warenvereins der Hamburger Börse entscheiden solle, ist deshalb schon nach früherem Recht als stillschweigende Wahl des deutschen Rechts angesehen worden (BGH AWD 1970, 31; OLG Hamburg AWD 1958, 249; OLG Hamburg RiW 1979, 482). Ebenso ist nach der IPR-Reform von 1986 zu entscheiden.

Die Indizwirkung der Schiedsklausel entfällt jedoch wiederum, wenn die Schiedsver- 69 einbarung unwirksam ist (REITHMANN/MARTINY/MARTINY Rn 80) oder wenn Schiedsgerichte nur wahlweise zuständig sein sollen (The Star Texas [1993] 1 Lloyd's Rep 445; DICEY/MORRIS Rn 32–094). Sie entfällt ferner, wenn das Schiedsgericht erst ad hoc gebildet werden muss und sein Sitz nicht von vornherein feststeht (REITHMANN/MARTINY/MARTINY Rn 79). Sie entfällt vor allem, wenn das Schiedsgericht nicht nach dem materiellen Recht an seinem Sitz, sondern etwa nach dem dort geltenden IPR, nach allgemeinen Rechtsgrundsätzen oder auch nach freiem Ermessen entscheidet (ERMAN/HOHLOCH Art 27 Rn 15; LÜDERITZ aaO; LÜTHGE 157 ff). Daher stellt es keine stillschweigende Rechtswahl dar, wenn die Parteien die **Schiedsgerichtsbarkeit der IHK** in Paris vereinbaren. Denn nach der früheren Schiedsordnung der IHK hatten ihre Schiedsrichter bei fehlender Rechtswahl dasjenige Kollisionsrecht anzuwenden, das ihnen im konkreten Fall als angemessen erscheint (Art 13 Abs 3 IHK Schiedsordnung von 1988; vgl dazu REITHMANN/MARTINY/MARTINY Rn 79). Nach der Neufassung der Schiedsordnung vom 1.1.1998 kann das Schiedsgericht gemäß Art 17 Abs 1 dieser Ordnung ohne Zwischenschaltung von Kollisionsregeln dasjenige Sachrecht anwenden, das es für angemessen hält (dazu CALVO J Int Arb 1997, 41 ff). Welches materielle Recht damit endgültig zum Zug kommen wird, ist bei Vereinbarung der Schiedsklausel deshalb nicht hinreichend sicher.

c) Verhalten der Parteien im Prozess

70 Soweit die Parteien im deutschen Prozess übereinstimmend ein bestimmtes Recht für die Entscheidung ihres Streites zugrunde legen, wird darin meist eine stillschweigende Rechtswahl gesehen (vgl etwa BGHZ 53, 189; BGHZ 119, 392; BGH NJW-RR 1990, 249; BGH IPRax 1995, 399 [400] m Aufs WINKLER vMOHRENFELS IPRax 1995, 379 ff; MünchKomm/MARTINY Art 27 Rn 48; PALANDT/HELDRICH Art 27 Rn 7). Ein realer Rechtswahlwille wird in der Regel vorliegen, wenn beide Parteien ihren Fall **vor einem deutschen Forum nach derselben ausländischen Rechtsordnung** behandeln, etwa mit deren Vorschriften argumentieren (BGH NJW-RR 1990, 248 [249]; OLG Celle RiW 1990, 320 [322]; ERMAN/HOHLOCH Art 27 Rn 17). Haben die Parteien bzw ihre Anwälte vor deutschen Gerichten dagegen auf der Basis des deutschen Rechts argumentiert, obwohl bei objektiver Anknüpfung ausländisches Recht gelten würde, dann bedarf es weiterer Anhaltspunkte dafür, dass damit deutsches Recht gewählt sein soll. Denn in diesem Fall ist nicht hinreichend sicher, ob dem Verhalten eine bewusste und übereinstimmende Abwahl des fremden Rechts oder nur Unkenntnis seiner Geltung zugrunde liegt (ebenso schw BGE 119 II 174; öst OGH IPRax 1991, 123 m Aufs SCHWENZER IPRax 1991, 129; OLG Köln IPRax 1994, 213 [215] m Aufs PILTZ IPRax 1994, 191; OLG München RiW 1996, 330; CZERNICH/HEISS/HEISS Art 3 Rn 10; vHOFFMANN § 10 Rn 37; JUNKER Rn 347; MARTINY ZEuP 1995, 75; SCHACK IPRax 1987, 272 f; SOERGEL/vHOFFMANN Art 27 Rn 52; STEINLE ZVerglRW 93 [1994] 313; auch PALANDT/HELDRICH Art 27 Rn 7: Erklärungsbewusstsein für eine Rechtswahl notwendig; wohl auch ERMAN/HOHLOCH Art 27 Rn 17; VISCHER/HUBER/OSER § 3 III 2a) cc); **anders** dagegen noch die bisherige, oben zitierte BGH-Rechtsprechung). Allein die „übereinstimmend geäußerte irrige Auffassung, eine bestimmte Rechtsordnung sei maßgeblich, reicht ... nicht aus" (BGH NJW-RR 2000, 1002 [1004]). Von einem realen Rechtswahlwillen ist hier nur auszugehen, wenn beide Parteien nach Erörterung der Frage des anwendbaren Rechts oder nach entsprechendem richterlichen Hinweis weiterhin das deutsche Recht zugrunde legen. Zu der Frage, ob durch eine solche Rechtswahl das UN-Kaufrecht abgewählt ist, vgl Art 28 Rn 152.

71 Dagegen ist eine stillschweigende Wahl deutschen Rechts noch nicht darin zu sehen, dass eine Partei nicht widerspricht, wenn die andere – nach Ausführungen zur IPR-Frage – die Geltung deutschen Rechts behauptet (wohl auch BGH NJW 1993, 1126). Ebenso wenig können **einseitige Erklärungen zum anwendbaren Recht,** die eine Partei im Prozess abgibt, eine frühere – ausdrückliche oder stillschweigende – Rechtswahl in Frage stellen.

72 Die deutsche Rechtsprechung neigt allerdings dazu, eine Wahl deutschen Rechts stets anzunehmen, wenn auf seiner Grundlage im Prozess plädiert wurde (BGH RiW 1990, 930; BGH NJW 1991, 1293; BGH RiW 1992, 586; BGH NJW 1992, 909, 1380; BGHZ 119, 392 und dazu ST LORENZ FamRZ 1993, 393; NJW 1993, 1126). Das lediglich irrtümliche Anführen deutscher Vorschriften reicht aber auch nach dieser Auffassung nicht aus (so BGH NJW 1991, 1292 f und schon früher BGH NJW 1959, 1873; OLG Köln NJW 1987, 1151; ferner THODE ZfBR 1989, 45 f; ERMAN/HOHLOCH Art 27 Rn 17; MünchKomm/MARTINY Art 27 Rn 49; PALANDT/HELDRICH Art 27 Rn 7). Die jüngste Entscheidung des BGH macht jetzt jedoch klar, dass es „(z)umindest für eine die ursprünglich getroffene Wahl abändernde Rechtswahl ... eines dahingehenden beiderseitigen Gestaltungswillens" bedarf, der noch nicht aus bloß übereinstimmendem Plädieren auf der Grundlage der lex fori abgeleitet werden darf, sondern positiv festgestellt werden muss (BGH NJW-RR 2000, 1002 [1004]).

Nimmt es eine Partei im **Rechtsmittelverfahren** (in der Rechtsmittelbegründung oder 73
-erwiderung) zunächst unwidersprochen hin, dass die Vorinstanz nach deutschem Recht wegen dessen konkludenter Wahl entschieden hat, so kann die Partei präkludiert sein, im weiteren Verfahrensverlauf diese Entscheidungsgrundlage in Frage zu stellen (so zutreffend vHoffmann § 10 Rn 37; vgl aber auch OLG München RiW 1996, 329 [330]; von einer wirksamen konkludenten Rechtswahl geht dagegen BGH NJW 1991, 1292 [1293] aus).

Soweit die Parteien anwaltlich vertreten werden, ist eine stillschweigende Rechts- 74
wahl im Prozess nur wirksam, wenn auch **Vertretungsmacht** bestand (Erman/Hohloch Art 27 Rn 17; Mansel ZVerglRW 1987, 13; Palandt/Heldrich Art 27 Rn 7; Schack NJW 1984, 2739).

d) Bezugnahme des Vertrages auf ein bestimmtes Recht
Eine stillschweigende Rechtswahl kann sich aus den Bestimmungen des Vertrages 75
auch dann ergeben, wenn diese – auf andere Weise als durch eine Gerichtswahl – mittelbar den Bezug zu einer bestimmten Rechtsordnung herstellen.

Insoweit kommen die folgenden Fälle in Betracht:

aa) Interpretationsvorschriften
Eine Vertragsklausel, die die Interpretation des Vertrages einem bestimmten Recht 76
unterstellt (sog **construction clause**), wird überwiegend bereits als ausdrückliche Rechtswahl verstanden (so OLG München IPRax 1989, 42 m zust Anm W Lorenz IPRax 1989, 22; Schröder IPRax 1985, 131 f; MünchKomm/Martiny Art 27 Rn 45; Vischer/Huber/Oser § 3 III 1; für stillschweigende Wahl dagegen LG München IPRax 1984, 318; Palandt/Heldrich Art 27 Rn 6). Wo ihre Fassung dieses Verständnis nicht hinreichend rechtfertigt, wird eine solche Interpretationsvorschrift aber in der Regel ein starkes Indiz für die konkludente Wahl des so berufenen Rechts darstellen.

bb) Ausdrückliche Bezugnahme
Eine stillschweigende Rechtswahl ist anzunehmen, wenn ein Vertrag eindeutig **auf** 77
einer bestimmten Rechtsordnung aufbaut oder ohne Rückgriff auf sie nicht verständlich ist, mag er im Übrigen auch auf einem einseitig entwickelten Formular beruhen (OLG Köln RiW 1993, 415; Giuliano/Lagarde 49; Kegel/Schurig § 18 I 1c; MünchKomm/Martiny Art 27 Rn 45 ff; Palandt/Heldrich Art 27 Rn 6; Soergel/vHoffmann Art 27 Rn 45; zum früheren Recht ebenso BGH JZ 1963, 167 m Anm Lüderitz). So bauen etwa die allgemeinen deutschen Spediteurbedingungen (ADSp) derart auf deutschem Recht auf, indem sie mehrfach auf Vorschriften des HGB verweisen, dass ihre Vereinbarung zugleich als konkludente Wahl deutschen Rechts angesehen wird (vgl OLG München RiW 1983, 957; OLG Schleswig NJW-RR 1988, 283; Reithmann/Martiny/Martiny Rn 88; zu der weiteren Frage, ob sie bei Beteiligung deutscher Spediteure kraft Handelsbrauchs gelten: BGH NJW 1976, 2075 [verneinend]). Ähnlich beruht etwa **Lloyd's Seeversicherungspolice** so weitgehend auf englischem Recht, dass dieses gewählt ist, wenn diese Versicherung vereinbart wird (vgl Giuliano/Lagarde 49; Dicey/Morris Rn 32–090; vHoffmann § 10 Rn 34). Vereinbaren Parteien eines internationalen Bauvertrages die Geltung der VOB/B, der VOL und deutscher DIN-Vorschriften und orientieren sich Vertragsbestimmungen an der VOB/B, dann liegt auch darin eine stillschweigende Wahl des – deutschen – Rechts (BGH WM 1999, 1177).

78 Eine konkludente Rechtswahl liegt ferner vor, wenn die Parteien **Vorschriften eines bestimmten Rechts** (zB Art des französischen Code civil) im Vertrag ausdrücklich zitieren oder spezielle und typische Begriffe dieses Rechts verwenden (BGH NJW-RR 1996, 1034; BGH RiW 1997, 426; BGH RiW 1999, 537; OLG Köln RiW 1993, 415; AG Rostock IPRspr 1997 Nr 30; GIULIANO/LAGARDE aaO; ERMAN/HOHLOCH Art 27 Rn 16; vHOFFMANN § 10 Rn 34; MünchKomm/MARTINY Art 27 Rn 46, 50; SOERGEL/vHOFFMANN Art 27 Rn 45). Es spricht auch für die Wahl eines bestimmten Rechts, wenn die Parteien in ihrem Vertrag besonderen Gepflogenheiten dieses Rechts Rechnung tragen (BGH NJW 1992, 618 [Urkunde, die Art 1325 Abs 3 Code civil Rechnung trägt]; OLG Köln NJW-RR 1994, 200 [Vertrag über Brautgeschenke nach islamischem Recht]). Enthält ein Vertrag Verweisungen auf mehrere Rechtsordnungen, dann ist es eine Frage der am Deutlichkeitsmaßstab des Art 27 Abs 1 Satz 1 orientierten Auslegung (vgl oben Rn 55), ob daraus mit hinreichender Sicherheit auf die Wahl einer bestimmten Rechtsordnung zu schließen ist (vgl BGH RiW 1997, 426 – in Deutschland geschlossener Vorvertrag zwischen Deutschen über Darlehen, das durch Hypothek an spanischen Grundstück gesichert werden sollte, verweist auf BGB-Bestimmungen und verlangt zugleich Beachtung spanischer [Devisen-]Vorschriften: konkludente Wahl deutschen Rechts angenommen).

79 Soweit im Vertrag jedoch nur auf solche fremden Normen hingewiesen wird, die auch **unabhängig vom anwendbaren Vertragsrecht zu beachten** wären (zB fremde Import- oder Zollvorschriften), lässt sich daraus allein noch nicht die Geltung jener Rechtsordnung ableiten (MünchKomm/MARTINY aaO; **anders** – noch zum alten Recht – BGH JZ 1961, 261 m abl Anm HENRICH). Das Gleiche gilt, wenn Parteien zwar spezielle Formulierungen oder Begriffe aus einer Rechtsordnung verwenden, die in der Branche – zB im Seeverkehr Formulare in englischer Rechtssprache – aber international üblich sind (so für Konnossemente OLG Hamburg MDR 1954, 242; OLG Hamburg MDR 1955, 109; ERMAN/HOHLOCH Art 27 Rn 16; MünchKomm/MARTINY Art 27 Rn 47; PALANDT/HELDRICH Art 27 Rn 6).

cc) Verwendung der Bedingungen einer Seite

80 Vielfach wird eine stillschweigende Rechtswahl auch angenommen, wenn die Parteien die Geltung der AGB, der Lieferbedingungen oder der Formulare einer Seite vereinbaren. Es soll dann generell das **Recht dessen** gelten, **der die Bedingungen gestellt hat** oder an dessen Sitz sie erstellt wurden (BGH JZ 1976, 407 m Anm MUMMENHOFF; OLG München RiW 1983, 957 [ADSp]; OLG Hamburg RiW 1986, 462; OLG Schleswig NJW-RR 1988, 283 [ADSp]; OLG München IPRax 1989, 42; OLG Hamburg RiW 1991, 62; ERMAN/HOHLOCH Art 27 Rn 16; MünchKomm/MARTINY Art 27 Rn 46; PALANDT/HELDRICH Art 27 Rn 6; REITHMANN/MARTINY/MARTINY Rn 88 f mw Nachw). Soweit die verwendeten AGB etc nicht eindeutig auf einer bestimmten Rechtsordnung aufbauen (dazu oben Rn 77), ist es jedoch nicht gerechtfertigt, ohne weitere Anhaltspunkte daraus auf eine konkludente Wahl des Rechts des Klauselverwenders zu schließen (ähnlich MEYER/SPARENBERG RiW 1989, 348; WOLF/HORN/LINDACHER Anh § 2 AGBG Rn 24). Ein entsprechender gemeinsamer Parteiwille wird hier in der Regel gerade nicht bestehen.

dd) Anlehnung an andere Verträge

81 Eine stillschweigende Rechtswahl kann auch darin zu finden sein, dass der Vertrag auf einen anderen Vertrag Bezug nimmt oder mit ihm verknüpft ist, der seinerseits eine Rechtswahl enthält (BGH NJW 2001, 1936 [1937: Konkludente Rechtswahl für Bauvertrag erfasst auch den begleitenden Architektenvertrag]; vHOFFMANN § 10 Rn 35; PALANDT/HELDRICH

Art 27 Rn 7; SOERGEL/vHOFFMANN Art 27 Rn 46; zum früheren Recht BGH IPRspr 1956/57 Nr 55; LG Heidelberg IPRspr 1973 Nr 9). So ist im Seehandelsrecht davon auszugehen, dass **Konnossemente** (Bills of Lading) mangels abweichender Anhaltspunkte demselben Recht unterstehen, das stillschweigend oder ausdrücklich für die zugrunde liegende Charterpartie gilt (vgl DICEY/MORRIS II 1225). Ebenso kann bei **Sicherungsgeschäften** (Bürgschaften, Garantien etc), die selbst keinen Hinweis auf eine bestimmte Rechtsordnung enthalten, das Recht als stillschweigend vereinbart gelten, das das Grundgeschäft beherrscht (DICEY/MORRIS Rn 32–091; MAYER Rn 715). Eine Gegengarantie untersteht etwa stillschweigend dem Recht des Hauptvertrages (Wahda Bank v Arab Bank [1996] 1 Lloyd's Rep 470: „doctrine of infection"; zu einem selbständigen Garantievertrag vgl aber BGH NJW 1996, 2569 [2570]). Dagegen untersteht etwa ein **Maklervertrag** nicht automatisch der Rechtsordnung, die für das vermittelte Geschäft vereinbart wird (REITHMANN/MARTINY/MARTINY Rn 1425). Ebenso wenig gilt eine Rechtswahl im Maklervertrag ohne sonstige Anhaltspunkte für die vermittelten Geschäfte (näher zum Maklervertrag Art 28 Rn 264 ff).

Eine stillschweigende Rechtswahl ist auch dann anzunehmen, wenn die Parteien alle ihre Verträge oder zumindest Verträge der gleichen Art bisher stets einem bestimmten Recht unterstellt hatten und Gründe für einen geänderten Parteiwillen nicht ersichtlich sind (GIULIANO/LAGARDE 49; vHOFFMANN § 10 Rn 35; MünchKomm/MARTINY Art 27 Rn 52; REITHMANN/MARTINY/MARTINY Rn 90; SOERGEL/vHOFFMANN Art 27 Rn 46). **82**

e) Weitere Umstände
aa) Einheitlicher Erfüllungsort
In einem einheitlichen, für beide Parteien gemeinsamen Erfüllungsort hat vor allem die ältere Rechtsprechung ein starkes Indiz für eine konkludente Wahl des dort geltenden Rechts gesehen (vgl RGZ 58, 367; RGZ 81, 275; zust KEGEL/SCHURIG § 18 I 1c; PALANDT/HELDRICH Art 27 Rn 6; ebenso KROPHOLLER § 52 II 1). Zu Recht wird heute darauf hingewiesen, dass der **Erfüllungsort** im internationalen Vertragsrecht seit der IPR-Neuregelung von 1986 nur noch eine **untergeordnete** Rolle spielt und seine Vereinbarung deshalb lediglich im Verein mit weiteren Anhaltspunkten eine konkludente Rechtswahl begründen kann (ERMAN/HOHLOCH Art 27 Rn 18; vHOFFMANN § 10 Rn 35; VISCHER/HUBER/OSER § 3 III 2a ff; wohl auch MünchKomm/MARTINY Art 27 Rn 51). **83**

bb) Sitz der Parteien
Ebenso wie für die objektive Anknüpfung haben Niederlassung und gewöhnlicher Aufenthalt (Sitz) der Parteien auch für die Rechtswahl Bedeutung. Liegt der Sitz beider Parteien **im selben Staat,** so kann daraus jedenfalls dann auf eine stillschweigende Wahl des dort geltenden Rechts geschlossen werden, wenn sich in diesem Staat auch der Abschlussort befand (OLG Düsseldorf NJW-RR 1991, 55 [Reisevertrag]). **84**

cc) Abschlussort, Vertragssprache, Währung, Staatsangehörigkeit; Summierung
Sowohl dem Abschlussort wie der Vertragssprache wie der Vertragswährung kommt isoliert kein solches Gewicht zu, dass aus einem dieser Elemente eine stillschweigende Rechtswahl zu folgern wäre (BGH NJW-RR 1990, 183; LG Hamburg RiW 1993, 145; OLG Frankfurt NJW-RR 1993, 183; OLG Hamm RiW 1993, 940; OLG Köln RiW 1994, 970; AUDIT Rn 797; vHOFFMANN § 10 Rn 35; MARTINY ZEuP 1997, 113; PALANDT/HELDRICH Art 27 Rn 7; REITHMANN/MARTINY/MARTINY Rn 75; ebenso zum alten Recht BGHZ 19, 110; **anders** – Währung als gewichtiges Indiz – aber OLG Hamm RiW 1993, 940; ähnlich OLG Köln RiW 1994, 970). **85**

Gleiches gilt für die Staatsangehörigkeit der Parteien. Sie spielt im internationalen Vertragsrecht nur eine untergeordnete Rolle. Selbst eine **gemeinsame Staatsangehörigkeit** der Parteien begründet allein noch keine stillschweigende Rechtswahl (eingehend dazu REITHMANN/MARTINY/MARTINY Rn 134).

86 Summieren sich aber mehrere dieser untergeordneten Anhaltspunkte, verweisen zB Abschluss- und Erfüllungsort, Vertragssprache und Währung alle auf dasselbe Recht, dann spricht diese **Häufung der Indizien** für eine konkludente Rechtswahl (BGH RiW 1997, 426 [deutsche Vertragsparteien, deutscher Abschlussort, deutsche Vertragssprache und Bezugnahme auf BGB = Wahl deutschen Rechts]; OLG Düsseldorf NJW-RR 1991, 55; OLG Celle NJW-RR 1992, 1126; OLG Köln RiW 1994, 970 [deutscher Erfüllungsort, deutsche Währung und Argumentieren mit BGB/HGB im Prozess = Wahl deutschen Rechts]; OLG Brandenburg IPRspr 1996 Nr 161: Kauf spanischen Grundstücks in Spanien von dort lebendem Eigentümer unter Einschaltung spanischen Vertreters für deutschen Käufer = stillschweigende Wahl spanischen Rechts; vHOFFMANN § 10 Rn 35; KEGEL/SCHURIG § 18 I 1c). Dagegen genügt noch nicht das Zusammentreffen weniger schwacher Indizien, die zum selben Recht führen, wie zB Vertragssprache und Währung oder Vertragssprache und Abschlussort (vgl LG Hamburg RiW 1993, 145; PALANDT/HELDRICH Art 27 Rn 7).

87 Verweisen **Indizien etwa gleichen Gewichts** auf unterschiedliche Rechte, dann lässt sich kein sicherer Anhalt für eine stillschweigende Rechtswahl gewinnen (GIULIANO/LAGARDE 49; FIRSCHING/VHOFFMANN § 10 Rn 36). Es darf dann nicht etwa mit Gewalt ein bestimmter Rechtswahlwille konstruiert werden. Vielmehr ist das Vertragsstatut objektiv gemäß Art 28 zu ermitteln (wohl **anders** KEGEL/SCHURIG § 18 I 1c).

dd) Anwendungsinteresse einer Partei

88 Gelegentlich sind Verträge auf das Interesse einer Partei besonders zugeschnitten, so zB auf die besonderen Bedürfnisse von **Stationierungskräften** (vgl den Fall OLG Zweibrücken RiW 1983, 454) oder **Auslandspersonal.** Grundsätzlich lässt sich daraus noch nicht ableiten, dass kraft stillschweigender Wahl auch das Recht dieser Partei zu gelten habe. Unterstützend zu anderen deutlichen Indizien kann aber auch dieser Gesichtspunkt für eine bestimmte Rechtsordnung sprechen.

ee) Sonstige Umstände

89 Es sind zahlreiche weitere Einzelumstände denkbar, die eine Verbindung des Sachverhalts zu einer Rechtsordnung herstellen können: etwa der Beurkundungsort eines Geschäftes, der Herkunfts- oder Zielort der Leistung oder – so insbesondere beim Grundstücks- und Unternehmenskauf – die Belegenheit des Geschäftsgegenstandes. In der Regel wird derartigen Umständen nur im Verein mit weiteren klaren Hinweisen zu entnehmen sein, dass ein bestimmtes Recht gewählt sein soll. Für **Grundstücksverträge** folgt das schon aus der Sonderregel des Art 28 Abs 3, die überflüssig wäre, wenn die Belegenheit stets zu einer stillschweigenden Rechtswahl führen würde.

VIII. Teilrechtswahl, dépeçage (Abs 1 Satz 3)

1. Aufspaltung des Vertragsstatuts

90 Das EGBGB und das EVÜ unterstellen den Vertrag zwar grundsätzlich einer ein-

zigen Rechtsordnung (Art 31 Abs 1, 32 Abs 1 EGBGB = Art 8 Abs 1, 10 Abs 1 EVÜ). Doch durchbrechen beide Kollisionsordnungen schon selbst das Prinzip des einheitlichen Vertragsstatuts, indem sie eine ganze Reihe gesetzlicher Sonderanknüpfungen vorsehen (Art 27 Abs 3, Art 31 Abs 2, Art 32 Abs 2, Art 34 EGBGB = Art 3 Abs 3, Art 8 Abs 2, Art 10 Abs 2, Art 7 EVÜ). Art 27 Abs 1 Satz 3 erlaubt darüber hinaus den Parteien, das **Vertragsstatut selbst zu spalten** und nur für einen Teil des Vertrages eine Rechtswahl zu treffen (sogenannte dépeçage; dazu EKELMANS, Melanges Vander Elst I 243 ff). Nach einhelliger Auffassung erlaubt die Vorschrift trotz ihres Wortlautes auch, unterschiedliche Teile eines einheitlichen Vertrages unterschiedlichen Rechten zu unterstellen, zB für den Vertragsschluss deutsches und für die Erfüllung englisches Recht zu wählen (vgl OLG Frankfurt IPRax 1992, 314, 316 f m Aufs BUNGERT IPRax 1992, 296; AUDIT Rn 798; DICEY/MORRIS Rn 32–049; ERMAN/HOHLOCH Art 27 Rn 19; vHOFFMANN § 10 Rn 38; KROPHOLLER § 52 II 3b; MünchKomm/MARTINY Art 27 Rn 56; PALANDT/HELDRICH Art 27 Rn 9; SOERGEL/vHOFFMANN Art 27 Rn 53). Eine solche Aufspaltung kann ausdrücklich oder stillschweigend, bei Vertragsschluss oder auch später erfolgen (GIULIANO/LAGARDE 49; EKELMANS, Melanges Vander Elst I 248; ERMAN/HOHLOCH Art 27 Rn 19; MünchKomm/MARTINY Art 27 Rn 53).

Faktisch wird von der Möglichkeit der Teilrechtswahl nur selten Gebrauch gemacht. **91** Wegen der **Unübersichtlichkeit des Nebeneinanders mehrerer Rechte** empfiehlt sich eine Teilrechtswahl auch nur, wenn besondere Gründe für sie sprechen. Das kann etwa bei Anlagenbauverträgen der Fall sein, bei denen Lieferung und Montage uU besser getrennt, etwa die Lieferung dem Lieferantenrecht und die Montage dem Recht am Montageort – oder einem anderen passenderen Recht – unterstellt werden. Ferner kann es sich empfehlen, für eine Einzelfrage ein Recht zu wählen, das diesen Punkt klar regelt (zB die Zinsfrage deutschem Recht zu unterstellen, wenn im Übrigen islamisches Recht gilt). In der Praxis ist etwa die Form eines Grundstückskaufvertrags (OLG Hamm NJW-RR 1996, 1145) oder die Kündigung eines Arbeitsarbeitsverhältnisses (BAG NZA 1998, 813) einem anderen als dem im Übrigen anwendbaren Recht unterstellt worden, um die am Belegenheitsort bzw Arbeitsort geltenden Vorschriften zu berücksichtigen.

Ob eine Teilrechtswahl überhaupt vorliegt, kann gelegentlich zweifelhaft sein. Wie **92** bei der Rechtswahl (oben Rn 55) sollte die Frage **nach autonomen Maßstäben** beantwortet werden. Die Formulierung „Es gilt deutsches Recht, soweit nicht amerikanisches Recht zwingend entgegensteht" (OLG München IPRax 1983, 120 m Aufs JAYME IPRax 1983, 105 ff) bedeutet jedenfalls keine Teilrechtswahl, da nicht erkennbar ist, für welchen Vertragsteil „amerikanisches" Recht gelten soll (wohl ähnlich vBAR II Rn 420; MünchKomm/MARTINY Art 27 Rn 63). Andererseits dürfte auch die Klausel „Die Erfüllung dieses Vertrages unterliegt dem deutschen Recht" im Zweifel keine Teilrechtswahl – allein für die Erfüllung –, sondern eine Rechtswahl für den gesamten Vertrag bedeuten (so zu Recht JUNKER Rn 351 mit diesem Bsp).

Art 27 Abs 1 Satz 3 erlaubt es den Parteien nicht, für den Gesamtvertrag ein eigenes **93** **Normengemisch** aus mehreren Rechtsordnungen herzustellen, bei dem zB deutsches Recht als Basis, zwingende Normen des englischen und/oder New Yorker Rechts als Zusatz dienen (gegen ein „rechtliches Potpourri" schon RAAPE 472; zT aA MünchKomm/MARTINY Art 27 Rn 60). Die Vorschrift gestattet nur die Wahl einer Rechtsordnung für einen abgrenzbaren Vertragsteil, nicht aber die Wahl von Teilen einer Rechtsordnung für den Gesamtvertrag.

2. Grenzen

94 Die Teilrechtswahl ist nur wirksam, soweit sich **Teilfragen eines einheitlichen Vertrages** sinnvollerweise unterschiedlichen Rechten unterstellen lassen und dadurch nicht unauflösliche Widersprüche entstehen (GIULIANO/LAGARDE 49; DICEY/MORRIS II 1208; ERMAN/HOHLOCH Art 27 Rn 21; KROPHOLLER § 52 II 3b; MünchKomm/MARTINY Art 27 Rn 56; eingehend SOERGEL/vHOFFMANN Art 27 Rn 58 ff). So können die Parteien ohne weiteres für den Vertragsschluss und die Vertragsdurchführung oder die Form des Vertragsschlusses und dessen materielle Wirksamkeit unterschiedliche Rechte wählen (vgl OLG Frankfurt IPRax 1992, 314 m Aufs BUNGERT IPRax 1992, 296; KROPHOLLER § 52 II 3b; PALANDT/HELDRICH Art 27 Rn 9; zum alten Recht LG Aurich AWD 1974, 282). Einheitliche Rechtsfragen wie etwa der materielle Konsens beim Vertragsschluss – Angebot und Annahme – können dagegen nicht mehreren Rechten zugewiesen werden (ebenso vHOFFMANN § 10 Rn 39; SOERGEL/vHOFFMANN Art 27 Rn 58). Die Wahl unterschiedlicher Rechte für Ansprüche etwa des Verkäufers und solche des Käufers ist jedoch zulässig und soweit wirksam, als nicht die berufenen Rechte zu unvereinbaren Lösungen gelangen (ERMAN/HOHLOCH Art 27 Rn 21; LAGARDE Rev crit 1991, 302; MünchKomm/MARTINY Art 27 Rn 57; SOERGEL/vHOFFMANN Art 27 Rn 59 f; vorsichtig auch GIULIANO/LAGARDE 49). Nach **aA** kann die Aufhebung eines Vertrages wegen Nichterfüllung nicht weiter aufgespalten und etwa für jede Partei einem anderen Recht unterstellt werden (DICEY/MORRIS Rn 32–081; vHOFFMANN § 10 Rn 39; KROPHOLLER § 52 II 3b; PALANDT/HELDRICH Art 27 Rn 9). Eine solche Teilrechtswahl ist nach dieser Ansicht unzulässig.

3. Wirkung

95 Die Teilrechtswahl stellt stets die Ausnahme dar und bedarf entsprechend deutlicher Anhaltspunkte. Zum Teil wird sogar angenommen, dass eine **Vermutung gegen eine Teilverweisung** spricht (KROPHOLLER § 52 II 3b). Haben die Parteien für einen bestimmten Teil des Vertrages (zB den Vertragsschluss) eine Rechtswahl getroffen, so muss die Auslegung des Parteiwillens ergeben, ob damit eine Rechtswahl für den gesamten Vertrag oder nur für den bestimmten Teil erfolgen soll (vgl auch oben Rn 92). Ist die Rechtswahl zweifelsfrei nur auf einen bestimmten Punkt begrenzt, dann darf daraus keine stillschweigende Rechtswahl für den gesamten Vertrag gefolgert werden (GIULIANO/LAGARDE 49). Für den restlichen Vertrag gilt vielmehr das objektiv zu ermittelnde Vertragsstatut (GIULIANO/LAGARDE aaO; vHOFFMANN § 10 Rn 38; KROPHOLLER § 52 II 3b; W LORENZ IPRax 1987, 273; MünchKomm/MARTINY Art 27 Rn 59).

96 Die Teilrechtswahl bedeutet im Zweifel eine Sachnormverweisung (SOERGEL/vHOFFMANN Art 27 Rn 65). Sie hat als solche nicht nur materiellrechtliche, sondern sog kollisionsrechtliche Wirkung, beruft also alle, auch die zwingenden Vorschriften der für den Vertragsteil gewählten Rechtsordnung (vHOFFMANN § 10 Rn 38). Nur die IPR-Regeln des fremden Rechts bleiben unberücksichtigt. Bei hinreichenden Anhaltspunkten für einen entsprechenden Parteiwillen wirkt die Teilrechtswahl allerdings nur materiellrechtlich. Sie belässt dann den zwingenden Vorschriften des im Übrigen maßgebenden Vertragsstatuts ihre Geltung (vgl auch MünchKomm/MARTINY Art 27 Rn 55).

97 Die Teilrechtswahl kann dafür genutzt werden, **zwingenden Vorschriften des sonst anzuwendenden Rechts** in bestimmten Punkten zu entgehen. Das ist insbesondere bei formbedürftigen Verträgen (uU Grundstückskauf, Anteilskauf etc) denkbar, indem hier für den Abschluss ein formfreieres Recht gewählt wird. Allerdings sind die Schranken, die Art 27 Abs 3 und Art 34 ziehen, auch durch eine Teilrechtswahl nicht zu überspringen (GIULIANO/LAGARDE 49; MünchKomm/MARTINY Art 27 Rn 63; STOLL, in: FS Kegel 647 f).

98 Zeitlich wirkt die Teilrechtswahl ebenso wie eine Rechtswahl für den gesamten Vertrag im Zweifel **ex tunc** (vgl unten Rn 109).

IX. Zeitpunkt der Rechtswahl (Abs 2)

1. Jederzeitige Rechtswahlmöglichkeit (Abs 2 Satz 1)

99 Nach Art 27 Abs 2 Satz 1 können die Parteien eine Rechtswahl jederzeit – ausdrücklich oder stillschweigend – vornehmen. Auch in zeitlicher Hinsicht haben sie damit größtmögliche Parteiautonomie (so ausdrücklich GIULIANO/LAGARDE 49). Das **Vertragsstatut** ist daher **jederzeit durch Einigung wandelbar** (vBAR II Rn 479; MünchKomm/MARTINY Art 27 Rn 64; zu Grenzen aber unten Rn 111 ff). Die Rechtswahl kann bei oder nach Vertragsschluss und auch noch bis zur Entscheidung eines Rechtsstreits, also insbesondere im Verfahren erfolgen (GIULIANO/LAGARDE 49 f; AUDIT Rn 799; vBAR II Rn 479; DICEY/MORRIS Rn 32–082; ERMAN/HOHLOCH Art 27 Rn 22; KROPHOLLER § 52 II 4; MünchKomm/MARTINY Art 27 Rn 64; PALANDT/HELDRICH Art 27 Rn 10; vgl BGH IPRspr 1996 Nr 33 – nachträglicher Ausschluss des CISG). Selbst im Revisionsverfahren ist sie noch zulässig (so – wenn auch nur obiter – BGH NJW 1991, 1292, 1293). Trotz des Wortlauts der Vorschrift („Recht ..., das zuvor ... maßgebend war") können sich die Parteien auch schon vor Vertragsschluss über das Recht einigen, das für den Vertrag gelten soll (GIULIANO/LAGARDE 49; vHOFFMANN § 10 Rn 40).

100 Die Rechtswahl kann **erstmals nachträglich** getroffen werden und damit das bis dahin objektiv geltende Vertragsstatut ändern. Ebenso kann aber eine einmal getroffene Rechtswahl durch eine neue (wirksame) Rechtswahlvereinbarung jederzeit wieder geändert werden (vgl aus der Rechtsprechung BGH NJW 1991, 1292; OLG Hamm RiW 1993, 940). Auch die bloße Aufhebung einer früheren Rechtswahl ist möglich (vBAR II Rn 479). Sie bringt dann das objektive Vertragsstatut zum Zug.

101 Die genannten Grundsätze gelten auch für eine Teilrechtswahl (zu ihr oben Rn 90 ff).

102 Die nachträgliche Rechtswahlmöglichkeit besteht bei allen Schuldverträgen, auch bei Verbraucher- und Arbeitsverträgen (ebenso vBAR II Rn 479).

103 Für die nachträgliche Rechtswahl, ihr Vorliegen und ihr Zustandekommen gelten grundsätzlich die gleichen Regeln wie für die ursprüngliche Rechtswahl (zu zwei Einschränkungen aber unten Rn 111 ff). Eine nachträgliche stillschweigende Rechtswahl setzt daher einen entsprechenden realen Parteiwillen voraus, der nur aus **hinreichend sicheren Indizien** entnommen werden darf. Sie folgt deshalb noch nicht daraus, dass ein Vertrag inhaltlich gegen Bestimmungen des ursprünglich gewählten oder objektiv geltenden Rechts verstößt und dass die Parteien ihren gemeinsamen gewöhnlichen Aufenthalt inzwischen in den Bereich einer anderen Rechtsordnung verlegt haben (BGH NJW-RR 1992, 855 für einen innerdeutschen Fall; anders noch KG IPRspr 1979 Nr 13a; LG Berlin und KG IPRspr 1980 Nr 15). Zur nachträglichen Rechtswahl im Prozess vgl oben Rn 70.

2. Maßgebendes Recht

104 Dass eine **nachträgliche Rechtswahl** zulässig ist, folgt vor deutschen Gerichten unmittelbar aus Art 27 Abs 2 (ERMAN/HOHLOCH Art 27 Rn 22; ähnlich MünchKomm/MARTINY Art 27 Rn 64: lex fori; SOERGEL/vHOFFMANN Art 27 Rn 69). Ob das bisherige – gewählte oder objektiv geltende – oder das neue Vertragsstatut sie zulässt, ist daher gleichgültig (ERMAN/HOHLOCH, MünchKomm/MARTINY, SOERGEL/vHOFFMANN jeweils aaO).

105 Auch wenn eine Rechtswahl erst im Prozess erfolgt, ist hinsichtlich ihrer Zulässigkeit und Reichweite nicht nationales Verfahrensrecht einzuschalten (ebenso MünchKomm/MARTINY Art 27 Rn 64; **aA** aber GIULIANO/LAGARDE 50: Die Frage, wie weit eine spätere Rechtswahl „vernünftigerweise geht", sei vom nationalen Verfahrensrecht zu beantworten; ebenso AUDIT Rn 799). Allerdings ist das nationale Prozessrecht dafür maßgebend, ob die Tatsache der nachträglichen Rechtswahl dargetan und ordnungsgemäß in das Verfahren eingeführt wurde (vgl OLG Düsseldorf RiW 1987, 793; ERMAN/HOHLOCH Art 27 Rn 23; MünchKomm/MARTINY aaO; SOERGEL/vHOFFMANN Art 27 Rn 70).

106 Ob die nachträgliche Rechtswahlvereinbarung wirksam zustande gekommen ist, richtet sich dagegen nach dem für sie geltenden Recht, das gemäß Art 27 Abs 4 zu bestimmen ist. Für den **materiellen Konsens** gilt damit das gewählte, uU über Art 31 Abs 2 ergänzte Recht. Ihre **Form** beurteilt sich ebenfalls nach diesem Recht oder jenem des Vornahmeortes (Art 11; vgl BGH WM 1997, 1713 [1715] für einen interlokalen Fall). Auch hier spielt das vorher geltende Statut keine Rolle. Entscheidet danach deutsches Recht über die Form, so besteht weder für die ursprüngliche noch für eine nachträgliche – erstmalige oder erneute – Rechtswahl ein Formzwang (BGH aaO; ERMAN/HOHLOCH Art 27 Rn 29). Das gilt auch bei Arbeits- oder Versicherungsverträgen. Insoweit enthält Art 27 Abs 2 Satz 1 eine Sachnorm. Bei **Verbraucherverträgen** ist dagegen die besondere Formvorschrift des Art 29 Abs 3 zu beachten.

107 Problematisch ist der recht häufige Fall, dass Parteien in ihrem **Vertrag einen Formzwang** – etwa Schriftform für Änderungen – festgelegt haben. Die Wirkung eines solchen Formzwangs richtet sich nach dem Recht, das bis dahin für den Vertrag galt, nicht nach dem nachträglich gewählten Recht. Ist danach deutsches Recht maßgebend, dann kann eine nachträgliche Rechtswahl erstmals oder erneut grundsätzlich auch nur in der vereinbarten Form vorgenommen werden (§ 125 Satz 2 BGB). Allerdings können die Parteien die Formabrede jederzeit – auch formlos – aufheben (BGH NJW 1968, 33; BGH NJW 1991, 1751). Ob das der Fall ist, ist nach den Umständen des Einzelfalles zu entscheiden. Ob eine Aufhebung des Formzwanges und eine nachträgliche Rechtswahl bereits darin liegt, dass die Parteien im Prozess auf der Grundlage eines bestimmten Rechts argumentieren (vgl dazu oben Rn 70 ff), sollte in diesen Fällen aber besonders vorsichtig beurteilt werden.

3. Wirkung

Die von Art 27 Abs 2 gemeinte nachträgliche Rechtswahl ist grundsätzlich jene mit **108** kollisionsrechtlicher Wirkung (ebenso W LORENZ IPRax 1987, 273; MünchKomm/MARTINY Art 27 Rn 56). Sie führt damit zu einem **Statutenwechsel**. Bei entsprechendem Parteiwillen kann ihr aber auch nur materiellrechtliche Wirkung zukommen, das zwingende Recht des ursprünglichen Vertragsstatuts also fortgelten.

Ob die nachträgliche Rechtswahl **ex nunc** oder **ex tunc** wirkt, hängt ebenfalls vom **109** Parteiwillen ab (vBAR II Rn 480; ERMAN/HOHLOCH Art 27 Rn 23; KROPHOLLER § 52 II 4; Münch-Komm/MARTINY Art 27 Rn 64; REINHART IPRax 1995, 367 ff; SOERGEL/vHOFFMANN Art 27 Rn 72). Im Zweifel ist ex tunc-Wirkung gewollt (sowohl BGH IPRax 1998, 479 m Aufs SPICKHOFF IPRax 1998, 462; auch die soeben Zitierten; ferner vHOFFMANN § 10 Rn 40; LÜDERITZ, in: FS Keller 462; MAYER Rn 711; VISCHER/HUBER/OSER § 3 IV 1; **aA** aber OLG Frankfurt IPRax 1992, 317; W LORENZ IPRax 1987, 273; PALANDT/HELDRICH Art 27 Rn 10). Auch Art 27 Abs 2 Satz 2 geht ersichtlich davon aus, dass die nachträgliche Rechtswahl grundsätzlich zurückwirkt (vgl vHOFFMANN, MAYER jeweils aaO; zu Grenzen der Rückwirkung unten Rn 111 ff). Es ist auch eine zeitliche Aufspaltung der Rechtswahl in der Weise denkbar und zulässig, dass die Parteien ihren Vertrag für eine bestimmte Dauer – zB bis zu einer vorgesehenen gesetzlichen Neuregelung – erst einer, danach einer anderen Rechtsordnung unterstellen.

Ist die Rechtswahl wirksam getroffen, dann bindet sie die Parteien bis zu einer **110** übereinstimmenden erneuten Rechtswahl. Eine einseitige Änderung oder Aufkündigung ist ausgeschlossen.

4. Formgültigkeit und Rechte Dritter (Abs 2 Satz 2)

Die nachträgliche Rechtswahl bleibt gemäß Art 27 Abs 2 Satz 2 in zwei Punkten **111** wirkungslos: Ist ein Vertrag nach dem ursprünglich geltenden – gewählten oder objektiv bestimmten – Recht formgültig, so bleibt er das auch, wenn ihn das gewählte neue Statut für formungültig erklärt (GIULIANO/LAGARDE 50; ERMAN/HOHLOCH Art 27 Rn 24; KROPHOLLER § 52 II 4; MünchKomm/MARTINY Art 27 Rn 68; SOERGEL/vHOFFMANN Art 27 Rn 75). Umgekehrt können die Parteien durch die nachträgliche Wahl eines formmilderen Statuts einem ursprünglich formnichtigen Vertrag ex tunc zur Wirksamkeit verhelfen (ERMAN/HOHLOCH, KROPHOLLER, MünchKomm/MARTINY alle aaO; SOERGEL/vHOFFMANN Art 27 Rn 76 f). So kann etwa ein zunächst formungültiger Grundstückskaufvertrag durch die Wahl eines Rechts geheilt werden, das keinen Formzwang vorsieht (vgl auch SOERGEL/vHOFFMANN Art 27 Rn 77).

Auch **Rechte Dritter,** die unter dem ursprünglichen Statut begründet wurden, bleiben **112** nach Art 27 Abs 2 Satz 2 unberührt. Als Dritte kommen vor allem Bürgen, Begünstigte aus Verträgen zugunsten Dritter oder mit Schutzwirkung für Dritte sowie Schuldner bei Abtretungen in Betracht. Die nachträgliche Rechtswahl darf ihre Position nicht nachteilig ändern.

Tut sie es, so verbleibt es für den Dritten bei der Regelung, die das ursprüngliche **113** Vertragsstatut vorsah. **Verbessert** das neue Statut die Lage des Dritten, dann gilt gleichwohl das neue Statut (**aA** vBAR II Rn 481; SOERGEL/vHOFFMANN Art 27 Rn 79; wohl auch ERMAN/HOHLOCH Art 27 Rn 24). Art 27 Abs 2 Satz 2 will Dritte nur gegen Nachteile durch eine nachträgliche Rechtswahl schützen (GIULIANO/LAGARDE 50). Vorteile will die Vorschrift ihnen nicht vorenthalten.

114 Art 27 Abs 2 Satz 2 stellt **zwingendes Recht** dar, das nicht nur im Zweifel gilt (ERMAN/ HOHLOCH Art 27 Rn 24; **aA** aber KEGEL/SCHURIG § 18 I 1c). Ein abweichender Parteiwille kann jedenfalls den Schutz Dritter nicht überspielen.

X. Rechtswahl bei reinem Inlandsfall (Abs 3)

1. Allgemeines

115 **Art 27 Abs 3 begrenzt bei reinen Binnensachverhalten die kollisionsrechtliche Freiheit der Parteien.** Die Vorschrift schließt zwar nicht die Rechtswahlfreiheit als solche aus; sie schränkt aber die Wirkungen der Rechtswahl ein. Die Parteien können ein reines Inlandsgeschäft, das keinerlei objektive Bezüge zu einer ausländischen Rechtsordnung aufweist, einem fremden Recht unterstellen. Sie können damit aber nicht die zwingenden Bestimmungen desjenigen Rechts ausschalten, mit dem der Sachverhalt im Übrigen allein verbunden ist (sog **Einbettungsstatut,** vgl ERMAN/HOHLOCH Art 27 Rn 25 f). Diese Vorschriften bleiben unberührt, sind also neben dem gewählten ausländischen Recht oder statt dessen anzuwenden. Auch ohne dass ein Verbraucher- oder Arbeitsvertrag (Art 29, 30) oder ein Fall des Art 34 vorliegt, wird das zwingende Recht des objektiven Statuts gegen das gewählte Statut durchgesetzt, um eine ungerechtfertigte ‚Flucht aus dem eigenen Recht' zu unterbinden. Soweit Art 27 Abs 3 reicht, hat die Rechtswahl damit nicht kollisionsrechtlichen, sondern nur materiellrechtlichen Charakter (vHOFFMANN § 10 Rn 29; KEGEL/SCHURIG § 18 I 1c; MünchKomm/MARTINY Art 27 Rn 79; SOERGEL/vHOFFMANN Art 27 Rn 85; vgl auch OLG Frankfurt IPRax 1990, 236 m Aufs LÜDERITZ IPRax 1990, 216 ff).

116 Die Vorschrift stellt eine im Wortlaut modifizierte Übernahme des Art 3 Abs 3 EVÜ dar, der vorschreibt, dass „alle anderen Teile des Sachverhalts im Zeitpunkt der Rechtswahl in ein und demselben Staat belegen" sein müssen. Mit der Vorschrift sollte ein Kompromiss erzielt werden zwischen der Auffassung, die eine Rechtswahl nur bei einem weiteren Auslandsbezug des Falles, und der Auffassung, die eine Rechtswahl auch bei reinen Inlandsgeschäften zulassen wollte (Begründung BT-Drucks 10/504, 77; GIULIANO/LAGARDE 50).

117 Art 27 Abs 3 steht auch nicht in Widerspruch zu Art 3 Abs 1 EGBGB. Obwohl **Art 3 Abs 1** EGBGB für die Anwendung der deutschen Kollisionsnormen eine Verbindung des Sachverhalts zum Recht eines ausländischen Staates voraussetzt, reicht im Rahmen der Art 27 ff, die die spezielleren Bestimmungen darstellen, die Wahl fremden Rechts jedenfalls aus, diese Vorschriften zum Zug zu bringen (vgl MünchKomm/SONNENBERGER Art 3 Rn 2 f; MünchKomm/MARTINY Art 27 Rn 72; SOERGEL/vHOFFMANN Art 27 Rn 85).

118 Art 27 Abs 3 stellt keine einseitige Kollisionsnorm dar, die nur die zwingenden Bestimmungen des deutschen Inlandes unberührt lässt. Die **Vorschrift** ist **allseitig** zu verstehen (PALANDT/HELDRICH Art 27 Rn 4; inzident auch BGH NJW 2000, 1487 zu einem interlokalen Fall; ebenso zur entspr EVÜ-Regel DICEY/MORRIS Rn 32–069; missverständlich E LORENZ

RiW 1987, 574). Sie gilt ebenso, wenn ein Sachverhalt Bezüge nur zu einem einzigen ausländischen Recht hat. Die Wahl eines anderen Rechts kann dann die zwingenden Bestimmungen jener Rechtsordnung nicht verdrängen.

2. Rechtswahl

Art 27 Abs 3 setzt die Wahl einer Rechtsordnung voraus, mit der der Sachverhalt im Übrigen – bis auf eine eventuelle Gerichtswahl – **keine objektiv signifikante Verbindung** aufweist. Die Wahl muss ihrerseits wirksam sein. Es kommt sowohl eine ausdrückliche als auch eine stillschweigende Rechtswahl in Betracht, letztere etwa, wenn lediglich ein ausländischer Gerichtsstand vereinbart ist (vgl oben Rn 64 ff). **119**

Auch eine stillschweigende Wahl aufgrund einer Schiedsgerichtsklausel (dazu oben Rn 68 f) genügt. Zwar sprechen Art 27 Abs 3 EGBGB und der deutsche Text des Art 3 Abs 3 EVÜ von der „Vereinbarung der Zuständigkeit eines Gerichts". Die englische und französische Fassung des EVÜ verwenden jedoch den Begriff „tribunal", der auch Schiedsgerichte einschließt. **120**

3. Fehlender Auslandsbezug

a) Grundsatz

Kernelement des Art 27 Abs 3 ist die Voraussetzung, dass der Sachverhalt keinen ‚echten' Auslandsbezug aufweisen darf. Von der Rechts- und/oder Gerichtswahl abgesehen, müssen „alle anderen Teile des Sachverhalts ... in ein und demselben Staat belegen" sein (Art 3 Abs 3 EVÜ). Nur diese Lokalisierung („Einbettung") in einer einzigen Rechtsordnung legitimiert den Vorbehalt zugunsten der zwingenden Vorschriften dieses Rechts (ERMAN/HOHLOCH Art 27 Rn 25). **121**

b) Einzelumstände

Nicht mehr in ein und demselben Staat ist ein Sachverhalt belegen, wenn solche objektiven Anknüpfungsmerkmale zu einer fremden Rechtsordnung führen, die auch sonst für die Verknüpfung eines Schuldvertrages mit einer bestimmten Rechtsordnung verwendet werden (ähnlich ERMAN/HOHLOCH Art 27 Rn 26; vHOFFMANN § 10 Rn 30; MünchKomm/MARTINY Art 27 Rn 78). Allerdings wird es sich um Anknüpfungsmerkmale von einigem Gewicht handeln müssen. Das ist etwa der Fall, wenn der gewöhnliche Aufenthaltsort bzw die Niederlassung einer Partei im Ausland liegt oder sich der Erfüllungsort dort befindet (BGHZ 123, 380 [384] – Sitz bzw gewöhnlicher Aufenthalt der Parteien in verschiedenen Staaten und Leistungserbringung zwischen dieses Staaten; BGHZ 135, 124 [130] – Abschlussort und Belegenheitsort des Vertragsgegenstandes in einem Staat, Sitz und gewöhnlicher Aufenthalt der Parteien in anderen Staaten; vgl ferner MünchKomm/MARTINY aaO; SOERGEL/VHOFFMANN Art 27 Rn 90 f). Dabei muss es sich, solange noch nicht erfüllt ist, um den rechtlichen Erfüllungsort, sonst um den tatsächlichen Erfüllungsort handeln. Der Umstand allein, dass es sich bei dem Kaufgegenstand um Ware handelt, die der Verkäufer vor oder nach dem Vertragsschluss erst aus dem Ausland importiert, reicht dagegen nicht aus, einem im Übrigen reinen Inlandsgeschäft einen internationalen Charakter zu verleihen. Auch ein enger rechtlicher oder wirtschaftlicher Zusammenhang eines Binnengeschäfts mit einem Auslandsgeschäft – zB inländische Kreditvergabe für Auslandsprojekt – erlaubt es in der Regel nicht, Art 27 Abs 3 zu verneinen (aA SOERGEL/VHOFFMANN Art 27 Rn 94). **122**

123 Ob ein **ausländischer Abschlussort** allein genügt, ist stark umstritten. Nach überwiegender Auffassung vermittelt er einen hinreichenden Auslandsbezug, auch wenn im Übrigen alle Anknüpfungsmerkmale auf das Inland weisen (so OLG Celle RiW 1991, 421; LG Stade IPRspr 1989 Nr 39; LG Koblenz IPRspr 1989 Nr 43; LG Hildesheim IPRax 1993, 173 m Aufs LANGENFELD IPRax 1993, 155; BACKERT 103 ff; KEGEL/SCHURIG § 18 I 1c; MANKOWSKI RiW 1993, 454; MünchKomm/MARTINY Art 27 Rn 78; PALANDT/HELDRICH Art 27 Rn 4; REITHMANN/ MARTINY Rn 97; TAUPITZ BB 1990, 642 [648]). Nach anderer Auffassung nimmt ein ausländischer Abschlussort allein einem Sachverhalt dagegen noch nicht seine reine Inlandslokalisierung (so etwa OLG Frankfurt IPRax 1990, 236 m Aufs LÜDERITZ IPRax 1990, 216; LG Hamburg IPRax 1990, 239; inzident und ohne Diskussion des Problems auch BGH NJW 2000, 1487 [Kauf von DDR-Grundstück in Westdeutschland beurkundet – DDR-Recht trotz Wahl westdeutschen Rechts maßgebend]; vHOFFMANN § 10 Rn 30; MÄSCH 101, 103; SOERGEL/vHOFFMANN Art 27 Rn 88, 92 f; VISCHER/HUBER/OSER § 2 I; wohl auch vBAR II Rn 419). Schließlich wird auch vertreten, dass ein ausländischer Abschlussort unbeachtlich sei, wenn „der Einklang von Abschlussort und Rechtswahl bewusst herbeigeführt worden ist" (so ERMAN/HOHLOCH Art 27 Rn 26). Die überwiegende Auffassung verdient den Vorzug. Der Abschlussort stellt ein für Schuldverträge allgemein beachtliches Anknüpfungsmerkmal dar, das als solches in seinen verschiedenen Zusammenhängen – außer für Art 27 Abs 3 etwa bei der stillschweigenden Rechtswahl und im Rahmen von Art 28 Abs 1 und 5 – nicht unterschiedlich, sondern in einheitlichem Sinn verwendet werden sollte. Zudem wirft es, auch für eine einheitliche Auslegung des Begriffs, Probleme auf, wenn er mit Wertungen wie etwa der bewussten oder unbewussten Herbeiführung des Abschlussortes aufgeladen wird. Schließlich zeigt Art 29 Abs 1 Nr 3, dass der Gesetzgeber den Fall des ausländischen Abschlussortes bedacht hat: Selbst wenn der Abschlussort eigens ins Ausland verlegt wird, um ein Rechtsgefälle auszunutzen, unterstellt die Vorschrift ein dort abgeschlossenes Verbrauchergeschäft nur unter weiteren Bedingungen dem Schutz des Inlandsrechts. Diese Wertung ist auch im Rahmen des Art 27 Abs 3 zu beachten. Ein ausländischer Abschlussort genügt damit, dem jeweiligen Geschäft den Charakter eines reinen Inlandsfalles zu nehmen. Verbrauchergeschäfte, insbesondere Kaufgeschäfte deutscher Touristen an ausländischen Urlaubsorten, bei denen auf der Verkäuferseite letztlich deutsche Unternehmen stehen, sind deshalb nicht über eine ausdehnende Auslegung des Art 27 Abs 3 zu korrigieren. Vielmehr muss eine Lösung über eine analoge Anwendung des Art 29 gesucht werden (ebenso im Ansatz auch BGHZ 123, 380; BGHZ 135, 124; REITHMANN/MARTINY MARTINY aaO). Nunmehr ist auch Art 29 a zu beachten. Der Charakter als reines Inlandsgeschäft geht dagegen noch nicht verloren, wenn zwar der Ort, an dem eine Partei ihre Vertragsschlusserklärung abgibt, im Ausland liegt, es aber beim formellen Abschlussort im Inland bleibt (**aA** aber BACKERT 107; E LORENZ RiW 1987, 575).

124 Besitzt eine oder besitzen beide Parteien eines im Übrigen reinen Inlandsgeschäftes eine **ausländische Staatsangehörigkeit,** so reicht dieses Anknüpfungsmerkmal, das auch sonst für die Anknüpfung von Verträgen keine entscheidende Rolle spielt, in der Regel allein nicht aus, dem Sachverhalt einen genügenden internationalen Bezug zu geben (ebenso vHOFFMANN § 10 Rn 30; JUNKER Rn 354; SOERGEL/vHOFFMANN Art 27 Rn 95; **aA** etwa E LORENZ RiW 1987, 575; MünchKomm/MARTINY Art 27 Rn 78; REITHMANN/MARTINY MARTINY Rn 97). Wählen zB türkische Gastarbeiter, die ihren gewöhnlichen Aufenthalt in Deutschland haben, für einen Kaufvertrag über ein deutsches Grundstück türkisches Recht, so können sie sich damit nicht von den zwingenden Inlandsnormen etwa der §§ 311b, 438 iVm 202, 444 BGB nF dispensieren. Im Übrigen gilt für den

Vertrag aber türkisches Kaufrecht. Ein hinreichender Auslandsbezug wird auch noch nicht dadurch hergestellt, dass Parteien eines Inlandsfalles fremdes Recht wählen und ferner eine ausländische Währung oder eine fremde Sprache für ihr Geschäft verwenden. Auch die Benutzung des Internet für einen Vertragsschluss inländischer Parteien internationalisiert den Vertrag noch nicht (vgl näher Art 28 Rn 646 ff).

Problematisch kann die Wirkung einer **Wahl ausländischen Rechts auch bei Handelsvertreterverträgen** werden, wenn inländische Unternehmen im Inland ansässige Vertreter beauftragen, teilweise im Ausland (etwa als Reisevertreter) tätig zu werden. Ein nur gelegentlicher Auslandseinsatz dürfte dem Handelsvertretervertrag noch keinen internationalen Charakter verleihen. Das gesamte zwingende Inlandsrecht bleibt dann trotz Wahl eines anderen Rechts anwendbar. Überwiegt andererseits der Einsatz im Ausland die Inlandstätigkeit, so handelt es sich jedenfalls nicht mehr um ein reines Inlandsgeschäft. **125**

c)   Maßgeblicher Zeitpunkt
Die Wirkung des Art 27 Abs 3 tritt nur ein, wenn der Auslandsbezug im **Zeitpunkt der Rechtswahl** fehlt. Erhält ein zunächst reiner Inlandssachverhalt nachträglich ein internationales Gepräge, indem etwa später ein ausländischer Erfüllungsort vereinbart wird, eine Partei ins Ausland zieht etc, dann bleiben doch die zwingenden Bestimmungen des Inlandsrechts zu beachten (ebenso Dicey/Morris Rn 32–070). Wann eine stillschweigende Rechtswahl zustande kommt, hängt von den Umständen ab, aus denen sie hergeleitet wird. Bei stillschweigender Wahl aufgrund Gerichtsstands- oder Schiedsgerichtsvereinbarung ist der Zeitpunkt dieser Vereinbarung maßgebend. Wird die Rechtswahl dagegen den gesamten Umständen entnommen, dann dürfte der Zeitpunkt des Vertragsschlusses entscheiden. **126**

d)   EU-Binnensachverhalt
Nach neuerer Auffassung ist Art 27 Abs 3 auch anzuwenden, wenn ein Sachverhalt ein reiner EG-Binnenfall ist. Dann soll zwingendes EG-Recht, insbesondere Richtlinienrecht nicht abgewählt werden können (Iversen, in: Brödermann/Iversen Rn 983; Kropholler § 40 IV 3a; Lando RabelsZ 57 [1993] 155, 163; Michaels/Kamann JZ 1997, 603 f). Ein italienischer Verkäufer und ein deutscher Käufer sollen etwa nicht durch die Wahl norwegischen Rechts das zwingende Haftungsrecht der EG-Produkthaftungsrichtlinie ausschließen können (Lando aaO). Allerdings lässt sich diese Auffassung kaum damit vereinbaren, dass umgesetztes Richtlinienrecht nationales Recht ist und seine – unmittelbare – Geltungskraft unter Privaten erst und nur durch die jeweilige nationale Umsetzung erlangt. Aus sich heraus entfaltet Richtlinienrecht dagegen keine unmittelbare horizontale Wirkung (EuGH Slg 1986, 723 – Marshall). Es kommt hinzu, dass das Richtlinienrecht zT Umsetzungsspielräume lässt – zB die Einführung einer zweimonatigen Rügefrist in Art 5 Abs 2 der KaufrechtsRL. Es kann dann nur kollisionsrechtlich entschieden werden, in der Umsetzungsform welchen EU-Staates das Richtlinienrecht gelten soll. So attraktiv es erscheint, die **EU als einen einheitlichen Staat** im Sinn des Art 27 Abs 3 anzusehen, so problematisch ist deshalb doch die analoge Anwendung der Vorschrift auf reine EG-Binnenfälle, um Richtlinienrecht durchzusetzen (vgl dazu auch Vorbem 11 ff zu Art 27 ff). Um Richtlinienrecht vor einer unerwünschten Abwahl zu schützen, hat der deutsche Gesetzgeber jetzt Art 29 a geschaffen (vgl die Erl zu dieser Vorschrift). **127**

128 Soweit europarechtliche Regelungen dagegen unmittelbar gelten (primäres EG-Recht, Verordnungen), haben sie **kraft Gemeinschaftsrechts Vorrang** vor nationalen Bestimmungen (EuGH Slg 1964, 1251, Costa v Enel; EuGH Slg 1978, 629, Simmenthal II). Das erkennt Art 3 Abs 2 S 2 EGBGB für das Kollisionsrecht lediglich ausdrücklich an, der damit den gleichen Gedanken des Art 20 EVÜ übernommen hat. Des Rückgriffs auf eine analoge Anwendung des Art 27 Abs 3 bedarf es im EU-Bereich insoweit nicht (ähnlich MünchKomm/Martiny Art 27 Rn 76; zT **aA** Czernich/Heiss/Heiss Art 3 Rn 52 – nur international zwingendes unmittelbar geltendes EU-Recht sei rechtswahlfest).

4. Rechtsfolgen

129 Ist der Sachverhalt – von der Rechtswahl und ggfs Gerichtswahl abgesehen – nur mit einer einzigen Rechtsordnung verknüpft, dann bleiben die zwingenden Bestimmungen dieser Rechtsordnung von der Rechtswahl unberührt.

a) Zwingende Bestimmungen

130 Zwingend sind nach der Legaldefinition des Art 27 Abs 3 solche Bestimmungen, von denen nach demjenigen Recht, mit dem der Sachverhalt sonst allein verknüpft ist, durch Vertrag nicht abgewichen werden kann. Erfasst werden damit alle gesetzlichen oder richterrechtlichen Regeln, die **nicht dispositiv,** sondern unabdingbar sind (Dicey/Morris Rn 32–131; Erman/Hohloch Art 27 Rn 26; MünchKomm/Martiny Art 27 Rn 73; Soergel/vHoffmann Art 27 Rn 85). Ob es sich bei ihnen um Regeln des öffentlichen oder des Privatrechts handelt, ist ohne Belang, sofern sie den Inhalt von Schuldverträgen festlegen (Erman/Hohloch Art 27 Rn 26; MünchKomm/Martiny Art 27 Rn 74). Anders als bei Art 29 und 30 bedarf es für Art 27 Abs 3 keines Günstigkeitsvergleichs zwischen den zwingenden Vorschriften des gewählten und jenen des Einbettungsstatuts (zum Verhältnis zwischen Art 27 Abs 3 und Art 29 und 30 vgl aber Art 29 Rn 20 und Art 30 Rn 53 ff). Im Gegensatz zu den zwingenden Normen des Art 34 beschränkt sich Art 27 Abs 3 nicht auf international zwingende Bestimmungen (Dicey/Morris Rn 32–131 f).

b) Beachtung des Einbettungsstatuts

131 Das gewählte Recht wird soweit verdrängt, wie die zwingenden Regelungen des Einbettungsstatuts reichen. Dispositive, aber auch zwingende Normen des gewählten Rechts, die diesen Bestimmungen widersprechen, dürfen nicht angewendet werden (MünchKomm/Martiny Art 27 Rn 79; Palandt/Heldrich Art 27 Rn 4). Statt ihrer gilt die verbindliche Regel des Einbettungsstatuts. Sofern das mit dem Sachverhalt allein verbundene Recht keine zwingenden Regeln vorsieht, verbleibt es jedoch bei der Geltung des gewählten Rechts einschließlich seiner zwingenden Normen (Palandt/Heldrich aaO).

132 Bei einem deutschen Binnensachverhalt – und beispielsweise der Wahl englischen Rechts – gehören zu den zwingenden deutschen Normen im Sinn des Art 27 Abs 3 ua die §§ 305 ff BGB nF (noch zum AGBG vgl OLG Frankfurt IPRax 1990, 236 m Aufs Lüderitz IPRax 1990, 216 ff), ebenso aber etwa §§ 225, 248, 276 Abs 3, 312 ff, 444, 491 ff, 540, 611 a, 651 l BGB nF.

133 Da Art 27 Abs 3 allseitig gilt (vgl oben Rn 118), ist ggfs auch **ausländisches zwingendes Recht** anzuwenden, wenn der Sachverhalt allein mit einer ausländischen Rechtsordnung verbunden ist (MünchKomm/Martiny Art 27 Rn 75). Hier kann der Fall auftreten, dass das fremde Recht die Anwendung seiner zwingenden Normen an Voraussetzungen bindet, die im konkreten Fall fehlen. So gelten etwa die Vorschriften des britischen Unfair Contract Terms Act grundsätzlich nicht, wenn der Vertrag ausländischem Recht untersteht (sec 27 Unfair Contract Terms Act). Nach zutreffender Auffassung ist das zwingende Recht dann so anzuwenden, wie die Gerichte des Erlassstaates es selbst anwenden würden (Dicey/Morris Rn 32–071; MünchKomm/Martiny aaO; wohl aA Plender 101). Würden etwa englische Gerichte den Unfair Contract Terms Act in casu nicht beachten, dann hat das mit dem Fall befasste Forum ebenso zu entscheiden.

c) **Verhältnis zwischen Art 27 Abs 3 und Art 34**

134 Im Verhältnis zu Art 34 weist Art 27 Abs 3 engere Voraussetzungen (reiner Binnensachverhalt), aber die weiterreichende Rechtsfolge (Beachtung aller zwingenden vertragsrelevanten Normen) auf. Ein Spannungsverhältnis zwischen den nach beiden Normen beachtlichen zwingenden Bestimmungen kann sich ergeben, wenn nach dem allseitigen Art 27 Abs 3 ausländisches zwingendes Recht und nach dem einseitigen Art 34 deutsches international zwingendes Recht anzuwenden ist und beide Normenbereiche sich widersprechen. In diesem Fall hat **das über Art 34 berufene inländische Recht Vorrang** (ebenso Junker IPRax 1989, 73; E Lorenz RiW 1987, 579; MünchKomm/Martiny Art 27 Rn 82; Palandt/Heldrich Art 27 Rn 4).

XI. Zustandekommen und Wirksamkeit der Einigung über das anzuwendende Recht (Abs 4)

1. Allgemeines

135 Art 27 Abs 1 regelt zwar unmittelbar selbst, dass eine Rechtswahl zulässig ist. Wann der Verweisungsvertrag wirksam zustande gekommen und ob er materiell gültig ist, legt die Vorschrift jedoch nicht autonom fest, sondern bestimmt in Abs 4 das dafür maßgebende Recht. Mit der Verweisung auf Art 11, 12, 29 Abs 3 und 31 unterstellt Art 27 Abs 4 (= Art 3 Abs 4 EVÜ) die Rechtswahlvereinbarung der Parteien den gleichen Kollisionsregeln, nach denen auch das für den Hauptvertrag geltende Recht ermittelt wird. Die Vorschrift stellt damit klar, dass **Haupt- und Verweisungsvertrag grundsätzlich selbständig** sind (kritisch zu der Trennung aber Stoll, in: FS Heini 432 ff). Entsprechend hat der Verweisungsvertrag auch dann Wirkung, wenn er ein Recht beruft, das den Hauptvertrag – etwa aus Formgründen – für unwirksam erklärt (OLG München IPRax 1990, 320 m Aufs Spellenberg IPRax 1990, 295 ff; Kegel/Schurig § 18 I 1c; Kropholler § 52 II 2).

136 Art 27 Abs 4 sichert jedoch auch, dass der Hauptvertrag und die Rechtswahlvereinbarung in aller Regel – soweit die Parteien dies nicht anders bestimmt haben – nach demselben Recht, nämlich **dem von den Parteien gewählten,** zu beurteilen sind (akzessorische Anknüpfung der Rechtswahlabrede: Soergel/vHoffmann Art 27 Rn 100). Für Rechtswahlklauseln, die auf elektronischem Weg einbezogen werden sollen, gilt nichts anderes (vgl inbes Mankowski, in: Spindler 166 f). Auch ihre wirksame Vereinbarung ist nach dem in Aussicht genommenen Recht zu prüfen. Dagegen richten sich das Zustandekommen und die Wirksamkeit von Rechtswahlvereinbarungen nicht etwa nach der lex fori (ebenso BGHZ 123, 383; BGH WM 1997, 1713 [1715] – für interlokalen Fall; Begründung BT-Drucks 10/504, 77; Dicey/Morris Rn 32–100; Erman/Hohloch Art 27 Rn 28;

KROPHOLLER § 52 II 2; MünchKomm/MARTINY Art 27 Rn 83; PALANDT/HELDRICH Art 27 Rn 8; für Geltung der lex fori aber etwa öst OGH IPRax 1991, 419 m Aufs TIEDEMANN IPRax 1991, 424 ff). Die Rechtswahl ist auch nicht auf der Grundlage des objektiv geltenden Vertragsstatuts zu überprüfen (so aber – nach altem Recht – BGHZ 99, 207 [210]; jetzt noch LG Düsseldorf RiW 1995, 415; AG Langenfeld NJW-RR 1998, 1524; dagegen zu Recht MünchKomm/MARTINY Art 27 Rn 85; ders ZEuP 1999, 253; SIEG RiW 1997, 815; vgl auch CZERNICH/HEISS/HEISS Art 3 RZ 21). Vielmehr hat nach der ausdrücklichen Anweisung des Art 27 Abs 4 **allein das von den Parteien gewünschte Recht** darüber zu entscheiden, ob dieses Recht wirksam gewählt wurde.

137 Die lex fori befindet allerdings darüber, ob eine **Rechtswahl** überhaupt **zulässig** ist (BGH WM 1997, 1713 [1715]; ERMAN/HOHLOCH Art 27 Rn 25; MünchKomm/MARTINY Art 27 Rn 83). Für deutsche Gerichte folgt die Zulässigkeit der ausdrücklichen, stillschweigenden oder nachträglichen Rechtswahl unmittelbar aus Art 27 Abs 1 und 2, wie sie in den anderen EVÜ-Staaten ebenso unmittelbar aus der entsprechenden EVÜ-Vorschrift – Art 3 Abs 4 – folgt (LAGARDE Rev crit 1991, 305). Aus diesen Vorschriften und aus Art 29 und 30 ergibt sich auch, dass eine Rechtswahl für Verbraucher- und Arbeitsverträge zulässig ist (dazu schon oben Rn 21, 28). Rechtswahlverbote fremder Rechtsordnungen (wie zB in § 120 Schweizer IPRG für Verbraucherverträge) haben deutsche Gerichte deshalb nicht zu beachten, auch wenn die Parteien ein entsprechendes Recht gewählt und zB einen Verbrauchervertrag Schweizer Recht unterstellt haben. Diese Wahl ist zulässig, obwohl das gewählte Recht sie nicht zulässt. Da die von Art 27 Abs 1 zugelassene Rechtswahl grundsätzlich nur das Schweizer Sachrecht beruft (vgl oben Rn 14), hat das Rechtswahlverbot des Schweizer Kollisionsrechts außer Betracht zu bleiben. Auch aus Art 29 Abs 1 folgt nichts anderes. Der dort vorgesehene Vorbehalt zugunsten des Verbrauchers verlangt nicht, ein am Verbraucheraufenthalt geltendes Rechtswahlverbot zu respektieren. Vielmehr setzt Art 29 die günstigeren zwingenden materiellrechtlichen Bestimmungen des ‚Verbraucherrechts' ohnehin gegen jede Rechtswahl durch.

138 Art 27 Abs 1 bestimmt ferner **autonom,** aus welchen Indizien eine stillschweigende Rechtswahl gefolgert werden darf (JAYME, in: FS LORENZ 438; MünchKomm/MARTINY Art 27 Rn 73; PALANDT/HELDRICH Art 27 Rn 8; **aA** DUTOIT, in: vHOFFMANN 45 – lex fori).

139 Zur Form der Rechtswahlvereinbarung, auch bei Verbraucherverträgen, vgl unten Rn 147 ff.

2. Zustandekommen der Rechtswahlvereinbarung

140 Ob die Parteien sich auf das anwendbare Recht geeinigt haben, ist, soweit es nicht um die aus Indizien zu erschließende stillschweigende Einigung geht (dazu oben Rn 63 ff), nach dem in Aussicht genommenen Recht zu prüfen: Art 31 Abs 1, auf den Art 27 Abs 4 insoweit verweist, beruft das Recht, das anzuwenden wäre, wenn der Vertrag – hier die Rechtswahlabrede – wirksam wäre (vgl auch BGH NJW 1989, 1431 f; BGHZ 123, 380 [383]; BGH WM 1997, 1713 [1715]; für eine kollisionsrechtlich autonome Beurteilung, die auf keiner bestimmten nationalen Rechtsordnung fußt, dagegen STOLL, in: FS Heini 438 ff). Es genügt also der **Anschein einer Rechtswahl,** um das anscheinend gewählte Recht über die Wirksamkeit der Wahl entscheiden zu lassen (eingehend vBAR II Rn 473 ff; MünchKomm/ MARTINY Art 27 Rn 84; SOERGEL/vHOFFMANN Art 27 Rn 101; kritisch STOLL, in: FS Heini 429 ff, insbes 434). Allerdings ist nicht ganz klar, welche Umstände den hinreichenden Anschein einer Rechtswahl erzeugen. Übersendet nur eine Seite ein Angebot oder ein Bestätigungsschreiben, das eine Rechtswahlklausel enthält, so prüft man im Allgemeinen nach diesem Recht, ob eine Vereinbarung zustande gekommen ist (vBAR II Rn 476; KOST 48 ff; eingehend RÜHL 106 ff). Dieses Recht entscheidet auch, ob eine etwa in AGB enthaltene Rechtswahl wirksam ist. Lässt das maßgebende Recht bereits Schweigen oder anderes Verhalten als Zustimmung zur Rechtswahl genügen, dann ist zusätzlich Art 31 Abs 2 zu beachten. Der Schweigende kann sich uU darauf berufen, dass sein Aufenthaltsrecht strengere Anforderungen an die Zustimmung stellt (vBAR II Rn 476; ERMAN/HOHLOCH Art 27 Rn 28; MünchKomm/MARTINY Art 27 Rn 86; PALANDT/ HELDRICH Art 27 Rn 8; vgl auch die Erl zu Art 31).

Ändert eine Vertragseite nachträglich eine wirksam einbezogene AGB-mäßige Rechtswahl ab, soll also statt der bisher gewählten Rechtsordnung eine andere gelten, dann entscheidet diese neue Rechtsordnung, ob und wann eine solche Änderung wirksam ist (vgl MANKOWSKI, in: SPINDLER 167 f).

ZT wird vertreten, dass **Kaufleute** sich auf Art 31 Abs 2 und damit auf ihr Aufenthaltsrecht nicht berufen dürften, soweit **Rechtswahlklauseln** in der jeweiligen Branche üblich seien (MANKOWSKI TranspR 1993, 218; SANDROCK RiW 1986, 850; vWESTPHALEN, in: HEINRICHS/LÖWE/P ULMER 190). Das ist in dieser Allgemeinheit abzulehnen. Auch für Kaufleute gilt Art 31 Abs 2. Sie können sich also auf ihr Aufenthaltsrecht berufen, wenn dieses Recht ihr Verhalten nicht als Zustimmung zu einer – insbes in AGB vorgeschlagenen – Rechtswahl wertet. **141**

Problematisch ist der Fall, dass beide Parteien insbesondere **in AGB** eine **unterschiedliche Rechtswahl** vorschlagen. An sich ist auch dann nach dem jeweils in Aussicht genommenen Recht zu prüfen, ob eine Rechtswahl zustande gekommen ist (vgl EGERER 202 ff; MEYER/SPARENBERG RiW 1989, 348; TIEDEMANN IPRax 1991, 425 f). Lassen beide Rechte die AGB-mäßige Rechtswahl scheitern, so ist insgesamt keine Rechtswahl zustande gekommen. Erklärt nur eines der in Aussicht genommenen Rechte die Wahl für wirksam, das andere sie für unwirksam, dann gilt das wirksam gewählte Recht. Zu einem unlösbaren Widerspruch führt die geschilderte Lösung jedoch, wenn beide Rechtswahlvereinbarungen jeweils nach dem in Aussicht genommenen Recht wirksam sind. Denkbar ist dann die Anwendung der lex fori (so der öst OGH IPRax 1991, 419). Ganz überwiegend wird jedoch eine materiellrechtliche Lösung vertreten, die bei kollidierenden Rechtswahlklauseln unmittelbar aus Art 27 Abs 1 ableitet, dass der dort geforderte Konsens über das anzuwendende Recht fehle (so AG Langenfeld NJW-RR 1998, 1524; vBAR II Rn 475; KOST 60; MARTINY ZEuP 1997, 116; MEYER-SPARENBERG RiW 1989, 347; PALANDT/HELDRICH Art 27 Rn 8; REITHMANN/MARTINY/MARTINY Rn 27; STOLL, in: FS HEINI 436; zT abweichend TIEDEMANN aaO). Letzterer Auffassung ist zu folgen. Sie hat vor allem die Praktikabilität für sich, dient aber auch der mit dem EVÜ angestrebten Vereinheitlichung. Zu begründen ist sie damit, dass der für Art 31 Abs 1 notwendige Anschein eines übereinstimmenden Rechtswahlwillens fehlt. Kollidierende Rechtswahlklauseln heben sich daher auf und führen zur Geltung des objektiv bestimmten Vertragsstatuts (ebenso vBAR, KOST, REITHMANN/MARTINY/MARTINY jeweils aaO). **142**

3. Materielle Wirksamkeit

143 Auch die materielle Wirksamkeit der Rechtswahlvereinbarung untersteht dem in Aussicht genommenen Recht (Art 27 Abs 4 iVm Art 31; vgl auch BGHZ 99, 207). Nach ihm richtet sich, ob die Rechtswahl etwa wegen Rechtsmängeln (Irrtum, Täuschung, Drohung) angefochten werden kann (zum Begriff der Wirksamkeit näher die Erl zu Art 31).

4. Rechtswahlklausel in AGB, § 12 aF AGBG

144 Die Rechtswahl durch AGB ist ohne weiteres zulässig (etwa BGHZ 123, 380 [383]; OLG Frankfurt NJW-RR 1989, 1018; LG Hamburg NJW-RR 1990, 495; LG Aachen NJW-RR 1991, 885; KOST 31 ff; PALANDT/HELDRICH Art 27 Rn 8; WOLF ZHR 153 [1989] 300 f). Ihr Zustandekommen und ihre materielle Gültigkeit sind grundsätzlich nach dem gewählten Recht zu beurteilen (vgl aber auch oben Rn 142). Zusätzlich ist Art 31 Abs 2 zu beachten. Im Rahmen dieser Bestimmung kann sich eine Partei auch gegenüber einer formularmäßigen Rechtswahl auf Vorschriften ihres ‚Umweltrechts' berufen, nach denen ihr Verhalten keine Zustimmung zum Vertrag bedeutet. Damit ist vor allem die Wirkung des Schweigens einer Partei – insbes beim kaufmännischen Bestätigungsschreiben – nach dem Recht ihres gewöhnlichen Aufenthaltsortes zu beurteilen, sofern das nach den Umständen gerechtfertigt ist und sich die Partei hierauf beruft (vgl Begründung BT-Drucks 10/504, 82; GIULIANO/LAGARDE 60). Allerdings bezieht sich Art 31 Abs 2 auch auf anderes Verhalten als reines Schweigen (vgl vorige N sowie die Erl zu Art 31). Insbesondere die Überraschung oder Verwirrung einer Partei durch eine unerwartete oder undurchschaubare Rechtswahlklausel wird inzwischen hierher gerechnet. Eine Partei kann sich deshalb auch auf solche Vorschriften ihres Aufenthaltsrechts berufen, die etwa überraschende oder intransparente AGB-Klauseln für unwirksam erklären. Parteien mit gewöhnlichem Aufenthalt in Deutschland können also insoweit auf § 305c BGB nF verweisen (vgl hierzu eingehend MARTINY ZEuP 1997, 115 ff; ferner PFEIFFER NJW 1997, 1211; ähnlich BAUMERT RiW 1997, 809 f). Eine Rechtswahlklausel in AGB wird aber bei Geschäften mit Auslandsbezug nur im Ausnahmefall als überraschend angesehen werden können (BGHZ 123, 380 [383]; problematisch deshalb KG MDR 1998, 760 – Wahl österreichischen Rechts in Timesharingvertrag über österreichisches Objekt überraschend; krit dazu MARTINY ZEuP 1999, 253 f). Zur Sonderproblematik der Börsentermingeschäfte vgl Art 28 Rn 581 ff.

145 Einen speziellen AGB-rechtlichen Verbraucherschutz sah bis zum 30. 6. 2000 § 12 AGBG vor (mit diesem Datum aufgehoben durch Art 3 Nr 2 des Gesetzes über Fernabsatzverträge und andere Fragen des Verbraucherrechts sowie zur Umstellung von Vorschriften auf Euro, BGBl 2000 I 897). Die Vorschrift ist jetzt in allgemeiner Form als Art 29a in das EGBGB eingestellt worden (vgl auch die Erl zu dieser Vorschrift). § 12 AGBG, der nach dem Grundgedanken des inzwischen ebenfalls aufgehobenen § 28 AGBG und der Art 220 ff EGBGB noch auf alle vor dem 30. 6. 2000 abgeschlossenen Verträge anzuwenden ist, setzte einerseits eine öffentlich entfaltete Inlandstätigkeit des Anbietenden, andererseits eine starke Inlandsverbindung der anderen – nicht-profesionellen – Vertragspartei voraus. Waren diese Bedingungen gegeben, dann waren trotz der Wahl oder objektiven Geltung ausländischen Rechts die Bestimmungen des AGBG anzuwenden. Eine Rechtswahlklausel verstieß allerdings nicht gegen die §§ 9–11 ABGB (vgl etwa MANKOWSKI RiW 1994, 422 f; STAUDINGER/

SCHLOSSER § 12 AGBG Rn 4). Zu beachten waren für § 12 AGBG aber auch die Vorschriften über die Einbeziehung von AGB. Eine **klauselmäßige Rechtswahl** konnte – und kann – **überraschend iSd § 3 AGBG,** jetzt § 305c BGB nF sein, wenn ein Inlandsgeschäft unerwartet und ohne jeden Anlass in AGB ausländischem Recht unterstellt wird (vgl OLG Düsseldorf ZIP 1994, 289; PALANDT/HEINRICHS § 3 AGBG Rn 4; obiter auch BGHZ 123, 380 [383]; ähnlich PFEIFFER NJW 1997, 1211).

146 Im Übrigen begegnet eine **formularmäßige Wahl** ausländischen Rechts aber **keinen Gültigkeitsbedenken.** Da der frühere § 10 Nr 8 AGBGB, der ein „anerkennenswertes Interesse" an der Wahl fremden Rechts forderte, im Zuge der IPR-Reform von 1986 aufgehoben wurde, ist eine wirksam zustande gekommene Rechtswahl inhaltlich nicht zu beanstanden.

5. Form

147 Für die Form der Rechtswahlvereinbarung verweist Art 27 Abs 4 auf Art 11. Die **Form der Rechtswahl** folgt daher nicht derjenigen des Hauptvertrages, sondern ist **selbständig zu beurteilen** (BGH WM 1997, 1713 [1715]; vBAR II Rn 478; ERMAN/HOHLOCH Art 27 Rn 29; KROPHOLLER § 52 II 2; MünchKomm/MARTINY Art 27 Rn 88 f; wohl auch SOERGEL/vHOFFMANN Art 27 Rn 103; ebenso zum Recht vor der IPR-Reform von 1986: BGHZ 57, 337; BGHZ 73, 391). Dabei ist gleichgültig, ob die Rechtswahl ein Recht beruft, das den Hauptvertrag (zB Grundstückskauf) für formunwirksam erklärt (vgl oben Rn 59, 111, 135).

148 Nach Art 11 untersteht die Form der Rechtswahl grundsätzlich der lex causae – also dem gewählten Recht (oben Rn 135; vgl BGH WM 1997, 1713 [1715] für einen interlokalen Fall) – oder dem Recht des Vornahmeortes (dazu und zu den weiteren Formvorschriften des Art 11 vgl die Erl dieser Vorschrift). Soweit danach deutsches Formstatut gilt, ist Art 27 Abs 1 zu entnehmen, dass die **Rechtswahl nach deutschem Recht grundsätzlich formfrei** ist (BGH aaO; vBAR II Rn 478; ERMAN/HOHLOCH Art 27 Rn 29; MünchKomm/MARTINY Art 27 Rn 88). Insoweit enthält Art 27 Abs 1 auch eine Sachvorschrift.

149 Eine **Ausnahme** gilt aber **bei Verbraucherverträgen.** Hier bestimmt nicht Art 11, sondern Art 29 Abs 3 das maßgebende Recht für die Form von Rechtswahlvereinbarungen, soweit sie sich in solchen Verbraucherverträgen finden, die Art 29 Abs 1 erfasst. Die Form der Rechtswahl richtet sich in diesen Fällen allein nach dem Recht des Staates, in dem der Verbraucher seinen gewöhnlichen Aufenthalt hat (ebenso MünchKomm/MARTINY Art 29 Rn 50; SOERGEL/vHOFFMANN Art 27 Rn 105; vgl auch oben Rn 137). Zur Form der Rechtswahl bei **Arbeitsverträgen** vgl Art 30 Rn 65 ff, 178 ff.

6. Verkehrsschutz

150 Art 27 Abs 4 verweist auch auf Art 12. Der dort angeordnete Verkehrsschutz gilt auch für den Abschluss von Rechtswahlvereinbarungen.

XII. Wirkung der gültigen Rechtswahl

151 Die gültige Rechtswahl hat die zunächst selbstverständliche Wirkung, dass die Vertragsbeziehungen der Parteien nach dem gewählten Recht zu beurteilen sind. Grundsätzlich unterliegen alle Vertragsfragen diesem Recht, soweit nicht Sonderregeln wie

Art 27 Abs 3, 29, 29a und 30 die Wirkung der Rechtswahl begrenzen oder Sonderanknüpfungen wie Art 31 Abs 2 und 34 eingreifen. Maßgebend sind die Sachvorschriften des gewählten Rechts einschließlich ihrer zwingenden Regelungen. Ferner gilt das gewählte Recht nur für Fragen aus demjenigen Vertrag, der die Rechtswahl enthält. Nur in besonderen Fällen (s oben Rn 81) unterstehen dem gewählten Recht auch weitere schuldrechtliche Beziehungen der Parteien.

152 Das gewählte Recht ist in der Fassung anzuwenden, die es im Zeitpunkt der Entscheidung des Rechtsstreits hat. Änderungen seit dem Zeitpunkt der Rechtswahl sind also zu beachten (zu sog Versteinerungsklauseln, die das gewählte Recht auf einen bestimmten Zeitpunkt einfrieren wollen, vgl oben Rn 41).

Art 28 EGBGB. Mangels Rechtswahl anzuwendendes Recht

(1) Soweit das auf den Vertrag anzuwendende Recht nicht nach Artikel 27 vereinbart worden ist, unterliegt der Vertrag dem Recht des Staates, mit dem er die engsten Verbindungen aufweist. Läßt sich jedoch ein Teil des Vertrages von dem Rest des Vertrages trennen und weist dieser Teil eine engere Verbindung mit einem anderen Staat auf, so kann auf ihn ausnahmsweise das Recht dieses anderen Staates angewandt werden.

(2) Es wird vermutet, daß der Vertrag die engsten Verbindungen mit dem Staat aufweist, in dem die Partei, welche die charakteristische Leistung zu erbringen hat, im Zeitpunkt des Vertragsabschlusses ihren gewöhnlichen Aufenthalt oder, wenn es sich um eine Gesellschaft, einen Verein oder eine juristische Person handelt, ihre Hauptverwaltung hat. Ist der Vertrag jedoch in Ausübung einer beruflichen oder gewerblichen Tätigkeit dieser Partei geschlossen worden, so wird vermutet, daß er die engsten Verbindungen zu dem Staat aufweist, in dem sich deren Hauptniederlassung befindet oder in dem, wenn die Leistung nach dem Vertrag von einer anderen als der Hauptniederlassung zu erbringen ist, sich die andere Niederlassung befindet. Dieser Absatz ist nicht anzuwenden, wenn sich die charakteristische Leistung nicht bestimmen lässt.

(3) Soweit der Vertrag ein dingliches Recht an einem Grundstück oder ein Recht zur Nutzung eines Grundstücks zum Gegenstand hat, wird vermutet, daß er die engsten Verbindungen zu dem Staat aufweist, in dem das Grundstück belegen ist.

(4) Bei Güterbeförderungsverträgen wird vermutet, daß sie mit dem Staat die engsten Verbindungen aufweisen, in dem der Beförderer im Zeitpunkt des Vertragsabschlusses seine Hauptniederlassung hat, sofern sich in diesem Staat auch der Verladeort oder der Entladeort oder die Hauptniederlassung des Absenders befindet. Als Güterbeförderungsverträge gelten für die Anwendung dieses Absatzes auch Charterverträge für eine einzige Reise und andere Verträge, die in der Hauptsache der Güterbeförderung dienen.

(5) Die Vermutungen nach den Absätzen 2, 3 und 4 gelten nicht, wenn sich aus der Gesamtheit der Umstände ergibt, daß der Vertrag engere Verbindungen mit einem anderen Staat aufweist.

5. Abschnitt. Schuldrecht.
1. Unterabschnitt. Vertragliche Schuldverhältnisse

Materialien: Art 4, 6, 7 Vorentwurf zum EVÜ; Art 4 EVÜ; Bericht GIULIANO/LAGARDE, BT-Drucks 10/503, 51 ff; Begründung zum Gesetzentwurf der Bundesregierung zur Neuregelung des IPR v 20. 10. 1983, BT-Drucks 10/504, 77 ff.

Schrifttum

Vgl vor Einl zu Art 27 ff und zu Art 27 sowie die Literaturangaben zu den einzelnen Vertragsverhältnissen (unten Rn 142 ff); ferner:
ABEND, Die lex validitatis im internationalen Vertragsrecht – Zugleich eine Untersuchung von Ehrenzweigs Lehre von der Rule of Validation im amerikanischen Kollisionsrecht für Verträge (1994)
ASSMANN/SCHÜTZE (Hrsg), Handbuch des Kapitalanlagerechts (2. Aufl 1997)
BACHMANN, Internet und Internationales Privatrecht – Vertragsschluss und Haftung im Internet, in: LEHMANN (Hrsg), Internet und Multimediarecht (Cyberlaw) (1997) 169
CARILLO POZO, El contrato internacional: la prestación caracteristica (1994)
EBKE, Erste Erfahrungen mit dem EG-Schuldvertragsübereinkommen, in: VBAR (Hrsg), Europäisches Gemeinschaftsrecht und Internationales Privatrecht (1991) 77
FLESSNER, Reform des IPR – Was bringt sie dem Seehandelsrecht? (1987)
GUNST, Die charakteristische Leistung: zur funktionellen Anknüpfung im internationalen Vertragsrecht Deutschlands, der Schweiz und der Europäischen Gemeinschaft (1994)
HAGENGUTH, Die Anknüpfung der Kaufmannseigenschaft im IPR (Diss München 1981)
HEPTING, Schwerpunktvermutungen im internationalen Vertragsrecht – zugleich ein Beitrag zur Beweislast bei der Konkretisierung von Generalklauseln, in: FS W Lorenz (1991) 393
HOEREN/THUM, Internet und IPR-Kollisionsrechtliche Anknüpfungen in internationalen Datennetzen, in: DITTRICH (Hrsg), Beiträge zum Urheberrecht (1997) 78
vHOFFMANN, Assessment of the E.E.C. Convention from a German Point of View, in: NORTH (Hrsg), Contract Conflicts (1982) 221
ders, General Report on Contractual Obligations, in: LANDO/vHOFFMANN/SIEHR, European Private International Law of Obligations (1975) 1

JAYME/KOHLER, Das Internationale Privat- und Verfahrensrecht der EG auf dem Wege zum Binnenmarkt, IPRax 1990, 353
dies, Europäisches Kollisionsrecht 2000: interlokales Privatrecht oder universelles Gemeinschaftsrecht?, IPRax 2000, 454
JUENGER, Parteiautonomie und objektive Anknüpfung im EG-Übereinkommen zum Internationalen Vertragsrecht. Eine Kritik aus amerikanischer Sicht, RabelsZ 46 (1982) 57
JUNKER, Internationales Vertragsrecht im Internet, RiW 1999, 809
ders, Neuere Entwicklungen im Internationalen Privatrecht, RiW 1998, 741
KAUFMANN/KOHLER, La prestation caractéristique en droit international privé des contrats et l'influence de la Suisse, SchwJBIntR 45 (1989) 195
KREUZER, Zur Anknüpfung der Sachwalterhaftung, IPRax 1988, 16
LÜDERITZ, Wechsel der Anknüpfung in bestehendem Schuldvertrag, in: FS Keller (1989) 459
MAGAGNI, La prestazione caratteristica nella Convenzione di Roma del 19 giugno 1980 (1989)
MAGNUS, Englisches Kündigungsrecht auf deutschem Schiff – Probleme des internationalen Seearbeitsrechts, IPRax 1991, 381
MANKOWSKI, Spezielle vertragsrechtliche Gesetze und Internationales Privatrecht, IPRax 1995, 230
ders, Wichtige Klärungen im Internationalen Arbeitsrecht, IPRax 1994, 88
ders, Seerechtliche Vertragsverhältnisse im Internationalen Privatrecht (1995)
ders, Das Internationale Privatrecht der Providerverträge, in: SPINDLER (Hrsg), Vertragsrecht der Internetprovider (2000) 161
ders, Das Internet im Internationalen Vertrags- und Deliktsrecht, RabelsZ 63 (1999) 203
MARSCH, Der Favor Negotii im deutschen IPR (1976)

MARTINY, Die Anknüpfung an den Markt, in: FS Drobnig (1998) 389
ders, Die Bestimmung des anwendbaren Sachrechts durch das Schiedsgericht, in: FS Schütze (2000) 529
MEHRINGS, Internet-Verträge und Internationales Privatrecht, CR 1998, 613
MERSCHFORMANN, Die objektive Bestimmung des Vertragsstatuts beim internationalen Warenkauf (1991)
MORSE, The EEC Convention on the Law Applicable to Contractual Obligations, YbEurL 2 (1982) 326
PATOCCHI, Characteristic Performance: A New Myth in the Conflict of Laws?, in: Études de droit international en l'honneur de Pierre Lalive (1993) 113
RAMMELOO, Die Auslegung von Art 4 Abs 2 und Abs 15 EVÜ: Eine niederländische Perspektive, IPRax 1994, 243
ders, Das neue EG-Vertragskollisionsrecht (1992)
REICH/NORDHAUSEN, Verbraucher und Recht im elektronischen Geschäftsverkehr (eG) (2000)
SANDROCK, Zur Bedeutung des Gesetzes zur Neuregelung des Internationalen Privatrechts für die Unternehmenspraxis, RiW 1986, 841

ders, Die objektive Anknüpfung von Verträgen nach § 1051 Abs 2 ZPO, RiW 2000, 321
SCHULTSZ, The Concept of Characteristic Performance and the Effect of the E.E.C. Convention on Carriage of Goods, in: NORTH (Hrsg), Contract Conflicts (1982) 185
ders, Fixity and flexibility in the objective choice of law rules regarding contracts, in: VBAR (Hrsg), Perspektiven des internationalen Privatrechts nach dem Ende der Spaltung Europas (1993) 97
VON DER SEIPEN, Akzessorische Anknüpfung und engste Verbindung im Kollisionsrecht der komplexen Vertragsverhältnisse (1989)
SPELLENBERG, Die Vereinbarung des Erfüllungsortes und Art 5 Nr 1 des Europäischen Gerichtsstands- und Vollstreckungsübereinkommens, IPRax 1981, 75
STADLER, Grundzüge des Internationalen Vertragsrechts, Jura 1997, 505
VAN VENROOY, Die Anknüpfung der Kaufmannseigenschaft im deutschen IPR (1985)
VISCHER, The Concept of the Characteristic Performance Reviewed, in: Liber amicorum Droz (1996) 499
vWESTPHALEN, in: HEINRICHS/LÖWE/P ULMER (Hrsg), Zehn Jahre AGB-Gesetz (1987) 175.

Systematische Übersicht

I.	**Regelungsgegenstand und Normzweck**	1
II.	**Entstehungsgeschichte; früheres Recht**	
1.	Entstehung des Art 28	9
2.	Früheres Recht	11
III.	**Anwendungsbereich der Vorschrift**	14
IV.	**Geltung allgemeiner Vorschriften**	
1.	Renvoi	17
2.	Ordre public	18
3.	Statutenwechsel	19
4.	Qualifikation	20
5.	Intertemporale Fragen	22
6.	Deutsche Einigung	24
V.	**Struktur des Art 28**	25
VI.	**Grundsatzanknüpfung: die engste Verbindung (Abs 1)**	
1.	Inhalt	33
2.	Indizien der engsten Verbindung	38
a)	Allgemeines	38
b)	Gesetzlich verwendete Anknüpfungsmerkmale	40
aa)	Gewöhnlicher Aufenthaltsort	40
bb)	Belegenheitsort	41
cc)	Erfüllungsort	42
c)	Weitere beachtliche Umstände	44
aa)	Staatsangehörigkeit	44
bb)	Abschlussort, Vertragssprache, Währung	45
cc)	Beurkundungsort	47
dd)	Flagge, Heimathafen, Registrierungsort	48

5. Abschnitt. Schuldrecht.
1. Unterabschnitt. Vertragliche Schuldverhältnisse

ee)	Staaten als Vertragspartner	49	3.	Maßgebender Zeitpunkt		136
ff)	Verhalten im Prozess	50				
gg)	Gerichtsstands-, Schiedsgerichtsvereinbarung	51	**IX.**	**Verfahrensfragen**		
			1.	Beweislast		137
hh)	Bezugnahme des Vertrages auf ein Recht; angelehnte und kombinierte Verträge	52	2.	Revisibilität		140
			X.	**Die Anknüpfung einzelner Schuldverträge**		
ii)	Favor negotii; Marktanknüpfung	54				
3.	Teilanknüpfung (Abs 1 Satz 2)	55	1.	Kaufverträge		142
4.	Maßgebender Zeitpunkt	61	a)	Grundstückskaufverträge		142
			b)	Warenkaufverträge		149
VII.	**Vermutungsregeln**	62	aa)	Materiell vereinheitlichtes Recht		149
1.	Regelanknüpfung an die charakteristische Leistung **(Abs 2)**	63	α)	UN-Kaufrecht (CISG)		149
a)	Allgemeines	63	β)	Haager Einheitliches Kaufrecht		157
b)	Qualifikation	68	γ)	UN-Verjährungsübereinkommen		163
c)	Inhaltliche Festlegung der charakteristischen Leistung	70	δ)	UN-Vertretungsübereinkommen		170
			bb)	Kollisionsrechtliche Konventionen		171
d)	Räumliche Festlegung der charakteristischen Leistung	78	α)	Haager Kauf-IPR-Übereinkommen von 1955		171
aa)	Private Tätigkeit (Abs 2 Satz 1)	83	β)	Haager Kauf-IPR-Übereinkommen von 1986		173
bb)	Beruflich/gewerbliche Tätigkeit (Abs 2 Satz)	86	cc)	Einheitliches Klauselrecht		174
			dd)	Vertragsstatut für den Fahrniskauf		175
e)	Unbestimmbarkeit der charakteristischen Leistung (Abs 2 Satz 3)	91	c)	Unternehmenskauf; Praxiskauf		181
f)	Gemischte Verträge	95	aa)	Unternehmenskauf durch Anteilserwerb		182
g)	Maßgebender Zeitpunkt	96	bb)	Kauf des Unternehmens als Sachgesamtheit		188
2.	Regelanknüpfung von Grundstücksverträgen **(Abs 3)**	98	d)	Forderungs- und Rechtskauf		192
a)	Allgemeines	98	e)	Schiffskauf		194
b)	Anwendungsbereich	99	f)	Kauf sonstiger Güter		196
c)	Anwendbares Recht	104	g)	Werklieferungsvertrag		197
d)	Grundstücksgeschäfte und Verbraucher	107	h)	Verbraucherkauf		198
			2.	Tausch		200
e)	Maßgebender Zeitpunkt	108	3.	Schenkung		204
f)	Internationale Zuständigkeit	109	4.	Miete		210
3.	Regelanknüpfung von Güterbeförderungsverträgen **(Abs 4)**	110	a)	Grundstücks- und Raummiete		210
			b)	Miete im Übrigen		215
a)	Allgemeines	110	5.	Pacht		217
b)	Anwendungsbereich	112	6.	Leihe		219
c)	Anwendbares Recht	116	7.	Leasing		220
aa)	Beförderer	117	8.	Timesharingverträge		225
bb)	Hauptniederlassung des Beförderers	119	a)	EU-Richtlinie		226
cc)	Weiteres Anknüpfungsmerkmal	121	b)	Anknüpfungsregeln		227
d)	Maßgebender Zeitpunkt	125	9.	Darlehen/Kreditvertrag		233
			10.	Anleihe		239
VIII.	**Ausweichklausel (Abs 5)**		11.	Dienstleistungsverträge		247
1.	Grundsätze	126	a)	Allgemein		247
2.	Kriterien der engeren Verbindung	129	b)	Anwaltsvertrag		250

c)	Arztvertrag	257	ββ)	Raumfracht-/Charterverträge		396
d)	Unterrichtsvertrag	259	δ)	Anknüpfung des Konnossements		403
e)	Auftrittsvertrag	263	d)	Internationaler Binnenschiffs-		
12.	Maklervertrag	264		transport		418
13.	Kommissionsvertrag	270	aa)	Personenbeförderung		418
14.	Handelsvertretervertrag	271	bb)	Güterbeförderung		420
a)	Rechtsvereinheitlichung	271	e)	Internationaler Eisenbahntransport		424
b)	Qualifikation	273	aa)	Einheitsrecht		424
c)	Anwendbares Recht	275	bb)	Personenbeförderung		430
aa)	Rechtswahl	275	cc)	Güterbeförderung		437
bb)	Objektives Vertragsstatut	280	f)	Internationaler Lufttransport		444
d)	Zwingendes Recht (Art 34)	283	aa)	Einheitsrecht		444
e)	Vertretungsmacht	285	bb)	Anwendungsbereich des WA		448
15.	Vertriebsverträge	286	cc)	Anwendungsbereich des Zusatzüber-		
a)	Vertragshändlervertrag	286		einkommens von Guadalajara		454
b)	Alleinvertriebsvertrag	293	dd)	Vertragsstatut		456
c)	Wettbewerbsrecht	294	α)	Personenbeförderung		456
16.	Franchising	296	β)	Güterbeförderung		460
17.	Sponsoring	302	γ)	Charterverträge		462
18.	Werkverträge	303	ee)	Einheitliches Klauselrecht		468
a)	Allgemein	303	g)	Internationaler multimodaler Trans-		
b)	Bauverträge	309		port		470
c)	Anlagenvertrag	316	aa)	Materielles Einheitsrecht		470
d)	Architektenvertrag	319	bb)	Vertragsstatut		475
19.	Reisevertrag	323	cc)	Allgemeine Geschäftsbedingungen		477
20.	Beherbergungsvertrag	329	25.	Speditionsvertrag		478
21.	Auftrag und Geschäftsbesorgung	337	26.	Versicherungsvertrag		483
a)	Allgemeines	337	27.	Sicherungsverträge		491
b)	Baubetreuungsvertrag	343	a)	Allgemeines		491
c)	Management-/Betriebsführungsver-		b)	Bürgschaft		496
	träge	348	c)	Garantievertrag		504
d)	Schiedsrichtervertrag	350	aa)	Einheitsrecht		505
e)	Treuhandverträge	353	bb)	Anwendbares Recht		506
f)	Sonstige Betreuungsverträge	355	d)	Patronatserklärungen		509
22.	Gefälligkeitsverhältnisse allgemein	356	e)	Schuldversprechen und Schuld-		
23.	Verwahrung, Hinterlegung, Lager-			anerkenntnis		511
	geschäfte	357	aa)	Schuldversprechen		511
24.	Beförderungsverträge	362	bb)	Schuldanerkenntnis		514
a)	Allgemeines	362	28.	Vergleich		515
b)	Internationaler Straßentransport	370	29.	Erlassvertrag		518
aa)	Personenbeförderung	370	30.	Anweisung		519
bb)	Güterbeförderung	372	31.	Bankverträge		522
c)	Seetransport	380	a)	Allgemeines		522
aa)	Personenbeförderung	380	b)	Einlagengeschäft		529
bb)	Güterbeförderung	384	c)	Kreditgeschäft		532
α)	Einheitsrecht	384	d)	Diskontgeschäft		533
β)	Rechtswahl	389	e)	Factoring		534
γ)	Objektive Anknüpfung	392	f)	Forfaitierung		539
αα)	Stückgutverträge	393	g)	Girogeschäft		542

5. Abschnitt. Schuldrecht.
1. Unterabschnitt. Vertragliche Schuldverhältnisse

h)	Dokumentenakkreditiv	548
i)	Inkassogeschäft	567
k)	Effektengeschäft	570
l)	Investmentgeschäft	572
m)	Depotgeschäft	576
n)	Swapgeschäfte	578
o)	Auskunftsvertrag	579
p)	Sonstige Bankverträge	580
32.	Börsengeschäfte	581
a)	Allgemeines	581
b)	Börsentermingeschäfte	583
33.	Spiel- und Wettverträge; Lotterie- und Ausspielvertrag	592
34.	Auslobung, Preisausschreiben	598
35.	Verträge über Immaterialgüterrechte	599
a)	Allgemeines	599
b)	Erwerb von Urheberrechten	601
c)	Verlagsvertrag	606
d)	Lizenzverträge	609
e)	Sonstige Verwertungsverträge	616
aa)	Internationale Übertragungs- und Sendeverträge	616
bb)	Internationale Verfilmungs- und Einspielverträge	617
cc)	Internationale Filmverleihverträge	619
dd)	Internationale Wahrnehmungsverträge	620
36.	Know-how-Verträge; Technologietransferverträge	621
37.	Gesellschaftsverträge	624
38.	Zusammenarbeitsverträge; Joint venture	631
a)	Zusammenarbeitsverträge	631
b)	Joint-venture	633
39.	Leibrente und sonstige Versorgungsverträge	637
40.	Familienrechtliche Verträge	641
41.	Internetverträge	644
a)	Allgemeines	644
b)	Rechtswahlfragen	646
aa)	Zustandekommen der Rechtswahl	647
bb)	Wirkung der Rechtswahl; Inlandsfall	650
c)	Objektive Anknüpfung	651
d)	Verbraucherverträge im Internet	652
aa)	Art 29	653
bb)	Art 29 a	660
cc)	Art 34	661
e)	Providerverträge	662
f)	Internetauktionen	667
g)	Internetausschreibungen	669
h)	Internetdienste	671
42.	Organspendeverträge	673

Alphabetische Übersicht

ABB-Flugpassage	468
Abhängiger Vertrag	134
Ablader	124
Abschlussort des Vertrags	45, 129 f
Absender, Güterbeförderung	124
AGB-Banken	525
Agent	133
Agentur	87
Alleinvertriebsvertrag	293
Allg Beförderungsbedingungen für Fluggäste und Gepäck	468
Allg dt Spediteurbedingungen	480
Allg Vorschriften des IPR	17 ff
Altenteilsvertrag	639
Altfälle	22
Amtliche Handlung, Ort der	47
Anerkenntnis s Schuldanerkenntnis	
Anknüpfung einzelner Vertragstypen	142 ff
Anlagenmontage/Anlagenvertrag	59, 132 f, 316 ff
Anleihe	239 ff
– Ausgabe durch Emissionsbank	244 ff
Anteilskauf, Unternehmenskauf durch	182 ff
Anwaltssozietät	88, 131, 251 f
Anwaltsvertrag	88, 248, 250 ff
– Erfolgshonorar	256
Anweisung	519 ff
Anwendungsbereich der Vorschrift	14 ff
Arbeitsvertrag	8, 14, 23, 247
– Anknüpfung	42, 44
Architektenvertrag	319 ff
Archivierung	357
Arztvertrag	248, 257 f
– Verbraucherschutz	258
Asset deal	181, 190
Athener Übk über die Beförderung von Reisenden und ihrem Gepäck auf See	380

Aufenthaltsort, gewöhnlicher ———— 40, 44
– Begriff ———————————— 84
– bei juristischen Personen s Sitz
– und charakteristische Leistung ——— 78 f
Auffangregel ——————————— 27
Aufspaltung s Spaltung
Auftrag ———————————— 337 ff
Auftrittsvertrag ———————————— 263
Ausgabeort bei Anleihen ———————— 241
Auslobung ———————————— 598
Außenstelle ———————————— 87
Ausspielung ———————————— 596 f
Australien, Gebietsrecht ———————— 17
Ausweichklausel ———— 7, 26, 29, 62, 126 ff
– Ausnahmecharakter ———————— 30, 126
– Kriterien der engeren Verbindung —— 129 ff
– Vertragsspaltung ———————— 128
– Voraussetzungen ———————— 127

Bankenkonsortium ———————— 94
Bankgarantie ———————————— 506
Bankvertrag ———————————— 522 ff
– Auskunft ———————————— 579
– Depotgeschäft ———————————— 576 f
– Diskontgeschäft ———————————— 533
– Dokumentenakkreditiv s dort
– Effektengeschäft ———————————— 570 f
– Einlagengeschäft ———————————— 529 ff
– Factoring s dort
– Forfaitierung ———————————— 539 ff
– Girogeschäft ———————————— 542 ff
– Inkassogeschäft ———————————— 567 ff
– Investmentgeschäft ———————————— 572 ff
– Kreditgeschäft ———————————— 532
– Kreditkarte ———————————— 546 f
– Swapgeschäft ———————————— 578
– Verbraucherschutz ———————————— 528
Bare boat charter ———————————— 402
Bare hull charter ———————————— 467
Baubetreuung ———————————— 343 ff
Baugesetzbuch ———————————— 147
Bauherrenmodell/Bauherrengemeinschaft – 344
Bauträgervertrag ———————— 103, 345 ff
Bauvertrag ———————————— 103, 309 ff
– dingliche Sicherung ———————————— 313 f
– örtliche Bauvorschriften ———————————— 315
– VOB – Vereinbarung ———————————— 309
Beförderungsvertrag ———————— 116 ff, 362 ff
– Europäisches Gemeinschaftsrecht —— 362 f

– Einheitsrecht ———————————— 364, 370 ff
Befrachter ———————————— 124
Beherbergungsvertrag ———————————— 329 ff
Belegenheitsort ———————— 41, 98, 105 f, 144
Belgien, Anwendung des Haager Kauf-
rechts ———————————— 161
Beratungsvertrag ———————————— 248, 339
Berufliche Tätigkeit ———————————— 86
Berufstypisches Handeln ———————————— 72
Betreuungsvertrag ———————————— 355
Betriebsführungsvertrag ———————————— 348 f
Beurkundungsort ———————————— 47
Bewachungsvertrag ———————————— 103
Beweislast ———————————— 137 ff
Bezugnahme auf eine Rechtsordnung —— 52
Billigflagge ———————— 6, 110, 381
Bindung, vertragliche ———————————— 57
Binnenschiffstransport, internationaler – 418 ff
– Güterbeförderung ———————————— 420 ff
– Personenbeförderung ———————————— 418 f
Börsengeschäft ———————— 46, 176, 184, 581 ff
– Termingeschäft ———————————— 583 ff
Brautgeld ———————————— 642
Brüsseler Übk über den Reisevertrag —— 324
Bürgschaft ———————————— 496 ff
– Familienrechtliche Schranken ———————————— 501
– Form ———————————— 500
– Ordre public ———————————— 503

Charakteristische Leistung ——— 4, 10 f, 28, 63 ff
– Bestimmung ———————————— 71 ff
– Inhalt ———————————— 70
– Konzept ———————————— 64
– Kritik ———————————— 65
– Naturalleistung ———————————— 75
– Räumliche Festlegung ———————————— 77 ff
Chartervertrag ———————— 114, 216, 392, 396 ff
CIM, CIV s ER/CIM, ER/CIV
CISG ———————————— 1, 44, 149 ff
– Anwendungsfälle ————————————
———————— 150 ff, 182, 188, 222, 287, 316
– Vertragsstaaten ———————————— 149
CMR ———————————— 1, 372 ff, 472
Combined Transport Bill of Lading ——— 477
Comfort letter ———————————— 509
Consulting s Beratungsvertrag
Containermiete ———————————— 213
COTIF ———————————— 424, 429, 432, 473
Cross charter party ———————————— 401

5. Abschnitt. Schuldrecht.
1. Unterabschnitt. Vertragliche Schuldverhältnisse

CVN	418
CVR	370
Darlehen	75, 233 ff, 532
– Sicherung durch dingliche Rechte	234, 236
– Verbraucherschutz	238
Dauerschuldverhältnis	23, 61, 97
DDR, Rechtsanwendungsgesetz	64
Deckungsverhältnis	520
Depotgeschäft	576 f
Deutsche Bahn AG	443
Deutsche Einigung	24
Devisenrechtliche Bestimmungen	284
Dienstleistungen	247 ff
Differenzeinwand	588
Dingliche Geschäfte	100
Dingliche Rechte, Bestellung	102
Diskontgeschäft	533
Dokumentenakkreditiv	548 ff
– Einheitliche Richtlinien der IHK	550 ff
– Handelsbräuche	551
– Zweitbank	558 ff
Effekten s Wertpapiere	
Ehegattenzuwendungen	206
Eigenhändler s Vertragshändler	
Einheitliche Richtlinien der IHK für Vertragsgarantien	508
Einheitliches Kaufrecht s CISG und Haager Einheitliches Kaufrecht	
Einheitliches Vertragsstatut	56
Einschiffsgesellschaft	120
Einseitig verpflichtende Schuldverhältnisse	74
Einzelfallgerechtigkeit	33
Eisenbahntransport	424 ff
Elektronische Kommunikation	63
Emissionsort bei Anleihen	241
Engste Beziehung, engste Verbindung	2, 10, 27, 31, 33 ff, 91
– Anhaltspunkte	36, 38 ff
– Bedeutung	34
– Inhalt	33
– Primärer Anwendungsbereich	37
– Sekundärer Anwendungsbereich	37
– Zeitpunkt	61
Entladeort	123
Entstehungsgeschichte der Vorschrift	9 f
ER/CIM	424 ff, 437 ff
ER/CIV	424, 430 ff

ERA	550 ff
Erfindungen s Immaterialgüterrechte	
Erfolgshonorar	256
Erfüllungsort	12, 22, 42 f
– Bestimmung	43
ERI	568
Erlassvertrag	518
EuGH – Rechtsprechung	87
Eurogeldmarkt	530
Europaratsübk über die Haftung der Gastwirte für die von ihren Gästen eingebrachten Sachen	330
EVO	436, 443
EVÜ	1, 9 f
Exportvertrag	79
Factoring	534 ff
Fährfahrten	368
Fahrniskauf, Vertragsstatut	175 ff
Familienrechtliche Verträge	641 ff
Favor negotii	54, 135
FBL	477
Ferienhaus/-wohnung	40, 102, 106, 130, 213
Fernunterricht	261 f
FIATA	477
FIDIC-conditions	309
Filmverleih	619
Finanzierungsleasing	221
Finanzierungsvertrag	59
Firma, Übergang der	190
Flagge	48, 194
Flugzeugcharter	216
Forderungskauf	192 f
Forfaitierung	539 ff
Formvorschriften, zwingende	145
Franchising	93, 296 ff
– Wettbewerbsrecht	301
Freight contract	399
Früheres Recht	11 ff
Garantievertrag	504 ff
Gastarbeiter	44
Gastwirt s Beherbergungsvertrag	
Gebietseinheiten eines Staates	17
Gebrauchsüberlassung	212
Gefährliche Güter	374
Gefälligkeitsverhältnisse	356
Gegenseitige Verträge	75
Geldleistung als charakteristische	75

Gemeinschaftsunternehmen s Joint venture
Gemischte Verträge _____ 95
Gerichtsstandsvereinbarung _____ 15, 51
Gesamtheit der Umstände _____ 35
Geschäftliche Tätigkeit s berufliche
Geschäftsbesorgungsvertrag _____ 247, 337 ff
Geschäftstätigkeit, Ort der _____ 85
Gesellschaft _____ 15, 624 ff
– Anteilskauf _____ 182 ff
– Gelegenheitsgesellschaft _____ 626 ff
– Gründungsvorvertrag _____ 625, 627 ff
Gewerbliche Tätigkeit s berufliche
Girosammelverwahrung _____ 577
Giroverkehr _____ 542 ff
Goldfranken, Umrechnung _____ 453
Großbritannien, Gebietsrecht _____ 17
Großprojekte _____ 133
Grundregel _____ 26 f, 33
Grundschuld _____ 102
Grundstückskauf _____ 5, 28, 32, 98 ff, 142 ff
– Anwendungsbereich _____ 99 ff
– bei Unternehmenskauf _____ 189
– Form _____ 145 f
– Qualifikation _____ 100
– Rechtswahl _____ 143
– Verbraucherschutz _____ 107
Grundstücksmiete _____ 210 ff
Grundstücksverkehrsgesetz _____ 147
Grundstücksverwaltungsvertrag _____ 103, 339
Gründungsort _____ 85
Guadalajara, Zusatzübk von s Warschauer Abkommen
GÜKUMB/GÜKUMT _____ 379
Güterbeförderungsvertrag _____
_____ 6, 10, 28, 32, 69, 367 f, 372 ff, 384 ff
– Anknüpfung _____ 110 ff
– Anwendungsbereich _____ 112 ff
 s auch unter jeweiligem Transportmittel
Güterrecht, eheliches _____ 641
GVÜ _____ 44, 109

Haager Einheitliches Kaufrecht _____ 157 ff
– Anwendungsvoraussetzungen _____ 157, 159 ff
– Vertragsstaaten _____ 158
Haager Kauf-IPR-Übk von 1955 _____ 171 f
Haager Kauf-IPR-Übk von 1986 _____ 173
Haager Regeln _____ 385, 406 ff

Haager Übk über das auf Vertreterverträge und die Stellvertretung anzuwendende Recht _____ 272
Hamburg-Regeln _____ 387
Handelsmaklervertrag s Maklervertrag
Handelsvertretervertrag _____ 271 ff
– Europäische Rechtsangleichung _____ 271
– Haager Übk _____ 272
– Objektives Vertragsstatut _____ 280 ff
– Qualifikation _____ 273 f
– Rechtswahl _____ 275 ff
– Vertretungsmacht _____ 285
– Wettbewerbsrecht _____ 284
– zwingendes Recht _____ 283 f
Handkauf _____ 177
Hauptniederlassung _____ 86 ff, 119 f
Hauptverwaltung, Ort der _____ 85
Hauptzweck des Vertrages _____ 69, 83, 95
Hausratsverteilung _____ 641
Hausreparaturvertrag _____ 103
Hausverwaltungsvertrag _____ 103
Hedge-Geschäft _____ 589
Heilberufe _____ 257
Heilpraktikerausbildung _____ 259
Heimathafen _____ 48, 111, 195
Heimunterbringung _____ 336
Hilfsvertrag _____ 134
Hinterlegung _____ 358
Honorarordnung für Architekten und Ingenieure (HOAI) _____ 321
Hotel s Beherbergungsvertrag
Hypothek _____ 102

IATA-Beförderungsbedingungen _____ 468
Immaterialgüterrechte _____ 300, 599 ff
– Filmverleih _____ 619
– Lizenzvertrag s dort
– Übertragungs- und Sendevertrag _____ 616
– Urheberrecht _____ 601 ff
– Verfilmung und Einspielung _____ 617 f
– Verlagsvertrag _____ 606 ff
– Vertragsstatut _____ 600
– Wahrnehmungsvertrag _____ 620
Immobilien s Grundstücke
Incoterms _____ 174
Inkassoauftrag _____ 567 ff
– Einheitliche Richtlinien der IHK _____ 568
Inlandsfall _____ 18
Interessenlage der Parteien _____ 54

5. Abschnitt. Schuldrecht.
1. Unterabschnitt. Vertragliche Schuldverhältnisse

Interlokales Privatrecht	17
Internetgeschäfte	40, 63, 78, 525, 644 ff
– Auktionen	176, 667 f
– Ausschreibungen	669 f
– Inlandsfall	650
– Internetdienste	671
– Objektive Anknüpfung	651
– Providerverträge	662 ff
– Rechtswahlfragen	646 ff
– Verbraucherverträge	652
Intertemporales Recht	22 f
Investmentfond	572 ff
IPR-Reform	9 ff
Isle of Man, Timesharingrecht	228
Israel, Anwendung des Haager Kaufrechts	161
Italien, Grundstückskauf	106
Joint venture	633 ff
Kabotageverkehr	371
Kanada, Gebietsrecht	17
Kartellrecht s Wettbewerbsrecht	
Kaufmannseigenschaft	179
Kaufvertrag	142 ff
– Einheitsrecht	149 ff
– Fahrniskauf, Vertragsstatut	175 ff
– Grundstückskauf s dort	
– Klauselrecht, einheitliches	174
– Kollisionsrechtliche Übk	171 ff
– Rechtskauf/Forderungskauf	192 f
– Schiffskauf	194 f
– Sonderfälle	176 f
– Umfang des Vertragsstatuts	178
– Unternehmenskauf s dort	
– Verbraucherschutz	187, 191, 198 f
– Warenkaufvertrag	149 ff
Know-how-Vertrag	621 ff
Kombinierte Verträge	53
Kommissionsvertrag	270
Komplexe Vertragswerke	59, 76
Konnossement	385 ff, 390 f, 393
– Anknüpfung	403 ff
– Rechtswahl	416
Konsortialkredite	237
Konsumentenkredit	528
Kontokorrentkredit	235
Kooperationsvertrag s Zusammenarbeitsvertrag	
Kreditkarte	546 f
Kreditvertrag s Darlehen	
Kreuzfahrt	368
KVO	379
Lagergeschäfte	359 ff
Leasing	220 ff
– Grundstücksleasing	102, 223
– Verbraucherschutz	224
Leibrente	637 f
Leihe	74, 219
– von Grundstücken	102, 219
Letter of credit s Dokumentenakkreditiv	
Lex loci protectionis	599, 605
Lex rei sitae	100, 211, 629
Liegeldansprüche bei Binnenschifffahrt	422
Lizenzaustauschvertrag	59
Lizenzvertrag	609 ff
– Wettbewerbsrecht	614
Löschvorgang bei Binnenschifffahrt	422
Lotterie	596 f
Lufttransport	444 ff
– Chartervertrag	462 ff
– Einheitliches Klauselrecht	468 f
– Einheitsrecht	444 ff
– Güterbeförderung	460 f
– Personenbeförderung	456 ff
– Vertragsstatut	456 ff
Makler- und Bauträgerverordnung	347
Maklervertrag	103, 264 ff
– Arbeitsvermittlung	269
– Wohnungsvermittlung	269
Managementvertrag	348 f
Markenrecht s Immaterialgüterrechte	
Mehrheit von Schuldnern	94
Mengenvertrag, Seefracht	399
Mietcharter, Lufttransport	466
Miete	40, 95
– beweglicher Sachen	215 f
– Grundstücksmiete	102, 106, 210 ff
– Verbraucherschutz	212
Mieterschutz	214
MTC	470
Multimodaler Transport	470 ff
– Allg Geschäftsbedingungen	477
– Einheitsrecht	470 ff
– Vertragsstatut	475 f
Nachträgliches Parteiverhalten	50, 71, 96, 136

Naturalleistung als charakteristische	75
Naturalleistungen, gleichwertige	93
Network Liability System	476
New Yorker Übk der Vereinten Nationen über die Verjährung beim internationalen Warenkauf s UN-Verjährungsübk	
Niederlassung	86 ff
– andere	89
– Begriff	87
Normzweck	1 ff
Notar	250
Objektive Anknüpfung	1, 34
Ordre public	18, 256, 503, 591
Organspendeverträge	673 f
Österreich, Nummernkonto	529
Österreich, Typenkatalog	64
Pacht	217 f
– Grundstücke	102, 217
– Unternehmen	218
Paramount clause	391
Parkplatzmiete	102, 213
Parteiautonomie	1
Parteiwille	1
– hypothetischer	11 f, 22, 51
Patentanwalt	250
Patentrecht	599
Patronatserklärung	509 f
Pauschalreise s Reisevertrag	
Personenbeförderungsgesetz	371
Personenbeförderungsvertrag	115, 366, 370 f, 380 ff
s auch bei dem jeweiligen Transportmittel	
Praxiskauf	181, 189
Preisausschreiben	598
Private Tätigkeit	83 ff
Prospekthaftung	243
Providerverträge	662 ff
Prozessverhalten	50
Qualifikation	69
– nach lex fori	20, 68, 100
– rechtsvergleichende	21, 68, 100
Rahmenvertrag	134
Rangverhältnis der einzelnen Absätze	25
Raumfrachtvertrag	392, 396 f
Raummiete	210 ff

Rechtsanwalt s Anwalt	
Rechtsanwendungsgesetz der DDR	64
Rechtsbeistand	250
Rechtsberatung	250
Rechtsberatungsgesetz	255
Rechtskauf	192 f
Rechtsvergleichende Qualifikation s Qualifikation	
Rechtswahl, stillschweigende	36, 50, 52 f, 105
Regelanknüpfungen	28, 63 ff
Regelungsgegenstand	1 ff
Registerort	48, 111
– bei Schiffskauf	194 f
Registersitz	85
Reisefrachtvertrag, Seefracht	400
Reisegepäckbeförderung	115
Reiseleitung	248
Reisevertrag	95, 323 ff, 368
– Rechtsvereinheitlichung	324 f
– Verbraucherschutz	327
Renvoi	17
Reparaturvertrag	305
Repräsentanz	87
Revisibilität des anwendbaren Rechts	140 f
Rück- oder Weiterverweisung s Renvoi	
Rückversicherungsvertrag	15, 487 f
Sachenrecht	99 f
Sachgesamtheit s Unternehmenskauf	
Scheck	8, 15
Schenkung	74, 204 ff
– von Grundstücken	102, 204
– von Todes wegen	207
Schiedsrichtervertrag	350 ff
Schiedsvereinbarung	15, 51
Schifffahrtslinien	6
Schiffsagenten	264
Schiffscharter	216
Schiffskauf	194 f
Schiffsmakler	264
Schiffsmanagementvertrag	349
Schuldanerkenntnis	514
Schuldversprechen	511 ff
Schutz der schwächeren Vertragspartei	14
Schutzlandprinzip	599, 605, 608
Schweiz, Typenkatalog	64, 70
Schweiz, Vertragsstatut bei Anleihen	241
Seetransport	380 ff
– Einheitsrecht	384 ff

5. Abschnitt. Schuldrecht.
1. Unterabschnitt. Vertragliche Schuldverhältnisse

- Güterbeförderung — 384 ff
- Objektive Anknüpfung — 392
- Personenbeförderung — 380 ff
- Rechtswahl — 389 ff
- Share deal — 181
- Sicherungsverträge — 134, 491 ff
- Sittenwidrige Geschäfte — 196
- Sitz einer juristischen Person — 40
- Begriff — 79, 85
- und charakteristische Leistung — 78 ff
- Sitzverlegung — 96
- Softwarekauf — 154
- Spaltung des Vertragsstatuts — 12, 55 ff
- Beispiele — 59, 90
- und Ausweichklausel — 128
- Voraussetzungen — 57 f
- Zulässigkeit — 60
- Spanien, Grundstückskauf — 105
- Speditionsvertrag — 113, 373, 478 ff
- Spielvertrag — 592 ff
- Sponsoring — 302
- Sportereignis, Übertragung — 616
- Sprache des Vertrags — 45, 129 f
- Staaten als Vertragsparteien — 49
- Staatsangehörigkeit — 44, 129 f
- Staatsanleihen — 242
- Staatsunternehmen — 49
- Staatsverträge — 1
- Stammhaus — 87
- Stand-by Letter of Credit — 505 f, 565 f
- Statutenwechsel — 19, 61, 96
- Stellplatzmiete — 102, 213
- Stellvertretung s UN-Vertretungsübk
- Steuerberater — 248
- Straßentransport, internationaler — 370 ff
- Güterbeförderung — 372 ff
- Personenbeförderung — 370 f
- Strohmann — 82
- Struktur der Vorschrift — 25
- Stückgutvertrag — 392 ff
- Subjektive Anknüpfung — 1
- Subunternehmervertrag — 308
- Swapgeschäft — 578

- Tausch — 93, 200 ff
- bei Grundstücken — 102, 203
- Technologietransfer — 621 ff
- Teilanknüpfung — 55 ff
- Teilrechtswahl — 55, 57

- Tierarzt — 258
- Time charter — 397 f
- Time-Sharing — 102, 104, 196, 225 ff
- Anknüpfungsregeln — 227 ff
- EU-Richtlinie — 226
- Verbraucherschutz — 232
- Transportcharter, Lufttransport — 465
- Transportrechtskonventionen — 110, 364, 370 ff
- Transportvertrag s Güterbeförderungsvertrag
- Treuhandvertrag — 240, 353 f
- Trust — 354
- Typenlehre — 70

- Übertragungs- und Sendevertrag — 616
- Überweisungsverkehr, internationaler — 523, 542 ff
- Übk über den Beförderungsvertrag im internationalen Straßengüterverkehr (CMR) — 372 ff
- Übk über den internationalen Beförderungsvertrag für Reisende und Gepäck in der Binnenschifffahrt (CVN) — 418
- Übk über den internationalen Eisenbahnverkehr — 424
- Übk über den Vertrag über die internationale Beförderung von Personen und Gepäck auf der Straße (CVR) — 370
- Übk zur Vereinheitlichung von Regeln über Konnossemente s Haager Regeln
- Änderungsprotokoll s Visby-Regeln
- Umzugstransporte — 378
- UN Convention on Independent Guarantees and Stand-by Letters of Credit — 505 f
- UN Convention on the Liability of Operators of Transport Terminals in International Trade — 359
- Unbestimmbarkeit der charakterist. Leistung — 91 ff
- Unentgeltliche Verträge — 74
- UNIDROIT-Konvention zum internationalen Finanzierungsleasing — 221
- UNIDROIT-Übk über das internationale Factoring — 535
- UN-Kaufrecht s CISG
- Unterhaltsvertrag — 641
- Unternehmensberatung — 248
- Unternehmenskauf — 41, 103, 181 ff
- durch Anteilserwerb — 182 ff
- durch Sacherwerb — 188 ff

Unternehmenspacht — 218
Unterrichtsvertrag — 259 ff
UN-Übk über die Beförderung von Gütern zur See (Hamburg-Regeln) — 387
UN-Übk über die internationale multimodale Güterbeförderung (MTC) — 470
UN-Übk über die zivilrechtliche Haftung bei der Beförderung gefährlicher Güter auf der Straße, der Schiene und auf Binnenschiffen (CRTD) — 374
UN-Verjährungsübk — 163 ff
– Anwendungsfälle — 165 f
– Vertragsstaaten — 163 f
– Wirkungen — 168 f
UN-Vertretungsübk — 170
Unwirksamkeit des Vertrages — 54, 135
Urheberrecht — 599 ff
USA, Einzelstaaten — 17
USA-Flugverkehr, Beförderungsbedingungen — 469

Valutaverhältnis — 521
Verbotene Geschäfte — 196
Verbraucherkreditgesetz — 233
Verbraucherschutz durch Art 34 — 65
Verbraucherschutz — 8, 14
 s auch bei den einzelnen Vertragstypen
Verdingungsordnung für Bauleistungen — 309
Verfahrensrecht — 137 ff
Verfilmung und Einspielung — 617 f
Verfügungsgeschäft — 99 f
Vergabe öffentlicher Aufträge — 322
Vergleich — 515 ff
Verjährungsübk s UN-Verjährungsübk
Verladeort — 122
Verlagsvertrag — 93, 606 ff
Verlöbnis — 641
Vermögensverwaltung — 339
Vermutungen — 2 ff, 26, 28, 30, 62 ff
– Ausschlussverhältnis — 32
– Beweislast — 137
– Widerlegung — 130 ff
Versicherungsvertrag — 8, 15, 483 ff
– Besondere Kollisionsregeln — 483 f
– Rückversicherung — 487 f
– Verbraucherschutz — 489
– Zwingendes Recht — 490
Versorgungsausgleich — 641

Versorgungsverträge — 637 ff
Versteigerungen — 46, 176
Vertragsgarantie, Richtlinien der IHK — 508
Vertragshändler — 286 ff
Vertragsstatut, einheitliches — 56
– Spaltung s dort
Vertragsstrafeversprechen — 494
Vertragsverhandlungen, Ort der — 46
Vertriebsvertrag — 93, 286 ff
– Alleinvertriebsvertrag — 293
– Vertragshändler — 286 ff
– Wettbewerbsrecht — 294 f
Verwahrung — 357 ff
Verwertungsgesellschaft — 620
Verzichtsvertrag — 518
Visby-Regeln — 386, 406 ff
Voyage charter — 400

Wahrnehmungsvertrag — 620
Währung — 45, 130
Warenkaufvertrag s Kaufvertrag
Warentermingeschäft — 587
Warschauer Abkommen zur Vereinheitlichung von Regeln über die Beförderung im internationalen Luftverkehr — 444 ff
– Anwendungsbereich — 448 ff, 474
– Zusatzübk von Guadalajara — 454 f
Wechsel — 8, 15
Werbeagentur — 248
Werklieferungsvertrag — 197, 306
Werkvertrag — 303 ff
– Anlagenvertrag s dort
– Architektenvertrag s dort
– Bauvertrag s dort
– Verbraucherschutz — 307
Wertpapiere — 15, 513
– Depot — 576 f
– Emission — 94
– Kauf und Verkauf — 528, 570 f
– Unternehmenskauf durch Anteilskauf — 182 ff
 s auch Anleihen
Wettbewerbsrecht s bei dem jeweiligen Vertragstyp
Wette — 340, 592 ff
Wirtschaftsprüfer — 248
Wohnungsmiete — 213

Zeitfrachtvertrag, Seefracht — 397 f

Zeitpunkt, maßgeblicher _	19, 61, 96, 108, 136	Zuständigkeit, Internationale	109
– bei Güterbeförderung	125, 136	s auch GVÜ	
Zinsen	57	Zwangsvergleichsverfahren	515
Zusammenarbeitsvertrag	59, 93, 631 f	Zweigniederlassung	87

I. Regelungsgegenstand und Normzweck

Der aus dem EVÜ übernommene Art 28 bestimmt, welches Recht zum Zug kommt, soweit die Parteien keine Rechtswahl getroffen und soweit nicht Staatsverträge (wie CISG, CMR etc) Vorrang haben oder speziellere Kollisionsregeln – insbes Art 29, 30 – gelten. Die Vorschrift bedeutet die **notwendige Ergänzung zum Grundsatz der Parteiautonomie** in Art 27. Sie ist das stets subsidiär geltende Fundament des Schuldvertrags-IPR. Greift die vorrangige subjektive Anknüpfung nicht ein, dann ist die objektive Anknüpfung heranzuziehen, bei der nicht der Parteiwille, sondern objektive Gegebenheiten das maßgebende Recht bestimmen.

Die Gesamtheit der maßgeblichen, objektiven Umstände fasst Art 28 Abs 1 Satz 1 unter den weiten **Begriff der engsten Verbindung** (closest connection, la relation la plus étroite). Der Begriff stellt den Grundgedanken und Zielpunkt der Anknüpfung dar, bedarf aber der Konkretisierung, um nicht nur Anpassungsfähigkeit, sondern auch Rechtssicherheit zu gewährleisten (vgl Begründung BT-Drucks 10/504, 35; GIULIANO/ LAGARDE 53; KOCH/MAGNUS/WINKLER VON MOHRENFELS 101 f; KROPHOLLER § 4 II, § 52 III). Dem dienen die – widerleglichen – Vermutungen, die Art 28 in den Abs 2–4 aufstellt.

Bei der Anwendung des Art 28 ist **zunächst von den Vermutungen auszugehen**. Nur soweit sie nicht eingreifen oder nicht angemessen sind (Abs 5), ist das Recht der engsten Verbindung unmittelbar aufgrund weiterer Kriterien zu bestimmen.

Die für alle Verträge geltende Grundsatzvermutung enthält Abs 2. Danach unterstehen Verträge dem Recht am Sitz derjenigen Vertragspartei, die **die für den Vertrag charakteristische Leistung** erbringt. Das anwendbare Recht lässt sich damit in der Regel auf einfache Weise dem Vertrag selbst entnehmen (GIULIANO/LAGARDE 53).

Eine speziellere Vermutung gilt für **Grundstücksverträge** (Abs 3). Hier ist der Zusammenhang mit dem Belegenheitsort des Grundstücks so stark, dass die Vermutung für das dort geltende Recht spricht.

Eine speziellere Vermutung gilt ferner auch für **Güterbeförderungsverträge** (Abs 4). Bei ihnen genügt der Sitz des Beförderers allein noch nicht, sein Recht zur Anwendung zu bringen. Damit soll verhindert werden, dass schematisch das Recht des Beförderers gilt, der insbes bei Schifffahrtslinien seinen Sitz uU in einem Billigflaggenstaat hat, zu dem der Vertrag sonst keinen weiteren Bezug aufweist (so Begründung BT-Drucks 10/504, 79).

Obwohl es sich bei Art 28 Abs 2–4 nur um widerlegliche Vermutungsregeln handelt, sieht Abs 5 dennoch ausdrücklich eine **Ausweichklausel** vor. Bestehen statt der vermuteten engsten Beziehung tatsächlich noch engere Beziehungen zu einer anderen

Rechtsordnung, dann gilt diese. Damit soll ein Spielraum für Fälle eröffnet werden, in denen die Vermutungsregel zu rigide ist und sich aus der Gesamtheit der Umstände die engste Beziehung zu einem anderen Recht ergibt (GIULIANO/LAGARDE 55).

8 Grundsätzlich gilt Art 28 für jedwedes Vertragsverhältnis. **Besondere Anknüpfungsregeln** sind aber für bestimmte Verbraucherverträge in Art 29 sowie 29 a und für Arbeitsverträge in Art 30 niedergelegt. In ihrem Anwendungsbereich verdrängen diese Vorschriften Art 28. Ferner gelten eigenständige Kollisionsregeln im Wechsel- und Scheckrecht sowie für die meisten Versicherungsverträge (vgl näher die Erl zu Art 37 u den Anh zu Art 37).

II. Entstehungsgeschichte; früheres Recht

1. Entstehung des Art 28

9 Mit Art 28 hat der Gesetzgeber Art 4 EVÜ in die IPR-Neuregelung von 1986 übernommen. Der Wortlaut des Art 28 ist bis auf kleine Anpassungen, drei unbeachtliche Auslassungen und eine unbedeutende Umstellung mit Art 4 EVÜ identisch. So enthält Art 28 Abs 2 nicht den ausdrücklichen Vorbehalt zugunsten des Abs 5, den Art 4 Abs 2 Satz 1 EVÜ anordnet. Art 28 enthält auch nicht die deutlichen Hinweise auf den Vorrang der Abs 3 und 4 vor Abs 2, die sich in Art 4 Abs 3 und 4 EVÜ finden. Schließlich ist Art 4 Abs 5 Satz 1 EVÜ als Art 28 Abs 2 Satz 3 angehängt worden. Sachlich bedeuten diese Abweichungen **keinen Unterschied zum EVÜ**. Zum Rangverhältnis zwischen den einzelnen Absätzen der Vorschriften gibt der Wortlaut des Art 4 EVÜ aber etwas deutlicheren Aufschluss als die Fassung des Art 28 EGBGB.

10 Art 4 EVÜ geht seinerseits zurück auf Art 4 und Art 6 des Vorentwurfs von 1972. Dort war bereits als Grundgedanke die Anknüpfung an das Recht der engsten Beziehung und ihre Ableitung aus der charakteristischen Leistung vorgesehen. Es fehlte jedoch noch das gegenwärtige System von Regelvermutungen und Ausweichklausel (näher vHOFFMANN, in: LANDO/vHOFFMANN/SIEHR 7 ff; zum Konzept der charakteristischen Leistung vgl Einl 31 zu Art 27 ff u unten Rn 63 ff). Ferner war noch keine spezielle Vermutung für Güterbeförderungsverträge vorgesehen. Sie wurde erst nach kontroversen Beratungen wegen der „Besonderheiten der Güterbeförderung" aufgenommen (GIULIANO/LAGARDE 53).

2. Früheres Recht

11 Vor der IPR-Reform von 1986 hatte die deutsche Rechtsprechung Schuldverträge grundsätzlich anders angeknüpft. Mangels Rechtswahl war der **hypothetische Parteiwille** maßgebend, bei dem es sich jedoch „in Wirklichkeit nicht um die Ermittlung hypothetischer subjektiver Vorstellungen der Parteien, sondern um eine vernünftige Interessenabwägung auf rein objektiver Grundlage" handelte (BGHZ 7, 235 und stdg). Dabei wurde aus einer Gesamtschau aller Fallumstände der räumliche Schwerpunkt des Vertragsverhältnisses ermittelt (vgl etwa noch BGH RiW 1987, 148). Häufig kam damit das Recht dessen zur Anwendung, der die vertragliche Hauptleistung – in heutiger Terminologie also die charakteristische Leistung – erbrachte (vgl eingehend REITHMANN[3] Rn 33 ff). Doch waren die Ergebnisse wegen der notwendigen Abwägung aller Fallumstände wenig vorhersehbar.

Ließ sich der hypothetische Parteiwille ausnahmsweise nicht bestimmen, dann galt **12** **hilfsweise das Recht des Erfüllungsortes** der streitigen Verpflichtung (etwa BGHZ 52, 239; 73, 391; BGH RiW 1987, 148). Waren unterschiedliche Verpflichtungen aus einem einheitlichen Vertrag im Streit, dann kam es entsprechend zu einer Aufspaltung des anwendbaren Rechts (vgl etwa BGH NJW 1961, 25; KEGEL^3 260).

Auch wenn sich die Ergebnisse nach früherem und jetzigem Recht nicht selten de- **13** cken dürften, kann die **Rechtsprechung zum alten Recht** wegen der grundlegenden Änderung der Anknüpfungskonzeption **nur noch mit Vorbehalt** verwendet werden.

III. Anwendungsbereich der Vorschrift

Art 28 stellt die **zentrale Auffangnorm des internationalen Vertragsrechts** dar, die stets **14** gilt, wenn nicht die Parteien oder vorrangige Spezialregelungen etwas anderes bestimmen. Die Vorschrift erfasst grundsätzlich Schuldverträge jeder Art und bestimmt in ihren Abs 1 und 2 ganz allgemein, wie Verträge objektiv anzuknüpfen sind (GIULIANO/LAGARDE 55: „Kollisionsnorm allgemeinen Charakters, die auf fast alle Vertragskategorien Anwendung finden soll"; PALANDT/HELDRICH Art 28 Rn 1). Eine von der allgemeinen abweichende, objektive Anknüpfung ist außer den Sonderregeln in Art 28 Abs 3 und 4 allerdings für Verbraucherverträge (Art 29 Abs 2, Art 29 a) und Arbeitsverträge (Art 30 Abs 2) vorgesehen, bei denen besondere Schutzinteressen der schwächeren Vertragspartei schon kollisionsrechtlich berücksichtigt werden.

Vom Anwendungsbereich der Art 27 ff ausgenommen sind ferner Verpflichtungsge- **15** schäfte aus Scheck, Wechsel und gleichgestellten Wertpapieren, aus Gesellschaftsverträgen, soweit sie die Struktur der Gesellschaft betreffen (BGH RiW 1995, 1027 [1028]) sowie aus EWR-Versicherungsverträgen mit Ausnahme der Rückversicherungen (Art 37 Nr 1, 2 und 4). Für diese Bereiche gelten entweder eigenständige Kollisionsnormen (Art 91 ff WG, Art 60 ff ScheckG, Art 7 ff EGVVG) oder ein besonderes Statut (Gesellschaftsstatut). Ferner unterliegen Gerichtsstands- und Schiedsvereinbarungen im Wesentlichen eigenen Regeln (insbes Art 17 GVÜ, §§ 38 ff ZPO; vgl näher Anh II zu Art 37 Rn 162 ff). Schließlich gilt für die **objektive Bestimmung des anwendbaren Rechts in Schiedsverfahren,** die in Deutschland durchgeführt werden (§ 1025 Abs 1 ZPO), vorrangig die spezielle Regelung des § 1051 Abs 2 ZPO. Danach ist das Recht des Staates anzuwenden, „mit dem der Gegenstand des Verfahrens die engsten Verbindungen aufweist". Die Reichweite und Bedeutung der Vorschrift ist wenig klar (eingehend dazu MARTINY in: FS Schütze 538 ff und SANDROCK RiW 2000, 321 ff). Die Vorschrift sollte indessen in möglichster Übereinstimmung mit Art 28 EGBGB verstanden werden, um ein Auseinanderdriften des kollisionsrechtlichen Rechtsgründungsprozesses vor staatlichen und Schiedsgerichten zu vermeiden (ebenso JUNKER RiW 1998, 745).

Soweit die speziellen Kollisionsregeln oder Sonderregelungen Lücken lassen, ist in- **16** dessen auf die Gedanken der Art 27 ff, also auch auf das Konzept der charakteristischen Leistung zurückzugreifen (MünchKomm/MARTINY Art 37 Rn 5 f, 15, 56; vgl näher die Erl zu Art 37).

IV. Geltung allgemeiner Vorschriften

1. Renvoi

17 Die objektive Anknüpfung führt stets zum Sachrecht der berufenen Rechtsordnung. Eine **Rück- oder Weiterverweisung** ist gemäß Art 35 Abs 1 **ausgeschlossen** (vgl auch ERMAN/HOHLOCH Art 28 Rn 5; MünchKomm/MARTINY Art 28 Rn 273; PALANDT/HELDRICH Art 28 Rn 1). Verweist die objektive Anknüpfung auf das Recht eines Staates, dessen **Zivilrecht räumlich gespalten** ist (zB USA, Großbritannien, Australien, Kanada etc), dann ist das Recht derjenigen Gebietseinheit (New Yorker Recht, englisches Recht) unmittelbar anzuwenden, in der sich der nach Art 28 maßgebliche Ort – die Niederlassung etc der charakteristisch leistenden Partei, der Belegenheitsort etc – befindet (Art 35 Abs 2; Begründung BT-Drucks 10/504, 84; vgl auch GIULIANO/LAGARDE 71 zur entsprechenden EVÜ-Vorschrift [Art 19]). Das interlokale Privatrecht jenes Staates ist – entgegen Art 4 Abs 3 Satz 1 EGBGB – nicht zwischenzuschalten. Art 35 Abs 2 hat hier als speziellere Regelung Vorrang (ERMAN/HOHLOCH Art 28 Rn 5; PALANDT/HELDRICH Art 35 Rn 3; STAUDINGER/HAUSMANN Art 35 Rn 12). Für das deutsche interlokale Privatrecht gilt diese Regelung nach verbreiteter Ansicht aber nicht (JAYME/KOHLER IPRax 1990, 360; PALANDT/HELDRICH Art 35 Rn 3).

2. Ordre public

18 Der Anwendung des objektiv geltenden Rechts kann der deutsche ordre public entgegenstehen (Art 6 EGBGB; zum selben Problem bei Art 27 vgl dort Rn 17 ff). Entsprechende Fälle sind jedoch selten, zumal Art 34 zur Durchsetzung wichtiger zwingender Inlandsregeln führt und bei reinem Inlandsbezug Art 27 Abs 3 zu beachten ist (zu Ordre-public-Fällen im internationalen Vertragsrecht vgl Art 27 Rn 19).

3. Statutenwechsel

19 Ob eine Änderung der Anknüpfungstatsachen zu einer Änderung des Vertragsstatuts führt, lässt sich für Art 28 **nicht** ganz **einheitlich** beantworten (näher LÜDERITZ, in: FS Keller 459 ff). Für die Anknüpfung nach Abs 2 und 4 wollten die Verfasser des EVÜ einen Statutenwechsel ausschließen (GIULIANO/LAGARDE 53). Art 28 Abs 2 Satz 1 legt deshalb ausdrücklich den Zeitpunkt des Vertragsschlusses als maßgebend fest (vgl dazu und zu Ausnahmen unten Rn 96 f). Ebenso verfährt Art 28 Abs 4 Satz 1. Für die Anknüpfung an den Belegenheitsort von Immobilien (Art 28 Abs 3) kommt ein Statutenwechsel ohnehin kaum in Frage (vgl noch Rn 108). Bei der Anknüpfung an die engste Beziehung in Abs 1 lässt der Bericht von GIULIANO/LAGARDE dagegen die Beachtung von Umständen zu, die nach Vertragsschluss eingetreten sind (GIULIANO/LAGARDE 52). Ein Statutenwechsel erscheint hier – und ebenso auch in Abs 5 – damit nicht ausgeschlossen (näher unten Rn 136).

4. Qualifikation

20 Nach wohl überwiegender Auffassung sind die Begriffe und Vertragstypen, die Art 28 verwendet, aus der Sicht des deutschen Rechts zu qualifizieren (ERMAN/HOHLOCH Art 28 Rn 16; MünchKomm/MARTINY Art 28 Rn 20; REITHMANN/MARTINY/MARTINY Rn 115; SANDROCK RiW 1986, 850 f). Allerdings sollen die deutschen Begriffe weit gefasst werden, um auch ausländischen Besonderheiten Rechnung tragen zu können (vgl insbes ERMAN/HOHLOCH, MünchKomm/MARTINY aaO).

Nach der hier vertretenen Ansicht sind jedoch innerhalb des internationalen Vertragsrechts und für seine Abgrenzung zu anderen Bereichen die verwendeten Begriffe wegen Art 36 grundsätzlich **rechtsvergleichend zu qualifizieren** (vgl Vorbem 40 ff zu Art 27 ff). 21

5. Intertemporale Fragen

Verträge, die **vor der Reform von 1986,** also vor dem 1.9.1986, als Vorgang abgeschlossen waren, sind nach den seinerzeitigen Kollisionsregeln anzuknüpfen (Art 220 Abs 1 EGBGB). Das gilt auch für die objektive Anknüpfung. Für sie ist aus einer Gesamtschau der Umstände der hypothetische Parteiwille, hilfsweise der Erfüllungsort der jeweils umstrittenen Verpflichtung zu ermitteln und daraus das Vertragsstatut zu entnehmen (vgl näher oben Rn 11 f). 22

Nach verbreiteter Ansicht gilt das auch für **Dauerschuldverhältnisse,** die vor dem 1.9. 1986 begründet wurden und noch fortwirken (OLG Koblenz RiW 1993, 935; ERMAN/HOHLOCH vor Art 27 Rn 12; PALANDT/HELDRICH Art 220 Rn 4; SANDROCK RiW 1986, 854). Vorzuziehen ist jedoch die Auffassung, die die Wirkungen derartiger Dauerschuldverhältnisse nach neuem IPR beurteilt (MAGNUS JuS 1992, 458; MünchKomm/SONNENBERGER Art 220 Rn 17; MünchKomm/MARTINY vor Art 27 Rn 31; REITHMANN/MARTINY/MARTINY Rn 187 f; eingehend STAUDINGER/DÖRNER [1995] Art 220 Rn 62; ebenso speziell für Arbeitsverträge BAG IPRax 1991, 407; offengelassen dagegen in BGH NJW 1993, 2754). 23

6. Deutsche Einigung

Zu den Auswirkungen der deutschen Einigung auf das internationale Vertragsrecht vgl näher Vorbem 49 ff zu Art 27 ff. 24

V. Struktur des Art 28

Art 28 folgt einer bestimmten Struktur, aus der sich Konsequenzen für die Rechtsanwendung ergeben. Etwas deutlicher als der Text des Art 28 spricht die Fassung des Art 4 EVÜ aus, in welchem **Rangverhältnis** die einzelnen Absätze der Vorschrift zueinander stehen (vgl unten Rn 30 und oben Rn 9) und in welcher Abfolge sie daher anzuwenden sind. 25

Art 28 enthält eine **dreistufige Regelung:** eine Grundregel (Abs 1), die sie konkretisierenden Vermutungen (Abs 2–4) und eine Ausweichklausel (Abs 5; vgl zur Struktur auch KROPHOLLER § 52 III vor 1; LAGARDE Rev crit 1991, 306). 26

– Als allgemeinen Grundsatz stellt Abs 1 die allerdings sehr weite Regel auf, dass vertragliche Schuldverhältnisse dem Recht unterstehen, mit dem sie am engsten verbunden sind **(Grundsatz der engsten Beziehung).** Der Grundsatz bedeutet zugleich eine Auffangregel, falls die nachfolgenden Vermutungen in den Abs 2–4 nicht eingreifen (vgl Art 28 Abs 2 Satz 3). 27

28 – Zunächst konkretisieren jedoch diese Vermutungen den Grundsatz der engsten Beziehung. Von ihnen hat das **Prinzip der charakteristischen Leistung** in Abs 2 wieder seinerseits die allgemeinste Bedeutung, während für Grundstücks- und Güterbeförderungsverträge speziellere Vermutungen gelten (Abs 3 und 4). Die Vermutungen führen zu einer typisierten Anknüpfung. Sie stellen damit faktisch die Regelanknüpfung dar, die für den jeweiligen Vertragstyp in erster Linie gilt.

29 – Um die gewisse Starrheit der Vermutungen anpassungsfähiger zu gestalten, enthält Abs 5 eine **Ausweichklausel,** die eingreift, wenn den Vermutungen zum Trotz engere Verbindungen zu einem anderen Recht bestehen. Wie nach Abs 1 ist dann einzelfallbezogen die engste Beziehung aus der Gesamtheit der Umstände zu ermitteln.

30 Für die praktische Rechtsanwendung ist zunächst von den Vermutungsregeln auszugehen (vHoffmann § 10 Rn 44; Kropholler § 52 III vor 1; MünchKomm/Martiny Art 28 Rn 15 ff). Dabei haben die spezielleren Vermutungen in Abs 3 und 4 Vorrang vor der allgemeineren des Abs 2 und verdrängen sie, wie sich aus der Textfassung des EVÜ deutlich ergibt (vgl noch unten Rn 32 und oben Rn 9, 25). In der großen Mehrzahl der Fälle hat es mit dem von der jeweiligen Vermutungsregel bestimmten Recht sein Bewenden (ebenso Lagarde Rev crit 1991, 310). Eine Korrektur über Abs 5 ist nur ausnahmsweise angezeigt, wenn gewichtige Hinweise zu einer anderen als der vermuteten Rechtsordnung führen (eingehend Erman/Hohloch Art 28 Rn 17; Kropholler § 52 III 4). Der **Ausnahmecharakter der Ausweichklausel** bedeutet, dass Umstände gegeben sein müssen, die an Gewicht deutlich das Anknüpfungsmerkmal übertreffen, auf das sich die Vermutungsregel gründet (vBar II Rn 489; Dicey/Morris II 32–123; Erman/Hohloch Art 28 Rn 17; ähnlich Kropholler aaO).

31 Gelten die Vermutungsregeln dagegen nicht, weil es an ihren Tatbestandsvoraussetzungen fehlt, dann ist gemäß Art 28 Abs 1 **unmittelbar die engste Beziehung** maßgebend. Sie ist ebenfalls aus der Gesamtheit der Umstände zu erschließen. Hier kommt das Recht zum Zug, zu dem die – sei es auch nur leicht – überwiegenden Anknüpfungsmerkmale führen (näher unten Rn 37).

32 Innerhalb der Vermutungsregeln besteht ein **Ausschlussverhältnis.** Für Grundstücks- und Güterbeförderungsverträge ist es nicht zulässig, von der spezielleren Vermutung zur allgemeineren in Abs 2 überzugehen (so aber OLG Köln NJW-RR 1996, 1144). Handelt es sich etwa um einen Güterbeförderungsvertrag, bei dem die weiteren Voraussetzungen der speziellen Vermutung in Abs 4 nicht gegeben sind, dann ist Art 28 Abs 1 anzuwenden (vgl Art 4 Abs 4 Satz 1 EVÜ: „Die Vermutung nach Abs 2 gilt nicht für Güterbeförderungsverträge."; s auch Begründung BT-Drucks 10/504, 79; MünchKomm/Martiny Art 28 Rn 59; Palandt/Heldrich Art 28 Rn 6). Bei Grundstücksverträgen geht es ohnehin nur um die Frage, ob ein derartiger Vertrag vorliegt – dann gilt allein Abs 3 –; ist das zu verneinen, dann gilt Abs 2 oder bei fehlender charakteristischer Leistung Abs 1. Der Sache nach wäre es auch unverständlich, warum spezielle Vermutungen geschaffen wurden, wenn an deren Stelle hilfsweise stets die allgemeine Vermutung des Art 28 Abs 2 treten könnte (von diesem Verständnis gingen auch die Schöpfer des EVÜ aus, vgl Giuliano/Lagarde 54, die ausführen, dass bei Fehlen der Voraussetzungen des Abs 4 statt dessen Abs 1 eingreife).

VI. Grundsatzanknüpfung: die engste Verbindung (Abs 1)

1. Inhalt

Art 28 Abs 1 Satz 1 stellt das **Grundprinzip** auf, **nach dem Schuldverträge anzuknüpfen** 33 **sind,** für die die Parteien keine oder nur eine teilweise Rechtswahl getroffen haben und für die auch keine internationalen Konventionen gelten. Diese Verträge sind nach dem Recht zu beurteilen, mit dem sie am engsten verbunden sind. Der „an sich zu unbestimmte Begriff der ‚engsten Verbindungen'" (so schon GIULIANO/LAGARDE 53), „der für sich allein wenig besagt" (so Begründung BT-Drucks 10/504, 78), bezeichnet eher eine **Zielvorstellung der Anknüpfung.** Da er weder im Gesetz noch in den Materialien näher definiert ist, bedarf er der Ausfüllung und Konkretisierung. Zum Teil wird deshalb nur eine Leerformel oder „non rule" in ihm gesehen (JUENGER RabelsZ 46 [1982] 72; KEGEL/SCHURIG § 6 I 4 b). Auch wenn die generalklauselartige Weite des Begriffs problematisch ist, so ist – entgegen den kritischen Stimmen – eine hinreichende Präzisierung dennoch möglich. Dass der Begriff dem Richter im Einzelfall freilich ein erhebliches Ermessen einräumt, ist im Interesse der Einzelfallgerechtigkeit – und auf Kosten der Rechtssicherheit – gewollt (GIULIANO/LAGARDE 55 [zu Abs 5]).

Über den **Begriff der engsten Verbindung** besteht zumindest in folgenden Punkten 34 Einigkeit: Zum einen ist seine **Bedeutung** wegen der geringen Zahl der Fälle, in denen das anwendbare Recht allein aufgrund der engsten Verbindung zu ermitteln ist, nach übereinstimmender Ansicht **begrenzt.** Denn die Anknüpfung an die engste Verbindung ist eine Auffangregel, die nur zum Zug kommt, wenn die Vermutungsregeln des Art 28 Abs 2–4 nicht eingreifen (vgl oben Rn 27). Ferner kommt es im Ergebnis auf die engste Verbindung an, wenn die Vermutungen ausnahmsweise nicht zum engstverbundenen Recht führen und deshalb die Ausweichklausel des Abs 5 anzuwenden ist. Zum anderen besteht Einigkeit, dass die engste Verbindung durch **objektive Gegebenheiten** und nicht durch einen vermuteten Parteiwillen bestimmt wird (vgl etwa AUDIT Rn 802; DICEY/MORRIS II 32–106 f; ERMAN/HOHLOCH Art 28 Rn 10; KROPHOLLER § 52 III 5; LAGARDE Rev crit 1991, 306; MünchKomm/MARTINY Art 28 Rn 10, 89).

Einigkeit besteht ferner darüber, dass bei der Ermittlung der engsten Verbindung die 35 **Gesamtheit der Umstände** – und nicht etwa nur eine isolierte Tatsache – zu berücksichtigen ist (GIULIANO/LAGARDE 55 [zu Abs 5]; vBAR II Rn 486; DICEY/MORRIS II 32–107; ERMAN/HOHLOCH Art 28 Rn 10; KROPHOLLER aaO; MünchKomm/MARTINY Art 28 Rn 6; PALANDT/HELDRICH Art 28 Rn 2). Art 28 Abs 5 ordnet das für die Ausweichklausel ausdrücklich an; doch gilt dieser Gedanke ebenso für Art 28 Abs 1.

Schließlich sind **Anhaltspunkte,** aus welchen Umständen sich die Verbindung eines 36 Vertrages zum Recht eines Staates ergeben kann, sowohl **aus den Vermutungen** in Art 28 Abs 2–4, ferner aus den objektiven Anknüpfungen in Art 29 Abs 2 und Art 30 Abs 2 sowie aus den Sonderanknüpfungen der Art 31 Abs 2 und 32 Abs 2 abzuleiten (ERMAN/HOHLOCH Art 28 Rn 10; KROPHOLLER § 52 III 5; eingehend MünchKomm/MARTINY Art 28 Rn 74 ff). Die dort genannten Umstände und weitere, ihnen ähnliche Gegebenheiten sind für die Feststellung der engsten Verbindung zu berücksichtigen. Im Ergebnis sind damit weitgehend jene Faktoren heranzuziehen, die auch bei der stillschweigenden Rechtswahl einen Hinweis auf das gewählte Recht geben (vBAR II Rn 490; FERID Rn 6-53; KROPHOLLER aaO; MünchKomm/MARTINY Art 28 Rn 10). Die Abgrenzung zur stillschweigenden Rechtswahl wird ohnehin nur in der Theorie klar, in der Praxis aber als fließend angesehen (vBar, Kropholler, MünchKomm/Martiny, Palandt/Heldrich jeweils aaO).

37 Soweit die engste Verbindung unmittelbar nach Art 28 Abs 1 zu bestimmen ist, weil die Vermutungen nach Abs 2–4 ausscheiden (sog **primäre Anwendung des Abs 1,** vgl Erman/Hohloch Art 28 Rn 18; Ferid Rn 6–54; MünchKomm/Martiny Art 28 Rn 7), besteht sie mit demjenigen Recht, auf das bei einer Abwägung aller Einzelfallumstände die – seien es auch nur leicht – überwiegenden Indizien hinweisen (ebenso vHoffmann § 10 Rn 64). Ein Offenlassen der engsten Verbindung gibt es nicht (Erman/Hohloch Art 28 Rn 10; MünchKomm/Martiny Art 28 Rn 9). Im Unterschied dazu setzt die engste Verbindung im Sinn des Art 28 Abs 5 (sog **sekundärer Anwendungsbereich des Abs 1,** vgl Ferid Rn 6–54; MünchKomm/Martiny Art 28 Rn 8) voraus, dass deutlich gewichtigere Anknüpfungsmerkmale, als die jeweilige Vermutungsregel sie verwendet, auf ein anderes Recht verweisen (vgl Erman/Hohloch Art 28 Rn 17; Kropholler § 52 III 4; MünchKomm/Martiny Art 28 Rn 92; Soergel/vHoffmann Art 28 Rn 19; ebenso zum EVÜ Hoge Raad Ned Jur 1992, 750; Dicey/Morris II 32–123). Lässt sich ein deutliches Überwiegen nicht feststellen, dann bleibt es bei dem vermutungsweise geltenden Recht.

2. Indizien der engsten Verbindung

a) Allgemeines

38 Soweit die engste Verbindung ausnahmsweise unmittelbar zum anwendbaren Recht führen soll, bezeichnet sie ein Ergebnis, das aus Indizien erschlossen werden muss. Welche Indizien Hinweise auf das anwendbare Recht geben können, lässt sich zunächst aus den Anknüpfungsmerkmalen der gesetzlichen Bestimmungen zum internationalen Vertragsrecht entnehmen (vgl oben Rn 36). Hinzu kommt ein Kreis ungeschriebener Merkmale, über deren Signifikanz für das maßgebliche Recht mehr oder minder Einigkeit besteht. Schließlich kommen zahlreiche und nicht abschließend festzulegende Umstände in Betracht, die nur im Einzelfall vorliegen und hier den Ausschlag geben können.

39 Für eine Reihe der Anknüpfungsmerkmale ist anerkannt, dass sie **schwache oder starke Indizwirkung** haben. Ferner führt eine Kumulation mehrerer gewichtiger Anknüpfungsmerkmale gewöhnlich zu dem durch sie indizierten Recht. Darüber hinaus ist die Gewichtung und Abwägung der Merkmale in starkem Maß Sache des Einzelfalles.

b) Gesetzlich verwendete Anknüpfungsmerkmale
aa) Gewöhnlicher Aufenthaltsort

40 Zu den zentralen – starken – Anknüpfungsmerkmalen gehört der Ort des **gewöhnlichen Aufenthalts der Vertragsparteien,** der in der Regel das Zentrum ihrer geschäftlichen oder privaten Tätigkeit bildet und den auch Art 29 Abs 2, 3 und 4 sowie Art 31 Abs 2 verwenden (ebenso Erman/Hohloch Art 28 Rn 11; Kropholler § 52 III 5; zum EVÜ Dicey/Morris II 32–107; Loussouarn/Bourel Rn 378–6). Für Gesellschaften und juristische Personen steht ihr Sitz, der Ort ihrer Hauptverwaltung oder Hauptniederlassung, gleich (Art 28 Abs 1 Satz 1 und 2, Art 30 Abs 2 Nr 2). Zumal einem übereinstimmenden Aufenthaltsort oder Sitz beider Parteien erhebliches Gewicht zukommt (vgl schon Giuliano/Lagarde 53 mit dem Beispiel eines Mietvertrages zweier in Belgien ansässiger

Parteien über ein Ferienhaus auf Elba; Kegel/Schurig § 18 I 1d; MünchKomm/Martiny Art 28 Rn 74). Diese Regeln gelten ohne Einschränkung auch für Internetgeschäfte (Mankowski RabelsZ 63 [1999] 220 ff, 230 f; Reich/Nordhausen Rn 104 ff).

bb) Belegenheitsort
Der Ort der Belegenheit ist nicht nur bei Grundstücksverträgen, sondern auch bei **41** Schuldverträgen zu beachten, bei denen es um ähnlich ortsfeste Gegenstände, etwa Unternehmen, geht oder bei denen die Belegenheit des Vertragsgegenstandes im Übrigen eine besondere Rolle spielt (zB Lizenzland für Lizenzvertrag; vgl Kropholler § 52 III 5), sofern dort nicht ohnehin der Erfüllungsort liegt. Zur Bedeutung des Belegenheitsortes bei Bauverträgen vgl u Rn 309 ff.

cc) Erfüllungsort
Im Gegensatz zum früheren Recht hat der Erfüllungsort nicht mehr die Bedeutung **42** einer letzten hilfsweisen Anknüpfungsstufe (dazu oben Rn 12). Nur im Sonderbereich der Arbeitsverträge hat er noch maßgebliche Anknüpfungswirkung (vgl Art 30 Abs 2 Nr 1). Im Übrigen verwendet ihn das Gesetz nur in untergeordneter Funktion in Art 32 Abs 2 und mittelbar in Art 28 Abs 4: Der Entladeort wird meist der Erfüllungsort sein. Soweit die engste Verbindung zu ermitteln ist, stellt der Erfüllungsort damit zwar ein für die Abwägung heranzuziehendes Anknüpfungsmerkmal dar (BGHZ 109, 29 = IPRax 1990, 318 m Aufs W Lorenz; Dicey/Morris II 32–107; Erman/Hohloch Art 28 Rn 12; vHoffmann § 10 Rn 64; Kegel/Schurig § 18 I 1 e; Loussouarn/Bourel Rn 378–6; MünchKomm/Martiny Art 28 Rn 81). Doch kommt ihm nach überwiegender Ansicht regelmäßig **nur schwache Indizwirkung** zu (Erman/Hohloch, MünchKomm/Martiny jeweils aaO; **anders** – starke Wirkung – Soergel/vHoffmann Art 28 Rn 128; wohl auch Dicey/Morris aaO).

Problematisch ist die Bestimmung des Erfüllungsortes. Soweit sich ein **tatsächlicher 43 Erfüllungsort** feststellen lässt, sollte es auf das durch ihn indizierte Recht ankommen (**aA** – der rechtliche Erfüllungsort entscheidet – MünchKomm/Martiny Art 28 Rn 81). Soweit es auf den **rechtlichen Erfüllungsort** ankommt, an dem erst geleistet werden soll, kann er nur durch Rückgriff auf eine Rechtsordnung bestimmt werden. Die deutsche Rechtsprechung wendet deutsches Recht an, entnimmt ihn damit der lex fori (BGH NJW 1988, 966 [967]; OLG Hamm NJW 1990, 652 [653]; Kegel/Schurig § 18 I 1 e; MünchKomm/Martiny aaO).

c) Weitere beachtliche Umstände
aa) Staatsangehörigkeit
Grundsätzlich hat die Staatsangehörigkeit im internationalen Vertragsrecht heute im **44** Allgemeinen nur **geringe Bedeutung** wie insbesondere moderne Konventionen zeigen (vgl Art 1 Abs 3 CISG; aber auch Art 2 Abs 1 GVÜ) oder sich auch aus Art 12 EGBGB (= Art 11 EVÜ) ergibt, der für die allgemeinen Vertragsschlussvoraussetzungen das Heimatrecht der Vertragsparteien nur begrenzt berücksichtigt. Die Staatsangehörigkeit stellt damit zwar ein zu beachtendes Indiz dar, das jedoch nur im Verein mit anderen Indizien ausschlaggebende Bedeutung gewinnen kann. So gibt die Staatsangehörigkeit **einer** Partei gewöhnlich nur einen schwachen Hinweis auf das Recht der engsten Verbindung (ähnlich Erman/Hohloch Art 28 Rn 11; MünchKomm/Martiny Art 28 Rn 83; für starkes Gewicht bei Arbeitsverträgen BAG IPRax 1994, 123 [127 f]; ohne Gewichtung Loussouarn/Bourel Rn 378–6). Größere Indizwirkung hat eine übereinstim-

mende Staatsangehörigkeit der Vertragsparteien. Die ältere Rechtsprechung hatte ihr zT maßgebende Bedeutung beigemessen (vgl etwa BGH WM 1977, 793). Sie wird indessen von einem gemeinsamen gewöhnlichen Aufenthalt oder Sitz an Gewicht deutlich übertroffen (ebenso ERMAN/HOHLOCH, MünchKomm/MARTINY aaO). Schließen etwa **Gastarbeiter** gleicher Staatsangehörigkeit im gemeinsamen Aufenthaltsstaat Verträge miteinander, so tritt hier die Staatsangehörigkeit in der Regel gegenüber den Hinweisen auf das Aufenthaltsrecht ganz zurück (OLG Düsseldorf IPRax 1984, 270 m abl Aufs FUDICKAR IPRax 1984, 253; vgl auch ArbG Kaiserslautern IPRax 1988, 250).

bb) Abschlussort, Vertragssprache, Währung

45 Nur **schwache Indizwirkung** haben nach weitgehend übereinstimmender Meinung der Abschlussort, die Vertragssprache und die vertraglich vereinbarte Währung (BAG IPRax 1991, 407 [410] m Aufs MAGNUS IPRax 1991, 382 ff; BAG IPRax 1994, 123 [128] m Aufs MANKOWSKI IPRax 1994, 88 ff; OLG Düsseldorf MDR 2000, 575; ERMAN/HOHLOCH Art 28 Rn 12; MünchKomm/MARTINY Art 28 Rn 78, 80, 86; offenbar für größeres Gewicht des Abschlussortes DICEY/MORRIS II 32–107). Bei einer Abwägung sind diese Momente zwar mit zu berücksichtigen. Sie vermögen aber nur unterstützend oder aber kumulativ, wenn sie alle zum selben Recht führen, einen Hinweis auf das anwendbare Recht zu geben.

46 Noch geringeres Gewicht als der Abschlussort hat der Ort, an dem Vertragsverhandlungen stattgefunden haben (OLG Düsseldorf WM 1989, 45; OLG München NJW-RR 1989, 663). Maßgebliche Bedeutung hat der Abschlussort jedoch bei Börsengeschäften und Versteigerungen (vgl unten Rn 176).

cc) Beurkundungsort

47 Wird ein Vertrag unter Einschaltung amtlicher Stellen – Beurkundung, Genehmigung, Bestätigung durch Notar, Gericht, Behörde – abgeschlossen, dann ist in diesem Umstand auch ein Hinweis auf das Recht am **Ort der amtlichen Handlung** zu sehen (so die Rechtsprechung vor der IPR-Reform: LG Hamburg RiW 1977, 747; LG Amberg IPRax 1982, 29 m Anm JAYME; VHOFFMANN § 10 Rn 60 [zu Abs 5]; MünchKomm/MARTINY Art 28 Rn 82). Zum Teil wird ihm ein in der Regel entscheidendes Gewicht zugeschrieben (so ERMAN/ HOHLOCH Art 28 Rn 11). Er ist in die Gesamtabwägung mit einzubeziehen, wobei seine Bedeutung auch von den Fallumständen, etwa dem Zweck und der Notwendigkeit der amtlichen Beteiligung, abhängt.

dd) Flagge, Heimathafen, Registrierungsort

48 Bei Verträgen, die sich auf Schiffe, Flugzeuge, Kfz oder sonstige Gegenstände beziehen, die registriert werden, hat der Registerort Indizwirkung für das an diesem Ort geltende Recht. Auch hier hängt die Stärke der Indizwirkung von den Umständen ab. Für Beförderungsverträge in diesen Fahrzeugen etwa hat der Registerort nur untergeordnete Bedeutung (näher unten Rn 111). Für die Veräußerung oder Belastung der Fahrzeuge hat er dagegen größeres Gewicht (vgl auch MünchKomm/MARTINY Art 28 Rn 87 für die Flagge).

ee) Staaten als Vertragspartner

49 Ist ein Staatsunternehmen oder eine staatliche Stelle Vertragspartner, so liegt darin ein gewisser, aber doch kein zwingender Hinweis, dass zum Recht dieses Staates die engste Beziehung besteht (VHOFFMANN BerGesVR 25 [1984] 57 f; MünchKomm/MARTINY Art 28 Rn 85; eingehend AUDIT Rn 806; ohne Gewichtung LOUSSOUARN/BOUREL Rn 378–6; **aA** –

im Zweifel engste Verbindung stets zu diesem Recht – die ältere Rechtsprechung OLG Koblenz OLGZ 1975, 379; OLG Frankfurt IPRspr 1979 Nr 10 b; ferner KEGEL/SCHURIG § 18 I 1 d; PALANDT/HELDRICH Art 28 Rn 2; ambivalent ERMAN/HOHLOCH Art 28 Rn 11).

ff) Verhalten im Prozess

Aus einem bestimmten Verhalten im Prozess kann zwar eine ausdrückliche oder stillschweigende Rechtswahl abgeleitet werden (vgl Art 27 Rn 70 ff). Darauf eine objektive Anknüpfung stützen zu wollen, ist jedoch abzulehnen (anders die Rechtsprechung vor der IPR-Reform: BGH NJW 1962, 1005 m abl Anm MAIER NJW 1962, 1345; BGH IPRax 1981, 93 m Aufs SPELLENBERG IPRax 1981, 75). Einseitiges **nachträgliches Parteiverhalten** ist kein objektiver Bezugspunkt, der die Verbindung des Vertrages zu einer Rechtsordnung belegt (ebenso MünchKomm/MARTINY Art 28 Rn 79). 50

gg) Gerichtsstands-, Schiedsgerichtsvereinbarung

Gerichtsstands- und Schiedsklauseln sind wichtige Indizien für eine stillschweigende Rechtswahl (vgl Art 27 Rn 64 ff). Führen sie im Rahmen der subjektiven Anknüpfung nicht zu einem bestimmten Recht, dann ist ihnen aber in aller Regel auch für die objektive Anknüpfung **kaum eine Indizwirkung** zu entnehmen (ähnlich ERMAN/HOHLOCH Art 28 Rn 12; MünchKomm/MARTINY Art 28 Rn 75 f), da ein klarer Hinweis auf ein anzuwendendes Recht dann gerade fehlt (vgl die Varianten bei Art 27 Rn 64 ff). Die vor 1986 ergangene Rechtsprechung hatte Gerichtsstands- und Schiedsvereinbarungen demgegenüber innerhalb der Ermittlung des hypothetischen Parteiwillens mit stärkerem Gewicht berücksichtigt (etwa BGH NJW 1961, 25; OLG Hamburg RiW 1979, 482). Für diese Rechtsprechung ist mit der IPR-Reform die Grundlage entfallen. 51

hh) Bezugnahme des Vertrages auf ein Recht; angelehnte und kombinierte Verträge

Nimmt ein Vertrag auf Vorschriften oder Regelungen einer bestimmten Rechtsordnung Bezug, so ist dieser Umstand, wenn er nicht hinreicht, eine stillschweigende Rechtswahl zu belegen (Art 27 Rn 75 ff), auch für die objektive Anknüpfung **nur von untergeordneter Bedeutung** (ähnlich MünchKomm/MARTINY Art 28 Rn 77). Es fehlt dann eine deutliche Verknüpfung des Vertrages mit einem bestimmten Recht. 52

Das Gleiche muss gelten, wenn ein Vertrag auf einen anderen Vertrag verweist, für den das anwendbare Recht feststeht, oder wenn er mit diesem in engem Zusammenhang steht, wie das bei **angelehnten oder kombinierten Verträgen** der Fall sein kann. Lässt sich hier keine stillschweigende Rechtswahl annehmen (vgl Art 27 Rn 81 f), dann ist im Allgemeinen auch eine Indizwirkung für die objektive Anknüpfung nur sehr begrenzt möglich. 53

ii) Favor negotii; Marktanknüpfung

Für die objektive Anknüpfung spielt es nach hM keine Rolle, ob das danach berufene Recht den Vertrag für gültig oder ungültig erklärt (ERMAN/HOHLOCH Art 28 Rn 13; MünchKomm/MARTINY Art 28 Rn 88; PALANDT/HELDRICH Art 28 Rn 2; zT **anders** die ältere Rechtsprechung BGH JZ 1961, 261 m Anm HENRICH; BGH WM 1977, 793; ferner MARSCH 77 f). Das verbietet es aber nicht, die **Interessenlage der Parteien** auch bei der objektiven Anknüpfung aufgrund der engsten Verbindung zu berücksichtigen (ebenso MünchKomm/MARTINY Art 28 Rn 89). 54

Auch der **Marktort,** auf dem sich ein vertragliches Geschehen abspielt, hat für die Anknüpfung keine generelle Bedeutung. Lediglich in einzelnen Zusammenhängen wie zB beim Barkauf mag er eines der Indizien sein, die über Art 28 Abs 5 zu einer anderen als der zunächst vermuteten Anknüpfung führen (vgl eingehend hierzu Martiny, in: FS Drobnig 389 ff).

3. Teilanknüpfung (Abs 1 Satz 2)

55 Ebenso wie bei der Rechtswahl (Art 27 Abs 1 Satz 3) ist auch bei der objektiven Anknüpfung eine Aufspaltung des Vertrages in Teile zulässig, die unterschiedlichem Recht unterstehen. Art 28 Abs 1 Satz 2 erlaubt das jedoch nur, wenn sich ein Teil des Vertrages vom Rest trennen lässt und seinerseits eine engere Verbindung zu einem anderen Recht als demjenigen des Restvertrages aufweist. Zusätzlich soll eine solche Aufspaltung **nur „ausnahmsweise"** in Betracht kommen und nach Möglichkeit vermieden werden (Begründung BT-Drucks 10/504, 78; Giuliano/Lagarde 55: „so selten wie möglich"; Audit Rn 802; Dicey/Morris II 32–109; MünchKomm/Martiny Art 28 Rn 22; Soergel/ vHoffmann Art 28 Rn 131). Das ist auch deshalb berechtigt, weil die Parteien ja die Möglichkeit der Teilrechtswahl haben und prinzipiell kein Grund besteht, sie zu korrigieren, wenn sie von ihrer Wahlmöglichkeit keinen Gebrauch gemacht haben.

56 In aller Regel gilt deshalb ein **einheitliches Vertragsstatut** für den Gesamtvertrag.

57 Die objektive Vertragsspaltung setzt voraus, dass sich der Vertrag in **abtrennbare Teile** zerlegen lässt. Anders als bei der Teilrechtswahl (vgl Art 27 Rn 90 ff) wird hier nur die Abspaltung größerer und in sich geschlossener Teilkomplexe des Gesamtvertrages in Frage kommen, für die sich ein selbständiger Schwerpunkt ermitteln lässt (aA MünchKomm/Martiny Art 28 Rn 23). So kann nicht etwa die Frage der vertraglichen Bindung vom Übrigen Vertrag abgespalten werden (vgl Oestre Landsret UfR 1988, 626 [zu Art 4 Abs 1 Satz 2 EVÜ]; MünchKomm/Martiny Art 28 Rn 22). Auch eine objektive Aufspaltung etwa zwischen Vertragsstatut und Zinsstatut ist – anders als bei gewählter Aufspaltung (vgl Art 27 Rn 91) – abzulehnen.

58 Ferner muss der abzutrennende Vertragsteil mit einem anderen Recht als demjenigen des Restvertrages enger verbunden sein. Insoweit kommt in Betracht, dass für den abtrennbaren Teil entweder eine der Vermutungen des Art 28 Abs 2–4 eingreift oder dass die engste Verbindung für ihn auf ein anderes Recht als jenes des Restvertrages führt (Reithmann/Martiny/Martiny Rn 108).

59 Die Ausnahme der Vertragsspaltung wird insgesamt nur in seltenen Fällen und bei besonderen Gründen in Betracht kommen. Als **Beispielsfälle** für eine denkbare Vertragsspaltung werden vor allem Zusammenarbeitsverträge (vgl OLG Frankfurt RiW 1998, 807 – gesellschaftsrechtlicher Kooperationsvertrag) und sehr komplexe Vertragswerke genannt (Begründung BT-Drucks 10/504, 78; Giuliano/Lagarde 55; MünchKomm/Martiny Art 28 Rn 21; Soergel/vHoffmann Art 28 Rn 130); ferner die Aufspaltung zwischen Finanzierung und dem übrigen Geschäft (Audit Rn 802) und der Lizenzaustauschvertrag (Erman/ Hohloch Art 28 Rn 19, zweifelhaft). Denkbar ist die Vertragsspaltung etwa bei einem Vertrag, der die eine Vertragspartei zur Lieferung und Montage einer Anlage ins Ausland, die andere unter anderem zur Unterbringung, Versorgung und Betreuung des Personals des Liefernden verpflichtet. Die Lieferung und Montage untersteht

nach Art 28 Abs 2 dem Recht des Liefernden. Für die Unterbringung etc liegt die Anwendung des Ortsrechts – als Recht des insoweit charakteristisch Leistenden – näher (zweifelhaft dagegen das Beispiel bei vHoffmann § 10 Rn 65: Vertragsspaltung zwischen Lieferung und Wartungspflicht). Eine Vertragsspaltung kommt auch in Betracht, wenn abgrenzbare Teile eines einheitlichen Vertrages von mehreren, in unterschiedlichen Staaten ansässigen Niederlassungen eines Unternehmens zu erfüllen sind (vgl unten Rn 90).

Nach seiner systematischen Stellung scheint Art 28 Abs 1 Satz 2 nur zu gelten, wenn sich das Vertragsstatut nach Art 28 Abs 1 Satz 1, also unmittelbar aufgrund der engsten Verbindung bestimmt. Doch besteht kein Grund, eine Vertragsspaltung auf diesen Fall zu beschränken. Sie ist unter ihren übrigen engen Voraussetzungen auch zulässig, wenn das Vertragsstatut aus den Vermutungsregeln der Abs 2–4 folgt. **60**

4. Maßgebender Zeitpunkt

Anders als Art 28 Abs 2 Satz 1 und Abs 4 Satz 1 schreibt Abs 1 nicht vor, für welchen Zeitpunkt die engste Verbindung des Vertrages zu bestimmen ist. Grundsätzlich ist auch hier der Zeitpunkt des Vertragsschlusses maßgebend (Erman/Hohloch Art 28 Rn 7, 20; MünchKomm/Martiny Art 28 Rn 25; strikter Reithmann/Martiny/Martiny Rn 113). Doch können Umstände, die erst nach Vertragsschluss eingetreten sind, berücksichtigt werden (Giuliano/Lagarde 52). Damit dürfte gemeint sein, dass spätere Änderungen insoweit zu beachten sind, als sie ein Licht auf die bei Vertragsschluss engste Verbindung zu werfen vermögen (Dicey/Morris II 32–110). Ein **Statutenwechsel** im eigentlichen Sinn scheidet damit aus, da nicht mehrere Rechte nacheinander für den Vertrag gelten (für ausnahmsweisen Statutenwechsel dagegen MünchKomm/Martiny Art 28 Rn 25; anders Reithmann/Martiny/Martiny Rn 113). Im Beurteilungszeitraum wird vielmehr aus der Gesamtheit der dann vorliegenden Umstände auf das den Vertrag beherrschende Recht zurückgefolgert. Bedeutung hat dies für Dauerschuldverhältnisse, bei denen sich Anknüpfungstatsachen seit dem Vertragsschluss geändert haben (insbes Verlegung des Sitzes eines Vertragspartners). Hier ist dann aus den Fallumständen insgesamt zu ermitteln, ob die engste Verbindung zum früheren oder zum späteren Sitzrecht – oder zu einem anderen Recht – bestand. **61**

VII. Vermutungsregeln

Art 28 stellt in Abs 2 eine allgemeine und in den Abs 3 und 4 zwei spezielle Vermutungsregeln auf. Sie konkretisieren den Grundsatz der engsten Verbindung und geben damit für die meisten Fälle eine **einfach zu handhabende Grundlage,** auf der sich das anwendbare Vertragsrecht unmittelbar aus dem Vertrag selbst bestimmen lässt. Vorbehalten bleibt freilich stets die Prüfung, ob die Ausweichklausel des Abs 5 eingreift. **62**

1. Regelanknüpfung an die charakteristische Leistung (Abs 2)

a) Allgemeines
Nach Art 28 Abs 2 Satz 1 besteht die **generelle Vermutung,** dass ein Vertrag mit dem Recht jenes Ortes am engsten verbunden ist, an dem der **Schuldner der charakteristischen Vertragsleistung** seinen Sitz hat. Diese Regel gilt für jedweden Vertragstyp, **63**

soweit für ihn keine spezielle Vermutungs- oder Kollisionsregel eingreift. Sie gilt uneingeschränkt auch für Verträge, die durch elektronische Kommunikation, insbes über das Internet, geschlossen wurden (dazu BACHMANN, in: LEHMANN 169 ff; JUNKER RiW 1999, 817 f; MANKOWSKI RabelsZ 63 [1999] 220 ff; REICH/NORDHAUSEN RN 104 ff; ferner UNCITRAL Model Law on Electronic Commerce 1996). Die Regel erlaubt für die Masse der Fälle eine der Eigenart des jeweiligen Vertrags angepasste, gleichwohl rechtssichere Anknüpfung, verbindet also erhebliche Flexibilität mit Klarheit und Voraussehbarkeit. Die so gewonnene Rechtssicherheit bei der Bestimmung des anwendbaren Rechts wird auch nicht durch die Ausweichklausel des Abs 5 in Frage gestellt, sofern diese nicht extensiv, sondern mit der gebotenen Zurückhaltung angewendet wird (vgl näher unten Rn 126 f).

64 Das Konzept der **charakteristischen Leistung** geht auf den Schweizer ADOLPH F SCHNITZER zurück und wurde von dem Schweizer FRANK VISCHER fortentwickelt (vgl SCHNITZER II [2. Aufl 1944] 513 ff; VISCHER 108 ff). Das Schweizer Bundesgericht hat diese Lehre frühzeitig übernommen (erstmals in SchweizJbIntR 5 [1948] 113 f; endgültig in: BGE 78 II 74). In der Schweizer Rechtsprechung hat sich das Konzept durchaus bewährt und seinen Niederschlag in dem Typenkatalog des Art 117 Abs 2 Schweizer IPRG vom 1. 1. 1989 gefunden (eingehend dazu HEINI/KELLER/KREN KOSKIEWICZ Art 117 Rn 1 ff; VISCHER/HUBER/OSER 163 ff). Einen ganz ähnlichen Katalog enthielten die §§ 36 ff östIPRG sowie § 12 RAG der DDR (Text: Vorbem 20 zu Art 27 ff). Die Anknüpfung an das Recht des charakteristisch Leistenden wird damit gerechtfertigt, dass er gewöhnlich die regelungsintensivere Pflichtenstellung hat, dass er ferner die Leistung häufig berufsmäßig und oft auch als Massengeschäft erbringt und deshalb vom anwendbaren Recht stärker betroffen wird als die andere Vertragspartei (vgl vHOFFMANN, in: LANDO/vHOFFMANN/SIEHR 8; KROPHOLLER § 52 III 2a).

65 Die **Kritik** am Konzept der charakteristischen Leistung ist allerdings bis heute nicht verstummt (vgl etwa JUENGER RabelsZ 46 [1982] 75 ff; KAYE 188 ff; MORSE YbEurL 2 [1982] 326 ff). Insbesondere ist eine regelhafte Bevorzugung des professionellen Anbieters („der stärkeren Seite") gegenüber dem privaten Kunden und Endabnehmer nicht zu leugnen. Sie wird durch Art 29 mit seiner sehr begrenzten Reichweite nur unzureichend kompensiert und ist rechtspolitisch nicht zu rechtfertigen. Die deutsche Rechtsprechung versucht deshalb, Schutzlücken dadurch zu schließen, dass sie über Art 34 nationales Recht, vor allem Verbraucherschutzrecht einschaltet (vgl BGHZ 123, 380 [390 f]; BGHZ 135, 124). Diese ‚Nationalisierung' des Verbraucherschutzrechts ist freilich aus kollisionsrechtlicher Sicht unbefriedigend. Sie birgt auch die Gefahr einer ganz uneinheitlichen Praxis in den EVÜ-Staaten. Allerdings spricht das Vorgehen der deutschen Rechtsprechung nur dafür, den zu kurz greifenden Art 29 gesetzlich oder richterrechtlich zu korrigieren (vgl näher die Erl zu Art 29). Es belegt nicht, dass das Konzept der charakteristischen Leistung als solches generell ungeeignet wäre (zur Verteidigung des Konzepts vgl auch VISCHER, in: Liber amicorum Droz 499 ff sowie VISCHER/HUBER/ OSER 144 ff).

66 Auch dass die charakteristische Leistung gelegentlich nicht zu bestimmen ist oder dass ein Vertrag trotz charakteristischer Leistung mit einer anderen Rechtsordnung enger verbunden ist, sind letztlich keine durchgreifenden Kritikpunkte (so aber JUENGER, KAYE aaO). Denn beiden Fällen kann über Art 28 Abs 1 und 5 Rechnung getragen werden (ebenso KROPHOLLER § 52 III 2 a, b; ferner REITHMANN/MARTINY/MARTINY Rn 112).

Insgesamt stellt das Konzept der charakteristischen Leistung in der im EVÜ verwirklichten Form – von der geschilderten Schwäche des Art 29 abgesehen – eine **tragfähige Anknüpfungsmethode** zur Verfügung, die sich in der bisherigen europäischen Praxis auch als praktikabel erwiesen hat (vgl MARTINY ZEuP 1995, 76).

Die **Vermutung** des Abs 2 ist stets **widerleglich** (GIULIANO/LAGARDE 54 f). Bestehen **67** deutlich engere Bezüge zu einem anderen Recht, dann gilt nach Abs 5 dieses (dazu unten Rn 126 ff). Zu dem Fall, dass sich keine charakteristische Leistung ermitteln lässt, näher unten Rn 91 ff.

b) Qualifikation
Das Konzept der charakteristischen Leistung erfordert in gewissem Umfang die **68** Bildung von **Vertragskategorien.** Dies sollte soweit wie möglich für die EVÜ-Staaten einheitlich und damit **rechtsvergleichend** geschehen (vgl auch Art 36 EGBGB; ferner SOERGEL/vHOFFMANN Art 28 Rn 25). Nach aA entscheidet das Vertragssystem der lex fori, dessen materielle Regeln jedoch so weit gefasst werden sollten, dass sie auch inhaltlich abweichende ausländische Gestaltungen erfassen können (ERMAN/HOHLOCH Art 28 Rn 16; MünchKomm/MARTINY Art 28 Rn 31; REITHMANN/MARTINY/MARTINY Rn 115). Kollisionsregeln sind für die Einordnung in Vertragstypen in keinem Fall zwischenzuschalten, da das nur unter Präjudizierung der IPR-Frage geschehen könnte.

Grundsätzlich hat die **Qualifikation einheitlich für den gesamten Vertrag** zu erfolgen **69** (zur Vertragsspaltung vgl oben Rn 55 ff). Ferner ist der **Hauptzweck des Vertrages** dafür **maßgebend,** welchem Vertragstyp das Vertragsverhältnis zuzuordnen ist. Für Güterbeförderungsverträge schreibt Art 28 Abs 4 Satz 2 diese Sichtweise ausdrücklich vor.

c) Inhaltliche Festlegung der charakteristischen Leistung
Das Gesetz definiert die charakteristische Leistung nicht. Doch liegt der gesetzlichen **70** Regelung das Verständnis zugrunde, dass jene Leistung gemeint ist, die **dem Vertrag sein Gepräge gibt,** für seine Einordnung unter die verschiedenen Vertragstypen ausschlaggebend ist und die in der Regel nicht die bloße Entgeltleistung ist (vgl Begründung BT-Drucks 10/504, 78; GIULIANO/LAGARDE 52 f; DICEY/MORRIS II 32–113; ERMAN/HOHLOCH Art 28 Rn 21; JUNKER RN 362; KROPHOLLER § 52 III 2; MünchKomm/MARTINY Art 28 Rn 30; PALANDT/HELDRICH Art 28 Rn 3; VISCHER/HUBER/OSER 119 ff). Insoweit kann auch auf die Typenlehre des Schweizer Rechts zurückgegriffen werden, auf der das Konzept der charakteristischen Leistung ja fußt (Begründung BT-Drucks 10/504, 78; DICEY/MORRIS II 32–114 f). Der Begriff der charakteristischen Leistung will der spezifischen wirtschaftlichen Funktion des jeweiligen Vertrages Rechnung tragen, um „den Vertrag an das sozio-ökonomische Milieu anzuknüpfen, in das er gehört" (GIULIANO/LAGARDE 52). Es soll das Recht gelten, in dem diejenige Vertragspartei zu Hause ist, die die in der Regel kompliziertere, regelungsbedürftigere Leistung beisteuert, die den Kern und Zweck des Leistungsaustausches ausmacht.

Maßgebend für die Bestimmung der charakteristischen Leistung ist das **Bild des 71 Vertragstyps** und diejenige Verteilung von Rechten und Pflichten, die **nach der Parteivereinbarung** – ungeachtet, ob diese wirksam ist oder nicht – erkennbar **gewollt ist.** Ergibt sich ein Widerspruch zwischen der Parteiabsprache und dem faktisch Praktizierten – statt der vereinbarten Hauptniederlassung erfüllt zB absprachewidrig die Zweigniederlassung den Vertrag –, dann ist grundsätzlich auf die gewollte Lage abzustellen – im Beispielsfall also weiterhin auf die Hauptniederlassung (im Ergebnis ebenso GIULIANO/LAGARDE 53; DICEY/MORRIS II 32–116 f; ERMAN/HOHLOCH Art 28 Rn 20; Münch-Komm/MARTINY Art 28 Rn 37 f; ferner unten Rn 89). Denn das Konzept der engsten Verbindung will diejenige Rechtsordnung berufen, mit der aus der Sicht verständiger Vertragsparteien die engsten Beziehungen bestehen. Ferner könnte sonst auch eine Partei nachträglich und einseitig das anwendbare Recht manipulieren, indem sie maßgebende Anknüpfungstatsachen verändert. Nachträgliche Änderungen der Anknüpfungstatsachen – zB Sitzverlegung – können aber lediglich im Rahmen des Art 28 Abs 1 und Abs 5 als Indizien herangezogen werden, um festzustellen, zu welchem Recht bei Vertragsschluss tatsächlich die engste Beziehung bestehen sollte (ebenso DICEY/MORRIS II 33–265 s auch oben Rn 61).

72 Vielfach stellt sich die charakteristische Leistung zugleich als die **berufstypische Handlung** eines Vertragspartners dar, der sie im Rahmen seiner geschäftlichen Tätigkeit erbringt. Jedoch setzt sie das keineswegs voraus (vHOFFMANN § 10 Rn 47; SOERGEL/vHOFFMANN Art 28 Rn 33; zT **anders** KEGEL/SCHURIG § 18 I 1d). Auch der Privatmann kann, etwa als Verkäufer, eine charakteristische Leistung erbringen, wie sich im Rückschluss aus Art 28 Abs 2 Satz 2 ergibt.

73 Für die Festlegung der charakteristischen Leistung gelten folgende allgemeine Grundregeln:

74 – Bei **einseitig verpflichtenden Schuldverhältnissen** ist die vereinbarte Leistungspflicht die charakteristische Leistung (GIULIANO/LAGARDE 52, DICEY/MORRIS II 32–114; ERMAN/HOHLOCH Art 28 Rn 22; vHOFFMANN § 10 Rn 46; MünchKomm/MARTINY Art 28 Rn 30). Ähnlich stellt bei unentgeltlichen Verträgen die unentgeltliche Leistung (Schenkung, Leihe etc) die charakteristische Leistung dar (ERMAN/HOHLOCH, vHOFFMANN, MünchKomm/MARTINY jeweils aaO).

75 – **Gegenseitige entgeltliche Verträge** werden in der Regel durch die Naturalleistung, nicht durch die Geldleistung charakterisiert (allgemeine Meinung; vgl etwa Begründung BT-Drucks 10/504, 78; GIULIANO/LAGARDE 52 f; DICEY/MORRIS II 32–114 ERMAN/HOHLOCH Art 28 Rn 22; vHOFFMANN § 10 Rn 45; MünchKomm/MARTINY Art 28 Rn 30). Gelegentlich kann aber auch die Geldleistung als charakteristisch im Mittelpunkt stehen, so beim Darlehen die Darlehenshingabe (vHOFFMANN § 10 Rn 46; MünchKomm/MARTINY aaO; näher zum Darlehen unten Rn 233 ff).

76 – Bei **komplexen Verträgen,** die gegenseitige Naturalleistungspflichten vorsehen, wird häufiger Art 28 Abs 2 Satz 3 eingreifen, da sich eine charakteristische Leistung nicht bestimmen lässt (dazu unten Rn 91 ff). Dann ist das Recht der engsten Beziehung unmittelbar nach Abs 1 zu ermitteln. Doch ist es keineswegs ausgeschlossen, dass die Leistungspflicht einer Vertragspartei auch bei komplexen gegenseitigen Verträgen dem Vertrag insgesamt den Stempel aufdrückt, etwa wenn sie nach ihrem wirtschaftlichen Gewicht und/oder dem Zweck des Vertrages deutlich im Vordergrund steht. Dann ist sie die maßgebliche charakteristische Leistung.

77 Zur charakteristischen Leistung für die einzelnen Vertragsverhältnisse ausführlich unten Rn 142 ff.

d) Räumliche Festlegung der charakteristischen Leistung

78 Aus der charakteristischen Leistung allein lässt sich das anwendbare Vertragsrecht nicht entnehmen. Die notwendige räumliche Verknüpfung mit einer bestimmten Rechtsordnung stellt das Gesetz dadurch her, dass derjenige Ort maßgebend ist, an dem der **Schuldner der charakteristischen Leistung seinen gewöhnlichen Aufenthalt oder seine Niederlassung** hat (Art 28 Abs 1 Satz 1 und 2). Es wird damit an den Sitz der Partei angeknüpft, die die charakteristische Leistung erbringt. Das dort herrschende Rechtsmilieu ist jenes, mit dem der Leistungsaustausch nach dem Grundgedanken der charakteristischen Leistung in der Regel am stärksten verbunden ist (GIULIANO/LAGARDE 52 f; sowie oben Rn 70). Diese Grundregel gilt auch für elektronisch abgeschlossene, insbes Internetgeschäfte (MANKOWSKI RabelsZ 63 [1999] 220 ff; MARTINY ZEuP 1999, 259). Auf den Standort eines eingesetzten, selbständigen Servers kommt es nicht an (ebenso MANKOWSKI RabelsZ 63 [1999] 226 f; REICH/NORDHAUSEN RN 103).

79 Der Sitz iSd Art 28 Abs 2 – Aufenthalt oder tatsächliche Niederlassung, dagegen nicht der statutarische oder Satzungssitz – lässt sich gewöhnlich bei Vertragsschluss erkennen und erlaubt damit in den meisten Fällen, **das anwendbare Recht auch ohne Rechtswahl im voraus sicher zu bestimmen**. Zudem unterstehen alle Verträge, die eine Partei als charakteristisch leistende Seite abschließt, demselben Recht (LAGARDE Rev crit 1991, 308; MünchKomm/MARTINY Art 28 Rn 28). Ein Exportunternehmen etwa kann damit für den Regelfall darauf bauen, dass sein Recht für alle abgeschlossenen Exportverträge gilt.

80 Auf beiläufige oder schwierig festzustellende und von Qualifikationsproblemen belastete Elemente wie den Erfüllungs- oder Abschlussort kommt es nicht an (GIULIANO/LAGARDE 53). Andererseits ist auch nicht ohne weiteres der Sitz des Leistungsschuldners maßgebend. Nur der **Sitz des Schuldners der charakteristischen Leistung** zählt. Er entscheidet aber auch allein (GIULIANO/LAGARDE 53; PALANDT/HELDRICH Art 28 Rn 4). Auf andere Gesichtspunkte kommt es im Rahmen des Art 28 Abs 2 nicht an.

81 Für die Festlegung des Sitzes unterscheidet Art 28 Abs 2 danach, ob der Schuldner der charakteristischen Leistung **privat oder beruflich/gewerblich tätig** geworden ist. Bei privater Tätigkeit entscheidet nach Abs 2 Satz 1 der gewöhnliche Aufenthalt oder – bei juristischen Personen, Gesellschaften und Vereinen – die Hauptverwaltung. Bei geschäftlicher Tätigkeit ist nach Abs 2 Satz 2 die Hauptniederlassung bzw diejenige Niederlassung maßgebend, von der die Leistung zu erbringen ist.

82 Schaltet der eigentliche Vertragspartner zunächst einen Strohmann dazwischen, der zwar den Vertrag abschließt, aber sogleich alle Ansprüche an die ‚eigentliche' Partei abtritt, die auch die Erfüllungsleistungen erbringt, dann ist nicht der **Sitz des Strohmannes**, sondern jener **der ‚eigentlichen' Partei** maßgebend (so zu Recht OLG Stuttgart IPRax 1991, 332). Dagegen bleibt der Sitz der ursprünglichen Vertragspartei maßgebend, wenn eine Abtretung später erfolgt und weder einen engen zeitlichen noch sachlichen Zusammenhang mit dem Vertragsschluss aufweist.

aa) Private Tätigkeit (Abs 2 Satz 1)

83 Abs 2 Satz 1 stellt die Ausgangsregel dar. Sie greift ein, sofern keine Tätigkeit vorliegt, die dem Beruf oder Gewerbe des Schuldners der charakteristischen Leistung zuzuordnen ist. Die Abgrenzung zwischen privater und geschäftlicher Tätigkeit ist –

wie in Art 29 Abs 1 EGBGB und Art 13 Abs 1 GVÜ – nach den Zwecken vorzunehmen, denen das Geschäft dient. Privat sind also Geschäfte, die dem familiären oder Haushaltsbereich zuzurechnen sind und keinen Zusammenhang mit der geschäftlichen Sphäre der betreffenden Person haben. Bei Geschäften, die private wie beruflich/gewerbliche Bezüge aufweisen – zB Anschaffung eines Wagens für private und berufliche Nutzung –, entscheidet der Hauptzweck.

84 Bei privater Tätigkeit entscheidet für Art 28 Abs 2 S 1 bei natürlichen Personen der Ort ihres gewöhnlichen Aufenthalts. Auch wenn dieser Begriff aus dem EVÜ übernommen wurde, hat er die allgemeine, im Kollisionsrecht international übliche Bedeutung (vBar II Rn 508 N 460; Erman/Hohloch Art 28 Rn 22). Es ist mit ihm **der tatsächliche Daseinsmittelpunkt einer Person** gemeint, sofern er auf gewisse Dauer angelegt ist (Dicey/Morris I 6–118 ff; vHoffmann § 10 Rn 50; MünchKomm/Martiny Art 28 Rn 40; Soergel/vHoffmann Art 28 Rn 61). Kurzfristige Aufenthalte, deren Dauer von vornherein begrenzt ist (wie insbes Urlaub), vermögen keinen gewöhnlichen Aufenthalt zu begründen (Dicey/Morris; MünchKomm/Martiny aaO).

85 Bei **juristischen Personen,** Gesellschaften und Vereinen sowie sonstigen Personenzusammenschlüssen oder Vermögensmassen, die sich rechtlich selbständig verpflichten können (vgl dazu BGHZ 109, 29 [36]; Erman/Hohloch Art 28 Rn 23; MünchKomm/Martiny Art 28 Rn 41), tritt der Ort ihrer Hauptverwaltung an die Stelle des gewöhnlichen Aufenthalts, der bei ihnen nicht passt (Begründung BT-Drucks 10/504, 78; auch vBar II Rn 510). Der **Ort der Hauptverwaltung** (central administration, administration centrale) liegt dort, wo die zentralen Leitungsentscheidungen getroffen werden (ebenso MünchKomm/Martiny Art 28 Rn 42; **anders** – Ort der alltäglichen Geschäftstätigkeit – Dicey/Morris II 32–118 N 92). Der Registersitz oder Gründungsort ist demgegenüber ohne Belang. Allerdings wird private Tätigkeit bei juristischen Personen höchst selten sein (dazu vBar II Rn 510).

bb) Beruflich/gewerbliche Tätigkeit (Abs 2 Satz 2)

86 Ist das konkrete Geschäft der beruflichen oder gewerblichen Sphäre der charakteristisch leistenden Partei zuzurechnen, ist es insbesondere im Rahmen eines Geschäftsbetriebs abgeschlossen worden, dann ist nach Art 28 Abs 2 Satz 2 die Niederlassung des Schuldners der charakteristischen Leistung maßgebend. Ob der Leistungsgläubiger den Vertrag zu privaten oder geschäftlichen Zwecken geschlossen hat, ist dagegen gleichgültig. Hat der Schuldner mehrere Niederlassungen in verschiedenen Staaten, so kommt es grundsätzlich auf seine **Hauptniederlassung** an, **von der aus die zentrale geschäftliche Leitung erfolgt** (vHoffmann § 10 Rn 50; Junker Rn 363; MünchKomm/Martiny Art 28 Rn 46). Ist die charakteristische Leistung nach dem Vertrag aber von einer anderen als der Hauptniederlassung zu erbringen, dann gilt das Recht am Ort dieser anderen Niederlassung (Satz 2 HS 2). Die genannten Regeln gelten nur bei beruflich/gewerblichen Geschäften, nicht bei Verträgen, die für den Schuldner der charakteristischen Leistung privaten Charakter haben.

87 Der **Begriff der Niederlassung** ist weder im EGBGB noch im EVÜ näher definiert. Er ist autonom/rechtsvergleichend festzulegen. Hierfür kann vor allem die Rechtsprechung des EuGH zu dem entsprechenden Begriff in Art 5 Nr 5 GVÜ herangezogen werden (ebenso vBar II Rn 510, der Sache nach auch MünchKomm/Martiny Art 28 Rn 46). Danach ist „(m)it dem Begriff der Zweigniederlassung, der Agentur oder der sons-

tigen Niederlassung ... ein Mittelpunkt geschäftlicher Tätigkeit gemeint, der auf Dauer als Außenstelle eines Stammhauses hervortritt, eine Geschäftsführung hat und sachlich so ausgestattet ist, dass er in der Weise Geschäfte mit Dritten betreiben kann, dass diese, obgleich sie wissen, dass möglicherweise ein Rechtsverhältnis mit dem im Ausland ansässigen Stammhaus begründet wird, sich nicht unmittelbar an dieses zu wenden brauchen, sondern Geschäfte an dem Mittelpunkt geschäftlicher Tätigkeit abschließen können, der dessen Außenstelle ist." (EuGH Slg 1978, 2183 [2193] – Rs Somafer ./. Saar-Ferngas – = RiW 1979, 56.) Die „andere Niederlassung" setzt damit wie auch eine Hauptniederlassung selbst voraus, dass sie nach **Ausstattung und Organisation geschäftliche Tätigkeit tatsächlich schwerpunktmäßig auf Dauer betreiben kann** (vgl auch BGH RiW 1987, 790 zu § 21 ZPO). Ferner muss die andere Niederlassung unter der Leitung des Stammhauses stehen (REITHMANN/MARTINY/MARTINY Rn 121; JUNKER Rn 364; SOERGEL/vHOFFMANN Art 28 Rn 67 f). Sind diese Kriterien erfüllt, dann ist es gleichgültig, ob sich die Einrichtung als Niederlassung, Zweigniederlassung, Agentur, Repräsentanz oder Außenstelle bezeichnet. Selbst wenn die Betriebseinheit intern keine Vertretungsbefugnis hat, stellt sie eine Niederlassung dar, soweit sie die charakteristische Leistung erbringt und ihre Vertragspartner sich dazu nicht an das Stammhaus wenden müssen (wie hier vBAR II Rn 510 f; Junker Rn 364; SOERGEL/vHOFFMANN Art 28 Rn 67; aA MünchKomm/MARTINY Art 28 Rn 50; ihm folgend ERMAN/HOHLOCH Art 28 Rn 22).

Wer vertragliche Leistungen der **inländischen Niederlassung eines ausländischen Unternehmens** – etwa auch einer Anwaltssozietät – in Anspruch nimmt, muss deshalb bei fehlender Rechtswahl nicht damit rechnen, dass für die Vertragsbeziehung ausländisches Recht gilt (MünchKomm/MARTINY Art 28 Rn 47; nach früherem Recht ebenso für Anwaltsvertrag BGH AWD 1969, 453). Das gilt nicht nur bei Beteiligung Privater, sondern auch, wenn beide Vertragsparteien gewerblich tätig oder Kaufleute im eigentlichen Sinn sind. **88**

Auf die „andere Niederlassung" kommt es statt der Hauptniederlassung grundsätzlich nur an, wenn der Vertrag die andere Niederlassung dazu verpflichtet, die charakteristische Leistung zu erbringen. Es genügt nicht, dass sie etwa nachträglich zur Vertragsabwicklung eingeschaltet wird (ebenso MünchKomm/MARTINY Art 28 Rn 49; wohl auch SOERGEL/vHOFFMANN Art 28 Rn 67). Doch muss es ausreichen, wenn eine durchschnittliche Vertragspartei den Eindruck haben musste, **die andere Niederlassung sei der eigentliche Vertragspartner** (so im Ergebnis, jedoch unter Anwendung des Art 28 Abs 5 KG IPRspr 1994 Nr 21b für Vermittlung von Reiseverträgen durch Niederlassung eines ausländischen Veranstalters). Keine andere Niederlassung ist aber ein selbständiges anderes Unternehmen, das der Schuldner zur Vertragserfüllung einschaltet. **89**

Ist die charakteristische Leistung nach dem Vertrag von **mehreren Niederlassungen in unterschiedlichen Staaten** zu erbringen, dann hat es bei der Hauptniederlassung sein Bewenden, die die verschiedenen Leistungen meist auch koordinieren wird. Erfüllt jede der Niederlassungen jedoch einen abgrenzbaren Teil des Gesamtvertrages, so kommt ausnahmsweise eine Vertragsspaltung in Betracht (vgl zu ihr oben Rn 55 ff). **90**

e) Unbestimmbarkeit der charakteristischen Leistung (Abs 2 Satz 3)
Eine charakteristische Leistung, die dem Gesamtvertrag sein Gepräge gibt, lässt sich nicht immer bestimmen. Dann gilt die Vermutung des Abs 2 nicht (Abs 2 Satz 3). Vielmehr ist **das anwendbare Recht unmittelbar nach Abs 1** zu bestimmen (ERMAN/ **91**

HOHLOCH Art 28 Rn 18; MünchKomm/MARTINY Art 28 Rn 52; PALANDT/HELDRICH Art 28 Rn 4; ebenso zum EVÜ GIULIANO/LAGARDE 54; AUDIT Rn 805; DICEY/MORRIS II 32–123; unzutreffend **aA** LG Dortmund IPRax 1989, 51 m Anm JAYME). Dabei sind alle für die objektive Anknüpfung relevanten Umstände zu berücksichtigen. Aufgrund ihrer Abwägung ist das Recht der engsten Verbindung zu ermitteln (ERMAN/HOHLOCH, MünchKomm/MARTINY jeweils aaO sowie oben Rn 40 ff). Diese Rechtsordnung gilt für den gesamten Vertrag. Eine Rechtsspaltung ist, wie auch sonst, zu vermeiden.

92 Bei fehlender charakteristischer Leistung ist auch nicht etwa automatisch an die jeweilige Leistung anzuknüpfen. Zum Teil wird zwar eine **Vertragsspaltung** vorgeschlagen, sofern sonst keine Zuordnung zu einem Recht möglich ist (vBAR II Rn 513). Indessen dürfte sich das Recht der engsten Verbindung wohl immer feststellen lassen. Auch bei fehlender charakteristischer Leistung kommt eine Vertragsspaltung deshalb nur in den oben Rn 59 genannten Fällen in Betracht.

93 An einer einzigen, den Vertrag charakterisierenden Leistung fehlt es insbesondere, wenn sich **gleichgewichtige Naturalleistungspflichten** beider Parteien gegenüberstehen wie etwa beim Tausch. Auch bei Verträgen wie dem Zusammenarbeits-, Vertriebs-, Franchising- oder Verlagsvertrag steht in der konkreten Vertragsgestaltung häufiger nicht eine bestimmte Leistung im Vordergrund. Hier ist dann nicht der krampfhafte Versuch zu unternehmen, gleichwohl eine charakteristische Leistung festzustellen. Vielmehr entscheidet nach Abs 1 die Gesamtheit der Umstände.

94 Die Feststellung **einer** charakteristischen Leistung kann ferner ausscheiden, wenn **mehrere Schuldner in verschiedenen Ländern** zur Leistung verpflichtet sind (DICEY/MORRIS II 32–122; MünchKomm/MARTINY Art 28 Rn 55). Das ist etwa bei einer Emission durch ein Bankenkonsortium aus verschiedenen Staaten der Fall, es sei denn, eine Bank habe hier eindeutig die Führung (ähnlich DICEY/MORRIS aaO; vgl näher unten Rn 237). Dagegen scheitert die Ermittlung einer charakteristischen Leistung nicht etwa daran, dass ihr Schuldner sie in unterschiedlichen Ländern zu erbringen hat (so aber DICEY/MORRIS II 32–122). Es kommt gerade nicht auf den Erfüllungsort der jeweiligen Verpflichtung, sondern nur den Niederlassungsort des Verpflichteten an.

f) Gemischte Verträge

95 Auch bei gemischten Verträgen (zB Kauf mit Montage etc) gilt die Vermutungsregel des Abs 2 (vHOFFMANN § 10 Rn 48; MünchKomm/MARTINY Art 28 Rn 103). Es ist also die Leistung zu bestimmen, die dem Vertrag sein Gepräge gibt, ihm den Stempel aufdrückt und als sein Hauptzweck erscheint. Problematisch sind hier allerdings die – seltenen – Fälle, in denen die charakteristische Leistung sich aus Leistungen zusammensetzt, für die **unterschiedliche Vermutungen** eingreifen und zu unterschiedlichen Rechten führen. Denkbar ist das etwa beim Pauschalreisevertrag, der Beförderung und Unterbringung, zB Miete eines Bungalows im Reiseland vorsieht. Hier kommt die besondere Vermutung des Abs 3 (für Immobilienmiete gilt Belegenheitsrecht, unten Rn 102) oder die allgemeine des Abs 2 in Betracht, sofern nicht ein Fall des Art 29 Abs 4 Satz 2 vorliegt. Über das anwendbare Recht entscheidet dann die Vermutung, die für diejenige Leistung gilt, die sich als hauptsächliche, den Vertrag prägende Leistung darstellt (diesen Gedanken drückt auch Art 28 Abs 4 Satz 2 aus; wohl ebenso vHOFFMANN § 10 Rn 48). Beim Pauschalreisevertrag ist das die Organisation der Gesamtreise. Der Niederlassungsort des Schuldners dieser Leistung ist maßge-

bend (vgl noch unten Rn 236 f). Eine Vertragsspaltung für die unterschiedlichen Leistungsteile sollte auch hier nach Möglichkeit vermieden werden.

g) Maßgebender Zeitpunkt

Die Vermutungsregel des Abs 2 geht ausdrücklich von den Umständen bei Vertragsschluss aus. **Maßgeblich ist also, welche Leistung die vertragliche Absprache als charakteristisch festlegt.** Maßgebend ist ferner, wo der Schuldner der vereinbarten charakteristischen Leistung **im Zeitpunkt des Vertragsschlusses** seinen gewöhnlichen Aufenthalt oder seine Niederlassung hatte. Eine nachträgliche Änderung, zB ein Statutenwechsel durch Sitzverlegung, ist grundsätzlich unbeachtlich; das Vertragsstatut ist insoweit unwandelbar (GIULIANO/LAGARDE 53; DICEY/MORRIS II 32–117; ERMAN/HOHLOCH Art 28 Rn 20; MünchKomm/MARTINY Art 28 Rn 37 f; SOERGEL/vHOFFMANN Art 28 Rn 71). Allerdings können die Parteien das anwendbare Recht durch Vereinbarung jederzeit neu festlegen. Ändern die Parteien die vertraglichen Pflichten ab – zB einverständliche Vertragsaufhebung und Rückabwicklung –, dann ist maßgebender Zeitpunkt für die Ermittlung des Vertragsstatuts der neuen Pflichten der Zeitpunkt der Vertragsänderung. Doch ist in Betracht zu ziehen, ob nicht über Abs 5 das ursprüngliche Vertragsstatut die enger verbundene Rechtsordnung geblieben ist.

96

Bei **Dauerschuldverhältnissen** gilt der Grundsatz der Unwandelbarkeit des Vertragsstatuts zwar ebenfalls. Hier liegt es aber oft nahe, über Abs 5 ein näher verbundenes als das nach Abs 2 vermutete Recht zu ermitteln, wenn sich die Anknüpfungsmerkmale, auf denen die Vermutung gründet, seit Vertragsschluss geändert haben (ähnlich MünchKomm/MARTINY Art 28 Rn 38; ferner LÜDERITZ, in: FS Keller 468 f).

97

2. Regelanknüpfung von Grundstücksverträgen (Abs 3)*

a) Allgemeines

Für schuldrechtliche Verträge, die ein dingliches Recht an einem Grundstück oder ein Recht auf Nutzung eines Grundstücks zum Gegenstand haben, stellt Art 28 Abs 3 eine besondere Vermutungsregel auf: Grundsätzlich gilt hier das **Recht am Belegenheitsort des Grundstückes.** Gegenüber Art 28 Abs 2 ist diese Regel lex specialis.

98

b) Anwendungsbereich

Die Vorschrift erfasst **nur schuldrechtliche Verträge** (MünchKomm/MARTINY Art 28 Rn 56; PALANDT/HELDRICH Art 28 Rn 5; STAUDINGER/STOLL [1996] Int Sachenrecht¹³ Rn 222; zum EVÜ ebenso DICEY/MORRIS II 33–214). Verfügende Geschäfte fallen nicht in ihren Anwendungsbereich. Für sie gelten vielmehr die Regeln des internationalen Sachenrechts (dazu STAUDINGER/STOLL aaO).

99

---

* **Schrifttum** (s ferner unten Rn 142): BOHMER, Das deutsche Internationale Privatrecht des timesharing (1993); W LORENZ, AGB-Kontrolle bei gewerbsmäßiger Überlassung von Ferienwohnungen im Ausland – Internationale Zuständigkeit für Verbandsklage, IPRax 1990, 292; MANKOWSKI, Timesharingverträge und Internationales Vertragsrecht, RiW 1995, 364; SARRATE I PUO, Formprobleme bei Grundstücksveräußerungen im deutsch-spanischen Rechtsverkehr (1998); SCHRÖDER, Zur Anziehungskraft der Grundstücksbelegenheit im internationalen Privat- und Verfahrensrecht, IPRax 1995, 145; rechtsvergleichend: vHOFFMANN, Das Recht des Grundstückskaufs (1982); SCHÖNHOFER/BÖHNER (Hrsg), Haus- und Grundbesitz im Ausland (2. Aufl 1992, Losebl).

100 Die Abgrenzung zwischen obligatorischen und dinglichen Geschäften, die viele Rechte nicht oder nicht in der dem deutschen Recht eigentümlichen Schärfe kennen, ist autonom vorzunehmen (**aA** aber BGH RiW 1995, 1027 [1028]: Qualifikation nach der lex fori; allgemein zur Qualifikation oben Einl 37 ff zu Art 27 ff). Von der Qualifikation hängt ab, ob die Regeln des internationalen Vertragsrechts oder diejenigen des internationalen Sachenrechts eingreifen. Letztere stellen zwar auch auf die lex rei sitae ab, schließen aber etwa eine Rechtswahl bei Verfügungen über Grundstücke aus (vgl BGH NJW 1997, 461 [462]; näher STAUDINGER/STOLL [1996] Int SachenR Rn 123, 222, 262).

101 Als **Schuldverträge** sind solche Verträge zu qualifizieren, die **nicht eine unmittelbare Rechtsänderung** herbeiführen, die zu Lasten von jedermann wirkt, sondern zu ihr nur – den Vertragspartner – verpflichten und nur ihm gegenüber wirken (vgl auch EuGH RiW 1995, 238 [239], Rs Lieber ./. Göbel). Nur diese Verträge fallen unter Art 28 Abs 3 (SCHRÖDER IPRax 1985, 147).

102 Von den Schuldverträgen erfasst Art 28 Abs 3 solche, die **dingliche Rechte an Grundstücken** oder die **Nutzung von Grundstücken** betreffen: so Kauf, Tausch, Miete (OLG Düsseldorf NJW-RR 1998, 1159), Pacht, Leihe, Leasing, Schenkung von Grundstücken, Verträge zur Bestellung von Grundstückssicherheiten wie Hypothek oder Grundschuld, aber auch Time-Sharing-Verträge über Grundstücke (zu ihnen BGHZ 135, 124; BGH NJW-RR 1996, 1034; BÖHMER 14 ff; MANKOWSKI RiW 1995, 365 ff und näher unten Rn 225 ff) oder die Vermietung von Ferienwohnungen (BGHZ 109, 36; 119, 158, dazu W LORENZ IPRax 1990, 294; GIULIANO/LAGARDE 53). Auch die Miete von Park- oder Stellplätzen gehört dazu (ebenso wohl AG Mannheim IPRspr 1994 Nr 36; übersehen von AG Delmenhorst IPRspr 1994 Nr 45). Soweit **Pauschalreiseverträge** (s dazu Art 29 Rn 63 f) auch die Nutzung von Ferienwohnungen oder -häusern einschließen, die Voraussetzungen des Art 29 Abs 1 Nr 1 – 3 für sie aber fehlen, fallen sie ebenfalls unter Art 28 Abs 3, wenn der hauptsächliche Vertragszweck in der Nutzung besteht.

103 **Bauverträge oder Hausreparaturverträge** fallen dagegen nicht unter Art 28 Abs 3, sondern regelmäßig unter Art 28 Abs 2, da sich ihr Hauptgegenstand nicht auf das Grundstück, sondern auf andere Leistungen, den Bau oder die Reparatur, bezieht (BGH RiW 1999, 456 – Bauvertrag; BT-Drucks 10/504, 78; GIULIANO/LAGARDE 53). Für den Kauf oder Bau eines zu errichtenden Hauses auf einem mitzuerwerbenden Grundstück gilt die Vermutung des Abs 3, soweit der **Grunderwerb der wesentliche Vertragszweck** ist und in seinem wirtschaftlichen Wert die Bebauung überwiegt. Steht dagegen Letztere wirtschaftlich und nach ihrem Zweck im Vordergrund, so greift grundsätzlich die allgemeine Vermutung des Abs 2 ein (OLG Hamm NJW-RR 1996, 1044 [1045]; zum Bauträgervertrag vgl auch unten Rn 345 ff). Entscheidend ist damit stets, dass der **hauptsächliche Vertragszweck** die Einräumung dinglicher Grundstücks- oder Nutzungsrechte ist. Verträge, die sich zwar auf Grundstücke beziehen, aber keine dinglichen, gegenüber jedermann wirkenden Rechte einräumen und auch nicht die Nutzung des Grundstücks betreffen, werden daher nicht erfasst, so zB der Grundstücksmaklervertrag (DICEY/MORRIS II 33–214) oder der Grundstücksbewachungsvertrag. Das Gleiche wird in der Regel für Sicherungsverträge wie Bürgschaft, Garantie, Kaution zu gelten haben, die den schuldrechtlichen Erwerbs- und Überlassungsvertrag absichern sollen. Auch der **Haus- oder Grundstücksverwaltungsvertrag** hat in aller Regel nicht ein Recht zur Nutzung des Grundstücks zum Gegenstand und fällt deshalb nicht unter Abs 3 (ebenso SOERGEL/vHOFFMANN Art 28 Rn 240; **aA** MünchKomm/MARTINY Art 28

Rn 126). Er ist grundsätzlich nach Abs 2 zu beurteilen, wobei der Verwalter die charakteristische Leistung erbringt. Vielfach wird aber gemäß Abs 5 eine engere Verbindung zum Belegenheitsrecht bestehen. Zum Unternehmenskauf, wenn dem Unternehmen Grundstücke gehören, vgl unten Rn 189.

c) **Anwendbares Recht**
Auch für schuldrechtliche Grundstücksverträge gilt zunächst der **Grundsatz der freien** **104**
Rechtswahl (DICEY/MORRIS II 33–213; ERMAN/HOHLOCH Art 28 Rn 24; MünchKomm/MARTINY Art 28 Rn 56; PALANDT/HELDRICH Art 28 Rn 5; STAUDINGER/STOLL [1996] Int SachenR Rn 222; speziell zu Time-Sharing-Verträgen BGH NJW-RR 1996, 1034; BÖHMER 66 ff; MANKOWSKI RiW 1995, 365). Diese kann ausdrücklich oder stillschweigend erfolgen. Sie unterliegt den üblichen Schranken, die sich aus Art 27 Abs 3 (reiner Inlandsfall), Art 34 (Sonderanknüpfung international zwingender Normen) und Art 6 (ordre public) ergeben können.

Häufig wird das Recht des Belegenheitsortes das **stillschweigend gewählte Recht** sein. **105**
Allein aus der Belegenheit ist aber keine stillschweigende Wahl des dort geltenden Rechts abzuleiten (vgl auch OLG Brandenburg RiW 1997, 424 [425]: konkludente Wahl spanischen Rechts bei Kauf spanischen Grundstücks in Spanien durch Parteien, die dort leben; AG Rostock IPRspr 1997 Nr 30: konkludente Wahl deutschen Rechts für Miete dänischen Ferienhauses wegen Bezugnahme auf BGB in AGB; ferner Art 27 Rn 89). Der älteren Rechtsprechung, die demgegenüber regelhaft eine stillschweigende Wahl inländischen Rechts annahm, wenn Inländer im Inland Verträge über ausländische Grundstücke schlossen (vgl etwa BGHZ 73, 391), ist nicht mehr zu folgen, sofern nicht weitere Indizien für eine solche Rechtswahl sprechen (**anders** PALANDT/HELDRICH Art 28 Rn 5). Allerdings führt Art 28 Abs 5 häufig zum selben Ergebnis (vgl die nächste Rn).

Bei fehlender Rechtswahl beruft die Vermutungsregel des Art 28 Abs 3 das **Recht des** **106**
Belegenheitsortes, für das regelmäßig auch die größte Sachnähe sowie der Gesichtspunkt der Ortsfestigkeit spricht. So untersteht beispielsweise ein Grundstückskaufvertrag zwischen Deutschen über ein italienisches Grundstück vor einem italienischen Notar dem italienischen Recht (OLG Frankfurt NJW-RR 1993, 182). Der in Spanien abgeschlossene timesharing-Erwerb zwischen Ost- und Westdeutschen über ein Objekt im Schwarzwald ist nach deutschem Recht zu beurteilen (BGH NJW-RR 1996, 1034). Für die Miete eines deutschen Grundstücks durch einen ausländischen Mieter gilt entsprechend deutsches Recht (LG Hamburg IPRspr 1991 Nr 40). Dagegen tritt die Vermutung des Abs 3 etwa dann zurück, wenn im Inland ansässige Mietvertragsparteien hier einen Mietvertrag über ein ausländisches Ferienhaus abschließen (so GIULIANO/LAGARDE 53). Dann ist die engste Verbindung im Wege der Gesamtabwägung nach Abs 5 zu bestimmen. In Fällen dieser Art wird sie häufig zum inländischen Recht führen (vgl etwa OLG Celle RiW 1988, 137; OLG München NJW-RR 1989, 663; vgl auch AG Rostock IPRspr 1997 Nr 30). Zur Widerlegung der Vermutung des Abs 3 vgl auch unten Rn 130.

d) **Grundstücksgeschäfte und Verbraucher**
Die verbraucherschützende **Sonderanknüpfung des Art 29** greift in aller Regel für **107**
Grundstücksgeschäfte, an denen Verbraucher beteiligt sind, nicht ein (vgl auch BGHZ 135, 124 [130 f] – timesharing). Denn Art 29 bezieht sich nur auf Verträge über die Lieferung beweglicher Sachen oder die Erbringung von Dienstleistungen bzw

über die Finanzierung derartiger Geschäfte. Eine Konkurrenz zwischen Art 28 Abs 3 und Art 29 kann sich allenfalls dann ergeben, wenn dingliche oder Nutzungsrechte an Grundstücken (etwa Miete) zwar den Hauptgegenstand des Vertrages ausmachen, daneben aber auch Dienstleistungen iSd Art 29 (zB Wartung etc) zu erbringen sind **und** die weiteren Voraussetzungen des Art 29 vorliegen. In diesen seltenen Fällen sollte der Schutz des Art 29, insbesondere dessen Günstigkeitsprinzip, für den Dienstleistungsteil gelten; für den Hauptgegenstand des Vertrages sollte es aber bei der Geltung des gewählten Rechts – bzw ohne Rechtswahl bei Art 28 Abs 3 – verbleiben (gegen eine solche Vertragsspaltung – und für die Anwendung eines einheitlichen, vom vertraglichen Hauptzweck bestimmten Statuts – wohl BGH aaO 131; allgemein zur Vertragsspaltung oben Rn 55 ff).

e) Maßgebender Zeitpunkt

108 Für Abs 3 spielt wegen der Ortsfestigkeit von Grundstücken der Zeitpunkt der Anknüpfung gewöhnlich keine Rolle. Sollte es ausnahmsweise auf ihn ankommen – zB bei An- oder Abschwemmung von Land –, dann ist wie auch sonst für Art 28 der **Zeitpunkt des Vertragsschlusses** maßgebend.

f) Internationale Zuständigkeit

109 Für „Klagen, welche dingliche Rechte an unbeweglichen Sachen sowie die Miete oder Pacht von unbeweglichen Sachen zum Gegenstand haben", sind nach Art 16 Nr 1a GVÜ die **Gerichte des Belegenheitsortes ausschließlich zuständig**. Eine Einschränkung gilt nach Art 16 Nr 1b GVÜ für kurzfristige private Miete oder Pacht. Wenn beide Parteien natürliche Personen sind und ihren Wohnsitz im selben Staat haben, wenn ferner die Dauer des Miet- oder Pachtverhältnisses sechs Monate nicht überschreitet, dann sind nicht nur die Gerichte am Belegenheitsort des Grundstücks, sondern auch die Gerichte am Wohnsitz des Beklagten zuständig (vgl näher KROPHOLLER EuZPR Art 16 Rn 29 ff).

3. Regelanknüpfung von Güterbeförderungsverträgen (Abs 4)*

a) Allgemeines

110 Eine weitere spezielle Vermutungsregel sieht Abs 4 für Güterbeförderungsverträge vor. Allerdings ist das Recht dieser Verträge ganz weitgehend durch internationale Transportrechtskonventionen vereinheitlicht (dazu insbes BASEDOW, Der Transportvertrag passim; ferner unten Rn 362 ff). Diese Konventionen gehen, sofern die BRepD sie ratifiziert hat, den Kollisionsnormen des EGBGB vor (Art 3 Abs 2 Satz 1). Nur soweit sie nicht eingreifen, kommt Art 28 Abs 4 zum Zug. Grundsätzlich ist nach dieser Vorschrift das Recht desjenigen Staates anzuwenden, in dem außer der **Hauptniederlassung des Beförderers ein weiteres räumliches Element des Vertrages** – Verlade- oder Entladeort oder Hauptniederlassung des Absenders – lokalisiert ist (vgl aus der Rspr: BGH RiW 1995, 411; OLG Düsseldorf TranspR 1995, 350; OLG Braunschweig TranspR 1996, 387; OLG Köln VersR 1999, 640). Anders als die Vermutungen der Abs 2 und 3 fußt die Vermutung des Abs 4 damit auf zwei Anknüpfungsmerkmalen, die kumulativ gegeben sein müssen (GIULIANO/LAGARDE 54; MANKOWSKI TranspR 1993, 219 f; MünchKomm/MAR-

---

* **Schrifttum** (ferner auch bei Rn 362 ff): BASEDOW, Der Transportvertrag (1987); ders, Kollisionsrechtliche Aspekte der Seerechtsreform von 1986, IPRax 1987, 333; MANKOWSKI, Kollisionsrechtsanwendung bei Gütertransportverträgen, TranspR 1993, 213.

TINY Art 28 Rn 57). Der Bezug, der sich durch die Hauptniederlassung des Schuldners der charakteristischen Leistung zu einer Rechtsordnung ergibt, reicht bei der Güterbeförderung nicht aus, sondern muss durch ein weiteres Anknüpfungselement verstärkt werden. Man hielt diese Regelung wegen der Besonderheiten dieses Rechtsgebietes für erforderlich (GIULIANO/LAGARDE 53; eingehend zur Entstehungsgeschichte MANKOWSKI TranspR 1993, 220 f; sehr kritisch zu Art 4 Abs 4 EVÜ = Art 28 Abs 4 EGBGB: VISCHER/HUBER/OSER Rn 462 ff). Auch Vorbehalte gegen Beförderer, deren nur formale Niederlassung in Billigflaggenstaaten sonst maßgebend gewesen wäre, spielten eine Rolle (Begründung BT-Drucks 10/504, 79). Als Zweck der Vorschrift ergibt sich damit trotz der etwas unklaren gesetzgeberischen Motive, dass Güterbeförderungsverträge nicht ohne weiteres dem Recht des Ortes unterstehen sollen, an dem der charakteristisch Leistende seinen Sitz hat.

Sind die Voraussetzungen des Abs 4 nicht erfüllt, dann ist nicht die Vermutung des Abs 2 anzuwenden, sondern die **engste Verbindung nach Abs 1** zu bestimmen (OLG München NJW-RR 1998, 550; Begründung aaO; vBAR II Rn 524; BASEDOW IPRax 1987, 340; ERMAN/HOHLOCH Art 28 Rn 25; KROPHOLLER § 52 III 3e; MANKOWSKI TranspR 1993, 224; MünchKomm/MARTINY Art 28 Rn 59; PALANDT/HELDRICH Art 28 Rn 5; SOERGEL/vHOFFMANN Art 28 Rn 79; ebenso für Art 4 Abs 4 EVÜ DICEY/MORRIS II 33–240; KAYE 201; **aA** aber OLG Frankfurt NJW-RR 1993, 809; KEGEL/SCHURIG § 18 I 1d). Das spricht Art 4 Abs 4 Satz 1 EVÜ ausdrücklich aus. Zudem wäre Art 28 Abs 4 EGBGB überflüssig, wenn doch stets auf die allgemeine Vermutung des Abs 2 zurückgegriffen werden könnte (zur Widerlegung der Vermutung über Abs 5 vgl unten Rn 126 ff). Auch eine **analoge Anwendung des Abs 4** auf andere als die dort genannten Elemente – Verlade-, Entladeort oder Absenderniederlassung – erübrigt sich. Vielmehr ist bei Fehlen einer Voraussetzung des Abs 4 unmittelbar Abs 1 anzuwenden. Für die Bestimmung des Vertragsstatuts nach Abs 1 ist freilich auf die Wertungen in Abs 4 zu achten. Der Niederlassungsort des Beförderers darf nicht über Abs 1 gleichwohl zum allein ausschlaggebenden Anknüpfungsmerkmal erhoben werden. Verstärken ihn aber Umstände, die an Gewicht den weiteren Merkmalen in Abs 4 entsprechen – zB Registerort oder Heimathafen des Transportfahrzeugs –, dann gilt auch im Rahmen des Abs 1 weiterhin das Sitzrecht des Beförderers. **111**

b) Anwendungsbereich
Die Sondervorschrift des Abs 4 erfasst nur Güterbeförderungsverträge. Darunter fallen alle **Verträge, die den Transport von beweglichen Sachen** zum Gegenstand haben. Wie der Transport durchgeführt wird – zu Wasser, Luft oder Land –, spielt keine Rolle (ERMAN/HOHLOCH Art 28 Rn 25; MünchKomm/MARTINY Art 28 Rn 60; SOERGEL/vHOFFMANN Art 28 Rn 84). Nicht zweifelsfrei ist, ob Abs 4 für die Güterbeförderung durch Private gilt oder ob dann entweder Art 28 Abs 2 oder Abs 1 eingreift. Da Abs 4 von der Hauptniederlassung des Beförderers spricht, scheint die Vorschrift – gerade im Vergleich mit der Fassung des Art 28 Abs 2 Satz 2 – nur gewerbliche Beförderer zu meinen. Der Bericht von GIULIANO/LAGARDE (S 53 f) äußert sich zu der Frage nicht, sondern spricht allgemein von Güterbeförderungsverträgen. Der Zweck des Abs 4, nicht ohne weiteres das Recht am Sitz der befördernden Partei zu berufen, hat für die Beförderung durch Private weniger Gewicht, erscheint aber auch hier sinnvoll. Die Vorschrift gilt deshalb auch für die **private Güterbeförderung.** Statt auf die Hauptniederlassung kommt es auf den gewöhnlichen Aufenthaltsort des Beförderers an. **112**

113 Unter Abs 4 fallen alle Frachtgeschäfte, wie sie etwa auch § 425 HGB meint, ferner nach wohl hM **Speditionsverträge** (OLG Hamburg IPRspr 1989 Nr 62; OLG Düsseldorf RiW 1994, 597; ERMAN/HOHLOCH Art 28 Rn 25; PALANDT/HELDRICH Art 28 Rn 6). Nach zutreffender Ansicht gilt Abs 4 für den Speditionsvertrag dagegen nur dann, wenn der Spediteur selbst als Beförderer auftritt, also etwa bei Selbsteintritt, Fixkosten- oder Sammelladungsspedition (vBAR II Rn 523; MünchKomm/MARTINY Art 28 Rn 162; REITHMANN/MARTINY/van DIEKEN Rn 1140; SOERGEL/vHOFFMANN Art 28 Rn 83, 253; näher unten Rn 478).

114 Nach der ausdrücklichen Anordnung in Abs 4 Satz 2 werden auch **Charterverträge** für eine einzige Reise erfasst, obwohl der – freilich mehrdeutige Begriff – Chartervertrag häufig eher die Überlassung von Beförderungsraum, nicht aber die Beförderung selbst meint. Derartige Charterverträge fallen grundsätzlich nicht unter Abs 4, sondern unter Abs 2 (MANKOWSKI TranspR 1993, 219 N 67; MünchKomm/MARTINY Art 28 Rn 64; ebenso zum EVÜ PLENDER RN 6. 29; **aA** REITHMANN/MARTINY/VAN DIEKEN Rn 1217). Steht beim Chartervertrag aber die Güterbeförderung im Vordergrund, dann gilt auch für ihn – wie für andere Verträge, deren Hauptgegenstand die Güterbeförderung ist – Abs 4 (GIULIANO/LAGARDE 54; näher noch unten Rn 396 ff, 462 ff).

115 Nicht nach Abs 4, sondern nach Abs 2 sind **Personenbeförderungsverträge** zu beurteilen (GIULIANO/LAGARDE 54; für gewisse Einschränkungen MünchKomm/MARTINY Art 28 Rn 63; vgl näher dazu unten Rn 366). Wegen des engen Zusammenhangs mit der Personenbeförderung wird gleiches für die Beförderung von Reisegepäck angenommen (MünchKomm/MARTINY Art 28 Rn 62).

c) Anwendbares Recht
116 Nach Abs 4 unterstehen Güterbeförderungsverträge dem Recht desjenigen Staates, in dem der Beförderer seine Hauptniederlassung hat und in dem ein weiterer, mit der Beförderung verbundener Anknüpfungspunkt liegt.

aa) Beförderer
117 Wer Beförderer ist, ist **autonom** zu bestimmen (in diesem Sinn wohl GIULIANO/LAGARDE 54; zweifelnd – zum EVÜ – DICEY/MORRIS II 33–263 f). Gemeint ist derjenige, „der sich zur Beförderung der Güter verpflichtet, gleichgültig, ob er diese selbst durchführt oder von einem Dritten durchführen lässt" (GIULIANO/LAGARDE aaO). Es entscheidet also, ob nach der Parteivereinbarung die Pflicht einer Partei gewollt ist, Güter an einen anderen Ort zu bringen (DICEY/MORRIS II 33–263; MANKOWSKI TranspR 1993, 223; MünchKomm/MARTINY Art 28 Rn 67; PALANDT/HELDRICH Art 28 Rn 6). Ob diese Verpflichtung wirksam ist, richtet sich dann nach dem von Abs 4 berufenen Recht.

118 Der Beförderer muss keineswegs der Eigentümer des vorgesehenen Transportmittels sein (vgl auch MANKOWSKI TranspR 1993, 221 f; REITHMANN/MARTINY/VAN DIEKEN Rn 1217). Vielfach wird er selbst nur der Charterer sein, insbes bei Schiffen.

bb) Hauptniederlassung des Beförderers
119 Im Gegensatz zu Art 28 Abs 2 Satz 2 zählt für Abs 4 nur die **Hauptniederlassung des Beförderers**. Auf eine andere Niederlassung, etwa eine Zweigniederlassung, die die Beförderung vereinbart hat und erbringt, kommt es allenfalls im Rahmen des Art 28 Abs 1 und 5 an.

Der Begriff der Hauptniederlassung ist wie in Abs 2 zu verstehen (dazu oben Rn 85 f). **120** Entscheidend ist der **Ort, an dem tatsächlich die zentralen Leitungsentscheidungen fallen** (MANKOWSKI TranspR 1993, 223). Bei Gesellschaften, insbesondere Einschiffsgesellschaften, die der faktischen Kontrolle einer Muttergesellschaft unterstehen, dürfte es deshalb auf die Hauptniederlassung der Muttergesellschaft ankommen (so DICEY/MORRIS II 33–264; SCHULTSZ, in: NORTH 196).

cc) Weiteres Anknüpfungsmerkmal
Im Staat der Hauptniederlassung des Beförderers muss ferner als weiteres Anknüp- **121** fungsmerkmal entweder der Verladeort, der Entladeort oder die Hauptniederlassung des Absenders liegen.

Der **Verladeort** (place of loading, lieu de chargement) ist der Platz, an dem das **122** Transportgut vom Beförderer zu übernehmen ist (ähnlich MünchKomm/MARTINY Art 28 Rn 70; wohl auch REITHMANN/MARTINY/VAN DIEKEN Rn 1218). Maßgebend ist dafür der vertraglich vereinbarte Ort (GIULIANO/LAGARDE 54; MANKOWSKI TranspR 1993, 223; MünchKomm/MARTINY aaO, zum EVÜ ebenso DICEY/MORRIS II 33–265).

Der **Entladeort** (place of discharge, lieu de déchargement) liegt dort, wo der Beför- **123** derer das Transportgut abzuliefern hat. Auch insoweit entscheidet der vertraglich festgelegte Ort (DICEY/MORRIS, GIULIANO/LAGARDE, MANKOWSKI, MünchKomm/MARTINY jeweils aaO).

Für die Hauptniederlassung des **Absenders** gilt Entsprechendes wie für jene des **124** Beförderers (ebenso DICEY/MORRIS II 33–266; ferner oben Rn 119 f). Mit dem Begriff Absender (consignor, expéditeur) meint Abs 4 den Vertragspartner des Beförderers, der diesem Güter zum Transport aufgibt (MANKOWSKI, Seerechtliche Vertragsverhältnisse 63 ff; MünchKomm/MARTINY Art 28 Rn 72; ebenso zum EVÜ DICEY/MORRIS II 32–267; PLENDER Rn 6.28). Der sogenannte Ablader, der beim Seetransport die Ware an Bord liefert, wird damit nur erfasst, wenn er selbst auch Partei des Frachtvertrages, also zugleich Befrachter ist (REITHMANN/MARTINY/VAN DIEKEN Rn 1217; wohl auch MANKOWSKI TranspR 1993, 224; zum EVÜ ebenso DICEY/MORRIS, PLENDER aaO; **aA** – jeder Ablieferer – SOERGEL/VHOFFMANN Art 28 Rn 94 mit eingehender Begründung).

d) Maßgebender Zeitpunkt
Für die Tatsachen, die die Vermutung des Abs 4 begründen, kommt es auf den **Zeit- 125 punkt des Vertragsschlusses** an. Das gilt nicht nur für die Hauptniederlassung des Beförderers, sondern auch für diejenige des Absenders und den Verlade- und Entladeort (GIULIANO/LAGARDE 54; MünchKomm/MARTINY Art 28 Rn 68, 70 f; ebenso zum EVÜ DICEY/MORRIS II 33–262 ff). Spätere Änderungen – zB Sitzverlegung oder nachträgliche Verlegung des Ver- oder Entladeortes – lassen die ursprüngliche Vermutung unberührt. Sie sind aber bei der Prüfung zu berücksichtigen, ob Abs 5 eingreift (so zum EVÜ DICEY/MORRIS II 33–264 f; vgl auch noch unten Rn 136).

VIII. Ausweichklausel (Abs 5)

1. Grundsätze

Nach Abs 5 gelten die Vermutungen der Abs 2–4 nicht, wenn der Vertrag insgesamt **126** engere Verbindungen zu einem anderen Staat aufweist. Abs 5 gibt damit ein **Korrektiv** an die Hand, wenn sich die Vermutung insbesondere des Abs 2, aber ebenso der Abs 3 und 4 im Einzelfall als zu rigide erweist und nicht zu derjenigen Rechtsordnung führt, zu der der Vertrag in Wirklichkeit den engsten Bezug hat. Die Vorschrift bedeutet deshalb die „unerlässliche Gegenvorschrift zu einer Kollisionsnorm allgemeinen Charakters, die auf fast alle Vertragskategorien Anwendung finden soll" (GIULIANO/LAGARDE 55). Nach der deutschen Gesetzesbegründung stellt sie eine „echte Ausnahme" zu den Vermutungsregeln dar (Begründung BT-Drucks 10/504, 79; **aA** aber vBAR II Rn 488; wohl auch MünchKomm/MARTINY Art 28 Rn 94). Auch wenn Abs 5 nicht regelmäßig, sondern nur **in Ausnahmefällen** zum Zug kommen soll, so ist die Vorschrift doch stets in dem Sinn zu beachten, dass der Rechtsanwender im jeweiligen Fall prüft, ob Anlas für ihre Anwendung besteht. Denn auch Abs 5 verwirklicht das Kernziel des Art 28, Verträge dem Recht der engsten Verbindung zu unterstellen.

127 Nach weitgehend akzeptierter Auffassung ist Abs 5 nur anzuwenden, wenn solche Anknüpfungspunkte zu einem anderen als dem vermuteten Recht führen, die an Gewicht den von der Vermutung verwendeten Anknüpfungspunkt **deutlich übertreffen** (ähnlich ERMAN/HOHLOCH Art 28 Rn 17; vHOFFMANN § 10 Rn 59; JUNKER RN 368; KROPHOLLER § 52 III 4; MERSCHFORMANN 190 ff; MünchKomm/MARTINY Art 28 Rn 92; ebenso zum EVÜ: Hoge Raad Ned Jur 1992 Nr 750; DICEY/MORRIS II 32–122; für etwas großzügigere Anwendung der Ausweichklausel aber KAYE 186 f; LÜDERITZ Rn 280). Nur flüchtige, für sich schwache Berührungspunkte zu einer anderen Rechtsordnung genügen nicht, die gesetzlichen Vermutungen zu widerlegen. Insoweit besteht ein Unterschied zur Anwendung von Art 28 Abs 1. Dort führt auch ein leichtes Überwiegen von Anknüpfungsmerkmalen zu dem durch sie indizierten Recht, da im Rahmen des Abs 1 eine Entscheidung für das am engsten verbundene Recht unvermeidlich ist. **Abs 5 verdrängt** die an sich geltende **Vermutung** dagegen nur, **wenn deren Anknüpfungsgehalt durch andere Indizien deutlich übertroffen wird.** Andernfalls würden die Vermutungsregeln weitgehend überflüssig und die mit ihnen gewonnene Rechtssicherheit wieder zugunsten einer kaum vorhersehbaren Einzelabwägung aufgegeben. Insgesamt ist die Ausweichklausel deshalb zurückhaltend einzusetzen.

128 Abs 5 erwähnt nicht die Möglichkeit, dass die jeweils geltende Vermutung nur für einen abgrenzbaren Teil des Vertrages widerlegt ist. Doch wird diese **Vertragsspaltung** im Hinblick auf die allgemeine Regel in Abs 1 Satz 2 in Ausnahmefällen zuzulassen sein (vgl näher oben Rn 55 ff).

2. Kriterien der engeren Verbindung

129 Um eine engere Verbindung iSd Abs 5 anzunehmen, sind **alle Anknüpfungskriterien zu berücksichtigen,** die auch bei der Bestimmung des objektiv geltenden Vertragsstatuts bzw bei der stillschweigenden Rechtswahl Beachtung finden (vBAR II Rn 490; DICEY/MORRIS II 32–122 ff, 33–098; LÜDERITZ Rn 280; im Ergebnis ebenso ERMAN/HOHLOCH Art 28 Rn 17; MünchKomm/MARTINY Art 28 Rn 92). Nach **aA** sollen dagegen die Staatsangehörigkeit, der Abschlussort und die Vertragssprache für Abs 5 unbeachtlich sein, da sie nach dieser Auffassung keinen hinreichenden Bezug zum Leistungsaustausch aufweisen (vHOFFMANN § 10 Rn 60; SOERGEL/vHOFFMANN Art 28 Rn 98). Abs 5 stellt indessen auf die „Gesamtheit der Umstände" ab. Es sind deshalb alle Einzelumstände heranzuziehen, aus denen eine Verbindung eines Vertrages zu einer Rechtsordnung entnommen werden kann. Wie bei der stillschweigenden Rechtswahl gehören dazu auch die Staatsangehörigkeit, der Abschlussort und die Vertragssprache sowie alle sonst beachtlichen Umstände (vgl Art 27 Rn 85 ff, 89 und oben Rn 40 ff).

Die Vermutungen der Abs 2–4 können insbesondere dann entkräftet sein, wenn eine ganze Reihe von Anknüpfungsmerkmalen auf ein anderes als das vermutete Recht verweisen. Durch ihre **Kumulation** gewinnen dann auch **untergeordnete Merkmale** wie Staatsangehörigkeit, Vertragssprache, Vertragswährung, Abschlussort Bedeutung. Die unterschiedliche Gewichtung einzelner starker bzw schwacher Merkmale gilt hier ebenso wie bei der stillschweigenden Rechtswahl (vgl auch vBAR II Rn 490; LÜDERITZ Rn 280; vgl auch oben Rn 38 ff). Die dort geltende Gewichtung (vgl Art 27 Rn 63; oben Rn 40 ff) ist hier deshalb ebenso zu verwenden. So genügen etwa die genannten Merkmale für sich allein nicht, um die Vermutungen in Frage zu stellen. Das gilt auch von dem gewöhnlichen Aufenthalt oder der Niederlassung des Empfängers der charakteristischen Leistung. Weder allein noch im Verein mit wenigen schwachen Anknüpfungsmerkmalen wie Vertragssprache oder Währung vermögen sie das Gewicht des Sitzes des Schuldners der charakteristischen Leistung zu überspielen. Weisen aber zB der gewöhnliche Aufenthalt beider Parteien und der Abschlussort auf dasselbe Recht hin, dann wird etwa die **Vermutung des Abs 3** regelmäßig widerlegt (BGH IPRax 1990, 318 und schon GIULIANO/LAGARDE 53 für die Miete eines ausländischen Ferienhauses). Dagegen bleibt es bei der Vermutung des Abs 3, wenn das Mietobjekt in einem Staat, der Hauptsitz des Mieters in einem anderen liegt (OLG Düsseldorf NJW-RR 1998, 1159). Die **Vermutung des Abs 4** dürfte widerlegt sein, wenn zwar alle Voraussetzungen der Vermutungsregel gegeben sind, aber etwa die Hauptniederlassung des Absenders, der Entladeort sowie der Abschlussort im selben Land liegen, auf das auch der Zahlungsort, die Vertragssprache und -währung hinweisen (ebenso DICEY/MORRIS II 33–268).

Für die **Vermutung des Abs 2** wird ebenso zu entscheiden sein, wenn etwa nur die charakteristisch leistende Niederlassung des Vertragspartners im Ausland liegt, während sich dessen Hauptniederlassung, der Sitz des Empfängers und der Erfüllungsort alle im Inland befinden (vgl auch das Beispiel bei LAGARDE Rev crit 1991, 310; ihm folgend vHOFFMANN § 10 Rn 59; fraglich DICEY/MORRIS II 32–127: Beratung eines New Yorker Klienten über englisches Recht durch New Yorker Büro einer englischen Anwaltsfirma unterstehe englischem Recht).

Das Gleiche wird anzunehmen sein, wenn zwar der Schuldner der charakteristischen Leistung im Ausland niedergelassen ist, aber der Sitz des Leistungsempfängers, der Ort des Vertragsschlusses und der Vertragsdurchführung und -erfüllung im Inland liegen und dort besondere Aktivitäten – zB Montage, Aufbau, Wartung, Schulung etc – geschuldet sind (zum EVÜ KAYE 186 f; wohl aA Hoge Raad Ned Jur 1992 Nr 750; eingehend dazu RAMMELOO IPRax 1994, 243 ff sowie MARTINY ZEuP 1995, 77 f).

Wird ein **Liefervertrag** im Inland **mit einem Agenten des ausländischen Vertragspartners** abgeschlossen und auch im Inland erfüllt, so bleibt es freilich regelmäßig noch bei der Vermutung des Abs 2 (Hoge Raad aaO). Sie wird grundsätzlich auch nicht in den Fällen abgelöst, in denen es um Lieferung und Errichtung von Industrieanlagen, um Großbauvorhaben (zB U-Bahnbau) oder ähnliche Großprojekte geht. Der Ort der Baustelle genügt nicht, um etwa bei Bauverträgen die Vermutung des Abs 2 zu verdrängen (BGH RiW 1999, 456). Maßgebend bleibt das Recht am Niederlassungsort des Schuldners dieser Leistung, selbst wenn der Staat Vertragspartner ist (vBar II Rn 502).

134 Die jeweilige Regelvermutung kann über Abs 5 ferner zurücktreten, wenn ein Vertrag in einem engen Verhältnis zu einem anderen Vertrag steht, für den seinerseits eine eigene Rechtsordnung gilt (vgl etwa den – im Ergebnis problematischen – Fall des OLG Hamm NJW-RR 1996, 1144). Steht der **Hauptvertrag** ganz im Vordergrund, dann folgt seinem Recht auch **der abhängige Vertrag** (eingehend hierzu MünchKomm/Martiny Art 28 Rn 95 ff; Vischer/Huber/Oser Rn 270 ff). Eine solche Akzessorietät des anwendbaren Rechts wird etwa bei Rahmenverträgen und den sie ausfüllenden Einzelgeschäften angenommen (MünchKomm/Martiny Art 28 Rn 101; aA aber OLG Düsseldorf RiW 1996, 958 [959]). Sie kommt ferner bei Sicherungsgeschäften oder sonstigen untergeordneten Hilfsverträgen in Betracht (OLG Düsseldorf RiW 1997, 780 – Untermaklervertrag folgt dem Recht des Hauptmaklervertrags; vHoffmann § 10 Rn 62; MünchKomm/Martiny Art 28 Rn 96, 99 f), ist aber als Ausnahme von der grundsätzlich selbständigen Anknüpfung von Verträgen doch nur zurückhaltend zu verwenden. So genügt es keinesfalls, dass mehrere Verträge etwa in einer Urkunde oder durch gleichzeitigen Abschluss miteinander verbunden sind (vHoffmann § 10 Rn 62; MünchKomm/Martiny Art 28 Rn 97).

135 Dass ein Vertrag nach dem Recht **unwirksam** ist, auf das die jeweilige Vermutungsregel verweist, genügt für sich nicht, über Abs 5 ein anderes Recht zu berufen (vgl auch Martiny ZEuP 1997, 119; aA Abend 314 ff).

3. Maßgebender Zeitpunkt

136 Auch für Abs 5 ist grundsätzlich auf die Umstände zum **Zeitpunkt des Vertragsschlusses** abzustellen (Lagarde Rev crit 1991, 311). Doch können gerade im Rahmen der Gesamtabwägung auch spätere Veränderungen (Aufenthalts- oder Sitzverlegung, vertragliche Änderungen des Erfüllungsortes etc) beachtet werden, sofern sie deutlich zeigen, dass der Vertrag an sich von Beginn an einem anderen als dem vermuteten Recht zuzuordnen war (ebenso Dicey/Morris II 33–267 für Güterbeförderungsverträge).

IX. Verfahrensfragen

1. Beweislast

137 Die Vermutungen des Art 28 Abs 2–4 sind keine **Beweisregeln, sondern Rechtsvermutungen,** die ein bestimmtes Regel-Ausnahmeverhältnis aufstellen (vBar II Rn 492; Erman/Hohloch Art 28 Rn 27; Kropholler § 52 III 1; Lüderitz Rn 280; aA Hepting, in: FS W Lorenz 393 ff). Ob die Vermutungen eingreifen oder entweder die Ausweichklausel (Abs 5) oder die Grundregel (Abs 1) gilt, hat der Richter deshalb von Amts wegen unter Würdigung aller Umstände festzustellen. Beweisfälligkeit einer Partei gibt es insoweit nicht.

138 Sind allerdings **Anknüpfungstatsachen streitig** – etwa wo sich der Niederlassungsort der zur charakteristischen Leistung verpflichteten Partei bei Vertragsschluss befand –, so gelten hierfür, wie auch sonst, die allgemeinen Beweislastregeln. Danach ist grund-

sätzlich diejenige Partei beweispflichtig, die aus der behaupteten Tatsache für sich günstige Folgen ableiten will (ebenso LÜDERITZ aaO).

Soweit es im Rahmen des anwendbaren Vertragsrechts auf Beweisfragen ankommt, **139** richtet sich die **Beweislastverteilung** dagegen **nach dem Vertragsstatut** (vgl Art 32 Abs 3 und die Erl zu dieser Vorschrift). Im Übrigen unterliegen Beweisfragen (Verfahren, Beweismaß etc) in der Regel der lex fori (näher COESTER-WALTJEN, Internationales Beweisrecht passim; SCHACK, IZVR Rn 656 ff).

2. Revisibilität

Das anwendbare Recht ist in jeder Verfahrenslage von Amts wegen festzustellen **140** (BGH NJW 1993, 2305; BGH NJW 1995, 2097; BGH RiW 1995, 1027 [1028]). Falsche Anwendung der Kollisionsregeln kann daher als Rechtsfrage mit der Revision gerügt werden (BGH aaO). **Revisibel** ist dabei auch die Frage, ob alle Tatbestandsmerkmale der Kollisionsnorm berücksichtigt wurden (BGH IPRax 1988, 27 m Aufs KREUZER IPRax 1988, 16; MünchKomm/MARTINY Art 28 Rn 26).

Die Instanzgerichte dürfen ferner die Frage nach dem anwendbaren Recht – im **141** Gegensatz zum Revisionsgericht – selbst dann **nicht offen lassen,** wenn das deutsche und ausländische Sachrecht im konkreten Fall zur gleichen Lösung führt (BGH NJW 1991, 2214; BGH RiW 1995, 1027 [1028]; kritisch aber KROPHOLLER § 59 I 4). Offen bleiben kann aber die Entscheidung zwischen verschiedenen Vermutungen des Art 28, wenn sie zum selben Recht führen.

X. Die Anknüpfung einzelner Schuldverträge

1. Kaufverträge

a) Grundstückskaufverträge*

Vorrangige internationale Übereinkommen greifen für internationale Grundstücks- **142** kaufverträge nicht ein.

Eine Rechtswahl ist zulässig (OLG Hamm RiW 1993, 940; REITHMANN/MARTINY/LIMMER **143** Rn 849 ff). Schließen Deutsche mit gewöhnlichem Aufenthalt in Deutschland hier Kaufverträge über ausländische Grundstücke oder Wohnungen, dann sieht die Rechtsprechung darin häufig die stillschweigende Wahl deutschen Rechts (so trotz spanischen Abschlussortes OLG Hamm RiW 1993, 940; OLG Frankfurt OLG-Report Frankfurt 1995, 15; OLG Nürnberg NJW-RR 1997, 1484; ferner ERMAN/HOHLOCH Art 28 Rn 30; MünchKomm/MARTINY Art 28 Rn 118; ebenso zum alten Recht BGHZ 52, 239; BGHZ 73, 391). Konstruktiv wird jedoch meist der Weg über Art 28 Abs 5 der richtige sein, will man nicht einen Rechtswahlwillen fingieren (vgl auch oben Rn 104 ff).

Fehlt eine Rechtswahl, so gilt für den schuldrechtlichen Vertrag nach der Vermutung **144**

---

* **Schrifttum** (vgl oben Rn 98): vSACHSEN GE-SAPHE, Der Grundstückserwerb im spanischen Recht, RiW 1991, 299 ff; RECKHORN/HENGEMÜHLE, Grundstückskauf in Spanien, ZVerglRW 90 (1991) 155; SPELLENBERG, Atypischer Grundstücksvertrag, Teilrechtswahl und nicht ausgeübte Vollmacht, IPRax 1990, 295.

des Art 28 Abs 3 **das Recht des Belegenheitsortes** (vgl näher dazu oben Rn 106). Bei engeren Beziehungen zu einem anderen Recht ist jedoch dieses anzuwenden (Art 28 Abs 5). Engere Beziehungen liegen aber noch nicht vor, wenn in Deutschland ansässige Deutsche im Ausland vor einem dortigen Notar ein dortiges Grundstück kaufen (OLG Frankfurt NJW-RR 1993, 182). Wird der Vertrag dagegen im Inland geschlossen, dann ist Inlandsrecht nach der Rechtsprechung in der Regel als stillschweigend gewählt anzusehen (vgl vorige Rn); nach vorzuziehender Ansicht folgt dies Ergebnis meist aus Art 28 Abs 5 (eingehend REITHMANN/MARTINY/LIMMER Rn 858; ferner GIULIANO/LAGARDE 53; vSACHSEN GESSAPHE RiW 1991, 299; RECKHORN/HENGEMÜHLE ZVerglRW 90 [1991] 155 sowie die Nachweise in der vorigen Rn).

145 Für die **Form** von Grundstückskaufverträgen gelten nach Art 11 Abs 4 zunächst solche Formvorschriften, die der Belegenheitsstaat ohne Rücksicht auf Abschlussort oder gewähltes Recht für zwingend hält. Das deutsche Grundstückskaufrecht kennt keine derartigen, **international zwingenden Formvorschriften;** § 313 BGB gehört nicht dazu (OLG Köln RiW 1993, 414 [415]; Begründung BT-Drucks 10/504, 49; ERMAN/HOHLOCH Art 11 Rn 32; PALANDT/HELDRICH Art 11 Rn 20; REITHMANN/MARTINY/LIMMER Rn 885; offenbar auch MünchKomm/SPELLENBERG Art 11 Rn 91).

146 Im Übrigen richtet sich die **Form nach Art 11 Abs 1,** also nach dem Recht des Vornahmeortes oder nach dem Geschäftsrecht. Damit können etwa deutsche Grundstücke durch Rechtswahl wirksam ausländischen Formvorschriften unterstellt werden (vgl auch REITHMANN/MARTINY/LIMMER Rn 886). Bei reinen Inlandsfällen bleibt aber § 313 BGB trotz einer Wahl ausländischen Rechts als zwingendes Inlandsrecht in Kraft (Art 27 Abs 3 und dort Rn 121 ff). Umgekehrt ist für die Form allein deutsches Recht – einschließlich des § 313 BGB – anzuwenden, wenn der Kauf ausländischer Grundstücke in Deutschland abgeschlossen wird und als Vertragsstatut deutsches Recht gilt. Ob ein Formmangel nach § 313 Satz 2 BGB geheilt ist, bestimmt sich freilich danach, ob der nach dem (ausländischen) Belegenheitsrecht zu beurteilende Übereignungsvorgang wirksam vollzogen wurde (BGHZ 73, 391; OLG München IPRax 1990, 320 m Aufs SPELLENBERG IPRax 1990, 295 ff; OLG Frankfurt OLG-Report Frankfurt 1995, 17; ERMAN/HOHLOCH Art 11 Rn 17; MünchKomm/SPELLENBERG Art 11 Rn 39; REITHMANN/MARTINY/LIMMER Rn 893; STAUDINGER/STOLL [1996] Int SachenR Rn 186).

147 Unabhängig vom anwendbaren Vertragsstatut gelten für inländische Grundstücke die **zwingenden Inlandsbestimmungen** über den Bodenverkehr, insbesondere die Genehmigung nach § 2 GrundstücksverkeHg, die Genehmigung nach § 19 BauGB und das gemeindliche Vorkaufsrecht nach §§ 24 ff BauGB (ähnlich REITHMANN/MARTINY/LIMMER Rn 405). Diese Vorschriften sind Bestimmungen iSd Art 34 EGBGB.

148 Die **dinglichen Wirkungen von Grundstückskäufen** unterstehen allein – ohne Rechtswahlmöglichkeit – dem Belegenheitsrecht (vgl näher STAUDINGER/STOLL [1996] Int SachenR Rn 224). Zum Timesharing-Vertrag vgl unten Rn 225 ff; zum Bauträgervertrag Rn 345 ff.

b) Warenkaufverträge
aa) Materiell vereinheitlichtes Recht
α) UN-Kaufrecht (CISG)*

Für den Kauf beweglicher Sachen (Waren) gilt in erster Linie das Wiener Überein- **149** kommen der Vereinten Nationen über Verträge über den Internationalen Warenkauf vom 11. 4. 1980 (BGBl 1989 II 588; berichtigt BGBl 1990 II 1699; abgekürzt: CISG), das den Abschluss und die Rechte und Pflichten aus internationalen Warenkaufverträgen materiell regelt. Die folgenden Staaten (Stand 1. 1. 2001) haben das CISG ratifiziert:

Staat	in Kraft seit	Vorbehalte
Ägypten	(1. 1. 1988)	
Argentinien	(1. 1. 1988)	Art 96
Australien	(1. 4. 1989)	Art 93: Ausschluss der Weihnachts-, Kokos-, Ashmore- und Cartierinseln
Belgien	(1. 11. 1997)	
Bosnien und Herzegowina	(6. 3. 1992)	(in Nachfolge Jugoslawiens)
Bulgarien	(1. 8. 1991)	
Burundi	(1. 10. 1999)	
Chile	(1. 3. 1991)	Art 96
VR China	(1. 1. 1988)	Art 95, Art 96
(CSFR)	(1. 4. 1991–31. 12. 1992)	Art 95
Dänemark	(1. 3. 1990)	Art 92 Abs 1, Art 93: Ausschluss der Färöerinseln und Grönlands; Art 94 Abs 1 u 2
(DDR)	(1. 3.–3. 10. 1990)	
Deutschland	(1. 1. 1990)	
Ecuador	(1. 2. 1993)	
Estland	(1. 10. 1994)	Art 96
Finnland	(1. 1. 1989)	Art 92 Abs 1, Art 94 Abs 1 u 2
Frankreich	(1. 1. 1988)	
Georgien	(1. 9. 1995)	
Griechenland	(1. 2. 1999)	
Guinea	(1. 2. 1992)	
Irak	(1. 4. 1991)	
Italien	(1. 1. 1988)	
Island	(1. 6. 2002)	
Jugoslawien	(1. 1. 1988)	
Kanada	(1. 5. 1992)	Art 93: nicht für Quebec, Yukon und Saskatchewan, Art 95: Art 1 Abs 1 lit b nicht für British Columbia; Vorbehalte aber mit Wirkung für Quebec und Saskatchewan zum 1. 5. 1992, für Yukon zum 1. 1. 1993, für British Columbia zum 1. 2. 1993 zurückgenommen.

---

* **Schrifttum:** s STAUDINGER/MAGNUS (1999) CISG vor Einleitung zum CISG.

Staat	in Kraft seit	Vorbehalte
Kirgisistan	(1. 6. 2000)	
Kroatien	(8. 10. 1991)	
Kuba	(1. 12. 1995)	
Lesotho	(1. 1. 1988)	
Lettland	(1. 8. 1998)	Art 96
Litauen	(1. 2. 1996)	Art 96
Luxemburg	(1. 2. 1998)	
Mauretanien	(1. 9. 2000)	
Mexiko	(1. 1. 1989)	
Moldau	(1. 11. 1995)	
Mongolei	(1. 1. 1999)	
Neuseeland	(1. 10. 1995)	Art 93: keine Geltung für Cookinseln, Niue und Tokelau
Niederlande	(1. 1. 1992)	(Geltung auch für Aruba)
Norwegen	(1. 8. 1989)	Art 92 Abs 1, Art 94 Abs 1 u 2
Österreich	(1. 1. 1989)	
Peru	(1. 4. 2000)	
Polen	(1. 6. 1996)	
Rumänien	(1. 6. 1992)	
Russland	(ab 24. 12. 1991)	Art 96
Saint Vincent und Grenadinen	(1. 10. 2001)	
Sambia	(1. 1. 1988)	
Schweden	(1. 1. 1989)	Art 92 Abs 1, Art 94 Abs 1 u 2
Schweiz	(1. 3. 1991)	
Singapur	(1. 3. 1996)	Art 95
Slowakische Republik	(1. 1. 1993)	Art 95
Slowenien	(25. 6. 1991)	(in Nachfolge Jugoslawiens)
Spanien	(1. 8. 1991)	
Syrien	(1. 1. 1988)	
(Sowjetunion)	(1. 9.–24. 12. 1991)	Art 96
Tschechische Republik	(1. 1. 1993)	Art 95
Uganda	(1. 3. 1993)	
Ukraine	(1. 2. 1991)	Art 96
Ungarn	(1. 1. 1988)	Art 90, Art 96
Uruguay	(1. 2. 2000)	
USA	(1. 1. 1988)	Art 95
Usbekistan	(1. 12. 1997)	
Weißrussland	(1. 11. 1990)	Art 96

150 Das CISG ist unter den folgenden Voraussetzungen anzuwenden:

151 – **In räumlicher Hinsicht** ist erforderlich, dass beide Vertragsparteien ihre Niederlassung (dazu Art 10 CISG) in verschiedenen Staaten haben (Art 1 Abs 1 CISG). Hinzutreten muss, dass diese Staaten Vertragsstaaten des CISG sind (Art 1 Abs 1 lit a) oder dass das IPR des angerufenen Gerichts – also Art 27, 28 EGBGB – zum

Recht eines Vertragsstaates führt (Art 1 Abs 1 lit b CISG). Ob das Recht eines Vertragsstaates sich aufgrund einer Rechtswahl oder objektiver Anknüpfung ergibt, ist dabei gleichgültig.

Ferner dürfen die Parteien das CISG nicht ausgeschlossen haben (Art 6 CISG). Ein **152** **Ausschluss** liegt etwa in der ausdrücklichen Abwahl („Es gilt deutsches Recht unter Ausschluss des CISG") oder in der Wahl des Rechts eines Nichtvertragsstaates (BIANCA/BONELL/BONELL Art 6 Bem 2.3.3; vCAEMMERER/SCHLECHTRIEM/FERRARI Art 6 Rn 20; STAUDINGER/MAGNUS [1999] CISG Art 6 Rn 23). Kein Ausschluss ist die Vereinbarung des Rechts eines Vertragsstaates (zB: „Es gilt deutsches Recht", vgl BGH NJW 1997, 3309; OGH JBl 1999, 54; OLG Düsseldorf IPRax 1993, 412 m Aufs MAGNUS IPRax 1993, 390; OLG Köln RiW 1995, 393 [Einigung auf deutsches Recht im Prozess bedeutet Anwendung des CISG]; vCAEMMERER/SCHLECHTRIEM/FERRARI Art 6 Rn 22; FERRARI Art 6 Bem 2; WITZ DSChron 1990, 109).

Vorbehaltlich eines Ausschlusses gilt das CISG damit stets für **Exportgeschäfte,** bei **153** denen der Verkäufer in Deutschland niedergelassen ist. Bei **Importgeschäften** mit in Deutschland niedergelassenen Käufern kommt es zum Zug, wenn auch der Verkäufer seine Niederlassung in einem Vertragsstaat hat und eine Abwahl fehlt oder – bei Geschäften mit Verkäufern aus Nichtvertragsstaaten – wenn das Recht eines Vertragsstaates kraft Rechtswahl oder objektiv gilt. Eine Abweichung hiervon ergibt sich nur dann, wenn der Vertragsstaat, dessen Recht auf kollisionsrechtlichem Weg berufen ist, einen Vorbehalt nach Art 95 CISG eingelegt und das CISG ohne seinen Art 1 Abs 1 lit b ratifiziert hat (den Vorbehalt haben China, USA, Singapur, Tschechische und Slowakische Republik eingelegt). In diesem Fall ist das unvereinheitlichte Recht des Vertragsstaates anzuwenden (vgl näher STAUDINGER/MAGNUS [1999] Art 1 CISG Rn 108 ff; nur theoretisch aA vCAEMMERER/SCHLECHTRIEM/FERRARI Art 1 Rn 77 ff).

– **In sachlicher Hinsicht** erfasst das CISG Kauf-, Werklieferungs- sowie gemischte **154** Verträge, sofern bei ihnen das Kaufelement überwiegt (zB Anlagenlieferverträge oder Kauf mit Montageverpflichtung, Art 3 CISG). Doch muss es stets um die Veräußerung beweglicher Sachen gehen. Zu den beweglichen Sachen gehört auch Standardsoftware (OLG Koblenz RiW 1993, 936; vCAEMMERER/SCHLECHTRIEM/FERRARI Art 1 Rn 38; DIEDRICH RiW 1993, 451 f; KAROLLUS 21; STAUDINGER/MAGNUS [1999] CISG Art 1 Rn 44), dagegen weder Rechte noch Immobilien. Vom Anwendungsbereich ausgeschlossen sind ferner Verbraucherkäufe, amtliche Versteigerungen, der Kauf von Wertpapieren und Geld, Schiffen, Flugzeugen und Elektrizität (Art 2 CISG).

– **Persönliche Anwendungsvoraussetzungen** wie Kaufmannseigenschaft, Zugehörig- **155** keit zu einem Vertragsstaat etc stellt das CISG nicht auf (Art 1 Abs 3 CISG). Allerdings sind erkennbare Verbraucherkäufe vom Anwendungsbereich ausgenommen (Art 2 lit a CISG).

– **In zeitlicher Hinsicht** gilt das UN-Kaufrecht für alle Verträge, die nach seinem **156** Inkrafttreten im jeweiligen Vertragsstaat, der für Art 1 Abs 1 zu berücksichtigen ist, zustande gekommen sind (Art 100 CISG).

β) **Haager Einheitliches Kaufrecht**
Vorläufer des UN-Kaufrechts war das Haager Einheitskaufrecht von 1964, das dem **157**

CISG in Anlage und Wortlaut bereits weitgehend entsprach, allerdings noch in zwei Konventionen aufgeteilt war. Die Bundesrepublik hatte das einheitliche Gesetz über den internationalen Kauf beweglicher Sachen (EKG) und das einheitliche Gesetz über den Abschluss von internationalen Kaufverträgen über bewegliche Sachen (EAG) als innerstaatliches Recht erlassen (BGBl 1973 I 856, 868) und zum 16. 4. 1974 in Kraft gesetzt (BGBl 1974 I 358). Beide Gesetze galten bis zum 31. 12. 1990, als sie nahtlos durch das CISG abgelöst wurden. Für Altfälle sind sie aber nach wie vor noch zu beachten. Nach Art 5 Vertragsgesetz zum CISG (abgedruckt und kommentiert bei STAUDINGER/MAGNUS [1999] Anh zum CISG) unterliegen vor dem 1. 1. 1991 abgeschlossene Kaufverträge noch dem Haager Kaufrecht, soweit seine übrigen Anwendungsvoraussetzungen gegeben sind (dazu auch BGH NJW 1992, 620 und 2428; BGH NJW-RR 1992, 886).

158 Weitere **Vertragsstaaten des Haager Kaufrechts** waren neben der Bundesrepublik: Belgien, Gambia, Großbritannien, Israel, Italien, Luxemburg, Niederlande und San Marino. Von ihnen haben Italien (zum 31. 12. 1987), die Niederlande (zum 31. 12. 1991), Belgien (zum 1. 11. 1997) und Luxemburg (zum 1. 2. 1998) es inzwischen – wie die Bundesrepublik – durch das CISG abgelöst.

159 – **In räumlicher Hinsicht** waren EKG und EAG – und sind es für Altfälle aus der Zeit vor 1991 weiterhin – in der Bundesrepublik grundsätzlich nur anzuwenden, wenn beide Vertragsparteien ihre Niederlassung bei Vertragsschluss in Vertragsstaaten hatten und ein Kauf „über die Grenze" vorlag (vgl Art 1 Abs 1 EKG, Art 1 EAG). Das Haager Recht hatte es den Vertragsstaaten allerdings freigestellt, EKG und EAG auch unter Vorschaltung von Kauf-IPR-Übereinkommen oder ohne Bezug zu einem Vertragsstaat bei jedem internationalen Kauf anzuwenden (vgl Art III und IV der Einführungskonventionen). Nachdem die Bundesrepublik nicht mehr Vertragsstaat ist, fehlen diese Voraussetzungen. Soweit eine in der Bundesrepublik niedergelassene Partei an dem Kaufgeschäft beteiligt ist, kann das Haager Kaufrecht deshalb nicht mehr angewendet werden.

160 Streitig ist allerdings die Behandlung der seltenen Fälle, in denen deutsche Gerichte über Käufe zwischen solchen Parteien zu entscheiden haben, die beide in den verbliebenen Vertragsstaaten niedergelassen sind. Hier ist fraglich, ob das Haager Kaufrecht nicht darüber hinaus auch auf kollisionsrechtlichem Weg zum Zug kommen und – wie das CISG nach dessen Art 1 Abs 1 lit b – gelten kann, wenn das IPR des angerufenen Gerichts zum Recht eines EKG/EAG-Vertragsstaates führt. Zum Teil wird diese Lösung generell bejaht (so ERMAN/HOHLOCH Vor Art 27–37 EGBGB Rn 9). Die deutschen Gerichte hätten das EKG dann weiterhin anzuwenden, wenn kraft Rechtswahl oder objektiver Anknüpfung das Recht eines der verbliebenen EKG/EAG-Staaten gilt (Stand 1. 1. 2001: Gambia, Großbritannien, Israel, San Marino). Nach zutreffender Ansicht sind EKG und EAG indessen nur dann bei ausdrücklicher Wahl oder bei objektiver Geltung des Rechts eines Vertragsstaates anzuwenden, wenn dieser Staat das EKG/EAG im konkreten Fall auch selbst anwenden würde (DÖLLE/HERBER Vor Art 1–8 Rn 17; MünchKomm/MARTINY[2] Art 28 EGBGB Anh I Rn 56; wohl ebenso VBAR II Rn 410). Nur dann spricht der internationale Entscheidungseinklang für eine Beachtung des Haager Kaufrechts, obwohl die von der Bundesrepublik ratifizierten Bedingungen fehlen (vgl MünchKomm/MARTINY aaO).

161 Aufgrund der unterschiedlichen Vorbehaltsmöglichkeiten, die die Einführungskonventionen zu EKG und EAG vorsahen und die die Vertragsstaaten in unterschiedlicher Weise ausgenutzt haben, wendet nach dem jetzigen Ratifikationsstand nur Israel das Haager Kaufrecht auch an, wenn lediglich eine der Vertragsparteien ihre Niederlassung in einem Vertragsstaat hat. In Israel gelten EKG und EAG deshalb schon, wenn die Vertragsparteien ihre Niederlassung in verschiedenen Staaten haben. Sofern keine deutsche Partei beteiligt ist und israelisches Recht als Vertragsstatut gilt (und ferner ein internationaler Kauf iSd Art 1 Abs 1 EKG vorliegt), haben deutsche Gerichte also das EKG/EAG anzuwenden. Denn Israel würde in diesem Fall ebenso verfahren.

– Die **sachlichen und persönlichen** Anwendungsvoraussetzungen des EKG/EAG entsprechen jenen des CISG (vgl Art 1, 5–7 EKG, Art 1 EAG; zum CISG oben Rn 154 f). **162**

γ) **UN-Verjährungsübereinkommen**
Das **New Yorker Übereinkommen der Vereinten Nationen über die Verjährung beim** **163**
internationalen Warenkauf vom 14. 6. 1974 (die deutsche Übersetzung ist abgedruckt in STAUDINGER/MAGNUS [1999] Anh II zum CISG) gilt bisher in den folgenden Vertragsstaaten:

Ägypten	(in Kraft seit 1. 8. 1988)
Argentinien	(1. 8. 1988)
Bosnien-Herzegowina	(6. 3. 1992)
Burundi	(1. 4. 1999)
Dominikanische Republik	(1. 8. 1988)
Ghana	(1. 8. 1988)
Guinea	(1. 8. 1991)
Restjugoslawien	(1. 8. 1988)
Kuba	(1. 5. 1995)
Mexiko	(1. 8. 1988)
Moldau	(1. 12. 1997)
Norwegen	(1. 8. 1988)
Polen	(1. 12. 1995)
Rumänien	(1. 11. 1992)
Sambia	(1. 8. 1988)
Slowakische Republik	(1. 1. 1993)
Slowenien	(1. 3. 1996)
Tschechische Republik	(1. 1. 1993)
Uganda	(1. 9. 1992)
Ukraine	(1. 4. 1994)
Ungarn	(1. 8. 1988)
Uruguay	(1. 11. 1997)
USA	(1. 12. 1994)
Weißrussland	(1. 8. 1997)

Vertragsstaat des Verjährungsübereinkommens war auch die **DDR**, die es in der **164**
Fassung des Änderungsprotokolls zum 1. 3. 1990 bei sich in Kraft gesetzt hatte (GBl 1989 II 201). Nach zutreffender Auffassung ist das VerjährungsÜbk – wie das CISG – zum 3. 10. 1990 für das ehemalige DDR-Gebiet **außer Kraft getreten** und – anders als das CISG – nicht wieder in Kraft gesetzt worden (vgl Schreiben des BJM v 10. 6. 1992, DtZ 1992, 241; VCAEMMERER/SCHLECHTRIEM/SCHLECHTRIEM Art 3 VertragsG Rn 1; HERBER

BB 1990 Beil 37, 4 f; ders MDR 1993, 106 f; SOERGEL/LÜDERITZ Art 99 Rn 2; MAGNUS JuS 1992, 458 ff; ders ZEuP 1993, 92 ff; PILTZ § 2 Rn 152). Nach abweichender Ansicht gilt das Verjährungsübereinkommen im alten DDR-Gebiet dagegen immer noch fort (so etwa ENDERLEIN/GRAEFRATH BB 1991 Beil 6, 12 f; vHOFFMANN IPRax 1991, 1; OTTO MDR 1992, 537 f; REINHART, in: JAYME/FURTAK 92).

165 Die Bundesrepublik hat das Übereinkommen bislang nicht ratifiziert; dennoch haben deutsche Gerichte es in folgenden Fällen **bereits jetzt anzuwenden:** Zum einen, wenn deutsche Gerichte über die Verjährungsfrage bei Kaufrechtsstreitigkeiten zwischen Parteien zu entscheiden haben, die beide in verschiedenen Vertragsstaaten des Übereinkommens niedergelassen sind, zB bei einem norwegisch-tschechischen oder US-amerikanisch-ungarischen Kauf.

166 Zum andern ist das VerjährungsÜbk auch bei Beteiligung deutscher Parteien **automatisch anzuwenden,** wenn das deutsche IPR auf das Recht eines Vertragsstaates dieses Übereinkommens führt und die Parteien die Geltung des VerjährungsÜbk nicht ausgeschlossen haben. Allerdings kommt dieser kollisionsrechtliche Weg nur zum Zug, wenn der vom IPR berufene Vertragsstaat ohne Vorbehalt das Änderungsprotokoll vom 11. 4. 1980 ratifiziert hat (eine deutsche Übersetzung der durch das Protokoll geänderten Übk-Fassung ist abgedruckt bei STAUDINGER/MAGNUS [1999] Anh II zum CISG), mit dem der Anwendungsbereich des VerjährungsÜbk jenem des CISG angeglichen wurde. Statt wie bisher die Niederlassung beider Vertragsparteien in verschiedenen Vertragsstaaten vorauszusetzen (Art 3 VerjährungsÜbk aF), genügt es nun – wie in Art 1 Abs 1 lit b CISG –, wenn das IPR zum Recht eines Vertragsstaates führt (Art 3 Abs 1 VerjährungsÜbk nF). In dieser Form haben die folgenden Staaten das Änderungsprotokoll ratifiziert: Ägypten, Argentinien, Burundi, Guinea, Kuba, Mexiko, Moldau, Polen, Rumänien, Sambia, Slowenien, Uganda, Ukraine, Ungarn, Uruguay und Weißrussland. Ist ihr Recht das gewählte oder objektiv geltende Vertragsstatut, dann ist das VerjährungsÜbk anzuwenden.

167 Auch die slowakische und die tschechische Republik sowie die USA haben das Änderungsprotokoll ratifiziert, jedoch von der **Vorbehaltsmöglichkeit** des Art XII des Protokolls Gebrauch gemacht. Diese Vorbehaltsmöglichkeit entspricht Art 95 CISG. Damit ist das VerjährungsÜbk in den drei genannten Staaten weiterhin nur anwendbar, wenn die Parteien in verschiedenen Vertragsstaaten niedergelassen sind.

168 Ist das VerjährungsÜbk anzuwenden, dann schreibt es eine **einheitliche Verjährungsfrist von vier Jahren** für alle vertraglichen Ansprüche vor (Art 8 VerjährungsÜbk; vgl näher die Erl bei STAUDINGER/MAGNUS [1999] Anh II zum CISG Rn 1 ff). Die Frist ist zwingend; vertragliche Vereinbarungen über ihre Verlängerung oder Verkürzung sind unwirksam (Art 22 Abs 1 VerjährungsÜbk). Lediglich nachträglich kann der Schuldner die Frist während ihres Laufes verlängern (Art 22 Abs 2 VerjährungsÜbk).

169 Soweit es um die **Unterbrechung oder Verlängerung der Verjährungsfrist** geht (Art 13– 19), sind entsprechende Rechtshandlungen oder Verfahren nach dem VerjährungsÜbk ohne weiteres nur zwischen den Vertragsstaaten anzuerkennen (Art 30 VerjährungsÜbk). Die Wirkung derartiger Handlungen richtet sich im Übrigen nach dem maßgebenden Vertragsstatut oder – bei Verfahren wie Konkurs etc – nach dem internationalen Verfahrensrecht des Forums.

δ) UN-Vertretungsübereinkommen

170 Das **Genfer UNIDROIT-Übereinkommen über die Stellvertretung auf dem Gebiet des internationalen Warenkaufs** vom 17. 2. 1983 ist noch nirgends in Kraft, da es bislang lediglich Frankreich, Italien, Mexiko, Niederlande und Südafrika ratifiziert haben und damit die zum Inkrafttreten erforderlichen zehn Ratifikationen (Art 33 VertretungsÜbk) noch nicht erreicht sind. Die Bundesrepublik Deutschland hat das VertretungsÜbk weder ratifiziert noch gezeichnet.

bb) Kollisionsrechtliche Konventionen
α) Haager Kauf-IPR-Übereinkommen von 1955

171 Die Bundesrepublik hat das **Haager Übereinkommen betreffend das auf internationale Kaufverträge über bewegliche Sachen anzuwendende Recht** vom 15. 6. 1955 bisher nicht ratifiziert (die allein authentische französische Fassung ist abgedruckt in Rev crit 1964, 786; eine deutsche Übersetzung in JAYME/HAUSMANN Nr 47). Vertragsstaaten sind derzeit Belgien, Dänemark, Finnland, Frankreich, Italien, Niger, Norwegen, Schweden und die Schweiz. Die Konvention ist als „loi uniforme" von ihren Vertragsstaaten auch gegenüber Nichtvertragsstaaten anzuwenden. Sie beruft in erster Linie das von den Parteien gewählte Recht (Art 2), im Übrigen das Recht am Ort der Niederlassung oder des gewöhnlichen Aufenthalts des Verkäufers (Art 3 Abs 1). Doch gilt das Recht am Käufersitz, wenn der Verkäufer oder sein Beauftragter die Bestellung dort entgegengenommen hat (Art 3 Abs 2).

172 Die deutschen Gerichte haben die Konvention wegen des Renvoi-Verbots in Art 35 EGBGB auch dann nicht zu beachten, wenn das deutsche IPR auf das Recht eines Vertragsstaates verweist und der Vertragsstaat selbst die Konvention anwenden würde. Zum Verhältnis der Konvention zum CISG vgl STAUDINGER/MAGNUS (1999) Art 90 Rn 13 ff.

β) Haager Kauf-IPR-Übereinkommen von 1986

173 Das Haager Kauf-IPR-Übereinkommen von 1955 ist durch das **Haager Übereinkommen über das auf internationale Warenkaufverträge anwendbare Recht** vom 22. 12. 1986 fortentwickelt worden und soll von ihm abgelöst werden (englischer und französischer Text: RabelsZ 51 [1987] 196). Doch ist die zum Inkrafttreten erforderliche Zahl von Ratifikationen bisher nicht erreicht. Bislang hat lediglich Argentinien das Übk ratifiziert (näher zu dem Übk KEGEL/SCHURIG § 18 I 3a] bb]; LANDO RabelsZ 51 [1987] 60 ff).

cc) Einheitliches Klauselrecht

174 Für internationale Liefergeschäfte haben Wirtschaftsorganisationen zahlreiche spezielle Klauselwerke entworfen, die von den Parteien häufig verwendet werden, so vor allem die **Incoterms** der IHK (abgedruckt etwa bei BAUMBACH/HOPT Anh VI; zu weiteren Klauselwerken s REITHMANN/MARTINY/MARTINY Rn 677 ff). Derartige Klauselwerke sind grundsätzlich nur zu berücksichtigen, wenn die Parteien ihre Geltung wirksam vereinbart haben (ebenso REITHMANN/MARTINY/MARTINY Rn 676). Geltung als Handelsbrauch haben sie bisher nur in Ausnahmefällen erlangt. Verwenden Parteien in den Incoterms vereinheitlichte Klauseln (zB cif, fob etc) ohne Hinweis auf diese Herkunft (Incoterms 2000), dann ist die Klausel aber im Zweifel in dem von der IHK definierten Sinn zu interpretieren (OLG München NJW 1957, 426; REITHMANN/MARTINY/MARTINY Rn 676). Im Verhältnis zum Wiener oder Haager Einheitskaufrecht bedeuten die Incoterms, soweit sie anwendbar sind, die speziellere Regelung, die das Einheitskauf-

recht soweit verdrängt, wie sie reicht, es im Übrigen aber unberührt lässt (STAUDINGER/
MAGNUS [1999] Art 9 CISG Rn 11, 17).

dd) Vertragsstatut für den Fahrniskauf*

175 Soweit nicht vorrangige internationale Regelungen eingreifen oder die Parteien eine
– stets zulässige – Rechtswahl getroffen haben, gilt für Warenkaufverträge (sale,
vente) grundsätzlich das **Recht am Sitz des Verkäufers.** Denn er erbringt die charakteristische Leistung (einhellige Meinung; aus der Rechtsprechung etwa Hoge Raad Ned Jur 1992
Nr 750; OLG Köln IPRax 1994, 210 m Aufs PILTZ IPRax 1994, 191; KG RiW 1994, 683; OLG Hamm
RiW 1995, 54; OLG Hamburg OLG Rep Hamburg 1997, 149; GIULIANO/LAGARDE 52 f; ähnlich
Begründung BT-Drucks 10/504, 78; vBAR II Rn 496; DICEY/MORRIS II 33–094; KROPHOLLER § 52
III 3a; MARTINY ZEuP 1997, 117; MERSCHFORMANN 111 ff; MünchKomm/MARTINY Art 28 Rn 112;
PALANDT/HELDRICH Art 28 Rn 8; REITHMANN/MARTINY/MARTINY Rn 680). Der ‚Sitz' des Verkäufers ist gemäß Art 28 Abs 2 Satz 1 sein gewöhnlicher Aufenthaltsort – bei handlungsfähigen Personenvereinigungen der Ort ihrer Hauptverwaltung. Hat der Verkäufer den Vertrag aber „in Ausübung einer beruflichen oder gewerblichen
Tätigkeit" geschlossen, dann ist das Recht an seiner Hauptniederlassung bzw derjenigen Zweigniederlassung maßgebend, die die Leistung nach dem Vertrag zu erbringen hat (Art 28 Abs 2 Satz 2). Zum Werklieferungsvertrag unten Rn 197.

176 Über die Ausweichklausel des Art 28 Abs 5 sind dagegen **Käufe an Börsen oder auf
Versteigerungen** regelmäßig anders anzuknüpfen. Wegen der jeweiligen örtlichen
Sonderbedingungen für diese Geschäfte besteht hier gewöhnlich die engste Verbindung zum Recht am Börsenplatz oder am Versteigerungsort (OLG Düsseldorf NJW 1991,
1492 = IPRax 1991, 327 m Aufs THOMSEN/GUTH IPRax 1991, 302 [Recht am Versteigerungsort];
MERSCHFORMANN 214 ff; MünchKomm/MARTINY Art 28 Rn 115; REITHMANN/MARTINY/MARTINY
Rn 681; im Ergebnis weitgehend ebenso SOERGEL/vHOFFMANN Art 28 Rn 145 f). Für Käufe auf
Messen gilt diese Regel aber nicht, soweit der Kauf nicht dort zugleich vollständig
durchgeführt wird (LG Aachen RiW 1990, 491). Bei **Auktionen im Internet** ist jedoch das
Recht am Sitz des Einlieferers/Veräußerers maßgebend, von dem der Ersteigerer
erwirbt (vgl MANKOWSKI, in: SPINDLER/WIEBE § 55). Denn einen eigentlichen Versteigerungsort gibt es hier nicht. Ist der Ersteigerer Verbraucher, dann kann bei Vorliegen
der weiteren Voraussetzungen auch Art 29 eingreifen (näher noch unter Rn 667 f).

177 Die Ausweichklausel des Art 28 Abs 5 kann auch beim **Handkauf,** der am selben Ort
abgeschlossen und unmittelbar erfüllt wird, zu einem anderen Recht als dem des
Verkäufers führen, so etwa beim Kauf von reisenden Händlern auf Märkten (vHOFFMANN § 10 Rn 61; MERSCHFORMANN 221; MünchKomm/MARTINY Art 28 Rn 115). Dann ist das
Recht am Ort des unmittelbaren Leistungsaustauschs maßgebend.

178 Dem Vertragsstatut unterstehen alle kaufvertraglichen Fragen. Wie stets ist für das
Zustandekommen des Vertrages aber ggfs Art 31 Abs 2 zu beachten. Ferner sieht
Art 32 Abs 2 die Möglichkeit einer Sonderanknüpfung für die Art und Weise der

---

* **Schrifttum:** CZERWENKA, Rechtsanwendungsprobleme im internationalen Kaufrecht (1988);
KREUZER, Das internationale Privatrecht des
Warenkaufs in der deutschen Rechtsprechung
(1964); MERSCHFORMANN, Die objektive Bestimmung des Vertragsstatuts beim internationalen Warenkauf (1991); PILTZ, Anwendbares
Recht in grenzüberschreitenden Kaufverträgen,
IPRax 1993, 191.

Erfüllung und insbes derjenigen Maßnahmen vor, die der Gläubiger bei mangelhafter Erfüllung zu treffen hat (vgl näher Art 32 Rn 79 ff). Für sie ist das Recht am Ort der tatsächlichen Erfüllung zu „berücksichtigen". Vor allem die Modalitäten der Untersuchung und Rüge mangelhafter Ware sind nach diesem Recht zu beurteilen.

179 Ebenfalls nicht nach dem Vertragsstatut, sondern ihrem eigenen Sachstatut ist die Frage der **Kaufmannseigenschaft** zu beurteilen, die innerhalb des Vertragsstatuts etwa für die Anwendung besonderer Handelskaufregeln von Bedeutung sein kann. Grundsätzlich ist das Recht am Ort der gewerblichen Niederlassung des Betroffenen maßgebend (LG Hamburg IPRspr 1958–59 Nr 22; OLG Naumburg WM 1994, 906 [für interlokalen Fall]; EBENROTH JZ 1988, 19; HAGENGUTH 178, 256 ff; PALANDT/HELDRICH Art 7 Rn 7; zT **anders** REITHMANN/MARTINY/MARTINY Rn 239; VAN VENROOY 28 ff). Kennt dieses Recht keinen besonderen Kaufmannsbegriff, so ist in einer Parallelwertung nach den Maßstäben des Vertragsstatuts zu ermitteln, ob der Betroffene als Kaufmann anzusehen ist.

180 Zum Verbraucherkauf vgl unten Rn 187, 191, 198 f.

c) Unternehmenskauf; Praxiskauf*

181 Der Unternehmenskauf kann sich in zweierlei Form vollziehen: entweder durch **Erwerb von Anteilen** an der das Unternehmen betreibenden Gesellschaft oder juristischen Person (share deal) oder durch **Erwerb der Sachgesamtheit**, die das Unternehmen ausmacht (asset deal). In der letzteren Form werden sich vielfach auch Praxisverkäufe vollziehen.

aa) Unternehmenskauf durch Anteilserwerb

182 Für Unternehmenskäufe im Weg des Anteilserwerbes gilt das UN-Kaufrecht (oben Rn 149 ff) nicht. Da das CISG weder Kaufgeschäfte über Forderungen noch über Rechte noch über Wertpapiere erfasst, fällt auch der Erwerb von Anteils- und Mitgliedschaftsrechten, selbst wenn sie verbrieft sind, nicht unter den sachlichen Anwendungsbereich der Konvention (PILTZ AnwBl 1991, 59; REITHMANN/MARTINY/MERKT Rn 763 f; SCHLECHTRIEM, Int UN-Kaufrecht Rn 31; STAUDINGER/MAGNUS [1999] Art 1 CISG Rn 56). Für den Unternehmenskauf gelten die Art 27 ff (vBAR II Rn 644; EBENROTH/WILKEN ZVerglRW 90 [1991] 241 f; KREUZER IPRax 1988, 18; MERKT, in: FS Sandrock 139; PALANDT/HELDRICH Anh zu Art 12 Rn 14; STAUDINGER/GROSSFELD [1998] IntGesR Rn 342). Dagegen ist nicht das Gesellschaftsstatut maßgebend, noch greift der Ausschlusstatbestand des Art 37 Nr 1 ein, da Gesellschaftsanteile nicht zu den Wertpapieren gehören, die die Ausschlussvorschrift erfasst (GIULIANO/LAGARDE 43, die auch darauf hinweisen, dass die Ausschlussvorschrift sich ohnehin nur auf „Schuldverhältnisse aus der Handelbarkeit", also insbes die Indossamentswirkung bezieht; ferner REITHMANN/MARTINY/MERKT Rn 766; wohl auch BGHZ 123, 380 [387]). Allerdings richten sich nach dem Gesellschaftsstatut eventuelle, aus dem Gesellschaftsrecht folgende Schranken des Erwerbs, etwa das Verbot, eigene Anteile zu erwerben etc (PALANDT/HELDRICH Anh nach Art 12 Rn 14, STAUDINGER/GROSSFELD [1998] IntGesR Rn 344; ebenso MERKT, in: FS Sandrock 149).

---

* **Schrifttum:** DÜRIG, Der grenzüberschreitende Unternehmenskauf (1998); ders, Kollisionsrechtliche Anknüpfung bei öffentlichen Übernahmeangeboten RiW 1999, 746; MERKT, Internationaler Unternehmenskauf durch Beteiligungserwerb, in: FS Sandrock (1995) 135; ders, Internationaler Unternehmenskauf durch Erwerb der Wirtschaftsgüter, RiW 1995, 533; ders, Internationaler Unternehmenskauf (RWS-Skript 275, 1997).

183 Für den Unternehmenskauf durch Anteilserwerb ist sowohl eine ausdrückliche wie eine stillschweigende Rechtswahl zulässig. Für Letztere stellt ein gewichtiges, jedoch nicht allein entscheidendes Indiz der Ort dar, an dem das zu veräußernde Unternehmen seinen tatsächlichen Sitz hat. Mangels Rechtswahl untersteht der Anteilskauf dem Recht des Staates, in dem **der Verkäufer** der Anteile **seinen Sitz** iSd Art 28 Abs 2 Satz 1 und 2 hat. Wird der Verkäufer geschäftlich tätig, so entscheidet damit das Recht am Ort seiner Hauptniederlassung oder, wenn der Vertrag durch eine Zweigniederlassung zu erfüllen ist, das Recht an deren Ort (MERKT, in: FS Sandrock 141; REITHMANN/MARTINY/MERKT Rn 769 f; ähnlich nach altem IPR: BGH NJW 1987, 1141).

184 Für den **Anteilskauf an der Börse** gilt jedoch das Recht am Börsenort (ERMAN/HOHLOCH Art 28 Rn 57; MünchKomm/MARTINY Art 28 Rn 115; REITHMANN/MARTINY/MERKT Rn 772 ff [dort auch allgemeiner zum Effektenkauf]).

185 Für die **Form des Anteilserwerbs** gilt nach hM Art 11 EGBGB (ERMAN/HOHLOCH Art 11 Rn 11; MERKT, in: FS Sandrock 154 f; ders ZIP 1994, 1417; PALANDT/HELDRICH Anh zu Art 12 Rn 14; **aA** – Gesellschaftsstatut gilt – etwa SCHOLZ/WESTERMANN, Kommentar zum GmbH-Gesetz [8. Aufl 1993] Einl Rn 119).

186 Wie auch sonst erfasst das Vertragsstatut gemäß Art 32 grundsätzlich alle vertragsrechtlichen Fragen (eingehend dazu REITHMANN/MARTINY/MERKT Rn 775 ff). Doch gelten wegen der Verschränkung mit dem Gesellschaftsrecht Besonderheiten. So untersteht die Erfüllung – Übertragung der Anteile etc – dem Gesellschaftsstatut (BGH NJW 1994, 939 [940]). Verhaltenspflichten bei öffentlichen Übernahmeangeboten sollen nach dem Personalstatut der Zielgesellschaft zu beurteilen sein (vgl DÜRIG RiW 1999, 748).

187 Art 29 gilt für den Anteilskauf in der Regel nicht, selbst wenn der Käufer Verbraucher iSd Vorschrift ist. Denn Art 29 erfasst nur die Lieferung beweglicher Sachen. Gesellschaftsanteile fallen nicht darunter (so im Ergebnis auch BGHZ 123, 380).

bb) Kauf des Unternehmens als Sachgesamtheit

188 Das UN-Kaufrecht gilt in der Regel auch nicht für den Unternehmenskauf im Weg der Übertragung aller Wirtschaftsgüter, da es sich gewöhnlich um die Übertragung einer aus beweglichen und unbeweglichen Sachen, immateriellen Gütern und Rechten zusammengesetzten Gesamtheit handelt (vCAEMMERER/SCHLECHTRIEM/FERRARI Art 1 CISG Rn 36; HERBER/CZERWENKA Art 1 Rn 7; MERKT ZVerglRW 93 [1994] 365; ders RiW 1995, 533; STAUDINGER/MAGNUS [1999] CISG Rn 51). Sofern in dieser Gesamtheit allerdings Waren iSd CISG (bewegliche Sachen) den überwiegenden Wert – mehr als 50% – darstellen, ist das CISG anzuwenden (MERKT aaO).

189 Im Übrigen gelten hier im Wesentlichen dieselben Regeln wie für den Unternehmenskauf durch Anteilserwerb. Das Vertragsstatut ist für den Kauf der Sachgesamtheit Unternehmen nach den Art 27 ff einheitlich zu bestimmen (vgl oben Rn 182). Das gilt auch dann, wenn Grundstücke oder Immaterialgüterrechte zum Unternehmen gehören. Die objektive Anknüpfung führt gemäß Art 28 Abs 2 regelmäßig zum **Recht am Sitz des Verkäufers** (REITHMANN/MARTINY/MERKT Rn 805). Gleiches gilt für den **Praxiskauf** (OLG Hamm WiB 1995, 266 m Anm VON DER SEIPEN). Auch wenn **Grundstücke mit übertragen** werden sollen, gilt nicht die spezielle Vermutung des Art 28 Abs 3, da der

Hauptgegenstand des Vertrages die Unternehmensübertragung, nicht aber die Einräumung von dinglichen oder Nutzungsrechten am Grundstück betrifft. Die Grundstücksübertragung wird nur in seltenen Fällen so stark im Vordergrund stehen, dass sie die Anwendung des Abs 3 rechtfertigt, so etwa, wenn alleiniger Unternehmenszweck die Verwaltung des Unternehmensgrundstückes ist. Dann dürfte freilich auch über Abs 5 das Belegenheitsrecht anzuwenden sein.

Besonderheiten gelten beim asset deal auch für die Erfüllung. Sie untersteht dem Recht, das für die Übertragung des jeweiligen einzelnen Gegenstandes maßgebend ist (REITHMANN/MARTINY/MERKT Rn 809 ff). Mobilien und Immobilien sind deshalb nach dem Recht ihres Lageortes zu übertragen. Die Forderungsabtretung folgt dem Vertragsstatut (Art 33 Abs 1). Der **Übergang der Firma** richtet sich nach dem Recht am Sitz des firmierenden Unternehmens (wohl ebenso REITHMANN/MARTINY/MERKT Rn 816, der mit „Personal- bzw Gesellschaftsstatut des Firmenträgers" wohl den Sitz des Unternehmens meint; generell knüpfen die Firma an den Sitz des Unternehmens: KEGEL/SCHURIG § 17 IV 3; STAUDINGER/ GROSSFELD [1998] IntGesR Rn 319). **190**

Art 29 kommt für den Unternehmenskauf durch Übernahme aller Wirtschaftsgüter in aller Regel nicht in Betracht. Für private Zwecke dürfte ein solcher Kauf kaum einmal durchgeführt werden. Ferner betrifft er gewöhnlich nicht nur, wie für Art 29 erforderlich, die Lieferung beweglicher Sachen. **191**

d) Forderungs- und Rechtskauf
Das **Einheitskaufrecht** gilt nicht für den Kauf von Forderungen oder Rechten (vgl oben Rn 182). **192**

Eine Rechtswahl ist wie stets möglich und beachtlich. Die objektive Anknüpfung richtet sich gemäß Art 33 Abs 1 nach dem Statut des Vertrages zwischen dem Veräußerer und Erwerber (MünchKomm/MARTINY Art 33 Rn 4 sowie unten die Erl zu Art 33). Dabei erbringt grundsätzlich **der Veräußerer die charakteristische Leistung.** Das Recht seines Sitzes ist maßgebend (ERMAN/HOHLOCH Art 28 Rn 32; zum alten IPR: BGH JR 1987, 198 m Anm DÖRNER). **193**

e) Schiffskauf
Die allgemeine **Anknüpfungsregel des Fahrniskaufs** (oben Rn 175) gilt auch für die Veräußerung von – in aller Regel gebrauchten – Schiffen (eingehend MANKOWSKI, Seerechtliche Vertragsverhältnisse 432 ff; MünchKomm/MARTINY Art 28 Rn 112; kritisch FLESSNER, Reform 17). Registerort bzw Flagge sind ggfs bei der Anwendung des Art 28 Abs 5 von Gewicht; für sich allein genügen sie aber nicht, die Vermutung des Abs 2 zu entkräften (näher MANKOWSKI 434 ff). **194**

Mögliche **dingliche Wirkungen des Schiffskaufs** sind nach dem Recht des Registerortes zu beurteilen (Art 45 Abs 1 Nr 2; MANKOWSKI, Seerechtliche Vertragsverhältnisse 435 f; PALANDT/HELDRICH Art 45 Rn 2; STAUDINGER/STOLL [1996] Int SachenR Rn 377). Nicht registrierte Schiffe unterstehen insoweit dem Recht des Heimathafens (BGH NJW 1995, 2098; KEGEL/SCHURIG § 19 V; PALANDT/HELDRICH aaO; aA STOLL JZ 1995, 787 [788]). **195**

f) Kauf sonstiger Güter
Der Kauf sonstiger Güter (zB – auch geheimes oder illegales – Wissen, Titel, Zu- **196**

stimmungen etc) ist, soweit es sich in diesen Fällen nicht um Geschäftsbesorgung handelt, wie der Fahrnis- und Rechtskauf anzuknüpfen. Soweit es dabei um intern verbotene oder sittenwidrige Geschäfte geht, wird bei hinreichendem Inlandsbezug häufig Art 6 EGBGB anzuwenden sein. Eine unmittelbare Anwendung des § 138 BGB als international zwingende Vorschrift iSd Art 34 ist dagegen ausgeschlossen (BGH RiW 1997, 875 [879]; MANKOWSKI RiW 1996, 8 ff; PALANDT/HELDRICH Art 34 Rn 3; **aA** – allerdings nur für Timesharingverträge – LG Detmold NJW 1994, 3301; LG Berlin NJW-RR 1995, 754; LG Duisburg NJW-RR 1995, 883; LG Tübingen NJW-RR 1995, 1142).

g) Werklieferungsvertrag

197 Der Werklieferungsvertrag, bei dem der Verkäufer den Kaufgegenstand – sei es auch nach Vorgaben des Käufers – herstellt, ist **wie der Fahrniskauf** zu behandeln. Für ihn gelten sowohl das Einheitskaufrecht (vgl oben Rn 149 ff) als im Übrigen die allgemeinen Anknüpfungsregeln (oben Rn 175 ff; vgl etwa OLG Frankfurt NJW 1992, 633 [634]; OLG Düsseldorf RiW 1993, 845; OLG Köln RiW 1994, 970; REITHMANN/MARTINY/MARTINY Rn 683).

h) Verbraucherkauf

198 Das UN-Kaufrecht erfasst den Verbraucherkauf in aller Regel nicht (Art 2 lit a CISG; näher und zu Ausnahmen vCAEMMERER/SCHLECHTRIEM/FERRARI Art 2 Rn 7 ff; SCHLECHTRIEM, Int UN-Kaufrecht Rn 29; STAUDINGER/MAGNUS [1999] Art 2 CISG Rn 10 ff).

199 Im Übrigen gelten die bislang aufgeführten Anknüpfungsregeln, soweit nicht Art 29 mit seinen engen Voraussetzungen eingreift. Er setzt die Lieferung beweglicher Waren, einen privaten Nutzungszweck und besondere Abschlussmodalitäten voraus. Seine analoge Anwendung auf vergleichbare Situationen ist stark umstritten (vgl näher die Erl zu Art 29).

2. Tausch*

200 Bisher gilt für Tauschgeschäfte (barter, échange) kein internationales Konventionsrecht. Das CISG ist nach hM nicht auf den Tausch anzuwenden (vCAEMMERER/SCHLECHTRIEM/FERRARI Art 1 Rn 30; STAUDINGER/MAGNUS [1999] Art 1 CISG Rn 29; **aA** mit eingehender Begründung LURGER ZfRvgl 6 [1991] 421 ff).

201 Eine Rechtswahl ist wie stets möglich.

202 Bei der objektiven Anknüpfung ist der Tausch das Musterbeispiel für den Fall, dass sich eine charakteristische Leistung nicht feststellen lässt (Art 28 Abs 2 Satz 3; vHOFFMANN § 10 Rn 63 f; LAGARDE Rev crit 1991, 309; REITHMANN/MARTINY/MARTINY Rn 128). Im Einzelfall, insbesondere bei Kompensationsgeschäften, kann gleichwohl die Tauschleistung einer Partei dem Gesamtvertrag sein Gepräge geben. Es gilt dann das Recht am Sitz dieser Partei. In der Regel ist die engste Verbindung jedoch über Art 28 Abs 1 einheitlich für den Gesamtvertrag zu ermitteln (ERMAN/HOHLOCH Art 28 Rn 33; MünchKomm/MARTINY Art 28 Rn 127; PALANDT/HELDRICH Art 28 Rn 9). Für die engste Verbindung nach Abs 1 sind – sofern sich die Hauptanknüpfungsmomente (Sitz der Parteien, Er-

---

* **Schrifttum:** LURGER, Handbuch der internationalen Tausch- und Gegengeschäftsverträge (1992); dies, Die Anwendung des Wiener UN-CITRAL-Kaufrechtsübereinkommens 1980 auf den internationalen Tauschvertrag und sonstige Gegengeschäfte, ZfRvgl 6 (1991) 415.

füllungsorte der Leistungen) neutralisieren – auch untergeordnete Indizien wie Abschlussort oder Vertragssprache ausschlaggebend (ebenso vHOFFMANN § 10 Rn 64; SOERGEL/vHOFFMANN Art 28 Rn 158).

Bei internationalem Grundstückstausch gilt mangels eines einheitlichen Belegenheitsortes nicht Abs 3, sondern ebenfalls Abs 1 (ERMAN/HOHLOCH, MünchKomm/MARTINY, PALANDT/HELDRICH aaO; SOERGEL/vHOFFMANN Art 28 Rn 159). Den Ausschlag kann hier der Abschluss- und Beurkundungsort geben (LG Amberg IPRax 1982 m Anm JAYME; ERMAN/HOHLOCH, PALANDT/HELDRICH aaO; REITHMANN/MARTINY/MARTINY Rn 128). 203

3. Schenkung*

Mangels Rechtswahl untersteht die Schenkung (donation, donation) von **Immobilien** **dem Recht des Belegenheitsortes** (Art 28 Abs 3; ERMAN/HOHLOCH Art 28 Rn 34; MünchKomm/MARTINY Art 28 Rn 128; PALANDT/HELDRICH Art 28 Rn 10; vgl auch oben Rn 102). Gleiches gilt für die Schenkung beschränkt dinglicher Rechte oder schuldrechtlicher Nutzungsrechte an Grundstücken. 204

Bei der Schenkung anderer Gegenstände als Immobilien (bewegliche Sachen, Rechte) erbringt der **Schenker die charakteristische Leistung** gemäß Abs 2 (OLG Köln NJW-RR 1994, 1026; vBAR II Rn 496; ERMAN/HOHLOCH Art 28 Rn 34; KAYE 181; MARTINY ZEuP 1995, 76; MünchKomm/MARTINY Art 28 Rn 128; PALANDT/HELDRICH Art 28 Rn 10). Das gilt auch bei gemischten Schenkungen (CZERNICH/HEISS/CZERNICH Art 4 Rn 134). 205

Schenkungen unter Ehegatten unterstehen grundsätzlich ebenfalls dem Schenkungsvertragsstatut (ABEL 120; JAEGER DNotZ 1991, 445; KOCH/MAGNUS/WINKLER VON MOHRENFELS 58; KOLLHAUSER NJW 1994, 2315). Das gilt auch für die sog unbenannten Zuwendungen (BGH IPRax 1995, 399 [400] m abl Aufs WINKLER VON MOHRENFELS IPRax 1995, 379; PALANDT/HELDRICH Art 15 Rn 25). Das Ehewirkungsstatut kann allerdings zu beachtende Schenkungsverbote für Eheleute vorschreiben (vgl MünchKomm/SIEHR Art 14 Rn 107; näher ABEL 149 ff). 206

Die **Schenkung von Todes wegen** unterliegt bei Vollzug zu Lebzeiten dem Schenkungsvertragsstatut, im Übrigen dem Erbstatut (PALANDT/HELDRICH Art 25 Rn 15; WINKLER VON MOHRENFELS IPRax 1991, 239; ebenso ABEL 143). 207

Das anwendbare Schenkungsrecht regelt die schuldrechtlichen Wirkungen der Schenkung, insbesondere eventuelle Gewährleistungsansprüche, Aufhebungs- und Widerrufsmöglichkeiten sowie Rückforderungsrechte (MünchKomm/MARTINY Art 28 Rn 128). Der Vollzug der Schenkung (Übereignung, Abtretung) untersteht dagegen dem dafür maßgebenden Sachstatut – für Sachen gilt also die lex rei sitae, für Rechte gemäß Art 33 Abs 1 das Vertragsstatut. 208

---

* **Schrifttum:** ABEL, Die Qualifikation der Schenkung, (Internationalrechtliche Studien Bd 6, 1997); JAEGER, Zur rechtlichen Deutung ehebezogener (sog unbenannter) Zuwendungen und zu ihrer Rückabwicklung nach Scheitern der Ehe, DNotZ 1991, 431; KOLLHOSSER, Ehebezogene Zuwendungen und Schenkungen unter Ehegatten, NJW 1994, 2313; WINKLER VON MOHRENFELS, Forderungserlaß im Wege der Schenkung von Todes wegen, IPRax 1991, 237; ders, Ehebezogene Zuwendungen im Internationalen Privatrecht, IPRax 1995, 379.

209 Die Form der Schenkung, insbesondere des Schenkungsversprechens richtet sich nach dem Orts- oder Geschäftsrecht (Art 11). Ob der nach seinem Recht wirksame Vollzug der Schenkung Formmängel der Schenkung heilt, bestimmt sich im Interesse der Wirksamkeit ebenfalls nach dem Formstatut. Heilung tritt also ein, wenn das Recht am Ort des Vollzugsgeschäfts oder wenn das anwendbare Vertragsrecht dies vorsieht.

4. Miete*

a) Grundstücks- und Raummiete

210 Einheitsrecht besteht für die Miete von Immobilien bisher nicht.

211 Eine Rechtswahl ist stets zulässig. Mangels Rechtswahl gilt gemäß Art 28 Abs 3 das **Recht des Belegenheitsortes des überlassenen Grundstücks** (OLG Frankfurt NJW-RR 1993, 183; ERMAN/HOHLOCH Art 28 Rn 35; MünchKomm/MARTINY Art 28 Rn 121; PALANDT/HELDRICH Art 28 Rn 5; REITHMANN/MARTINY/LIMMER Rn 943; SOERGEL/vHOFFMANN Art 28 Rn 163; TRENK/HINTERBERGER ZMR 1973, 4). Doch greift Art 28 Abs 5 ein und verdrängen engere Beziehungen des Vertrags zu einem anderen Recht die Geltung der lex rei sitae, wenn etwa Inländer mit gewöhnlichem Aufenthalt im Inland dort einen Mietvertrag über ein ausländisches Grundstück – insbes für befristete Urlaubszwecke – abschließen (BGHZ 109, 29 [36] m Aufs W LORENZ IPRax 1990, 294; BGHZ 119, 158; OLG Düsseldorf TranspR 1998, 214; OLG Düsseldorf NJW-RR 1998, 1159; GIULIANO/LAGARDE 53; ERMAN/HOHLOCH Art 28 Rn 35; MünchKomm/MARTINY Art 28 Rn 121; PALANDT/HELDRICH Art 28 Rn 5).

212 Liegen die Voraussetzungen des Art 29 vor – sind mit der Nutzungsüberlassung also in nennenswertem Umfang Dienstleistungen des Verpflichteten verbunden und sind die in Art 29 geforderten Abschlussmodalitäten gegeben –, dann ist das **Recht am gewöhnlichen Aufenthalt des Verbrauchers** maßgebend (vgl dazu BGHZ 119, 152 m Aufs LINDACHER IPRax 1993, 228 ff; KG VuR 1995, 35; KARTZKE NJW 1994, 823 ff; PALANDT/HELDRICH Art 29 Rn 2; REITHMANN/MARTINY/LIMMER Rn 944). Gebrauchsüberlassungsverträge als solche erfasst Art 29 dagegen nicht (aA VISCHER/HUBER/OSER RN 429; vgl näher die Erl zu Art 29).

213 Der Grundsatz des Belegenheitsrechts gilt für die Miete von Grundstücken, Grundstücksteilen (zB Campingplatzmiete, OLG Frankfurt NJW-RR 1986, 108), Geschäftsräumen, Wohnungen, Ferienwohnungen oder -häusern. Auch die **Parkplatz- oder Stellplatzmiete** wird erfasst (ebenso wohl AG Mannheim IPRspr 1994 Nr 36; übersehen von AG Delmenhorst IPRspr 1994 Nr 45). Die Miete von (Wohn-) Containern fällt nur unter Art 28 Abs 3, wenn zugleich ein Grundstücksteil als Standort mit vermietet wird.

214 Das Mietrecht gehört zu jenen Gebieten, in denen das deutsche Recht international zwingende Bestimmungen im Sinn des Art 34 vorsieht, die ein ausländisches Ver-

---

* **Schrifttum:** KARTZKE, Verträge mit gewerblichen Ferienhausanbietern, NJW 1994, 823; LINDACHER, AGB-Verbandsklage im Reiseveranstaltergeschäft und auslandsbelegenen Ferienhäusern und -wohnungen, IPRax 1993, 228; W LORENZ, AGB-Kontrolle bei gewerbsmäßiger Überlassung von Ferienwohnungen im Ausland – Internationale Zuständigkeit für Verbandsklage, IPRax 1990, 292; TRENK/HINTERBERGER, Grundprobleme des internationalen Mietrechts, ZMR 1973, 1; ders, Internationales Wohnungsmietrecht (1977).

tragsstatut ggfs überlagern (so ausdrücklich Begründung BT-Drucks 10/504, 83). So gelten für inländische Grundstücke ohne Rücksicht auf das anwendbare Vertragsrecht die **zwingenden Mieterschutzbestimmungen** des deutschen Rechts (Begründung aaO; ERMAN/HOHLOCH Art 28 Rn 35; MünchKomm/MARTINY Art 28 Rn 122; REITHMANN/MARTINY/LIMMER Rn 947; TRENK/HINTERBERGER, IntWohnMietR 143 f). Zu ihnen gehören vor allem die Vorschriften über den Kündigungsschutz (§§ 556 a ff, §§ 564 b ff BGB) und über Mieterhöhungen (§ 541 b BGB, §§ 2 ff MiethöheG).

b) Miete im Übrigen

Sofern eine Rechtswahl fehlt, untersteht die Miete beweglicher Sachen (hire, louage) **215** dem **Recht am Sitz des Vermieters,** der der Schuldner der vertragscharakteristischen Leistung ist (Begründung BT-Drucks 10/504, 78; vBAR II Rn 496; DICEY/MORRIS II 33–095 f; ERMAN/HOHLOCH Art 28 Rn 35; vHOFFMANN § 10 Rn 46; KAYE 181; LAGARDE Rev crit 191, 309; MünchKomm/MARTINY Art 28 Rn 129; PALANDT/HELDRICH Art 28 Rn 11; SOERGEL/vHOFFMANN Art 28 Rn 162). Auf den Gebrauchs- oder Überlassungsort kommt es nicht an (so aber die Rechtsprechung vor der IPR-Reform: BGH NJW 1958, 1390). Beide Orte sind jedoch im Rahmen des Art 28 Abs 5 zu beachten und können im Verein mit weiteren Anknüpfungsmerkmalen zu einem anderen als dem Recht am Sitz des Vermieters führen (ähnlich ERMAN/HOHLOCH aaO).

Für die Miete **(Charter)** von Schiffen, Flugzeugen oder anderen Transportmitteln gilt **216** ebenfalls das Sitzrecht des Vermieters (eingehend zu den verschiedenen Formen der Schiffscharter MANKOWSKI, Seerechtliche Vertragsverhältnisse 89 ff). Eine Ausnahme gilt nach Art 28 Abs 4 Satz 2 nur für solche Charterverträge, die der Sache nach die Beförderung von Waren zum Hauptgegenstand haben (dazu oben Rn 114 und unten Rn 396 ff, 462 ff).

5. Pacht

Die Pacht (bailment, bail), die außer der Gebrauchsüberlassung die Fruchtziehung **217** einschließt, untersteht denselben Anknüpfungsregeln wie die Miete (ERMAN/HOHLOCH Art 28 Rn 35; PALANDT/HELDRICH Art 28 Rn 11). Maßgebend ist – mangels Rechtswahl – bei der **Grundstückspacht das Belegenheitsrecht,** im Übrigen das Sitzrecht des Verpächters (vgl die Zitierten sowie SOERGEL/vHOFFMANN Art 28 Rn 180).

Bei der **Unternehmenspacht** wird allerdings über Art 28 Abs 5 das Recht am Unter- **218** nehmensort anzuwenden sein, falls der Verpächter seinen Sitz in einem anderen Staat hat (zur Unternehmenspacht SOERGEL/vHOFFMANN Art 28 Rn 181).

6. Leihe

Auch die Leihe (unentgeltliche Gebrauchsüberlassung) untersteht **denselben An- 219 knüpfungsregeln wie die Miete** (oben Rn 210 ff). Für die Leihe von Grundstücken gilt bei objektiver Anknüpfung das Recht des Belegenheitsortes (Art 28 Abs 3, vgl auch oben Rn 98 ff), für die Leihe beweglicher Sachen das Recht am Sitz des Verleihers (vBAR II Rn 496; ERMAN/HOHLOCH Art 28 Rn 35; MünchKomm/MARTINY Art 28 Rn 132; SOERGEL/vHOFFMANN Art 28 Rn 182).

7. Leasing*

220 Leasingverträge werden im Kern durch die Gebrauchsüberlassung des Leasinggutes gegen Geld gekennzeichnet. Doch treffen den Leasingnehmer gewöhnlich weitergehende Pflichten und Risiken als einen Mieter (vgl auch die Definition in Art 1 Abs 2 der UNIDROIT-Konvention von Ottawa über das internationale Finanzierungsleasing vom 28. Mai 1988; der englische und französische Text ist abgedruckt in RabelsZ 51 [1987] 736; deutsche Übersetzung bei REITHMANN/MARTINY/DAGEFÖRDE RN 990). Im Einzelnen variiert die Ausgestaltung vor allem zwischen operating und financing leasing.

221 Für das **Finanzierungsleasing,** bei dem die Leasingraten die Anschaffungskosten des Leasinggebers amortisieren sollen und der Lieferant des Leasinggebers in das Geschäft eingeweiht ist, ist mit der **UNIDROIT-Konvention zum internationalen Finanzierungsleasing** internationales Einheitsrecht geschaffen worden. Die Konvention ist am 1. 5. 1995 für Frankreich, Italien und Nigeria und seither auch in Lettland, Panama, Russland, Ungarn und Weißrussland in Kraft getreten. Deutschland hat sie bisher nicht ratifiziert. Sie ist von deutschen Gerichten trotzdem anzuwenden, wenn die Parteien des Leasingvertrages in Vertragsstaaten niedergelassen sind oder das deutsche IPR auf das Recht eines Vertragsstaates verweist (Art 3 der Konvention; näher dazu DAGEFÖRDE RiW 1995, 265 ff; REITHMANN/MARTINY/DAGEFÖRDE RN 972 ff).

222 Das CISG gilt nicht für Leasingverträge, auch wenn diese eine Kaufoption enthalten, es sei denn atypischerweise der Erwerb des Leasinggutes der Hauptzweck des Vertrages (SCHLECHTRIEM, Int UN-KaufR Rn 25; STAUDINGER/MAGNUS [1999] Art 1 CISG Rn 34 ff). Doch ist das CISG für die Kaufgeschäfte zwischen dem Lieferanten und dem Leasinggeber zu beachten.

223 Der Vertrag zwischen Leasinggeber und -nehmer untersteht mangels Rechtswahl grundsätzlich dem **Recht am Sitz des Leasinggebers.** Seine Leistung ist die vertragscharakteristische (ERMAN/HOHLOCH Art 28 Rn 36; MünchKomm/MARTINY Art 28 Rn 131; PALANDT/HELDRICH Art 28 Rn 11; REITHMANN/MARTINY/DAGEFÖRDE RN 994; SOERGEL/VHOFFMANN Art 28 Rn 175 f). Diese Regel gilt auch für Leasingverträge über Schiffe (MANKOWSKI, Seerechtliche Vertragsverhältnisse 440). Soweit es um das Leasing von Immobilien geht, gilt gemäß Art 28 Abs 3 das Recht des Belegenheitsortes (ERMAN/HOHLOCH,

---

* **Schrifttum:** BASEDOW, Leistungsstörungen in internationalen Leasingverträgen – der Unidroit – Entwurf aus der Sicht des deutschen Rechts, RiW 1988, 1; DAGEFÖRDE, Internationales Finanzierungsleasing – Deutsches Kollisionsrecht und die Konvention von Ottawa (1992); ders, Inkrafttreten der UNIDROIT-Konvention von Ottawa vom 28. 5. 1988 über Internationales Finanzierungsleasing, RiW 1995, 265 ff; EBENROTH, Leasing im grenzüberschreitenden Verkehr – Internationalprivatrechtliche Aspekte des Leasings, Rechtsvergleich, Rechtsvereinheitlichung, in: KRAMER (Hg), Neue Vertragsformen der Wirtschaft. Leasing, Factoring, Franchising (1992) 117; GIRSBERGER, Grenzüberschreitendes Finanzierungsleasing (1997); HÖVEL, Internationale Leasingtransaktionen unter besonderer Berücksichtigung der Vertragsgestaltung, DB 1991, 1029; LINDER, Vertragsschluß beim grenzüberschreitenden Verbraucherleasing (1999); POCZOBUT, Internationales Finanzierungsleasing, Das UNIDROIT-Projekt – vom Entwurf (Rom 1987) zum Übereinkommen (Ottawa 1988), RabelsZ 51 (1987) 681; vWESTPHALEN, Grenzüberschreitendes Finanzierungsleasing, RiW 1992, 257.

MünchKomm/Martiny, Reithmann/Martiny/Dageförde jeweils aaO; Soergel/Lüderitz Art 28 Rn 178).

Leasingverträge fallen unter diejenigen Verträge, die Art 29 erfasst, soweit sie eine **224** Lieferung – die schließliche Übereignung auf den Leasingnehmer – vorsehen (Erman/ Hohloch Art 28 Rn 36; MünchKomm/Martiny Art 28 Rn 131; Palandt/Heldrich Art 29 Rn 2; weitergehend vHoffmann § 10 Rn 67). Soweit sie – wie das Finanzierungsleasing – auch der Finanzierung der Anschaffungskosten des Leasinggebers dienen, stellen sie Finanzierungsverträge für Lieferungen dar (Dageförde, Int Finanzierungsleasing 44 ff; Reithmann/Martiny/Dageförde Rn 995). Sie fallen auch dann unter Art 29, wenn die Lieferung nicht zwischen den Parteien des Finanzierungs(leasing)vertrages erfolgt, sondern ein – freilich verbundener – Liefervertrag mit einem Dritten finanziert wird.

8. Timesharingverträge*

Durch Timesharingverträge sollen gewöhnlich Eigentums- oder Nutzungsrechte an **225** Gegenständen in der Weise auf mehrere Personen verteilt werden, dass jede von ihnen für einen periodisch wiederkehrenden Berechtigungszeitraum ausschließlich berechtigt ist. Vertragsgegenstand sind häufig Immobilien. Doch können Timesharingverträge ebenso über Mobilien oder Rechte geschlossen werden. Die Formen, in denen eine Teilzeitberechtigung eingeräumt wird, reichen von dinglichen über schuldrechtliche bis zu gesellschafts- und vereinsrechtlichen Lösungen. Entsprechend unterschiedlich gestalten sich die Anknüpfungsregeln (vgl auch Böhmer 13; Lurger ZRvgl 1992, 351 f; MünchKomm/Martiny Art 28 Rn 125; Soergel/vHoffmann Art 28 Rn 167).

a) EU-Richtlinie

Für Timesharingverträge über Immobilien strebt die Timesharingrichtlinie der EU **226** 94/97/EG vom 26. 10. 1994 (ABl EG Nr L 280/83 vom 29. 10. 1994 = NJW 1995, 375) einen

---

* **Schrifttum:** Böhmer, Das deutsche internationale Privatrecht des timesharing, Studien zum ausländischen und internationalen Privatrecht Bd 36 (1993); Hildebrand/Kappus/Mäsch, Time-Sharing und Teilzeitwohnrechtegesetz (1997); Jäckel, Referentenentwurf zur Umsetzung der EG-Richtlinie über den Erwerb von Teilzeitnutzungsrechten an Immobilien, VuR 1995, 265; Jayme, „Time-Sharing-Verträge" im internationalen Privat- und Verfahrensrecht, IPRax 1995, 234 ff; ders, Neues Internationales Privatrecht für Time-Sharing-Verträge – zum Teilzeit-Wohnrechtgesetz vom 20. 12. 1996, IPRax 1997, 149; Lurger, Der Timesharing-Vertrag im Internationalen Privatrecht und im Konsumentenschutzrecht, ZfRV 1992, 348; Mankowski, Timesharingverträge und Internationales Vertragsrecht, RiW 1995, 364; Martinek, Das neue Teilzeit-Wohnrechtegesetz – missratener Verbraucherschutz bei Time-Sharing-Verträgen, NJW 1997, 1393; Mäsch, Das deutsche Time-Sharing-Recht nach dem neuen Teilzeit-Wohnrechtegesetz, DNotZ 1997, 180; ders, Die Time-Sharing-Richtlinie. Licht und Schatten im Europäischen Verbraucherschutzrecht, EuZW 1995, 8; ders, Gran Canaria und kein Ende – Zur Sonderanknüpfung vorkonsensualer Elemente im internationalen Vertragsrecht nach Art 31 Abs 2 EGBGB, IPRax 1995, 371; Otte, Anwendbares Recht bei grenzüberschreitendem Timesharing, RabelsZ 62 (1998) 405; Schomerus, Time-Sharing-Verträge in Spanien im Lichte der EG-Richtlinie über den Erwerb von Teilnutzungsrechten an Immobilien, NJW 1995, 359; Wegner, Internationaler Verbraucherschutz beim Abschluß von Timesharingverträgen: § 8 Teilzeitwohnrechtegesetz (Diss Göttingen 1998).

EU-weiten einheitlichen Schutzstandard für Erwerber solcher Rechte an (näher dazu MÄSCH EuZW 1995, 8 ff; SCHOMERUS NJW 1995, 359 ff). Insbesondere sieht die Richtlinie ein Widerrufsrecht des Erwerbers vor. Ferner müssen die Mitgliedstaaten sicherstellen, dass für Grundstücke im Bereich der EU der Erwerberschutz nicht durch Rechtswahl entzogen werden kann (Art 9 der Richtlinie). Die Bundesrepublik hatte die Richtlinie durch das Teilzeitwohnrechtegesetz vom 20. 12. 1996 (BGBl 1996 I 2154) zum 1. 1. 1997 umgesetzt. In § 8 enthielt das Gesetz eine Vorschrift, die § 12 AGBG ähnelte. Danach waren trotz Geltung ausländischen Rechts die Vorschriften des neuen Gesetzes anzuwenden, wenn das Gebäude im europäischen Wirtschaftsraum lag oder wenn der Vertragsschluss in diesem Gebiet vorbereitet wurde und der Erwerber hier seinen Wohnsitz oder gewöhnlichen Aufenthalt hatte (zu dieser Regelung eingehend JAYME IPRax 1997, 149 ff; MÄSCH DNotZ 1997, 206 ff; zum Entwurf: JÄCKEL VuR 1995, 265 ff; LINDNER VuR 1995, 26 ff; REITHMANN/MARTINY/LIMMER Rn 442). Inzwischen ist § 8 TzWRG mit Wirkung zum 1.6. 2000 aufgehoben worden (Art 12 FernabsatzG): An seine Stelle ist die Regelung des Art 29a Abs 3 EGBGB getreten, die die bisherige Regelung in vollem Umfang übernommen hat. Bei Geltung ausländischen Rechts sind die Vorschriften nunmehr des BGB nF (§§ 481 ff), insbesondere zum Widerrufsrecht (§§ 355 ff), deshalb gleichwohl anzuwenden, wenn das Timesharingobjekt im Bereich des Europäischen Wirtschaftsraums liegt (vgl näher die Erl zu Art 29a).

b) Anknüpfungsregeln

227 Für Timesharingverträge jeder Spielart ist, soweit das schuldrechtliche Geschäft betroffen ist, eine Rechtswahl zulässig (BGHZ 135, 124 [130]; LG Düsseldorf RiW 1995, 415 f m Anm MANKOWSKI RiW 1995, 364 ff). Art 29 a Abs 3 EGBGB begrenzt die Wirkungen der Rechtswahl aber, wenn das Timesharingobjekt im Hoheitsgebiet eines Mitgliedstaates der EU oder des EWR liegt und der Vertrag dem Recht eines Drittstaates untersteht. Dann sind unabhängig vom maßgeblichen Recht die deutschen Vorschriften über Teilzeit-Wohnrechteverträge anzuwenden (vgl näher die Erl zu Art 29 a).

228 Bei dem häufig gewählten **Recht der Isle of Man** (s etwa BGHZ 135, 124, 980; LG Gießen IPRax 1995, 395 m Aufs MÄSCH IPRax 1995, 371; LG Düsseldorf RiW 1995, 415 m Aufs MANKOWSKI RiW 1995, 364; LG Duisburg NJW-RR 1995, 883; LG Berlin NJW-RR 1995, 754) ist allerdings zu beachten, dass dieses Recht für einen wirksamen Vertragsschluss nicht nur eine bindende Erklärung des Erwerbers, sondern auch eine Gegenleistung **(consideration)** des Veräußerers voraussetzt. Ohne diese Gegenleistung ist eine einseitige Verpflichtungserklärung des Erwerbers selbst dann frei widerruflich, wenn sie im Bestellformular als bindend bezeichnet ist.

229 Soweit Teilzeitnutzungsrechte an Gegenständen – insbesondere Grundstücken, Ferienbungalows etc – über die **Mitgliedschaft** in Gesellschaften oder Vereinen vermittelt werden, untersteht das schuldrechtliche Geschäft zum Erwerb des Gesellschaftsanteils mangels Rechtswahl dem allgemeinen **Vertragsstatut,** regelmäßig also dem Recht am Sitz des Verkäufers (ebenso MANKOWSKI RiW 1995, 365; SOERGEL/VHOFFMANN Art 28 Rn 168; ferner oben Rn 193). Im Übrigen gilt jedoch das Gesellschaftsstatut (MANKOWSKI aaO; MünchKomm/MARTINY Art 28 Rn 125; teilweise **anders** BÖHMER 232 ff).

230 Schuldrechtliche Verträge zum Erwerb dinglicher oder obligatorischer Teilzeitrechte an Immobilien unterstehen ohne Rechtswahl dem **Recht des Belegenheitsortes** des

Grundstücks (Art 28 Abs 3; MANKOWSKI RiW 1995, 365; MünchKomm/MARTINY Art 28 Rn 125; wohl auch BÖHMER 79; zT **anders** – bei kurzfristigen Verträgen Sitz des Timesharing-Gebers entscheidend – SOERGEL/vHOFFMANN Art 28 Rn 167). Soweit es um derartige Teilzeitrechte an beweglichen Sachen geht, gilt für das Kausalgeschäft das **Recht am Sitz des Veräußerers** (Art 28 Abs 2; MANKOWSKI, MünchKomm/MARTINY jeweils aaO; wohl auch BÖHMER 122 f). Sein Recht ist grundsätzlich auch für Timesharingverträge über Schiffe und Luftfahrzeuge maßgebend (unklar BÖHMER 123 [grundsätzlich wohl Registerrecht]). Im Einzelfall kann jedoch gemäß Art 28 Abs 5 eine engere Verbindung zu einem anderen Recht Vorrang haben.

Die Einräumung **dinglicher Rechte am Timesharingobjekt** – in Vollzug des Kausal- **231** geschäfts – richtet sich dagegen stets nach sachenrechtlichen Grundsätzen (BÖHMER 79, 108; MANKOWSKI RiW 1995, 365; MünchKomm/MARTINY Art 28 Rn 125). Maßgebend ist die **lex rei sitae,** bei Schiffen und Flugzeugen der Registerort bzw bei seinem Fehlen der Heimathafen (LÜDERITZ Rn 319 ff; PALANDT/HELDRICH Art 43 Rn 3 [str]).

Art 29 gilt für Timesharingverträge nur, soweit diese zusätzlich in nennenswertem **232** Umfang Dienstleistungen vorsehen und die sonstigen Voraussetzungen des Art 29 vorliegen (BGHZ 135, 124 [130 f]: Bewirtschaftung und Verwaltung der Wohnanlage genügt nicht; BEISE NJW 1995, 1725; MANKOWSKI RiW 1995, 365 ff; REITHMANN/MARTINY/MARTINY Rn 721; wohl weitergehend JAYME IPRax 1995, 235; PALANDT/HELDRICH Art 29 Rn 2; für vollständigen Ausschluss des Art 29 dagegen vHOFFMANN § 10 Rn 67; SOERGEL/vHOFFMANN Art 28 Rn 169). Sofern Art 29 ausnahmsweise eingriff, ging ihm freilich § 8 TeilzeitwohnrechteG (vgl oben Rn 226) vor. Denn diese Vorschrift beruhte auf vorrangigem Gemeinschaftsrecht (vgl Art 3 Abs 2 Satz 2 EGBGB und Art 20 EVÜ; ebenso JAYME IPRax 1997, 151). Nunmehr setzt Art 29 a Abs 3 das deutsche Teilzeitwohnrechtegesetz gegen ein ausländisches Vertragsstatut durch, wenn das Timesharinggrundstück im Gebiet der EU oder des EWR liegt und das Recht eines anderen Staats als das der Mitgliedstaaten dieses Raumes für den Timesharingvertrag gilt.

9. Darlehen/Kreditvertrag*

Internationales Einheitsrecht besteht für Darlehens- und Kreditverträge bisher nicht. **233** Innerhalb der EU hat die Richtlinie über den Verbraucherkredit vom 22. 12. 1986 (ABl EG 1987 Nr L 42/48) zu einer gewissen Angleichung des materiellen Verbraucherkreditrechts geführt. Die Bundesrepublik hat die Richtlinie mit dem Verbraucherkreditgesetz vom 17. 12. 1990 umgesetzt.

Eine Rechtswahl ist für Darlehensverträge stets möglich (BGH RiW 1997, 426; OLG **234** Düsseldorf WM 1992, 1898; OLG München RiW 1996, 329 [330]). Dabei ist eine stillschwei-

---

* **Schrifttum:** HINSCH/HORN, Das Vertragsrecht der internationalen Konsortialkredite und Projektfinanzierungen (1985); KLOTZ, Kreditvergabe durch deutsche Banken und Verbraucherschutz in Frankreich, RiW 1997, 197; KNAUL, Auswirkungen des europäischen Binnenmarktes der Banken auf das internationale Bankvertragsrecht unter besonderer Berücksichtigung des Verbraucherschutzes (1995); SCHNELLE, Die objektive Anknüpfung von Darlehensverträgen im deutschen und amerikanischen IPR (1992); SCHÜCKING, Das Internationale Privatrecht der Banken-Konsortien, WM 1996, 281.

gende Wahl deutschen Rechts anzunehmen, wenn deutsche Vertragsparteien in Deutschland in deutscher Sprache einen Darlehensvertrag abschließen, der auf BGB-Bestimmungen verweist, auch wenn das Darlehen durch eine Hypothek an einem spanischen Grundstück gesichert werden und insoweit ausdrücklich spanisches Recht beachtet werden soll (BGH RiW 1997, 426).

235 Ohne Rechtswahl ist der **Sitz des Darlehens- oder Kreditgebers maßgebend.** Der Kreditgeber ist die Partei, die die charakteristische Leistung erbringt (OLG Düsseldorf NJW-RR 1995, 756; LG Hamburg NJW-RR 1995, 183; OLG München RiW 1996, 330; OLG Düsseldorf NJW-RR 1998, 1146; OLG Celle IPRax 1999, 457; vBAR II Rn 496; ERMAN/HOHLOCH Art 28 Rn 37; vHOFFMANN § 10 Rn 45; MARTINY ZEuP 1995, 76; MünchKomm/MARTINY Art 28 Rn 133; PALANDT/HELDRICH Art 28 Rn 12; SCHNELLE 55 ff; SOERGEL/vHOFFMANN Art 28 Rn 183; wohl auch KLOTZ RiW 1997, 198 f). Bei Kreditvergabe durch Private ist damit das Recht am gewöhnlichen Aufenthaltsort des Kreditgebers maßgebend (OLG Düsseldorf aaO; auch REITHMANN/MARTINY/MARTINY Rn 1004; SCHNELLE 57 f). Bei **Darlehen von Banken** entscheidet das Recht am Ort der Hauptniederlassung der Bank bzw am Ort derjenigen Bankfiliale, die das Darlehen vergibt (OLG München RiW 1996, 329; MünchKomm/MARTINY, PALANDT/HELDRICH, REITHMANN/MARTINY/MARTINY, SOERGEL/vHOFFMANN jeweils aaO; SCHNELLE 56; allgemein zu den Bankverträgen unten Rn 522 ff). Diese Regel gilt auch für einen Kontokorrentkredit (OLG München aaO).

236 Soweit **Darlehen durch dingliche Rechte abgesichert** werden, ist gemäß Art 28 Abs 5 regelmäßig das Recht am Belegenheitsort des belasteten Grundstücks maßgebend (vBAR II Rn 496 N 388; ERMAN/HOHLOCH Art 28 Rn 37; KLOTZ RiW 1997, 199; MünchKomm/ MARTINY Art 28 Rn 134; PALANDT/HELDRICH Art 28 Rn 12; REITHMANN/MARTINY/MARTINY Rn 1007; sowie die Rechtsprechung zum früheren Recht: BGHZ 17, 89 [94]; BGH WM 1964, 15; **aA** – Sitz des Darlehnsgebers – SOERGEL/vHOFFMANN Art 28 Rn 184; s allerdings auch oben Rn 234).

237 **Internationale Konsortialkredite,** bei denen Banken aus mehreren Staaten gemeinsam – gewöhnlich unter Führung einer Bank – als Darlehensgeber auftreten, unterstehen hinsichtlich der Beziehungen zum Darlehensnehmer mangels Rechtswahl dem Recht des Ortes, an dem die führende Bank ihre Niederlassung hat (MünchKomm/MARTINY Art 28 Rn 135; REITHMANN/MARTINY/MARTINY Rn 1005; SCHNELLE 206 f; SCHÜCKING WM 1996, 283; SOERGEL/vHOFFMANN Art 28 Rn 321). Dieses Recht gilt auch für das Innenverhältnis der Konsorten untereinander (SCHÜCKING WM 1996, 288).

238 **Darlehensverträge** für sich fallen nicht unter **Art 29** (vBAR II Rn 430; vHOFFMANN § 10 Rn 67; REITHMANN/MARTINY/MARTINY Rn 723). Dienen sie dagegen zur Finanzierung einer Lieferung beweglicher Sachen oder der Erbringung einer Dienstleistung, dann greift Art 29 ein, wenn seine weiteren Voraussetzungen erfüllt sind. Dabei ist nicht erforderlich, dass der Darlehens- und der finanzierte Vertrag zwischen den gleichen Parteien bestehen. Allerdings muss eine Zweckbindung zwischen beiden Verträgen vorliegen.

10. Anleihe*

Unter einer Anleihe wird in der Regel die Ausgabe verzinslicher Schuldverschreibungen, also verbriefter Schuldversprechen an Anleger verstanden, die dafür ein Entgelt leisten. Vielfach erfolgt die Emission nicht durch den Anleiheschuldner selbst, sondern durch einen oder mehrere Dritte, etwa Emissionsbanken, die untereinander Konsortien bilden.

Das **Rechtsverhältnis zwischen Anleiheschuldner und dem Anleger** als Gläubiger untersteht in erster Linie dem ausdrücklich oder stillschweigend gewählten Recht (GRUSON/HARRER ZBB 1996, 38 ff; MünchKomm/MARTINY Art 28 Rn 137; REITHMANN/MARTINY/ MARTINY Rn 1058; SOERGEL/vHOFFMANN Art 28 Rn 188; zum früheren IPR: HORN 482). Eine Rechtswahl, die lediglich in einem Treuhandvertrag zwischen Anleiheschuldner und einer Bank als Treuhänderin der Anleger enthalten ist, wirkt nicht gegenüber den Anlegern, es sei denn, dass die einzelne Schuldverschreibung auf diesen Vertrag verweist (so schon RG IPRspr 1935–44 Nr 454 [Hinweis auf die Geltung des Treuhandvertrages auf den Schuldverschreibungen]; dazu auch REITHMANN/MARTINY/MARTINY, SOERGEL/vHOFFMANN aaO).

Mangels Rechtswahl gilt das **Recht am Sitz des Anleiheschuldners** (MünchKomm/MARTINY Art 28 Rn 137; REITHMANN/MARTINY/MARTINY Rn 1058; im Ergebnis auch SOERGEL/vHOFFMANN Art 28 Rn 190). Auch wenn bei der Anleihe die Leistung des Anlegers darlehensartigen Charakter hat, gibt die Leistung des Anleiheschuldners dem Geschäft das Gepräge. Der Anleiheschuldner erbringt mit seinem Schuldversprechen die charakteristische Leistung (**anders** SOERGEL/vHOFFMANN aaO). Vielfach wird aber über Art 28 Abs 5 eine engere Beziehung – etwa zum Recht des Emissionsortes bei einer auf ein bestimmtes Land zugeschnittenen Anleihe – bestehen (REITHMANN/MARTINY/MARTINY Rn 1059; SOERGEL/vHOFFMANN aaO; generell für das Recht des Ausgabeortes das Schweizer Recht: HEINI/KELLER/KREN KOSTKIEWICZ Art 117 Rn 122; AMSTUTZ/VOGT/WANG Art 117 Rn 31).

Die gleichen Regeln gelten auch bei **Staatsanleihen** (MünchKomm/MARTINY Art 28 Rn 137; SOERGEL/vHOFFMANN Art 28 Rn 191).

Ebenso wenig wie für das reine Darlehen (vgl oben Rn 238) gilt **Art 29** für die Anleihe. Besondere inländische Anlegerschutzvorschriften (etwa zur Prospekthaftung) können nur über Art 34 durchgesetzt werden.

Ist zwischen Anleiheschuldner und -gläubiger, wie häufig, ein Dritter (Emissionsbank) zwischengeschaltet, so unterliegt das **Verhältnis Emissionsbank – Anleger** mangels Rechtswahl dem **Recht am Sitz der Bank,** die die Anleihe unterbringt (ebenso HOPT, in: FS Lorenz 415; REITHMANN/MARTINY/MARTINY Rn 1056).

---

* **Schrifttum:** Vgl oben zu Rn 233; ferner: GRUSON/HARRER, Rechtswahl- und Gerichtsstandsvereinbarungen sowie Bedeutung des AGB-Gesetzes bei DM-Auslandsanleihen auf dem deutschen Markt, ZBB 1996, 37; HOPT, Emission, Prospekthaftung und Anleihetreuhand im internationalen Recht, in: FS W Lorenz (1991) 413; HORN, Das Recht der internationalen Anleihen (1972); MANKOWSKI, Optionsanleihen ausländischer Gesellschaften als Objekt von Börsenaußengeschäften – Qualifikation und Internationales Privatrecht, AG 1998, 11; SIEBEL I, Rechtsfragen internationaler Anleihen (1997).

245 Auch im Verhältnis der Emissionsbank zum Anleiheschuldner ist im Zweifel das Recht der Bank anzuwenden, die mit der Platzierung der Anleihe ihm gegenüber die charakteristische Leistung erbringt (ebenso HOPT aaO; REITHMANN/MARTINY/MARTINY Rn 1055).

246 Zum anwendbaren Recht bei Emissionskonsortien siehe oben Rn 237.

11. Dienstleistungsverträge

a) Allgemein

247 Bisher besteht für Verträge, die eine Dienstleistung zum Gegenstand haben (contracts for services; contrats de service), weder materielles noch kollisionsrechtliches Einheitsrecht. Der Arbeitsvertrag als Unterfall des Dienstvertrages ist allerdings ausschließlich nach der besonderen Kollisionsregel des Art 30 zu beurteilen. Soweit Dienstleistungen Verbrauchern angeboten werden, ist Art 29 zu beachten. Zur Unterform der Geschäftsbesorgungsverträge vgl unten Rn 337 ff.

248 Für Dienstleistungsverträge ist eine Rechtswahl stets zulässig (BGHZ 128, 41 [48] Beratungsvertrag). Wo sie fehlt, ist das **Recht am Niederlassungs- oder Aufenthaltsort des Dienstleistenden** maßgebend, denn der zur Dienstleistung Verpflichtete erbringt gewöhnlich die charakteristische Vertragsleistung (allgemeine Meinung: BGHZ aaO; vBAR II Rn 496; DICEY/MORRIS II 32–114 f; ERMAN/HOHLOCH Art 28 Rn 38; vHOFFMANN § 10 Rn 46; KROPHOLLER § 52 III 3; MünchKomm/MARTINY Art 28 Rn 148; PALANDT/HELDRICH Art 28 Rn 13; SOERGEL/vHOFFMANN Art 28 Rn 201). Damit kommt es bei Freiberuflern – neben Anwälten und Ärzten insbesondere Wirtschaftsprüfer und Steuerberater – in der Regel auf den **Ort** an, **an dem sie ihre Praxis führen** und ihre Dienstleistungen auch gewöhnlich erbringen. Die gleiche Regel gilt für sonstige selbständige Dienstleister wie Unternehmens- oder Anlageberater, Baubetreuer, Werbe- oder Marketingagenturen etc, auch wenn die Verträge mit diesen Berufsgruppen häufig Geschäftsbesorgungsverträge sind (zu diesen s unten Rn 337 ff). An das **Sitzrecht des Dienstleistenden** ist grundsätzlich selbst in den Fällen anzuknüpfen, in denen er seine **Leistung** – zB Reiseleitung – **im Ausland** erbringt (BGH RiW 1995, 1027 [1028]).

249 Gemeinsames Heimatrecht beider Vertragsparteien allein genügt nicht, diese Vermutung zu widerlegen und die Ausweichklausel (Art 28 Abs 5) ins Spiel zu bringen (**aA** offenbar ERMAN/HOHLOCH Art 28 Rn 38). Ebenso wenig wird die Vermutung verdrängt, wenn der Vertragsschluss am Sitz des Dienstberechtigten erfolgt und dort auch einige, jedoch nicht alle Dienstleistungen zu erbringen sind (BGHZ 128, 41 [48 f]).

b) Anwaltsvertrag*

250 Der Vertrag zwischen Anwalt und Mandant unterliegt mangels Rechtswahl grund-

---

* **Schrifttum:** EISENBERG, Das Internationale Privatrecht der Anwaltshaftung (Diss Konstanz 1998); HENSSLER, Haftungsrisiken anwaltlicher Tätigkeit, JZ 1994, 178; HESS, Inländische Rechtsbesorgung gegen Erfolgshonorar?, NJW 1999, 2485; LOUVEN, Die Haftung des deutschen Rechtsanwalts im internationalen Mandat, VersR 1997, 1050; MANKOWSKI, Anwendbares Recht beim Mandatsverhältnis einer internationalen Anwaltssozietät, AnwBl 2001, 249; PERA, Anwaltshonorare in Deutschland und den USA (1995); SIEG, Internationale Anwaltshaftung (1996); ZUCK, Internationales Anwaltsrecht, NJW 1987, 2033.

sätzlich dem **Recht am Niederlassungsort des Anwalts** (OLG und LG Hamburg IPRspr 1989 Nr 233 a und b; SozG Münster IPRspr 1991 Nr 47; LG Paderborn EWS 1995, 248; obiter auch BGH RiW 1991, 513; vBar II Rn 496; Erman/Hohloch Art 28 Rn 38; Henssler JZ 1994, 185; Mankowski AnwBl 2001, 253; MünchKomm/Martiny Art 28 Rn 149; Palandt/Heldrich Art 28 Rn 13; Reithmann/Martiny/Mankowski Rn 1475 m w Nachw; Sieg 191 f; Soergel/vHoffmann Art 28 Rn 201; Zuck NJW 1987, 3033). Die gleiche Regel gilt für **Patentanwälte** (MünchKomm/ Martiny Art 28 Rn 149; ebenso zum bisherigen Recht BGH NJW 1981, 1176; BGH IPRax 1983, 67 mit Aufsatz Stoll IPRax 1983, 52) sowie nichtanwaltliche Rechtsberatung (MünchKomm/ Martiny aaO; ebenso zum bisherigen Recht BGHZ 51, 290), ferner für Rechtsbeistände (MünchKomm/Martiny aaO) oder Rechtsbesorgung durch Notare (Palandt/Heldrich Art 28 Rn 13; aA Soergel/vHoffmann Art 28 Rn 201). Bei Einbeziehung eines inländischen Anwalts in die Rechtsverfolgung durch eine ausländische ‚Großkanzlei' wird auch die Anknüpfung an den ‚Ort der primären Rechtsverfolgung' vorgeschlagen (so Hess NJW 19999, 2485; ähnlich Sieg 195 f).

Hat die beauftragte Sozietät **Niederlassungen in verschiedenen Staaten,** dann gibt 251 gemäß Art 28 Abs 2 Satz 2 die Hauptniederlassung den Ausschlag, es sei denn, die anwaltliche Tätigkeit ist abredegemäß von einer anderen Niederlassung zu erbringen (vgl Dicey/Morris II 32–125; wohl ebenso Reithmann/Martiny/Mankowski Rn 1476 und Soergel/vHoffmann Art 28 Rn 236). Beauftragt beispielsweise ein deutsches Unternehmen eine deutsche Anwaltssozietät, die ein Büro in Hongkong hat, dort eine gerichtliche Rechtsvertretung wahrzunehmen, so gilt für den Anwaltsvertrag das Recht Hongkongs, da sich Umfang, Inhalt und damit Vergütung der Vertretung nur nach dem dortigen Recht richten können. Verlangt das deutsche Unternehmen dagegen zB Rechtsrat im Hinblick auf eine eventuelle Firmengründung in Hongkong, so verbleibt es bei der Geltung deutschen Rechts, da die rechtliche Beratung in Deutschland zu erbringen ist, auch wenn dazu die maßgebenden Auskünfte über das Hongkonger Büro eingeholt werden.

Erbringen in einer Sache **mehrere ausländische Niederlassungen** der beauftragten 252 Sozietät jeweils **selbständig** die wesentliche Anwaltstätigkeit, so ist im Grundsatz für jede Niederlassung nach ihrem Recht zu entscheiden (Reithmann/Martiny/Mankowski aaO; wohl **anders** Soergel/vHoffmann Art 28 Rn 236). Doch wird wegen des Gesamtzusammenhangs häufig die einheitliche Anwendung des Rechts der Hauptniederlassung über Art 28 Abs 5 nahe liegen (hierfür auch Soergel/vHoffmann aaO; insoweit wohl **aA** Reithmann/Martiny/Mankowski aaO). Das gilt erst recht, wenn sich die Anwaltsleistungen der verschiedenen Niederlassungen nicht deutlich voneinander trennen lassen (ebenso, aber mit anderer Begründung – Anwendung des Art 28 Abs 1 – Reithmann/ Martiny/Mankowski Rn 1477).

Beauftragt eine **Sozietät eine andere,** dann gilt in ihrem Verhältnis zueinander das 253 Recht am Niederlassungsort der Letzteren (Reithmann/Martiny/Mankowski Rn 1480).

Berät oder vertritt ein Anwalt den Mandanten in dessen privaten Angelegenheiten, 254 dann kann **Art 29** eingreifen, da es sich um eine Dienstleistung im Verbraucherbereich handelt (vgl LG Hamburg NJW-RR 2000, 510 [in Deutschland tätiger griechischer Anwalt kann von deutschem Mandanten Gebühren nach BRAGO verlangen]; dazu Jayme/Kohler IPRax 2000, 463 f; Mankowski AnwBl 2001, 250 ff). Allerdings werden die weiter erforderlichen Voraussetzungen des Art 29 Abs 1 Nr 1 oder 2 selten vorliegen oder durch

Art 29 Abs 4 Nr 2 ausgeschlossen sein (näher dazu REITHMANN/MARTINY/MANKOWSKI Rn 1474).

255 Als **zwingende Inlandsnorm** im Sinn des Art 34, die sich trotz Geltung ausländischen Anwaltsvertragsstatuts durchsetzt, kommt vor allem Art 1 § 1 RBerG in Betracht. Danach bedarf ein ausländischer Anwalt für die Rechtsberatung in Deutschland grundsätzlich einer Erlaubnis. Die Vorschrift setzt allerdings eine nicht nur vorübergehende Inlandstätigkeit voraus (näher zum Ganzen REITHMANN/MARTINY/MANKOWSKI Rn 1489). Für Anwälte aus den EU-Staaten gilt sie jedoch nicht. Diese dürfen in Deutschland entgegen § 4 Abs 1 Satz 1 RADG – Tätigwerden nur im Einvernehmen mit deutschem Anwalt – ohne weiteres tätig werden, soweit nicht ein bestimmter Anwaltszwang gesetzlich vorgeschrieben ist (so EuGH Slg 1991 I 3591 [Rs C-294/89, Kommission/Frankreich] = JZ 1993, 250 m Anm SCHWEITZER/FIXSON in einem französischen Verfahren).

256 Nicht an Art 34, aber an Art 6 EGBGB können **Vereinbarungen über Erfolgshonorare** scheitern, die zwar nach vielen ausländischen Rechten zulässig, in Deutschland aber nach § 49 b II 1 BRAO gesetzlich verboten sind. Bei hinreichender Inlandsbeziehung verstößt ein nach ausländischem Recht wirksames Erfolgshonorar gegen den deutschen ordre public (MünchKomm/MARTINY Art 28 Rn 150; REITHMANN/MARTINY/ MANKOWSKI Rn 1483; ferner dazu BENDREF AnwBl 1998, 309; vgl auch BGHZ 118, 312 [332 ff] = IPRax 1993, 310 m Aufs KOCH/ZEKOLL IPRax 1993, 288: Anerkennung eines kalifornischen Urteils, nach dem 40% der Urteilssumme als Erfolgshonorar anfiel). Nach anderer Ansicht stellt § 49 b II 1 BRAO dagegen eine Eingriffsnorm iSd Art 34 EGBGB dar (HESS NJW 1999, 2485).

c) Arztvertrag*

257 Soweit eine Rechtswahl fehlt, gilt für Verträge, die eine ärztliche Behandlung zum Gegenstand haben, das **Recht am Niederlassungs- oder Praxisort des Arztes** (VBAR II Rn 496; ERMAN/HOHLOCH Art 28 Rn 38; KÖNNING-FEIL 215 f; MünchKomm/MARTINY Art 28 Rn 152; PALANDT/HELDRICH Art 28 Rn 13; SOERGEL/VHOFFMANN Art 28 Rn 210). Die gleiche Kollisionsregel ist anzuwenden, soweit Verträge mit Angehörigen anderer selbständiger Heilberufe abgeschlossen werden (etwa mit Heilpraktikern, Psychologen, Hebammen etc).

258 Arztverträge werden vielfach unter den Anwendungsbereich des **Art 29** fallen, da die humanmedizinische Behandlung in aller Regel dem privaten Bereich des Patienten zuzuordnen ist. Tierärztliche Behandlung berührt dagegen – etwa in der Landwirtschaft – häufiger auch die berufliche Sphäre. Allerdings werden die Voraussetzungen des Art 29 Abs 1 Nr 1 oder 2 ohnehin nur selten vorliegen. Darüber hinaus dürfte auch meist der Ausschlussgrund des Art 29 Abs 4 Nr 2 eingreifen.

d) Unterrichtsvertrag

259 Für Verträge, die den Unterricht, die Schulung, Lehrgänge, Kurse oder ähnliche Aus-

---

* **Schrifttum:** DEUTSCH, Das IPR der Arzthaftung, in: FS Ferid (1978) 117; KÖNNING-FEIL, Das internationale Arzthaftungsrecht – Eine kollisionsrechtliche Darstellung auf sachrechtsvergleichender Grundlage (1992); MANSEL, Kollisionsrechtliche Bemerkungen zum Arzthaftungsprozess, in: Institut für ausländisches und internationales Privat- und Wirtschaftsrecht, Heidelberg (Hrsg), Einheit in der Vielfalt (1985) 33.

oder Fortbildungsangebote zum Gegenstand haben, führt die objektive Anknüpfung bei fehlender Rechtswahl regelmäßig zum Recht des Ortes, an dem der **Veranstalter seine geschäftliche Niederlassung oder seinen gewöhnlichen Aufenthalt hat** (Oestre Landsret, UfR 1988, 626 [dänische Teilnehmerin an deutscher Heilpraktikerausbildung in München = deutsches Recht]; ERMAN/HOHLOCH Art 28 Rn 38; MünchKomm/MARTINY Art 28 Rn 153; REITHMANN/MARTINY/MARTINY Rn 122; SOERGEL/vHOFFMANN Art 28 Rn 203; ebenso zum alten Recht AG Heidelberg IPRax 1987, 25 m Aufs BOLL IPRax 1987, 11).

Wo die Unterrichtsveranstaltungen durchgeführt werden – zB in Sommerkursen im Ausland –, ist für die Regelanknüpfung dagegen gleichgültig und kann nur – im Verein mit weiteren Umständen – innerhalb des Art 28 Abs 5 Beachtung finden. **260**

In gleicher Weise wie sonstige Unterrichtsverträge sind **Fernunterrichtsverträge** anzuknüpfen, bei denen der Unterricht im Wesentlichen durch Übersendung von Lehrmaterialien und nicht durch Direktunterricht erfolgt (vgl auch § 1 FernUG). **261**

Allerdings enthielt § 11 FernUG eine dem alten § 12 AGBG entsprechende Regelung. Danach waren die Schutzvorschriften des deutschen FernUG auch bei ausländischem Vertragsstatut anzuwenden, wenn der Vertragsschluss auf eine Aktivität des Veranstalters in Deutschland zurückging, der Teilnehmer in Deutschland seinen gewöhnlichen Aufenthalt hatte und hier auch seine Vertragsschlusserklärung abgab. Zum 1. 6. 1999 ist die Vorschrift jedoch außer Kraft getreten. Vielfach werden Fernunterrichtsverträge darüber hinaus Verbraucherverträge sein. Dann verdrängte Art 29, soweit anwendbar, schon bisher als speziellere Vorschrift § 11 FernUG (ebenso MünchKomm/MARTINY Art 28 Rn 34). Soweit der Unterricht jedoch gezielt für berufliche oder gewerbliche Zwecke dienen soll – zB Vorbereitung für Steuerberaterprüfung etc –, dürfte ein Verbrauchervertrag zu verneinen sein (nach MünchKomm/MARTINY Art 29 Rn 34 sind Fernunterrichtsverträge dagegen stets Verbraucherverträge).

Die Teilnehmerschutzvorschriften der §§ 2–10 FernUG waren bisher als **Eingriffsnormen** iSd Art 34 EGBGB zu qualifizieren. Wann sie eingriffen, regelte jedoch allein die gegenüber Art 34 EGBGB speziellere Vorschrift des § 11 FernUG, soweit sie neben Art 29 anwendbar war (ähnlich MünchKomm/MARTINY Art 28 Rn 35). Nachdem der Gesetzgeber die spezielle Anordnung der international zwingenden Geltung des FernUG aufgehoben hat, ist die Einordnung der Teilnehmerschutzvorschriften als Eingriffsnormen zweifelhaft und wegen des vorrangigen Individualschutzes, den sie verfolgen, wohl zu verneinen. **262**

e) Auftrittsvertrag
Verträge, mit denen sich Künstler, Sportler, Wissenschaftler etc zu einem Auftritt verpflichten, unterstehen mangels Rechtswahl dem **Sitzrecht des Auftretenden** (ebenso SOERGEL/vHOFFMANN Art 28 Rn 202). **263**

12. Maklervertrag*

Makler vermitteln ihren Auftraggebern Geschäfte mit Dritten, ohne ständig damit **264**

---

* **Schrifttum:** KLINGMANN, Maklerverträge im Internationalen Privatrecht (1999).

beauftragt zu sein. Mangels Rechtswahl gilt für Maklerverträge des Zivil- und Handelsrechts das **Recht am Sitz** – der Niederlassung oder dem gewöhnlichen Aufenthalt – **des Maklers;** denn der Makler erbringt die charakteristische Leistung (LG Frankfurt RiW 1994, 778; Højesteret UfR 1992, 253; vBar II Rn 498; Erman/Hohloch Art 28 Rn 48, 53; Klingmann 35; MünchKomm/Martiny Art 28 Rn 154; Palandt/Heldrich Art 28 Rn 15; Reithmann/Martiny/Martiny Rn 1424; Soergel/vHoffmann Art 28 Rn 246). Die gleiche Regel gilt auch für Schiffsmakler und Schiffsagenten (Mankowski, Seerechtliche Vertragsverhältnisse 453 ff). Bei Untermaklerverträgen – der Hauptmakler schaltet einen Untermakler ein – gilt für die Beziehung Hauptmakler – Untermakler ohne Rechtswahl das Recht am Sitz des Untermaklers (aA – akzessorische Anknüpfung an das Recht des Hauptmaklervertrages – OLG Düsseldorf RiW 1997, 780). Auch bei **Immobilienmaklerverträgen** entscheidet mangels Rechtswahl das Recht am Sitz des Maklers, nicht dasjenige am Belegenheitsort der vermakelten Immobilie. Derartige Verträge fallen auch nicht unter Art 28 Abs 3, da sie keine dinglichen oder Nutzungsrechte an Grundstücken zum Gegenstand haben (ebenso für Art 4 EVÜ: Czernich/Heiss/Czernich Art 4 Rn 128; Dicey/Morris Rn 33–397 ff; vgl auch oben Rn 103). Lediglich bei **Börsenmaklern** wird auf den Ort der Börse, nicht auf den Sitz des Maklers abgestellt (Amstutz/Vogt/Wang Art 117 Rn 36; MünchKomm/Martiny Art 28 Rn 154; Vischer/Huber/Oser Rn 452; teilw abw Soergel/vHoffmann Art 28 Rn 246: Börsenort nur bei amtlichen Kursmaklern maßgebend, bei Freiverkehrsmaklern dagegen deren Niederlassungsort). Kommt der Maklervertrag unter den Umständen des Art 29 Abs 1 Nr 1 und 2 mit einem Verbraucher zustande, dann greift Art 29 ein, da die Vermittlungstätigkeit Dienstleistung iS jener Vorschrift ist (eingehend dazu Klingmann 105 ff).

265 Welchem **Recht die vermittelten Verträge** unterstehen, ist für die Anknüpfung des Maklervertrages grundsätzlich gleichgültig (ebenso Reithmann/Martiny/Martiny Rn 1425; Soergel/vHoffmann Art 28 Rn 248; Vischer/Huber/Oser Rn 450). Lediglich im Rahmen des Art 28 Abs 5 kommt diesem Gesichtspunkt neben anderen Bedeutung zu, so, wenn die Vermittlung beispielsweise ausschließlich auf ein einziges, bestimmtes Geschäft, etwa die Hereinholung eines konkreten Großauftrags, angelegt war (weitere Beispiele bei Reithmann/Martiny/Martiny aaO; für großzügigere akzessorische Anknüpfung OLG Düsseldorf aaO).

266 Auch die **vermittelten Geschäfte** sind kollisionsrechtlich **selbständig** zu beurteilen und nur in Ausnahmefällen (Art 28 Abs 5) dem Statut des Maklervertrages zu unterstellen.

267 Soweit der **Provisionsanspruch des Maklers** freilich davon abhängt, dass der vermittelte Vertrag wirksam zustande gekommen ist, muss dieser Vertragsschluss nach dem Statut des vermittelten Vertrages beurteilt werden (Reithmann/Martiny/Martiny Rn 1425; Soergel/vHoffmann Art 28 Rn 248; ebenso unter dem früheren IPR: LG Oldenburg RiW 1985, 576).

268 Das Statut des Maklervertrages bestimmt insbesondere, unter welchen Voraussetzungen der Makler einen Provisionsanspruch hat (s auch Reithmann/Martiny/Martiny Rn 1425).

269 Als **Eingriffsnorm,** die gemäß Art 34 zu beachten ist, dürfte das unter Erlaubnisvorbehalt stehende Verbot der **Arbeitsvermittlung** anzusehen sein (vgl §§ 23, 24a Nr 1

AFG, ArbeitsvermittlungsVO; künftig § 293 SGB III), soweit der Maklervertrag die Vermittlung auf dem deutschen Arbeitsmarkt betrifft. Ebenso wird § 2 Wohnungs-VermittlungsG für die **Wohnungsvermittlung** auf dem deutschen Wohnungsmarkt als international zwingend zu betrachten sein. In beiden Fällen sollen nicht nur private Interessen der Vertragsparteien ausgeglichen, sondern auch Gemeinwohlinteressen an einem funktionierenden Arbeits- und Wohnungsmarkt gefördert werden.

13. Kommissionsvertrag

Fehlt eine Rechtswahl, dann untersteht der Kommissionsvertrag dem **Recht am Niederlassungsort oder gewöhnlichen Aufenthaltsort des Kommissionärs** (vBAR II Rn 498; ERMAN/HOHLOCH Art 28 Rn 53; MünchKomm/MARTINY Art 28 Rn 155; REITHMANN/MARTINY/MARTINY Rn 1426; SOERGEL/vHOFFMANN Art 28 Rn 250). Auf den Ort, an dem das in Kommission vorgenommene Geschäft durchgeführt wird, oder auf das Statut, unter dem es seinerseits steht, kommt es ebenso wenig wie auf das Recht am Sitz des Kommittenten an. Allerdings sind diese Bezugspunkte im Rahmen des Art 28 Abs 5 zu beachten und können, wenn sie übereinstimmend zu einem anderen Recht führen, dessen Anwendung rechtfertigen.

14. Handelsvertretervertrag*

a) Rechtsvereinheitlichung

Die materiellrechtliche Vereinheitlichung des Handelsvertreterrechts beschränkt sich bisher auf den europäischen Raum. Hier hat die EWG-Richtlinie (86/653) zur Koordinierung der Rechtsvorschriften der Mitgliedstaaten betreffend die selbständigen Handelsvertreter vom 18.12. 1986 (ABl EG 1986 Nr L 382/17), die inzwischen in den meisten EG-Staaten umgesetzt ist (vgl die Übersicht bei REITHMANN/MARTINY/MARTINY Rn 1407) zu einer – freilich begrenzten – Angleichung des Handelsvertreterrechts in den Mitgliedstaaten geführt.

Kollisionsrechtliches Einheitsrecht enthält das **Haager Übereinkommen über das auf Vertreterverträge und die Stellvertretung anzuwendende Recht** vom 14.3. 1978 (abgedruckt in RabelsZ 43 [1979] 176 ff und dazu MÜLLER-FREIENFELS RabelsZ 43 [1979] 80 ff). Die Bundesrepublik Deutschland hat es bisher nicht ratifiziert. Doch gilt es seit 1.5. 1992 in Argentinien, Frankreich und Portugal und seit 1.10. 1992 in den Niederlanden

---

* **Schrifttum:** BALDI, Das Recht des Warenvertriebs in der Europäischen Gemeinschaft; DETZER/ULLRICH, Gestaltung von Verträgen mit ausländischen Handelsvertretern und Vertragshändlern (2000); EBENROTH, Kollisionsrechtliche Anknüpfung der Vertragsverhältnisse von Handelsvertretern, Kommissionsagenten, Vertragshändlern und Handelsmaklern, RiW 1984, 165; HEPTING/DETZER, Die Abdingbarkeit des Ausgleichsanspruchs ausländischer Handelsvertreter und Vertragshändler, insbesondere durch Allgemeine Geschäftsbedingungen, RiW 1989, 337 ff; KINDLER, Zur Anknüpfung von Handelsvertreter- und Vertragshändlerverträgen im neuen bundesdeutschen IPR, RiW 1987, 660; ders, Der Ausgleichsanspruch des Handelsvertreters im deutsch-italienischen Warenverkehr (1987); LANDO, Handelsagenter og international privatret, UfR 1999, 508; MARTINEK/SEMLER, Handbuch des Vertriebsrechts (1996); STUMPF/ULRICH, Internationales Handelsvertreterrecht Bd I (6. Aufl 1987); VERHAGEN, Agency, in Private International Law (1995); vWESTPHALEN (Hrsg), Handbuch des Handelsvertreterrechts in den EU-Staaten und der Schweiz (1995).

(JAYME/HAUSMANN[10] Fn 1 zu Nr 70). Von diesen Staaten ist es auch gegenüber Nichtvertragsstaaten anzuwenden (Art 4 des Übk). Das Übk beruft mangels Rechtswahl das Sachrecht am Niederlassungs- oder gewöhnlichen Aufenthaltsort des Vertreters (Art 5, 6).

b) Qualifikation

273 Handelsvertreter (commercial agent, agent commercial) ist, wer ständig für einen oder mehrere Geschäftsherren **Geschäfte vermittelt, dabei aber selbständig** ist. In welcher Branche (Warenabsatz, Versicherungen, Bausparen etc) die Vermittlung stattfindet, ist gleichgültig.

274 Ob ein Vertragsverhältnis als Handelsvertretervertrag oder Arbeitsverhältnis zu qualifizieren ist, ist dabei rechtsvergleichend-autonom zu bestimmen (allgemein zur Qualifikation Vorbem 40 ff zu Art 27 ff). Es entscheidet das **Maß der Selbständigkeit** des Betreffenden. Kann er den Ablauf seiner Tätigkeit im Wesentlichen selbst gestalten und ist er für ihre Organisation keinen Weisungen unterworfen, dann ist er als Handelsvertreter anzusehen (vgl auch § 84 Abs 1 Satz 2 HGB; eingehend hierzu ferner Art 30 Rn 42). Wer umgekehrt insoweit Weisungen unterworfen oder auch in die betriebliche Organisation eines Unternehmens eingegliedert ist, ist Arbeitnehmer, selbst wenn er als Handelsvertreter bezeichnet wird. Stellt ein nationales Recht wie beispielsweise das französische bestimmte Handelsvertreter gesetzlich Arbeitnehmern gleich, so ist das für die Qualifikationsfrage ohne Belang.

c) Anwendbares Recht
aa) Rechtswahl

275 Eine ausdrückliche oder stillschweigende Rechtswahl ist stets zulässig (BGH NJW 1998, 1861; OLG Frankfurt NJW-RR 1995, 351; MARTINEK/SEMLER/OECHSLER § 55 Rn 2, 3; MünchKomm/ MARTINY Art 28 Rn 157; REITHMANN/MARTINY/MARTINY Rn 1409; SOERGEL/vHOFFMANN Art 28 Rn 258; zum früheren Recht: BGH IPRspr 1956/57 Nr 23a). Die Vereinbarung eines einheitlichen Gerichtsstandes bedeutet wie auch sonst in der Regel ein starkes Indiz für eine **stillschweigende Wahl** des am Gerichtsort geltenden Rechts (ebenso MARTINEK/SEMLER/ OECHSLER § 55 Rn 3; für etwas schwächere Gewichtung dagegen REITHMANN/MARTINY/MARTINY, SOERGEL/vHOFFMANN jeweils aaO). Die Vereinbarung eines Erfüllungsortes – etwa eines bestimmten Vertretungsgebietes – stellt dagegen nur ein schwaches Indiz dar, das lediglich zusammen mit anderen Indizien eine konkludente Rechtswahl belegt (vgl auch Art 27 Rn 83; für stärkere Gewichtung dagegen REITHMANN/MARTINY/MARTINY, SOERGEL/ vHOFFMANN aaO; wohl auch MARTINEK/SEMLER/OECHSLER § 55 Rn 3). Eine gemeinsame Staatsangehörigkeit der Parteien genügt regelmäßig nicht, eine Rechtswahl zu indizieren (so aber MARTINEK/SEMLER/OECHSLER aaO).

276 Eine Rechtswahl ist für Handelsvertreterverträge auch dann zulässig, wenn der Vertrag keinerlei Bezug zu dem gewählten Recht oder – außer der Rechts- oder Gerichtswahl – überhaupt **kein Auslandselement** aufweist (im Ergebnis ebenso MARTINEK/ SEMLER/OECHSLER § 55 Rn 7, 8, der allerdings eine Regelungslücke annimmt, wenn Parteien bei Verträgen mit Auslandsbezug eine sachlich unverbundene Rechtsordnung wählen. Die Lücke sei durch Analogie zu Art 27 Abs 3 zu schließen. Indessen wird dieser Fall bereits von Art 27 Abs 3 unmittelbar erfasst). Fehlt jeder Auslandsbezug, so bleibt alles zwingende Inlandsrecht anwendbar; nur im dispositiven Bereich gilt das gewählte Recht (Art 27 Abs 3). Deutsche Unternehmen können also mit ihren Auslandsvertretern die Geltung deut-

schen Rechts (vgl OLG Frankfurt NJW-RR 1995, 351) und mit Inlandsvertretern die Geltung ausländischen Rechts, etwa eines neutralen Rechts vereinbaren (MünchKomm/ MARTINY Art 28 Rn 157; REITHMANN/MARTINY/MARTINY Rn 1409; SOERGEL/vHOFFMANN Art 28 Rn 258; zT abweichend KINDLER 142 ff).

277 Die Vorschriften, die auf der EG-Richtlinie 86/653/EWG vom 18. 12. 1986 zur Koordinierung der Rechtsvorschriften der Mitgliedstaaten betreffend die selbständigen Handelsvertreter (ABl EG 1986 Nr L 382, S 17) beruhen und nach dieser Richtlinie unabdingbar sind, sind nach der Rechtsprechung des EuGH auch in ihrer nationalen Umsetzung rechtswahlfest, sofern der Handelsvertreter im EU-Gebiet seine Tätigkeit ausübt (EuGH RiW 2001, 133 – Ingmar GB Ltd ./. Eaton Leonard Technologies Inc; dazu ua FREITAG/LEIBLE RiW 2001, 287 ff; KINDLER BB 2001, 11; MICHAELS/KAMANN EWS 2001, 301 ff; REICH EuZW 2001, 51). Die Richtlinie schreibt zwingende Ausgleichsregeln in ihren Art 17 und 18 vor, die in § 89 b HGB ihren Niederschlag gefunden haben. § 89 b HGB ist deshalb auch dann anzuwenden, wenn der Handelsvertreter seine Tätigkeit in Deutschland ausübt, der Unternehmer dagegen seinen Sitz in einem Drittland – zB den USA – hat und die Parteien das Recht dieses oder eines anderen Drittlandes gewählt haben (EuGH aaO). Dagegen stellt § 92 c HGB keine Kollisionsnorm dar (ebenso MARTINEK/SEMLER/OECHSLER § 55 Rn 13; REITHMANN/MARTINY/MARTINY Rn 1415; K SCHMIDT, HGB § 27 VI 4; SOERGEL/vHOFFMANN Art 34 Rn 65). § 92c HGB setzt voraus, dass deutsches Recht als Vertragsstatut gilt oder über Art 27 Abs 3 als zwingendes Inlandsrecht in Betracht kommt. Die Bestimmung erklärt dann die Vorschriften der §§ 84–92c HGB unter weiteren territorialen oder sachlichen Voraussetzungen für zwingend: Entweder muss der Vertreter seine Tätigkeit im europäischen Wirtschaftsraum auszuüben haben oder andere als die in § 92c Abs 2 HGB genannten Schiffsverträge vermitteln. Nur unter diesen Voraussetzungen ist das deutsche Handelsvertreterrecht zwingend (vgl aber noch unten Rn 283). Nach **aA** soll § 92c HGB teleologisch zu reduzieren sein und nicht gelten, wenn die gewählte Ordnung einen dem deutschen Recht vergleichbaren Schutz des Handelsvertreters vorsieht (BASEDOW RiW 1977, 751; HEPTING/DETZER RiW 1989, 337 [339]; KINDLER 143; unklar MARTINEK/SEMLER/OECHSLER § 55 Rn 14).

278 Ob ein **reiner Inlandsfall** iSd Art 27 Abs 3 vorliegt, kann problematisch sein, wenn ein inländisches Unternehmen einen inländischen Vertreter beauftragt, zT im Ausland tätig zu sein. Ein nur gelegentlicher oder gar einmaliger Auslandseinsatz verleiht einem Handelsvertretervertrag noch keinen hinreichenden Auslandsbezug und lässt damit das Inlandsrecht trotz abweichender Rechtswahl in Kraft, soweit es zwingend ist (vgl auch Art 27 Rn 125).

279 Liegt ein **deutscher Inlandsfall** vor, dann gelten die §§ 84 ff HGB, insbesondere der Ausgleichsanspruch nach § 89b HGB, auch, wenn ein ausländisches Vertragsstatut vereinbart ist. Eine Ausnahme gilt nur, wenn ein Fall des § 92c Abs 2 HGB – Vermittlung von Verträgen über Schiffstransporte etc – gegeben ist.

bb) Objektives Vertragsstatut
280 Mangels Rechtswahl gilt das **Recht am Sitz des Handelsvertreters.** Man ist sich einig, dass er die vertragscharakteristische Leistung erbringt (BGH NJW-RR 1993, 742; BGH NJW 1993, 2753; BGHZ 127, 386; BGH DtZ 1996, 57; OLG Düsseldorf RiW 1995, 43; OLG Koblenz DB 1995, 2472; GIULIANO/LAGARDE 53; vBAR II Rn 498; DICEY/MORRIS II 33–400; CZERNICH/

HEISS/CZERNICH Art 4 Rn 166; ERMAN/HOHLOCH Art 28 Rn 53; LAGARDE Rev crit 191, 309; Münch-Komm/MARTINY Art 28 Rn 157; PALANDT/HELDRICH Art 28 Rn 15; REITHMANN/MARTINY/MARTINY Rn 1410; SOERGEL/vHOFFMANN Art 28 Rn 259; wohl auch MARTINEK/SEMLER/OECHSLER § 55 Rn 18). Auf den Sitz des Geschäftsherrn, den Ort der Tätigkeit des Handelsvertreters oder das Statut der vermittelten Verträge kommt es dagegen nicht an. Diese Umstände können lediglich im Rahmen des Art 28 Abs 5 zu einer anderen Rechtsordnung führen, wenn sie nicht jeweils allein, sondern entweder alle oder einzeln im Verein mit weiteren Anknüpfungsmomenten auf eine andere als die vermutete Rechtsordnung verweisen.

281 Hat der Handelsvertreter **keine eigene Niederlassung,** dann ist nach Art 28 Abs 2 sein gewöhnlicher Aufenthalt maßgebend (wohl aA – Sitz des Unternehmers – REITHMANN/MARTINY/MARTINY Rn 1413). Dabei entscheidet wie auch sonst der Ort bei Vertragsschluss. Soll zu diesem Zeitpunkt die Niederlassung für die Vertretung erst gegründet werden, ist jedoch mE bereits auf sie abzustellen (ähnlich SOERGEL/vHOFFMANN Art 28 Rn 259; aA – Sitz des Geschäftsherrn – EBENROTH RiW 1984, 167; wohl ebenso REITHMANN/MARTINY/MARTINY Rn 1413).

282 Die Niederlassung bzw der gewöhnliche Aufenthalt des Handelsvertreters bleiben auch dann maßgebend, wenn der Vertreter **Reisetätigkeit** in mehrere Staaten zu entfalten hat.

d) Zwingendes Recht (Art 34)

283 § 89 b HGB, der auf zwingenden Vorgaben der Handelsvertreterrichtlinie beruht (vgl oben Rn 277), ist eine zwingende Vorschrift iSd Art 34 EGBGB. Er kann durch die Wahl eines drittstaatlichen (Nicht-EU-)Rechts nicht abbedungen werden, wenn der Handelsvertreter seine Tätigkeit in Deutschland ausübt (vgl EuGH RiW Ltd ./. Eaton Leonard Technologies Inc). Im Übrigen sind die **§§ 84–92c HGB keine international zwingenden Vorschriften** iSd Art 34 EGBGB (ebenso SOERGEL/vHOFFMANN Art 34 Rn 65 und – für § 89 b HGB – MARTINEK/SEMLER/OECHSLER § 55 Rn 15; sowie STÖTZEL EWS 1999, 212; insoweit aA MARTINEK, Franchising [1987] 659). Wie § 92c HGB zeigt, sollen diese Vorschriften nicht unabhängig vom anwendbaren (ausländischen) Vertragsstatut gelten. Vielmehr kommen sie überhaupt nur zur Anwendung, wenn deutsches Recht Vertragsstatut ist oder sich bei einem reinen Inlandsfall die Frage ihrer Anwendbarkeit stellt (vgl oben Rn 277 ff). Selbst in diesen Situationen knüpfen sie ihre zwingende Geltung noch an das weitere Erfordernis, dass der Handelsvertreter im europäischen Wirtschaftsraum tätig werden soll und andere als Schiffstransportgeschäfte vermittelt (zum Verstoß des § 92 c Abs 1 HGB aF gegen EU-Recht vgl OLG München RiW 1996, 155 f).

284 Als international zwingend setzen sich gegen ausländisches Vertragsstatut dagegen deutsche **wettbewerbsrechtliche Vorschriften** – insbes §§ 15, 18 GWB, soweit die Voraussetzungen des § 130 Abs 2 GWB erfüllt sind – oder devisenrechtliche Bestimmungen (BGHZ 127, 368) durch.

e) Vertretungsmacht

285 Ob der Handelsvertreter wirksam bevollmächtigt ist, richtet sich nicht nach dem Statut des Handelsvertretervertrages, sondern ist **selbständig nach dem Vollmachtsstatut** zu beurteilen (vgl MünchKomm/SPELLENBERG Vor Art 11 Rn 225 ff; 247 ff; PALANDT/HELDRICH Anh zu Art 32 Rn 1; REITHMANN/MARTINY/HAUSMANN Rn 1716 f). Eine Rechtswahl

wird bei der Vollmacht in begrenztem Umfang, nämlich bei Zustimmung zwischen Vollmachtgeber, Vertreter und Drittem, zugelassen (OLG Hamburg TranspR 1989, 70). Mangels Rechtswahl untersteht die rechtsgeschäftliche Vertretung grundsätzlich dem **Recht des Ortes, an dem von ihr Gebrauch gemacht werden soll** (BGHZ 43, 21 [26], BGH IPRspr 1993 Nr 27; ERMAN/HOHLOCH Art 37 Rn 13; KROPHOLLER § 41 I 2; PALANDT/HELDRICH Anh zu Art 32 Rn 1; REITHMANN/MARTINY/HAUSMANN Rn 1719; SOERGEL/LÜDERITZ Art 7 Rn 296). Für Handelsvertreter mit fester Niederlassung im Ausland richtet sich die Wirkung der Vollmacht jedoch nach dem Recht ihres Niederlassungsortes, wenn sie gewöhnlich von dort aus tätig werden (BGHZ 43, 21 [26], BGH NJW 1990, 3088; KROPHOLLER § 41 I 2b; PALANDT/HELDRICH Anh zu Art 32 Rn 2; REITHMANN/MARTINY/HAUSMANN Rn 1730; SOERGEL/ LÜDERITZ Art 7 Rn 302; vgl auch Einl A 24 ff zu Art 27 ff). Diese Regel gilt auch, wenn der Handelsvertreter in einem anderen als seinem Niederlassungsstaat von seiner Vollmacht Gebrauch macht, sofern dritte Personen erkennen können, dass die Vertretung von der Niederlassung in einem anderen Staat aus erfolgt (KROPHOLLER, PALANDT/HELDRICH, REITHMANN/MARTINY/HAUSMANN jeweils aaO).

15. Vertriebsverträge

a) Vertragshändlervertrag*

Als Vertragshändler- oder Eigenhändlerverträge (distributorship agreement, contrat de distribution) werden üblicherweise Rahmenverträge bezeichnet, die dem Warenabsatz dienen sollen. Der Vertrags- oder Eigenhändler verpflichtet sich dabei gegenüber seinem Hersteller oder Lieferanten, über den Warenbezug hinaus den Produktabsatz zu fördern. Häufig werden zusätzlich Alleinbezugs- und Alleinvertriebsrechte und -pflichten vereinbart (näher zur Typik etwa K SCHMIDT, HGB § 28 II 2; zum Alleinvertriebsvertrag unten Rn 293). **286**

Einheitsrecht kommt hier nur ausnahmsweise zum Zug. Vertragshändlerverträge als solche fallen nur in jenen seltenen Fällen in den Anwendungsbereich des **CISG,** in denen sie unmittelbare Kaufverpflichtungen enthalten, die ihrerseits wertmäßig die sonst vereinbarten Leistungen überwiegen (SCHLECHTRIEM Anm zu OLG Düsseldorf EWiR 1996, 843; zu den Einzelgeschäften s unten Rn 292). **287**

Mangels Rechtswahl unterstehen Vertragshändlerverträge dem **Recht am Sitz des Vertragshändlers** (BGHZ 127, 368; OLG Koblenz IPRax 1994, 46 m Aufs SCHURIG IPRax 1994, 27 ff; OLG Düsseldorf RiW 1996, 958; vBAR II Rn 498; BAUMBACH/HOPT, HGB Vor § 373 Rn 19; ERMAN/HOHLOCH Art 28 Rn 53; KINDLER RiW 1987, 665; LAGARDE Rev crit 1991, 309; MünchKomm/MARTINY Art 28 Rn 159; MÜLLER/FELDHAMMER RiW 1994, 928; PALANDT/HELDRICH Art 28 Rn 15; REITHMANN/MARTINY/KARTZKE Rn 1436; STUMPF/JALETZKE/SCHULTZE Rn 894; SOERGEL/vHOFFMANN Art 28 Rn 266; wohl auch DICEY/MORRIS II 32–116; **anders** – Sitz des Prinzipals – MARTINEK/SEMLER/OECHSLER § 55 Rn 22 für stark in den Vertrieb des Prinzipals eingebundene Vertragshändler [„hochintegrierter Vertrieb"]). Denn der Händler erbringt in der Regel die vertragscharakteristische Leistung. Seine Pflicht zur Absatzförderung und Interessenwahrung des Geschäftsherrn gibt dem Vertrag das Gepräge und grenzt ihn vom **288**

---

* **Schrifttum** (vgl auch Rn 271): DETZER/ULRICH, Gestaltung von Verträgen mit ausländischen Handelsvertretern und Vertragshändlern (2000); MEESER, Internationales Handelsvertreterrecht, in: KÜSTNER/vMANTEUFFEL, Handbuch des gesamten Außendienstrechts I (2. Aufl 1992) Rn 2285 ff; STUMPF/JALETZKE/SCHULTZE, Der Vertragshändlervertrag (3. Aufl 1997).

Kaufvertrag ab. Das (Haupt-)Sitzrecht des Händlers entscheidet auch dann, wenn der Händler den Vertrieb in mehreren Staaten – auch durch seine dortigen Zweigniederlassungen – wahrnimmt (SOERGEL/vHOFFMANN Art 28 Rn 266; STUMPF/JALETZKE/ SCHULZE RN 895; zum EVÜ ebenso CZERNICH/HEISS/CZERNICH Art 4 Rn 177).

289 Die früher vertretenen Ansichten, der Sitz des Lieferanten (so RG IPRspr 1929 Nr 34; LG Bochum RiW 1976, 41) oder das Tätigkeitsgebiet des Vertragshändlers sei entscheidend (so BGHZ 57, 72 [76]), sind durch die IPR-Reform von 1986 überholt. Lediglich im Rahmen des Art 28 Abs 5 kann diesen Umständen Gewicht zukommen.

290 Sofern der Vertragspartner des Vertragshändlers seinerseits zu Leistungen verpflichtet ist, die über eine bloße Lieferungspflicht hinausgehen (zB Investitionen, Beratung etc), kann es an einer einzigen vertragscharakteristischen Leistung fehlen (Art 28 Abs 2 Satz 3). Dann ist die **engste Verbindung gemäß Art 28 Abs 1** aus der Gesamtheit der Umstände zu erschließen. Nach **aA** soll dagegen bei schwach integriertem Vertrieb das Recht am Sitz des Händlers, bei hochintegriertem Vertrieb das Recht am Sitz des Prinzipals gelten (so MARTINEK/SEMLER/OECHSLER § 55 Rn 22). Die Abgrenzung zwischen beiden Vertriebsformen bleibt freilich problematisch.

291 Die **Anknüpfung** des Vertragshändlervertrages erfolgt in aller Regel **einheitlich** für den gesamten Rahmenvertrag. Eine abweichende Ansicht will den Gesamtvertrag in den eigentlichen Vertragshändlervertrag und den Rahmenvertrag über die künftigen Lieferungen aufspalten (SOERGEL/vHOFFMANN Art 28 Rn 263, 268). Eine solche Aufspaltung zerreißt indessen ohne Grund den inneren Zusammenhang des Gesamtvertrages: Gewöhnlich stehen die Absatzförderungspflicht des Händlers, sein Entgelt und der Umfang der Belieferung in einem untrennbaren Zusammenhang. Ihre kollisionsrechtliche Aufspaltung ist deshalb abzulehnen.

292 Vom Vertriebsvertrag als Rahmenvertrag sind dagegen die **einzelnen Liefergeschäfte** zu unterscheiden. Sie unterstehen regelmäßig ihrem eigenen Statut, also dem Einheitskaufrecht bzw dem Recht am Sitz des Verkäufers (BGHZ 74, 136 – zum EKG; OLG Düsseldorf RiW 1996, 958 – zum CISG; REITHMANN/MARTINY/KARTZKE Rn 1432; SOERGEL/ vHOFFMANN Art 28 Rn 269; **aA** aber MünchKomm/MARTINY Art 28 Rn 160: Recht des Rahmenvertrages).

b) Alleinvertriebsvertrag

293 Ebenso wie der Vertragshändlervertrag ist der Alleinvertriebsvertrag anzuknüpfen, der dem Händler für ein bestimmtes Gebiet ein Exklusivbezugs- und Vertriebsrecht einräumt (eingehend REITHMANN/MARTINY/KARTZKE Rn 1428 ff; ebenso KAYE 183).

c) Wettbewerbsrecht

294 Grenzüberschreitende Vertriebsverträge, zumal Alleinvertriebsverträge, die den Handel zwischen den Mitgliedstaaten der EU beeinträchtigen und den Wettbewerb beschränken, fallen unabhängig vom anwendbaren Vertragsstatut **unmittelbar unter Art 81 EGV** (vgl auch Art 3 Abs 2 Satz 2 EGBGB) und sind ohne weiteres **nichtig**, sofern nicht eine der gemäß Art 81 Abs 3 EGV erlassenen **Gruppenfreistellungsverordnungen** eingreift (VO [EG] Nr 2790/1999, ABl EG 1999 Nr L 336, S 21; dazu BECHTOLD EWS 2001, 49 ff) oder eine **Einzelfreistellung** nach Art 3 VO (EWG) Nr 17/62 v 6. 2. 1962 (ABl EG Nr L 204/62 v 6. 2. 1962 [„Kartellverordnung"]) erteilt wird. Ganz entsprechend

ist inzwischen die Rechtslage für solche Vertriebsverträge, die sich auf den EWR auswirken (vgl Art 53 EWR-Vertrag; näher REITHMANN/MARTINY/KARTZKE Rn 1464).

Neben dem europäischen Wettbewerbsrecht kommt das **deutsche Kartellrecht** zum Zug, soweit seine Anwendungsvoraussetzungen – Inlandsauswirkung gemäß § 130 Abs 2 GWB – gegeben sind. Bei Widersprüchen zwischen beiden Regelungen hat das europäische Wettbewerbsrecht grundsätzlich den Vorrang (EuGH Slg 1969, 1 [Rs 14/68, Walt Wilhelm]; MünchKomm/IMMENGA nach Art 37 Rn 5 ff; RITTNER, Wettbewerbs- und Kartellrecht[4] 215 f). Ist deutsches Kartellrecht gemäß § 130 Abs 2 GWB anzuwenden, dann sind die Vorschriften des deutschen GWB, insbesondere § 18, zwingend im Sinn des Art 34 EGBGB (ebenso PALANDT/HELDRICH Art 34 Rn 3; wohl auch MünchKomm/MARTINY Art 34 Rn 75 und SOERGEL/VHOFFMANN Art 34 Rn 33 ff). 295

16. Franchising*

Der Franchisevertrag erfasst Vertragsgestaltungen recht großer Spielbreite. Primär dient das Franchising der **Vermarktung eines Produktes oder einer Dienstleistung des Franchisegebers** (product oder service franchising). Dieser gestattet dem Franchisenehmer, den Produkt- oder Markennamen, das Warenzeichen, die Ausstattung, das Verfahren oder System des Franchisegebers zu verwenden und unter dieser für alle Franchisenehmer einheitlichen Bezeichnung die Ware oder Leistung anzubieten. Der Franchisenehmer hat dafür ein Entgelt zu zahlen und den Absatz der Ware oder Leistung unter Herausstellung ihrer Bezeichnung zu fördern (eingehend zur Typik MARTINEK 156 ff; K SCHMIDT, Handelsrecht § 28 II 3). Dabei ist er trotz rechtlicher Selbständigkeit mehr oder minder engen Vorgaben des Franchisegebers unterworfen. Hat der Vertrag allerdings im Wesentlichen nur die Überlassung von Immaterialgüterrechten gegen Entgelt zum Gegenstand, dann handelt es sich nicht mehr um einen Franchisevertrag, sondern der Sache nach um einen Lizenzvertrag. Für ihn gelten dann dessen Anknüpfungsgrundsätze (vgl dazu unten Rn 609 ff). 296

Mangels einer – stets zulässigen – Rechtswahl untersteht der Franchisevertrag in der 297

---

* **Schrifttum** (vgl auch Rn 271): BRÄUTIGAM, Franchiseverträge im deutschen internationalen Privatrecht, WiB 1997, 897; FERRIER, La franchise internationale, Clunet 1988, 625; GASTINEL, La franchise internationale, GazPal 1994, 696; HIESTAND, Die international-privatrechtliche Beurteilung von Franchiseverträgen ohne Rechtswahlklausel, RiW 1993, 173; JOERGES, Franchise-Verträge und Europäisches Wettbewerbsrecht, ZHR 151 (1987) 195; MARTINEK, Franchising – Grundlagen der zivil- und wettbewerbsrechtlichen Behandlung der vertikalen Gruppenkooperation beim Absatz von Waren und Dienstleistungen (1987); PETERS, Grundsätze für ein grenzüberschreitendes Franchising, in: Jb Franchising 1999/2000 (1999) 22; PITGEOFF, Choice of Law in Franchise Relationships: Staying Within Bounds, Franchise LJ 14 (1995) 89; PLASSMEIER, Kollisionsrechtliche Probleme internationaler Franchisesysteme (1999); PETERS, Grundsätze für ein grenzüberschreitendes Franchising, in: Jb Franchising 1999/2000 (1999) 22; PLASSMEIER, Kollisionsrechtliche Probleme internationales Franchisesyteme (1999); SCHLEMMER, Kollisions- und sachrechtliche Fragen beim Franchising, IPRax 1988, 252; WILDHABER, Franchising im Internationalen Privatrecht unter besonderer Berücksichtigung des schweizerischen Schuldrechts und mit Hinweisen auf die Vertragsgestaltung namentlich unter IPR-Gesichtspunkten (1991); ZUMBO, UNIDROIT and International Franchising, BusL Rev 2000, 16.

Regel dem **Recht am Sitz des Franchisenehmers** (MünchKomm/MARTINY Art 28 Rn 161; SCHLEMMER IPRax 1988, 253; wohl auch K SCHMIDT, Handelsrecht § 28 IV; ferner hL in der Schweiz: vgl HEINI/KELLER/KREN KOSKIEWICZ Art 117 Rn 150 f). Dieser erbringt gewöhnlich die charakteristische Leistung. Denn er hat letztlich in allen Gestaltungen des Franchising den Vertrieb der wirtschaftlichen Leistung des Franchisegebers in eigener Regie, wenn auch unter der einheitlichen Marken- oder Systembezeichnung und nach Vorgaben des Franchisegebers zu organisieren. Die Pflichten des Franchisegebers – zur Überlassung der Systemidee, von Rechten, Know-how etc – sollen dagegen in aller Regel dem Franchisenehmer Hilfen für den Vertrieb geben. Sie charakterisieren den Vertrag damit nicht.

298 Nach aA ist dagegen das **Recht am Sitz des Franchisegebers** maßgebend, da dieser „im Zentrum des gesamten Vertriebssystems stehe", während der Franchisenehmer austauschbar sei (so vBAR II Rn 499; im Ergebnis ebenso BRÄUTIGAM WiB 1997, 899; HIESTAND RiW 1993, 179). Damit wird freilich nicht so sehr auf die beiderseits zu erbringenden Leistungen, sondern auf das Einflussgefälle zwischen beiden Vertragsparteien im Hinblick auf das Vertriebskonzept abgestellt. Im materiellen Recht führt dieser Gesichtspunkt zu der Frage, ob Franchisenehmer bei entsprechend starker Einbindung in das Vertriebskonzept wie Arbeitnehmer zu behandeln sind (vgl etwa LAG Düsseldorf NJW 1988, 725; OLG Schleswig NJW-RR 1987, 220; K SCHMIDT, Handelsrecht § 28 II 3b). Auf kollisionsrechtlicher Ebene spricht diese Überlegung jedenfalls nicht für eine Anknüpfung an den Sitz des Franchisegebers, sondern – wie im Arbeitskollisionsrecht – dann an den Tätigkeitsort, der freilich meist mit dem Sitz des Franchisenehmers übereinstimmen wird.

299 Eine **weitere Ansicht** will **von Fall zu Fall** ermitteln, welche Partei die charakteristische Franchiseleistung erbringt (so SOERGEL/vHOFFMANN Art 28 Rn 275; ähnlich MARTINEK/SEMLER/OECHSLER § 55 Rn 22, der nach stark und schwach integriertem Vertrieb unterscheidet; ferner CZERNICH/HEISS/CZERNICH Art 4 Rn 93 [aber mit Präferenz für das Sitzrecht des Franchisegebers]). Hier lässt sich dann freilich kaum voraussagen, welches Recht für den konkreten Franchisevertrag gilt.

300 Vorzuziehen ist deshalb die obengenannte, grundsätzliche Anknüpfung an den Sitz des Franchisenehmers. Sprechen starke Fallumstände, zu denen auch eine ganz im Vordergrund des Vertrages stehende Leistung des Franchisegebers gehört, für eine andere Rechtsordnung, dann gilt sie (Art 28 Abs 5). Zu den für Abs 5 zu berücksichtigenden Fallumständen zählt auch, in welchem Land überlassene **Immaterialgüterrechte** genutzt werden sollen (für grundsätzliche Maßgeblichkeit des Rechts des Landes, für das Immaterialgüterrechte eingeräumt wurden: OGH IPRax 1988, 242 m Aufs SCHLEMMER IPRax 1988, 252).

301 Wie für (Allein-)Vertriebsverträge gelten für Franchiseverträge, die sich im EU- oder EWR-Gebiet auswirken, unmittelbar und vorrangig vor abweichendem nationalen Recht **Art 81 EGV und Art 53 EWRV** (vgl oben Rn 294 f). Franchisevereinbarungen unterliegen allerdings der GruppenfreistellungsVO (EWG) Nr 4087/88 vom 30.11. 1988 (ABl EG 1988 Nr L 359/46 vom 28.12.1988). Deutsches Kartellrecht ist daneben – und bei reiner Inlandsbetroffenheit allein – als international zwingend iSd Art 34 EGBGB anzuwenden, sofern die Voraussetzungen des § 130 Abs 2 GWB (Inlandsauswirkung) gegeben sind.

17. Sponsoring

Wohl noch vielfältiger als beim Franchising sind die vertraglichen Gestaltungen des 302 Sponsoring (Sport-, Kultur- etc Sponsoring). Hier bezahlt oder unterstützt in sonstiger Weise ein Unternehmen eine Person oder Einrichtung dafür, dass diese bei ihren Aktivitäten den Namen und Ruf des Sponsors herausstellt. Mangels Rechtswahl wird an den **Sitz des Gesponsorten** anzuknüpfen sein (wohl aA LAGARDE Rev crit 1991, 309). Auch wenn es um die Herausstellung des Sponsors geht, so hat das der Gesponserte zu leisten und dafür in der Regel eine Reihe von Pflichten einzuhalten, die dem Vertrag sein Gepräge geben.

18. Werkverträge

a) Allgemein

Der allgemeine Begriff des Werkvertrags (contract for works, contrat d'entreprise) 303 umfasst eine große Zahl in sich variierender Untertypen wie etwa den Architekten-, Bau- oder Transportvertrag (Letzterer wird wegen der stark vereinheitlichten Materie gesondert behandelt, vgl unten Rn 362 ff).

Mangels ausdrücklicher oder stillschweigender Rechtswahl ist grundsätzlich das 304 Recht **am Ort der Niederlassung oder des gewöhnlichen Aufenthaltes des Werkunternehmers** maßgebend, da er diejenige Leistung erbringt, die den Vertrag charakterisiert (OLG Schleswig IPRax 1993, 95 m Aufs VOLLKOMMER IPRax 1993, 79; OLG Nürnberg IPRspr 1993, Nr 31; OLG Hamm IPRax 1995, 106; LG Berlin IPRax 1996, 416 m Aufs RÜSSMANN; vBAR II Rn 496; ERMAN/HOHLOCH Art 28 Rn 39; vHOFFMANN § 10 Rn 46; KROPHOLLER § 52 III 3c; MünchKomm/MARTINY Art 28 Rn 139; PALANDT/HELDRICH Art 28 Rn 14; REITHMANN/MARTINY/THODE Rn 950).

Diese Anknüpfungsregel gilt als **Grundsatz für Werkleistungen jeder Art:** so für die 305 Herstellung einer Studie (OLG Köln RiW 1994, 970: Erstellung eines Gutachtens über ein Marktsegment) oder die Entwicklung eines EDV-Programms für den Besteller (OLG Nürnberg IPRspr 1993 Nr 31), ebenso aber auch für Reparaturverträge (Kfz-Reparatur: MünchKomm/MARTINY Art 28 Rn 139; Schiffsreparatur: FLESSNER, Reform 17; MANKOWSKI, Seerechtliche Vertragsverhältnisse 427 ff [mit Hinweis auf Sonderkonstellationen]; MünchKomm/MARTINY aaO; REITHMANN/MARTINY/THODE Rn 950). Sie gilt ferner für Bearbeitungs- und Veredelungsverträge (OLG Schleswig IPRax 1993, 95: Färben und Bügeln von Kleidung). Zum Bau- und Architektenvertrag vgl noch unten Rn 309 ff, 319 ff.

Der **Werklieferungsvertrag** ist dagegen wie ein Kauf anzuknüpfen. Maßgebend ist, 306 sofern nicht das UN-Kaufrecht (oben Rn 149 ff) eingreift, der Sitz des Werkunternehmers (OLG Frankfurt NJW 1992, 653; vgl ferner oben Rn 197).

Ob alle Werkverträge generell unter **Art 29** EGBGB fallen können, mag zweifelhaft 307 erscheinen, weil diese Vorschrift nur Lieferverträge und Dienstleistungen erfasst (generell bejahend ERMAN/HOHLOCH Art 28 Rn 39; KROPHOLLER § 52 IV 1; PALANDT/HELDRICH Art 29 Rn 2; STAUDINGER/REINHART Art 29 Rn 40; zurückhaltend dagegen MünchKomm/MARTINY Art 29 Rn 9; SOERGEL/vHOFFMANN Art 29 Rn 9). Der Begriff Dienstleistung (im englischen und französischen Text: services, services) schließt aber nicht nur die Vertragsleistung iSd deutschen Dienstvertragsrechts ein, sondern ist weiter zu verstehen. Er erfasst grundsätzlich auch alle Werkverträge, wie mittelbar der spezielle Ausschluss für Beförderungsverträge – ein Unterfall des Werkvertrages – in Art 29 Abs 4 Nr 1 und die Unterausnahme für Pauschalreiseverträge in derselben Vorschrift zeigen.

308 Wie der Werkvertrag selbst ist auch ein **Subunternehmervertrag** anzuknüpfen. Maßgebend ist also das Recht am Sitz des Subunternehmers (ERMAN/HOHLOCH Art 28 Rn 39; MünchKomm/MARTINY Art 28 Rn 140; REITHMANN/MARTINY/THODE Rn 951). Eine grundsätzlich akzessorische Anknüpfung an den Hauptvertrag ist wegen der Selbständigkeit der Leistung des Subunternehmers abzulehnen (ebenso die in der vorigen N Zitierten; **aA** aber JAYME, in: FS Pleyer 377; VON DER SEIPEN § 7 II).

b) Bauverträge*

309 Internationale Bauverträge, die die Errichtung oder Reparatur von Gebäuden oder Bauwerken – auch unter der Erde – zum Gegenstand haben, sind nach den allgemeinen Anknüpfungsregeln der Art 27 und 28 Abs 2 zu behandeln. Damit entscheidet zunächst das **gewählte Recht.** Vereinbaren die Parteien die Geltung der VOB, so wird darin regelmäßig eine stillschweigende Wahl deutschen Rechts gesehen (BGH WM 1999, 1177; ERMAN/HOHLOCH Art 28 Rn 39; MünchKomm/MARTINY Art 28 Rn 141; NICKLISCH IPRax 1987, 287 f; REITHMANN/MARTINY/THODE Rn 953; SOERGEL/vHOFFMANN Art 28 Rn 210; THODE ZfBR 1989, 45; ebenso zum früheren IPR: OLG Köln RiW 1984, 314). Die Vereinbarung **internationaler Klauselwerke** wie etwa der FIDIC-conditions (Bedingungen der Fédération Internationale des Ingenieurs Conseils, Sitz Lausanne [Postfach 86, 1000 Lausanne, CH-Schweiz]), die auf keine bestimmte Rechtsordnung verweisen, bedeutet dagegen keine stillschweigende Rechtswahl. Derartige vereinheitlichte Bedingungen verdrängen oder ergänzen lediglich das anwendbare Recht, soweit sie Regelungen enthalten.

310 Mangels Rechtswahl unterstehen Bauverträge dem **Recht am Sitz des Bauunternehmers,** der die vertragscharakteristische Leistung erbringt (BGH RiW 1999, 456; OLG Hamm NJW-RR 1996, 1144; ERMAN/HOHLOCH Art 28 Rn 39; KARTZKE ZfBR 1994, 4; KROPHOLLER § 52 III 2 c; W LORENZ IPRax 1995, 329 [331]; MARKOWSKY 151, 358 f; MünchKomm/MARTINY Art 28 Rn 141; PALANDT/HELDRICH Art 28 Rn 14; REITHMANN/MARTINY/THODE Rn 953; SOERGEL/vHOFF-

---

* **Schrifttum:** HÖK, Neues zum Internationalen Privatrecht des Bauvertrages, ZfBR 2000, 7 KARTZKE, Internationaler Erfüllungsgerichtsstand bei Bau- und Architektenverträgen, ZfBR 1994, 1; ders, Unternehmerpfandrecht des Bauunternehmers nach § 647 BGB an beweglichen Sachen des Bestellers, ZfBR 1993, 205; KÜRSCHNER, Zur Bedeutung des Erfüllungsortes bei Streitigkeiten aus Bauverträgen für die internationale Zuständigkeit und das nach IPR anzuwendende materielle Recht, ZfBR 1986, 259; W LORENZ, Verträge über im Ausland zu erbringende Bauleistungen: Vertragsstatut bei fehlender Rechtswahl, IPRax 1995, 329; MARKOWSKY, Der Bauvertrag im internationalen Rechtsverkehr (1997); NICKLISCH, Internationale Zuständigkeit bei vereinbarten Standardvertragsbedingungen (VOB/B), IPRax 1987, 286; SCHRÖDER, Zur Anziehungskraft der Grundstücksbelegenheit im internationalen Privat- und Verfahrensrecht, IPRax 1985, 145; THODE, Die Bedeutung des neuen internationalen Schuldvertragsrechts für grenzüberschreitende Bauverträge, ZfBR 1989, 43; THODE/WENNER, Internationales Architekten- und Bauvertragsrecht (RWS-Skript 1998); WIEGAND, Das anwendbare materielle Recht bei internationalen Bauverträgen – Zur international-privatrechtlichen Anknüpfung bei Bauexportverträgen, in: BÖCKSTIEGEL (Hrsg), Vertragsgestaltung und Streiterledigung in der Bauindustrie und im Anlagenbau (1984) 59.

MANN Art 28 Rn 211; THODE ZfBR 1989, 47; THODE/WENNER Rn 280 ff; ebenso OGH IPRax 1995, 326 [dazu W LORENZ aaO]). Bei mehreren Niederlassungen des Unternehmens ist diejenige maßgebend, die die Bauleistung nach der vertraglichen Absprache zu erbringen hat (Art 28 Abs 2 Satz 2).

Dagegen kommt es für die Regelanknüpfung **nicht** auf den **Ort der Bauausführung** an. Art 28 Abs 3 gilt nicht für Bauverträge, weil es bei ihnen nicht um ein Recht am Grundstück oder um dessen Nutzung geht, sondern um die Bauleistung (BGH RiW 1999, 456; ebenso im Ergebnis OHG JBl 1995, 116; ferner Begründung BT-Drucks 10/504, 78; GIULIANO/LAGARDE 53; AUDIT Rn 804; MünchKomm/MARTINY Art 28 Rn 141; REITHMANN/MARTINY/THODE Rn 953; SOERGEL/vHOFFMANN Art 28 Rn 213). Die vor allem unter dem früheren IPR vertretene Auffassung, dass es grundsätzlich auf den Ort der Bauleistung ankomme (so BGH NJW 1986, 935; vHOFFMANN, in: NORTH 227; KÜRSCHNER ZfBR 1986, 262), lässt sich unter dem geltenden IPR deshalb nicht mehr aufrechterhalten. Lediglich im Rahmen des Art 28 Abs 5 kann die Belegenheit des Bauvorhabens zu beachten sein. **311**

Bauverträge können, ebenso wie Werkverträge allgemein, unter **Art 29** fallen (ERMAN/HOHLOCH Art 28 Rn 39; SOERGEL/vHOFFMANN Art 28 Rn 214). **312**

Der Geltungsbereich des Vertragsstatuts erfasst bei Bauverträgen auch die Frage, ob ein – vertraglicher – Anspruch auf **dingliche Sicherung des Werklohnanspruchs** besteht, wie er etwa in § 648 BGB vorgesehen ist (ebenso vBAR II Rn 516; REITHMANN/MARTINY/THODE Rn 955; SOERGEL/vHOFFMANN Art 28 Rn 215; zum früheren IPR: OLG Köln IPRax 1985, 161 m Aufs SCHRÖDER IPRax 1985, 145). In welcher Form das dingliche Sicherungsrecht dann zur Entstehung gelangt, richtet sich freilich nach sachenrechtlichen Grundsätzen (lex rei sitae; vgl auch SOERGEL/vHOFFMANN aaO). **313**

Ob der Werkunternehmer unmittelbar ein dingliches, gegenüber jedermann wirkendes **(Pfand-)Recht an Gegenständen des Bestellers** erwirbt, dürfte aus Verkehrsschutzgesichtspunkten ebenfalls nach der anwendbaren Sachenrechtsordnung und nicht nach dem Vertragsstatut zu beurteilen sein (näher KARTZKE ZfBR 1993, 205 ff; offen gelassen bei REITHMANN/MARTINY/THODE Rn 955). **314**

Ähnlich wie im internationalen Straßenverkehrsrecht örtliche Verkehrsregeln gegenüber einem abweichenden Deliktsstatut stets zu beachten sind, sind im internationalen Baurecht zwingende örtliche Bauregeln, Sicherheitsvorschriften und -standards, soweit sie dem deutschen Recht angehören, über Art 34 EGBGB anzuwenden. Gegebenenfalls sind sie auch im Rahmen des Vertragsstatuts – zB bei der Feststellung eines Verschuldens oder Mitverschuldens – zu berücksichtigen (ähnlich REITHMANN/MARTINY/THODE Rn 954). **315**

c) Anlagenvertrag*
Der Anlagenvertrag (turn key contract, contrat cléen main) verpflichtet in der Regel dazu, eine schlüsselfertige Industrieanlage – zB eine Raffinerie, eine Chemiefabrik **316**

---

* **Schrifttum:** DÜNNWEBER, Vertrag zur Erstellung einer schlüsselfertigen Industrieanlage im internationalen Wirtschaftsverkehr (1984); MICHAELIS DE VASCONCELLOS, Das besondere Vertragsrecht des Anlagenbaus: Auf dem Weg zu einer internationalen Rechtsvereinheitlichung?, RiW 1997, 455.

oder auch eine Fertigungsstraße – zu planen, zu errichten und betriebsfertig zur Verfügung zu stellen (vgl zur Typik DÜNNWEBER 10 f). Derartige Verträge fallen in den Anwendungsbereich des **UN-Kaufrechts,** wenn bei ihnen der Anteil kaufvertraglicher Pflichten wertmäßig die weiteren Pflichten (Montage, eventuell Einarbeitung, Schulung, Beratung etc) überwiegt (Schiedsspruch Nr 7660/JK der IHK Paris vom 23.8. 1994 [UNILEX]; SCHLECHTRIEM, Int UN-Kaufrecht Rn 27; STAUDINGER/MAGNUS [1999] Art 3 CISG Rn 27). Allerdings wird bei Großanlagen der Vertragsinhalt meist so detailliert festgelegt, dass für das dispositive CISG daneben wenig Raum bleibt (ähnlich vCAEMMERER/ SCHLECHTRIEM/FERRARI Art 3 Rn 18).

317 Wohl meist sehen Anlagenverträge eine Rechtswahl vor. Fehlt sie ausnahmsweise, so ist umstritten, welches Recht gelten soll. ZT wird auf das Recht des Errichtungsortes verwiesen (so ERMAN/HOHLOCH Art 28 Rn 39). Nach vorzuziehender Ansicht besteht kein Grund, prinzipiell von der Anknüpfungsregel des Art 28 Abs 2 abzugehen (ebenso vBAR II Rn 502; SOERGEL/vHOFFMANN Art 28 Rn 217). Maßgebend ist daher der **Sitz des Unternehmers, der die Anlage zu erstellen hat** (OLGR Hamm 1993, 161; die in der vorigen N Zitierten; offengelassen bei MünchKomm/MARTINY Art 28 Rn 143; REITHMANN/MARTINY/THODE Rn 958). Bei mehreren Niederlassungen ist die zur Vertragserfüllung verpflichtete maßgebend. Ein Baubüro am Errichtungsort stellt noch keine Niederlassung dar (wohl etwas großzügiger SOERGEL/vHOFFMANN Art 28 Rn 217).

318 Im Rahmen des **Art 28 Abs 5** ist der **Errichtungsort** freilich zu beachten, vermag aber allein die Regelvermutung nicht zu überspielen (ebenso vBAR II Rn 502; SOERGEL/vHOFFMANN Art 28 Rn 218). Das gilt auch dann, wenn der Besteller ein staatlicher Auftraggeber ist (vBAR, SOERGEL/vHOFFMANN aaO). Eine Kumulierung mit weiteren Fallumständen, – etwa einem Büro vor Ort und erheblichen Mitwirkungspflichten des Bestellers – spricht dann aber doch für das Recht am Errichtungsort (so auch SOERGEL/vHOFFMANN aaO; ebenso zum EVÜ: CZERNICH/HEISS/CZERNICH Art 4 Rn 81; **aA** vBAR II Rn 502).

d) Architektenvertrag*
319 Für den Architektenvertrag gilt mangels Rechtswahl das **Recht am Niederlassungs- oder gewöhnlichen Aufenthaltsort des Architekten** (REITHMANN/MARTINY/THODE Rn 960 m w Nachw). Auf den Ort der Baustelle kommt es auch hier nicht an. Lediglich innerhalb des Art 28 Abs 5 ist er bei der Abwägung aller Fallumstände zu berücksichtigen.

320 Auch Architektenverträge fallen unter **Art 29,** sofern dessen weitere Voraussetzungen erfüllt sind.

321 Zum Teil wird die Honorarordnung für Architekten und Ingenieure (HOAI) als **zwingendes Recht** iSd Art 34 angesehen (so jetzt BGH NJW 2001, 1936 [1937]; ferner etwa WENNER BauR 1993, 263 ff; mit anderer Begründung – eigenständige Kollisionsregel für die HOAI – ders RiW 1998, 173 ff; offener THODE/WENNER Rn 239 ff). Nach zutreffender, in der Literatur vorherrschender Meinung ist das jedoch abzulehnen (so JOCHEM, HOAI[3] [1991] § 1 Rn 13; LÖFFELMANN/FLEISCHMANN, Architektenrecht[3] [1995] Rn 11; HESSE/KORBION/MANTSCHEFF/VYGEN, HOAI[4] [1992] § 1 Rn 47; ebenso nach altem Recht LG Kaiserslautern IPRspr 1987 Nr 128; offengelassen bei REITHMANN/MARTINY/THODE Rn 966). Denn die HOAI will primär Inte-

---

* **Schrifttum:** THODE/WENNER, Internationales Architekten- und Bauvertragsrecht (RWS-Skript 1998); WENNER, Die HOAI im internationalen Rechtsverkehr, RiW 1998, 173.

ressen Privater, die gebührenrechtlich zulässigen Honoraransprüche, regeln (zum Zweck der HOAI auch BGH NJW 1997, 586 f). Darüber hinausgehende Gemeinwohlziele hat sie nur am Rande im Blick.

Zur Frage, ob die HOAI mit der Vergaberichtlinie (Richtlinie 92/50 EWG über die Koordinierung der Verfahren zur Vergabe öffentlicher Dienstleistungsaufträge, ABl EG Nr L 209/1 v 24. 7. 1993) vereinbar ist, vgl näher REITHMANN/MARTINY/THODE Rn 967. **322**

19. Reisevertrag*

Der Reisevertrag verpflichtet den Veranstalter zu einer Mehrheit von Leistungen – gewöhnlich Beförderung und Unterbringung – für den Reisenden. **323**

Materielle Rechtsvereinheitlichung für Reiseverträge enthält das **Brüsseler Übereinkommen über den Reisevertrag** vom 23. 4. 1970, das seit dem 24. 3. 1976 in Argentinien, Belgien (gekündigt zum 4. 10. 1993), Benin, China, Italien, Kamerun und Togo in Kraft getreten ist (vgl SCHADEE/CLARINGBOULD II Survey of Conventions 65). Die Bundesrepublik hat das Übereinkommen nicht ratifiziert. **324**

Eine gewisse materiellrechtliche Angleichung des Reisevertragsrechts bewirkt in Europa die **EG-Pauschalreiserichtlinie** (Richtlinie 90/314, ABl EG Nr L 158/59), die vor allem eine Vorsorgepflicht der Reiseveranstalter gegen konkursbedingte Leistungsunfähigkeit vorschreibt (zur Staatshaftung für die verspätete Umsetzung der Richtlinie vgl EuGH NJW 1996, 3141 [Dillenkofer]; BGH NJW 1997, 123). **325**

Mangels Rechtswahl gilt für den Reisevertrag grundsätzlich das **Recht am Sitz des Veranstalters;** er bewirkt die charakteristische Vertragsleistung (KG IPRspr 1994 Nr 21 b; MünchKomm/MARTINY Art 28 Rn 147; SOERGEL/vHOFFMANN Art 28 Rn 220; ebenso für die Schweiz HEINI/KELLER/KREN KOSKIEWICZ Art 117 Rn 116). Maßgebend ist, wie auch sonst, diejenige Niederlassung des Veranstalters, die die (Reise-)Leistung zu erbringen hat. Schaltet der Veranstalter eine **eigene Niederlassung im Ausland** zur Vermittlung und Betreuung von Reiseverträgen ein, so entscheidet das Recht am Ort dieser Niederlassung jedenfalls dann, wenn der Reisende den Eindruck haben muss, dass sie sein eigentlicher Vertragspartner ist (so KG aaO, jedoch in Anwendung des Art 28 Abs 5). **326**

Reiseverträge als Pauschalreisen werden meist **Verbraucherverträge** sein, für die – bei Vorliegen der weiteren Voraussetzungen seines Abs 1 – Art 29 gilt (Art 29 Abs 4 Satz 2; vgl auch vBAR II Rn 433; MünchKomm/MARTINY Art 28 Rn 147; REITHMANN/MARTINY/ MARTINY Rn 737; SOERGEL/vHOFFMANN Art 28 Rn 221; TONNER 215 ff; TONNER/KRAUSE NJW 2000, 3671), während die Vorschrift für Reiseverträge in Gestalt einfacher Beförderungsverträge nicht gilt (Art 29 Abs 4 Satz 1 Nr 1). **327**

Zum Reiseleitervertrag vgl oben Rn 248. **328**

---

* **Schrifttum:** TONNER, Reiserecht in Europa (1992); TONNER/KRAUSE, Urlaub und Witterungsrisiko, NJW 2000, 3665.

20. Beherbergungsvertrag

329 Bei Beherbergungsverträgen handelt es sich um Schuldverträge, die eine zeitlich begrenzte Aufnahme, Unterbringung und gewisse Versorgung von Gästen zum Gegenstand haben.

330 Materiellrechtliche Vereinheitlichung des Beherbergungsrechts hat in beschränktem Umfang das **Europaratsübereinkommen über die Haftung der Gastwirte für die von ihren Gästen eingebrachten Sachen vom 17. 12. 1962** eingeführt. Die Bundesrepublik hat das Übereinkommen 1966 in die §§ 701 ff BGB übernommen (vgl Gesetz v 24. 3. 1966, BGBl 1966 I 181). Es gilt ferner in Belgien, Bosnien-Herzegowina, Frankreich, Irland, Italien, (Rest-)Jugoslawien, Polen, Kroatien, Luxemburg, Malta, Slowenien, im Vereinigten Königreich und auf Zypern.

331 Mangels Rechtswahl unterstehen Beherbergungsverträge dem **Recht am Sitz des Gastwirts** (LG Hamburg IPRspr 1991 Nr 33; AG Bernkastel-Kues IPRspr 1993 Nr 28; ERMAN/ HOHLOCH Art 28 Rn 50; MünchKomm/MARTINY Art 28 Rn 146; PALANDT/HELDRICH Art 28 Rn 18; REITHMANN/MARTINY/MARTINY Rn 124; wohl auch SOERGEL/VHOFFMANN Art 28 Rn 172). Maßgebend ist die Niederlassung, die die Beherbergungsleistung tatsächlich zu erbringen hat und aus der Sicht des Gastes als Vertragspartner erscheint, auch wenn sie etwa nur unselbständiger Teil einer Hotelkette etc ist. Damit ist in aller Regel das **Recht am Unterbringungsort** anzuwenden (ebenso ERMAN/HOHLOCH, MünchKomm/MARTINY, SOERGEL/VHOFFMANN jeweils aaO).

332 Zu keinem anderen Ergebnis führt die Auffassung, die Beherbergungsverträge wegen ihres Mietelementes Art 28 Abs 3 unterstellt und dann dem Belegenheitsrecht unterwirft (so VBAR II Rn 515; ebenso zum früheren IPR: BGH IPRspr 1978 Nr 21).

333 **Art 29** gilt nach seinem Abs 4 Satz 1 Nr 2 in aller Regel nicht für selbständige internationale Beherbergungsverträge, sondern nur für Pauschalreisen (ebenso AG Bernkastel-Kues IPRspr 1993, Nr 28; ERMAN/HOHLOCH Art 28 Rn 50; MünchKomm/MARTINY Art 28 Rn 146; PALANDT/HELDRICH Art 28 Rn 18; REITHMANN/MARTINY/MARTINY Rn 124; SOERGEL/VHOFFMANN Art 28 Rn 173). Allerdings kann Art 29 a zu berücksichtigen sein.

334 Unter das Vertragsstatut rechnet auch die **Gastwirtshaftung für eingebrachte Sachen** (ebenso REITHMANN/MARTINY/MARTINY Rn 124; SOERGEL/VHOFFMANN Art 28 Rn 173), soweit nicht das eingangs genannte Übk vorrangig anzuwenden ist.

335 Verträge, die nur eine **Bewirtung** in den Governmenträumen zum Gegenstand haben, sind in gleicher Weise wie Beherbergungsverträge anzuknüpfen.

336 Bei Verträgen, die eine **Heimunterbringung** zum Gegenstand haben, erfüllt im Zweifel der unterbringende Heimträger die charakteristische Leistungspflicht.

21. Auftrag und Geschäftsbesorgung

a) Allgemeines

337 Nach der Terminologie des BGB ist der **Auftrag** ein Gefälligkeitsverhältnis, das den Beauftragten zur unentgeltlichen Besorgung von Geschäften jedweder Art verpflich-

tet, während **Geschäftsbesorgungsverträge** entgeltlich und auf eine selbständige wirtschaftliche Tätigkeit zur Wahrnehmung fremder Vermögensinteressen gerichtet sind (vgl jetzt § 676 BGB; bisher schon BGHZ 45, 223 [228]). Kollisionsrechtlich sind als – entgeltlicher oder unentgeltlicher – Auftrag (mandate, agency, mandat) alle Verträge zu qualifizieren, bei denen die Leistung des Beauftragten darin besteht, Geschäfte für den Auftraggeber zu besorgen und dabei dessen Interessen wahrzunehmen. Gewöhnlich beinhaltet die Geschäftsbesorgung einen gewissen Außenkontakt zu Dritten und ein gewisses fiduziarisches Element im Innenverhältnis zum Auftraggeber (eingehender Rechtsvergleich bei STAUDINGER/MARTINEK [1995] § 675 Rn A 101 ff). Die Unterformen der Geschäftsbesorgung sind außerordentlich vielgestaltig und erfassen die Beratung, Betreuung, Verwaltung, Ausführung, Abwicklung, Entscheidung von Geschäften für einen anderen. Trotz dieser Vielgestaltigkeit folgt die Anknüpfung prinzipiell in allen Fällen der gleichen Grundregel. Da Geschäftsbesorgungsverträge einen Unterausschnitt der Dienstverträge, zT auch der Werkverträge darstellen, sind sie in aller Regel ebenso wie diese anzuknüpfen (vgl oben Rn 247 ff, 303 ff sowie die folgenden Rn).

Eine Rechtswahl ist stets zulässig (vgl etwa LG Frankenthal IPRspr 1994 Nr 38; mittelbar OLG Hamm NJW-RR 1997, 1007). **338**

Mangels Rechtswahl gilt grundsätzlich das **Recht am Sitz des Beauftragten oder Geschäftsbesorgers;** denn er erbringt die charakteristische Leistung (BGH DtZ 1996, 51 [Beratungsvertrag]; OLG Hamm IPRax 1996, 33 m Aufs OTTO IPRax 1996, 22; OLG Hamm NJW-RR 1997, 1007; VBAR II Rn 496; ERMAN/HOHLOCH Art 28 Rn 47; MünchKomm/MARTINY Art 28 Rn 138; PALANDT/HELDRICH Art 28 Rn 16; SOERGEL/VHOFFMANN Art 28 Rn 226 f). Dieser Regel unterstehen etwa der Vermögensverwaltungsvertrag (SOERGEL/VHOFFMANN Art 28 Rn 239), der Grundstücksverwaltungsvertrag (vgl oben Rn 103), ebenso Beratungsverträge (BGHZ 128, 41) wie der Consulting-Vertrag (MünchKomm/MARTINY Art 28 Rn 144; SOERGEL/VHOFFMANN Art 28 Rn 231 ff; zum Anwaltsvertrag und ähnlichen Verträgen vgl oben Rn 250 ff). **339**

Die gleiche Anknüpfungsregel galt auch schon unter dem **früheren IPR** (OLG Hamburg IPRspr 1974 Nr 11a; OLG Düsseldorf NJW 1974, 417; KG IPRspr 1979 Nr 13a). Die gelegentlich vertretene Auffassung, das gemeinsame Heimatrecht der Vertragsparteien entscheide (so IPG 1967/68 Nr 9 [Hamburg]), ist durch das neue IPR überholt (ebenso ERMAN/HOHLOCH, SOERGEL/VHOFFMANN jeweils aaO). Lediglich im Rahmen von Art 28 Abs 5 kann die gemeinsame Staatsangehörigkeit neben anderen Anknüpfungspunkten Bedeutung erlangen (vgl auch ERMAN/HOHLOCH aaO). Für die Anwendung des Art 28 Abs 5 genügt es aber nicht, wenn das Geschäft, das der Beauftragte abschließen soll, einem anderen Recht als dem Sitzrecht des Beauftragten untersteht (OLG Hamm NJW-RR 1997, 1007 – deutscher Beauftragte soll Fußballwetten in Österreich durchführen; deutsches Recht angewendet). **340**

Der Auftrag und die Geschäftsbesorgungsverträge gehören grundsätzlich zu jenen Vertragstypen, die **Art 29** erfasst. Liegen die sonstigen Voraussetzungen dieser Vorschrift vor, dann ist damit im Rahmen des Art 29 Abs 1 bzw Abs 2 das Recht am gewöhnlichen Aufenthaltsort des Verbrauchers zu beachten. **341**

Die im Folgenden behandelten Geschäftsbesorgungsverträge weisen gegenüber der genannten Grundanknüpfung gewisse Besonderheiten auf. **342**

b) Baubetreuungsvertrag*

343 Baubetreuungsverträge im eigentlichen Sinn sind dadurch gekennzeichnet, dass ein Baubetreuer für einen bauwilligen Vertragspartner ein Bauvorhaben gegen Entgelt plant und die Ausführung bis zur Fertigstellung betreut. Mangels Rechtswahl gilt hier das **Recht am Sitz des Baubetreuers.** Denn seine Leistung ist die vertragscharakteristische (ebenso SOERGEL/vHOFFMANN Art 28 Rn 228).

344 Einen Unterfall der Baubetreuung stellt die **Bauherrengemeinschaft** oder das **Bauherren-Modell dar;** hier führt ein Treuhänder das Bauvorhaben für die Bauherren durch (vgl eingehend STAUDINGER/MARTINEK [1995] § 675 Rn C 70 ff). Der Geschäftsbesorgungsvertrag des Bauherrn mit ihm untersteht im Zweifel dem **Recht am Sitz des Treuhänders.** Da die Baubetreuung eine Dienstleistung iSd Art 29 ist, kann diese Vorschrift hier eingreifen.

345 Beim **Bauträgervertrag** ‚kauft' der Bauwillige dagegen das Bauwerk mit Grundstück(-steil) vom Bauträger, der beim Bau die Wünsche des Bauwilligen berücksichtigt und den Bau gewöhnlich mit dessen Vorauszahlungen finanziert. In der Regel wird für den Vertrag über den Erwerb vom Bauträger Art 28 Abs 3 gelten, so dass bei fehlender Rechtswahl das **Recht am Belegenheitsort des Grundstücks** zum Zug kommt (ebenso SOERGEL/vHOFFMANN Art 28 Rn 229; unklar REITHMANN, in: FS Ferid [1988] 363 ff). Sofern allerdings nicht der Erwerb, sondern die Errichtung des Bauwerkes im Mittelpunkt des Bauträgervertrages steht, gilt im Zweifel gem Art 28 Abs 2 das Recht am Sitz des Bauträgers (vgl Begründung BT-Drucks 10/504, 78; GIULIANO/LAGARDE 53).

346 Der Bauträgervertrag mit vorrangigem Erwerbscharakter fällt nicht unter Art 29 (vgl auch REITHMANN, in: FS Ferid [1988] Fn 11), wohl aber jener, bei dem die Errichtung primärer Vertragszweck ist.

347 Als **international zwingende Normen** iSd Art 34 EGBGB dürften die Vorschriften der Makler- und Bauträgerverordnung (BGBl 1975 I 1351) anzusehen sein, soweit der Bauträger ein inländischer Gewerbebetrieb ist (vgl REITHMANN, in: FS Ferid [1988] 369; SOERGEL/vHOFFMANN Art 34 Rn 50). Darüber hinaus wird teilweise vertreten, dass bei Bauträgerverträgen über inländische Grundstücke auch § 313 BGB als zwingende Norm iSd Art 34 EGBGB zu beachten sei, die ein ausländisches Formstatut verdränge (so REITHMANN, in: FS Ferid [1988] 371 f). Indessen ist ein international zwingender Charakter des § 313 BGB abzulehnen. Die Norm hat primär den Ausgleich privater Interessen im Auge, wie etwa auch die Heilungsmöglichkeit in § 313 Satz 2 zeigt (vgl ferner OLG Köln RiW 1993, 415; Begründung BT-Drucks 10/504, 49; näher oben Rn 145 f).

c) Management-/Betriebsführungsverträge

348 Beim Managementvertrag übernimmt es ein Vertragsteil (Managementgeber), ein Unternehmen, einen Betrieb oder dessen Teil gegen Entgelt für den Inhaber (Managementnehmer) zu führen (näher STAUDINGER/MARTINEK [1995] § 675 Rn C 86 ff). Beim Betriebsführungsvertrag führt er den gesamten Betrieb, so dass sich konzernrechtliche Fragen ergeben können (eingehend VEELKEN, Der Betriebsführungsvertrag 31 ff).

---

* **Schrifttum:** REITHMANN, Bauträgervertrag und Bauherren-Modell im IPR, in: FS Ferid (1988) 363.

Fehlt eine Rechtswahl, so wird regelmäßig an das **Recht am Ort des betreuten Unter-** 349
nehmens angeknüpft (MünchKomm/MARTINY Art 28 Rn 145; SOERGEL/vHOFFMANN Art 28
Rn 241 ff). Zwar erbringt der Managementgeber/Betriebsführer die charakteristische
Leistung, so dass an sich seine Niederlassung maßgebend ist. Doch wird häufig eine
eigene Niederlassung am Betriebsort erforderlich sein; dann kommt es auf sie an
(Art 28 Abs 2 Satz 2). Auch im Übrigen besteht in der Regel eine so enge Verbindung
zu dem Ort, an dem das betreute Unternehmen seinen tatsächlichen Sitz hat, dass
jedenfalls über Art 28 Abs 5 die hier geltende Rechtsordnung anzuwenden ist (ebenso
MünchKomm/MARTINY, SOERGEL/vHOFFMANN aaO). Dagegen gilt bei Schiffsmanagement-
verträgen das Recht am Sitz des managenden Unternehmens (MANKOWSKI, Seerechtliche Vertragsverhältnisse 452).

d) Schiedsrichtervertrag*

Der Schiedsrichtervertrag verpflichtet eine Partei, für die andere als Schiedsrichter 350
entgeltlich oder unentgeltlich tätig zu werden. Er ist von der eigentlichen Schiedsvereinbarung zu unterscheiden, der gegenüber er grundsätzlich selbständig ist.

Eine **Rechtswahl** ist zulässig und auch nicht etwa auf die Wahl des Rechts beschränkt, 351
das für die Schiedsvereinbarung oder das Schiedsverfahren gilt (BASEDOW JbPraxSchG
1987, 20; vHOFFMANN, in: FS Glossner 143 ff; MÜLLER-FREIENFELS, in: FS Cohn 158; REITHMANN/
MARTINY/HAUSMANN Rn 2303; SOERGEL/vHOFFMANN Art 28 Rn 244). Letztere Rechtsordnungen vermögen allerdings – zusammen mit anderen Indizien – für eine stillschweigende Rechtswahl zu sprechen, wenn eine ausdrückliche Rechtswahl fehlt (so auch
REITHMANN/MARTINY/HAUSMANN Rn 2304; zur konkludenten Rechtswahl näher LACHMANN AG
1997, 171; REAL 189 ff).

Wie der Schiedsrichtervertrag ohne Rechtswahl anzuknüpfen ist, wird nicht einheit- 352
lich beantwortet. Ganz überwiegend hält man zwar die Anknüpfung an den Sitz des
Schiedsrichters, der an sich die charakteristische Leistung erbringt, für wenig geeignet (vgl etwa REITHMANN/MARTINY/HAUSMANN Rn 2304; SCHLOSSER Rn 491; SCHÜTZE/TSCHER-
NING/WAIS Rn 574; SOERGEL/vHOFFMANN Art 28 Rn 245). Statt dessen wird vorgeschlagen,
den Schiedsrichtervertrag über Art 28 Abs 5 **regelmäßig dem für das Schiedsverfahren
geltenden Recht zu unterstellen** (so insbes REITHMANN/MARTINY/HAUSMANN, SCHLOSSER,
SCHÜTZE/TSCHERNING/WAIS, SOERGEL/vHOFFMANN jeweils aaO; ebenso CZERNICH/HEISS/CZER-
NICH Art 4 Rn 35 zum EVÜ und OGH öst RdW 1998, 551). Die Begründung dafür wird darin
gesehen, dass sich die konkreten Pflichten des Schiedsrichters zum erheblichen Teil
erst auf der Grundlage des anwendbaren Verfahrensrechts ergeben. Nach abweichender Ansicht ist dagegen das Recht maßgebend, das für die Schiedsvereinbarung
gilt (so etwa HENN 92; MÜLLER-FREIENFELS, in: FS Cohn 160 ff).

---

* **Schrifttum:** BASEDOW, Vertragsstatut und Ar-
bitrage nach neuem IPR, JbPraxSchG 1987, 3;
HENN, Schiedsverfahrensrecht (2. Aufl 1991);
vHOFFMANN, Der internationale Schiedsrich-
tervertrag – eine kollisionsrechtliche Skizze, in:
FS GLOSSNER (1994) 143; LACHMANN, Die
Haftung des Schiedsrichters nach deutschem
Recht, AG 1997, 170; MÜLLER/FREIENFELS, Der
Schiedsrichtervertrag in kollisionsrechtlicher
Beziehung, in: FS Cohn (1975) 147; REAL, Der
Schiedsrichtervertrag (1993); SCHLOSSER, Das
Recht der internationalen privaten Schiedsge-
richtsbarkeit (2. Aufl 1989); SCHÜTZE/TSCHER-
NING/WAIS, Handbuch des Schiedsverfahrens
(2. Aufl 1990); SCHWAB/WALTER, Schiedsge-
richtsbarkeit (4. Aufl 1990).

e) Treuhandverträge

353 Vertragliche Treuhandverhältnisse, die nicht die gesellschaftsähnliche Führung einer rechtlich verselbständigten Vermögensmasse bezwecken, haben häufig eine Geschäftsbesorgung zum Gegenstand. Entsprechend gilt für sie mangels Rechtswahl das **Recht am Ort der Niederlassung oder des gewöhnlichen Aufenthalts des Treuhänders** (OLG Hamm RiW 1994, 513 [516] = IPRax 1996, 33 m Aufs OTTO IPRax 1996, 22; MünchKomm/EBENROTH Vor Art 10 Rn 115).

354 Überwiegend wird auch der **Trust des anglo-amerikanischen Rechtskreises** als Schuldverhältnis eingeordnet (BGH IPRax 1985, 221 m Aufs KÖTZ IPRax 1985, 205; vBAR II Rn 500; REITHMANN/MARTINY/MARTINY Rn 183; wohl für gesellschaftsrechtliche Qualifikation aber KEGEL/SCHURIG § 17 III 1). Maßgebend ist das Recht am Sitz des trustee (Treuhänders), da er die charakteristische Leistung erbringt (vBAR, REITHMANN/MARTINY/MARTINY aaO). Doch kann eine engere Verbindung zum Ort der Trust-Verwaltung oder der Belegenheit des Trust-Vermögens bestehen, die über Art 28 Abs 5 zur Anwendung des dort geltenden Rechts führt (für unbedingten Vorrang des Rechts am Ort der Trust-Verwaltung und -belegenheit: vBAR II Rn 500).

f) Sonstige Betreuungsverträge*

355 Für sonstige Betreuungsverträge – etwa Betreuung älterer oder behinderter Menschen – gilt im Zweifel das **Recht am Sitz des Betreuenden;** denn er erbringt die vertragscharakteristische Leistung. Doch kommt die Anwendung des Art 29 in Betracht. Zu Versorgungsverträgen vgl unten Rn 640, zu Heimunterbringungsverträgen oben Rn 336.

22. Gefälligkeitsverhältnisse allgemein

356 Erbringt jemand eine – wie immer geartete – Dienst- oder Werkleistung oder Geschäftsbesorgung unentgeltlich aus Gefälligkeit, dann untersteht sie, da eine Rechtswahl meist fehlen wird, dem **Recht am Niederlassungs- oder gewöhnlichen Aufenthaltsort des Gefälligen.** Seine Leistung ist die vertragscharakteristische (ebenso REITHMANN/MARTINY/MARTINY Rn 126).

23. Verwahrung, Hinterlegung, Lagergeschäfte

357 Ohne Rechtswahl untersteht der Verwahrungsvertrag dem **Recht am Sitz des Verwahrers** (vBAR II Rn 496; ERMAN/HOHLOCH Art 28 Rn 49; MünchKomm/MARTINY Art 28 Rn 217; PALANDT/HELDRICH Art 28 Rn 17; REITHMANN/MARTINY/MARTINY Rn 123; SOERGEL/vHOFFMANN Art 28 Rn 222; ebenso ausdrücklich Art 117 Abs 3 lit d Schweiz IPRG). Die gleiche Regel gilt auch bei treuhänderischer Aufbewahrung (OLG Hamm RiW 1994, 513 [516]) oder sonstigen besonderen Verwahrungsformen (für Archivierungsvertrag KG ZUM 1986, 550 m Anm SIEGER ZUM 1986, 527; REITHMANN/MARTINY/MARTINY Rn 123; SOERGEL/vHOFFMANN Art 28 Rn 222).

358 Bei der Hinterlegung – der Aufbewahrung für einen, häufig unbekannten Dritten –

---

* **Schrifttum:** NITZINGER, Das Betreuungsrecht im internationalen Privatrecht (1998); OELKERS, Internationales Betreuungsrecht (1996).

gilt das **Recht am Ort der Hinterlegungsstelle** (ERMAN/HOHLOCH Art 28 Rn 49; Münch-Komm/MARTINY Art 28 Rn 218; REITHMANN/MARTINY/MARTINY Rn 123; SOERGEL/vHOFFMANN Art 28 Rn 223).

Für **Lagergeschäfte** wird in begrenztem Umfang Sachrechtsvereinheitlichung versucht. Für Umschlagsbetriebe im internationalen Handelsverkehr sieht die **UN-Convention on the Liability of Operators of Transport Terminals in International Trade** vom 19. 4. 1991 eine materiellrechtliche Vereinheitlichung der Haftungsregeln vor (Text in: TranspR 1991, 461 ff; näher zu dem Übk HERBER/HARTEN TranspR 1991, 401 ff). Doch ist das Übereinkommen bisher noch nirgends in Kraft getreten. 359

Mangels Rechtswahl untersteht das Lagergeschäft dem **Recht am Niederlassungsort des Lagerhalters;** seine Leistung charakterisiert den Vertrag (ebenso vBAR II Rn 497; MünchKomm/MARTINY Art 28 Rn 219; SOERGEL/vHOFFMANN Art 28 Rn 225 sowie schon nach früherem IPR OLG Hamburg IPRspr 1971 Nr 23). 360

Alle Verwahrungs- und Lagerverträge stellen Dienstleistungen iSd **Art 29** dar, der deshalb bei Vorliegen seiner sonstigen Voraussetzungen zum Zug kommt (ebenso PALANDT/HELDRICH Art 28 Rn 17). 361

24. Beförderungsverträge*

a) Allgemeines

Das internationale Transportrecht gehört zu denjenigen Rechtsgebieten, die wegen ihrer ‚natürlichen Weltläufigkeit' am stärksten internationaler Normierung unterworfen sind. 362

In der **EU** ist der Verkehrsbereich **primärrechtlich** – in den Art 70 ff EGV – und **sekundärrechtlich** durch eine Reihe von Verordnungen und Richtlinien reguliert. Die Kompetenz der EU erstreckt sich unmittelbar auf den Eisenbahn-, Straßen- und Binnenschiffsverkehr (Art 80 Abs 1 EGV). Für die Seeschifffahrt und den Luftverkehr besteht eine Beschlusskompetenz (Art 80 Abs 2 EGV), von der der Rat inzwischen auch Gebrauch gemacht hat (vgl näher SCHWEITZER/HUMMER, Europarecht Rn 1385 ff). Auswirkung auf privatrechtliche Beförderungsverträge haben vor allem Regelungen zur Tarifgestaltung der Beförderungsentgelte. Insoweit hat die VO 363

---

* **Schrifttum:** ALEF, Fracht-, Lager- und Speditionsrecht. Kommentar zu den §§ 407–460 HGB und weiteren fracht- und speditionsrechtlichen Bestimmungen (2. Aufl 1991); BASEDOW, Der Transportvertrag (1987); ders, Zulässigkeit und Vertragsstatut der Kabotagetransporte, ZHR 156 (1992) 413; DUBISCHAR, Grundriß des gesamten Gütertransportrechts (1987); FREMUTH/THUME (Hrsg), Frachtrecht (1996); dies, Kommentar zum Transportrecht (2000, zitiert: FREMUTH/THUME, Kommentar); HELM, Frachtrecht, (Sonderausgabe aus dem HGB-Großkommentar; 4. Aufl 1994); KOLLER, Transportrecht (4. Aufl 2000); MANKOWSKI, Kollisionsrechtsanwendung bei Güterbeförderungsverträgen, TranspR 1993, 213; MünchKomm HGB Bd 7, Transportrecht (1997); SCHADEE/CLARINGBOULD (Hrsg), Transport – International Transport Treaties 2 Bde (Losebl Stand 1996); SCHULTSZ, The Concept of Characteristic Performance and the Effect of the E. E. C. Convention on Carriage of Goods, in: NORTH, Contract Conflicts (1982) 185. STAUDINGER, Das Transportrechtsreformgesetz und seine Bedeutung für das internationale Privatrecht, IPRax 2001, 183.

Nr 4058/89 des Rates v 21.12. 1989 über die Preisbildung im Güterkraftverkehr zwischen den Mitgliedstaaten (ABl 1989 Nr L 390 S 1 f) die Preisbildung liberalisiert. Die VO gilt in den Mitgliedstaaten unmittelbar mit Vorrang vor abweichendem nationalen Recht, mag dieses auch seinerseits auf ratifizierten Staatsverträgen sonstiger Art beruhen. Ebenso haben Vorrang und gelten unmittelbar die gemeinschaftsrechtlichen Regelungen für den Marktzugang als Transportunternehmer (vgl insbes VO Nr 3118/93, VO Nr 684/92, VO Nr 2454/92 zum Kabotage- und Grenzverkehr). Unmittelbare Bedeutung für den Privatrechtsverkehr haben ferner die VO 295/91 vom 4.2. 1991 über eine gemeinsame Regelung für ein System von Ausgleichsleistungen bei Nichtbeförderung im Luftlinienverkehr (ABl Nr L 36 S 5 vom 8.2. 1991), die Ausgleich bei Überbuchung festlegt, sowie die VO 2027/97 vom 9.10. 1997 über die Haftung von Luftfahrtunternehmen bei Unfällen (ABl Nr L 285 S 1 vom 17.10. 1997), die die Haftungsgrenzen des Warschauer Abkommens für Personalschäden durch in der Gemeinschaft zugelassene Luftfahrtunternehmen beseitigt.

364 **Außerhalb des Gemeinschaftsrechts** wird das internationale Transportrecht in starkem Maß durch **internationales Einheitsrecht** geprägt. Für jede Transportart sind zT mehrere Konventionen geschaffen worden, die jeweils einheitliches, meist zwingendes Sachrecht enthalten, untereinander aber durchaus Unterschiede aufweisen. Wegen dieser Ausdifferenzierung hat die bislang betriebene **Sachrechtsvereinheitlichung** damit eher zu einer Rechtszersplitterung und Unübersichtlichkeit und – zumal im modernen Containerverkehr – zu unnötigen Abgrenzungsproblemen geführt (grundlegend hierzu BASEDOW, Der Transportvertrag). Zu den Konventionen im Einzelnen vgl unten Rn 370 ff.

365 **Kollisionsrechtlich** gilt für Beförderungsverträge außerhalb des zwingenden Konventionsrechts der **Grundsatz der freien Rechtswahl** (MANKOWSKI TranspR 1993, 218). Wie auch sonst kann jede Rechtsordnung gewählt werden. Die Schranke des Art 27 Abs 3 ist freilich zu beachten, ggfs auch Art 29a. Sonderanknüpfungen gelten für Fracht-, Umzugs- und Speditionsverträge, vor allem mit Verbrauchern, aber auch mit Nichtverbrauchern (§§ 449 Abs 3, 451h Abs 3, 466 Abs 4 HGB; eingehend dazu STAUDINGER IPRax 2001, 183 ff).

366 Fehlt eine Rechtswahl, so ist zwischen Personen- und Güterbeförderung zu unterscheiden. Für **Personenbeförderungsverträge** gilt die Vermutungsregel des **Art 28 Abs 2** (OLG Frankfurt IPRax 1998, 36; AG Frankfurt NJW-RR 1996, 1336; ERMAN/HOHLOCH Art 28 Rn 40; PALANDT/HELDRICH Art 28 Rn 14; SOERGEL/VHOFFMANN Art 28 Rn 408, 461). Der Beförderer erbringt hier die charakteristische Leistung. Auf seine Niederlassung, die die Beförderung nach dem Vertrag durchzuführen hat, kommt es an, wenn er gewerblich tätig ist. Bei privater Beförderung entscheidet das Recht an seinem gewöhnlichen Aufenthaltsort (Art 28 Abs 2 Satz 2).

367 Für **Gütertransportverträge** gilt dagegen die besondere Vermutungsregel des **Art 28 Abs 4**. Nach ihr kommt es mangels Rechtswahl auf das Recht im Staat – nur – der Hauptniederlassung des Beförderers an, soweit dort auch der Ver- oder Entladeort oder die Hauptniederlassung des Absenders liegt (vgl dazu im Einzelnen oben Rn 116 ff). Spricht für das Recht des Beförderers keines dieser weiteren Anknüpfungsmerkmale, dann ist das anwendbare Recht nicht etwa über Art 28 Abs 2, sondern über Abs 1 aus der Gesamtheit der Fallumstände zu bestimmen (vgl OLG Düsseldorf TranspR

1995, 350; BASEDOW IPRax 1987, 340; ERMAN/HOHLOCH Art 28 Rn 25; KROPHOLLER § 52 III 3e; MANKOWSKI TranspR 1993, 224; MünchKomm/MARTINY Art 28 Rn 59; PALANDT/HELDRICH Art 28 Rn 5; SOERGEL/vHOFFMANN Art 28 Rn 79; ebenso für Art 4 Abs 4 EVÜ DICEY/MORRIS II 33–240; **aA** aber OLG Frankfurt NJW-RR 1993, 809; KEGEL/SCHURIG § 18 I 1d). Doch darf dem Ort der Hauptniederlassung des Beförderers dabei nicht entgegen der Wertung des Art 28 Abs 4 zu großes oder gar allein ausschlaggebendes Gewicht gegeben werden. Andererseits fußt das Anknüpfungssystem des Art 28 im Wesentlichen auf dem Element des Sitzes des charakteristisch Leistenden. Auch im Rahmen des Abs 1 gibt die Hauptniederlassung des Beförderers daher dann den Ausschlag, wenn zusätzliche Anknüpfungsmerkmale auf sie verweisen, die jenen in Abs 4 an Bedeutung gleichkommen (vgl auch oben Rn 111).

368 Personen- und Güterbeförderungsverträge fallen nicht unter Art 29 (Art 29 Abs 4 Satz 1 Nr 1). Lediglich **Pauschalreiseverträge,** die eine Beförderung und Unterbringung zu einem Pauschalpreis vorsehen, werden von der Vorschrift erfasst (Art 29 Abs 4 Satz 2). Zu ihnen gehören auch **längere Überfahrten und Kreuzfahrten,** bei denen die Unterbringung für den Reisenden einen Eigenwert hat, dessentwegen er die Reise unternimmt (eingehend MANKOWSKI, Seerechtliche Vertragsverhältnisse 400 ff; ebenso FLESSNER 11; MünchKomm/MARTINY Art 28 Rn 212; SOERGEL/vHOFFMANN Art 28 Rn 461). Kurzfristige Fährfahrten – auch mit Übernachtung – sind ebenso wenig wie Zugfahrten im Schlafwagen Pauschalreisen (ebenso MANKOWSKI, SOERGEL/vHOFFMANN aaO; vgl auch GIULIANO/LAGARDE 57). Allerdings sehen die §§ 449 Abs 3, 451h Abs 3 und 466 Abs 4 HGB Sonderanknüpfungen bei Gütertransporten auch für Verbraucher vor. Danach gelten die zwingenden Vorschriften des HGB, wenn Fracht-, Umzugs- und Speditionsverträge ausländischem Recht unterliegen, der Transport aber ausschließlich in Deutschland erfolgte, nämlich „nach dem Vertrag der Ort der Übernahme und der Ort der Ablieferung des Gutes im Inland liegen" (so die genannten Vorschriften; näher STAUDINGER IPRax 2001, 183 ff).

369 Die folgenden Unterabschnitte geben einen **Überblick über die Übereinkommen,** die für die einzelnen Transportarten gelten, und weisen für die einzelnen Beförderungsverträge im Wesentlichen nur noch auf Besonderheiten gegenüber den geschilderten allgemeinen Anknüpfungsregeln hin.

b) Internationaler Straßentransport
aa) Personenbeförderung

370 Für die internationale Personenbeförderung auf der Straße ist durch das **Übereinkommen über den Vertrag über die internationale Beförderung von Personen und Gepäck auf der Straße (CVR)** vom 1. 3. 1973 materielles Einheitsrecht geschaffen worden (englischer und französischer Text in: Rev dr unif 1974 II 68 ff). Die Bundesrepublik hat dieses Übereinkommen aber bisher nicht ratifiziert.

371 Damit gelten hier uneingeschränkt die oben Rn 365 f dargestellten kollisionsrechtlichen Grundsätze. Die nach dem PersonenbeförderungsG erforderliche Genehmigung (§§ 52, 53 PersbefG) muss auch der im Ausland ansässige Beförderer beibringen, der im Inland Beförderungen durchführen will, soweit nicht EU-Recht Kabotagefreiheit vorsieht (vgl auch zum EU-Recht die Verordnung [EWG] Nr 881/92 vom 26. 3. 1992 [ABl EG Nr L 95, S 1]; im Übrigen die [deutsche] Verordnung übe den grenzüberschreitenden Güterkraftverkehr und den Kabotageverkehr vom

22.12.1998 [BGBl 1998 I 3976]; ferner OLG Hamm RiW 1981, 559; MünchKomm/Martiny Art 28 Rn 168; Soergel/vHoffmann Art 28 Rn 393; näher zum Kabotageverkehr Basedow ZHR 156 [1992] 413 ff).

bb) Güterbeförderung*

372 Für die internationale Güterbeförderung auf der Straße gilt vorrangig als materielles Einheitsrecht das **Übereinkommen über den Beförderungsvertrag im internationalen Straßengüterverkehr (CMR)** vom 19.5.1956 (BGBl 1961 II 1119), geändert durch Protokoll vom 5.7.1978 (BGBl 1980 II 733). Es ist für die Bundesrepublik am 5.2.1962 in Kraft getreten (BGBl 1962 II 12) und inzwischen von allen europäischen Staaten – außer Albanien – sowie einigen außereuropäischen Staaten ratifiziert worden (vgl Fundstellennachweis B zum BGBl).

373 Die CMR gilt **sachlich** grundsätzlich für alle entgeltlichen – nicht notwendig gewerblichen – Güterbeförderungsverträge durch Kraftfahrzeuge auf der Straße mit Ausnahme des Transports von (menschlichen) Leichen, von Postgut und von Umzugsgut (Art 1 Nr 4 CMR). Die CMR ist nach der Rechtsprechung des BGH **auch auf Speditionsverträge** anzuwenden, wenn der Spediteur wie ein Frachtführer zu behandeln ist – so bei der Sammelladungs- oder Fixkostenspedition (BGHZ 83, 96 [99 f]; BGH RiW 1996, 602 [603]; eingehend MünchKomm HGB/Basedow Art 1 CMR Rn 5 ff). Wenn das mit dem Transportgut beladene Fahrzeug auf Teilstrecken seinerseits mit Bahn, Schiff oder Flugzeug befördert wird – so beim sogenannten Huckepackverkehr und ebenso beim Ro-/Ro-Verkehr –, bleibt die CMR dennoch für die gesamte Beförderungsstrecke anwendbar (Art 2 CMR; näher Herber TranspR 1994, 375; Reithmann/Martiny/van Dieken Rn 1171; Soergel/vHoffmann Art 28 Rn 376).

374 Für die **Beförderung gefährlicher Güter** ist allerdings eine weitere internationale Konvention geschaffen worden, die bislang jedoch (1.1.2001) noch nirgends in Kraft getreten ist (**UN-Übk über die zivilrechtliche Haftung für Schäden bei der Beförderung gefährlicher Güter auf der Straße, der Schiene und auf Binnenschiffen [CRTD]** vom 10.10.1989; Text: VersR 1992, 806 ff).

375 In **räumlicher Hinsicht** erfordert die Anwendung der CMR, dass die Orte, an denen das Transportgut nach dem Vertrag zu übernehmen und abzuliefern ist, in verschiedenen Staaten liegen, von denen zumindest einer Vertragsstaat ist (Art 1 Abs 1 Satz 1 CMR). Maßgebend ist nur die vertragliche Vereinbarung. Wird der Transport tatsächlich anders durchgeführt als vereinbart oder bleibt er unterwegs liegen, so ändert das nichts an der Anwendbarkeit der CMR (Dubischar 97; Glöckner Art 1 CMR Rn 3; Mankowski TranspR 1993, 216 m zahlr Nachw; MünchKomm HGB/Basedow Art 1 CMR Rn 18).

---

* **Schrifttum** (vgl Rn 362): Fischer, Internationale Umzugstransporte auf der Straße, TranspR 1996, 407 ff; Glöckner, Leitfaden zur CMR (7. Aufl 1991); Herber/Piper, CMR – Internationales Straßentransportrecht (1996); Hill/Messent/Glass, CMR: Contracts for the International Carriage of Goods by Road (2. Aufl 1995); Knorre, Zu den Auswirkungen des Europäischen Rechts auf das deutsche Straßengüterverkehrsrecht, in: FS Herber (1999) 209; MünchKomm HGB/Basedow, CMR (1997); Thume (Hrsg), Kommentar zur CMR (1994); Widmann, Übereinkommen über den Beförderungsvertrag im internationalen Straßengüterverkehr (CMR) (1993).

Das gilt auch, wenn das Transportgut umgeladen wird oder Unterfrachtführer eingeschaltet werden (Soergel/vHoffmann Art 28 Rn 377 m Nachw).

Persönliche Anwendungsvoraussetzungen wie Kaufmannseigenschaft oder eine bestimmte Staatsangehörigkeit stellt die CMR nicht auf (Art 1 Abs 1 Satz 2 CMR). 376

Die Regeln der CMR sind **zwingend** (Art 41 CMR) und auch durch Rechtswahl nicht abzubedingen (Mankowski TranspR 1993, 217). Soweit sie reicht, geht die Konvention dem nationalen Kollisionsrecht und ebenso auch zwingendem innerstaatlichen Recht vor (BGH NJW 1993, 2808; Basedow, Transportvertrag 263; Fremuth/Thume/Thume Art 41 CMR Rn 1; Mankowski TranspR 1993, 217; MünchKomm/Martiny Art 28 Rn 165; Reithmann/Martiny/van Dieken Rn 1171). Allerdings regelt die CMR nur einige frachtvertragliche Fragen, so insbesondere die Form und den notwendigen Inhalt des Transportdokuments (Frachtbrief, Art 4–7 CMR), ferner die Haftung des Frachtführers für Schäden, Verlust und Verzug durch den Transport (Art 17 ff CMR). Ansprüche aus sonstigen positiven Vertragsverletzungen erfasst sie aber etwa nicht (vgl dazu BGHZ 123, 200 [207]; OLG Bremen VersR 1996, 868), ebenso nicht alte Vertragsschlussfragen (vgl OLG München RiW 1997, 507) oder den Rückgriff eines Transportversicherers (dazu LG Freiburg RiW 1999, 222; vgl ferner die umfassende Übersicht bei Fremuth/Thume/Thume Kommentar vor Art 1 CMR Rn 17 ff). 377

Soweit die CMR nicht eingreift oder keine Regelung vorsieht, ist das maßgebende Frachtvertragsrecht in der oben Rn 111, 367 dargestellten Weise zu bestimmen. So gilt etwa für internationale Umzugstransporte mangels Rechtswahl Art 28 Abs 4 (Fischer TranspR 1996, 416). 378

Zweifelhaft war, ob und gegebenenfalls welche zwingenden Vorschriften der zum 30. 6. 1998 aufgehobenen KVO, des GüKG und des GüKUMT bzw GüKUMB auch als **international zwingend iSd Art 34** EGBGB anzusehen und gegenüber ausländischem Vertragsstatut anzuwenden waren (generell für international zwingenden Charakter des GüKG und der KVO: Soergel/vHoffmann Art 28 Rn 385; zurückhaltender Reithmann/Martiny/van Dieken Rn 1163; offengelassen bei MünchKomm/Martiny Art 34 Rn 78; gegen international zwingenden Charakter MünchKomm HGB/Basedow Einl CMR Rn 48). Der BGH hatte jedenfalls den GüKUMT auch im grenzüberschreitenden Verkehr für zwingend anwendbar erklärt (BGH IPRax 1995, 248 m Aufs Mankowski IPRax 1995, 230; BGH RiW 1999, 616; zustimmend Palandt/Heldrich Art 34 Rn 3; Reithmann/Martiny/van Dieken Rn 1164). Nunmehr sind die von §§ 449 Abs 3, 451 h Abs 3, 466 Abs 4 HGB berufenen Vorschriften als international zwingend iSd Art 34 EGBGB anzusehen (MünchKommHGB/ Dubischar [Aktualisierungsband] § 449 Rn 18). 379

c) Seetransport*
aa) Personenbeförderung
Materielles Einheitsrecht enthält das **Athener Übk über die Beförderung von Reisen-** 380

---

* **Schrifttum** (vgl auch Rn 362): Flessner, Reform des Internationalen Privatrechts: Was bringt sie dem Seehandelsrecht?, SchDVIS Reihe A Heft 59 (1987); Herber, Seehandelsrecht (1999); Mankowski, Seerechtliche Vertragsverhältnisse im Internationalen Privatrecht (1995); ders, Himalaya Clause, independent contractor und Internationales Privatrecht, TranspR 1996, 10 ff; Puttfarken, Seehandelsrecht (1997); Rabe, Seehandelsrecht (4. Aufl

den und ihrem Gepäck auf See vom 13. 12. 1974 mit Zusatzprotokollen vom 19. 11. 1976 und vom 29. 5. 1990 (Text des Übk: Rev dr unif 1975 I 142; des Protokolls von 1976: Rev dr unif 1977 I 178; beides auch in SCHAPS/ABRAHAM II Anh § 678 HGB Rn 4; Text des Protokolls von 1990: TranspR 1990, 171). Das Athener Übk ist am 28. 4. 1987 in einer Reihe von Staaten in Kraft getreten, unter anderem auch noch in der damaligen DDR (deutscher Text: GBl DDR 1989 II 33). Die Bundesrepublik hat das Übk nicht ratifiziert; mit dem Beitritt der DDR zur Bundesrepublik ist es auch im Beitrittsgebiet wieder außer Kraft getreten (**aA** aber MANKOWSKI, Seerechtliche Vertragsverhältnisse 417; generell zu den DDR-Übk privatrechtlichen Inhalts Vorbem 51 zu Art 27 ff). Allerdings hat die Bundesrepublik die meisten Regeln des Athener Übk mit dem 2. SeerechtsänderungsG vom 25. 7. 1986 als Anlage zu § 664 HGB in das deutsche Recht aufgenommen (vgl BGBl 1986 I 1120). Diese Anlage gilt nun auch im ehemaligen DDR-Gebiet (wohl **anders** MANKOWSKI aaO). Die Bestimmungen der Anlage sind als ausschließlich innerstaatliches Recht jedoch nur anzuwenden, wenn der Personenbeförderungsvertrag nach den Regeln des Kollisionsrechts deutschem Recht unterliegt (BASEDOW IPRax 1987, 341; MANKOWSKI, Seerechtliche Vertragsverhältnisse 416; MünchKomm/MARTINY Art 28 Rn 210; SOERGEL/vHOFFMANN Art 28 Rn 460).

381 Das **Vertragsstatut** für internationale Personenbeförderungsverträge ist damit gewöhnlich ohne Rücksicht auf Konventionsrecht nach den oben Rn 366 dargestellten Regeln zu bestimmen. Mangels Rechtswahl kommt es auf das **Recht am Sitz des Beförderers** an. Die – sei es auch billige – Flagge des befördernden Schiffes ist dagegen gleichgültig.

382 Wie stets können **engere Beziehungen** zu einem anderen Recht zu dessen Geltung führen (Art 28 Abs 5). Das wird etwa dann anzunehmen sein, wenn der gewöhnliche Aufenthaltsort des Passagiers, der Abschlussort und der Abgangs- oder Bestimmungshafen im selben Staat und der Sitz des Beförderers in einem anderen Staat liegen (offener MANKOWSKI, Seerechtliche Vertragsverhältnisse 405).

383 Zur Geltung des Art 29 vgl oben Rn 368.

bb) Güterbeförderung
α) Einheitsrecht
384 Das Recht der Güterbeförderung zur See ist in wesentlichen Teilen seit langem international vereinheitlicht worden. Deutschland hat jedoch keines der Übereinkommen als solches in Kraft gesetzt.

385 – Das internationale **Übereinkommen zur Vereinheitlichung von Regeln über Konnossemente (Haager Regeln)** vom 25. 8. 1924 (Text: RGBl 1939 II 1049) hat neben der Regelung des notwendigen Konnossementinhalts vor allem eine zwingende Haftung des Verfrachters sowie Haftungshöchstsummen eingeführt. Deutschland hat die Vorschriften des Übk durch das SeefrachtG vom 10. 8. 1937 (RGBl 1937 I 891) in das Seehandelsrecht des HGB eingefügt. Da das Übereinkommen diesen Umsetzungsweg selbst zulässt, ist die Bundesrepublik förmlicher Vertragsstaat der Haager Regeln (zu Anwendungsfragen noch unten Rn 404).

2000); RAMMING, Die Vorschrift des Artikel 6 Abs 1 Satz 1 Nr 2 EGHGB, TranspR 1998, 381; SCHAPS/ABRAHAM, Seehandelsrecht 2 Bde (4. Aufl 1978).

5. Abschnitt. Schuldrecht. **Art 28 EGBGB**
1. Unterabschnitt. Vertragliche Schuldverhältnisse 386–391

- Die Haager Regeln wurden durch das **Protokoll zur Änderung des am 25. 8. 1924 in** **386** **Brüssel unterzeichneten Übereinkommens zur Vereinheitlichung von Regeln über Konnossemente** vom 23. 2. 1968 (sog Visby-Regeln; Text [französisch und englisch]: RABE § 663 b HGB Anh II; [deutsch]: SCHAPS/ABRAHAM II § 663 b Anh III C) geändert und in ihren Haftungsbestimmungen – Erhöhung der Haftungssummen, Umstellung auf Sonderziehungsrechte – modernisiert. International sind die Visby-Regeln seit dem 23. 6. 1977 in Kraft (Übersicht über die Vertragsstaaten bei SCHADEE/CLARINGBOULD, Survey of Conventions 58 f). Die Bundesrepublik hat sie jedoch nicht ratifiziert, sondern im Wesentlichen wiederum – durch das 2. SeerechtsänderungsG vom 15. 7. 1986 (BGBl 1986 I 1120) – in das Seehandelsrecht im HGB integriert. Damit ist sie nicht Vertragsstaat der Visby-Regeln. Die DDR hatte die Visby-Regeln dagegen – mit Vorbehalt – ratifiziert. Mit dem Beitritt ist die Konvention im Beitrittsgebiet indessen wieder außer Kraft getreten (vgl Einl 51 zu Art 27 ff).

- Schließlich gilt inzwischen seit 1. 11. 1992 in einer Reihe von Staaten, vor allem **387** Entwicklungsländern das **UN-Übereinkommen über die Beförderung von Gütern zur See** vom 31. 3. 1978 (Hamburg-Regeln, Text [englisch und deutsche Übersetzung]: TranspR 1992, 430). Dieses Übk soll an die Stelle der Haager und Visby-Regeln treten. Bislang hat die Bundesrepublik es nicht ratifiziert (Stand 1. 4. 1998).

Da das Einheitsrecht in der Bundesrepublik nicht als solches gilt, greift Art 3 Abs 2 **388** EGBGB nicht ein. Seefracht- und Charterverträge sind als solche deshalb grundsätzlich nach den allgemeinen Kollisionsregeln (Art 27, 28 EGBGB) anzuknüpfen (vgl näher oben Rn 367). Für Konnossemente ist zusätzlich die Sondervorschrift des Art 6 EGHGB zu beachten (dazu unten Rn 404).

β) **Rechtswahl**
Eine **Rechtswahl** ist für Seetransportverträge stets möglich und auch **ganz weitgehend** **389** **üblich,** zT implizit durch Gerichtsstands- oder Schiedsgerichtsklauseln (umfassend hierzu MANKOWSKI, Seerechtliche Vertragsverhältnisse 27 ff; ferner REITHMANN/MARTINY/VAN DIEKEN Rn 1214 ff).

Eine Rechtswahl liegt auch vor, wenn der Frachtvertrag auf ein auszustellendes **390** Konnossement Bezug nimmt, das seinerseits eine Rechtswahl- oder Gerichtsstands-/Schiedsgerichtsklausel enthält (OLG Hamburg TranspR 1993, 25 [27]; MANKOWSKI, Seerechtliche Vertragsverhältnisse 43 ff). Gleiches gilt, wenn der Frachtvertrag – wie vor allem im Stückgutverkehr – überhaupt nur durch das Konnossement dokumentiert wird, das seinerseits eine ausdrückliche oder stillschweigende Rechtswahl enthält (MANKOWSKI, Seerechtliche Vertragsverhältnisse 42 ff; REITHMANN/MARTINY/VAN DIEKEN Rn 1224). Fehlt eine solche Bezugnahme oder Evidenzzierung, so ist der Frachtvertrag aber **nicht** etwa **akzessorisch** an das Konnossementstatut anzuknüpfen. Vielmehr sind beide Rechtsverhältnisse grundsätzlich selbständig zu beurteilen (vgl etwa BGHZ 73, 4 [6 f]; OLG Hamburg TranspR 1992, 141 f; eingehend MANKOWSKI, Seerechtliche Vertragsverhältnisse 84 f; 124 ff). Zur Ermittlung des Konnossementstatuts unten Rn 403 ff.

Enthält ausnahmsweise bereits der Frachtvertrag eine sogenannte **Paramount Clause** **391** (etwa „This contract of carriage shall have effect subject to the Hague [Hague/Visby; Hamburg] Rules"), so liegt darin ebenso wie bei entsprechenden Klauseln in Konnossementen in aller Regel keine Rechtswahl, sondern nur eine materiellrechtliche

Verweisung auf die jeweilige Konvention (BGH VersR 1980, 376; OLG Hamburg IPRspr 1992 Nr 38; eingehend MANKOWSKI, Seerechtliche Vertragsverhältnisse 199 ff, 230 f; MünchKomm/ MARTINY Art 28 Rn 203; RABE Vor § 556 HGB Anm VI G 1; REITHMANN/MARTINY/VAN DIEKEN Rn 1226; SOERGEL/VHOFFMANN Art 28 Rn 434). Nur wenn die Klausel auf die Haager, Hague/Visby- oder Hamburg-Regeln in ihrer Übernahme durch einen bestimmten Vertragsstaat verweist, ist darin eine **Teilrechtswahl** – beschränkt auf die in den jeweiligen Regeln behandelten Fragen – zu sehen (MANKOWSKI 214 ff; MünchKomm/MARTINY, SOERGEL/VHOFFMANN jeweils aaO).

γ) **Objektive Anknüpfung**

392 Mangels Rechtswahl unterstehen Seefrachtverträge dem von Art 28 Abs 4 berufenen Recht (dazu auch oben Rn 110 ff, 367). Als Seefrachtverträge, die unter diese Vorschrift fallen, sind alle Verträge zu qualifizieren, die entweder zur Beförderung einzelner Güter **(Stückgutverträge)** oder zur Beförderung in Schiffsraum **(Raumfrachtverträge)** verpflichten und den Transport von Gütern von einem Ort zu einem anderen zum Gegenstand haben. Raumfrachtverträge werden allerdings gewöhnlich mit dem mehrdeutigen Oberbegriff **Charterverträge** bezeichnet (vgl auch § 557 HGB), der weitere Vertragsformen der Überlassung von Schiffsraum zu Beförderungszwecken einschließt. Für Charterverträge muss deshalb jeweils im Einzelnen geprüft werden, wie weit bei ihnen die Überlassung von Schiffsraum oder die Güterbeförderung im Vordergrund steht (vgl auch GIULIANO/LAGARDE 54; DICEY/MORRIS II 33–258; zur Abgrenzung ferner MANKOWSKI, Seerechtliche Vertragsverhältnisse 18 ff; vgl im Einzelnen unten Rn 396 ff). Denn für Schiffsüberlassungsverträge gilt nicht Art 28 Abs 4, sondern Art 28 Abs 2.

αα) **Stückgutverträge**

393 Für Stückgutverträge gilt mangels Rechtswahl grundsätzlich Art 28 Abs 4 (Münch-Komm/MARTINY Art 28 Rn 205; SOERGEL/VHOFFMANN Art 28 Rn 444; wohl auch RABE Vor § 556 Anm VI f 2; REITHMANN/MARTINY/VAN DIEKEN Rn 1223). Da bei diesen Verträgen meist nur ein Konnossement, dagegen kein eigenständiger Frachtvertrag ausgestellt wird, kommt **in der Regel das im Konnossement bestimmte Recht** zum Zug (vgl auch MANKOWSKI, Seerechtliche Vertragsverhältnisse 42 ff, 44; REITHMANN/MARTINY/VAN DIEKEN Rn 1224; SOERGEL/VHOFFMANN Rn 435 und oben Rn 389 f). Art 28 Abs 4 hat daneben nur eingeschränkte Bedeutung.

394 Selbst wenn die kumulativen Anknüpfungsvoraussetzungen des Art 28 Abs 4 gegeben sind und etwa die Hauptniederlassung des Verfrachters und der Ladehafen im selben Staat liegen, kann gemäß Art 28 Abs 5 dennoch eine **engere Beziehung** zu einer anderen Rechtsordnung bestehen, so etwa, wenn die ausführende Zweigniederlassung des Verfrachters, ferner der Bestimmungshafen und die Hauptniederlassung des Befrachters übereinstimmend in einem anderen Staat liegen.

395 Fehlt dagegen die von Art 28 Abs 4 geforderte Kumulierung von Anknüpfungsmerkmalen, dann richtet sich die Anknüpfung nach Art 28 Abs 1 (vgl oben Rn 111) und es ist das **Recht der engsten Verbindung** zu ermitteln. Für diese gibt weiterhin die Hauptniederlassung des Verfrachters den Ausschlag, soweit sie durch ein oder mehrere Anknüpfungspunkte verstärkt wird, die an Gewicht den Zusatzmerkmalen in Art 28 Abs 4 entsprechen. In Betracht kommen insoweit vor allem eine Zweigniederlassung des Absenders, ferner Registerort, Heimathafen oder Flagge des transportierenden Schiffes und der Ort des Vertragsschlusses. Führen sie – und ggfs weitere Faktoren

wie Vertragssprache und Währung – zum selben Recht wie die Hauptniederlassung des Verfrachters, dann gilt dieses Recht. Steht dagegen die Hauptniederlassung des Verfrachters allein, während etwa Lade- oder Löschhafen und ggfs weitere Merkmale auf das Recht am Sitz des Befrachters verweisen, dann ist das Recht dieses Ortes anzuwenden (weitgehend übereinstimmend MANKOWSKI, Seerechtliche Vertragsverhältnisse 82 ff).

ββ) **Raumfracht-/Charterverträge**
In aller Regel enthalten Charterverträge eine Rechtswahl, so dass die objektive Anknüpfung selten zur Debatte steht. Sie hängt von der jeweiligen Ausgestaltung des Chartervertrages ab. **Charterverträge mit Beförderungszweck als Kern** unterstehen Art 28 Abs 4 (GIULIANO/LAGARDE 54: „... dass Charterverträge nur insoweit, als sie die Beförderung von Gütern zum Gegenstand haben, als Güterbeförderungsverträge anzusehen sind.").

– Der **Zeitfrachtvertrag** (Time charter) verpflichtet den Verfrachter, während eines bestimmten Zeitraums in einem Schiff Güter des Befrachters nach dessen Anweisung gegen Vergütung zu befördern (vgl MANKOWSKI, Seerechtliche Vertragsverhältnisse 90; REITHMANN/MARTINY/VAN DIEKEN Rn 1210; SCHAPS/ABRAHAM I § 622 HGB A 1). Im Vordergrund steht damit gewöhnlich die Zurverfügungstellung des Schiffes und seiner operativen Dienste, nicht die Beförderung bestimmter Güter zwischen bestimmten Orten. Entsprechend gilt für Time charters mangels Rechtswahl die Vermutung des Art 28 Abs 2. Der Sitz des Vercharterers entscheidet (FLESSNER, Reform 26 f; MANKOWSKI, Seerechtliche Vertragsverhältnisse 95; RABE Vor § 556 HGB Anm VI D 3; REITHMANN/MARTINY/VAN DIEKEN Rn 1217; SOERGEL/VHOFFMANN Art 28 Rn 438; ebenso zu Art 4 Abs 4 EVÜ: SCHULTSZ, in: NORTH 192, 198; aA DICEY/MORRIS II 33–258; KAYE 200). Wie stets kann aber über Art 28 Abs 5 ein enger verbundenes Recht anzuwenden sein, wenn hinreichend gewichtige Umstände zu ihm führen.

Die gleichen Anknüpfungsregeln gelten für die **Time charter** mit employment-Klausel, bei der der Charterer dem Kapitän oder der gesamten Schiffsbesatzung Weisungen geben darf (MANKOWSKI, Seerechtliche Vertragsverhältnisse 96; dort auch zu weiteren Sonderformen der Time charter).

– Der **Mengenvertrag** (freight contract) verpflichtet den Verfrachter, eine bestimmte Gütermenge – insbes Füll- und Schüttgut – in bestimmter Zeit für den Befrachter zu befördern (näher MANKOWSKI, Seerechtliche Vertragsverhältnisse 110 ff; REITHMANN/MARTINY/VAN DIEKEN Rn 1209). Die Beförderungsleistung steht im Zentrum des Vertrages. Bei fehlender Rechtswahl gilt für Mengenverträge deshalb Art 28 Abs 4 (ebenso MANKOWSKI, Seerechtliche Vertragsverhältnisse 114 und zum EVÜ DICEY/MORRIS II 33–259; KAYE 200; aA – Anknüpfung nach Art 28 Abs 2 – dagegen SOERGEL/VHOFFMANN Art 28 Rn 438; auch REITHMANN/MARTINY/VAN DIEKEN Rn 1217, soweit der Mengenvertrag mehrere Reisen erfordert).

– Der **Reisefrachtvertrag** (voyage charter) verpflichtet den Verfrachter, Güter des Befrachters mit einem Schiff auf einer bestimmten Reise zu befördern (MANKOWSKI, Seerechtliche Vertragsverhältnisse 98; RABE § 556 Anm B 2 a; REITHMANN/MARTINY/VAN DIEKEN Rn 1208). Gemäß Art 28 Abs 4 Satz 2 ist die Reisecharter über eine einzige Reise als Güterbeförderungsvertrag zu qualifizieren (vgl auch MANKOWSKI, Seerechtliche Vertragsverhältnisse 105 f; REITHMANN/MARTINY/VAN DIEKEN Rn 1217; SOERGEL/VHOFFMANN

Art 28 Rn 442). Gleiches gilt für Sonderformen der Reisecharter wie die space oder slot charter, bei der der Verfrachter Stellplätze für Container auf seinem Schiff für eine oder mehrere bestimmte Reisen zur Verfügung stellt (MANKOWSKI, Seerechtliche Vertragsverhältnisse 106; wohl auch REITHMANN/MARTINY/VAN DIEKEN Rn 1208, 1217). Ferner ist Art 28 Abs 4 auch auf Reisechartervertäge über mehrere Reisen (multi-/consecutive voyage charters) anzuwenden (ebenso MANKOWSKI, Seerechtliche Vertragsverhältnisse 108 ff und zum EVÜ DICEY/MORRIS II 33–257 f; KAYE 200; **aA** – Anknüpfung nach Art 28 Abs 2 – SOERGEL/vHOFFMANN Art 28 Rn 443; SCHULTSZ, in: NORTH 192; wohl auch REITHMANN/MARTINY/VAN DIEKEN Rn 1217). Die Ähnlichkeit zur einfachen Reisecharter spricht jedoch für eine Gleichbehandlung.

401 – Die **cross charterparty** (X-C/P), die die wechselseitige Überlassung von Containerstellplätzen auf Schiffen innerhalb eines Reederkonsortiums zum Gegenstand hat, dürfte gesellschaftsrechtlich anzuknüpfen sein und dem Recht am Sitz des Konsortialführers unterstehen (so auch MANKOWSKI, Seerechtliche Vertragsverhältnisse 116; für eigene, jedoch offen gelassene Anknüpfung REITHMANN/MARTINY/VAN DIEKEN Rn 1208).

402 – Die **bare boat charter** stellt keinen Güterbeförderungsvertrag, sondern einen Schiffsmietvertrag dar, bei dem das unbemannte Schiff dem Charterer zur Nutzung überlassen wird (vBAR II Rn 523; BASEDOW, Transportvertrag 119; MANKOWSKI, Seerechtliche Vertragsverhältnisse 117; MünchKomm/MARTINY Art 28 Rn 209; REITHMANN/MARTINY/VAN DIEKEN Rn 1212; SOERGEL/vHOFFMANN Art 28 Rn 440). Entsprechend richtet sich die objektive Anknüpfung nach Art 28 Abs 2. Auch die demise charter, bei der das Schiff dem Charterer mit oder ohne Besatzung überlassen wird, ist nach Art 28 Abs 2 zu beurteilen (DICEY/MORRIS II 33–258; KAYE 200; MANKOWSKI, Seerechtliche Vertragsverhältnisse 119; SCHULTSZ, in: NORTH 192; nach der Reedererfahrung des Charterers will dagegen bei der Mietcharter differenzieren: SOERGEL/vHOFFMANN Art 28 Rn 440 f).

δ) Anknüpfung des Konnossements

403 Besondere Bedeutung hat beim Seetransport das Frachtdokument (Konnossement, Bill of Lading, B/L), das der Verfrachter demjenigen ausstellt, der die Ware an Bord bringt. Im internationalen Handelsverkehr hat das Konnossement drei Funktionen angenommen, die ihm unabhängig von der Ausgestaltung des jeweiligen nationalen Konnossementrechts zukommen: Das Konnossement stellt zwar nicht den Frachtvertrag dar, der vielmehr gewöhnlich vor der Konnossementsausstellung abgeschlossen worden und Grundlage der Ausstellung ist. Aber es beweist im Zweifel den Inhalt des Frachtvertrages **(Beweisfunktion).** Es bestätigt ferner den Empfang der zum Transport übernommenen Güter und legitimiert den Konnossementinhaber, deren Herausgabe zu verlangen **(Legitimationsfunktion);** es ist schließlich handelbares Dokument, das die Ware vertritt und den Titel an ihr weiter überträgt **(Traditionsfunktion;** vgl auch MANKOWSKI, Seerechtliche Vertragsverhältnisse 124 ff mit umfangreichen rechtsvergleichenden Nachw; SCRUTTON, on Charterparties [19. Aufl 1984] 55, 111, 184). Der Sache nach enthält das Konnossement vor allem die haftungsbegrenzenden Bedingungen, unter denen der Empfänger des Gutes Transportschäden vom Verfrachter ersetzt verlangen kann.

404 Kollisionsrechtlich ist das Konnossement gegenüber dem Frachtvertrag grundsätzlich **selbständig anzuknüpfen** (vgl MANKOWSKI, Seerechtliche Vertragsverhältnisse 124; oben Rn 390). Da die Bundesrepublik die oben genannten (Rn 385 ff) einheitsrechtlichen Konventionen nicht als solche in das deutsche Recht übernommen hat, ist für die

Anknüpfung vom autonomen Kollisionsrecht auszugehen. Hierzu besteht mit **Art 6 EGHGB** eine Sonderregel:

„**Artikel 6 EGHGB**

(1) § 662 des Handelsgesetzbuchs und die darin genannten Vorschriften gelten für jedes Konnossement, das sich auf die Beförderung von Gütern zwischen Häfen in zwei verschiedenen Staaten oder zwischen Häfen im Geltungsbereich dieses Gesetzes bezieht, sofern das Konnossement

1. in einem Vertragsstaat des Internationalen Abkommens vom 25. August 1924 zur Vereinheitlichung von Regeln über Konnossemente (Abkommen von 1924) in der Fassung des Änderungsprotokolls vom 23. Februar 1968 (Protokoll von 1968) ausgestellt ist oder

2. vorsieht, daß der Vertrag den Bestimmungen des Abkommens von 1924 in der Fassung des Protokolls von 1968 oder dem Recht eines Staates, auf Grund dessen die genannten Bestimmungen anzuwenden sind, unterliegt.

§ 662 des Handelsgesetzbuchs und die darin genannten Vorschriften gelten auch für ein Konnossement, das in einem anderen als einem in Satz 1 Nr. 1 bezeichneten Staat ausgestellt ist, sofern das Konnossement sich auf die Beförderung von Gütern von oder nach einem Hafen in einem in Satz 1 Nr. 1 bezeichneten Staat oder einem Hafen im Geltungsbereich dieses Gesetzes bezieht; dies gilt nicht, soweit sich aus Absatz 2 etwas anderes ergibt.

(2) Ist das Konnossement in einem Staat ausgestellt, der Vertragsstaat des Abkommens von 1924, jedoch nicht Vertragsstaat des Protokolls von 1968 ist, und bezieht sich das Konnossement auf die Beförderung von Gütern nach einem Hafen in einem solchen Staat, so gelten § 662 des Handelsgesetzbuchs und die darin genannten Vorschriften mit der Maßgabe, daß § 612 Abs. 2 sowie § 660 Abs. 1 des Handelsgesetzbuchs, soweit darin bestimmt ist, daß der Verfrachter bis zu einem Betrag von 2 Rechnungseinheiten für das Kilogramm der verlorenen oder beschädigten Güter haftet, außer Betracht bleiben; Absatz 1 Satz 1 Nr. 2 bleibt unberührt. Satz 1 gilt nicht, wenn das Konnossement eine Beförderung zwischen Häfen im Geltungsbereich dieses Gesetzes durch ein Schiff, das die Flagge der Bundesrepublik Deutschland führt, betrifft.

(3) Die Liste der Vertragsstaaten des Internationalen Abkommens vom 25. August 1924 zur Vereinheitlichung von Regeln über Konnossemente in der Fassung des Änderungsprotokolls vom 23. Februar 1968 sowie jede Änderung dieser Liste werden durch den Bundesminister der Justiz im Bundesgesetzblatt bekanntgegeben.

(4) Absatz 1 Satz 2 letzter Halbsatz sowie Absatz 2 treten an dem Tage außer Kraft, an dem das Abkommen von 1924 für die Bundesrepublik Deutschland außer Kraft tritt. Der Tag, an dem die in Satz 1 genannten Vorschriften außer Kraft treten, ist im Bundesgesetzblatt bekanntzugeben."

405 Die Vorschrift legt – ähnlich wie etwa § 130 Abs 2 GWB im Wettbewerbsbereich – als **einseitige Kollisionsregel** fest, wann zwingendes deutsches Konnossementrecht gilt (so die ganz hM: BASEDOW IPRax 1987, 338; EBENROTH/SOREK RiW 1989, 168 f; HERBER TranspR 1986, 254; KLINGSPORN NJW 1987, 3043; MANKOWSKI, Seerechtliche Vertragsverhältnisse 305; ders TranspR 1996, 13; MünchKomm/MARTINY Art 28 Rn 202; RABE § 662 HGB Anm E 2; RAMMING TranspR 1998, 381; REITHMANN/MARTINY/VAN DIEKEN Rn 1242; SOERGEL/vHOFFMANN Art 28 Rn 450).

406 Eine **Gegenauffassung** will die Geltung des Art 6 EGHGB dagegen nur bei deutschem Vertragsstatut anerkennen (so etwa FLESSNER, Reform 25 f; GÖTZ NJW 1987, 1673 f). Sie trägt jedoch dem Wortlaut und Zweck des Art 6 EGHGB nicht hinreichend Rechnung. Weder § 662 HGB noch Art 6 EGHGB sind ferner international zwingende Normen iSd Art 34 EGBGB (so aber etwa KLINGSPORN NJW 1987, 3043). Vielmehr hat Art 6 EGHGB kollisionsrechtliche Funktion und versucht, die Nachteile aufzufangen, die aus der bloßen Inkorporation der Haager und Visby-Regeln in das deutsche Recht folgen, indem der Geltungsbereich des zwingenden deutschen Konnossementrechts ähnlich wie im Einheitsrecht selbst festgelegt wird (vgl eingehend dazu MANKOWSKI, Seerechtliche Vertragsverhältnisse 301 ff). Über den Geltungsbereich des Art 6 EGHGB hinaus ist das deutsche Konnossementrecht nicht noch zusätzlich über Art 34 EGBGB anzuwenden.

407 **Sachlich** setzt Art 6 EGHGB zunächst voraus, dass ein Konnossement über einen Seetransport ausgestellt ist, der zwischen Häfen in zwei verschiedenen Staaten oder zwischen zwei deutschen Häfen erfolgt. Das zwingende deutsche Konnossementrecht (§ 662 HGB) gilt in diesen Fällen uneingeschränkt, sofern zusätzlich eine der folgenden Voraussetzungen erfüllt ist:

408 – Ausstellung des Konnossements in einem Vertragsstaat, der die Haager Regeln in der Fassung der Visby-Regeln ratifiziert hat = Haag/Visby-Vertragsstatut (Art 6 Abs 1 Satz 1 Nr 1 EGHGB);

409 – Lade- oder Bestimmungshafen in einem Haag/Visby-Vertragsstaat (Art 6 Abs 1 Satz 2 EGHGB);

410 – Lade- oder Bestimmungshafen in Deutschland (Art 6 Abs 1 Satz 2 EGHGB) oder

411 – Vereinbarung der Haag/Visby-Regeln (insbes durch eine Paramount-Klausel) oder Vereinbarung des Rechts eines Haag/Visby-Vertragsstaats (Art 6 Abs 1 Satz 1 Nr 2 EGHGB; eingehend dazu RAMMING TranspR 1998, 381 ff).

412 Zwingendes deutsches Konnossementrecht ist nicht in vollem Umfang, sondern nur mit Ausnahme der Kilogrammhaftung (§ 660 Abs 1 HGB) und des § 612 Abs 2 HGB anzuwenden, wenn folgende Voraussetzungen vorliegen:

413 – Ausstellung des Konnossements in einem Vertragsstaat (nur) der Haager Regeln **und** Bestimmungshafen in einem solchen Staat (Art 6 Abs 2 Satz 1 EGHGB). Diese Einschränkung gilt aber nicht, wenn die Beförderung zwischen zwei deutschen Häfen auf einem Schiff unter deutscher Flagge erfolgt (Art 6 Abs 2 Satz 2 EGHGB; vgl im Übrigen auch die tabellarische Übersicht bei MANKOWSKI, Seerechtliche Vertragsverhältnisse 390).

Sofern kein Fall vorliegt, den Art 6 EGHGB erfasst, sind die **allgemeinen Kollisions-** 414
regeln anzuwenden (ebenso MANKOWSKI, Seerechtliche Vertragsverhältnisse 388 sowie 390; REITHMANN/MARTINY/VAN DIEKEN Rn 1244; zu ihnen unten Rn 416 f). Führen sie kraft Rechtswahl oder objektiver Anknüpfung auf deutsches Recht, dann gilt ebenfalls das zwingende deutsche Konnossementrecht.

Wegen **Art 37 Nr 1 EGBGB** können die Art 27 ff allerdings für Konnossemente nicht 415 unbesehen angewendet werden. Soweit Konnossemente – wohl im Forumstaat (GIULIANO/LAGARDE 43; MünchKomm/MARTINY Art 37 Rn 16) – handelbar sind, ist für die daraus folgenden Verpflichtungen an sich das vor Erlass der IPR-Neuregelung geltende Kollisionsrecht weiter maßgebend (ERMAN/HOHLOCH Art 37 Rn 1; MANKOWSKI, Seerechtliche Vertragsverhältnisse 149, 155; MünchKomm/MARTINY Art 37 Rn 15; PALANDT/HELDRICH Art 37 Rn 1; SOERGEL/VHOFFMANN Art 37 Rn 39). Allerdings steht nichts entgegen, die Grundgedanken der Art 27 ff – auch in Fortbildung der vor der Reform bestehenden Auffassungen – gleichwohl zu berücksichtigen (vgl auch BGHZ 99, 207 [210] sowie die in der vorigen N Zitierten).

Zulässig und weitgehend die Regel war und ist eine ausdrückliche oder stillschwei- 416 gende **Rechtswahl in Konnossementen.** Sie wirkt auch gegenüber späteren Inhabern des Konnossements (eingehend MANKOWSKI, Seerechtliche Vertragsverhältnisse 150 ff) und unterliegt der AGB-Kontrolle des anwendbaren Vertragsrechts (vgl BGHZ 72, 174; BGH NJW 1983, 2772 [Lesbarkeitskontrolle]; kritisch dazu etwa RABE RiW 1984, 589; MANN NJW 1984, 2740; MANKOWSKI, Seerechtliche Vertragsverhältnisse 156 m weiteren Nachw).

Fehlt ausnahmsweise eine Rechtswahl, dann untersteht das Konnossement nach hM 417 – wie schon bisher – dem Recht des Ortes, der im Konnossement als **Bestimmungshafen** angegeben ist (MANKOWSKI TranspR 1988, 413; ders, Seerechtliche Vertragsverhältnisse 181; MünchKomm/MARTINY Art 28 Rn 207; RABE § 642 HGB Anm J 3 b; REITHMANN/MARTINY/VAN DIEKEN[4] Rn 648; SOERGEL/VHOFFMANN Art 37 Rn 39).

d) Internationaler Binnenschiffstransport*
aa) Personenbeförderung

Materielles Einheitsrecht enthält das Genfer **Übereinkommen über den internationa-** 418 **len Beförderungsvertrag für Reisende und Gepäck in der Binnenschifffahrt** (CVN) vom 6. 2. 1976 (Text: Rev dr unif 1976 I 88) und das zu ihm ergangene Zusatzprotokoll vom 5. 7. 1978 (Text: Rev dr unif 1978 I 246). Beide Akte sind bisher jedoch weder international in Kraft getreten noch hat die Bundesrepublik sie ratifiziert.

Die internationale Personenbeförderung auf Binnengewässern untersteht daher den 419 allgemeinen Anknüpfungsregeln (vgl oben Rn 365 f, 368). Mangels Rechtswahl gilt damit das **Recht am Sitz des Beförderers** (**Art 28 Abs 2;** REITHMANN/MARTINY/VAN DIEKEN Rn 1254; SOERGEL/VHOFFMANN Art 28 Rn 467). Bei deutschem Vertragsstatut ist dann gemäß § 77 BinSchG § 664 Abs 1 Satz 1, Abs 2 HGB analog anzuwenden (vgl auch

---

* **Schrifttum** (vgl Rn 362 und 380): HERBER, Wohin treibt das deutsche Binnenschiffahrtsrecht?, TranspR 1992, 345; ders, Das Zweite Seerechtsänderungsgesetz, TranspR 1986, 249, 326; KORIOTH, Haftung und Haftungsausschlüsse des Binnenschiffsfrachtführers im künftigen internationalen Binnenschiffahrtsfrachtrecht, in: FS Herber (1999) 293; VORTISCH/ BEMM, Binnenschiffahrtsrecht (4. Aufl 1991).

REITHMANN/MARTINY/VAN DIEKEN Rn 1254; SOERGEL/vHOFFMANN Art 28 Rn 463). Damit ist die Anlage zu § 664 HGB zu beachten, die im Wesentlichen die Regelungen des Athener Übk über die Beförderung von Reisenden und ihrem Gepäck auf See vom 13. 12. 1974 (oben Rn 370) in das deutsche Sachrecht übernommen hat (vgl näher HERBER TranspR 1986, 249).

bb) **Güterbeförderung**

420 Für die Güterbeförderung auf Binnengewässern hat das **Straßburger Übereinkommen über die Beschränkung der Haftung in der Binnenschifffahrt (CLNI)** Einheitsrecht geschaffen, das in Deutschland seit dem 1. 7. 1999 (BGBl 1998 II 1643, 1999 II 388) in Kraft ist und ferner seit dem 1. 9. 1997 in Luxemburg, den Niederlanden und der Schweiz gilt. Eine weitergehende Vereinheitlichung ist bisher nur in das Entwurfsstadium gelangt (zu dem von der Wirtschaft vorgeschlagenen Entwurf eines „Übereinkommens über die Güterbeförderung auf Binnenwasserstraßen [CMNI] näher KORIOTH, in: FS Herber 293 ff).

Außerhalb des Einheitsrechts sind die Allgemeinen Anknüpfungsregeln anzuwenden (vgl oben Rn 365, 367). Fehlt eine Rechtswahl, so ist grundsätzlich Art 28 Abs 4 maßgebend (MünchKomm/MARTINY Art 28 Rn 214; REITHMANN/MARTINY/VAN DIEKEN Rn 1254; SOERGEL/vHOFFMANN Art 28 Rn 466). Wie beim Seetransport kommt es allerdings für Art 28 Abs 4 darauf an, ob der konkrete Vertrag im Kern zur Güterbeförderung oder nur zur Schiffsüberlassung verpflichtet (vgl auch BGH RiW 1995, 410 [411 f]). Bei Timecharterverträgen steht gewöhnlich die Schiffsüberlassung im Vordergrund; die objektive Anknüpfung richtet sich hier nach Art 28 Abs 2 (offengelassen von BGH aaO).

421 Fehlen die kumulativen Anknüpfungsvoraussetzungen des Art 28 Abs 4, dann greift Art 28 Abs 1 ein. Maßgebend ist – wie im Seerecht (vgl oben Rn 395) – weiterhin die Hauptniederlassung des Beförderers, sofern sie durch andere Anknüpfungsmerkmale verstärkt wird, die an Gewicht jenen in Art 28 Abs 4 entsprechen (**aA** – Recht des Bestimmungshafens maßgebend – SOERGEL/vHOFFMANN Art 28 Rn 466).

422 Aus der einheitlichen Vertragsanknüpfung Sonderfragen wie den Löschvorgang oder mögliche Liegegeldansprüche auszuklammern und einer grundsätzlichen Sonderanknüpfung an das Recht des Bestimmungshafens zu unterwerfen (so MünchKomm/MARTINY Art 28 Rn 214 im Anschluss an ältere Rechtsprechung [BGHZ 9, 221]; zweifelnd REITHMANN/MARTINY/VAN DIEKEN Rn 1254), besteht kein Grund (so auch SOERGEL/vHOFFMANN Art 28 Rn 466). Soweit es um die Art und Weise der **Erfüllung des Frachtvertrages** geht, greift Art 32 Abs 2 ein. Zu berücksichtigen ist danach das am tatsächlichen Erfüllungsort geltende Recht (**anders** – Recht des Bestimmungshafens – SOERGEL/vHOFFMANN aaO).

423 Zwingendes deutsches Binnenschiffsfrachtrecht iSd Art 34 EGBGB besteht nicht. Die §§ 26 ff BinSchG enthalten und verweisen ohnehin nur auf dispositives Recht (vgl auch DUBISCHAR § 8 I).

e) **Internationaler Eisenbahntransport***
aa) **Einheitsrecht**

424 Das materielle Recht des internationalen Eisenbahntransports ist durch das **Über-**

---

* **Schrifttum** (vgl Rn 362): FREISE, Das neue internationale Eisenbahnfrachtrecht (CIM 1999), TranspR 1999, 417; GOLTERMANN/ KONOW, Eisenbahnverkehrsordnung (3. Aufl einkommen über den internationalen Eisenbahnverkehr (COTIF) vom 9. 5. 1980 (BGBl 1985 II 132) in wesentlichen Teilen vereinheitlicht worden. Das Übereinkommen gilt einschließlich seiner Anhänge in fast allen europäischen sowie einigen außereuropäischen Staaten; in der Bundesrepublik ist es seit 1. 5. 1985 in Kraft (BGBl 1985 II 1001; Übersicht über die Vertragsstaaten im Fundstellennachweis B; zur Reform MUTZ, in: FS Herber 302 ff). Die vorher bestehenden Konventionen CIV über die Personenbeförderung sowie CIM über die Güterbeförderung sind in geänderter und ergänzter Form als Anhänge zur COTIF (Art 3 § 1) aufgenommen worden: Anhang A: **Einheitliche Rechtsvorschriften für den Vertrag über die internationale Eisenbahnbeförderung von Personen und Gepäck (ER/CIV**, BGBl 1985 II 178) und Anhang B: **Einheitliche Rechtsvorschriften über den Vertrag über die internationale Eisenbahnbeförderung von Gütern (ER/CIM**, BGBl 1985 II 224). Für bestimmte Güterarten gelten weitere besondere Regelungen, die in Anlagen zur ER/CIM enthalten sind:

– Ordnung für die internationale Eisenbahnbeförderung gefährlicher Güter (RID, Anlage I); 425

– Ordnung für die internationale Beförderung von Privatwagen (RIP, Anlage II); 426

– Ordnung für die internationale Beförderung von Containern (RICo, Anlage III); 427

– Ordnung für die internationale Beförderung von Expressgut (RIEx, Anlage IV; alle Anlagen sind veröffentlicht im Anlagenband zu BGBl 1985 II Nr 18). 428

Das Änderungsprotokoll zur COTIF v 20. 12. 1990 ist in Deutschland seit dem 1. 11. 1996 in Kraft (BGBl 1996 II 2655). 429

bb) Personenbeförderung
Die ER/CIV verdrängen in ihrem Anwendungsbereich die nationalen Kollisionsregeln und gehen als die speziellere Regelung auch dem nationalen Sachrecht vor (MünchKomm/MARTINY Art 28 Rn 188; REITHMANN/MARTINY/VAN DIEKEN Rn 1189). Soweit sie zwingende Regeln enthalten, können sie weder durch Rechtswahl noch durch anderweite Parteivereinbarung abbedungen werden (MANKOWSKI TranspR 1993, 217 f; REITHMANN/MARTINY/VAN DIEKEN Rn 1191). 430

Sachlich setzen die ER/CIV eine Bahnbeförderung von Personen mit oder ohne Gepäck mit internationalen Beförderungsausweisen voraus (Art 1 § 1 ER/CIV). 431

In **räumlicher** Hinsicht muss die Beförderung auf einem Weg erfolgen, der das Gebiet mindestens zweier Mitgliedstaaten berührt und ausschließlich Linien umfasst, die in die Streckenliste gemäß Art 3 und 10 COTIF eingetragen sind (Art 1 § 1 ER/CIV). Maßgebend ist wie auch sonst im Transportrecht die vertraglich vorgesehene Strecke. Für Durchgangs- oder Grenzverkehr in der Hand nur einer Eisenbahn gelten die ER/CIV aber nicht, auch wenn das Gebiet zweier Staaten berührt wird (Art 2 ER/CIV). 432

Persönliche Anforderungen stellen die ER/CIV nicht auf. 433

Losebl 1987); MünchKomm HGB/MUTZ, CIM (1997); MUTZ, Die Reform des internationalen Eisenbahntransportrechts im Lichte der CMR, in: FS Herber (1999) 302.

434 Inhaltlich regeln die ER/CIV vor allem die Bedingungen des Beförderungsvertrages und die Haftung der Eisenbahn.

435 Außerhalb des Geltungsbereichs der ER/CIV bestimmt sich das anwendbare Recht nach Art 27, 28 EGBGB. Eine Rechtswahl ist insoweit zulässig. Die objektive Anknüpfung führt gemäß Art 28 Abs 2 zum Recht am Niederlassungsort der befördernden Eisenbahn (MünchKomm/Martiny Art 28 Rn 188; Soergel/vHoffmann Art 28 Rn 428). Das gilt auch für die Beförderung des Gepäcks des Reisenden (Soergel/vHoffmann aaO).

436 Die zwingenden Vorschriften der früheren EVO waren trotz des § 1 Abs 2 EVO keine international zwingenden Vorschriften iSd Art 34 EGBGB, sondern setzten die Geltung deutschen Rechts voraus.

cc) Güterbeförderung

437 Auch hier verdrängen die ER/CIM das nationale Recht und schaffen eine zwingende Regelung, soweit sie reichen (Goltermann/Konow Art 3 COTIF Anm 1 c; MünchKomm HGB/Mutz Art 1 CIM Rn 1; Reithmann/Martiny/van Dieken Rn 1191; Soergel/vHoffmann Art 28 Rn 423).

438 Sachlich setzen die ER/CIM eine Bahnbeförderung von Gütern (beweglichen Sachen) mit einem durchgehenden Frachtbrief voraus (Art 1 § 1 ER/CIM).

439 In räumlicher Hinsicht ist wie bei den ER/CIV erforderlich, dass die Beförderung auf einem Weg erfolgen soll, der mindestens zwei Mitgliedstaaten berührt und ausschließlich Linien umfasst, die in der Streckenliste gemäß Art 3 und 10 ER/CIM eingetragen sind (Art 1 § 1 ER/CIM). Wie bei den ER/CIV gilt eine Ausnahme für den Durchgangs- und Grenzverkehr in der Hand einer Eisenbahn (Art 2 ER/CIM).

440 Persönliche Anwendungsvoraussetzungen stellen die ER/CIV nicht auf (Soergel/vHoffmann Art 28 Rn 421).

441 Inhaltlich regeln die ER/CIM vor allem die Form und den Inhalt des Frachtvertrages und des Frachtdokumentes sowie die Haftung der Eisenbahn.

442 Außerhalb des Geltungsbereichs der ER/CIM gelten – wie bei den ER/CIV – die Art 27, 28 EGBGB. Mangels Rechtswahl entscheidet das Recht am Sitz der ersten abschließenden Bahn, sofern in diesem Staat die Güter auch ver- oder entladen werden oder der Absender seine Hauptniederlassung hat (Art 28 Abs 4; vgl auch OLG Braunschweig TranspR 1996, 385). Absender ist der Vertragspartner des – ersten – Beförderers (vgl oben Rn 124; **aA** – jeder Einlieferer – Soergel/vHoffmann Art 28 Rn 427). Im Übrigen richtet sich die Anknüpfung nach Art 28 Abs 1.

443 Hinsichtlich international zwingenden Rechts gilt gleiches wie für die Personenbeförderung (oben Rn 436). Die Umwandlung der Deutschen Bahn in eine privatrechtliche AG hatte an der internen Anwendbarkeit der früheren EVO auf Frachtverträge der Bahn nichts geändert (so AG Hamburg-Altona TranspR 1996, 392).

f) Internationaler Lufttransport*
aa) Einheitsrecht

Das materielle Recht der internationalen Luftbeförderung ist in erheblichem Umfang fast weltweit vereinheitlicht. Schon 1929 hatte das **Warschauer Abkommen zur Vereinheitlichung von Regeln über die Beförderung im internationalen Luftverkehr (WA)** vom 12.10. 1929 Einheitsrecht, insbesondere für die Haftung des Luftbeförderers und für die Transportdokumente geschaffen. In Deutschland war es am 29.12. 1933 in Kraft getreten (RGBl 1933 I 1039 und 1079). Das WA wurde durch das Haager Protokoll zur Änderung des WA vom 28.9. 1955 (BGBl 1958 II 291) modifiziert. Insbesondere wurden die Haftungshöchstsummen heraufgesetzt. In der modifizierten Form gilt das WA seit dem 1.8. 1963 in der Bundesrepublik (BGBl 1964 II 1295). Auch die meisten der über 130 Vertragsstaaten des WA haben das Haager Protokoll ratifiziert, allerdings zB nicht die USA (Überblick über die Vertragsstaaten: Fundstellennachweis B). Ergänzt wurde das WA ferner durch das **Zusatzabkommen von Guadalajara zur Vereinheitlichung von Regeln über die von einem anderen als dem vertraglichen Luftfrachtführer ausgeführte Beförderung** vom 18.9. 1961 (BGBl 1963 II 1159). Dieses ZusatzÜbk ist in Deutschland seit dem 31.5. 1964 in Kraft (BGBl 1964 II 1317). Auch die Mehrzahl der WA-Vertragsstaaten hat es ratifiziert (Fundstellennachweis B). 444

Versuche die inzwischen unangemessenen niedrigen Haftungsgrenzen des WA einheitlich zu erhöhen, hatten lange keinen Erfolg. Das **Protokoll von Guatemala** vom 8.3. 1971 (Text [engl und franz] bei SCHADEE/CLARINGBOULD Bd 1 III 86 ff) und die vier **Protokolle von Montreal** vom 25.9. 1975 (Texte bei SCHADEE/CLARINGBOULD Bd 1 III 117 ff) sind international nur zT in Kraft getreten. 445

Eine deutliche Fortentwicklung brachte erst das auf privater Basis – vom Dachverband der Fluggesellschaften (IATA) – entwickelte IATA Intercarrier Agreement vom 31.10. 1995, dessen Regelung in der Folge zahlreiche Fluggesellschaften übernahmen. Danach haben diese Gesellschaften in ihren AGB Regeln aufzunehmen, die Passagiere bei Personenschäden günstiger stellen als vom WA vorgesehen, nämlich ihnen nunmehr Schäden bis 100.000 Sonderziehungsrechte verschuldensunabhängig ersetzen und für weitergehenden Schaden eine vermutete und unbegrenzte Verschuldenshaftung akzeptieren (dazu JUNKER RiW 1998, 756 f; MÜLLER/ROSTIN, in: FS HERBER 246 f; SAENGER NJW 2000, 171 f). Dieses Agreement sowie die Montrealer Protokolle von 1975 wurden schließlich mit weiteren Änderungen und Anpassungen im **Montrealer Über-** 446

---

* **Schrifttum** (vgl Rn 362): BENTIVOGLIO, Conflict Problems in Air Law, Rec Cours 119 (1966 III) 75; GIEMULLA/SCHMID, Kommentar zum Luftverkehrsrecht 3 Bde (Losebl 1986); dies, Recht der Luftfracht, Textsammlung (3. Aufl 1999); GRAN, Die IATA aus der Sicht des deutschen Rechts (1998); JUNKER, Neuere Entwicklungen im Internationalen Privatrecht, RiW 1998, 741; KADLETZ, Some Thoughts on the Application of the Law of the Flag in Private International Air Law, ZLW 1998, 490; ders, Das neue Montrealer Übereinkommen vom 28.5. 1999 über den internationalen Luftbeförderungsvertrag ("Neues Warschauer Abkommen"), VersR 2000, 927; KEHRBERGER, IATA und IATA-Agentur, TranspR 1996, 131 ff; MÜLLER-ROSTIN, Gedanken eines Luftfahrtversicherers zur Neugestaltung der Haftung für Passagierschäden im internationalen Luftverkehr, in: FS HERBER (1999) 245; MünchKomm HGB/KRONKE, WA (1997); RUHWEDEL, Der Luftbeförderungsvertrag (3. Aufl 1998); SAENGER, Harmonisierung des internationalen Luftprivatrechts, NJW 2000, 169; SCHWENK, Handbuch des Luftverkehrsrechts (2. Aufl 1996); SPECHT, Die IATA (1973).

einkommen zur Vereinheitlichung von Regeln über die Beförderung im internationalen **Luftverkehr** vom 28. 5. 1999 zusammengefasst, das das Warschauer Abkommen nunmehr ersetzen soll (Text des Montrealer Übk: TranspR 1999, 315; zum neuen Übk KADLETZ VersR 2000, 927 ff; SAENGER NJW 2000, 169 ff). Das Montrealer Übk wird in Kraft treten, sobald 30 Staaten es ratifiziert haben. Bis dahin bleibt es bei der Geltung des WA. Für den EU-Bereich sind die ÜberbuchungsVO vom 4. 2. 1991 und die LuftunfallVO vom 9. 10. 1997 (vgl oben Rn 363) zu beachten. Letztere VO hat im Wesentlichen die freiwilligen Regelungen des IATA Intercarrier Agreement für die EU verbindlich gemacht (Bedenken zur Völkerrechtsmäßigkeit der VO bei MÜLLER-ROSTIN, in: FS HERBER 253 ff, da Art 22 Abs 1 WA nur freiwillige Abweichungen von den Haftungsgrenzen zulasse, die VO aber staatlich gesetztes Recht sei. Betrachtet man die EU als in sich geschlossenes Gebiet, das wie ein Staat zu behandeln ist, dann steht das für den *internationalen* Luftverkehr geschaffene WA indessen nicht entgegen). Das EG-einheitliche bzw das staatsvertragliche Einheitsrecht verdrängt in seinem Anwendungsbereich das nationale Kollisionsrecht und geht als die speziellere Regelung dem nationalen Sachrecht vor, soweit es Regelungen enthält.

447 Daraus, dass nicht alle WA-Vertragsstaaten das Haager Protokoll von 1955 ratifiziert haben, ergeben sich gewisse Probleme. Nach Art XVIII des Haager Protokolls ist das WA in der Haager Fassung nur anzuwenden, wenn der Abflug- und der Bestimmungsort in verschiedenen Vertragsstaaten des Haager Protokolls oder aber zwar im selben Vertragsstaat liegen, dann jedoch eine Zwischenlandung in einem Drittstaat vorgesehen ist. Im Flugverkehr der Bundesrepublik mit den Staaten, die wie die USA das Haager Protokoll nicht ratifiziert haben, ist das WA deshalb nur in seiner ursprünglichen Fassung von 1929 anzuwenden (GIEMULLA/SCHMID Art 1 WA Rn 25; REITHMANN/MARTINY/VAN DIEKEN Rn 1198; SOERGEL/VHOFFMANN Art 28 Rn 398; zu Sonderregeln im Verhältnis zu den USA jedoch noch unten Rn 469).

bb) Anwendungsbereich des WA
448 In **sachlicher Hinsicht** gilt das WA (in der Fassung des Haager Protokolls, oben Rn 444) für jede Luftbeförderung von Personen, Reisegepäck und Gütern gegen Entgelt oder – bei Unentgeltlichkeit – durch ein Luftfahrtunternehmen (Art 1 Abs 1 WA). Ausgenommen ist die Beförderung von Brief- und Paketpost (Art 2 Abs 2 WA).

449 In **räumlicher Hinsicht** ist eine internationale Beförderung erforderlich. Art 1 Abs 2 WA definiert sie als jede Beförderung, bei der der vertragliche Abflug- und Bestimmungsort entweder in verschiedenen Vertragsstaaten oder zwar im selben Vertragsstaat liegen, sofern dann eine Zwischenlandung in einem anderen Vertrags- oder Nichtvertragsstaat vorgesehen ist. Ob diese **Internationalität des Fluges** gegeben ist, richtet sich allein nach der Vereinbarung der Parteien, nicht nach der tatsächlichen Durchführung des Fluges. Es ist deshalb gleichgültig, ob der Flug das vereinbarte Ziel erreicht oder die gebuchte Route einhält (MünchKomm HGB/KRONKE Art 1 WA Rn 42; RUHWEDEL 23). Nicht unter das WA fallen damit internationale Flüge, deren Abflug- und/oder Bestimmungsort in einem Nichtvertragsstaat liegt (BGH TranspR 1987, 187; OLG Frankfurt ZLW 1980, 77; OLG Köln IPRspr 1982 Nr 36). Ferner wird der **reine Inlandsflug** grundsätzlich nicht erfasst (REITHMANN/MARTINY/VAN DIEKEN Rn 1197). Das gilt auch, soweit auf einem Flug mit inländischem Abflug- und Bestimmungsort ausländisches Gebiet ohne Zwischenlandung überflogen wird. Dagegen fällt auch ein Inlandsflug dann unter das WA, wenn er sich als Teilstrecke einer einheitlich vereinbarten internationalen Beförderung darstellt, mögen auch nacheinander mehrere Luftfrachtführer die Beförderung ausführen und mögen dafür formell mehrere Verträge geschlossen worden sein (Art 1 Abs 3 WA; vgl auch BGH IPRspr 1974 Nr 32; GIEMULLA/ SCHMID Art 1 WA Rn 11; MünchKomm HGB/KRONKE Art 1 WA Rn 46 ff; REITHMANN/MARTINY/ VAN DIEKEN Rn 1197; SOERGEL/vHOFFMANN Art 28 Rn 397).

450 Der Flug von Deutschland aus an einen ausländischen (Urlaubs-, Besuchs-, Messe-, Kongress-)Ort **mit vorher gebuchtem Hin- und Rückflug** unterliegt daher stets dem WA, da Abgangs- und Bestimmungsort in einem Vertragsstaat (Deutschland) liegen und eine Zwischenlandung in einem Drittstaat stattfindet (ebenso auch GIEMULLA/ SCHMID Art 1 WA Rn 25; MünchKomm/MARTINY Art 28 Rn 170; MünchKomm HGB/KRONKE Art 1 WA Rn 44; REITHMANN/MARTINY/VAN DIEKEN Rn 1198; RUHWEDEL 24; SOERGEL/vHOFFMANN Art 28 Rn 397).

451 **Persönliche Anwendungsvoraussetzungen** stellt das WA nicht auf.

452 **Inhaltlich** sieht das WA vor allem eine vermutete Verschuldenshaftung des Luftfrachtführers (Art 17 ff WA) sowie Haftungshöchstsummen (Art 22 WA), ferner den erforderlichen Inhalt des Frachtdokuments vor (Luftfrachtbrief, Art 5 ff WA). Die Bestimmungen des WA sind zwingend (Art 32 WA) und können vor Schadenseintritt weder durch Rechtswahl noch durch Individualabrede ausgeschlossen werden (MünchKomm/MARTINY Art 28 Rn 171; MünchKomm HGB/KRONKE Art 32 WA Rn 3 ff).

453 Da das WA noch den **Goldfranken** als Rechnungseinheit verwendet, ist eine **Umrechnung** erforderlich. Für sie wird nach wie vor die vierte UmrechnungsVO vom 4. 12. 1973 (BGBl 1973 I 1815) herangezogen, obwohl deren Werte inzwischen unangemessen gering sind (vgl BGHZ 100, 340; OLG Düsseldorf RiW 1995, 420; REITHMANN/MARTINY/VAN DIEKEN Rn 1200; zu den Bedenken gegen die VO eingehend MünchKomm/MARTINY Art 28 Rn 173; ihm folgend SOERGEL/vHOFFMANN Art 28 Rn 402; für Umrechnung nach dem Marktwert des Goldes: MünchKomm HGB/KRONKE Art 22 WA Rn 17).

cc) **Anwendungsbereich des Zusatzübereinkommens von Guadalajara**

454 Das ZusatzÜbk stellt den **tatsächlich ausführenden Luftfrachtführer** dem vertraglichen gleich und unterwirft ihn ebenfalls dem WA in der ursprünglichen oder der Haager Fassung, sofern deren Anwendungsvoraussetzungen vorliegen (Art II ZusatzÜbk). Das ZusatzÜbk erfasst damit vor allem den Charterverkehr, bei dem nicht der vertragliche Luftfrachtführer, sondern ein Charterer des Flugzeugs die Beförderung durchführt.

455 Das ZusatzÜbk ist anwendbar, wenn Abflug- und Bestimmungsort in Vertragsstaaten des ZusatzÜbk liegen (MünchKomm HGB/KRONKE Art I ZAG Rn 6; REITHMANN/MARTINY/VAN DIEKEN Rn 1199).

dd) **Vertragsstatut**
α) **Personenbeförderung**

456 Außerhalb des Regelungsbereichs des WA gilt das gewählte, hilfsweise das nach Art 28 Abs 2 zu bestimmende Recht (ERMAN/HOHLOCH Art 28 Rn 44; MünchKomm/MARTINY Art 28 Rn 177 f; SOERGEL/vHOFFMANN Art 28 Rn 405, 408). Maßgebend ist das **Recht am Sitz des vertraglichen Luftbeförderers,** da die Beförderungsleistung den Vertrag charakterisiert (MünchKomm/MARTINY Art 28 Rn 178; SOERGEL/vHOFFMANN Art 28 Rn 408). Es entscheidet damit das Recht am Ort der Hauptniederlassung oder der zum Transport verpflichteten Zweigniederlassung der befördernden Fluggesellschaft (ERMAN/HOHLOCH Art 28 Rn 44; MünchKomm/MARTINY Art 28 Rn 178; SOERGEL/vHOFFMANN Art 28 Rn 408). Wann eine solche Zweigniederlassung anzunehmen ist, bestimmt sich nach den allgemeinen Grundsätzen (vgl oben Rn 87 ff). Reine Verkaufsstellen für Flugscheine – häufig mehrerer Fluggesellschaften – fallen nicht hierunter (ebenso SOERGEL/vHOFFMANN Art 28 Rn 408).

457 Bei der **Beförderung durch Private** ist das Recht an deren gewöhnlichem Aufenthaltsort maßgebend.

458 Soweit Abflug- und Bestimmungsort – wie bei einer Buchung mit Hin- und Rückflug – im selben Staat liegen, wird häufig über Art 28 Abs 5 das Recht dieses Staates zum Zug kommen (ähnlich MünchKomm/MARTINY Art 28 Rn 178; SOERGEL/vHOFFMANN aaO).

459 **Art 29** gilt für Personenflüge nur, wenn sie Teil einer Pauschalreise mit Unterbringung sind (Art 29 Abs 4 Satz 2).

β) **Güterbeförderung**

460 Mangels Rechtswahl bestimmt sich das anwendbare Recht für Luftfrachtverträge außerhalb des WA nach Art 28 Abs 4 (ERMAN/HOHLOCH Art 28 Rn 44; MünchKomm/MARTINY Art 28 Rn 178; REITHMANN/MARTINY/VAN DIEKEN Rn 1203; SOERGEL/vHOFFMANN Art 28 Rn 406; vgl ferner oben Rn 110 ff, 367). Maßgebend ist das **Recht am Ort der Hauptniederlassung des vertraglichen Luftfrachtführers,** sofern dort auch der Verlade- oder Entladeort oder die Hauptniederlassung des Absenders liegt. Eine engere Beziehung zu einem anderen Recht kann die Vermutung des Abs 4 überspielen (Art 28 Abs 5), so etwa wenn die Hauptniederlassung des Absenders, die ausführende Zweigniederlassung des Beförderers und der Verladeort im selben Staat liegen, obwohl die Hauptniederlassung des Beförderers und der Bestimmungsort sich übereinstimmend in einem anderen Staat befinden.

461 Fehlen die kombinierten Voraussetzungen für Abs 4, dann ist **das anwendbare Recht nach Abs 1** zu bestimmen. Maßgebend ist auch hier die Niederlassung des Beförderers, wenn sie durch weitere Anknüpfungsmerkmale verstärkt wird, die jenen des Abs 4 an Gewicht gleichstehen (zB der Abschlussort). Im Übrigen muss eine Abwägung zwischen allen Merkmalen erfolgen.

γ) **Charterverträge**

462 Ganz ähnlich wie im Seerecht (oben Rn 396 ff) können auch Luftcharterverträge je nach ihrer Ausgestaltung als Güterbeförderungsverträge zu qualifizieren sein. Der Chartervertrag für eine einzige Reise ist dies schon kraft gesetzlicher Definition (Art 28 Abs 4 Satz 2). Im Übrigen ist entscheidend, ob die Beförderung der Fracht oder die Gebrauchsüberlassung des Flugzeugs **der wesentliche Vertragszweck** ist. Davon hängt es ab, ob der Vertrag zwischen dem Vercharterer und dem Charterer Art 28 Abs 2 oder Abs 4 untersteht.

463 **Charterverträge für Zwecke der Personenbeförderung** unterliegen stets Art 28 Abs 2 (SOERGEL/vHOFFMANN Art 28 Rn 413; wohl auch MünchKomm/MARTINY Art 28 Rn 182). Das Vertragsverhältnis der Passagiere zum Vercharterer und Charterer ist dagegen in

erster Linie nach dem Zusatzübereinkommen von Guadalajara (oben Rn 444) zu beurteilen (MünchKomm/MARTINY aaO; REITHMANN/MARTINY/VAN DIEKEN Rn 1203). Im Übrigen gilt bei fehlender Rechtswahl das Recht am Niederlassungsort dessen, der gegenüber dem Passagier als vertraglicher Luftbeförderer auftritt (MünchKomm/MARTINY aaO).

Für Gütterchartervertträge gilt: **464**

– Die **Transportcharter** ist wie die Reisecharter im Seerecht (oben Rn 400) als Beförderungsvertrag anzusehen, da sich der Vercharterer bei ihr verpflichtet, für den Charterer nach dessen Disposition Güter mit einem bestimmten Flugzeug zu befördern (vgl SCHWENK 462 f). Der Transportchartervertrag zwischen Vercharterer und Charterer untersteht nicht dem WA (ebenso MünchKomm/MARTINY Art 28 Rn 182; REITHMANN/MARTINY/VAN DIEKEN Rn 1203; wohl **aA** SOERGEL/VHOFFMANN Art 28 Rn 412). Er ist mangels Rechtswahl nach Art 28 Abs 4 anzuknüpfen, gleichgültig, ob der Vertrag für eine einzige oder mehrere Reisen abgeschlossen wird, da der Beförderungszweck im Vordergrund steht (vgl auch GIULIANO/LAGARDE 54; **aA** REITHMANN/MARTINY/VAN DIEKEN Rn 1203; SOERGEL/VHOFFMANN Art 28 Rn 412: Art 28 Abs 4 Satz 2 schließe e contrario Transportchartervertträge über mehrere Reisen aus; offenbar für alleinige Anwendung des Art 28 Abs 2: MünchKomm/MARTINY Art 28 Rn 182). **465**

– **Mietchartervertträge** haben keine Beförderung, sondern nur die Überlassung des Flugzeugs mit Besatzung zum Ziel. Das WA gilt für die Vertragsbeziehung Vercharterer/Charterer nicht (MünchKomm/MARTINY Art 28 Rn 181; REITHMANN/MARTINY/VAN DIEKEN Rn 1203; wohl **aA** SOERGEL/VHOFFMANN Art 28 Rn 411). Sie untersteht mangels Rechtswahl dem **Recht am Niederlassungsort des Verharterers** (MünchKomm/MARTINY, REITHMANN/MARTINY/VAN DIEKEN jeweils aaO). **466**

– Die **bare-hull charter,** die Überlassung des Flugzeuges ohne Besatzung, ist wie die bare-boat charter im Seerecht als Mietvertrag einzuordnen (ebenso MünchKomm/MARTINY Art 28 Rn 180; REITHMANN/MARTINY/VAN DIEKEN Rn 1203; SOERGEL/VHOFFMANN Art 28 Rn 410 m w Nachw). Auch hier unterliegt die Rechtsbeziehung Vercharterer/Charterer nicht dem WA oder dem ZusatzÜbk (MünchKomm/MARTINY Art 28 Rn 180; REITHMANN/MARTINY/VAN DIEKEN Rn 1203; SOERGEL/VHOFFMANN Art 28 Rn 410). Ohne Rechtswahl gilt das **Recht am Sitz des Verharterers** (ebenso die in der vorigen N Zitierten). **467**

ee) Einheitliches Klauselrecht

Nahezu weltweit einheitlich schließen gewerbliche Luftbeförderer Beförderungsvertträge zu den **IATA-Beförderungsbedingungen** ab. Die IATA – International Air Transportation Association, eine private Vereinigung aller wichtigen Fluggesellschaften (vgl näher GRAN, Die IATA aus der Sicht deutschen Rechts [1998]) hat 1971 **Allgemeine Beförderungsbedingungen für Fluggäste und Gepäck** (sog ABB-Flugpassage; Text [deutsch und englisch]: ZLW 1971, 214) und bereits 1957 Vertrags- und Beförderungsbedingungen für Frachtgut (Text [deutsch]: ZWEIGERT/KROPHOLLER II Nr G 270) geschaffen, die – ähnlich wie die Incoterms der IHK – einheitliches Klauselrecht darstellen und bei Vereinbarung als AGB gelten (vgl BGHZ 86, 284 = IPRax 1984, 316 m Aufs LINDACHER IPRax 1984, 301; ebenso MünchKomm/MARTINY Art 28 Rn 175; REITHMANN/MARTINY/VAN DIEKEN Rn 1202; SOERGEL/VHOFFMANN Art 28 Rn 403). Als solche unterliegen sie der Gültigkeits- **468** prüfung nach dem anwendbaren AGB-Recht (vgl BGH aaO; GIEMULLA/SCHMIED NJW 1999, 1057 ff). Zum Intercarrier Agreement von 1955 vgl oben Rn 446.

469 Sonderbedingungen, nämlich **„Besondere Beförderungsbedingungen für den USA-Verkehr"** (Text: GIEMULLA/SCHMID WA Anh I – 11) werden in der Regel im Flugverkehr mit den USA vereinbart. Sie sehen vor allem höhere Haftungsgrenzen für Personenschäden vor als die allgemeinen IATA-Bedingungen und insbesondere das an sich geltende WA (bis 75 000 US$ pro Passagier).

g) **Internationaler multimodaler Transport***
aa) **Materielles Einheitsrecht**

470 Für den durchgehenden Gütertransport mit unterschiedlichen Verkehrsträgern, etwa zunächst auf der Schiene, dann auf der Straße (sog multimodaler oder kombinierter Transport) sieht das **UN-Übereinkommen über die internationale multimodale Güterbeförderung (MTC)** vom 24. 5. 1980 materielles Einheitsrecht vor (Text [engl, franz]: Rev dr unif 1980 II 156; [vorläufige deutsche Übersetzung]: TranspR 1981, 67). Der Sache nach behandelt es den Gesamttransport als einen Vorgang, für den ein einheitliches Haftungsregime (Art 14 ff MTC) gilt und ein einheitliches Frachtdokument (Art 5 ff MTC) auszustellen ist. Doch ist das Übk derzeit (1. 1. 2000) noch nirgends in Kraft.

471 Zu einem – kleinen – Teil regeln allerdings die geltenden Transportrechtskonventionen bereits selbst solche Beförderungen, bei denen streckenweise andere Transportmittel eingesetzt werden.

472 – So bleibt die **CMR insgesamt anwendbar,** auch wenn das beladene Fahrzeug für eine Teilstrecke seinerseits zu Wasser, auf dem Schienen- oder Luftweg befördert wird (Art 2 Abs 1 Satz 1 CMR). Nur wenn ein Schaden nachweisbar auf einer der anderen Teilstrecken eingetreten ist, richtet sich die Haftung nach dem Regime für diese Teilstrecke (Art 2 Abs 1 Satz 2; vgl aus der Rspr OLG Düsseldorf TranspR 1997, 198).

473 – Bei der Eisenbahnbeförderung erfasst die COTIF auch solche **durchgehenden internationalen Transporte,** die außer auf Eisenbahnlinien auf – in der Streckenliste eingetragenen – Linien zu Land oder zu Wasser erfolgen (Art 2 § 2 COTIF).

474 – Dagegen beschränkt sich die **Anwendbarkeit des WA** beim kombinierten Transport auf die Luftbeförderung, soweit diese unter das WA fällt (Art 31 WA).

bb) **Vertragsstatut**

475 Für einen einheitlichen Frachtvertrag mit mehreren Transportarten ist Rechtswahl zulässig, sofern nicht zwingendes Konventionsrecht (vgl Rn 472 ff) eingreift (OLG Düsseldorf TranspR 1995, 77; FREMUTH/THUME/FREMUTH Vor §§ 425 HGB ff Rn 92; REITHMANN/MARTINY/VAN DIEKEN Rn 1265; SOERGEL/vHOFFMANN Art 28 Rn 478). Ohne Rechtswahl bestimmt sich das anwendbare Recht nach Art 28 Abs 4. Maßgebend ist die **Hauptniederlassung des Beförderers, der den Gesamttransport organisiert** (sog Multimodal/Combined

---

* **Schrifttum** (vgl Rn 362): BASEDOW, in FS Herber; MÜLLER-FELDHAMMER, Die Haftung des Unternehmers beim multimodalen Transport für Güterschäden und Güterverluste aus dem Beförderungsvertrag (1996).

Transport Operator bzw MTO oder CTO), **wenn im gleichen Staat der Verlade- oder Entladeort oder die Hauptniederlassung des Absenders liegt.** Dabei wird auf den ersten Verladeort und den endgültigen Entladeort als Ausgangspunkt und Zielort der Beförderung abzustellen sein (ebenso SOERGEL/vHOFFMANN Art 28 Rn 478), während Umladungsorte nur im Rahmen des Art 28 Abs 5 kollisionsrechtliches Gewicht gewinnen.

Bei deutschem Vertragsstatut galt bis zum Inkrafttreten des Transportrechtsreformgesetzes am 1. 7. 1998 für die Haftung des multimodalen Beförderers die **Haftungsordnung desjenigen Transportmittels, bei dessen Verwendung der Schaden entstanden war** (sog Network Liability System; BGHZ 101, 172; OLG Düsseldorf RiW 1995, 417; OLG Frankfurt RiW 1995, 418; FREMUTH/THUME/FREMUTH Vor §§ 425 HGB Rn 97; HERBER TranspR 1990, 8; MünchKomm/MARTINY Art 28 Rn 416; RABE § 656 Anh Anm C 4 a; REITHMANN/MARTINY/VAN DIEKEN Rn 1262; SCHMIDT, Handelsrecht § 32 VI 2 c; SOERGEL/vHOFFMANN Art 28 Rn 479 m w Nachw). Den Schadensort muss der Frachtführer beweisen (BGH aaO; OLG Frankfurt aaO). Blieb der **Ort des Schadenseintritts unbekannt,** dann griff das dem Geschädigten günstigste Recht durch (BGH aaO; OLG Düsseldorf TranspR 1997, 198; RABE, REITHMANN/ MARTINY/VAN DIEKEN, SOERGEL/vHOFFMANN jeweils aaO). Für multinationale Transportverträge, die nach dem 1. 7. 1998 geschlossen werden, galten die §§ 452 ff nF HGB. Danach ist bei bekanntem Schadensort das Recht dieser Teilstrecke anzuwenden (§ 452 a HGB) und bei unbekanntem Schadensort dagegen die Einheitshaftung nach §§ 452 ff nF HGB (vgl eingehend FREMUTH/THUME/FREMUTH, Kommentar § 452 Rn 23 ff, § 452 a Rn 1 ff). **476**

cc) Allgemeine Geschäftsbedingungen

Da vereinheitlichte Regeln zum multimodalen Transport bisher nicht in Kraft sind, hat das einheitliche Klauselrecht der Praxis hier besondere Bedeutung. Verbreitet verwendet werden etwa die von der internationalen Spediteursvereinigung FIATA (Fédération Internationale des Associations de Transitaires et Assimilés) erarbeiteten und von der IHK gebilligten **Standardbedingungen für einen Combined Transport Bill of Lading** oder **FBL** (Text in TranspR 1988, 88; ICC-Publikation Nr 481; näher dazu FREMUTH/THUME/FREMUTH, Kommentar § 452 d Rn 15 ff; MÜLLER-FELDHAMMER TranspR 1994, 272; REITHMANN/MARTINY/VAN DIEKEN Rn 1264; SCHIMMELPFENNIG TranspR 1988, 53 ff; SOERGEL/ vHOFFMANN Art 28 Rn 483). Wie auch sonst ist dies Klauselrecht nur bei entsprechender Vereinbarung anzuwenden und untersteht der AGB-Kontrolle des Vertragsstatuts. **477**

25. Speditionsvertrag*

Der Speditionsvertrag (forwarding agency) verpflichtet den Spediteur, dafür zu sorgen, dass Güter des Versenders durch Dritte befördert werden. Im Gegensatz zum Frachtvertrag muss der **Spediteur nicht selbst für die Beförderung einstehen.** Tut er es, so ist der Vertrag als Frachtvertrag zu qualifizieren. Die problematische Frage, dass sich erst aus dem anwendbaren Recht ergeben kann, wann ein Spediteur zugleich Frachtführer ist (vgl etwa §§ 412, 413 HGB), ist durch rechtsvergleichend-autonome Festlegung des Begriffs des Beförderers zu beantworten (vgl oben Rn 117 m Nachw). Entscheidend ist damit allein, ob **nach der Parteivereinbarung** – unbeschadet ihrer **478**

---

* **Schrifttum** (vgl auch Rn 362): ARZADE, Der Frachtführerbegriff der CMR als Problem der internationalen Zuständigkeit, TranspR 1992, 341.

Wirksamkeit und ergänzt durch internationale Gebräuche und Gepflogenheiten – eine **Beförderungspflicht** anzunehmen ist. Abzulehnen ist dagegen eine lex-fori-Qualifikation, die aus der Anwendung der §§ 412, 413 HGB erschließt, ob reines Speditions- oder aber Frachtrecht, dieses unter Einschluss zwingenden Konventionsrechts, gilt (so zT die Rechtsprechung bei der Anwendung der Transportrechtskonventionen: vgl etwa BGHZ 65, 340; BGHZ 83, 96; OLG Düsseldorf TranspR 1994, 441; zu Recht dagegen Münch-Komm/MARTINY Art 28 Rn 163; ebenso auch ARZADE TranspR 1992, 342; REITHMANN/MARTINY/ VAN DIEKEN Rn 1149).

479 Internationales **Einheitsrecht besteht für das Speditionsgeschäft** bisher **nicht.** Die Transportrechtskonventionen erfassen nur Frachtverträge, schließen den reinen Speditionsvertrag ohne Beförderungspflicht jedoch nicht ein (vgl etwa OLG München RiW 1997, 71 für das WA; eingehende Übersicht bei REITHMANN/MARTINY/VAN DIEKEN Rn 1149 ff; ferner SOERGEL/VHOFFMANN Art 28 Rn 251). Doch werden in weitem Umfang von Spediteurskreisen geschaffene Klauselwerke verwendet (vgl nächste Rn).

480 Eine **Rechtswahl** ist zulässig. Ist auf die ADSp Bezug genommen, so liegt darin gemäß § 65 lit c ADSp die Vereinbarung deutschen Rechts, sofern die Einbeziehung der ADSp ihrerseits nach deutschem Recht wirksam ist (Art 27 Abs 4 iVm Art 31 Abs 1 EGBGB). Insoweit genügt es für die **Einbeziehung,** wenn der ausländische Vertragspartner eines deutschen Spediteurs weiß oder wissen muss, dass der Spediteur nur zu den ADSp abzuschließen pflegt (vgl BGH IPRspr 1981 Nr 40; OLG Hamburg RiW 1987, 149; OLG Hamburg RiW 1997, 70; KOLLER Vor § 1 ADSp Rn 9; REITHMANN/MARTINY/VAN DIEKEN Rn 1144). Mit der **Geltungsvermutung der ADSp** geht die deutsche Rechtsprechung recht weit: Ein niederländisches Spediteursunternehmen mit internationaler Geschäftsausrichtung, das einen deutschen Spediteur beauftragt, muss die ADSp gegen sich gelten lassen. Es kann sich nicht darauf berufen, dass es selbst nur zu den eigenen nationalen SpeditionsAGB abzuschließen pflege (so OLG Hamburg RiW 1997, 40).

481 Mangels Rechtswahl untersteht der Speditionsvertrag gemäß Art 28 Abs 2 dem **Recht am Sitz** – Niederlassungs- oder gewöhnlichen Aufenthaltsort – **des Spediteurs** (ebenso VBAR II Rn 523; MünchKomm/MARTINY Art 28 Rn 162; REITHMANN/MARTINY/VAN DIEKEN Rn 1140; SOERGEL/VHOFFMANN Art 28 Rn 83, 253). Nur soweit der konkrete Vertrag auch eine Beförderungspflicht des Spediteurs zum Gegenstand hat, ist dagegen Art 28 Abs 4 anzuwenden (vgl die in der vorigen N Zitierten). Die wohl **hM** unterstellt Speditionsverträge dagegen ganz generell Art 28 Abs 4 (vgl OLG Hamburg IPRspr 1989 Nr 62; OLG Düsseldorf RiW 1994, 597; OLG Hamburg IPRspr 1998 Nr 49 A; ERMAN/HOHLOCH Art 28 Rn 25; PALANDT/HELDRICH Art 28 Rn 6). Doch spricht gegen diese Auffassung die gesetzgeberische Motivation. Der Bericht von GIULIANO/LAGARDE bezeichnet als Beförderer iSd Art 4 Abs 4 EVÜ (= Art 28 Abs 4 EGBGB) denjenigen, „der sich zur Beförderung der Güter verpflichtet, gleichgültig ob er diese selbst durchführt oder von einem Dritten durchführen lässt." (GIULIANO/LAGARDE 54). Danach soll offenbar die Beförderungspflicht und die Übernahme des spezifischen Transportrisikos die erfassten Beförderungsverträge kennzeichnen. Wichtiger erscheint, dass der Begriff des Güterbeförderungsvertrages im EVÜ ebenso wie in den internationalen Transportrechtskonventionen verstanden werden sollte, die den reinen Speditionsvertrag ebenfalls nicht einschließen (vgl oben Rn 479).

482 Die Verträge, die der Spediteur seinerseits mit Frachtführern, Zwischenspediteuren etc über die Beförderung der Fracht abschließt, unterstehen ihrem jeweils eigenen Statut (ebenso MünchKomm/Martiny Art 28 Rn 162; Soergel/vHoffmann Art 28 Rn 254).

26. Versicherungsvertrag

Für Versicherungsverträge (insurance contracts, contrats d'assurance) gelten **weitgehend besondere Kollisionsregeln,** so die Art 7 ff EGVVG sowie die Ausschlussvorschrift des Art 37 Nr 4 EGBGB (vgl ausführlich Staudinger/Armbrüster Art 37 Anh I und die Literaturangaben dort; Kropholler § 52 VI; Uebel passim). Die von diesen Regeln nicht erfassten Versicherungsverträge, nämlich Verträge über außerhalb des EWR belegene Risiken und Rückversicherungsverträge, unterfallen jedoch den Art 27–29 EGBGB (Armbrüster ZVersWiss 1995, 145; Kramer 26; Kropholler aaO; E Lorenz ZVersWiss 1991, 126; MünchKomm/Martiny Art 37 Rn 53; Reithmann/Martiny/Schnyder Rn 1099; Soergel/vHoffmann Art 37 Rn 138; offenbar aA – Fortgeltung der vor der IPR-Reform bestehenden Kollisionsregeln – Kegel/Schurig § 18 I 1 b bb). Nur um diese Versicherungsverträge geht es hier; zu den Sonderregelungen vgl dagegen Staudinger/Armbrüster Art 37 Anh I. 483

Ob ein **Risiko außerhalb des europäischen Wirtschaftsraums (EU-Staaten und Norwegen, Lichtenstein sowie Island) belegen** ist, entscheidet die lex fori (Art 37 Nr 4 Satz 2 EGBGB). Insoweit haben die deutschen Gerichte Art 7 Abs 2 EGVVG (= Art 2 lit d der 2. Richtlinie zur Koordinierung der Rechts- und Verwaltungsvorschriften über die Direktversicherung... vom 22.6.1988, ABl EG 1988 L 172/1) heranzuziehen, der die Belegenheit versicherungsrechtlicher Risiken jedenfalls auch internrechtlich festlegt (vgl auch Basedow/Drasch NJW 1991, 787; Kropholler § 52 VI 1; E Lorenz ZVersWiss 1991, 127; Staudinger/Armbrüster Art 37 Anh I Rn 33; ferner MünchKomm/Martiny Art 37 Rn 46 ff). 484

Freie Rechtswahl ist für die unter Art 27 ff fallenden Versicherungsverträge zulässig (vBar II Rn 458; Fricke VersR 1994, 776 f; Kramer 27; Kropholler § 52 VI 2; E Lorenz ZVersWiss 1991, 127; MünchKomm/Martiny Art 37 Rn 54; Reithmann/Martiny/Schnyder Rn 1100; Soergel/vHoffmann Art 37 Rn 138). Fehlt eine Rechtswahl, so ist die engste Beziehung nach der Vermutungsregel des Art 28 Abs 2 zu bestimmen. Nach hM erbringt der **Versicherer die charakteristische Leistung.** Damit ist das Recht am Ort seiner Hauptniederlassung bzw derjenigen Zweigniederlassung maßgebend, die die Versicherungsleistung zu erbringen hat (OLG Stuttgart NJW-RR 1990, 624; OLG Karlsruhe WM 1993, 893 f; Giuliano/Lagarde 52 f; Basedow/Drasch NJW 1991, 789; Kramer 32; Kropholler § 52 VI 2; E Lorenz, in: FS Kegel [1987] 327; ders ZVersWiss 1991, 128; Mankowski, Seerechtliche Vertragsverhältnisse 571 f; MünchKomm/Martiny Art 37 Rn 56 f; Reichert/Facilides IPRax 1990, 8; Reithmann/Martiny/Schnyder Rn 1109; ebenso für das EVÜ: Kaye 140; Dicey/Morris II 33-117, 33-131; Lagarde Rev crit 1991, 309; Purves IntJInsL [1997] 155; ebenso die ganz hM in der Schweiz: Heini/Keller/Kren Koskiewicz Art 117 Rn 106, 121 m Nachw). 485

Nach aA soll dagegen das Recht des Ortes gelten, an dem das zu versichernde Risiko belegen ist (so Fricke Vers 1994 Nr 788; Soergel/vHoffmann Art 28 Rn 143) oder an dem der Versicherungsnehmer seinen Sitz hat (so Armbrüster ZVersWiss 1995, 146; Prölss/Martin/Prölss Vor Art 7 EGVVG Anm II 4 b bb; Staudinger/Armbrüster Art 37 Anh I Rn 11 f). Begründet werden die abweichenden Auffassungen vor allem mit dem Argument, dass sich keine charakteristische Leistung feststellen lasse, da der Versicherer im Versicherungsfall nur Geld leiste (so Armbrüster, Fricke, Prölss/Martin/Prölss aaO). 486

Indessen trägt dieses Argument – wie auch beim Darlehen – nicht. Sein Gepräge erhält der Versicherungsvertrag dadurch, dass der Versicherer unmittelbar nach Eintritt des Versicherungsfalles Deckung in vereinbarter Höhe zu leisten hat, während die **Prämienzahlungspflicht des Versicherungsnehmers** als Gegenleistung für den versprochenen Versicherungsschutz demgegenüber **uncharakteristisch** ist. Zudem überzeugt die grundsätzliche Anknüpfung an den Belegenheitsort des Risikos jedenfalls in den zahlreichen Fällen nicht, in denen es um Versicherungen zu transportierender Güter – außerhalb des EWR – geht. Ferner besteht kein Grund – über Art 29 EGBGB hinaus –, die Interessen des häufig gewerblichen Versicherungsnehmers kollisionsrechtlich jenen des Versicherers vorzuziehen (**aA** insbes STAUDINGER/ARMBRÜSTER Art 37 Anh I Rn 11).

487 Das **Sitzrecht des Versicherers** gilt nicht nur für die **Erstversicherung** von Risiken außerhalb des EWR, sondern auch für **Rückversicherungen,** soweit hier ausnahmsweise eine Rechtswahl fehlt. Maßgebend ist dann grundsätzlich das Sitzrecht des Rückversicherers, da er die charakteristische Versicherungsleistung zu erbringen hat (AIG Group [UK] Ltd ./. The Ethniki [1998] 4 All E.R. 301 [310]; ebenso mit umfassender Begründung KRAMER 33 ff [46]; ferner CZERNICH/HEISS/CZERNICH Art 4 Rn 164; vBAR II Rn 531; BASEDOW, in: REICHERT/FACILIDES 97; DEUTSCH, Versicherungsvertragsrecht[3] [1993] 34 f; DICEY/MORRIS II 33–199 f, 1381; PURVES IntJInsL [1997] 155). Nach **hM** in Deutschland gilt für die Rückversicherung dagegen das Sitzrecht des Erstversicherers (so ARMBRÜSTER ZVersWiss 1995, 147 f; FRICKE VersRn 1994, 779; E LORENZ, in: FS Kegel 327 f; MünchKomm/MARTINY Art 37 Rn 70; REITHMANN/MARTINY/SCHNYDER Rn 1110; RITTER 98; ROTH 580 ff [590]; SOERGEL/vHOFFMANN Art 37 Rn 144; STAUDINGER/ARMBRÜSTER Art 37 Anh I Rn 13; für die Schweiz ebenso VISCHER/HUBER/OSER Rn 583; AMSTUTZ/VOGT/WANG Art 117 Rn 58).

488 Besondere Fallumstände können allerdings wie stets zur Anwendung eines enger verbundenen Rechts führen (Art 28 Abs 5). Das mag insbesondere bei der **Rückversicherung durch mehrere Versicherer** aus verschiedenen Staaten in Betracht kommen.

489 Schließen Verbraucher Versicherungen über Risiken außerhalb des EWR ab – an Rückversicherungen sind nur Unternehmen beteiligt –, dann ist **Art 29** EGBGB zu beachten, dessen Begriff der Dienstleistung auch Versicherungen umfasst (vgl GIULIANO/LAGARDE 45, 56; DICEY/MORRIS II 33–127; KRAMER 67; KROPHOLLER § 52 VI 2; E LORENZ ZVersWiss 1991, 128; MünchKomm/MARTINY Art 37 Rn 62; SOERGEL/vHOFFMANN Art 37 Rn 146; zur Frage, ob **Art 29** auch für Versicherungsverträge über **Risiken im EWR** gilt, vgl näher Art 29 Rn 45, 53 und STAUDINGER/ARMBRÜSTER Art 37 Anh I Rn 14 ff).

490 **Zwingendes deutsches Versicherungsvertragsrecht** als international zwingend iSd Art 34 EGBGB anzusehen, wird zu Recht nur in sehr begrenztem Umfang erwogen: so etwa für § 6 VVG – Verschuldenserfordernis für die Verwirkung von Versicherungsansprüchen; §§ 99 ff VVG – Schutzvorschriften für Grundpfandgläubiger (vgl FRICKE VersR 1994, 781; KRAMER 55 ff [m weiteren Vorschlägen]; REICHERT/FACILIDES IPRax 1990, 12; REITHMANN/MARTINY/SCHNYDER Rn 1131 m w österreichischen Vorschlägen; SOERGEL/vHOFFMANN Art 37 Rn 152; ablehnend BASEDOW/DRASCH NJW 1991, 790; näher zum Ganzen STAUDINGER/ARMBRÜSTER Art 37 Anh I Rn 17 ff).

5. Abschnitt. Schuldrecht.
1. Unterabschnitt. Vertragliche Schuldverhältnisse

27. Sicherungsverträge

a) Allgemeines

Sicherungsverträge verpflichten den Sicherungsgeber dem Sicherungsnehmer gegenüber dazu, dann einzutreten, wenn der Sicherungsnehmer die primär versprochene Leistung nicht erhält. Bisher existiert kein allgemeines staatsvertragliches Einheits- oder Kollisionsrecht für Verträge, die auf diese Weise eine Absicherung der anderen Vertragspartei bezwecken. Doch haben die Vereinten Nationen für den Bereich der **Vertragsgarantien** und Stand-by Letters materielles **Einheitsrecht** geschaffen (UN Convention on Independent Guarantees and Stand-by Letters of Credit vom 11. 12. 1995; vgl unten Rn 503). Ferner hat die IHK für Vertragsgarantien einheitliches Klauselrecht entwickelt, das vielfach verwendet wird (vgl unten Rn 503, 506).

Das anwendbare Recht kann für Sicherungsverträge stets vereinbart werden. Schranken folgen uU aus Art 34 und ggfs aus Art 6. **Art 29** erfasst Sicherungsgeschäfte grundsätzlich nicht. Doch dürften sie dann unter die Vorschrift fallen, wenn sie einen Kredit absichern sollen, der seinerseits der Finanzierung eines Verbraucherkaufs oder eines Verbraucherdienstleistungsgeschäfts dienen soll.

Mangels Rechtswahl ist für Sicherungsgeschäfte danach zu unterscheiden, welche Sicherheit vereinbart wird. Für Schuldverträge, die ein **Grundpfandrecht oder sonstiges Grundstücksrecht** als Sicherheit vorsehen, gilt nach Art 28 Abs 3 das Recht am **Belegenheitsort des Grundstücks** (vgl auch oben Rn 102). Im Übrigen entscheidet das **Recht am Sitz dessen, der die Sicherheit stellt.** Er erbringt die charakteristische Vertragsleistung (BT-Drucks 10/504, 78; Giuliano/Lagarde 53 [für Bürgschaft]; Czernich/Heiss/Czernich Art 4 Rn 137 [zum EVÜ]). Maßgebend ist sein gewöhnlicher Aufenthalt und – bei Berufs- oder Gewerbebezug des Geschäfts – seine Niederlassung. Die – oft stillschweigende – **Sicherungsabrede,** die die Sicherheit und das zu sichernde Geschäft durch eine Zweckbindung miteinander verknüpft, untersteht im Zweifel ebenfalls dem Recht am Sitz dessen, der die Sicherheit zu leisten hat. Der Gedanke der charakteristischen Leistung gilt auch hier.

Ähnliche Funktionen wie eine Garantie hat ein **Vertragsstrafeversprechen,** das allerdings der Verpflichtete stets selbst abgibt. Wegen des engen Zusammenhanges mit dem zu erfüllenden Vertrag untersteht es dessen Statut (so inzident BGH WM 1997, 560 [561]).

Bei Sicherungsgeschäften liegt es besonders nahe, dass ihr **enger Zusammenhang mit einem anderen Geschäft** gemäß Art 28 Abs 5 zur Anwendung des Rechts führt, das für dieses andere Geschäft gilt. Indessen genügt es für Art 28 Abs 5 allein noch nicht, dass die zu sichernde Forderung bei einer selbständigen Anknüpfung nach Art 28 Abs 2 einem anderen Statut untersteht als der Sicherungsvertrag; denn das ist der Regelfall, für den die Anknüpfungsvermutung des Art 28 Abs 2 gerade gilt (ähnlich für die Bürgschaft Giuliano/Lagarde 53). Es müssen deshalb weitere Elemente hinzutreten, wenn ein anderes Statut als näher verbunden betrachtet werden soll.

b) Bürgschaft*

496 Als Bürgschaft ist ein Vertrag zu qualifizieren, durch den sich der Bürge dem Vertragspartner gegenüber verpflichtet, ihm für die Schuld eines anderen einzustehen, falls dieser nicht leistet. Die Bürgschaft ist grundsätzlich selbständig anzuknüpfen.

497 Eine Rechtswahl ist zulässig (BGHZ 121, 224 = ZEuP 1994, 493 m Anm BÜLOW; OLG Düsseldorf NJW 1990, 640). Im Übrigen gilt das **Recht am gewöhnlichen Aufenthaltsort des Bürgen,** und soweit die Bürgschaft der beruflich/gewerblichen Tätigkeit des Bürgen zuzurechnen ist, dem **Recht am Ort seiner gewerblichen Niederlassung** (BGH aaO [228]; LG Hamburg RiW 1993, 144 [145]; OLG Frankfurt RiW 1995, 1033 m Anm MANKOWSKI; OLG Saarbrücken WM 1998, 2466; vBAR II Rn 496; ERMAN/HOHLOCH Art 28 Rn 51; vHOFFMANN § 10 Rn 62; HONSELL/VOGT/SCHNYDER Art 117 Rn 51; MünchKomm/MARTINY Art 28 Rn 220; PALANDT/ HELDRICH Art 28 Rn 20; REITHMANN/MARTINY/MARTINY Rn 1023; SEVERAIN 30 ff). Denn die charakteristische Leistung erbringt der Bürge (außer den Vorgenannten auch GIULIANO/ LAGARDE 53; KROPHOLLER § 52 III 3 f). Bei **Bankbürgschaften** entscheidet damit der Sitz der bürgenden Bank. Die genannten Anknüpfungsregeln gelten auch für **Prozessbürgschaften** (PALANDT/HELDRICH Art 28 Rn 20; für die Geltung der lex fori aber FUCHS RiW 1996, 288). Zum **Schuldbeitritt** vgl STAUDINGER/HAUSMANN Art 33 Rn 73 ff.

498 Wie auch sonst spielt dagegen der Abschluss- oder der Erfüllungsort keine Rolle, ebenso wenig der Sitz des Gläubigers oder des Schuldners der Hauptforderung. Auch das Statut der Hauptforderung ist für die Regelanknüpfung der Bürgschaft grundsätzlich ohne Belang (vHOFFMANN § 10 Rn 62; KROPHOLLER § 52 III 3 f; MünchKomm/MARTINY Art 28 Rn 220; SOERGEL/vHOFFMANN Art 28 Rn 285). Eine Kumulierung dieser Umstände oder ein sehr enger Zusammenhang der Bürgschaft mit dem gesicherten Geschäft kann aber über Art 28 Abs 5 zu einem anderen Recht als dem des Bürgen führen.

499 Dem Bürgschaftsstatut unterstehen die **Begründung der Bürgschaft,** ihre **Akzessorietät,** die **Modalitäten der Haftung** des Bürgen, insbesondere mögliche **Einwendungen,** sowie die **Folgen** der Inanspruchnahme des Bürgen wie ein etwaiger Forderungsübergang und Regress (eingehend REITHMANN/MARTINY/MARTINY Rn 1026 ff; ferner ERMAN/ HOHLOCH Art 28 Rn 51; MünchKomm/MARTINY Art 28 Rn 221 ff; PALANDT/HELDRICH Art 28 Rn 20; SOERGEL/vHOFFMANN Art 28 Rn 287). Nach dem Recht der Hauptschuld richtet sich dagegen, was der Bürge zu leisten hat (ERMAN/HOHLOCH aaO; MünchKomm/MARTINY Art 28 Rn 222; PALANDT/HELDRICH aaO).

500 Die **Form des Bürgschaftsvertrages** beurteilt sich nach Art 11 EGBGB. Es genügt also die Form, die das Recht des Bürgschaftsvertrages oder des Abschlussortes fordert (BGH WM 1993, 496).

501 Familienrechtliche, insbesondere eherechtliche **Schranken** (zB Interzessionsverbote) oder Zustimmungserfordernisse für Bürgschaftsverträge unterstehen nicht dem Bürgschaftsstatut, sondern sind nach überwiegender Ansicht nach dem Ehewirkungs- bzw Güterrechtsstatut zu beurteilen (ERMAN/HOHLOCH Art 28 Rn 51; Münch-

---

* **Schrifttum:** HANISCH, Bürgschaft mit Auslandsbezug, IPRax 1987, 47; HORZ, Bürgschaften und Garantien (7. Aufl 1997); REICH, Grundgesetz und internationales Vertragsrecht, NJW 1994, 2128; SEVERAIN, Die Bürgschaft im deutschen internationalen Privatrecht (Diss Mainz 1990).

5. Abschnitt. Schuldrecht.
1. Unterabschnitt. Vertragliche Schuldverhältnisse

Komm/Martiny Art 28 Rn 224; Palandt/Heldrich Art 28 Rn 20; Soergel/vHoffmann Art 28 Rn 289; **anders** – Bürgschaftsstatut – jedoch BGH NJW 1977, 1011 m abl Anm Jochem = JZ 1977, 438 m abl Anm Kühne).

International zwingende Vorschriften iSd Art 34 schreibt das deutsche Bürgschafts- **502** recht nicht vor (im gleichen Sinn Martiny ZEuP 1995, 85 f; **aA** aber Reich NJW 1994, 2128 ff).

Gegen den deutschen **ordre public** (Art 6) können aber im Einzelfall nach auslän- **503** dischem Recht wirksame Bürgschaftsverträge verstoßen, die unter Ausnutzung besonderen Vertrauens oder besonderer Abhängigkeit – etwa von nahen Familienangehörigen – oder unter Ausnutzung entschädigungsloser Enteignung (BGHZ 104, 240 = IPRax 1989, 235 m Aufs Behrens IPRax 1989, 217) zustande gekommen sind und zu einer unzumutbaren Haftung des Bürgen führen. Die internrechtliche Beurteilung solcher Verträge als sittenwidrig, die vor allem auf **Grundrechtspositionen** gestützt wird (vgl BVerfGE 89, 214; BVerfG WM 1994, 1837), ist – bei hinreichender Inlandsbeziehung – auch im Kollisionsrecht zu beachten (ähnlich Martiny ZEuP 1995, 85 f; weitergehend aber Reich NJW 1994, 2128 ff: Grundrechtsverletzungen seien stets über Art 34 EGBGB zu beachten).

c) Garantievertrag*

Der Garantievertrag verpflichtet den Garanten zur Schadloshaltung für den Fall, **504** dass der garantierte Erfolg nicht eintritt, insbesondere eine bestimmte Verbindlichkeit nicht erfüllt wird. Im Gegensatz zur Bürgschaft ist bei Garantieverträgen der Anspruch aus der Garantie nicht daran geknüpft, dass die zu sichernde Hauptforderung auch besteht.

aa) Einheitsrecht

Materielles Einheitsrecht enthält die **UN Convention on Independent Guarantees and** **505** **Stand-by Letters of Credit** vom 11. 12. 1995 (Text [engl]: und erläuternder Bericht in UNCITRAL-Dokument A/CN. 9/431 vom 4. 7. 1996; ferner Horn RiW 1997, 717 ff; de Ly, The Convention on Independent Guarantees and Stand-by Letters of Credit, Int Lawyer 33 [1999] 831; Buch, UN-Konvention über unabhängige Garantien und Stand-by-Letters of Credit: Eine rechtsvergleichende Untersuchung des neuen UN-Bankgarantierechts unter besonderer Berücksichtigung des deutschen und US-amerikanischen Rechts [Diss Heidelberg 2000]; Heidbüchel, Das UNCITRAL-Übereinkommen über unabhängige Garantien und Standby Letters of Credit. Vergleiche mit den Richtlinien der Internationalen Handelskammer, dem deutschen, englischen und US-amerikanischen Recht [1999]; Liensch, Internationale Bankgarantien und die UN-Konvention über unabhängige Garantien und Stand-by Letters of Credit [1999]). Sie regelt weitgehend die Rechte und Pflichten aus Vertragsgarantien, auch solchen auf erstes Anfordern,

---

* **Schrifttum:** Bertrams, Bank Guarantees in International Trade (2. Aufl 1996); Eschmann, Die Auslegungsfähigkeit eines Standby Letter of Credit, RiW 1996, 913; Goerke, Kollisionsrechtliche Probleme internationaler Garantien (1982); Horn, Die UN-Konvention über unabhängige Garantien, RiW 1997, 717; Nielsen, Internationale Bankgarantie, Akkreditiv und anglo-amerikanisches Stand-by nach Inkrafttreten des ISP 98, WM 1999, 2005 (Teil 1), 2049 (Teil 2); Schefold, Die rechtsmissbräuchliche Inanspruchnahme von Bankgarantien und das Kollisionsrecht, IPRax 1995, 118; Schwander, Die international-privatrechtliche Behandlung der Bankgarantien, in: FS Kleiner (1993) 41; Siebelt, Garantien für Kapitalanlagen im Ausland, NJW 1994, 2860; vWestphalen, Die Bankgarantie im internationalen Handelsverkehr (2. Aufl 1990).

und Stand-by Letters. In ihren Lösungen befindet sich die Konvention in Übereinstimmung mit den Einheitlichen Richtlinien über Vertragsgarantien und den Einheitlichen Richtlinien für auf Anfordern zahlbare Garantien der IHK (ICC-Publ Nr 438; ferner unten Rn 506). Seit dem 1. 1. 2000 ist die UN-Konvention in Ecuador, El Salvador, Kuwait, Panama und Tunesien in Kraft. In räumlich Hinsicht ist die Konvention – nach dem Muster des UN-Kaufrechts – anwendbar, wenn entweder der Garant seine Niederlassung in einem Vertragsstaat hat oder das IPR des angerufenen Forums zum Recht eines Vertragsstaates führt (Art 1 Abs 1). Ferner müssen die an der Garantie/ dem Stand-by Letter Beteiligten in zwei verschiedenen Staaten niedergelassen sein (Art 4 Abs 1). Damit kann das Übereinkommen, das Deutschland bisher nicht ratifiziert hat, von deutschen Gerichten bereits jetzt anzuwenden sein.

bb) Anwendbares Recht

506 Eine Rechtswahl ist stets zulässig. Wie auch sonst kann sie in der Vereinbarung einer ausschließlichen Gerichtzuständigkeit zu sehen sein (vgl OLG Frankfurt RiW 1998, 477 für Stand-by Letter of Credit). Mangels Rechtswahl untersteht der Garantievertrag dem **Recht der Niederlassung oder des gewöhnlichen Aufenthaltsorts des Garanten.** Dieser erbringt die charakteristische Leistung; er muss ihren Umfang daher der ihm vertrauten Rechtsordnung entnehmen können (BGH NJW 1996, 2569 [2570]; OLG Köln RiW 1992, 145; Cour de Cassation JCP 1997 II J. 22827 m Anm MUIR WATT; Hoge Raad NIPR 1997 Nr 116; vBAR II Rn 499; ERMAN/HOHLOCH Art 28 Rn 51; MünchKomm/MARTINY Art 28 Rn 226; REITHMANN/MARTINY/MARTINY Rn 1034; SOERGEL/VHOFFMANN Art 28 Rn 296; ebenso auch Art 22 UN Convention on Independant Guarantees and Stand-by Letters of Credit sowie Art 10 der Einheitlichen Richtlinien über Vertragsgarantien und Art 27 der Einheitlichen Richtlinien über auf Anfordern zahlbare Garantien der ICC). Der Grundsatz gilt auch für **Bankgarantien** (BGH aaO; OLG Köln aaO; BERTRAMS 349; GOERKE 90 ff; HELDRICH, in: FS Kegel 184 f; vWESTPHALEN 324). Der Grundsatz ist ferner auf Sonderformen der Garantie anzuwenden wie die bestätigte, die indirekte und die Rückgarantie (MünchKomm/MARTINY Art 28 Rn 229 ff; SOERGEL/VHOFFMANN Art 28 Rn 301 ff). Ebenso kommt es für die Standby Letters of Credit im Zweifel auf den Sitz des Ausstellers an (ESCHMANN RiW 1996, 914; vgl näher unten Rn 563 ff).

Die Inanspruchnahme der Garantie muss grundsätzlich in der Sprache erklärt werden, in der das Garantieversprechen abgefasst ist oder die die Beteiligten ausdrücklich oder stillschweigend vereinbart haben. Doch genügt es auch, wenn der Berechtigte die Sprache am Sitz des Garantieverpflichteten verwendet. Missverständnisse gehen dann allerdings zu Lasten des Berechtigten (BGH NJW 2001, 2480).

507 Im Einzelfall kann über **Art 28 Abs 5** jedoch das Recht am Sitz des Begünstigten zum Zug kommen, so etwa wenn Abschlussort, Vertragssprache und besondere Schutzinteressen des Begünstigten für dieses Recht sprechen (BGH NJW 1996, 2569 [2570]).

508 Haben die Parteien die Geltung der **Einheitlichen Richtlinien für Vertragsgarantien** der IHK (abgedr bei vWESTPHALEN 436 ff) vereinbart, dann ist nach deren Art 10 das Recht am Geschäftssitz des Garanten anzuwenden. Hat der Garant mehrere Niederlassungen, so ist jene maßgebend, die die Garantie erstellt hat. Ohne Vereinbarung gelten die Einheitlichen Richtlinien der IHK nicht. Doch können sie in diesem Fall immerhin zur Auslegung von Garantieverträgen herangezogen werden.

d) Patronatserklärungen*

Patronatserklärungen oder „comfort letters" sind vertragliche Erklärungen einer Muttergesellschaft Dritten gegenüber, für eine Tochtergesellschaft finanzielle oder wirtschaftliche Unterstützung zu leisten, zB für eine hinreichende finanzielle Ausstattung der Tochtergesellschaft zu sorgen etc. In ihrer Verbindlichkeit sind diese Erklärungen häufig sehr zweifelhaft. Entsprechend wichtig ist, welchem Recht sie hinsichtlich ihrer Auslegung und Wirkung unterstehen. **509**

Ist keine Rechtswahl getroffen, dann gilt das **Recht am Sitz der erklärenden Muttergesellschaft,** da ihre Leistung das Rechtsverhältnis charakterisiert (vBAR II Rn 497; JANDER/HESS RiW 1995, 735; MünchKomm/MARTINY Art 28 Rn 234 m w Nachw; NOBEL, in: WIEGAND 59; PALANDT/HELDRICH Art 28 Rn 20; REITHMANN/MARTINY/MARTINY Rn 1047; SOERGEL/vHOFFMANN Art 28 Rn 309; WOLF IPRax 2000, 482). Dieser Grundsatz gilt auch, wenn Körperschaften des öffentlichen Rechts entsprechende Beistandserklärungen abgeben (OLG Frankfurt IPRspr 1979 Nr 10 b). **510**

e) Schuldversprechen und Schuldanerkenntnis
aa) Schuldversprechen

Verträge, die für eine Seite eine Verpflichtung unabhängig von einem bestimmten Rechtsgrund oder Zweck (abstrakt) begründen, unterstehen mangels Rechtswahl grundsätzlich dem **Recht am Sitz dessen, der** ein solches **abstraktes Schuldversprechen** abgibt (SOERGEL/vHOFFMANN Art 28 Rn 314). Diesem Recht ist zu entnehmen, welche Einwendungen dem Versprechenden zustehen. Auf die Rechtsordnung, die das Grundgeschäft beherrscht, kommt es nicht an. Soweit Schuldversprechen dagegen (kausal) vom Bestehen einer Schuld abhängen sollen, richtet sich ihr Statut mangels Rechtswahl nach **jenem der zugrunde liegenden Kausalverpflichtung** (LG München IPRspr 1981 Nr 13 A; SOERGEL/vHOFFMANN aaO). **511**

Für die **Form** abstrakter wie kausaler Schuldversprechen oder -anerkenntnisse gilt die lex causae oder das Ortsrecht. **512**

Die Verpflichtungen aus handelbaren Wertpapieren, insbesondere aus Wechsel und Scheck, sind freilich nach eigenen Kollisionsregeln zu beurteilen (vgl Art 37 Nr 1 und die Erl zu dieser Vorschrift). **513**

bb) Schuldanerkenntnis

Ein Vertrag, mit dem eine bestehende Verpflichtung anerkannt wird, richtet sich ohne Rechtswahl meist nach dem **Recht, das für die anerkannte Verpflichtung** gilt (OLG Hamm RiW 1999, 785 [786]; LG Hamburg NJW-RR 1995, 183; REITHMANN/MARTINY/MARTINY Rn 297; zur stillschweigenden Rechtswahl bei einem deklaratorischen Schuldanerkenntnis vgl OLG München RiW 1997, 507 [508]). Zwar erbringt an sich der Anerkennende die charakteristische Leistung iSd Art 28 Abs 2. Der enge Zusammenhang zwischen Aner- **514**

---

* **Schrifttum:** JANDER/HESS, Die Behandlung von Patronatserklärungen im deutschen und amerikanischen Recht, RiW 1995, 730; NOBEL, Patronatserklärungen und ähnliche Erscheinungen im nationalen und internationalen Recht, in: WIEGAND (Hrsg), Berner Bankrechtstag 1997, Personalsicherheiten-Bürgschaft, Bankgarantie, Patronatserklärung und verwandte Sicherungsgeschäfte im nationalen und internationalen Umfeld (1997) 55; WOLF, Das Statut der harten Patronatserklärung, IPRax 2000, 477.

kenntnis und anerkannter Forderung führt in der Regel aber über Art 28 Abs 5 zum Recht der anerkannten Forderung.

28. Vergleich*

515 Der Vergleich hat die vertragsweise Beilegung eines Streitpunktes zwischen den Parteien zum Gegenstand. Für seine Anknüpfung ist zwischen gerichtlichem und außergerichtlichem Vergleich zu unterscheiden. Selbständigen Regeln untersteht jedoch das gerichtliche Zwangsvergleichsverfahren als Teil des internationalen Insolvenzrechts (vgl dazu etwa BGH RiW 1997, 508 ff).

516 Der **gerichtliche Vergleich** untersteht hinsichtlich Form und prozessualer Wirkung als Verfahrenshandlung der lex fori (OLG München IPRspr 1974 Nr 10 b; vBar II Rn 551; Reithmann/Martiny/Martiny Rn 298; Roden 96). Für seine Wirkung in materiellrechtlicher Hinsicht gilt dagegen das Recht, dem auch außergerichtliche Vergleiche unterliegen (so die in der vorigen N Genannten und nächste Rn).

517 **Außergerichtliche Vergleiche** sind mangels Rechtswahl nach Art 28 Abs 1 anzuknüpfen. Denn eine charakteristische Leistung einer Vertragspartei wird sich bei ihnen meist nicht feststellen lassen, da beide Seiten zum Vergleich beitragen. Die engste Beziehung wird häufig zu derjenigen Rechtsordnung bestehen, die das verglichene Rechtsverhältnis beherrscht (OLG Schleswig IPRspr 1989 Nr 48; MünchKomm/Martiny Art 32 Rn 52; Reithmann/Martiny/Martiny Rn 298; Roden 93 ff; wohl auch Soergel/vHoffmann Art 32 Rn 60). Im Übrigen muss das anwendbare Recht durch Abwägung aller Umstände ermittelt werden.

29. Erlassvertrag

518 Der Erlass- oder Verzichtsvertrag, durch den der Gläubiger dem Schuldner eine Schuld erlässt, wird mangels Rechtswahl vom **Recht am Sitz des erlassenden Gläubigers** beherrscht (wohl ebenso MünchKomm/Martiny Art 32 Rn 23; für die Schweiz ausdrücklich Art 148 Abs 3 IPRG und dazu Heini/Keller/Girsberger Art 128 Rn 57). Seine Wirkung auf die erlassene Forderung wird jedoch nach deren Statut beurteilt (OLG Bamberg RiW 1989, 221; MünchKomm/Martiny Art 32 Rn 43). Nach aA ist im Zweifel das Statut der erlassenen Forderung für den Erlassvertrag insgesamt maßgebend (so Soergel/vHoffmann Art 32 Rn 59).

30. Anweisung

519 Die Anweisung stellt ein vertragliches Mehrpersonenverhältnis dar. Der Anweisende fordert den Angewiesenen auf, an einen Dritten – den Anweisungsempfänger – für Rechnung des Anweisenden zu leisten.

520 Im Verhältnis Anweisender – Angewiesener (Deckungsverhältnis) wie auch im Verhältnis Angewiesener – Anweisungsempfänger (Zuwendungsverhältnis) erbringt jeweils der **Angewiesene die charakteristische Leistung.** Mangels Rechtswahl entscheidet hier deshalb das Recht seines gewöhnlichen Aufenthalts – bzw Niederlassungs-

---

* **Schrifttum:** Roden, Zum internationalen Privatrecht des Vergleichs (1994).

ortes (MünchKomm/Martiny Art 28 Rn 237; Soergel/vHoffmann Art 28 Rn 524 sowie schon Staudinger/Firsching[10/11] Vorbem 540 zu Art 12; ebenso zum EVÜ: Czernich/Heiss/Czernich Art 4 Rn 61).

Das Verhältnis Anweisender – Anweisungsempfänger (**Valutaverhältnis**) untersteht dagegen seinem eigenen Statut (ebenso die zuletzt Zitierten). Es ist nicht etwa akzessorisch an das Sitzrecht des Angewiesenen anzuknüpfen. **521**

31. Bankverträge*

a) Allgemeines

Internationales Einheitsrecht für Bankverträge allgemein besteht bisher nicht. Doch ist materielles Einheitsrecht im Bereich des Factoring in Kraft und nunmehr auch in der Bundesrepublik zu beachten, die das entsprechende Übereinkommen über das internationale Factoring vom 28. 5. 1988 mit Wirkung vom 26. 2. 1998 ratifiziert hat (vgl näher dazu unten Rn 534 ff). **522**

Ferner hat **UNCITRAL** ein **Modellgesetz für den internationalen Überweisungsverkehr** vom 15. 5. 1992 geschaffen, das Staaten ihrer Gesetzgebung zugrunde legen können (vgl dazu Schwolow, Internationale Entwicklungslinien im Recht der Auslandsüberweisung [1999]; Wulff, Das UNCITRAL Modellgesetz über den grenzüberschreitenden Überweisungsverkehr [1998]). In der EU hat die Richtlinie 97/5/EG über grenzüberschreitende Überweisungen vom 27. 1. 1997 (ABl 1997 Nr L 43 S 25), die Deutschland im Überweisungsgesetz (§§ 675 ff BGB) umgesetzt hat, in einer Angleichung des materiellen Rechts für internationale Überweisungen geführt. **523**

Schließlich ist international die Verwendung der **Einheitlichen Richtlinien der IHK über Dokumentenakkreditive** sowie derjenigen über **Inkassi** weithin gebräuchlich (vgl unten Rn 568). Doch müssen sie wie AGB vereinbart werden. **524**

Soweit das anwendbare Recht nach den Art 27, 28 EGBGB zu bestimmen ist, können die Parteien das anwendbare Recht wählen (MünchKomm/Martiny Art 28 Rn 238; **525**

---

* **Schrifttum:** Bachmann, Internet und Internationales Privatrecht – Vertragsschluß und Haftung im Internet, in: Lehmann (Hrsg), Internet und Multimediarecht (Cyberlaw) (1997) 169; vHoffmann/Pauli, Kollisions- und Währungsrechtliches zur Diskontierung von DM-Wechseln durch eine ausländische Bank, IPRax 1985, 13; Hopt, Emission, Prospekthaftung und Anleihetreuhand im internationalen Recht, in: FS W Lorenz (1991) 413; Jayme, Kollisionsrecht und Bankgeschäfte mit Auslandsberührung (1977); Kegel, Die Bankgeschäfte im deutschen internationalen Privatrecht, in: Gedächtnisschrift R Schmidt (1966) 215; Krümmel (Hrsg), Internationales Bankgeschäft (1985); Pleyer/Wallach, Erfüllungszeitpunkt und Gefahrtragung bei grenzüberschreitenden Überweisungen nach deutschem und englischem Recht, RiW 1988, 172; Schimansky/Bunte/Lwowski (Hrsg), Bankrechtshandbuch Bd 1 (1997); Schmitt, Grenzüberschreitende Überweisungen. Europäische Vorgaben und die Schwierigkeiten ihrer Umsetzung im deutschen und englischen Recht (1999); Schnelle, Die objektive Anknüpfung von Darlehensverträgen im deutschen und amerikanischen IPR (1992); Schütze, Internationales Privatrecht, in: Assmann/Schütze (Hrsg), Handbuch des Kapitalanlagerechts (2. Aufl 1997); Sousi/Roubi, La Convention de Rome et la loi applicable aux contrats bancaires, DS 1993 Chron 183.

REITHMANN/MARTINY/MARTINY Rn 1066; SOERGEL/VHOFFMANN Art 28 Rn 315). Diese Regel gilt auch, wenn Bankverträge über das Internet geschlossen werden (BACHMANN, in: LEHMANN 176). Sind die **deutschen AGB-Banken** wirksam vereinbart, dann gilt gemäß Nr 6 (1) (Fassung 2000, abgedruckt WM 2000, 95 ff) dieser AGB deutsches Recht (BGH NJW 1987, 1825 = IPRax 1987, 372 m Aufs SCHLECHTRIEM IPRax 1987, 356). Ob eine stillschweigende Einbeziehung der AGB-Banken möglich ist, entscheidet nicht nur das deutsche als das in Aussicht genommene Recht (Art 27 Abs 4, Art 31 Abs 1 EGBGB), sondern bei gewöhnlichem Aufenthalt des Bankkunden im Ausland gemäß Art 31 Abs 2 auch dessen Aufenthaltsrecht (vgl näher HELDRICH, in: FS Kegel [1987] 175 ff [184]).

526 Mangels Rechtswahl richtet sich die Anknüpfung nach Art 28 Abs 2. Im Verhältnis zum Bankkunden erbringt in aller Regel die Bank die charakteristische Leistung (GIULIANO/LAGARDE 53; ERMAN/HOHLOCH Art 28 Rn 56; MünchKomm/MARTINY Art 28 Rn 238; PALANDT/HELDRICH Art 28 Rn 21; REITHMANN/MARTINY/MARTINY Rn 1066; ebenso zu Art 4 EVÜ: DICEY/MORRIS II 32–114; **anders** für das Einlagengeschäft SOERGEL/VHOFFMANN Art 28 Rn 316). Damit gilt das **Recht des Staates, in dem die leistende Niederlassung der Bank liegt** (Art 28 Abs 2 Satz 2; ebenso die oben Zitierten; OLG Köln RiW 1993, 1025; AG Düsseldorf RiW 1994, 158; OLG München RiW 1996, 330; OLG Düsseldorf RiW 1996, 155; LG Aachen RiW 1999, 304; im Ergebnis ebenso, jedoch für Anknüpfung an den Ort der Kontoführung; Sierra Leone Telecommunications Co Ltd ./. Barclays Bank plc [1998] 2 All E.R. 821 [827]; für über das Internet geschlossene Verträge BACHMANN, in: LEHMANN 169 ff).

527 Im **Geschäftsverkehr zwischen Banken** findet das Recht derjenigen Bank Anwendung, die für das jeweilige Geschäft die vertragstypische Leistung erbringt, etwa den Überweisungsauftrag ausführt etc (BGHZ 108, 362; ERMAN/HOHLOCH, MünchKomm/MARTINY, PALANDT/HELDRICH, REITHMANN/MARTINY/MARTINY alle aaO; PLEYER/WALLACH RiW 1988, 172; zum grenzüberschreitenden elektronischen Zahlungsverkehr KAISER EuZW 1991, 83; zu den einzelnen Bankgeschäften unten Rn 529 ff).

528 Die oben Rn 524 genannte Regel gilt regelmäßig auch für Verträge zwischen Banken und Kunden, die ihre **Bankverträge zu privaten Zwecken** schließen. Damit kommt auch hier durchweg das **Recht der Bank** zum Zug. Zwar kann Art 29 EGBGB eingreifen, soweit Bankverträge der Finanzierung von Warenlieferungen oder Dienstleistungen dienen oder ihrerseits Dienstleistungen wie zB Beratung, Verwaltung, Verwahrung einschließen (MünchKomm/MARTINY Art 28 Rn 238; REITHMANN/MARTINY/MARTINY Rn 1067; SCHNELLE 162 f; SOERGEL/VHOFFMANN Art 28 Rn 317). Reine Konsumentenkredite erfasst Art 29 aber nicht (BÜLOW EuZW 1993, 435; DICEY/MORRIS II 33–033; ERMAN/HOHLOCH Art 28 Rn 25; VHOFFMANN IPRax 1989, 269; PALANDT/HELDRICH Art 29 Rn 2; kritisch aber REITHMANN/MARTINY/MARTINY Rn 1067; KROEGER 45 ff, 49 f). Auch Wertpapierkäufe fallen nicht unter die Vorschrift (so schon GIULIANO/LAGARDE 55). Zu beachten sind ferner die engen Anwendungsvoraussetzungen des Art 29 Abs 1 Nr 1–3. Zudem darf die Bankdienstleistung nicht ausschließlich in einem anderen als dem Staat des Verbrauchers zu erbringen sein (Art 29 Abs 4 Nr 2 EGBGB, vgl zum Ganzen die Erl zu Art 29). Damit kommt Art 29 für Verträge zwischen Banken und ihren Privatkunden nur sehr selten zum Zug.

b) Einlagengeschäft

529 Für Verträge, mit denen Banken Gelder von Kunden, auch von Banken, als Einlage annehmen (vgl auch § 1 Abs 1 Satz 2 Nr 1 KWG), gilt mangels Rechtswahl nach hM das **Recht der annehmenden Bank** (so – unter dem früheren IPR – BGH IPRspr 1983 Nr 36; ebenso unter der Geltung des neuen IPR OLG Düsseldorf RiW 1996, 155 und – ohne Erörterung der Kollisionsrechtsfragen – OLG Düsseldorf IPRspr 1994 Nr 41 [Auskunft über österreichisches Nummernkonto nach österreichischem Recht]; ferner vBAR II Rn 496 Fn 388; BAUMBACH/HOPT, HGB, Bankgeschäfte [7] Anm I 10; CZERNICH/HEISS/CZERNICH Art 4 Rn 64; ERMAN/HOHLOCH Art 28 Rn 56; MünchKomm/MARTINY Art 28 Rn 239; PALANDT/HELDRICH Art 28 Rn 28; REITHMANN/MARTINY/MARTINY Rn 1068; SCHIMANSKY/BUNTE/LWOWSKI § 26 Rn 137). Das wird mit der Zinszahlung – bei Spareinlagen – und den weiteren Dienstleistungen der Bank wie Kontoführung, Rechnungslegung etc begründet, die dem Vertrag im Gegensatz zu einem reinen Darlehen das Gepräge geben (vgl insbes OLG Düsseldorf RiW 1996, 155).

Nach **abweichender Ansicht** erbringt dagegen der Kunde die charakteristische Leistung, da er der Bank mit seiner Einlage ein Darlehen gewährt (so SOERGEL/vHOFFMANN Art 28 Rn 318). Doch prägt nicht diese Leistung, sondern jene der Bank – das sichere Verfügbarhalten der Einlage – das Einlagengeschäft. Auch für Anlagen in bestimmter Währung (zB Euro) oder auf einem bestimmten Geldmarkt (zB Eurogeldmarkt) gilt im Zweifel das **Recht am Sitz der kontoführenden Bank** und nicht des Anlagemarktes oder Währungsgebietes (FUCHS ZVerglRW 1996, 297; PALANDT/HELDRICH Art 28 Rn 21). Allerdings können letztere Gesichtspunkte im Rahmen des Art 28 Abs 5 Gewicht gewinnen. 530

Nach dem Sitzrecht der Bank richten sich alle Fragen hinsichtlich eines bei ihr geführten Guthabenskontos, so hinsichtlich der Einrichtung, Führung, Überziehung, Auflösung (vgl REITHMANN/MARTINY/MARTINY Rn 1068; SCHNELLE 191 ff). 531

c) **Kreditgeschäft**
Für die Kreditvergabe durch Banken gilt bei fehlender Rechtswahl das Recht am **Sitz der kreditgebenden Bank** (vgl dazu oben Rn 234 ff; dort auch zu Konsortialkrediten). 532

d) **Diskontgeschäft**
Auch das Diskontgeschäft, bei dem Banken Wechsel und Schecks unter Abzug eines Diskonts ‚ankaufen' und dann einziehen, untersteht bei objektiver Anknüpfung dem Sitzrecht der ankaufenden Bank (OLG Hamburg WM 1990, 538; ERMAN/HOHLOCH Art 28 Rn 56; MünchKomm/MARTINY Art 28 Rn 239; REITHMANN/MARTINY/MARTINY Rn 1070; SCHNELLE 196; ebenso unter dem früheren IPR OLG Frankfurt IPRax 1985, 34 m Aufs vHOFFMANN/PAULI IPRax 1985, 13 ff; differenzierend: CZERNICH/HEISS/CZERNICH Art 4 Rn 68 ff [Recht der Bank nur bei Ankauf unter Vorbehalt des Eingangs]; zum Inkasso aber noch unten Rn 567 f). 533

e) **Factoring***
Einen Unterfall des Diskontgeschäfts stellt das Factoring dar. Bei ihm kauft die Bank 534

---

* **Schrifttum** (vgl Rn 522): BASEDOW, Internationales Factoring zwischen Kollisionsrecht und Unidroit-Konvention, ZEuP 1997, 615; BERAUDO, Le nouveau droit du crédit-bail et de l'affacturage international (1er mai 1995), Sem jur 1995 ed E art 458, S 185; DIEHL/LEISTNER, Internationales Factoring – eine rechtsvergleichende Darstellung zum Recht der Bundesrepublik Deutschland, Frankreichs und der Vereinigten Staaten unter Einschluß der UNIDROIT-Konvention über das Internationale Factoring (1992); FERRARI, Der internationale Anwendungsbereich des Ottawa-Übereinkommens von 1988 über Internationales Factoring, RiW 1996, 181; HÄUSLER, Die Neuregelung der internationalen Forderungsfinan-

dem Kunden Forderungen ab, die er aus Liefer- oder Dienstleistungsgeschäften gegen Dritte hat; ferner besorgt sie den Einzug dieser Forderungen. Darüber hinaus kann sie auch vollständig oder für bestimmte Fälle das Risiko der Zahlungsunfähigkeit oder -unwilligkeit des Dritten übernehmen (so beim sogenannten echten Factoring) oder dieses Risiko beim Kunden belassen, der rückbelastet wird, wenn der Dritte nicht zahlt (sogenanntes unechtes Factoring; vgl eingehend STAUDINGER/MARTINEK [1995] § 675 B 119 ff; K SCHMIDT, Handelsrecht 1046 ff).

535 Für internationale Factoring-Geschäfte hat das **UNIDROIT-Übereinkommen über das internationale Factoring** vom 28. 5. 1988 (deutsche Übersetzung s Anh 43 zu Art 33) materielles Einheitsrecht geschaffen, das seit 1. 5. 1995 in Frankreich, Italien und Nigeria, ferner in Lettland (seit 1. 3. 1998), Ungarn (seit 1. 12. 1996) und seit 1. 12. 1998 in der Bundesrepublik gilt (vgl BGBl 1998 II 2375 und BGBl 1998 II 172, dort auch der engl und franz Text; zu dem Übk DIEHL/LEISTNER; HÄUSLER). Die Konvention gilt in räumlicher Hinsicht – auch in Nichtvertragsstaaten –, wenn der Faktor, sein Kunde und der Dritte in Vertragsstaaten niedergelassen sind oder wenn sowohl der Factoringvertrag als auch der Vertrag des Kunden mit dem Dritten dem Recht eines – nicht notwendig des gleichen – Vertragsstaates unterstehen (Art 2 Abs 1 FactoringÜbk; eingehend dazu FERRARI RiW 1996, 181 ff). **Sachlich** erfasst die Konvention **das echte und das unechte Factoring,** wie aus der Definition in Art 1 Abs 2 des Übk folgt (so auch BASEDOW ZEuP 1997, 629 ff; FERRARI RiW 1996, 183; REBMANN RabelsZ 53 [1989] 605; vgl näher die eingehende Darstellung bei STAUDINGER/HAUSMANN Anh zu Art 33).

536 Ist weder das Einheitsrecht einschlägig noch eine Rechtswahl getroffen, dann gilt für den Vertrag zwischen dem Faktor, regelmäßig einer Bank, und dem Kunden kraft objektiver Anknüpfung das **Recht am Sitz des Faktors,** also der Bank (Cour d'appel Grenoble Rev crit 1996, 666 m Anm PARDOEL; BASEDOW ZEuP 1997, 619 f; ERMAN/HOHLOCH Art 28 Rn 56; MünchKomm/MARTINY Art 28 Rn 245; REITHMANN/MARTINY/MARTINY Rn 1075; ebenso für das unechte Factoring SOERGEL/VHOFFMANN Art 28 Rn 328; für die Schweiz HEINI/KELLER/KREN KOSKIEWICZ Art 117 Rn 113). Eine **abweichende Ansicht** will dagegen das echte Factoring dem Recht des Kunden unterstellen, da dieser als Verkäufer seiner Forderungen die charakteristische Leistung erbringe (SOERGEL/VHOFFMANN aaO; ebenso CZERNICH/HEISS/CZERNICH Art 4 Rn 74). Indessen steht auch beim echten Factoring die Dienstleistung der Bank (Forderungseinzug, Finanzierung und Kreditierung) im Vordergrund. Ferner ist die Abgrenzung zwischen echtem und unechtem Factoring fließend und wird auch von der Ottawa-Konvention zu Recht nicht verlangt (oben Rn 535).

537 Soweit ein Faktor einen anderen Faktor – etwa im Land des Dritten – einschaltet, gilt das **Recht des zweiten Faktors,** der die Forderung seinerseits einzieht (BASEDOW ZEuP 1997, 620; MünchKomm/MARTINY Art 28 Rn 245).

---

zierung durch das UNIDROIT-Übereinkommen über internationales Factoring, in: HAGENMÜLLER/SOMMER/BRINK, Handbuch des nationalen und internationalen Factoring (3. Aufl 1997) 270; ders, Das UNIDROIT Übereinkommen über internationales Factoring (Ottawa 1988) unter besonderer Berücksichtigung seiner Anwendbarkeit (1998); REBMANN, Das UNIDROIT-Übereinkommen über das internationale Factoring (Ottawa 1988), RabelsZ 53 (1989) 603; WELLER, Die UNIDROIT-Konvention von Ottawa über internationales Factoring, RiW 1999, 161; ZACCARIA, Internationales Factoring nach Inkrafttreten der Konvention von Ottawa, IPRax 1995, 279.

Ob und wie sich die **Übertragung** der Forderung auf den Faktor vollzieht, ist gemäß 538
Art 33 Abs 2 EGBGB nach dem **Statut dieser Forderung** zu beurteilen (Cour d'appel Grenoble Rev crit 1996, 666 m Anm PARDOEL; BASEDOW ZEuP 1997, 620 f; MünchKomm/MARTINY Art 28 Rn 245; REITHMANN/MARTINY/MARTINY Rn 1075; SOERGEL/vHOFFMANN Art 28 Rn 329). Dabei darf die Abtretung die Rechtstellung des Dritten jedoch nicht verschlechtern; eine Rechtswahl, die der Faktor und der Kunde zu Lasten des Dritten treffen, ist unwirksam (OLG Köln IPRax 1987, 239 m Aufs SONNENBERGER IPRax 1987, 221; BASEDOW, MünchKomm/MARTINY aaO).

f) Forfaitierung*
Ebenfalls ein Unterfall des Diskontgeschäfts ist die Forfaitierung. Bei ihr erwirbt der 539 Forfaiteur wie beim Factoring von einem Kunden (Forfaitist) Wechsel oder Forderungen, die dieser gegen einen Dritten hat. Im Gegensatz zum Factoring trägt der Forfaiteur aber vollständig das Risiko der Uneinbringlichkeit der Forderung (vgl auch BGHZ 126, 261; K SCHMIDT, Handelsrecht § 35 III 2 c; STAUDINGER/MARTINEK [1995] § 675 Rn B 144).

Nach **hM** gilt mangels Rechtswahl das **Recht am Sitz des Forfaiteurs** (BERNHARD 180 f; 540 ERMAN/HOHLOCH Art 28 Rn 56; MünchKomm/MARTINY Art 28 Rn 246; REITHMANN/MARTINY/ MARTINY Rn 1076; ebenso unter dem früheren IPR: OLG Hamburg IPRspr 1982 Nr 24; SCHÜTZE WM 1979, 963; vWESTPHALEN RiW 1977, 84). Nach **aA** gilt das Recht am Sitz des Forfaitists (so HAKENBERG RiW 1998, 909; PALANDT/HELDRICH Art 28 Rn 21; auch SOERGEL/vHOFFMANN Art 28 Rn 331, wenn der Forfaiteur das Bonitätsrisiko trägt). Der wirtschaftliche Schwerpunkt der Forfaitierung dürfte jedoch, wie beim Factoring, bei demjenigen liegen, der die Forderung zum Einzug erwirbt und damit die charakteristische Leistung erbringt.

Der **Übergang** der forfaitierten Forderungen richtet sich nach dem für sie geltenden 541 Statut (Art 33 EGBGB; vgl OLG Hamburg aaO; BERNHARD 190 ff; HAKENBERG RiW 1998, 909; MünchKomm/MARTINY Art 28 Rn 246; REITHMANN/MARTINY/MARTINY Rn 1076; SOERGEL/vHOFFMANN Art 28 Rn 332).

g) Girogeschäft**
Das Girogeschäft umfasst den bargeldlosen Zahlungs- und Abrechnungsverkehr (vgl 542 auch § 1 Abs 1 Satz 2 Nr 9 KWG).

Innerhalb der EU werden grenzüberschreitende Überweisungen durch die entspre- 543 chende Richtlinie geregelt (vgl oben Rn 523).

---

* **Schrifttum** (vgl Rn 522): BERNHARD, Rechtsfragen des Forfaitierungsgeschäfts (1991); HAKENBERG, Juristische Aspekte der Exportforfaitierung, RiW 1998, 906.

** **Schrifttum** (vgl Rn 522): BÜLOW, Rechtsfragen des grenzüberschreitenden Zahlungsverkehrs, IStR 1993, 430; GENNER, Das UNCITRAL-Modellgesetz über den internationalen Überweisungsverkehr – Ein Vorbild für Europa?, ZEuP 1995, 60; ders, Das UNCITRAL-Modellgesetz über den internationalen Überweisungsverkehr: eine Darstellung im Vergleich mit den Regeln des Artikel 4 A Uniform Commercial Code (UCC) und des deutschen Rechts (1995); HADDING/SCHNEIDER (Hg), Rechtsprobleme der Auslandsüberweisung (1992); W LORENZ, Fehlerhafte Banküberweisung mit Auslandsberührung, NJW 1990, 607; VON DER SEIPEN, Das anwendbare Recht beim grenzüberschreitenden Überweisungsverkehr aus deutscher Sicht, in: HADDING/SCHNEIDER (Hg), Rechtsprobleme der Auslandsüberweisung (1992) 79.

544 Materielles Einheitsrecht enthält für diesen Bereich ferner das **UNCITRAL-Modellgesetz über den internationalen Überweisungsverkehr** vom 15. 5. 1992 (Text [engl, franz]: Rev dr unif 1992 II 30; [deutsche Übersetzung]: WM 1993, 664; zu dem Modellgesetz GENNER ZEuP 1995, 60 ff m w Nachw; WULFF [oben Rn 523]). Als Modellgesetz will es die nationalen Gesetzgebungen beeinflussen, die sich an ihm orientieren sollen. Als Kollisionsregel schlägt es mangels Rechtswahl die Anknüpfung an das **Recht am Ort der Empfängerbank** vor (Art Y Abs 1).

545 Im Übrigen untersteht der internationale Überweisungsverkehr, sofern keine Rechtswahl getroffen wurde, dem **Recht am Sitz der beauftragten Bank,** die den Überweisungs- oder Lastschriftauftrag ausführen und für unbare Zahlung auf das Empfängerkonto sorgen soll (BGH IPRspr 1987 Nr 16; OLG Köln RiW 1993, 1023 [1025]; vBAR II Rn 497; W LORENZ NJW 1990, 607 ff; MünchKomm/MARTINY Art 28 Rn 239; PLEYER/WALLACH RiW 1988, 173 f; REITHMANN/MARTINY/MARTINY Rn 1069; SCHIMANSKY/BUNTE/LWOWSKI/WALTER § 26 Rn 139; SOERGEL/vHOFFMANN Art 28 Rn 339). Diese Regel gilt auch im Überweisungsverkehr zwischen Banken, so dass es auf das **Recht der zweiten Bank** ankommt (OLG Köln RiW 1993, 1023 [Überweisung im SWIFT-Verkehr]; MünchKomm/MARTINY, REITHMANN/ MARTINY/MARTINY, SCHIMANSKY/BUNTE/LWOWSKI/WALTER, SOERGEL/vHOFFMANN jeweils aaO). Beim Recht der beauftragten Bank bleibt es auch, wenn es um die **Rücküberweisung** einer irrtümlich veranlassten Zahlung geht (OLG Köln aaO; zum Problem auch W LORENZ NJW 1990, 607 ff).

546 Verträge über die Ausgabe von **Kreditkarten** unterstehen mangels Rechtswahl dem **Recht am Sitz des ausgebenden Kreditinstituts.** Das gilt sowohl im Hinblick auf das Rechtsverhältnis zum Kunden wie zu den Vertragsunternehmen, bei denen der Kunde unter Vorlage der Kreditkarte unbar zahlen kann.

547 Dagegen unterliegt das auf diese Weise finanzierte Grundgeschäft seinem eigenen Statut.

h) Dokumentenakkreditiv*

548 Das Dokumentenakkreditiv (documentary credit [D/c], letter of credit [=L/c], crédit documentaire) hat sich als international weit verbreitete Zahlungsform durchgesetzt. Für die Durchführung hat sich auch eine international weitgehend einheitliche Ausgestaltung entwickelt. Der Zahlungsschuldner eines internationalen Geschäfts, insbesondere eines internationalen Kaufs, weist seine Bank, die eröffnende oder Akkreditivbank (issuing bank) an, für den begünstigten Zahlungsempfänger – etwa den

---

* **Schrifttum:** vBAR, Kollisionsrechtliche Aspekte der Vereinbarung und Inanspruchnahme von Dokumentenakkreditiven, ZHR 152 (1988) 38; CAPRIOLI, Le crédit documentaire: èvolution et perspectives (1992); HUBER/SCHÄFER, Dokumentengeschäft und Zahlungsverkehr im Außenhandel (2. Aufl 1990); MORSE, Letters of Credit and the Rome Convention, Lloyd's MaritComLQ 1994, 560; NIELSEN, Neue Richtlinien für Dokumentenakkreditive – Kommentar zu den Einheitlichen Richtlinien und Gebräuchen für Dokumentenakkreditive 1993 (1994); PETKOVIC, The Proper Law of Letters of Credit, J Int BankingL 1995, 141; SCHEFOLD, Zum IPR des Dokumenten-Akkreditivs, IPRax 1990, 20; ders, Neue Rechtsprechung zum anwendbaren Recht bei Dokumenten-Akkreditiven, IPRax 1996, 347; SCHÜTZE, Das Dokumentenakkreditiv im Internationalen Handelsverkehr (5. Aufl 1999); THORN, Ausländisches Akkreditiv und inländische Zahlstelle, IPRax 1996, 257.

Verkäufer – ein Akkreditiv zu eröffnen. Mit der Eröffnung verpflichtet sich die eröffnende Bank, dem Begünstigten bei Vorlage festgelegter Dokumente – üblicherweise das Transportdokument über die gehandelte Ware, die Versicherungspolice und die Handelsrechnung – die Akkreditivsumme auszuzahlen. Der Begünstigte hat damit neben dem Zahlungsanspruch gegen seinen Vertragspartner einen weiteren selbständigen Anspruch gegen die eröffnende Bank. Vielfach schaltet diese noch eine Zweit- oder Korrespondenzbank im Land des Begünstigten ein, die das Akkreditiv entweder nur avisiert (advising bank) bzw lediglich als Zahlstelle für die Auszahlung der Akkreditivsumme fungiert oder aber das Akkreditiv bestätigt (confirming bank). In letzterem Fall hat der Begünstigte einen Anspruch auch gegen die Zweitbank.

Der Wert des Akkreditivs als **Zahlungssicherung** für bereits aus der Hand gegebene 549 Ware oder erbrachte Leistungen hängt in erster Linie davon ab, ob das Akkreditiv widerruflich (revocable) oder unwiderruflich (irrevocable) ist. Nur bei Unwiderruflichkeit besteht Sicherheit, dass eine Auszahlung gegen Vorlage der Dokumente erfolgt.

Für Dokumentenakkreditive werden fast stets die **Einheitlichen Richtlinien und Ge-** 550 **bräuche für Dokumentenakkreditive (ERA)** der IHK in der Fassung von 1993 vereinbart (ICC Publikation Nr 500; deutscher Text bei BAUMBACH/HOPT, HGB Anh 11; eingehend dazu NIELSEN passim). Die ERA gelten wie die INCOTERMS insgesamt nur bei wirksamer Einbeziehung (Art 1 ERA) und haben insoweit den Charakter von AGB (BGH WM 1960, 40; BAUMBACH/HOPT, HGB Anh 11 Einl ERA Rn 2; REITHMANN/MARTINY/MARTINY Rn 1072).

Einzelne ihrer Grundsätze dürften aber als **internationale Handelsbräuche** zu betrach- 551 ten sein: so insbesondere der Grundsatz der **Dokumentenstrenge** (vgl dazu etwa BGH WM 1984, 1443; BGH RiW 1988, 814; BGH WM 1994, 1063; OLG München RiW 1996, 1036) und der Grundsatz der **Abstraktheit der Akkreditivverpflichtung,** nach dem nur bei klarem Rechtsmissbrauch Einwendungen aus dem Grundgeschäft gegen die Akkreditivforderung geltend gemacht werden können (BGHZ 101, 95; BGH RiW 1988, 814; OLG München aaO; OLG Karlsruhe RiW 1997, 781 ff).

Im Übrigen können die ERA aber **zur Auslegung** von Akkreditivvereinbarungen 552 auch in solchen Fällen herangezogen werden, in denen sie nicht unmittelbar gelten (vgl OLG München RiW 1996, 1036 [1037]; ebenso SOERGEL/vHOFFMANN Art 28 Rn 343).

Sachlich regeln die ERA die verschiedenen Akkreditivformen und die aus ihnen 553 folgenden Pflichten der Banken. Gemäß Art 6 lit c ERA sind Akkreditive im Zweifel unwiderruflich.

Die Frage nach dem anwendbaren Recht spielt nur in den seltenen Fällen eine Rolle, 554 in denen die ERA ausnahmsweise nicht zum Zug kommen. Zunächst gilt dann das ausdrücklich oder konkludent gewählte Recht (OLG Koblenz RiW 1989, 815; OLG Köln IPRspr 1994 Nr 35 = IPRax 1996, 270 m Aufs THORN IPRax 1996, 257; REITHMANN/MARTINY/MARTINY Rn 1073).

Eine stillschweigende Wahl inländischen Rechts ist im **Verhältnis Avisbank – Verkäu-** 555 fer etwa in einem Fall angenommen worden, in dem Zahlstelle und Verkäufersitz im Inland lagen und auch der Kaufvertrag diesem Recht unterstand (so OLG Köln IPRspr 1994 Nr 35 = IPRax 1996, 270 m Aufs THORN IPRax 1996, 257). Auch wenn ein entsprechender realer Parteiwille zweifelhaft erscheint, ist das Ergebnis über Art 28 Abs 2 kein anderes (vgl unten Rn 558).

556 Mangels Rechtswahl untersteht das Rechtsverhältnis zwischen Akkreditivauftraggeber und eröffnender Bank dem **Recht am Sitz der Bank,** da sie mit der Akkreditiveröffnung die charakteristische Leistung dieses Geschäftsbesorgungsverhältnisses erbringt (einhellige Meinung; vBAR II Rn 497; DICEY/MORRIS Suppl 1995, 115; ERMAN/HOHLOCH Art 28 Rn 56; ESCHMANN RiW 1996, 914; MünchKomm/MARTINY Art 28 Rn 241; REITHMANN/MARTINY/MARTINY Rn 1073; SOERGEL/vHOFFMANN Art 28 Rn 345 m w Nachw; vgl ferner OLG Karlsruhe RiW 1997, 781: Recht am Sitz der eröffnenden Bank gilt auch für die Abtretbarkeit des Zahlungsanspruchs aus dem Akkreditiv).

557 Die gleiche Regel gilt für das **Rechtsverhältnis zwischen eröffnender Bank und Akkreditivbegünstigtem,** jedenfalls soweit keine Zweitbank beteiligt ist (OLG Frankfurt RiW 1992, 315 [316]; obiter auch Bank of Baroda v Vysya Bank [1994] 2 Lloyd's Rep 87; MünchKomm/MARTINY aaO; PALANDT/HELDRICH Art 28 Rn 21; REITHMANN/MARTINY/MARTINY aaO; SCHEFOLD IPRax 1996, 348; THORN IPRax 1996, 259; wohl auch SOERGEL/vHOFFMANN aaO; ebenso im Ergebnis unter dem früheren IPR: BGH IPRspr 1954/55 Nr 17).

558 Ist eine **Zweitbank** eingeschaltet, dann richtet sich das **Rechtsverhältnis zwischen ihr und dem Begünstigten,** insbesondere ein Anspruch bei bestätigtem Akkreditiv, nach dem Sitzrecht dieser Bank (Bank of Baroda v Vysya Bank [1994] 2 Lloyd's Rep 87; vBAR II Rn 497; MünchKomm/MARTINY Art 28 Rn 243; REITHMANN/MARTINY/MARTINY Rn 1073; SOERGEL/vHOFFMANN Art 28 Rn 348; im Ergebnis auch OLG Frankfurt IPRax 1990 m Aufs SCHEFOLD; aA – Recht der Erstbank, wenn Zweitbank nur avisiert – aber OLG Frankfurt RiW 1992, 315).

559 Streitig ist allerdings, ob das Recht der Zweitbank dann auch für das Rechtsverhältnis des Begünstigten zur Erstbank gilt, es also insoweit zu einer **einheitlichen Anknüpfung gegenüber beiden Banken** kommt (so etwa OLG Frankfurt IPRspr 1987 Nr 20 [dazu abl SCHEFOLD IPRax 1990, 91]; vBAR ZHR 152 [1988] 53; JAYME 35 f).

560 Sind **Zahlstellen in mehreren Ländern** vorgesehen, dann soll jene entscheiden, die im Land des Begünstigten liegt (so JAYME 34 ff).

561 ZT wird die Einheitsanknüpfung auch auf den Fall beschränkt, dass die Zweitbank das **Akkreditiv bestätigt** hat (so OLG Frankfurt RiW 1992, 315; vBAR ZHR 152 [1988] 53).

562 Nach **vorzuziehender Auffassung** bleibt das Verhältnis zwischen Begünstigtem und Erstbank grundsätzlich unberührt davon, ob eine Zweitbank hinzutritt oder nicht (so auch SCHEFOLD IPRax 1990, 21 ff; SOERGEL/vHOFFMANN Art 28 Rn 347; ferner obiter als Grundsatz Bank of Baroda v Vysya Bank [1994] 2 Lloyd's Rep 87; insgesamt offen gelassen bei MünchKomm/MARTINY Art 28 Rn 243 und REITHMANN/MARTINY/MARTINY Rn 1073). Allerdings können die Umstände des Falles zur Anwendung eines enger verbundenen Rechts führen (Art 28 Abs 5). Das wird bei Zahlstelle und Sitz des Begünstigten im gleichen Staat häufig anzunehmen sein (so im Ergebnis OLG Köln ZIP 1994, 1791 [1793: über stillschweigende

Rechtswahl]; obiter Bank of Baroda v Vysya Bank [1994] 2 Lloyd's Rep 87; zurückhaltend SOERGEL/
vHOFFMANN Art 28 Rn 347).

Das **Rechtsverhältnis zwischen Erst- und Zweitbank** – gleich, ob sie avisiert oder bestä- 563
tigt – beurteilt sich mangels Rechtswahl nach dem **Recht am Ort der ausführenden
Niederlassung der Zweitbank,** die mit der Avisierung bzw Bestätigung die charakteristische Leistung des zwischen den Banken bestehenden Geschäftsbesorgungsvertrages
erbringt (OLG Frankfurt RiW 1988, 905; Bank of Baroda v Vysya Bank [1994] 2 Lloyd's Rep 87; Bank of Credit and Commerce Hong Kong Ltd v Sonali Bank [1995] 1 Lloyd's Rep 227; MünchKomm/
MARTINY Art 28 Rn 242; REITHMANN/MARTINY/MARTINY Rn 1073; SOERGEL/vHOFFMANN Art 28
Rn 352; **aA** – bei unbestätigtem Akkreditiv Sitz der Erstbank maßgebend – vBAR II Rn 497).

Die zugrunde liegende **Vertragsbeziehung zwischen Akkreditivauftraggeber und Be-** 564
günstigtem (meist ein Kaufgeschäft) richtet sich nach ihrem eigenen Statut (Münch-
Komm/MARTINY Art 28 Rn 244; REITHMANN/MARTINY/MARTINY Rn 1073; SOERGEL/vHOFFMANN
Art 28 Rn 351).

Recht weitgehend wie Dokumentenakkreditive sind sogenannte **Stand-by Letters of** 565
Credit zu behandeln (vgl Art 1 ERA 1993: „soweit anwendbar"; BGH WM 1994, 1063,
dazu ESCHMANN RiW 1996, 913 ff). Bei ihnen verpflichtet sich eine Bank gegenüber ihrem
Auftraggeber, an den Begünstigten Zahlung zu leisten, wenn bestimmte vereinbarte
Bedingungen erfüllt sind (EISEMANN/SCHÜTZE RN 95; ESCHMANN RiW 1996, 913). Insbesondere wird gewöhnlich die Erklärung des Begünstigten gefordert, dass er die versprochene Leistung nicht erhalten habe (vgl auch den Fall BGH WM 1994, 1063). Damit
haben Stand-by Letters stärker als Dokumentenakkreditive **Garantiefunktion.** Doch
gelten auch für sie bei Vereinbarung die ERA und im Übrigen die Grundsätze der
Dokumenten- bzw Garantiestrenge und des prinzipiellen Verbots von Einwendungen aus dem Grundgeschäft (BGH aaO; zust ESCHMANN RiW 1996, 917).

Stellt sich für Stand-by Letters die Frage nach dem anwendbaren Recht, so gilt, falls 566
eine Rechtswahl fehlt, gleiches wie bei Dokumentenakkreditiven: Die Beziehung des
Auftraggebers wie des Begünstigten zu der den Letter ausstellenden Bank untersteht
dem **Recht am Sitz der Bank.** Ihre Leistung charakterisiert beide Rechtsbeziehungen
(wohl ebenso ESCHMANN RiW 1996, 914; nicht erwähnt in BGH WM 1994, 1063).

i)   Inkassogeschäft
Beim Inkasso beauftragt der Kunde seine (sogenannte Einreicher-)Bank, Zahlungs- 567
oder Handelspapiere entsprechend seiner Weisung über eine weitere (sogenannte
Inkasso-)Bank am Zahlungsort beim Bezogenen vorzulegen und einzuziehen.

Für internationale Inkassoaufträge werden gewöhnlich die **Einheitlichen Richtlinien** 568
über Inkassi (**ERI,** Revision 1995) der IHK vereinbart (vgl Nr 1 Abs 1 Satz 2 AGB der
Banken; Text der Neufassung: WM 1996, 229; Text der Fassung von 1979: BAUMBACH/HOPT, HGB
Anh 12).

Soweit die ERI nicht anzuwenden sind, gilt im Verhältnis Auftraggeber – Einreicher- 569
bank mangels Rechtswahl das **Recht am Sitz der beauftragten Bank** (BGH IPRax 1997,
45 f m Aufs GRUNDMANN IPRax 1997, 34 ff; MünchKomm/MARTINY Art 28 Rn 247; REITHMANN/
MARTINY/MARTINY Rn 1077; SOERGEL/vHOFFMANN Art 28 Rn 355). Auch im Verhältnis Inkas-

sobank – Bezogener ist das Recht der Bank maßgebend (REITHMANN/MARTINY/MARTINY aaO). Zwischen Einreicherbank und Inkassobank entscheidet im Zweifel das Recht am Sitz der letzteren (MünchKomm/MARTINY, REITHMANN/MARTINY/MARTINY, SOERGEL/ vHOFFMANN jeweils aaO). Abtretungen im Rahmen des Inkasso unterstehen ihrem nach Art 33 EGBGB zu bestimmenden Recht (ERMAN/HOHLOCH Art 28 Rn 56; Münch-Komm/MARTINY, REITHMANN/MARTINY/MARTINY jeweils aaO; SOERGEL/vHOFFMANN Art 28 Rn 356; ebenso unter dem früheren IPR: BGHZ 95, 149). Die gleichen Grundsätze sind anzuwenden, wenn keine Bank, sondern ein sonstiges Inkassounternehmen eingeschaltet wird (PELTZER RiW 1997, 893 [994]).

k) Effektengeschäft

570 Die Anschaffung und Veräußerung von Wertpapieren für Kunden – häufig in Kommission – (sogenanntes Effektengeschäft; vgl auch § 1 Abs 1 Satz 2 Nr 4 KWG), unterliegt vorbehaltlich abweichender Rechtswahl dem **Recht am Sitz des jeweils Veräußernden,** der insoweit die charakteristische Leistung erbringt (zum Forderungskauf näher oben Rn 192 f). Die Übereignung des Wertpapiers richtet sich dagegen nach dessen Belegenheitsrecht (lex cartae sitae; ebenso SOERGEL/vHOFFMANN Art 28 Rn 334).

571 Das Rechtsverhältnis zwischen Bank und Kunden ist nach dem Sitzrecht der Bank zu beurteilen (ASSMANN/SCHÜTZE/SCHÜTZE 283).

l) Investmentgeschäft

572 Unter Investmentgeschäft ist die Anlage und Verwaltung eines Grundstücks- oder Wertpapiersondervermögens zu verstehen, die eine Bank oder Anlagegesellschaft im eigenen Namen für Rechnung der Anleger betreibt, die ihrerseits Anteilspapiere erhalten (ASSMANN/SCHÜTZE/BAUR 533 ff; K SCHMIDT, Handelsrecht § 35 III 2 f).

573 Innerhalb der EU haben mehrere Richtlinien zu einer gewissen Angleichung des Investmentrechts geführt (näher ASSMANN/SCHÜTZE/BAUR 545; REITHMANN/MARTINY/LIMMER Rn 433).

574 Kollisionsrechtlich gilt für das Rechtsverhältnis Anleger – Anlageinstitut mangels Rechtswahl das **Recht am Sitz des Anlageinstituts** (ebenso ASSMANN/SCHÜTZE/SCHÜTZE 284; REITHMANN/MARTINY/MARTINY Rn 1079; SOERGEL/vHOFFMANN Art 28 Rn 360).

575 Als **zwingende Vorschrift iSd Art 34** kommt § 11 des Gesetzes über den Vertrieb ausländischer Investmentanteile vom 28. 7. 1969 (BGBl 1969 I 986) in Betracht, der beim innerstaatlichen Haustürvertrieb ausländischer Investmentanteile ein zweiwöchiges Widerrufsrecht einräumt (REITHMANN/MARTINY/LIMMER Rn 432; SOERGEL/vHOFFMANN Art 28 Rn 361 und Art 34 Rn 71). Die weiteren Vorschriften des AuslInvestG enthalten dagegen primär gewerberechtliche Regelungen, die die Vertragsbeziehung nicht unmittelbar berühren.

m) Depotgeschäft*

576 Die Verwahrung und Verwaltung von Wertpapieren für andere (sogenanntes Depot-

---

* **Schrifttum** (vgl Rn 522): DROBNIG, Vergleichende und kollisionsrechtliche Probleme der Girosammelverwahrung von Wertpapieren im Verhältnis Deutschland – Frankreich, in: FS Zweigert (1981) 73.

geschäft, vgl auch § 1 Abs 1 Satz 2 Nr 5 KWG) untersteht mangels Rechtswahl dem **Recht am Sitz der Bank, die das Depot führt** (Assmann/Schütze/Schütze 283; Drobnig, in: FS Zweigert 89 f; Erman/Hohloch Art 28 Rn 56; MünchKomm/Martiny Art 28 Rn 248; Reithmann/Martiny/Martiny Rn 1078; Soergel/vHoffmann Art 28 Rn 335). Fragen der sachenrechtlichen Zuordnung beurteilen sich jedoch nach dem Belegenheitsrecht der Wertpapiere (lex cartae sitae; Drobnig, MünchKomm/Martiny, Reithmann/Martiny/Martiny, Soergel/vHoffmann alle aaO).

Die **Girosammelverwahrung im Ausland** ist zulässig, doch muss für den in Deutschland ansässigen Kunden ein dem deutschen Recht gleichwertiger Hinterlegerschutz gewährleistet sein. § 65 Abs 4 DepotG, der dies anordnet, ist insoweit als international zwingende Vorschrift iSd Art 34 anzusehen (ebenso Soergel/vHoffmann Art 28 Rn 336; wohl auch Reithmann/Martiny/Martiny Rn 1078). **577**

n) Swapgeschäfte*

Bei Zins- oder Währungsswapgeschäften werden Zinsen oder Währungsbeträge, die über einen bestimmten Zeitraum gelaufen sind, gegenseitig ausgetauscht bzw verrechnet, um Zins- und Währungsrisiken zu begrenzen. Fehlt eine Rechtswahl, so kann die Anknüpfung bei diesen tauschähnlichen Geschäften nicht über Art 28 Abs 2 erfolgen, da der Vertrag nicht durch die Leistung einer Seite geprägt wird (Ebenroth, in: FS Keller 240; MünchKomm/Martiny Art 28 Rn 248; Soergel/vHoffmann Art 28 Rn 363). **Swapverträge** sind deshalb **nach Art 28 Abs 1 anzuknüpfen** (MünchKomm/Martiny aaO; Soergel/vHoffmann Art 28 Rn 364). Maßgebend kann deshalb etwa der – zumal gemeinsame – Erfüllungsort sein (ebenso Soergel/vHoffmann aaO; Weber, in: FS Schluep 314). Nach abweichender Ansicht sind die Vertragspflichten dagegen für jede Partei getrennt anzuknüpfen (so etwa Assmann/Schütze/Schütze 293). **578**

o) Auskunftsvertrag

Die vertragliche Bankauskunft unterliegt mangels Rechtswahl dem **Recht am Sitz der Bank** (so inzident OLG Düsseldorf IPRspr 1994 Nr 41; ferner Erman/Hohloch Art 28 Rn 56; Reithmann/Martiny/Martiny Rn 1080; unter dem früheren IPR ebenso OLG Hamburg VersR 1983, 350). **579**

p) Sonstige Bankverträge

Zur Garantie vgl oben Rn 506 ff, zur Bürgschaft oben Rn 496 ff, zur Anleihe oben Rn 239 ff; zum Darlehen oben Rn 233 ff. **580**

32. Börsengeschäfte**

a) Allgemeines

Für Geschäfte, die – in der Regel von Börsenmaklern für ihre Kunden – an einer **581**

---

* **Schrifttum** (vgl Rn 522): Ebenroth, Die international-privatrechtliche Anknüpfung von Finanzierungsinnovationen aus deutscher und schweizerischer Sicht, in: FS Keller (1989) 391; Weber, Swap-Geschäfte, in: FS Schluep (1988) 301.

** **Schrifttum:** Bauer, Börsenmäßige Termingeschäfte und Differenzeinwand im schweizerischen und deutschen IPR (1988); Dannhoff, Das Recht der Warentermingeschäfte (1993); vGronau, Die Börsentermingeschäfte mit Auslandsberührung nach der Kodifizierung des Internationalen Vertragsrechts im IPR-Gesetz vom 25. 7. 1986 (1990); Hopt/Rudolph/Baum

Börse durchgeführt werden (auch sogenannte Börseninnengeschäfte), gilt nach hM mangels Rechtswahl grundsätzlich das **Recht des Börsenortes** (ERMAN/HOHLOCH Art 28 Rn 57; MünchKomm/MARTINY Art 28 Rn 250; PALANDT/HELDRICH Art 28 Rn 22; ROTH IPRax 1987, 149; zu Börsentermingeschäften aber noch unten Rn 581 ff). Dabei besteht allerdings keine Einigkeit, ob diese Anknüpfung aus Art 28 Abs 1 (so PALANDT/HELDRICH aaO), Abs 2 (so ERMAN/HOHLOCH, ROTH aaO) oder Abs 2 und Abs 5 (so MünchKomm/MARTINY aaO) folgt. Schließlich will eine auch im Ergebnis abweichende Ansicht das jeweilige Börsengeschäft an den Sitz der charakteristisch leistenden Partei anknüpfen und das Recht des Börsenplatzes nur gelten lassen, wenn das Börsengeschäft auf der Grundlage der Geschäftsbedingungen der jeweiligen Börse abgeschlossen wird (so SOERGEL/VHOFFMANN Art 28 Rn 366; ebenso CZERNICH/HEISS/CZERNICH Art 4 Rn 89). Die hM ist vorzuziehen. Soweit das Recht des Börsenplatzes nicht schon über Art 28 Abs 2 als Sitzrecht der charakteristisch leistenden Partei gilt, ist es über Abs 5 anzuwenden (vgl zum Börsenkauf auch oben Rn 176, 182). Denn für die Geschäfte an Börsen gelten in aller Regel Sonderbedingungen, die von den Börsenteilnehmern zu beachten sind und die meist staatlicher Kontrolle unterliegen. Das rechtfertigt die Anknüpfung an das Recht des Börsenplatzes als enger verbundener Rechtsordnung (**aA** SOERGEL/VHOFFMANN Art 28 Rn 146).

582 Das **Kommissions- oder Geschäftsbesorgungsverhältnis** zwischen Auftraggeber und Börsenmakler (Broker) untersteht im Grundsatz dem **Recht am Sitz des Maklers** (DANNHOFF 198 ff; SAMTLEBEN in: HOPT/RUDOLPH/BAUM 511; wohl ebenso MünchKomm/MARTINY Art 28 Rn 250). Beauftragen private Kunden ausländische Börsenmakler, dann ist Art 29 zu beachten, dessen Dienstleistungsbegriff auch die Kommission oder sonstige Geschäftsbesorgung umfasst (vgl etwa vBAR II Rn 432; SAMTLEBEN aaO und näher die Erl zu Art 29; speziell zu Börsentermingeschäften unten Rn 581 ff). Art 29 kommt insbesondere zum Zug, wenn für den Vertragsschluss inländische Vermittler zwischengeschaltet werden (vgl etwa OLG Düsseldorf RiW 1994, 420 m Anm MANKOWSKI; OLG Düsseldorf RiW 1996, 681 [dazu MANKOWSKI RiW 1996, 1001 ff]). Es gilt dann das günstigere Recht am gewöhnlichen Aufenthaltsort des Kunden.

b) Börsentermingeschäfte

583 Börsentermingeschäfte sind an einer Börse oder einem Terminmarkt getätigte Geschäfte, die zu einem bestimmten Tageskurs abgeschlossen werden, jedoch erst später – und zwar in der Regel ohne realen Warenaustausch – zu erfüllen sind, so dass Kursänderungen zugunsten einer Partei und zu Lasten der anderen gehen. Grundsätzlich unterstehen auch diese zT hoch riskanten Geschäfte dem **Recht des Börsenortes** (ERMAN/HOHLOCH Art 28 Rn 57; PALANDT/HELDRICH Art 28 Rn 22; ROTH IPRax 1987, 147; SAMTLEBEN, in: HOPT/RUDOLPH/BAUM 509; STARP 65 ff; wohl auch MünchKomm/MARTINY Art 28

(Hrsg), Börsenreform. Eine ökonomische, rechtsvergleichende und rechtspolitische Untersuchung (1997); MANKOWSKI, Zu einigen internationalprivatrechtlichen und internationalprozessrechtlichen Aspekten bei Börsentermingeschäften, RiW 1996, 1001; ROTH, Termingeschäfte an ausländischen Börsen und § 63 BörsG, IPRax 1987, 147; SAMTLEBEN, Warentermingeschäfte im Ausland – ein Glücksspiel?,

IPRax 1989, 148; ders, Warentermingeschäfte im Ausland und Schiedsverfahren – Neues Recht für alte Fälle, IPRax 1992, 362; ders, Börsentermingeschäfte, in: HOPT/RUDOLPH/BAUM 469; SCHUSTER, Die internationale Anwendung des Börsenrechts (1996); SCHWARK, Börsengesetz (2. Aufl 1994); STARP, Die Börsentermingeschäfte an Auslandsbörsen (1985).

Rn 251). Jedoch enthält § 61 BörsenG in der Fassung von 1989 eine Sonderregelung, die inländische Privatkunden vor den Risiken ausländischer Börsentermingeschäfte schützen will.

„§ 61

Aus einem Börsentermingeschäft können ohne Rücksicht auf das darauf anzuwendende Recht keine weitergehenden Ansprüche, als nach deutschem Recht begründet sind, gegen eine Person geltend gemacht werden,

1. für die das Geschäft nach § 53 nicht verbindlich ist,

2. die ihren gewöhnlichen Aufenthalt zur Zeit des Geschäftsabschlusses im Inland hat und

3. die im Inland die für den Abschluß des Geschäfts erforderliche Willenserklärung abgegeben hat."

Die Vorschrift wird als spezielle Vorbehaltsklausel und **international zwingende Bestimmung iSd Art 34 EGBGB** verstanden (OLG Frankfurt RiW 1997, 600 [601]; ERMAN/ HOHLOCH aaO; MünchKomm/MARTINY Art 28 Rn 259 e; PALANDT/HELDRICH aaO; SOERGEL/ vHOFFMANN Art 34 Rn 67). Im Ergebnis führt sie dazu, dass bestimmte Vorschriften des deutschen Rechts für Börsentermingeschäfte sich gegen an sich anwendbares ausländisches Recht durchsetzen. Eines Rückgriffs auf den deutschen ordre public – wie ihn die Rechtsprechung vor der Börsennovelle von 1989 befolgt hatte (vgl etwa BGH NJW 1979, 488; BGH NJW 1981, 1898; BGH NJW 1987, 3193) – bedarf es nicht mehr (BGH NJW 1998, 2358; vgl dazu noch unten Rn 591). § 61 BörsenG erklärt jetzt für Personen, für die das Geschäft gemäß § 53 BörsenG nicht verbindlich ist, die ferner ihren gewöhnlichen Aufenthalt in Deutschland und hier ihre Vertragsschlusserklärung abgegeben haben, deutsches Recht für anwendbar, soweit es sie geringeren Ansprüchen aussetzt als das an sich anwendbare Recht. 584

Für § 61 BörsenG ist es gleichgültig, ob ausländisches Recht kraft Rechtswahl oder objektiver Anknüpfung gilt, ferner ob das Geschäft an einer in- oder ausländischen Börse stattfindet (amtliche Begründung BR-Drucks 40/89 S 49; MünchKomm/MARTINY Art 28 Rn 259 a; SOERGEL/vHOFFMANN Art 34 Rn 67). Die Vorschrift setzt sich stets durch, wenn die in ihr angeführten Voraussetzungen vorliegen. 585

Zunächst setzt § 61 Nr 1 BörsenG die **Unverbindlichkeit des Geschäfts nach § 53 BörsenG** voraus. Nach dieser Vorschrift sind Börsentermingeschäfte verbindlich, wenn beide Teile Kaufleute oder als solche zu behandeln sind (§ 53 Abs 1 BörsenG). Sofern nur eine Seite Kaufmann ist, erklärt § 53 Abs 2 BörsenG das Geschäft für verbindlich, wenn die kaufmännische Partei einer gesetzlichen Banken- oder Börsenaufsicht untersteht und den anderen Teil über die Geschäftsrisiken detailliert informiert hat. **Private** werden damit **kraft Information termingeschäftsfähig**. 586

Nach der Streichung des § 53 Abs 3 BörsenG aF durch Art 2 Nr 27 des 2. FinanzmarktförderungsG vom 26. 7. 1994 (BGBl 1994 I 1749) gilt diese Regelung auch bei 587

Warentermingeschäften. Sie ist ferner ebenso im Fall **ausländischer Börsengeschäfte** anzuwenden.

588 Ist ein Geschäft danach unverbindlich und liegen darüber hinaus der gewöhnliche Aufenthalt des Kunden und der Ort seiner Abschlusserklärung in Deutschland, dann kann sich der Kunde gegenüber seinem ausländischen Vertragspartner auf den **Termineinwand** berufen (REITHMANN/MARTINY/LIMMER Rn 435), sofern nicht das ausländische Recht einen mindestens gleichwertigen Schutz vorsieht. Das Gleiche gilt gemäß § 58 BörsenG für den **Differenzeinwand** nach § 764 BGB (im Ergebnis ebenso REITHMANN/MARTINY/LIMMER aaO; aA SOERGEL/vHOFFMANN Art 34 Rn 68 f). Insoweit unterliegt der im Inland nicht Termingeschäftsfähige bei Geschäften an ausländischen Börsen einem gewissen Mindestschutz durch das deutsche Recht.

589 Die gleichen Regeln gelten auch bei sogenannten **Hedge-Geschäften,** bei denen nicht ein Spekulationsgewinn, sondern die Kurssicherung eines real durchzuführenden Exportgeschäftes im Vordergrund steht (vgl dazu BGHZ 105, 263).

590 Der Mindestschutz des deutschen Rechts erstreckt sich auch auf die **verfahrensrechtliche Seite von Börsentermingeschäften.** Die Rechtsprechung hat vor, aber ebenso nach der Börsengesetznovelle von 1989 solche Gerichtsstands- oder Schiedsgerichtsvereinbarungen für unwirksam gehalten, die in Fällen des § 61 BörsenG eine Entscheidungsinstanz berufen, die den Termin- und Differenzeinwand nicht beachten würde (OLG Düsseldorf RiW 1994, 420 m Anm MANKOWSKI; OLG Düsseldorf RiW 1995, 769; OLG Düsseldorf RiW 1996, 681, dazu MANKOWSKI RiW 1996, 1001 ff; OLG Köln IPRspr 1997 Nr 44; vor der Novelle von 1989: BGH IPRax 1985, 216 m Aufs ROTH IPRax 1985, 198; BGH IPRax 1989, 163 m Aufs SAMTLEBEN IPRax 1989, 148; eingehend zum Rechtszustand vor 1989 MünchKomm/MARTINY Art 28 Rn 251 ff). Sie ist damit über den von Art 13 ff GVÜ vorgesehenen, prozessualen Verbraucherschutz hinausgegangen.

591 Vor der Börsennovelle war Grundlage dieser Entscheidungen der deutsche ordre public (vgl BGH NJW 1979, 488; BGH NJW 1981, 1898; BGH NJW 1987, 3193). Jetzt kann eine Unwirksamkeit allerdings **nicht mehr generell auf den ordre public** gestützt werden. Denn § 61 BörsenG beschränkt den Termin- und Differenzeinwand auf recht eng umschriebene Fälle. Damit lassen sich diese Einwendungen gegen Börsentermingeschäfte nicht mehr als wesentliche Grundsätze der deutschen Rechtsordnung iSd Art 6 EGBGB ansehen (so auch BGH IPRax 1992, 380 m Aufs SAMTLEBEN IPRax 1992, 362; BGH NJW-RR 1993, 1519; OLG Frankfurt RiW 1997, 601; MANKOWSKI RiW 1996, 1003; REITHMANN/MARTINY/LIMMER Rn 435). Doch erscheint es gerechtfertigt, das international zwingende Recht des § 61 BörsenG auf solche Verfahrensvereinbarungen durchschlagen zu lassen, die der Anwendung eben dieses Rechts sonst den Boden entziehen würden und dies auch gerade bezwecken (ERMAN/HOHLOCH Art 28 Rn 57; PALANDT/HELDRICH Art 28 Rn 22; wohl ebenso OLG Frankfurt aaO; MANKOWSKI RiW 1996, 1003; **aA** etwa SAMTLEBEN, in: HOPT/RUDOLPH/BAUM 527; SCHWARK, Börsengesetz[2] § 61 Rn 20). Die staatsvertragliche Zulässigkeit von Gerichtsstands- und Schiedsvereinbarungen steht der Durchsetzung international zwingender Normen des deutschen Rechts nicht entgegen (**aA** SAMTLEBEN aaO). Die Voraussetzungen des § 61 BörsenG müssen freilich gegeben sein und entsprechend nachgeprüft werden (so zu Recht OLG Frankfurt aaO; MANKOWSKI aaO).

33. Spiel- und Wettverträge; Lotterie- und Ausspielvertrag

Spiel und Wette sind Verträge, bei denen eine oder beide Seiten einen Einsatz **592** erbringen, für den mehr oder minder vom Zufall oder unbekannten Bedingungen abhängt, welcher Seite er zufällt.

Mangels Rechtswahl führt die objektive Anknüpfung bei Spielen und Wetten zwi- **593** schen zwei oder mehr Privatleuten über Art 28 Abs 1 regelmäßig zum **Recht des Ortes, an dem das Spiel oder die Wette durchgeführt wird** (ebenso MünchKomm/Martiny Art 28 Rn 249; Soergel/vHoffmann Art 28 Rn 526; für die Schweiz Heini/Keller/Kren Koskiewicz Art 117 Rn 127). Denn eine charakteristische Leistung einer Seite ist hier nicht erkennbar.

Bei **gewerblich durchgeführten Spielen oder Wetten** (Spielkasino, Rennbahn, Wettbüro etc) **594** entscheidet nach Art 28 Abs 2 der Sitz des durchführenden Unternehmens, dessen Leistung den Vertrag charakterisiert (BGH IPRax 1988, 228 m Aufs Gottwald IPRax 1988, 210; OLG Hamm NJW-RR 1997, 1007; MünchKomm/Martiny aaO; ebenso Dicey/Morris II 33–438; im Ergebnis auch Soergel/vHoffmann aaO).

Nach dem Vertragsstatut bestimmt sich, ob **Spiel- und Wettschulden klagbar** sind **595** (BGH aaO; OLG Hamburg IPRspr 1984 Nr 24 b). ZT wird vertreten, dass §§ 762, 764 BGB aber trotz ausländischen Vertragsstatuts über Art 6 oder 34 EGBGB zu berücksichtigen seien (so OLG Hamm NJW-RR 1997, 1007 [Art 6]; zweifelnd MünchKomm/Martiny Art 28 Rn 249; dagegen Soergel/vHoffmann Art 28 Rn 527).

Lotterie- und Ausspielverträge als Unterarten des Spielvertrages unterstehen mangels **596** Rechtswahl dem Recht am **Sitz der Veranstalters,** der mit der Aufstellung der Spielregeln, der Durchführung der Ausspielung und der Gewinnauskehrung die vertragscharakteristische Leistung erbringt (MünchKomm/Martiny Art 28 Rn 260; Soergel/vHoffmann Art 28 Rn 529; ferner ebenso schon RGZ 58, 277; ähnlich Heini/Keller/Kren Koskiewicz Art 117 Rn 128: Bei ungenehmigter Lotterie entscheidet Ort der Durchführung).

Als **international zwingende Vorschrift** iSd Art 34 EGBGB ist das Verbot bestimmter **597** Glücksspiele und behördlich nicht genehmigter Lotterien in den §§ 284–286 StGB anzusehen, soweit sie im Inland durchgeführt werden (§ 3 StGB).

34. Auslobung, Preisausschreiben

Die Auslobung, bei der jemand öffentlich eine Belohnung für eine bestimmte Lei- **598** stung verspricht, unterliegt mangels Rechtswahl dem **Recht am Sitz des Auslobenden.** Denn seine Zusage charakterisiert das Rechtsverhältnis (vBar II Rn 496; Soergel/vHoffmann Art 28 Rn 522; ebenso Heini/Keller/Kren Koskiewicz Art 117 Rn 128 für amtlich genehmigte Veranstaltungen; bei ungenehmigten soll dagegen das Recht des Durchführungsortes entscheiden). Gleiches gilt für internationale Preisausschreiben.

35. Verträge über Immaterialgüterrechte*

a) Allgemeines

599 Das Immaterialgüterrecht – Urheber-, Patent-, Erfindungs-, Markenrecht etc (intellectual/industrial property, prorietéintellectuelle/industrielle) ist weitgehend durch **internationales Einheitsrecht** geregelt, soweit es um Entstehen, Wirkung und Erlöschen derartiger Schutzrechte geht (vgl dazu eingehend MünchKomm/KREUZER Art 38 Anh II; speziell zum int Markenrecht STAUDINGER/FEZER [2000] IntWirtschR Rn 661 ff). Sofern konventionsrechtlich nichts anderes gilt, ist für die genannten Fragen nach hM das **Recht des Schutzlandes** maßgebend (lex loci protectionis; BGH NJW 1994, 2888; BGH NJW 1998, 1395 – Spielbankaffaire; MünchKomm/KREUZER Art 38 Anh II Rn 7; PALANDT/HELDRICH Art 38 Rn 15; E ULMER 12).

600 Für **schuldrechtliche Verpflichtungsgeschäfte** zur Übertragung oder Nutzungsüberlassung von Immaterialgüterrechten gilt indessen bisher weder besonderes vereinheitlichtes Kollisions- noch materielles Recht. Ob die Art 27 ff für derartige Schuldverträge gelten, ist nicht ganz unzweifelhaft. Der Bericht von GIULIANO/LAGARDE betont, dass „das Gebiet der dinglichen Rechte und Immaterialgüterrechte natürlich nicht unter diese Vorschriften" – des EVÜ – fällt (S 42). Wie die Parallele zum Sachenrecht zeigt, ist damit aber erkennbar nur die dingliche Seite gemeint. Schuldverträge über Immaterialgüterrechte sollten nicht ausgeschlossen werden (ebenso DICEY/MORRIS II 32–030 Fn 80). Wenn die Parteien keine – stets zulässige – Rechtswahl getroffen haben, sind diese Verträge deshalb in üblicher Weise nach Art 28 Abs 2 anzuknüpfen (vBAR II Rn 498; ERMAN/HOHLOCH Art 28 Rn 54; vHOFFMANN RabelsZ 40 [1976] 217 f; MünchKomm/KREUZER Art 38 Anh II Rn 22; MünchKomm/MARTINY Art 28 Rn 261; SOERGEL/vHOFFMANN Art 28 Rn 495 f; schon bisher BGH AWD 1965, 455). Das **Vertragsstatut** bestimmt sich damit an sich ebenso wie bei jenen Vertragstypen (Kauf, Miete etc), die für die **Übertragung und Nutzung von Immaterialgüterrechten** verwendet werden. Die Besonderheiten des Rechtsgebietes erfordern aber doch ein näheres Eingehen auf die einzelnen hier verwendeten Vertragstypen.

---

* **Schrifttum:** BEIER, Die international-privatrechtliche Beurteilung von Verträgen über gewerbliche Schutzrechte, in: HOLL/KLINKE (Hrsg), Internationales Privatrecht. Internationales Wirtschaftsrecht (1985) 287; FALLENBÖCK, Zur kollisionsrechtlichen Anknüpfung von Immaterialgüterrechtsverträgen nach den Europäischen Vertragsübereinkommen (EVÜ), ZfKV 1999, 98; FAWCETT/TORREMANS, Intellectual Property and Private International Law (1998); GULICH, Rechtsfragen grenzüberschreitender Rundfunksendungen. Die deutsche Rundfunkordnung im Konflikt mit der Dienstleistungsfreiheit (1990); INTVEEN, Internationales Urheberrecht und Internet: zur Frage des anzuwendenden Urheberrechts bei grenzüberschreitenden Datenübertragungen (1999); KLEINE, Urheberrechtsverträge im internationalen Privatrecht (1986); LUTZ, Technologie-, Patent- und Know-how-Lizenzverträge im EG-Recht, RiW 1996, 269; MÄGER, Der Schutz des Urhebers im internationalen Vertragsrecht. Zur Anknüpfung zwingenden deutschen Urheberrechts (1995); REGELIN, Das Kollisionsrecht der Immaterialgüterrechte an der Schwelle des 21. Jahrhunderts (2000); SCHNEIDER/BRODTMANN, Das Folgerecht des bildenden Künstlers im europäischen und internationalen Urheberrecht (1995); E ULMER, Die Immaterialgüterrechte im internationalen Privatrecht (1975); ders, Gewerbliche Schutzrechte und Urheberrechte im internationalen Privatrecht, RabelsZ 41 (1977) 479; UNTEREGGE, Grenzen der Parteiautonomie im internationalen Urheberrecht, in: FS Sandrock (1975) 167.

b) Erwerb von Urheberrechten

Die Anknüpfung von **Verträgen,** durch die **Urheberrechte übertragen** werden sollen, **601** ist umstritten und dadurch erschwert, dass diese Verträge regelmäßig sowohl verpflichtende wie verfügende Elemente enthalten. Die Abgrenzung zwischen beiden Elementen will man teilweise bereits dem Recht des Schutzlandes überlassen (STAUDINGER/FEZER [2000] IntWirtschR Rn 718).

Jedenfalls für den verpflichtenden Teil des Vertrages wird eine **Rechtswahl** zugelassen **602** (ERMAN/HOHLOCH Art 28 Rn 54; MÄGER 47 ff; MünchKomm/MARTINY Art 28 Rn 263 a; SOERGEL/vHOFFMANN Art 28 Rn 508; STAUDINGER/FEZER IntWirtschR Rn 751 ff [zu Markenrechten]; wohl ebenso DICEY/MORRIS II 24–002 f; ferner ausdrücklich Art 122 Abs 2 Schweizer IPRG). Fehlt eine Rechtswahl, dann greift Art 28 Abs 2 ein. Maßgebend ist danach bei reinen Veräußerungs- oder Überlassungsverträgen, die aber eher selten sind, das **Recht am Sitz des Veräußernden oder Überlassenden,** der mit der Pflicht zur Übertragung oder Überlassung des Urheberrechts die charakteristische Leistung erbringt (ebenso SOERGEL/vHOFFMANN Art 28 Rn 509; wohl auch DICEY/MORRIS aaO; ausdrücklich ferner Art 122 Abs 1 Schweizer IPRG; zurückhaltend MünchKomm/MARTINY aaO).

Hat der Erwerber dagegen vertragliche **Pflichten zur Verwertung, Verbreitung** etc **603** übernommen, dann tritt seine Leistung in den Vordergrund und charakterisiert den Vertrag (ERMAN/HOHLOCH Art 28 Rn 54; MünchKomm/MARTINY aaO; SOERGEL/vHOFFMANN Art 28 Rn 509; E ULMER 54 ff; zum Verlagsvertrag unten Rn 606 ff).

Die Regelanknüpfung kann von – deutlich – engeren Beziehungen zu einem anderen **604** Recht freilich verdrängt werden (Art 28 Abs 5), so etwa, wenn zum Land, in dem das Urheberrecht genutzt werden soll, weitere Bezugspunkte bestehen.

Dem nach Art 27 oder 28 anwendbaren Recht unterliegen **nur die schuldrechtlichen 605 Voraussetzungen und Wirkungen des Vertrages.** Die Entstehung, die Wirkungen, der Übergang, auch die Voraussetzungen und Zulässigkeit der Übertragbarkeit, schließlich das Erlöschen von Urheberrechten unterstehen dagegen dem Recht des Landes, in dem sie wirken sollen und für dessen Gebiet ihr Schutz in Anspruch genommen wird (Schutzlandprinzip, lex loci protectionis; vgl BGH NJW 1998, 1395 – Spielbankaffaire; näher vBAR II Rn 702 ff; KROPHOLLER § 53 VII 2; MünchKomm/KREUZER Art 38 Anh II Rn 3 ff; STAUDINGER/FEZER [2000] IntWirtschR Rn 635 ff [zum Markenstatut]; eingehend auch HEINI/KELLER/KOSTKIEWICZ Art 122 Rn 15 ff; für einheitliche Anknüpfung des Verpflichtungs- und Verfügungsgeschäfts dagegen OLG Frankfurt GRUR 1998, 141).

c) Verlagsvertrag

Der Verlagsvertrag verpflichtet gewöhnlich den Urheber zur Übertragung seiner **606** Rechte und den Verlag zur Publikation und Verbreitung sowie zur Honorierung. Ferner wird gewöhnlich die unmittelbare Rechtsübertragung vereinbart.

Eine Rechtswahl ist stets zulässig (vgl BGH NJW 1997, 1150). Mangels Rechtswahl **607** untersteht der schuldrechtliche Teil des Verlagsvertrages, wie schon bisher (BGHZ 19, 110 [113]; BGHZ 64, 183), **dem Recht am Sitz des Verlegers** (BGH RiW 2001, 938; vBAR II Rn 498; ERMAN/HOHLOCH Art 28 Rn 54; KLEINE 66 ff; MünchKomm/MARTINY Art 28 Rn 264; SOERGEL/vHOFFMANN Art 28 Rn 511; E ULMER 53; ebenso – jedoch über Art 28 Abs 5: REITHMANN/MARTINY/JOCH Rn 1310; übereinstimmend für die Schweiz HEINI/KELLER/KREN KOSKIEWICZ

Art 122 Rn 53). Denn die Verlagsleistung – Herstellung und bestmögliche Verwertung – charakterisiert den Vertrag. Maßgebend ist wie auch sonst die Verlagsniederlassung im Zeitpunkt des Vertragsschlusses. Eine spätere Sitzverlegung kann das Vertragsstatut grundsätzlich nicht abändern (MünchKomm/MARTINY aaO; SOERGEL/vHOFFMANN Art 28 Rn 512 und unter dem früheren IPR BGH IPRspr 1979 Nr 175). Doch kann dieser Umstand im Rahmen des Art 28 Abs 5 Beachtung finden, wenn dadurch insgesamt deutlich engere Beziehungen zu einem anderen Recht bestehen.

608 Die **verfügenden Wirkungen des Vertrages,** insbesondere die Voraussetzungen einer wirksamen Übertragung der Urheberrechte, richten sich dagegen nach dem **Schutzlandprinzip** (BGH GRUR 1988, 296 [298]; BGHZ 136, 380 [387]; BGH RiW 2001, 937 [938]; eingehend REITHMANN/MARTINY/JOCH Rn 1305 ff; für die Schweiz HEINI/KELLER/KREN KOSKIEWICZ Art 122 Rn 46 ff).

d) **Lizenzverträge***

609 Lizenzverträge gestatten dem Lizenznehmer gegen Zahlung der Lizenzgebühr die Ausnutzung eines gewerblichen Schutzrechts des Lizenzgebers. Das Schutzrecht kann zu diesem Zweck übertragen werden – wie zahlreiche Rechtsordnungen das etwa bei der ausschließlichen Lizenz annehmen (näher E ULMER 86 f) –, muss es aber nicht. Häufig treten zur bloßen Nutzungsgestattung gegen Geld weitere Pflichten zur Lizenzübertragung hinzu, so etwa Informations- oder Kooperationspflichten.

610 Für die schuldrechtlichen Pflichten gilt mangels Rechtswahl regelmäßig das **Recht am Sitz des Lizenzgebers.** Denn in der Nutzungsgestattung liegt in aller Regel die charakteristische Vertragsleistung (so BGHZ 129, 236; vBAR II Rn 498; ERMAN/HOHLOCH Art 28 Rn 54; REITHMANN/MARTINY/HIESTAND Rn 1276; SOERGEL/vHOFFMANN Art 28 Rn 501; ebenso zum EVÜ CZERNICH/HEISS/CZERNICH Art 4 Rn 121; KAYE 183; übereinstimmend auch Art 122 Abs 1 schwz IPRG; speziell zu Markenlizenzverträgen: STAUDINGER/FEZER [2000] IntWirtschR Rn 760 ff; **aA** aber etwa STUMPF/GROSS Rn 444 [Recht des Landes für das Lizenz erteilt wird]; ferner auch FALLENBÖCK ZfRV 1999, 102 [Sitz des Lizenznehmers maßgebend]). Das wird jedenfalls nahezu einhellig dann angenommen, wenn die Lizenz für mehrere Länder erteilt wird (so außer den soeben Genannten etwa BEIER, in: Holl/Klinke 302 f; MünchKomm/MARTINY Art 28 Rn 269; STUMPF/GROSS Rn 445). Erstreckt sie sich nur auf *ein* Schutzland, so soll nach **abweichender Ansicht** das Recht dieses Landes gelten (so etwa BEIER 296 ff; MünchKomm/MARTINY aaO und die Rechtsprechung unter dem früheren IPR: vgl OLG Düsseldorf AWD 1961, 295).

611 Indessen vermag eine Differenzierung nach der Zahl der Schutzländer nicht zu überzeugen. Sie führt auch zu ungereimten Ergebnissen (Statutenwechsel) bei nachträglicher Erweiterung oder Einengung der Lizenz (darauf weist zu Recht REITHMANN/MARTINY/HIESTAND Rn 1278 hin). Unbenommen bleibt es, wie stets eine deutlich engere Verbindung über Art 28 Abs 5 zu beachten. Die Erteilung der Lizenz für ein bestimmtes Land löst die Regelvermutung des Art 28 Abs 2 aber noch nicht automatisch ab (ebenso SOERGEL/vHOFFMANN Art 28 Rn 503).

---

* **Schrifttum** (vgl Rn 599): GRÜTZMACHER/LAIER/MAY, Der Internationale Lizenzverkehr (8. Aufl 1997); HIESTAND, Die Anknüpfung internationaler Lizenzverträge (1993); HOPPE, Lizenz- und Know-how-Verträge im internationalen Privatrecht (1994); STUMPF/GROSS, Der Lizenzvertrag (7. Aufl 1998).

5. Abschnitt. Schuldrecht. **Art 28 EGBGB**
1. Unterabschnitt. Vertragliche Schuldverhältnisse **612–619**

Dem Vertragsstatut unterstehen die schuldrechtlichen Lizenzvertragsfragen. Bestehen, Inhalt, Übertragbarkeit und Erlöschen des Lizenzrechts richten sich dagegen nach dem Schutzlandprinzip (siehe näher den Überblick bei REITHMANN/MARTINY/HIESTAND Rn 1281 ff m zahlr Nachw). **612**

Soweit Lizenzverträge den **innergemeinschaftlichen Handel** in der EU spürbar beschränken, unterliegen sie den Verboten aus Art 81, 82 EGV, die aufgrund des Vorrangs des Gemeinschaftsrechts unmittelbar anwendbar sind. Allerdings sind Lizenzverträge durch die EG-Verordnung Nr 240/96 über die Gruppenfreistellung von Technologietransfer-Vereinbarungen vom 31. 1. 1996 (ABl EG Nr L 31/2 vom 9. 2. 1996; in Kraft seit 1. 4. 1996; dazu LUTZ RiW 1996, 269 ff) weitgehend freigestellt. **613**

Über Art 34 EGBGB sind ferner die **kartellrechtlichen Schranken** zu beachten, die sich aus dem deutschen Kartellrecht – insbesondere § 20 GWB – ergeben (näher REITHMANN/MARTINY/HIESTAND Rn 1294 ff). Voraussetzung ist jedoch, dass ausländischem Recht unterstehende Lizenzverträge sich in Deutschland auswirken (§ 130 Abs 2 GWB). **614**

Zu Know-how-Verträgen und Technologietransferverträgen unten Rn 621 ff. **615**

e) Sonstige Verwertungsverträge
aa) Internationale Übertragungs- und Sendeverträge
Verträge zwischen Veranstalter und Verwerter über die internationale Sendung und Übertragung vor allem von Sport- oder Kulturereignissen dürften mangels Rechtswahl dem **Recht am Sitz des Veranstalters** unterstehen, da dieser eher als der Verwerter die charakteristische Leistung erbringt. Häufiger wird auch über Art 28 Abs 5 eine Anknüpfung an den Veranstaltungsort in Betracht kommen (zur Verletzung des Rechts auf Kabelweiterversendung BGH NJW 1998, 1395 – Spielbankaffaire). **616**

bb) Internationale Verfilmungs- und Einspielverträge*
Die vertraglich übernommene Verfilmung oder Einspielung urheberrechtlich geschützter Werke zur weiteren Verbreitung untersteht ohne Rechtswahl – wie der Verlagsvertrag – dem **Recht am Sitz des Verwerters** (MünchKomm/MARTINY Art 28 Rn 265; REITHMANN/MARTINY/JOCH Rn 1316; wohl **anders** SOERGEL/vHOFFMANN Art 28 Rn 514; zum Ganzen eingehend OBERGFELL 300 ff). **617**

Die **Verträge mit den** dabei eingesetzten **Künstlern** sind als Dienst-, eventuell Werkverträge nach ihrem jeweils eigenen Statut zu beurteilen. Die Tatsache allein, dass unter Umständen der Verwerter das wirtschaftliche Risiko der Gesamtproduktion trägt, kann nicht dazu führen, dass für diese Verträge mangels Rechtswahl über Art 28 Abs 5 das Recht am Sitz des Produzenten gilt (so aber REITHMANN/MARTINY/JOCH Rn 1316). **618**

cc) Internationale Filmverleihverträge
Verträge zwischen Filmproduzenten und Filmverwertern (Filmverleih) sind im Zwei- **619**

---

* **Schrifttum** (vgl Rn 599): A M BRAUN, Die internationale Coproduktion von Filmen im Internationalen Privatrecht (1996); OBERGFELL, Filmverträge im deutschen materiellen und internationalen Privatrecht (2001).

fel nach dem **Recht am Sitz des Produzenten** zu beurteilen (ebenso MünchKomm/MARTINY Art 28 Rn 266; wohl auch SOERGEL/vHOFFMANN Art 28 Rn 515).

dd) **Internationale Wahrnehmungsverträge**

620 Für Verträge, durch die Urheberrechtsinhaber Verwertungsgesellschaften etc beauftragen, ihre Rechte wahrzunehmen, gilt bei objektiver Anknüpfung das **Recht am Sitz der Verwertungsgesellschaft,** die mit der Wahrnehmungstätigkeit die charakteristische Vertragsleistung erbringt (KLEINE 88; MünchKomm/MARTINY Art 28 Rn 267; REITHMANN/ MARTINY/JOCH Rn 1317 [jedoch über Art 28 Abs 5]; SOERGEL/vHOFFMANN Art 28 Rn 516).

36. **Know-how-Verträge; Technologietransferverträge***

621 Know-how- und Technologietransferverträge verpflichten eine Seite zur Übermittlung besonderen, insbesondere technischen Wissens oder Könnens, das seinerseits keinen Immaterialgüterschutz genießt, während den Empfänger nur eine Zahlungspflicht trifft. Vielfach sind diese Verträge in umfangreichere Austauschbeziehungen eingebettet oder mit anderen Verträgen wie zB Lizenzverträgen gekoppelt.

622 Mangels Rechtswahl werden Know-how- und Technologietransferverträge grundsätzlich dem **Recht am Sitz dessen** unterstellt, **der das Know-how oder technologische Wissen zu übertragen hat** (BEIER, in: HOLL/KLINKE 302; ERMAN/HOHLOCH Art 28 Rn 55; KREUZER, in: FS vCaemmerer 722; MünchKomm/MARTINY Art 28 Rn 270; REITHMANN/MARTINY/HIESTAND Rn 1275; wohl auch vBAR II Rn 498; übereinstimmend für die Schweiz HEINI/KELLER/KREN KOSKIEWICZ Art 122 Rn 29). Das gilt auch, wenn ein Recht zur ausschließlichen Nutzung von Know-how eingeräumt wird (vgl die soeben Zitierten; **aA** – Recht am Sitz des Nutzers – STUMPF 156).

623 Eine **enge Anbindung** des Know-how- bzw Technologietransfervertrages an ein anderes Geschäft (zB Gesellschaftsvertrag oder Zusammenarbeitsvertrag) kann über Art 28 Abs 5 das Statut dieses Geschäfts zur Geltung bringen. Auch für Know-how- und Technologietransferverträge ist das unmittelbar geltende **EG-Kartellrecht** (Art 81 f EGV) sowie die Gruppenfreistellungsverordnung für Technologietransfer-Vereinbarungen vom 31. 1. 1996 zu beachten (vgl oben Rn 613).

37. **Gesellschaftsverträge****

624 Im internationalen Gesellschaftsrecht unterstehen die Verhältnisse der Gesellschaften eigenen Kollisionsregeln. Für sie gilt bisher das Recht am Sitz der tatsächlichen Hauptverwaltung der Gesellschaft (stdg Rspr: etwa BGHZ 97, 269; näher STAUDINGER/ GROSSFELD [1998] Int GesR Rn 26 ff). Die Anwendung der **Art 27–37** EGBGB ist inso-

---

* **Schrifttum** (vgl auch Rn 599): HOPPE, Lizenz- und Know-how-Verträge im internationalen Privatrecht (1994); KREUZER, Know-how-Verträge im Deutschen Internationalen Privatrecht, in: FS vCaemmerer (1978) 705; STUMPF, Der Know-how-Vertrag (3. Aufl 1977).

** **Schrifttum:** FERID, Zur Behandlung von Anteilen an Personengesellschaften beim zwischenstaatlichen Erbgang, in: FS Hueck (1959) 343; GRASMANN, System des internationalen Gesellschaftsrechts (1970); GROSSFELD, Internationales und Europäisches Unternehmensrecht (2. Aufl 1995); TERLAU, Das Internationale Privatrecht der Gesellschaft bürgerlichen Rechts: Rechtsvergleichung – Europarecht – Anknüpfung (1999).

weit **ausgeschlossen** (Art 37 Nr 2 EGBGB = Art 1 Abs 2 e EVÜ; vgl näher die Erl zu Art 37).

Der Ausschluss bezieht sich aber nicht mehr auf **Verträge oder Vorverträge, die nur** **625** **Verpflichtungen zur Gründung einer Gesellschaft schaffen** (GIULIANO/LAGARDE 44: „Dagegen bleiben alle Rechtshandlungen oder Vorverträge, deren einziges Ziel in der Begründung von Verpflichtungen zwischen den interessierten Parteien [den Gründern] im Hinblick auf die Errichtung einer Gesellschaft besteht, von diesem Ausschluss unberührt."). Gründungsvorverträge sind daher nach den Art 27 ff zu beurteilen (ERMAN/HOHLOCH Art 37 Rn 5; MünchKomm/EBENROTH nach Art 10 Rn 247 [Gesellschaftsstatut aber für die Haftung zwischen den Gründern: Rn 261]; SOERGEL/vHOFFMANN Art 37 Rn 47; STAUDINGER/GROSSFELD [1998] Int GesR Rn 261; STAUDINGER/MAGNUS Art 37 Rn 40; unter dem früheren IPR ebenso BGH IPRspr 1975 Nr 6; zum anwendbaren Recht unten Rn 627 ff). Der Gründungsvertrag selbst ist dagegen gesellschaftsrechtlich zu qualifizieren (STAUDINGER/GROSSFELD [1998] Int GesR Rn 257).

Den Art 27 ff unterliegen ferner **Verträge zur Bildung von Gelegenheits-, Innen- oder** **626** **sonstigen Gesellschaften** ohne eigene, nach außen tretende Organisationsstruktur wie etwa **Arbeitsgemeinschaften,** die **stille Gesellschaft** etc (ERMAN/HOHLOCH Art 37 Rn 5; MünchKomm/MARTINY Art 37 Rn 32; PALANDT/HELDRICH Art 28 Rn 19; SOERGEL/vHOFFMANN Art 37 Rn 48; STAUDINGER/GROSSFELD [1998] Int GesR Rn 772 ff; vgl ferner noch unten Art 37 Rn 41). Ferner sind Verträge zur Bildung internationaler Partnerschaften oder Allianzen hierher zu rechnen, soweit sie über reine Kooperationsverträge hinausgehen. Auch für die inneren Fragen dieser Gelegenheitsgesellschaften gilt das Vertragsstatut (STAUDINGER/GROSSFELD [1998] Int GesR Rn 777; ebenso Art 150 Abs 2 schweizerisches IPRG).

Für die erfassten Verträge kann das anwendbare Recht gewählt werden (OLG Düssel- **627** dorf NJW-RR 1987, 483; MünchKomm/MARTINY Art 37 Rn 32).

Mangels Rechtswahl wird meist nach **Art 28 Abs 1** zu entscheiden und das Recht der **628** engsten Beziehung aus der Gesamtheit der Umstände zu ermitteln sein. Denn diese Verträge werden regelmäßig nicht durch die Leistung nur einer Seite charakterisiert (ebenso vBAR II Rn 617; PALANDT/HELDRICH Art 28 Rn 19; SOERGEL/vHOFFMANN Art 37 Rn 49). Eine Ausnahme gilt, wenn die Leistung eines Gesellschafters ganz im Vordergrund steht; dann entscheidet über Art 28 Abs 2 das Recht seines Sitzes.

Die **engste Verbindung** besteht bei Vorgründungsverträgen und Gelegenheitsgesell- **629** schaften wohl meist mit dem **Ort, an dem das gesellschaftsvertragliche Zusammenwirken erfolgt,** also Absprachen, Entscheidungen, Beschlüsse getroffen und umgesetzt werden (ähnlich – Ort der gemeinsamen Zweckverfolgung – ERMAN/HOHLOCH Art 37 Rn 5; MünchKomm/MARTINY Art 37 Rn 32; ebenso das ältere Schrifttum: FERID, in: FS Hueck 349; GRASMANN 560 f; aA – Sitz der Gesellschafter entscheidet – SOERGEL/vHOFFMANN Art 37 Rn 49). Überwiegen dagegen die Hinweise auf ein anderes Recht, dann gilt dieses, so etwa bei Grundstücks(gelegenheits-)gesellschaften die lex rei sitae (ERMAN/HOHLOCH Art 37 Rn 5; MünchKomm/MARTINY Art 37 Rn 32; PALANDT/HELDRICH Art 28 Rn 19; STAUDINGER/GROSSFELD [1998] Int GesR Rn 772).

Zum Joint venture und zu Kooperationsverträgen vgl unten Rn 631 ff. **630**

38. Zusammenarbeitsverträge; Joint venture*

a) Zusammenarbeitsverträge

631 Zusammenarbeits- oder Kooperationsverträge haben zum Gegenstand, dass mehrere Beteiligte zur Erreichung eigener, jedoch gleichliegender Interessen oder eines gemeinsamen Zweckes zusammenwirken, ohne bereits dadurch eine Gesellschaft zu bilden oder ein Gemeinschaftsunternehmen zu schaffen.

632 Mangels Rechtswahl ist für diese Verträge die engste Beziehung über Art 28 Abs 1 zu bestimmen, da auch hier eine charakteristische Leistung einer Seite in aller Regel fehlt (ebenso MünchKomm/Martiny Art 28 Rn 272; Soergel/vHoffmann Art 28 Rn 283; aA Reithmann/Martiny/Kleinschmidt Rn 816, der aber offen lässt, welche der Leistungen den Vertrag dann charakterisieren soll). In erster Linie wird das **Recht des Ortes** zu entscheiden haben, **an dem die Kooperation stattfinden,** der übereinstimmende Zweck verfolgt werden soll. Doch sind alle Anknüpfungsmerkmale, insbesondere der Sitz der Beteiligten, aber auch der Abschlussort etc zu würdigen.

b) Joint-venture

633 Bei Joint-venture-Verträgen verpflichten sich die Parteien, ein **Gemeinschaftsunternehmen** (Joint venture) zu schaffen oder zu nutzen, um mit ihm ihre gemeinsamen Zwecke zu verfolgen. Für die Entstehung und die Rechtsverhältnisse des Gemeinschaftsunternehmens gilt das Internationale Gesellschaftsrecht, also das Sitzrecht (MünchKomm/Ebenroth nach Art 10 Rn 432; Staudinger/Grossfeld [1998] Int GesR Rn 774).

634 Der vorbereitende Grundlagenvertrag ist dagegen schuldrechtlich zu qualifizieren und nach Art 27, 28 zu beurteilen (MünchKomm/Martiny Art 37 Rn 33; Reithmann/Martiny/Kleinschmidt[4] Rn 811; Soergel/vHoffmann Art 28 Rn 280; Staudinger/Grossfeld [1998] Int GesR Rn 775; Zweigert/vHoffmann, in: FS Luther 207). Mangels Rechtswahl gilt für ihn Art 28 Abs 1, da in der Regel nicht die Leistung einer Seite den Vertrag charakterisiert (ebenso Soergel/vHoffmann Art 28 Rn 283; Staudinger/Grossfeld [1998] Int GesR Rn 775). Vielfach, aber keineswegs zwingend wird die engste Beziehung zum Recht am **Sitz des Gemeinschaftsunternehmens** bestehen (MünchKomm/Martiny Art 37 Rn 33; Soergel/vHoffmann, Staudinger/Grossfeld [1998] jeweils aaO; für stete Geltung dieses Rechts: MünchKomm[2]/Ebenroth nach Art 10 Rn 433; ganz ähnlich die Schweizer Auffassung: L Huber 102 ff; Schnyder, in: Meier/Schatz 94: Zentrum der Aktivität). Denkbar ist auch die Anknüpfung an ein übereinstimmendes Sitzrecht der Vertragspartner. Eine Vertragsspaltung ist dagegen nach Möglichkeit zu vermeiden (großzügiger: Soergel/vHoffmann Art 28 Rn 283).

635 Die auch vorgeschlagene **Kumulation der Rechtsordnungen der beteiligten Partnerunternehmen** ist wegen der möglichen Normwidersprüche abzulehnen (ebenso Reith-

---

* **Schrifttum:** Braun, Joint Ventures im amerikanischen und deutschen Internationalen Privatrecht (1999); Göthel, Joint Ventures im Internationalen Privatrecht (1999); L Huber, Das Joint-Venture im internationalen Privatrecht (1992); Langefeld/Wirth (Hrsg), Joint Ventures im internationalen Wirtschaftsverkehr (1990); Schnyder, Internationale Joint-Ventures – verfahrens-, anwendungs- und schiedsgerichtliche Fragen, in: Meier/Schatz (Hrsg), Kooperations- und Joint-Venture-Verträge (1994) 81; Zweigert/vHoffmann, Zur internationalen Joint Venture, in: FS Luther (1976) 203.

MANN/MARTINY/KLEINSCHMIDT[4] Rn 817; für Kumulation dagegen: ZWEIGERT/vHOFFMANN, in: FS Luther 208 f; für Kumulation als ‚Notanker': STAUDINGER/GROSSFELD [1998] Int GesR Rn 776).

Auch für Kooperations- und Joint-venture-Verträge ist das Kartellrecht zu beachten (vgl dazu oben Rn 613 f). **636**

39. Leibrente und sonstige Versorgungsverträge

Der Leibrentenvertrag verpflichtet den Schuldner zu einer grundsätzlich lebenslangen Rentenzahlung an den Gläubiger. Grundlage dieser Pflicht ist gewöhnlich ein anderes Geschäft, zB eine Grundstücks- oder Betriebsübertragung auf den Leibrentenschuldner. **637**

Haben die Parteien keine Rechtswahl getroffen, dann entscheidet das **Recht am Sitz des Leibrentenschuldners** (MünchKomm/MARTINY Art 28 Rn 236; SOERGEL/vHOFFMANN Art 28 Rn 523; STAUDINGER/FIRSCHING[10/11] Vorbem 589 zu Art 12; ebenso unter früherem IPR: RG IPRspr 1929 Nr 30; übereinstimmend für die Schweiz HEINI/KELLER/KREN KOSKIEWICZ Art 117 Rn 103). Bei Leibrentenverträgen als Entgelt für eine Grundstücksübertragung ist das Recht am Belegenheitsort des Grundstücks maßgebend (Art 28 Abs 3). **638**

Auch bei **Altenteilsverträgen,** bei denen ein Grundstück gegen Versorgungsleistungen überlassen wird (vgl auch Art 96 EGBGB), ist im Zweifel an das Belegenheitsrecht des Grundstücks anzuknüpfen. **639**

Für **Versorgungsverträge** im Übrigen, bei denen ein Vertragsteil die materielle Versorgung des anderen übernimmt, gilt mangels Rechtswahl das **Recht am Sitz des versorgenden Teils,** da dieser die charakteristische Vertragsleistung erbringt (zum Heimunterbringungsvertrag oben Rn 336; zu Betreuungsverträgen oben Rn 355). **640**

40. Familienrechtliche Verträge

Die speziellen familienrechtlichen Verträge wie Verlöbnis, Güterrechtsverträge, schuldrechtlicher Versorgungsausgleich, vertragliche Unterhaltsregelung oder Hausratsverteilung etc sind als familienrechtliche Vorgänge zu qualifizieren und unterliegen den Kollisionsregeln des Familienrechts. Davon abzugrenzen sind schuldrechtliche Vereinbarungen zwischen Familienangehörigen, wie sie auch zwischen Fremden getroffen werden könnten. Hierzu gehören etwa Schenkungen, Kauf oder Miete, Arbeitsverträge zwischen Familienmitgliedern. Diese Verträge sind grundsätzlich nach den Art 27 ff anzuknüpfen. Die Abgrenzung ist häufig schwierig und sollte danach getroffen werden, ob die Familienbeziehung oder das ‚Fremdheitselement' im Vordergrund steht. **641**

Die Vereinbarung eines Brautgeldes innerhalb der Volksgruppe der Roma, das die Familie der Braut für den Verlust der Arbeitskraft der Braut entschädigen soll, ist allein nach Art 28 Abs 2 beurteilt und dem Recht am gewöhnlichen Aufenthaltsort des Bräutigams unterstellt worden (OLG Köln NJW-RR 1994, 1026, fraglich; ähnlich OLG Düsseldorf IPRax 1984, 270 m Aufs FUDICKAR IPRax 1984, 253 ff). **642**

Zu den unbenannten Zuwendungen unter Ehegatten vgl oben Rn 206. **643**

41. Internetverträge*

a) Allgemeines

644 Als Internetverträge lassen sich zum einen alle Verträge – und Verträge jedweder Art – verstehen, die über das Internet abgeschlossen werden. Welches Recht für sie und ihren wirksamen Abschluss gilt, richtet sich nach den allgemeinen Regeln, in deren Rahmen dann Besonderheiten das Internetabschlusses zu berücksichtigen sind (vgl dazu unter Rn 646 ff).

645 Als Internetverträge können zum anderen solche Verträge bezeichnet werden, die – wie zB Providerverträge – spezifische Internetleistungen betreffen. Bei ihnen geht es darum, angemessene Anknüpfungsregeln für das jeweilige Vertragsverhältnis festzulegen. Zu den Anknüpfungsregeln für diese spezifischen Internetverträge vgl unten Rn 662 ff.

b) Rechtswahlfragen

646 Die Parteien spezifischer Internetverträge sowie über elektronische Medien geschlossener Verträge können das anwendbare Vertragsrecht wählen (Art 27). Hierin liegt keine Besonderheit des Internets oder sonstigen elektronischen Geschäftsverkehrs.

---

* **Schrifttum:** BACHMANN, Internet und IPR, in LEHMANN (Hrsg), Internet– und Multimediarecht (Cyberlaw) (1997) 169; BORGE, Weltweite Geschäfte per Internet und deutscher Verbraucherschutz, ZIP 1999, 565; GRUBER, Vertragsschluß im Internet unter kollisionsrechtlichen Aspekten, DB 1999, 1437; HOEREN, IPR und EDV-Recht: Kollisionsrechtliche Anknüpfungen bei internationalen EDV-Verträgen, CR 1993, 129; HOEREN/OBERSCHEIDT, Verbraucherschutz im Internet, VuR 1999, 371; JUNKER, Internationales Vertragsrecht im Internet. Im Blickpunkt: Internationale Zuständigkeit und anwendbares Recht, RiW 1999, 809; LOEWENHEIM/KOCH (Hrsg), Handbuch des Online-Rechts (1998); KRONKE, Electronic Commerce und Europäisches Verbrauchervertrags-IPR, RiW 1996, 985; MANKOWSKI, Das Internet im internationalen Vertrags- und Deliktsrecht, RabelsZ (1999) 203; ders, Internationales Privatrecht der Providerverträge, in SPINDLER (Hrsg), Vertragsrecht der Internet-Provider (2000) 161; ders, Internet und besondere Aspkte des Internationalen Vertragsrechts, CR 1999, 512 und 518; ders, E-Commerce und Internetionales Verbrqucherschutzrecht, MMR Beil 7/2000, 22; ders, Internationales Privatrecht, in: SPINDLER/ WIEBE (Hrsg), Internet-Auktionen. Rechtliche Rahmenbedingungen (2001) 157; MEHRINGS, Internet-Verträge und internationales Vertragsrecht, CR 1998, 613; ders, Verbraucherschutz im Cyberlaw: Zur Einbeziehung von AGB im Internet, BB 1998, 2373; REICH/NORDHAUSEN, Verbraucherund Recht im elektronischen Geschäftsverkehr (eG) (2000); ROTH/SCHULZE, Verbraucherschutz im Electronic Commerce, RiW 1999, 924; RÜSSMANN, Internationale Prozessrechtliche und International Privatrechtliche Probleme bei Vertragabschlüssen im Internet unter besonderer Berücksichtigung des Verbraucherschutzes, in: TAUSS/KOLLBECK/MÖNIKES (Hrsg), Deutschlands Weg in die Informationsgesellschaft – Herausforderungen und Perspektiven für Wirtschaft, Wissenschaft, Recht und Politik (1996) 709; SCHU, The Applicable Law to Consumer Contracts Made over the Internet-Consumer Protection Through Private International Law?, IntJL &Inf Tech 5 (1997) 192; SIEHR, Telemarketing und Internationales Privatrecht des Verbraucherschutzes, Jb Schweiz KonsumentenR 1998, 151; WALDENBERGER, Grenzen des Verbraucherschutzes beim Abschluß von Verträgen im Internet, BB 1996, 2365.

aa) Zustandekommen der Rechtswahl

Problematisch kann bei Internetgeschäften aber die Einbeziehung von Rechtswahl- **647** klauseln in elektronische AGB sein. Über die wirksame Einbeziehung entscheidet an sich das in Aussicht genommene Recht (Art 27 Abs 4 iVm Art 31 Abs 1). Es setzt den Standard, wieweit AGB-Klauseln der anderen Seite mitgeteilt, offengelegt oder angezeigt werden müssen, insbes ob etwa ein click wrap agreement zur Einbeziehung genügt (dazu MANKOWSKI RabelsZ 63 [1999] 210 ff; ders, in SPINDLER 166; REICH/NORDHAUSEN RN 107). Der anderen Seite ist freilich eine weite Berufung auf den Einbeziehungsstandard an ihrem tatsächlichen gewöhnlichen Aufenthaltsort zu gestatten (Art 31 Abs 2; ebenso MANKOWSKI, in: SPINDLER 167; REICH/NORDHAUSEN aaO).

Widersprechende Rechtswahlklauseln in den elektronischen AGB beider Seiten sind **648** in gleicher Weise zu behandeln wie solche Kollisionen in konventionell geschlossenen Verträgen (vgl Art 27 Rn 142).

Wirksam einbezogene Rechtswahlklauseln sind wegen der Rechtswahlfreiheit, die **649** Art 27 kollisionsrechtlich garantiert, grundsätzlich nicht mehr auf ihre inhaltliche Zulässigkeit zu kontrollieren. Eine gänzlich unerwartete Rechtswahl in elektronischen AGB kann jedoch überraschend sein und ihre Einbeziehung aus diesem Grund an dem von Art 31 Abs 2 berufenen Recht scheitern. Ferner fehlt es an einem in Aussicht genommenen Recht, wenn die elektronischen AGB, die eine Rechtswahlklausel enthalte, für die andere Seite nicht oder erst unter Einschaltung besonderer, zu erwerbender Software abrufbar und damit nicht zugänglich sind (aA MANKOWSKI, in: SPINDLER 166 f [das prospektive Recht entscheidet]).

bb) Wirkung der Rechtswahl; Inlandsfall

Die Rechtswahl hat regelmäßig kollisionsrechtliche Wirkung, sofern nicht Art 27 **650** Abs 3 eingreift, der bei reinen Inlandsfällen alles zwingende Inlandsrecht in Kraft lässt und dem gewählten Recht praktisch nur die Wirkung von AGB zuweist (vgl Art 27 Rn 115 ff). Ein reiner Inlandsfall – wenn etwa beide Parteien ihren Sitz im Inland haben – wird aber noch nicht dadurch zu einem internationalen Sachverhalt, dass der Vertrag über das Internet geschlossen wurde (ebenso MANKOWSKI, in: SPINDLER 165; wohl im gleichen Sinn REICH/NORDHAUSEN 83). Denn auch sonst kommt es nicht auf den Sitz dessen an, der Vertragsschlusserklärungen übermittelt. Auch der Umstand, dass die Homepage oder Website des Anbieters im Internet weltweit zugänglich ist oder dass der Anbieter sein Angebot auch an ausländische Interessenten gerichtet hat, gibt einem Internetgeschäft zwischen Inländern kein internationales Gepräge. Problematischer ist der Fall, dass die – inländischen – Parteien ihre elektronischen Vertragsschlusserklärungen in unterschiedlichen Staaten abgeben, etwa auf Geschäftsreisen etc. Auch hier sollte es aber bei der Qualifikation als reiner Inlandsfall bleiben, wenn nicht weitere bedeutsame Auslandselemente hinzutreten. Ein nur flüchtiger zufälliger Auslandsaufenthalt vermittelt dem Geschäft noch keinen internationalen Charakter.

c) Objektive Anknüpfung

Die objektive Anknüpfung von Internetgeschäften folgt den allgemeinen Regeln. **651** Mit Ausnahme von Verbraucherverträgen gilt grundsätzlich das Recht am Ort der Niederlassung oder des gewöhnlichen Aufenthalts der Partei, die jeweils die charakteristische Leistung erbringt (Art 28 Abs 2). Weder der Niederlassungsbegriff noch der Begriff des gewöhnlichen Aufenthalts sind auf Grund der Besonderheiten des Internetgeschäftsverkehrs anders als herkömmlich (vgl Art 28 Rn 84 ff) zu verstehen. Selbst Unternehmen, die nur im Internet geschäftlich aktiv sind und keine reale Niederlassung haben, müssen lokalisiert und dann dem Recht am Sitz der sie betreibenden Person(en) unterstellt werden.

d) Verbraucherverträge im Internet

652 Die problematischsten IPR-Fragen für Internetgeschäfte ergeben sich bei Verbraucherverträgen. Denn hier sind die Sonderregeln der Art 29 und 29 a EGBGB zu beachten, die auf den elektronischen Geschäftsverkehr nicht zugeschnitten sind.

aa) Art 29

653 Neben den allgemeinen Anwendungsvoraussetzungen (vgl dazu näher die Erl zu Art 29) verlangt Art 29 Abs 1 Nr 1 – 3 spezifische Vertragsschlusssituationen, deren Vorliegen bei Internetgeschäften zweifelhaft sein kann. Denn im Kern schützt Art 29 nur solche Verbraucher, in deren Rechtsumwelt und -sphäre der Anbieter zielgerichtet werbend eingedrungen ist. Ob das der Fall ist, wenn der Anbieter sich im Internet präsentiert, ist umstritten. Denn über das Internet kann der Verbraucher weltweit jeden Anbieter aufsuchen. Nach seinem Wortlaut greift Art 29 Abs 1 Nr 1 ein, wenn dem Vertragsschluss „ein ausdrückliches Angebot oder eine Werbung" im Staat des Verbrauchers vorausgegangen ist und der Verbraucher seine Vertragsschlusshandlungen in diesem Staat vorgenommen hat. Überwiegend wird der Internetauftritt eines Anbieters als Werbung – auch – im Staat des Verbrauchers angesehen, selbst wenn er nicht gezielt auf diesen Staat gerichtet ist, dort aber eben von jedem Verbraucher abgerufen („angeklickt") werden kann (so ERMAN/HOHLOCH Art 29 Rn 11; GRUBER DB 1999, 1437; JUNKER RiW 1999, 815 f; KRONKE RiW 1996, 988; MANKOWSKI RabelsZ 63 [1999] 234 ff; 248; ders MMR 2000 Beil 7, 24 ff; Münch/Komm/MARTINY Art 29 Rn 20; PALANDT/HELDRICH Art 29 Rn 5; RÜSSMANN, in: TAUSS/KOLLBECK/MÖNIKES 713; VISCHER/HUBER/OSER Rn 744; vgl auch Art 29 Rn 71).

654 Nach **anderer Auffassung** bedeutet die Internet-Präsentation eines Anbieters dagegen nur dann ein Angebot oder eine Werbung im Verbraucherstaat, wenn sie auf diesen Staat gezielt ausrichtet oder jedenfalls nicht auf bestimmte Länder beschränkt war (vgl etwa BOELE-WOELKI BerGesVR 39 [2000] 331; BORGES ZIP 1999, 569; auch MEHRINGS CR 1998, 619: REICH/NORDHAUSEN Rn 112 ff; SIEHR Jb Schweiz KonsumentenR 1998, 166; offenbar ebenso CZERNICH/HEISS/CZERNICH Art 5 Rn 32).

655 Die überwiegende Auffassung verdient des Vorzug. Die Vorteile der weltweiten Internetnutzung und Werbungsverbreitung kann der Anbieter nicht ohne den gleichzeitigen Nachteil in Anspruch nehmen, dem jeweiligen lokalen Verbraucherschutzrecht zu unterliegen, zumal er nicht zum Vertragsschluss mit dem Verbraucher gezwungen ist (so überzeugend MANKOWSKI RabelsZ 63 [1999] 248 ff; ihm folgend JUNKER RiW 1999, 815 ff; ähnlich auch schon MEHRINGS CR 1998, 619).

656 Weniger zweifelhaft ist für Art 29 Abs 1 Nr 1 bei Internetgeschäften der Ort, an dem der Verbraucher „die zum Abschluss des Vertrages erforderlichen Rechtshandlungen vorgenommen hat". Dieser Ort ist dort lokalisiert, wo der Verbraucher physisch seine Angebots- oder Annahmeerklärung in das jeweilige Medium eingibt (ebenso MANKOWSKI RabelsZ 63 [1999] 252; MEHRINGS CR 1998, 619). Auf den Standort zwischengeschalteter

Übermittlungspunkte – und sei es Ferneinwahl über den häuslichen Computer – kommt es nicht an.

Zweifelsfragen wirft auch Art 29 Abs 1 Nr 2 für Internetgeschäfte auf. Fraglich ist **657** hier, wo der Internet-Vertragspartner des Verbrauchers dessen Bestellung „entgegengenommen hat", denn nach dieser Alternative greift der Verbraucherschutz nur bei Entgegennahme im Verbraucherstaat. Teilweise stellt man auf den Ort der elektronischen Eingabe durch den Verbraucher ab (so WALDENBERGER BB 1996, 2371), teilweise auf den Ort der elektronischen Adresse ab (MANKOWSKI RabelsZ 63 [1999] 252 ff; ders, in: SPINDLER 183). Teilweise soll der „Schwerpunkt des Vertragsschlusses" entscheiden (so MEHRINGS CR 1998, 620). Die Teilnahme am Internetverkehr begründet indessen für sich allein noch keine derartige Präsenz des Anbieters im Verbraucherstaat, dass dieser Staat als Macht- und Zugangsbereich des Anbieters anzusehen ist (ebenso REICH/NORDHAUSEN RN 115). Vielmehr nimmt der Anbieter Bestellungen über Internet oder auf sonstigen elektronischem Weg in aller Regel an seinem Sitz entgegen (so HOEREN/OBERSCHEIDT VuR 1999, 387; REICH/NORDHAUSEN aaO).

Beachtung verdient für Internetgeschäfte ferner Art 29 Abs 4 Nr 2, der den speziellen **658** kollisionsrechtlichen Verbraucherschutz nicht für Dienstleistungen gewährt, die ausschließlich in einem anderen als dem Staat des Verbrauchers erbracht werden müssen. Geht es um internetspezifische Leistungen – zB Suche, Vermittlung, Beratung über Internetmöglichkeiten – so sind diese Leistungen wegen der Internationalität des Mediums, auf das sie sich beziehen und über das sie zu erbringen sind, jedenfalls nicht ausschließlich in einem anderen Staat zu erbringen. Art 29 Abs 4 Nr 2 beseitigt den sonst geltenden Verbraucherschutz für sie nicht (im Ergebnis ebenso MANKOWSKI RabelsZ 63 [1999] 254 ff).

Für Dienstleistungsverträge, die lediglich über das Internet abgeschlossen worden **659** sind, verbleibt es dagegen bei dem Ergebnis, das sich auch bei konventionellem Abschluss ergäbe. Ist die Leistung – etwa die im Internet gebuchte Beherbergung – ausschließlich außerhalb des Verbraucherstaates zu erfüllen, dann greift der Schutz des Art 29 nicht (vgl näher Erl zu Art 29).

bb) Art 29 a
Art 29 a fasst den kollisionsrechtlichen Verbraucherschutz zusammen, den europä- **660** ische Verbraucherschutzrichtlinien speziell anordnen. Auch hier stellen sich spezifische Fragen für Internetverträge, da Art 29 a bei Wahl eines Rechts außerhalb der EU oder des EWR einerseits, einem engen Bezug zu einem Staat innerhalb dieses Gebiets andererseits bestimmtes EU-Verbraucherschutzrecht – die in Art 29 a Abs 4 genannten Richtlinien – entgegen dem gewählten Recht in Kraft lässt. Ein jedenfalls enger Bezug besteht dann, wenn der Anbieter im EU/EWR-Bereich geschäftliche Tätigkeit entfaltet, die zu einem Vertragsschluss geführt hat, und wenn der Verbraucher seinen gewöhnlichen Aufenthalt in diesem Gebiet hat (Art 29 a Abs 2 Nr 1 und 2). Die Werbung, die ein außerhalb Europas ansässiger Anbieter im Internet präsentiert, wird als hinreichende Aktivität im EU/EWR-Bereich betrachtet (FREITAG/LEIBLE EWS 2000, 345; PALANDT/HELDRICH Art 29 a Rn 3; ROTH/SCHULZE RiW 1999, 932). Eine gezielte Ausrichtung der Internetaktivität auf den EU/EWR-Bereich ist auch hier nicht erforderlich. Auf Verbraucherseite genügt dagegen der gewöhnliche Aufenthalt im EU/

EWR-Bereich. Wo und wie der Verbraucher seine Vertragsschlusserklärung abgegeben hat, ist gleichgültig (vgl näher hierzu die Erl zu Art 29 a).

cc) Art 34

661 Spezifische Internetfragen hat Art 34 bisher nicht aufgeworfen. Die Sonderanknüpfung international zwingenden Rechts ist für Verträge, die über das Internet geschlossen werden oder Internetaktivitäten betreffen, nicht anders als für sonstige Verträge zu beurteilen.

e) Providerverträge*

662 Providerverträge sind Verträge zwischen einem Anbieter elektronischer Dienste und seinem Vertragspartner. Dabei stellt der Provider gewöhnlich einen ständig nutzbaren, möglichst störungsfreien Internet-Zugang, eventuell weitere Datenbankzugänge zur Verfügung; er vermittelt Nachrichten und informiert und berät bei der Nutzung des Netzes sowie bei Störungen. Ferner unterhält er ein Abrechnungskonto für seinen Kunden.

663 Für Providerverträge gilt zunächst das Recht, das die Parteien gewählt haben. Mangels Rechtswahl ist nach Art 28 Abs 2 EGBGB grundsätzlich das Recht des Staates anzuwenden, in dem der Provider seine (Haupt-)Niederlassung, hilfsweise seinen gewöhnlichen Aufenthalt hat (so auch MANKOWSKI, in: SPINDLER 184 f). Denn der Provider erbringt die charakteristische Leistung, die dem Vertrag seine spezifische Eigenart gibt und erlaubt, ihn von anderen Vertragstypen abzugrenzen. Wo dagegen etwa der Server lokalisiert ist, ist im Regelfall unerheblich und kann allenfalls im Verein mit weiteren gewichtigen Anknüpfungsmerkmalen im Rahmen der Ausweichklausel des Art 28 Abs 5 EGBGB ins Gewicht fallen (MANKOWSKI aaO 186 f).

664 Providerverträge mit privaten Nutzern werden grundsätzlich von Art 29 erfasst. Da der Provider nicht nur die Nutzung des Netzes ermöglicht, sondern regelmäßig weitere Serviceleistungen in erheblichem Umfang erbringt, ist seine Leistung Dienstleistung iSd Art 29 (ebenso MANKOWSKI, in: SPINDLER 176; ROTH, in: LOEWENHEIM/KOCH 57). Verwendet der Nutzer den Netzzugang vorwiegend für private Zwecke, dann greift Art 29 unter den Voraussetzungen des Abs 1 Nr 1 und 2 ein. Der Ausschluss des Art 29 Abs 4 Nr 2 hat dagegen keine Bedeutung, da der Provider seine Dienstleistungen nicht ausschließlich im – für den Nutzer – Ausland erbringt. Vielmehr werden mit dem Netzzugang, seiner Pflege und Betreuung notwendigerweise Dienstleistungen am Sitz des Nutzers erbracht (zutreffend MANKOWSKI, in: SPINDLER 178 f).

665 Für die Abschlussmodalitäten, die Art 29 Abs 1 Nr 1 und 2 voraussetzen, gilt das oben Rn 653 Ausgeführte. Die Website des Providers im Internet genügt als Angebot oder Werbung im Verbraucherstaat; der Verbraucher gibt seine Erklärung ferner in seinem Staat ab, wenn er sie dort physisch in das Netz eingibt. Umgekehrt stellt es noch keine Entgegennahme der Bestellung des Verbrauchers dar (Art 29 Abs 1 Nr 2), wenn dieser seine Erklärung in das Netz einspeist (vgl auch oben Rn 657). ZT wird allerdings vertreten, dass diese Einspeisung genüge, wenn der Provider eine Internet-

---

* MANKOWSKI, Internationales Privatrecht der Providerverträge, in: SPINDLER (Hrsg), Vertragsrecht der Internetprovider (2000) 161.

adresse mit der Angabe des Landes (zB „.de") führt, in dem der Verbraucher seinen gewöhnlichen Aufenthalt hat (so MANKOWSKI, in: SPINDLER 183).

Zur möglichen Sonderanknüpfung medienrechtlicher Schutzvorschriften MANKOWSKI, in: SPINDLER 194 ff. **666**

f) Internetauktionen
Der Erwerb auf einer Auktion wird generell als Kauf qualifiziert, gleichgültig, ob der Versteigerer selbst Veräußerer oder nur Kommissionär ist. **667**

Eine Rechtswahl für Versteigerungskäufe ist zulässig. Mangels Rechtswahl unterstellt die hM den Erwerb auf privaten wie öffentlichen Versteigerungen, insbesondere Zwangsversteigerungen oder auf Versteigerungen durch Gerichtsvollzieher dem Recht am Versteigerungsort (vgl oben Rn 176). Dieses Ergebnis wird gewöhnlich mit den besonderen öffentlich-rechtlichen Regelungen am Versteigerungsort begründet und meist aus Art 28 Abs 5 hergeleitet. Bei Internetversteigerungen gibt es keinen solchen Versteigerungsort. Für das Rechtsverhältnis zum Versteigerer ist deshalb an den Sitz – den Niederlassungs- oder gewöhnlichen Aufenthaltsort – des Versteigerers anzuknüpfen (MANKOWSKI, in: SPINDLER/WIEBE § 55; ders CR 1999, 513). Das Recht an diesem Ort gilt im Zweifel auch für die Rechtsbeziehung zwischen Versteigerer und Einlieferer, sofern der Versteigerer als Kommissionär des Einlieferers tätig wird (ebenso MANKOWSKI aaO). Erwirbt der Ersteigerer direkt vom Einlieferer, dann kommt es in ihrem Verhältnis auf das Sitzrecht des Einlieferers an. Soweit der Ersteigerer für private Zwecke erwirbt, kann Art 29 anzuwenden sein. **668**

g) Internetausschreibungen
Für das Rechtsverhältnis zwischen dem Ausschreibenden und demjenigen, der den Zuschlag erhält, gelten bei Ausschreibungen über das Internet keine Besonderheiten. Diese Rechtsbeziehung richtet sich vorbehaltlich einer abweichenden Rechtswahl regelmäßig nach dem Recht des Ortes, an dem diejenige der beiden Parteien sitzt, die die charakteristische Leistung erbringt (Art 28 Abs 2). Das wird meist der erfolgreiche Bieter sein. **669**

Welchen Modalitäten der Ausschreibende darüber hinaus bei der Ausschreibung genügen muss, ob er etwa bestimmte Vergaberegeln (§ 97 GWB) einhalten muss, beurteilt sich nach dem Recht, das von den Kollisions- oder unmittelbar geltenden international einheitlichen Sachvorschriften am Sitz des Ausschreibenden vorgegeben wird. **670**

h) Internetdienste
Im Internet bilden sich besondere Dienstleistungsangebote aus, die die Suche nach, Beratung über und Vermittlung von Informationen zum Gegenstand haben, so etwa Verträge zur Datensammlung und -weitergabe mit sog Infomediaries oder Verträge über die Gestaltung von Internetauftritten oder -darbietungen mit Webpage-Designern und ähnlichen Anbietern (s dazu MANKOWSKI CR 1999, 512 ff, 581 ff mit rechtstatsächlichen Angaben). **671**

Mangels Rechtswahl unterliegen derartige Vertragsbeziehungen in der Regel dem Recht am tatsächlichen Sitz des Dienstleistenden, bei Verbrauchergeschäften aller- **672** dings gemäß Art 29 dem Recht am Sitz des Verbrauchers, wenn der Vertragsschluss zwischen dem Internetdienstleister und dem Verbraucher in der oben Rn 653 ff erörterten Weise zustandegekommen ist.

42. Organspendeverträge*

673 Organspendeverträge sehen vor, dass gewöhnlich nach dem Tod des Spenders Organe entnommen und auf einen Empfänger übertragen werden dürfen. Der Spender schließt den Vertrag zu Lebzeiten in aller Regel nicht mit dem Empfänger selbst, sondern mit einer Einrichtung, die sich um die Vermittlung von Organspenden kümmert, ab (näher zu derartigen Verträgen REICH passim).

674 Für Organspendeverträge ist mangels ausdrücklicher Rechtswahl das Recht des Staates maßgebend, in dem der Spender bei Vertragsschluss seinen gewöhnlichen Aufenthalt hat, denn seine Leistung prägt die Eigenart des Vertrages.

675 Der Vertrag zwischen der vermittelnden Einrichtung und dem Empfänger untersteht, wenn eine Rechtswahl fehlt, dem Recht am Sitz der Vermittlungseinrichtung.

Art 29 EGBGB. Verbraucherverträge

(1) Bei Verträgen über die Lieferung beweglicher Sachen oder die Erbringung von Dienstleistungen zu einem Zweck, der nicht der beruflichen oder gewerblichen Tätigkeit des Berechtigten (Verbrauchers) zugerechnet werden kann, sowie bei Verträgen zur Finanzierung eines solchen Geschäfts darf eine Rechtswahl der Parteien nicht dazu führen, daß dem Verbraucher der durch die zwingenden Bestimmungen des Rechts des Staates, in dem er seinen gewöhnlichen Aufenthalt hat, gewährte Schutz entzogen wird,

1. **wenn dem Vertragsabschluß ein ausdrückliches Angebot oder eine Werbung in diesem Staat vorausgegangen ist und wenn der Verbraucher in diesem Staat die zum Abschluß des Vertrages erforderlichen Rechtshandlungen vorgenommen hat,**

2. **wenn der Vertragspartner des Verbrauchers oder sein Vertreter die Bestellung des Verbrauchers in diesem Staat entgegengenommen hat oder**

3. **wenn der Vertrag den Verkauf von Waren betrifft und der Verbraucher von diesem Staat in einen anderen Staat gereist ist und dort seine Bestellung aufgegeben hat, sofern diese Reise vom Verkäufer mit dem Ziel herbeigeführt worden ist, den Verbraucher zum Vertragsabschluß zu veranlassen.**

(2) Mangels einer Rechtswahl unterliegen Verbraucherverträge, die unter den in Absatz 1 bezeichneten Umständen zustande gekommen sind, dem Recht des Staates, in dem der Verbraucher seinen gewöhnlichen Aufenthalt hat.

---

* REICH, Organspendeverträge (2000).

5. Abschnitt. Schuldrecht.
1. Unterabschnitt. Vertragliche Schuldverhältnisse

(3) Auf Verbraucherverträge, die unter den in Absatz 1 bezeichneten Umständen geschlossen worden sind, ist Artikel 11 Abs. 1 bis 3 nicht anzuwenden. Die Form dieser Verträge unterliegt dem Recht des Staates, in dem der Verbraucher seinen gewöhnlichen Aufenthalt hat.

(4) Die vorstehenden Absätze gelten nicht für

1. Beförderungsverträge,

2. Verträge über die Erbringung von Dienstleistungen, wenn die dem Verbraucher geschuldeten Dienstleistungen ausschließlich in einem anderen als dem Staat erbracht werden müssen, in dem der Verbraucher seinen gewöhnlichen Aufenthalt hat.

Sie gelten jedoch für Reiseverträge, die für einen Pauschalpreis kombinierte Beförderungs- und Unterbringungsleistungen vorsehen.

Materialien: Art 5 und Art 9 Abs 4 EVÜ (BGBl 1986 II 809, 813, 816); Vorentwurf eines Übereinkommens über das auf vertragliche und außervertragliche Schuldverhältnisse anwendbare Recht, deutscher Text in RabelsZ 38 (1974) 211; Gesetzentwurf der Bundesregierung zum EVÜ mit Denkschrift zum Übereinkommen und Anlage: Bericht GIULIANO/LAGARDE, BT-Drucks 10/503 vom 20. 10. 1983, 21, 26, 55, 62; Art 7 EVÜ-Entwurf 1972; Gesetzentwurf der Bundesregierung zur Neuregelung des IPR vom 20. 10. 1983, BT-Drucks 10/504, 79; Bericht des Rechtsausschusses BT-Drucks 10/5623 vom 9. 6. 1986, 18; IPR-Reformgesetz BGBl 1986 I 1142, 1148; Neufassung des EGBGB vom 21. 9. 1994, BGBl 1994 I 2494, 2500; zum Beitritt Spaniens und Portugals zum EVÜ siehe Gesetz vom 10. 4. 1995, BGBl 1995 II 306. Konsolidierte Fassung des EVÜ sowie des Ersten und des Zweiten Protokolls nebst den Gemeinsamen Erklärungen (EU 98/C 29/02), ABl Nr C 27/34 vom 26. 1. 1998.

Schrifttum

APPEL, Reform und Kodifikation des Liechtensteinischen Internationalen Privatrechts, RabelsZ 61 (1997) 510

ARNOLD, Verbraucherschutz im Internet, CR 1997, 526

BACHMANN, Internet und IPR, in: LEHMANN (Hrsg), Internet- und Multimediarecht (Cyberlaw) (1997) 169

BACKERT, Kollisionsrechtlicher Verbraucherschutz im Mosaik der Sonderanknüpfungen des deutschen internationalen Schuldvertragsrechts: eine Darstellung am Beispiel der „Gran-Canaria-Fälle" (2000)

BASEDOW, Der kollisionsrechtliche Gehalt der Produktfreiheiten im europäischen Binnenmarkt: favor offerentis, RabelsZ 59 (1995) 1

ders, Die Harmonisierung des Kollisionsrechts nach dem Vertrag von Amsterdam, EuZW 1997, 609

ders, Materielle Rechtsangleichung und Kollisionsrecht, in: SCHNYDER/HEISS/RUDISCH, Internationales Verbraucherschutzrecht (1995) 11

BAUMERT, Die Umsetzung des Art 6 Abs 2 der AGB-Richtlinie im System des europäischen Kollisionsrechtlichen Verbraucherschutzes, EWS 1995, 75

BERNHARD, Insel-Recht auf Gran Canaria – Zum internationalen Privatrecht des unlauteren Wettbewerbs, GRUR Int 1992, 366

BIAGOSCH, Europäische Dienstleistungsfreiheit und deutsches Versicherungsvertragsrecht (1991)

BLANCO LEDESMA, Das spanische Haustürwiderrufsgesetz, RiW 1992, 971

Böhm, Verbraucherschutz im internationalen Privatrecht. Die Reichweite des Art 29 EGBGB an Hand ausgesuchter Fälle (Diss Bayreuth 1993)
Borges, Weltweite Geschäfte per Internet und deutscher Verbraucherschutz, ZIP 1999, 565
de Bra, Verbraucherschutz durch Gerichtsstandregeln im deutschen und europäischen Zivilprozeßrecht (1992)
Bröckler, Verbraucherschutz im europäischen Kollisionsrecht (1998)
P Bülow, Verbraucherkreditgesetz Kommentar^2 (1993)
ders, Zum internationalen Anwendungsbereich des deutschen Verbraucherkreditgesetzes, EuZW 1993, 435
Busse, Die Berücksichtigung „ausländischer Eingriffsnormen" durch die deutsche Rechtsprechung, ZVerglRW 95 (1996) 386
Coester-Waltjen, Der Eskimo-Mantel aus Spanien – Ist der kollisionsrechtliche Verbraucherschutz zu kurz gestrickt?, in: FS Lorenz (1991) 297
Dageförde, Internationales Finanzierungsleasing – Deutsches Kollisionsrecht und Konvention von Ottawa (1992)
Dauses/Sturm, Rechtliche Grundlagen des Verbraucherschutzes im EU-Binnenmarkt, ZfRV 37 (1996) 133
Dick, Das Verbraucherleitbild der Rechtsprechung (1995)
Dreher, Der Verbraucher – Das Phantom in der opera des europäischen und deutschen Rechts?, JZ 1997, 167
Dutoit, Le nouveau droit international privésuisse des contrats à l'aune de la Convention (CEE) de Rome du 19 juin 1980 sur la loi applicable aux obligations contractuelles, in: Etudes de Droit international en l'honneur de Pierre Lalive (Basel 1993) 31
ders, Droit international privésuisse^2 (Basel 1997)
Ebke, Erste Erfahrungen mit dem EG-Schuldvertragsübereinkommen, in: „Europäisches Gemeinschaftsrecht und Internationales Privatrecht" (1991) 77
Ernst, Verbraucherschutzrechtliche Aspekte des Internets, VuR 1997, 259
Firsching, Übereinkommen über das auf vertragliche Schuldverhältnisse anzuwendende Recht (IPR-VertragsÜ) vom 11. 6. 1980, IPRax 1981, 37
Fischer, Verkehrsschutz im internationalen Vertragsrecht (1990)
Fletcher, Conflict of Laws and European Community Law (Amsterdam 1982)
Frigessi di Rattalma, Le prime esperienze giurisprudenziali sulla Convenzione di Roma del 19 giugno 1980, Riv dir int priv proc 1992, 819
Gärtner, Zivilrechtlicher Verbraucherschutz und Handelsrecht – Die andere Seite eines Sonderprivatrechts, BB 1995, 1753
Gaudemet-Tallon, Le nouveau droit international privéeuropéen des contrats, Rev trim dr eur 17 (1981) 215
Gebauer, Grundfragen der Europäisierung des Privatrechts (1998)
Grundmann, Europäisches Vertragsrechtsübereinkommen, EWG-Vertrag und § 12 AGBG, IPRax 1992, 1
Hahn, Die „europäischen" Kollisionsnormen für Versicherungsverträge (1992)
Hanotiau, La Convention C. E. E. sur la loi applicable aux obligations contractuelles, J trib 1982, 749
Hart/Köck, Zum Stand der Verbraucherrechtsentwicklung, ZRP 1991, 61
Hartley, Consumer Protection Provisions in the E. E. C. Convention, in: North (Hrsg), „Contract Conflicts" (Amsterdam 1982) 111
ders, Civil Jurisdiction and Judgments (London 1984)
Heeder, Fraus legis – Eine rechtsvergleichende Untersuchung über den Vorbehalt der Gesetzesumgehung in Deutschland, Österreich, der Schweiz, Frankreich und Belgien unter besonderer Berücksichtigung des Internationalen Privatrechts (1997)
Hellner/Steuer, Banken und Verbraucher, in: WM-Festgabe Heinsius (1991) 11
Heusel (Hrsg), Neues europäisches Vertragsrecht und Verbraucherschutz (1999)
Hildenbrand/Kappus/Mäsch, Time-Sharing und Teilzeit-Wohnrechtegesetz (1997)
Hillgruber, Grundrechtsschutz im Vertragsrecht, AcP 191 (1991) 69
vHippel, Verbraucherschutz^3 (1986)

5. Abschnitt. Schuldrecht.
1. Unterabschnitt. Vertragliche Schuldverhältnisse

Hoeken/Queck (Hrsg), Rechtsfragen der Informationsgesellschaft (1999)
vHoffmann, Über den Schutz des Schwächeren bei internationalen Schuldverträgen, RabelsZ 38 (1974) 396
ders, Inländische Sachnormen mit zwingendem internationalen Anwendungsbereich, IPRax 1989, 261
Hogan, Contracting out of the Rome Convention, LQuRev 108 (1992) 12
Hommelhoff, Zivilrecht unter dem Einfluß europäischer Rechtsangleichung, AcP 192 (1992) 71
ders, Verbraucherschutz im System des deutschen und europäischen Privatrechts (1996)
Honsell/Vogt/Schnyder, Kommentar zum Schweizerischen Privatrecht: Internationales Privatrecht (Basel 1996)
Huguenin Jacobs, Konsumentenrecht im OR im Spannungsfeld zwischen Regulierung und Deregulierung, SJZ 1995, 417
Immenga, Thesen zur Privatrechtsangleichung, EuZW 1993, 169
Jayme, Rechtsvergleichung im internationalen Privatrecht – Eine Skizze, in: FS Schwind (Wien 1978) 103
ders, Das römische Übereinkommen vom 19. 6. 1980 über das auf Verträge anwendbare Recht, IPRax 1982, 122
ders, Haustürgeschäfte deutscher Urlauber in Spanien: Horizontale Wirkungen der EG-Richtlinien und internationales Privatrecht, IPRax 1990, 220
ders, Europäisches Kollisionsrecht: Neue Aufgaben, neue Techniken, in: Europäischer Binnenmarkt, IPR und Rechtsangleichung (1995) 35
ders, Neues Internationales Privatrecht für Timesharing-Verträge – zum Teilzeit-Wohnrechtegesetz vom 20. 12. 1996, IPrax 1997, 233
Jayme/Kohler, Das Internationale Privat- und Verfahrensrecht der EG 1993 – Spannungen zwischen Staatsverträgen und Richtlinien, IPRax 1993, 357
dies, Europäisches Kollisionsrecht 1996 – Anpassung und Transformation der nationalen Rechte, IPRax 1996, 378
dies, Europäisches Kollisionsrecht 1997 – Vergemeinschaftung durch „Säulenwechsel"?, IPRax 1997, 385

Joustra, Jurisdiction in consumer disputes under the Brussels Convention, in: FS Kokkini-Iatridou (Doordrecht 1994) 233
Juenger, Parteiautonomie und objektive Anknüpfung im EG-Übereinkommen zum Internationalen Privatrecht – Eine Kritik aus amerikanischer Sicht, RabelsZ 46 (1982) 57
Junker, Die „zwingenden Bestimmungen" im neuen internationalen Arbeitsrecht, IPRax 1989, 69
ders, Vom Citoyen zum Consommateur – Entwicklungen des internationalen Verbraucherschutzrechts, IPRax 1998, 65
Kartzke, Verträge mit gewerblichen Ferienhausanbietern – Internationale Zuständigkeit nach dem EuGVÜ und anwendbares materielles Recht, NJW 1994, 823
Kaye, Civil Jurisdiction and Enforcement of Foreign Judgments (Abingdon 1987)
ders, The New Private International Law of Contract of the European Community (Aldershot 1993)
Keller, Schutz des Schwächeren im Internationalen Vertragsrecht, in: FS Vischer (Zürich 1983) 175
Kemper, Verbraucherschutzinstrumente (1994)
Klesta Dosi, Lo status del consumatore: Prospettive di Diritto comparato, Riv dir civ 43 (1997) II 667
Kohte, Verbraucherschutz im Licht des europäischen Wirtschaftsrechts, EuZW 1990, 150
Koller/Tumler, Der Konsumentenvertrag im schweizerischen Recht (Bern 1995)
Kren, Schutz der schwächeren Partei im schweizerischen internationalen Vertragsrecht unter Berücksichtigung der deutschen Rechtsordnung, ZVerglRW 88 (1989) 48
Kroeger, Der Schutz der „marktschwächeren" Partei im Internationalen Vertragsrecht (1984)
Kronke, Electronic Commerce und Europäisches Verbrauchervertrags-IPR, RiW 1996, 985
Kropholler, Das kollisionsrechtliche System des Schutzes der schwächeren Vertragspartei, RabelsZ 42 (1978) 634
Lagarde, Le nouveau droit international privé des contrats après l'entrée en vigueur de la Convention de Rome du 19 juin 1980, Rev crit 80 (1991) 287
ders, Le consommateur en droit international

privé, Ludwig Boltzmann Institut für Europarecht, Heft 4 (1999)
LANDO, The EEC-Draft-Convention on the Law Applicable to Contractual and Noncontractual Obligations – Introduction and Contractual Obligations, RabelsZ 38 (1974) 6
ders, The Conflict of Laws of Contracts – General Principles, Rec des Cours 189 (1984 VI) 22
ders, The EEC Convention on the Law Applicable to Contractual Obligations, CMLRev 24 (1987) 159
LANGE, Haustürgeschäfte deutscher Spanienurlauber nach spanischem Recht (1993)
LASOK/STONE, Conflict of Laws in the European Community (Abingdon 1987)
LECLERC, La protection de la partie faible dans les contrats internationaux – Etude de conflits de lois (Brüssel 1995)
LEIBLE, Rechtswahlfreiheit und kollisionsrechtlicher Verbraucherschutz, Jahrbuch Junger Zivilrechtswissenschaftler (1995) 245
ders, Kollisionsrechtlicher Verbraucherschutz im EVÜ und in EG-Richtlinien, in: SCHULTE-NÖLKE/SCHULZE (Hrsg), Europäische Rechtsangleichung und internationale Privatrechte (1999)
LIEB, Schutzbedürftigkeit oder Eigenverantwortlichkeit?, DNotZ 1989, 274
LINDER, Vertragsschluß beim grenzüberschreitenden Verbraucherleasing (1999)
E LORENZ, Die Rechtswahlfreiheit im internationalen Schuldvertragsrecht – Grundsatz und Grenzen, RiW 1987, 569
W LORENZ, Vom alten zum neuen internationalen Schuldvertragsrecht, IPRax 1987, 269
LÜDERITZ, „Verbraucherschutz" im internationalen Vertragsrecht – ein Zuständigkeitsproblem, in: FS Riesenfeld (1983) 147
ders, Internationaler Verbraucherschutz in Nöten, IPRax 1990, 216
LURGER, Zur Umsetzung der Kollisionsnormen von Verbraucherschutzrichtlinien, in: FS Posch (1996) 179
MANKOWSKI, Das Internet im Internationalen Vertrags- und Deliktsrecht, RabelsZ 63 (1999) 203
ders, § 12 AGBG im System des Internationalen Verbrauchervertragsrechts, BB 1999, 1225

ders, Zur Analogie im internationalen Schuldvertragsrecht, IPRax 1991, 305
ders, Strukturfragen des internationalen Verbrauchervertragsrechts, RiW 1993, 453
ders, Timesharingverträge und Internationales Vertragsrecht, RiW 1995, 364
ders, Timesharing und internationale Zuständigkeit am Belegenheitsort, EuZW 1996, 177
ders, Zur Auslegung des Art 13 EuGVÜ, RiW 1997, 990
MARTINEK, Verbraucherschutz im Fernabsatz, NJW 1998, 207
MÄSCH, Rechtswahlfreiheit und Verbraucherschutz – Eine Untersuchung zu den Art 29 I, 27 III und 34 EGBGB (1993)
ders, Das deutsche Time-Sharing-Recht nach dem neuen Teilzeit-Wohnrechte-Gesetz, DNotZ 1997, 180
MEDICUS, Abschied von der Privatautonomie im Schuldrecht? – Erscheinungsformen, Gefahren, Abhilfen (1994)
MEHRINGS, Vertragsabschluß im Internet, MMR 1998, 30
MENTIS, Das neue griechische Verbraucherschutzgesetz von 1994, in: FS Fenge (1996) 289
MICHAELS/KAMANN, Europäisches Verbraucherschutzrecht und IPR, JZ 1997, 601
MORSE, Consumer Contracts, Employment Contracts and the Rome Convention, IntCompLQ 41 (1992) 1
MOSTERMANS, Party Autonomy: Why and When?, in: Forty Years On: The Evolution of Postwar Private International Law in Europe (Deventer 1990) 123
NASSALL, Verbraucherschutz durch europäisches Verfahrensrecht, WM 1993, 1950
NORMAND/BALATE, Relations transfrontalières et Consommation: Quel(s) juge(s) et quelle(s) Loi(s)?, CDE 1990, 272
NORTH (Hrsg), Contract Conflicts – The E. E. C. Convention on the Law Applicable to Contractual Obligations (Amsterdam 1982)
OSMAN, La loi applicable aux contrats transfrontières de crédits à la consommation, Dr prat comm int 18 (1992) 279
vOVERBECK, Contracts: The Swiss Draft Statute Compared with the E. E. C. Convention, in: NORTH (Hrsg), Contract Conflicts (Amsterdam 1982) 269

5. Abschnitt. Schuldrecht.
1. Unterabschnitt. Vertragliche Schuldverhältnisse

PAISANT, Essai sur la notion de consommateur en droit positif, JCP 1993 éd G, I, 3655
PLENDER, The European Contracts Convention – The Rome Convention on the Choice of Law for Contracts (London 1991)
POCAR, La protection de la partie faible en droit international privÉ, Rec des Cours 188 (1984-V) 339
PÜLS, Parteiautonomie – Die Bedeutung des Parteiwillens und die Entwicklung seiner Schranken bei Schuldverträgen im deutschen Rechtsanwendungsrecht des 19. und 20. Jahrhunderts (1995)
REICH, Die Freiheit des Dienstleistungsverkehrs als Grundfreiheit, ZHR 153 (1989) 571
ders, European Consumer Law and its Relationship to Private Law, ERPL 3 (1995) 285
ders, Europäisches Verbraucherrecht3 (1996);
ders, Bürgerrechte in der Europäischen Union (1999)
REICHERT-FACILIDES, Zum internationalprivatrechtlichen Verbraucherschutz, in: FS Schwind (1993) 125
REINHART, Zur einheitlichen Auslegung vereinheitlichter IPR-Normen nach Art 36 EGBGB, RiW 1994, 445
ders, Zur Auslegung des Begriffs „Verbraucher" im Kollisionsrecht, in: FS Trinkner (1995) 657
RITTNER, Die gestörte Vertragsparität und das Bundesverfassungsgericht, NJW 1994, 3330
ROTH, Internationales Versicherungsvertragsrecht (1985)
ders, Der Einfluß des Europäischen Gemeinschaftsrechts auf das IPR, RabelsZ 55 (1991) 623
ders, Zum Verhältnis von Art 7 Abs 2 und Art 5 der Römer Schuldvertragskonvention, in: Internationales Verbraucherschutzrecht (1995) 35
ROTH/SCHULZE, Verbraucherschutz im Electronic Commerce, RiW 1999, 924
RUDISCH, Grenzüberschreitender Schutz bei Verbrauchergeschäften im Gefüge von internationalem Privatrecht und internationalem Verfahrensrecht, in: Internationales Verbraucherschutzrecht (1995) 191
RÜHL, § 12 AGB-Gesetz im System des internationalen Verbraucherschutzrechts, RiW 1999, 321
RÜSSMANN, Internationalprozeßrechtliche und internationalprivatrechtliche Probleme bei Vertragsabschlüssen im Internet unter besonderer Berücksichtigung des Verbraucherschutzes, in: TAUSS/KOLLBECH/MÖNIKES (Hrsg), Deutschlands Weg in die Informationsgesellschaft (1996) 709
SACK, Marktortprinzip und allgemeine Ausweichklausel im internationalen Wettbewerbsrecht, am Beispiel der sog Gran-Canaria-Fälle, IPRax 1992, 24
SCHINAS, Konsumentenschutz in Griechenland, ÖJBl 114 (1992) 682
SCHLOSSER, Sonderanknüpfungen von zwingendem Verbraucherschutzrecht und europäisches Prozeßrecht, in: FS Steindorff (1990) 1379
SCHMELZER, Der Konsumentenvertrag – Betrachtung einer obligationenrechtlichen Figur unter Berücksichtigung des IPR und der europäischen Rechtsangleichung (Chur 1995)
SCHNEIDER/TROBERG, Finanzdienstleistungen im EG-Binnenmarkt, WM 1990, 165
SCHNYDER/HEISS/RUDISCH (Hrsg), Internationales Verbraucherschutzrecht – Erfahrungen und Entwicklungen in Deutschland, Liechtenstein, Österreich und der Schweiz, Referate und Diskussionsberichte des Kolloquiums zu Ehren von Fritz Reichert-Facilides (1995)
SCHU, The Applicable Law to Consumer Contracts Made over the Internet – Consumer Protection Through Private International Law?, IntJL Int Tech 5 (1997)
SCHULZE/ZIMMERMANN (Hrsg), Basistexte zum Europäischen Privatrecht (2000)
SCHURIG, Kollisionsnorm und Sachrecht (1981)
ders, Zwingendes Recht, „Eingriffsnormen" und neues IPR, RabelsZ 54 (1990) 217
SCHÜTZE, Bankverträge im grenzüberschreitenden Verkehr, in: BÜSCHGEN/SCHNEIDER (Hrsg), Der europäische Binnenmarkt 1992 (1990) 81
SCHWARZ, Schutzkollisionen im internationalen Verbraucherschutz (1991)
SCHWIMANN, Verbraucherverträge im österreichischen IPR, IPRax 1989, 317
SIEHR, Telemarketing und Internationales Recht des Verbraucherschutzes, Jb Schweiz KonsumentenR 1998, 151
ders, Drittstaatenklauseln in Europäischen Richtlinien zum Verbraucherschutz und die Schweiz, in: FS Zäch (1999) 593

SINAY/CYTERMANN, Protection ou surprotection du consommateur?, JCP 1994 éd G, I. 3804
STABENTHEINER, Probleme bei der Umsetzung zivilrechtlicher EU-Richtlinien am Beispiel der Time-Sharing-Richtlinie, ÖJBl 1997, 65
STAEHELIN, Die bundesrechtlichen Verfahrensvorschriften über konsumentenrechtliche Streitigkeiten – Ein Überblick, in: FS Walder (Zürich 1994) 125
STAUDENMAYER, Europäisches Verbraucherschutzrecht nach Amsterdam – Stand und Perspektiven, RiW 1999, 733
STAUDINGER, Art 29 a EGBGB des Referentenentwurfs zum Fernabsatzgesetz, IPRax 1999, 414
ders, Das Zusammenspiel von HaustürWG, TzWrG und AGBG bei verbundfinanzierten Timesharing-Verträgen im Binnenmarkt, RiW 1999, 915
ders, Die ungeschriebenen kollisionsrechtlichen Regelungsgebote des Handelsvertreter-, Haustürwiderrufs- und Produkthaftungsrichtlinie, NJW 2001, 1974
STOLL, Internationalprivatrechtliche Probleme bei Verwendung Allgemeiner Geschäftsbedingungen, in: FS Beitzke (1979) 759
STRUB, Bankdienstleistungen im Binnenmarkt (1991)
STURM, Die Parteiautonomie im schweizerischen IPR-Gesetz, in: FS Giger (Bern 1989) 673
TAUPITZ, Kaffeefahrten deutscher Urlauber auf Gran Canaria: Deutscher Verbraucherschutz im Urlaubsgepäck, BB 1990, 642
THORN, Verbraucherschutz bei Verträgen im Fernabsatz, IPRax 1999, 1
TONNER, Harmonisierung oder Disharmonisierung des Reiserechts, EWS 1993, 197

ders, Der Reisevertrag[3] (1995)
VESTWEBER, Verbraucherschutz in Spanien, RiW 1992, 678
VONKEN, Internationale consumentenkoop, NIPR 2000, 157
WAGNER, Verfahrens- und internationalprivatrechtliche Fragen beim Teleshopping, WM 1995, 1129
WALCH, Gespaltene Normen und Parallelnormen im deutschen Internationalen Privatrecht – Zum Verhältnis zwischen staatsvertraglichem und nationalem IPR nach der Reform 1986 unter besonderer Berücksichtigung der rechtsvergleichenden Methode bei der Auslegung von Kollisionsrecht (1991)
WALDENBERGER, Grenzen des Verbraucherschutzes beim Abschluß von Verträgen im Internet, BB 1996, 2365
WEBER/STECHER, Internationales Konsumvertragsrecht (1997)
H WEITNAUER, Der Schutz des Schwächeren im Zivilrecht (1975)
W WEITNAUER, Der Vertragsschwerpunkt (1981)
WENGLER, IPR-Rechtsnormen und Wahl des Vertragsstatuts (1991)
WERNICKE, Privates Bankvertragsrecht im EG-Binnenmarkt (1996)
H P WESTERMANN, Verbraucherschutz, in: Gutachten und Vorschläge zur Überarbeitung des Schuldrechts, Bd III (1983) 1
GRAF vWESTPHALEN, Die Novelle zum AGB-Gesetz, BB 1996, 1201
WILLMS, Das Spannungsverhältnis von internationalem Wettbewerbs- und Vertragsrecht bei Ausnutzung eines Verbraucherschutzgefälles (1997).

Systematische Übersicht

I. Regelungsgegenstand und Normzweck ___ 1	**III. Europäisches Verbraucherschutzrecht** ___ 11
II. Entstehungsgeschichte; früheres Recht	**IV. Geltung allgemeiner Regeln**
1. Entstehung des Art 29 ___ 8	1. Qualifikation; Auslegung ___ 13
2. Früheres Recht ___ 10	2. Renvoi ___ 14
	3. Ordre public ___ 15
	4. Intertemporale Fragen ___ 16
	5. Deutsch-deutsches Verhältnis ___ 17

V. Verhältnis des Art 29 zu anderen Kollisionsregeln

1. Verhältnis zu Art 27 ... 19
2. Verhältnis zu Art 28 ... 27
3. Kollisionsregeln in Verbraucherschutzrichtlinien ... 22
4. Verhältnis zu Art 29 a ... 24
5. Verhältnis zu Art 34 ... 26

VI. Anwendungsvoraussetzungen der Vorschrift

1. Allgemeines ... 28
2. Verbraucherbeteiligung ... 31
3. Erfasste Vertragstypen ... 45
   a) Allgemeines ... 45
   b) Lieferung beweglicher Sachen ... 47
   c) Dienstleistungsverträge ... 52
   d) Finanzierungsverträge ... 55
   e) Ausnahmen und Rückausnahme (Abs 4) ... 57
      aa) Allgemeines ... 57
      bb) Beförderungsverträge (Abs 4 S 1 Nr 1) ... 58
      cc) Dienstleistungen im Ausland (Abs 4 S 1 Nr 2) ... 60
      dd) Rückausnahme für Pauschalreisen (Abs 4 S 2) ... 63
4. Sachliche Anwendungsvoraussetzungen: Abschlussmodalitäten ... 65
   a) Allgemeines ... 65
   b) Angebot oder Werbung im Verbraucherstaat (Abs 1 Nr 1) ... 68
      aa) Angebot ... 69
      bb) Werbung ... 70
      cc) Vertragsschlusshandlungen des Verbrauchers ... 74
   c) Entgegennahme der Bestellung im Verbraucherstaat (Abs 1 Nr 2) ... 76
   d) Organisierte Verkaufsfahrten (Abs 1 Nr 3) ... 79
   e) Erweiterung der Reichweite des Art 29? ... 84
      aa) Direktwirkung europäischen Richtlinienrechts ... 85
      bb) Ausdehnung des Art 27 Abs 3 ... 86
      cc) Ausdehnung des Art 31 Abs 2 ... 88
      dd) Inhaltskontrolle der Rechtswahl ... 89
      ee) Verbraucherrecht als Eingriffsrecht ... 90
      ff) Ordre public ... 91
      gg) Fraus legis ... 92
      hh) Analogie ... 93
      ii) Stellungnahme ... 94

VII. Rechtsfolgen der Rechtswahl

1. Allgemeines ... 96
2. Einschränkung der Wirkungen der Rechtswahl (Abs 1) ... 97
   a) Zulässigkeit der Rechtswahl ... 97
   b) Günstigkeitsprinzip ... 100
      aa) Staat des gewöhnlichen Aufenthalts ... 101
      bb) Zwingende Bestimmungen ... 102
      cc) Günstigkeitsvergleich ... 105
      dd) Verfahrensfragen ... 110

VIII. Objektives Verbrauchervertragsstatut (Abs 2) ... 112

IX. Formstatut (Abs 3) ... 116

X. Internationale Zuständigkeit ... 119

Alphabetische Übersicht

Abschluss des Vertrages
– Bestellung im Ausland ... 77
– Entgegennahme der Bestellung im Inland ... 76
– Ort des Vertragsschlusses ... 75 ff, 80, 101
– Vertrag mit Schwerpunkt im Ausland ... 53, 57, 60 ff, 65, 75, 81, 88, 93 ff
Abstrakter Gesamtvergleich ... 108
Abtretung ... 37
Abzahlungskauf ... 47

Allseitige Kollisionsregel ... 96
Analogie ... 66, 83, 93 ff
Angebot ... 69
Anknüpfung
– Allgemein ... 9, 22, 66 ff
– Alternativanknüpfung ... 67
– bei fehlender Rechtswahl ... 3, 112
– Dienstleistungsverträge ... 4
– Ersatzanknüpfung an Aufenthaltsrecht ... 101
– Form ... 3, 19, 116

- Pauschalreiseverträge — 4
Anwaltsverträge — 60
Anwendungsvoraussetzungen — 28 ff, 65 ff
Arbeitsverträge — 52
Aufenthalt
- Gewöhnlicher — 101, 112, 117
- Schlichter — 101
Auslegung — 1, 29, 42, 47 ff, 50, 82
Ausnahmen — 57
Ausweichklausel — 114

Bankverträge — 62
Beförderungsverträge — 4, 53, 57 ff, 63
Beratungsverträge — 62
Berufliche Geschäfte — 33 f
Bewegliche Sachen — 50
Börsentermingeschäfte — 33, 62

CISG — 32, 38, 42, 46 f, 49 ff
Computersoftware — 50

DDR — 18
Dienstleistungen im Ausland — 60
Dienstleistungsbegriff — 52
Dienstleistungsverträge — 4, 28, 52 ff
Dienstverträge — 52
Direktwirkung europäischen Richtlinienrechts — 85

Einkaufsgemeinschaften — 44
Entstehungsgeschichte — 8 ff
Ergebnisvergleich — 106
EVÜ s Römisches Übereinkommen

Ferienhausmietverträge — 61
Fernabsatzrichtlinie — 12, 22
Finanzdienstleistungsverträge — 62
Finanzierungsleasingvertrag — 47
Finanzierungsverträge — 28, 54 ff
Form — 3, 116 ff
Fraus legis — 92

Geschäfte zwischen Privaten — 40 ff
Geschäftsbesorgungsverträge — 52
Gesetzesumgehung — 84, 92
Gewerbliche Geschäfte — 34, 36
Gran-Canaria-Fälle — 84
Grundstücksverträge — 50
Günstigkeitsprinzip — 2, 15, 24 ff, 100, 105 ff

Günstigkeitsvergleich
- Ergebnisvergleich — 106
- Gesamtvergleich — 108
- Verfahrensfragen — 110 ff
GVÜ — 13, 29 f, 37, 46 f, 50, 66 ff, 94

Haustürwiderrufsrichtlinie — 54
Herkunftslandprinzip — 71
Herstellerwerbung — 73

Inhaltskontrolle von Rechtswahlklauseln — 89
Inlandsverträge — 20, 98
Internationale Zuständigkeit — 66, 119
Internet — 38, 71, 75 f
Internetauktionen — 49
Internet-Shopping-Verträge — 71
Intertemporale Fragen — 16
Invitatio ad offerendum — 69

Juristische Personen — 44

Kaffeefahrten — 80 ff
Kaufmannsbegriff — 68
Kausalität — 72
Klauselrichtlinie — 12, 22
Konkreter Ergebnisvergleich — 106
Kreditverträge — 38, 52, 54, 56
Kreuzfahrten — 63, 80

Leasingverträge — 47, 52
Lebensmittelpunkt — 101
Leihe — 48
Lieferverträge — 28, 47 ff

Mietkauf — 47
Mietverträge — 48, 52

Normzweck — 1, 24, 29
Numerus clausus von Geschäftstypen — 45 ff

Ordre public — 10, 15, 91

Pacht — 48
Pauschalreiseverträge — 55, 57 f, 63 f
Private Anbieter — 40 ff

Qualifikation — 1, 13 ff, 52, 61

Räumlicher Anwendungsbereich — 4, 57

5. Abschnitt. Schuldrecht.
1. Unterabschnitt. Vertragliche Schuldverhältnisse

Rechtswahl
- AGB _____ 19, 89, 98 f
- Beschränkung _____ 2 ff, 12, 20, 92, 94
- fehlende Rechtswahl _____ 114
- Form _____ 19
- Freiheit _____ 5, 19, 92
- Wirkungen _____ 2, 97
- Zulässigkeit _____ 97
Renvoi _____ 14
Richtlinie über den elektronischen
    Geschäftsverkehr _____ 71
Römisches Übereinkommen (EVÜ) _____
    1, 7, 23 ff, 58 ff, 69 f, 75, 78 ff, 89, 101 f, 116 f
Rückausnahmen _____ 57 ff
Rückverweisung _____ 14

Schutzzweck der Norm _____ 5, 20, 32, 66
Sonderanknüpfung _____ 9, 22 ff
Strukturelle Unterlegenheit _____ 41
Sukzessivlieferungsverträge _____ 47

Tausch _____ 48
Timesharing-Richtlinie _____ 12, 22
Timesharing-Verträge _____ 50

Übergangsregelungen _____ 16 ff
Überwiegender Zweck des Vertrages _____ 39
UN-Kaufrecht s CISG
Unterrichtsverträge _____ 55
Unterschiede im Schutzniveau _____ 100 ff

Verbraucher
- Begriff _____ 1, 31 ff, 38
- Gestörte Vertragsparität _____ 2
- Lebenssphäre _____ 33
- Natürliche Person als Verbraucher _____ 44
- Rechtssphäre _____ 65
Verbraucherschutz
- Europäischer _____ 1 ff, 9, 11 ff, 33
- Internationaler _____ 33
- Kollisionsrechtlicher _____ 58, 60, 65
- Richtlinien _____ 11, 12, 22 ff

Art 29 EGBGB

1

- Verordnungen _____ 11
Verbraucherversicherungsverträge _____ 30
Verbrauchervertrag
- Abschlussmodalitäten _____ 65
- Anknüpfung _____ 3, 22, 66 ff, 112
- Auslegung _____ 13, 32 ff
- erfasste Vertragstypen _____ 45 ff
- Maßgeblicher Zeitpunkt _____ 43
- Ordre public _____ 15
- Qualifikation _____ 13
- Renvoi _____ 14
- Statut _____ 112
Verbrauchsgüterkaufrichtlinie _____ 22
Verhältnis zu anderen Normen
- Art 6 EGBGB _____ 91
- Art 27 EGBGB _____ 19 ff, 86 ff
- Art 28 EGBGB _____ 21, 30
- Art 29 a EGBGB _____ 24 ff
- Art 31 EGBGB _____ 88
- Art 34 EGBGB _____ 26 ff, 90
- Zu speziellen Kollisionsregeln _____ 22 ff
Verkaufsfahrten _____ 79
Versicherungsverträge _____ 45, 53
Versorgungsverträge _____ 51
Versteigerungsverkäufe _____ 49
Vertrag über Lieferung beweglicher Sachen 47
Vertragsschlusshandlung des Verbrau-
    chers _____ 74 ff
Vertragsschlusssituation _____ 65
Vertretung _____ 74, 78
Verweisung _____ 14
Verwendungszweck _____ 38 ff

Warenkaufverträge _____ 47
Weiterverweisung _____ 14
Werbung _____ 70 ff
Werkverträge _____ 52

Zurechnung _____ 73
Zwingende Vorschriften
- International _____ 15, 90, 102 ff
- National _____ 100, 102 ff

I. Regelungsgegenstand und Normzweck

Die Vorschrift, die aus dem EVÜ stammt, sieht eine Sonderanknüpfung für be-   **1** stimmte Arten von Verbraucherverträgen vor. Sofern solche Verträge im Staat der Verbrauchers hinreichend angebahnt und vorbereitet wurden, soll mindestens das verbraucherrechtliche Schutzniveau dieses Staates gelten. Damit wird bereits auf **kollisionsrechtlicher** Ebene dem Gedanken Rechnung getragen, dass **Verbraucher gegenüber professionellen Anbietern besonderen Schutzes** bedürfen, der sich vor allem aus einem strukturellen Informations- und Erfahrungsungleichgewicht rechtfertigt. Der Verbraucher ist „gegenüber Lieferfirmen und Dienstleistungsbetrieben oft in der Position der schwächeren Partei" (Begründung BT-Drucks 10/504 S 79), weil er für das jeweilige Geschäft regelmäßig weder über die gleiche Routine noch über die gleichen Kenntnisse noch über das gleiche wirtschaftliche Gewicht verfügt wie sein gewerblich oder berufsmäßig handelnder Vertragspartner. Das wirtschaftliche Gewicht und Verhandlungsgeschick des einzelnen Verbrauchers reicht in der Regel auch nicht aus, dass er seine Bedingungen, insbesondere ein von ihm gewünschtes Recht, durchsetzen kann. Vielmehr hat und nutzt diese Möglichkeit gewöhnlich der Anbieter (Beispiele sind etwa die zahlreichen Timesharing-Fälle, in denen die Anbieter für den Erwerb spanischer Wohnrechte durch deutsche Urlauber das Recht der Isle of Man durchsetzten, vgl insbes BGHZ 135, 124). Hinzu kommt, dass der Verbraucher, wenn ihm Leistungen an seinem gewöhnlichen Aufenthaltsort angedient werden, mit dem dort geltenden, ihm vertrauten Recht rechnet. Schließlich ist ein Grund für eine besondere Schutzbedürftigkeit des (End-)Verbrauchers darin zu sehen, dass er in seiner Lebenssphäre – regelmäßig an seinem gewöhnlichen Aufenthaltsort – auf die Leistungen des Anbieters angewiesen und ihnen z T auch unausweichlich ausgesetzt ist.

2   Kollisionsrechtlich fängt Art 29 die gestörte Vertragsparität dadurch auf, dass er zum einen die **Wirkungen einer Rechtswahl bei bestimmten Verbraucherverträgen begrenzt:** günstigere zwingende Bestimmungen „seines" Rechts bleiben für den Verbraucher dann trotz der Wahl eines anderen Rechts in Kraft (Art 29 Abs 1). Dieses **Günstigkeitsprinzip,** das ebenso in Art 30 enthalten ist, erfordert damit stets einen Vergleich zwischen den zwingenden Verbraucherschutzregeln des gewählten und des objektiv geltenden Rechts. Die dem Verbraucher konkret günstigere Regelung setzt sich durch.

3   Zum anderen werden die erfassten Verbraucherverträge **ohne Rechtswahl** dem Recht am gewöhnlichen Aufenthaltsort des Verbrauchers unterstellt (Art 29 Abs 2). Die Regelanknüpfung des Art 28 an das Sitzrecht des Anbieters wird – unter den besonderen Abschlussbedingungen des Art 29 Abs 1 – im Interesse des Verbrauchers korrigiert. Dem Aufenthaltsrecht des Verbrauchers untersteht auch – abweichend von Art 11 EGBGB – die **Form** von Verbrauchergeschäften (Art 29 Abs 3).

4   Beförderungsverträge – mit Ausnahme von Pauschalreiseverträgen – sowie Dienstleistungsverträge, die vollständig in einem anderen als dem Aufenthaltsstaat des Verbrauchers zu erfüllen sind, nimmt **Abs 4** allerdings vom Geltungsbereich der Sonderanknüpfung des Art 29 wieder aus.

5   Insgesamt ist der **kollisionsrechtliche Schutz von Verbrauchern** – ebenso wie jener von Arbeitnehmern in Art 30 EGBGB – **zu begrüßen,** da eine volle Rechtswahlfreiheit und die objektive Anknüpfung an das Sitzrecht des charakteristisch Leistenden sonst auch kollisionsrechtlich das Übergewicht des professionellen Anbieters noch zusätzlich verfestigt hätten. Diesem Schutzzweck der Norm ist bei ihrer Auslegung deshalb Rechnung zu tragen.

Nicht sonderlich gelungen ist aber die kasuistische Festlegung der erfassten Vertrags- 6
typen und Vertragsschlusssituationen. Sie führt zu erheblichen Abgrenzungsproblemen und vermag auch inhaltlich nicht vollständig zu überzeugen (vgl dazu unten Rn 45 ff, 65 ff). Einen umfassenden Schutz für Verbraucher im internationalen Privatrecht gewährleistet Art 29 damit nicht. Zwar kann kein Verbraucher erwarten, überall auf der Welt den Mindeststandard seines Rechts vorzufinden. Alle Verträge, die bei ihrer Anbahnung oder ihrer Erfüllung einen hinreichend engen Bezug zum gewöhnlichen Aufenthaltsland des Verbrauchers aufweisen, sollten jedoch dem Standard des dort geltenden Rechts genügen. Denn dann darf der Verbraucher berechtigterweise darauf vertrauen, dass für das Geschäft kein anderes als das ihm aus seiner Rechtsumwelt bekannte Recht gilt.

Der europäische Gemeinschaftsgesetzgeber hat auf diese Unzulänglichkeiten des 7
kollisionsrechtlichen Verbraucherschutzes im EVÜ inzwischen mit Teilergänzungen in einzelnen Verbraucherschutzrichtlinien reagiert (vgl näher unten Rn 11 f). Die Lage ist dadurch freilich sehr unübersichtlich geworden. Die IPR-Klauseln der Richtlinien hat der deutsche Gesetzgeber jetzt in Art 29 a EGBGB zusammengefasst und damit eine eigenständige, aus dem EVÜ herausfallende Sonderlösung geschaffen (vgl näher die Erl zu Art 29 a).

II. Entstehungsgeschichte; früheres Recht

1. Entstehung des Art 29

Mit Art 29 hat der deutsche Gesetzgeber bei der IPR-Reform von 1986 die ent- 8
sprechende Regelung im EVÜ (Text oben Einl zu Art 27 ff unter B) in das EGBGB inkorporiert: Art 29 Abs 1 entspricht mit geringen redaktionellen Anpassungen Art 5 Abs 1 und 2 EVÜ; Art 29 Abs 2 folgt Art 5 Abs 3 EVÜ; die Formvorschrift des Art 29 Abs 3 übernimmt Art 9 Abs 5 EVÜ in etwas modifizierter Form (vgl dazu näher STAUDINGER/WINKLER VMOHRENFELS Art 11 Rn 15 ff). Doch haben diese Modifizierungen sachlich keine Bedeutung. Art 29 Abs 4 EGBGB fasst schließlich Art 5 Abs 4 und 5 EVÜ zusammen.

Der besondere kollisionsrechtliche Verbraucherschutz des Art 5 EVÜ, der als Son- 9
deranknüpfung für bestimmte internationale Verbraucherverträge verwirklicht wird, ist seinerseits erst im Verlauf der Arbeiten am EVÜ entwickelt worden. Der Vorentwurf von 1972 enthielt noch keine Art 5 EVÜ entsprechende Vorschrift. Ihre Aufnahme in das EVÜ geht maßgeblich auf OLE LANDO zurück, der den Gedanken der Sonderanknüpfung für Verbraucherverträge bei den Beratungen des EVÜ nachdrücklich vertrat und damit Zustimmung fand (vgl LANDO, in: LANDO/VHOFFMANN/SIEHR 139 ff sowie den Generalbericht von VHOFFMANN ibid 12 ff). Nach Schaffung des EVÜ im Jahr 1980 hat der Gemeinschaftsgesetzgeber in den Richtlinien über missbräuchliche Klauseln, Timesharing, Fernabsatz und Verbrauchsgüterkauf weiteren speziellen internationalen Verbraucherschutz vorgesehen (s dazu unten Rn 12). Diese Regelungen gehen Art 29 vor, wie sich aus Art 3 Abs 2 EGBGB (= Art 20 EVÜ) ergibt. Allerdings ist die kollisionsrechtliche Lage in Europa wegen des Nebeneinanders von EVÜ und Richtlinien-IPR unnötig kompliziert geworden (vgl dazu insbes JAYME/KOHLER IPRax 1995, 343; MARTINY ZEuP 1997, 108 f; ders ZEuP 1999, 249 ff). Der deutsche Gesetzgeber hat deshalb – als vorübergehende Maßnahme (vgl BR-Drucks 25/00 S 135: „bloße Über-

gangslösung") – das Richtlinien-IPR allgemeiner im neuen Art 29 a EGBGB zusammengefasst (vgl näher die Erl zu Art 29 a). Auf EG-Ebene wird eine Neufassung des EVÜ und seine Überführung in eine EG-Verordnung erwogen (vgl Vorbem 29 zu Art 27 ff).

2. Früheres Recht

10 Vor der IPR-Reform von 1986 war weder das internationale Vertragsrecht noch das Kollisionsrecht internationaler Verbraucherverträge gesetzlich geregelt. Lediglich § 12 AGBG sah einen gewissen Schutz, nämlich die zwingende Geltung des AGBG bei einem hinreichenden Inlandsbezug vor. Eine entsprechende Lösung enthielt ferner § 11 FernUSG für Fernunterrichtsverträge. Einen gewissen Verbraucherschutz verbürgte auch der mit der IPR-Reform von 1986 aufgehobene § 10 Nr 8 AGBG, der die ABG-mäßige Wahl fremden Rechts dann für unwirksam erklärte, wenn für die Wahl „kein anerkennenswertes Interesse" bestand. Im Übrigen galt für Verbraucherverträge aber keine grundsätzliche Sonderanknüpfung; vielmehr wurden sie wie Verträge insgesamt angeknüpft. Maßgebend war zunächst das gewählte Recht, mangels Rechtswahl der hypothetische Parteiwille und hilfsweise das Recht des Erfüllungsortes (vgl etwa Kegel[3] [1971] 255 ff; Staudinger/Firsching[10/11] Vorbem 310 ff zu Art 12 jeweils mit Nachweisen). Nur gelegentlich wurde zum Schutz von Verbrauchern vor nachteiligem ausländischen Recht auf den ordre public zurückgegriffen (etwa RG IPRspr 1931 Nr 7; OLG Hamm NJW 1977,1594; vgl näher Kropholler RabelsZ 42 [1978] 634 ff). Für internationale Verbraucherverträge hat die Reform von 1986 deshalb erhebliche Veränderungen mit sich gebracht.

III. Europäisches Verbraucherschutzrecht

11 Der Bereich des Verbraucherschutzrechts ist dasjenige Feld des Zivilrechts, in dem die EU bisher zum Zweck der Rechtsangleichung am stärksten rechtsetzend tätig geworden ist. Das europäische Verbraucherschutzrecht ist geradezu der Motor für die Entwicklung eines europäischen Zivilrechts. Seit der Einheitlichen Europäischen Akte (1986) und insbesondere seit dem Vertrag von Maastricht (1992) verfügt die EU auch gemäß Art 3 t, 153 EGV über eine ausdrückliche Zuständigkeit für den Verbraucherschutz. Die erlassenen Rechtsakte haben aber nur zum kleinen Teil Direktwirkung. Sie verdrängen und erübrigen das Kollisionsrecht deshalb nicht. Denn ganz überwiegend hat die EU – schon seit den frühen achtziger Jahren – auf der Grundlage der Art 94, 95 (ex Art 100, 100 a) **Verbraucherschutzrichtlinien** erlassen, um durch Rechtsangleichung auf diesem Gebiet das Funktionieren des Gemeinsamen Marktes bzw Binnenmarktes zu gewährleisten (eingehend hierzu Reich, Europäisches Verbraucherrecht 33 ff; Zusammenstellung der privatrechtlichen Richtlinien bei Schulze/Zimmermann, Basistexte). Vom Instrument der unmittelbar wirkenden Verordnung, die Kollisionsrecht in der Gemeinschaft erübrigt, hat die EU für den privatrechtlichen Verbraucherschutz dagegen bisher nur vereinzelt Gebrauch gemacht: etwa die ÜberbuchungsVO (VO Nr 295/91 EWG vom 4. 2. 1991) und die LuftunfallVO (VO Nr 2027/97 EG vom 9. 10. 1997), die Flugpassagiere gegen Überbuchung und unzureichende Unfallentschädigung schützen wollen, rechnen hierher.

12 Da die Richtlinien gemäß Art 249 EGV von den Mitgliedstaaten umzusetzen sind und da sie wegen ihres Charakters als Mindeststandard gewöhnlich nur zu einer **Teilharmonisierung** zwischen den Mitgliedstaaten führen, lassen sie die Notwendig-

keit kollisionsrechtlicher Regeln im Binnenmarkt weitgehend unberührt. Dieser Lage hat der Gemeinschaftsgesetzgeber inzwischen – erstmals 1993 in der Klauselrichtlinie – durch **eigene IPR-Regeln** in wichtigen, aber längst nicht allen Verbraucherschutzrichtlinien Rechnung getragen. So sehen Art 6 Abs 2 Klauselrichtlinie (RL 93/13/ EWG vom 5. 4. 1993), Art 12 Abs 2 Fernabsatzrichtlinie (RL 97/77/EG vom 20. 5. 1997) Art 7 Abs 2 Verbrauchsgüterkaufrichtlinie (RL 1999/44/EG vom 25. 5. 1999) vor, dass die Rechte, die diese Richtlinien gewähren, dem Verbraucher nicht durch Rechtswahl entzogen werden können. Art 9 Timesharingrichtlinie (RL 94/47/EG vom 26. 10. 1994) bestimmt das sogar allgemein, nicht nur bei abweichender Rechtswahl, sofern das Timesharingobjekt in einem EU/EWR-Staat liegt. Zum Verhältnis zwischen den speziellen IPR-Regeln in Richtlinien und den Art 27 ff vgl unten Rn 22 f.

IV. Geltung allgemeiner Regeln

1. Qualifikation; Auslegung

Gemäß Art 36 ist Art 29 **autonom-rechtsvergleichend** auszulegen und anzuwenden. Damit gilt auch für Qualifikationsfragen im Rahmen des Art 29 die rechtsvergleichende Qualifikationsmethode, wobei sich die Rechtsvergleichung auf die EU-Staaten beschränkt (vgl Rn 38 ff zu Art 27 ff). Heranzuziehen ist insbesondere auch die Rechtsprechung des EuGH, die zahlreiche Begriffe des Art 29 für die parallele Vorschrift des Art 13 GVÜ bereits definiert hat (vgl näher unten Rn 32 ff). 13

2. Renvoi

Auch für Art 29 gilt Art 35; eine Rück- oder Weiterverweisung des von Art 29 berufenen Rechts ist deshalb **unbeachtlich** (ERMAN/HOHLOCH Art 29 Rn 5; MünchKomm/MARTINY Art 29 Rn 53; PALANDT/HELDRICH Art 29 Rn 1). Führt Art 29 zum Recht eines Staates mit gespaltener Rechtsordnung, dann ist nach Art 35 Abs 2 das Recht derjenigen Gebietseinheit anzuwenden, in der sich das maßgebende Anknüpfungsmerkmal verwirklicht. Für Art 29 bedeutet das, dass als Referenzordnung gegenüber einer Rechtswahl bzw als objektiv geltende Ordnung das Recht jener Gebietseinheit heranzuziehen ist, in der der Verbraucher seinen gewöhnlichen Aufenthalt hat. 14

3. Ordre public

Art 6 EGBGB spielt – wie generell im internationalen Vertragsrecht – auch für Art 29 kaum eine Rolle. Zwar ist es nicht ausgeschlossen, dass über Art 29 ein ausländisches Recht zur Anwendung kommt, das Grundwertungen der deutschen Rechtsordnung und damit Art 6 widerspricht. Dann hat seine Anwendung zu unterbleiben. Praktisch hat Art 6 bisher aber keine Bedeutung, da schon der Günstigkeitsvergleich des Art 29 Abs 1 zu einer gewissen Korrektur des zunächst maßgebenden Rechts führt und da ferner Art 34 die international zwingenden Normen des deutschen Rechts durchsetzt. Insbesondere darf Art 6 nicht dazu dienen, jedes Zurückbleiben eines ausländischen Rechts hinter dem Standard des deutschen Verbraucherschutzrechts als Verstoß gegen den deutschen Ordre public zu betrachten und auf diese Weise unterschiedliche Geschwindigkeiten bei der Umsetzung europäischer Verbraucherschutzrichtlinien ausgleichen zu wollen (so noch die ersten Entscheidungen 15 zu Art 29: etwa OLG Celle IPRax 1991, 334; AG Lichtenfels IPRax 1990, 235 mit Aufs LÜDERITZ IPRax 1990, 216; ähnlich LG Bamberg NJW-RR 1990, 694; dagegen zu Recht etwa OLG Düsseldorf NJW-RR 1995, 1396; LG Düsseldorf RiW 1995, 415; MANKOWSKI RiW 1995, 364; MünchKomm/ MARTINY Art 29 Rn 54; SOERGEL/vHOFFMANN Art 29 Rn 35; offen freilich BGHZ 135,124 [139 f]).

4. Intertemporale Fragen

16 Übergangsfragen für den zum 1. 9. 1986 in Kraft getretenen Art 29 stellen sich heute kaum mehr, da das frühere IPR nach Art 220 Abs 1 EGBGB nur noch auf alle vor jenem Datum „abgeschlossenen Vorgänge" anzuwenden ist. Insoweit gilt für Art 29 nichts anderes als für die übrigen Kollisionsregeln zum internationalen Vertragsrecht (vgl dazu Rn 43 ff zu Art 27 ff). Sofern noch fortwirkende, aber vor dem 1. 9. 1986 begründete Dauerschuldverhältnisse zu beurteilen sind, sollten ihre Wirkungen dem neuen IPR unterstellt werden (vgl Rn 45 zu Art 27 ff).

5. Deutsch-deutsches Verhältnis

17 Die Übergangsvorschrift des Art 236 § 1 EGBGB unterstellt vor dem 3. 10. 1990 abgeschlossene Vorgänge dem bisherigen IPR, das im jeweiligen deutschen Teilgebiet galt. Im Übrigen sind jetzt einheitlich die Art 27 ff anzuwenden (näher dazu Rn 46 ff zu Art 27 ff).

18 Soweit danach das IPR der DDR zum Zug kam, sah das RAG der DDR für internationale Verbraucherverträge allerdings keine besondere Anknüpfungsregel vor. Vielmehr galt § 12 RAG (abgedruckt oben Vorbem 20 zu Art 27 ff), der im Wesentlichen auf das Sitzrecht der charakteristisch leistenden Partei abstellte.

V. Verhältnis des Art 29 zu anderen Kollisionsregeln

1. Verhältnis zu Art 27

19 Zwischen Art 27 und 29 besteht kein Konkurrenzverhältnis, soweit es um die materiellen Voraussetzungen einer Rechtswahl geht. Insoweit verweist Art 29 auf Art 27 und übernimmt dessen Festlegungen. Die **Rechtswahl** kann deshalb in der Regel **auch für Verbraucherverträge** stillschweigend oder ausdrücklich, bei Vertragsabschluss oder später, insbesondere im Prozess, ferner teilweise oder für den gesamten Vertrag erfolgen. Ihr Zustandekommen ist nach Art 27 Abs 4, 31 zu beurteilen. Es entscheidet also das – zB auch in AGB – in Aussicht genommene Recht, ob eine Einigung über das anwendbare Recht vorliegt. Dabei kann sich der Verbraucher nach Art 31 Abs 2 auf sein Aufenthaltsrecht berufen, wenn dieses etwa sein Schweigen oder sonstiges Verhalten entgegen dem in Aussicht genommenen Recht für einen Vertragsabschluss nicht genügen lässt (vgl näher die Erl zu Art 27 und 31 und noch unten Rn 97 ff).

20 Problematisch ist das Verhältnis zwischen Art 29 und Art 27 Abs 3. Letztere Vorschrift lässt bei **reinen Inlandsfällen** alles zwingende Inlandsrecht gegenüber einer abweichenden Rechtswahl in Kraft, um die gezielte Abwahl an sich geltender zwingender Regeln zu unterbinden. Da auch Art 29 Abs 1 gegenüber einer Rechtswahl das zwingende Recht der „eigentlich geltenden" Rechtsordnung durchsetzt – allerdings nur, soweit es für den Verbraucher günstiger ist –, ist zu entscheiden, ob bei reinen Inlandsverbraucherverträgen, die eine Wahl ausländischen Rechts enthalten, stets alles zwingende Inlandsrecht oder das gewählte Recht gelten soll, sofern es dem Verbraucher günstiger als das Inlandsrecht ist. Der besondere Schutzzweck des **Art 29** und sein Charakter **als speziellere Regelung** sprechen nachdrücklich dafür, dieser Vorschrift den **Vorrang** vor Art 27 Abs 3 einzuräumen (ebenso etwa ERMAN/HOHLOCH Art 29 Rn 8; LORENZ, in: FS Kegel 337; SOERGEL/vHOFFMANN Art 29 Rn 30; **aA** PALANDT/HELDRICH Art 29 Rn 4; offen MünchKomm/MARTINY Art 29 Rn 42).

2. Verhältnis zu Art 28

Gegenüber Art 28 hat Art 29 als speziellere Vorschrift stets Vorrang. Insbesondere **21** kann nicht die Ausweichklausel des Art 28 Abs 5 auf Art 29 übertragen werden.

3. Kollisionsregeln in Verbraucherschutzrichtlinien

Die jüngeren EG-Richtlinien zum Verbraucherschutz enthalten inzwischen häufiger **22** eine eigene Sonderkollisionsregel (vgl oben Rn 12), die den **Schutzstandard der Richtlinie** gegen eine Verminderung durch abweichendes Recht absichern soll. Dabei greift die IPR-Vorschrift der AGB-Klausel-Richtlinie, der Fernabsatzrichtlinie und der Verbrauchsgüterkaufrichtlinie gleichlautend nur ein, wenn „das Recht eines Drittlands (Nichtmitgliedstaats) als das auf den Vertrag anzuwendende Recht gewählt wurde und der Vertrag einen engen Bezug mit dem Gebiet der (eines oder mehrerer) Mitgliedstaaten aufweist" (vgl Art 6 Abs 2 KlauselRL, Art 12 Abs 2 FernabsatzRL, Art 7 Abs 2 VerbrauchsgüterkaufRL; der Text der Vorschriften ist bei Art 29 a Rn 12 ff abgedruckt). Lediglich die Timesharingrichtlinie setzt ihren Schutzstandard auch gegenüber dem objektiv anwendbaren Recht durch, wenn die Immobilie im Hoheitsgebiet eines Mitgliedstaates belegen ist (Art 9 der RL).

Das Verhältnis zwischen diesen speziellen Kollisionsregeln und dem allgemeinen, aus **23** dem EVÜ stammenden Kollisionsrecht ist nach Art 3 Abs 2 S 2 EGBGB zu beurteilen, der seinerseits aus dem EVÜ (dort Art 20) stammt. Für die Auslegung des Art 3 Abs 2 S 2 EGBGB wird allerdings prominent vertreten, dass er sich nur auf unmittelbar geltendes Gemeinschaftsrecht, nicht aber auf umzusetzendes Richtlinienrecht beziehe (MünchKomm/SONNENBERGER Art 3 Rn 16; PALANDT/HELDRICH Art 3 Rn 9; STAUDINGER/HAUSMANN Art 3 Rn 36; vorsichtiger ERMAN/HOHLOCH Art 3 Rn 11). Indessen sollte mit Art 3 Abs 2 S 2 EGBGB auch Art 20 EVÜ dem Sinn nach übernommen werden (s Begründung BT-Drucks 10/504, 36: „An dieser Stelle [bei Art 3 EGBGB] ist besonders auf die Artikel 20 und 21 des EG-Schuldvertrags-Übereinkommens hinzuweisen. Artikel 20 dieses Übereinkommens sichert den Vorrang spezial-gesetzlicher Kollisionsnormen des Gemeinschaftsrechts ... Diese ... Bestimmungen sind auch bei den Vorschriften zu berücksichtigen, die nicht in [das internationale Vertragsrecht des EGBGB] übernommen werden ... [Art 6, 11 EGBGB]."). Art 20 EVÜ bestimmt seinerseits aber ausdrücklich, dass das EVÜ solche Kollisionsnormen unberührt lässt, „die in Rechtsakten der Organe der Europäischen Gemeinschaften oder dem in Ausführung dieser Akte harmonisierten innerstaatlichen Recht enthalten sein werden". Wie der Bericht von GIULIANO/LAGARDE (S 71) deutlich ergibt, sollte damit der Vorrang von Kollisionsregeln sowohl in Verordnungen wie in Richtlinien gegenüber dem EVÜ festgeschrieben werden. Art 20 EVÜ soll daher nach dem Willen seiner Verfasser auch den Vorrang des national umgesetzten

Richtlinienrechts gegenüber dem EVÜ sichern (GIULIANO/LAGARDE aaO). Dieser Regelung des EVÜ ist auch für die Art 27 ff EGBGB zu folgen. Die **Kollisionsregeln des Richtlinienrechts** haben daher **Vorrang vor den allgemeinen Anknüpfungsregeln der Art 27 ff,** also auch vor Art 29 (ebenso zum Rangverhältnis zwischen EVÜ und umgesetzten IPR-Regeln des Richtlinienrechts etwa: CZERNICH/HEISS/HELMBERG Art 20 Rn 10; KROPHOLLER § 52 V 6; MARTINY ZEuP 1999, 249; wohl auch KREBBER ZVglRWiss 97 [1998] 136 f).

4. Verhältnis zu Art 29 a

24 Das Verhältnis zwischen Art 29 und 29 a ist nicht völlig klar. Nach der Gesetzesbegründung soll Art 29 a offenbar hinter Art 29 zurücktreten (BT-Drucks 25/00, S 136: „Art 29 ist vor Art 29 a zu prüfen"; zustimmend zum Vorrang des Art 29 FREITAG/LEIBLE EWS 2000, 446; PALANDT/HELDRICH Art 29 a Rn 1; STAUDINGER RiW 2000, 419; TONNER BB 2000, 1419). Nach anderer Ansicht überschneiden sich Art 29 und 29 a dagegen teilweise (WAGNER IPRax 2000, 251, der am Gesetzgebungsverfahren maßgeblich beteiligt war). Problematisch ist ein grundsätzlicher Vorrang des Art 29 deshalb, weil diese Vorschrift aus dem EVÜ stammt, dessen Art 20 dem Richtlinienrecht einschließlich seiner Kollisionsregeln Vorrang einräumt (s oben Rn 23). Art 29 a bündelt aber gerade die IPR-Klauseln des Richtlinienrechts und müsste daher Vorrang vor Art 29 haben. Zwar kann der Bundesgesetzgeber durch interne Rechtssetzung – mit verbindlicher Wirkung für den deutschen Rechtsanwender – von völkervertraglichen Vorgaben abweichen; doch gilt zunächst die Vermutung, dass intern gesetztes Recht völkervertragliche Bindungen – hier des EVÜ – respektieren will und deshalb im Einklang mit ihnen auszulegen ist. Der recht allgemeinen Aussage der Gesetzesbegründung, Art 29 sei vor Art 29 a zu prüfen (BT-Drucks 25/00, S 136), darf daher nicht unterstellt werden, dass sie den völkervertraglich festgelegten Vorrang des Richtlinien-IPR beseitigen wollte. Vielmehr räumt das EVÜ und damit auch Art 29 den speziellen Kollisionsnormen der Richtlinien den Vorrang ein (ebenso KROPHOLLER § 52 V 6). Bei Schutzunterschieden zwischen dem von Art 29 und dem von Art 29 a berufenen Recht sollte sich freilich – entsprechend der Zielrichtung beider Vorschriften – das **Schutzniveau** durchsetzen, das dem Verbraucher im konkreten Fall **günstiger** ist (vgl auch Art 29 a Rn 25).

25 Soweit Art 29 a reicht, geht er deshalb Art 29 vor. Dabei ist zu beachten, dass Art 29 a den Schutzzweck des Richtlinien-IPR nicht vollständig wiedergibt. Denn Art 29 a beruft das umgesetzte Richtlinienrecht in jedem Fall, in dem ein hinreichender EU/EWR-Bezug besteht. Die **IPR-Klauseln der Richtlinien** schreiben dagegen vor, dass die Mitgliedstaaten sichern müssen, dass der Verbraucher den Richtlinienschutz nicht verliert. Darin steckt die Anerkennung eines **Günstigkeitsprinzips;** denn der Richtlinienstandard soll nur gegen eine Absenkung durch anderes Recht geschützt, nicht aber gegen ein höheres Schutzniveau eines anderen Rechts verteidigt werden. Es erschiene auch als widersinnig, zum Schutz des Verbrauchers ein höheres Schutzniveau zu untersagen. Eine richtlinienkonforme Auslegung des Art 29 a verlangt daher, die Vorschrift im Sinn des Günstigkeitsprinzips zu interpretieren. Nur dann steht sie auch in weitgehendem Einklang mit Art 29, an dessen Grundwertung sie sich orientieren und mit dem sie sich möglichst reibungslos ergänzen sollte (vgl näher die Erl zu Art 29 a). Denn greift Art 29 a nicht ein, so kann noch Art 29 zum Zug kommen.

5. Verhältnis zu Art 34

Art 34 beruft die international zwingenden Vorschriften des deutschen Rechts und setzt sie an sich gegenüber jedem abweichenden Vertragsstatut durch. Soweit Art 34 aber zu einem geringeren Schutz des Verbrauchers führen würde, als das anwendbare Vertragsrecht ihn vorsieht, ist der Vorrang des Art 34 zu relativieren und das stärker schützende Recht anzuwenden (vgl näher Art 34 Rn 29 ff). 26

Umgekehrt fallen keineswegs alle zwingenden Verbraucherschutzvorschriften unter Art 34, sondern nur solche, für die erkennbar ist, dass sie ohne Rücksicht auf das an sich anwendbare Recht gelten sollen (näher Art 34 Rn 39, 71). Diese Vorschriften hat jetzt aber Art 29a im Wesentlichen zusammengefasst. Für Art 34 verbleibt damit neben Art 29 und 29a im internationalen Verbraucherschutzrecht nur ein **sehr begrenzter Anwendungsbereich**. 27

VI. Anwendungsvoraussetzungen der Vorschrift

1. Allgemeines

Art 29 erfasst keineswegs alle Verträge, an denen Verbraucher beteiligt sind. Der Anwendungsbereich der Vorschrift ist vielmehr beschränkt, praktisch aber gleichwohl wichtig. Art 29 unterwirft nur **Liefer- und Dienstleistungsverträge und zu deren Finanzierung abgeschlossene Verträge** kollisionsrechtlichen Sonderregeln und dies auch nur, soweit solche Verträge unter bestimmten Bedingungen abgeschlossen wurden und an ihnen als Leistungsempfänger ein Verbraucher beteiligt ist. Eine ausdehnende Anwendung auf andere Vertragstypen oder Verbrauchergeschäfte allgemein kommt wegen des Ausnahmecharakters der Vorschrift grundsätzlich nicht in Betracht (BGHZ 135, 124 [133]; vgl näher unten Rn 45). 28

Bei der Auslegung der einzelnen Tatbestandsmerkmale der Vorschrift ist jedoch dem Zweck der Norm Rechnung zu tragen, die Verbraucher kollisionsrechtlich schützen will. Insbesondere die Abschlusssituationen in Abs 1 Nr 1–3, die den engen Bezug zum Verbraucherstaat exemplifizieren, dürfen deshalb nicht zu engherzig interpretiert werden (ebenso ERMAN/HOHLOCH Art 29 Rn 10; MünchKomm/MARTINY Art 29 Rn 8 sowie unten Rn 65 ff). Für die Auslegung ist zugleich die Rechtsprechung des europäischen Gerichtshofs insbesondere zu Art 13 ff GVÜ heranzuziehen. 29

Gegenüber den allgemeinen Anknüpfungsregeln des Art 28 geht Art 29 als speziellere Vorschrift vor. Seinerseits tritt er aber hinter noch speziellere Regelungen zurück, soweit diese reichen. Das gilt etwa für diejenigen Verbraucherversicherungsverträge, die unter die Art 7 ff EGVVG fallen. Zum Verhältnis zwischen Art 29 und den Kollisionsnormen in einzelnen EU-Verbraucherschutzrichtlinien vgl oben Rn 22 f. 30

2. Verbraucherbeteiligung

Art 29 setzt zunächst voraus, dass an den erfassten Verträgen ein Verbraucher beteiligt ist. Nach der aus dem EVÜ stammenden Definition ist dies eine Person, die „zu einem Zweck (gehandelt hat), der nicht der beruflichen oder gewerblichen Tätig- 31 keit des Berechtigten (Verbrauchers) zugerechnet werden kann". Die gleiche Formulierung enthält Art 13 GVÜ/Art 15 EuGVVO. Der kollisions- und zuständigkeitsrechtliche Verbraucherschutz setzt damit nicht bei persönlichen Eigenschaften eines Beteiligten an, sondern bei der **Zuordnung einer Transaktion zum privaten Lebensbereich des Leistungsempfängers.**

32 Für Art 13 GVÜ hat der **EuGH** allerdings entschieden, dass der Verbraucherbegriff grundsätzlich eng auszulegen sei, da der besondere zuständigkeitsrechtliche Verbraucherschutz als Ausnahme nicht überdehnt werden dürfe (EuGH Slg 1997 I 3767 – Benincasa ./. Dentalkit). Diese Rechtsprechung des EuGH zum Verbraucherbegriff des Art 13 GVÜ hat im Kern auch für Art 29 zu gelten (BGHZ 123, 387; ebenso schon für Art 5 EVÜ: GIULIANO/LAGARDE 55). Doch steht dem Ausnahmecharakter des Verbraucherschutzes, der zu restriktiver Auslegung drängt, andererseits der besondere Schutzzweck sowohl des zuständigkeits- wie des kollisionsrechtlichen Verbraucherschutzes gegenüber, der als der eigentliche Kerngedanke der Regelung nicht vernachlässigt werden darf. Zwischen beiden, zT gegenläufigen Gesichtspunkten ist eine angemessene Balance zu halten. Hinzu kommt, dass Verbrauchergeschäfte in zahlreichen weiteren internationalen Konventionen fast übereinstimmend definiert werden, so etwa in Art 2 lit a CISG, Art 4 UN-VerjährungsÜbk, Art 1 Abs 2 lit a FactoringÜbk, Art 4 Abs 1 lit a Entwurf der UN Convention on Assignment of Receivables in International Trade. Für alle diese internationalen Instrumente sollten Verbrauchergeschäfte aber möglichst übereinstimmend festgelegt und behandelt werden, um eine unglückliche Aufsplitterung des internationalen Verbraucherschutzes je nach berührter Konvention zu vermeiden.

33 Die Stoßrichtung des internationalen wie des europäischen Verbraucherschutzes setzt beim einzelnen Geschäft und seinem **Zweck** an. Die jeweilige Transaktion darf nicht der beruflichen oder gewerblichen Sphäre des Berechtigten zugerechnet werden, sondern muss seinem Privatbereich angehören. Deshalb erfasst Art 29 – wie Art 13 GVÜ – nur Verträge, die „eine Einzelperson zur Deckung ihres Eigenbedarfs beim privaten Verbrauch schließt" (EuGH aaO Rn; ähnlich auch schon EuGH Slg 1993 I 139 Rn 20,22 – Shearson Lehmann Hutton ./. TVB). Allerdings darf diese **Definition** auch **nicht zu eng** verstanden werden. So hat die Rechtsprechung etwa Börsentermingeschäfte, für die jemand sein eigenes Vermögen eingesetzt hatte, durchaus noch als Verbrauchergeschäfte angesehen (OLG Düsseldorf RiW 1994, 420 m Anm MANKOWSKI [eigenes Börsentermingeschäft der Angestellten eines Versicherungsmaklers]; OLG Köln IPRspr 1997 Nr 44 = EWiR 1998, 455 m Anm MANKOWSKI [Börsentermingeschäft eines Arztes]). Auch wer etwa Geschenke für seine Familie oder Dritte kauft, handelt noch als Verbraucher, es sei denn, er will die Geschenke als Firmenwerbung verteilen. Eine Verwendung für den eigenen Ge- oder Verbrauch wird also nicht gefordert.

34 Unter Art 29 fallen aber **nicht** mehr **berufliche oder gewerbliche Geschäfte des Berechtigten.** Der beruflichen Tätigkeit sind die Geschäfte zuzurechnen, die insb Freiberufler (Ärzte, Anwälte etc) oder sonst Selbständige (etwa Autoren) im Rahmen ihrer Berufstätigkeit abschließen – zB den Kauf von Praxisgeräten oder Fachliteratur (vgl GIULIANO/LAGARDE 55; E LORENZ RiW 1987, 576; ERMAN/HOHLOCH Art 29 Rn 22; MünchKomm/MARTINY Art 29 Rn 5).

35 Dagegen gehören alle Geschäfte im Zusammenhang mit einer **unselbständigen be-**

ruflichen Tätigkeit – wie zB die Anschaffung der persönlichen Arbeitskleidung oder des eigenen Arbeitswerkzeugs durch Arbeitnehmer – noch unter Art 29 (ERMAN/HOHLOCH, E LORENZ, MünchKomm/MARTINY jeweils aaO; JUNKER IPRax 1998, 68; REINHART, in: FS Trinkner 657; vgl jetzt auch die Definition in § 13 BGB).

Gewerblich sind Geschäfte, die im Rahmen und für die Zwecke eines Geschäfts- oder 36 Gewerbebetriebs abgeschlossen werden, etwa die Anschaffung der notwendigen Geräte etc (vgl GIULIANO/LAGARDE 55; ERMAN/HOHLOCH Art 29 Rn 22; MünchKomm/MARTINY Art 29 Rn 5). Darunter fällt auch der Kauf von Arbeitskleidung für die Belegschaft oder von Kunstwerken für die Büroausstattung. Soweit eine von Art 29 erfasste Transaktion **Sicherungscharakter** hat, kommt es für ihre Einordnung als Verbrauchergeschäft auf den Zweck des Hauptgeschäfts an (so EuGH RiW 1998, 397 – Bayrische Hypo ./. Dietzinger [bei der Auslegung der HaustürRL]).

Tritt ein Verbraucher seine Forderung, die aus einem privaten Zwecken dienenden 37 Geschäft resultiert, an einen professionellen Marktteilnehmer, zB an ein Inkassobüro ab oder tritt sonst eine **Rechtsnachfolge** ein, dann ändert dies nicht die kollisionsrechtliche Beurteilung der übertragenen Forderung: sie stammt aus einem Verbrauchergeschäft und ist nach dem für dieses Geschäft geltenden Recht zu behandeln. Insoweit gilt hier anderes als im zuständigkeitsrechtlichen Zusammenhang, in dem sich ein (professioneller) Zessionar, der selber klagen will, für die Zuständigkeit nicht auf die Verbrauchereigenschaft des Zedenten und damit nicht auf Art 13, 14 GVÜ berufen kann (vgl EuGH Slg 1993 I 139 – Shearson Lehman Hutton Inc ./. TVB Treuhandgesellschaft).

Welchem Zweck der Leistungsgegenstand dienen soll, bestimmt zunächst der Lei- 38 stungsempfänger. Soweit er eine beruflich/gewerbliche Verwendung **plant,** entfällt Art 29. Auch wer etwa Waren erwirbt und Kredite dafür aufnimmt, um damit in der Zukunft geschäftlich tätig zu werden, handelt nicht mehr als Verbraucher (EuGH Slg 1997 I 3767 Benicasa ./. Dentalkit). Hat er dagegen eine private Verwendung vorgesehen, dann entscheidet im Zweifel nicht allein die innere Willensrichtung des Betroffenen. Maßgebend ist vielmehr, ob der private Verwendungszweck bekannt oder für einen verständigen Geschäftspartner angesichts der Umstände erkennbar war (GIULIANO/LAGARDE 55; Begründung BT-Drucks 10/504 S 79; DICEY/MORRIS Rn 33–005; MünchKomm/MARTINY Art 29 Rn 6; PALANDT/HELDRICH Art 29 Rn 3). Hierfür kann auch der gleichlautende Gedanke des Art 2 lit a CISG herangezogen werden, der über die Ausgrenzung von Verbraucherkäufen aus dem CISG ebenfalls die **Erkennbarkeit des Verwendungszwecks** entscheiden lässt (darauf weist zu Recht MANKOWSKI RabelsZ 63 [1999] 249 für Internetgeschäfte hin). Wer also etwa als Verbraucher auf Geschäftspapier bestellt oder eine kommerzielle **Internetadresse** verwendet und damit den Eindruck erweckt, für Geschäftszwecke zu handeln, kann sich nicht mehr auf Art 29 stützen, es sei denn, dass der bestellte Gegenstand eine eindeutige Zuordnung zum privaten Bereich erlaubt (Anwalt bestellt Reitpferd auf Kanzleibogen).

Dient der Vertrag zugleich privaten und beruflich/gewerblichen Zwecken, dann ent- 39 scheidet der **überwiegende Zweck** (GIULIANO/LAGARDE 55; Begründung BT- Drucks 10/504 S 79; CZERNICH/HEISS/HEISS Art 5 Rn 9; DICEY/MORRIS Rn 33–005; STAUDINGER/REINHART[12] Art 29 Rn 16 mwN).

40 Recht umstritten ist, ob der Vertragspartner des Verbrauchers gewerblich/beruflich handeln muss oder ob Art 29 auch Geschäfte zwischen Privaten – etwa einen Autokauf von Privat an Privat – erfasst. Für die **Erstreckung des Art 29 auf private Anbieter** werden der Wortlaut der Vorschrift, der Zweck umfassenden Verbraucherschutzes und auch der Umstand angeführt, dass oft nicht erkennbar ist, ob es sich um einen professionellen oder privaten Anbieter handelt (vgl insbes MünchKomm/MARTINY Art 29 Rn 7; ferner für diese Auffassung Begründung BT-Drucks 10/504,79; ERMAN/HOHLOCH Art 29 Rn 22; PALANDT/HELDRICH Art 29 Rn 3; wohl auch der Bericht von GIULIANO/LAGARDE 55 sowie DICEY/MORRIS Rn 33–005).

41 Die **Gegenauffassung** beruft sich vor allem darauf, dass bei Geschäften unter Privaten der Leistungsempfänger dem Anbieter nicht strukturell unterlegen und deshalb auch nicht schutzbedürftig sei. Zudem verlangten die jüngeren Verbraucherschutzrichtlinien der EU, dass der Anbieter gewerblich oder beruflich handeln müsse (vgl vBAR II Rn 435; CZERNICH/HEISS/HEISS Art 5 Rn 11; JUNKER Rn 370; W LORENZ IPRax 1994, 429; SOERGEL/VHOFFMANN Art 29 Rn 14; STAUDINGER/REINHART[12] Art 29 Rn 28 mwN; VISCHER/HUBER/OSER Rn 723).

42 Im Ergebnis ist der Ansicht zu folgen, die **auch Geschäfte zwischen Privaten unter Art 29** rechnet. Dabei ist zunächst zu betonen, dass die Frage bisher kaum einmal praktisch geworden ist, da internationale Transaktionen zwischen Privaten unter den Abschlussvoraussetzungen des Art 29 Abs 1 Nr 1–3 offenbar ganz unüblich sind (wohl nur Zivilgericht Basel-Stadt SZIER 1998, 422). Der Wortlaut der Vorschrift und die Intention der Verfasser weisen jedoch deutlich in die hier vertretene Richtung. Ferner ist das Schutzbedürfnis dessen, der eine Leistung unter den besonderen Bedingungen des Art 29 Abs 1 Nr 1–3 kontrahiert, kaum geringer, wenn er mit einem privaten als wenn er mit einem professionellen Anbieter abschließt. In beiden Fällen drängt sich der Anbieter aus einem anderen Rechtsbereich mit „seinem" Recht in gewissem Umfang auf. Auch und gerade hiergegen will Art 29 den privaten Leistungsempfänger schützen, der auf die Geltung „seines" Rechts vertraut und vertrauen darf (vgl auch oben Rn 1). Schließlich sollte nicht ohne Not der Gleichklang mit dem CISG aufgegeben werden, das ebenfalls nur auf die Lage des Käufers abstellt und deshalb auch Käufe zwischen Privaten als Verbrauchergeschäfte einordnet (vgl SCHLECHTRIEM/FERRARI Art 2 Rn 11; STAUDINGER/MAGNUS CISG Art 2 Rn 18).

43 **Maßgebender Zeitpunkt** für die Abgrenzung zwischen privatem und geschäftlichem **Verwendungszweck** ist der Zeitpunkt des Vertragsschlusses; zu diesem Zeitpunkt muss der Anbieter erkennen können, ob ein Verbrauchergeschäft vorliegt und ob ggfs das Recht des Verbrauchers zu beachten ist. Spätere Änderungen des Verbraucherzwecks berühren den privaten oder geschäftlichen Charakter der Transaktion nicht mehr.

44 **Juristische Personen** sind nicht als Verbraucher anzusehen (vgl EuGH NJW 2002, 205 – Idealservice Srl; zu der Frage schon ausführlich STAUDINGER/REINHART[12] Art 29 Rn 18 ff). Regelmäßig werden nur natürliche Personen private Verwendungszwecke verfolgen können. Doch mögen uU auch Personenzusammenschlüsse – zB vereinsmäßige Einkaufsgemeinschaften – allein zu privaten Zwecken (ihrer Mitglieder) Geschäfte tätigen und insoweit unter Art 29 fallen. Sie fallen nach der Rechtsprechung des EuGH jedoch nicht unter den Verbraucherbegriff (EuGH aaO zur Klauselrichtlinie).

3. Erfasste Vertragstypen

a) Allgemeines

Art 29 bezieht sich nicht auf alle Verträge, deren Leistungsempfänger ein Verbraucher ist, sondern trifft eine schwer begründbare Auswahl, die nur Warenlieferungs- und Dienstleistungsverträge sowie ihre Finanzierungen erfasst, aber etwa alle Überlassungsverträge ausklammert. Allerdings gelten für Versicherungsverträge, an denen Verbraucher beteiligt sind, zT eigene Kollisionsregeln (vgl Anh I zu Art 37). Eine **analoge Erstreckung** der Vorschrift **auf andere** als die erfassten **Vertragstypen** wird grundsätzlich **abgelehnt** (BGHZ 135,133 [sonst „Grenzen einer zulässigen Analogie überschritten"]; MünchKomm/Martiny Art 29 Rn 8; Soergel/vHoffmann Art 29 Rn 34). 45

Für die Auslegung sollten auch hier die Entscheidungen und Auffassungen zur vergleichbaren Regelung in anderen internationalen Konventionen, insb zu Art 13 GVÜ und zum CISG mit herangezogen werden (in diesem Sinn schon Giuliano/Lagarde 55). 46

b) Lieferung beweglicher Sachen

Art 29 erfasst zunächst Verträge über die Lieferung beweglicher Sachen. Damit sind – wie im CISG, das diese Verbraucherkäufe über seinen Art 2 lit a gerade ausschließt – einmal **alle Arten von Warenkaufverträgen** gemeint, seien sie Bar- oder Abzahlungskauf (ausdrücklich Giuliano/Lagarde 55), Kauf nach Muster oder auf Probe, Sukzessivlieferungsverträge oder sonstige Spielarten wie Mietkauf und das Finanzierungsleasing, wenn der schließliche Erwerb im Vordergrund des Geschäftes steht (ebenso Erman/Hohloch Art 29 Rn 23; vHoffmann § 10 Rn 67; MünchKomm/Martiny Art 29 Rn 9; Palandt/Heldrich Art 29 Rn 2; Soergel/vHoffmann Art 29 Rn 5). Ebenfalls in Übereinstimmung mit dem CISG (Art 3) sollten auch Werklieferungsverträge als Lieferverträge iSd Art 29 gelten, es sei denn, der Käufer liefert die wesentlichen Materialien selbst (ebenso Czernich/Heiss/Heiss Art 5 Rn 15; Soergel/vHoffmann Art 29 Rn 6; offen gelassen für Art 13 GVÜ von EuGH WM 1999, 2128 – Mietz./. Yachting [Rn 32]). 47

Die Einordnung als **Liefervertrag** spielt insbesondere für die Frage eine Rolle, ob das Geschäft unter **Art 29 Abs 1 Nr 3** fallen kann (dazu unten Rn 79 ff). Da Art 29 von Lieferung („supply", „fourniture") spricht und damit den Zweck der endgültigen Übereignung meinen dürfte, wird auch ein Tausch unter die Vorschrift zu rechnen sein (ebenso Czernich/Heiss/Heiss Art 5 Rn 15; Erman/Hohloch Art 29 Rn 23). Nicht erfasst werden dagegen die Miete oder sonstige reine Überlassungsverträge wie Pacht, Leihe etc (Backert 133; vBar II Rn 431; Czernich/Heiss/Heiss Art 5 Rn 15; E Lorenz RiW 1987, 576; MünchKomm/Martiny Art 27 Rn 9; Soergel/vHoffmann Art 29 Rn 5). 48

Auch **Versteigerungskäufe** dürften unter den Begriff Liefervertrag rechnen, wie unterstützend aus der Regelung in Art 2 lit b CISG gefolgert werden kann, die derartige Kaufverträge eigens vom Geltungsbereich des UN-Kaufrechts ausnimmt, sie also prinzipiell als Kaufverträge ansieht. Allerdings werden die Abschlussmodalitäten des Art 29 Abs 1 Nr 1–3 hier eher selten gegeben sein. Undenkbar sind sie aber keineswegs – etwa bei **Internetauktionen** oder Telefongeboten aus dem Ausland, wenn der Auktion vorher Werbung im Land des privaten Ersteigerers vorausgegangen ist (eingehend hierzu Mankowski, in: Spindler/Wiebe, Internetauktionen 157 ff). 49

Der Vertrag muss ferner die Lieferung **beweglicher Sachen** zum Gegenstand haben. 50

Auch für die Auslegung dieses Tatbestandsmerkmals können die Auffassungen und Praxis zum CISG und zu Art 13 GVÜ beitragen. Der Erwerb von Forderungen, Wertpapieren, Mitgliedschafts-, Immaterialgüter- oder sonstigen Rechten fällt nicht unter Art 29 (vgl BGHZ 123, 380 [Anteilsrechte]; LG Darmstadt IPRax 1995, 294; CZERNICH/ HEISS/HEISS Art 5 Rn 18; ERMAN/HOHLOCH Art 29 Rn 23; MünchKomm/MARTINY Art 29 Rn 2; PALANDT/HELDRICH Art 29 Rn 2; SOERGEL/VHOFFMANN Art 29 Rn 5). Weiter fallen alle Verträge aus dem Anwendungsbereich des Art 29 heraus, die den Erwerb von Grundstücken, Grundstücksrechten oder auch die Grundstücksnutzung wie etwa **Timesharingrechte** betreffen (BGHZ 135,124 [Timesharingrecht]; ferner die in der vorigen N Zitierten; vgl auch Art 28 Rn 225 ff und Art 29 a Rn 57 ff). Eine zu bauende Yacht ist jedoch eine bewegliche Sache (EuGH WM 1999, 2128 – Mietz ./. Yachting [Rn 23] zu Art 13 GVÜ). Das Gleiche gilt für **Computersoftware,** soweit es sich um Standardprogramme handelt. Die Herstellung spezieller Programme für die besonderen Bedürfnisse des erwerbenden Verbrauchers ist dagegen kein Liefervertrag, sondern ein Dienstleistungsvertrag iSd Art 29.

51 Auch **Versorgungsverträge** – Gas-, Wasser-, Stromliefervertäge – fallen unter Art 29. Der Begriff der beweglichen Sache ist für Art 29 ebenso wie im CISG weit zu verstehen. Anders als in Art 2 lit f CISG ist die Lieferung elektrischer Energie aus dem Geltungsbereich des Art 29 aber nicht ausgeschlossen (Gas- und Wasserlieferung wird unstreitig vom CISG erfasst: vgl STAUDINGER/MAGNUS CISG Art 2 Rn 50 mwN).

c) **Dienstleistungsverträge**
52 Ferner fallen Verträge über die Erbringung von Dienstleistungen unter Art 29. Der Begriff der Dienstleistung ist dabei ebenfalls konventionsübergreifend, nämlich ebenso zu verstehen, wie er in Art 50 EGV verwendet wird (BGHZ 123, 380 [384 f]). Dienstleistung ist danach jede regelmäßig gegen Entgelt erbrachte gewerbliche, kaufmännische, handwerkliche oder berufliche Tätigkeit (so der Beispielskatalog in Art 50 EGV). Es gilt damit eine weite Definition, die grundsätzlich jeden Vertrag erfasst, der den Anbieter schwerpunktmäßig zu einer Tätigkeit verpflichtet (BGHZ 123, 380 [385]; BGHZ 135, 124 [130 f]; MünchKomm/MARTINY Art 29 Rn 10; MANKOWSKI RiW 1995, 367; REICH Rn 155). Dienst-, Werk- und Geschäftsbesorgungsverträge fallen daher unter den Dienstleistungsbegriff in Art 29 (BGH aaO). Nicht erfasst werden jedoch Arbeitsverträge, für die Art 30 EGBGB eine selbständige Regelung enthält. Unter Art 29 fallende Dienstleistungsverträge setzen also voraus, dass die Leistung nicht im Rahmen einer abhängigen Beschäftigung erbracht wird (KROPHOLLER EuZPR Art 13 Rn 20; zur Qualifikation von Beschäftigungsverhältnissen als Arbeitsverhältnisse vgl Art 30 Rn 33 ff). Ferner haben Überlassungsverträge (Miete, Leasing, Darlehen etc) keine Dienstleistung zum Gegenstand. Zu Timesharingverträgen s oben Rn 50.

53 Trotz ihres Dienstleistungcharakters sind Beförderungsverträge grundsätzlich ausgenommen (Art 29 Abs 4 Nr 1; dazu noch unten Rn 58 f); ebenso ausschließlich im Ausland erbrachte Dienstleistungen (Art 29 Abs 4 Nr 2; dazu noch unten Rn 60 ff). Versicherungsverträge fallen nur soweit unter Art 29, als Art 37 sie nicht ausnimmt und den Art 7 ff EGVVG unterstellt.

54 Problematisch sind reine Kreditverträge. Der systematische Zusammenhang des Art 29 EGBGB lässt erkennen, dass sie grundsätzlich nicht unter die Vorschrift fallen, weil ausdrücklich nur Verträge „zur Finanzierung eines solchen Geschäfts"

– also eines Kauf- oder Dienstleistungsvertrags – erfasst werden (vgl Rn 55 f). Verträge zur Finanzierung können dann ebenfalls kaum als Dienstleistungsverträge verstanden werden. Zwar hat der EuGH in einem verwandten Zusammenhang, nämlich bei der Auslegung der Richtlinie 85/577 über Haustürgeschäfte, unzweideutig festgestellt: „Die Gewährung eines Kredits stellt eine Dienstleistung dar" (EuGH RiW 1998, 397 – Bayerische Hypo ./. Dietzinger [unter Rn 18]). Doch lässt der Wortlaut und systematische Zusammenhang des Art 29 keinen Zweifel daran, dass nur bestimmte zweckgebundene Kreditgeschäfte erfasst sein sollen (vgl Rn 56).

d) Finanzierungsverträge

55 Kredit- oder Darlehensverträge fallen nur dann unter Art 29, wenn sie „zur Finanzierung eines solchen Geschäfts", nämlich eines Warenlieferungs- oder Dienstleistungsvertrags dienen. Zwischen dem Liefer- oder Dienstleistungsvertrag und dem Finanzierungsvertrag muss damit eine **Zweckbindung** wie etwa beim Kredit- oder Teilzahlungskauf bestehen. Eine zweckgebundene Finanzierung von Dienstleistungen kann auch bei Urlaubsreisen, Unterrichtsverträgen etc auf Kredit in Betracht kommen (vgl AG Flensburg IPRspr 1998 Nr 145b [Pauschalreise deutschen Verbrauchers mit dänischem, in Deutschland werbendem Reiseveranstalter nach Spanien: deutsches Reiserecht angewendet]; SOERGEL/VHOFFMANN Art 29 Rn 11). Unerheblich ist dabei allerdings, ob der Lieferer oder Dienstleistende selbst oder ein Dritter die zweckgebundene Finanzierung bereitstellt (CZERNICH/HEISS/HEISS Art 5 Rn 27; ERMAN/HOHLOCH Art 29 Rn 25; Münch-Komm/MARTINY Art 29 Rn 12; SOERGEL/VHOFFMANN aaO; vgl auch den Fall BGHZ 123, 380). Der Finanzierungsvertrag mit einem Dritten muss auch nicht vom Verkäufer oder Dienstleistenden vermittelt worden sein (CZERNICH/HEISS/HEISS aaO; **aA** SOERGEL/VHOFFMANN aaO).

56 **Kreditverträge,** die Verbraucher entweder **ohne** eine solche **Zweckbindung** oder aber zur Finanzierung anderer Verträge abschließen, fallen nicht unter Art 29 (vgl die in der vorigen N Zitierten; ferner vBAR II Rn 430; PALANDT/HELDRICH Art 29 Rn 2; REITHMANN/MARTINY/MARTINY Rn 723). De lege ferenda sollte diese Einschränkung freilich wie in Art 15 Abs 1 lit c EuGVVO beseitigt und die Geltung des Art 29 auf alle Kreditverträge erstreckt werden. Zum Finanzierungsleasing vgl oben Rn 47.

e) Ausnahmen und Rückausnahme (Abs 4)
aa) Allgemeines

57 Bestimmte Verträge, die Art 29 als Dienstleistungsverträge an sich erfasst, nimmt Abs 4 vom Anwendungsbereich der Vorschrift wieder aus. Der wesentliche Grund dafür ist, dass bei diesen Verträgen ganz regelmäßig die Verbindung zum ausländischen Recht enger ist als jene zum Aufenthaltsrecht des Verbrauchers, der deshalb nicht mit der Geltung ‚seines' Rechts rechnen kann (vgl GIULIANO/LAGARDE 57). Das gilt für Beförderungsverträge und ausschließlich im Ausland zu erbringende Dienstleistungen. Eine Rückausnahme statuiert jedoch Abs 4 S 2 für Pauschalreiseverträge, die – wegen des erhöhten Schutzbedürfnisses solcher Reisender (Begründung BT-Drucks 10/504 S 80) – wieder dem Schutz des Art 29 unterstehen.

bb) Beförderungsverträge (Abs 4 S 1 Nr 1)

58 Der **kollisionsrechtliche Verbraucherschutz** des Art 29 gilt – von der Ausnahme der Pauschalreiseverträge abgesehen (dazu unten Rn 63 f) – **nicht für Beförderungsverträge.** Unter diesen Begriff fallen Personen- und Güterbeförderungsverträge jedweder

Art zu Land, Luft und Wasser (ERMAN/HOHLOCH Art 29 Rn 26; MünchKomm/MARTINY Art 29 Rn 15; SOERGEL/vHOFFMANN Art 29 Rn 12; zum EVÜ: CZERNICH/HEISS/HEISS Art 5 Rn 21). Ob die jeweilige Beförderung entgeltlich oder unentgeltlich erfolgt, ist gleichgültig.

59 Die Ausnahme wird mit dem Hinweis auf die Besonderheiten der Beförderungsverträge gerechtfertigt, die sich für kollisionsrechtlichen Verbraucherschutz nicht eigneten (Begründung BT-Drucks 10/504 S 80; GIULIANO/LAGARDE 57). Auch die Existenz der zahlreichen Transportrechtskonventionen soll die Ausnahme begründen (CZERNICH/HEISS/HEISS und MünchKomm/MARTINY aaO; STAUDINGER/REINHART[12] Art 29 Rn 109; kritisch zu diesen Begründungen aber DICEY/MORRIS Rn 33–020; MANKOWSKI, Seerechtliche Vertragsverhältnisse 393 ff). Die Üblichkeit, Reisende aus mehreren Ländern in einem internationalen Transportmittel – Bus, Bahn, Schiff, Flugzeug – zugleich zu befördern, erschwert die Beachtung unterschiedlicher Verbraucherschutzregeln erheblich oder macht sie uU unmöglich. Für Beförderungsverträge bleibt es damit grundsätzlich bei der Geltung der Art 27, 28. Allerdings kommt für Beförderungsverträge, die einen engen Bezug zum EU-/EWR-Gebiet aufweisen, die Anwendung des Art 29 a in Betracht, sofern es um einzelne missbräuchliche Vertragsklauseln oder den Abschluss solcher Verträge im Fernabsatz geht.

cc) Dienstleistungen im Ausland (Abs 4 S 1 Nr 2)

60 Der kollisionsrechtliche Verbraucherschutz des Art 29 gilt auch nicht für solche Verträge, bei denen die geschuldete **Dienstleistung ausschließlich in einem anderen als dem Staat** erbracht werden muss, in dem der Verbraucher seinen gewöhnlichen Aufenthalt hat. Unter diesen Ausschlussgrund fallen zunächst alle Dienstleistungsverträge, die ein Verbraucher im Ausland abschließt – etwa im Urlaub Bewirtung, Unterbringung, ärztliche Behandlung, Rechtsberatung, Sportkurse etc – und die sein Vertragspartner dort erfüllt, gleichgültig wo der Verbraucher dann seine Gegenleistung erbringt. Aber auch wenn der Verbraucher vom Inland aus und nach vorangehender Inlandswerbung des Anbieters Verträge über Beherbergung, Sprachkurse, Lehrgänge etc abschließt, die allein im Ausland erfüllt werden, greift der Ausschlusstatbestand ein (Begründung BT-Drucks 10/504 S 80; GIULIANO/LAGARDE 57; AG Bernkastel IPRax 1994, 141; ERMAN/HOHLOCH Art 29 Rn 24; MünchKomm/MARTINY Art 29 Rn 16). Auch bei der Beauftragung eines ausländischen Anwalts kann dieser Ausschlussgrund eingreifen, wenn die **Rechtsbesorgung „ausschließlich" im Ausland,** also ohne jeden relevanten Kontakt zum Aufenthaltsstaat des Verbrauchers zu erfolgen hat (eingehend MANKOWSKI AnwBl 2001, 252). Kollisionsrechtlicher Verbraucherschutz kann aber auch in diesen Fällen noch aus Art 29 a folgen.

61 Nicht unter die Ausnahme, aber auch nicht unter Art 29 fallen **reine Ferienhausmietverträge mit ausländischen Vermietern,** da Art 29 Überlassungsverträge nicht erfasst (vgl oben Rn 45; ebenso AG Hamburg NJW-RR 2000, 353; ERMAN/HOHLOCH Art 29 Rn 24; KARTZKE NJW 1994, 825; PALANDT/HELDRICH Art 29 Rn 2; wohl **aA** MünchKomm/MARTINY Art 29 Rn 16a). Sind dabei Reiseveranstalter eingeschaltet, die zusätzlich zur Miete Dienstleistungen – Versicherung, Beratung etc – erbringen, dann gilt nichts anderes, da in aller Regel nicht diese Zusatzleistungen, sondern die Vermietung die wesentliche Vertragsleistung darstellt. Auf die Leistung, die für den Vertrag die prägende Bedeutung hat, kommt es aber für die Qualifikation als Dienstleistungsvertrag an (vgl BGHZ 135, 124 [131]).

Die Ausnahme des Abs 4 S 1 Nr 2 gilt auch nicht für **Verträge zur Finanzierung von** 62
Dienstleistungen (BGHZ 123, 380 [387 f]; CZERNICH/HEISS/HEISS Art 5 Rn 23 [zum EVÜ]; JUNKER Rn 372; MünchKomm/MARTINY Art 29 Rn 16 b; PALANDT/HELDRICH Art 29 Rn 2; REICH ZHR 153 [1989] 594; **aA** W LORENZ IPRax 1994, 429 f). Der Grund dafür liegt darin, dass Abs 1 zwischen Dienstleistungen und ihrer Finanzierung unterscheidet und der Dienstleistungsbegriff in Abs 4 deshalb in gleicher Weise verstanden werden sollte, so dass er Finanzierungsverträge ebenfalls nicht einschließt. Ferner weisen Finanzierungsverträge regelmäßig einen engen Bezug zum Verbraucherstaat auf, da der Verbraucher sie gewöhnlich dort erfüllt (vgl BGH aaO). **Sonstige Finanzdienstleistungen** wie Beratungs- oder Vermittlungstätigkeit von Banken bei Geldanlagen oder Börsentermingeschäften fallen dagegen unter die Ausnahmeregelung des Abs 4 Nr 2, wenn die Dienstleistung allein im Ausland erbracht wird (ebenso ERMAN/HOHLOCH Art 29 Rn 24; **aA** CZERNICH/HEISS/HEISS aaO; STAUDINGER/REINHART[12] Art 29 Rn 112). Verträge mit ausländischen Terminbrokern, die auch im Land des Verbrauchers tätig werden, beziehen sich jedoch nicht mehr ausschließlich auf Dienstleistungen außerhalb des Verbraucherstaats; die Voraussetzungen des Ausnahmetatbestandes fehlen dann und es gilt Art 29 Abs 1–3 (OLG Düsseldorf RiW 1994, 421 – englischer Broker nimmt Zahlungen und Weisungen des deutschen Verbrauchers durch Vermittler in Deutschland entgegen).

dd) Rückausnahme für Pauschalreisen (Abs 4 S 2)
Für besondere Beförderungsverträge, nämlich solche, die für einen Pauschalpreis 63 zugleich Unterbringungsleistungen vorsehen, macht Abs S 2 eine Rückausnahme und unterstellt sie damit wieder der uneingeschränkten Geltung des Art 29 Abs 1–3. Als Pauschalreisen sind Verträge anzusehen, bei denen die **Unterbringung neben der Beförderung** für den Reisenden bei objektiver Sicht ihren **eigenen Reisewert** hat und nicht lediglich untergeordnete Nebenleistung der Beförderung ist. Für die Definition des Begriffs lässt sich auch Art 2 Nr 1 der Richtlinie 90/314/EWG über Pauschalreisen vom 13. 6. 1990 (ABl 1990 Nr L 158 S 59) heranziehen. Danach sind Pauschalreisen solche Reisen, die länger als 24 Stunden dauern, eine Übernachtung einschließen und dabei mindestens für zwei der drei Zwecke: Beförderung, Unterbringung oder andere touristische Dienstleistung dienen. **Schiffskreuzfahrten** fallen daher ebenso wie Busrundreisen mit Übernachtungen unter Abs 4 S 2, während eine bloße Schiffsüberfahrt oder Bahnpassage nicht erfasst wird, auch wenn sie Übernachtungen in Kajüten oder Schlafwagen einschließt (eingehend MANKOWSKI, Seerechtliche Vertragsverhältnisse 400 ff; vgl auch GIULIANO/LAGARDE 57; DICEY/MORRIS Rn 33–021 N 56).

Pauschalreisen fallen auch dann unter Art 29 Abs 1–3, wenn die Reiseleistungen 64 ausschließlich im Ausland erbracht werden oder jedenfalls im Ausland begonnen werden (vgl GIULIANO/LAGARDE 57). Erforderlich ist nur, dass der Vertrag unter den Voraussetzungen des Abs 1 Nr 1–3 zustande gekommen ist.

4. Sachliche Anwendungsvoraussetzungen: Abschlussmodalitäten

a) Allgemeines
Die problematischste Einschränkung des kollisionsrechtlichen Verbraucherschutzes 65 liegt in den besonderen Abschlussmodalitäten, die Art 29 voraussetzt. Sie sind sehr kasuistisch gefasst und nehmen auch nur die Vertragsanbahnung und den Vertragsschluss in den Blick. Zwar erscheint es einerseits als selbstverständlich, dass der Verbraucher nicht überall auf der Welt die Geltung seines heimatlichen Rechts

und Schutzstandards erwarten kann. Er führt dieses Recht nicht quasi im Reisegepäck mit sich, sondern lässt es grundsätzlich im Land seines gewöhnlichen Aufenthalts zurück (COESTER-WALTJEN, in: FS Lorenz 311; dies/MÄSCH 101; vHOFFMANN § 10 Rn 70; KROEGER 177; MÄSCH 168 f; MANKOWSKI IPRax 1991, 311; ders RiW 1993, 459; PALANDT/HELDRICH Art 29 Rn 5; REICH, Bürgerrechte 389; TAUPITZ BB 1990, 649). Für Kaufgeschäfte, die deutsche Verbraucher im Ausland tätigen, gilt deshalb regelmäßig das dortige Recht (vgl LG Baden-Baden IPRspr 1997 Nr 31, OLG Naumburg IPRspr 1998 Nr 30, LG Hamburg RiW 1999, 391[jeweils Teppichkauf in der Türkei]). Andererseits muss es aber genügen, wenn denn Art 29 einen nennenswerten internationalen Anwendungsbereich haben soll, dass sich ein Anbieter vom Ausland aus derart in die Rechtssphäre des Verbrauchers eindrängt und dort aktiv wird, dass für den Verbraucher der **berechtigte Eindruck eines Inlandsgeschäftes** entsteht. Dieser Eindruck kann auch dann berechtigt sein, wenn bei Vertragsschluss klar ist, dass wesentliche Teile der Vertragsdurchführung mit dem Verbraucherstaat verbunden sein werden. Zwar betreffen die Nr 1 bis 3 des Abs 1 nur Vertragsschlusssituationen. Es verengt aber die Sichtweise zu sehr und entspricht auch nicht der in Nr 2 geregelten Situation, wenn man Art 29 entnehmen wollte, dass nur der passive Verbraucher geschützt werden soll, der an seinem Sitz vom Anbieter angesprochen, beworben etc wird (vgl hierzu insbes REICH, Bürgerrechte 386 ff). Kerngedanke dieses Teils der Vorschrift ist es vielmehr, dass ein so **enger Bezug** des Sachverhalts **zum Aufenthaltsstaat des Verbrauchers** bestehen muss, dass sich bei objektiver Sicht die Anwendung des Rechts dieses Staates rechtfertigt (vgl auch Begründung BT-Drucks 10/504 S 79: Es komme darauf an, ob der Verbraucher denselben Schutz wie bei Inlandsgeschäften erwarten dürfe). Dieser Gedanke lässt sich freilich kaum durch eine – gar abschließende – Kasuistik hinreichend ausdrücken und er beschränkt sich auch nicht auf das Stadium des Vertragsschlusses und seiner Vorphase.

66 Einer Erweiterung der erfassten Situationen durch **Analogiebildung** scheint freilich die kasuistische Fassung der Vorschrift und auch ihr Charakter als Ausnahmevorschrift entgegenzustehen (vgl BGHZ 135, 124[133 ff]; JUNKER Rn 372; eingehend auch STAUDINGER/REINHART[12] Art 29 Rn 68 ff sowie die in Rn 65 Genannten; kritisch aber REICH, Bürgerrechte 388; **aA** – für Analogie – ERMAN/HOHLOCH Art 29 Rn 15; MünchKomm/MARTINY Art 29 Rn 32a). Zunächst ist festzuhalten, dass die nach Art 36 erforderliche einheitliche Auslegung nicht etwa jede Analogie bei der Auslegung der Art 27 ff verbietet (so zu Recht MünchKomm/MARTINY aaO). Um dem Schutzzweck des Art 29 sinnvoll Rechnung zu tragen, ist der situative Anwendungsbereich des Art 29 daher im Weg der Analogie auf alle Gestaltungen zu erstrecken, in denen das Vertragsschlussgeschehen, aber auch die Vertragsdurchführung einen ebenso engen Zusammenhang mit dem Staat des Verbrauchers aufweist, wie ihn die Situationen des Art 29 Abs 1 Nr 1– 3 verlangen. Für die Zulässigkeit der Analogie spricht auch nachdrücklich, dass der europäische Gesetzgeber bei der Neufassung des GVÜ als EuGVVO die Zuständigkeit in Verbrauchersachen im hier vorgeschlagenen Sinn erweitert hat (vgl jetzt Art 15 Abs 1 lit c EuGVVO). Der Gleichklang zwischen zuständigkeitsrechtlichem und kollisionsrechtlichem Verbraucherschutz sollte nach Möglichkeit gewahrt bleiben (zum Ganzen noch unten Rn 84 ff).

67 Die drei Varianten des Art 29 Abs 1 Nr 1–3 gelten ihrerseits nicht kumulativ, sondern **alternativ**. Es genügt, dass eine von ihnen erfüllt ist, um den Schutz des Art 29 ins Spiel zu bringen.

b) Angebot oder Werbung im Verbraucherstaat (Abs 1 Nr 1)

Die erste Alternative des Art 29 Abs 1 „betrifft Fälle, in denen der Kaufmann **68** Schritte unternommen hat, um seine beweglichen Sachen oder Dienstleistungen in dem Land zu verkaufen, in dem sich der Verbraucher aufhält" (so GIULIANO/LAGARDE 56; ebenso BGHZ 123, 380[389]). Die Vorschrift verlangt daher, dass dem Vertragsschluss ein ausdrückliches Angebot oder eine Werbung des Anbieters im Staat des Verbrauchers vorausgegangen sein und dass der Verbraucher in diesem Staat seine Vertragsschlusshandlungen vorgenommen haben muss. Art 29 Abs 1 Nr 1 stimmt wörtlich mit dem bisherigen Art 13 Abs 1 Nr 3 GVÜ überein und sollte daher grundsätzlich ebenso wie diese Vorschrift ausgelegt werden. Zu beachten ist aber auch, dass die Nachfolgevorschrift des Art 15 Abs 1 lit c EuGVVO nur noch erfordert, dass die Tätigkeit des Anbieters im Staat des Verbrauchers erfolgt oder auf diesen Staat „auf irgendeinem Wege" ausgerichtet ist.

aa) Angebot

Der Begriff des ausdrücklichen Angebots in Art 29 Abs 1 Nr 1 (im EVÜ: „a specific **69** invitation addressed to him", „une proposition spécialement faite") ist nicht auf das Vertragsangebot im Rechtssinn zu beschränken, sondern schließt auch eine an den Empfänger persönlich gerichtete invitatio ad offerendum sowie Angebote an einen unbestimmten Personenkreis ein (BGHZ 123, 380 [389]; ebenso CZERNICH/HEISS/HEISS Art 5 Rn 30; MANKOWSKI RiW 1993, 458; MünchKomm/MARTINY Art 29 Rn 19; SOERGEL/vHOFFMANN Art 29 Rn 17). Das ‚Angebot' in diesem Sinn muss dem Verbraucher in seinem Aufenthaltsstaat zugegangen sein (ERMAN/HOHLOCH Art 29 Rn 11; ebenso DICEY/MORRIS Rn 33–009). Der Zugang im elektronischen Briefkasten ist dafür ausreichend. Ferner muss das Angebot vom Vertragspartner veranlasst, ihm zuzurechnen sein. Die Abgabe eines persönlichen Angebots durch einen Handelsvertreter oder Reisenden des Anbieters genügt (BGHZ aaO). Doch muss es auch ausreichen, dass sich der Vertragspartner des Verbrauchers im Nachhinein ein solches, dem Vertragsschluss vorausgegangenes Angebot zu eigen macht (das ist im Fall BGHZ 123, 380 übersehen worden). Denn der Anbieter kann sich nicht nur den Vorteil des Vertragsschlusses zunutze machen; er muss dann auch die Umstände des Abschlusses gegen sich gelten lassen.

bb) Werbung

Der Begriff der Werbung (im EVÜ: „advertising", „publicité") ist weit zu verstehen. **70** Die Abgrenzung zum Angebot ist fließend, in der Sache aber auch nicht entscheidend. Der Begriff schließt Werbung in Medien wie Presse, Fernsehen – Teleshopping –, Rundfunk, Kino ebenso ein wie Plakat-, Brief-, Prospekt- oder Telefonwerbung und erfasst etwa auch Werbung durch Versandkataloge etc., sofern man in ihnen nicht bereits „Angebote" sieht (vgl GIULIANO/LAGARDE 56; ferner CZERNICH/HEISS/HEISS Art 5 Rn 30; DUTOIT, in: vHOFFMANN 52; MünchKomm/MARTINY Art 29 Rn 20; REITHMANN/MARTINY/MARTINY Rn 726). Die Werbung muss ferner im Aufenthaltsstaat des Verbrauchers entfaltet, dort also auf Initiative des Anbieters, aber nicht unbedingt durch seine eigenen Aktivitäten zugänglich werden (vgl das Beispiel bei GIULIANO/LAGARDE 56: Annonce französischen Unternehmens in deutscher Zeitung und daraufhin Bestellung durch deutschen Verbraucher). Umstritten ist aber, ob für Nr 1 nur solche Werbung zählt, die der Anbieter gezielt auf das Verbraucherland ausgerichtet hat. Nach dem Bericht von GIULIANO/LAGARDE (aaO) soll es nicht genügen, dass Werbung in einer ausländischen Zeitung erscheint, die auch im Verbraucherland verkauft wird. Nur wenn der Anbieter eine Sonderausgabe auch für das Verbraucherland erscheinen lasse, greife

Art 29 ein. Nach anderer und vorzuziehender Ansicht ist es dagegen gleichgültig, ob der Anbieter die Werbung gezielt auf den Verbraucherstaat ausgerichtet hat; es genügt und muss genügen, dass er sich eines dort tatsächlich verbreiteten Mediums bedient hat (vgl CZERNICH/HEISS/HEISS Art 5 Rn 32; DUTOIT, in: vHOFFMANN 52 f; MünchKomm/ MARTINY, REITHMANN/MARTINY/MARTINY jeweils aaO; SOERGEL/vHOFFMANN Art 29 Rn 18).

71 Derselbe Grundsatz hat auch für Werbung – zB eine Website, aber ebenso für Angebote – über das **Internet** zu gelten, da dieses Medium weltweit und damit auch stets im Land des Verbrauchers verfügbar ist (umfassend dazu MANKOWSKI RabelsZ 63 [1999] 234 ff sowie die in der vorigen N Genannten; ferner wie hier DICEY/MORRIS Rn 33–011; JUNKER RiW 1999, 815 f; MARTINY ZEuP 1999, 259; PALANDT/HELDRICH Art 29 Rn 5; vgl ferner Art 28 Rn 643 ff). Hinzukommt, dass der Anbieter in aller Regel nicht gezwungen ist, mit Verbrauchern aus solchen Ländern abzuschließen, die er nicht bewerben wollte. Tut er es trotzdem, so muss er auch den damit verbundenen Verbraucherschutz akzeptieren (darauf hat insbesondere MANKOWSKI aaO 239 hingewiesen). Denn der Anbieter kann sich nicht allein die Vorteile des globalen Mediums zunutze machen. Eine einschränkende Ansicht will Werbung im Internet dagegen nur dann als Werbung im Aufenthaltsstaat des Verbrauchers ansehen, wenn sie auf dieses Land gezielt ausgerichtet war (BORGES ZIP 1999, 565[570]; GRUBER DB 1999, 1437; ähnlich MEHRINGS CR 1998, 613[619]; PFEIFFER NJW 1999, 3674[3684 f]). Doch übersieht diese Ansicht, dass auf diese Weise der kollisionsrechtliche Verbraucherschutz des Art 29 dann durch die Gestaltung der jeweiligen Angebotsseite oder Werbung einseitig ausgeschlossen werden könnte. Die einschränkende Ansicht kann sich auch nicht auf Art 15 Abs 1 lit c EuGVVO berufen. Denn diese Vorschrift spricht nur davon, dass der Anbieter seine Tätigkeit im Verbraucherland ausübt oder sie „auf irgend einem Wege auf diesen Mitgliedstaat oder auf mehrere Staaten, einschließlich dieses Mitgliedstaates, ausrichtet". Internetauftritte sind jedoch potenziell auf alle Staaten dieser Welt ausgerichtet und schließen die EU-Staaten damit ein. Schließlich lässt sich auch nicht das Herkunftslandprinzip der Richtlinie über den elektronischen Geschäftsverkehr (2000/31/EG vom 8. 6. 2000) als Gegenargument ins Feld führen. Zwar verweist Art 3 Abs 1 dieser Richtlinie grundsätzlich auf das Sitzrecht des Anbieters und entspricht damit der Regel des Art 28 Abs 2 EGBGB. Verbraucherverträge und das für sie geltende Kollisionsrecht bleiben aber vom Herkunftslandprinzip nach Art 3 Abs 3 iVm dem Anhang ausdrücklich unberührt. Die Begründungserwägungen der Richtlinie heben das mit besonderem Nachdruck hervor (vgl Erwägung 11 [„wichtige Errungenschaften für den Verbraucherschutz ... gelten voll und ganz auch für die Dienste der Informationsgesellschaft."], Erwägung 23 [die Richtlinie will nicht „zusätzliche Regeln im Bereich des internationalen Privatrechts hinsichtlich des anwendbaren Rechts ... schaffen."], Erwägung 55 [„Dementsprechend kann diese Richtlinie nicht dazu führen, dass dem Verbraucher der Schutz entzogen wird, der ihm von den zwingenden Vorschriften für vertragliche Verpflichtungen nach dem Recht des Mitgliedstaates, in dem er seinen gewöhnlichen Wohnsitz hat, gewährt wird."]).

72 Für Abs 1 Nr 1 ist es **nicht erforderlich,** dass sich der konkrete Vertragsschluss **ursächlich** auf die Werbung des Anbieters zurückführen lässt; es genügt, dass die Werbung – ebenso wie das Angebot – einerseits dem Anbieter zuzurechnen ist und andererseits der Verbraucher ein Geschäft im Wesentlichen der Art abgeschlossen hat, das in dem Angebot oder der Werbung offeriert wurde (vgl – zu Art 13 GVÜ – KROPHOLLER, EuZPR Art 13 Rn 23; MANKOWSKI RiW 1997, 992; SOERGEL/vHOFFMANN Art 29 Rn 17).

Wie für das Angebot gilt auch für die Werbung, dass sie dem Vertragspartner des **73** Verbrauchers zuzurechnen sein, aber nicht zwingend von ihm selbst stammen muss (vgl Czernich/Heiss/Heiss Art 5 Rn 33; Kropholler Rn 25 [zu Art 13 GVÜ]). Herstellerwerbung ist den Absatzmittlern des Herstellers freilich in aller Regel nicht zuzurechnen, da sie von ihnen nicht veranlasst ist, auch wenn sie ihnen nutzt (MünchKomm/Martiny Art 29 Rn 19; ähnlich Czernich/Heiss/Heiss aaO; aA Staudinger/Reinhart[12] Art 29 Rn 56).

cc) Vertragsschlusshandlungen des Verbrauchers

Auch wenn ein Angebot oder Werbung iSd Art 29 Abs 1 Nr 1 vorliegt, greift die **74** Vorschrift nur ein, wenn der Verbraucher die zum Abschluss des Vertrages erforderlichen Rechtshandlungen in ‚seinem' Staat vorgenommen hat („had taken in that country all the steps necessary on his part for the conclusion of the contract"; „a accompli dans ce pays les actes nécessaires à la conclusion du contrat"). Der Verbraucher muss deshalb in seinem Aufenthaltsstaat entweder seine Angebots- oder Annahmeerklärung abgegeben, also abgesandt oder ausgesprochen haben oder er muss ein sonstiges Annahmeverhalten in diesem Staat gezeigt haben (vgl Giuliano/Lagarde 56; Erman/Hohloch Art 29 Rn 11; MünchKomm/Martiny Art 29 Rn 21). Das ist auch dann noch der Fall, wenn der Verbraucher seine Erklärung von einem Boten in den Staat des Anbieters überbringen lässt (Czernich/Heiss/Heiss Art 5 Rn 34). Schaltet der Verbraucher dagegen einen Vertreter ein, der die Erklärung in einem anderen Staat als dem Aufenthaltsland des Verbrauchers abgibt, dann greift Nr 1 nicht ein (ebenso – unter analoger Anwendung von Art 11 Abs 3 EGBGB, der Art 9 Abs 3 EVÜ entspricht – Erman/Hohloch Art 29 Rn 11; MünchKomm/Martiny Art 29 Rn 21; Palandt/Heldrich Art 29 Rn 5, Soergel/vHoffmann Art 29 Rn 19; auch Czernich/Heiss/Heiss aaO).

Erklärungen, die der Verbraucher über das **Internet** abgibt, hat er in ‚seinem' Staat **75** abgegeben, wenn er sie dort tatsächlich einspeist (Dicey/Morris Rn 33–013; Mankowski RabelsZ 63 [1999] 250; Palandt/Heldrich Art 29 Rn 5). Ob der Verbraucher dabei den eigenen privaten oder einen gewerblichen Rechner – zB am Arbeitsplatz – benutzt, ist gleichgültig. Gibt der Verbraucher seine Erklärung per Ferneinwahl – zB über Handy – vom Ausland aus in einen Rechner in seinem Aufenthaltsstaat ein, dann entscheidet der Ort der Ferneinwahl; Art 29 Abs 1 Nr 1 ist dann nicht erfüllt, wenn dieser Ort nicht im Aufenthaltsstaat des Verbrauchers liegt (Mankowski aaO 252; Palandt/Heldrich aaO).

c) Entgegennahme der Bestellung im Verbraucherstaat (Abs 1 Nr 2)

Alternativ zu Nr 1 greift Art 29 auch ein, wenn der Leistungsanbieter oder sein **76** Vertreter die Bestellung des Verbrauchers in dessen Aufenthaltsstaat entgegengenommen hat (Abs 1 Nr 2; im EVÜ: „received the consumer's order", „a reçu la commande du consommateur"). Diese Alternative erfasst alle Fälle, in denen der Anbieter oder sein Beauftragter die Vertragschlusserklärung des Verbrauchers in dessen Land tatsächlich mündlich oder schriftlich erhalten hat, wobei Zugang genügt (BGHZ 135, 124 [132]; Czernich/Heiss/Heiss Art 5 Rn 36; Mankowski RabelsZ 63 [1999] 253; MünchKomm/Martiny Art 29 Rn 22; Palandt/Heldrich Art 29 Rn 5). Es reicht damit auch aus, wenn die Verbraucherbestellung bei einer bloßen Postadresse zugegangen ist, die der Anbieter im Verbraucherstaat unterhält (Staudinger/Reinhart[12] Art 29 Rn 60; ebenso Czernich/Heiss/Heiss Art 5 Rn 35). Bei **Bestellungen über das Internet** kommt es für den Zugang auf den Ort an, an dem die Empfangseinrichtung des Anbieters für den Verbraucher erkennbar – etwa am Länderkürzel in der Internetadresse – lokalisiert ist (MANKOWSKI aaO; PFEIFFER NJW 1997, 1214; **aA** WALDENBERGER DB 1996, 2371; vgl ferner Art 28 Rn 647). Mit „**Bestellung**" ist die maßgebliche Vertragsschlusserklärung des Verbrauchers gemeint. Bloße Anfragen, die der Anbieter im Aufenthaltsland des Verbrauchers entgegennimmt, genügen hierfür nicht. Nr 2 ist auch nicht verwirklicht, wenn der Verbraucher seine Erklärung im Ausland abgibt, aber in seinem Aufenthaltsstaat noch eine Auftragsbestätigung des Anbieters erhält (BGHZ 135, 124 [132]; MünchKomm/MARTINY Art 29 Rn 22; **anders** noch OLG Frankfurt NJW-RR 1989, 1018 f; LG Hamburg IPRax 1990, 239 [241] m Aufs LÜDERITZ IPRax 1990, 216). Denn darin liegt noch keine hinreichende Vertragsaktivität des Anbieters im Land des Verbrauchers. Soweit der Anbieter den Verbraucher aber vor der Bestellung beworben oder aufgesucht hat, wird sich Nr 2 allerdings vielfach mit Abs 1 Nr 1 überschneiden.

77 Nr 2 erfasst jedoch auch Situationen, die nicht unter Nr 1 fallen, sondern in denen es der Verbraucher war, der sich – ohne vorangehende Werbung oder Vertragsanbahnung durch den Anbieter von sich aus und in seinem Aufenthaltsstaat – an den Anbieter gewandt und den Vertragsschluss initiiert hat (GIULIANO/LAGARDE 56). Diese Situation ist insbesondere dann gegeben, wenn sich der Verbraucher aus eigenem Anlass an eine Inlandsvertretung des Anbieters wendet, zB an eine Niederlassung, Zweigstelle, Agentur etc oder auch nur an einen vorübergehenden Messestand eines ausländischen Unternehmens (GIULIANO/LAGARDE aaO; DICEY/MORRIS Rn 33–014; ERMAN/HOHLOCH Art 29 Rn 12; MünchKomm/MARTINY Art 29 Rn 22; PALANDT/HELDRICH Art 29 Rn 5; SOERGEL/vHOFFMANN Art 29 Rn 20). Voraussetzung ist aber, dass der **Anbieter im Verbraucherstaat präsent** war, sich auf diesen Markt begeben hat und der Verbraucher deshalb mit der Geltung ‚seines' Rechts rechnen durfte.

78 Soweit ein **Vertreter** (im EVÜ: „agent", „représentant") für den Anbieter tätig war, ist damit nicht nur der wirksam Bevollmächtigte gemeint, sondern jede Person, die der Anbieter mit der Entgegennahme von Bestellungen betraut hat (BGHZ 123, 380 [390]; GIULIANO/LAGARDE 56; CZERNICH/HEISS/HEISS Art 5 Rn 37; MünchKomm/MARTINY Art 29 Rn 22; PALANDT/HELDRICH Art 29 Rn 5). Nachträgliche Genehmigung des Vertreterverhaltens genügt (ebenso CZERNICH/HEISS/HEISS aaO).

d) **Organisierte Verkaufsfahrten (Abs 1 Nr 3)**
79 Als weitere Abschlussmodalität erfasst Art 29 Abs 1 Nr 3 den Fall der grenzüberschreitenden Einkaufsfahrt, die der Anbieter gezielt veranlasst hat. Diese Alternative greift nur bei Warenkaufverträgen ein (dazu oben Rn 47 ff), dagegen weder bei Dienstleistungen noch bei verbundenen Finanzierungsverträgen.

80 Nr 3 setzt voraus, dass der Verbraucher aus ‚seinem' in einen anderen Staat gereist ist, dort seine Bestellung aufgegeben und der Verkäufer diese Reise zum Zweck des Vertragsschlusses herbeigeführt hat. Die Vorschrift erfasst damit vor allem den Fall der „Kaffeefahrt" über die Grenze, bei der ein Verkaufsunternehmen einen Bus-, Bahn-, Schiffs- oder Lufttransport ins Ausland organisiert, um seine Kunden dort oder schon unterwegs – unter gewissem psychologischem Kaufzwang – zu Geschäftsabschlüssen zu veranlassen (vgl Begründung BT-Drucks 10/504 S 80 und schon GIULIANO/LAGARDE 56). Anders als in den Nr 1 und 2 gibt der Käufer seine Vertragsschlusserklärung dann zwar außerhalb seines Aufenthaltsstaates ab. Dennoch kann er die Geltung ‚seines' Rechts erwarten, weil ihn der Verkäufer für den Kaufabschluss erst an den fremden Ort gebracht hat. Ob dieser Ort in einem anderen Staat oder

in hoheitsfreiem Gebiet liegt, ist – entgegen dem Wortlaut der Nr 3: „in einen anderen Staat" – gleichgültig (Soergel/vHoffmann Art 29 Rn 22). Jedoch greift Nr 3 nur ein, wenn der Vertragspartner, bei dem der Verbraucher später kauft, die zum Abschlussort führende Reise selbst organisiert hat (im EVÜ: „was arranged by the seller"; „ait été organisé par le vendeur"). Dafür ist aber nicht erforderlich, dass er die Beförderung selbst durchführt. Es genügt, wenn er sie veranlasst und von Dritten durchführen lässt (Giuliano/Lagarde 56; Czernich/Heiss/Heiss Art 5 Rn 40; Erman/Hohloch Art 29 Rn 13; Mankowski RiW 1993, 459; MünchKomm/Martiny Art 29 Rn 24; Soergel/vHoffmann Art 29 Rn 24). Dagegen genügt es nicht, wenn er sich eine von Dritten selbständig und unabhängig organisierte Reise lediglich für eigene Geschäftsabschlüsse zunutze macht.

Die Reise muss ferner „mit dem Ziel herbeigeführt worden (sein), den Verbraucher **81** zum Vertragsschluss zu veranlassen." Es genügt, ist aber auch erforderlich, dass die **Verkaufsförderung der wesentliche Zweck** der Beförderung war. Stand die Reise als solche im Vordergrund, dann greift Art 29 nicht ein, auch wenn der Reiseveranstalter Reisende im Ausland zu Vertragsunternehmen schleust, damit die Reisenden dort einkaufen (vgl LG Düsseldorf NJW 1991, 2220; LG Hamburg RiW 1999, 392; Erman/Hohloch Art 29 Rn 14; **aA** aber LG Limburg NJW 1990, 2206). Erst recht ist der Verbraucher nicht mehr geschützt, wenn er etwa während einer Kreuzfahrt in den angelaufenen Häfen einkauft (OLG Düsseldorf IPRspr 1994 Nr 35 A).

Der Wortlaut der Nr 3 verlangt, dass der Verbraucher von ‚seinem' Staat an den **82** Abschlussort gereist ist und dass der Verkäufer **diese** Reise herbeigeführt hat (vgl auch Begründung BT-Drucks 10/504 S 80). Daraus wird zum Teil der Schluss gezogen, dass Nr 3 nicht eingreife, wenn der Verbraucher aus Drittstaaten zum Abschlussort gelange (OLG Düsseldorf aaO). Das ist indessen nur richtig, wenn die vom Verkäufer veranlasste Reise in einem anderen als dem Aufenthaltsland des Verbrauchers begonnen hat. Denn dann hat der Verkäufer den Verbraucher nicht aus seinem gewohnten Rechtsumfeld in ein fremdes Rechtsmilieu verbracht, um davon für Vertragsabschlüsse zu profitieren. Der Grundgedanke der Nr 3 greift dann nicht ein. Die Kaffeefahrten deutscher Urlauber, die Anbieter etwa in Spanien organisieren, werden deshalb von Nr 3 nicht mehr erfasst (Erman/Hohloch Art 29 Rn 16 [jedoch für analoge Anwendung]; MünchKomm/Martiny Art 29 Rn 24 a; ebenso im Ergebnis Palandt/Heldrich Art 29 Rn 5; Soergel/vHoffmann Art 29 Rn 23).

Dagegen ist Nr 3 durchaus erfüllt, wenn der Anbieter eine Einkaufsreise organisiert, **83** die den Verbraucher aus seinem Aufenthaltsstaat in mehrere Staaten oder zunächst durch bloße Transitländer zum Einkaufsort führt. Zur Möglichkeit der analogen Anwendung der Nr 1–3 unten Rn 84 ff.

e) **Erweiterung der Reichweite des Art 29?**
Die kasuistische Aufzählung in Art 29 Abs 1 Nr 1–3 wird vielfach als unbefriedigend **84** empfunden, da sie Situationen nicht erfasst, in denen die Verbindung des Vertrages zum Aufenthaltsstaat des Verbrauchers ebenso stark ist wie in den in Nr 1–3 geregelten Fällen. Das gilt vor allem für die Fälle, in denen Verbraucher bei Verkaufsveranstaltungen im Urlaubsland zu Käufen animiert werden, die dann im Wesentlichen im Aufenthaltsland des Verbrauchers von dortigen Unternehmen des Anbieters abgewickelt werden. Das betraf insbesondere die sog **Gran-Canaria-Fälle,**

in denen sich Anbieter zunutze machten, dass Spanien seinerzeit noch nicht die EG-Richtlinie über Haustürgeschäfte umgesetzt hatte und daher noch kein Widerrufsrecht für derartige Geschäftsabschlüsse kannte. Die Käufe deutscher Urlauber bei Kaffeefahrten in Spanien wurden vertraglich spanischem Recht unterstellt, aber in Deutschland von hier ansässigen Unternehmen erfüllt und abgewickelt. Da keine der Situationen des Art 29 Abs 1 Nr 1–3 vorlag, konnten sich die deutschen Verbraucher an sich nicht auf den Schutz ihres Aufenthaltsrechts, insbesondere nicht auf das HaustürwiderrufsG (jetzt § 312 f BGB nF) berufen. Um das dennoch zu ermöglichen, haben Rechtsprechung und Literatur vielfältige Wege zur Abhilfe vorgeschlagen, die sich aber überwiegend als nicht gangbar erwiesen haben.

aa) Direktwirkung europäischen Richtlinienrechts

85 Teilweise haben deutsche Gerichte das EG-Richtlinienrecht unmittelbar und unabhängig von seiner Umsetzung in anderen EU-Staaten angewendet, um Verbrauchern zur Geltung des – in Deutschland damals bereits umgesetzten – europäischen Verbraucherschutzes zu verhelfen (etwa OLG Celle IPRax 1991, 334 m Aufs MANKOWSKI IPRax 1991, 305; AG Bremerhaven NJW-RR 1990, 1083; LG Wiesbaden MDR 1991, 156; LG Hildesheim IPRax 1993, 173). Eine unmittelbare – horizontale – Wirkung zwischen Privaten kommt EG-Richtlinien vor ihrer korrekten Umsetzung in nationales Recht indessen grundsätzlich nicht zu (EuGH Slg 1994 I 3325 – Faccini Dori; EuGH Slg 1996 I 1281 – El Corte Inglés). Eine Ausnahme bildet nur ihre Direktwirkung gegenüber Staatsunternehmen, die am Privatverkehr teilnehmen (EuGH Slg 1986, 723 – Marshall I), und neuerdings die direkte Geltung technischer Vorschriften in erlassenen, aber noch nicht oder unzureichend umgesetzten Richtlinien (EuGH EuZW 2001, 153 – Unilever ./. Central Food). Ohne Verstoß gegen Gemeinschaftsrecht lassen sich Richtlinien im Privatrechtsverkehr deshalb in der Regel vor ihrer Umsetzung nicht anwenden.

bb) Ausdehnung des Art 27 Abs 3

86 Zum Teil hat man Art 27 Abs 3 ausdehnend interpretiert und die im Ausland abgeschlossenen Verbraucherverträge als reine Inlandsgeschäfte betrachtet, wenn sie im Übrigen in ihrer Durchführung nur mit dem Land des Verbrauchers verbunden waren; die Wahl ausländischen Rechts sollte dann das zwingende Recht im Land des Verbrauchers in Kraft lassen (so etwa OLG Frankfurt IPRax 1990, 236 m Aufs LÜDERITZ IPRax 1990, 216; LG Hamburg IPRspr 1990 Nr 29). Ein ausländischer Abschlussort vermittelt einem Sachverhalt jedoch stets einen hinreichenden Auslandsbezug, der ihm den Charakter als reines Binnengeschäft nimmt (vgl oben Art 27 Rn 123).

87 Die attraktive Idee, die EU-Staaten und die übrigen Staaten des Europäischen Wirtschaftsraums jedenfalls für den Bereich des Verbraucherschutzes und für die europäischen Verbraucherschutzrichtlinien nicht mehr als Ausland iSd Art 27 Abs 3 zu betrachten, scheitert bislang noch daran, dass die Umsetzung der Richtlinien nach wie vor erhebliche Unterschiede im Verbraucherschutzniveau zwischen den genannten Staaten bestehen lässt (vgl näher dazu Art 27 Rn 127 f und oben Rn 12, 85).

cc) Ausdehnung des Art 31 Abs 2

88 Eine weitere Auffassung will Art 31 Abs 2 entnehmen, dass sich der Verbraucher auf sein heimatliches Recht berufen dürfe, wenn er im Ausland in seiner Sprache angesprochen und zu einem Vertragsschluss veranlasst werde, ‚sein' Recht jedoch im Gegensatz zum Vertragsstatut eine Widerrufsmöglichkeit vorsehe (etwa LG Aachen

NJW 1991, 2221; LG Gießen NJW 1995, 405; LG Koblenz NJW-RR 1995, 133; LG Stuttgart RiW 1996, 424). Indessen betrifft Art 31 Abs 2 nur die Voraussetzungen für die Zustimmung zum Vertrag, nicht aber die nachträgliche Beseitigung der Wirkungen einer Willenserklärung (BGHZ 135, 124 [136 ff] mit zahlreichen Nachweisen). Auch dieser Weg erscheint daher nicht gangbar.

dd) Inhaltskontrolle der Rechtswahl
Gelegentlich wird vertreten, dass Rechtswahlklauseln einer Inhaltskontrolle durch das gewählte Recht unterstünden und ggfs auf dieser Basis für unwirksam erklärt werden könnten (etwa OLG Frankfurt IPRax 1990, 236; LG Limburg NJW-RR 1989, 119; zumindest für eine Missbrauchskontrolle: CZERNICH/HEISS/HEISS Art 3 Rn 28). Jedenfalls unter der Geltung des aus dem EVÜ übernommenen Art 27 kann eine Rechtswahl indessen nicht als inhaltlich unzulässig betrachtet werden. Denn Art 27 lässt die Rechtswahlmöglichkeit im Interesse kollisionsrechtlicher Parteiautonomie uneingeschränkt zu; ihre Ausnutzung stellt für sich auch keinen Missbrauch dar (vgl insbes MANKOWSKI RiW 1993, 455 f; ferner Art 27 Rn 135 ff). **89**

ee) Verbraucherrecht als Eingriffsrecht
Eine weitere Möglichkeit, das inländische Verbraucherschutzrecht gegenüber einem ausländischen Vertragsstatut durchzusetzen, ist in Art 34 gesehen worden (vgl etwa LG Berlin NJW-RR 1995, 754; LG Weiden NJW-RR 1996, 438; OLG Celle DZWir 1996, 299; ferner etwa JUNKER Rn 374). Inzwischen ist aber auch dieser Weg als nicht generell gangbar erkannt worden, denn nicht jede zwingende Verbraucherschutzvorschrift des deutschen Rechts ist zugleich als international zwingende Eingriffsnorm zu qualifizieren (s BGHZ 135, 124 [135 f] und die Erl zu Art 34). Dazu bedarf es weiterer Voraussetzungen (s die Erl zu Art 34). **90**

ff) Ordre public
Zum Teil hat man auch Art 6 bemüht, um statt des maßgebenden ausländischen Vertragsstatuts deutsches Verbraucherschutzrecht anwenden zu können (etwa AG Lichtenfels IPRax 1990, 235; LG Bamberg NJW-RR 1990, 694; OLG Celle RiW 1991, 423; LG Detmold IPRax 1995, 249; ferner GUNST 213). Doch lässt sich kaum aufrechterhalten, dass es mit wesentlichen Grundsätzen des deutschen Rechts offensichtlich unvereinbar ist, wenn ein ausländisches Vertragsstatut Verbrauchern nicht alle Rechte gewährt, die Deutschland in Umsetzung europäischer Richtlinien erst vor relativ kurzer Zeit eingeführt hat (ebenso MünchKomm/MARTINY Art 29 Rn 32; SOERGEL/vHOFFMANN Art 29 Rn 35). **91**

gg) Fraus legis
Schließlich wird vertreten, dass in den oben Rn 84 geschilderten Fällen häufiger die Situation einer kollisionsrechtlichen Gesetzesumgehung zu sehen und deshalb das eigentlich maßgebliche Inlandsrecht anzuwenden sei (etwa COESTER-WALTJEN, in: FS W Lorenz 318; vHOFFMANN § 10 Rn 73; W LORENZ IPRax 1987, 275; STAUDINGER/REINHART[12] Art 29 Rn 67; VISCHER/HUBER/OSER Rn 753). Auch hier ist aber zu beachten, dass die Ausnutzung der Rechtswahlfreiheit nicht schon für sich als Gesetzesumgehung betrachtet werden kann, wenn ihr Sinn nicht weitgehend entwertet werden soll (vgl auch TAUPITZ BB 1990, 651). **92**

hh) Analogie

93 Häufiger wird auch vertreten, dass Art 29 analog auf vergleichbare, jedoch von den Nr 1–3 nicht erfasste Situationen anzuwenden sei (etwa OLG Stuttgart IPRax 1991, 332; ERMAN/HOHLOCH Art 29 Rn 10; MÄSCH 171; MünchKomm/MARTINY Art 29 Rn 32a; SACK IPRax 1992, 28). Dem hält eine stark unterstützte Meinung entgegen, dass Art 29 bewusst kasuistisch und deshalb abschließend gefasst worden sei; die Vorschrift wolle nur den im eigenen Land agierenden oder ins Ausland gelockten Verbraucher schützen und sei deshalb nicht analogiefähig (etwa OLG Hamm NJW-RR 1989, 496; LG Hamburg RiW 1999, 392; LG Bielefeld NJW-RR 1999, 1283; MANKOWSKI RiW 1993, 459; PALANDT/HELDRICH Art 29 Rn 5; SOERGEL/VHOFFMANN Art 29 Rn 34; gegen analoge Erstreckung des Art 29 auf andere Vertragstypen, im Übrigen eine Analogie „nicht völlig" ausschließend: BGHZ 135, 124 [133 f]).

ii) Stellungnahme

94 Von den geschilderten Wegen zur Erweiterung des internationalen Verbraucherschutzes lässt sich de lege lata wohl am ehesten der Weg der **Analogie** vertreten. Insbesondere wenn die **gesamte Vertragsdurchführung** – Warenauslieferung, uU sogar Warenherstellung, Zahlung und deren Entgegennahme, Reklamationsabwicklung etc – **im Aufenthaltsstaat des Verbrauchers** stattfindet und dort ansässige Unternehmen eingeschaltet sind, dann weist auch ein im Ausland abgeschlossener Vertrag eine so starke Verbindung zum Aufenthaltsrecht des Verbrauchers auf, dass sie den Nr 1–3 des Art 29 Abs 1 gleichsteht und deshalb wie diese zu behandeln ist (im Ergebnis ebenso ERMAN/HOHLOCH Art 29 Rn 15; MünchKomm/MARTINY Art 29 Rn 32a). Weder die Materialien noch das Gebot der einheitlichen Auslegung stehen einer solchen Analogie entgegen. Im Bericht von GIULIANO/LAGARDE heißt es zwar, dass der kollisionsrechtliche Verbraucherschutz „nur unter den Voraussetzungen Anwendung (finde), die in den drei Gedankenstrichen des Absatzes 2 [den Nr 1–3] aufgeführt sind." (S 56). Daraus ein Verbot jeglicher Erstreckung des Grundgedankens der geregelten Abschlussmodalitäten auf analoge Situationen abzuleiten, überinterpretiert diese Aussage jedoch. Von einer abschließenden Aufzählung ist nicht die Rede. Mit dem Hinweis, dass man über den Wortlaut des Art 13 GVÜ hinausgegangen sei, macht der Bericht vielmehr deutlich, dass man hier in gewissem Umfang Neuland betreten hat. Dessen rechtspolitisch angezeigte und behutsame Fortentwicklung muss aber zu einem Teil in den Händen der Rechtsprechung liegen, der hierfür vor allem das Instrument der Analogie zur Verfügung steht. Aus denselben Gründen verbietet der Grundsatz der einheitlichen Auslegung nicht die hier vertretene Analogie. Eine Analogie ist auch im Rahmen der einheitlichen Auslegung zulässig, wenn Sinn und Zweck einer Norm dazu nötigen, ihre – planwidrigen – Lücken zu schließen (vgl näher die Erl zu Art 36). Der Zweck des Art 29 zielt darauf, dem Verbraucher dann sein eigenes Recht zu erhalten, wenn das Vertragsgeschehen mit dem Aufenthaltsland des Verbrauchers hinreichend eng verbunden ist (s auch oben Rn 65 f). Die Beschränkung der Vorschrift auf das Anbahnungs- und Abschlussgeschehen lässt eine so zunächst nicht erkannte, ungewollte Regelungslücke entstehen, die vergleichbare und von der Geschäftspraxis erst entwickelte Situationen ungerechtfertigt ausklammert. Dabei hat die Beschränkung auf den Zeitpunkt des Vertragsschlusses aus Gründen der Rechtssicherheit für sich ihren guten Sinn, da zu diesem Zeitpunkt Klarheit über das anwendbare Recht bestehen muss. Indessen besteht diese Klarheit auch, wenn und soweit bei Vertragsschluss erkennbar feststeht, dass die Vertragsdurchführung eng mit dem gewöhnlichen Aufenthaltsort des Verbrauchers verknüpft sein wird.

De lege ferenda ist der Vorschlag der Groupe Européen de droit international privé **95** nachdrücklich zu unterstützen, den kollisionsrechtlichen Verbraucherschutz deutlich zu erweitern und die gegenwärtige Kasuistik zugunsten einer generelleren Regelung zu beseitigen (der Vorschlag ist oben Vorbem 32 zu Art 27 ff abgedruckt und ferner publiziert unter: http://www.dr.ucl.ac.be./gedip/gedip-documents-10pe.html).

VII. Rechtsfolgen der Rechtswahl

1. Allgemeines

Ist ein Verbrauchervertrag unter den Bedingungen des Abs 1 zustande gekommen, **96** dann hat eine Rechtswahl nur noch begrenzte Wirkung: Sie kann nicht den Schutz verkürzen, den der Verbraucher in seinem Aufenthaltsstaat genießt (Abs 1). Für diesen Fall stellt Art 29 eine **allseitige Kollisionsregel** auf, die nicht etwa nur bei deutschem Aufenthalt des Verbrauchers gilt (CZERNICH/HEISS/HEISS Art 5 Rn 58; SOERGEL/vHOFFMANN Art 29 Rn 32).

2. Einschränkung der Wirkungen der Rechtswahl (Abs 1)

a) Zulässigkeit der Rechtswahl
Eine **Rechtswahl** ist auch bei Verbraucherverträgen **ohne Einschränkung zulässig** **97** (anders dagegen Art 120 Abs 2 schw IPRG). Abs 1 begrenzt nur ihre Wirkungen. Für die Rechtswahl gilt Art 27. Die Wahl kann daher ausdrücklich oder stillschweigend, vorher oder nachträglich, für den gesamten Vertrag oder sinnvolle Teile erfolgen. Die Parteien können auch ein gänzlich unverbundenes, ‚neutrales' Recht wählen (ERMAN/HOHLOCH Art 29 Rn 8; MünchKomm/MARTINY Art 29 Rn 33; PALANDT/HELDRICH Art 29 Rn 4; SOERGEL/vHOFFMANN Art 29 Rn 28; möglicherweise **anders** BGHZ 123, 380 [383], der erörtert, ob die Wahl eines beteiligten Rechts überraschend war, das aber in casu ablehnt).

Selbst bei **reinen Inlandsverbraucherverträgen** ist eine Rechtswahl zulässig; allerdings **98** lässt sie gemäß Art 27 Abs 3 zwingendes Inlandsrecht in Kraft, sofern es den Verbraucher besser schützt, als das gewählte Recht dies tut (vgl oben Rn 20). Bei Geltung deutschen (Inlands-)Rechts kann eine Rechtswahl in diesen Fällen jedoch überraschend iSd § 3 AGBG und damit unwirksam sein, wenn ein reines Inlandsverbrauchergeschäft unerwartet und ohne jeden Anlass in AGB ausländischem Recht unterstellt wird (vgl OLG Düsseldorf ZIP 1994, 289; PALANDT/HEINRICHS § 3 AGBG Rn 4; obiter auch BGHZ 123, 380[383]; ähnlich PFEIFFER NJW 1997, 1211; vgl auch Art 27 Rn 145). Weist der Vertrag dagegen eine Auslandsbeziehung auf, dann kann eine Rechtswahl nicht als überraschend betrachtet werden. Hier muss der Verbraucher mit der Geltung fremden Rechts und auch mit einer Rechtswahl rechnen.

Ob sich die Parteien über das anwendbare Recht wirksam – etwa auch durch eine **99** AGB-Klausel – geeinigt haben, bestimmt das in Aussicht genommene Recht (Art 27 Abs 4 iVm Art 31).

b) Günstigkeitsprinzip
Die Rechtswahl darf dem Verbraucher nach Art 29 Abs 1 nicht den **Schutz** entziehen, **100** den ihm die **zwingenden Bestimmungen** der Rechtsordnung seines Aufenthaltslandes gewähren. Das Recht dieses Landes bildet damit stets das Referenzstatut, an dem das

gewählte Recht zu messen ist. Das zwingende Recht im Verbraucherstaat setzt sich dann gegen das gewählte Recht durch, wenn es für den Verbraucher in seiner Stellung als Verbraucher einen stärkeren Schutz vorsieht, als das gewählte Recht ihn kennt. Diejenigen Teile des gewählten Rechts, die hinter dem garantierten Schutzstandard des Verbraucherstaates zurückbleiben, werden durch eben diesen Standard ersetzt. Für Verbraucher mit gewöhnlichem Aufenthalt in Deutschland gilt daher zwingendes deutsches Verbraucherschutzrecht, wenn es günstiger als das gewählte Recht ist.

aa) Staat des gewöhnlichen Aufenthalts

101 Der Verbraucher soll nach Art 29 nicht den Schutz des Landes verlieren, in dem er seinen gewöhnlichen Aufenthalt hat. Auch wenn der Begriff weder im EVÜ noch in den Materialien näher definiert wird, ist dies der Ort, an dem sich der tatsächliche und auf gewisse Dauer angelegte **Lebensmittelpunkt des Verbrauchers** befindet (ebenso CZERNICH/HEISS/CZERNICH Art 4 Rn 54; MünchKomm/MARTINY Art 28 Rn 40; SOERGEL/ vHOFFMANN Art 28 Rn 61; ferner oben Art 28 Rn 84). Kurzfristige Aufenthalte wie Urlaube, Auslandsbesuche etc begründen nur einen schlichten Aufenthalt und lassen den gewöhnlichen Aufenthalt unberührt. Für die Bestimmung des Aufenthaltsrechts als Referenzstatut ist der Zeitpunkt des Vertragschlusses maßgebend. Denn zu diesem Zeitpunkt muss das für den Vertrag geltende Recht abschätzbar sein. Verlegt der Verbraucher seinen gewöhnlichen Aufenthalt, nachdem der Vertrag geschlossen wurde, dann bleibt dennoch das Recht des ursprünglichen Aufenthaltsstaates die Ordnung, an der das gewählte Recht zu messen ist.

bb) Zwingende Bestimmungen

102 Zwingende Bestimmungen („mandatory rules", „dispositions impératives") sind **alle nicht-dispositiven, gesetzlichen oder richterrechtlichen Regeln** im Verbraucherstaat, von denen „durch Vertrag nicht abgewichen werden kann", wie die Legaldefinition in Art 27 Abs 3 vorschreibt. Sie müssen ferner geeignet und dazu bestimmt sein, einer Vertragspartei Schutz gegenüber der anderen Partei zu gewähren (ERMAN/HOHLOCH Art 29 Rn 17; MünchKomm/MARTINY Art 29 Rn 35). Zu ihnen rechnen deshalb einmal die spezifisch verbraucherschützenden Normen des Verbraucherstaats – in Deutschland etwa §§ 305 ff, 312 ff, 355 ff, 474 ff, 481 ff, 491 ff BGB nF. Auf sie beschränkt sich der Begriff der zwingenden Bestimmungen aber nicht. Vielmehr erfasst er auch die unabdingbaren Vorschriften des allgemeinen und besonderen Vertragsrechts – in Deutschland unter anderem §§ 138, 242, 276 Abs 3, das Reisevertragsrecht (§ 651 l) etc (vgl BACKERT 142 f; CZERNICH/HEISS/HEISS Art 5 Rn 61; MÄSCH 51; MünchKomm/MARTINY aaO; wohl enger ERMAN/HOHLOCH aaO). Nicht erforderlich ist, dass die Bestimmung auch international zwingend gelten will (ebenso für das EVÜ: DICEY/MORRIS Rn 33–016). Ihre interne Verbindlichkeit genügt. Andererseits ist eine zwingende Vorschrift auch dann für Art 29 zu beachten, wenn sie zugleich international zwingend iSd Art 34 ist (vgl zum EVÜ: DICEY/MORRIS Rn 33–025).

103 Nicht erfassen soll Art 29 Bestimmungen, die allgemein wirtschaftlichen, sozialen oder außenpolitischen Zielen dienen (ERMAN/HOHLOCH Art 29 Rn 17; MünchKomm/MARTINY Art 29 Rn 35). Die Abgrenzung zu lediglich verbraucherschützenden Normen erscheint freilich als schwierig. Im Zweifel wird der Kreis der zwingenden Bestimmungen iSd Art 29 daher eher weit zu fassen sein.

Ob und wann eine Vorschrift der Parteidisposition entzogen ist und ob sie dem **104** Verbraucherschutz dienen soll, bestimmt die Rechtsordnung des Verbraucherstaates. Sofern sie zusätzliche räumliche Anwendungsvoraussetzungen aufstellt, müssen auch diese erfüllt sein (vgl zum parallelen Problem bei Art 30 dort Rn 71).

cc) Günstigkeitsvergleich

Die zwingenden Bestimmungen im Verbraucherstaat ersetzen das gewählte Recht **105** nur dann und in dem Umfang, in dem sie dem Verbraucher besseren Schutz gewähren. Damit ist ein Günstigkeitsvergleich zwischen dem gewählten und dem objektiv geltenden Vertragsstatut notwendig. Der Vergleich ist von Amts wegen durchzuführen (Mäsch 72). Ein bindendes Wahlrecht hat der Verbraucher nicht.

Objekt des Günstigkeitsvergleichs ist nach hM wie in Art 30 die im konkreten Fall zu **106** entscheidende Sachfrage (sog **konkreter Ergebnisvergleich;** vgl vBar II Rn 442; Münch-Komm/Martiny Art 29 Rn 38; Staudinger/Reinhart[12] Art 29 Rn 88 mit zahlreichen Nachweisen). Der Vergleich hat dabei unter dem Aspekt des Verbraucherinteresses zu erfolgen. So ist aus der Sicht des Verbrauchers etwa die unmittelbare Unwirksamkeit einer Vertragsklausel regelmäßig günstiger als ein erst auszuübendes Widerrufs- oder Anfechtungsrecht; bei unterschiedlich langen – zwingenden – Widerrufs-, Anfechtungs- oder Verjährungsfristen gelten die im konkreten Fall günstigsten; zwingende Vorschriften des Verbraucherrechts sind nur dispositiven Normen des gewählten Rechts jedenfalls dann vorzuziehen, wenn Letztere den Verbraucher schlechter stellen oder wenn sie den Verbraucher zwar besser schützen, im konkreten Fall aber zu dessen Lasten abbedungen wurden.

Allerdings ist das Günstigkeitsprinzip nicht in dem Sinn zu verstehen, dass der Ver- **107** braucher die Vorteile beider Rechtsordnungen für sich so kumulieren kann, dass sich ein beiden Rechten unbekanntes Schutzniveau ergibt (Rosinentheorie; vgl Mäsch 37 ff; MünchKomm/Martiny Art 29 Rn 38; Soergel/vHoffmann Art 29 Rn 31; zum parallelen Problem bei Art 30 vgl dort Rn 85).

Einhellig abgelehnt wird ein **abstrakter Gesamtvergleich,** der prüft, ob das gewählte **108** oder das objektiv geltende Recht als solches für den Verbraucher günstiger ist (vBar II Rn 449; Czernich/Heiss/Heiss Art 5 Rn 60; MünchKomm/Martiny Art 29 Rn 38; Reithmann/Martiny Rn 1344; Soergel/vHoffmann Art 29 Rn 31). Mangels konkreten Bezugspunktes wäre ein solcher pauschaler Vergleich schwierig und in seiner Aussage angreifbar. Zudem könnte er zum Ergebnis haben, dass das abstrakt günstigere Recht die konkrete Frage für den Verbraucher gerade ungünstig entscheidet.

Für den **Günstigkeitsvergleich** kommt es auf den **Zeitpunkt** an, zu dem über die **109** streitige Frage zu entscheiden ist. Das gewählte und das objektiv geltende Recht sind in der Fassung miteinander zu vergleichen, die sie in diesem Zeitpunkt haben. Allerdings bestimmt sich das objektiv geltende Recht nach dem gewöhnlichen Aufenthalt, den der Verbraucher bei Vertragsschluss hatte.

dd) Verfahrensfragen

Der – in der Gerichtspraxis ohnehin selten durchgeführte – Günstigkeitsvergleich **110** erübrigt sich, wenn das gewählte Recht dem Verbraucher schon zuspricht, was er fordert; denn dann kann ihm auch das objektiv geltende Recht keine günstigere Position verschaffen.

111 Den Inhalt des gewählten und des objektiven Vertragsstatuts hat das Gericht von Amts wegen aufzuklären (§ 293 ZPO). Der Verbraucher muss nicht etwa den Inhalt des für ihn günstigeren Rechts nachweisen.

VIII. Objektives Verbrauchervertragsstatut (Abs 2)

112 Haben die Parteien eines Verbrauchervertrages, der unter den Umständen des Abs 1 zustande gekommen ist, keine wirksame Rechtswahl getroffen, dann gilt für den Vertrag das **Recht** des Staates, in dem der Verbraucher seinen **gewöhnlichen Aufenthalt** hat (zum gewöhnlichen Aufenthalt s oben Rn 101). In dieser Abweichung von der objektiven Anknüpfung des Art 28 Abs 2 liegt der Kern des kollisionsrechtlichen Verbraucherschutzes, der dem Verbraucher den Rechtsstandard sichert, den er in seiner Rechtsumwelt gewohnt ist.

113 Maßgebend ist auch hier der Aufenthalt zum **Zeitpunkt des Vertragsschlusses,** wenn – wie wohl eher selten – der Verbraucher nach Vertragschluss seinen gewöhnlichen Aufenthalt wechselt. Zwar würde der Wortlaut erlauben, auch das Recht am neuen Aufenthaltsort im Entscheidungszeitpunkt zu beachten („seinen gewöhnlichen Aufenthalt *hat"*), doch verstieße es gegen kollisionsrechtliche Grundgebote, wenn eine Partei einseitig die Anknüpfungstatsachen zu Lasten der anderen verändern könnte. Der Verbraucherschutz fordert diese Konsequenz nicht. Die Parallele zu Art 30 und der dort beachtlichen Änderung des gewöhnlichen Arbeitsortes (vgl Art 30 Rn 107,111, 113, 175) trägt nicht, da der – von Art 30 geschützte – Arbeitnehmer seinen Arbeitsort nicht einseitig ändern kann, sondern insoweit dem Direktionsrecht des Arbeitgebers unterliegt.

114 Eine **Ausweichklausel,** wie sie Art 28 Abs 5 und Art 30 Abs 2 aE vorsehen, kennt Art 29 nicht. Ohne Rechtswahl ist also stets das Recht des Verbraucherlandes anzuwenden, selbst wenn im konkreten Fall wesentlich engere Verbindungen zu einer anderen Rechtsordnung bestehen (ebenso ERMAN/HOHLOCH Art 29 Rn 19; MünchKomm/ MARTINY Art 29 Rn 40; PALANDT/HELDRICH Art 29 Rn 7). Falls danach ausländisches Recht den Verbrauchervertrag beherrschen und nur unzureichenden Verbraucherschutz gewährleisten sollte, können Art 34 und Art 6 nur in begrenztem Umfang für Abhilfe sorgen (vgl dazu oben Rn 15, 26 f).

115 Die Reichweite des objektiven Verbrauchervertragsstatuts bestimmt sich nach Art 31, 32: das Aufenthaltsrecht gilt für die Begründung, den Inhalt, die Wirkungen und die Beendigung von Verbraucherverträgen.

IX. Formstatut (Abs 3)

116 Art 29 Abs 3 (= Art 9 Abs 5 EVÜ) beruft für Verbraucherverträge ein besonderes, von Art 11 abweichendes Formstatut, das indessen mit dem objektiven Verbrauchervertragsstatut (oben Rn 112 ff) übereinstimmt: Für die Form von Verbrauchergeschäften, die Abs 1 erfüllen, gilt stets das **Recht am gewöhnlichen Aufenthaltsort des Verbrauchers.** Dieses Recht ist nach hM selbst dann anzuwenden, wenn die Parteien eine

Rechtswahl getroffen haben und das gewählte Recht strengere, den Verbraucher stärker schützende Formvorschriften vorsieht als das Recht am gewöhnlichen Aufenthaltsort des Verbrauchers. Der Grund für diese starre Anknüpfung wird darin gesehen, dass der Verbraucher meist nur die Formvorschriften seines Aufenthaltslandes kennt; ferner in der gerade im Verbraucherrecht engen Verbindung zwischen Form- und materiell-rechtlichen Vorschriften (Giuliano/Lagarde 64; Begründung BT-Drucks 10/504, S 80; MünchKomm/Martiny Art 29 Rn 50). Als maßgebend wird aber auch betrachtet, dass die einzuhaltende Form bei Vertragsschluss feststellbar sein muss und nicht – etwa nach Günstigkeit – variieren kann (Giuliano/Lagarde aaO sowie unten Rn 117). Die Gegenauffassung vertritt, dass die starre Anknüpfung durch das Günstigkeitsprinzip aufgelockert werden müsse, um dem Zweck des kollisionsrechtlichen Verbraucherschutzes Rechnung zu tragen (so Dicey/Morris Rn 33–022). Nach dieser Auffassung kann sich der Verbraucher auf die Gültigkeit eines Geschäfts berufen, das nach dem gewählten Recht formwirksam, nach dem Aufenthaltsrecht des Verbrauchers aber formunwirksam ist. Umgekehrt kann er zu seinen Gunsten Formunwirksamkeit einwenden, wenn sie nach dem gewählten, nicht aber nach seinem Aufenthaltsrecht besteht. Dem Schutzanliegen des Art 29 wird diese Auffassung deutlich besser gerecht als die starre Anknüpfung an das Aufenthaltsrecht.

117 Der gewöhnliche Aufenthaltsort ist wie auch sonst zu bestimmen (vgl oben Rn 101). Maßgebend ist nur der **Aufenthalt bei Vertragsschluss**. Ein späterer Aufenthaltswechsel ist unbeachtlich; ein Statutenwechsel kommt nicht in Betracht (mittelbar auch Giuliano/Lagarde 64, die darauf verweisen, dass eine Art 29 Abs 3 entsprechende Regel bei Arbeitsverträgen unterblieb, weil Art 6 EVÜ [= Art 30] widerlegliche Vermutungen des anwendbaren Arbeitsvertragsstatuts enthält, die es nicht erlaubt hätten „bereits bei Abschluss des Vertrages das auf seine Form anzuwendende Recht zu bestimmen.").

118 Die Formerfordernisse des Verbraucherlandes gelten auch für eine wirksame Rechtswahl; Art 27 Abs 4 verweist hierfür ausdrücklich auf Art 29 Abs 3. Soweit deutsches Kollisionsrecht oder das eines EVÜ-Staates zur Anwendung kommt, ist die Rechtswahl aber formfrei (vgl Art 27 Rn 147 ff).

X. Internationale Zuständigkeit

119 Zur internationalen Zuständigkeit in Verbrauchersachen vgl Anh II zu Art 37.

Art 29 a EGBGB. Verbraucherschutz für besondere Gebiete

(1) Unterliegt ein Vertrag auf Grund einer Rechtswahl nicht dem Recht eines Mitgliedstaats der Europäischen Union oder eines anderen Vertragsstaats des Abkommens über den Europäischen Wirtschaftsraum, weist der Vertrag jedoch einen engen Zusammenhang mit dem Gebiet eines dieser Staaten auf, so sind die im Gebiet dieses Staats geltenden Bestimmungen zur Umsetzung der Verbraucherschutzrichtlinien gleichwohl anzuwenden.

(2) Ein enger Zusammenhang ist insbesondere anzunehmen, wenn

1. der Vertrag auf Grund eines öffentlichen Angebots, einer öffentlichen Werbung oder einer ähnlichen geschäftlichen Tätigkeit zustande kommt, die in einem Mitgliedstaat der Europäischen Union oder einem anderen Vertragsstaat des Abkommens über den Europäischen Wirtschaftsraum entfaltet wird, und

2. der andere Teil bei Abgabe seiner auf den Vertragsschluss gerichteten Erklärung seinen gewöhnlichen Aufenthalt in einem Mitgliedstaat der Europäischen Union oder einem anderen Vertragsstaat des Abkommens über den Europäischen Wirtschaftsraum hat.

(3) Die Vorschriften des Bürgerlichen Gesetzbuches über Teilzeit-Wohnrechteverträge sind auf einen Vertrag, der nicht dem Recht eines Mitgliedstaats der Europäischen Union oder eines andcren Vertragsstaats des Abkommens über den Europäischen Wirtschaftsraum unterliegt, auch anzuwenden, wenn das Wohngebäude im Hoheitsgebiet eines dieser Staaten liegt.

(4) Verbraucherschutzrichtlinien im Sinne dieser Vorschrift sind in ihrer jeweils geltenden Fassung:

1. die Richtlinie 93/13/EWG des Rates vom 5. April 1993 über missbräuchliche Klauseln in Verbraucherverträgen (ABl. EG Nr. L 95 S. 29);

2. die Richtlinie 94/47/EG des Europäischen Parlaments und des Rates vom 26. Oktober 1994 zum Schutz der Erwerber im Hinblick auf bestimmte Aspekte von Verträgen über den Erwerb von Teilzeitnutzungsrechten an Immobilien (ABl. EG Nr. L 280 S. 83);

3. die Richtlinie 97/7/EG des Europäischen Parlaments und des Rates vom 20. Mai 1997 über den Verbraucherschutz bei Vertragsschlüssen im Fernabsatz (ABl. EG Nr. L 144 S. 19);

4. die Richtlinie 1999/44/EG des Europäischen Parlaments und des Rates vom 25. Mai 1999 zu bestimmten Aspekten des Verbrauchsgüterkaufs und der Garantien für Verbrauchsgüter (ABl. EG Nr. L 171 S. 12).

Materialien: Referentenentwurf (Text bei WAGNER IPRax 2000, 253); Regierungsentwurf BR-Drucks 25/00 S 134 ff, BT-Drucks 14/2658 S 28, 50 (Begründung); Stellungnahme des Bundesrates und Gegenäußerung der Bundesregierung BT-Drucks 14/2920 S 7, 16; Beschlussempfehlung und Bericht des Rechtsausschusses BT-Drucks 14/3195 S 11 f; Änderung durch Art 2 Nr 1 des Schuldrechtsmodernisierungsgesetzes (BGBl 2001 I 3138).

Schrifttum

Vgl die Literaturangaben zu Art 29; ferner: FREITAG/LEIBLE, Von den Schwierigkeiten der Umsetzung kollisionsrechtlicher Richtlinienbestimmungen – Einige Anmerkungen zum Entwurf eines Art 29 a EGBGB, ZIP 1999, 1296

dies, Ergänzung des kollisionsrechtlichen Verbraucherschutzes durch Art 29 a EGBGB, EWS 2000, 342

GRABITZ/HILF, Das Recht der Europäischen

5. Abschnitt. Schuldrecht.
1. Unterabschnitt. Vertragliche Schuldverhältnisse

Art 29 a EGBGB

Union. Kommentar Bd III Sekundärrecht (Stand 2001)
MANKOWSKI, E-Commerce und Internationales Verbraucherschutzrecht, MMR-Beilage 7/2000, 22
ders, Internationales Privatrecht, in: SPINDLER/WIEBE, Internet-Auktionen. Rechtliche Rahmenbedingungen (2001) 157
MARTINEK, TimesharingRL, in: GRABITZ/HILF A 13
MARTINY, Internationales Vertragsrecht im Schatten des Europäischen Gemeinschaftsrechts, ZEuP 2001, 308
MICKLITZ, FernabsatzRL, in: GRABITZ/HILF A 3
MICKLITZ/REICH, Umsetzung der EG-Fernabsatzrichtlinie, BB 1999, 2093
PFEIFFER, KlauselRL, in: GRABITZ/HILF A 5
REICH/NORDHAUSEN, Verbraucher und Recht im elektronischen Geschäftsverkehr (eG) (2000)
ROTH/SCHULZE, Verbraucherschutz im Electronic Commerce – Schutzmechanismen und grenzüberschreitende Geschäfte nach dem Referentenentwurf eines Fernabsatzgesetzes, RiW 1999, 924
STAUDINGER, Art 29a EGBGB des Referentenentwurfs zum Fernabsatzgesetz, IPRax 1999, 414
ders, Internationales Verbraucherschutzrecht made in Germany – Im Blickpunkt: der neue Art 29 a EGBGB, RiW 2000, 416
THORN, Verbraucherschutz bei Verträgen im Fernabsatz, IPRax 1999, 1
WAGNER, Zusammenführung verbraucherschützender Kollisionsnormen aufgrund EG-Richtlinien in einem neuen Art 29a EGBGB – Ein Beitrag zur internationalprivatrechtlichen Umsetzung der Fernabsatz-Richtlinie –, IPRax 2000, 249
WEGNER, Das Fernabsatzgesetz und andere neue Verbraucherschutzvorschriften, NJ 2000, 407
dies, Internationaler Verbraucherschutz für Time-Sharing-Erwerber nach dem neuen Art 29 a EGBGB, VuR 2000, 227.

Systematische Übersicht

I.	Regelungsgegenstand und Normzweck	1
II.	Entstehungsgeschichte	7
III.	Europäisches Verbraucherschutzrecht	11
IV.	Geltung allgemeiner Regeln	
1.	Qualifikation; Auslegung	19
2.	Renvoi	21
3.	Ordre public	22
4.	Intertemporale Fragen	23
V.	Verhältnis des Art 29 a zu anderen Kollisionsregeln	
1.	Verhältnis zu Art 29	25
2.	Verhältnis zu Art 34	27
VI.	Anwendungsvoraussetzungen der Vorschrift	
1.	Allgemeines	28
2.	Sachliche Anwendungsvoraussetzungen	30
a)	Erfasste Vertragstypen	30
b)	Rechtswahl	31
3.	Persönliche Anwendungsvoraussetzungen	35
4.	Räumliche Anwendungsvoraussetzungen	36
a)	Europäischer Wirtschaftsraum	36
b)	Enger Zusammenhang (Abs 2)	40
aa)	Allgemeines	40
bb)	Beispiele (Abs 2 Nr 1 und 2)	42
cc)	Weitere Fälle	48
VII.	Rechtsfolgen	
1.	Geltung des Richtlinienrechts	51
2.	Kein Günstigkeitsvergleich	54
3.	Die zu beachtenden Richtlinien (Abs 4)	55
VIII.	Sonderanknüpfung für Timesharingverträge (Abs 3)	
1.	Allgemeines	57
2.	Timesharingvertrag	59
3.	Rechtswahl	60
4.	Objektive Anknüpfung	64

Art 29 a EGBGB 1. Teil. Allgemeine Vorschriften. 2. Kapitel. IPR

Alphabetische Übersicht

AGB-Gesetz	4, 8 f
Anknüpfung	40, 42 ff
Anknüpfungsmerkmale	43, 48 f
Anwendungsbereich	
– zeitlich	23
– persönlich	28, 35
– sachlich	6, 25 ff, 28, 30 f, 45
– räumlich	28 f, 36 ff
Auslegung	19, 40
Dänemark	37
Dauerschuldverträge	24
Drittstaat	1, 18, 52
Enger Bezug	52
Enger Zusammenhang	3 f, 40, 42 ff
Entstehungsgeschichte	7 ff, 32
Europäischer Verbraucherschutz	1, 11 ff
Europäischer Wirtschaftsraum	36
EU-Staaten	18, 36
EVÜ	7
Fernabsatz-Finanzdienstleistungsrichtlinie	17
Fernabsatzgesetz	9
Fernabsatzrichtlinie	8, 13, 30
Frankreich	37
Geschäftliche Tätigkeit	44
Gewöhnlicher Aufenthalt	46
Gran-Canaria-Geschäfte	32, 38
Großbritannien	37
Günstigkeitsvergleich	54
Inkrafttreten	23
Internet	43
Intertemporale Fragen	23 f
Island	36
Kausalität	45
Klauselrichtlinie	12, 30
Lichtenstein	36
Normzweck	1 ff

Norwegen	36
Objektive Anknüpfung	57, 64
Öffentliche Werbung	43
Öffentliches Angebot	43
Ordre public	22
Qualifikation	19
Rechtsfolgen	2, 18, 51 ff
Rechtswahl	
– Vorraussetzungen	2, 31 ff
– Wirksamkeit	33
– Vorrang	47
Referentenentwurf	10
Regelungsgegenstand	1 ff
Renvoi	21
Rückverweisung	21
Schutzlücken	32
Sonderanknüpfung	57 ff
Sonderkollisionsregel	6, 11
Teilzeitwohnrechtegesetz	6, 8 f, 27
Timesharingrichtlinie	9, 14, 30, 57
Timesharingverträge	24, 30 f, 57 ff
– Definition	59
– Rechtswahl	31, 34, 60 ff
– Anknüpfung	41, 64
Umsetzungsgesetze	56
Verbrauchervertrag	1, 54
Verbrauchsgüterkaufrichtlinie	5, 16, 30
Verhältnis zu anderen Kollisionsregeln	
– zu Art 29	4, 25, 26, 28
– zu Art 34	27, 32
Vertragstypen	30
Vertreter	44
Vorlage an den EuGH	20
Weiterverweisung	21
Zwingende Vorschriften	27

5. Abschnitt. Schuldrecht.
1. Unterabschnitt. Vertragliche Schuldverhältnisse

I. Regelungsgegenstand und Normzweck

Die Vorschrift regelt ergänzend zu Art 29 den kollisionsrechtlichen Verbraucherschutz für Bereiche, in denen der europäische Gesetzgeber in Verbraucherschutzrichtlinien spezielle Kollisionsregeln erlassen hat. Diese Regelungen haben ihrerseits den Zweck, eine Umgehung des im Binnenmarkt geltenden Verbraucherschutzniveaus zu verhindern. Art 29 a fasst sie zusammen und vereinheitlicht sie. Die Vorschrift **sichert** deshalb – über Art 29 hinaus – die **Geltung bestimmten EU-Richtlinienrechts gegen seine Verdrängung durch drittstaatliches Recht,** sofern der Verbrauchervertrag einen engen Bezug zum Gebiet des Europäischen Wirtschaftsraums (EWR) aufweist (näher zum EWR unten Rn 36 ff). Zugleich dient Art 29 a der Umsetzung des speziellen und unübersichtlich gewordenen Kollisionsrechts der europäischen Verbraucherschutzrichtlinien und führt „die in den einzelnen [deutschen] Verbraucherschutzgesetzen ... verstreuten Sonderkollisionsnormen, die einander ähnlich und fast wortgleich sind, in einer Vorschrift im EGBGB zusammen ..." (Begründung BT-Drucks 14/2658 S 50). Nach der Gesetzesbegründung (aaO) stellt die Neuregelung allerdings eine „bloße Übergangslösung" dar, bis auf EU-Ebene die beabsichtigte Reform des internationalen Vertragsrechts durchgeführt wird (vgl hierzu Vorbem 29 zu Art 27 ff). 1

Art 29 a respektiert grundsätzlich – ebenso wie Art 29 – die Rechtswahl auch bei Verbrauchergeschäften. Wird aber bei einem solchen Geschäft, das und sofern es mit dem EU/EWR-Gebiet eng verbunden ist, die Geltung eines drittstaatlichen Rechts vereinbart, dann besteht die Vermutung, dass damit dem Verbraucher ‚schlechteres' Recht offeriert werden soll. An die Stelle dieses Rechts lässt Art 29 a deshalb das gemeinschaftsweit geltende Richtlinienrecht treten. 2

Die Grundregel des Abs 1 ordnet an, dass die umgesetzten Verbraucherschutzrichtlinien desjenigen EU-/EWR-Staates gelten, mit dem ein **enger Zusammenhang** besteht. Allerdings gilt das nur für Fälle, in denen die Parteien die Rechtsordnung eines Staates außerhalb des Europäischen Wirtschaftsraums als Vertragsstatut gewählt haben. Damit wird im gesamten Europäischen Wirtschaftsraum ein bestimmter Mindestschutz für Verbraucher gewährleistet, den die Parteien auch nicht durch die Wahl eines drittstaatlichen Rechts ausschließen können. 3

Den geforderten engen Zusammenhang mit dem EU/EWR-Gebiet umschreibt Abs 2 – in Anlehnung an den zugleich aufgehobenen § 12 AGBG – näher, jedoch nicht abschließend, sondern nur beispielhaft. Abweichend von Art 29 muss der enge Bezug nicht notwendig zum Aufenthaltsstaat des Verbrauchers, sondern nur zu einem Staat des Europäischen Wirtschaftsraums bestehen. 4

Als **zu beachtendes Richtlinienrecht** führt Abs 4 jene Richtlinien auf, die ihrerseits eine IPR-Vorschrift enthalten, in der sie die international zwingende Wirkung der jeweiligen Richtlinie festlegen (vgl den Wortlaut dieser IPR-Regeln unten Rn 12 ff). Die **Aufzählung** der zu beachtenden Richtlinien in Abs 4 ist **abschließend.** Der deutsche Gesetzgeber muss Art 29 a deshalb jeweils ergänzen, soweit weitere Verbraucherschutzrichtlinien mit IPR-Vorschriften erlassen werden. Das Schuldrechtsmodernisierungsgesetz, mit dem auch die IPR-Vorschrift der VerbrauchsgüterkaufRL (unten 5

Rn 16) umzusetzen ist, nimmt eine entsprechende Ergänzung des Art 29 a bereits vor, indem es in Abs 4 neu Nr 4 hinzugefügt hat.

6 Eine **Sonderregel** sieht Art 29 a Abs 3 für Verträge über den Erwerb von **Teilzeitwohnrechten** vor. Danach ist stets das deutsche Recht für Teilzeit-Wohnrechtsverträge (jetzt §§ 481 ff BGB nF) anzuwenden, wenn das Objekt in einem Mitgliedstaat der EU/des EWR liegt und das Recht eines Drittlandes gilt. Ob und wie weit Abs 3 auch im Fall einer Rechtswahl eingreift, ist allerdings unklar und umstritten (dazu unten Rn 60).

II. Entstehungsgeschichte

7 Art 29 a ist jungen Datums und eine **Besonderheit,** die in der EU bisher nur der **deutsche Gesetzgeber** in den Regelungszusammenhang des an sich vereinheitlichten internationalen Vertragsrechts eingestellt hat. Die Vorschrift wurde erst durch Art 2 Abs 2 Nr 1 des Gesetzes über Fernabsatzverträge und andere Fragen des Verbraucherschutzes sowie zur Umstellung von Vorschriften auf Euro vom 27. 6. 2000 (BGBl 2000 I 897, berichtigt BGBl 2000 I 1139) in das EGBGB eingefügt und trat am 30. 6. 2000 in Kraft (Art 12 des Gesetzes). Da die Vorschrift anders als die bisherigen Art 27–37 EGBGB nicht aus dem EVÜ stammt, mussten auch dessen Auslegungs- und Anwendungsvorschrift (Art 36 und 37) geändert und Art 29 a von ihrer Geltung ausgenommen werden (vgl dazu Art 36 Rn 28 und Art 37 Rn 67).

8 Anlass für die Einführung des Art 29 a war die Umsetzung der FernabsatzRL (97/7/EG). Denn mit dieser Richtlinie hätte – neben § 12 AGBG und § 8 TzWrG – eine weitere Sonderkollisionsregel eingeführt werden müssen (Art 12 Abs 2 FernabsatzRL, Text unten Rn 13), wenn man dabei geblieben wäre, das Richtlinienkollisionsrecht in dem jeweiligen Verbrauchersondergesetz umzusetzen. Das hätte die Lage im internationalen Vertragsrecht aber immer unübersichtlicher gemacht.

9 In der Formulierung hat sich Art 29 a an § 12 AGBG und § 8 TzWrG orientiert, die ihrerseits die zugrundliegende Klauselrichtlinie (93/13/EWG) und die Timesharingrichtlinie (94/47/EG) umgesetzt hatten. Sowohl § 12 AGBG als auch § 8 TzWrG sind nunmehr – mit ihrer Übernahme in den neuen Art 29 a – durch Art 3 Nr 3 und Art 6 Abs 3 Nr 5 des Gesetzes über Fernabsatzverträge etc zum 30. 6. 2000 aufgehoben worden. Allerdings ist Art 29 a – anders als der bisherige § 12 AGBG, der nur bei einem engen Bezug zu Deutschland zum Zug kam – in Übereinstimmung mit den aufgeführten Richtlinien im Anwendungsbereich auf alle Fälle erstreckt worden, in denen ein enger Bezug zur EU oder zum EWR besteht (vgl Begründung BT-Drucks 14/2658 S 50). Insoweit hatte bis zur Einführung des Art 29 a ein richtlinienwidriger Zustand bestanden (das erkennt mittelbar auch die Begründung aaO an: „Abweichend von § 12 AGBG, jedoch im Einklang mit dem Wortlaut der zugrunde liegenden Richtlinien-Bestimmungen stellt Artikel 29a Abs 1 allerdings nicht nur auf einen engen Zusammenhang mit Deutschland ab.").

10 Der vorangehende Referentenentwurf zu Art 29 a hatte noch vorgesehen, dass bei einem engen EU/EWR-Bezug stets die deutsche Fassung der umgesetzten Verbraucherschutzrichtlinien gelten sollte (eingehend zur Entstehungsgeschichte WAGNER IPRax 2000, 249 [255 ff]; zum Entwurf FREITAG/LEIBLE ZIP 1999, 1296; MICKLITZ/REICH BB 1999, 2093;

ROTH/SCHULZE RiW 1999, 924; STAUDINGER IPRax 1999, 414). Im Regierungsentwurf erhielt die Vorschrift dann ihre jetzige Fassung (BR-Drucks 25/00 S 12 f). Der Bundesrat wollte in seiner Stellungnahme aus Praktikabilitätsgründen zur Lösung des Referentenentwurfs zurückkehren, da es zu aufwendig sei, das Richtlinienrecht in seiner Fassung im engst verbundenen Mitgliedstaat zu ermitteln (BT-Drucks 14/2920 S 7). Die ablehnende Gegenäußerung der Bundesregierung verwies darauf, dass Praktikabilitätsüberlegungen nicht dazu führen dürften, ein mit dem Sachverhalt ggfs unverbundenes Recht anzuwenden. Auch führe die Umsetzung der Richtlinien nicht zur Geltung gleichen Rechts in den Mitgliedstaaten – dessen Ermittlung man sich sparen könne –, sondern nur zu einer Annäherung, da die Richtlinien lediglich Mindeststandards setzten und damit noch Unterschiede zwischen den Mitgliedstaaten bestehen ließen (BT-Drucks 14/2920 S 16). Im Rechtsausschuss blieb Art 29 a unverändert (BT-Drucks 14/3195 S 11 f; ausführlich WAGNER aaO).

III. Europäisches Verbraucherschutzrecht

Das europäische Verbraucherschutzrecht ist im Wesentlichen in Richtlinien niedergelegt, von denen einige (s unten Rn 12 ff), aber längst nicht alle eine IPR-Vorschrift enthalten. Die IPR-Vorschrift will den **Schutzstandard der jeweiligen Richtlinie** insbesondere **gegen** eine **Abbedingung durch Rechtswahl sichern.** In ihrer Reichweite gehen diese Sonderkollisionsregeln über die Grenzen des Art 29 deutlich hinaus, dessen Zukurzgreifen sie im jeweiligen Richtlinienbereich gerade korrigieren wollen. So lassen sie statt der Abschlussmodalitäten, die Art 29 Abs 1 Nr 1–3 fordert, einen engen Bezug zu einem EU-Mitgliedstaat genügen und knüpfen auch nicht allein an das Aufenthaltsland des Verbrauchers an. Der EWR-Vertrag erstreckt diesen EU-weiten Richtlinienschutz dann noch zusätzlich auf die weiteren EWR-Staaten (vgl dazu unten Rn 36 ff). Wie Richtlinienrecht generell bedürfen auch die speziellen Kollisionsregeln der Umsetzung durch die Mitgliedstaaten (Art 249 EGV). Mit Art 29 a sind die folgenden Sonderkollisionsnormen des Richtlinienrechts übernommen worden, die – außer der FernabsatzRL und der VerbrauchsgüterkaufRL – schon vorher ähnlich in § 12 AGBG und § 8 TzWrG umgesetzt waren: 11

– Art 6 Abs 2 der KlauselRL: „Die Mitgliedstaaten treffen die erforderlichen Maßnahmen, damit der Verbraucher den durch diese Richtlinie gewährten Schutz nicht verliert, wenn das Recht eines Drittlands als das auf den Vertrag anzuwendende Recht gewählt wurde und der Vertrag einen engen Zusammenhang mit dem Gebiet der Mitgliedstaaten aufweist." 12

– Art 12 Abs 2 der FernabsatzRL: „Die Mitgliedstaaten ergreifen die erforderlichen Maßnahmen, damit der Verbraucher den durch diese Richtlinie gewährten Schutz nicht verliert, wenn das Recht eines Drittlands als das auf den Vertrag anzuwendende Recht gewählt wurde und der Vertrag einen engen Zusammenhang mit dem Gebiet eines oder mehrerer Mitgliedstaaten aufweist." 13

– Art 9 TimesharingRL: „Die Mitgliedstaaten ergreifen die erforderlichen Maßnahmen, damit dem Erwerber unabhängig von dem jeweils anwendbaren Recht der durch diese Richtlinie gewährte Schutz nicht vorenthalten wird, wenn die Immobilie in dem Hoheitsgebiet eines Mitgliedstaates belegen ist." 14

15 – Art 7 Abs 3 Verbrauchsgüterkaufrichtlinie: „Die Mitgliedstaaten treffen die erforderlichen Maßnahmen, damit dem Verbraucher der durch diese Richtlinie gewährte Schutz nicht dadurch vorenthalten wird, dass das Recht eines Nichtmitgliedstaats als das auf den Vertrag anzuwendende Recht gewählt wird, sofern dieser Vertrag einen engen Zusammenhang mit dem Gebiet der Mitgliedstaaten aufweist."

16 Ferner muss Art 29 a auch den IPR-Klauseln weiterer geplanter Richtlinien genügen, derzeit nämlich:

17 – Art 11 Abs 3 Vorschlag einer Fernabsatz-FinanzdienstleistungsRL: „Dem Verbraucher darf der durch diese Richtlinie gewährte Schutz nicht vorenthalten werden, wenn das auf den Vertrag anzuwendende Recht das Recht eines Drittstaates ist, der Verbraucher seinen Wohnsitz in einem der Mitgliedstaaten hat und der Vertrag eine enge Verbindung mit der Gemeinschaft aufweist."

18 Das **Richtlinienkollisionsrecht** ist durch die **Besonderheit** gekennzeichnet, dass es die EU-Staaten bereits als ein einheitliches Rechtsgebiet betrachtet und dessen Rechtsunterschiede, die gerade aus der Natur des Richtlinienrechts mit seinen Umsetzungsspielräumen für die Mitgliedstaaten folgen, nicht zur Kenntnis nimmt. Eine Regelung erfolgt nur gegenüber drittstaatlichem Recht, dessen Geltung das Richtlinienkollisionsrecht in der Art einer Eingriffsnorm abwehrt, soweit das drittstaatliche Recht den Binnenmarktstandard verkürzt. Rechtskollisionen im Binnenmarkt lassen die IPR-Klauseln der Richtlinien dagegen ungeregelt. Für sie greift bisher das EVÜ ein, das freilich auch gegenüber Drittstaaten gilt, dort gegenüber dem vorrangigen Richtlinienrecht aber zurücktritt, soweit dieses reicht. Generell zum Verhältnis von Richtlinienrecht und IPR vgl Vorbem 4 ff zu Art 27 ff; Art 27 Rn 127 f.

IV. Geltung allgemeiner Regeln

1. Qualifikation; Auslegung

19 Das Gebot des **Art 36**, die aus dem EVÜ stammenden Vorschriften einheitlich auszulegen und auch für die Qualifikation einheitlich zu verfahren, **gilt für Art 29 a nicht,** da diese Vorschrift nicht aus dem EVÜ stammt. Art 36 nimmt sie deshalb auch ausdrücklich von seiner Geltung aus (vgl Art 36 Rn 28). Andererseits stammen die Regeln des Art 29 a aus Richtlinien und sind deshalb ihrerseits richtlinienkonform auszulegen (ebenso FREITAG/LEIBLE EWS 2000, 349; STAUDINGER RiW 2000, 420; ders, IPRax 1999, 419 [noch zum Entwurf]). Art 29a ist daher „im Lichte des Wortlauts und des Zwecks der Richtlinie[n] auszulegen", die ihm zugrunde liegen (so – zur richtlinienkonformen Auslegung – EuGH Slg 1984, 1891 [Rn 26] – von Colson und Kamann ./. Land Nordrhein-Westfalen). Im Ergebnis sollte Art 29 a freilich ebenfalls **europäisch-einheitlich interpretiert** werden, wie auch die in Art 29 a erwähnten Richtlinien in Europa einheitlich verstanden werden sollen. Das gilt auch für Qualifikationsfragen. Ein wesentlicher Unterschied zur europäisch-rechtsvergleichenden Auslegungs- und Qualifikationsmethode nach Art 36 besteht mE deshalb nicht und sollte auch tunlichst vermieden werden, um nicht durch unterschiedliche Interpretationsmethoden die weitgehend einheitliche Begriffswelt des Art 29 a einerseits und der Art 27 ff andererseits zu zerstören.

Allerdings folgt ein wichtiger Unterschied zwischen Art 29 a und den übrigen Art 27 **20** – 37 daraus, dass dem **EuGH** die Frage **vorgelegt** werden kann und bei Entscheidungserheblichkeit vom letztinstanzlichen Gericht vorgelegt werden muss, wie die in Art 29 a umgesetzten Richtlinienbegriffe auszulegen sind (s auch FREITAG/LEIBLE, STAUDINGER jeweils aaO). Für die Auslegung des EVÜ ist der EuGH dagegen – noch immer – nicht zuständig und für die Auslegung der Art 27–37 wohl ohnehin nicht berufen (vgl näher Vorbem 22, 26, 29 zu Art 27 ff).

2. Renvoi

Eine mögliche **Rück- oder Weiterverweisung** des von Art 29 a berufenen Rechts ist **21** **nicht zu beachten.** Auch wenn Art 35 anders als Art 29 a aus dem EVÜ stammt, ist seine Regelung dennoch auf Art 29 a zu erstrecken, der in dem Unterabschnitt des EGBGB untergebracht ist, für den Art 35 und der dort vorgesehene Renvoi-Ausschluss gilt (ebenso PALANDT/HELDRICH Art 29 a Rn 5). Damit sind die von Art 29 a berufenen umgesetzten Richtlinienbestimmungen unmittelbar anzuwenden.

3. Ordre public

Auch im Rahmen des Art 29 a ist die ordre public-Vorschrift des Art 6 zu beachten **22** (ebenso PALANDT/HELDRICH Art 29 a Rn 7; STAUDINGER RiW 2000, 419 f). Allerdings lässt sich kaum vorstellen, dass das in anderen EU/EWR-Staaten umgesetzte Richtlinienrecht, zu dessen Anwendung Art 29 a allein führen kann, gegen den deutschen ordre public verstößt (ähnlich STAUDINGER aaO). Ob ein Rückgriff auf Art 6 in Betracht kommt, wenn ein Mitgliedstaat eine zu beachtende Richtlinie nicht fristgerecht umgesetzt hat (so PALANDT/HELDRICH Art 29 a Rn 5 [„in krassen Fällen"]), erscheint sehr zweifelhaft, weil für die Durchsetzung von Gemeinschaftsrecht dessen spezifische Mittel – Staatshaftung – zur Verfügung stehen und Vorrang beanspruchen.

4. Intertemporale Fragen

Art 29 a ist am 30.6.2000 in Kraft getreten (vgl oben Rn 7). Ein eigene Übergangs- **23** vorschrift für den zeitlichen Geltungsbereich der neuen Vorschrift erschien dem Gesetzgeber „entbehrlich, da erforderlichenfalls die Grundsätze des Artikels 220 ergänzend herangezogen werden können." (BT-Drucks 14/2658 S 50). Nach Art 220 Abs 1 sind vor dem Stichtag – vor dem 30.6.2000 – **„abgeschlossene Vorgänge" nach bisherigem IPR zu beurteilen.** Für später abgeschlossene Vorgänge hat entsprechend das neue IPR zu gelten. Bei Verträgen kommt es dabei grundsätzlich auf den Zeitpunkt an, in dem sie wirksam abgeschlossen wurden (vgl näher Einl 43 ff zu Art 27 ff und die Nachweise dort). Vor dem 30.6.2000 abgeschlossene Verbraucherverträge unterliegen deshalb generell den früheren Sonderkollisionsregeln (§ 12 AGBG, § 8 TzWrG). Für seither abgeschlossene Verträge ist dagegen Art 29 a zu beachten.

Bei **Dauerschuldverträgen**, wie gerade **Timesharingverträge** sie häufig darstellen, sind **24** ihre Wirkungen nach der hier vertretenen Auffassung jedoch nach dem neuen, nunmehr von Art 29 a berufenen Recht zu beurteilen, auch wenn diese Verträge vor dem 30.6.2000 abgeschlossen wurden (näher zu den intertemporalen Fragen Einl 43 ff zu Art 27 ff; aA STAUDINGER RiW 2000, 420 [für „intertemporalen Gleichlauf" von materiellem und Kollisionsrecht, der indessen ohnehin nicht zu erreichen ist, da das von Art 29 a berufene Richtlinienrecht in seiner „jeweils geltenden Fassung" anzuwenden ist, also seinen eigenen temporalen Geltungsregeln folgt]).

V. Verhältnis des Art 29 a zu anderen Kollisionsregeln

1. Verhältnis zu Art 29

25 Die Anwendungsbereiche des Art 29 a und Art 29 sind nicht deckungsgleich, überschneiden sich aber in beträchtlichem Maß. Nach der Gesetzesbegründung ist dann „Artikel 29... vor Artikel 29 a zu prüfen" (BT-Drucks 14/2658 S 50). Aus dieser Aussage wird teilweise ein genereller Vorrang des Art 29 vor Art 29 a abgeleitet (so PALANDT/ HELDRICH Art 29 a Rn 7; STAUDINGER RiW 2000, 419; TONNER BB 2000, 1419; nur für Prüfungsvorrang FREITAG/LEIBLE EWS 2000, 346; MARTINY ZEuP 2001, 322). Indessen räumt das EVÜ und damit auch Art 29 dem **Richtlinienrecht** und seinen speziellen Kollisionsnormen den **Vorrang** ein (Art 20 EVÜ; vgl auch Art 29 Rn 22 f und die Nachweise dort; ebenso v HOFFMANN § 10 Rn 73 b; KROPHOLLER § 52 V 6; WAGNER IPRax 2000, 250). Soweit der Schutz des **Art 29 a** reicht, **geht** er damit Art 29 **grundsätzlich vor.** Führen Art 29 a und 29 einmal zu unterschiedlichen Schutzstandards des anwendbaren Verbraucherrechts – was schwer vorstellbar, aber auch nicht ausgeschlossen erscheint –, dann sollte sich freilich entsprechend der Zielrichtung beider Vorschriften **das dem Verbraucher günstigere Schutzniveau durchsetzen** (ähnlich STAUDINGER aaO).

26 Bei Anwendung des Art 29 a besteht freilich die Notwendigkeit, zunächst festzustellen, ob drittstaatliches Recht gilt. Dafür sind die Art 27 ff aber auch Art 29 heranzuziehen, die insoweit vorrangig zu prüfen sind. In der Praxis kann es mit der Prüfung des Art 29 sein Bewenden haben, wenn dadurch das im Inland geltende Richtlinienrecht zur Anwendung gelangt, das und wenn es zugleich auch von Art 29 a berufen würde. Führt in einem solchen Fall der enge EU/EWR-Bezug aber zu einem anderen EU/EWR-Staat, der das Richtlinienrecht – zB die VerbrauchsgüterkaufRL – für den Verbraucher günstiger umgesetzt hat als der Staat des gewöhnlichen Aufenthalts des Verbrauchers, dann ist über Art 29 a dieses günstigere Recht anzuwenden.

2. Verhältnis zu Art 34

27 Art 34 setzt bei hinreichendem Inlandsbezug international zwingendes deutsches Recht gegen drittstaatliches Recht durch. Eine ähnliche Funktion übt Art 29 a bei hinreichendem EU/EWR-Bezug im Hinblick auf bestimmtes europäisches Richtlinienrecht aus, das dann ebenfalls gegen drittstaatliches Recht durchgesetzt wird. Da Art 34 Verbraucherschutzrecht nur in einem begrenzten und umstrittenen Umfang erfasst (vgl näher Art 34 Rn 31 ff, 86 ff), bündelt Art 29 a jene Verbraucherschutzregelungen, denen der Richtliniengeber international zwingende Geltungskraft beimessen wollte (zum Verhältnis zwischen Art 29 a und Art 34 auch WAGNER IPRax 2000, 251 f). Insbesondere Abs 3 macht die Parallele zwischen Art 29 a und Art 34 deutlich und zeigt, dass das deutsche Recht der Teilzeit-Wohnrechteverträge bei hinreichendem Europa-Bezug stets unabhängig vom an sich anwendbaren Recht gelten soll.

VI. Anwendungsvoraussetzungen der Vorschrift

1. Allgemeines

Art 29 a will den **Verbraucherschutz für besondere Gebiete** sichern. Doch setzt die Vorschrift explizit weder voraus, dass an den erfassten Transaktionen ein Verbraucher beteiligt ist noch beschränkt sie sich – ebenfalls im Gegensatz zu Art 29 – auf bestimmte Vertragsarten. Die sachlichen und persönlichen Anwendungsvoraussetzungen des Art 29 a greifen damit wesentlich weiter aus als jene des Art 29. Auch in räumlicher Hinsicht reicht Art 29 a weiter als Art 29; denn statt einer engen räumlichen Verknüpfung mit dem Aufenthaltsstaat des Verbrauchers genügt eine solche Verbindung zum EU/EWR-Gebiet. Seine wesentlichen Grenzen bezieht Art 29 a dagegen aus der eingeschränkten Zahl von Richtlinien, deren Beachtung er vorschreibt und die, soweit sie von Art 29 a berufen werden, zusätzlich ihre eigenen sachlichen Anwendungsvoraussetzungen aufstellen (s auch WAGNER IPRax 2000, 255). **28**

Eine **weitere Einschränkung der Reichweite** des Art 29 a ergibt sich daraus, dass seine Regelung grundsätzlich nur bei Wahl einer Rechtsordnung außerhalb des EU/EWR-Gebiets gilt (Abs 1). Allein für Timesharingverträge schafft Abs 3 hiervon eine Ausnahme. **29**

2. Sachliche Anwendungsvoraussetzungen

a) Erfasste Vertragstypen

Sachlich erfordert Art 29 a einen Vertrag, für den – anders als für Art 29 – zunächst gleichgültig ist, welcher Art er ist (PALANDT/HELDRICH Art 29 a Rn 3; **anders** – Beschränkung auf Verbraucherverträge – FREITAG/LEIBLE EWS 2000, 344). Allerdings werden nur solche Verträge erfasst, für die die in Abs 4 genannten Richtlinien gelten (ebenso die in der vorigen N Zitierten). Die **Klauselrichtlinie** bezieht sich dabei auf alle nur denkbaren Verträge, erfasst also auch Verträge, für die Art 29 keinen internationalen Verbraucherschutz vorsieht: etwa Beförderungs-, Kredit- oder Mietverträge (umfassend PFEIFFER, Art 1 KlauselRL Rn 13, in: GRABITZ/HILF A 5). Die **Timesharingrichtlinie** erfasst nach ihrem Art 2 nur bestimmte Timesharingverträge (Immobilienteilzeitnutzungsverträge mit einer Mindestlaufzeit von drei Jahren und mindestens einwöchiger Berechtigung im Jahr; vgl eingehend dazu MARTINEK, Art 2 TimesharingRL Rn 88 ff, in: GRABITZ/HILF A 13). Die **Fernabsatzrichtlinie** betrifft Warenliefer- und Dienstleistungsverträge im Fernabsatz, nimmt aber eine Reihe solcher Geschäfte – insbesondere Lebensmittellieferungen und Finanzdienstleistungen – von ihrem Anwendungsbereich aus (Art 2 und 3 FernabsatzRL; umfassend dazu MICKLITZ, Art 1–3 FernabsatzRL Rn 2 ff, in: GRABITZ/HILF A 3). Die **Verbrauchsgüterkaufrichtlinie** schließlich gilt für Kauf- und Werklieferungsverträge. Je nachdem, welche Richtlinie eingreift, werden also entweder alle oder nur ganz bestimmte Vertragstypen erfasst. **30**

b) Rechtswahl

Zu den sachlichen Anwendungsvoraussetzungen lässt sich auch rechnen, dass Art 29 a mit Ausnahme seines Abs 3 nur eingreift, wenn die Parteien das **Recht eines Staates gewählt** haben, **der weder EU- noch EWR-Staat ist**. Die Vorschrift lässt eine Rechtswahl nicht nur zu, sondern setzt die Wahl drittstaatlichen Rechts außerhalb des EWR als Anwendungsvoraussetzung gerade voraus. Dagegen findet Art 29 a **31** keine Anwendung, wenn die Parteien das Recht eines EU/EWR-Staates gewählt haben. Letztere Regel gilt auch für die unter Abs 3 fallenden Timesharingverträge (so auch PALANDT/HELDRICH Art 29 a Rn 4; näher noch unten Rn 60). Der Gesetzgeber ging davon aus, dass es dann mit dem in diesem Mitgliedstaat geltenden Recht sein Bewenden haben sollte, da jeder Mitgliedstaat – auch des EWR – zur Richtlinienumsetzung verpflichtet ist (Begründung BT-Drucks 14/2658 S 50: „Da EG-Richtlinien in allen EU-Mitgliedstaaten umzusetzen sind, muss keine Vorsorge dafür getroffen werden, dass das Recht eines EU-Mitgliedstaats gewählt worden ist. Entsprechendes gilt für die anderen Vertragsstaaten des EWR.").

32 In der Vergangenheit waren allerdings gerade aus der verspäteten Umsetzung von Richtlinien in Mitgliedstaaten erhebliche **Schutzlücken** erwachsen (**Gran-Canaria-Fälle,** s Art 29 Rn 32). Art 29 a ist in diesem Fall dennoch nicht anwendbar (vgl auch FREITAG/LEIBLE EWS 2000, 347). Der Schutz des europäischen Verbraucherrechts kann damit zwar nicht mehr durch die Wahl drittstaatlichen Rechts, wohl aber durch die Wahl des Rechts eines EU/EWR-Staates solange umgangen werden, als dieser Staat die Richtlinie nicht fristgerecht umgesetzt hat. Diese Schutzlücke lässt sich – außer im Fall des Art 29 a Abs 3 – auch nicht dadurch schließen, dass über Art 34 die Richtlinie in ihrer deutschen Umsetzungsvariante angewendet wird (so auch STAUDINGER RiW 2000, 417). Es gilt vielmehr das Recht des Mitgliedstaates, das die allgemeinen Kollisionsregeln der Art 27 – 29 berufen. Die Entstehungsgeschichte des Art 29 a (oben Rn 17) belegt, dass insoweit eine international zwingende Wirkung des in Deutschland umgesetzten Richtlinienrechts nicht beabsichtigt war. Der Gesetzgeber hielt eine entsprechende Vorsorge im Gegenteil ausdrücklich für entbehrlich (vgl Begründung aaO). Auch mit dem Charakter der Richtlinie wäre eine über Art 34 erreichte ‚halbe' Direktwirkung, bei der die fehlende Umsetzung im berufenen Staat durch die Umsetzung in einem anderen Mitgliedstaat substituiert würde, nicht vereinbar. Der betroffenen Partei, die dadurch Schaden erleidet, dass ein Mitgliedstaat Verbraucherschutzrichtlinien verspätet umsetzt, bleibt damit nur die Möglichkeit eines **Staatshaftungsanspruchs** gegen den säumigen Mitgliedstaat nach den Grundsätzen der Francovich-Rechtsprechung des EuGH (so zutreffend FREITAG/LEIBLE, STAUDINGER aaO). Das wird auch zu gelten haben, wenn ein Mitgliedstaat die betreffende Richtlinie nicht korrekt umgesetzt hat und eine richtlinienkonforme Auslegung den Mangel nicht beheben kann (FREITAG/LEIBLE, STAUDINGER aaO).

33 Um für Art 29 a beachtlich zu sein, muss die **Rechtswahl wirksam** sein. Ob sie das ist, richtet sich uneingeschränkt nach Art 27, der für das Zustandekommen der Rechtswahl auf das in Aussicht genommene Recht verweist (Art 27 Abs 4 iVm Art 31). Für die Formgültigkeit der Rechtswahl beruft Art 27 Abs 4 bei Verbraucherverträgen an sich die Form im Aufenthaltsland des Verbrauchers (Art 29 Abs 3). Doch wird damit wohl in der Regel – wegen des erforderlichen engen EU/EWR-Bezugs – auch die Formfreiheit der Rechtswahl gelten, die das EVÜ vorschreibt.

34 Haben die Parteien keine oder keine wirksame Rechtswahl getroffen, dann ist weder Art 29 a Abs 1 noch Abs 2 anzuwenden, bei Timesharingverträgen aber noch Abs 3 in Betracht zu ziehen. Haben die Parteien das Recht eines EU/EWR-Staats gewählt, dann gilt Art 29 a insgesamt nicht.

3. Persönliche Anwendungsvoraussetzungen

Art 29 a selbst stellt keine persönlichen Anwendungsvoraussetzungen auf und verlangt im Gegensatz zu Art 29 insbesondere nicht, dass eine der Parteien Verbraucher ist. Andererseits setzen aber die in Abs 4 aufgeführten Richtlinien voraus, dass der jeweilige Vertrag von einer Seite – in der Regel jener Partei, die die eigentliche Vertragsleistung in Anspruch nimmt – nicht für gewerbliche oder berufliche Zwecke abgeschlossen wurde (Art 2 b KlauselRL, Art 2 TimesharingRL, Art 2 Nr 2 FernabsatzRL, Art 1 Abs 2 a VerbrauchsgüterkaufRL). Ohne die Beteiligung eines Verbrauchers als Leistungsempfänger realisiert sich der von Art 29 a gewährleistete Schutz deshalb nicht (ähnlich MANKOWSKI, in: SPINDLER/WIEBE 202; PALANDT/HELDRICH Art 29 a Rn 3; **anders** – für Verbrauchergeschäft als Voraussetzung des Art 29 a – FREITAG/LEIBLE EWS 2000, 344). 35

4. Räumliche Anwendungsvoraussetzungen

a) Europäischer Wirtschaftsraum

In räumlicher Hinsicht setzt Art 29 a einen engen Zusammenhang des Vertrages mit einem Staat der Europäischen Union oder einem anderen Vertragsstaat des Abkommens über den Europäischen Wirtschaftsraum voraus. Zum Europäischen Wirtschaftsraum **(EWR)** gehören heute außer den **EU-Staaten** noch **Island, Liechtenstein und Norwegen** (vgl Abkommen über den Europäischen Wirtschaftsraum v 2. 5. 1992 [BGBl 1993 II 267] in der Fassung des Anpassungsprotokolls v 17. 3. 1993 [BGBl 1993 II 1294]; in Kraft seit 1. 1. 1994). Die Nicht-EU-Staaten des Europäischen Wirtschaftsraums sind verpflichtet, alle EU-Richtlinien in ihr innerstaatliches Recht umzusetzen, die in den Anhängen zu dem Abkommen über den Europäischen Wirtschaftsraum enthalten sind (vgl Art 7, 72 und Anhang XIX des Abk). Zu diesen Richtlinien gehören auch diejenigen, die Art 29 a Abs 4 nennt. 36

Art 29 a spricht von dem „Gebiet" oder „Hoheitsgebiet" der Vertragsstaaten. Darunter ist für die EU-Staaten der räumliche Bereich zu verstehen, für den im jeweiligen Staat das EU-Recht einschließlich des Richtlinienrechts gilt. Dieses Gebiet ist in Art 299 EGV (ex Art 227) näher festgelegt und umfasst für Frankreich beispielsweise auch die französischen überseeischen Departements, die Azoren, Madeira und die Kanarischen Inseln (Art 299 Abs 2 EGV), für Großbritannien dagegen weder die Hoheitsgebiete auf Zypern noch die Kanalinseln und die Isle of Man, für Dänemark nicht die Färöer (Art 299 Abs 5 lit a – c; vgl näher HUMMER, in: GRABITZ/HILF, EUV.EGV, Art 227 [Maastrichter Fassung] Rn 51). 37

Besteht ein **enger Bezug zu mehreren Staaten der EU bzw des Europäischen Wirtschaftsraums,** dann ist das Richtlinienrecht in der Fassung desjenigen Staates anzuwenden, mit dem der Vertrag am engsten verbunden ist (Begründung BT-Drucks 14/2658 S 50; FREITAG/LEIBLE EWS 2000, 345; STAUDINGER RiW 2000, 416, 418). Für Timesharingverträge verbleibt es nach Abs 3 allerdings stets bei der Geltung deutschen Rechts (näher dazu unten Rn 57 ff). Für die notorischen Gran-Canaria-Geschäfte (Kaffeefahrten etc) deutscher Urlauber in Spanien ergibt sich ein enger Bezug sowohl zu Deutschland wie zu Spanien. Ist in diesen Fällen ein drittstaatliches Recht vereinbart, dann greift Art 29 a ein und wird in der Regel das maßgebende Richtlinienrecht in der spanischen Umsetzungsfassung berufen, weil das Vertragsgeschehen mit Spanien meist 38 enger als mit Deutschland verbunden sein wird. Bei vollständiger Vertragsabwicklung in Deutschland besteht dagegen ein engerer Bezug zum deutschen Recht.

39 Besteht ein **enger Bezug zu einem Staat innerhalb des EU/EWR-Gebietes und zugleich zu einem Staat außerhalb dieses Gebiets**, so setzt sich das Richtlinienrecht auch dann durch, wenn der Vertrag im Übrigen mit dem Staat außerhalb des EWR am engsten verbunden ist. Denn das Richtlinienrecht verbietet seine Abwahl bereits, wie seine oben wiedergegebenen Kollisionsregeln zeigen, wenn nur überhaupt ein enger Bezug zum Gemeinschaftsgebiet gegeben ist.

b) Enger Zusammenhang (Abs 2)
aa) Allgemeines
40 Art 29 a Abs 2 umschreibt beispielhaft, wann der enge Zusammenhang zwischen Vertrag und Gemeinschaftsgebiet besteht, den Abs 1 fordert. Der recht vage Begriff des engen Zusammenhangs stammt dabei aus den IPR-Vorschriften der einbezogenen Richtlinien (oben Rn 12 ff). Dort wird er allerdings nicht näher erläutert. Art 29 a Abs 2 ist vielmehr eine eigene Schöpfung des deutschen Gesetzgebers, der sich hierfür an dem – nunmehr aufgehobenen – § 12 AGBG orientiert hat (Begründung BT-Drucks 14/2658 S 50). Dagegen entspricht Abs 2 nicht den Abschlussmodalitäten in Art 29 Abs 1 Nr 1–3 (= Art 5 Abs 2 EVÜ), auch wenn Teilübereinstimmungen bestehen. Für die Auslegung sollten aber jedenfalls die ganz oder weitgehend übereinstimmenden Begriffe (Angebot, Werbung, Vertragsschluss, gewöhnlicher Aufenthalt) für Art 29 a und Art 29 identisch verstanden und auch die übrigen Teile der beiden Vorschriften soweit wie nur möglich übereinstimmend interpretiert werden. Insgesamt ist der **Begriff des engen Zusammenhangs europäisch-einheitlich** auszulegen (ebenso FREITAG/LEIBLE EWS 2000, 345; PFEIFFER, in: GRABITZ/HILF Art 6 KlauselRL Rn 22 [zur KlauselRL]). Anhalt für sein Verständnis kann auch die Umsetzung der Richtlinien in den anderen Mitgliedstaaten geben. Dagegen kann die Auslegung des bisherigen § 12 AGBG nur noch begrenzt und nur in dem Umfang herangezogen werden, wie sie europäisch-einheitlichem Verständnis entspricht.

41 Für Timesharingverträge lässt Abs 3 als engen Zusammenhang die Belegenheit des Grundstücks im EU/EWR-Gebiet genügen.

bb) Beispiele (Abs 2 Nr 1 und 2)
42 Abs 2 enthält keine abschließende, sondern nur eine **beispielhafte Aufzählung** von Umständen, die einen engen Bezug zum Gemeinschaftsgebiet ergeben (KROPHOLLER § 52 V 6; MARTINY ZEuP 2001, 323; PALANDT/HELDRICH Art 29 a Rn 3). Die Vorschrift verlangt, dass sowohl der Anbieter – durch seine Geschäftstätigkeit – als auch der Abnehmer – durch seinen gewöhnlichen Aufenthalt – mit dem EU/EWR-Gebiet verbunden ist. Für die Aktivitäten des Anbieters nennt Abs 2 drei Beispiele: ein öffentliches Angebot, eine öffentliche Werbung oder eine ähnliche geschäftliche Tätigkeit als Grund für den Vertragsschluss; diese Aktivitäten müssen im EU/EWR-Gebiet entfaltet worden sein (Abs 2 Nr 1). Hinzutreten muss kumulativ („und"), dass der andere Teil – der Verbraucher – bei Abgabe seiner Vertragsschlusserklärung seinen gewöhnlichen Aufenthalt in diesem Gebiet hatte (Abs 2 Nr 2). Nicht notwendig ist, dass der Aufenthaltsstaat mit dem EU/EWR-Staat identisch ist, in dem der Anbieter seine Tätigkeit entfaltet hat (so auch FREITAG/LEIBLE EWS 2000, 345)

Ein **öffentliches Angebot** schließt Angebote im rechtstechnischen Sinn ein, ohne sich 43
auf sie zu beschränken. Auch eine invitatio ad offerendum wird erfasst (vgl ROTH/
SCHULZE RiW 1999, 930 [noch zum Entwurf]). Der Übergang zur **Werbung** ist – wie bei
Art 29 – fließend und eine genaue Abgrenzung unnötig. Erforderlich ist nach dem
Wortlaut der Vorschrift jedoch „öffentliches" Anbieten oder Werben. Es liegt vor,
wenn der Anbieter im EU/EWR-Gebiet auf seine Leistungen in einer Weise aufmerksam gemacht hat, dass Dritte, die vorher keinen geschäftlichen Kontakt zu ihm
hatten, das wahrnehmen konnten (ähnlich – noch zu § 12 AGBG – ERMAN/WERNER § 12
AGBG Rn 8; STAUDINGER/SCHLOSSER [1998] § 12 AGBG Rn 8; auf das Merkmal „öffentlich" verzichtend: ROTH/SCHULZE RiW 1999, 930). Insbesondere ist ein Angebot, eine Website,
Homepage, Cookies oder sonstige Werbung im **Internet** öffentlich iSd Abs 2. Diese
Werbung wird auch dann im EU/EWR-Gebiet **„entfaltet"**, wenn der Verwender sie
außerhalb dieses Gebiets in das Netz einspeist, der Verbraucher sie aber innerhalb
dieses Gebiets abrufen kann (FREITAG/LEIBLE EWS 2000, 345; PALANDT/HELDRICH Art 29 a
Rn 3; ROTH/SCHULZE RiW 1999, 932; vgl auch Art 28 Rn 650).

Eine **ähnliche geschäftliche Tätigkeit** muss dem öffentlichen Anbieten oder Werben 44
gleichstehen, also auf ähnliche Weise den Vertragsabschluss vorbereiten. Hierzu
dürften vor allem Vertreterbesuche, telefonische Geschäftsanbahnung („cold calling") etc gehören, soweit sie nicht bereits als Werbung erfasst sind.

Abs 2 verlangt weiter, dass der **Vertrag „auf Grund" der entfalteten Tätigkeit** zustande 45
kommt. Daraus wird zum Teil abgeleitet, dass der Vertragsschluss auf die Tätigkeit
kausal zurückzuführen sein müsse (so etwa FREITAG/LEIBLE EWS 2000, 345; ähnlich PALANDT/
HELDRICH Art 29 a Rn 3). Berücksichtigt man indessen den Ausgangspunkt des Abs 2,
der lediglich Anhalt für die Ermittlung des engen Zusammenhangs geben will, dann
kann es auf Kausalität im strikten Sinn, dass die konkrete Werbung etc nachweisbar
zum konkreten Vertragsschluss geführt hat, nicht ankommen (ähnlich ROTH/SCHULZE
RiW 1999, 930). Vielmehr muss es – wie bei Art 29 (vgl dort Rn 72) – genügen, dass die
Aktivität des Anbieters zu Verträgen der abgeschlossenen Art führen konnte.

Außer der geschäftlichen Tätigkeit des Anbieters im EU/EWR-Gebiet fordert der in 46
Abs 2 exemplifizierte enge Zusammenhang, dass auch der andere Teil – der Verbraucher – mit diesem Gebiet verbunden ist **und** dort seinen **gewöhnlichen Aufenthalt**
hat (Abs 2 Nr 2). Der Begriff des gewöhnlichen Aufenthalts ist dabei im gleichen Sinn
wie in Art 28 oder 29 zu verstehen (vgl dazu Art 29 Rn 101). Der Verbraucher muss
seinen gewöhnlichen Aufenthalt im Zeitpunkt der Abgabe seiner Vertragsschlusserklärung im Gemeinschaftsgebiet haben. Wo er seine Erklärung dann abgibt, ist
dagegen gleichgültig; auch eine Abgabe außerhalb des Gebietes genügt (ebenso
PALANDT/HELDRICH Art 29 a Rn 3; wohl anders – nur Schutz des passiven Verbrauchers – MANKOWSKI, in: SPINDLER/WIEBE 203).

Wenn die Voraussetzungen des Abs 2 vorliegen, ist ein enger Zusammenhang iSd 47
Abs 1 regelmäßig, aber doch nicht zwangsläufig zu bejahen. Es sind Fälle denkbar, in
denen ein enger Bezug gleichwohl zu verneinen ist, etwa wenn ein europäischer
Verbraucher bei einem Besuch in den USA bei einem dortigen Anbieter, der auch
in Europa wirbt, einen Vertrag abschließt, für den die Geltung des (einzelstaatlichen)
US-Rechts vereinbart wird. Kommt der Vertrag gänzlich unabhängig von der Werbung zustande, dann fehlt ein enger Zusammenhang zum Gemeinschaftsgebiet.

cc) Weitere Fälle

48 Da Abs 2 keine abschließende Regelung enthält, kann ein enger Zusammenhang zum EU/EWR-Gebiet auch aus anderen Faktoren als nur einer vertragsvorbereitenden Tätigkeit in diesem Wirtschaftsgebiet folgen. In Betracht zu ziehen sind dabei **alle Merkmale,** die auch sonst **für die Anknüpfung von Schuldverträgen** verwendet werden wie insbesondere der Sitz der Parteien, die Lokalisierung des Vertrages durch Abschluss-, Erfüllungs- oder Belegenheitsort des Vertragsgegenstandes, Sprache, Währung etc (ebenso PALANDT/HELDRICH Art 29 a Rn 3). Allerdings macht das Beispiel des Abs 2 auch klar, dass ein enger Zusammenhang eine deutliche Verbindung mit dem EU/EWR-Gebiet verlangt, wie das gekoppelte Erfordernis der geschäftlichen Tätigkeit der einen Seite und des gewöhnlichen Aufenthalts der anderen Seite in diesem Gebiet zeigt. Einzelne Anknüpfungselemente des internationalen Vertragsrechts werden deshalb für sich allein in der Regel noch keinen engen Bezug zum EU/EWR-Gebiet vermitteln können. Es bedarf vielmehr einer Kumulation von Anknüpfungsmerkmalen, die im Gewicht etwa dem gesetzlichen Musterbeispiel in Abs 2 entspricht.

49 Ein enger Zusammenhang kann sich daher insbesondere daraus ergeben, dass die **Vertragsdurchführung** im Gemeinschaftsgebiet zu erfolgen hat und der Verbraucher hier seinen gewöhnlichen Aufenthalt hat, so etwa wenn der EU/EWR-Verbraucher in einem Drittland einen Vertrag schließt, den vollständig ein im EU/EWR-Gebiet ansässiges Unternehmen zu erfüllen hat (vgl auch PALANDT/HELDRICH Art 29 a Rn 3; STAUDINGER IPRax 1999, 415).

50 Fraglich ist, ob ein enger Zusammenhang auch dann angenommen werden kann, wenn der Verbraucher **keinen gewöhnlichen Aufenthalt im EU/EWR-Gebiet** hat. Das dürfte vor dem richtlinienrechtlichen Hintergrund des Art 29 a zu verneinen sein, da die einbezogenen Richtlinien den Schutz des in der EU ansässigen Verbrauchers sicherstellen wollen und ihm die Möglichkeit von Geschäften in anderen Mitgliedstaaten zu den gleichen Bedingungen wie im eigenen (Sitz-)Staat einräumen wollen (vgl Erwägungsgrund Nr 2 f FernabsatzRL; Erwägungsgründe KlauselRL; Erwägungsgrund Nr 10 TimesharingRL; Erwägungsgrund Nr 2 VerbrauchsgüterkaufRL; ebenso bereits STAUDINGER IPRax 1999, 416; offen gelassen aber: ders RiW 2000, 418; **aA** für Art 6 Abs 2 KlauselRL aber PFEIFFER, in: GRABITZ/HILF A 5 Art 6 Rn 24 [Geltung auch für drittstaatliche Verbraucher]). Zur abweichenden Beurteilung bei Abs 3 vgl aber noch unten Rn 57 ff.

VII. Rechtsfolgen

1. Geltung des Richtlinienrechts

51 Soweit ein Vertrag einen engen Zusammenhang zu einem EU/EWR-Staat aufweist, die Parteien aber ein drittstaatliches Recht vereinbart haben, ordnet Art 29 a Abs 1 an, dass die in Abs 4 aufgezählten Richtlinien in der Form anzuwenden sind, in der sie jener Staat umgesetzt hat. Anders als noch der Entwurf zu Art 29 a und auch anders als Abs 3 ist die Vorschrift allseitig gefasst. Sie beruft das **Richtlinienrecht des Staates, zu dem der enge Zusammenhang besteht;** der Schutzstandard dieses Staates soll nicht durch Abwahl vermindert werden können (vgl auch MARTINY ZEuP 2001, 322; PALANDT/HELDRICH Art 29 a Rn 5). Die deutschen Umsetzungsvorschriften zur KlauselRL, zur

TimesharingRL, zur FernabsatzRL und zur VerbrauchsgüterkaufRL kommen deshalb zur Anwendung, wenn ein enger Bezug zu Deutschland besteht.

Bei einem engen **Bezug zu mehreren EU/EWR-Staaten** gilt das Richtlinienrecht des 52
Staates, zu dem der Vertrag den engsten Bezug aufweist (Begründung BT-Drucks 14/2658
S 50; FREITAG/LEIBLE EWS 2000, 345; PALANDT/HELDRICH Art 29 a Rn 5; STAUDINGER RiW 2000,
416, 418; vgl auch oben Rn 38). Der engste Bezug ist auf Grund aller Umstände zu
ermitteln, die auch sonst für die Anknüpfung von Verträgen – etwa bei der Feststellung einer stillschweigenden Rechtswahl oder der engeren Verbindung nach
Art 28 Abs 5 – heranzuziehen sind (vgl auch Art 27 Rn 63 ff, Art 28 Rn 129 ff). Besteht
ein enger **Bezug zugleich zu einem EU/EWR-Staat und** zu einem **Drittstaat,** dann setzt
sich das Richtlinienrecht des EU/EWR-Staates ohne weitere Prüfung des engeren
Bezuges durch, da Abs 1 es im Einklang mit dem Richtlinienrecht genügen lässt,
wenn nur überhaupt ein enger Bezug zur EU oder zum EWR gegeben ist (vgl oben
Rn 12 ff).

Nur die **in Abs 4 genannten Richtlinien** und die aktuelle Fassung ihrer Umsetzung im 53
maßgeblichen Staat sind zu berücksichtigen. Hat der jeweilige Staat die Richtlinien
nicht in toto als Sondergesetze übernommen, sondern – wie jetzt der BGB-Gesetzgeber (vgl unten Rn 56) – in vorhandene Regelungen eingebaut, dann fällt es häufig
nicht leicht, die anzuwendende (umgesetzte Richtlinien-)Regel zu identifizieren (zur
Umsetzung der KlauselRL in Europa vgl etwa PFEIFFER, in: GRABITZ/HILF A 5 [ausgewählte Umsetzungshinweise im Anhang]; zur TimesharingRL MARTINEK ibid A 13 [Anhang nach Art 13]; zur
FernabsatzRL MICKLITZ ibid Nach A 3 [mit umfassender Darstellung der Umsetzung]). Gleichwohl ist sie anzuwenden, und zwar auch, wenn der Einzelstaat über den Mindestschutz der Richtlinie hinausgegangen ist. Bei unterlassener oder inkorrekter Umsetzung ist der Verbraucher ggfs auf Staatshaftungsansprüche angewiesen (vgl oben
Rn 32). Weitere Verbraucherschutzbestimmungen, die aus anderen Richtlinien stammen, können jedoch über Art 29 anwendbar sein. Im Übrigen gilt das gewählte
Recht.

2. Kein Günstigkeitsvergleich

Anders als Art 29 sieht Art 29 a nicht vor, dass die vorbehaltenen Richtlinienbestim- 54
mungen nur gelten, wenn sie für den Verbraucher günstiger als das gewählte Recht
sind (FREITAG/LEIBLE EWS 2000, 347; PALANDT/HELDRICH Art 29 a Rn 5; STAUDINGER RiW 2000,
418; WAGNER IPRax 2000, 254 f). Damit kann Art 29 a dem Verbraucher ggfs ein höheres
Schutzniveau entziehen. Mit den IPR-Regeln der Richtlinien (oben Rn 12) dürfte das
schwerlich vereinbar sein, die den Verbraucher nur vor dem Entzug des Richtlinienschutzes bewahren, ihm aber nicht einen stärkeren Schutz des gewählten Rechts
nehmen wollen (ebenso FREITAG/LEIBLE; STAUDINGER aaO mit weiteren Nachweisen). Der
Verzicht auf das Günstigkeitsprinzip wird vor allem mit Praktikabilitätsgründen gerechtfertigt, da „die Dinge durch den Günstigkeitsvergleich zu sehr verkompliziert"
würden (so WAGNER IPRax 2000, 255). Ein gewisser Zusatzaufwand, den das Günstigkeitsprinzip mit sich bringt und der im internationalen Verbraucher- und Arbeitsvertragsrecht bei Art 29 und 30 bisher nicht zu Unzuträglichkeiten geführt hat, kann
aber nicht eine richtlinienwidrige Umsetzung rechtfertigen.

3. Die zu beachtenden Richtlinien (Abs 4)

55 Abs 4 führt die Richtlinien **abschließend** auf, die im Rahmen des Art 29 a bisher zu beachten sind. Eine entsprechende Anwendung der Vorschrift auf weitere Verbraucherschutzrichtlinien, die ihrerseits keine IPR-Klausel enthalten, kommt nicht in Betracht.

56 Soweit der enge Zusammenhang zur deutschen Richtlinienumsetzung führt, sind für die KlauselRL jetzt §§ 305 ff BGB nF, aber auch §§ 13, 14 BGB zu beachten; für die TimesharingRL §§ 481 ff BGB nF sowie §§ 355, 357 BGB nF; für die FernabsatzRL §§ 312b ff BGB nF; für die VerbrauchsgüterkaufRL §§ 474 ff BGB nF.

VIII. Sonderanknüpfung für Timesharingverträge (Abs 3)

1. Allgemeines

57 Abs 3 ersetzt den zugleich aufgehobenen § 8 TzWrG, der seinerseits der Umsetzung des oben Rn 14 wiedergegebenen Art 9 TimesharingRL diente. Der neue Art 29 a Abs 3 sieht – wie bisher § 8 Nr 1 TzWrG – unter bestimmten Voraussetzungen eine Sonderanknüpfung für die deutschen Vorschriften zu Teilzeit-Wohnrechtverträgen vor. Gefordert wird, dass ein Timesharingvertrag über Immobilien nicht dem Recht eines EU/EWR-Staates unterliegt, dass sich aber das Wohngebäude, auf das sich dieser Vertrag bezieht, im Hoheitsgebiet eines EU/EWR-Staates (dazu oben Rn 36 ff) befindet. Der für Art 29 a erforderliche **enge Zusammenhang** wird damit durch das Anknüpfungsmerkmal der Belegenheit im EU/EWR-Gebiet **konkretisiert.** Anders als Art 29 a Abs 1 greift Abs 3 aber nicht nur ein, wenn die Parteien ein drittstaatliches Recht gewählt haben, sondern auch wenn ein drittstaatliches Recht kraft objektiver Anknüpfung gilt (vgl näher unten Rn 64). Zudem lässt die Vorschrift die Anwendung des Abs 1 unberührt („auch anwendbar"), konkretisiert also den engen Zusammenhang bei Immobilien-Timesharingverträgen nur für einen spezifischen Fall (vgl näher unten Rn 61).

58 Die einseitige **Fassung** der Vorschrift ist **vielfach kritisiert** worden, weil sie die zugrundeliegende Richtlinienvorschrift wohl nicht richtlinienkonform umsetzt – ein weitergehender Schutz des Belegenheitsrechts wird nicht zugelassen –; ferner sind eingriffsnormartige Sonderanknüpfungen im EU/EWR-Bereich an sich nur bei hinreichendem Inlandsbezug vertretbar. Er fehlt aber, wenn das Timesharingobjekt in einem anderen EU/EWR-Staat liegt (vgl näher FREITAG/LEIBLE EWS 2000, 348; KROPHOLLER § 52 V 6; MARTINY ZEuP 2001, 323 [„nicht unbedenklich"]; STAUDINGER IPRax 1999, 415; verteidigend dagegen WAGNER IPRax 2000, 257). Auf Kritik ist ferner das wenig klare Verhältnis von Abs 3 zu Abs 1 gestoßen (FREITAG/LEIBLE aaO).

2. Timesharingvertrag

59 Abs 3 definiert den Vertragstypus nicht, den er erfassen will, sondern überlässt das dem deutschen Recht (nunmehr § 481 Abs 1 BGB nF). Dessen Definition entspricht weitgehend Art 2 TimesharingRL. Notwendig ist danach ein Vertrag, der ein Nutzungsrecht an einer Wohneinheit – nach der RL: für mindestens eine Woche pro Jahr – einräumt und eine Laufzeit von mindestens drei Jahren hat. Gleichgültig ist, ob das vertraglich eingeräumte Recht als sachenrechtliche, gesellschaftsrechtliche oder schuldrechtliche Berechtigung ausgestaltet ist. Richtlinie und §§ 481 ff BGB nF wollen Timesharingverträge in jeder Form erfassen (MARTINEK, in: GRABITZ/HILF A 13 Art 2 Rn 88; PALANDT/PUTZO § 1 TzWrG Rn 1 f).

3. Rechtswahl

Eine **Rechtswahl** ist auch für Timesharingverträge **zulässig und grundsätzlich beachtlich.** Vereinbaren die Parteien das Recht eines EU/EWR-Staates, dann gilt uneingeschränkt das Recht dieses Staates einschließlich der TimesharingRL so, wie sie dort umgesetzt (oder auch noch nicht umgesetzt) worden ist. Ebenso wie Abs 1 erfasst Abs 3 diesen Fall nicht (PALANDT/HELDRICH Art 29 a Rn 24). 60

Wählen die Parteien das Recht eines Staates, der kein EU/EWR-Staat ist, dann soll allerdings das TzWrG nach dem Wortlaut des Abs 3 „auch anzuwenden" sein, sofern das Vertragsobjekt in einem EU/EWR-Staat liegt. Diese Formulierung lässt die Frage offen, ob in einem solchen Fall **Art 29 a Abs 1 oder aber als speziellere Regelung ausschließlich Abs 3** gelten soll. Denn die Voraussetzungen beider Vorschriften sind dann verwirklicht; EU/EWR-Belegenheit als enger EU/EWR-Zusammenhang und Wahl drittstaatlichen Rechts treffen zusammen. Die Rechtsfolgen der beiden Vorschriften unterscheiden sich aber: Nach Abs 1 ist die TimesharingRL in der Fassung desjenigen EU-Staates maßgebend, zu dem der engste Bezug besteht, der regelmäßig durch die Belegenheit des Objektes indiziert wird. Nach Abs 3 ist dagegen unabhängig von der Belegenheit stets das deutsche Recht für Teilzeit-Wohnrechteverträge anzuwenden. Folgt man der Ansicht, die Abs 3 vorrangige Geltung einräumt, dann käme das deutsche Recht beispielsweise auch zum Zug, wenn das Wohngebäude in Spanien liegt und die Geltung des Rechts der Isle of Man vereinbart ist (da für die Isle of Man das EU-Recht nicht in vollem Umfang gilt, ist die Insel Drittland; für Geltung des deutschen Rechts in diesen Fällen offenbar MARTINY ZEuP 2001, 323). Nach zutreffender Ansicht hat dagegen **Abs 1 Vorrang vor Abs 3,** der nur anzuwenden ist, wenn die Voraussetzungen des Abs 1 nicht erfüllt sind (ebenso FREITAG/LEIBLE EWS 2000, 348; PALANDT/HELDRICH Art 29 a Rn 6; WEGNER NJ 2000, 410; wohl auch STAUDINGER RiW 2000, 418 f). Denn die einseitige Regel des Abs 3 bedarf dann keiner Durchsetzung, wenn ein enger Zusammenhang mit einem anderen EU/EWR-Staat besteht, in dem die TimesharingRL in der dortigen Fassung gilt, und Art 29 a Abs 1 dieses Recht beruft. In dem geschilderten Beispielsfall kommt das deutsche Recht deshalb nur zur Anwendung, soweit der Vertrag insgesamt einen engeren Bezug zum deutschen als zum spanischen Recht aufweist. Dabei macht Abs 3 allerdings deutlich, dass der engere Bezug regelmäßig zum Belegenheitsstaat führt. Daher wird im Beispielsfall in der Regel die spanische Umsetzung der TimesharingRL anzuwenden sein. 61

Für **Art 29 a Abs 3** bleibt damit in Verbindung mit einer Rechtswahl nur in dem wohl eher seltenen Fall ein möglicher **Anwendungsbereich,** in dem das Timesharingobjekt im EU/EWR-Bereich liegt, die Parteien ein drittstaatliches Recht gewählt haben, aber dennoch kein enger Zusammenhang iSd Abs 1 zum EU/EWR-Gebiet besteht (aA – Geltung des Abs 3 nur bei objektiver Anknüpfung – FREITAG/LEIBLE EWS 2000, 348). Das ist etwa dann der Fall, wenn der Erwerber seinen gewöhnlichen Aufenthalt in einem Drittstaat hat und der Vertrag dort geschlossen wurde. Ob diese Umstände als Anwendungsvoraussetzungen für Abs 3 genügen oder ob für Art 29 a ganz generell der 62 gewöhnliche Aufenthalt des Erwerbers/Verbrauchers im EU/EWR-Gebiet liegen muss, ist allerdings fraglich. Für eine solche Zusatzvoraussetzung spricht, dass Abs 3 die Kollisionsregel der TimesharingRL umsetzen will und die Richtlinie, wie ihr Art 4 und der Erwägungsgrund Nr 10 erkennen lassen, wohl nur für in der Gemeinschaft ansässige Erwerber gelten soll (zum Anwendungsbereich der Richtlinie eingehend MARTINEK, in: GRABITZ/HILF A 13 Art 9 Rn 213 ff). Andererseits ist der Wortlaut des Abs 3 – im Gegensatz auch zur offenen Formulierung des Abs 2 – eindeutig; er setzt eine irgendwie geartete Verbindung des Erwerbers mit dem EU/EWR-Gebiet nicht voraus. Da der nationale Gesetzgeber den Mindestschutz des Richtlinienrechts zudem überbieten darf, sollten daher keine weiteren, den Verbraucherschutz einschränkenden Voraussetzungen in Abs 3 hineininterpretiert werden. Das deutsche Recht für Teilzeit-Wohnrechteverträge schützt damit auch Erwerber aus Drittstaaten; jedoch sollte es für sie nur gelten, wenn das Timesharingobjekt in Deutschland liegt. Denn nur bei hinreichendem Inlandsbezug ist es gerechtfertigt, die §§ 481 ff BGB nF als international zwingend anzusehen.

63 Abs 3 greift nach seinem klaren Wortlaut nicht ein, wenn das **Wohngebäude nicht im EU/EWR-Gebiet** liegt. Auch dann können aber die Voraussetzungen des Abs 1 erfüllt sein. Das wäre der Fall, wenn ein enger Zusammenhang des Vertrages mit dem EU/EWR-Gebiet etwa deshalb besteht, weil der Vertrag hier abgeschlossen wurde und der Erwerber hier seinen gewöhnlichen Aufenthalt hat, und wenn ferner die Parteien ein drittstaatliches Recht vereinbart haben. Mangels Belegenheit des Timesharingobjekts im EU/EWR-Gebiet erfasst Abs 3 diesen Fall nicht. Doch bleibt Abs 1 anzuwenden, nach dessen Regel die TimesharingRL – ebenso wie die weiteren beachtlichen Richtlinien – in der Fassung des EU/EWR-Staates gilt, zu dem der engste Bezug besteht. Das deutsche Recht für Teilzeit-Wohnrechteverträge ist in diesem Fall also nur anwendbar, wenn der engste Bezug zu Deutschland besteht.

4. Objektive Anknüpfung

64 Abs 3 greift auch ein, wenn die Parteien keine Rechtswahl getroffen haben; denn anders als Abs 1 verlangt die Vorschrift nicht, dass die Parteien das Recht eines EU/EWR-Staates abgewählt haben. Vielmehr genügt es, wenn **drittstaatliches Recht kraft objektiver Anknüpfung** gilt (FREITAG/LEIBLE EWS 2000, 349; PALANDT/HELDRICH Art 29 a Rn 6; STAUDINGER RiW 2000, 418 f). Hinzutreten muss ferner, dass das Timesharingobjekt im EU/EWR-Gebiet liegt. Allerdings wird die Belegenheit im EU/EWR-Gebiet in der Regel dazu führen, dass nach Art 28 Abs 3 (= Art 4 Abs 3 EVÜ) objektiv das Recht dieses Belegenheitsortes und damit das Recht eines EU/EWR-Staates gilt. Abs 3 ist dann nicht anwendbar (ebenso PALANDT/HELDRICH Art 29 a Rn 6); vielmehr gilt das Recht des EU/EWR-Staates, in dem das Timesharingobjekt liegt. Art 29 a Abs 3 kann deshalb nur zum Zug kommen, wenn ausnahmsweise über Art 28 Abs 5 (= Art 4 Abs 5 S 2 EVÜ) ein anderes als das Belegenheitsrecht anzuwenden ist. Das erscheint wiederum vor allem möglich, wenn Erwerber aus Drittstaaten Timesharingrechte an Wohngebäuden im EU/EWR-Bereich erwerben. Wie im Fall der Rechtswahl (oben Rn 62) sollte das deutsche Recht für Teilzeit-Wohnrechteverträge dann angewendet werden, jedoch ebenfalls nur, wenn das Wohngebäude sich in Deutschland befindet, da nur dann ein hinreichender Inlandsbezug die Geltung des Inlandsrechts rechtfertigt. Nach anderer Ansicht gilt das deutsche Recht freilich auch, wenn sich das Gebäude in einem anderen EU/EWR-Staat befindet und aus-

5. Abschnitt. Schuldrecht.
1. Unterabschnitt. Vertragliche Schuldverhältnisse

nahmsweise drittstaatliches Recht objektiv maßgebend ist (FREITAG/LEIBLE EWS 2000, 349 [dies allerdings scharf kritisierend]).

Art 30 EGBGB. Arbeitsverträge und Arbeitsverhältnisse von Einzelpersonen

(1) Bei Arbeitsverträgen und Arbeitsverhältnissen darf die Rechtswahl der Parteien nicht dazu führen, daß dem Arbeitnehmer der Schutz entzogen wird, der ihm durch die zwingenden Bestimmungen des Rechts gewährt wird, das nach Absatz 2 mangels einer Rechtswahl anzuwenden wäre.

(2) Mangels einer Rechtswahl unterliegen Arbeitsverträge und Arbeitsverhältnisse dem Recht des Staates,

1. in dem der Arbeitnehmer in Erfüllung des Vertrages gewöhnlich seine Arbeit verrichtet, selbst wenn er vorübergehend in einen anderen Staat entsandt ist, oder

2. in dem sich die Niederlassung befindet, die den Arbeitnehmer eingestellt hat, sofern dieser seine Arbeit gewöhnlich nicht in ein und demselben Staat verrichtet,

es sei denn, daß sich aus der Gesamtheit der Umstände ergibt, daß der Arbeitsvertrag oder das Arbeitsverhältnis engere Verbindungen zu einem anderen Staat aufweist; in diesem Fall ist das Recht dieses anderen Staates anzuwenden.

Materialien: Art 5 Vorentwurf zum EVÜ; Art 6 EVÜ; Bericht GIULIANO/LAGARDE BT-Drucks 10/503, 57 f; Begründung zum Gesetzentwurf der Bundesregierung zur Neuregelung des IPR vom 20.10.1983, BT-Drucks 10/504, 80 f; Berichtigung des Textes in BGBl 1997 I 1061.

Schrifttum

AGEL/PAHLKE, Der internationale Geltungsbereich des Betriebsverfassungsrechts (1988)
AKEHURST, The Law Governing Employment in International Organisations (1967)
ALTES, Grenzüberschreitende Arbeitnehmerüberlassung unter besonderer Berücksichtigung der in der Bundesrepublik, in Frankreich, im Vereinigten Königreich sowie in Italien geltenden Rechtslage (Bonn Diss 1995)
BASEDOW, Seerecht als internationales Wirtschaftsrecht, 147 (1983) 540
ders, Billigflaggen, Zweitregister und Kollisionsrecht in der Deutschen Schiffahrtspolitik, BerDGesVölkR 31 (1990) 75
BEHR, Zum österreichischen und deutschen Arbeitsvertragsrecht, IPRax 1989, 319
BEMM/LINDEMANN, Seemannsgesetz und Tarifverträge für die deutsche Seeschiffahrt (3. Aufl 1991)
BIRK, Auf dem Weg zu einem einheitlichen europäischen Arbeitskollisionsrecht, NJW 1978, 1825
ders, Die multinationalen Korporationen im internationalen Arbeitsrecht, BerDGesVölkR 1978, 298
ders, Internationales Tarifvertragsrecht, in: FS Beitzke (1979) 831
ders, Das internationale Arbeitsrecht der Bundesrepublik Deutschland, RabelsZ 46 (1982) 384
ders, Das Arbeitskollisionsrecht der Bundesrepublik Deutschland, RdA 1984, 133
ders, Der Streik auf „Billig-Flaggen"-Schiffen in deutschen Häfen, IPRax 1987, 14

ders, Die Bedeutung der Parteiautonomie im internationalen Arbeitsrecht, RdA 1989, 201
ders, Deutsches und schweizerisches Arbeitskollisionsrecht – Eine bilaterale Skizze, in: FS Heini (1995) 15
ders, Arbeitsrecht und internationales Privatrecht, RdA 1999, 13
ders, Internationales und europäisches Arbeitsrecht, in: RICHARDI/WLOTZKE (Hrsg), Münchener Handbuch zum Arbeitsrecht I (2.Aufl 2000) 190 (zit: MünchArbR/BIRK)
BLANPAIN/KLEIN, Europäisches Arbeitsrecht (1992)
BORGMANN, Kollisionsrechtliche Aspekte des Arbeitnehmer-Entsendegesetzes, IPRax 1996, 315
CHAUMETTE, Loi du pavillon on statut personnel du navire commelieu habituel de travail? Dr soc 1995, 997
COURSIER, Le conflit de loi en matière de contrat de travail (1993)
ders, Conflits de loi en droit du travail, Jurist Fasc 573–10 (1994)
DÄUBLER, Grundprobleme des internationalen Arbeitsrechts, dargestellt am Beispiel Deutschlands und Italiens, RiW 1972, 1
ders, Das neue Internationale Arbeitsrecht, RiW 1987, 249
ders, Das zweite Schiffsregister (1988)
ders, Arbeitsrecht und Auslandsbeziehungen, AuR 1990, 1
ders, Wahl des anwendbaren Arbeitsrechts durch Tarifvertrag?, NZA 1990, 673
ders, Bundesdeutsches Arbeitsrecht in der ehemaligen DDR, KJ 1992, 259
ders, Der Kampf um einen weltweiten Tarifvertrag (1997)
ders, Neue Akzente im Arbeitskollisionsrecht, RiW 2000, 255
DÄUBLER/KITTNER/LÖRCHER, Internationale Arbeits- und Sozialordnung (2. Aufl 1994)
DEGNER, Kollisionsrechtliche Probleme zum Quasikontrakt (1984)
DEINERT, Arbeitnehmerentsendung im Rahmen der Erbringung von Dienstleistungen innerhalb der Europäischen Union, RdA 1996, 339
DEPREZ, Evolutions récentes des solutions de conflits de lois en matière de contrat de travail international, in: Mélanges Blaise (1995) 165

ders, Rattachements rigides et pouvoir d'appréciation du juge dans la détermination de la loi applicable au contrat de travail international, Dr soc 1995, 323
DROBNIG, Billige Flaggen im Internationalen Privatrecht, BerDGesVölkR 31 (1990) 31
DROBNIG/PUTTFARKEN, Arbeitskampf auf Schiffen fremder Flagge. Das anwendbare Recht/Das Streikrecht Panamas (1989)
EBENROTH/FISCHER/SOREK, Das Kollisionsrecht der Fracht-, Passage- und Arbeitsverträge im internationalen Seehandelsrecht, ZVerglRW 88 (1989) 124
EICHENHOFER, Internationales Sozialrecht und Internationales Privatrecht (1987)
ders, Internationalrechtliche Fragen bei der Insolvenzsicherung von Betriebsrentenansprüchen, IPRax 1992, 74
ELWAN/OST, Kollisionsrechtliche Probleme bei Arbeitsstreitigkeiten zwischen einer Internationalen Organisation und ihren Ortskräften, dargestellt am Beispiel der Arabischen Liga, IPRax 1995, 1
ERBGUTH, Die Zweitregisterentscheidung (1995)
Erfurter Kommentar zum Arbeitsrecht (2. Aufl 2001; zit: ErfurterKomm/Bearbeiter)
ESER, Das Arbeitsverhältnis im Multinationalen Unternehmen (1996)
ders, Kollisionsrechtliche Probleme bei grenzüberschreitenden Arbeitsverhältnissen, RiW 1992, 1
ESSLINGER, Die Anknüpfung des Heuervertrages unter Berücksichtigung von Fragen des internationalen kollektiven Arbeitsrechts (1991)
FRANZEN, Internationales Arbeitsrecht, in: OEHMANN/DIETERICH (Hrsg), Arbeitsrechts-Blattei SD 920 (1993)
ders, Der Betriebsinhaberwechsel nach § 613 a BGB im internationalen Arbeitsrecht (1994)
ders, Rechtsangleichung der Europäischen Union im Arbeitsrecht, ZEuP 1995, 796
ders, „Gleicher Lohn für gleiche Arbeit am gleichen Ort?", DZWir 1996, 89
ders, Arbeitskollisionsrecht und sekundäres Gemeinschaftsrecht: Die EG-Entsende-Richtlinie, ZEuP 1997, 1055
ders, Kündigungsschutz im international tätigen Konzern, IPRax 2000, 506

5. Abschnitt. Schuldrecht.
1. Unterabschnitt. Vertragliche Schuldverhältnisse

GANZERT, Das internationale Arbeitsverhältnis im deutschen und französischen Kollisionsrecht (Diss Regensburg 1992)
GAMILLSCHEG, Ein Gesetz über das internationale Arbeitsrecht, ZfA 14 (1983) 333
ders, Internationales Arbeitsrecht (Arbeitsverweisungsrecht) (1959) (zit: GAMILLSCHEG)
ders, Kollektives Arbeitsrecht. Ein Lehrbuch I (1997) (zit: GAMILLSCHEG, Arbeitsrecht)
GAUL, Die Einrichtung Europäischer Betriebsräte, NJW 1995, 228
GEFFKEN, Das Streikrecht der Seeleute und der Boykott des Hafenpersonals gegenüber Seeschiffen (1978)
HANAU, Das Arbeitnehmer-Entsendegesetz, NJW 1996, 1369
HAUSCHKA/HENSSLER, Ein „Billigarbeitsrecht" für die deutsche Seeschiffahrt, NZA 1988, 597
HEILMANN, Das Arbeitsvertragsstatut (Diss Konstanz 1991)
HERGENRÖDER, Der Arbeitskampf mit Auslandsberührung (1987)
ders, Internationales Tarifvertragsrecht, AR-Blattei SD 1550.15, Tarifvertrag XV (1993)
ders, Internationales Arbeitsrecht im Konzern, ZfA 1999, 1
HÖNSCH, Die Neuregelung des IPR aus arbeitsrechtlicher Sicht, NZA 1988, 113
HOFHERR, Die illegale Beschäftigung ausländischer Arbeitnehmer und ihre arbeitsrechtlichen Folgen (1999)
HOHLOCH, Arbeitsverhältnisse mit Auslandsbezug und Vergütungspflicht, RiW 1987, 353
ders, Rechtswahl, Günstigkeitsprinzip und Mindeststandards – Kollisionsrechtliche Anmerkungen zum Einsatz entsandter Kräfte im Baugewerbe, in: FS Heiermann (1995) 143
A JUNKER, Die „zwingenden Bestimmungen" im neuen internationalen Arbeitsrecht, IPRax 1989, 69
ders, Internationales Arbeitsrecht im Konzern (1992) (zit: JUNKER, Konzern)
ders, Die freie Rechtswahl und ihre Grenzen, IPRax 1993, 4
ders, Zwingendes ausländisches Recht und deutscher Tarifvertrag, IPRax 1994, 21
ders, Neuere Entwicklungen im Internationalen Arbeitsrecht, RdA 1998, 42
ders, Die internationale Zuständigkeit deutscher Gerichte in Arbeitssachen, ZZP Int 1998, 179
ders, Internationales Arbeitsrecht in der Praxis im Blickpunkt: Zwanzig Entscheidungen der Jahre 1994 – 2000, RiW 2001, 94
KÄRCHER, Öffentliches Arbeitsrecht in Fällen mit Auslandsberührung (Diss Marburg 1990)
KEMPEN, Zum interlokalen Tarifrecht zwischen den alten und den neuen Bundesländern, AuR 1991, 129
KIENLE/KOCH, Grenzüberschreitende Arbeitnehmerüberlassung – Probleme und Folgen, DB 2001, 922
KOBERSKI/SAHL/HOLD, Arbeitnehmer-Entsendegesetz (1997)
KOSTKA, Zweitregister für Seeschiffe (Diss Münster 1992)
KREBBER, Internationales Privatrecht des Kündigungsschutzes bei Arbeitsverhältnissen (1997)
ders, Die Vereinbarkeit von Entsenderichtlinie und Arbeitnehmer-Entsendegesetz mit der Dienstleistungsfreiheit und Freizügigkeit des EGV, Jb Junger Zivilrechtswissenschaftler 1997 (1998) 129
ders, Die Bedeutung von Entsenderichtlinie und Arbeitnehmer-Entsendegesetz für das Arbeitskollisionsrecht, IPRax 2001, 22
ders, Die Anwendung des eigenen Arbeitsrechts auf vorübergehend aus einem anderen Mitgliedstaat entsandte Arbeitnehmer. Europa- und kollisionsrechtliche Gedanken, ZEuP 2001, 358
KRIMPHOVE, Europäisches Arbeitsrecht (1996)
KRONKE, Rechtstatsachen, kollisionsrechtliche Methodenentfaltung und Arbeitnehmerschutz im internationalen Arbeitsrecht (1980)
ders, Europäische Vereinheitlichung des Arbeitskollisionsrechts als Wirtschafts- und Sozialpolitik, RabelsZ 45 (1981) 301
ders, Das Arbeitsrecht im Gesetzentwurf zur Neuregelung des Internationalen Privatrechts, DB 1984, 404
KÜHL, Das Gesetz zum deutschen „Internationalen Schiffahrtsregister", TranspR 1989, 89
LAGONI, Koalitionsfreiheit und Arbeitsverträge auf Seeschiffen, JZ 1995, 499
LÖRCHER, Die Normen der Internationalen Arbeitsorganisation (IAO) und das Arbeitsrecht der Bundesrepublik, RdA 1994, 284
E LORENZ, Das objektive Arbeitsstatut nach

dem Gesetz zur Neuregelung des IPR, RdA 1989, 220

ders, Die Rechtswahlfreiheit im internationalen Schuldvertragsrecht, RiW 1987, 569

W LORENZ, Vom alten zum neuen internationalen Schuldvertragsrecht, IPRax 1987, 269

MAGNUS, Zweites Schiffsregister und Heuerstatut, IPRax 1990, 141

ders, Englisches Kündigungsrecht auf deutschem Schiff – Probleme des internationalen Seearbeitsrechts, IPRax 1991, 382

ders, Internationales Seearbeitsrecht, Zweites Schiffsregister und der Europäische Gerichtshof, IPRax 1994, 178

ders, Anm zu BAG v 3.5. 1995, SAE 1997, 31

MANKOWSKI, Arbeitsverträge von Seeleuten im deutschen Internationalen Privatrecht, RabelsZ 53 (1989) 487

ders, Wichtige Klärungen zum Internationalen Arbeitsrecht, IPRax 1994, 88

ders, Seerechtliche Vertragsverhältnisse im Internationalen Privatrecht (1995)

ders, Internationales Seeschiffahrtsregister, Anknüpfung von Heuerverträgen und Qualifikationsfragen im internationalen Arbeitsrecht, IPRax 1996, 405

ders, Ausländische Scheinselbständige und Internationales Privatrecht, BB 1997, 465

ders, Der gewöhnliche Arbeitsort im Internationalen Privat- und Prozeßrecht, IPRax 1999, 332

ders, Arbeitskräfte bei Staaten und staatsnahen Einrichtungen im Internationalen Privat- und Prozeßrecht, IPRax 2001, 123

MORHARD, Die Rechtsnatur der Übereinkommen der Internationalen Arbeitsorganisation (1988)

MORSE, Contracts of employment and the EEC contractual obligations convention, in: NORTH, Contracts Conflicts 143

ders, Consumer contracts, employment contracts and the Rome Convention, ICLQ 1992, 1

Münchener Handbuch zum Arbeitsrecht (hrsg von RICHARDI und WLOTZKE) Bd 1 (2. Aufl 2000) (zit: MünchArbR/Bearb)

POHL, Grenzüberschreitender Einsatz von Personal und Führungskräften, NZA 1998, 735

POLAK, Arbeitsverhoudingen in het Nederlandse internationaal privaatrecht (1988)

PUTTFARKEN, See-Arbeitsrecht: Neues im IPR (1988)

ders, Grundrechte im internationalen Rechtsraum, RiW 1995, 623

REISERER, Allgemeiner Kündigungsschutz bei Arbeitsverhältnissen mit Auslandsbezug, NZA 1994, 673

SCHLACHTER, Grenzüberschreitende Arbeitsverhältnisse, NZA 2000, 57

SCHLÜPERS/OEHMEN, Betriebsverfassungsrecht bei Auslandstätigkeit (1984)

SCHLUNCK, Die Grenzen der Parteiautonomie im internationalen Arbeitsrecht (Diss Bayreuth 1990)

SCHMIDT/HERMESDORF, Internationale Personengesellschaft im internationalen Arbeitsrecht, RiW 1988, 938

SCHNITZLER, Das Günstigkeitsprinzip im internationalen Arbeitsrecht (Diss Köln 1974)

Ch SCHRÖDER, Das Günstigkeitsprinzip im internationalen Privatrecht (1996)

SEIDL/HOHENVELDERN, Leiharbeitnehmer keine Bediensteten Internationaler Organisationen, IPRax 1995, 14

SEYERSTED, Applicable Law in Relations between Intergovernmental Organisations and Private Parties, Rec d Cours 122 (1967-III) 533

SIEHR, Billige Flaggen in teuren Häfen, in: FS Vischer (1983) 303

SIMITIS, Internationales Arbeitsrecht – Standort und Perspektiven, in: FS Kegel (1978) 153

SMITH/CROMACK, International Employment Contracts – The Applicable Law, ILJ 1993, 1

TASCHNER, Arbeitsvertragsstatut und zwingende Bestimmungen nach dem Europäischen Schuldvertragsübereinkommen – Einheitliche Auslegung (2002)

TECH, Günstigkeitsprinzip (Diss FU Berlin 1987)

VERBRAEKEN, Le contrat international de travail, JT 1990, 353

VERWILGHEN, Les règles de droit international privéeuropéen régissant les conflits individuels du travail, Rev gén dr 1991, 79

WALZ, Multinationale Unternehmen und Internationaler Tarifvertrag (1980)

WANK/BÖRGMANN, Deutsches und europäisches Arbeitsrecht (1992)

dies, Die Einbeziehung ausländischer Arbeit-

5. Abschnitt. Schuldrecht.
1. Unterabschnitt. Vertragliche Schuldverhältnisse

Art 30 EGBGB

nehmer in das deutsche Urlaubskassenverfahren, NZA 2001, 177
WEBERS, Das Arbeitnehmer-Entsendegesetz, DB 1996, 574
WERBKE, Die neue Rechtslage nach der Einführung des Internationalen Seeschiffahrtsregisters (1989)
WIMMER, Die Gestaltung internationaler Arbeitsverhältnisse durch kollektive Normenverträge (1992)
ders, Neuere Entwicklungen im internationalen Arbeitsrecht, IPRax 1995, 211
WINKLER VMOHRENFELS, Abschluss des Arbeitsvertrages und anwendbares Recht, in: OETKER/PREIS (Hrsg), Europäisches Arbeits- und Sozialrecht (Losebl 1998) B 3000
YONEZU, Das Mindeststandardschutzprinzip im internationalen Arbeitsvertragsrecht (1993)
ZENZ, Rechtsanwendungsprobleme bei der Entsendung deutscher Arbeitnehmer ins Ausland (Diss Hamburg 1990).

Systematische Übersicht

I. **Regelungsgegenstand und Normzweck** _____ 1
II. **Entstehungsgeschichte** _____ 4
III. **Europäisches Arbeitsrecht** _____ 8
IV. **Rechtsvereinheitlichung im Übrigen**
1. Materielles Einheitsrecht _____ 17
2. Kollisionsrechtsvereinheitlichung _____ 19
V. **Allgemeine Fragen**
1. Qualifikationsmethode im internationalen Arbeitsrecht _____ 20
2. Renvoi _____ 23
3. Ordre public _____ 24
4. Intertemporale Fragen _____ 26
5. Deutsch-deutsches Verhältnis _____ 27
VI. **Von Art 30 erfasste Arbeitsbeziehungen** _____ 33
1. Arbeitsvertrag und Arbeitsverhältnis _____ 35
2. Begriff der Arbeitsbeziehung _____ 35
3. Fallgruppen _____ 38
4. Sonderanknüpfung der Arbeitnehmereigenschaft in besonderen Zusammenhängen _____ 49
VII. **Gewähltes Arbeitsvertragsstatut (Abs 1)**
1. Grundsatz _____ 51
2. Wählbare Rechtsordnungen _____ 52
3. Rechtswahl bei reinem Inlandsfall _____ 53
4. Modalitäten der Rechtswahl _____ 59
5. Rechtswahl durch Tarifvertrag _____ 63
6. Materielle und formelle Gültigkeit der Rechtswahl _____ 65
7. Wirkung der Rechtswahl: Günstigkeitsprinzip _____ 68
   a) Zwingende Bestimmungen _____ 69
   aa) Nationale Vorschriften _____ 70
   bb) Zwingende Schutznormen _____ 72
   cc) Schutzcharakter _____ 75
   dd) Beispiele zwingender Schutznormen _____ 79
   b) Günstigkeitsvergleich _____ 81
   c) Verfahrensrecht _____ 90
VIII. **Objektives Vertragsstatut (Abs 2)**
1. Allgemeines _____ 92
2. Struktur des Abs 2 _____ 94
3. Recht des Arbeitsortes (Abs 2 Nr 1) _____ 98
   a) Gewöhnlicher Arbeitsort _____ 99
   b) Vorübergehende Entsendung _____ 107
   c) Wechsel von vorübergehender zu dauernder Entsendung _____ 112
4. Recht der einstellenden Niederlassung (Abs 2 Nr 2) _____ 114
   a) Grundsatz _____ 114
   b) Arbeitsort in mehreren Staaten _____ 117
   c) Arbeitsort in keinem Staat _____ 119
   d) Einstellende Niederlassung _____ 120
   aa) Niederlassung _____ 121
   bb) Einstellung _____ 123
   e) Änderung der Umstände _____ 127
5. Ausweichklausel (Abs 2 HS 2) _____ 128
   a) Bedeutung _____ 128
   b) Zu berücksichtigende Umstände _____ 132
6. Besondere Arbeitsverhältnisse _____ 139
   a) Heuerverhältnisse allgemein _____ 140

aa)	Rechtsgrundlagen	140	d)	Arbeitsunfälle ... 232
bb)	Anknüpfung	142	e)	Arbeitnehmerhaftung ... 233
b)	Heuerverhältnisse auf deutschen Zweitregisterschiffen	151	f) 4.	Arbeitnehmererfindungen ... 234 Beendigung und Nachwirkungen des
aa)	Rechtsgrundlage	151		Arbeitsverhältnisses ... 235
bb)	Voraussetzungen des § 21 Abs 4 Satz 1 FlaggRG	156	a) b)	Kündigung ... 235 Aufhebungsvereinbarung ... 240
cc)	Anknüpfung	158	c)	Ruhen des Arbeitsverhältnisses ... 241
c)	Arbeitsverhältnisse von Flug-, Bahn- und Fernfahrpersonal	161	d) e)	Betriebsübergang ... 243 Nachvertragliche Pflichten ... 244
d)	Leiharbeitnehmer	167	f)	Betriebliche Altersversorgung ... 246
e)	Diplomatisches und konsularisches Personal	172	**XIII.** 1.	**Internationales Tarifvertragsrecht** Allgemeines ... 248
IX.	**Statutenwechsel; maßgebender Beurteilungszeitpunkt**	173	2. 3.	Qualifikation ... 250 Auf Tarifverträge anwendbares Recht (Tarifvertragsstatut) ... 251
X.	**Form des Arbeitsvertrages**	178	4.	Geltungsbereich des Tarifvertragsstatuts ... 254
XI.	**Korrektur des Vertragsstatuts durch zwingendes Recht**		5.	Internationale Reichweite von Tarifverträgen ... 258
1.	Allgemeines	187		
2.	International zwingendes Recht (Art 34)	192	**XIV.**	**Internationales Betriebsverfassungsrecht**
a)	Bedeutung des Art 34	192	1.	Allgemeines ... 263
b)	International zwingende Normen (Eingriffsnormen)	193	2. 3.	Anknüpfung der Betriebsverfassung 265 Geltungsbereich des internationalen
c)	Verhältnis zwischen Art 30 und 34	203		Betriebsverfassungsrechts ... 272
aa)	Rangkollision zwischen ausländischem Vertragsstatut und deutschen Eingriffsnormen	205	4.	Besonderheiten des Seebetriebsverfassungsrechts ... 273
bb)	Rangkollision zwischen deutschen Eingriffsnormen und deutschem, einfach zwingendem Recht	210	**XV.** 1. 2.	**Internationales Arbeitskampfrecht** Grundsatz ... 275 Arbeitskämpfe auf Schiffen ... 277
d)	Beachtung zwingenden ausländischen Rechts	211	3.	Geltungsbereich des Arbeitskampfstatuts ... 280
XII.	**Reichweite des Vertragsstatuts**		**XVI.**	**Verfahrensfragen**
1.	Grundsatz	214	1.	Gerichtsbarkeit ... 282
2.	Entstehung des Arbeitsverhältnisses	215	2.	Internationale Zuständigkeit ... 283
3.	Wirkungen des Arbeitsverhältnisses	221	a)	GVÜ ... 283
a)	Vergütungsanspruch, Lohnfortzahlung	221	b)	Internationale Zuständigkeit nach autonomem Recht ... 289
b)	Urlaubsanspruch; Erziehungsurlaub	230	3.	Revisibilität ausländischen Rechts 290
c)	Arbeitszeit	231		

5. Abschnitt. Schuldrecht.
1. Unterabschnitt. Vertragliche Schuldverhältnisse

Art 30 EGBGB

Alphabetische Übersicht

Abgeschlossener Vorgang	26
Abschlussort	57, 136
Alkoholgenuss als Kündigungsgrund	25
Allg Geschäftsbedingungen	
– AGB-Gesetz	80
– Rechtswahl durch	67
Allgemeinverbindlichkeitserklärung	257
Altersversorgung	137, 246 f
Arbeitnehmerentsendegesetz	201, 229, 261
Arbeitnehmerhaftung	233
Arbeitnehmerüberlassung	45, 104, 167 ff
– AÜG	172
– echte Leiharbeit	167 ff
– gewerbsmäßige	168, 170
– Überlassungsvertrag	171
– zwingende Vorschriften	172
Arbeitserlaubnis	219
Arbeitskampf	
– Anknüpfung	275 ff
– Geltungsbereich	280
– Rechtswahl	276
– Seeschifffahrt	277 ff
Arbeitsordnungsrecht	190 f
Arbeitsort in keinem Staat	119
Arbeitsort in mehreren Staaten	117 f
Arbeitsort, gewöhnlicher	2, 93, 99 ff
– bei Zweigstellen	102
– Zeitpunkt	175
Arbeitsunfähigkeitsbescheinigung	225
Arbeitsunfall	232
Arbeitsvertrag, Arbeitsverhältnis	20, 33 ff
– Fallgruppen	38 ff
– Merkmale	35 ff
– Sonderanknüpfungen	49 f
Arbeitszeitregelungen	79, 211, 231
Aufhebungsvereinbarung	240
Ausbildungsverhältnis	40
Ausflaggung	152
Auslandsbezug des Vertrages	56 ff
Auslandskorrespondenten	103
Ausstrahlung	107, 269
Ausweichklausel	3, 94 ff, 128 ff
– Bedeutung	128 ff
– Günstigkeitsprinzip	138
– zu berücksichtigende Umstände	132 ff, 150
Bahnpersonal	161, 166

Beendigung des Arbeitsverhältnisses	235 ff
Befristung des Arbeitsverhältnisses	217
Betriebsrat	
– europäischer	15
– Kündigungsschutz	238
– organschaftliche Handlungen	271
s auch Betriebsverfassung	
Betriebsübergang	12, 79, 218, 243
Betriebsvereinbarung	34, 60
Betriebsverfassung	263 ff
– Anknüpfung	265 ff
– Gegenstand der Mitbestimmung	263 f
– Geltungsbereich	272
– Luftfahrtunternehmen	274
– Seeschifffahrtsunternehmen	273
Beweislast	91
Bhagwan-Sekte	38
Billigflagge	146, 150, 279
Bodenpersonal	165
Bohrinsel	115, 119
Callcenter	116
Deliktsrecht	233, 277, 280
Deutsch-deutsches Verhältnis	27 ff
EG-Richtlinien	10 ff
EG-Verordnung über das auf Arbeitsverhältnisse innerhalb der EG anzuwendende Konfliktsrecht	6
Eingriffsnormen	192 ff
Einstellungsort	93
Einstrahlung	107
EMRK	18
Entgeltfortzahlung s Lohnfortzahlung	
Entsendung ins Ausland, EG-Richtlinie	14, 261
Entsendung, vorübergehende	103, 107 ff
– Fristen	111
– Tarifnormen	260
– Wechsel zur dauernden Entsendung	112
Entstehungsgeschichte	4 ff
Entwicklungshelfer	108
Erfindungen des Arbeitnehmers	79, 234
Erziehungsurlaub	230
EuGH-Rechtsprechung	21, 99
Europäisches Arbeitsrecht	8 ff
– Bestand	16

361 Ulrich Magnus

- Regelungsannex des Europarechts — 9
- Richtlinien der EG — 10 ff
- Zuständigkeit der EG — 8
EVÜ — 5 f, 19 ff, 26

Faktisches Arbeitsverhältnis — 33, 101, 125, 216
Familie, Arbeitsverhältnis in der — 46
Feiertage — 211 f, 231
Fernfahrer — 161, 166
Flaggenrecht
- Arbeitskampf — 277 ff
- Heuerstatut — 145 ff, 158 ff
FlaggRG — 151 ff
Fluglinie, Betriebsverfassung — 274
Flugpersonal — 105, 139, 161 ff
Form des Arbeitsvertrags — 178 ff
- Günstigkeitsprinzip — 181 ff
- Kündigungen — 185 f
Formmängel, Heilung — 62
Freier Mitarbeiter — 43
Freistellungsanspruch des Arbeitnehmers — 233
Freizügigkeit, Recht der — 9
Früheres Recht — 4, 7

Gemeinnützige Tätigkeit — 38
Gerichtsbarkeit s Immunität
Gerichtsstands- oder Schiedsgerichtsklausel — 60, 286
Gesamtvergleich bei Günstigkeitsprinzip — 86
Gleichbehandlung der Geschlechter — 79
Gruppenarbeitsvertrag — 34
Gruppenvergleich bei Günstigkeitsprinzip — 84
Günstigkeitsprinzip — 1, 54 f, 68 ff, 81 ff
- Ausweichklausel — 138
- Beachtung zwingenden Auslandsrechts — 212
- Günstigkeitsvergleich — 81 ff
- im Verhältnis von Art 30 und Art 34 — 209 f
- Verfahren — 88, 90 f
- Zeitpunkt — 89
- zwingende Bestimmungen — 69 ff
GVÜ — 19, 282 ff

Haftung des Arbeitnehmers s Arbeitnehmerhaftung
Handelsvertreter — 42
- Frankreich — 22
Heimarbeit — 41, 104
Heuerstatut — 145 ff
- bei Zweitregisterschiffen — 158 ff

ILO — 17
Immunität — 282
Ingmar-Entscheidung des EuGH — 193
Inlandsfall, reiner — 53 ff
Insolvenzgeld — 227
Interlokales Tarifrecht — 31
International Labour Organisation s ILO
Internationale Arbeitsorganisation s ILO
Internationale Organisationen, Beschäftigte — 48
Internationale Zuständigkeit
- nach autonomen Recht — 289
- nach GVÜ — 283 ff
- nach Lugano-Übk — 288
Internationales Arbeitskampfrecht s Arbeitskampf
Internationales Betriebsverfassungsrecht s Betriebsverfassung
Internationales Seeschifffahrtsregister s Zweitregisterschiff
Internationales Tarifvertragsrecht s auch Tarifvertrag — 248 ff
Internet — 116
Intertemporales Recht — 26
IPR-Reform — 4 ff, 26, 141

Jugendschutz — 79, 238

Kleinbetriebsklausel — 237
Kollektives Arbeitsrecht, EG-Richtlinie — 15
Kollektivvereinbarungen — 34, 63, 248 ff
Konkurs des Arbeitgebers, EG-Richtlinie — 13
Konkursausfallgeld — 200, 227
Konkursvorrecht für Arbeitnehmer — 50, 79
Kündigung — 235
Kündigungsschutz — 236 ff
- als ordre public — 24 f
- als zwingende Bestimmung — 79, 196 ff
- besonderer Gruppen — 238 f
Kurzarbeitergeld — 228

Leiharbeit s Arbeitnehmerüberlassung
Lex loci laboris — 4, 98
Lex loci protectionis — 234
Lohnfortzahlung im Krankheitsfall — 199, 222 ff
- EG-Verordnung — 222
- Sonderanknüpfung — 223 ff
Lohngleichheit für Mann und Frau — 9, 79
Luftfahrtunternehmen, Betriebsverfassung — 274

5. Abschnitt. Schuldrecht.
1. Unterabschnitt. Vertragliche Schuldverhältnisse

Art 30 EGBGB

Lugano-Übk	288
Massenentlassungen	11, 197
Mindesturlaub	230
Mutterschutz	79, 198, 226, 238 f
Nachvertragliche Pflichten	244 f
Nichtiger Arbeitsvertrag	33
Niederlassung, einstellende	2, 114 ff
– Begriff der Niederlassung	121 f
– Einstellung	123 ff
– Seeleute	147
– Zeitpunkt	176
Normzweck	1
Objektives Arbeitsvertragsstatut	2
Öffentlicher Dienst	47
Öffentlich-rechtliche Vorschriften	190 f
Ordre public	24 f
Ortskräfte	103, 270
Parteiwille, Parteiautonomie	1, 51
Patentanmeldung	234
Piloten s Flugpersonal	
Probezeit	111
Qualifikation	20 ff
– autonom-rechtsvergleichende	20, 35
– Konflikte	22
– nach lex causae	20
– nach lex fori	20
Rangkollisionen	205 ff
Rechtsanwendungsgesetz (RAG)	27
Rechtsvereinheitlichung über die EG hinaus	17 ff
– Kollisionsrechtsvereinheitlichung	19
– materielles Einheitsrecht	17 f
Rechtswahl	1, 51 ff
– bei reinem Inlandsfall	53 ff
– durch AGB	67
– durch Tarifvertrag	63 f
– Form	65
– für Tarifvertrag	252
– materielle Wirksamkeit	65
– Modalitäten	59 ff
– nachträgliche	62
– Seearbeitsverhältnisse	142 ff
– stillschweigende	60 f

– wählbare Rechtsordnungen	52
– Wirkungen	68 ff
– Zustandekommen	65
Referenzstatut	1
Regelanknüpfung	2
Regelungsgegenstand	1
Registerort	137
Renvoi	23, 268, 276
Revisibilität ausländischen Rechts	288
Rheinschiffer, Arbeitsbedingungen	18
Rosinentheorie	85
Rück- oder Weiterverweisung s Renvoi	
Ruhen des Arbeitsverhältnisses	241 f
Scheinselbständigkeit	44
Schiffspersonal s Seeleute	
Schutznormen	72 ff
Schwangerschaft und Kündigungsschutz	198, 238 f
Schwerbehindertenschutz	79, 198
Seeforderungen	288
Seeleute	
– Arbeitskampf	277 ff
– Betriebsverfassung	273
– Heuerstatut	145 ff
– Rechtsgrundlagen	140 f
– Rechtswahl	142 ff
– Zweitregisterschiff s dort	
Seemannsgesetz	141
Selbständigkeit, Abgrenzung	36 f
Sonderanknüpfungen	49 f, 189
Sozialauswahl	237
Sprache des Vertrags	136
Staatsangehörigkeit	57, 134 f
Statutenwechsel	107, 127, 173 ff
Straßenverkehr, Übk über Arbeitsbedingungen	18
Streik s Arbeitskampf	
Streitkräfte, stationierte	266
Tarifvertrag	34, 60 f
– Allgemeinverbindlichkeitserklärung	257
– internationaler Geltungsbereich	258 ff
– Internationales Tarifvertragsrecht	248 ff
– Qualifikation	250
– Rechtswahl durch Tarifvertrag	63 f
– Rechtswahl für Tarifvertrag	252
– Schutznormen	78
– Tarifbindung	255

– Tariffähigkeit	254	Währung	136
Tarifvertragsstatut		Wehrdienst	242
– Anknüpfung	251 ff	Wettbewerbsverbote	245
– Geltungsbereich	254 ff	Wintergeld	238
– Tarifwirkung	256		
Teilzeitarbeit	39, 231	Zeitpunkt der Beurteilung	173 ff
Telearbeit	41, 104	Zuschuss zum Mutterschaftsgeld	226
Territorialitätsprinzip	265	Zuständigkeit s Internationale Zuständigkeit	
		Zweitregisterschiff, deutsches	
Unfallverhütung	211	– Anknüpfung	158 ff
Urheberrecht	234	– Rechtsgrundlage	151 ff
Urlaub	79, 230	– Tarifverträge	262
		– Voraussetzungen gemäß FlaggRG	156 f
Verfahrensrecht	88, 90 f, 282 ff	Zwingende Normen	
Vergütungsanspruch	221 ff	– Ingmar-Entscheidung des EuGH	193
Verjährungsregeln	80	– international zwingende Normen	73 f, 191 ff
Vertragsstatut		– Korrektur des Vertragsstatuts	187 ff
– gewähltes	51 ff	– Verhältnis von Art 30 und Art 34	203 ff
– Korrektur durch zwingendes Recht	187 ff	– zwingendes ausländisches Recht	211 ff
– objektives	92 ff	– zwingende Bestimmungen nach Art 30	69 ff
– Reichweite	214 ff	– nationale Vorschriften	70 f
Völkerrecht, allgemeines	18, 48	– Schutzcharakter	75 ff
Vorvertragliche Pflichten	215	– Schutznormen	72 ff

I. Regelungsgegenstand und Normzweck

1 Die Vorschrift legt die **Anknüpfung für individuelle Arbeitsrechtsbeziehungen fest.** Sie trägt bereits auf der Ebene des Kollisionsrechts der besonderen Schutzbedürftigkeit des Arbeitnehmers Rechnung, der in aller Regel die sozial und wirtschaftlich schwächere der beteiligten Parteien ist (Begründung BT-Drucks 10/504, 81; GIULIANO/LAGARDE 57). Die allgemeinen Anknüpfungsregeln der Art 27 und 28 werden bei Arbeitsverhältnissen deshalb in ähnlicher Weise modifiziert, wie das Art 29 für Verbraucherverträge vorsieht. Im Übrigen bleiben sie – insbes Art 27, 31, 32, 35 – aber anwendbar. Der Grundsatz der freien Rechtswahl wird in Art 30 Abs 1 zwar anerkannt, jedoch in seinen Wirkungen beschränkt, denn „(d)ie soziale Abhängigkeit des einzelnen Arbeitnehmers lässt einen Interessenausgleich allein auf der Grundlage des Parteiwillens nicht zu" (Begründung aaO). Eine Rechtswahl ist daher zwar zulässig; sie darf dem Arbeitnehmer aber nicht jenen Schutz entziehen, den ihm die zwingenden Bestimmungen des objektiv geltenden Rechts gewähren (Abs 1). Das objektive Vertragsstatut steht damit bei einer Rechtswahl als **Referenzstatut** stets im Hintergrund. Bei einem Auseinanderfallen des gewählten und des objektiv geltenden Statuts hat das dem Arbeitnehmer günstigere zwingende Recht zu gelten. Diesem **Günstigkeitsgedanken** ist die Vorschrift insgesamt verpflichtet.

2 Das **objektive Arbeitsvertragsstatut** richtet sich grundsätzlich nach dem gewöhnlichen Arbeitsort (Abs 2 Ziffer 1); nur wo sich dieser nicht einem einzigen Staat zuordnen lässt, gilt das Recht am Ort der einstellenden Niederlassung (Abs 2 Ziffer 2). Den engsten Bezug hat das Arbeitsverhältnis nach diesen beiden Regelanknüpfungen damit im Grundsatz zum Recht am Ort der Arbeitstätigkeit, hilfsweise zum – als Einstellungsort modifizierten – Abschlussort.

Der Schlusshalbsatz des Abs 2 (sog **Ausweichklausel**) erlaubt es, von den Regeln des Abs 2 abzugehen und ein anderes Recht anzuwenden, soweit zu ihm im Ganzen engere Beziehungen bestehen.

II. Entstehungsgeschichte

Vor der Reform von 1986 beruhte das deutsche internationale Arbeitsrecht ebenso wie das internationale Vertragsrecht insgesamt auf Gewohnheitsrecht, das die Rechtsprechung entwickelt hatte. Eine Rechtswahl war grundsätzlich zulässig, setzte aber einen materiellen Auslandsbezug voraus (etwa RAGE 12, 131; BAGE 7, 357; 13, 121 und stdg). In reinen Inlandsfällen wurde die Wahl ausländischen Rechts deshalb als unwirksam betrachtet (vgl näher MünchKomm/MARTINY[1] Vor Art 12 Rn 185). Mangels Rechtswahl galt das Recht am Arbeitsort (lex loci laboris; BAGE 7, 362 BAGE; 16, 215; zu Einzelfragen MünchKomm/MARTINY[1] Vor Art 12 Rn 187 ff).

Mit Art 30 EGBGB hat der deutsche Gesetzgeber das internationale Arbeitsvertragsrecht erstmals gesetzlich geregelt und hier die entsprechende Regelung aus dem EVÜ (Art 6) übernommen. Die geringen sprachlichen Änderungen gegenüber Art 6 EVÜ haben kein materielles Gewicht, sondern nur redaktionellen Charakter. So wurden insbesondere die Hinweise in Art 6 Abs 1 und 2 EVÜ auf Art 3 EVÜ (Rechtswahlfreiheit) und Art 4 EVÜ (objektive Anknüpfung) nicht übernommen. Es ist aber auch für Art 30 EGBGB klar, dass dort, wo er keine abweichende Regelung trifft, die allgemeinen Vorschriften – Art 27, 31, 32, 35, 36 – gelten (vgl unten Rn 51).

Art 6 EVÜ war seinerseits in ähnlicher Form bereits im EVÜ-Entwurf von 1972 (dort Art 2 Abs 3 und Art 5) vorgesehen. Seine endgültige Ausgestaltung ist allerdings auch beeinflusst worden von dem inzwischen aufgegebenen Vorschlag einer Verordnung des Rates über das auf Arbeitsverhältnisse innerhalb der Europäischen Gemeinschaften anzuwendende Konfliktrecht (KOM [75] 653 endg) vom 28. 4. 1976 (vgl GIULIANO/LAGARDE 58; zu dem Vorschlag insbes KRONKE RabelsZ 45 [1981] 308 ff).

Der **zentrale Unterschied der jetzigen Regelung in Art 30 zum früheren deutschen Recht** besteht darin, dass nunmehr zwischen gewähltem und objektiv geltendem Recht stets ein Günstigkeitsvergleich durchzuführen und nur das Recht anzuwenden ist, das für den Arbeitnehmer günstiger ist.

III. Europäisches Arbeitsrecht

Die **Zuständigkeit der EG** zur gesetzlichen Regelung des Individual- und Kollektivarbeitsrechts ist **bisher begrenzt.** Nur soweit das ordnungsgemäße Funktionieren des gemeinsamen Marktes eine Angleichung erforderlich macht (Art 3 lit h EGV), besteht über Art 94 und 95 EGV eine allgemeine Rechtsetzungskompetenz, für die – wie für alle Gemeinschaftsaktivitäten – jedoch das Subsidiaritätsprinzip des Art 5 EGV zu beachten ist (näher BEUTLER/BIEBER/PIPKORN/STREIL 13.3.2; FRANZEN ZEuP 1995, 798 ff; umfassend MünchArbR/BIRK §§ 18, 19).

9 Im Übrigen ist das **Arbeitsrecht im EGV** im Wesentlichen **Regelungsannex anderer europarechtlicher Bereiche** (insbes in Art 136 ff EGV). So berührt die Arbeitnehmerfreizügigkeit (Art 39 ff EGV) auch das Individualarbeitsrecht, da Vertrags- oder Verbandsklauseln unwirksam sind, die die Freizügigkeit – etwa durch Ablösesummen etc – einschränken (vgl EuGH NJW 1996, 505 – Bosman). Das Arbeitsrecht ist ferner als Teilgebiet in die Sozialpolitik eingebunden (Art 136 ff EGV); hier werden primär die Arbeitssicherheit und das Arbeitsschutzrecht sowie berufliche Bildung, nunmehr aber auch das Arbeitsrecht und die Arbeitsbedingungen sowie Kollektivregelungen erfasst und der Regelungskompetenz der Gemeinschaft unterstellt (Art 136, 140 EGV; eingehend FRANZEN ZEuP 1995, 800 f; MünchArbR/BIRK § 18 Rn 23 ff; ferner BLANPAIN/ KLEIN 48 ff; KRIMPHOVE 189 ff). Am unmittelbaren Anwendungsvorrang des Gemeinschaftsrechts nimmt der Grundsatz der Lohngleichheit für Mann und Frau teil (Art 141 EGV; EuGH Slg 1976, 455 – Defrenne II). Zu seiner Konkretisierung ist eine ganze Reihe von Richtlinien erlassen worden (dazu BEUTLER/BIEBER/PIPKORN/STREIL 13.3.3; FRANZEN ZEuP 1995, 807 ff; KRIMPHOVE 143 ff; MünchArbR/BIRK § 19 Rn 306 ff).

10 Weitere **wichtige Richtlinien,** die in das Individualarbeitsrecht hineinwirken, betreffen den Arbeitnehmerschutz

11 – bei **Massenentlassungen** (RL 75/129/EWG, ABl 1975 Nr L 48 S 29; RL 92/56/EWG, ABl 1992 Nr L 245 S 3 idF der RL 98/59/EG, ABl 1998 Nr L 225 S 16);

12 – beim **Betriebsübergang** (RL 77/187/EWG, ABl 1977 Nr L 61 S 26, neu gefasst durch die Richtlinie 98/50/EG vom 29.6.1998, ABl 1998 Nr L 201 S 88);

13 – beim **Konkurs** des Arbeitgebers (RL 80/987/EWG, ABl 1980 Nr L 283 S 23);

14 – bei der **Entsendung** von Arbeitnehmern ins EG-Ausland (RL 96/71/EG, ABl 1997 Nr L 18 12).

15 Im Bereich des **kollektiven Arbeitsrechts** schreibt etwa die Richtlinie 94/45/EG (ABl 1994 Nr L 254 S 64) die Einrichtung europäischer Betriebsräte vor, soweit größere gemeinschaftsweit operierende Unternehmen oder Unternehmensgruppen Betriebe in mindestens zwei Mitgliedstaaten haben (näher GAUL NJW 1995, 228 ff; KRIMPHOVE 270 ff; MünchArbR/BIRK § 19 Rn 455 ff).

16 Insgesamt ist in der EU trotz der begrenzten Rechtsetzungsbefugnis zum Gebiet des Arbeitsrechts bereits ein beachtlicher Bestand europäischen Arbeitsrechts entstanden (Übersicht bei MünchArbR/BIRK § 19 sowie KRIMPHOVE passim). Gleichwohl hat er immer noch rudimentären und fragmentarischen Charakter und wird der Bedeutung der Arbeitsrechtsbeziehungen für die wirtschaftliche Integration Europas nicht gerecht.

IV. Rechtsvereinheitlichung im Übrigen

1. Materielles Einheitsrecht

17 Vereinheitlichtes Arbeitsrecht ist vor allem in den zahlreichen Konventionen enthalten, die die **internationale Arbeitsorganisation** (International Labour Organisation, ILO, Sitz Genf) bisher erarbeitet hat. ZT beschränken sich diese mehr als

180 Übereinkommen allerdings auf sehr enge Regelungsbereiche und auf die Formulierung von Minimumstandards. Die Bundesrepublik hat etwa 70 der Übereinkommen ratifiziert (vgl Fundstellennachweis B zum BGBl; ferner den auswählenden Überblick in MünchArbR/Birk § 17 Rn 71 f sowie Lörcher RdA 1994, 284 ff; zu den Übereinkommen näher Morhard passim; zur ILO etwa Bartolomei de la Cruz/vPotobsky/Swepston, The International Labor Organization [1996]).

Weitere internationale Übereinkommen regeln etwa Arbeitsbedingungen des Fahrpersonals im Straßenverkehr (Übk vom 1. 7. 1970 [AETR], BGBl 1974 II 1475) oder der Rheinschiffer (Übk vom 21. 5. 1954, BGBl 1957 II 217). Zur begrenzten arbeitsrechtlichen Bedeutung der EMRK sowie weiterer allgemeiner internationaler Pakte und des allgemeinen Völkerrechts vgl eingehend MünchArbR/Birk § 17 Rn 7 ff, 76 ff. **18**

2. Kollisionsrechtsvereinheitlichung

Das EVÜ hat das internationale Arbeitsvertragsrecht in den EG-Mitgliedstaaten auf eine einheitliche Basis gestellt (vgl schon oben Rn 5 f). Verfahrensrechtlich ergänzen Art 5 Nr 1 und Art 17 Abs 5 GVÜ die Kollisionsrechtsvereinheitlichung um Zuständigkeitsregeln für Arbeitsvertragsstreitigkeiten (dazu unten Rn 282 ff). **19**

V. Allgemeine Fragen

1. Qualifikationsmethode im internationalen Arbeitsrecht

Die Qualifikationsmethode ist gerade für das internationale Arbeitsrecht, insbesondere für den Begriff des Arbeitsvertrags- und Arbeitsverhältnisses umstritten (zur konkreten Festlegung dieser Begriffe vgl unten Rn 33 ff; allgemein zur Qualifikation im internationalen Vertragsrecht vgl Einl 37 ff zu Art 27 ff). In Deutschland wird verbreitet die Qualifikation nach der lex fori vertreten (vBar II Rn 446; Däubler RiW 1987, 250; Franzen, AR-Blattei Rn 63; Ganzert 36; MünchKomm/Martiny Art 30 Rn 7; **anders** aber Reithmann/Martiny/Martiny Rn 1333). Demgegenüber schlägt man etwa in England die Qualifikation nach der lex causae vor (Dicey/Morris II 33–051; Morse ICLQ 1992, 13; **anders** aber Kaye 77). Nach der hier vertretenen Ansicht sind die aus dem EVÜ stammenden Begriffe schon aufgrund des Art 36 EGBGB **autonom-rechtsvergleichend** festzulegen (vgl Einl 38 ff zu Art 27 ff; ebenso Czernich/Heiss/Rudisch Art 6 Rn 6; Heilmann 40; Mankowski BB 1997, 466; MünchArbR/Birk § 19 Rn 3, 60; Reithmann/Martiny/Martiny Rn 1333; Soergel/ vHoffmann Art 30 Rn 4; Winkler vMohrenfels, in Oetker/Preis Rn 24). Der Kreis der beachtlichen Rechtsordnungen beschränkt sich dabei allerdings auf die EVÜ-Vertragsstaaten. Die kollisionsrechtlichen Begriffe des Art 30 sind deshalb so auszulegen und anzuwenden, wie sie in diesen Staaten von Rechtsprechung und gesicherter Lehre verstanden werden. **20**

Dabei ist auch die **Rechtsprechung des EuGH** heranzuziehen, soweit sie im EVÜ verwendete Begriffe – wenn auch in anderen Zusammenhängen, insbesondere im Rahmen des GVÜ – bereits autonom-rechtsvergleichend ausgelegt hat (vgl etwa EuGH Slg 1987, 239 – Shenavai/Kreischer; EuGH Slg 1993, I 4075 – Mulox/Geels und insbes EuGH EuZW 1997, 143 – Rutten/Cross Medical Ltd). **21**

Qualifikationskonflikte sind damit in der Regel ausgeschlossen. Schwierigkeiten kön- **22**

nen aber Fälle bereiten, in denen Vertragsstaaten eine bestimmte Qualifikation gesetzlich festlegen, wie zB in Frankreich bestimmte Handelsvertreter gesetzlich Arbeitnehmern gleichgestellt sind (vgl Art L 751–1 bis 751–15; R 751–1 bis 751–5; D 751–1 bis D 751–12 Code du Travail). Auch in diesen Fällen ist die rechtsvergleichend erarbeitete Begriffsbestimmung maßgebend (so im Ergebnis auch LAG Düsseldorf RiW 1992, 402; LAG Frankfurt aM RiW 1992, 403 m zust Anm KLIMA). Der Grund dafür liegt darin, dass das Gebot des Art 36 EGBGB leerliefe und die mit dem EVÜ angestrebte Einheitlichkeit gefährdet wäre, wenn jeder Vertragsstaat die Qualifikation des Begriffs ‚Arbeitsverhältnis' selbständig festlegte. Ob die Kollisionsnorm des Art 30 für ein konkretes Handelsvertreterverhältnis eingreift, hängt deshalb nur davon ab, ob die autonom bestimmten Voraussetzungen des Begriffs ‚Arbeitsvertrag/Arbeitsverhältnis' erfüllt sind. Nationale Regeln der genannten Art, die bestimmte Personen mit Arbeitnehmern gleichstellen, bleiben deshalb auf der kollisionsrechtlichen Ebene solange unberücksichtigt, als sie nicht ihrerseits Ausdruck einer insoweit einheitlichen Auffassung der Vertragsstaaten sind (so im Ergebnis LAG Düsseldorf, LAG Frankfurt aM m Anm KLIMA aaO).

2. Renvoi

23 Eine **Rück-** oder **Weiterverweisung** ist – wie allgemein im internationalen Vertragsrecht (Art 35 EGBGB = Art 15 EVÜ) – **nicht** zu beachten. Rechtswahl und objektive Anknüpfung führen stets zu den Sachnormen der berufenen Rechtsordnung. Doch haben die Parteien die Freiheit, ausdrücklich nur ein bestimmtes Kollisionsrecht zu wählen (vgl dazu Art 27 Rn 14).

3. Ordre public

24 Wie generell im internationalen Schuldvertragsrecht wird die allgemeine Ordre-public-Vorschrift des Art 6 EGBGB auch in internationalen Arbeitsrechtsfällen **nur ausnahmsweise** zum Zug kommen und die Anwendung ausländischen Rechts untersagen. Art 34 EGBGB erübrigt inzwischen weitgehend den Rückgriff auf Art 6, da er international zwingendes Inlandsrecht ohnedies gegen ein ausländisches Vertragsstatut durchsetzt (ebenso FRANZEN, AR-Blattei Rn 130; JUNKER 315 ff; MünchArbR/BIRK § 19 Rn 96; REITHMANN/MARTINY/MARTINY Rn 1369). So verletzt es nicht den deutschen ordre public, wenn etwa eine ausländische Rechtsordnung für die Anfangszeit eines Beschäftigungsverhältnisses keinen Kündigungsschutz gewährt (BAGE 63, 17 [30], zust FRANZEN, AR-Blattei Rn 30; JUNKER SAE 1990, 328; MAGNUS IPRax 1991, 386; ferner auch LAG München IPRax 1992, 97).

25 Die allgemeine Vorbehaltsklausel kann aber zB eingreifen, wenn bei **hinreichendem Inlandsbezug** – deutsches Unternehmen stellt Deutschen für längeres Projekt in islamischem Land ein – ausländisches Vertragsstatut an die Verletzung der eigenen Kulturvorstellungen sehr rigide Vertragsfolgen knüpft (etwa fristlose Kündigung bei Genuss schon von wenig Alkohol).

4. Intertemporale Fragen

26 Der am 1. 9. 1986 in Kraft getretene Art 30 gilt nach der Übergangsregel des Art 220 Abs 1 EGBGB für alle seither eingegangenen Arbeitsverhältnisse (eingehend dazu

STAUDINGER/DÖRNER [1996] Art 220 Rn 60; ferner Einl 43 ff zu Art 27 ff). Für „vor dem 1. 9. 1986 abgeschlossene Vorgänge" ist nach der Übergangsregelung dagegen weiterhin das bisherige internationale Privatrecht maßgebend. Umstritten ist allerdings, ob Arbeitsverträge, die vor dem Stichtag begründet wurden und danach fortbestanden oder immer noch bestehen, als abgeschlossene oder unabgeschlossene Vorgänge zu betrachten sind. Nach inzwischen herrschender Auffassung unterliegen **über den 1. 9. 1986 hinausdauernde Arbeitsverhältnisse** in den Wirkungen, die erst nach diesem Datum eingetreten sind, **dem neuen IPR** (BAGE 71, 297 [307 f] = AR-Blattei ES 920 Nr 3 m Anm FRANZEN = IPRax 1994, 123 m Aufs MANKOWSKI IPRax 1994, 88 ff, m Anm MARTINY EWiR 1993, 673 f = SAE 1994, 37 m Anm JUNKER; vBAR I Rn 397; DÄUBLER RiW 1987, 256; HÖNSCH NZA 1988, 119; KOCH/MAGNUS/WINKLER vMOHRENFELS 77, 90 ff; E LORENZ RdA 1989, 228; MANKOWSKI RabelsZ 53 [1989] 514; ders IPRax 1994, 89 ff; REITHMANN/MARTINY/MARTINY Rn 134 f; RÜTHERS/HEILMANN EzA Art 30 EGBGB Nr 1; STAUDINGER/DÖRNER [1996] Art 220 Rn 62; WINKLER vMOHRENFELS, in: OETKER/PREIS Rn 152). Der entscheidende Grund für diese Ansicht ist die beabsichtigte Rechtsvereinheitlichung, die mit der Übernahme des EVÜ im internationalen Schuldvertragsrecht erreicht werden sollte (vgl BAGE 71, 297 [306]). Bei einem Festhalten am alten IPR wäre sie für zahlreiche Fälle noch auf längere Zeit aufgeschoben; ferner würde für längere Zeit eine Aufspaltung des Kollisionsrechts eintreten. Auch müssten bestehende, uU völlig gleichartige Arbeitsverhältnisse sonst unterschiedlichen Anknüpfungsregeln unterworfen werden.

5. Deutsch-deutsches Verhältnis

Für Arbeitsbeziehungen, die vor der deutschen Einigung bestanden und **Bezüge** **27** sowohl **zum Gebiet der DDR als auch zu einem dritten** Staat hatten, gilt gemäß Art 236 § 1 EGBGB das bisherige (DDR-)IPR. In § 27 Abs 1 RAG berief es – ohne Rechtswahlmöglichkeit – grundsätzlich „das Recht des Staates, in dem sich der Sitz des Betriebes befindet, mit dem das Arbeitsverhältnis besteht." Lagen Arbeitsort und Wohnsitz des Werktätigen im selben Staat, galt dessen Recht (§ 27 Abs 2 RAG).

Bei interlokalen, **deutsch-deutschen Arbeitsverhältnissen,** wenn es sie denn überhaupt **28** gegeben hat, wurden die IPR-Regeln analog (so in der Bundesrepublik) oder unmittelbar angewendet (so in der DDR).

Soweit allerdings vor dem 3. 10. 1990 begründete Arbeitsbeziehungen, die einen **29** internationalen oder interlokalen Bezug hatten, **nach dem Stichtag** fortdauerten oder noch fortdauern, sind ihre Wirkungen jetzt einheitlich nach dem Recht zu beurteilen, das aus Art 30 EGBGB folgt (vgl BAG NZA 1994, 622; BGHZ 124, 270 [zum interlokalen Recht]; eingehend mit umfassenden Nachweisen STAUDINGER/DÖRNER [1996] Art 236 Rn 65, 95; WINKLER vMOHRENFELS, in: OETKER/PREIS Rn 153 ff; aA etwa ANDRAE, in: JAYME/FURTAK 244; vgl auch Einl 46 ff zu Art 27 ff).

Der interne Übergang vom Arbeitsrecht der früheren DDR zum bundesdeutschen **30** Arbeitsrecht und die **Überleitung der Arbeitsverhältnisse,** die am 3. 10. 1990 im Beitrittsgebiet bestanden, richten sich nach Art 232 § 5 EGBGB (eingehend dazu STAUDINGER/RAUSCHER [1996] Art 230 Rn 26 ff, Art 232 § 5 EGBGB Rn 1 ff).

Soweit derzeit noch arbeitsrechtliche **Unterschiede zwischen dem westdeutschen und** **31** ostdeutschen Teil der Bundesrepublik fortbestehen – insbesondere im interlokalen Tarifrecht zwischen BAT und BAT-O –, kommt es nach der Rechtsprechung des BAG auf den tatsächlichen Arbeitsort und die dort geltende Regelung an (BAG AuR 1993, 410; BAG NJ 1996, 327; ferner KEMPEN AuR 1991, 129 ff). Eine kurzfristige Entsendung oder Abordnung in ein anderes (Tarif-)Gebiet ändert den gewöhnlichen Arbeitsort nicht (BAG aaO). Längerfristige Beschäftigung in einem (Tarif-)Gebiet unterstellt das Arbeitsverhältnis dagegen der dort geltenden (Tarif-)Ordnung. Bei Rückkehr in das vorherige Tarifgebiet gilt jedoch wieder dessen Ordnung (BAG NJ 1996, 328 [329] m Anm ANDRAE). Ob ein Arbeitnehmer am Beschäftigungsort kurzzeitig oder längerfristig eingesetzt werden soll, bemisst sich dabei allein nach den Erklärungen, die der Arbeitgeber bei Beginn des Arbeitseinsatzes abgegeben hat (BAG NJ 1996, 325).

32 Gewährt der Arbeitgeber einem Mitarbeiter, der von einem Tarifgebiet in ein anderes wechselt, Leistungen fort, die dem Mitarbeiter nach dem Tarifrecht am neuen Beschäftigungsort nicht zustehen, dann können dortige Mitarbeiter auf vergleichbaren Stellen nach dem Gleichbehandlungsgrundsatz diese Leistungen ebenfalls beanspruchen (BAG NJ 1996, 328 m Anm ANDRAE, die auch auf Sonderfälle – Beschäftigung in mehreren Tarifgebieten – hinweist).

VI. Von Art 30 erfasste Arbeitsbeziehungen

1. Arbeitsvertrag und Arbeitsverhältnis

33 Art 30 erfasst **sämtliche Formen von Arbeitsbeziehungen** zwischen Arbeitnehmern und Arbeitgebern, sowohl rechtlich wirksame Arbeitsverträge wie auch nichtige, aber durchgeführte Verträge oder faktische Arbeitsverhältnisse (so ausdrücklich GIULIANO/LAGARDE 58; vgl auch MünchKomm/MARTINY Art 30 Rn 7 ff; PALANDT/HELDRICH Art 30 Rn 2; SOERGEL/vHOFFMANN Art 30 Rn 11; WINKLER vMOHRENFELS, in: OETKER/PREIS Rn 25; zum EVÜ ebenso CZERNICH/HEISS/RUDISCH Art 6 Rn 8). Zwar verwendet nur der deutsche Text des als Art 30 EGBGB übernommenen Art 6 EVÜ die Begriffe ‚Arbeitsvertrag' und ‚Arbeitsverhältnis', während sich die übrigen Fassungen mit ‚Arbeitsvertrag' (contract of employment, contrat de travail etc) begnügen. Doch bestand bei Schaffung des EVÜ Einigkeit, dass auch De-facto-Arbeitsverhältnisse eingeschlossen sein sollten (GIULIANO/LAGARDE aaO). Ferner unterfallen wirksam abgeschlossene, aber nicht durchgeführte Arbeitsverträge der Vorschrift.

34 Art 30 gilt ferner trotz der insoweit etwas missverständlichen Überschrift – Verträge „von Einzelpersonen" – auch bei Gruppenarbeitsverträgen (GAMILLSCHEG ZfA 14 [1983] 333; SOERGEL/vHOFFMANN Art 30 Rn 10). Der Abschluss und die Gültigkeit **internationaler Kollektivvereinbarungen** zwischen Vertretungen der Arbeitnehmer und der Arbeitgeber wie Tarifverträge, Betriebsvereinbarungen etc unterliegen dagegen grundsätzlich dem Recht, das aus Art 27, 28 folgt (näher BAG MDR 1992, 270; JUNKER IPRax 1994, 21; PALANDT/HELDRICH Art 30 Rn 3; WIMMER IPRax 1995, 211; ebenso für das EVÜ CZERNICH/HEISS/RUDISCH Art 6 Rn 9 f; DICEY/MORRIS II 33–051; PLENDER Rn 8–02; **aA** MünchArbR/BIRK § 19 Rn 6). Art 30 gilt für sie nicht (GIULIANO/LAGARDE 57; BIRK, in: FS Beitzke 848; DÄUBLER RiW 1987, 250; MünchArbR/BIRK § 19 Rn 6; MünchKomm/MARTINY Art 30 Rn 83; SOERGEL/vHOFFMANN Art 30 Rn 10). Freilich schließt die Rechtsordnung, der die individuelle Arbeitsbeziehung nach Art 30 untersteht, dort geltende Tarifverträge gewöhnlich ein (vgl unten Rn 78, 258 ff).

2. Begriff der Arbeitsbeziehung

Die Begriffe ‚Arbeitsvertrag' und ‚Arbeitsverhältnis' sind **autonom-rechtsverglei-** 35
chend zu qualifizieren (vgl oben Rn 20 ff). Die materiell-rechtlichen Anforderungen, unter denen die Mitgliedstaaten und die Rechtsprechung des EuGH eine Arbeitsbeziehung annehmen, stimmen allerdings ganz weitgehend überein, so dass die Qualifikation in der Regel keine Probleme aufwirft (eingehend MANKOWSKI BB 1997, 466 ff).

Grundsätzlich müssen für einen Arbeitsvertrag vier Voraussetzungen gegeben sein: 36

- die Pflicht, Dienstleistungen gegen Geld zu erbringen;

- die Weisungsgebundenheit und Fremdbestimmtheit der Tätigkeit;

- die Einbindung des Verpflichteten in die Organisation und den Betrieb des Leistungsgläubigers;

- die wirtschaftliche und persönliche Abhängigkeit des Verpflichteten (vgl für Deutschland: BAGE 30, 163 [169]; BAGE 69, 62 [67]; für Frankreich: Cass D 1977.173 note JEAMMAUD; TEYSSIÉ, Droit du Travail I^2 [1992] Rn 394 ff; für Großbritannien etwa Young and Woods Ltd v West [1980] IRLR 201; Hall v Lorimer [1994] IRLR 171 [CA]; für das Gemeinschaftsrecht vgl EuGH [noch zu Art 48 EGV]: EuGH Slg 1982, 1035 [1048] – Levin/Staatssecretaris van Justitie; EuGH Slg 1988, 3205 [3244] – Lawrie-Blum/Land Baden-Württemberg; EuGH Slg 1989, 1621 – Bettray/Staatssecretaris van Justitie).

Zentrales Abgrenzungskriterium ist die Selbständigkeit oder Abhängigkeit gegen- 37
über dem Auftraggeber, mit der die Leistung erbracht wird. Dabei ist letztlich entscheidend, welche der beiden Parteien angemessenerweise das wirtschaftliche und soziale (Unfall-, Krankheits- etc) **Risiko der Tätigkeit** tragen soll. Auf die äußere Bezeichnung kommt es nicht an. Auch die gewählte rechtliche Konstruktion ist nicht allein entscheidend, insbesondere nicht bei sogenannten Scheinselbständigen (vgl auch hess LAG LAGE § 611 Nr 41 m Anm MANKOWSKI [polnische Arbeiter als ‚Gesellschafter' der Beschäftigungsfirma eingestellt]; vgl noch unten Rn 44).

3. Fallgruppen

Wann ein Arbeitsvertrag vorliegt, ist in problematischen Fällen anhand der genann- 38
ten Kriterien im Einzelnen zu ermitteln. Allgemeine Aussagen lassen sich nur begrenzt treffen. Unproblematisch fallen alle ‚normalen' Arbeitsbeziehungen unter Art 30, bei denen jemand seine **gesamte Arbeitskraft und Arbeitszeit fremdnützig und fremdbestimmt in persönlicher Abhängigkeit gegen Entgelt für einen anderen einsetzt** (Lohnarbeit in Industrie, Handel, Landwirtschaft, aber zB auch im Sport- oder Kulturbereich). Meist tritt ein gewisses Dauerelement der Beschäftigung hinzu. Ob der Arbeitgeber eine natürliche oder juristische Person ist oder ob die Arbeitstätigkeit für ihn im privaten, im gemeinnützigen, im wissenschaftlichen, im kulturellen oder im gewerblichen Bereich erfolgt, ist dagegen gleichgültig (EuGH Slg 1988, 6159 – Steymann/Staatssecretaris van Justitie [Tätigkeit für Bhagwan-Sekte]). Ferner kommt es nicht auf die Höhe oder Angemessenheit des Entgelts an (so [noch zu Art 48 EGV]: EuGH Slg 1982, 1035 – Levin/Staatssecretaris van Justitie). Unerheblich ist ferner, ob der Arbeitgeber

eine natürliche oder juristische Person, ein in einem Staat ansässiges oder ein multinationales Unternehmen ist (zu Arbeitsverhältnissen im öffentlichen Dienst und bei internationalen Organisationen vgl aber unten Rn 48). Ebenso wenig spielt die Abgrenzung zwischen Angestellten und Arbeitern eine Rolle. Deshalb werden **auch leitende Arbeitnehmer** im Rahmen eines Arbeitsverhältnisses tätig, soweit es um ihr Verhältnis zu ihrem Arbeitgeber und nicht um die Wirkungen ihres Handelns als Organ einer Gesellschaft etc geht (vgl OLG München LAG-E § 145, 1 m Anm MANKOWSKI [Anstellung als Geschäftsführer]; ebenso POHL NZA 1998, 735 ff; VISCHER/HUBER/OSER Rn 773).

39 Auch **Teilzeitarbeit** wird erfasst (so [noch zu Art 48 EGV]: EuGH Slg 1982, 1035 [1048] – Levin/Staatssecretaris van Justitie; ebenso KAYE 222; MANKOWSKI BB 1997, 468).

40 **Ausbildungsverhältnisse** fallen unter Art 30, sofern der Auszubildende eine gewisse Arbeitsleistung zu erbringen hat und nicht ausschließlich Schüler, Lehrgangsteilnehmer etc ist (ebenso SOERGEL/vHOFFMANN Art 30 Rn 7 und [zum EVÜ] CZERNICH/HEISS/RUDISCH Art 6 Rn 12; offenbar auch MünchArbR/BIRK § 19 Rn 213).

41 Schließlich ist ohne ausschlaggebenden Belang, wo der tatsächliche Arbeitsplatz liegt. Auch Verträge über **Heimarbeit oder Telearbeit** können – und werden häufig – Arbeitsverträge iSd Art 30 sein.

42 **Handelsvertreter** sind in der Regel keine Arbeitnehmer (ebenso Rb Arnhem NIPR 1992 Rn 4. 9.; SOERGEL/vHOFFMANN Art 30 Rn 8; zur Anknüpfung ihrer Verträge vgl Art 28 Rn 271 ff). Ihre Vertragsverhältnisse können nur dann als Arbeitsverträge qualifiziert werden, wenn im Einzelfall die unternehmerische Freiheit des Handelsvertreters so eingeschränkt ist, dass von freier Gestaltung der Tätigkeit, insbesondere der Arbeitszeit nicht mehr die Rede sein kann. Das kommt vor allem bei Einfirmenvertretern in Betracht. Auf gesetzliche Festlegungen im internen Recht kann es dagegen nicht ankommen (vgl oben Rn 22).

43 Die Verträge sogenannter **freier Mitarbeiter,** insbesondere im Medien- und Kulturbereich, die nur von Fall zu Fall beschäftigt werden, fallen nicht unter Art 30, soweit die Mitarbeiter zwar Weisungen im Hinblick auf das Arbeitsergebnis unterworfen, bei dessen Erstellung im Übrigen aber frei sind. Hier handelt es sich nur um Werkverträge. Häufig setzen diese Verträge aber die völlige, auch zeitliche Einordnung in die jeweilige Produktion, Aufführung etc voraus. Sie sind dann als Arbeitsverträge zu qualifizieren.

44 Bei sog **Scheinselbständigen** und **arbeitnehmerähnlichen Personen** – zB Reinigungskraft, die auf Werkvertragsbasis ständig für ein einziges Unternehmen arbeitet – muss die Ausgestaltung des Einzelfalles ergeben, ob Art 30 zum Zug kommt (zu Scheinselbständigen im IPR vgl MANKOWSKI BB 1997, 665 ff; MünchArbR/BIRK § 20 Rn 216; WINKLER vMOHRENFELS, in: OETKER/PREIS Rn 26 ff; ebenso zum EVÜ: CZERNICH/HEISS/RUDISCH Art 6 Rn 18). Vielfach wird es sich hier in Wahrheit um Arbeitsverhältnisse im oben gekennzeichneten Sinn handeln.

45 **Leiharbeitsverhältnisse** erfasst Art 30 ebenfalls (so im Ergebnis hess LAG AR-Blattei ES Internationales Arbeitsrecht 920 Nr 4 m eingehender Anm MANKOWSKI; näher zur Arbeitnehmerüberlassung unten Rn 167 ff).

Nach Art 30 sind auch **Arbeitsverhältnisse zwischen Familienmitgliedern,** insbes Ehe- 46
gatten zu beurteilen (im Ergebnis ebenso FG Düsseldorf RiW 1992, 160; zum EVÜ ebenso:
CZERNICH/HEISS/RUDISCH Art 6 Rn 11).

Unter Art 30 fallen ferner die privatrechtlichen Arbeitsverträge der **Beschäftigten des** 47
öffentlichen Dienstes (so EuGH Slg 1986, 2121 – Lawrie-Blum/Land Baden-Württemberg für
Art 38 EGV [sogar Beamte]; ebenso [zum EVÜ] CZERNICH/HEISS/RUDISCH Art 6 Rn 13; aA SOERGEL/vHOFFMANN Art 30 Rn 7). Gleiches gilt für die nach privatem Arbeitsrecht beschäftigten **Mitarbeiter diplomatischer Vertretungen,** soweit diese Kräfte keine hoheitlichen Aufgaben wahrnehmen (BAG NZA 1998, 813; LAG Berlin IPRax 2001, 144 m Aufs
MANKOWSKI IPRax 2001, 123). Bei hoheitlicher Tätigkeit im eigentlichen Sinn fehlt es
dagegen bereits an der deutschen Gerichtsbarkeit (vgl auch unten Rn 282).

Problematisch ist, welchem Recht die Arbeitsverhältnisse der **Beschäftigten interna-** 48
tionaler Organisationen unterstehen. Grundsätzlich wird kraft Völkergewohnheitsrechts das eigenständige Dienstrecht der jeweiligen Organisation angewendet (BAG
IPRspr 1973 Nr 127; AKEHURST 102 f; CZERNICH/HEISS/RUDISCH Art 6 Rn 14; ELWAN/OST IPRax
1995, 6 m w Nachw; SEIDL-HOHENVELDERN IPRax 1995, 15; SEYERSTED Rec d Cours 122 [1967-III]
536). Die Art 27 ff, insbes Art 30 EGBGB gelten dann nicht. Soweit es um die Arbeitsverhältnisse von Ortskräften mit untergeordneten Aufgaben geht, wird freilich
vertreten, Art 30 anzuwenden (so ELWAN/OST IPRax 1995, 6 ff). Fehlt ein eigenständiges
Dienstrecht der Organisation, dann wird über Art 30 das entsprechende nationale
Arbeitsrecht zu gelten haben (wohl ebenso SEIDL-HOHENVELDERN/LOIBL, Das Recht der
Internationalen Organisationen [7. Aufl 2001] Rn 1042 ff; für Recht am Sitz der Organisation MünchArbR/BIRK § 20 Rn 214).

4. Sonderanknüpfung der Arbeitnehmereigenschaft in besonderen Zusammenhängen

Mit der Qualifikation eines Rechtsverhältnisses als Arbeitsvertrag ist in der Regel 49
die Feststellung zwingend verbunden, dass eine der Parteien Arbeitnehmer ist. In
besonderen Zusammenhängen hat die deutsche Rechtsprechung die Arbeitnehmereigenschaft jedoch gelegentlich nicht nach dem an sich maßgeblichen Arbeitsvertragstatut, sondern im Weg der Sonderanknüpfung ermittelt.

Das hatte die Rechtsprechung etwa zum **Konkursvorrecht für Arbeitnehmer** unter 50
dem früheren § 61 Abs 1 Nr 1a KO angenommen (BAG ZIP 1992, 1158). Ob jemand
Arbeitnehmer oder Selbständiger im Sinn dieser Vorschrift war, wurde im konkursrechtlichen Zusammenhang allein dem deutschen Recht entnommen, auch wenn das
Arbeitsverhältnis ausländischem Recht unterstand (BAG aaO). Zur Begründung
wurde auf den international zwingenden Charakter des deutschen Konkursrechts
verwiesen, dessen Vorschriften als Eingriffsnormen iSd Art 34 EGBGB zu betrachten seien. Der Grundsatz der gleichmäßigen Befriedigung der Gläubiger verlange,
dass die zwingenden Konkursvorrechte nicht durch „eine (teilweise) Anknüpfung an
eine ausländische Rechtsordnung verändert werden" (BAG ZIP 1992, 1159). Indessen
ging es nicht um eine Veränderung der Konkursvorrechte durch Anwendung ausländischen Rechts, sondern um die Frage, ob ein Konkursgläubiger diese Vorrechte in
Anspruch nehmen konnte, weil er zu einer bestimmten Gläubigerklasse gehörte. Ob
ein Konkursgläubiger Arbeitnehmer war, war damit eine Vorfrage, die das Konkurs-

recht selbst gar nicht beantwortete und deren Beantwortung auch zu keiner Änderung des inländischen Konkursrechts führte. Vorfragen wurden und werden vielmehr grundsätzlich selbständig angeknüpft, um den internen und den internationalen Entscheidungseinklang zu wahren (vgl etwa BGHZ 43, 213 [218]; BGHZ 78, 288; KEGEL/SCHURIG § 9 II; KROPHOLLER § 32 IV). Eine unselbständige Anknüpfung der Arbeitnehmereigenschaft an den Konkursort müsste deshalb besondere Gründe für sich haben. Sie sah das BAG offenbar in der besonderen Schutzbedürftigkeit der Arbeitnehmer. Diesem Gedanken wird aber Rechnung getragen, wenn die Arbeitnehmereigenschaft im Rahmen des Art 30 in der oben Rn 35 ff geschilderten Weise autonom-rechtsvergleichend bestimmt wird. Die arbeitnehmertypische Schutzbedürftigkeit verlangt nicht, die Arbeitnehmereigenschaft unselbständig anzuknüpfen.

VII. Gewähltes Arbeitsvertragsstatut (Abs 1)

1. Grundsatz

51 Eine Rechtswahl für Arbeitsverhältnisse ist zulässig. Art 30 Abs 1 anerkennt die von Art 27 eingeräumte Rechtswahlmöglichkeit und respektiert damit die **Parteiautonomie auch im internationalen Arbeitsrecht.** Die Vorschrift begrenzt die Wirkungen der Rechtswahl aber strenger, als Art 27 dies allgemein für Schuldverträge vorsieht: Die Rechtswahl darf den Arbeitnehmer nicht um den Schutz der zwingenden Bestimmungen des objektiv geltenden Rechts bringen (dazu unten Rn 68 ff). Im Übrigen ist Art 27 jedoch für die Rechtswahl in vollem Umfang anwendbar, wie der Text des Art 6 Abs 1 EVÜ deutlicher erkennen lässt, der Art 30 nur als teilweise Einschränkung des Art 27 kennzeichnet (vgl auch Trib Liège JTT 1997, 150 f; GIULIANO/LAGARDE 57; MünchArbR/BIRK § 20 Rn 3; MünchKomm/MARTINY Art 30 Rn 10; PALANDT/HELDRICH Art 30 Rn 4; RIGAUX/FALLON II 596; SOERGEL/vHOFFMANN Art 30 Rn 12). Auch die übrigen allgemeinen Vorschriften zum internationalen Vertragsrecht – Art 31, 32, 35, 36 – bleiben anwendbar.

2. Wählbare Rechtsordnungen

52 Die Parteien können jede beliebige (geltende) Rechtsordnung wählen (vgl näher Art 27 Rn 34 ff). Anders als etwa im Schweizer Recht (Art 121 Abs 3 IPRG) ist ihre Wahlmöglichkeit nicht auf bestimmte Rechte beschränkt. Es braucht auch kein Bezug zum gewählten Recht zu bestehen; die Wahl eines neutralen Rechts ist zunächst uneingeschränkt anzuerkennen (MünchArbR/BIRK § 19 Rn 4; MünchKomm/MARTINY Art 30 Rn 10; PALANDT/HELDRICH Art 30 Rn 4; SMITH/CROMACK ILJ 1993, 4; SOERGEL/vHOFFMANN Art 30 Rn 12; WINKLER vMOHRENFELS, in: OETKER/PREIS Rn 33; **anders** nach altem IPR: BIRK NJW 1978, 1825; SIMITIS, in: FS Kegel 153; jetzt noch ebenso SCHMIDT/HERMESDORF RiW 1988, 939). Wirkungsschranken folgen nur noch aus Art 27 Abs 3 (unten Rn 53 ff), dem Mindestschutz des objektiv geltenden Rechts (unten Rn 68 ff) sowie aus Art 34 (unten Rn 187 ff).

3. Rechtswahl bei reinem Inlandsfall

53 Im Rahmen des Art 30 Abs 1 ist auch Art 27 Abs 3 zu beachten (ERMAN/HOHLOCH Art 30 Rn 8; MünchArbR/BIRK § 20 Rn 5; MünchKomm/MARTINY Art 30 Rn 11; PALANDT/HELDRICH Art 30 Rn 4; REITHMANN/MARTINY/MARTINY Rn 1341; SOERGEL/vHOFFMANN Art 30 Rn 14). In einem reinen Inlandsfall können die Parteien zwar wirksam fremdes Recht wäh-

len; ihre Wahl hat aber nur materiell-rechtliche Bedeutung: Sie belässt dem gesamten zwingenden Inlandsrecht seine Geltung und beruft nur noch im Übrigen das gewählte Recht (wie hier DÄUBLER RiW 1987, 250; GAMILLSCHEG ZfA 14 [1983] 327; Münch-Komm/MARTINY Art 30 Rn 11; SCHLUNCK 34 ff; SOERGEL/VHOFFMANN Art 30 Rn 14; ebenso [zum EVÜ] CZERNICH/HEISS/RUDISCH Art 6 Rn 26; aA – kollisionsrechtliche Verweisung – JUNKER, KONZERN 249 f; E LORENZ RdA 1987, 569; MünchArbR/BIRK § 20 Rn 5; für eingeschränkte kollisionsrechtliche Verweisung WINKLER vMOHRENFELS, in: OETKER/PREIS Rn 37).

Die Vorschrift hat bei Arbeitsverträgen an sich die Wirkung, dass sie **alles zwingende** **54** **Inlandsrecht in Kraft** lässt, selbst dann, wenn es für den Arbeitnehmer ungünstiger ist als das gewählte Recht. Indessen will Art 30 das **Günstigkeitsprinzip** durchsetzen. Nach zutreffender Ansicht geht deshalb das gewählte dem über Art 27 Abs 3 berufenen zwingenden Recht vor, wenn es für den Arbeitnehmer günstiger ist (ErfurterKomm/SCHLACHTER Rn 15; FRANZEN, AR-Blattei Rn 126; SCHURIG RabelsZ 54 [1990]; wohl auch ERMAN/HOHLOCH Art 30 Rn 8; JUNKER IPRax 1989, 72 und PALANDT/HELDRICH Art 30 Rn 4; die abweichende Ansicht in KOCH/MAGNUS/WINKLER vMOHRENFELS 170 gebe ich auf). Nach **aA** hat dagegen Art 27 Abs 3 Vorrang; das zwingende Inlandsrecht ist ohne Rücksicht darauf anzuwenden, ob das gewählte Recht dem Arbeitnehmer günstigere Bestimmungen enthält (so DROSTE 217; HEILMANN 108; E LORENZ RiW 1987, 574; MünchKomm/MARTINY Art 30 Rn 27; SOERGEL/VHOFFMANN Art 30 Rn 14; offen gelassen bei REITHMANN/MARTINY/MARTINY Rn 1363).

Indessen ist kein überzeugender Grund ersichtlich, weshalb dem Arbeitnehmer das **55** günstigere vereinbarte Recht vorenthalten werden sollte. Mit der Rechtswahl würde ihm sonst in der Tat „Sand in die Augen gestreut" (so JUNKER IPRax 1989, 72). Das Günstigkeitsprinzip des Art 30 dringt deshalb auch im Verhältnis zu Art 27 Abs 3 durch.

Neben Art 30 hat Art 27 Abs 3 damit nur geringe praktische Bedeutung, nämlich bei **56** ‚neutralem', zwingenden Inlandsrecht wie zB Arbeitskleidungsvorschriften etc. Denn Schutzvorschriften des objektiv geltenden Arbeitsrechts, meist des Rechts am (inländischen) Arbeitsort sind schon über Art 30 zu beachten. Wann bei Arbeitsverhältnissen ein **reiner Inlandsfall** vorliegt, kann gleichwohl problematisch sein (näher ErfurterKomm/SCHLACHTER Art 27 ff EGBGB Rn 15). Eindeutig ist nur der Fall, dass die Rechtswahl – und ggfs eine zusätzliche Gerichtswahl – den einzigen Bezugspunkt zu einem ausländischen Recht darstellt. Hier fehlt schon nach dem Wortlaut des Art 27 Abs 3 ein hinreichender Auslandsbezug.

Fraglich ist dagegen, ob Art 27 Abs 3 auch eingreift, wenn etwa für das Arbeits- **57** verhältnis eines Gastarbeiters, der seit langem in der Bundesrepublik lebt, sein Heimatrecht oder ein drittes Recht vereinbart wird. ME sollten für Art 27 Abs 3 nur solche **Merkmale** des sonstigen Sachverhalts Beachtung finden, **die für das Arbeitsverhältnis aktuelle Bedeutung haben.** Eine seit Jahren vom Aufenthaltsrecht überlagerte Staatsangehörigkeit sollte jedenfalls nicht dazu führen, dass am Arbeitsort geltende Schutzvorschriften durch Rechtswahl ausgehebelt werden können (ebenso SOERGEL/VHOFFMANN Art 30 Rn 14; **aA** – Staatsangehörigkeit genügt als Auslandselement – ErfurterKomm/SCHLACHTER Art 27 ff EGBGB Rn 15; vgl auch Art 27 Rn 124). Ein ausländischer Abschlussort (Anwerbeort) vermittelt dagegen gewöhnlich einen hinreichenden Auslandsbezug (str, näher Art 27 Rn 123).

58 Eine weitergehende Ansicht will für arbeitsrechtliche Fälle nur dann von Art 27 Abs 3 absehen, wenn ein so starker Auslandsbezug des Falles gegeben ist, dass er nicht hinweggedacht werden kann, ohne dass der Vertrag dann ein **anderes Gepräge** erhielte (so ZENZ 126). Doch widerspricht diese Auffassung zum einen schon dem Wortlaut des Art 27 Abs 3 („... Sachverhalt ... nur mit einem Staat verbunden"). Zum andern bleibt zu vage, welcher Auslandsbezug denn genügen soll.

4. Modalitäten der Rechtswahl

59 Die Rechtswahl kann, wie in Art 27 vorgesehen, ausdrücklich oder stillschweigend, bei Vertragsschluss oder später erfolgen; sie kann sich auf den gesamten Vertrag oder abtrennbare Teile beziehen (zu Fällen ausdrücklicher Rechtswahl vgl BAG NZA 1999, 546; zu einer Teilrechtswahl BAG BB 1998, 1008; BAG IPRax 1999, 174 m Auts KREBBER IPRax 1999, 165 = AR-Blattei ES, Internationales Arbeitsrecht Nr 5 m Anm MANKOWSKI; ferner zu diesen Entscheidungen JUNKER RiW 2001, 95 f; insgesamt zur Rechtswahl auch Art 27 Rn 52 ff).

60 Eine **stillschweigende Rechtswahl** muss sich mit hinreichender Sicherheit aus dem Vertrag oder den Fallumständen ergeben (Art 27 Abs 1 Satz 2). Das ist etwa der Fall bei einer Gerichtsstands- oder Schiedsgerichtsklausel, soweit danach das jeweilige Gericht voraussehbar von einem bestimmten Recht ausgehen wird (LAG Niedersachsen AR-Blattei ES, Internationales Arbeitsrecht Nr 6 m Anm MANKOWSKI; vgl ferner Art 27 Rn 68 f). Die übereinstimmende Bezugnahme auf Vorschriften eines bestimmten Arbeitsrechts bedeutet ebenfalls in der Regel eine stillschweigende Rechtswahl (BAG IPRspr 1991 Nr 68; Bezugnahme auf bestimmte Fristen genügte aber nicht in Trib Paris RCDIP 1997, 55 m Anm MOREAU). Auch die Bezugnahme auf einen Tarifvertrag, eine Betriebsvereinbarung oder auf Arbeitsbedingungen genügt, soweit diese ihrerseits eine Rechtswahl enthalten (DÄUBLER NZA 1990, 674 f; ErfurterKomm/SCHLACHTER Art 27 ff EGBGB Rn 5; FRANZEN, AR-Blattei Rn 68; MünchArbR/BIRK § 20 Rn 7; nach REITHMANN/MARTINY/MARTINY Rn 1337 liegt hierin bereits eine ausdrückliche Rechtswahl).

61 So hat es die Rechtsprechung als stillschweigende Wahl des deutschen Rechts angesehen, dass das Einstellungsschreiben die gesetzlichen Kündigungsfristen des deutschen Rechts, die beim deutschen Arbeitgeber geltenden Tarifverträge und eine „Betriebliche Ordnung" des Arbeitgebers für anwendbar erklärt hatte (BAG AR-Blattei ES, Auslandsarbeit 340 Nr 15 m Anm MANKOWSKI; LAG Köln LAGE Art 30 EGBGB Nr 4 m Anm MANKOWSKI; zurückhaltender aber etwa LAG Bremen RiW 1996, 1038 [1039 f]). Eine vorübergehende Entsendung des Arbeitnehmers stellt dagegen keine stillschweigende Wahl desjenigen Rechts dar, das am Entsendungsort gilt (BAG aaO m insoweit zust Anm MANKOWSKI). Andernfalls wäre der Entsendungsvorbehalt in Art 30 Abs 2 Nr 1 unverständlich.

62 Eine **nachträgliche Rechtswahl** können die Parteien jederzeit, insbesondere noch im Verfahren treffen. Das alleinige Argumentieren mit deutschem Arbeitsrecht im Prozess stellt aber dann keine stillschweigende Rechtswahl dar, wenn jedes Rechtswahlbewusstsein fehlt (ebenso SCHLACHTER NZA 2000, 59; ErfurterKomm/dies Art 27 ff EGBGB Rn 5; vgl näher Art 27 Rn 70 ff). Die nachträgliche Wahl führt zu einem Statutenwechsel, der jedoch eine frühere Formgültigkeit des Arbeitsvertrages wie auch Rechte Dritter unberührt lässt (Art 27 Abs 2 Satz 2). War der Arbeitsvertrag nach dem früheren

Statut formunwirksam, ist er nach dem neuen jedoch wirksam, dann tritt Heilung des Formmangels ein (vgl Art 27 Rn 111).

5. Rechtswahl durch Tarifvertrag

Es wird als zulässig angesehen, dass ein Tarifvertrag das anwendbare Recht für die erfassten Arbeitsverhältnisse bestimmt (BIRK RdA 1989, 203; DÄUBLER NZA 1990, 674; ders AuR 1990, 8; FRANZEN, AR-Blattei Rn 68; JUNKER 437; MünchArbR/BIRK § 20 Rn 8; REITHMANN/ MARTINY/MARTINY Rn 1337; SOERGEL/vHOFFMANN Art 30 Rn 13; WIMMER 69; ebenso unter dem früheren IPR: LAG Rheinland-Pfalz IPRspr 1981 Nr 44). Für tarifgebundene Parteien kann sich deshalb eine wirksame Rechtswahl daraus ergeben, dass der für sie **geltende Tarifvertrag eine Rechtswahl** vorsieht (vgl die in der vorigen N Genannten). Die Wirksamkeit dieser Rechtswahl wird jedoch zT nicht Art 30, sondern dem Tarifrecht entnommen, da EGBGB und EVÜ eine Rechtswahl durch die Parteien des einzelnen Vertrages verlangten (HEILMANN 50; MünchArbR/BIRK aaO). Art 27 schließt mE jedoch nicht aus, dass eine Rechtswahl durch Kollektivvertreter der einzelnen Partei für alle Arbeitsverträge getroffen wird, die die Kollektivvereinbarung erfasst (ebenso WINKLER vMOHRENFELS; in: OETKER/PREIS Rn 51). Der Bericht von GIULIANO/LAGARDE, auf den sich die zitierte Ansicht zur Begründung beruft, hebt nur hervor, dass Art 30 sich nicht auf Tarifverträge, sondern allein auf Individualverträge beziehe (GIULIANO/LAGARDE 57). Er ergibt aber nicht, dass die Geltung der Art 27, 28 für Tarifverträge ausgeschlossen sei. 63

Eine **tarifvertragliche Rechtswahl**, die für einen Einzelarbeitsvertrag gilt, unterliegt jedoch denselben Schranken, die Art 30 Abs 1 für individuell vereinbarte Rechtswahlvereinbarungen aufstellt: Günstigeres Recht des objektiv geltenden Statuts kann sie nicht verdrängen. 64

6. Materielle und formelle Gültigkeit der Rechtswahl

Das **Zustandekommen** und die **materielle Wirksamkeit** der Rechtswahl beurteilen sich gemäß Art 27 Abs 4, 31 nach dem in Aussicht genommenen Recht. Für die **Form** des Verweisungsvertrages gelten gemäß Art 27 Abs 4 dieselben Regeln wie für den Arbeitsvertrag selbst (Art 11; vgl dazu unten Rn 178 ff). Bei Maßgeblichkeit deutschen Rechts ist die Rechtswahl formfrei. Für die Form des Arbeitsvertrages gilt aber das Gesetz über den Nachweis der für ein Arbeitsverhältnis geltenden wesentlichen Bedingungen vom 20. 7. 1995 (NachwG; BGBl 1995 I 946) als zwingendes inländisches Schutzrecht iSd Art 30. 65

Den gleichen Regeln untersteht eine Rechtswahl, die in einem Tarifvertrag enthalten ist. Ob der Tarifvertrag seinerseits wirksam ist und Dritte bindet, richtet sich nach dem für ihn geltenden Recht (dazu unten Rn 248). 66

Ob eine **Rechtswahl, die in allgemeinen Geschäftsbedingungen des Arbeitgebers** enthalten ist, Wirkung entfaltet, richtet sich ebenfalls nach dem gewählten Recht. Doch kann sich der Arbeitnehmer nach Art 31 Abs 2 gegenüber einer formularmäßigen Rechtswahl auf solche Vorschriften am Ort seines gewöhnlichen Aufenthalts berufen, die seinem Verhalten – anders als das in den AGB vorgesehene Recht – keine Vertragsschlusswirkung zuschreiben. Das betrifft vor allem den Fall, dass sein Auf- 67 enthaltsrecht anders als das klauselmäßig gewählte Recht Schweigen auf ein Angebot für wirkungslos erklärt. Doch ist auch die Überraschung oder Verwirrung des Arbeitnehmers durch eine unerwartete oder undurchschaubare Rechtswahlklausel Verhalten iSd Art 31 Abs 2, das die Anwendung seines Aufenthaltsrechts rechtfertigt (vgl näher Art 27 Rn 144). Bei gewöhnlichem Aufenthalt des Arbeitnehmers in Deutschland ist deshalb § 3 AGBG anzuwenden. Soweit gewöhnlicher Aufenthaltsort und gewöhnlicher Arbeitsort nicht im selben Staat liegen, wird dem Arbeitnehmer die Berufung auf jedes dieser beiden Rechte zu gestatten sein. Die Begründung folgt aus dem in Art 30 verankerten Günstigkeitsprinzip, das grundsätzlich die Schutzvorschriften durchsetzt, die am gewöhnlichen Arbeitsort gelten.

7. Wirkung der Rechtswahl: Günstigkeitsprinzip

68 Die Rechtswahl hat bei Arbeitsverträgen nur begrenzte Wirkung. Sie kann das zwingende und für den Arbeitnehmer günstigere Recht der objektiven, gemäß Art 30 Abs 2 maßgebenden Rechtsordnung nicht verdrängen. Dieses **Günstigkeitsprinzip** stellt den **beherrschenden Gedanken der Sonderregelung für internationale Arbeitsverträge** dar und dient dem Schutz des Arbeitnehmers. Ihm als der typischerweise sozial und wirtschaftlich schwächeren Partei darf eine Rechtswahl nicht den Mindestschutz ‚seines' Rechts entziehen (Begründung BT-Drucks 10/504, 81; GIULIANO/LAGARDE 57). Freilich ist weder die Festlegung derjenigen Bestimmungen, die als zwingend zu betrachten sind, noch der Günstigkeitsvergleich selbst unproblematisch.

a) Zwingende Bestimmungen

69 Die zwingenden Bestimmungen iSd Abs 1 sind weder im Gesetz noch im Bericht von GIULIANO/LAGARDE näher definiert. Es lässt sich aus dem Text der Art 27–37 lediglich ableiten, dass die zwingenden Bestimmungen des Art 30 Abs 1 weder mit den zwingenden Bestimmungen in Art 27 Abs 3 noch in Art 34 identisch sein müssen, auch wenn sich die jeweiligen Regelungsbereiche überlappen können.

aa) Nationale Vorschriften

70 Bei den zwingenden Bestimmungen iSd Art 30 Abs 1 handelt es sich zunächst um Regelungen des nationalen Rechts, deren Ausgestaltung, Reichweite und Zweckbestimmung nur dem nationalen Recht obliegt und sich auch allein aus ihm ergibt (DICEY/MORRIS II 33-058; MORSE ICLQ 1992, 14 f; wohl auch MünchKomm/MARTINY Art 30 Rn 22). Das **nationale Recht bestimmt** damit insbesondere, ob eine Regelung **unabdingbar** ist und ob sie Arbeitnehmer schützen soll (DICEY/MORRIS aaO). Davon zu trennen ist aber die Bewertung, ob die vorgefundene nationale Regel eine zwingende Bestimmung iSd Art 30 darstellt. Der Maßstab hierfür ist schon wegen Art 36 nach der hier vertretenen autonom-rechtsvergleichenden Qualifikations- und Interpretationsmethode nur Art 30 und dem zugrunde liegenden Art 6 EVÜ zu entnehmen (ähnlich MünchKomm/MARTINY aaO).

71 Stellt die nationale Regelung etwa Anwendungsvoraussetzungen auf, die im konkreten Fall fehlen, dann scheidet auch ihre **Berücksichtigung als zwingende Bestimmung** iSd Art 30 Abs 1 aus (DICEY/MORRIS II 33-058; JUNKER SAE 1990, 324; MAGNUS IPRax 1991, 386; MORSE ICLQ 1992, 15; MünchArbR/BIRK § 20 Rn 76; MünchKomm/MARTINY Art 30 Rn 71). Derartige Fälle sind etwa im Verhältnis zu England nicht selten (vgl zB BAGE 63, 17 = SAE 1990, 317 m Anm JUNKER = IPRax 1991, 407 m Aufs MAGNUS IPRax 1991, 382 ff). Das

dortige Arbeitsschutzrecht setzt für seine Geltung vielfach eine Beschäftigung in England voraus (etwa sec 141 [2] Employment Protection [Consolidation] Act 1978; jetzt sec 196 [2] Employment Rights Act 1996; näher DICEY/MORRIS II 33–058, 1316 ff, dort auch zu weiteren Statutes). Liegt sie nicht vor, dann ist nicht der englische act als Schutznorm zu berücksichtigen, sondern das im Übrigen geltende englische Common Law (vgl MAGNUS IPRax 1991, 386; MünchKomm/MARTINY Art 30 Rn 71; zT **anders** JUNKER SAE 1990, 324; KREBBER 272 ff; WINKLER vMOHRENFELS, in: OETKER/PREIS Rn 32).

bb) Zwingende Schutznormen
Einigkeit besteht darüber, dass die zwingenden Bestimmungen des Art 30 Abs 1 – **72** wie jene des Art 27 Abs 3 – **nicht abdingbar** sein dürfen (BAGE 71, 297 [309]; ERMAN/ HOHLOCH Art 30 Rn 10; JUNKER IPRax 1989, 72; MünchArbR/BIRK § 20 Rn 22; MünchKomm/ MARTINY Art 30 Rn 19; REITHMANN/MARTINY/MARTINY Rn 1343; SOERGEL/vHOFFMANN Art 30 Rn 17). Über den verbindlichen Charakter hinaus müssen sie aber zusätzlich den **Schutz des Arbeitnehmers** bezwecken; es muss sich bei ihnen also um zwingende Schutznormen handeln (GIULIANO/LAGARDE 57; ERMAN/HOHLOCH, MünchArbR/BIRK, MünchKomm/MARTINY, REITHMANN/MARTINY/MARTINY, SOERGEL/vHOFFMANN jeweils aaO; für Gleichsetzung der zwingenden Normen in Art 27 Abs 3 und Art 30 Abs 1 aber offenbar BAGE 71, 297 [309]). Damit erfasst Art 30 einen engeren Kreis zwingender Normen als Art 27 Abs 3 und geht dieser Vorschrift als die speziellere Bestimmung vor.

Auf der anderen Seite brauchen die Schutznormen des Art 30 **nicht** etwa solche **73** Regeln zu sein, die sich **stets unabhängig vom anwendbaren Recht** durchsetzen und damit international zwingende Bestimmungen iSd Art 34 darstellen (DICEY/MORRIS II 33–058; MORSE ICLQ 1992, 14; MünchArbR/BIRK § 20 Rn 84). Umgekehrt schadet es für Art 30 Abs 1 nicht, wenn eine zwingende Schutznorm zugleich als international zwingend iSd Art 34 anzusehen ist (DICEY/MORRIS, MORSE, MünchArbR/BIRK jeweils aaO; MünchKomm/MARTINY Art 30 Rn 28). Nach einer abweichenden Ansicht ist dagegen zwischen den Normbereichen des Art 30 Abs 1 und Art 34 strikt zu trennen: Unter Art 34 fallende Schutznormen, die vor allem Allgemeininteressen schützen (zB zum Mutterschutz, zur Lohnfortzahlung etc), seien nur im Rahmen des Art 34, nicht aber im Rahmen des Art 30 Abs 1 zu beachten (so vHOFFMANN § 10 Rn 78; SOERGEL/vHOFFMANN Art 30 Rn 18, 23; für Inkompatibilität der Normbereiche des Art 30 Abs 1 und Art 34 auch MANKOWSKI, Seerechtliche Vertragsverhältnisse 508 f).

Eine solche Trennung trägt dem Günstigkeitsprinzip des Art 30 Abs 1 jedoch nicht **74** Rechnung. Nach der Vorschrift sind die – und zwar alle – zwingenden Schutznormen des objektiven Vertragsstatuts mit dem gewählten Recht zu vergleichen. Dass dies nicht gelte, wenn die Schutznormen nach den Maßstäben der lex fori zum Bereich international zwingender Normen gehörten, sagt Art 30 Abs 1 nicht. Die Regelungsbereiche des Art 30 Abs 1 und des Art 34 können sich damit überschneiden, wenn deutsches Recht objektives Vertragsstatut ist; sie sind aber keineswegs deckungsgleich (vgl auch MünchArbR/BIRK § 20 Rn 84; MünchKomm/MARTINY Art 30 Rn 28). Denn Art 30 schließt alle zwingenden Schutznormen des objektiven – deutschen oder ausländischen – Vertragsstatuts ein. Art 34 umfasst dagegen alle international zwingenden Normen (nicht nur die günstigeren) jedoch nur des deutschen Rechts, die trotz ausländischen Vertragsstatuts gelten (zum Verhältnis zwischen Art 30 und 34 vgl auch noch unten Rn 203 ff).

cc) Schutzcharakter

75 Wann eine Norm dem Schutz des Arbeitnehmers dient, ist für **Art 30 Abs 1 nicht eng, sondern großzügig zu interpretieren** (ebenso MünchKomm/MARTINY Art 30 Rn 21). Notwendig ist nur, dass die Vorschrift den Arbeitnehmer in seiner vertraglichen Position gegenüber seinem Arbeitgeber besser stellt, als er nach dem gewählten Recht stehen würde (zum Günstigkeitsvergleich unten Rn 81 ff). Es ist deshalb gleichgültig, ob die Schutznorm dem allgemeinen Vertragsrecht (zB Verjährungsrecht) oder dem allgemeinen Arbeitsrecht (Kündigungsrecht etc) oder dem Arbeitnehmerschutzrecht im engeren Sinn (Jugendarbeitsschutz, Mutterschutz etc) angehört (JUNKER IPRax 1989, 72; HOHLOCH, in: FS Heiermann 147; KAYE 225 f; MünchKomm/MARTINY Art 30 Rn 19; REITHMANN/MARTINY/MARTINY Rn 1334). Nach aA sind für Art 30 Abs 1 allerdings nur arbeitsrechtliche Schutznormen zu beachten, dagegen nicht Regeln des allgemeinen Vertragsrechts, die auch anderen als Arbeitnehmern zugute kommen (so vBAR II Rn 448; MünchArbR/BIRK § 19 Rn 22, 77; wohl auch PALANDT/HELDRICH Art 30 Rn 5; SOERGEL/vHOFFMANN Art 30 Rn 18).

76 Indessen ergibt sich eine solche Beschränkung weder aus dem Text des Art 30 oder des Art 6 EVÜ noch aus dem Bericht von GIULIANO/LAGARDE. Vielmehr schließt **das objektive Vertragsstatut** des Art 30 Abs 2, auf das Art 30 Abs 1 als Mindestschutzstandard uneingeschränkt verweist, das allgemeine Vertragsrecht – und nicht nur das arbeitsrechtliche Sonderprivatrecht – ein. Alle seine Regelungen, die sich zugunsten des Arbeitnehmers auswirken, sind deshalb mitheranzuziehen.

77 Für den Charakter als Schutznorm ist es ferner unerheblich, ob die **Regelung dem öffentlichen Recht oder dem Privatrecht** entstammt, solange sie sich auf das jeweilige Vertragsverhältnis konkret auswirkt und zu vertraglichen Ansprüchen des Arbeitnehmers führt (GIULIANO/LAGARDE 57; vBAR II Rn 448; ERMAN/HOHLOCH Art 30 Rn 10; KRONKE DB 1984, 405; KROPHOLLER § 52 V 2a; MünchArbR/BIRK § 20 Rn 76 f; MünchKomm/MARTINY Art 30 Rn 20; REITHMANN/MARTINY/MARTINY Rn 1343). Ebenso ist es gleichgültig, ob die Schutznorm im Gesetz niedergelegt ist oder ihren Ursprung im Richterrecht hat (vBAR II Rn 448). Ferner spielt es keine Rolle, ob die Schutznorm insgesamt oder nur **einseitig zwingend** ist, so dass von ihr zugunsten des Arbeitnehmers abgewichen werden kann (ebenso MünchArbR/BIRK § 20 Rn 90 [allerdings im Zusammenhang des Art 34]).

78 Selbst Regelungen, die **aus Tarifverträgen** stammen, sind für Art 30 Abs 1 als Schutznormen zu beachten, soweit der Tarifvertrag – etwa durch Allgemeinverbindlicherklärung – seinerseits für die Parteien gilt (Begründung BT-Drucks 10/504, 81; GIULIANO/LAGARDE 57; vBAR II Rn 448; ERMAN/HOHLOCH Art 30 Rn 10; GAMILLSCHEG ZfA 14 [1983] 336; MünchKomm/MARTINY Art 30 Rn 21; REITHMANN/MARTINY/MARTINY Rn 1343; SOERGEL/vHOFFMANN Art 30 Rn 24).

dd) Beispiele zwingender Schutznormen

79 Als zwingende Bestimmungen iSd Art 30 Abs 1 sind insbesondere anzusehen: unabdingbare nationale Vorschriften zum **Kündigungsschutz** (BAGE 63, 17 = IPRax 1991, 407 m Aufs MAGNUS IPRax 1991, 382 ff), zum Entgeltanspruch, zur **Gleichbehandlung** der Geschlechter (soweit nicht schon unmittelbar vorrangiges EG-Recht gilt, vgl oben Rn 8 ff), zur **Arbeitszeit** und **Urlaubsregelung**, zum Arbeitnehmerschutz beim **Betriebsübergang** (BAGE 71, 297 = IPRax 1994, 123 m Aufs MANKOWSKI IPRax 1994, 88 ff; insgesamt zu den genannten Schutzvorschriften DICEY/MORRIS II 33–075 ff; KAYE 224 ff; MünchKomm/MARTINY Art 30 Rn 22; PALANDT/HELDRICH Art 30 Rn 6; RIGAUX/FALLON II 601; SOERGEL/vHOFFMANN Art 30

Rn 22; Winkler vMohrenfels, in: Oetker/Preis Rn 121 ff). Auch zwingendes Recht, das den Arbeitnehmer in der Insolvenz des Arbeitgebers schützen will, das besonderen **Jugend-, Mutter-, Schwerbehinderten-, Arbeitnehmererfindungsschutz** etc vorsieht, fällt unter Art 30 Abs 1 (Palandt/Heldrich aaO).

Aus dem allgemeinen Vertragsrecht kommen vor allem **AGBG-Vorschriften** (ebenso für Großbritannien: Kaye 226) sowie **Verjährungsregeln** als zwingende Bestimmungen in Betracht. **80**

b) Günstigkeitsvergleich

Den **Kern des kollisionsrechtlichen Arbeitnehmerschutzes** stellt das Günstigkeitsprinzip dar: Eine Rechtswahl darf nicht den Schutz verkürzen, der dem Arbeitnehmer ohne eine solche Wahl zustünde (vgl oben Rn 1, 68 ff). Soweit die Parteien eine Rechtswahl getroffen haben, muss der Schutzstandard des gewählten daher mit jenem des objektiv geltenden Rechts verglichen werden. Das objektive Vertragsstatut ist die stets im Hintergrund stehende Referenzordnung. Das Recht, das den Arbeitnehmer stärker schützt, ist dann anzuwenden. **81**

Dem gewählten Recht steht als Vergleichsordnung (Referenzstatut) dasjenige Recht gegenüber, das sich aus der Anwendung des Art 30 Abs 2 ergibt. Damit sind sowohl die beiden **Regelanknüpfungen** in Nr 1 und 2 als auch die **Ausweichklausel** im 2. Halbsatz der Vorschrift zu beachten (BAGE 63, 17 [25]; Erman/Hohloch Art 30 Rn 11; Palandt/Heldrich Art 30 Rn 4). **82**

Vergleichspunkt ist die zwischen den Parteien **streitige Sachfrage** (ebenso Czernich/Heiss/Rudisch Art 6 Rn 29; Erman/Hohloch Art 30 Rn 12; MünchArbR/Birk § 20 Rn 25; MünchKomm/Martiny Art 30 Rn 25; Reithmann/Martiny/Martiny Rn 1344; wohl auch Soergel/vHoffmann Art 30 Rn 33; enger vBar II Rn 449: auf die jeweilige Einzelfrage komme es an; wohl ebenso Palandt/Heldrich Art 30 Rn 5). Für diese Frage ist die jeweilige Regelung im gewählten und im objektiv bestimmten Recht zu ermitteln und zu vergleichen. **83**

Streitig ist allerdings, wie der Vergleich durchzuführen ist. Nach **hM** ist ein sog **Gruppenvergleich** anzustellen. Dabei ist nicht nur isoliert die punktuelle Regelung – zB im Kündigungsschutzprozess die Länge der Kündigungsfrist –, sondern der Normenkomplex insgesamt in den Blick zu nehmen, der bei funktionaler Betrachtung als Regelungseinheit erscheint, die die Sachfragen der streitigen Art bewältigen soll (ErfurterKomm/Schlachter Art 27 ff EGBGB Rn 14; Erman/Hohloch Art 30 Rn 12; Franzen, AR-Blattei Rn 107 f; Krebber 330 ff; MünchArbR/Birk § 20 Rn 24; MünchKomm/Martiny Art 30 Rn 25; Winkler vMohrenfels, in: Oetker/Preis Rn 41). Im genannten Beispiel eines Kündigungsschutzprozesses kommt es also nicht allein auf die jeweilige Länge der Kündigungsfrist, sondern auch darauf an, ob eine der beiden beteiligten Rechtsordnungen einen Weiterbeschäftigungsanspruch vorsieht oder wie hoch ggfs eine Abfindung ist. Auch die eventuelle Abgeltung oder der Verfall von Urlaub, Gratifikationen etc bei Kündigung ist mitzuberücksichtigen. Die genannten Punkte sind für jede der beiden Rechtsordnungen zu saldieren und gegenüberzustellen. Da sie sich alle in Geld umrechnen lassen, bleibt ein Endvergleich zwischen subjektiv und objektiv bestimmtem Recht möglich (so zu Recht Soergel/vHoffmann Art 30 Rn 33). **84**

Nach **aA** ist die Vergleichsbasis enger zu ziehen, der **Günstigkeitsvergleich isoliert** nur für die **85** ganz konkrete Einzelfrage durchzuführen und dann für den jeweiligen Einzelpunkt das Recht anzuwenden, das für den Arbeitnehmer günstiger ist (vBar II Rn 449; E Lorenz RiW 1987, 577; Schurig RabelsZ 54 [1990] 220; sog Rosinentheorie). Diese Vergleichsmethode führt, insbesondere wenn mehrere zusammenhängende Ansprüche geltend gemacht werden, uU zu einer ungerechtfertigten Kumulation von Vorteilen, die so keines der beteiligten Rechte vorsieht. Der Gruppenvergleich ist deshalb vorzuziehen.

86 Einhellig abgelehnt wird schließlich ein **Gesamtvergleich,** ob die gewählte oder die objektiv bestimmte Arbeitsrechtsordnung als solche für den Arbeitnehmer günstiger ist (vBar II Rn 449; Franzen, AR-Blattei Rn 107; Heilmann 102; Junker 268; MünchArbR/Birk § 20 Rn 24; MünchKomm/Martiny Art 30 Rn 25; Reithmann/Martiny/Martiny Rn 1344; Soergel/vHoffmann Art 30 Rn 33). Ohne konkreten Bezugspunkt, auf den hin Rechtsordnungen miteinander verglichen werden sollen, lassen sich derart allgemeine Bewertungen ohnehin nicht treffen.

87 Im Ergebnis führt der Vergleich zu derjenigen Regelung, die den stärkeren Schutz des Arbeitnehmers vorsieht. Maßgebend ist, welche Regelung dem **Arbeitnehmerinteresse in objektiver Sicht** besser dient. Stehen sich zB eine längere Kündigungsfrist in der einen und eine höhere Abfindung in der anderen Rechtsordnung gegenüber, so ist das Entgelt, das während der zusätzlichen Kündigungsfrist verdient würde, mit der voraussichtlichen Höhe der Abfindung zu vergleichen und dann jene Rechtsordnung anzuwenden, die dem Arbeitnehmer hier mehr gibt.

88 Die Entscheidung über die günstigere Rechtsordnung ist eine Rechtsfrage, die der Richter von Amts wegen zu treffen hat (Franzen, AR-Blattei Rn 108; MünchKomm/Martiny Art 30 Rn 26; Winkler vMohrenfels, in: Oetker/Preis Rn 43). Doch wird auch vertreten, dass der Arbeitnehmer selbst das Recht bestimmen dürfe, das er für das günstigere halte (so Birk RdA 1989, 206; MünchArbR/Birk § 20 Rn 26 f; **aA** Heilmann 107).

89 **Maßgeblicher Zeitpunkt,** auf den der Günstigkeitsvergleich abzustellen hat, ist der Zeitpunkt, in dem über die streitige Rechtsfrage zu entscheiden ist (wohl **aA** MünchKomm/Martiny Art 30 Rn 26: Zeitpunkt, für den das Arbeitsvertragsstatut bestimmt wird). Wollte man einen früheren Zeitpunkt gelten lassen, so könnten seitherige Änderungen des gewählten oder objektiv bestimmten Rechts, die sich zugunsten des Arbeitnehmers auswirken, nicht mehr beachtet werden. Das Günstigkeitsprinzip durchzusetzen, ist das Grundanliegen des Art 30. Die damit verbundene Unsicherheit über das Vertragsstatut ist hinzunehmen. Im Übrigen ist auch sonst bei einer Rechtswahl das gewählte Recht und bei objektiver Anknüpfung das objektiv geltende Recht grundsätzlich in der Fassung anzuwenden, die es im Zeitpunkt der Entscheidung hat (vgl Art 27 Rn 37, 43).

c) **Verfahrensrecht**

90 Der – oft mühselige – Günstigkeitsvergleich erübrigt sich im Verfahren vor deutschen Gerichten, wenn das gewählte Recht dem klagenden Arbeitnehmer bereits alles zuspricht, was er beantragt hat. Denn dann kann ihm auch das objektiv geltende Vertragsstatut keine günstigere Position verschaffen (so im Ergebnis BAG AR-Blattei ES, Arbeitsrecht 340 Nr 15 m zust Anm Mankowski; ebenso Junker 279).

Den Inhalt des gewählten wie des objektiven Vertragsstatuts hat das Gericht von 91 Amts wegen aufzuklären (§ 293 ZPO). Den Arbeitnehmer, der sich auf ein ihm günstigeres Recht beruft, trifft insoweit **keine Beweislast** über den Inhalt dieses Rechts.

VIII. Objektives Vertragsstatut (Abs 2)

1. Allgemeines

Das objektive Arbeitsvertragsstatut wird in Art 30 Abs 2 festgelegt. Die Vorschrift 92 nimmt zwei unterschiedliche Funktionen wahr: Sie bestimmt einerseits, welches Recht gilt, wenn die Parteien **keine Rechtswahl** getroffen haben. Zum andern ergibt sie aber auch die für Abs 1 erforderliche Vergleichsordnung, deren günstigere zwingende Bestimmungen **trotz einer Rechtswahl** gelten. Insoweit ist sie ständiges Referenzstatut.

Für beide Funktionen beurteilt sich das maßgebliche Arbeitsvertragsrecht grund- 93 sätzlich nach einer der beiden Alternativen des Art 30 Abs 2. Die Vorschrift knüpft dabei nicht – wie Art 28 – an den Sitz des charakteristisch Leistenden an, sondern an den **gewöhnlichen Arbeitsort** und, wo er wechselt, an den **Einstellungsort** an. Mit dieser Regel sieht man den kollisionsrechtlichen Schutz des Arbeitnehmers allgemein als hinreichend gewährleistet an. Die von Art 30 Abs 2 Nr 1 oder Nr 2 berufene Rechtsordnung ist indessen nicht anzuwenden, wenn die Arbeitsbeziehung engere Verbindungen zu einem anderen Recht aufweist; dann gilt dieses (Art 30 Abs 2 HS 2, dazu unten Rn 128 ff).

2. Struktur des Abs 2

Das Verhältnis zwischen den beiden **Regelanknüpfungen und** der **Ausweichklausel** des 94 Abs 2 ist nicht ganz zweifelsfrei. Nach deutlich überwiegender Ansicht sind alle Arbeitsverhältnisse zunächst entweder Art 30 Abs 2 Nr 1 – Arbeit gewöhnlich in einem Staat – oder Art 30 Abs 2 Nr 2 – Arbeit gewöhnlich nicht in einem Staat – zuzuordnen. Eine dritte, davon verschiedene Anknüpfung gibt es nach dieser Auffassung nicht (GIULIANO/LAGARDE 58; vBAR II Rn 530; DICEY/MORRIS II 33–066; ESSLINGER 51; FRANZEN, AR-Blattei Rn 73; MAGNUS SAE 1997, 36; MANKOWSKI RabelsZ 53 [1989] 491; im Ergebnis auch BAGE 63, 29). Zwischen den Nr 1 und 2 einerseits und der Ausweichklausel andererseits besteht damit ein **klares Regel-Ausnahme-Verhältnis** (BT-Drucks 10/504, 81; ferner die in der vorigen N Genannten). Besondere Arbeitsverhältnisse – etwa auf staatsfreiem Gebiet (vgl dazu unten Rn 97, 119, 139 ff) – sind dann ebenfalls entweder unter Art 30 Abs 2 Nr 1 oder unter Nr 2 einzuordnen.

Nach **aA** steht die **Ausweichklausel als dritte Alternative** selbständig neben Art 30 95 Abs 2 Nr 1 und 2. Sie fängt alle Fälle auf, die sich wie das oben genannte Beispiel der Tätigkeit in staatsfreiem Gebiet nicht ohne weiteres den beiden Alternativen in Art 30 Abs 2 Nr 1 und 2 zuweisen lassen. Für diese Fälle ist nach dieser Ansicht dann von vornherein das anwendbare Recht aus der Gesamtheit der Umstände zu erschließen (so etwa DROBNIG/PUTTFARKEN 14 f; PUTTFARKEN, Seearbeitsrecht 10 f; ders RiW 1995, 623 f; im Ergebnis ebenso BAG IPRax 1996, 416 m krit Aufs MANKOWSKI IPRax 1996, 405 = SAE 1997, 31 mit krit Anm MAGNUS; wohl auch BVerfGE 92, 39).

96 Im Ergebnis ist der **überwiegenden Auffassung zu folgen.** Sie entspricht dem deutlichen Wortlaut der Vorschrift sowie der Meinung der Verfasser des EVÜ (vgl Giuliano/Lagarde 58). Sie wird auch in anderen EVÜ-Staaten vertreten (vgl etwa für Frankreich Audit Rn 811; für Großbritannien Dicey/Morris II 33–066). Es ist ferner auf die parallele Struktur des Art 28 hinzuweisen. Auch dort steht die Ausweichklausel des Abs 5 nicht gleichwertig neben den Vermutungsregeln der Abs 2–4, sondern dient nur in Ausnahmefällen zu ihrer Korrektur (vgl näher Art 28 Rn 126 ff).

97 Damit muss für **Arbeitsverhältnisse im staatsfreien Raum** zunächst die regelhafte Zuordnung zu Art 30 Abs 2 Nr 1 oder Nr 2 vorgenommen werden. Die meisten dieser Verhältnisse werden unter Nr 2 fallen, da und soweit die Zuordnung der Tätigkeit zum Gebiet eines bestimmten Staates nicht möglich ist (vgl näher unten Rn 119, zu Heuerverhältnissen 140 ff). Unbenommen bleibt es dann immer noch, über die Ausweichklausel ein anderes enger verbundenes Recht anzuwenden (vgl auch MünchArbR/Birk § 20 Rn 31). Doch muss die Beziehung zu ihm deutlich enger als zu demjenigen Recht sein, das nach Nr 1 oder Nr 2 gilt (vgl unten Rn 130).

3. Recht des Arbeitsortes (Abs 2 Nr 1)

98 Die Grundregel des Art 30 Abs 2 Nr 1 unterstellt Arbeitsverhältnisse dem Recht des Staates, in dem der Arbeitnehmer in Erfüllung seines Vertrages gewöhnlich arbeitet **(lex loci laboris).** Eine nur vorübergehende Tätigkeit in einem anderen Staat ändert daran nichts.

a) Gewöhnlicher Arbeitsort

99 Für die Anknüpfung kommt es, wie nach dem früheren IPR (vgl etwa BAGE 16, 215; BAG NJW 1985, 2910), entscheidend auf den **Ort des gewöhnlichen Arbeitseinsatzes** an (vgl auch Rb Zutphen NIPR 1993 Nr 143; Trib Paris RCDIP 1997, 55). Das ist der Ort, an dem der Arbeitnehmer üblicherweise und im Wesentlichen seine geschuldete Arbeitsleistung tatsächlich erbringt. Hier hat das Arbeitsverhältnis sein Zentrum. Ganz ebenso bestimmt auch der EuGH im Rahmen des Art 5 Nr 1 GVÜ, dessen Neufassung von 1989 sich weitgehend an den Text des Art 6 Abs 2 EVÜ (= Art 30 Abs 2 EGBGB) anlehnt, den Erfüllungsort für Arbeitsverträge. Es ist der Ort, „an dem der Arbeitnehmer die mit seinem Arbeitgeber vereinbarten Tätigkeiten tatsächlich ausübt" (EuGH Slg 1993 I 4075 [4105] – Mulox/Geels) bzw der Ort, „den der Arbeitnehmer als tatsächlichen Mittelpunkt seiner Berufstätigkeit gewählt hat oder an dem oder von dem aus er den wesentlichen Teil seiner Verpflichtungen gegenüber seinem Arbeitgeber tatsächlich erfüllt" (EuGH EuZW 1997, 143 [144] – Rutten/Cross Medical Ltd; eingehend ferner Mankowski IPRax 1999, 332 ff).

100 Der Arbeitsort wird oft am Sitz des Betriebes liegen, in den der Arbeitnehmer organisatorisch eingegliedert ist (vgl auch ErfurterKomm/Schlachter Art 27 ff EGBGB Rn 8; MünchArbR/Birk § 20 Rn 33 f; MünchKomm/Martiny Art 30 Rn 31). Zwingend ist das aber – wie insbesondere bei der Heimarbeit – nicht. Denn Art 30 Abs 2 Nr 1 stellt auf den **Ort der tatsächlichen Arbeitsleistung,** nicht auf den Ort der organisatorischen Eingliederung ab (so EuGH aaO für die Zuständigkeitsfrage; wie hier Soergel/vHoffmann Art 30 Rn 36; vgl auch das Beispiel der Arbeit auf einer Bohrinsel bei Giuliano/Lagarde 58, bei dem der Arbeitnehmer gewöhnlich in einen Festlandsbetrieb eingegliedert ist; für stärkere Beachtlichkeit der Eingliederung dagegen MünchKomm/Martiny Art 30 Rn 70). Deshalb bestimmt sich der gewöhnliche Arbeitsort auch nicht danach, woher der Arbeitnehmer seine Weisungen empfängt, welchem Betrieb er zugeordnet ist oder wo sein Arbeitgeber eine Niederlassung hat (MünchArbR/Birk § 20 Rn 33; Soergel/vHoffmann aaO; ähnlich Franzen, AR-Blattei Rn 75; wohl **anders** – für Abwägung aller Fallumstände – Dicey/Morris II 33–064).

101 Liegen **vereinbarter** und tatsächlicher **Arbeitsort** nicht im selben Staat, so kommt es ebenfalls auf den Ort des tatsächlichen Arbeitseinsatzes an (vgl auch die EuGH-Rechtsprechung zu Art 5 Nr 1 GVÜ, oben Rn 99). Er hat den stärkeren Bezug zur realen Arbeitsumwelt des Arbeitnehmers. Bei **faktischen Arbeitsverhältnissen** entscheidet ohnehin allein der tatsächliche Arbeitsort, da ein wirksam vereinbarter Arbeitsort hier gerade fehlt. Verändert der Arbeitnehmer eigenmächtig den Arbeitsort, dann hat das aber solange keine Auswirkung auf den vereinbarten Arbeitsort, als der Arbeitgeber davon nicht Kenntnis nehmen und widersprechen konnte.

102 Wer bei einer **Zweigstelle eines Unternehmens** seine tatsächliche Arbeitsleistung erbringt, hat dort seinen gewöhnlichen Arbeitsort, auch wenn ihn der Hauptbetrieb eingestellt hat (ähnlich MünchKomm/Martiny Art 30 Rn 32; offener Erman/Hohloch Art 30 Rn 15). Das gilt zumal für die Mitarbeiter multinationaler Unternehmen.

103 Sogenannte **Ortskräfte**, die am Arbeitsort ansässig sind und dort eigens vom ausländischen Arbeitgeber – etwa bei internationalen Bauvorhaben oder von Auslandsvertretungen oder durch Medienunternehmen – eingestellt werden, unterstehen dem am Ort geltenden Arbeitsrecht (Erman/Hohloch aaO; Hohloch, in: FS Heiermann 151; MünchKomm/Martiny Art 30 Rn 35; Soergel/vHoffmann Art 30 Rn 37; Winkler vMohrenfels, in: Oetker/Preis Rn 62; speziell zum Personal diplomatischer oder konsularischer Vertretungen: Junker RdA 1998, 45 ff; Mankowski IPRax 2001, 123 ff). Umgekehrt bleibt für vorübergehend **entsandte Kräfte** – zB Auslandskorrespondenten von Medienunternehmen etc – ihr heimatliches Arbeitsrecht maßgebend (näher unten Rn 107 ff).

104 Bei **Heimarbeit** liegt der gewöhnliche Arbeitsort in dem Staat, in dem die Heimarbeit verrichtet wird, bei **Leiharbeitsverhältnissen** an dem Ort, an dem der Leiharbeiter real arbeitet (Franzen, AR-Blattei Rn 154; Heilmann 167; Reithmann/Martiny/Martiny Rn 1347; vgl noch näher unten Rn 167 ff). Bei **Telearbeit** entscheidet der Ort, an dem gewöhnlich die tatsächliche Eingabe der Daten erfolgt, während der Standort des Servers unerheblich ist (vgl auch Mankowski DB 1999, 1856).

105 Eine **kurzfristige Tätigkeit in anderen Staaten** (vgl unten Rn 109 ff) verändert den gewöhnlichen Arbeitsort ebenso wenig wie ein Ortswechsel innerhalb des Staates, in dem der gewöhnliche Arbeitsort liegt (hierzu BAG IPRax 1994, 127; MünchArbR/Birk § 20 Rn 32). So hat ein Arbeitnehmer auch dann noch seinen gewöhnlichen Arbeitsort in einem Staat, wenn er dort seine Berufstätigkeit zu zwei Dritteln, im Übrigen jedoch ständig in anderen Staaten ausübt, aber im Staat der hauptsächlichen Tätigkeit ein Büro besitzt, von dem aus er seine Tätigkeit organisiert und zu dem er nach seiner Auslandstätigkeit zurückkehrt (so EuGH EuZW 1997, 143 [144] – Rutten/Cross Medical Ltd für die Bestimmung des gewöhnlichen Arbeitsortes im Rahmen des Art 5 Nr 1 GVÜ; **anders** LAG Bremen RiW 1996, 1038 [1040]: trotz Schwerpunktes der Tätigkeit eines Reisevertreters für die Benelux-Staaten in den Niederlanden soll Art 30 Abs 2 Nr 2 gelten). Flugpersonal, das etwa nur für Flüge innerhalb eines Staates eingesetzt wird, hat daher dort auch grundsätzlich seinen gewöhnlichen Arbeitsort, selbst wenn dabei der Luftraum eines fremden Staates überflogen wird (BAG IPRax 1994, 127 m Aufs MANKOWSKI IPRax 1994, 88 ff = IntArbR AR-Blattei ES 920 Nr 3 m Anm FRANZEN; allgemein zu den Arbeitsverhältnissen von Flugpersonal noch unten Rn 161 ff).

106 Ist ein Arbeitsverhältnis schon **vor** seinem faktischen **Beginn beendet** worden, dann fehlt ein tatsächlicher gewöhnlicher Arbeitsort. Es kommt in diesem Fall auf den geplanten Ort der gewöhnlichen Tätigkeit an (ebenso ErfurterKomm/SCHLACHTER Art 27 ff EGBGB Rn 8). Das dort geltende Recht regelt, ob und welche Rechtsfolgen aus dem nicht durchgeführten Arbeitsverhältnis erwachsen.

b) Vorübergehende Entsendung

107 Eine vorübergehende Tätigkeit in einem anderen Staat berührt den gewöhnlichen Arbeitsort nicht. Erst wenn der Arbeitnehmer einen **neuen gewöhnlichen Arbeitsort** in dem anderen Staat begründet, kommt es zu einem **Statutenwechsel** und ist das Arbeitsvertragsrecht jenes Staates anzuwenden (vgl unten Rn 173 ff). Ebenso hatte das BAG unter dem früheren IPR entschieden. In Übernahme sozialrechtlicher Vorstellungen – jetzt §§ 4, 5 SGB IV – galt bei vorübergehenden Auslandseinsätzen in Deutschland beschäftigter Arbeitnehmer weiter deutsches Arbeitsrecht (sog Ausstrahlung; vgl etwa BAGE 7, 357; BAG AR-Blattei ES 340 Nr 3). Bei vorübergehendem Inlandseinsatz ausländischer Arbeitnehmer war weiterhin deren ausländisches Arbeitsvertragsstatut anzuwenden (sog Einstrahlung; vgl MünchKomm/MARTINY[1] Vor Art 12 Rn 192).

108 Kein Fall der Entsendung ist gegeben, wenn Arbeitnehmer **gezielt für den Auslandseinsatz** angeworben und nur dort eingesetzt werden. Da dann vorher kein gewöhnlicher Arbeitsort im Inland bestand, kommt es hier nur auf den Ort des Auslandseinsatzes an (vgl BEHR IPRax 1989, 322 f; FRANZEN, AR-Blattei Rn 77; JUNKER, KONZERN 182; REITHMANN/MARTINY/MARTINY Rn 1349; SOERGEL/vHOFFMANN Art 30 Rn 39; im Ergebnis ebenso Trib Paris RCDIP 1997, 55). Das gilt im Grundsatz auch, wenn deutsche Unternehmen deutsche Arbeitnehmer eigens nur für Auslandseinsätze – zB als Entwicklungshelfer, als Mitarbeiter im Goethe-Institut im Ausland etc – einstellen. Doch liegt hier oft die Anwendung der Ausweichklausel nahe. Dagegen ist die Entsendungsfrage nach den unten Rn 109 ff genannten Kriterien zu beurteilen, wenn ein Auslandsaufenthalt den Beginn des inländischen Beschäftigungsverhältnisses bildet (dazu auch JUNKER, KONZERN 182 f).

109 Die Tätigkeit an einem anderen als dem gewöhnlichen Arbeitsort ist **vorübergehend,** wenn bei einer Gesamtsicht der Arbeitsbeziehung deren **Zentrum nach wie vor am Ausgangsort** verbleibt. Eine schematische Betrachtung verbietet sich dabei; es hängt von den Umständen des Einzelfalles ab, ob und wann eine Entsendung ins Ausland den gewöhnlichen Arbeitsort dorthin verlagert. So lässt ein gelegentlicher oder ein – im Vergleich zur Gesamtdauer des Arbeitsverhältnisses – kurzfristiger Auslandseinsatz, wie etwa ein zeitweiliger Montageeinsatz im Ausland, das Arbeitsvertragsstatut unverändert (MünchArbR/BIRK § 20 Rn 34 ff; MünchKomm/MARTINY Art 30 Rn 36; REITHMANN/MARTINY/MARTINY Rn 1349).

110 Auch **ständige Einsätze im Ausland** ändern den gewöhnlichen Arbeitsort nicht, wenn die an ihm verbrachte Arbeitszeit überwiegt und dort auch ein organisatorisches

Zentrum der Tätigkeit besteht (vgl EuGH EuZW 1997, 143 – Rutten/Cross Medical Ltd: zwei Drittel der Tätigkeit und Büro am gewöhnlichen Arbeitsort genügen; **anders** LAG Bremen RiW 1996, 1038 [1040]). Ein gewöhnlicher Arbeitsort im Inland kann deshalb auch dann bestehen, wenn Einsätze im Ausland nicht ungewöhnlich sind.

Zum Teil werden für die noch vorübergehende Dauer feste Fristen zwischen ein bis drei Jahren vorgeschlagen (so etwa FRANZEN, AR-Blattei Rn 76 [2–3 Jahre]; GAMILLSCHEG ZfA 1983, 333 [3 Jahre]; HEILMANN 144 [2 Jahre]; SOERGEL/vHOFFMANN Art 30 Rn 39 [1 Jahr, höchstens 2 Jahre] unter Berufung auf die entsprechende Regelung in Art 14 Ziffer 1 der VO [EWG] Nr 1408/71, ABl 1971 L 149/2, über die Anwendung der Systeme der sozialen Sicherheit auf Arbeitnehmer und Selbständige). Art 30 EGBGB sieht freilich **keine bestimmte Frist** vor und erlaubt es damit, den Umständen des Einzelfalles gerecht zu werden (ebenso MünchArbR/BIRK § 20 Rn 37; REITHMANN/MARTINY/MARTINY Rn 1349). Zu beachten sind sowohl die Parteivereinbarungen als auch objektive Gegebenheiten. Eine **endgültige Abordnung** an einen neuen Einsatzort, die Übernahme einer unbefristeten Daueraufgabe dort wird regelmäßig zu einem Statutenwechsel führen, auch wenn das Arbeitsverhältnis am neuen Ort schon nach kurzer Zeit beendet wird (ebenso MünchArbR/BIRK § 20 Rn 38). Während einer **Probezeit** wird dagegen noch eine vorübergehende Beschäftigung vorliegen. Vorübergehend ist auch die zeitlich befristete oder auf einen bestimmten Zweck begrenzte Tätigkeit, wenn eine Rückkehr an den bisherigen Arbeitsort vorgesehen ist (MünchArbR/BIRK aaO). Dazu gehört etwa ein Montageeinsatz im Ausland oder die Abordnung für ein bestimmtes Projekt. **111**

c) Wechsel von vorübergehender zu dauernder Entsendung
Ändern sich die **Vereinbarungen,** Planungen oder Gegebenheiten während des Auslandseinsatzes, dann kommt es auf jene **zZ der Streitentscheidung** an. Aus einer vorübergehenden kann so eine dauerhafte Entsendung werden und umgekehrt, die das objektive Vertragsstatut jeweils wechseln lässt. **112**

Haben die Parteien das anwendbare Arbeitsrecht gewählt, so berührt ein Wechsel von einer vorübergehenden zu einer dauerhaften Entsendung zwar nicht das gewählte Recht (vgl auch BAG AR-Blattei ES, Auslandsarbeit 340 Nr 15 m Anm MANKOWSKI). Es wechselt mit dem objektiv geltenden Statut aber das Referenzstatut, das für den Günstigkeitsvergleich heranzuziehen ist. **113**

4. Recht der einstellenden Niederlassung (Abs 2 Nr 2)

a) Grundsatz
In der Regel wird der Arbeitnehmer seinen ständigen Arbeitsort in einem bestimmten Staat haben. Doch gibt es Ausnahmen, die Art 30 Abs 2 Nr 2 regelt: Soweit der gewöhnliche Arbeitsort nicht in ein und demselben Staat („in any one country", „dans un même pays") liegt, gilt das Recht am Ort der einstellenden Niederlassung. Die Vorschrift gilt zum einen, wenn der Arbeitnehmer **gewöhnlich in mehreren Staaten** arbeitet, so dass ein einheitliches Zentrum der Arbeitsbeziehung fehlt (vgl BT-Drucks 10/504, 81; vBAR II Rn 529; DICEY/MORRIS II 33–067; FRANZEN, AR-Blattei Rn 78; MünchArbR/BIRK § 20 Rn 40; MünchKomm/MARTINY Art 30 Rn 40; SOERGEL/vHOFFMANN Art 30 Rn 42). In diesem Fall vermeidet die Regel einen ständigen Statutenwechsel oder eine unklare Kumulation mehrerer Rechte, die sonst in Betracht kämen. **114**

115 Zum andern gilt Art 30 Abs 2 Nr 2 auch, wenn der gewöhnliche **Arbeitsort keinem Staat zuzuordnen** ist, sondern auf staatsfreiem Gebiet liegt (vgl GIULIANO/LAGARDE 58 [Arbeit auf Bohrinsel]; DÄUBLER RiW 1987, 252; DICEY/MORRIS, FRANZEN, MünchArbR/BIRK, SOERGEL/vHOFFMANN jeweils aaO; zu Flug- und Schiffspersonal unten Rn 140 ff). Hier ermöglicht die Regel überhaupt erst die Verknüpfung mit dem Recht eines bestimmten Staates.

116 Abs 2 Nr 2 setzt ferner voraus, dass sich der Ort der tatsächlichen, körperlichen Arbeitstätigkeit entweder in mehreren Staaten oder in keinem Staat befindet. Die nur telefonische, **internetmäßige** oder schriftliche **Betreuung** etwa eines Vertragsgebiets im Ausland bedeutet aber nicht, dass der Arbeitnehmer bereits in mehreren Staaten arbeitet (so aber offenbar LAG Bremen RiW 1996, 1038 [1040]). Erst recht gilt das für Mitarbeiter von Call-Zentren, die für mehrere Länder zuständig sind.

b) Arbeitsort in mehreren Staaten

117 Art 30 Abs 2 Nr 2 erfasst vor allem die Fälle, in denen Arbeitnehmer ständig wechselnd in mehreren Staaten arbeiten, wie das etwa bei Monteuren, Reisevertretern eines Unternehmens, Schlafwagenschaffnern, Zirkus- oder Schaustellerpersonal etc der Fall sein kann (vgl etwa LAG Niedersachsen AR-Blattei ES 920 Nr 6 m Anm MANKOWSKI). Doch sind damit, wie die Erwähnung der vorübergehenden Entsendung in Art 30 Abs 2 Nr 1 zeigt, nur solche Fälle gemeint, in denen das Arbeitsverhältnis keinen Schwerpunkt in einem einzigen Staat hat, von dem aus der Arbeitnehmer agiert, zu dem er nach Auslandseinsätzen zurückkehrt und an dem er den Hauptteil seiner Arbeitsleistung erbringt (vgl auch EuGH EuZW 1997, 143 – Rutten/Cross Medical Ltd; unzutreffend LAG Bremen RiW 1996, 1038, das die vorübergehende Tätigkeit in mehreren Ländern zwar richtig als Entsendung ansieht, dann jedoch Art 30 Abs 2 Nr 2 zuordnet).

118 Auch wenn international tätige Unternehmen ihre Mitarbeiter routinemäßig auf verschiedenen Auslandsstationen rotieren lassen, greift Nr 2 ein. Ebenso gilt die Vorschrift, wenn sich die Beschäftigung etwa gleichgewichtig auf zwei gewöhnliche Arbeitsorte aufteilt, von denen keiner allein das Zentrum der Arbeitsbeziehung bildet (MünchArbR/BIRK § 20 Rn 43; vgl auch Trib Bruxelles RkWbl 1991/92, 921; Ktg Utrecht NIPR 1993 Nr 287 – Tätigkeit bei mehreren Niederlassungen eines Unternehmens, die in mehreren Staaten liegen). Eine vorübergehende Tätigkeit an einem anderen als dem gewöhnlichen Arbeitsort fällt dagegen unter Nr 1 (vgl oben Rn 107 ff).

c) Arbeitsort in keinem Staat

119 In seltenen Fällen lässt sich der gewöhnliche Arbeitsort überhaupt **keinem Staatsgebiet zuordnen**. Auch solche Arbeitsverhältnisse erfasst Art 30 Abs 2 Nr 2 (vgl GIULIANO/LAGARDE 58). Der Bericht von GIULIANO/LAGARDE aaO gibt dazu das Beispiel der – nicht nur vorübergehenden – Arbeit auf einer Bohrinsel. Gleiches gilt etwa für die Arbeit in der Antarktis oder in einer Raumstation, die keinem einzelnen Staat zuzuordnen ist. Es kommt dann jeweils auf den Ort der Niederlassung an, die den Arbeitnehmer für den Arbeitgeber eingestellt hat. Befindet sich auch diese Niederlassung in staatsfreiem Gebiet (zB Piratensender auf hoher See), dann muss das anwendbare Recht aus anderen Bezugspunkten (Staatsangehörigkeit der Beteiligten etc) erschlossen werden.

d) Einstellende Niederlassung

120 Lässt sich der gewöhnliche Arbeitsort nicht in einem einzigen Staat lokalisieren, dann kommt es an seiner Statt auf den Ort derjenigen Niederlassung des Arbeitgebers an, die den Arbeitnehmer eingestellt hat. Sie wird in diesen Fällen als Indiz der engsten Verbindung des Arbeitsverhältnisses zu einer staatlichen Ordnung angesehen (Lagarde Rev crit 1991, 318).

aa) Niederlassung

Die für Art 30 Abs 2 Nr 2 erforderliche Niederlassung muss nicht der Sitz des Arbeitgebers sein. Es genügt eine – rechtlich selbständige oder unselbständige – Zweigstelle, die die Formalitäten des Anstellungsvertrages erledigt (Dicey/Morris II 33–067; MünchArbR/Birk § 20 Rn 47 f; Soergel/vHoffmann Art 30 Rn 43; wohl aA – Arbeitgeberniederlassung – Franzen, AR-Blattei Rn 78). Vielfach wird es sich bei der einstellenden Niederlassung um den Betrieb handeln, der die Beschäftigung des Arbeitnehmers insgesamt organisiert. Doch setzt der Begriff der **Niederlassung** das nicht voraus. Vielmehr umfasst er alle, **auf gewisse Dauer angelegten organisatorischen Einheiten,** die für den Arbeitgeber geschäftliche Tätigkeit entfalten und für ihn unter anderem wirksam Einstellungen vornehmen (Reithmann/Martiny/Martiny Rn 1350; Soergel/vHoffmann Art 30 Rn 43; Winkler vMohrenfels, in: Oetker/Preis Rn 59). **121**

Eine Niederlassung wird aber noch nicht dort begründet, wo ein **Vertreter oder Repräsentant** ohne ständiges Büro lediglich die Einstellung für den Arbeitgeber vornimmt (Dicey/Morris II 33–067; Lagarde Rev crit 1991, 318; MünchKomm/Martiny Art 30 Rn 41; Reithmann/Martiny/Martiny Rn 1350; Soergel/vHoffmann Art 30 Rn 43). Das Gleiche gilt für reine Personalanwerbestellen, zB ein Heuerbüro des Arbeitgebers (ebenso MünchKomm/Martiny, Reithmann/Martiny/Martiny, Soergel/vHoffmann jeweils aaO). Maßgebend ist vielmehr die Niederlassung, die das Arbeitsverhältnis organisatorisch betreut, es ‚führt'. **122**

bb) Einstellung

Einstellende Niederlassung ist grundsätzlich diejenige, die den Arbeitsvertrag abschließt. Hat das **Arbeitsverhältnis** zu dieser Niederlassung allerdings keinerlei weiteren **Bezug,** wird es vielmehr tatsächlich von einer anderen Niederlassung des Arbeitgebers betreut und durchgeführt, dann entscheidet das dort geltende Recht (Behr IPRax 1989, 323; Däubler RiW 1987, 251; Erman/Hohloch Art 30 Rn 18; Gamillscheg ZfA 1983, 334; MünchKomm/Martiny Art 30 Rn 42; Reithmann/Martiny/Martiny Rn 1351; Soergel/vHoffmann Art 30 Rn 44). **123**

Nach abweichender Ansicht ist unter Einstellung dagegen ausschließlich der **formale Vertragsschluss** zu verstehen (so Franzen, AR-Blattei Rn 79; zum EVÜ. Czernich/Heiss/Rudisch Art 6 Rn 38). Das wird mit dem Wortlaut des Art 30 Abs 2 Nr 2 begründet („eingestellt hat"), der keine Eingliederung in den Betrieb erfordere. Indessen verlangt die herrschende Auffassung keine echte Eingliederung, sondern nur eine über den bloßen Vertragsschluss hinausgehende Zuordnung des Arbeitsverhältnisses zur einstellenden Niederlassung wie etwa, dass die Personverwaltung am Einstellungsort geführt wird (vgl etwa Erman/Hohloch, MünchKomm/Martiny, Soergel/vHoffmann jeweils aaO; wohl auch MünchArbR/Birk § 20 Rn 49). Auch der Wortlaut der Vorschrift spricht stärker für dieses Verständnis, da er gerade nicht den Abschluss des Vertrages, sondern die Einstellung des Arbeitnehmers betont. **124**

Fehlt eine förmliche Einstellung – etwa bei **faktischen Arbeitsverhältnissen** –, dann ist **125** für Art 30 Abs 2 Nr 2 das Recht am Ort der Arbeitgeberniederlassung maßgebend, die das Arbeitsverhältnis betreut und durchführt (für Ort der faktischen Arbeitsaufnahme: WINKLER VMOHRENFELS, in: OETKER/PREIS Rn 60; wohl auch MünchKomm/MARTINY Art 30 Rn 42; REITHMANN/MARTINY/MARTINY Rn 1351).

126 Wird ein Arbeitsverhältnis, das unter Art 30 Abs 2 Nr 2 fallen würde, zwar begründet, aber **nicht durchgeführt,** dann bleibt für mögliche Ansprüche das Recht der einstellenden Niederlassung maßgebend.

e) Änderung der Umstände

127 Ändern sich die Gegebenheiten, die die Anwendbarkeit des Art 30 Abs 2 Nr 2 begründen, arbeitet der Arbeitnehmer etwa dauerhaft nunmehr in einem bestimmten Staat, dann wandelt sich auch das anwendbare Arbeitsrecht (zum Statutenwechsel unten Rn 173 ff).

5. Ausweichklausel (Abs 2 HS 2)

a) Bedeutung

128 Die objektive Anknüpfung an den gewöhnlichen Arbeits- oder an den Einstellungsort kann im Einzelfall ein Recht berufen, das „den Arbeitnehmer in die Wüste führen würde" (GAMILLSCHEG ZfA 14 [1983] 340). Das ist insbesondere bei Arbeitsverhältnissen denkbar, die insgesamt nur für einen begrenzten Einsatz an einem bestimmten Ort abgeschlossen werden, in allen übrigen Bezügen ihre Basis aber in einem anderen Staat haben (vgl auch LAGARDE Rev crit 1991, 320). Für diese Fälle sieht Art 30 Abs 2 mit dem „es sei denn"-Halbsatz eine **Korrekturmöglichkeit der Regelanknüpfungen** vor. Das nach Art 30 Abs 2 Nr 1 oder 2 geltende objektive Arbeitsvertragsstatut tritt zurück, wenn die Gesamtheit der Umstände ergibt, dass die Arbeitsbeziehung engere Verbindungen zu einer anderen Rechtsordnung aufweist. Diese Ausweichklausel ist – ähnlich wie Art 28 Abs 5 im Verhältnis zu Art 28 Abs 2–4 – als Ausnahme zu den Regelanknüpfungen in Art 30 Abs 2 Nr 1 und 2 konzipiert, um ggfs Härten der starren Anknüpfungsregeln auszugleichen (vgl BT-Drucks 10/504, 81; BAGE 63, 17 [29] sowie oben Rn 94 ff).

129 Die Ausweichklausel ist auch zu beachten, wenn die Parteien eine Rechtswahl getroffen haben. Die Ausweichklausel korrigiert dann ggfs das nach Art 30 Abs 2 Nr 1 oder 2 geltende Statut, das als Referenzordnung für den Günstigkeitsvergleich heranzuziehen ist. Auch eine stillschweigende Rechtswahl, die sich mit hinreichender Sicherheit aus dem Vertrag oder den Umständen ergeben muss, schließt nicht aus, dass die Ausweichklausel angewendet wird und zu einer anderen Rechtsordnung als der gewählten führt. Eine solche Konstellation wird eher selten sein, da sich die Merkmale weitgehend decken, aus denen sowohl eine stillschweigende Rechtswahl als auch die engere Verbindung iSd Ausweichklausel folgt. Sie ist aber zB bei einer Rechtswahl denkbar, die allein aus einer Gerichtsstands- oder Schiedsgerichtsklausel hergeleitet wird.

130 Als Ausnahmeregel ist die Ausweichklausel eher **eng auszulegen** (vgl aber auch noch unten Rn 138). Generell wird deshalb verlangt, dass die engeren Bezugspunkte zu einem anderen Recht **deutlich** jene Anknüpfungsmerkmale überwiegen, auf denen die Regelanknüpfungen fußen (so BAGE 63, 17 [28] = SAE 1990, 317 m Anm JUNKER; BAGE

71, 297 [313]; LAG Bremen RiW 1996, 1038 [1040]; FRANZEN, AR-Blattei Rn 82 f; MAGNUS IPRax 1991, 384; MANKOWSKI RabelsZ 53 [1989] 493; ders, Seerechtliche Vertragsverhältnisse 463; REISERER NZA 1994, 676; ähnlich ERMAN/HOHLOCH Art 30 Rn 20; MünchKomm/MARTINY Art 30 Rn 46; **anders** dagegen BAG SAE 1997, 31 m krit Anm MAGNUS = IPRax 1996, 416 m krit Aufs MANKOWSKI IPRax 1996, 405 für einen Zweitregisterfall).

Insgesamt sollte von der **Ausweichklausel nur sparsam Gebrauch gemacht** werden (COURSIER Nr 213; KOCH/MAGNUS/WINKLER vMOHRENFELS § 9 III 2; KROPHOLLER § 52 V 2b; MünchArbR/BIRK § 20 Rn 50; **aA** CZERNICH/HEISS/RUDISCH Art 6 Rn 39). Der Gewinn an Rechtssicherheit, den die Regelanknüpfungen verbürgen, würde sonst aufs Spiel gesetzt. Das BAG hat in seinen bisherigen Leitentscheidungen zu Art 30 sein Ergebnis allerdings stets auf die Anwendung der Ausweichklausel gestützt (BAGE 63, 17; BAGE 71, 297; BAG IPRax 1996, 416; ebenso etwa auch LAG Bremen RiW 1996, 1038). 131

b) Zu berücksichtigende Umstände
Die Ausweichklausel greift ein, wenn die „Gesamtheit der Umstände" ergibt, dass das Arbeitsverhältnis mit einem anderen als dem an sich berufenen Recht enger verbunden ist. Ein einzelner Umstand kann die Regelanknüpfung nach Nr 1 oder 2 deshalb noch nicht außer Kraft setzen (BAGE 63, 17 [27]; BAGE 71, 297 [313]; LAG Bremen RiW 1996, 1038 [1040]; FRANZEN, AR-Blattei Rn 83; MANKOWSKI, Seerechtliche Vertragsverhältnisse 463; REITHMANN/MARTINY/MARTINY Rn 1352). 132

Welche Umstände zu berücksichtigen sind, ergibt die Vorschrift nicht. Einigkeit besteht, dass jedenfalls solche **räumlichen und persönlichen Anknüpfungsmerkmale** zu beachten sind, die auch sonst – etwa für die stillschweigende Rechtswahl oder im Rahmen des Art 28 Abs 5 – die Verbindung zu einer Rechtsordnung belegen (vBAR II Rn 530; MünchKomm/MARTINY Art 30 Rn 44; WINKLER vMOHRENFELS, in: OETKER/PREIS Rn 61). 133

In Betracht kommen insbesondere der **gewöhnliche Aufenthaltsort bzw Sitz** jeder Partei sowie ihre **Staatsangehörigkeit** (BAGE 63, 17 [28]; LAG Frankfurt IPRspr 1992 Nr 71; Pres Rb Zutphen NIPR 1992 Nr 401; LAG Bremen RiW 1996, 1038 [1040]; LAG Niedersachsen LAGE EGBGB Art 30 Nr 3 m Anm MANKOWSKI; vBAR II Rn 530; DICEY/MORRIS II 33–067 f; ERMAN/HOHLOCH Art 30 Rn 21; FRANZEN, AR-Blattei Rn 84; JUNKER 194 f; MAGNUS IPRax 1991, 385; MünchArbR/BIRK § 20 Rn 52; MünchKomm/MARTINY Art 30 Rn 45; PALANDT/HELDRICH Art 30 Rn 8; REITHMANN/MARTINY/MARTINY Rn 1354; vgl auch LAGARDE Rev crit 1991, 320 sowie CZERNICH/HEISS/RUDISCH Art 6 Rn 39; gegen Beachtlichkeit der Staatsangehörigkeit aber SOERGEL/vHOFFMANN Art 30 Rn 50). Führen diese Merkmale für die Arbeitsvertragsparteien alle zum selben Staat, dann wird damit in der Regel ein abweichender gewöhnlicher Arbeitsort als Anknüpfung verdrängt (vgl BAGE 63, 17; LAG Frankfurt IPRspr 1992 Nr 71; Pres Rb Zutphen NIPR 1992 Nr 401; ferner auch das Beispiel bei LAGARDE aaO: Französischer Arbeitgeber stellt französischen Arbeitnehmer in Frankreich für ein zweijähriges Projekt in einem afrikanischen Land ein: Geltung französischen Rechts. Ablehnend für einen gleichen Fall SOERGEL/vHOFFMANN Art 30 Rn 50: Nur bei weiterem Inlandsbezug wie Währung etc sei Inlandsrecht anwendbar). 134

ZT soll für die Ausweichklausel schon die gemeinsame Staatsangehörigkeit allein genügen (MünchArbR/BIRK § 20 Rn 53; wohl auch MünchKomm/MARTINY Art 30 Rn 45; **anders** aber REITHMANN/MARTINY/MARTINY Rn 1354). Das ist abzulehnen, da es dann an einer Mehrzahl von Umständen fehlt, die den gewöhnlichen Arbeitsort überwiegen. Das 135

BAG hat die Ausweichklausel bisher auch stets aufgrund mehrerer, die Regelanknüpfung verdrängender Fallumstände angewendet (vgl BAGE 63, 17; BAGE 71, 297; BAG IPRax 1996, 416; ebenso der Schlussantrag des Generalanwalts DARMON in EuGH Slg 1993 I 887 [922] – Sloman Neptun Schiffahrts AG/Ziesemer).

136 Als weitere Umstände, die jedoch geringeres, nur verstärkendes Gewicht haben, sind die **Vertragssprache** und **-währung** sowie der **Abschlussort** zu beachten (so BAGE 63, 17 [28]; BAGE 71, 297 [314]; LAG Frankfurt IPRspr 1992 Nr 71; vBAR, DICEY/MORRIS, FRANZEN, JUNKER, MAGNUS, PALANDT/HELDRICH jeweils aaO; für erhebliche Bedeutung des Abschlussortes aber bei Zweitregisterfällen BAG IPRax 1996, 416).

137 Schließlich können Besonderheiten des Einzelfalles wie **Registerort** oder Heimathafen des Flugzeugs oder Schiffes, **Zugehörigkeit** des Arbeitnehmers zu einer bestimmten Altersversorgung etc eine Rolle spielen (BAGE 71, 297 [314 f]; vgl auch MünchArbR/BIRK § 20 Rn 53).

138 Fraglich ist, ob auch das **Interesse des Arbeitnehmers** an dem ihm günstigeren Recht bei der Anwendung der Ausweichklausel zu beachten ist. So wird vorgeschlagen, die Ausweichklausel etwas großzügiger anzuwenden, wenn sie ein dem Arbeitnehmer günstigeres Recht beruft als die Regelanknüpfung; umgekehrt soll es eher bei der Regelanknüpfung bleiben, wenn die Ausweichklausel zu einem ungünstigeren Recht führen würde (DEPREZ, in: Mélanges Blaise 165; DICEY/MORRIS II 33–068; ähnlich MünchKomm/MARTINY Art 30 Rn 45; vgl ferner MAGNUS Anm zu BAG SAE 1997, 31 [38]; **abl** ERMAN/HOHLOCH Art 30 Rn 20; WINKLER vMOHRENFELS, in: OETKER/PREIS Rn 61; auch [zum EVÜ] CZERNICH/HEISS/RUDISCH Art 6 Rn 39). Da Kernziel des Art 30 der kollisionsrechtliche Schutz des Arbeitnehmers ist, ist dem **Günstigkeitsprinzip** auch in der Anwendung der Ausweichklausel Rechnung zu tragen. In die Abwägung, ob aus der Gesamtheit der Umstände eine engere Verbindung zu einem anderen als dem an sich berufenen Recht folgt, ist daher auch einzubeziehen, welches Recht den Arbeitnehmer stärker schützt.

6. Besondere Arbeitsverhältnisse

139 Besondere Probleme wirft die Anknüpfung der Arbeitsverhältnisse vor allem von **Flug-** und **Schiffspersonal** auf. Die Tätigkeit dieser Arbeitnehmer zeichnet sich durch Internationalität und Mobilität par excellence aus. Weil ein fester Arbeitsort in einem Staat fehlt, ist die Zuordnung ihrer Arbeitsverträge zu einer bestimmten Rechtsordnung besonders schwierig. Die bisherigen Leitentscheidungen des BAG zu Art 30 betreffen denn auch ausnahmslos Fälle aus diesem Bereich, nämlich Heuerverträge (BAGE 63, 17; BAG SAE 1997, 31) und Arbeitsverträge von Piloten (BAGE 71, 297). Probleme bereitet aber auch die kollisionsrechtliche Erfassung von Leiharbeitsverhältnissen.

a) Heuerverhältnisse allgemein
aa) Rechtsgrundlagen

140 Die Arbeitsbeziehungen von Seeleuten unterstehen grundsätzlich Art 30 EGBGB (**hM**, FIRSCHING/VHOFFMANN § 10 Rn 82; FRANZEN, AR-Blattei Rn 86; MAGNUS IPRax 1991, 383; MANKOWSKI, Seerechtliche Vertragsverhältnisse 459 ff [464 f]; MünchArbR/BIRK § 20 Rn 212; MünchKomm/MARTINY Art 30 Rn 48; PALANDT/HELDRICH Art 30 Rn 7; SOERGEL/VHOFFMANN

Art 30 Rn 56; im Ergebnis ebenso BAGE 63, 17; BAG SAE 1997, 31). Das entspricht auch der Absicht der Verfasser des EVÜ, die für das Seearbeitsrecht bewusst keine Sonderregelung vorgesehen haben (GIULIANO/LAGARDE 58).

Art 30 EGBGB hat damit **§ 1 SeemG als Kollisionsnorm verdrängt** (vgl BAGE 63, 17 [33] **141** im Anschluss an MANKOWSKI RabelsZ 53 [1989] 511 f; vHOFFMANN § 10 Rn 82; zust FRANZEN, AR-Blattei Rn 86; MAGNUS IPRax 1991, 383; SOERGEL/vHOFFMANN Art 30 Rn 56; ferner KÜHL TranspR 1989, 94; E LORENZ RdA 1989, 224; WERBKE 12; **aA** EBENROTH/FISCHER/SOREK ZVerglRW 88 [1989] 142; ESSLINGER 125; wohl auch DÄUBLER RiW 1987, 252 Fn 35). Diese Vorschrift, die für alle Kauffahrteischiffe unter deutscher Flagge die Geltung des SeemG vorsieht, wurde vor der IPR-Reform von 1986 als – einseitige – zwingende Kollisionsnorm verstanden (BAG AP Nr 1 zu § 114 BetrVG; BASEDOW ZHR 147 [1983] 340 Fn 1; BEMM/LINDEMANN, SeemG § 1 Rn 1; ESSLINGER 117; JUNKER 134; KRONKE IPRax 1981, 158 Fn 4). Nach der Neuregelung hat sie diese Funktion verloren, da Art 30 ihr als die jüngere Vorschrift vorgeht, die auch Heuerverhältnisse erfassen soll und zudem staatsvertraglich fundiert ist (vgl BAGE 63, 17 [33]; umfassend MANKOWSKI, Seerechtliche Vertragsverhältnisse 504 ff; eingehend auch FRANZEN, AR-Blattei Rn 86). § 1 SeemG bestimmt damit im Verein mit den weiteren Vorschriften des SeemG nur noch, welches Recht bei Heuerverhältnissen internrechtlich als zwingend iSd Art 30 und 34 EGBGB anzusehen ist (eingehend MANKOWSKI, Seerechtliche Vertragsverhältnisse 507 ff; FRANZEN aaO; ähnlich DROBNIG/PUTTFARKEN 14 Fn 28; PUTTFARKEN 5).

bb) Anknüpfung
Seearbeitsverhältnisse unterstehen in erster Linie dem **Recht,** das die Parteien **ge- 142 wählt** haben (BAGE 63, 17 [24]; BAG SAE 1997, 31 [33]; DROBNIG/PUTTFARKEN 13 f; KÜHL TranspR 1989, 90; MAGNUS IPRax 1990, 43; MANKOWSKI, Seerechtliche Vertragsverhältnisse 502; MünchKomm/MARTINY Art 30 Rn 48; REITHMANN/MARTINY/MARTINY Rn 1358; SOERGEL/vHOFFMANN Art 30 Rn 57). Auf Schiffen unter deutscher Flagge kann also die Geltung ausländischen Arbeitsrechts vereinbart werden (DROBNIG/PUTTFARKEN 13 f; WERBKE 13).

Für eine Rechtswahl gilt die Schranke des Art 27 Abs 3: Werden deutsche Seeleute **143** von Arbeitgebern mit Sitz in Deutschland auf deutschen Schiffen mit deutschen Heimathäfen beschäftigt, dürfte darin ein **reiner Inlandsfall** zu sehen sein, auch wenn Auslandshäfen angelaufen werden (MAGNUS IPRax 1990, 143; **aA** MANKOWSKI, Seerechtliche Vertragsverhältnisse 504). Hierfür spricht jetzt auch die Erfassung der sog Seeschifffahrtsassistenz in § 1 Abs 2 AEntG.

Die Rechtswahl kann aber auch im Seearbeitsrecht nicht die dem Arbeitnehmer **144 günstigeren zwingenden Bestimmungen** des nach Art 30 Abs 2 geltenden Heuerstatuts verdrängen (BAGE 63, 17 [24 f]; MANKOWSKI, Seerechtliche Vertragsverhältnisse 502; MünchKomm/MARTINY Art 30 Rn 48; REITHMANN/MARTINY/MARTINY Rn 1358; SCHLUNCK 133, 145; DROBNIG/PUTTFARKEN 12 f).

Welches **Heuerstatut mangels Rechtswahl** gilt, ist umstritten. Die wohl überwiegende **145** Meinung unterstellt Seearbeitsverhältnisse Art 30 Abs 2 Nr 1, da das Schiff der gewöhnliche Arbeitsort des Seemannes sei (so BASEDOW BerDGesVölkR 31 [1990] 83; FRANZEN, AR-Blattei Rn 91; GEFFKEN NZA 1989, 91; JUNKER, Konzern 188; KROPHOLLER § 52 V 2 b; E LORENZ RdA 1989, 224; MAGNUS IPRax 1990, 144; MANKOWSKI RabelsZ 53 [1989] 502; ders, Seerechtliche Vertragsverhältnisse 481 ff, 494; MünchArbR/BIRK § 20 Rn 212; SOERGEL/vHOFFMANN

Art 30 Rn 58; wohl auch MünchKomm/MARTINY Art 30 Rn 48a; REITHMANN/MARTINY/MARTINY Rn 1358). Daraus folgert diese Ansicht die grundsätzliche Geltung des Rechts desjenigen Staates, dessen **Flagge** das Schiff führt, da die Rechtsverhältnisse an Bord der Rechtsordnung dieses Staates zuzuordnen seien (so die in der vorigen N Zitierten; ferner KEGEL/SCHURIG § 18 I 1 f bb; im Ergebnis auch DÄUBLER RiW 1987, 251 f; GAMILLSCHEG ZfA 14 [1983] 342; HAUSCHKA/HENSSLER NZA 1988, 599; KRONKE DB 1984, 405). Ebenso waren Seearbeitsverhältnisse vor der IPR-Reform angeknüpft worden (BAG AP IPR-ArbR Nr 7 m Anm ABRAHAM = SAE 1963, 217 m Anm BEITZKE; BAG NJW 1979, 1791). Die Lage in anderen EVÜ-Staaten ist uneinheitlich: Die Flaggenanknüpfung überwiegt etwa in Frankreich (AUDIT Rn 811; CHAUMETTE Dr soc 1995, 1002; zurückhaltender LAGARDE Rev crit 1991, 319). Auch Belgien folgt ihr, sofern eine effektive Verbindung zum Flaggenstaat besteht (RIGAUX/FALLON II 599). In Großbritannien lehnt man sie ab (DICEY/MORRIS II 33-067; KAYE 235). Ebenso hat die Rechtsprechung in den Niederlanden entschieden (Rb Alkmaar NIPR 1992 Nr 144: einstellende Niederlassung maßgebend).

146 Stellt die – zumal billige – **Flagge** allerdings die **einzige Verbindung zum Flaggenstaat** dar, dann wird nach der überwiegenden Ansicht das Heuerverhältnis über die Ausweichklausel des Art 30 Abs 2 derjenigen Rechtsordnung unterstellt, zu der im Übrigen die engeren Verbindungen bestehen (vgl insbes BASEDOW BerDGesVölkR 31 [1990] 84; DROBNIG BerDGesVölkR 31 [1990] 62; FRANZEN, AR-Blattei Rn 92; KROPHOLLER, MAGNUS, MANKOWSKI jeweils aaO; ebenso schon vor der IPR-Reform LAG Baden-Württemberg RiW 1981, 272 m Anm WINKLER).

147 Nach **aA** fallen Heuerverhältnisse unter Art 30 Abs 2 Nr 2, so dass das **Recht am Ort der einstellenden Niederlassung** entscheidet (so BAG IPRspr 1996 Nr 50 b; EBENROTH/FISCHER/SOREK ZVerglRW 88 [1989] 138; ERMAN/HOHLOCH Art 30 Rn 19; ESSLINGER 62; HEILMANN 187; HÖNSCH NZA 1988, 114; KÜHL TranspR 1989, 94; W LORENZ IPRax 1987, 276; PALANDT/HELDRICH Art 30 Rn 7; RÜTHERS/HEILMANN EzA Art 30 EGBGB Nr 1). Begründet wird dies vor allem mit dem Hinweis, dass der Seemann nicht „in" einem Land arbeite.

148 Eine weitere Meinung will Seearbeitsverhältnisse schließlich stets der **Ausweichklausel** in Art 30 Abs 2 unterstellen, da weder Nr 1 noch Nr 2 als Anknüpfungsregel passe (so DROBNIG/PUTTFARKEN 15; PUTTFARKEN 10; WINKLER vMOHRENFELS, in: OETKER/PREIS Rn 79). Dieser Auffassung hat sich wohl auch das BAG in einem Zweitregisterfall angeschlossen (BAG SAE 1997, 31 [33]; ähnlich BVerfGE 92, 26 [39]; zu den Zweitregisterfällen vgl aber unten Rn 151 ff).

149 Die praktischen Auswirkungen der Meinungsunterschiede sollten nicht überschätzt werden. Allen Vorschlägen ist das Bemühen gemeinsam, die Flaggenanknüpfung dann nicht entscheiden zu lassen, wenn im Übrigen eine hinreichende Verbindung zum Flaggenstaat fehlt. Als Ausgangspunkt für die Bestimmung des Heuerstatuts verdient die Flaggenanknüpfung über Art 30 Abs 2 Nr 1 EGBGB als klare und einfach festzustellende Grundsatzanknüpfung gleichwohl den Vorrang vor den übrigen Vorschlägen. Sie bevorzugt nicht automatisch das Sitzrecht des Arbeitgebers. Ferner muss nicht stets – wie das eine Anknüpfung nach Art 30 Abs 2 Nr 2 erfordert – überprüft werden, wo die einstellende Niederlassung bei Vertragsschluss lag, ob sie als echte Niederlassung angesprochen werden kann oder ob sie lediglich ein Heuerbüro war (dazu oben Rn 122), während die tatsächlich zuständige Niederlassung des Arbeitgebers an einem anderen Ort liegt. Sie löst auch nicht die Grundstruktur des Art 30 Abs 2 auf, indem sie aus der Ausweichklausel die Regelanknüpfung für Heuerverhältnisse macht.

Bei Arbeitsverhältnissen auf **Billigflaggenschiffen** genügt die Flagge aber nicht, das **150** anwendbare Recht zu bestimmen, sofern sie die einzige Verbindung zur damit bezeichneten Rechtsordnung darstellt. Hier ist es angemessen, aus der Gesamtheit der Umstände das anwendbare Heuerstatut zu ermitteln. Maßgebend sind dann vor allem Sitz, gewöhnlicher Aufenthalt und Staatsangehörigkeit der Parteien, aber auch Abschlussort, Vertragssprache und -währung mit dem Gewicht, das sie auch sonst bei der Anwendung der Ausweichklausel haben (oben Rn 136). Ferner sind der Heimathafen und die befahrenen Linien als Indizien zu berücksichtigen (vgl auch Schlussantrag DARMON EuGH Slg 1993 I 887 – Sloman Neptun Schiffahrts AG/Ziesemer; dazu MAGNUS IPRax 1994, 178).

b) Heuerverhältnisse auf deutschen Zweitregisterschiffen
aa) Rechtsgrundlage
Eine Sondervorschrift besteht in Deutschland seit 1989 für eine eng umgrenzte Teil- **151** gruppe von Seearbeitsverhältnissen. Für die Heuerverhältnisse im Ausland ansässiger Arbeitnehmer auf Schiffen, die im deutschen **internationalen Seeschifffahrtsregister** (ISR), dem sog Zweitregister eingetragen sind und die Bundesflagge führen, bestimmt § 21 Abs 4 FlaggRG:

§ 21

(4) Arbeitsverhältnisse von Besatzungsmitgliedern eines im Internationalen Seeschifffahrtsregister eingetragenen Kauffahrteischiffes, die im Inland keinen Wohnsitz oder ständigen Aufenthalt haben, unterliegen bei der Anwendung des Artikels 30 des Einführungsgesetzes zum Bürgerlichen Gesetzbuche vorbehaltlich der Rechtsvorschriften der Europäischen Gemeinschaft nicht schon auf Grund der Tatsache, dass das Schiff die Bundesflagge führt, dem deutschen Recht. Werden für die in Satz 1 genannten Arbeitsverhältnisse von ausländischen Gewerkschaften Tarifverträge abgeschlossen, so haben diese nur dann die im Tarifvertragsgesetz genannten Wirkungen, wenn für sie die Anwendung des im Geltungsbereich des Grundgesetzes geltenden Tarifrechts sowie die Zuständigkeit der deutschen Gerichte vereinbart worden ist. Nach Inkrafttreten dieses Absatzes abgeschlossene Tarifverträge beziehen sich auf die in Satz 1 genannten Arbeitsverhältnisse im Zweifel nur, wenn sie dies ausdrücklich vorsehen. Die Vorschriften des deutschen Sozialversicherungsrechts bleiben unberührt.

Die Vorschrift und die ihr zugrunde liegende Einführung des zweiten Schiffsregisters **152** sind durch den Wunsch des Gesetzgebers motiviert gewesen, deutsche Reeder von Kosten zu entlasten und sie dadurch von der **Ausflaggung** abzuhalten (so die Begründung zum Gesetzentwurf, BT-Drucks 11/2161, 4). Die Kostenentlastung soll unausgesprochen dadurch erreicht werden, dass ausländische Seeleute auf Zweitregisterschiffen möglichst zu ihren **Heimatheuern** beschäftigt werden, die meist weit unter den deutschen Durchschnittsheuern liegen (vgl etwa den Fall BAG SAE 1997, 31). Es liegt auf der Hand, dass damit der Schutzgedanke des Art 30 EGBGB an sich in sein Gegenteil verkehrt wird. Das Gesetz selbst drückt die motivierende Absicht jedoch in keiner Weise aus, sondern hält sich mit seiner lediglich negativen Formulierung bewusst zurück (dazu eingehend und mit scharfer Kritik an der Regelungstechnik MANKOWSKI, Seerechtliche Vertragsverhältnisse 511 ff [512]: „vollständiger Missgriff").

153 Die Regelung des § 21 Abs 4 FlaggRG verstößt nicht gegen europäisches Gemeinschaftsrecht (EuGH Slg 1993 I 887 – Sloman Neptun Schiffahrts AG/Ziesemer, dazu MAGNUS IPRax 1994, 178; MANKOWSKI, Seerechtliche Vertragsverhältnisse 515 Fn 15). Im Wesentlichen ist § 21 Abs 4 FlaggRG auch mit dem deutschen Verfassungsrecht vereinbar (BVerfGE 92, 26; zu der Entscheidung näher ERBGUTH, Die Zweitregisterentscheidung passim; LAGONI JZ 1995, 499 ff; MANKOWSKI EWiR § 21 FlaggRG 1/95; PUTTFARKEN RiW 1995, 617 ff).

154 § 21 Abs 4 FlaggRG bedeutet, obwohl später als Art 30 EGBGB erlassen, keine partielle Aufhebung des Art 30. Vielmehr ist die Bestimmung als – freilich problematische – **Interpretationsvorschrift zu Art 30** zu verstehen (so BVerfGE 92, 26 [39, 50]; BAG SAE 1997, 31 [33]; ferner die gesetzgeberische Begründung BT-Drucks 11/2161, 6; FRANZEN, AR-Blattei Rn 95; MAGNUS IPRax 1990, 143; REITHMANN/MARTINY/MARTINY Rn 1359; WERBKE 13).

155 Nach **aA** stellt § 21 Abs 4 FlaggRG allerdings eine eigene negative Kollisionsnorm dar, die Art 30 verdrängt, soweit sie reicht (so DÄUBLER, Schiffsregister 10; MANKOWSKI RabelsZ 53 [1989] 520; ders, Seerechtliche Vertragsverhältnisse 512; SOERGEL/vHOFFMANN Art 30 Rn 60). ZT wird § 21 Abs 4 Satz 1 FlaggRG darüber hinaus eine positive einseitige Kollisionsnorm entnommen, die in Zweitregisterfällen deutsches Recht berufe, wenn neben deutscher Flagge sowie deutscher Staatsangehörigkeit und deutschem Sitz des Reeders ein weiteres Merkmal zum deutschen Recht führe (so MANKOWSKI, Seerechtliche Vertragsverhältnisse 523). Indessen setzt § 21 Abs 4 Satz FlaggRG schon seinem Wortlaut nach die Geltung des Art 30 auch in Zweitregisterfällen voraus und **relativiert** für diese besonderen Seearbeitsverhältnisse lediglich **die Bedeutung** der Flagge als Anknüpfungsmerkmal (so im Ergebnis BVerfGE 92, 26 [39]; vgl auch REITHMANN/MARTINY/MARTINY Rn 1359; zur Anknüpfung siehe im Folgenden).

bb) Voraussetzungen des § 21 Abs 4 Satz 1 FlaggRG

156 21 Abs 4 S 1 FlaggRG setzt zum einen voraus, dass das Schiff, auf dem der Arbeitnehmer tätig ist, **im deutschen Internationalen Schiffsregister eingetragen** ist. Heuerverhältnisse auf Schiffen, die nur im (ersten) deutschen Schiffsregister eingetragen sind, erfasst die Vorschrift nicht (zu den Eintragungsvoraussetzungen und zu den Förmlichkeiten des Zweitregisters, das als zusätzliche Liste zum normalen Schiffsregister geführt wird: KOSTKA 116; ferner MANKOWSKI, Seerechtliche Vertragsverhältnisse 511; STAUDINGER/NÖLL [1997] § 1 SchiffsRG Rn 14 ff).

157 Zum andern bezieht sich die Vorschrift nur auf Arbeitsverhältnisse mit solchen Besatzungsmitgliedern, die in Deutschland oder anderen EU-Staaten – EWR-Staaten dürften gleichstehen – **weder Wohnsitz noch ständigen Aufenthalt** haben. Darauf soll der Vorbehalt zugunsten der EU-Vorschriften in § 21 Abs 4 S 1 FlaggRG hinweisen (vgl auch REITHMANN/MARTINY/MARTINY Rn 1361). Dabei dürfte es auf die Verhältnisse im Beurteilungszeitpunkt ankommen. Für Besatzungsmitglieder, die in diesem Zeitpunkt in Deutschland oder anderen EU-Staaten ansässig sind, gilt die Vorschrift nicht. Ihre Heuerverträge sind nach den oben Rn 140 ff geschilderten Grundsätzen anzuknüpfen. Auf die Staatsangehörigkeit des jeweiligen Besatzungsmitglieds kommt es für § 21 Abs 4 S 1 FlaggRG dagegen nicht an (vgl auch MANKOWSKI, Seerechtliche Vertragsverhältnisse 516). Zugeschnitten ist die Regelung damit auf Schiffspersonal aus Billiglohnländern; sie trifft aber auch auf deutsche Besatzungsmitglieder zu, die ihren Wohnsitz oder gewöhnlichen Aufenthalt außerhalb der EU – zB in der Schweiz – haben.

cc) **Anknüpfung**
In erster Linie gilt auch hier das gewählte Recht (BAG SAE 1997, 33; FRANZEN, AR-Blattei Rn 95; MAGNUS IPRax 1990, 143; MANKOWSKI, Seerechtliche Vertragsverhältnisse 517; REITHMANN/ MARTINY/MARTINY Rn 1360; SOERGEL/vHOFFMANN Art 30 Rn 60). Doch unterliegt es ebenfalls den Grenzen, die das objektiv geltende Heuerstatut mit seinen günstigeren zwingenden Vorschriften zieht (vgl die in der vorigen N Zitierten). **158**

Als objektives Heuerstatut scheidet das allein aufgrund der Flagge bestimmte Recht – ganz ähnlich wie bei der Billigflaggenproblematik (oben Rn 146, 149 f) – in Zweitregisterfällen aus (BVerfGE 92, 39: § 21 Abs 4 Satz 1 FlaggRG entziehe der Flaggenanknüpfung für Zweitregisterfälle den Boden; dem folgend BAG SAE 1997, 33; ebenso FRANZEN, AR-Blattei Rn 97 f; MAGNUS SAE 1997, 36; MANKOWSKI IPRax 1996, 405; REITHMANN/MARTINY/MARTINY Rn 1360; SOERGEL/vHOFFMANN Art 30 Rn 60). Nach der Rechtsprechung ist vielmehr die Gesamtheit der Umstände heranzuziehen, um das Heuerstatut zu bestimmen (BVerfG, BAG aaO). Nach der hier vertretenen Auffassung richtet sich das Heuerstatut in Zweitregisterfällen dagegen grundsätzlich nach dem Recht des Staates, auf den die Flagge **und** entweder der gewöhnliche Aufenthaltsort des Arbeitnehmers oder der tatsächliche Sitz des Arbeitgebers übereinstimmend hinweisen. Nur so wird dem Umstand Rechnung getragen, dass auch in Zweitregisterfällen der gewöhnliche Arbeitsort das Schiff ist, das einer bestimmten Rechtsordnung zuzuordnen ist, nach der sich der Arbeitnehmer zu richten hat. **159**

Verweisen allerdings weitere signifikante Anknüpfungsmerkmale auf ein anderes Recht, dann ist dieses über die Ausweichklausel des Art 30 Abs 2 anzuwenden (MAGNUS SAE 1997, 37; ähnlich MANKOWSKI IPRax 1996, 405). Bei der Anwendung der Ausweichklausel darf aber untergeordneten Indizien wie Abschlussort, Vertragssprache und -währung in Zweitregisterfällen kein anderes Gewicht eingeräumt werden, als es ihnen auch sonst für die Ermittlung des Vertragsstatuts zukommt (**anders** jedoch BAG SAE 1997, 31, das den Abschlussort überbetont). Ferner muss der **Schutzzweck** des in Art 30 EGBGB verankerten Günstigkeitsprinzips beachtet werden. § 21 Abs 4 Satz 1 FlaggRG muss deshalb so ausgelegt werden, dass dieses aus dem EVÜ übernommene Prinzip gewahrt bleibt. Es ist weder erkennbar, noch zu unterstellen, dass der Gesetzgeber seine völkervertragliche Verpflichtung, die er mit der Ratifikation des EVÜ übernommen hat, durch § 21 Abs 4 Satz 1 FlaggRG ändern oder verletzen wollte. Vielmehr ist letztere Vorschrift soweit wie möglich völkerrechtskonform auszulegen. **160**

c) **Arbeitsverhältnisse von Flug-, Bahn- und Fernfahrpersonal**
Für Arbeitsverhältnisse von **Flug- und Bahnpersonal sowie Bus- oder Fernfahrern** auf internationalen Strecken gilt uneingeschränkt Art 30 EGBGB. Eine Rechtswahl ist generell zulässig (BAGE 71, 297 = IPRax 1994, 123 m Aufs MANKOWSKI IPRax 194, 88 = SAE 1994, 28 m Anm JUNKER = AR-Blattei ES 920 Nr 3 m Anm FRANZEN = EWiR Art 30 EGBGB 1993, 673 m Anm MARTINY). Sie unterliegt den durch Art 27 Abs 3 und 30 Abs 1 gezogenen Schranken und muss ferner Art 34 und Art 6 beachten. **161**

Die objektive Anknüpfung der **Arbeitsverträge des fliegenden Personals** ist umstrit- **162** ten. Handelt es sich dabei um internationale Flüge, so zieht man überwiegend Art 30 Abs 2 Nr 2 heran, da ein gewöhnlicher Arbeitsort in einem Staat in der Regel fehlt (so DÄUBLER RiW 1987, 251; ERMAN/HOHLOCH Art 30 Rn 17; GAMILLSCHEG ZfA 14 [1983] 334; KOCH/ MAGNUS/WINKLER vMOHRENFELS § 9 III 2; LAGARDE Rev crit 1991, 319; MünchKomm/MARTINY Art 30 Rn 33; PALANDT/HELDRICH Art 30 Rn 7; REITHMANN/MARTINY/MARTINY Rn 1357; SCHLOSSHAUER/SELBACH Rn 268, 270; WINKLER vMOHRENFELS, in: OETKER/PREIS Rn 73; s auch den Fall LAG Hessen NZA-RR 2000, 401 = AR-Blattei ES 920 Nr 7 m Anm MANKOWSKI). Damit gilt das **Recht der einstellenden Niederlassung,** von der aus das fliegende Personal auch häufig eingesetzt wird (bei Dauereinsatz von einer „base" deshalb für Recht der „base": REITHMANN/ MARTINY/MARTINY aaO).

163 Eine **abweichende Ansicht** will dagegen das Recht des Ortes anwenden, an dem das Flugzeug registriert ist (so FRANZEN, AR-Blattei Rn 102; JUNKER, Konzern 188; MANKOWSKI, Seerechtliche Vertragsverhältnisse 491 f). Denn der gewöhnliche Arbeitsort des Flugpersonals sei das Flugzeug – wie bei Seeleuten das Schiff (vgl die in der vorigen N Zitierten). Indessen ist das fliegende Personal in der Regel auch in Arbeiten auf den jeweiligen Flughäfen (Flugzeugcheck, Gästeabfertigung etc) eingebunden, die im Verhältnis zu Seeleuten einen erheblicheren Teil der Arbeitszeit ausmachen und in fremdem Staatsgebiet stattfinden. Ferner wird fliegendes Personal weit häufiger auf wechselndem Fluggerät, das unterschiedlichen Rechten zuzuordnen sein kann, eingesetzt als Seeleute auf Schiffen unterschiedlicher Flagge. Die Anwendung des Art 30 Abs 2 Nr 2 als Regelanknüpfung ist deshalb bei fliegendem Personal gerechtfertigt.

164 Soweit Arbeitnehmer **nur auf Inlandsflügen** eingesetzt werden, gilt grundsätzlich das Recht dieses Staates (vgl auch BAGE 71, 297 [311 f]; JUNKER RiW 2001, 101 Fn 67). Dabei ist gleichgültig, ob kurzfristig fremdes Territorium überflogen wird.

165 Für **Bodenpersonal** richtet sich das objektive Vertragsstatut nach dem Recht des Ortes, an dem diese Personen gewöhnlich arbeiten (BAG NZA 1997, 334 [335]).

166 Im Übrigen ist – wie bei allen Arbeitsverhältnissen – die Ausweichklausel zu beachten. Deutlich engere Verbindungen zu einem anderen Recht verdrängen jenes, das nach der Regelanknüpfung berufen ist (BAGE 71, 297 [314]). Hierbei sind neben den üblichen Merkmalen wie Sitz und Staatsangehörigkeit der Parteien, Abschlussort, Vertragssprache und -währung, etwa auch der Registerort, die geflogenen Linien, die Zugehörigkeit zu einer Krankenkasse oder Altersversorgung eines bestimmten Landes etc zu beachten (BAG aaO; zust FRANZEN, AR-Blattei ES, Internationales Arbeitsrecht 920 Nr 3 S 22; MANKOWSKI IPRax 1994, 94).

Ganz ähnlich wie die Arbeitsverhältnisse des Flugpersonals sind auch jene des international eingesetzten **Bahnpersonals** (Zugführer, Schaffner etc) anzuknüpfen. Mangels Rechtswahl gilt auch hier das Recht der einstellenden Niederlassung, soweit nicht im Einzelfall eine deutlich engere Verbindung zu einem anderen Recht besteht (WINKLER vMOHRENFELS, in: OETKER/PREIS Rn 73). In gleicher Weise sind die Arbeitsverhältnisse von **Fernfahrern** (Bus-, Lkwfahrer) zu beurteilen, die ständig für internationale Transporte eingesetzt sind, es sei denn, dass diese Arbeitnehmer ständig von einer festen Basis starten und dorthin zurückkehren. Dann liegt dort der gewöhnliche Arbeitsort iSd Art 30 Abs 2 Nr 1.

d) Leiharbeitnehmer

167 Die Anknüpfung internationaler Leiharbeitsverhältnisse richtet sich, soweit die Beziehung des Leiharbeitnehmers zu seinem Arbeitgeber betroffen ist, uneingeschränkt nach Art 30 (MANKOWSKI Anm zu Hess LAG AR-Blattei ES, Internationales Arbeitsrecht 920 Nr 4; MünchKomm/MARTINY Art 30 Rn 39; SOERGEL/vHOFFMANN Art 30 Rn 54). Für die kollisionsrechtliche Betrachtung ist dabei zwischen echter und unechter Leiharbeit zu unterscheiden:

168 Bei **echter Leiharbeit** überlässt ein Arbeitgeber nur gelegentlich Arbeitnehmer einem anderen Unternehmer; bei **unechter Leiharbeit** tut er dies gewerbsmäßig und „lebt von ihr". Dem trägt die Anknüpfung Rechnung.

169 Das nur gelegentliche Verleihen entspricht einer Entsendung des Arbeitnehmers. Das objektive Vertragsstatut ist hier in üblicher Weise zu bestimmen. Für das Verhältnis zwischen dem Arbeitnehmer und seinem – verleihenden – Arbeitgeber gilt grundsätzlich das Recht am **bisherigen gewöhnlichen Arbeitsort** des Arbeitnehmers, sofern die leihweise Abordnung – wie wohl ganz regelmäßig – vorübergehenden Charakter hat (vgl LAG Frankfurt IPRspr 1994 Nr 63 = AR-Blattei ES 920 Nr 4 m Anm MANKOWSKI; BIRK RabelsZ 46 [1982] 396; FRANZEN, AR-Blattei Rn 154; JUNKER, Konzern 223 ff; ders RiW 2001, 102 f; MünchArbR/BIRK § 20 Rn 136; MünchKomm/MARTINY Art 30 Rn 39; REITHMANN/MARTINY/MARTINY Rn 1347; SOERGEL/vHOFFMANN aaO). Das bisherige Arbeitsvertragsstatut bestimmt damit insbes, ob die Überlassung zulässig ist (LAG Frankfurt aaO).

170 Bei gewerbsmäßigem Verleihen (Arbeitnehmerüberlassung) gilt über Art 30 Abs 2 Nr 1 das **Recht am Einsatzort,** an dem der Arbeitnehmer für den Entleiher arbeitet; wechselt dieser Einsatzort zwischen mehreren Staatsgebieten, dann entscheidet über Art 30 Abs 2 Nr 2 das Recht der Niederlassung des Verleihers, die den Arbeitnehmer eingestellt hat (FRANZEN, JUNKER; MANKOWSKI, MünchKomm/MARTINY, REITHMANN/MARTINY/MARTINY, SOERGEL/vHOFFMANN jeweils aaO; im Ergebnis auch Hess LAG AR-Blattei ES, Internationales Arbeitsrecht 920 Nr 4; nur für Recht des Einsatzortes BIRK aaO, MünchArbR/BIRK aaO).

171 Der **Überlassungsvertrag** zwischen Verleiher und Entleiher ist demgegenüber eigenständig anzuknüpfen. Mangels Rechtswahl untersteht er gemäß Art 28 EGBGB dem Recht am Sitz des Verleihers (FRANZEN, AR-Blattei Rn 155; HEILMANN 166 f; JUNKER, MANKOWSKI jeweils aaO; MünchArbR/BIRK § 20 Rn 139; MünchKomm/MARTINY Art 30 Rn 39; SOERGEL/vHOFFMANN Art 30 Rn 54).

Die zwingenden Vorschriften des deutschen Arbeitnehmerüberlassungsrechts – insbes Art 1 § 10 AÜG – werden überwiegend als Eingriffsnormen iSd Art 34 EGBGB angesehen, die deshalb bei hinreichendem Inlandsbezug – insbes inländischem Einsatzort – unabhängig vom sonstigen Arbeitsvertragsstatut anzuwenden sind (OLG Karlsruhe BauR 1990, 482; FRANZEN, AR-Blattei Rn 155; HEILMANN 167; SCHÜREN, AÜG [1994] Einl Rn 608; im Ergebnis auch MünchArbR/BIRK § 20 Rn 138; **aA** MANKOWSKI in Anm zu Hess LAG AR-Blattei ES, Internationales Arbeitsrecht 920 Nr 4). Zur Frage, ob nur die Gestellung von Gerät mit Bedienungspersonal oder aber eine Arbeitnehmerüberlassung vereinbart ist, vgl etwa BAGE 72, 255.

e) Diplomatisches und konsularisches Personal

172 Für Streitigkeiten aus Arbeitsverträgen zwischen Staaten und ihrem Botschafts- und konsularischem Personal fehlt deutschen Gerichten die Gerichtsbarkeit, soweit der Arbeitnehmer hoheitliche Aufgaben wahrnimmt (BAG NZA 1998, 813 [Aufzugsmonteur]; LAG Berlin IPRax 2001, 144 [Französischlehrerin am Centre francais]; ArbG Köln RiW 1999, 623 m Anm KOLLATZ [Schalterdienst; Erteilung von Visa]; MANKOWSKI IPRax 2001, 123 ff).

Soweit nicht Staatenimmunität eingreift, sind Arbeitsverhältnisse des diplomatischen und konsularischen Personals uneingeschränkt nach Art 30 zu beurteilen (JUNKER RdA 1998, 45 ff; MANKOWSKI IPRax 2001, 125; WINKLER vMOHRENFELS, in: OETKER/PREIS Rn 82 ff). Damit entscheidet zunächst das vereinbarte Recht. Mangels Rechtswahl gilt für sog **Ortskräfte** – am Ort der Vertretung rekrutiertes, dort ansässiges Personal – das dortige **Ortsrecht**. Für aus der Heimat **entsandte Kräfte** ist dagegen nach Art 30 Abs 2 Nr 1 weiterhin das ursprünglich geltende ‚Heimat'arbeitsstatut maßgebend, sofern es sich jedenfalls um eine zeitlich absehbare Entsendung handelt (JUNKER RdA 1998, 45; MANKOWSKI aaO 126; eingehend zur Regelung für die deutschen Beschäftigten des auswärtigen Dienstes durch das Gesetz über den Auswärtigen Dienst WINKLER vMOHRENFELS, in: OETKER/PREIS Rn 82 ff). Zu den Beschäftigungsverhältnissen der Mitarbeiter internationaler Organisationen vgl oben Rn 48.

IX. Statutenwechsel; maßgebender Beurteilungszeitpunkt

173 Das Vertragsstatut ist weitgehend **wandelbar** (MünchArbR/BIRK § 20 Rn 56; MünchKomm/MARTINY Art 30 Rn 47).

174 Zum einen können die Parteien jederzeit ein anderes als das bisher geltende Statut als maßgeblich vereinbaren; Art 27 Abs 2 gilt auch für Art 30 (MünchArbR/BIRK § 20 Rn 55; vgl auch oben Rn 5, 51). Für die Beurteilung ist das Statut maßgebend, das die Parteien im Entscheidungszeitpunkt gewählt haben.

175 Soweit das objektive Vertragsstatut zu bestimmen und damit in erster Linie der gewöhnliche Arbeitsort (Art 30 Abs 2 Nr 1) maßgebend ist, kommt es auf den **gewöhnlichen Arbeitsort im Entscheidungszeitpunkt** an. Mit einem Wechsel des gewöhnlichen Arbeitsortes wechselt daher auch das anwendbare Arbeitsrecht (MünchArbR/BIRK § 20 Rn 55; MünchKomm/MARTINY Art 30 Rn 47; PALANDT/HELDRICH Art 30 Rn 7; SCHMIDT/HERMESDORF RiW 1988, 940; SOERGEL/vHOFFMANN Art 30 Rn 41). Das gilt auch, soweit das objektive Vertragsstatut nur zu ermitteln ist, um ggfs das gewählte Recht nach dem Günstigkeitsprinzip zu korrigieren. Eine vorübergehende Entsendung begründet jedoch noch keinen Statutenwechsel.

176 Soweit sich das Vertragsstatut nach dem Recht der einstellenden Niederlassung richtet, kommt es auf die **Niederlassung zum Zeitpunkt der Einstellung** an. Eine spätere Verlegung führt nicht zu einem Statutenwechsel (ähnlich MünchArbR/BIRK § 20 Rn 56).

177 Ein **Statutenwechsel scheidet** ferner in den Fällen **aus,** in denen das Vertragsstatut über die Ausweichklausel des Art 30 Abs 2 ermittelt wird. Hier kommt es nur insgesamt auf die engeren Verbindungen an, wie sie sich im Entscheidungszeitpunkt darstellen (MünchArbR/BIRK aaO). Der Verlauf des Arbeitsverhältnisses ist dabei mitzuberücksichtigen.

5. Abschnitt. Schuldrecht.
1. Unterabschnitt. Vertragliche Schuldverhältnisse

X. Form des Arbeitsvertrages

Anders als für Verbraucherverträge (Art 29 Abs 3) kennt das Gesetz für Arbeitsverträge **keine besondere Formvorschrift.** Das war beabsichtigt: Eine Bindung der Form an das Arbeitsvertragsstatut hätte nach Meinung der Verfasser des EVÜ wegen der Ausweichklausel des Art 30 Abs 2 HS 2 (= Art 6 Abs 2 HS 2 EVÜ) zu starken Unsicherheiten über die Formwirksamkeit geführt (GIULIANO/LAGARDE 64). 178

Die Form des Arbeitsvertrages richtet sich daher nach Art 11. Grundsätzlich ist damit entweder die Form maßgebend, die am Ort des **Vertragsschlusses** gilt, oder die Form des Rechts, das Vertragsstatut des jeweiligen Geschäfts ist (Art 11 Abs 1). Zusätzlich zum Orts- und Geschäftsrecht sind die Sonderregeln für Distanzverträge und Abschlüsse durch Vertreter zu beachten (Art 11 Abs 2 und 3 = Art 9 Abs 2 und 3 EVÜ), die zur alternativen Geltung weiterer Rechte – Recht am Aufenthaltsort jeder Partei – oder anderer Rechte – Aufenthaltsrecht des Vertreters – führen können. Die Alternativität der Anknüpfung bedeutet, dass das Geschäft wirksam ist, wenn es die Formerfordernisse auch nur eines der alternativ geltenden Rechte erfüllt (Begründung BT-Drucks 10/504, 49; GIULIANO/LAGARDE 62). Damit setzt sich das Recht mit den geringsten Formanforderungen durch. Ob dies für den Arbeitnehmer günstig oder ungünstig ist, ist bei strikter Anwendung des Art 11 an sich gleichgültig. Nur soweit das für die Form maßgebende Geschäftsstatut zu bestimmen ist, muss Art 30 und das dort geltende Günstigkeitsprinzip uneingeschränkt beachtet werden. Insoweit ist dann zu ermitteln, ob die Formvorschriften des gewählten oder des objektiv geltenden Arbeitsrechts für den Arbeitnehmer günstiger sind. Ob dem Arbeitnehmer die größere Formfreiheit oder die größere Formstrenge hier den besseren Schutz bietet, hängt dabei von seinem jeweiligen Begehren ab. Zu beachten ist allerdings auch, dass das NachweisG (BGBl 1995 I 946) inländische Arbeitgeber verpflichtet, die wesentlichen Bedingungen des Arbeitsverhältnisses, insbes auch für über einen Monat dauernde Auslandseinsätze schriftlich zu fixieren und dem Arbeitnehmer auszuhändigen. Für die (Form-) Wirksamkeit des Arbeitsverhältnisses hat das NachweisG jedoch keine Bedeutung (MünchArbR/BIRK § 20 Rn 7; offen ErfurterKomm/SCHLACHTER Art 27 ff EGBGB Rn 4). 179

Generell wird es ferner für zulässig gehalten, die alternative Geltung der **Formvorschriften** entweder des Ortsrechts oder des Geschäftsrechts **abzubedingen** und nur eines dieser Formstatute gelten zu lassen (MünchKomm/SPELLENBERG Art 11 Rn 31; PALANDT/HELDRICH Art 11 Rn 2; ebenso zum früheren IPR: BGHZ 57, 337; aA SOERGEL/KEGEL Art 11 Rn 3). 180

Nach der hier vertretenen Ansicht ist bei Arbeitsverträgen hinsichtlich der Form stets das Günstigkeitsprinzip des Art 30 Abs 1 zu beachten. Die **Abwahl** eines bestimmten, an sich geltenden Formstatuts ist deshalb **wirkungslos,** wenn sie den Arbeitnehmer schlechter stellt, als er ohne die Abwahl stünde. Wird die Abwahl in ein materiellrechtliches Gewand gekleidet und als materiell-rechtliche Formvorschrift in den Einzelvertrag aufgenommen, dann muss das anwendbare Arbeitsvertragsstatut entscheiden, ob eine solche Regelung wirksam ist. 181

Darüber hinaus ist aus dem Günstigkeitsprinzip des Art 30 Abs 1 bei internationalen Arbeitsverträgen insgesamt abzuleiten, dass **bei alternativen Formvorschriften die dem Arbeitnehmer günstigere Form gilt.** Der Gedanke des Art 11, Rechtsgeschäften 182 weitestmöglich zur Formwirksamkeit zu verhelfen, passt bei Arbeitsverträgen nicht als genereller Grundsatz (ähnlich MünchArbR/Birk § 19 Rn 66). Er gerät hier – nicht in allen Fällen, aber doch vielfach – mit dem Gedanken des Schutzes des Arbeitnehmers in Konflikt. Denn gerade im Arbeitsrecht dient ein bestimmter Formzwang fast regelmäßig dazu, dem Arbeitnehmer besonderen Schutz zu gewähren (zB Form der Kündigung, förmliche Verkündung von Arbeitsbedingungen etc; Dicey/Morris II 33–068 wollen deshalb arbeitnehmerschützende Formvorschriften als Vorschriften des materiellen Rechts qualifizieren). Im Konflikt zwischen Formwirksamkeit und Arbeitnehmerschutz ist letzterem der Vorrang einzuräumen. Die Verfasser des EVÜ haben das Problem auch gesehen; sie wollten durch eine weite Anwendung des Art 7 EVÜ auf arbeitsrechtliche Formvorschriften helfen (Giuliano/Lagarde 63 f). Indessen hat die Bundesrepublik Art 7 EVÜ bekanntlich nur teilweise ratifiziert und in Art 34 EGBGB lediglich Art 7 Abs 2 EVÜ übernommen. Nach dem derzeitigen Verständnis des Art 34 EGBGB ist es zudem problematisch, arbeitsrechtliche Formvorschriften des internen deutschen Rechts, die meist dem individuellen Interessenausgleich der Arbeitsvertragsparteien dienen sollen, als international zwingend anzusehen. Über Art 34 kann ein angemessener Arbeitnehmerschutz in Formfragen daher kaum verwirklicht werden. Er lässt sich nur erreichen, wenn das Günstigkeitsprinzip des Art 30 Abs 1 auch in Formfragen generell durchgesetzt wird.

183 Von den verschiedenen **Formstatuten,** die Art 11 beruft, ist daher dasjenige anzuwenden, dessen Regelung für den Arbeitnehmer im konkreten Konfliktfall **am günstigsten** ist. Dies kann je nach Sachlage entweder die mildeste oder die strengste Form sein. Nach aA soll sich die Form dagegen allein nach dem Statut des Arbeitsvertrages richten (MünchArbR/Birk § 20 Rn 67). Nur so sei die wertungsmäßige Lücke zu schließen, die Art 30 im Vergleich zu Art 29 und dessen Abs 3 enthalte. Da die EVÜ-Verfasser absichtlich kein besonderes Formstatut für Arbeitsverträge vorgesehen haben (vgl oben Rn 178), fehlt indessen eine Lücke. Vielmehr geht es um eine Eingrenzung des Art 11, die sich am Zweck des Art 30 – dem kollisionsrechtlichen Günstigkeitsprinzip – auszurichten hat.

184 De lege ferenda sollte die große **Zahl möglicher Formstatute** für Arbeitsverträge aus Praktikabilitätsgründen freilich **eingeschränkt** werden, etwa auf das Formstatut des Arbeitsortes, – wo er wechselt, jenes der einstellenden Niederlassung –, des gewählten Rechts sowie des Vornahmeortes, des letzteren jedoch nur, soweit dort zugleich der gewöhnliche Aufenthalt des Arbeitnehmers liegt. Unter diesen Statuten hätte auch lege ferenda das dem Arbeitnehmer günstigste zu gelten. Arbeitgeber müssten damit bei einer Rechtswahl darauf achten, die Formerfordernisse sowohl am Arbeitsort wie nach der gewählten Rechtsordnung einzuhalten. Schließen sie Arbeitsverträge am gewöhnlichen Aufenthaltsort des Arbeitnehmers, die anderswo zu erfüllen sind, müssten sie auch die Förmlichkeiten des Aufenthaltsrechts berücksichtigen. Formerfordernisse oder Formfreiheit solcher Rechtsordnungen zu beachten, in deren Geltungsbereich sich die Parteien oder ihre Vertreter gerade zufällig befinden, ohne dass zu diesem Ort weitere Bezugspunkte bestehen, erscheint im internationalen Arbeitsrecht dagegen als unangemessen.

185 Das Formstatut gilt auch für einseitige Rechtsgeschäfte wie insbesondere die **Kündigung** (Art 11 Abs 1 EGBGB, der Art 9 Abs 4 EVÜ [„einseitiges Rechtsgeschäft ..."] nicht wörtlich, jedoch dem Sinn nach übernommen hat).

Vorgenommen ist ein – auch einseitiges – Rechtsgeschäft dort, **wo die Erklärung** **186**
abgegeben wird, selbst wenn es sich um eine nach diesem Recht zugangsbedürftige
Erklärung handelt (OLG München IPRax 1990, 320 m Aufs SPELLENBERG IPRax 1990, 295 ff;
MünchKomm/SPELLENBERG Art 11 Rn 64; PALANDT/HELDRICH Art 11 Rn 15; SOERGEL/KEGEL
Art 11 Rn 8). Bei strikter Anwendung dieser Regel sind etwa Kündigungen stets
formwirksam, wenn sie dem Recht des Ortes genügen, an dem sie gerade ausgesprochen werden, gleichgültig, ob zu diesem Ort irgendein sonstiger Bezug besteht oder
es sich beispielsweise nur um den Urlaubsort des Arbeitnehmers oder -gebers handelt. Um hier leicht denkbare Missbräuche auszuschließen, bedarf die Regel einer
Einschränkung. Nach hier vertretener Ansicht genügt der Vornahmeort nur dann,
wenn dort entweder der Arbeitsort, der gewöhnliche Aufenthaltsort des Arbeitnehmers oder der Sitz des Arbeitgebers liegt.

XI. Korrektur des Vertragsstatuts durch zwingendes Recht

1. Allgemeines

Erheblich stärker als im allgemeinen Vertragsrecht spielen im Arbeitsrecht zwin- **187**
gende Vorschriften eine Rolle – in der Regel aus Gründen des Arbeitnehmerschutzes, oft aber auch aus gesamtstaatlichen Interessen. Nahezu alle Aspekte des Arbeitslebens unterliegen teils privatrechtlicher, teils öffentlich-rechtlicher Regulierung.
Vielfach sind diese Regeln zwingend. Doch ist die Regelungsdichte und Verbindlichkeit der staatlichen Normsetzung von Staat zu Staat sehr unterschiedlich. Das darin
liegende Rechts- und Sozialgefälle bei der Gestaltung der Arbeitsbedingungen auszunutzen, liegt – vor allem für Arbeitgeber – nahe. Um so wichtiger ist die Aufgabe
des internationalen Arbeitsrechts, eine angemessene Balance zwischen Gestaltungsfreiheit durch Rechtswahl und unabdingbarer Geltung zwingenden Rechts herzustellen. Das geschieht im geltenden Kollisionsrecht auf drei Ebenen:

– Zum einen werden die **Wirkungen einer Rechtswahl begrenzt** (Art 30 Abs 1, 27 **188**
Abs 3, vgl dazu oben 53 ff, 68 ff). Das objektiv geltende oder – bei reinen Inlandsfällen
– das Inlandsrecht greift korrigierend ein, wenn seine zwingenden Bestimmungen
den Arbeitnehmer günstiger stellen als das gewählte Recht.

– Zum andern gelten für wichtige Bereiche **Sonderanknüpfungen.** Sie stellen das **189**
Hauptinstrument zur Korrektur eines an sich geltenden Vertragsstatuts dar. Insbesondere werden Vorschriften des deutschen Rechts, die international zwingend
sind, über Art 34 EGBGB auch gegenüber ausländischem Vertragsstatut durchgesetzt (dazu unten Rn 192 ff). Wieweit entsprechende ausländische Eingriffsnormen
zu beachten sind, ist allerdings sehr umstritten (näher unten Rn 211 ff).

– Schließlich bestehen in weitem Umfang **zwingende, öffentlich-rechtliche Regelun-** **190**
gen, die auf Arbeitsverhältnisse allgemein – häufig mittelbar – einwirken, aber
nicht die Vertragsbeziehung Arbeitgeber – Arbeitnehmer gestalten wollen, wie
etwa Meldepflichten, Vorschriften über Arbeitssicherheit, Hygiene etc. Für sie gilt
in der Regel das Territorialitätsprinzip. Sie entfalten Wirkung nur für Arbeitsverhältnisse im Gebiet des Staates, der sie erlassen hat (FRANZEN, AR-Blattei Rn 175 ff;
KOCH/MAGNUS/WINKLER vMOHRENFELS § 9 IV; MünchKomm/MARTINY Art 30 Rn 65). Die
Wahl eines abweichenden Rechts berührt ihre Geltung nicht.

191 Die Abgrenzung zwischen dem öffentlich-rechtlichen Arbeitsordnungsrecht und den international zwingenden Normen des Art 34 ist schwierig, für die praktische Falllösung aber wohl regelmäßig unnötig. Denn soweit die konkrete Vertragsfrage von öffentlich-rechtlichen Regelungen berührt wird, ist deren Geltung über Art 34 EGBGB in Erwägung zu ziehen. Die Zuordnung einer arbeitsrechtlichen Vorschrift zum öffentlichen oder zum privaten Recht gibt jedenfalls nicht den Ausschlag dafür, ob sie gegen ein abweichendes Vertragsstatut zu berücksichtigen ist (vgl BT-Drucks 10/504, 83; auch GIULIANO/LAGARDE 57 für die in Art 6 EVÜ [= 30 EGBGB] genannten zwingenden Vorschriften).

2. International zwingendes Recht (Art 34)

a) Bedeutung des Art 34

192 Mit Art 34 wurde nur Art 7 Abs 2 EVÜ übernommen, der lediglich die **Geltung deutscher Eingriffsnormen** regelt (vgl näher die Erl zu Art 34). Art 34 setzt voraus, dass ausländisches Recht als Vertragsstatut gilt. Dabei ist gleichgültig, ob ausländisches Recht kraft Rechtswahl oder kraft objektiver Anknüpfung anzuwenden ist. Ferner muss ein hinreichender Inlandsbezug bestehen (FRANZEN, AR-Blattei Rn 119; KROPHOLLER § 52 VII 1; E LORENZ RdA 1989, 227; MünchKomm/MARTINY Art 34 Rn 100; PALANDT/HELDRICH Art 34 Rn 3). Für das internationale Arbeitsrecht wird er in aller Regel erfordern, dass der tatsächliche Arbeitsort im Inland liegt oder jedenfalls ein gleich starker Bezug zum Inland besteht. Die von Art 34 berufenen Eingriffsnormen setzen sich dann grundsätzlich ohne jede Einschränkung, insbes ohne Günstigkeitsvergleich durch.

b) International zwingende Normen (Eingriffsnormen)

193 Zunächst müssen Vorschriften, die als Eingriffsnormen iSd Art 34 aufzufassen sind, alle Merkmale allgemein zwingender Normen erfüllen (vgl dazu oben Rn 69 ff). Als international zwingend werden im Arbeitsrecht sodann solche Vorschriften angesehen, die nicht nur den Ausgleich zwischen den individuellen Parteiinteressen zwingend regeln wollen, sondern darüber hinaus **deutlich** auch aus **Gemeinwohlinteressen** unbedingte Geltung beanspruchen (maßgebend BAGE 63, 17 [30 ff]; ERMAN/HOHLOCH Art 30 Rn 12; FRANZEN, AR-Blattei 117; HEILMANN 113; MAGNUS IPRax 1991, 385; MünchKomm/MARTINY Art 34 Rn 12; PALANDT/HELDRICH Art 34 Rn 3; ähnlich DÄUBLER RiW 1987, 255; MünchArbR/BIRK § 19 Rn 87). Eine völlig reinliche Trennung zwischen individualschützenden und gemeinwohlorientierten Normen wird meist nicht möglich sein (vgl auch MünchArbR/BIRK § 20 Rn 88). Entscheidend ist der überwiegende Normzweck. Deutlicher Ausdruck für beteiligte Gemeinwohlinteressen ist etwa die Einschaltung betrieblicher oder staatlicher Stellen zur Durchführung oder Durchsetzung der jeweiligen Norm (BAGE 63, 17 [32 f]).

Von diesem grundsätzlichen Verständnis ist auch nicht auf Grund der **Ingmar-Entscheidung des EuGH** abzurücken (EuGH RiW 2001, 133 – Ingmar GB Ltd ./. Eaton Leonard Technologies Inc). In dieser Entscheidung hat der EuGH die nationalen Umsetzungen der zwingenden Schutzvorschriften der Handelsvertreterrichtlinie als international zwingend und damit rechtswahlfest iSd Art 34 angesehen (Nr 25 der Entscheidung). Zur Begründung dieser Rechtsfolge hat er einerseits darauf verwiesen, dass die zwingenden Vorschriften den Schutz der Handelsvertreter bezweckten (Nr 21 f). Zum andern hat der EuGH sein Ergebnis aber auch damit begründet, dass die Richtlinie der

Förderung der Niederlassungsfreiheit und eines unverfälschten Wettbewerbs und damit der Verwirklichung dieser Ziele des EG-Vertrags dienen wolle (Nr 23 f). In diesen Zielen sind öffentliche, an überindividuellen Interessen orientierte Zwecke zu sehen. Damit folgt die Entscheidung dem Konzept, dass international zwingende Regeln voraussetzen, dass sie nicht nur Individualinteressen, sondern auch deutlich Gemeinschaftsinteressen wahrnehmen wollen. Dass Gemeinwohlinteressen dabei in durchaus verschiedene Richtungen – Arbeitsmarktförderung einerseits, Integrationsförderung andererseits – gehen können, liegt in der Natur der Sache.

Die unter Art 34 fallenden Eingriffsnormen können sowohl dem öffentlichen wie dem Privatrecht angehören (BT-Drucks 10/504, 83; oben Rn 191). Insgesamt machen sie nur einen kleinen Teil der zwingenden Bestimmungen des deutschen Arbeitsrechts aus. **Entscheidend** für ihre Qualifikation als international zwingend ist letztlich, **ob aus gesamtstaatlicher Sicht in Deutschland für den jeweiligen Sachkomplex eine einheitliche Regelung gelten soll, die auf die Besonderheit des Auslandsbezugs keine Rücksicht nimmt.** **194**

Beispiele international zwingender Normen sind etwa: **195**

– der Kündigungsschutz für Betriebsverfassungsorgane (BAGE 63, 17 [32]; aA Franzen, AR-Blattei Rn 121; MünchArbR/Birk § 20 Rn 198); **196**

– der Kündigungsschutz bei Massenentlassungen (BAG aaO; Franzen, AR-Blattei Rn 122; Heilmann 123); **197**

– der Kündigungsschutz für Schwerbehinderte und Schwangere (BAGE 63, 17 [33]; Erman/Hohloch Art 30 Rn 37; Magnus IPRax 1991, 385 f; MünchKomm/Martiny Art 30 Rn 72 f; aA Franzen, AR-Blattei Rn 120); **198**

– die Regelung über Lohnfortzahlung im Krankheitsfall (Reithmann/Martiny/Martiny Rn 1353; aA hess LAG AR-Blattei ES 920 Nr 7 m Anm Mankowski [dort wird auch § 14 MuSch-Zuschuss zum Mutterschaftsgeld – als international nicht zwingend eingeordnet, die Frage für § 15 BErzGG dagegen bejaht]; Franzen, AR-Blattei Rn 123; Winkler vMohrenfels, in: Oetker/Preis Rn 91; wohl auch MünchArbR/Birk § 20 Rn 92 [Anwendbarkeit des vom internationalen Sozialversicherungsrecht berufenen Statuts]); **199**

– die Schranken für die Befristung von Arbeitsverhältnissen in § 1 des Gesetzes über arbeitsrechtliche Vorschriften zur Beschäftigungsförderung (MünchArbR/Birk § 20 Rn 133; Winkler vMohrenfels, in: Oetker/Preis Rn 92); **200**

– die Regelung des Arbeitnehmerentsendegesetzes (§ 1 AEntG iVm allgemeinverbindlichen Tarifverträgen). **201**

Freilich müssen auch stets die eigenen Anwendungsvoraussetzungen der jeweiligen Norm gegeben sein (vgl auch Hoge Raad NIPR 1991 Nr 121). **202**

c) Verhältnis zwischen Art 30 und 34
Das Verhältnis zwischen den Art 30 und 34 ist außerordentlich umstritten. Das gilt zunächst für die jeweilige Reichweite beider Vorschriften, sodann für ihr gegensei- **203**

tiges Rangverhältnis. Hinsichtlich der Reichweite wird eine nähere Abgrenzung zT für unnötig erachtet, da Art 34 in Art 30 aufgehe (etwa vBAR II Rn 448). Nach **aA** besteht dagegen zwischen beiden Vorschriften ein striktes Ausschließlichkeitsverhältnis. Eine zwingende Vorschrift könne nur unter Art 30 oder unter Art 34 fallen (so MANKOWSKI, Seerechtliche Vertragsverhältnisse 508 f; SOERGEL/vHOFFMANN Art 30 Rn 18 ff, 22 f).

204 Nach wohl vorherrschender und mE zutreffender Ansicht **überschneiden sich die Anwendungsbereiche** beider Vorschriften, sind aber nicht deckungsgleich (ebenso ERMAN/HOHLOCH Art 30 Rn 13; MünchArbR/BIRK § 20 Rn 84; MünchKomm/MARTINY Art 30 Rn 29, 69; REITHMANN/MARTINY/MARTINY Rn 1365; WINKLER vMOHRENFELS, in: OETKER/PREIS Rn 98; wohl auch BT-Drucks 10/504, 83; FRANZEN, AR-Blattei Rn 109 ff; JUNKER IPRax 1989, 73 f). Art 30 schließt danach als allseitige Kollisionsnorm alle nicht dispositiven Normen des jeweiligen – auch ausländischen – Vertragsstatuts ein, relativiert ihre Geltung aber nach dem Günstigkeitsprinzip, wenn das Vertragsstatut durch Rechtswahl bestimmt wurde. Art 34 beruft demgegenüber als einseitige Kollisionsnorm im Weg der Sonderanknüpfung nur bestimmte zwingende Normen allein des deutschen Rechts, nämlich solche, an deren unbedingter Durchsetzung – ohne Rücksicht auf ein abweichendes Vertragsstatut – ein besonderes staatliches Interesse besteht. Auf einen Günstigkeitsvergleich kommt es nicht an.

aa) Rangkollision zwischen ausländischem Vertragsstatut und deutschen Eingriffsnormen

205 Eine Rangkollision zwischen den Normbereichen der Art 30 und 34 kann sich ergeben, wenn einerseits ausländisches Vertragsstatut gilt, andererseits deutsche Eingriffsnormen Geltung beanspruchen und deutsches Recht nicht schon über Art 30 Abs 2 im Günstigkeitsvergleich anwendbar ist. Praktische Fälle sind etwa solche der **Entsendung ausländischer Arbeitnehmer nach Deutschland.**

206 Die Behandlung dieser Fälle ist, soweit sie nicht unter das AEntG fallen, recht umstritten. ZT wird die Rangfrage durch die strikte Abgrenzung der Normbereiche gelöst, die nach dem Charakter der jeweiligen zwingenden Norm unterschieden werden: Nur unter Art 30 sollen allgemein-arbeitnehmerschützende Normen fallen, nur unter Art 34 dagegen Schutzvorschriften für besondere Arbeitnehmergruppen (so SOERGEL/vHOFFMANN Art 30 Rn 18, 22 f; zT ähnlich FRANZEN, AR-Blattei Rn 111 ff).

207 ZT wird ein allgemeiner **Vorrang des Art 30** vertreten (so HEILMANN 119 ff; MünchArbR/ BIRK § 20 Rn 86).

208 Schließlich haben nach wohl überwiegender Ansicht die **deutschen international zwingenden Normen** zwar grundsätzlichen **Vorrang** vor den zwingenden Bestimmungen des ausländischen Vertragsstatuts. Letztere sind aber gleichwohl anzuwenden, sofern sie dem Arbeitnehmer günstiger sind und soweit nicht erkennbare Gründe dafür sprechen, dem Arbeitnehmer die Begünstigung vorzuenthalten (vgl E LORENZ RiW 1987, 580; LÜDERITZ Rn 276; MünchKomm/MARTINY Art 30 Rn 29; WINKLER vMOHRENFELS, in: OETKER/PREIS Rn 99; zT auch FRANZEN, AR-Blattei Rn 113).

209 Für die überwiegende Auffassung sprechen die stärksten Gründe. Die teilweise vorgeschlagene Abgrenzung zwischen allgemeinen und speziellen Arbeitsschutznormen

ist wenig überzeugend. Der Begriff der zwingenden Bestimmungen, den Art 30 verwendet und für den Art 27 Abs 3 eine Legaldefinition gibt, schließt bestimmte, sogar international zwingende Normen gerade nicht aus. Der Auffassung vom generellen Vorrang des Art 30 ist zwar zuzugeben, dass Art 34 keine Günstigkeitsprüfung vorsieht. Da es aber um das Verhältnis zwischen Art 34 und 30 geht und letztere Vorschrift dem Günstigkeitsprinzip folgt, sollte dieses Prinzip auch bei der Rangfrage beachtet werden. Hinzu kommt, dass das Arbeitskollisionsrecht des EGBGB und EVÜ primär unter dem Gesichtspunkt des Schutzes des Arbeitnehmers gestaltet worden ist (vgl BT-Drucks 10/504, 80 f; GIULIANO/LAGARDE 57). Dem trägt das Günstigkeitsprinzip am deutlichsten Rechnung. Es liegt auch dem AEntG zugrunde, das nur Mindestbedingungen zwingend durchsetzt.

bb) Rangkollision zwischen deutschen Eingriffsnormen und deutschem, einfach zwingendem Recht

Eine Rangkollision zwischen Art 30 und 34 kann sich ferner ergeben, wenn eine **210** Bestimmung des deutschen Arbeitsrechts sowohl zwingende Bestimmung innerhalb des subjektiven oder objektiven Arbeitsvertragsstatuts wie auch Eingriffsnorm nach Art 34 ist. Ist hier zugleich ausländisches Recht als gewähltes oder objektiv geltendes Recht in Betracht zu ziehen, so kommt es bei einem Vorrang des Art 30 wieder auf einen Günstigkeitsvergleich an; bei Vorrang des Art 34 würde sich die deutsche Eingriffsnorm ohne Günstigkeitsvergleich durchsetzen. Hier wird zu Recht aus Arbeitnehmerschutzgründen ganz überwiegend **Art 30 der Vorrang** eingeräumt (BT-Drucks 10/504, 83; vBAR II Rn 448; BIRK RdA 1989, 207; ERMAN/HOHLOCH Art 30 Rn 13; FRANZEN, AR-Blattei Rn 111; MünchKomm/MARTINY Art 30 Rn 28; **aA** etwa KÄRCHER 147).

d) Beachtung zwingenden ausländischen Rechts

Das Vertragsstatut schließt grundsätzlich die Geltung allen vertragsrelevanten **211** Rechts der berufenen Rechtsordnung ein. Problematisch und sehr umstritten ist jedoch, ob und wann zwingende Bestimmungen einer fremden – drittstaatlichen – Rechtsordnung anzuwenden sind, die nicht das Vertragsstatut stellt. Das EGBGB enthält hierzu nur eine **Teilregelung in Art 32 Abs 2.** Danach sind solche am tatsächlichen Erfüllungsort bestehenden Vorschriften zu berücksichtigen, die die Art und Weise der Erfüllung und die vom Gläubiger geforderten Gegenmaßnahmen bei mangelhafter Erfüllung betreffen. Die Vorschrift kann insbes bei Entsendungsfällen zum Zug kommen. Zu den **Erfüllungsmodalitäten** gehören etwa Feiertagsregelungen, die sich nur nach den Gegebenheiten am tatsächlichen Arbeitsort richten können (vgl auch Begründung BT-Drucks 10/504, 82; GIULIANO/LAGARDE 66; MünchArbR/BIRK § 20 Rn 71 will insoweit Art 34 eingreifen lassen, der aber nur deutsche zwingende Regelungen durchsetzt). Auch Höchstarbeitszeiten oder Unfallverhütungsvorschriften wird man hierher zu rechnen haben (FRANZEN, AR-Blattei Rn 133; E LORENZ RdA 1989, 223; MünchKomm/MARTINY Art 30 Rn 74; PALANDT/HELDRICH Art 30 Rn 7).

Art 32 Abs 2 verlangt allerdings nicht die strikte Anwendung der Vorschriften über **212** die Erfüllungsmodalitäten, sondern nur ihre **Berücksichtigung.** Es steht damit nichts entgegen, auch insoweit dem Günstigkeitsprinzip des Art 30 Rechnung zu tragen. Das bedeutet nicht, dass etwa Feiertagsregelungen des Rechts am Erfüllungsort und des Arbeitsvertragsstatuts zu kumulieren wären. Hier gelten nur die Regeln am tatsächlichen Erfüllungsort. Bei unterschiedlichen Vorschriften zur täglichen Höchstarbeitszeit ist aber die dem Arbeitnehmer günstigere – jene am Erfüllungsort oder jene des Arbeitsvertragsstatuts – maßgebend (im Ergebnis ebenso BAG AR-Blattei ES 340 Nr 13; DENNEKE/NEUMANN, Arbeitszeitordnung [11. Aufl 1991] § 1 Rn 2; FRANZEN, AR-Blattei Rn 183).

213 Im Übrigen – außerhalb des Art 32 Abs 2 – ist die **Geltung ausländischer zwingender Normen** nicht geregelt, da der deutsche Gesetzgeber die Lösung des Art 7 Abs 1 EVÜ – in Ausschöpfung eines zulässigen Vorbehalts (Art 22 Abs 1 lit a EVÜ) – nicht übernommen hat (vgl näher die Erl zu Art 34). Eine Berücksichtigung zwingenden ausländischen Arbeitsrechts unabhängig vom gewählten oder objektiven Vertragsstatut wird immer nur in Ausnahmefällen in Betracht kommen. Ein hinreichender Bezug der Arbeitsbeziehung zu jenem Recht ist Mindestvoraussetzung für dessen Beachtung. Ferner müssen die Anwendungsvoraussetzungen jener Norm selbst gegeben sein. Dann ist ihr – sei es im Weg der Sonderanknüpfung, sei es im Weg faktischer Berücksichtigung bei Anwendung des maßgebenden Vertragsrechts – Rechnung zu tragen (zu den Einzelheiten der Berücksichtigung drittstaatlicher Eingriffsnormen vgl die Erl zu Art 34).

XII. Reichweite des Vertragsstatuts

1. Grundsatz

214 Die Reichweite des Arbeitsvertragsstatuts bestimmt sich nach der für alle Schuldverträge geltenden Norm des Art 32 EGBGB. Für das Zustandekommen des Vertrages und seine materielle Gültigkeit gilt dagegen Art 31 EGBGB (ERMAN/HOHLOCH Art 30 Rn 23; GAMILLSCHEG ZfA 14 [1983] 358 f; MünchArbR/BIRK § 19 Rn 107; MünchKomm/MARTINY Art 30 Rn 51). Die Begründung, der Inhalt, die Wirkung und die Beendigung des Arbeitsverhältnisses unterstehen daher weitgehend **einheitlich** dem Recht, das als **Vertragsstatut** gilt. Die Spezifika des Arbeitsrechts können freilich Zweifelsfragen aufwerfen.

2. Entstehung des Arbeitsverhältnisses

215 **Vorvertragliche Pflichten,** insbes Aufklärungspflichten (wahrheitsgemäße Angaben etc) unterstehen dem Statut des beabsichtigten oder abgeschlossenen Vertrages (so allgemein bei cic: DEGNER 260; MünchKomm/MARTINY Art 32 Rn 33; PALANDT/HELDRICH Art 32 Rn 8; WINKLER vMOHRENFELS; in: OETKER/PREIS Rn 123; **aA** MünchArbR/BIRK § 20 Rn 121: Recht am Betriebssitz des Arbeitgebers).

216 Ob und welche Wirkungen ein **faktisches Arbeitsverhältnis** hat, bestimmt sich in der Regel nach dem Recht des gewöhnlichen Arbeitsortes; wo er wechselt, nach dem Recht der beschäftigenden Niederlassung.

217 Das Vertragsstatut entscheidet ferner grundsätzlich über die Zulässigkeit einer **Befristung** (ERMAN/HOHLOCH Art 30 Rn 25; MünchKomm/MARTINY Art 30 Rn 50; ebenso unter dem früheren IPR GAMILLSCHEG 232 f; einschränkend MünchArbR/BIRK § 20 Rn 131 ff). Doch sind bei hinreichendem Inlandsbezug – etwa inländischem Arbeitsort – die Schranken des § 1 BeschFG auch dann zu beachten, wenn ein ausländisches Vertragsstatut gilt (ebenso MünchArbR/BIRK § 20 Rn 133 [jedoch ohne Art 34 anzuwenden]; WINKLER vMOHRENFELS, in: OETKER/PREIS Rn 92, 124).

Ebenso bestimmt es, ob sich bei einem **Betriebsübergang** ein bestehendes Arbeits- **218**
verhältnis mit dem neuen Betriebsinhaber **fortsetzt** (BAGE 71, 297 = AR-Blattei ES 920
Nr 3 m Anm Franzen = IPRax 1994, 123 m Aufs Mankowski = SAE 1994, 28 m Anm Junker;
eingehend Franzen, Der Betriebsinhaberwechsel 74 ff; ebenso schon Gamillscheg 235, 237).
§ 613 a BGB findet deshalb nur bei deutschem Vertragsstatut Anwendung. Die Vorschrift wird nicht als Eingriffsnorm iSd Art 34 EGBGB angesehen (BAG aaO; zust
Franzen und Mankowski aaO sowie Winkler vMohrenfels, in: Oetker/Preis Rn 139 ff ; abl
Junker aaO).

Die Notwendigkeit einer **Arbeitserlaubnis** beurteilt sich nach ihrem eigenen, vom **219**
Territorialitätsgrundsatz bestimmten Statut (Birk RabelsZ 46 [1982] 394; MünchArbR/Birk
§ 20 Rn 126 f; Reithmann/Martiny/Martiny Rn 1371). Fehlt die nach deutschem Recht
erforderliche Arbeitserlaubnis, so bleibt der betroffene Arbeitsvertrag gleichwohl
wirksam (BAG AP AFG § 19 Nr 4; Reithmann/Martiny/Martiny aaO).

Zur kollisionsrechtlichen Beurteilung weiterer Fragen der Anbahnung des Arbeits- **220**
verhältnisses näher MünchArbR/Birk § 20 Rn 118 ff.

3. Wirkungen des Arbeitsverhältnisses

a) Vergütungsanspruch, Lohnfortzahlung
Die **allgemeinen Vertragspflichten** beider Parteien unterstehen dem Vertragsstatut. **221**
Das gilt insbes für den Vergütungsanspruch des Arbeitnehmers.

Für die **Lohnfortzahlung im Krankheitsfall** ist zunächst als sekundäres Gemeinschafts- **222**
recht die „Verordnung (EWG) Nr 1408/71 vom 14. 6. 1971 zur Anwendung der
Systeme der sozialen Sicherheit auf Arbeitnehmer und deren Familien, die innerhalb
der Gemeinschaft zu- und abwandern" zu beachten. Danach richtet sich die Lohnfortzahlung im Krankheitsfall für Arbeitnehmer in der EU im Grundsatz nach dem
Recht des Beschäftigungsortes (Art 13 Abs 2 lit a der VO). Dieses Recht gilt auch bei
einer Entsendung, die die Dauer von 12 Monaten, ausnahmsweise von 24 Monaten
nicht überschreitet (Art 14 Abs 1 lit a VO). Ausnahmen sieht Art 14 Abs 1 lit b–d,
Abs 2 der VO vor.

Welchem Recht der Anspruch auf Lohnfortzahlung bei Krankheit im Übrigen folgt, **223**
ist umstritten. Nach überwiegender Auffassung gilt wegen der engen Verknüpfung
des Anspruchs mit dem Kranken- und Sozialversicherungssystem dasjenige Recht,
das insoweit – nach dem Territorialitätsprinzip – anzuwenden ist (Birk RabelsZ 46 [1982]
398; Eichenhofer 97; MünchArbR/Birk § 20 Rn 92, 148; MünchKomm/Martiny Art 30 Rn 54;
Reithmann/Martiny/Martiny Rn 1373, wohl auch Soergel/vHoffmann Art 30 Rn 23). Im Inland beschäftigte Arbeitnehmer haben daher bei Krankheit einen Fortzahlungsanspruch nach dem EFZG, auch wenn das Arbeitsverhältnis ausländischem Recht
untersteht (so zu Recht Reithmann/Martiny/Martiny aaO). Bei vorübergehender Entsendung inländischer Arbeitnehmer ins Ausland bleibt das EFZG ebenfalls anwendbar. Ob die Sonderanknüpfung der Lohnfortzahlung auf Art 34 EGBGB gestützt (so
Erman/Hohloch Art 30 Rn 26; Gamillscheg ZfA 14 [1983] 360; MünchKomm/Martiny Art 30
Rn 54; Reithmann/Martiny/Martiny aaO; Soergel/vHoffmann Art 30 Rn 23) oder aus der
Qualifizierung als Teilkomplex des internationalen Kranken- und Sozialversiche-

rungsrechts hergeleitet wird (so MünchArbR/Birk § 20 Rn 92), dürfte sich im praktischen Ergebnis nicht auswirken.

224 Nach **anderer Ansicht** wird die Sonderanknüpfung der Entgeltfortzahlung (§ 3 EFZG) über Art 34 abgelehnt, da die Fortzahlung lediglich das Verhältnis Arbeitgeber – Arbeitnehmer erfasse und dem Individualschutz des Arbeitnehmers diene (so LAG Hessen NZA-RR 2000, 401; Franzen, AR-Blattei Rn 141; Junker RiW 2001, 103; ähnlich Heilmann 127). Die starke sozialpolitische Motivierung der Regelung wird damit jedoch zu wenig beachtet.

225 Soweit der Arbeitnehmer im Ausland erkrankt, haben ordnungsgemäße **ausländische Arbeitsunfähigkeitsbescheinigungen** den gleichen Beweiswert wie inländische (BAGE 48, 115). Der Arbeitgeber ist an sie grundsätzlich gebunden (EuGH Slg 1992 I 3458 = NJW 1992, 2687 – Paletta I). Doch bleibt ihm der Nachweis unbenommen, dass der Arbeitnehmer nicht krank war (EuGH Slg 1996 I 2357 = NJW 1996, 1881 – Paletta II). Die Beweislast hierfür trägt aber der Arbeitgeber (BAG NZA 1997, 705, Paletta).

226 Ebenso wie die Lohnfortzahlung im Krankheitsfall ist der **Anspruch auf Zuschuss zum Mutterschaftsgeld** anzuknüpfen, der nach § 14 MuSchG gegen den Arbeitgeber bestehen kann. Auch für diesen Anspruch gilt die oben Rn 222 genannte VO (EWG) Nr 1408/71 (Art 4 Abs 1 lit a der VO). Grundsätzlich entscheidet deshalb das Recht des tatsächlichen Beschäftigungsortes. Auf dieses Recht kommt es auch außerhalb des Geltungsbereichs der VO an (ebenso Birk RabelsZ 46 [1982] 398; MünchArbR/Birk § 20 Rn 149; Reithmann/Martiny/Martiny Rn 1375; für Sonderanknüpfung nach Art 34 EGBGB Soergel/vHoffmann Art 30 Rn 23; wohl auch BAGE 63, 17 [33]; **dagegen** aber LAG Hessen NZA-RR 2000, 401; dem zustimmend Junker RiW 2001, 103).

227 Ob Arbeitnehmer bei Insolvenz des Arbeitgebers **Anspruch auf Ausfallzahlungen** wie etwa nach § 183 SGB III oder nach §§ 7 ff BetrieblAVG haben, ist nicht als Frage des Arbeitsvertragsstatuts, sondern selbständig anzuknüpfen. Der Anspruch richtet sich nach seinem eigenen Statut, das dem Territorialitätsprinzip folgt (BSG IPRspr 1983 Nr 47; LSG München IPRax 1982, 191 m Aufs Kronke IPRax 1982, 177; Eichenhofer 193; Franzen, AR-Blattei Rn 142; Reithmann/Martiny/Martiny Rn 1376; Winkler vMohrenfels, in: Oetker/Preis Rn 129).

228 Entsprechend wird bei **Ansprüchen auf Wintergeld** verfahren. Ansprüche nach §§ 209 ff SGB III bestehen nur, wenn in Deutschland zu erbringende Arbeitsleistungen durch Witterungseinflüsse ausfallen (BSGE 58, 286 [noch zum AFG]; Reithmann/Martiny/Martiny Rn 1375). Ganz ebenso ist für Ansprüche auf **Kurzarbeitergeld** (§§ 169 ff SGB III) zu entscheiden.

229 Im Bereich der Bauleistungen und der sog Seeschifffahrtsassistenz gilt schließlich die auf der EU-Richtlinie 96/71 beruhende Sonderregelung des **Arbeitnehmerentsendegesetzes** (AEntG): Die tarifvertraglichen Mindestlöhne allgemeinverbindlicher Tarifverträge gelten in den erfassten Branchen für alle Arbeitnehmer im Tarifgebiet, auch wenn ihr ausländischer Arbeitgeber sie nur vorübergehend dorthin entsandt hat und auch wenn ihre Arbeitsverhältnisse an sich ausländischem Recht unterstehen (§ 1 Abs 1 und 2 AEntG; näher zum AEntG Borgmann IPRax 1996, 315 ff; ErfurterKomm/Hanau, AEntG; Franzen DZWiR 1996, 89 ff; Hanau NJW 1996, 1369 ff; Koberski/Sahl/Hold, Arbeit-

nehmerentsendegesetz [1997]; KREBBER IPRax 2001, 22; KRETZ, Arbeitnehmerentsendegesetz [1996]; MARTINY ZEuP 1997, 124 f; ULBER, Arbeitnehmerüberlassungsgesetz und Arbeitnehmerentsendegesetz [1998]; WANK/BÖRGMANN NZA 2001, 178; WEBERS DB 1996, 574 ff; WINKLER vMOHRENFELS, in: OETKER/PREIS Rn 101 ff).

b) Urlaubsanspruch; Erziehungsurlaub

Der Anspruch auf – bezahlten – Urlaub richtet sich nach dem Statut, dem der Arbeitsvertrag untersteht (Trib Liège JTT 1997, 150; ERMAN/HOHLOCH Art 30 Rn 26; FRANZEN, AR-Blattei Rn 144 f; MünchArbR/BIRK § 20 Rn 151; MünchKomm/MARTINY Art 30 Rn 55; PALANDT/HELDRICH Art 30 Rn 3; REITHMANN/MARTINY/MARTINY Rn 1377; im Ergebnis auch BAG SAE 1997, 31 [34]; ebenso unter dem früheren IPR: BAGE 16, 215). Das Vertragsstatut gilt auch für den **Mindesturlaub,** den Jugendliche oder Schwerbehinderte beanspruchen können (FRANZEN, AR-Blattei Rn 145; **aA** MünchArbR/BIRK § 20 Rn 151: der Geltungsbereich des jeweiligen Schutzgesetzes entscheide). Die Vorschriften über Mindesturlaub sind aber ebenso wie zwingende Vorschriften über eine Freistellung für bestimmte Zwecke (Betriebsratstätigkeit, Bildungs- oder Erziehungsurlaub) regelmäßig zwingende Bestimmungen iSd Art 30 Abs 1 (ebenso ERMAN/HOHLOCH Art 30 Rn 26; FRANZEN; REITHMANN/MARTINY/MARTINY aaO). Im Bereich des Schwerbeschädigten-, Jugend- und Mutterschutzes dürften sie bei hinreichendem Inlandsbezug auch international zwingend iSd Art 34 EGBGB sein (FRANZEN, REITHMANN/MARTINY/MARTINY beide aaO; wohl auch BAGE 63, 33; ähnlich für Großbritannien DICEY/MORRIS II 33–077 f). **230**

Regelungen über **Erziehungsurlaub** unterstehen zunächst dem Vertragsstatut sowie ggfs günstigerem zwingendem Recht iSd Art 30. Als Eingriffsnorm iSd Art 34 ist aber § 15 BErzGG angesehen worden (LAG Hessen NZA-RR 2000, 401; vgl dazu auch JUNKER RiW 2001, 103).

c) Arbeitszeit

Auch wenn die tägliche, wöchentliche und monatliche Arbeitszeit sich zunächst nach dem Vertragsstatut bestimmt, setzen sich davon unabhängig die Reglementierungen der Arbeitszeit ebenso wie die Feiertagsregelung etc durch, die am tatsächlichen Arbeitsort zwingend gelten (MünchArbR/BIRK § 20 Rn 162 ff; auch FRANZEN, AR-Blattei Rn 145 unter Verweis auf Art 32 Abs 2; vgl auch oben Rn 213). Umgekehrt gilt das ArbZeitG nur für Tätigkeiten im Gebiet der Bundesrepublik, nicht darüber hinaus (BAG IPRspr 1990 Nr 63 [noch zur AZO]). Auch Regelungen über **Teilzeitarbeit** unterstehen dem Vertragsstatut und ggfs günstigerem zwingendem Schutzrecht iSd Art 30 (etwa §§ 2, 4, 5 BeschFG; vgl auch MünchArbR/BIRK § 20 Rn 135; WINKLER vMOHRENFELS, in: OETKER/ PREIS Rn 125). **231**

d) Arbeitsunfälle

Vgl dazu STAUDINGER/vHOFFMANN (2001) Art 38 Rn 392 ff. **232**

e) Arbeitnehmerhaftung

Eventuelle **Freistellungsansprüche** bzw eine **eingeschränkte Haftung** des Arbeitnehmers gegenüber dem Arbeitgeber sind nach dem Recht zu beurteilen, das für den Arbeitsvertrag gilt (BIRK RdA 1984, 133; FRANZEN, AR-Blattei Rn 158; MünchArbR/BIRK § 20 Rn 144; REITHMANN/MARTINY/MARTINY Rn 1372). Das Statut möglicher konkurrierender Deliktsansprüche sollte in diesen Fällen akzessorisch an das Statut des Arbeitsvertrages angeknüpft werden, um ein Auseinanderfallen von Delikts- und Vertragsstatut **233** und daraus folgende Widersprüche zu vermeiden (BIRK, FRANZEN, MünchKomm/ArbR/ BIRK jeweils aaO; MünchKomm/MARTINY Art 30 Rn 52; REITHMANN/MARTINY/MARTINY aaO).

f) Arbeitnehmererfindungen

234 Das Statut des Arbeitsvertrages bestimmt, ob Urheber- und Verwertungsrechte an Arbeitsergebnissen, Erfindungen etc dem Arbeitnehmer oder dem Arbeitgeber zustehen und ob der Arbeitnehmer dafür ggfs Anspruch auf Vergütung hat (BIRK RabelsZ 46 [1982] 400; ders Ufita 108 [1988] 107 f; DÄUBLER RiW 1987, 254; ERMAN/HOHLOCH Art 30 Rn 26; MünchArbR/BIRK § 120 Rn 168 f; MünchKomm/MARTINY Art 30 Rn 56; REITHMANN/MARTINY/MARTINY Rn 1378; WINKLER vMOHRENFELS, in: OETKER/PREIS Rn 138; für Recht allein des gewöhnlichen Arbeitsortes ULMER, Die Immaterialgüterrechte im IPR [1975] 79 f). Ob es sich um schutzfähige Rechte handelt, ist dagegen grundsätzlich nach dem Urheberrechtsstatut zu beurteilen, also dem Recht des Landes, in dem der Urheberrechtsschutz begehrt wird (lex loci protectionis; vgl auch Art 28 Rn 599 ff). Für den Sonderbereich der europäischen Patentanmeldung gilt allerdings vorrangig Art 60 Abs 1 Satz 2 des Europäischen Patentübereinkommens v 5. 10. 1973 (BGBl 1976 II 649, 826). Danach bestimmt sich das Recht auf das europäische Patent bei Arbeitnehmererfindungen nach dem Ort der überwiegenden Beschäftigung, hilfsweise dem Ort des Betriebes, dem der Arbeitnehmer angehört.

4. Beendigung und Nachwirkungen des Arbeitsverhältnisses

a) Kündigung

235 Die Kündigung von Arbeitsverträgen unterliegt im Grundsatz dem **Vertragsstatut**, wie auch aus Art 32 Abs 1 Nr 4 EGBGB herzuleiten ist (BAGE 63, 17 = IPRax 1991, 407 m Aufs MAGNUS IPRax 1991, 382 = SAE 1990, 317 m Anm JUNKER; Trib Liège JTT 1997, 150; ERMAN/ HOHLOCH Art 30 Rn 27; FRANZEN, AR-Blattei Rn 166; MünchArbR/BIRK § 19 Rn 185; MünchKomm/MARTINY Art 30 Rn 60; PALANDT/HELDRICH Art 30 Rn 3; REITHMANN/MARTINY/MARTINY Rn 1380; nach altem IPR ebenso BAG IPRspr 1966/67 Nr 50 b; BAG IPRspr 1975 Nr 30 b; BAG NJW 1986, 211). Auch ein möglicher Weiterbeschäftigungs- oder Abfindungsanspruch richtet sich nach dem Vertragsstatut. Dagegen ist eine Anhörung des Betriebsrates bei Kündigungen, wie sie etwa § 102 BetrVG vorsieht, nach dem Betriebsverfassungsstatut (unten Rn 263 ff) zu beurteilen. Für die Kündigung eines **verliehenen Arbeitnehmers** ist das Vertragsstatut maßgebend, dem der Arbeitsvertrag mit dem Verleiher untersteht (BAG NZA 1999, 539).

236 Der **allgemeine,** für alle Arbeitnehmer geltende **Kündigungsschutz** gehört allerdings, soweit er zwingend ausgestaltet ist, zu den Vorschriften, die im Günstigkeitsvergleich des Art 30 Abs 1 zu beachten sind (BAGE 63, 17; GIULIANO/LAGARDE 57; FRANZEN, AR-Blattei Rn 167; JUNKER, MAGNUS jeweils aaO, MünchArbR/BIRK § 20 Rn 196; MünchKomm/MARTINY aaO; PALANDT/HELDRICH Art 30 Rn 6; REITHMANN/MARTINY/MARTINY aaO; Winkler vMOHRENFELS, in: OETKER/PREIS Rn 145; zum EVÜ ebenso DICEY/MORRIS II 33–077).

237 Über Art 34 ist der allgemeine Kündigungsschutz dagegen nicht zu berücksichtigen (BAG aaO; zust FRANZEN, MAGNUS, MünchKomm/MARTINY, REITHMANN/MARTINY/MARTINY, WINKLER vMOHRENFELS jeweils aaO; ebenso HEILMANN 122; JUNKER IPRax 1989, 75; **aA** – international zwingend – BIRK RdA 1989, 207; ders, in: FS Heini 30; DÄUBLER RiW 1987, 255; MünchArbR/BIRK § 20 Rn 201; KREBBER 312 ff; wohl ebenso ERMAN/HOHLOCH Art 30 Rn 27; HOHLOCH, in: FS Heiermann 154).

Problematisch ist in Kündigungsschutzfällen häufiger, wann und mit welcher Wirkung die **Kleinbetriebsklausel des § 23 Abs 1 S 2 KSchG** – oder eine ähnliche Vorschrift (zB für die **Sozialauswahl** nach § 1 Abs 3 KSchG) – eingreift, wie also die für das Eingreifen des Gesetzes erforderliche Beschäftigtenzahl bei Auslandssachverhalten zu berechnen ist (vgl etwa BAGE 86, 374; LAG Köln LAGE § 23 KSchG Nr 10; LAG Düsseldorf DZWir 1997, 463 m Anm BAUMANN; zu diesen Entscheidungen mit Recht kritisch JUNKER RiW 2001, 104 f; ferner schon LAG Hamm IPRspr 1990 Nr 59). Bei dieser Frage geht es nicht um den internationalen Anwendungsbereich des KSchG (so aber die zitierten Entscheidungen), sondern um den Einfluss des Auslandselements auf die Auslegung des Tatbestandsmerkmals einer Norm des materiell anwendbaren Rechts (§ 23 Abs 1 S 2 KSchG: „fünf oder weniger Arbeitnehmer"). Die Anwendbarkeit dieser Norm muss daher zuvor feststehen, wobei ihre Geltung aus dem gewählten oder objektiv maßgebenden Recht, jedoch nicht aus dem KSchG selbst folgen kann. Denn der allgemeine Kündigungsschutz des KSchG ist gerade nicht im Weg der Sonderanknüpfung über Art 34 zur Anwendung berufen (s Rn 236 f). Wenn – und nur wenn – deutsches Recht als Vertragsstatut oder als günstigeres Recht im Rahmen des Art 30 Abs 1 gilt und § 23 Abs 1 S 2 KSchG damit anzuwenden ist, ist die Kleinbetriebsklausel zu beachten. Für sie ist dann allein zu entscheiden, ob der für den Arbeitnehmer maßgebende Betrieb, dem er organisatorisch zugeordnet ist, die erforderliche Zahl von Arbeitnehmern beschäftigt. Ob dieser Betrieb dabei im Inland oder Ausland liegt, ist dagegen unerheblich (wie hier BAG NZA 1999, 546 [für den Fall der Wahl deutschen Rechts]; JUNKER RiW 2001, 105; M SCHMIDT NZA 1998, 169 [173]; WINKLER vMOHRENFELS, in: OETKER/PREIS Rn 146; **aA** aber die oben zitierten Entscheidungen sowie HUECK/vHOYNINGEN/HUENE, Kündigungsschutzgesetz [12. Aufl 1997] § 23 Rn 16 b; KITTNER/TRITTIN, Kündigungsschutzrecht [3. Aufl 1997] § 23 KSchG Rn 16; MünchArbR/BIRK § 20 Rn 200).

Anders stellt sich die Lage für den **besonderen Kündigungsschutz** bestimmter Arbeitnehmergruppen wie Schwerbehinderter, Schwangerer und Mütter, Jugendlicher, aber auch Betriebsratsmitglieder dar. Bei diesen Gruppen steht ihr sozialpolitisch motivierter, im Allgemeininteresse liegender Schutz im Vordergrund. Die für sie geltenden Vorschriften sind deshalb **international zwingend,** setzen sich also bei hinreichendem Inlandsbezug, den sie selbst festlegen, ohne Rücksicht auf das Vertragsstatut durch (BAGE 63, 17 [32 f]; ERMAN/HOHLOCH Art 30 Rn 27; KROPHOLLER § 52 V 2 a; MAGNUS IPRax 1991, 386; REITHMANN/MARTINY/MARTINY Rn 1384 [für SchwbG]; WINKLER vMOHRENFELS, in: OETKER/PREIS Rn 145; für das EVÜ DICEY/MORRIS II 33–077 f). Nach **aA**, die freilich zum selben Ergebnis führt, sind diese Kündigungsschutzvorschriften selbständig nach ihrem eigenen Geltungsbereich anzuknüpfen (so KREBBER 325; MünchArbR/BIRK § 20 Rn 198; MünchKomm/MARTINY Art 30 Rn 61; REITHMANN/MARTINY/MARTINY Rn 1380; ähnlich FRANZEN, AR-Blattei Rn 169; zum früheren Recht ebenso GAMILLSCHEG ZfA 14 [1983] 363). **238**

Der besondere Kündigungsschutz kann freilich auch über Art 30 Berücksichtigung finden. Ist die Kündigungsschutzfrist beispielsweise für Schwangere und Mütter nach dem subjektiven oder objektiven Vertragsstatut günstiger als nach § 9 MuSchG, so kann sich eine Arbeitnehmerin, die in der Bundesrepublik nicht nur vorübergehend beschäftigt ist, trotz Art 34 EGBGB auf die **günstigere Frist** berufen (wohl aA MünchKomm/MARTINY, REITHMANN/MARTINY/MARTINY jeweils aaO; für strikte Trennung der Normbereiche der Art 30 und 34 SOERGEL/vHOFFMANN Art 30 Rn 19 ff). Denn Art 34 will nicht verhindern, dass – insbes durch Rechtswahl – sozial- oder rechtspolitische Ziele in noch **239** stärkerem Maße verwirklicht werden, als die unter Art 34 fallende Inlandsnorm das für unabdingbar hält.

b) Aufhebungsvereinbarung

240 Für Aufhebungsvereinbarungen gilt mangels selbständiger Rechtswahl das Recht des aufzuhebenden Vertrages (FRANZEN, AR-Blattei Rn 171; GAMILLSCHEG ZfA 14 [1983] 362; MünchArbR/BIRK § 20 Rn 190 f; WINKLER vMOHRENFELS, in: OETKER/PREIS Rn 144; vgl auch Art 32 Rn 50, 60).

c) Ruhen des Arbeitsverhältnisses

241 Eine **vorübergehende Aussetzung** der Pflichten aus dem Arbeitsverhältnis beurteilt sich grundsätzlich nach dem Arbeitsvertragsstatut (BIRK RdA 1984, 134; FRANZEN, AR-Blattei Rn 172; REITHMANN/MARTINY/MARTINY Rn 1379).

242 Das **Ruhen** des Arbeitsverhältnisses **aufgrund Wehrdienstes** folgt allerdings zwingend aus § 1 Abs 1 ArbPlSchG, soweit die Anwendungsvoraussetzungen dieses Gesetzes gegeben sind, das auch für in Deutschland beschäftigte EU-Arbeitnehmer gilt, die ihren Wehrdienst in ihrer Heimat ableisten sollen (vgl BAG IPRspr 1988 Nr 54; FRANZEN, AR-Blattei Rn 173; REITHMANN/MARTINY/MARTINY Rn 1379). Für Nicht-EU-Bürger, die ihre Wehrpflicht im Heimatland erfüllen müssen, ruht ihr deutsches Beschäftigungsverhältnis gleichfalls, sofern nicht dringende betriebliche Erfordernisse entgegenstehen (BAGE 41, 229; BAGE 43, 263; FRANZEN, REITHMANN/MARTINY/MARTINY aaO).

d) Betriebsübergang

243 Zum Wechsel des Betriebsinhabers s oben Rn 218.

e) Nachvertragliche Pflichten

244 Welche Folgen die Beendigung des Arbeitsverhältnisses auslöst, ob und welche nachvertraglichen Pflichten – zB auf Herausgabe von Arbeitsgerät, Wettbewerbsverbote, Schweigepflichten etc – bestehen, entscheidet im Grundsatz das Vertragsstatut (ERMAN/HOHLOCH Art 30 Rn 27; MünchArbR/BIRK § 20 Rn 206 f; MünchKomm/MARTINY Art 30 Rn 62; REITHMANN/MARTINY/MARTINY Rn 1382; WINKLER vMOHRENFELS, in: OETKER/PREIS Rn 150 f; ebenso im Ergebnis Pres Rb Zutphen NIPR 1992 Nr 401 [für Wettbewerbsverbot]).

245 Zwingende Vorschriften über die Schranken nachvertraglicher Wettbewerbsverbote sind im Rahmen des Günstigkeitsprinzips zu beachten (REITHMANN/MARTINY/MARTINY aaO). Wegen der uU existentiellen Wirkung von Wettbewerbsverboten für Arbeitnehmer und dem Allgemeininteresse an einem funktionierenden Wettbewerb werden darüber hinaus die §§ 74 ff HGB als **international zwingend** iSd Art 34 EGBGB anzusehen sein (ebenso MünchArbR/BIRK § 20 Rn 210; vgl auch die Grundaussage der oben Rn 193 wiedergegebenen Ingmar-Entscheidung des EuGH; aA WINKLER vMOHRENFELS, in: OETKER/PREIS Rn 151 [§§ 74 ff HGB nur im Rahmen des Art 30 zwingend]).

f) Betriebliche Altersversorgung

246 Ansprüche aus betrieblicher Altersversorgung sind nach dem Statut des Arbeitsvertrages zu beurteilen, mit dem die Versorgungszusage verknüpft war (BIRK RabelsZ 46 [1982] 404; FIRSCHING/vHOFFMANN § 10 Rn 78; FRANZEN, AR-Blattei Rn 159; JUNKER, Konzern 244; MünchArbR/BIRK § 20 Rn 211; MünchKomm/MARTINY Art 30 Rn 63; REITHMANN/MARTINY/MARTINY Rn 1383; WINKLER vMOHRENFELS, in: OETKER/PREIS Rn 129).

Die Geltung des BetrAVG wird nicht an das Vertragsstatut, sondern selbständig **247** angeknüpft (FRANZEN, AR-Blattei Rn 160 f; GAMILLSCHEG ZfA 14 [1983] 364; JUNKER 321; MünchKomm/MARTINY Art 30 Rn 63; REITHMANN/MARTINY/MARTINY Rn 1383). Maßgebend für seine Geltung sind „der Sitz des Versorgungsschuldners und das Recht, dem das Versorgungsverhältnis unterliegt" (so BAGE 49, 225 [233]). Das BetrAVG, insbes sein gegen Insolvenz schützender Teil, gilt damit für Arbeitnehmer, denen ein inländischer Arbeitgeber Versorgungszusagen gemacht hat. Eine Beschäftigung im Inland ist nicht zwingend erforderlich (vgl den Fall des BAG aaO).

XIII. Internationales Tarifvertragsrecht

1. Allgemeines

Das internationale Tarifvertragsrecht hat in der Rechtsprechung bisher wenig Be- **248** deutung. Gesetzlich ist es kaum geregelt und in seinen Lösungen recht umstritten (vgl auch DROBNIG/PUTTFARKEN 41; FRANZEN, AR-Blattei Rn 198; REITHMANN/MARTINY/MARTINY Rn 1392). Mit der Zunahme grenzüberschreitender Arbeitsbeziehungen wächst aber auch seine Bedeutung.

Das internationale Tarifvertragsrecht muss zum einen beantworten, welchem Recht **249** das Zustandekommen, der Inhalt, die Wirkung und Beendigung solcher Tarifverträge unterliegt, die von Tarifparteien aus unterschiedlichen Staaten abgeschlossen werden. Hier steht die kollisionsrechtliche Suche nach dem anwendbaren Recht im Vordergrund. Zum andern ist die Frage zu beantworten, wieweit Tarifverträge, die Tarifpartner aus einem Staat geschlossen haben, auch Arbeitsverhältnisse mit Auslandsbezug erfassen. Hier geht es um den statutenähnlichen Ansatz, die Reichweite des Geltungsanspruchs von Tarifverträgen zu bestimmen. Beide Aspekte spiegeln die **Doppelnatur der kollektiven Normsetzung** durch Tarifverträge wider, die sowohl schuldrechtliche wie quasi-gesetzliche Elemente enthalten.

2. Qualifikation

Als Tarifverträge (collective agreements, conventions collectives) sind Verträge zu **250** qualifizieren, die Kollektivvertreter der Arbeitgeber und Arbeitnehmer zur Regelung der Arbeitsbedingungen der tarifunterworfenen Arbeitsverhältnisse geschlossen haben (so auch ersichtlich das Verständnis im Bericht von GIULIANO/LAGARDE 57). Auch „Haustarifverträge" dürften darunter fallen.

3. Auf Tarifverträge anwendbares Recht (Tarifvertragsstatut)

Es besteht Einigkeit, dass Art 30 EGBGB nicht für Tarifverträge, sondern nur für **251** Individualarbeitsverhältnisse gilt (GIULIANO/LAGARDE 57; ErfurterKomm/SCHLACHTER Art 27 ff EGBGB Rn 3; FRANZEN, AR-Blattei Rn 199; JUNKER, Konzern 417; LAGARDE Rev crit 1991, 320; MünchArbR/BIRK § 20 Rn 6; MünchKomm/MARTINY Art 30 Rn 83; REITHMANN/MARTINY/MARTINY Rn 1392). Jedoch sind die übrigen Vorschriften des internationalen Vertragsrechts – insbes Art 27, 28, 31, 32, 35 EGBGB – durchaus auf Tarifverträge anzuwenden (ebenso BASEDOW BerDGesVölkR 31 [1990] 93; FRANZEN, AR-Blattei Rn 201; HERGENRÖDER AR-Blattei Rn 57; JUNKER, Konzern 422; KÄRCHER 57 ff; wohl auch REITHMANN/MARTINY/MARTINY Rn 1392; ferner der Sache nach BAG IPRspr 1991 Nr 67 = IPRax 1994, 44 [45]).

m Aufs JUNKER IPRax 1994, 21 und BAG BB 2000, 982 [dazu JUNKER RiW 2001, 106 f]). Nach teilweise vertretener Ansicht sollen die genannten Vorschriften allerdings nur für den schuldrechtlichen, nicht für den normativen Teil des Tarifvertrages gelten (BIRK, in: FS BEITZKE 848; ders RdA 1984, 136 [gegen Zulässigkeit einer Rechtswahl ohne ausdrückliche gesetzliche Zulassung jetzt aber MünchArbR/BIRK § 21 Rn 28 ff]; EBENROTH/FISCHER/SOREK ZVerglRW 1989, 145; WALZ 166).

252 Eine **Rechtswahl** ist damit für Tarifverträge **zulässig** (BAG IPRspr 1991 Nr 67 = IPRax 1994, 44 m Aufs JUNKER aaO; BASEDOW, FRANZEN, HERGENRÖDER; JUNKER, KÄRCHER, REITHMANN/ MARTINY/MARTINY jeweils aaO; PALANDT/HELDRICH Art 30 Rn 3; einschränkend – Rechtswahl nur für schuldrechtlichen Teil des Tarifvertrages – BIRK, EBENROTH/FISCHER/SOREK, WALZ aaO; ganz abl MünchArbR/BIRK § 21 Rn 30). Die Rechtswahl kann wie stets ausdrücklich oder stillschweigend erfolgen. Zu beachten ist für sie auch Art 27 Abs 3.

253 Mangels Rechtswahl ist gem Art 28 Abs 1 das Recht anzuwenden, zu dem die **engste Verbindung** besteht, da eine charakteristische Leistung einer Tarifvertragspartei in aller Regel fehlen wird (ebenso BASEDOW BerDGesVölkR 31 [1990] 93; DÄUBLER, TVR Rn 1708; FRANZEN, AR-Blattei Rn 201; JUNKER, KONZERN 425; ders IPRax 1994, 21; PALANDT/ HELDRICH Art 30 Rn 3; REITHMANN/MARTINY/MARTINY Rn 1392; WIMMER 53; ZACHERT NZA 2000, 122; der Sache nach auch BAG BB 2000, 982). Den Ausschlag für die engste Verbindung geben der Verwaltungssitz der Tarifparteien, wenn er im gleichen Staat liegt, sonst vor allem der Ort, an dem die vom Tarifvertrag erfassten Arbeitsverhältnisse tatsächlich durchgeführt werden, wo also der **Regelungsschwerpunkt des Tarifvertrages** lokalisiert ist (ähnlich BASEDOW, FRANZEN, JUNKER, PALANDT/HELDRICH, REITHMANN/MARTINY/ MARTINY jeweils aaO). Nach **anderer Ansicht** entscheidet der Geltungsanspruch der jeweiligen gesetzlichen Regelung, wobei das deutsche TVG Arbeitsverhältnisse mit Schwerpunkt im Inland erfasse (MünchArbR/BIRK § 21 Rn 22).

Haustarifverträge, die ein Unternehmen für seine in verschiedenen ausländischen Staaten Beschäftigten abschließt, dürften dem Recht am Sitz des Mutterunternehmens unterstehen.

4. Geltungsbereich des Tarifvertragsstatuts

254 Dem Tarifvertragsstatut untersteht das wirksame Zustandekommen des Tarifvertrages sowie dessen Beendigung. Auch die schuldrechtlichen Wirkungen zwischen den Tarifparteien (zB Friedenspflicht etc) sind nach dem Statut des Tarifvertrages zu beurteilen. Gleiches wird für die Tariffähigkeit der Vertragsparteien angenommen (BIRK RabelsZ 46 [1982] 404; FRANZEN, AR-Blattei Rn 203; JUNKER 427; MünchArbR/BIRK § 21 Rn 32 ff; MünchKomm/MARTINY Art 30 Rn 84; REITHMANN/MARTINY/MARTINY Rn 1393). Nach **aA** beurteilt sich die Tariffähigkeit nach dem Recht, dem die jeweilige Tarifpartei unterliegt, also nach dem Recht ihres Sitzes (ESSLINGER 151; GAMILLSCHEG 360).

255 Ob ein Tarifvertrag die Mitglieder der Tarifparteien bindet **(Tarifbindung),** beurteilt sich nach dem Recht des Ortes, an dem der Regelungsschwerpunkt des Tarifvertrages liegt; es gilt also das objektive Tarifvertragsstatut (MünchKomm/MARTINY Art 30 Rn 84; REITHMANN/MARTINY/MARTINY Rn 1395; auch BIRK RabelsZ 46 [1982] 405; generell für Tarifvertragsstatut FRANZEN, AR-Blattei Rn 204; JUNKER, KONZERN 442; MünchArbR/BIRK § 21 Rn 40). Liegt der Schwerpunkt etwa in Deutschland, dann gilt die Tarifbindung nach § 3 TVG

auch für mitgeregelte Auslandssachverhalte (BAG IPRspr 1991 Nr 67 = IPRax 1994, 44 m Aufs JUNKER IPRax 1994, 21).

Ob und ggfs wie die Tarifregelungen auf individuelle Arbeitsverhältnisse normativ einwirken **(Tarifwirkung)**, bestimmt sich ebenfalls nach dem objektiven Statut, das für den Tarifvertrag gilt (BIRK RabelsZ 46 [1982] 405; ESSLINGER 152; FRANZEN, AR-Blattei Rn 204; MünchArbR/BIRK § 21 Rn 41; MünchKomm/MARTINY Art 30 Rn 84 a; REITHMANN/MARTINY/MARTINY Rn 1394). **256**

Die Voraussetzungen und Wirkungen einer **Allgemeinverbindlicherklärung von Tarifverträgen** richten sich nach dem Recht des Landes, in dem sie erklärt wurde (BIRK RabelsZ 46 [1982] 405; MünchArbR/BIRK § 21 Rn 42; vgl ferner REITHMANN/MARTINY/MARTINY Rn 1395). **257**

5. Internationale Reichweite von Tarifverträgen

Der internationale Geltungsbereich von Tarifverträgen ist besonders umstritten. ZT wird vertreten, dass Tarifverträge nur für solche Arbeitsverhältnisse gelten, deren objektiv ermitteltes Vertragsstatut zum selben Recht wie das Tarifvertragsstatut führt (JUNKER, KONZERN 430 ff; LOEWISCH/RIEBLE, Tarifvertragsgesetz [1992] Grundlagen Rn 69, 72). Zu Recht wird ein notwendiger Gleichlauf von Arbeitsvertrags- und Tarifvertragsstatut aber ganz überwiegend abgelehnt (vgl etwa BASEDOW BerDGesVölkR 31 [1990] 96 f; BIRK, in: FS BEITZKE 854, 860; ders RabelsZ 46 [1982] 405; FRANZEN, AR-Blattei ES Tarifvertrag XV, Internationales Vertragsrecht 1550.15 Nr 1 [Besprechung von BVerfGE 92, 26]; HEILMANN 95; HERGENRÖDER AR-Blattei Internationales Tarifvertragsrecht Rn 67; WALZ 149 f). Denn über die internationale Geltung von Tarifverträgen sollte nicht die wählbare Vertragsordnung, sondern die Frage entscheiden, wo das Arbeitsverhältnis seinen tatsächlichen Schwerpunkt hat (BIRK RabelsZ 46 [1982] 404; MünchKomm/MARTINY Art 30 Rn 84 a). **258**

Tarifverträge gelten damit im Grundsatz nur für Arbeitsverhältnisse, deren **Schwerpunkt im räumlichen Geltungsbereich des Tarifvertrages** liegt. Deutsches Tarifrecht ist auf diejenigen im Inland beschäftigten Arbeitnehmer anzuwenden, deren gewöhnlicher Arbeitsort in Deutschland liegt (vgl auch BAG NJW 1977, 2039). Über Art 30 Abs 1 EGBGB setzt sich dieses Tarifrecht auch gegenüber einem abweichenden gewählten Arbeitsvertragsstatut durch, wenn es günstiger als dieses ist (GIULIANO/LAGARDE 57; FRANZEN, AR-Blattei ES Tarifvertrag XV Internationales Tarifvertragsrecht 1550.15 Nr 1 [Besprechung von BVerfGE 92, 26] 17; HEILMANN 95; HERGENRÖDER AR-Blattei Internationales Tarifvertragsrecht Rn 67; REITHMANN/MARTINY/MARTINY Rn 1397; WIMMER 36; umfassend zu den unterschiedlichen denkbaren Konstellationen MünchArbR/BIRK § 21 Rn 45 ff). **259**

Bei vorübergehender **Entsendung** eines Arbeitnehmers bleiben die für ihn geltenden Tarifnormen seines gewöhnlichen Arbeitsortes grundsätzlich anwendbar (BAG IPRax 1994, 44 m Aufs JUNKER IPRax 1994, 21; DEINERT RdA 1996, 347; FRANZEN, AR-Blattei Rn 205; JUNKER, KONZERN 414; MünchArbR/BIRK § 21 Rn 48 f; auch REITHMANN/MARTINY/MARTINY Rn 1398: zumindest, soweit deutsches Recht gilt). **260**

Die **Entsende-Richtlinie** und das **AEntG** stellen für den Baubereich und die Seeschifffahrtsassistenz nunmehr sicher, dass inländische allgemeinverbindliche Tarifverträge auch für Arbeitnehmer gelten, die nur vorübergehend im Inland tätig sind, selbst **261** wenn ihre Arbeitsverträge ausländischem Recht unterstehen und ihr gewöhnlicher Arbeitsort im Ausland liegt (näher zur Entsende-Richtlinie und zum AEntG BORGMANN IPRax 1996, 315 ff; DEINERT RdA 1996, 339 ff; FRANZEN DZWir 1996, 89 ff; ders ZEuP 1997, 1055 ff; HANAU NJW 1996, 1369 ff; KOBERSKI/SAHL/HOLD, AEntG [1997]; WEBERS DB 1996, 574 ff; WICHMANN, Dienstleistungsfreiheit und grenzüberschreitende Entsendung von Arbeitnehmern [Diss Göttingen 1998]).

262 Schließlich können Tarifverträge auf Arbeitsverhältnisse erstreckt werden, obwohl diese ihren Schwerpunkt nicht im räumlichen Geltungsbereich des Tarifvertrages haben (vgl BAG IPRspr 1991 Nr 67 = IPRax 1994, 44 m Aufs JUNKER IPRax 1994, 21). Der räumliche **Geltungsbereich** von Tarifverträgen kann damit durch Tarifverträge **erweitert** werden. Ausdrücklich lässt dies § 21 Abs 4 Satz 2 FlaggR für Zweitregisterfälle zu. Doch muss die Erstreckung hinreichend klar vereinbart sein; ferner müssen die persönlichen Geltungsvoraussetzungen des Tarifvertrages gegeben sein (vgl BAG aaO).

XIV. Internationales Betriebsverfassungsrecht

1. Allgemeines

263 Für die Mitwirkung der Arbeitnehmerschaft im Unternehmensbereich ist zwischen **betrieblicher** und **unternehmerischer Mitbestimmung** deutlich zu trennen. Jede folgt ihrem eigenen Statut. Für letztere gilt das Gesellschaftsstatut, also das Recht am tatsächlichen Hauptverwaltungssitz der Gesellschaft, um deren Mitbestimmung es geht (vgl näher STAUDINGER/GROSSFELD [1998] Internationales Gesellschaftsrecht Rn 510 ff). Für die Mitbestimmung auf der Ebene des einzelnen Betriebes kommt es dagegen grundsätzlich auf den Betriebssitz an (BAGE 30, 266; näher unten Rn 265).

264 Die Abgrenzung zwischen beiden Mitwirkungsbereichen richtet sich nach dem **Gegenstand der Mitbestimmung.** Als betrieblich ist die Mitwirkung zu qualifizieren, soweit es um die Gestaltung der Arbeits- und Sozialbedingungen im Einzelnen Betrieb oder im Gesamtbetrieb geht. Die unternehmerische Mitbestimmung bezieht sich dagegen auf die Mitwirkung von Arbeitnehmern in Gesellschaftsorganen, die über die wirtschaftliche Entwicklung, die Unternehmensstruktur etc des Gesamtunternehmens entscheiden.

2. Anknüpfung der Betriebsverfassung

265 Im Grundsatz beurteilen sich Fragen der Betriebsverfassung nach dem **Recht des Ortes, an dem der Betrieb belegen ist** (BAGE 30, 266; BAG AR-Blattei ES 340 Nr 11; AGEL/PAHLKE 19; vBAR II Rn 445; BIRK RdA 1984, 137; DIETZ/RICHARDI BetrVG, vor § 1 Rn 39; FITTING/AUFFARTH/KAISER/HEITHER, BetrVG § 1 Rn 4 a; FRANZEN, AR-Blattei Rn 188; MünchArbR/BIRK § 22 Rn 5; MünchKomm/MARTINY Art 30 Rn 75; REITHMANN/MARTINY/MARTINY Rn 1387; SCHLÜPERS/OEHMEN 86). Begründet wird diese Regel mit dem sog Territorialitätsprinzip, das ähnlich der mittelalterlichen Statutentheorie vom Geltungswillen und der Reichweite des jeweiligen Gesetzes ausgeht (zu Recht kritisch hierzu JUNKER RiW 2001, 105; MünchArbR/BIRK § 22 Rn 5). Vorzuziehen ist die Formulierung einer allgemeinen Anknüpfungsregel im eingangs genannten Sinn. Im Ergebnis gilt das deutsche BetrVG damit für alle Betriebe in Deutschland, auch wenn sie ausländischen Unternehmen

gehören; dagegen gilt es nicht für die im Ausland belegenen Betriebe deutscher Unternehmen (vgl BAGE 30, 266 [268 f]; BAG NJW 1978, 1124; BAG NJW 1979, 1791; BAG NJW 1987, 2766; BAG IPRspr 1990 Nr 60; Franzen, AR-Blattei Rn 190; Koch/Magnus/Winkler vMohrenfels § 9 V; MünchArbR/Birk § 22 Rn 3; MünchKomm/Martiny Art 30 Rn 80, 82; Reithmann/Martiny/Martiny Rn 1389).

Soweit es um die Arbeitsverhältnisse des **zivilen Gefolges** bei in Deutschland stationierten **Streitkräften** geht, gilt das BetrVG jedoch nicht für diese Arbeitgeber (vgl Art 56 IX Zusatzabkommen zum NATO-Truppenstatut; ebenso für zivile Beschäftigte der sowjetischen Streitkräfte: BAG IPRspr 1993 Nr 49). **266**

Auf das Statut des jeweiligen Arbeitsvertrages kommt es für betriebsverfassungsrechtliche Fragen damit nicht an, selbst wenn sich Mitwirkungsbefugnisse wie zB die Anhörung des Betriebsrates bei Kündigungen (§ 102 BetrVG) auf das einzelne Arbeitsverhältnis auswirken (BAG NJW 1978, 1124; BAG IPRspr 1980 Nr 52; MünchArbR/Birk § 22 Rn 7). **267**

Auch ein denkbarer **Renvoi** hat im internationalen Betriebsverfassungsrecht keinen Platz. **268**

Arbeitnehmer, die ein inländischer Betrieb nur vorübergehend ins Ausland **entsendet,** bleiben dem inländischen Betrieb zugeordnet. So gilt das deutsche BetrVG – im Weg der aus dem Sozialrecht entlehnten „Ausstrahlung" (§ 4 SGB IV) – weiter für Arbeitnehmer, die zeitweilig – einzeln oder auch als Gesamtbelegschaft zB bei Gastspielen – im Ausland tätig sein sollen (BAG IPRspr 1989 Nr 74; BAG IPRspr 1990 Nr 60; BAG NZA 2000, 1119; Agel/Pahlke 24; MünchArbR/Birk § 22 Rn 12 f [für Betriebsrat]; MünchKomm/ Martiny Art 30 Rn 76; Reithmann/Martiny/Martiny Rn 1391; zT krit Franzen, AR-Blattei Rn 191). Eine Kündigung des entsandten Arbeitnehmers, die ohne Anhörung des inländischen Betriebsrats (§ 102 BetrVG) erfolgt, ist dann etwa unwirksam (BAG NJW 1978, 1124). Ist der Arbeitnehmer allerdings nur für die Auslandstätigkeit eingestellt worden und in den Inlandsbetrieb nie eingegliedert gewesen, dann strahlt das deutsche Betriebsverfassungsrecht auf sein Arbeitsverhältnis auch nicht aus (BAG IPRspr 1980 Nr 52 = IPRax 1983, 232 m Aufs Richardi IPRax 1983, 217; ebenso Franzen, AR-Blattei Rn 191; Reithmann/Martiny/Martiny Rn 1391). **269**

Ortskräfte, die von ausländischen Betrieben deutscher Unternehmen, zB von den Auslandsvertretungen deutscher Medienunternehmen, des Goethe-Instituts etc, im Ausland rekrutiert und eingestellt werden, unterstehen erst recht nicht dem deutschen BetrVG (LAG Düsseldorf IPRspr 1982 Nr 39; Reithmann/Martiny/Martiny Rn 1391). **270**

Für die **organschaftlichen Handlungen des Betriebsrats** gilt die Ausstrahlung nicht. Er darf seine Mitwirkungsbefugnisse nur im Staat des Betriebssitzes ausüben, etwa Sitzungen oder Versammlungen durchführen etc. Das nimmt die Rechtsprechung auch dann an, wenn der Betriebsrat ins Ausland entsandte Arbeitnehmer zu vertreten hat und das ausländische Ortsrecht eine Tätigkeit des Betriebsrats an sich zulässt (BAG NJW 1983, 413; aA Junker, Konzern 387 f; MünchArbR/Birk § 22 Rn 19). Kosten, die ein inländischer Betriebsrat für die Einladung eines Betriebsratsmitglieds eines ausländischen verbundenen Betriebes aufgewendet hat, hat die Rechtsprechung inzwischen **271** immerhin für nach § 40 Abs 1 BetrVG erstattungsfähig angesehen (LAG Baden-Württemberg NZA-RR 1998, 306; dazu auch JUNKER RiW 2001, 106).

3. Geltungsbereich des internationalen Betriebsverfassungsrechts

272 Nach dem Recht des Betriebssitzes richtet sich insbes, ob ein Betriebsrat zu bilden ist, welche Mitbestimmungsbefugnisse er hat, insbes ob er bei Kündigungen mitwirken muss, wer für ihn wahlberechtigt ist und ob seine Mitglieder besonderen Kündigungsschutz genießen (MünchKomm/MARTINY Art 30 Rn 75; REITHMANN/MARTINY/MARTINY Rn 1387). Für die Frage, wer zu den Beschäftigten eines Betriebes zählt, kommt es auf die organisatorische Eingliederung an (vgl MünchArbR/BIRK § 22 Rn 13; s auch oben Rn 237 zum parallelen Problem beim Kündigungsschutz).

Innerhalb der EU ist allerdings die Richtlinie 94/45/EG über die Einsetzung eines Europäischen Betriebsrats v 22. 9. 1994 (ABl EG Nr L 254, S 64) von Bedeutung. Unternehmen, die mehr als 1000 Mitarbeiter und davon je 150 in zwei EU-Staaten beschäftigen, sollen danach Europäische Betriebsräte einrichten (näher MOZET ZEuP 1995, 552 ff; HÜNERBEIN, Der Europäische Betriebsrat und Tendenzschutz [1999]). Welche Mitbestimmungsrechte derartige Betriebsräte haben, bleibt zunächst der Aushandlung durch die Beteiligten überlassen. Nur bei Scheitern einer Verhandlungslösung sieht der Anhang zur Richtlinie Informations- und Anhörungsrechte des Europäischen Betriebsrats vor. Die Umsetzung der Richtlinie in der Bundesrepublik ist durch das Gesetz über Europäische Betriebsräte v 28. 10. 1996 (BGBl 1996 I 1548) erfolgt.

4. Besonderheiten des Seebetriebsverfassungsrechts

273 Das BetrVG enthält in §§ 114 ff **Sonderregeln für Seebetriebe.** Unter einem Seebetrieb werden alle Schiffe eines Seeschifffahrtsunternehmens verstanden (§ 114 Abs 3 BetrVG). Die §§ 114 ff BetrVG sind jedoch nur anzuwenden, wenn das Seeschifffahrtsunternehmen seinen Sitz in Deutschland hat und wenn alle seine Schiffe die Bundesflagge führen (§ 114 Abs 2, 4 BetrVG; dazu BAG NJW 1979, 1791; eingehend BASEDOW BerDGesVölkR 31 [1990] 86 ff; ferner FRANZEN, AR-Blattei Rn 193 f). Ob die Schiffe im Erst- oder Zweitregister eingetragen sind, ist gleichgültig.

274 Zu Besonderheiten bei **Luftfahrtunternehmen** vgl § 117 BetrVG (dazu FRANZEN, AR-Blattei Rn 195 f).

XV. Internationales Arbeitskampfrecht

1. Grundsatz

275 Nach hM gilt für Fragen des Arbeitskampfrechts grundsätzlich das **Recht des Ortes, an dem die Kampfmaßnahme stattfindet** (Recht des Arbeitskampfortes: ArbG Bremen SeeAe Nr 6 zu Art 9 GG; JUNKER, KONZERN 480 ff; KEGEL/SCHURIG § 23 VII; KOCH/MAGNUS/WINKLER vMOHRENFELS § 9 V; MünchKomm/KREUZER Art 38 Rn 193; REITHMANN/MARTINY/MARTINY Rn 1399; STAUDINGER/vHOFFMANN Art 38 Rn 503; wohl ebenso BIRK RabelsZ 46 [1982] 405 f; MünchArbR/BIRK § 21 Rn 65 [Ort des Interessenkampfes]; aA – Arbeitsort maßgebend – GAMILLSCHEG 365 f; GITTER ZfA 1971, 146; für Anknüpfung an Schwerpunkt der Arbeitskampfbeziehung: HERGENRÖDER, Arbeitskampf 203 ff, 406; ders, AR-Blattei Internationales Arbeitskampfrecht

Rn 36 ff; ihm folgend DÄUBLER AuR 1990, 8 und FRANZEN, AR-Blattei Rn 217). Bei – auch einheitlich organisierten – Kampfmaßnahmen in mehreren Staaten entscheidet deshalb das Recht jedes Staates, in dem die jeweilige Einzelmaßnahme durchgeführt wird, auch über ihre Rechtmäßigkeit und ihre Folgen (REITHMANN/MARTINY/MARTINY Rn 1399; wohl auch STAUDINGER/vHOFFMANN [2001] Art 38 Rn 503; aA – Schwerpunkt in einer Rechtsordnung entscheidet – FRANZEN, HERGENRÖDER jeweils aaO).

Eine **Wahl** des maßgebenden Arbeitskampfrechts ist – nachträglich – zulässig (aA **276** STAUDINGER/vHOFFMANN Art 38 Rn 503). Ein Renvoi dürfte unbeachtlich sein.

2. Arbeitskämpfe auf Schiffen

Für Arbeitskämpfe auf Seeschiffen, insbes den Seeleutestreik, gilt in der Regel das **277** **Recht der Flagge, die das Schiff führt** (GEFFKEN NJW 1979, 1741, 1744; KEGEL/SCHURIG § 23 VII; MünchKomm/KREUZER Art 38 Rn 193 Fn 545; REITHMANN/MARTINY/MARTINY Rn 1400; SIEHR, in: FS VISCHER 315). Eine Anknüpfung an das Deliktsstatut, wie sie zT die Rechtsprechung vertritt (etwa ArbG Hamburg IPRax 1987, 28 m Aufs BIRK IPRax 1987, 14 ff), dürfte bei Streiks auf Schiffen zum selben Recht führen. Im Übrigen sind Tatortregel und Geschädigtenwahlrecht des internationalen Deliktsrechts für Arbeitskampfmaßnahmen aber unangemessen (ebenso MünchKomm/KREUZER Art 38 Rn 193). Streikmaßnahmen etwa nach Wahl des Kampfgegners dem Recht des Handlungs- oder Erfolgsortes zu unterstellen, würde eine nicht hinnehmbare Rechtsunsicherheit mit sich bringen.

Wird ein Seeleutestreik **von Land aus unterstützt,** so gilt für diese Kampfmaßnahmen **278** das Recht des Hafenstaates, von dem aus die Unterstützung erfolgt (ArbG Hamburg m Aufs BIRK aaO; KEGEL § 23 VII; REITHMANN/MARTINY/MARTINY Rn 1400; STAUDINGER/vHOFFMANN Art 38 Rn 503; aA – Flaggenrecht – DROBNIG/PUTTFARKEN 31 ff, 45).

Problematisch ist die Flaggenanknüpfung bei **Streiks auf Billigflaggenschiffen,** da die **279** dadurch berufene Rechtsordnung das Streikrecht häufig an sehr strenge Bedingungen knüpft (zum Streikrecht Panamas vgl die Studie von DROBNIG/PUTTFARKEN). In diesen Fällen wird deshalb das Recht des Küsten- oder Hafenstaates als maßgeblich angesehen (vgl ArbG Hamburg aaO: deutsches Recht für von Land unterstützten Streik auf Schiff unter panamenischer Flagge im Hamburger Hafen; REITHMANN/MARTINY/MARTINY Rn 1400; aA DROBNIG/PUTTFARKEN 66).

3. Geltungsbereich des Arbeitskampfstatuts

Nach dem Recht am Ort des Arbeitskampfes richten sich vor allem die **Vorausset-** **280** **zungen,** unter denen Arbeitskampfmaßnahmen rechtmäßig sind. Das gilt für Streiks, Aussperrungen, Boykottaufrufe (BIRK RabelsZ 46 [1982] 405 f; ders RdA 1984, 136 f; FRANZEN, AR-Blattei Rn 218; GAMILLSCHEG 365 f; HERGENRÖDER, Arbeitskampf 48 ff, 222 ff; MünchArbR/BIRK § 21 Rn 65; MünchKomm/KREUZER Art 38 Rn 194; REITHMANN/MARTINY/MARTINY Rn 1399, 1402; für Boykott: LAG Baden-Württemberg IPRspr 1973 Nr 31 b). Dasselbe gilt für koordinierte Maßnahmen wie kalte Aussperrung, Dienst nach Vorschrift, „Go slow"-Aktionen etc. Auch die vertrags- und deliktsrechtlichen Folgen dieser Maßnahmen unterliegen dem Arbeitskampfstatut (vgl die in Rn 279 Zitierten). Hierzu gehört vor allem, ob Streik und Aussperrung das Arbeitsverhältnis beenden oder nur suspendieren, ferner ob und welche Deliktsansprüche bei rechtswidrigen Kampfmaßnahmen zwischen den beteiligten Arbeitskampfparteien bestehen. Werden Dritte durch den Streik geschädigt, so unterliegen ihre Ansprüche dem Deliktsstatut (ebenso MünchKomm/KREUZER Art 38 Rn 195).

281 Die **Zulässigkeit von Sympathiestreiks** zur Unterstützung ausländischer Arbeitskämpfe richtet sich nach dem Recht des Ortes, an dem der Sympathiestreik durchgeführt wird (GITTER ZfA 1971, 149; MünchArbR/BIRK § 21 Rn 66; REITHMANN/MARTINY/MARTINY Rn 1401). Lässt diese Rechtsordnung Sympathiestreiks nur zu, wenn der Hauptstreik rechtmäßig ist, dann ist für diese Frage das Arbeitskampfstatut des Hauptstreiks maßgebend (GITTER aaO; FRANZEN, AR-Blattei Rn 222; HERGENRÖDER AR-Blattei Internationales Arbeitskampfrecht Rn 64 f; JUNKER, Konzern 489 f; MünchArbR/BIRK, REITHMANN/MARTINY/MARTINY jeweils aaO). Nach aA entscheidet dagegen das Recht des Sympathiestreiks auch über die Rechtmäßigkeit des Hauptstreiks (so ArbG Wuppertal BB 1960, 443 m krit Anm HERSCHEL; MünchKomm/KREUZER Art 38 Rn 194). Indessen sollte der Hauptstreik nach ‚seiner' Rechtsordnung beurteilt werden, nach der er auch durchgeführt wird.

XVI. Verfahrensfragen

1. Gerichtsbarkeit

282 Staatliche Arbeitgeber können sich gegenüber Ansprüchen ihrer Arbeitnehmer nur recht eingeschränkt auf Immunität berufen, so etwa dann, wenn die Mitarbeiter mit genuin hoheitlichen Aufgaben wie zB der Visa-Ausstellung etc betraut sind (vgl auch Art 5 Europäisches Übk über Staatenimmunität v 16. 5. 1972; MANKOWSKI IPRax 2001, 123 ff mwN).

2. Internationale Zuständigkeit

a) GVÜ

283 Das GVÜ erfasst Arbeitsrechtsstreitigkeiten individual- wie kollektivrechtlicher Art (KROPHOLLER EuZPR Art 1 Rn 15). Seine Neufassung von 1989, die in der Bundesrepublik seit dem 1. 12. 1994 in Kraft ist (BGBl 1994 II 518), enthält zwei Sonderregelungen für die Zuständigkeit in Arbeitssachen:

284 Die **Zuständigkeit am vertraglichen Erfüllungsort** befindet sich nach Art 5 Nr 1 GVÜ in Anlehnung an Art 6 EVÜ (= Art 30 EGBGB) an dem Ort, an dem der Arbeitnehmer gewöhnlich seine Arbeit verrichtet. Fehlt ein Arbeitsort in ein und demselben Staat, dann kann der Arbeitnehmer Ansprüche auch vor dem Gericht des Ortes einklagen, an dem sich die einstellende Niederlassung befindet oder befand. Die Vorschrift bezieht sich ausdrücklich nur auf Streitigkeiten aus Individualarbeitsverträgen, gilt also nicht für kollektivrechtliche Verfahren.

285 Die Begriffe in Art 5 Nr 1 GVÜ – gewöhnlicher Arbeitsort, einstellende Niederlassung – sind dabei ebenso wie in Art 6 EVÜ und Art 30 EGBGB zu verstehen (ebenso KROPHOLLER EuZPR Art 5 Rn 25; zum gewöhnlichen Arbeitsort vgl oben Rn 99 ff; zur einstellenden Niederlassung oben Rn 120 ff). Nach der Rechtsprechung des EuGH ist der gewöhnliche Arbeitsort iSd Art 5 Nr 1 GVÜ der Ort, „den der Arbeitnehmer als tatsächlichen Mittelpunkt seiner Berufstätigkeit gewählt hat oder an dem oder von dem aus er den wesentlichen Teil seiner Verpflichtungen gegenüber seinem Arbeitgeber tatsächlich erfüllt" (EuGH EuZW 1997, 143 [144] – Rutten/Cross Medical Ltd). Eine vorübergehende

Entsendung ändert deshalb wie bei Art 30 Abs 2 Nr 1 EGBGB den gewöhnlichen Arbeitsort noch nicht (EuGH aaO; ferner KROPHOLLER EuZPR Art 5 Rn 26).

Fehlt ein gewöhnlicher Arbeitsort in einem einzigen Staat, dann kann der Arbeitnehmer allerdings **nicht in jedem Staat klagen,** in dem er für den Arbeitgeber tätig wird (EuGH aaO). Die besondere Zuständigkeit nach Art 5 Nr 1 besteht dann nur am Ort der einstellenden Niederlassung. Bei ihr muss es sich wie in Art 30 Abs 2 Nr 2 EGBGB um eine auf gewisse Dauer angelegte organisatorische Einheit handeln, die für den Arbeitgeber geschäftliche Tätigkeiten entfaltet und für ihn ua Einstellungen vornimmt. Reine Einstellungsagenturen oder Heuerbüros genügen auch hier nicht (vgl zur einstellenden Niederlassung oben Rn 120 ff). **286**

Als weitere Sonderregelung für Arbeitsrechtsstreitigkeiten beschränkt Art 17 Abs 5 GVÜ die Wirkung von **Gerichtsstandsklauseln.** Sie wirken nur zugunsten des Arbeitnehmers oder wenn sie nach Entstehung der Streitigkeit abgeschlossen wurden (vgl näher dazu KROPHOLLER EuZPR Art 17 Rn 84 ff). **287**

Für eine begrenzte Zeit besteht ferner nach Art 54 b LugÜ eine Zuständigkeit für „Seeforderungen" am Arrestort des betroffenen Seeschiffes. Zu den Seeforderungen gehören auch Heueransprüche der Schiffsbesatzung (Art 54 b Nr 5 m LugÜ). **288**

Die **Neufassung des GVÜ als Verordnung** (ABl 2001 L Nr 12 S 1; in Kraft und unmittelbar anwendbar ab 1. 3. 2002) enthält nunmehr einen eigenen Abschnitt über die „Zuständigkeit für individuelle Arbeitsverträge" (Art 18–21), der die bisherige Regelung zusammenfasst und ersetzt. Die bisherigen Regeln bleiben dabei im Wesentlichen unverändert. Auf die Rechtsprechung des EuGH zum internationalen Arbeitsprozessrecht kann nach wie vor zurückgegriffen werden.

b) Internationale Zuständigkeit nach autonomem Recht

Für die internationale Zuständigkeit in Arbeitsrechtsstreitigkeiten bestehen im deutschen internen Recht keine besonderen gesetzlichen Regeln. Die internationale folgt deshalb aus der örtlichen Zuständigkeit, die sich ihrerseits nach den §§ 12 ff ZPO bestimmt. Sonderregeln für den arbeitsrechtlichen Erfüllungsort oder über Gerichtsstandsvereinbarungen in Arbeitsstreitigkeiten kennt die ZPO jedoch nicht. Zur Möglichkeit, durch Tarifvertrag die Zuständigkeit festzulegen, vgl § 48 Abs 2 ArbGG. **289**

3. Revisibilität ausländischen Rechts

Im arbeitsgerichtlichen Verfahren ist die falsche Anwendung ausländischen Rechts – anders als in der ordentlichen Gerichtsbarkeit (§ 549 ZPO) – **revisibel** (BAG IPRspr 1975 Nr 30 b; KROPHOLLER § 59 I 3; PALANDT/HELDRICH Vor Art 3 Rn 37). **290**

Art 31 EGBGB. Einigung und materielle Wirksamkeit

(1) Das Zustandekommen und die Wirksamkeit des Vertrages oder einer seiner Bestimmungen beurteilen sich nach dem Recht, das anzuwenden wäre, wenn der Vertrag oder die Bestimmung wirksam wäre.

(2) Ergibt sich jedoch aus den Umständen, daß es nicht gerechtfertigt wäre, die Wirkung des Verhaltens einer Partei nach dem in Absatz 1 bezeichneten Recht zu bestimmen, so kann sich diese Partei für die Behauptung, sie habe dem Vertrag nicht zugestimmt, auf das Recht des Staates ihres gewöhnlichen Aufenthaltsorts berufen.

Materialien: Gesetzentwurf der Bundesregierung zum EVÜ mit Denkschrift zum Übereinkommen und Anlage: Bericht GIULIANO/LAGARDE, BT-Drucks 10/503, 29, 60; Gesetzentwurf der Bundesregierung zur Neuregelung des IPR vom 20. 10. 1983, BT-Drucks 10/504, 81 f; Bericht des Rechtsausschusses, BT-Drucks 10/5632, 45.

Schrifttum

ABEND, Die lex validatis im internationalen Vertragsrecht (1994)
BASEDOW, Rechtswahl- und Gerichtsstandsvereinbarungen nach neuem Recht (1987)
BASSE, Das Schweigen als rechtserhebliches Verhalten im Vertragsrecht (1986)
BAUMERT, Abschlußkontrolle bei Rechtswahlvereinbarungen, RiW 1997, 805
BECKMANN, Das Sprachenstatut bei internationalen Geschäftsverträgen (Diss Bochum 1980) ders, Die Bedeutung der Vertragssprache im internationalen Wirtschaftsverkehr, RiW 1981, 79
BEISE, Rechtswahlklauseln in Time-Sharingverträgen, NJW 1995, 1724
BÖHMER, Das deutsche IPR des time-sharing (1993)
BOGGIANO, International Standard Contracts: A Comparative Study, Rec des Cours I (1981) 9 ders, International Standard Contracts: The Price of Fairness (1991)
BOLL, Ausländische AGB und der Schutz des inländischen kaufmännischen Kunden, IPRax 1987, 11
BRUNNER, Allgemeine Geschäftsbedingungen im internationalen Privatrecht (Grüsch/Schweiz 1985)
DILGER, Das Zustandekommen von Kaufverträgen im Außenhandel nach internationalem Einheitsrecht und nationalem Sonderrecht, RabelsZ 45 (1981) 169
DRAETTA, Il diritto dei contratti internazionali. La formazione dei contratti (Padova 1984) ders, Ancora sulla efficacia delle lettere di intento nella prassi commerciale internazionale, Riv dir int priv proc 1985, 763

DROBNIG, AGB im internationalen Handelsverkehr, in: FS Mann (1977) 591
EBENROTH, Das kaufmännische Bestätigungsschreiben im internationalen Handelsverkehr, ZVerglRW 77 (1978) 161
ECKERT, Das neue Recht der AGB, ZIP 1996, 1238
EGELER, Konsensprobleme im internationalen Schuldvertragsrecht (St Gallen 1994)
ESSER, Die letzte Glocke zum Geleit – kaufmännische Bestätigungsschreiben im internationalen Handel, ZfRvgl 1988, 167
FERID, Zum Abschluß von Auslandsverträgen. Eine internationalprivatrechtliche Untersuchung der vorkonsensualen Vertragselemente (1954)
FISCHER G, Verkehrsschutz im internationalen Vertragsrecht (1990)
FREITAG, Sprachenzwang, Sprachrisiko und Formanforderungen im IPR, IPRax 1999, 142
Di GIOVANNI, Il contratto concluso mediante computer alla luce della Convenzione di Roma sulla legge applicabile alle obbligazioni contrattuali del 19 giugno 1980, Dir com int 1993, 581
GRUBER, Auslegungsprobleme bei fremdsprachigen Verträgen unter deutschem Recht, DZWiR 1997, 353
GRUNDMANN, Europäisches Vertragsrechtsübereinkommen, EWG-Vertrag und § 12 AGBG, IPRax 1992, 1
HEPTING, Die ADSp im internationalen Speditionsverkehr, RiW 1975, 457
vHOFFMANN, Vertragsannahme durch Schweigen im internationalen Schuldrecht, RabelsZ 36 (1972) 510

HÜBNER, Allgemeine Geschäftsbedingungen und IPR, NJW 1980, 2601
JAFFEY, Offer and Acceptance and Related Questions in the Conflict of Laws, IntCompLQ 29 (1975) 603
JANCKE, Das Sprachrisiko des ausländischen Arbeitnehmers im Arbeitsrecht (1988)
JAYME, Sprachrisiko und IPR beim Bankverkehr mit ausländischen Kunden, in: FS Bärmann (1975) 509
ders, Allgemeine Geschäftsbedingungen und IPR, ZHR 142 (1978) 105
ders, Inhaltskontrolle von Rechtswahlklauseln in Allgemeinen Geschäftsbedingungen, in: FS W Lorenz (1991) 435
KÖTZ, Europäisches Vertragsrecht Bd I (1996)
KOST, Konsensprobleme im internationalen Schuldvertragsrecht (1995)
KRONKE, Zur Verwendung Allgemeiner Geschäftsbedingungen im Verkehr mit Auslandsberührung, NJW 1977, 992
KÜHNE, Choice of Law and the Effects of Silence, in: vHOFFMANN/LANDO/SIEHR (Hrsg), European Private International Law of Obligations (1975) 121
LAGARDE, The Scope of the Applicable Law in the EEC Convention, in: NORTH (Hrsg), Contract Conflicts (Amsterdam u a 1982) 49
ders, Le nouveau droit international privé des contrats après l'entrée en vigueur de la Convention de Rome du 19 juin 1980, Rev crit 1991, 287
LANDFERMANN, AGB-Gesetz und Auslandsgeschäfte, RiW 1977, 445
LANDO, The Interpretation of Contracts in the Conflicts of Law, RabelsZ 38 (1974) 338
LIBLING, Formation of International Contracts, MLRev 42 (1979) 169
LINDACHER, Zur Einbeziehung Allgemeiner Geschäftsbedingungen durch kaufmännisches Bestätigungsschreiben, WM 1987, 702
LINKE, Sonderanknüpfung der Willenserklärung? – Auflösungstendenzen im internationalen Schuldvertragsrecht, ZVerglRW 79 (1980) 1
LORENZ W, Konsensprobleme bei internationalschuldvertraglichen Distanzverträgen, AcP 159 (1960) 193
MÄSCH, Rechtswahlfreiheit und Vertrauensschutz (1993)

ders, Gran Canaria und kein Ende – zur Sonderanknüpfung vorkonsensualer Elemente im internationalen Vertragsrecht nach Art 31 Abs 2 EGBGB, IPRax 1995, 371
MANKOWSKI, Strukturfragen des internationalen Verbrauchervertragsrechts, RiW 1993, 453
ders, Widerrufsrecht und Art 31 Abs 2 EGBGB, RiW 1996, 382
MANN, Die Gültigkeit der Rechtswahl- und Gerichtsstandsklausel und das IPR, NJW 1984, 2740
MAXL, Zur Sonderanknüpfung des Schweigens im rechtsgeschäftlichen Verkehr, IPRax 1989, 398
MAYER U, Die Verwendung Allgemeiner Geschäftsbedingungen bei Geschäften mit ausländischen Kontrahenten (Diss Tübingen 1984)
MEYER/SPARENBERG, Rechtswahlvereinbarungen in Allgemeinen Geschäftsbedingungen, RiW 1989, 347
MEZGER, Die Beurteilung der Gerichtsstandsklausel nach dem Vertragsstatut und die des Vertrages nach dem Recht des angeblich gewählten Gerichts, in: FS Wengler (1973) 541
MOOK, Einseitig vorformulierte Rechtswahlklauseln in Arbeitsverträgen, DB 1987, 2252
MOSER, Vertragsabschluß, Vertragsgültigkeit und Parteiwille im internationalen Obligationenrecht (St Gallen 1948)
MÜLLER/OTTO, Allgemeine Geschäftsbedingungen im internationalen Wirtschaftsverkehr (1994)
NIGGEMANN, Zustandekommen des Kaufvertrags, Einbeziehung und Inhaltskontrolle vom AGB, in: WITZ/BOPP (Hrsg), Französisches Vertragsrecht für deutsche Exporteure (1989) 20
NÖRENBERG, Internationale Verträge und AGB, NJW 1978, 1082
OTTO, Allgemeine Geschäftsbedingungen und IPR (1984)
PETZOLD, Das Sprachrisiko im deutsch-italienischen Rechtsverkehr, JbItalR 2 (1989) 77
REINHART, Verwendung fremder Sprachen als Hindernis beim Zustandekommen von Kaufverträgen?, RiW 1977, 16
ders, Zum Sprachenproblem im grenzüberschreitenden Handelsverkehr, IPRax 1982, 226
REINMÜLLER, Das Schweigen als Vertragsannahme im deutsch-französischen Rechtsverkehr

unter besonderer Berücksichtigung der Allgemeinen Geschäftsbedingungen (Diss Mainz 1976)
ROTT, Informationspflichten in Fernabsatzverträgen als Paradigma für die Sprachenproblematik im Vertragsrecht, ZverglRW 98 (1999) 382
RÜHL, Rechtswahlfreiheit und Rechtswahlklauseln in Allgemeinen Geschäftsbedingungen (1999)
SANDROCK, Die Bedeutung des Gesetzes zur Neuregelung des deutschen internationalen Privatrechts für die Unternehmenspraxis, RiW 1986, 841
SCHLECHTRIEM, Die Kollision von Standardbedingungen beim Vertragsschluß, in: FS Wahl (1973) 67
ders, Das „Sprachrisiko" – ein neues Problem?, in: FS Weitnauer (1980) 129
ders, Kollidierende Geschäftsbedingungen im internationalen Vertragsrecht, in: FS Gerber (1999) 36
SCHMITZ, Haftungsausschlußklauseln in AGB nach englischem und internationalem Privatrecht (1977)
SCHÜTZE, Allgemeine Geschäftsbedingungen bei Auslandsgeschäften, DB 1978, 2301
SCHWARZ, Das Sprachrisiko im internationalen Geschäftsverkehr – ein deutsch-portugiesischer Fall, IPRax 1988, 278
SCHWENZER, Einbeziehung von Spediteurbedingungen sowie Anknüpfung des Schweigens bei grenzüberschreitenden Verträgen, IPRax 1988, 86
SIEG, Allgemeine Geschäftsbedingungen im grenzüberschreitenden Verkehr, RiW 1997, 811

SONNENBERGER, Bemerkungen zum IPR im AGB-Gesetz, in: FS Ferid (1978) 377
SPELLENBERG, Fremdsprache und Rechtsgeschäft, in: FS Ferid (1988) 463
STOLL, Internationalprivatrechtliche Probleme bei Verwendung Allgemeiner Geschäftsbedingungen, in: FS Beitzke (1979) 759
ders, Rechtliche Inhaltskontrolle bei internationalen Handelsgeschäften, in: FS Kegel (1987) 623
TAUPITZ, Kaffeefahrten deutscher Urlauber auf Gran Canaria: Deutscher Verbraucherschutz im Urlaubsgepäck, BB 1990, 642
TIEDEMANN, Kollidierende AGB-Rechtswahlklauseln im österreichischen und deutschen IPR, IPRax 1991, 424
UNGNADE, Die Geltung von AGB der Kreditinstitute im Verkehr mit dem Ausland, WM 1973, 1130
WAHL, Das Zustandekommen von Schuldverträgen und ihre Anfechtung wegen Willensmangels, RabelsZ 3 (1929) 775
vWESTPHALEN, International-privatrechtliche Probleme und AGB-Gesetz, WM 1978, 1310
ders, Anwendung des AGB-Rechts im Export, in: HEINRICHS/LÖWE/ULMER (Hrsg), 10 Jahre AGB-Gesetz (1987) 175
WOLF M, Auslegung und Inhaltskontrolle von AGB im internationalen kaufmännischen Verkehr, ZHR 153 (1989) 300
YUNG, L'acceptation par le silence d'une offre de contracter, in: Mélanges Sécretan (Lausanne 1964) 339.

Systematische Übersicht

I. **Allgemeines**
1. Entstehungsgeschichte ___ 1
2. Vorrang von Staatsverträgen ___ 7
3. Anwendung allgemeiner Regeln ___ 9
a) Rück- und Weiterverweisung ___ 9
b) Ordre public ___ 10
4. Hauptvertrag und Verweisungsvertrag ___ 11

II. **Die Grundregel des Abs 1: Einheitliche Anknüpfung von Vertragsschluss und Vertragswirkungen**
1. Normzweck ___ 12
2. Anwendungsbereich ___ 13
a) Allgemeines ___ 13
b) Zustandekommen ___ 14
aa) Angebot und Annahme ___ 15
bb) Internet-Vertragsschluss ___ 16
cc) Consideration
dd) Bewertung des Schweigens ___ 18

5. Abschnitt. Schuldrecht.
1. Unterabschnitt. Vertragliche Schuldverhältnisse

Art 31 EGBGB

ee)	Einbeziehung von AGB	19	dd)	Vertrautheit mit den Erklärungsgepflogenheiten des Vertragsstatuts		67
c)	Materielle Wirksamkeit	20				
aa)	Willensmängel	21	ee)	Freiwillige Herstellung des Auslandsbezugs		68
bb)	Gesetzes- oder Sittenverstoß	23				
cc)	Zwingendes Schuldrecht	27	ff)	Vertragsänderung		69
dd)	Nichtigkeitsfolgen	28	e)	Geltung des Aufenthaltsrechts		70
d)	Aufhebung und Änderung	29				
3.	Anknüpfung	30	**IV.**	**Ausgewählte Problembereiche**		
a)	Vertragsstatut	30	1.	Allgemeine Geschäftsbedingungen		71
aa)	Rechtswahl	31	a)	Problemstellung		71
bb)	Objektive Anknüpfung	34	b)	Einbeziehungskontrolle		72
cc)	Gespaltenes Vertragsstatut	35	aa)	Geltung des Vertragsstatuts nach Abs 1		72
b)	Sonderanknüpfung von Teilfragen	36	bb)	Materiell-rechtliche Berücksichtigung des Auslandsbezugs		75
aa)	Form	36				
bb)	Geschäftsfähigkeit	37	cc)	Sonderanknüpfung nach Abs 2		78
cc)	Stellvertretung	38	dd)	Sonstige Sonderanknüpfungen		80
			c)	Inhaltskontrolle		81
III.	**Die Sonderanknüpfung nach Abs 2**		aa)	Grundsatz		81
1.	Normzweck	39	bb)	Rechtsverkehr zwischen Unternehmern		82
2.	Sachlicher Anwendungsbereich	40				
a)	Allgemeines	40	cc)	Verbraucherverträge		84
b)	Zustandekommen des Vertrages	41	dd)	Rechtswahlklauseln		85
aa)	Grundsatz	41	ee)	Gerichtsstandsklauseln		86
bb)	Einzelfälle	42	d)	Abgrenzung zwischen Einbeziehungs- und Inhaltskontrolle		88
c)	Abgrenzungen	44				
aa)	Vertragswirkungen	44	e)	Auslegung		90
bb)	Willensmängel	46	2.	Bestätigungsschreiben		91
cc)	Zugang von Willenserklärungen	47	a)	Problemstellung		91
d)	Nachkonsensuales Verhalten	48	b)	Geltung des Vertragsstatuts nach Abs 1		92
e)	Rechtsfolgen des gescheiterten Vertragsschlusses	49				
			c)	Sonderanknüpfung des Schweigens nach Abs 2		93
3.	Räumlicher Anwendungsbereich	50				
4.	Anwendungsvoraussetzungen	51	3.	Sprachrisiko		97
a)	Zustandekommen des Vertrages nach Abs 1	51	a)	Problemstellung		97
			b)	Bestimmung des anwendbaren Rechts		98
aa)	Grundsatz	51				
bb)	Anfechtbarer Vertrag	52	aa)	Geltung des Vertragsstatuts nach Abs 1		98
cc)	Vorrang der Auslegung	53				
b)	Geltendmachung der Unwirksamkeit nach Abs 2	54	bb)	Sonderanknüpfung nach Abs 2		99
			c)	Bewertung von Sprachproblemen im deutschen Sachrecht		101
c)	Unzumutbarkeit der Bindung aufgrund besonderer Umstände	55				
d)	Einzelfälle zur Interessenabwägung	63	aa)	Grundsätze		101
aa)	Vertragsschluss im Inland	64	bb)	Einbeziehung von AGB		104
bb)	Vertragsschluss in einem Drittstaat	65	cc)	Inlandsgeschäfte		108
cc)	Laufende Geschäftsbeziehungen	66				

Alphabetische Übersicht

Abschlussstatut	1 ff, 12 ff, 30 ff
Allgemeine Geschäftsbedingungen	71 ff
– branchenübliche Verwendung	67, 76 f
– Einbeziehungskontrolle	19, 32, 42, 72 ff, 88 f, 104 ff
– fremdsprachige	104 ff
– Inhaltskontrolle	19, 52 f, 71, 81 ff, 88 f
– Transparenz	19, 89
– Wiener UN-Kaufrecht	7 f
Anfechtung	
– Rechtswahl	22
– Willenserklärung	22, 52
Angebot	15
Annahme	15
Arglistige Täuschung s u Willensmängel	
Auslegung	
– Allgemeine Geschäftsbedingungen	90
– Vertrag	53, 73 f
Bedingung	14
Befristung	14
Bestätigungsschreiben, kaufmännisches	
– Problemstellung	91
– Schweigen	42, 48, 91 ff
– Sonderanknüpfung	93 ff
– Vertragsstatut	92
– Wiener UN-Kaufrecht	8
Bestechungsgelder	26
Consideration	17
Dissens	14
Distanzgeschäfte	57, 63
Drohung s u Willensmängel	
Einbeziehungskontrolle s u Allg Geschäftsbedingungen	
Einheitliche europäische Auslegung	13, 88
Einigung, vertragliche s u Zustandekommen des Vertrages	
Erklärungsgepflogenheiten	67
Formgültigkeit	
– Sonderanknüpfung	36
Gerichtsstandklausel	
– Inhaltskontrolle	86 f
– Sonderanknüpfung	40
Geschäftsfähigkeit	
– Sonderanknüpfung	37
Gesetzesverstoß	23 f
Hauptvertrag	
– Nichtigkeit	33
– und Verweisungsvertrag	11, 31 ff, 40
Inhaltskontrolle s u Allg Geschäftsbedingungen	
Inlandsgeschäfte	64, 79, 108
Interessenabwägung	55 ff, 63 ff
Internet	
– Vertragsschluss	16, 72, 80, 85, 104, 106
Invitatio ad offerendum	15, 34
Irrtum s u Willensmängel	
Kaufmännisches Bestätigungsschreiben s u Bestätigungsschreiben	
Kündigungsrecht	
– Anknüpfung	14, 44 f
Laufende Geschäftsbeziehungen	
– und Sonderanknüpfung nach Abs 2	66, 79
Leistungskondiktion	28
Materielle Wirksamkeit	
– Allg Geschäftsbedingungen	81 ff
– Vertrag	13, 20 ff, 30 ff, 41
Nachkonsensuales Verhalten	48, 69, 95
Nichtigkeit	
– des Vertrages s a Materielle Wirksamkeit	33
Nichtigkeitsfolgen	28, 49
Objektive Anknüpfung	
– Zustandekommen des Vertrages	34
Ordre public	10
Rechtsscheinhaftung	46
Rechtswahl	
– Sonderanknüpfung	40
– Zulässigkeit	20, 31, 85
– Zustandekommen	31 ff
s a Verweisungsvertrag	

5. Abschnitt. Schuldrecht.
1. Unterabschnitt. Vertragliche Schuldverhältnisse

Rechtswahlklausel
- Einbeziehungskontrolle — 72 ff, 89
- Inhaltskontrolle — 85
- widersprechende — 32

Renvoi s u Rück- und Weiterverweisung
Rücktrittsrecht
- Anknüpfung — 14, 44 f
Rückverweisung — 9

Scheingeschäft — 21
Schiedsklausel — 40
Schmiergeld — 26
Schuldstatuttheorie — 3
Schweigen
- Anwendung des Vertragsstatuts — 2 ff, 18
- Bestätigungsschreiben — 8, 42, 91 ff
- Sonderanknüpfung
  — 2 ff, 18, 39 ff, 42, 78 ff, 93 ff
Sittenverstoß — 25 f
Sonderanknüpfung
- Bestätigungsschreiben — 42, 48, 93 ff
- Einbeziehung von AGB — 42, 78 f
- Geltendmachung — 54
- Interessenabwägung — 55 ff, 63 ff
- Schweigen — 2 ff, 18, 39 ff, 42
- Sprachrisiko — 99 f
- Teilfragen — 36 ff
Spediteurbedingungen — 57
Sprachenstatut — 97 ff
Sprachrisiko
- Problemstellung — 97
- Sachrecht — 101 ff
- Sonderanknüpfung — 99 f
- Vertragsstatut — 98
Stellvertretung
- Sonderanknüpfung — 38

Täuschung, arglistige s u Willensmängel
Teilnichtigkeit — 28

Umdeutung — 28
UN-Kaufrecht s u Wiener UN-Kaufrecht
Unklagbarkeit von Ansprüchen — 27
Unmöglichkeit, objektive — 27

Verbotsgesetz s u Gesetzesverstoß

Verbraucherschutz
- und Sonderanknüpfung nach Abs 2 45, 62, 78
Verbraucherverträge
- Einbeziehung von AGB — 78, 80, 107
- Inhaltskontrolle von AGB — 84, 86
Verhandlungssprache — 104 ff
Vertragsänderung — 29, 48, 69
Vertragsaufhebung — 29
Vertragsschluss
- Gültigkeit — 40
- im Drittstaat — 65
- im Inland — 64, 79, 108
- innerer und äußerer Tatbestand 13 ff, 32, 39
Vertragssprache — 105
Vertragsstatut
- Bestätigungsschreiben — 92
- Einbeziehung von AGB — 72 ff
- gespaltenes — 35
- materielle Wirksamkeit des Vertrages —
  — 20 ff, 30 ff
- Zustandekommen des Vertrages —
  — 1 ff, 13 ff, 30 ff
Vertrauensschaden
- Ersatzfähigkeit bei Anfechtung von
  Willenserklärungen — 22
Verweisungsvertrag
- Materielle Wirksamkeit — 11, 20
- Zustandekommen — 11, 31 ff
- Zulässigkeit — 30, 31
Veto-Wirkung der Anknüpfung nach
  Abs 2 — 4, 18, 51

Weiterverweisung — 9
Widerrufsrechte
- Anknüpfung — 14, 21, 44 f
Wiener UN-Kaufrecht — 7 f, 32, 56
Willensmängel
- Anknüpfung — 14, 21 f, 28, 46
- Rechtsfolgen — 22

Zugang
- Willenserklärungen — 15, 47
Zustandekommen des Vertrages
- Grundsatzanknüpfung — 13 ff, 30 ff
- Sonderanknüpfung — 41 ff, 51 ff
Zwingendes Schuldrecht — 24, 27

I. Allgemeines

1. Entstehungsgeschichte

1 Nach deutschem internationalen Schuldvertragsrecht wurde schon vor der IPR-Reform von 1986 grundsätzlich nicht zwischen Abschluss- und Wirkungsstatut unterschieden. Vielmehr hatte sich bereits seit Anfang dieses Jahrhunderts die Auffassung durchgesetzt, dass das Vertragsstatut in Ermangelung abweichender Parteivereinbarungen nicht nur den Inhalt und die Wirkungen eines Schuldvertrages, sondern auch die Voraussetzungen seines wirksamen Abschlusses regelt (vgl zur Ablehnung der sog „großen Vertragsspaltung" schon RG Gruchot 55, 880; RG WarnRspr 1917 Nr 173; RGZ 53, 138 f; 95, 164 f; 123, 97 f; ferner BGH NJW 1958, 750 m Anm RAAPE; WAHL RabelsZ 3 [1929] 782 ff; SOERGEL/LÜDERITZ[11] vor Art 7 Rn 279; STAUDINGER/FIRSCHING[10/11] Vorbem 154 f zu Art 12 aF, jeweils mwN; **aA** früher FRANKENSTEIN, IPR II 565 ff; ZITELMANN, IPR II 408 ff). Diese Auffassung herrschte bereits vor Inkrafttreten des EVÜ auch in den meisten anderen Vertragsstaaten vor, so zB in *Frankreich* (Cass civ Rev crit 1957, 680 m Anm BATIFFOL [Willensmängel]; BATIFFOL/LAGARDE, DIP II[7] n 596; LOUSSOUARN/BOUREL, DIP n 379), *Belgien* (RIGAUX/FALLON, DIP II[2] n 1299), den *Niederlanden* (VAN HECKE, IPR Rn 673 f), *Spanien* (vgl GONZALES CAMPOS ua, DIP, Parte especial n 54) und *England* (WILLIAMS IntCompLQ 1986, 1 ff). Demgegenüber wurde im *italienischen* Recht nur das Zustandekommen und die Wirksamkeit des Vertrages der lex contractus unterworfen, während die Gültigkeit der einzelnen Willenserklärung nach der lex fori beurteilt wurde (vgl VITTA, DIP III 250 ff und 282 ff). Im *schweizerischen* IPRG fehlt zwar eine dem Art 31 Abs 1 EGBGB korrespondierende Kollisionsnorm; in der Sache besteht freilich auch dort Einigkeit darüber, dass das Vertragsstatut sich auch auf die Fragen des Zustandekommens und der Wirksamkeit des Vertrages erstreckt (KELLER/KREN/KOSTKIEWICZ, in: HEINI, IPRG Art 117 Rn 156). Diese Lehre vom sog **Einheitsstatut** ist nunmehr in Art 31 Abs 1 EGBGB/Art 8 Abs 1 EVÜ positivrechtlich verankert worden.

2 Zu den zentralen Streitfragen des deutschen internationalen Schuldvertragsrechts bis zur Reform zählte freilich die Frage, ob und ggf wie dieser Grundsatz der einheitlichen Anknüpfung von Abschluss- und Wirkungsstatut eingeschränkt werden sollte, soweit es um die Bewertung des Verhaltens einer Person, insbesondere des bloßen **Schweigens als Zustimmung** zum Vertragsschluss, ging. Eine verbreitete Ansicht befürwortete insoweit eine das Vertragsstatut verdrängende **Sonderanknüpfung:** ob dem Schweigen einer Partei, insbesondere auf ihr übermittelte AGB oder ein kaufmännisches Bestätigungsschreiben, überhaupt rechtsgeschäftliche Bedeutung zukomme, sei ausschließlich nach dem Recht des Wohnsitz- bzw Aufenthaltsstaats der schweigenden Partei zu entscheiden (vgl HEPTING RiW 1975, 462; FERID, Auslandsverträge 24 ff; KRONKE NJW 1977, 992 f; EBENROTH ZVerglRW 77 [1978] 184 ff; JAYME ZHR 142 [1978] 121 f; HÜBNER NJW 1980, 2606; REINMÜLLER 245 f; zust in der Rechtsprechung etwa OLG Hamburg DB 1959, 1399; OLG Nürnberg AWD 1974, 405 m Anm LINKE). Dies sollte nur dann nicht gelten, wenn die schweigende Partei nach den Umständen nicht damit rechnen konnte, dass ihr Verhalten nach ihrem Umweltrecht beurteilt würde (BGH NJW 1973, 2154 = IPRspr 1973 Nr 25).

3 Demgegenüber hielt die traditionelle **Schuldstatuttheorie** auf der kollisionsrechtlichen Ebene strikt an der alleinigen Geltung des Vertragsstatuts fest und plädierte für eine Berücksichtigung der Besonderheiten auslandsbezogener Sachverhalte allein im

Rahmen der Anwendung des als Vertragsstatut bestimmten materiellen Rechts (vgl UNGNADE WM 1973, 1132 f; SCHEERER AWD 1974, 186 f; CANARIS, Bankvertragsrecht Rn 2504; aus der Rechtsprechung BGH NJW 1971, 2126 m Anm SCHMIDT/SALZER = JR 1972, 25 m Anm KOLL-HOSSER = IPRspr 1971 Nr 15; BGH NJW 1981, 1905 = IPRax 1981, 218 [LS] m Anm vHOFFMANN = IPRspr 1981 Nr 152; BGH VersR 1981, 975 = IPRax 1982, 77 [LS] m zust Anm vHOFFMANN = IPRspr 1981 Nr 40; BGH WM 1987, 530 = IPRax 1987, 372 m Anm SCHLECHTRIEM 356 = IPRspr 1987 Nr 16).

Eine dritte Ansicht ging zwar von der grundsätzlichen Maßgeblichkeit des Vertragsstatuts aus, berücksichtigte das Umweltrecht jedoch als Korrektiv, indem es ihm die **Funktion eines Vetorechts** gegenüber dem Vertragsstatut zuwies (vgl idS schon WAHL RabelsZ 3 [1929] 800 f; W LORENZ AcP 159 [1960] 215; ferner DROBNIG, in: FS Mann 600 ff; SCHÜTZE DB 1978, 2301; SOERGEL/KEGEL[10] vor Art 7 Rn 196 f; STAUDINGER/FIRSCHING[10/11] Vorbem 157 zu Art 12 aF; MünchKomm/SPELLENBERG[1] vor Art 11 Rn 40 ff mwN; aus der Rechtsprechung BGHZ 57, 72 [77] = NJW 1972, 391 m Anm GEIMER und SCHMIDT/SALZER = JR 1972, 153 m Anm GIESEN = IPRspr 1971 Nr 133; BGH IPRax 1983, 67 m abl Anm STOLL 52 = IPRspr 1982 Nr 139; OLG Frankfurt RiW 1976, 107 = IPRspr 1975 Nr 173 und RiW 1983, 59 = IPRspr 1982 Nr 18; OLG Hamburg NJW 1980, 1232 = IPRspr 1979 Nr 15). Schließlich wurde das Zustandekommen des Vertrages bei fehlendem Anschein eines auf eine Rechtswahl hindeutenden Verhaltens von manchen nicht nach dem präsumptiven Vertragsstatut, sondern nach dem Recht beurteilt, das im Falle einer objektiven Anknüpfung als Vertragsstatut gelten würde (sog „Schwerpunktrecht"; vgl vHOFFMANN RabelsZ 36 [1972] 520 f; ähnlich STOLL, in: FS Beitzke 771 f; LINKE ZVerglRW 79 [1980] 34 f).

4

Dieser Streit zwischen der Schuldstatuttheorie einerseits, den verschiedenen Sonderanknüpfungslehren andererseits (vgl dazu umfassend LINKE ZVerglRW 79 [1980] 4 ff) prägte auch die Beratungen zur Vereinheitlichung des internationalen Schuldvertragsrechts **auf europäischer Ebene,** zumal die Meinungen hierzu auch in den Kollisionsrechten der Mitgliedstaaten erheblich differierten. Während die gerichtliche Praxis sich überwiegend für eine Anwendung des Vertragsstatuts auf die Bewertung des Schweigens einer Vertragspartei ausgesprochen hatte (vgl für England *Albeko Schuhmaschinen AG v The Kamborian Shoe Machines Co Ltd* [1961] 111 LJ 519 = Clunet 1965, 458 m Anm LIPSTEIN; für Belgien Cass Rev crit 1976, 660 m Anm GOTHOT, sowie für Frankreich zuletzt noch App Paris Rev crit 1995, 300 m Anm MUIR WATT), tendierte die Lehre stärker zu einer Sonderanknüpfung (vgl BATIFFOL/LAGARDE, DIP II[7] n 596; RIGAUX/FALLON, DIP II[2] n 1299; JAFFEY IntCompLQ 24 [1975] 699 f; LIBLING MLRev 42 [1979] 176 f). In Portugal hatte sogar der Gesetzgeber in Art 35 Abs 3 Cc eine isolierte Sonderanknüpfung des Schweigens ausdrücklich normiert. Im Vorentwurf eines EWG-Übereinkommens über das auf vertragliche und außervertragliche Schuldverhältnisse anwendbare Recht von 1972 (abgedr in RabelsZ 38 [1974] 211) konnte man sich daher noch nicht auf eine einheitliche Linie verständigen, sondern stellte zu Art 8 Abs 2 zwei verschiedene Varianten zur Wahl (vgl dazu SIEHR AWD 1973, 574 f; LANDO RabelsZ 38 [1974] 21 ff; LINKE ZVerglRW 79 [1980] 51 ff mwN):

5

Artikel 8 Absatz 2

Erste Variante

Die Bedeutung des Schweigens einer Partei in Bezug auf das Zustandekommen des Vertrages wird nach dem Recht des gewöhnlichen Aufenthaltsorts dieser Partei beurteilt. Unbeschadet der Vorschriften dieses Rechts kann jedoch das Schweigen einer der Parteien als Zustimmung zu dem

Vertrag aufgefasst werden, wenn sich diese Auslegung aus den Gewohnheiten, die sich zuvor zwischen den Parteien herausgebildet haben, oder den internationalen Handelsusancen, die die Parteien auf Grund ihrer beruflichen Tätigkeit kennen oder kennen müssen, ergibt.

Zweite Variante

Aus dem Schweigen einer der Parteien kann nur dann auf Abschluss eines Vertrags geschlossen werden, wenn sich diese Auslegung aus den vorher zwischen den Parteien entwickelten Gewohnheiten oder den Gebräuchen des internationalen Handels ergibt.

In Abweichung von beiden Varianten hat sich in Art 8 EVÜ dann die Auffassung durchgesetzt, die das Aufenthalts- bzw Sitzrecht der betroffenen Partei nur auf der Grundlage einer Interessenabwägung im Einzelfall neben dem Vertragsstatut berücksichtigen möchte.

6 Durch die Übernahme von Art 8 EVÜ in Art 31 EGBGB hat auch der deutsche Gesetzgeber einem besonderen Abschluss- oder Vornahmestatut eine klare Absage erteilt. Das Zustandekommen und die Wirksamkeit des Vertrages unterliegen gemäß Art 31 Abs 1 grundsätzlich gleichermaßen dem Vertragsstatut (dazu u Rn 12 ff). Von diesem **Grundsatz der einheitlichen Anknüpfung von Vertragsvoraussetzungen und -wirkungen** wird in Abs 2 eine Ausnahme nur für den Fall zugelassen, dass es nach den Umständen nicht gerechtfertigt wäre, die Wirkung des Verhaltens einer Partei nach dem Vertragsstatut zu bestimmen. Für diesen Fall steht es der betroffenen Partei frei, sich zur Abwehr einer nicht gewollten vertraglichen Bindung auf ihr Aufenthalts- bzw Sitzrecht zu berufen (dazu u Rn 39 ff).

2. Vorrang von Staatsverträgen

7 Eine Bestimmung des auf den Vertragsschluss anwendbaren Rechts mit Hilfe des nationalen Kollisionsrechts ist entbehrlich, soweit internationales Einheitsrecht eingreift. Von großer praktischer Bedeutung ist insoweit das **Wiener UN-Übereinkommen vom 11. 4. 1980 über Verträge über den internationalen Warenkauf** (CISG; Text bei JAYME/HAUSMANN[11] Nr 77), das in seinem Teil II (Art 14–24) auch den Abschluss von internationalen Kaufverträgen über Waren regelt, soweit es sich nicht um Konsumentengeschäfte iSv Art 2 lit a handelt. Unterliegt ein Kaufvertrag dem UN-Kaufrecht, so ist auch über sein wirksames Zustandekommen nach Maßgabe der materiellen Vorschriften des Einheitsrechts zu befinden (vgl – zum deutsch-italienischen Rechtsverkehr – LG Hamburg RiW 1990, 1015 = IPRax 1991, 400 f m Anm REINHART 376 = IPRspr 1990 Nr 42). Die Art 14 ff des Übereinkommens – und nicht das von Art 31 EGBGB zur Anwendung berufene nationale Recht – entscheiden deshalb auch über die *Einbeziehung von AGB* in internationale Kaufverträge (HERBER/CZERWENKA, Internationales Kaufrecht [1991] Art 14 Rn 11; STAUDINGER/MAGNUS, CISG [1999] Art 14 Rn 40; SCHLECHTRIEM, CISG[3] [2000] vor Art 14–24 Rn 1; SIEG RiW 1997, 813 f; ebenso zu Art 1 ff EAG schon OLG Hamm NJW 1983, 523 = IPRspr 1982 Nr 19; **aA** OLG Koblenz IPRax 1994, 46 f; EBENROTH JBl 1986, 686 f). Dementsprechend ist auch die Frage, unter welchen Voraussetzungen einander widersprechende AGB der Kaufvertragsparteien („battle of forms") Vertragsinhalt werden, im Geltungsbereich des Übereinkommens allein nach Maßgabe von dessen Art 19 zu beurteilen (dazu näher SCHLECHTRIEM Art 19 Rn 20; STAUDINGER/MAGNUS [1999]

Art 19 Rn 20 ff; SIEG RiW 1997, 814, jeweils mwN; vgl aber auch AG Kehl NJW-RR 1996, 565 f: Verzicht auf Einbeziehung widersprechender AGB durch Vertragsausführung).

Ferner stellt Art 18 Abs 1 S 2 CISG klar, dass bloßes Schweigen oder bloße Untä- **8** tigkeit für die Annahme eines Vertragsangebots nicht ausreichen; eine ergänzende Sonderanknüpfung an das Umweltrecht des Schweigenden iSv Art 31 Abs 2 EGBGB ist daher im Anwendungsbereich des UN-Kaufrechts weder notwendig noch zulässig. Insbesondere das **Schweigen auf ein kaufmännisches Bestätigungsschreiben** hat nach dem Übereinkommen keine Wirkung, soweit nicht ausnahmsweise ein entsprechender internationaler Handelsbrauch iSv Art 9 Abs 1 CISG besteht (HandelsG Zürich SZIER 1996, 131; STAUDINGER/MAGNUS, CISG [1999] Art 19 Rn 26; SCHLECHTRIEM [Rn 7] vor Art 14–24 Rn 6; ESSER ZfRvgl 29 [1988] 184 ff; vgl aber – zur Einbeziehung einer Schiedsklausel durch Schweigen in einen dem CISG unterliegenden Kaufvertrag aufgrund der Gepflogenheiten zwischen den Parteien – *Filanto SpA v Chilewich International Corp,* 789 F Supp 1229 [SDNY 1992]; dazu MAGNUS ZEuP 1993, 87). Unbenommen bleibt zwar die Bedeutung des Bestätigungsschreibens als Beweismittel für den Vertragsschluss nach nationalem *Prozessrecht* (vgl OLG Köln RiW 1994, 972 = IPRax 1995, 393 m Anm REINHART 365 = EWiR 1994, 867 m Anm SCHLECHTRIEM). Ein Rückgriff auf Art 31 EGBGB und das hiernach anwendbare nationale Sachrecht ist jedoch insoweit ausgeschlossen (OLG Köln aaO; MAGNUS ZEuP 1995, 208). Zu beachten ist allerdings, dass die Art 14–24 UN-Kaufrecht nur den *äußeren* Konsens, dh das „Zustandekommen" des Vertrages regeln. Hingegen schließt das Übereinkommen in Art 4 lit a Fragen der materiellen Gültigkeit des Vertrages oder einzelner Vertragsbestimmungen (einschließlich der Inhaltskontrolle von AGB; dazu SIEG RiW 1997, 814 mwN) ausdrücklich aus seinem Anwendungsbereich aus; insoweit verbleibt es daher bei der Maßgeblichkeit des von Art 31 Abs 1 EGBGB als Vertragsstatut zur Anwendung berufenen nationalen Rechts (vgl zur Anfechtung OLG Hamburg TranspR-IHR 1999, 37 = IPRspr 1998 Nr 34; OLG Braunschweig TranspR-IHR 2000, 4 = IPRspr 1999 Nr 130; dazu näher STAUDINGER/MAGNUS, CISG [1999] Art 4 Rn 20 ff; HERBER/CZERWENKA [Rn 7] Art 4 Rn 10 ff).

3. Anwendung allgemeiner Regeln

a) Rück- und Weiterverweisung

Rück- und Weiterverweisung sind im Rahmen von Art 31 EGBGB – ebenso wie für **9** Art 27 bis 30 EGBGB, deren Anwendungsumfang die Vorschrift regelt – nach Art 35 Abs 1 EGBGB ausgeschlossen. Dieser Ausschluss des Renvoi gilt nicht nur für die Bestimmung des Vertragsstatuts nach Abs 1, sondern auch für die Sonderanknüpfung nach Abs 2; insoweit sind also zur Beurteilung des Verhaltens einer Vertragspartei die *materiellen* Vorschriften im Staat ihres gewöhnlichen Aufenthaltsorts anzuwenden; die Kollisionsregeln dieser Rechtsordnung bleiben hingegen außer Betracht (vgl näher Art 35 Rn 5 ff).

b) Ordre public

Das auf Fragen des Zustandekommens und der Wirksamkeit des Schuldvertrags **10** anwendbare ausländische Recht unterliegt grundsätzlich der Kontrolle am Maßstab des inländischen ordre public (Art 6 EGBGB). Wegen der besonderen Schutzvorschriften des internationalen Vertragsrechts in Art 27 Abs 3, 29 Abs 1, 29 a, 30 Abs 1, 31 Abs 2 und 34 EGBGB ist ein Rückgriff auf die allgemeine Vorbehaltsklausel freilich meist entbehrlich (ERMAN/HOHLOCH ART 31 Rn 3). Ein Eingreifen des inländischen ordre public kommt jedoch in Betracht, wenn das ausländische Recht die Willensfreiheit einer Partei nicht respektiert, indem ihr etwa ein Anfechtungsrecht wegen arglistiger Täuschung oder Drohung grundsätzlich verwehrt wird (vgl KG IPRspr 1928 Nr 10; OLG Düsseldorf IPRspr 1929 Nr 48; LAG Düsseldorf RiW 1987, 61 = IPRspr 1985 Nr 51 A; WAHL RabelsZ 3 [1929] 788).

4. Hauptvertrag und Verweisungsvertrag

11 Art 31 EGBGB bestimmt das auf das Zustandekommen und die materielle Wirksamkeit „des Vertrages oder einer seiner Bestimmungen" anwendbare Recht. Gemeint ist damit der *schuldrechtliche Hauptvertrag*. Darin erschöpft sich die Bedeutung der Vorschrift freilich nicht. Denn Art 27 Abs 4 erklärt Art 31 EGBGB auch für anwendbar „auf das Zustandekommen und die Wirksamkeit „der Einigung der Parteien über das anzuwendende Recht", dh des *kollisionsrechtlichen Verweisungsvertrages*. Damit beurteilt sich auch das Zustandekommen einer Rechtswahl – insbesondere die Einbeziehung einer in AGB enthaltenen Rechtswahlklausel in den Vertrag – nach dem Recht, das anzuwenden wäre, wenn der (Verweisungs-)Vertrag wirksam wäre (KROPHOLLER, IPR[4] § 52 II 2; REITHMANN/MARTINY Rn 196; TIEDEMANN IPRax 1991, 425; dazu näher Rn 30 ff). Ein Rückgriff auf das Kollisions- oder Sachrecht des Forums – wie er früher im österreichischen IPR vorherrschte (vgl OGH IPRax 1991, 419 m Anm TIEDEMANN) – kommt mithin für das Zustandekommen des Verweisungsvertrages nicht in Betracht (MünchKomm/SPELLENBERG Art 31 Rn 3). Hingegen ist die Sonderanknüpfung nach Art 31 Abs 2 EGBGB auch auf den Rechtswahlvertrag entsprechend anzuwenden (vgl zu Einzelheiten STAUDINGER/MAGNUS [2002] Art 27 Rn 140 ff; REITHMANN/MARTINY Rn 196 ff; vBAR, IPR II Rn 473 ff).

II. Die Grundregel des Abs 1: Einheitliche Anknüpfung von Vertragsschluss und Vertragswirkungen

1. Normzweck

12 Art 31 Abs 1 EGBGB unterwirft das Zustandekommen und die Wirksamkeit des Vertrages oder einzelner vertraglicher Bestimmungen grundsätzlich dem Vertragsstatut, dh dem Recht, „das anzuwenden wäre, wenn der Vertrag oder die Bestimmung wirksam wäre". Die Vorschrift bewirkt mithin, dass die Entstehung und Wirksamkeit eines Schuldvertrags dem gleichen Recht unterliegen, das nach Art 32 EGBGB auch seine Auslegung und seine Wirkungen beherrscht (PIRRUNG 180; SANDROCK RiW 1986, 846; ERMAN/HOHLOCH Art 31 Rn 1); damit wird der schon von BARTOLUS vertretenen kollisionsrechtlichen Aufspaltung von Abschluss und Wirkungen des Rechtsgeschäfts eine deutliche Absage erteilt (FERID, IPR[3] Rn 5–84,1). Die Regelung entspricht damit dem Ordnungsinteresse an der möglichst einheitlichen Anknüpfung eines Lebenssachverhalts (KEGEL/SCHURIG[8], IPR § 2 II 3 b; eingehend zur Begründung dieses Grundsatzes MünchKomm/SPELLENBERG vor Art 11 Rn 11–19). Damit werden Anpassungsprobleme vermieden, die sich im Falle der Anwendung unterschiedlicher Rechte auf Teilfragen eines internationalen Schuldvertrages daraus ergeben können, dass diese Rechte regelungstechnisch nicht aufeinander abgestimmt sind (WAHL RabelsZ 3 [1929] 782 f; RABEL, Conflict 450 f; KEGEL/SCHURIG, IPR[8] § 17 V 1 a; SOERGEL/vHOFFMANN Art 31 Rn 1). Der Grundsatz des Abs 1 kommt unabhängig davon zur Anwendung, ob das Vertragsstatut durch Rechtswahl oder mit Hilfe einer objektiven Anknüpfung bestimmt wird (REITHMANN/MARTINY Rn 200). Er ist allerdings nicht zwingend; den Parteien steht es vielmehr in den Grenzen des Art 27 Abs 1 S 2 EGBGB frei, Vertragsschluss und Vertragswirkungen unterschiedlichen Rechten zu unterwerfen (dazu u Rn 35).

2. Anwendungsbereich

a) Allgemeines

Art 31 Abs 1 EGBGB gilt für das „Zustandekommen" und die materielle „Wirksamkeit" des Vertrages. Die Unterscheidung zwischen diesen beiden Aspekten eines gültigen Vertragsschlusses hat zwar aufgrund der übereinstimmenden Anknüpfung für Art 31 Abs 1 keine Bedeutung; sie wird jedoch relevant für die Reichweite der Sonderanknüpfung in Art 31 Abs 2. Denn dort wird eine Korrektur der Anknüpfung an das Vertragsstatut durch das Umweltrecht der Vertragsparteien nur für das Zustandekommen der vertraglichen Einigung, nicht aber für die Wirksamkeit des Vertrages bestimmt (vgl GIULIANO/LAGARDE-Bericht, BT-Drucks 10/503, S 60; BGHZ 135, 124 [137] = RiW 1997, 875 m Aufs MANKOWSKI RiW 1998, 287 = IPRax 1998, 285 m Anm EBKE 263 = IPRspr 1997 Nr 34; MANKOWSKI RiW 1996, 384 ff; MünchKomm/SPELLENBERG Art 31 Rn 53; ERMAN/HOHLOCH Art 31 Rn 5; dazu näher u Rn 31 ff). In Übereinstimmung mit der zum früheren deutschen internationalen Vertragsrecht entwickelten Auffassung (vgl BGHZ 49, 384 [387] = IPRspr 1968/69 Nr 199; BGHZ 57, 72 [77] = NJW 1972, 391 m Anm GEIMER und SCHMIDT/SALZER = IPRspr 1971 Nr 133) betrifft das „Zustandekommen" (engl und frz: „existence") auch nach der insoweit gebotenen autonomen europäischen Auslegung (vgl Art 36 EGBGB; dazu SOERGEL/vHOFFMANN Art 31 Rn 14) allein den *äußeren* Vertragsabschlusstatbestand, dh das zum Vertragsschluss führende oder den Vertragsschluss modifizierende Handeln der Parteien (MANKOWSKI aaO; MÄSCH IPRax 1995, 372; ERMAN/HOHLOCH Art 31 Rn 6; MünchKomm/SPELLENBERG vor Art 11 Rn 44 f). Demgegenüber ist mit der „Wirksamkeit" (engl: „validity"; frz: „validité") der *innere* Vertragsabschlusstatbestand gemeint (MANKOWSKI aaO; ERMAN/HOHLOCH Art 31 Rn 7; MünchKomm/SPELLENBERG Art 31 Rn 5; SOERGEL/vHOFFMANN Rn 14). Hierher gehören grundsätzlich sämtliche Aspekte eines gültigen Vertragsschlusses, die nicht dem Zustandekommen bzw der Formgültigkeit des Vertrages zuzurechnen sind (MünchKomm/SPELLENBERG vor Art 11 Rn 46 ff).

b) Zustandekommen

Zum äußeren Vertragsabschlusstatbestand im vorgenannten Sinne gehören vor allem die Voraussetzungen und der Umfang der vertraglichen Einigung (dazu Rn 15 f), sowie die Rechtsfolgen eines Einigungsmangels; demgemäß regeln auch Vorschriften, die einen Vertragsschluss in Fällen des offenen oder versteckten *Dissenses* (vgl im deutschen Recht §§ 154, 155 BGB) scheitern lassen, das „Zustandekommen" des Vertrages (vBAR, IPR II Rn 536; SOERGEL/vHOFFMANN Art 31 Rn 15; MünchKomm/SPELLENBERG Art 31 Rn 4; aA ERMAN/HOHLOCH Art 31 Rn 7). Demgegenüber betreffen die Vorschriften über *Willensmängel* den inneren Vertragsschlusstatbestand (MünchKomm/SPELLENBERG Art 31 Rn 16; SOERGEL/vHOFFMANN Art 31 Rn 18 f; aA vBAR, IPR II Rn 536; dazu näher unten Rn 21 f). Auch etwaige *Widerrufs-, Rücktritts- oder Kündigungsrechte* eines Vertragspartners sind nicht mehr Bestandteil des zum Vertragsschluss erforderlichen Konsenses, sondern beseitigen nachträglich die Wirksamkeit des Vertrages (BGHZ 135, 125 [138] = NJW 1997, 1697; MANKOWSKI RiW 1996, 386; BAUMERT RiW 1997, 807 f; PALANDT/HELDRICH Art 31 Rn 5; aA REITHMANN/MARTINY Rn 200; dazu näher Rn 44 f). Nicht das Zustandekommen der vertraglichen Einigung, sondern die materielle Wirksamkeit des Vertrages ist schließlich auch betroffen, wenn es um den Einfluß von *Bedingungen oder Befristungen* auf den Vertrag geht (MEYER/SPARENBERG RiW 1989, 349; MANKOWSKI RiW 1996, 387; aA SOERGEL/vHOFFMANN Art 31 Rn 16).

aa) Angebot und Annahme

15 Zu den Voraussetzungen der Einigung zählen insbesondere die Regeln über Angebot und Annahme (vgl im deutschen Recht §§ 145 ff BGB; dazu rechtsvergleichend KÖTZ, EuVR I 23 ff). Demnach geht es etwa um das „Zustandekommen" des Vertrages, wenn zu entscheiden ist, ob ein Angebot oder eine bloße *invitatio ad offerendum* vorliegt, ob die vereinbarten Leistungen im Angebot so hinreichend bestimmt bzw bestimmbar bezeichnet sind, dass durch die schlichte Annahmeerklärung des Empfängers ein Vertrag zustande kommt (vBAR, IPR II Rn 536), ob jemand einen Vertrag im eigenen oder in fremdem Namen geschlossen hat (OLG Hamburg RiW 1997, 70 = IPRspr 1995 Nr 25), ob und wie lange der Antragende an sein Angebot gebunden oder zum Widerruf berechtigt ist (vgl im deutschen Recht §§ 146–149 BGB; FERID, IPR Rn 5–86; vHOFFMANN, IPR[6] § 10 Rn 85; dazu rechtsvergleichend KÖTZ, EuVR I 27 ff; MünchKomm/SPELLENBERG vor Art 11 Rn 16) und ob Willenserklärungen über den Tod des Erklärenden hinaus wirksam bleiben (vgl im deutschen Recht §§ 130 Abs 2, 153 BGB; vBAR, IPR II Rn 473; SOERGEL/vHOFFMANN Art 31 Rn 16). Hierher gehören ferner die Fragen, wann das Angebot dem Empfänger zugegangen und ob es von diesem rechtzeitig und wirksam angenommen wurde (vgl OLG Köln RiW 1996, 778 f = IPRspr 1996 Nr 35 zur schlüssigen Annahme eines Vertragsangebots durch Entgegennahme der Ware nach Leistung von Teilzahlungen auf den Kaufpreis; OLG Hamburg IPRax 1999 168 m Anm GEIMER 152 = IPRspr 1998 Nr 175 zur rechtzeitigen Annahme nach schwedischem Recht), denn hiervon hängt die – zB für den Beginn der Verjährungsfrist – wichtige Entscheidung ab, zu welchem Zeitpunkt der Vertrag geschlossen worden ist (vgl dazu – auch rechtsvergleichend [zB zur „mail box rule" des englischen Rechts] – REITHMANN/MARTINY Rn 208). Demgemäß bestimmen sich auch die Rechtswirkungen einer verspäteten Annahme (vgl im deutschen Recht § 149 BGB; rechtsvergleichend KÖTZ, EuVR I 48 ff) oder einer Annahme unter Abänderung des Angebots (vgl im deutschen Recht § 150 BGB; rechtsvergleichend KÖTZ, EuVR I 45 ff) nach dem Vertragsstatut (OLG Hamburg aaO; MünchKomm/SPELLENBERG vor Art 11 Rn 44). Gleiches gilt für die Frage, unter welchen Voraussetzungen ein Zugang der Annahmeerklärung überflüssig ist (vgl im deutschen Recht § 151 BGB).

bb) Internet-Vertragsschluss*

16 Besondere und in den Sachrechten der einzelnen Staaten zT unterschiedlich gelöste

---

* **Schrifttum:** BORGES, Weltweite Geschäfte per Internet und deutscher Verbraucherschutz, ZIP 1999, 565; FRINGUELLI/WALLHÄUSER, Formerfordernisse beim Vertragsschluß im Internet, CR 1999, 93; GROLIMUND, Geschäftsverkehr im Internet – Aspekte des internationalen Vertragsrechts, ZSchweizR 2000, 339; GRUBER, Vertragsschluß im Internet unter kollisionsrechtlichen Aspekten, DB 1999, 1437; JUNKER, Internationales Vertragsrecht im Internet, RiW 1999, 809; KAISER/VOIGT, Vertragsschluß und Abwicklung des Electronic Commerce im Internet Chancen und Risiken, in: Kommunikation & Recht 1999, 445; KRONKE, Electronic Commerce und Europäisches Verbrauchervertrags-IPR, RiW 1996, 985; LANGER, Vertragsanbahnung und Vertragsschluß im Internet Rechtswahl und Verbraucherschutz, EuLF 2000, 117; MANKOWSKI, Das Internet im Internationalen Vertrags- und Deliktsrecht, RabelsZ 63 (1999) 203; ders, Internet und Internationales Vertragsrecht, in: Jahresheft der Internationalen Juristenvereinigung Osnabrück 7 (1997/98) 69; MEHRINGS, Internet-Verträge und internationa-

Probleme wirft der neuerdings in der Vertragspraxis immer stärker in den Vordergrund tretende Vertragsschluss im elektronischen Geschäftsverkehr auf. So stellt sich etwa die Frage, ob der Inhalt einer *website* – namentlich bei anschließender vollautomatischer Vertragsabwicklung von online-Geschäften – bereits als verbindliches Angebot „ad incertas personas" qualifiziert werden kann oder ob er eine bloße invitatio ad offerendum darstellt (vgl – zum deutschen Recht – KAISER/VOIGT C & R 1999, 445 [446]; TAUPITZ/KRITTER JuS 1999, 839 [840], jeweils mwN). Gibt – wie im Regelfall – erst der Kunde das Angebot per e-mail ab, so muss geklärt werden, ob und wann diese elektronische Willenserklärung dem Empfänger zugegangen ist, insbesondere ob es hierfür ausreicht, dass die e-mail in der mailbox des Empfängers abrufbereit angekommen ist (vgl dazu TAUPITZ/KRITTER JuS 1999, 839 [841 ff]; KAISER/VOIGT C & R 1999, 445 [447]; PALANDT/ HEINRICHS § 130 Rn 7 a). Der Internet-Vertragsanschluss setzt dann weiter voraus, dass das Angebot des Kunden vom Empfänger wirksam angenommen worden ist; in diesem Zusammenhang ist die Frage zu beantworten, ob eine konkludente Annahme im bloßen Zusenden der Ware liegt und ob auf den Zugang der Annahmeerklärung bei Geschäften im elektronischen Handel nach der Verkehrssitte verzichtet werden kann (vgl dazu KAISER/VOIGT K & R 1999, 445 [447]). Über die genannten Fragen entscheidet grundsätzlich das Vertragsstatut nach Art 31 Abs 1 EGBGB.

cc) Consideration
Auch die Frage, ob die Entstehung einer vertraglichen Leistungspflicht von der Vereinbarung einer Gegenleistung („consideration") abhängt (vgl dazu rechtsvergleichend KÖTZ, EuVR I 86 ff), betrifft das Zustandekommen des Vertrages iSv Art 31 Abs 1 EGBGB (DICEY/MORRIS, Conflict[13] 1251 f Rn 32–154 ff; 1197; CHESHIRE/NORTH, PrivIntL[13] 587 f; zust vBAR, IPR II Rn 536; SOERGEL/KEGEL[11] Art 11 Rn 26; MünchKomm/SPELLENBERG vor Art 11 Rn 45; **aA** [materielle Wirksamkeit] SOERGEL/vHOFFMANN Art 31 Rn 23; MANKOWSKI RiW 1996, 383), sofern es sich nach der lex causae nicht um eine bloße Formfrage handelt (für Qualifikation als Formfrage KROPHOLLER, IPR[4] § 41 III 3a; STAUDINGER/FIRSCHING[10/11] Art 11 Rn 85). 17

dd) Bewertung des Schweigens
Zum „Zustandekommen" des Vertrages gehört auch die – in den einzelnen Rechtsordnungen durchaus unterschiedliche (vgl dazu KÖTZ, EuVR I 41 ff) – Bewertung des Schweigens einer Partei auf ein Angebot zum Abschluss eines Vertrages, eine Auftragsbestätigung oder ein kaufmännisches Bestätigungsschreiben (SOERGEL/vHOFFMANN Art 31 Rn 16; ERMAN/HOHLOCH Art 31 Rn 6). Zwar wird das Verhalten und insbesondere das Schweigen einer Partei nach Art 31 Abs 2 EGBGB unter gewissen Voraussetzungen nicht nur nach dem Vertragsstatut, sondern auch nach dem Recht am gewöhnlichen Aufenthaltsort des Schweigenden beurteilt. Zu dieser **kumulativen** Anwendung des Aufenthaltsrechts des Schweigenden kommt es jedoch nur dann, 18

---

les Privatrecht, CR 1998, 613; RÜSSMANN, Internationalprozessrechtliche und internationalprivatrechtliche Probleme bei Vertragsschlüssen im Internet, in: TAUSS/KOLLBECK/MÖNIKES (Hrsg), Deutschlands Weg in die Informationsgesellschaft (1990) 709; SIEHR, Telemarketing und Internationales Recht des Verbraucherschutzes, in: Jahrbuch des Schweizerischen Konsumentenrechts (1998) 189; TAUPITZ/KRIT-

TER, Electronic Commerce Probleme bei Rechtsgeschäften im Internet, JuS 1999, 839; THORN, Verbraucherschutz bei Verträgen im Fernabsatz, IPRax 1999, 1; WALDENBERGER, Grenzen des Verbraucherschutzes beim Abschluß von Verträgen im Internet, BB 1996, 2365; WAGNER, Verfahrens- und internationalprivatrechtliche Fragen beim Teleshopping, WM 1995, 1129.

wenn zunächst festgestellt wurde, dass der Vertrag nach dem Vertragsstatut wirksam zustandegekommen ist. Auch bzgl der Bewertung des Schweigens kommt also dem Vertragsstatut der Vorrang zu, so dass es für einen gültigen Vertragsschluss keinesfalls ausreicht, wenn nur die hierfür erforderlichen Voraussetzungen nach dem Aufenthaltsrecht, nicht aber diejenigen nach dem Vertragsstatut erfüllt sind. Die Sonderanknüpfung in Art 31 Abs 2 hat mithin lediglich die Funktion eines Korrektivs (**Vetorecht**) gegenüber einem nach Abs 1 gültig geschlossenen Vertrag (ganz hM, vgl SCHWENZER IPRax 1988, 88; KOST 147 f; vBAR, IPR II Rn 537; REITHMANN/MARTINY Rn 202; MünchKomm/SPELLENBERG Art 31 Rn 69; PALANDT/HELDRICH Art 31 Rn 4; ERMAN/HOHLOCH Art 31 Rn 11 f; dazu auch u Rn 51 mwN).

ee) Einbeziehung von AGB

19 Zum „Zustandekommen" des Vertrages iSv Art 31 Abs 1 EGBGB zählt schließlich auch die Frage, ob die von einer oder beiden Parteien verwendeten AGB wirksam in das Vertragsverhältnis einbezogen worden sind (MünchKomm/SPELLENBERG Art 31 Rn 8 ff; ERMAN HOHLOCH Art 31 Rn 8 SOERGEL/vHOFFMANN Art 31 Rn 17; SCHWENZER IPRax 1988, 87; dazu näher Rn 72 ff). Demgegenüber betrifft die *Inhaltskontrolle* einzelner Klauseln in AGB die „Wirksamkeit des Vertrages und seiner Bestimmungen" (ERMAN/HOHLOCH Art 31 Rn 6; dazu näher u Rn 81 ff). Die unterschiedlichen Anforderungen der nationalen Rechte an die *Transparenz* von AGB sind dabei kollisionsrechtlich als eine Frage des Zustandekommens, nicht der Wirksamkeit der betreffenden Klauseln zu qualifizieren (MANKOWSKI RiW 1993, 454 f; **aA** OLG Frankfurt RiW 1989, 646 [649] = IPRax 1990, 236 m Anm LÜDERITZ 216 = IPRspr 1989 Nr 41; dazu auch Rn 89 aE). Gleiches gilt für die Bindung an fremdsprachige AGB („Sprachrisiko"; dazu näher Rn 104 ff).

c) Materielle Wirksamkeit

20 In Übereinstimmung mit dem bisherigen Recht (vgl WAHL RabelsZ 3 [1929] 782; STAUDINGER/FIRSCHING[10/11] Vorbem 197 zu Art 12 aF) wird auch die materielle Wirksamkeit des Vertrages nach dem Recht beurteilt, dem der Vertrag – seine Wirksamkeit unterstellt – unterliegen würde. Dies gilt auch für die materielle Wirksamkeit des Verweisungsvertrages, die sich folglich nach dem gewählten Recht beurteilt. Über die kollisionsrechtliche Frage der *Zulässigkeit* einer Rechtswahlklausel entscheidet hingegen nicht erst das gewählte (materielle) Recht, sondern Art 27 EGBGB (vgl MEYER/SPARENBERG RiW 1989, 347; JAYME IPRax 1990, 220 [222]; MANKOWSKI RiW 1993, 453 ff; dazu näher Rn 85). Zur Wirksamkeit gehören insbesondere die Voraussetzungen und Rechtsfolgen von Willensmängeln (dazu Rn 21 f), sowie die Zulässigkeit des Vertragsinhalts (dazu Rn 23 ff) einschließlich der Inhaltskontrolle von AGB (dazu Rn 81 ff).

aa) Willensmängel

21 Die größte praktische Bedeutung kommt in diesem Zusammenhang der Unwirksamkeit des Vertrages aufgrund von Willensmängeln einer oder beider Vertragsparteien zu. Zu den nach Art 31 Abs 1 EGBGB zu beurteilenden Willensmängeln zählen insbesondere Irrtum (vgl im deutschen Recht § 119 BGB; rechtsvergleichend KÖTZ, EuVR I 260 ff), arglistige Täuschung und Drohung (vgl im deutschen Recht § 123 BGB; rechtsvergleichend KÖTZ, EuVR I 298 ff; dazu OLG Hamburg IPRspr 1998 Nr 34; MEYER/SPARENBERG RiW 1989, 349; KOST 107 ff; MünchKomm/SPELLENBERG vor Art 11 Rn 158 ff; REITHMANN/MARTINY Rn 227; ERMAN/HOHLOCH Art 31 Rn 7; ebenso zum früheren Recht KG IPRspr 1928 Nr 10 [Drohung/Türkei, dazu WAHL RabelsZ 3 [1929] 777 f; OLG Düsseldorf IPRspr 1929 Nr 48 [Irrtum/Niederlande]; OLG Frankfurt IPRspr 1964/65 Nr 10 [Irrtum/Australien]; OLG Oldenburg

IPRspr 1975 Nr 15 [Täuschung/Niederlande]; AG Wuppertal VuR 1993, 55 m Anm J SCHRÖDER = IPRspr 1992 Nr 36 [Täuschung/Spanien]; zust CHESHIRE/NORTH, PrivIntL[13] 587 [„issues of mistake, misrepresentation and duress"]; LOUSSOUARN/BOUREL, DIP[6] Rn 379 [„vices du consentement"]). Gleiches gilt für die Unwirksamkeit einer Willenserklärung wegen Mentalreservation, mangelnder Ernstlichkeit oder Scheingeschäfts (vgl §§ 116, 117 BGB; dazu MünchKomm/SPELLENBERG vor Art 11 Rn 47, sowie – zum früheren Recht – OLG Frankfurt AWD 1972, 629 = IPRspr 1972 Nr 8). Auch **Widerrufsrechte** nach dem HausTWG oder nach anderen Verbraucherschutzgesetzen (zB VerbrKrG, TzWrG, FernabsatzG; künftig: §§ 312, 312d, 485, 495 BGB) stehen funktionell einem Anfechtungsrecht wegen Motivirrtums nahe (SOERGEL/vHOFFMANN Art 31 Rn 19); für sie gilt daher ebenfalls das Vertragsstatut nach Abs 1 (BGHZ 135, 125 [137 f] = NJW 1997, 1697; OLG Stuttgart RiW 1991, 588 = IPRax 1991, 332 m Anm MANKOWSKI 305 = IPRspr 1990 Nr 34; LG Köln VuR 1993, 52 = IPRspr 1990 Nr 34; dazu näher Rn 44 f).

Das Vertragsstatut entscheidet ferner über die **Rechtsfolgen von Willensmängeln,** legt 22 also fest, ob der Willensmangel kraft Gesetzes zur Nichtigkeit der Vertragserklärung führt oder ob es der Anfechtung durch gestaltende Willenserklärung oder durch Erhebung einer gerichtlichen Klage bedarf. Im letzteren Falle bestimmt es auch, wem gegenüber in welcher Form und Frist die Anfechtung erklärt werden muss (SOERGEL/vHOFFMANN Art 31 Rn 19). Denn auch wenn jemand gegen seinen freien Willen eine vertragliche Bindung eingegangen ist, ist es ihm doch zuzumuten, sich bezüglich der Lösung aus dieser Bindung durch Anfechtung usw an das Recht zu halten, dem der geschlossene Vertrag unterliegt (REITHMANN/MARTINY Rn 226; vgl idS schon früher OLG Frankfurt IPRspr 1964/65 Nr 37; OLG Oldenburg IPRspr 1975 Nr 15; LG Aurich AWD 1974, 282 = IPRspr 1973 Nr 10). Erfordert das ausländische Vertragsstatut zu diesem Zweck eine gerichtliche Gestaltungsklage, so kann diese auch vor einem deutschen Gericht erhoben werden (vgl LG Hamburg RiW 1980, 517 = IPRspr 1977 Nr 23; OLG Frankfurt NJW-RR 1993, 182 = IPRspr 1992 Nr 40; MünchKomm/SPELLENBERG vor Art 11 Rn 162). Auch die Frage, ob die Anfechtung einer Willenserklärung den Anfechtenden zum Ersatz des *Vertrauensschadens* verpflichtet (vgl im deutschen Recht § 122 BGB), bestimmt sich gemäß Art 32 Abs 1 Nr 5 EGBGB nach dem Vertragsstatut (MünchKomm/SPELLENBERG Art 32 Rn 110). Die vorgenannten Grundsätze gelten nicht nur für die Anfechtung des Hauptvertrages; vielmehr hat auch die Anfechtung der *Rechtswahlvereinbarung* aufgrund von Willensmängeln gem Art 27 Abs 4 iVm Art 31 Abs 1 EGBGB nach Maßgabe des gewählten Rechts zu erfolgen (E LORENZ RiW 1992, 701; vBAR, IPR II Rn 475; REITHMANN/MARTINY Rn 225).

bb) Gesetzes- oder Sittenverstoß
Vorbehaltlich international zwingender Normen iSv Art 27 Abs 3 und 34 EGBGB 23 bestimmt das Vertragsstatut nach Art 31 Abs 1 EGBGB auch über die Wirksamkeit des sonstigen Vertragsinhalts. Als Nichtigkeitsgrund kommt insbesondere der **Verstoß gegen ein gesetzliches Verbot** in Betracht (vgl OLG Celle RiW 1990, 320 = IPRspr 1989 Nr 196 [zu Art 1276 span CC]; LG Karlsruhe NJW-RR 1999, 1284 = IPRspr 1998 Nr 35; MünchKomm/SPELLENBERG vor Art 11 Rn 115; REITHMANN/MARTINY Rn 228). Ist deutsches Recht Vertragsstatut, so gilt § 134 BGB (zu anderen europäischen Rechten vgl KÖTZ, EuVR I 246 ff). Als Verbotsnormen iSv § 134 BGB werden freilich nur *deutsche* Vorschriften anerkannt, weil ausländische im Inland keine unmittelbare Verbindlichkeit besitzen (vgl BGHZ 59, 82 [85] = NJW 1972, 1575 m Anm MANN 2179; BGHZ 69, 295 [296] = JZ 1978, 61 m Anm WENGLER; BGH WM 1995, 124 [129]; OLG Hamburg RiW 1994, 687 m Anm MANKOWSKI; OLG

Naumburg WM 1994, 906 = IPRax 1995, 172 m Anm G FISCHER 161; zust MünchKomm/MARTINY Art 34 Rn 51; PALANDT/HELDRICH Art 34 Rn 5; REITHMANN/MARTINY/LIMMER Rn 465 mwN). Der Verstoß gegen *ausländische* Verbotsgesetze kann jedoch bei Geltung deutschen Vertragsstatuts zur Sittenwidrigkeit des Vertrages nach § 138 BGB führen, wenn die ausländische Vorschrift mittelbar auch deutsche Interessen schützt oder Ausdruck eines in der Völkergemeinschaft weithin geteilten Unwerturteils ist (vgl RG JW 1927, 2288 m Anm HOENIGER: Rauschgiftschmuggel; BGHZ 34, 169 = NJW 1961, 822 und BGH NJW 1962, 1436: Verstoß gegen US-Embargo; BGHZ 59, 82 = NJW 1972, 1575 m Anm MANN: Verstoß gegen nigerianisches Verbot von Kunstexporten; OLG Hamburg NJW 1992, 635 = RiW 1993, 327 = IPRspr 1991 Nr 7: Verstoß gegen syrisches Verbot der Beamtenbestechung; dazu näher REITHMANN/MARTINY/LIMMER Rn 465 mwN).

24 Verfolgt das ausländische gesetzliche Verbot allerdings **wirtschafts- oder sozialpolitische Ziele,** so sollte sein Anwendungsbereich – im Anschluss an WENGLER (ZVerglRW 54 [1941] 168, 172) – unabhängig von dem auf den Vertrag anwendbaren Recht im Wege der Sonderanknüpfung ermittelt werden (vgl MünchKomm/MARTINY Art 34 Rn 46 ff, 97 ff; SOERGEL/vHOFFMANN Art 31 Rn 24 f; dazu näher REITHMANN/MARTINY/LIMMER Rn 455 ff; MünchKomm/SONNENBERGER Einl IPR Rn 56 ff). Für *inländische* zwingende Normen wird diese Sonderanknüpfung durch Art 34 EGBGB ausdrücklich vorgeschrieben (dazu umfassend REITHMANN/MARTINY/LIMMER Rn 387 ff; ferner unten STAUDINGER/EBKE Art 34 Rn 55 ff). Für diesen Fall sind auch die zivilrechtlichen Sanktionen eines Verstoßes gegen die zwingende in- oder ausländische Verbotsnorm dem Recht des Staates zu entnehmen, der das Verbot ausspricht und nicht dem hiervon abweichenden Vertragsstatut (SOERGEL/vHOFFMANN Art 31 Rn 21; REITHMANN/MARTINY/LIMMER Rn 399; aA MünchKomm/MARTINY Art 34 Rn 57 mwN). Dies gilt insbesondere auch für die Frage, ob eine nachträgliche behördliche Genehmigung zur rückwirkenden Wirksamkeit des Geschäfts führt (SOERGEL/vHOFFMANN aaO; MünchKomm/SPELLENBERG vor Art 11 Rn 121; aA BGH NJW 1970, 1002 [Devisenrecht]; MünchKomm/MARTINY aaO; vBAR, IPR II Rn 536).

25 Grundsätzlich nach dem Vertragsstatut beurteilt sich hingegen die Frage, ob ein Schuldvertrag aus sonstigen Gründen wegen **Sittenwidrigkeit** nichtig ist (vgl MünchKomm/SPELLENBERG vor Art 11 Rn 153; REITHMANN/MARTINY Rn 228; ebenso schon früher RGZ 82, 308 [Knebelung]; BGHZ 44, 183 = NJW 1966, 296 [Erfolgshonorar]; BGH IPRspr 1980 Nr 3; vgl auch öst OGH JBl 1987, 334 sowie rechtsvergleichend KÖTZ, EuVR I 233 ff); denn durch einen sittenwidrigen Missbrauch der Privatautonomie (zB aufgrund von Wucher, Knebelung oder Übersicherung) sind vornehmlich Parteiinteressen betroffen. Aus diesem Grunde können Verträge, die ausländischem Recht unterstehen, nicht mit Hilfe der Sonderanknüpfung des Art 34 EGBGB nach § 138 BGB für sittenwidrig und nichtig erklärt werden (BGHZ 135, 124 [139 f] = NJW 1997, 1697 im Anschluss an MANKOWSKI RiW 1996, 8 ff; ferner JAYME IPRax 1995, 234 [236]; RAUSCHER EuZW 1996, 650 [652]; BAUMERT RiW 1997, 810 f; PALANDT/HELDRICH Art 34 Rn 3; MünchKomm/MARTINY Art 34 Rn 62 b; aA – jeweils zu Timesharing-Verträgen – LG Detmold NJW 1994, 3301 = IPRax 1995, 249 m Anm JAYME 234 = EWiR 1995, 493 m abl Anm MANKOWSKI; LG Berlin NJW-RR 1995, 754 = IPRspr 1994 Nr 42; LG Duisburg NJW-RR 1995, 883 = IPRspr 1994 Nr 40; LG Tübingen NJW-RR 1995, 1142; öst OGH IPRax 1997, 431, 434 m abl Anm MÄSCH 446; zust REICH NJW 1994, 2128 f). In Betracht kommt allenfalls ein Verstoß gegen den ordre public iSv Art 6 EGBGB (BGH aaO; MANKOWSKI RiW 1996, 11 f; KROPHOLLER, IPR^4 § 52 IX 1; PALANDT/HELDRICH aaO) oder eine Durchsetzung des Schutzes nach dem HausTWG über Art 34 EGBGB (dafür LG Weiden NJW-RR 1996, 438;

LG Dresden IPRspr 1998 Nr 146; JAYME/KOHLER IPRax 1995, 343, 353; **aA** aber LG Düsseldorf RiW 1995, 415 [416]).

Ist deutsches Recht Vertragsstatut, so ist im Rahmen der Prüfung am Maßstab der **26** „guten Sitten" nach § 138 BGB allerdings zu berücksichtigen, dass der Vertrag Berührungspunkte zum Recht anderer Staaten hat, in denen abweichende Moralvorstellungen herrschen (BGH NJW 1968, 1572 = IPRspr 1968/69 Nr 170 [Bierexport]; Münch-Komm/SPELLENBERG vor Art 11 Rn 154 mwN). Praktische Bedeutung hat dies insbesondere bei der Zahlung von **Schmier- oder Bestechungsgeldern** für die Vermittlung von Auslandsaufträgen. Bei der Entscheidung, ob diese Zahlungen bei Geltung deutschen Vertragsstatuts zur Nichtigkeit der geschlossenen Provisionsvereinbarungen nach § 138 BGB führen, sind daher die besonderen rechtlichen und sozialen Verhältnisse im Ausland in die Wertung einzubeziehen (OLG Hamburg ZIP 1980, 1088 = IPRspr 1979 Nr 2 A). Das Fordern und Entgegennehmen von Bestechungsgeldern durch ausländische Amtsträger ist aber jedenfalls insoweit zu missbilligen, als diese durch ihr Verhalten gegen die Rechtsordnung ihres Heimatlandes verstoßen (BGHZ 94, 268 [271] = RiW 1985, 653 m abl Anm KNAPP RiW 1986, 999 = IPRax 1987, 110 m abl Anm FIKENTSCHER/WAIBL 86 = IPRspr 1985 Nr 4; differenzierend MünchKomm/SPELLENBERG vor Art 11 Rn 127, 155; SOERGEL/vHOFFMANN Art 31 Rn 24 f).

cc) Zwingendes Schuldrecht
Die materielle Wirksamkeit des Vertrages wird ferner durch Vorschriften betroffen, **27** welche den auf eine (objektiv) unmögliche Leistung gerichteten Vertrag für nichtig erklären (vgl § 306 BGB; dazu vBAR, IPR II Rn 536; PALANDT/HELDRICH Art 31 Rn 3; aA [Art 32 EGBGB] SOERGEL/vHOFFMANN Art 31 Rn 15) oder die Typenfreiheit im Schuldvertragsrecht durch zwingende Vorschriften begrenzen (vgl §§ 310, 312 BGB; vBAR aaO; SOERGEL/vHOFFMANN Art 31 Rn 20; zum „trust" BGH IPRax 1985, 221 [223] = IPRspr 1984 Nr 121). Auch die Unklagbarkeit von Ansprüchen – zB aus Spiel, Wette oder Differenzgeschäften (vgl im deutschen Recht §§ 762, 764 BGB) ist dem Vertragsstatut zu entnehmen (vgl RGZ 12, 34; RG IPRspr 1929 Nr 31; OLG Hamburg IPRspr 1984 Nr 24 b). Im französischen Recht gehört etwa die Nichtigkeit eines Vertrages wegen „lésion" oder wegen des Fehlens eines zulässigen Gegenstandes („objet") bzw eines erlaubten Rechtsgrunds („cause") hierher (LAGARDE Rev crit dip 1991, 326; AUDIT, DIP^3 n 825; P MAYER, DIP^5 n 738).

dd) Nichtigkeitsfolgen
Die Nichtigkeitsfolgen unterliegen nach Art 32 Abs 1 Nr 5 EGBGB grundsätzlich **28** ebenfalls dem Vertragsstatut. Dies erscheint vor allem deshalb zweckmäßig, weil bei einer zwischen Voraussetzungen und Rechtsfolgen der Nichtigkeit von Willenserklärungen gespaltenen Anknüpfung schwierige Abgrenzungsprobleme – zB zwischen Dissens und Irrtumsanfechtung oder zwischen Sachmängelgewährleistung und Eigenschaftsirrtum (dazu MünchKomm/SPELLENBERG vor Art 11 Rn 17) – zu lösen wären. Ferner steht die Sanktion von Willensmängeln oder von Verstößen gegen Verbotsgesetze häufig in enger Beziehung zum Tatbestand des Willensmangels bzw des Verbots. Das Vertragsstatut beherrscht daher insbesondere die Rückabwicklung des nichtigen Schuldvertrages (ERMAN/HOHLOCH Art 32 Rn 15). Dabei ist es unerheblich, ob das anwendbare Recht die Rückabwicklung als vertragliches oder gesetzliches Schuldverhältnis ausgestaltet (LAGARDE Rev crit dip 1991, 328; REITHMANN/MARTINY Rn 229). Unterliegt der Vertrag deutschem Recht, so wird daher auch die **Leistungskondiktion**

von der Verweisung in Art 32 Abs 1 Nr 5 EGBGB erfasst (vgl BGH DtZ 1995, 253; OLG Köln NJW-RR 1994, 1026; OLG Hamm FamRZ 1994, 1259 [1260]; MünchKomm/SPELLENBERG Art 32 Rn 109). Diese Regelung geht auf dem Gebiet des Schuldvertragsrechts aufgrund der Verpflichtung zur einheitlichen Auslegung der Art 32 EGBGB/10 EVÜ den autonomen Kollisionsnormen der Art 38 Abs 1, 41 EGBGB vor (SPICKHOFF NJW 1999, 2209 [2211]; PALANDT/HELDRICH Art 38 Rn 2; aA BUSSE RiW 1999, 18). Das Vertragsstatut entscheidet ferner, ob die **Teilnichtigkeit** eines Rechtsgeschäfts zur Gesamtnichtigkeit führt; der Einfluß der Nichtigkeit einer Schiedsklausel auf die im gleichen Vertrag getroffene Rechtswahlklausel bestimmt sich daher nach dem gewählten Recht (vgl OLG Hamm RiW 1995, 681 [682] = IPRspr 1994 Nr 184). Schließlich beurteilt sich auch die Möglichkeit einer **Umdeutung** eines nichtigen in ein gültiges Geschäft (vgl § 140 BGB) nach den Regeln des Vertragsstatuts (PALANDT/HELDRICH Art 31 Rn 3; ERMAN/HOHLOCH Art 31 Rn 7; REITHMANN/MARTINY Rn 229).

d) Aufhebung und Änderung

29 Nach Art 31 Abs 1 EGBGB ist schließlich auch die Abänderung bzw Aufhebung eines Vertrages zu beurteilen, soweit sie sich auf eine bloße Korrektur oder einen actus contrarius beschränkt; insoweit gilt also das Statut des geänderten bzw aufgehobenen Vertrages. Anders liegt es hingegen dann, wenn der bisherige Vertrag durch ein neues Vertragswerk von eigenständigem Inhalt und Gewicht ersetzt werden soll oder wenn die Parteien im neuen Vertrag eine abweichende Rechtswahl treffen; für diesen Fall ist das Statut des neuen Vertrages selbständig zu bestimmen (OLG Hamburg IPRax 1999, 168 m Anm GEIMER 152 = IPRspr 1998 Nr 175; PALANDT/HELDRICH Art 31 Rn 3).

3. Anknüpfung

a) Vertragsstatut

30 Zustandekommen und Wirksamkeit des Vertrages in dem zuvor beschriebenen Sinne werden nach Art 31 Abs 1 EGBGB grundsätzlich nach dem Vertragsstatut beurteilt. Maßgebend ist danach primär das von den Parteien gewählte Recht (Art 27 EGBGB), in Ermangelung einer Rechtswahl das in Art 28 bzw in Art 29 Abs 2, 30 Abs 2 EGBGB objektiv bestimmte Recht. Diese Unterstellung auch des vorkonsensualen Verhaltens unter das Vertragsstatut findet ihre Rechtfertigung im Verhalten der Parteien, die durch eine Rechtswahlvereinbarung oder durch eine Schwerpunktsetzung im Zuge der Vertragsverhandlungen auf dieses Recht zugegangen sind (vHOFFMANN RabelsZ 36 [1972] 516). Rechtslogische Bedenken gegen eine solche „Vorwirkung" des Vertragsstatuts auf die vorkonsensuale Phase – im englischen Recht bildhaft als „bootstraps rule" bezeichnet (vgl KAYE 271; CHESHIRE/NORTH, PrivIntL[13] 587 f) – bestehen nicht (vgl schon W LORENZ AcP 159 [1960/61] 209; LINKE ZVerglRW 79 [1980] 6). Für sie spricht insbesondere die einheitliche Anknüpfung sachlich eng zusammenhängender Fragen; denn häufig entscheidet nur die Rechtstechnik des anwendbaren Sachrechts darüber, ob ein Vertrag wegen eines Willensmangels anfechtbar ist oder – zB wegen Vorrangs der Sachmängelgewährleistung – nur durch Wandelungserklärung rückabgewickelt werden kann (vgl MÄSCH IPRax 1995, 372; MünchKomm/SPELLENBERG vor Art 11 Rn 17).

aa) Rechtswahl

31 Haben die Parteien eine Rechtswahl getroffen, so entscheidet – vorbehaltlich der Schranken nach Art 27 Abs 3, 29 Abs 1, 29 a, 30 Abs 1 und 34 EGBGB (dazu Rn 35) –

das gewählte Recht nicht nur gemäß Art 31 Abs 1 EGBGB über das Zustandekommen und die Wirksamkeit des **Hauptvertrages,** sondern (aufgrund der Verweisung in Art 27 Abs 4 EGBGB) – auch über das Zustandekommen und die Wirksamkeit des **Verweisungsvertrages,** dh der von den Parteien getroffenen Rechtswahl (BGH NJW 1989, 1431 [1432] = IPRax 1990, 41 m Anm SCHACK; BGHZ 123, 380 [383] = NJW 1994, 262 = IPRax 1994, 449 m Anm W LORENZ 429 = JZ 1994, 363 m Anm G FISCHER = IPRspr 1993 Nr 37; Münch-Komm/SPELLENBERG Art 31 Rn 20 f). Insoweit ist allerdings sorgfältig zwischen der Zulässigkeit und dem wirksamen Zustandekommen der Rechtswahl zu unterscheiden. Die *Zulässigkeit* bestimmt sich nach dem IPR der lex fori, bei einem Rechtsstreit vor deutschen Gerichten mithin nach Art 27 EGBGB (vgl dazu auch Rn 85), wobei insbesondere die Schranke des Art 27 Abs 3 EGBGB zu beachten ist. Demgegenüber entscheidet das von den Parteien gewählte – materielle (vgl Art 35 Abs 1 EGBGB) – Recht aufgrund der eindeutigen Verweisung in Art 27 Abs 4 auf Art 31 EGBGB quasi im Vorgriff darüber, ob der äußere und innere Konsens hinsichtlich der Rechtswahl vorliegt (REITHMANN/MARTINY Rn 196 ff; vBAR, IPR II Rn 473 ff). Welche inhaltlichen Anforderungen an Rechtswahlvereinbarungen zu stellen sind – insbesondere an die „hinreichende Sicherheit" eines stillschweigenden Parteiwillens (und damit auch an die erforderliche Transparenz einer Rechtswahlklausel in AGB) – richtet sich hingegen wiederum nach dem IPR der lex fori. Maßgebend ist daher Art 27 Abs 1 S 2 EGBGB, wobei das Gebot der einheitlichen Auslegung der Kollisionsnormen des EVÜ zu beachten ist (JAYME, in: FS W LORENZ 438 f; W LORENZ IPRax 1994, 429 [431]; BAUMERT RiW 1997, 806 f; REITHMANN/MARTINY Rn 198).

Auf das gewählte Recht ist bereits dann abzustellen, wenn lediglich eine Vertrags- **32** partei in ihre auf den Vertragschluss gerichtete Erklärung – zB durch Bezugnahme auf ihre AGB – eine Rechtswahlklausel aufgenommen hat (KG VuR 1999, 138 m Anm MANKOWSKI = IPRspr 1998 Nr 138; REITHMANN/MARTINY Rn 48, 200; vBAR, IPR II Rn 476; SOERGEL/vHOFFMANN Art 31 Rn 8 mwN; **aA** LG Duisburg RiW 1996, 774 [775]). Haben die Parteien in ihren AGB allerdings einander **widersprechende Rechtswahlklauseln** in die Vertragsverhandlungen eingeführt, so wird hierdurch bereits der Rechtsschein einer parteiautonomen Rechtswahl zerstört; in diesem Fall sind daher die Rechtswahlklauseln nicht unabhängig voneinander nach Maßgabe des jeweils gewählten Rechts auf ihr wirksames Zustandekommen zu untersuchen (so MEYER/SPARENBERG RiW 1989, 348; TIEDEMANN IPRax 1991, 425 ff); vielmehr ist über das Zustandekommen des Hauptvertrages und die Einbeziehung der AGB dann auf der Grundlage des nach Art 28–30 EGBGB im Wege objektiver Anknüpfung ermittelten Vertragsstatuts zu entscheiden (REITHMANN/MARTINY Rn 48; vBAR, IPR II Rn 475; SOERGEL/vHOFFMANN Art 31 Rn 10). Handelt es sich bei dem Hauptvertrag um einen Kaufvertrag, auf den das UN-Kaufrecht anzuwenden ist, so liegt freilich eine entsprechende Anwendung von Art 19 CISG auf die Frage nahe, mit welchem Inhalt der Kaufvertrag bei Verwendung kollidierender Rechtswahlklauseln zustandekommt (vgl TIEDEMANN IPRax 1991, 426 f; SOERGEL/vHOFFMANN Art 31 Rn 9).

Haben die Parteien eine gültige Rechtswahl getroffen, so bleibt das gewählte Recht **33** auch dann maßgebend, wenn es zur **Nichtigkeit des geschlossenen Hauptvertrages** führt. Dies gilt auch dann, wenn die Rechtswahl nicht gesondert, sondern als eine Klausel des Hauptvertrages vereinbart wurde; denn Hauptvertrag und Verweisungsvertrag sind in ihrer Wirksamkeit grundsätzlich nicht voneinander abhängig (BGH JZ 1963, 167; MEYER/SPARENBERG RiW 1989, 349; MünchKomm/MARTINY Art 27 Rn 89; KEGEL/SCHU-

RIG, IPR[8] § 18 I 1 c; vHOFFMANN, IPR[6] § 10 Rn 27; vgl schon früher OLG Köln IPRspr 1958/59 Nr 42 [Erfolgshonorar]). Dies gilt auch dann, wenn die Parteien den Nichtigkeitsgrund nach dem gewählten Recht gekannt, aber dennoch auf die Einhaltung der Verpflichtung vertraut haben (BGHZ 73, 391 [394] = RiW 1980, 145 = IPRspr 1979 Nr 7; PALANDT/HELDRICH Art 27 Rn 8). Ist umgekehrt der Verweisungsvertrag nach dem hypothetisch gewählten Recht unwirksam, so ist der Hauptvertrag nach Art 28 EGBGB objektiv anzuknüpfen und kann danach gültig zustandegekommen sein.

bb) **Objektive Anknüpfung**

34 Fehlt es an einer ausdrücklichen oder stillschweigenden Rechtswahl der Parteien oder ist der Verweisungsvertrag nach dem gewählten Recht nicht wirksam zustandegekommen, so ist das Vertragsstatut durch objektive Anknüpfung nach Art 28 EGBGB zu ermitteln. Für Verbraucherverträge gilt statt dessen Art 29 Abs 2, für Arbeitsverträge Art 30 Abs 2 EGBGB. Das hiernach maßgebliche Recht entscheidet dann gemäß Art 31 Abs 1 EGBGB über das Zustandekommen und die materielle Wirksamkeit des Hauptvertrages (SOERGEL/vHOFFMANN Art 31 Rn 12; zust OLG Karlsruhe NJW-RR 1993, 567 = IPRspr 1992 Nr 199). Die Ungültigkeit der getroffenen Rechtswahl schließt mithin wegen der rechtlichen Selbständigkeit von Verweisungs- und Hauptvertrag ein gültiges Zustandekommen des letzteren nach dem objektiv bestimmten Vertragsstatut nicht aus (MünchKomm/SPELLENBERG Art 31 Rn 22).

cc) **Gespaltenes Vertragsstatut**

35 Problematisch ist die Anwendung von Art 31 Abs 1 EGBGB in den Fällen, in denen das Vertragsstatut gespalten ist. Eine solche Spaltung kann sich insbesondere aus dem Vorrang zwingender Normen des mit dem Sachverhalt objektiv allein verbundenen Rechts (Art 27 Abs 3 EGBGB), dem Eingreifen von Schutzvorschriften zugunsten von Verbrauchern und Arbeitnehmern (Art 29 Abs 1, 29 a, 30 Abs 1 EGBGB) und der Durchsetzung international zwingender Normen des deutschen Rechts (Art 34 EGBGB) ergeben. Betreffen die hiernach vorrangig anzuwendenden Schutzvorschriften oder zwingenden Normen das Zustandekommen oder die Wirksamkeit des Vertrages, so werden auch sie von der Verweisung in Art 31 Abs 1 EGBGB erfasst (BAUMERT RiW 1997, 806; ERMAN/HOHLOCH Art 31 Rn 4). Die Einbeziehung von AGB in einen Vertrag mit einem deutschen Verbraucher bestimmt sich daher unter den Voraussetzungen des Art 29 Abs 1 Nr 1–3 EGBGB gemäß Art 31 Abs 1 nach §§ 2 ff AGBG (künftig §§ 305 Abs 2 – 306 BGB), soweit diese Vorschriften eine strengere Einbeziehungskontrolle vorsehen als das gewählte ausländische Vertragsstatut (dazu näher u Rn 80). Entsprechendes gilt für die Inhaltskontrolle von AGB nach §§ 9–11 AGBG (künftig §§ 307–309 BGB; dazu näher u Rn 84). Zu einer Rechtsspaltung führt auch eine von den Parteien getroffene Teilrechtswahl nach Art 27 Abs 1 S 3 EGBGB; danach sind die Parteien auch berechtigt, die Frage des Zustandekommens des Vertrages einem anderen Recht zu unterstellen als die Vertragswirkungen (vgl OLG Frankfurt IPRax 1992, 314 [316 f] m Anm BUNGERT 296 = IPRspr 1992 Nr 31; vgl auch MünchKomm/MARTINY Art 27 Rn 60 ff).

b) **Sonderanknüpfung von Teilfragen**
aa) **Form**

36 Die Verweisung in Art 31 Abs 1 EGBGB umfasst grundsätzlich alle Aspekte des Zustandekommens und der materiellen Wirksamkeit eines Schuldvertrages. Ausgenommen sind lediglich Fragen der Formgültigkeit des Vertragsschlusses, die sich nach

Art 11 Abs 1–4 EGBGB bzw – in Verbraucherverträgen – nach Art 29 Abs 3 EGBGB beurteilen (Giuliano/Lagarde-Bericht, BT-Drucks 10/503, 60). Vorschriften der nationalen Rechte über die Einbeziehung von AGB in einen Schuldvertrag, die – wie zB §§ 2, 3 AGBG – vor allem gewährleisten sollen, dass die Zustimmungserklärung des Kunden zum Vertragsschluss auch als Einverständnis mit der Geltung der AGB gewertet werden kann, sind allerdings nicht als Formvorschriften iSv Art 11 EGBGB zu qualifizieren, sondern betreffen das „Zustandekommen" iSv Art 31 Abs 1 EGBGB (Meyer/Sparenberg RiW 1989, 348).

b) Geschäftsfähigkeit

Das Vertragsstatut bestimmt auch, ob zur Abgabe vertraglicher Willenserklärungen Geschäftsfähigkeit erforderlich ist (Ferid, IPR Rn 5–88; vBar, IPR II Rn 38). Ob die vom Vertragsstatut geforderte Geschäftsfähigkeit auch vorliegt, bestimmt hingegen das von Art 7 Abs 1 EGBGB zur Anwendung berufene Heimatrecht der Parteien (vgl näher Staudinger/Hausmann [2000] Art 7 Rn 41 ff). Darüber hinaus sind auch die Wirkungen fehlender oder beschränkter Geschäftsfähigkeit auf den Vertrag nicht nach Art 31 Abs 1, sondern gesondert nach Art 7 EGBGB zu beurteilen (OLG Hamm NJW-RR 1996, 1144 = IPRspr 1995 Nr 7; vBar, IPR II Rn 43; Staudinger/Hausmann [2000] Art 7 Rn 70 ff mwN; aA OLG Düsseldorf NJW-RR 1995, 765 = IPRax 1996, 199 m abl Anm Baetge 185; MünchKomm/Birk Art 7 Rn 35; Erman/Hohloch Art 31 Rn 7). 37

cc) Stellvertretung

Schließlich werden auch die Fragen einer wirksamen Stellvertretung beim Vertragsschluss (zB Erteilung, Umfang und Erlöschen einer Vollmacht) und die Auswirkungen mangelnder Vertretungsmacht auf die Gültigkeit des Vertrages (vgl dazu rechtsvergleichend Kötz EuVR I 329 ff) nicht von Art 31 EGBGB geregelt, sondern selbständig angeknüpft (vgl zur Abgrenzung zwischen Vollmachts- und Vertragsstatut näher Reithmann/Martiny/Hausmann Rn 1744 ff und 1765 ff; Staudinger/Magnus Einl A 10 ff zu Art 27–37). 38

III. Die Sonderanknüpfung nach Abs 2

1. Normzweck

Die Frage, ob einem bestimmten Verhalten rechtsgeschäftliche Bedeutung zukommt, wird in den einzelnen Rechtsordnungen unterschiedlich beantwortet. Dies gilt insbesondere für die rechtliche Bewertung des *Schweigens*. Während nämlich das deutsche Recht das Schweigen namentlich im kaufmännischen Rechtsverkehr (vgl § 362 Abs 1 HGB) als Zustimmung wertet, fordert das französische Recht auch unter Kaufleuten ein „silence circonstancié", um eine Bindung des Schweigenden zu begründen (vgl Ferid, Französisches Zivilrecht I Rn 1 E 100). Noch zurückhaltender ist das englische Recht, das dem Schweigen grundsätzlich keine rechtsgeschäftliche Bedeutung beimisst (vgl March, Comparative Contract Law – England, France, Germany [1994] 69). Vor diesem Hintergrund bezweckt Art 31 Abs 2 EGBGB den Schutz einer Partei vor einer überraschenden rechtlichen Bindung nach fremdem Recht durch ein Verhalten, dessen Erklärungswert diese Partei nicht zu kennen braucht. Kann man es einer Partei also – mangels professioneller oder sonstiger Nähe zum Vertragsstatut und den hiernach maßgebenden Erklärungssitten – nicht zum Vorwurf machen, dass sie einer Erklärung der Gegenseite nicht widersprochen, sondern geschwiegen hat, so kann es unter gewissen Voraussetzungen gerechtfertigt sein, die Beurteilung dieses Verhal- 39 tens nicht ausschließlich dem Vertragsstatut zu unterwerfen, sondern der Partei zu gestatten, sich auf das Recht ihres gewöhnlichen Aufenthalts zu berufen (vgl SPELLENBERG RabelsZ 60 [1996] 519 f; G FISCHER 332 ff). Auf das Umweltrecht des Schweigenden wird heute auch außerhalb der Vertragsstaaten des EVÜ Rücksicht genommen (vgl für die *Schweiz* Art 123 IPRG, der dem Schweigenden in jedem Fall – dh unabhängig von einer Interessenabwägung im Einzelfall – die Berufung auf sein Aufenthaltsrecht gestattet; dazu KELLER/GIRSBERGER, in: HEINI, IPRG [1993] Art 123 Rn 4 f).

2. Sachlicher Anwendungsbereich

a) Allgemeines

40 Art 31 Abs 2 EGBGB gilt nicht nur für den Hauptvertrag, sondern aufgrund der umfassenden Verweisung in Art 27 Abs 4 EGBGB bereits für den Rechtswahlvertrag (MEYER-SPARENBERG RiW 1989, 350; vBAR, IPR II Rn 477; MANKOWSKI RiW 1986, 383 mwN). Die Vorschrift ist aufgrund ihrer staatsvertraglichen Herkunft zwar im Unterabschnitt über vertragliche Schuldverhältnisse kodifiziert worden und gilt deshalb unmittelbar nur für **Schuldverträge**. Der Sache nach handelt es sich jedoch um ein Problem der allgemeinen Rechtsgeschäftslehre. Aus diesem Grunde bestehen keine Bedenken, den Rechtsgedanken des Abs 2 im Wege der Analogie auch auf sachenrechtliche sowie *familien- und erbrechtliche Geschäfte* zu übertragen (vgl SOERGEL/LÜDERITZ[11] vor Art 7 Rn 563; aA MünchKomm/SPELLENBERG Art 31 Rn 52; ERMAN/HOHLOCH Art 31 Rn 17). Darüber hinaus lässt sich die ergänzende Sonderanknüpfung für die Bewertung des Schweigens auch auf das wirksame Zustandekommen von *Gerichtsstands- und Schiedsklauseln* übertragen, soweit nicht vorrangige staatsvertragliche Regeln eingreifen (dazu näher im Anh II zu Art 27–37 Rn 188, 261 ff).

b) Zustandekommen des Vertrages
aa) Grundsatz

41 Wie bereits erwähnt (so Rn 13), ist der Anwendungsbereich von Art 31 Abs 2 EGBGB enger als jener von Abs 1, weil nur Fragen des äußeren, nicht des inneren Vertragsschlusstatbestandes erfasst werden. In Abs 2 geht es nur um das „Verhalten einer Partei" in Bezug auf die Beurteilung der Frage, ob sie dem Vertrag „zugestimmt" hat, dh um Regeln mit verhaltenssteuernder Funktion im Vorfeld rechtsgeschäftlicher Bindungen (MünchKomm/SPELLENBERG Art 31 Rn 53; MÄSCH IPRax 1995, 372; MANKOWSKI RiW 1996, 384 ff). Gemeint ist also nur die Existenz einer auf den Vertragsschluss gerichteten Erklärung jeder Partei (NORTH/LAGARDE 50; zust OLG Hamm IPRspr 1992 Nr 188). Art 31 Abs 2 schützt damit nur vor dem Fehlen des Erklärungsbewusstseins (BGH NJW 1997, 1697 [1700]). Demgegenüber wird die Frage nach der endgültigen Bindungswirkung und der materiellen Wirksamkeit dieser Erklärung in Art 31 Abs 2 nicht geregelt (MANKOWSKI aaO; MünchKomm/SPELLENBERG aaO; SOERGEL/vHOFFMANN Art 31 Rn 30; ERMAN/HOHLOCH Art 31 Rn 13). Dies folgt insbesondere auch aus der Entstehungsgeschichte von Art 8 Abs 2 EVÜ (dazu o Rn 1 ff) und wird durch den Bericht von GIULIANO/LAGARDE (BT-Drucks 10/503, S 60) bekräftigt; denn danach bezieht sich die Sonderregelung in Abs 2 – in Abweichung von der allgemeinen Regel in Abs 1 – „**nur auf die Fragen des Zustandekommens der Einigung, nicht aber auf deren Wirksamkeit**". Da die kumulative Sonderanknüpfung mit bloßer Veto-Wirkung in Abs 2 nur eine bewusst eng begrenzte Interessenkonstellation im Auge hat, kommt eine analoge Anwendung der Vorschrift auf andere Aspekte der Vertragsgültigkeit nicht in Betracht (zutr MANKOWSKI IPRax 1991, 305 [312]). Ferner erfasst Abs 2 auch nicht sämtliche

Aspekte des „Zustandekommens" eines Schuldvertrages in dem o Rn 14 ff beschriebenen Sinne, sondern nur den rechtsgeschäftlichen Erklärungswert des Verhaltens einer Partei (SOERGEL/vHOFFMANN Art 31 Rn 31).

bb) Einzelfälle

Der in Art 31 Abs 2 EGBGB normierte Rechtsgedanke wurde von der deutschen Rechtsprechung und Lehre für die **Bewertung des Schweigens** als Erklärungstatbestand entwickelt (vgl BGHZ 57, 72 [77] = NJW 1972, 391 m Anm GEIMER und SCHMIDT/SALZER = JR 1972, 153 m Anm GIESEN = LM Nr 39 zu Art 7 EGBGB m Anm MORMANN = IPRspr 1971 Nr 133 [Gerichtsstandsklausel/Frankreich]; BGH WM 1973, 1238 [1240] = IPRspr 1973 Nr 25 [ADSp/Italien]; BGH NJW 1976, 2075 m Anm BUCHMÜLLER NJW 1977, 501 = IPRspr 1976 Nr 8 (ADSp/Belgien); BGH NJW 1982, 2733 = IPRax 1983, 67 m Anm STOLL 52 = IPRspr 1982 Nr 139 [Anwaltsvertrag/Italien]). Demgemäß hat Abs 2 auch heute seine Hauptbedeutung bei der Bewertung des Schweigens einer Partei, namentlich im Rahmen der *Einbeziehung von AGB* (vgl SANDROCK RiW 1986, 849; SCHWENZER IPRax 1988, 86; KOST 97 ff, 180 ff; OLG Karlsruhe RiW 1994, 1046 = DZWiR 1994, 70 n Anm CHILLAGANO/BUSL = IPRspr 1993 Nr 136; dazu näher u Rn 78 f), sowie bei der widerspruchslosen Entgegennahme eines kaufmännischen *Bestätigungsschreibens* (vgl die amtl Begründung, BT-Drucks 10/554 S 82; dazu näher u Rn 93 ff) oder dem Unterlassen einer unverzüglichen Antwort auf ein Vertragsangebot im Rahmen kaufmännischer Geschäftsbeziehungen, wenn dieses nach dem Vertragsstatut als Zustimmung gilt (sog *normiertes Schweigen,* vgl § 362 HGB; dazu MünchKomm/SPELLENBERG Art 31 Rn 56).

42

Die Anwendung der Vorschrift ist freilich nicht auf das Schweigen beschränkt, sondern gilt auch für **aktives Verhalten** einer Partei (GIULIANO/LAGARDE-Bericht, BT-Drucks 10/503, 60; zust G FISCHER 336 f; REITHMANN/MARTINY Rn 202; MünchKomm/SPELLENBERG Art 31 Rn 62; SOERGEL/vHOFFMANN Art 31 Rn 31). In Betracht kommt insbesondere die Bewertung von Realakten als konkludente Annahmeerklärung (vgl OLG Köln RiW 1996, 778 f = IPRspr 1996 Nr 35: Entgegennahme der Ware, Gegenzeichnung der Rechnung und Zahlung eines Kaufpreisteils als schlüssige Annahme eines Vertragsangebots nach dem deutschen Umweltrecht des Käufers gewertet). Werden Waren unverlangt aus dem Ausland zugesandt, so lässt sich der Rechtsgedanke des Art 31 Abs 2 EGBGB auch auf den Umfang der Haftung aus vertragsanbahnenden Kontakten ausdehnen; danach treffen den inländischen Empfänger keine weitergehenden Obhutspflichten als nach deutschem Recht (SOERGEL/vHOFFMANN aaO). Darüber hinaus kann sich aber nach dem Wortlaut des Art 31 Abs 2 – abweichend etwa von Art 123 schweiz IPRG – auch der *Offerent* auf sein Umweltrecht berufen. Bedeutung kann dies insbesondere erlangen, wenn das an seinem gewöhnlichen Aufenthaltsort geltende Recht hinsichtlich der Bindung an das Angebot und der Abgrenzung zwischen Offerte und bloßer invitatio ad offerendum von den Regeln des Vertragsstatuts abweicht. Bedenken gegen eine Sonderanknüpfung in diesem Fall könnten sich zwar im Hinblick auf die Schutzbedürftigkeit des Offerenten ergeben, weil dieser selbst die Initiative ergreift und sich in einen fremden Rechtskreis begibt (vgl idS SOERGEL/vHOFFMANN Art 31 Rn 39 f); er könnte sich daher selbst schützen, indem er die Offerte entsprechend einschränkt oder eine Rechtswahl zugunsten des ihm bekannten eigenen Aufenthaltsrechts vorschlägt. Ob er zu einer solchen Wahrung seiner Rechte in der vorkonsensualen Phase in der Lage ist, hängt aber stark von seiner Geschäftsgewandtheit ab. Der Schutz nach Art 31 Abs 2 ist deshalb auch dem Offerenten nicht grundsätzlich zu

43

versagen (vgl GIULIANO/LAGARDE-Bericht, BT-Drucks 10/503, 60; MünchKomm/SPELLENBERG Art 31 Rn 57; ähnlich schon WAHL RabelsZ 3 [1929] 800).

c) Abgrenzungen

44 Über die Abgrenzung zwischen dem „Zustandekommen" und der „Wirksamkeit" des Vertrages ist nicht nach Maßgabe der Regelungstechnik des – als Vertragsstatut oder Umweltrecht – zur Anwendung berufenen nationalen Rechts, sondern *autonom* nach Art 36 EGBGB zu entscheiden. Danach gilt:

aa) Vertragswirkungen

Ist der Vertrag nach dem von Art 31 Abs 1 bestimmten Vertragsstatut und dem ggf ergänzend anwendbaren Umweltrecht der Parteien durch übereinstimmende Willenserklärungen zustandegekommen, so beurteilt sich die weitere Frage, ob eine der Parteien sich durch **Widerruf, Rücktritt oder Kündigung** von dem Vertrag wieder lösen kann, ausschließlich nach dem Vertragsstatut. Dem Schutz der schwächeren Vertragspartei wird durch die Sonderanknüpfungen in Art 29 Abs 1, 29 a und 30 Abs 1 EGBGB hinreichend Rechnung getragen. Für eine ergänzende Anwendung des Aufenthaltsrechts dieser Partei nach Art 31 Abs 2 EGBGB mit dem Ziel, eine stärkere Bindung an den Vertrag als nach dem Umweltrecht zu vermeiden, ist insoweit kein Raum (zutr BGHZ 135, 124 [137 f] = NJW 1997, 1697 = RiW 1997, 875 m Aufs MANKOWSKI RiW 1998 287 = IPRax 1998, 285 m Anm EBKE 263 = JZ 1997, 612 m Aufs MICHAELS/KAMANN 601 = IPRspr 1997 Nr 34 im Anschluss an MANKOWSKI RiW 1993, 455 und RiW 1996, 384 ff; ferner MÄSCH 118 f und IPRax 1995, 373; TAUPITZ BB 1990, 644; SOERGEL/vHOFFMANN Art 31 Rn 30; PALANDT/HELDRICH Art 31 Rn 5; ERMAN/HOHLOCH Art 31 Rn 15; REITHMANN/MARTINY Rn 226; MünchKomm/SPELLENBERG Art 31 Rn 59 ff mwN).

45 Deutsche Instanzgerichte haben zwar zum Schutz inländischer Verbraucher überwiegend anders argumentiert und den Widerruf nach § 1 Abs 1 HausTWG dem Fehlen einer Zustimmung zum Vertragsschluss iSv Art 31 Abs 2 EGBGB gleichgestellt (vgl LG Aachen NJW 1991, 2221 = RiW 1991, 1045 = IPRspr 1991 Nr 35; LG Gießen IPRax 1995, 395 m abl Anm MÄSCH 371 = NJW 1995, 406 m abl Anm BEISE 1724 = IPRspr 1994 Nr 28; LG Koblenz NJW-RR 1995, 1335 = IPRspr 1995 Nr 27; LG Stuttgart RiW 1996, 424 = IPRspr 1995 Nr 30; LG Rottweil NJW-RR 1996, 1401 = IPRspr 1995 Nr 28; zust]; LG Dortmund VuR 1996, 208 = IPRspr 1996 Nr 28; zust REICH VuR 1989, 158 [161] und 1992, 189 ff; KLINGSPORN WM 1994, 1093 [1097]). Der Sache nach geht es in diesen Fällen indes nicht um die Frage, ob überhaupt eine zustimmende rechtsgeschäftliche Erklärung erfolgt ist, sondern um die Voraussetzungen für eine dauerhafte Bindung an den – zunächst schwebend unwirksamen – Vertrag und damit um dessen Wirksamkeit (zutr MANKOWSKI RiW 1995, 364 [366] und 1996, 386 f; JAYME/KOHLER IPRax 1996, 377 [382]; BAUMERT RiW 1997, 807 f; REITHMANN/MARTINY Rn 730 aE; offenlassend LG Düsseldorf RiW 1995, 415 [416] = VuR 1994, 262 m Anm TONNER). Die Frage nach dem Umfang und den Schranken der Bindung an einen Vertrag betrifft aber nicht die von Art 31 Abs 2 EGBGB allein geregelte Zustimmung zum Vertragsschluss, sondern die *Wirkungen* des geschlossenen Vertrages, die allein dem Vertragsstatut zu entnehmen sind (MünchKomm/SPELLENBERG Art 31 Rn 60). Zwar kann es gerechtfertigt sein, den Anwendungsbereich von Art 31 Abs 2 bei Verbraucherverträgen weiter zu ziehen als bei sonstigen Schuldverträgen; die Vorschrift hat jedoch keine spezifisch verbraucherschützende Funktion (zutr MANKOWSKI RiW 1994, 422 gegen OLG Düsseldorf RiW 1994, 420 = IPRspr 1994 Nr 23; dazu näher u Rn 60 f). Erst recht handelt es sich bei der Vorschrift nicht um eine allgemeine Ausweichklausel, die es erlauben würde, das gewählte Vertragsstatut ganz allgemein zugunsten des Umweltrechts der schutzwürdigen Partei (insbesondere des deutschen Verbrauchers) zu korrigieren, weil der Vertrag keine hinreichend objektiven Beziehungen zum gewählten Recht aufweist (Mankowski RiW 1986, 389; MünchKomm/Spellenberg Art 31 Rn 61; aA Reich VuR 1989, 158 [161] und 1992, 189 [191]).

bb) **Willensmängel**

Auch wenn Art 31 Abs 2 EGBGB sich nicht auf die Bewertung des Schweigens beschränkt, sondern jegliches relevantes Verhalten erfasst (vgl Rn 42), kommt doch eine Durchsetzung von Willensmängeln mit Hilfe des Aufenthaltsrechts des Erklärenden gegen das Vertragsstatut nicht in Betracht. Denn bei den Vorschriften über die Anfechtung von Willenserklärungen wegen Irrtums, Täuschung oder Drohung handelt es sich nicht um verhaltenssteuernde Normen, auf deren Geltung nach Maßgabe seines Umweltrechts der Erklärende bei Abgabe der auf den Vertragsschluss gerichteten Willenserklärung vertraut (vgl schon Raape, IPR 492). Diese Vorschriften betreffen daher nicht die „Zustimmung" zum Vertragsschluss, sondern die „Wirksamkeit" des Vertrages (Reithmann/Martiny Rn 226; Erman/Hohloch Art 31 Rn 15; Soergel/vHoffmann Art 31 Rn 32; MünchKomm/Spellenberg Art 31 Rn 62 ff; North/Lagarde 50; Cheshire/North, PrivIntL[13] 588; aA Palandt/Heldrich Art 31 Rn 5; wohl auch Kegel/Schurig, IPR[8] 537 f). Maßgebend ist daher allein das Vertragsstatut (vgl o Rn 21 f). Die Sonderanknüpfung nach Art 31 Abs 2 eignet sich auch nicht zur Begründung einer Rechtsscheinhaftung (vgl G Fischer IPRax 1989, 215 [216]).

cc) **Zugang von Willenserklärungen**

Schließlich werden auch Fragen des Zugangs von Willenserklärungen, wenngleich sie das „Zustandekommen" des Vertrages regeln, von Art 31 Abs 2 EGBGB nicht erfasst. Denn auch Vorschriften, die Zugangserfordernisse aufstellen oder auf solche unter bestimmten Voraussetzungen verzichten (vgl § 151 BGB), betreffen nicht den rechtsgeschäftlichen Erklärungswert eines Verhaltens (Mäsch IPRax 1995, 372 f; Soergel/vHoffmann Art 31 Rn 31; MünchKomm/Spellenberg vor Art 11 Rn 44). Eine Ausnahme gilt aber für § 149 BGB, der dem Empfänger einer zwar verspätet zugegangenen, aber erkennbar rechtzeitig abgesandten Annahmeerklärung eine Anzeigepflicht auferlegt und damit verhaltenssteuernde Funktion hat; insoweit kann sich ein ausländischer Empfänger auf sein Aufenthaltsrecht berufen, wenn dieses ihm erlaubt, die verspätete Annahme zu ignorieren (Mäsch aaO; Soergel/vHoffmann aaO).

d) **Nachkonsensuales Verhalten**

Die Sonderanknüpfung nach Art 31 Abs 2 EGBGB zielt primär auf das vorkonsensuale Verhalten; demgegenüber bestimmt ab dem Vertragschluss das Vertragstatut über die Wirksamkeit und die Wirkungen des geschlossenen Vertrages. Dies schließt es freilich nicht aus, ein funktionell und zeitlich im Zusammenhang mit dem Vertragsschluss stehendes nachkonsensuales Verhalten in den Anwendungsbereich der Sonderanknüpfung einzubeziehen. Dies gilt insbesondere für das **Schweigen auf ein kaufmännisches Bestätigungsschreiben,** das den bereits geschlossenen Vertrag inhaltlich näher fixiert oder ergänzt oder abändert (Sandrock RiW 1986, 849; Lindacher, in: Wolf/Horn/Lindacher, AGBG[4] Anh § 2 Rn 21; Reithmann/Martiny Rn 203 aE; MünchKomm/Spellenberg Art 31 Rn 58; Soergel/vHoffmann Art 31 Rn 31; ebenso zu Art 8 Abs 2 EVÜ: Gaudemet-Tallon Rev trim dr eur 17 [1981] 273; Gonzales Campos, DIP/Parte especial n 57; aA Drobnig, in: FS Mann 606; vgl dazu näher u Rn 95).

e) Rechtsfolgen des gescheiterten Vertragschlusses

49 Zwar richten sich die Folgen der Nichtigkeit eines Vertrages gem Art 32 Abs 1 Nr 5 EGBGB grundsätzlich nach dem Vertragsstatut. Die Anwendung dieser Vorschrift setzt jedoch voraus, dass zumindest der äußere Tatbestand eines Vertragsschlusses gegeben ist. Ist der Vertragsschluss hingegen gescheitert, weil dem Verhalten einer Partei nach ihrem Umweltrecht keine rechtsgeschäftliche Bedeutung zukommt, so können sich auch die Rechtsfolgen nicht nach dem Vertragsstatut richten. Denn ein Verhalten, das für einen Vertragsschluss nicht ausreicht, rechtfertigt auch nicht die Anknüpfung der Rückabwicklung von Leistungen nach Maßgabe des Vertragsstatuts. Dieses wird vielmehr auch insoweit durch das Recht am gewöhnlichen Aufenthalt des Erklärenden verdrängt (für Beschränkung auf Rückabwicklungsansprüche, die dem Aufenthaltsrecht bekannt sind, auch SOERGEL/vHOFFMANN Art 31 Rn 29).

3. Räumlicher Anwendungsbereich

50 Als allseitige Kollisionsnorm schützt Art 31 Abs 2 EGBGB im Inland wie im Ausland ansässige Parteien gleichermaßen vor einer vertraglichen Bindung nach Maßgabe eines fremden Vertragsstatuts (MünchKomm/SPELLENBERG Art 31 Rn 66). Insbesondere kann sich vor deutschen Gerichten auch eine ausländische Partei nach Abs 2 auf ihr Aufenhaltsrecht berufen, um einen wirksamen Vertragschluss zu leugnen (ERMAN/ HOHLOCH Art 31 Rn 12) Dem Umstand, dass diejenige Partei, deren Verhalten nach Abs 2 zu bewerten ist, sich in dem für den Vertragsschluss maßgebenden Zeitpunkt außerhalb ihres Aufenthaltsstaates befunden hat, kommt allerdings im Rahmen der erforderlichen Interessenabwägung Bedeutung zu, weil sie dann eher mit der Geltung ausländischen Rechts rechnen muss (MünchKomm/SPELLENBERG Art 31 Rn 67; dazu näher u Rn 63 ff).

4. Anwendungsvoraussetzungen

a) Zustandekommen des Vertrages nach Abs 1
aa) Grundsatz

51 Aus dem Schutzzweck des Art 31 Abs 2 EGBGB (dazu o Rn 39) folgt zunächst, dass die ergänzende Sonderanknüpfung nur die Wirkung haben soll, eine nach dem Vertragsstatut an sich zustandegekommene – wenn auch möglicherweise anfechtbare (MünchKomm/SPELLENBERG Art 31 Rn 72) – vertragliche Bindung doch nicht eintreten zu lassen (**Veto-Wirkung;** vgl dazu schon Rn 18). Hingegen kann nach dem von Abs 2 zur Anwendung berufenen Umweltrecht nie ein Vertrag zustandekommen, dessen Abschluss nach dem Vertragsstatut gescheitert ist (GIULIANO/LAGARDE-Bericht, BT-Drucks 10/ 503, 60). Führt also das nach Art 31 Abs 1 maßgebende Recht nicht zu einem wirksamen Vertragsschluss, erübrigt sich ein Rückgriff auf die Sonderanknüpfung nach Abs 2; diese wirkt also nur zerstörend, nicht vertragsschaffend (OLG Düsseldorf RiW 1997, 780 = IPRspr 1997 Nr 40; LINDACHER [Rn 48] Anh § 2 AGBG Rn 19; SOERGEL/vHOFFMANN Art 31 Rn 26 f; KROPHOLLER, IPR[4] § 52 I 3a; BASEDOW 8; G FISCHER 326; MANKOWSKI IPRax 1991, 305 [312]; WILLIAMS IntCompLQ 35 [1986] 1 [18]). Dies entsprach bereits der hM vor der IPR-Reform (vgl BGH NJW 1976, 2075; MünchKomm/SPELLENBERG Art 31 Rn 69 f mwN).

bb) Anfechtbarer Vertrag

52 Ist der Vertrag nach dem von Art 31 Abs 1 EGBGB berufenen Recht zustande gekommen, kann er aber von der durch Abs 2 geschützten Vertragspartei nach

dem Vertragsstatut (zB wegen Irrtums oder Täuschung) *angefochten* werden, so kann diese Partei freilich nicht auf die – uU nur im Klagewege durchsetzbare – Anfechtung ihrer Willenserklärung verwiesen werden. Sie ist vielmehr berechtigt, sich sofort auf den mangelnden Konsens nach Maßgabe ihres Aufenthaltsrechts zu berufen. Denn Art 31 Abs 2 erfordert nur, dass das Verhalten dieser Partei nach dem Vertragsstatut als „Zustimmung zum Vertrag" zu werten ist; auf die materielle Wirksamkeit des geschlossenen Vertrages kommt es hingegen insoweit gerade nicht an (aA MünchKomm/SPELLENBERG Art 31 Rn 72). Kann eine Partei mithin geltend machen, dass ihr Verhalten nach dem Recht des Staates ihres gewöhnlichen Aufenthalts nicht als Zustimmung zum Vertrag gewertet werden könne, so entfällt auch ihre nach dem Vertragsstatut bestehende Verpflichtung, im Falle einer Anfechtung ihrer Vertragserklärung der anderen Partei den Vertrauensschaden zu ersetzen.

cc)   **Vorrang der Auslegung**
In jedem Fall ist aber zunächst durch Auslegung nach den Regeln des Vertragsstatuts **53** (vgl Art 32 Abs 1 Nr 1 EGBGB) festzustellen, ob der Vertrag nach diesem Recht zustandegekommen ist (BGH NJW 1976, 2075 m Anm BUCHMÜLLER NJW 1977, 501 und KRONKE NJW 1977, 992). Bereits im Rahmen der Auslegung ist allerdings dem Umstand Rechnung zu tragen, dass eine ausländische Partei ihr Verhalten idR an den Bräuchen und Gepflogenheiten ihres heimatlichen Umweltrechts auszurichten pflegt. Dies gilt insbesondere für die Bewertung des Schweigens; insoweit können bei einem Ausländer trotz Geltung deutschen Vertragsstatuts nicht die gleichen Maßstäbe angelegt werden, wie bei einem Deutschen (vgl zu den hier geltenden Auslegungsregeln und Ermittlungsobliegenheiten näher MünchKomm/SPELLENBERG Art 31 Rn 74 ff; dazu auch Rn 75 ff zur Einbeziehung von AGB). Keine Hilfe bietet die Auslegung hingegen in den Fällen, in denen das Geschäftsstatut an ein bestimmtes Verhalten *gesetzliche* Rechtsfolgen knüpft, wie dies insbesondere auf das *normierte Schweigen* (zB auf ein kaufmännisches Bestätigungsschreiben; dazu Rn 91 ff) zutrifft (KOST 151; MünchKomm/SPELLENBERG Art 31 Rn 80).

b)   **Geltendmachung der Unwirksamkeit nach Abs 2**
Das mögliche Scheitern des Vertragsschlusses nach Art 31 Abs 2 EGBGB ist ferner **54** **nicht von Amts wegen** zu berücksichtigen; vielmehr muss diejenige Partei, die den Vertrag nicht gelten lassen will, dies gegenüber der anderen Partei zum Ausdruck bringen (MünchKomm/SPELLENBERG Art 31 Rn 68; vBAR, IPR II Rn 538: **Einrede des Beklagten**). Zu diesem Zwecke muss sie sich zwar nicht auf das Recht ihres Aufenthaltsstaates berufen; sie muss jedoch hinreichend deutlich machen, dass sie ihr Verhalten nicht als Zustimmung zu dem nach Maßgabe des Vertragstatuts gültig geschlossenen Vertrag anerkennen will (OLG Düsseldorf RiW 1997, 780 = IPRspr 1997 Nr 40). Für diesen Fall genügt es, dass dieser Rechtsstandpunkt durch ihr Aufenthaltsrecht gedeckt ist (PALANDT/HELDRICH Art 31 Rn 4; REITHMANN/MARTINY Rn 204; LINDACHER [Rn 48] Anh § 2 AGBG Rn 19). Will diejenige Partei, deren Zustimmung zum Vertrag nach Maßgabe ihres Umweltrechts zweifelhaft ist, den Vertrag hingegen gelten lassen, so hat es hierbei sein Bewenden; die andere Partei kann sich in diesem Fall nicht auf Art 31 Abs 2 berufen, um sich von einem für sie ungünstigen Vertrag zu lösen (OLG Düsseldorf aaO; MünchKomm/SPELLENBERG aaO; vgl idS schon LINKE ZVerglRW 79 [1980] 7 ff; ebenso zu Art 123 schweiz IPRG KELLER/GIRSBERGER Rn 19).

c) Unzumutbarkeit der Bindung aufgrund besonderer Umstände

55 Nach Art 31 Abs 2 EGBGB ist eine Sonderanknüpfung des Verhaltens einer Partei nach Maßgabe ihres Umweltrechts nicht in jedem Falle vorzunehmen, sondern nur dann, wenn es nach den Umständen nicht gerechtfertigt wäre, die Wirkung ihres Verhaltens nach dem von Abs 1 bestimmten Vertragsstatut zu beurteilen. Voraussetzung für die Sonderanknüpfung ist damit eine **umfassende Interessenabwägung** (MANKOWSKI RiW 1996, 383 f; G FISCHER 335 ff; MünchKomm/SPELLENBERG Art 31 Rn 86; KAYE 277). Danach sind die Interessen des Rechtsverkehrs an einer möglichst einheitlichen Anknüpfung von Schuldverträgen gegen das Interesse der zustimmenden Partei abzuwägen, die sich hinsichtlich der Bewertung ihres Verhaltens an ihrem Umweltrecht orientiert und mit einer vertraglichen Bindung nach Maßgabe des ihr fremden Vertragsstatuts nicht gerechnet hat (vgl KEGEL/SCHURIG, IPR[8] § 17 V 1; krit hierzu insbes STOLL IPRax 1983, 52 [55] mit Fn 29). Im Rahmen dieser Interessenabwägung sind vor allem die näheren Umstände der Vertragsanbahnung (OLG Köln RiW 1996, 778 f; SOERGEL/vHOFFMANN Art 31 Rn 37 ff), die zwischen den Parteien bestehenden Geschäftsbeziehungen und Gepflogenheiten (GIULIANO/LAGARDE-Bericht, BT-Drucks 10/503, 60; SCHWENZER IPRax 1988, 88; REITHMANN/MARTINY Rn 203), die Kaufmannseigenschaft der Parteien (vBAR, IPR II Rn 538) und die daraus folgende Kenntnis des Rechts und der Gebräuche am Abgabe- bzw Empfangsort der Vertragserklärungen (SOERGEL/LÜDERITZ[11] vor Art 7 Rn 279), sowie die bisherigen Erfahrungen mit den Regeln des Vertragsstatuts über das Zustandekommen einer vertraglichen Bindung (ERMAN/HOHLOCH Art 31 Rn 16) zu berücksichtigen. Der bloße Umstand, dass die zustimmende Partei das Vertragsstatut kennt, dh weiß, welchem ausländischen Recht der Vertrag untersteht, rechtfertigt den Ausschluss einer Sonderanknüpfung nach Abs 2 allerdings noch nicht (vgl näher Rn 58 ff). Entscheidend ist vielmehr, ob es der Partei zuzumuten ist, ihr Verhalten bereits in der vorkonsensualen Phase an den Normen des Vertragsstatuts auszurichten (SOERGEL/vHOFFMANN Art 31 Rn 36). Dabei ist die zustimmende Partei *beweispflichtig* dafür, dass die von ihr nach Art 31 Abs 2 geltend gemachten Umstände tatsächlich vorgelegen haben (*Egon Oldendorff v Libera Corp,* [1995] 2 Lloyd's Rep 64, 61 [QB]).

56 Im Rahmen einer Konkretisierung der nach Art 31 Abs 2 EGBGB maßgeblichen Zumutbarkeitserwägungen kann auch auf **Wertungen des internationalen Einheitsrechts** zurückgegriffen werden. Von Bedeutung sind insbesondere Art 9 des Wiener UN-Kaufrechts und Art 17 Abs 1 S 2 lit b und c EuGVÜ, die für ihren Bereich jeweils klarstellen, dass die Parteien an Gepflogenheiten, die zwischen ihnen entstanden sind, sowie an Handelsbräuche gebunden sind, die sie kannten oder kennen mussten und die Parteien in dem betreffenden Geschäftszweig allgemein kennen und regelmäßig beachten (vgl SOERGEL/vHOFFMANN Art 31 Rn 35; zu Art 17 Abs 1 S 2 EuGVÜ näher Anh zu §§ 27–37 Rn 200 ff). Daneben kommt der bisherigen deutschen Rechtsprechung, an der sich die Verfasser des EVÜ bei der Konzipierung von Art 8 Abs 2 wesentlich orientiert haben, auch weiterhin Bedeutung zu (W LORENZ IPRax 1987, 269 [274]; LAGARDE Rev crit 1991, 327; vBAR, IPR II Rn 477). Danach ist die Annahme einer Zustimmung zum Vertragsschluss nach Maßgabe des Vertragsstatuts für eine Partei jedenfalls dann nicht unbillig, wenn die Anwendung ihres Umweltrechts im Ergebnis ebenfalls zu einer vertraglichen Bindung führt (vgl OLG Köln RiW 1996, 778 f).

57 In **objektiver Hinsicht** ist Mindestvoraussetzung für die Annahme einer vertraglichen Bindung nach dem Vertragsstatut, dass die so gebundene Partei freiwillig und in zurechenbarer Weise selbst eine internationale Vertragsbeziehung angebahnt hat, indem sie zB Waren im Ausland bestellt, Angebote aus dem Ausland angefordert oder zu Vertragsverhandlungen ins Ausland gereist ist. Wer in dieser Weise aktiv internationale Vertragskontakte aufnimmt, kann nicht mehr ohne weiteres mit der Geltung seines eigenen Rechts rechnen (BGH NJW 1973, 2154 = IPRspr 1973 Nr 25; BGH NJW 1976, 2075 = IPRspr 1976 Nr 8). Dagegen erlaubt das bloße Schweigen oder sonstiges passives Verhalten grundsätzlich nicht den Schluss, der Schweigende sei mit der Geltung des vom anderen Teil gewählten Rechts einverstanden. Wer also im Staate seines gewöhnlichen Aufenthalts unaufgefordert eine Offerte zum Vertragsschluss aus dem Ausland zugeschickt erhält, muss seine Reaktion grundsätzlich nicht an dem – kraft Rechtswahl oder objektiver Anknüpfung – maßgeblichen ausländischen Vertragsstatut ausrichten; er muss also zB die Offerte nicht ausdrücklich ablehnen, um den Vertragsschluss nach dem anwendbaren ausländischen Recht zu verhindern, wenn er hierzu nach seinem Aufenthaltsrecht nicht verpflichtet ist (SOERGEL/vHOFFMANN Art 31 Rn 38; MünchKomm/SPELLENBERG Art 31 Rn 86 f; ebenso schon früher STOLL, in: FS Beitzke 770 ff; LINKE ZVerglRW 79 [1980] 35). Die bloße Erkennbarkeit des ausländischen Vertragsstatuts ändert hieran nichts. An der bewussten und freiwilligen Aufnahme internationaler Vertragskontakte fehlt es auch dann, wenn eine Partei den Auslandsbezug des von ihr vorgenommenen Geschäfts nicht erkannt hat, weil sie zB mit einer „pseudo-foreign corporation" kontrahiert (vgl LG Stuttgart IPRax 1991, 118) oder bei einem telefonischen Vertragsschluss nicht merkt, dass der andere Teil seinen Wohnsitz oder Sitz im Ausland hat (vgl MünchKomm/SPELLENBERG Art 31 Rn 92).

Andererseits schließt allein die aktive Aufnahme von vertraglichen Beziehungen zu einem ausländischen Partner die Berufung auf Art 31 Abs 2 EGBGB noch keineswegs aus. Hinzukommen muss vielmehr, dass die von dieser Vorschrift geschützte Partei **subjektiv weder erkannt hat noch erkennen konnte,** dass ihr Verhalten nach dem von Abs 1 zur Anwendung berufenen Vertragsstatut als Zustimmung zum Vertragsschluss gewertet wird. Zur Konkretisierung und Präzisierung der Anforderungen an die Kenntnis bzw das Kennenmüssen können insoweit die zu Art 12 EGBGB entwickelten Kriterien (vgl zu diesen STAUDINGER/HAUSMANN [2000] Art 12 Rn 58 ff) mit den durch die unterschiedliche Zielsetzung beider Normen gebotenen Modifikationen entsprechend herangezogen werden (G FISCHER 314 ff; MünchKomm/SPELLENBERG Art 31 Rn 89 ff). **58**

Danach entschuldigt vor allem ein **Irrtum** über den Inhalt des als Vertragsstatut maßgeblichen **fremden Sachrechts,** wenn dieses in der Frage der Wertung eines bestimmten Verhaltens als rechtsgeschäftlich bindend vom Aufenthaltsrecht einer Partei zu deren Nachteil abweicht, also zB das Schweigen auf die einem Vertragsangebot beigefügten AGB oder auf ein kaufmännisches Bestätigungsschreiben im Gegensatz zum Aufenthaltsrecht des Schweigenden als Zustimmung wertet (MünchKomm/SPELLENBERG Art 31 Rn 94). Darüber hinaus kann aber auch ein Irrtum über die auf den Vertragsschluss anwendbaren **Kollisionsregeln** die Berufung auf Art 31 Abs 2 rechtfertigen. Den kollisionsrechtlichen Schutz nach dieser Vorschrift kann eine Partei auch dann in Anspruch nehmen, wenn sie – zB in einem komplex gelagerten Auslandssachverhalt – die IPR-Regeln ihres Aufenthaltsrechts zur Anknüpfung von Schuldverträgen verkennt und deshalb nicht mit der Geltung des von Art 31 Abs 1 berufenen ausländischen Sachrechts rechnet (**aA** MünchKomm/SPELLENBERG Art 31 Rn 93). Allerdings sind insoweit strengere Sorgfaltsmaßstäbe anzulegen als bei Gel- **59** tung eines vom Aufenthaltsrecht verschiedenen Kollisionsrechts (zB bei einem Rechtsstreit vor den Gerichten eines Staates, in dem das EVÜ nicht gilt).

60 Auf das Recht des Staates ihres gewöhnlichen Aufenthalts kann sich die Partei nach Art 31 Abs 2 EGBGB schließlich auch dann nicht berufen, wenn sie zwar die Wertung ihres Verhaltens als Zustimmung nach dem Vertragsstatut des Abs 1 nicht erkannt hat, wohl aber bei Beobachtung der im Verkehr erforderlichen Sorgfalt hätte erkennen können. An der nach Abs 2 erforderlichen „Rechtfertigung" für die Verdrängung des Vertragsstatuts durch das Aufenthaltsrecht fehlt es also dann, wenn die Unkenntnis des fremden Rechts auf **Fahrlässigkeit** beruht. Der anzulegende Sorgfaltsmaßstab kann allerdings – ebenso wie in Art 12 S 1 EGBGB (dazu STAUDINGER/ HAUSMANN [2000] Art 12 Rn 64 ff) – nicht ohne weiteres unter Hinweis auf § 122 Abs 2 BGB dem deutschen Recht entnommen werden (so aber MünchKomm/SPELLENBERG Art 31 Rn 96); er ist vielmehr im Hinblick auf die Verpflichtung zu einer einheitlichen europäischen Auslegung der Vorschrift (Art 36 EGBGB) *autonom* zu bestimmen. Danach ist eine Partei auch nach Art 31 Abs 2 nur dann schutzwürdig, wenn man ihr nicht zumuten kann, sich durch Einholung von Informationen über das ausländische Vertragsstatut selbst zu schützen.

61 Der Umfang der insoweit bestehenden Obliegenheiten zur Ermittlung der Regeln des Vertragsstatuts über die rechtliche Bindungswirkung des Schweigens oder sonstigen Verhaltens hängt maßgeblich von den **Umständen des Einzelfalls** ab; dabei sind vor allem die wirtschaftliche Bedeutung des Geschäfts, die Geschäftsgewandtheit der Parteien, der zur Verfügung stehende Verhandlungszeitraum und die Üblichkeit rechtlicher Beratung bei Geschäften dieser Art zu berücksichtigen. So sind bei *Kaufleuten* höhere Anforderungen zu stellen als bei einem mit den Gefahren des internationalen Rechtsverkehrs nicht vertrauten Privatmann (G FISCHER 378 f; MünchKomm/ SPELLENBERG Art 31 Rn 99). Ferner ist bei Transaktionen mit erheblichem wirtschaftlichen Gewicht ein strengerer Sorgfaltsmaßstab anzulegen als bei grenzüberschreitenden Verbrauchergeschäften des täglichen Lebens. Von Bedeutung kann auch die Haufigkeit bestimmter Geschäfte mit Partnern aus bestimmten Ländern sein; wer zB aufgrund der grenznahen Lage seines Geschäfts laufend Verträge mit Partnern im Nachbarstaat tätigt, verdient im Rahmen des Art 31 Abs 2 geringeren Schutz als jemand, der erstmals mit einem Ausländer kontrahiert (ähnlich auch MünchKomm/SPELLENBERG aaO).

62 Art 31 Abs 2 EGBGB ist hingegen kein Einfallstor für allgemeine **verbraucherschützende Billigkeitserwägungen;** ein Günstigkeitsvergleich zwischen den Regeln des Vertragsstatuts und des Aufenthaltsrechts nach dem Vorbild von Art 29 Abs 1 EGBGB findet nicht statt (MANKOWSKI RiW 1994, 422 gegen OLG Düsseldorf RiW 1994, 420 = IPRspr 1994 Nr 23 [Rechtswahlklausel]; THORN IPRax 1997, 98 [105] gegen OLG Düsseldorf IPRax 1997, 115 [Rechtswahl- und Schiedsklausel]). Der bloße Umstand, dass ein inländischer Verbraucher durch den Inhalt eines im Ausland geschlossenen Vertrages überrascht oder benachteiligt wird, begründet nicht das für Art 31 Abs 2 allein entscheidende Vertrauen in die Geltung deutschen Rechts (zutr MÄSCH IPRax 1995, 373; MANKOWSKI RiW 1996, 384; MünchKomm/SPELLENBERG Art 31 Rn 60 f; **aA** LG Gießen NJW 1995, 406; LG Stuttgart RiW 1996, 424 [425]).

d) Einzelfälle zur Interessenabwägung

Das Interesse der schweigenden Partei an der Beurteilung ihres Verhaltens nach ihrem Umweltrecht ist umso größer, je schwächer der Bezug des Geschäfts zu der als Vertragsstatut maßgebenden Rechtsordnung und je stärker dieser Bezug zum Aufenthaltsrecht der Partei ist (vgl LG Hamburg NJW-RR 1990, 695; LG Aachen NJW-RR 1991, 885). Dementsprechend ist eine Sonderanknüpfung nach Art 31 Abs 2 EGBGB vornehmlich bei **internationalen Distanzgeschäften** gerechtfertigt, die nach Abs 1 einem Recht unterliegen, welches die schweigende Partei weder kennt noch kennen muss.

aa) Vertragsschluss im Inland

Eine ergänzende Anwendung des ausländischen Aufenthaltsrechts einer Partei nach Art 31 Abs 2 hat daher idR auszuscheiden, wenn ein dem deutschen Recht unterliegender Vertrag im Inland verhandelt und abgeschlossen wurde. Schweigt also ein ausländischer Kaufmann auf eine Auftragsbestätigung, die ihm anlässlich eines Geschäftsbesuchs bei seinem deutschen Kunden übergeben wird und die auf die Geltung der AGB der deutschen Partei verweist, so kann er sich hinsichtlich der Bewertung seines Schweigens nicht auf sein ausländisches Aufenthaltsrecht berufen; in einem solchen Fall muss er vielmehr mit einer Bewertung seines Verhaltens nach dem Recht des inländischen Abschlussortes rechnen. Deshalb überwiegen die Verkehrsinteressen an einer einheitlichen Anknüpfung; das Individualinteresse der ausländischen Partei an der Geltung ihres Umweltrechts hat zurückzutreten (REITHMANN/MARTINY Rn 214; G FISCHER 346; KEGEL/SCHURIG, IPR[8] § 17 V 1 a; ebenso schon früher BGH WM 1970, 1050 = IPRspr 1970 Nr 133; BGH NJW 1973, 2154 = IPRspr 1973 Nr 25; BGH NJW 1976, 2075 = IPRspr 1976 Nr 8; SCHMIDT-SALZER NJW 1972, 392; BUCHMÜLLER NJW 1977, 501; DROBNIG, in: FS Mann 605; **aA** MünchKomm/SPELLENBERG Art 31 Rn 88). Dieses Ergebnis lässt sich auch auf eine entsprechende Anwendung von Art 12 S 1 EGBGB stützen (JAYME ZHR 142 [1978] 121; HEPTING RiW 1975, 463; HÜBNER NJW 1980, 2606). Von einem „Inlandsgeschäft" in diesem Sinne kann allerdings dann nicht gesprochen werden, wenn die ausländische Partei lediglich ein Angebot aus dem Ausland an den inländischen Kunden absendet (JAYME, in: FS Bärmann 514; HEPTING RiW 1975, 460; DROBNIG, in: FS Mann 602 f; **aA** BGH NJW 1973, 2154) oder wenn lediglich Vorverhandlungen im Inland geführt, der Vertrag aber im Ausland geschlossen wurde (REITHMANN/MARTINY Rn 203).

bb) Vertragsschluss in einem Drittstaat

Darüber hinaus ist die Anwendung des Aufenthaltsrechts aber ganz allgemein dann nicht gerechtfertigt, wenn die Partei, deren Verhalten in Bezug auf den Vertragsschluss rechtlich zu bewerten ist, ihren heimischen Rechtskreis verlassen hat und auf diese Weise den Kontakt mit fremdem Recht gezielt gesucht hat (s o Rn 57). Denn die für Art 31 Abs 2 EGBGB maßgeblichen Verhaltensstandards werden vor allem durch die am Ort der Vertragsverhandlungen und des Vertragsschlusses geltenden Normen bestimmt. Deshalb unterliegen Verkehrsgeschäfte, die von einer Partei außerhalb des Staates ihres gewöhnlichen Aufenthalts abgeschlossen werden (zB auf Messen oder Märkten), grundsätzlich allein dem Vertragsstatut nach Abs 1. Dies gilt also nicht nur, wenn eine Partei in dem Staat geschäftlich auftritt, in dem die andere Partei ihren gewöhnlichen Aufenthalt bzw ihre Niederlassung hat, sondern in gleicher Weise auch dann, wenn die Zustimmung zum Vertragsschluss in einem Drittstaat erklärt wird (KEGEL/SCHURIG, IPR[8] § 17 V 1a; FERID, IPR[3] Rn 5–93,1; REITHMANN/MARTINY Rn 203; G FISCHER 347 f; MANKOWSKI RiW 1986, 383; vgl auch zu Art 123 schweiz

IPRG KELLER/GIRSBERGER Rn 16). Nur ausnahmsweise kann Art 31 Abs 2 auch dann Anwendung finden, wenn die Willenserklärung von derjenigen Partei, die das Zustandekommen eines Vertrages leugnet, außerhalb ihres Aufenthaltsstaates abgegeben wurde; diese Partei muss dann freilich besondere Umstände dartun, die – wie zB Vertragsverhandlungen in deutscher Sprache im Rahmen einer nur auf deutsche Kunden ausgerichteten Verkaufsveranstaltung – das Vertrauen in die Geltung ihres deutschen Umweltrechts trotz des Vertragsabschlusses im Ausland rechtfertigen (LG Aachen NJW 1991, 2221 = IPRspr 1992 Nr 35; LG Koblenz RiW 1995, 946 [947] = NJW-RR 1995, 1335; MÄSCH IPRax 1995, 373; aA LG Düsseldorf RiW 1995, 415 [416] = IPRspr 1994 Nr 33). In die Bewertung sind freilich nur Umstände einzubeziehen, welche die *vorkonsensuale* Phase betreffen; der Inhalt des geschlossenen Vertrages hat deshalb ebenso außer Betracht zu bleiben, wie ein etwaiger Bezug der Vertragsabwicklung zum Aufenthaltsstaat der zustimmenden Partei (MANKOWSKI RiW 1996, 384; aA LG Aachen aaO; LG Hamburg NJW-RR 1990, 695 [696] = IPRspr 1990 Nr 29; KLINGSPORN WM 1994, 1093 [1097]).

cc) **Laufende Geschäftsbeziehungen**

66 Das bloße Bestehen einer laufenden Geschäftsverbindung schließt zwar eine Sonderanknüpfung nach Art 31 Abs 2 EGBGB nicht grundsätzlich aus (REITHMANN/MARTINY Rn 203; SOERGEL/vHOFFMANN Art 31 Rn 41; MANKOWSKI RiW 1996, 389). Haben die Parteien im Rahmen dieser ständigen Geschäftsbeziehung ihre Verträge jedoch immer dem gleichen Recht unterstellt, so wird man davon ausgehen müssen, dass beiden Parteien die Regeln dieses Rechts über die Voraussetzungen eines wirksamen Vertragsschlusses, namentlich über die Einbeziehung von AGB durch Schweigen, bekannt sind und deshalb eine Sonderanknüpfung ausscheidet (EBENROTH ZVerglRW 76 [1977] 186; LAGARDE Rev crit dip 1991, 327; ERMAN/HOHLOCH Art 31 Rn 16). Dies gilt erst recht, wenn der Erklärende seinen Partner ausdrücklich auf die Folgen des Schweigens nach Maßgabe des Vertragsstatuts hingewiesen hat (LÜDERITZ, IPR[2] Rn 287). Auch wenn Angebote in der Vergangenheit stets durch Schweigen angenommen wurden, kann der Schweigende von dieser ständigen Praxis nicht in einem Einzelnen Fall abrücken und sich auf sein Umweltrecht berufen, das einer Wertung des Schweigens als Zustimmung entgegensteht (SOERGEL/vHOFFMANN aaO).

dd) **Vertrautheit mit den Erklärungsgepflogenheiten des Vertragsstatuts**

67 Auch außerhalb von laufenden Geschäftsbeziehungen ist eine ausschließliche Beurteilung des Vertragsschlusses nach dem Vertragsstatut idR gerechtfertigt, wenn die durch Art 31 Abs 2 EGBGB geschützte Partei die – von ihrem Umweltrecht abweichende – Bewertung des Schweigens oder sonstigen Verhaltens in dem als Vertragsstatut bestimmten Recht oder die am ausländischen Erklärungs- bzw Empfangsort hierzu geltenden Bräuche kennt oder kennen muss (SOERGEL/vHOFFMANN Art 31 Rn 42). Dabei kann auch erheblich sein, ob die Partei den Vertrag selbst abgeschlossen oder sich hierzu eines sachkundigen Vertreters (zB eines Rechtsanwalts) bedient hat (vgl KAYE 277). Hat eine Partei zB anlässlich früherer Geschäftsabschlüsse oder im Laufe der Vertragsverhandlungen davon Kenntnis erlangt, dass der mangelnde Widerspruch gegen die von der anderen Seite eingeführten AGB nach dem Vertragsstatut zu ihrer Einbeziehung in den Vertrag führt, so scheidet eine ergänzende Sonderanknüpfung nach Art 31 Abs 2 regelmäßig aus (vgl OLG München AWD 1974, 279 = IPRspr 1973 Nr 24; REITHMANN/MARTINY Rn 215; aA HEPTING RiW 1975, 463 f). Gleiches gilt, wenn die Verwendung von AGB im grenzüberschreitenden Verkehr bestimmter Branchen üblich ist; auch in einem solchen Fall können sich der Branche angehörige

Kaufleute nicht auf Art 31 Abs 2 berufen, um ihre nach dem Vertragsstatut fingierte Zustimmung zur Geltung dieser *branchenüblichen AGB* auszuschließen (vgl SANDROCK RiW 1986, 850; WITZ/SCHWEITZER JuS 1994, 319 [323]; dazu näher Rn 76 f). Der Schutz des Art 31 Abs 2 kann freilich international tätigen Kaufleuten nicht grundsätzlich und pauschal versagt werden (so aber – zu Art 123 schweiz IPRG – KELLER/GIRSBERGER Rn 14).

ee) Freiwillige Herstellung des Auslandsbezugs

Teilweise lässt man es – weitergehend – für einen Ausschluss der Sonderanknüpfung **68** nach Art 31 Abs 2 EGBGB bereits genügen, dass sich die geschützte Vertragspartei „objektiv freiwillig durch eigenes Handeln selbst auf das fremde Recht eingelassen hat und ... subjektiv mit der Geltung jenes Rechts rechnen muss" (MünchKomm/SPELLENBERG Art 31 Rn 86). Danach soll insbesondere der Abschluss einer wirksamen (isolierten) Rechtswahlvereinbarung eine Berufung auf Art 31 Abs 2 hinsichtlich des Zustandekommens des Hauptvertrages grundsätzlich ausschließen (vgl MünchKomm/SPELLENBERG Art 31 Rn 83; ERMAN/HOHLOCH Art 31 Rn 16). Entsprechend soll in einer nachträglichen Rechtswahl ein Verzicht der Parteien auf die Geltendmachung des Umweltrechts in Bezug auf das Zustandekommen des Hauptvertrages liegen (MünchKomm/SPELLENBERG Art 31 Rn 84). Sogar die bloße Schaffung des für Art 28 EGBGB maßgebenden objektiven Schwerpunkts des Vertrages in einer bestimmten Rechtsordnung (zB durch Abgabe einer Offerte oder durch Verhandlungskontakte) soll bereits den gleichen Effekt haben (vHOFFMANN RabelsZ 36 [1972] 515 ff; LINKE ZVerglRW 79 [1980] 1, 32, sowie in der Schweiz KELLER/GIRSBERGER Art 123 Rn 6). Demgemäß müsse etwa ein inländischer Anbieter die Bewertung seiner Erklärung als bindendes Vertragsangebot durch das ausländische Vertragsstatut hinnehmen, wenn er die Erklärung bewusst gegenüber einem im Ausland ansässigen Adressaten abgegeben habe; eine Berufung auf sein Aufenthaltsrecht, das in der Erklärung eine bloße *invitatio ad offerendum* sieht, sei dann ausgeschlossen (SOERGEL/vHOFFMANN Art 31 Rn 39 f). Einer so weitgehenden Einschränkung der Sonderanknüpfung nach Art 31 Abs 2 ist indes zu widersprechen. Weder eine Rechtswahl noch die bloße Herstellung des Auslandsbezugs durch die nach Abs 2 geschützte Partei reicht für sich allein aus, um ihr das Recht zur Berufung auf ihr Umweltrecht zu nehmen. Dies ist vielmehr nur gerechtfertigt, wenn diese Partei auch die rechtlichen Regeln und Erklärungsusancen des Vertragsstatuts in Bezug auf das Zustandekommen des Vertrages durch Schweigen etc kennt oder kennen muss. Ansonsten käme der nach der Gesetzesbegründung gewollten Anwendung der Vorschrift auch auf aktives Verhalten (dazu o Rn 43) praktisch keine Bedeutung zu.

ff) Vertragsänderung

Eine ausschließliche Geltung des Vertragsstatuts wird schließlich auch für Vertrags- **69** änderungen, insbesondere die nachträgliche Einbeziehung von AGB in einen wirksam geschlossenen Vertrag, vertreten (vgl DROBNIG, in: FS Mann 606 mwN; ebenso für den Abschluss von Einzelverträgen im Rahmen eines Dauerschuldverhältnisses HEPTING RiW 1975, 463). Daran ist richtig, dass in diesen Fällen das Vertragsstatut kraft Rechtswahl oder objektiver Anknüpfung bereits bestimmt oder verbindlich geworden ist, so dass das Schweigen auf einen Vorschlag zur Vertragsänderung grundsätzlich nach dem Vertragsstatut beurteilt werden sollte; indes ist auch insoweit eine Korrektur nach Maßgabe des Aufenthaltsrecht aus Gründen der Billigkeit im Einzelfall nicht ausgeschlossen (REITHMANN/MARTINY aaO; vgl auch BGHZ 57, 72 [77] = IPRspr 1971 Nr 133; OLG Nürnberg AWD 1974, 405 m abl Anm LINKE = IPRspr 1973 Nr 12 A; dazu schon o Rn 48).

e) Geltung des Aufenthaltsrechts

70 Nach Art 31 Abs 2 EGBGB kommt die Sperrwirkung gegenüber dem Vertragsstatut dem Recht des Staates zu, in dem die schweigende Partei ihren gewöhnlichen Aufenthaltsort hat. Bei Kaufleuten oder Gesellschaften kommt es statt dessen – entsprechend Art 28 Abs 2 EGBGB – auf deren Niederlassung bzw Sitz an (vBar, IPR II Rn 538 aE). Die Staatsangehörigkeit der Parteien ist hingegen für die Anknüpfung nach Art 31 Abs 2 unerheblich (MünchKomm/Spellenberg Art 31 Rn 66; ungenau die ältere deutsche Rechtsprechung, die auf das „Heimatrecht" abstellte, vgl BGHZ 57, 72 [77]).

IV. Ausgewählte Problembereiche

1. Allgemeine Geschäftsbedingungen

a) Problemstellung

71 Im internationalen Geschäftsverkehr werden Verträge heute in großem Umfang auf der Grundlage allgemeiner Geschäftsbedingungen (AGB) abgeschlossen. Da diese Klauselwerke gewöhnlich den Aufsteller begünstigen, entsteht zwischen den Parteien häufig Streit darüber, ob sie als Inhalt des geschlossenen Vertrages gelten. Dabei geht es einerseits um die Frage, ob die AGB insgesamt oder bestimmte Klauseln wirksam in den geschlossenen Vertrag einbezogen wurden (*Einbeziehungskontrolle,* vgl §§ 2 ff AGBG bzw §§ 305 Abs 2 – 306 BGB nF), andererseits um die inhaltliche Gültigkeit der wirksam einbezogenen einzelnen Klauseln *(Inhaltskontrolle,* vgl §§ 8 ff AGBG bzw §§ 307–309 BGB nF; zur teilweisen funktionalen Äquivalenz beider Kontrollmechanismen vgl Kötz, EuVR I 205 ff). Bezüglich der Einbeziehungskontrolle ist der Vorrang der Art 14 ff CISG vor §§ 2, 3 AGBG zu beachten (vgl Sieg RiW 1997, 812 ff; H Schmidt, in: Ulmer/Brandner/Hensen, AGBG⁹ Anh § 2 Rn 16 a; dazu schon o Rn 7 f), der allerdings nicht für Verbrauchergeschäfte gilt (vgl Art 2 lit a CISG). Das Sonderproblem des *Sprachrisikos* im Rahmen der Einbeziehung von AGB wird u Rn 97 ff behandelt.

b) Einbeziehungskontrolle
aa) Geltung des Vertragsstatuts nach Abs 1

72 Ausgangspunkt für die Beurteilung der Frage, ob die AGB einer Seite in den – im Übrigen wirksam geschlossenen – Vertrag einbezogen worden sind, ist gem Art 31 Abs 1 EGBGB das *Vertragsstatut.* Das Zustandekommen eines Vertrages auf der Grundlage von AGB unterliegt also keiner Sonderanknüpfung, sondern beurteilt sich nach den gleichen Kollisionsregeln wie der Abschluss eines individuell ausgehandelten Vertrages. Eine Einbeziehungskontrolle nach Maßgabe der §§ 2 ff AGBG/ §§ 305 Abs 2 – 306 BGB nF bzw den entsprechenden Grundsätzen im kaufmännischen Rechtsverkehr findet daher grundsätzlich nur statt, wenn der geschlossene Vertrag nach Art 27 ff EGBGB dem deutschen Recht untersteht (vgl OLG München EuZW 1991, 59 [63] = IPRax 1991, 46 m Anm Geimer 31 = IPRspr 1989 Nr 194; Lindacher [Rn 48] Anh § 2 AGBG Rn 1 ff, 37; H Schmidt [Rn 71] Anh § 2 AGBG Rn 4 ff; Palandt/Heldrich Art 31 Rn 3; Reithmann/Martiny Rn 212; MünchKomm/Spellenberg Art 31 Rn 10 ff, 106 ff; vBar, IPR II Rn 537). Über die regelmäßig im Vordergrund stehende Frage, ob eine in den AGB enthaltene *Rechtswahlklausel* wirksam vereinbart worden ist, entscheidet daher das gewählte Recht (vgl BGHZ 123, 380 [383] = NJW 1994, 262 = RiW 1994, 154 m krit Aufs W H Roth 275 = IPRax 1994, 449 m krit Anm W Lorenz 429 = JZ 1994, 363 m Anm G Fischer = IPRspr 1993 Nr 37 [Österreich]; KG VuR 1999, 138 m Anm Mankowski = IPRspr 1998 Nr 138 [Österreich]; OLG Düsseldorf RiW 1993, 845 = IPRspr 1993 Nr 144; OLG Saarbrücken NJW

1992, 987 [988] = IPRspr 1991 Nr 180; MEYER-SPARENBERG RiW 1989, 348 ff; REITHMANN/MARTINY Rn 197 f; RÜHL 103 ff; aA STOLL, in: FS Heini [1995] 429 [438 ff]; vgl auch o Rn 31). Dies gilt auch, soweit es um die Möglichkeit der Kenntnisnahme von einer Rechtswahlklausel durch den Internet-User im elektronischen Geschäftsverkehr geht (MANKOWSKI RabelsZ 63 [1999] 203 [210]; JUNKER RiW 1999, 809 [817]). Nur wenn die Einbeziehung von AGB durch reine *Formvorschriften* erschwert wird, reicht gem Art 11 Abs 1 EGBGB alternativ die Einhaltung der Ortsform aus (vgl – zu Art 1341 Abs 2 ital CC – LG Zweibrücken NJW 1974, 1060 = IPRspr 1974 Nr 148). Da § 2 AGBG/§ 305 Abs 2 BGB nF durch eine Verschärfung der Anforderungen an die Deutlichkeit des Einbeziehungshinweises vor allem sicherstellen soll, dass der Kunde sein Einverständnis mit der Geltung der AGB tatsächlich erklärt hat, betrifft die Vorschrift nicht nur die Form, sondern das inhaltliche „Zustandekommen" des Vertrages iSv Art 31 Abs 1 (MEYER-SPARENBERG RiW 1989, 348; LINDACHER [Rn 48] § 2 AGBG Rn 1; aA STAUDINGER/SCHLOSSER [1998] § 2 AGBG Rn 2; ULMER, in: ULMER/BRANDNER/HENSEN, AGBG[9] § 2 Rn 19).

Sieht man von den spezifischen kollisionsrechtlichen Schutzvorschriften bei reinen **73** Inlandsverträgen (Art 27 Abs 3 EGBGB) und zugunsten deutscher Verbraucher (Art 29 Abs 1 EGBGB; dazu u Rn 80) ab, so wird der Vertragspartner des AGB-Verwenders im Rahmen der Abschlusskontrolle nur durch das als Vertragsstatut zur Anwendung berufene materielle Recht sowie unter den Voraussetzungen von Art 31 Abs 2 ergänzend durch sein Umweltrecht geschützt. Dabei folgt aus der Funktion der Sonderanknüpfung in Art 31 Abs 2 als Korrektiv gegenüber dem primär maßgebenden Vertragsstatut, dass der mangelnden Vertrautheit einer Partei mit den Regeln des Vertragsstatuts über die Einbeziehung von AGB in den Schuldvertrag in erster Linie durch eine entsprechende **Auslegung** des nach Art 31 Abs 1 maßgebenden materiellen Rechts Rechnung zu tragen ist (vgl idS schon früher STOLL, in: FS Beitzke 763; LINKE ZVerglRW 79 [1980] 36 ff; aA HEPTING RiW 1975, 457 ff). Nur wenn diese Auslegung einen angemessenen Schutz nicht zu bewirken vermag, kann die betroffene Partei sich zusätzlich auf die Vorschriften ihres Aufenthaltsrechts berufen, die unter den gegebenen Umständen einer Einbeziehung der AGB in den Vertrag entgegenstehen (vgl SCHWENZER IPRax 1988, 87; LINDACHER [Rn 48] Anh § 2 AGBG Rn 20; MünchKomm/ SPELLENBERG Art 31 Rn 13, 74 ff, 107).

Die praktische Bedeutung dieser Frage ist vor allem deshalb groß, weil **ausländische 74 Rechte** zT erheblich strengere Anforderungen an die wirksame Einbeziehung von AGB in einen Schuldvertrag stellen (vgl dazu rechtsvergleichend REITHMANN/MARTINY Rn 211; ULMER [Rn 72] Einl Rn 65 ff; KÖTZ, EuVR I 213 ff). So müssen AGB vom Vertragspartner nach *französischem* Recht ausdrücklich angenommen werden (vgl Cass com Gaz Pal 1950, 1247); Kennenmüssen genügt hingegen nur unter besonderen Umständen (zB im Rahmen einer laufenden Geschäftsbeziehung; vgl SONNENBERGER RiW 1990, 67). Auch im *englischen* Recht müssen AGB dem Kunden vor oder bei Vertragsschluss so zugänglich gemacht werden, dass er die Möglichkeit hatte, von ihnen Kenntnis zu nehmen („reasonable sufficient notice"; vgl TRIEBEL/HODGSON/KELLENTER/MÜLLER, Englisches Handels- und Wirtschaftsrecht[2] [1995] Rn 98 ff). Das Schweigen auf ein kaufmännisches Bestätigungsschreiben führt daher grundsätzlich nicht zur Einbeziehung von AGB (vgl idS LG Mainz AWD 1972, 298 m Anm EBSEN/JAYME = IPRspr 1971 Nr 135; OLG Nürnberg AWD 1974, 405 m Anm LINKE = IPRspr 1974 Nr 12A; OLG Hamburg NJW 1980, 1232 = IPRspr 1979 Nr 15; vBERNSTORFF, Einführung in das englische Recht[2] [2000] 92 f). Ähnliche Grundsätze gelten auch im *kanadischen* Recht (vgl dazu näher OLG München IPRax 1991,

46 [50] = IPRspr 1989 Nr 194). Nach *italienischem* Recht werden einseitig von einer Partei eingeführte AGB Vertragsinhalt, wenn der Kunde sie vor dem Vertragsschluss kannte oder sie bei Anwendung ordentlicher Sorgfalt gekannt haben müsste (Art 1341 Abs 1 CC; vgl dazu OLG Karlsruhe RiW 1994, 1046 = IPRspr 1993 Nr 136). Besonders lästige und gefährliche Abreden – wie zB Haftungsbeschränkungen, Gerichtsstands- oder Schiedsklauseln – bedürfen jedoch einer besonderen schriftlichen Billigung (Art 1341 Abs 2 CC; vgl OLG Frankfurt RiW 1976, 107 = IPRspr 1975 Nr 173; LG Duisburg RiW 1996, 774 = IPRspr 1996 Nr 148; BONELL ZVerglRW 78 [1979] 8 ff). Auch nach *österreichischem* Recht erfordert die wirksame Einbeziehung von AGB, dass vor Vertragsschluss auf sie Bezug genommen wurde und der Geschäftspartner die Möglichkeit hatte, vom Inhalt der Bedingungen Kenntnis zu nehmen (vgl OLG Hamburg RiW 1986, 462 = IPRspr 1985 Nr 36). Bestimmungen ungewöhnlichen Inhalts werden nicht Vertragsbestandteil, wenn sie dem anderen Teil nachteilig sind und er mit ihnen nach den Umständen nicht zu rechnen brauchte (KG VuR 1999, 138 = IPRspr 1998 Nr 138). Hingegen werden AGB auch in langjährigen Geschäftsbeziehungen durch die unbeanstandete Annahme von Rechnungen, in denen auf sie verwiesen wird, nicht Vertragsbestandteil (vgl OLG Karlsruhe NJW-RR 1993, 564 = IPRspr 1992 Nr 199 unter Hinweis auf OGH SZ 55 Nr 106 und Nr 134). Das Schweigen auf eine Auftragsbestätigung gilt nur dann als Zustimmung, wenn diese inhaltlich mit der getroffenen mündlichen Vereinbarung nicht in Widerspruch steht, sondern diese lediglich konkretisiert oder ergänzt, ohne Interessen des Empfängers zu beeinträchtigen (vgl OLG Frankfurt RiW 1983, 59 = IPRspr 1982 Nr 18). Großzügiger ist demgegenüber etwa das *belgische* Recht; danach ist die widerspruchslose Annahme von Rechnungen mit aufgedruckten AGB unter Kaufleuten im Rahmen einer laufenden Geschäftsverbindung grundsätzlich als Einverständnis des Empfängers mit den AGB zu werten (vgl OLG Hamm NJW 1983, 523 = IPRspr 1982 Nr 19; REICHARD/DE VEL AWD 1973, 184 ff).

bb) Materiellrechtliche Berücksichtigung des Auslandsbezugs

75 Ist als Vertragsstatut nach Art 31 Abs 1 EGBGB *deutsches* materielles Recht maßgeblich, so gilt für die Einbeziehung von AGB in Verträge mit Verbrauchern § 2 AGBG/§ 305 Abs 2 BGB nF (dazu näher STAUDINGER/SCHLOSSER [1998] § 2 Rn 4 ff); demgegenüber sind im Verkehr mit Unternehmern (§ 24 Abs 1 Nr 1 AGBG/§ 310 Abs 1 S 1 BGB nF) die allgemeinen Voraussetzungen eines gültigen Vertragsschlusses nach §§ 145 ff BGB unter Berücksichtigung der Branchenüblichkeit und des Handelsbrauchs maßgebend. Danach werden zwar AGB auch nur dann Vertragsbestandteil, wenn sie rechtsgeschäftlich einbezogen wurden (BGHZ 117, 190 [194] = NJW 1982, 1232; OLG Dresden NJW-RR 1999, 846). Da die deutsche Rechtsprechung namentlich im kaufmännischen Verkehr bzgl der Einbeziehung von AGB aber sehr großzügig verfährt und bereits die Möglichkeit der zumutbaren Kenntnisnahme vom Inhalt der AGB für eine stillschweigende Unterwerfung ausreichen lässt (vgl STAUDINGER/SCHLOSSER [1998] § 2 AGBG Rn 43; LINDACHER [Rn 48] § 2 AGB Rn 68, jeweils mwN), stellt sich die Frage, inwieweit diese Grundsätze auch auf ausländische Kunden übertragbar sind. Einigkeit besteht darüber, dass Ausländer sich die Geltung von AGB allein aufgrund eines fehlenden Widerspruchs nicht in gleichem Umfang wie Inländer entgegenhalten lassen müssen. Vielmehr kommt es im Rahmen der **Auslegung** der Willenserklärung des deutschen AGB-Verwenders aus der Sicht des ausländischen Empfängers entscheidend darauf an, ob Letzterer um die Verkehrsüblichkeit der AGB-Verwendung weiß bzw wissen muss (MünchKomm/SPELLENBERG Art 31 Rn 31 ff). Ist dem ausländischen Kunden aus früheren Geschäften oder aufgrund enger Beziehungen zum Inland (zB

Niederlassung) bekannt, dass der deutsche Vertragspartner nur zu seinen AGB abschließen will, so ist er grundsätzlich wie eine deutsche Vertragspartei zu behandeln; mangels Widerspruchs gelten daher die ihm bekannten AGB (vgl BGH VersR 1971, 619 = IPRspr 1971 Nr 21 b; REITHMANN/MARTINY Rn 216; ERMAN/HOHLOCH Art 31 Rn 9).

Darüber hinaus kann vor allem bei den besonders bekannten und verbreiteten „großen" AGB (Bankbedingungen, Spediteurbedingungen, Konnossementsbedingungen, Versicherungsbedingungen) unter dem Gesichtspunkt der professionellen Nähe auch von ausländischen Parteien der gleichen Branche erwartet werden, dass sie um die **branchenübliche Verwendung** dieser Bedingungen wissen. Demgemäß müssen ausländische *Spediteure,* die Geschäftsbeziehungen mit deutschen Spediteuren unterhalten, grundsätzlich wissen, dass letztere ausschließlich zu den ADSp arbeiten (vgl – insbesondere zur Rechtswahl-, Erfüllungsorts- und Gerichtsstandsklausel in § 65 a ADSp aF [= Ziff 30 ADSp 1999], abgedruckt bei BAUMBACH/HOPT, HGB[30] S 1667 ff) – BGH VersR 1971, 619 = IPRspr 1971 Nr 21b; BGH NJW 1973, 2154 = AWD 1973, 631 = IPRspr 1973 Nr 25; OLG München NJW 1973, 1560 = AWD 1974, 279 = IPRspr 1973 Nr 24 und VersR 1975, 129 = IPRspr 1974 Nr 35; OLG Frankfurt RiW 1979, 278 = IPRspr 1979 Nr 29 und RiW 1980, 666 = IPRspr 1980 Nr 46; OLG Schleswig NJW-RR 1988, 283 = IPRspr 1987 Nr 129; OLG Saarbrücken TranspR 1992, 371; OLG Hamburg TranspR 1996, 40 = RiW 1997, 70; LINDACHER [Rn 48] Anh § 2 AGBG Rn 46; H SCHMIDT [Rn 71] Anh § 2 AGBG Rn 23; **aA** G FISCHER 339 f). Dies gilt insbesondere dann, wenn es sich um eine größere Spedition mit internationaler Ausrichtung handelt (vgl OLG Hamburg RiW 1987, 149 = VersR 1986, 808 m Anm LAU = IPRspr 1985 Nr 45; OLG Düsseldorf RiW 1990, 752 = IPRspr 1990 Nr 172; REITHMANN/MARTINY Rn 217) oder wenn die ausländische Spedition eine Niederlassung im Inland unterhält (vgl BGH RiW 1982, 55 = IPRax 1982, 77 [LS] m Bericht vHOFFMANN = IPRspr 1981 Nr 40 [Schweiz]; H SCHMIDT aaO); der bloße Vertragsschluss im Inland reicht hingegen nicht in jedem Fall aus (LINDACHER aaO). Umgekehrt wird eine solche Kenntnis auch von deutschen Spediteuren bezüglich ausländischer Spediteurbedingungen erwartet (OLG Köln RiW 1994, 599 = IPRax 1994, 465 [LS] m Bericht KRONKE). Entsprechendes gilt für die Kenntnis der deutschen *Banken-AGB* (abgedruckt bei BAUMBACH/HOPT, HGB[30] S 1398 ff). Jedenfalls Banken in den unmittelbaren Nachbarstaaten und in den EU-Staaten müssen deshalb damit rechnen, dass deutsche Banken auch im Geschäftsverkehr mit ausländischen Banken ihre AGB zugrunde legen (BGH NJW 1971, 2126 m abl Anm SCHMIDT-SALZER u zust Anm PLEYER/UNGNADE NJW 1972, 681 = JR 1972, 25 m Anm KOLLHOSSER = IPRspr 1971 Nr 15; REITHMANN/ MARTINY Rn 218; LINDACHER aaO; H SCHMIDT aaO); dies trifft insbesondere auf grenznahe ausländische Banken zu, die häufig Kontakte zu deutschen Banken pflegen (BGH NJW 1987, 1825 = IPRax 1987, 372 = EWiR 1987, 425 [LS] m zust Anm PLEYER = IPRspr 1987 Nr 16). Denkbar ist auch, dass nur eine *einzelne Klausel* in einer bestimmten Branche Handelsbrauch ist, zB eine Eigentumsvorbehaltsklausel (ULMER [Rn 72] § 2 AGBG Rn 105; **aA** BGH NJW 1985, 1840) oder eine Gerichtsstands- bzw Schiedsvereinbarung (vgl dazu näher Anh II zu Art 27–37 Rn 200 ff).

Gehört der ausländische Kaufmann hingegen **nicht der gleichen Branche** an, so kann von ihm grundsätzlich nicht – wie von einem deutschen Kaufmann – die Kenntnis erwartet werden, dass die Verwendung von AGB in Deutschland branchenüblich ist. Vielmehr bedarf es in diesen Fällen grundsätzlich eines ausdrücklichen Hinweises der deutschen Partei auf die Geltung ihrer AGB (vgl OLG Saarbrücken NJW 1953, 1832 = IPRspr 1952/53 Nr 39; BGH NJW 1976, 2075 m krit Anm BUCHMÜLLER NJW 1977, 501 und zust Anm KRONKE NJW 1977, 992 = IPRspr 1976 Nr 8 [ADSp/Belgien]; BGH NJW 1981, 1905 = IPRax 1981,

218 m Bericht vHOFFMANN = IPRspr 1981 Nr 152 [ADSp/Italien]; OLG Bremen RiW 1978, 747 = IPRspr 1978 Nr 139 [ADSp/Italien]; REITHMANN/MARTINY Rn 216; H SCHMIDT aaO). Anders kann es dann liegen, wenn der branchenfremde ausländische Kunde geschäftstypischerweise mit deutschen Banken, Spediteuren etc zusammenarbeitet (LINDACHER aaO). Ein Ausschluss der Geltung von branchenüblichen AGB der deutschen Vertragspartei (zB ADSp) kann sich auch daraus ergeben, dass der Vertrag aufgrund der vom ausländischen Vertragspartner vorgegebenen detaillierten Ausschreibungsbedingungen geschlossen wird (vgl BGH NJW 1981, 1905).

cc) **Sonderanknüpfung nach Abs 2**

78 Führt die Anwendung des Vertragsstatuts – auch unter Berücksichtigung der vorstehend erörterten besonderen Auslegungsgrundsätze in auslandsbezogenen Sachverhalten – zu dem Ergebnis, dass die AGB durch das Schweigen des Empfängers bzw den mangelnden Widerspruch gegen ihre Geltung zum Vertragsinhalt geworden sind, so ist in einem zweiten Schritt zu prüfen, ob die schweigende Partei sich bzgl dieser Wertung ihres Verhaltens nach Art 31 Abs 2 EGBGB auf das Recht ihres gewöhnlichen Aufenthalts berufen kann. Für die insoweit erforderliche Interessenabwägung gelten die in Rn 55–69 dargelegten Erwägungen. Danach kommt eine Sonderanknüpfung im Rechtsverkehr zwischen *Kaufleuten* oder Unternehmern idR nur bei **internationalen Distanzverträgen** in Betracht. Übermittelt also ein deutscher Verkäufer seinem ausländischen Kunden eine Auftragsbestätigung oder Rechnung, in der auf die Geltung der rückseitig abgedruckten AGB hingewiesen wird, so werden die AGB trotz Geltung deutschen Rechts als Vertragsstatut nicht Vertragsinhalt, wenn der ausländische Käufer nach seinem Aufenthaltsrecht nicht verpflichtet war, der Geltung der AGB zu widersprechen (vgl OLG München EuZW 1991, 59 [63 f] = IPRax 1991, 46 m Anm GEIMER 31 = IPRspr 1989 Nr 194 [Kanada]; OLG Karlsruhe NJW-RR 1993, 567 = IPRspr 1992 Nr 199 [Österreich] und RiW 1994, 1046 = IPRspr 1993 Nr 136 [Italien]; PALANDT/ HELDRICH Art 31 Rn 3; ERMAN/HOHLOCH Art 31 Rn 14; SCHÜTZE DWiR 1992, 90; G FISCHER 337 ff; H SCHMIDT [Rn 71] Anh § 2 AGBG Rn 22; REITHMANN/MARTINY Rn 213; ähnlich bereits früher OLG Frankfurt RiW 1976, 107 = IPRspr 1975 Nr 173 und RiW 1983, 59 = IPRspr 1982 Nr 18; LG Mainz RiW 1972, 298 m zust Anm EBSEN/JAYME = IPRspr 1971 Nr 135; HEPTING RiW 1975, 462; DROBNIG, in: FS Mann 604 f; KRONKE NJW 1977, 992 f; JAYME ZHR 142 [1978] 121 f). Die Internationalität des Sachverhalts allein begründet auch für den kaufmännischen Empfänger noch keine Obliegenheit, sich nach den fremden Regeln bezüglich der Einbeziehung der AGB zu erkundigen; eine solche kann sich aber aus den besonderen Umständen des Einzelfalles ergeben (zu restriktiv MünchKomm/SPELLENBERG Art 31 Rn 112 ff). Ferner können sich ausländische Unternehmen auch gegenüber AGB, die – wie zB die ADSp oder die Banken-AGB – nach dem deutschen Vertragsstatut aufgrund ihrer Branchenüblichkeit für alle Verträge mit Angehörigen der Branche gelten, auf ihr Umweltrecht berufen, um eine Bindung an diese AGB auszuschließen (vgl BGH NJW 1976, 2075 m Anm BUCHMÜLLER NJW 1977, 501 = IPRspr 1976 Nr 8; SOERGEL/ vHOFFMANN Art 31 Rn 45; MünchKomm/SPELLENBERG Art 31 Rn 13). Dies gilt freilich dann nicht, wenn die ausländische Partei sich die Kenntnis der AGB aufgrund ihrer Branchenvertrautheit zurechnen lassen muss (vgl o Rn 76). Noch großzügiger als im kaufmännischen Verkehr kann auf Art 31 Abs 2 in internationalen *Verbrauchergeschäften* zurückgegriffen werden; die geringere Erfahrung und Geschäftsgewandtheit des Verbrauchers lässt hier die strikte Geltung des Vertragsstatuts noch eher unzumutbar erscheinen (vgl o Rn 61; ferner MünchKomm/SPELLENBERG Art 31 Rn 115 f).

Demgegenüber hat die Sonderanknüpfung nach Art 31 Abs 2 EGBGB insbesondere **79** bei **Inlandsgeschäften** (Rn 64) sowie bei nachgewiesener Kenntnis des Kunden von den AGB und ihrer Geltung für Verträge der geschlossenen Art auszuscheiden (vgl REITHMANN/MARTINY Rn 214 f). Die Unterhaltung *laufender Geschäftsbeziehungen* steht einer Sonderanknüpfung des Schweigens zwar nicht zwingend entgegen; wurden die Geschäfte aber in der Vergangenheit stets auf der Grundlage des Rechts einer Partei abgewickelt, so kann die andere Partei der wirksamen Einbeziehung von AGB auf der Grundlage dieses Rechts in einen weiteren Vertrag nicht unter Berufung auf ihr Aufenthaltsrecht widersprechen (SOERGEL/vHOFFMANN Art 31 Rn 41; vgl auch BGHZ 51, 255 = ZZP 82 [1969] m Anm KORNBLUM = IPRspr 1968/69 Nr 254 [Schiedsklausel]; fragwürdig deshalb OLG München IPRax 1991, 46: Fettgedruckter Hinweis der deutschen Verkäuferin auf ihre AGB in 147 [!] Auftragsbestätigungen lässt das Recht der kanadischen Käuferin, sich bezüglich der rechtsgeschäftlichen Bedeutung ihres Schweigens auf das Recht von British Columbia zu berufen, unberührt). Gleiches gilt, wenn der ausländische Vertragspartner aufgrund seiner ständigen Geschäftsbeziehungen zu deutschen Kaufleuten um die Geltung der deutschen Rechtsgrundsätze über die Einbeziehung von AGB wissen muss (vgl LINDACHER [Rn 48] Anh § 2 AGBG Rn 49; H SCHMIDT aaO). Für eine Sonderanknüpfung ist schließlich kein Raum, wenn das Recht am Niederlassungsort des ausländischen Kunden zugleich Vertragsstatut ist (vgl LG Zweibrücken NJW 1974, 1060 = IPRspr 1974 Nr 148).

dd) Sonstige Sonderanknüpfungen
Die Geltung der Einbeziehungsvoraussetzungen nach §§ 2 ff AGBG/§§ 305 Abs 2 – **80** 306 BGB nF kann sich schließlich trotz wirksamer Wahl eines ausländischen Vertragsstatuts aus den kollisionsrechtlichen Schutzvorschriften für Verträge mit inländischen Verbrauchern (Art 29 Abs 1 EGBGB) oder für sog reine Inlandsverträge (Art 27 Abs 3 EGBGB) ergeben. Der Vorteil dieser Sonderanknüpfungen gegenüber der allgemeinen Regelung in Art 31 Abs 2 besteht für den inländischen Vertragspartner des AGB-Verwenders vor allem darin, dass die Interessenabwägung im Einzelfall (dazu o Rn 55 ff) entfällt. Der inländische Verbraucher kann daher unter den Voraussetzungen des Art 29 Abs 1 Nr 1–3 EGBGB den besonderen Schutz der §§ 2 ff AGBG/§§ 305 Abs 2–306 BGB nF in Anspruch nehmen, ohne darlegen zu müssen, dass die Bewertung seines Verhaltens als Zustimmung zur Geltung der AGB nach dem fremden Vertragsstatut aufgrund der Umstände nicht gerechtfertigt wäre. In der Praxis wird auf Art 29 Abs 1 EGBGB insbesondere rekurriert, um inländische Verbraucher vor „überraschenden" Rechtswahlklauseln in AGB zu schützen (vgl OLG Düsseldorf RiW 1994, 420 = NJW-RR 1994, 1132; RiW 1995, 769 [770] und RiW 1996, 681 [Börsentermingeschäfte/England]; dazu die berechtigte Kritik von MANKOWSKI RiW 1994, 422 f; THORN IPRax 1997, 98 [104 f]; vgl auch Rn 85 und 89). Ferner ist auch die Frage, in welcher Weise ein ausländischer Anbieter bei Vertragsschlüssen im Internet auf seine AGB hinweisen und dem deutschen Verbraucher Kenntnis von Inhalt dieser AGB verschaffen muss, unter den Voraussetzungen des Art 29 Abs 1 Nr 1 EGBGB nach deutschem Recht (§ 2 AGBG/§ 305 Abs 2 BGB nF) zu beantworten, wenn dieses strengere Anforderungen stellt als das gewählte Recht (vgl dazu TAUPITZ/KRITTER JuS 1999, 839 [843]; GRUBER DB 1999, 1437 [1439 f]; MANKOWSKI RabelsZ 63 [1999] 204 [210 ff] mwN). Der besondere kollisionsrechtliche Verbraucherschutz nach Art 29 a EGBGB betrifft demgegenüber – anders als bisher § 12 AGBG – nur noch die *Inhalts*kontrolle von missbräuchlichen Klauseln in AGB.

c) Inhaltskontrolle
aa) Grundsatz

81 Eine Inhaltskontrolle mit dem Ziel, den Vertragspartner des Verwenders vor Formularbedingungen zu schützen, die ihn entgegen den Geboten von Treu und Glauben unangemessen benachteiligen (vgl § 9 Abs 1 AGBG/§ 307 BGB nF) betrifft nicht mehr das Zustandekommen, sondern die *materielle Wirksamkeit* des Vertrages. Maßgebend für die Inhaltskontrolle ist daher gem Art 31 Abs 1 EGBGB das nach Art 27–30 EGBGB zu bestimmende Vertragsstatut (WOLF ZHR 153 [1989] 310 ff; REITHMANN/MARTINY Rn 219; ERMAN/HOHLOCH Art 31 Rn 6, 8; MünchKomm/SPELLENBERG Art 31 Rn 16; ebenso schon früher JAYME NJW 1972, 1618 [1619]; STOLL, in: FS Beitzke 772 f). Eine Sonderanknüpfung der Vorschriften über die Inhaltskontrolle von AGB (zB §§ 9–11 AGBG/§§ 305–307 BGB nF) nach Art 31 Abs 2 EGBGB kommt hingegen – anders als im Rahmen der Einbeziehungskontrolle (vgl o Rn 72 ff) – nicht in Betracht, weil Fragen der materiellen Wirksamkeit in Art 31 Abs 2 nicht geregelt sind (vgl o Rn 41 ff; MünchKomm/SPELLENBERG Art 31 Rn 117).

bb) Rechtsverkehr zwischen Unternehmern

82 Ist kraft Rechtswahl oder objektiver Anknüpfung **deutsches Recht** als Vertragsstatut anwendbar, so findet im Geschäftsverkehr zwischen Unternehmern (§ 14 BGB) eine Inhaltskontrolle nur nach § 9 AGBG/§ 307 BGB nF statt (vgl § 24 S 1 AGBG/§ 310 Abs 1 BGB nF). Dabei spricht allerdings bei den von neutralen Organisationen geschaffenen internationalen Klauselwerken (wie zB den ECE-Lieferbedingungen oder den IATA-Beförderungsbedingungen) eine Vermutung für ihre sachliche Ausgewogenheit. Ferner sind einzelne Klauseln in solchen Bedingungswerken nicht isoliert, sondern unter Einbeziehung weiterer im Sachzusammenhang stehender Klauseln zu bewerten (M WOLF ZHR 153 [1989] 320; H SCHMIDT [Rn 71] Anh § 2 AGBG Rn 37). Darüber hinaus ist bei der Inhaltskontrolle von im internationalen Handelsverkehr üblichen Klauseln auch auf deren Bewertung in anderen Rechtsordnungen, namentlich in den Mitgliedstaaten der EU, Rücksicht zu nehmen (LINDACHER [Rn 48] Anh § 2 AGBG Rn 61). Die *Rechtsfolgen* der inhaltlichen Unangemessenheit von AGB-Klauseln ergeben sich bei Geltung deutschen Vertragsstatuts auch im internationalen Geschäftsverkehr aus § 6 AGBG/§ 306 BGB; insbesondere gilt auch hier das Verbot der geltungserhaltenden Reduktion (H SCHMIDT [Rn 71] Anh § 2 AGBG Rn 37; LINDACHER [Rn 48] Anh § 2 AGBG Rn 64; **aA** STOLL, in: FS Kegel 661 f).

83 Bei Geltung **ausländischen Rechts** als Vertragsstatut hat der deutsche Richter auch die Inhaltskontrolle unangemessener Klauseln im Verkehr zwischen Unternehmern primär nach Maßgabe dieses Rechts vorzunehmen (BOLL IPrax 1987, 12; LINDACHER [Rn 48] Anh § 2 AGBG Rn 65; REITHMANN/MARTINY Rn 219; vgl dazu rechtsvergleichend KÖTZ, EuVR I 216 ff). Eine Inhaltskontrolle nach § 9 AGBG/§ 307 BGB nF kommt in diesem Fall nur kraft einer Sonderanknüpfung nach Art 27 Abs 3 EGBGB in Betracht. Voraussetzung dafür ist, dass die Geltung des ausländischen Rechts auf einer von den Parteien wirksam getroffenen Rechtswahl beruht und der geschlossene Vertrag ausschließlich zum inländischen Recht Beziehungen aufweist. Eine Sonderanknüpfung von § 9 AGBG/§ 307 BGB nF nach Art 34 EGBGB hat hingegen auszuscheiden. Anstößige AGB-Klauseln, die nach dem ausländischen Vertragsstatut wirksam sind, können nur mit Hilfe der allgemeinen Vorbehaltsklausel (Art 6 EGBGB) ausgeschaltet werden (ERMAN/HOHLOCH Art 31 Rn 8). Dies ist – anders als eine Inhaltskontrolle nach § 9 AGBG/§ 307 BGB nF (vgl zur Irrevisibilität ausländischer AGB BGH RiW

1988, 642 [IHK-SchiedsO]; zurecht krit JAYME ZHR 142 [1978] 122 f; ADEN RiW 1989, 608 ff) – auch noch in der Revisionsinstanz möglich (BGH AWD 1971, 294; MünchKomm/SPELLENBERG Art 31 Rn 16 aE).

cc) Verbraucherverträge
Eine weitergehende Inhaltskontrolle nach §§ 9–11 AGBG/§§ 307–309 BGB nF fin- **84** det bei Verträgen statt, die mit inländischen Verbrauchern (§ 13 BGB) geschlossen werden. Denn insoweit wird die in Art 27 EGBGB eröffnete Rechtswahlfreiheit nach Maßgabe von Art 29 Abs 1 EGBGB eingeschränkt. Zu den zwingenden Bestimmungen des deutschen Rechts, denen der inländische Verbraucher bei Vorliegen des erforderlichen Inlandsbezuges des geschlossenen Vertrages (Art 29 Abs 1 Nr 1–3 EGBGB) durch eine Rechtswahl nicht entzogen werden kann, gehören auch die Vorschriften über die Inhaltskontrolle von AGB (MANKOWSKI RiW 1993, 459; ERMAN/ HOHLOCH Art 29 Rn 17; MünchKomm/SPELLENBERG Art 31 Rn 25). Danach ist der Schutz des nicht zu gewerblichen oder beruflichen Zwecken handelnden Kunden vor inhaltlich unbilligen AGB trotz wirksamer Vereinbarung ausländischen Rechts grundsätzlich im gleichen Umfang sicherzustellen wie bei reinen Inlandsgeschäften (H SCHMIDT [Rn 71] Anh § 2 AGBG Rn 34; LINDACHER [Rn 48] Anh § 2 AGBG Rn 63). Umgekehrt werden auch Verbraucher mit gewöhnlichem Aufenthalt im Ausland nach Maßgabe des dortigen Rechts gegen die von einem deutschen Vertragspartner verwendeten AGB geschützt, soweit dieser Schutz noch über das vereinbarte deutsche Recht hinausgeht. Auch soweit die Voraussetzungen des – vorrangig anwendbaren (vgl STAUDINGER RiW 2000, 419; TONNER BB 2000, 1419; PALANDT/HELDRICH Art 29 Rn 1) – Art 29 Abs 1 EGBGB nicht vorliegen, haben die deutschen Gerichte trotz wirksamer Vereinbarung des Rechts eines ausländischen Staates, der weder der EU noch dem EWR angehört, die §§ 9–11 AGBG/§§ 307–309 BGB nF anzuwenden, wenn der Vertrag den in Art 29 a Abs 2 EGBGB näher umschriebenen Bezug zum Inland aufweist. Denn diese neue Kollisionsnorm, die § 12 AGBG ersetzt, zielt – wie ihr Abs 4 Nr 1 zeigt – ausdrücklich auf einen Schutz gegen missbräuchliche Klauseln in Verbraucherverträgen; sie gewährleistet insoweit den in der Richtlinie 93/13 EG v 5. 9. 1993 vorgesehenen Mindeststandard für alle Verbraucherverträge, die einen hinreichend engen Zusammenhang mit einem Mitgliedstaat der EU bzw des EWR haben (vgl näher dazu STAUDINGER/MAGNUS Art 29 a Rn 28 ff). Eines Rückgriffs auf Art 31 Abs 2 EGBGB bedarf es daher im Anwendungsbereich der Art 29, 29 a EGBGB nicht.

dd) Rechtswahlklauseln
Für eine Inhaltskontrolle von Rechtswahlklauseln am Maßstab von § 9 AGBG/§ 307 **85** BGB nF ist hingegen auch dann kein Raum, wenn der Vertrag deutschem Recht untersteht. Die Verweisung in Art 27 Abs 4 iVm 31 Abs 1 EGBGB betrifft zwar außer dem Zustandekommen des Vertrages auch die materielle Wirksamkeit einzelner Vertragsbestimmungen, und zwar auch in AGB. Auch eine Rechtswahlklausel kann daher nach dem gewählten Recht zB wegen Irrtums oder arglistiger Täuschung angefochten oder als „überraschend" (dazu u Rn 89) gewertet werden. Demgegenüber geht es bei der Inhaltskontrolle einer solchen Klausel nicht um die „Wirksamkeit der Einigung" iSv Art 27 Abs 4 EGBGB, sondern „um die Rolle der Parteiautonomie überhaupt" (JAYME, in: FS W Lorenz 438). Die Frage, in welchem Umfang die Parteien von ihrer Parteiautonomie Gebrauch machen dürfen, kann aber nur das verweisende IPR, dh das *Kollisionsrecht* der lex fori, entscheiden. Das deutsche IPR betont aber in Art 27 EGBGB den Grundsatz der freien Rechtswahl. Eine Prüfung der „Angemes-

senheit" von Rechtswahlklauseln am Maßstab von § 9 AGBG/§ 307 BGB nF würde die Entscheidung des deutschen Gesetzgebers unterlaufen, der durch die Streichung von § 10 Nr 8 AGBG aF seinen Willen zum Ausdruck gebracht hat, dass die Zulässigkeit der Rechtswahl auch in AGB nicht beschränkt sein soll (JAYME aaO; MEYER/SPARENBERG RiW 1989, 347; LINDACHER [Rn 48] Anh § 2 AGBG Rn 34; REITHMANN/MARTINY Rn 198; MANKOWSKI RiW 1994, 422 f und 1996, 383 f mwN in Fn 13–15; SIEG RiW 1997, 816; MünchKomm/SPELLENBERG Art 31 Rn 18; aA [in Fällen „missbräuchlicher" Rechtswahl] OLG Frankfurt RiW 1989, 646 = IPRax 1990, 236 m krit Anm LÜDERITZ 216 = IPRspr 1989 Nr 41; LG Hamburg NJW-RR 1990, 695 = IPRspr 1990 Nr 29; H SCHMIDT [Rn 71] Anh §§ 9–11 AGBG Rn 576; M WOLF, in: WOLF/HORN/LINDACHER, AGBG^8 § 9 Rn R 41). Demgemäß kommt auch eine Inhaltskontrolle der in elektronischen AGB enthaltenen Rechtswahlklausel – zB beim Internet-Vertragsschluss – nicht in Betracht (JUNKER RiW 1999, 809 [817]; TAUPITZ/KRITTER JuS 1999, 839 [843]; LANGE EuLF 2000/01, 117 [119 f]; MANKOWSKI RabelsZ 63 [1999] 204 [210 f]; aA ERNST BB 1997, 1057 [1058]). Auch der Maßstab für eine hinreichende „Transparenz" von Rechtswahlklauseln ist deshalb nicht aus § 9 AGBG/§ 307 BGB nF sondern allein aus Art 27 Abs 1 S 2 EGBGB zu entnehmen, der eine stillschweigende Rechtswahl anerkennt, wenn sie sich mit „hinreichender Sicherheit" aus dem Vertrag oder den Umständen des Falles ergibt (JAYME aaO; REITHMANN/MARTINY aaO; vgl auch W LORENZ RiW 1992, 705 f; aA LG Stuttgart NJW-RR 1990, 1394 = IPRspr 1990 Nr 36). Eine weitergehende Inhaltskontrolle von Rechtswahlklauseln nach Maßgabe des Aufenthaltsrechts der schwächeren Vertragspartei kann insbesondere auch nicht auf Art 31 Abs 2 EGBGB gestützt werden, der nur Fragen der Abschlusskontrolle regelt (MANKOWSKI RiW 1993, 455 f; REITHMANN/MARTINY Rn 198; MünchKomm/SPELLENBERG Art 31 Rn 61). Darüber hinaus scheidet eine solche Inhaltskontrolle auch nach Art 29 Abs 1 EGBGB aus, weil dem Verbraucher nach dieser Vorschrift nur der Schutz der *Sachnormen* seines Aufenthaltsrechts erhalten bleiben soll; die Gültigkeit der Rechtswahl wird hingegen gerade vorausgesetzt (JAYME, in: FS W Lorenz 438 f; MANKOWSKI RiW 1993, 456; aA REICH VuR 1989, 158 [161] und 1992, 189 [191]). Schließlich kann eine Rechtswahlklausel aus den genannten Gründen auch nicht nach den Sachnormen eines *ausländischen* Vertragsstatuts als rechtsmissbräuchlich und nichtig behandelt werden (JAYME IPRax 1990, 220 [222]; aA LG Limburg NJW-RR 1989, 119 = IPRspr 1988 Nr 29).

ee) Gerichtsstandsklauseln

86 Bei internationalen Gerichtsstandsvereinbarungen in AGB ist zu unterscheiden: Soweit das **EuGVÜ** (bzw die **EuGVVO**, vgl Anh II zu Art 27–37 Rn 2a) oder das **Luganer Übereinkommen** Anwendung finden, entscheidet deren Art 17 (bzw 23) nicht nur über die Einbeziehung, sondern auch über die Zulässigkeit von Gerichtsstandsklauseln (zB in Verbraucher- und Arbeitsverträgen, vgl Art 17 Abs 3 und 5) abschließend. Eine weitergehende Inhaltskontrolle nach § 9 AGBG/§ 307 BGB nF oder entsprechenden Vorschriften des ausländischen Rechts würde der mit Art 17 EuGVÜ/LugÜ bzw Art 23 EuGVVO angestrebten Rechtssicherheit zuwiderlaufen und ist deshalb grundsätzlich ausgeschlossen. Eine Einschränkung gilt in den Mitgliedstaaten des EuGVÜ (bzw der EuGVVO) jedoch für die Inhaltskontrolle von Gerichtsstandsklauseln in *Verbraucherverträgen;* diese unterliegen vor deutschen Gerichten in jedem Falle der Inhaltskontrolle am Maßstab des § 9 AGBG/§ 307 BGB nF iVm der EG-Richtlinie 93/13 über missbräuchliche Klauseln in Verbraucherverträgen v 5.4.1993 (vgl insbes Anh Nr 1 lit q der Richtlinie; dazu EuGH Rs C-240/98 und 244/98 – *Océano Grupo Editorial/Rocío Quintero*, EuLF 2000, 88 m Anm AUGI/BARATELLA 83 = DB 2000, 2056 m Anm STAUDINGER = IPRax 2001, 128 m Anm HAU 96; dazu näher Anh II zu Art 27–37 Rn 173 mwN).

Ist das Zustandekommen einer Gerichtsstandsklausel in AGB hingegen nach dem **87** **autonomen deutschen Zivilprozessrecht** (§§ 38, 40 ZPO) zu beurteilen, so gilt Art 31 EGBGB entsprechend (vgl näher im Anh II zu Art 27–37 Rn 188 f). Verweisen die Art 27 ff EGBGB insoweit auf *deutsches* Recht, so unterliegt daher eine wirksam einbezogene Gerichtsstandsklausel auch bei grenzüberschreitenden Geschäften der Inhaltskontrolle gem § 9 Abs 2 Nr 1 AGBG/§ 307 Abs 2 Nr 1 BGB nF iVm §§ 12 ff ZPO (BGH NJW 1983, 1320 [1322] = IPRspr 1983 Nr 165; HENSEN, in: ULMER/BRANDNER/HENSEN AGBG⁹ Anh §§ 9–11 Rn 401; STÖVE 100; **aA** STOLL, in: FS Kegel 653; MünchKomm/SPELLENBERG Art 31 Rn 18). Diese Inhaltskontrolle führt jedoch nicht zu dem Ergebnis, dass die im Handelsverkehr seit langem gebräuchlichen AGB-Gerichtsstände am Sitz des Verwenders idR unwirksam wären (vgl OLG Hamburg RiW 1986, 462 [464] = IPRspr 1985 Nr 36; LG Karlsruhe NJW 1996, 1417 [1418]; STÖVE 85 mwN; ebenso die ganz hM für eine Prorogation der *örtlichen* Zuständigkeit, vgl OLG Karlsruhe NJW 1996, 2041; LG Köln NJW-RR 1990, 420; LG Bielefeld NJW 1993, 2690 f; M WOLF JZ 1989, 695 f; STÖVE 81 ff mwN; **aA** noch LG Karlsruhe NJW 1996, 1417 ff). Formularmäßige Gerichtsstandsklauseln sind vielmehr im Rechtsverkehr zwischen *Unternehmern* (§ 14 BGB) nur dann mit § 9 AGBG/§ 307 BGB nF unvereinbar, wenn ein Gerichtsstand aus offenkundig unsachlichen Erwägungen zur Benachteiligung des Vertragspartners gewählt wird, zB wenn ein weit entferntes Gericht prorogiert wird, das weder zum Hauptsitz noch zu einer Niederlassung des Verwenders oder des Kunden in Beziehung steht (OLG Karlsruhe NJW 1982, 1950 = IPRspr 1981 Nr 171). In einem solchen Fall kann die Gerichtsstandsklausel auch als „überraschend" iSv § 3 AGBG/§ 305 c BGB nF gewertet werden (OLG Düsseldorf NJW-RR 1989, 1332 = IPRspr 1989 Nr 180; STEIN/JONAS/BORK § 38 Rn 10; **aA** STÖVE 79. Vgl auch – sehr weitgehend – OLG Düsseldorf WM 1988, 566 [568] = IPRspr 1988 Nr 150). Im Rechtsverkehr mit *Verbrauchern* ist hingegen auch die nach § 38 Abs 2 ZPO zulässige internationale Prorogation der Gerichte im (Wohn-)Sitzstaat des Verwenders in AGB regelmäßig als rechtsmissbräuchlich anzusehen, da sie den Verbraucher entgegen dem Gebot von Treu und Glauben erheblich benachteiligt (EuGH Rs C-240/98 und 244/98 aaO, Nr 24). Zur Inhaltskontrolle von internationalen Schiedsklauseln s Anh II zu Art 27–37 Rn 261 ff.

d) Abgrenzung zwischen Einbeziehungs- und Inhaltskontrolle

Die – vor allem für die Anwendbarkeit von Art 31 Abs 2 EGBGB wichtige – Grenz- **88** linie zwischen Einbeziehungs- und Inhaltskontrolle ist freilich im Einzelfall nicht immer leicht zu ziehen, zumal sich die Regelungstechnik der nationalen AGB-Gesetze unterscheidet. Einer strengen Einbeziehungskontrolle folgt idR eine großzügige Inhaltskontrolle oder umgekehrt (STOLL, in: FS Beitzke 764 f). Auch die EG-Richtlinie 93/13 über missbräuchliche Klauseln in Verbraucherverträgen v 5. 4. 1993 hat insoweit nur eine begrenzte Rechtsvereinheitlichung gebracht. Denn einerseits regelt sie die Einbeziehung von AGB in den Vertrag überhaupt nicht, andererseits werden den Mitgliedstaaten zu Einzelheiten der Inhaltskontrolle Wahl- und Gestaltungsmöglichkeiten eröffnet; insbesondere wird ihnen in Art 8 der Richtlinie das Recht eingeräumt, noch strengere Bestimmungen zu erlassen, um den Verbraucherschutz weiter zu verbessern. Im Hinblick auf das **Gebot der einheitlichen europäischen Auslegung** in Art 36 EGBGB kann über die Zuordnung einer Vorschrift zur Einbeziehungs- oder Inhaltskontrolle nicht die technische Ausgestaltung des jeweiligen nationalen Rechts entscheiden. Maßgebend ist vielmehr, ob die Regelung primär den (äußeren) Konsens der Vertragsparteien betrifft oder sich gegen den missliebigen Inhalt einer wirksam vereinbarten Regelung richtet.

89 Vor diesem Hintergrund wird man die Regel in § 3 AGBG/§ 305 c Abs 1 BGB nF, derzufolge „**überraschende Klauseln**" nicht Vertragsbestandteil werden, trotz der mit ihr verbundenen indirekten Inhaltskontrolle noch dem Bereich der Einbeziehungskontrolle zurechnen müssen, zumal die Vorschrift auch Klauseln erfasst, die nach § 8 AGBG/§ 307 Abs 3 BGB nF einer Inhaltskontrolle entzogen sind (vgl LINDACHER [Rn 48] § 3 AGBG Rn 6). Daraus folgt, dass die Einbeziehung einerseits dann scheitert, wenn die Klausel bereits nach dem von Art 31 Abs 1 EGBGB berufenen ausländischen Recht wegen ihres überraschenden Inhalts nicht Vertragsbestandteil geworden ist (vgl zu § 864 a öst ABGB KG VuR 1999, 138 m Anm MANKOWSKI = IPRspr 1998 Nr 138 [Rechtswahlklausel]); andererseits kann sich eine deutsche Partei trotz Geltung ausländischen Vertragsstatuts unter den Voraussetzungen des Art 31 Abs 2 EGBGB auch auf den Schutz von § 3 AGBG/§ 305 c Abs 1 BGB nF berufen (vgl OLG Düsseldorf NJW 1994, 1132 = RiW 1994, 420 m insoweit zust Anm MANKOWSKI = WiB 1994, 650 m insoweit zust Anm LENZ; REITHMANN/MARTINY Rn 221; THORN IPRax 1997, 98 [104]; PFEIFFER NJW 1997, 1207 [1211]; ERNST JuS 1997, 776 [777]; JUNKER RiW 1999, 809 [817]; aA SOERGEL/vHOFFMANN Art 31 Rn 47). Bei einer Bewertung von Rechtswahl-, Gerichtsstands- oder Schiedsklauseln in internationalen Schuldverträgen als „überraschend" iSv § 3 AGBG/ § 305 c Abs 1 BGB nF ist allerdings Zurückhaltung geboten (zutr THORN aaO und MANKOWSKI RiW 1996, 1001 f gegen OLG Düsseldorf IPRax 1997, 115 ff = RiW 1995, 769; ferner BAUMERT RiW 1997, 808 ff). Darüber hinaus wird man auch die Anforderungen an die hinreichende *Transparenz* von AGB – unabhängig von der dogmatischen Einordnung des Transparenzgebots im deutschen AGB-Recht (dazu LINDACHER [Rn 48] § 3 AGBG Rn 15) – der Einbeziehungskontrolle und damit dem Anwendungsbereich des Art 31 Abs 2 EGBGB zurechnen können (MANKOWSKI RiW 1993, 454).

e) **Auslegung**

90 Für die Auslegung von AGB gelten in vielen Rechtsordnungen Besonderheiten. Verbreitet ist insbesondere die sog *Unklarheitenregel,* wonach Zweifel bei der Auslegung von AGB zu Lasten des Verwenders gehen (vgl § 5 AGBG/§ 305 c Abs 2 BGB nF; Art 1370 ital Cc; zum öst Recht OHG VersR 1996, 915; OLG Dresden IPRspr 1999 Nr 115). Auch derartige Auslegungsregeln sind dem Recht zu entnehmen, das gem Art 31 Abs 1 EGBGB für den Inhalt des Hauptvertrages gilt (OLG München RiW 1990, 585 = IPRspr 1989 Nr 240; REITHMANN/MARTINY Rn 222; MünchKomm/SPELLENBERG Art 31 Rn 17). Die unrichtige Auslegung ausländischer AGB durch die Tatsacheninstanz kann allerdings nach deutschem Recht in der Revisionsinstanz nicht mehr gerügt und korrigiert werden (BGHZ 112, 204 [215] = NJW 1991, 36; MünchKomm/SPELLENBERG Art 31 Rn 27).

2. Bestätigungsschreiben

a) **Problemstellung**

91 Nach deutschem Recht gilt im Handelsverkehr kraft Gewohnheitsrechts der Grundsatz, dass der Empfänger eines kaufmännischen Bestätigungsschreibens unverzüglich widersprechen muss, wenn er den Inhalt des Schreibens nicht gegen sich gelten lassen will. Widerspricht er nicht, ist der Vertrag mit dem aus dem Bestätigungsschreiben ersichtlichen Inhalt rechtsverbindlich, es sei denn, dass der Bestätigende das Verhandlungsergebnis bewusst unrichtig wiedergegeben hat oder das Bestätigungsschreiben inhaltlich so weit vom Verhandlungsergebnis abweicht, dass der Absender vernünftigerweise nicht mit dem Einverständnis des Empfängers rechnen konnte. Durch das bloße Schweigen des Empfängers wird der Vertrag mithin nach Maßgabe des Bestätigungsschreibens geändert oder ergänzt; war noch kein Vertrag geschlossen, so kommt er mit dem aus dem Bestätigungsschreiben ersichtlichen Inhalt zustande (vgl näher KOLLER/ROTH/MORCK, HGB² [1999] § 346 Rn 22 ff; BAUMBACH/HOPT, HGB³⁰ [2000] § 346 Rn 16 ff, jeweils mwN). Dies gilt ohne Rücksicht auf den Willen des Schweigenden kraft objektiver Zurechnung des Erklärungswerts seines Verhaltens (hM, vgl BGHZ 11, 1 [5] = NJW 1954, 105; BAUMBACH/HOPT § 346 Rn 33). Während die vertragsmodifizierende Wirkung eines kaufmännischen Bestätigungsschreibens zT auch von ausländischen Rechten anerkannt wird (vgl etwa zum niederländischen Recht OLG Koblenz RiW 1982, 354 = IPRspr 1981 Nr 14; LG Bonn RiW 1999, 873 = IPRspr 1999 Nr 29), kommt dem Schweigen auf ein kaufmännisches Bestätigungsschreiben nach anderen Rechten entweder gar keine oder eine – verglichen mit dem deutschen Recht – erheblich eingeschränkte Rechtswirkung zu (vgl zum ital Recht OLG Köln NJW 1988, 2182 [2183] = IPRspr 1988 Nr 157; OLG Karlsruhe RiW 1994, 1046 [1047] = IPRspr 1993 Nr 136; zum englischen Recht OLG Hamburg NJW 1980, 1232 = IPRspr 1979 Nr 15; zum österreichischen Recht OGH JBl 1975, 89 m Anm BYDLINSKI; OGH JBl 1977, 593; zu anderen Rechten EBENROTH ZVerglRW 77 [1978] 161 ff). Damit stellt sich vor allem die Frage, wie das Schweigen einer ausländischen Vertragspartei zu bewerten ist, der von Seiten eines deutschen Kaufmanns ein solches Bestätigungsschreiben übersandt wird (vgl zum deutsch-französischen Rechtsverkehr zuletzt App Paris Rev crit dip 1995, 300 m Anm MUIR WATT).

b) Geltung des Vertragsstatuts nach Abs 1

Ausgangspunkt für die Bewertung des Schweigens auf ein echtes kaufmännisches Bestätigungsschreiben wie auf eine Auftragsbestätigung (zur Abgrenzung vgl PALANDT/ HEINRICHS § 148 Rn 12) ist nach Art 31 Abs 1 EGBGB wiederum das Vertragsstatut. Untersteht der Vertrag kraft Rechtswahl oder objektiver Anknüpfung einer *ausländischen* Rechtsordnung, die – wie zB das englische Recht (vgl o Rn 74) – dem bloßen Schweigen auf ein Bestätigungsschreiben keine vertragsändernde Wirkung beimisst, so hat es hierbei sein Bewenden. Ein Vertragsschluss bzw eine Vertragsänderung zu den im Bestätigungsschreiben genannten Bedingungen kommt dann nicht zustande. Auf die Bedeutung des Schweigens auf ein kaufmännisches Bestätigungsschreiben nach dem – vom Vertragsstatut abweichenden – Niederlassungs- oder Aufenthaltsrecht der schweigenden Partei kommt es für diesen Fall nicht an (vgl o Rn 51). Unterliegt der Vertrag hingegen bis zur Übermittlung des kaufmännischen Bestätigungsschreibens – kraft Rechtswahl oder objektiver Anknüpfung – dem deutschen Recht oder einem ausländischen Recht, das dem Bestätigungsschreiben ebenfalls eine konstitutive Wirkung beimisst, so müssen sich grundsätzlich beide Vertragsparteien auf diese Wirkung einstellen; die nach dem Vertragsstatut bestehende Bindung an den Inhalt des Bestätigungsschreibens wird daher für den Empfänger nur ausnahmsweise unzumutbar sein (vgl MünchKomm/SPELLENBERG Art 31 Rn 121).

c) Sonderanknüpfung des Schweigens nach Abs 2

Eine Sonderanknüpfung des Schweigens auf ein kaufmännisches Bestätigungsschreiben nach Art 31 Abs 2 EGBGB nach Maßgabe des Rechts am Niederlassungs- bzw Aufenthaltsort der schweigenden Partei kommt vor allem dann in Betracht, wenn **erstmals im Bestätigungsschreiben** oder in den ihm beigefügten AGB eine **Rechtswahl zugunsten des deutschen Rechts** erklärt wird. Denn in diesem Fall hatte der ausländische Empfänger des Bestätigungsschreibens keine Veranlassung, sich auf die von seinem Umweltrecht abweichenden Regeln des deutschen Rechts zum Schweigen auf kaufmännische Bestätigungsschreiben einzustellen. Eine Bindung an die Rechtswahlklausel in dem Bestätigungsschreiben kann daher allein durch sein Schweigen nicht begründet werden. Für eine solche Sonderanknüpfung hatte sich die deutsche Rechtsprechung bereits vor der IPR-Reform von 1986 mehrfach ausgesprochen (vgl BGH WM 1970, 1050 = IPRspr 1970 Nr 133 [Schiedsvertrag/Österreich]; BGHZ 57, 72 [77] = NJW 1972, 391 m Anm GEIMER und SCHMIDT-SALZER = JR 1972, 153 m Anm GIESEN = IPRspr 1971 Nr 133 [Alleinvertriebsvertrag/Frankreich]; OLG Nürnberg AWD 1974, 405 m Anm LINKE = IPRspr 1973 Nr 12 A [Alleinvertriebsvertrag/England]; OLG Frankfurt RiW 1976, 107 = IPRspr 1975 Nr 173 [Kaufvertrag/Italien]; OLG Hamburg NJW 1980, 1232 = IPRspr 1979 Nr 15 [Warenkauf/England]; OLG Koblenz IPRax 1982, 20 m Anm REHBINDER 7 = IPRspr 1981 Nr 14 [Alleinvertriebsvertrag/ Niederlande]; OLG Frankfurt RiW 1983, 59 = IPRspr 1982 Nr 18 [Kaufvertrag/Österreich]). Im geltenden Recht folgt diese Sonderanknüpfung aus Art 31 Abs 2 EGBGB (KOST 261; MünchKomm/SPELLENBERG Art 31 Rn 122; REITHMANN/MARTINY Rn 205).

94 Eine Sonderanknüpfung des Schweigens kann aber auch dann in Betracht kamen, wenn das Bestätigungsschreiben die schon im Vertrag getroffene Rechtswahl oder das objektiv maßgebende Vertragsstatut nicht abändert, sondern lediglich den **materiellen Inhalt** des geschlossenen Vertrages zum Nachteil des Empfängers wesentlich modifiziert. Diese Sonderanknüpfung hat nur dann auszuscheiden, wenn sie aufgrund der besonderen Umstände des Einzelfalls nicht gerechtfertigt wäre. Insoweit gelten die oben zu Rn 55 ff genannten Schranken auch hier, so dass es namentlich bei *Inlandsgeschäften* (REITHMANN/MARTINY aaO), im Rahmen laufender Geschäftsbeziehungen (EBENROTH ZVerglRW 77 [1978] 186) und bei Kenntnis des Schweigenden von den im Lande seines Vertragspartners geltenden Handelsbräuchen und Gepflogenheiten (HEPTING RiW 1975, 457; SOERGEL/vHOFFMANN Art 31 Rn 44) bei der ausschließlichen Geltung des Vertragsstatuts verbleibt. Ansonsten ist aber ein ausländischer Kaufmann trotz Geltung deutschen Vertragsstatuts an den Inhalt des ihm übermittelten Bestätigungsschreibens aufgrund seines bloßen Schweigens nur gebunden, wenn auch sein Niederlassungs- bzw Aufenthaltsrecht diese Rechtsfolge anordnet (OLG Karlsruhe RiW 1994, 1046 [1047] = DZWir 1994, 70 m Anm CHILLAGANO/BUSL = IPRspr 1993 Nr 136; einschränkend MünchKomm/SPELLENBERG Art 31 Rn 123).

95 Entgegen einer früher vertretenen Ansicht (vgl vHOFFMANN RabelsZ 36 [1972] 515 ff; LINKE AWD 1974, 407 f) ist es auch nicht gerechtfertigt, insoweit zwischen einem vertrags*begründenden* und einem vertrags*modifizierenden* Bestätigungsschreiben zu unterscheiden. Der Schutzzweck des Art 31 Abs 2 EGBGB erfordert vielmehr eine entsprechende Anwendung der Vorschrift auch auf das Schweigen auf ein kaufmännisches Bestätigungsschreiben, das einen bereits wirksam geschlossenen Schuldvertrag lediglich abändert oder ergänzt (ganz hM, vgl die deutsche Denkschrift zum EVÜ, BT-Drucks 10/503, 29; G FISCHER 338 f; PALANDT/HELDRICH Art 31 Rn 5; ERMAN/HOHLOCH Art 31 Rn 14; REITHMANN/MARTINY Rn 205; H SCHMIDT [Rn 71] Anh § 2 AGBG Rn 22; LINDACHER [Rn 48] Anh § 2 AGBG Rn 21, 47, jeweils mwN).

96 Sieht ein **ausländisches Vertragsstatut** noch weiterreichende Wirkungen des Schweigens auf ein kaufmännisches Bestätigungsschreiben vor als das deutsche Recht, indem es – wie zB das dänische Recht – auch einen Nichtkaufmann im Falle seines Schweigens an ein Bestätigungsschreiben bindet, so tritt diese Wirkung entsprechend gegenüber einem deutschen Empfänger, der diese Wirkung weder erkannt noch fahrlässig verkannt hat, nicht ein (vgl OLG Schleswig IPRspr 1989 Nr 48 [Werkvertrag/Dänemark]; REITHMANN/MARTINY aaO; LINDACHER [Rn 48] Anh § 2 AGBG Rn 50; vgl auch SAND-

ROCK RiW 1986, 849 zum Recht der deutschen Partei, der Bewertung ihres Schweigens auf eine modifizierte Auftragsbestätigung als Zustimmung nach § 2-207 [2] des amerikanischen *Uniform Commercial Code* unter Berufung auf das deutsche Aufenthaltsrecht [§ 150 Abs 2 BGB] zu widersprechen). Gehen die Wirkungen des Bestätigungsschreibens nach ausländischem Recht hingegen über die Wirkungen eines entsprechenden Bestätigungsschreibens nach deutschem Recht nicht hinaus, so hilft Art 31 Abs 2 EGBGB dem deutschen Empfänger nicht (LG Bonn RiW 1999, 873 = IPRspr 1999 Nr 29).

3. Sprachrisiko

a) Problemstellung

Hinter dem Begriff „Sprachrisiko" verbirgt sich das Problem, welche Partei bei Abgabe rechtsgeschäftlicher Erklärungen oder Übersendung von AGB die Rechtsfolgen zu tragen hat, die sich daraus ergeben, dass der Empfänger der Erklärung oder der AGB diese wegen fehlender Sprachkenntnisse nicht oder falsch versteht. Dieses Problem stellt sich nicht nur bei internationalen Distanzgeschäften, sondern auch bei Inlandsgeschäften mit Ausländern, die der deutschen Sprache nicht mächtig sind. Auch bei der Bewertung des Sprachrisikos ist zwischen der kollisionsrechtlichen und der sachrechtlichen Ebene zu unterscheiden: Im **Kollisionsrecht** stellt sich einerseits die Frage, ob ein gegenüber dem Vertragsstatut verselbständigtes „Sprachenstatut" anzuerkennen ist (dazu Rn 98), andererseits geht es um die Möglichkeit einer Berufung auf Art 31 Abs 2 EGBGB (dazu Rn 99 f). Im deutschen **Sachrecht** handelt es sich hingegen bei der Bewertung der Sprachunkundigkeit einer Partei um einen „Auslandssachverhalt" (STOLL, in: FS Beitzke 767; SCHURIG IPRax 1994, 27 [32]; dazu näher Rn 101 ff).

b) Bestimmung des anwendbaren Rechts
aa) Geltung des Vertragsstatuts nach Abs 1

Über die Frage, welche Partei das Sprachrisiko trägt, entscheidet – wie über sonstige Fragen des wirksamen Zustandekommens eines Vertrages und die Gültigkeit von Willenserklärungen – grundsätzlich das Vertragsstatut nach Art 31 Abs 1 EGBGB (OLG Stuttgart RiW 1989, 56 = IPRax 1988, 293 m Anm SCHWARZ 278 = IPRspr 1987 Nr 130; vBAR, IPR II Rn 536; MünchKomm/SPELLENBERG vor Art 11 Rn 69; REITHMANN/MARTINY Rn 206; ebenso schon früher LINKE ZVerglRW 79 [1980] 47; STOLL, in: FS Beitzke [1979] 767). Versuche, abweichend von der einheitlichen Anknüpfung des Rechtsgeschäfts ein *eigenes Sprachenstatut* zu ermitteln (dazu BECKMANN 80 f und RiW 1981, 79 f), haben sich zurecht nicht durchgesetzt (vgl zuletzt FREITAG IPRax 1999, 143 f; ROTT ZVerglRW 98 [1999] 392 f). Bei der Zuordnung des Sprachrisikos handelt es sich auch nicht etwa um eine Formfrage iSv Art 11 EGBGB (SCHWARZ IPRax 1988, 278 f; SPELLENBERG, in: FS Ferid [1988] 465; FREITAG IPRax 1999, 145; aA SCHÜTZE DB 1978, 2304; REINHART RiW 1977, 19), sondern um eine Frage des äußeren Vertragsschlusstatbestands und damit, soweit es um die Geltung fremdsprachiger AGB geht, um eine Frage der Einbeziehungskontrolle (MünchKomm/SPELLENBERG Art 31 Rn 9). Damit bestimmt das von den Parteien gewählte oder kraft objektiver Anknüpfung maßgebende Vertragsstatut also, ob ein Vertrag auch dann wirksam geschlossen worden ist, wenn die auf den Vertragschluss gerichteten Willenserklärungen der einen oder anderen Seite in einer von der Verhandlungs- oder Vertragssprache abweichenden Sprache abgegeben wurden (ROTT aaO). Scheitert der Vertragschluss nach dem von Art 31 Abs 1 EGBGB zur Anwendung berufenen Recht, weil der Empfänger der Willenserklärung diese aufgrund ihrer Abfassung in einer fremden Sprache nicht verstanden hat und ihn auch keine Obliegenheit traf, sich eine Übersetzung zu beschaffen (vgl – zum deutschen Sachrecht – näher Rn 101 ff), so hat es hierbei sein Bewenden.

bb) Sonderanknüpfung nach Abs 2

99 Ist der Vertrag hingegen nach dem von Art 31 Abs 1 EGBGB zur Anwendung berufenen Recht trotz der mangelnden Sprachkenntnisse einer Partei wirksam zustandekommen, weil das Vertragsstatut dem (vor allem kaufmännischen) Empfänger weitreichende Obliegenheiten zur Kenntnisverschaffung vom fremdsprachigen Text einer Willenserklärung oder von AGB auferlegt, so stellt sich auch in diesem Zusammenhang die Frage, ob der sprachunkundige Empfänger sich gemäß Art 31 Abs 2 ergänzend auf das Recht an seinem gewöhnlichen Aufenthaltsort (bzw an seiner geschäftlichen Niederlassung) berufen kann, das eine vertragliche Bindung verneint. Eine solche – vom allgemeinen Vertragsstatut losgelöste – Sonderanknüpfung des Sprachrisikos wird zum Teil mit der Begründung abgelehnt, sie würde zu einer weiteren Zersplitterung des auf den Vertragschluss anwendbaren Rechts führen und sei deshalb mit dem Verkehrsinteresse an einem möglichst weitgehenden Gleichlauf von Abschluss- und Wirkungsstatut nicht vereinbar. Ferner sei nicht ersichtlich, inwiefern eine Anwendung des Aufenthaltsrechts der sprachunkundigen Partei zu angemesseneren Ergebnissen führe als sie mit Hilfe der Regeln des Vertragsstatuts über die Auslegung und den Zugang von Willenserklärungen und die Anfechtung wegen Willensmängeln erreicht würden (so STOLL, in: FS Beitzke 767; SCHLECHTRIEM, in: FS Weitnauer 134 ff; SPELLENBERG, in: FS Ferid 465 f; LINKE ZVerglRW 79 [1980] 46 ff; SOERGEL/vHOFFMANN Art 31 Rn 33, 47; REITHMANN/MARTINY Rn 206; vBAR, IPR II Rn 536). Schließlich wird geltend gemacht, Art 31 Abs 2 sei als Ausnahmevorschrift eng auszulegen und schütze nicht generell vor einer Bindung an Verträge nach ausländischem Recht. Der Anwendungsbereich der Vorschrift sei daher auf Fälle zu beschränken, in denen sich eine Partei infolge *Rechtsunkenntnis* anders verhält, als es nach dem Vertragsstatut nötig gewesen wäre, um eine vertragliche Bindung zu erreichen; hingegen biete Art 31 Abs 2 keinen Schutz gegen die sprachbedingte *tatsächliche* Unkenntnis des Inhalts von vertraglichen Willenserklärungen (FREITAG IPRax 1999, 144 f; MünchKomm/SPELLENBERG Rn 65, 79).

100 Demgegenüber spricht die vergleichbare Interessenlage für eine Gleichbehandlung der Sprachrisikofälle mit den – unzweifelhaft von Art 31 Abs 2 EGBGB erfassten (vgl o Rn 42) – Fällen des Schweigens auf eine Willenserklärung. Ebenso wenig wie es gerechtfertigt ist, das Schweigen einer Partei als Zustimmung zu werten, wenn die Partei nach ihrem Aufenthaltsrecht mit einer solchen Wertung nicht zu rechnen brauchte, kann es angehen, eine Partei an den Inhalt von Vertragserklärungen oder AGB in einer fremden Sprache nach Maßgabe des Vertragsstatuts zu binden, wenn die Partei nach ihrem Aufenthaltsrecht mit einer solchen Bindung nicht rechnen musste, sondern auf die dort geltenden strengeren Anforderungen an die beim Vertragsschluss zu verwendenden Kommunikationsmittel und deren Verständlichkeit vertraut hat (SCHURIG IPRax 1994, 27 [32]; FERID, IPR³ Rn 5–87; SCHWARZ IPRax 1988, 279; G FISCHER 342 f; JANCKE 93 ff; PETZOLD JbItR 2 [1989] 95 f; ROTT ZVerglRW 98 [1999] 396; grundsätzlich auch OLG Karlsruhe RiW 1994, 1046 [1047] = IPRspr 1993 Nr 136; ebenso bereits vor der Reform JAYME, in: FS Bärmann 514 f; DROBNIG, in: FS Mann 607 f). Eine Sonderanknüpfung ist danach insbesondere berechtigt, wenn das Aufenthaltsrecht des Empfängers einer Willenserklärung – im Gegensatz zum Vertragsstatut – die Verwendung einer ganz bestimmten Sprache vorschreibt (vgl dazu rechtsvergleichend DOWNES/HEISS ZVerglRW 98 [1999] 28 ff; ROTT ZVerglRW 98 [1999] 383 ff). Es geht also bei der Verteilung des Sprachrisikos nicht um die Anknüpfung der rechtlichen Folgen sprachlichen Vermögens einer Partei; diese sind in der Tat allein mit den Regeln des Vertragsstatuts über Auslegung, Zugang und Willensmängel zu lösen (dazu MünchKomm/SPELLENBERG vor Art 11 Rn 69 ff). Tauglicher Gegenstand einer Sonderanknüpfung nach Art 31 Abs 2 sind aber sehr wohl Fehlvorstellungen des Empfängers einer fremdsprachigen Erklärung oder fremdsprachiger AGB über seine nach dem Vertragsstatut bestehende rechtliche Obliegenheit, sich – zB durch Anfertigung von Übersetzungen auf eigene Kosten – Kenntnis von deren Inhalt zu verschaffen. Die Sonderanknüpfung des Sprachrisikos an das Umweltrecht des Sprachunkundigen ist freilich nur innerhalb der o Rn 55 ff beschriebenen Schranken gerechtfertigt; für sie ist daher namentlich dann kein Raum, wenn die sprachunkundige ausländische Partei den Vertrag **im Inland** abschließt und dieser Vertrag nach Art 31 Abs 1 dem deutschen Recht untersteht. Darüber hinaus bedarf es eines Rückgriffs auf die Sonderanknüpfung nur dann, wenn dem Schutz der sprachunkundigen Partei nicht bereits im Rahmen des als Vertragsstatut maßgeblichen materiellen Rechts gebührend Rechnung getragen werden kann (dazu Rn 101 ff). Zu ähnlichen Ergebnissen wie die Sonderanknüpfungslehre gelangt, wer die Rechtsregeln und Bräuche des Umweltrechts des Erklärungsempfängers zum Sprachrisiko bereits als „Datum" im Rahmen des Vertragsstatuts berücksichtigt (so SCHLECHTRIEM IPRax 1996, 184; vgl auch OLG Hamm IPRax 1996, 197: Rückgriff auf das Umweltrecht, wenn das Vertragsstatut keine Lösung der Sprachrisikofälle bereithält).

c) Bewertung von Sprachproblemen im deutschen Sachrecht
aa) Grundsätze
Die Parteien können Fragen des Sprachrisikos zunächst durch ausdrückliche **Vereinbarungen** regeln. In der Praxis finden sich derartige vertragliche Festlegungen einer Verhandlungs- oder Vertragssprache insbesondere in einem vor Beginn der eigentlichen Vertragsverhandlungen unterzeichneten „letter of intent" oder „memorandum of understanding". Wurde eine solche Sprachenvereinbarung getroffen, so kommt es auf die tatsächlichen Sprachkenntnisse der Parteien nicht mehr an; vielmehr kann jede Partei davon ausgehen, dass die in der vereinbarten Sprache abgegebenen Erklärungen wirksam sind (MünchKomm/SPELLENBERG vor Art 11 Rn 104 ff). **101**

Fehlt es hingegen – wie regelmäßig – an einer entsprechenden Vereinbarung, so sind **mangelnde Sprachkenntnisse des Erklärenden** im Rahmen der *Auslegung* seiner Willenserklärung nach § 133 BGB zu berücksichtigen (dazu ausführlich MünchKomm/ SPELLENBERG vor Art 11 Rn 77 ff). Entspricht das objektiv Erklärte aufgrund unzureichender Sprachkenntnisse nicht dem wirklichen Willen des Erklärenden, so kann die Willenserklärung wegen Inhaltsirrtums nach § 119 Abs 1 BGB angefochten werden (SCHLECHTRIEM, in: FS Weitnauer 138 f; SPELLENBERG, in: FS Ferid 486 f). Bedient sich der Sprachunkundige eines *Vertreters*, so kann er sich allerdings nicht auf seine mangelnden eigenen Sprachkenntnisse berufen; er muss sich vielmehr das Erklärungsverhalten seines Vertreters zurechnen lassen (OLG Bremen AWD 1974, 104 = IPRspr 1973 Nr 8; JAYME, in: FS Bärmann 522). Diese Zurechnung gilt auch für Übersetzungsfehler der vom Erklärenden eingeschalteten Hilfsperson (MünchKomm/SPELLENBERG vor Art 11 Rn 87). Jedoch kann ein Ausländer seine Willenserklärung dann wegen Inhaltsirrtums anfechten, wenn diese auf einer *vorsätzlichen* Täuschung durch den Dolmetscher beruht (BGH NJW 1995, 190 = WiB 1995, 297 m Anm MEINHOLD/HEERLEIN). **102**

103 Während mangelnde Sprachkenntnisse des Erklärenden somit im Rahmen der Auslegung seiner Willenserklärung zu berücksichtigen sind und ggf ein Anfechtungsrecht nach § 119 Abs 1 BGB begründen können, kann umgekehrt die **Sprachunkenntnis des Empfängers** den *Zugang* der Willenserklärung hindern. Da der Erklärende in der Wahl des Erklärungsmittels frei ist, muss er auf die Verständnismöglichkeiten des Empfängers Rücksicht nehmen und trägt deshalb grundsätzlich das – auch sprachlich bedingte – Zugangsrisiko (Spellenberg, in: FS Ferid 475 ff; Palandt/Heinrichs § 130 Rn 21). Abzustellen ist in diesem Zusammenhang auf die Sprachkenntnisse, die der Erklärende nach den Umständen vom Empfänger erwarten darf. Daraus folgt, dass es stets ausreicht, wenn die Vertragserklärung in der *Muttersprache* des Vertragspartners abgegeben wird (MünchKomm/Spellenberg vor Art 11 Rn 94). Darüber hinaus darf sich der Erklärende aber auch auf die Sprachkenntnisse verlassen, die der andere Teil während der Vertragsverhandlungen zu erkennen gegeben hat; deshalb muss der Empfänger auch Vertragserklärungen in der *Verhandlungssprache* grundsätzlich gegen sich gelten lassen (MünchKomm/Spellenberg vor Art 11 Rn 98 ff). Benutzt der Erklärende hingegen eine andere Sprache, so kann sich der Empfänger darauf berufen, dass er die Erklärung nicht verstanden hat (OLG Frankfurt RiW 1981, 411; Reithmann/Martiny Rn 207). Dies gilt auch bei Verwendung einer sog *Weltsprache* (zB englisch; vgl OLG Hamm RiW 1997, 153 = IPRspr 1995 Nr 40; MünchKomm/Spellenberg vor Art 11 Rn 96; dazu näher Rn 105). Haben die Parteien den Vertrag in einer bestimmten Sprache bereits geschlossen, so wird hierdurch die Erwartung begründet, dass auch künftige Erklärungen (zB Bestätigungsschreiben, Kündigung etc), die in dieser *Vertragssprache* abgefasst werden, von der anderen Vertragspartei verstanden werden. Etwas anderes gilt nur dann, wenn eine Partei den Vertrag erkennbar ohne hinreichende Sprachkenntnisse unterschrieben hat. In diesem Fall können freilich die Grundsätze zur Unterzeichnung einer nicht gelesenen Urkunde uU entsprechende Anwendung finden (vgl OLG München WM 1988, 1408; einschränkend MünchKomm/Spellenberg vor Art 11 Rn 101 ff).

bb) Einbeziehung von AGB

104 Praktische Bedeutung hat das Problem des Sprachrisikos insbesondere im Zusammenhang mit der Einbeziehung von AGB in internationale Schuldverträge erlangt. Dabei geht es einerseits um die Frage, ob der *Einbeziehungshinweis* des Verwenders auf seine AGB in der richtigen Sprache erfolgte, zum anderen darum, ob die *AGB selbst* in einer für den Empfänger verständlichen Sprache abgefasst waren. Insoweit muss zwischen dem Geschäftsverkehr zwischen Unternehmern und jene mit Verbrauchern, sowie zwischen internationalen Distanzgeschäften und Inlandsgeschäften unterschieden werden:

Im **Rechtsverkehr zwischen Unternehmern** (§ 14 BGB) setzt die Einbeziehung von AGB nach deutschem Recht voraus, dass der Verwender auf die Formularbedingungen deutlich hinweist und der Vertragspartner ihrer Geltung nicht widerspricht (BGHZ 102, 293 [304] = NJW 1988, 1210; BGHZ 117, 190 [194] = NJW 1992, 1232; Lindacher [Rn 48] § 2 AGBG Rn 68 mwN). Für Verträge mit Auslandsbeziehungen bedeutet dies, dass der Hinweis für den anderen Teil auch verständlich sein muss. Dies ist ohne weiteres gegeben, wenn der Hinweis in der *Muttersprache* des Vertragspartners erfolgt. Darüber hinaus ist auch ein Hinweis in der von der Muttersprache des Empfängers abweichenden *Verhandlungssprache* ausreichend, sofern der Empfänger diese ausreichend beherrscht (MünchKomm/Spellenberg Art 31 Rn 40; Reithmann/Mar-

TINY Rn 207; U HÜBNER NJW 1980, 2606). Dies gilt nicht nur dann, wenn die Vertragsverhandlungen von beiden Parteien in derselben Sprache geführt wurden; ausreichend ist vielmehr auch, dass die vorvertragliche Korrespondenz von jeder Partei in einer anderen Sprache geführt und von der Gegenpartei jeweils vorbehaltslos akzeptiert worden ist (LINDACHER [Rn 48] Anh § 2 AGBG Rn 40; H SCHMIDT [Rn 71] Anh § 2 AGBG Rn 20). Ein Hinweis auf die AGB in der Verhandlungssprache genügt auch bei *Internetgeschäften;* der Anbieter ist also nicht verpflichtet, in der jeweiligen Muttersprache der potentiellen Kunden auf seine AGB hinzuweisen (TAUPITZ/KRITTER JuS 1999, 839 [844]). Erfolgt der Hinweis auf die AGB weder in der Verhandlungssprache noch in einer sonst dem Empfänger bekannten Sprache, so werden die AGB nicht Vertragsbestandteil (OLG Koblenz RiW 1992, 1019 = IPRax 1994, 46 m abl Anm SCHURIG 27 = IPRspr 1992 Nr 72; OLG Köln TranspR 1999, 454 = IPRspr 1998 Nr 140; LINDACHER aaO; H SCHMIDT aaO; ebenso schon vor der IPR-Reform OLG Düsseldorf DB 1963, 929 = IPRspr 1962/63 Nr 27; OLG Hamburg NJW 1980, 1232 = IPRspr 1979 Nr 15; OLG Frankfurt EWiR 1987, 631 m Anm THAMM = IPRspr 1987 Nr 15).

Schließen die Parteien den Vertrag in einer anderen Sprache als der Verhandlungssprache, so genügt im Geschäftsverkehr zwischen Unternehmern allerdings grundsätzlich auch ein Einbeziehungshinweis in dieser **Vertragssprache,** denn durch die vorbehaltslose Unterzeichnung des Vertrages in einer von der Verhandlungssprache abweichenden Sprache übernimmt ein Unternehmer – zumindest bei internationalen Distanzgeschäften (zu Inlandsgeschäften s Rn 108) – grundsätzlich die Obliegenheit, sich die erforderliche Kenntnis vom Inhalt der AGB zu verschaffen (LINDACHER aaO; aA H SCHMIDT aaO; STAUDINGER/SCHLOSSER [1998] § 2 Rn 17). Ein Einbeziehungshinweis in einer von der Verhandlungssprache abweichenden sog *Weltsprache* (insbesondere englisch, ggf auch französisch oder spanisch) reicht hingegen auch im internationalen Handelsverkehr nur aus, wenn die Verwendung dieser Sprache branchentypisch ist und deshalb von jedem in dieser Branche tätigen Kaufmann erwartet werden muss; dies trifft etwa auf die Verwendung der englischen Sprache im Seehandel zu. Im Übrigen kann aber die Kenntnis einer Weltsprache bei internationalen Handelsgeschäften keinesfalls grundsätzlich vorausgesetzt werden (vgl OLG Düsseldorf AWD 1974, 103 = IPRspr 1973 Nr 136; OLG Hamm IPRax 1996, 197, 198 = IPRspr 1995 Nr 40; LINDACHER aaO; MünchKomm/SPELLENBERG Art 31 Rn 41; aA OLG Karlsruhe RiW 1994, 1046 [1047] = IPRspr 1993 Nr 136; REINHART RiW 1977, 20; DROBNIG, in: FS Mann 607; SCHÜTZE DWiR 1992, 90; H SCHMIDT aaO; REITHMANN/MARTINY Rn 207). Aufgrund der Gebräuche und Gepflogenheiten im internationalen Handel kann allerdings – namentlich im Rahmen laufender Geschäftsbeziehungen – für den Empfänger eines Schriftstücks, das in einer ihm unbekannten Sprache abgefasst ist, die Obliegenheit erwachsen, deren Inhalt – zB durch Rückfrage beim Vertragspartner – aufzuklären (OLG Hamm aaO).

Erforderlich ist freilich nicht nur ein sprachlich verständlicher Hinweis des Verwenders auf die Geltung seiner AGB; vielmehr ist dieser darüber hinaus auch verpflichtet, seinem Vertragspartner den **Text der AGB** in einer für diesen verständlichen Fassung zu übermitteln. Dies erfordert grundsätzlich, dass die AGB in der Verhandlungs- bzw Vertragssprache (BGH NJW 1996, 1819 = IPRax 1997, 416; ebenso zu Internetgeschäften TAUPITZ/KRITTER JuS 1999, 839 [844]; GRUBER DB 1999, 1437 [1440]; LANGE EuLF 2000/01, 117 [119]) oder aber in einer anderen dem Kunden nachweislich bekannten Sprache, insbesondere in seiner Muttersprache oder einer Weltsprache, zur Verfügung gestellt werden (OLG Karlsruhe NJW 1972, 2185 = IPRspr 1972 Nr 9; OLG Koblenz IPRspr 1974 Nr 159;

OLG Hamburg NJW 1980, 1232 [1233]; AG Kehl NJW-RR 1996, 565 [566]; LINDACHER [Rn 48] Anh § 2 AGBG Rn 41; MünchKomm/SPELLENBERG Art 31 Rn 38 ff; REINHART IPRax 1982, 228 f). Die Rechtsprechung lässt es – weitergehend – zum Teil auch genügen, dass in der Verhandlungssprache (oder einer Weltsprache) auf *anderssprachige* Geschäftsbedingungen hingewiesen wird; sie legt mithin dem Kaufmann bzw Unternehmer als Vertragspartner allein aufgrund des für ihn verständlichen Einbeziehungshinweises eine Obliegenheit zur Beschaffung und Übersetzung der für ihn nicht verständlichen AGB auf (vgl idS – jeweils zur Geltung von Gerichtsstandsklauseln in AGB – OLG München NJW 1974, 2181 = RiW 1975, 424 = IPRspr 1974 Nr 151; OLG Hamm IPRax 1991, 324 [325] m krit Anm KOHLER 299 und RiW 1994, 877 = NJW-RR 1995, 185; OLG Karlsruhe RiW 1994, 1046 = DZWiR 1994, 70 m Anm CHILLAGANO/BUSL = IPRspr 1993 Nr 136). Dies ist jedoch nur gerechtfertigt, wenn der Vertragspartner sich entweder mit der Geltung der fremdsprachigen AGB ausdrücklich (zB durch Gegenzeichnung) einverstanden erklärt (MünchKomm/SPELLENBERG Art 31 Rn 44) oder durch die fortdauernde widerspruchslose Entgegennahme der AGB, die ihm in ihrer Bedeutung als solche erkennbar waren, den Eindruck vermittelt hat, er verstehe diese Bedingungen und billige ihren Inhalt (vgl OLG München IPRax 1991, 46 [50] m Anm GEIMER 31 = IPRspr 1989 Nr 194). Bei Verwendung *zweisprachiger* – inhaltlich voneinander abweichender – AGB-Fassungen wird nur die mit der Verhandlungssprache übereinstimmende AGB-Fassung Vertragsinhalt (BGH NJW 1996, 1819).

107 Im **Geschäftsverkehr mit Verbrauchern** (§ 13 BGB) beurteilt sich die Einbeziehung von AGB nach § 2 AGBG/§ 305 Abs 2 BGB nF (§ 24 S 1 AGBG/§ 310 Abs 1 BGB nF). Der zum Schutz des Kunden erforderliche ausdrückliche Einbeziehungshinweis nach § 2 Abs 1 Nr 1 AGBG/§ 305 Abs 2 Nr 1 BGB nF ist auch hier wirksam, wenn er entweder in der Muttersprache des Kunden oder in der *gemeinsamen Verhandlungssprache* erfolgt ist (LINDACHER [Rn 48] Anh § 2 AGBG Rn 42; H SCHMIDT [Rn 71] Anh § 2 AGBG Rn 18). Bedient sich jede Vertragspartei in der vorvertraglichen Korrespondenz einer verschiedenen Sprache, so genügt – anders als im Verkehr zwischen Unternehmern – ein Hinweis in der nur einseitig vom Verwender benutzten Verhandlungssprache nicht (LINDACHER aaO; H SCHMIDT aaO; **aA** STAUDINGER/SCHLOSSER [1998] § 2 AGBG Rn 4). Ebenfalls nicht ausreichend ist ein Hinweis in der Vertragssprache, sofern diese von der gemeinsamen bzw der vom Kunden verwandten Verhandlungssprache abweicht und die Initiative zur Benutzung dieser abweichenden Vertragssprache vom Verwender ausgegangen ist (LINDACHER aaO; H SCHMIDT aaO; STAUDINGER/SCHLOSSER aaO). Da nach § 2 Abs 1 Nr 2 AGBG/§ 305 Abs 2 Nr 2 BGB nF dem Kunden die Möglichkeit verschafft werden muss, in zumutbarer Weise vom Inhalt der AGB Kenntnis zu nehmen, müssen diese grundsätzlich in der Muttersprache des Kunden abgefasst sein (vgl OLG Frankfurt TranspR 1984, 297 = IPRspr 1984 Nr 41 [IATA-Beförderungsbedingungen]). Es genügt aber auch, wenn der Text in der Verhandlungssprache abgefasst ist, während die Einhaltung der Vertragssprache idR nicht genügt (BGHZ 87, 112 [114] = NJW 1983, 1489; H SCHMIDT [Rn 71] Anh § 2 AGBG Rn 19; **aA** STAUDINGER/SCHLOSSER [1998] § 2 AGBG Rn 28 a).

cc) **Inlandsgeschäfte**

108 Beim Abschluss von Verkehrsgeschäften im Inland, die allein wegen der fremden Staatsangehörigkeit und der Sprachunkundigkeit einer Partei einen „Auslandssachverhalt" darstellen, muss sich der Geschäftsverkehr hingegen grundsätzlich darauf verlassen können, dass der Ausländer die deutsche Sprache versteht oder sich zumindest eines sprachkundigen Übersetzers bedient (LINDACHER [Rn 48] Anh § 2 AGBG Rn 43; vgl OLG Bremen AWD 1974, 104 = IPRspr 1973 Nr 8: Depoteröffnungsvertrag mit sprachunkundigem Perser; LG Köln WM 1986, 821 = IPRspr 1986 Nr 24: Bürgschaftsvertrag mit sprachunkundigem Griechen). Demgemäß muss sich ein Ausländer, der nach § 2 Abs 1 Nr 1 AGBG – sei es auch nur durch einen entsprechenden Aushang im Geschäftslokal – auf die Geltung von AGB hingewiesen worden ist, in zumutbarer Weise Kenntnis vom Inhalt der für ihn nicht verständlichen AGB verschaffen (STAUDINGER/SCHLOSSER [1998] § 2 AGBG Rn 21; OLG München RiW 1976, 446 = IPRspr 1975 Nr 11). Insbesondere wenn der ausländische Kunde sich mit der deutschen Sprache als Verhandlungs- und Vertragssprache einverstanden erklärt hat, muss er sich den gesamten deutschsprachigen Vertragsinhalt einschließlich der zugrunde liegenden AGB entgegenhalten lassen. Verzichtet er darauf, sich vor Vertragsschluss die erforderliche Übersetzung des AGB-Textes zu verschaffen, so ändert dies an der wirksamen Einbeziehung der AGB nach § 2 AGBG nichts (vgl BGHZ 87, 112 [114 f] = NJW 1983, 1489 = JR 1983, 456 m krit Anm SCHUBERT). Dies gilt vor allem, wenn sich der ausländische Kunde im geschäftlichen Umgang mit dem deutschen AGB-Verwender eines Dolmetschers bedient und sich deshalb in zumutbarer Weise vom Inhalt der Vertragsbedingungen Kenntnis verschaffen kann (BGH NJW 1995, 190: Bürgschaftsvertrag mit sprachunkundiger Iranerin). Allerdings trägt der Ausländer das Sprachrisiko nicht in jedem Falle. Insbesondere wenn der deutschsprachige Geschäftspartner erkennt, dass sein Partner die Vertragserklärungen aufgrund von Sprachschwierigkeiten nicht versteht, kann sich für ihn nach Treu und Glauben eine Aufklärungspflicht ergeben. Werden aus diesem Grunde die Vertragsverhandlungen nicht in deutscher Sprache geführt, sondern zB in englischer Sprache, so muss der Ausländer den im deutschsprachigen Bestellformular enthaltenen Hinweis auf die Geltung der AGB des deutschen Verwenders nicht gegen sich gelten lassen (vgl OLG Stuttgart RiW 1989, 56 = IPRax 1988, 293 m Anm SCHWARZ 278 = IPRspr 1987 Nr 130). In diesem Fall reicht auch der Aushang des deutschen Textes der AGB nicht aus (LINDACHER aaO; STAUDINGER/SCHLOSSER aaO).

Art 32 EGBGB. Geltungsbereich des auf den Vertrag anzuwendenden Rechts

(1) Das nach den Artikeln 27 bis 30 und nach Artikel 33 Abs. 1 und 2 auf einen Vertrag anzuwendende Recht ist insbesondere maßgebend für

1. **seine Auslegung,**

2. **die Erfüllung der durch ihn begründeten Verpflichtungen,**

3. **die Folgen der vollständigen oder teilweisen Nichterfüllung dieser Verpflichtungen einschließlich der Schadensbemessung, soweit sie nach Rechtsvorschriften erfolgt, innerhalb der durch das deutsche Verfahrensrecht gezogenen Grenzen,**

4. **die verschiedenen Arten des Erlöschens der Verpflichtungen sowie die Verjährung und die Rechtsverluste, die sich aus dem Ablauf einer Frist ergeben,**

5. **die Folgen der Nichtigkeit des Vertrages.**

(2) In Bezug auf die Art und Weise der Erfüllung und die vom Gläubiger im Fall mangelhafter Erfüllung zu treffenden Maßnahmen ist das Recht des Staates, in dem die Erfüllung erfolgt, zu berücksichtigen.

(3) Das für den Vertrag maßgebende Recht ist insoweit anzuwenden, als es für vertragliche Schuldverhältnisse gesetzliche Vermutungen aufstellt oder die Beweislast verteilt. Zum Beweis eines Rechtsgeschäfts sind alle Beweismittel des deutschen Verfahrensrechts und, sofern dieses nicht entgegensteht, eines der nach Artikel 11 und 29 Abs. 3 maßgeblichen Rechte, nach denen das Rechtsgeschäft formgültig ist, zulässig.

Materialien: Art 15 und 19 Vorentwurf; Art 10 und 14 EVÜ, Bericht GIULIANO/LAGARDE 64 ff, 68 f; Begründung BT-Drucks 10/504, 82.

Schrifttum

AHRENS, Wer haftet statt der zusammengebrochenen Abschreibungsgesellschaft? – Zur Sachwalterhaftung im Kollisionsrecht, IPRax 1986, 355

BERGER, Aufrechnung durch Vertrag – Vertrag über Aufrechnung (1996)

ders, Vertragsstrafen und Schadenspauschalierungen im Internationalen Wirtschaftsrecht, RiW 1999, 401

BERNSTEIN, Kollisionsrechtliche Fragen der culpa in contrahendo, RabelsZ 41 (1977) 281

BUCIEK, Beweislast und Anscheinsbeweis im internationalen Recht (1984)

COESTER-WALTJEN, Internationales Beweisrecht (1983)

dies, Die Aufrechnung im internationalen Zivilprozeßrecht, in: FS Lüke (1997) 35

DEGNER, Kollisionsrechtliche Probleme zum Quasikontrakt (1984)

ENTZIAN/LINDEN, Vertragskontinuität und Währungsunion – Zu den Auswirkungen des Euro auf bestehende Versicherungsverträge, VersR 1997, 1182

EUJEN, Die Aufrechnung im internationalen Verkehr zwischen Deutschland, Frankreich und England (1975)

FISCHER, Culpa in contrahendo im internationalen Privatrecht, JZ 1991, 168

FRANK, Unterbrechung der Verjährung durch Auslandsklage, IPRax 1983, 108

GÄBEL, Neuere Probleme zur Aufrechnung – Unter besonderer Berücksichtigung deutschamerikanischer Rechtsverhältnisse (1983)

GEIMER, Nochmals: Zur Unterbrechung der Verjährung durch Klageerhebung im Ausland: Keine Gerichtspflichtigkeit des Schuldners all over the world, IPRax 1984, 83

GROTHE, Bindung an die Parteianträge und Forderungsverrechnung bei Fremdwährungsklagen, IPRax 1994, 346

GRUBER, Die Aufrechnung von Fremdwährungsschulden, MDR 1992, 121

ders, Auslegungsprobleme bei fremdsprachigen Verträgen unter deutschem Recht, DZWir 1997, 353

HAGENGUTH, Die Anknüpfung der Kaufmannseigenschaft im IPR (Diss München 1981)

vHOFFMANN, Inländische Sachnormen mit zwingendem internationalen Anwendungsbereich, IPRax 1989, 261

JUNKER, Die IPR-Reform von 1999: Auswirkungen auf die Unternehmenspraxis, RiW 2000, 241

KANNENGIESSER, Die Aufrechnung im internationalen Privat- und Verfahrensrecht (1998)

KREUZER, Zur Anknüpfung der Sachwalterhaftung, IPRax 1988, 16

KRINGS, Erfüllungsmodalitäten im internationalen Schuldvertragsrecht (1997)

LAGARDE, The Scope of Applicable Law in the E. E. C.Convention, in: NORTH (Hrsg), Contract Conflicts (1982) 49

5. Abschnitt. Schuldrecht.
1. Unterabschnitt. Vertragliche Schuldverhältnisse

LANGHEIN, Kollisionsrecht der Registerurkunden (1995)
LINKE, Die Bedeutung ausländischer Verfahrensakte im deutschen Verjährungsrecht, in: FS Nagel (1987) 209
MAGNUS, Zurückbehaltungsrechte und Internationales Privatrecht, RabelsZ 38 (1974) 440
ders, Währungsfragen im Einheitskaufrecht – zugleich ein Beitrag zu seiner Lückenfüllung und Auslegung, RabelsZ 53 (1989) 116
MAIER-REIMER, Fremdwährungsverbindlichkeiten, NJW 1985, 2049 ff
MANN, Anm zu BGH, JZ 1965, 450
ders, The Legal Aspect of Money (5. Aufl 1992)
NICKL, Die Qualifikation der culpa in contrahendo im Internationalen Privatrecht (Diss Regensburg)
PATRZEK, Die vertragsakzessorische Anknüpfung im Internationalen Privatrecht dargestellt anhand des Deliktsrechts, des Bereicherungsrechts und der culpa in contrahendo (Diss Göttingen 1992)
PILTZ, Neue Entwicklungen im UN-Kaufrecht, NJW 1996, 2768
PRINZING, Internationale Gerichtsstandsvereinbarung nach § 38 ZPO, IPRax 1990, 83
REINHUBER, Grundbegriffe und internationaler Anwendungsbereich von Währungsrecht (1995)
REMIEN, Die Währung von Schaden und Schadensersatz, RabelsZ 53 (1989) 245
RENGER, Die Umstellung von Schuldverschreibungen – Bemerkungen zum Entwurf eines Gesetzes über die Umstellung von Schuldverschreibungen auf Euro, WM 1997, 1874
SANDROCK, Der Euro und sein Einfluß auf nationale und internationale privatrechtliche Verträge, RiW 1997, Beil 1 zu Heft 8, S 1
SCHACK, Wirkungsstatut und Unterbrechung der Verjährung im Internationalen Privatrecht durch Klageerhebung, RiW 1981, 301
SCHEFFLER, Culpa in Contrahendo und Mängelgewährleistung bei deutsch-schweizerischen Werkverträgen, IPRax 1995, 20
SCHEFOLD, Die Europäischen Verordnungen über die Einführung des Euro, WM 1996, Beil 4 S 1
SCHLECHTRIEM, Aufrechnung durch den Käufer wegen Nachbesserungsaufwand – deutsches Vertragsstatut und UN-Kaufrecht, IPRax 1996, 256
SIEHR, Multilaterale Staatsverträge *erga omnes* und deren Inkorporation in nationale IPR-Kodifikationen – Vor- und Nachteile einer solchen Rezeption, BerDGesVölkR 27 (1986) 45
SPICKHOFF, Verjährungsunterbrechung durch ausländische Beweissicherungsverfahren, IPRax 2001, 37
TESKE, Der Urkundenbeweis im französischen und deutschen Zivilprozeßrecht (1990)
VAN VENROOY, Die Anknüpfung der Kaufmannseigenschaft im deutschen IPR (1985)
VORPEIL, Aufrechnung bei währungsverschiedenen Forderungen, RiW 1993, 529
WILL, Verwirkung im Internationalen Privatrecht, RabelsZ 42 (1978) 211.

Systematische Übersicht

I.	Regelungsgegenstand	1
II.	Entstehungsgeschichte; früheres Recht	5
III.	Anwendungsbereich der Vorschrift	9
IV.	Geltung allgemeiner Vorschriften	
1.	Renvoi	18
2.	Ordre public	20
V.	Reichweite des Vertragsstatuts (Abs 1)	
1.	Allgemeines	21
2.	Auslegung (Nr 1)	24
3.	Erfüllung der Verpflichtungen (Nr 2)	33
4.	Folgen von Vertragsverletzungen (Nr 3)	42
a)	Allgemeines	42
b)	Voraussetzungen für Ansprüche aus Vertragsverletzung	44
c)	Rechtsfolgen der Verletzung von Vertragspflichten	49
d)	Schadensersatz	56

e)	Anspruch auf Zinsen	57	4.	Anscheinsbeweis	106
f)	Leistungsverweigerungsrechte	58	5.	Beweismittel (Satz 2)	108
5.	Erlöschen der Verpflichtungen (Nr 4)	59	a)	Grundsatz	108
			b)	Alternativ anwendbare Rechte	109
a)	Aufrechnung	61	c)	Beweismittel	110
b)	Hinterlegung	67	d)	Registereintragungen	111
c)	Verjährung	68	6.	Beweiskraft ausländischer Urkunden	112
d)	Verwirkung, Ausschlussfristen	73			
e)	Aufhebung, Verzicht, Erlass	74	**VIII.**	**Culpa in contrahendo**	
f)	Kündigung	75	1.	Qualifikation	116
6.	Folgen der Vertragsnichtigkeit (Nr 5)	76	2.	Anknüpfung	117
			3.	Sachwalterhaftung	121
VI.	**Modalitäten der Erfüllung (Abs 2)**		**IX.**	**Währungsfragen**	
1.	Allgemeines	79	1.	Allgemeines	122
2.	Art und Weise der Erfüllung	84	2.	Begriff und Rechtsgrundlagen	128
3.	Maßnahmen bei mangelhafter Erfüllung	88	3.	Währungsrechtliche Anknüpfungen	131
4.	Berücksichtigung des Erfüllungsstatuts	91	a)	Statut der Schuldwährung	131
			b)	Statut der Zahlungswährung	133
5.	Abs 2 und Rechtswahl	98	c)	Umfang des Währungsstatuts	134
			d)	Ersetzungsbefugnis	137
VII.	**Gesetzliche Vermutungen und Beweisfragen (Abs 3)**		4.	Währung vertraglicher Schadensersatzansprüche	139
1.	Allgemeines	99			
2.	Gesetzliche Vermutungen (Satz 1)	100	5.	Umstellung auf Euro	140
3.	Beweislast (Satz 1)	102			

Alphabetische Übersicht

Allg Geschäftsbedingungen	26, 32	– Beweisführungslast		103
Anfechtung	78	– Darlegungslast		103
Anscheinsbeweis	106 f	– Umkehr		102
Anticipatory breach	51	Beweismittel		4, 99, 108 ff
Anwendungsbereich	9 ff	Beweiswürdigung		104
Arbeitsverhältnisse	10, 14, 78	Bretton-Woods-Abk		129
Aufhebung	74	Bringschuld		36
s auch Vertragsaufhebung				
Aufklärungspflichten	117	CISG		9, 64, 88, 94
Aufrechnung	60 ff	Construction clause		25
– Einheitsrecht	64	Culpa in Contrahendo		116 ff
– Gleichartigkeit	63	– Anknüpfung		117 ff
– Qualifikation	65	– Qualifikation		116
Auslegung	24 ff			
– Methoden	29	Darlegungslast		103
		Dauerschuldverhältnisse		20
Beratungspflichten	117			
Bereicherungsansprüche	76 ff	Eingriffsnormen, ausländische		85
Betriebsrat	14	Einheitliches Vertragsstatut		
Beweislast	99, 102 ff	s Vertragsstatut		

5. Abschnitt. Schuldrecht.
1. Unterabschnitt. Vertragliche Schuldverhältnisse

Einseitige Erklärungen	5, 26
Entstehungsgeschichte	5 ff
Erfüllung	3, 33 ff, 59
– Art und Weise	84 ff
– Berücksichtigung des Erfüllungsstatuts	91 ff
– Maßnahmen bei mangelhafter E	88 ff
– Modalitäten allgemein	79 ff
– Örtliche Regeln	79, 83
Erfüllungsansprüche	43 f
Erfüllungsgehilfen	38
Erfüllungsort	35 f, 82
Erlass	60, 74
Erlöschen der Verpflichtungen	59 f
Ermittlungspflicht des Gerichts	32
Ersetzungsbefugnis	137 f
Euro	140 f
Europäisches Übk über Fremdwährungsschulden	129
EVÜ	5 ff, 94
Exceptio doli	58
Fälligkeit	35
Feiertage	84
Fiktionen	101
Force majeure	54
Form	12, 27, 109
Fremdwährungsschuld	132, 138
Fristen	73
Früheres Recht	8, 13
Frustration	54
Gefahrübergang	36
Gehilfenhaftung	38, 52
Genehmigungen	87
Geschäftsfähigkeit	11
Geschäftszeiten	84
Gesellschaftsrecht	13
Gläubigereigenschaft	37
Grundstücksverträge	10
GVÜ	66
Haager Einheitskaufrecht	94
Haftungsbeschränkungen, -ausschlüsse	55
Handelsrecht, Handelsbrauch	40, 83
Hilfspersonen s Gehilfenhaftung	
Hinterlegung	60, 67
Höchstarbeitszeiten	84
Höhere Gewalt	54
Holschuld	36
Immaterieller Schaden	56
Incoterms	31
IPR-Reform	5 ff
Kaufmannseigenschaft	11, 40
Kausalität	47
Kollisionsrecht	1, 3 f
Kondiktionsansprüche	76 ff
Konventionsrecht	9
Kündigung	26, 50, 60, 75
Legalisation	114
Leistungshindernisse	54
Leistungsverweigerungsrechte	21, 58
Lex fori	4, 43, 56 f, 65, 99, 104, 106, 108, 113
Lex monetae	134
Londoner Schuldenabk	129
Mahnung	26, 45, 90
Mängelrüge s Rügeobliegenheit	
Materielle Wirksamkeit des Vertrags	12, 41
Minderung	50
Mitverschulden	48
Nebenpflichten	33, 40
Nichterfüllter Vertrag, Einrede	58, 90
Nichterfüllung, Folgen der	6
Nichtigkeit des Vertrags	76 ff
– Gründe	78
Öffentliches Recht	14
Ordre public	20, 53, 56
Ort der Leistung	35 f
Parteiverhalten	26, 58
Positive Vertragsverletzung	44
Preisregulierung	85
Punitive damages	56
Qualifikation	19, 65, 71, 105, 116
Quittung	39
Rechtsfähigkeit	11
Rechtswahl	
– und Erfüllungsstatut	98
– partielle	22
Rechtswahlvereinbarung	28

Regelungsgegenstand	1 ff
Registereintragungen	111
Renvoi	18 f
Rückabwicklung nichtiger Verträge	76 ff
Rück- oder Weiterverweisung s renvoi	
Rückgewähr von Leistungen	76 ff
Rücktritt	50
Rügeobliegenheit	26, 88, 93 ff
Sachwalterhaftung	121
Schadensbemessung	6, 42 f, 56
Schadensersatz	50, 56
Währung	139
Schadenspauschale	53
Schadensschätzung	56
Schickschuld	36
Schuldinhalt	38
Schuldnereigenschaft	37
Schutzwirkung für Dritte	37
Sorgfaltsmaßstab	38
Specific performance	43
Sprache	30
Stellvertretung	11, 13
Strafschadensersatz s Punitive damages	
Stundung	35
Tilgung	39
Treu und Glauben	40
Unmöglichkeit	44
Untersuchungsobliegenheit	88
UN-VerjährungsÜbk	72
Unzumutbarkeit	54
Urkunden, ausländische	112 ff
– öffentliche	113 f
– private	113, 115
Urkundenprozess	108
Valutaschuld s Fremdwährungsschuld	
Verbraucherverträge	10, 109
Verjährung	59, 68 ff
– Wirkung von Prozesshandlungen	69 f
– Qualifikation	71
Vermutungen, gesetzliche	99 ff
– prozessualer Art	100
Verschulden	46
Vertrag mit Schutzwirkung	37
Vertrag zugunsten Dritter	38
– Zurechnung von Drittverhalten	38
Versicherungsverträge	13
Vertragsaufhebung, -auflösung	50, 59, 90
Vertragsstatut	
– Begriff	1
– einheitliches	2, 21
– Reichweite	1 ff, 13, 21 ff
– Spaltung	15 f
Vertragsstrafen	53
Vertragsverletzungen	42 ff
– Ansprüche aus	44 ff
– drohende	51
– Rechtsfolgen	49 ff
Verwirkung	73
Verzicht	74
Verzug	44 f
– Verzugszinsen	57
Währung	21, 63, 85 ff, 122 ff
– Euro	140 f
– Internationales Währungsrecht	128 ff
– bei Schadensersatz	139
– Schuldwährung	125, 131 f
– Währungsänderung	135 f, 140 f
– Währungsstatut	127, 134 ff
– Zahlungswährung	126, 133
Wegfall der Geschäftsgrundlage	54
Wertpapiergeschäfte	13
Zahlungspflicht	36
Zeit der Leistung	35
Zinsen	16, 57
Zollformalitäten	87
Zurückbehaltungsrechte	58
Zustandekommen des Vertrags	12
Zuständigkeit des Gerichts	66
Zwingende Normen	17, 23

I. Regelungsgegenstand

1 Die Vorschrift erfüllt zwei unterschiedliche Funktionen: Abs 1 und Abs 3 Satz 1 legen zum einen die **Reichweite des** nach anderen Bestimmungen bestimmten **Ver-**

tragsstatuts fest, regeln also, welche Fragen dem gewählten oder dem objektiv geltenden Recht unterstehen. Damit will die Vorschrift Klarheit über den Geltungsbereich des Vertragsstatuts schaffen. Abs 2 und Abs 3 Satz 2 bestimmen dagegen zum andern für zwei strittige Fragenbereiche – Erfüllungsmodalitäten und zulässige Beweismittel – auch das **anwendbare Recht,** haben insoweit also echten kollisionsrechtlichen Charakter.

Nach Abs 1 sollen im Grundsatz alle Rechtsfragen, die aus der vertraglichen Bindung, ihrer Verletzung und Auflösung folgen, einheitlich dem auf den Vertrag anwendbaren Recht unterstehen **(Prinzip des einheitlichen Vertragsstatuts).** Sonderanknüpfungen für Einzelpunkte will das Gesetz insgesamt in engen Grenzen halten. Um Zweifel über die Reichweite des Vertragsstatuts möglichst auszuschließen, nennt die Aufzählung des Abs 1 beispielhaft die wichtigsten Bereiche: Erfasst werden insbesondere die Auslegung, die Erfüllung, die Folgen von Vertragsverletzungen, die Beendigung sowie die Nichtigkeitsfolgen von Verträgen. Ferner unterstellt Abs 3 Satz 1 die Beweislast und gesetzliche Vermutungen für Verträge dem Vertragsstatut. Für sie wäre sonst zweifelhaft, ob sie nicht dem nationalen Verfahrensrecht zuzuordnen wären.

Eine Ausnahme von der Maßgeblichkeit des Vertragsstatuts gilt für die Art und Weise der Erfüllung sowie die erforderlichen Gegenmaßnahmen bei Nichterfüllung. Für sie ist nach Abs 2 das Recht des Staates zu berücksichtigen, in dem die Erfüllung tatsächlich erfolgt. Damit kann den **Gegebenheiten am Erfüllungsort** Rechnung getragen werden.

Ferner enthält Abs 3 Satz 2 eine allgemeine **Kollisionsregel über die zulässigen Nachweise von Rechtsgeschäften.** Neben allen Beweismitteln, die das deutsche Verfahrensrecht als lex fori kennt, werden weiter solche Mittel zugelassen, die das für die Form des Geschäfts geltende Recht vorsieht. Damit soll der Nachweis rechtsgeschäftlicher Erklärungen möglichst erleichtert werden.

II. Entstehungsgeschichte; früheres Recht

Die Vorschrift ist mit der IPR-Neuregelung von 1986 in das EGBGB eingefügt worden. Sie hat in Abs 1 und 2 den Art 10 EVÜ und in Abs 3 den Art 14 EVÜ – weitgehend wörtlich – übernommen. Die Textänderungen gegenüber dem EVÜ haben keine substantielle Bedeutung, sondern betreffen im Kern nur die Anpassung und Einfügung in das EGBGB (vgl auch Begründung BT-Drucks 10/504, 82, nach der Art 32 Art 10 und 14 EVÜ entspricht). Allerdings lässt Art 14 Abs 2 EVÜ klarer als sein Pendant in Art 32 Abs 3 Satz 2 EGBGB erkennen, dass er nicht nur für Verträge, sondern auch für einseitige, vertragsbezogene Rechtsgeschäfte – zB Kündigung etc – gilt (vgl auch GIULIANO/LAGARDE 68). Denn Art 14 Abs 2 EVÜ verweist seinerseits auf Art 9 EVÜ, der in seinem Abs 4 ausdrücklich einseitige Rechtsgeschäfte erwähnt. Art 11 Abs 1 EGBGB, mit dem Art 9 Abs 1 und 4 EVÜ im Wesentlichen in das EGBGB inkorporiert wurden, hat diesen Hinweis – als mitgeregelt – nicht übernommen (Begründung BT-Drucks 10/504, 48).

Eine gewisse Textunklarheit hat Art 32 Abs 1 Nr 3 aus der deutschen Übersetzung der entsprechenden EVÜ-Vorschrift (Art 10 Abs 1 lit c) importiert. Die deutsche

Fassung lässt nämlich nicht erkennen, ob sich die prozessrechtlichen Grenzen nur auf die Schadensbemessung oder auch auf die Nichterfüllungsfolgen beziehen sollen. Das ist nicht für deutsche, wohl aber für britische Gerichte bedeutsam, die Erfüllungsansprüche eines ausländischen Vertragsstatuts damit nur in den eigenen, sehr engen Grenzen des englischen Rechts anerkennen müssen. Der englische – und auch der französische – EVÜ-Text machen jedoch klar, dass sich die prozessualen Grenzen gerade auch auf die Nichterfüllungsfolgen beziehen: Die Passage, die in der deutschen Fassung den Schluss der Nr 3 bildet, steht dort am Anfang der Vorschrift und bezieht sich daher auf alle Alternativen der Nr 3 (ebenso auch ausdrücklich GIULIANO/LAGARDE 65).

7 Der Vorentwurf zum EVÜ enthielt in Art 15 Abs 1 eine sehr viel knappere Regel über die Reichweite des Vertragsstatuts – nur die Erfüllung, das Erlöschen und die Folgen der Verletzung des Vertrages wurden erwähnt (vgl dazu vHOFFMANN, in: LANDO/vHOFFMANN/SIEHR 25 f). Art 15 Abs 2 Vorentwurf entsprach dagegen bereits dem jetzigen Art 10 Abs 2 EVÜ (= Art 32 Abs 2 EGBGB). Beweisfragen wollte der Vorentwurf dagegen eingehender – nämlich einschließlich der Probleme der Beweiskraft, insbes von Urkunden – regeln (vgl Art 19 Vorentwurf, eingehend dazu der Kommentar von LAGARDE, in: LANDO/vHOFFMANN/SIEHR 305 ff). Mangels Einigung verzichtete man jedoch darauf, Beweiskraftregeln in das EVÜ aufzunehmen (GIULIANO/LAGARDE 69).

8 Vor der IPR-Neuregelung von 1986 beruhten die Grundsätze zur Reichweite des Vertragsstatuts allein auf Richterrecht (vgl die umfassende Darstellung bei MünchKomm/MARTINY[1] Vor Art 12 Rn 101 ff). Dieses Gewohnheitsrecht entsprach bereits ganz weitgehend der jetzt Gesetz gewordenen Regelung.

III. Anwendungsbereich der Vorschrift

9 Die Vorschrift setzt zunächst voraus, dass nicht **vorrangiges Konventionsrecht** zum Zug kommt. Ihm gegenüber tritt Art 32 trotz seines internationalen Ursprungs wie sonstiges, autonomes Kollisionsrecht stets zurück (vgl auch Art 3 Abs 2 Satz 1 EGBGB, Art 21 EVÜ). So bestimmen etwa die Vorschriften des CISG autonom, welche Fragen sie regeln und welchen Inhalt und welche Wirkungen die gegenseitigen Vertragspflichten internationaler Kaufverträge haben.

10 Jenseits des Konventionsrechts erfasst Art 32 aber **nahezu alle Aspekte** einer – auch unwirksam begründeten – **Vertragsbeziehung.** Ferner gilt die Vorschrift für Vertragsverhältnisse jeglicher Art, für Grundstücksverträge also ebenso wie für Verbraucherverträge, Arbeitsverhältnisse oder sonstige Schuldverträge.

11 Abzugrenzen sind allerdings Vorfragen wie die Rechts- und Geschäftsfähigkeit (Art 7 EGBGB), die Kaufmannseigenschaft einer Partei oder Fragen der Stellvertretung. Sie fallen nicht in den Anwendungsbereich des Art 32, sondern sind selbständig anzuknüpfen und unterstehen eigenen Kollisionsnormen (vgl die Erl zu Art 7 sowie oben Einl Teil A zu Art 27 ff).

12 Eine eigenständige Vorschrift gilt mit Art 31 EGBGB auch für das **Zustandekommen** und die **materielle Wirksamkeit** (Willensmängel) von Verträgen. Sie beruft allerdings

ebenfalls als Grundsatz das – präsumtive – Vertragsstatut. Selbständig wird auch die **Form von Rechtsgeschäften** – in Art 11 und 29 Abs 3 EGBGB – behandelt und dort nicht nur dem Vertragsstatut unterstellt.

Zu beachten ist ferner die **Ausschlussregel des Art 37 EGBGB.** Sie nimmt an sich 13 Wertpapierverpflichtungen, innergesellschaftliche Vereinbarungen, die ohnehin selbständig anzuknüpfende Stellvertretung und Versicherungsverträge über EWR-Risiken vom Geltungsbereich der Art 27 ff, also auch des Art 32 aus. Nach teilweiser Auffassung gelten hier die früheren IPR-Regeln weiter (MünchKomm/MARTINY Art 37 Rn 3; für Geltung der EVÜ-Regeln auch für die ausgeschlossenen Bereiche aber STAUDINGER/REINHART[12] Art 37 Rn 13 ff). Soweit es in den ausgeschlossenen Fällen jedoch um die Reichweite eines vereinbarten oder objektiven Vertragsstatuts geht, kann unbedenklich auf Art 32 zurückgriffen werden. Denn die Vorschrift hat die früheren Regeln der Rechtsprechung im Ergebnis nur kodifiziert (vgl oben Rn 8; im Übrigen näher die Erl zu Art 37).

Problematisch ist die Abgrenzung zu **Regelungen** häufig **des öffentlichen Rechts,** die 14 sich – wie insbes im Arbeitsrecht – auf das Vertragsverhältnis auswirken. Ob eine Regelung noch zum Vertragsstatut gehört und damit kraft Vertragsstatuts anzuwenden ist, kann nicht von der national sehr variierenden Zuordnung zum privaten oder öffentlichen Recht abhängen (so auch Begründung BT-Drucks 10/504, 81; GIULIANO/LAGARDE 57 im Zusammenhang der zwingenden Bestimmungen des Art 6 Abs 1 EVÜ [= Art 30 Abs 1 EGBGB]). Entscheidend dürfte vielmehr die unmittelbare Einwirkung der Regelung auf die konkrete Vertragsbeziehung zwischen den konkreten Parteien sein. **Gestaltet die Regelung diese Beziehung direkt,** indem sie bestimmte Rechte und Pflichten zwischen den Parteien schafft oder modifiziert, dann ist sie zum **Vertragsstatut** zu rechnen. Nimmt man etwa das Beispiel der Mitwirkung des Betriebsrates bei Kündigungen, so ist nach deutschem Recht eine Kündigung ohne Betriebsratsanhörung unwirksam. Das stellt sich aber als Regelung der Rechte des Betriebsrates mit einer den Vertrag berührenden Reflexwirkung dar. Eine unmittelbare Regelung der Rechte und Pflichten zwischen den Arbeitsvertragsparteien liegt darin nicht und war mit der Regelung auch nicht beabsichtigt. Entsprechend ist die Betriebsratsanhörung und die Wirkung ihres Fehlens nicht dem Vertragsstatut, sondern dem selbständig anzuknüpfenden Statut der Betriebsverfassung zu entnehmen (vgl näher Art 30 Rn 272).

Unter Vertragsstatut („das auf einen Vertrag anzuwendende Recht") versteht Art 32, 15 wie der Einleitungssatz in Abs 1 zeigt, das Recht, das nach den Art 27–30 und 33 für das jeweilige Vertragsverhältnis gilt. Kommt es nach Art 27 Abs 1 Satz 3 oder Art 28 Abs 1 Satz 2 zu einer **Vertragsspaltung,** so ist Vertragsstatut das für den entsprechenden Vertragsteil geltende Recht (MünchKomm/SPELLENBERG Art 32 Rn 5 f; PALANDT/HELDRICH Art 32 Rn 1; SOERGEL/vHOFFMANN Art 32 Rn 2).

Ist das **Vertragsstatut** ausnahmsweise **gespalten,** dann richtet sich der Geltungsumfang 16 des für jeden Vertragsteil berufenen Rechts grundsätzlich auch nach Art 32. Doch muss hier ggfs auf die Abstimmung der Statute geachtet werden (vgl auch GIULIANO/LAGARDE 65: erst der englische Text des Berichts macht den Sinn klar, dass Art 10 Abs 1 lit d [= Art 32 Abs 1 Nr 4] „with due regard to the limited admission of severability ... in Articles 3 and 4" angewendet werden solle). In erster Linie sollte dabei der erkennbare Parteiwille entscheiden: Wenn etwa nach dem Hauptstatut die Forderung verjährt ist, nach dem gewählten Zinsstatut dagegen noch nicht, sollte sich im Zweifel das Hauptstatut durchsetzen.

17 Gegenüber dem maßgebenden Vertragsstatut können **zwingende Normen** – über Art 27 Abs 3, Art 29 Abs 1, Art 30 Abs 1 und Art 34 – zu beachten sein. Sie haben Vorrang vor den Vorschriften, die sonst aufgrund der in Art 32 festgelegten Reichweite des Vertragsstatuts gelten würden (ERMAN/HOHLOCH Art 32 Rn 5; MünchKomm/ SPELLENBERG Art 32 Rn 5; PALANDT/HELDRICH Art 32 Rn 1).

IV. Geltung allgemeiner Vorschriften

1. Renvoi

18 Soweit Art 32 kollisionsrechtlichen Charakter hat (Abs 2 und Abs 3 Satz 2), ist eine Rück- oder Weiterverweisung gemäß Art 35 ausgeschlossen. Soweit Art 32 nur die Reichweite des Vertragsstatuts festlegt (Abs 1 und Abs 3 Satz 1), kommt ein Renvoi ohnehin nicht in Betracht.

19 Wegen der rechtsvergleichend-autonomen Qualifikationsmethode (vgl Einl 37 ff zu Art 27 ff; ferner die Erl zu Art 36) scheiden im EU-Bereich **Qualifikationskonflikte** hinsichtlich der Begriffe aus, die Art 32 verwendet. Soweit Rechtsordnungen außerhalb der EU einzelne Begriffe des Art 32 – zB Verjährung – anders qualifizieren, führt das ebenfalls nicht zu einem Renvoi (so zu Recht MünchKomm/SPELLENBERG Art 32 Rn 72 f). Die rechtsvergleichend-autonome Qualifikation sollte auch hier verwendet werden und zu einer Lösung führen.

2. Ordre public

20 Aus der Festlegung der Reichweite des Vertragsstatuts kann für sich kein Verstoß gegen den deutschen ordre public (Art 6) folgen. Hinsichtlich des anwendbaren materiellen Rechts gelten andererseits keine Besonderheiten für den ordre public. Im Vertragsbereich kommt er im Allgemeinen nur selten zum Zug (etwa bei Ausschluss jeder Kündigungsmöglichkeit für Dauerschuldverhältnisse).

V. Reichweite des Vertragsstatuts (Abs 1)

1. Allgemeines

21 Art 32 Abs 1 zählt die dem Vertragsstatut unterfallenden Fragen nicht abschließend, sondern nur **beispielhaft** auf (Begründung BT-Drucks 10/504, 82; GIULIANO/LAGARDE 64). Für die genannten Aspekte ist damit zweifelsfrei, dass sie zum Vertragsstatut rechnen. Allerdings erfasst die Aufzählung des Abs 1 schon nahezu alle vertragsrechtlichen Fragen. Doch sind auch nicht genannte Punkte wie zB die Vertragswährung oder Leistungsverweigerungsrechte dem Vertragsstatut zu unterwerfen. Das Vertragsstatut soll damit **im Grundsatz alle der Vertragsbeziehung** zweier Parteien **zuzuordnenden Fragen** erfassen; für diese Fragen soll ferner möglichst nur **eine einzige Rechtsordnung** gelten, um Widersprüche und Anpassungsschwierigkeiten zwischen mehreren Statuten zu vermeiden (Prinzip des einheitlichen Vertragsstatuts; vgl auch REITHMANN/MAR-

TINY/MARTINY Rn 231; ebenso unter dem früheren IPR: BGHZ 57, 337; ebenso zum EVÜ CZERNICH/HEISS/CZERNICH Art 10 Rn 5).

Für jede Frage, die Art 32 aufführt, können die Parteien auch die **Geltung eines** 22 **anderen Rechts als des Vertragsstatuts vereinbaren.** Der vorrangige Art 27 Abs 1 Satz 3 lässt eine solche partielle Rechtswahl zu (ebenso GRUBER DZWir 1997, 358; MünchKomm/SPELLENBERG Art 32 Rn 74; zum EVÜ: CZERNICH/HEISS/CZERNICH Art 10 Rn 8). Wegen der Schwierigkeiten, die aus der gleichzeitigen Anwendung mehrerer Statute folgen können, ist aber im Zweifel stets von einem einheitlichen Vertragsstatut auszugehen. Nur soweit die Parteien **deutlich** einen abgrenzbaren Vertragskomplex – zB die Auslegung – einem besonderen Statut unterstellt haben, kommt es zum Nebeneinander mehrerer Rechtsordnungen.

Das Vertragsstatut schließt auch die zwingenden Bestimmungen des damit berufenen 23 Rechts ein (vgl hierzu noch näher Art 34 Rn 14, 16).

2. Auslegung (Nr 1)

Nach Nr 1 untersteht die Auslegung eines Vertrages, wie eher selbstverständlich ist, 24 und schon bisher galt (vgl etwa BGH IPRspr 1980 Nr 25), dem Vertragsstatut.

Doch können die Parteien für die Auslegung auch ein besonderes, vom Vertragsstatut 25 abweichendes Auslegungsstatut wählen. Zumal im englischsprachigen Bereich sind sog **construction clauses** („This contract is to be construed according to English law") nicht selten. Ihnen wird indessen zT bereits eine ausdrückliche Wahl des Vertragsstatuts, jedenfalls ein starkes Indiz für dessen stillschweigende Wahl entnommen (vgl näher Art 27 Rn 76). Zu einem **selbständigen Auslegungsstatut** führen solche Klauseln nur dann, wenn die Parteien daneben ein abweichendes Vertragsstatut vereinbaren. Die – mögliche – stillschweigende Wahl eines besonderen Auslegungsstatuts wird nur unter ungewöhnlichen Umständen anzunehmen sein, wenn hinreichend deutlich ist, dass die Parteien die Auslegung einem anderen Recht als dem Vertragsstatut überlassen wollten.

Nach dem Vertragsstatut richtet sich die **Auslegung des Vertrages als Ganzes,** ferner 26 die Auslegung einseitiger Verpflichtungserklärungen (BGH RiW 1981, 194) und einzelner rechtsgeschäftlicher Erklärungen mit Bezug auf den Vertrag wie etwa Mahnung, Kündigung oder Mängelanzeige sowie die Auslegung vereinbarter AGB (vgl dazu BGH RiW 1995, 155). Das Vertragsstatut ist auch maßgebend dafür, welche Bedeutung vertragsrelevantes Verhalten der Parteien hat, soweit es nicht um die mögliche Vertragsschlusswirkung eines solchen Verhaltens geht (vgl zu letzterem Art 31 Abs 2 und die Erl zu dieser Vorschrift).

Das – präsumtive – Vertragsstatut gilt ferner, soweit dem Vertrag durch Auslegung 27 entnommen werden muss, ob für seinen Abschluss etwa eine bestimmte **Form als Wirksamkeitsvoraussetzung** oder nur zu Beweiszwecken vereinbart sein sollte.

Besonderheiten gelten für die **Auslegung von Rechtswahlvereinbarungen.** Ob und 28 worin ein Verweisungsvertrag zu sehen ist, ist nicht dem Vertragsstatut, sondern der lex fori, in Deutschland also autonom-rechtsvergleichend unmittelbar Art 27 zu entnehmen (ebenso MünchKomm/SPELLENBERG Art 32 Rn 8; REITHMANN/MARTINY/MARTINY Rn 231; SOERGEL/VHOFFMANN Art 27 Rn 34 und Art 32 Rn 8; **aA** – Vertragsstatut gilt – vBAR II Rn 539 Fn 596; vgl näher Art 27 Rn 55). Im Übrigen untersteht aber auch die Auslegung von Rechtswahlvereinbarungen dem gewählten Recht (CZERNICH/HEISS/CZERNICH Art 10 Rn 10 [zum EVÜ]; MünchKomm/SPELLENBERG aaO).

29 Das Vertragsstatut bestimmt weiter, nach welchen Auslegungsregeln **der Sinn der jeweiligen Erklärung** zu ermitteln ist. Da die Auslegungsmethoden vor allem des englischen und der kontinentalen Rechte nach wie vor in einer Reihe von Punkten voneinander abweichen, kommt der Frage nach dem die Auslegung beherrschenden Recht häufiger auch entscheidende Bedeutung für das jeweilige Fallergebnis zu. Unterschiede nicht fundamentaler, aber doch gradueller Art bestehen vor allem in der Frage, wie strikt einem klaren Wortlaut zu folgen ist, wie stark der – meist wirtschaftliche – Vertragszweck zu berücksichtigen ist, welche äußeren Umstände für die Auslegung von Erklärungen herangezogen und wieweit vertragliche Erklärungen durch Auslegung und Rückgriff auf außerhalb einer Urkunde liegende Umstände ergänzt werden dürfen (vgl auch ZWEIGERT/KÖTZ § 30 m Nachw).

30 Verwenden die Parteien die **Sprache oder Begriffe einer anderen Rechtsordnung** als derjenigen des Vertragsstatuts, dann hat die Auslegung auch das Sinnverständnis dieser Sprache und Begriffe, nicht nur jenes des Vertragsstatuts zu berücksichtigen (BGH RiW 1992, 320 sowie schon RGZ 71, 9; RGZ 122, 233; ebenso ERMAN/HOHLOCH Art 32 Rn 6, KROPHOLLER § 52 I 3 b [1]; MünchKomm/SPELLENBERG Art 32 Rn 13; PALANDT/HELDRICH Art 32 Rn 3; REITHMANN/MARTINY/MARTINY Rn 234; SOERGEL/VHOFFMANN Art 32 Rn 12; zT abweichend GRUBER DZWir 1997, 357 f).

31 Bedienen sich die Parteien international gebräuchlicher Klauseln wie zB der **Incoterms**, dann ist das international übliche Verständnis auch dann zugrunde zu legen, wenn keine wirksame Vereinbarung dieser Klauseln, etwa der Incoterms in ihrer aktuellen IHK-Fassung vorliegt (vgl etwa BGH WM 1975, 917; OLG München NJW 1957, 426; allgemein ERMAN/HOHLOCH, MünchKomm/MARTINY, SOERGEL/VHOFFMANN jeweils aaO).

32 Die **tatrichterliche Auslegung ausländischer AGB** ist nicht revisibel (BGH RiW 1995, 155). Im Übrigen hat das Gericht aber die Pflicht, die Auslegungsgrundsätze eines ausländischen Vertragsstatuts – ggfs durch sachverständige Beratung – von Amts wegen zu ermitteln (vgl BGH NJW 1987, 591; BGH NJW-RR 1990, 248). Wird gegen diese Ermittlungspflicht verstoßen, dann liegt darin ein Revisionsgrund.

3. Erfüllung der Verpflichtungen (Nr 2)

33 Nach Abs 1 Nr 2 regelt das Vertragsstatut die Erfüllung der durch den Vertrag begründeten Verpflichtungen. Mit Erfüllung (performance, exécution) ist hier nicht die Erfüllungswirkung von Leistungshandlungen gemeint, die zum Erlöschen der Vertragspflicht führt, sondern die **Gesamtheit der gegenseitigen vertraglichen Pflichten** (vgl GIULIANO/LAGARDE 64). Das Vertragsstatut beherrscht daher alle Vertragspflichten, mögen sie Haupt- oder Nebenpflichten, ausdrücklich angeordnet oder stillschweigend zu ergänzen sein (zB Auskunfts-, Rechnungslegungs-, Schutzpflichten; vgl ERMAN/HOHLOCH Art 32 Rn 7; SOERGEL/VHOFFMANN Art 32 Rn 24). Auch vertragliche Obliegenheiten wie die Rügepflicht oder die Schadensminderungspflicht gehören im

Grundsatz hierher. Für diesen Komplex ist aber auch Abs 2 zu beachten (vgl unten Rn 79 ff).

Das Vertragsstatut bestimmt daher, was jede Partei wann, wo und wie wem zu leisten **34** hat. Die Parteifestlegungen zu diesen Punkten haben freilich in der Regel den Vorrang; die berufene nationale Rechtsordnung korrigiert sie gewöhnlich nur in Ausnahmefällen und füllt im Übrigen zT Lücken bei fehlenden Parteiabsprachen.

Nach dem Vertragsstatut richten sich deshalb insbes die **Leistungszeit** und der **Lei- 35 stungs-** und **Erfüllungsort** (GIULIANO/LAGARDE 85; AUDIT Rn 830; vBAR II Rn 541; DICEY/MORRIS Rn 32–192, 32–196; ERMAN/HOHLOCH Art 32 Rn 7; KROPHOLLER § 52 I 3 b [2]; MünchKomm/SPELLENBERG Art 32 Rn 15 ff; PALANDT/HELDRICH Art 32 Rn 4; SOERGEL/vHOFFMANN Art 32 Rn 25; ebenso schon bisher BGHZ 9, 34 [37]; BGH AWD 1969, 329). Für die Leistungszeit ist jedoch die Frage, ob Tage arbeitsfrei sind, nach den Regeln am Leistungsort zu beantworten (dazu noch unten Rn 84). Ob freie Tage die Leistungszeit verlängern oder nicht, untersteht dagegen dem Vertragsstatut. Nach ihm richten sich auch die Fälligkeit und eine eventuelle Stundung (vgl OLG Bamberg RiW 1989, 221 [Stundung]; REITHMANN/MARTINY/MARTINY Rn 270; ebenso unter dem früheren IPR: BGH AWD 1969, 329 [Fälligkeit]). Es gilt ferner für die Möglichkeit einer Verlängerung der Leistungszeit (délai de grace), die nach manchen Rechten gemäß richterlichem Ermessen eingeräumt werden kann (aA – Geltung des Abs 2 – wohl LAGARDE Rev crit 1991, 333).

Ebenso wie der Leistungsort richtet sich die Frage der **Hol-, Schick-** oder **Bringschuld 36** nach dem Vertragsstatut (vBAR II Rn 541; CZERNICH/HEISS/CZERNICH Art 10 Rn 15; SOERGEL/vHOFFMANN Art 32 Rn 15); gleiches gilt für den Übergang der **Leistungs-, Sach-** und **Preisgefahr** (ERMAN/HOHLOCH Art 32 Rn 7; MünchKomm/SPELLENBERG Art 32 Rn 20, 15). Auch der prozessual wichtige **Erfüllungsort** (Art 5 Nr 1 GVÜ, § 29 ZPO) der jeweiligen Vertragspflicht ergibt sich aus dem Vertragsstatut. Gilt deutsches Recht, dann liegt der Erfüllungsort im Zweifel am Sitz der Schuldners (§§ 269, 270 Abs 4 BGB). Eine bedeutsame Ausnahme enthält aber Art 57 Abs 1 lit a CISG für die Zahlungspflicht des Käufers: Sie ist am Sitz der Gläubigers zu erfüllen (vgl dazu auch EuGH Slg 1994 I 2913 = NJW 1995, 183 – Custom Made Commercial v Stawa Metallbau).

Das Vertragsstatut legt ferner fest, wer **Schuldner** und wer **Gläubiger** einer Vertrags- **37** forderung ist, insbes ob an oder durch Dritte geleistet werden darf und ob eine oder mehrere Personen Teil- oder Gesamtschuldner und -gläubiger sind (GIULIANO/LAGARDE 65; vBAR II Rn 541; DICEY/MORRIS Rn 32–192; ERMAN/HOHLOCH Art 32 Rn 7; KROPHOLLER § 52 I 3 b [2]; MünchKomm/SPELLENBERG Art 32 Rn 20; PALANDT/HELDRICH Art 32 Rn 4; REITHMANN/MARTINY/MARTINY Rn 241; SOERGEL/vHOFFMANN Art 32 Rn 27). Auch ob Dritte die Schutzwirkungen eines Vertrages in Anspruch nehmen dürfen, ist dem Statut dieses Vertrages zu entnehmen (ebenso CZERNICH/HEISS/CZERNICH Art 10 Rn 18).

Das Vertragsstatut legt den **genauen Schuldinhalt** fest. Es bestimmt, ob die Schuld **38** teilbar ist oder nur einheitlich erfüllt werden kann, ob Gläubiger oder Schuldner ein Wahlrecht oder eine Ersetzungsbefugnis hinsichtlich der Leistung haben, ob und welche Zinsen zu zahlen sind etc. Nach ihm richtet sich grundsätzlich der Sorgfalts- und Haftungsmaßstab für das Verhalten der Parteien sowie ihre **Haftung für Erfüllungsgehilfen** (GIULIANO/LAGARDE 65; AUDIT Rn 830; DICEY/MORRIS Rn 32–192; MünchKomm/SPELLENBERG Art 32 Rn 20). Auch ob sich eine Partei im Rahmen eines Vertrages das

Verhalten sonstiger Dritter – zB das Verhalten des Begünstigten bei einem Vertrag zugunsten Dritter –, ist nach dem Vertragsstatut zu beurteilen. Spezifische Verhaltensvorschriften am Leistungsort sind freilich, ähnlich wie örtliche Verkehrsregeln im internationalen Deliktsrecht, mitzuberücksichtigen (Art 32 Abs 2).

39 Hinsichtlich der Zahlungspflicht bestimmt das Vertragsstatut auch, in welcher Reihenfolge Leistungen als **Tilgung** anzurechnen sind, ob und wann der Schuldner durch seine Zahlung befreit worden ist, ob er eine **Quittung** beanspruchen kann etc (vgl GIULIANO/LAGARDE 65). Zu Währungsfragen vgl unten Rn 122 ff.

40 Das Vertragsstatut ergibt weiter, ob und welche **Nebenpflichten** gelten, ob allgemeine Grundsätze wie **Treu und Glauben** zu berücksichtigen sind (ERMAN/HOHLOCH Art 32 Rn 7; PALANDT/HELDRICH Art 32 Rn 4). Auch ob Sondervorschriften des Handelsrechts, ob und wie Handelsbräuche zu beachten sind, entscheidet das Recht, das den Vertrag insgesamt beherrscht (SOERGEL/vHOFFMANN Art 32 Rn 30; ebenso [zum EVÜ] CZERNICH/HEISS/CZERNICH Art 10 Rn 19). Dagegen ist die Frage der Kaufmannseigenschaft gesondert nach dem Recht am Niederlassungsort des Betreffenden anzuknüpfen (str; wie hier OLG Naumburg WM 1994, 906 [innerdeutscher Fall]; OLG München IPRax 1989, 42; LG Hamburg IPRspr 1958/59 Nr 22; HAGENGUTH 178; zweifelnd REITHMANN/MARTINY/MARTINY Rn 239; differenzierend VAN VENROOY 28 ff).

41 Die **materielle Gültigkeit** der vertraglichen Abreden beurteilt sich allerdings nach Art 31 (vgl die Erl dort). Sie folgt damit indessen – von der in Art 31 Abs 2 normierten Ausnahme abgesehen – ebenfalls dem Vertragsstatut.

4. Folgen von Vertragsverletzungen (Nr 3)

a) Allgemeines

42 Dem Vertragsstatut unterstehen nach Nr 3 die Folgen der teilweisen oder vollständigen Nichterfüllung von Vertragspflichten einschließlich der Schadensbemessung, soweit sie auf Rechtsregeln – und nicht auf Verfahrensregeln – beruht.

43 Die **Grenze des deutschen Verfahrensrechts,** die Nr 3 aufführt, hat bisher kaum praktische Bedeutung erlangt (vgl hierzu auch schon SIEHR BerDGesVölkR 27 [1986] 114 f). Diese Grenze erlaubt, das an sich anwendbare Vertragsstatut durch eigene Verfahrensregeln zu korrigieren; sie bezieht sich nach dem eindeutigen englischen und französischen Wortlaut des Art 10 Abs 1 lit c dabei nicht nur auf die Schadensbemessung, sondern auf alle von Nr 3 erfassten Nichterfüllungsfolgen. Die Grenze des Verfahrensrechts der lex fori wurde vor allem wegen des englischen Rechts und seiner Zurückhaltung gegenüber Erfüllungsansprüchen aufgenommen, die es nur ausnahmsweise gewährt (sog **specific performance;** vgl zur Entstehung der Vorschrift auch vHOFFMANN, in: LANDO/vHOFFMANN/SIEHR 26; ferner AUDIT Rn 830 sowie eingehend DICEY/MORRIS Rn 32-198 ff [Rn 32-200]; eine entsprechende Regelung ist in Art 28 CISG enthalten). Englische Gerichte brauchen Erfüllungsansprüche, die ein ausländisches Vertragsstatut einräumt, deshalb nicht über die Grenzen des eigenen Verfahrensrechts hinaus durchzusetzen. Im deutschen Verfahrensrecht hat die Begrenzung freilich, wenn denn überhaupt, nur bei der Schadensbemessung Bedeutung (§ 287 ZPO), da sonstige prozessuale Sonderregeln für die Beurteilung von Nichterfüllungsfolgen nicht

bestehen (vgl auch KROPHOLLER § 52 I 3 b [3]; MünchKomm/SPELLENBERG Art 32 Rn 33; PALANDT/HELDRICH Art 32 Rn 5 sowie noch unten Rn 56).

b)   **Voraussetzungen für Ansprüche aus Vertragsverletzung**
Einigkeit besteht, dass der Wortlaut der Nr 3 zu eng gefasst ist. Neben den **Folgen** unterliegen auch die **Voraussetzungen für Ansprüche** aus Vertragsverletzungen dem Vertragsstatut (OLG Köln RiW 1993, 414 [415]; vBAR II Rn 546; ERMAN/HOHLOCH Art 32 Rn 9; KROPHOLLER § 52 I 3 b [3]; PALANDT/HELDRICH Art 32 Rn 5; SOERGEL/vHOFFMANN Art 32 Rn 32). Nach dem Vertragsstatut richtet sich daher, welche Leistungsstörungen wann welche Rechtsbehelfe auslösen. So untersteht ihm die Frage, ob und ggfs wann Erfüllungsansprüche bestehen (ebenso vBAR II Rn 546; SOERGEL/vHOFFMANN Art 32 Rn 32). Gleiches gilt für Ansprüche wegen gänzlicher oder teilweiser Nichterfüllung aufgrund Unmöglichkeit oder Verzugs, aber ebenso bei Schlechterfüllung im Sinn besonderer Gewährleistungsregeln oder im Sinn positiver Vertragsverletzung (vgl BGHZ 123, 200 [207] [positive Forderungsverletzung]; OLG Köln RiW 1993, 414 [415] [Verzug]; ERMAN/HOHLOCH Art 32 Rn 9; MünchKomm/SPELLENBERG Art 32 Rn 25 ff; PALANDT/HELDRICH Art 32 Rn 5; REITHMANN/MARTINY/MARTINY Rn 245; ebenso zum EVÜ CZERNICH/HEISS/CZERNICH Art 10 Rn 22). So bestimmt das Vertragsstatut, **44**

– ob **Verzug** erst nach Mahnung oder auch ohne sie eintritt (OLG Köln RiW 1993, 415; **45** GIULIANO/LAGARDE 65; AUDIT Rn 830; CZERNICH/HEISS/CZERNICH Art 10 Rn 22; ERMAN/HOHLOCH Art 32 Rn 9; MünchKomm/SPELLENBERG Art 32 Rn 26; PALANDT/HELDRICH Art 32 Rn 5; REITHMANN/MARTINY/MARTINY Rn 247; SOERGEL/vHOFFMANN Art 32 Rn 36);

– ob Ansprüche aus der Verletzung geschriebener oder ungeschriebener Vertrags- **46** pflichten ein **Verschulden** voraussetzen (GIULIANO/LAGARDE 65; vBAR II Rn 546; ERMAN/ HOHLOCH, PALANDT/HELDRICH jeweils aaO; MünchKomm/SPELLENBERG Art 32 Rn 29; REITHMANN/MARTINY/MARTINY Rn 248; SOERGEL/vHOFFMANN Art 32 Rn 35);

– wann ein Verhalten als **ursächlich** anzusehen ist (KAYE 305); **47**

– ob, wann und in welchem Umfang **Mitverschulden** zu berücksichtigen ist (vBAR II **48** Rn 546; MünchKomm/SPELLENBERG Art 32 Rn 30; REITHMANN/MARTINY, SOERGEL/vHOFFMANN jeweils aaO; schon bisher OLG Düsseldorf IPRspr 1970 Nr 15).

c)   **Rechtsfolgen der Verletzung von Vertragspflichten**
Das Vertragsstatut entscheidet ferner, welche Rechtsbehelfe aus Vertragsverletzun- **49** gen folgen. Das gilt insbesondere für folgende Fragen:

– ob ein Recht zur **Vertragsaufhebung**, zu **Rücktritt, Kündigung** oder richterlicher **50** **Vertragsauflösung** besteht, ob der Vertrag automatisch endet oder ob weniger scharfe Behelfe wie Schadensersatz, Minderung etc eingreifen (GIULIANO/LAGARDE 65; AUDIT Rn 830; vBAR II Rn 549; CZERNICH/HEISS/CZERNICH Art 10 Rn 22; ERMAN/HOHLOCH Art 32 Rn 10; KAYE 305; KROPHOLLER § 52 I 3 b [3]; MünchKomm/SPELLENBERG Art 32 Rn 31; REITHMANN/MARTINY/MARTINY Rn 252; SOERGEL/vHOFFMANN Art 32 Rn 37). Lässt das Vertragsstatut nur eine richterliche Vertragsauflösung zu, so kann ein deutsches Gericht sie durch entsprechendes Gestaltungsurteil gewähren (OLG Celle RiW 1988, 137; LG Freiburg IPspr 1966/67 Nr 34 A; LG Hamburg RiW 1975, 351; LG Hamburg RiW 1977, 787; ERMAN/ HOHLOCH aaO; MünchKomm/SPELLENBERG Art 32 Rn 31; REITHMANN/MARTINY/MARTINY aaO);

51 – ob eine nur **drohende Vertragsverletzung** schon Rechtsbehelfe auslösen kann (sog anticipatory breach; vgl AUDIT Rn 830);

52 – ob und wann ein Vertragsschuldner für **Hilfspersonen** einzustehen hat (vBAR II Rn 546; ERMAN/HOHLOCH Art 32 Rn 9; MünchKomm/SPELLENBERG Art 32 Rn 29; PALANDT/HELDRICH Art 32 Rn 5; SOERGEL/vHOFFMANN Art 32 Rn 35; ebenso die bisherige Rechtsprechung BGHZ 50, 32);

53 – in welchem Umfang **Vertragsstrafen** oder **Schadenspauschalen** zulässig sind und welche Wirkung sie haben (OLG Hamm NJW 1990, 1092; BERGER RiW 1999, 402; CZERNICH/HEISS/CZERNICH Art 10 Rn 25; LAGARDE Rev crit 1991, 333; MünchKomm/SPELLENBERG Art 32 Rn 41; REITHMANN/MARTINY/MARTINY Rn 260; SOERGEL/vHOFFMANN Art 32 Rn 39). Unverhaltnismäßig hohe Vertragsstrafen können in jedem Fall über den deutschen odre public korrigiert werden (ERMAN/HOHLOCH Art 32 Rn 12; MünchKomm/SPELLENBERG, REITHMANN/MARTINY/MARTINY jeweils aaO);

54 – ob und wann **Leistungshindernisse** – etwa höhere Gewalt, force majeure, Unzumutbarkeit, frustration, Wegfall der Geschäftsgrundlage – den Schuldner von seiner Vertragspflicht befreien (AUDIT Rn 830; CZERNICH/HEISS/CZERNICH Art 10 Rn 22; ERMAN/HOHLOCH Art 32 Rn 10; REITHMANN/MARTINY/MARTINY Rn 245; SOERGEL/vHOFFMANN Art 32 Rn 33).

55 – wieweit Vertragsklauseln, insbes **Haftungsbeschränkungen** oder -ausschlüsse gültig sind (Art 31 Abs 1).

d) Schadensersatz

56 Zum Schadensersatz enthält Art 32 Abs 1 Nr 3 eine etwas „obskure" Regelung (DICEY/MORRIS Rn 32–198): Die Schadensbemessung untersteht dem Vertragsstatut, soweit sie nach Rechtsvorschriften erfolgt – im Übrigen gelten auch hier die Grenzen des Verfahrensrechts der lex fori. Mit dieser Formulierung sollte die Schadensbemessung im Wesentlichen der lex causae zugewiesen und nur die richterliche oder durch eine Jury vorzunehmende Schadensschätzung – also der Bereich der reinen Tatfragen – dem Verfahrensrecht der lex fori überlassen werden (GIULIANO/LAGARDE 65; LAGARDE Rev crit 1991, 334; dahinter steht offenbar auch die Auffassung einer deutlichen Trennung zwischen rein rechtsanwendender, richterlicher und regelbildender gesetzgeberischer Tätigkeit). Das Vertragsstatut entscheidet damit insbesondere über **Haftungshöchstgrenzen,** über die **Ersatzfähigkeit** materieller und immaterieller Schäden, über die **Form der Wiedergutmachung** (vBAR II Rn 546; ERMAN/HOHLOCH Art 32 Rn 11; LAGARDE Rev crit 191, 334; REITHMANN/MARTINY/MARTINY Rn 253; zT abweichend DICEY/MORRIS Rn 32–198 f: lex causae für Rechtsfragen, lex fori für Tatfragen; KAYE 305: Quantifizierung des Schadens nach lex fori). Für die Schadensschätzung durch deutsche Gerichte bleibt dagegen § 287 ZPO anwendbar (ERMAN/HOHLOCH aaO; JUNKER Rn 391; KROPHOLLER § 52 I 3 b [3]; MünchKomm/SPELLENBERG Art 32 Rn 32 ff; PALANDT/HELDRICH Art 32 Rn 5). Strafschaden (punitive damages, aggravated damages), den ein ausländisches Vertragsstatut vorsieht, haben deutsche Gerichte jedoch in keinem Fall zuzusprechen. Seine Beachtung scheitert am deutschen ordre public (vgl BGHZ 118, 312 [338 ff] im Rahmen der Anerkennung eines entsprechenden ausländischen Urteils; vgl näher MünchKomm/SPELLENBERG aaO).

e) Anspruch auf Zinsen

Ob der vertragliche Zahlungsgläubiger Zinsen beanspruchen kann, entscheidet das 57 Vertragsstatut (hM; OLG Bamberg IPRax 1990, 105 m Aufs PRINZING IPRax 1990, 83; LG Frankfurt RiW 1994, 778 [780]; ERMAN/HOHLOCH Art 32 Rn 12; LAGARDE Rev crit 1991, 334; Münch-Komm/SPELLENBERG Art 32 Rn 35 ff; REITHMANN/MARTINY/MARTINY Rn 256; SOERGEL/vHOFFMANN Art 32 Rn 36; ebenso zum EVÜ CZERNICH/HEISS/CZERNICH Art 10 Rn 24). Das gilt allgemein für Fälligkeitszinsen, für Verzugszinsen und auch für Prozesszinsen (vgl die soeben Genannten). Nach aA richten sich Verzugszinsen dagegen nach dem Statut der Vertragswährung (so GRUNSKY, in: FS MERZ 152; PALANDT/HELDRICH Art 32 Rn 5) oder zumindest in ihrer Höhe nach der lex fori (so vorsichtig KAYE 305). Auch Prozesszinsen werden zT der lex fori unterstellt (so LG Frankfurt RiW 1994, 778; früher LG Aschaffenburg IPRspr 1952/53 Nr 38). Der enge Zusammenhang zwischen Vertragsansprüchen und ihrer Sicherung durch Verzinsung spricht jedoch für die Geltung des Vertragsstatuts.

f) Leistungsverweigerungsrechte

Ob und ggfs aus welchen Gründen ein Vertragsschuldner seine Leistung verweigern 58 darf, richtet sich grundsätzlich ebenfalls nach dem Vertragsstatut (ERMAN/HOHLOCH Art 32 Rn 9; zur Aufrechnung vgl jedoch unten Rn 61 ff, zur Verjährung unten Rn 68 ff). Hierher gehört etwa die **Einrede des nicht erfüllten Vertrages** (AUDIT Rn 830; ERMAN/HOHLOCH aaO; MünchKomm/SPELLENBERG Art 32 Rn 42; PALANDT/HELDRICH Art 32 Rn 5; REITHMANN/MARTINY/MARTINY Rn 258), ferner die exceptio doli oder das Verbot widersprüchlichen Verhaltens. Schuldrechtliche **Zurückbehaltungsrechte** folgen nach hM dem Statut der Hauptforderung, der gegenüber das Zurückbehaltungsrecht ausgeübt wird (KEGEL § 18 VI; MünchKomm/SPELLENBERG Art 32 Rn 43; REITHMANN/MARTINY/MARTINY Rn 259; SAILER 151; STAUDINGER/STOLL [1996] IntSachenR Rn 214). Nach aA gilt das Recht der Forderung, aus der sich das Zurückbehaltungsrecht herleitet (so MAGNUS RabelsZ 38 [1974] 447), oder das Recht am Sitz des Zurückbehaltenden (so EUJEN 130).

5. Erlöschen der Verpflichtungen (Nr 4)

Dem Vertragsstatut unterstehen nach Nr 4 die verschiedenen Arten des Erlöschens 59 der Verpflichtungen, ferner die Verjährung sowie Rechtsverluste, die aus abgelaufenen Fristen folgen. Das Vertragsstatut bestimmt daher, ob und wann Leistungen des Schuldners eine **Erfüllung** seiner Pflichten bedeuten (zur Erfüllung im Übrigen oben Rn 33 ff), ob eine Leistung nur an Erfüllung Statt oder erfüllungshalber erfolgt ist und wie eine solche Leistung wirkt. Das Vertragsstatut bestimmt daher etwa auch, ob eine Zahlung schuldtilgende Wirkung hat und auf wessen Sicht es hierfür ankommt (BGH NJW 1997, 2322).

Zu den Erlöschensgründen zählen ferner Erfüllungssurrogate wie Aufrechnung, Hin- 60 terlegung, aber auch Aufhebung, Verzicht, Erlass oder Kündigung (Begründung BT-Drucks 10/504, 82; vBAR II Rn 547; ERMAN/HOHLOCH Art 32 Rn 13; MünchKomm/SPELLENBERG Art 32 Rn 49 ff; PALANDT/HELDRICH Art 32 Rn 6; REITHMANN/MARTINY/MARTINY Rn 269 ff; SOERGEL/vHOFFMANN Art 32 Rn 40 ff; ebenso zum EVÜ CZERNICH/HEISS/CZERNICH Art 10 Rn 27). Dagegen richtet sich die Anfechtung einer Vertragsschlusserklärung nach Art 31, da sie das Zustandekommen des Vertrages betrifft. Auch die Restschuldbefreiung im Insolvenzverfahren unterliegt nicht dem Vertragsstatut dieser Schuld, sondern dem Recht, dem das Insolvenzverfahren untersteht (EHRICKE RabelsZ 62 [1998] 712 [730 f]; PALANDT/HELDRICH Art 32 Rn 6).

a) Aufrechnung

61 Für die Aufrechnung gilt nach ganz hM das **Statut der Hauptforderung,** gegen die aufgerechnet wird (BGH NJW 1994, 1416; OLG Koblenz RiW 1992, 61; OLG Koblenz RiW 1993, 937; OLG Hamm RiW 1995, 55; OLG München RiW 1998, 560; vBar Rn 547; Erman/Hohloch Art 32 Rn 13; Gäbel 32 ff; Kegel/Schurig § 18 V; Kropholler § 52 VII 5; Martiny ZEuP 1997, 120; MünchKomm/Spellenberg Art 32 Rn 50; Palandt/Heldrich Art 32 Rn 6; Reithmann/Martiny/Martiny Rn 284; wohl auch Audit Rn 837; Czernich/Heiss/Czernich Art 10 Rn 32; Dicey/Morris Rn 32-205; Vischer/Huber/Oser Rn 1112 [unter Hinweis auf die explizite Regelung in Art 148 Abs 2 IPRG]; ebenso unter dem alten IPR: BGHZ 38, 254 [256]). Dieses Recht entscheidet über die Zulässigkeit, Voraussetzungen und Wirkungen der Aufrechnung (vgl die soeben Zitierten). Ob die Gegenforderung besteht, richtet sich dagegen nach ihrem eigenen Vertrags-, Delikts- oder sonstigen Statut (Soergel/vHoffmann Art 32 Rn 51; ebenso schon bisher LG Hamburg IPRspr 1973 Nr 20; zum IPR des Aufrechnungsvertrages Berger 447 ff).

62 Nach aA fällt die Aufrechnung dagegen nur dann unter Art 32 Abs 1 Nr 4, wenn für Haupt- und Gegenforderung das gleiche Recht gilt (so Lagarde Rev crit 1991, 334 f; Soergel/vHoffmann Art 32 Rn 49). Unterstehen beide Forderungen unterschiedlichen Statuten, dann soll das autonome Kollisionsrecht gelten, da Art 32 Abs 1 Nr 4 diesen Fall nicht löse. Nach französischem Recht soll deshalb etwa Kumulation der Statuten beider Forderungen gelten, nach deutschem dagegen die oben Rn 61 genannte Lösung (vgl Lagarde, Soergel/vHoffmann). Indessen unterstellt Art 32 Abs 1 Nr 4 das Erlöschen der Verpflichtungen dem Statut des Vertrages, um dessen Wirkungsbeendigung es geht. Das ist der Vertrag der Hauptforderung, die kraft Aufrechnung erlöschen soll (so auch Dicey/Morris Rn 32-205). Vereinzelt wird auch das Recht am Sitz des Aufrechnenden für maßgeblich gehalten (Eujen 123 ff).

Nach noch **anderer Ansicht** soll eine **Alternativanknüpfung** gelten: Sie lässt das Recht der Hauptforderung oder der Gegenforderung zum Zug kommen, je nachdem welches dieser beiden Statute für eine Aufrechnung günstiger ist, sie also eher zulässt (Kannengiesser 117 ff). Zur Begründung wird auf die besonderen Schwierigkeiten des internationalen Rechtsverkehrs verwiesen, die eine möglichst aufrechnungsfreundliche Lösung forderten (Kannengiesser 93 ff, 124). Damit wird freilich stets der Aufrechnende begünstigt und der Aufrechnungsgegner, der seine Hauptforderung verliert, benachteiligt. Ein zwingender Grund hierfür ist nicht erkennbar. Denn auch der Gläubiger der Hauptforderung hat mit den Schwierigkeiten der Rechtsdurchsetzung im internationalen Rechtsverkehr zu kämpfen.

63 Gilt für die Hauptforderung und damit für die Aufrechnung deutsches Recht, dann setzt die Aufrechnung **Gleichartigkeit der Haupt- und Gegenforderung** voraus (§ 387 BGB). Sie fehlt nach bisher hM, sofern Forderungen verschiedener Währung gegeneinander aufgerechnet werden sollen (KG NJW 1988, 2181 und schon RGZ 106, 99), es sei denn, der Aufrechnende ist – etwa gemäß § 244 BGB – berechtigt, in der Währung der Hauptforderung zu zahlen (BGH IPRax 1994, 366 m Aufs Grothe IPRax 1994, 346; MünchKomm/Spellenberg Art 32 Rn 53; Reithmann/Martiny/Martiny Rn 287). Doch wird die Gleichartigkeit zunehmend auch bei freier Konvertibilität der beteiligten Währungen bejaht (so OLG Koblenz RiW 1992, 59 [61]; Kegel/Schurig § 18 V; Soergel/vHoffmann Art 32 Rn 56; näher zum Ganzen Gruber MDR 1992, 121 f). Für diese Auffassung spricht jedenfalls zwischen den EU-Staaten auch die grundsätzliche Kapitalverkehrsfreiheit des Art 56 EGV.

Soweit für die Hauptforderung das **Einheitskaufrecht** gilt, muss in der Regel zunächst das im Übrigen anwendbare nationale Vertragsrecht bestimmt werden, da die Aufrechnung im Grundsatz außerhalb des Einheitsrechts steht (vgl OLG Stuttgart RiW 1995, 943; OLG Hamm IPRax 1996, 269 m Aufs SCHLECHTRIEM IPRax 1996, 256; PILTZ NJW 1996, 2770; SCHLECHTRIEM, Internationales UN-Kaufrecht Rn 42). Eine Ausnahme wird aber vielfach für die **Aufrechnung sog konventionsinterner Ansprüche** zugelassen. Wenn sowohl die Haupt- als auch die Gegenforderung dem Einheitskaufrecht unterstehen und es sich jeweils um Geldforderungen handelt, kann ohne Zwischenschaltung des IPR aufgerechnet werden (so etwa OLG Düsseldorf NJW-RR 1994, 506 [507]; OLG München RiW 1994, 595 [596]; LG Trier NJW-RR 1996, 594; näher MAGNUS ZEuP 1997, 831 f). 64

Die Einordnung der Aufrechnung unter Art 32 Abs 1 Nr 4 bedeutet, dass sie als Institut des materiellen Rechts zu qualifizieren ist (ERMAN/HOHLOCH Art 32 Rn 13; KROPHOLLER § 52 VII 5; MünchKomm/SPELLENBERG Art 32 Rn 51; PALANDT/HELDRICH Art 32 Rn 6; REITHMANN/MARTINY/MARTINY Rn 286; SOERGEL/vHOFFMANN Art 32 Rn 54). Das gilt auch dann, wenn das berufene Vertragsstatut sie als Institut des Verfahrensrechts ansieht und der lex fori unterstellt (so viele vom Common Law beeinflusste Rechte; in Großbritannien wird set-off inzwischen wohl auch materiellrechtlich qualifiziert: DICEY/MORRIS Rn 32–205). Eine Rückverweisung kann aus der unterschiedlichen Qualifikation nicht hergeleitet werden (so zu Recht KROPHOLLER, MünchKomm/SPELLENBERG, REITHMANN/MARTINY/MARTINY, SOERGEL/vHOFFMANN; trotz Art 35 für Rückverweisung aber KEGEL/SCHURIG § 18 V). 65

Prozessual muss das angerufene Gericht für die Beurteilung der Gegenforderung, mit der aufgerechnet werden soll, nach herrschender, aber bestrittener Auffassung **international zuständig** sein (BGH NJW 1993, 2753; LG Darmstadt IPRspr 1994 Nr 144; LG Berlin RiW 1996, 960; MünchKomm ZPO/PETERS § 145 Rn 37; STEIN/JONAS/LEIPOLD § 145 Rn 39; THOMAS/PUTZO § 145 Rn 23; ZÖLLER/VOLLKOMMER § 33 Rn 8; **aA** – internationale Zuständigkeit für Gegenforderung nicht erforderlich – COESTER/WALTJEN, in: FS Lüke 39 ff; KANNENGIESSER 191; KROPHOLLER, Hdb IZVR I Rn 439; MünchKomm/SPELLENBERG Art 32 Rn 55; SOERGEL/vHOFFMANN Art 32 Rn 52). Die Zuständigkeit kann dabei auch durch rügelose Einlassung begründet werden (BGH WM 1993, 1216). Im Bereich des GVÜ folgt aus der Rechtsprechung des EuGH, dass Art 6 Nr 3 GVÜ – Zuständigkeit kraft Sachzusammenhangs – nur für die Widerklage, nicht aber für die Aufrechnung herangezogen werden darf (EuGH Slg 1995 I 961 = NJW 1996, 42 – Danvaern Production ./. Schuhfabriken Otterbeck). 66

b) Hinterlegung

Dem Vertragsstatut untersteht ferner die Frage, ob und ggfs unter welchen Voraussetzungen der Schuldner sich durch Hinterlegung von seiner Leistungspflicht befreien kann (vBAR II Rn 547; CZERNICH/HEISS/CZERNICH Art 10 Rn 36 ERMAN/HOHLOCH Art 32 Rn 13; MünchKomm/SPELLENBERG Art 32 Rn 58; REITHMANN/MARTINY/MARTINY Rn 288; SOERGEL/vHOFFMANN Art 32 Rn 41). Auf das Recht des Hinterlegungsortes kommt es insoweit nicht an. Nach ihm richtet sich freilich, welche förmlichen Modalitäten für eine Hinterlegung einzuhalten sind. 67

c) Verjährung

68 Nach der ausdrücklichen Anordnung des Art 32 Abs 1 Nr 4 gilt das Vertragsstatut – wie schon bisher (BGHZ 71, 175) – auch für die Verjährung. Nach ihm richten sich Beginn und Dauer der Verjährungsfrist (vgl etwa OLG Köln RiW 1992, 1021; OLG Oldenburg RiW 1996, 66 [ohne Erörterung]; ERMAN/HOHLOCH Art 32 Rn 13; MünchKomm/SPELLENBERG Art 32 Rn 65, 77; REITHMANN/MARTINY/MARTINY Rn 292; SOERGEL/vHOFFMANN Art 32 Rn 42). Gleiches gilt für die Hemmung und Unterbrechung der Verjährung (vgl die soeben Genannten).

69 Sieht das Vertragsstatut vor, dass **Prozesshandlungen** die **Verjährung hemmen oder unterbrechen,** so ist umstritten, wann Prozesshandlungen nach einem anderen Recht als der lex causae diese Wirkung haben. Soweit es bei deutschem Schuldstatut um eine ausländische Klageerhebung geht, die die Verjährung unterbrechen soll, wird **überwiegend** eine **positive Anerkennungsprognose** für das mit der Klage erstrebte – oder auch ergangene – Urteil gefordert; das zu erwartende ausländische Urteil muss also anerkennungsfähig sein, um in Deutschland die Verjährung unterbrechen zu können (so schon RGZ 129, 385 [389]; ferner OLG Düsseldorf NJW 1978, 1752; LG Deggendorf IPRax 1983, 125 m abl Aufs FRANK IPRax 1983, 108 ff; LG Duisburg IPRspr 1985 Nr 43; ERMAN/HOHLOCH Art 32 Rn 14; PALANDT/HELDRICH Art 32 Rn 6; ebenso für Österreich CZERNICH/HEISS/CZERNICH Art 10 Rn 30). Bei anderen, einer Klage gleichstehenden Unterbrechungshandlungen im Ausland wird deren Gleichwertigkeit verlangt (OLG Köln RiW 1980, 877; OLG Düsseldorf RiW 1989, 743; ERMAN/HOHLOCH Art 32 Rn 14; PALANDT/HELDRICH aaO). Einem ausländischen Beweissicherungsverfahren hat die Rechtsprechung gleiche Wirkung wie einem entsprechenden inländischen Verfahren versagt, soweit eine ausschließliche internationale Zuständigkeit im Inland bestand (LG Hamburg IPRax 2001, 45 m krit Aufs SPICKHOFF IPRax 2001, 37).

In der Literatur überwiegt die Ansicht, dass die im Ausland erhobene Klage **ohne Rücksicht auf die Anerkennungsfähigkeit** eines schließlichen Urteils die Verjährung unterbreche (so FRANK IPRax 1983, 109 f; LINKE, in: FS Nagel 221 ff; SCHACK RiW 1981, 301; zT auch SOERGEL/vHOFFMANN Art 32 Rn 46;). GEIMER und SPELLENBERG billigen schließlich einer Klage Unterbrechungswirkung zu, soweit sie zulässig, also insbes vor dem zuständigen Gericht erhoben ist (GEIMER IPRax 1984, 83; MünchKomm/SPELLENBERG Art 32 Rn 83 mit ausführlicher Erörterung; ebenso für die Schweiz: VISCHER/HUBER/OSER Rn 1152).

70 Bei ausländischem Vertragsstatut unterbricht oder hemmt die in Deutschland erhobene Klage die Verjährung, wenn das ausländische Statut der Klage diese Wirkung zuschreibt. Ob und wann eine Klage – im Inland oder Ausland – erhoben ist, muss freilich das Prozessrecht des dafür angerufenen Gerichts entscheiden.

71 Wie bei der Aufrechnung ist die verfahrensrechtliche Qualifikation der Verjährung, die manche Rechte vornehmen, für Art 32 Abs 1 Nr 4 unerheblich (Großbritannien hat sie mit dem Foreign Limitation Periods Act 1984 aufgegeben; vgl DICEY/MORRIS Rn 32-206). Eine abweichende Qualifikation kann auch nicht als Rückverweisung aufgefasst werden (ERMAN/HOHLOCH Art 32 Rn 13; PALANDT/HELDRICH Art 32 Rn 6; REITHMANN/MARTINY/MARTINY Rn 291; SOERGEL/vHOFFMANN Art 32 Rn 47; **aA** aber KEGEL/SCHURIG § 17 VI 1).

Bei internationalen Kaufverträgen kann das **UN-Verjährungsübereinkommen** eingreifen (vgl näher Art 28 Rn 163 ff). 72

d) Verwirkung, Ausschlussfristen

Das Vertragsstatut beherrscht die Voraussetzungen und Folgen der Verwirkung vertraglicher Ansprüche (OLG Frankfurt RiW 1982, 914; vBAR II Rn 548; ERMAN/HOHLOCH Art 32 Rn 14; KEGEL/SCHURIG § 17 VI 3; KROPHOLLER § 41 II 2; MünchKomm/SPELLENBERG Art 32 Rn 104 ff; PALANDT/HELDRICH Art 32 Rn 6; REITHMANN/MARTINY/MARTINY Rn 294; SOERGEL/ vHOFFMANN Art 32 Rn 62; zT abweichend WILL RabelsZ 42 [1978] 211 ff). Ebenso gilt es für Ausschluss- oder sonstige Fristen, deren Ablauf vertragliche Rechte ohne weiteres entfallen lässt (vBAR, ERMAN/HOHLOCH; REITHMANN/MARTINY/MARTINY Rn 293; SOERGEL/ vHOFFMANN Art 32 Rn 42). 73

e) Aufhebung, Verzicht, Erlass

Ob und ggfs wie bestehende Vertragspflichten – einseitig oder übereinstimmend – beendet werden können, entscheidet das Vertragsstatut (OLG Bamberg RiW 1989, 221; vBAR II Rn 547; ERMAN/HOHLOCH Art 32 Rn 13; MünchKomm/SPELLENBERG Art 32 Rn 59; REITHMANN/MARTINY/MARTINY Rn 289). Das beendende Rechtsgeschäft selbst untersteht dann jedoch grundsätzlich seinem eigenen Recht, wird aber, wo es reiner actus contrarius ist, mangels Rechtswahl dem Statut des zu beseitigenden Vertrages folgen (MünchKomm/SPELLENBERG, REITHMANN/MARTINY/MARTINY; ebenso SOERGEL/vHOFFMANN Art 32 Rn 59; vgl zum Erlassvertrag OLG Hamm RiW 1999, 622; ferner Art 28 Rn 518). 74

f) Kündigung

Die Kündigung eines Vertrages untersteht ebenfalls dem Vertragsstatut (ERMAN/ HOHLOCH Art 32 Rn 13; vHOFFMANN IPRax 1989, 270; MünchKomm/SPELLENBERG Art 32 Rn 60; SOERGEL/vHOFFMANN Art 32 Rn 65; ebenso zum früheren IPR etwa OLG München IPRspr 1980 Nr 13). 75

6. Folgen der Vertragsnichtigkeit (Nr 5)

Nach Art 32 Abs 1 Nr 5 unterstehen auch die Folgen der Nichtigkeit des Vertrages dem Vertragsstatut. Dieses Statut soll grundsätzlich auch für die **Rückabwicklung unwirksamer Verträge,** insbes für die Rückgewähr bereits ausgetauschter Leistungen gelten (Begründung BT-Drucks 10/504, 82; GIULIANO/LAGARDE 65). Damit unterliegt das gesamte Vertragsgeschehen von seiner Begründung über seine Durchführung bis zu seiner eventuellen Rückabwicklung im Prinzip ein und derselben Rechtsordnung. Da viele Rechte Rückgewähransprüche aus fehlgeschlagenen Verträgen als außervertraglich – etwa bereicherungsrechtlich – einordnen, räumt das EVÜ in Art 22 Abs 1 lit b hier eine Vorbehaltsmöglichkeit ein, von der die Bundesrepublik jedoch keinen Gebrauch gemacht hat (Italien und Großbritannien haben den Vorbehalt eingelegt). 76

Im **Verhältnis zur Neuregelung des internationalen Bereicherungsrechts** geht Art 32 Abs 1 Nr 5 dem neuen Art 38 Abs 1 EGBGB als speziellere und staatsvertraglich fundierte Vorschrift vor (ebenso ERMAN/HOHLOCH Art 38 Rn 1; JUNKER RiW 2000, 243 f; PALANDT/HELDRICH Art 38 Rn 2; SPICKHOFF NJW 1999, 2211; WAGNER IPRax 1998, 431; **aA** BUSSE RiW 1998, 18). Wegen der inhaltlichen Übereinstimmung spielt das Rangverhältnis regelmäßig keine Rolle. Bedeutung hat der Vorrang aber im Hinblick auf

Art 41 EGBGB (wesentlich engere Verbindung), der gegenüber Art 32 Abs 1 Nr 5 nicht ins Spiel gebracht werden kann (so zu Recht JUNKER RiW 2000, 244 für nichtige Verbraucherverträge).

77 Art 32 Abs 1 Nr 5 setzt voraus, dass der Vertrag nichtig ist. Auch nichtige Verbraucher- und Arbeitsverträge werden erfasst (für Verbraucherverträge ebenso JUNKER RiW 2000, 244). Dabei ist als selbstverständlich unterstellt, dass – von dem Unwirksamkeitsgrund abgesehen – ein Vertrag vorlag. Die reine Vertragsanbahnung erfasst Art 32 Abs 1 Nr 5 nicht (zur cic unten Rn 116 ff).

78 Die Gründe für die Vertragsnichtigkeit richten sich gemäß Art 31 Abs 1 nach dem Recht, das bei Wirksamkeit des Vertrages anzuwenden wäre, folgen also ihrerseits ebenfalls dem Vertragsstatut (näher Art 31 Rn 16 ff). Doch kommt auch die Nichtigkeit aufgrund staatlicher Eingriffe, Verbote etc in Betracht. Sie bestimmt sich regelmäßig nach dem Recht des Staates, der sie anordnet (LAGARDE Rev crit 1991, 329; vgl näher die Erl zu Art 34). Welche Rechtsfolgen sich aus dieser Vertragsunwirksamkeit für die Parteien ergeben, entscheidet jedoch wieder das Vertragsstatut (ebenso MünchKomm/SPELLENBERG Art 32 Rn 113). Nach ihm richtet sich auch, welche Ansprüche sich aufgrund der Nichtigkeit ergeben, etwa ob **Bereicherungsansprüche aus Leistungskondiktion** – oder sonstige Rückerstattungsansprüche – bestehen (BGH DtZ 1995, 253; OLG Köln NJW-RR 1994, 1026; OLG Hamm FamRZ 1994, 1260; LG Aachen RiW 1999, 73; VBAR II Rn 549; CZERNICH/HEISS/CZERNICH Art 10 Rn 39 [zum EVÜ]; ERMAN/HOHLOCH Art 32 Rn 15; KROPHOLLER § 52 I 3 b [5]; LAGARDE Rev crit 1991, 328; MünchKomm/SPELLENBERG Art 32 Rn 109; MünchKomm/KREUZER I Vor Art 38 Rn 9; PALANDT/HELDRICH Art 32 Rn 7; SOERGEL/ VHOFFMANN Art 32 Rn 66). Es entscheidet auch, ob und ab wann Rückzahlungen zu verzinsen sind (LAGARDE, in: NORTH 56; SOERGEL/VHOFFMANN Art 32 Rn 67). Ferner bestimmt das Vertragsstatut, ob und wann Haftungsansprüche – zB bei Nichtigkeit wegen anfänglicher Unmöglichkeit oder nach Anfechtung – gegeben sind (VBAR aaO; vgl auch AUDIT Rn 829; LAGARDE Rev crit 1991, 329; MünchKomm/SPELLENBERG Art 32 Rn 110) oder welche Rechtsfolgen ein unwirksames, jedoch durchgeführtes faktisches Arbeitsverhältnis auslöst (VBAR aaO).

VI. Modalitäten der Erfüllung (Abs 2)

1. Allgemeines

79 Nach Abs 2 ist für die Art und Weise der Erfüllung und für die Maßnahmen, die der Gläubiger bei mangelhafter Erfüllung zu treffen hat, das Recht des Staates zu berücksichtigen, in dem die Erfüllung erfolgt. Die Vorschrift gilt für den Fall, dass am Erfüllungsort für den äußeren Erfüllungsablauf andere Regeln bestehen, als das Vertragsstatut sie vorsieht. Bei einer Diskrepanz beider Regelungswerke ermöglicht es Abs 2, den **Gegebenheiten an dem Ort** Rechnung zu tragen, **an dem die Erfüllung tatsächlich erfolgt** und denen sich die Erfüllung gewöhnlich zu unterwerfen hat.

80 Welche Erfüllungsmodalitäten gemeint sind, legt weder Art 32 Abs 2 EGBGB noch Art 10 Abs 2 EVÜ fest. Der Bericht von GIULIANO/LAGARDE will die Frage der lex fori zuweisen (GIULIANO/LAGARDE 65). Doch ist auch hier eine autonom-rechtsvergleichende Festlegung des Begriffs angezeigt (ebenso DICEY/MORRIS Rn 32–194; MünchKomm/

SPELLENBERG Art 32 Rn 120; REITHMANN/MARTINY/MARTINY Rn 277; SOERGEL/vHOFFMANN Art 32 Rn 68).

Einigkeit besteht, dass Abs 2 nur solche Regeln erfasst, die nicht die Substanz der **81** Vertragspflichten berühren, sondern lediglich die **äußere Abwicklung der Erfüllung** und die Reaktion bei mangelhafter Erfüllung betreffen (AUDIT Rn 830; DICEY/MORRIS Rn 32–195; LAGARDE Rev crit 1991, 333 [„des détails mineurs"]; REITHMANN/MARTINY/MARTINY Rn 277).

Einigkeit besteht ferner darüber, dass Abs 2 nicht den rechtlichen, sondern nur den **82** **tatsächlichen Erfüllungsort** meint (vBAR II Rn 540; ERMAN/HOHLOCH Art 32 Rn 8; KROPHOLLER § 52 I 3 b [2]; LÜDERITZ Rn 296; MünchKomm/SPELLENBERG Art 32 Rn 119; REITHMANN/MARTINY/MARTINY Rn 277; wohl ebenso DICEY/MORRIS Rn 32–195).

Als örtliche Regeln kommen nicht nur gesetzliche Vorschriften, sondern auch Han- **83** delsbräuche und lokale Usancen in Betracht (DICEY/MORRIS Rn 32–196; REITHMANN/MARTINY/MARTINY Rn 278). Die Verweisung des Abs 2 bezieht sich ferner nicht nur auf zwingende Vorschriften am Erfüllungsort, sondern schließt alle dort geltenden Bestimmungen über Erfüllungsfragen iSd Art 32 Abs 2 ein. Der Sache nach ist hier also die Beachtung ausländischen Rechts angeordnet, obwohl dieses nicht als Vertragsstatut gilt (zur Berücksichtigung zwingenden ausländischen Rechts im Übrigen vgl näher Art 34 Rn 110 ff).

2. Art und Weise der Erfüllung

Zur „Art und Weise der Erfüllung" rechnen etwa örtliche Regelungen über **Feiertage** **84** oder **Geschäftszeiten,** die die tatsächliche Erfüllung auf bestimmte Zeiten fixieren (Begründung BT-Drucks 10/504, 82; GIULIANO/LAGARDE 66; AUDIT Rn 830; vBAR II Rn 540 Fn 604; DICEY/MORRIS Rn 32–196; ERMAN/HOHLOCH Art 32 Rn 8; KEGEL/SCHURIG § 17 V 1 a; KROPHOLLER § 52 I 3 b [2]; LAGARDE Rev crit 1991, 333; MünchKomm/SPELLENBERG Art 32 Rn 122; REITHMANN/MARTINY/MARTINY Rn 278; PALANDT/HELDRICH Art 32 Rn 4; SOERGEL/vHOFFMANN Art 32 Rn 74). Gleiches gilt für Bestimmungen über tägliche **Höchstarbeitszeiten** (vgl näher Art 30 Rn 211).

Nicht nur als Regelung reiner Erfüllungsmodalitäten stellen sich dagegen Bestim- **85** mungen zur **Preis-, Währungs-, Devisenregulierung** oder zu sonstigen **Bewirtschaftungsmaßnahmen** dar, auch wenn sie zu tatsächlichen Erfüllungshindernissen führen. Sie sind nicht nach Art 32 Abs 2, sondern nach Art 34 und den Grundsätzen über die Beachtung ausländischer Eingriffsnormen zu beurteilen (Begründung BT-Drucks 10/504, 82; ERMAN/HOHLOCH; MünchKomm/SPELLENBERG; wohl auch LÜDERITZ Rn 296; aA KEGEL/SCHURIG aaO; vgl näher die Erl zu Art 34).

ZT wird auch die Art, vor allem die **Währung der Zahlung** als Erfüllungsmodalität **86** angesehen (AUDIT Rn 831; DICEY/MORRIS Rn 32–197 [allerdings nur für „units of currency"]; LAGARDE Rev crit 1991, 333; auch KAYE 301; MünchKomm/SPELLENBERG Art 32 Rn 126; im Ergebnis ferner MünchKomm/MARTINY Anh I zu Art 34 Rn 16; aA SOERGEL/vHOFFMANN Art 32 Rn 20, 74). Dem ist für die Zahlungswährung – im Unterschied zur Schuldwährung (näher dazu unten Rn 125 f) – zuzustimmen. Das Recht des Erfüllungsortes der Zahlungspflicht ist also dafür heranzuziehen, ob der Schuldner auch in anderer als der geschuldeten Währung zahlen darf (vgl unten Rn 137 f).

87 Nach den Vorschriften des jeweils berührten Landes richtet sich auch, wie eher selbstverständlich ist, welche **Zollformalitäten** abzuwickeln und welche **Genehmigungen** einzuholen sind. Das folgt indessen bereits aus der selbständigen Anknüpfung des Zoll- und Außenwirtschaftsrechts, nicht aus Art 32 Abs 2 (so aber etwa DICEY/MORRIS Rn 32–196; KAYE 301 f). Doch bestimmt weiterhin das Vertragsstatut, welche Partei diese Formalitäten zu erledigen und die Folgen der Nichterfüllung oder Nichterfüllbarkeit zu tragen hat (vgl auch DICEY/MORRIS aaO).

3. Maßnahmen bei mangelhafter Erfüllung

88 Das Recht am tatsächlichen Erfüllungsort ist auch im Hinblick auf Maßnahmen (steps, mésures) zu berücksichtigen, die der Gläubiger zu treffen hat, wenn der Schuldner mangelhaft erfüllt. Hierher wird vor allem eine eventuelle **Untersuchungs- und Rügeobliegenheit** des Käufers und Werkbestellers gerechnet (Begründung BT-Drucks 10/504, 82; vBAR II Rn 540; CZERNICH/HEISS/CZERNICH Art 10 Rn 45; ERMAN/HOHLOCH Art 32 Rn 8; KROPHOLLER § 52 I 3 b [2]; LAGARDE Rev crit 1991, 333; MünchKomm/SPELLENBERG Art 32 Rn 121; PALANDT/HELDRICH Art 32 Rn 4; REITHMANN/MARTINY/MARTINY Rn 278; zT **aA** LÜDERITZ Rn 296 und SOERGEL/vHOFFMANN Art 32 Rn 75: Berücksichtigung nur bei Unzumutbarkeit). Insbesondere bei der Untersuchungs- und Rügeobliegenheit ist aber zu beachten, dass Art 32 Abs 2 nicht verpflichtet, das Recht am Erfüllungsort anzuwenden, sondern nur, es zu berücksichtigen (dazu unten Rn 91 ff). Soweit das CISG anwendbar ist, geht freilich dessen Sonderregelung in Art 38, 39 vor.

89 Auch **Maßnahmen zur Bewahrung oder Verwertung** abgelehnter Ware fallen unter Abs 2 (vgl die soeben Zitierten).

90 Das Recht des Erfüllungsortes beherrscht aber **nicht** Maßnahmen wie die **Verzugsmahnung,** die **Einrede des nicht erfüllten Vertrages,** die **Aufhebungserklärung** oder sonstige Vertragserklärungen (REITHMANN/MARTINY/MARTINY Rn 278). Für sie gilt das Vertragsstatut, da sie nicht so eng mit dem Ort der tatsächlichen Erfüllung verbunden sind, dass das dortige Recht gelten müsste.

4. Berücksichtigung des Erfüllungsstatuts

91 Abs 2 verlangt nicht die strikte Anwendung, sondern lediglich die „**Berücksichtigung**" des Rechts am tatsächlichen Erfüllungsort. Der Bericht von GIULIANO/LAGARDE will deshalb dem Rechtsanwender die Entscheidung überlassen, ob und in welchem Umfang das Recht des Erfüllungsortes in den von Abs 2 erfassten Fällen das Vertragsstatut abändert (GIULIANO/LAGARDE 66). Eine ähnliche Auffassung will Abs 2 anwenden, wenn seine Anwendung – vor allem aufgrund räumlicher Verknüpfung – geboten erscheint (ERMAN/HOHLOCH Art 32 Rn 8; ebenso zum EVÜ CZERNICH/HEISS/CZERNICH Art 10 Rn 46; DICEY/MORRIS Rn 32–193; ähnlich KEGEL/SCHURIG § 17 V 1 a).

92 Nach **aA** räumt Abs 2 dagegen **kein Ermessen** ein, sondern führt zur strikten Geltung des damit berufenen Rechts, wenn seine Anwendungsvoraussetzungen vorliegen (so MünchKomm/MARTINY Art 32 Rn 22; PALANDT/HELDRICH Art 32 Rn 4; REITHMANN/MARTINY/

MARTINY Rn 279; wohl auch KAYE 303 f; unterschiedlich SOERGEL/vHOFFMANN Art 32 Rn 69, 75 und 71).

Im Grundsatz wird der letztgenannten Ansicht zu folgen sein. Das Unsicherheitselement, das die Formulierung „ist zu berücksichtigen" (regard shall be had, aura égard) einführt, ist bei Pflichten und Obliegenheiten der Parteien nicht hinnehmbar. Es darf nicht erst im nachhinein vom Ermessen des jeweiligen Gerichts abhängen, welche Obliegenheiten oder Pflichten die Parteien bei der Vertragsdurchführung zu erfüllen hatten. Vielmehr muss der Verpflichtete im Zeitpunkt seiner Handlung wissen können, was er zu tun hat, um Rechtsnachteile zu vermeiden. Dass er sich dabei nach dem Recht des tatsächlichen Erfüllungsortes richten soll, ist eine akzeptable Lösung. Deshalb ist das Recht des Erfüllungsortes **zwingend** anzuwenden, wenn es andere Erfüllungsmodalitäten vorsieht als das Vertragsstatut (im Ergebnis ebenso PALANDT/ HELDRICH Art 32 Rn 4; REITHMANN/MARTINY/MARTINY Rn 279; ferner auch KAYE 303 f; aA SOERGEL/vHOFFMANN Art 32 Rn 69, 75; zu Ausnahmen im Arbeitsrecht vgl Art 30 Rn 211 f). Die Mängelrüge, ihre Frist und Form folgt daher dem Recht am Erfüllungsort, auch wenn das Vertragsstatut sie nicht kennt. Umgekehrt gilt die Rügepflicht nicht, wenn sie zwar nach dem Vertragsstatut, nicht aber nach dem Recht am Erfüllungsort vorgesehen ist. 93

Für die praktisch besonders wichtige **Mängelrüge** ist jedoch noch etwas weiter zu differenzieren. Die gegenwärtige Regel in Art 32 Abs 2 ist ihrerseits inspiriert worden von Art 4 Haager Kauf-IPR-Übk vom 15. 6. 1955 (vgl Bericht zum EVÜ-Vorentwurf, in: LANDO/vHOFFMANN/SIEHR 297; zum Haager Übk näher Art 28 Rn 171 f). Art 4 dieses Übk erklärt das Recht des Untersuchungsortes als „maßgebend für die Form und Fristen, in denen die Prüfung und die diesbezüglichen Mitteilungen zu erfolgen haben, sowie für die bei einer allfälligen Verweigerung der Annahme der Sachen zu treffenden Vorkehrungen." Zusätzlich spielte bei Schaffung des in Art 32 Abs 2 übernommenen Art 10 Abs 2 EVÜ eine Rolle, dass das Haager Kaufrecht noch eine Vorschrift über die Art und Weise der Untersuchung enthielt, die dann aber nicht in das UN-Kaufrecht von 1980 übernommen wurde. Dort blieb offen, ob und nach welchen örtlichen Bestimmungen sich die Art und Weise der Untersuchung richten sollte (vgl den Hinweis bei vHOFFMANN, in: LANDO/vHOFFMANN/SIEHR 27; zum CISG STAUDINGER/MAGNUS Art 38 Rn 8, 28 ff). Trägt man diesem Entstehungshintergrund Rechnung, so ist wie folgt zu differenzieren: 94

(1) Vertragsstatut und Recht des tatsächlichen Erfüllungsortes kennen eine Untersuchungs- und Rügepflicht, stellen jedoch unterschiedliche Anforderungen für Frist und Form auf. Maßgebend sind dann die Voraussetzungen des Erfüllungsstatuts. Die Rechtsfolgen ihrer Versäumung bestimmen sich jedoch nach dem Vertragsstatut. 95

(2) Nur das Vertragsstatut kennt eine Rügepflicht, das Recht am Erfüllungsort dagegen nicht. ME ist hier eine Rüge zwar grundsätzlich erforderlich. Doch ist sie weder form- noch fristgebunden und kann damit auch noch im Prozess nachgeholt werden. Ihre Versäumung löst – von einer möglichen Verwirkung nach dem Vertragsstatut abgesehen – keinen Rechtsverlust aus, da das Erfüllungsstatut diese Folge nicht kennt. 96

(3) Nur das Recht am Erfüllungsort kennt eine strikte Rügepflicht; das Vertragsstatut 97

verlangt sie nicht. Grundsätzlich wird hier das Recht des Erfüllungsortes einschließlich seiner Rechtsfolgen anzuwenden sein, das die Obliegenheiten des rügepflichtigen Teils damit gegenüber dem Vertragsstatut verschärft. In Fällen dieser Art kann mE ausnahmsweise Anlass dafür bestehen, diese Verschärfung der Gläubigerobliegenheiten nicht zu berücksichtigen, sondern es bei der Geltung des Vertragsstatuts zu belassen. Ein solcher Anlass kann etwa gegeben sein, wenn der tatsächliche Erfüllungsort nicht am Sitz des Gläubigers liegt und der Gläubiger ferner mit dem Recht am Erfüllungsort weder vertraut ist, noch vertraut sein muss.

5. Abs 2 und Rechtswahl

98 Abs 2 gilt grundsätzlich auch dann, wenn die Parteien als anwendbares Vertragsrecht ein anderes Recht als dasjenige des Erfüllungsortes gewählt haben. **Abs 2 korrigiert insoweit die Rechtswahl.** Insbesondere bei einer ausdrücklichen Rechtswahl muss aber näher geprüft werden, ob nicht Art 32 Abs 2 ausgeschlossen und vor allem die Rügepflicht allein nach dem gewählten Vertragsstatut beurteilt werden sollte. Denn ebenso wie die Parteien das anwendbare Recht festlegen können, können sie auch bestimmen, welche Teile ihrer Vertragsbeziehung diesem Recht unterstehen sollen (Art 27 Abs 1 Satz 3). Sie können damit die Sonderanknüpfung des Art 32 Abs 2 abbedingen. Im Zweifel werden die Parteien ein einheitliches Statut gewollt haben. Soweit die Parteien eine ausdrückliche Rechtswahl getroffen haben, dürften die Wirkungen des Art 32 Abs 2 daher begrenzt sein.

VII. Gesetzliche Vermutungen und Beweisfragen (Abs 3)

1. Allgemeines

99 Art 32 Abs 3 regelt nicht alle, aber doch einige wichtige beweisrechtliche Probleme. Abs 3 dehnt in Satz 1 den Geltungsbereich des Vertragsstatuts auch auf gesetzliche **Vermutungen** des Vertragsrechts und auf die **Beweislast** aus. Damit sind diese Bereiche als Fragen des materiellen Rechts, nicht des Verfahrensrechts zu qualifizieren, für die sonst grundsätzlich die lex fori gilt. Die Geltung der lex fori erkennt Abs 3 Satz 2 dagegen als Ausgangspunkt an, soweit für den Beweis von Rechtsgeschäften die Zulässigkeit von Beweismitteln zu beurteilen ist. Doch lässt die Vorschrift auch Beweismittel bestimmter weiterer Rechtsordnungen gelten.

2. Gesetzliche Vermutungen (Satz 1)

100 Gesetzliche Vermutungen sind Regeln, die aus bestimmten Tatsachen unmittelbare Folgerungen ziehen, die nicht mehr nachgewiesen werden müssen (Giuliano/Lagarde 68; Kaye 332; MünchKomm/Martiny Art 32 Rn 55). Für Abs 3 Satz 1 kommen jedoch nur solche Vermutungen in Betracht, die das Vertragsrecht aufstellt. **Prozessuale Vermutungen,** dass etwa nicht bestrittene Tatsachen als zugestanden gelten etc, gehören **nicht** hierher (Begründung BT-Drucks 10/504, 82; Giuliano/Lagarde 68; vBar II Rn 552; Czernich/Heiss/Rudisch Art 14 Rn 3 [zum EVÜ]; Erman/Hohloch Art 32 Rn 17; Kropholler § 52 I 3 c; MünchKomm/Spellenberg Art 32 Rn 136; Palandt/Heldrich Art 32 Rn 9; Reithmann/Martiny/Martiny Rn 266). Anders als der deutsche Text nahe legt, müssen die Vermutungen nicht gesetzlich fixiert sein. Es genügt, dass sie richterrechtlich von Rechts wegen beachtet werden (vgl im englischen und französischen Text „presumptions of law", „présomptions légales"). Beispiele sind etwa Art 1731 franz Code civil, wonach sich eine Mietsache bei Mietbeginn im Zweifel stets in gutem Zustand befand (GIULIANO/LAGARDE 68), im deutschen Recht die Vermutung der Vollständigkeit und Richtigkeit einer schriftlichen Urkunde über ein Rechtsgeschäft (BGH VersR 1960, 812; BGH NJW 1991, 1751).

Fiktionen („gilt als"; zB § 566 Satz 2, § 569 a Abs 1 Satz 2 BGB) sind ebenso wie gesetzliche Vermutungen zu behandeln (vBAR; ERMAN/HOHLOCH; REITHMANN/MARTINY/ MARTINY jeweils aaO; MünchKomm/SPELLENBERG Art 32 Rn 131). **101**

3. Beweislast (Satz 1)

Welche Partei den Beweis für streitige Tatsachen zu erbringen und die Folgen der Unaufklärbarkeit zu tragen hat, ist wie schon bisher (BGHZ 42, 385 [388]), dem Vertragsstatut zu entnehmen (Begründung, GIULIANO/LAGARDE; vBAR II RN 552; COESTER-WALTJEN Rn 365; ERMAN/HOHLOCH Art 32 Rn 17 KEGEL/SCHURIG § 22 IV; MünchKomm/SPELLENBERG Art 32 Rn 137 ff; REITHMANN/MARTINY/MARTINY Rn 266; SCHACK, IZPR Rn 674; SOERGEL/VHOFFMANN Art 32 Rn 76). Dieses Statut entscheidet, wer grundsätzlich die Beweislast für ein Vertragsgeschehen trägt und wann eine **Umkehr der Beweislast** anzunehmen ist (etwa durch Regeln wie § 282 BGB oder Art 1147 franz Code civil). **102**

Auch was eine Partei zur schlüssigen Anspruchsbegründung darlegen und behaupten muss **(Darlegungs- und Behauptungslast),** richtet sich nach dem Vertragsstatut, das ja auch die Anspruchsvoraussetzungen festlegt (SCHACK, IZPR Rn 674; ebenso schon bisher BGH WM 1977, 793). Gleiches gilt für die **Beweisführungslast** (subjektive Beweislast; vgl COESTER-WALTJEN Rn 389 ff; ERMAN/HOHLOCH Art 32 Rn 17; MünchKomm/SPELLENBERG Art 32 Rn 140 [bei Konflikt mit der lex fori aber Vorrang für diese]; SCHACK, IZPR Rn 676). Wer zum Beweisantritt – Angabe von Zeugen etc – verpflichtet ist, ergibt sich also aus dem auf den Vertrag anwendbaren Recht. **103**

Grundsätzlich entscheidet das Vertragsstatut auch über die Rechtsfolgen, wenn der beweisbelastete Teil **beweisfällig** bleibt. Doch untersteht die **Beweiswürdigung** der lex fori (COESTER-WALTJEN aaO; GEIMER, IZPR Rn 2123; SCHACK IZPR Rn 693; auch BGH WM 1977, 793 [794]). **104**

Wie das Vertragsstatut seinerseits Beweislastregeln qualifiziert, ist dagegen gleichgültig (MünchKomm/SPELLENBERG Art 32 Rn 139; SOERGEL/VHOFFMANN Art 32 Rn 76; ebenso [zum EVÜ] CZERNICH/HEISS/RUDISCH Art 14 Rn 5). **105**

4. Anscheinsbeweis

Ob der Anscheinsbeweis dem Vertragsstatut folgt oder der lex fori untersteht, ist umstritten. Die Geltung des Vertragsstatuts wird aus der engen Verknüpfung mit dem materiellen Recht gefolgert (so BUCIEK 257; COESTER-WALTJEN Rn 353 f; MünchKomm/ SPELLENBERG Art 32 Rn 134; so auch SOERGEL/VHOFFMANN Art 32 Rn 77). Die Geltung der lex fori wird damit begründet, dass der Anscheinsbeweis eher eine – verfahrensrechtliche – Frage der Beweiswürdigung sei (vBAR II Rn 552; SCHACK, IZPR Rn 695 ff; ebenso ERMAN/HOHLOCH Art 32 Rn 17). **106**

107 Die **materiellrechtliche Qualifikation des Anscheinsbeweises** dürfte vorzuziehen sein. Denn seine Zulässigkeit ist keine Frage der Beweiswürdigung im Einzelfall, sondern erfordert die abstrakte rechtssatzmäßige Entscheidung, ob und wann ein bestimmtes Geschehen den Schluss auf weitere Tatsachen erlaubt, ob zB ein grober Kunstfehler prima facie auf ein Verschulden schließen lässt. Diese Rechtsfrage hat aber das Vertragsstatut zu beantworten.

5. Beweismittel (Satz 2)

a) Grundsatz

108 Welcher Beweismittel sich eine Partei zum Beweis eines Rechtsgeschäftes bedienen darf oder muss, ist als typische Verfahrensfrage grundsätzlich von der lex fori zu entscheiden (Begründung BT-Drucks 10/504, 82; GIULIANO/LAGARDE 69; vBAR II Rn 553; SCHACK, IZPR Rn 679). Art 32 Abs 3 Satz 2 (= Art 14 Abs 2 EVÜ) bestätigt diesen Grundsatz, indem er unabhängig vom Vertragsstatut alle Beweismittel des deutschen Verfahrensrechts gelten lässt. Zusätzlich lässt er aber auch die Beweismittel aller weiteren Rechtsordnungen zu, nach denen das Rechtsgeschäft formgültig ist. Die Vorschrift will damit sichern, dass die Parteien ein Rechtsgeschäft nach dem Recht nachweisen können, nach dem sie es abgeschlossen haben. Zugleich wird auf diese Weise der Nachweis gültiger Rechtsgeschäfte erleichtert und das Vertrauen der Parteien auf die Formwirksamkeit eines Geschäfts geschützt, das nicht durch strengere Nachweisanforderungen der lex fori in Frage gestellt werden kann (Begründung BT-Drucks 10/504, 82; GIULIANO/LAGARDE 69). Andererseits kann sich eine Partei nur auf solche Beweismittel fremder Rechtsordnungen stützen, die auch nach deutschem Verfahrensrecht zulässig sind („sofern dieses nicht entgegensteht"). So kann eine Partei im deutschen Verfahren nicht als Zeuge vernommen werden; im Urkundenprozess dürfen nur die hier zulässigen Beweismittel verwendet werden etc, auch wenn ein ausländisches Formstatut andere Beweismittel zulässt (vgl Begründung aaO; ERMAN/HOHLOCH Art 32 Rn 18; KROPHOLLER § 52 I 3 c; MünchKomm/SPELLENBERG Art 32 Rn 147; SOERGEL/vHOFFMANN Art 32 Rn 79).

b) Alternativ anwendbare Rechte

109 Die alternativ berufenen Rechtsordnungen sind jene, nach denen **das Rechtsgeschäft formgültig** ist. Berufen ist damit gemäß Art 11 sowohl das Geschäftsrecht, also das Vertragsstatut, als auch das Recht des Vornahmeortes. Bei Verbraucherverträgen der in Art 29 Abs 1 bezeichneten Art gilt allerdings statt dessen nach Art 29 Abs 3 allein das Recht am gewöhnlichen Aufenthaltsort des Verbrauchers (zum Formstatut bei Arbeitsverträgen vgl Art 30 Rn 178 ff). Ist das Rechtsgeschäft nur nach einer dieser Rechtsordnungen formgültig, dann kann sich die beweispflichtige Partei zusätzlich nur auf die Beweismittel dieser Rechtsordnung stützen (GIULIANO/LAGARDE 69). Die alternative Geltung des Formstatuts kann zu einer Erleichterung der Beweisanforderungen, aber in keinem Fall zu schärferen Anforderungen führen als von der lex fori vorgesehen (GIULIANO/LAGARDE aaO).

c) Beweismittel

110 Art 32 Abs 3 Satz 2 spricht von „Beweismitteln", während der zugrunde liegende Art 14 Abs 2 EVÜ „Beweisarten" (modes of proof, modes de preuve) nennt. Ein Unterschied folgt daraus nicht. Gemeint sind **alle zulässigen Wege, den Nachweis für eine**

bestimmte Tatsache zu führen, zB durch Zeugen, Urkunden, Parteibekundungen etc (ebenso MünchKomm/MARTINY Art 32 Rn 65).

d) Registereintragungen

111 Die Vorschrift gilt nach der Meinung der EVÜ-Verfasser nicht uneingeschränkt für den Nachweis gegenüber Registerbehörden, soweit es um die Eintragung von Rechten in Register geht. Hier kann die Registerbehörde verlangen, dass der Nachweis nur mit denjenigen Mitteln geführt wird, die **am Registerort zugelassen** sind (GIULIANO/LAGARDE 69; zust MünchKomm/SPELLENBERG Art 32 Rn 147).

6. Beweiskraft ausländischer Urkunden

112 Art 32 Abs 3 regelt nicht die Beweiswirkung ausländischer Urkunden (GIULIANO/LAGARDE 69). Zwar hatte der Vorentwurf zum EVÜ in Art 19 Abs 3 hierzu eine ausführliche Regelung vorgesehen; doch konnte man sich über sie letztlich nicht einigen und ließ die Frage deshalb offen.

113 Die Beweiskraft von Urkunden unterliegt als Verfahrensfrage grundsätzlich der **lex fori** (NAGEL, IZPR Rn 367; SCHACK, IZPR Rn 700). Damit gelten in deutschen Verfahren die §§ 415 ff ZPO. Nach diesen Vorschriften erbringen öffentliche Urkunden vollen Beweis für ihren Inhalt (§ 418 Abs 1 ZPO), Privaturkunden für ihre Ausstellung (§ 416 ZPO). Ausländische öffentliche Urkunden haben im Grundsatz die gleiche Beweiskraft wie inländische öffentliche Urkunden (BVerwG GVBl 1994, 1192). Für die Beweiskraft ausländischer Urkunden ist deshalb stets zunächst zu klären, ob sie **öffentliche Urkunden** iSd § 415 Abs 1 ZPO sind. Das ist anzunehmen, wenn die beurkundende Stelle in funktional vergleichbarer Weise, wie das § 415 Abs 1 ZPO voraussetzt, eine öffentliche Behörde oder „mit öffentlichem Glauben versehene Person ist" – zB ein notary public im Common-Law-Bereich –, die im Rahmen ihrer Befugnisse gehandelt hat. Ob das der Fall ist, kann nur das für diese Stelle oder Person geltende Recht ergeben. Fehlt es an einer vergleichbaren öffentlichen Vertrauensfunktion der beurkundenden Stelle, so ist die ausländische Urkunde nur als **Privaturkunde** mit deren begrenzter Beweiskraft anzusehen.

114 Soll eine ausländische Urkunde Beweiswirkung entfalten, dann muss sie ferner echt sein. Für **ausländische öffentliche Urkunden** genügt als Echtheitsnachweis die **Legalisation** (§ 438 Abs 2 ZPO): Der deutsche Konsul oder Gesandte am Errichtungsort muss die Echtheit der Urkunde bestätigen (§ 13 KonsG). Staatsverträge, etwa Art 49 GVÜ erlassen diesen Nachweis jedoch vielfach im Verhältnis zu den Vertragsstaaten oder setzen die Anforderungen an die Bestätigung herab.

115 Die **Echtheit ausländischer Privaturkunden,** die die Gegenpartei bestreitet, kann mit allen zulässigen Beweismitteln des deutschen Rechts bewiesen werden (vgl näher zum Ganzen COESTER-WALTJEN Rn 420 ff; SCHACK, IZPR Rn 699 ff).

VIII. Culpa in contrahendo

1. Qualifikation

116 Die Verantwortlichkeit aus vorvertraglichem, vertragsbezogenem Verhalten lässt sich unproblematisch weder dem Vertragsrecht noch dem Deliktsrecht zuordnen. Vielmehr steht sie zwischen beiden Bereichen und ist Teil eines Haftungsgebietes, das sich etwa mit der Sachwalterhaftung, Vertretereigenhaftung, Prospekthaftung – nicht nur in Deutschland – erheblich ausgeweitet hat. Grundsätzliche kollisionsrechtliche Selbständigkeit hat das Gebiet indessen bisher nicht erlangt. Vielmehr erfolgt die Zuordnung fallgruppenweise nach der Art der verletzten Pflichten und ihrer Nähe zu einem vertraglichen oder außervertraglichen Geschehen.

2. Anknüpfung

117 Will eine Vertragspartei Ansprüche aus der Verletzung vorvertraglicher Aufklärungs-, Beratungs- oder sonstiger, eine Vertragsleistung betreffender Pflichten herleiten, dann entscheidet darüber nach ganz hM das Vertragsstatut (BGH NJW 1987, 1141; vBar II Rn 558; Bernstein RabelsZ 41 [1977] 288 f; Erman/Hohloch Art 32 Rn 21; MünchKomm/Spellenberg Art 32 Rn 44; Palandt/Heldrich Art 32 Rn 8; Reithmann/Martiny Rn 262; Scheffler IPRax 1995, 21; Staudinger/vHoffmann Art 38 Rn 105). Das gilt auch dann, wenn der angebahnte Vertrag nicht zustande kommt (vBar; Bernstein; Erman/Hohloch; Palandt/Heldrich; Reithmann/Martiny/Martiny jeweils aaO; **anders** – deliktsrechtliche Anknüpfung – noch LAG Frankfurt IPRspr 1950/51 Nr 20).

118 Umstritten ist die Behandlung der Fälle, in denen eine Partei bei Vertragsanbahnung das **Integritätsinteresse** der anderen Partei verletzt hat. Die hM tritt auch in diesen Fällen für die Geltung des **Vertragsstatuts** ein, da Art 31 und 32 alle Vertragsfragen, auch die der vorvertraglichen Haftung erfassen wollten (Ahrens IPRax 1986, 359 f; Degner 251; Kegel § 17 V 1 a; Koch/Magnus/Winkler vMohrenfels 103; Palandt/Heldrich Art 32 Rn 8; Soergel/Lüderitz Art 38 Rn 85; ebenso unter dem früheren IPR: BGH NJW 1987, 1141; OLG München AWD 1956, 127; OLG Frankfurt IPRax 1986, 377; zurückhaltender Reithmann/Martiny/Martiny Rn 262).

119 Eine inzwischen vordringende Auffassung lässt über die vorvertragliche Haftung in diesen Fällen dagegen das **Deliktsstatut** entscheiden, da die Nähe zum Deliktsrecht überwiege (vBar II Rn 558; Bernstein RabelsZ 41 [1977] 288 f; Erman/Hohloch Art 32 Rn 21; Kreuzer IPRax 1988, 17; MünchKomm/Spellenberg Art 32 Rn 44; Nickl 66 ff; Scheffler IPRax 1995, 21; Staudinger/vHoffmann Art 38 Rn 105; ähnlich Fischer JZ 1991, 168; auch Kaye 100; unter dem früheren IPR ebenso OLG München WM 1983, 1094; OLG Frankfurt IPRax 1986, 378).

120 Der hM dürfte der grundsätzliche Vorzug gebühren. Das Vertragsstatut beherrscht die Verletzung von Obhuts- und Fürsorgepflichten auch bei bestehendem Vertrag, ohne dass die Nähe zum Deliktsrecht das ausschließt. Vielmehr entsteht lediglich die Frage konkurrierender Deliktsansprüche und einer uU vertragsakzessorischen Anknüpfung des Deliktsstatuts. Wie für den Vertrag ist für das vorvertragliche Anbahnungsverhältnis zu entscheiden, das als Rechtsverhältnis eigener Art dem abgeschlossenen oder angebahnten Vertrag näher steht als dem allgemeinen Deliktsverhältnis. Für diese Lösung spricht jetzt auch, dass Art 31 und 32 EGBGB möglichst alle, also auch die vor- und nachwirkenden Vertragspflichten einheitlich dem Vertragsstatut unterstellen wollen. Nur soweit sich das Anbahnungsverhältnis zu einer bloßen Fiktion verflüchtigt, bleibt es bei der alleinigen Geltung des Deliktsstatuts.

3. Sachwalterhaftung

Zur Anknüpfung der Sachwalterhaftung vgl eingehend STAUDINGER/vHOFFMANN **121**
Art 38 Rn 106 ff.

IX. Währungsfragen

1. Allgemeines

Im internationalen Vertragsrecht stellen sich vor allem folgende währungsrechtliche **122**
Fragen:

– Welche Währung gilt grundsätzlich für vertragliche Geldschulden und bildet damit den Fixpunkt, an dem sich der Wert der Geldleistung ausrichtet, gleichgültig in welcher Währung sie erbracht wird? Denn nach ihr richtet sich der tatsächliche Wert der Zahlung, der aufgrund internen Kaufkraftverlusts oder -gewinns sowie durch externe Kursänderungen erheblichen Schwankungen unterliegen kann und zumal bei längerfristigen Zahlungsverpflichtungen zentrale Bedeutung für die wirtschaftliche Seite eines Geschäfts hat.

– Kann die vertragliche Währung – ggfs unter welchen Voraussetzungen – vereinbart werden? Vielfach bestehen nationale Schranken für Geschäfte in fremder Währung.

– Darf in anderer als der an sich für den Vertrag geltenden Währung gezahlt werden? Welcher Zeitpunkt gilt dann für eine Umrechnung?

– In welcher Währung sind vertragliche Schadensersatzansprüche zu leisten? Welcher Zeitpunkt ist für die Festsetzung maßgebend?

– Welche Sicherungen gegen Währungsverfall und Kursschwankungen sind zulässig und wirksam?

Das Kollisionsrecht begegnet diesen Fragen im Wesentlichen mit zwei Antworten: **123**
Die Parteien dürfen die maßgebende Währung im Grundsatz frei wählen. Der Staat der gewählten Währung bestimmt jedoch alle Einzelheiten seines Währungsrechts.

Entsprechend ist zwischen der **Schuldwährung** (money of account, monnaie de **124**
compte) und der **Zahlungswährung** (money of payment, monnaie de paiement) einerseits und dem **Währungsstatut** andererseits zu unterscheiden.

Die **Schuldwährung** ergibt, in welcher Währung ein Zahlungsanspruch grundsätzlich **125**
geschuldet wird und welchen betragsmäßigen Umfang er damit hat (AUDIT Rn 831; MünchKomm/MARTINY Art 34 Anh I Rn 3). Sie ist der Ausgangspunkt jeder Umrechnung in andere Währungen und bestimmt im Wesentlichen den **Wert der Zahlung.** Grundsätzlich legen die Parteien die Schuldwährung fest, indem sie eine bestimmte Währung vereinbaren.

Die **Zahlungswährung** ist demgegenüber diejenige Währung, in der die Zahlung **126** erbracht werden darf. Das muss nicht stets die Schuldwährung sein. Denn vielfach darf der Schuldner Schulden in ausländischer Währung durch Zahlung in seiner einheimischen Währung tilgen (zu dieser Ersetzungsbefugnis unten Rn 137 f).

127 Das **Währungsstatut** (lex pecuniae oder monetae) ist dagegen das Recht des Staates, dessen Währung verwendet wird. Es regelt alle Fragen, die die Währung eines Staates betreffen, insbes die Gültigkeit und den Wert der Währung und der Währungseinheiten, Auf- und Abwertungen oder Währungsumstellungen.

2. Begriff und Rechtsgrundlagen

128 Das internationale Währungsrecht entscheidet darüber, welches nationale Währungsrecht in einem konkreten währungsbezogenen Fall anzuwenden ist (KEGEL/ SCHURIG § 23 III 1; MünchKomm/MARTINY Art 34 Anh I Rn 1; REINHUBER 71 ff; **anders** die Terminologie bei STAUDINGER/K SCHMIDT [1997] Vorbem F 9, F 18 zu §§ 244 ff: die kollisionsrechtlichen Fragen möchte er als „Internationales Privatrecht des Geldes" bezeichnen, während die internationalen währungsrechtlichen Abkommen das „Internationale Währungsrecht" darstellen). Das nationale Währungsrecht umfasst seinerseits die Bestimmungen über die heimische Währung, während das Devisenrecht im Wesentlichen den Geldverkehr mit ausländischen Zahlungsmitteln sowie vom und ins Ausland regelt (zum internationalen Devisenrecht eingehend STAUDINGER/EBKE Anh zu Art 34).

129 Das internationale Währungsrecht ist nur teilweise vereinheitlicht, namentlich durch das **Bretton-Woods-Abkommen** über den Internationalen Währungsfonds v 1. bis 22. 6. 1944 (Fassung von 1976: BGBl 1978 II 15 ff; zuletzt 1990 geändert: BGBl 1991 II 814 ff; vgl dazu Anh zu Art 34). Ferner hat noch das Londoner Schuldenabkommen v 27. 2. 1953 (BGBl 1953 II 556) Bedeutung. Kollisionsregeln über das jeweils anwendbare Währungsrecht enthalten aber beide Übk nicht. Weitere Vereinheitlichungsversuche wie das Europäische Übereinkommen über Fremdwährungsschulden v 11. 12. 1967 (ETS Nr 60) sind bisher nicht in Kraft getreten.

130 Das deutsche Kollisionsrecht kennt bisher keine gesetzlichen Regeln zum internationalen Währungsrecht. Wessen Staates Währungsrecht anzuwenden ist, ist deshalb der Rechtsprechung und gesicherten Lehre zu entnehmen.

3. Währungsrechtliche Anknüpfungen

a) Statut der Schuldwährung

131 Für die Frage, in welcher Währung vertragliche Zahlungsansprüche geschuldet sind, gilt das **Statut, das den Vertrag insgesamt beherrscht** (BGH FamRZ 1987, 370; OLG Hamm FamRZ 1991, 1321; ERMAN/HOHLOCH Art 32 Rn 19; MEIER/REIMER NJW 1985, 2055; MünchKomm/ MARTINY Art 34 Anh I Rn 9; PALANDT/HELDRICH Art 32 Rn 10; REITHMANN/MARTINY/MARTINY Rn 240; REMIEN RabelsZ 53 [1989] 248). Das Vertragsstatut ergibt insbesondere, ob die Parteien eine Währung frei – auch ohne Bezug zu dem Staat, dessen Recht den Vertrag im Übrigen beherrscht – wählen können und eine gegenüber dem Zahlungsort fremde Währung vereinbaren können.

Sofern es zweifelhaft ist, welche Währung geschuldet wird (zB US$ oder Hongkong$), entscheidet das Vertragsstatut auch darüber, ob die Währung durch Auslegung ermittelt werden kann oder ob ein Einigungsmangel vorliegt (vBar II Rn 543; Kegel/Schurig § 23 III 2 a; MünchKomm/Martiny Art 34 Anh I Rn 9; Soergel/vHoffmann Art 32 Rn 17). Durch Rechtswahl oder auch durch gesonderte Währungswahl – zB US$ bei deutschem Vertragsstatut – bestimmen die Parteien zugleich das maßgebliche Währungsrecht (Kegel/Schurig § 23 III 2 a; MünchKomm/Martiny Art 34 Anh I Rn 5; schon früher RGZ 131, 41 [46]). Dieses legt dann seinerseits fest, ob und wie im konkreten Fall in der gewählten Währung gezahlt werden darf, welche Wirkung Währungsumstellungen sowie Auf- oder Abwertungen etc haben (OLG München RiW 1988, 297; Kegel/Schurig § 23 III 2 b bb; Palandt/Heldrich Art 32 Rn 10; schon früher RGZ 118, 370). Bei grundlegenden Währungseingriffen ermittelt die Rechtsprechung das maßgebende Währungsrecht aber dann neu, wenn die Beteiligten jede Beziehung zu dem Land des Eingriffs verloren haben (BGHZ 43, 162; dazu abl Mann JZ 1965, 450).

Ist deutsches Recht Vertragsstatut, dann ist die Währungswahl frei. Zur Festlegung einer offen gebliebenen Währung kann § 361 HGB unmittelbar oder analog herangezogen werden (Staudinger/K Schmidt [1997] § 244 Rn 16). Danach gilt im Zweifel die Währung am Erfüllungsort als vereinbart.

Nach deutschem, international zwingendem Währungsrecht ist die **Vereinbarung** **132** **fremder Währung als Schuldwährung** (Fremdwährungsschuld oder Valutaschuld) im internationalen Rechtsverkehr ganz **weitgehend zulässig** (vgl auch Reithmann/Martiny/Martiny Rn 240). Als Fremdwährung wird dabei jede Währung bezeichnet, die die geschuldete Zahlung in anderer als der Währung des – inländischen – Zahlungsortes ausdrückt (vgl § 244 BGB). Nur bis zur Aufhebung des § 3 WährungsG durch das EuroEG bedurften Fremdwährungsklauseln zwischen Gebietsansässigen, zu denen allerdings auch deutsche Niederlassungen ausländischer Unternehmen zählten, gemäß § 3 WährG iVm § 49 AWG der Genehmigung der deutschen Bundesbank, die sie freilich für eine Reihe von Fällen generell erteilt hatte (Mitteilung der deutschen Bundesbank Nr 1009/61 vom 24.8.1961 und Nr 1001/90 vom 5.1.1990). Ohne die erforderliche Genehmigung war die Vereinbarung schwebend unwirksam (BGHZ 101, 303). Diese Regelung galt ohne Rücksicht auf das Vertragsstatut (Soergel/vHoffmann Art 32 Rn 19). Die Genehmigungspflicht für Fremdwährungsklauseln ist mit der Aufhebung von § 3 WährungsG, § 49 AWG durch Art 9 §§ 1 und 13 des Gesetzes vom 9.6.1998 zur Einführung des Euro (BGBl 1998 I 1242) zum 1.1.1999 weggefallen, für bestimmte Preissicherungsklauseln aber in § 2 Preisangaben- und PreisklauselG erhalten geblieben.

b)   Statut der Zahlungswährung

Grundsätzlich folgt das Statut der Zahlungswährung demjenigen der Schuldwährung; **133** maßgebend ist also das Vertragsstatut (MünchKomm/Martiny Art 34 Anh I Rn 16). Doch kann das anwendbare Währungsrecht Abweichendes bestimmen. So lässt es vielfach unabhängig vom Vertragsstatut Zahlung in inländischer Währung zu (vgl unten Rn 137 f).

c)   Umfang des Währungsstatuts

Das anwendbare Währungsrecht, das sich nach dem Recht des Staates bestimmt, **134** dessen Währung verwendet wird (MünchKomm/Martiny Art 34 Anh I Rn 5; Palandt/Heldrich Art 32 Rn 10), legt alle für diese Währung geltenden Einzelheiten – die Bedeutung, Wirkung und Änderung der Währung – fest (vgl auch oben Rn 131). Indem die Parteien eine bestimmte Währung verwenden, gelangt damit für alle Währungsfragen das Recht dieser Währung (**lex monetae**) zur Geltung. Es entscheidet darüber, ob und unter welchen Voraussetzungen die Vereinbarung der Währung zulässig ist, welchen Wert die Währung hat, wie und wann sie auf- oder abgewertet oder umgestellt wird etc (ERMAN/HOHLOCH Art 32 Rn 19; KEGEL § 23 I; MANN 463; MünchKomm/MARTINY Art 34 Anh I Rn 4; PALANDT/HELDRICH Art 32 Rn 10).

135 Bei **grundlegenden Währungsänderungen** ist zunächst zu prüfen, ob am vertraglich bestimmten Währungsstatut festzuhalten ist (vgl oben Rn 131).

136 Im Übrigen ist nach hM dem Vertragsstatut zu entnehmen, ob und welche **vertragsrechtlichen Folgen** sich aus **einer Währungsumstellung oder Auf- oder Abwertung** ergeben (Wegfall der Geschäftsgrundlage, Anpassung; vgl KEGEL § 23 III 2 b bb; MünchKomm/MARTINY Art 34 Anh I Rn 41 m zahlreichen Nachweisen; PALANDT/HELDRICH Art 32 Rn 10; SOERGEL/vHOFFMANN Art 32 Rn 18; wohl **aA** – lex monetae – SCHEFOLD WM 1996 Beil 4 S 15; zur Umstellung auf Euro vgl unten Rn 140 f).

d) Ersetzungsbefugnis

137 Hat die Zahlung vertragsgemäß in Deutschland zu erfolgen, dann ist die **Sonderregelung des § 244 BGB** zu beachten. Diese Vorschrift wird überwiegend als **einseitige Kollisionsnorm** verstanden (LG Braunschweig NJW 1985, 1169; OLG München IPRax 1988, 291; MünchKomm/MARTINY Art 34 Anh I Rn 22; PALANDT/HEINRICHS § 244 Rn 14; für eine Art Eingriffsnorm dagegen offenbar STAUDINGER/K SCHMIDT § 244 Rn 77). Eine abweichende Ansicht sieht in § 244 BGB allerdings eine reine Sachnorm, die nur bei deutschem Vertragsstatut eingreife (so vBAR II Rn 545 [allerdings soll § 244 BGB über Art 32 Abs 2 EGBGB auch bei ausländischem Vertragsstatut gelten]; SOERGEL/vHOFFMANN Art 34 Rn 113). Das wird vor allem mit der Abdingbarkeit der Norm begründet (SOERGEL/vHOFFMANN aaO). Indessen spricht die Abdingbarkeit der materiellen, im § 244 BGB enthaltenen Regelung nicht ohne weiteres gegen eine Qualifikation als Kollisionsnorm. Die Möglichkeit, im Inland in Inlandswährung zahlen zu dürfen, sollte vielmehr im Schuldnerinteresse grundsätzlich auch bei ausländischem Vertragsstatut zugelassen werden. Eine Ausnahme gilt lediglich im Anwendungsbereich des CISG (MAGNUS RabelsZ 53 [1989] 132 ff).

138 § 244 BGB lässt aber die Möglichkeit unberührt, die unbedingte Leistung in der Fremdwährung zu vereinbaren (sog **echte oder effektive Fremdwährungs- oder Valutaschuld**). Dann kann der Schuldner nur in dieser Währung wirksam erfüllen. Ein entsprechender Wille der Parteien muss jedoch deutlich zum Ausdruck kommen. Er wird etwa angenommen, wenn die Währung vereinbart wurde, die am ausländischen Zahlungsort gilt (Dt Seeschiedsgericht IPRspr 1976 Nr 26; PALANDT/HEINRICHS § 244 Rn 17; REITHMANN/MARTINY/MARTINY Rn 240).

4. Währung vertraglicher Schadensersatzansprüche

139 Vertragliche Schadensersatzansprüche sollen den Schaden ausgleichen, den der Gläubiger zwar gewöhnlich in einem bestimmten Währungsumfeld, seltener aber in einer ganz bestimmten Währung erlitten hat. Deshalb kann der Gläubiger Ersatz regelmäßig in der **Währung** verlangen, die **am Gerichtsort** gilt (BGH IPRspr 1977 Nr 11; REITHMANN/MARTINY/MARTINY Rn 255; REMIEN RabelsZ 53 [1989] 253 ff). Ist der Schaden in

einer bestimmten Währung eingetreten, etwa bei Zahlungsverzug, kann Ersatz in dieser Währung begehrt werden (so auch Art 7.4.12 der UNIDROIT Principles).

5. Umstellung auf Euro

Seit dem 1.1.1999 ist mit einer anschließenden dreieinhalbjährigen Übergangszeit die zunächst buchmäßige Umstellung der DM auf Euro erfolgt, der zum 1.1.2002 auch die münztechnische Umstellung folgt. Für die Teilnehmerstaaten der einheitlichen europäischen Währung bestimmt die EuroVO I (ABl 1997 L 162/1, in Kraft seit 20.6.1997) die vertragsrechtlichen Folgen. Danach bewirkt die Einführung des Euro – zu den vom Rat für jede nationale Währung festgesetzten Umrechnungskursen – grundsätzlich keine Vertragsänderung (Art 3 EuroVO I: **Prinzip der währungsrechtlichen Vertragskontinuität,** eingehend dazu HAHN, Europäische Währungsumstellung und Vertragskontinuität; SANDROCK RiW 1997, Beil 1 zu Heft 8, S 7 ff; SCHEFOLD WM 1996, Beil 4 S 13 ff; STAUDINGER/K SCHMIDT [1997] F 81 Vorbem zu § 244 ff; speziell für Versicherungsverträge ENTZIAN/LINDEN VersR 1997, 1182 ff). **140**

Die Gerichte der EU-Staaten sind an Art 3 EuroVO I unmittelbar gebunden. Zwar untersteht die Frage, ob eine Währungsumstellung zum Wegfall der vertraglichen Geschäftsgrundlage führen kann, an sich dem Vertragsstatut (vgl oben Rn 136). Das unmittelbar geltende EU-Recht hat aber Vorrang und verdrängt auch das sonst einzuschaltende Kollisionsrecht (vgl auch Art 3 Abs 2 Satz 2 EGBGB; ferner Einl 5 zu Art 27 ff). Unabhängig vom anwendbaren Vertragsstatut kann die Währungsumstellung damit für sich allein keinen Wegfall der Geschäftsgrundlage begründen, selbst wenn das nach dem Vertragsstatut anzunehmen wäre (mit anderer Begründung im Ergebnis ebenso SCHEFOLD WM 1996 Beil 4 S 15; STAUDINGER/K SCHMIDT [1997] Vorbem F 81 zu § 244 ff). Das gilt für die Gerichte der EU-Staaten. Ob sich die Gerichte von Drittstaaten dem anschließen werden, bleibt abzuwarten. **141**

Art 33 EGBGB. Übertragung der Forderung; gesetzlicher Forderungsübergang

(1) Bei Abtretung einer Forderung ist für die Verpflichtung zwischen dem bisherigen und dem neuen Gläubiger das Recht maßgebend, dem der Vertrag zwischen ihnen unterliegt.

(2) Das Recht, dem die übertragene Forderung unterliegt, bestimmt ihre Übertragbarkeit, das Verhältnis zwischen neuem Gläubiger und Schuldner, die Voraussetzungen, unter denen die Übertragung dem Schuldner entgegengehalten werden kann und die befreiende Wirkung einer Leistung durch den Schuldner.

(3) Hat ein Dritter die Verpflichtung, den Gläubiger einer Forderung zu befriedigen, so bestimmt das für die Verpflichtung des Dritten maßgebende Recht, ob er die Forderung ganz oder zu einem Teil geltend zu machen berechtigt ist. Dies gilt auch, wenn mehrere Personen dieselbe Forderung zu erfüllen haben und der Gläubiger von einer dieser Personen befriedigt worden ist.

Materialien: Gesetzentwurf der Bundesregierung zum EVÜ mit Denkschrift zum Übereinkommen und Anlage; Bericht GIULIANO/LAGARDE, BT-Drucks 10/503 vom 20.10.1983, 66 ff; Gesetzentwurf der Bundesregierung zur Neuregelung des IPR vom 20.10.1983, BT-Drucks 10/504, 83 f; Bericht des Rechtsausschusses, BT-Drucks 10/5623 vom 9.6.1986, 8.

Schrifttum

1. Forderungsabtretung

AUBIN, Zur Qualifikation der „signification" (Art 1690 Cc) im deutschen IPR, in: FS Neumayer (1985) 31

vBAR, Abtretung und Legalzession im neuen deutschen IPR, RabelsZ 53 (1989) 462

ders, Zessionsstatut, Verpflichtungsstatut und Gesellschaftsstatut, IPRax 1992, 20

BASEDOW, Internationales Factoring zwischen Kollisionsrecht und Unidroit-Konvention, ZEuP 5 (1997) 615

vBERNSTORFF, Die Forderungsabtretung in den EU-Staaten, RiW 1994, 542

BERTRAMS/VERHAGEN, Goederenrechtelijke aspecten van de internationale cessie en verpanding van vordringen op naam, WPNR 1993, 261

BETTE, Vertraglicher Abtretungsausschluß im deutschen und grenzüberschreitenden Geschäftsverkehr, WM 1994, 1909

ders, Abtretung von Auslandsforderungen, WM 1997, 797

BEUTTNER, La cession de créance en droit international privé (Genf 1971)

BÜLOW, Rechtsfragen des grenzüberschreitenden Zahlungsverkehrs, IStR 1993, 430

EINSELE, Das internationale Privatrecht der Forderungszession und der Schuldnerschutz, ZVerglRW 90 (1991) 1

GOTTWALD, Gewillkürte Prozeßstandschaft kraft Ermächtigung eines ausländischen Konkursverwalters, IPRax 1995, 157

GULDENER, Zession, Legalzession und Subrogation im IPR (Diss Aarau 1930)

HADDING/SCHNEIDER (Hrsg), Die Forderungsabtretung, insbesondere zur Kreditsicherung, in ausländischen Rechtsordnungen (1999)

dies, Legal Issues in International Credit Transfers (1993)

vHOFFMANN/HÖPPING, Zur Anknüpfung kausaler Forderungszessionen, IPRax 1993, 302

HARTWIEG, Kollisionsrechtliches zur internationalen Abtretung – eine reale Reminiszenz zu BGH ZIP 1997, 890, ZIP 1998, 2137

HOLZNER, Zur Sicherungszession im IPR, ZfRvgl 1994, 134

HOYER, „Verlängerter Eigentumsvorbehalt" und Mehrfachzession im österreichischen IPR, in: FS Frotz (Wien 1993) 53

JOUSTRA, The Voluntary Assignment of Future Claims, IPRax 1994, 395

dies, Proprietary Aspects of Voluntary Assignment in Dutch Private International Law, IPRax 1999, 280

KAISER, Verlängerter Eigentumsvorbehalt und Globalzession im IPR (1986)

KELLER H, Zessionsstatut im Lichte des Übereinkommens über das auf vertragliche Schuldverhältnisse anzuwendende Recht vom 19. Juni 1980 (Diss München 1985)

KIENINGER, Mobiliarsicherheiten im Europäischen Binnenmarkt (1996)

dies, Das Statut der Forderungsabtretung im Verhältnis zu Dritten, RabelsZ 62 (1998) 678

KOZIOL, Probleme der Sicherungszession im grenzüberschreitenden Verkehr Deutschland-Österreich, DZWir 1993, 353

KRONKE/BERGER, Wertpapierstatut, Schadensersatzpflichten der Inkassobank, Schuldnerschutz in der Zession – Schweizer Orderschecks auf Abwegen, IPRax 1991, 316

LOJENDIO OSBORNE, La ley modelo de UNCITRAL sobre transferencias internacionales de credito, Rev der mercantil 1993, 93

LOOYENS, Cessie en subrogatie en het internationaal privaatrecht, Rev dr comm belge 1994, 686

MALATESTA, La cessione del credito nel diritto internazionale privato (Turin 1996)

MANGOLD, Das internationale Privatrecht der Abtretung am Beispiel des deutsch-spanischen Rechtsverkehrs, in: HOMMELHOFF/JAYME (Hrsg), Europäischer Binnenmarkt: Internationales Privatrecht und Rechtsangleichung (1995) 81

ders, Die Abtretung im europ Kollisionsrecht (2001)
MOSHINSKY, The Assignment of Debts in the Conflict of Laws, LQRev 109 (1992) 591
MUMMENHOFF, Vertragliches Abtretungsverbot und Sicherungszession im deutschen, österreichischen und US-amerikanischen Recht, JZ 1979, 425
PARDOËL, Les conflits de lois en matière de cession de créance (Paris 1997)
PAUL, Die Sicherungsabtretung im deutschen und amerikanischen Recht unter besonderer Berücksichtigung des Forderungskonflikts zwischen Geld- und Warenkreditgeber (1988)
PELTZER, Die Forderungsabtretung im Internationalen Privatrecht, RiW 1997, 893
POSCH, Mehrfache Sicherungsabtretung im deutsch-österreichischen Rechtsverkehr: eine Quelle kollisionsrechtlicher Probleme, IPRax 1992, 51
RÜEGSEGGER, Die Abtretung im internationalen Privatrecht auf rechtsvergleichender Grundlage (Diss Zürich 1973)
RUET, Les créances en droit international privé (Thèse Paris II, 1989)
SCHÜTZE, Kollisionsrechtliche Probleme der Forfaitierung von Exportforderungen, WM 1979, 972
SCHWIMANN, Zur Sicherungszession im österreichischen Kollisionsrecht, RiW 1984, 854
ders, Grenzüberschreitende Sicherungszessionen im gegenwärtigen und künftigen IPR, (öst) WBl 1998, 385
SHOOK/WIERCIMOK, Eigentumsvorbehalt nebst Verlängerungs- und Erweiterungsformen in deutsch-amerikanischem Rechtsverkehr, RiW 1986, 954
SINAY/CYTERMANN, Les conflits de lois concernant l'opposabilité des transferts de créance, Rev crit 81 (1992) 35
SONNENBERGER, Affacturage (Factoring) und Zession im deutsch-französischen Handelsverkehr, IPRax 1987, 221
STADLER, Gestaltungsfreiheit und Verkehrsschutz durch Abstraktion (1996)
dies, Der Streit um das Zessionsstatut – eine endlose Geschichte?, IPRax 2000, 104

STEFFENS, Overgang van vorderingen en schulden in het Nederlands internationaal privaatrecht (1997)
dies, Goederenrechtelijke aspecten van cessie in het IPR, NTBR 1997, 212
STOLL, Rechtskollisionen bei Schuldnermehrheit, in: FS Müller-Freienfels (1986) 631
ders, Anknüpfung bei mehrfacher Abtretung derselben Forderung, IPRax 1991, 223
STRUYCKEN, The Proprietary Aspects of International Assignment of Debts and the Rome Convention, Art 12, Lloyds MCLQ 24 (1998) 345
WENCKSTERN, Die englische Floating Charge im deutschen IPR, RabelsZ 56 (1992) 624
vWILMOWSKY, Europäisches Kreditsicherungsrecht (1996)
WULFKEN/BERGER, Juristische und ökonomische Grundlagen des internationalen Handels von Kreditforderungen, ZVerglRW 87 (1988) 335.

2. Gesetzlicher Forderungsübergang
vBAR, Abtretung und Legalzession im neuen deutschen IPR, RabelsZ 53 (1989) 462
BEEMELMANS, Das Statut der cessio legis, der action directe und der action oblique, RabelsZ 29 (1965) 511
BERNSTEIN, Gesetzlicher Forderungsübergang und Prozeßführungsbefugnis im IPR unter besonderer Berücksichtigung versicherungsrechtlicher Aspekte, in: FS Sieg (1976)
BIRK, Die Einklagung fremder Rechte (action oblique, azione surrogatoria, acción subrogatoria) im internationalen Privat- und Prozeßrecht, ZZP 82 (1969) 70
BÖRNER, Der Rückgriff für personenschadenbedingte Drittleistungen im deutschen, französischen und europäischen Recht, ZIAS 1995, 369
BRÜCKNER, Unterhaltsregreß im internationalen Privat- und Verfahrensrecht (1994)
DAUM, Der Sozialversicherungsregreß nach § 116 SGB X im IPR (1995)
EICHENHOFER, Internationales Sozialrecht und IPR (1987)
ders, Internationales Sozialrecht (1994)
GITTER, Haftungsausschluß und gesetzlicher Forderungsübergang bei Arbeitsunfällen im Ausland, NJW 1965, 1108

GULDENER, Zession, Legalzession und Subrogation im IPR (Diss Aarau 1930)
KELLER M, Die Subrogation als Regreß im IPR, SchwJZ 1975, 305 und 325
LABERENZ, Der gesetzliche Forderungsübergang im IPR (Diss Frankfurt aM 1969)
MANSEL, Direktansprüche gegen den Haftpflichtversicherer (1986)
MARI, Sulla legge regolatrice della c.d. surroga assicuratoria, Riv dir int priv proc 1975, 486
vMARSCHALL, Kollisionsrechtliche Probleme von Schadensverlagerung und Regreß, in: vCAEMMERER (Hrsg), Vorschläge und Gutachten zur Reform des deutschen Internationalen Privatrechts der außervertraglichen Schuldverhältnisse (1983) 190
MEYER D M, Der Regreß im IPR (Diss Zürich 1982)
PLAGEMANN J und H, Ausgleichspflicht des Verletzten statt Auslandsregreß?, Ein Beitrag zu § 116 Abs 7 SGB X, in: FS Müller-Freienfels (1986) 481

PLÄNKER, Der Gesamtschuldnerausgleich im internationalen Deliktsrecht (1998)
POSCH, Zur Anknüpfung der notwendigen Zession bei der Forderungseinlösung gem § 1422 ABGB, IPRax 1986, 188
POULIADIS, Zur Legalzession von Schadensersatzansprüchen Deutscher aus einem Verkehrsunfall in Griechenland, IPRax 1983, 312
SCHACK, Subrogation und Prozeßstandschaft, IPRax 1995, 158
SCHNYDER, Regreßberechtigung einer deutschen Krankenversicherung gegenüber dem schweizerischen Haftpflichtigen, IPRax 1983, 247
SPICKHOFF, Haftpflichtversicherung und internationales Unfallrecht, IPRax 1990, 164
WANDT, Zum Rückgriff im IPR, ZVerglRW 86 (1987) 272
ders, Regreßstatut bei deutschem Verkehrsunfall und ausländischer Drittleistung, NZV 1993, 56
WUSSOW, Die Legalzession im IPR, NJW 1964, 2325.

Systematische Übersicht

I. Allgemeines		
1. Entstehungsgeschichte	1	
2. Anwendung allgemeiner Regeln	5	
a) Rück- oder Weiterverweisung	5	
b) Ordre public	7	
II. Rechtsgeschäftliche Forderungsabtretung		
1. Die Reichweite der Regelung in Art 33 Abs 1 und 2	8	
a) Auslegungsmöglichkeiten	9	
aa) Keine Regelung der Verfügung über die Forderung in Art 33 Abs 1 und 2	9	
bb) Umfassende Regelung der Verfügung über die Forderung in Art 33 Abs 2	10	
cc) Einheitliche Anknüpfung von Verpflichtung und Verfügung nach Art 33 Abs 1	13	
b) Rechtsvergleichung	14	
aa) Romanische Rechte	15	
bb) England	21	
cc) Niederlande	23	
c) Stellungnahme	26	
2. Die Grundregel des Abs 1	31	
a) Anwendungsbereich	31	
aa) Verpflichtungsgeschäft	31	
bb) Verfügungsgeschäft	33	
cc) Abstrakte oder kausale Forderungsübertragung	35	
b) Anzuwendendes Recht	37	
aa) Rechtswahl	38	
bb) Objektive Anknüpfung	39	
3. Der kollisionsrechtliche Schuldnerschutz nach Abs 2	40	
a) Normzweck	40	
b) Anwendungsbereich	41	
aa) Übertragbarkeit der Forderung	41	
bb) Inhalt der Forderung	42	
cc) Publizitätserfordernisse	43	
dd) Befreiende Wirkung der Leistung durch den Schuldner	45	
c) Anzuwendendes Recht	46	
aa) Forderungsstatut	46	
bb) Abweichende Rechtswahl	47	
4. Die Anknüpfung von Zessionswirkungen gegenüber Dritten	48	
a) Meinungsstand	49	
b) Stellungnahme	50	

5. Abschnitt. Schuldrecht.
1. Unterabschnitt. Vertragliche Schuldverhältnisse

c)	Insbesondere: Das Problem der Mehrfachzession	51
5.	Sonderanknüpfungen	54
a)	Geschäftsfähigkeit	54
b)	Form	55
c)	Stellvertretung	56
d)	Sachenrecht	57
6.	Besondere Arten der Zession	58
a)	Sicherungs- und Globalzession	58
b)	Einziehungsermächtigung	63
7.	Abgrenzung zur Legalzession	64

III. Gesetzlicher Forderungsübergang

1.	Zessionsgrundstatut und Forderungsstatut	66
a)	Grundsätzliche Anknüpfung an das Zessionsgrundstatut	66
b)	Schuldnerschutz durch das Forderungsstatut	69
aa)	Grundsatz	69
bb)	Forderungsinhalt	70
cc)	Übertragbarkeit der Forderung	71
dd)	Sonstiges	73
c)	Reichweite des Zessionsgrundstatuts	74
2.	Inkongruenzen zwischen Art 13 EVÜ und Art 33 Abs 3 EGBGB	76
3.	Regress bei subsidiären Verpflichtungen	79
a)	Verpflichtung des Dritten zur Leistung	79
b)	Abgrenzungen	81
aa)	Selbständiger Rückgriffsanspruch	81
bb)	Freiwillige Leistungen Dritter	82
4.	Regress bei gleichrangigen Verpflichtungen	83
a)	Anwendungsbereich	83

b)	Anwendbares Recht	84
aa)	Grundsatz: Zessionsgrundstatut	84
bb)	Gleichem Recht unterliegende Verpflichtungen	85
cc)	Verschiedenem Recht unterliegende Verpflichtungen	86
dd)	Akzessorische Anknüpfung	88
5.	Sonderregelungen	89
a)	Haager-Übereinkommen über das auf Unterhaltpflichten anzuwendende Recht	89
b)	EG-Regelung für die soziale Sicherheit	90

IV. Schuldübernahme

1.	Allgemeines	94
2.	Kumulative Schuldübernahme	95
a)	Rechtsgeschäftlicher Schuldbeitritt	95
b)	Gesetzlicher Schuldbeitritt	97
3.	Privative Schuldübernahme	98
a)	Interne Schuldübernahme	99
b)	Externe Schuldübernahme	100

V. Vertragsübernahme

1.	Rechtsgeschäftliche Vertragsübernahme	103
2.	Gesetzlicher Vertragsübergang	106
a)	Grundsatz	106
b)	Betriebsübergang (§ 613 a BGB)	107

VI. Vermögens- und Unternehmensübernahme

a)	Rechtswahl	110
b)	Objektive Anknüpfung	111
aa)	Unternehmensnachfolge	111
bb)	Vermögensübernahme	112

Alphabetische Übersicht

Ablösungsrecht	82
Abstraktionsprinzip	9, 21 f, 35 f
Abtretungsanzeige	
– England	21
– Niederlande	23
– Romanische Rechte	15 ff
Aufrechnung	31, 48
Auskunftspflichten	23
Belgien	17 f

Betriebsübergang	107
Bürgschaft	
– cessio legis	67, 79
Cessio legis s u gesetzlicher Forderungsübergang	
Drittleistungsstatut s Zessionsgrundstatut	
Drittwirkungen der Zession	8 ff, 14 ff, 48 ff

EG-Regelung für soziale Sicherheit — 90 ff
Einziehungsermächtigung — 34, 63
England — 21 f

Factoringvertrag — 31
Forderungen
- bedingte — 41
- dinglich gesicherte — 57
- zukünftige — 59 ff
Forderungsabtretung, rechtsgeschäftliche
- Abgrenzung zur Legalzession — 64 f
- Anknüpfung — 8 ff, 26 ff, 31 ff, 40 ff, 48 ff
  - abstrakte oder kausale Forderungsübertragung — 35 f
  - Drittwirkungen — 8 ff, 14 ff, 48 ff
  - Form — 55
  - prozessuale Wirkungen — 44
  - Verhältnis Zedent-Schuldner — 8 ff, 14 ff, 40 ff
  - Verhältnis Zedent-Zessionar — 8 ff, 26 ff, 31 ff
Forderungsinhalt — 42, 70
Forderungsstatut
- Anwendungsbereich — 8 ff, 14 ff, 40 ff, 59, 66 ff
- Bestimmung — 46 f
Frankreich — 15 f

Geschäftsfähigkeit — 54
Gesetzlicher Forderungsübergang — 66 ff
- Forderungsinhalt — 70
- Normzweck — 66
- öffentlich-rechtliche Vorschriften — 80
- Regress bei gleichrangigen Verpflichtungen — 83 ff
- Regress bei subsidiären Verpflichtungen — 79 ff
- Schuldnerschutz — 40 ff, 69 ff

Gesetzliches Schuldverhältnis
- Cessio legis — 77
- Forderungsabtretung — 32
Gläubigerschutz — 29, 48 ff
Globalzession — 31, 58 ff

Haager Übereinkommen über das auf Unterhaltspflichten anzuwendende Recht — 89

Inkassozession — 63

Italien — 18 f

Kausalgeschäft — 8 ff, 14 ff, 31 f, 35 f
Kausalstatut s u Zessionsgrundstatut

Legalzession s u gesetzlicher Forderungsübergang
Lex rei sitae — 57, 113

Mehrfachzession — 51 ff

Nebenrechte — 34
Niederlande — 23 ff

Objektive Anknüpfung
- Forderungsabtretung — 39
Österreich — 12, 14
Ordre public — 7

Portugal — 20
Prozessführungsbefugnis — 44
Publizitätserfordernisse — 14 ff, 43, 73
s a Abtretungsanzeige

Rechtswahl — 28, 38, 47, 96, 110
Regress
- Akzessorische Anknüpfung — 88
- Gesamtschuldner — 83 ff
- subsidiäre Verpflichtung — 79 ff
Renvoi s u Rück- oder Weiterverweisung
Rückgriff s u Regress
Rück- oder Weiterverweisung — 5 f

Sachenrecht — 57
Schuldbeitritt
- gesetzlicher — 97
- rechtsgeschäftlicher — 95 f
Schuldnerschutz — 8, 11 f, 29 f, 40 ff, 69 ff
- Anknüpfung — 46 f, 69
- Anwendungsbereich — 41 ff, 70 ff
- Normzweck — 40, 66
Schuldübernahme — 94 ff
- externe — 100
- interne — 99
- kumulative — 95 ff
- privative — 98 ff
Schweiz — 12, 14, 47, 69
Sicherungszession — 31, 58 ff
Signification s u Abtretungsanzeige

Sonderanknüpfung	54 ff	– Anknüpfung	8 ff, 14 ff, 26 ff, 33 f
Soziale Sicherheit	90 ff	Vermögensübernahme	110 ff
Sozialrechtsstatut	92	Verpflichtungsstatut	8 ff, 31 f, 66 ff
Spanien	20	Versicherungsvertrag	67
Stellvertretung	56	– cessio legis	6, 67, 79
Subrogation, vertragliche	64 f	Vertragsübernahme	102 ff
		– gesetzlicher Übergang	106 ff
Übertragbarkeit der Forderung	41, 52, 71 f	– rechtsgeschäftliche	103 ff
Unterhaltsansprüche			
– cessio legis	89	Zession s u Forderungsabtretung	
Unternehmensnachfolge	108 ff	Zessionsgrundstatut	6, 8 ff, 31 ff, 66 ff, 74 f, 84
		Zessionsregress s u Regress	
Verfügungsgeschäft		Zessionsverbot	41

I. Allgemeines

1. Entstehungsgeschichte

Das EGBGB enthielt bis zur Reform von 1986 keine ausdrücklichen Kollisionsnormen für den Übergang von Forderungen. Am Anfang der Entwicklung, die zum heutigen Art 33 EGBGB führte, standen die Art 16 und 17 des Vorentwurfs eines Übereinkommens über das auf vertragliche und außervertragliche Schuldverhältnisse anwendbare Recht von 1972 (Text in RabelsZ 38 [1974] 211; dazu LANDO RabelsZ 38 [1974] 47 f; SIEHR AWD 1973, 583). Sie bestimmten: **1**

Artikel 16

(1) Die Verpflichtungen zwischen Zedent und Zessionar einer Forderung bestimmen sich nach dem gemäß den Artikeln 2 bis 8 anzuwendenden Recht.

(2) Das Recht, dem die ursprüngliche Forderung untersteht, bestimmt deren Übertragbarkeit, das Verhältnis zwischen Zessionar und Schuldner sowie die Voraussetzungen, unter denen die Abtretung dem Schuldner und Dritten entgegengehalten werden kann.

Artikel 17

(1) Der gesetzliche Forderungsübergang bestimmt sich nach dem Recht des Rechtsinstituts, für das er geschaffen wurde.

(2) Das Recht, dem die ursprüngliche Forderung untersteht, bestimmt jedoch deren Übertragbarkeit sowie die Rechte und Pflichten des Schuldners.

In der Endfassung des EVÜ vom 19.6.1980 haben die korrespondierenden Vorschriften in Art 12 und 13 folgenden Wortlaut: **2**

Artikel 12. Übertragung der Forderung

(1) Für die Verpflichtungen zwischen Zedent und Zessionar einer Forderung ist das Recht

maßgebend, das nach diesem Übereinkommen auf den Vertrag zwischen ihnen anzuwenden ist.

(2) Das Recht, dem die übertragene Forderung unterliegt, bestimmt ihre Übertragbarkeit, das Verhältnis zwischen Zessionar und Schuldner, die Voraussetzungen, unter denen die Übertragung dem Schuldner entgegengehalten werden kann und die befreiende Wirkung einer Leistung durch den Schuldner.

Artikel 13. Gesetzlicher Forderungsübergang

(1) Hat eine Person, der Gläubiger, eine vertragliche Forderung gegen eine andere Person, den Schuldner, und hat ein Dritter die Verpflichtung, den Gläubiger zu befriedigen, oder befriedigt er den Gläubiger auf Grund dieser Verpflichtung, so bestimmt das für die Verpflichtung des Dritten maßgebende Recht, ob der Dritte die Forderung des Gläubigers gegen den Schuldner gemäß dem für deren Beziehungen maßgebenden Recht ganz oder zu einem Teil geltend zu machen berechtigt ist.

(2) Dies gilt auch, wenn mehrere Personen dieselbe vertragliche Forderung zu erfüllen haben und der Gläubiger von einer dieser Personen befriedigt worden ist.

3 In ihrem Bericht zum EVÜ weisen GIULIANO und LAGARDE auf die Schwierigkeiten bei der Formulierung von Art 12 Abs 1 EVÜ hin. Ursprünglich sollte diese Bestimmung – sprachlich eleganter – wie folgt lauten:

„Bei Übertragung einer Forderung durch Vereinbarung werden die Beziehungen zwischen Zedent und Zessionar durch das auf diese Vereinbarung anzuwendende Recht geregelt."

Man glaubte jedoch, dass diese Formulierung vor allem für einen deutschen Gesetzesanwender zu Auslegungsschwierigkeiten führen könnte; denn mit der „Übertragung einer Forderung durch Vereinbarung" konnte nach deutschem Verständnis nur der abstrakte Verfügungsvertrag iSv § 398 BGB gemeint sein; die Vorschrift hätte damit aber in einem gewissen Widerspruch zur Regelung in Art 12 Abs 2 EVÜ gestanden, der die Wirkungen der Forderungsabtretung gegenüber dem Schuldner dem Forderungsstatut unterwirft (GIULIANO/LAGARDE-Bericht, BT-Drucks 10/503, 66 f; vHOFFMANN/HÖPPING, IPRax 1993, 303). Die geltende Formulierung des Art 12 Abs 1 EVÜ sollte daher durch die ausdrückliche Beschränkung auf „die Verpflichtungen zwischen Zedent und Zessionar" auch für Rechtssysteme, welche die Abtretung als Kausalgeschäft verstehen, klarstellen, dass das Vertragsstatut für die Wirksamkeitsvoraussetzungen der Abtretung *gegenüber dem Schuldner* nicht gilt (GIULIANO/LAGARDE-Bericht 67; KAYE 322).

4 Der **deutsche Reformgesetzgeber** von 1986 hat die Regelungen der Art 12 und 13 EVÜ im Wesentlichen unverändert in den neuen Art 33 EGBGB als innerstaatliches Recht übernommen. Er hat dabei die (rechtsgeschäftliche) „Übertragung der Forderung" und den „gesetzlichen Forderungsübergang" – in einer einzigen Vorschrift zusammengefasst, weil es in beiden Fällen um die Rechtsnachfolge in Forderungen geht, die Schutzinteressen des Schuldners berührt. Allerdings gerät dabei der Umstand aus dem Blickfeld, dass es bei der Legalzession nicht primär um Fragen der Forderungsabtretung, sondern um eine besondere Erscheinungsform des Rückgriffs unter Mitschuldnern geht (WANDT ZVerglRW 86 [1987] 277 ff; vBAR, IPR II Rn 563). Eine praktisch bedeutsame Abweichung gegenüber der Regelung im EVÜ bringt allein Art 33 Abs 3 EGBGB. Während sich nämlich Art 13 EVÜ – mit Rücksicht auf den in Art 1 Abs 1 EVÜ umschriebenen sachlichen Anwendungsbereich des Übereinkommens – ausdrücklich nur auf den gesetzlichen Übergang *vertraglicher* Forderungen bezieht, hat der deutsche Gesetzgeber auf eine solche Einschränkung ganz bewusst verzichtet (vgl BT-Drucks 10/504, 83). Abs 3 gilt demnach auch für Forderungen aus gesetzlichen Schuldverhältnissen (Delikt, Geschäftsführung ohne Auftrag, ungerechtfertigte Bereicherung; vgl dazu näher u Rn 77).

2. Anwendung allgemeiner Regeln

a) Rück- oder Weiterverweisung

Gem Art 35 Abs 1 EGBGB sind alle Verweisungen des ersten Unterabschnitts Sachnormverweisungen. Damit sind – abweichend vom bisherigen Recht (vgl SONNENBERGER IPRax 1987, 222) – Rück- oder Weiterverweisung auch im Geltungsbereich von Art 33 grundsätzlich ausgeschlossen (OLG Celle IPRspr 1989 Nr 58; MünchKomm/MARTINY Art 33 Rn 45). Dies ist auch sachgerecht, weil nur so der Normzweck erreicht wird. Wenn der Schuldner sich nach Art 33 Abs 2 im Falle der *rechtsgeschäftlichen* Forderungsübertragung auf den Schutz des Forderungsstatuts verlassen können soll (vgl Rn 40), so darf dieser Schutz nicht durch die Beachtung eines Renvoi unterlaufen werden. Ausgeschlossen sind Rück- oder Weiterverweisung freilich nur insoweit, als die als Forderungsstatut zur Anwendung berufene Rechtsordnung die Zession – zB kraft abweichender Qualifikation – einem anderen Recht unterstellt; im Rahmen der Bestimmung des Forderungsstatuts selbst ist ein Renvoi hingegen, soweit Gegenstand der Zession keine schuldvertragliche Forderung ist, nach Maßgabe von Art 4 EGBGB zu beachten.

Entsprechend ist auch für die Bestimmung des **Zessionsgrundstatuts nach Art 33 Abs 3** zu unterscheiden: Liegt dem gesetzlichen Forderungsübergang ein Schuldvertrag zugrunde, so scheidet die Beachtung einer Rück- oder Weiterverweisung nach Art 35 Abs 1 EGBGB aus; dies gilt aufgrund der Verweisung in Art 15 EGVVG auf Art 33 EGBGB auch für *Versicherungsverträge*. Ist Zessionsgrund hingegen ein gesetzliches Schuldverhältnis (zB aus unerlaubter Handlung, ungerechtfertigter Bereicherung oder Geschäftsführung ohne Auftrag), so ist über die Beachtlichkeit eines Renvoi nach allgemeinen Grundsätzen (Art 4 EGBGB) zu entscheiden (vgl zur Beachtung eines Renvoi im außervertraglichen Schuldrecht auch nach der Kodifikation durch das IPR-Ergänzungsgesetz v 1999 PALANDT/HELDRICH vor Art 38 Rn 3; vHOFFMANN, IPR[6] § 10 Rn 60 f). Auch das Zessionsgrundstatut beherrscht die cessio legis jedoch ohne Rücksicht darauf, wie das maßgebliche Recht seinerseits den gesetzlichen Forderungsübergang anknüpft.

b) Ordre public

Die Vorbehaltsklausel des Art 6 EGBGB ist auch auf dem Gebiet des rechtsgeschäftlichen bzw gesetzlichen Forderungsübergangs grundsätzlich anwendbar. Aufgrund der speziellen Schutzvorschriften in Art 29 Abs 1, 29 a, 30 Abs 1, 34 und 40 Abs 3 EGBGB wird es eines Rückgriffs auf die allgemeine ordre public-Klausel freilich nur in Ausnahmefällen bedürfen (MünchKomm/MARTINY Art 33 Rn 46; ERMAN/HOHLOCH Art 33 Rn 2). Das Verbot einer Sicherungszession nach ausländischem Recht (zB nach niederländischem Recht, vgl Art 3 : 84 Abs 3 BW) verstößt nicht gegen den deutschen ordre public (ebenso aus der Perspektive des niederländischen Rechts zur Zulässigkeit der Sicherungszession nach deutschem Recht HR NIPR 1997 Nr 209).

II. Rechtsgeschäftliche Forderungsabtretung

1. Die Reichweite der Regelung in Art 33 Abs 1 und 2

8 Art 31 Abs 1 und 2 EGBGB erfassen nach ihrem strikten Wortlaut nur zwei der bei der Forderungsabtretung entstehenden Rechtsbeziehungen. Art 33 Abs 1 erklärt auf die Verpflichtungen zwischen Zedent und Zessionar das Recht für anwendbar, das nach Art 27 ff EGBGB für den Vertrag zwischen ihnen maßgebend ist. Art 33 Abs 2 knüpft bestimmte Aspekte des Schuldnerschutzes, nämlich die Übertragbarkeit der Forderung, das Verhältnis zwischen Zessionar und Schuldner, die Voraussetzungen, unter denen die Übertragung dem Schuldner entgegengehalten werden kann, und die befreiende Wirkung einer Leistung durch den Schuldner an das Statut der übertragenen Forderung. Zwei wichtige Fragen des internationalen Zessionsrechts haben hingegen in Art 31 Abs 1 und 2 keine ausdrückliche Regelung erfahren: Zum einen die Frage, welches Recht auf die Abtretung als Verfügungsgeschäft im Verhältnis zwischen Zedent und Zessionar anzuwenden ist (STADLER 699 f; dies IPRax 2000, 104 ff; KIENINGER RabelsZ 62 [1998] 686), zum anderen die Frage, welches Recht die Rechtsbeziehung zwischen Zessionar und Schuldner gegenüber Dritten (zB Gläubigern des Zedenten und konkurrierenden Zessionaren bei mehrfacher Abtretung) beherrscht (STADLER 700; SOERGEL/vHOFFMANN Art 33 Rn 12; MünchKomm/MARTINY Art 33 Rn 7; KIENINGER RabelsZ 62 [1998] 686 f; LAGARDE Rev crit dip 80 [1991] 335 f; SINAY-CYTERMANN Rev crit dip 81 [1992] 42; MOSHINSKY LQRev 109 [1992] 615 f).

a) Auslegungsmöglichkeiten
aa) Keine Regelung der Verfügung über die Forderung in Art 33 Abs 1 und 2

9 Ein Teil der Literatur in Deutschland wie in anderen Mitgliedstaaten des EVÜ entnimmt der engen Formulierung des Art 12 Abs 1 EVÜ, dh der ausdrücklichen Beschränkung ihres Anwendungsbereichs auf „Verpflichtungen" („obligations" in der englischen und französischen Fassung), dass die Frage, welchem Recht die Verfügung über eine Forderung im Verhältnis zwischen Zedent und Zessionar unterliegt, im EVÜ – und damit auch in Art 33 EGBGB – überhaupt nicht geregelt sei (KELLER 152; MOSHINSKY LQ Rev 109 [1992] 615 f; KIENINGER RabelsZ 62 [1998] 689). Diese Ansicht findet noch stärkeren Rückhalt, soweit es um die Rechtsbeziehungen zu Dritten (zB im Konkurs) und um das Verhältnis zwischen mehreren Zessionaren der gleichen Forderung geht. Insoweit wird vor allem unter Hinweis auf die Entstehungsgeschichte des Art 12 EVÜ – nämlich die Streichung des die Beziehungen zu Dritten betreffenden Passus in Art 16 Abs 2 des Entwurfs (dazu o Rn 1) – geltend gemacht, die Väter des EVÜ hätten eine kollisionsrechtliche Regelung der Drittwirkungen einer Zession bewusst ausgeklammert (so LAGARDE Rev crit dip 80 [1991] 335 f; SINAY-CYTERMANN Rev crit dip 81 [1992] 42; MOSHINSKY LQRev 109 [1992] 621 ff; GOODE, Commercial Law[2] [1995] 1229 f; KIENINGER RabelsZ 62 [1998] 689 f). Die insoweit bestehende Regelungslücke wird zT aus Gründen des Schuldnerschutzes durch einen Rückgriff auf das Wohnsitzrecht des Schuldners (so zB in Frankreich, vgl Rn 16), zT im Interesse der Gläubiger des Zedenten auch durch die Anwendung von dessen Wohnsitzrecht geschlossen (so zB

KIENINGER RabelsZ 62 [1998] 702 ff; vWILMOWSKY 429 ff; STRUYCKEN Lloyd's MCLQ 24 [1992] 345 ff).

bb) Umfassende Regelung der Verfügung über die Forderung in Art 33 Abs 2
Die hM in Deutschland ging demgegenüber bereits **vor der IPR-Reform von 1986** 10 davon aus, dass sich lediglich die schuldrechtlichen Beziehungen zwischen Zedent und Zessionar, dh das der Abtretung zugrundeliegende *Kausalgeschäft,* nach dem für diese Rechtsbeziehung gewählten bzw dem im Wege objektiver Anknüpfung bestimmten Vertragsstatut beurteilen; demgegenüber wurde die Abtretung als solche, dh das – jedenfalls nach deutschem Recht (§ 398 BGB) – für die Übertragung der Forderung erforderliche abstrakte *Verfügungsgeschäft* einheitlich dem Statut der abgetretenen Forderung unterstellt (RGZ 65, 357 [358]; BGH WM 1957, 1574 [1575]; BGHZ 87, 19 [22 f] = WM 1983, 411 = IPRspr 1983 Nr 36; BGH NJW 1984, 2762 = IPRax 1985, 221 m Anm KÖTZ 205 = IPRspr 1984 Nr 121; OLG Köln NJW 1987, 1151 = IPRax 1987, 239 m Anm SONNENBERGER 221 = IPRspr 1986 Nr 38; SOERGEL/KEGEL[11] vor Art 7 Rn 444 ff mwN; ebenso nach Inkrafttreten der IPR-Reform in Bezug auf „Altfälle" BGHZ 104, 145 [149] = NJW 1988, 1979 = IPRax 1989, 170 m Anm SCHLECHTRIEM 155 = IPRspr 1988 Nr 44; BGH RiW 1988, 649 [650] = NJW 1988, 3095 = IPRspr 1988 Nr 25; BGHZ 108, 353 [362] = NJW 1990, 242 = IPRax 1991, 338 m Anm KRONKE/BERGER 316 = EWiR 1990, 87 m Anm EBENROTH = IPRspr 1989 Nr 59; BGHZ 111, 376 [379 f] = NJW 1991, 637 = IPRax 1991, 248 m Anm STOLL 223 = IPRspr 1990 Nr 48; BGH NJW 1991, 1414 f = IPRax 1992, 43 m Anm vBAR 20 = IPRspr 1990 Nr 49; BGHZ 125, 196 [204 f] = NJW 1994, 2549 = IPRax 1995, 168 m Anm GOTTWALD 157 = EwiR 1994, 401 m Anm HANISCH = IPRspr 1994 Nr 198; OLG Koblenz RiW 1990, 931 = IPRspr 1989 Nr 64; OLG Hamburg VersR 1992, 685 [686] = IPRspr 1992 Nr 56; OLG Düsseldorf RiW 1996, 155 = IPRax 1996, 423 = IPRspr 1994 Nr 17; **aA** [Schuldnerwohnsitz] etwa ZWEIGERT RabelsZ 25 [1958] 653; RÜEGSEGGER 50 ff).

Daran hat sich nach hM auch durch die **Übernahme von Art 12 EVÜ** in Art 33 Abs 1 11 und 2 EGBGB mit Wirkung vom 1. 9. 1986 an nichts geändert. Ausgangspunkt des deutschen Kollisionsrechts der rechtsgeschäftlichen Forderungsübertragung sei vielmehr diese „klare und einfach zu handhabende Zweiteilung" geblieben (so vBAR RabelsZ 53 [1989] 465; zust auch REITHMANN/MARTINY Rn 300, 307; KROPHOLLER, IPR[4] § 52 VIII 1; KEGEL/SCHURIG, IPR[8] § 18 VII 1; LÜDERITZ, IPR[2] Rn 298; SIEHR, IPR 234 f; BETTE WM 1994, 1913 und WM 1997, 798; vHOFFMANN/HÖPPING IPRax 1993, 302 f; STOLL IPRax 1991, 223; ERMAN/HOHLOCH Art 33 Rn 3 f; PALANDT/HELDRICH Art 33 Rn 2). Art 33 EGBGB schreibe „lediglich den bisherigen Rechtszustand fest" (BGHZ 111, 376 [380]; im Erg ebenso BGH NJW 1999, 940 = JZ 1999, 404 m Anm KIENINGER = IPRax 2000, 128 m Anm STADLER 104 = IPRspr 1998 Nr 39; OLG Hamburg VersR 1992, 685 [686] = IPRspr 1992 Nr 56; OLG Karlsruhe WM 1993, 893 [894] = IPRspr 1993 Nr 25; OLG Köln ZIP 1994, 1791 [1793] = EWiR 1995, 129 m Anm SCHÜTZE und WM 1994, 1877 = IPRax 1996, 270 m Anm THORN 257 = IPRspr 1994 Nr 35; OLG Koblenz RiW 1996, 151 f = EwiR Art 37 EGBGB 1/96, 305 m Anm OTTE = IPRspr 1995 Nr 34; OLG Hamm NJW-RR 1996, 1271 = IPRax 1996, 197 m Anm SCHLECHTRIEM 184 = IPRspr 1995 Nr 40; OLG München NW-RR 1998, 549 = IPRspr 1997 Nr 52; OLG Hamm RiW 1999, 785 = IPRspr 1998 Nr 33; OLG Düsseldorf VersR 2000, 460 = IPRspr 1998 Nr 54; LG Stuttgart IPRax 1993, 330 [331] m Anm vHOFFMANN/ HÖPPING 302 = IPRspr 1992 Nr 62). Nach dieser Auffassung unterliegen mithin nicht nur die in Art 33 Abs 2 EGBGB ausdrücklich angesprochenen Aspekte des Schuldnerschutzes dem Forderungsstatut, sondern alle Voraussetzungen und Wirkungen einer Verfügung über die Forderung.

Zur Begründung stützt sich die hM auf die eingangs geschilderte Änderung in der 12

Textfassung von Art 12 Abs 1 EVÜ, die eben nur noch „die Verpflichtungen" zwischen dem bisherigen und dem neuen Gläubiger betreffe; daraus folge aber, dass der abstrakte Abtretungsvertrag, wie ihn das deutsche Recht in § 398 BGB kenne, insgesamt den „Voraussetzungen, unter denen die Abtretung dem Schuldner entgegengehalten werden kann" iSv Abs 2 zuzurechnen sei (vHOFFMANN/HÖPPING IPRax 1993, 302 f). Diese Vorschrift sei in ihrer Fixierung auf den bloßen Schuldnerschutz „zu eng gefasst" (vBAR IPRax 1992, 22). Durch ihre erweiternde Auslegung würden die Rechtssicherheit und Vorhersehbarkeit der Rechtsanwendung erhöht (BGH NJW 1991, 1414 [1415]; vBAR, IPR II Rn 564); insbesondere würde eine unnötige Spaltung des Abtretungsstatuts vermieden (PELTZER RiW 1997, 897; MünchKomm/MARTINY Art 33 Rn 4) und der Schutz des Schuldners vor jeder Beeinträchtigung seiner Rechtsstellung weitmöglichst gewährleistet (BGHZ 111, 376 [381 f]; SOERGEL/vHOFFMANN Art 33 Rn 7; vBAR, IPR II Rn 565). Diese einheitliche Anknüpfung der Voraussetzungen und Wirkungen der Forderungsabtretung als Verfügungsgeschäft an das Forderungsstatut ist auch in *Österreich* vorherrschend (vgl – schon vor Inkrafttreten von Art 12 EVÜ – OGH JurBl 1984, 320 [322] m Anm SCHWIMANN = ZfRvgl 1985, 64 m Anm HOYER; OGH IPRax 1986, 173 [174] m Anm POSCH 188; KOZIOL DZWiR 1993, 357; HOLZNER ZfRvgl 1994, 135; APATHY, in: HADDING/SCHNEIDER 509 [534 ff], jeweils mwN). Im *schweizerischen* IPR gilt das Forderungsstatut hingegen nur subsidiär, sofern die Parteien für das Verfügungsgeschäft keine abweichende Rechtswahl getroffen haben, die allerdings gegenüber dem Schuldner nur wirkt, wenn er ihr zugestimmt hat (vgl Art 145 Abs 1 IPRG; dazu DASSER, in: HONSELL/VOGT/SCHNYDER, IPRG [1990] Art 145 Rn 8 ff).

cc) Einheitliche Anknüpfung von Verpflichtung und Verfügung nach Art 33 Abs 1

13 Diese Beschränkung des Art 33 Abs 1 EGBGB auf die schuldrechtlichen Beziehungen zwischen Zedent und Zessionar durch die hM in Deutschland ist freilich keineswegs zwingend. Denn Art 33 Abs 2 unterwirft die Wirkungen der Forderungsabtretung lediglich insoweit dem Statut der abgetretenen Forderung, als bestimmte Aspekte des Schuldnerschutzes betroffen sind. Der Wortlaut dieser Vorschrift würde mithin auch eine andere Grenzziehung zwischen Abs 1 und Abs 2 decken: Danach wäre insoweit nicht zwischen der verpflichtenden und der verfügenden Seite der Zession zu unterscheiden, sondern die Forderungsabtretung wäre insgesamt nach Abs 1 zu beurteilen, mit Ausnahme allein der Wirkungen gegenüber dem Drittschuldner, die gemäß Abs 2 zwingend dem Forderungsstatut unterliegen. Das von den Parteien gewählte oder objektiv nach Art 28 EGBGB bestimmte Vertragsstatut wäre demnach auch auf die dinglichen Wirkungen der Zession sowohl im Verhältnis Zedent-Zessionar (STADLER 707 ff; EINSELE ZVerglRW 90 [1991] 17 ff), als auch im Verhältnis zu sonstigen Dritten (zB Gläubigern des Zedenten) anwendbar. Diese Auffassung herrscht – wie sogleich zu zeigen sein wird (Rn 14 ff) – in den meisten anderen Mitgliedstaaten des EVÜ vor.

b) Rechtsvergleichung

14 Der Streit um die Abgrenzung zwischen Art 33 Abs 1 und 2 EGBGB (Art 12 Abs 1 und 2 EVÜ) muss vor dem Hintergrund der durchaus unterschiedlichen Ausgestaltung der Forderungsabtretung in den europäischen Rechten gesehen werden (vgl dazu rechtsvergleichend vBERNSTORFF RiW 1994, 542 ff; BETTE WM 1997, 800 f; STADLER 621 ff; ferner die Länderberichte bei HADDING/SCHNEIDER, Die Forderungsabtretung, insbes zur Kreditsicherung, in ausländischen Rechtsordnungen [1999]). Zwar ist die für das deutsche Recht charakteristische Trennung zwischen Verpflichtungs- und Verfügungsgeschäft etwa auch den

Rechten Österreichs (APATHY, in: HADDING/SCHNEIDER aaO 509 [511]; SCHWIMANN WBl 1998, 385), Griechenlands (HAMOUZOPOULOS, in: HADDING/SCHNEIDER aaO 311 [312]), der Niederlande (dazu u Rn 23) und der Schweiz (STAUDER/STAUDER/BILICKY, in: HADDING/SCHNEIDER aaO 767 [769]) bekannt; das *Abstraktionsprinzip* gilt freilich nur noch in Griechenland (HAMOUZOPOULOS aaO), sowie mit Einschränkungen in der Schweiz (vgl STADLER 619 ff; STAUDER/STAUDER/BILICKY aaO 769 f mwN). Demgegenüber befolgen die romanischen Rechte wie auch das englische Recht das *Konsensprinzip;* danach wird die Forderung im Verhältnis Zedent-Zessionar allein durch den schuldrechtlichen Vertrag übertragen. Hinzu kommt, dass die meisten anderen europäischen Rechte eine formlose Abtretung mit Wirkung erga omnes – wie sie im deutschen materiellen Zessionsrecht gilt – nicht kennen; die Abtretung wirkt vielmehr gegenüber dem Schuldner und gegenüber Dritten nur nach Erfüllung gewisser Publizitätserfordernisse (vgl dazu auch KÖTZ, EuVR I 418 ff; KIENINGER RabelsZ 62 [1998] 683 ff).

aa) Romanische Rechte
So trennt der **französische Code civil** klar zwischen der Abtretungsabrede einerseits, **15** die nur zwischen dem alten und dem neuen Gläubiger wirkt, und dem formalen Vollzug andererseits, der das Geschäft Dritten gegenüber wirksam werden lässt. Der Abtretungsvertrag bedarf keiner Form. Als *Konsensualvertrag* führt er kraft der Einigung der Parteien über die Forderung und die vom Zessionar zu erbringende Gegenleistung zum Übergang der Forderung. Dieser berechtigt den Zessionar freilich noch nicht, vom Schuldner die Erfüllung der Forderung zu verlangen. Die Forderungsabtretung kann vielmehr dem Schuldner sowie Dritten erst entgegengehalten werden, sobald gewisse Publizitätserfordernisse erfüllt worden sind. Hierzu ist nach Art 1690 CC grundsätzlich eine Abtretungsanzeige *("signification")* erforderlich, die dem Schuldner durch den Gerichtsvollzieher zugestellt werden muss. Die gleiche Wirkung hat die Annahme der Abtretung („acceptation") durch den Schuldner in einer öffentlichen Urkunde (vgl AUBIN, in: FS Neumayer [1985] 31 ff; BLAISE/DESGORCES, in: HADDING/SCHNEIDER [Rn 14] 245 [252 ff]; KÖTZ, EuVR I 420 f; PARDOËL Nr 229). Zwar hat die französische Rechtsprechung diese strengen Formerfordernisse im Fall der Annahme der Abtretung durch den Schuldner abgemildert, indem sie auch eine privatschriftliche Urkunde oder sogar schlüssiges Verhalten genügen lässt (vgl BLAISE/DESGORCES 254; PARDOËL Nr 224; SONNENBERGER IPRax 1987, 225). Diese Formerleichterung bleibt freilich in ihren Wirkungen auf das Verhältnis Zessionar-Schuldner beschränkt und wirkt nicht im Verhältnis zu Dritten, wie etwa zu Gläubigern des Zedenten (App Paris D. 1969. Somm 37). Ferner kann auch die Abtretungsanzeige durch die sichere Kenntnis des Schuldners von der Abtretung ersetzt werden (zB aufgrund einer gerichtlichen Vorladung, die über die Abtretung iSv Art 1690 CC informiert, vgl Cass com D. 1969, 354). Auch können Gläubiger, die nachweislich Kenntnis von der Abtretung erlangt haben, sich nicht darauf berufen, die Abtretung sei ihnen nicht angezeigt worden oder der Schuldner habe sie nicht angenommen (Cass civ Rec pér et crit 1898, 483 f). Wird die gleiche Forderung mehrfach abgetreten, bleibt es jedoch grundsätzlich dabei, dass diejenige Zession vorgeht, die dem Schuldner zuerst nach Maßgabe von Art 1690 CC angezeigt bzw von ihm angenommen wurde (KÖTZ aaO). Auf das Erfordernis einer „signification" wird lediglich in bestimmten Fällen der Sicherungsabtretung von „créances professionnelles" gemäß dem Gesetz zur Erleichterung der Kreditgewährung an Unternehmen vom 2. 1. 1981 (sog „Loi Dailly") verzichtet; stattdessen genügt für die Sicherungsabtretung an Kreditinstitute die Eintragung der Forderung in ein

Forderungsverzeichnis („bordereau"; vgl dazu näher MEZGER RiW 1981, 213; KÖTZ, EuVR I 421; SONNENBERGER IPRax 1987, 224 f; BLAISE/DESGORCES 280 ff).

16 Dementsprechend wurde auch im **französischen IPR** schon früher zwischen dem Abtretungsvertrag und den Drittwirkungen der Abtretung unterschieden. Der Abtretungsvertrag, der auch die Wirksamkeitsvoraussetzungen der Zession als Verfügungsgeschäft und deren Wirkungen im Verhältnis zwischen Zedent und Zessionar bestimmt, wurde der „loi d'autonomie", dh dem von den Parteien ausdrücklich oder stillschweigend gewählten Recht unterworfen; demgegenüber unterlagen die Drittwirkungen der Zession dem Recht des Staates, in dem der Schuldner seinen Sitz hatte. Daher mussten gegenüber einem Schuldner mit Sitz in Frankreich die Förmlichkeiten des Art 1690 CC eingehalten werden, um die Zession ihm sowie sonstigen Dritten entgegenhalten zu können (App Paris D. 1970, 522 [523] m zust Anm LARROUMET = Clunet 96 [1969] 918 m zust Anm KAHN = Rev crit dip 59 [1970] 459 m zust Anm DAYANT; App Paris Clunet 111 [1984] 143 [145 f] m zust Anm JACQUEMONT; App Paris Clunet 112 [1985] 664 m Anm DIENER; dazu auch EINSELE ZVerglRW 90 [1991] 7 f). An dieser Unterscheidung hat die französische Lehre auch nach Inkrafttreten des EVÜ mit der Maßgabe festgehalten, dass die erwähnten materiellen Publizitätsvoraussetzungen nach Art 1690 CC nunmehr kraft der ausdrücklichen Regelung in Art 12 Abs 2 EVÜ im Verhältnis zum *Schuldner* immer dann einzuhalten sind, wenn die abgetretene Forderung dem französischen Recht unterliegt (BATIFFOL/LAGARDE, DIP II[7] n 611; AUBIN, in: FS Neumayer [1985] 44; BLAISE/DESGORCES [Rn 15] 259). Für die Wirkungen der Abtretung gegenüber sonstigen *Dritten* (zB Gläubigern des Zedenten) soll hingegen – in Ermangelung einer Regelung durch das EVÜ – weiterhin das autonome Kollisionsrecht gelten; danach komme insoweit wie bisher das Wohnsitzrecht des Schuldners zur Anwendung (LOUSSOUARN/BOUREL, DIP[5] n 425; AUDIT, DIP[3] n 762; LAGARDE Rev crit dip 80 [1991] 287 [335]; SINAY-CYTERMANN Rev crit dip 81 [1992] 40 ff mwN; vgl auch App Paris D. 1986, 374 m Anm VASSEUR = Rev crit dip 1987, 351 m Anm JOBARD-BACHELIER). Auch unter Geltung des EVÜ bleibt es freilich dabei, dass nicht nur die schuldrechtlichen Verpflichtungen, sondern auch die Voraussetzungen und Wirkungen einer Verfügung über die Forderung im Verhältnis Zedent-Zessionar von dem nach Art 12 Abs 1 EVÜ ermittelten Vertragsstatut beherrscht werden (P MAYER, DIP[5] n 750; LOUSSOUARN/BOUREL, DIP[6] n 425; SINAY-CYTERMANN Rev crit dip 81 [1992] 35 f; FOYER Clunet 118 [1991] 601 [624]; GAUDEMET-TALLON Rev trim dr eur 1981, 215 [275]; BLAISE/DESGORCES aaO).

17 Im **belgischen Recht** sind die Förmlichkeiten für die Forderungsabtretung durch Gesetz vom 6. 7. 1994 deutlich zurückgenommen worden. Nach Art 1690 Abs 1 CC nF bewirkt die bloße Vereinbarung der Zession den Übergang der Forderung nicht nur im Innenverhältnis zwischen den Parteien, sondern grundsätzlich auch gegenüber Dritten. Lediglich dem *Schuldner* gegenüber ist die Abtretung weiterhin erst ab dem Zeitpunkt wirksam, zu dem sie ihm notifiziert oder von ihm anerkannt worden ist, Art 1690 Abs 2 CC nF. Hinsichtlich der Form der Anzeige verlangt das belgische Recht lediglich ein Schriftstück; zu Beweiszwecken bedarf es allerdings außerhalb des kaufmännischen Rechtsverkehrs gemäß Art 1328 CC einer Registrierung („enregistrement") der Forderungsabtretung (vgl näher FORIERS/GRÉGOIRE, in: HADDING/ SCHNEIDER [Rn 14] 135 [138 ff]). Die Priorität der Notifikation oder der Anerkennung durch den Schuldner entscheidet ferner gemäß Art 1690 Abs 3 CC über die Rangfolge im Falle einer Mehrfachzession. Schließlich kann die Abtretung auch einem gutgläubigen Gläubiger des Zedenten, an den der Schuldner gutgläubig und bevor ihm die Zession angezeigt worden war, gezahlt hat, gemäß Art 1690 Abs 4 CC nicht entgegengehalten werden (vgl näher FRANK, Die Abtretung und Verpfändung von Forderungen in Belgien nach dem Gesetz vom 6. Juni 1994, RiW 1995, 598 f). Trotz der gegenüber dem französischen Recht abgeschwächten Bedeutung der Publizitätserfordernisse folgt das belgische IPR bei der Grenzziehung zwischen Art 12 Abs 1 und Abs 2 EVÜ der französischen Auffassung (vgl HANOTIAU J trib 1982, 749 [755]; RIGAUX/FALLON, DIP II^2 1300; FORIERS/GRÉGOIRE aaO 155 mwN). Das Gleiche gilt auch für das **luxemburgische** Recht (RÖHL, in: HADDING/SCHNEIDER [Rn 14] 441 [462 ff]).

Auch das **italienische Recht** unterscheidet – der romanischen Tradition entsprechend **18** – nicht zwischen Verpflichtungs- und Verfügungsgeschäft. Die Abtretung ist daher keine abstrakte vom Grundgeschäft unabhängige Verfügung; die Forderung geht vielmehr unmittelbar aufgrund des verpflichtenden Rechtsgeschäfts auf den Zessionar über *(Konsensualprinzip;* vgl Art 1376 CC; dazu MANCINI, in: RESCIGNO [Hrsg], Trattato di Diritto Privato, Bd 9 [1984] 381 f; CAMARDI, in: CENDON [Hrsg], Commentario al Codice civile [1991] Art 1376, 1377 Anm 1, 2; DOLMETTA/PORTALE, in: HADDING/SCHNEIDER [Rn 14] 340 [344 ff]; aA SOTOGIA, in: Novissima Digesto Italiano Bd III [1959] Voce „Cessione di crediti e di altri diritti" 166; LONGO, Diritto delle obbligazioni [1950] 367). Die Abtretung hat auch ohne Zustimmung des Schuldners im Verhältnis der Vertragsparteien zueinander unmittelbar übertragende Wirkung; der Zessionar ist daher bereits vom Zeitpunkt des Abschlusses des Abtretungsvertrages an Inhaber der Forderung und kann rechtmäßig über sie verfügen (CIAN/TRABUCCHI, Commentario breve al Codice civile^5 [1997] Art 1260 Rn 1; BIANCA, in: CENDON, Art 1260 Anm 5; CAUTILLO, Le obbligazioni [1992] 1116 ff; RESCIGNO, Manuale di diritto privato [1989] 647). Hingegen wirkt die Forderungsabtretung gem Art 1264 Abs 1 CC gegenüber dem *Schuldner* erst, wenn sie diesem angezeigt oder von diesem angenommen worden ist. Die Abtretungsanzeige bedarf – abweichend vom französischen Recht – keiner besonderen Form (vgl zur Anzeige durch eingeschriebenen Brief OLG Hamm IPRax 1996, 197 = IPRspr 1995 Nr 40; Cass Foro it 1985 I 1384). Die hM sieht in Art 1264 CC nur eine Ausprägung des Prinzips des guten Glaubens (CIAN/TRABUCCHI Art 1264 Rn 2; VALENTINO, in: PERLINGIERI [Hrsg], Codice civile annotato con la dottrina e la giurisdizione [1991] Art 1264 Anm 1). Der Schuldner kann also schon auch vor der Anzeige oder Annahme nur an den Neugläubiger leisten; nur wenn er von der erfolgten Abtretung keine Kenntnis hatte, kann er sich noch durch Leistung an den Altgläubiger von seiner Schuld befreien (DOLMETTA/PORTALE aaO 348 f). Ein guter Glaube wird bis zur Anzeige bzw Annahme der Abtretung vermutet, so dass der Neugläubiger den Gegenbeweis führen muss (vgl Art 1264 Abs 2 CC). Im Falle der *Mehrfachabtretung* entscheidet nicht – wie im deutschen Recht – die zeitliche Reihenfolge der Abtretungen; Vorrang hat vielmehr diejenige Abtretung, die dem Schuldner zuerst mitgeteilt oder von ihm in einer Urkunde mit sicherem Datum („data certa") angenommen worden ist (Art 1265 Abs 1 CC). Nur eine Abtretung mit sicherem Datum wirkt auch gegenüber Dritten, zB den pfändenden Gläubigern (Art 2914 Nr 2 CC) sowie im Konkurs des Zedenten gegenüber den Konkursgläubigern (Art 45 Legge fallimentare).

Vor diesem materiellrechtlichen Hintergrund hat man die Forderungsabtretung im **19** **italienischen IPR** bereits vor Inkrafttreten des EVÜ als Schuldvertrag qualifiziert, auf den im Verhältnis Zedent-Zessionar die allgemeinen Anknüpfungsregeln des internationalen Vertragsrechts (Art 25 disp prel aF) anzuwenden waren; lediglich der Schuldnerschutz wurde dem Recht der abgetretenen Forderung unterstellt (App Milano Banca, Borsa tit cred 1956 II 357; BALLARINO, DIP [1982] 675 ff; VITTA, DIP II 302). An dieser Auffassung hält die kollisionsrechtliche Literatur in Italien auch nach Inkrafttreten von Art 12 EVÜ fest (vgl PORGIOLI, La Convenzione di Roma sulla legge applicabile alle obbligazioni contrattuali, Giur comm 1983 I 173; DOLMETTA/PORTALE, in: HADDING/SCHNEIDER [Rn 14] 345 f in Fn 18; BALLARINO, DIP² [1996] 631 ff). Danach gilt das Forderungsstatut nur für die in Art 12 Abs 2 EVÜ genannten Aspekte des Schuldnerschutzes einschließlich der Konfliktlösung in Fällen der Mehrfachzession. Hingegen unterliegen die Rechtsbeziehungen Zedent-Zessionar insgesamt und einheitlich dem Vertragsstatut nach Art 12 Abs 1 EVÜ.

20 Auch im **spanischen Zessionsrecht** wird nicht zwischen Verpflichtungs- und Verfügungsgeschäft getrennt; vielmehr wird auch dort das Verhältnis der Zessionsparteien zueinander vom Verhältnis zum Schuldner und zu Dritten unterschieden. Im Innenverhältnis Zedent-Zessionar geht die Forderung unmittelbar aufgrund des – wegen Art 1280 Abs 2 CC grundsätzlich schriftlich abzuschließenden – Abtretungsvertrages über, der im Código civil als „Kaufvertrag besonderer Art" geregelt ist (REICHMANN, in: HADDING/SCHNEIDER [Rn 14] 597 [600 ff]). Diese Abtretung kann jedoch *Dritten* gem Art 1526 iVm Art 1218 CC erst von dem Augenblick an entgegengehalten werden, in dem eine öffentliche Beurkundung der Abtretung erfolgt und damit ihr sicheres Datum („fecha cierta") feststeht. Daher hat im Falle der Mehrfachabtretung grundsätzlich diejenige Abtretung Vorrang, die zuerst öffentlich beurkundet worden ist (vgl MANGOLD, in: HOMMELHOFF/JAYME 81 [87 f]). Dem *Schuldner* gegenüber wird die Abtretung gem Art 1527 CC erst wirksam, wenn sie ihm angezeigt wurde bzw wenn er auf andere Weise Kenntnis von der Abtretung erlangt hat (MANGOLD 88); die Anzeige bedarf -ebenso wie im italienischen Recht – nicht der Einhaltung einer bestimmten Form. Im Lichte dieser materiell-rechtlichen Regelung der Zession wird die Reichweite von Art 12 Abs 2 EVÜ auch im spanischen Kollisionsrecht auf den Schuldnerschutz beschränkt; die Voraussetzungen einer wirksamen Abtretung im Verhältnis der Zessionsparteien zueinander unterliegen hingegen dem von Art 12 Abs 1 EVÜ bestimmten Vertragsstatut (GONZALES CAMPOS ua, DIP, Parte Especial II 250; MANGOLD 88 f). Diese Auslegung des Art 12 EVÜ herrscht auch in **Portugal** vor (CAEIRO/AZEVEDO MAIA, in: HADDING/SCHNEIDER [Rn 14] 541 [564]).

bb) England
21 Im englischen Recht ist zwischen einer Abtretung unter Anzeige an den Schuldner und einer „verdeckten" Abtretung zu unterscheiden. Diese Aufspaltung in „legal assignment" und „equitable assignment" hat historische Gründe. Denn das englische Common Law kannte die Abtretung von Forderungen nicht; durch Rechtsgeschäft konnten nur Sachen übertragen werden (vgl CARL, in: HADDING/SCHNEIDER [Rn 14] 197 [200]). Rechtsschutz konnte der Zessionar nur vor dem Court of Chancery erlangen, der einer Abtretung nach allgemeinen Grundsätzen der „equity" Wirksamkeit verleihen konnte. Dieses „equitable assignment" hatte allerdings den großen Nachteil, dass gegen den Schuldner häufig nur im Namen des Zedenten und mit dessen Mitwirkung geklagt werden konnte. Aus diesem Grunde wurde im Jahre 1925 durch Sec 136 des Law of Property Act (LPA) die Möglichkeit eines „legal assignment" eingeführt. Diese gesetzlich geregelte Abtretung ist nur wirksam, wenn (1) die Abtretungserklärung des Zedenten („assignor") schriftlich erfolgt, (2) die Forderung im Zeitpunkt der Abtretung bereits besteht, (3) die Abtretung sich auf die gesamte Forderung bezieht, (4) die Abtretungserklärung unwiderruflich, unbedingt und un-

befristet abgegeben und (5) dem Schuldner schriftlich angezeigt wird (vgl näher CARL 200 f; HARTWIEG ZIP 1998, 2140 ff). Demgegenüber erfordert ein daneben weiterhin mögliches „equitable assignment" nicht die Einhaltung einer bestimmten Form; die Abtretung kann vielmehr auch mündlich erfolgen, sofern der Zessionar zumindest Kenntnis von der Abtretung erhält; auch eine Anzeige an den Schuldner ist nicht erforderlich (vgl OLG Hamburg WM 1997, 1773 = IPRspr 1996 Nr 43; dazu näher vBERNSTORFF RiW 1984, 508; EINSELE ZVerglRW 90 [1991] 8 ff; STOLL IPRax 1991, 223 ff). Die Abtretungsanzeige hat allerdings auch bei einem „equitable assignment" die wesentliche Funktion, im Falle einer mehrfachen Abtretung der nämlichen Forderung dem anzeigenden Zessionar die Priorität zu sichern, sofern er im Zeitpunkt der mit ihm vereinbarten Zession keine Kenntnis von der zeitlich vorangehenden Abtretung hatte (*Dearle v Hall* [1828] 3 Russ 1; dazu auch OLG Celle IPRspr 1989 Nr 58); darüber hinaus begründet sie die Verpflichtung des Schuldners zur Zahlung an den Zessionar. Die Abtretungsanzeige betrifft jedoch auch nach englischem Recht stets nur die Wirksamkeit der Abtretung gegenüber dem Schuldner; im Verhältnis zwischen Zedent und Zessionar ist die Abtretung hingegen unabhängig davon wirksam, ob sie dem Schuldner angezeigt wurde oder nicht. Dies gilt gleichermaßen für ein „legal assignment" wie für ein „equitable assignment". Demgemäß gehört etwa die abgetretene Forderung im Fall der Insolvenz des Zedenten nicht mehr zur Masse, auch wenn eine Abtretungsanzeige nicht erfolgt ist (EINSELE ZVerglRW 90 [1991] 10 mwN).

Entsprechend dieser Entwicklung des materiellen englischen Zessionsrechts wird auch im **englischen IPR** zwischen dem Verhältnis Zessionar-Zedent einerseits und dem Schutz des Schuldners andererseits unterschieden: Nur die Frage, welche Voraussetzungen für die Durchsetzbarkeit der Forderung gegenüber dem Schuldner zu erfüllen sind (einschließlich der Prioritätsfrage bei Mehrfachabtretungen, vgl *Macmillan Inc v Bishopsgate Investment Trust*, [1995] 1 WLR 978 [993]), wird nach Art 12 Abs 2 EVÜ dem Statut der abgetretenen Forderung unterstellt. Demgegenüber beherrscht das nach Art 3 ff EVÜ bestimmte Vertragsstatut gem Art 12 Abs 1 EVÜ im Verhältnis Zedent-Zessionar nicht nur die schuldrechtlichen Verpflichtungen, sondern auch die Voraussetzungen und Wirkungen der Verfügung über die Forderung (vgl – besonders klar – KAYE 322 ff; ferner MORSE YbEurL 2 [1982] 107, 157; DICEY/MORRIS, Conflict[13] Rule 118 [S 977 ff]; CHESHIRE/NORTH, PrivIntL[13] 958 ff; PLENDER 178; dazu EINSELE ZVerglRW 90 [1991] 10 ff; PELTZER RiW 1997, 893 [895 f], jeweils mwN; ebenso zum *schottischen* IPR: ANTON, PrivIntL[2] 623 ff; aA MOSHINSKY LQRev 109 [1992] 615 f: keine Regelung des Forderungsübergangs im Verhältnis Zedent-Zessionar sowie der Drittwirkungen der Zession durch das EVÜ).

cc) Niederlande

Das niederländische Recht macht die wirksame Übertragung von Forderungen in Art 3:84 Abs 1 BW von der Erfüllung der nämlichen Voraussetzungen abhängig wie die Eigentumsübertragung an beweglichen Sachen. Danach muss der Zedent die Befugnis zur Verfügung über die Forderung innehaben. Ferner muss ein wirksamer obligatorischer Vertrag zwischen Zedent und Zessionar abgeschlossen werden, der die causa für die Übertragung der Forderung bildet *(pactum de cedendo)*. Schließlich muss der Zedent wirksam über die Forderung zugunsten des Zessionars verfügen. Abweichend von den romanischen Rechten geht die Forderung also noch nicht durch Abschluss des zugrundeliegenden Verpflichtungsgeschäfts auf den Zessionar über. Das vom pactum de cedendo zu unterscheidende Verfügungsgeschäft setzt sich aus einem tatsächlichen Element, nämlich der Errichtung einer Urkunde über die Forderungsabtretung und der anschließenden Notifizierung der Abtretung an den Schuldner, und einer rechtsgeschäftlichen Einigung der Parteien über den Forderungsübergang *(pactum de cessionis)* zusammen. Die Mitteilung der Abtretung an den Schuldner ist mithin nach niederländischem Recht – anders als nach den romanischen Rechten, aber auch nach englischem Recht – nicht nur zum Schutz des Schuldners oder zum Schutz Dritter erforderlich; sie ist vielmehr notwendiges Element der Verfügung über die Forderung auch im Verhältnis zwischen Zedent und Zessionar (vgl JOUSTRA IPRax 1999, 281). Schließlich verbietet das niederländische Recht in Art 3:84 Abs 3 BW ausdrücklich nicht nur die Sicherungsübereignung beweglicher Sachen, sondern auch die Sicherungsabtretung von Forderungen.

24 Vor Inkrafttreten des Römischen Übereinkommens für die Niederlande hatte sich im **niederländischen IPR** nach deutschem Vorbild die Anknüpfung der dinglichen Wirkungen der Zession an das Forderungsstatut durchgesetzt (vgl HR NIPR 1993, 262; dazu JOUSTRA IPRax 1994, 395 ff mwN). Anders als der deutsche BGH (dazu o Rn 11 f) hat der niederländische Hoge Raad sich freilich nicht damit begnügt, diese frühere Rechtsprechung unter Geltung des EVÜ unverändert fortzuführen. Er hat seine Rechtsprechung vielmehr aufgrund einer sorgfältigen Analyse der Entstehungsgeschichte und der Zielsetzung des EVÜ in einer vielbeachteten Grundsatzentscheidung vom 16. 5. 1997 (NIPR 1997 Nr 209; dazu JOUSTRA IPRax 1999, 280 ff; KIENINGER RabelsZ 62 [1998] 681 ff; STADLER IPRax 2000, 104 ff, jeweils mwN) modifiziert. Dabei war über folgenden Sachverhalt zu entscheiden: Ein deutsches Unternehmen hatte im April 1994 chemische Produkte an eine in den Niederlanden ansässige Gesellschaft verkauft und einen verlängerten Eigentumsvorbehalt mit Vorausabtretungsklausel vereinbart. Die niederländische Käuferin hatte die Produkte anschließend an eine andere niederländische Gesellschaft weiter verkauft. Zwei Wochen später stellte die Erstkäuferin ihre Zahlungen ein. Auf den von der Zweitkäuferin hinterlegten Geldbetrag erhoben sowohl der Konkursverwalter über das Vermögen der Erstkäuferin als auch die Verkäuferin Anspruch. Für den Ausgang des Rechtsstreits kam es entscheidend darauf an, ob die Wirksamkeit der Vorausabtretung der Kaufpreisforderung nach deutschem oder niederländischem Recht zu beurteilen war. Denn während die Abtretungsvoraussetzungen nach deutschem Recht (§ 398 BGB) erfüllt waren, war die Abtretung nach niederländischem Recht wegen der fehlenden Mitteilung an den Schuldner und wegen des Verbots der Sicherungszession unwirksam.

25 Der Hoge Raad konzentrierte sich in seiner Urteilsbegründung im Wesentlichen auf zwei Aspekte der Auslegung des Art 12 EVÜ, nämlich einerseits die Anwendbarkeit der Vorschrift auf die Verfügungswirkungen der Zession, andererseits die Abgrenzung zwischen Abs 1 und Abs 2. In einem ersten Schritt lehnte er die Beschränkung des Art 12 EVÜ auf die obligatorischen Wirkungen der Zession unter Hinweis auf die Präambel und die Entstehungsgeschichte des Römischen Übereinkommens ab. Der auf Verpflichtungen beschränkte Wortlaut des Art 12 Abs 1 EVÜ stehe dem nicht entgegen, weil er nach dem GIULIANO/LAGARDE-Bericht nur ausschließen sollte, dass das Verpflichtungsstatut auch die Wirkungen der Zession gegenüber dem Schuldner erfasst. Das Verhältnis von Abs 1 und Abs 2 sieht der Hoge Raad in Übereinstimmung mit der hM in den romanischen Rechten in der Weise, dass sich Abs 2 als Spezialregelung des Schuldnerschutzes nur auf die dort ausdrücklich genannten Aspekte beschränke, während im Übrigen Abs 1 gelte. Das Statut des zwischen Zedent und Zessionar vereinbarten Verpflichtungsgeschäfts beherrsche daher

auch die dinglichen Wirkungen der Zession mit Ausnahme der Rechtsbeziehungen zum Schuldner. Zur Begründung verweist das Gericht vor allem auf die Praktikabilität dieser Lösung, die verhindere, dass die Abtretung im Verhältnis Zedent-Zessionar von Forderung zu Forderung unterschiedlichen Rechten unterliege. Ferner entspreche diese Anknüpfung dem Anliegen des EVÜ, die Parteiautonomie in den Mittelpunkt des internationalen Schuldvertragsrechts zu rücken.

c) **Stellungnahme**

Bereits Ernst RABEL hatte sich aufgrund einer sorgfältigen rechtsvergleichenden Analyse gegen den „Irrtum" der deutschen und schweizerischen Lehre gewandt, es sei die Frage, wer nach einer Forderungsabtretung Gläubiger sei, in jeder Hinsicht nach dem Forderungsstatut zu beurteilen; das Argument des Schuldnerschutzes stehe einer differenzierenden Betrachtungsweise der bei einer Abtretung auftretenden Rechtsfragen keinswegs entgegen (RABEL, Conflict 395 ff, bes 410; ferner idS schon GULDENER 41 ff; RÜEGSEGGER 76). Nach Inkrafttreten des EVÜ steht die Herrschaft des Forderungsstatuts im Verhältnis der Zessionsparteien zueinander und zu Dritten erst recht „auf schwachen Füßen" (STOLL IPRax 1991, 225). Denn der Regelung in Art 12 EVÜ – und damit auch in Art 33 Abs 1 und 2 EGBGB – liegt die zuvor dargelegte sach- wie kollisionsrechtliche Behandlung der Forderungsabtretung sowohl in den romanischen Rechten wie im englischen und niederländischen Recht zugrunde; danach ist Anknüpfungsgegenstand der Vorschrift der kausale Abtretungsvertrag mit Verfügungswirkung (zutr H KELLER 151; KAISER 219 f; EINSELE ZVerglRW 90 [1991] 13 f; STAUDINGER/STOLL, IntSachenR [1996] Rn 348). Die ganz vorherrschende Interpretation von Art 12 EVÜ in den übrigen Vertragsstaaten legt aber auch eine Auslegung von Art 33 EGBGB in dem Sinne nahe, dass dessen Abs 1 – entgegen dem auf „Verpflichtungen" beschränkten Wortlaut – nicht nur den Forderungskauf oder das sonstige Grundgeschäft erfasst, sondern – mit Ausnahme der in Abs 2 geregelten Aspekte des Schuldnerschutzes – auch die Abtretung als Verfügungsgeschäft. Nur ein solches Verständnis entspricht der in Art 36 EGBGB betonten vertraglichen Verpflichtung der Bundesrepublik Deutschland, bei der Auslegung und Anwendung der Art 27 bis 34 EGBGB Rücksicht darauf zu nehmen, dass die Kollisionsnormen des internationalen Schuldvertragsrechts in den Vertragsstaaten des EVÜ einheitlich ausgelegt und angewandt werden sollen (H KELLER 145 ff [156 ff]; E KAISER 218 f; EINSELE aaO; zust EBENROTH EWiR 1991, 162; ebenso schon früher SIEHR AWD 1973, 569 [582]; LANDO RabelsZ 38 [1974] 7 [47]; FIRSCHING IPRax 1981, 37 [42]; vgl auch LG Hamburg ZIP 1991, 1507 [1509] = IPRspr 1991 Nr 56, wo die Frage ausdrücklich offengelassen wird). Nur auf diese Weise wird der Gefahr entgegengewirkt, dass es trotz der Vereinheitlichung des internationalen Zessionsrechts durch Art 12 EVÜ weiterhin zum „forum shopping" kommt (PELTZER RiW 1997, 897).

Obwohl die dingliche Seite des Gläubigerwechsels bei der Ausarbeitung des Art 12 EVÜ nicht mit der wünschenswerten Klarheit geregelt wurde, ergibt sich doch aus der Entstehungsgeschichte der Vorschrift (dazu Rn 1 ff) hinreichend deutlich, dass man sich nicht auf die Regelung der schuldrechtlichen Beziehungen zwischen den Beteiligten beschränken, sondern sehr wohl auch eine Kollisionsnorm für die Forderungsabtretung **als Verfügungsgeschäft** zumindest im Verhältnis Zedent-Zessionar schaffen wollte (so zurecht HR NIPR 1997 Nr 209 m Anm JOUSTRA IPRax 1999, 280; ebenso die ganz hM in den Mitgliedstaaten des EVÜ, vgl zuvor Rn 10–25; ferner STADLER IPRax 2000, 106; **aA** KIENINGER RabelsZ 62 [1998] 690 f; P MAYER, DIP^5 [1994] n 750; MOSHINSKY 109 LQRev [1992] 591). Gegen die in Deutschland hM, die diese Kollisionsnorm allein in Art 33 Abs 2 lokalisiert (vgl Rn 10 ff), spricht aber bereits der Wortlaut dieser Vorschrift, der gerade nicht umfassend formuliert, sondern auf die Anknüpfung ganz präzise bezeichneter Einzelaspekte des Schuldnerschutzes beschränkt ist (EINSELE RabelsZ 60 [1996] 417 [431]). Hinzu kommt, dass Art 33 Abs 1 bei einer solchen Auslegung keinen eigenständigen Regelungsbereich behält; denn dass die obligatorischen Vertragsbeziehungen zwischen Zedent und Zessionar dem nach Art 27 ff EGBGB zu bestimmenden Vertragsstatut unterliegen, wäre eine völlig überflüssige Klarstellung.

28 Demgegenüber hat der Verzicht auf eine kollisionsrechtliche Differenzierung zwischen Verpflichtung und Verfügung zunächst den Vorteil, dass die Handhabung der internationalen Forderungsabtretung in den Mitgliedstaaten des EVÜ deutlich **vereinfacht** wird. Dies gilt namentlich für *Globalzessionen,* weil die einheitliche Anknüpfung von Zessions- und Verpflichtungsstatut zur Folge hat, dass für alle abgetretenen Forderungen das gleiche Zessionsrecht gilt. Auf diese Weise werden die Umlauffähigkeit von Forderungen und die Möglichkeiten, Forderungen als Sicherungsgrundlage zu verwenden, beträchtlich ausgeweitet (KIENINGER RabelsZ 62 [1998] 693; dazu näher Rn 59 ff). Demgegenüber bedeutet die von der hM vertretene Beurteilung des Forderungsübergangs auch im Verhältnis Zedent-Zessionar nach dem jeweiligen Statut der einzelnen Forderung eine erhebliche Erschwernis, ohne dass damit ein besserer Schuldnerschutz erreicht würde (STADLER IPRax 2000, 107; dazu auch u Rn 29). Die einheitliche Anknüpfung von Verpflichtungs- und Zessionsstatut erstreckt die **Rechtswahlfreiheit** der Parteien auf die dingliche Seite der Zession und gibt diesen damit die Möglichkeit, die Forderungsabtretung einem Recht zu unterstellen, das den gewünschten Forderungsübergang anerkennt. Hierfür besteht insbesondere im grenzüberschreitenden Kreditsicherungsrecht ein erhebliches Bedürfnis, weil manche europäische Rechte die Sicherungszession bis heute verbieten oder stark einschränken (vgl näher u Rn 48). Unterliegen die abzutretenden Forderungen einem solchen Recht, so kann die Unwirksamkeit der Zession nur vermieden werden, wenn man den Parteien insoweit die Wahl eines anderen Rechts als Zessionsstatut eröffnet. Nicht zuletzt aus diesem Grunde hat sich auch der niederländische Hoge Raad in seiner Grundsatzentscheidung vom 16. Mai 1997 (NIPR 1997 Nr 209) für die Bestimmung des Zessionsstatuts nach Art 12 Abs 1 EVÜ entschieden (vgl idS auch STRUYCKEN 24 Lloyd's MCLQ [1998] 352 f). Da der freie Waren- und Dienstleistungsverkehr innerhalb der Europäischen Union aber in erheblichem Umfang durch die zur Verfügung stehenden Sicherungsmittel geprägt wird, dient die Einräumung von Parteiautonomie für die Sicherungszession auch der Verwirklichung der europäischen Grundfreiheiten besser als eine starre Anknüpfung an das jeweilige Forderungsstatut (zutr STADLER IPRax 2000, 107 f).

29 Der **Schuldnerschutz** erfordert – entgegen der in Deutschland hM – eine umfassende Anwendung des Rechts der abgetretenen Forderung auf die dinglichen Wirkungen der Zession nicht. Der Schuldner wird vielmehr durch die punktuelle Anwendung des Forderungsstatuts auf die in Art 33 Abs 2 genannten Aspekte des Verfügungsgeschäfts hinreichend geschützt. Hingegen ist nicht ersichtlich, warum der Forderungsübergang im Innenverhältnis Zedent-Zessionar von der Erfüllung von Publizitätserfordernissen nach dem jeweiligen Forderungsstatut abhängen soll (KIENINGER RabelsZ 62 [1998] 698). Unter welchen Voraussetzungen und mit welchen Wirkungen der Zessionar die Forderung erwirbt, berührt den Schuldner nämlich idR ebenso wenig wie die Ausgestaltung der Zession als kausales oder abstraktes Rechtsgeschäft. Andererseits wird auch ein besserer **Gläubigerschutz** durch die Anwendung des Forderungsstatuts nicht erreicht; denn dieses ist für den außenstehenden Gläubiger idR ebensowenig erkennbar wie das zwischen Zedent und Zessionar geltende Recht (KIENINGER RabelsZ 62 [1998] 697 f; STADLER IPRax 2000, 108; dazu auch Rn 49 f). Namentlich die Bestimmungen über die Ungültigkeit des Zessionsvertrags – zB wegen Willensmängeln einer Partei oder wegen Sittenwidrigkeit – dienen ausschließlich den Interessen der vertragsschließenden Parteien, so dass auch die größere Sachnähe für die Anwendung des Vertragsstatuts auf die Abtretung spricht (EINSELE ZVerglRW 90 [1991] 17 f). Darüber hinaus vermeidet die einheitliche Anknüpfung der verpflichtenden und verfügenden Elemente für Rechtsordnungen, denen das Abstraktionsprinzip fremd ist, schwierige Abgrenzungsfragen.

Nur ein auf Fragen des Schuldnerschutzes beschränkter sachlicher Anwendungsbereich des Forderungsstatuts nach Art 33 Abs 2 EGBGB führt ferner zu der wünschenswerten kollisionsrechtlichen **Gleichbehandlung des Schuldnerschutzes bei der rechtsgeschäftlichen Zession und bei der Legalzession.** Denn im Rahmen der Anknüpfung der Legalzession nach Art 33 Abs 3 besteht auch nach deutschem Recht weitgehend Einigkeit darüber, dass nicht nur die Verpflichtungen zwischen Zedent und Zessionar (zB aus dem Versicherungsvertrag), sondern auch die Übertragung der Forderung selbst nach dem Zessionsgrundstatut zu beurteilen ist, und lediglich der – auch bei der cessio legis erforderliche (vgl u Rn 69 ff) – Schuldnerschutz nach Maßgabe des Forderungsstatuts gewährleistet bleiben muss. Die Regelung in Art 33 Abs 3 S 1 zeigt, dass der Schutz des Schuldners im Falle der Legalzession eine umfassende Unterstellung der Zession unter das Statut der abgetretenen Forderung nicht gebietet; dann ist es aber auch nicht einsichtig, warum im Falle der rechtsgeschäftlichen Forderungsabtretung der Schuldnerschutz eine weiterreichende Verdrängung des Zessionsgrundstatuts durch das Forderungsstatut erforderlich machen soll (zutr EINSELE ZVerglRW 90 [1991] 21 f; ähnlich BERTRAMS/VERHAGEN WPNR 1993, 264). Als einziger Nachteil dieser Lösung verbleibt somit die Relativität der Gläubigerstellung, die sich im Verhältnis zum Zedenten und zum Drittschuldner nach unterschiedlichen Rechten bemessen kann; dieser Nachteil wird aber durch die vorerwähnten Vorteile mehr als ausgeglichen.

2. Die Grundregel des Abs 1

a) Anwendungsbereich
aa) Verpflichtungsgeschäft

Art 33 Abs 1 EGBGB legt unstreitig fest, welches Recht auf die obligatorischen Vertragsbeziehungen zwischen Zedent (Altgläubiger) und Zessionar (Neugläubiger) anzuwenden ist, also auf das der Abtretung zugrunde liegende kausale Verpflichtungsgeschäft (FERID, IPR[3] Rn 6–122; KEGEL/SCHURIG, IPR[8] § 18 VII 1; SOERGEL/vHOFFMANN Art 33 Rn 6). Dies kann ein Forderungskauf, ein Geschäftsbesorgungsvertrag, eine Schenkung (vgl LG Stuttgart IPRax 1993, 330 [331] m Anm vHOFFMANN/HÖPPING = IPRspr 1992 Nr 62) oder ein Gesellschaftsvertrag (dazu BGH NJW 1991, 1414 = IPRax 1992, 43 m Anm vBAR 20) sein. Liegt der Abtretung ein *Forderungskauf* zugrunde, so entscheidet das auf diesen Vertrag anwendbare Recht namentlich über die Haftung des Zedenten für die Bonität und die Verität der abgetretenen Forderung, sowie über die Haftungsfolgen im Falle ihrer mangelnden Übertragbarkeit (KAISER 179;

vBar RabelsZ 53 [1989] 465 ff; Reithmann/Martiny Rn 307). In gleicher Weise fallen unter Abs 1 die Grundgeschäfte von Sicherungs- oder Globalzessionen, sowie von Vereinbarungen eines verlängerten Eigentumsvorbehalts, also die jeweiligen Sicherungsabreden und die aus ihnen folgenden Verwertungsbefugnisse (Koziol DZWir 1993, 356; Palandt/Heldrich Art 33 Rn 2), die Verpflichtung des Eigentumsvorbehaltsverkäufers zur Abtretung der Forderung aus dem Weiterverkauf (Koziol aaO) und die der Globalzession zugrunde liegenden Absprachen beim Factoring (dazu näher im Anh zu Art 33 EGBGB Rn 5 ff) bzw Kreditvertrag (Kaiser 179).

32 Die Anwendung von Art 33 Abs 1 EGBGB ist ferner nicht auf die Abtretung von Forderungen aus Schuldverträgen beschränkt. Dies steht nicht im Widerspruch dazu, dass der Erste Unterabschnitt des 6. Abschnitts „Schuldverhältnisse" des neuen Zweiten Kapitels des EGBGB, in dem Art 33 enthalten ist, sich nur auf „vertragliche Schuldverhältnisse" bezieht. Denn der Bezug zum Recht der Schuldverträge ergibt sich schon daraus, dass in Bezug auf die – auch außervertraglich entstandene – Forderung eine *rechtsgeschäftliche Verpflichtung* zu deren Übertragung getroffen wird (zutr vBar RabelsZ 53 [1989] 467; Moshinsky LQRev 109 [1992] 614; Anton, PrivIntL[2] 626). Im Übrigen wäre auch nicht einsichtig, warum der Rechtsgrund der übertragenen Forderung, auf den der Zessionar keinen Einfluss hat, auf seine vertraglichen Verpflichtungen im Verhältnis zum Zedenten durchschlagen sollte (vBar aaO). Die abgetretene Forderung kann daher ihren Rechtsgrund auch in einem **gesetzlichen Schuldverhältnis** (zB Delikt, ungerechtfertigte Bereicherung, Geschäftsführung ohne Auftrag; vgl OLG Hamburg NJW-RR 1993, 40 = NZV 1993, 71 m Anm Wandt 56 = IPRspr 1992 Nr 56 [Verkehrsunfall]; OLG Düsseldorf VersR 2000, 460 = IPRspr 1998 Nr 54 [Bereicherungsanspruch]; AG München IPRspr 1992 Nr 63; Erman/Hohloch Art 33 Rn 3) oder in Rechtsbeziehungen haben, die außerhalb des Schuldrechts geregelt sind (zB Unterhalts-, Vermächtnis- oder Pflichtteilsansprüche). Auch die Abtretung von Wechsel- oder Scheckforderungen beurteilt sich nach Art 33 Abs 1 EGBGB (BGHZ 104, 145 [149] = IPRspr 1988 Nr 44 [Wechsel]; BGHZ 108, 353 [362] = IPRax 1991, 338 m Anm Kronke/Berger 316 = IPRspr 1989 Nr 59 [Scheck]).

bb) Verfügungsgeschäft

33 Während die hM in Deutschland den Anwendungsbereich des Art 33 Abs 1 EGBGB auf die zuvor beschriebenen Fragen des Kausalgeschäfts beschränkt (vgl die Nachw o Rn 10 ff), unterliegen nach hier vertretener Auffassung auch die materiellen Voraussetzungen der Abtretung selbst – mit Ausnahme der in Abs 2 geregelten Aspekte des Schuldnerschutzes – dem Verpflichtungsstatut. Dieses – und nicht das Statut der abgetretenen Forderung – entscheidet mithin darüber, auf welche Art und Weise die Forderung übertragen wird (Kaye 323; **aA** OLG Karlsruhe RiW 1993, 505 = IPRspr 1993 Nr 25). Aus dem Verpflichtungsstatut ergibt sich damit auch, ob der Zessionar überhaupt Inhaber der Forderung geworden ist (**aA** [Forderungsstatut] BGH RiW 1988, 649 [650] = IPRspr 1988 Nr 25; vBar RabelsZ 53 [1989] 470 f). Das Verpflichtungsstatut des Art 33 Abs 1 bestimmt daher nicht nur darüber, ob das Grundgeschäft wirksam zustande gekommen ist, sondern es beherrscht nach richtiger Ansicht auch die Frage, ob die Abtretung selbst zB wegen eines Gesetzesverstoßes oder wegen Sittenwidrigkeit nichtig ist (**aA** [Forderungsstatut] BGH JZ 1999, 404 m Anm Kieninger = IPRax 2000, 128 m Anm Stadler 104 zur Sittenwidrigkeit einer Globalzession) bzw von einer der Parteien wegen Irrtums oder arglistiger Täuschung angefochten werden kann (vgl – zu Art 12 EVÜ – Cheshire/North, PrivIntL[13] 959).

Weiterhin beurteilen sich auch die Auslegung und die Wirkungen der Zession im **34** Verhältnis Zedent-Zessionar nicht nach dem Forderungsstatut, sondern nach dem für ihre Rechtsbeziehungen in Art 33 Abs 1 EGBGB für maßgebend erklärten Recht. Das Vertragsstatut entscheidet daher gem Art 32 Abs 1 Nr 1 EGBGB, ob der Zedent eine (Voll-)Abtretung der Forderung erklärt oder seinem Vertragspartner lediglich eine **Einziehungsermächtigung** erteilt hat (vgl BGH RiW 1988, 649 [650] = IPRspr 1988 Nr 25; vBAR RabelsZ 53 [1989] 466 Fn 20; dazu Rn 63). Es beherrscht ferner die Frage, ob zusammen mit der Forderung auch **Nebenrechte** (zB eine Bürgschaft oder Hypothek) auf den Zessionar übergehen, wie dies § 401 BGB für das deutsche Zessionsrecht anordnet (H KELLER 177 ff; SCHÜTZE WM 1979, 564; RAAPE, IPR 507); zum Schutz des Dritten (zB Bürgen) müssen allerdings kumulativ die Voraussetzungen für einen solchen Übergang auch nach dem Statut des Nebenrechts (zB Bürgschaftsstatut) erfüllt sein (zutr SOERGEL/vHOFFMANN Art 33 Rn 14). Der Umfang von **Auskunftspflichten** des Zedenten gegenüber dem Zessionar (vgl im deutschen Recht § 402 BGB) ergibt sich schon deshalb aus dem Vertragsstatut, weil es sich um typisierte Pflichten aus dem Kausalgeschäft handelt (vgl MünchKomm/ROTH § 402 Rn 2).

cc) Abstrakte oder kausale Forderungsübertragung

Die hM in Deutschland beurteilt – ausgehend vom Abstraktionsprinzip des deut- **35** schen materiellen Rechts (§ 398 BGB) – auch die Frage, ob die Übertragung der Forderung ein abstraktes oder ein kausales Rechtsgeschäft ist, nach dem Forderungsstatut (vHOFFMANN/HÖPPING IPRax 1993, 303; MANGOLD, in: HOMMELHOFF/JAYME 90 f; REITHMANN/MARTINY Rn 302; KEGEL/SCHURIG, IPR^8 § 18 VII 1; KROPHOLLER, IPR^4 § 52 VIII 1). Dieses entscheide daher auch, ob und wie die Unwirksamkeit des Kausalgeschäfts sich auf die Forderungsübertragung auswirkt (PELTZER RiW 1997, 894; PALANDT/HELDRICH Art 33 Rn 2). Ist also zB die Einbringung einer Forderung als Sacheinlage in eine schweizerische AG nach schweizerischem Gesellschaftsrecht unwirksam, so sei nicht diesem schweizerischen Zessionsgrundstatut, sondern dem (in concreto: deutschen) Forderungsstatut zu entnehmen, ob und inwieweit diese Unwirksamkeit auch die Abtretung erfasst (BGH NJW 1991, 1414 f = IPRax 1992, 43 m zust Anm vBAR 20; dazu EBENROTH/WILKEN JZ 1991, 1014 [1021 f]). Wegen des im deutschen Recht geltenden Abstraktionsprinzips haften aber Mängel des Verpflichtungsgeschäfts grundsätzlich dem Verfügungsgeschäft nicht an. Ausnahmen gelten lediglich im deutschen Aktienrecht (§ 183 Abs 2 AktG), sowie bei Verstößen gegen gesetzliche Verbote oder die guten Sitten (§§ 134, 138 BGB), die idR auch auf das Erfüllungsgeschäft durchschlagen (BGH aaO). Demgemäß wird die Abtretung bei Geltung deutschen Forderungsstatuts grundsätzlich auch dann als wirksam erachtet, wenn ihr ein nichtiger Forderungskauf nach französischem Recht oder eine nichtige Schenkung nach spanischem Recht zugrunde liegt (vBAR, IPR II Rn 564; MANGOLD, in: HOMMELHOFF/JAYME aaO; STAUDINGER/STOLL, IntSachenR [1996] Rn 348 aE). Die rechtsgrundlos erworbene Forderung sei dann nach Maßgabe des – französischen oder spanischen – Vertragsstatuts (Art 32 Abs 1 Nr 5 EGBGB) zurückzuübertragen.

Diese Lösung ist indessen allzu einseitig vom abstrakten deutschen Vorverständnis **36** der Forderungsabtretung geprägt, von dem die Regelung in Art 12 EVÜ gerade nicht inspiriert ist. Liegt der Zession ein Verpflichtungsgeschäft zugrunde, für das französisches oder englisches Sachrecht gilt, so geht die Forderung im Verhältnis Zedent-Zessionar bereits mit Abschluss dieses schuldrechtlichen Geschäfts über. Zum Abschluss eines gesonderten Verfügungsgeschäfts ist der Zedent nicht verpflichtet, weil ein solches nach dem für das Grundgeschäft maßgebenden Recht überhaupt nicht vorgesehen ist. Dementsprechend ist es – außerhalb des Rechts der Forderungsabtretung – auch im deutschen IPR anerkannt, dass das Schuldstatut darüber entscheidet, ob ein Rechtsgeschäft kausal oder abstrakt ist (REITHMANN/MARTINY Rn 235; ERMAN/ HOHLOCH Art 32 Rn 7). Der Wortlaut des Art 33 EGBGB erfordert keine Durchbrechung dieses Grundsatzes im Zessionsrecht; auch über die abstrakte oder kausale Rechtsnatur der Abtretung entscheidet daher das Zessionsgrundstatut des Art 33 Abs 1 (EINSELE ZVerglRW 90 [1991] 15 f und RabelsZ 60 [1996] 432 f; H KELLER 152 ff; EBENROTH EWiR 1991, 161). Ist die Forderungsabtretung nach diesem Recht *kausal* ausgestaltet, so hat die Nichtigkeit des Kausalgeschäfts – zB des Forderungskaufs nach französischem Recht – zur Folge, dass auch ein Forderungsübergang auf den Zessionar scheitert; auf den (abweichenden) Standpunkt des Forderungsstatuts, das die Zession – wie das deutsche Recht – als abstrakt wirksam erachtet, kommt es insoweit nicht an (STADLER IPRax 200, 107; **aA** [selbständige Anknüpfung der Vorfrage, ob das Verpflichtungsgeschäft wirksam ist, nach den Kollisionsregeln des Forderungsstatuts] vBAR IPRax 1992, 23 und IPR II Rn 564 Fn 737; MünchKomm/MARTINY Art 33 Rn 8; SOERGEL/vHOFFMANN Art 33 Rn 7 aE). Die hM ist genötigt, einen schuldrechtlichen Rückübertragungsanspruch nach dem Statut des Verpflichtungsgeschäfts zu konstruieren, obwohl ein solcher zB nach französischem Recht – oder einer anderen dem Konsensprinzip folgenden Rechtsordnung – nicht unbedingt zur Verfügung steht (vgl zu einer solchen Lösung kraft „Anpassung" KIENINGER RabelsZ 62 [1998] 708 f). Das sinnvolle Zusammenspiel von abstrakter bzw kausaler Gestaltung und den zugehörigen Rückabwicklungsregeln wird nur durch die einheitliche Anknüpfung von Verpflichtungs- und Verfügungsgeschäft sichergestellt (STADLER 711 ff; BERTRAMS/VERHAGEN WPNR 1993, 264). Eine Einschränkung dieser Anknüpfung kann sich allein aus Gründen des Schuldnerschutzes ergeben: Hat der Schuldner auf die Gültigkeit der nach dem Forderungsstatut abstrakt wirksamen Zession vertraut, so kann er sich hierauf gem Art 33 Abs 2 EGBGB den Parteien des Zessionsvertrages gegenüber berufen (vgl STAUDINGER/STOLL, IntSachenR [1996] Rn 348).

b) Anzuwendendes Recht

37 In dem zuvor beschriebenen Anwendungsbereich gilt das Recht, dem der schuldrechtliche Vertrag (bzw das gesetzliche Schuldverhältnis, vgl Rn 32) zwischen Zedent und Zessionar unterliegt. Sowohl das der Abtretung zugrunde liegende Verpflichtungsgeschäft als auch die Forderungsabtretung selbst – mit Ausnahme ihrer Wirkungen gegenüber dem Schuldner nach Abs 2 – folgen also eigenem Recht und nicht dem Forderungsstatut. Dies entsprach in Deutschland für das *Grundgeschäft* bereits der vor der Reform von 1986 hM (vgl schon RG BöhmsZ 2 [1892] 162 [165]; BayObLG ebd 370; OLG Nürnberg ZIR 7 [1897] 248 f; LG Kiel IPRax 1985, 35 = IPRspr 1984 Nr 209). Alt- und Neugläubiger sollen insofern „Herren ihres Geschäfts" (vBAR, IPR II Rn 564) bleiben, weil Interessen des Schuldners durch die im Verhältnis Zedent-Zessionar begründeten Verpflichtungen nicht tangiert werden. KROPHOLLER nennt die Vorschrift insoweit zurecht „fast selbstverständlich" (IPR[4] § 52 VIII 1; ähnlich PLENDER 178: „scarcely necessary"; ANTON, PrivIntL[2] 622: „almost tautological"). Eigenständige Bedeutung erlangt diese hingegen dann, wenn man ihren Anwendungsbereich mit der hier vertretenen Ansicht auf die dinglichen Wirkungen der Zession erstreckt.

aa) Rechtswahl

38 Danach können die Parteien das anwendbare Recht nicht nur für ihre schuldrechtlichen Beziehungen, sondern mittelbar auch für die Forderungsabtretung selbst nach

Maßgabe von Art 27 EGBGB wählen. Die Rechtswahl kann nach Art 27 Abs 1 S 1 und Abs 2 auch stillschweigend oder nachträglich getroffen werden (vgl zur stillschweigenden Rechtswahl HR NIPR 1997 Nr 209 m Anm JOUSTRA IPRax 1999, 280). Wird die Forderung – wie nach deutschem Recht (§ 398 BGB) – durch ein abstraktes Verfügungsgeschäft übertragen, so sollte den Parteien allerdings hierfür eine isolierte Wahlmöglichkeit – wie sie das schweizerische Recht in Art 145 Abs 1 IPRG vorsieht – nicht eröffnet werden, weil damit die oben Rn 28 f geschilderten Vorzüge einer einheitlichen Anknüpfung wieder preisgegeben würden; auch in diesem Fall sollten die Parteien mithin für das Verfügungsgeschäft kein anderes Recht wählen können als für das zugrunde liegende Verpflichtungsgeschäft (STADLER IPRax 2000, 108). Im Übrigen sind der Rechtswahl auch bezüglich des Verfügungsgeschäfts keine über Art 27 EGBGB/Art 3 EVÜ hinausgehenden Schranken gezogen; insbesondere können die Parteien auch ein anderes Recht als das Forderungsstatut oder das Niederlassungsrecht von Zedent bzw Zessionar wählen (STADLER IPRax 2000, 109; aA BERTRAMS/ VERHAGEN WPNR 1993, 264; DE LY NIPR 1995, 329 [335]). Die Wirkungen der Rechtswahl beschränken sich freilich auf die Voraussetzungen und Wirkungen der Abtretung im Innenverhältnis zwischen Zedent und Zessionar; im Verhältnis zum Schuldner verbleibt es hingegen zwingend bei der Anwendbarkeit des Forderungsstatuts nach Art 33 Abs 2 EGBGB (vgl u Rn 40 ff).

bb) Objektive Anknüpfung

In Ermangelung einer Rechtswahl ist das anwendbare Recht auf das Verpflichtungsgeschäft – und damit mittelbar auch auf die Zession – objektiv nach Art 28 EGBGB zu bestimmen (MOSHINSKY LQRev 109 [1992] 614; FLETCHER 176 [jeweils zu Art 4 EVÜ]). Da im Regelfall der Zedent die vertragscharakteristische Leistung erbringt, kommt das an seinem gewöhnlichen Aufenthaltsort bzw Sitz geltende Recht zur Anwendung (LOUSSOUARN/BOUREL, DIP^6 n 425; DICEY/MORRIS, Conflict^{13} 981; BALLARINO, DIP^2 633; zum Factoring-Vertrag als Kausalgeschäft s im Anh zu Art 33 Rn 5 ff). **39**

3. Der kollisionsrechtliche Schuldnerschutz nach Abs 2

a) Normzweck

Während die in Deutschland hM die Forderungsabtretung als Verfügungsgeschäft insgesamt dem Recht der abgetretenen Forderung unterstellt (s o Rn 10 ff), beschränkt sich die Sonderanknüpfung in Art 33 Abs 2 nach der hier vertretenen Auffassung auf die dort genannten Aspekte des Schuldnerschutzes. Dieser Anknüpfung liegt im Wesentlichen die Erwägung zugrunde, dass die Rechtsstellung des Schuldners und das Schuldverhältnis, auf welchem die Forderung beruht, nicht zur Disposition des Zedenten und des Zessionars stehen; eine zwischen diesen getroffene Rechtswahl darf die Rechte des Schuldners in Bezug auf die abgetretene Forderung nicht beeinträchtigen (vgl BGHZ 125, 196 [205]= NJW 1994, 2549; BGH JZ 1999, 404 m Anm KIENINGER = IPRax 2000, 128 m Anm STADLER 104; MünchKomm/MARTINY Art 33 Rn 6; FERID, IPR^3 Rn 6–120; vBAR RabelsZ 53 [1989] 467 f). Der Schuldner soll sich mithin bei der Forderungsabtretung nur auf die für seine Schuld maßgebende Rechtsordnung einzurichten brauchen, und es sollen von ihm die Unsicherheiten ferngehalten werden, die durch die Anwendung oder Mitberücksichtigung der für die Rechtsbeziehungen zwischen Zedent und Zessionar maßgebenden Rechtsordnung geschaffen würden (BGH NJW 1991, 1415 [1415] = IPRax 1992, 43 m Anm vBAR 20 = EWiR 1991, 161 m Anm EBENROTH = WuB IV E Art 33 EGBGB Nr 1.91 m Anm THODE). Aus diesem Grunde unterwirft Art 33 Abs 2 diejenigen **40**

Rechtsfragen, die den Schutz des Schuldners berühren, einheitlich dem Recht, das über die abgetretene Forderung herrscht.

b) **Anwendungsbereich**
aa) **Übertragbarkeit der Forderung**

41 Das Forderungsstatut entscheidet insbesondere darüber, ob eine Forderung mit Wirkung gegenüber dem Schuldner überhaupt übertragen werden kann (vgl BGH JZ 1999, 404 m Anm KIENINGER = IPRax 2000, 128 m Anm STADLER 104; OLG Düsseldorf RiW 1995, 508 [509] = WM 1995, 808 m Aufs BUNGERT 2125 = IPRax 1996, 128 m Anm M J ULMER 100 = IPRspr 1994 Nr 18; LG Stuttgart IPRax 1993, 330 [331] = IPRspr 1992 Nr 62; FERID, IPR³ Rn 6–121; REITHMANN/MARTINY Rn 302; SOERGEL/vHOFFMANN Art 33 Rn 8; ebenso zum früheren Recht BGHZ 104, 145 [149] = IPRax 1989, 170 m Anm SCHLECHTRIEM 155 = IPRspr 1988 Nr 44 und zum englischen Recht CHESHIRE/NORTH, PrivIntL¹³ 961 unter Hinweis auf die Entscheidung *Trendtex Trading Corp v Crédit Suisse*, [1980] 3 All ER 721; KAYE 323 f; MOSHINSKY LQRev 109 [1992] 596 f; PLENDER 178, jeweils mwN; zum schottischen Recht ANTON, PrivIntL² 622 f). Die Übertragbarkeit kann insbesondere aufgrund eines *vertraglichen Zessionsverbotes* (vgl im deutschen Recht § 399 BGB) – zB in Gestalt einer Kontokorrentklausel – ausgeschlossen sein; solche Abtretungsverbote werden in internationalen Kreditverträgen häufig vereinbart (vgl BETTE WM 1994, 1909 ff; WULFKEN/BERGER RiW 1988, 585 [587]; MUMMENHOFF JZ 1979, 425 ff). Dem Forderungsstatut sind auch die Schranken zu entnehmen, die der Zulässigkeit und den Wirkungen von vertraglichen Abtretungsverboten gezogen sind; demgemäß ist § 354 a HGB nur anwendbar, wenn die Forderung dem deutschen Recht unterliegt. Darüber hinaus sind etwaige *gesetzliche Zessionsverbote* nach Maßgabe des Forderungsstatuts zu beachten (vBAR RabelsZ 53 [1989] 469 f; MOSHINSKY LQRev 109 [1992] 595). Betroffen sind namentlich Lohnforderungen (vgl GAMILLSCHEG, Internationales Arbeitsrecht [1959] 320; ferner KAYE 323 [Lohnforderungen von „crown employees" nach englischem Recht]), Versicherungsansprüche (vgl W H ROTH, Internationales Versicherungsvertragsrecht [1985] 638; KAYE 323 [Lebensversicherungsansprüche nach englischem Recht]), sowie Schmerzensgeld- und Unterhaltsansprüche. Bezweckt ein Zessionsverbot allerdings nur, die Umgehung eines gesetzlichen Ausschlusses der Legalzession (zB nach § 67 Abs 2 VVG) zu verhindern, so gilt hierfür nicht das Forderungsstatut, sondern – kraft akzessorischer Anknüpfung nach Art 33 Abs 3 EGBGB – das Zessionsgrundstatut (zutr WANDT NZV 1993, 57 gegen OLG Hamburg NJW-RR 1993, 40 = IPRspr 1992 Nr 56). Auch die Frage, unter welchen Voraussetzungen *bedingte oder zukünftige Forderungen* abgetreten werden können, insbesondere welche Bestimmtheitserfordernisse in diesem Falle zu beachten sind, betrifft die „Übertragbarkeit" der Forderung iSv Art 33 Abs 2 nur soweit, als die Rechtsposition des Schuldners berührt wird (dazu näher Rn 58 ff; weitergehend die in Deutschland hM, vgl MünchKomm/MARTINY Art 33 Rn 9; ERMAN/HOHLOCH Art 33 Rn 6; vBAR RabelsZ 53 [1989] 470).

bb) **Inhalt der Forderung**

42 Im Verhältnis zwischen dem neuen Gläubiger und dem Schuldner gilt ebenfalls das Forderungsstatut (BGH NJW-RR 2001, 307; PALANDT/HELDRICH Art 33 Rn 2). Dieses bleibt insbesondere auch nach der Abtretung für den Inhalt der abgetretenen Forderung bestimmend (OLG Stuttgart RiW 1991, 159 [160] = IPRax 1990, 233 m Anm ACKMANN/WENNER 209 = IPRspr 1989 Nr 253; LG Hamburg IPRspr 1991 Nr 57; REITHMANN/MARTINY Rn 308; KAYE 324 m Nachw zur englischen Rechtsprechung vor Inkrafttreten des EVÜ). Um zu verhindern, dass der Schuldner durch die Abtretung Nachteile erleidet, darf sich der Inhalt der zedierten Forderung nicht ändern (MOSHINSKY LQRev 109 [1992] 618 f); deshalb wirkt auch eine diesbezüglich zwischen Zedent und Zessionar getroffene Rechtswahl nicht gegen den Schuldner (vBar RabelsZ 53 [1989] 468; Erman/Hohloch Art 33 Rn 4; dazu u Rn 47 mwN). Zum Inhalt der Forderung gehören ihre Höhe, ihre Fälligkeit und das Bestehen von Einreden oder Ausschlussfristen für ihre Geltendmachung, zB die Einrede der Verjährung (vgl LG Hamburg IPRspr 1991 Nr 57; Ferid, IPR Rn 6–121; Soergel/Kegel vor Art 7 Rn 445; vBar RabelsZ 53 [1989] 470 f) oder die Bereicherungseinrede (MünchKomm/Martiny Art 33 Rn 7). Dem Forderungsstatut unterliegt auch die – auf der *lex Anastasiana* des römischen Rechts beruhende – Möglichkeit des Schuldners, sich durch Zahlung der (um die Erwerbskosten erhöhten) Summe, die der Zessionar an den Zedenten gezahlt hat, von seiner Schuld zu befreien (vgl den „retrait litigieux" des französischen Rechts in Art 1699 CC; dazu H Keller 16; Ferid aaO; MünchKomm/Martiny Art 33 Rn 11).

cc) **Publizitätserfordernisse**

Zu den „Voraussetzungen, unter denen die Übertragung dem Schuldner entgegengehalten werden kann", zählen insbesondere etwaige dem Schutz des Schuldners dienende materiellrechtliche Publizitätserfordernisse. Damit zielt die Vorschrift vor allem auf die in den romanischen Rechten vorgesehene förmliche Benachrichtigung des Schuldners von der Abtretung (vgl zur „signification" nach Art 1690 frz CC Rn 15; zur „notificazione" nach Art 1264 ital CC Rn 18; zur „notificación" nach Art 1527 span CC Rn 20). Da von dieser Abtretungsanzeige die materielle Wirksamkeit der Abtretung gegenüber dem Schuldner abhängt, gilt das Forderungsstatut nach Art 33 Abs 2; die alternative Anwendung der lex loci nach Art 11 Abs 1 EGBGB kommt nicht in Betracht, weil es sich nicht um eine Formfrage handelt (OLG Köln ZIP 1994, 1791, 1792 f = IPRax 1996, 270 m Anm Thorn 257; OLG Hamm IPRax 1996, 197 = RiW 1997, 153; OLG Koblenz RiW 1996, 151 f; Aubin, in: FS Neumayer 44; H Keller 144 f; Ferid, IPR Rn 6–121; vBar, IPR II Rn 568, 570; Palandt/Heldrich Art 33 Rn 2; MünchKomm/Martiny Art 33 Rn 12; ebenso schon zum früheren Recht RGZ 65, 357 [358]; RG NiemZ 18 [1908] 449; BGHZ 95, 149 [152] = NJW 1985, 2649 = IPRspr 1985 Nr 41; OLG Köln NJW 1987, 1151 = IPRax 1987, 239 m Anm Sonnenberger 221 = IPRspr 1986 Nr 38; OLG Koblenz RiW 1987, 629 = IPRax 1987, 381 [LS] m Bericht Henrich = IPRspr 1987 Nr 123; aA für die Sicherungszession Koziol DZWiR 1993, 356). Diese Auffassung überwiegt auch in den übrigen Mitgliedstaaten des EVÜ (vgl zur „signification" des französischen Rechts Gaudemet-Tallon Rev trim dr eur 1981, 215 [275] Fn 243; zur „intimation" des schottischen Rechts Anton, PrivIntL² 622 f, 626). Materielles Publizitätserfordernis in diesem Sinne ist ferner auch der nach österreichischem Recht erforderliche „Buchvermerk" (vgl OGH SZ 48 [1975] Nr 2). Die vom Forderungsstatut aufgeworfene Vorfrage, ob eine wirksame Benachrichtigung des Schuldners (zB durch den Gerichtsvollzieher) erfolgt ist, bestimmt sich nach dem Recht des Staates, dessen Organe tätig geworden sind (Aubin, in: FS Neumayer 40 ff; MünchKomm/Martiny Art 33 Rn 12 aE).

Demgegenüber richten sich die **prozessualen Wirkungen** der Forderungsabtretung im Verhältnis Zedent/Zessionar-Schuldner nach der jeweiligen *lex fori*. Diese gilt insbesondere für die Frage der fortbestehenden Prozessführungsbefugnis des Zedenten im Falle einer Forderungsabtretung nach Rechtshängigkeit. In Verfahren vor deutschen Gerichten führt der Zedent den Prozess daher in gesetzlicher Prozessstandschaft für den Zessionar nach § 265 Abs 2 ZPO fort; auf die Frage, welchem materiellen Recht die abgetretene Forderung oder die Zession unterliegt, kommt es insoweit nicht an. Denn durch Art 265 Abs 2 ZPO (wie auch durch § 407 Abs 2 BGB) soll das Prozessrechtsverhältnis vor materiell-rechtlichen Änderungen abgeschirmt werden (vgl BGH

NJW 1992, 3096 [3097] = IPRax 1993, 310 = IPRspr 1992 Nr 218 b; GEIMER, IZPR[5] Rn 2242; SCHACK, IZVR[2] Rn 552; WIECZOREK/SCHÜTZE/HAUSMANN vor § 50 Rn 102 mwN). Demgegenüber wird die Verpflichtung des Zessionars nach englischem Recht, auf Seiten des Zedenten in den Prozess gegen den Schuldner über die abgetretene Forderung einzutreten, in der englischen Literatur zT materiellrechtlich qualifiziert und dem Forderungsstatut unterworfen (vgl KAYE 325).

dd) Befreiende Wirkung der Leistung durch den Schuldner

45 Nach dem Forderungsstatut ist schließlich auch zu beurteilen, ob eine Leistung des Schuldners befreiende Wirkung hat (OLG Celle IPRspr 1989 Nr 58; KAYE 325; MOSHINSKY LQRev 109 [1992] 621). Bedeutung erlangt diese Frage namentlich dann, wenn der Schuldner statt an den neuen noch an den alten Gläubiger leistet (REITHMANN/MARTINY Rn 305; FERID, IPR[3] Rn 6-121). Unterliegt die Forderung deutschem Recht, so ist § 407 BGB und – bei beiderseitigen Handelsgeschäften – § 354a HGB anzuwenden. Auch die Frage, bis zu welchem Zeitpunkt der Schuldner sich noch durch *Aufrechnung* gegenüber dem bisherigen Gläubiger von seiner Schuld befreien kann (vgl im deutschen Recht § 406 BGB) gehört hierher (BASEDOW ZEuP 1997, 622).

b) Anzuwendendes Recht
aa) Forderungsstatut

46 In dem zuvor beschriebenen Anwendungsbereich des Art 33 Abs 2 EGBGB herrscht das **Forderungsstatut,** dh das Recht, dem die abzutretende Forderung zum Zeitpunkt ihrer (geplanten) Übertragung untersteht (ERMAN/HOHLOCH Art 33 Rn 4). Das maßgebende Recht kann sich dabei entweder aus einer von den Parteien getroffenen Rechtswahl oder kraft objektiver Anknüpfung ergeben (vgl BGHZ 108, 353 [362] = IPRspr 1989 Nr 59; LG Stuttgart IPRax 1993, 289 [290] = IPRspr 1992 Nr 62; MünchKomm/MARTINY Art 33 Rn 6). Gilt für die abzutretende Forderung *internationales Einheitsrecht,* das selbst keine Regeln über die Forderungsabtretung enthält, so muss zur Bestimmung des Forderungsstatuts das die Lücken des Einheitsrechts ausfüllende nationale Recht ermittelt werden. Wird also eine dem UN-Kaufrecht unterstehende Kaufpreisforderung abgetreten, so ist als Forderungsstatut iS von Art 33 Abs 2 dasjenige nationale Recht zu ermitteln, dem der Kaufvertrag unterliegen würde, wenn das UN-Kaufrecht nicht zur Anwendung käme (MünchKomm/MARTINY Art 33 Rn 6; ERMAN/HOHLOCH aaO; VBAR, IPR II Rn 566; STOLL, in: FS Ferid 506; vgl auch OLG Hamm ZIP 1983, 1211 [1213]). Wird als Forderungsstatut hingegen das Recht eines Landes festgestellt, das Vertragsstaat des *Ottawa-Übereinkommens zum Internationalen Factoring* vom 28. 5. 1988 ist, so müssen die Vorschriften dieses Übereinkommens uU als ausländisches Sachrecht angewendet werden (vgl dazu näher im Anh zu Art 33 Rn 9 ff).

bb) Abweichende Rechtswahl

47 Nicht ausdrücklich geregelt ist in Art 33 Abs 2 EGBGB die Frage, ob **durch Rechtswahl ein anderes Recht** als das Forderungsstatut auf die mit der Übertragung der Forderung zusammenhängenden Fragen für anwendbar erklärt werden kann. Beschränkt man die Geltung des Abs 2 mit der hier vertretenen Auffassung auf den Schuldnerschutz, so ist jedenfalls eine allein zwischen Zedent und Zessionar getroffene Rechtswahl gegenüber dem Schuldner ohne Wirkung; denn durch eine Abkoppelung des Zessionsstatuts vom Forderungsstatut wird zwangsläufig auch die Rechtsposition des Schuldners berührt. Insbesondere im Falle einer *nachträglichen* Rechtswahl bestünde die Gefahr, dass der Inhalt der Forderung zum Nachteil des

Schuldners geändert wird (MünchKomm/Martiny Art 33 Rn 6, 10; Erman/Hohloch Art 33 Rn 4; Palandt/Heldrich Art 33 Rn 2; Kronke/Berger IPRax 1991, 320; Staudinger/Stoll, IntSachenR [1996] Rn 347; ebenso zum früheren Recht BGH IPRax 1985, 221 [224] = IPRspr 1984 Nr 121; OLG Köln NJW 1987, 1151 = IPRax 1987, 239 m zust Anm Sonnenberger 221 = IPRspr 1986 Nr 38; OLG Hamburg MDR 1976, 402 = IPRspr 1974 Nr 11 A). Demgegenüber ist eine nachträgliche Änderung des Forderungsstatuts durch Vereinbarung zwischen *Zessionar und Schuldner* grundsätzlich möglich. Allerdings ist die Schranke des Art 27 Abs 2 S 2 EGBGB zu beachten, wonach Rechte Dritter durch eine nachträgliche Rechtswahl nicht berührt werden dürfen (Soergel/vHoffmann Art 33 Rn 9). Da insoweit die Gefahr einer Verschlechterung der Rechtsposition des Altgläubigers/Zedenten besteht, bedarf es grundsätzlich einer Ermächtigung des Zessionars zu einer nachträglichen Änderung des Forderungsstatuts. Die bloße Befugnis zur gerichtlichen Geltendmachung der Forderung beinhaltet eine solche Ermächtigung regelmäßig nicht (MünchKomm/Martiny Art 33 Rn 10; aA OLG Frankfurt RiW 1984, 919 = IPRspr 1984 Nr 26). Einigen sich hingegen sämtliche Beteiligte – Zedent, Zessionar und Schuldner – darauf, dass für die Abtretung ein vom Forderungsstatut abweichendes Recht gelten solle, so ist eine solche Rechtswahl auch dem Schuldner gegenüber wirksam (Erman/Hohloch Art 33 Rn 6; Kronke/Berger aaO; ebenso das Schweizer Recht in Art 145 Abs 1 IPRG).

4. Die Anknüpfung von Zessionswirkungen gegenüber Dritten

Art 33 EGBGB und Art 12 EVÜ enthalten – abweichend von Art 16 Abs 2 des **48** EVÜ-Entwurfs (dazu Rn 1 ff) – keine ausdrückliche Kollisionsnorm mehr für die Drittwirkungen der Zession, insbesondere für deren Auswirkungen auf die Rechtsstellung von Gläubigern des Zedenten (vgl o Rn 9). Diese Lücke ist wegen der Nähe zu den in Art 12 EVÜ geregelten Aspekten der Forderungsabtretung nach Möglichkeit durch die Entwicklung einer ergänzenden einheitlichen Kollisionsregel für alle Vertragsstaaten zu schließen. Denn nur auf diese Weise wird der Gefahr vorgebeugt, dass in Nischen des ansonsten vereinheitlichten Kollisionsrechts unterschiedliche nationale Anknüpfungen festgeschrieben werden, welche die mit Art 12 EVÜ angestrebte Rechtsangleichung erheblich gefährden (vgl Peltzer RiW 1997, 898; Basedow ZEuP 1997, 623; Kieninger RabelsZ 62 [1998] 690 f). Über die richtige Lösung bestehen freilich ganz unterschiedliche Auffassungen (vgl näher Kieninger 691 ff).

a) Meinungsstand

Die hM in Deutschland knüpft – wie gezeigt (o Rn 10 ff) – die Verfügung über die **49** Forderung insgesamt an das Statut der abgetretenen Forderungen an; Art 33 Abs 2 erfasst also nach dieser Meinung nicht nur das Verhältnis zum Schuldner, sondern auch die Frage, unter welchen Voraussetzungen die Zession sonstigen Dritten, insbesondere Gläubigern des Zedenten, entgegengehalten werden kann (Soergel/vHoffmann Art 33 Rn 12; MünchKomm/Martiny Art 33 Rn 12 a; vBar, IPR Rn 567; Basedow ZEuP 1997, 623). Eine solche kollisionsrechtliche Gleichschaltung von Schuldner- und Gläubigerschutz hat zT auch in solchen ausländischen Rechten Gefolgschaft gefunden, in denen die Verfügungswirkungen im Verhältnis Zedent-Zessionar nach Art 12 Abs 1 EVÜ angeknüpft werden (vgl für England Dicey/Morris, Conflict II[13] 982 Rn 24–57; Cheshire/North, PrivIntL[13] 961 f; Kaye 325 f; für Schottland Anton, PrivIntL[2] 622 f; für Frankreich Pardoël Nr 385; Ruet Nr 612; für Italien Ballarino, DIP[2] 633; ebenso im deutschen Recht Einsele ZVerglRW 90 [1991] 23). Demgegenüber werden vor dem Hintergrund des französischen Sachrechts, das eine Erfüllung der Publizitätserfordernisse am Sitz des Schuldners vorschreibt, im französischen IPR auch die Drittwirkungen der Zession verbreitet nach dem Recht am *Schuldnersitz* beurteilt (vgl die Nachw o Rn 16). Schließlich gewinnt neuerdings die Auffassung an Boden, die Voraussetzungen und Wirkungen der Abtretung gegenüber Gläubigern des Zedenten dem Recht der *Niederlassung des Zedenten* unterwerfen möchte. Zur Begründung werden vor allem Aspekte des Gläubigerschutzes geltendgemacht, der durch das Sitzrecht des Gläubigers am besten gewährleistet werde. Gleichzeitig beeinträchtige diese Anknüpfung die internationale Abtretbarkeit von Forderungen weniger als die Anwendung des Forderungsstatuts oder des Niederlassungsrechts des Schuldners. Schließlich werde mangels abweichender Rechtswahl im Verhältnis Zedent-Schuldner idR ein Gleichlauf mit dem Forderungsstatut erreicht (vgl KIENINGER RabelsZ 62 [1998] 702 ff; vWILMOWSKY 429 ff; STRUYCKEN Lloyd's MCLQ 24 [1998] 354 ff).

b) Stellungnahme

50 Der Schutz der Gläubigerinteressen rechtfertigt indes eine Sonderanknüpfung der Drittwirkungen einer Zession nicht. Denn das Vertrauen eines Gläubigers, dass sein Schuldner Forderungen erwerben oder behalten wird, ist wegen des Rechts des Inhabers zur freien Verfügung über seine Forderungen nicht geschützt (zutr STADLER IPRax 2000, 108). Darüberhinaus wird auch das Interesse des Gläubigers an der Publizität von Zessionsvorgängen – wie das deutsche Sachrecht zeigt – keineswegs überall anerkannt. Kennt aber das *Sitzrecht des Gläubigers* keine Publizitätserfordernisse für die Zession, so wird der Gläubiger idR gar nicht auf den Gedanken kommen, Register oder Bücher einzusehen, in welche die Forderungsabtretung nach ausländischem Recht einzutragen ist (STADLER aaO). Für eine Anknüpfung an die Niederlassung des Zedenten bietet auch der Wortlaut des Art 33 EGBGB keinerlei Anhalt; zudem hat diese Anknüpfung den Nachteil, dass die Rechtsanwendung weiter erschwert wird, weil neben den in Abs 1 und Abs 2 bestimmten Rechten eine dritte Rechtsordnung zu berücksichtigen wäre. Ein verbesserter Gläubigerschutz kann aber auch nicht durch die entsprechende Anwendung des *Forderungsstatuts* nach Art 33 Abs 2 erreicht werden; denn der Gläubiger steht außerhalb der Rechtsbeziehung Zedent-Schuldner und kennt deshalb das Forderungsstatut, dem etwaige Publizitätserfordernisse unterliegen, im Regelfall nicht. Darüber hinaus wird ein Gläubiger namentlich dann, wenn der Zedent seinen Sitz in einem Staat hat, dessen Recht – wie das deutsche – die Drittwirkungen der Zession nicht von Publizitätserfordernissen abhängig macht, idR keine Register oder Bücher einsehen, in die die Abtretung nach dem hiervon abweichenden Forderungsstatut einzutragen ist (vWILMOWSKY 429 f; KIENINGER RabelsZ 62 [1998] 698). Auch die Drittwirkungen der Zession unterliegen daher grundsätzlich dem von Art 33 Abs 1 EGBGB bestimmten Zessionsstatut.

c) Insbesondere: das Problem der Mehrfachzession

51 Zusätzliche Schwierigkeiten bereitet insoweit die Frage, nach welchem Recht über die Priorität zu entscheiden ist, wenn ein Gläubiger mehrfach über die gleiche Forderung zugunsten verschiedener Zessionare verfügt hat. Zwar gilt insoweit fast überall der Grundsatz, dass die frühere Zession Vorrang vor der späteren hat, jedoch stellen die einzelnen Rechte auf unterschiedliche Zeitpunkte ab. Während es nach deutschem Recht auf die Vornahme des Verfügungsgeschäfts gemäß § 398 BGB ankommt, erwirbt nach den meisten romanischen Rechten derjenige Zessionar die

Forderung, der die Abtretung als erster dem Schuldner *angezeigt* hat (vgl für Belgien Art 1690 Abs 3 CC; dazu FORIERS/GRÉGOIRE, in: HADDING/SCHNEIDER [Rn 14] 135 [144]; für Frankreich BLAISE/DESGORCES aaO 245 [257]; für Italien Art 1265 CC; dazu DOLMETTA/PORTALE aaO 339 [346 f]; für Portugal Art 584 CC; dazu CAEIRO/AZEVEDO MAIA aaO 541 [551]). Die gleiche Regel gilt auch nach englischem Recht (vgl *Dearle v Hall* [1998] 3 Russ 1; CARL 197 [203]). Demgegenüber kommt es etwa nach spanischem Recht darauf an, wer die Abtretung zuerst öffentlich beurkunden lässt (vgl Art 1218 CC; dazu REICHMANN aaO 597 [606]).

Nach der **in Deutschland hM** betrifft die Frage der Mehrfachabtretung die „Übertragbarkeit" der Forderung iSv Art 33 Abs 2 EGBGB; über die Prioritätsfrage entscheide daher nicht nur im Verhältnis zum Drittschuldner, sondern auch im Verhältnis der konkurrierenden Zessionare zueinander allein das *Forderungsstatut* (BGH JZ 1999, 404 m krit Anm KIENINGER = IPRax 2000, 128 m krit Anm STADLER 104; vBAR RabelsZ 53 [1989] 470; STOLL IPRax 1991, 223; BASEDOW ZEuP 1997, 623; KROPHOLLER, IPR[4] § 52 VIII 1; REITHMANN/MARTINY Rn 306; SOERGEL/vHOFFMANN Art 33 Rn 12; ERMAN/HOHLOCH Art 33 Rn 6; vgl idS schon zum früheren Recht OLG Celle IPRspr 1989 Nr 58; BGHZ 111, 376 [381 f] = IPRax 1991, 248 = IPRspr 1990 Nr 48). Abweichend von der grundsätzlichen Anknüpfung der Verfügungswirkungen der Zession an das von Art 12 Abs 1 EVÜ bezeichnete Recht, wird eine (Sonder-Anknüpfung der Prioritätsfrage in Fällen der Mehrfachzession an das Forderungsstatut aber zT auch in England, Frankreich und Italien vertreten (vgl die Nachw in Rn 49). Schließlich wird geltendgemacht, die spezifischen Probleme der Mehrfachabtretung ließen sich am besten durch eine Anknüpfung an das *Niederlassungsrecht des Zedenten* lösen (KIENINGER RabelsZ 62 [1998] 703). 52

Ausgangspunkt für die Lösung des Konflikts zwischen mehreren Zessionaren sollte demgegenüber grundsätzlich wiederum das **nach Art 33 Abs 1 EGBGB bestimmte Zessionsstatut** sein. Gilt dieses kraft Rechtswahl oder objektiver Anknüpfung für sämtliche untereinander konkurrierenden Abtretungen, so sollte es auch über die Frage entscheiden, welcher der Zessionare Inhaber der Forderung geworden ist (zutr STADLER IPRax 2000, 109). Einer Sonderanknüpfung zur Entscheidung der Prioritätsfrage in Fällen der Mehrfachzession bedarf es nur dann, wenn die konkurrierenden Abtretungen unterschiedlichen Rechten unterliegen, die – aufgrund abweichender zeitlicher Bezugspunkte (s o Rn 51) – die Prioritätsfrage gegensätzlich beantworten. Insoweit geht es zwar nicht um die „Übertragbarkeit" der Forderung iSv Art 33 Abs 2, die allein das Verhältnis zum Schuldner betrifft; dennoch empfiehlt sich für diesen – im Gesetz nicht geregelten – Sonderfall eine entsprechende Anwendung dieser Kollisionsregel, dh eine *Anknüpfung an das Forderungsstatut* (ebenso STADLER aaO; ferner vHOFFMANN/HÖPPING IPRax 1993, 303; MANGOLD, in: HOMMELHOFF/JAYME, Europäischer Binnenmarkt [1995] 89 ff). Gegenüber dem Recht des Schuldner- oder Zedentenwohnsitzes (dafür KAISER 208 ff; KIENINGER RabelsZ 62 [1998] 703) hat diese Anknüpfung den Vorteil der größeren Sachnähe. Vor allem vermeidet sie eine noch weitere kollisionsrechtliche Aufsplitterung des Sachverhalts; denn die konkurrierenden Zessionare haben sich nur an die Publizitätserfordernisse desjenigen Rechts zu halten, das zur Wirksamkeit der Zession gegenüber dem Schuldner ohnehin beachtet werden muss (STADLER aaO; BASEDOW ZEuP 1997, 223). 53

5. Sonderanknüpfungen

Der Anwendungsbereich von Art 33 Abs 1 und 2 EGBGB ist abzugrenzen gegen- 54 über solchen Rechtsfragen, die nach deutschem IPR gesondert angeknüpft werden:

a) Geschäftsfähigkeit
Die Frage, ob die über eine Forderung verfügende natürliche Person geschäftsfähig ist, wird – abgesehen vom Verkehrsschutz (Art 11) – vom EVÜ nicht geregelt (vgl Art 1 Abs 2 a EVÜ; KAYE 323 f; CHESHIRE/NORTH, PrivIntL[13] 592 ff). Deshalb ist insoweit das nationale Kollisionsrecht anzuwenden. Das EGBGB beruft in Art 7 das Heimatrecht des Zedenten zur Anwendung (dazu näher STAUDINGER/HAUSMANN [2000] Art 7 Rn 12, 34 ff). Entsprechend bestimmt sich die Rechts- und Geschäftsfähigkeit einer juristischen Person nach ihrem Personalstatut (BGH IPRax 1985, 221 = IPRspr 1984 Nr 121).

b) Form
55 Die Form der rechtsgeschäftlichen Forderungsübertragung beurteilt sich nach Art 11 EGBGB (vHOFFMANN/HÖPPING IPRax 1993, 304; MünchKomm/MARTINY Art 33 Rn 16; ERMAN/HOHLOCH Art 33 Rn 7; vBAR, IPR II Rn 570). Dabei ist freilich stets genau zu prüfen, ob es wirklich um Formerfordernisse und nicht um materiell-rechtliche Publizitätsvoraussetzungen geht. Materiellrechtliche Wirkung kommt insbesondere der „signification" nach französischem bzw belgischem Recht (Art 1690 CC; dazu o Rn 15, 17), der „notificazione" nach italienischem Recht (Art 1264 CC; dazu o Rn 18) oder der öffentlichen Beurkundung der Abtretung nach spanischem Recht (Art 1218 CC; dazu o Rn 20) zu; insoweit verbleibt es daher bei der Geltung des Forderungsstatuts nach Art 33 Abs 2 (vgl o Rn 29; zust MünchKomm/SPELLENBERG Art 11 Rn 27 f; SOERGEL/vHOFFMANN Art 33 Rn 10). Während die Abtretung etwa nach österreichischem und italienischem Recht – ebenso wie nach § 398 BGB – grundsätzlich formfrei erfolgen kann, bedarf sie nach englischem Recht der Schriftform („legal assignment"; dazu o Rn 21). Nach schweizerischem Recht muss lediglich die Erklärung des Zedenten schriftlich abgegeben werden (Art 165 Abs 1 OR; dazu BGHZ 87, 19 [23] = IPRspr 1983 Nr 36; OLG Karlsruhe WM 1993, 893 [895] = WuB IV E Art 11 EGBGB 2.93 m abl Anm KÖNDGEN = IPRspr 1993 Nr 25; IPG 1984 Nr 18 [Köln]; IPG 1975 Nr 7 [München]). Lex causae iSv Art 11 Abs 1 EGBGB ist, soweit die Einhaltung der Form bereits für den Forderungsübergang im Verhältnis Zedent-Zessionar erforderlich ist, das jeweilige Zessionsgrundstatut (zB das Vertragsstatut, s o Rn 32; **aA** [Forderungsstatut] die in Deutschland noch hM, vgl OLG Karlsruhe aaO; REITHMANN/MARTINY Rn 304; vBAR RabelsZ 53 [1989] 472 f). Alternativ reicht freilich auch die Einhaltung der Form nach dem Recht des Vornahmeortes (lex loci actus) aus; danach ist die in Deutschland vollzogene Forderungsabtretung in jedem Falle formfrei wirksam (vBAR aaO; REITHMANN/MARTINY aaO; vHOFFMANN/HÖPPING IPRax 1993, 304; ebenso zum früheren Recht BGH WM 1957, 1574 = IPRspr 1956/57 Nr 32; BGHZ 87, 19 (23); OLG Karlsruhe aaO; KAISER 182 f; anders das schweizerische Recht, das in Art 145 Abs 3 IPRG zwingend die Einhaltung der Form des Rechts verlangt, dem die Zession untersteht). Art 11 Abs 5 EGBGB, der die Anknüpfung an die lex loci ausschaltet, ist demgegenüber auf rechtsgeschäftliche Forderungszessionen nicht anwendbar. Dies folgt im Geltungsbereich des EVÜ bereits daraus, dass die Anwendung derartiger nationaler Sonderregeln die nach Art 36 EGBGB gebotene einheitliche Auslegung des Übereinkommens stören würde (vHOFFMANN/HÖPPING IPRax 1993, 304). Darüber hinaus passt aber auch der Normzweck des Art 11 Abs 5 EGBGB, nämlich die besonders enge Bindung der dort genannten dinglichen Rechte an ihr „rechtliches Umfeld", auf die Verfügung über Forderungen nicht (vHOFFMANN/HÖPPING aaO; MünchKomm/SPELLENBERG Art 11 Rn 93; STAUDINGER/WINKLERvMOHRENFELS [2000] Art 11 Rn 240).

c) Stellvertretung

Verfügt eine Person als Stellvertreter über eine Forderung, so beurteilt sich ihre **56** Rechtsmacht allein nach dem Vertretungsstatut (vBar RabelsZ 53 [1989] 472; vHoffmann/Höpping IPRax 1993, 305). Im Falle der rechtsgeschäftlichen Vertretung entscheidet daher das Recht des Wirkungslandes als Vollmachtsstatut (vgl OLG Koblenz RiW 1996, 151 [152] = IPRspr 1995 Nr 34; dazu näher Staudinger/Magnus [2002] Einl zu Art 27–37 Rn A 10 ff; Reithmann/Martiny/Hausmann Rn 1719 ff), im Falle der organschaftlichen Vertretung das Gesellschaftsstatut (vgl BGH NJW 1984, 2767 = IPRax 1985, 221 m Anm Kötz 205 = IPRspr 1984 Nr 121). Auch das Recht zur Verfügung über eine fremde Forderung im eigenen Namen ergibt sich nicht aus dem Forderungsstatut, sondern aus derjenigen Rechtsordnung, die diese Befugnis verleiht (zB das Treuhandstatut; zur Einziehungsermächtigung s u Rn 63). Demgegenüber beurteilt sich die Möglichkeit eines gutgläubigen Forderungserwerbs vom Nichtberechtigten nach dem Forderungsstatut (vBar aaO).

d) Sachenrecht

Um die Abgrenzung zum Sachenrechtsstatut geht es bei der Verfügung über *dinglich* **57** *gesicherte Forderungen.* Dabei ist zwischen nicht akzessorischen Grundpfandrechten (zB Grundschulden) und akzessorischen Grundpfandrechten (zB Hypotheken) zu unterscheiden. Im ersteren Fall beurteilt sich die Verfügung über das dingliche Recht gem Art 43 Abs 1 EGBGB nach der lex rei sitae, während für den Übergang der gesicherten Forderung die oben Rn 26 ff entwickelten Grundsätze des internationalen Zessionsrechts gelten (vgl KG JW 1936, 2466; Staudinger/Stoll, IntSachenR [1996] Rn 245 ff; Reithmann/Martiny Rn 313; vBar RabelsZ 53 [1989] 473 f). Demgegenüber führt im zweiten Fall das materiellrechtliche Akzessorietätsprinzip zu Problemen, wenn die Übertragung der gesicherten Forderung nicht der für den Übergang der Hypothek maßgeblichen lex rei sitae unterliegt. In diesem Fall bedarf es einer Anpassung, derzufolge die Hypothek an einem deutschen Grundstück kraft wirksamer Abtretung der gesicherten Forderung nach dem von Art 33 Abs 1 und 2, 11 EGBGB berufenen (ausländischen) Recht auch dann auf den Zessionar übergeht, wenn die sachenrechtlichen Voraussetzungen der deutschen lex rei sitae (§ 1154 BGB) nicht eingehalten sind (vBar aaO; Staudinger/Stoll Rn 247; MünchKomm/Kreuzer nach Art 38 Anh I Rn 47; **aA** [Hypothek wird zur Eigentümergrundschuld] Ferid, IPR³ Rn 7-49; Reithmann/Martiny Rn 313). Ist umgekehrt die Forderung – zB mangels Erfüllung der Publikationserfordernisse – nicht auf den Zessionar übergegangen, so erwirbt dieser auch die Hypothek nicht (vBar RabelsZ 53 [1989] 474; Ferid, IPR Rn 7-48 f; Reithmann/Martiny aaO; **aA** [Forderungserwerb kraft analoger Anwendung von § 1138 BGB] Staudinger/Stoll aaO; MünchKomm/Kreuzer aaO).

6. Besondere Arten der Zession

a) Sicherungs- und Globalzession

In einigen EVÜ-Mitgliedstaaten ist die **Abtretung von Forderungen zu Sicherungs-** **58** **zwecken verboten,** so zB in Belgien (vgl Kieninger RabelsZ 62 [1998] 685 f m Nachw; einschränkend aber Foriers/Grégoire, in: Hadding/Schneider [Rn 14] 135 [144 f]) und seit dem Inkrafttreten des neuen Bürgerlichen Gesetzbuchs in den Niederlanden (Art 3: 84 Abs 3 BW; dazu o Rn 23). Auch im englischen Recht steht das „legal assignment" nach Sec 136 LPA 1925 (dazu o Rn 21) für Sicherungszwecke nicht zur Verfügung, weil diese Art der Abtretung weder widerruflich noch bedingt erklärt werden kann (Carl, in: Hadding/Schneider [Rn 14] 197 [202]). Andere Rechte sehen für die Sicherungszession mit Rücksicht auf die Interessen anderer Gläubiger des Zedenten besondere Publizitätsakte vor (vgl zur analogen Anwendung von § 452 iVm § 427 ABGB im öst Recht POSCH IPRax 1992, 52 f; KOZIOL DZWiR 1993, 353 f; ferner KÖTZ, EuVR I 419 mwN). Schließlich unterwerfen manche Rechte die Globalzession von Forderungen zum Schutz der Gläubigerordnung einer Registrierungspflicht (vgl im englischen Recht ch 45, sec 344 Insolvency Act 1986; vgl auch vHOFFMANN, in: HADDING/SCHNEIDER [Rn 14] 3 [13 ff]).

59 Die Frage, unter welchen Voraussetzungen eine Forderung zur Sicherheit abgetreten werden kann, beurteilt die hM in Deutschland ebenfalls nach dem **Forderungsstatut** (LG Hamburg IPRspr 1980 Nr 53; REITHMANN/MARTINY Rn 309 ff; vBAR, IPR II Rn 567; SOERGEL/ vHOFFMANN Art 33 Rn 13; vWESTPHALEN, Exportfinanzierung[3] [1987] 220). Werden zur Sicherheit – zB im Rahmen einer Globalzession oder eines verlängerten Eigentumsvorbehalts – auch *künftige* Forderungen abgetreten, so führt diese Anknüpfung allerdings zu erheblichen praktischen Problemen. Denn im Zeitpunkt der Vorausabtretung besteht die Forderung noch gar nicht, so dass auch ihr Statut noch nicht bestimmbar ist. Damit droht dem Zessionar als Sicherungsnehmer die Geltung eines Rechts, dessen Wahl allein in der Hand des Sicherungsgebers und seiner Abnehmer liegt; der Sicherungsnehmer hat keine Möglichkeit, die Wahl eines für ihn ungünstigen Forderungsstatuts zu verhindern (STAUDINGER/STOLL, IntSachenR [1996] Rn 349 ff; POSCH IPRax 1992, 54). Wird eine Vielzahl künftiger Forderungen abgetreten, so ergibt sich die weitere Schwierigkeit, dass in Bezug auf ein einziges Sicherungsgeschäft *verschiedene Rechte* zur Anwendung kommen können, weil das Forderungsstatut für jede Einzelforderung separat zu bestimmen ist. Eine solche Rechtszersplitterung erschwert aber die rechtliche Beurteilung des Sicherungsgeschäfts und läuft damit den Interessen des Sicherungsnehmers zuwider.

60 Um eine einheitliche Behandlung sämtlicher abgetretener Forderungen zu erreichen, wird daher für die Sicherungszession einer Vielzahl künftiger Forderungen, insbesondere in der Form der Globalzession, eine **Sonderanknüpfung an das Recht am gewöhnlichen Aufenthalt oder Niederlassungsort des Zedenten** (Sicherungsgebers) vorgeschlagen (KAISER 202 ff, 208 ff; STOLL IPRax 1991, 226 f; STAUDINGER/STOLL, IntSachenR [1996] Rn 349 ff; MünchKomm/KREUZER nach Art 38 Anh I Rn 93; ebenso zum englischen Recht MOSHINSKY LQRev 109 [1992] 609 ff; zum österreichischen Recht POSCH aaO). Nur auf diese Weise werde dem berechtigten Anliegen des Sitzstaates des Zedenten an der Durchsetzung seiner Gläubigerordnung kollisionsrechtlich entsprochen (STAUDINGER/STOLL aaO mit Kritik an der abweichenden Entscheidung des öst OGH, JBl 1992, 189 m Anm SCHWIMANN = IPRax 1992, 47 m Anm POSCH 51). Für diese Lösung spreche auch, dass der Sicherungsnehmer im Grunde auf das Unternehmen des Sicherungsnehmers in seinem wechselnden Bestand zugreife. Ferner erleichtere eine einheitliche Anknüpfung die Anerkennung der Sicherungszession durch das Insolvenzstatut des Zedenten. Die Sonderanknüpfung an den Niederlassungsort des Zedenten soll für die Voraussetzungen und Wirkungen der Vorausabtretung und die Bestimmung des Rangverhältnisses im Fall der Mehrfachabtretung gelten; demgegenüber soll es für die Frage der Abtretbarkeit der einzelnen Forderungen und den Schuldnerschutz bei der Geltung des Forderungsstatuts verbleiben.

61 Die in Deutschland hM lehnt diese Sonderanknüpfung ab und wendet Art 33 Abs 2 EGBGB auch auf die (Sicherungs-)Abtretung künftiger Forderungen uneingeschränkt an (vgl BGHZ 111, 376 [381 f] = NJW 1991, 637; BGH JZ 1999, 404 m Anm KIENINGER

= IPRax 2000, 128 m Anm STADLER 104; OLG Hamburg WM 1997, 1773 = IPRspr 1996 Nr 43; zust vBAR, IPR II Rn 572; MünchKomm/MARTINY Art 33 Rn 15; SOERGEL/vHOFFMANN Art 33 Rn 13; ERMAN/HOHLOCH Art 33 Rn 5; BETTE WM 1997, 797 ff; BASEDOW ZEuP 1997 620 f; ebenso in den Niederlanden noch HR NJ 1993 Nr 776 = NIPR 1993, 262 m Anm JOUSTRA IPRax 1994, 395, sowie in Österreich OGH IPRax 1992, 47 [48] m krit Anm POSCH 51). Sie macht vor allem geltend, dass eine Sonderanknüpfung die rechtliche Beurteilung nicht vereinfache. Zwar ermögliche die Anknüpfung an das Niederlassungsrecht des Sicherungsgebers eine einheitliche Beurteilung sämtlicher Forderungen, die im Rahmen eines bestimmten Sicherungsgeschäft abgetreten würden; da dieses Recht aber nur für bestimmte Aspekte der Zession gelten solle, während es im Übrigen beim Forderungsstatut verbleibe, werde eine Rechtszersplitterung letztlich doch nicht vermieden (BGH aaO). Auch sei Sicherungsgegenstand gerade nicht das gesamte Unternehmen des Zedenten, sondern es seien nur die einzelnen Forderungen (MünchKomm/MARTINY aaO). Schließlich müsse ein Sicherungsgeber, der sich auf die Zession künftiger Forderungen als Sicherungsmittel einlasse, auch die sich hieraus für ihn ergebenden Risiken hinnehmen (vBAR aaO). Im Interesse der Rechtssicherheit sowie angesichts des Wortlauts von Art 33 Abs 2, der nicht nach der Art der abgetretenen Forderung oder nach dem Zessionszweck unterscheide, seien die Voraussetzungen und Wirkungen jeglicher Abtretung daher einheitlich dem jeweiligen **Forderungsstatut** zu unterstellen (BGH aaO).

Beschränkt man die Geltung des Forderungsstatuts nach Art 33 Abs 2 EGBGB mit **62** der hier vertretenen Ansicht von vorneherein auf den Schuldnerschutz (dazu o Rn 26 ff, 40 ff), so erübrigt sich auch eine Sonderanknüpfung in Fällen der Vorausabtretung künftiger Forderungen. Denn die Voraussetzungen und Wirkungen der Abtretung im Verhältnis Sicherungsnehmer-Sicherungsgeber beurteilen sich dann nach dem **Statut der Sicherungsabrede** (so jetzt auch HR NIPR 1997 Nr 229 m Anm JOUSTRA IPRax 1999, 280). Zu diesen Voraussetzungen gehört aber auch die Zulässigkeit der Vorausabtretung zukünftiger Forderungen, weil diese nicht die „Übertragbarkeit" der Forderung iSv Art 33 Abs 2, sondern die hinreichende Bestimmtheit des Gegenstands der Zession betrifft (vgl BALLARINO, DIP^2 634). Damit herrscht insoweit für den Sicherungsnehmer bereits im Zeitpunkt der Vorausabtretung Rechtssicherheit hinsichtlich des auf die Abtretung anwendbaren Rechts. Der Gefahr, dass der Sicherungsgeber durch die Wahl des Forderungsstatuts in den Verträgen mit seinen Abnehmern den Erwerb der Forderungen durch den Sicherungsnehmer erschwert oder vereitelt, wird vorgebeugt (STADLER IPRax 2000, 107). Darüber hinaus wird die rechtliche Behandlung der Sicherungszession dadurch erleichtert, dass ihre Voraussetzungen und Wirkungen dem gleichen Recht unterliegen wie die zugrunde liegende Sicherungsabrede. Schließlich wird die Zulässigkeit von Globalzessionen im Verhältnis der Parteien des Sicherungsvertrages nach einer einzigen Rechtsordnung beurteilt. Da ein verlängerter Eigentumsvorbehalt oder eine sonstige Sicherungszession künftiger Forderungen den Sicherungsnehmer hauptsächlich für den Fall der Insolvenz des Sicherungsgebers sichern sollen, werden Schuldnerinteressen durch die Geltung des Zessionsgrundstatuts nicht berührt, denn dem Schuldner kann es gleichgültig sein, welchem der konkurrierenden Gläubiger die Forderung gebührt (zutr STOLL IPRax 1991, 225 f). Berechtigte *Schuldnerinteressen* werden hinreichend dadurch gewahrt, dass sein Schutz im Verhältnis zum Neugläubiger gesondert an das Forderungsstatut angeknüpft wird. Insoweit ist die mögliche Geltung eines von Forderung zu Forderung unterschiedlichen Rechts nur eine notwendige Konsequenz des Art 33 Abs 2. Ein **Verbot der**

Globalzession nach ausländischem Recht hat freilich nur die Unwirksamkeit der Abtretung derjenigen Einzelforderungen zur Folge, die diesem Recht unterstehen; die Abtretung aller anderen Forderungen, deren Statute die Globalzession anerkennen, bleibt hingegen auch dem Schuldner gegenüber wirksam (BASEDOW ZEuP 1997, 621). Für eine unterschiedliche Behandlung von „einfacher" Zession und (Global-) Sicherungszession besteht nach alledem kein Bedürfnis.

b) Einziehungsermächtigung

63 Während der Zessionar bei einer Inkassozession im Außenverhältnis die volle Gläubigerstellung erlangt und lediglich im Innenverhältnis an die mit dem Zedenten getroffenen Absprachen zur Ausübung seiner Rechte gebunden ist, wird im Falle der Einziehungsermächtigung lediglich ein *Forderungsausschnitt* auf den Zessionar übertragen; die Forderung selbst verbleibt beim Gläubiger, jedoch kann der Ermächtigte sie im eigenen Namen geltend machen und je nach dem Inhalt der Ermächtigung Leistung an den Gläubiger oder an sich verlangen (vgl WIECZOREK/SCHÜTZE/HAUSMANN vor § 50 Rn 85 ff). Dennoch steht die Einziehungsermächtigung der Zession so nahe, dass es gerechtfertigt scheint, sie für die Zwecke des internationalen Privatrechts als Abtretung zu qualifizieren, so dass auch insoweit Art 33 Abs 1 und 2 EGBGB zur Anwendung kommen (BGH NJW-RR 1990, 248 [250] = IPRspr 1989 Nr 3; BGHZ 125, 196 [204 f] = NJW 1994, 2549 = IPRax 1995, 168 m Anm GOTTWALD 157 = IPRspr 1994 Nr 198; REITHMANN/MARTINY Rn 301). Während die in Deutschland hM daraus entnimmt, dass die Voraussetzungen und Wirkungen einer Einziehungsermächtigung insgesamt dem Forderungsstatut des Art 33 Abs 2 EGBGB unterstehen (BGH, jeweils aaO; SCHACK, IZVR[2] Rn 558; SOERGEL/vHOFFMANN Art 33 Rn 16), ist dessen Geltung aus den o Rn 26 ff genannten Gründen auch hier auf die Fragen zu beschränken, ob eine Einziehungsermächtigung bezüglich der gegenständlichen Forderungen überhaupt zulässig ist und welche Wirkungen sie gegenüber dem Schuldner hat. Denn die entsprechende Anwendung von Art 33 Abs 2 soll lediglich sicherstellen, dass Ermächtigender und Ermächtigter durch eine für die Einziehungsermächtigung getroffene Rechtswahl die Stellung des Schuldners nicht zu dessen Nachteil verändern können (BGHZ 125, 196 [205]). Die Voraussetzungen und Wirkungen der Einziehungsermächtigung im Übrigen bestimmen sich hingegen nach dem Statut des Vertrages, welcher der Einziehungsermächtigung zugrundeliegt (vgl – zur fortbestehenden Einziehungsermächtigung des Zedenten – BGHZ 115, 312 [316] = NJW 1992, 3096 = IPRspr 1992 Nr 218b). Die Befugnis zur Erteilung einer Einziehungsermächtigung kann allerdings gesondert anzuknüpfen sein (vgl BGHZ 125, 196 [203 f]: Insolvenzstatut).

7. Abgrenzung zur Legalzession

64 Während die Abgrenzung zwischen rechtsgeschäftlicher Forderungsabtretung und Legalzession im deutschen Recht klar gezogen werden kann, bereitet die vor allem in den romanischen Rechten verbreitete **vertragliche Subrogation** (vgl zur „subrogation conventionelle" im französischen Recht Art 1249 f CC; zur „surrogazione per volontà del creditore/debitore" im italienischen Recht Art 1201 f CC) Qualifikationsprobleme. Dabei sind in den meisten romanischen Rechten zwei Untertypen der vertraglichen Subrogation zu unterscheiden. Der in der Praxis wegen seiner Einfachheit gebräuchlichere Typ ist der vertragliche Gläubigereintritt kraft Zustimmung des *Gläubigers* (Art 1250 Nr 1 frz CC, Art 1201 ital CC). Zahlt danach ein Dritter auf die Forderung des Gläubigers gegen den Schuldner, so kann der Gläubiger den Dritten

durch eine ausdrückliche Erklärung im Zeitpunkt der Zahlung in die eigenen Rechte einsetzen, so dass der Schuldner fortan dem Dritten verpflichtet ist. Die Subrogation führt also zu einem Übergang der Forderung mit allen Nebenrechten auf den eintretenden Dritten; dem Schuldner bleiben freilich alle Einwendungen und Einreden gegenüber dem Eintretenden erhalten. Diese Art der vertraglichen Subrogation unterscheidet sich sowohl von der Forderungsabtretung (vgl zum ital Recht TRABUCCHI, Istituzioni di diritto civile[32] [1991] § 251), als auch von der Legalzession. Anders als bei einer rechtsgeschäftlichen Abtretung sind weder die Abtretungsanzeige an den Schuldner noch eine Annahme durch diesen erforderlich; andererseits ist die Subrogation in ihrer Wirkung jedoch auf die Höhe des tatsächlich gezahlten Forderungsbetrags beschränkt (vgl zur „subrogation conventionelle" nach frz Recht näher BLAISE/DESGORCES, in: HADDING/SCHNEIDER [Rn 14] 245 [261 ff]). Im Unterschied zur Legalzession wird der Dritte aber nicht automatisch, sondern nur aufgrund einer entsprechenden ausdrücklichen Willenserklärung des Altgläubigers zum neuen Gläubiger. Gerade der automatische Übergang allein kraft Gesetzes ist aber kennzeichnend für eine cessio legis. Deshalb steht die vertragliche Subrogation der rechtsgeschäftlichen Forderungsabtretung näher als der Legalzession; maßgebend ist daher Art 33 Abs 1 und 2, nicht Art 33 Abs 3 EGBGB (MünchKomm/MARTINY Art 33 Rn 5; SOERGEL/vHOFFMANN Art 33 Rn 16; ERMAN/HOHLOCH Art 33 Rn 5; vBAR, IPR II Rn 574; SONNENBERGER IPRax 1987, 222; ebenso in Frankreich BATIFFOL/LAGARDE, DIP[7] II n 611; P MAYER, DIP[5] n 751; SINAY-CYTERMANN Rev crit dip 1992, 58 f; PARDOËL Nr 653 ff; vgl auch App Paris Clunet 1984, 143 m Anm JACQUEMONT; aA BÖHNER IPRax 1987, 16; BLAISE/DESGORCES [Rn 15] 266).

Beim zweiten Typ der vertraglichen Subrogation hat der *Schuldner,* der ein Darlehen **65** zur Rückzahlung der Forderung aufnimmt, das Recht, den Darlehensgeber unter bestimmten Voraussetzungen auch ohne Zustimmung des alten Gläubigers zum neuen Gläubiger zu machen (vgl Art 1250 Nr 2 frz CC; Art 1202 ital CC). Auch in diesem Fall geht die Forderung aber nur über, wenn der Schuldner eine hierauf gerichtete Erklärung abgibt. Damit steht auch diese Art der vertraglichen Surrogation der rechtsgeschäftlichen Forderungsabtretung näher als einer cessio legis; maßgebend ist auch insoweit Art 33 Abs 1 und 2 EGBGB. Die praktische Bedeutung dieser Qualifikation ist freilich gering, wenn man mit der hier vertretenen Auffassung rechtsgeschäftliche und Legalzession einheitlich anknüpft.

III. Gesetzlicher Forderungsübergang

1. Zessionsgrundstatut und Forderungsstatut

a) Grundsätzliche Anknüpfung an das Zessionsgrundstatut

Die Frage, ob und in welcher Höhe eine Forderung kraft Gesetzes auf einen Dritten **66** übergeht, der den Gläubiger befriedigt hat, bestimmt sich gem Art 33 Abs 3 EGBGB nach dem „für die Verpflichtung des Dritten maßgebenden Recht", dem sog *Zessionsgrundstatut* (auch Drittleistungs- oder Kausalstatut; vgl BGH NJW 1998, 3205 f = IPRspr 1998 Nr 46; MünchKomm/MARTINY Art 33 Rn 17). Denn der gesetzliche Forderungsübergang dient der Ausgestaltung des Zessionsgrundes (KEGEL/SCHURIG, IPR[8] § 18 VII 2; EINSELE RabelsZ 60 [1996] 433). Art 33 Abs 3 trägt deshalb dem engen Zusammenhang des Regressrechts mit der Verpflichtung des Dritten sowie dem Bestreben Rechnung, den Regressanspruch des Dritten wegen der Subsidiarität seiner Haftung weitmöglichst zu sichern. Aus diesem Grunde soll das auf seine Leistungsverpflichtung anwendbare Recht auch die Zulässigkeit des Regresses beherrschen. Das Interesse des Schuldners an der Geltung des Statuts der Hauptforderung tritt demgegenüber in den Hintergrund (Wandt ZVerglRW 86 [1987] 284 f; vBar, IPR II Rn 575; Soergel/vHoffmann Art 33 Rn 5). Dies entsprach bereits der hM in Deutschland vor der IPR-Reform von 1986 (vgl RGZ 54, 311 [316]; BGH TranspR 1986, 389 = IPRspr 1985 Nr 44; OLG Hamburg MDR 1957, 679 = IPRspr 1956/57 Nr 50 [England], IPRspr 1956/57 Nr 50 a [Frankreich] und VersR 1967, 1205 = IPRspr 1966/67 Nr 34 [Niederlande]; OLG Bremen VersR 1967, 576 = IPRspr 1966/67 Nr 32 [Norwegen]; OLG Oldenburg IPRspr 1983 Nr 34; OLG Koblenz RiW 1990, 931 = IPRspr 1989 Nr 64 [Luxemburg]; OLG Stuttgart VersR 1991, 1042 = IPRspr 1990 Nr 45 [Schweiz]; LG München I FamRZ 1974, 473 = IPRspr 1973 Nr 19 [Griechenland] und IPRax 1982, 78 [Jayme] = IPRspr 1981 Nr 32 [Italien]; LG Karlsruhe VersR 1985, 95 = IPRspr 1984 Nr 40 [Italien]; Beemelmans RabelsZ 29 [1965] 512). Auch Praxis und Lehre in den übrigen Mitgliedstaaten des EVÜ tendierten zu einer Anknüpfung an das Statut des Zessionsgrundes (vgl in Frankreich Cass civ Rev crit dip 1970, 688 m Anm Lagarde).

67 Zahlt daher etwa die **Versicherung** nach einem Schadensfall an den Versicherten, so beurteilt sich der Übergang der Forderung des Versicherten gegen den Drittschädiger auf die Versicherung nach dem Statut des Versicherungsvertrages und nicht nach dem Statut der Schadensersatzforderung (BGH NJW 1998, 3205 f = IPRspr 1998 Nr 46; OLG Düsseldorf VersR 2000, 462; Wandt NZV 1993, 57; vgl idS auch die Rechtsprechung in der Schweiz [BGE 39 II 73, 76; 74 II 81, 86; 85 II 267, 271] und in Österreich [OGH IPRax 1995, 41 m Anm Wandt 44 und ZfRvgl 1997, 212; vgl auch schon OGH IPRax 1989, 244 m Anm Beitzke 250]). Entsprechend entscheidet über den gesetzlichen Forderungsübergang auf den **Bürgen,** der den Gläubiger befriedigt hat, das Bürgschaftsstatut und nicht das Statut der Hauptforderung (Gaudemet-Tallon Rev trim dr eur 1981, 215, [276]). Durch diese Regelung hat der Gesetzgeber der Auffassung, welche die cessio legis – ebenso wie die rechtsgeschäftliche Forderungsabtretung – nach dem Forderungsstatut beurteilen wollte (vgl idS LG Hamburg IPRspr 1977 Nr 65 [Jugoslawien]; Guldener 139; Wussow NJW 1964, 2330; dazu Wandt ZVerglRW 86 [1987] 281 ff) eine klare Absage erteilt. Entgegen einer früher verbreiteten Auffassung (vgl Raape, IPR 507 f) kommt es auch nicht darauf an, ob die Legalzession in vergleichbaren Fällen dem Forderungsstatut zumindest bekannt ist.

68 Die Anknüpfung der cessio legis unterscheidet sich daher auffällig von der Anknüpfung der rechtsgeschäftlichen Forderungsabtretung, bei der die in Deutschland hM die Geltung des Zessionsgrundstatuts in Art 33 Abs 1 auf das Verpflichtungsgeschäft beschränkt, während der Forderungsübergang als solcher dem Geltungsbereich des Forderungsstatuts nach Abs 2 zugewiesen wird (s o Rn 10 ff). Zur Begründung für diese **unterschiedliche Reichweite des Zessionsgrundstatuts** wird hingewiesen, dass der gesetzliche Forderungsübergang nicht Gegenstand einer schuldrechtlichen Verpflichtung des Zedenten, sondern Rechtsfolge der Erfüllung einer Schuld sei, die der Neugläubiger dem Altgläubiger gegenüber hatte. Da der Neugläubiger aber in den Fällen der Legalzession idR nur nachrangig haften solle, müssten auch die kollisionsrechtlichen Interessen des Hauptschuldners an der Geltung des Rechts, unter dem er sich verpflichtet hatte, zurücktreten. Denn im Vordergrund stehe weniger seine Entlastung, als vielmehr die Erhaltung der Rechte des Neugläubigers, die diesem für den Fall einer Tilgung der Schuld nach dem Recht erwachsen waren, dem seine eigene Verbindlichkeit zur Zahlung im Verhältnis zum Altgläubiger unterstand (vgl vBar RabelsZ 53 [1989] 476 f; Kropholler, IPR[4] § 52 VIII 2; Kaye 329). Dieser kollisionsrechtlichen Interessenwertung ist zwar für die Legalzession voll zuzustimmen. Weder sie noch der Wortlaut des Art 33 lassen jedoch den Rückschluss zu, dass der Forderungsübergang in den Fällen der rechtsgeschäftlichen Zession notwendigerweise insgesamt dem Forderungsstatut des Abs 2 unterworfen ist. Die akzessorische Anknüpfung der rechtsgeschäftlichen Zession an das Forderungsstatut ist vielmehr nach der gesetzlichen Wertung nur in dem Umfang geboten, in dem Interessen des Schuldners berührt sind (vgl schon o Rn 29 m Nachw). Dies spricht dafür, die Grenzlinie zwischen Zessionsgrundstatut und Forderungsstatut beim rechtsgeschäftlichen wie beim gesetzlichen Forderungsübergang *parallel* zu ziehen (so ausdrücklich auch LAGARDE Rev crit dip 1991, 287 [336]).

b) Schuldnerschutz durch das Forderungsstatut
aa) Grundsatz

Dies bedeutet, dass der Schuldnerschutz (vgl im deutschen Recht § 412 iVm §§ 404 ff BGB) auch im Anwendungsbereich des Art 33 Abs 3 dem *Forderungsstatut* vorbehalten bleiben muss. Zwar wird der Gesichtspunkt des Schuldnerschutzes – anders als in Abs 2 für die rechtsgeschäftliche Zession – in Abs 3 nicht ausdrücklich angesprochen. Jedoch stellt Art 33 Abs 3 klar, dass der Dritte die Forderung des Gläubigers gegen den Schuldner nur „gemäß dem für deren Beziehungen maßgebenden Recht", dh gemäß dem Forderungsstatut geltendmachen kann. Ein wirksamer Schuldnerschutz setzt aber voraus, dass über alle Aspekte des gesetzlichen Forderungsübergangs, die zu einer Verschlechterung der Rechtsstellung des Schuldners führen können, das Forderungsstatut entscheidet. Dies entsprach bereits der hM vor der IPR-Reform (vgl OLG Oldenburg IPRspr 1983 Nr 34; BEEMELMANS RabelsZ 29 [1965] 511 ff; SOERGEL/KEGEL[11] vor Art 7 Rn 448; IPG 1965/66 Nr 7 [Hamburg]; ebenso in der *Schweiz* BGE 107 II 489 = IPRax 1983, 241 m krit Anm A SCHNYDER 247; M KELLER SJZ 1975, 305, 310 und in *Frankreich* LAGARDE Rev crit dip 1991, 287 [336 f] mwN). Auch Art 17 Abs 2 des EVÜ-Vorentwurfs von 1972 ordnete die Geltung die Forderungsstatuts auf die Übertragbarkeit der Forderung sowie die Rechte und Pflichten des Schuldners im Falle der cessio legis noch ausdrücklich an. Wenn diese Regelung auch in der Endfassung des Art 13 EVÜ – und damit in Art 33 Abs 3 EGBGB – entfallen ist, so ist der Schuldner doch bei einem gesetzlichen Forderungsübergang nicht minder schutzwürdig wie in Fällen der rechtsgeschäftlichen Zession. Da er im einen wie im anderen Fall auf das Zessionsgrundstatut keinen Einfluß hat, darf sich seine Stellung durch den Gläubigerwechsel nicht verschlechtern. Aus diesem Grunde muss auch bei der cessio legis das Forderungsstatut über alle den Schuldnerschutz betreffenden Fragen entscheiden (REITHMANN/MARTINY Rn 319; H KELLER 164; vBAR RabelsZ 53 [1989] 477 f; ERMAN/HOHLOCH Art 33 Rn 10; SOERGEL/vHOFFMANN Art 33 Rn 23; KEGEL/SCHURIG, IPR[8] § 18 VII 2; KROPHOLLER, IPR[4] § 52 VII 2; ebenso zu Art 13 EVÜ LAGARDE aaO; FOYER Clunet 1991, 601 [625]; P MAYER, DIP[5] n 751 aE; VANDER ELST/WESER, DIP II 112 f; vgl idS auch – ausdrücklich – Art 146 Abs 2 schweiz IPRG). Damit schließt das geltende Recht zwar eine generelle Kumulation von Zessionsgrund- und Forderungsstatut in dem Sinne, dass es zum gesetzlichen Forderungsübergang nur kommt, wenn er von beiden Rechten angeordnet wird (so früher vor allem RAAPE, IPR 507 f; LEWALD, IPR 276, sowie heute noch das schweizerische IPR für die Rückgriffsfälle des Art 144 IPRG) aus. Nicht völlig geklärt ist freilich, in welchem Umfang das Zessionsgrundstatut durch das Forderungsstatut verdrängt wird.

bb) Forderungsinhalt

Da auch im Fall des Art 33 Abs 3 der Dritte nur „die Forderung des Gläubigers gegen den Schuldner" geltend machen kann, verändert eine nach Maßgabe des Zessionsgrundstatuts wirksame Legalzession den Forderungsinhalt nicht. Dieser bleibt daher auch im Verhältnis zwischen Neugläubiger und Schuldner weiterhin durch das Forderungsstatut bestimmt (H KELLER 164; MünchKomm/MARTINY Art 33 Rn 27; vHOFFMANN, IPR[6] § 10 Rn 91; ebenso zu Art 13 EVÜ GIULIANO/LAGARDE-Bericht, BT-Drucks 10/503 S 67; FOYER aaO). Für den Fall des gesetzlichen Übergangs von Unterhaltsforderungen wird dies in Art 18 Abs 6 Nr 3 EGBGB ausdrücklich bekräftigt (dazu u Rn 89). Ist die Verpflichtung des Schuldners dem Altgläubiger gegenüber daher der Höhe nach beschränkt, wie uU die Haftung bei einer im Ausland begangenen unerlaubten Handlung (vgl Art 40 Abs 3 EGBGB), so bleibt diese Beschränkung dem Schuldner auch gegenüber dem Neugläubiger (zB der Versicherung des Geschädigten) im gleichen Umfang erhalten (vBAR RabelsZ 53 [1989] 478). Gleiches gilt für *Einreden* gegen die Forderung (vgl zur Einrede der Verjährung PALANDT/HELDRICH Art 33 Rn 3; vBAR, IPR II Rn 576; vHOFFMANN aaO; WANDT ZVerglRW 86 [1987] 281; ebenso zu Art 13 EVÜ LAGARDE Rev crit 1991, 287, 336; VANDER ELST/WESER, DIP II 113; vgl auch öst OGH ZfRvgl 1990, 125, 127 m Anm EHRICKE), sowie für *Aufrechnungsmöglichkeiten* (WANDT aaO; VANDER ELST/WESER aaO). Scheitert der gesetzliche Forderungsübergang an schuldnerschützenden Vorschriften des Forderungsstatuts, so bleibt zu prüfen, ob zumindest ein Anspruch des Neugläubigers auf Abtretung gegen den Altgläubiger nach Maßgabe des Zessionsgrundstatuts besteht (KEGEL/SCHURIG, IPR[8] § 18 VII 2).

cc) Übertragbarkeit der Forderung

71 Streitig ist, ob das Forderungsstatut auch die Frage der Übertragbarkeit der Forderung beherrscht oder ob es insoweit bei der Geltung des Zessionsgrundstatuts verbleibt. Hierzu wird teilweise die Ansicht vertreten, der Schuldner dürfe nur darauf vertrauen, dass das Forderungsstatut eine rechtsgeschäftliche Abtretung der Forderung ausschließt, nicht jedoch auch darauf, dass ein vom Forderungsstatut verschiedenes Recht die Forderungsinhaberschaft kraft cessio legis verändern könne; das Schutzbedürfnis des Schuldners vor einer ihm unbekannten cessio legis wiege kollisionsrechtlich geringer als das Erwerbsinteresse eines vorleistenden Dritten (vBAR, IPR II Rn 577; KROPHOLLER, IPR[4] § 52 VIII 2; LÜDERITZ, IPR[2] Rn 298; WANDT ZVerglRW 86 [1987] 286 f; wohl auch öst OGH aaO). Demgemäß hat auch das OLG Stuttgart den gesetzlichen Übergang von Schmerzensgeldansprüchen auf einen schweizerischen Sozialversicherungsträger nach Maßgabe des schweizerischen Rechts bejaht, obwohl diese Ansprüche dem deutschen Tatortrecht unterstanden und nach § 847 BGB aF nicht übergehen konnten, weil sie weder anerkannt noch rechtshängig gemacht worden waren (OLG Stuttgart VersR 1991, 1012 = IPRspr 1990 Nr 45).

72 Die Interessenlage ist im Falle einer cessio legis indes nicht so unterschiedlich, als dass sie eine Abweichung von der kollisionsrechtlichen Beurteilung der rechtsgeschäftlichen Forderungsabtretung rechtfertigen könnte. Denn der gesetzliche Forderungsübergang ist seinerseits häufig nur Folge eines Rechtsgeschäfts, das der Gläubiger mit einem Dritten abgeschlossen hat. Der Grundsatz, dass die Rechtsposition des Schuldners durch Rechtsgeschäfte des Gläubigers, die sich dem Einflussbereich des Schuldners entziehen, nicht verschlechtert werden darf, gilt damit auch hier. Anderenfalls würde der Umstand, dass der Gläubiger einen Versicherungsvertrag mit einem Schadensversicherer oder einen Bürgschaftsvertrag abgeschlossen hat, sich zum Nachteil des Schuldners auswirken; Verträge zu Lasten Dritter sind aber unzulässig. Auch gesetzliche Abtretungsverbote sind daher dem Forderungsstatut zu entnehmen (zutr EINSELE ZVerglRW 90 [1991] 19 f; H KELLER 167 f; ERMAN/HOHLOCH Art 33 Rn 10; EICHENHOFER, Internationales Sozialrecht und IPR [1987] 207; MünchKomm/MARTINY Art 33 Rn 26; wohl auch KEGEL/SCHURIG, IPR^8 § 18 VII 2; ebenso zum früheren Recht BEEMELMANS RabelsZ 29 [1965] 511, 519; RABEL Conflict 447; STAUDINGER/FIRSCHING$^{10/11}$ Vorbem 598 zu Art 12 aF). Dementsprechend unterstellte auch Art 17 Abs 2 des EVÜ-Vorentwurfs die Frage der Übertragbarkeit der Forderung noch ausdrücklich dem Forderungsstatut (vgl den Text o Rn 1); mit der Korrektur des Wortlauts in der Endfassung des EVÜ war aber eine sachliche Änderung in dieser Frage offenbar nicht beabsichtigt (H KELLER 167 f; SOERGEL/vHOFFMANN Art 33 Rn 24).

dd) Sonstiges

Das Forderungsstatut entscheidet schließlich auch darüber, ob der gesetzliche Gläubigerwechsel in seinen Wirkungen gegenüber dem Schuldner von einer **Mitteilung oder Benachrichtigung** abhängt (WANDT ZVerglRW 86 [1987] 281; SOERGEL/vHOFFMANN Art 33 Rn 23) und unter welchen Voraussetzungen der Schuldner durch Leistung an den Altgläubiger nach erfolgter cessio legis frei wird (vgl im deutschen Recht §§ 412, 407 BGB; dazu KEGEL/SCHURIG, IPR^8 § 18 VII 2; POULIADIS IPRax 1983, 312 f; MünchKomm/ MARTINY Art 33 Rn 25 aE).

c) Reichweite des Zessionsgrundstatuts

Art 33 Abs 3 erklärt das Zessionsgrundstatut für anwendbar auf die Frage, ob der leistende Dritte die Forderung des Gläubigers gegen den Schuldner „ganz oder zum Teil geltend zu machen berechtigt ist". Das Zessionsgrundstatut entscheidet daher insbesondere darüber, ob die Forderung überhaupt auf den leistenden Dritten übergegangen ist, dh welche **Voraussetzungen für einen gesetzlichen Forderungsübergang** vorliegen müssen (zB Überleitungsanzeige; vgl WANDT ZVerglRW 86 [1987] 281; Münch-Komm/MARTINY Art 33 Rn 23). Damit unterliegen auch *Regressprivilegien* – wie zB das Familienprivileg im Versicherungs- und Sozialversicherungsrecht (§§ 67 Abs 2 VVG, 116 Abs 6 SGB X) – nicht dem Forderungsstatut (zB dem Deliktsstatut), sondern dem Zessionsgrund-/Drittleistungsstatut (=Versicherungsvertragsstatut); denn diese Regressprivilegien dienen nicht dem Schutz des Schuldners (Schädigers) gegen einen Gläubigerwechsel, sondern allein dem Schutz des geschädigten Versicherungsnehmers (WANDT NZV 1993, 57; **aA** offenbar OLG Hamburg VersR 1992, 685 [686] = NJW-RR 1993, 40 = IPRspr 1992 Nr 56). Erfasst ist aber auch die Frage des „wann", dh des *Zeitpunkts*, zu dem der Forderungsübergang eintritt (WANDT ZVerglRW 86 [1987] 281).

Ob sich auch die **Höhe der übergegangenen Forderung** nach dem Zessionsgrundstatut bestimmt oder ob hierfür das Forderungsstatut maßgibt (so zB Art 142 Abs 1 schweiz IPRG) wird aus Art 33 Abs 3 hingegen nicht deutlich; die Stellung der Worte „ganz oder zu einem Teil" im deutschen Text lässt beide Interpretationsmöglichkeiten zu. Aus der englischen und der französischen Fassung von Art 13 EVÜ geht jedoch eindeutig hervor, dass sich auch die Frage, in welcher Höhe die Forderung kraft Gesetzes auf den Neugläubiger übergeht, nach dem Zessionsgrundstatut richten soll (GIULIANO/LAGARDE-Bericht, BT-Drucks 10/503, 67; KAYE 329; zust WANDT aaO; FERID, IPR Rn 6-125; SOERGEL/vHOFFMANN Art 33 Rn 22; PALANDT/HELDRICH Art 33 Rn 3). Das Forderungsstatut begrenzt freilich aus Gründen des Schuldnerschutzes die Forderungshöhe nach oben (vgl zuvor Rn 70). Soweit ausländische Rechte also einen nur teilweisen Forderungsübergang auf den leistenden Dritten anordnen, wie zB Art 1252 frz CC oder Art 1205 ital CC, ist auch dies nach Maßgabe des Zessionsgrundstatuts zu beachten (GIULIANO/LAGARDE-Bericht aaO). Überlässt der Neugläubiger die Geltendmachung der Forderung gegen den Schuldner trotz des erfolgten gesetzlichen Forderungsübergangs dem Altgläubiger, so erhält dieser nach der (Versicherungs-, Sozial usw) Leistung des Dritten auch die Schadensersatzleistung des Schuldners. Für diesen Fall entscheidet das Forderungsstatut darüber, ob ein Regress des Drittleistenden gegen den Altgläubiger möglich ist (MünchKomm/MARTINY Art 33 Rn 23; dazu näher PLAGEMANN/PLAGEMANN, in: FS Müller-Freienfels 484 ff).

2. Inkongruenzen zwischen Art 13 EVÜ und Art 33 Abs 3 EGBGB

76 Während Art 33 Abs 3 S 1 die Geltung des Zessiongrundstatuts nur für den Fall anordnet, dass „ein Dritter die Verpflichtung hat, den Gläubiger zu befriedigen", bestimmt Art 13 Abs 1 EVÜ die gleiche Rechtsfolge auch für den Fall, dass der Dritte „den Gläubiger aufgrund dieser Verpflichtung befriedigt". Auf eine Übernahme dieser zweiten Alternative hat der deutsche Gesetzgeber deshalb verzichtet, weil sie sich von selbst verstehe (BT-Drucks 10/504, 83). Aus der EVÜ-Fassung geht freilich deutlicher als aus der EGBGB-Fassung hervor, dass die Erfüllungswirkung einer Drittleistung nicht nach dem Zessionsgrundstatut, sondern nach ihrem eigenen Statut zu beurteilen ist (vBAR, IPR II Rn 580). Darüber hinaus wird in der Fassung des Art 13 Abs 1 EVÜ klarer, dass das Zessionsgrundstatut auch über den Zeitpunkt entscheidet, zu dem die Legalzession eintritt (vBAR aaO). Durch die Auslassung in Art 33 Abs 3 S 1 ist daher die Gefahr von Missverständnissen – besonders in der Praxis – gestiegen (FERID, IPR³ Rn 6–124).

77 Von erheblich größerer Tragweite ist freilich eine weitere Wortlautabweichung: Während Art 13 EVÜ ausdrücklich nur vertragliche Forderungen erfasst (GIULIANO/LAGARDE-Bericht, BT-Drucks 10/503, 67; FLETCHER 177), fehlt eine entsprechende Beschränkung in Art 33 Abs 3 EGBGB. Der deutsche Reformgesetzgeber hat also mit dieser Regelung – ganz bewusst (vgl die Gesetzesbegründung, BT-Drucks 10/504, 83) – auch die Legalzession von **Forderungen aus gesetzlichen Schuldverhältnissen** mitgeregelt (KROPHOLLER, IPR⁴ § 52 VIII 2; MünchKomm/MARTINY Art 33 Rn 11). Mag man diese Entscheidung auch aus Gründen der Gesetzessystematik kritisieren (so STOLL, in: FS Müller-Freienfels 634; W LORENZ IPRax 1987, 269 [276]), so bestehen doch gegen die Ausdehnung keine inhaltlichen Einwände. Denn ihre praktische Hauptbedeutung hat die Legalzession nun einmal auf dem Gebiet der Schadensversicherung. Art 33 Abs 3 gilt damit nicht nur für den Forderungserwerb des Schadensversicherers durch Legalzession (zB nach § 67 Abs 1 VVG), sondern auch durch Legalsubrogation, wie sie etwa das französische (Art 1249, 1251 CC) oder das italienische Recht (Art 1916 Cc; dazu SCHACK IPRax 1995, 158 f) kennen (MünchKomm/MARTINY Art 33 Rn 17). Diese Erweiterung auf den gesetzlichen Übergang von Ansprüchen aus unerlaubter Handlung dient der Rechtssicherheit und ist deshalb zu begrüßen (FERID, IPR³ Rn 6–124; vBAR RabelsZ 53 [1989] 481). Zu beachten ist freilich, dass Art 33 Abs 3, soweit er sich auf außervertragliche Forderungen bezieht, eine nationale Kollisionsnorm ist. Die Verpflichtung der deutschen Gerichte zur einheitlichen Auslegung nach Art 36 EGBGB besteht daher insoweit nicht (JAYME IPRax 1986, 265 [266]); Qualifikationsprobleme sind vielmehr nach Maßgabe der deutschen lex fori zu entscheiden.

78 Hinzuweisen ist schließlich noch auf **Abweichungen des deutschen Textes** in Art 13 Abs 1 EVÜ von den Textfassungen in anderen Sprachen. Während nämlich der verpflichtete Dritte nach der deutschen Fassung nur „die Forderung" des Gläubigers geltend machen darf, sprechen die meisten übrigen Textfassungen insoweit allgemeiner von den „Rechten" (englisch: „rights"; französisch: „droits"; italienisch: „diritti"). Da es sich jedoch nach allen Textfassungen nur um Rechte handelt, die dem Gläubiger „gegen den Schuldner" zustehen, ist hinreichend klargestellt, dass nur *relative* Rechte übergehen sollen und nicht etwa absolute Rechte, wie zB das Eigentum (SCHACK IPRax 1995, 158 [159] gegen OLG Koblenz IPRax 1995, 171 = IPRspr 1993 Nr 44).

3. Regress bei subsidiären Verpflichtungen

a) Verpflichtung des Dritten zur Leistung

Art 33 Abs 3 Satz 1 erfasst nur die Fälle, in denen „ein Dritter die Verpflichtung [hat], 79 den Gläubiger der Forderung zu befriedigen". Daß diese Verpflichtung des Dritten *nachrangig* sein muss, folgt aus Satz 2, der die Legalzession in Fällen gleichrangiger Verpflichtungen mehrerer zur Befriedigung des Gläubigers eigenständig regelt. Satz 1 hat damit nur diejenigen Fälle im Auge, in denen der Dritte eine gegenüber dem Schuldner **subsidiäre Zahlungspflicht** übernommen hat (STOLL, in: FS Müller-Freienfels 656; WANDT ZVerglRW 86 [1987] 294; MünchKomm/MARTINY Art 33 Rn 19). Über die Nachrangigkeit der Verpflichtung des Dritten entscheidet dabei das auf diese Verpflichtung anwendbare Recht (SOERGEL/vHOFFMANN Art 33 Rn 18; dazu näher u Rn 83). Typische Anwendungsfälle einer cessio legis kraft Erfüllung einer nachrangigen Leistungspflicht durch einen Dritten sind damit die Leistungen des **Bürgen** (zB § 774 BGB; vgl PALANDT/HELDRICH Art 33 Rn 3; ebenso zu Art 13 EVÜ GIULIANO/LAGARDE-Bericht, BT-Drucks 10/503, 67; GAUDEMET-TALLON Rev trim dr eur 17 [1981] 215, 276; FLETCHER 177; MORSE 158), auch im Falle der selbstschuldnerischen Bürgschaft (WANDT ZVerglRW 86 [1987] 284), die Leistung des **Versicherers** aus dem Versicherungsvertrag (zB § 67 VVG; vgl BGH NJW 1998, 3205 f; WANDT ZVerglRW 86 [1987]; ebenso zu Art 1916 Abs 1 ital CC SCHACK IPRax 1995, 158 f; anders aber in der Schweiz, vgl LG Freiburg RiW 1999, 222 = IPRspr 1998 Nr 47) und die Fortzahlung des Arbeitslohns durch den **Arbeitgeber** (zB § 6 Abs 1 EFZG; vgl WANDT aaO; LG München I IPRax 1982, 78, jeweils zu § 4 LFZG aF).

Die Leistungspflicht des Dritten besteht idR gegenüber dem Gläubiger der Forde- 80 rung (zB Schadensversicherer gegenüber dem Geschädigten). Sie kann aber auch gegenüber dem Schuldner bestehen (zB Haftpflichtversicherer gegenüber dem Schädiger; vgl PALANDT/HELDRICH Art 33 Rn 3; MünchKomm/MARTINY Art 33 Rn 18; aA WANDT ZVerglRW 86 [1987] 290). Art 33 Abs 3 S 1 EGBGB gilt auch dann, wenn der gesetzliche Forderungsübergang durch öffentlich-rechtliche Vorschriften angeordnet wird (zB § 116 SGB X, § 87 a BBG) und der zur Leistung verpflichtete Dritte – dh der Begünstigte der Legalzession – ein **Träger hoheitlicher Gewalt** ist, zB ein Sozialversicherungsträger (dazu WANDT ZVerglRW 86 [1987] 295; zum früheren Recht [§ 1542 RVO] BGH TranspR 1986, 389 = IPRspr 1985 Nr 44), die Anstellungskörperschaft eines Beamten oder Soldaten (vgl FERID, IPR Rn 6–125) oder eine staatliche Fürsorgestelle, die anstelle des säumigen Unterhaltsschuldners eintritt. Daran ändert sich auch dann nichts, wenn es sich um eine *ausländische* Behörde handelt und der gesetzliche Forderungsübergang auf ausländischem öffentlichen Recht beruht (H KELLER 190 ff; vBAR RabelsZ 53 [1989] 479 f; WANDT NZV 1993, 57; EICHENHOFER, IntSozR und IPR [1987] 202; REITHMANN/ MARTINY Rn 318; SOERGEL/vHOFFMANN Art 33 Rn 25; ebenso zum früheren Recht BGH NJW 1966, 1620 = IPRspr 1966/67 Nr 31 b [Forderungsübergang auf den französischen Staat als Dienstherrn eines französischen Beamten]; BGH VersR 1989, 54, 55 m krit Anm WANDT 266 = NJW-RR 1989, 670

= IPRspr 1988 Nr 41 [Forderungsübergang auf den britischen Staat als Dienstherrn von britischen Soldaten]; OLG Stuttgart IPRspr 1970 Nr 25 b [Forderungsübergang auf den Dienstherrn eines amerikanischen Soldaten]; OLG Oldenburg IPRspr 1983 Nr 34 [Forderungsübergang auf den Dienstherrn eines niederländischen Soldaten]). Denn öffentlich-rechtlich ausgestaltet ist in diesen Fällen nur die Fürsorgebeziehung, aus der sich die Pflicht der ausländischen Behörde oder Einrichtung zur Befriedigung des Gläubigers ergibt, nicht der Forderungsübergang als solcher (zutr vBar aaO; EICHENHOFER 228 f; ebenso schon früher BEEMELMANS RabelsZ 29 [1965] 524; vgl auch Cass civ [Belgien] Rev crit 1970, 688). Schranke ist auch hier der durch das Forderungsstatut garantierte Schuldnerschutz. Zum Vorrang der EWG-VO Nr 1408/71 s u Rn 90 ff.

b) Abgrenzungen
aa) Selbständiger Rückgriffsanspruch

81 Der Anwendungsbereich des Art 33 Abs 3 S 1 EGBGB ist freilich auf Rückgriffsansprüche in der Form des Zessionsregresses beschränkt, dh auf die Geltendmachung der *ursprünglichen Forderung* des Altgläubigers gegen den Schuldner, die lediglich kraft Gesetzes auf den Neugläubiger übergegangen ist. Soweit dem Neugläubiger daneben *eigenständige* Rückgriffsansprüche gegen den Schuldner zustehen, ist nicht das Zessionsgrundstatut, sondern die jeweilige lex causae dieses Rückgriffsanspruchs maßgebend. Geht also der Bürge oder der hypothekarisch haftende Dritte nach Befriedigung des Gläubigers nicht im Wege des Zessionsregresses gegen den Schuldner vor, sondern macht er Rückgriffsansprüche aus der der Bürgschaft im Verhältnis zum Schuldner zugrunde liegenden Rechtsbeziehung (zB Auftrag, Geschäftsbesorgung, Schenkung) bzw aus der getroffenen Sicherungsabrede geltend, so gilt das hierfür maßgebende Vertragsstatut (GIULIANO/LAGARDE-Bericht, BT-Drucks 10/503, 67; vBAR RabelsZ 53 [1989] 482). Daneben können selbständige Rückgriffsansprüche aus dem Deliktsstatut (OLG Hamm IPRspr 1970 Nr 23 A), dem Bereicherungsstatut oder dem Statut der Geschäftsführung ohne Auftrag erwachsen (vgl dazu eingehend WANDT ZVerglRW 86 [1987] 302 ff, der für eine möglichst einheitliche Anknüpfung aller Regressansprüche – unabhängig von ihrer rechtstechnischen Ausgestaltung – eintritt). Die Möglichkeit des Neugläubigers, selbständige Regressansprüche gegen den Schuldner zu erheben, führt freilich nicht zu einer abweichenden Anknüpfung des kraft Gesetzes eintretenden Forderungsübergangs. Namentlich eine akzessorische Anknüpfung der Legalzession an das Statut des selbständigen Regressanspruchs kommt nicht in Betracht, weil die Legalzession in erster Linie dem Interessenausgleich zwischen dem Dritten und dem *Gläubiger* dient; das in ihrem Verhältnis maßgebende Zessionsgrundstatut nach Art 33 Abs 3 S 1 kann daher nicht durch die Begründung einer Sonderrechtsbeziehung zwischen dem Dritten und dem *Schuldner* ausgeschaltet werden (WANDT ZVerglRW 86 [1987] 288 f; vBar, IPR II Rn 575, 581; SOERGEL/vHOFFMANN Art 33 Rn 20; MEYER 29 ff; **aA** STOLL, in: FS Müller-Freienfels 643 [660]; HÜBNER RabelsZ 50 [1986] 740 [742]; vgl auch o Rn 68). Dem Schuldner bleiben aber etwaige Gegenrechte aus dem besonderen Rechtsverhältnis mit dem Dritten auch gegenüber der kraft Gesetzes übergegangenen Forderung erhalten.

bb) Freiwillige Leistungen Dritter

82 Ebenfalls nicht von Art 33 Abs 3 EGBGB erfasst werden die Fälle, in denen ein Dritter *freiwillig* leistet und anschließend den Schuldner im Wege des Zessionsregresses in Anspruch nimmt (REITHMANN/MARTINY Rn 322; PALANDT/HELDRICH Art 33 Rn 3; vBAR RabelsZ 53 [1989] 482 f; ebenso zu Art 13 EVÜ KAYE 328; GAUDEMET-TALLON Rev trim dr eur

1981, 215 [276 f]; Foyer Clunet 118 [1991] 601 [625]; Lagarde Rev crit dip 80 [1991] 287 [336 f]). Eine Anknüpfung an das Zessionsgrundstatut scheitert in diesen Fällen regelmäßig bereits daran, dass zwischen Alt- und Neugläubiger überhaupt keine Rechtsbeziehungen bestehen, an denen man sich orientieren könnte. In diesen Fällen, in denen der Dritte keine Verpflichtung, sondern (zB wegen eines sonst drohenden Rechtsverlusts) allenfalls ein rechtliches oder wirtschaftliches Interesse daran hat, die fremde Schuld zu begleichen – wie bei den **Ablösungsrechten** nach § 268 BGB und Art 110 Nr 2 schweiz OR, der notwendigen Zession nach § 1422 öst ABGB (dazu Posch IPRax 1986, 188 ff) oder der Subrogation nach Art 1251 Nr 3 frz CC bzw Art 1203 Nr 3 ital CC – muss vielmehr das **Forderungsstatut** darüber entscheiden, ob die freiwillige Leistung zu einer Legalzession führt (Wandt ZVerglRW 86 [1987] 301; vBar aaO; Gaudemet-Tallon aaO; Foyer aaO; vgl Art 39 Abs 2 EGBGB; ebenso Art 146 schweiz IPRG). Allein diese Lösung berücksichtigt angemessen die Interessen der Beteiligten, denn einerseits darf der Schuldner zurecht darauf vertrauen, dass nur das Forderungsstatut einen möglichen Gläubigerwechsel anordnet; andererseits ist ein freiwillig leistender Dritter nicht besonders schutzwürdig, so dass ihm die Geltung des Forderungsstatuts auch zugemutet werden kann (Wandt aaO). Ist eine Legalzession nach dem Forderungsstatut nicht vorgesehen, so können sich Regressansprüche des Dritten auch aus dem Recht ergeben, das seine Rechtsbeziehungen zum Schuldner beherrscht (vBar RabelsZ 53 [1989] 483; Reithmann/Martiny aaO). Haftet der Dritte für die Schuld allerdings mit einem eigenen Vermögensgegenstand (zB einer Hypothek, vgl § 1142 BGB), so ist eine analoge Anwendung des Art 33 Abs 1 S 2 EGBGB auch dann gerechtfertigt, wenn eine Verpflichtung des Dritten zur Befriedigung des Gläubigers nicht besteht; über eine Legalzession entscheidet mithin dann das Statut der zwischen Gläubiger und haftendem Dritten getroffenen Sicherungsabrede (Wandt ZVerglRW 86 [1987] 312; Soergel/vHoffmann Art 33 Rn 21).

4. Regress bei gleichrangigen Verpflichtungen

a) Anwendungsbereich

Art 33 Abs 3 S 2 betrifft den Fall, dass „mehrere Personen dieselbe Forderung zu erfüllen haben und der Gläubiger von einer dieser Personen befriedigt worden ist". Die Vorschrift bezieht sich damit in erster Linie auf den Zessionsregress zwischen **Gesamtschuldnern,** wie er im deutschen Recht in § 426 Abs 2 S 1 BGB geregelt ist (vgl die Gesetzesbegründung, BT-Drucks 10/504, 83; Wandt ZVerglRW 86 [1987] 290 ff; ebenso zu Art 13 EVÜ Giuliano/Lagarde-Bericht, BT-Drucks 10/503, 68). Dieser Hinweis auf die Gesamtschuld verdeutlicht auch das maßgebliche Abgrenzungskriterium zwischen Satz 1 und Satz 2: Während Satz 1 eingreift, wenn primär ein Schuldner den Gläubiger befriedigen und ein Dritter nur subsidiär haften soll (s o Rn 79 ff), betrifft Satz 2 den Fall, dass die Verpflichtungen der verschiedenen Schuldner **gleichrangig** sind (Stoll, in: FS Müller-Freienfels 634; Wandt ZVerglRW 86 [1987] 294 f; Reithmann/Martiny Rn 321; Soergel/vHoffmann Art 33 Rn 27). Die Frage, welches Recht darüber entscheidet, *ob* ein Schuldner gleichrangig oder nachrangig haftet, ist in Abs 3 nicht geregelt. Es liegt nahe, diese Entscheidung dem Recht zu überlassen, das den geltend gemachten Anspruch beherrscht (LG Freiburg RiW 1999, 222 = IPRspr 1998 Nr 47; Reithmann/Martiny aaO; H Keller 180 ff; Stoll, in: FS Müller-Freienfels 656 ff; **aA** [lex fori] Wandt ZVerglRW 86 [1987] 291 Fn 120). Ob zB der Geschäftsherr neben seinem Verrichtungsgehilfen dem Geschädigten gleichrangig oder nachrangig haftet, bestimmt daher das Deliktsstatut. Entsprechend entscheidet das Statut des Beförderungsvertrages darüber, ob der

Transportversicherer neben dem Frachtführer gleichrangig oder nachrangig haftet (LG Freiburg aaO). Nicht erforderlich ist hingegen für die Anwendbarkeit von Satz 2, dass die verschiedenen Schuldner auch aus demselben Rechtsgrund haften (STOLL, in: FS Müller-Freienfels 633; vBAR RabelsZ 53 [1989] 483; MünchKomm/MARTINY Art 33 Rn 29).

b) Anwendbares Recht
aa) Grundsatz: Zessionsgrundstatut

84 Zur Beantwortung der Frage, welches Recht den gesetzlichen Übergang der Forderung im Verhältnis zwischen mehreren Gesamtschuldnern oder sonst gleichrangig haftenden Schuldnern beherrscht und deshalb auch die Durchführung des Ausgleichs im Innenverhältnis zwischen den Schuldnern regelt, verweist Satz 2 auf Satz 1. Daraus folgt, dass die Voraussetzungen einer Legalzession und die Ausgestaltung des Regresses im Verhältnis zwischen Gesamtschuldnern ebenfalls dem Zessionsgrundstatut zu entnehmen sind. Maßgebend ist demnach das Recht, dem die Verpflichtung des vom Gläubiger in Anspruch genommenen Gesamtschuldners unterliegt, nicht notwendig das Statut der getilgten Forderung (vBAR RabelsZ 53 [1989] 483 f; REITHMANN/MARTINY Rn 321; ERMAN/HOHLOCH Art 33 Rn 9; SOERGEL/vHOFFMANN Art 33 Rn 26; abw Art 143 ff schweiz IPRG, vgl dazu STOLL, in: FS Müller-Freienfels 635 ff).

bb) Gleichem Recht unterliegende Verpflichtungen

85 Keine sonderlichen Probleme bereitet in diesem Zusammenhang der Fall, dass sich die Verpflichtungen sämtlicher Schuldner nach dem gleichen Recht beurteilen. Ist also für die mit mehreren Mitbürgen geschlossenen Bürgschaftsverträge übereinstimmend deutsches Recht als Vertragsstatut gewählt worden oder haften mehrere deliktische Schädiger für einen in Deutschland verursachten Verkehrsunfall einheitlich nach dem deutschen Tatort- oder Aufenthaltsrecht (Art 40 Abs 1 und 2 EGBGB), so beurteilt sich auch der Rückgriff des Leistenden gegen die übrigen Schuldner nach deutschem Recht (§ 769 bzw § 840 BGB; vgl STOLL, in: FS Müller-Freienfels 640 f; REITHMANN/MARTINY Rn 321).

cc) Verschiedenem Recht unterliegende Verpflichtungen

86 Ob Satz 2 nur für den soeben behandelten Fall gilt oder auch dann angewandt werden kann, wenn die Verpflichtungen der mehreren Schuldner sich aus verschiedenen Rechten ergeben, ist umstritten. Teilweise wird der Anwendungsbereich der Vorschrift auf Fälle beschränkt, in denen die Verpflichtungen auf demselben Recht beruhen (so insbes WANDT ZVerglRW 86 [1987] 293 f; PALANDT/HELDRICH Art 33 Rn 3). Bei einer solchen Auslegung würde Satz 2 freilich eine bare Selbstverständlichkeit ausdrücken: Gilt nämlich für alle Verpflichtungen dasselbe Recht, so kann schlechterdings nur dieses auch über das Verhältnis zwischen leistendem Schuldner und den übrigen Verpflichteten entscheiden (vBAR RabelsZ 53 [1989] 483 f). Hingegen blieben dann gerade diejenigen Fälle ungeregelt, in denen ein besonderes Bedürfnis für eine kollisionsrechtliche Regelung besteht, weil mehrere Rechte zur Auswahl stehen. Dies spricht dafür, Satz 2 auch dann anzuwenden, wenn die Verpflichtungen aus verschiedenen Rechten resultieren (KAYE 330). Voraussetzung ist lediglich, dass der Gläubiger nach allen in Betracht kommenden Rechten nur einmal Befriedigung verlangen kann und seine Forderungen gegen die mehreren Schuldner im Wesentlichen gleichartig und gleichrangig sind (vBAR aaO). Der Ausgleich zwischen zwei Mitbürgen bestimmt sich daher auch dann nach Satz 2, wenn diese sich nach unterschiedlichen Rechten für die gleiche Forderung verbürgt haben; gleiches gilt, wenn von mehreren für einen Verkehrsunfall verantwortlichen Schädigern der eine nach Tatortrecht (Art 40 Abs 1 EGBGB) und der andere nach dem – hiervon abweichenden – Recht seines gewöhnlichen Aufenthalts (Art 40 Abs 2 EGBGB) haftet (vgl dazu BGH VersR 1989, 54 m Anm WANDT 265 = IPRspr 1988 Nr 41).

Die Anwendung von Satz 2 auf die Frage des Zessionsregresses hat in diesen Fällen **87** zur Folge, dass von den mehreren Rechten dasjenige Recht über den Zessionsregress entscheidet, dem die **zuerst erfüllte Forderung** unterliegt. Wer den Nachteil zu tragen hat, dass er vom Gläubiger zuerst auf Leistung in Anspruch genommen wurde, der soll auch bezüglich seiner Regressforderung dadurch begünstigt werden, dass sich seine Rückgriffsmöglichkeiten gegen den oder die anderen Schuldner nach der gleichen Rechtsordnung richten, die auch seine Verpflichtung beherrscht (STOLL, in: FS Müller-Freienfels 659; KOCH ZHR 151 [1988] 537, 555 f; vBAR, IPR II Rn 584; KROPHOLLER, IPR[4] § 52 VIII 3; KAYE 330). Richtig ist zwar, dass der zuerst zahlende Schuldner sich auf diese Weise die Maßgeblichkeit seines Rechtes sichern kann. Daß es allein aus diesem Grunde zu einem „Wettlauf der Schuldner" kommen könnte (so die Befürchtung von WANDT ZVerglRW 86 [1987] 291), ist dennoch unwahrscheinlich und rechtfertigt jedenfalls die Nichtanwendung von Satz 2 nicht, zumal überzeugende alternative Anknüpfungen nicht angeboten werden (**aA** WANDT 293 und VersR 1989, 265, 266 [Tatortrecht als Regressstatut im internationalen Unfallrecht]). Schutz verdient allerdings auch der dem Rückgriffsanspruch ausgesetzte Mitschuldner. Dieser darf deshalb gegen einen Regressanspruch einwenden, dass ein Ausgleichsanspruch nach dem für seine eigene Verpflichtung gegenüber dem Gläubiger geltenden Recht nicht oder wenigstens nicht in der geltend gemachten Höhe bestehe (STOLL, in: FS Müller-Freienfels 660; REITHMANN/MARTINY Rn 321; SOERGEL/vHOFFMANN Art 33 Rn 27; vgl auch H KELLER 180 ff). Ob dieses Recht gerade die Legalzession als Mittel zur Verwirklichung des Ausgleichs kennt, ist hingegen ohne Bedeutung; es kommt allein auf die „materielle Verteilung der Befriedigungslast" an (STOLL aaO). Lassen sich das Zessionsgrundstatut und das Recht, dem die Verpflichtung des in Regress genommenen Gesamtschuldners unterliegt, überhaupt nicht in Einklang bringen, so kommt nur eine gerichtliche Billigkeitsentscheidung in Betracht (STOLL aaO; ähnlich H KELLER 180 ff und SOERGEL/vHOFFMANN aaO: materiellrechtliche Angleichung).

dd) Akzessorische Anknüpfung

Sind die gleichrangig haftenden Schuldner durch ein besonderes Rechtsverhältnis **88** (zB Auftrag, Dienstvertrag, Gesellschaftsvertrag, familienrechtliche Beziehung) miteinander verbunden, so beurteilen sich daraus hergeleitete *selbständige Ausgleichsansprüche* wiederum nach dem Statut dieser Sonderbeziehung. Darüber hinaus erscheint es aber interessengerecht, auch die Frage des Zessionsregresses in diesem Fall – anders als nach Satz 1 (vgl o Rn 81) – akzessorisch anzuknüpfen, dh ebenfalls nach dem Recht zu beurteilen, dem dieses besondere Rechtsverhältnis unterliegt. Denn der Forderungsübergang dient hier dem Interessenausgleich zwischen den (Gesamt-)Schuldnern, deren Rechtsbeziehungen zueinander aber maßgeblich durch das zwischen ihnen bestehende besondere Rechtsverhältnis geprägt werden (so auch STOLL aaO; REITHMANN/MARTINY Rn 321; vBAR, IPR II Rn 584; KROPHOLLER, IPR[4] § 52 VII 3; SOERGEL/vHOFFMANN Art 33 Rn 28; **aA** WANDT ZVerglRW 86 [1987] 294). Demgegenüber verbleibt es hinsichtlich der Frage, ob und in welchem Umfang der Forderungsübergang zum Nachteil des Gläubigers geltendgemacht werden kann, bei der Maßgeblichkeit des Zessionsgrundstatuts nach Abs 3 S 2 (SOERGEL/vHOFFMANN aaO).

5. Sonderregelungen

a) Haager Übereinkommen über das auf Unterhaltspflichten anzuwendende Recht

89 Das Haager Übereinkommen über das auf Unterhaltspflichten anzuwendende Recht vom 2.10. 1973 (BGBl 1986 II 837; abgedr bei JAYME/HAUSMANN[11] Nr 41) enthält in seinen Art 9 und 10 Nr 3 besondere Kollisionsregeln für Legalzessionen. Diese Vorschriften wurden vom deutschen Gesetzgeber in Art 18 Abs 6 Nr 3 EGBGB übernommen und verdrängen Art 33 Abs 3 als leges speciales (WANDT ZVerglRW 86 [1987] 295 f). Danach bestimmt das auf eine Unterhaltspflicht anzuwendende Recht über das Ausmaß der Erstattungspflicht des Unterhaltverpflichteten, wenn eine öffentliche Aufgaben wahrnehmende Einrichtung den ihr nach dem Recht, dem sie untersteht, zustehenden Erstattungsanspruch für Leistungen geltend macht, die sie dem Unterhaltsberechtigten erbracht hat. Das Unterhaltsstatut bestimmt danach also lediglich das *Ausmaß* der Erstattungspflicht des Unterhaltsschuldners; hingegen entscheidet über das „ob" eines Erstattungsanspruch das sog *Erstattungsstatut* des Art 9 als Zessionsgrundstatut, dh das – zumeist öffentliche – Recht, dem die Einrichtung untersteht (vgl OLG Köln IPRspr 1991 Nr 100 b; BRÜCKNER IPRax 1992, 366, 368; WANDT VersR 1992, 614 [616]). Das Unterhaltsstatut begrenzt mithin den nach dem Recht der Einrichtung bestehenden Anspruch der Höhe nach, um eine Schlechterstellung des Unterhaltsschuldners durch das Dazwischentreten der öffentlichen Einrichtung zu vermeiden (WANDT aaO; MünchKomm/SIEHR Art 18 Anh I Rn 300 f).

b) EG-Regelung für die soziale Sicherheit

90 Eine sozialrechtliche Sonderregelung des Kollisionsrechts der Legalzession enthält auch Art 93 der „VO (EWG) Nr 1408/71 über die Anwendung der Systeme des sozialen Sicherheit auf Arbeitnehmer, Selbständige und deren Familienangehörige, die innerhalb der Gemeinschaft zu- und abwandern"(ABl EG 1997 Nr L 28 S 1):

Artikel 93. Ansprüche des verpflichteten Trägers gegen haftende Dritte

(1) Werden nach den Rechtsvorschriften eines Mitgliedstaats Leistungen für einen Schaden gewährt, der sich aus einem im Gebiet eines anderen Mitgliedstaats eingetretenen Ereignis ergibt, so gilt für etwaige Ansprüche des verpflichteten Trägers gegen einen zum Schadenersatz verpflichteten Dritten folgende Regelung:

a) Sind die Ansprüche, die der Leistungsempfänger gegen den Dritten hat, nach den für den verpflichteten Träger geltenden Rechtsvorschriften auf diesen Träger übergegangen, so erkennt jeder Mitgliedstaat diesen Anspruch an.

b) hat der verpflichtete Träger gegen den Dritten einen unmittelbaren Anspruch, so erkennt jeder Mitgliedstaat diesen Anspruch an.

(2) Werden nach den Rechtsvorschriften eines Mitgliedstaats Leistungen für einen Schaden gewährt, der sich aus einem im Gebiet eines anderen Mitgliedstaats eingetretenen Ereignis ergibt, so gelten gegenüber der betreffenden Person oder dem zuständigen Träger die Bestimmungen dieser Rechtsvorschriften, in denen festgelegt ist, in welchen Fällen die Arbeitgeber oder die von ihnen beschäftigten Arbeitnehmer von der Haftung befreit sind.

5. Abschnitt. Schuldrecht.
1. Unterabschnitt. Vertragliche Schuldverhältnisse

Art 33 EGBGB
91, 92

Absatz 1 gilt auch für etwaige Ansprüche des verpflichteten Trägers gegenüber einem Arbeitgeber oder den von diesem beschäftigten Arbeitnehmern, wenn deren Haftung nicht ausgeschlossen ist.

Die Vorschrift ist **unmittelbar geltendes Gemeinschaftsrecht;** deshalb verdrängt sie in ihrem Anwendungsbereich sowohl konkurrierende nationale Kollisionsnormen (wie zB Art 33 Abs 3 EGBGB; vgl Art 3 Abs 2 S 2 EGBGB) als auch staatsvertragliche Kollisionsnormen (wie Art 13 EVÜ; vgl Art 20 EVÜ; dazu MünchKom/Martiny Art 33 Rn 34 a; Soergel/vHoffmann Art 33 Rn 25). Den *persönlichen* Geltungsbereich bestimmt Art 2 VO. Danach gilt die Verordnung für Arbeitnehmer und ihre Familienangehörigen und Hinterbliebenen, sofern sie Staatsangehörige eines Mitgliedstaates sind bzw als Staatenlose oder Flüchtlinge im Gebiet eines Mitgliedstaates wohnen (Abs 1, 2); sie ist ferner auf Beamte und ihnen gleichgestellte Personen anwendbar, soweit für sie die Rechtsvorschriften eines Mitgliedstaates gelten, auf welche diese Verordnung anzuwenden ist. Ausdrücklich keine Anwendung findet die Verordnung nach Art 4 Abs 4 „auf Sondersysteme für Beamte und ihnen Gleichgestellte". Wo – wie in Deutschland – für Beamte Sonderrecht gilt, kann also Art 93 VO auf den Zessionsregress nicht angewendet werden (vgl zu Art 52 EWG-VO Nr 3: BGH NJW 1966, 1620 = IPRspr 1966/67 Nr 31 b; aA Soergel/Kegel[11] vor Art 7 Rn 452). Dagegen ist es für die Anwendbarkeit von Art 93 ohne Bedeutung, vor welchem Gericht geklagt wird. Die Norm ist also gleichermaßen von Gerichten im Sitzstaat des Sozialversicherungsträgers wie von den Gerichten im Wohnsitzstaat des Schädigers zu beachten (vgl EuGH Slg 1969, 405). *Sachlich* ist Art 93 nur auf Leistungen der sozialen Sicherheit anwendbar, die in Art 4 VO näher beschrieben werden.

Die Vorschrift regelt den Fall, dass ein Sozialversicherungsträger eines EG-Mitgliedstaates Leistungen für einen Schaden gewährt hat, der sich aus einem in einem anderen Mitgliedstaat eingetretenen Schadensereignis (zB Arbeits- oder Verkehrsunfall) ergibt. Ordnet in diesem Fall das Recht des leistenden Sozialversicherungsträgers eine Legalzession des Schadensersatzanspruchs des Geschädigten auf den Sozialversicherungsträger an, so ist dieser Forderungsübergang in allen Mitgliedstaaten anzuerkennen. Die Frage, welches Recht die Voraussetzungen und Wirkungen eines solchen Forderungsübergangs beherrscht, wenn das Statut der Schadensersatzforderung (zB Deliktsstatut) und das Recht, das die Legalzession anordnet (Sozialrechtsstatut), auseinanderfallen, entscheidet Art 93 Abs 1 iS eines **Vorrangs des Sozialrechtsstatuts** (vgl LG München I IPRspr 1981 Nr 32). Dem Schädiger (bzw seinem Versicherer) ist mithin der Einwand abgeschnitten, der Regress sei nach dem Forderungsstatut ausgeschlossen bzw beschränkt (EuGH Rs C-428/92, Slg 1994 I, 2259 = JZ 1994, 1113 m zust Anm Fuchs). Da das Sozialrechtsstatut auch über die Leistungspflicht des Sozialversicherungsträgers entscheidet, könnte man es ebenso gut als *Zessionsgrundstatut* bezeichnen, womit die Parallele zu Art 33 Abs 3 EGBGB deutlich wird (vgl Eichenhofer, Internationales Sozialrecht [1994] Rn 635; Kegel/Schurig, IPR[8] § 18 VII 2; MünchKomm/Martiny Art 33 Rn 34 b). Das Sozialrechtsstatut bestimmt nach Art 93 Abs 1 VO nicht nur, ob eine Legalzession auf den Sozialversicherungsträger stattfindet, sondern auch Art und Umfang der auf den verpflichteten Träger übergegangenen Forderungen (EuGH aaO). Nach Art 93 Abs 2 VO regelt es ferner, unter welchen Voraussetzungen der Arbeitgeber oder die von ihm beschäftigten Arbeitnehmer von der Haftung befreit sind.

93 Art 93 VO hat hingegen **keinen Einfluß auf das Forderungsstatut;** das auf den Schadensersatzanspruch anwendbare Recht wird daher auch im Geltungsbereich der VO nach den allgemeinen Kollisionsregeln der lex fori (zB zur Ermittlung des Deliktsstatuts) bestimmt. Insofern kann Art 93 nie zu einem „Mehr an Ansprüchen" (MünchKomm/MARTINY aaO) führen, sondern nur bereits bestehende Schadensersatzansprüche übergehen lassen (vgl zu Art 52 EWG-VO Nr 3: BGH VersR 1978, 231 = IPRspr 1977 Nr 29). Zu beachten ist schließlich, dass Art 93 nicht nur für Legalzessionen gilt, sondern auch für selbständige Ausgleichsansprüche des leistenden Sozialversicherungsträgers gegen den Schädiger (Art 93 Abs 1 b VO; dazu EuGH JZ 1994, 1113 [1114]).

IV. Schuldübernahme*

1. Allgemeines

94 Das Kollisionsrecht der Schuldübernahme und des gesetzlichen Schuldübergangs hat im EVÜ keine Regelung erfahren, „da es hierbei um ein neues Problem geht und da über seine Lösung noch viele Ungewißheiten bestehen" (GIULIANO/LAGARDE-Bericht, BT Drucks 10/503, 68). Entsprechend hat auch der deutsche Gesetzgeber im IPR-Gesetz von 1986 auf eine Regelung des Kollisionsrechts der Schuldübernahme verzichtet. Da deutsche Rechtsprechung zu diesem Fragenkreis kaum vorliegt, gelten die in der deutschen Literatur entwickelten Grundsätze weiter, wobei mögliche Modifikationen durch die Art 27 ff EGBGB zu beachten sind. Zu unterscheiden ist auch hier zwischen dem Statut der übernommenen Schuld, dem eigentlichen Schuldübernahmevertrag und dem ihm zugrunde liegenden Kausalgeschäft. Für Letzteres gelten kollisionsrechtlich keine Besonderheiten; es folgt dem nach Art 27 ff EGBGB zu bestimmenden eigenen Recht (MünchKomm/MARTINY Art 33 Rn 35; SOERGEL/vHOFFMANN Art 33 Rn 30). Im Rahmen der Anknüpfung der Schuldübernahme selbst ist wiederum zwischen einem bloßen Schuldbeitritt und einer privativen Schuldübernahme zu unterscheiden.

2. Kumulative Schuldübernahme

a) Rechtsgeschäftlicher Schuldbeitritt

95 Durch einen Schuldbeitritt erhält der Gläubiger zusätzlich zu dem bisherigen Schuldner (Erstschuldner) einen weiteren Schuldner, den er neben oder anstelle des Erstschuldners in Anspruch nehmen kann. Vollzogen wird der Schuldbeitritt entweder durch einen Vertrag zwischen dem Gläubiger und dem Beitretenden (vgl zur Zulässigkeit einer Rechtswahl für diesen Fall OLG Köln RiW 1998, 148 f) oder durch einen Vertrag zwischen dem Erstschuldner und dem Beitretenden. In beiden Fällen wird zugunsten des Gläubigers ein Gesamtschuldverhältnis begründet (vgl § 421 BGB). Da aber Verträge zu Lasten Dritter unzulässig sind, darf sich der Inhalt der zwischen Gläubiger und Erstschuldner bestehenden Verpflichtungen ohne Mitwirkung des Gläubi-

---

* **Schrifttum:** vBAR, Kollisionsrechtliches zum Schuldbeitritt und zum Schuldnerwechsel, IPRax 1961, 197; BRINER, Die Schuldübernahme im schweizerischen IPR (Zürich 1947); GIRSBERGER, Übernahme und Übergang von Schulden im schweizerischen und deutschen IPR, ZverglRW 88 (1989) 31; REUTER, Schuldübernahme und Bürgschaft im IPR (Diss Frankfurt 1939); SIEDEL, Kollisionsrechtliche Anknüpfung vertraglicher und gesetzlicher Schuldübernahme (1995).

gers nicht ändern. Dies gilt nicht nur im materiellen Recht, sondern auch im Kollisionsrecht (Art 27 Abs 2 S 2, 33 Abs 2 EGBGB; vgl zur parallelen Problematik des Schuldnerschutzes bei der Forderungsabtretung und der Legalzession o Rn 40 ff und 69 ff). Das Statut der übernommenen Schuld nach Maßgabe des zwischen Gläubiger und Erstschuldner geschlossenen Vertrages wird deshalb durch den zwischen Erstschuldner und Beitretendem vereinbarten Schuldbeitritt nicht berührt, weil der Gläubiger an diesem Beitrittsvertrag nicht beteiligt ist (RG IPRspr 1932 Nr 34; GIRSBERGER ZVerglRW 88 [1989] 34 ff; vBAR IPRax 1991, 198; REITHMANN/MARTINY Rn 328; SOERGEL/vHOFFMANN Art 33 Rn 33 mwN).

96 Die Verpflichtungen des Beitretenden gegenüber dem Gläubiger haben ihre Grundlage allein in dem zwischen dem Erstschuldner und dem Beitretenden ausgehandelten Vertrag. Berechtigte Schutzinteressen des Gläubigers werden durch diesen Vertrag nicht berührt, weil er durch diesen Vertrag einen weiteren (Gesamt-)Schuldner erhält und durch den Erwerb dieser zusätzlichen Sicherheit lediglich begünstigt wird. Deshalb können auch Erstschuldner und Beitretender das auf den Beitrittsvertrag anwendbare Recht nach Maßgabe der Art 27 ff EGBGB **frei wählen** (OLG Koblenz RiW 1992, 491 = IPRspr 1991 Nr 44; OLG Rostock RiW 1997, 1942 [1943] = TranspR 1997, 115; KEGEL/SCHURIG, IPR^8 § 18 VII 3; GIRSBERGER aaO; vBAR aaO; MÖLLENHOFF, Nachträgliche Rechtswahl und Rechte Dritter [1993] 97 f) und damit zB ein Zustimmungserfordernis des Gläubigers nach Maßgabe des Statuts der übernommenen Schuld ausschalten (SOERGEL/vHOFFMANN aaO). Wird eine ausdrückliche oder stillschweigende Rechtswahl nicht getroffen, so ist der Beitrittsvertrag objektiv anzuknüpfen. Die Verpflichtungen des Beitretenden beurteilen sich dann entsprechend Art 28 Abs 2 EGBGB nach dem Recht des Staates, in dem dieser seinen gewöhnlichen Aufenthalt bzw seine Hauptniederlassung hat, weil er die vertragscharakteristische Leistung erbringt (so auch die hM, vgl OLG Koblenz aaO; vBAR aaO; FISCHER IPRax 1989, 215, 217; GIRSBERGER ZVerglRW 88 [1989] 36 f; MünchKomm/MARTINY Art 33 Rn 37; ERMAN/HOHLOCH Art 33 Rn 13; PALANDT/HELDRICH Art 33 Rn 4; im Erg ebenso für das schweizerische IPR BGE 111 II 276 [278] m Anm HANISCH IPRax 1987, 47). Diese Vermutung gilt gem Art 28 Abs 5 EGBGB nur dann nicht, wenn zu einem anderen Recht eine engere Verbindung besteht (vgl zu einer solchen Fallgestaltung OLG Rostock aaO). Hier wäre insbesondere an eine *akzessorische Anknüpfung* an das Statut der übernommenen Schuld zu denken (vgl RABEL, Conflict III 457 f; KEGEL/SCHURIG, IPR^8 § 18 VII 3; MünchKomm/MARTINY aaO). Dagegen spricht freilich, dass im deutschen IPR auch die Bürgschaft und die Garantie selbständig an das Niederlassungs-/Aufenthaltsrecht des Bürgen bzw des Garanten angeknüpft werden (vgl BGH NJW 1993, 1126 = IPRspr 1993 Nr 24; dazu näher STAUDINGER/MAGNUS Art 28 Rn 486 ff, und 496 ff mwN). Zur Vermeidung der schwierigen Abgrenzung zwischen diesen eng verwandten Sicherungsrechten empfiehlt sich daher eine einheitliche kollisionsrechtliche Einordnung (GIRSBERGER aaO; vBAR IPRax 1991, 198; SOERGEL/vHOFFMANN Art 33 Rn 34).

b) Gesetzlicher Schuldbeitritt

97 Die Gründe, die im materiellen Recht zur Anordnung eines gesetzlichen Schuldbeitritts führen können, sind vielschichtig (vgl im deutschen Recht § 556 Abs 3 BGB, §§ 25, 28, 130 HGB, § 28 WG). Aus diesem Grunde verbietet sich auch für das Kollisionsrecht eine einheitliche Anknüpfung. Vielmehr ist im Wege der Bildung von Fallgruppen das Recht zu bestimmen, mit dem die engste Verbindung besteht (vBAR IPRax 1991, 199). Für den praktisch wichtigsten Fall des gesetzlich angeordneten Schuldbeitritts, der dem Geschädigten die sog *Direktklage* gegen den Haftpflichtversicherer ermöglicht (§ 3 Nr 1 PflVG), wurde bis zum 1.7.1999 im deutschen IPR akzessorisch an das Statut der Erstforderung angeknüpft. Über die Voraussetzungen eines Direktanspruchs kraft gesetzlichen Schuldbeitritts entschied daher das Deliktsstatut, soweit Forderungen aus unerlaubter Handlung geltend gemacht wurden (vgl BGHZ 57, 265 [270] = NJW 1972, 387 = IPRspr 1971 Nr 18; BGHZ 108, 200 [202] = NJW 1989, 3095 = IPRax 1990, 180 m Anm SPICKHOFF 164 = IPRspr 1989 Nr 56; BGHZ 119, 137 [139] = NJW 1992, 3091 = VersR 1992, 1237 m Anm WANDT = IPRspr 1992 Nr 58; BGH NJW 1993, 1007 = IPRspr 1992 Nr 61; PALANDT/HELDRICH[58] Art 38 Rn 27 mwN); entsprechend galt das Vertragsstatut im Fall der Geltendmachung vertraglicher Ansprüche (MANSEL, Direktansprüche 19). Gute Gründe sprechen freilich dafür, hinsichtlich des Direktanspruchs eine *alternative Anknüpfung* zugunsten des Geschädigten zuzulassen, so dass dieser seinen Anspruch direkt gegen den Versicherer des Haftpflichtigen geltend machen kann, wenn entweder das Deliktsstatut oder das Statut des Versicherungsvertrages einen gesetzlichen Schuldbeitritt des Haftpflichtversicherers vorsehen. Eine solche Alternativanknüpfung sah schon bisher Art 9 Abs 3 des Haager Übereinkommens über das auf Straßenverkehrsunfälle anzuwendende Recht vom 4.5.1971 (Text bei JAYME/HAUSMANN[11] Nr 100) vor; im gleichen Sinne entscheidet jetzt auch Art 40 Abs 4 EGBGB (ebenso schon früher U HÜBNER NJW 1977, 1069, 1075 f; SPICKHOFF IPRax 1990, 164; vBAR IPRax 1991, 199; MünchKomm/KREUZER Art 38 Rn 25; **aA** MANSEL, Direktansprüche 26 ff).

3. Privative Schuldübernahme

98 Im Gegensatz zum Schuldbeitritt führt die befreiende (privative) Schuldübernahme zu einem *Schuldnerwechsel:* Die Forderung des Gläubigers soll sich künftig nicht mehr gegen den ursprünglichen, sondern gegen einen neuen Schuldner richten. Deshalb erfordert die privative Schuldübernahme eine Verfügung des Gläubigers, der den Altschuldner von seiner Schuld befreien muss. Die notwendige Mitwirkung des Gläubigers kann auf zweierlei Weise erfolgen: entweder durch Genehmigung des Vertrages zwischen Altschuldner und Übernehmer (vgl § 415 iVm §§ 182, 184, 185 Abs 2 BGB) – sog *interne* Schuldübernahme – oder durch Vertrag zwischen Gläubiger und Übernehmer (vgl § 414 BGB) – sog *externe* Schuldübernahme. Während die privative Schuldübernahme auch anderen vom deutschen Recht beeinflußten Rechtsordnungen bekannt ist (vgl §§ 1506, 1405 öst ABGB; Art 176 schweiz OR; Art 471 griech ZGB), ist das Rechtsinstitut sowohl dem Common Law wie den romanischen Rechten grundsätzlich fremd.

a) Interne Schuldübernahme

99 Erfolgt die Schuldübernahme durch Vertrag zwischen Altschuldner und Neuschuldner mit Zustimmung des Gläubigers, so richten sich die *obligatorischen Wirkungen* dieses Vertrages, insbesondere die Pflicht des Neuschuldners zur Begleichung der Schuld, nach eigenem Recht (GIRSBERGER ZVerglRW [1989] 38; MÖLLENHOFF 96; KROPHOLLER, IPR[4] § 52 VIII 4; **aA** [Statut der übernommenen Schuld] noch RABEL, Conflict III 457 f). Dadurch werden vor allem schwierige Abgrenzungsprobleme zwischen einem bloßen Schuldbeitritt, für den die gesonderte Anknüpfung der Verpflichtung des Neuschuldners weithin anerkannt ist (s o Rn 96) und einer privativen Schuldübernahme vermieden (SOERGEL/vHOFFMANN Art 33 Rn 41). Alt- und Neuschuldner können mithin das für ihren Vertrag maßgebende Recht durch Rechtswahl bestimmen, ohne dabei an das Statut der übernommenen Schuld gebunden zu sein (vBAR IPRax 1991, 199 f). In Ermangelung einer Rechtswahl gilt auch hier das Umweltrecht des Neuschuldners, weil er die für den Übernahmevertrag charakteristische Leistung erbringt (vBar aaO; Soergel/vHoffmann aaO; Reithmann/Martiny Rn 326; aA [akzessorische Anknüpfung an das Kausalstatut] Dasser Anh Art 146 IPRG Rn 6). Da Alt- und Neuschuldner jedoch nicht über die Forderung des Gläubigers verfügen können, muss ihnen auch das Recht verwehrt sein, die Rechtsstellung des Gläubigers dadurch zu beeinträchtigen, dass sie das auf die *verfügenden Wirkungen* der Schuldübernahme anzuwendende Recht ohne Mitwirkung des Gläubigers festlegen können. Die Voraussetzungen für eine wirksame Schuldübernahme (zB das Erfordernis einer Gläubigergenehmigung), der Zeitpunkt der Übernahme und die Befreiung des Altschuldners von seiner Verbindlichkeit bestimmen sich vielmehr nach dem Statut der übernommenen Schuld (RG JW 1932, 3810 f; LG Hamburg IPRax 1991, 400 m Anm Reinhart 376 = IPRspr 1980 Nr 42; vBar aaO; Girsberger ZVerglRW 88 [1989] 39 ff; Ferid, IPR³ Rn 6–127; Palandt/Heldrich Art 33 Rn 4; Erman/Hohloch Art 33 Rn 13; Reithmann/Martiny Rn 325; Soergel/vHoffmann Art 33 Rn 37 mwN). Insoweit kann man die privative Schuldübernahme als „passives Gegenstück" zur Forderungsabtretung (Kegel/Schurig, IPR⁸ § 18 VII 3) sehen, bei der sich Eingriffe in die Rechtsstellung des nicht beteiligten Schuldners ebenfalls nach dem Statut der abgetretenen Forderung bestimmen. Das Statut der übernommenen Schuld entscheidet damit auch darüber, ob überhaupt eine private Schuldübernahme oder ein bloßer Schuldbeitritt vorliegt (Soergel/vHoffmann Art 33 Rn 31).

b) Externe Schuldübernahme

Erfolgt die Schuldübernahme durch Vertrag zwischen Gläubiger und Übernehmer, **100** so gilt für die *obligatorischen Wirkungen* dieses Vertrages ebenfalls eigenes Recht (Girsberger ZVerglRW 88 [1989] 36 f; Möllenhoff 91; Reithmann/Martiny Rn 327). Insbesondere sind die Vertragsparteien auch hier berechtigt, das Vertragsstatut durch Rechtswahl nach Art 27 EGBGB zu bestimmen; einer Beteiligung des Altschuldners an dieser Rechtswahl bedarf es nicht, weil der Vertrag ihn lediglich begünstigt (vBar IPRax 1991, 199; Kropholler aaO; aA Girsberger ZverglRW 88 [1989] 33 f, 39 f; Soergel/vHoffmann Art 33 Rn 38). Die objektive Anknüpfung wird idR zum Umweltrecht des Übernehmers führen (Girsberger ZVerglRW 88 [1989] 35 f; Soergel/vHoffmann Art 33 Rn 42); in Betracht kommt freilich auch eine akzessorische Anknüpfung an das Statut der übernommenen Forderung nach Art 28 Abs 5 EGBGB (Reithmann/Martiny aaO; aA vBar aaO: grundsätzliche Anknüpfung an das Statut der übernommenen Schuld). Das Verpflichtungsstatut entscheidet insbesondere darüber, ob die Verpflichtung des Neuschuldners gegenüber dem Gläubiger – wie zB nach deutschem Recht – abstrakt ist oder ein wirksames Kausalgeschäft voraussetzt (Kegel/Schurig, IPR⁸ § 18 VII 3; MünchKomm/Martiny Art 33 Rn 35; Soergel/vHoffmann Art 33 Rn 43).

Streitig ist hingegen, ob auch hier eine gesonderte Anknüpfung der *verfügenden Teile* **101** *des Übernahmegeschäfts* stattzufinden hat. Überwiegend wird vorgeschlagen, das Statut der übernommenen Schuld – wie bei der internen Schuldübernahme – über die Voraussetzungen einer wirksamen Übernahme, deren Zeitpunkt und die Befreiung des Altschuldners entscheiden zu lassen (so Reithmann/martiny Rn 325; Kropholler, IPR⁴ § 52 VIII 4; Erman/Hohloch Art 33 Rn 13; Palandt/Heldrich Art 33 Rn 4; Soergel/vHoffmann Art 33 Rn 38 mwN; zust LG Hamburg IPRax 1991, 400 [402] = IPRspr 1990 Nr 42 [zur Begebung eines Wechsels durch einen Dritten als befreiende Schuldübernahme nach ital Recht]). Indes ist eine Anknüpfung an das Statut der übernommenen Schuld – ebenso wie im Fall des Art 33 Abs 2 EGBGB – nur erforderlich, wenn der am Vertrag Unbeteiligte schutzwürdig ist. Dies trifft bei der internen Schuldübernahme auf den Gläubiger zu, der davor bewahrt werden muss, dass der allein zwischen Alt- und Neuschuldner vereinbarte Schuldnerwechsel seine Rechtstellung verschlechtert; demgegenüber ist im Falle der externen Schuldübernahme der am Vertrag unbeteiligte Altschuldner gerade nicht schutzwürdig, denn seine Rechtsstellung wird durch die Schuldübernahme nicht verschlechtert, sondern – durch Befreiung von seiner Schuld – verbessert. Aus diesem Grund ist es gerechtfertigt, das Statut des Vertrages zwischen Gläubiger und Übernehmer auch über die verfügenden Wirkungen der externen Schuldübernahme entscheiden zu lassen (vBar IPRax 1991, 199; Girsberger ZVerglRW 88 [1989] 37).

V. Vertragsübernahme*

102 Bei der Vertragsübernahme werden – anders als bei der Zession und der Schuldübernahme – nicht nur einzelne Forderungen oder Schulden übertragen; vielmehr geht die gesamte Rechts- und Pflichtenstellung einer Vertragspartei auf einen neuen Vertragspartner über. Dieses Einrücken eines Dritten in die volle Rechtsposition einer Vertragspartei kann sowohl auf Rechtsgeschäft wie auf Gesetz beruhen (vgl im deutschen Recht §§ 571, 613 a BGB, § 69 Abs 1 VVG). Für die Zwecke des Kollisionsrechts ist die Vertragsübernahme als *einheitliches Rechtsinstitut* zu bewerten und nicht in ihre einzelnen Bestandteile (Zession und privative Schuldübernahme bzw Schuldbeitritt) aufzuspalten (MünchKomm/Martiny Art 33 Rn 38). Etwas anderes kann nur dann gelten, wenn das gem den folgenden Grundsätzen zur Anwendung berufene Recht eine Vertragsübernahme bzw einen gesetzlichen Vertragsübergang nicht kennt (Reithmann/Martiny Rn 329; einschränkend Soergel/vHoffmann Art 33 Rn 47; dazu rechtsvergleichend Zweigert RabelsZ 23 [1958] 643 [646 ff]).

1. Rechtsgeschäftliche Vertragsübernahme

103 Eine rechtsgeschäftliche Vertragsübernahme kommt nach allen Rechtsordnungen, die dieses Institut kennen (vgl etwa die gesetzliche Regelung in Art 1406 ff ital CC), nur durch Mitwirkung aller drei beteiligten Personen – Schuldner, Gläubiger und Übernehmer – zustande (Zweigert RabelsZ 23 [1958] 656 ff; Ficker AcP 165 [1965] 32 ff; Girsberger ZVerglRW 88 [1989] 41 f; vBar IPRax 1991, 200). Zu diesem Zweck kann entweder ein dreiseitiger Vertrag geschlossen werden (vgl BGHZ 65, 49 [52]; BGH MDR 1958, 90) oder der nur zwischen Schuldner und Übernehmer geschlossene Vertrag wird vom Gläubiger genehmigt (vgl IPG 1970 Nr 5 [Hamburg]; OGH IPRax 1989, 193). Vom Übernahmevertrag zu unterscheiden ist auch hier das zugrunde liegende Kausalgeschäft, das kollisionsrechtlich eigenständig anzuknüpfen ist (Zweigert RabelsZ 23 [1958] 651; Reithmann/Martiny aaO; Soergel/vHoffmann Art 33 Rn 48).

104 Haben alle drei beteiligten Parteien sich auf ein Recht verständigt, das die Voraussetzungen und Wirkungen der Vertragsübernahme beherrschen soll, so ist diese **Rechtswahl** wirksam. Für die kausalen Rechtsbeziehungen versteht sich dies von selbst; darüber hinaus unterliegen aber auch die mit der Vertragsübernahme verbundenen Verfügungen (über Forderungen bzw Schulden) uneingeschränkt dem gewählten Recht (Zweigert aaO; vBar aaO; Girsberger ZVerglRW 88 [1989] 41; Soergel/vHoffmann

---

* **Schrifttum:** Zweigert, Das Statut der Vertragsübernahme, RabelsZ 23 (1958) 643.

Art 33 Rn 45). Für eine Einschränkung der Rechtswahlfreiheit zum Schutz des Schuldners (vgl Art 33 Abs 2 EGBGB für die Zession) besteht kein Anlaß, wenn sich auch dieser mit dem gewählten Recht einverstanden erklärt hat (vBar aaO). Erforderlich ist freilich eine Mitwirkung des Schuldners und des Gläubigers bereits auf der *kollisionsrechtlichen* Ebene; das bloße Einverständnis mit der Vertragsübernahme auf sachrechtlicher Ebene reicht hierfür nicht aus. Ferner dürfen Rechte Dritter durch die Rechtswahl nicht beeinträchtigt werden (vgl Soergel/vHoffmann aaO).

Ist eine Rechtswahl nicht getroffen worden oder hat auch nur eine der drei Parteien **105** an ihr nicht mitgewirkt, so ist über das Statut der Vertragsübernahme im Wege der **objektiven Anknüpfung** zu entscheiden. Dabei scheidet eine Anknüpfung an das Umweltrecht des Übernehmers aus, weil keine Gründe ersichtlich sind, die seine kollisionsrechtliche Bevorzugung rechtfertigen könnten (vBar aaO). Danach bleibt als sinnvolle objektive Anknüpfung aber nur diejenige an das Statut des zu übernehmenden bzw übernommenen Vertrages (so auch die hM, vgl Zweigert RabelsZ 23 [1958] 646 ff; Girsberger ZVerglRW 88 [1989] 41 f; vBar IPRax 1991, 200; Kegel/Schurig, IPR^8 § 18 VII 4; Ferid, IPR^3 Rn 6–128; Reithmann/Martiny Rn 329; Erman/Hohloch Art 33 Rn 13; Soergel/vHoffmann Art 33 Rn 32, 46 mwN). Das auf die Vertragsübernahme anwendbare Recht entscheidet insbesondere, ob die Vertragsübernahme kausal oder abstrakt ist (Soergel/vHoffmann Art 33 Rn 48). Demgegenüber wird das Statut des übernommenen Vertrages durch einen Wechsel der Vertragspartner grundsätzlich nicht geändert (Zweigert RabelsZ 23 [1958] 649 ff).

2. Gesetzlicher Vertragsübergang

a) Grundsatz

Für einen gesetzlichen Vertragsübergang – wie ihn das deutsche Recht zB für Grund- **106** stücksmietverträge in § 571 BGB und für Versicherungsverträge in §§ 69 ff, 158 h, 177 VVG kennt – gelten grundsätzlich die gleichen kollisionsrechtlichen Erwägungen wie für eine rechtsgeschäftliche Vertragsübernahme. Die Möglichkeiten einer Rechtswahl können freilich durch zwingende Vorschriften zum Schutz der schwächeren Vertragspartei (vgl Art 29 Abs 1, 29 a, 30 Abs 1 EGBGB) oder durch international zwingende Vorschriften des deutschen Rechts (Art 34 EGBGB) eingeschränkt sein. Ausgeschlossen ist in jedem Fall eine akzessorische Anknüpfung an das Recht, das den Übernahmevertrag – zB den Kaufvertrag über das vermietete Grundstück – beherrscht. Die Voraussetzungen und Wirkungen eines gesetzlichen Vertragsübergangs unterliegen vielmehr grundsätzlich dem Statut des übergegangenen Vertrages (Zweigert RabelsZ [1958] 656 f; Kegel/Schurig, IPR^8 § 18 VII 4; vBar IPRax 1991, 200 f; MünchKomm/Martiny Art 33 Rn 38 a; Soergel/vHoffmann Art 33 Rn 49). Der Käufer eines deutschen Grundstücks tritt daher nach Maßgabe des deutschen Mietvertragsstatuts in die Rechte und Pflichten des Vermieters ein.

b) Betriebsübergang (§ 613 a BGB)*

Aus den vorgenannten Gründen kommt auch im Falle einer Betriebsveräußerung die **107**

---

* **Schrifttum:** Birk, Die multinationalen Korporationen im internationalen Arbeitsrecht, Ber Ges VR 18 (1978) 263; Franzen, Der Betriebsinhaberwechsel im internationalen Arbeitsrecht (1994); ders, Entwicklungstendenzen im europäischen und nationalen Recht des Betriebsübergangs, DZWiR 1996, 397; Gieb, Kündigungsschutz bei Betriebsverlagerung ins Aus-

Anwendung des Statuts des Veräußerungsvertrages im Verhältnis zum Arbeitnehmer nicht in Betracht, weil hierdurch die Gefahr von Manipulationen zu seinen Lasten eröffnet würde. Der Veräußerer und der Erwerber hätten es nämlich sonst in der Hand, durch eine gezielte Rechtswahl arbeitsvertragliche Schutznormen auszuschalten, die nicht zu ihrer Disposition stehen (MANKOWSKI IPRax 1995, 88 [96]). Auch eine Anknüpfung an den Sitz des veräußerten Betriebes (dafür KOCH RiW 1984, 592 [594]; BIRK BerDGesVR 18 [1978] 263 [292]) ist weder aus organisatorischen Gründen (Behandlung des Betriebs als funktionelle Einheit) noch im Hinblick auf eine Parallelanknüpfung von Fragen des individuellen und des kollektiven Arbeitsrechts geboten (MANKOWSKI aaO). Vielmehr ist die für einen gesetzlichen Vertragsübergang allgemein geltende Anknüpfung an das Statut des übergegangenen Vertrages auch auf die Frage der Fortsetzung von Arbeitsverhältnissen im Falle eines Betriebsübergangs zu übertragen. Denn im Vordergrund steht weniger der Bezug zum Betrieb und dem am Betriebsort geltenden kollektiven Arbeitsrecht, als vielmehr der Individualschutz der Beschäftigten. Maßgebend ist daher insgesamt das von Art 30 EGBGB bestimmte Arbeitsvertragsstatut (BAG IPRax 1994, 123 [126] m zust Anm MANKOWSKI 88 [96 f] = EWiR 1993, 673 [LS] m Anm MARTINY = IPRspr 1992 Nr 69 b; ebenso DÄUBLER DB 1988, 1850 f; KRONKE IPRax 1981, 157 [159] und NILR 36 [1989] 9 f; MünchKomm/MARTINY Art 30 Rn 50 a; FRANZEN 74 ff mwN). Nach Art 30 Abs 1 EGBGB kann sich ein Arbeitnehmer daher trotz Wahl eines ausländischen Arbeitsvertragsstatuts auf die ihm günstigere Vorschrift des § 613 a BGB berufen, wenn er seine Arbeitsleistung gewöhnlich am inländischen Sitz des Betriebes erbracht hat; hingegen lässt sich der Schutz nach § 613 a BGB gegenüber einem ausländischen Vertragsstatut nicht über Art 34 EGBGB durchsetzen, weil es sich nicht um eine international zwingende Eingriffsnorm handelt (BAG IPRax 1995, 123, 128 f; zust MANKOWSKI IPRax 1994, 88, 98; aA JAYME/KOHLER IPRax 1993, 357 [370]).

VI. Vermögens- und Unternehmensübernahme*

108 Für den Fall der **Übernahme des gesamten Vermögens** einer Person sah das deutsche Recht bis zum 31. 12. 1998 in § 419 BGB eine gesetzliche Haftung des Übernehmers für die im Zeitpunkt der Vermögensübernahme bestehenden Schulden des anderen Teils vor. Diese Haftung war zwar auf den Bestand des übernommenen Vermögens beschränkt, konnte aber durch Vereinbarung zwischen dem Schuldner und dem Übernehmer nicht ausgeschlossen oder beschränkt werden (§ 419 Abs 2, 3 BGB aF). Diese Vorschrift ist mit Inkrafttreten der Insolvenzordnung funktional durch die Anfechtung innerhalb und außerhalb des Insolvenzverfahrens ersetzt worden (vgl

---

land (Diss Konstanz 2002); MANKOWSKI, Wichtige Klärungen im internationalen Arbeitsrecht, IPRax 1994, 88.

* **Schrifttum:** BRUGGER, § 1409 AGBG und IPR: Probleme des internationalen Unternehmenskaufs, ZfRvgl 1993, 94 ff; BUSCH/MÜLLER, Das IPR des Gläubigerschutzes bei Vermögens- bzw Unternehmensübertragung, ZverglRW 94 (1995) 157; MEIER, Die Vermögensübernahme nach französischem, englischem, schweizerischem und österreichischem Recht, ZverglRW 84 (1985) 54; MERKT/DUNCKEL, Anknüpfung der Haftung aus Vermögensübernahme bzw Firmenfortführung beim Unternehmenskauf, RiW 1996, 533; SCHNELLE, Die kollisionsrechtliche Anknüpfung der Haftung aus Vermögensübernahme im deutschen IPR, RiW 1997, 281; vSCHWIND, Das IPR des Haftungsübergangs bei Vermögensübertragung, in: FS v Caemmerer (1978) 757; TIEDEMANN, Die Haftung aus Vermögensübernahme im internationalen Recht (1995).

MERKT/DUNCKEL RiW 1996, 537 f). Eine vergleichbare Haftung des Vermögensübernehmers, die auch bei Äquivalenz von Leistung und Gegenleistung eintritt und damit zu einer Verdoppelung der Haftungsmasse führen kann, ist heute nur noch in Griechenland (Art 479 ZGB), Österreich (§ 1409 ABGB; vgl dazu BRUGGER ZfRvgl 1993, 94 ff) und der Schweiz (Art 181 OR) vorgesehen, ansonsten aber im Ausland weithin ohne Vorbild (vgl EISEMANN AcP 176 [1976] 487 ff; N MEIER ZVerglRW 84 [1985] 54 ff). Demgegenüber ist die in § 25 HGB angeordnete Gläubigersicherung im Falle der **Unternehmensübertragung** auch im Ausland – zB in Österreich, Japan und mit Einschränkungen in den USA – bekannt. Allerdings kennen manche Rechtsordnungen – wie zB das englische, französiche oder spanische Recht, überhaupt keine gesetzliche Haftung des Übernehmers (vgl MERKT/DUNCKEL RiW 1996, 533 ff; BUSCH/MÜLLER ZVerglRW 94 [1995] 169 f, jeweils mwN).

Wegen dieser erheblichen Unterschiede des materiellen Haftungsrechts bei Vermögens- und Unternehmensübernahme kommt der Anknüpfung dieser Haftung erhebliche Bedeutung zu. Für die Zwecke des **Kollisionsrechts** muss auch hier zwischen dem schuldrechtlichen Übernahmevertrag, dessen Vollzug durch einzelne Übertragungsakte und der gesetzlich angeordneten Haftung des Übernehmers unterschieden werden. Während das Statut des schuldrechtlichen Übernahmevertrages nach den allgemeinen Regeln des internationalen Vertragsrechts (Art 27 ff EGBGB) zu ermitteln ist, sind diese Vorschriften auf die Anknüpfung der Haftung des Übernehmers zumindest direkt nicht anwendbar, weil es sich insoweit um gesetzliche Haftungstatbestände handelt (RG NiemZ 22 [1912] 558 f; vHOFFMANN IPRax 1989, 175; MünchKomm/MARTINY Art 33 Rn 39). **109**

a) **Rechtswahl**
Bei der Bestimmung des Statuts der Vermögens-/Unternehmensübernahme kommt dem Schutz der Gläubiger des Veräußerers wesentliche Bedeutung zu. Denn ihnen wird bei ihrem bisherigen Schuldner die Haftungsgrundlage entzogen; es droht eine „Verflüchtigung von Vollstreckungsobjekten" (vgl BGH NJW 1982, 1703 [1704] zu § 419 BGB aF). Aus diesem Grunde bestehen keine Bedenken gegen die Zulassung einer Rechtswahlvereinbarung, die zwischem dem Gläubiger des ursprünglichen Vermögensinhabers/Unternehmensträgers und dem Übernehmer getroffen wird; denn hier hat der Gläubiger die Möglichkeit, seine Schutzinteressen durch eine entsprechende Rechtswahl zu wahren. Diese kann auch noch nachträglich – zB durch übereinstimmendes Prozessverhalten – erfolgen (OLG Koblenz IPRax 1989, 175 = IPRspr 1988 Nr 23; zust vHOFFMANN IPRax 1989, 175; BUSCH/MÜLLER ZVerglRW 94 [1995] 161 in Fn 23; vBAR, IPR II Rn 616). Demgegenüber kann eine lediglich zwischen dem Veräußerer und dem Erwerber getroffene Rechtswahl den Umfang der *gesetzlichen* Haftung des Erwerbers nicht bestimmen; denn andernfalls würde der in § 25 HGB normierte Gläubigerschutz weitgehend zur Disposition der Parteien des Übernahmevertrages gestellt. Aus diesem Grunde kommt auch hier eine akzessorische Anknüpfung der Haftung an den schuldrechtlichen Übernahmevertrag (zB Unternehmenskauf) nicht in Betracht; denn auch dies liefe – angesichts der in Art 27 Abs 1 EGBGB gewährleisteten Parteiautonomie – auf eine Rechtswahl zu Lasten Dritter, nämlich der geschützten Gläubiger des Veräußerers hinaus (vHOFFMANN IPRax 1989, 175; MünchKomm/MARTINY Art 33 Rn 39; BUSCH/MÜLLER ZVerglRW 94 [1995] 160 f; BRUGGER ZfRvgl 1993, 98; SCHNELLE RiW 1997, 283; **aA** GIRSBERGER ZVerglRW 88 [1989] 42). Aber auch eine akzessorische Anknüpfung der Haftung an das auf objektiver Grundlage (Art 28 EGBGB) ermit- **110**

telte Statut des Übernahmevertrages würde Manipulationen der Parteien eines Unternehmenskaufvertrages (zB durch Einschaltung von Zwischengesellschaften) geradezu herausfordern (MERKT/DUNCKEL RiW 1996, 539).

b) Objektive Anknüpfung

111 Fehlt es – wie regelmäßig – an einer Rechtswahl im Verhältnis Gläubiger-Übernehmer, so ist das auf die Haftung des Übernehmers anwendbare Recht im Wege einer objektiven Anknüpfung zu bestimmen. Insoweit ist zwischen der Unternehmensnachfolge gem § 25 HGB und einer Vermögensübernahme zu unterscheiden.

aa) Unternehmensnachfolge

Die Anknüpfung der Haftung aus Firmenfortführung bzw Unternehmensnachfolge in § 25 HGB wird maßgeblich durch den Normzweck dieser Vorschrift bestimmt (vgl zu den verschiedenen Erklärungsmodellen BUSCH/MÜLLER ZVerglRW 94 [1995] 172 ff). Nach der heute herrschenden *Kontinuitätstheorie* soll § 25 HGB die fehlende Rechtsfähigkeit des Unternehmens kompensieren (vgl K SCHMIDT, Handelsrecht⁴ [1994] 220 ff; BGH DB 1992, 314 [315 f]). Im Ergebnis soll die Haftung bei Einzelnachfolge in ein Unternehmen unabhängig von der Fortführung dem jeweiligen Unternehmensträger zugewiesen werden. Die Rechtsstellung der Gläubiger soll mithin im Falle der Einzelrechtsnachfolge ähnlich ausgestaltet sein wie im Falle der übertragenden Umwandlung kraft Gesamtrechtsnachfolge. Geht es aber im Fall des § 25 Abs 2 HGB vornehmlich um gesetzliche Haftungskontinuität und Kompensation der fehlenden Rechtsfähigkeit des Unternehmens, so liegt der Schwerpunkt des Gläubigerschutzes am **Sitz des übertragenen Unternehmens** (BUSCH/MÜLLER ZVerglRW 94 [1995] 177 ff; vBAR IPRax 1991, 199; SCHNELLE RiW 1997, 285; MünchKomm/MARTINY Art 33 Rn 44; SOERGEL/vHOFFMANN Art 33 Rn 52 mwN). Nichts anderes gilt aber auch dann, wenn man eine Rechtsscheins- oder Vertrauenshaftung annimmt; denn Anknüpfungspunkt ist auch dann die Firmenfortführung am Sitz des Unternehmens (MERKT/DUNCKEL RiW 1996, 542). Für die Geltung des Rechts am Unternehmenssitz spricht insbesondere auch der Vergleich zur Gesamtrechtsnachfolge bei grenzüberschreitenden Fusionen (vgl dazu MünchKomm/KINDLER, IntGesR Rn 643 ff, bes 672 ff).

bb) Vermögensübernahme

112 Auch bei der objektiven Anknüpfung der Vermögensübernahme stehen die Schutzinteressen der Gläubiger im Vordergrund. Dies könnte für eine Anknüpfung an das **Statut der Forderungen des Gläubigers gegen den Altschuldner** (= Vermögensveräußerer) sprechen; da nämlich der Gläubiger auf die Bestimmung dieses Forderungsstatuts bei Begründung seiner Forderung gegen den Altschuldner Einfluß nehmen kann und das Forderungsstatut durch die Vermögensübernahme nicht verändert wird, sind die Gläubigerinteressen gewahrt (für eine kumulative Anknüpfung an das Forderungsstatut und das Heimatrecht des Veräußerers daher BUSCH/MÜLLER ZVerglRW 94 [1995] 166 ff). Gegen eine Anknüpfung an das Forderungsstatut spricht jedoch, dass die Übernehmerhaftung dann nur bzgl derjenigen Forderungen des Gläubigers eingreifen würde, die einem Recht unterstehen, welches die Haftung des Vermögensübernehmers noch kennt; eine einheitliche Erwerberhaftung bei wechselnden Forderungsstatuten wäre ausgeschlossen (MERKT/DUNCKEL RiW 1996, 539; SCHNELLE RiW 1997, 283; TIEDEMANN 89; MünchKomm/MARTINY Art 33 Rn 41). Ferner vermag es nicht einzuleuchten, warum der Vermögensübernehmer nach österreichischem oder Schweizer Recht haften soll, wenn das als Haftungssubstrat dienende wesentliche Vermögen

(zB ein Grundstück) im Inland belegen ist. Schließlich wäre bei dieser Lösung für den Erwerber kaum feststellbar, in welchem Umfang er für die Verbindlichkeiten des Veräußerers haftet; denn er müsste für jede Verbindlichkeit das anwendbare Recht und die dort geltenden Haftungsregeln bei Vermögensübernahme ermitteln (SOERGEL/ vHOFFMANN Art 33 Rn 50). Dies ist ihm nicht zuzumuten.

Da für die Haftung nach § 1409 öst ABGB oder Art 181 Schweiz OR die Gesamt- **113** nachfolge in das Vermögen des Schuldners den Ausschlag gibt, kommt auch kollisionsrechtlich der **Belegenheit des Vermögens** (lex rei sitae) entscheidendes Gewicht zu. Diese Vorschriften greifen daher ein, wenn das gesamte übernommene Vermögen in Österreich bzw in der Schweiz belegen ist (vSCHWIND, in: FS vCaemmerer 760; REITHMANN/MARTINY/MERKT Rn 793; MünchKomm/MARTINY Art 33 Rn 42; ERMAN/HOHLOCH Art 33 Rn 13; KEGEL/SCHURIG, IPR[8] § 18 VII 3; vBAR IPRax 1991, 199; **aA** BUSCH/MÜLLER ZVerglRW 94 [1995] 162 ff). Denn die Haftung aus Vermögensübernahme hat die sachlich engste Beziehung zu dem Recht, das auch die sachenrechtliche Vermögensübertragung beherrscht (vSCHWIND aaO; BRUGGER ZfRvgl 1993, 95; iDS auch BGH RiW 1981, 706 [708] = IPRspr 1981 Nr 162). Diese Anknüpfung an den Belegenheitsort versagt allerdings, soweit zu dem übernommenen Vermögen – wie regelmäßig beim Unternehmenskauf – Forderungen und Immaterialgüterrechte gehören. Dem wünschenswerten Gleichlauf von Haftungs- und Übertragungsstatut entspricht dann eine Anknüpfung an das Zessionsstatut nach Art 33 Abs 1 und 2 BGB (MERKT/DUNCKEL RiW 1996, 538).

Liegt das **Vermögen des Veräußerers in verschiedenen Staaten,** so wird im Interesse **114** einer einheitlichen Anknüpfung der Haftung und zur Vermeidung der bei einer Statutenzersplitterung auftretenden Probleme zT eine Anknüpfung an die Belegenheit des Hauptvermögens, idR also an den Wohnsitz/Sitz des Vermögensträgers vorgeschlagen (vHOFFMANN IPRax 1989, 175; TIEDEMANN 120, 124; DASSER Anh Art 146 schweiz IPRG Rn 18). Ferner wird auch eine kumulative Anwendung des Rechts am Wohnsitz des bisherigen Vermögensinhabers und des Erwerbsstatuts für den jeweiligen Einzelgegenstand erwogen (SOERGEL/vHOFFMANN Art 33 Rn 50). Gegen diese Anknüpfung spricht indes, dass der – zudem manipulierbare – Wohnsitz/Sitz des Vermögensträgers keinen notwendigen Bezug zu den im Vordergrund stehenden Schutzinteressen seiner Gläubiger hat (SCHNELLE RiW 1997, 283; MünchKomm/MARTINY Art 33 Rn 42). Vorzuziehen ist deshalb auch in diesem Fall die Beibehaltung des Gleichlaufs von Haftungs- und Übertragungsstatut mit der Maßgabe, dass die Anwendung des Übertragungsstatuts – materiellrechtlich – auf diejenigen Vermögensgegenstände beschränkt wird, die in seinem räumlichen Geltungsbereich liegen. Werden also Vermögensbestandteile nach unterschiedlichen Rechten auf den Übernehmer übertragen, so tritt eine Haftung aus Vermögensübernahme nur bezüglich derjenigen Sachen und Rechte ein, die nach einem Recht übertragen werden, welches eine Haftung aus Vermögensübernahme kennt (MERKT/DUNCKEL RiW 1996, 541 f; SCHNELLE RiW 1997, 284; MünchKomm/MARTINY Art 33 Rn 42 f). Auch der Umfang der Haftung sollte auf den Wert des nach dem jeweiligen Recht übertragenen Vermögens beschränkt werden, so dass zB die in Art 181 schweiz OR vorgesehene unbeschränkte persönliche Haftung des Erwerbers nur für die in der Schweiz belegenen Sachen und die nach schweizerischem Recht übertragenen Forderungen eingreift. Für diese Lösung spricht vor allem der starke Bezug der Übernehmerhaftung zu dem übernommenen Vermögen als Haftungssubstrat, an dem sich auch die Gläubiger bei ihrer Kreditgewährung an den Veräußerer orientiert haben (SCHNELLE RiW 1997, 283 f). Ferner ermöglicht sie dem Erwerber bezüglich der wesentlichen Vermögensbestandteile – namentlich beim Unternehmenskauf – eine eindeutige Bestimmung des Übertragungsstatuts und der sich hieraus für ihn ergebenden Haftung (vgl näher MERKT/DUNCKEL aaO).

Anhang zu Art 33 EGBGB

Internationales Factoring

Schrifttum

ALEXANDER, Towards Unification and Predictability: The International Factoring Convention, ColumJ Transnat' l L 27 [1989] 353
BASEDOW, Internationales Factoring zwischen Kollisionsrecht und UNIDROIT-Konvention, ZEuP 1997, 615
DIEHL-LEISTNER, Internationales Factoring (1992)
FERRARI, Der internationale Anwendungsbereich des Ottawa-Übereinkommens von 1988 über internationales Factoring, RiW 1996, 181
ders, Il Factoring Internazionale: Commento alla Convenzione Unidroit sul Factoring Internazionale (1999)
GIRSBERGER, Defences of the Account Debtor in International Factoring, AmJCompL 1992, 469
GOODE, A Uniform Law on International Factoring, in: FS Sauveplanne (1984) 91
HAKENBERG, Juristische Aspekte der Exportforfaitierung, RiW 1998, 909
HÄUSLER, Das UNIDROIT-Übereinkommen über internationales Factoring (Ottawa 1988) unter besonderer Berücksichtigung seiner Anwendbarkeit – zugleich ein Beitrag zur Lehre vom internationalen Einheitsrecht (1998)
ders, Die Neuregelung der internationalen Forderungsfinanzierung durch das UNIDROIT-Übereinkommen über internationales Factoring, in: HAGENMÜLLER/SOMMER/BRINK (Hrsg), Handbuch des nationalen und internationalen Factoring (3. Aufl 1997) 269
KITSARAS, Das UNIDROIT-Übereinkommen über das internationale Factoring vom 28. 5. 1988 (Ottawa) aus der Sicht des deutschen und des griechischen Rechts (1994)
MESTRE, Rapport Explicatif sur le Projet de Convention sur l'Affacturage International, Rev dr uniforme 1987, 72
REBMANN, Das UNIDROIT-Übereinkommen über das internationale Factoring (Ottawa 1988), RabelsZ 53 (1989) 599
SOMMER, Grenzüberschreitendes Factoring im Zwei-Factor-Verfahren, in: HAGENMÜLLER/SOMMER/BRINK (Hrsg), Handbuch des nationalen und internationalen Factoring (3. Aufl 1997) 287
WELLER, Die UNIDROIT-Konvention von Ottawa über internationales Factoring, RiW 1999, 161
ZACCARIA, Internationales Factoring nach Inkrafttreten der Konvention von Ottawa, IPRax 1995, 279.

Systematische Übersicht

I.	Einleitung		II.	Autonomes Kollisionsrecht	
1.	Begriff	1	1.	Forderungsstatut	4
2.	Arten des Factoring	2	2.	Statut des Factoringvertrages	5
3.	Internationales Factoring	3	3.	Zessionsstatut	8

5. Abschnitt. Schuldrecht.
1. Unterabschnitt. Vertragliche Schuldverhältnisse

III. Die UNIDROIT-Konvention von Ottawa über das internationale Factoring

1.	Einleitung	10
2.	Anwendungsbereich	13
a)	Sachlicher Anwendungsbereich	13
b)	Räumlicher Anwendungsbereich	17
aa)	Art 2 Abs 1 lit a	18
bb)	Art 2 Abs 1 lit b	21
cc)	Mittelbare Anwendbarkeit aufgrund des IPR eines Nichtvertragsstaates	22
c)	Zeitlicher Anwendungsbereich	23
d)	Ausschluss des Übereinkommens	24
3.	Sachlicher Inhalt	26
a)	Anerkennung und Wirkung der Globalzession	27
b)	Wirkung eines rechtsgeschäftlichen Abtretungsverbots	30
c)	Übergang von Nebenrechten	33
d)	Wirkungen der Abtretung gegenüber dem Schuldner	34
aa)	Zahlungspflicht des Schuldners	34
bb)	Befreiende Wirkung der Zahlung an den Factor	35
cc)	Erhaltung der Schuldnerrechte	36
dd)	Rückerstattungsanspruch des Schuldners gegen den Factor	37
4.	Nachfolgende Abtretungen	39

Alphabetische Übersicht

Abtretungsanzeige — 16, 24, 34 f, 41
Abtretungsverbot — 9, 30 ff, 42
– absolute Wirkung — 31
– Haftung — 31
– Insolvenz — 32
– relative Wirkung — 32
– Zwangsvollstreckung — 32

CMR — 4, 8

Delkredere — 2, 15

Factoring — 2
– Arten — 2
– Begriff — 11, 13
– echtes — 2
– internationales — 3, 17 ff
– offenes — 2, 16
– unechtes — 2
Factoringvertrag
– Begriff (iS der Ottawa-Konvention) — 13 ff
– Reichweite — 7
– Statut — 5 ff
Forderung
– Statut — 4
– Übertragbarkeit — 9
Forderungsabtretung
– Anzeige — 16, 34 f
– Drittwirkungen — 11
– künftige Forderungen — 9
– nachfolgende — 39 ff

– Publizitätserfordernisse — 9
– Statut — 8
– Verbot — 9, 30 ff

Globalzession
– Bestimmtheit — 27
– Durchgangserwerb — 28
– Forderungsübergang — 28
– Relative Wirkung — 29

Haftung für verbotswidrige Abtretung — 31

Kontokorrentklausel — 9
Korrespondenzfactoring — 3 f, 6, 39

Nebenrechte
– Übergang — 33

Ottawa-Konvention
– Allgemein — 10
– Anwendungsbereich
  – räumlicher — 17 ff
  – sachlicher — 13 ff
  – zeitlicher — 23
– Auslegung — 11, 24 f, 40
– Materieller Inhalt
  – Abtretungsverbot — 30 ff
  – Globalzession — 27 ff
  – Nebenrechte — 33
  – Schuldnerschutz — 34 ff
– Nachfolgende Abtretungen — 39

Schuldnerschutz
- Aufrechnung ___ 36
- Befreiende Wirkung von Leistungen ___ 35
- Einwendungen ___ 36, 40
- Rückerstattungsansprüche ___ 37 ff
- Statut ___ 8 f
- Zahlungspflicht ___ 34

Unidroit-Principles ___ 10
UN-Kaufrecht ___ 4, 8, 10, 14, 21 f, 25

Zession s u Forderungsabtretung
Zwei-Factor-System ___ 3 f, 6

I. Einleitung

1. Begriff

1 Unter *Factoring* versteht man den Ankauf von kurzfristigen offenen Forderungen aus Warenkauf- oder Dienstleistungsverträgen durch ein Kreditinstitut (Factor), das damit dem Gläubiger (Anschlusskunden) eine Zwischenfinanzierung verschafft und seine Kundenverwaltung rationalisiert (eingehend hierzu HÄUSLER 31 ff, 59 ff). Zu diesem Zweck wird im Regelfall zwischen dem Anschlusskunden und der Factorbank ein Rahmenvertrag abgeschlossen, demzufolge der Anschlusskunde seine gesamten gegenwärtigen und künftigen Forderungen oder bestimmte Kategorien von Forderungen (zB aus bestimmten Geschäften oder gegen Schuldner aus bestimmten Ländern) im voraus an die Factorbank abtritt. Im Gegenzug verspricht die Factorbank die sofortige Auszahlung eines Vorschusses auf die Forderungen in Höhe von ca 80 bis 90% der Forderungssumme und die Auszahlung des Restbetrages nach Fälligkeit und Zahlung durch den Schuldner. Darüber hinaus verpflichtet sich die Factorbank regelmäßig zu weiteren Dienstleistungen, etwa zur Übernahme der Debitorenbuchhaltung für die abgetretenen Forderungen sowie zum Inkasso einschließlich des Mahnwesens. Der Anschlusskunde verpflichtet sich seinerseits, seinen Schuldnern die Factorbank (zB durch Stempelaufdruck auf der Rechnung) als Zahlstelle zu nennen. Ferner hat er für die von der Factorbank geschuldeten Dienstleistungen eine Gebühr von 1 bis 2% der Forderungssumme zu entrichten, die bei Auszahlung des Vorschusses von der Factorbank einbehalten wird (vgl näher BASEDOW ZEuP 1997, 616 ff; DIEHL-LEISTNER 4 ff).

2. Arten des Factoring

2 Beschränkt sich die Factorbank auf die zuvor erwähnten Finanzierungs- und Dienstleistungen, so spricht man von „unechtem Factoring". Demgegenüber liegt ein Fall des sog „echten Factoring" nur dann vor, wenn die Factorbank zusätzlich das Ausfallrisiko bei Zahlungsunfähigkeit des Schuldners (sog „Delkredere") zusätzlich übernimmt (vgl zu dieser Unterscheidung näher HÄUSLER 48 ff). Beim echten Factoring haftet der Lieferant der Factorbank mithin nur für den Bestand der Forderung, beim unechten Factoring hingegen auch für deren Durchsetzbarkeit. Nach der Zahlungsart und dem Zahlungszeitpunkt werden im Rahmen des echten Factoring das Vorschuss-, das Fälligkeits- und das Diskontverfahren unterschieden (vgl dazu HÄUSLER 50 ff), während beim unechten Factoring nur das Vorschussverfahren durchgeführt wird. Je nachdem, ob dem Schuldner die Forderungsabtretung an den Factor angezeigt wird oder nicht, spricht man schließlich von offenem oder stillem (verdecktem) Factoring.

3. Internationales Factoring

Um internationales Factoring handelt es sich dann, wenn Forderungen aus grenz- **3** überschreitenden Warenkauf- oder Dienstleistungsverträgen übertragen werden (REBMANN RabelsZ 53 [1989] 601). Gerade bei solchen Auslandsgeschäften kommen die Vorteile des Factoring besonders zur Geltung, weil die Einziehung der Forderungen schwieriger und das Risiko des Forderungsausfalls höher als bei reinen Inlandsgeschäften ist (HÄUSLER 19). In der Regel wird dann in der Weise verfahren, dass der Anschlusskunde (Exporteur) seine Forderungen an eine im eigenen Land befindliche Factorbank (Exportfactor) abtritt, welche die Forderungen ihrerseits an einen Korrespondenzfactor (Importfactor) im Land des Schuldners weiter überträgt, der die Forderung vom Schuldner einzieht (sog **Zwei-Factor-System** oder **Korrespondenzfactoring;** dazu näher DIEHL-LEISTNER 8; HÄUSLER 73 ff; BASEDOW ZEuP 1997, 617). Zwar verteuert die Einschaltung eines weiteren Kreditinstituts die Forderungsdurchsetzung; das Zwei-Factor-System hat aber den Vorteil, dass der Gläubiger einen inländischen Partner als Schuldner hat und auch der Schuldner nur mit seinem heimischen Importfactor verhandeln muss. Die internationale Dimension des Forderungseinzugs wird damit vollständig auf die beteiligten Kreditinstitute verlagert, deren Geschäftsbeziehungen untereinander durch sog *Interfactor Agreements* auf der Grundlage von Allgemeinen Geschäftsbedingungen geregelt sind (vgl insbesondere den Code of International Factoring Customs, dazu SOMMER, in: HAGENMÜLLER/ SOMMER/BRINK 190 ff). Die aufgrund der von der Factorbank regelmäßig übernommenen Ausfallhaftung erforderliche Überprüfung der Bonität des Schuldners kann damit vom Importfactor im eigenen Land – und damit schneller und effektiver als vom Exportfactor – durchgeführt werden. Alternative Formen zum Korrespondenzfactoring, wie das *direkte Exportfactoring*, bei dem der Factor aus dem Land des Gläubigers direkt in Kontakt mit dem ausländischen Schuldner tritt, und das *direkte Importfactoring*, bei dem der Anschlusskunde selbst einen Importfactor im ausländischen Wohnsitzstaat des Schuldners beauftragt, spielen demgegenüber nur eine ganz untergeordnete Rolle.

II. Autonomes Kollisionsrecht

Kollisionsrechtlich muss unterschieden werden zwischen den auf den Factor über- **4** gegangenen Forderungen des Anschlusskunden sowie dem eigentlichen Factoringvertrag (REITHMANN/MARTINY Rn 1075).

1. Forderungsstatut

Das Rechtsverhältnis zwischen dem Anschlusskunden und seinem Schuldner, aus dem sich die abgetretene Forderung ergibt, besteht regelmäßig aus Warenkauf-, Dienstleistungs- oder Transportverträgen. Das Forderungsstatut bestimmt sich daher primär nach internationalem Einheitsrecht – zB dem Wiener UN-Kaufrecht oder Staatsverträgen auf dem Gebiet des internationalen Transportrechts (zB CMR, Warschauer Abkommen), im Übrigen nach dem jeweiligen nationalen Kollisionsrecht. Aus deutscher Sicht sind daher die Art 27 ff EGBGB maßgebend (BASEDOW ZEuP 1997, 618). Soweit keine abweichende Rechtswahl getroffen wurde, kommt daher nach den Vermutungen des Art 28 Abs 2 und 4 EGBGB im Regelfall das Sitzrecht des Verkäufers, Dienstleisters oder Transporteurs zur Anwendung. Damit gilt in den typischen Fällen des Korrespondenzfactoring deutscher Exporteure im Regelfall deutsches Recht, soweit nicht ausnahmsweise der ausländische Kunde eine Rechtswahl zugunsten seines eigenen Rechts hat durchsetzen können.

2. Statut des Factoringvertrages

5   Das Statut des eigentlichen Factoringvertrages zwischen der Factorbank und dem Anschlusskunden ergibt sich ebenfalls aus den Art 27 ff EGBGB. Danach ist in erster Linie das von den Parteien ausdrücklich oder – zB durch Vereinbarung einer Gerichtsstands- oder Schiedsklausel – stillschweigend gewählte Recht maßgebend (Art 27 Abs 1 EGBGB). In Ermangelung einer Rechtswahl unterliegt der Factoringvertrag gem Art 28 Abs 1 EGBGB dem Recht des Staates, mit dem er die engste Verbindung aufweist. Nach der Vermutung des Art 28 Abs 2 EGBGB ist dabei auf den Ort der Niederlassung desjenigen Vertragspartners abzustellen, der die für den Vertrag charakteristische Leistung erbringt. Anders als bei einem einfachen Forderungskauf (vgl zur grundsätzlichen Anwendung des Rechts am Verkäufersitz auf Kaufverträge über Forderungen STAUDINGER/MAGNUS [2002] Art 28 Rn 175 ff); MünchKomm/MARTINY Art 28 Rn 116; s auch BGH JR 1987, 198 m Anm DÖRNER = IPRax 1988, 27 m Anm KREUZER 16 zum Aktienkauf) erbringt diese aber nicht der Anschlusskunde; vielmehr stehen beim Factoringgeschäft – wie auch bei sonstigen Bankgeschäften (vgl dazu REITHMANN/MARTINY Rn 1066; STAUDINGER/MAGNUS [2002] Art 28 Rn 526; PALANDT/HELDRICH Art 28 Rn 21) – die von der Factorbank zu erbringenden Dienstleistungen wirtschaftlich eindeutig im Vordergrund. Das anwendbare Recht wird mithin grundsätzlich durch den **Niederlassungsort der Factorbank** bestimmt (BASEDOW ZEuP 1997, 619; FERRARI RiW 1996, 188; REITHMANN/MARTINY Rn 1075; MünchKomm/MARTINY Art 28 Rn 245 a; ERMAN/HOHLOCH Art 28 Rn 56; DIEHL-LEISTNER 82 ff. Vgl auch App Grenoble Clunet 123 [1996] 948 m Anm WITZ = Rev crit dip 85 [1996] 668 m Anm PARDOËL). Dies gilt nicht nur beim unechten, sondern auch beim echten Factoring, weil auch dort die Dienstleistungselemente den Vertrag stärker prägen als der Forderungskauf (MünchKomm/MARTINY Art 28 Rn 245 a; **aA** [Recht des Kunden] SOERGEL/vHOFFMANN Art 28 Rn 326 ff).

6   Bei der typischen Vertragsgestaltung des **Korrespondenzfactoring** (Rn 3) stellt sich die Frage nach der Anknüpfung des Factoringvertrages zwischen Anschlusskunden und Factoringbank regelmäßig nicht, weil beide ihren Sitz im gleichen Land haben und es damit an einer Auslandsberührung fehlt. Stattdessen erlangt dort die Frage nach dem auf die Rechtsbeziehungen zwischen Exportfactor und Importfactor anwendbaren Recht Bedeutung. Soweit es in diesem Verhältnis an einer wirksamen Rechtswahl fehlt, unterliegt der Vertrag gem Art 28 Abs 2 EGBGB dem Recht am Niederlassungsort des Importfactors; denn da diesem die Bonitätsprüfung und die Einziehung der Forderungen gegen den Importeur obliegt, erbringt er die komplexere und risikoreichere Leistung (BASEDOW ZEuP 1997, 620; MünchKomm/MARTINY Art 28 Rn 245 a; BALLARINO, DIP² Rn 21).

7   Die **Reichweite** des Statuts des Factoringvertrages bestimmt sich nicht nach den allgemeinen Grundsätzen des Art 32 EGBGB (dazu STAUDINGER/MAGNUS [2002] Art 32 Rn 21 ff). Darüber hinaus beherrscht es gemäß Art 33 Abs 1 EGBGB auch die Pflicht des Anschlusskunden zur Abtretung von Forderungen sowie die damit verbundenen Nebenpflichten (zB zur Offenlegung der Abtretung). Auch die Frage, ob der Anschlusskunde für die Bonität der abgetretenen Forderung haftet und welche Rechts-

folgen im Falle eines mit dem Schuldner vereinbarten Abtretungsverbots eintreten, beantwortet das Statut des Factoring-Vertrages (vgl näher Art 33 Rn 31 f).

3. Zessionsstatut

Die Frage, ob das Statut des Factoring-Vertrages auf die Regelung der zwischen **8** Anschlusskunden und Factor bestehenden schuldrechtlichen Beziehungen beschränkt ist oder darüber hinaus auch die in diesem Vertrag vereinbarte Forderungsabtretung als Verfügungsgeschäft erfasst, ist streitig. Während die in Deutschland hM die Forderungsabtretung insgesamt gem Art 33 Abs 2 EGBGB dem Statut der abgetretenen Forderung unterwirft (vgl zum Factoring OLG Köln NJW 1987, 1151 = IPRax 1987, 239 m Anm SONNENBERGER 221; LG Kiel RiW 1985, 409 = IPRax 1985, 35 m Anm BÖHNER 15; BASEDOW ZEuP 1997, 619; REITHMANN/MARTINY Rn 1075), ist der Geltungsbereich des Art 33 Abs 2 EGBGB – entsprechend der zu Art 12 EVÜ in den europäischen Rechten überwiegend vertretenen Auffassung – auf die dort besonders genannten Aspekte des Schuldnerschutzes beschränkt, während die Forderungsabtretung im Übrigen gem Art 33 Abs 1 EGBGB dem Statut des Factoringvertrages unterliegt (vgl zu Einzelheiten Art 33 Rn 8 ff m Nachw). Zumindest bezüglich des Schuldnerschutzes erlangt damit das auf den Warenkauf- bzw Dienstleistungsvertrag zwischen dem Anschlusskunden und dessen Schuldner anwendbare Recht auch für die den Schuldner berührenden Wirkungen der Abtretung Bedeutung. Unterliegt der Vertrag zwischen dem Anschlusskunden und seinem Schuldner internationalem Einheitsrecht (zB dem Wiener UN-Kaufrecht oder der CMR), das Fragen der Forderungsabtretung selbst nicht regelt, so muss zur Ermittlung der geltenden Schuldnerschutzvorschriften das Forderungsstatut mit Hilfe der Kollisionsregeln der lex fori ergänzend bestimmt werden (OLG Hamm RiW 1983, 952; BASEDOW ZEuP 1997, 620; DIEHL-LEISTNER 97). Die zwingende Anwendung des Forderungsstatuts auf alle Aspekte des Schuldnerschutzes soll vor allem sicherstellen, dass die Rechte des Schuldners nicht durch eine zwischen dem Anschlusskunden und dem Factor getroffene Rechtswahl beeinträchtigt werden (vgl Art 33 Rn 40).

Das Forderungsstatut nach Art 33 Abs 2 EGBGB gilt vor allem für die **Übertragbar-** **9** **keit der Forderung** mit Wirkung gegenüber dem Schuldner. Es beherrscht daher insbesondere die Gültigkeit und die (absolute/relative) Wirkung von rechtsgeschäftlichen Abtretungsverboten einschließlich von Kontokorrentklauseln, sowie die Zulässigkeit der Abtretung von Teilforderungen, von bedingten und künftigen Forderungen im Verhältnis zum Schuldner (vBAR RabelsZ 53 [1989] 469 f; BASEDOW ZEuP 1997, 620 f; DIEHL-LEISTNER 92; vgl dazu auch Art 33 Rn 41). Darüber hinaus gilt das Forderungsstatut für das Rechtsverhältnis zwischen der Factorbank und dem Schuldner, zB für die Fälligkeit und Höhe der Forderung, für Einwendungen und Einreden des Schuldners gegen die Forderung (zB Verjährung), die befreiende Wirkung von Leistungen des Schuldners sowie für Erfüllungssurrogate (zB Aufrechnung; vgl BASEDOW ZEuP 1997, 621 f; DIEHL-LEISTNER 97; dazu auch Art 33 Rn 42, 45). Schließlich beurteilen sich auch die Voraussetzungen, unter denen die Abtretung dem Schuldner entgegengehalten werden kann, nach dem Forderungsstatut; dies betrifft insbesondere die in manchen Rechten vorgeschriebenen Publizitätserfordernisse (vgl näher Art 33 Rn 43).

III. Das UNIDROIT-Übereinkommen von Ottawa über das internationale Factoring

1. Einleitung

10 Im Hinblick auf die zunehmende Bedeutung des internationalen Factoring für die Entwicklung des internationalen Handels haben die Mitgliedstaaten von UNIDROIT am 28. Mai 1988 das Übereinkommen von Ottawa über das internationale Factoring geschlossen. Der Text des Übereinkommens ist in deutscher Übersetzung unten Rn 43 abgedruckt. Das Übereinkommen ist für die Bundesrepublik Deutschland am 1. 12. 1998 im Verhältnis zu Frankreich, Italien, Lettland, Nigeria und Ungarn in Kraft getreten (Bek v 31. 8. 1998, BGBl II 2375). Da das internationale Factoring gewöhnlich an internationale Warenkäufe anknüpft, lehnt sich das Factoring-Übereinkommen in Aufbau und Terminologie eng an das Wiener UN-Kaufrecht an (REBMANN RabelsZ 53 [1989] 602 f). Dies gilt insbesondere auch für die *Auslegung* des Übereinkommens. In Übereinstimmung mit Art 7 UN-Kaufrecht ist nach Art 4 Abs 1 des Übereinkommens sein internationaler Charakter und die Notwendigkeit zu berücksichtigen, seine einheitliche Anwendung und die Wahrung des guten Glaubens im internationalen Handel zu fördern. Ferner sind nach Art 4 Abs 2 Fragen, die im Übereinkommen geregelte Gegenstände betreffen, aber im Übereinkommen selbst nicht ausdrücklich entschieden werden (sog „interne Lücken"), nach den allgemeinen Grundsätzen zu beantworten, die dem Übereinkommen zugrunde liegen. Hingegen ist zur Lösung von Fragen die außerhalb des sachlichen Anwendungsbereichs der Konvention liegen (sog „externe Lücken"), auf das nationale Recht zurückzugreifen, das nach den Regeln des internationalen Privatrechts am Gerichtsort zur Anwendung berufen ist. Zum Verständnis dieser Auslegungsregel und zu ihrer Reichweite kann in weitem Umfang auf die Rechtsprechung und Literatur zu Art 7 UN-Kaufrecht zurückgegriffen werden (vgl dazu die Kommentierung bei STAUDINGER/MAGNUS [1999] und bei SCHLECHTRIEHM/FERRARI, CISG³, jeweils m umf Nachw). Darüber hinaus können zur Schließung von Lücken dieses UNIDROIT-Übereinkommens in gewissen Umfang auch die „UNIDROIT Principles of International Contracts" (auszugsweise abgedruckt in IPRax 1997, 205 ff) herangezogen werden (WELLER RiW 1999, 169; ebenso zum UN-Kaufrecht STAUDINGER/MAGNUS [1999] Art 7 Rn 14; einschränkend hingegen SCHLECHTRIEHM/FERRARI, CISG³ Art 7 Rn 59 ff).

11 Das Übereinkommen schafft in seinem Anwendungsbereich **internationales Einheitsrecht,** das dem nationalen Recht vorgeht. Es soll nach seiner Präambel durch die Schaffung einheitlicher rechtlicher Rahmenbedingungen das internationale Factoring erleichtern und dabei ein Gleichgewicht zwischen den Interessen der am Factoringgeschäft beteiligten Parteien wahren. Der mit dem Übereinkommen erreichten Rechtsvereinheitlichung kommt vor allem deshalb erhebliche Bedeutung zu, weil das Factoringgeschäft auch in den meisten nationalen Rechten bisher nicht ausdrücklich geregelt ist, so dass in weitem Umfang auf verwandte Vertragstypen zurückgegriffen werden muss (HÄUSLER 18). Das Übereinkommen regelt die Rechtsfragen des internationalen Factoring allerdings nicht umfassend, sondern beschränkt sich auf bestimmte wichtige Aspekte (REBMANN RabelsZ 53 [1989] 599; MESTRE Rev dr uniforme 1987, 96). So fehlen insbesondere Vorschriften über die – materiell- oder kollisionsrechtliche – Regelung der Wirkungen der Forderungsabtretung an den Factor gegenüber Dritten. Hinsichtlich dieser nicht geregelten Fragen muss nach Maßgabe von Art 4

Abs 2 des Übereinkommens weiterhin auf nationales Recht zurückgegriffen werden (vgl zur Anknüpfung von Drittwirkungen der Zession näher Art 33 Rn 48 ff). Schließlich folgt aus Art 3 Abs 2 des Übereinkommens, dass dieses lediglich *in toto* durch Parteivereinbarung ausgeschlossen werden kann. Fehlt es an einem solchen Ausschluss des gesamten Übereinkommens, sind dessen Bestimmungen zwingend anzuwenden (dazu näher Rn 24 f).

Das Übereinkommen zerfällt in **vier Kapitel** über den „Anwendungsbereich und allgemeine Bestimmungen" (Art 1–4), über die „Rechte und Pflichten der Parteien" (Art 5–10), über „nachfolgende Abtretungen" (Art 11 und 12) sowie „Schlussbestimmungen" (Art 13–23). Insgesamt enthält es nur sechs Vorschriften zum materiellen Factoring-Recht im 2. Kapitel, während die übrigen Kapitel zahlreiche und zum Teil komplizierte Anwendungsregeln beinhalten, die das internationale Factoring nicht unbedingt erleichtern (HÄUSLER 241).

2. Anwendungsbereich

a) Sachlicher Anwendungsbereich

Nach seinem Art 1 bezieht sich das Übereinkommen in sachlicher Hinsicht auf Factoringverträge, welche die Abtretung von Forderungen aus Warenkauf- oder Dienstleistungsverträgen vorsehen. Da die Forderungsfinanzierung durch das Übereinkommen gefördert werden soll, ist von einem *weiten* Begriff des Factoringvertrages auszugehen (HÄUSLER 243 ff). Dieser wird in Art 1 durch die Herkunft der abzutretenden Forderungen, durch die vom Factor übernommenen Dienstleistungen und durch die Publizität der Abtretung charakterisiert. Dabei ist zu beachten, dass nicht nur Forderungsabtretungen iSv § 398 BGB erfasst werden. Da nämlich der im Übereinkommen zugrunde gelegte Begriff des „Factoring" nach Art 4 Abs 1 *autonom* zu interpretieren ist, umfasst er sämtliche Geschäfte, durch die der Factor gegen den Schuldner ein Recht erwirbt, aus dem er gegen diesen vorgehen kann (HÄUSLER 250). Bedeutung hat dies insbesondere für das französische Recht, wo beim „affacturage"-Vertrag häufig keine echte Zession, sondern eine – formlose – *subrogation conventionelle* iSv Art 1250 No 1 CC vereinbart wird (vgl SONNENBERGER IPRax 1987, 221 [224]).

Da ein international anerkannter einheitlicher Begriff des Factoring nicht existiert, definiert das Übereinkommen diesen Begriff in Art 1 für seine Zwecke. Als Factoringvertrag im Sinne des Übereinkommens ist nach Art 1 Abs 2 lit a ein Vertrag anzusehen, der zwischen dem Lieferanten und dem Factor geschlossen wird und aufgrund dessen der Lieferant an den Factor Forderungen abtreten kann oder muss, die aus **Warenkaufverträgen** zwischen dem Lieferanten und seinen Kunden (Schuldnern) bestehen. Der Begriff „Warenkauf" ist aufgrund der gewollten begrifflichen Parallelen zum UN-Kaufrecht (vgl dazu MESTRE Rev dr uniforme 1987, 94) in Anlehnung an dieses UN-Übereinkommen auszulegen (BASEDOW ZEuP 1997, 627 f; FERRARI RiW 1996, 183 f). Da die Factoring-Konvention – wie das UN-Kaufrecht – auf die Erleichterung des internationalen Handels abzielt, sind nach Art 1 Abs 2 lit a Kaufverträge über Waren, die in erster Linie für den persönlichen Gebrauch oder den Gebrauch in der Familie oder im Haushalt gekauft werden, vom Anwendungsbereich ausdrücklich ausgeschlossen (vgl MESTRE, Rev dr uniforme 1987, 100). Den Warenkaufverträgen werden in Art 1 Abs 3 Verträge, die auf die **Erbringung von Dienstleistungen** gerichtet sind, ausdrücklich gleichgestellt. Zum – autonom auszulegenden –

Begriff der „Dienstleistungen" sind auf der Konferenz von Ottawa als Beispiele genannt worden: Versicherungs-, Transport- und Beratungsleistungen (REBMANN RabelsZ 53 [1989] 605); weiterhin sollen Vertriebs-, Werbe- und sonstige Kommunikationsleistungen sowie Bau- und Bankleistungen erfasst sein (BASEDOW ZEuP 1997, 628; ZACCARIA IPRax 1995, 282), wobei Letzteres auf der Konferenz umstritten war (REBMANN und ZACCARIA, jeweils aaO).

15 Ein Factoring-Geschäft im Sinne des Übereinkommens liegt nach Art 1 Abs 2 lit b weiterhin nur dann vor, wenn der Factor **mindestens zwei der dort genannten vier Aufgaben** – nämlich 1) Finanzierung für den Lieferanten (insbesondere Darlehensgewährung und Vorauszahlung), 2) Buchhaltung bzgl der Forderungen, 3) Einziehung von Forderungen und 4) Schutz gegen Nichtzahlung oder verspätete Zahlung der Schuldner – übernimmt (vgl zu diesen Aufgaben näher ZACCARIA IPRax 1995, 282 f; HÄUSLER 256 ff), wobei es unerheblich ist, ob der Factor im eigenen Namen oder im Namen des Anschlusskunden tätig wird (WELLER RiW 1999, 162). Da hiernach die Übernahme des Delkredere kein unverzichtbares Wesensmerkmal des Factoringvertrages darstellt, erfasst das Übereinkommen sowohl das „echte" als auch das „unechte" Factoring (Rn 2) und unterscheidet zwischen diesen beiden Formen nicht (REBMANN RabelsZ 53 [1989] 605; FERRARI RiW 1996, 183; BASEDOW ZEuP 1997, 628). Der sachliche Anwendungsbereich des Übereinkommens wird durch Art 1 Abs 2 lit b sehr weit gezogen, so dass auch Vertragsgestaltungen, die nach herkömmlichem Verständnis kein Factoring darstellen, erfasst werden. So ist der Anwendungsbereich des Übereinkommens schon eröffnet, wenn lediglich eine Kombination aus Forderungseinzug (Inkassozession) und Buchhaltung vereinbart wird (DIEHL-LEISTNER 126; HÄUSLER 255; HAKENBERG RiW 1998, 909).

16 Schließlich setzt das Übereinkommen nach Art 1 Abs 2 lit c in sachlicher Hinsicht voraus, dass der Schuldner kraft des Factoringvertrages verpflichtet ist, den Schuldnern die **Abtretung anzuzeigen.** Das sog „Non-Notification Factoring" wird also vom Übereinkommen ebenso wenig erfasst wie die stille Zession (ZACCARIA IPRax 1995, 282; BASEDOW ZEuP 1997, 628; REBMANN RabelsZ 53 [1989] 605). Dieses ist daher auch auf die Vereinbarung eines *verlängerten Eigentumsvorbehalts* regelmäßig nicht anwendbar, weil die dort vereinbarte Sicherungsabtretung der künftigen Forderungen des Käufers aus dem Weiterverkauf in der Praxis nicht offen gelegt zu werden pflegt. Die Anzeige bedarf – anders als in den Fällen des Art 3 Abs 1 lit b und des Art 8 – keiner bestimmten Form (HÄUSLER 265; **aA** ZACCARIA IPRax 1995, 283). Ferner ist es unschädlich, wenn sie tatsächlich unterbleibt; für die Anwendbarkeit des Übereinkommens ist allein ausschlaggebend, dass der Vertrag die Verpflichtung zu einer solchen Anzeige vorsieht (HÄUSLER 266 f; REBMANN RabelsZ 53 [1989] 605; **aA** ZACCARIA aaO).

b) Räumlicher Anwendungsbereich

17 Das Übereinkommen umfasst nach seinem Art 2 Abs 1 nur das **internationale Factoring** (MESTRE Rev dr uniforme 1987, 93). Die Internationalität des Factoringvertrages folgt allerdings – anders als zB nach Art 1 des Wiener UN-Kaufrechts – nicht schon daraus, dass die Vertragspartner – Anschlusskunde und Factor – ihre Niederlassung in verschiedenen (Vertrags-)Staaten haben; vielmehr kommt es insoweit allein auf das Rechtsverhältnis an, aus dem sich die an den Factor abgetretene Forderung des Anschlusskunden gegen seine Abnehmer ergibt (FERRARI RiW 1996, 183; REBMANN RabelsZ 53 [1989] 605 f; BASEDOW ZEuP 1997, 629). Danach kann also auch ein rein nationaler

Factoringvertrag dem Übereinkommen unterliegen, wenn nur der zugrunde liegende Warenkauf- bzw Dienstleistungsvertrag zwischen dem Anschlusskunden und seinem Schuldner (Käufer, Dienstberechtigter) eine hinreichende Auslandsberührung iSv Art 2 aufweist. Allein die Internationalität des Warenkauf- bzw Dienstleistungsvertrages bestimmt also zugleich über die Internationalität des Factoringvertrages im Sinne des Übereinkommens (vgl dazu näher FERRARI aaO; ZACCARIA IPRax 1995, 281). Hinzukommen muss ein hinreichender Bezug zu den Vertragsstaaten des Ottawa-Übereinkommens, der – in Anlehnung an Art 1 Abs 1 UN-Kaufrecht – auf zweierlei Weise hergestellt werden kann:

aa) Art 2 Abs 1 lit a
Nach Art 2 Abs 1 lit a ist das Übereinkommen immer dann unmittelbar anzuwenden, wenn der Lieferant (Anschlusskunde) und sein Schuldner ihre Niederlassung in *verschiedenen Vertragsstaaten* haben und darüber hinaus auch der Factor in einem Vertragsstaat niedergelassen ist. Nicht erforderlich ist hierbei, dass die Beteiligten ihre Niederlassungen in *drei* verschiedenen Vertragsstaaten haben. Der Factor kann vielmehr sowohl im Staat des Anschlusskunden wie im Staat des Schuldners niedergelassen sein (FERRARI RiW 1996, 184). Die Anknüpfung nach Art 2 Abs 1 a ist *unwandelbar;* es kommt also auf die Niederlassung der Parteien im Zeitpunkt des Vertragsschlusses an (HÄUSLER 298 ff).

Der **Begriff der Niederlassung** wird im Ottawa-Übereinkommen ebenso wenig definiert wie im UN-Kaufrecht. Im Interesse einer einheitlichen Anwendung des Übereinkommens wird man den Begriff *autonom* auszulegen haben. Insoweit bietet es sich an, auf die gleichen Kriterien abzustellen, die auch im UN-Kaufrecht zur Umschreibung des Begriffs der Niederlassung herangezogen werden (FERRARI RiW 1996, 185). Als Niederlassung hat danach der Ort zu gelten, von dem die selbständige, auf Dauer angelegte Teilnahme am Wirtschaftsverkehr erfolgt. Die Niederlassung muss also über eine gewisse eigene Entscheidungsfreiheit verfügen, die über die bloße Vertragsbahnung hinausgeht (vgl zum UN-Kaufrecht STAUDINGER/MAGNUS [1999] Art 1 Rn 63; SCHLECHTRIEM/FERRARI, CISG^3 Art 1 Rn 46). Auf formale Kriterien – wie die Eintragung im Handelsregister – kommt es hingegen nicht an (HÄUSLER 301). Werden Kauf- oder Dienstverträge von Tochtergesellschaften abgeschlossen, so kommt es daher auf deren Niederlassung, nicht hingegen auf diejenige der Muttergesellschaft an; daran ändert auch die konzernmäßige Verbundenheit mit der Muttergesellschaft nichts (STAUDINGER/MAGNUS [1999] Art 1 Rn 66; SCHLECHTRIEM/FERRARI, CISG^3 Art 1 Rn 47). Ob im Falle des Vertragsabschlusses durch einen *Stellvertreter* auf dessen Niederlassung oder diejenige des Vertretenen abzustellen ist, beurteilt sich nach dem von IPR der lex fori zur Anwendung berufenen materiellen Recht. Nach deutschem IPR entscheidet die Niederlassung des Vertretenen, wenn der Vertreter den Vertrag mit unmittelbarer Wirkung für und gegen den Vertretenen abschließt (vgl idS zum UN-Kaufrecht SCHLECHTRIEHM/FERRARI, CISG^3 Art 1 Rn 41 ff). Unterhält eine Partei *mehrere Niederlassungen*, so ist gem Art 2 Abs 2 für die Frage der Anwendbarkeit des Übereinkommens auf diejenige Niederlassung abzustellen, die unter Berücksichtigung der vor oder bei Vertragsschluss den Parteien bekannten oder von ihnen in Betracht gezogenen Umstände die engste Beziehung zu dem betreffenden Vertrag und zu seiner Erfüllung hat.

Die nach Art 2 Abs 1 lit a maßgebliche Niederlassung muss in einem Vertragstaat belegen sein. Handelt es sich hierbei um einen **Mehrrechtsstaat,** so erstreckt sich das Übereinkommen nach Art 16 Abs 4 grundsätzlich auf alle Gebietseinheiten dieses Staates. Etwas anderes gilt nur dann, wenn der Mehrrechtsstaat bei der Unterzeichnung, der Ratifikation, der Annahme, der Genehmigung oder dem Beitritt erklärt hat, dass das Übereinkommen sich nur auf eine oder mehrere Gebietseinheiten erstrecken soll.

bb) Art 2 Abs 1 lit b

21 Nach Art 2 Abs 1 lit b ist der räumliche Anwendungsbereich des Übereinkommens ferner auch dann eröffnet, wenn der Factor seine Niederlassung in einem Drittstaat hat, sofern nur sowohl der Warenkauf- bzw Dienstleistungsvertrag als auch der Factoringvertrag dem Recht eines Vertragsstaats unterliegen. Auch diese Erweiterung des räumlichen Anwendungsbereichs des Factoring-Übereinkommens orientiert sich an der „Vorschaltlösung" in Art 1 Abs 1 lit b UN-Kaufrecht. Wie dort hat die Bestimmung des Vertragsstatuts daher nach Maßgabe des Kollisionsrechts der lex fori zu erfolgen, wobei es keinen Unterschied macht, ob das Vertragsstatut durch wirksame Rechtswahl oder im Wege der objektiven Anknüpfung bestimmt wird. Aus deutscher Sicht sind daher die Art 27 ff EGBGB heranzuziehen (vgl näher FERRARI RiW 1996, 187 f; HÄUSLER 306 ff). In Frankreich und Italien ist vorrangig das Haager Kaufrechtsübereinkommen vom 15. 6. 1955 (Text bei JAYME/HAUSMANN[11] Nr 76) zu berücksichtigen. Nicht erforderlich ist, dass der Warenkauf- bzw Dienstleistungsvertrag und der Factoring-Vertrag dem gleichen Recht unterliegen; das Übereinkommen ist vielmehr auch dann anwendbar, wenn für beide Verträge *unterschiedliche* Rechte gelten, sofern es sich nur um Rechte von Vertragsstaaten handelt (MESTRE Rev dr uniforme 1987, 106; FERRARI RiW 1996, 186; HÄUSLER 303). Abweichend vom UN-Kaufrecht (vgl dort Art 95) sieht das Ottawa-Übereinkommen eine Vorbehaltsmöglichkeit der Vertragsstaaten gegen diese Erweiterung des räumlichen Anwendungsbereich nicht vor.

cc) Mittelbare Anwendbarkeit aufgrund des IPR eines Nichtvertragsstaats

22 Liegt das forum nicht in einem Vertragsstaat, so ist der Richter zwar nicht unmittelbar an das Übereinkommen gebunden; dieses kann aber doch mittelbar zu Anwendung gelangen, wenn das Kollisionsrecht des Nichtvertragsstaates auf das Recht eines Vertragsstaates und damit auf dessen Sachnormen verweist, zu denen auch das Übereinkommen gehört (ZACCARIA IPRax 1995, 279). Es stellt sich dann die Frage, ob das Übereinkommen nur dann Anwendung findet, wenn auch der Richter des Vertragsstaates, auf den das IPR der lex fori verweist, dieses anwenden würde, dh wenn aus dessen Sicht die Voraussetzungen nach Art 2 Abs 1 des Übereinkommens gegeben sind, oder ob es schon ausreicht, dass ein „internationaler" Factoringvertrag iSv Art 2 Abs 1 S 1 vorliegt. Letztere Lösung wird zu der ähnlichen Fragestellung bezüglich des Art 1 Abs 1 lit b des UN-Kaufrechts vertreten (FERRARI RiW 1996, 188). Von Bedeutung ist die Frage dann, wenn die Vertragsparteien ihre Niederlassung nicht in verschiedenen Vertragsstaaten haben (sonst gilt das Übereinkommen nach Art 2 Abs 1 lit a) und wenn ferner das IPR der lex fori den Factoringvertrag und/oder den Dienstleistungsvertrag nicht dem Recht eines Vertragsstaates unterstellt, so dass die Voraussetzungen des Art 2 Abs 1 lit b der Factoringkonvention aus der Sicht dieses Vertragsstaats nicht vorliegen. Folgt man der Ansicht, die in dieser Konstellation allein auf die Internationalität des Factoringvertrages abstellt, so würde dies zu einer weiteren Ausdehnung des räumlichen Anwendungsbereichs der Konvention führen;

andererseits würde man zugleich eine Möglichkeit zum unerwünschten „forum shopping" schaffen, da der Richter eines Nichtvertragsstaats das Übereinkommen selbst dann anwenden könnte, wenn der Richter des Vertragsstaates, auf dessen Recht verwiesen wird, die Anwendbarkeit verneint. Daher erscheint es vorzugswürdig, die Anwendbarkeit des Übereinkommens bei einem forum in einem Nichtvertragsstaat auf die Fälle zu begrenzen, in denen auch die Gerichte des Vertragsstaats, auf dessen Recht verwiesen wird, die Konvention anwenden würden (so auch FERRARI aaO; ZACCARIA IPRax 1995, 280; WELLER RiW 1999, 163). Dagegen spricht auch nicht Art 35 Abs 1 EGBGB, da es sich bei Art 2 Abs 1 lit b des Übereinkommens nicht um fremdes IPR sondern um eine sachrechtsbezogene Norm handelt, die sich lediglich des Kollisionsrechts der berufenen Rechtsordnung bedient, um den eigenen Anwendungsbereich zu bestimmen und gegenüber den allgemeinen Regeln zum Factoringvertrag abzugrenzen, die in dem betreffenden Vertragsstaat gelten (ZACCARIA aaO).

c)   Zeitlicher Anwendungsbereich
Nach Art 21 lit a ist die Factoringkonvention dann anwendbar, wenn sowohl der 23 Factoringvertrag als auch das die Forderung begründende Rechtsverhältnis – also der Warenkauf- oder Dienstleistungsvertrag – nach Inkrafttreten der Konvention in den nach Art 2 Abs 1 maßgeblichen Staaten abgeschlossen worden sind. Allerdings eröffnet Art 21 lit b die Möglichkeit, die Konvention auch dann anzuwenden, wenn nur der Factoringvertrag schon vor ihrem Inkrafttreten geschlossen wurde, sofern der Warenkauf- oder Dienstleistungsvertrag, aus dem sich die abgetretenen Forderungen ergeben, nach diesem Zeitpunkt abgeschlossen wurde, und die Parteien die Anwendung der Factoringkonvention vereinbart haben. Art 21 lit b ermöglicht damit nicht nur ein *„opting in"*; vielmehr bewirkt eine Parteivereinbarung nach dieser Vorschrift, dass die Konvention sowohl zwingendem Recht vorgeht, als auch Wirkung gegenüber dem Schuldner entfaltet, der ja nicht Partei des Factoringvertrages ist (FERRARI RiW 1996, 185 f; ZACCARIA IPRax 1995, 280; WELLER RiW 1999, 163)).

d)   Ausschluss des Übereinkommens
Die Anwendung des Übereinkomens kann sowohl durch die Parteien des Factoring- 24 vertrages (Art 3 Abs 1 lit a) als auch durch die Parteien des Warenkaufvertrages ausgeschlossen werden. Die Parteien des letzteren sollen diese Möglichkeit allerdings nur in Bezug auf Forderungen haben, die „in oder nach dem Zeitpunkt entstehen, in dem der Ausschluss dem Factor schriftlich angezeigt worden ist" (Art 3 Abs 1 lit b). Dies setzt also voraus, dass bereits ein Factoringvertrag besteht, der die aus dem Warenkaufvertrag entstehenden Forderungen zum Gegenstand hat. Hinsichtlich der Anforderungen an die „schriftliche" Anzeige gilt Art 1 Abs 4; danach bedarf die Anzeige zu ihrer Wirksamkeit des *Zugangs* (lit c). Eine Anzeige nach Art 3 Abs 1 lit b muss also vor oder spätestens im Moment der Entstehung der abgetretenen Forderung aus dem Warenkauf dem Factor zugehen. Welche Voraussetzungen für den Zugang erfüllt werden müssen, lässt die Konvention offen; maßgeblich ist – in Ermangelung diesbezüglicher allgemeiner Grundsätze, welche der Konvention zugrunde liegen – das nationale Recht, das nach den Regeln des IPR der lex fori anzuwenden ist.

Weiterhin ist zu beachten, dass nach Art 3 Abs 2 die Konvention nur **als Ganzes** 25 ausgeschlossen werden kann; anders als zB im UN-Kaufrecht (Art 7) sind Abweichungen von einzelnen Vorschriften nicht gestattet. Dieser Typenzwang soll vor allem dem Schuldnerschutz dienen (REBMANN RabelsZ 53 [1989] 607; DIEHL-LEISTNER 128). Deshalb bedarf es grundsätzlich einer ausdrücklichen Vereinbarung über den Ausschluss des Übereinkommens; aus der Abbedingung einzelner Vorschriften des Übereinkommens kann deshalb nicht auf einen stillschweigenden Ausschluss des gesamten Übereinkommens geschlossen werden (BASEDOW ZEuP 1997, 626).

III. Sachlicher Inhalt

26 Das Herzstück des Übereinkommens bilden die Vorschriften des II. Kapitels, die das materielle Zessionsrecht im Rahmen von internationalen Factoringgeschäften in einigen besonders wichtigen Punkten vereinheitlichen. Diese betreffen insbesondere die Wirksamkeit der Abtretung künftiger Forderungen und den Einfluss von Abtretungsverboten (Art 5 und 6), die Wirkungen der Abtretung in Bezug auf bestehende Nebenrechte (Art 7), sowie verschiedene Aspekte des Schuldnerschutzes (Art 8–10).

a) Anerkennung und Wirkung der Globalzession

27 Die Abtretung von Forderungen aus Warenkauf- oder Dienstleistungsverträgen im Rahmen internationaler Factoringgeschäfte erfolgt regelmäßig im Wege der Globalzession. Aus diesem Grunde stellt das Übereinkommen in Art 5 lit a sicher, dass die Globalzession gegenwärtiger und zukünftiger Forderungen des Anschlusskunden an den Factor nicht deshalb unwirksam ist, weil die Forderungen im Vertrag nicht im Einzelnen bezeichnet sind. Ebenso wie nach deutschem materiellem Recht (vgl BGH NJW 2000, 276 [277]; PALANDT/HEINRICHS[61] § 398 Rn 14) – reicht es für die Wirksamkeit der Abtretung künftiger Forderungen aus, dass sie – zB durch die vertragliche Bezeichnung der Waren oder Dienstleistungen sowie der Vertragspartner des Anschlusskunden – spätestens im Zeitpunkt ihrer Entstehung nach Gegenstand und Umfang hinreichend bestimmt sind, so dass sie dem Abtretungsvertrag eindeutig zugeordnet werden können. Andere Unwirksamkeitsgründe als die mangelnde Bestimmbarkeit der Forderung regelt das Übereinkommen nicht; für sie verbleibt es vielmehr bei der Geltung des anwendbaren nationalen Rechts (WELLER RiW 1999, 165).

28 Die vertraglich vereinbarte Abtretung künftiger Forderungen bewirkt nach Art 5 lit b den **unmittelbaren Übergang der Forderungen** auf den Factor mit deren Entstehung, ohne dass es hierzu einer weiteren Übertragungshandlung bedarf. Die für das deutsche Recht selbstverständliche Regelung erleichtert die Globalzession insbesondere dann, wenn diese ansonsten einem nationalen Recht untersteht, das insoweit weitere Publizitätsakte erfordert (MESTRE Rev dr uniforme 1987, 114). Eine vertragliche Abweichung von dieser Regelung ist im Hinblick auf Art 3 Abs 2 des Übereinkommens (dazu Rn 25) ausgeschlossen (HÄUSLER 173). Zur Frage, ob es in der Person des Anschlusskunden zu einem Durchgangserwerb kommt oder ob der Factor die Forderung im Zeitpunkt ihres Entstehens direkt vom Schuldner erwirbt, nimmt Art 5 lit b nicht Stellung; insoweit verbleibt es bei der Geltung des anwendbaren nationalen Rechts (DIEHL-LEISTNER 120; BASEDOW ZEuP 1997, 631; **aA** ZACCARIA IPRax 1995, 284).

29 Art 5 regelt die Anerkennung und Wirkungen der Globalzession freilich nach seinem Einleitungssatz allein „**im Verhältnis zwischen den Parteien des Factoringvertrags**", betrifft mithin nicht die Wirkungen der Globalzession gegenüber dem Schuldner einerseits, sowie gegenüber sonstigen Dritten (zB Gläubigern des Zedenten) andererseits. Auf eine allgemeine Regelung der Priorität im Falle der mehrfachen Abtre-

tung der gleichen Forderung an verschiedene Zessionare konnte man sich in Ottawa nicht einigen (ALEXANDER Colum J Transnat' l L 1989, 525 ff; HÄUSLER 180). Ob der Factor die zu seinen Gunsten erfolgte Abtretung künftiger Forderungen auch dem Schuldner oder Dritten entgegenhalten kann, bestimmt sich vielmehr nach dem vom IPR der lex fori zur Anwendung berufenen nationalen Recht (REBMANN RabelsZ 53 [1989] 608; BASEDOW ZEuP 1997, 631). Aus deutscher Sicht gelten daher die oben zu Art 33 Rn 40 ff und 48 ff entwickelten Anknüpfungsregeln. Schränkt daher das auf die Drittwirkungen der Globalzession anwendbare nationale Recht deren Wirkungen stärker ein als das Übereinkommen (vgl etwa zur zeitlichen Beschränkung der Globalzession künftiger Forderungen nach dem italienischen Factoringgesetz vom 21. 2. 1991 BASEDOW ZEuP 1997, 631 f), so erwirbt der Factor die Forderung gem Art 5 nur im Verhältnis zum Anschlusskunden als seinem Vertragspartner, kann diese aber unter Umständen gegenüber dem Schuldner nicht durchsetzen. Er hat in diesem Falle allenfalls aus der zwischen den Parteien – relativ – wirksam vereinbarten Globalzession Anspruch auf eine erneute (Einzel-)Abtretung der betreffenden Forderung. Die nur relative Wirksamkeit der Globalzession wird auch durch Art 8 des Übereinkommens (dazu unten Rn 34 ff) nicht erweitert. Denn die dort normierte Zahlungsverpflichtung des Schuldners, dem die Abtretung schriftlich angezeigt wurde und der keine Kenntnis von einem vorrangigen Zahlungsanspruch eines Dritten hat, besteht nur dann, wenn die Abtretung auch ihm gegenüber wirksam ist. Die Abtretungsanzeige hilft mithin über Verbote und Beschränkungen der Globalzession nach nationalem Recht (dazu Art 33 Rn 158 ff) im Verhältnis zum Schuldner und sonstigen Dritten nicht hinweg (BASEDOW ZEuP 1997, 632 f; WELLER RiW 1999, 165 in Fn 59; aA HÄUSLER 181 f).

b) Wirkung eines rechtsgeschäftlichen Abtretungsverbots

Die Wirkung rechtsgeschäftlicher Abtretungsverbote reicht in den einzelnen nationalen Rechten unterschiedlich weit (siehe dazu rechtsvergleichend BETTE WM 1994, 1909 ff; BASEDOW ZEuP 1997, 633 ff). Soweit sie – wie im Grundsatz nach deutschem Recht (§ 399 BGB; vgl aber die Einschränkung in § 354 a HGB) – auch gegenüber Dritten *absolute* Wirkung entfalten, behindern sie das Factoringgeschäft nachhaltig, weil sie die Factorbank dazu zwingen, die Verträge zwischen dem Anschlusskunden und seinen Abnehmern auf derartige Abtretungsverbote hin zu überprüfen. Vor diesem Hintergrund hat man sich in Art 6 des Übereinkommens – nach schwierigen Verhandlungen (vgl REBMANN RabelsZ 53 [1989] 609 f; HÄUSLER 183 ff) – auf eine Kompromisslösung verständigt: Danach soll ein zwischen dem Lieferanten/Anschlusskunden und dem Schuldner vereinbartes Abtretungsverbot der Wirksamkeit der Forderungsabtretung an den Factor grundsätzlich nicht entgegenstehen (Abs 1). Die Vertragsstaaten haben jedoch die Möglichkeit, diese Wirksamkeit der verbotswidrigen Abtretung zum Schutz der in ihrem Territorium niedergelassenen Schuldner zu relativieren (Abs 2). Schließlich bleibt die schuldrechtliche Haftung des Anschlusskunden für den Verstoß gegen das Abtretungsverbot in jedem Falle unberührt (Abs 3).

Nach Art 6 Abs 1 wird der Factor mithin trotz des vertraglich vereinbarten Abtretungsverbots Forderungsinhaber, und zwar – anders als nach Art 5 und 7 – nicht nur im Verhältnis zum Anschlusskunden, sondern mit Wirkung *erga omnes* (HÄUSLER 185). Der Schuldner kann daher – anders als nach § 354 a HGB – ausschließlich an den Factor mit befreiender Wirkung leisten. Auf *gesetzliche* Abtretungsverbote bezieht sich die Regelung in Art 6 hingegen nicht (KITSARAS 86; HÄUSLER 185). Durch die Anordnung des wirksamen Übergangs der verbotswidrig abgetretenen Forderung auf den Factor wird freilich weder die Pflichtwidrigkeit einer solchen Abtretung noch die **Haftung des Lieferanten/Anschlusskunden** beseitigt. In diesem Sinne stellt Art 6 Abs 3 klar, dass alle sich aus Treu und Glauben ergebenden Verpflichtungen des Lieferanten gegenüber dem Schuldner, die Forderung nicht abzutreten, sowie jede Haftung des Lieferanten gegenüber dem Schuldner wegen der verbotswidrigen Abtretung unberührt bleiben. Damit wirkt also Art 6 Abs 1 – ähnlich wie § 354 a HGB – nur verfügungsrechtlich. Ob und in welchem Umfang sich der Anschlusskunde dem Schuldner gegenüber durch die verbotswidrige Abtretung schadensersatzpflichtig macht, ergibt sich allerdings nicht aus Art 6 Abs 3, sondern allein aus dem nationalen Recht, das die schuldrechtlichen Beziehungen zwischen dem Anschlusskunden und dem Schuldner beherrscht.

32 Eine dem vereinbarten Abtretungsverbot widersprechende Forderungsabtretung ist jedoch ausnahmsweise gem Art 6 Abs 2 „gegenüber dem Schuldner", dh **relativ unwirksam,** wenn dieser seine Niederlassung (dazu o Rn 19) bei Abschluss des Warenkauf- oder Dienstleistungsvertrages in einem Vertragsstaat hat, der eine entsprechende Erklärung nach Art 18 des Übereinkommens abgegeben hat, was derzeit nur auf Frankreich und Lettland zutrifft. Eine solche relative Unwirksamkeit einer verbotswidrigen Verfügung ist zwar dem deutschen Recht durchaus bekannt (vgl § 135 BGB), bedeutet aber auf dem Gebiet der Forderungsabtretung ein Novum, weil § 399 2. Alt BGB die absolute Unwirksamkeit der gegen ein Abtretungsverbot verstoßenden Zession anordnet. Die nur relative Unwirksamkeit der Abtretung hat zur Folge, dass die Zahlungsklage einer deutschen Factorbank gegen einen Schuldner mit Sitz in Frankreich wegen fehlender Aktivlegitimation abgewiesen wird, wenn die Abtretung gegen ein zwischen dem Anschlusskunden und dem Schuldner vereinbartes Abtretungsverbot verstößt und der Schuldner sich auf Art 6 Abs 2 beruft. Demgegenüber kann der Anschlusskunde selbst die abredewidrig abgetretene Forderung weiterhin vom Schuldner einziehen, obwohl ihm die Forderung nach Art 6 Abs 1 im Verhältnis zum Factor nicht mehr zusteht. Durch die Zahlung an den Anschlusskunden wird der Schuldner von seiner Verpflichtung frei; der Anschlusskunde ist dann freilich aufgrund des Factoringvertrages oder nach Bereicherungsrecht verpflichtet, die eingezogene Forderung an den Factor abzuführen (BASEDOW ZEuP 1997, 636 f). In der *Insolvenz* des Anschlusskunden ist dementsprechend nach Art 6 Abs 2 nur der Insolvenzverwalter, nicht aber die Factorbank zur Einziehung der Forderung berechtigt. Im Verhältnis des Factors zu den übrigen Gläubigern des insolventen Anschlusskunden ist die Abtretung hingegen nach Art 6 Abs 1 wirksam; als wirtschaftlichem Forderungsinhaber steht dem Factor daher ein Aussonderungsrecht zu (BASEDOW ZEuP 1997, 637). Schließlich ist die verbotswidrige Abtretung auch in der *Einzelzwangsvollstreckung* gegen den Anschlusskunden im Verhältnis zu dessen sonstigen Gläubigern wirksam; da die Forderung ihnen gegenüber bereits zum Vermögen des Factors gehört; scheidet eine wirksame Pfändung durch diese Gläubiger aus (HÄUSLER 190), während die Gläubiger des Factors zur Pfändung berechtigt sind (HÄUSLER 190).

c) **Übergang von Nebenrechten**

33 Nach Art 7 können die Parteien des Factoringvertrages in diesem eine wirksame Vereinbarung darüber treffen, dass ein zugunsten des Anschlusskunden vereinbarter Eigentumsvorbehalt oder sonstige Sicherungsrechte aus dem Warenkauf- oder Dienstleistungsvertrag entweder unmittelbar oder durch eine neue Übertragungshandlung auf den Factor übergehen. Damit soll bezüglich des Übergangs von Nebenrechten der Privatautonomie Raum gegeben werden (GOODE, in: FS Sauveplanne [1984] 99). Die Vorschrift entspricht damit in ihrer Funktion der Regelung in § 401 BGB; sie ordnet freilich abweichend davon **keinen automatischen Übergang** der Nebenrechte an, sondern hält lediglich eine dahingehende ausdrückliche Vereinbarung im Factoringvertrag aufrecht. Daraus ist freilich nicht zu schließen, dass der Übergang akzessorischer Neben- und Sicherungsrechte auf den Factor im Geltungsbereich des Übereinkommens stets einer hierauf gerichteten besonderen vertraglichen Absprache bedürfte. Im Hinblick auf den in der Präambel hervorgehobenen Zweck des Übereinkommens, das internationale Factoring zu erleichtern, ist vielmehr ein automatischer Übergang solcher Nebenrechte auf den Factor anzuerkennen, soweit er sich aus dem nationalen Recht ergibt, das die Forderungsabtretung ansonsten beherrscht (DIEHL-LEISTNER 131; REBMANN RabelsZ 53 [1989] 611; ZACCARIA IPRasx 1995, 284; WELLER RiW 1999, 166; **aA** HÄUSLER 177 f). Andererseits geht Art 7 insoweit über § 401 BGB hinaus, als die Parteien nicht nur den Übergang *akzessorischer* Sicherungsrechte, sondern auch den Eintritt des Factors in selbständige Sicherungsrechte (zB Sicherungseigentum) oder in weitergehende Ansprüche aus dem Schuldverhältnis (zB Auskunfts- oder Gestaltungsrechte) vereinbaren können (HÄUSLER 175 f). Allerdings wirkt auch die Vereinbarung nach Art 7 nur im Verhältnis der Parteien des Factoringvertrags; denn dem Schuldner oder sonstigen Dritten gegenüber kann der Factor den vereinbarten Übergang von Sicherungsrechten nur nach Maßgabe des anwendbaren nationalen Rechts geltendmachen.

d) Wirkungen der Abtretung gegenüber dem Schuldner
aa) Zahlungspflicht des Schuldners
Der Schuldner ist nach Art 8 Abs 1 nur dann verpflichtet, an den Factor zu zahlen, **34** wenn er keine Kenntnis von einem vorrangigen Recht eines anderen Gläubigers auf Zahlung hat und ihm die Abtretung schriftlich angezeigt worden ist. Die formellen und inhaltlichen Voraussetzungen der Abtretungsanzeige regelt das Übereinkommen verhältnismäßig ausführlich. Für die Anforderungen an die Schriftform („notice in writing") gilt Art 1 Abs 4; danach braucht die Anzeige nicht unterschrieben zu sein, sondern es reicht jede Art der Fernübermittlung aus, die eine Wiedergabe „in greifbarer Form" ermöglicht (zB Telefax, e-mail). Die schriftliche Anzeige muss dem Schuldner nach Art 8 Abs 1 lit a „vom Lieferanten oder mit Ermächtigung des Lieferanten vom Factor" gemacht worden, dh *zugegangen* sein (Art 1 Abs 4 lit c). Ferner muss die Abtretungsanzeige die abgetretenen Forderungen und den Factor, an den oder für dessen Rechte der Schuldner zahlen soll, hinreichend genau bezeichnen und darf nur Forderungen betreffen, die sich aus einem Warenkauf- oder Dienstleistungsvertrag ergeben, der im Zeitpunkt der Anzeige oder davor geschlossen worden ist (Art 8 Abs 1 lit b und c; dazu näher HÄUSLER 201 ff). Während das Übereinkommen also die Wirksamkeit der Abtretung zukünftiger Forderungen in Art 5 ausdrücklich anerkennt, begründen Abtretungsanzeigen, die sich auf zukünftige Forderungen beziehen, eine Zahlungsverpflichtung des Schuldners nicht.

bb) Befreiende Wirkung der Zahlung an den Factor
Hat der Schuldner auf eine schriftliche Abtretungsanzeige, die den Anforderungen **35** des Art 8 Abs 1 genügt, an den Factor gezahlt, so wird er nach Art 8 Abs 2 von seiner Schuld befreit, sofern er keine positive Kenntnis von vorrangigen Rechten eines Dritten erlangt hat; fahrlässige Urkenntnis schadet ihm hingegen nicht (DIEHL-LEIST-

NER 131; REBMANN RabelsZ 53 1989] 612). Da diese Schuldbefreiung „unabhängig von anderen Gründen, aus denen der Schuldner durch Zahlung an den Factor befreit wird", erfolgt, bleibt eine weitergehende befreiende Wirkung der Zahlung nach Maßgabe des nach Art 33 Abs 2 EGBGB auf den Schuldnerschutz anwendbaren Forderungsstatuts ausdrücklich erhalten. Bei Geltung deutschen Rechts genügt daher eine Abtretungsanzeige nach § 409 BGB, die – abweichend von Art 8 Abs 1 des Übereinkommens – keine Gutgläubigkeit des Schuldners voraussetzt (vgl PALANDT/ HEINRICHS[61] § 409 Rn 5).

cc) Erhaltung der Schuldnerrechte

36 Da sich die Rechtsstellung des Schuldners durch die Abtretung der Forderung an den Factor nicht verschlechtern darf, kann der Schuldner dem Factor nach Art 9 Abs 1 – in Übereinstimmung mit § 404 BGB – alle **Einwendungen** entgegenhalten, die sich aus dem mit dem Anschlusskunden geschlossenen Warenkauf- bzw Dienstleistungsvertrag ergeben und die er deshalb hätte geltend machen können, wenn die Zahlungsaufforderung durch den Anschlusskunden selbst erfolgt wäre (vgl näher HÄUSLER 211 ff). Darüber hinaus kann der Schuldner gegenüber dem Factor nach Art 9 Abs 2 mit Forderungen **aufrechnen,** die ihm im Zeitpunkt der schriftlichen Anzeige der Abtretung nach Art 9 Abs 1 gegen den Lieferanten zustanden. Durch diese Regelung wird der Schuldner im Vergleich zu § 406 BGB geringfügig bessergestellt, weil hiernach die Aufrechnung gegenüber dem Factor auch dann möglich ist, wenn eine vor Zugang der Abtretungsanzeige erworbene Gegenforderung gegen den Lieferanten erst nach Zugang der Abtretungsanzeige und nach der abgetretenen Forderung fällig geworden ist (REBMANN RabelsZ 53 [1989] 613; HÄUSLER 216).

dd) Rückerstattungsanspruch des Schuldners gegen den Factor

37 Der Schuldnerschutz wird schließlich in Art 10 des Übereinkommens durch eine Bestimmung abgerundet, die der – im BGB nicht geregelten – Situation Rechnung trägt, dass der Schuldner bereits an den Factor bezahlt hat und der Lieferant/Anschlusskunde danach die von ihm geschuldete Gegenleistung nicht oder nicht vertragsgemäß erbringt. Für diesen Fall stellt Art 10 Abs 1 klar, dass die Nichterfüllung, sowie die mangelhafte oder verspätete Erfüllung des Warenkaufvertrags den Schuldner noch nicht berechtigen, einen an den Factor gezahlten Betrag zurückzufordern, wenn und solange er einen Rückforderungsanspruch gegen den Lieferanten hat. Dem Schuldner sollen mithin – ähnlich wie nach deutschem Recht – nur bestehende Leistungsverweigerungsrechte erhalten werden; ein Rückforderungsanspruch soll ihm hingegen grundsätzlich nur gegenüber seinem Vertragspartner zustehen, weil ansonsten seine Rechtsstellung durch die Abtretung verbessert würde (REBMANN RabelsZ 53[1989] 613 f; WELLER RiW 1999, 166).

38 Von diesem Grundsatz macht Art 10 Abs 2 **zwei Ausnahmen:** Danach ist der Schuldner trotz eines bestehenden Rückforderungsrechts gegenüber dem Lieferanten berechtigt, den gezahlten Betrag auch vom Factor zurückzufordern, wenn dieser entweder eine Verpflichtung, für diese Forderung an den Lieferanten zu zahlen, nicht erfüllt hat (lit a) oder zu einem Zeitpunkt gezahlt hat, in dem er wusste, dass der Lieferant den Vertrag hinsichtlich der Waren, auf die sich die Zahlung des Schuldners bezieht, nicht, mangelhaft oder verspätet erfüllt hatte (lit b). Dem Schuldner steht es also unter den Voraussetzungen des Art 10 Abs 2 frei, ob er gegen den Anschlusskunden/Lieferanten nach nationalem Recht oder gegen den Factor nach der auto-

nomen Anspruchsgrundlage in Art 10 Abs 2 des Übereinkommens vorgeht. Fordert er die Rückzahlung vom Factor, so wird dieser regelmäßig bei dem die Verität der Forderung garantierenden Anschlusskunden Rückgriff nehmen können (WELLER RiW 1999, 167). Das Verhältnis des Art 10 zu dem in der Sache anwendbaren nationalen Leistungsstörungs- bzw Bereicherungsrecht ist zwar nicht völlig eindeutig (vgl dazu ZACCHARIA IPRax 1995, 285; WELLER RiW 1999, 167). Nach richtiger Auffassung überlässt Art 10 die Frage, ob der Schuldner berechtigt ist, den an den Factor bezahlten Betrag vom Lieferanten zurückzufordern, in vollem Umfange dem anwendbaren nationalen Recht; dieses entscheidet daher auch darüber, ob ein solcher Anspruch auf vertraglicher oder gesetzlicher Grundlage begründet ist (HÄUSLER 219 f; einschränkend ZACCARIA aaO: nur Bereicherungsrecht).

4. Nachfolgende Abtretungen

Das Kapitel III des Übereinkommens enthält in Art 11 und 12 Bestimmungen über die rechtliche Beurteilung von Forderungsabtretungen, die einer dem Übereinkommen nach Art 1 und 2 unterliegenden Abtretung vom Lieferanten an einen Factor nachfolgen. Art 11 erklärt insoweit die Vorschriften der Art 5 bis 10 des Übereinkommens mit gewissen Anpassungen auch auf die nachfolgende Abtretung vom Factor an einen Dritten sowie die gesamte Kette nachfolgender Abtretungen für anwendbar. Dies gilt nach Art 12 lediglich für den Fall nicht, dass die Weiterabtretung nach dem Factoringvertrag untersagt ist. Mit dieser Erweiterung des Anwendungsbereichs der Konvention auf nachfolgende Abtretungen wird insbesondere dem im internationalen Geschäftsverkehr vorherrschenden Korrespondenzfactoring (dazu Rn 3) Rechnung getragen, bei dem der Exportfactor die ihm abgetretene Forderung an einen zweiten Factor mit Sitz im Schuldnerstaat abtritt. In diesem Falle sind die Abtretungsregeln des Übereinkommens auf die nachfolgende Abtretung an den Importfactor bereits dann anzuwenden, wenn nur die Erstabtretung des Anschlusskunden an den Exportfactor dem Übereinkommen unterliegt. Die Geltung des Übereinkommens hängt mithin nicht davon ab, dass auch der nachfolgende Zessionar seinen Sitz in einem Vertragsstaat hat oder dass auf die Factoringverträge, die den nachfolgenden Zessionen zugrunde liegen, das Recht eines Vertragsstaats anwendbar ist (REBMANN RabelsZ 53 [1989] 615; WELLER RiW 1999, 167). Es ist nicht einmal erforderlich, dass die nachfolgenden Abtretungen überhaupt aufgrund eines Factoringvertrages erfolgen (HÄUSLER 307).

Wird eine Forderung von einem Lieferanten aufgrund eines nach Art 1 und 2 unter die Ottawa Konvention fallenden Factoringvertrages an einen Factor abgetreten, so gelten nach Art 11 Abs 1 lit a die **Artikel 5 bis 10 für jede nachfolgende Abtretung der Forderung** durch den Factor oder einen in der Kette nachfolgenden Zessionar. Da die Vorschrift nicht auch auf Art 3 des Übereinkommens verweist, haben die Parteien der nachfolgenden Abtretungsverträge auch nicht mehr die Möglichkeit, die Anwendung des Übereinkommens durch Rechtsgeschäft auszuschließen (REBMANN RabelsZ 53 [1989] 616). Die Art 8 bis 10 sind in diesem Falle gem 11 Abs 1 lit b so anzuwenden, als wäre der nachfolgende Zessionar der Factor. Mit Hilfe dieser Fiktion sollen dem Schuldner die in Art 8 bis 10 verankerten Gegenrechte auch gegenüber den Rechtsnachfolgern des Factors erhalten bleiben. Für die Anwendung des Art 9 folgt daraus, dass der Schuldner dem neuen Zessionar nur diejenigen Einreden und Einwendungen entgegenhalten kann, die er gegenüber dem *Anschlusskunden* hätte erheben können, nicht hingegen auch Einwendungen gegenüber früheren Zessionaren in der Abtretungskette (WELLER RiW 1999, 167 f).

41 Nach Art 11 Abs 2 stellt eine an den Schuldner gerichtete **Anzeige der nachfolgenden Abtretung** zugleich auch eine Anzeige der Abtretung an den Factor dar. Mit dieser Regelung trägt das Übereinkommen der beim Korrespondenzfactoring üblichen Praxis Rechnung, nach welcher der Lieferant seinem Kunden nur die Abtretung an den Importfactor anzeigt, die Zwischenabtretung an den Exportfactor hingegen nicht offen legt. Damit wird zugleich klargestellt, dass diese stille Zession an den Exportfactor nicht etwa im Hinblick auf Art 1 Abs 1 lit c des Übereinkommens zu dessen Nichtanwendbarkeit auf die gesamte Transaktion führt (REBMANN aaO).

42 Keine Anwendung findet das Übereinkommen nach Art 12 auf eine nachfolgende Abtretung, die **nach dem Factoringvertrag untersagt** ist. Während also ein rechtsgeschäftliches Abtretungsverbot im *Warenkauf- oder Dienstleistungsvertrag* gem Art 6 Abs 1 die wirksame Abtretung an den Factor nicht hindert, schließt ein Abtretungsverbot im *Factoringvertrag* die Anwendung des Übereinkommens auf nachfolgende Abtretungen aus; deren Wirkungen bestimmen sich mithin ausschließlich nach dem vom IPR lex fori zur Anwendung berufenen nationalen Recht. Abschließend ist darauf hinzuweisen, dass die Art 11 und 12 des Übereinkommens lediglich den Fall regeln, dass der *Factor* die wirksam auf ihn übergegangene Forderung weiter abtritt. Demgegenüber ist die vertragswidrige nochmalig Abtretung der bereits an den Factor abgetretenen Forderung durch den *Lieferanten* – zB an einen anderen Factor oder an einen Dritten – im Übereinkommen nicht geregelt (REBMANN RabelsZ 53 [1989] 614; HÄUSLER 286 f). Insbesondere schweigt das Übereinkommen zu der Frage, welchem Zessionar im Falle einer solchen mehrfachen Abtretung derselben Forderung der Vorrang gebührt. Wegen der außerordentlichen Schwierigkeit dieses Problems und der unterschiedlichen Haltung der einzelnen Rechte sind die Bemühungen um eine materiell- wie kollisionsrechtliche Lösung der Prioritätsfrage auf der Konferenz in Ottawa gescheitert. Insoweit verbleibt es daher bei der Maßgeblichkeit des nach dem IPR der lex fori zu ermittelnden nationalen Rechts (dazu näher Art 33 Rn 151 ff).

43 Unidroit-Übereinkommen über das internationale Factoring

Vom 28. Mai 1988 (BGBl 1998 II 172)

(Übersetzung)

Die Vertragsstaaten dieses Übereinkommens –

in dem Bewusstsein, dass dem internationalen Factoring in der Entwicklung des internationalen Handels eine bedeutende Rolle zukommt,

in der Erkenntnis daher, dass es wichtig ist, durch die Annahme einheitlicher Bestimmungen einen rechtlichen Rahmen zu schaffen, der das internationale Factoring erleichtert, und dabei ein Gleichgewicht zwischen den Interessen der verschiedenen Parteien eines Factoring-Geschäfts zu wahren –

sind wie folgt übereingekommen:

Kapitel 1

Anwendungsbereich und allgemeine Bestimmungen

Artikel 1

(1) Dieses Übereinkommen regelt die in diesem Kapitel beschriebenen Factoring-Verträge und Forderungsabtretungen.

(2) Im Sinne dieses Übereinkommens bedeutet „Factoring-Vertrag" einen Vertrag, der zwischen einer Partei (Lieferant) und einer anderen Partei (Factor) geschlossen wird und aufgrund dessen

a) der Lieferant an den Factor Forderungen abtreten kann oder muss, die aus Warenkaufverträgen zwischen dem Lieferanten und seinen Kunden (Schuldner) entstehen, ausgenommen Kaufverträge über Waren, die in erster Linie für den persönlichen Gebrauch oder den Gebrauch in der Familie oder im Haushalt des Kunden gekauft werden;

b) der Factor mindestens zwei der folgenden Aufgaben zu erfüllen hat:

– Finanzierung für den Lieferanten, insbesondere Darlehensgewährung und Vorauszahlung;

– Buchhaltung bezüglich der Forderungen;

– Einziehung von Forderungen;

– Schutz gegen Nichtzahlung oder verspätete Zahlung der Schuldner;

c) den Schuldnern die Abtretung der Forderungen anzuzeigen ist.

(3) Soweit in diesem Übereinkommen auf „Waren" und „Warenkauf" Bezug genommen wird, schließt dies auch Dienstleistungen und die Erbringung von Dienstleistungen ein.

(4) Für die Zwecke dieses Übereinkommens

a) braucht eine schriftliche Anzeige nicht unterschrieben zu sein, muss aber die Person angeben, von der oder in deren Namen sie gemacht wird;

b) umfasst der Ausdruck „schriftliche Anzeige", ohne darauf beschränkt zu sein, auch Telegramme, Fernschreiben und jede andere Art der Fernübermittlung, die in greifbarer Form wiedergegeben werden kann;

c) ist eine schriftliche Anzeige gemacht, wenn sie dem Empfänger zugeht.

Artikel 2

(1) Dieses Übereinkommen ist anzuwenden, wenn die aufgrund eines Factoring-Vertrags abgetretenen Forderungen aus einem Warenkaufvertrag zwischen einem Lieferanten und einem Schuldner entstehen, die ihre Niederlassung in verschiedenen Staaten haben, und wenn

a) diese Staaten und der Staat, in dem der Factor seine Niederlassung hat, Vertragsstaaten sind oder

b) sowohl der Warenkaufvertrag als auch der Factoring-Vertrag dem Recht eines Vertragsstaats unterliegen.

(2) Soweit in diesem Übereinkommen auf die Niederlassung einer Partei Bezug genommen wird, ist, falls die Partei mehr als eine Niederlassung hat, die Niederlassung maßgebend, die unter Berücksichtigung der vor oder bei Vertragsabschluss den Parteien bekannten oder von ihnen in Betracht gezogenen Umstände die engste Beziehung zu dem betreffenden Vertrag und zu seiner Erfüllung hat.

Artikel 3

(1) Die Anwendung dieses Übereinkommens kann ausgeschlossen werden

a) durch die Parteien des Factoring-Vertrags oder

b) durch die Parteien des Warenkaufvertrags in Bezug auf Forderungen, die in oder nach dem Zeitpunkt entstehen, in dem der Ausschluss dem Factor schriftlich angezeigt worden ist.

(2) Wird die Anwendung des Übereinkommens nach Absatz 1 ausgeschlossen, so darf sich der Ausschluss nur auf das Übereinkommen als Ganzes beziehen.

Artikel 4

(1) Bei der Auslegung dieses Übereinkommens sind sein Zweck und Ziel, wie in der Präambel dargelegt, sein internationaler Charakter und die Notwendigkeit zu berücksichtigen, seine einheitliche Anwendung und die Wahrung des guten Glaubens im internationalen Handel zu fördern.

(2) Fragen, die in diesem Übereinkommen geregelte Gegenstände betreffen, aber in diesem Übereinkommen nicht ausdrücklich entschieden werden, sind nach den allgemeinen Grundsätzen, die diesem Übereinkommen zugrunde liegen, oder mangels solcher Grundsätze nach dem Recht zu entscheiden, das nach den Regeln des internationalen Privatrechts anzuwenden ist.

Kapitel II

Rechte und Pflichten der Parteien

Artikel 5

Im Verhältnis zwischen den Parteien des Factoring-Vertrags

a) ist eine Bestimmung im Factoring-Vertrag, welche die Abtretung bestehender oder zukünftiger Forderungen vorsieht, nicht deshalb unwirksam, weil diese im Vertrag nicht im Einzelnen bezeichnet sind, wenn sie im Zeitpunkt des Vertragsabschlusses oder bei ihrer Entstehung bestimmbar sind;

b) bewirkt eine Bestimmung im Factoring-Vertrag, wonach zukünftige Forderungen abgetreten werden, den Übergang der Forderungen auf den Factor mit deren Entstehung, ohne dass es einer weiteren Übertragungshandlung bedarf.

Artikel 6

(1) Die Abtretung einer Forderung durch den Lieferanten an den Factor ist auch dann wirksam, wenn zwischen dem Lieferanten und dem Schuldner eine Vereinbarung besteht, die eine derartige Abtretung verbietet.

(2) Eine solche Abtretung ist jedoch gegenüber dem Schuldner unwirksam, wenn er bei Abschluss des Warenkaufvertrags seine Niederlassung in einem Vertragsstaat hat, der eine Erklärung nach Artikel 18 abgegeben hat.

(3) Absatz 1 lässt eine Verpflichtung nach Treu und Glauben, die der Lieferant gegenüber dem Schuldner hat, sowie die Haftung des Lieferanten gegenüber dem Schuldner wegen einer vertragswidrigen Abtretung unberührt.

Artikel 7

Für das Verhältnis zwischen den Parteien eines Factoring-Vertrags kann dieser Vertrag gültig vorsehen, dass alle oder einzelne Rechte des Lieferanten aus dem Warenkaufvertrag, einschließlich der Rechte aus Bestimmungen des Warenkaufvertrags, die dem Lieferanten das Eigentum an den Waren vorbehalten oder sonst eine Sicherheit verschaffen, unmittelbar oder durch eine neue Übertragungshandlung übergehen.

Artikel 8

(1) Der Schuldner ist nur verpflichtet, an den Factor zu zahlen, wenn der Schuldner nicht Kenntnis von einem vorrangigen Recht eines anderen auf Zahlung hat und eine schriftliche Anzeige der Abtretung

a) ihm vom Lieferanten oder mit Ermächtigung des Lieferanten vom Factor gemacht worden ist,

b) die abgetretenen Forderungen und den Factor, an den oder für dessen Rechnung der Schuldner zahlen soll, hinreichend genau bezeichnet und

c) Forderungen betrifft, die sich aus einem Warenkaufvertrag ergeben, der im Zeitpunkt der Anzeige oder davor geschlossen worden ist.

(2) Unabhängig von anderen Gründen, aus denen der Schuldner durch Zahlung an den Factor befreit wird, hat eine Zahlung befreiende Wirkung, wenn sie nach Absatz 1 geleistet wird.

Artikel 9

(1) Fordert der Factor den Schuldner zur Zahlung einer Forderung auf, die aus einem Warenkaufvertrag entstanden ist, so kann der Schuldner dem Factor alle sich aus diesem Vertrag ergebenden Einwendungen entgegenhalten, die er hätte geltend machen können, wenn die Zahlungsaufforderung durch den Lieferanten erfolgt wäre.

(2) Der Schuldner kann dem Factor auch jedes Recht zur Aufrechnung mit Forderungen entgegenhalten, die ihm im Zeitpunkt der schriftlichen Anzeige der Abtretung nach Artikel 8 Absatz 1 gegen den Lieferanten zustanden, zu dessen Gunsten die Forderung entstanden ist.

Artikel 10

(1) Unbeschadet der Rechte des Schuldners nach Artikel 9 berechtigen Nichterfüllung, mangelhafte Erfüllung oder verspätete Erfüllung des Warenkaufvertrags allein den Schuldner nicht, einen von ihm an den Factor gezahlten Betrag zurückzufordern, wenn er berechtigt ist, diesen Betrag vom Lieferanten zurückzufordern.

(2) Ist der Schuldner berechtigt, einen Betrag, den er auf eine Forderung an den Factor gezahlt hat, vom Lieferanten zurückzufordern, so kann er gleichwohl diesen Betrag vom Factor zurückfordern, soweit dieser

a) eine Verpflichtung, für diese Forderung an den Lieferanten zu zahlen, nicht erfüllt hat oder

b) zu einem Zeitpunkt gezahlt hat, in dem er wusste, dass der Lieferant den Vertrag hinsichtlich der Waren, auf die sich die Zahlung des Schuldners bezieht, nicht, mangelhaft oder verspätet erfüllt hatte.

Kapitel III

Nachfolgende Abtretungen

Artikel 11

(1) Wird eine Forderung von einem Lieferanten aufgrund eines unter dieses Übereinkommen fallenden Factoring-Vertrags an einen Factor abgetreten,

a) so gelten vorbehaltlich des Buchstabens b die Artikel 5 bis 10 für jede nachfolgende Abtretung der Forderung durch den Factor oder einen nachfolgenden Zessionar;

b) so sind die Artikel 8 bis 10 so anzuwenden, als wäre der nachfolgende Zessionar der Factor.

(2) Für die Zwecke dieses Übereinkommens stellt eine an den Schuldner gerichtete Anzeige der nachfolgenden Abtretung auch eine Anzeige der Abtretung an den Factor dar.

Artikel 12

Dieses Übereinkommen findet keine Anwendung auf eine nachfolgende Abtretung, die nach dem Factoring-Vertrag untersagt ist.

Kapitel IV

Schlussbestimmungen

Artikel 13

(1) Dieses Übereinkommen liegt in der Schlusssitzung der Diplomatischen Konferenz zur Annahme der Entwürfe der Unidroit-Übereinkommen über das internationale Factoring und über das internationale Finanzierungsleasing zur Unterzeichnung auf und liegt dann bis 31. Dezember 1990 in Ottawa für alle Staaten zur Unterzeichnung auf.

(2) Dieses Übereinkommen bedarf der Ratifikation, Annahme oder Genehmigung durch die Staaten, die es unterzeichnet haben.

(3) Dieses Übereinkommen steht allen Staaten, die nicht Unterzeichnerstaaten sind, von dem Tag an zum Beitritt offen, an dem es zur Unterzeichnung aufgelegt wird.

(4) Ratifikation, Annahme, Genehmigung oder Beitritt erfolgt durch Hinterlegung.

Artikel 14

(1) Dieses Übereinkommen tritt am ersten Tag des Monats in Kraft, der auf einen Zeitabschnitt von sechs Monaten nach Hinterlegung der dritten Ratifikations-, Annahme-, Genehmigungs- oder Beitrittsurkunde folgt.

(2) Für jeden Staat, der dieses Übereinkommen nach Hinterlegung der dritten Ratifikations-, Annahme-, Genehmigungs- oder Beitrittsurkunde ratifiziert, annimmt, genehmigt oder ihm beitritt, tritt es am ersten Tag des Monats in Kraft, der auf einen Zeitabschnitt von sechs Monaten nach Hinterlegung seiner Ratifikations-, Annahme-, Genehmigungs- oder Beitrittsurkunde folgt.

Artikel 15

Dieses Übereinkommen geht bereits geschlossenen oder in Zukunft zu schließenden Staatsverträgen nicht vor.

Artikel 16

(1) Ein Vertragsstaat, der zwei oder mehr Gebietseinheiten umfasst, in denen auf die in diesem Übereinkommen geregelten Gegenstände unterschiedliche Rechtsordnungen angewendet werden, kann bei der Unterzeichnung, der Ratifikation, der Annahme, der Genehmigung oder dem Beitritt erklären, dass dieses Übereinkommen sich auf alle seine Gebietseinheiten oder nur auf eine oder mehrere derselben erstreckt; er kann seine Erklärung jederzeit durch eine neue Erklärung ersetzen.

(2) Die Erklärungen sind dem Verwahrer zu notifizieren und haben ausdrücklich anzugeben, auf welche Gebietseinheiten das Übereinkommen sich erstreckt.

(3) Erstreckt sich das Übereinkommen aufgrund einer Erklärung nach diesem Artikel auf eine oder mehrere, jedoch nicht auf alle Gebietseinheiten eines Vertragsstats und liegt die Niederlassung einer Partei in diesem Staat, so wird diese Niederlassung im Sinne dieses Übereinkommens nur dann als in einem Vertragsstaat gelegen betrachtet, wenn sie in einer Gebietseinheit liegt, auf die sich das Übereinkommen erstreckt.

(4) Gibt ein Vertragsstaat keine Erklärung nach Absatz 1 ab, so erstreckt sich das Übereinkommen auf alle Gebietseinheiten dieses Staates.

Artikel 17

(1) Zwei oder mehr Vertragsstaaten, welche gleiche oder einander sehr nahekommende Rechtsvorschriften für Gegenstände haben, die in diesem Übereinkommen geregelt werden, können jederzeit erklären, dass das Übereinkommen keine Anwendung findet, wenn der Lieferant, der Factor und der

Schuldner ihre Niederlassung in diesen Staaten haben. Solche Erklärungen können als gemeinsame oder als aufeinander bezogene einseitige Erklärungen abgegeben werden.

(2) Hat ein Vertragsstaat für Gegenstände, die in diesem Übereinkommen geregelt werden, Rechtsvorschriften, die denen eines oder mehrerer Nichtvertragsstaaten gleich sind oder sehr nahekommen, so kann er jederzeit erklären, dass das Übereinkommen keine Anwendung findet, wenn der Lieferant, der Factor und der Schuldner ihre Niederlassung in diesen Staaten haben.

(3) Wird ein Staat, auf den sich eine Erklärung nach Absatz 2 bezieht, Vertragsstaat, so hat die Erklärung von dem Tag an, an dem das Übereinkommen für den neuen Vertragsstaat in Kraft tritt, die Wirkung einer nach Absatz 1 abgegebenen Erklärung, vorausgesetzt, dass der neue Vertragsstaat sich einer solchen Erklärung anschließt oder eine darauf bezogene einseitige Erklärung abgibt.

Artikel 18

Ein Vertragsstaat kann jederzeit in Übereinstimmung mit Artikel 6 Absatz 2 erklären, dass eine Abtretung nach Artikel 6 Absatz 1 gegenüber dem Schuldner unwirksam sein soll, wenn dieser bei Abschluss des Warenkaufvertrags seine Niederlassung in diesem Staat hat.

Artikel 19

(1) Erklärungen, die nach diesem Übereinkommen bei der Unterzeichnung abgegeben werden, bedürfen der Bestätigung bei der Ratifikation, Annahme oder Genehmigung.

(2) Erklärungen und Bestätigungen von Erklärungen bedürfen der Schriftform und sind dem Verwahrer zu notifizieren.

(3) Eine Erklärung wird gleichzeitig mit dem Inkrafttreten dieses Übereinkommens für den betreffenden Staat wirksam. Eine Erklärung, die dem Verwahrer nach diesem Inkrafttreten notifiziert wird, tritt jedoch am ersten Tag des Monats in Kraft, der auf einen Zeitabschnitt von sechs Monaten nach ihrem Eingang beim Verwahrer folgt. Aufeinander bezogene einseitige Erklärungen nach Artikel 17 werden am ersten Tag des Monats wirksam, der auf einen Zeitabschnitt von sechs Monaten nach Eingang der letzten Erklärung beim Verwahrer folgt.

(4) Ein Staat, der eine Erklärung nach diesem Übereinkommen abgibt, kann sie jederzeit durch eine an den Verwahrer gerichtete schriftliche Notifikation zurücknehmen. Eine solche Rücknahme wird am ersten Tag des Monats wirksam, der auf einen Zeitabschnitt von sechs Monaten nach Eingang der Notifikation beim Verwahrer folgt.

(5) Die Rücknahme einer nach Artikel 17 abgegebenen Erklärung macht für den Staat, der die Rücknahme vornimmt, ein von einem anderen Staat nach Artikel 17 abgegebene gemeinsame oder darauf bezogene einseitige Erklärung von dem Tag an unwirksam, an dem die Rücknahme wirksam wird.

Artikel 20

Vorbehalte sind nur zulässig, soweit sie in diesem Übereinkommen ausdrücklich für zulässig erklärt werden.

Artikel 21

Dieses Übereinkommen ist anzuwenden, wenn aufgrund eines Factoring-Vertrags abgetretene Forderungen aus einem Warenkaufvertrag entstehen, der an oder nach dem Tag geschlossen wurde, an dem das Übereinkommen für die Artikel 2 Absatz 1 Buchstabe a genannten Vertragsstaaten oder den in Artikel 2 Absatz 1 Buchstabe b genannten Vertragsstaat beziehungsweise die dort genannten Vertragsstaaten in Kraft tritt, vorausgesetzt, dass

a) der Factoring-Vertrag an oder nach diesem Tag geschlossen wird oder

b) die Parteien des Factoring-Vertrags vereinbart haben, dass das Übereinkommen anzuwenden ist.

Artikel 22

(1) Dieses Übereinkommen kann von jedem Vertragsstaat jederzeit nach dem Tag gekündigt werden, an dem es für diesen Staat in Kraft tritt.

(2) Die Kündigung erfolgt durch Hinterlegung einer diesbezüglichen Urkunde beim Verwahrer.

(3) Eine Kündigung wird am ersten Tag des Monats wirksam, der auf einen Zeitabschnitt von sechs Monaten nach Hinterlegung der Kündigungsurkunde beim Verwahrer folgt. Ist in der Kündigungsurkunde eine längere Kündigungsfrist angegeben, so wird die Kündigung nach Ablauf dieser längeren Frist nach Hinterlegung der Kündigungsurkunde beim Verwahrer wirksam.

Artikel 23

(1) Dieses Übereinkommen wird bei der Regierung von Kanada hinterlegt.

(2) Die Regierung von Kanada

a) unterrichtet alle Staaten, die dieses Übereinkommen unterzeichnet haben oder ihm beigetreten sind, sowie den Präsidenten des Internationalen Instituts zur Vereinheitlichung des Privatrechts (Unidroit)

i) von jeder weiteren Unterzeichnung oder Hinterlegung einer Ratifikations-, Annahme-, Genehmigungs- oder Beitrittsurkunde unter Angabe des Zeitpunkts;

ii) von jeder nach den Artikeln 16, 17 und 18 abgegebenen Erklärung;

iii) von der Rücknahme einer Erklärung nach Artikel 19 Absatz 4;

iv) vom Tag des Inkrafttretens dieses Übereinkommens;

v) von der Hinterlegung einer Urkunde zur Kündigung dieses Übereinkommens unter Angabe des Zeitpunkts der Hinterlegung und des Zeitpunkts, zu dem die Kündigung wirksam wird;

b) übermittelt allen Unterzeichnerstaaten, allen beitretenden Staaten und dem Präsidenten des Internationalen Instituts zur Vereinheitlichung des Privatrechts (Unidroit beglaubigte Abschriften dieses Übereinkommens.

Zu Urkund dessen haben die unterzeichneten, hierzu von ihren Regierungen gehörig befugten Bevollmächtigten dieses Übereinkommen unterschrieben.

Geschehen zu Ottawa am 28. Mai 1988 in einer Urschrift in englischer und französischer Sprache, wobei jeder Wortlaut gleichermaßen verbindlich ist.

Art 34 EGBGB. Zwingende Vorschriften

Dieser Unterabschnitt berührt nicht die Anwendung der Bestimmungen des deutschen Rechts, die ohne Rücksicht auf das auf den Vertrag anzuwendende Recht den Sachverhalt zwingend regeln.

Materialien: Art 7 Vorentwurf zum EVÜ; Art 7 Abs 2 EVÜ; Bericht GIULIANO/LAGARDE BT-Drucks 10/503, 58 ff; Begründung zum Gesetzentwurf der Bundesregierung zur Neuregelung des IPR v 20.10.1983, BT-Drucks 10/504, 83 f; Stellungnahme der Bundesrepublik BT-Drucks 10/504, 100; Gegenäußerung der Bundesregierung BT-Drucks 10/504, 106.

Schrifttum

ANDEREGG, Ausländische Eingriffsnormen im internationalen Vertragsrecht (1989)
BASEDOW, Wirtschaftskollisionsrecht. Theoretischer Versuch über die ordnungspolitischen Normen des Forumstaates, RabelsZ 52 (1988) 8
BAUM, Faktische und potentielle Eingriffsnormen, RabelsZ 53 (1989) 151
BECKER, Zwingendes Eingriffsrecht in der Urteilsanerkennung, RabelsZ 60 (1996) 692
BERGER, Devisenrecht in der internationalen Wirtschaftsschiedsgerichtsbarkeit, ZVerglRW 96 (1997) 316
ders, Die Einwirkung drittstaatlicher Eingriffsnormen auf internationale Verträge am Beispiel islamischer Zinsverbote, in: FS Horn (1997) 322
BITTNER, Die Auswirkungen des Irak-Embargos für Warenlieferungsverträge. Zivilrechtliche Folgen von Handelsbeschränkungen, RiW 1994, 458
BÜLOW, Zum internationalen Anwendungsbereich des deutschen Verbraucherkreditgesetzes, EuZW 1993, 435
BUSSE, Die Berücksichtigung ausländischer „Eingriffsnormen" durch die deutsche Rechtsprechung, ZVerglRW 95 (1996) 386
DROBNIG, Comments on Art 7 of the Draft Convention, in: LANDO/vHOFFMANN/SIEHR 82
ders, Die Beachtung von ausländischen Eingriffsgesetzen – eine Interessenanalyse, in: FS Neumayer (1985) 159
ders, Das Profil des Wirtschaftskollisionsrechts. Einführende Bemerkungen zum Symposium „Extraterritoriale Anwendung von Wirtschaftsrecht", RabelsZ 52 (1988) 1
DROSTE, Der Begriff der „zwingenden Bestimmung" im internationalen Vertragsrecht (Diss Freiburg 1992)
EHRICKE, Die Beachtung von ausländischen Eingriffsnormen – Zu den kollisionsrechtlichen Wirkungen einer fremden bankenaufsichtsrechtlichen Liquidation in Österreich, IPRax 1994, 382
ERNE, Vertragsgültigkeit und drittstaatliche Eingriffsnormen (1985)
FELKE, Internationale Konsumentenkredite: Sonderanknüpfung des VerbrKrG über Art 34 EGBGB, RiW 2001, 30
GROSSFELD/JUNKER, Das CoCom im internationalen Wirtschaftsrecht (1991)
HABERMEIER, Neue Wege zum Wirtschaftskollisionsrecht (1997)
HARTLEY, Mandatory Rules in International Contracts – The Common Law Approach, Rec d cours 266 (1997) 337
HENTZEN, Zur Anwendung fremden Eingriffsrechts seit der IPR-Reform, RiW 1988, 508

5. Abschnitt. Schuldrecht.
1. Unterabschnitt. Vertragliche Schuldverhältnisse

HERDEGEN, Anm JZ 1994, 729
vHOFFMANN, Inländische Sachnormen mit zwingendem internationalen Anwendungsbereich, IPRax 1989, 261
ders, Internationally Mandatory Rules of Law Before Arbitral Tribunals, in: BÖCKSTIEGEL (Hrsg), Acts of State and Arbitration (1997) 3
JAYME, Ausländische Rechtsregeln und Tatbestand inländischer Sachnormen, in: GS für Ehrenzweig (1976) 35
JUNKER; Die „zwingenden Bestimmungen" im neuen internationalen Arbeitsrecht, IPRax 1989, 69
ders, Empfiehlt es sich, Art 7 EVÜ zu revidieren oder aufgrund der bisherigen Erfahrungen zu präzisieren?, IPRax 2000, 65
KLEINSCHMIDT, Zur Anwendbarkeit zwingenden Rechts im internationalen Vertragsrecht unter besonderer Berücksichtigung von Absatzmittlerverträgen (1985)
KOHTE, Verbraucherschutz im Licht des europäischen Wirtschaftsrechts, EuZW 1990, 150
KRATZ, Ausländische Eingriffsnorm und inländischer Privatrechtsvertrag (1986)
KREUZER, Ausländisches Wirtschaftsrecht vor deutschen Gerichten (1986)
LEHMANN, Zwingendes Recht dritter Staaten im Internationalen Vertragsrecht (1986)
MAGNUS, Englisches Kündigungsrecht auf deutschem Schiff – Probleme des internationalen Seearbeitsrechts, IPRax 1991, 382
MANKOWSKI, Zur Frage der Anwendung oder Auswirkung drittstaatlicher Eingriffsnormen im internationalen Vertragsrecht, RiW 1994, 688
ders, Spezielle vertragsrechtliche Gesetze und Internationales Privatrecht, IPRax 1995, 230
ders, Art 34 EGBGB erfaßt § 138 BGB nicht!, RiW 1996, 8
ders, Keine Sonderanknüpfung deutschen Verbraucherschutzrechts über Art 34 EGBGB, DZWiR 1996, 273
ders, Strukturfragen des internationalen Verbrauchervertragsrechts, RiW 1998, 287
MANN, Eingriffsgesetze und Internationales Privatrecht, in: FS Wahl (1973) 139
MARTINY, Der deutsche Vorbehalt gegen Art 7 Abs 1 des EG-Schuldvertragsübereinkommens vom 19. 6. 1980 – seine Folgen für die Anwendung zwingenden Rechts, IPRax 1987, 277

MENTZEL, Sonderanknüpfung von Eingriffsrecht im internationalen Vertragsrecht (1993)
METSCHKOLL, Eingriffe in Außenhandelsverträge. Die privatrechtliche Bedeutung außenwirtschaftlicher Maßnahmen im Warenverkehr (1992)
OETER, Das UN-Embargo gegen Serbien. Sachlicher Anwendungsbereich und zivilrechtliche Folgen, IPRax 1996, 73
RADTKE, Schuldstatut und Eingriffsrecht, ZVerglRW 84 (1985) 325
REICH, Grundgesetz und internationales Vertragsrecht, NJW 1994, 2128
REMIEN, Außenwirtschaftsrecht in kollisionsrechtlicher Sicht, RabelsZ 54 (1990) 217
ROTH, Verbraucherschutz über die Grenze, RiW 1994, 275
SCHÄFER, Eingriffsnormen im deutschen IPR – eine neverending story?, in: FS Sandrock (1995) 37
SCHIFFER, Normen ausländischen „öffentlichen" Rechts in internationalen Handelsschiedsverfahren (1990)
SCHNYDER, Wirtschaftskollisionsrecht (1990)
SCHUBERT, Internationale Verträge und Eingriffsrecht – ein Beitrag zur Methode des Wirtschaftskollisionsrechts, RiW 1987, 729
SCHURIG, Zwingendes Recht, „Eingriffsnormen" und neues IPR, RabelsZ 54 (1990) 217
SIEHR, Ausländische Eingriffsnormen im inländischen Wirtschaftskollisionsrecht, RabelsZ 52 (1988) 41
THODE/WENNER, Internationales Architekten- und Bauvertragsrecht (RWS-Skript 286, 1998)
UNGEHEUER, Die Beachtung von Eingriffsnormen in der internationalen Handelsschiedsgerichtsbarkeit (1996)
VEELKEN, Interessenabwägung im Wirtschaftskollisionsrecht (1988)
VOGEL, Drittstaatliche zwingende Normen im internationalen Vertragsrecht – eine Betrachtung aus kollisionsrechtlicher Sicht (Diss Potsdam 1993)
VOSER, Die Theorie der lois d'application immédiate im Internationalen Privatrecht (1993)
WENGLER, Die Anknüpfung des zwingenden Schuldrechts im internationalen Privatrecht, ZvglRWiss 54 (1941) 168

WENNER, Die HOAI im internationalen Rechtsverkehr, RiW 1998, 173
ZIMMER, Ausländisches Wirtschaftsrecht vor deutschen Zivilgerichten: Zur Unterscheidung zwischen einer normativen Berücksichtigung fremder zwingender Normen und einer bloßen Berücksichtigung ihrer Folgen, IPRax 1993, 65
ZWEIGERT, Nichterfüllung auf Grund ausländischer Leistungsverbote, RabelsZ 14 (1942) 283.

Systematische Übersicht

I. **Regelungsgegenstand und Normzweck** _____ 1

II. **Entstehungsgeschichte** _____ 5

III. **Allgemeines**
1. Begriff der zwingenden Bestimmungen _____ 10
2. Unterschiedliche Ebenen der Beachtung zwingender Bestimmungen _____ 13
   a) Geltung der zwingenden Normen des Vertragsstatuts _____ 14
   aa) Probleme auf der Ebene der lex causae _____ 14
   bb) Vertragsstatut und Sonderstatute _____ 16
   cc) Eingriffsnormen der lex causae _____ 19
   b) Geltung zwingender Normen der lex fori (Art 34) _____ 22
   c) Geltung drittstaatlicher Eingriffsnormen _____ 24
3. Zwingende Normen im EGBGB _____ 26
4. Das Verhältnis des Art 34 zu Art 29 und 30 _____ 29
   a) Meinungsstand _____ 31
   b) Rechtsprechung _____ 35
   c) Stellungnahme _____ 36
   d) Besondere international zwingende Verbraucher- oder Arbeitnehmerschutzvorschriften _____ 39
5. Das Verhältnis des Art 34 zum ordre public _____ 40
6. Das Verhältnis des Art 34 zum EU-Recht _____ 41
7. Art 34 und Staatsverträge _____ 43

IV. **Anwendungsbereich des Art**
1. Geltung auch für Art 11 EGBGB _____ 44
2. Reichweite _____ 45

V. **Voraussetzungen**
1. Grundsatz _____ 48
2. Zwingende Vorschriften _____ 49
3. International zwingende Bestimmungen _____ 51
   a) Maßgebendes Recht für die Festlegung des international zwingenden Charakters _____ 52
   b) Der entscheidende Normzweck _____ 53
   c) Kriterien für international zwingende Normen _____ 55
   aa) Übereinstimmende Festlegung in- und ausländischer Eingriffsnormen _____ 55
   bb) Staatspolitischer Zweck der Eingriffsnormen _____ 56
   cc) Auffassung der Rechtsprechung _____ 66
   dd) Stellungnahme _____ 68
4. Inlandsbezug _____ 72
   a) Auffassungen _____ 72
   b) Stellungnahme _____ 76
   c) Art des Inlandsbezuges _____ 80

VI. **Rechtsfolge des Art 34** _____ 82

VII. **Rang der über Art 34 berufenen Normen** _____ 84

VIII. **International zwingende Vorschriften des deutschen Rechts**
1. Allgemeines Vertragsrecht _____ 85
2. Besonderes Vertragsrecht _____ 86
   a) Grundstücksverträge _____ 86
   b) Wohnraummietrecht _____ 88
   c) Immobilientimesharing _____ 89
   d) Darlehen _____ 90
   e) Anwaltsvertrag _____ 91
   f) Fernunterrichtsverträge _____ 92
   g) Maklervertrag; Handelsvertretervertrag _____ 93
   h) Architektenverträge _____ 94
   i) Baubetreuungsverträge _____ 95
   k) Transportverträge _____ 96
   l) Versicherungsverträge _____ 99

5. Abschnitt. Schuldrecht.
1. Unterabschnitt. Vertragliche Schuldverhältnisse

Art 34 EGBGB

m)	Bürgschaft	100	aa)	Schuldstatutstheorie	130
n)	Bank- und Börsengeschäfte	101	bb)	Machttheorie	132
o)	Spiel- und Wettverträge	104	cc)	Datumstheorie	134
3.	Arbeitsrecht	105	d)	Territorialitätsprinzip	136
4.	Wettbewerbsrecht	106	e)	Stellungnahme	138
5.	Außenwirtschaftsregulierungen	107	4.	Rechtsfolge	145
6.	Währungs- und Devisenrecht	109			

IX. Berücksichtigung ausländischer Eingriffsnormen
1. Allgemeines _____ 110
2. Begriff der ausländischen Eingriffsnorm _____ 113
3. Meinungsstand _____ 115
a) Kollisionsrechtliche Sonderanknüpfung _____ 115
b) Materiellrechtliche Berücksichtigung _____ 119
c) Schuldstatutstheorie und Abwandlungen _____ 130

X. Konkurrenzverhältnis zwischen unterschiedlichen zwingenden Normen
1. Allgemeines _____ 146
2. Konkurrenz zwischen Eingriffsnormen der lex fori und fremdem Eingriffsrecht _____ 147
3. Konkurrenz zwischen Eingriffsnormen der lex causae und dritter Staaten _____ 150

XI. Renvoi _____ 151

Alphabetische Übersicht

AGBG	16, 39, 71, 80	– deutsche	2, 20, 85 ff
Anwaltsvertrag	91	– lex causae	1, 14 ff, 19 ff, 110, 129 ff, 147 ff
Anwendungsbereich	44 ff	– lex fori	1 f, 20, 22 f, 77 ff, 147
Arbeitsrecht	18, 27, 29 ff, 81, 105, 149	– Konkurrenzverhältnis	146 ff
Arbeitsschutzgesetze	39	– Kriterien	55 ff
Architektenvertrag	94	– maßgebendes Recht	52
Artenschutz	107	– Normzweck	53 f, 56 ff
Ausnahmecharakter der Vorschrift	45, 69	– Rangverhältnis	7, 84
Außenwirtschaftsrecht	68, 82, 107 f	– Sonderprivatrecht	60
		Entstehungsgeschichte	5 ff
Bank- und Börsengeschäft	101 ff	Europarecht	41 f, 96, 106 ff
Baubetreuungsvertrag	95	EVO	98
Bestechung und Schmiergeldzahlung	124	EVÜ	1, 4 ff, 12
Börsengesetz	80, 103		
Bürgschaft	100, 135	FernUG	71, 80, 92
		Formvorschriften	44
CMR	43	Früheres Recht	9, 119
Darlehen	90	Gemeinwohlinteressen	67 f
Datumstheorie	134	Grundstücksverkehrsrecht	81, 86 f
Devisenrecht s Währungsrecht		GüKUMT	98
		GWB s Kartellrecht	
Eingriffsakt	69		
Eingriffsnormen		Handelsvertretervertrag	93
– ausländische	4, 24 f, 110 ff	Haustürwiderrufsgesetz	66, 85, 127
– Begriff	10 ff, 51 ff, 113 f	HOAI	94

Ingmar-Entscheidung des EuGH
.... 42, 57, 63, 85, 90, 93
Inlandsbezug .... 62 f, 72 ff
– Art und Stärke .... 80 f
International zwingende Bestimmungen
s Eingriffsnormen
Internationalisierungsfähigkeit 70
Investmentgeschäft 101
IPR-Reform .... 6 ff

Kabotagegeschäfte 97
Kartellrecht .... 68, 80 f, 106
Kollisionsrechtliche Sonderanknüpfung 115 f
Konkurrenz zwingender Normen .... 146 ff
Konnossement 97
Konsumentenkredit 90
KriegswaffenkontrollG 108
Kulturgüterschutz 108, 123
KVO 98

Leistungsverbote, ausländische 125
Lex causae s Eingriffsnormen
Lex fori s Eingriffsnormen

Machttheorie .... 132 f
Makler- und BauträgerVO 95
Maklervertrag 93
Markt- und Gewerberegulierung 81
Mieterschutz s Wohnraummietrecht

Normzweck .... 1 ff

Öffentliches Interesse .... 56 ff
Öffentliches Recht 19, 46, 50, 65, 119, 136
Ordre public 22, 28, 40, 77, 130

Qualifikation 17

RechtsberatungsG 91
Rechtsfolgen .... 82 f, 145
Regelungsgegenstand .... 1 ff
Reichweite .... 45 ff

Renvoi .... 151 f
Richterrecht 50

Schuldstatutstheorie 130
Schweiz, IPRG 115
Schwerbehinderte 31, 37
Sitz einer Partei 81
Sonderanknüpfung .... 21, 48, 82, 115 ff, 138 ff
Sonderprivatrecht 60
Sozialrecht 18
Spiel- und Wettverträge 104
Staatsverträge 43, 96

Tatbestandswirkung 15
TeilzWRG s Timesharing
Territorialitätsprinzip .... 136 f
Timesharing 42, 71, 76, 80, 89
Transportverträge .... 96 ff

US-Embargo 112

VerbraucherkreditG 90
Verbraucherschutz .... 14, 27, 31 ff, 39, 64, 66, 71
– und Inlandsbezug 75
– Konkurrenz zwingender Normen 149
– Kredit 90
Verfassungsrecht 64
Versicherungsvertrag 99
Vertragsrecht 85
Vertragsstatut .... 14 ff, 65

Währungsrecht .... 68, 81 f, 108
Wertsicherungsklausel 82
Wettbewerbsrecht 106
  s auch Kartellrecht
Wohnraummietrecht 59, 68, 81, 88

Zwingende Bestimmungen
– Begriff .... 49 f
  s auch Eingriffsnormen
Zwingende Normen im EGBGB .... 26 ff
– Verhältnis untereinander .... 29 ff

I. Regelungsgegenstand und Normzweck

1 Die aus dem EVÜ stammende Vorschrift regelt einen Ausschnitt des umstrittensten Problembereichs des internationalen Vertragsrechts: **wann nämlich das von den ‚normalen' Anknüpfungsregeln berufene Recht gegenüber zwingenden Vorschriften eines**

anderen Rechts zurückzutreten hat. Grundsätzlich kann zwingendes Recht dieser Art (sog **Eingriffsnormen,** mandatory rules, lois de police) auf drei Ebenen zu beachten sein: zunächst auf der Ebene des maßgebenden Vertragsstatuts, auf der zu entscheiden ist, welche zwingenden Bestimmungen der lex causae gelten; ferner auf der Ebene der lex fori, die einen Grundbestand eigener Rechtsvorstellungen stets durchsetzen will; schließlich auf der Ebene solcher drittstaatlichen Rechtsordnungen, die ebenfalls Berührungspunkte zum Fall aufweisen und an der Anwendung ihrer zwingenden Bestimmungen interessiert sind, obwohl diese weder über die lex causae noch über die lex fori gelten. In diesem Bermudadreieck des internationalen Vertragsrechts gilt es, eine angemessene Balance zwischen der grundsätzlichen Geltung der lex causae, dem moderaten Einfluss der lex fori und einer ausnahmsweisen Anerkennung zwingender drittstaatlicher Normen zu finden. Trotz des großen theoretischen Interesses an dem gesamten Fragenkomplex sollte aber weder die praktische Bedeutung des Art 34 noch jene der Geltung fremder Eingriffsnormen überschätzt werden. Bei der Beachtung interner und externer Eingriffsnormen handelt es sich stets um eher singuläre Fälle und Ausnahmeregelungen.

Art 34 befasst sich nur mit der zweiten der genannten Ebenen, mit der **Geltung** **2** **zwingender Vorschriften des deutschen Rechts als der lex fori.** Dabei geht die Vorschrift unausgesprochen davon aus, ohne das aber zur Voraussetzung zu machen, dass ausländisches Recht als Vertragsstatut gilt. In diesem Fall bleibt die Anwendung derjenigen deutschen Vorschriften unberührt, die den Sachverhalt ohne Rücksicht auf das an sich anwendbare Recht zwingend regeln. Damit soll trotz abweichenden Vertragsstatuts solchen Vorschriften des deutschen Rechts zur Geltung verholfen werden, an deren uneingeschränkter Durchsetzung aus rechtspolitischen, insbes wirtschafts- oder sozialpolitischen Gründen ein starkes innerstaatliches Interesse besteht. Erst recht gelten die deutschen Eingriffsnormen, wenn deutsches Recht auch Vertragsstatut ist.

In dem Umfang, in dem inländische Eingriffsnormen – auf die kein Staat ganz **3** verzichten wird – Geltung beanspruchen, wird freilich das allgemeine Anknüpfungssystem außer Kraft gesetzt. Die Kernfrage für Art 34 lautet deshalb, welche **Inlandsvorschriften** denn **international zwingend** sind. Im Hinblick auf Art 36 EGBGB muss eine allgemeine Definition der Kriterien entwickelt werden, die eine international zwingende Norm ausmachen.

Anders als die Vorbildvorschrift im EVÜ (dort Art 7) regelt Art 34 EGBGB nicht **4** den dritten der oben Rn 1 genannten Aspekte, wann nämlich deutsche Gerichte **ausländisches zwingendes Recht** gegenüber einem abweichenden Vertragsstatut zu beachten haben. Daraus ist nicht abzuleiten, dass fremde Eingriffsnormen stets unbeachtlich seien. Vielmehr ist die Frage derzeit ohne gesetzliche Grundlage zu beantworten (ebenso DÄUBLER RiW 1987, 256; HENTZEN RiW 1988, 509; MünchKomm/MARTINY Art 34 Rn 48; SCHURIG RabelsZ 54 [1990] 235; SOERGEL/vHOFFMANN Art 34 Rn 2; vgl näher unten Rn 110 ff).

II. Entstehungsgeschichte

Mit Art 34 EGBGB ist erstmalig die Geltung zwingender Normen im IPR gesetzlich **5** aufgegriffen worden. Der deutsche Gesetzgeber hat die zugrunde liegende Regelung des EVÜ jedoch nicht vollständig, sondern nur teilweise – nämlich nur Art 7 Abs 2 EVÜ – übernommen. Im Hinblick auf Art 7 Abs 1 EVÜ wurde dagegen der Vorbehalt des Art 22 Abs 1 lit a EVÜ ausgeschöpft und die Vorschrift nicht in das EGBGB eingefügt. Art 7 Abs 1 EVÜ regelt die Berücksichtigung ausländischer Eingriffsnormen. Er lautet:

Zwingende Vorschriften

(1) Bei Anwendung des Rechts eines bestimmten Staates auf Grund dieses Übereinkommens kann den zwingenden Bestimmungen des Rechts eines anderen Staates, mit dem der Sachverhalt eine enge Verbindung aufweist, Wirkung verliehen werden, soweit diese Bestimmungen nach dem Recht des letztgenannten Staates ohne Rücksicht darauf anzuwenden sind, welchem Recht der Vertrag unterliegt. Bei der Entscheidung, ob diesen zwingenden Bestimmungen Wirkung zu verleihen ist, sind ihre Natur und ihr Gegenstand sowie die Folgen zu berücksichtigen, die sich aus ihrer Anwendung oder ihrer Nichtanwendung ergeben würden.

6 Der Regierungsentwurf zum IPR-Neuregelungsgesetz von 1986 wollte Art 7 Abs 1 EVÜ noch als Art 34 Abs 1 EGBGB übernehmen (zur Begründung vgl BT-Drucks 10/504, 83). Der Bundesrat hatte dagegen jedoch Bedenken, im Wesentlichen, weil Art 7 Abs 1 EVÜ wegen seiner unbestimmten Rechtsbegriffe die Rechtssicherheit unvertretbar gefährde (BT-Drucks 10/504, 100). Da sich auch die Bundesregierung und der Rechtsausschuss des Bundestages diesen Bedenken anschlossen (BT-Drucks 10/504, 106; BT-Drucks 10/5632, 45), unterblieb in der Schlussabstimmung die Übernahme des Art 7 Abs 1 EVÜ. Allerdings blieb damit auch die sehr umstrittene Frage ungeregelt, ob und in welchem Umfang ausländische Eingriffsnormen anzuwenden sind (vgl dazu unten Rn 110 ff).

7 Trotz der eingeschränkten Übernahme des Art 7 EVÜ ist aber im deutschen internationalen Vertragsrecht das **Rangverhältnis** zu beachten, das Art 7 zwischen den zwingenden Normen der lex fori und denjenigen dritter Staaten herstellt: Die Eingriffsnormen der lex fori haben nach Art 7 Abs 2 EVÜ Vorrang vor solchen dritter Staaten; denn nach dem Wortlaut des EVÜ bleiben auch sie von den nach Art 7 Abs 1 EVÜ zu beachtenden drittstaatlichen Eingriffsnormen unberührt (ebenso AUDIT Rn 812; s ferner unten Rn 147 ff).

8 Der gesamte Art 7 EVÜ geht seinerseits auf Art 7 des EVÜ-Vorentwurfs von 1972 zurück, der noch nicht zwischen der Beachtung ausländischer Eingriffsnormen und solcher der lex fori unterschied. Er sah vielmehr vor, dass alle zwingenden Normen, die unter Ausschluss jedes anderen Rechts gelten sollten, zu berücksichtigen seien, sofern der Vertrag mit dieser Rechtsordnung verknüpft war (vgl eingehend dazu DROBNIG, in: LANDO/VHOFFMANN/SIEHR 82; VHOFFMANN ibid 16 ff). Dieser Vorschlag durchlief zwar noch mehrere Änderungen (GIULIANO/LAGARDE 58), blieb aber doch so problematisch, dass die Vorbehaltsmöglichkeit des Art 22 Abs 1 lit a EVÜ für nötig befunden wurde.

9 Vor der IPR-Reform von 1986 fehlte im deutschen Recht eine allgemeine gesetzliche Grundlage für die Beachtung eigener oder fremder Eingriffsnormen. Die Rechtsprechung hatte eigene Eingriffsnormen jedoch regelmäßig angewendet, ausländische Eingriffsnormen dagegen fallweise im Rahmen des anwendbaren Vertragsrechts berücksichtigt (vgl näher unten Rn 119 ff).

III. Allgemeines

1. Begriff der zwingenden Bestimmungen

Für die Gesamtproblematik der Beachtlichkeit zwingender, das Vertragsstatut verdrängender Eingriffsnormen ist zunächst der Begriff der zwingenden Norm von grundlegender Bedeutung. Er erfasst nur solche Vorschriften, die im Staat ihres Erlasses nicht der Parteidisposition unterliegen. Insoweit gilt auch hier die Legaldefinition des Art 27 Abs 3. Freilich genügt diese Mindestvoraussetzung nicht. Zusätzlich müssen die zwingenden Bestimmungen auch **unabhängig vom an sich anwendbaren Recht Geltung** beanspruchen. Hierin liegt ihre Besonderheit und Problematik (vgl dazu näher unten Rn 51 ff, 113). **10**

Die **Verbindlichkeit** zwingender Bestimmungen **kann nur der jeweilige Erlassstaat anordnen;** nach seinem Recht richtet sich, ob eine Norm intern zwingenden Charakter hat (vgl auch DICEY/MORRIS Rn 32–138; MünchKomm/MARTINY Art 34 Rn 9). Der Erlassstaat bestimmt darüber hinaus, ob seine Vorschriften auch international zwingend sein sollen. Dabei belassen einfach zwingende Normen den Parteien grundsätzlich die Möglichkeit, eine andere Rechtsordnung zu wählen und die einfach zwingenden Normen des an sich maßgebenden Rechts dadurch – von Art 27 Abs 3, 29 Abs 1, 29 a und 30 Abs 1 abgesehen – auszuschalten. Die international zwingenden Normen gelten dagegen auch dann, wenn aufgrund subjektiver oder objektiver Anknüpfung an sich eine andere Rechtsordnung als jene des Eingriffsrechts anzuwenden ist. **11**

Mit seinen international zwingenden Normen verbindet der Erlassstaat wegen der besonderen staatlichen Interessen, die hinter ihnen stehen, einen **besonderen Geltungsanspruch und höheren Verbindlichkeitsgrad;** der Auslandsbezug und der Respekt vor fremdem Recht treten hier hinter den eigenen staatlichen Interessen zurück („superzwingende Normen"). Auch wenn der Erlassstaat kraft seiner Souveränität den dispositiven, den einfach zwingenden oder den international zwingenden Charakter einer Vorschrift festlegt, entscheidet jedoch das Kollisionsrecht des angerufenen Gerichts darüber, wann und in welchem Umfang zwingende Normen in Fällen mit Auslandsbezug zu beachten sind (MünchKomm/MARTINY aaO; SIEHR RabelsZ 52 [1988] 84). Erst dieses Recht legt fest, ob zwingende Normen allgemein oder nur unter besonderen Voraussetzungen gelten. Das EVÜ und ihm folgend das EGBGB entscheiden damit selbständig über die Geltung zwingender Normen, wobei autonomrechtsvergleichend zu ermitteln ist, welche Regelung sie treffen (dazu unten Rn 51 ff). **12**

2. Unterschiedliche Ebenen der Beachtung zwingender Bestimmungen

Die schon oben (Rn 1) genannten, unterschiedlichen Ebenen der Beachtung zwingender Bestimmungen sind deutlich voneinander zu trennen (vgl DROBNIG RabelsZ 52 [1988] 4 ff; MARTINY IPRax 1987, 277; MünchKomm/MARTINY Art 34 Rn 2, 3; etwas abweichende Systematisierung bei ERMAN/HOHLOCH Art 34 Rn 2, 4). Je nach der berührten Ebene sind Eingriffsnormen unterschiedlich intensiv zu berücksichtigen. Unterschiede ergeben sich auch in der Methode der Beachtung. **13**

a) Geltung der zwingenden Normen des Vertragsstatuts
aa) Probleme auf der Ebene der lex causae

14 Auf der **Ebene der lex causae** ist zu entscheiden, welche nicht-dispositiven Regelungen des anwendbaren Vertragsrechts gelten. Berührt ist hier zum einen die Reichweite des Vertragsstatuts (vgl dazu auch Art 32 und die Erl dort, ferner unten Rn 16, 45 ff). Zum andern geht es auf dieser Ebene um die besonderen Konfliktsregeln, die aus Gründen kollisionsrechtlicher Gerechtigkeit alle oder bestimmte zwingende Normen des objektiv geltenden Vertragsstatuts rechtswahlfest machen (Art 27 Abs 3, 29 Abs 1, 30 Abs 1 EGBGB). Die Unterscheidung zwischen einfach und international zwingenden Normen, etwa des Verbraucherschutzrechts erübrigt sich hier meistens (zu Konkurrenzsituationen vgl aber unten Rn 146 ff). Ferner geht es um die Frage, ob und unter welchen Voraussetzungen Eingriffsnormen der lex causae zu beachten sind (dazu unten Rn 19 ff).

15 Schließlich betrifft die Ebene der lex causae auch die **Tatbestandswirkung,** die im Ausland verwirklichte Tatbestandsmerkmale oder tatsächliche Auslandsbezüge innerhalb des als Vertragsstatut berufenen Rechts entfalten. Hier stellen sich etwa Fragen wie die, ob es Arglist iSd § 480 Abs 2 BGB bedeutet, wenn der Verkäufer die Herkunft der Ware aus einem allgemein boykottierten Land verschweigt, ob deutsche Kreditinstitute weitergehende Informationspflichten haben, wenn Kreditnehmer oder Bürgen Ausländer sind, wann im Ausland beschäftigte Mitarbeiter für die erforderliche Mindestbeschäftigtenzahl im Kündigungsschutz- oder Betriebsverfassungszusammenhang mitzählen etc (dazu unten Rn 134 ff).

bb) Vertragsstatut und Sonderstatute

16 Grundsätzlich schließt das Vertragsstatut zunächst die Geltung aller **zwingenden vertragsrechtlichen Normen** des berufenen Rechts ein (ERMAN/HOHLOCH Art 34 Rn 2; MünchKomm/MARTINY Art 34 Rn 2, 24; RETHMANN/MARTINY/LIMMER Rn 452; dazu auch BECKER RabelsZ 60 [1996] 697). Dabei lässt sich nicht immer ganz einfach beantworten, welche zwingenden Regeln noch solche des Vertragsrechts sind und welche einem anderen Rechtsgebiet unterfallen, dessen Anwendung eigenständigen Anknüpfungsregeln folgt. Zum Vertragsstatut gehören nicht nur spezielle zwingende Vorschriften für den jeweiligen Vertragstyp, sondern auch allgemeine, nicht-dispositive Regeln der Rechtsgeschäftslehre wie im deutschen Recht etwa §§ 138, 225 oder 242 BGB oder das AGBG (vgl näher die Erl zu Art 31 und 32).

17 Für **Bestimmungen, die aus anderen Rechtsgebieten auf Vertragsverhältnisse unmittelbar einwirken,** ist in autonom-rechtsvergleichender Qualifikation festzulegen, ob sie dem Vertragsstatut oder den Anknüpfungsregeln dieses anderen Rechtsgebietes zuzuordnen sind. Ist etwa die Anhörung des Betriebsrats, wie in der Regel im deutschen Recht, zwingende Wirksamkeitsvoraussetzung der Kündigung eines Arbeitsvertrages, dann ist deshalb zunächst zu qualifizieren, ob diese Vorschrift dem (Arbeits-)Vertragsrecht oder aber dem selbständig anzuknüpfenden Betriebsverfassungsrecht angehört (letztere Qualifikation gilt in Deutschland: vgl Art 30 Rn 236, 272). Ob die konkrete Vorschrift dann zum Zug kommt, hängt davon ab, ob sie vom maßgebenden Statut berufen wird.

18 Zahlreiche **zwingende Vorschriften, die auch auf Verträge einwirken,** kommen damit über das für sie geltende Statut zur Anwendung, so insbes im Arbeits- und Sozialrecht. Die Abgrenzung der von ihrem eigenen Statut berufenen zwingenden Bestimmungen zu jenen des Vertragsstatuts kann dabei nicht generell erfolgen, sondern muss sich – wie im genannten Beispiel der Abgrenzung zwischen Vertragsstatut und Betriebsverfassungsstatut – nach der jeweiligen Materie richten. Lediglich als Leitlinie lässt sich festhalten, dass Normen in der Regel dann zum Vertragsstatut gehören, wenn sie unmittelbar Privatrechtsverhältnisse regeln wollen und den Ausgleich primär von Individualinteressen bezwecken.

cc) Eingriffsnormen der lex causae
Problematischer als die Abgrenzung der Reichweite unterschiedlicher Statute ist indessen die Frage, ob und wann Eingriffsnormen der lex causae zu beachten sind. Im Grundsatz besteht Einigkeit, dass Eingriffsnormen der vom Vertragsstatut berufenen Rechtsordnung Berücksichtigung finden können (vgl DICEY/MORRIS Rn 32–136; ERMAN/HOHLOCH Art 34 Rn 2; MünchKomm/MARTINY Art 34 Rn 24 ff; REITHMANN/MARTINY/LIMMER Rn 452 ff; wohl auch CZERNICH/HEISS/HEISS Art 7 Rn 35). Dabei muss es sich um international zwingende Bestimmungen im oben Rn 10 ff gekennzeichneten Sinn handeln. Ob sie – wie vielfach – dem öffentlichen Recht entstammen, ist gleichgültig. Das frühere Dogma, fremdes öffentliches Recht aus Souveränitätsgründen nicht anzuwenden, ist jedenfalls überwunden (vgl Begründung BT-Drucks 10/504, 83; vorsichtig bereits BGHZ 31, 367; ferner DROBNIG, in: FS Neumayer 160 f; KROPHOLLER § 22 II 2; vgl noch unten Rn 46). 19

Sodann ist anerkannt, dass **bei deutschem Schuldstatut** auch die **Eingriffsnormen des deutschen Rechts** gelten. Dieser Grundsatz lässt sich jetzt dem mit Art 7 Abs 2 EVÜ übereinstimmenden Art 34 EGBGB entnehmen. Die Eingriffsnormen der lex fori sind danach nicht nur bei ausländischem Vertragsstatut, sondern stets, also erst recht bei deutschem Vertragsstatut anzuwenden. 20

Ist dagegen ausländisches Recht als Vertragsstatut berufen, dann ist nach wie vor umstritten, unter welchen weiteren Voraussetzungen und auf welchem Weg Eingriffsnormen der lex causae zu gelten haben. Weitgehend aufgegeben ist inzwischen die früher herrschende Schuldstatutstheorie, die mit dem anwendbaren Vertragsrecht auch alle Eingriffsnormen dieser Rechtsordnung berufen sah (heute noch vertreten etwa von PALANDT/HELDRICH Art 34 Rn 6; früher insbes MANN, in: FS Wahl 147 ff; gegen die Schuldstatutstheorie in dieser allgemeinen Form auch ERMAN/HOHLOCH Art 34 Rn 24; KROPHOLLER § 52 IX 1; MünchKomm/MARTINY Art 34 Rn 34; REITHMANN/MARTINY/LIMMER Rn 453; SOERGEL/ vHOFFMANN Art 34 Rn 83, 89 ff; eingehend unten Rn 130 ff). Ganz überwiegend werden die Eingriffsnormen einer ausländischen lex causae ebenso wie drittstaatliche Eingriffsnormen behandelt und einer **Sonderanknüpfung** unterworfen (vgl ERMAN/HOHLOCH aaO; KROPHOLLER § 52 IX 3; MünchKomm/MARTINY Art 34 Rn 39 ff, 97; RADTKE ZVerglRW 84 [1984] 332 f; SCHURIG RabelsZ 54 [1990] 244 ff). Dem folgt die hier vertretene Ansicht (vgl näher unten Rn 138 ff). 21

b) Geltung zwingender Normen der lex fori (Art 34)
Eine zweite Ebene und Quelle zwingender Normen stellen die **Vorschriften der lex fori** dar. Auch die am Gerichtsort geltenden Normen drängen zur Anwendung, wenn ein Fall trotz seines Auslandsbezugs Vorstellungen und Interessen des Gerichtsstaates berührt. Einen angemessenen Einfluss der lex fori, der über die bloße Abwehrfunktion des ordre public hinausgeht, behält sich jede Rechtsordnung vor. Art 34 22

beschränkt diese Einflussnahme der lex fori – ebenso wie Art 7 Abs 2 EVÜ in den anderen EVÜ-Staaten – auf die **international zwingenden Normen am Gerichtsort.** Damit finden die Grundvorstellungen, aber längst nicht alle verbindlichen Regelungen der lex fori Beachtung.

23 Allerdings muss der Einsatz von Eingriffsnormen der lex fori die **Ausnahme** darstellen, soll nicht das System von Anknüpfungsregeln weitgehend überflüssig werden. Entsprechend ist nur ein kleiner Teil des zwingenden deutschen Rechts auch international zwingend iSd Art 34 (vgl dazu unten Rn 85 ff).

c) **Geltung drittstaatlicher Eingriffsnormen**

24 Schließlich bildet eine dritte Ebene das zwingende Recht derjenigen Rechtsordnungen, die zwar weder die lex causae noch die lex fori stellen, die aber dennoch tatsächlich auf den Sachverhalt einwirken oder einwirken wollen. Dass solche Normen dritter Staaten nur ausnahmsweise und unter sehr engen Voraussetzungen zum Zug kommen können, erscheint als selbstverständlich, wenn nicht das geltende Anknüpfungssystem grundsätzlich in Frage gestellt werden soll.

25 Wann drittstaatliche Normen zu berücksichtigen sind, ist, wenn auch vage, in Art 7 Abs 1 EVÜ geregelt (Text: oben Rn 5). Dagegen lässt das EGBGB offen, ob und wann Eingriffsnormen einer ausländischen Rechtsordnung zu beachten sind, obwohl dieses Recht nicht zugleich Vertragsstatut ist. Lediglich Art 32 Abs 2 (= Art 10 Abs 2 EVÜ) verordnet eine begrenzte Beachtung drittstaatlichen – am tatsächlichen Erfüllungsort geltenden – Rechts, das weder über die lex fori noch über die lex causae zur Anwendung berufen ist. Entsprechend umstritten ist, wie sich solche Bestimmungen auf internationale Vertragsverhältnisse auswirken (näher dazu unten Rn 110 ff).

3. **Zwingende Normen im EGBGB**

26 Das internationale Vertragsrecht des EGBGB erwähnt zwingende Normen in vier Vorschriften: In Art 27 Abs 3 Satz 1, Art 29 Abs 1, Art 30 Abs 1 und Art 34 – die sämtlich aus dem EVÜ stammen. Allen vier Vorschriften ist gemeinsam, dass sie das Vertragsstatut, das sich aufgrund der üblichen Kollisionsregeln, insbes aufgrund einer Rechtswahl ergibt, durch zwingendes Recht korrigieren.

27 Die Gründe für diese **Wirkungsbeschränkung der ‚normalen' Anknüpfung** und das Anliegen der Art 27 Abs 3, 29 Abs 1, 29 a und 30 Abs 1 einerseits, das des Art 34 andererseits sind jedoch ganz unterschiedlich: Die Art 27 Abs 3, 29 Abs 1, 29 a und 30 Abs 1 wollen das objektiv bestimmte Vertragsstatut vor einer unangemessenen Abänderung durch Rechtswahl bewahren. Die Parteien sollen hier nicht durch Vereinbarung das an sich maßgebliche Recht gänzlich verdrängen dürfen, weil zu befürchten ist, dass sich sonst eine der Parteien die Rechtswahlfreiheit auf Kosten der anderen Partei zunutze macht. Dabei korrigiert Art 27 Abs 3 eine **Flucht aus der Rechtsordnung,** mit der der Sachverhalt im Übrigen ausschließlich verbunden ist (vgl näher Art 27 Rn 115 ff). Das gesamte nicht-dispositive Recht dieses Landes bleibt deshalb anwendbar. Art 29 Abs 1, 29 a und 30 Abs 1 tragen demgegenüber der **besonderen Schutzbedürftigkeit des Verbrauchers und Arbeitnehmers** Rechnung; eine Rechtswahl darf hier nicht den Schutz verkürzen, den diesen Personengruppen ‚ihre' Rechtsordnung zubilligt. Zwingende Bestimmungen des objektiv geltenden

Rechts setzen sich hier aber nur durch, wenn sie dem Verbraucher oder Arbeitnehmer tatsächlich günstiger als das gewählte Recht sind.

Demgegenüber will Art 34 nicht dem an sich maßgebenden Recht zum Durchbruch **28** verhelfen, sondern es gerade ausschalten. Das gewählte oder objektiv geltende Vertragsstatut soll – ähnlich wie beim ordre public – inländischen Rechtsvorstellungen weichen (vgl auch MANKOWSKI RiW 1998, 290). Doch anders als der ordre public bezweckt Art 34 nicht primär die – negative – Abwehr fremden Rechts, sondern vielmehr die **positive Durchsetzung bestimmter, rechtspolitisch wichtiger Postulate** des eigenen Rechts (ebenso REITHMANN/MARTINY/LIMMER Rn 385). Die inländischen Eingriffsnormen wollen vor allem wirtschafts- und sozialpolitische Ziele in Deutschland einheitlich verwirklichen und deshalb keine Rücksicht auf einen Auslandsbezug des Falles und auf die Geltung fremden Rechts nehmen.

4. Das Verhältnis des Art 34 zu Art 29 und 30

Sowohl in den Zielen wie im methodischen Weg unterscheidet sich Art 34 an sich **29** deutlich von Art 29 und 30. Letztere bezwecken den Schutz besonderer Personengruppen und versuchen ihn durch allseitige Kollisionsnormen zu verwirklichen, die an den Sitz des Verbrauchers und den gewöhnlichen Arbeitsort des Arbeitnehmers anknüpfen und eine Rechtswahl nur zu Gunsten dieser Personen zulassen. Art 34 will demgegenüber primär staatliche Interessen durchsetzen. Die Vorschrift sieht insoweit eine Sonderanknüpfung vor und verwendet hierfür eine einseitige Regel, die sich nur zur Anwendbarkeit deutschen Rechts äußert.

Trotz dieser deutlichen Unterschiede ist das Rangverhältnis zwischen Art 34 und **30** Art 29, 30 schwierig und umstritten, praktisch jedoch durchaus bedeutsam. Denn die Rangfrage stellt sich stets, wenn zwingendes ausländisches, über Art 29, 30 berufenes Vertragsstatut und deutsche Eingriffsnorm unterschiedliche Lösungen vorsehen. Im Wesentlichen werden folgende Lösungen vertreten:

a) Meinungsstand

Teilweise wird versucht, die Rangfrage durch eine strikte Abgrenzung der jeweiligen **31** Normbereiche zu lösen. Es sei nach dem jeweiligen Charakter der zwingenden Norm zu unterscheiden. Unter Art 29, 30 sollen die allgemein verbraucher- bzw arbeitnehmerschützenden Vorschriften fallen, unter Art 34 dagegen nur staatspolitisch motivierte bzw solche Normen, die besondere Arbeitnehmergruppen wie etwa Schwerbehinderte etc schützen (so insbes MANKOWSKI DZWir 1996, 273 ff [für das Verbraucherschutzrecht]; SOERGEL/vHOFFMANN Art 30 Rn 18, 22 f und zT ähnlich FRANZEN, AR-Blattei Rn 111 ff [für das Arbeitsrecht]).

Zum Teil wird die Möglichkeit der Überschneidung der Normbereiche eingeräumt, **32** in den Art 29 und 30 aber die speziellere Regelung gesehen, die Vorrang vor Art 34 habe und diesen verdränge (Begründung BT-Drucks 10/504, 83; für Art 30 etwa HEILMANN 119 ff; MünchArbR – BIRK § 19 Rn 85).

Nach wieder anderer Ansicht kommt Art 34 der absolute Vorrang zu (PALANDT/HELD- **33** RICH Art 34 Rn 3).

34 Nach wohl überwiegender Auffassung haben dagegen die international zwingenden Normen des deutschen Rechts zwar grundsätzlich Vorrang vor dem nach Art 29, 30 geltenden Recht; doch kommt es auch auf eine Abwägung der beteiligten Regelungsinteressen an **(relativer Vorrang des Art 34).** So ist das von Art 29, 30 berufene Vertragsstatut gleichwohl anzuwenden, wenn es dem Verbraucher bzw Arbeitnehmer günstiger als das deutsche Eingriffsrecht ist und keine Gründe erkennbar sind, dem geschützten Personenkreis die Begünstigung vorzuenthalten (vgl etwa ERMAN/HOHLOCH Art 28 Rn 8 [zum Verbraucherrecht]; E LORENZ RiW 1987, 580; MünchKomm/MARTINY Art 30 Rn 29; zT auch FRANZEN, AR-Blattei Rn 113 [alle zum Arbeitsrecht]; allgemeiner MünchKomm/MARTINY Art 34 Rn 120; SOERGEL/vHOFFMANN Art 34 Rn 104).

b) Rechtsprechung

35 Die höchstrichterliche Rechtsprechung hat sich bislang nicht auf ein eindeutiges Rangverhältnis zwischen Art 34 und Art 29, 30 festgelegt (vgl BGHZ 123, 380; BGHZ 135, 124; BAGE 63, 17; BAGE 71, 297).

c) Stellungnahme

36 Die **Auffassung vom lediglich relativen Vorrang des Art 34** verdient den Vorzug. Sie entspricht im Ausgangspunkt dem Wortlaut des Art 34 (= Art 7 Abs 2 EVÜ), wonach die Anwendung der Eingriffsnormen der lex fori vom sonst berufenen Vertragsstatut „unberührt" bleibt. Andererseits verlangt die lex fori keine normblinde Durchsetzung ihrer Eingriffsnormen um jeden Preis, sondern die Beachtung rechtlicher „policies". Wahrt das Vertragsstatut diese Zielvorstellungen besser, als das deutsche Eingriffsrecht dies tut, dann kann und sollte die Rechtsanwendung dem Rechnung tragen.

37 Die abweichenden Auffassungen überzeugen demgegenüber nicht. Die Abgrenzung zwischen verbraucher-/arbeitnehmerschützenden Bestimmungen einerseits und Eingriffsnormen andererseits löst noch nicht das Rangverhältnis zwischen Art 34 und Art 29/30. Denn unbestritten können die zwingenden Bestimmungen, die von Art 29, 30 berufen werden, auch international zwingenden Charakter haben. So wird etwa das zwingende Kündigungsschutzrecht für Schwerbehinderte zugleich auch als international zwingend angesehen, denn es will sowohl den einzelnen betroffenen Arbeitnehmer schützen als auch allgemeine sozialpolitische Belange wahren (vgl Art 30 Rn 198, 235 ff).

38 Die rigide Durchsetzung eines strikten Vorrangs entweder der Art 29, 30 oder des Art 34 kann andererseits dazu führen, dass rechtspolitische Zielsetzungen des Verbraucher- oder Arbeitnehmerschutzes, die das Vertragsstatut ebenso wie das Eingriffsstatut teilt, nur unzureichend verwirklicht werden.

d) Besondere international zwingende Verbraucher- oder Arbeitnehmerschutzvorschriften

39 Einige Verbraucher- und Arbeitnehmerschutzgesetze ordnen ihre international zwingende Geltung und deren Umfang selbst an (etwa § 1 Abs 1 AEntG). Hierzu gehört jetzt auch Art 29 a, der die vorher bestehenden einzelnen Kollisionsvorschriften zusammenfasst, die – wie die inzwischen aufgehobenen § 12 AGBG, § 8 TzWrG – die international zwingende Reichweite der deutschen Umsetzungsgesetze zu den entsprechenden EU-Richtlinien festgelegt hatten. Die über diese Bestimmungen anwendbaren Vorschriften lassen sich ebenfalls als Eingriffsnormen iSd Art 34 betrachten. Die jeweilige Kollisionsnorm zum internationalen Geltungsbereich einer solchen Regelung konkretisiert dagegen nur Art 34, indem sie den Inlandsbezug näher festlegt, der für die internationale Geltung der jeweiligen Regelung erforderlich ist (näher hierzu unten Rn 41 f).

5. Das Verhältnis des Art 34 zum ordre public

40 Während Art 6 EGBGB die Abwehr untragbarer fremder Rechtsvorstellungen bezweckt und die Anwendung fremden Rechts dann untersagt, will Art 34 EGBGB bestimmte eigene Vorstellungen des deutsches Rechts ohne Rücksicht auf fremdes Recht durchsetzen (vgl schon oben Rn 28). Die Zielrichtung und Perspektive beider Vorschriften ist damit ganz unterschiedlich: Art 6 verfolgt die **Außenperspektive** und blickt auf die Akzeptanz des fremden Rechts; Art 34 hat die **Innenperspektive** im Auge und erweitert den Geltungsanspruch des internen Rechts. Entsprechend stehen beide Vorschriften unabhängig nebeneinander und können theoretisch gleichzeitig anzuwenden sein. Allerdings ist die Wirkung beider Bestimmungen trotz ihrer unterschiedlichen Zielrichtung im Ergebnis ähnlich: Statt des an sich anwendbaren fremden Rechts wird – vielfach auch bei Art 6 – internes deutsches Recht angewendet. Das hat zur Folge, dass Art 34 die Anwendung des Art 6 im Bereich des internationalen Vertragsrechts faktisch weitgehend erübrigt.

6. Das Verhältnis des Art 34 zum EU-Recht

41 Soweit europäisches Gemeinschaftsrecht unmittelbar gilt – das Primärrecht und Verordnungen –, hat es kraft seines gemeinschaftsrechtlichen Ursprungs **Vorrang vor abweichendem nationalen Recht** und ist deshalb unmittelbar anzuwenden, gleichgültig, ob das nationale Recht eines Mitgliedstaates als lex fori oder lex causae berufen ist. Nationale Eingriffsnormen, die im Widerspruch zu unmittelbar geltendem Gemeinschaftsrecht stehen, hat der Rechtsanwender nicht anzuwenden. Selbst wenn kollisionsrechtlich das Recht eines Nicht-EU-Staates maßgebend ist, kann sich das unmittelbar anwendbare Gemeinschaftsrecht durchsetzen, wenn und soweit es die entsprechende nationale Kollisionsnorm überlagern will (vgl näher Vorbem 4 ff zu Art 27 ff). Den Grad seiner Verbindlichkeit legt das Europarecht dabei selbst fest. Das nationale Kollisionsrecht kann darüber nicht mehr befinden. Um zwingendes Gemeinschaftsrecht durchzusetzen, bedarf es deshalb keines Rückgriffs auf Art 34 EGBGB.

42 Anders verhält es sich mit dem nicht unmittelbar geltenden Gemeinschaftsrecht, insbes dem **Richtlinienrecht.** Das Richtlinienrecht bedarf der Umsetzung in die jeweilige nationale Rechtsordnung. Seine Anwendung richtet sich daher sowohl im Verhältnis der EU-Mitgliedstaaten zueinander als auch im Verhältnis zu Nichtmitgliedstaaten nach nationalem Kollisionsrecht. Zum Teil bestimmt das Richtlinienrecht allerdings selbst, ob und unter welchen Voraussetzungen es als international zwingendes Recht der lex fori anzuwenden ist, so im Bereich des europäischen Verbraucherschutzes in Art 6 Abs 2 der Klauselrichtlinie, Art 12 Abs 2 der Fernabsatzrichtlinie, Art 7 Abs 3 der Verbrauchsgüterkaufrichtlinie und Art 9 der Timesharing-Richtlinie (der Text der Vorschriften ist abgedruckt in Art 29 a Rn 12 ff). Diese **Sonderkollisionsregeln** erfüllen in ihrem Bereich die Funktion des Art 34 und erübrigen ihn insoweit. Ein zusätzlicher Rückgriff auf Art 34 ist für die genannten Richtlinien weder nötig noch möglich; denn die Eingriffsvoraussetzungen für die international zwingende Anwendung dieser Richtlinien folgen allein aus ihren Sonderkollisionsregeln und können nicht noch zusätzlich – und etwa unter anderen Voraussetzungen – aus Art 34 hergeleitet werden. Art 34 vermag daher den international zwingenden Anwendungsbereich der genannten Richtlinien nicht zu erweitern.

Anders und problematischer ist die Lage für solche **Richtlinien, die keine eigene Kollisionsregel enthalten.** Die international zwingende Reichweite der auf diesen Richtlinien beruhenden Umsetzungsgesetze kann nur aus Art 34 folgen. Das gilt nicht nur gegenüber Drittstaaten, sondern derzeit auch gegenüber EU- oder ggfs EWR-Mitgliedstaaten (zu ihnen aber noch unten), da Richtlinien im Privatrechtsverkehr grundsätzlich keine unmittelbare Wirkung entfalten, sondern der Umsetzung bedürfen und im Richtlinienbereich vielfache Rechtsunterschiede zwischen den Mitgliedstaaten bestehen lassen. Wann diese umgesetzten Richtlinienbestimmungen als international zwingend iSd Art 34 anzusehen sind, lässt sich nur durch Auslegung der jeweiligen Richtlinie ermitteln. Eine generelle Aussage, dass etwa alle Richtlinien, die zwingendes Schutzrecht für bestimmte Personengruppen – Verbraucher, Arbeitnehmer, Handelsvertreter etc – vorsehen, als auch international zwingend anzusehen seien, verbietet sich jedenfalls. Die jeweilige Regelung muss vielmehr darauf hin überprüft werden, ob ihr hinreichend starke staatliche, allgemeine Interessen – dann des Gemeinschaftsgebietes – zugrundeliegen, die ihre Durchsetzung ohne Rücksicht auf das an sich anwendbare Recht rechtfertigen.

Die vorstehenden Grundsätze werden durch die kürzliche **Ingmar-Entscheidung des EuGH** bestätigt (EuGH RiW 2001, 133 – Ingmar GB Ltd ./. Eaton Leonard Technologies Inc; m Besprechungen von FREITAG/LEIBLE RiW 2001, 287 ff; KINDLER BB 2001, 11 ff; MARTINY ZeuP 2001, 330 f; MICHAELS/KAMANN, EWS 2001, 301 ff; REICH EuZW 2001, 51 ff; STAUDINGER NJW 2001, 1974 ff). In diesem Fall hatte der EuGH zu entscheiden, wie zwingende Vorschriften der Handelsvertreterrichtlinie (RL 86/653/EWG vom 18.12. 1986, Abl EG Nr L 382 S 17) auszulegen seien. Konkret ging es um den Ausgleichsanspruch, den ein in England ansässiger und dort tätiger Handelsvertreter nach Vertragsbeendigung gegen seinen kalifornischen Unternehmer geltend machte; im Vertrag war die Geltung kalifornischen Rechts vereinbart, das anders als die in England umgesetzte Richtlinie keinen Ausgleichsanspruch vorsah. Der EuGH entschied, dass die zwingenden Vorschriften der Richtlinie zum nachvertraglichen Ausgleichsanspruch (Art 17–19 der RL) in ihrer in England umgesetzten Form „unabhängig davon, welchem Recht der Vertrag nach dem Willen der Parteien unterliegen soll, anwendbar sind, wenn der Sachverhalt einen starken Gemeinschaftsbezug aufweist, etwa weil der Handelsvertreter seine Tätigkeit im Gebiet eines Mitgliedstaats ausübt." (Nr 25 der Entscheidung). Zur Begründung verwies das Gericht darauf, dass die Richtlinie zum einen Handelsvertreter in den Art 17–19 der Richtlinie unabdingbar schütze, zum andern aber auch „über die Gruppe der Handelsvertreter die Niederlassungsfreiheit und einen unverfälschten Wettbewerb im Binnenmarkt zu schützen" bezwecke (Nr 21 f; 23 f). Da das EVÜ für den konkreten Handelsvertretervertrag, der 1989 abgeschlossen worden war, noch nicht galt, äußert sich der EuGH zum EVÜ nicht. Seine Ausführungen sind aber ohne weiteres auch auf das EVÜ zu beziehen.

Man wird die – freilich knappen – Gründe der Ingmar-Entscheidung dahin zu verstehen haben, dass umgesetztes Richtlinienrecht grundsätzlich international zwingend iSd Art 34 sein kann. Dazu muss es einerseits zwingend, also der Parteidisposition entzogen sein; zum andern muss es aus gemeinschaftsrechtlichen Gründen unbedingt, ohne Rücksicht auf das an sich maßgebende Recht gelten wollen; schließlich muss der konkrete Fall einen starken Gemeinschaftsbezug – etwa Tätigkeitsort/Sitz des von der Richtlinie Geschützten im Gemeinschaftsgebiet – aufweisen. Wann diese Voraussetzungen gegeben sind, ist im Einzelfall und für jede Richtlinie getrennt zu ermitteln (ähnlich auch MARTINY ZEuP 2001, 331; MICHAELS/KAMANN EWS 2001, 309; STAUDINGER NJW 2001, 1976). Dass wohl alle privatrechtsangleichenden und insbes die Verbraucherschutzrichtlinien auch mit dem Hinweis begründet worden sind, dass ihr Erlass zum Funktionieren des Gemeinsamen/Binnenmarktes erforderlich sei, dürfte für ihre Einordnung als international zwingende Regeln aber noch nicht genügen. Es bedarf – wie bei der Handelsvertreterrichtlinie der Wahrung der Niederlassungsfreiheit und der Sicherung unverfälschten Wettbewerbs – **konkreterer Gemeinschaftsziele,** die der Richtliniengeber mit der Richtlinie auch nachvollziehbar und erreichbar anstrebt, um die Einordnung als international zwingend zu rechtfertigen. Die Ingmar-Entscheidung macht es freilich wahrscheinlich, dass Richtlinienrecht künftig in stärkerem Umfang als bisher als international zwingend anzusehen ist.

Die Ingmar-Entscheidung betraf einen Sachverhalt, in dem das **Recht eines Nicht-EU-Staates** – Kalifornien – gewählt war. Zu Sachverhalten, in denen die Parteien das Recht eines EU-Mitgliedstaates gewählt und damit das an sich anwendbare Recht eines anderen EU-Staates abgewählt haben, äußert sich die Entscheidung nicht. Für diesen Binnenmarktbereich hat es bei den bisherigen Regeln zu verbleiben. Nach ihnen ist das Richtlinienrecht in der Form anzuwenden, in der derjenige EU-Staat es umgesetzt hat, dessen Recht nach den Grundsätzen der Art 27–30 berufen ist. Ist die Umsetzung der Richtlinie nicht oder nicht korrekt erfolgt und auch durch Auslegung des berufenen Rechts das Richtlinienziel nicht zu erreichen, dann bleibt der betroffenen Partei nur der gemeinschaftsrechtliche Staatshaftungsanspruch (vgl näher Einl 11 ff zu Art 27, Art 27 Rn 127 f sowie die Erl zu Art 29 und 29 a). Deutsche Gerichte können jedenfalls nicht über Art 34 die in Deutschland umgesetzten Richtlinienvorschriften an Stelle derjenigen anwenden, die im berufenen Recht fehlen oder inkorrekt umgesetzt sind.

7. Art 34 und Staatsverträge

Soweit von Deutschland ratifizierte Staatsverträge zwingendes Recht enthalten (zB CMR etc), kommt dieses kraft eigenen Geltungsanspruchs zum Zug. Deutsche Eingriffsnormen treten grundsätzlich hinter das Konventionsrecht zurück. Zwar stehen ratifizierte Staatsverträge nur einfachem Bundesrecht gleich (MünchKomm/SONNENBERGER Art 3 Rn 9; STAUDINGER/HAUSMANN [1996] Art 3 Rn 13); der Bundesgesetzgeber kann sie also jederzeit internrechtlich abändern. Doch besteht die Vermutung, dass er seinen völkerrechtlichen Pflichten aus der Zustimmung zur jeweiligen Konvention nachkommen und in die Substanz von Staatsverträgen in aller Regel nicht eingreifen will (MünchKomm/SONNENBERGER Art 3 Rn 10; STAUDINGER/HAUSMANN [1996] Art 3 Rn 14). Der grundsätzliche **Vorrang des staatsvertraglichen Rechts gegenüber Art 34** ist auch Art 3 Abs 2 Satz 1 EGBGB zu entnehmen, der Art 21 EVÜ entspricht. Denn danach gehen „Regelungen in völkerrechtlichen Vereinbarungen den Vorschriften dieses Gesetzes", also auch Art 34 EGBGB vor, obwohl diese Bestimmung ihrerseits auf einem Staatsvertrag – dem EVÜ – beruht. Indessen räumt auch das EVÜ (Art 21) aktuell geltenden und künftigen Staatsverträgen den Vorrang ein, freilich nur, soweit sie Materien behandeln, die in den Anwendungsbereich des EVÜ fallen.

IV. Anwendungsbereich des Art 34

1. Geltung auch für Art 11 EGBGB

44 Art 34 gilt nach seinem Wortlaut für „diesen Unterabschnitt", also für die Art 27–37 EGBGB. Er ist damit auf alle Vertragsverhältnisse anzuwenden, soweit sie unter die Art 27 ff fallen. Hieraus wird zT der Schluss gezogen, dass sich Art 34 nur auf die Art 27 ff beziehe, dagegen nicht für Art 11 EGBGB gelte (BGH NJW 1993, 1128; PALANDT/HELDRICH Art 34 Rn 3). Mit der genannten Formulierung wollte der deutsche Gesetzgeber indessen ersichtlich nur den EVÜ-Text an die deutsche Inkorporationslösung anpassen. In Art 7 Abs 2 EVÜ heißt es jedoch: „Dieses Übereinkommen berührt nicht ...". Da das EVÜ im Wesentlichen in die Art 27–37 EGBGB übernommen wurde, erschien in Art 34 EGBGB die Bezeichnung „dieser Unterabschnitt" ausreichend. Dabei wurde jedoch übersehen, dass die Formstatutsregeln des Art 9 EVÜ außerhalb „dieses Unterabschnitts", nämlich in Art 11 EGBGB untergebracht wurden. Da die Gesetzesmaterialien zu Art 34 EGBGB in keiner Weise erkennen lassen, dass das Formstatut bewusst aus dem Anwendungsbereich des Art 34 ausgenommen und damit vom EVÜ abgewichen werden sollte, ist von einem redaktionellen Versehen auszugehen, das seinen Grund in der angreifbaren Inkorporationslösung hat (vgl dazu auch Einl 24 ff zu Art 27). **Art 34 bezieht sich deshalb auch auf Art 11 EGBGB.** Einzelne Formvorschriften des deutschen Rechts können damit international zwingend sein; § 313 BGB gehört jedoch nicht dazu (vgl näher unten Rn 87).

2. Reichweite

45 Art 34 umschreibt den Kreis zu berücksichtigender Eingriffsnormen mit recht allgemeinen Formulierungen und eröffnet damit prinzipiell einen weiten Anwendungsbereich. Gleichwohl hat die Vorschrift **Ausnahmecharakter,** da sie das ‚normale' Anknüpfungssystem überspielt. Von der Bestimmung ist nur moderat Gebrauch zu machen, um nicht die gewöhnlichen Anknüpfungsregeln praktisch zu erübrigen.

46 Als Eingriffsnormen kommen nur solche Bestimmungen in Betracht, die international zwingenden Charakter haben (vgl dazu unten Rn 51 ff). Ferner verlangt Art 34, dass diese Normen „den Sachverhalt ... regeln" („application ... in a situation", „regissant ... la situation"). Dabei folgt aus dem Sachzusammenhang, dass mit Sachverhalt/ „situation" ein vertragsrechtliches Geschehen gemeint ist. Zugleich ergibt die Formulierung, dass die Eingriffsnorm ihrerseits nicht zwingend dem Vertragsrecht zuzurechnen sein, sondern dass sie die Vertragssituation nur regeln muss. Es kommen damit ebenso Normen in Betracht, die dem **Privatrecht,** wie solche, die dem **öffentlichen Recht** angehören, sofern sie eine Regelung des Vertragsgeschehens enthalten (Begründung BT-Drucks 10/504, 83; BAGE 63, 17; = IPRax 1991, 407 m Aufs MAGNUS IPRax 1991, 382; BAGE 71, 297 = IPRax 1994, 123 m Aufs MANKOWSKI IPRax 1994, 88; ERMAN/HOHLOCH Art 34 Rn 7; MünchKomm/MARTINY Art 34 Rn 11; REITHMANN/MARTINY/LIMMER Rn 389; ROTH IPRax 1994, 277).

Eine Vorschrift regelt das Vertragsgeschehen, wenn sie sich **auf die Rechte und** 47
Pflichten der Parteien – sei es auch nur mittelbar – **auswirkt,** wie zB ein Arbeitsverbot für bestimmte Personengruppen wie Frauen, Kinder etc in bestimmten Bereichen. Ob eine solche Regel nach ihrem Recht sowohl unabdingbar wie auch international zwingend ist, bleibt freilich noch stets zu prüfen.

V. Voraussetzungen

1. Grundsatz

Art 34 beruft im Weg der Sonderanknüpfung diejenigen Vorschriften des deutschen 48 Rechts, die den Sachverhalt ohne Rücksicht auf das an sich maßgebende Vertragsstatut zwingend regeln. Ohne das zur Voraussetzung zu erheben, geht Art 34 davon aus, dass ein anderes als das deutsche Recht den Vertrag beherrscht. Dann sind dennoch die international zwingenden Vorschriften des deutschen Rechts gegen das Vertragsstatut durchzusetzen. Doch sind die deutschen Eingriffsnormen – erst recht – ebenso anzuwenden, wenn deutsches Recht ganz oder teilweise als Vertragsstatut gilt. Als ungeschriebenes Merkmal erfordert Art 34 ferner einen hinreichenden Inlandsbezug (vgl näher unten Rn 72 ff).

2. Zwingende Vorschriften

Art 34 erfordert als mindeste, aber noch nicht genügende Voraussetzung, dass die in 49 Betracht kommenden Vorschriften des deutschen Rechts zwingend, also der **Parteidisposition entzogen** sein müssen (Begründung BT-Drucks 10/504, 83; vgl auch schon oben Rn 9). Der Begriff der zwingenden Normen ist insoweit ebenso wie in Art 27 Abs 3, 29 Abs 1 und 30 Abs 1 zu verstehen.

Gleichgültig ist, ob die zwingende Bestimmung dem deutschen Privat- oder öffent- 50 lichen Recht angehört (Begründung aaO; BAGE 63, 17; ERMAN/HOHLOCH Art 34 Rn 7; Münch-Komm/MARTINY Art 34 Rn 85; PALANDT/HELDRICH Art 34 Rn 3; REITHMANN/MARTINY/LIMMER Rn 389; wohl auch SOERGEL/vHOFFMANN Art 34 Rn 8). Unerheblich ist auch, ob es sich um gesetzlich fixierte Normen oder um zwingendes Richterrecht handelt.

3. International zwingende Bestimmungen

Kernelement des Art 34 ist der international zwingende Charakter, der Vorausset- 51 zung für die Beachtung einer Vorschrift als Eingriffsnorm ist. Die deutsche Bestimmung muss den Sachverhalt ohne Rücksicht auf das an sich anwendbare Recht zwingend regeln. Interne Unabdingbarkeit einer Norm genügt deshalb noch nicht; es muss der **Geltungswille der Norm auch für internationale Fälle** und trotz grundsätzlicher Maßgeblichkeit fremden Rechts erkennbar sein.

a) Maßgebendes Recht für die Festlegung des international zwingenden Charakters

Ob eine Bestimmung des deutschen Rechts international zwingenden Charakter 52 haben soll oder nicht, kann nur das deutsche Recht selbst festlegen (KROPHOLLER § 52 VIII 1; vgl auch oben Rn 11). Zum Teil hat der Gesetzgeber – insbesondere in jüngeren Vorschriften – die internationale Normgeltung ausdrücklich angeordnet (vgl Rn 54). Soweit eine solche Anordnung fehlt, muss die internationale **Reichweite** zwingender deutscher Vorschriften **durch Auslegung** ermittelt werden. Auch wenn es sich dabei um die Ermittlung des Regelungswillens des deutschen Gesetzgebers handelt, muss aber das **Einheitlichkeitsgebot** des Art 36 EGBGB beachtet werden. Die autonom-rechtsvergleichende Auslegung ergibt deshalb, was unter einer international zwingenden Vorschrift zu verstehen ist, welche abstrakten Anforderungen damit an derartige Normen zu stellen sind.

b) Der entscheidende Normzweck

53 Nach allgemeiner Auffassung entscheidet der **Zweck der jeweiligen Bestimmung** über ihre entweder nur nationale oder auch internationale Reichweite (vHOFFMANN § 10 Rn 94, 96; JUNKER Rn 400; KROPHOLLER § 52 VIII 1; MünchKomm/MARTINY Art 34 Rn 87; SOERGEL/vHOFFMANN Art 34 Rn 16; ebenso zum EVÜ: CZERNICH/HEISS/HEISS Art 7 Rn 25). Soweit von manchen Autoren auf den Geltungswillen der jeweiligen Vorschrift abgestellt wird (ERMAN/HOHLOCH Art 34 Rn 12; PALANDT/HELDRICH Art 34 Rn 3), ist damit allenfalls eine andere Nuancierung verbunden.

54 Zum Teil ist der Zweck, unabhängig vom anwendbaren Recht gelten zu wollen, im Gesetz selbst niedergelegt. So ordnet eine Reihe deutscher Vorschriften ihren internationalen Durchsetzungsanspruch – gewöhnlich unter bestimmten weiteren Voraussetzungen – ausdrücklich an: etwa § 130 Abs 2 GWB, § 61 BörsG, § 1 AEntG, § 11 Ausl InvestG, neuerdings auch die besonderen Vorschriften der §§ 449 Abs 3, 451 h Abs 3 und 466 Abs 4 HGB zum internationalen Verbraucherschutz bei Fracht-, Umzugs- und Speditionsverträgen (vgl hierzu STAUDINGER IPRax 2001, 183 ff). Bis zu ihrer Aufhebung und Überführung in Art 29 a gehörten auch § 12 AGBG und § 8 TzWrG sowie § 11 FernUG hierher. Ganz überwiegend ergibt sich der nationale oder internationale Geltungswille zwingender deutscher Vorschriften aber erst durch Auslegung.

c) Kriterien für international zwingende Normen
aa) Übereinstimmende Festlegung in- und ausländischer Eingriffsnormen

55 Die Kriterien für international zwingende Normen des deutschen Rechts haben im Wesentlichen jenen zu entsprechen, die auch für ausländische Eingriffsnormen gelten (s auch Rn 10 ff, 113 ff). Denn beide Problembereiche – die Beachtung interner wie externer Eingriffsnormen – stellen eng verwandte Teile der einheitlichen Sachfrage dar, in welchem Umfang und aus welchen Gründen zwingendes nationales Recht das kollisionsrechtlich an sich berufene Recht verdrängen bzw ergänzen darf und soll (vgl auch GIULIANO/LAGARDE 60). Vor allem im Interesse des internationalen Entscheidungseinklangs sollten Eingriffsnormen der lex fori deshalb nicht wesentlich anders definiert werden als Eingriffsnormen anderer beteiligter Staaten. Ob interne und externe Eingriffsnormen auch unter gleichen Voraussetzungen und im gleichen Umfang beachtet werden sollten, ist freilich noch eine von der Definition zu trennende Frage (dazu unten Rn 115 ff).

bb) Staatspolitischer Zweck der Eingriffsnormen

56 Weitgehende Einigkeit besteht darüber, dass der Zweck einer zwingenden Norm darauf gerichtet sein muss, den Auslandsbezug des konkreten Falles zu überspielen und statt dessen internes Recht anzuwenden, wenn die Norm international zwingend gelten soll. Viel mehr als das Problem ist damit aber nicht beschrieben. Ordnet der

Gesetzgeber die internationale Reichweite nicht selbst an, so bleibt offen, an welchen Merkmalen der internationale Geltungswille einer Norm erkannt werden kann.

Nach vorherrschender Auffassung, die insbes das BAG in ständiger Rechtsprechung **57** vertritt, ist für den international zwingenden Charakter einer Norm entscheidend, dass der Zweck der Vorschrift „**sich nicht im Ausgleich widerstreitender Interessen der Vertragsparteien erschöpft, sondern auch auf öffentliche Interessen gerichtet ist**" (BAG SAE 1997, 31 [34]; BAGE 63, 17 [31 f]; BAGE 71, 297 [316 ff]; unentschieden allerdings BGH RiW 1997, 875 [878]; ebenso ERMAN/HOHLOCH Art 34 Rn 12; KROPHOLLER § 52 VIII 1; MAGNUS IPRax 1991, 985; MANKOWSKI IPRax 1996, 688 ff; MünchKomm/MARTINY Art 34 Rn 12; REITHMANN/MARTINY/LIMMER Rn 391; THODE/WENNER Rn 206 f; ähnlich vBAR II Rn 452 f; ganz ebenso die hM in der Schweiz: HEINI/VISCHER Art 18 Rn 2; VISCHER/HUBER/OSER Rn 912). Diese Auffassung, die auch schon unter dem früheren IPR in Deutschland herrschend war (vgl umfassend MünchKomm/MARTINY[1] Vor Art 12 Rn 346 ff), kann sich auf die Gesetzesmaterialien stützen. Die Begründung zum IPR-Neuregelungs-Gesetzentwurf von 1986 nennt für Art 34 beispielhaft „Vorschriften wirtschaftspolitischen Gehalts, beispielsweise Ein- und Ausfuhrbestimmungen, Preis- und Devisenvorschriften oder Vorschriften des Kartellrechts, als auch sozialpolitische Vorschriften zum Schutz einzelner, zB Mieterschutzvorschriften, Vorschriften zum Schutz der Erwerber von Eigenheimen usw" (Begründung BT-Drucks 10/504, 83). Ähnlich bezeichnen GIULIANO/LAGARDE als Eingriffsnormen Vorschriften „vor allem auf den Gebieten des Kartell- und Wettbewerbsrechts, des Rechts zur Bekämpfung wettbewerbsbeschränkender Praktiken, des Verbraucherschutzrechts und des Beförderungsrechts" (GIULIANO/LAGARDE 60). Die deutsche Begründung, die noch von der Übernahme des Art 7 Abs 1 EVÜ ausging (vgl dazu oben Rn 5 ff), will auch zwingende Vorschriften zum Schutz einzelner beachten, sofern nicht Art 29 und 30 speziellere Regelungen träfen. Doch sollte damit ersichtlich nicht die Gemeinwohlorientierung international zwingender Normen in Frage gestellt werden; vielmehr blieb, wie auch der Hinweis auf das Verbraucherschutzrecht bei GIULIANO/LAGARDE zeigt, lediglich offen, wann und in welchem Ausmaß verbraucherschützende Normen als international zwingend iSd Art 34 betrachtet werden können. Das ist einmal anzunehmen, wenn der Gesetzgeber eine entsprechend klare Anordnung des internationalen Geltungswillens vorgesehen hat (vgl unten Rn 71). Nach der Ingmar-Entscheidung des EuGH (dazu oben Rn 42) kommt aber in Betracht, dass auch Verbraucherschutzbestimmungen europäischen Ursprungs als international zwingend zu qualifizieren sind, soweit sie wichtigen Zielen des Gemeinschaftsrechts dienen.

Wann eine Norm im Übrigen primär auf die Wahrung öffentlicher Interessen ausgerichtet **58** ist, zeigt sich etwa daran, dass sie „gezielte regulierende Eingriffe in private Rechtsverhältnisse des Wirtschafts- und Arbeitslebens durch Verbote bestimmter Schuldverhältnisse oder Genehmigungsvorbehalte für bestimmte Vertragstypen" vorsieht (so die Formulierung in BAGE 63, 17 [32]).

Zusätzlich wird heranzuziehen sein, ob etwa aus Gründen des sozialen Friedens an **59** der **Gleichbehandlung** aller im Inland zu entscheidenden Fälle ein so starkes staatliches Interesse besteht, dass der Auslandsbezug zurückzustehen hat. Das Beispiel des zwingenden Wohnraummietrechts, bei dem für alle Mietwohnungen in Deutschland einheitliches und nicht nach Auslandsbeziehung abgestuftes Kündigungsschutzrecht gelten soll, bietet für die Intention des Gesetzgebers gutes Anschauungsmaterial (vgl Begründung BT-Drucks 10/504, 84).

60 Nach anderer Auffassung sind international zwingend nicht nur die Eingriffsnormen iSd hM, sondern auch **zwingende Vorschriften des Sonderprivatrechts** (so vHoffmann IPRax 1989, 261 ff; Soergel/vHoffmann Art 34 Rn 7; zurückhaltender vHoffmann § 10 Rn 96). Unter Sonderprivatrecht wird dabei alles Recht verstanden, das Ungleichgewichtslagen ausgleichen will (vHoffmann, Soergel/vHoffmann jeweils aaO). Insbes das Verbraucherschutzrecht, Wohnungsmietrecht und Arbeitsrecht rechnet diese Auffassung hierher, soweit die zwingenden Regeln dieser Bereiche nicht schon im Rahmen von Art 29 und 30 Berücksichtigung finden. Die genannte Auffassung führt damit zu einem weiter gefassten Geltungsbereich insbes des deutschen Verbraucherschutzrechts, als ihn die hM anerkennt (vgl vHoffmann IPRax 1989, 261 ff).

61 Vereinzelt wird auch vertreten, dass sich keinerlei generelle Kriterien für den international zwingenden Charakter einer Norm aufstellen ließen, sondern nur eine **fallweise Konkretisierung** möglich sei (Palandt/Heldrich Art 34 Rn 3). Daran ist zwar richtig, dass die oben genannte Orientierung am Gemeinwohlzweck einer Norm nicht schon in jedem Fall eine einfache Subsumtion erlaubt. Doch bildet sie einen hilfreichen Ausgangspunkt, der davor bewahrt, intern zwingendes Recht beliebig gegenüber an sich geltendem Auslandsrecht durchzusetzen.

62 Eine weitere Mindermeinung will **die internationale Reichweite** des zwingenden deutschen Rechts **maßgeblich von der Stärke des Inlandsbezugs** des jeweiligen Falles abhängen lassen. Je stärker der Inlandsbezug sei, desto eher habe eine Vorschrift auch international zwingenden Charakter (so insbes Kohte EuZW 1990, 153 f; wohl auch Reithmann/Martiny/Limmer Rn 394, 398). Indessen setzt Art 34 zwar einen Inlandsbezug voraus (dazu unten Rn 72 ff). Doch wirkt er sich nur aus, wenn der international zwingende Charakter einer Norm bereits feststeht. Fehlt dagegen ein hinreichender Inlandsbezug, so hat die deutsche Rechtsordnung keinen Anlass, ihre international zwingenden Bestimmungen durchzusetzen. Dagegen verleiht kein noch so starker Inlandsbezug einer nur intern zwingenden Norm internationale Reichweite (ebenso Kropholler § 52 VIII 1; Mankowski DZWir 1996, 279). Denn er vermag nicht den entsprechenden Geltungswillen des Normgebers zu ersetzen. Dass zwingendes deutsches Recht bei starkem Inlandsbezug eines Falles stets oder zumindest im Zweifel gelten solle, hat der deutsche Gesetzgeber vielmehr abgelehnt, indem er das differenzierte System des geltenden Kollisionsrechts eingeführt hat.

63 Richtig ist allerdings, dass aus dem Inlandsbezug, den zwingende Vorschriften des deutschen Rechts zT ausdrücklich vorsehen, häufiger auf einen internationalen Geltungswillen der Norm geschlossen werden kann. Wie etwa § 92 c HGB zeigt, gilt aber auch diese Regel nicht ausnahmslos. Ist der in § 92 c HGB geforderte Bezug zum Inland oder zum Europäischen Wirtschaftsraum gegeben, so führt das nur zur zwingenden Wirkung der §§ 84–92 c HGB, wenn deutsches Recht auch Vertragsstatut ist (vgl näher Art 28 Rn 283). Lediglich der nachvertragliche Ausgleichsanspruch des Handelsvertreters nach § 89 b HGB besteht nach der Ingmar-Entscheidung des EuGH (oben Rn 42) auch unabhängig vom gewählten (drittstaatlichen) Recht.

64 Schließlich wird vertreten, dass Art 34 aus **verfassungsrechtlichen Gründen** – nämlich dem Gebot des Sozialschutzes für die schwächere Partei – weit auszulegen sei und deshalb die Verbraucherschutzvorschriften generell einschließe (REICH NJW 1994, 2128 ff; ROTH RiW 1994, 48). Doch besteht für die Regelung des kollisionsrechtlichen Verbraucherschutzes, wie bei der Gestaltung des internen Verbraucherrechts, ein weites gesetzgeberisches Ermessen. Verfassungsrechtlich kann es deshalb nicht beanstandet werden, wenn der Gesetzgeber den internationalprivatrechtlichen Verbraucherschutz grundsätzlich in Art 29 ordnet und Art 34 vornehmlich andere Aufgaben zuweist. Ein Gebot, Verbraucherschutzvorschriften stets als international zwingend iSd Art 34 anzusehen, lässt sich damit aus der Verfassung nicht herleiten (im Ergebnis ebenso MANKOWSKI DZWir 1996, 279).

Einigkeit besteht heute dagegen darüber, dass der international zwingende Charakter einer Norm nicht davon abhängt, ob diese dem öffentlichen oder Privatrecht angehört (Begründung BT-Drucks 10/504, 83; BAGE 63, 17 [31]; ERMAN/HOHLOCH Art 34 Rn 12; MünchKomm/MARTINY Art 34 Rn 11; PALANDT/HELDRICH Art 34 Rn 3). Ferner ist es ohne Bedeutung, ob die international zwingende Bestimmung das gewählte oder das objektiv geltende Vertragsstatut verdrängt, auch wenn dieses über Art 29 Abs 1 oder 30 Abs 1 im Günstigkeitsvergleich bestimmt wird (vgl auch MünchKomm/ MARTINY Art 34 Rn 85; unklar dagegen Begründung BT-Drucks 10/504, 83; zum Konkurrenzverhältnis vgl aber auch Rn 29 ff, 146 ff). Ohne Belang ist es auch, ob sich die Norm aus Gesetzes- oder Richterrecht ergibt (GIULIANO/LAGARDE 27; ferner CZERNICH/HEISS/HEISS Art 7 Rn 34) 65

cc) Auffassung der Rechtsprechung
Der BGH folgte zunächst der Ansicht, die insbes das zwingende Verbraucherschutzrecht als international zwingend anerkennen will, soweit es nicht schon über Art 29 berücksichtigt wird (BGHZ 123, 380). **Schutzlücken des Art 29,** die wegen dessen Kasuistik häufig sind, sollten über Art 34 geschlossen werden (BGH aaO). Inzwischen ist das Gericht von dieser Auffassung etwas abgerückt. Art 34 soll nunmehr nur noch möglicherweise dann eingreifen, wenn es um nicht unter Art 29 fallende Verbraucherverträge geht, sofern bei ihnen der in Art 29 Abs 1 Nr 1–3 geforderte Inlandsbezug besteht (BGH RiW 1997, 875 [878]; dazu MANKOWSKI RiW 1998, 287 ff). Für den konkret zu beurteilenden § 1 HausTWG hat der BGH indessen offen gelassen, ob er als international zwingend anzusehen ist (BGH aaO). Auch eine Festlegung, wie international zwingende von nur intern zwingenden Normen abzugrenzen sind, hat der BGH bisher vermieden. 66

Das BAG hat sich dagegen in Grundsatzentscheidungen festgelegt, dass die von Art 34 gemeinten Eingriffsnormen grundsätzlich als primäres Ziel Gemeinwohlinteressen verfolgen müssen (BAGE 63, 17; BAGE 71, 297; BAG SAE 1997, 31; vgl oben Rn 57). 67

dd) Stellungnahme
Die Grenzlinie zwischen intern und international zwingenden Normen ist mit der hM grundsätzlich danach zu ziehen, ob eine **Vorschrift aus Gemeinwohlinteressen** unabhängig vom an sich maßgebenden Recht gelten soll, insbes weil alle im Inland zu beurteilenden Rechtsverhältnisse gleich behandelt werden sollen, wie das etwa aus Gründen des Rechtsfriedens für alle inländischen Wohnraummietverhältnisse, für die einheitliche Beurteilung im Inland wirksamer Kartellverstöße, für alle Währungs- und Devisenfragen des Inlands oder auch für gezielte staatliche Eingriffe und Lenkungsmaßnahmen des Außenwirtschaftsverkehrs gilt, die aus gesamtwirtschaftlichen 68

Erwägungen erfolgen. In diesen Bereichen will und soll das Recht für möglichst gleiche Lebens- oder Wettbewerbsverhältnisse sorgen oder – wie bei Exportverboten zB gegenüber dem Irak – überindividuelle staatliche Interessen durchsetzen.

69 Die Berücksichtigung derartiger gezielter staatlicher **Eingriffsakte** (lois de police, lois d'application immédiate) – und nur solcher Akte – war auch der historische Ausgangspunkt für die jetzige Regelung in Art 34 EGBGB und Art 7 EVÜ (vgl eingehend GIULIANO/LAGARDE 58 unter Hinweis insbes auf die Alnati-Entscheidung des Hoge Raad, Ned Jur 1967, 3; ferner SIEHR RabelsZ 52 [1988] 77). Im System des Kollisionsrechts stellt die Beachtung solcher Normen allerdings stets die Ausnahme dar. **Von Art 34 ist deshalb nur sparsam Gebrauch zu machen.** Andernfalls würde das gesamte übrige Gefüge differenzierter Anknüpfungsregeln weitgehend entwertet.

70 Die erhebliche Spielbreite des Begriffs der international zwingenden Vorschrift und die damit verbundene Ermessensfreiheit lässt sich etwas eingrenzen, wenn verstärkt auf die **Internationalisierungsfähigkeit der jeweiligen Eingriffsnorm** geachtet wird. Für den international zwingenden Charakter einer Vorschrift spricht es damit, wenn auch andere EU-Staaten Bestimmungen dieser Art als Eingriffsnormen betrachten.

71 Für den besonders umstrittenen Bereich des **zwingenden deutschen Verbraucherschutzrechts** folgt daraus, dass er im Allgemeinen keinen international zwingenden Charakter hat: Die Verbraucherschutzvorschriften wollen primär die individuellen Interessen des Verbrauchers wahren und eine strukturelle Ungleichgewichtslage gegenüber professionellen Anbietern korrigieren. Darüber hinausgehende Gemeinwohlinteressen verfolgen sie allenfalls in einer unspezifischen, nicht im Vordergrund des Regelungszwecks stehenden Weise – ähnlich wie §§ 138, 242 BGB, die zu Recht ebenfalls nur als Teil eines auf gerechten Individualausgleich angelegten Vertragsrechts angesehen werden (vgl BGH RiW 1997, 875 [879] unter Berufung auf MANKOWSKI DZWir 1996, 273 ff). Grundsätzlich treten die zwingenden Vorschriften des deutschen Verbraucherschutzrechts deshalb zurück, wenn fremdes Vertragsstatut gilt. Der Gesetzgeber kann freilich anderes anordnen und hatte das ausdrücklich etwa in den früheren § 12 AGBG, § 11 FernUG, § 8 TzWrG, nunmehr in Art 29 a getan. Dann können deutsche Verbraucherschutzvorschriften internationale Reichweite entfalten. Ist die internationale Geltung allerdings nicht gesetzlich angeordnet, so spricht das prima facie für eine nur intern zwingende Wirkung von Verbraucherschutznormen. Anders ist nur in denjenigen Fällen zu entscheiden, in denen sich aus Gesetzes- oder Richtlinienzweck und -begründung klar ergibt, dass eine Verbraucherschutznorm unabhängig vom Vertragsstatut in Deutschland bzw im EU-Bereich einheitlich angewendet werden soll (vgl auch oben Rn 42 sowie zu einzelnen Vorschriften dieses Bereichs noch unten Rn 85 ff).

4. Inlandsbezug

a) Auffassungen

72 Nach hM setzt Art 34 einen **hinreichenden Inlandsbezug** voraus. Nur wenn er gegeben ist, sind die international zwingenden Normen des deutschen Rechts anzuwenden (ERMAN/HOHLOCH Art 34 Rn 13; JUNKER Rn 401; KROPHOLLER § 52 VIII 1; E LORENZ RdA 1989, 227; MünchKomm/MARTINY Art 34 Rn 90, 100; REITHMANN/MARTINY/LIMMER Rn 393, ebenso zum EVÜ: CZERNICH/HEISS/HEISS Art 7 Rn 7 f).

Eine weitergehende Meinung verlangt ebenfalls einen Inlandsbezug, verknüpft ihn **73** aber mit dem international zwingenden Charakter einer Norm nach Art kommunizierender Röhren: Je stärker der Inlandsbezug, desto eher seien intern zwingende Normen auch international zwingend und umgekehrt (Kohte EuZW 1990, 153; Reithmann/Martiny/Limmer Rn 394, 398; ähnlich Palandt/Heldrich Art 34 Rn 3; vgl dazu auch oben Rn 62).

ZT wird ein Inlandsbezug auch für **unerheblich** gehalten, da der Wortlaut des Art 34 **74** ihn nicht fordere (etwa Radtke ZVerglRW 84 [1985] 331; wohl auch Jayme/Kohler IPRax 1997, 400).

Die **Rechtsprechung** wendet Art 34 nur bei einem hinreichenden Inlandsbezug an (vgl **75** etwa BGH RiW 1997, 875 [878]). Im Verbraucherschutzrecht muss er etwa an Stärke dem Inlandsbezug entsprechen, den Art 29 Abs 1 Nr 1–3 vorsieht, um einen Wertungswiderspruch zu vermeiden, da sich sonst Verbraucherschutzvorschriften über Art 34 unter leichteren Voraussetzungen als nach Art 29 durchsetzen würden (BGH aaO im Anschluss an Mankowski DZWir 1996, 273 ff; sehr kritisch dazu Jayme/Kohler IPRax 1997, 400). Doch folgt die Rechtsprechung damit offenbar nicht dem Gedanken eines beweglichen Systems zwischen Inlandsbezug und international zwingendem Charakter einer Norm. Vielmehr trennt der BGH in der zitierten Entscheidung den international zwingenden Normcharakter, den das Gericht für das HausTWG offen lässt, deutlich von der Frage des Inlandsbezugs (BGH aaO).

b) Stellungnahme
Zunächst ist festzuhalten, dass die jeweilige international zwingende Regelung **selbst** **76** ihre räumlichen **Anwendungsvoraussetzungen festlegen** und einen bestimmten Inlandsbezug fordern oder auch auf ihn verzichten kann. So genügen etwa die Belegenheit einer Timesharing-Immobilie im Europäischen Wirtschaftsraum bzw die Werbung des Anbieters und der Sitz des Erwerbers im EWR, um die Vorschriften des TzWrG zur Geltung zu bringen (vgl näher dazu Art 29 a Rn 57 ff). Ein Bezug des Vertragsgeschehens zum deutschen Inland – außer jenem, der die internationale Zuständigkeit der deutschen Gerichte begründet – ist für Fälle dieser Art also nicht erforderlich. Vorschriften wie § 61 BörsG, § 11 AuslInvestG legen ebenfalls genauer fest, welchen räumlichen Bezug zum Inland sie voraussetzen. Im Übrigen ist jedoch mit der hM ein hinreichender Inlandsbezug als Anwendungsvoraussetzung des Art 34 zu fordern, obwohl der Gesetzeswortlaut das nicht verlangt.

Zum einen ist die Vorschrift Teil der EVÜ-Regelung, die die sog lois de police – des **77** Forums wie dritter Staaten – berücksichtigen will. Es war aber stets – und ist nach wie vor – das Grundverständnis, dass ähnlich wie bei der Beachtung des ordre public für die Geltung solcher Eingriffsnormen ein **hinreichender Fallbezug zum eingreifenden Staat** bestehen muss (vgl den Bericht von Giuliano zu Art 7 des EVÜ-Vorentwurfs, in: Lando/vHoffmann/Siehr 277 f; Giuliano/Lagarde 59; ferner die Nachweise oben Rn 69). Der Wortlaut des Art 7 Abs 1 EVÜ verlangt deshalb ausdrücklich „eine enge Verbindung" des Sachverhalts mit dem Staat, um dessen Eingriffsnormen es geht. Auch wenn Art 7 Abs 1 EVÜ nicht in das EGBGB übernommen wurde (dazu oben Rn 6 f), strahlt er auf seinen Abs 2 (= Art 34 EGBGB) aus, der „die Auswirkung von zwingenden Vorschriften lediglich unter einem anderen Aspekt als dem des Abs 1 deutlich" macht, nämlich unter dem Aspekt der Eingriffsnormen der lex fori statt dem Aspekt drittstaatlicher zwingender Normen (GIULIANO/LAGARDE 60). Die Auslegung des Art 7 Abs 2 EVÜ (= Art 34 EGBGB) kann das in Art 7 Abs 1 EVÜ niedergelegte Grundverständnis deshalb nicht gänzlich außer acht lassen, auch wenn der Text des Art 7 Abs 2 EVÜ selbst einen Inlandsbezug nicht nennt (KAYE 262 weist zu Recht auch darauf hin, dass die zwingenden Eingriffsnormen gewöhnlich selbst mit ihren räumlichen Anwendungsvoraussetzungen einen Inlandsbezug fordern).

78 Zum andern ist es auch sachlich angezeigt, zwingendes Inlandsrecht nur bei einer hinreichenden Verbindung des Falles zum Inland anzuwenden. Eingriffsnormen der lex fori wollen im Inland für **einheitliche Rechtsverhältnisse** sorgen und wirtschafts- oder sozialpolitische Postulate durchsetzen (vgl oben Rn 56 ff). Außerhalb dieses Regelungsbereichs und jenseits der allgemeinen Kollisionsregeln fehlt eine Legitimation dafür, Fälle, die an sich ausländischem Recht unterliegen, dem Inlandsrecht zu unterwerfen.

79 Abzulehnen ist dagegen ein System, das intern zwingende Normen je nach der Stärke des Inlandsbezuges auch international wirken lässt (so aber insbes KOHTE EuZW 1990, 153 f; ähnlich PALANDT/HELDRICH Art 34 Rn 3; REITHMANN/MARTINY/LIMMER Rn 394). Ein starker Inlandsbezug ersetzt weder einen fehlenden internationalen Geltungswillen einer Norm, noch vermag er eine solche Geltung allein aus sich heraus zu rechtfertigen (ebenso KROPHOLLER § 52 VIII 1; MANKOWSKI DZWir 1996, 279 sowie oben Rn 62). Vielmehr sind die Eingriffsnormen der lex fori deshalb zu beachten, weil Gemeinwohlinteressen ihre vom Vertragsstatut absehende Geltung verlangen: Ein hinreichender Inlandsbezug ist nicht der eigentliche Geltungsgrund der Eingriffsnormen, sondern lediglich eine zusätzliche Voraussetzung ihrer Anwendung.

c) Art des Inlandsbezuges

80 Bestimmungen, die ihren internationalen Geltungswillen selbst anordnen, legen gewöhnlich auch den jeweils erforderlichen Inlandsbezug fest. So fasst Art 29 a Abs 2 jetzt den früher in § 12 AGBG und § 11 FernUG vorgesehenen Inlandsbezug in einer Vorschrift zusammen: Der Anbieter muss werbende Tätigkeit im Inland entfaltet haben; der andere Vertragsteil muss seinen Lebensmittelpunkt im Inland haben und hier seine Vertragserklärung abgegeben haben. Als Inland wird aber nunmehr – im Gegensatz zu den aufgehobenen Regelungen, die sich auf Deutschland beschränkten – der gesamte Binnenraum der EU und des Europäischen Wirtschaftsraums angesehen. Art 29 a Abs 3 lässt es – ähnlich wie der frühere § 8 TzWrG – schon genügen, dass die Immobilie in einem Staat der EU bzw des europäischen Wirtschaftsraumes liegt. § 61 BörsG knüpft dagegen noch an das Inland im herkömmlichen Sinn an, in dem der Betroffene seinen Aufenthalt haben und seine Erklärung abgegeben haben muss. Ähnlich verlangen die §§ 449 Abs 3, 451 h Abs 3 und 466 Abs 4 HGB Übernahme und Ablieferung des Transportgutes im Inland iSv Deutschland. § 130 Abs 2 GWB verlangt schließlich, dass sich eine Wettbewerbsbeschränkung im Inland auswirkt, hier also unmittelbar und spürbar die Wettbewerbsverhältnisse berührt (näher MünchKomm/IMMENGA nach Art 37 Rn 36 ff).

81 Aus den geregelten Fällen lassen sich Folgerungen für die Art und Stärke der allgemein zu fordernden Inlandsbeziehung ableiten. Dabei ist zunächst festzuhalten, dass der Inlandsbezug nicht einheitlich festgelegt werden kann. Er richtet sich vielmehr nach der Eigenart des jeweiligen Lebensbereichs, für den die Eingriffsnorm ohne Rücksicht auf fremdes Recht gelten will (ebenso REITHMANN/MARTINY/LIMMER Rn 393). Daraus ergibt sich folgendes Bild: **Im Wohnungsmiet- und Grundstücksverkehrsrecht** ist in der Regel erforderlich, genügt aber auch die Inlandsbelegenheit des betroffenen Grundstücks (ebenso MünchKomm/MARTINY Art 34 Rn 108; REITHMANN/MARTINY/LIMMER aaO). Eine Ausnahme macht hier freilich Art 29 a für Timesharingrechte an EU/EWR-Immobilien (oben Rn 76, 80 und Art 29 a Rn 57 ff). Im **allgemeinen Vertragsbereich** wird ein Inlandssitz (Wohnsitz oder gewöhnlicher Aufenthalt) der jeweiligen Partei zu verlangen sein, die von der Eingriffsnorm (auch) geschützt oder reglementiert werden soll. Für das **Transportrecht** genügt die vollständige Durchführung des Transports – Übernahme und Ablieferung – im Inland. Im Bereich des **Arbeitsrechts** begründet in der Regel ein inländischer Arbeitsort auch den hinreichenden Inlandsbezug (so auch MünchKomm/MARTINY Art 34 Rn 112; REITHMANN/MARTINY/LIMMER Rn 393). Dagegen stellt der vertragliche Erfüllungsort im Allgemeinen für sich noch keine genügende Inlandsbeziehung her; der tatsächliche Erfüllungsort wird bereits über Art 32 Abs 2 berücksichtigt (vgl die Erl dort). Für **Markt- und Gewerberegulierungen** wird regelmäßig das Tätigwerden oder die Ansässigkeit im Geltungsbereich der regulierenden Vorschrift, also am Marktort erforderlich sein (ähnlich MünchKomm/MARTINY Art 34 Rn 110). Die Auswirkung eines Verhaltens auf Inlandsverhältnisse genügt nicht nur bei **Wettbewerbshandlungen,** sondern etwa auch im Devisenrecht (vgl Art VIII 2 b Bretton Woods Übk; dazu eingehend STAUDINGER/EBKE Anh 38 ff zu Art 34).

VI. Rechtsfolge des Art 34

Art 34 führt zu einer **Sonderanknüpfung.** Liegen die Voraussetzungen des Art 34 – international zwingende Norm, Inlandsbezug – vor, dann ist die entsprechende deutsche Vorschrift ohne Einschränkung anzuwenden. Der Richter hat keinen weiteren Ermessensspielraum, sie etwa nur teilweise oder überhaupt nicht zu berücksichtigen. Voraussetzungen und Rechtsfolgen der Eingriffsnorm sind regelmäßig so zu beachten, wie die Eingriffsnorm sie vorsieht. Abweichende Regeln des Vertragsstatuts werden verdrängt (MünchKomm/MARTINY Art 34 Rn 58). Enthält die Eingriffsnorm selbst keine privatrechtliche Rechtsfolge, sondern nur ein Ge- oder Verbot – wie zB das Genehmigungserfordernis für bestimmte Wertsicherungsklauseln zwischen Gebietsansässigen (vgl § 2 PaPkG; früher auch für Fremdwährungsvereinbarungen: § 3 WährG, § 49 AWG) –, dann gilt diejenige Rechtsfolge für den Vertrag, die das Eingriffsrecht der Eingriffsnorm im Übrigen, etwa durch die Rechtsprechung beilegt. So ist im genannten Beispiel die Währungs- oder Wertsicherungsklausel deshalb auch bei Geltung fremden Vertragsrechts ohne Genehmigung schwebend unwirksam (BGHZ 101, 303). Aus dem Vertragsstatut folgt freilich, ob die Unwirksamkeit der Klausel auch den gesamten Vertrag ergreift. 82

Nur wo sich dem Eingriffsrecht keine **privatrechtliche Folge** der Eingriffsnorm entnehmen lässt, muss darüber das Vertragsstatut befinden. 83

VII. Rang der über Art 34 berufenen Normen

Grundsätzlich haben die Eingriffsnormen der lex fori Vorrang vor den Vorschriften des Vertragsstatuts und drittstaatlichen Eingriffsnormen. Ist deutsches Recht Vertragsstatut, dann ergibt sich der **Vorrang der Eingriffsnorm** regelmäßig bereits aus ihrem zwingenden Charakter, im Übrigen aus den Grundsätzen zur internen Nor- 84 menhierarchie, wonach das speziellere, sonst das spätere Gesetz Vorrang hat. Soweit ausländisches Recht als Vertragsstatut gilt, folgt der Vorrang der deutschen Eingriffsnorm aus dem Wortlaut des Art 34, nach dem die deutschen Eingriffsnormen von „diesem Unterabschnitt" unberührt bleiben. Damit hat das an sich – nach Art 27 ff – maßgebende Recht gegenüber den Eingriffsnormen zurückzutreten (vgl zu Konkurrenzsituationen näher unten Rn 146 ff).

VIII. International zwingende Vorschriften des deutschen Rechts

1. Allgemeines Vertragsrecht

85 Allgemeine Vorschriften wie § 138 oder § 242 BGB gehören nicht zu den international zwingenden Regeln des deutschen Rechts (BGH RiW 1997, 875 [879]; KROPHOLLER § 52 VIII 2 vor a; MANKOWSKI RiW 1996, 8 ff; PALANDT/HELDRICH Art 34 Rn 3; zu Unrecht aA etwa LG Detmold NJW 1994, 3301; LG Berlin NJW-RR 1995, 754). Sie gelten nur, wenn deutsches Recht auch Vertragsstatut ist. Auch das **HausTWG** gehört trotz der Ingmar-Entscheidung des EuGH (oben Rn 42) wohl nicht zu den international zwingenden Regelungen des deutschen Rechts, das sich gegenüber der Vereinbarung drittstaatlichen Rechts durchsetzt, auch ohne dass die Voraussetzungen des Art 29 Abs 1 vorliegen (vgl etwa OLG Hamm IPRax 1990, 142 sowie überzeugend MANKOWSKI DZWir 1996, 279 f; **aA** etwa OLG Celle DZWir 1996, 299; vHOFFMANN IPRax 1989, 261 f; JAYME IPRax 1990, 220; PALANDT/HELDRICH Art 34 Rn 3; REITHMANN/MARTINY/LIMMER Rn 446; STAUDINGER NJW 2001, 1976 f). Denn die zugrunde liegende Richtlinie bezweckt vorrangig den individuellen Schutz des jeweiligen Verbrauchers. Als Gemeinschaftsziel nennen die Begründungserwägungen der Richtlinie lediglich allgemein „das Funktionieren des Gemeinsamen Marktes". Das genügt nach der hier vertretenen Ansicht noch nicht, um das HausTWG als international zwingendes Recht zu qualifizieren (vgl oben Rn 42).

Der BGH hat sich zur Frage des international zwingenden Charakters des HausTWG, die er bei Entscheidungserheblichkeit ohnehin dem EuGH vorlegen müsste, noch nicht abschließend geäußert. Grundsätzlich hat das Gericht aber dem Anwendungsweg über Art 29 den Vorrang vor Art 34 eingeräumt (vgl BGHZ 123, 380). Das HausTWG als Eingriffsnorm iSd Art 34 anzuwenden, hält der BGH außerhalb des Bereichs des Art 29 „allenfalls" dann für möglich, wenn ein gleichstarker Inlandsbezug gegeben ist, wie ihn Art 29 Abs 1 Nr 1–3 fordert (BGH RiW 1997, 875 [878]).

2. Besonderes Vertragsrecht

a) Grundstücksverträge

86 Für inländische Grundstücke sind auch bei Geltung ausländischen Vertragsrechts die zwingenden deutschen Bodenverkehrsvorschriften anzuwenden, insbes § 2 GrundstücksverkehrsG, §§ 19, 24 ff BauGB (MünchKomm/MARTINY Art 34 Rn 108; REITHMANN/MARTINY/LIMMER Rn 405; vgl auch STAUDINGER/MAGNUS Art 28 Rn 147).

87 Nur intern, nicht international zwingend ist § 313 BGB. Seine Anwendung setzt die Geltung deutschen Rechts als Formstatut voraus (OLG Köln RiW 1993, 414 [415]; vgl näher Art 28 Rn 145).

b) Wohnraummietrecht

88 Die zwingenden **Mieterschutzbestimmungen** des deutschen Rechts, insbes zum Kündigungsschutz setzen sich gegen ausländisches Vertragsstatut durch, sofern die Wohnung im Inland liegt (Begründung BT-Drucks 10/504, 83; vBar II Rn 452 f; Erman/Hohloch Art 34 Rn 15; Kropholler § 52 VIII 2 d; MünchKomm/Martiny Art 34 Rn 108; Palandt/Heldrich Art 34 Rn 3; Reithmann/Martiny/Limmer Rn 406; vgl auch Art 28 Rn 214).

c) Immobilientimesharing

89 Die zwingenden Vorschriften des TeilzeitwohnrechteG vom 20.12.1996 gelten bei Timesharingverträgen über Immobilien unabhängig vom anwendbaren Vertragsstatut, sofern die Immobilie im Gebiet des europäischen Wirtschaftsraums liegt oder der Anbieter in diesem Gebiet seine Werbung entfaltet und der Erwerber hier seinen Sitz hat (vgl Art 29 a Rn 57 ff).

d) Darlehen

90 Für Darlehensverträge wird vielfach vertreten, dass die Vorschriften des VerbrKrG und § 609 a BGB ohne Rücksicht auf das Vertragsstatut anzuwenden seien. Das wird damit begründet, dass Verbraucherdarlehen mit den Verbraucherverträgen des Art 29 gleichgestellt werden müssten (vHoffmann IPRax 1989, 271; Soergel/vHoffmann Art 34 Rn 61 f) und dass das VerbrKrG sowie § 609 a BGB auch Gemeinwohlinteressen – Schutz vor Verschuldung – verfolgten (so insbes Reithmann/Martiny/Limmer Rn 447 f; im Ergebnis ebenso Bülow EuZW 1993, 437; Erman/Hohloch Art 34 Rn 15; Palandt/Heldrich Art 34 Rn 3; **abl** aber etwa Felke RiW 2001, 30 [36 f]; Ulmer/Habersack, VerbrKredG [1992] Vorbem Rn 48). Allerdings sollte die zu kurz greifende Kasuistik des Art 29 nicht vorrangig über Art 34, sondern über die analoge Anwendung, besser über eine gesetzliche Reform des Art 29 korrigiert werden. Im Licht der Ingmar-Entscheidung des EuGH (oben Rn 42) spricht jedoch viel dafür, das VerbrKrG und § 609 a BGB jedenfalls gegenüber drittstaatlichem Recht als international zwingend zu betrachten. Zwar dienen beide Regelungen dem Ausgleich individueller Interessen der beteiligten Vertragsparteien. Die dem VerbrKrG zugrunde liegende Richtlinie ist aber mit näherer Begründung primär darauf gestützt worden, dass die Rechtsunterschiede in diesem Bereich zu Wettbewerbsverzerrungen und Beeinträchtigungen der Warenverkehrs- und Dienstleistungsfreiheit führen würden.

e) Anwaltsvertrag

91 Als international zwingende Vorschrift ist Art 1 § 1 RBerG anzusehen, der die geschäftsmäßige Rechtsberatung im Inland erlaubnispflichtig macht (ebenso Reithmann/Martiny/Mankowski Rn 1489; vgl auch Staudinger/Magnus Art 28 Rn 255).

f) Fernunterrichtsverträge

92 Der frühere § 11 FernUG, nach dem für Fernunterrichtsverträge die Teilnehmerschutzvorschriften dieses Gesetzes (§§ 2–10 FernUG) auch bei ausländischem Vertragsstatut galten, wurde zwar zum 1.6.1999 aufgehoben (durch Art 6 des Gesetzes zum Internationalen Privatrecht für außervertragliche Schuldverhältnisse und für Sachen vom 21.5.1999, BGBl 1999 I 1026). Damit sollte indessen offenbar nicht der international zwingende Charakter der Teilnehmerschutzvorschriften, sondern lediglich der überholte Verweis auf DDR-Recht beseitigt werden (der RefE zu Art 29 a erwähnte das FernUG deshalb noch, während die Verweisung im RegE ohne nähere Begründung entfiel; vgl Wagner IPRax 2000, 255). Die Teilnehmerschutzbestimmungen des FernUG sind deshalb international zwingend iSd Art 34 und anzuwenden, wenn eine hinreichende Inlandsbeziehung gegeben ist.

g) Maklervertrag; Handelsvertretervertrag

93 Gesetzliche Vermittlungsverbote dürften als international zwingend anzusehen sein. Allerdings setzen sie eine Vermittlungstätigkeit auf dem deutschen Markt voraus (vgl auch Art 28 Rn 269).

Für den **Handelsvertretervertrag** folgt aus der Ingmar-Entscheidung des EuGH (dazu oben Rn 42), dass die Vorschriften, die nach der Handelsvertreterrichtlinie für die Parteien zwingend und so von den EU-Staaten umzusetzen sind, nicht durch die Wahl des Rechts eines Nicht-EU-Staates abgewählt werden können. Gegenüber drittstaatlichem Recht sind diese Bestimmungen damit international zwingend iSd Art 34. Im Verhältnis zu EU-Staaten haben sie nur die Wirkung einfach zwingenden Rechts, das gilt, wenn es vom Vertragsstatut berufen wird (vgl auch oben Rn 42).

h) Architektenverträge

94 Die HOAI stellt kein international zwingendes Recht iSd Art 34 dar (aA aber – da zwingendes Preisrecht des öffentlichen Rechts – obiter BGH NJW 2001, 1936 [1937]; THODE/WENNER, Int Architekten- und BauvertragsR, Rn 90; vgl näher Art 28 Rn 321). Nach anderer Ansicht ist sie dagegen über eine eigenständige Kollisionsnorm für Bauvorhaben im Inland zwingend zu beachten (so WENNER RiW 1998, 176 ff).

i) Baubetreuungsverträge

95 Die Vorschriften der Makler- und BauträgerVO werden als international zwingend angesehen (REITHMANN, in: FS FERID [1988] 369; SOERGEL/vHOFFMANN Art 34 Rn 50; STAUDINGER/MAGNUS Art 28 Rn 347). Als Inlandsbezug wird gefordert, dass der Bauträger ein inländischer Gewerbebetrieb ist (REITHMANN aaO).

k) Transportverträge

96 Zwingendes europäisches **Gemeinschaftsrecht** (vgl dazu Art 28 Rn 363) und zwingendes **staatsvertragliches Recht** zu Transportverträgen kommt aus eigenem Geltungsgrund zum Zug und ist nicht als Eingriffsnorm iSd Art 34 anzusehen. Ihm gegenüber können sich andererseits regelmäßig auch keine Eingriffsnormen durchsetzen (vgl oben Rn 41 f, 43).

97 Ebenso wenig stellen Art 6 EGHGB und die von ihm berufenen HGB-Vorschriften Eingriffsnormen dar (vgl näher Art 28 Rn 404 ff, 406). Art 6 EGHGB ist vielmehr eine einseitige Kollisionsnorm, die unter bestimmten Voraussetzungen deutsches Konnossementsrecht beruft (eingehend MANKOWSKI, Seerechtliche Vertragsverhältnisse 301 ff; aA etwa KLINGSPORN NJW 1987, 3043; SOERGEL/vHOFFMANN Art 34 Rn 74). Als international zwingend sind aber die Vorschriften des Fracht-, Umzugs- und Speditionsvertragsrechts anzusehen, die von §§ 449 Abs 3, 451 h Abs 3 und 466 Abs 4 HGB berufen werden, sofern der Transport für einen Verbraucher erfolgt und die Fracht im Inland zu übernehmen und abzuliefern ist (eingehend zu diesen Vorschriften, die mit der Transportrechtsreform von 1998 eingefügt wurden: STAUDINGER IPRax 2001, 183 ff). Auch das Verbot formularmäßiger Haftungsausschlüsse, das nach § 449 Abs 2, § 451 k Abs 2 und § 466 Abs 2 und 3 HGB auch zwischen Kaufleuten gilt, sofern inländische Transportgeschäfte ausländischer Beförderer (Kabotagegeschäfte) ausländischem Recht unterstellt werden, ist als in-

ternational zwingend anzusehen (ebenso MünchKomm/HGB/Dubischar § 449 Rn 18; MünchKomm/HGB/Bydlinski § 466 Rn 5). Denn das Verbot dient primär der Sicherung gleicher Wettbewerbsverhältnisse – durch gleiche Haftungsstandards – auf dem inländischen Transportmarkt.

Die nicht-dispositiven Vorschriften des bis zum 30.6. 1998 geltenden deutschen **98** Transportrechts (KVO, EVO) wurden weitgehend nicht als international zwingend angesehen (zur KVO: MünchKomm/Martiny Art 28 Rn 167; MünchKomm HGB/Basedow Einl CMR Rn 48; Staudinger/Magnus Art 28 Rn 379; zur EVO: Art 28 Rn 436, 443; für Geltung des GüKUMT im grenzüberschreitenden Verkehr jedoch BGH IPRax 1995, 248 m Aufs Mankowski IPRax 1995, 230). Die jetzt von §§ 449 Abs 3, 451 h Abs 3, 466 Abs 4 HGB berufenen Vorschriften werden dagegen als international zwingend iSd Art 34 EuBGB betrachtet (MünchKommHGB/Dubischar [Aktualisierungsband] § 449 Rn 18; vgl auch Art 28 Rn 379).

l)   **Zu Versicherungsverträgen** vgl Art 28 Rn 490 und Anh I zu Art 37.

m)   **Bürgschaft** **99**
Das deutsche zwingende Bürgschaftsrecht ist nur bei deutschem Vertragsstatut anzuwenden **100** (str; wie hier Martiny ZEuP 1995, 85 f; aA Reich NJW 1994, 2128 ff).

n)   **Bank- und Börsengeschäfte**
Beim Investmentgeschäft ist § 11 AuslInvestG, der ein Widerrufsrecht beim Vertrieb **101** ausländischer Investmentanteile an der Haustür vorsieht, als Eingriffsnorm iSd Art 34 zu betrachten (Reithmann/Martiny/Limmer Rn 432; Soergel/vHoffmann Art 34 Rn 71; vgl auch Staudinger/Magnus Art 28 Rn 575).

Bei der Girosammelverwahrung im Ausland kommt § 65 Abs 4 DepotG als inter- **102** national zwingende Norm in Betracht (vgl näher Art 28 Rn 577).

Bei Börsentermingeschäften wird § 61 BörsG als eine Eingriffsnorm angesehen (OLG **103** Frankfurt RiW 1997, 600 [601]; Erman/Hohloch Art 28 Rn 57; MünchKomm/Martiny Art 28 Rn 259 e; Palandt/Heldrich Art 28 Rn 22; Soergel/vHoffmann Art 34 Rn 67; näher Staudinger/Magnus Art 28 Rn 583 ff).

o)   **Spiel- und Wettverträge**
Bei Spiel- und Wettverträgen, die in Deutschland durchgeführt werden, sind die **104** Verbotsvorschriften der §§ 284–286 StGB international zwingende Eingriffsnormen.

3.   **Arbeitsrecht**

Zum international zwingenden Recht für Arbeitsverträge vgl Art 30 Rn 187 ff. **105**

4.   **Wettbewerbsrecht**

Das europäische Kartellrecht – Art 81 ff EGV – gilt kraft eigenen Geltungsanspruchs **106** vorrangig vor nationalem Recht und verdrängt es, soweit der europäische Markt spürbar berührt ist (näher Kilian Rn 442 ff; MünchKomm/Immenga nach Art 37 Rn 5 ff). Die zwingenden deutschen Kartellvorschriften sind deshalb nur anzuwenden, soweit sie entweder mit dem europäischen Kartellrecht parallel laufen oder, soweit der

Binnenmarkt nicht berührt ist, sich die Wettbewerbsbeschränkung im Inland auswirkt (§ 130 Abs 2 GWB). Insoweit fällt das deutsche Kartellrecht unter die von Art 34 gemeinten Eingriffsnormen.

5. Außenwirtschaftsregulierungen

107 Staatliche Ein- oder Ausfuhrbeschränkungen, Embargos etc stellen an sich die Paradebeispiele für Eingriffsnormen dar. In der EU hat sich die Kompetenz zu ihrem Erlass jedoch weitgehend auf die Gemeinschaft verlagert. Wie auch sonst haben deshalb unmittelbar wirksame Regelungen des europäischen Gemeinschaftsrechts oder in Staatsverträgen wie etwa zum Artenschutz (Übk vom 3. 3. 1973, BGBl 1975 II 773) grundsätzlichen Vorrang vor sonstigen Eingriffsnormen des deutschen Rechts und verdrängen sie (vgl oben Rn 41 f, 43).

108 Die Bundesrepublik kann Ein- und Ausfuhrbeschränkungen oder -verbote aufgrund des Außenwirtschaftsgesetzes (BGBl 1961 I 481) und der Außenwirtschaftsverordnung (BGBl 1986 I 2671) nur noch erlassen, soweit nicht die ausschließliche Kompetenz der EU gemäß Art 113 EGV eingreift (vgl näher BEUTLER/BIEBER/PIPKORN/STREIL 16.4.2.2; BLECKMANN RN 1426 ff). So waren etwa die EG-Verordnungen zum Irak-Embargo innerstaatlich unmittelbar anzuwenden (BGH NJW 1994, 858; dazu BITTNER RiW 1994, 505; HERDEGEN JZ 1994, 729). In Sonderbereichen – Kulturgüterschutz, Waffenhandel – sind inländische Genehmigungsvorbehalte zu beachten, soweit nicht auch hier vorrangiges Gemeinschafts- oder Konventionsrecht gilt (vgl Gesetz zum Schutz deutschen Kulturgutes gegen Abwanderung vom 6. 8. 1955 [BGBl 1955 I 501]; zum Kulturgüterschutz auf Gemeinschaftsebene s jedoch VO Nr 3911/92 vom 9. 12. 1992 [ABl EG v 31. 12. 1992, L 395 S 1], Richtlinie 93/7/EWG vom 15. 3. 1993 [ABl EG v 22. 3. 1993, L 4 S 74 ff]; zum Kriegswaffenexport vgl KriegswaffenkontrollG idF vom 22. 11. 1990 [BGBl 1990 I 2506]). Noch zulässige nationale Beschränkungen oder Verbote stellen Eingriffsnormen iSd Art 34 dar und setzen sich gegen ein ausländisches Vertragsstatut durch (ERMAN/HOHLOCH Art 34 Rn 14; KROPHOLLER § 52 VIII 2 a; MünchKomm/MARTINY Art 34 Rn 66; OETER IPRax 1986, 77; PALANDT/HELDRICH Art 34 Rn 3; REMIEN RabelsZ 54 [1990] 463 f; ebenso schon vor der IPR-Reform von 1986: BGH RiW 1981, 194).

6. Währungs- und Devisenrecht

109 Zum Währungsrecht vgl Art 32 Rn 131 ff; zum Devisenrecht vgl Anhang zu Art 34.

IX. Berücksichtigung ausländischer Eingriffsnormen

1. Allgemeines

110 Ob, wann und wie ausländische Eingriffsnormen, sei es der lex causae oder **dritter Staaten,** zu beachten sind, ist im EGBGB – anders als im EVÜ – nicht näher geregelt. Art 7 Abs 1 EVÜ, der unter bestimmten Voraussetzungen eine Sonderanknüpfung fremder zwingender Bestimmungen vorsieht, wurde wegen seiner Unbestimmtheit bewusst nicht übernommen (vgl oben Rn 6). Eine wenig bedeutsame Ausnahme, die die Geltung drittstaatlichen Rechts vorsieht, enthält lediglich Art 32 Abs 2. In der Sache besteht freilich weite **Übereinstimmung, dass Eingriffsnormen einer ausländischen lex causae oder eines dritten beteiligten Staates in bestimmten Situationen Be-**

achtung finden müssen (ERMAN/HOHLOCH Art 34 Rn 20 ff; KROPHOLLER § 52 IX; MünchKomm/ MARTINY Art 34 Rn 33; eingehend zu den unterschiedlichen Methoden SIEHR RabelsZ 52 [1988] 62 ff). Selbst die Frage, wann das zu geschehen hat, ist zwar in Einzelheiten streitig, wird im Ergebnis aber vielfach einheitlich beurteilt. Stark umstritten ist jedoch nach wie vor der dogmatische Weg, auf dem ausländische Eingriffsnormen zu berücksichtigen sind. Hierzu werden ganz unterschiedliche Ansätze vertreten (vgl unten Rn 115 ff). Dabei wird allerdings auch weitgehend anerkannt, dass ausländische Eingriffsnormen nicht ebenso umfassend wie inländische zu beachten sind (vgl KROPHOLLER § 52 IX vor 1). Die Fülle der Äußerungen zur Beachtung drittstaatlicher Eingriffsnormen sollte insgesamt aber nicht übersehen lassen, dass die Frage in der Fallpraxis nur sehr vereinzelt eine Rolle spielt (vgl auch JUNKER IPRax 2000, 66, 72; zur Rechtsprechung unten Rn 119 ff).

Die – wie immer geartete – Beachtung ausländischer Eingriffsnormen beruht zum **111** einen auf dem Umstand, dass der Eingriffsstaat vielfach die Möglichkeit hat, diese Normen jedenfalls **faktisch** auch gegen solche Parteien durchzusetzen, deren Vertrag einem abweichenden Statut unterliegt. Ein drittstaatliches Ausfuhrverbot kann etwa ein tatsächliches, vom anwendbaren Vertragsrecht unabhängiges Lieferhindernis begründen, das nicht einfach ignoriert werden kann.

Zum andern drängt die Internationalisierung und Liberalisierung des Handels dazu, **112** die von einem Fall berührten Rechtsordnungen zumindest hinsichtlich ihrer wichtigen Grundentscheidungen in die Gesamtbeurteilung mit einzubeziehen. Nur so lässt sich verhindern, dass Unterschiede zwischen den Rechtsordnungen in unangemessener Weise – sei es durch Rechtswahl, sei es durch entsprechende Verlagerung der Anknüpfungselemente (insbes Sitz) – ausgenutzt und aus internationaler Sicht berechtigte Verbote zB von Schmuggel, Bestechung, Kunst- oder Waffenexport gezielt umgangen werden.

2. Begriff der ausländischen Eingriffsnorm

Der Begriff der ausländischen Eingriffsnorm unterscheidet sich nicht von dem der **113** inländischen Eingriffsnorm (vgl dazu oben Rn 10 ff, 48 ff). Er ist ebenso wie jener festzulegen. Damit muss die Eingriffsnorm unabhängig vom anwendbaren Recht gelten wollen und **primär Gemeinwohlziele** verfolgen, dagegen nicht in erster Linie den Ausgleich individueller Interessen bezwecken (vgl auch BGHZ 128, 41 [52] zum DDR-Außenhandelsmonopol, dessen Geltungswille Anfang 1990 untergraben war). Das ausländische Recht bestimmt selbst, ob seine Vorschrift international zwingenden Charakter haben soll. Sofern eine ausdrückliche gesetzliche oder richterliche Festlegung in dieser Richtung fehlt, ist die fremde Norm im Licht ihrer Rechtsordnung auslegen. Dabei ist auch darauf zu achten, ob eine Anerkennung als Eingriffsnorm zu einer **internationalisierungsfähigen Lösung** führt, sich entsprechende Eingriffsnormen also auch in anderen Rechtsordnungen finden.

Mit der Qualifikation als Eingriffsnorm ist freilich noch nichts darüber gesagt, ob und **114** wie deutsche Gerichte die fremde Norm zu berücksichtigen haben. Darüber entscheidet das deutsche Internationale Privatrecht selbst (dazu unten Rn 115 ff).

3. Meinungsstand

a) Kollisionsrechtliche Sonderanknüpfung

115 In der Lehre überwiegt heute deutlich die Auffassung, dass fremde Eingriffsnormen – der lex causae wie dritter Staaten – im Weg einer kollisionsrechtlichen Sonderanknüpfung zu beachten sind (vgl ERMAN/HOHLOCH Art 34 Rn 24; KROPHOLLER § 52 IX 3; MünchKomm/MARTINY Art 34 Rn 33 [mit umfassender Begründung]; REITHMANN/MARTINY/LIMMER Rn 458; grundlegend schon WENGLER ZVerglRW 54 [1941] 168 ff und ZWEIGERT RabelsZ 14 [1941] 283 ff; für Sonderanknüpfung wohl auch vHOFFMANN § 10 Rn 97 ff; SOERGEL/vHOFFMANN Art 34 Rn 89 ff). Auch Art 7 Abs 1 EVÜ folgt dieser Auffassung, die ebenso in Art 19 Schweizer IPRG übernommen wurde (dazu HEINI/VISCHER Erläuterungen zu Art 19; eingehend VISCHER/HUBER/OSER Rn 913 ff, insbes 919 ff). Umstritten ist innerhalb der Sonderanknüpfungslehre allerdings, welche weiteren Voraussetzungen vorliegen müssen, um ausländische Eingriffsnormen gegen das Vertragsstatut durchzusetzen.

116 Teilweise wird eine **enge Verbindung** des Sachverhalts mit der Eingriffsordnung als im Wesentlichen hinreichend angesehen (so insbes MünchKomm/MARTINY Art 34 Rn 33, 121 ff – enge Verbindung und gewisse inhaltliche Überprüfung der fremden Eingriffsnorm).

117 Nach **aA** muss zur engen Verbindung ein **Interessen- und Wertegleichklang** zwischen der ausländischen Eingriffsnorm und der inländischen Rechtsordnung hinzutreten (so BERGER ZVerglRW 96 [1997] 331; ders, in: FS Horn 330; ERMAN/HOHLOCH Art 34 Rn 24; KROPHOLLER § 52 IX 4; SOERGEL/vHOFFMANN Art 34 Rn 91).

118 Nach wieder **aA** bedarf es keiner engen Verbindung, dafür jedoch folgender Voraussetzungen: Der ausländische Staat müsse die **Macht** haben, **die Eingriffsnorm durchzusetzen;** der **Zweck** der Eingriffsnorm müsse international akzeptiert und mit den Zwecken des deutschen Rechts **kompatibel** sein (so vHOFFMANN § 10 Rn 99; ähnlich SOERGEL/vHOFFMANN Art 34 Rn 89 ff, der jedoch auch eine enge Verbindung fordert [Rn 95]).

b) Materiellrechtliche Berücksichtigung

119 Die **Rechtsprechung** hatte drittstaatliches Eingriffsrecht schon unter dem früheren IPR **bei der Anwendung des materiellen Vertragsrechts berücksichtigt.** Das geschah allerdings vorwiegend unter dem Aspekt der zivilrechtlichen Reflexwirkungen ausländischer Eingriffsnormen. Denn fremdes öffentliches Recht, dem Eingriffsnormen vielfach angehören, dürfen deutsche Gerichte nach Auffassung der Rechtsprechung nicht unmittelbar anwenden, da öffentliches Recht grundsätzlich nur im Territorium des Erlassstaates gelte (insbes BGHZ 31, 367 [371], wenn auch gewisse Ausnahmemöglichkeiten andeutend; BGHZ 64, 183; krit insbes DROBNIG, in: FS Neumayer 159 ff und KROPHOLLER § 52 IX Fn 164; vgl noch unten Rn 136).

120 Überwiegend hatte die Rechtsprechung dabei Fälle zu entscheiden, in denen deutsches Recht Vertragsstatut war und es um die Berücksichtigung drittstaatlicher Eingriffsnormen ging. In Einzelfällen wurden fremde Verbotsnormen auch als Teil eines ausländischen Vertragsstatuts angewendet (etwa OLG Hamburg NJW 1992, 635 – Bestechung ausländischer Amtsträger). Wohl noch nicht entschieden worden ist dagegen die Frage, wieweit drittstaatliche Eingriffsnormen bei ausländischem Vertragsstatut zu berücksichtigen sind.

121 Mit der materiellrechtlichen Berücksichtigung hat sich die Rechtsprechung ein sehr **flexibles Instrument** geschaffen, fremde Eingriffsnormen zu beachten. Andererseits sind die Ergebnisse schwer vorauszusehen, weil die Begründungen für die Berücksichtigung je nach Sachlage wechseln.

122 So führte etwa der Verstoß gegen ein **US-amerikanisches Embargo** über § 138 BGB zur Nichtigkeit eines nach deutschem Recht zu beurteilenden Kaufvertrages, weil das Embargo nicht nur im Interesse der USA, sondern „des gesamten freiheitlichen Westens" und damit auch der Bundesrepublik lag (BGHZ 34, 169 – Borax; ähnlich BGH NJW 1962, 1436 – Borsäure). Ein Verstoß gegen ein ausländisches Embargo bedeutet darüber hinaus bei besonderer Bedenkenlosigkeit gegenüber fremden Vermögensinteressen auch Sittenwidrigkeit im Rahmen des § 826 BGB (BGH NJW 1991, 634; BGH NJW 1993, 194).

123 Der Verstoß gegen ein **nigerianisches Verbot,** Kulturgüter auszuführen, ließ wegen Sittenwidrigkeit des entsprechenden Kaufvertrages ein versicherbares Interesse und damit den Schutz des deutschem Recht unterstehenden Versicherungsvertrages entfallen (BGHZ 59, 82 – nigerianische Masken; ganz ähnlich OLG Hamburg RiW 1994, 686 m Anm MANKOWSKI). Das nigerianische Verbot wurde respektiert, weil es einem „allgemein zu achtenden Interesse aller Völker" entsprach, das sich etwa auch in dem UN-Übk zur Bekämpfung der unerlaubten Ausfuhr von Kulturgütern vom 14. 11. 1970 niedergeschlagen hatte.

124 Schließlich wurden Verträge, die mittelbar oder unmittelbar **Bestechungs-** oder **Schmiergeldzahlungen** im Ausland vorsahen und gegen dortiges Recht verstießen, als sittenwidrig iSd § 138 BGB angesehen: „Die Verletzung ausländischer Rechtsnormen, die nach den in Deutschland herrschenden rechtlichen und sittlichen Anschauungen anzuerkennen sind, enthält gleichzeitig auch eine Verletzung allgemeingültiger sittlicher Grundsätze." (BGHZ 94, 268 [271]; ähnlich OLG Hamburg NJW 1992, 635).

125 Die Rechtsprechung hat **ausländische Leistungsverbote** ferner im Rahmen des anwendbaren Vertragsrechts als Fall der anfänglichen oder nachträglichen Unmöglichkeit bewertet (RGZ 91, 260; RGZ 93, 182) oder Verträge, denen die ausländische Eingriffsnorm den Boden entzog, wegen Wegfalls der Geschäftsgrundlage angepasst (vgl BGH RabelsZ 53 [1989] 146 m Anm BAUM = IPRax 1986, 154 m Aufs MÜLBERT IPRax 1986, 140 – iranisches Bierimportverbot).

126 Verträge, die gegen drittstaatliche Verbotsgesetze verstoßen, sind allerdings nicht schon gemäß § 134 BGB nichtig, da diese Vorschrift ausländische Gesetze nicht erfasst (BGHZ 59, 82 [85]; BGHZ 69, 295 [296]; jetzt auch BGHZ 128, 41 [53]).

127 Dem materiellrechtlichen Ansatz folgt die Rechtsprechung nach wie vor (vgl BGHZ 128, 41 [53] – DDR-Außenhandelsmonopol wegen dessen endenden Geltungswillens nicht mehr als dauerhafter Unmöglichkeitsgrund der Vertragserfüllung beachtet). Neben den genannten Erwägungen berücksichtigt sie auch, ob der fremde rechtsetzende Staat seine **Eingriffsnormen durchzusetzen** vermag (vgl BGHZ 31, 367 [372]; BGHZ 64, 183 [188 ff]; BGHZ 128, 41 [52]). Das gilt jedenfalls bei solchen Eingriffsnormen, die „allein der Verwirklichung wirtschaftlicher oder staatspolitischer Ziele des rechtsetzenden Staates selbst dienen" (BGHZ 128, 41 [52]). Ob der BGH daneben noch drittstaatliche Eingriffsnormen anderer Art – etwa Verbraucherschutzbestimmungen – anerkennt, ist bislang nicht entschieden; lediglich für Eingriffsnormen der deutschen lex fori hat das Gericht das bisher nicht ausgeschlossen (BGH RiW 1997, 875 [878] zum deutschen HausTWG: „... kann das Haustürgeschäftewiderrufsgesetz auf Verbraucherverträge ... allenfalls dann über Art 34 EGBGB Anwendung finden, wenn ..."). Eine generelle Erstreckung des Begriffs der Eingriffsnorm auch auf zwingende drittstaatliche Bestimmungen, die primär Individualinteressen ausgleichen sollen, dürfte indessen abzulehnen sein. Das differenzierte Anknüpfungssystem für Schuldverträge mit grundsätzlicher Rechtswahlfreiheit und besonderen Kollisionsregeln für Verbraucher- und Arbeitsverträge würde sonst weitgehend außer Kraft gesetzt.

128 Soweit es um die Möglichkeit des Erlassstaates geht, seine Eingriffsnormen durchzusetzen, wird sie etwa angenommen, wenn es sich um Sachen oder Rechte handelt, die im Eingriffsstaat belegen sind, oder um Handlungen, die dort zu vollziehen sind (insbes BGHZ 64, 183 – Solschenicyn „August 14"; BGHZ 128, 41 [52] – DDR-Beratervertrag). Die **Durchsetzungsmöglichkeit** muss ferner **nachhaltig** – „noch mit Wirkung für den Prozess" – bestanden haben (BGHZ 128, 41 [52]). Dass ein Vertrag bei seinem Abschluss gegen ein fremdes Verbotsgesetz verstieß, ist daher nur beachtlich, wenn der Erlassstaat dieses Verbotsgesetz auch weiterhin aufrechterhält.

129 Ob Eingriffsnormen der lex causae ebenso wie drittstaatliche Eingriffsnormen zu behandeln sind, ist bisher erst vereinzelt entschieden, dann jedoch bejaht worden (etwa OLG Hamburg NJW 1992, 635).

c) Schuldstatutstheorie und Abwandlungen
aa) Schuldstatutstheorie

130 Der früher herrschenden Schuldstatutstheorie oder Einheitsanknüpfung folgen heute uneingeschränkt nur noch wenige Stimmen (im Grundsatz etwa PALANDT/HELDRICH Art 34 Rn 4, 6). Nach ihr sind mit dem Vertragsstatut auch die Eingriffsnormen dieser Rechtsordnung berufen, soweit ihrer Anwendung nicht der deutsche ordre public entgegensteht. Zwingende drittstaatliche Normen sind dagegen als solche grundsätzlich nicht zu beachten. Sie können nur im Rahmen des materiellen Rechts faktisch berücksichtigt werden (vgl PALANDT/HELDRICH aaO). Im Gegensatz zur Lehre von der materiellrechtlichen Berücksichtigung, die fremde Eingriffsnormen nur unter weiteren einschränkenden Voraussetzungen beachtet, genügt es für die Schuldstatutstheorie, dass die Eingriffsordnung mit der Wahl oder der objektiv ermittelten Geltung des Vertragsstatuts feststeht.

131 Schematisch stets alle Eingriffsnormen der lex causae, im Grundsatz aber auch nur diese zu beachten, wird der heutigen Globalisierung und Liberalisierung des internationalen Wirtschaftsverkehrs nicht mehr gerecht. Der jeweilige Vertrag braucht mit der lex causae keinerlei weitere Verbindung zu haben; dagegen kann er eng mit einer oder mehreren anderen Rechtsordnungen verknüpft sein. Ist aber schon der kollisionsrechtliche Schutz von Verbrauchern und Arbeitnehmern rechtswahlfest, so kann die Beachtlichkeit von Eingriffsnormen erst recht nicht der freien Parteidisposition überlassen werden. Hinzu kommt, dass das EVÜ mit Art 7 der reinen Schuldstatutstheorie eine deutliche Absage erteilt hat.

bb) Machttheorie

Als Spielart der Schuldstatutstheorie ist die sogenannte Machttheorie aufzufassen. **132**
Sie beachtet Eingriffsnormen einer fremden lex causae oder dritter Staaten auf der materiellrechtlichen Ebene, wenn der rechtsetzende Staat die Macht hat, diese Normen durchzusetzen (vgl SOERGEL/KEGEL[11] vor Art 7 Rn 396; etwas abgeschwächt KEGEL/SCHURIG § 23 I; zT auch vHOFFMANN § 10 Rn 99; Anklänge ferner in BGHZ 31, 367 [370 ff]; BGHZ 64, 183 [189]; BGHZ 128, 41 [52]). Das wird etwa angenommen, wenn sich umstrittene Gegenstände auf dem Gebiet des Eingriffsstaates befinden oder sich Rechtsverhältnisse dort abspielen (vgl vorige N).

Die Machttheorie stellt einen bedeutsamen Gesichtspunkt für die Beachtung frem- **133**
der Eingriffsnormen heraus, ist aber als Gesamtkonzept nicht geeignet (abl etwa auch MünchKomm/MARTINY Art 34 Rn 37). Denn sie vernachlässigt solche Eingriffsnormen, deren Beachtung wie zB Schmuggel- oder Bestechungsverbot durchaus geboten ist, die der Erlassstaat aber faktisch oder aus sonstigen Gründen nicht durchsetzt. Zudem ist sie mit der praktischen Schwierigkeit belastet, die Durchsetzungsmöglichkeit festzustellen.

cc) Datumstheorie

Der Schuldstatutstheorie steht auch die sogenannte Datumstheorie nahe. Im Rah- **134**
men des maßgebenden Vertragsstatuts beachtet sie ausländisches Recht als Faktor oder Datum (vgl insbes JAYME, in: GS Ehrenzweig 35 ff; ders BerGesVR 25 [1984] 90 ff [Diskussionsbeitrag]; auch HESSLER 137 ff). Allerdings lässt diese Auffassung offen, wann nach welchen Kriterien und in welcher Weise ausländisches Recht als Datum Aufmerksamkeit verdient. Sie kann deshalb ebenfalls nicht als allgemeines Konzept für die Berücksichtigung fremder Eingriffsnormen dienen (kritisch etwa auch SIEHR RabelsZ 52 [1988] 80 f).

Allerdings hat die Datumstheorie dann einen berechtigten Kern, wenn es innerhalb **135**
des Vertragsstatuts darum geht, Tatsachen wie etwa die Ausländereigenschaft einer Partei, ihren Wissensstand etc zu bewerten. So hat der BGH etwa ein deutsches Kreditinstitut, demgegenüber sich eine deutsch-unkundige Ausländerin für einen Familienangehörigen verbürgt hatte, in der Regel nicht für verpflichtet gehalten, die Bürgin über ihr Vertragsrisiko besonders aufzuklären (BGH VersR 1997, 1011). Ähnlich stellt sich im Arbeitsrecht die Frage, ob und welche Mitarbeiter im Ausland für die Mindestbeschäftigtenzahl eines Betriebes mitrechnen, damit die Vorschriften des Kündigungsschutz- oder Betriebsverfassungsrechts eingreifen (vgl auch Art 30 Rn 237). Beschränkt man die Datumstheorie auf derartige tatsächliche Umstände, so ist sie geeignet, angemessene Aufmerksamkeit auf den Umstand des Auslandsbezugs zu lenken. Freilich ergibt sie auch hier nicht, in welcher Weise ihm Rechnung zu tragen ist.

d) Territorialitätsprinzip

Vorschriften des öffentlichen Rechts werden in ihrer Geltung vielfach auf das Staats- **136**
gebiet des Erlassstaates begrenzt (Territorialitätsprinzip). Dahinter steht als Grund die völkerrechtliche Souveränität jedes Staates, die er ebenso für hoheitliche Äußerungen jedes anderen Staates zu respektieren hat. Daraus wurde vielfach ein Grundsatz der Unanwendbarkeit ausländischen öffentlichen Rechts abgeleitet (vgl etwa BGHZ 31, 367 [371], wenn auch mit gewissen Einschränkungen; BGH WM 1970, 785 [786];

BGHZ 64, 183 [189]; näher KEGEL/SCHURIG § 23 I). Der Geltungsbereich fremden öffentlichen Rechts und die Anwendung dieses Rechts sind jedoch deutlich auseinander zuhalten. So ist zwar der Geltungswille öffentlich-rechtlicher Normen – insbes im internationalen öffentlichen Arbeitsrecht oder Enteignungsrecht – gewöhnlich auf Rechtsverhältnisse im Territorium des Erlassstaates begrenzt. Das hindert aber keineswegs generell daran, diese Normen auf dort lokalisierte Rechtsverhältnisse anzuwenden, wenn darüber vor deutschen Gerichten zu entscheiden ist (vgl eingehend SIEHR RabelsZ 52 [1988] 73 ff). Ein Dogma, dass deutsche Gerichte ausländisches öffentliches Recht nicht anwenden dürften, wird heute deshalb zu Recht weitgehend abgelehnt (KROPHOLLER § 52 IX; MünchKomm/MARTINY Art 34 Rn 36; PALANDT/HELDRICH Art 34 Rn 6; SOERGEL/vHOFFMANN Art 34 Rn 84).

137 Im Ganzen vermag auch das Territorialitätsprinzip damit kein überzeugendes Gesamtkonzept für die Berücksichtigung fremder Eingriffsnormen zu bieten.

e) Stellungnahme

138 Als umfassende theoretische Konzepte, um die Geltung fremder Eingriffsnormen sachgerecht zu erfassen, kommen nur die oben geschilderte Sonderanknüpfung oder die materiellrechtliche Berücksichtigung in Betracht, während die übrigen Auffassungen aus den schon genannten Gründen nur Teilerklärungen liefern und als Gesamtkonzepte ausscheiden. Vielfach wird eine Entscheidung zwischen Sonderanknüpfung und materiellrechtlicher Berücksichtigung auch entbehrlich sein, weil beide Wege häufig zum selben Ergebnis gelangen.

139 Die **Sonderanknüpfung** hat die etwas **größere dogmatische Klarheit** für sich; sie vermag generell zu beachtende Gesichtspunkte zu fixieren und gewährleistet damit bessere Voraussehbarkeit der Ergebnisse. Ferner zeigt Art 7 EVÜ, aber etwa auch Art 19 schweizerisches IPRG, dass sie in Europa heute die bevorzugte Lösung darstellt. Problematisch ist bei ihr, unter welchen genauen Voraussetzungen eine Sonderanknüpfung fremder Eingriffsnormen erfolgen soll.

140 Die materiellrechtliche Berücksichtigung fremder Eingriffsnormen lässt freilich erst recht offen, unter welchen allgemeinen Voraussetzungen fremdes Eingriffsrecht beachtet wird. Auf der anderen Seite hat sie den für richterrechtliche Entwicklungen typischen Vorteil größtmöglicher Flexibilität. Von Fall zu Fall kann mit jeweils fallangepassten Argumenten über das drittstaatliche Eingriffsrecht entschieden werden.

141 Gleichwohl dürfte mit der überwiegenden Meinung in der Lehre dem Weg der Sonderanknüpfung der Vorzug gebühren. Als Voraussetzungen für die Sonderanknüpfung sind zu fordern:

142 – zunächst der **internationale Geltungswille** der Eingriffsnorm und die Einhaltung der Bedingungen, unter denen sie ggfs gelten will;

143 – ferner eine **enge Verbindung** des Sachverhalts mit dem Eingriffsrecht, die sich im Wesentlichen auf eine räumliche Verbundenheit bezieht (vgl auch GIULIANO/LAGARDE 59). Freilich lässt das noch recht offen, welcher Art die Verbindung im jeweiligen konkreten Fall zu sein hat. Eine genauere Festlegung der notwendigen räumlichen Verknüpfung für die verschiedenen Fallgestaltungen, die Entwicklung eines insoweit eigenständigen internationalen Wirtschaftskollisionsrechts steht noch an ihrem Anfang (vgl dazu insbes BASEDOW, DROBNIG, SIEHR in RabelsZ 52 [1988] 1 ff; SCHNYDER passim).

– schließlich eine weitere **wertende Schranke**. Fremde Eingriffsnormen müssen dann **144** abgewiesen werden können, wenn ihnen aus der Sicht der lex fori keine berechtigten Erwägungen zugrunde liegen. Bei internationalen Schiedsverfahren, bei denen eine eigentliche lex fori vielfach fehlt, ist dann eine internationale Sicht, der international übliche Standard heranzuziehen (vgl BERGER ZVerglRW 96 [1997] 331 f; ders, in: FS Horn 330). Allerdings muss dabei auch beachtet werden, ob sich die Vertragsparteien dem Zwang der Eingriffsnorm entziehen können. Argumente der Machttheorie (oben Rn 132 f), des Territorialitätsprinzips (oben Rn 136 f) und des Werte- und Interessengleichklangs (oben Rn 117) haben hier ihren Platz und sind gegeneinander abzuwägen.

4. Rechtsfolge

Nach der Rechtsprechung, die fremde Eingriffsnormen nur materiellrechtlich be- **145** rücksichtigt, ergeben sich die Rechtsfolgen dieser Normen konsequenterweise aus dem Vertragsstatut (vgl BGHZ 34, 169; BGH NJW 1962, 1436; BGHZ 59, 82 – Rechtsfolge jeweils nach deutschem Vertragsstatut). Die Lehre von der Sonderanknüpfung führt dagegen nach wohl überwiegender Meinung dazu, die Rechtsfolge – soweit möglich – dem Eingriffsrecht zu entnehmen (DROBNIG, in: FS Neumayer 179; MANKOWSKI RiW 1994, 688 ff; MünchKomm/MARTINY Art 34 Rn 60; **anders** – Geltung des Vertragsstatuts – allerdings etwa KREUZER 95; KROPHOLLER § 52 IX 4). Nur wenn das Eingriffsrecht keine präzise Rechtsfolge vorsieht, muss das Vertragsstatut aushelfen (MünchKomm/MARTINY aaO). Art 7 Abs 1 EVÜ spricht allerdings zurückhaltender nur von „kann Wirkung verliehen werden" (effect may be given, pourra être donné effet) und will dem Richter hier ein weites Ermessen einräumen (GIULIANO/LAGARDE 59 f).

X. Konkurrenzverhältnis zwischen unterschiedlichen zwingenden Normen

1. Allgemeines

Die Eingriffsnormen der lex fori, der lex causae und dritter Staaten können sowohl **146** nach der Sonderanknüpfungslehre wie bei der Lehre von der materiellrechtlichen Berücksichtigung theoretisch gleichzeitig einen Sachverhalt regeln wollen; zu jeder dieser Rechtsordnungen kann theoretisch auch eine hinreichend enge Beziehung bestehen. Bei unterschiedlichem Inhalt der Eingriffsnormen ist dann das Rangverhältnis zwischen ihnen zu klären. Entsprechende Konkurrenzsituationen sind freilich selten. Gelegentlich lassen sie sich dadurch auflösen, dass **teilbare,** in verschiedenen Staaten wirksame **Rechtsverhältnisse** aufgespalten und in ihren Teilen den Eingriffsnormen des jeweils berührten Staates unterstellt werden (ebenso MünchKomm/MARTINY Art 34 Rn 119; SOERGEL/vHOFFMANN Art 34 Rn 104). Soweit das nicht möglich ist, gelten die folgenden Regeln.

2. Konkurrenz zwischen Eingriffsnormen der lex fori und fremdem Eingriffsrecht

Soweit sie unterschiedliche Lösungen vorsehen, haben die **inländischen Eingriffsnor-** **147** **men** grundsätzlich **Vorrang** vor Eingriffsnormen der lex causae oder dritter Staaten

(ERMAN/HOHLOCH Art 34 Rn 25; PALANDT/HELDRICH Art 34 Rn 6; SOERGEL/vHOFFMANN Art 34 Rn 104). Die eigenen grundlegenden rechtspolitischen Zielvorstellungen, deren Verwirklichung die Eingriffsnormen bezwecken, sind im Konfliktsfall gegenüber abweichenden Vorstellungen anderer Rechtsordnungen zu bevorzugen. Ein Vorrang der Eingriffsnormen der lex fori vor solchen dritter Staaten ist auch Art 7 EVÜ zu entnehmen. Die in Art 7 Abs 2 genannten zwingenden Normen der lex fori sollen von allen übrigen Anknüpfungen, also auch jenen nach Art 7 Abs 1 EVÜ unberührt bleiben (so auch AUDIT Rn 816). Obwohl die Bundesrepublik nur Art 7 Abs 2 ratifiziert hat, ist dieses Rangverhältnis bei der Auslegung des Art 34 zu beachten.

148 Nach aA sind dagegen die jeweiligen **Regelungsinteressen** abzuwägen (MünchKomm/ MARTINY Art 34 Rn 120).

149 Sowohl bei deutschem wie bei ausländischem Vertragsstatut gelten damit die Eingriffsnormen des deutschen Rechts. Eine Ausnahme gilt jedoch für den Bereich der **Verbraucher- und Arbeitsverträge.** Hier ist das eigene Eingriffsrecht nur durchzusetzen, wenn es günstiger ist als das Eingriffsrecht – oder sonstiges zwingendes Recht – der lex causae (vgl dazu oben Rn 29 ff).

3. Konkurrenz zwischen Eingriffsnormen der lex causae und dritter Staaten

150 Soweit Eingriffsnormen der lex causae und dritter Staaten miteinander konkurrieren, lässt sich **kein grundsätzlicher Vorrang** der einen oder anderen Regelung annehmen. Hier ist durch Abwägung zu entscheiden, welches Regelungsinteresse den Vorzug verdient (wohl ebenso MünchKomm/MARTINY Art 34 Rn 120).

XI. Renvoi

151 Ein Renvoi scheidet bei Anwendung des Art 34 schon deshalb aus, weil die Vorschrift Bestimmungen des deutschen Rechts beruft.

152 Sind ausländische Eingriffsnormen zu beachten, so gilt das Renvoi-Verbot des Art 35 EGBGB.

Anhang zu Art 34 EGBGB

Internationales Devisenrecht

Schrifttum

I. Älteres Schrifttum (bis 1976)
ANSELME/RABINOVITCH, La réglementation des changes en droit français et en droit international et le statut du Fonds Monétaire International, Rev de la Banque 19 (1955) 318
AUFRICHT, Das Abkommen des Internationalen

5. Abschnitt. Schuldrecht.
1. Unterabschnitt. Vertragliche Schuldverhältnisse

Währungsfonds und die Unerzwingbarkeit bestimmter Verträge, (österr) ZöR 6 (1955) 529
BAKER, Extraterritorial Enforcement of Exchange Regulations, 16 StanfordLRev 202 (1963)
BAYITCH, Florida and International Legal Developments 1962–1963, 18 UMiamiLRev 321 (1963–64)
BENDHEIM, Das deutsche Devisenrecht und die Schweiz (1936)
BÖSE, Der Einfluß des zwingenden Rechts auf internationale Anleihen (1963)
BÜLCK, Anerkennung ausländischen Devisenrechts, JbIntR 5 (1955) 115
BURKE, Enforcement of Foreign Exchange Control Regulations in Domestic Courts: Banco Frances e Brasileiro SA. v. John Doe No. 1 et al., 70 AmJIntL 101 (1976)
BYDLINSKI, Devisenvorschriften und internationales Privatrecht, JBl 78 (1956) 380
ders, Die kollisionsrechtliche Behandlung devisenrechtlicher Leistungsbeschränkungen, JBl 81 (1959) 526
CABOT, Exchange Control and the Conflict of Laws: An Unsolved Puzzle, 99 UPaLRev 476 (1951)
VAN CAMPENHOUT, United States: International Monetary Fund Agreement and Foreign Exchange Control Regulations, 2 AmJCompL 389 (1953)
CARREAU, Le Fonds Monétaire International (1970)
dies, Souveraineté et coopération monétaire internationale (1970)
CHANDLER, Exchange Control and the International Monetary Fund, 12 UWAustralLRev 566 (1976)
COING, Inländische Werte und ausländisches Devisenrecht. Zur Auslegung von Artikel VIII 2(b) des Abkommens von Bretton Woods, WM 1972, 838
DELAUME, De l'élimination des conflits de lois en matière monétaire réalisée par les Statuts du Fonds Monétaire International et ses limites, Clunet 81 (1954) 332
DRAKIDIS, Du caractère „non exécutoire" de certains „contrats du change" d'après les Statuts du Fonds Monétaire International, Rev crit d i p 59 (1970) 363

Anh zu Art 34 EGBGB

DROBNIG, Die Anwendung des Devisenrechts der Sowjetzone durch westdeutsche Gerichte, NJW 1960, 1088
ECK, Note, Rev crit d i p 63 (1974) 492
ERNST, Die Bedeutung des Gesetzeszweckes im internationalen Währungs- und Devisenrecht (1963)
FAWCETT, The International Monetary Fund and International Law, BritYbIntL 40 (1964) 32
FÖRGER, Probleme des Art VIII Abschn 2 b des Abkommens über den Internationalen Währungsfonds im Realkreditgeschäft, NJW 1971, 309
GOLD, L'application des statuts du Fonds Monétaire par les tribunaux, Rev crit d i p 40 (1951) 582
ders, The Bretton Woods Agreement of July 22, 1944 in the Courts, Parts I-IV, RabelsZ 19 (1954) 601; 22 (1957) 601; 27 (1962/63) 606; 38 (1974) 683
ders, The Cuban Insurance Cases and the Articles of the Fund (1966)
ders, The Fund Agreement in the Courts, Bd I (1962)
ders, The International Monetary Fund and the International Recognition of Exchange Control Regulations: The Cuban Insurance Cases, Rev de la Banque 1967, 523
ders, The Interpretation by the International Monetary Fund of Its Articles of Agreement, IntCompLQ 3 (1954) 256
ders, Recent International Decisions to Prevent Restrictions on Trade and Payments, 9 JWorldTradeL 63 (1975)
ders/DELAUME, Note on Perutz v. Bohemian Discount Bank in Liquidation, Clunet 80 (1953) 797
GOLD/LACHMAN, The Articles of Agreement of the International Monetary Fund and the Exchange Control Regulations of Member States (A Note on the Moojen Decision), Clunet 89 (1962) 666
GROSSFELD, Praxis des Internationalen Privat- und Wirtschaftsrechts. Rechtsprobleme multinationaler Unternehmen (1975)
GUILLEBAUD, Das Abkommen von Bretton Woods und seine internationale Bedeutung (1947)
GUTZWILLER, Der Geltungsbereich der Wäh-

rungsvorschriften. Umrisse eines Internationalrechts der Geldverfassungen (1940)
VAN HECKE, Currency, IntEncCompL III ch 36 (1972)
ders, Les répercussions des règles du contrôle des changes sur la validité et l'exécution des obligations commerciales, Rev de la Banque 12 (1953) 1
HIRSCHBERG, Das interzonale Währungs- und Devisenrecht der Unterhaltsverbindlichkeiten (1968)
HJERNER, Foreign Exchange Restrictions and Private International Law. Studies in the Enforcement and Recognition of Foreign Penal, Revenue, Confiscatory and Political Laws in Different Legal Systems (1956)
ders, Främmande Valutalag och Internationell Privaträtt (1956)
HOWARD, Exchange and Borrowing Control (1948)
HUG, Das Clearingrecht und seine Einwirkung auf die vertraglichen Schuldverhältnisse (1937)
JUILLARD, La nullité d'un contrat de change conclu en violation de l'article VIII-2-b des statuts du Fonds Monétaire International (à propos de l'arrêt de la Cour de Paris du 14 mai 1970), Sem juridique 1971 I Doc 2399
KÄGI, Der Einfluss des Devisenrechts auf internationale schuldrechtliche Verträge (1961)
KEGEL, Probleme des internationalen Enteignungs- und Währungsrechts (1956)
KERN, Der Internationale Währungsfonds und die Berücksichtigung ausländischen Devisenrechts (1968)
KLÜBER, Devisenrecht und Internationales Privatrecht, DevArch 6 (1941) 859
KOEPPEL, Die deutsche Devisengesetzgebung im internationalen Privatrecht (Diss Göttingen 1938)
KRISPIS, Money in Private International Law, Rec des Cours 120 (1967-I) 191
LACHMAN, The Articles of Agreement of the International Monetary Fund and the Unenforceability of Certain Exchange Contracts, NTIR 2 (1955) 148
MADSEN-MYGDAL, The Bretton Woods Agreement Article VIII, sec. 2(b), NordTIR 25 (1955) 63

MALLMANN, Devisenrecht und Internationales Privatrecht (Diss Bonn 1972)
MANN, Der Internationale Währungsfonds und das Internationale Privatrecht, JZ 1953, 442
ders, Der Internationale Währungsfonds und das Internationale Privatrecht, JZ 1970, 709
ders, Money in Public International Law, BritYbIntL 1949, 249
ders, The Bretton Woods Agreement in the English Courts, IntCompLQ 16 (1967) 539
ders, The Exchange Control Act 1947, ModLRev 1947, 411
ders, The Private International Law of Exchange Control under the International Monetary Fund Agreement, IntCompLQ 2 (1953) 97
MEICHSNER, The Legal Interpretation of Article VIII Sec. 2(b) of the International Monetary Fund Agreement, in: International Law Association (Hrsg), Report of the Forty-Seventh Conference, held at Dubrovnik August 26 – September 1, 1956 (1957) 274 und 311
MEYER, Recognition of Exchange Controls after the International Monetary Fund Agreement, 62 YaleLJ 867 (1953)
NEUMANN, Devisennotrecht und Internationales Privatrecht (1938)
Note, Bretton Woods Agreement Held not to Provide Tort Action for Evasion of Foreign Exchange Control Laws, 63 ColumLRev 1334 (1963)
Note Conflict of Laws – International Law – Revenue Law Rule Preempted by Policy of International Monetary Fund Agreement where Plaintiff Is a Private Party, 7 SetonHallLRev 437 (1976)
Note, Foreign Exchange Restrictions and the Conflict of Laws, 47 YaleLJ 451 (1938)
Note, Treatment of Foreign Exchange Controls in the Conflict of Laws, 34 VaLRev 697 (1948)
Note, Use of Bretton Woods Agreement in Enforcement of Foreign Currency Restrictions by American Courts, 53 ColumLRev 747 (1953)
NUSSBAUM, Das Geld, in Theorie und Praxis des deutschen und ausländischen Rechts (1925)
ders, Derecho monetario nacional é internacional. Estudio comparado en linde del derecho y de la economía (1954)
ders, Exchange Control and the International Monetary Fund, 59 YaleLJ 421 (1950)

ders, Money in the Law, National and International. A Comparative Study in the Borderline of Law and Economics (1950)
PARADISE, Cuban Refugee Insureds and the Articles of Agreement of the International Monetary Fund, 18 UFlaLRev 29 (1965)
PHILIP, Den Internationale Valutafond og Dansk Ret, NordTIR 23 (1953) 12
vPREUSCHEN, Anwendung fremder Devisenkontrollbestimmungen im Geltungsbereich des Abkommens von Bretton Woods?, AWD 1969, 56
RASHBA, Foreign Exchange Restrictions and Public Policy in the Conflict of Laws, 41 MichLRev 777 und 1089 (1943)
SCHNITZER, The Legal Interpretation of Article VIII 2(b) of the Bretton Woods Agreement, in: International Law Association (Hrsg), Report of the Forty-Seventh Conference, held at Dubrovnik August 26 – September 1, 1956 (1957) 299
SCHWIND, Zur Frage der Anwendung ausländischen Devisenrechts. Eine Entscheidungsbesprechung, JBl 81 (1959) 65
SEIDL-HOHENVELDERN, Probleme der Anerkennung ausländischer Devisenbewirtschaftungsmassnahmen, (österr) ZöR 3 (1957–58) 82
SIESBY, Lex Monetae, NordTIR 23 (1953) 22
SILARD, Money and Foreign Exchange, IntEncCompL XVII ch 20 (1975)
ders, The Impact of the International Monetary Fund on International Trade, 2 JWorldTradeL 121 (1968)
SWIDROWSKI, Exchange and Trade Control (1975)
TREVES, Il controllo dei cambi nel diritto internazionale privato (1967)
TRICKEY, The Extraterritorial Effect of Foreign Exchange Control Laws, 62 MichLRev 1232 (1964)
WABNITZ, Unklagbarkeit von Ansprüchen aus gewissen Devisenvereinbarungen, BB 1955, 586
WILLIAMS, Enforcement of Foreign Exchange Control Regulations in Domestic Courts, 70 AmJIntL 101 (1976)
ders, Extraterritorial Enforcement of Exchange Control Regulations under the International Monetary Fund Agreement, 15 VaJIntL 319 (1975)
ders, Foreign Exchange Control Regulation and the New York Court of Appeals: J. Zeevi & Sons, Ltd. v. Grindlays Bank (Uganda), Ltd., 9 CornellIntLJ 239 (1976).

II. Neueres Schrifttum (ab 1977)

ABBATESCIANNI, Recognition of English Judgments in Italy: The Terruzzi Case, NewJL 135 (1985) 179
ADEN, Im Bretton Woods Abkommen stecken tückische Fallen für den Geldalltag, Blick durch die Wirtschaft v 8. 1. 1990, S 9
ders, An Bretton Woods muss der Bankjurist bei Auslandssachverhalten heute noch denken, Blick durch die Wirtschaft v 14. 10. 1991, S 9
BAKER, Enforcement of Contracts Violating Foreign Exchange Control Laws, 3 IntTradeLJ 247 (1977)
BALFOUR, Extraterritorial Recognition of Exchange Control Regulations: The English Viewpoint, in: HORN (Hrsg), The Law of International Trade Finance (1989) 125
BEGLIN, United States Enforcement of Foreign Exchange Control Laws – A Rule in Transition?, 10 NYUJIntL&Pol 535 (1978)
BENZLER, Nettingvereinbarungen im außerbörslichen Derivatehandel (1999)
BERGER, Devisenrecht in der internationalen Wirtschaftsschiedsgerichtsbarkeit, ZVerglRW 96 (1997) 316
ders, Die Einwirkung drittstaatlicher Eingriffsnormen auf internationale Verträge am Beispiel islamischer Zinsverbote, in: HERRMANN/BERGER/WACKERBARTH (Hrsg), Deutsches und Internationales Bank- und Wirtschaftsrecht (1997) 322
BÖHLHOFF/BAUMANNS, Extraterritorial Recognition of Exchange Control Regulations – A German Viewpoint, in: HORN (Hrsg), The Law of International Trade Finance (1989) 107
BOGDAN, Svensk internationell privat- och processrätt (3. Aufl 1987)
BORROWDALE, Shares and the Evasion of Exchange Control, SALJ 102 (Febr 1985) 22
BUXBAUM, The Effect of Foreign Moratorium Orders on Bank Loans and Certificates of Deposits: The Act of State Defense, in: NORTON (Hrsg), Prospects for International Lending and Reschedulings (1988) ch 27
CÁRDENAS, The 1982 Freeze of British Assets in

Argentina: A Retrospective Overview, 6 JIntBankL 81 (1991)
CLINE, International Debt: Systematic Risk and Policy Response (1984)
COLLIER, Letters of Credit – Duty of Bank to Honour against Fraudulent Documents – Foreign Exchange Control and Bretton Woods Agreement – Unenforceability of Contract, CambrLJ 1983, 49
COYNE, Allied Bank III and United States Treatment of Foreign Exchange Controls: The Effects of the Act of State Doctrine, the Principle of Comity, and Article VIII, Section 2(b) of the International Monetary Fund Agreement, 9 BCIntCompLRev 409 (1986)
DAM, The Rules of the Game: Reform and Evolution in the International Monetary System (1982)
DEBEVOISE, Exchange Controls and External Indebtedness: A Modest Proposal for a Deferral Mechanism Employing the Bretton Woods Concepts, 7 HoustonJIntL 157 (1984)
DELAUME, Law and Practice of Transnational Contracts (1988)
EBENROTH, The Changing Legal Framework for Resolving the Debt Crisis: A European's Perspective, 23 IntLaw 629 (1989) = FS Gold (1990) 39
EBENROTH/MÜLLER, Der Einfluß ausländischen Devisenrechts auf zivilrechtliche Leistungspflichten unter besonderer Berücksichtigung des IWF-Abkommens, RiW 1994, 269
EBENROTH/NEISS, Internationale Kreditverträge unter Anwendung von Artikel VIII, Abschnitt 2(b) IWF-Abkommen, RiW 1991, 617
EBENROTH/PARCHE, Schiedsklauseln als alternative Streiterledigungsmechanismen in internationalen Konsortialkreditverträgen und Umschuldungsabkommen, RiW 1990, 341
EBENROTH/REINER, International Swaps and Derivatives Association, Inc. – Master Agreement, in: SCHÜTZE (Hrsg), Münchener Vertragshandbuch, Bd 3, 2. Halbbd (6. Aufl 1997) 734
EBENROTH/TEITZ, Banking on the Act of State. International Lending and the Act of State Doctrine (1985)
dies, Winning (or Losing) by Default: The Act of State Doctrine, Sovereign Immunity and Comity in International Business Transactions, 19 IntLaw 225 (1985)
EBENROTH/TZESCHLOCK, Rechtswahlklauseln in internationalen Finanzierungsverträgen nach New Yorker Recht, IPRax 1988, 197
EBENROTH/WOGGON, Einlageforderungen gegen ausländische Gesellschafter und Art VIII Abschn 2(b) IWF-Abkommen, IPRax 1993, 151
dies, Keine Berücksichtigung ausländischer Kapitalverkehrsbeschränkungen über Art VIII Abschnitt 2(b) IWF-Abkommen, IPRax 1994, 276
EBKE, Anmerkung zu EuGH v. 14.12.1995 – verb Rs C-163/94, C-165/94 und C-250/94, WuB I H 4 – 1.96
ders, Article VIII, Section 2(b), International Monetary Cooperation and the Courts, 23 IntLaw 677 (1989) = FS Gold (1990) 63
ders, Article VIII, Section 2(b) of the IMF Articles of Agreement and International Capital Transfers: Perspectives from the German Supreme Court, 28 IntLaw 761 (1994)
ders, Artikel VIII Abschnitt 2(b) des Übereinkommens über den Internationalen Währungsfonds und die Schweiz: „2(b) or Not 2(b)", in: FS Kleiner (1993) 303
ders, Buchbesprechung, 27 IntLaw 563 (1993)
ders, Buchbesprechung, ZVerglRW 92 (1993) 115
ders, Das Internationale Devisenrecht im Spannungsfeld völkerrechtlicher Vorgaben, nationaler Interessen und parteiautonomer Gestaltungsfreiheit, ZVerglRW 100 (2001) 365
ders, Der Internationale Währungsfonds und das internationale Devisenrecht, RiW 1991, 1
ders, Devisenrecht als Kapitalaufbringungssperre?, RiW 1993, 613
ders, Die Rechtsprechung zur „Unklagbarkeit" gemäß Art VIII Abschn 2(b) Satz 1 IWF-Übereinkommen im Zeichen des Wandels, WM 1993, 1169
ders, Internationale Kreditverträge und das internationale Devisenrecht, JZ 1991, 335
ders, Internationale Kreditverträge und das internationale Devisenrecht: Schlußwort, JZ 1992, 784
ders, Internationales Devisenrecht (1990) (ja-

panische Übersetzung 1995; russische Übersetzung 1997)
ders, Kapitalverkehrskontrollen und das Internationale Privatrecht nach der Bulgarien-Entscheidung des Bundesgerichtshofs, WM 1994, 1357
ders, Sir Joseph Gold and the International Law of Exchange Controls, 35 IntLaw Heft 3 (2001)
EBKE/NORTON (Hrsg), FS Joseph Gold (1990)
EBKE/NORTON/BALCH (Hrsg), Commentaries on the Restatement (Third) of the Foreign Relations Law of the United States (1992)
EBKE/TAVAKOLI, Anmerkung zu EuGH v 16. 3. 1999 – Rs C-222/97, WuB I F 3 – 9. 99
EDWARDS, International Monetary Collaboration (1985)
ders, Extraterritorial Application of the U.S. Iranian Assets Control Regulations, 75 AmJIntL 870 (1981)
EHLERS-MUNZ, Die Beachtung ausländischen Devisenrechts: Bretton Woods und autonomes nationales Recht (1991)
EHRICKE, Die Funktion des Art VIII Abschnitt 2b S 1 des IWF-Vertrages in der internationalen Schuldenkrise, RiW 1991, 365
ESPINOSA, The Extraterritoriality of Exchange Control Regulations under the IMF Articles of Agreement, 62 PhilLJ 227 (1987)
FOCSANEANU, Le droit international monétaire selon le deuxième amendement aux statuts du Fonds Monétaire International, J dr int 105 (1978) 805
ders, Les problèmes de l'endettement extérieur et de la renégociation des dettes en 1985, in: HAHN (Hrsg), Geld im Recht (1986) 165
FOLSOM/GORDON, International Business Transactions, Bd 2 (1995) 206
FLINT, Foreign Investment Law in Australia (1985) 337
FRUMKIN, The Act of State Doctrine and Foreign Sovereign Defaults on United States Bank Loans: A New Focus for a Muddled Doctrine, 133 UPaLRev 469 (1985)
FUCHS, Argentinisches Zahlungsmoratorium vor US-amerikanischen Gerichten, IPRax 1994, 148
dies, Auf dem Weg zur engen Auslegung des Art VIII Abschn 2 b) IWF-Abkommen, IPRax 1995, 82

dies, Die teilweise Klagbarkeit als Rechtsfolge von Artikel VIII Abschnitt 2 b) Satz 1 des Abkommens von Bretton Woods, IPRax 1992, 361
dies, Freigabe libyschen Vermögens in England trotz US-Einfrierungsbeschluß, IPRax 1990, 260
dies, Lateinamerikanische Devisenkontrollen in der internationalen Schuldenkrise und Art VIII Abschn 2 b) IWF-Abkommen (1995)
dies, Zur rechtlichen Behandlung der Eurodevisen, ZVerglRWiss 95 (1996) 283
FÜRNROHR, Das Devisenrecht im deutsch-italienischen Wirtschaftsverkehr (1984)
GARRITSEN DE VRIES, The IMF in a Changing World 1945–1985 (1986)
GEHRLEIN, Ausschluß der Klagbarkeit einer Forderung kraft IWF-Übereinkommen, DB 1995, 129
GIANVITI, Le blocage des avoirs officiels iraniens par les Etats-Unis (executive order du 14 novembre 1979), Rev crit d i p 69 (1980) 279
ders, Le contrôle des changes étrangers devant le juge national, Rev crit d i p 69 (1980) 479 und 659
ders, Réflexions sur l'article VIII, section 2 b) des Statuts du Fonds Monétaire International, Rev crit d i p 62 (1973) 471 und 629
ders, The International Monetary Fund and External Debt, Rec des Cours 1989-III 213
GOLD, Algunos Efectos de los Articulos del Convenio Constitutivo del Fondo Monetario Internacional en el Derecho Internacional Privado, Jurídica 14 (1982) 295
ders, Article VIII, Section 2(b) of the IMF Articles in Its International Setting, in: HORN (Hrsg), The Law of International Trade Finance (1989) 65
ders, Aspects of the IMF's Activities in Relation to International Trade, in: Southern Methodist University (Hrsg), Third Annual Institute on International Finance: World Trade and World Finance, 1984, ch B-3
ders, Australia and Article VIII, Section 2(b) of the Articles of Agreement of the IMF, 57 AustralLJ 560 (1983)
ders, „Exchange Contracts", Exchange Control, and the IMF Articles of Agreement: Some Animadversions on Wilson, Smithett & Cope Ltd. v. Terruzzi, 33 IntCompLQ 777 (1984)
ders, Exchange Control: Act of State, Public

Policy, the IMF's Articles of Agreement, and Other Complications, 7 Houston JIntL 1 (1984)
ders, Exchange Rates in International Law and Organization (1988)
ders, IMF: Some Effects on Private Parties and Private Transactions, in: NORTON (Hrsg), Prospects for International Lending and Reschedulings (1988) ch 13
ders, Legal Effects of Fluctuating Exchange Rates (1990)
ders, Legal and Institutional Aspects of the International Monetary System: Selected Essays, Bd I (1979); Bd II (1984)
ders, Some Legal Aspects of the IMF's Activities in Relation to International Trade, (österr) ZöR 36 (1986) 157
ders, The Fund Agreement in the Courts, Bd II (1982)
ders, The Fund Agreement in the Courts, Bd III: Further Studies in Jurisprudence Involving the Articles of Agreement of the International Monetary Fund (1986)
ders, The Fund Agreement in the Courts, Bd IV: Some Problems of the Uniform Interpretation of Multilateral Treaties (1989)
ders, The Iran-United States Claims Tribunal and the Articles of Agreement of the International Monetary Fund, 18 GeoWashJIntLEcon 537 (1985)
ders, The Restatement of the Foreign Relations Law of the United States (Revised) and International Monetary Law, 22 IntLaw 3 (1988)
ders, The Restatement of the Foreign Relations Law of the United States (Third) and Monetary Law, in: EBKE/NORTON/BALCH (Hrsg), Commentaries on the Restatement (Third) of the Foreign Relations Law of the United States (1992) 243
GOMEZ/PALACIO, Mexico's Foreign Exchange Controls. Two Administrations – Two Solutions. Thorough and Benign, 16 UMiamiIntAmLRev 267 (1984)
GOTHOT, Loi monétaire tierce et loi du contrat, Rev de la Banque 1979, 70
GRÄNICHER, Die kollisionsrechtliche Anknüpfung ausländischer Devisenmassnahmen (1984)
GROSSFELD, Internationales und Europäisches Unternehmensrecht. Das Organisationsrecht transnationaler Unternehmen (2. Aufl 1995)

GROTHE, Fremdwährungsverbindlichkeiten (1999)
HAAS, Bretton-Woods-Abkommen im Kapitalverkehr mit den Niederlanden, DB 1990, 824
HAHN, Der Finanzplatz Bundesrepublik und ausländische Zahlungsmoratorien, in: GS Küchenhoff (1987) 209
ders, German Foreign Exchange Control – Rise and Demise, 23 IntLaw 873 (1988) = FS Gold (1990) 155
ders, Währungsrecht (1990)
HARLANDT, Die Evolution des Geldes (1989)
HONRATH, Umfang und Grenzen der Freiheit des Kapitalverkehrs (1998)
HORN (Hrsg), The Law of International Trade Finance (1989)
VAN HOUTTE, The Law of International Trade (1995)
HWANG, Extraterritorial Recognition of Exchange Control Regulations – The Singapore Perspective, in: HORN (Hrsg), The Law of International Trade Finance (1989) 153
ISAACS, American Accord – English Courts and Exchange Contracts, IntFinLRev July 1982, 7
ders, Unenforceable Commercial Contracts – The Effect of Breaches of Exchange Control, Butterworths JIntBankFinL 1 (1986) 27
JESSURUN D'OLIVEIRA, Eigen huis is vreemde valuta waard, Ars Aequi 29 (1980) 254
JUNGBLUT, Wenn der Euro rollt ... (1996)
KALSON, The International Monetary Fund Agreement and Letters of Credit: A Balancing of Purposes, 44 UPittsLRev 1061 (1983)
KLEIN, De l'application de l'Article VIII (2)(b) des Statuts du Fonds Monétaire International en Suisse, in: Études de droit international en l'honneur de Pierre Lalive (1993) 261
KLEINER, Internationales Devisen-Schuldrecht. Fremdwährungs-, Euro- und Rechnungseinheitsschulden (1985)
KOHL, Zur Anwendbarkeit von Art VIII Abschnitt 2(b) des Abkommens von Bretton Woods, IPRax 1986, 285
KRASNOSTEIN, The Use of Multicurrency and Multi-international Jurisdiction Stability Agreements under Article VIII (2)(b) of the International Monetary Fund Agreement, 12 Syracuse JIntLCom 15 (1985)
KREUZER, Ausländisches Wirtschaftsrecht vor

deutschen Gerichten. Zum Einfluß fremdstaatlicher Eingriffsnormen auf private Rechtsgeschäfte (1986)
KRÖGER/SCHINDHELM (Hrsg), Der Euro kommt — Jetzt richtig handeln! (1998)
KÜHN/ROTTHEGE, Inanspruchnahme des deutschen Bürgen bei Devisensperre im Lande des Schuldners, NJW 1983, 1233
LICHTENSTEIN, The Battle for International Bank Accounts: Restrictions on International Payments for Political Ends and Article VIII of the Fund Agreement, 19 NYUJIntLPol 981 (1987)
LINK, Article VIII, Section 2(b) of the IMF Articles – The Current United States Practice and Outlook, in: HORN (Hrsg), The Law of International Trade Finance (1989) 143
LÖBER, Anmerkung, RiW 1986, 387
LOWENFELD, International Economic Law, Bd IV: The International Monetary System (2. Aufl 1984)
MANN, Der Internationale Währungsfonds und das Internationale Privatrecht, JZ 1981, 327
ders, Die Schweiz und der Internationale Währungsfonds, SZW/RSDA 1992, 34
ders, Documentary Credits and Bretton Woods, LQRev 98 (1982) 526
ders, The Legal Aspect of Money (5. Aufl 1992)
MARKS, Exchange Control Regulations within the Meaning of the Bretton Woods Agreement: A Comparison of Judicial Interpretation in the United States and Europe, 8 IntTaxBusL 104 (1990)
MARTHA, Inability to Pay under International Law and under the Fund Agreement, 41 NILR 85 (1994)
J C W MÜLLER, Kapitalverkehrsfreiheit in der Europäischen Union (2000)
NEGRI, Extraterritorialidad de las Normas de Control de Cambios, 18 Rev der com y obl 513 (1985)
NEUMANN, Internationale Handelsembargos und privatrechtliche Verträge (2001)
NIYONZIMA, La clause de monnaie étrangère dans les contrats internationaux (1991)
Note, Debt Situs and the Act of State Doctrine: A Proposal for a More Flexible Standard, 49 AlbLRev 647 (1985)

Note, Default on Foreign Debt: A Question for the Courts, 18 IndLRev 959 (1985)
Note, Foreign Debt – Act of State – Unilateral Deferral of Obligations by Debtor Nations is Inconsistent with United States Law and Policy: Allied Bank International v. Banco Credito Agricola de Cartago, 15 GaJIntLCompL 657 (1985)
Note, Renegotiation of External Debt: The Allied Bank Case and the Chapter 11 Analogy, 17 UMiamiIntAmLRev 59 (1985)
Note, The Act of State Doctrine and Allied Bank, 31 VillLRev 291 (1986)
Note, The Act of State Doctrine: Resolving Debt Situs Confusion, 86 ColumLRev 594 (1986)
Note, The Iranian Assets Control Regulations and the International Monetary Fund: Are the Regulations „Exchange Control Regulations"?, 4 BCIntCompLRev 203 (1981)
Note, The Libyan Asset Freeze and Its Application to Foreign Government Deposits in Overseas Branches of United States Banks: Libyan Arab Foreign Bank v Bankers Trust Co., 3 AmUJIntLPol 241 (1988)
Note, The Unenforceability of International Contracts Violating Foreign Exchange Regulations: Article VIII, Section 2(b) of the International Monetary Fund Agreement, 25 VaJIntL 967 (1985)
OBEYESEKERE, International Economic Cooperation through International Law: The IMF Agreement and the Recognition of Foreign Exchange Control Regulations, GermanYbIntL 27 (1984) 142
OELOFSE, Suid-Afrikaanse Valutabeheerwetgewing (1991)
PALM, Beitritte zum Internationalen Währungsfonds – Positionsverschlechterung für deutsche Unternehmen?, RiW 1990, 485
PETZOLD, Die internationalen Gläubiger-Schuldner-Beziehungen im Recht der Staatsinsolvenz (1986)
POTACS, Devisenbewirtschaftung. Eine verfassungs- und verwaltungsrechtliche Untersuchung unter Berücksichtigung des Völker- und Europarechts (1991)
RAUSCHER, Internationales Bereicherungsrecht bei Unklagbarkeit gemäß Art VIII Abs 2(b) IWF-Abkommen, in: FS W Lorenz (1991) 471

REINHUBER, Grundbegriffe und internationaler Anwendungsbereich von Währungsrecht (1995)
RENDELL, The Allied Bank Case and Its Aftermath, 20 IntLaw 819 (1986)
RHODE, Freier Kapitalverkehr in der Europäischen Gemeinschaft (1999)
RÜSSMANN, Auslandskredite, Transferverbote und Bürgschaftssicherung, WM 1983, 1126
RUILOBA SANTANA, Aspectos teóricos del control de cambios en derecho internacional privado, An der int II 1975, 85
RUTKE, Anmerkung, WM 1983, 1369
SANDROCK, Are Disputes over the Application of Article VIII, Section 2(b) of the IMF Treaty Arbitrable?, 23 IntLaw 933 (1989) = in: FS Gold (1990) 351 = SANDROCK, Internationales Wirtschaftsrecht in Theorie und Praxis (1995) 261
ders, Internationale Kredite und die Internationale Schiedsgerichtsbarkeit, WM 1994, 405 und 445
ders, Is International Arbitration Inept to Solve Disputes Arising out of International Loan Agreements?, JIntArb 11 (1994) 33
ders, Welches Kollisionsrecht hat ein internationales Schiedsgericht anzuwenden?, RiW 1992, 785 = SANDROCK, Internationales Wirtschaftsrecht in Theorie und Praxis (1995) 1
SANTUCCI, Sovereign Debt Resolution through the International Monetary Fund: An Alternative to the Allied Bank Decision, 14 DenJIntLPol 1 (1985)
SAXER, Der Einfluss ausländischer Devisenkontrollvorschriften auf Verträge gemäß Art VIII Abs 2 lit. b des IMF-Übereinkommens, in: FG Schweiz Juristentag 1994 (1994) 329
SCHIFFER, Normen ausländischen öffentlichen Rechts in internationalen Handelsschiedsverfahren (1990)
SCHIMANSKY/BUNTE/LWOWSKI, Bankrechts-Hdb, Bd III (1997) 336
K SCHMIDT, Devisenrecht, Kapitalaufbringung und Aufrechnungsverbot, ZGR 1994, 665
SCHNYDER, Wirtschaftskollisionsrecht (1990)
SCHÜCKING, Das Internationale Privatrecht der Banken-Konsortien, WM 1996, 281
SCHÜTZE, Devisen- und Embargobestimmungen in der notariellen Praxis, BWNotZ 1992, 170
SCHURIG, Anmerkung zu OGH 30. 9. 1992, ÖBA 1994, 645

A SCHWARTZ, Money in Historical Perspective (1987)
SEIDL-HOHENVELDERN, Article VIII, Section 2(b) of the IMF Articles of Agreement and Public Policy, 23 IntLaw 957 (1989) = in: FS Gold (1990) 379
ders, Umschuldung und Internationales Privatrecht, in: FS Kegel (1987) 605
SEUSS, Exterritoriale Geltung von Devisenkontrollen. Art VIII 2 b) S 1 des Übereinkommens über den Internationalen Währungsfonds (1991)
SILARD, Exchange Controls and External Indebtedness: Are the Bretton Woods Concepts Still Workable? A Perspective from the International Monetary Fund, 7 HoustonJIntL 53 (1984)
SILKENAT, The Restatement and International Monetary Law: The Practitioner's Perspective, in: EBKE/NORTON/BALCH (Hrsg), Commentaries on the Restatement (Third) of the Foreign Relations Law of the United States (1992) 271
SPENDER/BURTON, Aspects of Conflict of Laws in Banking Transactions, 61 AustralLJ 65 (1987)
STEINHAUER, Die Auslegung, Kontrolle und Durchsetzung mitgliedstaatlicher Pflichten im Recht des Internationalen Währungsfonds und der Europäischen Gemeinschaft (1997)
THODE/WENNER, Internationales Architekten- und Bauvertragsrecht (1998) 59
UNTEREGGE, Ausländisches Devisenrecht und internationale Kreditverträge (1991)
VASS, The Impact of Exchange Controls on International Oil and Gas and Mineral Projects: The Venezuelan Projects, 42 RockyMtnMinLInst 9. 1-. 21 (1996)
VÁZQUEZ PANDO, Legal Aspects of Mexican Exchange Controls, 18 IntLaw 309 (1984)
R WEBER, Vertragserfüllung und fremdes Devisenrecht, IPRax 1985, 56
WEGEN, 2(b) Or Not 2(b): Fifty Years of Questions – The Practical Implications of Article VIII Section 2(b), 62 FordhamLRev 1931 (1994)
V WESTPHALEN, Preiskontrollen von Drittstaaten auf dem Territorium der Bundesrepublik Deutschland und ihre rechtliche Zulässigkeit, RiW 1980, 88
WOOD, Law and Practice of International Finance (1980)

5. Abschnitt. Schuldrecht.
1. Unterabschnitt. Vertragliche Schuldverhältnisse

Anh zu Art 34 EGBGB

WUNSCH, Legal Aspects of Exchange Control, 112 SALJ 405 (1995)
ZAMORA, Exchange Control and Global Financial Markets, in: NORTON (Hrsg), Prospects for International Lending and Rescheduling (1988) ch 8
ders, Exchange Control in Mexico: A Case Study in the Application of IMF Rules, 7 Houston-JIntL 103 (1984)
ders, Peso-Dollar Economics and the Imposition of Foreign Exchange Controls in Mexico, 32 AmJIntL 99 (1984)
ders, Recognition of Foreign Exchange Controls in International Creditors' Rights Cases: The State of the Art, 21 IntLaw 1055 (1987)
ders, Sir Joseph Gold and the Development of International Monetary Law, 23 IntLaw 1009 (1989) = in: FS Gold (1990) 439
ZAGARIS, Trends in International Money Laundering from a U.S. Perspective, 35 IntLaw 839 (2001).

Systematische Übersicht

A.	**Begriff**	1
B.	**Inländisches Devisenrecht**	2
C.	**Ausländisches Devisenrecht**	4
I.	Art VIII Abschn 2(b) S 1 IWFÜ	7
1.	Allgemeine Grundsätze	10
a)	Schuldstatutsunabhängige Anwendung	10
b)	Territorialitätsprinzip	11
c)	„Revenue Rule"	12
d)	Diplomatische Anerkennung	13
e)	Ordre Public	14
f)	Mitgliederbezogenheit	15
g)	Kollisionsnorm versus Sachnorm	16
h)	Devisenrecht des Forums	17
i)	Mittelbare Geltung	18
k)	Auslegung	20
l)	Schiedsgerichtsbarkeit	21
2.	Tatbestandsmerkmale	22
a)	„Devisenkontrakte"	23
aa)	Enge versus weite Auslegung	23
bb)	Einschränkung	25
cc)	Abgrenzung	27
dd)	Erfasste Geschäfte	28
ee)	Aufrechnung	33
ff)	Ungerechtfertigte Bereicherung	34
gg)	Unerlaubte Handlung	35
hh)	Neuer Ansatz: Austauschvertrag	36
b)	„welche die Währung eines Mitglieds berühren"	38
c)	Devisenkontrollbestimmungen	41
d)	Abkommenskonformität	44
e)	Verstoß	47
f)	„Unklagbarkeit"	48
aa)	Sachentscheidungsvoraussetzung	49
bb)	Folgen	52
α)	Zeitpunkt	53
β)	Behauptungs- und Beweislast	59
γ)	Unbegründete Ansprüche	61
δ)	Sicherungsgeschäfte	62
cc)	Kritik	63
α)	Literatur	64
β)	Hans OLG Hamburg	71
γ)	BGH	72
dd)	Die Lösung: Einordnung als unvollkommene Verbindlichkeit	74
II.	**Autonomes Internationales Devisenrecht**	81
1.	Schuldstatutstheorie	83
2.	Territorialitätsprinzip	84
3.	Sonderanknüpfung	86

Alphabetische Übersicht

Abschreibungen	27
Alleinvertretungsanspruch	5
Architektenverträge	32
Art VIII Abschn 2(b) S 1 IWFÜ	
– „Abkommenskonformität"	44 ff
– allgemeine Grundsätze	10
– Anwendungsbereich	4 f, 22
– Auslegung	20, 60

- deutsche Fassung — 8
- „Devisenkontrakte" — 23 ff
- Devisenkontrollbestimmungen — 41 ff
- Devisenrecht des Forum — 17
- englische Fassung — 6
- französische Fassung — 9
- italienische Fassung — 9
- Kapitalverkehr, internationaler — 25 f
- Kapitalverkehrskontrollen — 26
- mittelbare Geltung — 18
- Ordre Public — 14, 83
- Portfolio Investments — 27
- Rechtsnatur — 10, 16
- „Revenue Rule" — 12
- Souveränitätswechsel — 5
- Territorialitätsprinzip — 11, 84 f
- „Unklagbarkeit" — 48 ff
- „Verstoß" — 47
- „... welche die Währung eines Mitglieds berühren ..." — 38 ff
- Zahlungsverkehr, internationaler — 25

Aufrechnung — 33, 70, 79
Auslegung
- des Exekutivdirektoriums — 38
- des IWF-Übereinkommens — 20, 60

Australien
- Transformation des Art VIII Abschn 2(b) S 1 IWFÜ — 19

Bauverträge — 32
Belgien — 9
Bretton Woods-Abkommen — 4
Bürgschaften — 29, 62, 78
Bulgarien-Entscheidung des BGH — 4, 25 f, 30 f, 71

China — 5
Clearing-Verfahren — 39
cours forcé-Bestimmungen — 42

DDR
- Devisenrecht — 2, 85
- Interzonales Devisenrecht — 84 f
- Interzonenverkehr — 2

Derivate — 28
Deutschland
- freie Konvertierbarkeit der DM — 2
- freier Kapitalverkehr — 2
- freier Zahlungsverkehr — 2

- IWF-Mitgliedschaft — 4
- Saarland — 5
- Transformation des Art VIII Abschn 2(b) S 1 IWFÜ — 18

Devisenbewirtschaftung — 2
„Devisenkontrakte" (Art VIII Abschn 2[b] S 1 IWFÜ) — 23 ff
- Architektenverträge — 32
- Austauschverträge — 36
- Bauverträge — 32
- Bürgschaften — 29, 78
- Derivate — 28
- Devisen-Swaps — 28
- Garantie — 29, 62, 78
- Gegengeschäfte — 32
- Grundstückskaufverträge — 32
- Handelsvertretervertrag — 29
- Inkassovereinbarungen — 29
- klassische Devisengeschäfte — 28
- Kommanditeinlage — 30
- Kompensationsgeschäfte — 32
- Lizenzverträge — 28
- „muqasa" — 32
- Schenkungen — 29, 37
- Tausch — 32
- Währungs-Swaps — 28
- Warenkaufverträge — 28

Devisenkontrollbestimmungen (Art VIII Abschn 2[b] S 1 IWFÜ)
- Begriffsbestimmung — 41
- cours forcé-Bestimmungen — 42
- Erbrechtliche Bestimmungen — 42
- „Freeze Orders" — 42
- Handelsbeschränkungen — 42
- Kapitalverkehrskontrollen — 43
- konfiskatorische — 42
- Moratorien — 42
- Preiskontrollen — 42
- währungsrechtliche Bestimmungen — 42
- Zollvorschriften — 42

Devisenrecht
- Alliierte Devisenbewirtschaftungsgesetze — 2
- Art 34 EGBGB — 2
- ausländisches — 4
- Devisenausfuhrbewilligungen — 59
- inländisches — 2
- Internationales Devisenrecht s dort
- Interzonales Devisenrecht — 84 f

5. Abschnitt. Schuldrecht.
1. Unterabschnitt. Vertragliche Schuldverhältnisse

Devisen-Swaps — 28
Dienstleistungsverkehr — 3, 23, 27 f
Dingliche Sicherheiten — 62, 70, 78
Direktinvestitionen — 27

Enteignung — 42, 46
Erbrecht — 81
Europäische Gemeinschaft
– Dienstleistungsfreiheit — 3
– Kapitalverkehrsfreiheit — 3
– Warenverkehrsfreiheit — 3
– Zahlungsverkehrsfreiheit — 3
„exchange contracts" s „Devisenkontrakte"

Familienrechtliche Unterhaltsansprüche — 81
Frankreich — 9
– Transformation des Art VIII Abschn 2(b) S 1 IWFÜ — 18
„Freeze Orders" — 42

Garantie — 29, 62, 78
Gegengeschäfte — 32
„genuine link" — 87
Gerichtsstandsvereinbarungen — 26
Geschäftsfähigkeit — 61
Großbritannien
– Auslegung des Art VIII Abschn 2(b) S 1 IWFÜ — 23, 57
– Devisenrecht — 84
– Transformation des Art VIII Abschn 2(b) S 1 IWFÜ — 18
Grundpfandrechte — 32
Grundschulden — 62, 78
Grundstückskaufverträge — 32

Handelsbeschränkungen — 42
Handelsvertretervertrag — 29
Hypothek — 3, 62, 78

Indonesien — 84
Inkassovereinbarungen — 29
Internationaler Währungsfonds (IWF)
– Auskünfte des IWF — 45
– Auslegungen des IWF — 38
– Beitritte nach dem Zusammenbruch der Sowjetunion — 57
– IWF-Übereinkommen v 22. 7. 1944 — 4, 7
– Kapitalverkehr — 3

– Vorbehaltsstatus (Art XIV Abschn 2 IWFÜ) — 15
– Zahlungsverkehr — 3
– Zustimmungsbedürftige Maßnahmen — 44
Internationales Devisenrecht
– Art VIII Abschn 2(b) S 1 IWFÜ — 4
– autonomes — 4, 81 ff
– Bulgarien-Entscheidung des BGH — 4, 25 f, 30 f, 71
– Definition — 1
– „enge Verbindung" — 87
– „genuine link" — 87
– Schuldstatutstheorie — 83 f
– „shared values" — 88
– Sonderanknüpfung — 86 ff
– Territorialitätsprinzip — 84 f
Internationales Einheitsrecht — 20
Interzonenverkehr — 2
Italien
– Transformation des Art VIII Abschn 2(b) S 1 IWFÜ — 18
IWF-Übereinkommen v 22. 7. 1944 — 4
– Auslegung — 20
– Beendigung — 69
– Novellierungen — 7
– Suspendierung — 69

Kapitalverkehr, internationaler — 1, 23
– Abgrenzung zum Zahlungsverkehr — 27
– Art VIII Abschn 2(b) S 1 IWFÜ — 25
– Beschränkungen — 2, 4
– Bulgarien-Entsch des BGH — 4, 25 f, 30 f, 71
– Kapitalverkehrskontrollen — 43
– langfristige Kredite — 27, 31
Kommanditeinlage — 30
Kompensationsgeschäfte — 32
Kreditverträge
– Kredittilgungen — 27, 31
– Kreditzinsen — 27, 31
– langfristige Kredite — 27, 31

Lebensversicherungen — 27
Lizenzverträge — 28

Mexiko
– Transformation des Art VIII Abschn 2(b) S 1 IWFÜ — 19
Moratorien — 42
„muqasa" — 32

OECD	3	UN-Kaufrecht	10, 59
Österreich	8	„Unklagbarkeit" (Art VIII Abschn 2([b])	
Ordre Public		S 1 IWFÜ)	48 ff
– kollisionsrechtlicher	14, 83	– Behauptungslast	59, 79
– verfahrensrechtlicher	14	– Beweislast	59, 79
		– Prozesshindernde Einrede	71
Portfolio Investments	27	– Prüfung von Amts wegen	49, 59
Preiskontrollen	42	– Reformvorschläge	74 ff
		– Sicht der Gerichte	49 ff
„Revenue Rule"	12	– Sachentscheidungsvoraussetzung	49
		– Sicherungsgeschäfte	62, 70, 78
Scheckverpflichtungen	29, 62, 78	– teilweise Unklagbarkeit	51
– Inhaberschecks	3	– treuwidrige Berufung auf die	
Schenkungen	29	„Unklagbarkeit"	76
Schiedsgerichtsbarkeit	21	– unvollkommene Verbindlichkeit	74 ff
Schuldanerkenntnis	62, 78	– Verjährung	57, 79
Schuldstatutstheorie	83 f	– Versteinerungsklauseln	56
Schuldübernahme	62, 78	– verzichtbare Einrede	79
Schuldversprechen	62, 78	Unterhaltsleistungen	27
Schweden		USA	
– Devisenrecht	19	– Auslegung des Art VIII Abschn 2(b)	
– Transformation des Art VIII Abschn 2(b)		S 1 IWFÜ	23, 57
S 1 IWFÜ	19	– Internationale Prozesse	58
Schweiz	6, 8 f, 26	– Transformation des Art VIII Abschn 2(b)	
– Beitritt zum IWF	6, 67	S 1 IWFÜ	18
– Internationales Devisenrecht	6, 67		
„shared values"	88	Vereinbarungsdarlehen	62, 78
Sicherungsübereignung	62	Verjährung	57, 79
Sonderanknüpfung	86 ff		
Souveränitätswechsel	5	Währungs-Swaps	28
Sowjetunion	57	Warenverkehr	3, 23, 27 f
Stundung	66	Wechselverpflichtungen	29, 62, 78
Südafrika		Wiener Vertragsrechtskonvention	69
– Devisenrecht	19		
– Transformation des Art VIII Abschn 2(b)		Zahlungsverkehr, internationaler	1, 23
S 1 IWFÜ	19	– Abgrenzung zum Kapitalverkehr	27
		– Art VIII Abschn 2(b) S 1 IWFÜ	25
Territorialitätsprinzip	11, 84 f	– Beschränkungen	2
Tausch	32	Zinsderivate	31
Türkei	6	Zinsen	51
		Zollvorschriften	42
Unerlaubte Handlungen	35	Zwangsumtausch	38, 86
Ungerechtfertigte Bereicherung	34		

A. Begriff

1 Internationales Devisenrecht ist die Summe derjenigen Kollisionsnormen, die darüber bestimmen, ob und welche Beschränkungen des laufenden internationalen

Zahlungsverkehrs und des internationalen Kapitalverkehrs von den Gerichten und
Verwaltungsbehörden zu berücksichtigen sind (EBKE, IntDevR 35; ähnlich SOERGEL/
vHOFFMANN[12] Art 34 Rn 133; THODE, in: REITHMANN/MARTINY[5] Rn 478; LIMMER, in: REITH-
MANN/MARTINY[5] Rn 420).

B. Inländisches Devisenrecht

Inländisches zwingendes Devisenrecht (mit internationalem Geltungswillen) wird **2**
wegen Art 34 unabhängig von dem auf den Vertrag anwendbaren Recht (Vertragsstatut) angewendet; Art VIII Abschn 2(b) S 1 IWFÜ (Rn 7 ff) ist insoweit nicht anwendbar, weil Devisenrecht des Forums von dieser Bestimmung nicht erfasst wird
(Rn 17; s ferner EBKE, IntDevR 315; SOERGEL/VHOFFMANN[12] Art 34 Rn 134; LIMMER, in: REITH-
MANN/MARTINY[5] Rn 421; ERMAN/HOHLOCH[9] Art 34 Rn 9; zu den früheren Versuchen von Rechtsprechung und Lehre, die schuldstatutsunabhängige Anwendung inländischen Devisenrechts zu begründen, s EBKE, IntDevR 134 ff; LÜDERITZ, IPR[2] [1992] 135 Fn 53). Nach dem Ersten und
Zweiten Weltkrieg waren Beschränkungen des laufenden internationalen Zahlungsverkehrs und des internationalen Kapitalverkehrs in Deutschland – wie in vielen
anderen europäischen und außereuropäischen Staaten – verbreitet (EBKE, IntDevR
118 ff; HAHN 23 IntLaw 873 [1988] = in: FS Gold [1990] 155; STAUDINGER/WEBER[10/11] Vorbem
51 ff zu § 244). Heute kommt dem materiellen Devisenrecht in Deutschland dagegen
keine große praktische Bedeutung mehr zu; das geltende deutsche Recht ist gekennzeichnet durch die **Freiheit von Devisenbewirtschaftung,** durch die **freie Konvertierbarkeit** der DM (Euro) sowie durch die Freiheit des internationalen Zahlungs- und
Kapitalverkehrs (§ 1 Abs 1 S 1 AWG; LIMMER, in: REITHMANN/MARTINY[5] Rn 420; HAHN,
Währungsrecht 324, 337 ff; STAUDINGER/K SCHMIDT [1997] Vorbem E 5–12 zu § 244, dort [Vorbem
E 13–17] auch zu devisenrechtlichen Fragen im Interzonenverkehr sowie zum Devisenrecht der
ehemaligen DDR. Zu möglichen Ausnahmen s LIMMER, in: REITHMANN/MARTINY[5] Rn 420 mwN).
Zu den alliierten Devisenbewirtschaftungsgesetzen s etwa BGH v 9. 11. 1994, BGHZ
127, 368, 374; BGH v 17. 11. 1994, BGHZ 128, 41, 49.

Das Recht der **Europäischen Gemeinschaft** geht im Grundsatz ebenfalls von der **3**
Freiheit des internationalen Zahlungs- und Kapitalverkehrs aus (HAHN, Währungsrecht
328 ff; HAHN/FOLLAK, in: DAUSES [Hrsg], Hdb des EG-Wirtschaftsrechts [1997] F II; VON DER
GROEBEN/THIESING/EHLERMANN, Hdb des Europäischen Rechts, Bd 7, I A 29; ZÄCH/WEBER, Die
Entwicklung des freien Kapitalverkehrs im Recht der Europäischen Gemeinschaft, in: FG Schweiz
Juristentag 1994 [1994] 405; MünchKomm/MARTINY[3] Nach Art 34 Anh II Rn 39; SOERGEL/VHOFF-
MANN[12] Art 34 Rn 159). Art 56 bis 60 EGV schreiben die sekundärrechtlich erreichte
Liberalisierung des internationalen Zahlungs- und Kapitalverkehrs (s dazu EBKE, Int-
DevR 102 ff mwN) primärrechtlich fest und erweitern sie in einigen Bereichen (s dazu im
Einzelnen HONRATH; J C W MÜLLER; RHODE). Zur Frage, ob die EG-Mitgliedstaaten die Ausfuhr
von Hartgeld, Banknoten oder Inhaberschecks von einer behördlichen Zustimmung abhängig ma-
chen dürfen, s EuGH v 14. 12. 1995 – verb Rs C-163/94, C-165/94 und C-250/94, WM 1996, 1170
m Anm EBKE WuB I H 4–1. 96; s auch EuGH v 23. 2. 1995 – verb Rs C-358/93 und C-416/93, Slg 1995-
I 361 = WM 1995, 1176 = JZ 1995, 1007 m Anm H-K RESS JZ 1995, 1008 und JARVIS EurLRev 20
(1995) 514. Zur Zulässigkeit eines nationalen Verbots der Eintragung von Grundpfandrechten in
einer ausländischen Währung s EuGH v 16. 3. 1999 – Rs C-222/97, WM 1999, 946 m Anm EBKE/
TAVAKOLI WuB I F 3 – 9. 99. Zum Verhältnis der Kapitalverkehrsfreiheit zur Warenverkehrsfreiheit
sowie zur Dienstleistungsfreiheit s EBKE WuB I H 4. – 1. 96, S 1277 mwN. Zur Regelung des inter-

nationalen Zahlungs- und Kapitalverkehrs durch den Internationalen Währungsfonds (IWF) und die Organisation für Wirtschaftliche Zusammenarbeit und Entwicklung (OECD) s statt vieler EBKE, IntDevR 48 ff mwN; EDWARDS 380 ff; HAHN, Währungsrecht 326 f.

C. Ausländisches Devisenrecht

4 Hinsichtlich ausländischer Beschränkungen des laufenden internationalen Zahlungsverkehrs und des internationalen Kapitalverkehrs (zur Abgrenzung s Rn 27) ist kollisionsrechtlich zu differenzieren. Bei **Beschränkungen des laufenden internationalen Zahlungsverkehrs** durch Mitgliedstaaten des IWF ist von deutschen Gerichten und Verwaltungsbehörden (Rn 10) Art VIII Abschn 2(b) S 1 des Übereinkommens über den Internationalen Währungsfonds (IWFÜ) v 22. 7. 1944 (Bretton Woods-Abkommen) zu beachten (Rn 7 ff); Deutschland ist seit dem 29. 7. 1952 Mitglied des IWF (BGBl 1952 II 637, 728; EBKE RiW 1991, 1 Fn 1). Diese Vorschrift hat, soweit sie reicht, Vorrang vor den autonomen Regeln des Internationalen Devisenrechts (Art 3 Abs 2 S 1; EBKE, IntDevR 129; DELAUME 71 f; OELOFSE 152; THODE, in: REITHMANN/MARTINY[5] Rn 478). **Beschränkungen des internationalen Kapitalverkehrs** durch einen IWF-Mitgliedstaat fallen nach der Bulgarien-Entscheidung des II. Zivilsenats des BGH v 8. 11. 1993 (NJW 1994, 390 = RiW 1994, 151 = WM 1994, 54 = WuB VII B 2.-1. 94 m Anm THODE; s auch die Bespr-Aufsätze von EBKE WM 1994, 1357; ders 28 IntLaw 671 [1994]; EBENROTH/MÜLLER RiW 1994, 269; EBENROTH/WOGGON IPRax 1994, 276; K SCHMIDT ZGR 1994, 665), der der XI. Zivilsenat des BGH mit anderer Begründung im Ergebnis gefolgt ist (BGH 22. 2. 1994, BB 1994, 531 = RiW 1994, 327 = WM 1994, 581 = ZIP 1994, 524 = EWiR 1994, 471 m Anm EBENROTH/WOGGON; EBKE WM 1994, 1357 – s dazu Rn 25; ausdrücklich bestätigt in BGH 28. 1. 1997, NJW-RR 1997, 686 = RiW 1997, 426 = WM 1997, 560 = BB 1997, 1554 = WuB I E 1 Nr 5.97 m Anm BATEAU), dagegen grundsätzlich nicht mehr in den Anwendungsbereich des Art VIII Abschn 2(b) S 1 IWFÜ (EBKE WM 1994, 1357, 1368; STEINHAUER 57). Für Kapitalverkehrsbeschränkungen gelten daher die Grundsätze des autonomen deutschen Internationalen Devisenrechts (s Rn 81 ff), unabhängig davon, ob sie von einem IWF-Mitgliedstaat oder von einem Staat erlassen wurden, der dem IWF nicht angehört.

5 Das autonome deutsche Internationale Devisenrecht entscheidet auch darüber, ob, unter welchen Voraussetzungen und wie ausländischen Beschränkungen des laufenden internationalen Zahlungsverkehrs, die nicht in den Anwendungsbereich des Art VIII Abschn 2(b) S 1 IWFÜ fallen (Rn 81), im Inland Geltung zu verschaffen ist (EBKE, in: FS Kleiner [1993] 322 f; GROSSFELD, IntUntR[2] 223; SOERGEL/vHOFFMANN[12] Art 34 Rn 135). Entsprechendes gilt für Beschränkungen des laufenden internationalen Zahlungsverkehrs durch Staaten, welche dem IWF nicht angehören (EBKE, IntDevR 159 f); Art VIII Abschn 2(b) S 1 IWFÜ gilt nämlich nicht im Verhältnis zu Staaten, welche dem IWF nicht angehören (unstr – EBKE 23 IntLaw 677, 679 Fn 9 [1989]; DELAUME 72; GOLD Article VIII 88; VAN HOUTTE 319 Fn 33; zum maßgeblichen Zeitpunkt s Rn 53 und 77). Zur Anwendbarkeit des Art VIII Abschn 2(b) S 1 IWFÜ bei **Souveränitätswechsel** (wie im Falle des Saarlandes) oder bei **völkerrechtlichem Alleinvertretungsanspruch** (wie im Falle Chinas bzgl Taiwan) s EBKE, IntDevR 260 ff.

6 Umgekehrt brauchen Staaten, die dem IWF nicht angehören, Art VIII Abschn 2(b) S 1 IWFÜ nicht zu beachten (EBKE RiW 1991, 1, 2). Daher hat beispielsweise die

II. Zivilkammer des Obergerichts Zürich in seiner Entscheidung v 29. 4. 1983 (BlZRspr 1984 Nr 14; s dazu R WEBER, IPRax 1985, 56) in dem Verfahren einer schweizerischen Bank gegen eine türkische Bank Art VIII Abschn 2(b) S 1 IWFÜ zu Recht nicht angewandt (das IWF-Übereinkommen ist für die **Schweiz** erst am 29. 5. 1992 in Kraft getreten; zu den Folgen des Beitritts der Schweiz zum IWF für das schweizerische Internationale Devisenrecht s EBKE, in: FS Kleiner [1993] 303; KLEIN, in: Études de droit international en l'honneur de Pierre Lalive [1993] 261; MANN SZW/RSDA 1992, 34; SAXER, in: FG Schweiz Juristentag 1994 [1994] 329 – s auch Rn 26 und 67).

I. Art VIII Abschn 2(b) S 1 IWF-Übereinkommen

Art VIII Abschn 2(b) S 1 IWFÜ lautet in der – völkerrechtlich allein verbindlichen 7
(s EBKE, IntDevR 158) – englischen Fassung:

„Exchange contracts which involve the currency of any member and which are contrary to the exchange control regulations of that member maintained or imposed consistently with this Agreement shall be unenforceable in the territories of any member."

Art VIII Abschn 2(b) S 1 IWFÜ hat die drei Novellierungen des IWF-Übereinkommens vom 22. 7. 1944 (in Kraft getreten am 27. 12. 1945, 2 UNTS 39) in den Jahren **1968** (in Kraft getreten am 28. 7. 1969, 7 ILM 509 [1968]), **1976** (in Kraft getreten am 1. 4. 1978, 15 ILM 546 [1976]) und **1990** (in Kraft getreten am 11. 11. 1992, 31 ILM 1307 [1992]; für Deutschland s BGBl 1991 II 814) unverändert überstanden.

Die – im Zusammenhang mit der Zweiten Novellierung des IWF-Übereinkommens 8
von 1976 (Rn 7) in Abstimmung mit Österreich und der Schweiz überarbeitete – **deutsche Übersetzung** des Art VIII Abschn 2(b) S 1 IWFÜ lautet (s BGBl 1978 II 15, 34 f):

„Aus Devisenkontrakten, welche die Währung eines Mitglieds berühren und den von diesem Mitglied in Übereinstimmung mit diesem Übereinkommen aufrechterhaltenen oder eingeführten Devisenkontrollbestimmungen zuwiderlaufen, kann in den Hoheitsgebieten der Mitglieder nicht geklagt werden."

Eine einheitliche französische Übersetzung gibt es nicht (s GOLD, The Fund Agreement 9
III 628 f). Die 1978 vom Sprachendienst des IWF angefertigte (völkerrechtlich nicht verbindliche) französische Übersetzung des Art VIII Abschn 2(b) S 1 IWFÜ lautet:

„Les contrats de change qui mettent en jeu la monnaie d'un membre et sont contraires aux réglementations de contrôle des changes que ce membre maintient en vigueur ou qu'il a introduites en conformité avec les présents Statuts, ne seront pas exécutoires sur les territoires d'aucun membre."

(s GOLD, The Fund Agreement III 629; KLEIN, in: Études de droit international en l'honneur de Pierre Lalive [1993] 261). Die französische Übersetzung der Schweiz lautet:

„Les contrats de change qui mettent en cause la monnaie d'un Etat membre et sont contraires à la réglementation des changes que cet Etat membre maintient en vigueur ou qu'il a introduites en conformité avec les présents Statuts, ne sont pas exécutoires sur les territoires des autres Etat membres."

(s Feuille Fédérale 1991, 1263; zur italienischen Fassung der Schweiz s Foglio Federale 1991, 1062). In Belgien ist folgender französischer Text maßgebend:

„Les contrats relatifs aux devises qui portent sur la monnaie d'un membre et qui sont en opposition avec la réglementation du contrôle des changes de ce membre, maintenue ou imposée conformément au présent accord, n'auront pas force obligatoire dans les territoires de tout membre".

(s Moniteur Belge, 13.3. 1946, N 72, S 2180; vgl Schiedsurteil v 23.3. 1981, JTrib 1983, 727, 729). Die Unterschiede in den französischen Texten betreffen vor allem die Übersetzung des englischen Begriffs „unenforceable" („ne seront pas exécutoires", „ne sont pas exécutoires" und „n'auront pas force obligatoire") (zu Einzelheiten der Auslegung dieses Begriffs s Rn 48 ff und 74 ff).

1. Allgemeine Grundsätze

a) Schuldstatutsunabhängige Anwendung

10 Art VIII Abschn 2(b) S 1 IWFÜ, der nach zutreffender, aber nicht unbestrittener Ansicht sowohl Kollisionsnorm- als auch Sachnorm ist (Rn 16), verpflichtet die Gerichte und Verwaltungsbehörden (s EBKE JZ 1991, 335, 337 Fn 15; über die Auslegung und Anwendung der Vorschrift durch die Verwaltungsbehörden der IWF-Mitgliedstaaten liegen allerdings so gut wie keine Erkenntnisse vor) der Mitgliedstaaten des IWF, abkommenskonforme (Rn 44 ff) Devisenkontrollbestimmungen (Rn 41 ff) *anderer* (Rn 17 und 81) Mitgliedstaaten des Fonds zu beachten, selbst wenn die fraglichen Devisenkontrollbestimmungen nicht der lex contractus angehören (EBKE, IntDevR 159; SOERGEL/vHOFFMANN[12] Art 34 Rn 138). Zum Verhältnis von Art VIII Abschn 2(b) S 1 IWFÜ zu Art 28 UNCITRAL-KÜbk s vCAEMMERER/SCHLECHTRIEM, Kommentar zum Einheitlichen UN-Kaufrecht[2] (1995) Art 28 Rn 16; KAROLLUS, in: HONSELL (Hrsg), Kommentar zum UN-Kaufrecht (1997) Art 28 Rn 26; MünchKomm/MARTINY[3] Nach Art 34 Anh II Rn 37a.

b) Territorialitätsprinzip

11 Das Territorialitätsprinzip (s auch Rn 83 ff) kann im Geltungsbereich des Art VIII Abschn 2(b) S 1 IWFÜ nicht mehr herangezogen werden, um abkommenskonformen Devisenkontrollbestimmungen eines anderen IWF-Mitgliedes die Anerkennung im Forumstaat zu versagen (EBKE, IntDevR 159; SCHEFOLD, in: SCHIMANSKY/BUNTE/LWOWSKI 3337).

c) „Revenue Rule"

12 Entsprechendes gilt für den überkommenen Grundsatz von der Unanwendbarkeit ausländischen öffentlichen Rechts („revenue rule" – Rn 83) (EBKE 23 IntLaw 677, 683 [1989] mwN; SCHEFOLD, in: SCHIMANSKY/BUNTE/LWOWSKI 3337; Restatement [Third] of the Foreign Relations Law of the United States [1987] § 822 Comment a).

d) Diplomatische Anerkennung

13 Die Anerkennung ausländischer Devisenkontrollbestimmungen hängt nach Art VIII

Abschn 2(b) S 1 IWFÜ auch nicht davon ab, dass der Forumstaat den ausländischen Erlassstaat diplomatisch anerkennt (EBKE, IntDevR 159). Entscheidend ist allein, dass Forumstaat *und* Erlassstaat dem IWF angehören (s statt aller EBKE, in: FS Kleiner [1993] 304; VAN HOUTTE 319 Fn 33; zur Frage des maßgeblichen Zeitpunkts s Rn 53 und 77).

e) Ordre Public

Art VIII Abschn 2(b) S 1 IWFÜ hindert die Gerichte und Verwaltungsbehörden **14** (Rn 10) eines IWF-Mitgliedstaates nicht, einer ihrem Inhalt nach abkommenskonformen (Rn 44 ff) Devisenkontrollbestimmung eines anderen IWF-Mitgliedes mit Hilfe des kollisionsrechtlichen (Art 6 EGBGB) oder verfahrensrechtlichen (§ 328 Abs 1 Nr 4, 1041 Abs 1 Nr 2, 1044 Abs 2 Nr 2 ZPO; Art 27 Nr 1 EuGVÜ; § 16a Nr 4 FGG) Ordre Public *ausnahmsweise* die Geltung zu versagen, wenn und soweit sie von den Behörden des Erlassstaates in casu willkürlich angewandt wurde oder ihre Anwendung im Einzelfall diskriminierend oder enteignend wirkt (sehr str – zu Einzelheiten s EBKE, IntDevR 181 ff; ders RiW 1991, 1, 2; ders WM 1994, 1357, 1367; THODE, in: REITHMANN/MARTINY[5] Rn 479; KLEINER 159; GROSSFELD, IntUntR[2] 223; BALFOUR 140; BERGER ZVerglRW 96 [1997] 316, 340 f; HAHN, Währungsrecht 393; WEGEN 62 FordhamLRev 1931, 1936 f [1994]; ausführlich SEIDL/HOHENVELDERN 23 IntLaw 957 [1989] = in: FS Gold [1990] 379). Zwar liest man gelegentlich, der Rückgriff auf den Ordre Public stelle einen „schwerwiegenden Systembruch" dar, „weil Art VIII Abschn 2(b) IWF-Ü gerade verhindern will, dass Devisenkontrollbestimmungen eines anderen Staates mit Hilfe des ordre public beiseite geschoben werden" (GEHRLEIN DB 1995, 129 ff, 129 l Sp). Diese Ansicht übersieht aber, dass die fragliche Devisenkontrollbestimmung in den erwähnten „engen Ausnahmefällen" (THODE, in: REITHMANN/MARTINY[5] Rn 479) durch den Rückgriff auf den Ordre Public nicht insgesamt „ausgehebelt" wird (zu weit daher BGH 17. 2. 1971, WM 1971, 411, 412 und ihm folgend UNTEREGGE 57 f; zu weit auch Executive Board Decision No 446–4 v 10. 6. 1949, in: IMF [Hrsg], Selected Decisions of the International Monetary Fund and Selected Documents[13] [1987] 290, wo es heißt: „... [ii] these courts must not refuse the contract as unenforceable on the ground that the exchange control regulations are contrary to the public policy [ordre public] of the forum"); die ausländische Devisenkontrollbestimmung kommt vielmehr *ausnahmsweise* deshalb nicht zum Tragen, weil ihre Anwendung im konkreten Fall zu einem Ergebnis führen würde, das mit wesentlichen Grundsätzen des deutschen Rechts, insbesondere den Grundrechten, offensichtlich unvereinbar wäre (EBKE WM 1994, 1357, 1367).

f) Mitgliederbezogenheit

Die Verpflichtung, abkommenskonforme Devisenkontrollbestimmungen anderer **15** Fondsmitgliedstaaten zu beachten, trifft alle Mitglieder des IWF unabhängig davon, ob sie sich zur Konvertierbarkeit ihrer Währung verpflichtet haben (Art VIII 2[a], 3 und 4 IWFÜ) oder – wie viele der heute rund 180 IWF-Mitglieder (s EBKE WM 1994, 1357, 1362 Fn 99 mwN; FUCHS ZVerglRW 95 [1996] 283, 295 Fn 68) – von dem Vorbehalt des Art XIV Abschn 2 IWFÜ 1978 Gebrauch machen (ganz hM – s EBKE, IntDevR 160 mwN; VAN HOUTTE 314 Fn 9; **aA** DRAKIDIS Rev crit d i p 59 [1970] 363, 369 f, 373 und 398).

g) Kollisionsnorm versus Sachnorm

Art VIII Abschn 2(b) S 1 IWFÜ ist nach zutreffender, aber nicht unbestrittener **16** Ansicht sowohl Kollisions- als auch Sachnorm (zum Streitstand s EBKE, IntDevR 177 ff mwN; wie hier MünchKomm/MARTINY[3] Nach Art 34 Anh II Rn 11; SCHURIG ÖBA 1994, 645, 648; BERGER ZVerglRW 96 [1997] 316, 338; BENZLER 91; SOERGEL/vHOFFMANN[12] Art 34 Rn 139; THODE, in: REITHMANN/MARTINY[5] Rn 479; THODE/WENNER 60; wohl auch FUCHS 150; **aA** VISCHER/HUBER/ OSER, Internationales Vertragsrecht[2] [2000] Rn 999; HAHN 393; MANN JZ 1981, 327 ff, 327; offen lassend KLEINER 154).

h) Devisenrecht des Forums

17 Auf Devisenkontrollbestimmungen des Forums ist die Sonderanknüpfungsregel des Art VIII Abschn 2(b) S 1 IWFÜ nicht anwendbar (hM – ÖstOGH 30. 9. 1992, ÖBA 1994, 641, 644 f m Anm SCHURIG ÖBA 1994, 645, 647; EBKE, IntDevR 179 mwN; ERMAN/HOHLOCH[9] Art 34 Rn 9; SOERGEL/vHOFFMANN[12] Art 34 Rn 139; LIMMER, in: REITHMANN/MARTINY[5] Rn 421). Zwar könnte der Begriff „any" in dem Relativsatz „which involve the currency of *any* member" darauf hindeuten, dass Art VIII Abschn 2(b) S 1 IWFÜ die Devisenkontrollbestimmungen des Forums mit umfassen will (in diesem Sinne DRAKIDIS Rev crit d i p 59 [1970] 363, 378; JESSURUN D'OLIVEIRA Ars Aequi 29 [1980] 254, 262). Die Entstehungsgeschichte des Art VIII Abschn 2(b) S 1 IWFÜ enthält aber keine Anhaltspunkte dafür, dass Art VIII Abschn 2(b) S 1 IWFÜ auch Devisenkontrollbestimmungen des Forumstaates Geltung verschaffen sollte (im Ergebnis ebenso GOLD, The Fund Agreement III 88, 763 und 790; DELAUME 72). Der IWF selbst hat bereits 1949 seine Ansicht bekräftigt, dass Art VIII Abschn 2(b) S 1 IWFÜ nur auf Devisenkontrollbestimmungen *anderer* Mitgliedstaaten, nicht aber solche des Gerichtsstaates anzuwenden ist (EBKE, IntDevR 179; SCHURIG ÖBA 1994, 645, 647). Die besseren Gründe sprechen also für die heute hM, wonach Art VIII Abschn 2(b) S 1 IWFÜ keine allseitige Kollisionsnorm ist, sondern eine – in der Terminologie von KEGEL/SCHURIG (IPR[8] 255) – „unvollkommen allseitige" (s auch SCHURIG ÖBA 1994, 645, 648) bzw „einseitige" (EBKE, IntDevR 179; SOERGEL/ vHOFFMANN[12] Art 34 Rn 139) Kollisionsnorm darstellt, nach der unter bestimmten Voraussetzungen ausländische Devisenkontrollbestimmungen zu beachten sind, nicht aber inländische (vgl KROPHOLLER, IPR[4] [2001] 102).

i) Mittelbare Geltung

18 Art VIII Abschn 2(b) S 1 IWFÜ gilt nicht unmittelbar (s EBKE, IntDevR 161; GOLD, IMF: Some Effects 13. 57 und 13. 94; KÄGI 97 f; ohne Begründung **aA** MünchKomm/MARTINY[3] Nach Art 34 Anh II Rn 10; gegen die Ansicht MARTINYS ausdrücklich GOLD, The Fund Agreement IV 295; missverständlich BÖHLHOFF/BAUMANNS 108 und MESTMÄCKER RabelsZ 52 [1988] 205, 234). Die Notwendigkeit einer Transformation in das nationale Recht folgt aus Art XX Abschn 2(a) IWFÜ 1945 (EBKE, IntDevR 161). Die Bundesrepublik **Deutschland** ist ihrer Verpflichtung aus Art XX Abschn 2(a) IWFÜ 1945 nachgekommen (s Bek v 26. 8. 1952, BGBl 1952 II 728; Zust-Ges v 28. 7. 1952, BGBl 1952 II 637). Entsprechendes gilt für nahezu alle anderen IWF-Mitgliedstaaten, namentlich für **Frankreich** (s BGBl 1959 II 583; vgl Cour de Cassation 16. 10. 1967, Dalloz 1968, J 445 [l Sp]), **Großbritannien** (s § 3[1] des Bretton Woods Agreements Act 1945, 9 & 10 Geo 6, c 19), **Italien** (FÜRNROHR 174) und die **USA** (s Sec 11 des Bretton Woods Agreements Act von 1945, 22 USC § 286h).

19 Unklar ist die Rechtslage dagegen in **Australien** und **Mexico;** in diesen Ländern ist die Transformation des Art VIII Abschn 2(b) S 1 IWFÜ in innerstaatliches Recht fraglich (EBKE, IntDevR 162 f; FUCHS 175). **Schweden** (s BOGDAN, Svensk internationaell privat- och processrätt[3] [1987] 71 Fn 8) und die Republik **Südafrika** (OELOFSE 153; MALAN JSAL/TSAR 1991, 722) haben Art VIII Abschn 2(b) S 1 IWFÜ nicht zu innerstaatlichem Recht erhoben. Die deutsche Rechtsprechung hat Art VIII Abschn 2(b) S 1 IWFÜ gleichwohl auf schwedische (BGH 21. 12. 1976, IPRspr 1976 Nr 118) und südafrikanische (OLG

Bamberg 5.7.1978, IPRspr 1978 Nr 127) Devisenkontrollbestimmungen angewandt (zust EBKE, IntDevR 272 mwN; STEINHAUER 120 ff; aA GRÄNICHER 94).

k) Auslegung

Auch soweit Art VIII Abschn 2(b) S 1 IWFÜ in nationales Recht transformiert wurde, ist er als Bestandteil des internationalen Einheitsrechts – im Interesse einer international einheitlichen Auslegung und Anwendung (vgl Art 36 EGBGB; Art 7 Abs 1 UNCITRAL-KÜbk) – autonom, dh aus dem IWF-Übereinkommen selbst auszulegen (EBKE, IntDevR 179 f; SOERGEL/vHOFFMANN[12] Art 34 Rn 139; REINHUBER 57; zu den methodischen Fragen der Auslegung internationalen Einheitsrechts grundlegend KROPHOLLER, Internationales Einheitsrecht [1975] 235). Heranzuziehen sind die vier klassischen Auslegungsmethoden (dh die grammatische, die systematische [s aber EBKE WM 1994, 1357, 1361], die historische und die teleologische Interpretation) sowie die rechtsvergleichende Interpretation (ausländische Gerichtsentscheidungen zu Art VIII Abschn 2[b] S 1 IWÜ haben für deutsche Gerichte allerdings keinerlei Bindungswirkungen – vgl CANARIS JZ 1987, 543, 549). Eine Auslegung allein aus Sicht des Schuldstatuts oder des Forums ist abzulehnen (FÜRNROHR 213 f; aA MANN JZ 1981, 327 ff, 327). Zur Notwendigkeit und zur Schwierigkeit, die einzelnen Tatbestandsmerkmale des Art VIII Abschn 2(b) S 1 IWFÜ in das nationale Recht einzupassen, s Rn 48.

l) Schiedsgerichtsbarkeit

In der schiedsgerichtlichen Praxis findet Art VIII Abschn 2(b) S 1 IWFÜ ebenfalls zunehmend Beachtung (s die Nachw bei EBKE, IntDevR 164 Fn 39; s ferner SANDROCK JInt Arb 11 [1994] 40, 42; ders 23 IntLaw 933 [1989] = in: FS Gold [1990] 351; BERGER ZVerglRW [1997] 316, 337 ff). Das ist umso bemerkenswerter, als das Problem der Beachtlichkeit ausländischer wirtschaftsrechtlicher Eingriffsnormen in der internationalen Handelsschiedsgerichtsbarkeit noch nicht als geklärt angesehen werden kann (s dazu BAUDENBACHER/SCHNYDER ZSR Beiheft 20, 1996; DERAINS, in: FS Goldman 29; DROBNIG, in: FS Kegel 95; HOCHSTRASSER JIntArb 11 [1994] 57; SANDROCK RiW 1992, 785; SCHIFFER, Normen ausländischen öffentlichen Rechts in internationalen Handelsschiedsverfahren [1990]; SCHNYDER 277 f mwN; ders RabelsZ 59 [1995] 293; UNGEHEUER, Die Beachtung von Eingriffsnormen in der internationalen Handelsschiedsgerichtsbarkeit [1996]; BÖSCH [Hrsg], Provisional Remedy in International Commercial Arbitration. A Practitioner Handbook [1994] 6–7; SCHÜTZE, Schiedsgericht und Schiedsverfahren [3. Aufl 1999] 99–105; JUNKER, in: FS Sandrock [2000] 443).

2. Tatbestandsmerkmale

Der Anwendungsbereich des Art VIII Abschn 2(b) S 1 IWFÜ hängt maßgeblich von der Auslegung der sechs wichtigsten Tatbestandsmerkmale dieser Bestimmung ab: „Devisenkontrakte" („exchange contracts" – Rn 23 ff), „... welche die Währung eines Mitglieds berühren ..." („which involve the currency of any member" – Rn 38 ff), „Devisenkontrollbestimmungen" („exchange control regulations" – Rn 41 ff), „Abkommenskonformität" („maintained or imposed consistently with this Agreement" – Rn 44 ff), „Verstoß" („which are contrary to" – Rn 47) und „Unklagbarkeit" („unenforceable" – Rn 48 ff). Über die Auslegung dieser Tatbestandsmerkmale besteht bis heute international keine Einigkeit (s dazu rechtsvergleichend EBKE, IntDevR 202 ff; SEUSS 5 ff; FUCHS 149 ff).

a) „Devisenkontrakte"
aa) Enge versus weite Auslegung

23 Die deutsche Rechtsprechung hat den zentralen Begriff des „exchange contract" („Devisenkontrakt") traditionell weit ausgelegt (zu Einzelheiten s EBKE, IntDevR 229 ff; THODE, in: REITHMANN/MARTINY⁵ Rn 480), wohingegen die Gerichte anderer wichtiger kapitalexportierender Staaten, namentlich die Gerichte des US-Bundesstaates **New York** (EBKE, IntDevR 215 ff; FOLSOM/GORDON 207 f; LINK 143; SANDROCK WM 1994, 405, 409 ff) und **Großbritanniens** (EBKE, IntDevR 206 ff; BALFOUR 124; SEUSS 13 ff), den Begriff „exchange contracts" derart eng auslegen, dass Art VIII Abschn 2(b) S 1 IWFÜ im grenzüberschreitenden Waren-, Dienstleistungs-, Zahlungs- und Kapitalverkehr aus Sicht US-amerikanischer bzw englischer Gerichte heute praktisch nicht mehr zur Anwendung kommt (EBKE RiW 1991, 1, 3 f; ders JZ 1991, 335, 339 f; ders JZ 1992, 784 f; ders RiW 1993, 614, 616 ff; ders WM 1994, 1357, 1358 ff; s ferner EBENROTH/NEISS RiW 1991, 617; EHRICKE RiW 1991, 365, 366 ff). Dahinter verbirgt sich der Wunsch der Gerichte, das autonome Internationale Devisenrecht des Forums zur Anwendung bringen zu können; dieses ist den einheimischen Kreditgebern und sonstigen Gläubigern regelmäßig günstiger als Art VIII Abschn 2(b) S 1 IWFÜ, bei dem der Schutz von Zahlungsbilanz und Währung des Erlassstaates im Vordergrund steht (EBKE RiW 1991, 1, 3).

24 Maßstab für die Auslegung und Anwendung des Art VIII Abschn 2(b) S 1 IWFÜ durch die **deutschen Gerichte** war dagegen traditionell in erster Linie der Zweck der Bestimmung, den Devisenbestand und die Währung des erlassenden IWF-Mitgliedstaates zu schützen (EBKE IntDevR 229); die Interessen der Gläubiger traten dahinter meistens zurück (EBKE RiW 1991, 1, 2). Bei der Auslegung und Anwendung des Art VIII Abschn 2(b) S 1 IWFÜ haben die deutschen Gerichte bis vor kurzem nicht danach unterschieden, ob es sich bei der zu beurteilenden Leistung um Zahlungen für laufende internationale Transaktionen oder Transfers im Zusammenhang mit Geschäften des grenzüberschreitenden Kapitalverkehrs handelte (zur Abgrenzung s Rn 27). Nach der Rechtsprechung reichte es vielmehr aus, dass es sich um Zahlungen oder Transfers aufgrund einer Vereinbarung handelte.

bb) Einschränkung

25 In zwei neueren Entscheidungen hat der BGH in Übereinstimmung mit der Rechtsprechung anderer wichtiger kapitalexportierender IWF-Mitgliedstaaten – namentlich der Gerichte des US-Bundesstaates New York (s die Nachw in Rn 23) und Großbritanniens (s die Nachw in Rn 23) – die Reichweite des Art VIII Abschn 2(b) 1 IWFÜ erheblich eingeschränkt. In seiner **Bulgarien-Entscheidung** hat der II. Zivilsenat des BGH den Anwendungsbereich der Vorschrift auf Zahlungen für laufende internationale Transaktionen beschränkt; Geschäfte des internationalen Kapitalverkehrs werden danach von Art VIII Abschn 2(b) S 1 IWFÜ nicht mehr erfasst (BGH 8.11. 1993, NJW 1994, 390 = RiW 1994, 151 = WM 1994, 54 = WuB VII B 2.-1.94 m Anm THODE; s auch die Bespr-Aufsätze von EBKE WM 1994, 1357; ders 28 IntLaw 671 [1994]; EBENROTH/MÜLLER RiW 1994, 269; EBENROTH/WOGGON IPRax 1994, 276; K SCHMIDT ZGR 1994, 665). Der Senat hat damit einen im neueren Schrifttum (s EBKE JZ 1991, 335, 342; ders RiW 1991, 1, 6 f; ders ZVerglRW 92 [1993] 115 f ; EBENROTH/NEISS RiW 1991, 617, 624; EHRICKE RiW 1991, 365, 366 f; PALM RiW 1990, 485, 489; THODE WuB VII A. § 38 ZPO 2.92) beklagten, durch die bisherige Rechtsprechung bedingten internationalen Wettbewerbsnachteil Deutschlands beseitigt (THODE, in: REITHMANN/MARTINY⁵ Rn 480).

Der XI. Zivilsenat des BGH hat die Bulgarien-Entscheidung des II. Zivilsenats dahin 26
ergänzt, dass ausländische Kapitalverkehrskontrollen von Art VIII 2(b) S 1 IWFÜ
nicht erfasst werden (BGH 22. 2. 1994, BB 1994, 531 = RiW 1994, 327 = WM 1994, 581 = ZIP 1994,
524 = EWiR 1994, 471 m Anm EBENROTH/WOGGON; s ferner EBKE WM 1994, 1357; der XI. Zivilsenat
des BGH hat seine Rechtsauffassung kürzlich ausdrücklich bestätigt: BGH 28. 1. 1997, NJW-RR
1997, 686 = RiW 1997, 426 = WM 1997, 560 = BB 1997, 1554 = WuB I E 1 Nr 5.97 m Anm BATEAU).
Nach der einschränkenden Auslegung durch die beiden BGH-Senate ist Art VIII
Abschn 2(b) S 1 IWFÜ auf Kapitalverkehrsverträge und Verträge, die von einer
Kapitalverkehrskontrollbestimmung eines IWF-Mitgliedstaates erfasst werden, nicht
mehr anwendbar (EBKE WM 1994, 1357, 1368; STEINHAUER 57; THODE, in: REITHMANN/MAR-
TINY[5] Rn 482; SCHEFOLD, in: SCHIMANSKY/BUNTE/LWOWSKI 3338 ff; zu den möglichen Folgen der
Rechtsprechung im Hinblick auf die Vereinbarung eines deutschen Gerichtsstandes s EBKE WM
1994, 1357, 1368); insoweit greift dann das autonome Internationale Devisenrecht ein
(Rn 81 ff). VISCHER/HUBER/OSER, Internationales Vertragsrecht[2] (2000) Rn 1001 ver-
muten, dass die schweizerischen Gerichte dem sich abzeichnenden internationalen
Konsens über die enge Auslegung folgen werden.

cc) Abgrenzung

Die Abgrenzung zwischen Geschäften des internationalen Kapitalverkehrs und Ge- 27
schäften des laufenden internationalen Zahlungsverkehrs ist durch die Rechtsprechung bisher nur teilweise geklärt (THODE, in: REITHMANN/MARTINY[5] Rn 483). Ausgangspunkt für die Abgrenzung ist Art XXX(d) IWFÜ, der in den Nr 1–4 beispielhaft
Zahlungen für laufende Transaktionen aufzählt (EBKE WM 1994, 1357, 1358; EBENROTH/
REINER 825). Danach umfassen Zahlungen des laufenden Zahlungsverkehrs insbesondere Zahlungen im Zusammenhang mit dem Waren- und Dienstleistungsverkehr, mit
Kreditzinsen und sonstigen Nettoerträgen, Kredittilgungen und Direktinvestitions-
abschreibungen in mäßiger Höhe sowie laufende Familienunterhaltszahlungen in
mäßiger Höhe (EBKE, IntDevR 231). Im Umkehrschluss lassen sich daher als Kapital-
verkehrsgeschäfte qualifizieren: langfristige Kredite im Ausland, Transfers von Bankguthaben ins Ausland zu Investitionszwecken, Portfolio Investments sowie Lebensversicherungen (EBKE, IntDevR 89 f; ders WM 1994, 1357, 1358 Fn 11; THODE, in: REITHMANN/
MARTINY[5] Rn 483; vgl EBENROTH/WOGGON IPRax 1993, 151, 151 Fn 8). Zu Kreditverträgen
s Rn 31.

dd) Erfasste Geschäfte

Über den Kreis der von Art VIII Abschn 2(b) S 1 IWFÜ im Übrigen erfassten 28
Geschäfte besteht in Praxis und Wissenschaft keine Einigkeit (zum historischen Hintergrund und den Folgen des Streits um eine enge bzw weite Auslegung des Begriffs „exchange contract"
s EBKE, IntDevR 204 ff). Auf der Grundlage der – auf MANN (IntCompLQ 2 [1947] 97, 102;
ders BritYbIntL 26 [1949] 278, 279, enger allerdings ders ModLRev 10 [1947] 411, 418) zurückgehenden und von dem früheren Chefjustitiar des IWF, SIR JOSEPH GOLD, nachdrücklich befürworteten (s nur GOLD, The Fund Agreement III 271 und 347; ders 33 Int-
CompLQ 777 [1984]; ders 7 Houston JIntL 1, 11 [1984]) – weiten Auslegung des Merkmals
„exchange contract" haben sich in der deutschen Rechtsprechung mehrere Fallgruppen herausgebildet, auf die das IWF-Übereinkommen anwendbar ist (s die Systematisierung von THODE, in: REITHMANN/MARTINY[5] Rn 484). Art VIII Abschn 2(b) S 1 IWFÜ ist
ua (weitere Beispiele bei MünchKomm/MARTINY[3] Nach Art 34 Anh II Rn 14–16; EBKE, IntDevR
229 f; SOERGEL/VHOFFMANN[12] Art 34 Rn 145; SCHEFOLD, in: SCHIMANSKY/BUNTE/LWOWSKI 3341 ff)
angewandt worden auf Geschäfte des grenzüberschreitenden Waren- und Dienstleis-

tungsverkehrs, namentlich auf **Warenkaufverträge** (zB LG Hamburg 28.12.1954, IPRspr 1954–1955 Nr 164, S 467, 470; s auch OLG Hamburg 28.9.1959, IPRspr 1958–1959 Nr 168, S 547, 548; OLG Bamberg 5.7.1978, IPRspr 1978 Nr 127, S 309, 311; BGH 24.6.1970, IPRspr 1970 Nr 102, S 333, 334 [inzidenter]; **aA** noch OLG Hamburg 7.7.1959, IzRspr 1958–1959 Nr 135A, S 369, 372), **Lizenzverträge** (OLG Bamberg 5.7.1978, IPRspr 1978 Nr 127, S 309, 310–311) sowie auf das klassische **Devisengeschäft,** also den Austausch von Zahlungsmitteln gegen Zahlungsmittel (OLG Düsseldorf 28.9.1989, WM 1989, 1842 = WuB VII B 2.-1.90 m Anm THODE = ZIP 1989, 1387; SCHÜTZE, in: ASSMANN/SCHÜTZE, Hdb des Kapitalanlagerechts [1990] S 279 Rn 38). Zu Zahlungen im Rahmen von **Devisen- und Währungs-Swaps** s EBENROTH/REINER, 825; zu **derivativen Transaktionen** s BENZLER 91.

29 Kaufpreissichernde **Bürgschaften** (BGH 11.3.1970, IPRspr 1970 Nr 100, S 327, 328; OLG München 17.10.1986, IPRspr 1986 Nr 145, S 346, 348 m Aufs REHBINDER IPRax 1987, 289) und **Garantien** (s GOERKE 121; SCHEFOLD, in: SCHIMANSKY/BUNTE/LWOWSKI 3344), welche mit der genehmigungspflichtigen Hauptschuld „auf das engste und untrennbar" verbunden sind (s BGH 21.5.1964, IPRspr 1964–1965 Nr 191, S 574, 576), gelten ebenfalls als „exchange contracts". **Inkassovereinbarungen** (offengelassen in BGH 8.3.1979, IPRspr 1979 Nr 139, S 473, 476), die Begründung von **Scheck-** (OLG Düsseldorf 28.9.1989, RiW 1989, 987) bzw **Wechselverpflichtungen** (BGH 27.4.1970, IPRspr 1970 Nr 101, S 329, 331; OLG München 23.10.1992, OLGR 1993, 23) und selbst **Schenkungen** (s KG 8.7.1974, IPRspr 1974 Nr 138, S 364, 366; das KG lässt allerdings offen, ob es sich bei dem zugrunde liegenden Rechtsverhältnis um eine Schenkung oder ein Darlehen handelt) sollen „exchange contracts" iSd Art VIII Abschn 2(b) S 1 IWFÜ sein (s aber unten Rn 37). Der **Handelsvertretervertrag** ist nach einer in der Literatur vertretenen Ansicht ebenfalls „Devisenkontrakt" iSv Art VIII Abschn 2(b) S 1 IWFÜ (KÜSTNER/vMANTEUFFEL, Hdb des gesamten Außendienstrechts Bd 1: Das Recht des Handelsvertreters[2] [1992] S 848 Rn 2461 mwN; BERGER ZVerglRW 96 [1997] 316, 342).

30 In seiner Bulgarien-Entscheidung (s oben Rn 4 und 25) hat der BGH klargestellt, dass ein Vertrag über die **Erhöhung einer Kommanditeinlage** und damit der Gesellschaftsbeteiligung ein „exchange contract" sein kann, sofern es sich nicht um eine langfristige Beteiligung handelt (BGH 8.11.1993, NJW 1994, 390 = RiW 1994, 151 = WM 1994, 54 = WuB VII B 2.-1.94 m Anm THODE). Der BGH hat damit die hierzu im Schrifttum vertretene (EBKE RiW 1993, 613, 616 ff; s auch GOLD RabelsZ 27 [1962] 606, 649 und BERGER ZVerglRW 96 [1997] 316, 342 [Kauf von Gesellschaftsanteilen]), aber nicht unbestrittene (s K SCHMIDT ZGR 1994, 665, 672; zweifelnd SCHEFOLD, in: SCHIMANSKY/BUNTE/LWOWSKI 3345) Ansicht bestätigt (s THODE, in: REITHMANN/MARTINY[5] Rn 484 Fn 56; EBKE WM 1994, 1357, 1360).

31 Dagegen kann Art VIII Abschn 2(b) S 1 IWFÜ nach der Bulgarien-Entscheidung des BGH (Rn 4, 25) – entgegen einer früher in der deutschen Rechtsprechung und Lehre vertretenen Ansicht (zum Stand der Meinungen s EBKE, IntDevR 230 f) – auf wirtschaftlich bedeutende, langfristige internationale **Kreditverträge** nicht mehr angewandt werden (BGH 28.1.1997, NJW-RR 1997, 686 = RiW 1997, 426 = WM 1997, 560 = WuB I E 1 Nr 5.97 m Anm BATEAU; EBKE WM 1994, 1357, 1358; THODE, in: REITHMANN/MARTINY[5] Rn 488; immer noch **aA** BERGER ZVerglRW 96 [1997] 316, 342). Die Zahlung von Kreditzinsen sowie „Zahlungen in mäßiger Höhe für die Tilgung von Krediten" fallen nach dem Wortlaut des Art XXX(d)(2) und (3) IWFÜ aber nach wie vor in den Regelungsbereich des Art VIII Abschn 2(b) S 1 IWFÜ (EBKE WM 1994, 1357, 1358; THODE, in: REITHMANN/MARTINY[5] Rn 488; kritisch zu der Differenzierung SEUSS 38, s auch SCHEFOLD, in: SCHIMANSKY/BUNTE/

LWOWSKI 3342 f). Der XI. Zivilsenat des BGH scheint diese Ansicht zu teilen, wenn er in seinem Urteil vom 28.1. 1997 (aaO) betont, dass Art VIII Abschn 2(b) S 1 IWFÜ nicht auf „Kreditverträge im internationalen Kapitalverkehr" anwendbar ist. Zu Zahlungen aus **Zinsderivaten** s EBENROTH/REINER 825.

Tausch und **Gegengeschäfte** („barter" und „countertrade") werden nach hM von 32 Art VIII Abschn 2(b) S 1 IWFÜ nicht erfasst (EBKE, IntDevR 230 mwN; THODE, in: REITHMANN/MARTINY⁵ Rn 484; aA EBENROTH/NEISS RiW 1991, 617, 619; zu **Kompensationsgeschäften** [„muqasa"] s LG Aachen 14.5. 1986, IPRax 1987, 113; dazu KEGEL/SCHURIG, IPR⁸ 962). Zur Frage, ob Art VIII Abschn 2(b) S 1 IWFÜ auf **Grundstückskaufverträge** anwendbar ist, s SCHOTTEN 266 mwN; BERGER ZVerglRW 96 (1997) 316, 342; LIMMER, in: REITHMANN/MARTINY⁵ Rn 872 ff mwN (einschränkend); s auch SOERGEL/vHOFFMANN¹² Art 34 Rn 145. Zur Bestellung von **Grundpfandrechten** s MünchKomm/MARTINY³ Nach Art 34 Anh II Rn 18a. Zu den internationalen **Architekten-** und **Bauverträgen** s THODE/WENNER 61.

ee) Aufrechnung

Die Frage, ob der Schuldner gegen die Forderung seines Gläubigers mit einer Gegen- 33 forderung, die abkommenskonformen (Rn 44 ff) Devisenkontrollbestimmungen (Rn 41 ff) widerspricht, wirksam die Aufrechnung erklären kann, ist bisher höchstrichterlich nicht entschieden worden. Das LG Karlsruhe (24.8. 1984, IPRspr Nr 118A, S 278 m zust Anm LÖBER RiW 1986, 387) hält die Aufrechnung – im Ergebnis zutreffend – für unzulässig; die Begründung des Gerichts überzeugt freilich nicht (s EBKE, IntDevR 292 f; THODE, in: REITHMANN/MARTINY⁵ Rn 485; SEUSS 195; KEGEL/SCHURIG, IPR⁸ 961 [„Dem Zivilrechtler ... dreht sich das Herz um"]; kritisch GOLD, The Fund Agreement IV 242 f; aA WOOD 140).

ff) Ungerechtfertigte Bereicherung

Die Rückforderung des in Erfüllung eines unklagbaren „exchange contract" Geleis- 34 teten nach den Vorschriften über die ungerechtfertigte Bereicherung (§§ 812 ff BGB) ist nach der Rechtsprechung ausgeschlossen, weil kein rechtsgrundloser Erwerb vorliegt (BGH 21.12. 1976, IPRspr 1976 Nr 118, S 342, 343; OLG Bamberg 5.7. 1978, IPRspr 1978 Nr 127, S 309, 311 und 312; KG 8.7. 1974 Nr 138, S 364, 366 [sub 3]; s auch OLG Düsseldorf 16.2. 1983, IPRspr 1983 Nr 124, S 307, 311; LG Hamburg 24.2. 1978 IPRspr 1978 Nr 126, S 304, 307; s dazu EBKE, IntDevR 286 f; THODE, in: REITHMANN/MARTINY⁵ Rn 486; SCHOTTEN 266; kritisch GRÄNICHER 97 und 115 f; differenzierend RAUSCHER 471). Die fehlende Rückforderungsmöglichkeit kann zu merkwürdigen Ergebnissen führen, wie der vom Kammergericht (KG 8.7. 1974, IPRspr 1974 Nr 138, S 364) entschiedene Fall der „lachenden Erben" zeigt (s dazu EBKE, IntDevR 287 f).

gg) Unerlaubte Handlung

Ansprüche aus unerlaubter Handlung wegen Nichterfüllung eines nach Art VIII 35 Abschn 2(b) S 1 IWFÜ unklagbaren Devisenkontraktes sind grundsätzlich nicht klagbar (EBKE, IntDevR 309). „Würde man die Klagbarkeit eines solchen Anspruchs aus unerlaubter Handlung zulassen", schreibt das LG Hamburg (24.2. 1978, IPRspr 1978 Nr 126, S 304, 308) treffend, „würde letztlich doch die von den Vertragsparteien gewollte Umgehung von Devisenbestimmungen entgegen dem Schutzzweck des Abkommens anerkannt." Es gibt aber Ausnahmen (s EBKE, IntDevR 309 ff; MünchKomm/MARTINY³ Nach Art 34 Anh II Rn 17).

hh) Neuer Ansatz: Austauschvertrag

36 Im neueren Schrifttum ist vorgeschlagen worden, den Begriff „exchange contract" übereinkommensautonom auszulegen und ihn iSv „Austauschvertrag" zu verstehen, um eine dem Sinn und Zweck des Art VIII Abschn 2(b) S 1 IWFÜ entsprechende Einschränkung des Anwendungsbereichs der Vorschrift zu erreichen (EBKE, IntDevR 240 ff; ders RiW 1993, 613, 616 ff; ders WM 1994, 1357, 1360; EBENROTH/WOGGON IPRax 1993, 151, 153; THODE, in: REITHMANN/MARTINY⁵ Rn 489). Die Auslegung des Begriffs „exchange contract" iSv „Austauschvertrag" liegt sprachlich nahe (so auch SEUSS 36; EBENROTH/WOGGON IPRax 1993, 151, 153); sie steht auch im Einklang mit dem Zweck des Art VIII Abschn 2(b) S 1 IWFÜ und den Zielen des IWFÜ (EBKE RiW 1993, 613, 617). Nach dieser Auslegung würden von dem Merkmal „exchange contract" nur noch gegenseitige Verträge sowie Vertragsverhältnisse erfasst, in denen Leistung und Gegenleistung in einer finalen oder kausalen Wechselbeziehung zueinander stehen (EBKE RiW 1993, 613, 617). Danach ist es für das Vorliegen eines „exchange contract" notwendig, dass der Leistungsempfänger etwas aufwendet, um die Leistung zu erhalten oder weil er die Leistung erhalten hat.

37 Die Auslegung des Begriffs „exchange contract" als „Austauschvertrag" hat zur Folge, dass **Schenkungen** (vgl KG 8.7.1974, IPRspr 1974 Nr 138, S 364, 366; das KG lässt allerdings offen, ob es sich bei dem zugrunde liegenden Rechtsverhältnis um eine Schenkung oder ein Darlehen handelte) und sonstige **unentgeltliche Zuwendungen,** die nach Ansicht einiger Autoren als „exchange contracts" zu qualifizieren sind (s MünchKomm/MARTINY³ Nach Art 34 Anh II Rn 16), von Art VIII Abschn 2(b) S 1 IWFÜ nicht erfasst werden (EBKE, IntDevR 241; zust THODE, in: REITHMANN/MARTINY⁵ Rn 489). Weitere Einschränkungen des Anwendungsbereichs des Art VIII Abschn 2(b) S 1 IWFÜ ergeben sich aus dem Relativsatz „... welche die Währung eines Mitglieds berühren ..." (s auch EDWARDS 488).

b) „... welche die Währung eines Mitglieds berühren ..."

38 Die Bedeutung des Relativsatzes „... welche die Währung eines Mitglieds berühren ..." („which involve the currency of any member") ist umstritten. Eine offizielle Auslegung dieses Satzes durch das Exekutivdirektorium des IWF iSv Art XXIX IWFÜ liegt nicht vor (zur Frage, ob Auslegungen des IWF für die Gerichte und Verwaltungsbehörden der IWF-Mitgliedstaaten verbindlich sind, s EBKE, IntDevR 203 mwN). Problematisch ist insbesondere die Bedeutung des Verbs „berühren" (EBKE, IntDevR 246; GROTHE 122 f; MünchKomm/MARTINY³ Nach Art 34 Anh II Rn 19 ff; s auch SIEHR RabelsZ 52 [1988] 41, 70; zur Frage, was unter dem Begriff „Währung" [„currency"] zu verstehen ist, s EBKE, IntDevR 246; HAHN, Währungsrecht 395). Die Auslegung dieses Verbs durch die deutsche Rechtsprechung ist uneinheitlich. Die ältere Rechtsprechung (umfangr Nachw bei EBKE, IntDevR 247 Fn 505) ging – gestützt auf eine Mindermeinung im Schrifttum (MANN JZ 1953, 442, 444) – davon aus, dass die Währung eines Mitgliedstaates dann „berührt" ist, wenn die gerichtliche Durchsetzung eines „exchange contract" **nachteilige** Wirkungen für die Zahlungsbilanz eines Mitglieds hat. Nach dieser Auslegung werden Devisenkontrollbestimmungen, die nicht den Abfluss von Devisen regeln, sondern dem Devisenzufluss dienen (wie beispielsweise Zwangsumtauschvorschriften [„surrender requirements"]), von dem IWF-Übereinkommen nicht erfasst (vgl EBKE, IntDevR 247).

39 Nach der im Schrifttum heute herrschenden Ansicht (EBKE, IntDevR 248; THODE, in: REITHMANN/MARTINY⁵ Rn 491; SEUSS 48 ff; GROTHE 123; berichtend BERGER ZVerglRW 96

[1997] 316, 342; Fuchs 167), der sich zahlreiche deutsche Gerichte angeschlossen haben (Nachw bei Ebke, IntDevR 248 Fn 513), wird die Währung eines Mitglieds dann berührt, wenn sich die vereinbarte Transaktion auf die Zahlungsbilanz eines IWF-Mitgliedstaates **positiv oder negativ** auswirkt. Auf die im Vertrag gewählte Schuld- oder Zahlungswährung kommt es demnach nicht an. Staatsangehörigkeit und Wohnsitz des Schuldners sind ebenfalls unerheblich. Maßgeblich ist in erster Linie die wirtschaftliche Verknüpfung des Sachverhalts und der Parteien mit dem Währungsgebiet eines IWF-Mitgliedstaates, insbesondere die Auswirkungen der Transaktion auf die Zahlungsbilanz und die Devisenbestände des Mitgliedstaates (Ebke, IntDevR 248; Hahn, Währungsrecht 395; zust Thode, in: Reithmann/Martiny⁵ Rn 491; Schefold, in: Schimansky/Bunte/Lwowski 3345; Soergel/vHoffmann¹² Art 34 Rn 146; eingehend Seuss 66 ff; s auch Fuchs 167 ff). Danach wird die Währung eines Mitgliedstaates insbesondere dann berührt, wenn der „exchange contract" aus dem Erlassstaat heraus erfüllt wird bzw erfüllt werden soll, ohne dass es auf die devisenrechtliche Gebietsansässigkeit ankommt (Ebke, IntDevR 248; Grothe 123; Hahn, Währungsrecht 395; Thode, in: Reithmann/Martiny⁵ Rn 491 f). Berührt ist die Währung eines IWF-Mitgliedstaates auch dann, wenn die grenzüberschreitende Zahlung im Clearing-Verfahren erfolgt (LG Hamburg 28.12.1954, IPRspr 1954–1955 Nr 164, S 467, 469).

Soll der Schuldner dagegen nur mit Vermögen außerhalb des Erlassstaates haften **40** und soll auch kein anderweitiges Vermögen im Erlassstaat in Anspruch genommen werden, greift das IWF-Übereinkommen nicht ein (Ebke RiW 1993, 613, 623; Hahn, Währungsrecht 395; Schefold, in: Schimansky/Bunte/Lwowski 3345; zu weit daher BGH 19.4.1962, IPRspr 1962–1963 Nr 163, S 523 mit krit Anm Ebke, IntDevR 249 Fn 517). Schließt dagegen ein Staatsangehöriger eines Erlassstaates (IWF-Mitglied), der außerhalb des Erlassstaates ansässig ist, mit einem Angehörigen seines Ansässigkeitsstaates einen „exchange contract", der aus dem Erlassstaat erfüllt werden soll oder zumindest erfüllt werden darf (s dazu die Fallkonstellation, die der Entscheidung des OLG München 25.1.1989, WM 1989, 1282 = WuB VII B 2.-1.89 m Anm Thode = JZ 1991, 370 mit Bespr-Aufsatz Ebke JZ 1991, 335, zugrundelag), wirkt sich die Erfüllung aus dem Erlassstaat heraus auf dessen Zahlungsbilanz aus (Ebke JZ 1992, 784, 785; Thode, in: Reithmann/Martiny⁵ Rn 492; **aA** Mann JZ 1991, 614, 615).

c) Devisenkontrollbestimmungen
Das IWF-Übereinkommen enthält keine Definition des weiteren Merkmals „Devi- **41** senkontrollbestimmungen" („exchange control regulations"). Ein Blick in die übrigen Bestimmungen des IWF-Übereinkommens erhellt den Begriff der „Devisenkontrollbestimmungen" ebenfalls nicht nennenswert (Ebke, IntDevR 252; Marks 8 Int'l Tax & Bus Law 104 [1990]). Die Entscheidung des IWF-Exekutivdirektoriums vom 1.6.1960 (E B Decision 1034-[60/27]) gibt den Mitgliedstaaten Kriterien für die Auslegung des Art VIII IWFÜ sowie des Art XIV IWFÜ an die Hand (Ebke, IntDevR 252). In der Entscheidung heißt es:

„Leitlinie für die Beurteilung der Frage, ob eine Maßnahme eine Beschränkung von Zahlungen und Transfers für laufende Transaktionen gemäß Art VIII, Abschnitt 2 darstellt, ist, ob sie eine unmittelbare staatliche Beschränkung der Verfügbarkeit oder des Gebrauchs von Devisen *als solchen* beinhaltet."

(Ebke, IntDevR 252 [Hervorhebung d Verf]). Danach sind Beschränkungen von Zahlungen und Transfers für laufende Transaktionen iSv Art VIII, XIV IWFÜ nur solche Maßnahmen, die die allgemeine Verfügbarkeit oder die konkrete Verwendung von Devisen betreffen.

42 Handelsbeschränkungen sind daher selbst dann keine Devisenkontrollbestimmungen iSv Art VIII Abschn 2(b) S 1 IWFÜ, wenn sie unmittelbar dem Schutz oder der Aufbesserung der Devisenbestände eines IWF-Mitgliedstaates zu dienen bestimmt sind (EBKE, IntDevR 253; zust THODE, in: REITHMANN/MARTINY[5] Rn 494 mwN; SCHEFOLD, in: SCHIMANSKY/BUNTE/LWOWSKI 3346). Entsprechendes gilt für **Zollvorschriften** (MünchKomm/MARTINY[3] Nach Art 34 Anh II Rn 29). **Währungsrechtliche Bestimmungen,** wie beispielsweise das Verbot, effektive Fremdwährungsschuldverhältnisse einzugehen, gehören danach ebenfalls nicht zu den Beschränkungen des laufenden internationalen Zahlungsverkehrs (OLG Karlsruhe 15. 12. 1965, IPRspr 1964–1965 Nr 194, S 583, 585 f; zust CHR vBAR, IPR, Bd 2 [1991] 397 Fn 620 mwN; s auch REINHUBER 66). Entsprechendes gilt für **erbrechtliche Bestimmungen,** wonach ein Inländer, der eine ausländische Erbschaft ausschlägt, eine verbotene Verfügung vornimmt (vgl LG Mönchengladbach IPRspr 1952–1953 Nr 239, S 469, 471). **Beschränkungen rein konfiskatorischer Natur** fallen ebenfalls nicht unter Art VIII Abschn 2(b) S 1 IWFÜ (EBKE, IntDevR 253; SCHEFOLD, in: SCHIMANSKY/BUNTE/LWOWSKI 3346; HR 17. 4. 1964, NTIR 13 [1966] 58, 69 = NJ 1965 no 22 m Anm SCHOLTEN). Entsprechendes dürfte für sogen **cours forcé**- und **prescription**-Bestimmungen sowie **Preiskontrollen** gelten (EBKE, IntDevR 253; GROTHE 169 f; SEUSS 123 ff; THODE, in: REITHMANN/MARTINY[5] Rn 494; SCHEFOLD, in SCHIMANSKY/BUNTE/LWOWSKI 3346). Beschränkungen des laufenden internationalen Zahlungsverkehrs und Überweisungsverkehrs „aus Gründen der nationalen oder internationalen Sicherheit" (zB **„Freeze Orders"**) gehören zu den „Devisenkontrollbestimmungen" iSv Art VIII Abschn 2(b) S 1 IWFÜ, sofern sie objektiv dem Schutz der Zahlungsbilanz des Erlassstaates und nicht vorwiegend politischen Zielen zu dienen bestimmt sind (die Einzelheiten sind umstr: EBKE, IntDevR 255 mwN; s auch NEUMANN 119–121; VISCHER/HUBER/OSER, Internationales Vertragsrecht[2] [2000] Rn 998; MünchKomm/MARTINY[3] Nach Art 34 Anh II Rn 28; SOERGEL/vHOFFMANN[12] Art 34 Rn 149; THODE, in: REITHMANN/MARTINY[5] Rn 495). Das wird vor allem dann anzunehmen sein, wenn sie den plötzlichen und unkontrollierten Abfluss von Zahlungsmitteln verhindern sollen. Zu **Moratorien** siehe MünchKomm/MARTINY[3] Nach Art 34 Anh II Rn 27; BUXBAUM ch 27; FUCHS IPRax 1994, 148).

43 Ob Beschränkungen des **internationalen Kapitalverkehrs** unter Art VIII Abschn 2(b) S 1 IWFÜ fallen, ist im Schrifttum heftig umstritten (zum Meinungsstand s EBKE, IntDevR 231 f und 256 ff; UNTEREGGE 35 ff; MünchKomm/MARTINY[3] Nach Art 34 Anh II Rn 26; SOERGEL/vHOFFMANN[12] Art 34 Rn 145). Der XI. Zivilsenat des BGH hat die Frage unlängst dahin entschieden, dass Art VIII Abschn 2(b) S 1 IWFÜ „Kontrollen internationaler Kapitalbewegungen" iSv Art VI Abschn 3 HS 1 IWFÜ nicht erfasst (BGH 22. 2. 1994, WM 1994, 581, 582 [l Sp] = NJW 1994, 1868; ausdrücklich bestätigt in BGH 28. 1. 1997, NJW-RR 1997, 686 = RiW 1997, 426 = WM 1997, 560 = WuB I E 1 Nr 5.97 m Anm BATEAU; s auch EBENROTH/WOGGON EWiR 1994, 471; GEIMER LM Internationaler Währungsfonds, Abk üb Nr 9 [8/1994]; FUCHS IPRax 1995, 82; EBKE WM 1994, 1357).

d) Abkommenskonformität

44 Art VIII Abschn 2(b) S 1 IWFÜ erfasst nach seinem Wortlaut nur solche „exchange contracts" (Rn 23 ff), die „in Übereinstimmung mit diesem Übereinkommen aufrecht erhaltenen oder eingeführten" („maintained or imposed consistently with this Agree-

ment") Devisenkontrollbestimmungen (Rn 41 ff) zuwiderlaufen. In der forensischen Praxis zählt die Abkommenskonformität einschlägiger Devisenkontrollbestimmungen oft zu den schwierigsten Fragen. Für den Richter ist beispielsweise nicht ohne weiteres erkennbar, ob der IWF die nach Art VIII Abschn 2(a), 3 und 4 IWFÜ erforderliche Zustimmung erteilt hat oder nicht. Noch schwieriger wird es in Fällen des Art XIV Abschn 2 IWFÜ, wenn festgestellt werden muss, ob es sich bei der anwendungswilligen devisenrechtlichen Vorschrift um eine neue bzw wiedereingeführte (und damit zustimmungsbedürftige Maßnahme – Art VIII Abschn 2[a], 3 und 4 IWFÜ) handelt oder ob sie eine „wechselnden Umständen angepasste" (also zustimmungsfreie) Beschränkung darstellt (EBKE, IntDevR 269). Die Schwierigkeit einer sicheren Feststellung der Abkommenskonformität wird dadurch verstärkt, dass die nach dem IWF-Übereinkommen notwendigen Zustimmungen des Fonds so gut wie nicht veröffentlicht werden. Entgegen einer weit verbreiteten Meinung gibt insbesondere der jährlich erscheinende Bericht des IWF über „Exchange Arrangements & Exchange Restrictions" keine Auskunft darüber, ob die dort für einzelne Mitgliedstaaten aufgeführten Beschränkungen abkommenskonform sind oder nicht (s auch GOLD, The Fund Agreement III 640 Fn 15). Für Außenstehende ist es daher praktisch unmöglich, die Abkommenskonformität mit der notwendigen Sicherheit festzustellen. Eine **Vermutung** der Abkommenskonformität besteht nach hM nicht (EBKE, IntDevR 274 f; aA SCHEFOLD, in: SCHIMANSKY/BUNTE/LWOWSKI 3347).

Bei der Entscheidung, ob einschlägige Devisenkontrollbestimmungen eines IWF- **45** Mitgliedstaates abkommenskonform iSv Art VIII Abschn 2(b) S 1 IWFÜ sind, sollten die Gerichte bzw Verwaltungsbehörden daher im Zweifel den Fonds zu Rate ziehen (eine Pflicht zur Einholung einer Stellungnahme des Fonds über die Abkommenskonformität lässt sich aus dem IWF-Übereinkommen nicht herleiten, sie kann sich aber aus dem Recht des Forumstaates ergeben – zum deutschen Recht s EBKE, IntDevR 267 f). Der Fonds hat den Gerichten und Verwaltungsbehörden seiner Mitgliedstaaten schon 1949 seine Bereitschaft bekundet, darüber **Auskunft** zu erteilen, ob Devisenkontrollbestimmungen eines IWF-Mitgliedstaates im Einklang mit dem IWF-Übereinkommen aufrechterhalten oder eingeführt worden sind (EBKE, IntDevR 267; SOERGEL/vHOFFMANN[12] Art 34 Rn 150). In der Praxis haben die Gerichte der IWF-Mitglieder von dem Auskunftsrecht bisher selten Gebrauch gemacht. Das OLG Karlsruhe (15.12.1965, IPRspr 1964 Nr 194) und das LG Hamburg (12 O 226/75 – unveröffentlicht), gehören zu den wenigen Gerichten, die eine Stellungnahme des Fonds zur Abkommenskonformität einer ausländischen Devisenkontrollbestimmung eingeholt haben. Die meisten Gerichte begnügen sich erfahrungsgemäß mit der Auskunft einer Landeszentralbank bzw der Deutschen Bundesbank. Zur Auskunftspraxis des Fonds und der daran gelegentlich geübten Kritik s GOLD, The Fund Agreement III S 633 ff.

Zur Frage, ob einer an sich abkommenskonformen Devisenkontrollbestimmung **46** eines IWF-Mitgliedes nach Art VIII Abschn 2(b) S 1 IWFÜ Geltung zu verschaffen ist, wenn die Bestimmung im konkreten Fall **willkürlich** angewandt wurde oder **enteignend** wirkt, s EBKE WM 1994, 1357, 1367 und oben Rn 14. Nicht zu verwechseln mit der Frage der Abkommenskonformität ist die Frage, ob Art VIII Abschn 2(b) S 1 IWFÜ auf Devisenkontrollbestimmungen eines anderen IWF-Mitgliedes anzuwenden ist, welche zwar abkommenskonform, aber nach dem internen Recht dieses Staates **verfassungswidrig** sind oder aus sonstigen Gründen mit höherrangigem Recht unvereinbar sind (s dazu EBKE, IntDevR 272 f).

e) Verstoß

47 Art VIII Abschn 2(b) S 1 IWFÜ setzt voraus, dass der „exchange contract" gegen abkommenskonforme Devisenkontrollbestimmungen eines anderen IWF-Mitgliedstaates „verstößt" („which are contrary to"). Nach dem Wortlaut des Art VIII Abschn 2(b) S 1 IWFÜ kommt es auf ein Verschulden der an dem grenzüberschreitenden Geschäft Beteiligten nicht an. Maßgeblich ist allein, ob der „exchange contract" gegen die anwendungswilligen, abkommenskonformen Devisenkontrollbestimmungen objektiv verstößt (EBKE, IntDevR 275). Demnach ist es unerheblich, ob den Beteiligten die entgegenstehenden Devisenkontrollbestimmungen bekannt waren oder ob sie die devisenrechtlichen Bestimmungen des betreffenden IWF-Mitgliedstaates umgehen wollten (in diesem Sinne auch LG Hamburg 24. 2. 1978, IPRspr 1978 Nr 126, S 290 f). Unerheblich ist im Hinblick auf Art VIII Abschn 2(b) S 1 IWFÜ auch, wie der betreffende Mitgliedstaat Verstöße gegen sein Devisenkontrollrecht sanktioniert (zB zivilrechtlich, strafrechtlich oder verwaltungsrechtlich) (EBKE, IntDevR 275; SOERGEL/vHOFFMANN[12] Art 34 Rn 151; THODE, in: REITHMANN/MARTINY[5] Rn 498). Ob der „exchange contract" gegen das anwendungswillige ausländische Devisenrecht verstößt, ist nach dem Recht des Erlassstaates zu beurteilen (s die umfangr Rspr-Nachw bei EBKE, IntDevR 276 Fn 672; THODE, in: REITHMANN/MARTINY[5] Rn 498). Dagegen beurteilt sich die Abkommenskonformität iSv Art VIII Abschn 2(b) S 1 IWFÜ allein nach dem IWF-Übereinkommen und dem sekundären Fondsrecht.

f) „Unklagbarkeit"

48 Die Frage, was unter den Worten „shall be unenforceable", die in der völkerrechtlich unverbindlichen (s Rn 7) deutschen Fassung des Art VIII Abschn 2(b) S 1 IWFÜ (Rn 8) mit „kann nicht geklagt werden" übersetzt sind, zu verstehen ist, ist so alt wie das IWF-Übereinkommen. Theoretisch ist klar, dass der auf **aktionenrechtlichen Vorstellungen** des Common Law (s EBKE WM 1993, 1169, 1170; WEGEN 62 FordhamLRev 1931, 1939 [1994]) beruhende Begriff „unenforceable" – wie das OLG Frankfurt aM (27. 2. 1969, IPRspr 1971 Nr 116a, S 358, 361) treffend formuliert – „der Übertragung und der Anpassung an die innerstaatlichen Rechtsbegriffe der jeweiligen Vertragsstaaten" bedarf. Die Umsetzung der theoretischen Vorgabe bereitet aber der Praxis gerade in den kontinentalen Rechtsordnungen erhebliche Schwierigkeiten (zum anglo-amerikanischen Verständnis s EBKE, IntDevR 276 ff). Die vom OLG Frankfurt aM (aaO) gewählte Auslegung des Begriffs „unenforceable" wurde im Revisionsverfahren vom VIII. Zivilsenat des BGH (17. 2. 1971, IPRspr 1971 Nr 116b, S 362, 363 f) bezeichnenderweise verworfen.

aa) Sachentscheidungsvoraussetzung

49 Der BGH tat sich anfangs ebenfalls schwer mit der Auslegung des Begriffs „unenforceable". Zu Beginn der 60er Jahre hatte der VII. Zivilsenat noch unscharf von einer Rechtsschutzgewähr gesprochen (BGH 21. 5. 1964, IPRspr 1964–65 Nr 191, S 574, 577 [„... ob danach der Kl. von den deutschen Gerichten Rechtsschutz gewährt werden darf ..."]; s auch BGH 19. 4. 1962, IPRspr 1962–1963 Nr 163, S 523, 525 [„Dennoch kann der Kl. hier ... vor deutschen Gerichten kein Urteil gegen die Bekl. erstreiten ..."]). Erst im Jahre 1970 entschied der II. Zivilsenat des BGH, dass „Unklagbarkeit" den Mangel einer (echten) **Sachentscheidungsvoraussetzung** bedeute, den das Gericht in jeder Lage des Verfahrens – einschließlich der Revisionsinstanz – von Amts wegen zu beachten habe (BGH 27. 4. 1970, IPRspr 1970 Nr 101, S 329, 330; „Prüfung von Amts wegen" bedeutet keine Amtsermittlung, sie beschränkt sich vielmehr auf den dem Gericht unterbreiteten oder offenkundigen Rechtsstoff: BGH

31. 1. 1991, RiW 1991, 513, 514; OLG Düsseldorf 31. 1. 1991, NJW 1991, 3095, 3096; Ebke, IntDevR 268, 283; Thode, in: Reithmann/Martiny⁵ Rn 502). Der Senat trat damit der bis dahin namentlich von dem OLG Frankfurt aM (27. 2. 1969, IPRspr 1971 Nr 116a, S 358, 361) und dem LG Hamburg (7. 7. 1967, IPRspr 1966–1967 Nr 192, S 626, 627; 28. 12. 1954, IPRspr 1954–1955 Nr 164, S 467, 470) in Anlehnung an F A Mann vertretenen Ansicht entgegen, dass ein Verstoß gegen abkommenskonforme (Rn 44 ff) Devisenkontrollbestimmungen (Rn 41 ff) nach Art VIII Abschn 2(b) S 1 IWFÜ die Unwirksamkeit des „Devisenkontraktes" (Rn 23 ff) zur Folge habe (zur neueren Rechtsprechung des LG Hamburg s Rn 51).

Der **BGH** hat an der Ansicht des II. Zivilsenats, dass die in Art VIII Abschn 2(b) S 1 **50** IWFÜ als echte Sachentscheidungsvoraussetzung einzuordnen ist, seither ausnahmslos festgehalten. Der III. (21. 12. 1976, IPRspr 1976 Nr 118, S 342, 343) und der VIII. Zivilsenat des BGH (17. 2. 1971, IPRspr 1971 Nr 116b, S 362, 364; s auch BGH 24. 6. 1970, IPRspr 1970 Nr 102, S 333, 334) schlossen sich der Ansicht des II. Zivilsenats ohne nähere Prüfung an. In seinem Urteil vom 8. 3. 1979 bezeichnet der VII. Zivilsenat des BGH (IPRspr 1979 Nr 139, S 473, 475) diese Auslegung bereits als „gefestigt" (ebenso der III. Zivilsenat des BGH 31. 1. 1991, RiW 1991, 513, 514 = WM 1991, 1009, 1011 = WuB VII B 1. Art 5 EuGVÜ 1. 91 m Anm Thode). Zu neueren Entwicklungen in der Rechtsprechung des BGH s unten Rn 72 f.

Die **Oberlandesgerichte** (OLG Bamberg 5. 7. 1978, IPRspr 1978 Nr 127, S 309, 310; OLG Düssel- **51** dorf 31. 1. 1991, NJW 1991, 3095, 3096 = WM 1991, 1009 = IPRspr 1991 Nr 170, S 343; OLG Düsseldorf 7. 11. 1991, OLGR 1992, 37; OLG Düsseldorf 28. 9. 1989, RiW 1989, 987 = WM 1989, 1042 = WuB VII B 2–1. 90 m Anm Thode; OLG Düsseldorf 16. 2. 1983, IPRspr 1983 Nr 124, S 307, 308 f; KG 8. 7. 1974, IPRspr 1974 Nr 138, S 364, 366; OLG Köln 10. 4. 1992, RiW 1993, 938; OLG München 23. 10. 1992, OLGR 1993, 23; OLG München 25. 1. 1989, WM 1989, 1282, 1283 = WuB VII B 2–1. 89 m Anm Thode; OLG München 17. 10. 1986, IPRspr 1986 Nr 145, S 346, 348; **aA** aber obiter OLG Hamburg WM 1992, 1941, 1943 = WuB VII B 2.-1. 93 m Anm Reithmann – s dazu noch unten Rn 71) und die **landgerichtliche Rechtsprechung** (LG Hamburg 17. 2. 1992, WM 1992, 1600, 1602 = WuB VII B 2–2. 92 m Anm Aden; LG Hamburg 26. 7. 1990, IPRspr 1990 Nr 159, S 317, 318; LG Hamburg 24. 2. 1978, IPRspr 1978 Nr 126, S 304, 305; LG Karlsruhe 24. 8. 1984, IPRspr 1984 Nr 118A, S 278, 280 m Anm Löber RiW 1986, 387; und wohl auch LG Aachen 14. 5. 1986, IPRspr 1986 Nr 119A, S 279; LG Kleve 19. 12. 1989, IPRspr 1989 Nr 173, S 381) folgen den Pfaden des BGH.

Verstößt der Devisenkontrakt (Rn 23 ff) nur **teilweise** gegen Devisenrecht eines IWF-Mitgliedstaates, dann kann nur insoweit aus ihm nicht geklagt werden (BGH 14. 11. 1991, IPRax 1992, 377 m Anm Hess IPRax 1992, 358 und Fuchs IPRax 1992, 316 = NJW 1993, 1070 betr Zinshöhe).

bb) Folgen

Die Einordnung des Begriffs „unenforceable" als echte Sachentscheidungsvorausset- **52** zung begünstigt die Erlaßstaaten; auf die Gläubiger internationaler „Devisenkontrakte" wirkt sie sich oft nachteilig aus (Ebke, IntDevR 280 ff; ders WM 1993, 1169, 1170 ff).

α) Zeitpunkt

Unbefriedigend aus Sicht der Gläubiger internationaler „exchange contracts" sind **53** vor allem die Auswirkungen der Einordnung der „Unklagbarkeit" als Sachentscheidungsvoraussetzung auf die Frage, in welchem Zeitpunkt ein Verstoß (Rn 47) gegen abkommenskonforme (Rn 44 ff) Devisenkontrollbestimmungen (Rn 41 ff) eines IWF-

Mitgliedstaates vorliegen muss, damit Art VIII Abschn 2(b) S 1 IWFÜ eingreifen kann. Der maßgebliche Zeitpunkt für das Vorliegen oder Fehlen von Sachentscheidungsvoraussetzungen ist der Zeitpunkt der **letzten mündlichen Verhandlung** – bis hin zur Verhandlung in der Revisionsinstanz (BGH 8.3. 1979, IPRspr 1979 Nr 139, S 473, 475; OLG Düsseldorf 31.1. 1991, NJW 1991, 3095, 3096; OLG München 25.1. 1989, WM 1989, 1282, 1283). Folglich kommt es bei der Entscheidung, ob eine Forderung wegen Art VIII Abschn 2(b) S 1 IWFÜ klagbar ist oder nicht, nicht auf den Zeitpunkt des Vertragsschlusses oder den Zeitpunkt der Klageerhebung und auch nicht auf den Zeitpunkt der tatsächlichen Erfüllung oder den Zeitpunkt der Vollstreckung an; entscheidend ist vielmehr, wie sich die Sach- und Rechtslage am Schluss der mündlichen Verhandlung darstellt (EBKE, IntDevR 281; ders WM 1993, 1169, 1170).

54 Auf dem Boden der vom II. Zivilsenat des BGH begründeten Rechtsprechung (Rn 49) ist daher eine Unklagbarkeit anzunehmen, wenn ein Vertrag im Zeitpunkt des Vertragsschlusses devisenrechtlich unbedenklich war, im Zeitpunkt der letzten mündlichen Verhandlung aber gegen abkommenskonforme (Rn 44 ff) „Devisenkontrollbestimmungen" (Rn 41 ff) eines IWF-Mitgliedstaates verstößt (s dazu näher EBKE RiW 1991, 1, 7; ders JZ 1991, 335, 339; SIEHR, IPR [2001] 333; THODE, in: REITHMANN/MARTINY[5] Rn 505; vom Standpunkt der Rechtsprechung her ist es gleichgültig, ob es sich um nach Vertragsschluss erlassene und bis zum Schluss der mündlichen Verhandlung fortgeltende Devisenkontrollbestimmungen [mit rückwirkendem Geltungsanspruch] handelt oder ob der ausländische Erlassstaat dem IWF erst nach Abschluss des Vertrages beigetreten ist – s EBKE, IntDevR 282 f; BGH 19.4. 1962, IPRspr 1962–1963 Nr 163, S 523, 525 ff).

55 Umgekehrt beseitigt der Fortfall einschlägiger ausländischer Devisenkontrollbestimmungen vor Ende der letzten mündlichen Verhandlung die Unklagbarkeit (s dazu grundlegend BGH 17.2. 1971, IPRspr 1971 Nr 116b, S 362, 363 und 364; s auch BGH 8.3. 1979 Nr 139, S 473, 475; BGH 21.12. 1976, IPRspr 1976 Nr 118, S 342, 346; BGH 11.3. 1970, IPRspr 1970 Nr 100, S 327, 329). Art VIII Abschn 2(b) S 1 IWFÜ kommt nach der Rechtsprechung auch dann nicht zum Zuge, wenn die ausländischen Devisenkontrollbestimmungen im Zeitpunkt der letzten mündlichen Verhandlung zwar noch bestehen, sie aber wegen devisenrechtlich erheblichen Wechsels der Staatsangehörigkeit, Wohnsitzverlegung oder Genehmigung des Geschäfts durch die zuständigen Behörden des Erlassstaates im Zeitpunkt der letzten mündlichen Verhandlung nicht mehr eingreifen (BGH 21.12. 1976, IPRspr 1976 Nr 118, S 342, 346). Die Unklagbarkeit entfällt auch dann, wenn der Erlassstaat im Zeitpunkt des Abschlusses des „Devisenkontraktes" Mitglied des IWF war, im Zeitpunkt der letzten mündlichen Verhandlung dem Fonds aber nicht mehr angehört (EBKE, IntDevR 258 mwN). Nach Meinung des BGH soll Art VIII Abschn 2(b) S 1 IWFÜ auch dann nicht mehr anwendbar sein, wenn der inländische Gläubiger vor Ende der mündlichen Verhandlung den Anspruch gegen seinen ausländischen Schuldner an einen Gebietsansässigen im Lande des Schuldners abgetreten hat (BGH 8.3. 1979, IPRspr 1979 Nr 139, S 473, 474).

56 **Versteinerungsklauseln,** mit denen die Parteien den Rechtszustand im Zeitpunkt des Vertragsschlusses festzuschreiben suchen, sind für Zwecke des Art VIII Abschn 2(b) S 1 IWFÜ unbeachtlich (EBKE, in: FS Kleiner [1993] 319 mwN). Berücksichtigt man, dass in Deutschland von dem Eingang einer Zivilklage bei der ersten Instanz bis zur Entscheidung durch das Revisionsgericht im Durchschnitt über drei Jahre verstreichen (EBKE WM 1993, 1169, 1170 f mwN; ders 27 IntLaw 563, 566 [1993]), wird deutlich, welches

unkalkulierbare Risiko Parteien eines internationalen „exchange contract" (Rn 23 ff) laufen, wenn man der bisherigen (Rn 49 ff) Lesart der deutschen Gerichte folgt (zur Kritik daran s Rn 63 ff).

Das ganze Ausmaß der deutschen Rechtsprechung wird sichtbar, wenn man sich vor Augen führt, dass seit dem **Zusammenbruch der Sowjetunion** viele Staaten auf dem Gebiet der ehemaligen Sowjetunion dem IWF beigetreten sind (FUCHS 196 Fn 73), die zum Schutze ihrer Zahlungsbilanz und im Interesse ihrer Bestände an ausländischen Währungen den laufenden internationalen Zahlungsverkehr beschränken. Klagen aus „Devisenkontrakten" (Rn 23 ff), welche deutsche Unternehmen oder Einzelpersonen **vor** dem Beitritt dieser Staaten zum IWF mit Personen aus den neuen IWF-Mitgliedstaaten geschlossen haben und auf die Art VIII Abschn 2(b) S 1 IWFÜ bis dahin nicht anwendbar war (s oben Rn 54), müssten nach der 1970 begründeten Rechtsprechung des BGH zum Tatbestandsmerkmal „unenforceable" (s Rn 49) als unzulässig abgewiesen werden, was auch verjährungsrechtlich nicht ohne Folgen bliebe (zu den verjährungsrechtlichen Folgen s EBKE, IntDevR 284 f; FUCHS 204 f; THODE, in: REITHMANN/ MARTINY[5] Rn 506). Der BGH hat zwar 1994 entschieden, dass Art VIII Abschn 2(b) S 1 IWFÜ auf Geschäfte des internationalen Kapitalverkehrs nicht mehr anwendbar ist, sondern nur noch den laufenden internationalen Zahlungsverkehr erfasst (Rn 4 und 25); das über den Anwendungsbereich des Art VIII Abschn 2(b) S 1 IWFÜ maßgeblich mitentscheidende Merkmal „exchange contract" (Rn 23 ff) wird von den deutschen Gerichten im Vergleich zu den Gerichten anderer wichtiger IWF-Mitgliedstaaten, namentlich **Großbritannien** (Rn 23) und **USA** (Rn 23), aber immer noch sehr weit ausgelegt (Rn 24 und 28 ff). Daraus entstehen Risiken, die außer Verhältnis zu den Risiken stehen, welche die Parteien eines „Devisenkontraktes" iSv Art VIII Abschn 2(b) S 1 IWFÜ vor den Gerichten anderer wichtiger IWF-Mitgliedstaaten zu tragen haben (EBKE, in: FS Gold [1990] 90; SCHEFOLD, in: SCHIMANSKY/BUNTE/LWOWSKI 3340 f). S auch unten Rn 70. **57**

Die Praxis hat die Konsequenzen aus der deutschen Rechtsprechung längst gezogen: Wichtige internationale (Kredit-)Verträge werden heute zumeist New Yorker oder englischem Recht unterstellt; für Streitigkeiten aus solchen Rechtsgeschäften wird außerdem im Regelfall New York oder London als Gerichtsstand vereinbart (EBKE RiW 1991, 1, 3; ders ZVerglRW 92 [1993] 115, 116; HAHN RabelsZ 58 [1994] 194, 197; SANDROCK 21 IntLaw 1, 5 [1987]). Der Gesetzgeber New Yorks hat auf kollisions- und prozessrechtlichem Gebiet vieles getan, damit das auch so bleibt (EBKE, IntDevR 216 ff; EBENROTH/ TZESCHLOCK IPRax 1988, 197; JAYME/NICOLAUS IPRax 1987, 131). **58**

β) Behauptungs- und Beweislast
Die Einordnung des Begriffs der „Unklagbarkeit" als echte Sachentscheidungsvoraussetzung hat auch Auswirkungen auf die Behauptungs- und Beweislastverteilung (s EBKE, IntDevR 284; ders WM 1993, 1169, 1171 f; ders JZ 1991, 335, 338; THODE, in: REITHMANN/ MARTINY[5] Rn 503). Die Behauptungs- und Beweislast für Sachentscheidungsvoraussetzungen liegt nach deutschem Recht bei derjenigen Partei, die ein ihr günstiges Sachurteil erstrebt; das ist regelmäßig der Kläger (s EBKE, IntDevR 283 f; beim Verzichtsurteil [§ 306 ZPO] und beim Versäumnisurteil gegen den Kläger [§ 330, 335 Abs 1 Nr 1 ZPO] liegt die Behauptungs- und Beweislast für die von Amts wegen [Rn 49] zu berücksichtigenden Sachentscheidungsvoraussetzungen hingegen bei dem Beklagten – s EBKE WM 1993, 1169, 1171 Fn 40 mwN). Wenn man – wie der BGH (Rn 49 f) – „Unklag- **59**

barkeit" iSv Art VIII Abschn 2(b) S 1 IWFÜ als echte Sachentscheidungsvoraussetzung begreift, verlagert man das Prozessrisiko also zwangsläufig auf den Gläubiger, der darlegen und im Bestreitensfall beweisen muss, dass seine Forderung „nicht unklagbar" ist (vgl OLG Düsseldorf 7.11.1991, OLGR 1992, 37). Das mutet merkwürdig an, wenn man bedenkt, dass der Gläubiger mit den devisenrechtlichen Gegebenheiten im ausländischen Erlassstaat typischerweise weniger vertraut ist als der dem Erlassstaat angehörige beklagte Schuldner (aus gutem Grund verpflichtet Art 54 UNCITRAL-KÜbk die Parteien, alle Maßnahmen zu treffen und Formalitäten zu erfüllen, welche erforderlich sein können, damit die Zahlung geleistet werden kann; gedacht ist dabei vor allem an die Einholung notwendiger Devisenausfuhrbewilligungen im Schuldnerstaat durch den Schuldner – s vCAEMMERER/SCHLECHTRIEM, Kommentar zum Einheitlichen UN-Kaufrecht[2] [1995] Art 54 Rn 5; STOFFEL SchwJZ 1990, 169, 176; s ferner WITZ/SALGER/ LORENZ, International Einheitliches Kaufrecht [2000] Art 54 Rn 5 [mit Einzelheiten zum Umfang der Pflicht]). Hinzu tritt, dass der Gläubiger nach dem – völkerrechtlich allein verbindlichen (Rn 7) – englischen Wortlaut des Art VIII Abschn 2(b) S 1 IWFÜ die Behauptungs- und Beweislast für das Vorliegen der Klagbarkeitsvoraussetzungen gar nicht tragen soll und sie nach überwiegender Ansicht der Rechtsprechung von IWF-Mitgliedstaaten mit Common Law-Tradition im Allgemeinen auch nicht trägt (zu Einzelheiten s EBKE, IntDevR 284; ders RiW 1991, 1, 6; ders JZ 1991, 335, 338; WEGEN 62 FordhamLRev 1931, 1941 [1994]).

60 Befürworter der prozessrechtlichen Einordnung des Begriffs „unenforceable" räumen ein, dass die Behauptungs- und Beweislastverteilung infolge der Rechtsprechung des BGH im krassen Gegensatz zu der Behauptungs- und Beweislastverteilung in IWF-Mitgliedstaaten mit Common Law-Tradition steht und „eine internationale Angleichung von Beweislastverteilungen im internationalen Wirtschaftsverkehr" „sehr wünschenswert" sei (EHRICKE RiW 1991, 365, 371). Die Behauptungs- und Beweislastverteilung aufgrund der deutschen Rechtsprechung sei jedoch eine „Ausprägung des Schutzgedankens" des Art VIII Abschn 2(b) S 1 IWFÜ (EHRICKE aaO). Es muss nachdenklich stimmen, dass bei dieser Argumentation das Ziel jeden international vereinheitlichten Rechts: nämlich die einheitliche Auslegung und Anwendung des Einheitsrechts (vgl Art 36 EGBGB; Art 7 Abs 1 UNCITRAL-KÜbk), auf der Strecke bleibt und dass selbst so glühende Verfechter eines weitgehenden Schutzes der Erlassstaaten wie der frühere Leiter der Rechtsabteilung des IWF, GOLD, die Behauptungs- und Beweislastverteilung nach der Rechtsprechung des BGH als über das Ziel des Art VIII Abschn 2(b) S 1 IWFÜ hinausschießend kritisieren (s GOLD, Fund Agreement III 267 ff).

γ) **Unbegründete Ansprüche**

61 Ungereimtheiten ergeben sich im internationalen Vergleich auch hinsichtlich solcher Klagen, die bei Geltung deutschen Rechts nach allgemeinen bürgerlich-rechtlichen Grundsätzen (zB wegen beschränkter oder fehlender Geschäftsfähigkeit einer Vertragspartei) als unbegründet abgewiesen werden müssten (EBKE WM 1993, 1169, 1172). Da die deutschen Gerichte nach der bisherigen Rechtsprechung des BGH aber an einer Sachentscheidung gehindert sind (s Rn 49 ff), müssen sie dem Schutz ausländischer Erlassstaaten einen höheren Stellenwert einräumen als beispielsweise dem Schutz Geschäftsunfähiger (§§ 104, 105 BGB) und beschränkt Geschäftsfähiger (§§ 106–113 BGB) (s EBKE, IntDevR 285 f; ders JZ 1991, 335, 338).

δ) Sicherungsgeschäfte

Noch weithin ungeklärt sind außerdem die Auswirkungen der Einordnung als Sachentscheidungvoraussetzung auf akzessorische Sicherungsgeschäfte, dingliche Sicherheiten, Hilfsgeschäfte, die eine unklagbare Forderung im Sinne des Art VIII Abschn 2(b) S 1 IWFÜ befestigen sollen (zB Schuldanerkenntnisse, Schuldversprechen, Schuldübernahmen, Vereinbarungsdarlehen, Wechsel- und Scheckverbindlichkeiten, Bürgschaften, Garantieverträge, Sicherungsübereignungen, Grundschulden, Hypotheken uä), und Aufrechnungsfälle (s dazu EBKE, IntDevR 288 ff; KEGEL/SCHURIG, IPR[8] 961 und unten Rn 78). Soweit sich die Gerichte mit den damit zusammenhängenden Fragen beschäftigt haben, mussten sie in allgemeinen Aussagen, fragwürdigen Analogien und bedenklichen Konstruktionen Zuflucht suchen, die die prozessuale Einordnung des Tatbestandsmerkmals „unenforceable" nur noch zweifelhafter erscheinen lassen (EBKE WM 1993, 1169, 1172; s auch SOERGEL/vHOFFMANN[12] Art 34 Rn 154 [zur Bürgschaft]).

cc) Kritik

Wegen dieser und anderer Probleme stößt die Auslegung und Anwendung des Begriffs „unenforceable" durch die deutschen Gerichte in der Literatur (Rn 64 ff), aber auch in der Rechtsprechung (Rn 71 ff) zunehmend auf Widerspruch.

α) Literatur

Die prozessuale Einordnung der „Unklagbarkeit" als Sachentscheidungsvoraussetzung durch die deutschen Gerichte (Rn 49 ff) ist erstmals 1990 auf grundlegende Kritik gestoßen (s EBKE, IntDevR 293 ff [für materiellrechtliche Einordnung als „unvollkommene Verbindlichkeit"]; s auch Rn 74). In der nach 1990 erschienenen Literatur findet die Rechtsprechung nur noch geringen Rückhalt (uneingeschränkt zust ersichtlich nur noch GEHRLEIN DB 1995, 129; mit Recht kritisch zu den Ausführungen GEHRLEINS THODE, in: REITHMANN/MARTINY[5] Rn 507 Fn 168; vorsichtiger mit seiner Bewertung der prozessualen Einordnung als Sachentscheidungsvoraussetzung EHRICKE RiW 1991, 365, 371, der der Ansicht ist, die prozessrechtliche Lösung des BGH „scheine" den Interessen der verschiedenen Parteien „alles in allem" gerecht zu werden und zu gut vertretbaren Ergebnissen zu führen; s auch STAUDINGER/K SCHMIDT [1997] Vorbem E 34 zu § 244, der die prozessuale Einordnung als „in dogmatischer Hinsicht ... zweifelhaft" und die materiellrechtliche Einordnung als „besser geeignet" bezeichnet, aus Gründen der „Praktikabilität" [!] aber an der prozessualen Lösung festhalten will).

Selbst solche Autoren, die die prozessrechtliche Konstruktion als Sachentscheidungsvoraussetzung grundsätzlich für richtig halten, lehnen die Konsequenzen der höchstrichterlichen Rechtsprechung – namentlich die rückwirkende Erfassung von „exchange contracts" (s Rn 54, 71 und 77) – ab (s dazu näher EBKE WM 1993, 1169, 1172 ff mwN). So bescheinigen EBENROTH/NEISS (RiW 1991, 617, 624) der deutschen Rechtsprechung, die Auslegung des Begriffs „unenforceable" im Sinne einer Sachentscheidungsvoraussetzung stelle „dogmatisch die richtige Lösung" dar. Sie räumen dann aber ein, dass die Lösung des BGH „vom Ergebnis her betrachtet nicht vollends überzeugen" kann (EBENROTH/NEISS aaO). Sie raten der deutschen Rechtsprechung daher, ihre Ansicht zu überdenken (EBENROTH/NEISS 625). Der BGH solle „entweder nachträglich erlassene Devisenkontrollvorschriften vom Anwendungsbereich des Art VIII Abschn 2(b) IWF-Abkommen ausnehmen oder den Gläubigern zumindest bereicherungsrechtliche Ansprüche zugestehen" (EBENROTH/NEISS aaO). Wie die deutschen Gerichte auf dem Boden der für „dogmatisch richtig" befundenen prozessualen Einordnung der „Unklagbarkeit" nach Abschluss eines „Devisenkontraktes" erlassene Devisenkontrollbestimmungen aus dem Anwendungsbereich des Art VIII Abschn 2(b) S 1 IWFÜ ausnehmen sollen, bleibt allerdings offen (offengelassen auch in EBENROTH/TEITZ, Banking on the Act of State 69 f). Wenn man „unenforceability" prozessual als Sachentscheidungsvoraussetzung begreift, ist die Forderung von EBENROTH/NEISS nicht zu verwirklichen. Das gilt auch für die Ansicht von UNTEREGGE (53), der einerseits die prozessuale Einordnung des Begriffs „unenforceable" für zutreffend hält, andererseits auf den Zeitpunkt des Vertragsschlusses abstellen will (s auch GEHRLEIN DB 1995, 129, 132). Mit dem geltenden deutschen Zivilprozessrecht ist das nicht zu machen (EBKE WM 1993, 1169, 1173; ders RiW 1993, 613, 625; zust THODE, in: REITHMANN/MARTINY[5] Rn 508 Fn 180).

66 Uneingeschränkte Kritik an der Auslegung des Begriffs „unenforceable" im Sinne einer Sachentscheidungsvoraussetzung findet sich bei SEUSS. Die Autorin kommt nach sorgfältiger Abwägung des Für und Wider zu dem Ergebnis, dass die Nachteile der prozessrechtlichen Einordnung die Vorteile der Lösung des BGH überwiegen (SEUSS 120 ff). Die Vorverlagerung der Frage des Einflusses von Devisenrecht auf einen Vertrag und dessen Erfüllung in die Sachentscheidungsvoraussetzungen mute „künstlich und systemwidrig" an (SEUSS 127). Ablehnend äußert sich auch FUCHS; sie hält die prozessuale Einordnung unter Berufung auf Mann (s zuletzt MANN, The Legal Aspect of Money[5] 393 f) nach „wörtlicher und historischer Auslegung" mit dem Text des Art VIII Abschn 2(b) S 1 IWFÜ für unvereinbar (FUCHS IPRax 1992, 361 f; unentschieden aber FUCHS 199 f). EHLERS/MUNZ (115) äußert Zweifel, ob die Einordnung des Begriffs „unenforceable" als echte Sachentscheidungsvoraussetzung „dogmatisch stimmig" ist; sie schlägt vor, auf das Rechtsinstitut der Stundung zurückzugreifen. PUTTFARKEN (RabelsZ 54 [1990] 605, 608) hält die von der nicht authentischen deutschen Fassung des Art VIII Abschn 2(b) S 1 IWFÜ („kann nicht geklagt werden") ausgehende deutsche Rechtsprechung zum Merkmal „unenforceable" für „offenkundig falsch"; die Übersetzung könne „unmöglich stimmen", da Art VIII Abschn 2(b) S 1 IWFÜ sich zuvörderst an die Verwaltung und nur in letzter Linie an die Gerichte wende.

67 PALM (RiW 1990, 485, 489) hat 1990 betroffenen deutschen Unternehmen vorgeschlagen, sie sollten die nachteiligen Wirkungen der deutschen Rechtsprechung zu Art-VIII Abschn 2(b) S 1 IWFÜ dadurch zu vermeiden suchen, dass sie sich „vertragsgestalterisch die Option verschaff(en), in einem Nichtmitgliedstaat des IWF zu klagen". Der von PALM in diesem Zusammenhang aufgezeigte Lösungsweg über eine Klageerhebung in der **Schweiz** ist seit dem Beitritt der Schweiz zum IWF am 29. 5. 1992 (Rn 6) allerdings wohl versperrt, auch wenn noch nicht feststeht, wie das schweizerische Bundesgericht Art VIII Abschn 2(b) S 1 IWFÜ allgemein und die Rechtsfolgeanordnung („unenforceable") im Besonderen auslegen und anwenden wird (zu Einzelheiten s EBKE, in: FS Kleiner [1993] 303; KLEIN, in: Études de droit international en l'honneur de Pierre Lalive [1993] 261; MANN SZW/RSDA 1992, 34; SAXER, in: FG Schweiz Juristentag 1994 [1994] 329; VISCHER/HUBER/OSER, Internationales Vertragsrecht[2] [2000] Rn 997–1002).

68 Aus schweizerischer Sicht haben VISCHER/HUBER/OSER, Internationales Vertragsrecht[2] (2000) Rn 999 die Ansicht vertreten, dass ein „Nichteintretensentscheid wegen mangelnder Prozessvoraussetzung" „wenig sinnvoll" ist. Es sei sicherzustellen, „dass nur Beschränkungen, die im Zeitpunkt des Vertragsschlusses bereits bestanden, zu beachten sind". KLEINER (155) hat die rückwirkende Anwendung des Art VIII

Abschn 2(b) S 1 IWFÜ auf bestehende Verträge als „äusserst stossend" bezeichnet. SAXER (in: FG Schweizer Juristentag 1994 [1994] 349) hat vorgeschlagen, die Lösung in einer „Vertragsmodifikation aufgrund des hypothetischen Parteiwillens" bzw einer „Liquidation des Vertragsverhältnisses durch die Rückabwicklung des Vertrages in teilweiser Analogie zu den Bestimmungen über den Schuldnerverzug" zu suchen.

Noch weiter geht der Vorschlag von MANN: Er hat Deutschland nahegelegt, Art VIII **69** Abschn 2(b) S 1 IWFÜ „aus dem internen Recht (zu) entfernen" (MANN JZ 1991, 614, 615). Die Lösung sieht MANN in der teilweisen Beendigung des IWF-Übereinkommens oder der Suspendierung des Art VIII Abschn 2(b) S 1 IWFÜ „in Anlehnung an Art 44(3) iVm Art 62 der Wiener Konvention über Staatsvertragsrecht" (MANN JZ 1991, 614, 615). In dieselbe Richtung zielen die Überlegungen von ADEN (WuB VII B 2.-2.92; ders Blick durch die Wirtschaft v. 13.10.1991, S 9). Die Voraussetzungen der Wiener Vertragsrechtskonvention für eine teilweise Beendigung oder Suspendierung des Art VIII Abschn 2(b) S 1 IWFÜ liegen jedoch nicht vor (zu Einzelheiten s EBKE WM 1993, 1169, 1173 f mwN; zust FUCHS 222 ff). MANN nennt seine Überlegungen bezeichnenderweise selbst „völkerrechtlich bedenklich" (MANN JZ 1991, 614, 615).

Offene Ablehnung erfährt die prozessrechtliche Einordnung (Rn 49 ff) auch in lite- **70** rarischen **Stellungnahmen hoher deutscher Richter.** THODE, Richter am BGH, hält die prozessuale Einordnung der Rechtsfolgeanordnung des Art VIII Abschn 2(b) S 1 IWFÜ für „missglückt" (THODE ZBB 1993, 53, 54), weil sie „keine geeignete Grundlage" dafür biete, die Rechtsfragen zu klären, die sich im Zusammenhang mit akzessorischen Sicherungsrechten, dinglichen Sicherheiten sowie Hilfsgeschäften ergeben, die zur Sicherung unklagbarer Forderungen gewährt worden sind (s auch Rn 62 und 78); entsprechendes gelte für die Aufrechnungsfälle (THODE RabelsZ 56 [1992] 382, 385; siehe auch MünchKomm/BGB/THODE[3] § 284 Rn 12; THODE, in: REITHMANN/MARTINY[5] Rn 507 ff). Bundesverfassungsrichter BROSS (WM 1992, 83, 84) verweist auf die Prozessrisiken, die die prozessuale Einordnung vor deutschen Gerichten für den Kläger mit sich bringe und die zu den vergleichbaren Prozessrisiken von Klägern in anderen IWF-Mitgliedstaaten außer Verhältnis stünden (ähnlich SCHEFOLD, in: SCHIMANSKY/BUNTE/LWOWSKI 3350, der der Ansicht ist, es bleibe ein „Unbehagen, weil die Parteien ein erhebliches Risiko bezüglich eines ‚exchange contract' auf sich nehmen, wenn sie nicht von vornherein kalkulieren können, ob dieser im Falle einer gerichtlichen oder schiedsgerichtlichen Inanspruchnahme durchsetzbar ist"). S auch Rn 57.

β) HansOLG Hamburg

Die unerträgliche Konsequenz der prozessualen Einordnung der „Unklagbarkeit", **71** dass ein bei seinem Abschluss devisenrechtlich unbedenklicher „Devisenkontrakt" (Rn 23 ff) infolge des späteren Erlasses von Devisenkontrollbestimmungen (Rn 41 ff) oder des späteren Beitritts eines ausländischen Erlassstaates zum IWF nachträglich unklagbar werden kann (Rn 54), ist auch beim Hans OLG Hamburg auf Widerspruch gestoßen. Das Gericht spricht sich in einem Obiter Dictum dafür aus, die Regelung des Art VIII Abschn 2(b) S 1 IWFÜ „nur gelten zu lassen, wenn ihre Voraussetzungen zur Zeit des Vertragsschlusses gegeben waren (und bis zum Schluss der mündlichen Verhandlung fortbestanden haben)" (OLG Hamburg WM 1992, 1941, 1943 = IPRax 1993, 170 = RiW 1993, 68 = WuB VII B 2.-1.93 m Anm REITHMANN; zu Einzelheiten der Entscheidung s EBKE RiW 1993, 613; EBENROTH/WOGGON IPRax 1993, 151; SANDROCK WM 1994, 405, 413; zur Revisionsentscheidung [„Bulgarien-Entscheidung"] s Rn 4 und 25). Mit seiner Forderung, es sei auf den Zeitpunkt des Vertragsschlusses und nicht auf den Zeitpunkt der letzten mündlichen Verhandlung abzustellen, lehnt das Hans OLG Hamburg die im Jahre 1970 begründete Rechtsprechung des BGH (Rn 49) der Sache nach ebenfalls ab; denn bei rechtlicher Einordnung der „unenforceability" als echte Sachentscheidungsvoraussetzung ist die Forderung des Hans OLG Hamburg nicht zu verwirklichen (s Rn 65 aE; s ferner EBKE WM 1993, 1169, 1173; THODE, in: REITHMANN/MARTINY[5] Rn 508 Fn 180).

γ) **BGH**

72 In der höchstrichterlichen Rechtsprechung finden sich erste deutliche Hinweise, die auf eine Änderung der bisherigen Rechtsprechung (Rn 49 ff) schließen lassen. Der **IX. Zivilsenat des BGH** hat kürzlich angedeutet, dass er die vom II. Zivilsenat des BGH im Jahre 1970 begründete und von anderen Zivilsenaten des BGH übernommene Auslegung des Merkmals „unenforceable" für korrekturbedürftig hält (BGH 14. 11. 1991, BGHZ 116, 77, 84 = WM 1992, 87, 90 = WuB VII A. § 38 ZPO 2. 92 m Anm THODE = EWiR 1992, 203 m Anm GEIMER = IPRax 1992, 377 m Anm FUCHS IPRax 1992, 361 und HESS IPRax 1992, 358; SANDROCK WM 1994, 405, 413; eingehend EBKE WM 1993, 1169). Der Senat ließ allerdings ausdrücklich offen, ob er einer neueren Meinung im Schrifttum (s oben Rn 64 und unten Rn 74) folgend den Begriff „unenforceable" im Sinne einer unvollkommenen Verbindlichkeit verstanden wissen will oder ob er als einen „mittleren Weg" zwischen dieser Lehrmeinung und der bisherigen Auffassung des BGH die Einordnung des Merkmals als „prozesshindernde Einrede" vorziehen würde (BGH 14. 11. 1991, WM 1992, 87, 90; kritisch zu der Idee, die Unklagbarkeit als „prozesshindernde Einrede" zu begreifen, EBKE WM 1993, 1169, 1174).

73 Unter Hinweis auf die „in der neueren Literatur vertretene Rechtsmeinung" (s oben Rn 64 und unten Rn 74) hat der **II. Zivilsenat des BGH** in seiner Bulgarien-Entscheidung (BGH 8. 11. 1993, NJW 1994, 390 = RiW 1994, 151 = WM 1994, 54 = WuB VII B 2.-1. 94 m Anm THODE; s auch die Bespr-Aufsätze von EBKE WM 1994, 1357; ders 28 IntLaw 671 [1994]; EBENROTH/ MÜLLER RiW 1994, 269; EBENROTH/WOGGON IPRax 1994, 276; K SCHMIDT ZGR 1994, 665) die bisherige Auslegung des Begriffs „unenforceable" durch die deutschen Gerichte ebenfalls ausdrücklich in Frage gestellt. Der ausdrückliche Hinweis der beiden Zivilsenate des BGH auf die Fragwürdigkeit der bisherigen Auslegung des Begriffs „unenforceable" durch die deutsche Rechtsprechung ist ein wichtiges Zeichen, auch wenn es sich dabei lediglich um ein Obiter Dictum handelt. Obiter Dicta dieser Art dienen nämlich dazu, „Änderungen in der Rechtsprechung anzukündigen, die als notwendig erkannt worden sind" (THODE WuB VII B 2.-1. 94). THODE (aaO) hat daher zu Recht darauf hingewiesen, dass betroffene „Gläubiger, Rechtsanwälte und Instanzgerichte... sich schon jetzt darauf einstellen müssen, dass der BGH zukünftig den Begriff ‚unenforceable' nicht mehr als Sachentscheidungsvoraussetzung einordnet, sondern einem Vorschlag des Schrifttums folgt ... und ihn materiellrechtlich als unvollkommene Verbindlichkeit qualifiziert".

dd) **Die Lösung: Einordnung als unvollkommene Verbindlichkeit**

74 Die Lösung der sich aus der 1970 eingeleiteten Rechtsprechung (Rn 49) unausweichlich ergebenden Probleme (Rn 52 ff) liegt in der Tat in der Abkehr von der prozessrechtlichen Einordnung des Merkmals „unenforceable" als Sachentscheidungsvoraussetzung (Rn 49 ff) und der Hinwendung zu einer materiellrechtlichen Qualifikation als unvollkommene Verbindlichkeit (zu Einzelheiten s EBKE, IntDevR 293 ff; ders WM 1994, 1357, 1358 f; ders WM 1993, 1169, 1176 f; ders RiW 1993, 613, 624 f; ders JZ 1991, 335, 341 f; ders

RiW 1991, 1, 6 f; ders, in: FS Kleiner 303, 316 ff; ders 23 IntLaw 677, 693 ff [1989] = in: FS Gold [1990] 63, 81 ff; ders 28 IntLaw 761, 767 ff [1994]). Die Ansicht, dass das Merkmal „unenforceable" im deutschen Recht am besten als unvollkommene Verbindlichkeit zu begreifen ist, hat im Schrifttum **breite Unterstützung** gefunden (THODE, in: REITHMANN/MARTINY[5] Rn 507; MünchKomm/THODE[3] § 284 Rn 12; ders ZBB 1993, 53, 54; ders RabelsZ 56 [1992] 382, 385; SIEHR, IPR [2001] 333; BROSS WM 1992, 83, 84; WEGEN 62 FordhamLRev 1931, 1941 [1994]; BERGER ZVerglRW 96 [1997] 316, 344; s auch MARTINY 26 IntLaw 255, 257 [1992]; MünchKomm/ MARTINY[3] Nach Art 34 Anh II Rn 32a). Die neue Auffassung im Schrifttum kann sich auch rechtsvergleichend sehen lassen: In anderen IWF-Mitgliedstaaten mit kontinentaler Rechtstradition hat die Auslegung des Begriffs „unenforceable" iS einer unvollkommenen Verbindlichkeit ebenfalls Anhänger gefunden (s NIYONZIMA 173; dazu REMIEN RabelsZ 58 [1994] 190, 192; s ferner VISCHER/HUBER/OSER, Internationales Vertragsrecht[2] [2000] Rn 999 [für materiellrechtliche Einordnung, allerdings offen lassend, ob unvollkommene Verbindlichkeit oder Nichtigkeit]).

Der Text des Art VIII Abschn 2(b) S 1 IWFÜ steht einer materiellrechtlichen Qualifikation des Begriffs „unenforceable" nicht entgegen; im Gegenteil: GOLD (The Fund Agreement in the Courts III 268) hat schon 1986 darauf hingewiesen, dass **75**

„(t)he negation of the right to sue is not the true equivalent of the English word ‚unenforceable'. That word normally connotes an inability to succeed in a suit that has been entertained and not a procedural shortcoming connected with the institution of a suit".

Wenn man die „Unklagbarkeit" einer Forderung iSv Art VIII Abschn 2(b) S 1 IWFÜ als unvollkommene Verbindlichkeit begreift, liegt kein prozessualer Mangel vor; der Mangel, der das Gericht an einer der Klage stattgebenden Entscheidung hindert, besteht vielmehr im materiellrechtlichen Bereich: Es besteht eine Schuld ohne Haftung. Daher kann bei Vorliegen der Voraussetzungen des Art VIII Abschn 2(b) S 1 IWFÜ die Klage nicht als unzulässig abgewiesen werden; die Klage ist vielmehr als unbegründet abzuweisen (EBKE WM 1993, 1169, 1177; SIEHR, IPR [2001] 333).

Die fehlende Klagbarkeit des behaupteten Anspruchs aus einem „Devisenkontrakt" **76** gem Art VIII Abschn 2(b) S 1 IWFÜ wird regelmäßig zeitlich begrenzt sein. Die Rechtsprechung sollte daher bei Vorliegen der Voraussetzungen des Art VIII Abschn 2(b) S 1 IWFÜ die Klage in solchen Fällen nicht endgültig, sondern nur als **„zur Zeit" unbegründet** abweisen, weil der behauptete Anspruch als rechtlich verfolgbarer zur Zeit nicht besteht (EBKE WM 1993, 1169, 1177 mwN; zust THODE, in: REITHMANN/MARTINY[5] Rn 511; s allgemein KAPPEL, Die Klageabweisung „zur Zeit" [1999]). Im Allgemeinen besteht kein Anlass, in solchen Fällen den Rechtsstreit in entsprechender Anwendung des § 148 ZPO auszusetzen (OLG München 25. 1. 1989, JZ 1991, 370, 371). Der Kläger kann auch nicht mit Erfolg geltend machen, die Berufung des Beklagten auf die Unklagbarkeit gem Art VIII Abschn 2(b) S 1 IWFÜ sei treuwidrig (OLG Bamberg 5. 7. 1978, IPRspr 1978 Nr 127, S 304, 305; EBKE, IntDevR 280 und 304). Wird der Mangel, dh die fehlende Klagbarkeit der Forderung, später behoben, weil beispielsweise die notwendige behördliche Zustimmung erteilt oder die devisenrechtliche Beschränkung aufgehoben wird oder weil die Voraussetzungen für eine Anwendung der einschlägigen devisenrechtlichen Bestimmung entfallen oder der Erlassstaat später seine Mitgliedschaft im IWF beendet, schließt die Rechtskraft des die Klage als zur Zeit unbegründet abweisenden Urteils eine neue Klage grundsätzlich nicht aus (WALCHS-HÖFER, in: FS Schwab [1990] 521, 532 ff; s auch OLG München 25.1. 1989 JZ 1991, 370, 371).

77 Die Umsetzung des Begriffs „unenforceable" in die deutsche Rechtsordnung mit Hilfe der Rechtsfigur der unvollkommenen Verbindlichkeit führt international zu stimmigen Ergebnissen und trägt damit zu der von Art VIII Abschn 2(b) S 1 IWFÜ erstrebten **Rechtsangleichung** bei (EBKE WM 1993, 1169, 1176; THODE, in: REITHMANN/MARTINY[5] Rn 507). Die materiellrechtliche Einordnung trägt einerseits dem Schutzbedürfnis des Erlassstaates Rechnung und schont andererseits die Rechte der betroffenen Gläubiger (EBKE, IntDevR 303; ders JZ 1991, 335, 341 f; ders WM 1993, 1169, 1176). Das gilt insbesondere für die – nach der bisherigen Rechtsprechung besonders problematischen (Rn 54) – Fälle, in denen die anwendungswillige ausländische Devisenkontrollbestimmung erst nach Abschluss des „exchange contract" erlassen wurde oder der Erlassstaat dem IWF erst nach Abschluss des Vertrages beigetreten ist (zu Einzelheiten s EBKE, IntDevR 304 f; THODE, in: REITHMANN/MARTINY[5] Rn 508 aE; SIEHR, IPR [2001] 333; aA MünchKomm/MARTINY[3]. Nach Art 34 Anh II Rn 35; zweifelnd VISCHER/HUBER/OSER, Internationales Vertragsrecht[2] [2000] Rn 999). Bei Einordnung der „Unklagbarkeit" als unvollkommene Verbindlichkeit ist nämlich – anders als bei der prozessualen Einordnung nach der bisherigen Rechtsprechung (Rn 53) – nicht der Zeitpunkt der letzten mündlichen Verhandlung, sondern der Zeitpunkt des Vertragsschlusses entscheidend (EBKE, IntDevR 302 f; ders RiW 1991, 1, 5 ff; ders WM 1993, 1169, 1176; THODE, in: REITHMANN/MARTINY[5] Rn 508 aE; vgl MünchKomm/MARTINY[3] Nach Art 34 Anh II Rn 34).

78 Interessengerechte und **dogmatisch saubere Lösungen** lassen sich mit der materiellrechtlichen Einordnung auch in den Fällen erzielen, in denen der Schuldner oder ein Dritter gegenüber dem Gläubiger eines „exchange contract" eine neue Verpflichtung eingeht, um die Forderung aufgrund des unklagbaren „exchange contract" zu befestigen (zu Einzelheiten s EBKE, IntDevR 305 ff; THODE, in: REITHMANN/MARTINY[5] Rn 512); zu solchen **Sicherungs- und Hilfsgeschäften** gehören Schuldanerkenntnisse, Schuldversprechen, Schuldübernahmen, Vereinbarungsdarlehen, Wechsel- und Scheckverbindlichkeiten, Bürgschaften, Garantien, Sicherungsübereignungen, Grundschulden und Hypotheken uä, deren Erfassung im Rahmen des Art VIII Abschn 2(b) S 1 IWFÜ der bisherigen Rechtsprechung nicht überzeugend gelungen ist (Rn 62 und 70; EBKE, IntDevR 288 ff). Die Einordnung der „Unklagbarkeit" als unvollkommene Verbindlichkeit führt dazu, dass akzessorische Sicherungsgeschäfte, dingliche Sicherheiten und Hilfsgeschäfte, die eine unklagbare Forderung im Sinne des Art VIII Abschn 2(b) S 1 IWFÜ befestigen sollen, nicht durchsetzbar sind, weil die Unvollkommenheit der gesicherten Forderung der Durchsetzung der zu ihrer Sicherheit begründeten Forderung entgegensteht (THODE, in REITHMANN/MARTINY[5] Rn 512; EBKE, IntDevR 305 ff; vgl MünchKomm/MARTINY[3] Nach Art 34 Anh II Rn 22a).

79 Hinsichtlich der **Darlegungs- und Beweislast** (s dazu THODE, in: REITHMANN/MARTINY[5] Rn 510) sowie der **Verjährung** durch Klageerhebung (s dazu OLG München 23.10. 1992, OLGR 1993, 23; EBKE, IntDevR 303; THODE, in: REITHMANN/MARTINY[5] Rn 511) führt die materiellrechtliche Einordnung der Unklagbarkeit als „unvollkommene Verbindlichkeit" ebenfalls zu Ergebnissen, die der Praxis in den meisten IWF-Mitgliedstaaten mit Common Law-Tradition entspricht. Entsprechendes gilt für die Aufrechnungsfälle (EBKE, IntDevR 292 f). Im Einklang mit der Praxis der meisten IWF-Mitgliedstaaten mit Common Law-Tradition (s EBKE, IntDevR 175 und 277) sowie vieler Gerichte des romanischen Rechtskreises (s ERNE 43 Fn 66; EBKE, IntDevR 175) steht es ferner, wenn nach der hier vertretenen materiellrechtlichen Einordnung die „Unklagbarkeit" als **verzichtbare Einrede** verstanden wird (THODE, in: REITHMANN/MARTINY[5] Rn 509; EBKE WM 1993, 1169, 1174; zweifelnd VISCHER/HUBER/OSER, Internationales Vertragsrecht[2] [2000] Rn 999). Entgegen der bisherigen Rechtsprechung, wonach die „Unklagbarkeit" von Amts wegen zu prüfen war (Rn 49), bleibt es bei der materiellrechtlichen Einordnung daher der Entscheidung des Schuldners überlassen, ob er Forderungen aus einem „exchange contract" trotz Verstoßes gegen abkommenskonforme Devisenkontrollbestimmungen gegen sich gelten lassen möchte oder ob er von der Möglichkeit Gebrauch machen will, die ihm sein Gegenrecht bietet (zu den diesbezüglichen praktischen Unterschieden zwischen der bisherigen Rechtsprechung und der materiellrechtlichen Einordnung s EBKE WM 1993, 1169, 1174).

Im **Ergebnis** lässt sich daher festhalten, dass die im neueren Schrifttum entwickelte (Rn 64 und 74) und von der Literatur (Rn 74) sowie zwei Zivilsenaten des BGH positiv aufgenommene (Rn 72 f) materiellrechtliche Einordnung des Merkmals „unenforceable" iS einer unvollkommenen Verbindlichkeit eine international einheitliche Auslegung und Anwendung des Art VIII Abschn 2(b) S 1 IWFÜ begünstigt, die Folgeprobleme löst und die Risiken der Gläubiger internationaler „exchange contracts" angemessen begrenzt, ohne berechtigte Belange der Erlassstaaten aus den Augen zu verlieren. Mit Recht stellt MARTINY (26 IntLaw 255, 257 [1992]) daher abschließend fest:

„If this approach were to be followed by German courts, it would bridge at least a part of the existing gap between the Anglo-American and the German interpretation."

II. Autonomes Internationales Devisenrecht

Die Geltung ausländischer devisenrechtlicher Vorschriften, die von Art VIII Abschn 2(b) S 1 IWFÜ nicht erfasst werden, beurteilt sich nach dem autonomen Internationalen Devisenrecht (s schon Rn 4 ff). Das (in Deutschland nicht kodifizierte) autonome Internationale Devisenrecht kommt also insbesondere zum Zuge bezüglich der Devisenkontrollbestimmungen von Staaten, welche dem Internationalen Währungsfonds nicht oder nicht mehr angehören (Rn 5; EBKE, IntDevR 312; THODE, in: REITHMANN/MARTINY[5] Rn 513). Beschränkungen des internationalen Kapitalverkehrs durch ein IWF-Mitglied (Rn 25) sowie Regelungen eines IWF-Mitgliedes zur Kontrolle grenzüberschreitender Kapitalbewegungen (Rn 26) fallen nach der Rechtsprechung des BGH ebenfalls nicht in den Anwendungsbereich des Art VIII Abschn 2(b) S 1 IWFÜ (Rn 4 und 25 f; EBKE WM 1994, 1357, 1368; THODE, in: REITHMANN/MARTINY[5] Rn 513). Das autonome Internationale Devisenrecht greift darüber hinaus in Fällen ein, in denen Art VIII Abschn 2(b) S 1 IWFÜ aus anderen Gründen nicht zum Zuge kommt, wie beispielsweise bei **erbrechtlichen** Ansprüchen oder in **familienrechtlichen** Unterhaltssachen (EBKE, IntDevR 313; THODE, in: REITHMANN/MARTINY[5] Rn 513). Das autonome Internationale Devisenrecht (Art 34 EGBGB) entscheidet schließlich über die extraterritoriale Geltung des **Devisenrechts des Forums;** denn das Devisenrecht des Forums unterliegt nach heute hM dem Art VIII Abschn 2(b) S 1 IWFÜ nicht (Rn 2 und 17).

Die kollisionsrechtliche Beachtlichkeit ausländischer Devisenvorschriften, die nicht unter Art VIII Abschn 2(b) S 1 IWFÜ fallen, ist nach wie vor weitgehend ungeklärt (zu Einzelheiten s EBKE, IntDevR 312 ff; EBENROTH/MÜLLER RiW 1994, 269, 272 ff; SCHEFOLD, in: SCHIMANSKY/BUNTE/LWOWSKI 3351 ff; THODE, in: REITHMANN/MARTINY[5] Rn 513 ff; UNTEREGGE 59 ff). Eine gesetzliche Kollisionsnorm fehlt; die Bundesrepublik Deutschland hat bezüglich des Art 7 Abs 1 EVÜ einen Vorbehalt erklärt (zum Hintergrund und zu den Folgen des Vorbehalts s STAUDINGER/MAGNUS Art 34 Rn 5 ff; MARTINY IPRax 1987, 277; KROPHOLLER, IPR[4] [2001] 485). Diese Lücke ist – auch und gerade auf dem Gebiet des Internationalen Devisenrechts – von der Rechtsprechung bis heute nicht ausgefüllt worden (THODE, in: REITHMANN/MARTINY[5] Rn 514; SCHEFOLD, in: SCHIMANSKY/BUNTE/LWOWSKI 3352; s auch SOERGEL/vHOFFMANN[12] Art 34 Rn 78; GROTHE 122 ff; BERGER 328 f).

1. Schuldstatutstheorie

83 Nach dem Zweiten Weltkrieg hielten die deutschen Gerichte im Grundsatz zunächst an der vom Reichsgericht (s die Nachw bei EBKE, IntDevR 145 Fn 105 und UNTEREGGE 72 Fn 222 f) entwickelten schuldstatutsabhängigen Anwendung ausländischen Devisenrechts fest. Vorbehaltlich des Ordre Public (Art 30 aF; heute Art 6 EGBGB) sind danach ausländische Devisenbestimmungen nur dann zu berücksichtigen, wenn sie dem (subjektiv gewählten oder objektiv ermittelten) Schuldstatut zugehören (EBKE, IntDevR 145; UNTEREGGE 67 f). Die Begründung dafür, dass fremdem Devisenrecht außerhalb des Schuldstatuts die Geltung zu versagen ist, sind zumeist knapp und im Allgemeinen recht vage. Sie sind vor allem in drei Richtungen zu suchen: Außer auf den (negativen) Ordre Public (Art 30aF; heute Art 6 EGBGB) wird in vielen Urteilen auf den (angeblichen) Grundsatz der Unanwendbarkeit ausländischen öffentlichen Rechts („revenue rule" – Rn 12) sowie die territoriale Begrenztheit (Rn 11 und 84 f) fremder devisenrechtlicher Normen hingewiesen (zu Einzelheiten s EBKE, IntDevR 146 ff).

2. Territorialitätsprinzip

84 Das Ende der Schuldstatutstheorie in der deutschen Rechtsprechung wurde eingeleitet mit der Entscheidung des BGH vom 17.12.1959 (BGHZ 31, 367 = IzRspr 1958–1959 Nr 136, S 377 m krit Anm LAUMANN DAWR 1960, 147; NEUMAYER RabelsZ 25 [1960] 649; zust MEZGER Rev crit 50 [1961] 318; eingehend zu der Entscheidung DROBNIG NJW 1960, 1088; KREUZER 36 ff; s auch BGH 11.11.1952, BGHZ 7, 397 = IzRspr 1945–1953 I Nr 350, S 627 und später BGH 28.1.1965, IzRspr 1964–1965 Nr 68, S 226, 231 und 234). In dieser Entscheidung löste der BGH die Anknüpfung ausländischer devisenrechtlicher Bestimmungen aus dem IPR heraus und unterstellte sie dem vom Gedanken der Territorialität beherrschten öffentlichen Kollisionsrecht (s dazu EBKE, IntDevR 319 f). Hiernach verdient ausländisches Devisenrecht nur dann Beachtung, wenn es sich um Vorgänge oder Gegenstände handelt, die sich im Erlassstaat abspielen bzw dort belegen sind (s dazu näher EBKE, IntDevR 319; UNTEREGGE 73 ff; vgl SOERGEL/vHOFFMANN[12] Art 34 Rn 84). Der Übergang zur Sonderanknüpfung ausländischen Devisenrechts beschränkte sich in der Entscheidung des BGH (aaO) noch auf das Interzonale Devisenrecht. Ob und inwieweit sich die in der Entscheidung aufgestellten Grundsätze auf Fälle des Internationalen Devisenrechts übertragen lassen, blieb zunächst unklar. Das KG hielt kurz nach der Entscheidung des BGH in einem englisches und indonesisches Devisenrecht betreffenden Fall noch einmal an der überkommenen Schuldstatutstheorie fest (KG 11.7.1961, IPRspr 1966–1967 Nr 190, S 618, 620 und 622; das KG erwähnt die Entscheidung des BGH v 17.12.1959 allerdings nicht).

Sieben Monate nach der Entscheidung des KG erstreckte der BGH die 1959 für das **85**
Interzonale Devisenrecht entwickelten Grundsätze in einem Obiter Dictum (!) auf
das Internationale Devisenrecht (BGH 19. 4. 1962, IPRspr 1962–1963 Nr 163, S 523, 525).
Nach Ansicht des BGH wirkt Devisenrecht als öffentliches Recht nicht über die
Grenzen des legiferierenden Staates hinaus (BGH 17. 12. 1959, BGHZ 31, 367, 371; zu
den Einzelheiten s EBKE, IntDevR 319). Die Lehre von der territorialen Begrenztheit
fremden Devisenrechts hinderte den BGH jedoch nicht, etwa Devisenrecht der ehe-
maligen DDR unter dem Gesichtspunkt der tatsächlichen Unmöglichkeit iSv § 275
BGB zu berücksichtigen, wenn eine Genehmigung zum Transfer der geschuldeten
Beträge an den Gläubiger in der Bundesrepublik Deutschland entweder „überhaupt
nicht vorgesehen oder praktisch unerreichbar" war (BGH 28. 11. 1965, IzRspr 1964–1965
Nr 68, S 226, 235; s auch SIEHR RabelsZ 52 [1988] 41, 79 f; MünchKomm/MARTINY[3] Nach Art 34 Anh
II Rn 37). Fremdes Devisenrecht kann also uU auf der sachrechtlichen Ebene am
Entscheidungsprozess teilnehmen (dazu ausführlich UNTEREGGE 126 ff; SCHEFOLD, in: SCHI-
MANSKY/BUNTE/LWOWSKI 3354). Allerdings ist zu berücksichtigen, dass in casu westdeut-
sches Recht als Vertragsstatut berufen war. Offen ist, ob die Rechtsprechung die
sachrechtliche Lösung auch befolgen würde, wenn ausländisches Recht als Vertragsstatut berufen ist (KROPHOLLER, IPR[4] [2001] 482).

3. Sonderanknüpfung

Als Alternative zu der materiellrechtlichen Berücksichtigung ausländischen Devi- **86**
senrechts wird im Schrifttum zunehmend eine kollisionsrechtliche Sonderanknüpfung befürwortet (EBKE, IntDevR 326 ff; GROTHE 339; s auch allgemein STAUDINGER/MAGNUS
Art 34 Rn 115 ff und 138 ff). Die Sonderanknüpfung ausländischen zwingenden Devisenrechts bedeutet, dass – unabhängig vom Vertragsstatut – bestimmten ausländischen
devisenrechtlichen Bestimmungen Geltung zu verschaffen ist. Allerdings findet bei
den ausländischen devisenrechtlichen Bestimmungen noch eine einschränkende An-
wendungskontrolle statt (EBKE, IntDevR 325; UNTEREGGE 81 ff; allgemein zur Eingrenzung des
Anwendungsbereichs fremder Eingriffsnormen SOERGEL/VHOFFMANN[12] Art 34 Rn 86; KROPHOLLER,
IPR[4] [2001] 484). Im Interesse einer möglichst weitgehenden Liberalisierung des Welt-
handels dürfen Beschränkungen des internationalen Zahlungsverkehrs und des internationalen Kapitalverkehrs nämlich nicht überhand nehmen (s EBKE WM 1994, 1357,
1362 ff). Entsprechendes gilt für staatliche Versuche, durch Zwangskurse, Zwangs-
umtauschpflichten („surrender requirements") und ähnliche dem Devisenzufluss
dienende Maßnahmen dem Erlassstaat Abschöpfungsmöglichkeiten zu eröffnen.
Devisenkontrollbestimmungen müssen vielmehr auf Fälle beschränkt bleiben, in
denen das Kontrollinteresse des Erlassstaates die entgegenstehenden Interessen be-
troffener Privater ausnahmsweise eindeutig überwiegt, und sie sind abzuschaffen
oder zumindest abzumildern, sobald sie zum Schutz der Zahlungsbilanz des Erlassstaates nicht mehr notwendig sind (EBKE, IntDevR 323). Das Kollisionsrecht muss
diesen Postulaten Rechnung tragen. Eine Sonderanknüpfungsregel, die ausländische
Devisenbestimmungen vorschnell zurückweist, ist ebenso abzulehnen wie eine Kollisionsnorm, die ausländischem Devisenrecht aus falsch verstandener Rücksichtnahme
praktisch freie Hand lässt (vgl HORN DZWiR 1992, 131, 132).

Außerhalb staatsvertraglicher bzw international-einheitsrechtlicher Regelungen **87**
sollte ausländischem zwingendem Devisenrecht kollisionsrechtlich mittels Sonderanknüpfung Geltung verschafft werden (EBKE, IntDevR 325, 330 ff; GROTHE 339), wenn (1)

die betreffende devisenrechtliche Bestimmung angewandt werden will, (2) sie mit den allgemein anerkannten Grundsätzen des Internationalen Währungsrechts und dem Gebot der internationalen Zusammenarbeit in monetären Angelegenheiten im Einklang steht und (3) ihre Anwendung im konkreten Fall nicht zu einem Ergebnis führen würde, das mit wesentlichen Grundsätzen des deutschen Rechts, insbesondere den Grundrechten, offensichtlich unvereinbar wäre (Art 6 EGBGB; EBKE WM 1994, 1357, 1367; UNTEREGGE 90 ff). Erforderlich ist ferner (4) ein „genuine link" (s dazu GROSSFELD/EBKE, Strukturpinzipien des deutschen Rundfunks und privatrechtliche Organisationsformen im EG-Bereich, in: HÜBNER/OEHLER/STERN [Hrsg], Satellitenfernsehen und deutsches Rundfunksystem [1983] 29, 39; BIPPUS, Der internationale Schutz von Investitionen im Ausland – unter Berücksichtigung des diplomatischen Schutzrechts der Staaten [Diss Konstanz 1989] 53 ff), also eine „enge Verbindung" (vgl Art 7 Abs 1 S 1 EVÜ) zwischen Erlassstaat und Sachverhalt (UNTEREGGE 61 ff, 70 f; GROTHE 123; THODE, in: REITHMANN/MARTINY[5] Rn 517). Ein Anhaltspunkt dafür, ob die Verbindung eng genug ist, kann das in Art VIII Abschn 2(b) S 1 IWFÜ enthaltene Merkmal „welche die Währung ... berühren" („which involve the currency") sein (EBKE, IntDevR 326; zu Einzelheiten dieses Merkmals s oben Rn 38 ff).

88 Das Vorliegen eines – von einigen Autoren (GROSSFELD/ROGERS IntCompLQ 32 [1983] 931; s auch ROGERS, in: FS Großfeld [1999] 901; HENTZEN RiW 1988, 510; speziell für das autonome Internationale Devisenrecht SCHEFOLD, in: SCHIMANSKY/BUNTE/LWOWSKI 3354) darüber hinaus geforderten – gewissen Interessen- und Wertegleichklangs („shared values") ist im Internationalen Devisenrecht nicht gesondert, sondern im Rahmen der Anwendungsvoraussetzungen (Rn 87) zu prüfen, weil der Interessen- und Wertegleichklang Bestandteil der allgemein anerkannten Grundsätze des Internationalen Währungsrechts und des Gebots der internationalen Zusammenarbeit in monetären Angelegenheiten ist (EBKE, IntDevR 325, 330 mwN; s auch CARREAU, Souveraineté et coopération monétaire international [1970]; DAM, The Rules of the Game [1982]), die Voraussetzung für eine kollisionsrechtliche Berücksichtigung ausländischen Devisenrechts sind (Rn 87).

89 Für die kollisionsrechtliche Berücksichtigung ausländischen Devisenrechts sollte es keinen Unterschied machen, ob drittstaatliche devisenrechtliche Bestimmungen oder Devisenvorschriften des ausländischen Schuldstatuts in Rede stehen. Da eine schuldstatutsabhängige Berücksichtigung fremden Devisenrechts heute überwiegend abgelehnt wird (Rn 86; s auch allg SCHURIG RabelsZ 54 [1990] 217; BUSSE ZVerglRWiss 95 [1996] 386; SOERGEL/vHOFFMANN[12] Art 34 Rn 83 mwN), ist Devisenrecht des ausländischen Staates, dessen Recht den Schuldvertrag beherrscht, in konsequenter Anwendung der Lehre von der Sonderanknüpfung grundsätzlich unter denselben Voraussetzungen zu berücksichtigen wie drittstaatliches Devisenrecht (vgl KROPHOLLER, IPR[4] [2001] 486). Zur Frage, ob das Gericht die tatsächliche Auswirkung der ausländischen devisenrechtlichen Bestimmung auf das Rechtsverhältnis zwischen den Parteien im Interesse einer sachgerechten Entscheidung materiellrechtlich berücksichtigen darf, wenn der kollisionsrechtliche Lösungsweg nicht gangbar ist (zB weil das ausländische Devisenrecht nicht mit den allgemein anerkannten Grundsätzen des Internationalen Währungsrechts und dem Gebot der internationalen Zusammenarbeit in monetären Angelegenheiten im Einklang steht oder gar einen Verstoß gegen Völkerrecht oder den nationalen Ordre Public [Art 6 EGBGB] enthält), s KROPHOLLER, IPR[4] (2001) 487 mwN; UNTEREGGE 135 ff.

5. Abschnitt. Schuldrecht.
1. Unterabschnitt. Vertragliche Schuldverhältnisse

Art 35 EGBGB. Rück- und Weiterverweisung. Rechtsspaltung

(1) Unter dem nach diesem Unterabschnitt anzuwendenden Recht eines Staates sind die in diesem Staat geltenden Sachvorschriften zu verstehen.

(2) Umfaßt ein Staat mehrere Gebietseinheiten, von denen jede für vertragliche Schuldverhältnisse ihre eigenen Rechtsvorschriften hat, so gilt für die Bestimmung des nach diesem Unterabschnitt anzuwendenden Rechts jede Gebietseinheit als Staat.

Materialen: BT-Drucks 10/504, 84; BT-Drucks 10/5632, 5; PIRRUNG, Internationales Privat- und Verfahrensrecht nach dem Inkrafttreten der Neuregelung des IPR. Texte, Materialien, Hinweise (1987) 49.

Schrifttum

W BAUER, Renvoi im internationalen Schuld- und Sachenrecht (1985)

GRAUE, Rück- und Weiterverweisung im internationalen Vertragsrecht, AWD 1968, 121

HARTWIEG, Der Renvoi im deutschen internationalen Vertragsrecht (1967)

RAAPE, Die Rückverweisung im internationalen Schuldrecht, NJW 1959, 1013

SCHRÖDER, Vom Sinn der Verweisung im internationalen Schuldvertragsrecht, IPRax 1987, 90.

Vgl ferner das allgemeine Schrifttum zum Renvoi bei STAUDINGER/HAUSMANN (1996) Art 4.

Systematische Übersicht

I. Rück- und Weiterverweisung (Abs 1)	
1. Allgemeines	1
a) Begriff	1
b) Entstehungsgeschichte	2
c) Normzweck	4
2. Anwendungsbereich	5
3. Rechtswahl	6
a) Wahl von Sachnormen	6
b) Wahl von Kollisionsnormen	7
4. Objektive Anknüpfung	9
II. Rechtsspaltung (Abs 2)	
1. Normzweck	10
2. Mehrrechtsstaat	11
3. Verselbständigung der Gebietseinheit	12
4. Verhältnis zu Art 4 Abs 3	14
5. Interlokale Konflikte	15

Alphabetische Übersicht

Anknüpfung	
– objektive	4, 9, 12
– raum- bzw ortsbezogene	10
Auslegung, einheitliche	5
Einheitliche europäische Auslegung	5, 8, 14
Erfüllungsort	2
Europäisches Sorgerechtsübereinkommen von 1980	10
Gesamtverweisung	1
Haager Kindesentführungsübereinkommen von 1980	10

Haager Unterhaltsstatutsübereinkommen von 1973	10	– Sachnormen	6
		Renvoi s u Rück-/Weiterverweisung	
		Rückverweisung	1 ff
Interlokales Privatrecht	10 ff, 15 f		
Internationaler Entscheidungseinklang	4, 9	Sachnormverweisung	1
		Schiedsgerichtsbarkeit, internationale	8
Mehrrechtsstaat	11 ff		
		Vertragscharakteristische Leistung	9
Parteiwille, hypothetischer	2, 9	Vertragsstatut	2, 4, 10
Rechtsspaltung	10 ff	Weiterverweisung	
Rechtswahl	2, 4, 6 ff, 12	– internationale	1 ff
– Kollisionsnormen	7 f, 9, 13	– interlokale	12

I. Rück- und Weiterverweisung

1. Allgemeines

a) Begriff

1 Von einer *Rückverweisung* (renvoi au premier degré) spricht man, wenn die vom inländischen IPR zur Anwendung berufene Rechtsordnung ihrerseits die Anwendung deutschen Rechts vorschreibt. Demgegenüber liegt eine *Weiterverweisung* (renvoi au second degré) vor, wenn das vom inländischen IPR zur Anwendung berufene ausländische Recht das Recht eines dritten Staates für maßgeblich erklärt (vgl STAUDINGER/HAUSMANN [1996] Art 4 Rn 2). Das Problem der Rück- oder Weiterverweisung stellt sich freilich nur in Fällen, in denen die vom deutschen Recht ausgesprochene Verweisung auf ein fremdes Recht auch dessen Kollisionsnormen einbezieht. Zu diesem Grundsatz der *Gesamtverweisung* bekennt sich das deutsche Recht in Art 4 Abs 1 EGBGB, der ausdrücklich vorschreibt, dass im Falle einer Verweisung auf das Recht eines anderen Staates „auch dessen internationales Privatrecht anzuwenden" ist. Dieser Grundsatz wird freilich von zahlreichen Ausnahmen durchbrochen, in denen unmittelbar auf die Sachvorschriften des ausländischen Rechts verwiesen wird (vgl dazu näher STAUDINGER/HAUSMANN [1996] Art 4 Rn 81 ff). Eine derartige **Sachnormverweisung** sprechen nach Art 35 Abs 1 EGBGB auch die in Art 27–34 EGBGB normierten Kollisionsnormen auf dem Gebiet des Schuldvertragsrechts aus. Art 35 Abs 1 enthält insoweit eine Sonderregelung, die in ihrem Anwendungsbereich Vorrang vor Art 4 EGBGB hat (ERMAN/HOHLOCH Art 35 Rn 1).

b) Entstehungsgeschichte

2 Auch vor dem Inkrafttreten des Gesetzes zur Neuregelung des IPR vom 25. 7. 1986 bestand Einigkeit darüber, dass eine von den Parteien getroffene *Rechtswahl* nur auf die Sachnormen des gewählten Rechts gerichtet war; Rück- und Weiterverweisung wurden sowohl für die ausdrückliche wie für die stillschweigende Rechtswahl ausgeschlossen (BGH NJW 1971, 320 = IPRspr 1970 Nr 17; RAAPE NJW 1959, 1016; HARTWIEG 145 f; GRAUE AWD 1968, 125 [129]; SOERGEL/KEGEL[10] Vorbem 278 zu Art 7). Demgegenüber war die Problematik eines Renvoi im internationalen Schuldvertragsrecht bei Fehlen einer Rechtswahl heftig umstritten (vgl dazu PALANDT/HELDRICH[45] [1986] vor Art 12 Anm 2 c; SOERGEL/KEGEL[11] [1984] vor Art 7 Rn 388; W BAUER 79 ff). Für diesen Fall war nach der

Rechtsprechung des BGH das Vertragsstatut mit Hilfe des sog *hypothetischen Parteiwillens* zu bestimmen. Soweit die Rechtsprechung hierbei an einen vermuteten subjektiven Parteiwillen anknüpfte, wurde die Verweisung – wie im Falle einer realen Rechtswahl – überwiegend als Sachnormverweisung interpretiert (BGH NJW 1954, 229 = IPRspr 1952/53 Nr 41; BGH NJW 1956, 377 = IPRspr 1954/55 Nr 20; GRAUE AWD 1968, 125). In dem Maße, in dem der hypothetische Parteiwille nur noch als Synonym für eine „vernünftige Interessenabwägung auf objektiver Grundlage" verwandt wurde (vgl dazu BGHZ 17, 89 [92]; 19, 110 [112]; 57, 72 [75 f]; 61, 221 [223]), tendierte man jedoch stärker zur Beachtlichkeit einer Rück- oder Weiterverweisung (SOERGEL/KEGEL[11] aaO; SANDROCK, Hdb I Rn 242; vgl auch STAUDINGER/GRAUE[10/11] Art 27 aF Rn 50; aA aber STAUDINGER/ FIRSCHING[10/11] Vorbem 350, 361 zu Art 12 aF mwN). Soweit schließlich auch eine objektive Interessenabwägung nicht zur Ermittlung des Vertragsstatuts führte und deshalb nur der Rückgriff auf das **Recht des Erfüllungsorts** blieb, hat vor allem die Rechtsprechung einen Renvoi durchwegs beachtet (vgl BGH NJW 1958, 418 = IPRspr 1958/59 Nr 37 [Rückverweisung/England]; BGH NJW 1958, 750 = AWD 1958, 57 = IPRspr 1958/59 Nr 39 [Rückverweisung/Italien]; BGH NJW 1960, 1720 = AWD 1960, 183 = IPRspr 1960/61 Nr 23 [Weiterverweisung/Louisiana-Illinois]; zust OLG Stuttgart AWD 1960, 246 = IPRspr 1960/61 Nr 25 [Rückverweisung/Schweden]; OLG Frankfurt OLGZ 1967, 13 = NJW 1967, 501 m Anm HAUG = IPRspr 1966 Nr 33 [Rückverweisung/Schweiz]; OLG Düsseldorf AWD 1971, 238 = IPRspr 1970 Nr 15 [Rückverweisung/New York]). Diese Rechtsprechung stieß schon damals auf zT heftige Kritik (vgl RAAPE NJW 1959, 1013 ff; MANN JZ 1962, 13; RAAPE/STURM, IPR I § 11 III 6).

Die Auffassung von einem vollständigen Ausschluss des Renvoi auf dem Gebiet des **3** Schuldvertragsrechts, der auf dem Gebiet des internationalen Kaufrechts schon die Verfasser des Haager Übereinkommens vom 15. 6. 1955 (abgedruckt bei JAYME/HAUSMANN[10] Nr 76) gefolgt waren (vgl Art 2–4: „innerstaatliches Recht"), hat sich dann auch auf **europäischer Ebene** in den Beratungen zu einem Vorentwurf über das auf vertragliche und außervertragliche Schuldverhältnisse anwendbare Recht von 1972 durchgesetzt. Denn ein Renvoi wurde bereits damals auf dem Gebiet des Schuldvertragsrechts in den meisten Mitgliedstaaten der Europäischen Gemeinschaft nicht beachtet, so in Italien (Art 30 disp prel), in Griechenland (Art 32 ZGB), in Portugal (Art 16 ZGB 1966), in England (vgl DICEY/MORRIS, Conflict[11] 82) und in Frankreich (BATIFFOL/LAGARDE, DIP I[8] n 311; LOUSSOUARN/BOUREL, DIP[4] n 218). Die Regelung in Art 21 dieses Vorentwurfs wurde daher mit geringfügigen redaktionellen Änderungen auch in Art 15 EVÜ und von dort in den Art 35 Abs 1 EGBGB übernommen. Der gleiche Grundsatz gilt auch im schweizerischen Kollisionsrecht (Art 14 Abs 1, 116 ff IPRG). Demgegenüber schloss das österreichische Recht einen Renvoi bis zum Inkrafttreten des EVÜ am 1. 1. 1999 lediglich in Fällen der ausdrücklichen oder stillschweigenden Rechtswahl aus (vgl § 11 Abs 2 öst IPRG aF), während es im Rahmen der objektiven Anknüpfung von Verträgen beim Grundsatz der Gesamtverweisung (§ 5 Abs 1 IPRG aF) verblieb (vgl OGH ÖJZ 1987, 15; OGH ZfRvgl 1995, 36 = IPRax 1995, 326 m zust Anm W LORENZ 329; OGH IPRax 1997, 429 [430] f m krit Anm MÄSCH 442).

c) Normzweck
Mit dem gänzlichen Ausschluss von Rück- und Weiterverweisung im internationalen **4** Schuldvertragsrecht wird vor allem die Rechtsanwendung vereinfacht, weil auf die Prüfung des Kollisionsrechts der verwiesenen Rechtsordnung verzichtet wird. Die unmittelbare Anwendung des fremden Sachrechts entspricht namentlich in den Fällen einer ausdrücklichen oder stillschweigenden Rechtswahl dem Willen der Par-

teien, die mit einer solchen Rechtswahl die materiellen Bestimmungen des gewählten Rechts zur Anwendung bringen wollen (GIULIANO/LAGARDE-Bericht, BT-Drucks 10/503, 69). Soweit das Vertragsstatut objektiv angeknüpft wird, ist aber nach Art 28 Abs 1 EGBGB durch Würdigung sämtlicher Umstände des Einzelfalles der Schwerpunkt des Vertrages in einer bestimmten Rechtsordnung zu ermitteln. Die Beachtung eines Renvoi auf ein anderes Recht, mit dem der Vertrag dann notwendigerweise weniger eng verknüpft ist, würde dem Sinn der Verweisung in Art 28 EGBGB widersprechen (MünchKomm/MARTINY Art 35 Rn 1; vgl auch allgemein STAUDINGER/HAUSMANN [1996] Art 4 Rn 96). Hinzu kommt schließlich, dass die Erzielung eines internationalen Entscheidungseinklangs als wesentliches Motiv für die Beachtung eines Renvoi (vgl STAUDINGER/HAUSMANN [1996] Art 4 Rn 14 f) auf dem Gebiet des internationalen Schuldvertragsrechts nur eine untergeordnete Rolle spielt (W LORENZ IPRax 1995, 329 [330]).

2. Anwendungsbereich

5 Der Ausschluss des Renvoi gilt nach dem Wortlaut von Art 35 Abs 1 EGBGB nur für „diesen Unterabschnitt", dh für die Anknüpfungen in Art 27–34 EGBGB. Er scheint sich deshalb nicht auf die Anknüpfungen der *Form* von Schuldverträgen sowie auf den Schutz des anderen Vertragsteils bei Vertragsschlüssen mit geschäftsunfähigen oder beschränkt geschäftsfähigen Personen zu beziehen, weil der Gesetzgeber die hierfür maßgeblichen Kollisionsregeln der Art 11 Abs 1–4 und 12 Satz 1 EGBGB nicht in den ersten Unterabschnitt des 5. Abschnitts über das vertragliche Schuldrecht, sondern in den 2. Abschnitt über Rechtsgeschäfte aufgenommen hat. Aus dieser systematischen Stellung des Art 11 EGBGB hat der BGH in anderem Zusammenhang bereits abgeleitet, dass die in Art 27–37 EGBGB enthaltenen Kollisionsregeln, die sich nach ihrem Wortlaut „auf diesen Unterabschnitt" beziehen, die Kollisionsregeln des Art 11 EGBGB nicht erfassen (BGHZ 121, 224 [235] = NJW 1993, 1126 m Anm CORDES 2427 = ZEuP 1994, 493 m Anm BÜLOW = WuB I. F 1a Nr 8. 93 m Anm THODE = IPRspr 1993 Nr 24 [zu Art 34 EGBGB]). Diese Argumentation aus dem System des EGBGB ist freilich verfehlt; denn die Art 11 Abs 1–4 sind aus Art 9 EVÜ, Art 12 Satz 1 EGBGB ist aus Art 11 EVÜ übernommen worden. Daraus folgt aber, dass die in Art 36 EGBGB normierte Verpflichtung der deutschen Gerichte zu einer einheitlichen „europäischen" Auslegung und Anwendung aller Kollisionsregeln des EVÜ auch für Art 11 Abs 1–4, 12 Satz 1 EGBGB gilt (zutr SANDROCK RiW 1986, 841 [844]; JAYME/KOHLER IPRax 1994, 405 [414]; REITHMANN/MARTINY Rn 167; KROPHOLLER, IPR § 24 II 6; SOERGEL/vHOFFMANN Art 35 Rn 4; aA ERMAN/HOHLOCH Art 35 Rn 2). Damit sind Rück- und Weiterverweisung auch im Rahmen der Anknüpfung der Form von Schuldverträgen sowie des Verkehrsschutzes nach Art 12 Satz 1 EGBGB ausgeschlossen (vgl auch STAUDINGER/WINKLER vMOHRENFELS [2000] Art 11 Rn 46; STAUDINGER/HAUSMANN [2000] Art 12 Rn 78).

3. Rechtswahl

a) Wahl von Sachnormen

6 Eine von den Parteien erklärte Rechtswahl ist in Ermangelung gegenteiliger Anhaltspunkte im Sinne einer **Wahl materiellen Rechts** auszulegen (GIULIANO/LAGARDE-Bericht, BT-Drucks 10/504, 69; REITHMANN/MARTINY Rn 166; SOERGEL/vHOFFMANN Art 35 Rn 5). Wollen die Parteien aber ihren Vertrag einem bestimmten Sachrecht unterstellen, so würde die Beachtung einer Rück- oder Weiterverweisung dem Parteiwillen wider-

sprechen. Ein Renvoi durch das – ausdrücklich oder stillschweigend – gewählte Vertragsstatut wird daher in Art 35 Abs 1 – in Übereinstimmung mit dem bisherigen Recht (vgl o Rn 2) – grundsätzlich ausgeschlossen.

b) Wahl von Kollisionsnormen
Ob die Parteien auch das Recht haben, sich auf die Wahl eines bestimmten Kollisionsrechts zu beschränken, mit dessen Hilfe dann im Streitfall das auf den Vertrag anwendbare Sachrecht zu ermitteln wäre, ist streitig. Teilweise wird eine Kollisionsrechtswahl unter Berufung auf Art 4 Abs 2 EGBGB abgelehnt. Nach dieser Vorschrift können Parteien, soweit sie das Recht eines Staates wählen dürfen, „nur auf die Sachvorschriften verweisen" (vgl allg STAUDINGER/HAUSMANN [1996] Art 4 Rn 103 ff). Der Geltungsbereich dieser Vorschrift wird in der Begründung zum IPR-Gesetz von 1986 auch auf das Schuldvertragsrecht erstreckt. Danach ergäbe sich bei einer „zu weiten Ermächtigung der Parteien die Gefahr unübersehbarer Folgen" (BT-Drucks 10/504, 39). Unter Hinweis auf den in Art 4 Abs 2 EGBGB kodifizierten Grundsatz wird im Schrifttum auch die Zulässigkeit der Wahl von Kollisionsnormen auf dem Gebiet des Schuldvertragsrecht zT geleugnet (W LORENZ IPRax 1987, 276; vBAR, IPR I Rn 541, 620; PALANDT/HELDRICH Art 27 Rn 2; KARTZKE IPRax 1988, 1 [8]). 7

Demgegenüber ist festzuhalten, dass für eine auf das maßgebliche Kollisionsrecht beschränkte Rechtswahl der Parteien in gewissen Fällen durchaus ein Bedürfnis besteht. Dies gilt namentlich in Verfahren vor **internationalen Schiedsgerichten,** die nicht an ein staatliches Kollisionsrecht gebunden sind (vgl aber für Schiedsgerichte mit Sitz in Deutschland jetzt § 1025 Abs 1 iVm § 1051 ZPO nF). So sieht etwa Art 17 Abs 1 S 1 der ICC-Rules of Arbitration in der seit 1. 1. 1998 geltenden Fassung vor, dass „the parties shall be free to agree upon the rules of law to be applied by the Arbitral Tribunal to the merits of the dispute". Diese Vorschrift setzt stillschweigend voraus, dass die Parteien dem Schiedsgericht auch das anzuwendende Kollisionsrecht vorschreiben können. Die Zulässigkeit einer Kollisionsrechtswahl ist damit als ein „Minus" gegenüber der Sachrechtswahl von der in Art 27 EGBGB anerkannten Parteiautonomie mit umfasst (vgl SCHRÖDER IPRax 1987, 90 [92]; SOERGEL/vHOFFMANN Art 35 Rn 7). Sie wird auch durch Art 35 EGBGB nicht ausgeschlossen. Wenn danach – in Übereinstimmung mit Art 15 EVÜ – festgelegt wird, dass unter dem nach Art 27 ff anzuwendenden Recht eines Staates die in diesem Staat geltenden Sachvorschriften zu verstehen sind, so kann daraus ein Verbot einer *ausdrücklichen* Kollisionsrechtswahl nicht entnommen werden (KROPHOLLER, IPR⁴ § 52 II 3a; REITHMANN/MARTINY Rn 166; ERMAN/HOHLOCH Art 35 Rn 2; **aA** – vorbehaltlich einer staatsvertraglichen lex specialis [zB Art VIII des Genfer Übereinkommens über die internationale Handelsschiedsgerichtsbarkeit vom 21. 4. 1961] – MünchKomm/SONNENBERGER Art 4 Rn 71). Schließlich geht auch der Hinweis auf Art 4 Abs 2 EGBGB fehl; denn Art 35 EGBGB regelt die Problematik der Rückverweisung für das Gebiet des internationalen Vertragsrechts als *lex specialis* gegenüber Art 4 EGBGB abschließend. Im Hinblick auf die Verpflichtung zur einheitlichen „europäischen" Auslegung von Art 35 EGBGB ist für einen Rückgriff auf Wertungen des nationalen Kollisionsrechts insoweit kein Raum (FERID, IPR³ Rn 6–36; KROPHOLLER, IPR⁴ § 24 II 6; REITHMANN/MARTINY aaO; vgl auch RAUSCHER NJW 1988, 2151 [2153]). Die in der Gesetzesbegründung zum Entwurf des IPRG beschworenen Gefahren einer rechtsmissbräuchlichen Kollisionsrechtswahl sind nicht ersichtlich. Die auf ein ausländisches Kollisionsrecht gerichtete Rechtswahl muss freilich unmissverständlich zum Ausdruck gebracht werden. Im Zweifel wählen die Parteien auslän- 8 disches materielles Recht, nicht Kollisionsrecht (so – unter Hinweis auf die entsprechende Auslegungsregel des Art 28 Abs 1 Satz 2 des UNCITRAL-Modellgesetzes über die internationale Handelsschiedsgerichtsbarkeit von 1985 – zurecht MünchKomm/MARTINY Art 35 Rn 6).

4. Objektive Anknüpfung

9 Der im früheren Recht bestehende Streit über die Beachtung eines Renvoi bei Anknüpfung an den hypothetischen Parteiwillen bzw den Erfüllungsort (s o Rn 2) wird durch Art 35 Abs 1 EGBGB im Sinne eines **generellen Ausschlusses der Rück- oder Weiterverweisung** auch in Fällen der objektiven Anknüpfung von Schuldverträgen entschieden. Erklärt daher das Kollisionsrecht am Sitz derjenigen Partei, welche die vertragscharakteristische Leistung erbringt das Recht am Abschluss- oder Erfüllungsort des Vertrages für maßgeblich, so bleibt der sich hieraus ergebende Renvoi außer Betracht (BGH NJW 1996, 54 m Aufs MÄSCH 1453 = IPRspr 1995 Nr 1; OLG Düsseldorf RiW 1993, 761 = IPRspr 1993 Nr 33; OLG München RiW 1996, 329 = IPRspr 1996 Nr 26; vgl auch LG Köln RiW 1997, 956 = IPRspr 1996 Nr 156; LG Bonn RiW 1999, 873 = IPRspr 1999 Nr 29). Denn seine Beachtung würde dem Sinn der Verweisung – Bestimmung des Rechts, mit dem der Vertrag aus unserer Sicht die engsten Verbindungen aufweist – widersprechen (REITHMANN/MARTINY Rn 167). Zwar gefährdet der Verzicht auf die Befolgung eines Renvoi den Entscheidungseinklang mit dem Staat, auf dessen Recht die Art 28, 29 Abs 2, 30 Abs 2 EGBGB gerade wegen der besonders engen Beziehung des Sachverhalts zu diesem Staat verweisen. Da jedoch das autonome IPR der Mitgliedstaaten des EVÜ die Renvoiproblematik ganz unterschiedlich löst (vgl dazu im Einzelnen STAUDINGER/HAUSMANN [1996] Anh zu Art 4 EGBGB), lässt sich in Fällen der Verweisung auf das Recht eines dem EVÜ nicht angehörenden (Dritt-)Staates die Entscheidungsharmonie mit diesem nur mit dem gleichzeitigen Verlust an Entscheidungsharmonie unter den Vertragsstaaten des EVÜ erkaufen; dieser Preis ist aber zu hoch (vgl idS auch SOERGEL/vHOFFMANN Art 35 Rn 8; dazu allg STAUDINGER/HAUSMANN [1996] Art 4 Rn 112 ff mwN).

II. Rechtsspaltung (Abs 2)

1. Normzweck

10 Art 35 Abs 2 EGBGB behandelt für das internationale Schuldvertragsrecht die Anknüpfung in Fällen lokaler Rechtsspaltung, die das autonome deutsche Kollisionsrecht im Übrigen in Art 4 Abs 3 EGBGB geregelt hat (dazu näher STAUDINGER/HAUSMANN [1996] Art 4 Rn 311 ff). Verweist eine deutsche Kollisionsnorm auf das Recht eines Mehrrechtsstaates und verwendet sie zu diesem Zweck eine raum- bzw ortsbezogene Anknüpfung (zB an den gewöhnlichen Aufenthalt oder Wohnsitz einer natürlichen Person, den Sitz einer juristischen Person, den Belegenheitsort von Sachen oder den Abschlussort von Rechtsgeschäften), so bieten sich *zwei unterschiedliche Lösungswege* an: entweder man begreift diese Verweisung als eine solche auf das Recht des ausländischen Mehrrechtsstaates und überlässt diesem die Verteilung auf seine lokalen Partikularrechte oder man bestimmt die maßgebende Teilrechtsordnung mit Hilfe der raum- oder ortsbezogenen Anknüpfung selbst. Die staatsvertragliche Praxis in dieser Frage ist uneinheitlich. Den erstgenannten Weg schlagen etwa Art 16 des Haager Unterhaltsstatutsübereinkommens von 1973 und Art 26 lit a des europäischen Sorgerechtsübereinkommens von 1980 ein, die trotz der Anknüpfung an

den gewöhnlichen Aufenthalt dem interlokalen Privatrecht des Mehrrechtsstaates die Bestimmung der maßgebenden Teilrechtsordnung überlassen (vgl STAUDINGER/ HAUSMANN [1996] Art 4 Rn 352). Demgegenüber ist die Verweisung auf den gewöhnlichen Aufenthalt nach Art 31 des Haager Kindesentführungsübereinkommens von 1980 „als Verweisung auf den gewöhnlichen Aufenthalt in einer Gebietseinheit dieses Staates zu verstehen". Auf der gleichen Linie liegen – in Anlehnung an Art 17, 18 des Haager Ehegüterstatutsübereinkommens von 1978 und Art 19, 20 des Haager Stellvertretungsübereinkommens von 1978 – auch Art 19 Abs 1 EVÜ und der ihm nachgebildete Art 35 Abs 2 EGBGB, wenn für die Bestimmung des Vertragsstatuts bei Verweisung auf das Recht eines Mehrrechtsstaates „jede Gebietseinheit als Staat" gilt.

2. Mehrrechtsstaat

Art 35 Abs 2 kommt zur Anwendung, wenn die Verweisung nach Art 27–34 EGBGB **11** zum Recht eines Staates führt, der mehrere Gebietseinheiten umfasst, von denen „jede für vertragliche Schuldverhältnisse ihre eigenen Rechtsvorschriften" hat (vgl GIULIANO/LAGARDE-Bericht, BT-Drucks 10/503, 36, 71). Der in Art 35 Abs 2 verwandte Begriff „Rechtsvorschriften" ist dabei in einem weiten Sinne zu verstehen. Aus dem englischen bzw französischen Wortlaut von Art 19 Abs 1 EVÜ, wo die Begriffe „rules of law in respect of contractual obligations" bzw „règles en matière d'obligations contractuelles" verwendet werden, geht hinreichend deutlich hervor, dass es sich nicht um förmliche Gesetze handeln muss, sondern auch ungeschriebenes Richteroder Gewohnheitsrecht ausreicht (REITHMANN/MARTINY Rn 170). Die Verselbständigung der Gebietseinheit nach Art 35 Abs 2 wird ferner nicht dadurch gehindert, dass der fremde Mehrrechtsstaat sein Vertragsrecht teilweise vereinheitlicht hat; die Bedeutung der Vorschrift beschränkt sich dann auf diejenigen Fragen, in denen das Vertragsrecht des Mehrrechtsstaats gespalten bleibt. Praktische Bedeutung hat diese Regelung insbesondere für Australien, Kanada, Mexiko, das Vereinigte Königreich und die Vereinigten Staaten, sowie mit Einschränkungen auch für (Rest-)Jugoslawien und Spanien (vgl dazu näher STAUDINGER/HAUSMANN [1996] Art 4 Rn 314 ff).

3. Verselbständigung der Gebietseinheit

Umfasst ein Staat mehrere Gebietseinheiten mit jeweils eigenen Rechtsvorschriften **12** für vertragliche Schuldverhältnisse, so gilt nach Art 35 Abs 2 „jede Gebietseinheit als Staat". Mit Hilfe dieser Fiktion wird im Falle der Verweisung auf das Recht eines Mehrrechtsstaates, der – wie (Rest-)Jugoslawien und Spanien – über ein *gesamtstaatliches interlokales Privatrecht* verfügt, die Anwendung dieser interlokalen Kollisionsregeln ausgeschlossen (MünchKomm/MARTINY Art 35 Rn 11). Darüber hinaus ist im Falle der Verweisung auf das Recht von Mehrrechtsstaaten, die – wie zB das Vereinigte Königreich, Australien, Kanada und die USA – kein gesamtstaatliches interlokales Privatrecht kennen, sondern den jeweiligen Teilstaaten die Bestimmung des interlokalen Geltungsbereichs ihrer Gesetze überlassen, die Beachtung einer *interlokalen Weiterverweisung* auf das Recht eines anderen Teilstaats unbeachtlich (REITHMANN/ MARTINY Rn 169; **aA** früher LG München I IPRax 1982, 117 m Anm JAYME = IPRspr 1980 Nr 13 A). Daraus folgt, dass die Parteien berechtigt sind, im Wege einer ausdrücklichen oder stillschweigenden Rechtswahl unmittelbar die Geltung einer Teilrechtsordnung (zB des englischen oder schottischen Rechts) zu bestimmen. Für diesen Fall ist das gewählte *materielle* Vertragsrecht anzuwenden; eine etwaige interlokale Weiterverweisung (zB des englischen auf schottisches Recht) bleibt außer Betracht. Entsprechendes gilt in Fällen der objektiven Anknüpfung des Vertragsstatuts. Hat daher diejenige Partei, welche die vertragscharakteristische Leistung erbringt, ihren gewöhnlichen Aufenthalt in Schottland, so kommt unmittelbar schottisches Recht zur Anwendung (Giuliano/Lagarde-Bericht, BT-Drucks 10/503, 36, 71). Die gleichen Grundsätze sind auch anzuwenden, wenn nach Art 27 ff auf das Recht eines *Nichtvertragsstaats* verwiesen wird, so dass etwa auf den Kaufvertrag über ein Ferienhaus in Florida in Ermangelung einer Rechtswahl unmittelbar das Recht dieses Bundesstaates Anwendung findet (vgl Art 28 Abs 3 EGBGB; dazu MünchKomm/Martiny Art 35 Rn 12).

13 Haben sich die Parteien darauf beschränkt, das **Recht des fremden Gesamtstaates zu wählen** (zB durch die Klausel: „Dieser Vertrag unterliegt kanadischem Recht"), so lässt sich aus Art 35 Abs 2 EGBGB keine Lösung entnehmen. Für diesen Fall dürfte wie folgt zu unterscheiden sein: Verfügt das Recht des gewählten Mehrrechtsstaates über ein gesamtstaatliches interlokales Privatrecht, so umfasst die Rechtswahl im Zweifel auch diese interlokalen Kollisionsnormen, die daher zur Ermittlung der maßgebenden Teilrechtsordnung heranzuziehen sind. Der Ausschluss des Renvoi nach Art 35 Abs 1 steht in diesem Fall einer Berücksichtigung des fremden interlokalen Privatrechts ebenso wenig entgegen, wie im Fall einer ausdrücklichen Wahl von Kollisionsnormen (s o Rn 7 f). Die Anwendung des interlokalen Privatrechts der gewählten Rechtsordnung entspricht vielmehr dem in der Rechtswahl konkludent zum Ausdruck kommenden Parteiwillen. Fehlt es hingegen in dem gewählten Recht des Mehrrechtsstaats – wie in Kanada – an einem einheitlichen interlokalen (Bundes-)Privatrecht, so wird darauf abzustellen sein, mit welcher Teilrechtsordnung der geschlossene Vertrag die engste Verbindung aufweist. Zur Konkretisierung dieser engsten Verbindung ist dabei auf Art 28, 29 Abs 2, 30 Abs 2 EGBGB zurückzugreifen (vgl zur Wahl „amerikanischen" Rechts auch OLG München IPRax 1983, 120 m Anm Jayme 105).

4. Verhältnis zu Art 4 Abs 3

14 Wie Art 35 Abs 1 im Verhältnis zu Art 4 Abs 1 und 2 ist auch Art 35 Abs 2 **lex specialis** im Verhältnis zu Art 4 Abs 3 EGBGB. Die Inkorporation des EVÜ in das EGBGB hat allerdings zur Folge, dass auch der Anwendungsbereich des Art 35 Abs 2 auf die Bestimmung des „nach diesem Unterabschnitt anzuwendenden Rechts" beschränkt ist. Bei wörtlicher Auslegung verbliebe es daher für diejenigen Vorschriften des EVÜ, die aus Gründen der Gesetzessystematik in andere Abschnitte des EGBGB eingestellt wurden, bei der Maßgeblichkeit der autonomen Kollisionsregel für die Rechtspaltung in Art 4 Abs 3 EGBGB. Danach wäre in erster Linie das interlokale Privatrecht des Mehrrechtsstaates zur Entscheidung berufen (vgl Staudinger/Hausmann [1996] Art 4 Rn 322 ff). Ein solches Verständnis wäre indes mit dem Gebot der einheitlichen Auslegung in Art 36 EGBGB unvereinbar; wie Art 35 Abs 1 (dazu o Rn 5) gilt daher auch Abs 2 für alle aus dem EVÜ übernommenen Kollisionsnormen ohne Rücksicht auf ihre systematische Stellung im EGBGB und damit insbesondere für Art 11 Abs 1–4, 12 Satz 1 EGBGB (Reithmann/Martiny Rn 171; aA Erman/Hohloch Art 35 Rn 3 aE). Auch für die Anknüpfung von Schuldverträgen, auf welche die Art 27 bis 36 EGBGB aufgrund der sachlichen Beschränkung in Art 37 EGBGB nicht unmittelbar anzuwenden sind, ist der Rechtsgedanke des Art 35 Abs 2 entsprechend anzuwenden. Für Versicherungsverträge, die im europäischen Wirtschaftsraum belegene Risiken decken, folgt dies aus Art 15 EGVVG.

5. Interlokale Konflikte

Nicht in das EGBGB übernommen hat der deutsche Gesetzgeber Art 19 Abs 2 EVÜ. **15** Danach ist ein Staat, in dem verschiedene Gebietseinheiten ihre eigenen Rechtsnormen für vertragliche Schuldverhältnisse haben, nicht verpflichtet, die Kollisionsnormen des Übereinkommens auf Kollisionen zwischen den Rechtsordnungen dieser Gebietseinheiten anzuwenden. Die Vorschrift betrifft von den Mitgliedstaaten des EVÜ namentlich das Vereinigte Königreich und – mit Einschränkungen – Spanien. Diese Staaten sind mithin berechtigt, rein interlokale Kollisionen zwischen ihren Teilrechtsordnungen – ohne Bezug zu einem ausländischen Staat – auf dem Gebiet des Vertragsrechts abweichend von Art 3 ff EVÜ zu regeln (GIULIANO/LAGARDE-Bericht, BT-Drucks 10/503, 71). Das Vereinigte Königreich hat freilich von dieser Möglichkeit keinen Gebrauch gemacht, sondern hat in Sec 2 (3) des Contracts (Applicable Law) Act 1990 die Geltung des EVÜ ausdrücklich auf das Verhältnis der drei Teilrechtsgebiete (England, Schottland, Nordirland) erstreckt (vgl JAYME/KOHLER IPRax 1990, 353 [358 f]).

Für den **deutschen Gesetzgeber** bestand zur Zeit der Kodifikation des internationalen **16** Schuldvertragsrechts im Jahre 1986 keine Veranlassung zu einer Übernahme von Art 19 Abs 2 EVÜ, weil die Bundesrepublik Deutschland sich nicht als Mehrrechtsstaat verstand und deshalb interlokale Konflikte iSv Art 19 Abs 2 EVÜ nicht entstehen konnten (vgl vHOFFMANN IPRax 1984, 10 [12]). Im Zuge der Herstellung der deutschen Einheit hat sich dies geändert; namentlich für Miet- und Pachtverträge, Arbeitsverträge und Kreditverträge, die vor dem Wirksamwerden des Beitritts abgeschlossen wurden, gelten gem Art 232 §§ 1–8 EGBGB Sonderregeln für die neuen Bundesländer. Auch wenn Art 19 Abs 2 EVÜ nicht in innerstaatliches Recht transformiert, seine unmittelbare innerstaatliche Geltung vielmehr im Zustimmungsgesetz vom 25. 7. 1986 (BGBl II 809) sogar ausdrücklich ausgeschlossen wurde, so kann daraus doch nicht entnommen werden, dass die Bundesrepublik Deutschland sich – im Gegensatz zu den übrigen Mitgliedstaaten des EVÜ – zu einer entsprechenden Anwendung der Art 27–34 EGBGB auf interlokale Konflikte verpflichten wollte. Der deutsche Gesetzgeber hat vielmehr in Art 3 Abs 1 EGBGB klargestellt, dass auch die Kollisionsnormen des internationalen Vertragsrechts grundsätzlich nur auf Sachverhalte Anwendung finden sollen, die eine Verbindung zum Recht eines „ausländischen" Staates haben (vgl JAYME/KOHLER IPRax 1990, 353 [360]). Diese Vorschriften wurden von Gerichten der Bundesrepublik Deutschland auf interlokale Konflikte im Verhältnis zur vormaligen DDR indes schon vor dem Beitritt entsprechend angewandt (vgl PALANDT/HELDRICH Anh Art 3 Rn 3 mwN). Seit dem Inkrafttreten des EGBGB im Gebiet der früheren DDR sind die Kollisionsnormen dieses Gesetzes – mangels einer gesetzlichen Regelung des interlokalen Privatrechts für das Vereinigte Deutschland – einheitlich in ganz Deutschland auch auf interlokale Konflikte analog anzuwenden (SOERGEL/vHOFFMANN Art 35 Rn 12; dazu allg BGHZ 124, 270 [272 f] = IPRax 1995, 114 m Anm DÖRNER 89; BGHZ 128, 41 [42] = DtZ 1995, 250; PALANDT/HELDRICH Art 236 Rn 4 mwN).

Art 36 EGBGB. Einheitliche Auslegung

Bei der Auslegung und Anwendung der für vertragliche Schuldverhältnisse geltenden Vorschriften dieses Kapitels mit Ausnahme von Artikel 29a ist zu berücksichtigen, dass die ihnen zugrunde liegenden Regelungen des Übereinkommens vom 19. Juni 1980 über das auf vertragliche Schuldverhältnisse anzuwendende Recht (BGBl. 1986 II S 809) in den Vertragsstaaten einheitlich ausgelegt und angewandt werden sollen.

Materialien: Art 18 EVÜ (BGBl 1986 II 809, [818]); Art 23 EVÜ-Entwurf 1972 (deutscher Text in RabelsZ 38 [1974] 211 [216]); Gesetzentwurf der Bundesregierung zur Neuregelung des IPR Artikel 1 Nr 7 Art 36 EGBGB, BT-Drucks 10/504 vom 20.10. 1983, 14 und 84; Gesetzentwurf der Bundesregierung zum EVÜ mit Denkschrift zum Übereinkommen und Anlage: Bericht GIULIANO/LAGARDE BT-Drucks 10/503 vom 20.10. 1983, 21, 31, 33 und 70; Stellungnahmen des Bundesrats BR-Drucks 224/83 vom 1.7. 1983, 2 und BR-Drucks 222/83 vom 1.7. 1983, 10 = BT-Drucks 10/504, 100, Gegenäußerung der Bundesregierung ebenda 106; Bericht des Rechtsausschusses BT-Drucks 10/5632 vom 9.6. 1986, 21, 38, 45; BGBl 1986 I 1142 (1149); Neufassung des EGBGB vom 24.9. 1994, BGBl 1994 I 2494 (2501). Konsolidierte Fassung des EVÜ sowie des Ersten und des Zweiten Protokolls nebst den Gemeinsamen Erklärungen (EU 98/C 27/02), ABl Nr C 27/34 vom 26.1. 1998; Bericht TIZZANO betreffend die Auslegung des am 19. Juni 1980 in Rom zur Unterzeichnung aufgelegten Übereinkommens über das auf vertragliche Schuldverhältnisse anzuwendende Recht durch den Gerichtshof der Europäischen Gemeinschaften, ABl Nr C 219/1 vom 3.9. 1990.

Schrifttum

ANWEILER, Die Auslegungsmethoden des Gerichtshofs der Europäischen Gemeinschaften (1997)
BASEDOW, Europäisches Internationales Privatrecht, NJW 1996, 1921
ders, Der Bundesgerichtshof, seine Rechtsanwälte und die Verantwortung für das europäische Privatrecht, in: FS Brandner (1996) 651
BAYER, Auslegung und Ergänzung international vereinheitlichter Normen durch staatliche Gerichte, RabelsZ 20 (1955) 603
BLADE, Parliamentary debates and statutory interpretation: Switching on the light or rummaging in the ashcans of the legislative process, Can Bar Rev 74 (1995) 1
BRECHMANN, Die richtlinienkonforme Auslegung – Zugleich ein Beitrag zur Dogmatik der EG-Richtlinie (1994)
BRÖDERMANN, Europäisches Gemeinschaftsrecht versus IPR: Einflüsse und Konformitätsgebot, MDR 1992, 89
DÄUBLER, Das neue Internationale Arbeitsrecht, RiW 1987, 249
DECKERT, Folgenorientierung in der Rechtsanwendung (1995)
DEVENISH, Interpretation of Statutes (Kapstadt 1992)
DI FABIO, Richtlinienkonformität als ranghöchstes Normauslegungsprinzip?, NJW 1990, 947
DIEDRICH, Autonome Auslegung von Internationalem Einheitsrecht – Computersoftware im Wiener Kaufrecht (1994)
DÖLLE, Der Beitrag der Rechtsvergleichung zum deutschen Recht, in: FS zum hundertjährigen Bestehen des deutschen Juristentages, Bd II (1960) 19
ders, Bemerkungen zu Art 17 des Einheitsgesetzes über den Internationalen Kauf beweglicher körperlicher Gegenstände, in: FS Ficker (1967) 138
EHRICKE, Die richtlinienkonforme und die gemeinschaftskonforme Auslegung nationalen Rechts, RabelsZ 59 (1995) 598
FERRARI, I rapporti tra le conventoni di diritto materiale uniforme in materia contrattuale e la

5. Abschnitt. Schuldrecht.
1. Unterabschnitt. Vertragliche Schuldverhältnisse

Art 36 EGBGB

necessità di un' interpretazione interconventionale, Riv dir int priv e proc 2000, 669
FLETCHER, Conflict of Laws and European Community Law (Amsterdam 1982)
FOYER, L'avant-projet de Convention C. E. E. sur la loi applicable aux obligations contractuelles et non-contractuelles, Clunet 103 (1976) 555
GAUDEMET/TALLON, Le nouveau droit international privé européen des contrats, Rev trim dr eur 17 (1981) 215
GEBAUER, Grundfragen der Europäisierung des Privatrechts (1998)
GIARDINA, The Impact of the E. E. C. Convention on the Italian System of Conflict of Laws, in: NORTH (ed), Contract Conflicts (Amsterdam 1982) 237
GOLSONG, Zur Frage der Einheitlichen Auslegung zwischenstaatlicher Verträge, in: FS Wahl (1973) 61
GRABAU, Über die Normen zur Gesetzes- und Vertragsinterpretation (1993)
GROSSFELD, Europäisches Wirtschaftsrecht und Europäische Integration (1993)
ders, Europäisches Recht und Rechtsstudium, JuS 1993, 710
GRUNDMANN, EG-Richtlinie und nationales Privatrecht – Umsetzung und Bedeutung der umgesetzten Richtlinie im nationalen Privatrecht, JZ 1996, 274
ders, Richtlinienkonforme Auslegung im Bereich des Privatrechts – insbesondere: der Kanon der nationalen Auslegungsmethoden als Grenze?, ZEuP 1996, 399
GULMANN, Methods of Interpretation of the European Court of Justice, ScandStudL 1980, 189
HIRTE, Wege zu einem europäischen Zivilrecht (1996)
HOMMELHOFF, Zivilrecht unter dem Einfluß europäischer Rechtsangleichung, AcP 192 (1992) 71
JARASS, Richtlinienkonforme bzw EG-rechtskonforme Auslegung nationalen Rechts, EuR 1991, 211
JAYME, Narrative Normen im Internationalen Privat- und Verfahrensrecht (Vortrag Tübingen 1993) Tübinger Universitätsreden, NF Bd 10, Reihe der Juristischen Fakultät Bd 5

ders, Europäischer Binnenmarkt – Einwirkungen auf das Internationale Privatrecht, in: FS Skapski (Krakau 1994) 141
ders, Identitéculturelle et intégration: Le Droit international privé postmoderne, Recueil des cours 251 (1995) 11
JAYME/KOHLER, Das Internationale Privat- und Verfahrensrecht der EG – Stand 1989, IPRax 1989, 337
dies, Das Internationale Privat- und Verfahrensrecht der EG nach Maastricht, IPRax 1992, 346
dies, Das Internationale Privat- und Verfahrensrecht der EG 1993 – Spannungen zwischen Staatsverträgen und Richtlinien, IPRax 1993, 357
dies, Europäisches Kollisionsrecht 1996 – Anpassung und Transformation der nationalen Rechte, IPRax 1996, 377
JUNKER, Die „zwingenden" Bestimmungen im neuen internationalen Arbeitsrecht, IPRax 1989, 69
ders, Die einheitliche Auslegung nach dem EG-Schuldvertragsübereinkommen, RabelsZ 55 (1991) 674
ders, Rechtsvergleichung als Grundlagenfach, JZ 1994, 921
KÖTZ, Die Zitierpraxis der Gerichte – eine vergleichende Skizze, RabelsZ 52 (1988) 644
KOHLER, Die Funktion des EuGH bei der Auslegung europäischen Einheitsrechts nach den Gutachten über den EWR-Vertrag, in: FS Schwind (1993) 303
KRAMER, Uniforme Interpretation von Einheitsprivatrecht – mit besonderer Berücksichtigung von Art 7 UNKR, ÖJBl 1996, 137
KREBBER, Internationales Privatrecht des Kündigungsschutzes bei Arbeitsverhältnissen (1997)
KROPHOLLER, Eine Auslegungskompetenz des Gerichtshofs der Europäischen Gemeinschaften für das Internationale Schuldvertragsrecht, in: Stellungnahmen und Gutachten zum Europäischen Internationalen Zivilverfahrens- und Versicherungsrecht (1991) 171
LAGARDE, Le nouveau droit international privé des contrats après l'entrée en vigueur de la Convention de Rome du 19 juin 1980, Rev crit 80 (1991) 287
LANDO, The EEC Convention on the Law Ap-

plicable to Contractual Obligations, CMLRev 24 (1987) 159
LARENZ, Methodenlehre der Rechtswissenschaft6 (1991)
LARENZ/CANARIS, Methodenlehre der Rechtswissenschaft – Studienausgabe³ (1995)
LASHÖFER, Zum Stilwandel in richterlichen Entscheidungen (1992)
W LORENZ, Rechtsvergleichung als Methode zur Konkretisierung der allgemeinen Grundsätze des Rechts, JZ 1962, 269
LUTTER, Die Auslegung angeglichenen Rechts, JZ 1992, 593
MAGNUS, Englisches Kündigungsrecht auf deutschem Schiff – Probleme des internationalen Seearbeitsrechts, IPRax 1991, 382
ders, Währungsfragen im Einheitlichen Kaufrecht – Zugleich ein Beitrag zu seiner Lückenfüllung und Auslegung, RabelsZ 53 (1989) 116
ders, konventionsübergreifende Interpretation internationaler Staatsverträge privatrechtlichen Inhalts, in: FS zum 75jährigem Bestehen des Hamburger Max-Planck-Instituts (2001) 571
MANKOWSKI, Zur Analogie im internationalen Schuldvertragsrecht, IPRax 1991, 305
MANSEL, Europäisches Gemeinschaftsrecht und IPR, IPRax 1990, 344
ders, Rechtsvergleichung und europäische Rechtseinheit, JZ 1991, 529
MARTINY, Autonome und einheitliche Auslegung im Europäischen Internationalen Zivilprozeßrecht, RabelsZ 45 (1981) 427
ders, Internationales Vertragsrecht zwischen Rechtsgefälle und Vereinheitlichung, ZEuP 1995, 67
MERTENS DE WILMARS, Le droit comparédans la jurisprudence de la Cour de justice des Communautés européennes, J trib 1991, 37
MEYER, Die Grundsätze der Auslegung im Europäischen Gemeinschaftsrecht, Jura 1994, 455
MEYER/SPARENBERG, Staatsvertragliche Kollisionsnormen (1990)
MÜLLER/GRAFF, Europäisches Gemeinschaftsrecht und Privatrecht, NJW 1993, 13
NORTH, Is European Harmonisation of Private International Law a Myth or a Reality? – A British Perspective, in: Forty Years On: The Evolution of Postwar Private International Law in Europe (Deventer 1990) 29

OST, EVÜ und fact doctrine – Konflikte zwischen europäischer IPR-Vereinheitlichung und der Stellung ausländischen Rechts im angelsächsischen Zivilprozeß (1996)
PFEIL, Der Aspekt der Mehrsprachigkeit in der Union und sein Einfluß auf die Rechtsfortbildung des Europäischen Gemeinschaftsrechts, ZfRV 1996, 11
PICCHIO FORLATI, La convenzione di Roma 1980 sulla legge applicabile ai contratti nell'ordinamento italiano, in: JAYME/PICCHIO FORLATI (Hrsg), Giurisdizione e legge applicabile ai contratti nella CEE (Padua 1990) 109
PIRRUNG, Die Einführung des EG-Schuldvertragsübereinkommens in die nationalen Rechte, in: Europäisches Gemeinschaftsrecht und Internationales Privatrecht (1991) 21
PLENDER, The European Contracts Convention – The Rome Convention on the Choice of Law for Contracts (London 1991)
RABEL, Das Problem der Qualifikation, RabelsZ 5 (1931) 241
RABEL/DROBNIG, The Conflict of Laws – A Comparative Study, Vol I2 (1958)
RAISCH, Juristische Methoden – Vom antiken Rom bis zur Gegenwart (1995)
REINHART, Rechtsvergleichung und richterliche Rechtsfortbildung auf dem Gebiet des Privatrechts, in: FS der Juristischen Fakultät zur 600-Jahr-Feier der Ruprecht-Karls-Universität Heidelberg (1986) 599
ders, Zur einheitlichen Auslegung vereinheitlichter IPR-Normen nach Art 36 EGBGB, RiW 1994, 445
RIESE, Einheitliche Gerichtsbarkeit für vereinheitlichtes Recht?, RabelsZ 26 (1961) 604
RÜFFLER, Richtlinienkonforme Auslegung nationalen Rechts, ÖJZ 1997, 121
SCHLOSSER, Vertragsautonome Auslegung, nationales Recht, Rechtsvergleichung und das EuGVÜ, in: GS Bruns (1980) 45
SCHMIDT, Privatrechtsangleichende EU-Richtlinien und nationale Auslegungsmethoden, RabelsZ 59 (1995) 569
SCHÜTZE, Der Abschied von der Nichtrevisibilität ausländischen Rechts?, EWS 1991, 372;
ders, Die Bedeutung der Rechtsprechung als Rechtsquelle im deutschen internationalen Zivilprozeß, ZVerglRW 92 (1993) 29

5. Abschnitt. Schuldrecht.
1. Unterabschnitt. Vertragliche Schuldverhältnisse

Art 36 EGBGB

Schulze, Allgemeine Rechtsgrundsätze und europäisches Privatrecht, ZEuP 1993, 442
ders, Vergleichende Gesetzesauslegung und Rechtsangleichung, ZfRV 38 (1997) 183
Shapiro, Continuity and Change in Statutory Interpretation, NYULRev 67 (1992) 921
Siehr, Multilaterale Staatsverträge *erga omnes* und deren Inkorporation in nationale IPR-Kodifikationen – Vor- und Nachteile einer solchen Rezeption, BerGesVR, Heft 27 (1986) 45
Steindorff, EG-Vertrag und Privatrecht (1996)
Taupitz, Europäische Privatrechtsvereinheitlichung heute und morgen (1993)
Tebbens, Private International Law and the Single European Market: Coexistence or Cohabitation?, in: Forty Years On: The Evolution of Postwar Private International Law in Europe (Deventer 1990) 49

Wahl, Zur Sicherung der einheitlichen Auslegung der europäischen Staatsverträge zur Rechtsvereinheitlichung, in: FS Nipperdey (1965) Bd II 915
Walch, Gespaltene Normen und Parallelnormen im deutschen Internationalen Privatrecht (1991)
Weigl, Zur Auslegung von EG-Richtlinien, ÖJZ 1996, 933
Zitscher, Probleme eines Wandels des innerstaatlichen Rechts zu einem europäischen Rechtssystem nach der Rechtsprechung des Europäischen Gerichtshofs, RabelsZ 60 (1996) 658
Zweigert, Rechtsvergleichung als universale Interpretationsmethode, RabelsZ 15 (1949/50) 5.

Systematische Übersicht

I.	**Regelungsgegenstand und Normzweck**	1
II.	**Entstehungsgeschichte**	4
III.	**Allgemeines**	
1.	Geltungsbereich	5
2.	Qualifikationsfragen	6
3.	Verbindlichkeit des Art 36	7
4.	Ausstrahlung auf nationales Kollisionsrecht	8
5.	Verhältnis des EVÜ zum Gemeinschaftsrecht	9
6.	Konventionsübergreifende Auslegungsmethode	10
IV.	**Die einheitliche Auslegung**	
1.	Das Einheitlichkeitsgebot	11
2.	Gegenstand der Auslegung	12
3.	Der Auslegungskanon	13
a)	Allgemeines	13
b)	Grammatische Auslegung	17
c)	Historische Auslegung	19
d)	Systematische Auslegung	20
e)	Teleologische Auslegung	21
f)	Rechtsvergleichende Auslegung	22
g)	Analogie; Rechtsfortbildung	24
V.	**Rechtsfolgen**	26
VI.	**Auslegungskompetenz des EuGH**	27
VII.	**Auslegung des Art 29 a**	28

Alphabetische Übersicht

Analogie	24
Anwendungsbereich	5, 12
Arbeitsrecht	6
Art 29 a EGBGB	1, 4 ff, 28
Art 30 EGBGB	6, 9
Auslegungsharmonie	13 ff
Auslegungshilfen s Auslegungskriterien	
Auslegungskanon	13
Auslegungskompetenz des EuGH	2, 27
Auslegungskriterien	
– Bedeutungsgehalt	21
– Bedeutungszusammenhang	20
– Entstehung	14, 19
– Gesamtzusammenhang	20

- Intention des Gesetzgebers — 19
- SAVIGNY — 11
- Sinn und Zweck — 21
- Systematischer Zusammenhang — 14
- Vergleich der Sprachfassungen — 18
- völkerrechtliche Regeln — 9
- Wortlaut — 14, 17
Auslegungsmaterialien — 19
Auslegungsmethoden — 13 ff
Auslegungsprotokolle — 27
Autonome Auslegung — 10, 15

CISG — 4, 10

Effet utile — 21
Einheitliche Auslegung
- Postulat — 23
- Rechtspflicht — 7, 11 ff
Entscheidungseinklang — 2
Entstehungsgeschichte — 4
Erbrecht — 5
Ermittlungspflicht des Richters — 2
EuGVÜ s GVÜ
Euro-Einführung — 4
Europäischer Gerichtshof (EuGH) — 2
Europäisches Gemeinschaftsrecht — 9
EVÜ
- Art 18 EVÜ — 1, 4
- Ausschluss der unmittelbaren Geltung — 1
- Geltungsgebot — 1, 5 ff
- internationaler Charakters — 1 ff

Familienrecht — 5
Fernabsatzgesetz — 4, 28
forum shopping — 3, 21
Funktionale rechtsvergleichende Auslegung s Rechtsvergleichende Auslegung

Gebot einheitlich-europäischen Auslegung — 1 ff
Geltungsbereich — 5
Gemeinschaftsrechtskonforme Auslegung — 20
Gerichtliche Auslegung — 10, 22
Grammatische Auslegung — 17 f
GVÜ — 10

Harmonie der Rechtsanwendung — 2
Historische Auslegung — 19

Konventionsübergreifende Auslegung — 9, 10

Lex-fori-Qualifikation — 6
Lückenschließung — 24 f

Nationale Auslegungsregeln, Anwendung — 13, 24
Normzweck — 1 f, 11

Pflicht zur europäisch-einheitliche Auslegung — 2, 7, 11 ff
Planwidrige Regelungslücke — 24

Qualifikationsfragen — 6

Rechtsanwendungsvorschrift — 4
Rechtsfortbildung — 25
Rechtsvereinheitlichung als Ziel des Übereinkommens — 1 ff
Rechtsvergleichende Auslegung — 22
Rechtsvergleichende Qualifikationsmethode — 6
Rechtsvergleichung — 16, 22 ff
Regelungsgegenstand — 1
Richterliche Auslegung — 2, 25
Römisches Übereinkommen s EVÜ

Systematische Auslegung — 20

Teleologische Auslegung — 21
Timesharingverträge — 24

Übernationale Auslegung — 11, 14, 17, 21
UN-Kaufrecht s CISG

Verbraucherrecht — 4
Verhältnis zum Gemeinschaftsrecht — 9
Verstoß gegen das Auslegungsgebot — 26

Zwingende Vorschriften — 5

I. Regelungsgegenstand und Normzweck

Art 36 ist selbst keine Kollisionsnorm, sondern eine **Auslegungsvorschrift**. Sie legt 1 fest, dass diejenigen Kollisionsnormen des EGBGB zum internationalen Vertragsrecht, die aus dem EVÜ stammen, einheitlich, nämlich in Übereinstimmung mit der Praxis in den anderen EVÜ-Vertragsstaaten auszulegen und anzuwenden sind. Die Vorschrift beruht auf Art 18 EVÜ, der seinerseits die für Staatsverträge charakteristische einheitliche Auslegung für das EVÜ anordnet. Da die Bundesrepublik das EVÜ zwar ratifiziert, aber nicht als unmittelbar geltendes Recht in Kraft gesetzt, sondern lediglich in nationales Recht inkorporiert hat, für das die Grundsätze zur Auslegung von Staatsverträgen nicht gelten, war diese Auslegungsvorschrift erforderlich. Da der neu eingefügte Art 29 a andererseits nicht aus dem EVÜ stammt, war er vom förmlichen Geltungsgebot des Art 36 auszunehmen, auch wenn er wegen seiner Richtlinienherkunft ebenfalls europäisch-einheitlich ausgelegt werden muss.

Zweck des Art 36 – wie auch des zugrunde liegenden Art 18 EVÜ – ist es, eine 2 **einheitliche Auslegung der Kollisionsnormen** des EVÜ für die Vertragsstaaten sicherzustellen, die nicht von unterschiedlichen nationalen Interpretationsmethoden geprägt wird, um dadurch jedenfalls auf der Ebene des anwendbaren Rechts zu internationalem Entscheidungseinklang in Europa zu gelangen (Begründung BT-Drucks 10/ 504, 84; GIULIANO/LAGARDE 70). Ziel ist damit eine europäisch-einheitliche Auslegung und Anwendung des EVÜ, so dass unabhängig vom angerufenen Forum in den Vertragsstaaten stets dieselbe Sachrechtsordnung zum Zug kommt, soweit internationale Verträge zu beurteilen sind. Denn „(d)a die Richter, die das Gesetz anwenden, verschiedenen Rechten angehören und an deren Anwendung gewohnt sind, liegt die größte Gefahr für die Aufrechterhaltung eines wirklich einheitlichen Rechtszustandes in dem Auseinandergehen der richterlichen Auslegungen." (schon RABEL RabelsZ 9 [1935] 54 zum Entwurf eines Einheitskaufrechts). „(E)inheitliche Texte ohne einheitliche Auslegung" können „keine Einheit bewirken" (BASEDOW NJW 1996, 1923; im gleichen Sinn auch DIEDRICH 4; MANSEL JZ 1991, 532; TAUPITZ 5). Um das Ziel einer einheitlichen Auslegung und Anwendung des vereinheitlichten Kollisionsrechts zu erreichen, muss deshalb insbes die Rechtspraxis in den anderen Vertragsstaaten des EVÜ berücksichtigt werden (Begründung, GIULIANO/LAGARDE jeweils aaO). Die vorgesehene Auslegungszuständigkeit des EuGH, die 1980 mit dem EVÜ beschlossen wurde und die eine einheitliche Praxis am besten sichern würde, ist dagegen immer noch nicht verwirklicht worden.

Die Normierung einer Verpflichtung zu einer europaweit einheitlichen Auslegung ist 3 dennoch auch ein wichtiger Schritt auf dem Weg zu einem „Raum des Rechts" in Europa (Art 61 EGV). Wenden alle Gerichte der Vertragsstaaten einheitlich verstandene Kollisionsnormen auf internationale Verträge an, dann entfällt ein beachtlicher Anreiz zum forum shopping innerhalb der Gemeinschaft.

II. Entstehungsgeschichte

Der Art 36 zugrunde liegende Art 18 EVÜ verlangt für die Auslegung und Anwen- 4 dung der EVÜ-Vorschriften „ihrem internationalen Charakter und dem Wunsch Rechnung zu tragen, eine einheitliche Auslegung und Anwendung dieser Vorschriften zu erreichen." Damit hat sich Art 18 seinerseits bewusst an Art 7 Abs 1 CISG angelehnt (vgl auch GIULIANO/LAGARDE 70). Art 36 RegE übernahm zunächst im Wesentlichen den Wortlaut des Art 18 EVÜ (BT-Drucks 10/504 S 14). Der Bundesrat schlug dann in seiner Stellungnahme die Streichung des Art 36 vor, da die Art 27 ff keinen internationalen Charakter hätten, sondern deutsche Rechtsanwendungsvorschriften seien; die Beachtung der Sprache und Gerichtspraxis anderer Vertragsstaaten erschwere die Anwendung zudem nur (BT-Drucks 10/504 S 100). Die Bundesregierung verwies in ihrer Gegenäußerung darauf, dass Art 36 auch den Zusammenhang der Art 27 ff mit dem EVÜ verdeutliche und deshalb bei diesen Vorschriften untergebracht werden müsse (BT-Drucks 10/504 S 106). Der Rechtsausschuss des Bundestages schlug dann die schließlich Gesetz gewordene Formulierung vor (BT-Drucks 10/5632 S 38, 45; vgl zum Ganzen ausführlich STAUDINGER/REINHART[12] Art 36 Rn 23 ff). Allerdings erwähnt Art 36 – anders als Art 18 EVÜ – nicht mehr den ‚internationalen Charakter' der vertragsrechtlichen Kollisionsnormen. In der Sache führt das aber nicht zu Auslegungsunterschieden.

Durch Art 2 Abs 2 Nr 2 des Gesetzes über Fernabsatzverträge und andere Fragen des Verbraucherrechts sowie zur Umstellung von Vorschriften auf Euro vom 27. 6. 2000 (BGBl 2000 I 897) wurde Art 36 um den Zusatz „mit Ausnahme von Art 29 a" ergänzt. Diese Ergänzung war erforderlich, da das gleiche Gesetz – in Zusammenfassung und Umsetzung der Kollisionsnormen einiger Richtlinien – den neuen Art 29 a in den aus dem EVÜ übernommenen Vorschriftenblock eingefügt hatte (vgl auch noch unten Rn 28).

III. Allgemeines

1. Geltungsbereich

5 Als reine Interpretationsvorschrift bezieht sich Art 36 auf die übrigen „für vertragliche Schuldverhältnisse geltenden Vorschriften dieses Kapitels mit Ausnahme des Art 29a". Sein räumlich-persönlich-zeitlicher Anwendungsbereich folgt damit dem Anwendungsbereich vor allem der Art 27–37, für die er primär gilt. Lediglich Art 29 a ist vom Auslegungsgebot des Art 36, wie erwähnt, ausgenommen, weil er nicht dem EVÜ entstammt. Aus dem EVÜ sind jedoch noch weitere Vorschriften in „dieses Kapitel" des EGBGB – jedoch außerhalb des internationalen Vertragsrechts – eingestellt worden: so entspricht Art 3 Abs 2 S 2 EGBGB im Wesentlichen Art 20 EVÜ; Art 6 S 1 EGBGB stimmt mit Art 16 EVÜ überein; Art 11 Abs 2 – 4 EGBGB hat Art 9 Abs 2, 3 und 6 EVÜ übernommen; Art 12 Abs 1 S 1 EGBGB folgt Art 11 EVÜ. Auch diese Vorschriften des EGBGB unterliegen dem Gebot einheitlicher Auslegung, soweit sie auf vertragliche Schuldverhältnisse anzuwenden sind (ebenso ERMAN/HOHLOCH Art 36 Rn 2; MünchKomm/MARTINY Art 36 Rn 10; SOERGEL/vHOFFMANN Art 36 Rn 3). Soweit diese Vorschriften im Zusammenhang mit anderen – zB familien- oder erbrechtlichen – Fragen zu beachten sind, gilt das Gebot einheitlicher Auslegung freilich nicht, so dass diese Vorschriften an sich je nach Zusammenhang unterschiedlich auszulegen sind (dazu JAYME IPRax 1986, 266; SANDROCK RiW 1986, 844; skeptisch auch MünchKomm/MARTINY aaO). Praktische Schwierigkeiten sind hieraus indessen bislang nicht erwachsen. Im Ergebnis sollten die Kollisionsnormen – nicht nur des EGBGB – durchgehend in einer internationalisierungsfähigen Weise ausgelegt werden, die auch von der Lösung gleichartiger Probleme durch andere Länder Notiz nimmt (so auch

STAUDINGER/REINHART[12] Art 36 Rn 52 ff; ferner ERMAN/HOHLOCH aaO). Spannungen zu Art 36 sind dann kaum zu erwarten.

Art 36 bezieht sich auch und gerade auf jene Begriffe und Normen des internationalen Vertragsrechts, die zB auf „zwingende Bestimmungen" eines Rechts oder auf das „Recht des Staates, in dem die Erfüllung erfolgt", oder mit ähnlichen Formulierungen auf ein nationales Recht verweisen. Was etwa als „zwingende Bestimmung" gilt, ist ebenfalls durch einheitliche Auslegung festzulegen, auch wenn es zunächst der nationale Normgeber ist, der seiner Regel dispositiven oder zwingenden Charakter verleiht (ebenso JUNKER IPRax 1989, 74 f; MEYER/SPARENBERG 179; MünchKomm/MARTINY Art 36 Rn 11 f; aA WEBER IPRax 1988, 83).

2. Qualifikationsfragen

Sachlich erfasst Art 36 nicht nur die Auslegung und Anwendung der schuldvertraglichen Kollisionsnormen, sondern auch **Qualifikationsfragen,** da der zugrunde liegende Art 18 EVÜ auch für die Qualifikationsmethode gilt (GIULIANO/LAGARDE 70; „Das Problem der Qualifikation, für welches das Übereinkommen ... keine besondere Regel vorsieht, ist im Sinne dieses Artikels [Art 18 EVÜ] zu lösen."). Welche Verträge zB als Arbeitsverhältnisse iSd Art 30 zu qualifizieren sind, ist deshalb nach europaweit einheitlichen Maßstäben, nicht nach jeweiligen nationalen Präferenzen und Festlegungen zu entscheiden (vgl näher Art 30 Rn 20 ff, 35 ff). Die Qualifikation nach der lex fori, der die deutsche Rechtsprechung sonst gewöhnlich folgt, ist daher für den Bereich des internationalen Vertragsrechts unzulässig. 6

3. Verbindlichkeit des Art 36

Art 36 enthält nicht nur eine unverbindliche Zielvorgabe, sondern die verbindliche Anordnung, dass dem Gebot einheitlicher Auslegung zu folgen ist („ist zu berücksichtigen"). Die in Art 36 vorgeschriebene Auslegungsmethode ist daher **Rechtspflicht,** der der Rechtsanwender nachzukommen hat (allg M: BAGE 63, 33 f; CZERNICH/HEISS/RUDISCH Art 18 Rn 3 f; DICEY/MORRIS Rn 32–018; ERMAN/HOHLOCH Art 36 Rn 2; MAGNUS IPRax 1991, 384; MANKOWSKI IPRax 1991, 308; MANSEL JZ 1991, 531; MünchKomm/MARTINY Art 36 Rn 7). 7

4. Ausstrahlung auf nationales Kollisionsrecht

Das Gebot der einheitlichen Auslegung in Art 36 kann dazu führen, dass bestehende nationale Kollisionsregeln in anderem Licht zu interpretieren sind oder ihren Rang als Kollisionsnorm ganz verlieren (vgl BAGE 63, 33 f; MAGNUS IPRax 1991, 411; PALANDT/HELDRICH Art 36 Rn 1). So hat etwa Art 30 mit seinem Inkrafttreten § 1 SeemG als Kollisionsnorm abgelöst und zu einer lediglich materiellrechtlichen Vorschrift degradiert, die die Anwendbarkeit deutschen Rechts nach Art 30 voraussetzt (vgl die in der vorigen N Zitierten). 8

5. Verhältnis des EVÜ zum Gemeinschaftsrecht

Für die Auslegungsmethode, zu der Art 36 verpflichtet, spielt auch eine Rolle, ob das zugrunde liegende EVÜ dem europäischen Gemeinschaftsrecht mit seiner spezifi- 9 schen Auslegungsmethode zugerechnet werden kann oder als Staatsvertrag anzusehen ist, für den ausschließlich die Auslegungsregeln für völkerrechtliche Verträge gelten. Formell ist das EVÜ ein Staatsvertrag zwischen den EU-Mitgliedstaaten; über seine Auslegungsprotokolle, die dem EuGH die Auslegungskompetenz einräumen sollen, ist es aber auch dem Gemeinschaftsrecht verbunden und stellt jedenfalls **gemeinschaftsnahes** vereinheitlichtes (Kollisions-)**Privatrecht** dar (vgl näher JUNKER RabelsZ 55 [1991] 683; SCHWARTZ, in: FS Grewe 551 ff; eingehend auch CZERNICH/HEISS/RUDISCH Art 18 Rn 9 ff; ferner Vorbem 4 ff zu Art 27 ff). Für seine Auslegung folgt daraus, dass nach Möglichkeit sowohl den Postulaten des Völker- wie des Gemeinschaftsrechts Rechnung zu tragen ist. In gewissem Umfang vermag auch die hier vertretene konventionsübergreifende Auslegung (dazu Rn 10) für eine Versöhnung der unterschiedlichen Interpretationsmethoden des Völker- und Gemeinschaftsrechts zu sorgen. Sollten die verschiedenen Auslegungsmethoden dennoch zu unterschiedlichen Ergebnissen führen, so wird freilich dem gemeinschaftskonformen Ergebnis der Vorzug zu geben sein. Denn dem Gemeinschaftsrecht steht das EVÜ näher als einem ‚bloßen' völkerrechtlichen Vertrag.

6. Konventionsübergreifende Auslegungsmethode

10 Art 36 verweist auf die „zugrunde liegenden Regelungen" des EVÜ und nimmt nur sie als Orientierungspunkte in Bezug. Allerdings betont bereits der Bericht von GIULIANO/LAGARDE (S 70), dass sich die Auslegungsvorschrift des EVÜ ihrerseits an jener des CISG orientiert habe. An anderer Stelle hebt der Bericht die Übereinstimmung zwischen EVÜ und GVÜ hervor (GIULIANO/LAGARDE 54). Das EVÜ steht daher in Beziehung zu einem Netz internationaler Konventionen, die es beeinflusst haben und die es seinerseits beeinflusst. Die übliche autonome Auslegungsmethode, die Staatsverträge im Wesentlichen aus sich selbst heraus auslegt, ist deshalb für das EVÜ, aber auch für Art 36 nach der hier vertretenen Auffassung zu modifizieren: Bei der Auslegung und Anwendung der vereinheitlichten Kollisionsnormen ist das Verständnis zugrunde zu legen, das übereinstimmende Begriffe auch in anderen Konventionen zum Vertragsrecht gefunden haben (vgl dazu FERRARI Riv dir int priv e proc 2000, 669 ff; MAGNUS, in: FS zum 75jährigen Bestehen des MPI 571 ff). Ebenso ist die Auslegung mit heranzuziehen, die der EuGH, andere internationale Gerichte oder nationale Obergerichte zentralen Begriffen des EVÜ wie Vertrag, Niederlassung, Verpflichtung, Schaden(sbemessung), Nichtigkeit etc in anderen internationalen Zusammenhängen gegeben haben.

IV. Die einheitliche Auslegung

1. Das Einheitlichkeitsgebot

11 Wie Einheitlichkeit in der Auslegung und Anwendung der Kollisionsnormen zum internationalen Vertragsrecht zu erreichen ist, lässt Art 36 ebenso wenig wie Art 18 EVÜ bereits aus sich heraus erkennen. Beide Vorschriften geben nur dieses Ziel vor. Indessen besteht weitgehende Einigkeit, dass sich das Ziel uniformer Rechtsanwendung nur dadurch verwirklichen lässt, dass der Anwender sich von der ausschließlichen Geltung der Begrifflichkeiten und spezifischen Sichtweise des eigenen Rechts löst und eine **übergeordnete internationale Perspektive** einnimmt, die auch die Auffassungen in den anderen Vertragsstaaten berücksichtigt (vgl Begründung BT-Drucks 10/

504 S 84; GIULIANO/LAGARDE 70; BGHZ 135, 124[134]; CZERNICH/HEISS/RUDISCH Art 18 Rn 7; DICEY/MORRIS Rn 32–018; JUNKER RabelsZ 55[1991] 677, 684; KRAMER JBl 1996, 137 ff; KROPHOLLER, Int Einheitsrecht 258 ff [beide allgemein zur Auslegung internationalen Einheitsrechts]; ders § 52 I 2; MEYER/SPARENBERG 119; SOERGEL/vHOFFMANN Art 36 Rn 4). Für die einheitliche Auslegung des EVÜ und der aus ihm stammenden Vorschriften wird deshalb die Konsultation der übrigen Sprachfassungen, ferner des Berichts von GIULIANO/LAGARDE sowie die Beachtung der einschlägigen Gerichtspraxis und Rechtsauffassungen in den Vertragsstaaten verlangt (Begründung, GIULIANO/LAGARDE, BGH, CZERNICH/HEISS/RUDISCH, DICEY/MORRIS, JUNKER, KROPHOLLER, MEYER-SPARENBERG, SOERGEL/vHOFFMANN jeweils aaO; ebenso ERMAN/HOHLOCH Art 36 Rn 3; MünchKomm/MARTINY Art 36 Rn 21; THODE ZfBR 1989, 43). Im Übrigen gelten weitgehend die bekannten, auf SAVIGNY zurückgehenden Auslegungskriterien (dazu unten Rn 17 ff).

2. Gegenstand der Auslegung

Der Gegenstand der Auslegung, für den Art 36 zunächst gilt, sind die Vorschriften **12** des EGBGB zum internationalen Vertragsrecht (MEYER-SPARENBERG 160; STAUDINGER/REINHART[12] Art 36 Rn 6). Art 36 verknüpft aber ihre Auslegung mit derjenigen der zugrunde liegenden EVÜ-Bestimmungen, um deren einheitliche Auslegung und Anwendung sich der deutsche Rechtsanwender deshalb ebenfalls und in gleicher Weise zu bemühen und deren Ergebnisse er auf die Art 27–37 zu übertragen hat (**anders** wohl die in der vorigen N Zitierten).

3. Der Auslegungskanon

a) Allgemeines

Die Pflicht zu einheitlicher Auslegung und Anwendung bedeutet, dass auch in er- **13** heblichem Umfang die nationalen **Auslegungsmethoden in Europa angenähert** werden müssen. Zwar ist Art 36 ebenso wie Art 18 EVÜ primär daran interessiert, dass die Ergebnisse des Auslegungs- und Anwendungsprozesses in den Vertragsstaaten übereinstimmen. Ohne weitgehende Übereinstimmung in der Auslegungsmethode lassen sich aber übereinstimmende Anwendungsergebnisse nicht, zumindest nicht sicher erreichen (teilweise abw STAUDINGER/REINHART[12] Art 36 Rn 9).

Grundsätzlich sind auch für Art 36 und das EVÜ die herkömmlichen Auslegungs- **14** regeln maßgebend, die ua in Art 31–33 des Wiener Übereinkommens über das Recht der Verträge vom 23. 5. 1969 (BGBl 1985 II 926, 1987 II 757) ihren Niederschlag gefunden haben: **Wortlaut, Entstehung, systematischer Zusammenhang** und **Ziel** und **Zweck** einer Vorschrift bestimmen im Wesentlichen ihr Verständnis. Der internationale Zusammenhang bringt dabei für jedes dieser Elemente eine spezifische Perspektive und Ausrichtung mit sich, die im rein nationalen Rahmen fehlt (dazu unten Rn 17 ff). Eine strikte und ausschließliche Anwendung der Wiener Vertragsrechtskonvention auf das EVÜ kommt freilich wegen dessen engen Gemeinschaftsbezuges nicht in Betracht; dieser Bezug verlangt grundsätzlich auch bei der Auslegung die Ausrichtung an den Zielen der Gemeinschaft und gibt damit vor allem dem teleologischen Auslegungselement eine bestimmte Zielrichtung vor. Da die Gemeinschaft ihre Ziele inzwischen aber von der reinen Wirtschaftsgemeinschaft schrittweise auf eine umfassende Rechtsgemeinschaft hin erweitert hat (Art 61 EGV), hat die gemeinschaftsbezogene Auslegung viel von ihrer Spezifität verloren und steht einer allgemeinen teleologischen Auslegung schon recht nahe.

15 Als Besonderheit der einheitlichen Auslegung wird regelmäßig ihr **autonomer Charakter** hervorgehoben (vgl insbes KROPHOLLER, Int Einheitsrecht 265 sowie KRAMER JBl 1996, 137 ff; zum EVÜ: CZERNICH/HEISS/RUDISCH Art 18 Rn 14 f; MünchKomm/MARTINY Art 36 Rn 13; SOERGEL/vHOFFMANN Art 36 Rn 4). Grundsätzlich sind einheitsrechtliche Konventionen allein aus sich selbst heraus zu interpretieren. Der Rückgriff auf nationale Vorverständnisse ist nach Kräften zu vermeiden. Nach der hier vertretenen konventionsübergreifenden Interpretationsmethode (oben Rn 10) ist jedoch auch auf andere Privatrechtskonventionen und ihre Auslegung zurückzugreifen, sofern sie dieselben Begriffe enthalten und bereits festgelegt haben.

16 Ferner liegt die Besonderheit der einheitlichen Auslegung darin, dass sie der Rechtsvergleichung besonders aufgeschlossen gegenübersteht (ausführlich dazu STAUDINGER/ REINHART[12] Art 36 Rn 13 ff; ferner unten Rn 22).

b) Grammatische Auslegung

17 Die grammatische Auslegung ermittelt den Wortsinn, den die auszulegende Norm nach üblichem Sprachverständnis hat. Für die Auslegung internationalen Einheitsrechts hat die Orientierung am **Wortlaut** einen **etwas höheren Stellenwert** als im nationalen Rahmen. Denn der Wortlaut, auf den sich die Konventionsgeber verständigt haben, versucht gewöhnlich schon einen Kompromiss zwischen unterschiedlichen Vorverständnissen herzustellen (vgl eingehend KROPHOLLER, Int Einheitsrecht 264 f). Für die Auslegung der Art 27 ff ist es deshalb zunächst hilfreich, den Wortlaut der jeweils zugrunde liegenden EVÜ-Vorschrift in ihrer deutschen sowie den weiteren **Sprachfassungen** zu Rate zu ziehen, um den intendierten Wortsinn zu ermitteln (der Text der deutschen, englischen und französischen Fassung des EVÜ ist oben Einl B zu Art 27 ff abgedruckt). Das ist auch deshalb angezeigt, weil die Art 27 ff – sowie die im Übrigen übernommenen Bestimmungen des EVÜ – zT umformuliert und damit im Sinn zT undeutlicher wurden (so ist etwa das Rangverhältnis zwischen Art 28 Abs 2 und den Abs 3, 4 EGBGB in Art 4 Abs 2–4 EVÜ wesentlich deutlicher ausgedrückt).

18 Ein Vergleich der unterschiedlichen Sprachfassungen des EVÜ kann einerseits Auslegungszweifel beheben, so wenn einige oder alle anderen Textversionen den Gedanken deutlich ausdrücken. Auch wenn sich ein bestimmter Wortsinn aus den meisten Fassungen ergibt, sollte ihm in der Regel gefolgt werden. Andererseits können Zweifel aber auch erst aus solchen Textunterschieden erwachsen oder durch sie jedenfalls nicht behoben werden. Dann hat nicht eine Sprachfassung grundsätzlichen Vorrang; vielmehr sind **alle Fassungen gleichwertig** (Art 33 EVÜ). Die Lösung muss sich anhand der übrigen Auslegungskriterien ergeben.

c) Historische Auslegung

19 Die historische Auslegung bezieht die Entstehung der jeweiligen Norm in deren Interpretation ein. Ziel ist es dabei, den Willen des Normgebers zu ermitteln und daraus Anhaltspunkte für das Normverständnis zu gewinnen (KROPHOLLER, Int Einheitsrecht 274 ff). Für das EVÜ ist insbesondere der **erläuternde Bericht von** GIULIANO und LAGARDE (BT-Drucks 10/503 S 33) heranzuziehen, der die Intentionen der Verfasser des EVÜ wiedergibt. Für die Auslegung des EVÜ ist der Bericht deshalb ein erstrangiges

Hilfsmittel (ebenso CZERNICH/HEISS/RUDISCH Art 18 Rn 20; DICEY/MORRIS Rn 32-014; Münch-Komm/MARTINY Art 36 Rn 18; SOERGEL/VHOFFMANN Art 36 Rn 11). Aufschlussreich sind auch die Materialien zum EVÜ-Vorentwurf von 1972 (vgl dazu LANDO/VHOFFMANN/SIEHR, European Private International Law of Obligations [1974]). Die Denkschrift der Bundesregierung zum EVÜ (BT-Drucks 10/503 S 21) gibt die deutsche Sicht auf das EVÜ wieder, auf die sich die Auslegung freilich nicht beschränken darf. Mit zunehmendem zeitlichen Abstand nimmt die Bedeutung und Aussagekraft dieser Materialien allerdings ab.

d) Systematische Auslegung
Die systematische Auslegung leitet für das Normverständnis Folgerungen aus dem Gesamtzusammenhang ab, in dem die jeweilige Norm steht. Die Einzelnorm ist generell so auszulegen, dass die Gesamtregelung, aus der sie stammt, ein möglichst widerspruchsfreies Ganzes darstellt. Für Art 36 ist dabei primär der Bedeutungszusammenhang maßgebend, den das EVÜ aufstellt; allenfalls in zweiter Linie kann es auf die systematische Ordnung des EGBGB ankommen (vgl MünchKomm/ MARTINY Art 36 Rn 17; dazu ferner JUNKER RabelsZ 55 [1991] 694). Für das EVÜ ist dagegen der gemeinschaftsrechtliche Zusammenhang von Bedeutung. Die Auslegung des EVÜ, die ihrerseits auf die Art 27 ff EGBGB durchschlägt, hat deshalb auch auf möglichste Widerspruchsfreiheit gegenüber dem primären und sekundären Gemeinschaftsrecht zu achten (**gemeinschaftskonforme Auslegung,** zB bei der Auslegung des Begriffs „Dienstleistung", den Art 50 EGV näher definiert). Zum systematischen Gesamtzusammenhang ist nach der hier vertretenen konventionsübergreifenden Auslegungsmethode ferner das inzwischen entstandene Netzwerk einheitlicher zentraler Begriffe in internationalen Privatrechtskonventionen zu rechnen, dem sich auch die Auslegung dieser Begriffe im EVÜ einzufügen hat.

e) Teleologische Auslegung
Die teleologische Auslegung bestimmt den Bedeutungsgehalt einer Vorschrift vor allem nach dem Sinn und Zweck, den eine Norm hat. Freilich ist gerade bei internationalen Konventionen die Gefahr groß, dass jeder Rechtsanwender die eigenen Wertvorstellungen und Ziele in die auszulegende Vorschrift hineininterpretiert. Gleichwohl wird die teleologische Auslegungsmethode – auch im Rahmen des EVÜ – zu Recht für das wichtigste und letztlich entscheidende **Auslegungskriterium** gehalten (CZERNICH/HEISS/RUDISCH Art 18 Rn 18; MünchKomm/MARTINY Art 36 Rn 19; SOERGEL/VHOFFMANN Art 36 Rn 12). Auch aus englischer Sicht, der die „purposive interpretation" eher fern liegt, wird diese Auslegungsmethode für das EVÜ zumindest akzeptiert (vgl DICEY/MORRIS Rn 32-017). Sinn und Zweck der jeweiligen Norm müssen deshalb ergeben, wie diese Norm zu verstehen und anzuwenden ist. So hat etwa der besondere Zweck, Verbraucher und Arbeitnehmer zu schützen, die Auslegung der Art 5 und 6 EVÜ und entsprechend auch der Art 29 und 30 EGBGB zu leiten (ebenso DICEY/MORRIS aaO). Im Übrigen bedeutet die teleologische Auslegung für das EVÜ, dass vor allem dem Ziel Rechnung zu tragen ist, in den Vertragsstaaten einheitliche Kollisionsregeln für Vertragsverhältnisse herzustellen, die forum shopping in Europa erübrigen und dem Zweck der wirtschaftlichen und rechtlichen Integration der Mitgliedstaaten dienen (vgl die in der vorigen N Zitierten; ferner JUNKER RabelsZ 55 [1991] 683). Die Lehre vom „effet utile", der der EuGH für das Gemeinschaftsrecht folgt, kann und sollte auch für die zielorientierte Auslegung des EVÜ nutzbar gemacht werden.

f) Rechtsvergleichende Auslegung

22 Um die einheitliche Anwendung internationaler Konventionen zu fördern, haben die Vertragsstaaten untereinander notwendigerweise auf ihre Anwendungspraxis zu achten und sie so weit wie möglich auf einander abzustimmen. Jedenfalls zwischen den Vertragsstaaten ist daher Rechtsvergleichung erforderlich, die diese Praxis ermittelt und vermittelt. Das gilt auch für das EVÜ sowie für Art 36 EGBGB (Begründung BT-Drucks 10/504 S 84; GIULIANO/LAGARDE 70; CZERNICH/HEISS/RUDISCH Art 18 Rn 19; DICEY/MORRIS Rn 32-018; ERMAN/HOHLOCH Art 36 Rn 3; MünchKomm/MARTINY Art 36 Rn 21; PALANDT/HELDRICH Art 36 Rn 1; REINHART RiW 1994, 450; SOERGEL/vHOFFMANN Art 36 Rn 13; THODE ZfBR 1989, 43). Daher ist die Gerichtspraxis der EVÜ-Vertragsstaaten, aber auch die gesicherte Doktrin „zu berücksichtigen". Sie ist damit bei der eigenen Normanwendung in Betracht zu ziehen. Insbesondere obergerichtliche Entscheidungen der mitgliedstaatlichen Gerichte haben zwar keinen formell verbindlichen Charakter, aber doch erhebliche Autorität, von der abzuweichen eingehend begründet werden sollte (ebenso MünchKomm/MARTINY, SOERGEL/vHOFFMANN jeweils aaO).

23 Rechtsvergleichung über den Kreis der Mitgliedstaaten hinaus als generelle Auslegungsmethode zu fordern, erscheint zwar – nicht nur für das EVÜ, sondern grundsätzlich für die Auslegung internationaler Konventionen – wünschenswert. Doch dürfte ein solches Postulat den Rechtsanwender, zumal wenn er nicht ausschließlich mit internationalen Sachverhalten befasst ist, überfordern und vor kaum überwindliche praktische Schwierigkeiten stellen (eingehend hierzu STAUDINGER/REINHART[12] Art 36 Rn 13 ff mit zahlreichen Nachweisen). Die Rechtsvergleichung als generelle Auslegungsmethode müsste dann auch wirklich weltweit betrieben werden, wenn sie den Ruf gewisser Beliebigkeit und des Eklektizismus vermeiden wollte. **Eine Rechtspflicht zu generell rechtsvergleichender Auslegung** ist dem EVÜ und Art 36 EGBGB deshalb **nicht** zu entnehmen.

g) Analogie; Rechtsfortbildung

24 Sind die geschilderten Methoden der Auslegung ausgeschöpft und ist mit ihnen keine überzeugende Lösung erreichbar, dann bleibt die Frage, ob der Rechtsanwender Regeln des EVÜ – und damit auch der Art 27 ff EGBGB – im Weg der Analogie ausdehnen oder diese Regeln auch rechtsfortbildend weiterentwickeln darf. Im Rahmen internationaler rechtsvereinheitlichender Konventionen sind beide Möglichkeiten nicht grundsätzlich verschlossen, jedoch mit größerer Zurückhaltung als im nationalen Recht auszuüben (vgl KROPHOLLER, Int Einheitsrecht 292 ff [insbes 293]). Denn einerseits soll auch derartiges Einheitsrecht nicht versteinern, sondern geänderten Verhältnissen angepasst werden können. Andererseits zerfällt die angestrebte Einheitlichkeit alsbald, wenn jede nationale Jurisdiktion das Einheitsrecht im eigenen Sinn fortschreibt. Für das EVÜ wird daher die Möglichkeit der **Analogie in begrenztem Maß** zugelassen (vgl insbes BGHZ 135, 124 [133 f]; ferner auch MünchKomm/MARTINY Art 36 Rn 24; REINHART RiW 1994, 450; SOERGEL/vHOFFMANN Art 29 Rn 34; eingehend zum Problem MANKOWSKI IPRax 1991, 305 ff). Die – deutsche – Rechtsprechung fordert als Grundvoraussetzung einer zulässigen Analogie, dass „übereinstimmende rechtspolitische Wertungen in den anderen Vertragsstaaten festzustellen sind." (BGH aaO). Daran fehlte es etwa für die Frage, ob Art 29 Abs 1 EGBGB analog auf Timesharingverträge erstreckt werden könne, die diese Vorschrift an sich nicht erfasst (BGH aaO).

25 Wohl noch zurückhaltender als der Analogie ist einer richterrechtlichen Rechtsfortbildung des EVÜ zu begegnen. Nur wo sich unbeabsichtigte Lücken der Konvention auftun, ist die Rechtsprechung aufgerufen, sie in einer Weise zu schließen, die den Wertentscheidungen des EVÜ und auch den rechtspolitischen Grundwertungen der Vertragsstaaten entspricht (vgl näher MANSEL IPRax 1990, 344 ff; MünchKomm/MARTINY Art 36 Rn 23; SOERGEL/vHOFFMANN Art 36 Rn 14). Bisher sind solche Lücken indessen nicht sichtbar geworden.

V. Rechtsfolgen

Ein Verstoß gegen das Gebot der einheitlichen Auslegung und Anwendung der aus dem EVÜ stammenden Vorschriften stellt einen Rechtsverstoß dar, der **revisibel** ist, wenn die Entscheidung auf ihm beruht (§ 549 f = § 545 f nF ZPO). Gegen Art 36 EBGBG ist etwa dann verstoßen, wenn eine einheitliche Praxis der Vertragsstaaten nicht beachtet oder ohne plausible Begründung aufgegeben wird. 26

VI. Auslegungskompetenz des EuGH

Schon vor Inkrafttreten des EVÜ bestand Einigkeit, dass – wie im Fall des GVÜ – der EuGH die zentrale Auslegungsinstanz für das EVÜ werden sollte. Zu diesem Zweck wurden zwei Protokolle zum EVÜ beschlossen: ein *Erstes Protokoll betreffend die Auslegung des am 19. Juni 1980 in Rom zur Unterzeichnung aufgelegten Übereinkommens über das auf vertragliche Schuldverhältnisse anzuwendende Recht durch den Gerichtshof der Europäischen Gemeinschaften* vom 19. 12. 1988 (BGBl 1995 II 916; Text oben Einl B zu Art 27 ff) und ein *Zweites Protokoll zur Übertragung bestimmter Zuständigkeiten für die Auslegung des am 19. Juni 1980 in Rom zur Unterzeichnung aufgelegten Übereinkommens über das auf vertragliche Schuldverhältnisse anzuwendende Recht auf den Gerichtshof der Europäischen Gemeinschaften* vom 19. 12. 1988 (BGBl 1995 II 923; Text oben Einl B zu Art 27 ff). Da das Zweite Protokoll indessen bis heute nicht die erforderliche Ratifikation durch alle Unterzeichnerstaaten erreicht hat, fehlt nach wie vor die Auslegungszuständigkeit des EuGH für das EVÜ (nur die belgische Ratifikation fehlt noch, vgl zuletzt hierzu MARTINY ZEuP 2001, 332). Inzwischen wird erwogen, das EVÜ – wie schon das GVÜ – in eine gemeinschaftsrechtliche Verordnung zu überführen (vgl näher Vorbem 32 zu Art 27 ff). Für ihre Auslegung wäre der EuGH kraft Gemeinschaftsrechts unmittelbar zuständig. Die Protokolle würden dann obsolet; für das Verfahren, das bei Inkrafttreten der Protokolle zu beachten wäre, sei daher auf die eingehende Darstellung bei STAUDINGER/REINHART[12] Art 36 Rn 73 ff verwiesen. 27

VII. Auslegung des Art 29 a

Der Hinweis, dass sich Art 36 nicht auf Art 29 a bezieht, ist durch Art 2 Abs 2 Nr 2 des Gesetzes über Fernabsatzverträge etc vom 27. 6. 2000 eingefügt worden (vgl oben Rn 4). Da Art 29 a nicht dem EVÜ entstammt, gilt Art 36 EGBGB nicht für ihn. Andererseits fasst die neu eingefügte Vorschrift kollisionsrechtliche Richtlinienbestimmungen zusammen, für die ebenfalls eine **europäisch-einheitliche Auslegungsmethode** zu beachten ist. Im Kern sollte Art 29 a deshalb in gleicher Weise wie die übrigen Kollisionsnormen zum internationalen Vertragsrecht und in möglichster Abstimmung mit ihnen ausgelegt werden. Die Frage, wie das von Art 29 a umgesetzte Richtlinienrecht zu interpretieren ist, kann allerdings dem EuGH nach Art 234 28

EGV vorgelegt werden (ebenso PALANDT/HELDRICH Art 36 Rn 2). Näher zur Auslegung des Art 29 a vgl die Erl zu dieser Vorschrift.

Art 37 EGBGB. Ausnahmen*

Die Vorschriften dieses Unterabschnitts sind nicht anzuwenden auf

1. Verpflichtungen aus Wechseln, Schecks und anderen Inhaber- oder Orderpapieren, sofern die Verpflichtungen aus diesen anderen Wertpapieren aus deren Handelbarkeit entstehen;

2. Fragen betreffend das Gesellschaftsrecht, das Vereinsrecht und das Recht der juristischen Personen, wie zum Beispiel die Errichtung, die Rechts- und Handlungsfähigkeit, die innere Verfassung und die Auflösung von Gesellschaften, Vereinen und juristischen Personen sowie die persönliche gesetzliche Haftung der Gesellschafter und der Organe für die Schulden der Gesellschaft, des Vereins oder der juristischen Person;

3. die Frage, ob ein Vertreter die Person, für deren Rechnung er zu handeln vorgibt, Dritten gegenüber verpflichten kann, oder ob das Organ einer Gesellschaft, eines Vereins oder einer juristischen Person diese Gesellschaft, diesen Verein oder diese juristische Person gegenüber Dritten verpflichten kann;

4. Versicherungsverträge, die in dem Geltungsbereich des Vertrages zur Gründung der Europäischen Wirtschaftsgemeinschaft oder des Abkommens über den Europäischen Wirtschaftsraum belegene Risiken decken, mit Ausnahme von Rückversicherungsverträgen. Ist zu entscheiden, ob ein Risiko in diesem Gebiet belegen ist, so wendet das Gericht sein Recht an.

Artikel 29a findet auch in den Fällen des Satzes 1 Anwendung.

Materialien: Art 1 Abs 2–4 EVÜ, BGBl 1986 II 809, 810; Bericht GIULIANO/LAGARDE, BT-Drucks 10/503 vom 20.10. 1983 S 42; Art 1 EVÜ-Entwurf 1972 (deutscher Text in RabelsZ 38 [1974] 211); Gesetzentwurf der Bundesregierung zur Neuregelung des IPR vom 20.10. 1983, BT-Drucks 10/504 S 84; Bericht des Rechtsausschusses, BT-Drucks 10/5632 vom 9. 6. 1986 S 21, 38; BGBl 1986 I 1142 ff, 1149. Neufassung des EGBGB vom 21.9. 1994, BGBl 1994 I 2494, 2501. Konsolidierte Fassung des EVÜ sowie des Ersten und des Zweiten Protokolls nebst den Gemeinsamen Erklärungen (EU 98/C 27/02), ABl Nr C 27/34 vom 26. 1. 1998.

---

* Nr 4 geändert durch Art 4 des Dritten Durchführungsgesetzes/EWG zum VAG (BGBl 1994 I 1930 ff [1663]). Satz 2 eingefügt durch Art 2 Abs 2 Nr 3 des Gesetzes über Fernabsatzverträge und andere Fragen des Verbraucherrechts sowie zur Umstellung von Vorschriften auf Euro v 27. 6. 2000 (BGBl 2000 I 897).

5. Abschnitt. Schuldrecht.
1. Unterabschnitt. Vertragliche Schuldverhältnisse

Art 37 EGBGB

Schrifttum

Boriths Müller, Die Umsetzung der europäischen Übereinkommen von Rom und Brüssel in das Recht der Mitgliedstaaten (1997)
Jayme, Das neue IPR-Gesetz – Brennpunkte der Reform, IPRax 1986, 265
Jayme/Kohler, Das Internationale Privat- und Verfahrensrecht der EG nach Maastricht, IPRax 1992, 346
Junker, Deutsche Schiedsgerichte und Internationales Privatrecht, in: FS Sandrock (2000) 443

Kessedjan, La Convention de Rome du 19 juin 1980 sur la loi applicable aux obligations contractuelles – Vingt ans après, in: FS Siehr (2000) 329
Martiny, Die Bestimmung des anwendbaren Sachrechts durch das Schiedsgericht, in: FS Schütze (2000) 529
ders, Internationales Vertragsrecht im Schatten des Europäischen Gemeinschaftsrecht, ZEuP 2001, 308.

Systematische Übersicht

I.	**Regelungsgegenstand und Normzweck**	1
II.	**Entstehungsgeschichte**	3
III.	**Allgemeines**	
1.	Auslegung, Qualifikationsfragen	5
2.	Kollisionsregeln für die ausgeschlossenen Materien	7
3.	Die nicht übernommenen Ausschlüsse des EVÜ	8
a)	Personenstand und Geschäftsfähigkeit	9
b)	Erb- und familienrechtliche Verträge	10
c)	Schieds- und Gerichtsstandsvereinbarungen	13
d)	Trust	14
e)	Beweis und Verfahren	15
IV.	**Ausschluss für wertpapierrechtliche Verpflichtungen (Art 37 S 1 Nr 1)**	
1.	Allgemeines	16
2.	Internationales Wechselrecht	17
a)	Einheitsrecht	17
b)	Wechselrechtsstatut	21
aa)	Wechselfähigkeit	21
bb)	Form der Wechselerklärung	22
cc)	Wirkung der Wechselerklärung	26
dd)	Rechtswahl	32
ee)	Rück- und Weiterverweisung	33
3.	Internationales Scheckrecht	34
a)	Einheitsrecht	34
b)	Scheckrechtsstatut	36
aa)	Scheckfähigkeit	36
bb)	Form der Scheckerklärung	38
cc)	Wirkung der Scheckerklärung	41
dd)	Rechtswahl	43
ee)	Rück- und Weiterverweisung	44
4.	Internationales Wertpapierrecht im Übrigen	45
a)	Allgemeines	45
b)	Allgemeines Wertpapierstatut	49
c)	Nicht ausgeschlossene Verträge über verbriefte Rechte	52
V.	**Ausschluss des Gesellschaftsrechts (Art 37 S 1 Nr 2)**	
1.	Allgemeines	53
2.	Ausgeschlossene Fragen des Gesellschaftsrechts	56
3.	Nicht ausgeschlossene Fragen des Gesellschaftsrechts	57
VI.	**Ausschluss des Vertretungsrechts (Art 37 S 1 Nr 3)**	58
VII.	**Ausschluss bestimmter Versicherungsverträge (Art 37 S 1 Nr 4)**	
1.	Allgemeines	62
2.	Nicht ausgeschlossene Direktversicherungsverträge	65
3.	Rückversicherungsverträge	66
VIII.	**Rückausnahme für Art 29 a (Art 37 S 2)**	67

Art 37 EGBGB

Alphabetische Übersicht

Aktienstatut	46
Analoge Anwendung der Art 27 ff	7, 50
Analoge Anwendung der Artikel	27 ff
Änderungen des Art 37	4
Anknüpfungsregeln bei fehlenden Kollisionsnormen	7
Auseinandersetzungsverträge	11
Auslegung	5
Ausschlusstatbestände des EVÜ	8 ff
Begebungsvertrag	26
Beweis	15
Blankoscheck	41
Blankowechsel	23
Direktversicherungsvertrag	62 f, 65
Eheliche Güterstände	11
Ehrenannahme	28
Eigenständige Kollisionsnormen	7, 17 ff, 35
Eigenwechsel	16, 28
Entstehungsgeschichte	3
Erbrecht	8, 10 f
Erbschaftskäufe	11
Erbverträge	11
EVÜ	8 ff
Familienrecht	10
Gelegenheitsgesellschaften	57
Genfer Abkommen über das Einheitliche Scheckgesetz	34
Genfer Übereinkommen über das Einheitliche Wechselgesetz	17
Gerichtsstandvereinbarungen	13
Geschäftsfähigkeit	9
Geschäftsführerhaftung	6
Gesellschaftsauflösung	56
Gesellschaftsgründung	56
Gesellschaftsrecht	53 ff
Gesellschaftsstatut	55 ff
Gesellschaftsstruktur	56
Gesetzliche Vertretung	61
GmbH-Geschäftsführer	6
Gründungsvorverträge bei Gesellschaftserrichtung	57
Handelbarkeit von Wertpapieren	46
Handeln ohne Vertretungsmacht	59
Handlungsfähigkeit	9
Inhaberaktien	47
Inhaberpapiere, sonstige	45
Inhaberschuldverschreibungen	47
Innengesellschaften	57
Juristische Personen	53 ff
Normzweck	1 f
Orderkonnossement	47
Orderpapiere des § 363 HGB	45, 47
Orderscheck	41
Organschaftliche Vertretung	59 f
Personenstand	9
Pflichtteilsverzicht	11
Qualifikation	6, 54
Rechtsfähigkeit	9
Rechtsgeschäftliche Vertretung	59 f
Rechtsscheinvollmacht	59
Regelungsgegenstand	1
Rückausnahme für Art 29 a	67
Rückversicherungsvertrag	62, 66
Scheckeinlösung	52
Scheckerklärung	
– Bezeichnung	38
– Falschangaben	24
– Form	38 ff
– Fremdsprachen	39
– Wirkung	41 ff
Scheckfähigkeit	36
Scheckhaftung	41
Scheckkollisionsrecht	34 f
Scheckprivatrechts-Abkommen	35
Scheckrecht	
– Allgemein	34 ff
– Rechtswahl	43
– Renvoi	44
– Rückverweisung	44
– Schadensersatz	52

– Sonderanknüpfung	42	Wechselbürgschaft	28 f
– Weiterverweisung	44	Wechseleinlösung	52
Scheckrechtsabkommen	34	Wechselerklärung	
Scheckrechtsstatut	36	– Falschangaben	24
Schenkung von Todes wegen	11	– Form	22 ff
Schenkung zwischen Familienmitgliedern	12	– Fremdsprachen	22
Schiedsvereinbarungen	13	– Unterschriftsort	24
Selbstkontrahierung	59	– Wirkung	26 ff
Solawechsel	16	Wechselfähigkeit	21, 33
Sorgerecht	12	Wechselkollisionsrecht	19
		Wechselprivatrechts-Abkommen	19
Timesharingverhältnisse	67	Wechselprotest	26, 31
Tratte	28 f	Wechselrecht	
Treuhandvereinbarungen	14	– Allgemein	16 ff
Trust	14	– Forderungsabtretung	30
		– Rechtswahl	32
Unterhaltspflichten	12	– Renvoi	33
Unterschriftsort	21, 24	– Rückgriffsrechte	29, 31
		– Rückverweisung	33
Verbraucherschutz	67	– Schadensersatz	52
Vereinsrecht	53	– Sonderanknüpfung	31
Verfahrensrecht	13, 15	– Weiterverweisung	33
Versicherungsrecht	65 ff	Wechselrechtsstatut	21
Verträge über freiwillige Leistungen	12	Wechselrechtsübereinkommen	20
Verträge über verbriefte Rechte	52	Wechselrechtswahl	32
Vertretungsmacht	59	Wertpapierrechtsstatut	49, 51
Vertretungsrecht	58 ff	Wertpapiersachstatut	49
Vorgesellschaften	57	Wertpapierverpflichtungen	16, 26, 48

I. Regelungsgegenstand und Normzweck

Art 37 nimmt eine Reihe von Materien, die zwar auch vertragliche Verpflichtungen zum Gegenstand haben, ihrerseits aber enger mit anderen Sachbereichen verknüpft sind, vom Geltungsbereich der Art 27 ff aus. Die Vorschrift umschreibt damit den **sachlichen Anwendungsbereich der Kollisionsnormen zum internationalen Vertragsrecht.** Dabei lehnt sie sich an Art 1 Abs 2–4 EVÜ an, folgt dessen Bestimmungen aber nicht vollständig. Nach Art 37 Nr 1 gelten die Art 27 ff nicht für wertpapierrechtliche Verpflichtungen, die im Wesentlichen durch internationales Einheitsrecht geregelt werden. Nr 2 schließt das Gesellschaftsrecht aus, das grundsätzlich dem Gesellschaftsstatut folgt. Nr 3 klammert das Stellvertretungsrecht aus, da für dieses Gebiet der Grundsatz der Parteiautonomie nicht passe (GIULIANO/LAGARDE 45). Schließlich nimmt Nr 4 Versicherungsverträge über EU/EWR-Risiken – mit Ausnahme der Rückversicherungsverträge – aus, für die auf EU-Richtlinien beruhende Sonderregelungen im EGVVG gelten. Art 37 schafft damit für wichtige Fälle Klarheit, in denen sonst Abgrenzungs- und Qualifikationsschwierigkeiten zwischen mehreren Statuten bestünden.

Allerdings bedeutet Art 37 insoweit einen ungewohnten Fremdkörper in einer nationalen IPR-Kodifikation, als die Vorschrift die Geltung der allgemeinen Kollisionsnormen zum internationalen Vertragsrecht begrenzt, aber nicht angibt, welches Recht denn für die ausgeschlossenen Vertragsmaterien gelten soll. Diese Lücke ist die Folge der bloßen Inkorporation des EVÜ, dessen Bestimmung zum Anwendungsbereich Art 37 übernommen hat (zur Lückenfüllung unten Rn 7). In einer umfassenden IPR-Kodifikation ist eine solche reine Ausgrenzungsnorm indessen wenig sinnvoll.

II. Entstehungsgeschichte

3   Mit Art 37 sind im Wesentlichen die Bestimmungen zum sachlichen Anwendungsbereich des EVÜ in dessen Art 1 Abs 2–4 in das EGBGB inkorporiert worden. Doch hat man die zahlreichen, dort vorgesehenen Ausschlüsse nur teilweise in Art 37 übernommen, im Wesentlichen, weil diese Ausschlüsse mehr oder minder selbstverständlich sind und zwar zur Abgrenzung des Geltungsanspruchs einer internationalen Konvention erforderlich, innerhalb einer nationalen IPR-Regelung aber deplaziert sind. Das gilt insbesondere für den Ausschluss personenrechtlicher Fragen in Art 1 Abs 2 lit a EVÜ, den Ausschluss von Erb-, Güter- und sonstigen Verträgen über familienrechtliche Pflichten (Art 1 Abs 2 lit b EVÜ) sowie den Ausschluss von Vereinbarungen über den Beweis und das Verfahren (Art 1 Abs 2 lit h EVÜ). Ähnlich selbstverständlich ist der Ausschluss von Gerichtsstands- und Schiedsvereinbarungen (Art 1 Abs 2 lit d EVÜ) und Verträgen zur Gründung von Trusts (Art 1 Abs 2 lit g EVÜ). Denn beide letztgenannten Bereiche unterliegen eigenständigen internationalen Regelungen. Im Wesentlichen war dieser Ausschlusskatalog auch schon im Vorentwurf von 1972 enthalten.

4   Art 37 wurde durch Gesetz v 21. 7. 1994 (BGBl 1994 I 1630) und durch Gesetz v 27. 6. 2000 (BGBl 2000 I 897) ergänzt, zunächst um die Geltung für den Europäischen Wirtschaftsraum in Nr 4, sodann um den neuen S 2, der dem neuen Art 29 a Rechnung trägt.

III. Allgemeines

1. Auslegung, Qualifikationsfragen

5   Da Art 37 jedenfalls weitgehend aus dem EVÜ stammt, gilt für ihn das Gebot der einheitlichen Auslegung in Art 36 EGBGB. Art 37 EGBGB ist daher im Licht des zugrunde liegenden Art 1 Abs 2–4 EVÜ zu verstehen. Die dort genannten, aber nicht in Art 37 EGBGB übernommenen weiteren Ausschlussgründe sind ebenfalls zu berücksichtigen, denn sie sind nicht aus Sachgründen abgelehnt, sondern offenbar für weitgehend selbstverständlich gehalten worden (vgl oben Rn 3).

6   Die Ausschlusstatbestände und die mit ihnen verbundenen Qualifikationsfragen sind deshalb unter Beachtung der Praxis in den übrigen Vertragsstaaten zu behandeln. Es sollte daher einheitlich entschieden werden, ob und wann etwa Pflichten eines GmbH-Geschäftsführers als Frage des Gesellschaftsstatuts oder des Vertragsstatuts einzuordnen sind (für Gesellschaftsstatut: OLG München IPRax 2000, 416 m Aufs HAUBOLD IPRax 2000, 375; für Vertragsstatut: OLG Celle RiW 2000, 710). Maßgebend dürfte sein, ob es primär um Pflichten aus der Organstellung des Geschäftsführers oder primär um

dienstvertragliche Pflichten gegenüber der beschäftigenden GmbH geht. Nur für letztere Pflichten gelten die Art 27 ff.

2. Kollisionsregeln für die ausgeschlossenen Materien

Art 37 ordnet an, dass „die Vorschriften dieses Unterabschnitts", also die Art 27 ff **7** auf die ausgeschlossenen Materien nicht anzuwenden sind. Nicht für alle dieser Materien bestehen eigenständige Kollisionsregeln außerhalb des internationalen Vertragsrechts, so insbes nicht für andere handelbare Wertpapiere als Wechsel und Schecks. Es ist dann die Frage, welche Anknüpfungsregeln für sie gelten sollen. ZT wird vertreten, dass grundsätzlich das frühere, vor der Reform von 1986 bestehende IPR weiter anzuwenden sei (JAYME IPRax 1986, 266; mit Einschränkungen auch PALANDT/ HELDRICH Art 37 Rn 1). ZT wird eine teleologische Reduktion des Art 37 gefordert, der nur eingreife, soweit für die ausgeschlossenen Materien anderweite Kollisionsregeln bestünden (so STAUDINGER/REINHART[12] Art 37 Rn 17 ff m eingehender Begründung). Ganz überwiegend wird jedoch eine analoge Anwendung der Art 27 ff befürwortet, wenn Art 37 sonst zu einer kollisionsrechtlichen Lücke führen würde (BGHZ 99, 207 = IPRax 1988, 26 m Aufs BASEDOW IPRax 1988, 15; BGH IPRax 1994, 452 m Aufs STRAUB IPRax 1994, 432; vBAR II Rn 454; MünchKomm/MARTINY Art 37 Rn 7; SOERGEL/vHOFFMANN Art 37 Rn 3; wohl auch ERMAN/HOHLOCH Art 37 Rn 1; KEGEL/SCHURIG § 18 I 1 b bb). Im Ergebnis erscheint es als unabweisbar, dass bei Fehlen sonstiger Kollisionsregeln die **Art 27 ff entsprechend zu gelten haben.** Andernfalls müsste sonst an sich überholtes IPR – mit seiner Anknüpfung an den hypothetischen Parteiwillen und an den Erfüllungsort – weiter aufrechterhalten werden, ohne dass dafür einsichtige Gründe erkennbar wären. Die völkervertraglichen Verpflichtungen aus der Ratifikation des EVÜ stehen diesem Ergebnis nicht entgegen. Denn den Vertragsstaaten ist es unbenommen, die Regeln des EVÜ auf von der Konvention nicht erfasste Bereiche zu erstrecken (so ausdrücklich GIULIANO/LAGARDE 45 [für die an sich ausgeschlossenen Versicherungsverträge über EU/EWR-Risiken]).

3. Die nicht übernommenen Ausschlüsse des EVÜ

Das EVÜ sieht eine Reihe von Ausschlusstatbeständen vor, die der deutsche Ge- **8** setzgeber nicht in das EGBGB aufgenommen hat, offenbar weil sie sich weitgehend von selbst verstehen (KEGEL/SCHURIG § 18 I 1 b bb; MünchKomm/MARTINY Art 37 Rn 8). Ihr Sinngehalt sollte nicht etwa abgelehnt werden. Für die Auslegung der Art 27 ff EGBGB ist er vielmehr gemäß Art 36 EGBGB **mitzuberücksichtigen.** Darüber hinaus sind auch die Qualifikationsentscheidungen, die in den nicht übernommenen Ausschlüssen getroffen wurden, für das deutsche Recht zu beachten. So sind etwa Vereinbarungen erbrechtlichen Inhalts nicht dem Vertragsstatut, sondern dem Erbstatut zu unterstellen (näher noch unten Rn 11).

a) Personenstand und Geschäftsfähigkeit
Art 1 Abs 2 lit a EVÜ klammert – im Wesentlichen übereinstimmend mit Art 1 Abs 2 **9** Nr 1 GVÜ – aus dem Anwendungsbereich des EVÜ „den Personenstand sowie die Rechts-, Geschäfts- und Handlungsfähigkeit von natürlichen Personen, vorbehaltlich des Artikels 11" aus. Art 11 EVÜ entspricht Art 12 EGBGB und schützt das Vertrauen auf die Geschäftsfähigkeit nach dem Recht am Abschlussort. Insoweit berührt das EVÜ zwar auch die Rechts-, Geschäfts- und Handlungsfähigkeit, regelt sie selbst

freilich nicht. Da im Common Law „the capacity to enter into a contract" als Frage des Vertragsstatuts betrachtet wird (vgl DICEY/MORRIS Rn 32–214 ff; NORTH, in: Forty Years On 41), war der Ausschluss für das EVÜ erforderlich. Im deutschen Recht versteht er sich von selbst.

b) Erb- und familienrechtliche Verträge

10 Art 1 Abs 2 lit b EVÜ schließt ferner „vertragliche Schuldverhältnisse betreffend" das Erbrecht, die ehelichen Güterstände und die familienrechtlichen Rechte und Pflichten aus. Mit dieser Regelung sollte das gesamte Familienrecht – wohl einschließlich des Erbrechts – aus der Konvention ausgeklammert werden (GIULIANO/LAGARDE 42).

11 Schenkungen von Todes wegen, Erbverträge, Erbschaftskäufe, Pflichtteilsverzichte, Auseinandersetzungsverträge zwischen Miterben etc unterliegen daher nach dem EVÜ nicht vertragsrechtlichen Anknüpfungen. Gleiches gilt auch weitgehend im deutschen Kollisionsrecht (vgl näher STAUDINGER/DÖRNER [2000] Rn 217, 326 ff, 353 ff, 414 ff). Soweit hier Streit über die vertrags- oder erbrechtliche Qualifikation besteht (vgl STAUDINGER/DÖRNER aaO m zahlreichen Nachweisen), ist der Entscheidung des EVÜ zu folgen, dessen Regelung – für die Vertragsstaaten einheitlich – gegen die Geltung des Vertragsstatuts spricht (im Ergebnis ebenso CZERNICH/HEISS/NEMETH Art 1 Rn 17).

12 Der Ausschluss von Verträgen über familienrechtliche Pflichten bezieht sich nach dem Bericht von GIULIANO/LAGARDE (S 44 f) nur auf Verträge, die gesetzliche Pflichten, insbes gesetzliche Unterhaltspflichten oder das Sorgerecht zum Gegenstand haben. Verträge über freiwillige Leistungen oder Schenkungen zwischen Familienmitgliedern ohne Bezug zu familienrechtlichen Pflichten werden dagegen erfasst (GIULIANO/LAGARDE aaO).

c) Schieds- und Gerichtsstandsvereinbarungen

13 Schieds- und Gerichtsstandsvereinbarungen fallen nach Art 1 Abs 2 lit d EVÜ ebenfalls nicht in den Anwendungsbereich der Konvention, weil sie im Wesentlichen zum Bereich des internationalen Verfahrensrechts gehören und auch vielfach durch Einheitsrecht geregelt werden (Art 17 GVÜ; Übereinkommen zur Schiedsgerichtsbarkeit, insbes das New Yorker Übk v 1958). Für das wirksame Zustandekommen von Schieds- und Gerichtsstandsvereinbarungen hat die Rechtsprechung die Art 27 ff allerdings zT analog herangezogen (BGHZ 99, 207 [209 f]; OLG Bamberg RiW 1989, 221 [222]; OLG München IPRax 1991, 46 m krit Aufs GEIMER IPRax 1991, 31; zust MünchKomm/MARTINY Art 37 Rn 10; SCHACK Rn 444; SOERGEL/VHOFFMANN Art 37 Rn 8; offen gelassen jedoch von BGH IPRax 1990, 41 [42 f]). Seit der Neuregelung des internationalen Schiedsverfahrensrechts (insbes § 1051 ZPO) verstärkt sich die Auffassung, dass die auf dem EVÜ beruhenden Kollisionsnormen für Schiedsvereinbarungen und ihr Zustandekommen nicht gelten (JUNKER, in: FS Sandrock 451 ff; MARTINY, in: FS Schütze 539 ff; ders ZEuP 2001, 310; vgl zum Ganzen eingehend unten Anh II zu Art 37).

d) Trust*

14 Auch den Ausschluss für Trusts, den Art 1 Abs 2 lit g EVÜ vorsieht, hat Art 37

---

* **Schrifttum:** KÖTZ, Zur Anknüpfung des unter Lebenden errichteten trust, IPRax 1985, 205; WITTUHN, Das internationale Privatrecht des trust (1987).

nicht übernommen. Mit dem Ausschluss sollten diese Figur des Common Law und ihr gleichstehende Rechtsinstitute ausgeklammert werden (Giuliano/Lagarde 45). Denn sie sind eher sachenrechtlich, ggfs auch gesellschaftsrechtlich zu qualifizieren (vgl auch BGH IPRax 1985, 221 m Aufs Kötz IPRax 1985, 205; Wittuhn 103 ff; näher ferner die Erl Art 28 Rn 354) . Reine Treuhandvereinbarungen fallen dagegen in den Anwendungsbereich des EVÜ und damit auch der Art 27 ff (Giuliano/Lagarde aaO; Soergel/vHoffmann Art 37 Rn 9).

e) Beweis und Verfahren

Das EVÜ schließt ferner „den Beweis und das Verfahren, vorbehaltlich des Artikels **15** 14" aus (Art 1 Abs 2 lit h EVÜ). Art 14 EVÜ wurde in Art 32 Abs 3 EGBGB übernommen, während der deutsche Gesetzgeber auf den ausdrücklichen Ausschluss des übrigen Verfahrensrechts verzichtet hat. Für diesen Bereich gilt grundsätzlich die lex fori.

IV. Ausschluss für wertpapierrechtliche Verpflichtungen (Art 37 S 1 Nr 1)*

1. Allgemeines

Der an Art 1 Abs 2 lit c EVÜ angelehnte Ausschluss für Wertpapierverpflichtungen **16** klammert das Wechsel- und Scheckrecht insgesamt aus; für andere Wertpapiere gilt der Ausschluss nur, soweit die Wertpapierverpflichtungen aus der Handelbarkeit dieser Papiere entstehen und damit aus ihren spezifisch wertpapierrechtlichen Funktionen folgen (Begründung BT-Drucks 10/504 S 84). Grund des Ausschlusses ist vor allem,

---

* **Schrifttum:** vBar, Wertpapiere im deutschen Internationalen Privatrecht, in: FS W Lorenz (1991) 273; Baumbach/Hefermehl, Wechselgesetz und Scheckgesetz (20. Aufl 1997); Bernstein, Wechselkollisionsrecht und excuses for non-performance bei Enteignung des Wechselschuldners. Nachlese zum chilenischem Kupferstreit in Hamburg, in: FS Reimers (1979) 229; vBernstorff, Das internationale Wechsel- und Scheckrecht (2. Aufl 1992); ders, Neuere Entwicklungen im internationalen Wechselrecht, RiW 1991, 986; Einsele, Kollisionsrechtliche Behandlung von Wertpapieren und Reichweite der Eigentumsvermutung des § 1006 BGB, IPRax 1995, 163; Eschelbach, Deutsches internationales Scheckrecht (1990); Hupka, Das Einheitliche Wechselrecht der Genfer Verträge (1934); Koch, Konfliktsprobleme des angelsächsischen und des deutschen Scheckrechts, ZHR 140 (1976) 1; Kronke/Berger, Wertpapierstatut, Schadensersatzpflichten der Inkassobank, Schuldnerschutz auf Abwegen – Schweizer Orderschecks auf Abwegen, IPRax 1991, 316; W Lorenz, Zur Abgrenzung von Wertpapierrechtsstatut und Wertpapiersachstatut im internationalen Wertpapierrecht, NJW 1995, 176; Malatesta, Considerazioni sull'ambito di applicazione della Convenzione di Roma del 1980: Il caso dei titoli di credito, Riv dir int priv proc 1992, 887; Morawitz, Das internationale Wechselrecht (1991); Mankowski, Seerechtliche Vertragsverhältnisse im Internationalen Privatrecht (1995); ders, Neue internationalprivatrechtliche Probleme des Konnossementenrechts, TranspR 1988, 410; Meyer-Cording/Drygala, Wertpapierrecht (3. Aufl 1995); Müller-Freienfels, Die Verjährung englischer Wechsel vor deutschen Gerichten, in: FS Zepos II (1973) 491; Quassowski/Albrecht, Wechselgesetz (1934); Schefold, Zur Rechtswahl im internationalen Scheckrecht, IPRax 1987, 150; Schlechtriem, Zur Abdingbarkeit von Art 93 Abs 1 WG, IPRax 1989, 155; Schneider, Europäische und internationale Harmonisierung des Bankvertragsrechts, NJW 1991, 1985; Straub, Zur Rechtswahl im internationalen Wechselrecht (1995).

dass das Wertpapierrecht in erheblichem Umfang international vereinheitlicht ist (Begründung aaO; GIULIANO/LAGARDE 43), namentlich durch die Genfer Abk v 7.6. 1930 und 19.3. 1931 zum Einheitlichen Wechsel- und Scheckrecht (RGBl 1933 II 377 u 537). Die geringen Formulierungsunterschiede des Art 37 S 1 Nr 1 EGBGB gegenüber Art 1 Abs 2 lit c EVÜ sollen keine Sachunterschiede signalisieren. So schließt etwa der Begriff „Wechsel" in Art 37 EGBGB auch die Eigenwechsel (Solawechsel) ohne weiteres ein, die Art 1 EVÜ noch ausdrücklich erwähnt.

2. Internationales Wechselrecht

a) Einheitsrecht

17 Das materielle deutsche Wechselrecht (Art 1–78 WG) beruht auf Einheitsrecht, nämlich auf der Anlage I zum **Genfer Abkommen über das Einheitliche Wechselgesetz** vom 7.6. 1930 (RGBl 1933 II 377), das allerdings nur in einem begrenzten Kreis von Vertragsstaaten gilt – darunter alle EU-Staaten außer Großbritannien, Irland und Spanien. Außerhalb der EU sind lediglich Brasilien, Japan, Kasachstan, Litauen, Monaco, Norwegen, Polen, Russland, Schweiz, Ungarn und Weißrussland die weiteren Vertragsstaaten (vgl BGBl-Fundstellennachweis B). Auch ohne förmliche Ratifikation haben aber weitere Staaten ihr Wechselrecht dem Genfer Einheitsrecht angeglichen (vgl näher BAUMBACH/HEFERMEHL Einl WG Rn 4). Insbesondere die Staaten des angloamerikanischen Rechtskreises haben das Einheitliche Wechsel- und Scheckrecht dagegen nicht rezipiert.

18 An sich muss das **Einheitsrecht einheitlich ausgelegt** werden. Maßgebend ist dabei nur die englische und französische Originalfassung des Abkommens. Doch haben sich in den Vertragsstaaten des Einheitlichen Wechsel- und Scheckrechts Auslegungsunterschiede entwickelt (vgl dazu MORAWITZ 33 mit Beispiel). Trotz des einheitsrechtlichen Charakters schaltet die Rechtsprechung deshalb auch zwischen den Vertragsstaaten das Kollisionsrecht vor, um das anwendbare Wechselrecht zu bestimmen (vgl BGH WM 1960, 374; BGH NJW 1963, 252; BGH WM 1974, 558; BGH WM 1977, 1322; Cour cass Rev crit dr int pr 1964, 264 m Anm LAGARDE [S 235 ff]; Rb Breda NIPR 1985 Nr 159; vgl näher MORAWITZ 32 ff).

19 Das deutsche Wechselkollisionsrecht ist in den Art 91 – 98 WG enthalten, die die Art 2–9 des **Abkommens über Bestimmungen auf dem Gebiet des internationalen Wechselprivatrechts** vom 7.6. 1930, eines weiteren der drei Genfer Abkommen zum Einheitlichen Wechselrecht, in das deutsche Recht übernommen haben (deutsche Übersetzung des nur in Englisch und Französisch maßgebenden Textes des Abk bei STAUDINGER/FIRSCHING[11] Vor Art 12 Rn 593). Vertragsstaaten des Abkommens zum Wechselkollisionsrecht sind mit Ausnahme Litauens dieselben Staaten, die das Abkommen zum Einheitlichen Wechselgesetz ratifiziert haben (vgl oben Rn 17). Das IPR-Abkommen ist eine „loi uniforme", die auch gegenüber Nichtvertragsstaaten gelten soll. Es trifft eine weitgehende, aber keine abschließende Regelung für das internationale Wechselrecht. Ergänzend ist dann doch auf die Grundsätze der Art 27 ff EGBGB in entsprechender Anwendung zurückzugreifen (ebenso BAUMBACH/HEFERMEHL Vor Art 91 WG Rn 1). Auch dieses Abkommen und die auf ihm beruhenden Vorschriften sollten im Kreis der Vertragsstaaten einheitlich ausgelegt werden (vgl auch SIEHR § 41 II 1 a).

20 Der Vereinheitlichung des internationalen Wechselrechts soll ferner das **UNCITRAL-Übereinkommen vom 9.12. 1988 über internationale gezogene Wechsel und**

internationale eigene Wechsel dienen; doch ist dieses Übk bislang nicht in Kraft getreten, da statt der erforderlichen zehn erst zwei Ratifikationen vorliegen (Juni 2001: Guinea und Mexiko; Text des Übk in Int Leg Mat 28[1989] 170).

b) Wechselrechtsstatut
aa) Wechselfähigkeit

Über die Fähigkeit einer Person, sich durch Wechsel zu verpflichten **(Wechselfähigkeit)**, entscheidet das Recht des Landes, dem die Person angehört, wobei eine Rück- oder Weiterverweisung dieses Rechts zu beachten ist (Art 91 Abs 1 WG). Bei juristischen Personen oder Personenvereinigungen kommt es auf das Recht an ihrem Sitz bzw ihrer Hauptniederlassung an (BGHZ 51, 27; BGH WM 1979, 682; BAUMBACH/HEFERMEHL Art 91 WG Rn 2). Wer nach seinem Heimat- oder Sitzrecht nicht wechselfähig ist, wird dennoch wirksam verpflichtet, wenn er nach dem Recht des Unterschriftsortes wechselfähig wäre (Art 91 Abs 2 S 1 WG). Unterschriftsort ist der Ort der tatsächlichen Unterzeichnung (BAUMBACH/HEFERMEHL Art 91 WG Rn 3). Soweit Inländer sich im Ausland verpflichten, soll es bei der Geltung ihres Heimatrechts verbleiben (Art 91 Abs 2 S 2 WG); mit dem Verbot, nach der Staatsangehörigkeit zu diskriminieren (Art 12 EGV), ist diese Inländerbegünstigung bei Binnenmarktsachverhalten allerdings nicht mehr vereinbar (krit „aus rechtspolitischen Gründen" MORAWITZ 81). 21

bb) Form der Wechselerklärung

Was als Form der Wechselerklärung zu **qualifizieren** ist, ist aus dem Einheitlichen Wechselrecht selbst, insbes den Art 1 – 4, 12, 13, 31 WG zu entnehmen. Zur Form gehören damit alle notwendigen Wechselbestandteile (BGHZ 21, 155; BGH WM 1960, 374; OLG Frankfurt NJW-RR 1986, 334). Auch die Gültigkeit der Unterschrift des Ausstellers (BGH RiW 1977, 618) oder die Frage, ob ein Wechsel in fremder Sprache ausgestellt werden kann, wird hierher gerechnet (BGH IPRax 1994, 454 m Aufs STRAUB IPRax 1994, 432). In Deutschland kann ein **Wechsel in fremder Sprache** ausgestellt werden, muss aber in dieser Sprache im Text der Urkunde und nicht nur in der Überschrift als Wechsel – engl: bill of exchange; franz: lettre de change; ital: lettera di cambio, cambiale; span: letra de cambio – bezeichnet werden (Art 1 Nr 1 WG; vgl auch BGH aaO: in Deutschland auf englisch abgefasste, als „promissory note" überschriebene Erklärung kein wirksamer Wechsel; kein Wechsel auch ein spanisches Pagare-Papier: BGHZ 82, 200 [denkbar Umdeutung in abstraktes Schuldversprechen]). Problematisch erscheint es aber, wenn zur Formgültigkeit auch zählen soll, ob eine wirksame Vertretung vorlag (so BAUMBACH/ HEFERMEHL Art 92 WG Rn 1 unter Berufung auf BGH WM 1977, 1322). Allerdings richtet sich das Vollmachtstatut grundsätzlich nach dem Recht an dem Ort, an dem von der Vollmacht Gebrauch gemacht wird (vgl näher Einl A 3 ff zu Art 27 ff), und deckt sich bei der Wechselunterzeichnung daher mit dem Unterschriftsort. 22

Nicht mehr zur Form gehört die Frage, ob der Aussteller befugt war, einen Blankowechsel auszufüllen, da vor der Ausfüllung noch keine Wechselverbindlichkeit bestand (OLG München IPRspr 1964–65 Nr 56; BAUMBACH/HEFERMEHL Art 92 WG Rn 1; Münch-Komm/MARTINY Art 37 Rn 17). Vielmehr gilt das diese Handlung beherrschende Vertrags- oder Deliktsstatut. 23

Grundsätzlich untersteht die **Form** jeder Wechselerklärung allein dem **Recht des Unterschriftsortes** (Art 92 Abs 1 WG). Weitere Formstatute, etwa des Begebungsortes, kommen daneben nicht in Betracht. Im Zweifel ist dabei der tatsächliche, nicht 24 der auf dem Wechsel angegebene Unterschriftsort maßgebend (vBAR, in: FS Lorenz 282; BAUMBACH/HEFERMEHL Art 92 Rn 1; MORAWITZ 70 f; MünchKomm/MARTINY Art 37 Rn 16; SOERGEL/VHOFFMANN Art 37 Rn 15; **anders** KG JW 1936, 2102 [2103] m abl Anm RILK). Umstritten ist, ob das **Vertrauen auf** eine – tatsächlich **falsche** – Ortsangabe auf dem Wechsel kollisionsrechtlich geschützt werden soll, indem der – falsche – angegebene Ort das maßgebende Recht bestimmt, oder ob ein solcher Schutz nur im Rahmen des berufenen Sachrechts erfolgen soll (für nur sachrechtliche Beachtung BAUMBACH/HEFERMEHL, MünchKomm/MARTINY, SOERGEL/VHOFFMANN jeweils aaO; SCHLECHTRIEM IPRax 1989, 155 f; dagegen für kollisionsrechtliche Beachtung etwa HUPKA 250; MORAWITZ 149; QUASSOWSKI/ALBRECHT Art 92 WG Anm 2). Die sachrechtliche Auffassung verdient den Vorzug. Sie entspricht eher dem Wortlaut des Art 92 Abs 1 WG („in dessen Gebiet die Erklärung unterschrieben worden ist"); sie vermeidet auch Unsicherheiten, die mit dem Nachweis hinreichenden Vertrauens stets verbunden wären. Zudem streitet wohl in allen Sachrechten eine Vermutung zunächst dafür, dass der angegebene auch der tatsächliche Unterschriftsort ist.

25 Jede Wechselerklärung ist in ihrer Formgültigkeit für sich nach dem Recht ihres Unterschriftsortes zu beurteilen (**Grundsatz der Unabhängigkeit der einzelnen Wechselerklärung;** vgl auch BGH NJW 1970, 1366). Die Formunwirksamkeit einer Erklärung berührt nicht die weiteren Wechselerklärungen, die nach dem Recht ihres jeweiligen Unterschriftsorts zu beurteilen sind (Art 92 Abs 2 WG). Ferner sind Wechselerklärungen zwischen Inländern, auch wenn sie im Ausland abgegeben werden, im Inland stets gültig, sofern sie der Inlandsform entsprechen (Art 92 Abs 3 WG). Im Ausland bleiben sie dagegen unwirksam (BAUMBACH/HEFERMEHL Art 92 WG Rn 3).

cc) **Wirkung der Wechselerklärung**

26 Als **Wirkungen der Wechselerklärung** sind **alle Regelungen** zu qualifizieren, **die die Haftung des Wechselschuldners betreffen,** so insbesondere Art und Umfang der Wechselverpflichtung, das Entstehen eines Bereicherungsanspruchs und die Zulässigkeit von Einwendungen (dazu BGH IPRax 1994, 452 m Aufs STRAUB IPRax 1994, 432; zum Ganzen BAUMBACH/HEFERMEHL Art 93 WG Rn 1; MORAWITZ 90 ff). Auch die Notwendigkeit von Rechtserhaltungsmaßnahmen wie eines Protests gehört zu den Wirkungen (BGHZ 21, 155 [163]). Für die Form des Protests gilt nach Art 97 WG aber das Recht des Protestortes. Ferner rechnet hierher, ob ein Begebungsvertrag vorausgesetzt wird (OLG Düsseldorf IPRspr 1976 Nr 19; MünchKomm/MARTINY Art 37 Rn 20; SOERGEL/VHOFFMANN Art 37 Rn 20).

27 Art 93 WG unterstellt die Wirkungen der Wechselerklärung unterschiedlichen Statuten: über die Wirkung der Erklärung des Annehmers eines gezogenen Wechsels und der Erklärung des Ausstellers eines eigenen Wechsels entscheidet das **Recht des Zahlungsortes;** für die Wirkungen aller übrigen Erklärungen gilt das **Recht des Zeichnungsortes.** Freilich greifen noch Sonderanknüpfungen für Einzelfragen ein (Art 94 – 98 WG).

28 Das Recht des **Zahlungsortes** gilt nur für die Erklärungen des Annehmers einer Tratte sowie des Ausstellers eines Eigenwechsels (Art 93 Abs 1 WG). Ehrenannahme und Wechselbürgschaft fallen nicht darunter, sondern sind nach Art 93 Abs 2 zu beurteilen (BAUMBACH/HEFERMEHL Art 93 WG Rn 2 f). Der Zahlungsort kann im Zweifel nach Art 2 Abs 3 WG bestimmt werden (MORAWITZ 94).

29 Das Recht des jeweiligen **tatsächlichen Zeichnungsortes** (Art 93 Abs 2 WG) entscheidet im Übrigen über die Wirkung der Wechselerklärungen, so derjenigen des Ausstellers einer Tratte, der Indossanten, des Wechselbürgen (BGH NJW 1963, 252 [Wechselbürge]; Baumbach/Hefermehl Art 93 Rn 3). Die Fristen für die Ausübung von Rückgriffsrechten bestimmen sich allerdings für alle Wechselverpflichteten einheitlich nur nach dem Recht des Ortes, an dem der Wechsel ausgestellt wurde (Art 94 WG).

30 Ebenfalls nach dem Recht am **Ausstellungsort des Wechsels** richtet sich, ob der Inhaber eines gezogenen Wechsels auch die zugrunde liegende Forderung erwirbt (Art 95 WG). Dagegen beurteilt sich die schlichte Abtretung der im Wechsel verbrieften Forderung in ihren Voraussetzungen und Rechtsfolgen nach dem Statut, dem sie unabhängig vom Wechsel unterliegt (Art 33 Abs 2 EGBGB; vgl auch BGHZ 104, 145; vBar, in: FS Lorenz 292 f; MünchKomm/Martiny Art 37 Rn 23; Soergel/vHoffmann Art 37 Rn 22).

31 **Sonderanknüpfungen,** die für alle Verpflichteten einheitlich gelten, sind außer für die Rückgriffsfristen (Art 94 WG) und den wechselrechtlichen Forderungsübergang (Art 95 WG) sowie für die Protestform und -fristen (Art 97 WG) für die Teilannahme und die Teilzahlung (Art 96 WG) und die Maßnahmen bei Verlust und Diebstahl (Art 98 WG). In den zuletzt genannten Fällen entscheidet das Recht des Zahlungsortes.

dd) Rechtswahl

Auch wenn die Art 91 ff eine **Rechtswahl** nicht ausdrücklich erwähnen, ist sie gleichwohl **zulässig** (BGH WM 1974, 558; BGH IPRax 1989, 170 m Aufs Schlechtriem IPRax 1989, 155; BGH IPRax 1994, 452 m Aufs Straub IPRax 1994, 432; Baumbach/Hefermehl Vor Art 91 WG Rn 1, 2; Czernich/Heiss/Nemeth Art 1 Rn 28; Jayme IPRax 1986, 265 f; Morawitz 153 ff; MünchKomm/Martiny Art 37 Rn 18 f; Schefold IPRax 1987, 150 ff; Soergel/vHoffmann Art 37 Rn 19; eingehend Straub, Zur Rechtswahl im internationalen Wechselrecht 17 ff, 225 ff). Die Rechtswahl kann wie auch sonst noch nachträglich, insbesondere im Prozess erfolgen (BGH WM 1974, 558; BGH IPRax 1994, 452). Soll sie gegenüber Dritten wirken, muss sie sich allerdings aus der Wechselurkunde ergeben; inter partes ist sie dagegen auch formlos und konkludent möglich (BGH aaO; Baumbach/Hefermehl, Czernich/Heiss/Nemeth, MünchKomm/Martiny, Soergel/vHoffmann jeweils aaO).

ee) Rück- und Weiterverweisung

32 Für die Wechselfähigkeit schreibt Art 91 Abs 1 S 2 WG die Beachtlichkeit eines Renvoi ausdrücklich vor. Aus dieser Regel ist zT der Grundsatz gefolgert worden, dass auch die übrigen Wechselkollisionsnormen Gesamtverweisungen darstellten (etwa LG Mainz WM 1975, 149; OLG Koblenz IPRspr 1976 Nr 20; Bernstein, in: FS Reimers 234; Müller-Freienfels, in: FS Zepos II 505 ff; für das Scheckrecht: BGHZ 108, 353 [357 f] = IPRax 1991, 338 m Aufs Kronke/Berger IPRax 1991, 316). Inzwischen überwiegt zu Recht die Auffassung, dass ein **Renvoi** – außer für die Wechselfähigkeit – im Wechselkollisionsrecht **unbeachtlich** ist (LG Hamburg IPRspr 1964 – 65 Nr 21; vBar, in: FS W Lorenz 290 f; Czernich/Heiss/Nemeth Art 1 Rn 27; Morawitz 137 ff; MünchKomm/Martiny Art 37 Rn 26; Soergel/vHoffmann Art 37 Rn 25). Ein Renvoi mag bei einer Anknüpfung an die Staatsangehörigkeit, wie Art 91 WG sie für die persönliche Eigenschaft der Wechselfähigkeit vorsieht, hinnehmbar sein. Für die Anknüpfung der Fragen, die den Wechsel als sicheres und verkehrsfähiges Wertpapier betreffen und hierfür auf regelmäßig aus dem Wechsel ersichtliche Orte abstellen, bedeutet die Beachtlichkeit eines Renvoi eine erhebliche und unnötige Komplizierung, die zu Unsicherheit über das maßgebliche Recht führt, zumal wenn die zunächst berufene Rechtsordnung ihrerseits keine geschriebenen Wechselkollisionsnormen kennt. Hinzukommt, dass im internationalen Vertragsrecht der meisten der Vertragsstaaten des Einheitlichen Wechsel- und Scheckrechts der Renvoi heute gemäß Art 35 EGBGB (= Art 15 EVÜ) generell ausgeschlossen ist.

3. Internationales Scheckrecht

a) Einheitsrecht

33 Auch das deutsche Scheckgesetz beruht auf internationalem Einheitsrecht. Die Art 1–57 SchG haben die Anlage I zum **Genfer Abkommen über das Einheitliche Scheckgesetz** vom 16. 8. 1933 und damit das vereinheitlichte materielle Scheckrecht übernommen (RGBl 1933 II 537). Vertragsstaaten dieses Abkommens sind wiederum alle EU-Staaten außer Großbritannien, Irland und Spanien. Außerhalb der EU gehören dem Abkommen Brasilien, Indonesien, Japan, Litauen, Malawi, Monaco, Nicaragua, Norwegen, Polen, Schweiz und Ungarn an (vgl BGBl-Fundstellennachweis B). Für die Auslegung dieses Abkommens gilt das oben Rn 18 Ausgeführte entsprechend.

34 Das internationale deutsche Scheckrecht ist in den Art 60 – 66 SchG geregelt, die ganz weitgehend wörtlich die Art 2 – 8 des **Genfer Abkommens über Bestimmungen auf dem Gebiet des internationalen Scheckprivatrechts** vom 19. 3. 1931, eines weiteren der ebenfalls drei Genfer Abkommen zum Einheitlichen Scheckrecht, übernommen haben (deutsche Übersetzung des englischen und französischen Originaltextes des Abk bei STAUDINGER/FIRSCHING[11] Vorbem 595 zu Art 12). Bis auf Litauen und Malawi haben die Vertragsstaaten des materiellen ScheckAbk auch das IPR-Abk ratifiziert. Wie für das Wechselkollisionsrecht gilt auch hier, dass das IPR-Abk gegenüber Nichtvertragsstaaten gelten will und dass bei Lücken der Art 60 ff SchG die Vorschriften des EGBGB analog heranzuziehen sind (vgl auch BAUMBACH/HEFERMEHL Vor Art 60 SchG; SOERGEL/VHOFFMANN Art 37 Rn 27). Da die Art 60 ff SchG weitgehend den Art 91 ff WG entsprechen, gelten die Ausführungen zum Wechselkollisionsrecht (oben Rn 17 ff) im Wesentlichen auch für das internationale Scheckrecht.

b) Scheckrechtsstatut
aa) Scheckfähigkeit

35 Für die **aktive Scheckfähigkeit** trifft Art 60 SchG dieselbe kollisionsrechtliche Regelung wie Art 91 WG für die Wechselfähigkeit: Die Fähigkeit einer Person, eine Scheckverbindlichkeit einzugehen, richtet sich deshalb nach dem Heimatrecht dieser Person, wobei eine Rück- oder Weiterverweisung dieses Rechts zu beachten ist (Art 60 Abs 1 SchG). Auch der Verkehrs- und Inländerschutz, den Art 60 Abs 2 SchG vorsieht, ist mit Art 91 Abs 2 WG identisch. Die Inländerbegünstigung dürfte jedoch bei Binnenmarktsachverhalten gegen Art 12 EGV verstoßen.

36 Dagegen bestimmt sich die **passive Scheckfähigkeit,** dh die Fähigkeit, Bezogener sein zu können, nach dem Recht des Zahlungsortes (Art 61 Abs 1 SchG). Ist ein Scheck danach nichtig, etwa weil der Bezogene – wie nach Art 3, 54 SchG – nur ein Bankier sein kann, dann bleiben dennoch Verpflichtungserklärungen wirksam, die in Ländern ohne diese Regel auf den Scheck gesetzt wurden (Art 61 Abs 2 SchG).

bb) Form der Scheckerklärung

Die Formfragen sind für das internationale Scheckrecht nicht anders als für das Wechselkollisionsrecht zu qualifizieren (s oben Rn 22). Zur **Form** gehören damit **alle notwendigen Scheckbestandteile** wie die Bezeichnung als Scheck im Urkundentext oder eine Währungsangabe (vgl Art 1 SchG; ferner BGH IPRspr 1977 Nr 30; OLG Köln RiW 1985, 329; OLG Hamm IPRspr 1991 Nr 59; OLG München RiW 2000, 228; ferner Eschelbach 81 ff; MünchKomm/Martiny Art 37 Rn 28; Soergel/vHoffmann Art 37 Rn 31). **37**

Wie in Art 92 WG (dazu oben Rn 22) untersteht die Form jeder einzelnen Scheckerklärung dem Recht ihres Unterzeichnungsortes (Art 62 Abs 1 S 1 SchG). Maßgebend ist auch hier der Ort, an dem die Unterschrift tatsächlich geleistet wurde. In Deutschland kann ein Scheck nach Art 1 Nr 1 SchG auch **in fremder Sprache** ausgestellt werden; er muss aber im Text der Urkunde – und nicht nur in der Überschrift – die Bezeichnung Scheck (engl: cheque; franz: chèque; ital: assegno; span: cheque) in der verwendeten Sprache enthalten. Anders als im Wechselrecht genügt es im Scheckrecht auch, wenn die Form des Zahlungsortes beachtet ist (Art 62 Abs 1 S 2 SchG). **38**

Art 62 Abs 2 SchG statuiert den Grundsatz der **Unabhängigkeit der einzelnen Erklärung** auch für das Scheckrecht; Abs 3 lässt die Inlandsform zwischen Inländern genügen, auch wenn die Erklärung im Ausland abgegeben wurde und danach unwirksam wäre. Im Einzelnen ist auf die Ausführungen zum identischen Art 92 Abs 2 und 3 WG zu verweisen (oben Rn 24 f). **39**

cc) Wirkung der Scheckerklärung

Die Wirkungen der Scheckerklärung umfassen alle Regelungen, die die **Haftung aus dem Scheck** betreffen (vgl OLG München RiW 2000, 228 [Zulässigkeit von Blankoschecks, Rückgriffsrecht, Abhandenkommen, Einreden, Verjährung nach Wirkungsstatut beurteilt]). Der Eigentumsübergang an einem ohne Indossament übertragenen Orderscheck richtet sich freilich nach dem Belegenheitsrecht der Urkunde als dem (Wertpapier-)Sachenrechtsstatut (vgl BGHZ 108, 353 m Aufs Kronke/Berger IPRax 1991, 316 ff; Baumbach/Hefermehl Art 63 SchG Rn 1). **40**

Maßgebendes Wirkungsstatut für jede einzelne Scheckerklärung ist grundsätzlich das **Recht des tatsächlichen Unterschriftsortes** (Art 63 SchG); doch gehen die Sonderanknüpfungen der Art 64–66 SchG vor. So gilt für die Rückgriffsfristen einheitlich das Recht des Ortes, an dem der Scheck ausgestellt wurde (Art 64 SchG). Der Zahlungsort ist einheitlich für die in Art 65 SchG genannten Fragen maßgebend. Der Protest hat sich nach dem Recht des Landes zu richten, in dem er vorzunehmen ist (Art 66 SchG). Für die Einzelheiten sei auch hier auf die Ausführungen zu den identischen Vorschriften des WG (oben Rn 26 ff) verwiesen. **41**

dd) Rechtswahl

Ebenso wie das internationale Wechselrecht lässt das internationale Scheckrecht eine Rechtswahl zu (BGH WM 1974, 558; BGHZ 104, 145 [147 f] m Aufs Schlechtriem IPRax 1989, 155; BGHZ 108, 353 [356 f] m Aufs Kronke/Berger IPRax 1991, 316; Baumbach/Hefermehl Vor Art 60 SchG; MünchKomm/Martiny Art 37 Rn 30; Soergel/vHoffmann Art 37 Rn 32; aA Eschelbach 153 ff). Soll sie allerdings **gegenüber Dritten** wirken, dann muss sie aus der Scheckurkunde ersichtlich sein. Sonst hat sie nur Wirkung zwischen den unmittel- **42** baren Parteien der Rechtswahlvereinbarung, zwischen denen sie aber auch konkludent möglich ist (vgl die in der vorigen N Zitierten; ferner oben Rn 32).

ee) Rück- und Weiterverweisung

43 Außer im Fall des Art 60 Abs 1 S 2 SchG, der einen Renvoi des für die Scheckfähigkeit maßgebenden Rechts für beachtlich erklärt, stellen die Verweisungsnormen des internationalen Scheckrechts **Sachnormverweisungen** dar (vgl vBar, in: FS W Lorenz 290 f; Czernich/Heiss/Nemeth Art 1 Rn 31; Soergel/vHoffmann Art 37 Rn 28). Maßgebend sind auch hier die oben Rn 33 genannten Gründe. Nach wohl hM ist dagegen ein Renvoi stets zu beachten (vgl BGHZ 108, 353 m Aufs Kronke/Berger IPRax 1991, 316; Eschelbach 163 ff).

4. Internationales Wertpapierrecht im Übrigen

a) Allgemeines

44 Der Ausschluss des Art 37 S 1 Nr 1 EGBGB erstreckt sich ferner auf „Verpflichtungen ... aus anderen Inhaber- oder Orderpapieren, sofern die Verpflichtungen aus diesen anderen Wertpapieren aus deren Handelbarkeit entstehen." Der zugrunde liegende Art 1 Abs 2 lit c EVÜ spricht zwar allgemeiner von „anderen handelbaren Wertpapieren" („other negotiable instruments", „autres instruments négociables"), meint aber auch nur Wertpapiere, die umlauffähig sind (vgl ausführlich Giuliano/Lagarde 43). Maßgebend ist, ob die **verbriefte Forderung mit der Übertragung des Papiers übergeht** (Giuliano/Lagarde aaO; vBar, in: FS W Lorenz 285; Czernich/Heiss/Nemeth Art 1 Rn 33; Mankowski TranspR 1988, 410 f; MünchKomm/Martiny Art 37 Rn 34; Soergel/vHoffmann Art 37 Rn 35). Aus der abweichenden Wortwahl in Art 37 S 1 Nr 1 EGBGB folgt daher kein sachlicher Unterschied zum EVÜ.

45 Welche Papiere **handelbar** sind, folgt nicht aus dem EVÜ. Vielmehr soll darüber die lex fori – einschließlich ihrer IPR-Regeln – bestimmen (so ausdrücklich Giuliano/Lagarde 43). Maßgebend ist danach also das die verbriefte Forderung beherrschende Statut, so dass etwa bei Aktien das Gesellschaftsstatut, bei den handelsrechtlichen Orderpapieren das jeweilige Schuldstatut über die Handelbarkeit des konkreten Papiers entscheidet (so Soergel/vHoffmann Art 37 Rn 35; ihm folgend Czernich/Heiss/Nemeth Art 1 Rn 33; wohl auch MünchKomm/Martiny Art 37 Rn 35). Allerdings hat die lex fori dabei zunächst die vorentscheidende Qualifikation eines Papiers – zB als Aktie, als Lager- oder Ladeschein etc – vorzunehmen, um das jeweilige Statut zu ermitteln.

46 Bei Geltung deutschen Rechts sind es insbesondere die kaufmännischen **Orderpapiere** des § 363 HGB, die unter die Ausschlussregel des Art 37 S 1 Nr 1 EGBGB fallen: kaufmännische Anweisung, kaufmännischer Verpflichtungsschein, Konnossement, Ladeschein, Lagerschein, Transportversicherungspolice, soweit diese Papiere an Order ausgestellt sind (zum Orderkonnossement vgl BGHZ 99, 207 m Aufs Basedow IPRax 1988, 15). Da nach § 68 Abs 1 AktG Namensaktien allein durch Indossament übertragen werden können, gehören auch sie zu den Orderpapieren (vgl näher zu den Orderpapieren Baumbach/Hefermehl WPR Rn 51 ff; Meyer-Cording/Drygala D). Ferner werden **Inhaberpapiere** wie Inhaberschuldverschreibungen oder Inhaberaktien erfasst.

47 Der Ausschluss bezieht sich bei diesen Wertpapieren nur auf solche **Verpflichtungen, die aus ihrer Handelbarkeit entstehen.** Gemeint sind die typischen wertpapierrechtlichen „Verpflichtungen..., die im Interesse der Verkehrsfähigkeit besonders ausgestaltet sind." (so Begründung BT-Drucks 10/504 S 84; dasselbe dürfte mit dem Hinweis von GIULIANO/LAGARDE 43 auf die „Schuldverhältnisse aus der Handelbarkeit" gemeint sein). Im Ergebnis will der Ausschluss damit die Besonderheit, insbesondere die Abstraktheit und Formenstrenge verkehrsfähiger Wertpapiere respektieren und ihre schuldrechtlichen Auswirkungen nicht den allgemeinen Bestimmungen unterstellen, die sich „nicht für die Regelung dieser Art von Schuldverhältnissen eigneten." (GIULIANO/ LAGARDE aaO). Unter den Ausschluss fallen deshalb jedenfalls die schuldrechtlichen Folgen, die sich aus der besonderen Übertragungsform durch Indossament oder Übertragung des Papiers ergeben, so die Anspruchsberechtigung bei gutgläubigem Erwerb und der weitgehende Einwendungsausschluss (so die Begründung aaO; MünchKomm/MARTINY Art 37 Rn 36). Nach weitergehender Ansicht soll sich der Ausschluss auf alle schuldrechtlichen Verpflichtungen aus dem Papier erstrecken wie etwa Schadensersatz- oder Herausgabeansprüche, auf Gerichtsstands- und Rechtswahlklauseln (so zum Orderkonnossement BGHZ 99, 207 m Aufs BASEDOW IPRax 1988, 15; SOERGEL/vHOFFMANN Art 37 Rn 37). Sinnvollerweise sollten die Verpflichtungen aus Wertpapieren einem einheitlichen Statut unterstehen, um mögliche Widersprüche zwischen mehreren Statuten zu vermeiden.

b)   Allgemeines Wertpapierstatut
Geschriebenes Kollisionsrecht besteht für andere handelbare Wertpapiere als Wechsel und Scheck nur ausnahmsweise, so etwa für Konnossemente in Art 6 EGHGB (vgl dazu Art 28 Rn 404 ff). Auch im Übrigen haben sich klare Kollisionsregeln für diesen Bereich nur in sehr begrenztem Umfang entwickelt. Anerkannt ist die Möglichkeit der **Rechtswahl** (BGHZ 99, 207; vBAR, in: FS W Lorenz 286 ff; MANKOWSKI TranspR 1988, 413; SOERGEL/vHOFFMANN Art 37 Rn 39; STAUDINGER/STOLL Int SachenR [1996] Rn 416). Ferner wird zwischen den sachenrechtlichen und den schuldrechtlichen Vorgängen unterschieden, die je nach Einordnung entweder dem Wertpapier*sach*statut oder dem Wertpapier*rechts*statut unterstellt werden (vgl eingehend MünchKomm/KREUZER Nach Art 38 Anh I Rn 117 ff; STAUDINGER/STOLL Int SachenR [1996] Rn 412 ff). Das Wertpapier*rechts*statut folgt dem Statut der verbrieften Forderung (BGHZ 108, 353 [356]; JUNKER Rn 477; MünchKomm/KREUZER Rn 119; SOERGEL/vHOFFMANN aaO; STAUDINGER/STOLL Rn 415 f). Handelt es sich bei der Forderung etwa um einen schuldrechtlichen Anspruch auf Herausgabe, dann ist für diesen Anspruch das Schuldstatut in herkömmlicher Weise zu bestimmen und dem Schuldstatut die wertpapierrechtliche Regelung zu entnehmen. **48**

Nach der ausdrücklichen Ausschlussregel des Art 37 S 1 Nr 1 EGBGB dürfen allerdings an sich nicht die Art 27 ff EGBGB herangezogen werden, um das Vertragsstatut zu ermitteln. Inzwischen hat sich jedoch die Auffassung durchgesetzt, dass in diesen Fällen nicht krampfhaft an den Anknüpfungsregeln festzuhalten ist, die ohne die Art 27 ff, also vor der IPR-Reform von 1986 bestanden. Vielmehr sind die **Art 27 ff in entsprechender Anwendung** – und den Eigenheiten des internationalen Wertpapierrechts angepasst – zur Bestimmung des Schuldstatuts und damit auch des Wertpapierrechtsstatuts heranzuziehen (BGH aaO; ERMAN/HOHLOCH Art 37 Rn 1, 2; MünchKomm/MARTINY Art 37 Rn 38; SOERGEL/vHOFFMANN Art 37 Rn 39). Denn das EVÜ schließt eine Analogie nicht aus (vgl näher Art 36 Rn 24). **49**

Für das internationale Wertpapierrecht ist daher, soweit das Schuldvertragsstatut bei ihm eine Rolle spielt, möglichste Übereinstimmung mit den allgemeinen Anknüp- **50** fungsregeln zum internationalen Vertragsrecht anzustreben. Als Ausgangspunkt ist der Grundsatz der parteiautonomen **Rechtswahl** anzuerkennen (vgl die Nachweise oben in Rn 49). Dritten gegenüber kann eine Rechtswahl aber nur wirken, wenn sie aus dem Wertpapier ersichtlich ist (vgl zur entsprechenden Lösung im Wechsel- und Scheckrecht oben Rn 32, 43). Ohne Rechtswahl wird man von dem in Art 28 Abs 1 EGBGB verankerten **Grundsatz der engsten Verbindung** auszugehen haben (ebenso CZERNICH/HEISS/NEMETH Art 1 Rn 35). Sie wird in der Regel zu dem Recht des Landes bestehen, in dem die jeweilige wertpapierrechtliche Erklärung, aus der eine Verpflichtung folgen soll, tatsächlich unterschrieben wurde (vgl auch Art 93 Abs 2 WG und Art 63 SchG).

c) Nicht ausgeschlossene Verträge über verbriefte Rechte

51 Vom Anwendungsbereich der Art 27–36 EGBGB nicht ausgeschlossen sind die Verträge, auf Grund deren das Wertpapier ausgestellt wurde oder die den Kauf oder Verkauf solcher Papiere betreffen (GIULIANO/LAGARDE 43; HANOTIAU J trib 1982, 750; REITHMANN/MARTINY Rn 176; ERMAN/HOHLOCH Art 37 Rn 2). Auch für die vertraglichen Schadensersatzansprüche aus **fehlerhafter Wechsel- oder Scheckeinlösung,** insbesondere gegenüber Bankinstituten, bestimmt sich das anwendbare Recht nach Art 27 ff (LG Köln RiW 1980, 215 [216]).

V. Ausschluss des Gesellschaftsrechts (Art 37 S 1 Nr 2)*

1. Allgemeines

52 Art 37 S 1 Nr 2 entspricht wörtlich Art 1 Abs 2 lit e EVÜ und schließt „Fragen betreffend das Gesellschaftsrecht, das Vereinsrecht und das Recht der juristischen Personen" aus dem Anwendungsbereich der Art 27 ff aus. Vielmehr untersteht das Gesellschaftsrecht ganz weitgehend, aber doch nicht ausnahmslos (vgl unten Rn 57) anderen als den vertragsrechtlichen Kollisionsnormen. Der Grund für den Ausschluss liegt vor allem darin, dass für das Recht der Personenzusammenschlüsse eigene IPR-Regeln gelten, die an die Gesellschaft selbst, nicht aber an einzelne Verträge anknüpfen. Die Begründung zu dem Ausschluss im EVÜ führt ferner die Arbeiten zur europäischen Rechtsvereinheitlichung in diesem Gebiet als Grund an (GIULIANO/LAGARDE 44).

53 Auch für Art 37 S 1 Nr 2 gilt das Gebot europäisch-einheitlicher Auslegung. Die Vorschrift enthält damit zugleich **Qualifikationsentscheidungen,** die für die Vertragsstaaten auch in den Bereich des internationalen Gesellschaftsrechts und seine Reichweite hineinwirken.

54 Maßgebendes Gesellschaftsstatut war in Deutschland bisher nach hM das Recht am Sitz der tatsächlichen Hauptverwaltung der Gesellschaft (stdg Rspr: etwa BGHZ 97, 269; eingehend STAUDINGER/GROSSFELD, Int GesR [1998] Rn 26 ff). Aufgrund der Centros-Entscheidung des EuGH (Slg 1999 I 1459 – Centros ./. Erhvervs- og Selskabsstyrelsen) ist diese Anknüpfung allerdings zweifelhaft geworden.

---

* **Schrifttum:** STAUDINGER/GROSSFELD IntGesR (1998).

2. Ausgeschlossene Fragen des Gesellschaftsrechts

Der Ausschluss erstreckt sich auf alle Fragen des gesamten Gesellschaftsrechts, die 55
gesellschaftsspezifische Probleme zum Gegenstand haben und sinnvollerweise einem
einheitlichen Gesellschaftsstatut unterstehen sollten: so die Gründung, innere Struktur, Rechts- und Handlungsfähigkeit sowie die Auflösung eines Personenzusammenschlusses – gleichgültig, ob der Zusammenschluss Rechtspersönlichkeit hat, und
gleichgültig, welche – wirtschaftlichen oder nichtwirtschaftlichen – Zwecke er verfolgt (ausdrücklich GIULIANO/LAGARDE 44). Zur inneren Struktur rechnet etwa die interne
Willensbildung und Verteilung der Kompetenzen wie zB die Bestellung von Organen, Einberufung und Beschlussfassung der Mitglieder etc (vgl GIULIANO/LAGARDE 44;
MünchKomm/MARTINY Art 37 Rn 43; SOERGEL/vHOFFMANN Art 37 Rn 45). Auch die Haftung
der Gesellschafter, Mitglieder und Organe für die Schulden des Personenzusammenschlusses fällt unter den Ausschlusstatbestand. Zum Ausschluss auch der Vertretungsfragen vgl u Rn 58.

3. Nicht ausgeschlossene Fragen des Gesellschaftsrechts

Verträge im Vorfeld der Gründung einer Gesellschaft, die nur zur Errichtung einer 56
Gesellschaft verpflichten, ohne bereits zu ihrer Schaffung, etwa auch einer Vorgesellschaft zu führen, unterstehen den Art 27 ff (GIULIANO/LAGARDE 44; ERMAN/HOHLOCH
Art 37 Rn 5; MünchKomm/MARTINY Art 37 Rn 45; SOERGEL/vHOFFMANN Art 37 Rn 47; vgl auch
Art 28 Rn 625 ff). Gleiches gilt für bloße Gelegenheits- und Innengesellschaften, die
beide keine nach außen hervortretende gesellschaftsrechtliche Organisation aufweisen. Maßgebend ist hier mangels Rechtswahl in der Regel der Ort, an dem das
gesellschaftsvertragliche Zusammenwirken erfolgt (vgl näher Art 28 Rn 627 ff).

VI. Ausschluss des Vertretungsrechts (Art 37 S 1 Nr 3)*

Das Vertretungsrecht ist nicht vollständig, aber in seinem wichtigsten Aspekt vom 57
Geltungsbereich des internationalen Vertragsrecht ausgenommen: der Ausschluss
des Art 37 S 1 Nr 2, der wörtlich Art 1 Abs 2 lit f EVÜ übernommen hat, bezieht
sich nur auf die Frage, ob der Vertreter den Vertretenen rechtsverbindlich gegenüber
Dritten verpflichten kann (GIULIANO/LAGARDE 45; Begründung BT-Drucks 10/504 S 84). Alle
anderen vertraglichen Beziehungen zwischen Vertreter, Vertretenem und Drittem
unterstehen dagegen den normalen vertragsrechtlichen Kollisionsnormen.

Der Ausschluss betrifft sowohl die rechtsgeschäftliche Vertretung als auch die organ- 58
schaftliche Vertretung bei Gesellschaften, Vereinen und juristischen Personen
(MünchKomm/MARTINY Art 37 Rn 48; SOERGEL/vHOFFMANN Art 37 Rn 52). Er erstreckt sich
und begrenzt sich auf alle **Fragen der Vertretungsmacht,** ihre Begründung und ihr
Erlöschen, ihren Umfang und ihre Wirkung, die Zulässigkeit des Selbstkontrahierens, die Voraussetzungen und Folgen von Rechtsscheinsvollmachten und die Wirkung des Handelns ohne Vertretungsmacht (CZERNICH/HEISS/NEMETH Art 1 Rn 52; SOERGEL/vHOFFMANN Art 37 Rn 53).

Die **rechtsgeschäftliche Vertretungsmacht** untersteht nach deutschem Kollisionsrecht 59

---

* **Schrifttum:** vgl oben vor Einl A zu Art 27 ff.

grundsätzlich dem Recht des Ortes, an dem von ihr Gebrauchgemacht werden soll (vgl zu den Einzelheiten ausführlich Einl A 8 ff zu Art 27 ff). Für die **organschaftliche Vertretungsmacht** gilt das Statut des Personenzusammenschlusses, um dessen Organ es geht, also etwa das Gesellschaftsstatut der Gesellschaft, für die als Organ gehandelt wurde (näher Einl A 7 zu Art 27 ff). Nach diesem Statut bestimmt sich auch, ob die ultra vires-Doktrin des Common Law eingreift, nach der eine Gesellschaft grundsätzlich nur durch solche Vertretungsakte gebunden wird, die im Rahmen ihrer Satzungszwecke liegen.

60 Der Ausschlusstatbestand des Art 37 S 1 Nr 3 betrifft schließlich nicht die gesetzliche Vertretung in familienrechtlichen Beziehungen. Sie steht aber ohnehin außerhalb des internationalen Vertragsrechts.

VII. Ausschluss bestimmter Versicherungsverträge (Art 37 S 1 Nr 4)*

1. Allgemeines

61 Das Versicherungsvertragsrecht ist kollisionsrechtlich zweigleisig geregelt: Art 37 S 1 Nr 4 nimmt – in Übereinstimmung mit Art 1 Abs 3 und 4 EVÜ – bestimmte Versicherungsverträge vom Anwendungsbereich der Art 27 ff aus. Für die übrigen Versicherungsverträge verbleibt es dagegen bei der Geltung der Art 27 ff. Über die Abgrenzung beider Bereiche entscheidet zunächst, ob es sich um **Rückversicherungs-** oder um **Direktversicherungsverträge** handelt. Rückversicherungsverträge unterstehen ohne Einschränkung den Art 27 ff. Für Direktversicherungsverträge ist dann weiter nach der **Risikobelegenheit** zu differenzieren: Geht es um Risiken, die in der EU bzw im Europäischen Wirtschaftsraum (EWR) belegen sind, dann gelten für diese Verträge nicht die Art 27 ff, sondern besondere Kollisionsnormen, nämlich die Art 7 ff EGVVG (vgl dazu unten Anh I zu Art 37). Bei Regelungslücken der Art 7 ff EGVVG ist jedoch auf die Art 27 ff EGBGB zurückzugreifen (Art 15 EGVVG; zu Einzelheiten s STAUDINGER/ARMBRÜSTER Anh I zu Art 37 Rn 84 ff). Geht es dagegen um außerhalb der EU/des EWR belegene Risiken, dann bleiben die Art 27 ff unmittelbar anwendbar.

62 Der Grund für diese mehrfach gespaltene Regelung liegt darin, dass man bei Schaffung des EVÜ den Arbeiten Rechnung tragen wollte, die „in der Gemeinschaft auf dem Gebiet des Versicherungswesens im Gange" waren (GIULIANO/LAGARDE 45). Diese Arbeiten führten zu mehreren Richtliniengenerationen zum Versicherungsrecht, deren kollisionsrechtliche Bestimmungen sich allerdings auf den EU/EWR-Bereich beschränkten und in den Art 7 ff EGVVG umgesetzt wurden (vgl unten Anh I zu Art 37). Das Ergebnis ist eine Regelung, die „an Kompliziertheit kaum zu überbieten" ist (so zu Recht KROPHOLLER § 52 VII 3; ebenso JUNKER Rn 421; Kritik auch bei MünchKomm/MARTINY Art 37 Rn 50). Insbesondere überzeugt es nicht, dass die Anknüpfungsregeln für Versicherungsverträge nunmehr danach unterscheiden, ob das versicherte Risiko innerhalb oder außerhalb des EU/EWR-Bereichs liegt (ebenso KROPHOLLER § 52 VII 3 c). Darin liegt kein für die Anknüpfung von Versicherungsverträgen taugliches Merkmal, das die engste Verbindung solcher Verträge mit einer Rechtsordnung indiziert.

---

* **Schrifttum:** vgl unten Anh I.

Wo ein **Risiko belegen** ist, entscheidet die **lex fori**. Im deutschen Recht gilt für diese 63
Frage der auf Richtlinienrecht beruhende Art 7 Abs 2 EGVVG, der seinerseits zahlreiche Differenzierungen vorsieht. Der Belegenheitsort des Risikos befindet sich bei der Versicherung:

– unbeweglicher Sachen am Belegenheitsort der Immobilie (Art 7 Abs 2 Nr 1);

– von Fahrzeugen im Registerstaat (Nr 2);

– von Reisen und Ferien am Ort der Abschlusserklärung des Versicherungsnehmers (Nr 3);

– im Übrigen bei natürlichen Personen als Versicherungsnehmern an ihrem gewöhnlichen Aufenthaltsort (Nr 4 a); bei juristischen Personen am Ort des Unternehmens, Betriebs etc, auf den sich der Versicherungsvertrag bezieht (Nr 4 b).

2. Nicht ausgeschlossene Direktversicherungsverträge

Direktversicherungsverträge über Risiken außerhalb des EU/EWR-Bereichs unter- 64
stehen uneingeschränkt den Art 27 ff. Ohne Rechtwahl gilt grundsätzlich das **Recht des Versicherers,** unter den Voraussetzungen des Art 29 jedoch das Recht am gewöhnlichen Aufenthaltsort des Verbrauchers (vgl näher die Erl zu Art 28 Rn 483 ff).

3. Rückversicherungsverträge

Auch für Rückversicherungsverträge gelten die Art 27 ff. Mangels Rechtswahl ent- 65
scheidet das **Recht** am Sitz **des Rückversicherers,** da er die charakteristische Leistung erbringt (vgl zu den Einzelheiten Art 28 Rn 487; **aA** aber STAUDINGER/ARMBRÜSTER Anh I zu Art 37 Rn 13).

VIII. Rückausnahme für Art 29 a (Art 37 S 2)

Art 37 S 2 bestimmt, dass der neu eingefügte Art 29 a für die Rechtsbereiche gilt, die 66
Art 37 S 1 vom Anwendungsbereich der Art 27 ff ausnimmt. **Art 29 a soll** damit **auch für die wertpapier-, gesellschafts-, vertretungs- und versicherungsvertragsrechtlichen Fragen gelten,** die nicht den Art 27 ff, sondern im Wesentlichen eigenen Kollisionsnormen unterstehen (vgl auch FREITAG/LEIBLE EWS 2000, 349; PALANDT/HELDRICH Art 37 Rn 2; STAUDINGER RiW 2000, 420; die Gesetzesbegründung spricht von „Rückausnahme" durch S 2: BT-Drucks 14/2658 S 50). Praktische Bedeutung kann Art 37 S 2 vor allem bei gesellschafts- oder vereinsrechtlich gestalteten Timesharingverhältnissen erlangen, für die Art 29 a wegen der Ausschlussregelung des Art 37 S 1 Nr 2 sonst nicht anwendbar wäre. Damit wäre aber gegen die in Art 29 a in Bezug genommene Timesharingrichtlinie versto-ßen worden, die sich auf Timesharingverhältnisse jeder Art bezieht. Ganz ähnlich ist die ebenfalls in Art 29 a angezogene Klauselrichtlinie in ihrem Anwendungsbereich nicht auf bestimmte Gebiete beschränkt; ihre internationale Reichweite muss – entgegen Art 37 S 1 Nr 4 – auch für Versicherungsverträge beachtet werden (**aA** STAUDINGER/ARMBRÜSTER Anh I Rn 86 zu Art 37).

Anhang I zu Art 37 EGBGB

IPR der Versicherungsverträge

Schrifttum

ARMBRÜSTER, Zur Harmonisierung des Privatversicherungsrechts in der EG, in: JICKELI u a (Hrsg), Jahrbuch junger Zivilrechtswissenschaftler 1991 (1992) 89
ders, Aktuelle Streitfragen des Internationalen Privatversicherungsrechts, ZVersWiss 1995, 139
BASEDOW, Das österreichische Bundesgesetz über internationales Versicherungsvertragsrecht – Eine rechtspolitische Würdigung, in: REICHERT-FACILIDES (Hrsg), Aspekte des internationalen Versicherungsvertragsrechts im EWR (1994) 89
BASEDOW/DRASCH, Das neue Internationale Versicherungsvertragsrecht, NJW 1991, 785
R M BECKMANN, Auswirkungen des EG-Rechts auf das Versicherungsvertragsrecht, ZEuP 1999, 809
BERR, Droit européen des assurances: la directive du 22 juin 1988 sur la libre prestation des services, Rev trim dr eur 1988, 655
P BIAGOSCH, Europäische Dienstleistungsfreiheit und deutsches Versicherungsvertragsrecht (1991)
A BOSSE, Der Abschluß eines grenzüberschreitenden Versicherungsvertrages mit einem englischen Versicherer (Diss Münster 1992)
BRUCK, Zwischenstaatliches Versicherungsrecht (1924)
DUBUISSON, La loi applicable au contrat d'assurance, in: Mélanges Dalcq (1994) 111
FRICKE, Die Neuregelung des IPR der Versicherungsverträge im EGVVG durch das Gesetz zur Durchführung versicherungsrechtlicher Richtlinien des Rates der Europäischen Gemeinschaften, IPRax 1990, 361
ders, Das IPR der Versicherungsverträge außerhalb des Anwendungsbereichs des EGVVG, VersR 1994, 773
ders, Internationale Zuständigkeit und Anerkennungszuständigkeit in Versicherungssachen nach europäischem und deutschem Recht, VersR 1997, 399
GÄRTNER, EG-Versicherungsbinnenmarkt und Versicherungsvertragsrecht, EWS 1994, 114
GEIGER, Der Schutz der Versicherten im Europäischen Binnenmarkt (1992)
D G GROSS, Die Anknüpfung des Versicherungsvertrages im Internationalen Privatrecht in rechtsvergleichender Sicht (1987)
GRUBER, Internationales Versicherungsvertragsrecht (1999)
ders, International zwingende „Eingriffsnormen" im VVG, NVersZ 2001, 442
V HAHN, Die „europäischen" Kollisionsnormen für Versicherungsverträge (1992)
U HÜBNER, Internationales Privatrecht des Versicherungsvertrages und EG-Recht, ZVersWiss 72 (1983) 21
ders, Zum Stand der Rechtsvereinheitlichung im internationalen Versicherungsvertragsrecht, in: v BAR (Hrsg), Europäisches Gemeinschaftsrecht und Internationales Privatrecht (1991) 111
ders, Vertragsschluss und Probleme des Internationalen Privatrechts beim E-Commerce, ZVersWiss 2001, 351
IMBUSCH, Das IPR der Versicherungsverträge über innerhalb der EG belegene Risiken, VersR 1993, 1059
KOZUCHOWSKI, Der internationale Schadensversicherungsvertrag im EG-Binnenmarkt (Diss Trier 1995)
U KRAMER, Internationales Versicherungsvertragsrecht (1995)

LEVERENZ, Rechtliche Aspekte zum Versicherungsgeschäft im Internet (2001)
LIAUH, Internationales Versicherungsvertragsrecht (2000)
E LORENZ, Zum neuen internationalen Vertragsrecht aus versicherungsvertraglicher Sicht, in: FS Kegel (1987) 303
ders, Versicherungsvertragsrecht, Internationales Privatversicherungsrecht, in: FARNY/HELTEN/KOCH/SCHMIDT (Hrsg), Handwörterbuch der Versicherung (1988) 1183
ders, Das auf grenzüberschreitende Lebensversicherungsverträge anwendbare Recht – eine Übersicht über die kollisionsrechtlichen Rechtsgrundlagen, ZVersWiss 1991, 121
ders, Zur „Kontrolle" der Lebensversicherungsverträge anhand der „Rechtsvorschriften des Allgemeininteresses" im freien Dienstleistungsverkehr innerhalb der EG, in: FS G Büchner (1991) 89
ders, Die Umsetzung der internationalprivatrechtlichen Bestimmungen der Zweiten Schadenversicherungsrichtlinie (88/357/EWG) zur Regelung der Direktversicherung der in der EWG belegenen Risiken, in: STOLL (Hrsg), Stellungnahmen und Gutachten zum europäischen internationalen Zivilverfahrens- und Versicherungsrecht (1991) 210
ders, Zur Kontrolle grenzüberschreitender Versicherungsverträge anhand der „Rechtsvorschriften des Allgemeininteresses" im freien Dienstleistungsverkehr innerhalb der EU, VersRdsch 1995, 8
LÜBBERT/VOGL, Grenzüberschreitende Versicherungsverträge, RuS 2000, 265 (Teil I), 311 (Teil II)
MANKOWSKI, Nationale Erweiterungen der Rechtswahl im neuen Internationalen Versicherungsvertragsrecht, VersR 1993, 154
ders, Seerechtliche Vertragsverhältnisse im Internationalen Privatrecht (1995)
ders, Versicherungsverträge zu Gunsten Dritter, Internationales Privatrecht und Art 17 EuGVÜ, IPRax 1996, 427
ders, Internationales Versicherungsvertragsrecht und Internet, VersR 1999, 923
MATUSCHE/BECKMANN, Die Entwicklung des europäischen Privatversicherungsrechts, ERPL 4 (1996) 201

MEWES, Internationales Versicherungsvertragsrecht unter besonderer Berücksichtigung der europäischen Dienstleistungsfreiheit im Gemeinsamen Markt (1995)
ders, Internationale Versicherungsverträge und Verbraucherschutz: Gerichtliche Zuständigkeit und anwendbares Recht, in: BASEDOW/MEYER/SCHWINTOWSKI (Hrsg), Lebensversicherung, Internationale Versicherungsverträge und Verbraucherschutz, Versicherungsvertrieb (1996) 77
E PRÖLSS, Zwischenstaatliches Rückversicherungsrecht (1942)
J PRÖLSS/ARMBRÜSTER, Europäisierung des deutschen Privatversicherungsrechts, DZWir 1993, 397, 449
REICHERT-FACILIDES, Versicherungsverbraucherschutz und Internationales Privatrecht, in: FS R Schmidt (1976) 1023
ders, Auswirkungen des AGB-Gesetzes auf das deutsche Internationale Versicherungsvertragsrecht, VersR 1978, 481
ders, Zur Kodifikation des deutschen internationalen Versicherungsvertragsrechts, IPRax 1990, 1
ders, Bemerkungen zur Transformation des Internationalprivatrechtsteils der Zweiten Nicht-Lebensversicherungsrichtlinie, in: STOLL (Hrsg), Stellungnahmen und Gutachten zum europäischen internationalen Zivilverfahrens- und Versicherungsrecht (1991) 242
ders, Gesetzesvorschlag zur Neuregelung des deutschen Internationalen Versicherungsvertragsrechts, in: ders (Hrsg), Aspekte des internationalen Versicherungsvertragsrechts im EWR (1994) 75 = VersR 1993, 1177
ders, Internationale Versicherungsverträge und Verbraucherschutz: Gerichtliche Zuständigkeit und anwendbares Recht, in: BASEDOW/MEYER/SCHWINTOWSKI (Hrsg), Lebensversicherung, Internationale Versicherungsverträge und Verbraucherschutz, Versicherungsvertrieb (1996) 77
ders/JESSERUN D'OLIVEIRA (Hrsg), International Insurance Contract Law in the EC (1993)
J RICHTER, Internationales Versicherungsvertragsrecht (1980)
RITTER, Die Bewältigung der Problematik von Asbestschäden aus den USA im deutschen internationalen Rückversicherungsrecht (Diss Bonn 1994)

W-H ROTH, Internationales Versicherungsvertragsrecht (1985)
ders, Grundlagen des gemeinsamen europäischen Versicherungsmarktes, RabelsZ 54 (1990) 63
ders, Das Allgemeininteresse im europäischen Internationalen Versicherungsvertragsrecht, VersR 1993, 129
ders, Dienstleistungsfreiheit und Allgemeininteresse im europäischen internationalen Versicherungsvertragsrecht, in: REICHERT-FACILIDES (Hrsg), Aspekte des internationalen Versicherungsvertragsrechts im EWR (1994) 1
RUDISCH, Österreichisches internationales Versicherungsvertragsrecht (1994)
ders, Europäisches Internationales Versicherungsvertragsrecht für Österreich, ZvglRWiss 93 (1994) 80
ders, Österreichisches internationales Versicherungsvertragsrecht für den EWR, ZEuP 1995, 45
SCHNYDER, Internationale Versicherungsaufsicht zwischen Kollisionsrecht und Wirtschaftsrecht (1989)
ders, Internationale Versicherungsverträge auf der Grundlage des neuen schweizerischen IPR-Gesetzes, Schweizerische Versicherungs-Zeitschr 58 (1990) 4
ders, Parteiautonomie im europäischen Versicherungskollisionsrecht, in: REICHERT-FACILIDES (Hrsg), Aspekte des internationalen Versicherungsvertragsrechts im EWR (1994) 49
ders, Versicherungsverträge (Rn 1087 ff), in: REITHMANN/MARTINY (Hrsg), Internationales Vertragsrecht (5. Aufl 1996)
P SCHUSTER, Fortentwicklung des Versicherungsvertragsrechts – EG-Harmonisierung und Reformüberlegungen, in: Symposium 80 Jahre VVG (1988) 70
SMULDERS/GLAZENER, Harmonization in the field of insurance law through the introduction of community rules of conflict, CMLRev 31 (1992) 775
A STAUDINGER, Die Kontrolle grenzüberschreitender Versicherungsverträge anhand des AGBG, VersR 1999, 401
UEBEL, Die deutschen Kollisionsnormen für (Erst-)Versicherungsverträge mit Ausnahme der Lebensversicherung über in der Europäischen Wirtschaftsgemeinschaft belegene Risiken (1994)
WANDT, Internationales Privatrecht der Versicherungsverträge, in: REICHERT-FACILIDES/SCHNYDER (Hrsg), Versicherungsrecht in Europa – Kernperspektiven am Ende des 20. Jahrhunderts (2000) 85
WÖRDEMANN, Internationale zwingende Normen im Internationalen Privatrecht des Europäischen Versicherungsvertrages (1997).

Kommentierungen der Art 7–15 EGVVG
DÖRNER, in: H HONSELL (Hrsg), Berliner Kommentar zum VVG (1999) Art 7–15 EGVVG (zit: DÖRNER; inhaltlich weitgehend identisch mit DÖRNER, Internationales Versicherungsvertragsrecht [1997])
MünchKomm/MARTINY, BGB (3. Aufl 1998) Art 37 Rn 54
PRÖLSS/MARTIN/PRÖLSS, VVG (26. Aufl 1998) Art 7–15 EGVVG
SOERGEL/vHOFFMANN, BGB (12. Aufl 1996) Art 37 EGBGB Rn 54.

Systematische Übersicht

A. Überblick _____ 1

B. Fortgeltendes Gewohnheitsrecht für Altverträge _____ 6

C. Geltung der Art 27 ff für Direktversicherungsverträge über außerhalb des EWR belegene Risiken und für Rückversicherungsverträge

    I. Bestimmung der Risikobelegenheit bei Direktversicherungsverträgen ___ 7

5. Abschnitt. Schuldrecht.
1. Unterabschnitt. Vertragliche Schuldverhältnisse

II.	Unmittelbare Anwendung der Art 27 ff auf Versicherungsverträge		III.	Art 8 EGVVG		44
1.	Rechtswahl	8	IV.	Art 9 EGVVG		
2.	Objektive Regelanknüpfung	9	1.	Überblick		47
a)	Direktversicherungsverträge	10	2.	Grundregel (Abs 1)		49
b)	Rückversicherungsverträge	13	3.	Erweiterungen der Rechtswahl (Abs 2–5)		
3.	Besondere Anknüpfungen		a)	Geschäftliche Tätigkeit (Abs 2)		51
a)	Verbraucherverträge (Art 29)	14	b)	Auseinanderfallen von Risikobelegenheit und Ort der Risikoverwirklichung (Abs 3)		53
b)	Europäisches Verbraucherschutzrecht (Art 29 a)	16				
c)	Eingriffsnormen	17	c)	Korrespondenzversicherung (Abs 4)		56
4.	Ordre public (Art 6)	22	d)	Lebensversicherung (Abs 5)		60
D.	Geltung der Art 7–15 EGVVG für Direktversicherungsverträge über innerhalb des EWR belegene Risiken		V.	Art 10 EGVVG		
			1.	Überblick		62
			2.	Großrisiken (Abs 1)		64
I.	Einleitung zu Art 7 ff EGVVG		3.	Einschluß außerhalb des EWR belegener Risiken (Abs 2)		68
1.	Entstehungsgeschichte	24				
2.	Überblick über den Regelungsgehalt	29	4.	Einzelstaatliche Erweiterungen der Rechtswahl (Abs 3)		70
II.	Art 7 EGVVG					
1.	Regelungszweck	33	VI.	Art 11 EGVVG		73
2.	Bestimmung der Risikobelegenheit (Abs 2)		VII.	Art 12 EGVVG		76
a)	Versicherungen bezüglich unbeweglicher Sachen (Nr 1)	34	VIII.	Art 13 EGVVG		80
b)	Fahrzeugversicherungen (Nr 2)	37	IX.	Art 14 EGVVG		82
c)	Reise- und Ferienversicherungen (Nr 3)	38	X.	Art 15 EGVVG		84
d)	Andere Versicherungen (Nr 4)	40				
3.	Gespaltene Risikobelegenheit („Mehrfachbelegenheit")	42				

Alphabetische Übersicht

Anwendungsbereich		1 ff	EG-Richtlinien	1, 24 f, 28
			Eingriffsnormen	17 ff, 87 f
Bereicherungsverbot		19	– ausländische	21, 88
			– deutsche	17 ff, 87
Direktversicherung		19	Ergänzende Geltung des EGBGB	84 ff
Divergenzfälle		46, 63		
			Fahrzeugversicherung	37
EG-Angleichung		24 ff		
– Internationales Versicherungsvertragsrecht		24 f	Gefahrtragungstheorie	10
			Geldleistungstheorie	11
– Materielles Versicherungsvertragsrecht		27	Geschäftliche Tätigkeit	51 f
– Versicherungsaufsichtsrecht		26	Geschäftsbesorgungstheorie	10
EG-Grundfreiheiten		27	Gewohnheitsrecht	6

Großrisiken	64 ff	Pflichtversicherung	76 ff
		Prozeßstandschaft	82 f
Intertemporales Privatrecht	4		
		Rechtswahl	4, 8, 44, 47 ff, 62 ff, 70 ff, 81
Konvergenzfälle	44, 63	Reise- und Ferienversicherung	38 f
Korrespondenzversicherung	56 ff	Risikobelegenheit	7, 34 ff
Krankenversicherung	80 f	Risikoverwirklichung	53 ff
		Rückversicherung	13
Lebensversicherung	40, 60 f		
Lloyd's of London	82 f	Sachnormverweisung	90
		Schadensversicherung	40 f
Massenrisiken	47, 69		
Mehrfachbelegenheit	42, 68	Unbewegliche Sachen	34 ff
Objektive Anknüpfung	9 ff, 29 ff, 73 ff	Verbraucherschutzbestimmungen	14 f, 85 f
Ordre public	22 f		

A. Überblick

1 Bei der IPR-Reform von 1986 ist das **IPR der Versicherungsverträge** gem Art 37 Nr 4 teilweise vom Anwendungsbereich der Art 27 ff ausgespart worden. Grund dafür war, daß in diesem Bereich eine europäische Rechtsangleichung erwartet wurde (GUILIANO/LAGARDE ABl EG 1980 C 282/13). Diese Angleichung hat inzwischen stattgefunden; die maßgeblichen EG-Richtlinien sind durch die Art 7 ff EGVVG in deutsches Recht umgesetzt worden. Die verschiedenen legislatorischen Maßnahmen hatten zur Folge, daß das IPR der Versicherungsverträge mittlerweile aus **drei verschiedenen Rechtsquellen** mit unterschiedlichen Anwendungsbereichen zu entnehmen ist, nämlich aus den Art 27 ff, den Art 7 ff EGVVG und aus Gewohnheitsrecht. Darüber hinaus enthält § 59 Abs 2 S 2 VVG eine Sonderregel für die Doppelversicherung (dazu AG Köln VersR 1978, 835; E LORENZ, Handwörterbuch 1193).

2 Für Direktversicherungsverträge (Erstversicherungsverträge, Gegenbegriff: Rückversicherungsverträge) über die Deckung von Risiken, die **außerhalb des EWR** belegen sind (zum Begriff der Risikobelegenheit s Rn 7), sowie für alle Rückversicherungsverträge gilt das Internationale SchuldvertragsR der Art 27–36 (Rn 7 ff). Das IPR der Direktversicherung von **innerhalb des EWR** belegenen Risiken ist hingegen gem Art 37 Nr 4 diesen Regeln nicht unterworfen; es richtet sich vielmehr inzwischen nach den Art 7–15 EGVVG (Rn 15 ff). Sofern diese Regeln auf einen Sachverhalt zeitlich nicht anwendbar sind (Rn 3), gilt Gewohnheitsrecht (Rn 6).

3 Die Regelungsansätze der allgemeinen Schuldvertragsanknüpfung nach Art 27 ff EGBGB einerseits, der speziell für Versicherungsverträge geltenden Art 7 ff EGVVG andererseits verfolgen im Internationalen Privatversicherungsrecht übereinstimmend das **Ziel**, die berechtigten Schutzinteressen des Versicherungsnehmers zu wahren. In der inhaltlichen **Umsetzung** dieser Zielvorgabe unterscheiden sich beide Regelungen freilich grundlegend (ARMBRÜSTER VersR 1998, 299 f): Die Art 27 ff EGBGB kombinieren den Grundsatz völliger Rechtswahlfreiheit mit einer unter bestimmten Voraussetzungen (s insbes Art 29, 29 a) eingreifenden zwingenden An-

knüpfung an das „Heimatrecht" des Versicherungsnehmers. Demgegenüber gewähren die Art 7 ff EGVVG von vornherein nur eine in wesentlichen Fällen stark beschränkte Rechtswahlfreiheit (statt vieler vBAR IPR II Rn 458; R M BECKMANN ZEuP 1999, 825; aA GRUBER 66 Fn 247) und gehen vielmehr in Art 8 als Regelfall von einer zwingenden Anknüpfung an das „Heimatrecht" des Versicherungsnehmers aus.

Was die zeitliche Geltung der jeweiligen Regelungen angeht (**Intertemporales Privat-** **4** **recht;** eingehend DÖRNER Vor Art 7 EGVVG Rn 6 ff), so gilt für Vorgänge im räumlichen Anwendungsbereich der Art 27 ff, die vor Inkrafttreten dieser Regeln am 1. 9. 1986 „abgeschlossen" wurden, gem Art 220 Abs 1 das frühere Gewohnheitsrecht (Rn 6) fort. Bei Versicherungsverträgen ist für die Abgeschlossenheit nach verbreiteter Ansicht der Zeitpunkt des Vertragsschlusses maßgeblich (GRUBER 59 f; HAHN 148 ff; LIAUH 24; PRÖLSS/MARTIN/PRÖLSS Vor Art 7 EGVVG Rn 7; SOERGEL/vHOFFMANN Art 37 Rn 73; UEBEL 96 f). Zwar wird dies regelmäßig den Rechtsanwendungserwartungen der Parteien entsprechen; zudem sind die Rechtsfolgen im Vertragsschluß bereits angelegt (BASEDOW/DRASCH NJW 1991, 788). Andererseits handelt es sich bei der Versicherung um ein **Dauerschuldverhältnis,** bei dem die Geltung eines neuen Kollisionsrecht uU weit hinausgeschoben würde, wenn man sämtliche Wirkungen der vor seinem Inkrafttreten geschlossenen Verträge noch nach dem alten Recht beurteilen würde; ferner entstünden schwierige Probleme bei der Abgrenzung von Änderung und Verlängerung eines Vertrages und dessen Neuabschluß (MünchKomm/MARTINY Vor Art 27 Rn 33). Auch wird man dem **Vertrauensschutz** bei einer objektiven Anknüpfung nur sehr geringes Gewicht beimessen können. Letzteres ist freilich anders zu beurteilen, sofern das neue Kollisionsrecht anstelle einer zuvor bestehenden Rechtswahlfreiheit eine zwingende objektive Anknüpfung einführt (vgl insbes Art 8 EGVVG). Insoweit darf der Gesichtspunkt des Vertrauensschutzes nicht vernachlässigt werden. Dementsprechend ist zu **differenzieren:** Grundsätzlich ist auf bereits geschlossene Versicherungsverträge das neue Kollisionsrechts ab seinem Inkrafttreten anzuwenden (so ohne Einschränkung DÖRNER Vor Art 7 EGVVG Rn 25; KRAMER 126 f; allg STAUDINGER/ DÖRNER [1996] Art 220 Rn 62; STAUDINGER/MAGNUS Art 28 Rn 23). Haben jedoch die Parteien von einer ihnen durch das alte Recht eingeräumten Rechtswahlmöglichkeit Gebrauch gemacht, indem sie ein nach neuem IPR nicht mehr zur Wahl stehendes Recht gewählt haben, so bleibt das gewählte Recht im Zweifel auch für die künftigen Vertragswirkungen maßgeblich.

Für zwischen dem 1. 9. 1986 und dem Inkrafttreten der Art 7 ff EGVVG am 1. 7. 1990 **5** geschlossene Schadensversicherungsverträge mit Ausnahme der Rückversicherung über in einem der seinerzeitigen EG-Mitgliedstaaten belegene Risiken gilt das **Gewohnheitsrecht** im oben Rn 4 geschilderten Umfang fort (für Fortgeltung ohne Einschränkung BASEDOW/DRASCH NJW 1991, 788; PRÖLSS/MARTIN/PRÖLSS Vor Art 7 EGVVG Rn 23; **aA** – für analoge Anwendung der Art 27 ff, entgegen Art 37 Nr 4 S 1 – E LORENZ, in: FS Kegel 338 f; SOERGEL/ vHOFFMANN Art 37 Rn 74). Für Verträge über Risiken, die in – jedenfalls seinerzeit – nicht der EG, wohl aber dem EWR angehörenden Staaten belegen sind (Österreich, Finnland, Island, Norwegen, Schweden), gilt dies sogar – vorbehaltlich eines zwischenzeitlichen EG-Beitritts – bis zum 29. 7. 1994 (Inkrafttreten des 3. DurchführungsG/EWG zum VAG [Rn 25]; DÖRNER Vor Art 7 EGVVG Rn 17; s auch dens Art 7 EGVVG Rn 10). Das Gewohnheitsrecht gilt ua auch für Lebensversicherungsverträge fort, die zwischen dem 1. 9. 1986 und dem 29. 7. 1994 (Inkrafttreten des Kollisionsrechts der Art 7 ff EGVVG für die Lebensversicherung) geschlossen wurden.

B. Fortgeltendes Gewohnheitsrecht für Altverträge

6 Das Gewohnheitsrecht, wie es sich in den Jahrzehnten vor Inkrafttreten der Neuregelungen herausgebildet hatte und heute noch teilweise für Altverträge gilt (Rn 4), stellte die **Parteiautonomie** in den Vordergrund: die Parteien konnten das anwendbare Recht wählen (BGHZ 9, 17; 37, 76 f; W H ROTH, Internationales Versicherungsvertragsrecht 45; zum von der Rspr teils unterstellten hypothetischen Parteiwillen vgl krit SOERGEL/vHOFFMANN Art 37 Rn 58). Fehlte es an einer Rechtswahl, so sollte das Recht des Staates maßgeblich sein, in dem der Versicherer seine Niederlassung hatte (Anknüpfung an das **Betriebsstatut;** BGH IPRspr 1954/55 Nr 32; W H ROTH Internationales Versicherungsvertragsrecht 340 ff; TRIEBEL/BRANDT RiW 1996, 4; **aA** für die Lufttransportversicherung [Bestimmungsort der Güter maßgeblich] OLG Frankfurt IPRspr 1972 Nr 28). Unter mehreren Niederlassungen kam es auf diejenige an, die den Vertrag geschlossen hatte. Dem Schutz der Versicherungsnehmer diente die sehr weitreichende aufsichtsrechtliche Kontrolle der ausländischen Versicherer, die im Inland tätig werden wollten (SOERGEL/vHOFFMANN Art 37 Rn 57). Diese Kontrolle ist mittlerweile weitgehend entfallen (Rn 26).

C. Geltung der Art 27 ff für Direktversicherungsverträge über außerhalb des EWR belegene Risiken und für Rückversicherungsverträge

I. Bestimmung der Risikobelegenheit bei Direktversicherungsverträgen

7 Betrifft ein Direktversicherungsvertrag ein außerhalb des EWR belegenes Risiko, so gelten die Art 27 ff. Maßgeblich für die Abgrenzung zum Geltungsbereich der Art 7 ff EGVVG ist mithin die **Risikobelegenheit.** Sie ist gem Art 37 Nr 4 S 2 anhand der lex fori zu bestimmen. Im deutschen Sachrecht fehlt insoweit eine ausdrückliche Regelung. Ausschlaggebend ist der Ort, an dem bei Vertragsschluß der Schwerpunkt des versicherten Risikos lag; die notwendige Konkretisierung ist aus Art 7 Abs 2 EGVVG zu gewinnen (vBAR IPR II Rn 458; MünchKomm/MARTINY Rn 178; PRÖLSS/MARTIN/PRÖLSS Vor Art 7 EGVVG Rn 8; für analoge Anwendung MANKOWSKI, Seerechtliche Vertragsverhältnisse 534). Dabei handelt es sich um eine **Meta-Kollisionsnorm,** über die das anwendbare Kollisionsrecht zu bestimmen ist (BASEDOW/DRASCH NJW 1991, 787). Mithin richtet sich die Risikobelegenheit grundsätzlich nach dem gewöhnlichen Aufenthalt bzw. der Niederlassung des Versicherungsnehmers (Art 7 Nr 4 EGVVG); näher hierzu und zu den abweichenden Regeln für grundstücksbezogene Versicherungen sowie für Fahrzeug- und Reiseversicherungen s Rn 33 ff.

II. Unmittelbare Anwendung der Art 27 ff auf Versicherungsverträge

1. Rechtswahl

8 Im einzelnen gilt für die Anwendung der Art 27 ff auf Versicherungsverträge folgendes: Haben die Parteien eine **Rechtswahl** nach Art 27 Abs 1 S 1 nicht ausdrücklich getroffen, so können die Vertragsbestimmungen oder die sonstigen Umstände eine stillschweigende Rechtswahl ergeben (zu den allg Anhaltspunkten hierfür s STAUDINGER/MAGNUS Art 27 Rn 59 ff). Bei Versicherungsverträgen liegt ein gewichtiges Indiz für eine solche Rechtswahl insbes in der Vereinbarung von Allg Versicherungsbedingungen, die auf einer bestimmten Rechtsordnung aufbauen (FRICKE VersR 1994, 776; GRUBER 143 f).

2. Objektive Regelanknüpfung

Fehlt eine Rechtswahl, so ist nach Art 28 Abs 1 die Rechtsordnung berufen, zu der **9** die **engsten Verbindungen** des Vertrages bestehen. Was diese Anknüpfung bei Versicherungsverträgen bedeutet, ist zweifelhaft. Insoweit ist zunächst zwischen Direkt- und Rückversicherungsverträgen zu unterscheiden.

a) Direktversicherungsverträge

Was Direktversicherungsverträge anbelangt, so wird überwiegend in Anwendung der **10** **Vermutungsregel** des Abs 2 S 1, 2 grundsätzlich die Rechtsordnung des Staates für maßgeblich erachtet, in dem der **Versicherer** bei Vertragsschluß seinen Hauptverwaltungssitz bzw. seine für die Vertragserfüllung maßgebliche Niederlassung hat (OLG Bremen VersR 1996, 868; OLG Karlsruhe WM 1993, 894; CZERNICH/HEISS/CZERNICH Art 4 EVÜ Rn 163; DÖRNER Anh Art 7–15 EGVVG Rn 18; GRUBER 252 [s aber auch 255 Fn 1068]; KRAMER 32; E LORENZ, in: FS Kegel 327; MünchKomm/MARTINY Art 37 Rn 182 [s aber auch Rn 183]; REITHMANN/SCHNYDER Rn 1109; STAUDINGER/MAGNUS Art 28 Rn 485 f). Dies ist konsequent, wenn man die Hauptleistungspflicht des Versicherers in der Gefahrtragung (**Gefahrtragungstheorie;** BRUCK/MÖLLER, VVG [8. Aufl 1961] § 1 Anm 40 ff; BÜCHNER ZVersWiss 1965, 436; dagegen die hM, s nur OLG Nürnberg NVersZ 2000, 265; PRÖLSS/MARTIN/PRÖLSS § 1 VVG Rn 22) oder in einer Geschäftsbesorgung (**Geschäftsbesorgungstheorie;** SCHÜNEMANN JZ 1995, 430) erblickt, der die nicht vertragsprägende Pflicht des Versicherungsnehmers zur Prämienzahlung gegenübersteht.

Die genannten Theorien überzeugen indessen nicht. Die vom Versicherer versprochene **11** Hauptleistung besteht vielmehr darin, daß er eine – durch den Eintritt des Versicherungsfalls aufschiebend bedingte – Verpflichtung zur Zahlung einer Geldsumme übernimmt (**Geldleistungstheorie;** näher PRÖLSS/MARTIN/PRÖLSS § 1 VVG Rn 22 mwN). Mithin stehen einander zwei Zahlungspflichten gegenüber. Diese unterscheiden sich zwar dadurch, daß diejenige des Versicherers bedingt ist. Dieser Unterschied kann indessen nicht entscheidend sein (ARMBRÜSTER ZVersWiss 2000, 460; **aA** GRUBER 252). Doch selbst wenn man demgegenüber auf die Organisationspflichten des Versicherers abhebt, führt dies keineswegs zwingend dazu, ihn als Schuldner der vertragscharakteristischen Leistung anzusehen. Wie der Begriff der vertragscharakteristischen Leistung iS von Art 28 Abs 2 zu verstehen ist, muss durch eine funktionale, am Sinn und Zweck der Vermutungsregel orientierte Auslegung ermittelt werden. Der **wesentliche Grund der Vermutung** nach Art 28 Abs 2 ist darin zu sehen, daß „wegen der höheren Kompliziertheit der Nicht-Geldleistung" deren Schuldner die Erfüllung nach dem ihm vertrauten Recht soll vornehmen können (SOERGEL/vHOFFMANN Art 28 Rn 28, 34). Beim Versicherungsvertrag treffen aber auch die andere Seite, dh den Versicherungsnehmer, komplexe, qualifizierte Verhaltenspflichten und Obliegenheiten (ARMBRÜSTER ZVersWiss 1995, 146; FRICKE VersR 1994, 778 Fn 52; insoweit zutreffend auch GRUBER 293). Verstöße dagegen können zur völligen Leistungsfreiheit des Versicherers führen. Hinzu kommt, dass durch am Verhalten des Versicherungsnehmers orientierte subjektive Risikoausschlüsse (zB § 61 VVG) der Versicherungsschutz bereits gegenständlich beschränkt ist. Auch der Versicherungsnehmer – und nicht allein der Versicherer – hat wegen dieser das „Rechtsprodukt" Versicherung maßgeblich bestimmenden Verhaltensregeln ein Interesse daran, daß die ihm vertraute Rechtsordnung anwendbar ist. Vergegenwärtigt man sich den Grund der Vermutung des Art 28 Abs 2, so sprechen die besseren Argumente dafür, diese Vermutung hier nicht einseitig zu Lasten des Versicherungsnehmers eingreifen zu lassen (ARMBRÜSTER, Jahrbuch 100; ders ZVersWiss 1995, 146; FRICKE VersR 1994, 778; PRÖLSS/MARTIN/PRÖLSS Vor Art 7 Rn 14; iE auch SOERGEL/vHOFFMANN Art 37 Rn 143). Mithin lässt sich bei Versicherungsverträgen nach der hier vertretenen Ansicht eine vertragscharakteristische Leistung nicht bestimmen. Art 28 Abs 2 ist daher gem seinem S 3 nicht anwendbar (aA die in Rn 10 Genannten, s insbes STAUDINGER/MAGNUS Art 28 Rn 485 f).

12 Die engsten Verbindungen iS von Art 28 Abs 1 sind vielmehr im Einzelfall zu ermitteln. Dabei kann auf die Regeln zurückgegriffen werden, die **Art 7 Abs 2 EGVVG** für die Risikobelegenheit aufstellt (ARMBRÜSTER, Jahrbuch 100; ders ZVersWiss 1995, 146; FRICKE VersR 1994, 778; PRÖLSS/MARTIN/PRÖLSS Vor Art 7 EGVVG Rn 14; iE auch LIAUH 141 f [Anwendung von Art 7 Abs 2 EGVVG über Art 28 Abs 5 EGBGB]). Regelmäßig führt dies dazu, daß das Recht des Staates anzuwenden ist, in dem der gewöhnliche Aufenthalt bzw. Hauptverwaltungssitz des **Versicherungsnehmers** liegt (krit zu der darin liegenden Bevorzugung des zumal gewerblichen Versicherungsnehmers freilich STAUDINGER/MAGNUS Art 28 Rn 486). Damit wird zugleich ein sachlich nicht gerechtfertigter Unterschied zwischen den Kollisionsnormen des EGBGB und denen des EGVVG vermieden (dies anerkennt auch MünchKomm/MARTINY Art 37 Rn 183). Gegenüber dem zum selben Ergebnis gelangenden Vorschlag, Art 28 Abs 3 EGBGB analog heranzuziehen (SOERGEL/vHOFFMANN Art 37 Rn 143; krit dazu GRUBER 256 ff), hat die Lösung über Art 28 Abs 1 EGBGB iVm Art 7 Abs 2 EGVVG den Vorzug größerer Gesetzesnähe.

b) Rückversicherungsverträge

13 Bei der Rückversicherung ist nach im Ergebnis mittlerweile ganz überwiegender Ansicht beim (praktisch insoweit eher seltenen) Fehlen einer Rechtswahl das Recht des Staates maßgeblich, in dem der **Erstversicherer** seinen Sitz hat (E LORENZ, in: FS Kegel 327 f; MünchKomm/MARTINY Art 37 Rn 185; PRÖLSS/MARTIN/PRÖLSS Vor Art 7 EGVVG Rn 15; REICHERT-FACILIDES VersR 1993, 1181). Mit der Vermutungsregel des Art 28 Abs 2 lässt sich dieses Ergebnis freilich nicht überzeugend begründen (SOERGEL/vHOFFMANN Art 37 Rn 144; wohl auch REITHMANN/SCHNYDER Rn 1110). Wer entgegen der hier (Rn 12) vertretenen Ansicht in Anwendung dieser Regel bei der Direktversicherung auf den Sitz des Versicherers abstellt, müßte vielmehr bei der Rückversicherung den Sitz des **Rückversicherers** für maßgeblich erklären (so konsequent vBAR IPR II Rn 531; BASEDOW, Aspekte 97 f; GRUBER 264 f; KRAMER 46; STAUDINGER/MAGNUS Art 28 Rn 487 mwN). Dies würde indessen im häufigen Fall einer Mehrzahl von Rückversicherern zu einer unangemessenen Statutenspaltung führen (PRÖLSS/MARTIN/PRÖLSS Vor Art 7 EGVVG Rn 15; Abhilfe über Art 28 Abs 5 erwägt in diesem Fall STAUDINGER/MAGNUS Art 28 Rn 488). Auch dieses unangemessene Ergebnis bei der Rückversicherung spricht dafür, die Vermutung des Art 28 Abs 2 auf Versicherungsverträge nicht anzuwenden (ARMBRÜSTER ZVersWiss 1995, 148; SOERGEL/vHOFFMANN Art 37 Rn 144).

3. Besondere Anknüpfungen

a) Verbraucherverträge (Art 29)

14 Ist der Abschluß eines Versicherungsvertrages nicht der beruflichen oder gewerblichen Tätigkeit des Versicherungsnehmers zuzurechnen, so handelt es sich um einen

Verbrauchervertrag iS von Art 29. Nach Abs 1 dieser Vorschrift setzen sich daher unter den Voraussetzungen von Nr 1 oder 2 vorbehaltlich von Abs 4 Nr 2 (dazu SOERGEL/vHOFFMANN Art 37 Rn 147) die zwingenden **Verbraucherschutzbestimmungen** des Staates, in dem der Versicherungsnehmer seinen gewöhnlichen Aufenthalt hat, gegenüber dem gewählten Recht durch (eingehend GRUBER 241 ff).

Fehlt eine Rechtswahl, so gilt gem Abs 2 für den Vertrag **insgesamt** das Recht des **15** Staates des gewöhnlichen Aufenthalts. In diesem Fall gelangt man bei Verbraucherverträgen unter den in Abs 1 Nr 1 oder 2 genannten Voraussetzungen kraft ausdrücklicher gesetzlicher Anordnung stets zu derjenigen Anknüpfung, die nach der hier vertretenen Ansicht aufgrund von Art 28 Abs 1 die Regel ist (s Rn 12).

b) Europäisches Verbraucherschutzrecht (Art 29 a)

Haben die Vertragsparteien das Recht eines Drittstaates außerhalb des EWR ge- **16** wählt, so ist nach Art 29 a nF das auf europäische Richtlinienvorgaben beruhende Verbraucherschutzrecht dennoch anwendbar, wenn ein enger Zusammenhang mit dem Gebiet eines EWR-Staates besteht. Diese Vorschrift umfaßt mit Wirkung vom 30. 6. 2000 auch die internationale Anwendbarkeit des AGBG (ab 1. 1. 2002: §§ 305 ff BGB), die zuvor in dem zum selben Zeitpunkt aufgehobenen § 12 AGBG geregelt war (die Änderungen sind enthalten im FernabsatzG v 27.6. 2000, BGBl I 897). Art 29 a gilt ebenso wie zuvor § 12 AGBG (dazu PRÖLSS/MARTIN/PRÖLSS Vor Art 7 EGVVG Rn 31) auch für Versicherungsverträge. Allerdings ist die praktische Bedeutung der Vorschrift im Hinblick darauf gering, daß vorrangig Art 29 zum Zuge kommt (BT-Drucks 14/2658, 50; A STAUDINGER RiW 2000, 419).

c) Eingriffsnormen (Art 34)

Sehr **streitig** ist, inwieweit im Versicherungsvertragsrecht zwingende Normen des **17** deutschen Rechts nach **Art 34** das Schuldvertragsstatut überlagern (aktuell und sehr eingehend zum Streitstand WÖRDEMANN 111 ff; s auch Rn 87 für den Fall, daß Art 34 nur über Art 15 EGVVG anwendbar ist). Nach zutreffender Ansicht ist Art 34 restriktiv anzuwenden; die Sonderanknüpfung umfaßt nur Eingriffsnormen ieS, also Normen, die nicht dem internen Interessenausgleich Privater dienen, sondern externen staatlichen (Gemeinwohl-)Interessen (statt vieler STAUDINGER/MAGNUS Art 34 Rn 68 ff; eher restriktiv neuerdings auch BGHZ 135, 124 = RiW 1997, 878). Dementsprechend erfaßt die Sonderanknüpfung nach Art 34 von vornherein **nicht** die (halb-)zwingenden Vorschriften des VVG zum **Schutz des Versicherungsnehmers** (GRUBER NVersZ 2001, 444 f; differenzierend hingegen die hM; vgl Rn 22). Insoweit besteht ohnehin kein Bedarf, da bereits durch Art 29, der als Spezialvorschrift vorrangig ist (BT-Drucks 10/504, 83; BGH NJW 1994, 264), ein weitreichender Schutz bewirkt wird.

Was **Schutzvorschriften zugunsten Dritter** angeht, so ist eine Sonderanknüpfung nach **18** Art 34 gleichfalls abzulehnen. In einigen Fällen folgt dies bereits daraus, daß die betr Regeln nicht als vertragsrechtlich zu qualifizieren sind, so daß sich die Frage ihres international zwingenden Charakters iRv Art 34 von vornherein nicht stellt. So sind die Schutzregeln der §§ 99–107 c VVG für die **Inhaber von Grundpfandrechten** dem Sachenrechtsstatut (lex rei sitae, Art 43 Abs 1) zuzuordnen (GRUBER 219; ders NVersZ 2001, 446; WÖRDEMANN 186; in dieser Richtung bereits DÖRNER Art 15 EGVVG Rn 40; **aA** implizit HAHN 109 ff; PRÖLSS/MARTIN/PRÖLSS Vor Art 7 EGVVG Rn 19; REICHERT-FACILIDES IPRax 1990, 12). Maßgeblich hierfür ist der enge Zusammenhang mit den sachenrechtlichen Regeln der §§ 1127 ff BGB. Die 99–107 c VVG sind mithin nur dann anwendbar, wenn das grundpfandrechtsbelastete, feuerversicherte Grundstück in Deutschland belegen ist (Wördemann 186). Entsprechendes gilt für die §§ 69–71 VVG (Gruber 221; ders NVersZ 2001, 446; aA Hahn 116 f; Wördemann 188). Die Drittschutzvorschriften aus der **Haftpflichtversicherung** (§§ 156, 157, 158c–158 k VVG; § 3 PflVersG) sind ganz überwiegend delikts- bzw verfahrensrechtlich zu qualifizieren (näher Wördemann 197 ff; zust Mankowski VersR 1999, 823). In anderen Fällen scheidet eine Sonderanknüpfung drittschützender Normen im Hinblick auf das gebotene enge Verständnis des Begriffs der Eingriffsnorm (Rn 17) aus. Dies gilt auch für die Vorschriften der §§ 159 Abs 2, 179 Abs 3 VVG zum **Schutz vertragsfremder Gefahrpersonen** mit gewöhnlichem Aufenthalt in Deutschland; sie sind im Einzelfall allenfalls über Art 6 heranziehbar (Gruber NVersZ 2001, 447; Mankowski VersR 1999, 823; insoweit aA [für Sonderanknüpfung nach Art 34] Wandt 96; Wördemann 172 ff).

19 Abzulehnen ist iE auch eine Sonderanknüpfung von **Vorschriften zum Schutz des Versicherers.** Hinsichtlich eines ungeschriebenen **allg Bereicherungsverbots** folgt dies bereits daraus, daß der BGH (VersR 1998, 307) die Existenz eines solchen Verbots überzeugend verneint hat (A Staudinger JR 1999, 355; iE so bereits Hahn 115 f). Sofern es um das **spezielle Bereicherungsverbot** des § 55 VVG sowie um andere den Versicherer schützende Normen wie zB §§ 51 Abs 3, 59 Abs 3 VVG **(Verbot betrügerischer Über- oder Unterversicherung)** geht, kommt eine Anwendung von Art 34 (dafür Wördemann 229 ff) zwar durchaus in Betracht. Allerdings wird meist bereits das berufene ausländische Vertragsstatut entsprechende Regeln kennen. Wo dies nicht der Fall ist und das Ergebnis unerträglich erscheint, ist eine Ergebniskorrektur über Art 6 vorzuziehen (dazu Rn 22). Sie ist flexibler als die Sonderanknüpfung nach Art 34 und ermöglicht eine bessere Anpassung der eigenen Schutzvorstellungen an das grundsätzlich berufene ausländische Recht (iE so auch Mankowski VersR 1999, 823; s auch Gruber NVersZ 2001, 445 f).

20 Auch für Normen zum **Schutz der öffentlichen Ordnung,** die Gemeinwohlinteressen dienen (zB Verbot der Geldstrafen- oder Bußgeldversicherung) erscheint eine Ergebniskorrektur nach Art 6 gegenüber der Sonderanknüpfung nach Art 34 vorzugswürdig (Mankowski VersR 1999, 823; für Anwendung von Art 34 wiederum Wördemann 247 ff). Dies gilt umso mehr, als derartige Regeln wegen ihrer unzureichenden Ausgestaltung für eine Sonderanknüpfung wenig geeignet sind (Mankowski VersR 1999, 823).

21 Art 34 betrifft lediglich die Geltung deutscher Eingriffsnormen bei ausländischer lex causae. Die umgekehrte Frage, inwieweit bei deutschem Sachstatut **ausländische** Eingriffsnormen zum Zuge kommen, ist überaus streitig (näher Staudinger/Magnus Art 34 Rn 110 ff). Richtigerweise wird man eine Sonderanknüpfung grundsätzlich dann zuzulassen haben, wenn der Sachverhalt einen engen Zusammenhang zu der betreffenden ausländischen Rechtsordnung aufweist und die Eingriffsnorm einem von der deutschen Rechtsordnung gebilligten Zweck dient (allg Staudinger/Magnus Art 34 Rn 141 ff; speziell für das IPR der Versicherungsverträge [mit Unterschieden im einzelnen] Münch-Komm/Martiny Art 37 Rn 172; Soergel/vHoffmann Art 37 Rn 158; Wördemann 331 ff). Das Problem wird im übrigen dadurch wesentlich entschärft, daß man bei der Qualifikation ausländischer Regeln als Eingriffsnorm Zurückhaltung übt (restriktiv auch Soergel/vHoffmann Art 37 Rn 158). Diese Zurückhaltung ist umso mehr angezeigt, als nach der hier vertretenen Ansicht (Rn 17–20, 22 f) umgekehrt deutsches zwingendes Recht bei grundsätzlich nach ausländischem Recht zu beurteilenden Sachverhalten nur in eng umgrenzten Fällen über Art 6 zum Zuge kommt.

4. Ordre public (Art 6)

Führt die Anknüpfung gem Art 27 ff zu einer ausländischen Rechtsordnung, so kann **22** der **ordre public-Vorbehalt** des Art 6 auch bei Versicherungsverträgen im Einzelfall zu einer Korrektur des Anknüpfungsergebnisses führen. Was die Vorschriften zum **Schutz des Versicherungsnehmers** angeht, so zählt zu den schlechthin grundlegenden Regeln des deutschen Versicherungsvertragsrechts, die über Art 6 auch für nach ausländischem Recht zu beurteilende Verträge Anwendung finden, insbes das aus § 6 VVG zu entnehmende generelle Erfordernis eines Verschuldens für die Verwirkung von Versicherungsschutz (iE ähnlich [für Sonderanknüpfung gem Art 34; dazu krit oben Rn 17] KRAMER 55; PRÖLSS/MARTIN/PRÖLSS Vor Art 7 EGVVG Rn 19; SOERGEL/vHOFFMANN Art 37 Rn 152).

Sofern es um Versicherungsverbote zum **Schutz der öffentlichen Ordnung** geht, ist das **23** Korrektiv des Art 6 freilich bes zurückhaltend zu handhaben, nicht zuletzt um Innovationen im Versicherungsschutz nicht übermäßig zu behindern. **Produkterpressungs- und Lösegeldversicherungen** widersprechen nach mittlerweile auch vom Bundesaufsichtsamt für das Versicherungswesen (BAV) geteilter Ansicht grundsätzlich nicht dem deutschen ordre public (VerBAV 1998, 139 f, 182; iE gegen Anwendung von Art 6 bereits PRÖLSS/ MARTIN/PRÖLSS Art 15 EGWG Rn 3; **aA** noch die früher hM; s nur WÖRDEMANN S 248). Einer Geldstrafen- oder Bußgeldversicherung steht Art 6 jedoch im Hinblick darauf entgegen, daß bei Zulassung einer solchen Versicherung der mit den Straf- bzw. Ordnungswidrigkeitsvorschriften verfolgte Abschreckungszweck weitgehend leer liefe (so iE auch [freilich für Heranziehung des Verbots über Art 34] WÖRDEMANN 248).

D. Geltung der Art 7–15 EGVVG für Direktversicherungsverträge über innerhalb des EWR belegene Risiken

I. Einleitung zu Art 7 ff EGVVG

1. Entstehungsgeschichte

Die Art 7 ff EGVVG stellen die **Umsetzung mehrerer EG-Richtlinien** ins deutsche **24** Recht dar. Diese Umsetzung ist in mehreren Schritten erfolgt. Mit den am 1. 7. 1990 in Kraft getretenen Art 7–14 aF EGVVG (BGBl 1990 I 1249) wurden umgesetzt die Art 7 und 8 der Zweiten Richtlinie des Rates v 22. 6. 1988 (88/357/EWG) zur Koordinierung der Rechts- und Verwaltungsvorschriften für die Direktversicherung (mit Ausnahme der Lebensversicherung) und zur Erleichterung der tatsächlichen Ausübung des freien Dienstleistungsverkehrs sowie zur Änderung der Richtlinie 73/239/ EWG (ABl EG 1988 L 172/2; „**2. Richtlinie Schadensversicherung**"). Das **EWR-AusführungsG** v 27. 4. 1993 (BGBl I 512) führte zu einer Erstreckung auf die in den seinerzeit nicht der EG angehörenden EWR-Staaten belegenen Risiken (Rn 5).

Durch das **Dritte DurchführungsG/EWG zum VAG** v 21. 7. 1994 (BGBl I 1630) erhielten **25** die Art 7–15 EGVVG schließlich mit Wirkung vom 29. 7. 1994 ihre heutige Fassung.

Durch diese Änderung wurde vor allem das Kollisionsrecht des EGVVG auf die Lebensversicherung erstreckt, und zwar in Umsetzung von Art 4 der Zweiten Richtlinie des Rates v 8. 11. 1990 (90/619/EWG) zur Koordinierung der Rechts- und Verwaltungsvorschriften für die Direktversicherung (Lebensversicherung) und zur Erleichterung der tatsächlichen Ausübung des freien Dienstleistungsverkehrs sowie zur Änderung der Richtlinie 79/267/EWG (ABl EG L 330/50; **„2. Richtlinie Lebensversicherung"**). Hinzu kam eine Erweiterung der Rechtswahlfreiheit für Großrisiken; umgesetzt wurde dadurch Art 27 der Dritten Richtlinie des Rates v 18. 6. 1992 (92/49/EWG) zur Koordinierung der Rechts- und Verwaltungsvorschriften für die Direktversicherung (mit Ausnahme der Lebensversicherung) sowie zur Änderung der Richtlinien 72/239/EWG und 88/357/EWG (ABl EG L 228/1; **„3. Richtlinie Schadensversicherung"**).

26 Die Schaffung eines europäischen Kollisionsrechts in mehreren Schritten ging einher mit der Koordinierung (und aus deutscher Sicht: Liberalisierung) des **Versicherungsaufsichtsrechts** (R M BECKMANN ZEuP 1999, 810 ff; FAHR VersR 1992, 1033 ff; HELMUT MÜLLER, Versicherungsbinnenmarkt [1995] Rn 344 ff; W H ROTH RabelsZ 54 [1990] 63 ff). Das **materielle Versicherungsvertragsrecht** ist demgegenüber nicht angeglichen worden (zu jüngsten Bemühungen um ein Restatement of European Insurance Law s LEGERER NVersZ 2000, 16 f; REICHERT-FACILIDES, in: FS Drobnig [1998] 119 ff; zum Problem einer Rechtsetzungskompetenz der EU ausf ARMBRÜSTER, Jahrbuch 91 ff, 94 f). Die EG-Kommission ist freilich dafür eingetreten, das aufgrund der Kollisionsnormen anwendbare materielle Recht mit Blick auf den freien Dienstleistungsverkehr einer Kontrolle zu unterwerfen (Entwurf einer Mitteilung der Kommission zu Auslegungsfragen – Freier Dienstleistungsverkehr und Allgemeininteresse im Versicherungswesen – SEK [97] 1824 endg v 10. 10. 1997, S 36 f; das EG-Parlament hat dies im Grundsatz gebilligt [Abl EG 1998 C 341/144]; so auch WANDT 102).

27 Die Richtlinienvorgaben zum IPR der Versicherungsverträge verstoßen nicht gegen die **Niederlassungs- und Dienstleistungsfreiheit** gem Art 43, 49 nF EGV (so aber W H ROTH RabelsZ 55 [1991] 656 f, 659 f). Vielmehr ist auch der weitgehende Ausschluß der Rechtswahlfreiheit zugunsten der Berufung eines dem schutzbedürftigen Versicherungsnehmer nahestehenden Rechts in Art 8 EGVVG nicht als Beschränkung der Grundfreiheiten anzusehen. Das IPR der Versicherungsverträge unterliegt daher – ebenso wie das dadurch berufene materielle Versicherungsvertragsrecht (s aber Rn 26 zum Vorstoß der EG-Kommission) und anders als das Versicherungsaufsichtsrecht – auch **keinem** europarechtlichen **Vorbehalt des Allgemeininteresses** (sehr streitig; wie hier GÄRTNER EWS 1994, 121; PRÖLSS/ARMBRÜSTER DZWir 1993, 456 f; allg ARMBRÜSTER RabelsZ 60 [1996] 74 ff, 77; vgl auch FAHR VersR 1992, 1036; **aA** E LORENZ VersRdsch 1995, 11 ff; PRÄVE VersW 1992, 12; W H ROTH VersR 1993, 129; vWILMOWSKY ZEuP 1995, 763; WÖRDEMANN 280 ff). Entschärft wird der Streit dadurch, daß die Regelungen auch dann, wenn man einen entsprechenden Vorbehalt annimmt, noch als durch Belange des Allgemeininteresses gedeckt anzusehen sind (BASEDOW RabelsZ 59 [1995] 34; MünchKomm/MARTINY Art 37 Rn 51; WÖRDEMANN 311 ff, 321 f).

28 Die auf dem Richtlinienrecht beruhenden Kollisionsregeln sind vielfacher **rechtspolitischer Kritik** ausgesetzt. Zu Recht wird insbes beklagt, daß das Regelwerk im Vergleich zu den Art 27 ff EGBGB viel zu kompliziert ausgestaltet ist (prägnant KEGEL/SCHURIG, IPR § 18 I f cc [S 595]; ferner etwa BASEDOW/DRASCH NJW 1991, 794; REICHERT-FACILIDES VersR 1993, 1177; SOERGEL/vHOFFMANN Art 37 Rn 84). Zugleich wird die Rechtswahlfreiheit in einem weitergehenden Maße zurückgedrängt, als dies durch die berechtigten Schutzinteressen des Versicherungsnehmers geboten ist (ARMBRÜSTER, Jahrbuch 99; ders ZVersWiss 2000, 459 f; aA GRUBER 283 ff). Einigkeit besteht jedenfalls darüber, daß die Aufspaltung in zwei inhaltlich unterschiedliche Regelwerke unbefriedigend ist. Schon der Gesetzgeber hat bei der Schaffung der Art 7 ff EGVVG den vorläufigen Charakter der Vorschriften betont (BT-Drucks 11/6341, 38). Eine künftige, die zersplitterte Materie zusammenführende Neuregelung des IPR der Versicherungsverträge sollte sich entgegen GRUBER (302 ff, mit Gesetzesvorschlag 313 ff) nicht an den Art 7 ff EGVVG, sondern – im Rahmen der Richtlinienvorgaben – möglichst weitgehend an den Art 27 ff EGBGB orientieren (vgl REICHERT-FACILIDES IPRax 1990, 13; ders VersR 1993, 1177 ff; s auch KROPHOLLER S 470).

2. Überblick über den Regelungsinhalt

Die Anknüpfungsregeln der Art 7–15 EGVVG unterscheiden sich erheblich von **29** denjenigen der Art 27 ff EGBGB (s bereits Rn 3). Grundsatz ist nicht die freie Rechtswahl, sondern eine **objektive Anknüpfung:** Nach Art 8 ist das Recht des Staates berufen, in dem der gewöhnliche Aufenthalt oder die Hauptniederlassung des Versicherungsnehmers und die Risikobelegenheit (Art 7 Abs 2 EGVVG) zusammentreffen.

Fallen der Staat des gewöhnlichen Aufenthalts oder der Hauptniederlassung und **30** derjenige der Risikobelegenheit auseinander, besteht gem Art 9 Abs 1 EGVVG eine **eingeschränkte Rechtswahlfreiheit.** Weitere Rechtswahlmöglichkeiten in besonderen Fällen werden eröffnet durch Art 9 Abs 2 EGVVG (Belegenheit von „Geschäftsrisiken" in verschiedenen Mitgliedstaaten); Abs 3 (Schadenseintritt ein einem anderen Staat), Abs 5 (Lebensversicherung) sowie durch Art 10 Abs 2 EGVVG (teilweise Risikobelegenheit außerhalb des EWR). Eine **generelle Rechtswahlfreiheit** sehen Art 9 Abs 4 EGVVG (Korrespondenzversicherung) und Art 10 Abs 1 S 1 EGVVG (Großrisiken) vor. Hinzu kommt die Verweisung in Art 10 Abs 3 EGVVG auf weiterreichende Rechtswahlmöglichkeiten nach einem wählbaren Recht.

Haben die Parteien von der Möglichkeit einer Rechtswahl (Rn 5) keinen Gebrauch **31** gemacht, so ist nach Art 11 Abs 1 EGVVG das Recht des Staates berufen, mit dem der Vertrag die **engsten Verbindungen** aufweist. Nach der Vermutungsregel des Art 11 Abs 2 EGVVG ist dies das Recht des Staates, in dem das Risiko belegen ist.

Sonderregeln gelten insbes für die Pflichtversicherung (Art 12 EGVVG) und die **32** Krankenversicherung (Art 13 EGVVG). **Ergänzend** werden in Art 15 EGVVG die Art 27–36 EGBGB für entsprechend anwendbar erklärt.

II. Art 7 EGVVG

Art 7 EGVVG
Anwendungsbereich **33**

(1) Auf Versicherungsverträge mit Ausnahme der Rückversicherung sind, wenn sie in einem Mitgliedstaat der Europäischen Gemeinschaft oder in einem anderen Vertragsstaat des Abkommens über den Europäischen Wirtschaftsraum belegene Risi-

ken decken, die folgenden Vorschriften mit der Maßgabe anzuwenden, daß Vertragsstaaten des Europäischen Wirtschaftsraumes wie Mitgliedstaaten der Europäischen Gemeinschaft zu behandeln sind.

(2) Mitgliedstaat, in dem das Risiko belegen ist, ist

1. bei der Versicherung von Risiken mit Bezug auf unbewegliche Sachen, insbesondere Bauwerke und Anlagen, und den darin befindlichen, durch den gleichen Vertrag gedeckten Sachen der Mitgliedstaat, in dem diese Gegenstände belegen sind,

2. bei der Versicherung von Risiken mit Bezug auf Fahrzeuge aller Art, die in einem Mitgliedstaat in ein amtliches oder amtlich anerkanntes Register einzutragen sind und ein Unterscheidungskennzeichen erhalten, dieser Mitgliedstaat,

3. bei der Versicherung von Reise- und Ferienrisiken in Versicherungsverträgen über eine Laufzeit von höchstens vier Monaten der Mitgliedstaat, in dem der Versicherungsnehmer die zum Abschluß des Vertrages erforderlichen Rechtshandlungen vorgenommen hat,

4. in allen anderen Fällen,

a) wenn der Versicherungsnehmer eine natürliche Person ist, der Mitgliedstaat, in dem er seinen gewöhnlichen Aufenthalt hat,

b) wenn der Versicherungsnehmer keine natürliche Person ist, der Mitgliedstaat, in dem sich das Unternehmen, die Betriebsstätte oder die entsprechende Einrichtung befindet, auf die sich der Vertrag bezieht.

1. Regelungszweck

Die Vorschrift ist keine Kollisionsnorm, sondern legt den sachlichen und räumlichen Anwendungsbereich der Art 8–15 EGVVG fest. Art 7 Abs 2 EGVVG definiert den für die Abgrenzung zum Geltungsbereich der Art 27 ff EGBGB (vgl Art 37 Nr 4 S 2 EGBGB und dazu Rn 7) entscheidenden Begriff der Risikobelegenheit. Die Vorschrift ist damit Teil eines **Meta-Kollisionsrechts** (BASEDOW/DRASCH NJW 1991, 787). Maßgeblicher Zeitpunkt für die Bestimmung der Risikobelegenheit ist derjenige des Vertragsschlusses (DÖRNER Art 7 EGVVG Rn 12; GRUBER 20; IMBUSCH VersR 1993, 1062; SOERGEL/vHOFFMANN Art 37 Rn 81). Eine nachträgliche Änderung der Risikobelegenheit hat daher keinen Einfluß auf die Anwendbarkeit der Art 7 ff EGVVG. Die Bestimmungen gelten auch für Versicherungsnehmer, die nicht die Staatsangehörigkeit eines Mitgliedstaates haben, und für Versicherer mit Sitz außerhalb des EWR (MANKOWSKI, Seerechtliche Vertragsverhältnisse 532 f; MünchKomm/MARTINY Art 37 Rn 63; SOERGEL/vHOFFMANN Art 37 Rn 83).

2. Bestimmung der Risikobelegenheit (Abs 2)

a) Versicherungen bezüglich unbeweglicher Sachen (Nr 1)
34 Betrifft ein Vertrag die Versicherung **unbeweglicher Sachen,** so ist das versicherte

Risiko in dem Mitgliedstaat der EU (bzw Vertragsstaat des EWR, Art 7 Abs 1 aE EGVVG) belegen, in dem die unbeweglichen Sachen belegen sind. Diese Regel gilt nicht nur für Sachversicherungen (zB Gebäude-Feuerversicherung), sondern auch für andere Schadensversicherungen mit Bezug auf unbewegliche Sachen, zB für Haftpflichtversicherungen (Dörner Art 7 EGVVG Rn 16; Prölss/Martin/Prölss Art 7 EGVVG Rn 3; Soergel/vHoffmann Art 37 Rn 78) oder für Rechtsschutzversicherungen (Gruber 24).

Erfaßt werden auch Aufbauten, die nicht wesentliche Bestandteile eines Grundstücks (§ 94 BGB) sind, insbes **Scheinbestandteile** iS von § 95 BGB (Gruber 25 ff; Kramer 156; **aA** Hahn 17 f; Rudisch ZvglRWiss 93 [1994] 95). Andernfalls entstünde ein Wertungswiderspruch zum Einschluß von Inventar; zudem könnte es zu einer nicht sachgerechten Statutenspaltung kommen (Prölss/Martin/Prölss Art 7 EGVVG Rn 3). **35**

Für **Inventar** ist die Risikobelegenheit des sie umgebenden Bauwerks nach Nr 1 dann maßgeblich, wenn Bauwerks- und Inventarrisiken durch denselben Vertrag gedeckt sind. In diesem Fall soll eine Statutenspaltung vermieden werden. Für eine separat abgeschlossene Hausratsversicherung gilt hingegen Nr 4 (Fricke VersR 1994, 774; Soergel/vHoffmann Art 37 Rn 78). **36**

b) **Fahrzeugversicherungen (Nr 2)**
Risiken mit Bezug auf **registrierungs- und kennzeichnungspflichtige Fahrzeuge** aller Art sind in dem Mitgliedstaat belegen, in dem die Registrierung und Kennzeichnung zu erfolgen hat (zu Einzelfragen s Gruber 32 f). Die Regel gilt für alle Sparten der „fahrzeugbezogenen" Versicherung, also neben Kaskoversicherungen insbes auch Kfz-Haftpflicht- und Kfz-Unfallversicherungen. Nach verbreiteter Ansicht (Fricke VersR 1994, 775; Kozuchowski 82 ff; Soergel/vHoffmann Art 37 Rn 79; s auch Imbusch VersR 1993, 1060) soll Nr 2 – ähnlich wie der inhaltlich freilich abweichende Art 45 EGBGB für Transportmittel – dazu dienen, einen bei jedem Grenzübertritt eintretenden Statutenwechsel zu verhindern. Indessen würde bei Fehlen von Nr 2 nicht die jeweilige lex rei sitae gelten, sondern Nr 4. Die Anknüpfungsregel der Nr 2 hat demgegenüber den Vorzug besonders einfacher Handhabbarkeit. Für **nicht registrierungspflichtige** Fahrzeuge gilt hingegen Nr 4 (Fricke VersR 1994, 775). **37**

c) **Reise- und Ferienversicherungen (Nr 3)**
Hat eine Versicherung über ein **Reise- oder Ferienrisiko** eine Laufzeit von bis zu vier Monaten, so ist das Risiko in dem Mitgliedstaat belegen, in dem der Versicherungsnehmer die zum Vertragsschluß notwendigen Rechtshandlungen vorgenommen hat. Erfaßt werden insbes die Reisekranken-/Reiseunfall-/Reisegepäck-/Reiserücktrittskostenversicherung sowie die Verkehrsservice-Versicherung (Uebel 87; MünchKomm/ Martiny Art 37 Rn 73). **38**

Die notwendige Rechtshandlung iS von Nr 3 besteht idR in der Abgabe eines **Angebotes** (Prölss/Martin/Prölss Art 7 EGVVG Rn 5), ansonsten in dessen Annahme. Dies wird für den Fall, daß der Versicherungsnehmer eine solche Handlung außerhalb seines gewöhnlichen Aufenthaltsstaates vorgenommen hat (zB Einwurf des Briefes auf der Reise), verbreitet als unangemessen erachtet (Basedow/Drasch NJW 1991, 787; Gruber 38 f; Reichert-Facilides IPRax 1990, 7; Uebel 228; für Internetnutzung U Hübner ZVersWiss 2001, 370). In der Tat erscheint der Bezug zur Rechtsordnung des Staates, **39** in dem die Erklärung abgegeben wird, bisweilen als flüchtig. Indessen überzeugen die Vorschläge zur Abhilfe allesamt nicht. Der Vorschlag von REICHERT-FACILIDES (IPRax 1990, 7), Nr 3 teleologisch auf den Vertragsschluß unter Anwesenden zu reduzieren, liefe darauf hinaus, daß die Regelung praktisch bedeutungslos würde (PRÖLSS/ MARTIN/PRÖLSS Art 7 EGVVG Rn 5; SOERGEL/VHOFFMANN Art 37 Rn 80). Den weiteren Vorschlägen, Nr 3 als widerlegliche Vermutung anzusehen (dafür BASEDOW/DRASCH NJW 1991, 787) oder die Vorbereitungshandlungen zu berücksichtigen (dafür mit Unterschieden ie GRUBER 41 ff; UEBEL 228), steht das Interesse an Rechtssicherheit entgegen. Auch der Versicherungsnehmerschutz gebietet kein abweichendes Ergebnis (PRÖLSS/MARTIN/PRÖLSS Art 7 EGVVG Rn 5; aA GRUBER 42). Fallen nämlich aufgrund der Anwendung von Nr 3 Risikobelegenheit und gewöhnlicher Aufenthalt des Versicherungsnehmers auseinander, ist nach Art 9 EGVVG eine Rechtswahl möglich; nur wenn sie nicht vorgenommen wird, bestimmen die engsten Verbindungen das anwendbare Recht (s Rn 73).

d) Andere Versicherungen (Nr 4)

40 Für die Lebensversicherung und für die nicht von Nr 1–3 erfaßten Schadensversicherungen ist hinsichtlich der Risikobelegenheit zu differenzieren: Ist der Versicherungsnehmer eine **natürliche Person,** so ist nach Nr 4 a der Mitgliedstaat seines **gewöhnlichen Aufenthalts** maßgeblich. Umschrieben wird damit ebenso wie in Art 28 Abs 2 S 1 EGBGB der Daseins- oder Lebensmittelpunkt (Schwerpunkt privater und beruflicher Beziehungen; s nur STAUDINGER/MAGNUS Art 28 Rn 84). Dieser kann zu einem bestimmten Zeitpunkt jeweils nur an einem einzigen Ort bestehen (MünchKomm/SONNENBERGER Einl IPR Rn 667; aA SPICKHOFF IPRax 1995, 189). Ist ein gewöhnlicher Aufenthalt nicht feststellbar, so ist entsprechend Art 5 Abs 2 aE EGBGB auf den schlichten Aufenthalt abzustellen: Liegt er innerhalb des EWR, so ist das Risiko dort belegen (DÖRNER Art 7 EGVVG Rn 26; allgemeiner für Ersatzanknüpfung an die Rechtsordnung der engsten Verbindung GRUBER 55 f; für Anwendung der Art 27 ff EGBGB LIAUH 33).

41 Ist der Versicherungsnehmer **keine natürliche Person,** so gilt Nr 4 b. Zwar ist im dieser Vorschrift zugrunde liegenden Art 2 der 2. Richtlinie Schadensversicherung (Rn 24) nur von juristischen Personen die Rede. In der weiterreichenden Formulierung der Nr 4 b liegt aber kein Verstoß gegen die Richtlinie, da die betr Regelung sämtliche Versicherungsnehmer mit Ausnahme natürlicher Personen erfassen wollte (BASEDOW/ DRASCH NJW 1991, 788; GRUBER 46 f; SOERGEL/VHOFFMANN Art 37 Rn 81; WÖRDEMANN 10). Erfaßt werden mithin insbes auch Personenhandelsgesellschaften und Personenvereinigungen mit gesamthänderisch gebundenem Vermögen (Erbengemeinschaft, BGB-Gesellschaft) sowie nichtrechtsfähige Vereine. Nach Nr 4 b ist das Risiko in dem Mitgliedstaat belegen, in dem sich „das Unternehmen, die Betriebsstätte oder die entsprechende Einrichtung" befindet, auf die sich die Versicherung bezieht. Geht es um ein Risiko, das nicht einer oder mehreren Betriebsstätten zuzuordnen ist, sondern einem **Unternehmen** als Ganzem, so ist dessen tatsächlicher Hauptverwaltungssitz maßgeblich (GRUBER 48 f; HAHN 24; s auch MANKOWSKI VersR 1999, 928). **Betriebsstätte** ist nach näherer Maßgabe von § 12 AO jede feste Geschäftseinrichtung oder Anlage, die der Tätigkeit eines Unternehmens dient. Bei nicht unternehmerischer Tätigkeit ist die „**entsprechende Einrichtung**" zB die Verwaltung eines Vereins, so daß es auf deren Sitz ankommt (GRUBER 50; PRÖLSS/MARTIN/PRÖLSS Art 7 EGVVG Rn 7).

3. Gespaltene Risikobelegenheit ("Mehrfachbelegenheit")

Werden durch einen Vertrag **mehrere Risiken** gedeckt, von denen nur ein Teil innerhalb des EWR belegen sind (gespaltene Risikobelegenheit oder „Mehrfachbelegenheit"), ist von einer **Statutenspaltung** auszugehen (GRUBER 52 ff; E LORENZ, in: FS Kegel 307 f; PRÖLSS/ARMBRÜSTER DZWir 1993, 449). Allein die Bündelung mehrerer Risiken in einem Vertrag kann nicht dazu führen, daß entgegen der gesetzlichen Regelung für den gesamten Vertrag die Art 8 ff EGVVG gelten (dafür KRAMER 172 f) oder die Parteien zwischen EGVVG und EGBGB wählen können (dafür BASEDOW/DRASCH NJW 1991, 788). Nur unter den Voraussetzungen von Art 10 Abs 2 EGVVG (Versicherung geschäftlicher Risiken) wird eine Statutenspaltung vermieden. Diese Vorschrift bestimmt den Kreis der wählbaren Rechte abschließend; ist eine Rechtswahl unterblieben, so greift die objektive Anknüpfung nach Art 11 EGVVG ein (SOERGEL/vHOFFMANN Art 37 Rn 82).

42

Ist ein **einheitliches Risiko** teils innerhalb, teils außerhalb des EWR belegen, so kommt es für die Risikobelegenheit auf die engere Verbindung an (GRUBER 55 ff).

43

III. Art 8 EGVVG

Art 8 EGVVG
Gesetzliche Anknüpfung

44

Hat der Versicherungsnehmer bei Schließung des Vertrages seinen gewöhnlichen Aufenthalt oder seine Hauptverwaltung im Gebiet des Mitgliedstaats, in dem das Risiko belegen ist, so ist das Recht dieses Staates anzuwenden.

Art 8 EGVVG enthält eine objektive Anknüpfung für die Fälle, in denen gewöhnlicher Aufenthalt (Rn 40) bzw Hauptverwaltung des Versicherungsnehmers und Risikobelegenheit iS von Art 7 zusammenfallen **(Konvergenzfälle)**. Die Vorschrift ist eine **Sachnormverweisung** (KRAMER 278; PRÖLSS/MARTIN/PRÖLSS Art 8 EGVVG Rn 1; aA [Gesamtverweisung] HAHN 28 ff). Dies geht aus Art 15 EGVVG iVm Art 35 Abs 1 EGBGB hervor und wird auch an Art 10 Abs 3 EGVVG deutlich. Da es für die Konvergenz auf den Zeitpunkt des Vertragsschlusses ankommt, handelt es sich um ein **unwandelbares Statut** (MünchKomm/MARTINY Art 37 Rn 85). Kommt es freilich nachträglich zu einer Divergenz von gewöhnlichem Aufenthalt/Hauptverwaltung und Risikobelegenheit, so wird dadurch eine Rechtswahl gem Art 9 eröffnet (Rn 47). Eine – begrenzte – Rechtswahl muss aber auch dann eröffnet sein, wenn nachträglich gewöhnlicher Aufenthalt/Hauptverwaltung und Risikobelegenheit in ein und denselben anderen Mitgliedstaat verlegt werden (Beispiel: Der Versicherungsnehmer verlagert seinen Lebensmittelpunkt unter Mitnahme des versicherten Hausrats von Deutschland nach Frankreich. Dadurch wird den Parteien nachträglich [analog Art 9 Abs 1] die Wahl französischen Rechts eröffnet.) Die Unwandelbarkeit der objektiven Anknüpfung in Art 8 steht, da sie Rechtssicherheit für die Parteien bezweckt (s dazu IMBUSCH VersR 1993, 1062), der Eröffnung einer nachträglichen Rechtswahlmöglichkeit für den genannten Fall nicht entgegen.

Zweck des Art 8 EGVVG ist es, den Versicherungsnehmer zu schützen (BT-Drucks 11/ 6341, 38). Durch Berufung des ihm gleichsam räumlich am nächsten liegenden Rechts

45

wird dem Versicherungsnehmer sein heimischer Schutzstandard gewährleistet (R M BECKMANN ZEuP 1999, 825; HÜBNER/MATUSCHE/BECKMANN EuZW 1995, 270). Zudem wird er in die Lage versetzt, sich mit vergleichsweise geringem Aufwand über dessen Inhalt zu informieren und sachkundigen Rechtsrat einzuholen (H J WILKE, in: FS Helmrich [1994] 894). Zugleich wird ein Gleichklang mit der internationalen Gerichtszuständigkeit (Art 8 Abs 1 Nr 2 EuGVÜ; allg zur internationalen Zuständigkeit in Versicherungssachen FRICKE VersR 1997, 399 ff; ders VersR 1999, 1055 ff; LG Bremen VersR 2001, 782 m Anm SCHÜLER 783) erreicht.

46 Umstritten ist, ob die Anknüpfung nach Art 8 auch dann eingreift, wenn den Parteien nach Art 9, 10 EGVVG eine **Rechtswahl möglich war,** sie davon aber keinen Gebrauch gemacht haben. Gem Art 11 EGVVG soll in diesen Fällen das Recht des Staates anwendbar sein, mit dem der Vertrag die engsten Verbindungen aufweist. Nach verbreiteter Ansicht (BASEDOW/DRASCH NJW 1991, 791; DÖRNER Art 8 EGVVG Rn 9; KRAMER 237 f; E LORENZ Stellungnahmen 229 f) setzt die Anwendung von Art 11 EGVVG freilich voraus, daß gewöhnlicher Aufenthalt bzw Hauptverwaltung und Risikobelegenheit auseinanderfallen **(Divergenzfälle).** Diese Einschränkung lässt sich dem Wortlaut von Art 11 EGVVG indessen nicht entnehmen. Gegen eine Anwendung von Art 8 EGVVG spricht auch, daß der Zweck der starren Anknüpfung – Schutz des Versicherungsnehmers – ohnehin in den Fällen keine Geltung beansprucht, in denen den Parteien eine Rechtswahl ermöglicht wird. Machen sie von dieser Möglichkeit keinen Gebrauch, so geben daher nach Art 11 EGVVG auch in Konvergenzfällen die engsten Verbindungen den Ausschlag (ARMBRÜSTER ZVersWiss 1995, 144; ders VersR 1998, 299; GRUBER 167; LIAUH 93 f; LÜBBERT/VOGL RuS 2000, 268; PRÖLSS/MARTIN/PRÖLSS Art 9 EGVVG Rn 8; SOERGEL/vHOFFMANN Art 37 Rn 90; s noch unten Rn 73 ff). Auf diese Weise kann zugleich das Fehlen einer dem Art 28 Abs 5 EGBGB vergleichbaren Öffnungsklausel in Art 8 EGVVG, das zu Recht kritisiert wird (BASEDOW/DRASCH NJW 1991, 791; IMBUSCH VersR 1993, 1065), teilweise korrigiert werden.

IV. Art 9 EGVVG

47 Art 9 EGVVG
Wählbare Rechtsordnungen

(1) Hat der Versicherungsnehmer seinen gewöhnlichen Aufenthalt oder seine Hauptverwaltung nicht in dem Mitgliedstaat, in dem das Risiko belegen ist, können die Parteien des Versicherungsvertrags für den Vertrag das Recht des Mitgliedstats, in dem das Risiko belegen ist, oder das Recht des Staates, in dem der Versicherungsnehmer seinen gewöhnlichen Aufenthalt oder seine Hauptverwaltung hat, wählen.

(2) Übt der Versicherungsnehmer eine gewerbliche, bergbauliche oder freiberufliche Tätigkeit aus und deckt der Vertrag zwei oder mehrere in verschiedenen Mitgliedstaaten belegene Risiken in Verbindung mit dieser Tätigkeit, so können die Parteien des Versicherungsvertrags das Recht jedes dieser Mitgliedstaaten oder das Recht des Staates, in dem der Versicherungsnehmer seinen gewöhnlichen Aufenthalt oder seine Hauptverwaltung hat, wählen.

(3) Beschränken sich die durch den Vertrag gedeckten Risiken auf Schadensfälle, die in einem anderen Mitgliedstaat als demjenigen, in dem das Risiko belegen ist, eintreten können, können die Parteien das Recht des anderen Staates wählen.

(4) Schließt ein Versicherungsnehmer mit gewöhnlichem Aufenthalt oder mit Hauptverwaltung im Geltungsbereich dieses Gesetzes einen Versicherungsvertrag mit einem Versicherungsunternehmen, das im Geltungsbereich dieses Gesetzes weder selbst noch durch Mittelspersonen das Versicherungsgeschäft betreibt, so können die Parteien für den Vertrag jedes beliebige Recht wählen.

(5) Hat ein Versicherungsnehmer die Staatsangehörigkeit eines anderen Mitgliedstaates als desjenigen, in dem er bei Schließung des Vertrages seinen gewöhnlichen Aufenthalt hat, so können die Parteien bei der Lebensversicherung auch das Recht des Mitgliedstaates wählen, dessen Staatsangehörigkeit der Versicherungsnehmer besitzt.

1. Überblick

Art 9 EGVVG eröffnet den Parteien unter bestimmten Voraussetzungen eine **Rechtswahl**. Maßgeblicher Zeitpunkt, in dem die jeweiligen Voraussetzungen erfüllt sein müssen, ist derjenige der (anfänglichen oder nachträglichen) Rechtswahl (PRÖLSS/MARTIN/PRÖLSS Art 9 EGVVG Rn 2; hiervon weichen DÖRNER Art 9 EGVVG Rn 20 und LIAUH 66 lediglich terminologisch ab; s ARMBRÜSTER VersR 1998, 299). Die Vorschrift hat praktische Bedeutung nur für die sog **Massenrisiken** (PRÖLSS/MARTIN/PRÖLSS Art 9 EGVVG Rn 1; SOERGEL/vHOFFMANN Art 37 Rn 94 mit Fn 109), da für Großrisiken nach zutreffender Ansicht über den Wortlaut von Art 10 Abs 1 S 1 EGVVG hinausgehend ohnehin umfassende Rechtswahlfreiheit besteht (zur analogen Anwendung dieser Vorschrift s Rn 64).

Die **allg Modalitäten und Grenzen einer Rechtswahl** richten sich nach den gem Art 15 **48** EGVVG anwendbaren Art 27 Abs 1 S 2–3, Abs 2–4, Art 31 EGBGB. Eine Rechtswahl kann daher insbes auch stillschweigend oder nur für einen Teil des Vertrages erfolgen.

2. Grundregel (Abs 1)

Divergieren gewöhnlicher Aufenthalt bzw. Hauptverwaltungssitz des Versicherungs- **49** nehmers und Risikobelegenheit iS von Art 7 Abs 2, so haben die Parteien gem Art 9 Abs 1 die **Wahl** zwischen beiden Rechtsordnungen. Das Aufenthalts- bzw Sitzrecht können sie auch dann wählen, wenn es sich nicht um das Recht eines Mitgliedstaates handelt (GRUBER 100; PRÖLSS/MARTIN/PRÖLSS Art 9 EGVVG Rn 3; **aA** offenbar FRICKE IPRax 1990, 363).

Sind die durch einen Vertrag gedeckten Risiken in verschiedenen Mitgliedstaaten **50** belegen, so erstreckt sich die Wahlmöglichkeit jeweils **nur auf das betreffende Risiko.** Dies folgt im Umkehrschluß aus Abs 2 (ARMBRÜSTER ZVersWiss 1995, 144; DÖRNER Art 9 EGVVG Rn 19; GRUBER 104 f; HAHN 41; LÜBBERT/VOGL RuS 2000, 269; PRÖLSS/MARTIN/PRÖLSS Art 9 EGVVG Rn 3; **aA** BASEDOW/DRASCH NJW 1991, 793 [Abs 2 sei überflüssig]; KRAMER 200; MünchKomm/MARTINY Art 37 Rn 97; SOERGEL/vHOFFMANN Art 37 Rn 95, 97 [für zumindest analoge Anwendung von Art 9 Abs 1 EGVVG]). Anderenfalls könnten durch Einschluß bestimmter Risiken die Rechtswahlmöglichkeiten entgegen der gesetzlichen Konzeption erweitert werden.

3. Erweiterungen der Rechtswahl (Abs 2–5)

a) Geschäftliche Tätigkeit (Abs 2)

51 Abs 2 ermöglicht bei einer Bündelung mehrerer Risiken aus **gewerblicher, bergbaulicher oder freiberuflicher Tätigkeit** eine über Abs 1 hinausgehende Rechtswahl: Für den gesamten Vertrag kann das Recht jedes der Staaten, in denen eines der Risiken belegen ist, oder das Aufenthalts-/Sitzrecht des Versicherungsnehmers gewählt werden. Damit wird der Geschäftsgewandtheit des Versicherungsnehmers und dem Vereinfachungsinteresse Rechnung getragen. Im Hinblick darauf ist die Regel weit auszulegen, so daß bereits ein nicht völlig untergeordneter teilgewerblicher Bezug des Risikos genügt (Prölss/Martin/Prölss Art 9 EGVVG Rn 4; enger Gruber 104: maßgeblich sei der „überwiegende Zweck").

52 Zu **gewerblicher** Tätigkeit iS von Abs 2 zählt nach dem Regelungszweck, der insoweit keine Differenzierung gebietet, auch das Handwerk (Gruber 73; aA iE Berr Rev trim dr eur 1988, 670). Demgegenüber folgt aus der ausdrücklichen Erwähnung des **Bergbaus** im Umkehrschluß, daß sonstige Urproduktionen nicht erfaßt sind (rechtspolitisch zw; Basedow/Drasch NJW 1991, 793; Gruber 75).

b) Auseinanderfallen von Risikobelegenheit und Ort der Risikoverwirklichung (Abs 3)

53 Kann sich das Risiko ausschließlich in einem **anderen Mitgliedstaat** als dem der Risikobelegenheit verwirklichen (sog Auslandsschäden; zB Produkthaftpflichtversicherung für Exportware), so kann nach Abs 3 das Recht des anderen Staates gewählt werden. Darin liegt in den Fällen des Abs 1 (Divergenz von Aufenthalt/Sitz und Risikobelegenheit) eine Erweiterung der Rechtswahl. In den Konvergenzfällen, für die Art 8 EGVVG grundsätzlich eine objektive Anknüpfung vorsieht, wird eine Rechtswahl durch Abs 3 überhaupt erst eröffnet (Dörner Art 9 EGVVG Rn 32; Prölss/Martin/Prölss Art 9 EGVVG Rn 7).

54 Abs 3 ermöglicht es den Parteien insbes, einen **Gleichlauf** des Versicherungsrechts mit dem Deliktsrecht (Prölss/Martin/Prölss Art 9 EGVVG Rn 9; Soergel/vHoffmann Art 37 Rn 100) und – iRv Art 9 EuGVÜ – mit der internationalen Zuständigkeit (Gruber 109) zu erzielen. Kann sich ein Risiko in **mehreren** Mitgliedstaaten verwirklichen, so ist die Rechtswahl nur in bezug auf das betreffende Teilrisiko möglich (Gruber 111 f).

55 Bei Versicherungen, die das Haftungsrisiko aus **Internet-Sachverhalten** abdecken, ist die Anwendung von Abs 3 im Hinblick darauf problematisch, daß Schadensfälle weltweit eintreten können. Hierzu wird vertreten, Abs 3 sei insoweit nur dann anwendbar, wenn der Versicherungsschutz allein die Haftung gegenüber Dritten umfasst, die ihre Rechte in einem Staat verfolgen, der von dem Staat der Risikobelegenheit verschieden ist (Mankowski VersR 1999, 929). Indessen lässt sich damit der Zweck des Abs 3, einen Gleichlauf von Versicherungs- und Deliktsrecht zu ermöglichen, nicht erreichen. Vorzugswürdig erscheint es, Abs 3 bei Internet-Haftungsrisiken auf die Fälle anzuwenden, in denen die Deckung allein die Haftung gegenüber Dritten

umfasst, die in einem bestimmten Staat ansässig sind. Dadurch lässt sich, wenn die Parteien von der Rechtswahlmöglichkeit Gebrauch machen, trotz des im Internationalen Deliktsrecht geltenden, auch den Handlungsort einschließenden Ubiquitätsprinzips zumindest ein gewisser Gleichlauf von Haftungs- und Versicherungsstatut erzielen.

3. Korrespondenzversicherung (Abs 4)

Schließt ein in Deutschland ansässiger Versicherungsnehmer einen Vertrag mit einem nicht im Inland tätigen Versicherer **(Korrespondenzversicherung)**, so ist nach Abs 4 das anwendbare Recht frei wählbar. Trotz seiner Stellung hinter Abs 1 gilt Abs 4 auch für Konvergenzfälle (BT-Drucks 11/6341, 38; DÖRNER Art 9 EGVVG Rn 40; SOERGEL/VHOFFMANN Art 37 Rn 101). Unerheblich ist, wo innerhalb des EWR das Risiko belegen ist, und ob der Versicherungsnehmer seine Erklärung im In- oder Ausland abgibt (GRUBER 92). **56**

Grund für die in Abs 4 gewährte Wahlfreiheit ist, daß der Versicherungsnehmer nicht auf die Geltung des in seiner gewohnten Umgebung geltenden Rechts vertrauen kann, wenn der Versicherer dort nicht das Versicherungsgeschäft betreibt. Ein zum **Ausschluß** von Abs 4 führendes schutzwürdiges Vertrauen des Versicherungsnehmers besteht nicht nur dann, wenn der Versicherer im Inland eine Niederlassung unterhält; vielmehr genügt bereits ein **werbendes Auftreten** im Inland (KRAMER 208 f; MANKOWSKI VersR 1999, 930 f; PRÖLSS/MARTIN/PRÖLS Art 9 EGVVG Rn 10; aA [Niederlassung erforderlich] BASEDOW/DRASCH NJW 1991, 792; DÖRNER Art 9 EGVVG Rn 42; UEBEL 127 f; offenbar auch MünchKomm/MARTINY Art 37 Rn 99). Eine **Internet-Website** kann ausreichen (MANKOWSKI VersR 1999, 930 f), wenn der Versicherer sein Angebot nicht ausdrücklich auf andere Länder beschränkt; Anhaltspunkte für ein werbendes Auftreten im Inland bieten die Sprache (wobei Englisch als Weltsprache kein Gegenindiz ist), die Währung, die Länderkennung „de" oder inländische Kontaktadressen (U HÜBNER ZVersWiss 2001, 372; s auch LEVERENZ 42 f). **57**

Mittelsperson iS von Abs 4 kann außer einem Agenten oder Bevollmächtigten auch ein Versicherungsmakler sein (Gesetzesbegr, BT-Drucks 11/6341, 24, 38; GRUBER 93 f; s auch zu § 105 VAG FAHR/KAULBACH [VAG, 2. Aufl 1996] § 105 Rn 17 f). Auf eine Beteiligung der Mittelsperson am konkreten Vertragsschluß kommt es nicht an, da bereits die Betätigung in Deutschland als solche gewisse Schutzerwartungen des Versicherungsnehmers weckt (GRUBER 95 f; KRAMER 208; PRÖLSS/MARTIN/PRÖLS Art 9 EGVVG Rn 10; aA BASEDOW/DRASCH NJW 1991, 792; GEIGER 128 f). **58**

Abs 4 regelt unmittelbar nur den Fall, daß der Versicherungsnehmer seinen gewöhnlichen Aufenthalt in Deutschland und der Versicherer seinen Sitz im Ausland hat (einseitige Kollisionsnorm). Die Vorschrift ist aber **analog** auf den Fall anzuwenden, daß der **Versicherungsnehmer** seinen gewöhnlichen Aufenthalt **außerhalb des EWR** hat. Dasselbe gilt, wenn der Versicherungsnehmer seinen gewöhnlichen Aufenthalt in einem EWR-Staat außerhalb Deutschlands hat und der **Versicherer** außerhalb des EWR ansässig ist (s mit Unterschieden im einzelnen BASEDOW/DRASCH NJW 1991, 791; GRUBER 97; PRÖLSS/MARTIN/PRÖLS Art 9 EGVVG Rn 12; SOERGEL/VHOFFMANN Art 37 Rn 105; aA DÖRNER Art 9 EGVVG Rn 40; HAHN 64 f; KRAMER 211). **Keine** analoge Anwendung findet Abs 4 hingegen, wenn ein **Versicherungsnehmer,** der seinen gewöhnlichen Aufenthalt in **59** einem anderen Staat **innerhalb des EWR** hat, eine Korrespondenzversicherung mit einem gleichfalls innerhalb des EWR ansässigen Versicherer schließt (MünchKomm/ Martiny Art 37 Rn 101 mit 103; Soergel/vHoffmann Art 37 Rn 105).

d) Lebensversicherung (Abs 5)

60 Abs 5 wurde durch das Dritte DurchführungsG/EWG zum VAG (Rn 25) mit Wirkung zum 29. 7. 1994 eingefügt. Fallen Staatsangehörigkeit und gewöhnlicher Aufenthalt des Versicherungsnehmers auseinander, so kann bei der Lebensversicherung nach Abs 5 das Recht des Mitgliedstaates gewählt werden, dem er angehört. Maßgeblich ist gem Art 5 Abs 1 S 1 EGBGB die **effektive Staatsangehörigkeit** (Gruber 136 f; Prölss/ Martin/Prölss Art 9 EGVVG Rn 13; **aA** Dörner Art 9 EGVVG Rn 51; MünchKomm/Martiny Art 37 Rn 107; Reithmann/Schnyder Rn 1117). Im Interesse des Versicherungsnehmerschutzes gilt dies abw von Art 5 Abs 1 S 2 EGBGB auch dann, wenn eine der Staatsangehörigkeiten die deutsche ist (Gruber 137; MünchKomm/Martiny Art 37 Rn 107). Eine analoge Anwendung von Abs 5 auf den Fall, daß der Versicherungsnehmer einem Drittstaat außerhalb des EWR angehört, kommt im Hinblick auf seine Schutzinteressen nicht in Betracht (Dörner Art 9 EGVVG Rn 49; Soergel/vHoffmann Art 37 Rn 109; **aA** Gruber 138). Ein dem durch das Richtlinienrecht geschaffenen Schutz vergleichbarer Standard wäre nämlich bei der Wahl eines anderen Rechts nicht gewährleistet (MünchKomm/Martiny Art 37 Rn 107; Soergel/vHoffmann Art 37 Rn 109).

61 Neben die Rechtswahlmöglichkeit nach Abs 5 tritt bei der Lebensversicherung diejenige gem **Abs 4**; daneben sind die Erweiterungen nach **Art 10 Abs 3 EGVVG** zu beachten (Gruber 139 ff).

V. Art 10 EGVVG

62 **Art 10 EGVVG**
Erweiterungen der Rechtswahl

(1) Für einen Versicherungsvertrag über ein Großrisiko können die Parteien, wenn der Versicherungsnehmer seinen gewöhnlichen Aufenthalt oder seine Hauptverwaltung im Geltungsbereich dieses Gesetzes hat und das Risiko hier belegen ist, das Recht eines anderen Staates wählen. Ein Versicherungsvertrag über ein Großrisiko im Sinne dieser Bestimmung liegt vor, wenn sich der Versicherungsvertrag bezieht

1. auf Risiken der unter den Nummern 4 bis 7, 10 Buchstabe b, 11 und 12 der Anlage Teil A zum Versicherungsaufsichtsgesetz erfaßten Transport- und Haftpflichtversicherungen,

2. auf Risiken der unter den Nummern 14 und 15 der Anlage Teil A zum Versicherungsaufsichtsgesetz erfaßten Kredit- und Kautionsversicherungen bei Versicherungsnehmern, die eine gewerbliche, bergbauliche oder freiberufliche Tätigkeit ausüben, wenn die Risiken damit in Zusammenhang stehen, oder

3. auf Risiken der unter den Nummern 3, 8, 9, 10, 13 und 16 der Anlage Teil A zum Versicherungsaufsichtsgesetz erfaßten Sach-, Haftpflicht- und sonstigen Schadensversicherungen bei Versicherungsnehmern, die mindestens zwei der folgenden drei Merkmale überschreiten:

a) sechs Millionen zweihunderttausend ECU Bilanzsumme,
b) zwölf Millionen achthunderttausend ECU Nettoumsatzerlöse,
c) im Durchschnitt des Wirtschaftsjahres 250 Arbeitnehmer.

Gehört der Versicherungsnehmer zu einem Konzern, der nach § 290 des Handelsgesetzbuches, nach § 11 des Gesetzes über die Rechnungslegung von bestimmten Unternehmen und Konzernen vom 15. August 1969 (BGBl. I S. 1189), das zuletzt geändert worden ist durch Artikel 21 § 5 Abs 4 des Gesetzes vom 25. Juli 1988 (BGBl. I S. 1093), oder nach dem mit den Anforderungen der Richtlinie 83/349/EWG des Rates vom 13. Juni 1983 über den konsolidierten Abschluß (ABl. EG Nr. L 193 S. 1) übereinstimmenden Recht eines anderen Mitgliedstaats der Europäischen Gemeinschaft oder eines anderen Vertragsstaats des Abkommens über den Europäischen Wirtschaftsraum einen Konzernabschluß aufzustellen hat, so sind für die Feststellung der Unternehmensgröße die Zahlen des Konzernabschlusses maßgebend. Als Gegenwert der ECU in den Währungen der Mitgliedstaaten der Europäischen Gemeinschaft gilt ab 31. Dezember jedes Jahres der Gegenwert des letzten Tages des vorausgegangenen Monats Oktober, für den der Gegenwert der ECU in allen Gemeinschaftswährungen vorliegt.

(2) Schließt ein Versicherungsnehmer in Verbindung mit einer von ihm ausgeübten gewerblichen, bergbaulichen oder freiberuflichen Tätigkeit einen Versicherungsvertrag, der Risiken deckt, die sowohl in einem oder mehreren Mitgliedstaaten als auch in einem anderen Staat belegen sind, können die Parteien das Recht jedes dieser Staaten wählen.

(3) Läßt das nach Artikel 8 anzuwendende Recht die Wahl des Rechts eines anderen Staates oder lassen die nach Artikel 9 Abs 1 und 2 wählbaren Rechte eine weitergehende Rechtswahl zu, können die Parteien davon Gebrauch machen.

1. Überblick

Art 10 EGVVG faßt drei völlig unterschiedliche Fälle zusammen, in denen eine Rechtswahl über die in Art 9 EGVVG gewährten Möglichkeiten hinaus eröffnet ist. Ebenso wie Art 9 Abs 4 EGVVG dies für die Korrespondenzversicherung vorsieht, besteht nach Art 10 Abs 1 EGVVG **völlige Rechtswahlfreiheit** für die Versicherung von Großrisiken. Abs 2 ermöglicht eine **begrenzte** Rechtswahl bei Mehrfachbelegenheit eines Risikos; hierdurch wird Art 9 Abs 2 EGVVG ergänzt (MünchKomm/ Martiny Art 37 Rn 112). Abs 3 schließlich erweitert die Rechtswahlfreiheit auf die nach dem IPR anderer Staaten wählbaren Rechte.

Die Abs 1 und 3 gelten sowohl für **Konvergenz-** wie auch für **Divergenzfälle**, während 63 Abs 2 eine Divergenz voraussetzt (MünchKomm/Martiny Art 37 Rn 123, 125; Soergel/ vHoffmann Art 37 Rn 110, 115, 118). Abs 1 betrifft nur **Großrisiken**, die Abs 2 und 3 daneben auch **Massenrisiken** (MünchKomm/Martiny Art 37 Rn 123, 125; Prölss/Martin/ Prölss Art 10 EGVVG Rn 2).

2. Großrisiken (Abs 1)

Für die Versicherung von sog **Großrisiken** (Definition: Abs 1 S 2; unten Rn 66) sieht Art 7 64

Abs 1 lit f der 2. Richtlinie Schadensversicherung idF von Art 27 der 3. Richtlinie Schadensversicherung (Rn 24 f) **völlige Rechtswahlfreiheit** vor. Die Umsetzung in Abs 1 S 1 bleibt hinter dieser Vorgabe insofern zurück, als die Norm sich auf in Deutschland ansässige Versicherungsnehmer und dort belegene Risiken beschränkt. Für die hiernach nicht erfaßten Fälle folgt die Rechtswahlfreiheit aus einer durch die genannten Richtlinien gebotenen **Analogie** zu Abs 1 (ARMBRÜSTER VersR 1998, 299; DÖRNER Art 10 EGVVG Rn 23; GRUBER 88 f; iE ähnlich [unmitt Anwendung der Richtlinien] IMBUSCH VersR 1993, 1063; PRÖLSS/MARTIN/PRÖLSS Art 10 EGVVG Rn 1; [richtlinienkonforme Auslegung] MünchKomm/MARTINY Art 37 Rn 114; SOERGEL/vHOFFMANN Art 37 Rn 113; **aA** HAHN 50; LIAUH 63).

65 Der Grund dafür, daß abw von Art 9 eine unbegrenzte Rechtswahlfreiheit eröffnet wird, liegt darin, daß die Versicherungsnehmer bei der Großrisikoversicherung idR bes **geschäftserfahren** sind und die Folgen einer Rechtswahl abschätzen können (ARMBRÜSTER, Jahrbuch 95). Materiell-rechtlich trägt diesem Umstand § 187 VVG Rechnung. Danach sind die (halb-)zwingenden Regeln des VVG für die Großrisikoversicherung zwar nicht unanwendbar, aber dispositiv (BGHZ 118, 279; PRÖLSS/MARTIN/KOLLHOSSER § 187 VVG Rn 3). Insoweit bestehen mithin keine inländischen Schutzstandards, die durch eine Einschränkung der Rechtswahlfreiheit zu sichern wären (GRUBER 69).

66 Zu den in Abs 1 S 2 genannten **Großrisiken** (ausf GRUBER 70 ff) zählen folgende der in der Anlage A zum VAG aufgeführte Versicherungszweige: Schienen- und Luftfahrzeug-Kaskoversicherung, See-, Binnensee-, Flußschifffahrts-Kaskoversicherung; Transportgüterversicherung, Landtransport-, See-, Binnensee-, Flußschiffahrts- und Luftfahrzeug-Haftpflichtversicherung **(Abs 2 S 1 Nr 1)**; Kredit- und Kautionsversicherung **(Abs 2 S 1 Nr 2)**; Landfahrzeug-Kaskoversicherung, Versicherungen gegen Feuer-, Elementar-, Hagel-, Frost- und sonstige Sachschäden, Landfahrzeug-Haftpflichtversicherung; Versicherungen gegen verschiedene finanzielle Verluste und Allg Haftpflichtversicherung **(Abs 2 S 1 Nr 3)**. In der zuletzt genannten Fallgruppe müssen zusätzlich zwei der drei in Nr 3 aufgeführten Größenmerkmale erfüllt sein.

67 Was zwingende Regeln **außerhalb des VVG** angeht, so wird die Rechtswahlfreiheit demgegenüber auch für Großrisiken durch Art 15 EGVVG iVm Art 27 Abs 3 EGBGB begrenzt (s Rn 89; GRUBER 69). Danach sind die zwingenden Bestimmungen des Staates, mit dem der Sachverhalt allein verbunden ist, anzuwenden.

3. Einschluß außerhalb des EWR belegener Risiken (Abs 2)

68 Abs 2 ermöglicht bei Versicherungen, die im Zusammenhang mit den dort angeführten geschäftlichen Tätigkeiten (dazu s Rn 52) geschlossen werden und neben im EWR belegenen Risiken mindestens auch ein **außerhalb des EWR belegenes Risiko** decken („Mehrfachbelegenheit"), die freie Wahl des Rechts eines der Staaten, in denen ein Risiko belegen ist, für den gesamten Vertrag. Damit wird der Kreis der nach Art 9 Abs 1 EGVVG wählbaren Rechtsordnungen für typischerweise weniger schutzbedürftige Versicherungsnehmer um diejenigen von Drittstaaten erweitert. Mit Abs 2 hat der deutsche Gesetzgeber von einer in Art 7 Abs 1 lit d iVm lit b der 2. Richtlinie Schadensversicherung eingeräumten Befugnis Gebrauch gemacht. Voraussetzung für die Schaffung erweiterter Rechtswahlmöglichkeiten im deutschen UmsetzungsG ist danach allerdings, daß der **Versicherungsnehmer seinen gewöhnlichen Aufenthalt oder Sitz in Deutschland** hat oder daß ein **versichertes Risiko** dort belegen ist. Abs 2 enthält nach seinem Wortlaut eine derartige Einschränkung nicht. Die Vorgabe in Art 7 Abs 1 lit d iVm lit b der Richtlinie ist jedoch für den deutschen Gesetzgeber bindend. Sie enthält nicht nur einen Mindeststandard, sondern es handelt sich um eine begrenzte europarechtliche Ermächtigungsnorm (zu dieser Regelungstechnik MANKOWSKI VersR 1993, 155 f). Abs 2 ist daher iS der genannten Einschränkung richtlinienkonform auszulegen (GRUBER 109; UEBEL 173; aA KRAMER 220 Fn 720; offenbar auch BASEDOW/DRASCH NJW 1991, 788).

Trotz ihrer Stellung hinter Abs 1 gilt die Vorschrift außer für Groß- auch für Massenrisiken (GRUBER 106; PRÖLSS/MARTIN/PRÖLS Art 10 EGVVG Rn 3; SOERGEL/vHOFFMANN Art 37 Rn 116); gerade für letztere ist sie praktisch bedeutsam. Für eine **analoge** Anwendung auf Versicherungen ohne geschäftlichen Bezug (dafür BASEDOW/DRASCH NJW 1991, 788) ist wegen des Schutzbedürfnisses der betroffenen Versicherungsnehmer allerdings **kein Raum** (GRUBER 107; KRAMER 223; unentschieden MünchKomm/MARTINY Art 37 Rn 124; SOERGEL/vHOFFMANN Art 37 Rn 115 Fn 150). **69**

4. Einzelstaatliche Erweiterungen der Rechtswahl (Abs 3)

Die Anknüpfung nach Abs 3 ermöglicht den Parteien die Wahl jedes Rechts, das nach dem Kollisionsrecht einer nach Art 8 EGVVG berufenen oder nach Art 9 Abs 1, 2 wählbaren Rechtsordnung wählbar ist. Sofern ein Mitgliedstaat daher **über die Richtlinienvorgaben hinausgehende Rechtswahlmöglichkeiten** eröffnet hat (insbes Dänemark, Großbritannien, Niederlande; Überblick bei GRUBER 130 ff; MANKOWSKI VersR 1993, 160 f), stehen diese den Parteien **alternativ** zur Verfügung (GRUBER 122 ff; LIAUH 80 f; MANKOWSKI VersR 1993, 158; SOERGEL/vHOFFMANN Art 37 Rn 120; aA [für kumulative Verweisung] LAGARDE Rev crit dr i p 1989, 148). Abs 3 bezieht sich allein auf den Umfang der Rechtswahlmöglichkeiten, nicht auf den ordre public oder die Eingriffsnormen des betreffenden Staates (GRUBER 118 f; MünchKomm/MARTINY Art 37 Rn 127). **70**

Abs 3 ist **nicht** über seinen Wortlaut hinaus auf die **nach Abs 2 wählbaren** Rechte anwendbar (PRÖLSS/MARTIN/PRÖLSS Art 10 EGVVG Rn 6; SOERGEL/vHOFFMANN Art 37 Rn 121; aA BASEDOW/DRASCH NJW 1991, 792 f; GRUBER 129 f). Abs 2 bezweckt lediglich, eine Statutenspaltung zu vermeiden. Dafür reicht es, den Parteien überhaupt eine Rechtswahl zu eröffnen (PRÖLSS/MARTIN/PRÖLSS Art 10 EGVVG Rn 6). **71**

Eine Verweisung auf **deutsches** Kollisionsrecht ist lediglich deklaratorisch, etwa bezüglich der Erweiterung der Rechtswahl in Art 9 Abs 4 EGVVG (ARMBRÜSTER VersR 1998, 299; DÖRNER Art 10 EGVVG Rn 43; GRUBER 117). Art 27 Abs 1 S 1 EGBGB wird hierdurch jedoch ebensowenig wie aufgrund von Art 15 EGVVG (s Rn 85) anwendbar (PRÖLSS/MARTIN/PRÖLSS Art 10 EGVVG Rn 5; aA IMBUSCH VersR 1993, 1064). **72**

VI. Art 11 EGVVG

Art 11 EGVVG
Mangels Rechtswahl anzuwendendes Recht

73

(1) Soweit das anzuwendende Recht nicht vereinbart worden ist, unterliegt der Vertrag unter den Rechten, die nach den Artikeln 9 und 10 gewählt werden können, demjenigen des Staates, mit dem er die engsten Verbindungen aufweist. Auf einen

selbständigen Vertragsteil, der eine engere Verbindung mit einem anderen Staat aufweist, dessen Recht gewählt werden kann, kann ausnahmsweise das Recht dieses Staates angewandt werden.

(2) Es wird vermutet, daß der Vertrag die engsten Verbindungen mit dem Mitgliedstaat aufweist, in dem das Risiko belegen ist.

Art 11 sieht eine **objektive Anknüpfung** für den Fall vor, daß eine Rechtswahl nach Art 9, 10 möglich war, aber nicht erfolgt ist. Berufen ist unter den wählbaren Rechten das Recht des Staates, zu dem die **engsten Verbindungen** bestehen. Diese Anknüpfung – und nicht diejenige nach Art 8 EGVVG – gilt auch für den Fall, daß der Versicherungsnehmer im selben Mitgliedstaat ansässig ist, in dem das Risiko belegen ist (Rn 46). Maßgeblich für die Bestimmung der engsten Verbindungen ist grundsätzlich der Zeitpunkt des Vertragsschlusses (PRÖLSS/MARTIN/PRÖLSS Art 11 EGVVG Rn 1).

74 Die in Abs 2 enthaltene **Vermutung** zugunsten des Staates der Risikobelegenheit ist **widerleglich** (ARMBRÜSTER ZVersWiss 1995, 144; BASEDOW/DRASCH NJW 1991, 793; GEIGER 125 f; SOERGEL/vHOFFMANN Art 37 Rn 124; Einzelheiten zu den Anforderungen an eine Widerlegung bei GRUBER 173 ff).

75 Abs 1 S 2 eröffnet die Möglichkeit einer gesonderten Anknüpfung für **selbständige Vertragsteile.** Selbständig ist ein Vertragsteil dann, wenn er sich auf ein Risiko bezieht, das auch durch einen eigenständigen Vertrag versichert werden könnte (PRÖLSS/ MARTIN/PRÖLSS Art 11 EGVVG Rn 2; SOERGEL/vHOFFMANN Art 37 Rn 125). Diese Ausnahmevorschrift entspricht Art 28 Abs 1 S 2 EGBGB. Sie ist restriktiv zu handhaben, um eine Statutenspaltung möglichst zu vermeiden (MünchKomm/MARTINY Art 37 Rn 139; PRÖLSS/MARTIN/PRÖLSS Art 11 EGVVG Rn 2; SMULDERS/GLAZENER CMLRev 31 [1992]) 783; tendenziell aA GRUBER 178). Im Falle einer Rechtswahlmöglichkeit nach Art 9 Abs 3 ist unter dem Recht am Ort des Schadenseintritts und dem Recht der Risikobelegenheit dasjenige mit der engsten Verbindung anzuwenden (GRUBER 171 f; PRÖLSS/MARTIN/ PRÖLSS Art 9 EGVVG Rn 8).

VII. Art 12 EGVVG

76 **Art 12 EGVVG**
Pflichtversicherung

(1) Ein Versicherungsvertrag, für den ein Mitgliedstaat eine Versicherungspflicht vorschreibt, unterliegt dem Recht dieses Staates, sofern dieser dessen Anwendung vorschreibt.

(2) Ein über eine Pflichtversicherung abgeschlossener Vertrag unterliegt deutschem Recht, wenn die gesetzliche Verpflichtung zu seinem Abschluß auf deutschem Recht beruht. Dies gilt nicht, wenn durch Gesetz oder aufgrund eines Gesetzes etwas anderes bestimmt ist.

(3) Stellt der Versicherungsvertrag die Deckung für Risiken sicher, die in mehreren Mitgliedstaaten belegen sind, von denen mindestens einer eine Versicherungspflicht vorschreibt, so ist der Vertrag so zu behandeln, als bestünde er aus mehreren Verträgen, von denen sich jeder auf jeweils einen Mitgliedstaat bezieht.

Statuiert ein Mitgliedstaat eine **Versicherungspflicht,** dann soll den damit verfolgen Schutzinteressen dadurch Rechnung getragen werden, daß ein bestehender Rechtsanwendungswille dieses Staates beachtet wird. Schreibt ein Staat die Anwendung seines Rechts hingegen nicht vor, verbleibt es für die Anknüpfung bei den Art 8–11 EGVVG. Obwohl Art 12 EGVVG auf Art 7 Abs 3, Art 8 der 2. Richtlinie Schadensversicherung (Rn 24) beruht, gilt die Vorschrift angesichts ihres Wortlautes und Schutzzwecks auch für die Pflicht-Lebensversicherung (DÖRNER Art 12 EGVVG Rn 4; aA GRUBER 184). Sie ist zudem **analog** auf von Drittstaaten außerhalb des EWR vorgeschriebene Pflichtversicherungen anzuwenden (BASEDOW/DRASCH NJW 1991, 794; DÖRNER Art 12 EGVVG Rn 7; GRUBER 190 f; MünchKomm/MARTINY Rn 143; aA KRAMER 251 ff; LIAUH 144 [allerdings für Erstreckung de lege ferenda]; UEBEL 237). Zur Anknüpfung des **Direktanspruchs** s nunmehr Art 40 Abs 4 EGBGB (eingehend STAUDINGER/vHOFFMANN [2001] Art 40 Rn 433 ff; GRUBER VersR 2001, 16 ff; s auch VOGELSANG NZV 1999, 501).

Eine auf **deutschem Recht** beruhende Versicherungspflicht führt nach Abs 2 S 1 grundsätzlich dazu, daß deutsches Recht Vertragsstatut ist. Abs 2 S 2 erklärt abweichende Regelungen für vorrangig. Beispiele hierfür bieten die §§ 99, 102 LuftVZO betr die Transporthaftpflichtversicherung ausländischer Luftfahrzeuge.

Sind **mehrere Risiken** in verschiedenen Mitgliedstaaten belegen, so führt Abs 3 zu einer getrennten Anknüpfung. Auf diese Weise wird sichergestellt, daß die nach dem jeweils gem Abs 1 maßgeblichen Recht geltenden Voraussetzungen erfüllt werden (BT-Drucks 11/6341, 39; SOERGEL/vHOFFMANN Art 37 Rn 129). Schreibt einer der betr Staaten die Anwendung seines Rechts **nicht** vor, so greift Abs 1 insoweit nicht ein; es verbleibt dann hinsichtlich dieses Risikos bei der Anknüpfung nach den Art 8–11 EGVVG (s bereits Rn 76). Einer Analogiebildung zu Abs 1 (dafür MünchKomm/MARTINY Art 37 Rn 147) bedarf es zur Herleitung dieses Ergebnis nicht.

Bestehen in bezug auf **dasselbe Risiko** mehrere konkurrierende Versicherungspflichten, so kommt das Recht des Staates zum Zuge, zu dem der Vertrag die **engsten Verbindungen** aufweist (REICHERT-FACILIDES in: Aspekte 86; so ausdrücklich § 11 Abs 2 S 2 östIVersVG). Dies wird idR das Recht des Staates sein, in dem das Risiko belegen ist; die Eingriffsnormen im Pflichtversicherungsrecht der anderen Staaten sind jedoch zu berücksichtigen (KRAMER 261 f; PRÖLSS/MARTIN/PRÖLSS Art 12 EGVVG Rn 4; für Statutenspaltung hingegen GRUBER 198 f; s auch DÖRNER Art 12 EGVVG Rn 11).

VIII. Art 13 EGVVG

Art 13 EGVVG
Gesetzliche Krankenversicherung ersetzender Vertrag

(1) Ein über eine Krankenversicherung abgeschlossener Vertrag, der ganz oder teilweise den im gesetzlichen Sozialversicherungssystem vorgesehenen Kranken- oder Pflegeversicherungsschutz ersetzen kann, unterliegt deutschem Recht, wenn die ver-

sicherte Person ihren gewöhnlichen Aufenthalt in Deutschland hat.

(2) Gewährt ein Krankenversicherungsvertrag Versicherungsschutz für mehrere Personen, von denen einzelne ihren gewöhnlichen Aufenthalt in Deutschland haben, so unterliegt der Vertrag bezüglich dieser Personen deutschem Recht.

Für die sog **substituierende private Krankenversicherung,** die den sozialversicherungsrechtlichen Krankenversicherungsschutz ergänzt, führt Art 13 zur Anwendung deutschen Rechts, wenn der Versicherte (nicht: der vertragschließende Versicherungsnehmer) in Deutschland ansässig ist. Diese zwingende Anknüpfung soll sicherstellen, daß zugunsten des Versicherten die Schutzvorschriften des VVG (insbes dessen §§ 178 a ff) gelten, so daß der Versicherungsschutz demjenigen einer gesetzlichen Krankenversicherung insoweit gleichwertig ist (BT-Drucks 12/6959, 108). Erfaßt werden Krankenkosten-, Krankentagegeld- und Pflegekrankenversicherung (DÖRNER Art 13 EGVVG Rn 5). Es handelt sich um eine einseitige Kollisionsnorm, die nicht zur allseitigen auszubauen ist (DÖRNER Art 13 EGVVG Rn 8; PRÖLSS/MARTIN/PRÖLSS Art 13 EGVVG Rn 1). Die Anknüpfung nach Abs 1 ist **zwingend;** dasselbe gilt für diejenige nach Abs 2, der sich auf die Mehrpersonenversicherung bezieht (MünchKomm/MARTINY Art 37 Rn 152 f).

81 Maßgeblicher **Zeitpunkt** für die Bestimmung des gewöhnlichen Aufenthaltes ist grundsätzlich derjenige des Vertragsschlusses. Eine spätere Verlegung ins Ausland ändert daher nichts an der Geltung deutschen Rechts. Dies folgt dann aber aus Art 8 (unwandelbares Statut), so daß Art 13 einer nachträglichen **Rechtswahl** nach Maßgabe der Art 9, 10 nicht entgegensteht (DÖRNER Art 13 EGVVG Rn 9; GRUBER 202 f). Im umgekehrten Fall, daß der gewöhnliche Aufenthalt erst nach Vertragsschluß nach Deutschland verlegt wird, spricht jedoch die Funktion des Art 13 dafür, die darin geregelte Anknüpfung heranzuziehen. Auf den Vertrag ist daher ab der Verlegung des gewöhnlichen Aufenthalts ins Inland deutsches Recht anzuwenden (DÖRNER Art 13 EGVVG Rn 9).

IX. Art 14 EGVVG

82 **Art 14 EGVVG**
Prozeßstandschaft bei Versicherermehrzahl

Ist ein Versicherungsvertrag mit den bei Lloyd's vereinigten Einzelversicherern nicht über eine Niederlassung im Geltungsbereich dieses Gesetzes abgeschlossen worden und ist ein inländischer Gerichtsstand gegeben, so können Ansprüche daraus gegen den bevollmächtigten Unterzeichner des im Versicherungsschein an erster Stelle aufgeführten Syndikats oder einen von diesem benannten Versicherer geltend gemacht werden; ein darüber erzielter Titel wirkt für und gegen alle an dem Versicherungsvertrag beteiligten Versicherer.

Art 14 nF EGVVG (= Art 13 aF bis zur Einfügung von Art 13 nF durch das 3. DurchführungsG/ EWG zum VAG [oben Rn 25]) enthält eine Regel des IZPR, die der prozessualen Erleichterung der Durchsetzung von Rechten gegenüber einer Mehrzahl von Versicherern dient. Schließt ein Versicherungsnehmer einen Vertrag mit der Londoner Versicherungsbörse **Lloyd's,** so wird der Versicherungsschutz durch eine Vielzahl von

Versicherern übernommen. Durch Art 14 wird es dem Versicherungsnehmer ermöglicht, in einem allein gegen einen dieser Versicherer gerichteten Prozeß einen Vollstreckungstitel gegen sämtliche Versicherer zu erlangen. Die dort angeordnete gesetzliche Prozeßstandschaft umfasst auch Prozeßkostenhilfe- und Schiedsverfahren (BT-Drucks 11/6341, 40; PRÖLSS/MARTIN/PRÖLSS Rn 2). Ob ein inländischer Gerichtsstand besteht, richtet sich nach den Regeln über die internationale Zuständigkeit in Versicherungssachen (Art 7–12a EuGVÜ/LugÜ; s auch §§ 105 ff VAG, § 21 ZPO; eingehend FRICKE VersR 1997, 399 ff; ders VersR 1999, 1055 ff).

Ist ein Vertrag mit einer Mehrzahl von Versicherern nicht im Dienstleistungsverkehr, **83** sondern über eine inländische **Niederlassung** geschlossen worden, so gilt Art 14 nicht. Eine weitgehend vergleichbare Prozeßstandschaft und Rechtskrafterstreckung ordnet für diesen Fall freilich § 110 b Abs 2 S 1, 2 VAG an.

X. Art 15 EGVVG

Art 15 EGVVG **84**
Verweisung auf das EGBGB

Die Vorschriften der Artikel 27 bis 36 des Einführungsgesetzes zum Bürgerlichen Gesetzbuch sind im übrigen entsprechend anzuwenden.

Art 15 nF (= Art 14 aF, vgl Rn 82) EGVVG verweist ergänzend auf das Internationale Vertragsrecht des EGBGB. Für die nähere Bestimmung der **Reichweite** dieser Verweisung ist zu beachten, daß die Art 7 ff EGVVG eigene Kollisionsregeln für Versicherungsverträge aufstellen, die sich von denen der Art 27 ff EGBGB erheblich unterscheiden (Rn 3, 29). Diese Unterschiede beruhen auf den verschiedenartigen Regelungsansätzen in den Richtlinien einerseits, dem Römischen Schuldvertragsrechtsübereinkommen andererseits; sie dürfen durch die Verweisung in Art 15 nicht verwischt werden.

Die Anwendung von Art 15 darf daher **nicht** dazu führen, daß die Anknüpfungsregel **85** des **Art 27 Abs 1 S 1 EGBGB** angewandt wird (ganz hM; ARMBRÜSTER ZVersWiss 1995, 142; DÖRNER Art 15 EGVVG Rn 4; GRUBER 98 f; MANKOWSKI VersR 1993, 159 f; SOERGEL/vHOFFMANN Art 37 Rn 136; aA IMBUSCH VersR 1993, 1064). **Nicht anwendbar** sind auch die Regeln über die objektive Anknüpfung in Art 28 Abs 1–4 (näher GRUBER 181 ff). Dasselbe gilt für die Verbraucherschutznorm des **Art 29 EGBGB**; diese Vorschrift ist Korrelat der Rechtswahlfreiheit nach Art 27 Abs 1 S 1 EGBGB, während das EGVVG den Versicherungsnehmer auf grundsätzlich andere Weise schützt (s Rn 3 und näher ARMBRÜSTER ZVersWiss 1995, 142 f; so auch GRUBER 157 ff; PRÖLSS/MARTIN/PRÖLSS Art 15 EGVVG Rn 2; SOERGEL/vHOFFMANN Art 37 Rn 137; aA [für Anwendbarkeit von Art 29 EGBGB] U HÜBNER ZVersWiss 2001, 370, 373; IMBUSCH VersR 1993, 1064; REITHMANN/SCHNYDER Rn 1134; UEBEL 187 ff, 201; [für Anwendbarkeit nur von Abs 1] DÖRNER Art 15 EGVVG Rn 7 f; KRAMER 288; LÜBBERT/VOGL RuS 2000, 271; LIAUH 111; tendenziell auch MünchKomm/MARTINY Art 37 Rn 166; wiederum anders und in praktisch kaum handhabbarer Weise differenzierend WÖRDEMANN 56 ff, 74 f).

Art 29 a EGBGB schreibt ua die Anwendung des AGBG (ab 1. 1. 2002: §§ 305 ff **86** BGB) auf Verträge vor, die einen engen Zusammenhang mit Deutschland aufweisen (s Rn 16). Ebenso wie Art 29 wird auch diese Regelung für Versicherungsverträge durch die Art 7 ff EGVVG verdrängt (zur Vorgängervorschrift des § 12 AGBG so bereits BOSSE 40; GRUBER 230; zT auch DÖRNER Art 15 EGVVG Rn 27; **aA** MANKOWSKI BB 1999, 1229; A STAUDINGER VersR 1999, 402 f, 409 ff, 413).

87 Eine Sonderanknüpfung deutscher versicherungsrechtlicher Vorschriften als Eingriffsnormen gem **Art 34 EGBGB** (monographisch WÖRDEMANN; s auch GRUBER 205 ff) greift ebenso wenig ein wie im Anwendungsbereich der Art 27 ff EGBGB (dazu s Rn 17 ff; generell gegen Heranziehung von Art 34 über Art 15 EGVVG auch BASEDOW/DRASCH NJW 1991, 790). Soweit es um den **Schutz des Versicherungsnehmers** geht, wird dieses Ergebnis verbreitet darauf gestützt, daß insoweit das EGVVG einen ausreichenden Schutz gewährleiste (HAHN 101 ff; PRÖLSS/MARTIN/PRÖLSS Art 15 EGVVG Rn 1; REITHMANN/LIMMER Rn 439; **aA** im Grundsatz wohl REITHMANN/SCHNYDER Rn 1129 ff). Diese Einschätzung ist zwar zutreffend; die Anwendbarkeit von Art 34 scheitert indessen bereits daran, daß diese Vorschrift von vornherein insoweit nicht anwendbar ist, als es um Normen zum Ausgleich der Interessen Privater geht (s bereits Rn 17; speziell im hier interessierenden Kontext einer Anwendung von Art 34 über Art 15 EGVVG WÖRDEMANN 138 ff, 164 ff). Aus diesem Grund sind auch Schutzvorschriften zugunsten **Dritter** nicht über Art 34 anzuknüpfen (s bereits Rn 18; eingehend WÖRDEMANN 167 ff). Normen zum Schutz der **Versicherer** (zB § 55 VVG oder §§ 51 Abs 3, 59 Abs 3 VVG) sind ebenso wie Normen zum Schutz der öffentlichen Ordnung (zB Bußgeldversicherung) nicht über Art 34, sondern über Art 6 zu beachten (MANKOWSKI VersR 1999, 823 mwN gegen WÖRDEMANN 246, 264).

88 **Ausländische Eingriffsnormen** sind auch dann nur in sehr begrenztem Umfang zu beachten, wenn ein qualifizierter Bezug eines nach deutschem Recht zu beurteilenden Sachverhalts zu der ausländischen Rechtsordnung (Risikobelegenheit; Statuierung einer Versicherungspflicht) besteht (s bereits Rn 21).

89 Gem Art 15 EGVVG **anwendbar** sind hingegen insbes die Vorschriften des **Art 27 Abs 1 S 2–3, Abs 2–4 EGBGB** über die Modalitäten und Grenzen einer (nach dem EGVVG eröffneten) Rechtswahl (Rn 48) sowie des **Art 31 EGBGB** über das Zustandekommen und die Wirksamkeit des Vertrages. **Art 28 Abs 5 EGBGB,** demzufolge bei einer engeren Verbindung mit einem anderen Staat die Vermutungen nach Abs 2–4 dieser Vorschrift als widerlegt gelten, ist entsprechend auf die Vermutung nach Art 11 Abs 2 anzuwenden (MünchKomm/MARTINY Art 37 Rn 165; SOERGEL/VHOFFMANN Art 37 Rn 135).

90 Anwendbar ist auch **Art 35 Abs 1 EGBGB** (ARMBRÜSTER ZVersWiss 1995, 141; GRUBER 101; PRÖLSS/MARTIN/PRÖLSS Art 37 EGVVG Rn 1; **aA** HAHN 31). Damit ist klargestellt, daß die Verweisungen des EGVVG grundsätzlich (Ausnahme: Art 10 Abs 3) Sachnormverweisungen sind. Die Anwendbarkeit von **Art 35 Abs 2 EGBGB** führt dazu, daß die Art 7 ff EGVVG auch auf Gebietseinheiten desselben Staates mit eigenen Vertragsrechten anwendbar ist (MünchKomm/MARTINY Art 37 Rn 173). **Nicht** anwendbar ist hingegen das in **Art 36 EGBGB** enthaltene Gebot einheitlicher Auslegung für die Anwendung der Art 7 ff EGVVG (**aA** MünchKomm/MARTINY Art 37 Rn 174). Da die Art 7 ff EGVVG auf Richtlinienrecht beruhen (s Rn 24 f), gelten vielmehr – ebenso wie für Art 29 a EGBGB, auf den Art 36 EGBGB gleichfalls nicht anwendbar ist – die europarechtlichen Regeln über die einheitliche Auslegung umgesetzten Richtlinienrechts. Hinsichtlich der Richtlinienvorgaben ist die Auslegungskompetenz des EuGH gem Art 234 EGV zu beachten (vgl auch STAUDINGER/MAGNUS Art 36 Rn 28).

5. Abschnitt. Schuldrecht.
1. Unterabschnitt. Vertragliche Schuldverhältnisse

Über die Verweisung in Art 15 hinausgehend ist das EGBGB auch **im übrigen** ergänzend für die Anknüpfung von Versicherungsverträgen nach dem EGVVG heranzuziehen (Gesetzesbegr, BT-Drucks 11/6341, 40). Dies gilt etwa für die **Art 7, 9, 11 und 12 EGBGB.** Zudem ist gem **Art 6 EGBGB** bei der Anwendung ausländischen Rechts der deutsche ordre public zu beachten (BASEDOW/DRASCH NJW 1991, 790; GRUBER 224 ff; s bereits Rn 22 f, 87). Insoweit ist jedoch Zurückhaltung geboten (PRÖLSS/MARTIN/PRÖLSS Art 15 EGVVG Rn 3; s Rn 22 f).

Anhang II zu Art 27–37 EGBGB

Internationale Zuständigkeit; Gerichtsstands- und Schiedsvereinbarungen

Systematische Übersicht

Vorbemerkung		1

A. Grundlagen der internationalen Zuständigkeit für Vertragsklagen

I.	Rechtsquellen	
1.	Europäisches Gerichtsstands- und Vollstreckungsübereinkommen	2
2.	Europäische Gerichtsstands- und Vollstreckungsverordnung	2a
3.	Luganer Übereinkommen	3
4.	Übereinkommen auf besonderen Rechtsgebieten	4
5.	Autonomes Recht	5
II.	Der Anwendungsbereich der europäischen Zuständigkeitsordnung	
1.	Sachlicher Anwendungsbereich	6
a)	Zivil- und Handelssachen	6
b)	Ausgeschlossene Rechtsgebiete	7
2.	Zeitlicher Anwendungsbereich	9
3.	Räumlicher Anwendungsbereich	10
4.	Persönlicher Anwendungsbereich	11
a)	Grundsatz	11
b)	Ausnahmen	12
c)	Internationaler Sachverhalt	13
d)	Bezug zu einem anderen Vertragsstaat	14
III.	Konkurrenzen	
1.	EuGVÜ/LugÜ und Staatsverträge auf besonderen Rechtsgebieten	15
2.	EuGVÜ/LugÜ und autonomes Recht	16
3.	EuGVÜ und LugÜ	17

B. Wichtige Gerichtsstände für Klagen aus internationalen Schuldverträgen

I.	Allgemeiner Gerichtsstand	
1.	Art 2 EuGVÜ/LugÜ	18
a)	Grundsatz	18
b)	Wohnsitzbestimmung nach Art 52	19
c)	Sitzbestimmung nach Art 53	20
2.	Autonomes Recht	23
a)	Natürliche Personen	23
b)	Juristische Personen	24
II.	Ausschließlicher Gerichtsstand für Streitigkeiten aus Immobiliarmiet- und -pachtverträgen	
1.	Allgemeines	25
a)	Rechtsquellen	25
b)	Räumliche Abgrenzung	26
c)	Normzweck	27
d)	Ausschließliche Zuständigkeit	28
e)	Auslegung	29
2.	Unbewegliche Sachen	30
3.	Miet- oder Pachtverhältnis	31
a)	Grundsatz	31
b)	Gemischte Verträge	32
4.	Einzelne Streitigkeiten	36
a)	Grundsatz	36
b)	Reine Zahlungsklagen	37
c)	Schadensersatzklagen	38
d)	Verbandsklagen	39
5.	Kurzfristige Gebrauchsüberlassungsverträge	40
a)	Die Rechtsprechung des EuGH	40
b)	Änderungen durch das EuGVÜ 1989	41
aa)	Voraussetzungen der alternativen Zuständigkeit	41

September 2001

5. Abschnitt. Schuldrecht.
1. Unterabschnitt. Vertragliche Schuldverhältnisse

Anhang II zu Art 27–37 EGBGB

bb)	Wirkungen der alternativen Zuständigkeit	42
c)	Abweichungen im LugÜ	43

III. Sondergerichtsstand des vertraglichen Erfüllungsorts

1.	Allgemeines	45
a)	Rechtsquellen	45
b)	Normzweck	46
c)	Besonderer Wahlgerichtsstand	47
2.	Vertragliche Ansprüche	48
a)	Auslegung	48
b)	Weiter Begriff der „vertraglichen Ansprüche"	49
c)	Ausgeschlossene Ansprüche	54
d)	Anspruchskonkurrenz	56
3.	Maßgebliche Verpflichtung	58
a)	Streitgegenständliche Verpflichtung	58
b)	Primäre Hauptverpflichtung	60
aa)	Schadensersatzklagen	61
bb)	Klagen aus Rückgewährschuldverhältnissen	62
cc)	Feststellungs- und Gestaltungsklagen	63
dd)	Mehrere Ansprüche	64
4.	Das auf die Bestimmung des Erfüllungsorts anzuwendende Recht	65
a)	Art 5 Nr 1 EuGVÜ/LugÜ	65
aa)	Lex causae-Qualifikation	65
bb)	Kritik	67
b)	Die Neuregelung in der EuGVVO	
c)	Autonomes Recht	69
5.	Sonderregelung für Arbeitsverträge	70
a)	Die Rechtsprechung des EuGH zu Art 5 Nr 1 EuGVÜ aF	70
b)	Die Reform durch das EuGVÜ 1989	71
aa)	Begriff des Arbeitsvertrages	72
bb)	Gewöhnlicher Arbeitsort (HS 2)	73
cc)	Einstellende Niederlassung (HS 3)	74
c)	Luganer Übereinkommen	75
d)	Die Neuregelung in der EuGVVO	76
e)	Autonomes Recht	77
aa)	Grundsatz	77
bb)	Arbeitnehmerentsendung	78
6.	Vereinbarungen über den Erfüllungsort	79
a)	Art 5 Nr 1 EuGVÜ/LugÜ	79
b)	Autonomes Recht	82

IV. Sondergerichtsstände für Streitigkeiten aus Versicherungsverträgen

1.	Die Sonderregelung in Art 7–12 a EuGVÜ/LugÜ	83
a)	Normzweck	83
b)	Versicherungssachen	84
c)	Die einzelnen Zuständigkeiten	85
aa)	Klagen gegen den Versicherer	85
bb)	Klagen des Versicherers	89
cc)	Zuständigkeitsvereinbarungen	90
2.	Autonomes Recht	91

V. Sondergerichtsstände für Streitigkeiten aus Verbraucherverträgen

1.	Normzweck	92
2.	Der Begriff des Verbrauchers	93
3.	Die nach Art 13 Abs 1 EuGVÜ/LugÜ geschützten Geschäfte	95
a)	Kauf beweglicher Sachen auf Teilzahlung (Nr 1)	95
b)	Kreditgeschäfte zur Finanzierung eines Kaufs beweglicher Sachen (Nr 2)	98
c)	Sonstige Verbraucherverträge (Nr 3)	99
aa)	Lieferung beweglicher Sachen	100
bb)	Erbringung von Dienstleistungen	101
cc)	Hinreichender Bezug zum Wohnsitzstaat des Verbrauchers	102
d)	Ausschluss von Beförderungsverträgen	105
4.	Die Neuregelung in Art 15 EuGVVO	106
5.	Beschränkung auf Vertragsklagen	107
6.	Der räumliche Anwendungsbereich des 4. Abschnitts	108
a)	Der Vorbehalt zugunsten von Art 4 und 5 Nr 5	108
b)	Vertragspartner des Verbrauchers mit Wohnsitz in einem Drittstaat	110
7.	Die Zuständigkeitsregelung in Art 14 EuGVÜ/LugÜ	112
a)	Internationale und örtliche Zuständigkeit	112
b)	Klagen des Verbrauchers (Abs 1)	113
c)	Klagen gegen den Verbraucher (Abs 2)	114
8.	Die Schranken für Gerichtsstandsvereinbarungen in Art 15 EuGVÜ/LugÜ	115
9.	Autonomes Recht	116

Anhang II zu Art 27–37 EGBGB

1. Teil. Allgemeine Vorschriften.
2. Kapitel. IPR

VI.	**Sondergerichtsstände für Streitigkeiten aus Transportverträgen**	
1.	Allgemeines	117
2.	Beförderungsverträge im internationalen Straßengüterverkehr	118
a)	Anwendungsbereich der CMR	119
aa)	Räumlicher Anwendungsbereich	119
bb)	Sachlicher Anwendungsbereich	120
b)	Internationale und örtliche Zuständigkeit	121
c)	Die einzelnen Gerichtsstände	122
3.	Beförderungsverträge im internationalen Luftverkehr	123
a)	Anwendungsbereich des Warschauer Abkommens	124
aa)	Räumlicher Anwendungsbereich	124
bb)	Sachlicher Anwendungsbereich	125
b)	Internationale und örtliche Zuständigkeit	126
c)	Die einzelnen Gerichtsstände	127
aa)	Wohnsitz/Hauptbetriebsleitung des Luftfrachtführers	127
bb)	Geschäftsstelle	128
cc)	Bestimmungsort	130
VII.	**Niederlassungsgerichtsstände**	
1.	Allgemeines	131
a)	Rechtsquellen	131
b)	Abgrenzung	132
c)	Normzweck	133
d)	Qualifikation	134
2.	Der Begriff der Niederlassung	135
a)	Art 5 Nr 5 EugVÜ/LugÜ	135
b)	Autonomes Recht	137
3.	Betriebsbezogenheit der Klage	138
VIII.	**Gerichtsstände des Sachzusammenhangs**	
1.	Allgemeines	139
2.	Streitgenossenschaft	140
a)	Anwendungsbereich	140
b)	Konnexität	141
c)	Beklagtenwohnsitz	142
3.	Gewährleistungs- und Interventionsklage	143
4.	Widerklage	144
a)	Anwendungsbereich	144
b)	Konnexität	145
c)	Verhältnis zum nationalen Prozessrecht	146
5.	Verbindung mit dinglicher Klage	147
6.	Prozessaufrechnung	148
IX.	**Vermögensgerichtsstand**	
1.	Allgemeines	150
a)	Normzweck	150
b)	Verhältnis zum EuGVÜ/LugÜ	151
2.	Inlandsvermögen	152
a)	Vermögensbegriff	152
b)	Inlandsbelegenheit	153
3.	Restriktive Auslegung	154
4.	Inlandsbezug	156
a)	Erfordernis	156
b)	Konkretisierung	158
5.	Einschränkung des Vermögensbegriffs	161
C.	**Internationale Gerichtsstandsvereinbarungen**	
I.	**Allgemeines**	
1.	Begriff	162
2.	Rechtsquellen	163
3.	Normzweck	164
II.	**Der Anwendungsbereich der Staatsverträge**	
1.	Art 17 EuGVÜ/LugÜ	165
a)	Wohnsitz einer Partei in einem Vertragsstaat	165
b)	Gewähltes Gericht in einem Vertragsstaat	166
c)	Bezug zu mehreren Vertragsstaaten?	167
d)	Maßgeblicher Zeitpunkt	171
2.	Konkurrenzen	172
a)	Vorrang des EugVÜ/LugÜ vor dem innerstaatlichen Recht	172
b)	Vorrang spezieller Staatsverträge vor dem EuGVÜ/LugÜ	175
III.	**Unterscheidung zwischen kaufmännischer und nicht-kaufmännischer Prorogation im autonomen Recht**	
1.	Das Verhältnis von § 38 Abs 1 und Abs 2 ZPO	177
2.	Kaufmännische Prorogation (Abs 1)	178

September 2001

5. Abschnitt. Schuldrecht.
1. Unterabschnitt. Vertragliche Schuldverhältnisse

3.	Nicht-kaufmännische Prorogation (Abs 2)	179
IV.	**Der Begriff der „Vereinbarung"**	
1.	Autonome Auslegung in Art 17 EuGVÜ/LugÜ	180
a)	Die Kriterien des Art 17 Abs 1 S 2	181
b)	Statutarische Gerichtsstandsklauseln	184
2.	Die Anknüpfung von Gerichtsstandsvereinbarungen nach § 38 ZPO	185
a)	Die Rechtsnatur der Gerichtsstandsvereinbarung	185
b)	Anknüpfungsgrundsätze	186
c)	Reichweite des Prorogationsstatuts	188
V.	**Die Form internationaler Gerichtsstandsvereinbarungen**	
1.	Die Formalternativen nach Art 17 Abs 1 S 2 EuGVÜ/LugÜ	190
a)	Allgemeines	190
b)	Schriftliche Vereinbarung	192
aa)	Grundsatz	192
bb)	Allgemeine Geschäftsbedingungen	193
cc)	Vereins- oder Gesellschaftssatzung	196
c)	Schriftliche Bestätigung einer mündlichen Vereinbarung	197
aa)	Mündliche Vereinbarung	197
bb)	Schriftliche Bestätigung	199
d)	Vertragsschluss nach den Parteigepflogenheiten	200
e)	Vertragsschluss gemäß internationalen Handelsbräuchen	201
aa)	Internationale Handelsbräuche	202
bb)	Kenntnis der Parteien	205
cc)	Konnossement	206
f)	Sonderregeln für Luxemburg	207
2.	Die Form internationaler Gerichtsstandsvereinbarungen nach § 38 ZPO	208
VI.	**Die Zulässigkeit internationaler Gerichtsstandsvereinbarungen**	
1.	Anwendbares Recht	209
2.	Hinreichende Bestimmtheit	210
a)	Bestimmtes Rechtsverhältnis	210
b)	Bestimmtes Gericht	211
3.	Keine ausschließliche Zuständigkeit	213
4.	Schutz der schwächeren Vertragspartei	214
a)	Versicherungsnehmer und Verbraucher	214
b)	Arbeitnehmer	215
5.	Weitergehende Einschränkungen nach autonomem Recht	217
VII.	**Die Wirkungen der internationalen Prorogation**	
1.	Ausschließliche oder fakultative Zuständigkeit	219
a)	Art 17 EuGVÜ/LugÜ	219
b)	Autonomes Recht	220
2.	Vereinbarungen nur zugunsten einer Partei	221
3.	Objektive Reichweite der Gerichtsstandsvereinbarung	222
4.	Drittwirkungen der Prorogation	224
5.	Widerklage und Prozessaufrechnung	226
D.	**Internationale Schiedsvereinbarungen**	
I.	**Internationale Handelsschiedsgerichtsbarkeit**	
1.	Bedeutung	227
2.	Rechtsquellen	228
a)	Multilaterale Staatsverträge	228
aa)	UN-Übereinkommen von 1958	228
bb)	Europäisches Übereinkommen von 1961	229
cc)	Übereinkommen auf besonderen Rechtsgebieten	230
b)	Bilaterale Staatsverträge	231
c)	UNCITRAL-Modellgesetz	232
d)	Deutsches Schiedsverfahrensrecht 1997	233
3.	Der Anwendungsbereich der Staatsverträge und die Abgrenzung zum autonomen Recht	234
a)	UN-Übereinkommen	234
aa)	Territoriale Abgrenzung	234
bb)	Prozessuale Abgrenzung	235
cc)	Territorialitätsvorbehalt	236
dd)	Handelssachenvorbehalt	237
b)	Europäisches Übereinkommen	238
aa)	Sitz der Parteien in verschiedenen Vertragsstaaten	239

bb)	Streitigkeit aus internationalen Handelsgeschäften	240	IV.	**Die Form internationaler Schiedsvereinbarungen**	
c)	Autonomes Recht	241	1.	Art 2 Abs 2 UNÜ	271
d)	Konkurrenzen	242	a)	Auslegung und Normzweck	271
aa)	UN-Übereinkommen – Europäisches Übereinkommen	242	b)	Schriftlichkeit	273
			aa)	Grundsätze	273
bb)	Multilaterale und bilaterale Übereinkommen	243	bb)	Bezugnahme auf AGB	276
			cc)	Schranken	279
cc)	Staatsverträge und autonomes Recht	244	c)	Heilung von Formmängeln	281
			d)	Meistbegünstigung	282
II.	**Die internationale Schiedsvereinbarung**		2.	Art 1 Abs 2 EuÜ	283
			a)	Schriftlichkeit	284
1.	Begriff	245	b)	Günstigeres Landesrecht	285
2.	Rechtsnatur	246	3.	Autonomes Recht	286
3.	Rechtsquellen	247	a)	Anknüpfung	286
a)	Staatsverträge	247	aa)	Inländisches Schiedsverfahren	286
b)	Autonomes Recht	248	bb)	Ausländisches Schiedsverfahren	287
			b)	Die Neuregelung in § 1031 ZPO	288
III.	**Die Anknüpfung internationaler Schiedsvereinbarungen**		V.	**Die Zulässigkeit internationaler Schiedsvereinbarungen**	
1.	Staatsvertragliche Kollisionsnormen	249	1.	Hinreichende Bestimmtheit	295
a)	UN-Übereinkommen	249	a)	Staatsvertragliche Regelungen	295
aa)	Rechtswahl	250	b)	Autonomes Recht	296
bb)	Objektive Anknüpfung	251	2.	Objektive Schiedsfähigkeit	297
b)	Europäisches Übereinkommen	252	a)	Staatsvertragliche Regelungen	297
2.	Autonomes Recht	253	b)	Autonomes Recht	298
a)	Verfahren vor dem Exequaturgericht	253	aa)	Anknüpfung	298
b)	Verfahren vor dem Einredegericht	254	bb)	Deutsches Sachenrecht (§ 1030 ZPO)	299
aa)	Rechtswahl	255			
bb)	Objektive Anknüpfung	258	3.	International zwingende Normen und ordre public	300
cc)	Einheitsrechtliche Schranken	259	a)	Staatsvertragliche Regelungen	300
c)	Verfahren vor dem Schiedsgericht	260	b)	Autonomes Recht	301
3.	Reichweite des Statuts der Schiedsvereinbarung	261	aa)	Ordre-public-Verstoß	301
a)	Zustandekommen und materielle Wirksamkeit	261	bb)	Verstoß gegen international zwingende Normen	302
aa)	Staatsvertragliche Regelungen	261	VI.	**Die Wirkungen internationaler Schiedsvereinbarungen**	
bb)	Autonomes Recht	262			
b)	Auslegung und objektive Reichweite	265	1.	Einredewirkung	303
aa)	Staatsvertragliche Regelungen	265	a)	Art 2 Abs 3 UNÜ	303
bb)	Autonomes Recht	266	b)	Autonomes Recht	304
c)	Maßnahmen des einstweiligen Rechtsschutzes	267	2.	Drittwirkungen	305
aa)	Staatsvertragliche Regelungen	267			
bb)	Autonomes Recht	268			
d)	Beendigung der Schiedsvereinbarung	269			

5. Abschnitt. Schuldrecht.
1. Unterabschnitt. Vertragliche Schuldverhältnisse

Anhang II zu Art 27–37 EGBGB

Alphabetische Übersicht

Abzahlungskauf __ 95 ff
  s a Verbrauchersachen
Allgemeine Geschäftsbedingungen
– Gerichtsstandsvereinbarung __
  __ 173, 183, 188, 193 ff
– Schiedsvereinbarung __ 261 ff, 272, 276 ff, 291
Arbeitnehmerentsendung __ 78
Arbeitssachen
– Gerichtsstand des Erfüllungsorts __ 70 ff
– Gerichtsstandsvereinbarung __ 173, 215 f
– Schiedsvereinbarung __ 257
Aufrechnung
– Gerichtsstandsvereinbarung __ 225
Auftragsbestätigung
– Gerichtsstandsvereinbarung __ 199, 204
– Schiedsvereinbarung __ 274 f
Auslegung
  – EuGVÜ/LugÜ __
    __ 2, 6, 29 ff, 48 ff, 72, 84, 93, 95 ff, 134, 141
– Gerichtsstandsvereinbarung __ 189
– Schiedsvereinbarung __ 265 f
  s a Qualifikation
Ausschließliche Gerichtsstände
– Derogationsverbot __ 213
– Grundstücksmiete/-pacht __ 25 ff

Beförderungsvertrag
– Gerichtsstandsvereinbarung __ 175 ff
– Zuständigkeit, internationale __ 105
  – Luftverkehr __ 123 ff
  – Straßengüterverkehr __ 118 ff
Bereicherungsrechtliche Ansprüche
– Zuständigkeit, internationale __ 49
Bestätigungsschreiben, kaufmännisches
– Gerichtsstandsvereinbarung __ 198, 204
– Schiedsvereinbarung __ 262, 279, 290
Bestimmtheit
– Gerichtsstandsvereinbarung __ 210 ff
– Schiedsvereinbarung __ 295 f
Börsentermingeschäfte
– Gerichtsstandsvereinbarung __ 174, 218
– Schiedsvereinbarung __ 293, 302
– Verbrauchergerichtsstand __ 101, 112
CMR
– allg __ 4
– Gerichtsstandsvereinbarung __ 176

– Schiedsvereinbarung __ 230
– Zuständigkeit, internationale __ 118 ff
COTIF __ 4, 230
Culpa in contrahendo
– Zuständigkeit, internationale __ 51
Derogation s u Gerichtsstandsvereinbarung
Doppelfunktionalität
– der Gerichtsstandsnormen __ 5
Drittwirkungen
– Gerichtsstandsvereinbarung __ 224 f
– Schiedsvereinbarung __ 305
Einstweiliger Rechtsschutz
– Schiedsvereinbarung __ 267 f
Erfüllungsortsgerichtsstand
– allg __ 45 ff
– Arbeitssachen __ 70 ff
  – Arbeitsvertrag __ 72
  – Einstellende Niederlassung __ 74
  – Gewöhnlicher Arbeitsort __ 73
  – Reform __ 76
– Erfüllungsort __ 65 ff
  – Lex-causae-Qualifikation __ 65 ff
  – Reform __ 68
  – UN-Kaufrecht __ 66
  – Vereinbarung __ 79 ff, 191
– Maßgebliche Verpflichtung __ 58 ff
  – Feststellungs-/Gestaltungsklage __ 63
  – Nebenpflichten __ 64
  – Primäre Hauptpflicht __ 60
  – Rückgewährschuldverhältnis __ 62
  – Schadensersatzpflicht __ 61
  – Streitgegenständliche Pflicht __ 58 f
– Vertragliche Ansprüche __ 48 ff
  – Anspruchskonkurrenz __ 56 f
  – Ausgeschlossene Ansprüche __ 54 f
  – Auslegung __ 48
  – Begriff __ 49
  – Culpa in contrahendo __ 51
  – Gesellschaftsrecht __ 50
  – Nichtiger Vertrag __ 53
  – Produkthaftung __ 52
Europäisches Gerichtsstands- und Vollstreckungsübereinkommen
– allg __ 2
– Anwendungsbereich __ 6 ff

- persönlich — 11 ff
- räumlich — 10
- sachlich — 6 ff
- zeitlich — 9, 171
- Einzelgerichtsstände
  - allgemeiner — 18 ff
  - Erfüllungsort — 45 ff
  - Grundstücksmiete/-pacht — 25 ff
  - Niederlassung — 131 ff
  - Sachzusammenhang — 139 ff
  - Verbrauchersachen — 92 ff
  - Versicherungssachen — 83 ff
- Gerichtsstandsvereinbarungen s u Gerichtsstandsvereinbarung/EuGVÜ
- Konkurrenzen — 15 ff, 172 ff
- Reform — 2, 41, 68, 76, 106

Europäisches Übereinkommen über internationale Handelsschiedsgerichtsbarkeit — 229
- Anwendungsbereich — 238 ff
- Konkurrenzen — 242 ff
- Schiedsvereinbarung — 247
  - Anknüpfung — 252
  - Bestimmtheit — 295
  - Form — 283 ff
  - Objektive Schiedsfähigkeit — 297

Ferienhausmiete
- Zuständigkeit, internationale — 40 ff

Fernunterrichtsvertrag
- Zuständigkeit, internationale — 116

Feststellungsklage
- Zuständigkeit, internationale — 53, 63

Form
- Gerichtsstandsvereinbarung — 190 ff
- Schiedsvereinbarung — 270 ff

Gerichtsstand s u Zuständigkeit, internationale
Gerichtsstandsvereinbarung/allg — 162 ff
- Lufttransport — 175
- Straßengütertransport — 176

Gerichtsstandsvereinbarung/EuGVÜ
- Anwendungsbereich — 165 ff
- Begriff — 180 ff
- Form — 190 ff
  - allg — 190 ff
  - Handelsbrauch — 201 ff
- Konkurrenzen — 172 ff

- Schriftform — 192 ff
- Schriftliche Bestätigung — 197 ff
- Wirkungen — 219 ff
  - Ausschließlichkeit — 219
  - Bindung der Gerichte — 219
  - Drittwirkungen — 224 f
  - Einseitige Begünstigung — 221
  - Objektive Reichweite — 222
  - Prozessaufrechnung — 226
  - Widerklage — 226
- Zulässigkeit — 209 ff
  - Ausschließliche Zuständigkeit — 213
  - Bestimmtheit — 210
  - Schutz der schwächeren Vertragspartei — 90, 115, 214 ff
  - Zwingende Normen — 174

Gerichtsstandsvereinbarung/ZPO
- Abgrenzung — 177 ff
- Anknüpfung — 186 ff
  - Akzessorische — 186
  - Eigenständige — 187
  - Reichweite — 188 ff
- Form — 208
- Rechtsnatur — 185
- Wirkungen — 220
- Zulässigkeit — 209 ff
  - Anknüpfung — 209
  - Arbeitnehmer — 215
  - Bestimmtheit — 210 ff
  - Rechtsschutzverweigerung — 217
  - Verbrauchersachen — 214
  - Versicherungssachen — 214
  - Vollstreckungsmöglichkeit — 217
  - Zwingende Normen — 218

Geschäftsbeziehung, laufende
- Gerichtsstandsvereinbarung — 198, 200, 210
- Schiedsklausel — 277 f, 290

Geschäftsstelle
- Zuständigkeitsanknüpfung — 122, 128 f

Gesellschaft
- Allg Gerichtsstand — 20 f, 24
- Erfüllungsortsgerichtsstand — 50
- Gerichtsstandsvereinbarung — 184, 196, 210
- Niederlassung — 136

Gesetzliche Schuldverhältnisse
- Gerichtsstandsvereinbarung — 222
- Schiedsvereinbarung — 265 f
- Zuständigkeit, internationale — 49, 54

5. Abschnitt. Schuldrecht.
1. Unterabschnitt. Vertragliche Schuldverhältnisse

Grundstücksmiete/-pacht – Gerichtsstand ____ 25 ff
– Abgrenzungen ____ 26
– Auslegung ____ 29
– Ferienhausmiete ____ 40 ff
  – EuGVÜ ____ 40 ff
  – LugÜ ____ 43
– Miet- oder Pachtverhältnis ____ 31 ff
  – Ferienhausvermittlung ____ 33
  – Timesharing ____ 34
  – Unternehmenspacht ____ 35
– Normzweck ____ 27
– Streitigkeiten ____ 36 ff
  – Schadensersatz ____ 38
  – Verbandsklage ____ 39
  – Zahlungsklage ____ 37
– Unbewegliche Sachen ____ 30

Handelsbrauch, internationaler
– Gerichtsstandsvereinbarung ____ 201 ff
– Schiedsvereinbarung ____ 278, 290
Handelsschiedsgerichtsbarkeit, internationale ____ 227 ff
– Autonomes Recht ____ 233
– Bedeutung ____ 227
– Rechtsquellen ____ 228 ff
– Staatsverträge ____ 228 ff
Haustürgeschäfte
– Gerichtsstand ____ 116

Immobiliarmiete/-pacht s u Grundstücksmiete/-pacht
Insolvenzrechtliche Streitigkeiten
– Anwendung des EuGVÜ ____ 7 f
Juristische Person
– Gerichtsstand ____ 20 f, 24
s a Gesellschaft

Kartellrecht
– Gerichtsstandsvereinbarung ____ 174, 218
– Schiedsvereinbarung ____ 299
Konkurs s u insolvenzrechtliche Streitigkeiten
Konnossement
– Gerichtsstandsvereinbarung ____ 206, 225
– Schiedsvereinbarung ____ 280, 292
Kreditgeschäft
– Zuständigkeit, internationale ____ 98

Leasing ____ 25
Luftbeförderung
– Gerichtsstandsvereinbarung ____ 175
– Warschauer Abkommen ____ 124 ff
Luganer Übereinkommen
– Allg ____ 3
– Arbeitsvertragliche Ansprüche ____ 75
– Ferienhausmiete ____ 43 f
– Gerichtsstandsvereinbarung ____ 163, 215
– und EuGVÜ ____ 17
s im Übrigen u EuGVÜ
Luxemburg
– Gerichtsstandsvereinbarung ____ 207

Meistbegünstigung
– Schiedsvereinbarung ____ 242 ff, 282
Miete s u Grundstücksmiete
Mitgliedschaft s u Gesellschaft

Niederlassungsgerichtsstand
– allg ____ 131 ff
– Betriebsbezogenheit ____ 138
– Niederlassungsbegriff ____ 135 ff
– Normzweck ____ 133
– Verbrauchersachen ____ 12, 109 ff
– Versicherungssachen ____ 12, 87, 91

Objektive Anknüpfung
– Gerichtsstandsvereinbarung ____ 186 f
– Schiedsvereinbarung ____ 251, 258
Ordre public
– Schiedsvereinbarung ____ 301

Pacht s u Grundstückspacht
Parteigepflogenheiten
– Gerichtsstandsvereinbarung ____ 200
– Schiedsvereinbarung ____ 278, 290
Produkthaftung
– Zuständigkeit, internationale ____ 52
Prorogation s u Gerichtsstandsvereinbarung
Prozessaufrechnung
– Gerichtsstandsvereinbarung ____ 226
– Zuständigkeit, internationale ____ 148 ff

Qualifikation
– autonome
  – EuGVÜ ____ 6 ff, 29 ff, 48 ff, 64, 72, 84, 93, 95 ff, 134, 141, 180, 202
  – EuÜ ____ 240

Anhang II zu Art 27–37 EGBGB

- UNÜ _____ 271
- Lex causae
  - EuGVÜ _____ 65 ff
  - Nationales Recht _____ 69
- Lex fori _____ 29, 82, 134

Rechtsnachfolge
- Gerichtsstandsvereinbarung _____ 224 f
- Schiedsvereinbarung _____ 305

Rechtswahl
- Gerichtsstandsvereinbarung _____ 186
- Schiedsvereinbarung _____ 250, 255 ff, 262

Revidierte Mannheimer Schiffahrtsakte _____ 4

Sachzusammenhangsgerichtsstände
- allg _____ 139
- Gewährleistungs- und Interventionsklage _____ 143
- Streitgenossenschaft _____ 140 ff
- Verbindung mit dinglicher Klage _____ 147
- Widerklage _____ 144 ff

Schiedsfähigkeit, objektive
- Anknüpfung _____ 297 f
- Sachrecht _____ 299

Schiedsvereinbarung
- Anknüpfung _____ 249 ff
  - Autonomes Recht _____ 253 ff
  - EuÜ _____ 252
  - UNÜ _____ 249 ff
- Begriff _____ 245
- Form _____ 270 ff
  - Autonomes Recht _____ 286 ff
  - EuÜ _____ 283 ff
  - UNÜ _____ 271 ff
- Reichweite des Vereinbarungsstatuts _____ 261 ff
  - Auslegung _____ 265 ff
  - Beendigung _____ 269
  - Bereicherung, ungerechtfertigte _____ 265
  - Deliktische Ansprüche _____ 265 f
  - Einstweiliger Rechtsschutz _____ 267 f
  - Materielle Wirksamkeit _____ 261, 263 f
  - Wechselforderungen _____ 266
  - Zustandekommen _____ 261 f
- Rechtsnatur _____ 246
- Rechtsquellen _____ 247 f
- Wirkungen _____ 303 ff
- Zulässigkeit
  - Bestimmtheit _____ 295 f
  - Objektive Schiedsfähigkeit _____ 297 ff

1. Teil. Allgemeine Vorschriften.
2. Kapitel. IPR

- Ordre public _____ 301
- Zwingende Normen _____ 302

Schriftform
- Gerichtsstandsvereinbarung _____ 192 ff
- Schiedsvereinbarung _____ 271 ff, 284, 288 ff

Schweigen s u Bestätigungsschreiben

Seerecht
- Mindesthaftung des Verfrachters _____ 218
- s a Konnossement

Sitzbestimmung
- Autonomes Recht _____ 24
- EuGVÜ _____ 20 f

Straßengüterverkehr s u CMR

Streitverkündung _____ 226

Teilzahlungskauf
- Zuständigkeit, internationale _____ 95 ff

Timesharing
- Zuständigkeit, internationale _____ 34, 101

Transportstreitigkeiten
- allg _____ 117
- Luftverkehr _____ 123 ff
  - Warschauer Abkommen _____ 124 ff
- Straßengüterverkehr _____ 118 ff
- CMR _____ 119 ff

UNCITRAL-Modellgesetz _____ 232

UN-Kaufrecht
- Erfüllungsortsgerichtsstand _____ 66

UN-Übereinkommen über die Anerkennung und Vollstreckung von Schiedssprüchen _____ 228
- Anwendungsbereich
  - Schiedssprüche _____ 234 ff
  - Schiedsvereinbarungen _____ 247
  - Konkurrenzen _____ 242 ff
  - Schiedsvereinbarung
    - Anknüpfung _____ 249 ff
    - Form _____ 271 ff
    - Wirkungen _____ 303
    - Zulässigkeit _____ 295, 297, 300
- s a Schiedsvereinbarung

Verbrauchersachen _____ 92 ff
- Autonomes Recht _____ 116,
- EuGVÜ/LugÜ _____ 12, 93 ff
  - Gerichtsstandsvereinbarung _____ 115, 214
  - Normzweck _____ 92
  - Verbraucherbegriff _____ 92 f

5. Abschnitt. Schuldrecht.
1. Unterabschnitt. Vertragliche Schuldverhältnisse

– Verbrauchergeschäfte	95 ff
– Zuständigkeit, internationale	112 ff
– Schiedsvereinbarung	257
Verbraucherschutz	
– Gerichtsstandsvereinbarung	173
– Schiedsvereinbarung	257, 293, 302
Vermögensgerichtsstand	
– Allg	150 ff
– Auslegung	154 f
– Inlandsbezug	156 ff
– Vermögensbegriff	152, 161
Versicherungssachen	
– Autonomes Recht	91
– EuGVÜ/LugÜ	12, 83 ff
– Begriff	84
– Gerichtsstandsvereinbarung	90, 214
– Normzweck	83
– Zuständigkeit, internationale	85 ff
Vertragsgerichtsstand s u Erfüllungsortsgerichtsstand	
Warschauer Abkommen	41
– Allg	4
– Gerichtsstandsvereinbarung	175
– Schiedsvereinbarung	230
– Zuständigkeit, internationale	124 ff

Wechselklage	
– Schiedsvereinbarung	266
Widerklage	
– Gerichtsstandsvereinbarung	225
– Zuständigkeit, internationale	144 ff
Wohnsitz	
– Zuständigkeitsanknüpfung	19, 22 f, 165
Zivil- und Handelssachen	
– Begriff im EuGVÜ	6 ff
Zuständigkeit, internationale	
– allg	18 ff
– Gerichtsstandsvereinbarung	163 ff
– Grundstücksmiete/-pacht	25 ff
– Niederlassung	131 ff
– Sachzusammenhang	139 ff
– Transportrecht	117 ff
– Verbrauchersachen	92 ff
– Vermögensbelegenheit	150 ff
– Versicherungssachen	83 ff
– Vertraglicher Erfüllungsort	45 ff
Zweigniederlassung s u Niederlassung	
Zwingende Normen	
– Gerichtsstandsvereinbarung	174, 218
– Schiedsvereinbarung	302

Vorbemerkung

KARL FIRSCHING hat in der 10./11. Auflage des STAUDINGER (1978) an dieser Stelle noch einen Kurzabriß über das gesamte internationale Verfahrensrecht geben können. In den seither vergangenen mehr als zwei Jahrzehnten hat sich das internationale Zivilverfahrensrecht zu einem dem IPR weithin ebenbürtigen eigenständigen Rechtsgebiet entwickelt. Dies wird nicht zuletzt dadurch dokumentiert, dass in diesem Zeitraum zahlreiche Lehr- und Handbücher erschienen sind, die sich ausschließlich der Behandlung von verfahrensrechtlichen Problemen im grenzüberschreitenden Rechtsverkehr widmen. Insbesondere aufgrund der Überlagerung des autonomen internationalen Zivilprozessrechts durch eine Vielzahl von Staatsverträgen, unter denen dem Europäischen Gerichtsstands- und Vollstreckungsübereinkommen wegen der Auslegungskompetenz des Europäischen Gerichtshofs besondere Bedeutung zukommt, kann eine für Praxis und Lehre hilfreiche Gesamtdarstellung des internationalen Zivilverfahrensrechts in dem hier zur Verfügung stehenden knappen Raum nicht geleistet werden. Die nachfolgende Darstellung beschränkt sich daher auf die – vor allem in der Praxis der Vertragsgestaltung bedeutsamen – Fragen der internationalen Zuständigkeit für Vertragsklagen, sowie auf internationale Gerichtsstands- und Schiedsvereinbarungen.

Anhang II zu Art 27–37 EGBGB 1. Teil. Allgemeine Vorschriften.
2. Kapitel. IPR

A. Grundlagen der internationalen Zuständigkeit für Vertragsklagen

Schrifttum

1. Allgemein

BAUMBACH/LAUTERBACH/ALBERS/HARTMANN, Zivilprozeßordnung [60] (2001)
CROME, International Commercial Litigation (1990)
GEIMER, Internationales Zivilprozeßrecht[5] (2001)
KROPHOLLER, Internationale Zuständigkeit, in: Hdb IZVR I Kap III (1982)
LINKE, Internationales Zivilprozeßrecht[2] (1996)
MUSIELAK, Zivilprozeßordnung[2] (2000)
Münchener Kommentar zur Zivilprozeßordnung, Bd 3, IZPR[2] (2001)
NAGEL/GOTTWALD, Internationales Zivilprozeßrecht[4] (1997)
RAUSCHER, Internationales und Europäisches Zivilprozeßrecht (1999)
SCHACK, Internationales Zivilverfahrensrecht[2] (1996)
ders, Entscheidungszuständigkeiten in einem weltweiten Gerichtsstands- und Vollstreckungsübereinkommen, ZEuP 1998, 931
SCHRÖDER, Internationale Zuständigkeit (1971)
STEIN/JONAS, Zivilprozeßordnung[21] (1994 ff)
THOMAS/PUTZO, Zivilprozeßordnung[23] (2000)
WIECZOREK/SCHÜTZE, Großkommentar zur Zivilprozeßordnung[3] (1994 ff)
ZÖLLER, Zivilprozeßordnung[22] (2000).

2. EuGVÜ

BAJONS/MAYR/ZEILER (Hrsg), Der Einfluß der Europäischen Gerichtsstands- und Vollstrekkungsübereinkommens auf den österreichischen Zivilprozeß (1997)
BARIATTI, La Corte di cassazione italiana e la Convenzione di Bruxelles del 1968, Riv dir int priv proc 1992, 855
BASEDOW, Europäisches Zivilprozeßrecht, in: Hdb IZVR I Kap II (1982)
BEAUMONT, Current Developments: European Community Law: European Court of Justice and Jurisdiction and Enforcement of Judgments in Civil and Commercial Matters, IntCompLQ 1997, 205
BESSE, Die justizielle Zusammenarbeit in Zivilsachen nach dem Vertrag von Amsterdam und das EuGVÜ, ZEuP 1999, 7
BOGDAN (Hrsg), The Brussels Jurisdiction and Enforcement Convention – an EC Court Case Book (1996)
BONELL, Harmonization of Law between Civil and Common Law Jurisdictions: The 1968 Brussels Jurisdiction and Judgments Convention – an Example to Follow, Riv comm 1990, 737
BORRAS (Hrsg), La revisión de los Convenios de Bruselas de 1968 y Lugano de 1988: Una reflexión preliminar española (1998)
BRIGGS, The Brussels Convention, YbEuL 10 (1990) 481
BÜLOW/BÖCKSTIEGEL/GEIMER/SCHÜTZE, Internationaler Rechtsverkehr in Zivil- und Handelssachen[3] (1997)
BYRNE, The European Union and Lugano Conventions on Jurisdiction and the Enforcement of Judgments (1994)
CALVO CARAVACA, Comentario al Convenio de Bruselas relativo alla Competencia judicial y a la Ejecuión de resoluciones judiciales en materia civil y mercantil (1994)
CARPI, Riflessioni sull'armonizzazione del diritto processuale civile in Europa in relazionc alla convenzione di Bruxelles del 1968, Riv trim dir proc civ 1993, 1037
COLLINS, The Civil Jurisdiction and Judgments Act 1982 (1983)
CZERNICH/TIEFENTHALER, Die Übereinkommen von Lugano und Brüssel (1997)
DASHWOOD/HACON/WHITE, A Guide to the Civil Jurisdiction and Judgments Convention (1987)
DESANTES REAL, La competéncia judicial en la comunidad Europea (1986)
DIETZE/SCHNICHELS, Die aktuelle Rechtsprechung des EuGH zum EuGVÜ, EuZW 1996, 455; 1998, 485; 1999, 549; 2000, 521
DROZ, Compétence judiciaire et effets des jugements dans le Marché Commun (1972)
ders, Pratique de la Convention de Bruxelles du 27 septembre 1968 (1973)

5. Abschnitt. Schuldrecht.
1. Unterabschnitt. Vertragliche Schuldverhältnisse

Anhang II zu Art 27–37 EGBGB

ERWAND, Forum non conveniens und EuGVÜ (1996)
GAUDEMET-TALLON, Les Conventions de Bruxelles et de Lugano² (1996)
GEIMER, Das Nebeneinander und Miteinander von europäischem und nationalem Zivilprozeßrecht, NJW 1986, 2991
ders, The European Law of Civil Procedure under the Brussels Convention, in: FS Stiefel (1987) 219
GEIMER/SCHÜTZE, Internationale Urteilsanerkennung, Bd I/1, EuGVÜ (1983)
dies, Europäisches Zivilverfahrensrecht (1997)
GOTHOT/HOLLEAUX, La convention de Bruxelles du 27. 9. 1968 (1985)
GROLIMUND, Drittstaatenproblematik des europäischen Zivilverfahrensrechts (2000)
HARTLEY, Civil Jurisdiction and Judgments (1984)
HAUSCHILD, Das EuGVÜ – Anwendung von Amts wegen? (1985)
HERTZ, Jurisdiction in Contract and Tort under the Brussels Convention (1998)
VHOVE, De Europese Executieverdragen (1994)
HÜSSTEGE, EuGVÜ, in: THOMAS/PUTZO, ZPO²² (1999)
JAYME (Hrsg), Ein Internationales Zivilverfahrensrecht für Gesamteuropa (1992)
ders, Der Gerechtigkeitsgehalt des EuGVÜ, in: REICHELT (Hrsg), Europäisches Kollisionsrecht (1993) 33
JAYME/KOHLER, Zum Stand des internationalen Privat- und Verfahrensrechts der EG, IPRax 1985, 65; 1988, 133; 1989, 337; 1990, 353; 1991, 361; 1992, 346; 1993, 357; 1994, 405; 1995, 343; 1996, 377; 1997, 385; 1998, 417; 1999, 401; 2000, 454; 2001, 501
JAYME/PICCHIO FORLATI (Hrsg), Guirisdizione e legge applicabile ai contratti nella CEE (1990)
JENARD, La Convention de Bruxelles, SchwJbIntR 1987, 83
JUENGER, La Convention de Bruxelles du 27 septembre 1968 et la courtoisie internationale, Rev crit dip 1983, 37
JUNG, The Brussels and Lugano Conventions – The European Courts Jurisdiction, its Procedures and Methods, CivJQ 1992, 38
KAYE, Civil Jurisdiction and Enforcement of Foreign Judgments (1987)

ders, Der Beitritt des Vereinigten Königreiches zum Brüsseler Übereinkommen, IPRax 1989, 403
ders (Hrsg), European Case Law on the Judgments Convention (1998)
KLAUSER, EuGVÜ und EVÜ (1999)
KLINKE, Brüsseler Übereinkommen und Übereinkommen von Lugano² (1993)
KOHLEGGER, Ein Vergleich zwischen EuGVÜ und LGVÜ, ÖJZ 1999, 41
KOHLER, Practical Experience of the Brussels Jurisdiction and Judgments Convention in the Six Original Contracting States, IntCompLQ 1985, 563
ders, Zur Revision des EuGVÜ, IPRax 1987, 201
ders, Die zweite Revision des EuGVÜ – Ein Überblick über das EuGVÜ 1989, EuZW 1991, 303
KRONKE, Reform des Internationalen Zivilprozeßrechts in Europa: Grundfragen der Regelung internationaler Zuständigkeit, in: FS Broggini (1996) 223
KROPHOLLER, Neues europäisches Zivilprozeßrecht, RiW 1986, 929
ders, Europäisches Zivilprozeßrecht⁶ (1998)
LINKE, EuGVÜ – Die Rechtsprechung des EuGH bis zum 31. 7. 1984, RiW 1991, Beilage 5
MARKUS, Revidierte Übereinkommen von Brüssel und Lugano: Zu den Hauptpunkten, Schweiz AG 1999, 205
MATHERS, The Brussels Convention of 1968: Its Implementation in the United Kingdom, YbEurL 1983, 49
MC CLELLAN/KREMLIS, The Convention of September 27, 1968 ... – Survey of the case law of the Court of Justice of the European Communities and of the National Courts, CMLRev 1983, 529
MERCIER/DUTOIT, LEurope Judiciaire: les Conventions de Bruxelles et de Lugano (1991)
MOLONEY/ROBINSON (Hrsg), The Brussels Convention (1989)
O'MALLEY/LAYTON, European Civil Practice (1989)
PÅLSSON, Brysel- och Lugano-Konventionerna (1993)
PELLIS, All Roads lead to Brussels: Towards a Uniform European Civil Procedure, NILR 37 (1990) 372

PHILIP, Europaeisk International Privat- och Procesret[2] (1994)
PIERI, The 1968 Brussels Convention ... : Four Years' Case Law of the European Court of Justice, CMLRev 24 (1987) 635, 29 (1992) 537 und 34 (1997) 867
POCAR, La convenzione di Bruxelles[2] (1989)
ders, Linee di tendenza della convenzione di Bruxelles ... dopo l'adesione di nuovi Stati, Riv dir int priv proc 1990, 5
SCHACK, Wechselwirkungen zwischen europäischem und nationalem Zivilprozeßrecht, ZZP 1994, 279
SCHLOSSER, Vertragsautonome Auslegung, nationales Recht, Rechtsvergleichung und EuGVÜ, in: GS Bruns (1980) 45
ders, Das internationale Zivilprozeßrecht der Europäischen Wirtschaftsgemeinschaft und Österreich, in: FS Kralik (1986) 287
ders, Kommentar zum EuGVÜ (1996)
SCHOLZ, Das Problem der autonomen Auslegung des EuGVÜ (1998)
SPELLENBERG, Das EuGVÜ als Kern eines europäischen Zivilprozeßrechts, EuR 1980, 329
TAGARAS, Chronique de jurisprudence relative à la convention de Bruxelles, Cah dr eur 1999, 159
TEBBENS, The European Jurisdiction and Enforcement Conventions: Interpretation, Concurrence and Prospects, NILR 1993, 471
ders, Convention de Bruxelles: Développements Récents, JT 1995, 217
TEXEIRO DE SOUSA/MOURA VICENTE, Comentário à Convenção de Bruxelas (1994)
TOSI, EuGVÜ und Drittstaaten (1988)
TRUNK, Die Erweiterung des EuGVÜ-Systems am Vorabend des Europäischen Binnenmarkts (1991)
VERHEUL, The EEC Convention on Jurisdiction and Judgments of 27 September 1968 in Dutch Legal Practice, NILR 1983, 240
VIAL, Die Gerichtsstandswahl und der Zugang zum internationalen Zivilprozeß im deutsch-italienischen Rechtsverkehr (1999)
VLAS, The EEC Convention on Jurisdiction and Judgments, NILR 1999, 87
VCELOUCH, Gerichtskompetenz und Europäische Union (1996)
WAGNER, Der Beitritt Österreichs, Finnlands und Schwedens zum Brüsseler Gerichtsstands- und Vollstreckungsübereinkommen vom 27. 9. 1968, RiW 1998, 590
WEIGAND, Der Beitritt Spaniens und Portugals zum EuGVÜ, RiW 1991, 717
WEISS, Die Konkretisierung des Gerichtsstandsregeln des EuGVÜ durch den EuGH (1997)
WESER, Convention communautaire sur la compétence judiciaire et l'exécution des décisions (1975).

3. EuGVVO

HAUSMANN, Die Revision des Brüsseler Übereinkommens von 1968, Teil I: Internationale Zuständigkeit, EuLF 2000, 40
HESS, Die „Europäisierung" des internationalen Zivilprozeßrechts durch den Amsterdamer Vertrag – Chancen und Gefahren, NJW 2000, 23
KOHLER, Die Revision des Brüsseler und des Luganer Übereinkommens über die gerichtliche Zuständigkeit und die Vollstreckung gerichtlicher Entscheidungen in Zivil- und Handelssachen – Generalia und Gerichtsstandsproblematik, in: GOTTWALD (Hrsg), Revision des EuGVÜ – Neues Schiedsverfahrensrecht (1999) 1
WAGNER, Die geplante Reform des Brüsseler und des Lugano-Übereinkommens, IPRax 1998, 241.

4. Luganer Übereinkommen

BAJONS, Das Luganer Parallelübereinkommen zum EuGVÜ, ZfRvgl 1993, 45
BAJONS/MAYR/ZEILER (Hrsg), Die Übereinkommen von Brüssel und Lugano (1997)
BARIATTI, Prime considerazioni sulla convenzione di Lugano ..., Riv dir int priv proc 1989, 629
BERNASCONI/GERBER, Der räumlich-gegenständliche Anwendungsbereich des Luganer Übereinkommens, SZIER 1993, 39
BROGGINI, La convenzione parallele di Lugano nella prospettiva di un giurista svizzero, Dir com int 1990, 573
BROGGINI/GAJA/JAMETTI GREINER/PATOCCHI, La convenzione di Lugano – temi scelti e prime esperienze (1992)
BYRNE, The European Union and Lugano Convention on Jurisdiction and the Enforcement of Judgments (1994)

CARPENTER ua, The Lugano and San Sebastian Conventions (1990)
CZERNICH/TIEFENTHALER, Die Übereinkommen von Lugano und Brüssel (1997)
DANIELE, La Corte di giustizia comunitaria e le Convenzioni di Roma e di Lugano, Riv dir int priv proc 1990, 917
ders, L'interprétation de la Convention de Lugano par le Tribunal fédéral: étude de jurisprudence, ZSR 1999, 11
DONZALLAS, La Convention de Lugano du 16 september 1988, 2 Bde (1996/97)
DROZ, La convention de Lugano parallèle à la Convention de Bruxelles..., Rev crit dip 1989, 1
HEERSTRASSEN, Die künftige Rolle von Präjudizien des EuGH im Verfahren des Luganer Übereinkommens, RiW 1993, 179
HERBOTS/KREMLIS, La Convention parallèle..., Cah dr eur 26 (1990) 1
JAMETTI GREINER, Überblick zum Lugano-Übereinkommen..., ZBernJV 1992, 42
JAYME (Hrsg), Ein internationales Zivilverfahrensrecht für Gesamteuropa (1992)
LECHNER/MAYR, Das Übereinkommen von Lugano (1996)
MÄNHARDT, Das Lugano-Übereinkommen und Österreich, in: REICHELT (Hrsg), Europäisches Kollisionsrecht (1993) 81
MARTINY/ERNST, Der Beitritt Polens zum Luganer Übereinkommen, IPRax 2001, 29
MCCAFFREY, The Lugano and San Sebastian Conventions, CivJQ 1992, 11
MERCIER/DUTOIT, L'Europe judiciaire. Les Conventions de Bruxelles et de Lugano (1991)
MINOR, The Lugano Convention. Some Problems of Interpretation, CML Rev 1990, 507
PÅLSSON, Lugano-Konventionen (1992)
ders, The Lugano Convention in Sweden, IPRax 1999, 52
ROBINSON/FINDLATER (Hrsg), Creating a European Economic Space: Legal Aspects of EC-EFTA Relations (1990) 117

ROGNLIEN, Lugano-Konvensjonen (1993)
SAGGIO, European Judicial Area for Civil and Commercial Matters: The Brussels and Lugano Conventions, Riv dir eur 1991, 617
SCHMIDT/PARZEFALL, Die Auslegung des Parallelübereinkommens von Lugano (1995)
SCHNYDER, Das Lugano-Übereinkommen und seine Auswirkungen auf die Schweiz, in: REICHELT (Hrsg), Europäisches Kollisionsrecht (1993) 65
SCHWANDER (Hrsg), Das Lugano-Übereinkommen (1990)
STONE, The Lugano Convention on Civil Jurisdiction and Judgments, YbEurL 8 (1988) 105
TRUNK, Die Erweiterung des EuGVÜ-Systems am Vorabend des Europäischen Binnenmarktes (1991)
URLESBERGER, Ein Einheitliches Gerichtsstandsrecht für ganz Westeuropa mit Ausnahme Österreichs im Werden, öJBl 1988, 223
VLAS, Netherlands Judicial Decisions Regarding the Application of the Lugano Convention on Jurisdiction and Judgments, NILR 1996, 397
VOLKEN, Das EG/EFTA-Parallel-Übereinkommen..., SchwJbIntR 1987, 97
ders, Das Lugano-Übereinkommen..., SchwJbIntR 1988, 56
ders, Rechtsprechung zum Lugano-Übereinkommen, SZIER 1993, 335; 1994, 993; 1995, 283; 1996, 69; 1997, 335; 1998, 91; 1999, 441
VOYAME/POUDRET/PATOCCHI/VOLKEN, L'espace judiciaire européen (1992)
WAGNER, Zum Inkrafttreten des Lugano Übereinkommens für die Republik Polen, WiRO 2000, 47
WAHL, The Lugano Convention and Legal Integration (1990)
WALTER, Wechselwirkungen zwischen europäischem und nationalem Zivilprozeßrecht: Lugano-Übereinkommen und Schweizer Recht, ZZP 107 (1994) 301.

I. Rechtsquellen

Die von den deutschen Gerichten zu beachtenden Regeln über die internationale Zuständigkeit ergeben sich einerseits aus Staatsverträgen, andererseits aus Vorschriften des autonomen Zivilverfahrensrechts, insbesondere der Zivilprozessordnung.

Anhang II zu Art 27–37 EGBGB

1. Europäisches Gerichtsstands- und Vollstreckungsübereinkommen

Wichtigste Rechtsquelle der internationalen Zuständigkeit deutscher Gerichte ist derzeit noch das Brüsseler Übereinkommen über die gerichtliche Zuständigkeit und die Vollstreckung gerichtlicher Entscheidungen in Zivil- und Handelssachen vom 27. 9. 1968. Das EuGVÜ wurde – in Erfüllung des Auftrags aus Art 220 EGV aF (jetzt: Art 293 EGV) – auf Initiative der EG-Kommission durch einen Sachverständigenausschuß in den Jahren 1960–1966 erarbeitet. Es wurde am 27. 9. 1968 unterzeichnet (EuGVÜ 1968; BGBl 1972 II 774) und trat am 1. 2. 1973 für die ursprünglichen Mitgliedstaaten der EG, also für Belgien, die Bundesrepublik Deutschland, Frankreich, Italien, Luxemburg und die Niederlande in Kraft (BGBl 1973 II 60). Der Beitritt steht nach Art 63 EuGVÜ nur Mitgliedstaaten der Europäischen Union offen. Das EuGVÜ 1968 wird erläutert in einem Bericht von JENARD (ABl C 59, 1 ff v 5. 3. 1979).

Eine *erste Neufassung* wurde nach dem Beitritt **Dänemarks, des Vereinigten Königreichs** und **Irlands** zur EG am 9. 10. 1978 in Luxemburg unterzeichnet (EuGVÜ 1978; BGBl 1983 II 802); sie ist am 1. 11. 1986 zunächst für die sechs ursprünglichen Mitgliedstaaten der EG und Dänemark in Kraft getreten (BGBl 1986 II 1020). Für das Vereinigte Königreich galt das EuGVÜ 1978 seit dem 1. 1. 1987 (BGBl 1986 II 1146) und für Irland seit dem 1. 6. 1988 (BGBl 1988 II 610). Die vor allem auf dem Gebiet der internationalen Zuständigkeit (zB in Verbrauchersachen und bei Gerichtsstandsvereinbarungen) weitreichenden Änderungen durch das EuGVÜ 1978 werden in einem Bericht von SCHLOSSER erläutert (ABl C 59, 71 ff v 5. 3. 1979).

Die *zweite Neufassung* wurde durch den Beitritt **Griechenlands** zur EG erforderlich; sie wurde am 25. 10. 1982 in Luxemburg unterzeichnet (EuGVÜ 1982; BGBl 1988 II 453) und ist für die sechs ursprünglichen Mitgliedstaaten der EG sowie für Dänemark, Irland und Griechenland am 1. 4. 1989 (BGBl 1989 II 214) und für das Vereinigte Königreich am 1. 10. 1989 (BGBl 1989 II 752) in Kraft getreten. Die – im Wesentlichen nur technischen – Änderungen werden in einem Bericht von EVRIGENIS und KERAMEUS erläutert (ABl C 298, 1 ff v 24. 1. 1986).

Eine *dritte Neufassung* des EuGVÜ wurde anlässlich des Beitritts von **Spanien** und **Portugal** zur EG erarbeitet und am 26. 5. 1989 in Donostia/San Sebastian unterzeichnet (EuGVÜ 1989; BGBl 1994 II 519). Sie ist am 1. 2. 1991 für Frankreich, die Niederlande und Spanien in Kraft getreten. Das EuGVÜ 1989 gilt inzwischen ferner für das Vereinigte Königreich (seit 1. 12. 1991), Luxemburg (seit 1. 2. 1992), Italien (seit 1. 5. 1992), Griechenland und Portugal (seit 1. 7. 1992), Irland (seit 1. 12. 1993), die Bundesrepublik Deutschland (seit 1. 12. 1994; BGBl 1994 II 3707), Dänemark (seit 1. 3. 1996; BGBl 1996 II 380) und Belgien (seit 1. 10. 1997; BGBl 1998 II 230). Die zahlreichen inhaltlichen Änderungen werden in einem Bericht von ALMEIDA CRUZ, DESANTES REAL und JENARD erläutert (ABl C 189, 35 ff v 28. 7. 1990).

Eine *vierte Neufassung* des EuGVÜ wurde nach dem Beitritt **Finnlands, Österreichs** und **Schwedens** zur EU mit Wirkung vom 1. 1. 1995 am 29. 11. 1996 in Brüssel unterzeichnet (EuGVÜ 1996; BGBl 1998 II 1411). Sie ist am 1. 12. 1998 für Dänemark, die Niederlande und Österreich in Kraft getreten. Das EuGVÜ 1996 gilt inzwischen ferner für die Bundesrepublik Deutschland und Schweden (seit 1. 1. 1999), Finnland und Spanien (seit 1. 4. 1999), Italien (seit 1. 6. 1999), Griechenland (seit 1. 7. 1999), Portugal (seit 1. 10. 1999), Irland (seit 1. 12. 1999, BGBl 2000 II 828), Luxemburg (seit 1. 5. 2000),

Frankreich (seit 1. 8. 2000, BGBl II 1954) und das Vereinigte Königreich (seit 1. 1. 2001, BGBl 2001 II 40). In der Fassung von 1989 gilt das EuGVÜ daher derzeit nur noch im Verhältnis zu Belgien.

Das Übereinkommen wird ergänzt durch ein Zusatzprotokoll vom 27. 9. 1968, sowie durch das **Auslegungsprotokoll** vom 3. 6. 1971, das die einheitliche Auslegung des Übereinkommens durch den EuGH sicherstellt und die Vorlagemodalitäten regelt.

2. EuGVVO

Im Rahmen des angestrebten Aufbaus eines Raumes der Freiheit, der Sicherheit und des Rechts ermächtigt Art 65 EGV idF des Vertrags von Amsterdam die Organe der Gemeinschaft zum Erlaß von Maßnahmen auf dem Gebiet der justiziellen Zusammenarbeit in Zivilsachen mit grenzüberschreitenden Bezügen, soweit sie für das Funktionieren des Binnenmarkts erforderlich sind. Die Kompetenz der Europäischen Gemeinschaft umfasst nach Art 65 lit a EGV auch die Verbesserung und Vereinfachung der Anerkennung und Vollstreckung gerichtlicher Entscheidungen in Zivil- und Handelssachen (vgl dazu JAYME/KOHLER IPRax 1999, 401 ff; HESS NJW 2000, 23 ff). Gestützt auf diese Kompetenz hat die Kommission am 22. 12. 2000 die Verordnung (EG) Nr 44/2001 über die gerichtliche Zuständigkeit und die Anerkennung und Vollstreckung von Entscheidungen in Zivil- und Handelssachen (EuGVVO) erlassen (ABl EG Nr L 12, 1 ff v 16. 1. 2001). Die Verordnung tritt nach ihrem Art 76 am 1. 3. 2002 in Kraft; sie tritt gemäß Art 68 im Verhältnis der Mitgliedstaaten an die Stelle des Brüsseler Übereinkommens (zum Übergangsrecht s u Rn 9). Dänemark beteiligt sich aufgrund eines Protokolls zum Amsterdamer Vertrag nicht an der Annahme dieser Verordnung, so dass im Verhältnis der übrigen Mitgliedstaaten zu Dänemark weiterhin das EuGVÜ und das Auslegungsprotokoll von 1971 maßgebend bleiben werden.

Inhaltlich hält die Verordnung das EuGVÜ in seinen wesentlichen Strukturen aufrecht und versucht, die bei der praktischen Anwendung einzelner Vorschriften aufgetretenen Probleme durch eine vorsichtige Weiterentwicklung des europäischen Zivilprozessrechts zu lösen (vgl dazu näher HAUSMANN EuLF 2000, 40 ff; KOHLER und STADLER, in: GOTTWALD (Hrsg), Revision des EuGVÜ [1999] 1 ff, 37 ff). Die nachfolgende Kommentierung basiert noch auf der bis zum 1. 3. 2002 geltenden Fassung des EuGVÜ; auf wichtige Änderungen des Zuständigkeitsrechts mit Inkrafttreten der EuGVVO wird jedoch im jeweiligen Zusammenhang hingewiesen.

3. Luganer Übereinkommen

Auf Initiative Schwedens und der Schweiz wurde seit 1985 zwischen den Mitgliedstaaten der Europäischen Gemeinschaft und der Europäischen Freihandelsassoziation (EFTA) über ein Parallel-Übereinkommen zum EuGVÜ mit dem Ziel verhandelt, die wesentlichen Errungenschaften des EuGVÜ, nämlich eine einheitliche europäische Zuständigkeitsordnung und ein beschleunigtes Anerkennungs- und Vollstreckungsverfahren, auf den gesamten europäischen Wirtschaftsraum zu erstrecken. Das Übereinkommen wurde am 16. 9. 1988 in Lugano unterzeichnet.

Es ist am 1. 1. 1992 zunächst für Frankreich, die Niederlande und die Schweiz in Kraft getreten. Es gilt inzwischen ferner für Luxemburg (seit 1. 2. 1992), das Vereinigte Königreich (seit 1. 5. 1992), Portugal (seit 1.7. 1992), Italien (seit 1.12. 1992), Schweden (seit 1.1. 1993), Norwegen (seit 1.5. 1993), Finnland (seit 1.7. 1993), Irland (seit 1.12. 1993), Spanien (seit 1.11. 1994), die Bundesrepublik Deutschland (seit 1.3. 1995; BGBl II 221), Island (seit 1.12. 1995; BGBl 1996 II 223), Dänemark (seit 1.3. 1996; BGBl II 377), Österreich (seit 1.9. 1996; BGBl II 2520), Griechenland (seit 1.9. 1997, BGBl 1998 II 56) und Belgien (seit 1.10. 1997, BGBl II 1825). Der Beitritt steht auch weiteren Staaten Mittel- und Osteuropas offen. Von dieser Möglichkeit hat zuerst Polen Gebrauch gemacht, wo das Übereinkommen seit dem 1.2. 2000 gilt (BGBl II 1246; dazu WAGNER WiRO 2000. 47 ff; MARTINY/ERNST IPRax 2001, 29 ff).

Das Übereinkommen wird erläutert in einem Bericht von JENARD und MÖLLER (ABl EG Nr C 189, 57 ff v 28.7. 1990). Es stimmt – von wenigen Abweichungen abgesehen – inhaltlich mit dem EuGVÜ 1989 wörtlich überein. Eine Auslegungskompetenz des EuGH besteht zwar nicht; dessen Rechtsprechung zur Auslegung des EuVGÜ wird jedoch auch von den Gerichten der Vertragsstaaten des Luganer Übereinkommens zugrundegelegt (vgl in der Schweiz BGE 123 III 414 [421]; BGE 124 III 188 [191]; SCHMIDT/ PARZEFALL 89 mwN).

4. Übereinkommen auf besonderen Rechtsgebieten

4 Vorschriften über die internationale Zuständigkeit enthalten ferner zahlreiche Staatsverträge auf besonderen Rechtsgebieten, insbesondere zum Transport- und Schiffahrtsrecht, sowie zum Haftungs- und Patentrecht. Für Rechtsstreitigkeiten aus internationalen Schuldverträgen sind insbesondere folgende Staatsverträge zu nennen:

– *Revidierte Mannheimer Rheinschiffahrtsakte* vom 17.10. 1868 (Art 34 II a) mit Zusatzprotokoll vom 25.10. 1962 (Art 34 bis ff; PrGS 1869, 798; BGBl 1966 II 561)

– *Vertrag über die Schiffahrt auf der Mosel* vom 27.10. 1956 (Art 34 f; BGBl 1956 II 1838)

– *Warschauer Abkommen zur Vereinheitlichung von Regeln über die Beförderung im internationalen Luftverkehr* vom 12.10. 1929 (Art 28, 32) mit Zusatzabkommen vom 18.9. 1961 (Art VIII, IX; BGBl 1958 II 312; 1963 II 1160; dazu Rn 123 ff.)

– *Übereinkommen über den Beförderungsvertrag im internationalen Straßengüterverkehr* (CMR) vom 19.5. 1956 (Art 31, 41; BGBl 1961 II 1120; dazu Rn 118 ff.)

– *Übereinkommen über den internationalen Eisenbahnverkehr* (COTIF) vom 9.5. 1980 (Art 52, 60 CIV; Art 56, 63 CIM; BGBl 1985 II 132)

5. Autonomes Recht

5 Soweit keine Staatsverträge eingreifen, ergibt sich die internationale Zuständigkeit der Gerichte aus dem autonomen staatlichen Verfahrensrecht. Das deutsche Recht kennt Vorschriften, die ausschließlich die internationale Zuständigkeit regeln, bisher im Wesentlichen nur in Ehe- und Kindschaftssachen (§§ 606a, 640a Abs 2 ZPO) sowie auf dem Gebiet der freiwilligen Gerichtsbarkeit (vgl §§ 35b, 43b Abs 1 FGG). Für Rechtsstreitigkeiten aus *Schuldverträgen* regelt die ZPO die internationale Zuständigkeit hingegen nicht ausdrücklich und unmittelbar, sondern nur mittel-

bar durch stillschweigende Verweisung auf die Vorschriften der §§ 12 ff über den Gerichtsstand. Deren Wortlaut bezieht sich zwar nur auf die örtliche Zuständigkeit; doch zeigen einige dieser Vorschriften deutlich, dass es dem Gesetzgeber zugleich auch um die Abgrenzung gegenüber der Zuständigkeit ausländischer Gerichte ging (vgl zB §§ 15, 16, 23, 38 Abs 2 ZPO). Grundsätzlich darf man deshalb aus der örtlichen zugleich auf die internationale Zuständigkeit eines deutschen Gerichts schließen. Man spricht insoweit von der **Doppelfunktionalität der Gerichtsstandsnormen:** die örtliche indiziert die internationale Zuständigkeit (allgM, vgl grundlegend BGHZ 44, 46 [47 f] = JZ 1966, 237 m Anm Neuhaus; – seither st Rspr, vgl zuletzt BGHZ 115, 90 [91 f] = NJW 1991, 3092; BGHZ 120, 334 [337] = NJW 1993, 1073; BGH NJW 1996, 1411 [1412]; BGH RiW 1997, 595; OLG Düsseldorf IPRax 1999, 38 [39]; Stein/Jonas/Schumann Einl Rn 755; Wieczorek/ Schütze/Hausmann § 12 Rn 48; Kropholler, IZVR I Rn 30 ff; Geimer, IZPR[5] Rn 943 ff; Schack, IZVR Rn 236; Linke, IZPR[2] Rn 114 f, jeweils mwN). Dieser Grundsatz gilt insbesondere auch für den vertraglichen Gerichtsstand des Erfüllungsorts (§ 29 ZPO; dazu Rn 82); eingeschränkt ist er lediglich für die internationale Zuständigkeit, die allein auf die Belegenheit von Vermögen des Beklagten im Inland gestützt wird (§ 23 ZPO; dazu Rn 156 ff).

II. Der Anwendungsbereich der europäischen Zuständigkeitsordnung

1. Sachlicher Anwendungsbereich*

a) Zivil- und Handelssachen

EuGVÜ und LugÜ sind nach ihrem Art 1 Abs 1 nur auf „Zivil- und Handelssachen"

---

* **Schrifttum:** Audit, Arbitration and the Brussels Convention, Arb Int 9 (1993) 1; Berti, Zum Ausschluß der Schiedsgerichtsbarkeit aus dem sachlichen Anwendungsbereich des Luganer Übereinkommens, in: FS Vogel (1991) 337; Gruber, Sind französische Urteile über die Haftung von Gesellschaftsorganen im Konkurs nach dem EuGVÜ anerkennungsfähig?, EWS 1994, 190; Haas, Der Ausschluß der Schiedsgerichtsbarkeit vom Anwendungsbereich des EuGVÜ, IPRax 1992, 292; ders, Insolvenzverwalterklagen und EuGVÜ, NZG 1999, 1148; Hascher, Recognition and Enforcement of Arbitration Awards and the Brussels Convention, Arb Int 1996, 233; Hausmann, EG-Gerichtsstands- und Vollstreckungsübereinkommen und Familienrecht, FamRZ 1980, 418; Hess, Amtshaftung als „Zivilsache" iSv Art 1 Abs 1 EuGVÜ, IPRax 1994, 10; Jenard, L'Arbitrage et les Conventions C. E. E. en Matière de Droit International Privé, in: FS Bülow (1981) 79; Kaye, The Judgments Convention and Arbitration. Mutual Spheres of Influence, Arb Int 1991, 289; Kohler, Adhäsionsverfahren und Brüsseler Übereinkommen 1968, in: Will (Hrsg), Schadensersatz im Strafverfahren (1990) 74; Kondring, Die Bestimmung des sachlichen Anwendungsbereichs des EuGVÜ im Urteils- und Vollstreckungsverfahren, EWS 1995, 217; Lüke W, Europäisches Zivilverfahrensrecht – das System der Abstimmung zwischen EuInsÜ und EuGVÜ, in: FS Schütze (1999) 467; Pierucci, Sull'espressione „materia civile e commerciale" nella convenzione di Bruxelles del 27 settembre 1968, Riv Dir Eur 1978, 3; Schlosser, Brussels Convention and Arbitration, Arb Int 1991, 227; Schmidt H, Anfechtungsklage des Konkursverwalters und Anwendbarkeit des EuGVÜ, EuZW 1990, 219; Schütze, Anerkennungsfähigkeit französischer Urteile über die Haftung von Gesellschaftsorganen im Konkurs, RiW 1978, 765; Soltész, Der Begriff der Zivilsache im Europäischen Zivilprozessrecht (1998); Stolz, Zur Anwendbarkeit des EuGVÜ auf familienrechtliche Ansprüche (Diss Konstanz 1995); Weigand, Die internationale Schiedsgerichtsbarkeit und das EuGVÜ, EuZW 1992, 529.

– im Unterschied zu öffentlich-rechtlichen Streitigkeiten – anzuwenden. Um sicherzustellen, dass sich aus dem Übereinkommen für die Vertragsstaaten und die betroffenen Personen soweit wie möglich gleiche und einheitliche Rechte und Pflichten ergeben, ist der Begriff der „Zivil- und Handelssachen" im Wege *autonomer Qualifikation* zu bestimmen (EuGH Rs 26/76 – *LTU/Eurocontrol* – Slg 1976, 1541, 1550 [Nr 3] = NJW 1977, 489 m Anm GEIMER = RiW 1977, 40 m Anm LINKE; EuGH Rs 814/79 – *Niederlande/Rüffer* – Slg 1980, 3807, 3819 [Nr 7] = IPRax 1981 169 m Anm SCHLOSSER 154; EuGH Rs C-172/91 – *Sonntag/Waidmann* – Slg 1993 I, 1963, 1996 [Nr 18] = NJW 1993, 2091 = IPRax 1994, 37 m Anm HESS 10). Auch wenn sich in einem Rechtsstreit eine Behörde und eine Privatperson gegenüber stehen, ist die Anwendung des EuGVÜ/LugÜ nur ausgeschlossen, wenn der geltend gemachte Anspruch seinen **Ursprung in einer hoheitlichen Tätigkeit** der Behörde hat. Soweit staatliche Stellen Dienstleistungen anbieten, kommt es maßgeblich darauf an, ob sie sich hoheitlicher Gestaltungsformen (zB Verwaltungsakt, öffentlich-rechtlicher Vertrag) bedienen oder auf der Ebene der Gleichordnung Verträge mit Privatpersonen abschließen. Im ersteren Fall liegt regelmäßig eine öffentlich-rechtliche Streitigkeit vor; dies gilt insbesondere dann, wenn die Inanspruchnahme der öffentlichen Leistungen zwingend ist und die Gebührensätze von der Behörde einseitig gegenüber den Benutzern festgesetzt werden (so EuGH aaO Slg 1976, 1541, 1551; VG Schleswig NJW 1991, 1129 = IPRspr 1990 Nr 179 [Baugenehmigungsgebühr]; AG Münster DAR 1995, 165 m Anm SCHULTE [gemeindliche Parkgebühr]). Im Lichte der vorgenannten EuGH-Entscheidung von 1993 zur zivilrechtlichen Qualifikation der Lehrer-Schüler-Beziehung an einem deutschen staatlichen Gymnasium (vgl dazu die Abschlussentscheidung BGHZ 123, 268 = IPRax 1994, 118 m Anm BASEDOW 85 = ZZP 108 [1995] 241 m Anm HAAS 219) kann es auch bei der Vergabe von öffentlichen Aufträgen nicht darauf ankommen, ob sie nach dem anwendbaren nationalen Recht im Wege des öffentlich-rechtlichen Vertrages oder in Form eines privaten Werkvertrags vergeben werden (so KROPHOLLER Art 1 Rn 9); entscheiden muss vielmehr auch hier eine vertragsautonome Qualifikation (SCHLOSSER Art 1 Rn 12). Insoweit sind *materiellrechtliche* Kriterien maßgebend; unerheblich ist nach Art 1 Abs 1 S 1 hingegen die Art der Gerichtsbarkeit nach dem autonomen Verfahrensrecht der Vertragsstaaten. Aus diesem Grunde wird etwa die Annahme einer zivilrechtlichen Streitigkeit nicht dadurch ausgeschlossen, dass arbeitsrechtliche Streitigkeiten zwischen den Beschäftigten des öffentlichen Dienstes und ihrem Dienstherrn nach nationalem Verfahrensrecht im Verwaltungsrechtsweg auszutragen sind (LAG München IPRax 1992, 97 m Anm DÄUBLER 82).

b) Ausgeschlossene Rechtsgebiete

7 EuGVÜ und LugÜ regeln die internationale Zuständigkeit auch nicht für alle Zivil- und Handelssachen; vielmehr sind in Art 1 Abs 2 Personenstands-, Familien- und Erbrechtssachen (mit Ausnahme von Unterhaltssachen), Insolvenzverfahren, Fragen der sozialen Sicherheit und die Schiedsgerichtsbarkeit aus dem sachlichen Anwendungsbereich des Übereinkommens ausdrücklich ausgenommen. Auch die Reichweite dieser Ausnahmetatbestände ist grundsätzlich *autonom* zu bestimmen (EuGH Rs 133/178 – *Gourdain/Nadler* – Slg 1979, 733, 743 [Nr 3] = RiW 1979, 273; KROPHOLLER Art 1 Rn 16). Sie greifen freilich nur dann ein, wenn der Gegenstand des Rechtsstreits selbst in eines der ausgeschlossenen Gebiete fällt; *Präjudizialität* genügt hingegen nicht, mag auch die präjudizielle Frage für den Ausgang des anhängigen Verfahrens eine wesentliche Rolle spielen (EuGH Rs 190/89 – *Mark Rich/Impianti* – Slg 1991 I, 3855, 3902 [Nr 26] = IPRax 1992, 312 m Anm HAAS 292; KROPHOLLER Art 1 Rn 17). Mehrere Streitgegenstände eines Verfahrens sind im Hinblick auf Art 1 Abs 2 EuGVÜ/LugÜ isoliert zu betrachten. Im Falle der Anspruchskonkurrenz kann das nach Art 2 ff international zuständige Gericht nur über diejenigen Ansprüche entscheiden, die in den sachlichen Anwendungsbereich des EuGVÜ/LugÜ fallen (Wieczorek/Schütze/Hausmann § 40 Anh I Art 1 Rn 21 f; aA Schlosser Art 1 Rn 13).

Der Ausschlusstatbestand des Art 1 Abs 2 Nr 2 für **Konkurse, Vergleiche und ähnliche** 8 **Verfahren** gilt nicht nur für entsprechende *Gesamtverfahren* (vgl zu diesen nunmehr die EG-Verordnung Nr 1346/2000 über Insolvenzverfahren v 29. 5.2000 [ABl EG Nr L 160 S 1; Jayme/ Hausmann[10] Nr 260]), sondern auch für solche *Einzelverfahren,* die sich unmittelbar aus dem Insolvenzverfahren ergeben (zB die Anfechtungsklage nach §§ 129 ff InsO; vgl BGH NJW 1990, 990 = IPRax 1991, 183 m Anm Flessner/Schulz; OLG Köln WM 1998, 624; OLG Hamm RiW 2000, 305 m Anm Schlosser EWiR 2000, 437). Klagt der Insolvenzverwalter also vertragliche Ansprüche ein, die der Gemeinschuldner vor der Insolvenzeröffnung begründet hatte, so beurteilt sich die internationale Zuständigkeit nach dem EuGVÜ (OLG Koblenz ZIP 1989, 1327 [1329]; OLG Jena ZIP 1998, 1996). Gleiches gilt, wenn der Insolvenzverwalter von Gläubigern aus solchen Verträgen in Anspruch genommen wird (App Paris Clunet 1992, 187 m Anm Huet). Ferner sind auch Klagen aus Verträgen, die der Insolvenzverwalter erst *nach* Eröffnung des Insolvenzverfahrens – zB in Fortführung des überschuldeten Unternehmens – neu abschließt, nicht nach Art 1 Abs 2 Nr 2 aus dem Anwendungsbereich des EuGVÜ ausgeschlossen (Cass civ Rev crit 1993, 264 m Anm Rémery; aA OLG Zweibrücken EWS 1993, 264 m Anm K Schmidt 388). Gleiches gilt, wenn es sich bei dem eingeklagten vertraglichen Anspruch unstreitig um eine Masseforderung handelt (BGH NJW 1996, 3008; Geimer/Schütze, EuZVR Art 1 Rn 90).

2. Zeitlicher Anwendungsbereich*

Nach Art 54 Abs 1 wirken EuGVÜ und LugÜ nicht zurück. Die Vorschriften des 9 II. Titels über die internationale Zuständigkeit gelten daher nur für solche Klagen, die nach Inkrafttreten des jeweiligen Übereinkommens im Gerichtsstaat erhoben werden. Der gleiche Grundsatz gilt nach den Übergangsvorschriften der Beitrittsübereinkommen von 1978, 1982, 1989 und 1996 auch für die jeweiligen Neufassungen des EuGVÜ (vgl zum EuGVÜ 1989 im Verhältnis zu Spanien BGH NJW 1996, 1411 [1412] und BGH RiW 1997, 875; allg MünchKomm/Gottwald Art 54 Rn 2), sowie nach Art 66 Abs 1 für die künftige EuGVVO (Rn 2a). Die Zuständigkeitsvorschriften des EuGVÜ 1996 gelten daher in Deutschland nur für die seit dem 1. 1. 1999 erhobenen Klagen; entsprechend ist das LugÜ von deutschen Gerichten nur auf die seit dem 1. 3. 1995 erhobenen Klagen anwendbar, und die EuGVVO gilt erst für Klagen, die nach dem 1. 3. 2002 erhoben werden. Ein nach dem EuGVÜ oder nach dem autonomen deutschen Verfahrensrecht vorliegender Mangel der internationalen Zuständigkeit wird nicht dadurch geheilt, dass eine Neufassung des EuGVÜ, die EuGVVO oder das LugÜ nach Klageerhebung für die Bundesrepublik Deutschland in Kraft getreten sind (BGH IPRax 1992, 377 m Anm Hess 358; BGE 119 II 391 = SZIER 1995, 39 m Anm Schwander; öst OGH RiW 1998, 637 [638] m Anm Seidl/Hohenfeldern). Über die Frage, wann die Klage iSv Art 54 Abs 1 bei Gericht erhoben wurde, entscheidet das autonome Pro-

---

* **Schrifttum:** Lucchini, Questioni di diritto intertemporale nella convenzione di Lugano del 16 settembre 1988, Riv dir int priv proc 1996, 67; Wagner, Zum zeitlichen Anwendungsbereich des Lugano-Übereinkommens, ZIP 1994, 82.

zessrecht der jeweiligen lex fori (EuGH Rs 129/83 – Zelger/Salinitri – Slg 1984, 2397, 2408 [Nr 15] = RiW 1984, 737 m Anm LINKE; KROPHOLLER Art 54 Rn 2). Nach deutschem Recht kommt es auf die Klagezustellung an (§ 253 Abs 1 ZPO; vgl zum EuGVÜ 1989 BGH NJW 1996, 1411; zum LugÜ LG München I NJW 1996, 401 = IPRax 1996, 266 m Anm TRUNK 249; OLG Koblenz NJW-RR 1997, 638; OLG Brandenburg RiW 1997, 429; WAGNER ZIP 1994, 82; MAYR öWBl 1996, 381, 382 f. Zu Zuständigkeitsvereinbarungen s u Rn 171).

3. Räumlicher Anwendungsbereich

10 Das EuGVÜ gilt auch nach der Streichung des Art 60 grundsätzlich für das gesamte – auch außereuropäische – Hoheitsgebiet der Vertragsstaaten. Es gilt daher auch für die französischen überseeischen Départements und Gebiete. Die Niederlande haben das Übereinkommen nur auf Aruba (BGBl 1986 II 919), nicht hingegen auf die sonstigen niederländischen Antillen erstreckt. Für Portugal gilt das EuGVÜ einschließlich Madeira und den Azoren, für Spanien einschließlich der Balearen und der Kanarischen Inseln. Dänemark hat das Übereinkommen bisher nicht auf Färöer-Inseln erstreckt und hat Grönland ausdrücklich von seiner Geltung ausgenommen. Das Vereinigte Königreich hat das EuGVÜ bisher nicht auf die Isle of Man und die Kanalinseln (zB Jersey, Guernsey) erstreckt, die nicht zu seinem Hoheitsgebiet gehören. Hingegen hat es die Geltung des LugÜ auf Gibraltar ausgedehnt; dem hat Spanien ausdrücklich widersprochen (BGBl 1999 II 1015). Das EuGVÜ gilt ferner nicht für Andorra, Monaco, San Marino und den Vatikanstaat (vgl näher KROPHOLLER Art 60 Rn 1 ff; GEIMER/SCHÜTZE, EuZVR Einl Rn 98 ff).

4. Persönlicher Anwendungsbereich*

11 Anders als für den sachlichen und den zeitlichen Anwendungsbereich fehlt im EuGVÜ wie im LugÜ eine eindeutige Regelung über den persönlichen Anwendungsbereich. Auch die EuGVVO bringt insoweit keine ausdrückliche Klarstellung. Der persönliche Anwendungsbereich lässt sich daher nur aus den einzelnen Gerichtsstandsregeln unter Berücksichtigung der Entstehungsgeschichte und der Zielsetzung der Übereinkommen bestimmen.

---

* **Schrifttum:** AULL, Der Geltungsanspruch des EuGVÜ: „Binnen-Sachverhalte" und Internationales Zivilverfahrensrecht in der Europäischen Union (1996); BENECKE, Die teleologische Reduktion des räumlich-persönlichen Anwendungsbereichs von Art 2 ff und Art 17 EuGVÜ (1993); COESTER-WALTJEN, Die Bedeutung des EuGVÜ und des LugÜ für Drittstaaten, in: FS Wakamura (1996) 89; GAUDEMET-TALLON, Les frontières extérieures de l'espace judiciaire européen: quelques repères, in: FS Droz (1996) 85; GEIMER, Ungeschriebene Anwendungsgrenzen des EuGVÜ: Müssen Berührungspunkte zu mehreren Vertragsstaaten bestehen?, IPRax 1991, 31; GROLIMUND, Drittstaatenproblematik des Europäischen Zivilverfahrensrechts (2000); JAYME, Das EuGVÜ und die Drittländer – Das Beispiel Österreich, in: vSCHWIND (Hrsg), Europarecht, IPR, Rechtsvergleichung (1988) 97; KAYE, The EEC-Judgments Convention and the Outer World: Goodbye to Forum Non Conveniens?, JBL 1992, 47; KROPHOLLER, Problematische Schranken der europäischen Zuständigkeitsordnung gegenüber Drittstaaten, in: FS Ferid (1988) 239; SCHLOSSER, Das IZPR der EWG und Österreich, in: FS Kralik (1986) 995; ders, Jurisdiction in International Litigation – The Issue of Human Rights in Relation to National Law and to the Brussels Convention, Riv dir int 1991, 5.

a) Grundsatz

Aus Art 2 Abs 1 und 4 Abs 1 ist der Grundsatz zu entnehmen, dass die Anwendung der Zuständigkeitsnormen beider Übereinkommen davon abhängt, dass der **Beklagte seinen Wohnsitz** (Art 52; dazu Rn 19) **in einem Vertragsstaat** hat; bei Gesellschaften und juristischen Personen entscheidet der Sitz (Art 53; dazu Rn 20 f). Auf die Staatsangehörigkeit der Parteien sowie auf den Wohnsitz des Klägers kommt es nicht an. Der Titel II des EuGVÜ/LugÜ findet also grundsätzlich auch dann Anwendung, wenn der Kläger in einem Drittstaat ansässig ist (EuGH Rs C-412/98 – *Group Josi/UGIC*, NJW 2000, 3121= EuLF 2000, 49 m zust Anm GEIMER = IPRax 2000, 520 m Anm STAUDINGER 483 [Nr 33 ff, 59 ff]). Der Wohnsitz bzw Sitz des Beklagten in einem Vertragsstaat ist also das zentrale Anknüpfungsmerkmal für die Anwendbarkeit der europäischen Zuständigkeitsordnung (ZÖLLER/GEIMER Art 2 Rn 7; KROPHOLLER vor Art 2 Rn 5; vgl auch Erwägungsgrund [8] zur EuGVVO).

b) Ausnahmen

Während die Anwendung der Art 2, 5 und 6 stets davon abhängt, dass der Beklagte **12** seinen Wohnsitz in einem Vertragsstaat des EuGVÜ/LugÜ hat, schränken die nachfolgenden Abschnitte diesen Grundsatz zum Teil ein. So wird der Anwendungsbereich der Zuständigkeitsregeln für *Versicherungs- und Verbrauchersachen* aus Gründen des Verbraucherschutzes erweitert. Nach Art 8 Abs 2 bzw Art 13 Abs 2 reicht es nämlich aus, dass der Versicherer oder der Vertragspartner des Verbrauchers im Hoheitsgebiet eines Vertragsstaats lediglich eine **Niederlassung** unterhält, sofern die Klage einen hinreichenden Bezug zu dieser Niederlassung aufweist (dazu näher Rn 87, 110 f). Eine entsprechende Erweiterung des Anwendungsbereichs sieht die EuGVVO (Rn 2a) auch für *arbeitsrechtliche Streitigkeiten* vor (Art 18 Abs 2; dazu Rn 76). Auch der Katalog der *ausschließlichen Zuständigkeiten* des Art 16 gilt – wie der Vorbehalt in Art 4 Abs 1 zeigt – unabhängig davon, ob der Beklagte im räumlichen Anwendungsbereich des EuGVÜ/LugÜ wohnt; maßgebend ist vielmehr, dass die in Art 16 genannten Zuständigkeitskriterien (zB die Belegenheit des Grundstücks) in einem Vertragsstaat verwirklicht sind (ZÖLLER/GEIMER Art 2 Rn 8; MünchKomm/GOTTWALD Art 2 Rn 23; dazu näher Rn 26). Schließlich kommen auch die Vorschriften über die *Zuständigkeitsvereinbarungen* nach dem Wortlaut des Art 17 Abs 1 bereits dann zur Anwendung, wenn nur der **Kläger** seinen Wohnsitz bzw Sitz in einem Vertragstaat hat (ZÖLLER/GEIMER Art 2 Rn 9; dazu näher Rn 165 mwN). Schließlich kommt es für die Begründung einer Zuständigkeit durch *rügelose Einlassung zur Hauptsache* nach Art 18 nur darauf an, dass der Beklagte sich vor dem Gericht eines Vertragsstaats auf das Verfahren einlässt; dies gilt auch dann, wenn keine der Parteien einen Wohnsitz in einem Vertragsstaat hat (EuGH Rs C-412/98 [Rn 11] Nr 44 f; aA [Erfordernis des Wohnsitzes einer Partei in einem Vertragsstaat] die bisher hM vgl GEIMER/SCHÜTZE, EuZVR Art 18 Rn 22 mwN).

c) Internationaler Sachverhalt

Ungeschriebenes Tatbestandsmerkmal der Zuständigkeitsordnung des EuGVÜ ist **13** ein internationaler Sachverhalt (hM, vgl PILTZ NJW 1979, 1071; STEIN/JONAS/SCHUMANN Einl Rn 781, 800; WIECZOREK/SCHÜTZE/HAUSMANN vor Art 2 Rn 9; SOERGEL/KRONKE Art 38 Anh IV Rn 52; LINKE, IZPR^2 Rn 123; SCHACK, IZVR^2 Rn 238 f). Dieses internationale Element wird allgemein durch die Worte „internationale Zuständigkeit" in Abs 4 der Präambel angesprochen. Demgemäß ändert das EuGVÜ nach dem JENARD-Bericht die in den Vertragsstaaten geltenden autonomen Zuständigkeitsregeln „nur in Fällen mit Auslandsbeziehungen" ab. Im gleichen Sinne hebt auch der JENARD/MÖLLER-Bericht zum LugÜ hervor, die Zuständigkeitsregeln des Übereinkommens fänden „nur dann Anwendung, wenn die Streitigkeit einen Auslandsbezug aufweist". Hingegen kämen weder Art 2 noch Art 5 Nr 1 auf vertragliche Streitigkeiten zur Anwendung, wenn „der Vertrag ... in ein und demselben Land verwirklicht wird". Die Einwände gegen eine solche teleologische Reduktion des Vertragstextes (krit vor allem GEIMER/ SCHÜTZE, EuZVR Art 2 Rn 68 ff; KROPHOLLER vor Art 2 Rn 6 f) sind nicht begründet, auch wenn die Abgrenzung von reinen Inlandsfällen zu internationalen Sachverhalten gelegentlich Schwierigkeiten bereiten mag, weil der Wohnsitz der Parteien allein – wie die Art 5 ff, 16, 17 zeigen – hierfür nicht ausreicht (dazu näher PILTZ NJW 1979, 1071 f; MünchKomm/GOTTWALD vor Art 1 Rn 21 f).

d) Bezug zu einem anderen Vertragsstaat

14 Ob das Vorliegen eines internationalen Sachverhalts für die Anwendung der Zuständigkeitsordnung des Übereinkommens ausreicht, wenn der Auslandsbezug lediglich zu einem *Nichtvertragsstaat* besteht, ist umstritten. Die Auffassung, dass der Rechtsstreit Berührungspunkte zu einem weiteren Vertragsstaat haben muss (dafür PILTZ NJW 1979, 1071 [1072]; BENECKE 143 ff; SCHACK IZVR[2] Rn 241; STEIN/JONAS/SCHUMANN Einl Rn 781; THOMAS/PUTZO/HÜSSTEGE Vorbem 14 zu Art 1; im Erg ebenso BGHZ 109, 29 [32] = NJW 1990, 317 = IPRax 1990, 318 m Anm W LORENZ 292; BGH WM 1996, 2296), verweist auf die Präambel des EuGVÜ, derzufolge das Übereinkommen nur darauf abzielt, „innerhalb der Gemeinschaft den Rechtsschutz der dort ansässigen Personen zu verstärken". Gegen eine Einschränkung des Anwendungsbereichs der Zuständigkeitsordnung des EuGVÜ durch „ungeschriebene" Schranken wird zu Recht eingewandt, sie trage erhebliche Unsicherheit in die Rechtsanwendung, weil sich nicht eindeutig klären lasse, welcher Art die Berührungspunkte zu einem anderen Vertragsstaat sein müssten. Auch der Normzweck der Art 2 ff verlange eine solche teleologische Reduktion des Wortlauts nicht (so vor allem GEIMER IPRax 1991, 31 f; GEIMER/SCHÜTZE EuZVR, Einl Rn 124 f; AULL 153; KROPHOLLER vor Art 2 Rn 8; SOERGEL/KRONKE Art 38 Anh IV Rn 52). Richtigerweise ist die Frage nach dem erforderlichen Gemeinschaftsbezug für jede Zuständigkeitsnorm des EuGVÜ gesondert zu beantworten (RAUSCHER IPRax 1995, 289 [292 f]; MANKOWSKI EuZW 1996, 177; TRUNK IPRax 1996, 249 [252]; WIECZOREK/SCHÜTZE/HAUSMANN vor Art 2 Rn 10 f). So machen für die besonderen Zuständigkeiten in Art 5 bereits dessen Eingangsworte deutlich, dass der Wohnsitz des Beklagten und das angerufene Gericht in verschiedenen *Vertrags*staaten liegen müssen. Demgegenüber ist es für die Anwendung der Grundregel in Art 2 genügend, dass nur der Beklagte seinen Wohnsitz in einem Vertragsstaat hat. Darauf, ob auch der Kläger in einem (anderen) Vertragsstaat wohnt oder ob eine Zuständigkeitsanknüpfung iSv Art 5, 6 zu einem anderen Vertragsstaat besteht, kommt es in diesem Fall nicht an (EuGH Rs C-412/98 Nr 57–61; MünchKomm/GOTTWALD Art 2 Rn 23). Ferner sprechen sowohl im Fall der ausschließlichen Zuständigkeiten nach Art 16 wie der Zuständigkeitsvereinbarungen nach Art 17 überzeugende Argumente dafür, diese Vorschriften auch auf Sachverhalte anzuwenden, die keinen Bezug zu einem weiteren Vertragsstaat haben (dazu näher Rn 26 und 169). Auch in Erwägungsgrund (8) zur EuGVVO (Rn 2a) wird nunmehr ausdrücklich betont, dass Rechtsstreitigkeiten schon dann unter diese Verordnung fallen, wenn sie nur „einen Anknüpfungspunkt an das Hoheitsgebiet *eines* der Mitgliedstaaten aufweisen" (vgl HAUSMANN EuLF 2000, 43 f).

III. Konkurrenzen

1. EuGVÜ/LugÜ und Staatsverträge auf besonderen Rechtsgebieten*

Regelt ein Übereinkommen auf einem besonderen Rechtsgebiet die internationale **15** Entscheidungszuständigkeit abschließend, so hat diese Regelung gem Art 57 Abs 1 Vorrang vor dem EuGVÜ/LugÜ. Die in einem solchen Spezialübereinkommen normierten Zuständigkeitsregeln erweitern den numerus clausus der besonderen Gerichtsstände nach Art 5 ff EuGVÜ, so dass der Beklagte, der an einem vom Spezialabkommen eröffneten Gerichtsstand belangt wird, sich nicht auf Art 3 Abs 1 EuGVÜ/LugÜ berufen kann (SCHLOSSER-Bericht Rn 240). Der Vorrang des Spezialabkommens greift bereits dann ein, wenn derjenige Vertragsstaat des EuGVÜ/LugÜ, dessen Gerichte angerufen wurden, das Spezialabkommen ratifiziert hat; hingegen kommt es nicht darauf an, dass das Spezialabkommen auch im Wohnsitzstaat des Beklagten gilt (vgl Art 57 Abs 2 a S 1 EuGVÜ/Art 57 Abs 2 S 1 LugÜ). Etwas anderes gilt auch dann nicht, wenn der Beklagte säumig bleibt; die für diesen Fall in Art 57 Abs 2 a S 2 EuGVÜ/Art 57 Abs 2 S 2 LugÜ begründete Verpflichtung zur Anwendung von Art 20 EuGVÜ/LugÜ besagt lediglich, dass das Gericht seine Zuständigkeit auch dann von Amts wegen zu prüfen hat, wenn sich diese aus einem besonderen Übereinkommen ergibt. Die Zuständigkeitsvorschriften des Spezialübereinkommens sind maW in diesem Zusammenhang wie solche des EuGVÜ/LugÜ selbst zu behandeln (WIECZOREK/SCHÜTZE/HAUSMANN Einl Rn 65; HAUBOLD IPRax 2000, 94 f; aA OLG Dresden IPRax 2000, 121; THOMAS/PUTZO/HÜSSTEGE Art 57 Rn 4). Regelt das Spezialabkommen nur Teilbereiche der im EuGVÜ/LugÜ behandelten Fragen, so sind verbleibende Lücken wiederum mit den Regeln des europäischen Prozessrechts zu schließen, weil Art 57 Abs 1 eine Ausnahme von dem grundsätzlichen Vorrang des EuGVÜ normiert (EuGH Rs C 406/92 – *Tatry/Maciej Ratay* – Slg 1994 I, 5439, 5472 [Nr 28] = JZ 1995, 616 m Anm HUBER 603 = IPRax 1996, 108 m Anm SCHACK 80; MANKOWSKI EWS 1996, 301). Deshalb bleibt etwa Art 17 EuGVÜ/LugÜ für solche Aspekte einer Zuständigkeitsvereinbarung maßgebend, die – wie zB die Form – im Spezialabkommen nicht geregelt sind (vgl Rn 176 zu Art 31 Abs 1 CMR).

2. EuGVÜ/LugÜ und autonomes Recht

Treten EuGVÜ/LugÜ gegenüber Staatsverträgen auf besonderen Rechtsgebieten **16** zurück, so haben sie umgekehrt Vorrang vor dem autonomen Prozessrecht der Vertragsstaaten; gleiches gilt auch für die künftige EuGVVO (Rn 2a). Die europäische Zuständigkeitsordnung ersetzt daher in ihrem Geltungsbereich die deutsche Zuständigkeitsordnung der ZPO. Dies wird zwar in Art 3 Abs 2 nur für den exorbitanten Vermögensgerichtsstand in § 23 ZPO ausdrücklich betont; das Übereinkommen verbietet aber darüber hinaus in seinem Geltungsbereich die Heranziehung sämtlicher deutscher Regeln über die Begründung der internationalen Zuständigkeit, und zwar unabhängig davon, ob sie in der ZPO oder in Sondergesetzen enthalten sind (allgM, vgl EuGH Rs 25/79 – *Sanicentral/Collin* – Slg 1979, 3423, 3429 [Nr 5] = RiW 1980 285; EuGH Rs 288/82 – *Duijinstee/Goderbauer* – Slg 1983, 3663, 3674 f [Nr 13] = IPRax 1985, 92 m Anm STAUDER 76; BGH RiW 1999, 456; OLG München IPRax 1991, 46 [47] = IPRspr 1989 Nr 194; OLG Stuttgart

---

* **Schrifttum:** HAUBOLD, Internationale Zuständigkeit nach CMR und EuGVÜ/LugÜ, IPRax 2000, 91; MANKOWSKI, Spezialabkommen und EuGVÜ, EWS 1996, 301.

IPRax 1992, 86 [88] m Anm H ROTH 67 = IPRspr 1990 Nr 67; KROPHOLLER vor Art 2 Rn 16; GEIMER/ SCHÜTZE, EuZVR Einl Rn 17; SOERGEL/KRONKE Art 38 Anh IV Rn 52; ebenso zum LugÜ BGE 119 II 391 [Schweiz]).

3. EuGVÜ und LugÜ

17 Das Verhältnis zwischen dem EuGVÜ und dem LugÜ ist in Art 54 b LugÜ geregelt. Das Konkurrenzproblem stellt sich auf dem Gebiet der internationalen Entscheidungszuständigkeit nur für die Gerichte der Vertragsstaaten des EuGVÜ, weil die Gerichte von Staaten, die ausschließlich dem LugÜ angehören, nur dessen Zuständigkeitsregeln anzuwenden haben. Nach Art 54 b Abs 1 LugÜ hat für die Mitgliedstaaten der EG das EuGVÜ in der jeweils geltenden Fassung Vorrang, soweit die im EuGVÜ normierten Anknüpfungspunkte in einem EG-Staat verwirklicht sind, der das EuGVÜ ratifiziert hat (vgl JENARD/MÖLLER-Bericht Nr 15). Nur wenn diese Anknüpfungspunkte auf einen Staat verweisen, der ausschließlich dem LugÜ angehört, haben die Gerichte der EuGVÜ-Vertragsstaaten das LugÜ anzuwenden; dies wird in Art 54 b Abs 2 a LugÜ für den Fall, dass der Beklagte seinen Wohnsitz in einem Vertragsstaat des LugÜ hat, der nicht dem EuGVÜ angehört, sowie für die Fälle, dass die Gerichte eines solchen Vertragsstaates des LugÜ nach dessen Art 16, 17 ausschließlich zuständig sind, ausdrücklich klargestellt. Aus deutscher Sicht hat die Zuständigkeitsordnung des LugÜ daher heute nur noch Bedeutung im Verhältnis zu Island, Norwegen, Polen und der Schweiz.

B. Wichtige Gerichtsstände für Klagen aus internationalen Schuldverträgen

I. Allgemeiner Gerichtsstand*

1. Art 2 EuGVÜ/LugÜ

a) Grundsatz

18 EuGVÜ und LugÜ gehen – ebenso wie die künftige EuGVVO (Rn 2a) – in Art 2 Abs 1 vom Grundsatz „actor sequitur forum rei" aus. Der Wohnsitz bzw Sitz des Beklagten in einem Vertragsstaat ist damit nicht nur Anwendungsvoraussetzung für die europäische Zuständigkeitsordnung (dazu o Rn 11), sondern zugleich Ausgangspunkt des Zuständigkeitssystems beider Übereinkommen (GEIMER/SCHÜTZE I/1 350 ff mwN). Auf die Staatsangehörigkeit der Parteien oder deren gewöhnlichen Aufenthalt kommt es nicht an. Auch die Gläubiger- oder Schuldnerstellung nach materiellem Recht ist unerheblich; abzustellen ist allein auf die formale Parteirolle (BGHZ 134, 201 [205] = NJW 1997, 870; KROPHOLLER Art 2 Rn 1). Hat der Beklagte mehrere Wohnsitze, so

---

* **Schrifttum:** BAUER, Die internationale Zuständigkeit bei gesellschaftsrechtlichen Klagen unter besonderer Berücksichtigung des EuGVÜ (2000); BUCHER, Kläger- und Beklagtenschutz im Recht der internationalen Zuständigkeit (1997); FAWCETT, A New Approach to Jurisdiction Over Companies in Private International Law, Int CompLQ 37 (1988) 645; KAYE, The Meaning of Domicile under United Kingdom Law for the purposes of the 1968 Brussels Convention on Jurisdiction and the Enforcement of Judgments in Civil and Commercial Matters, Neth Int L Rev 1988, 181; ders, Nationality and the European Convention on the Jurisdiction and Enforcement of Judgments, IntCompLQ 1988, 268.

genügt es, dass *ein* Wohnsitz im Gerichtsstaat besteht (GEIMER NJW 1986, 1438). Aus Art 2 Abs 1 folgt indes nicht, dass der Beklagte nur an seinem Wohnsitz verklagt werden kann. Die Vorschrift normiert nämlich nur die *internationale Zuständigkeit* der Gerichte des Wohnsitzstaates. Welches Gericht innerhalb des Wohnsitzstaates örtlich zuständig ist, richtet sich dagegen nach der autonomen Zuständigkeitsordnung des betreffenden Vertragsstaates. Soweit die internationale Zuständigkeit der deutschen Gerichte sich daher aus Art 2 Abs 1 EuGVÜ/LugÜ ergibt, sind die §§ 12 ff ZPO für die Bestimmung des örtlichen Gerichtsstands maßgebend (GEIMER/SCHÜTZE, EuZVR Art 2 Rn 117).

b) Wohnsitzbestimmung nach Art 52
EuGVÜ und LugÜ definieren für natürliche Personen den für die Zuständigkeitsordnung zentralen Begriff des Wohnsitzes nicht konventionsimmanent, sondern enthalten in Art 52 lediglich einheitliche *Kollisionsnormen* über das auf die Feststellung des Wohnsitzes anwendbare Recht. Hieran hält auch die EuGVVO (Rn 2a) in Art 59 fest. Ob eine Partei ihren Wohnsitz iSv Art 2 Abs 1 im Gerichtsstaat hat, beurteilt das angerufene Gericht gem Art 52 Abs 1 nach seinem eigenen Recht; ein deutsches Gericht entscheidet daher nach §§ 7 ff BGB (OLG Hamm FamRZ 1989, 1331; MünchKomm/GOTTWALD Art 52 Rn 5). Hat der Beklagte nach dem Recht der lex fori *keinen* Wohnsitz im Gerichtsstaat, so ist zu prüfen, ob er in einem anderen Vertragsstaat wohnt, weil davon die Annahme einer besonderen Zuständigkeit iSv Art 5 ff im Gerichtsstaat abhängt (vgl o Rn 11 f). Maßgebend für die Wohnsitzbestimmung nach Art 52 Abs 2 ist das (prozessuale oder materielle) *Sachrecht* des präsumtiven Wohnsitzsstaats; dessen Kollisionsrecht bleibt hingegen außer Betracht (vgl GEIMER/SCHÜTZE I/1 361; KROPHOLLER Art 52 Rn 8). Ob der Beklagte in Frankreich wohnt, beurteilt sich mithin auch aus der Sicht des angerufenen deutschen Gerichts nach französischem Recht (Art 102 ff CC). Hat der Beklagte einen Wohnsitz sowohl im Gerichtsstaat (Art 52 Abs 1) als auch in einem anderen Vertragsstaat (Art 52 Abs 2), so geht der Wohnsitz im Gerichtsstaat vor.

c) Sitzbestimmung nach Art 53
Bei Gesellschaften, juristischen Personen und Trusts tritt gem Art 53 EuGVÜ/LugÜ an die Stelle des Wohnsitzes der Sitz. Die Übereinkommen definieren die von ihnen erfassten Gesellschaften und juristischen Personen nicht selbst. Sie haben auch die Vorfrage ihrer Anerkennung bewusst nicht geregelt; hierüber ist daher nach dem innerstaatlichen Kollisionsrecht der lex fori und den vom Gerichtsstaat geschlossenen Staatsverträgen zu entscheiden. Der **Begriff der „Gesellschaften und juristischen Personen"** ist weit auszulegen; er umfasst jede Vereinigung und Vermögensmasse, die selbständig verklagt werden kann und deshalb einen allgemeinen Gerichtsstand iSv Art 2 Abs 1 haben muss (GEIMER/SCHÜTZE, EuZVR Art 53 Rn 1; SCHACK, IZVR[2] Rn 250). Über die passive Parteifähigkeit entscheidet wiederum die lex fori des angerufenen Gerichts; aus deutscher Sicht kommt es auf das Personalstatut der ausländischen Gesellschaft oder Vermögensmasse an (vgl näher WIECZOREK/SCHÜTZE/HAUSMANN § 50 Rn 70 ff).

Zur **Bestimmung des „Sitzes"** einer Gesellschaft oder juristischen Person hat das angerufene Gericht gem Art 53 Abs 1 S 2 EuGVÜ/LugÜ die Vorschriften seines **internationalen Privatrechts** anzuwenden. Dieses entscheidet vor allem darüber, ob der tatsächliche Sitz der Hauptverwaltung maßgeblich ist oder der bloße Satzungssitz

(GEIMER/SCHÜTZE I/1 372; KROPHOLLER Art 53 Rn 2 mwN). Deutsche Gerichte haben mithin den Sitzbegriff des deutschen Kollisionsrechts zugrundezulegen; danach kommt es nicht auf den in der Satzung genannten, sondern auf den *tatsächlichen Sitz der Hauptverwaltung* an (vgl BGHZ 97, 269 [272] = NJW 1986, 2194; BGH NJW 1992, 618; REITHMANN/ MARTINY/HAUSMANN Rn 1538 ff mwN). Da der Renvoi Bestandteil des deutschen internationalen Gesellschaftsrechts ist (vgl STAUDINGER/HAUSMANN [1996] Art 4 Rn 150 ff), ist auch eine Rück- oder Weiterverweisung (zB auf den Satzungssitz im Gründungsstaat) beachtlich (BASEDOW, Hdb IZVR I Rn 38; MünchKomm/GOTTWALD Art 53 Rn 5 f; THOMAS/PUTZO/HÜSSTEGE Art 53 Rn 1; aA SCHACK, IZVR² Rn 252). Zwar knüpft § 17 Abs 1 S 1 ZPO zur Bestimmung des allgemeinen Gerichtsstands von Gesellschaften und juristischen Personen primär an den satzungsmäßigen Sitz an; darauf kommt es für Art 53 Abs 1 S 2 jedoch nicht an, weil dort auf das internationale *Privat*recht, und nicht auf das internationale *Verfahrens*recht der Vertragsstaaten abgestellt wird (KROPHOLLER Art 53 Rn 2; GEIMER/SCHÜTZE, EuZVR Art 53 Rn 3; aA SCHLOSSER Art 53 Rn 2 f). Eine bloße *Niederlassung* der beklagten Gesellschaft in einem Vertragsstaat reicht zur Gerichtsstandsbegründung nach Art 2 keinesfalls aus (aA App Versailles Rev crit dip 1992, 333 m krit Anm GAUDEMET-TALLON).

22 Die Einschaltung des nationalen Kollisionsrechts zur Sitzbestimmung nach Art 53 EuGVÜ/LugÜ erschwert die praktische Rechtsanwendung erheblich und provoziert Kompetenzkonflikte (vgl BASEDOW, Hdb IZVR II Rn 162; SCHACK, IZVR² Rn 253; WIECZOREK/ SCHÜTZE/HAUSMANN Art 2 Rn 21). Die **EuGVVO** (Rn 2a) gibt diese Lösung daher auf und bestimmt den Sitz von Gesellschaften und juristischen Personen für die Zwecke der internationalen Gerichtszuständigkeit in Art 60 *autonom* in Anlehnung an Art 58 EG. Maßgebend ist nach Abs 1 der Ort, an dem sich der satzungsmäßige Sitz, die Hauptverwaltung oder die Hauptniederlassung befindet; zwischen diesen alternativen Sitzanknüpfungen hat der Kläger die Wahl (vgl dazu BAUER 63 ff).

2. Autonomes Recht

23 In Übereinstimmung mit Art 2 Abs 1 EuGVÜ/LugÜ folgt auch das autonome deutsche Zivilprozessrecht in §§ 13, 17 ZPO dem Grundsatz „actor sequitor forum rei". Damit wird dem Interesse der beklagten Partei Rechnung getragen, dass ihr Heimat- oder Wohnsitzgericht nach dem ihr besser vertrauten Verfahrens- und Kollisionsrecht entscheidet (BGH NJW 1996, 1411 [1413]; GEIMER, IZPR⁵ Rn 298, 1265).

a) Natürliche Personen
Anknüpfungspunkt für den allgemeinen Gerichtsstand einer natürlichen Person ist nach § 13 ZPO der Wohnsitz des Beklagten. Dieser Begriff wird in der ZPO selbst nicht definiert, so dass insoweit auf die §§ 7–11 BGB zurückzugreifen ist. Auf die Staatsangehörigkeit des Beklagten kommt es hingegen nicht an, weil der Wohnsitz für die Bestimmung der internationalen Zuständigkeit deutscher Gerichte stets nach der deutschen lex fori zu bestimmen ist (SCHACK, IZVR² Rn 244). Ob ein beklagter Ausländer oder Staatenloser im Inland seinen Wohnsitz hat, ist daher stets nach deutschem Recht zu entscheiden (BGH NJW 1982, 1215 f; SERICK ZZP 68 [1955] 278 [284 ff]; WIECZOREK/SCHÜTZE/HAUSMANN § 13 Rn 4, 43 mwN). Dies gilt auch für einen abgeleiteten Wohnsitz von Kindern (BGH NJW-RR 1992, 579 und 1993, 4). Maßgebend ist der Wohnsitz im Zeitpunkt der Klageerhebung (OLG Stuttgart BB 1992, 2386); es genügt

jedoch, wenn der Beklagte seinen Wohnsitz bis zum Schluss der mündlichen Verhandlung in den Bezirk des angerufenen Gerichts verlegt.

b) Juristische Personen
Der allgemeine Gerichtsstand einer juristischen Person bzw einer sonstigen (zumindest passiv) parteifähigen Personenvereinigung wird nach § 17 Abs 1 S 1 ZPO durch ihren Sitz bestimmt. Maßgebend ist primär der in der *Satzung* bestimmte Sitz (vgl näher WIECZOREK/SCHÜTZE/HAUSMANN § 17 Rn 9 ff). Der obligatorische Satzungssitz einer *deutschen* Handelsgesellschaft oder juristischen Person muss dabei stets im Inland liegen (BGHZ 29, 320 [328] = NJW 1959, 1126 f; STAUDINGER/GROSSFELD [1998] IntGesR Rn 94, 243 mwN; zur Sitzbestimmung bei *ausländischen* juristischen Personen näher WIECZOREK/SCHÜTZE/ HAUSMANN § 17 Rn 15 ff). Läßt sich ein Satzungssitz der Gesellschaft oder juristischen Person nicht feststellen oder liegt er im Ausland, so begründet § 17 Abs 1 S 2 ZPO einen subsidiären Gerichtsstand an dem inländischen Ort, an dem die Verwaltung geführt wird (GEIMER, IZPR^5 Rn 1274 f; zT abw SCHACK, IZVR^2 Rn 251). Dabei kommt es auf den Ort an, an dem die grundlegenden Entscheidungen der Unternehmensleitung effektiv in laufende Geschäftsführungsakte umgesetzt werden (vgl BGHZ 97, 269 [272] = NJW 1986, 2194; REITHMANN/MARTINY/HAUSMANN Rn 1549 ff; MünchKomm/KINDLER, IntGesR Rn 316 ff, jeweils mwN). **24**

II. Ausschließlicher Gerichtsstand für Streitigkeiten aus Immobiliarmiet- und -pachtverträgen*

1. Allgemeines

a) Rechtsquellen
Für Klagen, welche die Miete oder Pacht von unbeweglichen Sachen zum Gegenstand haben, sieht Art 16 Nr 1 a EuGVÜ/LugÜ eine ausschließliche internationale **25**

---

* **Schrifttum:** COESTER-WALTJEN/ENDLER, Der Gerichtsstand der Belegenheit nach Art 16 Nr 1 EuGVÜ, Jura 1992, 609; ENDLER, Urlaubsfreuden: Ferienhausvermittlung und Art 16 Nr 1 EuGVÜ, IPRax 1992, 212; GRUNDMANN, Zur internationalen Zuständigkeit der Gerichte in Drittstaaten nach Art 16 EuGVÜ, IPRax 1985, 249; HÜSSTEGE, Internationale Zuständigkeit deutscher Gerichte bei der Überlassung von Räumen im Ausland, NJW 1990, 622; ders, Benutzungsverhältnisse im Anwendungsbereich des Art 16 Nr 1 LGVÜ, IPRax 1999, 477; ders, Ferienwohnungen im Ausland als Spielball der Gerichte?, IPRax 2001, 31; KARTZKE, Verträge mit gewerblichen Ferienhausanbietern, NJW 1994, 823; KREUZER, Zuständigkeitssplittung kraft Richterspruch, IPRax 1986, 75 und 1991, 25; LAGARDE, Les locations de vacances dans les conventions européennes de droit international privé, in: FS Bellet (1991) 281; LEUE, Die grenzüberschreitende „reine Mietzinsklage" beim Ferienhaus, NJW 1983, 1242; MOSCONI, Quando la vacanza finisce in tribunale: competenza giurisdizionale e legge regolatrice della locazione di immobili all'estero, Riv dir int priv proc 1993, 5; PIRODDI, Competenza giurisdizionale e legge applicabile alle locazioni immobiliari nelle convenzioni di Bruxelles e di Roma, Riv dir int priv proc 1995, 41; RAUSCHER, Die Ferienhausentscheidung des EuGH – Unbilligkeit oder Konsequenz europäischer Rechtspflege, NJW 1985, 892; SCHLOSSER, Gläubigeranfechtungsklage nach französischem Recht und Art 16 EuGVÜ, IPRax 1991, 29; SCHRÖDER, Zur Anziehungskraft der Grundstücksbelegenheit im internationalen Privat- und Verfahrensrecht, IPRax 1985, 145; ULMER M J, Neue Tendenzen bei der Auslegung des Art 16 Nr 1 EuGVÜ, IPRax 1995, 72.

Zuständigkeit im Staat der Grundstücksbelegenheit vor. Diese Sonderregeln gelten nach Art 16 Nr 1 b EuGVÜ/LugÜ für die Miete oder Pacht unbeweglicher Sachen zum vorübergehenden privaten Gebrauch für höchstens sechs aufeinanderfolgende Monate (dazu näher Rn 40 ff). Die deutsche ZPO beschränkt diese ausschließliche Zuständigkeit in § 29 a auf Miet- und Pachtverträge über *Räume.*

b) Räumliche Abgrenzung

26 Art 16 Nr 1 EuGVÜ/LugÜ bestimmt die internationale Zuständigkeit mit Hilfe der Grundstücksbelegenheit. Nach dem Wortlaut der Vorschrift reicht es aus, wenn das streitgegenständliche Grundstück im Hoheitsgebiet eines Vertragsstaats belegen ist. Hingegen kommt es auf den Wohnsitz und die Staatsangehörigkeit der Parteien nicht an. Art 16 Nr 1 ist daher – wie der Vorbehalt in Art 4 Abs 1 verdeutlicht – auch dann anwendbar, wenn der Beklagte seinen Wohnsitz nicht in einem Mitgliedstaat des EuGVÜ/LugÜ hat (JENARD-Bericht zu Art 16). Außer der Grundstücksbelegenheit in einem Vertragsstaat müssen auch *keine Berührungspunkte zu weiteren Vertragsstaaten* bestehen (GEIMER/SCHÜTZE, EuZVR Art 16 Rn 7; KROPHOLLER Art 16 Rn 7; MünchKomm/ GOTTWALD Art 16 Rn 4; SOERGEL/KRONKE Art 38 Anh IV Rn 52, 80; zust OLG Hamburg IPRax 1999, 168 m Anm GEIMER 152 [zu Art 16 Nr 5]; wohl auch EuGH Rs C-412/98 – Group Josi/UGIC – EuLF 2000, 49 [Nr 46] m Anm GEIMER = IPRax 2000, 520 m Anm STAUDINGER 483; **aA** BGH NJW 1996, 3008 [3009] = IPRax 1998, 38; STEIN/JONAS/SCHUMANN § 29 a Rn 26; THOMAS/PUTZO/HÜSSTEGE Art 16 Rn 2). Damit wird § 29 a ZPO bezüglich im Inland belegener Räume durch Art 16 Nr 1 EuGVÜ/LugÜ vollständig verdrängt, soweit die *internationale* Zuständigkeit in Rede steht (vgl näher WIECZOREK/SCHÜTZE/HAUSMANN § 29 a Rn 37 ff).

c) Normzweck

27 Wesentlicher Grund für die Zuständigkeitsanknüpfung in Art 16 Nr 1 EuGVÜ/LugÜ ist der besonders enge Sachbezug des Gerichtsorts zum Gegenstand der Klage, und zwar sowohl die Beweis- als auch die Rechtsnähe. Dementsprechend sieht der EuGH den Zweck der ausschließlichen Zuständigkeit für Miet- und Pachtstreitigkeiten darin, dass „die Gerichte des Belegenheitsstaats am besten in der Lage sind, sich über die tatsächlichen Umstände bei Abschluss und Durchführung von Miet- und Pachtverträgen unmittelbare Kenntnis zu verschaffen" (EuGH Rs 241/83 – *Rösler/Rottwinkel* – Slg 1985, 99, 126 [Nr 9 f] = IPRax 1986, 97 m Anm KREUZER 75; ebenso EuGH Rs 158/87 – *Scherrens/Maenhout* – Slg 1988, 3791, 3804 [Nr 9 f] = IPRax 1991, 44 m Anm KREUZER 25; EuGH Rs 280/90 – *Hacker/Euro-Relais* – 1992 I 1127, 1131 [Nr 8 f] = NJW 1992, 1029 = IPRax 1993, 31 m Anm JAYME 18; EuGH Rs C-8/98 – *Dansommer/Götz* – NJW 2000, 2009, 2010 [Nr 27] = EuLF 2000, 57 m Anm HAUSMANN = IPRax 2001, 41 m Anm HÜSSTEGE 31; krit GEIMER/SCHÜTZE, EuZVR Art 16 Rn 106 ff). Daneben ist aber auch von Bedeutung, dass Miet- und Pachtverhältnisse an unbeweglichen Sachen häufig zwingenden Vorschriften zum Schutz von Mietern und Pächtern unterliegen, die sachgerecht nur von den Gerichten des Belegenheitsstaats angewandt werden können (JENARD-Bericht zu Art 16 Nr 1; EuGH Rs C-292/93 – *Lieber/Göbel* – Slg 1994 I, 2535, 2551 [Nr 20] = NJW 1995, 37).

d) Ausschließliche Zuständigkeit

28 Aus diesen Gründen normiert Art 16 Nr 1 EuGVÜ/LugÜ – wie § 29 a ZPO – eine ausschließliche Zuständigkeit; sie verdrängt nicht nur die Allzuständigkeit der Gerichte im Wohnsitzstaat des Beklagten (Art 2), sondern auch die besonderen Zuständigkeiten (zB Art 5 Nr 1 oder Nr 5). Von Art 16 Nr 1 kann darüber hinaus auch durch eine *Gerichtsstandsvereinbarung* nach Art 17 nicht abgewichen werden (vgl OLG

Frankfurt NJW 1984, 2045; LG Frankfurt IPRax 1992, 241 [243]; Rauscher NJW 1985, 893; Hüsstege NJW 1990, 822). Auch eine *rügelose Einlassung* vor den Gerichten eines anderen Vertragsstaats nach Art 18 ist ausgeschlossen (vgl EuGH Rs 73/77 – *Sanders/van der Putte* – Slg 1977, 2383, 2390 [Nr 10 f] = RiW 1978, 336). Wird das Gericht eines Vertragsstaats wegen einer Streitigkeit angerufen, für welche die Gerichte eines anderen Vertragsstaats nach Art 16 Nr 1 ausschließlich zuständig sind, so hat es sich gem Art 19 von Amts wegen für unzuständig zu erklären (Kropholler Art 16 Rn 4). Bei einem Verstoß gegen diese Vorschriften scheitert die Anerkennung und Vollstreckung des Urteils in den übrigen Vertragsstaaten an Art 28 Abs 1, 34 Abs 2 EuGVÜ/LugÜ (Jenard-Bericht zu Art 16). Nach seinem eindeutigen Wortlaut („Gerichte des Vertragsstaats") regelt Art 16 Nr 1 EuGVÜ/LugÜ allerdings nur die internationale Zuständigkeit; für die *örtliche* Zuständigkeit gilt hingegen das innerstaatliche Verfahrensrecht (zB § 29 a ZPO; vgl Geimer/Schütze, EuZVR Art 16 Rn 20 ff).

e) Auslegung
Während § 29 a ZPO nach deutschem Recht als der lex fori auszulegen ist, sind die in 29 Art 16 Nr 1 EuGVÜ/LugÜ verwendeten Anknüpfungskriterien grundsätzlich **vertragsautonom** zu qualifizieren, um eine einheitliche Anwendung der Vorschrift in allen Vertragsstaaten zu gewährleisten (vgl zum Begriff „dingliche Rechte" in Art 16 Nr 1 EuGH Rs 115/88 – *Reichert/Dresdner Bank* – Slg 1990 I, 27, 41 f [Nr 8, 11] = IPRax 1991, 45 m Anm Schlosser 29; zust Rauscher NJW 1985, 897; Endler IPRax 1992, 212; Geimer/Schütze, EuZVR Art 16 Rn 25 ff mwN; **aA** [Recht am hypothetischen ausschließlichen Gerichtsstand, dh lex rei sitae bzw lex domicilii] Hüsstege NJW 1990, 622). Da die Vorschrift bewirkt, dass den Parteien die ihnen sonst nach Art 17 mögliche Wahl des Gerichtsstands genommen wird und sie uU vor einem Gericht prozessieren müssen, das für keine von ihnen das Wohnsitzgericht ist, besteht allerdings die Gefahr einer Aushöhlung des durch Art 2 Abs 1 bezweckten Beklagtenschutzes; Art 16 Nr 1 ist daher im Zweifel *eng auszulegen* (EuGH Rs 73/77 [Rn 28] Slg 1977, 2383, 2390 f [Nr 17 f] = RiW 1978, 336; EuGH Rs C-292/93 [Rn 27 aE] Slg 1994, 2535, 2550 [Nr 12] = IPRax 1995, 99 m zust Anm M J Ulmer 72; EuGH Rs C-8/98 [Rn 27] NJW 2000, 2009, 2010 [Nr 21]; zust BGHZ 119, 152 [156] = IPRax 1993, 244 m Anm Lindacher 228; Kropholler Art 16 Rn 3 und 10).

2. Unbewegliche Sachen

Welche Sachen als „unbeweglich" zu gelten haben und welche Rechte ihnen gleich- 30 zustellen sind, wird von den Sachenrechten der Vertragsstaaten zT sehr unterschiedlich beantwortet (Geimer/Schütze I/1 659 ff). Insoweit empfiehlt sich deshalb eine *vertragsautonome* Auslegung, wie sie der EuGH bisher auch für andere Begriffe des Art 16 Nr 1 vertreten hat (vgl o Rn 29). Eine Qualifikation nach der lex rei sitae (dafür Schlosser, in: GS Bruns 60 f; Kropholler Art 16 Rn 12) begründet die Gefahr einer „einseitigen Zuständigkeitsbereicherung", die gerade bei Inanspruchnahme einer ausschließlichen Zuständigkeit nicht hingenommen werden kann (Schack, IZVR^2 Rn 314; Geimer/Schütze, EuZVR Art 16 Rn 42; MünchKomm/Gottwald Art 16 Rn 8). Betrifft der Rechtsstreit einen Miet- oder Pachtvertrag über **in zwei Vertragsstaaten belegenen Grundbesitz,** so sollen die Gerichte beider Staaten jeweils für den in ihrem Hoheitsgebiet belegenen Teil des Grundbesitzes ausschließlich zuständig sein, aber zur Zahlung des gesamten Miet- bzw Pachtzinses verurteilen können (EuGH Rs 158/87 Slg 1988, 3791, 3805 [Nr 13] = IPRax 1991, 44 m abl Anm Kreuzer 25; **aA** [konkurrierende Zuständigkeiten für das gesamte Miet- bzw Pachtverhältnis] zurecht Geimer/Schütze, EuZVR Art 16 Rn 101).

3. Miet- oder Pachtverhältnis

a) Grundsatz

31 Die Streitigkeit muss aus einem Miet- oder Pachtverhältnis über Grundstücke oder Räume resultieren. Was unter „Miete" oder „Pacht" zu verstehen ist, muss für Art 16 Nr 1 EuGVÜ/LugÜ autonom bestimmt werden. Wegen der gebotenen restriktiven Auslegung der Vorschrift genügt es nicht, dass die Klage nur überhaupt mit einer unbeweglichen Sache in Zusammenhang steht. Für Ansprüche auf Nutzungsentgelt im Falle der Nichtigkeit eines Mietvertrages gilt Art 16 Nr 1 daher nicht (EuGH Rs C-294/ 92 – Webb/Webb – Slg 1994 I, 1717, 1721 [Rn 14] = IPRax 1995, 314 m Anm KAYE 280; OGH IPRax 1999, 471 m Anm HÜSSTEGE 477); Streitgegenstand müssen vielmehr die Rechte und Pflichten aus einem Miet- oder Pachtvertrag über eine unbewegliche Sache sein. Nicht erforderlich ist hingegen, dass sich im Rechtsstreit der Eigentümer und der Mieter gegenüberstehen. Art 16 Nr 1 a ist vielmehr auch dann anwendbar, wenn die Klage von einem gewerblichen Reiseveranstalter erhoben wird, der dem Mieter die (Ferien-)Wohnung vermietet hatte und aus abgetretenem Recht des Eigentümers gegen den Mieter vorgeht (EuGH Rs C-8/98 [Rn 27] NJW 2000, 2009, 2010 [Nr 36 ff]). Ferner gilt Art 16 Nr 1 auch für Zwischen- und Untermiet- bzw -pachtverträge (SCHLOSSER Art 16 Rn 9; vgl zu § 29 a ZPO WIECZOREK/SCHÜTZE/HAUSMANN Rn 18, 24). § 29 a ZPO ist nach seinem ausdrücklichen Wortlaut auch auf Streitigkeiten über die Frage des Bestehens bzw Nichtbestehens eines Miet- oder Pachtvertrages anwendbar; dementsprechend setzt auch Art 16 Nr 1 EuGVÜ/LugÜ einen wirksamen Vertragsschluss nicht voraus (vgl EuGH Rs 73/77 [Rn 28] Slg 1977, 2383, 2390 [Nr 12 ff] = RiW 1978, 336; KROPHOLLER Art 16 Rn 24 mwN).

b) Gemischte Verträge

32 Über die Anwendbarkeit von § 29 a Abs 1 ZPO auf Verträge, die sich aus Elementen sowohl des Miet- bzw Pachtvertrages als auch anderer Vertragstypen zusammensetzen, wird im autonomen Prozessrecht mit Hilfe der sog *„Übergewichtstheorie"* entschieden; danach ist der ausschließliche Gerichtsstand immer dann eröffnet, wenn die miet- bzw pachtvertraglichen Elemente überwiegen (vgl näher WIECZOREK/SCHÜTZE/ HAUSMANN § 29 a Rn 29 ff). Demgegenüber folgt aus der vom EuGH betonten restriktiven Auslegung von Art 16 Nr 1 EuGVÜ (s o Rn 29; dazu M J ULMER IPRax 1995, 72 ff), dass die ausschließliche internationale Zuständigkeit nach dieser Vorschrift Streitigkeiten aus typengemischten Verträgen grundsätzlich nicht erfasst; etwas anderes gilt nur dann, wenn die geschuldeten atypischen Nebenleistungen gegenüber der miet- bzw pachtvertraglichen Hauptleistung völlig in den Hintergrund treten (MANSEL IPRax 2000, 31). Art 16 Nr 1 EuGVÜ/LugÜ greift also nicht ein, wenn der geschlossene Vertrag nicht durch die Miete oder Pacht eines Grundstücks, sondern durch andere Leistungen sein eigentliches Gepräge gewinnt (GEIMER/SCHÜTZE, EuZVR Art 16 Rn 111), wie dies etwa auf *Beherbergungsverträge* zutrifft (OLG Karlsruhe RiW 1996, 463).

33 Deshalb führt eine vertragsautonome Auslegung des Begriffs „Miete" zum Ausschluss von **Ferienhausvermittlungsverträgen** aus dem Anwendungsbereich des Art 16 Nr 1, weil sich die Leistungspflicht des Reiseveranstalters nicht auf die Überlassung einer Ferienwohnung für einen kurzen Zeitraum beschränkt, sondern ein ganzes „Paket" weiterer Leistungen (wie zB Auskünfte und Beratung, die Reservierung von Plätzen für die Beförderung an den Ferienort, den Abschluss einer Reiserücktrittsversicherung usw) umfasst (EuGH Rs 280/90 [Rn 27] Slg 1992 I, 1127, 1131 f [Nr 11– 14] = IPRax 1993, 31 m Anm JAYME 18 = EuZW 1992, 220 m Anm HUFF; zust ENDLER IPRax 1992,

214 f; KARTZKE NJW 1994, 823 f). Für Veranstaltungsverträge, die sich auf die Bereitstellung einer Ferienwohnung als einziger Reiseleistung beschränken, verbleibt es hingegen bei der ausschließlichen Zuständigkeit nach Art 16 Nr 1 EuGVÜ. Dies gilt auch dann, wenn der von dem gewerblichen Reiseveranstalter abgeschlossene Vertrag über die Vermietung der Ferienwohnung eine Reiserücktrittsversicherung einschließt und eine Erstattung des vom Kunden im voraus gezahlten Reisepreises im Fall der Zahlungsunfähigkeit des Reiseveranstalters sicherstellt (EuGH Rs C-8/98 [Rn 27] NJW 2000, 2009, 2010 [Nr 34 f] = EuLF 2000, 57 m Anm HAUSMANN; aA noch BGHZ 119, 152 [156]; AG Hamburg NJW-RR 2000, 352; HENSEN EWiR 1992, 1181; TONNER VUR 1993, 48, 99). Kein Mietvertrag, sondern ein Dienst- oder Geschäftsbesorgungsvertrag liegt hingegen vor, wenn sich jemand gegenüber dem Inhaber eines Ferienhauses verpflichtet, diesem laufend Mieter zu vermitteln (OLG Frankfurt IPRspr 1992 Nr 183 b gegen LG Frankfurt IPRax 1992, 241 m krit Anm ENDLER; zur Abgrenzung Reisevertrag – Mietvertrag im Rahmen von Art 16 Nr 1 EuGVÜ näher HÜSSTEGE IPRax 2001, 31 ff). § 29 a ZPO ist auf Ferienhausmietverträge schon nach seinem Abs 2 iVm §§ 556 a Abs 8, 564 Abs 7 Nr 4 BGB nicht anwendbar.

Besondere Schwierigkeiten wirft in diesem Zusammenhang die Qualifikation von **Timesharing-Verträgen** auf. Diese entsprechen zwar dem Leitbild der Miete, wenn dem Erwerber lediglich ein zeitlich befristetes Wohn- und Nutzungsrecht an dem Objekt eingeräumt wird (vgl MARTINEK ZEuP 1994, 470 [483]; SCHOMERUS NJW 1995, 359 [360]; MANKOWSKI RiW 1995, 364 [365]). Der Veräußerer von Teilzeiteigentum verspricht allerdings bei sämtlichen Timesharing-Modellen die Erbringung von vielfältigen Zusatzleistungen (vgl TÖNNES RiW 1996, 124 ff). Diese umfassen etwa Wäsche- und Reinigungsservice, die Überwachung der Immobilie sowie zumeist auch die laufende Verwaltung der erworbenen Rechte durch ein Treuhandunternehmen. Atypische Pflichten des Erwerbers ergeben sich ferner häufig aus seiner (Zwangs-)Mitgliedschaft in einer Gesellschaft oder einem Verein, der bzw dem auch die übrigen Erwerber von Teilzeiteigentum an der nämlichen Immobilie angehören. Diese zusätzlichen Dienstleistungen des Anbieters und atypischen Pflichten des Erwerbers können den Timesharing-Vertrag so stark prägen, dass Art 16 Nr 1a EuGVÜ/ LugÜ für Streitigkeiten aus solchen Verträgen nicht paßt (LG Detmold IPRax 1995, 249 m zust Anm JAYME 234; LG Dresden IPRspr 1998 Nr 146; KG VuR 1999, 138 m Anm MANKOWSKI = IPRspr 1998 Nr 138; *Baratt International Resorts Ltd v Martin*, The Scots Lawtimes 1994, 434; JAYME IPRax 1996, 87 f und 1997, 233 [234 f]), sondern eine Qualifikation des Timesharing-Vertrages als Verbrauchervertrag iS von Art 13 Abs 1 Nr 3 EuGVÜ gerechtfertigt erscheint (JAYME IPRax 1995, 135; dazu u Rn 102). Im Regelfall wird freilich die entgeltliche Überlassung eines zeitlich befristeten Wohnrechts so stark dominieren, dass die sonstigen Nebenleistungen – ebenso wie bei der Ferienhausvermietung durch Reiseveranstalter (vgl zuvor Rn 33) – zurücktreten und die Geltung des ausschließlichen Gerichtsstands nach Art 16 Nr 1a nicht in Frage stellen (LG Darmstadt RiW 1996, 422 [424] = EuZW 1996, 177 m Anm MANKOWSKI; GEIMER/SCHÜTZE, EuZVR Art 16 Rn 112; MünchKomm/GOTTWALD Art 16 Rn 12; offen lassend BGHZ 135, 124 [128] = NJW 1997, 1697).

Der Normzweck des Art 16 Nr 1 EuGVÜ/LugÜ erfordert schließlich, dass Gegenstand des Miet- bzw Pachtvertrags eine *Immobilie* ist; denn nur für die Miete und Pacht von Grundstücken und Räumen, insbesondere von Wohnungen gelten idR komplizierte Sonderregeln, die eine ausschließliche Zuständigkeit der Gerichte des Belegenheitsstaats rechtfertigen können (s o Rn 27). Der Begriff „Miete oder Pacht von unbeweglichen Sachen" in Art 16 Nr 1 erfasst daher nicht einen Vertrag über die **Verpachtung eines Ladengeschäfts,** das auf einem vom Verpächter von einem Dritten gemieteten Grundstück betrieben wird (EuGH Rs 73/77 [Rn 28] Slg 1977, 2383, 2390 [Nr 16] = RiW 1978, 336; zust RAUSCHER NJW 1985, 892 f, 897; vgl auch OLG Düsseldorf RiW 1990, 669 [Unterpacht eines Ladenlokals]). Auch findet Art 16 Nr 1 auf *Unternehmenspachtverträge* grundsätzlich keine Anwendung, denn Vertragsgegenstand ist hier das Unternehmen als Inbegriff von beweglichen und unbeweglichen Sachen, Immaterialgüterrechten und Erwerbschancen (vgl WIECZOREK/SCHÜTZE/HAUSMANN § 29 a Rn 25 f).

4. Einzelne Streitigkeiten

a) Grundsatz

36 Streitgegenstand iSv Art 16 Nr 1 EuGVÜ/LugÜ bzw § 29 a ZPO ist das Miet- oder Pachtverhältnis jedenfalls dann, wenn zwischen den Parteien über das Bestehen, die Beendigung oder die Auslegung des Vertrages, den Ersatz für die vom Mieter oder Pächter verursachten Schäden oder die Räumung des Grundstücks bzw der Wohnung gestritten wird (EuGH Rs 73/77 [Rn 28] Slg 1977, 2383, 2389 f [Nr 12, 15]; ebenso zum autonomen Recht WIECZOREK/SCHÜTZE/HAUSMANN § 29 a Rn 29 ff mwN). In diesen Fällen greift Art 16 Nr 1 auch dann ein, wenn der geltend gemachte Anspruch sich nicht aus dem Vertrag selbst, sondern **aus dem Gesetz** ergibt; denn die rechtliche Natur der jeweiligen Anspruchsgrundlage ist insoweit unerheblich. Demgemäß fällt etwa die Klage des Mieters auf Rückzahlung des Mietzinses auch dann unter Art 16 Nr 1, wenn sie nicht auf den Mietvertrag, sondern auf Delikt oder auf ungerechtfertigte Bereicherung gestützt wird (LG Bochum RiW 1986, 135 m Anm GEIMER; AG München ZMR 1991, 183 m Anm BUSL 167; KROPHOLLER Art 16 Rn 26). Auch die Klage des Vermieters auf Rückgabe des Mietgrundstücks bzw der Mietwohnung wird von Art 16 Nr 1 unabhängig davon erfasst, ob sie aus Vertrag (zB § 556 BGB) oder aus Eigentum (zB § 985 BGB) begründet wird. Ferner kann der (Zwischen-)Vermieter einer Wohnung auch ihm abgetretene Schadensersatzansprüche des Eigentümers (zB aus Delikt) nur im Gerichtsstand des Art 16 Nr 1 geltendmachen (EuGH Rs C-8/98 [Rn 27] NJW 2000, 2009, 2010 [Nr 23]). Der Abschluss eines Miet- oder Pachtvertrags muss vom Kläger oder vom Beklagten jedoch zumindest schlüssig behauptet werden (vgl zum autonomen Recht näher WIECZOREK/SCHÜTZE/HAUSMANN § 29 a Rn 33 f mwN). Daran fehlt es, wenn die Klage auf Nutzungsentschädigung für eine Wohnung darauf gestützt wird, dass der Beklagte den Gebrauchsvorteil wegen der Nichtigkeit der Eigentumsübertragung ohne Rechtsgrund gezogen habe (EuGH Rs C-292/93 [Rn 27] Slg 1994, 2545, 2552 [Nr 22] = IPRax 1995, 99 m Anm M J ULMER 72).

b) Reine Zahlungsklagen

37 Während § 29 a ZPO nach allg Ansicht auch auf reine Miet- und Pachtzahlungsklagen anzuwenden ist (vgl WIECZOREK/SCHÜTZE/HAUSMANN § 29 Rn 30 mwN), war dies für Art 16 Nr 1 EuGVÜ lange Zeit streitig. Gerade Fragen der Miethöhe werden indes häufig durch komplizierte nationale Sondergesetze über Mietpreisbindungen geregelt; dies spricht aber nach dem Zweck der Vorschrift dafür, die internationale Zuständigkeit der Gerichte am Belegenheitsort nach Art 16 Nr 1 auf „reine" Mietzinsklagen auszudehnen (EuGH Rs 241/83 [Rn 27] Slg 1985, 99, 128 [Nr 29] = NJW 1985, 905; OLG München NJW-RR 1988, 1023; RAUSCHER NJW 1985, 896; KROPHOLLER Art 16 Rn 25; **aA** GEIMER/SCHÜTZE, EuZVR Art 16 Rn 120). Der Gerichtsstand gilt auch für Klagen auf Zahlung von Nebenkosten für Wasser-, Gas- und Stromverbrauch (EuGH aaO).

c) Schadensersatzklagen

In den Anwendungsbereich von Art 16 Nr 1 EuGVÜ/LugÜ fallen demnach auch **38** Schadensersatzklagen des Mieters/Pächters wegen Nichterfüllung der Gebrauchsüberlassungspflicht, wegen Überlassung mangelhafter Räume sowie wegen sonstiger Vertragsverletzungen des Vermieters (zB Kündigung wegen vorgeschobenen Eigenbedarfs). Gleiches gilt für Streitigkeiten aus der Anbahnung von Miet- oder Pachtverhältnissen sowie für konkurrierende deliktische Schadensersatzansprüche (SCHLOSSER Art 16 Rn 12; zum autonomen Recht WIECZOREK/SCHÜTZE/HAUSMANN § 29 a Rn 32 mwN). Umgekehrt ist Art 16 Nr 1 auch auf Schadensersatzklagen des Vermieters wegen Beschädigung der vermieteten Wohnung durch den Mieter anwendbar (EuGH Rs C-8/98 [Rn 27] NJW 2000, 2009, 2010 [Nr 24, 28]), und zwar auch dann, wenn die Klage nicht auf positive Vertragsverletzung, sondern auf unerlaubte Handlung gestützt wird (OLG Hamm OLG-Rep 1995, 69). Nicht unter Art 16 Nr 1 EuGVÜ fallen nach der Rechtsprechung des EuGH hingegen Klagen, die sich „nur mittelbar auf die Nutzung der Mietsache beziehen", wie zB Schadensersatzansprüche wegen entgangener Urlaubsfreude und nutzloser Reisekosten, die der Kläger wegen der Mangelhaftigkeit des vermieteten Ferienhauses erlitten hat (EuGH Rs 241/83 [Rn 27] Slg 1985, 99, 127 f [Nr 28] = IPRax 1986, 97 m Anm KREUZER 75; krit dazu SCHACK, IZVR² Rn 313).

d) Verbandsklagen

Nicht anwendbar ist Art 16 Nr 1 ferner auf eine Verbandsklage nach §§ 13 ff AGBG **39** gegen eine Klausel in AGB, die ein inländisches Reiseunternehmen bei der Vermietung von Ferienwohnungen im Ausland verwendet. Denn bei der Verbandsklage handelt es sich um ein allgemeines Kontrollverfahren zum Schutz der inländischen Verbraucher, das keinen Bezug zu einem bestimmten Grundstück und seiner Belegenheit aufweist. Zwingende Sondervorschriften des Belegenheitsstaates über Miet- und Pachtverhältnisse an Grundstücken sind für das Verfahren nach §§ 13 ff AGBG nicht entscheidungserheblich (BGHZ 109, 29 [32] = NJW 1990, 317 = IPRax 1990, 318 m Anm W LORENZ 292; ebenso BGHZ 119, 152 [156 f] = IPRax 1993, 244 m Anm LINDACHER 228; KARTZKE NJW 1994, 824; aA PIRODDI Riv dir int priv proc 1995, 74 f).

5. Kurzfristige Gebrauchsüberlassungsverträge

a) Die Rechtsprechung des EuGH

Während kurzfristige Wohnungsmietverträge vom Anwendungsbereich des § 29 a **40** ZPO ausgenommen sind (vgl § 29 a Abs 2 iVm 556 a Abs 8, 564 Abs 7 Nr 1 BGB), galt Art 16 Nr 1 EuGVÜ aF nach der Rechtsprechung des EuGH für alle Verträge über die Miete oder Pacht von unbeweglichen Sachen, unabhängig von der Dauer des Mietverhältnisses und vom Zweck der Anmietung. Erfasst waren damit insbesondere auch kurzfristige Mietverträge über Ferienwohnungen bzw Ferienhäuser (EuGH Rs 241/83 – *Rösler/Rottwinkel* – Slg 1985, 99, 127 [Nr 24] = IPRax 1986, 97 m Anm KREUZER 75). Dies wurde vor allem in der deutschen Rechtsprechung und Lehre als unangemessen kritisiert (vgl etwa BGH IPRspr 1983 Nr 139; LEUE NJW 1983, 1242 f; RAUSCHER NJW 1985, 897; KREUZER IPRax 1986, 75; zu verfassungsrechtlichen Bedenken GEIMER ZfRvgl 1992, 345 und in FS Schwind [1993] 21), weil damit auch Streitigkeiten zwischen deutschen Parteien über die Vermietung einer Ferienwohnung in Frankreich oder Italien nur vor den Gerichten des Belegenheitsorts der Ferienwohnung entschieden werden durften; die Zuständigkeit der deutschen Gerichte konnte in einem solchen Fall wegen Art 17 Abs 3 EuGVÜ auch nicht wirksam vereinbart werden. Damit wurde aber der Vorteil der leichteren Feststellung von Mängeln der Mietwohnung durch ein ortsnahes Gericht durch die erhebliche Erschwerung des tatsächlichen Zugangs zu diesem Gericht mehr als aufgewogen.

b) Änderungen durch das EuGVÜ 1989

41 Der Kritik an der EuGH-Rechtsprechung zur Auslegung von Art 16 Nr 1 aF in Miet- und Pachtsachen hat das EuGVÜ 1989 in Nr 1 b durch die Einschränkung der ausschließlichen Zuständigkeit des Belegenheitsstaats und die Begründung eines alternativen Forums im Wohnsitzstaat des Beklagten Rechnung getragen.

aa) Voraussetzungen der alternativen Zuständigkeit

Die Sonderregelung gilt allerdings nur für Immobiliarmietverträge „zum vorübergehenden privaten Gebrauch für höchstens sechs aufeinander folgende Monate". Durch das Merkmal des **„privaten Gebrauchs"** werden Mietverträge ausgeschlossen, die der *Mieter* zu geschäftlichen Zwecken abschließt; hingegen ist es unschädlich, dass die Vermietung (zB von Privatzimmern) für den Vermieter eine kommerzielle Tätigkeit darstellt (TRUNK 43). Weiterhin müssen sowohl Mieter bzw Pächter als auch Eigentümer des Mietgrundstücks – nicht hingegen ein vom Eigentümer verschiedener (Zwischen- oder Unter-)Vermieter (TRUNK 104 f) – **natürliche Personen** sein; Rechtsstreitigkeiten aus der Vermietung durch gewerbliche Ferienhaus-/Hotelgesellschaften sind dagegen weiterhin ausschließlich im Belegenheitsstaat zu führen (GEIMER/SCHÜTZE, EuZVR Art 16 Rn 128; krit TRUNK 106). Die Sonderregelung in Art 16 Nr 1 b greift schließlich nur ein, wenn **Mieter und Eigentümer im gleichen Vertragsstaat wohnen;** dabei wird vorausgesetzt, dass dieser Wohnsitz in einem anderen Vertragsstaat liegt als das vermietete Grundstück. Nicht erforderlich ist hingegen, dass auch der – mit dem Eigentümer nicht identische – Vermieter seinen Wohnsitz in demselben Vertragsstaat wie der Eigentümer und der Mieter hat (TRUNK 108 f). *Maßgebender Zeitpunkt* für das Vorliegen der Zuständigkeitsvoraussetzungen nach Art 16 Nr 1 b ist die Klageerhebung; ein Wohnsitzwechsel der Beteiligten nach Beendigung des Mietvertrages, aber vor Klageerhebung, ändert somit den Gerichtsstand (TRUNK 109). Mit Inkrafttreten der EuGVVO (Rn 2a) wird in Anlehnung an das LugÜ (Rn 43) auf das Erfordernis, dass auch der Eigentümer des (Ferien-)Hauses bzw der Wohnung eine natürliche Person sein muss, verzichtet (Art 22 Nr 1).

bb) Wirkungen der alternativen Zuständigkeit

42 Art 16 Nr 1 b EuGVÜ hebt die ausschließliche Zuständigkeit des Belegenheitsstaates auf und begründet eine alternative Zuständigkeit im Wohnsitzstaat des Beklagten. International zuständig sind danach nicht notwendig die Gerichte im gemeinsamen Wohnsitzstaat von Eigentümer und Mieter; vielmehr können auch die Gerichte eines dritten Vertragsstaats zur Entscheidung berufen sein, in dem der beklagte Vermieter (zB eine Ferienhausagentur) seinen Sitz hat (vgl GEIMER/SCHÜTZE, EuZVR Art 16 Rn 133). Die alternative Wohnsitzzuständigkeit ist ebenfalls **ausschließlich;** sie kann daher durch eine Gerichtsstandsvereinbarung nicht ausgeschlossen oder eingeschränkt werden (TRUNK 51 f; KROPHOLLER Art 16 Rn 32). Das im Wohnsitzstaat des Beklagten gesprochene Urteil ist in allen anderen EuGVÜ-Staaten nach Maßgabe der Art 25 ff anerkennungsfähig und vollstreckbar; dies gilt auch für den Belegenheitsstaat, weil im EuGVÜ 1989 auf einen Vorbehalt entsprechend Art I b des Protokolls Nr 1 zum Luganer Übereinkommen (dazu Rn 44) verzichtet wurde. Da die beiden ausschließlichen Gerichtsstände des Art 16 Nr 1 b sich gegenseitig nicht ausschließen, sind *Kompetenzkonflikte* möglich, wenn dieselbe Rechtsstreitigkeit sowohl im Belegenheitsstaat als auch im Wohnsitzstaat des Beklagten anhängig gemacht wird. In diesem Fall greift Art 23 ein, der das zuletzt angerufene Gericht – abweichend von Art 21 – verpflichtet, sich für unzuständig zu erklären.

c) Abweichungen im LugÜ

Die Sonderregelung der internationalen Zuständigkeit für Streitigkeiten aus der kurzfristigen Vermietung von Immobilien in Art 16 Nr 1 b LugÜ gilt zwar ebenfalls nur für die Miete zum privaten Gebrauch. Abweichend vom EuGVÜ 1989 ist es jedoch nach dem LugÜ nicht erforderlich, dass auch der *Eigentümer* der unbeweglichen Sache eine natürliche Person ist. Art 16 Nr 1 b LugÜ gilt damit auch für die Vermietung durch **gewerbliche Anbieter** von Ferienwohnungen. Eine zweite wichtige Abweichung betrifft den **Wohnsitz der Beteiligten:** Während es nach dem EuGVÜ 1989 auf den Wohnsitz des Mieters und des Eigentümers ankommt, stellt das LugÜ auf den Wohnsitz der *Vertragsparteien* ab; dieser Unterschied wirkt sich mithin nur aus, wenn Eigentümer und Vermieter verschiedene Personen sind (also namentlich in Fällen der Unter- bzw Zwischenvermietung). Ferner begnügt sich Art 16 Nr 1 b LugÜ damit, dass beide Parteien ihren Wohnsitz nicht im Belegenheitsstaat haben. Der Wohnsitz der Vertragsparteien kann sich folglich – anders als nach Art 16 Nr 1 b EuGVÜ 1989 – *in unterschiedlichen Vertragsstaaten* befinden; die Lösung verdient der Vorzug vor der restriktiven Regelung des EuGVÜ 1989 (KOHLER EuZW 1991, 301, 305; M J ULMER IPRax 1995, 75; LAGARDE, in: FS Bellet [1991] 296). Darüber hinaus schadet es nach dem LugÜ auch nicht, dass eine oder sogar beide Vertragsparteien außerhalb des Geltungsbereichs des LugÜ wohnen, sofern nur das Grundstück in einem Vertragsstaat liegt (**aA** TRUNK 108).

Die Einführung des alternativen ausschließlichen Gerichtsstands am Beklagtenwohnsitz stieß allerdings namentlich bei den Mittelmeer-Anrainerstaaten auf erheblichen politischen Widerstand. Um diese Schwierigkeiten zu überwinden, wurde dem Belegenheitsstaat in **Art I b des Protokolls** zum LugÜ eine Vorbehaltsmöglichkeit eingeräumt. Danach kann jeder Vertragsstaat erklären, dass er eine Entscheidung betreffend die Miete oder Pacht von unbeweglichen Sachen nicht anerkennen oder vollstrecken wird, wenn die Zuständigkeit des Gerichts des Ursprungsstaates ausschließlich dadurch begründet ist, dass der Beklagte seinen Wohnsitz im Ursprungsstaat hat und die unbewegliche Sache im Hoheitsgebiet des Staates belegen ist, der den Vorbehalt angebracht hat. Der Vorbehalt ist bisher lediglich von *Frankreich* erklärt worden (vgl BGBl 1995 II 221).

III. Sondergerichtsstand des vertraglichen Erfüllungsortes*

1. Allgemeines

a) Rechtsquellen

Die in der Praxis bei weitem bedeutsamste besondere Zuständigkeit für Vertragsklagen enthält Art 5 Nr 1 HS 1 EuGVÜ/LugÜ. Danach können Ansprüche aus einem

---

* **Schrifttum: 1. Allgemein:** BACHMANN, Art 5 Nr 1 EuGVÜ: Wechselrechtliche Haftungsansprüche im Gerichtsstand des Erfüllungsorts?, IPRax 1997, 237; BEAUMART, Haftung in Absatzketten im französischen Recht und im europäischen Zuständigkeitsrecht (1999); BROG-

Vertrag – außer am Wohnsitz des Beklagten (Art 2) – auch vor dem Gericht des Ortes eingeklagt werden, „an dem die Verpflichtung erfüllt worden ist oder zu erfüllen wäre". Damit haben EuGVÜ und LugÜ den deutschen Sondergerichtsstand für Vertragsklagen in § 29 Abs 1 ZPO übernommen. Gegenüber Personen, die ihren

GINI, Il forum destinatae solutionis: passato, presente, futuro, Riv dir int priv proc 2000, 15; BRÜDERMANN, Der europäische GmbH-Gerichtsstand, ZIP 1996, 491; DE CRISTOFARO, Il foro delle obligazioni (1999); DONZALLAS, Le for contractuel de Íart 5 ch. 1 CL dans la jurisprudence du Tribunal fédéral" ZBJV 195 (1999) 381; DROZ, Delendum est forum contractus?, D 1997 (Chron) 351; GEBAUER, Neuer Klägergerichtsstand durch Abtretung einer dem UN-Kaufrecht unterliegenden Zahlungsforderung?, IPRax 1999, 432; GEIMER, Zuständigkeitskonzentration für Klagen gegen den Eigenhändler am Sitz des Lieferanten mittels Art 5 Nr 1 EuGVÜ?, IPRax 1986, 85; ders, Die Gerichtspflichtigkeit des Beklagten nach Art 5 Nr 1 und Nr 3 EuGVÜ bei Anspruchskonkurrenz, IPRax 1986, 80; GOTTWALD, Streitiger Vertragsschluß und Gerichtsstand des Erfüllungsorts (Art 5 Nr 1 EuGVÜ), IPRax 1983, 13; HACKL, Örtliche Zuständigkeit gemäß Art 5 (1) und (3) des Brüsseler EG-Übereinkommens vom 27. 9. 1968 über die gerichtliche Zuständigkeit und die Vollstreckung gerichtlicher Entscheidungen in Zivil- und Handelssachen, ZfRvgl 1985, 1; HAU, Der Vertragsgerichtsstand zwischen judizieller Konsolidierung und legislativer Neukonzeption, IPRax 2000, 354; HAUBOLD, Internationale Zuständigkeit für gesellschaftsrechtliche und konzerngesellschaftsrechtliche Haftungsansprüche nach EuGVÜ und LugÜ, IPRax 2000, 375; HERTZ, Jurisdiction in Contract and Tort under the Brussels Convention (1998); HOLL, Der Gerichtsstand des Erfüllungsorts gemäß Art 5 Nr 1 EuGVÜ, WiB 1995, 462; ders, Der Gerichtsstand des Erfüllungsorts nach Art 5 Nr 1 EuGVÜ bei einem „claim for restitution based on unjust enrichment", IPRax 1998, 120; HONORATI, Concorso di responsabilità contrattuale ed extracontrattuale e giurisdizione ai sensi della convenzione di Bruxelles de 1968, Riv dir int priv proc 1994, 281; KERAMEUS, Vertrag und Delikt in der Rechtsprechung des EuGH (2000); KOCH, Zur Bewertung von Gerichtsstandsklauseln und Erfüllungsortvereinbarungen im internationalen Handelsverkehr, JZ 1997, 841; KOHLER/HUET/JAYME, Die besonderen Zuständigkeiten des Art 5, in: EuGH (Hrsg), Internationale Zuständigkeit und Urteilsanerkennung in Europa (1993) 41 ff; KROPHOLLER/ vHINDEN, Die Reform des Europäischen Gerichtsstands am Erfüllungsort (Art 5 Nr 1 EuGVÜ), in: GS Lüderitz (2000) 401; KUBIS, Gerichtspflicht durch Schweigen? – Prorogation, Erfüllungsortvereinbarung und internationale Handelsbräuche, IPRax 1999, 10; KUNER, Internationale Zuständigkeitskonflikte im Internet CR 1996, 453; LEIPOLD, Internationale Zuständigkeit am Erfüllungsort, in: GS Lüderitz (2000) 431; LOHSE, Das Verhältnis von Vertrag und Delikt. Eine rechtsvergleichende Studie zur vertragsautonomen Auslegung von Art 5 Nr 1 und Art 5 Nr 3 GVÜ (1991); LÜDERITZ, Fremdbestimmte internationale Zuständigkeit? – Versuch einer Neubestimmung von § 29 ZPO, Art 5 Nr 1 EuGVÜ, in: FS Zweigert (1981) 233; LUPOI, Il luogo dell'esecuzione del contratto come criterio di collegamento giurisdizionale (1978); ders, La competenza in materia contrattuale nella convenzione di Bruxelles del 17 settembre 1968, Riv trim dir proc civ 1994, 1263; MEZGER, Einheitlicher Gerichtsstand des Erfüllungsorts verschiedenartiger Ansprüche eines Handelsvertreters (Art 5 Nr 1 GVÜ), IPRax 1983, 153; ders, Anspruch aus Vertrag oder Anspruch aus unerlaubter Handlung iSv Art 5 Nr 1 oder Nr 3 EuGVÜ, IPRax 1989, 207; MOURRE, Trente ans après la convention de Bruxelles – Bilan et perspectives de la jurisprudence concernant da détermination de la jurisdiction compétente en matière contractuelle, RDAI 1999, 385; PÅLSSON, The Unruly Horse of the Brussels and Lugano Conventions: The Forum Solutions, in: FS Lando (1997) 259; PILTZ, Der Gerichtsstand des Erfüllungsortes nach dem EuGVÜ, NJW 1981, 1876; RAUSCHER, Verpflichtung und Erfüllungsort in Art 5 Nr 1 EuGVÜ unter besonderer Berücksichtigung des

Wohnsitz in *Luxemburg* haben, kann die Zuständigkeit nach Art 5 Nr 1 EuGVÜ/ LugÜ in anderen Vertragsstaaten allerdings nicht in Anspruch genommen werden (vgl Art I Protokoll zum EuGVÜ/LugÜ; dazu KROPHOLLER Art 5 Rn 3). In der *Schweiz* wurden Entscheidungen ausländischer Gerichte, die sich nur auf Art 5 Nr 1 LugÜ stützten, bis zum 31. 12. 1999 nicht anerkannt (Art I a Protokoll zum LugÜ). Eine spezielle Regelung hat in zwei weiteren Halbsätzen des Art 5 Nr 1 die Bestimmung des Erfül-

Vertragshändlervertrages (1984); ders, Prorogation und Vertragsgerichtsstand gegen Rechtsscheinhaftende, IPRax 1992, 143; RENNPFERDT, Die internationale Harmonisierung des Erfüllungsrechts für Geldschulden (1993); SALERNO, L' incidenza del diritto applicabile nell' accertamento del forum destinatae solutionis, Riv dir int 1995, 76; SCHACK, Der Erfüllungsort im deutschen, ausländischen und internationalen Privat- und Zivilprozessrecht (1985); ders, Stare decisis ohne Rücksicht auf die Zuständigkeitsgerechtigkeit, ZEuP 1995, 655; SCHLOSSER, Europäisch-autonome Interpretation des Begriffs „Vertrag oder Ansprüche aus einem Vertrag" iSv Art 5 Nr 1 EuGVÜ, IPRax 1984, 65; SPELLENBERG, Der Gerichtsstand des Erfüllungsortes im europäischen Gerichtsstands- und Vollstreckungsübereinkommen, ZZP 91 (1978) 38; ders, Die Vereinbarung des Erfüllungsorts und Art 5 Nr 1 des Europäischen Gerichtsstands- und Vollstreckungsübereinkommens, IPRax 1981, 75; STOLL, Gerichtsstand des Erfüllungsorts nach Art 5 Nr 1 EuGVÜ bei strittigem Vertragsschluß, IPRax 1983, 52; STORP, Internationale Zuständigkeit des Erfüllungsorts bei Verträgen mit französischen Vertretern, RiW 1999, 823; TIEFENTHALER, LGVÜ: Gerichtsstand am „Erfüllungsort" des Bereicherungsanspruchs? – Kritische Bemerkungen zu den ersten Entscheidungen des OGH zu Art 5 Z 1 LGVÜ, ÖJZ 1998, 544; VALLONI, Der Gerichtsstand des Erfüllungsorts nach Lugano- und Brüsseler Übereinkommen (1998); VOVERBECK, Interpretation traditionelle de l'article 5–1 des Convention de Bruxelles et de Lugano: le coup de grâce?, in: FS Droz (1996) 287; WOLF, Feststellungsklage und Anspruchsgrundlagenkonkurrenz im Rahmen von Art 5 Nr 1 und Nr 3 LugÜ, IPRax 1999, 82; WRANGEL, Der Gerichtsstand des Erfüllungsortes im deutschen, italienischen und europäischen Recht (1988).

2. Kaufvertrag: DELI, Criteri di giurisdizione e convenzione di Bruxelles del 1968 nelle vendite a catena, Riv dir int priv proc 1993, 305; DUINTJER TEBBENS, Internationale Kaufverträge und EuGVÜ, IPRax 1985, 262; JAYME, Ein Klägergerichtsstand für den Verkäufer – Der EuGH verfehlt den Sinn des EuGVÜ, IPRax 1995, 13; KADNER, Gerichtsstand des Erfüllungsorts im EuGVÜ, Einheitliches Kaufrecht und international- und prozessuale Gerechtigkeit, Jura 1997, 240; KLIMA, Anwendbarkeit des Art 5 EuGVÜ auf Sachverhalte mit mehreren aufeinanderfolgenden Käufern, RiW 1991, 415; KOCH, Der besondere Gerichtsstand des Klägers/Verkäufers im Anwendungsbereich des UN-Kaufrechts, RiW 1996, 379; SCHACK, Der internationale Klägergerichtsstand des Verkäufers, IPRax 1986, 82; ders, Der internationale Klägergerichtsstand des Käufers, IPRax 1987, 215; SCHWENZER, Internationaler Gerichtsstand für die Kaufpreisklage, IPRax 1989, 274.

3. Arbeitsvertrag: BIRK, Die internationale Zuständigkeit in arbeitsrechtlichen Streitigkeiten nach dem EuGVÜ, RdA 1983, 143; COESTER-WALTJEN, Gerichtsstand des Erfüllungsorts für Lohnansprüche, IPRax 1986, 88; HOLL, Der Gerichtsstand des Erfüllungsorts nach Art 5 Nr 1 EuGVÜ bei individuellen Arbeitsverträgen, IPRax 1997, 88; JOHNER, Die direkte Zuständigkeit der Schweiz bei internationalen Arbeitsverhältnissen: Lugano-Übereinkommen (1995); JUNKER, Die internationale Zuständigkeit deutscher Gerichte in Arbeitssachen, ZZPInt 1998, 179; MANKOWSKI, Der gewöhnliche Arbeitsort im Internationalen Privat- und Prozessrecht, IPRax 1999, 332; RAUSCHER, Der Arbeitnehmergerichtsstand im EuGVÜ, IPRax 1990, 152; ders, Arbeitnehmerschutz – ein Ziel des Brüsseler Übereinkommens, in: FS Schütze (1999) 695; TRENNER, Internationale Zuständigkeit in arbeitsvertraglichen Streitigkeiten (Diss Konstanz, 2000).

lungsorts von *Arbeitsverträgen* erfahren; dabei weicht das EuGVÜ 1989 in HS 3 zugunsten des Arbeitnehmers von der Regelung im LugÜ ab (vgl näher Rn 73 f). Das **autonome Prozessrecht** sieht den Gerichtsstand des Erfüllungsorts weiterhin in § 29 ZPO vor. Abweichend von Art 5 Nr 1 EuGVÜ/LugÜ wird in § 29 Abs 2 ZPO die Zulässigkeit von Vereinbarungen über den Erfüllungsort auf den *kaufmännischen Verkehr* beschränkt.

b) Normzweck

46 Durch die Eröffnung einer Zuständigkeit am vertraglichen Erfüllungsort erleichtern Art 5 Nr 1 EuGVÜ/LugÜ und § 29 ZPO dem Gläubiger die Rechtsverfolgung, weil er alle Rechtsstreitigkeiten, die im Zusammenhang mit der streitigen vertraglichen Verpflichtung stehen – einschließlich der Anordnung einstweiliger oder sichernder Maßnahmen (EuGH Rs C-391/95 – *van Uden Maritime/Deco Line* – Slg 1998 I, 7122, 7131 [Nr 21 f] = IPRax 1999, 240 m Anm Hess/Vollkommer 220) –, an diesem Gerichtsstand konzentrieren kann (vgl EuGH Rs 34/82 – *Peters/ZNAV* – Slg 1983, 987, 1002 [Nr 11] = IPRax 1984, 85 m Anm Schlosser 65). Die Vorschriften schützen damit vor allem das Interesse des Gläubigers an einer überschaubaren und vom Schuldner nicht manipulierbaren Zuständigkeitsanknüpfung (EuGH Rs C-440/97 – *Groupe Concorde* – NJW 2000, 719, 720 [Nr 24]; Geimer/Schütze I/1 551). Der eigentliche Grund für diesen Gerichtsstand liegt freilich darin, dass der Schuldner dort gerichtspflichtig sein soll, wo er nach materiellem Recht leisten muss (Schlosser, in: FS Bruns 52 ff; Geimer EuZW 1992, 518; MünchKomm/Gottwald Art 5 Rn 1). Dies gilt im Interesse der Rechtssicherheit auch dann, wenn das Gericht am Erfüllungsort nicht dasjenige mit der engsten Verbindung zum Rechtsstreit ist (EuGH Rs C-288/92 – *Custom Made Commercial/Stawa Metallbau* – Slg 1994 I 2949, 2957 [Nr 21] = JZ 1995, 244 m zust Anm Geimer = ZEuP 1995, 655 m abl Anm Schack = IPRax 1995, 31 m abl Anm Jayme 13 = ZZPInt 1 [1996] 167 m Anm Huber; Geimer/Schütze, EuZVR Art 5 Rn 3 ff).

c) Besonderer Wahlgerichtsstand

47 Art 5 Nr 1 begründet einen besonderen Gerichtsstand, der dem Kläger wahlweise neben dem allgemeinen Gerichtsstand des Art 2 und etwaigen weiteren besonderen Gerichtsständen (zB nach Art 5 Nr 5 bei Vertragsschluss durch eine Niederlassung; dazu Rn 133 f) zur Verfügung steht. Wird der Vertrag tatsächlich an einem anderen Ort erfüllt als dem vertraglich oder gesetzlich bestimmten Leistungsort, so kann der Kläger auch zwischen diesen beiden Gerichtsständen wählen. Der Vertragsgerichtsstand des Art 5 Nr 1 wird durch eine ausschließliche Zuständigkeit nach Art 16 verdrängt (dazu o Rn 25 ff) und kann durch Gerichtsstandsvereinbarung nach Art 17 abbedungen werden. Die Anwendung nationalen Zuständigkeitsrechts wird durch Art 5 Nr 1 vollständig – also auch hinsichtlich der Regelung der örtlichen Zuständigkeit – ausgeschlossen. Das in Art 5 Nr 1 bestimmte Gericht ist auch für die Anordnung einstweiliger oder sichernder Maßnahmen zuständig, ohne dass diese Zuständigkeit von weiteren Voraussetzungen abhängt (EuGH Rs C-391/95 [Rn 46] Slg 1998 I, 7122, 7137 [Nr 48] = JZ 1999, 1103 m Aufs Stadler 1089).

2. Vertragliche Ansprüche

a) Auslegung

48 Während im Rahmen von § 29 ZPO die Frage, ob ein Vertragsverhältnis vorliegt, von dem angerufenen deutschen Gericht nach Maßgabe der deutschen *lex fori* zu beant-

worten ist (BAG BB 1997, 2116; KROPHOLLER, Hdb IZVR I Rn 248; LINKE, IZPR² Rn 154; aA [Qualifikation lege causae] GEIMER, IZPR⁵ Rn 1481), qualifiziert der EuGH den Vertragsbegriff für die Zwecke des EuGVÜ zu Recht **autonom** (EuGH Rs 34/82 [Rn 46] Slg 1983, 987, 1002 [Nr 10]; EuGH Rs 9/87 – *Arcado/Haviland* – Slg 1988, 1539, 1554 [Nr 10 f] = NJW 1989, 1424 = RiW 1988, 987 m Anm SCHLOSSER RiW 1989, 139; EuGH Rs C-26/91 – *Handte/TMCS* – Slg 1992 I, 3990, 3993 [Nr 10] = JZ 1995, 90 m Anm PFEIFFER; EuGH Rs C-51/97 – *Réunion européenne SA/ Spliethoff's* – Slg 1998 I, 6511, 6542 [Nr 15] = IPRax 2000, 210 m Anm KOCH 186; ebenso zum LugÜ in Österreich OGH RiW 1998, 634 und in der Schweiz BGE 123 III 414 [421]; 124 III 188 [191]). Damit scheidet im Anwendungsbereich von Art 5 Nr 1 ein Rückgriff auf den Vertragsbegriff der *lex fori* ebenso aus wie die – vor allem in der deutschen Literatur (vgl etwa SPELLENBERG ZZP 91 [1978] 41 ff; PILTZ NJW 1981, 1876 f; SCHLOSSER IPRax 1984, 65 ff; LOHSE 227 f; HOLL IPRax 1998, 120 [121]; GEIMER/SCHÜTZE, EuZVR Art 5 Rn 10 ff) favorisierte – Anwendung der *lex causae* (THOMAS/PUTZO/HÜSSTEGE Art 5 Rn 2; KROPHOLLER Art 5 Rn 8; SCHACK, IZVR² Rn 261). Die Auslegung hat sich vielmehr in erster Linie an der Systematik und der Zielsetzung des Übereinkommens auszurichten. Danach ist Vertrag nur eine „freiwillig gegenüber einer anderen Person eingegangene Verpflichtung" (EuGH Rs C-26/91 aaO). Die hiernach mögliche Spaltung des Vertragsbegriffs mit der Folge, dass im Vertragsgerichtsstand des Art 5 Nr 1 Ansprüche eingeklagt werden können, die von der lex causae als „gesetzlich" qualifiziert werden, ist im Interesse einer einheitlichen Anwendung des Übereinkommens hinzunehmen.

b) Weiter Begriff der „vertraglichen" Ansprüche
Danach ist der Begriff der vertraglichen Ansprüche iSv Art 5 Nr 1 weit auszulegen; er umfasst alle Ansprüche aus privatautonomer Selbstbindung (SCHLOSSER IPRax 1984, 66; BÜLOW/BÖCKSTIEGEL/AUER Art 5 Rn 18 f). Erfasst werden nicht nur Klagen auf Vertragserfüllung, zB auf Leistung (BGH RiW 1991, 513 = ZZP 104 [1991] 449 m Anm H ROTH) oder Unterlassung (vgl BGH NJW 1985, 561 [562] = IPRax 1986, 102 m Anm GEIMER 80), sondern auch die Geltendmachung von *Vertragsstrafen* (OLG Hamm NJW 1990, 652, 653), die Bestellung von *Sicherheiten* (OLG Köln IPRax 1985, 161 m Anm SCHRÖDER 145) und deren Freigabe (OLG Bremen RiW 1998, 63 [64]) sowie Ansprüche auf *Schadensersatz* wegen Nichterfüllung oder wegen positiver Vertragsverletzung (vgl EuGH Rs 9/87 [Rn 48] Slg 1988, 1539, 1555 [Nr 13 ff] = IPRax 1989, 227 m Anm MEZGER 207; OLG Koblenz IPRax 1991, 241 [243]). Der Gerichtshof zieht im Rahmen der autonomen europäischen Auslegung des Vertragsbegriffs ferner zu Recht Art 10 EVÜ heran. Demgemäß fallen auch Klagen, die das *Erlöschen von vertraglichen Verpflichtungen* (zB Anfechtungsklagen wegen Willensmängeln nach den romanischen Rechten, vgl Art 1304 frz CC) sowie die *Verjährung* von Vertragsansprüchen zum Gegenstand haben, in den Anwendungsbereich des Art 5 Nr 1 (vgl auch zur Aufrechnung u Rn 146 f). Gleiches gilt für Klagen aus *vertraglichen Rückabwicklungsverhältnissen,* ohne dass es auf deren Qualifikation nach der jeweiligen lex causae ankommt. Dementsprechend können nicht nur Ansprüche auf Rückgewähr der Leistungen im Falle der Wandelung (GEIMER/SCHÜTZE, EuZVR Art 5 Rn 49), des Rücktritts vom Vertrag (OLG Oldenburg WM 1976, 1288 m Anm GEIMER) oder der Vertragsaufhebung (vgl BGHZ 78, 257 [259] = IPRax 1981, 129 m Anm SCHLECHTRIEM 113 [zu Art 78 Abs 2 EKG]), sondern auch *bereicherungsrechtliche Ansprüche* nach einer Anfechtung des Vertrages im Gerichtsstand des Erfüllungsorts erhoben werden (vgl Art 10 S 1 lit d und e EVÜ; zust SCHLOSSER IPRax 1984, 66; W LORENZ IPRax 1993, 46; SCHACK, IZVR² Rn 263; KROPHOLLER Art 5 Rn 11; ebenso in England *Kleinwort Benson Ltd v Glasgow City Council* [1996] 2 All ER 257 [CA] m zust Anm HOLL IPRax 1998, 120; aA BGHZ 132, 105 [108] = IPRax 1997, 187 m Anm MANKOWSKI 173 = JZ 1997, 88 m Anm GOTTWALD;

LIPP RiW 1994, 18 [20]; GEIMER/SCHÜTZE, EuZVR Art 5 Rn 32; THOMAS/PUTZO/HÜSSTEGE Art 5 Rn 2).

50 Auch Ansprüche, die ihre Grundlage in dem zwischen einem Verein und seinen Mitgliedern bestehenden **Mitgliedschaftsverhältnis** haben, können im Gerichtsstand des Art 5 Nr 1 EuGVÜ/LugÜ eingeklagt werden, soweit nicht die ausschließliche Zuständigkeit nach Art 16 Nr 2 EuGVÜ/LugÜ (dazu WIECZOREK/SCHÜTZE/HAUSMANN § 40 Anh I Art 16 Rn 36 ff) eingreift; denn der Beitritt zu einem Verein schafft ähnlich enge Bindungen, wie sie zwischen Vertragsparteien bestehen. Dies gilt kraft autonomer „europäischer" Auslegung unabhängig davon, wie das Personalstatut der juristischen Person das Mitgliedschaftsverhältnis qualifiziert (EuGH Rs 34/82 [Rn 46] Slg 1983, 987, 1002 [Nr 9 ff] = IPRax 1984, 85 m Anm SCHLOSSER 65). Da EuGVÜ und LugÜ einen eigenen Mitgliedschaftsgerichtsstand (vgl § 22 ZPO) nicht kennen, werden mitgliedschaftsrechtliche Streitigkeiten auf diese Weise bei dem Gericht des Ortes konzentriert, das die Vereinssatzung und die Vereinsbeschlüsse am besten verstehen kann. Diese vertragliche Qualifikation gilt in gleicher Weise auch für die Rechtsbeziehungen zwischen einer *Aktiengesellschaft* und dem einzelnen Aktionär (EuGH Rs 214/89 – *Powell Duffryn/Petereit* – Slg 1992 I, 1745, 1774 [Nr 15 f] = IPRax 1993, 32 m Anm KOCH 19). Dementsprechend können auch die Ansprüche einer *GmbH* gegen einen Gesellschafter auf Erstattung von verbotenen Auszahlungen nach §§ 30, 31 GmbHG bzw auf Rückgewähr eines eigenkapitalersetzenden Darlehens nach §§ 32 a Abs 1, 32 b GmbHG im Gerichtsstand des Art 5 Nr 1 geltend gemacht werden; denn obwohl sie sich aus dem Gesetz ergeben, haben sie ihre Grundlage doch in dem zwischen den Parteien geschlossenen Gesellschaftsvertrag (OLG Jena ZIP 1998, 1496 = NZI 1999, 81 m Aufs MANKOWSKI 56; OLG Bremen RiW 1998, 63 [64] = NZG 1998, 386 m Anm MICHALSKI; MünchKomm/GOTTWALD Art 5 Rn 4). Dies gilt jedoch nicht für Ansprüche gegen *Dritte* nach § 32 a Abs 2 GmbHG, weil es insoweit an der vom EuGH geforderten „freiwillig eingegangenen Verpflichtung" des Dritten fehlt (vgl o Rn 48; **aA** OLG Bremen aaO). Deshalb können auch Ansprüche aus konzernrechtlicher Haftung gegen Dritte nicht im Vertragsgerichtsstand des Art 5 Nr 1 eingeklagt werden (OLG Düsseldorf IPRax 1998, 210 m Anm ZIMMER 187); dies gilt auch für Ansprüche gegen die beherrschende Konzernmutter wegen Verbindlichkeiten der abhängigen Tochtergesellschaft unter dem Aspekt des qualifizierten faktischen Konzerns (OLG Frankfurt IPRax 2000, 525 m zust Anm KULMS 488). Demgegenüber lässt sich die organschaftliche Sonderrechtsbeziehung zwischen einer GmbH und ihrem Geschäftsführer als „Vertrag" iSv Art 5 Nr 1 qualifizieren, weil die Bestellung zum Geschäftsführer zwei übereinstimmende Willenserklärungen erfordert (OLG München RiW 1999, 871 = NZG 1999, 1170 m Anm HALLWEGER = IPRax 2000, 416 m zust Anm HAUBOLD 375). Für Ansprüche der GmbH gegen ihren Geschäftsführer aus Dienstvertrag gilt in jedem Falle Art 5 Nr 1 (OLG Celle RiW 2000, 710).

51 Aufgrund der gebotenen weiten Auslegung des Begriffs der „Ansprüche aus einem Vertrag" steht der Gerichtsstand des Art 5 Nr 1 EuGVÜ/LuÜ auch für Schadensersatzansprüche aus **culpa in contrahendo** zur Verfügung, soweit das Verschulden sich auf das Zustandekommen oder Scheitern eines Vertragsschlusses bezieht (vgl LG Hamburg IPRspr 1976 Nr 125 a; GEIMER/SCHÜTZE I/1 567 f). Angesichts der unterschiedlichen Qualifikation dieser Ansprüche in den Rechten der Mitgliedstaaten (vgl dazu näher SPELLENBERG ZZP 91 [1978] 42; S LORENZ ZEuP 1994, 218 f) dürften allerdings nur vorvertragliche Aufklärungs- und Beratungspflichten als vertragsähnlich iSv Art 5 Nr 1, sonstige Verkehrs- und Schutzpflichten hingegen als deliktsähnlich iSv Art 5 Nr 3

zu qualifizieren sein (LG Dortmund IPRspr 1998 Nr 139; MünchKomm/GOTTWALD Art 5 Rn 5; SCHLOSSER Art 5 Rn 5; gegen eine vertragliche Qualifikation vorvertraglicher Aufklärungspflichten aber *Trade Indemnity Plc v Försäkrings AB Njord*, [1995] 1 All ER 796 [QB]; SCHACK, IZVR² Rn 313). Auch Ansprüche aus einem „letter of intent" können im Gerichtsstand des Erfüllungsorts geltend gemacht werden (Cass civ Rev crit dip 1993, 692 m Anm SINAY-CYTERMANN). Gleiches dürfte für Ansprüche aus Gewinnmiteilungen (vgl § 661a BGB) gelten, die deshalb an dem Ort eingeklagt werden können, an dem der rechtsgeschäftliche Kontakt zum Verbraucher aufgenommen worden ist (S LORENZ NJW 2000, 3305 [3309]; **aA** [wettbewerbsrechtliche Qualifikation] RAUSCHER/SCHÜLKE EuLF 2000/01, 334 [337 f]).

Probleme bereitet die autonome Abgrenzung von vertraglichen und deliktischen **52** Ansprüchen auch bei der **Produkthaftung** (dazu SCHLOSSER IPRax 1984, 66 f). Hat der Hersteller eine selbständige Garantieverpflichtung gegenüber dem Endabnehmer übernommen, so kann er von diesem im Gerichtsstand des Art 5 Nr 1 verklagt werden (vgl LG Saarbrücken NJW-RR 1989, 1085). Hingegen ist die Haftung eines Produzenten, der mit dem geschädigten Endabnehmer keinen Vertrag geschlossen hat, für die Zwecke des Art 5 EuGVÜ/LugÜ deliktisch zu qualifizieren (KROPHOLLER Art 5 Rn 5 aE; SCHACK, IZVR² Rn 263; KLIMA RiW 1991, 415). Dies gilt auch dann, wenn der Geschädigte am Ende einer Kette von Kaufverträgen steht und sich deshalb nach dem Vertragsstatut auf eine an ihn weitergegebene vertragliche Garantie berufen kann (vgl zu diesem „vertraglichen" Direktanspruch des Käufers gegen jeden Vorverkäufer nach frz Recht Cass plén 7. 2. 1986, D 1986, 293 m Anm BÉNABENT = RiW 1987, 307; FERID/SONNENBERGER, Frz Zivilrecht, Bd II/2 [1986] Rn 2 B 651). Denn vertragliche Ansprüche iSv Art 5 Nr 1 werden nur dann geltend gemacht, wenn die Vertragsbeziehung gerade zwischen den Prozessparteien besteht (EuGH Rs C-26/91 – *Handte/TMCS* – Slg 1992 I, 3990, 3994 [Nr 15 f] = JZ 1995, 90 m Anm PFEIFFER = Rev crit dip 1992, 726 m Anm GAUDEMET-TALLON; dazu eingehend BEAUMART 135 ff). Der Hersteller braucht hingegen nicht damit zu rechnen, von Abnehmern seines Vertragspartners, mit denen er selbst keine Vertragsbeziehungen eingegangen ist, im vertraglichen Gerichtsstand des Art 5 Nr 1 in Anspruch genommen zu werden (EuGH aaO, unter Nr 18 f; zust Cass com Rev crit dip 1995, 721 m Anm SINAY-CYTERMANN; **aA** HARTLEY EurLRev 18 [1993] 506).

Obwohl Art 5 Nr 1 EuGVÜ/LugÜ hierzu schweigt, ist der Gerichtsstand – ebenso **53** wie jener nach § 29 ZPO – auch dann eröffnet, wenn streitig ist, ob überhaupt ein wirksamer Vertrag geschlossen wurde. Denn wenn eine Partei nur den Vertragsschluss oder die Gültigkeit des Vertrages zu bestreiten bräuchte, um die Zuständigkeit der Gerichte am Erfüllungsort auszuschalten, könnte Art 5 Nr 1 leicht bedeutungslos werden (EuGH Rs 38/81 – *Effer/Kantner* – Slg 1982, 825, 834 [Nr 7] = IPRax 1983, 31 m Anm GOTTWALD 13; BGH NJW 1994, 2699 [2700]; BAG RiW 1987, 464 [465]). Die Zuständigkeit besteht auch dann fort, wenn sich im Verlauf des Verfahrens herausstellt, dass der **Vertrag nichtig** ist (PILTZ NJW 1981, 1876; GOTTWALD IPRax 1983, 16). Die Vorschrift erfasst daher auch (positive und negative) *Feststellungsklagen,* mit denen das Fortbestehen (vgl OLG Frankfurt RiW 1980, 585; OLG Stuttgart IPRax 1999, 103 m Anm WOLF 82 [85 f]; GEIMER/SCHÜTZE I/1 576) oder das Nichtbestehen (Cass civ Rev crit dip 1983, 516 m Anm GAUDEMET-TALLON) des gesamten Vertragsverhältnisses geltend gemacht wird (KROPHOLLER Art 5 Rn 9; SCHACK, IZVR² Rn 264; dazu u Rn 63).

c) **Ausgeschlossene Ansprüche**

54 Art 5 Nr 1 ist nicht anwendbar auf Ansprüche aus **gesetzlichen Schuldverhältnissen,** soweit diese nicht in engem Zusammenhang mit einem tatsächlich erfolgten, beabsichtigten oder gescheiterten Vertragsschluss stehen. Keine Klage aus Vertrag ist daher die *Anfechtungsklage* nach dem Anfechtungsgesetz, die keine freiwillig eingegangene Verpflichtung des Schuldners erfordert (GEIMER/SCHÜTZE, EuZVR Art 5 Rn 32). Gleiches gilt für die – gesetzlichen – *Rückgriffsansprüche des Wechselinhabers* gegen den Aussteller (LG Bayreuth IPRax 1989, 230 m Anm FURTAK 212; LG Frankfurt IPRax 1997, 258 m zust Anm BACHMANN 237). Weiterhin ist der Vertragsgerichtsstand des Art 5 Nr 1 auch für quasivertragliche Ansprüche – zB aus *Geschäftsführung ohne Auftrag* – nicht eröffnet (MünchKomm/GOTTWALD Art 5 Rn 7; GEIMER/SCHÜTZE, EuZVR Art 5 Rn 31; aA SCHLOSSER IPRax 1984, 66). Schließlich kann im Fall eines Seetransports der Empfänger der Waren (bzw sein Versicherer) Ersatz wegen Transportschäden unter Berufung auf das für den Seetransport ausgestellte *Konnossement* nur vom Aussteller, nicht aber von der Person verlangen, die der Empfänger als den tatsächlichen Verfrachter ansieht (EuGH Rs C-51/97 – *Réunion européenne SA/Spliethoff's* – Slg 1998 I, 6511, 6543 [Nr 26] = IPRax 2000, 210 m Anm KOCH 186).

55 Schließlich findet Art 5 Nr 1 auch auf gewisse vertragliche Ansprüche keine Anwendung, die im EuGVÜ eine **speziellere Regelung** erfahren haben. So gilt für Ansprüche aus *Versicherungsverträgen* die Sonderregelung des 3. Abschnitts (Art 7 ff; dazu u Rn 82 ff). In gleicher Weise fallen auch Ansprüche aus *Verbraucherverträgen* nicht unter Art 5 Nr 1; es gelten vielmehr die Sondervorschriften der Art 13–15 (dazu Rn 91 ff). Art 5 Nr 1 ist ferner auch auf Klagen aus *Miet- oder Pachtverträgen* über unbewegliche Sachen nicht anwendbar; insoweit sind vielmehr nach Art 16 Nr 1 die Gerichte des Vertragsstaats ausschließlich zuständig, in dem das Grundstück belegen ist (dazu o Rn 25 ff). Schließlich sind für Klagen aus *Beförderungsverträgen* die einschlägigen Spezialübereinkommen (CMR, CIM, CIV, Warschauer Übereinkommen) zu beachten, die gem Art 57 Vorrang vor dem EuGVÜ haben (dazu Rn 115 ff). Demgegenüber ist Art 5 Nr 1 auf *Arbeitsverträge* grundsätzlich anwendbar; allerdings wird der Erfüllungsort aus Gründen des Arbeitnehmerschutzes anders bestimmt als bei sonstigen Schuldverträgen (dazu Rn 70 ff).

d) **Anspruchskonkurrenz**

56 Das für eine Deliktsklage nach Art 5 Nr 3 zuständige Gericht darf nicht über konkurrierende Ansprüche wegen Vertragsverletzung mitentscheiden. Dies folgt im Geltungsbereich des EuGVÜ nicht etwa aus den Grundsätzen des autonomen deutschen Zivilprozessrechts, das einer internationalen Zuständigkeit kraft Sachzusammenhangs überwiegend ablehnend gegenübersteht (vgl zuletzt BGH NJW 1996, 1411 [1413] = LM § 29 ZPO Nr 8 m Anm GEIMER = IPRax 1997, 187 m Anm MANKOWSKI 173; aA BayObLG NJW-RR 1996, 508; OLG Frankfurt NJW-RR 1996, 1341; WIECZOREK/SCHÜTZE/HAUSMANN vor § 12 Rn 18 ff und § 32 Rn 27 f mwN zum Streitstand). Der EuGH hat die Spaltungstheorie vielmehr für Art 5 Nr 3 EuGVÜ im Wege der *vertragsautonomen Interpretation* des Übereinkommens begründet (EuGH Rs 189/87 – *Kalfelis/Schröder* – Slg 1988, 5565, 5585 [Nr 16 ff] = NJW 1988, 3088 m Anm GEIMER = IPRax 1989, 288 m Anm GOTTWALD 272; zust OLG Hamm RiW 2000, 305 [306]). Danach sind die in Art 5 und 6 aufgezählten „besonderen Zuständigkeiten" als Ausnahmen vom Grundsatz der Wohnsitzzuständigkeit einschränkend auszulegen. Auch wenn eine Häufung von Zuständigkeiten für gleichartige Streitigkeiten der Rechtssicherheit und dem wirksamen Rechtsschutz der

Bürger im Gebiet der Gemeinschaft nicht förderlich sei (vgl schon EuGH Rs 34/82 [Rn 46] Slg 1983, 987, 1003 [Nr 17] = IPRax 1984, 85 m Anm SCHLOSSER 65), habe der Kläger doch stets die Möglichkeit, seine Klage unter sämtlichen Gesichtspunkten vor das Wohnsitzgericht des Beklagten zu bringen. Ferner ermögliche Art 22 dem zuerst angerufenen Gericht unter bestimmen Umständen, über den gesamten Rechtsstreit zu befinden, wenn zwischen den vor verschiedenen Gerichten erhobenen Klagen ein Zusammenhang bestehe. Überzeugend ist diese Aufspaltung der Zuständigkeiten in Fällen der Anspruchsgrundlagenkonkurrenz nicht; die besseren Argumente sprechen für die Zulassung einer Annexzuständigkeit kraft Sachzusammenhangs (vgl GEIMER IPRax 1986, 81 f; MANSEL IPRax 1989, 89 [85]; BANNIZA vBAZAN 141 ff; HONORATI Riv dir int priv proc 1994, 302; WOLF IPRax 1999, 86 f; OTTE, Umfassende Streitentscheidung durch Beachtung von Sachzusammenhängen [1998] 520 ff mwN).

Dies gilt jedenfalls für eine **Annexzuständigkeit der Gerichte am vertraglichen Erfüllungsort** zur Entscheidung auch über konkurrierende deliktische Ansprüche. Dafür spricht zusätzlich, dass im Allgemeinen das Vertragsverhältnis die Rechtsbeziehung zwischen Schädiger und Geschädigtem prägt, so dass eine gemeinsame Behandlung aller Ansprüche in diesem Gerichtsstand sachgerecht erscheint (vgl GAUDEMET-TALLON Rev crit dip 1989, 122 f; GEIMER IPRax 1986, 80 [82]; KROPHOLLER Art 5 Rn 60; SCHLOSSER vor Art 5 Rn 2; SCHACK IZVR² Rn 349; tendenziell auch BGH RiW 1993, 671 [672]; aA THOMAS/PUTZO/ HÜSSTEGE Art 5 Rn 2; MünchKomm/GOTTWALD Art 5 Rn 8). Dies muss jedenfalls für Schadensersatzansprüche gelten, die an einen Vertrag iSv Art 5 Nr 1 anknüpfen, auch wenn sie von der maßgeblichen lex causae deliktisch qualifiziert werden (OLG Koblenz IPRax 1991, 241 m Anm HANISCH 215). Zwischen den Zuständigkeiten nach Art 5 Nr 1 und Nr 3 besteht allerdings in Fällen der Anspruchskonkurrenz kein Subsidiaritätsverhältnis; dem Geschädigten steht es deshalb trotz des engen Zusammenhangs von vertraglichen und deliktischen Ansprüchen frei, Letztere auch im Gerichtsstand des Art 5 Nr 3 geltend zu machen (zutr WOLF IPRax 1999, 82 [85 f] gegen OLG Stuttgart IPRax 1999, 103 [104]). 57

3. Maßgebliche Verpflichtung

a) Streitgegenständliche Verpflichtung

Mit der erfüllten oder zu erfüllenden „Verpflichtung" in Art 5 Nr 1 EuGVÜ/LugÜ ist grundsätzlich diejenige Verpflichtung gemeint, die den Gegenstand der Klage bildet (EuGH Rs 14/76 – *de Bloos/Bouyer* – Slg 1976, 1497, 1508 [Nr 9 f] = NJW 1977, 491 m Anm GEIMER = RiW 1977, 42 m Anm LINKE; EuGH Rs C-288/92 [Rn 46] Slg 1994 I 2949, 2957 [Nr 23 ff] = NJW 1995, 183 = IPRax 1995, 31 m Anm JAYME 13). Entgegen einer in der Literatur verbreiteten Auffassung (vgl SPELLENBERG ZZP 91 [1978] 51 ff; PILTZ NJW 1981, 1877; RAUSCHER 207 ff, 224; LUPOI Riv trim dir proc civ 1994, 1263) kommt es also im Rahmen des Art 5 Nr 1 nicht auf den Erfüllungsort für die *vertragscharakteristische Leistung* an (EuGH Rs C-440/97 – *Groupe Concorde* – NJW 2000, 719, 720 [Nr 19] und Rs C-420/97 – *Leathertex/Bodetex* – NJW 2000, 721, 722 [Nr 36 f] jeweils m Anm HAU IPRax 2000, 354; BGH NJW 1996, 1819 f). Anders als im internationalen Vertragsrecht (vgl Art 28 Abs 2 EGBGB; dazu STAUDINGER/MAGNUS Art 28 Rn 63 ff) besteht nämlich im internationalen Prozessrecht kein Bedürfnis dafür, den Schuldner der vertragscharakteristischen Leistung (zB den Verkäufer) zu bevorzugen (OLG Bremen TranspR 1995, 32; GEIMER NJW 1987, 1132 f; KROPHOLLER Art 5 Rn 15; SCHACK, IZVR² Rn 265); eine Ausnahme gilt lediglich für Arbeitsverträge (dazu Rn 70 ff). Zudem bereitet die Feststellung der vertragscharakteristischen Leistung 58 namentlich bei gemischt-typischen Verträgen erhebliche Schwierigkeiten (dazu STAUDINGER/MAGNUS Art 28 Rn 95). Die daraus resultierenden Unsicherheiten sind aber im Zuständigkeitsrecht nicht tragbar und sollen durch die Übereinkommen gerade verringert werden (EuGH Rs 266/85 – *Shenavai/Kreischer* – Slg 1987, 239, 255 [Nr 17] = NJW 1987, 1131; LG Kaiserslautern NJW 1988, 652 = IPRax 1987, 368 m Anm MEZGER 346; LG Frankfurt EuZW 1990, 581 m Anm MITTELSTAEDT). Rechtssicherheit wird am besten erreicht, wenn man auf diejenige Verpflichtung abstellt, deren Erfüllung mit der Klage begehrt wird (vgl BGH NJW 1993, 2753 [2754] und 1996, 1819; öst OGH RiW 1998, 634; WIECZOREK/SCHÜTZE/HAUSMANN Art 5 Rn 13 f m ausf Nachw).

59 Auch zur Bestimmung der internationalen Zuständigkeit nach § 29 ZPO ist der Erfüllungsort grundsätzlich für jede „streitige" vertragliche Hauptpflicht selbständig zu bestimmen (OLG Nürnberg RiW 1985, 890 [892]; OLG München IPRax 1991, 46; GEIMER, IZPR[5] Rn 1483 ff; WIECZOREK/SCHÜTZE/HAUSMANN § 29 Rn 24 ff mwN). Ein forum am Erfüllungsort der vertragscharakteristischen Leistung für sämtliche Ansprüche aus einem Vertrag ist aber auch nach autonomem Recht nur ausnahmsweise anzuerkennen (vgl dazu eingehend WIECZOREK/SCHÜTZE/HAUSMANN § 29 Rn 35–79).

b) Primäre Hauptverpflichtung

60 Maßgebend ist im Rahmen von Art 5 Nr 1 EuGVÜ/LugÜ grundsätzlich der Erfüllungsort für die primäre vertragliche Hauptpflicht. Nebenpflichten und durch Leistungsstörungen, Rücktritt, Wandlung, Kündigung etc entstandene Sekundärpflichten werden zuständigkeitsrechtlich derjenigen Hauptverpflichtung zugeordnet, zu der sie gehören bzw an deren Stelle sie getreten sind oder aus der sie hervorgegangen sind (EuGH Rs 14/76 [Rn 58] Slg 1976, 1497, 1508 [Nr 14]; EuGH Rs 266/85 [Rn 58] Slg 1987, 239, 254 [Nr 9]; BGHZ 134, 201 [205] = NJW 1997, 870). Die Frage, ob mit der Klage ein Primär- oder Sekundäranspruch geltend gemacht wird, sollte in diesem Zusammenhang *vertragsautonom* qualifiziert werden (SCHACK, Erfüllungsort Rn 323; **aA** [lex causae] EuGH Rs 14/76 [Rn 58] Slg 1976, 1509 [Nr 17]; Cass civ Rev crit dip 1994, 577 m krit Anm MUIR WATT; GEIMER/SCHÜTZE I/1 589). Wird aus einem *Vorvertrag* auf Abschluss des Hauptvertrages geklagt, so kommt es für Art 5 Nr 1 darauf an, wo der Beklagte seine auf den Vertragsschluss gerichtete Willenserklärung abzugeben hat (vgl Cass [Italien] Riv dir int priv proc 1984, 775).

aa) Schadensersatzklagen

61 Wird auf Schadensersatz geklagt oder die Auflösung des Vertrages aus Verschulden des Gegners (zB nach Art 1584 frz CC) begehrt, so ist diejenige vertragliche (Haupt-) Verpflichtung heranzuziehen, deren Nichterfüllung zur Begründung dieser Anträge behauptet wird (EuGH Rs 266/85 [Rn 58] Slg 1987, 239, 254 [Nr 9] = NJW 1987, 1131; BGH IPRax 1997, 348 [349]; zust KROPHOLLER Art 5 Rn 16; GEIMER/SCHÜTZE I/1 588 f; SCHACK, IZVR[2] Rn 266). Verlangt der Käufer Schadensersatz wegen Vertragsverletzungen des Verkäufers nach §§ 440, 325 bzw § 463 BGB oder nach Art 45 Abs 1 b, 74 ff UN-Kaufrecht, so ist die Klage nach Art 5 Nr 1 daher am Erfüllungsort für die *verletzte Lieferpflicht*, nicht am Erfüllungsort der Schadensersatzpflicht zu erheben (OLG Koblenz IPRax 1991, 241 [243] = ZIP 1991, 1088 m Anm OTTE 1098). Entsprechend kommt es für Schadensersatzansprüche des Verkäufers auf den Erfüllungsort für die Kaufpreiszahlung an (BGH NJW 1994, 2699 [2700] = JR 1995, 456 m Anm DÖRNER; OLG Hamm NJW-RR 1995, 187). Auch für Schadensersatzklagen aus sonstigen Schuldverträgen ist nach Art 5 Nr 1 der Erfüllungsort der zugrunde liegenden verletzten Primärpflicht maßgebend

(vgl LG Hamburg IPRspr 1990 Nr 177 [Speditionsvertrag]). Dies muss auch dann gelten, wenn der Beklagte sich unberechtigt vom Vertrag losgesagt hat (BGH NJW 1996, 1819 f; aA [Schwerpunkt des Vertragsverhältnisses] Cass civ Rev crit dip 1985, 126 m Anm GAUDEMET-TALLON). Die gleichen Grundsätze sind auch im Rahmen des autonomen Prozessrechts maßgebend (vgl WIECZOREK/SCHÜTZE/HAUSMANN § 29 Rn 26 mwN).

bb) Klagen aus Rückgewährschuldverhältnissen
Entsprechend ist bei Klagen nach einem Rücktritt, einer Wandelung oder Anfechtung nach Art 5 Nr 1 nicht auf den Erfüllungsort des Rückgewähranspruchs, sondern auf den Erfüllungsort des zugrunde liegenden primären Erfüllungsanspruchs abzustellen (OLG Düsseldorf IPRax 1987, 234 [236] m Anm SCHACK 215). Dies wird in der deutschen Rechtsprechung mitunter verkannt (vgl etwa BGHZ 78, 257 [259] = IPRax 1981, 129 m Anm SCHLECHTRIEM; OLG München RiW 1980, 728). Als maßgebend sieht der EuGH die verletzte Primärpflicht des Gegners (Verkäufers, Werkunternehmers etc) und nicht die des Wandelungs- oder Rücktrittsberechtigten an. Eine vertraglich übernommene Nachbesserungspflicht kann aber auch als selbständige Primärpflicht zu werten sein (vgl Cass civ Rev crit dip 1994, 577 [578] m abl Anm MUIR WATT).

Anders als nach Art 5 Nr 1 EuGVÜ wird zur Bestimmung des Erfüllungsorts in Fällen der Wandelung und des Rücktritts nach **autonomem Recht** nicht an die ursprünglichen Vertragspflichten, sondern an diejenigen Pflichten angeknüpft, die sich aus der bereits vollzogenen Wandelung bzw dem wirksam erklärten Rücktritt ergeben. „Streitig" iSv § 29 ZPO sind danach etwa die Verpflichtung des Verkäufers zur Rückzahlung des Kaufpreises bzw die Verpflichtung des Käufers zur Rückgabe der Ware (vgl näher WIECZOREK/SCHÜTZE/HAUSMANN § 29 Rn 27 f mwN; aA SCHACK, Erfüllungsort Rn 165 f; STEIN/JONAS/SCHUMANN § 29 Rn 17).

cc) Feststellungs- und Gestaltungsklagen
Auch Feststellungs- und Gestaltungsklagen, die nicht einzelne Ansprüche aus dem Vertrag, sondern den Bestand des Vertrages insgesamt zum Gegenstand haben, werden von Art 5 Nr 1 erfasst (SCHLOSSER Art 5 Rn 9; GEIMER/SCHÜTZE, EuZVR Art 5 Rn 39 f; aA HERTZ 170). Stützt der Kläger die Kündigung oder sonstige Beendigung des Vertrages auf die Nicht- oder Schlechterfüllung einer bestimmten vertraglichen Verpflichtung des Beklagten, so ist auf den Erfüllungsort dieser Verpflichtung abzustellen (OLG Frankfurt RiW 1980, 585; Cass civ Rev crit dip 1983, 516 m Anm GAUDEMET-TALLON; KROPHOLLER Art 5 Rn 15). Entsprechend ist bei Feststellungsklagen auf den vertraglichen Anspruch abzustellen, auf den es dem Kläger hauptsächlich ankommt (OLG Stuttgart IPRax 1999, 103 m Anm WOLF 82 = IPRspr 1998 Nr 152; MünchKomm/GOTTWALD Art 5 Rn 9). Die auf Auflösung eines Handelsvertretervertrages wegen Pflichtverletzungen des Vertreters gerichtete Klage kann daher nicht am Sitz des Unternehmens erhoben werden, wenn die Pflichten des Vertreters in einem anderen Vertragsstaat zu erfüllen waren (Cass [Italien] Foro it 1992 I 2738 m Anm SILVESTRI). Wird hingegen über den Vertragsschluss selbst gestritten, so ist überall dort eine Zuständigkeit nach Art 5 Nr 1 eröffnet, wo auch nur eine vertragliche Hauptpflicht zu erfüllen wäre (GEIMER/SCHÜTZE, EuZVR Art 5 Rn 61; KROPHOLLER aaO). Teilweise wird für diesen Fall auch auf den Erfüllungsort für die charakteristische Leistung abgestellt (so HUET Rev crit dip 1982, 386 [397]; GAUDEMET-TALLON Rev crit dip 1983, 516 [520]; WOLF IPRax 1999, 84 f) oder eine Anwendbarkeit von Art 5 Nr 1 ganz geleugnet (so SCHLOSSER Art 5 Rn 9). Diese

Grundsätze gelten auch im Rahmen von § 29 ZPO entsprechend (vgl GEIMER, IZPR⁵ Rn 1486; WIECZOREK/SCHÜTZE/HAUSMANN § 29 Rn 25 mwN).

dd) Mehrere Ansprüche

64 Der Erfüllungsort muss grundsätzlich für jeden Primäranspruch selbständig festgestellt werden; eine Ausnahme gilt lediglich für Klagen aus einem Arbeitsverhältnis (dazu Rn 70 ff). Werden also mehrere **gleichrangige Hauptansprüche** aus einem Vertragsverhältnis mit der Klage geltend gemacht, so ist das angerufene Gericht nur zur Entscheidung über diejenigen Ansprüche zuständig, welche im Gerichtsstaat zu erfüllen sind; eine Annexkompetenz zur Entscheidung über Ansprüche aus dem gleichen Vertrag, die in einem anderen Vertragsstaat zu erfüllen sind, besteht also nicht (EuGH Rs C-420/97 – *Leathertex/Bodetex* – NJW 2000, 720, 722 [Nr 39 ff] m Anm HAU IPRax 2000, 354). Sie ergibt sich insbesondere auch nicht aus Art 22 EuGVÜ; denn diese Vorschrift begründet keine internationale Zuständigkeit für im Zusammenhang stehende Ansprüche bei dem zuerst angerufenen Gericht, sondern regelt nur die Behandlung von im Zusammenhang stehenden Klagen, die bei Gerichten *verschiedener* Vertragsstaaten anhängig gemacht wurden (EuGH aaO). Will der Kläger die Nachteile vermeiden, die sich aus der Zuständigkeit unterschiedlicher Gerichte für verschiedene Aspekte ein und desselben Vertrages ergeben, so bleibt ihm nur die Möglichkeit, seine Ansprüche insgesamt im Wohnsitzstaat des Beklagten nach Art 2 anhängig zu machen. Um einer Gerichtsstandszersplitterung entgegenzuwirken, begründet allerdings nicht jede **vertragliche Nebenpflicht** einen eigenen Gerichtsstand nach Art 5 Nr 1 EuGVÜ. Wird eine Klage mithin auf mehrere Verpflichtungen aus einem einzigen Vertrag gestützt, so hat sich das angerufene Gericht an dem Grundgedanken zu orientieren, dass Nebensächliches der Hauptsache folgt (EuGH Rs 266/85 [Rn 58] Slg 1987, 239, 256 [Nr 19] = NJW 1987, 1131; Cass [Italien] Riv dir int priv proc 1996, 117; App Versailles Clunet 1990, 147 [HUET]; ebenso zu § 29 ZPO: WIECZOREK/SCHÜTZE/HAUSMANN Rn 30 mwN). Der Erfüllungsort der Hauptverpflichtung ist auch dann maßgebend, wenn die Nebenpflicht selbständig – also ohne den dazu gehörenden Hauptanspruch – eingeklagt wird (GEIMER/SCHÜTZE, EuZVR Art 5 Rn 60). Haupt- und Nebenpflichten sind dabei im Interesse einer einheitlichen Anwendung von Art 5 Nr 1 in den Vertragsstaaten des EuGVÜ/LugÜ im Wege *vertragsautonomer* Qualifikation voneinander abzugrenzen (SCHACK, Erfüllungsort Rn 323; RÜSSMANN IPRax 1993, 40; KROPHOLLER Art 5 Rn 14; **aA** [lex causae] *Union Transport Group Plc v Continental Lines SA*, [1992] 1 All ER 161 [HL]; BACHMANN IPRax 1997, 237 [238]). Für die Zwecke des § 29 ZPO entscheidet die lex causae über diese Abgrenzung.

4. Das auf die Bestimmung des Erfüllungsorts anzuwendende Recht

a) Art 5 Nr 1 EuGVÜ/LugÜ
aa) Lex causae – Qualifikation

65 Zur Ermittlung des Erfüllungsorts hat sich der EuGH bereits in einer seiner ersten Entscheidungen zum EuGVÜ für eine Qualifikation lege causae entschieden; maßgebend ist also das Recht, das nach den Kollisionsnormen des mit dem Rechtsstreit befassten Gerichts für die streitige Verpflichtung maßgebend ist (EuGH Rs 12/76 – *Tessili/Dunlop* – Slg 1976, 1473, 1486 [Nr 13] = NJW 1977, 491 m Anm GEIMER). Für diese Lösung spricht die dienende Funktion dieser besonderen Zuständigkeit: Nur dort, wo der Schuldner nach dem anwendbaren materiellen Recht leisten muss, soll er auch gerichtspflichtig sein (zutr GEIMER/SCHÜTZE I/1 552, 594; SCHLOSSER, in: GS Bruns 56 ff; LOHSE

37 f; MünchKomm/GOTTWALD Art 5 Rn 20). Zudem ist der Erfüllungsort idR der Ort, der die engste Verbindung mit der Streitigkeit aufweist; diese Erwägung war aber im Interesse einer sachgerechten Prozessführung für die Schaffung des besonderen Vertragsgerichtsstaats in Art 5 Abs 1 ausschlaggebend (EuGH Rs 266/85 – *Shenavai/Kreischer* – Slg 1987, 239, 255 [Nr 18] = NJW 1987, 1131). Eine autonome Qualifikation des Begriffs „Erfüllungsort" scheitert nach Ansicht des EuGH daran, dass die nationalen Rechtsvorschriften der Vertragsstaaten in diesem Punkt zu stark voneinander abweichen; eine vom anwendbaren Recht losgelöste Bestimmung des Erfüllungsorts hat der EuGH nur für Arbeitsverträge zugelassen und mit den Besonderheiten dieses Vertragstyps begründet (dazu Rn 70 ff). Dieser Differenzierung sind die Vertragsstaaten anlässlich der Überarbeitung des EuGVÜ durch das 3. Beitrittsübereinkommen vom 26. 5. 1989 gefolgt, durch welche Art 5 Nr 1 seine derzeit noch geltende Fassung erhalten hat. Auch die Gerichte der Vertragsstaaten ermitteln den Erfüllungsort nach Art 5 Nr 1 im Anschluss an die EuGH-Rechtsprechung bislang ganz überwiegend nach der lex causae (vgl HAU IPRax 2000, 354 [355 f] m Nachw; **aA** [lex fori] aber zuletzt noch der englische Court of Appeal in: *Viskase v Paul Kiefer,* [1999] 3 All ER 362). Deutsche Gerichte gelangen dabei mit Hilfe der Art 27, 28 EGBGB zumeist zur Anwendung *deutschen Rechts* und wenden sodann die §§ 269, 270 BGB an (vgl BGH NJW 1991, 3095 = ZZP 1991, 449 m Anm H ROTH [Anwaltsvertrag]; BGH NJW 1993, 2753 [2754] = IPRax 1994, 115 m Anm GEIMER 82 [Handelsvertretervertrag]; BGH NJW 1996, 1819 = IPRax 1997, 416 m Anm KOCH 406 [Kommissionsvertrag]; OLG Hamburg IPRax 1997, 419 [420 f] m Anm KOCH 405 [Kaufvertrag]; OLG Celle IPRax 1999, 456 m Anm GEBAUER 432 und OLG Düsseldorf RiW 2001, 63 [Darlehensvertrag]; OLG Köln TranspR 1999, 454 [Güterbeförderung]; KG IPRax 2000, 405 und BGH NJW 1999, 2442 = IPRax 2001, 331 m Anm PULKOWSKI 306 (Bauvertrag); WIECZOREK/ SCHÜTZE/HAUSMANN § 40 Anh I Art 5 Rn 24 mwN). Zwischen mehreren Erfüllungsorten hat der Kläger die Wahl (OLG Hamm RiW 1999, 540).

Die deutsche Rechtsprechung hat den Erfüllungsort iSv Art 5 Nr 1 häufig auch nach **66** dem **Wiener UN-Kaufrecht** bestimmt. Von erheblicher praktischer Bedeutung ist dies insbesondere für Klagen des Verkäufers auf Zahlung des Kaufpreises, weil nach Art 57 Abs 1 lit a UN-Kaufrecht Zahlungsort – abweichend von § 270 Abs 4 BGB – grundsätzlich der Sitz des Verkäufers im Zeitpunkt der Zahlung ist (vgl BGH NJW 1994, 2699; OLG Hamm RiW 1994, 877 [878] = EWiR 1994, 1189 m Anm MANKOWSKI; OLG Köln VersR 1998, 1513; OLG Celle IPRax 1999, 456; OLG Braunschweig TranspR-IHR 2000, 4; dazu WIECZOREK/SCHÜTZE/HAUSMANN Art 5 Rn 25 mwN). Diese Praxis wird zwar in der deutschen Lehre wegen der Bevorzugung des Verkäufers seit längerem als mit den grundlegenden Wertungen des EuGVÜ unvereinbar kritisiert (vgl vCAEMMERER, in: FS Mann 19; SCHLECHTRIEM IPRax 1981, 113; STOLL, in: FS Ferid 501 f und IPRax 1993, 54; SCHWENZER IPRax 1989, 275 f; JAYME/KOHLER IPRax 1994, 410; RENNPFERDT 106; SCHACK, IZVR[2] Rn 272; vgl auch LG Köln IPRax 1989, 290 [293]). Auf Vorlage des BGH (EuZW 1992, 514 m Anm GEIMER = IPRax 1992, 373 m Anm JAYME 357) hat der EuGH indes die Anerkennung einer Ausnahme vom Prinzip der lex-causae-Qualifikation für Kaufpreisklagen auf dem Gebiet des Einheitskaufrechts abgelehnt (EuGH Rs C-288/92 – *Custom Made Commercial/Stawa Metallbau* – Slg 1994 I 2949, 2959 [Nr 29] = NJW 1995, 183 = JZ 1995, 244 m Anm GEIMER = IPRax 1995, 31 m abl Anm JAYME 13). Dies erscheint konsequent. Soll der Schuldner nämlich dort gerichtspflichtig sein, wo er nach materiellem Recht leisten muss (vgl o Rn 46), so ist es unerheblich, ob der Erfüllungsort nach einem vom IPR der lex fori zur Anwendung berufenen nationalen Recht oder durch internationales Einheitsrecht festgelegt wird (zutr GEIMER EuZW 1992, 518; ebenso BGHZ 134, 201 [206 f] = NJW 1997, 870; OLG München BB

1997, 2295 und RiW 2000, 712; OLG Celle IPRax 1999, 456 [457] m Anm GEBAUER 432; SCHÜTZE, in: FS Matscher [1993] 423, 425). Dementsprechend haben auch die Gerichte anderer Vertragsstaaten in einer Anknüpfung an den Wohnsitz des Verkäufers als Erfüllungsort für Kaufpreisforderungen nach dem Einheitskaufrecht kein Problem gesehen (vgl WIECZOREK/SCHÜTZE/HAUSMANN Art 5 Rn 25 m Nachw).

bb) Kritik

67 Die Entscheidung des EuGH für eine lex-causae Qualifikation des Erfüllungsorts ist vor allem in Deutschland, zT aber auch in anderen Vertragsstaaten auf Widerspruch gestoßen. Im Interesse der besseren Vorhersehbarkeit des zuständigen Gerichts und der Gleichbehandlung der Vertragsparteien plädiert eine starke Gegenmeinung – in Anlehnung an die EuGH-Rechtsprechung zum Erfüllungsort von Arbeitsverträgen – für eine **autonome Bestimmung des prozessualen Erfüllungsorts** iSv Art 5 Nr 1 EuGVÜ zumindest für die wichtigsten Vertragstypen. Danach sollte – unabhängig von dem auf den Vertrag anwendbaren Recht – nach der Art des konkreten Vertragsverhältnisses und den Umständen des Einzelfalls der Ort festgelegt werden, an dem die Leistung tatsächlich erbracht worden ist oder erbracht werden sollte (vgl idS vor allem JAYME IPRax 1995, 13; SCHACK ZEuP 1995, 659, jeweils mwN; ferner den Vorlagebeschluss Cass com Rev crit dip 1998, 117 m Anm RÉMERY). De lege lata verdient indessen die Rechtsprechung des EuGH den Vorzug. Denn aufgrund der Harmonisierung des internationalen Vertragsrechts in der EU durch das EVÜ vom 19. 6. 1980 ist – zumindest im Grundsatz (vgl aber HAU IPRax 2000, 354 [356] mit Gegenbeispielen aus der Praxis) – eine weithin einheitliche Bestimmung des für die Ermittlung des Erfüllungsorts maßgebenden Rechts ohne Rücksicht darauf gewährleistet, in welchem Vertragsstaat die Klage erhoben wird (EuGH Rs C-440/97 – *Groupe Concorde* – NJW 2000, 719, 720 f [Nr 30] = IPRax 2000, 399 m Anm HAU 354; KROPHOLLER Art 5 Rn 17; krit hingegen SCHACK, IZVR² Rn 273). Vor allem aber würde die Verwendung anderer Kriterien als derjenigen des – nach der lex causae bestimmten – materiellen Leistungsorts für die Zuständigkeitsanknüpfung in Art 5 Nr 1 die Vorhersehbarkeit des Gerichtsstands beeinträchtigen und zu erheblicher Rechtsunsicherheit führen (vgl WIECZOREK/SCHÜTZE/HAUSMANN § 29 Rn 34; GEIMER JZ 1995, 245 f; ebenso zuletzt noch EuGH aaO, NJW 2000, 719, 720 [Nr 32 ff]). Der Grundsatz der Rechtssicherheit verlangt demgegenüber, dass Art 5 Nr 1 so ausgelegt wird, dass ein informierter und verständiger Beklagter vorhersehen kann, vor welchem anderen Gericht als dem des Staates, in dem er seinen Wohnsitz hat, er verklagt werden könnte (vgl EuGH Rs C-26/91 – *Handte/TMCS* – Slg 1992 I 3967, 3995 [Nr 18]). Aus diesem Grunde wird der Gerichtsstand des Art 5 Nr 1 auch durch eine Abtretung der streitgegenständlichen Forderung nicht verändert (GEBAUER IPRax 1999, 432 [434 f] gegen OLG Celle IPRax 1999, 456). Eine am jeweiligen Schwerpunkt des konkreten Vertragsverhältnisses orientierte Bestimmung des Gerichtsstands würde ferner dem Zweck des Übereinkommens widersprechen, demzufolge das angerufene Gericht über die besonderen Zuständigkeiten entscheiden können muss, ohne in eine Sachpüfung eintreten zu müssen (EuGH Rs C-288/92 [Rn 66] Slg 1994 I, 2949, 2958 [Nr 18–29]; zust GAUDEMET-TALLON Rev crit dip 1994, 698 [701]). Die – grundsätzlich wünschenswerte – autonome Festlegung eines prozessualen Erfüllungsorts für die praktisch wichtigsten Vertragstypen muss daher dem Gesetzgeber vorbehalten bleiben.

b) Die Neuregelung in der EuGVVO

68 In der EuGVVO Nr 44/2001 (Rn 2 a) wird den vorgenannten Bedenken gegen die lex causae-Qualifikation dadurch Rechnung getragen, dass der prozessuale Erfüllungsort zunächst **für Kauf- und Dienstverträge autonom** festgelegt wird. Während in Art 5 Nr 1 a der bisherige Text von Art 5 Nr 1 HS 1 EuGVÜ übernommen wird, sieht Art 5 Nr 1 b folgende ergänzende Regelung vor:

„Im Sinne dieser Vorschrift – und sofern nichts anderes vereinbart worden ist – ist der Erfüllungsort der Verpflichtung
- für den Verkauf beweglicher Sachen der Ort in einem Mitgliedstaat, an dem sie nach dem Vertrag geliefert worden sind oder hätten geliefert werden müssen;
- für die Erbringung von Dienstleistungen der Ort in einem Mitgliedstaat, an dem sie nach dem Vertrag erbracht worden sind oder hätten erbracht werden müssen."

Diese autonome Bestimmung des Erfüllungsorts, die an rein faktische Kriterien anknüpft und deshalb einen Rückgriff auf die lex causae erübrigt, gilt für alle Klagen aus Warenkauf- oder Dienstleistungsverträgen unabhängig davon, welche Verpflichtung den Streitgegenstand bildet; an dem Liefer- bzw Dienstleistungsort ist daher auch die Gegenleistung auf Zahlung des Kaufpreises bzw der Vergütung einzuklagen. Liegt der hiernach bestimmte Erfüllungsort nicht in einem Mitgliedstaat der Verordnung oder ist der Erfüllungsort für andere Verpflichtungen als solche aus Warenkauf- und Dienstleistungsverträgen zu bestimmen, so verbleibt es allerdings nach Art 5 Nr 1 c bei der lex-causae-Qualifikation gemäß Art 5 Nr 1 a. Ferner können die Vertragsparteien auch künftig einen vom Gesetz abweichenden Erfüllungsort vereinbaren (vgl zur Reform HAUSMANN EuLF 2000/01, 44 f; HAU IPRax 2000, 357 ff; JAYME/KOHLER IPRax 1999, 404 ff; KROPHOLLER/vHINDEN, in: GS Lüderitz [2000] 401 ff).

c) Autonomes Recht
Der Erfüllungsort der streitigen Verpflichtung ist auch nach autonomem Recht *lege causae* zu qualifizieren (ganz hM, vgl BGH NJW 1981, 2642 [2643]; BGH NJW 1988, 966; BAG BB 1997, 2116; OLG Düsseldorf NJW 1991, 1492 = IPRax 1991, 327 m Anm THOMSEN/GUTH 302 und IPRax 1999, 38 [40]; OLG Saarbrücken NJW 2000, 670; STEIN/JONAS/SCHUMANN § 29 Rn 43; GEIMER, IZPR[5] Rn 1482). Soweit *internationales Einheitsrecht* zur Anwendung kommt, bestimmen dessen Regeln mit dem Erfüllungsort zugleich den Gerichtsstand nach § 29 ZPO. Dies gilt – wie nach Art 5 Nr 1 EuGVÜ (vgl o Rn 66) – auch dann, wenn das Einheitsrecht den Erfüllungsort abweichend vom deutschen materiellen Recht (§ 270 Abs 4 BGB) festlegt und etwa für Zahlungsansprüche des Verkäufers einen Klägergerichtsstand eröffnet (vgl zu Art 59 Abs 1 EKG: BGH NJW 1992, 2428 [2430]; zu Art 57 Abs 1 a UN-Kaufrecht: OLG Düsseldorf RiW 1993, 845 = EWiR 1993, 1075 m Anm SCHLECHTRIEM; STEIN/JONAS/SCHUMANN § 29 Rn 22; krit SCHACK, IZVR[2] Rn 204).

5. Sonderregelung für Arbeitsverträge

a) Die Rechtsprechung des EuGH zu Art 5 Nr 1 EuGVÜ aF
Von dem Grundsatz, dass es im Rahmen der Zuständigkeitsanknüpfung nach Art 5 Nr 1 EuGVÜ auf den Erfüllungsort der streitgegenständlichen Verpflichtung ankommt (s o Rn 58 ff), hat der EuGH schon frühzeitig eine Ausnahme für den Fall befürwortet, dass die Erfüllung einer oder mehrerer Verpflichtungen aus einem *Arbeitsvertrag* eingeklagt wurde (EuGH Rs 133/81 – *Ivenel/Schwab* – Slg 1982, 1891, 1900 [Nr 15] = IPRax 1983, 173 m Anm MEZGER 153; EuGH Rs 32/88 – *Six Construction/Humbert* – Slg 1989, 341, 361 f [Nr 10] = IPRax 1990, 173 m Anm RAUSCHER 152). Denn Arbeitsverträge begründen eine dauerhafte Beziehung, durch die der Arbeitnehmer in den Betrieb

des Arbeitgebers eingegliedert wird; ferner ist der Arbeitsort auch für die Anwendung zwingenden Rechts und von Tarifverträgen zum Schutz des Arbeitnehmers maßgeblich. Im Hinblick auf diese Besonderheiten ist das Gericht des Ortes, an dem die für Arbeitsverträge *charakteristische Verpflichtung* zu erfüllen ist, zur Entscheidung von Rechtsstreitigkeiten aus solchen Verträgen am besten in der Lage (EuGH Rs 266/85 – *Shenavai/Kreischer* – Slg 1987, 239, 255 f [Nr 16] = NJW 1987, 1131, 1132 m Anm GEIMER = IPRax 1987, 366 m Anm MEZGER 346). Der Arbeitnehmer durfte daher schon bisher sämtliche Ansprüche, die ihm aus dem Arbeitsverhältnis zustanden, bei dem Gericht des Ortes einklagen, an dem er seine Arbeitsleistung tatsächlich erbracht hatte (vgl BAG NJW-RR 1988, 482 [483]; LAG Frankfurt IPRax 1986, 107 m Anm COESTER-WALTJEN 88; LAG München IPRax 1992, 97 m Anm DÄUBLER 82; Cass [Italien] Riv dir int priv proc 1996, 325 [330]). Der Gerichtsstand des Art 5 Nr 1 kam in seiner ursprünglichen Fassung freilich nicht zur Anwendung, wenn der Arbeitnehmer seine Vertragspflichten außerhalb des Gebiets der Vertragsstaaten erfüllt hatte (EuGH Rs 32/88 aaO, Slg 1989, 341, 365 [Nr 22]).

b) Die Reform durch das EuGVÜ 1989

71 Das EuGVÜ 1989 hat diese Rechtsprechung des EuGH mit gewissen Modifikationen in Art 5 Nr 1 HS 2 und 3 kodifiziert. Danach ist für sämtliche Streitigkeiten auf dem Gebiet des (Individual-)Arbeitsrechts ein einheitlicher Gerichtsstand an dem Ort begründet, an dem der Arbeitnehmer gewöhnlich seine Arbeit verrichtet (HS 2). Verrichtet der Arbeitnehmer seine Arbeit gewöhnlich nicht in ein und demselben Staat, so kann der Arbeitgeber auch vor dem Gericht des Ortes verklagt werden, in dem sich die Niederlassung, die den Arbeitnehmer eingestellt hat, befindet bzw befand (HS 3).

aa) Begriff des Arbeitsvertrages

72 Der für die Zuständigkeit nach Art 5 Nr 1 HS 2 und 3 maßgebliche Begriff des „Arbeitsvertrages,, ist – ebenso wie in Art 6 EVÜ (vgl MANKOWSKI BB 1997, 465 [466]; REITHMANN/MARTINY Rn 1333; dazu Art 30 Rn 33 ff) – *vertragsautonom* zu qualifizieren (EuGH Rs C-383/95 – *Rutten/Cross Medical Ltd* – Slg 1997 I, 57, 74 f [Nr 12 f] = IPRax 1999, 365 m Anm MANKOWSKI 332; GEIMER/SCHÜTZE, EuZVR Art 5 Rn 74; aA SCHLOSSER Art 5 Rn 8 [lex causae]). Er bezeichnet danach solche Vereinbarungen zwischen Arbeitgeber und Arbeitnehmer, die eine abhängige, weisungsgebundene Tätigkeit zum Gegenstand haben (vgl zu Art 6 EVÜ STAUDINGER/MAGNUS Art 30 Rn 36 ff). Verträge über Dienstleistungen, die in wirtschaftlicher und sozialer Selbständigkeit erbracht werden, fallen hingegen nicht unter Art 5 Nr 1 HS 2 (vgl EuGH Rs 266/85 [Rn 70] Slg 1987, 239 [Architektenvertrag]; EuGH Rs C-420/97 ZIP 1999, 1773, 1776 [Nr 35 ff; Handelsvertretervertrag]). Die Zuständigkeit nach Art 5 Nr 1 gilt ferner nur für individualrechtliche Streitigkeiten zwischen Arbeitgeber und Arbeitnehmer; Streitigkeiten auf dem Gebiet des kollektiven Arbeitsrechts (zB über die Auslegung eines Tarifvertrags) werden nicht erfasst.

bb) Gewöhnlicher Arbeitsort (HS 2)

73 International und örtlich zuständig für Klagen aus einem Arbeitsverhältnis ist nach HS 2 – ohne Rücksicht auf die Parteirolle – das Gericht des Ortes, an dem der Arbeitnehmer gewöhnlich seine Arbeit verrichtet. Ziel dieser Regelung ist es, „dem Arbeitnehmer als der sozial schwächeren Partei einen angemessenen Schutz zu gewährleisten" (EuGH Rs C-383/95 [Rn 72] Slg 1997 I, 57, 76 [Nr 17] = RiW 1997, 231). Diese Zuständigkeit wird nicht dadurch in Frage gestellt, dass der Arbeitnehmer *vorüber-*

gehend in einen anderen Staat entsandt wird (LAGARDE Rev crit dip 1994, 576; KROPHOLLER Art 5 Rn 30). Hat der Arbeitnehmer für längere Zeit in verschiedenen Vertragsstaaten gearbeitet, so kommt es nicht etwa auf den jeweiligen gewöhnlichen Arbeitsort zur Zeit des anspruchsbegründenden Ereignisses an; denn durch eine solche Aufspaltung des Gerichtsstands würde der mit der Vorschrift bezweckte Arbeitnehmerschutz verfehlt (GEIMER/SCHÜTZE, EuZVR Art 5 Rn 75). Für diesen Fall hatte der EuGH zu Art 5 Nr 1 aF vielmehr auf den *hauptsächlichen Arbeitsort* abgestellt (EuGH Rs C-125/92 – *Mulox Geels* – Slg 1993 I, 4075, 4105 [Nr 24] = IPRax 1997, 110 m Anm HOLL 88). Bei einem Verkaufsrepräsentanten, dessen Vertragsgebiet mehrere Länder umfasst, komme es demgemäß auf den Lebensmittelpunkt an, von dem aus er seine Reisetätigkeit ausübe (vgl idS auch BAG IPRspr 1988 Nr 51). In Ermangelung sonstiger Anhaltspunkte sei auf den Ort abzustellen, an dem der Arbeitnehmer seine Arbeitsleistung bei Entstehung der Streitigkeit erbracht habe (EuGH aaO [Nr 25]). An dieser Auslegung hält der EuGH auch nach der Neufassung des Art 5 Nr 1 durch das EuGVÜ 1989 fest. Danach ist gewöhnlicher Arbeitsort „der Ort, den der Arbeitnehmer zum tatsächlichen Mittelpunkt seiner Berufstätigkeit gemacht" habe, weil er dort den größten Teil seiner Arbeitszeit zubringe und ein Büro unterhalte, von dem aus er seine Tätigkeit für den Arbeitgeber organisiere und wohin er nach jeder Auslandsreise zurückkehre (EuGH Rs C-383/95 [Rn 72] Slg 1997 I 57, 75 [Rn 23 ff]). Ein Rückgriff auf den Auffanggerichtsstand nach HS 3 ist also nur zulässig, wenn sich ein Schwerpunkt des Arbeitsverhältnisses auch mit Hilfe dieser Kriterien nicht ermitteln lässt (HOLL IPRax 1997, 89 f; **aA** [Wahlrecht des Arbeitnehmers] LAGARDE Rev crit dip 1994, 574 [577]; HUET Clunet 1994, 543 f; KROPHOLLER Art 5 Rn 27; THOMAS/PUTZO/HÜSSTEGE Art 5 Rn 5). Der Gerichtsstand am gewöhnlichen Arbeitsort bleibt auch dann erhalten, wenn das Arbeitsverhältnis zur Zeit der Klageerhebung nicht mehr besteht (zB für einen Kündigungsschutzprozeß, vgl BAG aaO; GEIMER/SCHÜTZE, EuZVR Art 5 Rn 76).

cc) Einstellende Niederlassung (HS 3)
Verrichtet der Arbeitnehmer seine Arbeit gewöhnlich nicht in ein und demselben **74** Staat, so kann er den Arbeitgeber auch vor dem Gericht des Ortes verklagen, an dem sich die Niederlassung befindet bzw befand, die den Arbeitnehmer eingestellt hat. Dies gilt auch für den Fall, dass die Arbeit ganz oder teilweise außerhalb des räumlichen Anwendungsbereichs des EuGVÜ verrichtet wurde, sofern nur die einstellende Niederlassung in einem Vertragsstaat liegt (HOLL IPRax 1997, 88, 90; KROPHOLLER Art 5 Rn 33). Abweichend vom Lugano-Übereinkommen (dazu u Rn 75) begründet Art 5 Nr 1 HS 3 EuGVÜ 1989 allerdings lediglich eine Zuständigkeit *zugunsten* des Arbeitnehmers. Während in Art 5 Nr 1 HS 1 und 2 nicht nach den Parteien des Vertragsverhältnisses oder nach der Parteirolle unterschieden wird, gilt die Niederlassungszuständigkeit nach Art 5 Nr 1 HS 3 also **nur für Klagen gegen den Arbeitgeber.** Für Aktivprozesse des Arbeitgebers muss daher eine der sonstigen Zuständigkeiten des Übereinkommens vorliegen. Art 5 Nr 1 HS 3 eröffnet dem Arbeitnehmer freilich keine alternative, sondern nur eine *subsidiäre* Zuständigkeit für den Fall, dass die Anknüpfung nach HS 2 versagt; ein Rückgriff auf den Erfüllungsort der streitigen Verpflichtung nach HS 1 ist in jedem Falle ausgeschlossen (zutr TRUNK 102). Zwischen dem allgemeinen Gerichtsstand des Arbeitgebers nach Art 2 und dem Niederlassungsgerichtsstand nach Art 5 Nr 1 HS 3 kann der klagende Arbeitnehmer hingegen wählen. Der *Begriff der Niederlassung* im HS 3 entspricht dem Begriff in Art 5 Nr 5 (dazu u Rn 135 f). Für den Fall, dass die einstellende Niederlassung vor Klageerhebung aufgelöst wurde, stellt Art 5 Nr 1 HS 3 klar, dass die Gerichte des Ortes, an

dem sich die Niederlassung bei Einstellung des Arbeitnehmers „befand", zuständig bleiben.

c) Luganer Übereinkommen

75 Während Art 5 Nr 1 HS 3 EuGVÜ 1989 einen besonderen Gerichtsstand ausdrücklich nur für Klagen *gegen* den Arbeitgeber eröffnet, unterscheidet das LugÜ insoweit nicht nach den Parteien des Vertragsverhältnisses oder nach der Parteirolle. Die internationale Zuständigkeit der Gerichte am Ort der einstellenden Niederlassung ist mithin nach Art 5 Nr 1 HS 3 LugÜ auch für *Klagen des Arbeitgebers* begründet. Die Kritik des EuGH an dieser Regelung, die abweichend vom Grundkonzept des EuGVÜ einen Klägergerichtsstand des Arbeitgebers begründe (so EuGH Rs 32/88 [Rn 70] Slg 1989, 341, 362 [Nr 13] = RiW 1990, 139), hat zu der Korrektur im EuGVÜ 1989 geführt. Sind die Gerichte eines Vertragsstaats in Arbeitssachen weder nach Art 5 Nr 1 HS 2 noch nach HS 3 LugÜ zuständig, so kann die Klage nur nach Art 2 LugÜ am Wohnsitz/Sitz des Beklagten erhoben werden, sofern nicht eine sonstige besondere Zuständigkeit (zB nach Art 5 Nr 5 oder Art 6 LugÜ) in einem Vertragsstaat eröffnet ist.

d) Die Neuregelung in der EuGVVO

76 In der EuGVVO, die das EuGVÜ mit Wirkung vom 1.3. 2002 ersetzt (Rn 2a) werden die Vorschriften über die gerichtliche Zuständigkeit in Arbeitssachen – ebenso wie schon bisher die Vorschriften in Versicherungs- und Verbrauchersachen – in einem eigenen Abschnitt zusammengefasst. Dieser neue fünfte Abschnitt (Art 18–21) enthält eine in sich abgeschlossene Regelung, so dass die Vorschriften des 1. und 2. Abschnitts (Art 2–7) in Arbeitssachen keine Anwendung mehr finden. Eine Ausnahme gilt lediglich für die Art 4 und 5 Nr 5, auf die in Art 18 Abs 1 ausdrücklich verwiesen wird. Ferner wird auch der räumliche Anwendungsbereich des 5. Abschnitts unter Durchbrechung der Grundregel des Art 4 Abs 1 auf Fälle erstreckt, in denen der Arbeitgeber zwar keinen Sitz oder Wohnsitz, wohl aber eine Zweigniederlassung, Agentur oder sonstige Niederlassung in einem Mitgliedstaat unterhält. Für diesen Fall wird er gemäß Art 18 Abs 2 für Streitigkeiten aus dem Betrieb dieser Niederlassung so behandelt, als hätte er seinen Wohnsitz im Hoheitsgebiet dieses Mitgliedstaates.

76 a In Art 19 und 20 EuGVVO werden für Arbeitssachen im Wesentlichen die bisher in Art 2 und Art 5 Nr 1 HS 2 und 3 EuGVÜ 1989 enthaltenen gesetzlichen Zuständigkeiten übernommen. Der Gerichtsstand am Ort der einstellenden Niederlassung steht allerdings künftig nur dann noch zur Verfügung, wenn der Arbeitnehmer seine Arbeit *nie* gewöhnlich in ein und demselben Staat verrichtet hat. Ferner kommt es bei wechselnden gewöhnlichen Arbeitsorten nicht mehr – wie bisher (vgl o Rn 73) – auf den hauptsächlichen Arbeitsort an, sondern auf denjenigen, an dem der Arbeitnehmer *zuletzt* beschäftigt war. Während der Gerichtsstand am Ort der einstellenden Niederlassung nach Art 5 Nr 1 HS 3 EuGVÜ schon bisher als Schutzzuständigkeit nur für Klagen *gegen* den Arbeitgeber ausgestaltet war, gilt gleiches nach Art 19 EuGVVO auch für Klagen am gewöhnlichen Arbeitsort. Auch dieser Wahlgerichtsstand steht mithin künftig nur noch dem Arbeitnehmer als Kläger zur Verfügung, während Klagen des Arbeitgebers nach Art 20 Abs 1 nur noch vor den Gerichten des Mitgliedstaats erhoben werden können, in dessen Hoheitsgebiet der Arbeitnehmer zur Zeit der Klageerhebung seinen Wohnsitz hat. Eine Ausnahme gilt nach Art 20

Abs 2 nur für die Widerklage des Arbeitgebers gegen eine Klage des Arbeitnehmers vor einem nach Art 19 zuständigen Gericht.

Ein wesentlicher Unterschied zwischen der Sonderregelung der Zuständigkeit für **76 b** Versicherungs- und Verbrauchersachen einerseits, für Arbeitssachen andererseits bleibt allerdings auch nach Inkrafttreten der EuGVVO erhalten: Während die Verletzung von Zuständigkeitsvorschriften des 3. und 4. Abschnitts des Titels II auch künftig zu einer Versagung der Anerkennung und Vollstreckung des Urteils in den übrigen Mitgliedstaaten führen wird (Art 35 Abs 1), hat eine Verletzung der Zuständigkeitsvorschriften des 5. Abschnitts diese Wirkung nicht. Die Zuständigkeit der Gerichte des Ursprungsstaates in Arbeitssachen darf daher im Zweitstaat auch weiterhin nicht nachgeprüft werden; ein Verstoß gegen die Art 18–21 bleibt mithin im Verfahren der Anerkennung und Vollstreckung ohne Sanktion.

e)   Autonomes Recht
aa)   Grundsatz
Aus den für die Entwicklung der Sonderregeln in Art 5 Nr 1 HS 2 und 3 EuGVÜ/ **77** LugÜ maßgeblichen prozessualen Schutzerwägungen heraus hat sich auch im autonomen Prozessrecht für alle aus einem Arbeitsverhältnis entspringenden Pflichten des Arbeitgebers wie des Arbeitnehmers ein einheitlicher Erfüllungsort durchgesetzt. Als solcher wird der „wirtschaftliche und technische Mittelpunkt des Arbeitsverhältnisses", dh der tatsächliche Beschäftigungsort des Arbeitnehmers, angesehen (vgl näher WIECZOREK/SCHÜTZE/HAUSMANN § 29 Rn 49 f m Nachw). An diesem Arbeitsort wird mit der örtlichen auch die internationale Zuständigkeit deutscher Arbeitsgerichte begründet. Stellt die inländische Konzernmutter daher einen Arbeitnehmer für eine Konzerntochter im Ausland ein, und wird der Arbeitnehmer dort eingesetzt und vergütet, so ist der Gerichtsstand des Erfüllungsortes nicht am Sitz der Konzernmutter, sondern am Sitz des ausländischen Tochterunternehmens begründet (LAG Düsseldorf RiW 1984, 651). Ist der Arbeitnehmer auf einem Schiff beschäftigt, so ist Erfüllungsort iSv § 29 ZPO der Heimathafen (LAG Hamburg IPRspr 1988 Nr 52 b).

bb)   Arbeitnehmerentsendung
§ 8 des Arbeitnehmer-Entsendegesetzes idF v 19.12. 1998 (BGBl I 3843), mit dem **78** Art 6 der Entsenderichtlinie 96/71 EG v 16. 12. 1996 (dazu KOENIGS DB 1997, 110) umgesetzt wurde, sieht eine besondere Zuständigkeit für die Durchsetzung der dem entsandten Arbeitnehmer durch §§ 1, 1a und 7 des Gesetzes zwingend gewährleisteten Arbeits- und Beschäftigungsbedingungen vor. Danach kann der Arbeitnehmer vor den Gerichten des Staates klagen, in den er entsandt wurde (vgl zur Klage von nach Deutschland entsandten Bauarbeitern LAG Frankfurt IPRspr 1998 Nr 153). Diese Regelung hat im Hinblick auf Art 57 Abs 3 EuGVÜ Vorrang vor Art 5 Nr 1 HS 2 und 3 (ebenso zum LugÜ ArbG Wiesbaden IPRspr 1998 Nr 143). Die Zuständigkeit nach § 8 AEntG ist allerdings nicht ausschließlich, so dass der Arbeitnehmer das Recht behält, auch an den EuGVÜ-Gerichtsständen der Art 2, 5 Nr 1 HS 2, 3 (bzw Art 19 EuGVVO) zu klagen (vgl GAUL NJW 1998, 644 [648]; TRENNER 14; THOMAS/PUTZO/HÜSSTEGE Art 5 Rn 5).

6.   Vereinbarungen über den Erfüllungsort

a)   Art 5 Nr 1 EuGVÜ/LugÜ
Die Vertragsparteien können den Erfüllungsort auch durch Vereinbarung festlegen. **79**

Eine solche Abrede begründet den Gerichtsstand nach Art 5 Nr 1 selbst dann, wenn die in Art 17 Abs 1 S 2 für Gerichtsstandsvereinbarungen vorgeschriebene Form nicht eingehalten worden ist (EuGH Rs 56/79 – *Zelger/Salinitri* – Slg 1980, 89, 96 [Nr 3–5] = WM 1980, 720 m Anm SCHÜTZE = IPRax 1981, 89 m Anm SPELLENBERG 75; BGH NJW 1996, 1819; OLG Dresden IPRax 2000, 121 m Anm HAUBOLD 91; KROPHOLLER Art 5 Rn 24; **aA** STEIN/JONAS/ SCHUMANN Einl Rn 793). Die Anforderungen an die Gültigkeit einer Erfüllungsortsvereinbarung sind allein dem als Vertragsstatut zur Anwendung berufenen *materiellen Recht* zu entnehmen; hingegen bleibt das autonome Zuständigkeitsrecht außer Betracht (vgl dazu allg o Rn 16). § 29 Abs 2 ZPO findet daher auch dann keine Anwendung, wenn der Vertrag deutschem Recht untersteht (vgl GEIMER/SCHÜTZE I/1 595). Nach deutschem Recht genügt etwa die mündliche Vereinbarung über den Erfüllungsort zwischen Kaufleuten (BGH RiW 1980, 725) oder die stillschweigende Einbeziehung einer Erfüllungsortsklausel in AGB (BGH NJW 1985, 560 f; vgl auch RAUSCHER ZZP 104 [1991] 308 ff). Die Vereinbarung „zahlbar in Hamburg in Deutscher Mark" ändert den Erfüllungsort für die Zahlungsverpflichtung eines italienischen Spediteurs an seinem Sitz in Mailand hingegen nicht, sondern bekräftigt nur die Regelung in § 270 Abs 1 BGB (OLG Hamburg RiW 1991, 61; vgl auch WIECZOREK/SCHÜTZE/HAUSMANN § 29 Rn 93 ff mwN). Die Parteien können für die Vereinbarung eines Erfüllungsorts auch ein vom Vertragsstatut abweichendes Recht wählen (sog *Nebenstatut;* vgl BGH aaO; KROPHOLLER Art 5 Rn 24).

80 Die von Art 17 Abs 1 abweichende Beurteilung der Formerfordernisse einer Erfüllungsortsvereinbarung nach nationalem Recht ist freilich nur dann gerechtfertigt, wenn die Parteien den vereinbarten Erfüllungsort ernsthaft als tatsächlichen Leistungsort festlegen wollen; beweispflichtig hierfür ist der Kläger (SPELLENBERG IPRax 1981, 79; RAUSCHER ZZP 104 [1991] 306 f; KROPHOLLER Art 5 Rn 23; **aA** GEIMER/SCHÜTZE, EuZVR Art 5 Rn 83). **„Abstrakte" Erfüllungsortsvereinbarungen,** die den gesetzlichen Leistungsort nicht ändern, sondern lediglich zuständigkeitsrechtlich wirken sollen, sind hingegen an Art 17 Abs 1 zu messen; denn andernfalls könnten die strengen Formvorschriften für Gerichtsstandsvereinbarungen allein dadurch umgangen werden, dass die Vereinbarung als „Erfüllungsortsvereinbarung" bezeichnet wird (EuGH Rs C-106/95 – *MSG/Les Gravières Rhénanes* – Slg 1997 I, 932, 943 f [Nr 31 ff] = NJW 1997, 1431 = JZ 1997, 839 m Anm KOCH = RiW 1997, 415 m Anm HOLL = ZZPInt 2 [1997] 161 m Anm HUBER = IPRax 1999, 31 m Anm KUBIS 10; Vorlage: BGH WiB 1995, 476 m Anm HOLL = IPRax 1996, 264 m Anm SCHACK 247; Abschlussentscheidung: BGH RiW 1997, 871 = WiB 1997, 1104 m Anm GAUS; ebenso Cass com Rev crit dip 1996, 736 m Anm GAUDEMET-TALLON; SPELLENBERG ZZP 91 [1978] 61 f; KROPHOLLER aaO; MünchKomm/GOTTWALD Art 5 Rn 23; **aA** noch OLG Karlsruhe RiW 1994, 1046 = DZWiR 1994, 70 m Anm CHILLAGANO/BUSL; SCHÜTZE WM 1980, 723).

81 Schließlich kann von den Zuständigkeitsregeln des Übereinkommens in **Versicherungs- und Verbrauchersachen** (zB Art 11 Abs 1, 14 Abs 2) durch eine Vereinbarung des Erfüllungsorts ebensowenig zum Nachteil des Versicherungsnehmers bzw Verbrauchers abgewichen werden wie durch eine Gerichtsstandsvereinbarung (vgl Art 12, 15). Darüber hinaus würde auch der Schutzzweck des Prorogationsverbots in Arbeitssachen nach Art 17 Abs 5 weitgehend unterlaufen, wenn durch Erfüllungsortsvereinbarungen indirekt ein Gerichtsstand begründet werden könnte, der einseitig den Interessen des Arbeitgebers dient; dies spricht für die grundsätzliche Unzulässigkeit von Vereinbarungen über den Erfüllungsort in Arbeitssachen (vgl TRUNK

36 ff; HOLL WiB 1995, 466; SCHLOSSER Art 5 Rn 8; GEIMER/SCHÜTZE, EuZVR Art 5 Rn 84; ebenso nunmehr ausdrücklich Art 21 EuGVVO [Rn 2a]).

b) Autonomes Recht

Im **kaufmännischen Rechtsverkehr** kann ein inländischer Erfüllungsort auch nach § 29 **82** Abs 1 ZPO durch Vereinbarung begründet werden. Das Zustandekommen dieser Vereinbarung und ihre materielle Wirksamkeit beurteilen sich nach den Regeln des internationalen Vertragsrechts (vgl OLG Stuttgart RiW 1989, 56 = IPRax 1988, 293 m Anm SCHWARZ 278; zur Einbeziehung einer Erfüllungsortsklausel in AGB durch Schweigen OLG München IPRax 1991, 46 [49 f] m Anm GEIMER 31; OLG Karlsruhe NJW RR 1993, 567 [568 f]; RAUSCHER IPRax 1992, 146; GEIMER, IZPR^5 Rn 1490). Danach unterliegt die Erfüllungsortsvereinbarung grundsätzlich dem gleichen Recht wie der geschlossene Hauptvertrag. Die Parteien sind jedoch auch hier berechtigt, die Vereinbarung im Wege der Teilverweisung einem anderen Recht zu unterstellen (vgl Art 27 Abs 1 S 2 EGBGB; ferner OLG Nürnberg NJW 1985, 1296 [1297]; SCHACK, Erfüllungsort Rn 229). Demgegenüber entfaltet die – auch „ernst gemeinte" – Vereinbarung eines inländischen Erfüllungsorts im **nicht kaufmännischen Verkehr** gem § 29 Abs 2 ZPO keine prozessuale Wirkung (WIECZOREK/SCHÜTZE/HAUSMANN § 29 Rn 100 ff). Dieser Schutz ist auch nicht auf Nicht-Kaufleute mit Wohnsitz im Inland beschränkt (so aber LÜDERITZ, in: FS Zweigert 246; SCHACK aaO). Die Kaufmannseigenschaft des ausländischen Vertragspartners ist dabei grundsätzlich nach deutschem Recht als der lex fori zu beurteilen.

IV. Sondergerichtsstände für Streitigkeiten aus Versicherungsverträgen*

1. Die Sonderregelung in Art 7–12a EuGVÜ/LugÜ

a) Normzweck

EuGVÜ und LugÜ enthalten in ihrem 3. Abschnitt des II. Titels (Art 7–12 a) eine **83** inhaltsgleiche Sonderregelung der internationalen Zuständigkeit in Versicherungssachen. Ihr liegen – ebenso wie den entsprechenden Vorschriften in Verbrauchersachen (Art 13 ff; dazu Rn 92) – „sozialpolitische Erwägungen" zugrunde. Dem Versicherungsnehmer als der wirtschaftlich schwächeren und rechtlich weniger erfahrenen Partei soll die gerichtliche Durchsetzung seiner Rechte erleichtert werden (GEIMER/SCHÜTZE, EuZVR Art 7 Rn 1). Dies geschieht nicht durch die Normierung einer ausschließlichen Zuständigkeit am Wohnsitz des Versicherungsnehmers; diesem wird vielmehr in Art 8–10 die **Wahl zwischen Gerichten verschiedener Staaten** eröffnet, während der Versicherer gem Art 11 grundsätzlich nur am Wohnsitz des Versicherungsnehmers klagen kann. Die strikte Beachtung der Art 7–12 a bereits im

---

* **Schrifttum:** BELL/JONES, Gerichtliche Zuständigkeit für Rechtsstreitigkeiten in der Rückversicherung, VersR 1998, 824; FRICKE, Internationale Zuständigkeit und Anerkennungszuständigkeit in Versicherungssachen nach europäischem und deutschem Recht, VersR 1997, 399; HUNTER, Reinsurance Litigation and the Civil Jurisdiction and Judgments Act 1982, JBL 1987, 344; KAYE, Business Insurance and Reinsurance under the European Judgements Convention: Application of Protective Provisions, JBL 1990, 517; LOOSCHELDERS, Der Klägergerichtsstand am Wohnsitz des Versicherungsnehmers nach Art 8 Abs 1 Nr 2 EuGVÜ, IPRax 1998, 86; A RICHTER, Das EWG-Übereinkommen über die gerichtliche Zuständigkeit und die Vollstreckung in Zivil- und Handelssachen aus versicherungsrechtlicher Sicht, VersR 1978, 801; J RICHTER, Internationales Versicherungsvertragsrecht (1980) 171 ff.

Erkenntnisverfahren wird dadurch sichergestellt, dass ein Verstoß – entgegen dem grundsätzlichen Verbot einer Nachprüfung der Zuständigkeit durch den Zweitrichter (Art 28 Abs 3) – die Versagung der Anerkennung der Entscheidung zur Folge hat (Art 28 Abs 1; dazu näher KROPHOLLER Art 28 Rn 7 ff). Die Sonderregelung der internationalen Zuständigkeit in Versicherungssachen greift grundsätzlich nur ein, wenn der **Beklagte seinen Wohnsitz in einem Vertragsstaat** des EuGVÜ/LugÜ hat (Art 7 iVm Art 4 Abs 1). Für diesen Fall regelt der 3. Abschnitt die Gerichtszuständigkeit allerdings „selbständig und erschöpfend" (JENARD-Bericht zu Art 7). Damit scheidet ein Rückgriff auf die allgemeinen Zuständigkeitsvorschriften des 2. Abschnitts (Art 2 – 6) aus, soweit im 3. Abschnitt auf diese nicht ausdrücklich verwiesen ist (KROPHOLLER vor Art 7 Rn 1; krit dazu GEIMER/SCHÜTZE I/1 394 ff).

b) Versicherungssachen

84 Der Begriff der „Versicherungssachen" ist *vertragsautonom* zu qualifizieren (KROPHOLLER vor Art 7 Rn 5; SCHACK, IZVR² Rn 283). Er umfasst alle Streitigkeiten, die sich auf Abschluss, Auslegung, Durchführung und Beendigung eines (Einzel-oder Gruppen-) Versicherungsvertrages beziehen (vgl näher GEIMER/SCHÜTZE I/1 402). Hierher gehört gem Art 10 Abs 2 auch die *Direktklage* des Geschädigten gegen den Versicherer und die Rückgriffsklage gegen den Versicherten, nicht hingegen der Rückgriff des Versicherers gegen den Schädiger (KROPHOLLER aaO). Die Beschränkung des Übereinkommens auf Zivil- und Handelssachen (Art 1 Abs 1 S 1) hat zur Folge, dass nur Versicherungsverhältnisse *privatrechtlicher Natur* gemeint sind; ferner sind *Sozialversicherungen* nach Art 1 Abs 2 Nr 3 ausdrücklich aus dem sachlichen Anwendungsbereich des EuGVÜ ausgenommen. Der 3. Abschnitt ist – mangels Schutzbedürftigkeit der betroffenen Versicherungsunternehmen – auch auf *Rückversicherungen* nicht anwendbar (EuGH Rs C-412/98 – *Group Josi/UGIC* – NJW 2000, 3121 [Nr 62 ff] = EuLF 2000, 49 m Anm GEIMER = IPRax 2000, 520 m Anm STAUDINGER 483; SCHLOSSER-Bericht Nr 151; KROPHOLLER vor Art 7 Rn 6; aA GAUDEMET-TALLON Rn 243); insoweit verbleibt es bei der Geltung der Art 2 ff (GEIMER/SCHÜTZE, EuZVR Art 7 Rn 19). Demgegenüber werden *Transportversicherungen* – anders als Transportverträge in Verbrauchersachen (Art 13 Abs 3; dazu u Rn 105) – nicht vom Anwendungsbereich der Konvention ausgeschlossen (KROPHOLLER vor Art 7 Rn 6); für sie lässt Art 12 a lediglich in gewissem Umfang abweichende Vereinbarungen zu (vgl WIECZOREK/SCHÜTZE/HAUSMANN Art 12 a Rn 2).

c) Die einzelnen Zuständigkeiten
aa) Klagen gegen den Versicherer

85 Der Versicherungsnehmer kann den Versicherer zunächst – in Übereinstimmung mit Art 2 – in dessen Wohnsitz- bzw Sitzstaat verklagen (Art 8 Abs 1 Nr 1); die örtliche Zuständigkeit bestimmt sich dann nach dem innerstaatlichen Prozessrecht (dazu Rn 91). Darüber hinaus wird dem Versicherungsnehmer an seinem eigenen Wohnsitz ein *Klägergerichtsstand* eröffnet (Art 8 Abs 1 Nr 2), sofern dieser Wohnsitz in einem Vertragsstaat begründet ist (SCHLOSSER Art 8 Rn 1). Am Wohnsitz sonstiger Verfahrensbeteiligter ist der Versicherer hingegen nicht gerichtspflichtig (JENARD-Bericht zu Art 8; MünchKomm/GOTTWALD Art 8 Rn 2). Dies wird sich mit Inkrafttreten der EuGVVO (Rn 2a) allerdings ändern, die in Art 9 Abs 1 lit b auch für den Versicherten und den Begünstigten einen Klägergerichtsstand begründet. Maßgebend ist der Wohnsitz des Versicherungsnehmers im Zeitpunkt der Klageerhebung, so dass eine Wohnsitzverlegung nach Vertragsabschluss die Zuständigkeit ändert (GEIMER/SCHÜTZE, EuZVR Art 8 Rn 8).

Für **Klagen gegen mehrere Versicherer** eröffnet Art 8 Abs 1 Nr 3 eine Zuständigkeit **86**
vor dem Gericht eines Vertragsstaats, bei dem der *federführende Versicherer* verklagt
wird. Da Art 8 Abs 1 Nr 3 die Festlegung des örtlich zuständigen Gerichts dem innerstaatlichen Recht überlässt, kommt es darauf an, vor welchem Gericht der federführende Versicherer *tatsächlich* verklagt worden ist; der Gerichtsstand gegen die übrigen Versicherer ist daher nicht notwendig am Wohnsitz des federführenden Versicherers begründet (Kropholler Art 8 Rn 3). Der Versicherungsnehmer ist freilich nicht gehindert, die verschiedenen Mitversicherer auch einzeln an den in Art 8 Abs 1 Nr 1 und 2 vorgesehenen Gerichtsständen zu verklagen (Schlosser-Bericht Nr 149). Ist ein Gerichtsstand nach Art 8 Abs 1 Nr 3 in Deutschland eröffnet, so begründet Art 13 EGVVG eine *Prozessstandschaft* des federführenden Versicherers; ein gegen ihn erwirkter Titel wirkt mithin für und gegen alle an dem Versicherungsvertrag beteiligten Versicherer.

Hat der Versicherer seinen Wohnsitz bzw Sitz in einem Vertragsstaat, so ist er auf- **87**
grund der Verweisung in Art 7 EuGVÜ/LugÜ auf Art 5 Nr 5 auch in einem anderen Staat gerichtspflichtig, soweit es sich um Streitigkeiten aus dem Betrieb einer dort unterhaltenen **Zweigniederlassung,** Agentur oder sonstigen Niederlassung handelt (zu diesen Begriffen näher Rn 135 f). Der Vorbehalt in Art 7 lässt freilich die Geltung der Art 8 ff unberührt, so dass der ausländische Versicherer nicht nur am Ort seiner inländischen Niederlassung, sondern auch am Wohnsitz des Versicherungsnehmers nach Art 8 Abs 1 Nr 2 verklagt werden kann (LG Stuttgart IPRax 1998, 180 m zust Anm Looschelders 86). Darüber hinaus erweitert Art 8 Abs 2 den Anwendungsbereich des gesamten 3. Abschnitts – unter Durchbrechung der Regel des Art 4 Abs 1 – für Klagen gegen einen Versicherer, der zwar keinen Wohnsitz, wohl aber eine Niederlassung in einem Vertragsstaat unterhält. Da Art 8 Abs 2 für Streitigkeiten aus dem Betrieb einer solchen Niederlassung einen Wohnsitz des Versicherers im Niederlassungsstaat fingiert, können die exorbitanten Zuständigkeiten des autonomen Rechts gegenüber dem drittstaatlichen Versicherer nicht in Anspruch genommen werden (Kropholler Art 8 Rn 5); andererseits ist der drittstaatliche Versicherer am inländischen Wohnsitz des Versicherungsnehmers nach Art 8 Abs 1 Nr 2 auch dann gerichtspflichtig, wenn er seine Niederlassung iSv Art 8 Abs 2 ebenfalls in Deutschland – und nicht in einem anderen Vertragsstaat – unterhält (Looschelders IPRax 1998, 86 [90]; vgl zur Auslegung der Parallelvorschrift in Art 13 Abs 2 näher u Rn 110 f mwN).

Für Vertragsklagen aus **Haftpflicht- und Immobiliarversicherungen** eröffnet Art 9 **88**
EuGVÜ/LugÜ gegen den Versicherer eine weitere Zuständigkeit an dem Ort, an dem das schädigende Ereignis eingetreten ist, sofern dieser Ort in einem anderen Vertragsstaat liegt als der Wohnsitz des Versicherers. Damit wird an das gleiche Merkmal angeknüpft wie in Art 5 Nr 3 für Klagen aus unerlaubten Handlungen (Kropholler Art 9 Rn 1). Der Kläger kann daher auch seine vertraglichen Ansprüche gegen den Versicherer wahlweise am Handlungs- wie am Erfolgsort durchsetzen (zum Deliktsgerichtsstand nach Art 5 Nr 3 EuGVÜ näher Wieczorek/Schütze/Hausmann Art 5 Rn 58 ff). In Haftpflichtsachen sieht Art 10 EuGVÜ/LugÜ ferner Sondergerichtsstände für Interventions- und Direktklagen gegen den Versicherer vor (vgl dazu näher Wieczorek/Schütze/Hausmann Art 10 Rn 1 ff, 4 ff mwN).

bb) Klagen des Versicherers
Der Versicherer kann den Versicherungsnehmer, den Versicherten, den Begünstigten **89**

oder sonstige am Versicherungsvertrag beteiligte bzw aus ihm berechtigte Personen demgegenüber grundsätzlich nur vor den Gerichten des Wohnsitzstaates des jeweiligen Beklagten verklagen; Art 11 Abs 1 regelt allerdings nur die *internationale* Zuständigkeit; zur Bestimmung der örtlichen Zuständigkeit ist auf das autonome Recht des Wohnsitzstaates zurückzugreifen. Das Recht des Versicherers, *Widerklage* vor dem Gericht zu erheben, bei dem die Klage nach Art 7 bis 10 anhängig ist, bleibt freilich unberührt (Art 11 Abs 2). Ferner gilt auch Art 5 Nr 5 aufgrund des Vorbehalts in Art 7 für Klagen des Versicherers, soweit der Beklagte in einem anderen Vertragsstaat eine Niederlassung iS dieser Vorschrift unterhält (GEIMER/SCHÜTZE, EuZVR Art 11 Rn 1).

cc) Zuständigkeitsvereinbarungen

90 Zur Bekämpfung von Missbräuchen, die sich aus der in der Versicherungswirtschaft verbreiteten Anwendung von AGB ergeben, kann von den Zuständigkeiten des 3. Abschnitts im Wege der Vereinbarung nur in einem gegenüber Art 17 Abs 1 erheblich eingeschränkten Umfang nach Maßgabe der in Art 12 und 12 a abschließend aufgeführten Prorogationsmöglichkeiten abgewichen werden (dazu näher WIECZOREK/ SCHÜTZE/HAUSMANN Art 12 Rn 1 ff und Art 12 a Rn 1 ff). Gerichtsstandsvereinbarungen sind danach insbesondere zulässig, wenn sie nach Entstehung der Streitigkeit getroffen werden (Art 12 Nr 1) oder die möglichen Gerichtsstände zugunsten des Versicherungsnehmers, Versicherten oder Begünstigten erweitern (Art 12 Nr 2). Bei einem Verstoß gegen die Art 12, 12 a ist die Gerichtsstandsvereinbarung gem Art 17 Abs 3 nichtig. Die sonstigen Anforderungen an eine wirksame Prorogation – insbesondere die Formerfordernisse – bestimmen sich nach Art 17 Abs 1 (dazu näher Rn 190 ff). Darüber hinaus begründet auch in Versicherungssachen die rügelose Einlassung des Beklagten gemäß Art 18 die Zuständigkeit des angerufenen Gerichts.

2. Autonomes Recht

91 Hat der beklagte Versicherer bzw Versicherungsnehmer seinen Wohnsitz nicht in einem Vertragsstaat der EuGVÜ/LugÜ, so bestimmt sich die internationale Zuständigkeit für Streitigkeiten aus Versicherungsverträgen – wie Art 7 durch die Verweisung auf Art 4 klarstellt – nach den Regeln des autonomen Prozessrechts der lex fori. Eine Ausnahme gilt nach Art 8 Abs 2 lediglich für Klagen gegen einen Versicherer, der zumindest eine Niederlassung in einem Vertragsstaat unterhält (s o Rn 87). Das deutsche Recht erweitert in § 48 Abs 1 VVG die Gerichtspflichtigkeit des Versicherers in den Fällen, in welchen sich dieser eines Vermittlungs- oder Abschlussagenten bedient; dann können Klagen aus dem Versicherungsverhältnis gegen den Versicherer auch am Gericht des Ortes erhoben werden, an dem der Agent zur Zeit der Vermittlung oder des Vertragsschlusses seine gewerbliche Niederlassung oder – in Ermangelung einer solchen – seinen Wohnsitz hatte. Die Vorschrift begründet mit der örtlichen auch die internationale Zuständigkeit der deutschen Gerichte. Der Gerichtsstand ist gem § 48 Abs 2 VVG **zugunsten des Versicherungsnehmers zwingend;** dies gilt allerdings nicht für Streitigkeiten aus Versicherungsverträgen über Großrisiken iSv Art 10 Abs 1 EGVVG (§ 187 VVG). Jedoch sind Gerichtsstandsvereinbarungen, die dem Versicherungsnehmer zusätzliche Gerichtsstände eröffnen, in den Grenzen des § 38 Abs 2 ZPO zulässig; § 48 Abs 2 VVG begründet also *keinen ausschließlichen Gerichtsstand* (OLG Hamm VersR 1983, 481).

V. Sondergerichtsstände für Streitigkeiten aus Verbraucherverträgen*

1. Normzweck

EuGVÜ und LugÜ sehen in ihrem 4. Abschnitt des II. Titels (Art 13–15) ferner eine **92** inhaltsgleiche Sonderregelung der internationalen Zuständigkeit in Verbrauchersachen vor. Diese ist – ähnlich wie jene in Versicherungssachen (Art 7 ff EuGVÜ/ LugÜ; dazu o Rn 82) – „von dem Bestreben getragen, den Verbraucher als den wirtschaftlich schwächeren und rechtlich weniger erfahrenen Vertragspartner zu schützen" und ihm den Entschluss zur gerichtlichen Wahrnehmung seiner Rechte nicht dadurch zu erschweren, dass er vor den Gerichten im Niederlassungsstaat seines Vertragspartners klagen muss (EuGH Rs C-89/91 – *Shearson Lehmann Hutton/TVB* – Slg 1993 I, 139, 187 [Nr 18] = NJW 1993, 1251 = IPRax 1995, 92 m Anm KOCH 71; KROPHOLLER

---

* **Schrifttum:** ARENAS GARCIA, Tratamiento jurisprudencial del ámbito de applicación de los fores de protectión en materia de contrates de consumidores del convenio de Bruselas de 1968, Riv esp der int 1 (1996) 39; BENICKE, Internationale Zuständigkeit deutscher Gerichte nach Art 13, 14 EuGVÜ für Schadensersatzklagen geschädigter Anleger, WM 1997, 945; DE BRA, Verbraucherschutz durch Gerichtsstandsregelungen im deutschen und europäischen Zivilprozessrecht (1992); BRUNKOW, Börsentermingeschäfte mit Auslandsbezug – Verbrauchergerichtsstand nach Art 13, 14 EuGVÜ und Gerichtsstand der unerlaubten Handlung gem § 32 ZPO, JuS 1996, 294; GEIMER, Internationale Zuständigkeit und Gerichtsstand in Verbrauchersachen, RiW 1994, 59; ders, Kompetenzrechtlicher Verbraucherschutz, EuZW 1993, 568; JAYME, Die internationale Zuständigkeit bei Haustürgeschäften, in: FS Nagel (1987) 123; ders, „Timesharing-Verträge" im Internationalen Privat- und Verfahrensrecht, IPRax 1995, 234; JOUSTRA, Jurisdiction in Consumer Disputes under the Brussels Convention, in: FS Kokkini-Iatridou (1994) 233; KOCH, Verbrauchergerichtsstand nach dem EuGVÜ und Vermögensgerichtsstand nach der ZPO für Termingeschäfte, IPRax 1985, 71; LORENZ W, Kollisionsrecht des Verbraucherschutzes: Anwendbares Recht und internationale Zuständigkeit, IPRax 1994, 429; DE LOUSANOFF, Die Anwendung des EuGVÜ in Verbrauchersachen mit Drittstaatenbezug, in: GS Arens (1993) 251; LÜDERITZ, „Verbraucherschutz" im internationalen Vertragsrecht – ein Zuständigkeitsproblem, in: FS Riesenfeld (1983) 147; LUTZ/NEUMANN, Auslegung der Art 13 ff EuGVÜ auf Realkredite, RiW 1999, 827; MANKOWSKI, Zur Auslegung des Art 13 EuGVÜ, RiW 1997, 990; ders, Keine örtliche Ersatzzuständigkeit der Hauptstadtgerichte für Verbrauchersachen – oder Tod einer Theorie in Berlin, IPRax 2001, 33; MENNIE, Civil Jurisdiction and Consumer Contracts, Scots L T 1987, 181; NASSALL, Verbraucherschutz durch europäisches Verfahrensrecht, WM 1993, 1950; RAUSCHER, Prozessualer Verbraucherschutz im EuGVÜ?, IPRax 1995, 289; SCHALTINAT, Internationale Verbraucherstreitigkeiten unter besonderer Berücksichtigung des EuGVÜ (1998); SCHERER, Gerichtsstände zum Schutz des Verbrauchers in Sondergesetzen (1991); SCHLOSSER, Sonderanknüpfungen von zwingendem Verbraucherschutzrecht und europäisches Prozessrecht, in: FS Steindorff (1990) 1379; SCHOIBL, Die Zuständigkeit für Verbrauchssachen nach europäischem Zivilverfahrensrecht, JBl 1998, 700 und 767; THORN, Grenzüberschreitende Gerichtsstandsvereinbarungen in Kreditverträgen zur Finanzierung von Börsenspekulationen, IPRax 1995, 294; WACH-WEBERPALS, Inländischer Gerichtsstand für Bereicherungsklagen gegen ausländische Brokerfirmen aus unverbindlichen Termin- und Differenzgeschäften, AG 1989, 193; ZANOBETTI, Les conventions communautaires concernant la compétence judiciaire et l'exécution des décisions en matière civile et commerciale et la protection des consommateurs, in: FS Sauveplanne (1984) 299.

Art 13 Rn 1; krit SCHACK, IZVR Rn 279). Während das EuGVÜ 1968 dem prozessualen Verbraucherschutz nur für den Teilbereich der *Abzahlungsgeschäfte* Rechnung getragen hatte, ist der Anwendungsbereich der Art 13–15 durch das 1. Beitrittsübereinkommen von 1978 allgemein auf Verbrauchersachen erweitert worden (vgl SCHLOSSER-Bericht Nr 153). Da der Verbraucher ein Interesse daran haben kann, nicht auf eine Klageerhebung vor den Gerichten seines Wohnsitzstaates beschränkt zu sein, eröffnet ihm das Übereinkommen in Art 13 und 14 eine – wenn auch begrenzte – Wahlmöglichkeit zwischen den Gerichten verschiedener Staaten, während der Vertragspartner grundsätzlich nur am Wohnsitz des Verbrauchers klagen kann. Zum Schutz des Verbrauchers wird schließlich die Zulässigkeit von Gerichtsstandsvereinbarungen in Art 15 stark eingeschränkt. Zur Erreichung dieser Ziele regelt der 4. Abschnitt die Zuständigkeit in Verbrauchersachen *abschließend;* damit scheidet ein Rückgriff auf die allgemeinen Zuständigkeitsvorschriften des 1. und 2. Abschnitts (Art 2–6) aus, soweit nicht im 4. Abschnitt auf diese ausdrücklich verwiesen ist (GEIMER/SCHÜTZE, EuZVR Art 13 Rn 3). Der Verbraucher kann seinen Vertragspartner (Verkäufer, Darlehensgeber) daher insbesondere nicht am Erfüllungsort (Art 5 Nr 1) verklagen (MANKOWSKI RiW 1997, 1001 [1005]).

2. Der Begriff des Verbrauchers

93 Der besondere Schutz des 4. Abschnitts soll nur *privaten Endverbrauchern* zugute kommen. Art 13 Abs 1 definiert den Verbrauchervertrag daher in Übereinstimmung mit Art 5 Abs 1 EVÜ (Art 29 Abs 1 EGBGB) als einen Vertrag, dessen Zweck keiner beruflichen oder gewerblichen Tätigkeit der geschützten Person zugerechnet werden kann. Diese Definition knüpft an die Rechtsprechung des EuGH zum 4. Abschnitt des EuGVÜ 1968 an; dessen Anwendbarkeit auf *Kaufleute* als Abzahlungskäufer hatte der EuGH ausdrücklich verneint (vgl EuGH Rs 150/77 – *Bertrand/Ott* – Slg 1978, 1431, 1445 [Nr 12 ff] = RiW 1978, 685). EuGVÜ und LugÜ begnügen sich mit dieser negativen Abgrenzung, verzichten mithin auf eine positive Bestimmung des Verbraucherbegriffs (vgl zu diesem näher STAUDINGER/MAGNUS Art 29 Rn 18 ff; GEIMER/SCHÜTZE, EuZVR Art 13 Rn 14 ff; WIECZOREK/SCHÜTZE/HAUSMANN Art 13 Rn 3 ff mwN). Dieser ist im Wege **vertragsautonomer Auslegung** für das EuGVÜ wie für das EVÜ möglichst einheitlich zu präzisieren (EuGH Rs C-89/91 [Rn 92] Slg 1993 I, 139, 186 [Nr 13]; EuGH Rs C-269/95 – *Benincasa/Dentalkit* – Slg 1997 I, 3767, 3794 [Nr 12] = RiW 1997, 775 = JZ 1998, 896 m Anm MANKOWSKI = ZZPInt 3 [1998] 225 m Anm KOCH; KROPHOLLER Art 13 Rn 6; SCHLOSSER Art 13 Rn 3; krit SCHACK, IZVR² Rn 280). Auch wenn der Verbraucherbegriff mit Rücksicht auf die Systematik des Übereinkommens eng auszulegen ist (EuGH Rs C-269/95 aaO [Nr 13, 16]), sind auch Teilnehmer an Devisen-, Wertpapier- und Warentermingeschäften „Verbraucher" iSv Art 13 Abs 1, solange sie nicht beruflich oder gewerbsmäßig spekulieren; sie können sich daher auf den Schutz der Art 13–15 berufen (BGH ZIP 1991, 1209 = EWiR 1991, 569 m Anm GEIMER; OLG Köln ZIP 1989, 838 = EWiR 1989, 681 m abl Anm SCHÜTZE; OLG Düsseldorf RiW 1996, 681 m Aufs MANKOWSKI 1001 = IPRax 1997, 118, 120; THORN IPRax 1995 [295 f]; BENICKE WM 1997, 950, jeweils mwN). Dagegen kann nicht als Verbraucher angesehen werden, wer einen Vertrag zum Zwecke einer *zukünftigen* beruflichen Tätigkeit geschlossen hat (EuGH Rs C-269/95 aaO [Nr 17]; dazu MANKOWSKI JZ 1998, 898).

94 Da der Grundsatz „actor sequitur forum rei" (Art 2) durch die Sonderregelung des 4. Abschnitts stark eingeschränkt wird, darf dieser Abschnitt nicht auf Personen angewandt werden, die des besonderen Schutzes durch die Zuständigkeitsregelung in Art 14, 15 nicht bedürfen. Das Übereinkommen schützt den Verbraucher daher nur insoweit, als er **persönlich als Kläger oder Beklagter** an dem Verfahren teilnimmt. Tritt der Verbraucher seine Ansprüche aus einem Verbrauchervertrag also zum Zwecke der gerichtlichen Geltendmachung an einen Dritten ab, der diese Ansprüche sodann in Ausübung seiner beruflichen oder gewerblichen Tätigkeit durchzusetzen sucht, so kann sich der Zessionar nicht auf die besonderen Zuständigkeitsregeln der Art 14, 15 berufen, weil er nicht selbst der an einem Vertrag iSv Art 13 Abs 1 beteiligte private Endverbraucher ist (EuGH Rs C-89/91 [Rn 92] Slg 1993 I 139, 188 [Nr 23] = NJW 1993, 1251; vgl dazu die Abschlussentscheidung BGH NJW 1993, 2683 = IPRax 1995, 98 m Anm KOCH 71 = EuZW 1993, 517 m Aufs GEIMER 564). Aus diesem Grunde können auch *Verbandsklagen* iSv § 13 AGBG nicht in den Verbrauchergerichtsständen des Übereinkommens erhoben werden (TONNER VuR 1993, 48 [49]; KARTZKE NJW 1994, 823 [824 f]).

3. Die nach Art 13 Abs 1 EuGVÜ/LugÜ geschützten Geschäfte

Art 13 Abs 1 begrenzt den prozessualen Vertrauensschutz auf ganz bestimmte Erwerbsgeschäfte, die entweder wegen ihres Inhalts (Nr 1 und 2) oder wegen der Umstände des Vertragsschlusses (Nr 3) als besonders gefährlich für den Verbraucher erachtet werden. **95**

a) Kauf beweglicher Sachen auf Teilzahlung (Nr 1)

Da der Begriff des „Kaufs auf Teilzahlung" in den einzelnen Mitgliedstaaten eine ganz unterschiedliche positiv-rechtliche Ausprägung erfahren hat, bedarf es der Entwicklung eines eigenständigen **„europäischen" Begriffs** des Kaufs auf Teilzahlung (EuGH Rs 150/77 – *Bertrand/Ott* – Slg 1978, 1431, 1445 f [Nr 12 ff] = RiW 1978, 685; BGH NJW 1997, 2685 [2686]). Dabei ist vor allem dem besonderen Schutzbedürfnis des Abzahlungskäufers Rechnung zu tragen, der nicht selten unbilligen und übermäßig belastenden Vertragsklauseln unterworfen wird, deren Brisanz durch die mit der Kreditierung eröffnete Verschuldensmöglichkeit noch verstärkt wird (EuGH Rs 150/77 aaO [Nr 19 ff]). Art 13 Abs 1 Nr 1 nennt den „Kauf" nur als Prototyp des Teilzahlungsgeschäfts. Nach dem Normzweck werden jedoch alle Umsatzgeschäfte mit gleicher wirtschaftlicher Zielrichtung erfasst. Dies gilt insbesondere für den sog *Mietkauf* („hire-purchase"), der in Großbritannien und Irland den wichtigsten Typ des Abzahlungsgeschäfts bildet (SCHLOSSER-Bericht Nr 157) oder für Leasingverträge, die dem Leasingnehmer das wirtschaftliche Eigentum am Leasinggegenstand verschaffen. Aber auch *Werklieferungsverträge,* bei denen die Sache aufgrund der Bestellung erst noch angefertigt werden muss, werden von Art 13 Abs 1 Nr 1 erfasst, wenn der Kaufpreis kreditiert wird (**aA** BGH aaO: Kauf nur, wenn „eine fertig bereitliegende auf Vorrat für allgemeine Verwendung gefertigte Ware übertragen" wird; ansonsten „Lieferung" iSv Nr 3; zust MünchKomm/GOTTWALD Art 13 Rn 5).

Gegenstand eines Abzahlungskaufs können alle **beweglichen Sachen** sein. Über die **96** Qualifikation einer Sache als beweglich oder unbeweglich ist dabei – ebenso wie im Rahmen des Art 16 Nr 1 EuGVÜ (s o Rn 30) – aufgrund autonomer Wertung zu entscheiden (EuGH Rs C-99/96 – *Mietz/Intership Yachting Sneek BV* – Slg 1999 I, 2277, 2310 [Nr 26] = IPRax 2000, 411 m Anm HESS 370; LG Darmstadt NJW-RR 1994, 684 = IPRax 1995, 318 m zust Anm THORN 294; GEIMER/SCHÜTZE, EuZVR Art 13 Rn 23; **aA** [lex rei sitae] THOMAS/PUTZO/ HÜSSTEGE Art 13 Rn 6). Danach sind auch eingetragene Schiffe bewegliche Sachen

(EuGH aaO [Nr 23]); hingegen scheidet eine Anwendung auf den Kauf von Gesellschaftsanteilen und Immaterialgüterrechten, aber auch von *Wertpapieren* aus (LG Darmstadt aaO; zust THORN IPRax 1995, 297; KROPHOLLER Art 13 Rn 15; ebenso zu Art 5 Abs 1 EVÜ BGHZ 123, 380 [387] = NJW 1994, 262).

97 Konstitutives Merkmal eines Abzahlungsgeschäfts iSv Art 13 Abs 1 Nr 1 ist schließlich die **Abrede der Teil- bzw Ratenzahlung.** Weder der JENARD-Bericht noch die nationalen Rechte lassen eine eindeutige Aussage über die Mindestzahl der Raten zu. Eine Teilzahlungsabrede liegt unstreitig vor, wenn der Kaufpreis in drei oder mehr Teilzahlungen zu erbringen ist; demgegenüber dürfte eine Aufspaltung des Kaufpreises in lediglich zwei Teilleistungen nicht genügen (BÜLOW/BÖCKSTIEGEL/AUER Art 13 Rn 28; aA GEIMER/SCHÜTZE, EuZVR Art 13 Rn 24). In jedem Fall bezweckt Art 13 Abs 1 Nr 1 den Schutz des Käufers nur für den Fall, dass der Verkäufer ihm ein Darlehen gewährt hat. Erforderlich ist also, dass der Verkäufer dem Käufer den Besitz an der Kaufsache übertragen hat, bevor dieser den gesamten Kaufpreis gezahlt hat. Kann der Verkäufer hingegen die Zahlung des gesamten Kaufpreises schon vor Besitzübergang verlangen, so liegt ein Teilzahlungskauf iSv Art 13 Abs 1 Nr 1 auch dann nicht vor, wenn dem Käufer die Möglichkeit eingeräumt wurde, den Kaufpreis in mehreren Teilzahlungen zu leisten (EuGH Rs C-99/96 [Rn 96] IPRax 2000, 411 [Nr 31]; ebenso schon früher OLG Oldenburg WM 1976, 1288 m Anm GEIMER).

b) **Kreditgeschäfte zur Finanzierung eines Kaufs beweglicher Sachen (Nr 2)**

98 Der 4. Abschnitt gilt gem Art 13 Abs 1 Nr 2 auch für Klagen aus Verträgen, die ein Verbraucher zur Finanzierung eines Kaufs beweglicher Sachen abgeschlossen hat. Entscheidend ist danach die **Zweckgebundenheit des zur Verfügung gestellten Darlehens** zur Finanzierung eines Kaufs beweglicher Sachen, wie sie typischerweise beim *Finanzierungsleasing* gegeben ist. Wird der Kredit hingegen ohne eine solche Zweckbindung als echter Personalkredit gewährt, so liegt kein Kreditgeschäft iSv Art 13 Abs 1 Nr 2 vor (GEIMER/SCHÜTZE, EuZVR Art 13 Rn 26). Ferner gilt die Vorschrift – im Gegensatz zu Art 5 Abs 1 EVÜ/Art 29 EGBGB – auch nicht für Verträge, die zur *Finanzierung von Dienstleistungen* für den Verbraucher bestimmt sind; insoweit verbleibt es vielmehr bei der Maßgeblichkeit der allgemeinen Zuständigkeitsregeln nach Art 2 und 5 Nr 1 (THORN IPRax 1995, 294 [296]; krit mit Recht JAYME/KOHLER, IPRax 1991, 361 [362]). Das zur Finanzierung des Kaufs in Anspruch genommene Darlehen muss nicht notwendig *in Raten zurückgezahlt* werden; Art 13 Abs 1 Nr 2 greift vielmehr auch dann ein, wenn die Kaufsache mit Hilfe des gewährten Darlehens auf einmal bezahlt wird (SCHLOSSER-Bericht Nr 157). Dann gelten die Zuständigkeitsregeln des 4. Abschnitts freilich nur für die Klage des Kreditgebers aus dem Darlehensvertrag, nicht hingegen für die Klage aus dem Kaufvertrag, weil Art 13 Abs 1 Nr 1 einen Teilzahlungskauf voraussetzt (KROPHOLLER Art 13 Rn 18); eine Ausnahme gilt für verbundene Geschäfte iSv § 9 VerbrKrG (THOMAS/PUTZO/HÜSSTEGE Art 13 Rn 3).

c) **Sonstige Verbraucherverträge (Nr 3)**

99 In Art 13 Abs 1 Nr 3 wird der prozessuale Schutz des Verbrauchers über die Abzahlungsgeschäfte und im Zusammenhang damit geschlossene Kreditgeschäfte hinaus auf weitere Verträge ausgedehnt, sofern diese einen hinreichend engen Bezug zum Wohnsitzstaat des Verbrauchers aufweisen. Eine analoge Anwendung der Vorschrift auf nicht von ihr erfasste Vertragstypen oder Sachverhalte hat wegen des Ausnahmecharakters der Vorschrift auszuscheiden (WIECZOREK/SCHÜTZE/HAUSMANN Art 13

5. Abschnitt. Schuldrecht.
1. Unterabschnitt. Vertragliche Schuldverhältnisse

Rn 21; THOMAS/PUTZO/HÜSSTEGE Art 13 Rn 8; vgl auch BGHZ 135, 124 [133 ff] = NJW 1997, 1697 [zu Art 29 EGBGB]; aA für Immobiliendarlehen App Colmar IPRax 2001, 251 m abl Anm NEUMANN/ROSCH. Vgl aber Rn 106).

aa) Lieferung beweglicher Sachen

Verträge über die Lieferung beweglicher Sachen (Rn 96) sind in erster Linie Warenkäufe, insbesondere die nicht bereits durch Nr 1 erfassten Bargeschäfte. Keine Verbraucherverträge sind hingegen *Mietverträge* (vgl E LORENZ RiW 1987, 576). Ein Leasingvertrag, bei dem der Vertragsgegenstand nach Ablauf der Grundmietzeit vom Kunden erworben werden soll, kann hingegen unter Nr 3 fallen (GEIMER/SCHÜTZE, EuZVR Art 13 Rn 28). Für Verträge über *Grundstücke* oder grundstücksgleiche Rechte verbleibt es bei der zwingenden Regelung des Art 16 Nr 1. Auch Verträge, die auf die Übertragung von Rechten, insbesondere von *Wertpapieren,* gerichtet sind, werden nicht erfasst (GIULIANO/LAGARDE-Bericht zu Art 5 Abs 1 EVÜ).

bb) Erbringung von Dienstleistungen

Art 13 Abs 1 Nr 3 erweitert den Verbraucherschutz auf Verträge über die Erbringung von Dienstleistungen. Der Begriff der „Dienstleistung" ist wiederum *autonom* zu qualifizieren (BGHZ 123, 380 [385] = RiW 1994, 154 m Aufs W H ROTH 275 = IPRax 1994, 449 m Anm W LORENZ 429 [zu Art 29 EGBGB]; SCHLOSSER, in: FS Steindorff 1383; KROPHOLLER Art 13 Rn 20; aA OLG Düsseldorf RiW 1994, 420 m Anm MANKOWSKI). In Anlehnung an Art 60 EGV gelten als Dienstleistungen insbesondere gewerbliche, kaufmännische, handwerkliche und freiberufliche Tätigkeiten, soweit sie entgeltlich erbracht werden und nicht den Vorschriften über den freien Waren- und Kapitalverkehr unterliegen (vgl THORN IPRax 1995, 298 mwN). Erfasst werden daher nicht nur Dienstverträge in dem engen Sinn der §§ 611 ff BGB, zB Verträge mit Rechtsanwälten oder Steuerberatern (FERID, IPR³ Rn 6–32), Fern- oder Direktunterrichtsverträge, sondern auch Verträge mit stark werkvertraglichem Einschlag, wie zB *Reiseveranstaltungs-* und *Ferienhausvermittlungsverträge,* soweit sie nicht unter Art 16 Nr 1 fallen (LG Berlin IPRax 1992, 243 [244] m zust Anm ENDLER 212; zust auch JAYME IPRax 1993, 18, 19; TONNER VuR 1993, 48 [49]; KARTZKE NJW 1994, 823 [824]; HÜSSTEGE IPRax 2001, 31 ff) sowie *Maklerverträge* (zB über die Vermittlung von Waren, Krediten oder Kapitalanlagen; vgl SCHLOSSER, in: FS Steindorff 1382). Für gemischte Verträge gilt Art 13 Abs 1 Nr 3, wenn die Erbringung von Dienstleistungen den Vertrag prägt, wie dies zB auf *Beherbergungsverträge* oder auf die Teilnahme an Sprach- oder sonstigen Ferienkursen zutrifft (GIULIANO/LAGARDE-Bericht 57). Auch *Timesharingverträge* können als Verbraucherverträge zu qualifizieren sein, wenn nicht das „Teilzeiteigentum" an der Immobilie, sondern ein Paket von – idR teuer zu bezahlenden – Dienstleistungen des Verkäufers im Vordergrund steht (zutr JAYME IPRax 1995, 235 f und 1997, 233, 235; aA BGHZ 135, 124 [134] = NJW 1997, 1697 [zu Art 29 EGBGB]; vgl auch o Rn 34). Art 13 Abs 1 Nr 3 erfasst schließlich auch Geschäftsbesorgungsverträge, zB zwischen Treuhänder und Treugeber (BGH NJW 1994, 262 [263]) oder zwischen Broker und Kunden für die Abwicklung von **Börsentermingeschäften** (OLG Köln ZIP 1989, 838 [839]; OLG Düsseldorf WM 1989, 50 [54] = EWiR 1989, 513 m Anm WACH und RiW 1996, 681 = IPRax 1997, 118 m Anm THORN 98; WACH-WEBERPALS AG 1989, 193, 198 f; HARTUNG ZIP 1991, 1185, 1192; SCHLOSSER, in: FS Steindorff 1383; BENICKE WM 1997, 950 f; aA SCHÜTZE EWiR 1989, 681; DE LOUSANOFF, in: FS Nirk 629 mwN; zweifelnd BGH EuZW 1995, 518 f). Hingegen sind die Zuständigkeitsregeln des 4. Abschnitts auf *Kreditgeschäfte* nur unter den Voraussetzungen der Nr 2 anzuwenden (SCHLOSSER-Bericht Nr 157; zust LG

Darmstadt IPRax 1995, 318 [321]; KROPHOLLER Art 13 Rn 20). Für *Versicherungsverträge* gelten die Art 7–12 a als leges speciales.

cc) **Hinreichender Bezug zum Wohnsitzstaat des Verbrauchers**

102 Der Verbraucher kann den prozessualen Schutz des 4. Abschnitts in den Fällen des Art 13 Abs 1 Nr 3 schließlich nur beanspruchen, wenn der geschlossene Vertrag eine hinreichend enge Verbindung zu seinem Wohnsitzstaat hat, weil der Vertragsschluss dort erfolgt oder zumindest vorbereitet worden ist (SCHLOSSER-Bericht Nr 158; GEIMER/ SCHÜTZE, EuZVR Art 13 Rn 32). Hingegen ist es – abweichend von Art 5 Abs 4 b EVÜ – nicht erforderlich, dass die Leistung des Vertragspartners auch im Wohnsitzstaat des Verbrauchers erbracht wird (SCHLOSSER, in: FS Steindorff 1384). Die geschuldeten Dienstleistungen können also *vollständig im Ausland zu erfüllen* sein, sofern nur bezüglich des Vertragsschlusses die in Art 13 Abs 1 Nr 3 lit a und lit b geforderten Voraussetzungen *kumulativ* vorliegen.

103 Der Anbieter von beweglichen Sachen oder Dienstleistungen muss mithin Schritte unternommen haben, um diese im Wohnsitzstaat des Verbrauchers zu verkaufen. Hierzu ist nicht die Abgabe eines bindenden **Vertragsangebots** iSv §§ 145 ff BGB im Wohnsitzstaat des Verbrauchers erforderlich; vielmehr zeigt die Gleichstellung von Angebot und Werbung, dass auch eine bloße *invitatio ad offerendum* – etwa durch Zusendung von Katalogen oder Überlassung von Vertragsunterlagen – ausreichen kann (WACH-WEBERPALS AG 1989, 199; einschränkend OLG München NJW-RR 1993, 701 [703] = RiW 1994, 59 m Anm GEIMER). Ergreift der Verbraucher selbst die Initiative zum Vertragsschluss, so gilt Art 13 Abs 1 Nr 3 nur dann, wenn eine Werbung des Verkäufers vorangegangen ist (**aA** GEIMER/SCHÜTZE, EuZPR Art 13 Rn 35; MünchKomm/GOTTWALD Art 13 Rn 10). **Werbung** ist jede absatzfördernde Handlung des Verkäufers im Wohnsitzstaat des Verbrauchers, wie zB die Verteilung oder Beilage von Prospekten, Zeitungsannoncen (OLG Düsseldorf WM 1989, 50 [54]), Rundfunk-, Fernseh-, Kino- und Telefonwerbung (OLG Düsseldorf IPRax 1997, 218 [220]) sowie persönliche Verkaufsgespräche eines Handelsvertreters. Auch die Übergabe von Vertragsformularen des ausländischen Verkäufers an den Verbraucher in den Firmenräumen eines inländischen Vermittlers reicht hierfür aus (SCHLOSSER, in: FS Steindorff 1385 f; MünchKomm/ GOTTWALD Art 13 Rn 4; BENICKE WM 1997, 951; **aA** OLG München aaO). Der ausländische Vertragspartner muss sich auch sonstige absatzfördernde Aktivitäten durch inländische Niederlassungen iSv Art 5 Nr 5 EuGVÜ zurechnen lassen (MANKOWSKI RiW 1997, 990 f gegen OLG Schleswig RiW 1997, 955). Die Werbung muss nicht gezielt auf den Wohnsitzstaat des Verbrauchers ausgerichtet worden sein; es genügt vielmehr, wenn sie den Verbraucher dort erreicht (AG Flensburg IPRspr 1998 Nr 145a: Fernsehwerbung im Grenzgebiet; **aA** THOMAS/PUTZO/HÜSSTEGE Art 13 Rn 7). Der Vertragsschluss muss ferner in einem hinreichenden zeitlichen Zusammenhang mit den Werbemaßnahmen im Wohnsitzstaat des Verbrauchers stehen; eine strenge Kausalität zwischen bestimmten Werbemaßnahmen und dem späteren Vertragsschluss ist hingegen nach dem Normzweck des Art 13 nicht zu fordern (WACH-WEBERPALS AG 1989, 199 f; NASSALL WM 1993, 1953 f; BENICKE WM 1997, 951; MANKOWSKI RiW 1997, 991 f; KROPHOLLER Art 13 Rn 23; ähnlich auch OLG Düsseldorf WM 1989, 50 [54]; enger RAUSCHER IPRax 1995, 292; **aA** OLG Schleswig aaO; MünchKomm/GOTTWALD Art 13 Rn 10).

104 Aufgrund des Angebots bzw der Werbung muss der Verbraucher weiterhin die zum Abschluss des Vertrages erforderlichen **Rechtshandlungen in seinem Wohnsitzstaat**

vorgenommen haben (lit b). Hierfür reicht die Abgabe jeder zum Vertragsschluss führenden Erklärung des Verbrauchers, wie zB ein Telefonat oder die Absendung einer Bestellung, aus (LÜDERITZ, in: FS Riesenfeld 158); auf den Zugangsort kommt es insoweit nicht an (MANKOWSKI RiW 1997, 992 f gegen OLG Schleswig aaO). War auf Seiten des Verbrauchers ein *Vertreter* eingeschaltet, so entscheidet analog Art 11 Abs 3 EGBGB der Wohnsitz des Vertreters (THOMAS/PUTZO/HÜSSTEGE Art 13 Rn 7; aA GEIMER/SCHÜTZE, EuZVR Art 13 Rn 36). Hingegen genügt es für Art 13 Abs 1 Nr 3 EuGVÜ/LugÜ nicht, dass der Vertragspartner sich der in Art 5 Abs 2 EVÜ beschriebenen weiteren Formen des Inlandsabsatzes bedient hat.

d) Ausschluss von Beförderungsverträgen

Da Beförderungsverträge durch internationale Spezialübereinkommen eine – auch **105** verfahrensrechtliche – Sonderregelung erfahren haben, hätte die Einführung von besonderen Zuständigkeitsregeln für Transportverträge mit Verbrauchern zu schwer lösbaren *Konventionskonflikten* geführt (vgl SCHLOSSER-Bericht Nr 160). Der 4. Abschnitt ist deshalb gemäß Art 13 Abs 3 auf (Güter- wie Personen-) Beförderungsverträge nicht anzuwenden. Soweit keine staatsvertraglichen Sonderregeln iSv Art 57 Abs 1 EuGVÜ/LugÜ eingreifen (dazu Rn 115 ff), bestimmt sich die internationale Zuständigkeit für Klagen aus Beförderungsverträgen daher nach Art 2–6 a und 17; der Beklagte ist deshalb insbesondere am Gerichtsstand des Erfüllungsorts (Art 5 Nr 1) gerichtspflichtig. Auch wenn Art 13 EuGVÜ – abweichend von Art 5 Abs 5 EVÜ – keine Einschränkung für *Reiseverträge* macht, die für einen Pauschalpreis kombinierte Beförderungs- und Unterbringungsleistungen vorsehen, spricht doch vieles dafür, die Ausnahmeregelung des Abs 3 auf reine Beförderungsverträge zu beschränken und sie deshalb – in Anlehnung an die EuGH-Rechtsprechung zum Ferienhausvermittlungsvertrag (s o Rn 33) – auf gemischte Verträge wie den Pauschalreisevertrag überhaupt nicht anzuwenden; für diesen gilt vielmehr Abs 1 Nr 3 (vgl idS auch LG Konstanz IPRax 1994, 448 m zust Anm THORN 426; AG Flensburg IPRspr 1998 Nr 145a; AG Stuttgart NJW-RR 1999, 489; JAYME IPRax 1993, 42 [43]; GEIMER/SCHÜTZE, EuZVR Art 13 Rn 38; für Aufspaltung THOMAS/PUTZO/HÜSSTEGE Art 13 Rn 10). Dies wird in Art 15 Abs 3 EuGVVO (Rn 2a) ausdrücklich klargestellt.

4. Die Neuregelung in Art 15 EuGVVO

Mit Inkrafttreten der EuGVVO (Rn 2a) wird die bisherige Beschränkung in Art 13 **106** Abs 1 Nr 3 EuGVÜ auf Verträge, welche die Erbringung einer Dienstleistung oder die Lieferung beweglicher Sachen zum Gegenstand haben, entfallen. Damit erledigen sich die zT schwierigen Auslegungsfragen, die insbesondere der Begriff der „Dienstleistung" in der geltenden Fassung hervorgerufen hat (vgl o Rn 101). Art 15 Abs 1 c gilt vielmehr für **alle Verbraucherverträge,** die nicht bereits von lit a und b erfasst werden. Aus diesem Grunde sind auch *Timesharing-Verträge* künftig als Verbraucherverträge – und nicht als Mietverträge über unbewegliche Sachen iSv Art 22 Nr 1 (= Art 16 Nr 1a EuGVÜ) – zu qualifizieren. Zum anderen werden auch die in Art 13 Abs 1 Nr 3 a und b aufgeführten Kriterien über den erforderlichen räumlichen Bezug des Vertrages zum Wohnsitzstaat des Verbrauchers (Rn 102 ff) neu gefasst. Die bisher geltende Voraussetzung, dass der Verbraucher die zum Abschluss des Vertrages erforderlichen Rechtshandlungen in seinem Wohnsitzstaat vorgenommen haben muss, entfällt ersatzlos. Die Neufassung schützt damit auch den „aktiven" Verbraucher, der auf Veranlassung seines Vertragspartners ins Ausland reist und den Vertrag dort abschließt.

Ferner ist es – entgegen Art 13 Abs 1 Nr 3 a EuGVÜ – künftig nicht mehr unbedingt erforderlich, dass dem Vertragsschluss ein ausdrückliches Angebot oder eine Werbung des Vertragspartners im Wohnsitzstaat des Verbrauchers vorausgegangen ist. Stattdessen genügt es, dass der Vertragspartner im Wohnsitzstaat des Verbrauchers entweder eine berufliche oder gewerbliche Tätigkeit ausübt oder eine solche aus dem Ausland – zumindest auch – auf den Wohnsitzstaat des Verbrauchers „ausrichtet", sofern der dann geschlossene Verbrauchervertrag in den Bereich dieser Tätigkeit fällt. Die Neufassung trägt damit insbesondere der zunehmenden Bedeutung des **elektronischen Handels** in der Europäischen Union Rechnung. Durch sie wird klargestellt, dass die über eine *aktive* Website des Vertragspartners geschlossenen Verbraucherverträge von Art 15 Abs 1c EuGVO erfasst werden, sofern diese Website im Wohnsitzstaat des Verbrauchers zugänglich ist. Demgegenüber dürfte das bloße Bereithalten einer *passiven* Website, mit welcher der Vertragspartner zwar im Wohnsitzstaat des Verbrauchers wirbt, über die jedoch keine Bestellungen auf elektronischem Wege aufgegeben werden können, als Grundlage für eine internationale Zuständigkeit der Gerichte im Wohnsitzstaat des Verbrauchers nicht ausreichen. Insgesamt wird der Vertragspartner des Verbrauchers aufgrund dieser Neuregelung – namentlich bei e-commerce-Geschäften – in weit größerem Umfang als bisher im Wohnsitzstaat des Verbrauchers gerichtspflichtig.

5. Beschränkung auf Vertragsklagen

107 Der 4. Abschnitt gilt gem Abs 1 nur für „Klagen aus einem Vertrag" mit einem Verbraucher. Im Hinblick auf den Schutzzweck des 4. Abschnitts ist freilich von einem ähnlich weiten Vertragsbegriff auszugehen wie in Art 5 Nr 1 (dazu o Rn 49 ff). Der Verbraucher kann sich daher auf die Zuständigkeitsregeln des Art 14 auch dann stützen, wenn er bestreitet, dass überhaupt ein wirksamer Verbrauchervertrag zustande gekommen ist. Ferner können *Schadensersatz- oder Rückabwicklungsansprüche* auch dann im Verbrauchergerichtsstand erhoben werden, wenn sie nicht unmittelbar aus dem Vertrag, sondern aus ergänzendem Gesetzesrecht folgen (GEIMER EWiR Art 13 1/91 S 370). Schließlich dürften auch Schadensersatzansprüche aus *culpa in contrahendo* sowie Bereicherungsansprüche im Zusammenhang mit der Rückabwicklung von nichtigen Verbraucherverträgen vom sachlichen Anwendungsbereich des Art 13 Abs 1 erfasst sein (OLG Köln ZIP 1989, 838 [839]; HARTUNG ZIP 1991, 1185 [1190 ff]). Schließlich sollte auch in Verbrauchersachen eine Annexzuständigkeit für deliktische Schadensersatzansprüche im Gerichtsstand des Art 14 eröffnet werden (BENICKE WM 1997, 952; GEIMER/SCHÜTZE, EuZVR Art 13 Rn 21; **aA** THOMAS/PUTZO/HÜSSTEGE Art 13 Rn 1; MünchKomm/GOTTWALD Art 13 Rn 8; vgl auch o Rn 57).

6. Der räumliche Anwendungsbereich des 4. Abschnitts

a) Der Vorbehalt zugunsten von Art 4 und 5 Nr 5

108 Durch den Hinweis auf Art 4 stellt Art 13 Abs 1 klar, dass die besondere Zuständigkeitsordnung des 4. Abschnitts grundsätzlich nur anzuwenden ist, wenn der Beklagte seinen *Wohnsitz in einem Vertragsstaat* hat. Ist dies nicht der Fall, so beurteilt sich die internationale Gerichtszuständigkeit nach dem autonomen Zivilprozessrecht der lex fori (EuGH Rs C- 318/93 – *Brenner, Noller/Dean Witter Reynolds Inc* – Slg 1994 I, 4275, 4291 f [Nr 15 ff] = IPRax 1995, 315 m Anm RAUSCHER 289; vgl dazu den Vorlagebeschluss BGH WM 1993, 1215 m Aufs NASSALL 1950 = EuZW 1993, 518 m Anm GEIMER). Soweit nicht die Sonderregelung des Art 13 Abs 2 eingreift (dazu Rn 110 f), kann das angerufene Gericht seine internationale Zuständigkeit dann auch auf die in Art 3 Abs 2 aufgeführten exorbitanten Zuständigkeitsvorschriften stützen, zB in Deutschland auf § 23 ZPO (GEIMER/ SCHÜTZE, EuZVR Art 13 Rn 5).

Durch den Vorbehalt zugunsten von Art 5 Nr 5 eröffnet Art 13 Abs 1 den **Nieder- 109 lassungsgerichtsstand** auch in Verbrauchersachen. Der Verbraucher kann seinen Vertragspartner, der in einem anderen Vertragsstaat wohnt, daher im Inland verklagen, wenn dieser hier eine Zweigniederlassung, Agentur oder sonstige Niederlassung unterhält und die Streitigkeit ihren Grund im Betrieb dieser Niederlassung hat. Dies gilt auch dann, wenn der Vertragspartner seine Geschäfte im Inland durch eine rechtlich selbständige Gesellschaft abwickeln lässt (OLG Düsseldorf WM 1995, 1349 [1350]; zum Begriff der „Niederlassung" und zur „Betriebsbezogenheit" der Klage näher Rn 135 f, 138). Zwar ist der Verbraucher wegen Art 14 Abs 1 nicht auf Art 5 Nr 5 angewiesen, um die *internationale* Zuständigkeit der Gerichte seines Wohnsitzstaats zu begründen; die Berufung auf Art 5 Nr 5 hat für ihn jedoch den Vorteil, dass damit zugleich ein *örtlicher* Gerichtsstand am Ort der Niederlassung zur Verfügung steht. Es kommt daher – anders als nach Art 14 Abs 1, 2. Alt – nicht darauf an, ob das autonome Prozessrecht einen solchen bereithält (s u Rn 112).

b)   Vertragspartner des Verbrauchers mit Wohnsitz in einem Drittstaat
Zum Schutz des im Vertragsinland lebenden Verbrauchers erweitert Art 13 Abs 2 **110** den Anwendungsbereich des gesamten 4. Abschnitts auf Fälle, in denen der Vertragspartner des Verbrauchers zwar keinen Sitz oder Wohnsitz, wohl aber eine Zweigniederlassung, Agentur oder sonstige Niederlassung in einem Vertragsstaat unterhält. Diese Erweiterung gilt allerdings nur für Klagen des Verbrauchers; für Klagen des Vertragspartners gilt das EuGVÜ bereits nach Art 13 Abs 1 iVm Art 4 Abs 1. Der **Niederlassungsbegriff** des Art 13 Abs 2 stimmt mit dem vom EuGH bereits näher konkretisierten Begriff in Art 5 Nr 5 überein (OLG München NJW-RR 1993, 701 [702 f]; dazu näher u Rn 135 f). Er erfordert keine selbständigen Entscheidungsbefugnisse der Niederlassung und erfasst damit insbesondere die typischen „Repräsentanzen" von US-amerikanischen Brokerfirmen in Europa (vgl idS auch OLG Düsseldorf, WM 1989, 50 [54]; WACH-WEBERPALS AG 1989, 197 f; HARTUNG ZIP 1991, 1185 [1191]; MünchKomm/GOTTWALD Art 13 Rn 12; BENICKE WM 1997, 949 f; **aA** DE LOUSANOFF, in: GS Arens 263 ff).

Drittstaatliche Unternehmen sind in einem Vertragsstaat des EuGVÜ/LugÜ nach **111** Art 13 Abs 2 allerdings nur für solche Klagen des Verbrauchers gerichtspflichtig, die sich **aus dem Betrieb der Niederlassung** ergeben (EuGH Rs C-318/93 [Rn 108] Slg 1994 I, 4275, 4292 [Nr 18] = IPRax 1995, 315 m Anm RAUSCHER 289). Dies erfordert eine Beteiligung der Niederlassung am Vertragsschluss; bloße Werbemaßnahmen der Niederlassung reichen nicht aus (KROPHOLLER Art 13 Rn 16; MünchKomm/GOTTWALD Art 13 Rn 13). Für diesen Fall kann der Verbraucher alle zu seinen Gunsten im 4. Abschnitt eröffneten Zuständigkeiten in Anspruch nehmen. Andererseits kann sich auch sein Vertragspartner auf den Schutz des Art 14 Abs 1 berufen; die exorbitanten Zuständigkeiten des nationalen Prozessrechts können ihm gegenüber nicht geltend gemacht werden (GEIMER/SCHÜTZE, EuZVR Art 13 Rn 7). Die Anwendung der Art 14 Abs 1, 15 gegenüber

Vertragspartnern mit Sitz in einem Drittstaat ist nicht auf den Fall beschränkt, dass die *Niederlassung in einem anderen Vertragsstaat als dem Wohnsitzstaat des Verbrauchers* liegt (so aber OLG München NJW-RR 1993, 701 [702]; vgl dazu näher DE LOUSANOFF, in: GS Arens 258 ff; BENICKE WM 1997, 947 f; zu Recht krit GEIMER RiW 1994, 61). Drittstaatliche Unternehmen, die sich über Zweigstellen am Geschäftsverkehr in der Gemeinschaft beteiligen, sind vielmehr auch dann nach Maßgabe der Art 14 und 15 gerichtspflichtig, wenn sie eine Niederlassung nur im Wohnsitzstaat des Verbrauchers unterhalten; ein Bezug zu einem weiteren Vertragsstaat ist nicht erforderlich (GEIMER/SCHÜTZE, EuZVR Art 13 Rn 12; RAUSCHER IPRax 1995, 292 f).

7. Die Zuständigkeitsregelung in Art 14 EuGVÜ/LugÜ

a) Internationale und örtliche Zuständigkeit

112 Art 14 regelt allein die *internationale* Zuständigkeit (öst OGH ZfRvgl 1997, 33; KROPHOLLER Art 14 Rn 1; DE LOUSANOFF, in: GS Arens 260 ff). Ein örtlicher Gerichtsstand wird in Verbrauchersachen nur in Art 13 Abs 1 iVm Art 5 Nr 5 (Gerichtsstand der Niederlassung) und in Art 14 Abs 3 (Gerichtsstand der Widerklage) bestimmt; im Übrigen wird die Festlegung des örtlich zuständigen Gerichts dem nationalen Recht überlassen. Das autonome deutsche Zivilprozessrecht kennt Verbrauchergerichtsstände nur noch für *Haustürgeschäfte* und für *Fernunterrichtsverträge* (dazu Rn 116). Betrifft die Klage des Verbrauchers ein solches Geschäft, so ist sein Wohnsitzgericht gem § 7 HausTWG bzw § 26 FernUSG ausschließlich örtlich zuständig. Für sonstige Verbraucherverträge bestimmt sich die örtliche Zuständigkeit hingegen nach den allgemeinen Vorschriften der §§ 12 ff ZPO (vgl AG Stuttgart NJW-RR 1999, 489). Namentlich für **Klagen aus Börsentermingeschäften** inländischer Verbraucher, die von der „Repräsentanz" eines ausländischen Brokerunternehmens mit Sitz in einem Nicht-Vertragsstaat (zB USA) getätigt wurden und für die eine internationale Zuständigkeit deutscher Gerichte nach Art 13 Abs 2 iVm Art 14 Abs 1 begründet ist (s o Rn 110), stellt die ZPO einen örtlichen Gerichtsstand zumeist nicht zur Verfügung (vgl näher DE LOUSANOFF, in: FS Nirk [1992] 607 [619 f]). In diesem Fall läuft Art 14 Abs 1, 2. Alt allerdings nicht etwa leer (so aber OLG München RiW 1994, 59 m abl Anm GEIMER; DE LOUSANOFF, in: GS Arens 267 ff). Vielmehr ist die Bundesrepublik Deutschland stets **zur Justizgewährung verpflichtet,** wenn das EuGVÜ eine internationale Zuständigkeit der deutschen Gerichte eröffnet (WACH-WEBERPALS AG 1989, 200 ff; GEIMER RiW 1994, 61; BENICKE WM 1997, 953; SOERGEL/KRONKE Art 38 Anh IV Rn 79 a; MANKOWSKI IPRax 2001, 33 f mwN). Dem Zweck des prozessualen Verbraucherschutzes im 4. Abschnitt des EuGVÜ/LugÜ entspricht es am besten, Art 14 Abs 1, 2. Alt im Wege richterlicher Rechtsfortbildung auf die Ebene der örtlichen Zuständigkeit zu projizieren und einen *örtlichen Gerichtsstand am Wohnsitz des Verbrauchers* zu begründen (LG Konstanz NJW-RR 1993, 638 = IPRax 1994, 448 m zust Anm THORN 426; öst OGH ZfRvgl 1997, 33; AG Mannheim IPRspr 1997 Nr 137; OLG Karlsruhe NJW-RR 2000, 353 [354]; KG NJW 2000, 2283 [2284] = IPRax 2001, 44 m zust Anm MANKOWSKI 33 = EuLF 2000/01, 217; DE BRA 181; KROPHOLLER Art 14 Rn 2). Im Zuge der Ersetzung des EuGVÜ durch die EG-Verordnung Nr 44/2001 (Rn 2a) wird diese Lösung im Verordnungstext festgeschrieben (Art 16 Abs 1, 2. Alt EuGVVO).

b) Klagen des Verbrauchers (Abs 1)

113 Gem Art 14 Abs 1, 1. Alt kann der Verbraucher seinen Vertragspartner, also den Verkäufer oder Darlehensgeber, zunächst vor den Gerichten des Staates verklagen,

in dem der *Vertragspartner seinen Wohnsitz* hat. Darüber hinaus ist der Vertragspartner des Verbrauchers aber auch im *Wohnsitzstaat des Verbrauchers* gerichtspflichtig (Art 14 Abs 1, 2. Alt). Dies setzt freilich voraus, dass der Vertragspartner entweder seinen Wohnsitz bzw Sitz in einem anderen Vertragsstaat des EuGVÜ/LugÜ hat (vgl Art 4 Abs 1) oder nach Art 13 Abs 2 so zu behandeln ist, als ob dies der Fall wäre (EuGH Rs C-318/93 [Rn 108] Slg 1994-I, 4275, 4292 [Nr 17 f] = IPRax 1995, 315 m Anm RAUSCHER 289; dazu die Abschlussentscheidung BGH NJW 1995, 1225). Ein US-amerikanisches Unternehmen kann daher von einem deutschen Verbraucher nicht im Gerichtsstand des Art 14 Abs 1, 2. Alt verklagt werden, wenn die inländische Zweigniederlassung dieses Unternehmens in den Abschluss oder die Durchführung des zwischen den Parteien geschlossenen Verbrauchervertrags nicht eingeschaltet war. Maßgebend ist der Wohnsitz des Verbrauchers zum **Zeitpunkt der Klageerhebung.** Dies gilt auch in den Fällen des Art 13 Abs 1 Nr 3; dessen Voraussetzungen müssen zwar im Zeitpunkt des *Vertragsschlusses* erfüllt sein, damit der 4. Abschnitt überhaupt anwendbar ist. Für die Zuständigkeit nach Art 14 Abs 1, 2. Alt. kommt es jedoch auf den Wohnsitz bei Klageerhebung an, auch wenn der Verbraucher erst nach Abschluss des Vertrages in den Gerichtsstaat verzogen ist (SCHLOSSER-Bericht Nr 161; GEIMER/SCHÜTZE, EuZVR Art 14 Rn 6). Auf den Klägergerichtsstand des Art 14 Abs 1, 2. Alt kann sich aber stets nur der private Endverbraucher selbst berufen (vgl o Rn 94).

c) **Klagen gegen den Verbraucher (Abs 2)**
Der Verbraucher kann außerhalb seines Wohnsitzstaates grundsätzlich nicht verklagt werden, Art 14 Abs 2. Maßgebend ist auch insoweit der Wohnsitz im Zeitpunkt der Klageerhebung und nicht bei Vertragsschluss (GEIMER/SCHÜTZE, EuZVR Art 14 Rn 11). Eine Ausnahme gilt nach Abs 3 für (konnexe) *Widerklagen,* die auch der Vertragspartner des Verbrauchers an jedem Gerichtsstand erheben kann, in dem er vom Verbraucher verklagt wird.

8. Die Schranken für Gerichtsstandsvereinbarungen in Art 15 EuGVÜ/LugÜ

Art 15 beschränkt die Prorogationsmöglichkeiten in Verbrauchersachen auf die in Nr 1–3 abschließend aufgeführten Fälle. Danach ist die Prorogation nach der Entstehung der Streitigkeit (Nr 1) uneingeschränkt, vorher aber nur zugunsten des Verbrauchers (Nr 2) oder für den Fall zulässig, dass der Verbraucher und sein Vertragspartner ihren Wohnsitz oder gewöhnlichen Aufenthalt in demselben Vertragsstaat haben und die Zuständigkeit dieses Staates für den Fall eines späteren Wohnsitzwechsels einer Partei ins Ausland vereinbaren (vgl näher WIECZOREK/SCHÜTZE/HAUSMANN Art 15 Rn 5 ff). Art 15 Nr 3 enthält damit eine Ausnahme von der allgemeinen Regel, dass bei Prorogation auf ein Gericht des gemeinsamen Wohnsitzstaates die Bestimmungen des Übereinkommens nicht eingreifen (dazu Rn 170). Auch für Gerichtsstandsvereinbarungen in Verbrauchersachen gelten im Übrigen – insbesondere hinsichtlich der Formerfordernisse – die allgemeinen Voraussetzungen für die Prorogation nach Art 17 (dazu Rn 190 ff). Eine rügelose Einlassung nach Art 18 ist hingegen auch in Verbrauchersachen uneingeschränkt zulässig (OLG Koblenz RiW 2000, 636 = IPRax 2001, 334; KROPHOLLER Art 18 Rn 17; aA MANKOWSKI IPRax 2001, 310).

9. Autonomes Recht

116 Das Verbraucherkreditgesetz vom 17. 12. 1990 hat die frühere örtliche Zuständigkeit in Abzahlungsstreitigkeiten (§ 6 a AbzG) ersatzlos beseitigt. Demgemäß gelten für Streitigkeiten aus Abzahlungsgeschäften wie auch für sonstige Streitfälle nach dem Verbraucherkreditgesetz die allgemeinen Vorschriften der §§ 12 ff ZPO. Sonderregeln sind lediglich noch bei **Haustürgeschäften** und **Fernunterrichtsverträgen** zu beachten. Für Streitigkeiten aus Haustürgeschäften ist nach § 7 Abs 1 HausTWG das Gericht örtlich und international ausschließlich zuständig, in dessen Bezirk der Kunde zur Zeit der Klageerhebung seinen Wohnsitz hat. § 7 Abs 1 HausTWG stellt – anders als Art 14 EuGVÜ – *nicht auf die Parteirolle* ab; daher ist auch der Kunde als Kläger an die Ausschließlichkeit gebunden und kann nicht etwa unter Verzicht auf den ihm gewährten prozessualen Schutz die andere Vertragspartei in deren allgemeinem Gerichtsstand (zB am Sitz des Unternehmens, § 17 ZPO) oder im Gerichtsstand des Erfüllungsorts (§ 29 ZPO) verklagen. Abweichende Gerichtsstandsvereinbarungen sind nur unter den engen Voraussetzungen des § 7 Abs 2 HausTWG zulässig; im Übrigen scheitern sie – ebenso wie eine rügelose Einlassung des beklagten Kunden – an § 40 Abs 1 bzw Abs 2 S 2 ZPO. In grenzüberschreitenden Verbraucherverträgen gilt dies freilich nur, soweit das HausTWG auf den geschlossenen Vertrag überhaupt anwendbar ist. Haben die Parteien die Geltung ausländischen Rechts wirksam vereinbart, so ist dies gem Art 29 Abs 1 EGBGB nur der Fall, wenn das ausländische Recht den deutschen Verbraucher weniger schützt (BGHZ 123, 380 ff = IPRax 1994, 449 m Anm W LORENZ 429). Zum ausschließlichen Gerichtsstand nach § 26 FernUSG vgl näher WIECZOREK/SCHÜTZE/HAUSMANN § 29 Rn 106 f.

VI. Sondergerichtsstände für Streitigkeiten aus Transportverträgen*

1. Allgemeines

117 Die Vereinheitlichung des internationalen Transportrechts ist nicht auf das materielle

---

* **Schrifttum: 1. Allgemein:** KOLLER, Transportrecht[4] (2000); Münchener Kommentar zum HGB, Bd 7, Transportrecht (1997).
2. CMR: ALFF, Fracht-, Lager- und Speditionsrecht[4] (2000); ARNADE, Der Frachtführerbegriff der CMR als Problem der internationalen Zuständigkeit, TranspR 1992, 341; CLARKE, International Carriage of Goods by Road: CMR[3] (1997); FREMUTH, Gerichtsstände im grenzüberschreitenden Speditions- und Landfrachtrecht, TranspR 1983, 35; GLÖCKNER, Leitfaden zur CMR[7] (1991); HAUBOLD, Internationale Zuständigkeit nach CMR und EuGVÜ/LugÜ, IPRax 2000, 91; HERBER/PIPER, Internationales Straßentransportrecht (1996); HILL/MESSENT, CMR: Contracts for the International Carriage of Goods by Road[2] (1995); MÜLLER/HÖK, Die Zuständigkeit deutscher Gerichte und die Vollstreckbarkeit inländischer Urteile im Ausland nach der CMR, RiW 1988, 773; PIPER, Höchstrichterliche Rechtsprechung zum Speditions- und Frachtrecht[7] (1994); PROTSCH, Der Gerichtsstand und die Vollstreckung im internationalen Speditions- und Frachtrecht (1989); THUME (Hrsg), Kommentar zur CMR (1994); WIDMANN, Übereinkommen über den Beförderungsvertrag im internationalen Straßengüterverkehr (CMR; 1993).
3. Warschauer Abkommen: GIEMULLA/SCHMID, Warschauer Abkommen – Kommentar zum Luftverkehrsrecht, Bd 3 (Loseblatt; Stand: 1995); GIEMULLA/MÖLLS, Die selbständige Agentur – eine „Geschäftsstelle" minderer Art?, NJW 1983, 1953; GULDIMANN, Internationales Lufttransportrecht (Zürich 1965); LAMY, Transport, Bd 2 (Paris 1994); LOEWENSTEIN, Euro-

Recht beschränkt, sondern erfasst auch die prozessualen Aspekte von Rechtsstreitigkeiten aus grenzüberschreitenden Transportverträgen. Für die internationale Zuständigkeit sind insbesondere die staatsvertraglichen Regeln auf dem Gebiet des Straßen- und Lufttransports von praktischer Bedeutung. Zur internationalen Zuständigkeit für Streitigkeiten aus *Eisenbahnbeförderungsverträgen* nach dem Übereinkommen über den internationalen Eisenbahnverkehr (COTIF) vom 9. 5. 1980 (BGBl 1985 II 132) s Wieczorek/Schütze/Hausmann § 40 Anh III S 979 ff.

2. Beförderungsverträge im internationalen Straßengüterverkehr

Das Übereinkommen über den Beförderungsvertrag im internationalen Straßengüterverkehr (CMR) vom 19. 5. 1956 (BGBl 1961 II 1120), das für die Bundesrepublik Deutschland am 5. 2. 1962 in Kraft getreten ist (Bek vom 28. 12. 1961, BGBl 1962 II 12; Überblick über die Vertragsstaaten bei Jayme/Hausmann[10] Nr 161 Fn 1), regelt Fragen der internationalen Zuständigkeit in seinem Art 31 Abs 1 abschließend. Nach Art 41 Abs 1 CMR ist jede von Art 31 Abs 1 abweichende Regelung der internationalen Zuständigkeit – insbesondere die Derogation eines dort normierten Gerichtsstands – nichtig und ohne Rechtswirkung (OLG Hamburg VersR 1984, 687 m Anm Dannenberg; Mankowski TranspR 1993, 213 [217]; Koller Art 31 CMR Rn 2; zu diesem Prorogationsverbot näher Rn 176). Dies gilt auch für den Gerichtsstand nach Ziff 30.2 ADSp (Thume/ Demuth Art 31 CMR Rn 45). Art 31 CMR geht dem EuGVÜ und dem LugÜ nach Maßgabe von deren Art 57 vor (Fremuth TranspR 1983, 37; MünchKommHGB/Basedow Art 31 CMR Rn 9 ff; Koller Art 31 CMR Rn 1). Damit werden die Art 2–16 EuGVÜ/ LugÜ im Geltungsbereich des CMR ausgeschlossen. Die internationale Zuständigkeit nach Art 31 Abs 1 CMR wird auch im Falle einer Säumnis des Beklagten nicht durch Art 20 iVm Art 57 Abs 2 S 2 LugÜ verdrängt (zutr Haubold IPRax 2000, 92 f gegen OLG Dresden IPRax 2000, 121).

a) Anwendungsbereich der CMR
aa) Räumlicher Anwendungsbereich

Die CMR ist gemäß Art 1 Abs 1 auf Verträge über die entgeltliche Beförderung von Gütern auf der Straße mittels Fahrzeugen anzuwenden. Voraussetzung ist, dass der Ort der Übernahme des Gutes und der vorgesehene Ablieferungsort in zwei verschiedenen Staaten liegen, von denen mindestens einer ein CMR-Vertragsstaat ist (OLG München RiW 1997, 507). Auf die Staatsangehörigkeit oder den Wohnsitz der Parteien kommt es dabei nicht an (OLG Düsseldorf AWD 1973, 401 f m Anm Kropholler; Koller Art 1 CMR Rn 7). Wird das Frachtgut also in Deutschland übernommen oder abgeliefert, so findet Art 31 Abs 1 CMR Anwendung, auch wenn der Ablieferungs- bzw Übernahmeort in einem Nichtvertragsstaat liegt (Müller/Hök RiW 1988, 733). Wird entgegen der vertraglichen Vereinbarung keine grenzüberschreitende Transportleistung erbracht, beansprucht die CMR dennoch Geltung (Mankowski TranspR 1993, 213, 216 mwN). Für die Anwendbarkeit der CMR ist mithin allein maßgeblich, welche Art der Beförderung *vertraglich vereinbart* wird (Groth VersR 1983, 1104 f; Koller Art 1 CMR Rn 6; zust OLG Frankfurt VersR 1982, 697 [698]).

---

pean Air Law (1991); Ruhwedel, Der Luftbeförderungsvertrag[2] (1987); Schwenk, Handbuch des Luftverkehrsrechts (1996); Zylicz, International Air Transport Law (1992).

bb) Sachlicher Anwendungsbereich

120 Da Art 1 Abs 1 CMR auf entgeltliche Beförderungsverträge abstellt, fallen *Speditionsverträge* nicht in den Anwendungsbereich der CMR (KOLLER Art 1 CMR Rn 2; ARNADE TranspR 1992, 344 mwN); denn ein Speditionsvertrag hat nach § 453 HGB nur die gewerbsmäßige Besorgung einer Güterversendung durch Frachtführer zum Gegenstand. Tritt allerdings der Spediteur selbst ein, indem er die Beförderung ausführt, so hat er die Rechte und Pflichten eines Frachtführers (§ 458 HGB). Ebenso sind die Fälle der Spedition zu fixen Kosten (vgl § 459 HGB) und der Sammelladungsspedition (§ 460 HGB) zu behandeln. Unter den vorbezeichneten Voraussetzungen wird der sachliche Anwendungsbereich der CMR daher bei Geltung deutschen Rechts auf Speditionsverträge ausgedehnt (KOLLER Art 1 CMR Rn 3; PIPER TranspR 1990, 357 [358]; BGH NJW 1982, 1946 = IPRax 1982, 240 [241] m Anm HELM 225; OLG Düsseldorf RiW 1990, 752; OLG München NJW-RR 1997, 229 = TranspR 1997, 33). Dies gilt jedoch nicht für die internationale Zuständigkeit; diese ergibt sich daher, wenn die materiellen Haftungsregeln der Art 3 ff CMR nur über die Verweisung der §§ 457–459 HGB anwendbar sind, nicht aus Art 31 CMR, sondern aus den allgemeinen Regeln der Art 2 ff EuGVÜ bzw – bei Wohnsitz des Beklagten in einem Drittstaat – aus §§ 12 ff ZPO und § 440 HGB (ARNADE TranspR 1991, 342; KOLLER Art 31 CMR Rn 1 aE; **aA** OLG München aaO). Die abschließende Zuständigkeitsregelung des Art 31 Abs 1 CMR gilt nicht nur, wenn die streitgegenständlichen Ansprüche auf die Bestimmungen der CMR selbst gestützt werden; sie ist vielmehr auf alle Streitigkeiten anwendbar, die ihren Grund in einem Frachtvertrag haben, welcher der CMR unterliegt, mag auch der streitgegenständliche **Anspruch auf nationales Recht gegründet** werden (vgl BR-Drucks 168/59 S 42; REITHMANN/MARTINY/VDIEKEN Rn 1174; KOLLER Art 31 CMR Rn 1 mwN). Auch außervertragliche Ansprüche (vgl Art 28 CMR) können darunter fallen (vgl OLG Düsseldorf TranspR 1989, 10, [11]; MünchKomm/BASEDOW Art 31 CMR Rn 3; KOLLER aaO), ferner Streitigkeiten aus einem nicht ausgeführten Frachtvertrag (KOLLER aaO; ARNADE TranspR 1992, 342; **aA** LOEWE TranspR 1988, 309 [311]).

b) Internationale und örtliche Zuständigkeit

121 Die CMR-Vertragsstaaten haben im Geltungsbereich des Abkommens auf ihr Recht verzichtet, die internationale Zuständigkeit ihrer Gerichte autonom zu bestimmen. Dies folgt aus Art 31 Abs 1 S 2 CMR, wonach andere als die nach Art 31 Abs 1 S 1 CMR zuständigen Gerichte für Streitigkeiten aus einer der CMR unterliegenden Beförderung nicht angerufen werden dürfen (MÜLLER/HÖK RiW 1988, 773). Dem Wortlaut und der Entstehungsgeschichte des Art 31 CMR ist allerdings zu entnehmen, dass dies nur für die internationale Zuständigkeit gelten soll, während sich die **örtliche Zuständigkeit** aus dem jeweiligen Gerichtsstandskatalog der lex fori ergibt (BGHZ 79, 332 [334] = NJW 1981, 1902 m Anm KROPHOLLER; BGH VersR 1983, 282; OLG Düsseldorf RiW 1980, 665; OLG Hamm RiW 1987, 470 = TranspR 1986, 431; OGH Wien VersR 1991, 796; LG Darmstadt VersR 1997, 1381; BAUMBACH/HOPT Art 31 CMR Rn 1; MünchKommHGB/BASEDOW Art 31 CMR Rn 16; KOLLER Art 31 CMR Rn 2 und 6; MÜLLER/HÖK RiW 1988, 774). Der deutsche Richter muss sich somit in erster Linie an den §§ 12 ff ZPO orientieren (vgl FREMUTH TranspR 1983, 37). Praktisch bedeutsam ist hier insbesondere der Gerichtsstand des Erfüllungsorts (§ 29 ZPO; vgl zu dessen Bestimmung bei einer Klage des Empfängers wegen Beschädigung des Frachtguts OLG Hamm aaO; LG Darmstadt aaO; WIECZOREK/SCHÜTZE/HAUSMANN § 29 Rn 63). Im Anwendungsbereich des EuGVÜ/LugÜ wird § 29 ZPO allerdings auch hinsichtlich der örtlichen Zuständigkeit durch Art 5 Nr 1 EuGVÜ/LugÜ verdrängt (vgl LG Bochum RiW 1985, 147 = IPRax 1984, 276 m Anm JAYME; HAUBOLD IPRax

2000, 94). Dieser Rückgriff auf das autonome Zuständigkeitsrecht führt zu unbefriedigenden Ergebnissen, wenn und soweit die Gerichtsstandskataloge der CMR und der maßgeblichen lex fori nicht deckungsgleich sind; es entsteht dann eine Zuständigkeitslücke. Dieses Problem ist auch in Deutschland bezüglich des Gerichtsstands am Übernahmeort relevant geworden (vgl BGH NJW 1981, 1902 f; dazu HERBER/PIPER Art 31 Rn 9 mwN). Inzwischen hat der Gesetzgeber das autonome Recht durch die Ergänzung um die örtlichen Gerichtsstände der Übernahme und der Ablieferung des Guts in Art 1 a des Ausführungsgesetzes zur CMR und zuletzt auch in § 440 HGB nF mit der Regelung der internationalen Zuständigkeit in Art 31 Abs 1 CMR harmonisiert.

c) Die einzelnen Gerichtsstände

Nach Art 31 Abs 1 CMR steht es den Parteien frei, bestimmte Gerichte von Vertragsstaaten durch **Vereinbarung** zu bestimmen (dazu Rn 176). Fehlt es an einer wirksamen Gerichtsstandsvereinbarung, so hat der Kläger zwischen den in Art 31 Abs 1 genannten gesetzlichen Gerichtsständen die Wahl. Er kann dem Beklagten daher im Staat seines gewöhnlichen Aufenthalts bzw seiner Hauptniederlassung verklagen. Die Frage, ob mit der **Hauptniederlassung** der Satzungssitz (vgl § 17 ZPO) oder der tatsächliche Sitz der Hauptverwaltung gemeint ist, beantwortet das Abkommen selbst nicht; insoweit wird man beide Orte als alternative Anknüpfungspunkte für die internationale Zuständigkeit genügen lassen können (KOLLER Art 31 CMR Rn 3; aA [nur Verwaltungssitz] LOEWE TranspR 1988, 309 [312]; THUME/DEMUTH Art 31 CMR Rn 17). Weiterhin ist ein Gerichtsstand auch in dem Staat begründet, in dem der Beklagte die Zweigniederlassung oder Geschäftsstelle unterhält, durch deren Vermittlung der Beförderungsvertrag geschlossen worden ist (KROPHOLLER, in: Hdb IZVR I Kap III Rn 405; LOEWE Europ Transp L 1976, 580 f). Der Begriff der **Geschäftsstelle** ist freilich – ebenso wie in Art 28 WA, dem Art 31 CMR nachgebildet worden ist – weit auszulegen und umfasst auch selbständige Agenturen, wenn der Frachtführer keine eigenen Niederlassungen besitzt, und sich deshalb regelmäßig dieser Agenturen zum Abschluss von Frachtverträgen bedient (KOLLER aaO; THUME/DEMUTH Art 31 CMR Rn 21; vgl auch zu Art 28 WA u Rn 128). Schließlich kann nach Art 31 Abs 1 lit b CMR vor den Gerichten des Staates geklagt werden, in dem der Ort der Übernahme bzw der Ablieferung des Frachtguts liegt. **Übernahmeort** ist nach Beginn der Beförderung der Ort der tatsächlichen Übernahme des Gutes und nicht der für die Übernahme vereinbarte Ort (KROPHOLLER aaO; LOEWE TranspR 1988, 312; KOLLER Art 31 CMR Rn 4; zust HandelsG Wien TranspR 1984, 152; LG Freiburg RiW 1999, 222). Hingegen ist Ablieferungsort stets der für die Ablieferung vertraglich vereinbarte Ort (OLG Hamburg TranspR 1994, 444; OLG Hamm TranspR 2000, 29; KOLLER aaO).

3. Beförderungsverträge im internationalen Luftverkehr

Das Warschauer Abkommen zur Vereinheitlichung von Regeln über die Beförderung im internationalen Luftverkehr vom 12. 10. 1929 (BGBl 1958 II 312), das für die Bundesrepublik Deutschland am 1. 8. 1963 in Kraft getreten ist (Bek vom 1. 8. 1963, BGBl II 1295), regelt die internationale Zuständigkeit für Schadensersatzklagen in seinem Art 28. Diese Regelung kann nach Art 32 WA nicht durch eine vor Eintritt des Schadens getroffene Parteivereinbarung abgeändert werden (dazu näher u Rn 175). Damit soll die Anwendung der materiellen Bestimmungen des Abkommens – insbesondere über die Haftungsbeschränkung – gesichert werden (MünchKomm/GOTTWALD Art 28 WA Rn 1). Zum Ausgleich erleichtert das Abkommen dem Kläger die Rechtsverfolgung dadurch, dass es ihm die Wahlmöglichkeit zwischen vier verschiedenen Gerichtsständen eröffnet. Diese Zielsetzung spricht dafür, die Gerichtsstände des Art 28 WA weit auszulegen. Art 28 WA geht dem EuGVÜ und dem LugÜ nach Maßgabe von deren Art 57 vor und verdrängt damit die Gerichtsstände der Art 2 ff EuGVÜ/LugÜ (KROPHOLLER, in: Hdb IZVR I Kap III Rn 396). Das Warschauer Abkommen soll schon bald durch das am 28.5.1999 in Montreal geschlossene Übereinkommen zur Vereinheitlichung bestimmter Regeln für die internationale Luftbeförderung ersetzt werden (abgedr in TranspR 1999, 315; dazu SAENGER NJW 2000, 169 ff).

a) Anwendungsbereich des Warschauer Abkommens
aa) Räumlicher Anwendungsbereich

124 Die Anwendung der vereinheitlichten Zuständigkeitsregelung in Art 28 WA setzt voraus, dass eine „internationale" Beförderung vorliegt. Eine solche ist gem Art 1 Abs 2 WA grundsätzlich dann gegeben, wenn nach den Vereinbarungen der Parteien der Abgangsort und der Bestimmungsort in zwei verschiedenen Vertragsstaaten liegen (vgl näher KOLLER Art 1 WA Rn 10 ff). Eine „internationale" Beförderung iSv Art 1 Abs 2 WA ist aber auch dann möglich, wenn sich Abgangs- und Bestimmungsort auf dem Gebiet desselben Vertragsstaats befinden, sofern eine Zwischenlandung in einem anderen Staat vorgesehen ist, der nicht notwendig Vertragsstaat zu sein braucht. Hingegen werden Transporte, bei denen der vereinbarte Abgangs- und/oder der Bestimmungsort auf dem Gebiet eines Nichtvertragsstaates liegen, vom Warschauer Abkommen nicht erfasst (BGH TranspR 1987, 187 [188]; OLG Köln VersR 1982, 985; KOLLER Art 1 WA Rn 14).

bb) Sachlicher Anwendungsbereich

125 In sachlicher Hinsicht ist das Abkommen nach Art 1 Abs 2 anwendbar, wenn die Parteien einen gültigen Vertrag geschlossen haben, der auf die Beförderung von Gütern durch Luftfahrzeuge gegen Entgelt gerichtet ist (vgl näher KOLLER Art 1 WA Rn 3 ff). Für die Anwendbarkeit des Abkommens auf Speditionsverträge gilt das zu Art 31 CMR Gesagte entsprechend (s o Rn 120). Art 28 WA ist nur auf Klagen anwendbar, die im 3. Kapitel des Abkommens behandelt sind, also namentlich auf Klagen gegen den Luftfrachtführer gem Art 17–19 WA. Ausgeschlossen bleiben Ansprüche, die nach Grund und Höhe anderweitig geregelt sind, insbesondere Ansprüche wegen Nicht- oder Schlechterfüllung des Beförderungsvertrags (OLG München RiW 1983, 127 = ZLW 1983, 60 [Nichterfüllung]; OLG Frankfurt IPRspr 1984 Nr 41 [Nichtbeförderung eines Fluggastes wegen Überbuchung]; RUHWEDEL 186). Dasselbe gilt für Ansprüche, die im 3. Kapitel lediglich ihrer Höhe nach eine Regelung erfahren haben, deren Rechtsgrund jedoch außerhalb des Abkommens liegt; dies sind namentlich die Ansprüche gegen den Luftfrachtführer nach Art 22 Abs 3 (Huckepackbeförderung) und gegen dessen „Leute" gem Art 25 WA (BGH NJW 1982, 524 = IPRax 1983, 124 m Anm REIFARTH 107; MünchKomm/GOTTWALD Art 28 WA Rn 1). Schließlich gilt Art 28 WA auch nicht für Klagen des Luftfrachtführers gegen seinen Vertragspartner (zB nach Art 10 oder 16 WA).

b) Internationale und örtliche Zuständigkeit

126 Art 28 WA regelt jedenfalls die internationale Zuständigkeit. Der Wortlaut und die systematische Stellung der Vorschrift legen allerdings die Auslegung nahe, dass in Art 28 WA auch die örtliche Zuständigkeit bestimmt wird. Für das deutsche Recht folgt dies jedenfalls aus § 56 Abs 3 LuftVG, aus dem eine „Verweisung" auf Art 28

WA auch hinsichtlich der örtlichen Zuständigkeit entnommen wird, die Vorrang vor der Geltung der §§ 12 ff ZPO hat (vgl LG Köln ZLW 1962, 310; LG Hamburg RiW 1977, 652; MÖLLS/EHLERS, in: GIEMULLA/SCHMID Art 28 WA Rn 7; RUHWEDEL 187; aA LG Stuttgart IPRax 1993, 109 m Anm KRONKE). Demgegenüber sieht etwa die amerikanische Rechtsprechung in Art 28 WA ausschließlich eine Regelung der internationalen Zuständigkeit, so dass die Bestimmung der Zuständigkeit im Verhältnis der Bundesgerichte zu den Gerichten eines einzelnen Bundesstaates und der örtlichen Zuständigkeit dem nationalen Prozessrecht überlassen bleibt (*Smith v Canadian Pacific Airways* [1971] 452 F 2d 798; *Mertens v Flying Tiger Line*, [1965] 341 F 2 d 851; *Fabiano Shoe v Alitalia* [1974] 380 F Supp 140; zust KOLLER Art 28 WA Rn 1; MünchKomm/GOTTWALD Art 28 WA Rn 2).

c) Die einzelnen Gerichtsstände
aa) Wohnsitz/Hauptbetriebsleitung des Luftfrachtführers

Soweit es sich bei dem Luftfrachtführer um eine natürliche Person handelt, ist auf **127** den Wohnsitzbegriff der jeweiligen lex fori abzustellen, in Deutschland mithin auf §§ 7 ff BGB (MÖLLS/EHLERS, in: GIEMULLA/SCHMIDT Art 28 WA Rn 9). Der Begriff „domicile" im maßgeblichen französischen Wortlaut des Abkommens umfasst aber auch den Sitz einer juristischen Person. Ob insoweit auf den Satzungssitz oder den effektiven Verwaltungssitz abzustellen ist und wie der Sitz zu ermitteln ist, entscheidet wiederum die lex fori, weil das Abkommen selbst keine Begriffsbestimmung enthält (MÖLLS/EHLERS aaO Rn 10; RUHWEDEL 187). Maßgebend ist der Sitz des Luftfrachtführers selbst, nicht derjenige einer – auch 100%igen – Tochtergesellschaft (*Air Disaster Near Cove Neck, AL* 1994, 96 [EDNY]). Demgegenüber bezieht sich der Begriff *Hauptbetriebsleitung* auf den Ort, an dem die tatsächliche Leitung der Geschäfte konzentriert ist (RUHWEDEL 188; MÖLLS/EHLERS aaO Rn 11). Dabei besteht weitgehend Einigkeit, dass ein Luftfrachtführer immer nur eine Hauptbetriebsleitung haben kann (*Nudo v Sabena* [1982] 207 F Supp 191).

bb) Geschäftsstelle

Hier ist vor allem streitig, ob der Gerichtsstand der vertragschließenden Geschäfts- **128** stelle für Klagen gegen den Luftfrachtführer auch an dem Ort begründet ist, an dem eine selbständige Agentur das Geschäft getätigt hat. Dies erscheint bei strikter Auslegung des Wortlauts zweifelhaft; denn der französische Originaltext beschränkt die Zuständigkeit auf den Ort „... où le transporteur possède un établissement". Danach könnten insbesondere schlichte IATA-Agenturen keinen Gerichtsstand iSv Art 28 WA begründen. Während der Begriff „Geschäftsstelle" vor allem von den französischen Gerichten in diesem strengen Sinne des Originalwortlauts ausgelegt wird (vgl App Paris RFDA 1962, 177; ferner Trib gr inst Paris RGAE 1972, 202 m zust Anm PONTAVICE), nehmen Rechtsprechung und Lehre in Deutschland hierzu einen großzügigeren Standpunkt ein (BGHZ 84, 339 [341 ff] = RiW 1982, 910 m Anm MOESER = IPRax 1984, 27 m Anm NAGEL 13; zust auch HandelsG Zürich ZLW 1984, 252; WENZLER TranspR 1990, 414, 415 mwN). Dem ist zuzustimmen, weil nur eine weite Auslegung dem Sinn und Zweck der Vorschrift entspricht. Denn nach den heutigen Verhältnissen des Luftverkehrs wird der wesentliche Teil der Flugscheine und Frachtbriefe über Reisebüros und IATA-Agenturen ausgegeben; der Luftfrachtführer hat es damit in der Hand, die eine oder die andere Vertriebsform (Geschäftsstelle oder bloße Agentur) zu wählen (MÖLLS/ EHLERS, in: GIEMULLA/SCHMID Art 28 WA Rn 22).

Weiterhin muss der Vertrag nach Art 28 WA gerade **durch diese Geschäftsstelle** **129** bewirkt worden sein, was der französische Urtext ebenfalls deutlich zu erkennen gibt („... par le soin duquel le contrat a été conclu"). Bei wörtlicher Auslegung würde es dem Kläger also nichts nützen, wenn der Luftfrachtführer in dem Staat des angerufenen Gerichts zwar eine Geschäftsstelle unterhält, der Vertrag jedoch ohne deren Zutun – zB durch einen (IATA-)Agenten – geschlossen wurde. In diesem strengen Sinne wird die Vorschrift wiederum von den französischen Gerichten interpretiert; danach muss die Tätigkeit der Geschäftsstelle kausal für den Abschluss des Vertrages gewesen sein (Trib gr inst Paris RGAE 1972, 202 m Anm PONTAVICE und RFDA 1978, 211). Demgegenüber hat sich der BGH auch insoweit für eine weite Interpretation ausgesprochen. Danach genügt es, wenn eine im Inland vorhandene Geschäftsstelle und das Reisebüro, das den Flugschein ausgestellt hatte, nach den Umständen als Bestandteile einer *einheitlichen Verkaufsorganisation* angesehen werden können (BGH NJW 1976, 1587; vgl idS auch den bekannten amerikanischen Fall *Eck v United Arab Airlines,* [1966] 360 F 2 d 804). Schließlich muss das Gericht gerade jenes Ortes angerufen werden, an dem sich die *vertragschließende* Geschäftsstelle befindet. Es kommt also nur der Ort in Betracht, an dem der streitgegenständliche Vertrag geschlossen worden ist. Tätigkeiten im Zusammenhang mit der Ticketausstellung reichen nicht aus, um einen Gerichtsstand zu begründen, wenn der Vertragsschluss in Wirklichkeit in einem anderen Land stattfand. Auch spätere Festlegungen zunächst noch offener Flüge oder Änderungen von bereits gebuchten Flügen sind nicht als Vertragsschluss anzusehen, weil sie die bereits geschlossenen Verträge unberührt lassen (*Kaspar v Kuwait Airways,* [1987] 663 F Supp 1065; *Boyar v KLM,* [1987] 604 F Supp 1481).

cc) Bestimmungsort

130 Der Bestimmungsort ergibt sich – ebenso wie in Art 1 Abs 2 WA – aus der Vereinbarung der Parteien (RUHWEDEL 189; EHLERS/MÖLLS, in: GIEMULLA/SCHMID Art 28 WA Rn 25). Maßgeblich ist der *Ort der letzten vertraglichen Landung,* an dem der Fluggast nach dem Beförderungsvertrag das Flugzeug endgültig verlässt (allgM, vgl BGH NJW 1976, 1586; OLG Düsseldorf VersR 1975, 645; WENZLER TranspR 1990, 414, 416). Eine vom vereinbarten Reiseverlauf zufällig abweichende tatsächliche Gestaltung der Verhältnisse bleibt außer Betracht (OLG Düsseldorf TranspR 1993, 246, [247]; KOLLER Art 1 WA Rn 12). Der im Ticket angegebene Anfangs- und Zielflughafen ist auch dann der Bestimmungsort, wenn der Reisende erst bei einem späteren Zwischenstopp zugestiegen ist und bei der Rückreise an dem gleichen Flughafen das Flugzeug wieder verlässt, ohne den im Ticket angegebenen letzten Bestimmungsflughafen anzufliegen (*In Re Korean Airlines Disaster,* 20 Avi 18, 535). Spezifiziert der Vertrag als Landeort einen bestimmten Flughafen der betreffenden Stadt, so ist unter Geltung des deutschen und des französischen Prozessrechts dasjenige Gericht *örtlich* zuständig, in dessen Bezirk dieser Flughafen liegt. Im Falle eines *Hin- und Rückflugs* gilt – in Übereinstimmung mit Art 1 Abs 2 WA – der Abflugort zugleich als Bestimmungsort (BGH aaO; OLG Hamburg VersR 1983, 484; OLG Frankfurt TranspR 1984, 297; Nachw zur US-amerikanischen Rechtsprechung bei WIECZOREK/SCHÜTZE/HAUSMANN § 40 Anh III Art 28 WA Rn 12 in Fn 48). Dies gilt auch bei *sukzessiver Beförderung* durch mehrere Luftfrachtführer, sofern diese als vertragsmäßige Einheit zu behandeln ist, dh wenn die Route der Beförderung einschließlich des Bestimmungsortes sowie die daran beteiligten Luftfrachtführer von vornherein festgelegt sind (Art 1 Abs 3 WA; BGH aaO; OLG Düsseldorf RiW 1976, 176; RUHWEDEL 189 f; MÖLLS/EHLERS, in: GIEMULLA/SCHMID Art 28 WA Rn 28; MünchKomm/GOTTWALD Art 28 WA Rn 2).

VII. Niederlassungsgerichtsstände*

1. Allgemeines

a) Rechtsquellen

Erweitert ein Unternehmer seinen Geschäftsbereich dadurch, dass er Zweignieder- **131** lassungen im Ausland gründet, so kommt für gegen ihn gerichtete Klagen aus Schuldverträgen, die durch eine solche Zweigniederlassung geschlossen wurden, auch der Gerichtsstand der Niederlassung in Betracht. Im EuGVÜ/LugÜ ist der Niederlassungsgerichtsstand in Art 5 Nr 5 normiert; als Vorbild hatte vor allem der Niederlassungsgerichtsstand des autonomen deutschen Rechts in § 21 Abs 1 ZPO gedient. Die besonderen transportrechtlichen Niederlassungsgerichtsstände in Art 31 Abs 1 CMR und Art 28 WA (dazu o Rn 121 ff, 127 ff) haben Vorrang vor Art 5 Nr 5 EuGVÜ/LugÜ wie vor § 21 ZPO.

b) Abgrenzung

Art 5 Nr 5 EuGVÜ/LugÜ greift nur ein, wenn sich der **Hauptsitz des Beklagten in** **132** **einem Vertragsstaat** befindet; andernfalls kann Klage am Ort einer inländischen Zweigniederlassung gem Art 4 Abs 1 nur nach Maßgabe des autonomen Prozessrechts – in Deutschland nach § 21 ZPO (dazu Rn 137) – erhoben werden (MünchKomm/ GOTTWALD Art 5 Rn 57). Besonderheiten gelten nach Art 8 Abs 2 bzw 13 Abs 2 EuGVÜ/LugÜ lediglich in Versicherungs- und Verbrauchersachen (vgl dazu näher o Rn 87, 108 ff). Außerhalb des sachlichen bzw räumlichen Anwendungsbereichs der vorgenannten Staatsverträge begründet § 21 Abs 1 ZPO mit der örtlichen zugleich die internationale Zuständigkeit der deutschen Gerichte am Ort der inländischen Niederlassung eines ausländischen Unternehmens (BGH NJW 1987, 3081, 3082 = RiW 1987, 790 m Anm GEIMER RiW 1988, 221 = IPRax 1989, 166 m Anm SAMTLEBEN 148; dazu näher WIECZOREK/SCHÜTZE/HAUSMANN § 21 Rn 31 ff mwN).

c) Normzweck

Die Eröffnung eines Gerichtsstands gegen den Geschäftsinhaber an dem – vom **133** Geschäftssitz verschiedenen – Ort einer Zweigniederlassung ist vor allem deshalb gerechtfertigt, weil der Beklagte seine Geschäftstätigkeit von diesem Ort aus entfaltet hat und es deshalb unbillig erschiene, wenn er den Kläger für daraus resultierende Streitigkeiten auf den allgemeinen Gerichtsstand des Art 2 EuGVÜ/LugÜ bzw der §§ 12, 13 ZPO verweisen könnte (GEIMER/SCHÜTZE I/1 542 f). Dieser Normzweck rechtfertigt den Gerichtsstand allerdings nur für Klagen **gegen den Inhaber** der

---

* **Schrifttum:** FAWCETT, Methods of Carrying on Business and Article 5 (5) of the Brussels Convention, Eur L Rev 1984, 326; ders, Jurisdiction and Subsidiaries, JBL 1985, 16; GEIMER, Die inländische Niederlassung als Anknüpfungspunkt für die internationale Zuständigkeit, WM 1976, 145; ders, „Doing Business in Germany" als Basis deutscher internationaler Zuständigkeit, RiW 1988, 221; HUNNINGS, Agency and Jurisdiction in the EEC, JBL 1982, 244; JAYME, Subunternehmer und EuGVÜ, in: FS Pleyer (1986) 371; JASPERT, Grenzüberschreitende Unternehmensverbindungen im Zuständigkeitsbereich des EuGVÜ (DBl Bielefeld 1995); KRONKE, Der Gerichtsstand nach Art 5 Nr 5 EuGVÜ – Ansätze einer Zuständigkeitsordnung für grenzüberschreitende Unternehmensverbindungen, IPRax 1989, 81; LINKE, Der „kleineuropäische" Niederlassungsgerichtsstand (Art 5 Nr 5 GVÜ), IPRax 1982, 46.

Niederlassung, nicht hingegen für Aktivklagen des Inhabers der Niederlassung gegen das Stammhaus oder gegen Dritte (GEIMER/SCHÜTZE, EuZVR Art 5 Rn 223; KROPHOLLER Art 5 Rn 73; aA STEIN/JONAS/SCHUMANN § 21 Rn 1). Passiv legitimiert für die in diesem Gerichtsstand erhobenen Klagen ist nicht die Niederlassung selbst, sondern diejenige natürliche Person oder Gesellschaft, welche die Niederlassung gegründet hat. Maßgeblicher Zeitpunkt für das Bestehen der Niederlassung ist die Klageerhebung bzw der Schluss der letzten mündlichen Tatsachenverhandlung (OLG Saarbrücken RiW 1980, 796; BayObLG WM 1989, 871). Nach Auflösung der Niederlassung ist eine Klage in diesem besonderen Gerichtsstand – anders als im Fall des Art 5 Nr 1 HS 3 EuGVÜ/LugÜ (s o Rn 74) – ausgeschlossen (SCHLOSSER Art 5 Rn 24).

d) Qualifikation

134 Im Interesse einer einheitlichen Anwendung des Art 5 Nr 5 EuGVÜ durch die Gerichte der Vertragsstaaten und damit der Rechtssicherheit befürwortet der EuGH zu Recht eine **autonome Auslegung** der in der Vorschrift verwendeten Begriffe der „Zweigniederlassung, Agentur oder sonstigen Niederlassung" sowie der „aus dem Betrieb" einer solchen Niederlassung hervorgegangenen Streitigkeiten (EuGH Rs 33/78 – *Somafer/Saar-Ferngas* – Slg 1978, 2183, 2192 [Nr 8] = RiW 1979, 56; EuGH Rs 139/80 – *Blanckaert & Willems/Trost* – Slg 1981, 819, 828 f [Nr 11 f] = IPRax 1982, 64 m Anm LINKE 46; EuGH Rs 218/86 – *Schotte/Parfums Rothschild* – Slg 1987, 4905, 4919 [Nr 9 f] = RiW 1988, 136 m Anm GEIMER 220 = IPRax 1989, 96 m Anm KRONKE 81). Die Systematik des EuGVÜ und der Gesichtspunkt der Rechtssicherheit legen insoweit eine restriktive Auslegung nahe (THORN IPRax 1997, 98, [100]). Demgegenüber bestimmt sich die Auslegung von § 21 ZPO nach der deutschen *lex fori;* die deutschen Gerichte orientieren sich allerdings auch insoweit zunehmend an der Auslegung von Art 5 Nr 5 EuGVÜ durch den EuGH.

2. Der Begriff der Niederlassung

a) Art 5 Nr 5 EuGVÜ/LugÜ

135 Eine „Zweigniederlassung" oder „Agentur" ist nach Ansicht des EuGH „wesentlich dadurch charakterisiert, dass sie der **Aufsicht und Leitung des Stammhauses** unterliegt" (EuGH Rs 14/76 – *De Bloos/Bouyer* – Slg 1976, 1497, 1509 f [Nr 20 f] = RiW 1977, 42 m Anm LINKE). Deshalb begründet die Vorschrift keinen Gerichtsstand gegen einen Hersteller an der gewerblichen Niederlassung seines *Alleinvertriebshändlers* (EuGH aaO; KROPHOLLER Art 5 Rn 85 mwN). An dem erforderlichen Unterordnungsverhältnis fehlt es ebenso, wenn ein Unternehmen sich eines *Handelsvertreters* im Ausland bedient, weil auch dieser „im Wesentlichen frei seine Tätigkeit gestalten und seine Arbeitszeit bestimmen kann" (§ 84 Abs 1 S 2 HGB), ohne dass das Stammhaus befugt ist, ihm insoweit Weisungen zu erteilen (EuGH Rs 139/80 [Rn 134] Slg 1981, 819, 829 [Nr 12 f]; anders aber, wenn der Handelsvertreter in die Absatzorganisation des Stammhauses eingegliedert ist, vgl OLG München RiW 1999, 872 = IPRspr 1998 Nr 144). Gleiches gilt auch für selbständige *Handelsmakler* (§§ 93 ff HGB, vgl LG Hamburg IPRspr 1974 Nr 154). Weiterhin muss die Zweigniederlassung als **Mittelpunkt der geschäftlichen Tätigkeit** des ausländischen Stammhauses im Inland hervortreten. Dies erfordert eine eigene Geschäftsführung, die personell und sachlich so ausgestattet ist, dass sie Verträge zwischen den inländischen Kunden und dem im Ausland ansässigen Stammhaus abschließen kann (EuGH Rs 37/78 Slg 1978, 2183, 2193 [Nr 12] = RiW 1979, 56). Daran fehlt es bei einem Handelsvertreter, wenn diesem gestattet ist, *mehrere Unternehmen* zu vertreten, die bei der

Herstellung oder beim Vertrieb identischer oder gleichartiger Erzeugnisse miteinander konkurrieren; dies gilt jedenfalls dann, wenn der Handelsvertreter an der Abwicklung und Ausführung der Geschäfte nicht beteiligt ist (EuGH Rs 139/80 aaO; vgl auch OLG München NJW-RR 1993, 701 = RiW 1994, 59 m Anm GEIMER). Abweichend von § 21 ZPO erfordert der Niederlassungsbegriff des EuGVÜ/LugÜ allerdings weder eine Befugnis zum eigenständigen Vertragsschluss, noch Vertretungsmacht für das Stammhaus. Vielmehr kann auch die bloße Vermittlung von Vertragsofferten genügen, wenn die Niederlassung der Kontrolle durch das Stammhaus unterliegt und als dessen Außenstelle hervortritt (vgl zur typischen „Repräsentanz" ausländischer Brokerfirmen im Inland OLG Düsseldorf WM 1989, 50 [54]; WACH/WEBERPALS AG 1989, 193 [197]; zu weitgehend aber OLG Düsseldorf IPRax 1997, 115 m krit Anm THORN 98). Eine reine Kontakt- oder Anlaufadresse, unter der keine Geschäftstätigkeit von gewisser Selbständigkeit und Dauerhaftigkeit entfaltet wird, begründet den Gerichtsstand nach Art 5 Nr 5 hingegen nicht (LG Wuppertal NJW-RR 1994, 191; OLG Düsseldorf IPRax 1998, 210, 211 m Anm ZIMMER).

Maßgebend für das Vorliegen der genannten Kriterien ist nicht die interne Ausgestaltung der Beziehungen zwischen Stammhaus und ausländischer Niederlassung, sondern der im Geschäftsverkehr hervorgerufene **Rechtsschein** (EuGH Rs 218/86 [Rn 134] Slg 1987, 4905, 4920 [Nr 16]). Deshalb ist Art 5 Nr 5 auch auf den Fall anwendbar, dass eine in einem Vertragsstaat ansässige juristische Person ihre Tätigkeit in einem anderen Vertragsstaat mit Hilfe einer gleichnamigen selbständigen Gesellschaft mit identischer Geschäftsführung entfaltet, die in ihrem Namen verhandelt und Geschäfte abschließt und deren sie sich wie einer Außenstelle bedient (EuGH aaO; zust MünchKomm/GOTTWALD Art 5 Rn 55; vgl auch *Adams v Cape Industries Plc* [1990] Ch 433). Allerdings reicht die bloße **konzernrechtliche Abhängigkeit** der als juristische Person organisierten inländischen Niederlassung vom ausländischen Stammhaus für die Begründung des Gerichtsstands nach Art 5 Nr 5 nicht aus. Die inländische Niederlassung muss vielmehr im Namen der ausländischen Muttergesellschaft oder eines anderen verbundenen Unternehmens gehandelt und dadurch dem Geschäftspartner gegenüber den Eindruck erweckt haben, diese andere Gesellschaft werde für die von ihr eingegangenen Verbindlichkeiten einstehen (vgl näher KRONKE IPRax 1989, 81 [83]; krit DROZ Rev crit dip 1988, 739; BISCHOFF Clunet 1988, 546). Daher ist am Sitz der inländischen Tochtergesellschaft eines ausländischen Unternehmens dann kein Gerichtsstand nach Art 5 Nr 5 begründet, wenn die Tochter – wie im Regelfall – Geschäfte im eigenen Namen abschließt und in ihren täglichen Geschäften nicht der Aufsicht und Leitung durch die ausländische Mutter unterliegt (KROPHOLLER Art 5 Rn 88 mwN). Erst recht genügt es nicht, wenn eine selbständige inländische Gesellschaft lediglich Geschäfte für eine ausländische Gesellschaft abwickelt, ohne dem Kunden gegenüber als Außenstelle dieser ausländischen Gesellschaft aufzutreten (THORN IPRax 1997, 98 [100] gegen OLG Düsseldorf IPRax 1997, 115). Da es allein auf den hervorgerufenen Rechtsschein ankommt, hängt der Gerichtsstand des Art 5 Nr 5 auch nicht davon ab, dass die inländische Zweigniederlassung im *Handelsregister* eingetragen ist (GEIMER/SCHÜTZE, EuZVR Art Rn 236). **136**

b) Autonomes Recht

Der Niederlassungsbegriff in § 21 Abs 1 ZPO ist enger ist als derjenige in Art 5 Nr 5 **137** EuGVÜ/LugÜ. Er umfasst nach der gängigen Definition jede von dem Inhaber an einem anderen Ort als dem seines (Wohn-)Sitzes für eine gewisse Dauer errichtete, auf seinen Namen und für seine Rechnung betriebene und grundsätzlich selbständige, dh aus eigener Entscheidung zum Geschäftsabschluss und Handeln berechtigte Geschäftsstelle (BGH NJW 1987, 3081 [3082]; OLG Düsseldorf RiW 1996, 776; ZÖLLER/VOLLKOMMER § 21 Rn 6). Wesentlich ist vor allem, dass der Gerichtsstand des § 21 am Ort der Niederlassung nur dann begründet ist, wenn diese eine solche **Selbständigkeit** besitzt, dass von ihr aus unmittelbar und eigenverantwortlich Geschäfte geschlossen werden (OLG München RiW 1983, 127, 128; STEIN/JONAS/SCHUMANN § 21 Rn 14; GEIMER, IZPR^5 Rn 1446). Der Niederlassung muss also ein Teil des Geschäftsbetriebes zur selbständigen Erledigung übertragen sein (BGH aaO; OLG Frankfurt RiW 1988, 399; MünchKomm/PATZINA § 21 Rn 8). Diese Voraussetzung ist regelmäßig erfüllt bei der Filiale einer Geschäftsbank oder der Generalagentur einer Versicherungsgesellschaft; aber auch die bloße inländische „Repräsentanz" einer ausländischen Brokerfirma kann ausreichen (vgl BGH aaO; OLG Düsseldorf NJW-RR 1989, 432; krit dazu DE LOUSANOFF, in: GS Arens 261 mwN). Hingegen wird am Gerichtsstand einer *Agentur,* der lediglich die Vermittlung von Geschäften, dh die Weiterleitung von Vertragsangeboten obliegt, ein Gerichtsstand iSv § 21 ZPO nicht begründet (BGH aaO; BayObLG WM 1989, 394 [Vermittlungsvertreter einer Bausparkasse]; LG Konstanz NJW-RR 1992, 692 [Reisebüro]). Eine Sonderregelung gilt gem § 48 VVG lediglich für Versicherungsagenten (dazu näher o Rn 91).

3. Betriebsbezogenheit der Klage

138 Der von Art 5 Nr 5 EuGVÜ/LugÜ weiterhin geforderte Bezug des Rechtsstreits zum Betrieb der Niederlassung ist vor allem bei Rechtsstreitigkeiten gegeben, in denen es um vertragliche Ansprüche im Zusammenhang mit der Unterhaltung der Niederlassung selbst geht, wie etwa „die Rechte und Pflichten im Zusammenhang mit der Vermietung des Grundstücks, auf dem die Niederlassung errichtet ist, oder mit der am Ort vorgenommenen Einstellung des dort beschäftigten Personals" (EuGHE 1978, 2183, 2193 = RiW 1979, 56). Betriebsbezogen sind ferner „Rechtsstreitigkeiten, die sich auf Verbindlichkeiten beziehen, die der vorstehend beschriebene Mittelpunkt geschäftlicher Tätigkeit im Namen des Stammhauses eingegangen ist und die in dem Vertragsstaat zu erfüllen sind, in dem dieser Mittelpunkt besteht" (EuGH aaO). Dies trifft etwa auf die Klage eines Handelsvertreters auf Auskunft, Provisionszahlung und Ausgleich am inländischen Vertriebsbüro des ausländischen Unternehmens zu (OLG München RiW 1999, 872 = IPRspr 1998 Nr 144). Daraus folgt aber nicht, dass der Erfüllungsort iSv Art 5 Nr 1 im Staat der Niederlassung liegen müsste, denn andernfalls käme dem internationalen Niederlassungsgerichtsstand nach Art 5 Nr 5 neben dem Gerichtsstand des Erfüllungsorts nach Art 5 Nr 1 praktisch keine eigenständige Bedeutung zu; er könnte dann allenfalls eine weitere *örtliche* Zuständigkeit begründen (EuGH Rs C-439/93 – *Lloyd's Register/Société C. Bernard* – Slg 1995 I, 974, 980 [Nr 17] = RiW 1995, 585; ebenso schon OLG Saarbrücken RiW 1980, 796). Den hinreichenden Bezug zum Geschäftsbetrieb der Niederlassung haben danach nicht nur die dort zu erfüllenden, sondern auch die dort lediglich geschlossenen – und in einem anderen Staat zu erfüllenden – Verträge sowie Klagen aus Vertragsverletzungen, die am Ort der Niederlassung begangen wurden. Für § 21 Abs 1 ZPO gilt insoweit nichts anderes (vgl näher WIECZOREK/SCHÜTZE/HAUSMANN § 21 Rn 18 mwN).

VIII. Gerichtsstände des Sachzusammenhangs*

1. Allgemeines

EuGVÜ und Luganer Übereinkommen messen dem Sachzusammenhang im Interesse der Vermeidung widersprüchlicher Entscheidungen der Gerichte verschiedener Vertragsstaaten in weitem Umfang kompetenzrechtliche Bedeutung zu. Sie haben daher in Art 6 außer dem auch im deutschen Recht bekannten Gerichtsstand der Widerklage (Nr 3) sowie der Möglichkeit, bestimmte Vertragsklagen auch im dinglichen Gerichtsstand des Art 16 Nr 1 zu erheben (Nr 4), die Gerichtsstände der Streitgenossenschaft (Nr 1) und der Gewährleistungs- und Interventionsklage (Nr 2) in ihren Zuständigkeitskatalog aufgenommen. Durch diese weite Anerkennung der Konnexität als Kompetenzgrund wird der durch Art 2 Abs 1 garantierte Grundsatz „actor sequitur forum rei" erheblich stärker eingeschränkt als nach autonomem deutschen Prozessrecht (Geimer/Schütze, EuZVR Art 6 Rn 1). Die Aufzählung der Gerichtsstände des Sachzusammenhangs in Art 6 ist abschließend; ein allgemeiner Gerichtsstand des Sachzusammenhangs kann insbesondere nicht aus Art 22 herge-

---

* **Schrifttum:** Albicker, Der Gerichtsstand der Streitgenossenschaft, (1996); Banniza von Bazan, Der Gerichtsstand des Sachzusammenhangs im EuGVÜ, Lugano-Abkommen und im deutschen Recht, (1995); Brandes, Der gemeinsame Gerichtsstand (1998); Coester-Waltjen, Die Bedeutung des Art 6 Nr 2 EuGVÜ, IPRax 1992, 290; dies, Die Aufrechnung im internationalen Zivilprozessrecht, in: FS Lüke (1997) 35; Dageförde, Aufrechnung und internationale Zuständigkeit, RiW 1990, 873; Eickhoff, Inländische Gerichtsbarkeit und internationale Zuständigkeit für Aufrechnung und Widerklage unter besonderer Berücksichtigung des EuGVÜ (1985); Gebauer, Internationale Zuständigkeit und Prozessaufrechnung, IPRax 1998, 79; ders, Die Aufrechnung nach italienischem Recht vor deutschen Gerichten – prozessuale und materiellrechtliche Probleme, JbItalR 12 [1999] 31; Geimer, Fora Connexitatis – der Sachzusammenhang als Grundlage der internationalen Zuständigkeit, WM 1979, 350; ders, EuGVÜ und Aufrechnung, IPRax 1986, 208; Goetze, Vouching In und Third-Party Practice (1993); Gottwald, Die Prozessaufrechnung im europäischen Zivilprozess, IPRax 1986, 208; ders, Europäische Gerichtspflichtigkeit kraft Sachzusammenhangs, IPRax 1989, 272; Herth, La pluralité des défendeurs dans le système procédural européen (thèse Montpellier, 1991); vHoffmann/Hau, Probleme der abredewidrigen Streitverkündung im Europäischen Zivilrechtsverkehr, RiW 1997, 89; Kannengiesser, Die Aufrechnung im internationalen Privat- und Verfahrensrecht (1998); Mansel, Streitverkündung und Interventionsklage im europäischen internationalen Zivilprozessrecht (EuGVÜ/Lugano-Übereinkommen), in: Jayme/Hommelhoff/Mangold (Hrsg), Europäischer Binnenmarkt: Internationales Privatrecht und Rechtsvergleichung (1994) 161; Meier, Grenzüberschreitende Drittbeteiligung (1994); Merlin, Riconvenzione e compensazione al vaglio della Corte di Giustizia (una nozione communitaria di „eccezione"?), Riv dir proc 1999, 48; Otte, Umfassende Streitentscheidung durch Beachtung von Sachzusammenhängen (1998); Rohner, Die örtliche und internationale Zuständigkeit kraft Sachzusammenhangs (Diss Bonn 1991); Roth H, Gerichtsstand kraft Sachzusammenhangs in dem Vollstreckbarerklärungsverfahren des europäischen Zivilprozessrechts, RiW 1987, 814; ders, Aufrechnung und internationale Zuständigkeit nach deutschem und europäischen Zivilprozessrecht, RiW 1999, 819; Spellenberg, Örtliche Zuständigkeit kraft Sachzusammenhangs, ZvglRWiss 79 (1980) 89; Wagner, Die Aufrechnung im Europäischen Zivilprozess, IPRax 1999, 65.

leitet werden (EuGH Rs 150/80 – *Elefantenschuh/Jacqmain* – Slg 1981, 1671, 1687 [Nr 19] = IPRax 1982, 234 m Anm LEIPOLD 222).

2. Streitgenossenschaft

a) Anwendungsbereich

140 Der Gerichtsstand der Streitgenossenschaft ist nur für Klagen gegen Personen eröffnet, die ihren Wohnsitz bzw Sitz (BayObLG RiW 1997, 596) in einem Vertragsstaat haben. Eine Streitgenossen-Zuständigkeit zu Lasten von Personen, die in einem Nichtvertragsstaat wohnen, kann auch mit Hilfe einer analogen Anwendung von Art 6 Nr 1 EuGVÜ/LugÜ nicht begründet werden (WIECZOREK/SCHÜTZE/HAUSMANN Art 6 Rn 4; THOMAS/PUTZO/HÜSSTEGE Art 6 Rn 1; aA GEIMER/SCHÜTZE, EuZVR Art 6 Rn 4 ff; KROPHOLLER Art 6 Rn 5; MünchKomm/GOTTWALD Art 6 Rn 3). Keinesfalls kann ein Beklagter, der seinen Wohnsitz im Hoheitsgebiet eines Vertragsstaats hat, in einem anderen Vertragsstaat vor dem Gericht, bei dem eine Klage gegen einen Mitbeklagten mit Wohnsitz außerhalb des Hoheitsgebiets eines Vertragsstaats anhängig ist, mit der Begründung verklagt werden, der Rechtsstreit weise einen unteilbaren Charakter auf (EuGH Rs C-51/97 – *Réunion Européenne SA/Spliethoff's Vrachtings Kantoor BV* – Slg 1998 I, 6511, 6549 [Nr 52] = EuZW 1999, 59). Schließlich greift Art 6 Nr 1 nach der Grundkonzeption des II. Titels dann nicht ein, wenn die mehreren Beklagten ihren Wohnsitz im gleichen Vertragsstaat haben. Der Gerichtsstand für Klagen gegen mehrere inländische Streitgenossen muss daher nach § 36 Nr 3 ZPO bestimmt werden (BayObLG RiW 1997, 596 [597]).

b) Konnexität

141 Zwischen den Klageansprüchen muss – obwohl der Wortlaut des Art 6 Nr 1 EuGVÜ/LugÜ dies nicht ausdrücklich verlangt – ein gewisser Zusammenhang bestehen, um den Grundsatz der Wohnsitzzuständigkeit in Art 2 nicht auszuhöhlen und einer Zuständigkeitsschleichung vorzubeugen (EuGH Rs 189/87 – *Kalfelis/Schröder* – Slg 1988, 5565, 5584 [Rn 13] = NJW 1988, 3088 m Anm GEIMER = IPRax 1989, 288 m Anm GOTTWALD 272). Das ungeschriebene Tatbestandsmerkmal der Konnexität ist für Art 6 Nr 1 vertragsautonom auszulegen. Dabei liegt ein Rückgriff auf die Definition der Konnexität in Art 22 Abs 3 nahe; danach ist der erforderliche Zusammenhang dann gegeben, „wenn eine gemeinsame Verhandlung und Entscheidung geboten erscheint, um zu vermeiden, dass in getrennten Verfahren widersprechende Entscheidungen ergehen könnten" (EuGH aaO; OLG Düsseldorf IPRax 1997, 118 [119 f]; GEIMER/SCHÜTZE, EuZVR Art 6 Rn 18 ff). Mit Inkrafttreten der EuGVVO (Rn 2a) wird der Text von Art 6 Nr 1 in diesem Sinne ausdrücklich ergänzt. Diese Voraussetzung dürfte sowohl bei der notwendigen wie bei der einfachen Streitgenossenschaft des deutschen Rechts erfüllt sein (KROPHOLLER Art 6 Rn 7; MünchKomm/GOTTWALD Art 6 Rn 6; dazu OTTE 649 ff, 714 ff). Der erforderliche Sachzusammenhang besteht nicht zwischen Klagebegehren, die sich gegen einen Beklagten auf eine vertragliche, gegen den anderen Beklagten auf eine deliktische Grundlage stützen (EuGH Rs C-51/97 [Rn 140] Slg 1998 I, 6511, 6549 [Nr 50]).

c) Beklagtenwohnsitz

142 Als Gerichtsstand der Streitgenossenschaft kommt allein der allgemeine Gerichtsstand eines Beklagten nach Art 2, nicht hingegen einer der besonderen Gerichtsstände des Art 5 in Betracht (KROPHOLLER Art 6 Rn 8). Erforderlich ist, dass einer der Beklagten im Bezirk des angerufenen Gerichts – und nicht nur irgendwo in diesem

Vertragsstaat – wohnt (LG Düsseldorf GRURInt 1999, 775; GEIMER/SCHÜTZE, EuZVR Art 6 Rn 26). Der von Art 6 Nr 1 geforderte Bezug zum Wohnsitz eines Beklagten kann auch nicht durch die Vereinbarung eines Gerichtsstands mit nur einem der Beklagten nach Art 17 oder durch rügelose Einlassung nach Art 18 ersetzt werden (WIECZOREK/ SCHÜTZE/HAUSMANN Art 6 Rn 11). Der Gerichtsstand der Streitgenossenschaft kann jedoch durch eine wirksame Gerichtsstandsvereinbarung nach Art 17 abbedungen werden (KROPHOLLER Art 6 Rn 12). Art 6 Nr 1 regelt nicht nur die internationale, sondern auch die örtliche Zuständigkeit (BayObLG RiW 1997, 596).

3. Gewährleistungs- und Interventionsklage

Nach dem Vorbild der romanischen Rechtsordnungen eröffnet Art 6 Nr 2 eine besondere Zuständigkeit am Ort des Hauptprozesses für Gewährleistungs- und Interventionsklagen. Danach kann ein Kläger, der im Fall des Unterliegens im Hauptprozess gegen einen Dritten Anspruch auf Gewährleistung, Schadloshaltung oder Freistellung hat, diesen Dritten in den Rechtsstreit hineinziehen, auch wenn das Gericht des Hauptprozesses für den Rechtsstreit gegen den Dritten nach den allgemeinen Regeln (Art 2, 5) nicht zuständig wäre (vgl zu den Voraussetzungen des Art 6 Nr 2 näher EuGH Rs C-365/88 – *Kongreß Agentur Hagen/Zeehaghe* – Slg 1990 I, 1845 ff = IPRax 1992, 310 m Anm COESTER-WALTJEN 290; KROPHOLLER Art 6 Rn 11 ff; WIECZOREK/SCHÜTZE/HAUSMANN Art 6 Rn 20 ff). Aufgrund des von der Bundesrepublik Deutschland erklärten Vorbehalts nach Art V Abs 1 des Protokolls zum EuGVÜ kann die in Art 6 Nr 2 vorgesehene internationale Zuständigkeit vor deutschen Gerichten allerdings nicht in Anspruch genommen werden. Gleiches gilt aufgrund entsprechender Vorbehalte in Österreich und der Schweiz. Dabei bleibt es auch nach Art 65 Abs 1 EuGVVO (Rn 2a). Wird der Hauptprozess daher vor einem deutschen Gericht geführt, so können Drittbeteiligte nur nach den Vorschriften über die Streitverkündung (§§ 72–74 ZPO) und die Nebenintervention (§ 68 ZPO) einbezogen werden. Allerdings müssen die in einem ausländischen Gerichtsstand der Gewährleistungs- und Interventionsklage ergangenen Urteile gemäß Art V Abs 2 Satz 1 des Protokolls (Art 65 Abs 2 EuGVVO) in Deutschland anerkannt und vollstreckt werden. Umgekehrt tritt die Nebeninterventionswirkung nach § 74 ZPO auch gegenüber einem Streitverkündeten mit Wohnsitz in einem anderen Vertragsstaat des EuGVÜ/LugÜ ein (vgl näher WIECZOREK/SCHÜTZE/HAUSMANN Art 6 Rn 18 f).

4. Widerklage

a) Anwendungsbereich

Auch der Gerichtsstand der Widerklage nach Art 6 Nr 3 ist nur eröffnet, wenn der Widerbeklagte seinen Wohnsitz in einem Vertragsstaat hat; einer analogen Anwendung der Vorschrift auf Widerklagen gegen Kläger, die nicht im Hoheitsbereich eines Vertragsstaats wohnen, steht der klare Wortlaut entgegen (BGH NJW 1981, 2644; EICKHOFF 100; SCHLOSSER Art 6 Rn 9; aA GEIMER/SCHÜTZE, EuZVR Art 6 Rn 52; KROPHOLLER Art 6 Rn 32; MünchKomm/GOTTWALD Art 6 Rn 15). Nicht erforderlich ist, dass das Gericht der Hauptklage nach den Art 2 ff EuGVÜ international zuständig ist. Art 6 Nr 3 gilt vielmehr auch dann, wenn das angerufene Gericht seine internationale Zuständigkeit für die Hauptklage auf Vorschriften des autonomen Prozessrecht gestützt hat, sofern nur die Widerklage in den Anwendungsbereich des EuGVÜ fällt (WIECZOREK/SCHÜTZE/ HAUSMANN Art 6 Rn 31; SCHLOSSER Art 6 Rn 9; aA KROPHOLLER Art 6 Rn 31; MünchKomm/GOTT-

WALD Art 6 Rn 14). Art 6 Nr 3 findet keine Anwendung, wenn der Gerichtsstand der Widerklage durch eine Zuständigkeitsvereinbarung wirksam derogiert worden ist (OLG Koblenz RiW 1993, 934 [935]; GEIMER/SCHÜTZE, EuZVR Art 6 Rn 62). Zur Frage, ob eine ausschließliche Gerichtsstandsvereinbarung die Zuständigkeit nach Art 6 Nr 3 derogiert, s u Rn 225.

b) Konnexität

145 Der Gerichtsstand der Widerklage nach Art 6 Nr 3 wird – anders als nach § 33 Abs 1 ZPO – nicht schon durch einen „Zusammenhang" zwischen Klage und Widerklage iSv Art 22 Abs 3 begründet. Erforderlich ist vielmehr, dass die Widerklage „auf denselben Vertrag oder Sachverhalt wie die Klage selbst gestützt wird". Damit ist das Konnexitätserfordernis nach Art 6 Nr 3 enger als nach Art 6 Nr 1 (KROPHOLLER Art 6 Rn 33; GEIMER/SCHÜTZE, EuZVR Art 6 Rn 53; aA MünchKomm/GOTTWALD Art 6 Rn 16). Werden Klage und Widerklage auf unterschiedliche Verträge gestützt, so ist die Zuständigkeit nach Art 6 Nr 3 nur ausnahmsweise dann begründet, wenn diesen Verträgen ein einheitlicher Sachverhalt zugrunde liegt (BGH NJW 1993, 2753 [2754]). Fehlt es am Erfordernis der Konnexität, so kann die Widerklage im Gerichtsstand der Hauptklage nur erhoben werden, wenn sich die Zuständigkeit für die Widerklage aus anderen Vorschriften des EuGVÜ ergibt, insbesondere wenn der Kläger sich auf die Widerklage nach Art 18 rügelos einlässt.

c) Verhältnis zum nationalen Prozessrecht

146 Das EuGVÜ beschränkt sich in Art 6 Nr 3 auf die Bestimmung des für die Widerklage zuständigen Gerichts; alle sonstigen Zulässigkeitsvoraussetzungen einer Widerklage beurteilen sich hingegen nach dem nationalen Verfahrensrecht der lex fori. Allerdings darf die Anwendung der nationalen Verfahrensregeln die praktische Wirksamkeit des Übereinkommens nicht beeinträchtigen (EuGH Rs C-365/88 [Rn 143] Slg 1990 I, 1845, 1866 [Nr 20 f] = NJW 1991, 2621 [zu Art 6 Nr 2]). Demgemäß entscheidet das nationale Prozessrecht auch darüber, unter welchen Voraussetzungen Widerklagen gegen bisher am Rechtsstreit nicht beteiligte Personen erhoben werden können. Die internationale Zuständigkeit für eine solche parteierweiternde Widerklage ergibt sich weder aus Art 6 Nr 3 (MünchKomm/GOTTWALD Art 6 Rn 16) noch aus § 33 ZPO (vgl WIECZOREK/SCHÜTZE/HAUSMANN § 33 Rn 56 f).

5. Verbindung mit dinglicher Klage

147 Art 6 Nr 4 erleichtert dem Kläger – ähnlich wie § 25 ZPO – die Rechtsverfolgung dadurch, dass er bestimmte, im Zusammenhang mit der dinglichen Hauptklage stehende persönliche Klagen gegen denselben Beklagten im Gerichtsstand des Art 16 Nr 1 a erheben kann. Damit wird der ansonsten für das EuGVÜ geltende Grundsatz durchbrochen, das in Fällen der Anspruchshäufung die internationale Zuständigkeit für jeden einzelnen Anspruch gesondert zu prüfen ist. Die Möglichkeit der Klageverbindung ist nach Art 6 Nr 4 auf vertragliche Ansprüche beschränkt (zum Begriff vgl o Rn 49 ff). Ungeschriebenes Tatbestandsmerkmal der Vorschrift ist ferner ein hinreichender Zusammenhang zwischen dem geltend gemachten vertraglichen Anspruch und dem dinglichen Recht an einer unbeweglichen Sache. In Betracht kommt insbesondere die Verbindung der dinglichen Klage aus einer Hypothek oder Grundschuld auf Duldung der Zwangsvollstreckung in das Grundstück mit der Klage gegen den persönlichen Schuldner auf Leistung oder Feststellung (GEIMER/SCHÜTZE, EuZVR

Art 6 Rn 81). Der Gerichtsstand des Art 6 Nr 4 ist – im Gegensatz zum dinglichen Gerichtsstand nach Art 16 Nr 1 a – *nicht ausschließlich*. Dem Kläger steht es daher frei, die persönliche Klage auch im allgemeinen Gerichtsstand des Beklagten oder in einem anderen besonderen Gerichtsstand zu erheben.

6. Prozessaufrechnung

Bei der Beurteilung der Prozessaufrechnung muss zwischen den materiellen Voraussetzungen für die Aufrechnung und der Zulässigkeit ihrer Geltendmachung im Prozess unterschieden werden. Da die Aufrechnung zum Erlöschen der Hauptforderung führt, unterliegen ihre materiellrechtlichen Voraussetzungen gem Art 32 Abs 1 Nr 4 EGBGB dem Statut der Hauptforderung (BGH NJW 1994, 1416; OLG Hamm RiW 1995, 55; vgl auch Art 32 Rn 61 mwN; aA KANNENGIESSER 117 ff: alternative Anknüpfung „in favorem compensationis"). Das Aufrechnungsstatut – und nicht die lex fori des angerufenen Gerichts – entscheidet daher darüber, ob Konnexität der zur Aufrechnung gestellten Ansprüche erforderlich ist (GEIMER/SCHÜTZE, EuZVR Art 6 Rn 65). Demgegenüber bestimmt das Prozessrecht der lex fori über die verfahrensrechtliche Zulässigkeit der Aufrechnung. Dabei geht es insbesondere um die Frage, ob die Prozessaufrechnung auch die internationale Zuständigkeit des angerufenen Gerichts für die Entscheidung über die Gegenforderung nach Maßgabe des EuGVÜ voraussetzt. Dies ist nicht der Fall, soweit mit unstreitigen oder rechtskräftig festgestellten Gegenforderungen aufgerechnet wird (KROPHOLLER Art 6 Rn 37 mwN).

Hingegen muss nach Auffassung des BGH bei der Prozessaufrechnung mit einer streitigen Gegenforderung die Kompetenzfrage gestellt werden. Der Aufrechnungseinwand könne daher im Prozess nur berücksichtigt werden, wenn der Gerichtsstaat auch für eine klageweise Geltendmachung der zur Aufrechnung gestellten Forderung international zuständig sei (BGH NJW 1993, 2753 [2755] = IPRax 1994, 114 m zust Anm GEIMER 82 = ZZP 107 [1994] 211 m abl Anm LEIPOLD; zust LG Berlin IPRax 1998, 97 [99 f] m abl Anm GEBAUER 79; LG Dortmund IPRspr 1998 Nr 139; OLG Düsseldorf IPRspr 1997 Nr 145; OLG Celle IPRax 1999, 456 m abl Anm GEBAUER 432). Nach dieser Auffassung sind einer Prozessaufrechnung daher grundsätzlich die gleichen Schranken gezogen wie einer Widerklage nach Art 6 Nr 3 EuGVÜ, dh die Aufrechnung ist nur mit konnexen Gegenforderungen zulässig, soweit nicht ein sonstiger EuGVÜ-Gerichtsstand für die Gegenforderung beim angerufenen Gericht begründet ist. Dieser Auffassung hat der EuGH widersprochen. Danach gilt Art 6 Nr 3 nur für eine Klage des Beklagten auf gesonderte Verurteilung des Klägers, nicht hingegen für den Fall, dass ein Beklagter eine Forderung als **bloßes Verteidigungsmittel** im Wege der Aufrechnung geltend macht. In prozessualer Hinsicht sei die Verteidigung Bestandteil des vom Kläger in Gang gesetzten Verfahrens; über ihre Zulässigkeit als Verteidigungsmittel bestimme daher das nationale Prozessrecht der lex fori (EuGH Rs C-341/93 – *Danvaern production AS/Schuhfabriken Otterbeck* – Slg 1995 I, 2053, 2076 ff [Nr 13 ff] = NJW 1996, 42 m Anm BACHER 2140 = ZZP 109 [1996] 373 m Anm MANKOWSKI = EuZW 1995, 639 m Anm GEIMER). Im Schrifttum ist diese Entscheidung zT dahin interpretiert worden, dass die deutschen Gerichte auch künftig nicht gehindert sind, die Zulässigkeit der Prozessaufrechnung davon abhängig zu machen, dass das Gericht der Hauptsache auch für die klageweise Geltendmachung der Aufrechnungsforderung nach Maßgabe der §§ 12 ff ZPO zuständig ist (so JAYME/KOHLER IPRax 1995, 343 [349]; COESTER-WALTJEN, in: FS Lüke [1997] 47 ff; KROPHOLLER Art 6 Rn 42; SCHLOSSER vor Art 2 Rn 15; BÜLOW/BÖCKSTIEGEL/AUER Art 6 Rn 60;

zust OLG Hamm IPRspr 1997 Nr 160 A; für inkonnexe streitige Forderungen auch WAGNER IPRax 1999, 65 [70 ff]). Dies überzeugt schon deshalb nicht, weil die ZPO im Falle der Aufrechnung mit inkonnexen Forderungen die Abtrennung nach § 145 Abs 3 vorsieht (GEBAUER IPRax 1998, 85). Vor allem aber zählen zu den Voraussetzungen der Aufrechnung, die der EuGH dem nationalen Prozessrecht zugewiesen hat, nur solche, die – wie zB Fragen der Form oder Frist für die Prozessaufrechnung – im EuGVÜ nicht geregelt sind. Demgegenüber wollte der EuGH dem mit der Aufrechnung befassten Gericht keinen Rückgriff auf das nationale Zuständigkeitsrecht ermöglichen (KANNENGIESSER 172 ff; MANKOWSKI ZZP 109 [1996] 367 [381 f, 394]; GEBAUER IPRax 1998, 84 ff; ROTH RiW 1999, 819 [822 f]; MünchKomm/GOTTWALD Art 17 Rn 72; THOMAS/PUTZO/HÜSSTEGE Art 6 Rn 7). Insoweit verbleibt es vielmehr bei dem Grundsatz *„Le juge de l'action est le juge de l'exception"*, der lediglich durch das Verbot des Rechtsmissbrauchs eingeschränkt wird (WOLF LM Nr 39 EGÜbk). Nur die Anwendung dieses Grundsatzes vermeidet Rechtsschutzlücken zu Lasten des Beklagten (STADLER, in: FS 50 Jahre BGH [2000] 645 [662 f]).

IX. Vermögensgerichtsstand*

1. Allgemeines

a) Normzweck

150 Nach § 23 S 1, 1. Alt ZPO kann eine Person, die im Inland keinen Wohnsitz, wohl aber Vermögen hat, wegen vermögensrechtlicher Ansprüche am Belegenheitsort dieser Vermögensstücke verklagt werden. Zweck dieses Gerichtsstands ist es, das Entstehen inländischer Vollstreckungsenklaven zu vermeiden (BGH IPRax 1995, 98 [99] m Anm KOCH 71; BAG NZA 1997, 1182; OLG Celle NJW 1999, 5722; SCHÜTZE DZWiR 1991, 240;

---

* **Schrifttum:** ALBERT, Arrestverfahren gegen ausländische staatliche Unternehmen am Vermögensgerichtsstand, IPRax 1983, 55; BITTIGHOFER, Der internationale Gerichtsstand des Vermögens (1994); ESSER, Klagen gegen ausländische Staaten (1990); FISCHER, Zur internationalen Zuständigkeit deutscher Gerichte nach § 23 ZPO, RiW 1990, 794; FRICKE, Der Gerichtsstand des Vermögens – eine unendliche Geschichte, IPRax 1991, 159; ders, Neues vom Vermögensgerichtsstand, NJW 1992, 3066; GEIMER, Zur Rechtfertigung des Vermögensgerichtsstandes, JZ 1989, 979; ders, Rechtsschutz in Deutschland künftig nur bei Inlandsbezug?, NJW 1991, 3072; KLEINSTÜCK, Due Process – Beschränkungen des Vermögensgerichtsstandes durch hinreichenden Inlandsbezug und Minimum Contacts (1994); KOCH, Zur Vereinbarkeit des Erfordernisses „hinreichender Inlandsbezug des Rechtsstreits" gemäß § 23 ZPO mit dem Gemeinschaftsrecht, IPRax 1997, 229; KROPHOLLER, Möglichkeiten einer Reform des Vermögensgerichtsstandes, ZRvgl 1982, 1; MÖSSELE, Internationale Forderungspfändung (1991); MARK/ZIEGENHAIN, Der Gerichtsstand des Vermögens im Spannungsfeld zwischen Völkerrecht und deutschem internationalen Prozessrecht, NJW 1992, 3062; PFEIFFER, Internationale Zuständigkeit und prozessuale Gerechtigkeit 523 ff; SCHACK, Vermögensbelegenheit als Zuständigkeitsgrund – exorbitant oder sinnvoll?, ZZP 97 (1984) 46; SCHLOSSER, Einschränkung des Vermögensgerichtsstandes, IPRax 1992, 140; SCHUMANN, Der internationale Gerichtsstand des Vermögens und seine Einschränkungen, in: FS E T Liebmann II (1979) 839; ders, Aktuelle Fragen und Probleme des Gerichtsstands des Vermögens (§ 23 ZPO), ZZP 93 (1980) 408; SCHÜTZE, Zum Vermögensgerichsstand des § 23 ZPO, DZWiR 1991, 239; ZIEGENHAIN, Extraterritoriale Rechtsanwendung und die Bedeutung des Genuine Link-Erfordernisses – Eine Darstellung der deutschen und amerikanischen Staatenpraxis (1992).

LÜKE ZZP 95 [1992] 324 f; eingehend zur Entstehungsgeschichte SCHUMANN, in: FS Liebmann II 839 ff mwN). Die wesentliche Bedeutung des § 23 liegt damit in der durch den Gerichtsstand des Vermögens vermittelten *internationalen Zuständigkeit* der deutschen Gerichte für Klagen gegen Ausländer (vgl zu dieser Doppelfunktionalität des § 23 ZPO BGHZ 69, 37 [44]; BGHZ 80, 1 [3]; BGH NJW 1993, 2683 [2684]; BGH NJW 1997, 325 = RiW 1997, 238 m Anm MUNZ; BAG NZA 1997, 1182; STEIN/JONAS/SCHUMANN § 23 Rn 1), wobei Streitigkeiten aus internationalen Schuldverträgen im Vordergrund stehen. Der Gerichtsstand ist auch gegen ausländische Staaten eröffnet, wenn Gegenstand der Klage eine Forderung aus der privatwirtschaftlichen Betätigung des beklagten Staates ist, und das Inlandsvermögen nicht der sachlichen Immunität unterliegt (OLG Frankfurt RiW 1999, 461 = IPRax 1999, 247 m Anm HAU 232).

b) Verhältnis zum EuGVÜ/LugÜ
Im sachlichen Geltungsbereich des EuGVÜ/LugÜ findet § 23 ZPO allerdings keine **151** Anwendung, wenn sich die Klage gegen eine Person richtet, die ihren *Wohnsitz im Hoheitsgebiet eines Vertragsstaats* hat (Art 3 Abs 1 und 2 EuGVÜ/LugÜ; vgl OLG München NJW-RR 1988, 1023; KG IPRax 1999, 37 m Anm GÖTZ 21; STIEN/JONAS/SCHUMANN § 23 Rn 33 a). Wohnt der Beklagte nicht in einem Vertragsstaat, so wird § 23 ZPO hingegen durch Art 3 Abs 2 EuGVÜ/LugÜ nicht ausgeschlossen (Art 4 Abs 1 EuGVÜ/LugÜ; vgl BGH NJW 1984, 2037 = IPRax 1985, 216 m Anm ROTH 198; BGH NJW-RR 1988, 172 [173]). Auch Art 4 Abs 2 steht einer Anwendung von § 23 ZPO dann nicht entgegen (OLG Stuttgart RiW 1990, 829 [831]). Darüber hinaus kann aber auch im Geltungsbereich des EuGVÜ/LugÜ auf § 23 ZPO zur Bestimmung des *örtlich* zuständigen Gerichts immer dann zurückgegriffen werden, wenn sich der Staatsvertrag – wie zB in Art 2 – auf die Regelung der internationalen Zuständigkeit beschränkt.

2. Inlandsvermögen

a) Vermögensbegriff
Der Gerichtsstand in § 23 ZPO knüpft an einen *juristischen* Vermögensbegriff an. **152** Danach kann Vermögen jeder geldwerte Gegenstand sein, dem ein eigenständiger Vermögenswert zukommt. Ob sich das Vermögensrecht auf bewegliche oder unbewegliche Sachen (vgl BGH NJW-RR 1993, 5), Forderungen (zB Bankguthaben, vgl BGH NJW-RR 1988, 172) oder sonstige Rechte (zB Immaterialgüterrechte) bezieht, ob es dinglich oder obligatorisch ist, bleibt gleich (zu Einzelheiten der erfassten Vermögensgegenstände vgl WIECZOREK/SCHÜTZE/HAUSMANN § 23 Rn 14 ff). Eine wirtschaftliche Betrachtungsweise findet hingegen nach bisher hM grundsätzlich nicht statt; auch *geringwertige Vermögensgegenstände* des Beklagten im Inland sind danach geeignet, die Zuständigkeit für Streitigkeiten mit sehr hohen Streitigkeiten zu begründen (RGZ 75, 147 [152]; OLG Karlsruhe IPRspr 1973 Nr 130; zust MünchKomm/PATZINA § 23 Rn 15; BAUMBACH/LAUTERBACH/HARTMANN § 23 Rn 10).

b) Inlandsbelegenheit
Das Vermögen muss grundsätzlich im Bezirk des Gerichts belegen sein, das der **153** Kläger angerufen hat. Zur Begründung der internationalen Zuständigkeit der deutschen Gerichte genügt es freilich, dass sich Vermögen überhaupt im Inland befindet. *Forderungen* sind gemäß § 23 S 2, 1. Alt. ZPO am Wohnsitz des Drittschuldners belegen; für Bankguthaben ist daher der (Haupt-)Sitz der Bank maßgeblich (BGH NJW-RR 1988, 172; OLG Frankfurt RiW 1999, 461 = IPRax 1999, 247 m Anm HAU 232). Auf den

Erfüllungsort der Forderung kommt es hingegen im Rahmen des § 23 ZPO nicht an. Ist der Beklagte an einer inländischen GmbH oder Personengesellschaft beteiligt, so ist der Vermögensgerichtsstand am Sitz dieser Gesellschaft begründet. Auch die ausländische Muttergesellschaft kann daher nach § 23 ZPO am Sitz der deutschen Tochter verklagt werden, nicht dagegen der Alleingesellschafter der ausländischen Muttergesellschaft (BGH IPRax 1995, 98 f m Anm KOCH 71). Demgegenüber entscheidet bei Aktien und verbrieften Forderungen aus Inhaberpapieren, Wechseln – wie bei körperlichen Gegenständen – der Ort der Belegenheit des Papiers (vgl näher zur Vermögensbelegenheit WIECZOREK/SCHÜTZE/HAUSMANN § 23 Rn 28).

3. Restriktive Auslegung

154 Der Vermögensgerichtsstand des § 23 S 1, 1. Alt. ZPO dehnt die deutsche internationale Zuständigkeit außerordentlich weit aus. Daß die Vorschrift nach ihrem Wortlaut weder im Hinblick auf den Wert des Vermögens noch im Hinblick auf einen Inlandsbezug Einschränkungen enthält, hat in der älteren Rechtsprechung zu einer extensiven Annahme der internationalen Zuständigkeit deutscher Gerichte geführt. Als Ausnahme vom Grundsatz „actor sequitur forum rei" hat § 23 ZPO dazu gedient, die deutsche internationale Zuständigkeit für vermögensrechtliche Klagen mit hohen Streitwerten bereits dann zu eröffnen, wenn nur geringwertige Vermögensstücke des Beklagten im Inland belegen waren (vgl RGZ 51, 163; RGZ 75, 147 [152]). Ferner wurde § 23 ZPO wiederholt auf Rechtsstreitigkeiten zwischen Parteien angewandt, die beide weder (Wohn-)Sitz noch gewöhnlichen Aufenthalt im Inland hatten (vgl BGH WM 1964, 879; BGH NJW 1989, 1154; OLG Frankfurt MDR 1958, 108). Der so verstandene Vermögensgerichtsstand ist daher mit Recht als „im internationalen Rechtsverkehr unerwünscht" (vgl BGHZ 42, 194 [199 f] = NJW 1969, 2090) und gar als „Kampfgerichtsstand" (HELLWIG, System des deutschen ZPR I [1992] 118) bezeichnet worden.

155 § 23 ZPO ist zwar auch in dieser nur am Wortlaut orientierten Auslegung weder verfassungs- noch völkerrechtswidrig (BVerfGE 64, 1 [20] = NJW 1983, 2766; zust BGH NJW 1989, 1431 = IPRax 1990, 41 m Anm SCHACK 19; GEIMER, IZPR[5] Rn 1348; SCHACK ZZP 97 [1984] 60; aA SCHLOSSER IPRax 1992, 140 ff); er wurde jedoch – nicht zuletzt im Hinblick auf die völkerrechtliche Vertragspraxis (zu dieser WIECZOREK/SCHÜTZE/HAUSMANN § 23 Rn 40 ff) – im Schrifttum bereits seit längerem gerade in seiner internationalprozessrechtlichen Funktion kritisiert (SCHRÖDER, Internationale Zuständigkeit [1980] 431 f; LINKE, IZPR Rn 167; HAUSMANN IPRax 1982, 51 [56]; FRICKE IPRax 1991, 161 f). Dieser Kritik hat sich der BGH in einer Grundsatzentscheidung des IX. Zivilsenats von 1991 angeschlossen (BGHZ 115, 90 [94 ff] = NJW 1991, 3092 = IPRax 1992, 160 m zust Anm SCHLOSSER 140 = ZZP 105 [1992] 314 m krit LÜKE = JZ 1992, 54 m krit Anm SCHACK = WuB VII § 23 ZPO 2. 91 m krit Anm THODE; ebenso schon OLG Stuttgart RiW 1990, 829 [830 f] = IPRax 1991, 179 m Anm FRICKE 159). Danach ist eine restriktive Auslegung und Anwendung des § 23 S 1, 1. Alt geboten, soweit hierdurch die internationale Zuständigkeit der deutschen Gerichte durch die Belegenheit von Vermögen im Inland begründet wird (zust OLG Celle NJW 1999, 3722). Der *Gerichtsstand des Streitobjekts* nach § 23 S 1, 2. Alt ZPO weist hingegen durchwegs einen hinreichenden Bezug des Rechtsstreits zu dem angerufenen Gericht auf, so dass es einer einschränkenden Interpretation der internationalprozessrechtlichen Auswirkungen nicht bedarf (zutr STEIN/JONAS/SCHUMANN § 23 Rn 31c).

4. Inlandsbezug

a) Erfordernis

Aufgrund der gebotenen restriktiven Auslegung des § 23 ZPO ist der Vermögensgerichtsstand nur dann eröffnet, wenn der Rechtsstreit einen über die Vermögensbelegenheit hinausgehenden hinreichenden Inlandsbezug aufweist (so ausdrücklich BGHZ 115, 94 ff im Anschluss an SCHUMANN ZZP 93 [1980] 442; HAUSMANN IPRax 1982, 56; zust BGH IPRax 1998, 211; BAG BB 1997, 2116; OLG München WM 1992, 2115 [2117] = IPRax 1993, 237 m Anm GEIMER 216; OLG Frankfurt NJW-RR 1993, 305 [306] und IPRax 1999, 247; OLG Brandenburg RiW 1997, 424; OLG Rostock TranspR 2000, 40; ZÖLLER/VOLLKOMMER § 23 Rn 1; THOMAS/PUTZO § 23 Rn 2; FRICKE NJW 1992, 3066; SCHLOSSER IPRax 1992, 140; JAYME/KOHLER, IPRax 1992, 346). Diese Einschränkung ist zwar in der Literatur auf Kritik gestoßen (vgl LÜKE, SCHACK und THODE, jeweils aaO [Rn 155]; ferner KROPHOLLER, in: Hdb IZVR I Kap III Rn 302; FISCHER RiW 1992, 57 ff; GEIMER NJW 1991, 3072 ff und IZPR[5] Rn 1077a, 1356; SCHÜTZE DZWiR 1991, 241 ff; BAUMBACH/LAUTERBACH/HARTMANN § 23 Rn 9). Dafür spricht bereits *der Zweck und die Entstehungsgeschichte* der Vorschrift, die jedenfalls primär einen Auffanggerichtsstand für im Inland wohnhafte Gläubiger schaffen sollte; diesen Gedanken des Inländerschutzes bei der Anwendung des § 23 ZPO hat schon das Reichsgericht hervorgehoben (vgl RGZ 6, 400 [403, 405]; ferner HELLWIG 118). Hingegen war es kaum die Absicht des Gesetzgebers, Rechtsstreitigkeiten zwischen Ausländern ohne jeden sonstigen Inlandsbezug vor deutschen Gerichten zu ermöglichen (SCHUMANN in: FS Liebmann II 843; FRICKE IPRax 1991, 160 f und NJW 1992, 3066 f). Dieser gesetzgeberischen Vorstellung widerspräche es aber, § 23 ZPO im Wege der reinen Wortlautinterpretation dahin zu verstehen, dass allein das Vorhandensein von Inlandsvermögen des Beklagten ausreiche, um die internationale Zuständigkeit deutscher Gerichte für jedwede Streitigkeiten zwischen Parteien ohne Wohnsitz in Deutschland zu begründen und damit in weitem Umfang dem „forum shopping" Vorschub zu leisten (BGHZ 115, 90 [94 f] = NJW 1991, 3092). Namentlich im Zuge der Globalisierung der Weltwirtschaft kann etwa die bloße Vorhaltung eines Kontos bei einer deutschen Bank durch den Beklagten nicht ausreichen, um die Zuständigkeit der deutschen Gerichte für jedwede Klagen gegen ihn zu begründen (BAG NZA 1997, 1182; vHOFFMANN, IPR[6] § 3 Rn 47).

Eine auf den hinreichenden Inlandsbezug abstellende Auslegung des § 23 begrenzt ferner die durch den Vermögensgerichtsstand heraufbeschworene Beeinträchtigung der Verteidigungsmöglichkeiten des ausländischen Beklagten und entspricht damit **modernen Tendenzen des Völkerrechts,** die zu einer weitgehenden Verbannung des Vermögensgerichtsstands aus jüngeren Staatsverträgen über die Anerkennung und Vollstreckung von zivilrechtlichen Entscheidungen geführt haben. Der BGH spricht in diesem Zusammenhang mit Recht von einer „durch sachliche Erfordernisse nicht zu rechtfertigenden Zuständigkeitsanmaßung der deutschen Gerichtsbarkeit" (BGHZ 115, 90 [98] = NJW 1991, 3092; zust BAG aaO; SCHLOSSER IPRax 1992, 140 ff; krit dagegen SCHACK JZ 1992, 55; LÜKE ZZP 105 [1992] 323; GEIMER, IZPR[5] Rn 1354). Er knüpft damit an das völkerrechtliche Erfordernis eines sinnvollen Anknüpfungspunkts („genuine link") für die extraterritoriale Hoheitsausübung an (vgl dazu näher MARK/ZIEGENHAIN NJW 1992, 3062 ff mwN). Auch das BVerfG hatte bereits eine restriktive „völkerrechtskonforme Auslegung" des § 23 angemahnt (vgl BVerfG 64, 1 [20] = NJW 1983, 2766). Danach rechtfertigt aber der bloße Erwerb oder Besitz von Vermögen im Inland eine Gerichtspflichtigkeit des Vermögensinhabers vor deutschen Gerichten nicht (BGH

NJW 1991, 3094; zust auch BAG NZA 1997, 1182 = DB 1998, 308). Dies gilt allerdings nur für das Erkenntnisverfahren; demgegenüber hängt die internationale Zuständigkeit deutscher Gerichte für die *Vollstreckung* ausländischer Urteile nach § 722 ZPO nicht von einem über die Vermögensbelegenheit hinausgehenden Inlandsbezug ab, weil sonst ein Vollstreckungszugriff auf dieses Vermögen ausgeschlossen wäre (BGH RiW 1997, 238 m Anm MUNZ = JZ 1997, 362 m Anm SCHLOSSER).

b) Konkretisierung

158 Der vom BGH geforderte „hinreichende Inlandsbezug des Rechtsstreits" bedarf freilich aus Gründen der im Zuständigkeitsrecht gebotenen Rechtssicherheit und Vorhersehbarkeit der näheren Konkretisierung (zutr SCHLOSSER IPRax 1992, 142; FRICKE NJW 1992, 3069; GEIMER IPRax 1993, 217; auch BAG BB 1997, 2116). Als hinreichender Inlandsbezug genügt in jedem Falle der Wohnsitz bzw gewöhnliche Aufenthalt des Klägers im Inland (BGH NJW 1997, 324 = IPRax 1997, 336; BGH NJW 1997, 2885 = IPRax 1998, 470 m Anm GOTTWALD/BAUMANN 445; OLG Frankfurt RiW 1999, 461 = IPRax 1999, 247 m Anm HAU 232; STEIN/JONAS/SCHUMANN § 23 Rn 31; ZÖLLER/VOLLKOMMER § 23 Rn 13), denn maßgebliches Motiv für die Schaffung des Vermögensgerichtsstandes war gerade die Erleichterung der Rechtsverfolgung für im Inland ansässige Personen gegenüber Ausländern. Dieses Interesse besteht auch heute – trotz stark verbesserter Transport- und Kommunikationsmittel – fort (einschränkend SCHLOSSER IPRax 1992, 142). Auch aus völkerrechtlicher Sicht kann es einem Staat nicht verwehrt sein, Inländern die Rechtsverfolgung vor den heimischen Gerichten zu ermöglichen (zutr MARK/ZIEGENHAIN NJW 1992, 3064). Hingegen reicht die bloße deutsche Staatsangehörigkeit des – im Ausland wohnhaften – Klägers nicht aus (OLG Brandenburg RiW 1997, 424; SCHLOSSER IPRax 1992, 142; STEIN/JONAS/SCHUMANN § 23 Rn 31 e; aA BGH NJW-RR 1993, 5, wo die deutsche Staatsangehörigkeit des in Polen lebenden Klägers für eine Unterhaltsklage im Gerichtsstand des § 23 als hinreichender Inlandsbezug gewertet wird). Ein Abstellen auf die Staatsangehörigkeit würde zudem EU-Ausländer in unzulässiger Weise diskriminieren; darüber hinaus dürfte ihnen gegenüber auch in der Anknüpfung an den inländischen Wohnsitz eine mittelbare Diskriminierung liegen, so dass EU-Ausländer sich schon dann auf § 23 ZPO stützen können, wenn ein hinreichender Gemeinschaftsbezug vorliegt (KOCH IPRax 1997, 229 ff). Auch der inländische Wohnsitz des Klägers genügt allerdings dann nicht, wenn er lediglich zum Zwecke der Zuständigkeitserschleichung nachträglich begründet wurde (dazu näher WIECZOREK/SCHÜTZE/HAUSMANN § 23 Rn 36 f).

159 Eine Ausnahme von der grundsätzlichen Beschränkung des § 23 auf Klagen von Personen mit Wohnsitz/Sitz im Inland kann gerechtfertigt sein, wenn eine Entscheidung deutscher Gerichte wegen der größeren **Rechts- oder Beweisnähe** zweckmäßig erscheint. In Betracht kommen etwa Streitigkeiten aus in Deutschland abgeschlossenen Verträgen (BGH NJW 1997, 324 und 2885) oder aus einer sonstigen aktiven Teilnahme des Beklagten am Geschäftsleben („doing business") in der Bundesrepublik Deutschland (so – in Anlehnung an den US Supreme Court in *Worldwide Volkswagen Corp. V. Woodson*, 444 US 286, 305 ff [1980] – MARK/ZIEGENHAIN NJW 1992, 3064 f: „bewusste Investitionsentscheidung"; sehr restriktiv hingegen OLG München IPRax 1993, 237 m abl Anm GEIMER 216, wo auch weitreichende Kontakte der Klägerin zum deutschen Markt für nicht ausreichend gehalten werden). Ausreichend kann aber auch sein, dass im Ausland wohnhafte Parteien den streitgegenständlichen Vertrag ausdrücklich dem *deutschen materiellen Recht unterstellt* haben (OLG Stuttgart RiW 1990, 829 [831]; MARK/ZIEGENHAIN aaO; STEIN/JONAS/ SCHUMANN § 23 Rn 31 f; krit hingegen vor allem SCHÜTZE DZWiR 1991, 242; GEIMER NJW 1991,

3074; FISCHER RiW 1990, 796; LÜKE ZZP 105 [1992] 327). Auch die Führung von Vertragsverhandlungen oder die Verwirklichung eines Haftungstatbestands im Inland kann den für § 23 erforderlichen Inlandsbezug herstellen (ZÖLLER/VOLLKOMMER § 23 Rn 13). Die berechtigten Vorbehalte gegenüber einer leichtfertigen Übernahme der Lehre vom „forum non conveniens" in das deutsche Prozessrecht (vgl dazu GEIMER IZPR Rn 1075 ff; REUS RiW 1991, 542 ff; SCHÜTZE DZWir 1991, 242 f) stehen einer solchen Berücksichtigung der vereinbarten Geltung deutschen Rechts oder des leichteren Zugangs zu den Beweismitteln im Rahmen der Konkretisierung des „hinreichenden Inlandsbezugs" nicht entgegen.

Dem ausländischen Kläger ist schließlich ein Forum nach § 23 ZPO vor deutschen Gerichten auch dann zu eröffnen, wenn ihm sonst eine **internationale Rechtsverweigerung** drohen würde, wenn also für die Streitigkeit auch ausländische Gerichte nicht zuständig sind (sog internationale Notzuständigkeit, vgl OLG Stuttgart RiW 1990, 829 [831]; OLG Rostock TranspR 2000, 40; STEIN/JONAS/SCHUMANN Rn 31 g; GEIMER, IZPR[5] Rn 1024, 1029 f, 1361; MARK/ZIEGENHAIN NJW 1992, 3062, 3065; ebenso – allerdings beschränkt auf deutsche Kläger – SCHLOSSER IPRax 1992, 143). Gleiches muss auch dann gelten, wenn dem ausländischen Kläger zwar im Ausland ein Gerichtsstand gegen den Beklagten zur Verfügung steht, ein dort erstrittenes Urteil aber (zB wegen fehlender Verbürgung der Gegenseitigkeit, § 328 Abs 1 Nr 5 ZPO) im Inland nicht anerkannt wird, so dass er auf das inländische Vermögen des Beklagten auch nicht über ein Vollstreckungsurteil nach § 723 zugreifen kann; denn die Einschränkung des § 23 sollte nicht zu „vollstreckungsfreien Oasen" im Inland führen (GEIMER NJW 1991, 3072 und IZPR[5] Rn 1349; MARK/ZIEGENHAIN NJW 1992, 3064; STEIN/JONAS/SCHUMANN Rn 31 h; SCHACK ZZP 97 [1984] 55). Demgegenüber ist es kein legitimer Gesichtspunkt für die Inanspruchnahme der internationalen Zuständigkeit deutscher Gerichte nach § 23 ZPO, dass die Prozessführung im Ausland beschwerlicher oder wegen mangelnder Vertrauenswürdigkeit der dortigen Gerichte risikobehafteter ist (OLG Stuttgart RiW 1990, 829 [831]; GEIMER NJW 1991, 3073; SCHLOSSER IPRax 1992, 142; HOHLOCH JuS 1992, 349). Auch die Absicht des Klägers, ein im Heimatstaat des Beklagten anhängiges Insolvenzverfahren über dessen Vermögen zu umgehen, begründet noch keine internationale Notzuständigkeit der deutschen Gerichte (OLG München WM 1992, 2115 [2118] = IPRax 1993, 237); dies gilt jedenfalls dann, wenn das ausländische Insolvenzverfahren auch das inländische Vermögen des Beklagten erfasst und die rechtlichen Wirkungen der dort ergehenden Entscheidung im Inland anzuerkennen sind (GEIMER IPRax 1993, 216 [218]).

5. Einschränkung des Vermögensbegriffs

Schließlich sollte § 23 ZPO in seiner internationalprozessrechtlichen Funktion auch durch eine teleologische Reduktion des Vermögensbegriffs in dem Sinne eingeschränkt werden, dass eine internationale Zuständigkeit deutscher Gerichte auf die Vorschrift nur gestützt werden kann, wenn das vom Kläger begehrte Urteil zu *inländischen Vollstreckungsmaßnahmen* führen kann, die einen Überschuß abwerfen (OLG Karlsruhe IPRspr 1987 Nr 121 a; STEIN/JONAS/SCHUMANN § 23 Rn 31 d; LÜKE ZZP 105 [1992] 325; noch weitergehend KROPHOLLER, in: Hdb IZVR I Kap III Rn 342; **aA** GEIMER IZPR Rn 1352, 1363, sowie aus Gründen der Rechtssicherheit auch MünchKomm/PATZINA § 23 Rn 8). Daran fehlt es vor allem dann, wenn eine Vollstreckung in das inländische Vermögen des Beklagten – zB wegen Immunität oder sonstiger Unpfändbarkeit – unzulässig ist (vgl OLG Frankfurt IPRax 1983, 68 m Anm ALBERT 55 und IPRax 1999, 247 [249]). Gleiches sollte aber zur Vermeidung eines Missbrauchs des Vermögensgerichtsstandes auch dann gelten, wenn der Wert des Vermögensstücks im Inland extrem gering und außer jedem Verhältnis zum Streitwert des Prozesses steht (OLG Celle NJW 1999, 3722 = IPRax 2001, 338; KROPHOLLER aaO; SCHACK, IZVR[2] Rn 328; SCHLOSSER IPRax 1992, 143; LÜKE ZZP 105 [1992] 325; ZÖLLER/VOLLKOMMER § 23 Rn 7 f; WIECZOREK/SCHÜTZE/HAUSMANN § 23 Rn 22, 52 mwN; aA BGH NJW 1997, 325 [326]; OLG Frankfurt IPRax 1999, 247 [250]; GEIMER, IZPR[5] Rn 1371; WOLLENSCHLÄGER IPRax 2001, 320). Die Inanspruchnahme des Vermögensgerichtsstands ist aber jedenfalls dann ausgeschlossen, wenn sie mit Rücksicht auf die Geringwertigkeit des Vermögens oder die Aussichtslosigkeit einer Vollstreckung als missbräuchlich erscheint (BGH aaO). Für Feststellungs- und Gestaltungsklagen sollte der Gerichtsstand des § 23 ZPO nur eröffnet werden, wenn die Feststellungs- oder Gestaltungswirkung gerade im Inland notwendig ist (STEIN/JONAS/SCHUMANN § 23 Rn 31 d).

C. Internationale Gerichtsstandsvereinbarungen

Schrifttum

1. Allgemeines

vBAUM, Die prozessuale Modifizierung von Wertpapieren durch Gerichtsstands- und Schiedsvereinbarungen (1998)
BORGES, Die europäische Klauselrichtlinie und der deutsche Zivilprozeß, RiW 2001, 933
FRANZEN, Internationale Gerichtsstandsvereinbarungen in Arbeitsverträgen zwischen EuGVÜ und autonomem internationalem Zivilprozeßrecht, RiW 2000, 81
GEIMER, Zuständigkeitsvereinbarungen zugunsten und zulasten Dritter, NJW 1985, 533
GOTTWALD, Grenzen internationaler Gerichtsstandsvereinbarungen, in: FS Firsching (1985) 89
ders, Internationale Gerichtsstandsvereinbarungen – Verträge zwischen Prozeßrecht und materiellem Recht, in: FS Henckel (1995) 295
HAU, Zur schriftlichen Bestätigung mündlicher Gerichtsstandsvereinbarungen, IPRax 1999, 24
HAUSMANN, Gerichtsstandsvereinbarungen, in: REITHMANN/MARTINY, Internationales Vertragsrecht[5] (1996) Rn 2085
HERNÁNDEZ/BRETÓN, Internationale Gerichtsstandsklauseln in Allgemeinen Geschäftsbedingungen (1993)
HESS, Gerichtsstandsvereinbarungen zwischen EuGVÜ und ZPO, IPRax 1992, 358

KIM, Internationale Gerichtsstandsvereinbarungen (1995)
KOCH, Zur Bewertung von Gerichtsstandsklauseln und Erfüllungsortvereinbarungen im internationalen Handelsverkehr, JZ 1997, 841
LEIPOLD, Zuständigkeitsvereinbarungen in Europa, in: GOTTWALD/GREGER/PRÜTTING, Dogmatische Grundfragen des Zivilprozeßes im geeinten Europa (2000) 51
PFEIFFER, Gerichtsstandsklauseln und EG-Klauselrichtlinie, in: FS Schütze (1999) 671
G ROTH, Internationalrechtliche Probleme bei Prorogation und Derogation, ZZP 93 (1980) 156
PEEL, Exclusive jurisdiction agreements: purity and pragmatism in the conflict of laws, Lloyd's MCLQ 1998, 182
SAENGER, Wirksamkeit internationaler Gerichtsstandsvereinbarungen, in: FS Sandrock (2000) 807
SANDROCK F, Die Vereinbarung eines „neutralen" internationalen Gerichtsstandes (1997)
SIEG, Internationale Gerichtsstands- und Schiedsklauseln in Allgemeinen Geschäftsbedingungen, RiW 1998, 102
STERNKE, Prozessuale Klauseln in Allgemeinen Geschäftsbedingungen (1993)
STÖVE, Gerichtsstandsvereinbarungen nach

5. Abschnitt. Schuldrecht.
1. Unterabschnitt. Vertragliche Schuldverhältnisse

Handelsbrauch, Art 17 EuGVÜ und § 38 ZPO (1993).

2. EuGVÜ/EuGVVO/Luganer Übereinkommen
ANCEL, La clause attributive de juridiction selon l'article 17 de la Convention de Bruxelles, Riv dir int priv proc 1991, 263
AULL, Der Geltungsanspruch des EuGVÜ: „Binnensachverhalte" und Internationales Zivilverfahrensrecht in der Europäischen Union – Zur Auslegung von Art 17 Abs 1 S 1 EuGVÜ (1996)
ders, Zur isolierten Prorogation nach Art 17 Abs 1 LugÜ, IPRax 1999, 226
BARIATTI, Sull' interpretazione dell' art 17 della Convenzione di Bruxelles del 27 settembre 1968, Riv dir int priv proc 1986, 819
BENECKE, Die teleologische Reduktion des räumlich-persönlichen Anwendungsbereichs von Art 2 ff und Art 17 EuGVÜ (Diss Bielefeld 1993)
BORN, Le régime général des clauses attributives de juridiction dans la Convention de Bruxelles, J trib 1995, 353
BURGSTALLER, Probleme der Prorogation nach dem Lugano-Übereinkommen, JBl 1998, 691
CARBONE, La disciplina comunitaria della „proroga della giurisdizione" in materia civile e commerciale, Dir com int 1989, 351
CONTALDI, Le clausole di proroga della giurisdizione contenute in polizze di carico ed il nuovo testo dell'art 17 della convenzione di Bruxelles del 1968, Riv dir int priv proc 1998, 79
DELI, Gli usi del commercio internazionale nel nuovo testo dell' art 17 della convenzione di Bruxelles del 1968, Riv dir int priv proc 1989, 27
DÖRNER/STAUDINGER, Internationale Zuständigkeit – Vertragsstaatenbezug, rügelose Einlassung und Gerichtsstandsklausel, IPRax 1999, 338
FUCHS, Aspekte der Schriftform nach Art 17 EuGVÜ und nach Art II des UN-Schiedsgerichtsübereinkommens (Diss Bonn 1985)
GAUDEMET-TALLON, Gerichtsstandsvereinbarungen im Brüsseler Übereinkommen, in: EuGH (Hrsg), Internationale Zuständigkeit und Urteilsanerkennung in Europa (1993) 117
GEBAUER, Zur Drittwirkung von Gerichtsstandsvereinbarungen bei Vertragsketten, IPRax 2001, 471
GIRSBERGER, Gerichtsstandsklausel im Konnossement: Der EuGH und der internationale Handelsbrauch, IPRax 2000, 87
GOTTWALD, Die einseitig bindende Prorogation nach Art 17 Abs 3 EuGVÜ, IPRax 1987, 291
GRUBE, Deutsch-spanische Gerichtsstandsvereinbarungen, EuZW 1992, 17
HASS, Zur internationalen Gerichtsstandsvereinbarung in einer Patronatserklärung, IPRax 2000, 494
HAU, Durchsetzung von Zuständigkeits- und Schiedsvereinbarungen mittels Prozeßführungsverboten im EuGVÜ, IPRax 1996, 44
HOFSTETTER/SCHNELLMANN, Die Gerichtsstandsvereinbarung nach dem Lugano-Übereinkommen (1992)
JAYME/AULL, Zur Anwendbarkeit des Art 17 EuGVÜ bei Wohnsitz beider Parteien in demselben Vertragsstaat, IPRax 1989, 80
JAYME/HAACK, Reziproke Gerichtsstandsklauseln – EuGVÜ und Drittstaaten, IPRax 1985, 323
KARRÉ/ABERMANN, Wirksamkeitsvoraussetzungen von Gerichtsstandsklauseln in Satzungen von Aktiengesellschaften, ZEuP 1994, 138
KILLIAS, Die Gerichtsstandsvereinbarung nach dem Lugano-Übereinkommen (1993)
ders, Internationale Gerichtsstandsvereinbarungen mittels Schweigen auf kaufmännisches Bestätigungsschreiben, in: FS Siehr (2001) 65
KINDLER/HANEKE, Gerichtsstandsvereinbarungen in Rahmenverträgen, IPRax 1999, 435
KOHLER, Internationale Gerichtsstandsvereinbarungen: Liberalität und Rigorismus im EuGVÜ, IPRax 1983, 265
ders, Pathologisches im EuGVÜ: Hinkende Gerichtsstandsvereinbarungen nach Art 17 Abs 3, IPRax 1986, 340
ders, Rigueur et souplesse en droit international privé: Les formes prescrites pour une convention attributive de juridiction dans le commerce internationale" par Article 17 de la convention de Bruxelles dans sa nouvelle rédaction, Dir com int 1990, 611
ders, Gerichtsstandsklauseln in fremdsprachigen AGB: Das clair-obscur des Art 17 EuGVÜ, IPRax 1991, 299

KRÖLL, Gerichtsstandsvereinbarungen aufgrund Handelsbrauchs im Rahmen des GVÜ, ZZP 113 (2000) 135
KROPHOLLER/PFEIFER, Das neue europäische Recht der Zuständigkeitsvereinbarung, in: FS Nagel (1987) 157
KUBIS, Gerichtspflicht durch Schweigen? – Prorogation, Erfüllungsortsvereinbarung und internationale Handelsbräuche, IPRax 1999, 10
MC CLELLAN, Choice of Jurisdiction Clauses under the EEC Judgments Convention, JBL 1984, 445
PIERI, La disciplina della proroga della competenza della convenzione di Bruxelles nella giurisprudenza della corte di giustizia della C.E.E., in: GS Giuliano (1989) 731
QUEIROLO, La forma degli accordi sul foro nella convenzione di Bruxelles del 1968: una recente pronuncia della Corte di giustizia, Riv dir int priv proc 1997, 601
ders, L'art 17 della convenzione di Bruxelles e clausola attributiva di giurisdizione in uno statuto societario, Riv dir int priv proc 1993, 69
RABE, Drittwirkung von Gerichtsstandsklauseln, TranspR 2000, 389
RAUSCHER, Gerichtsstandsbeeinflussende AGB im Geltungsbereich des EuGVÜ, ZZP 104 (1991) 271
REISER, Gerichtsstandsvereinbarungen nach IPR-Gesetz und Lugano-Übereinkommen (1995)
RINOLDI, Autonomia della volontà e foro elettivo nella Convenzione comunitaria sulla giurisdizione e il riconoscimento delle sentenze, Dir com int 1989, 407
H ROTH, Gerichtsstandsvereinbarung nach Art 17 EuGVÜ und kartellrechtliches Derogationsverbot, IPRax 1992, 67
SAENGER, Internationale Gerichtsstandsvereinbarungen nach EuGVÜ und LugÜ, ZZP 110 (1997) 477
ders, Gerichtsstandsverienbarung nach EuGVÜ in international handelsgebräuchlicher Form, ZeuP 2000, 656
SAMTLEBEN, Europäische Gerichtsstandsvereinbarungen und Drittstaaten – viel Lärm um nichts?, RabelsZ 59 (1995) 670
M SCHMIDT, Kann Schweigen auf eine Gerichtsstandsklausel in AGB einen Gerichtsstand nach Art 17 EuGVÜ-LuganoÜ begründen?, RiW 1992, 173
SCHULZE, Der pathologische Fall – die Gerichtsstandsvereinbarung nach Art 17 Abs 4 LugÜ/EuGVÜ, IPRax 1999, 229
SCHWARZ, Die neuere Rechtsprechung zu Art 17 Abs 4 EuGVÜ, IPRax 1987, 291
STAEHELIN, Gerichtsstandsvereinbarungen im internationalen Handelsverkehr Europas. Form und Willenseinigung nach Art 17 EuGVÜ/LugÜ (1994)
THORN, Grenzüberschreitende Gerichtsstandsvereinbarungen in Kreditverträgen zur Finanzierung von Börsenspekulationen, IPRax 1995, 294
VIAL, Die Gerichtsstandswahl und der Zugang zum internationalen Zivilprozeß im deutsch-italienischen Rechtsverkehr (1998)
VOLZ, Harmonisierung des Rechts der individuellen Rechtswahl, der Gerichtsstandsvereinbarung und der Schiedsvereinbarung im Europäischen Wirtschaftsraum (1993).

3. Autonomes Recht

BASEDOW, Das Statut der Gerichtsstandsvereinbarung nach der IPR-Reform, IPRax 1988, 15
BORK, Gerichtsstandsklauseln in Satzungen von Kapitalgesellschaften, ZHR 157 (1993) 48
vFALKENHAUSEN, Ausschluß von Aufrechnung und Widerklage durch internationale Gerichtsstandsvereinbarungen, RiW 1982, 386
ders, Internationale Gerichtsstandsvereinbarungen und unerlaubte Handlung, RiW 1983, 420
GOTTWALD/BAUMANN, Zur Derogation der deutschen internationalen Zuständigkeit, IPRax 1998, 445
HAU, Grenzen der Beachtlichkeit von Schieds- und Gerichtsstandsvereinbarungen nach lex fori und Vereinbarungsstatut, IPRax 1999, 232
HAUSMANN, Einheitliche Anknüpfung internationaler Gerichtsstands- und Schiedsvereinbarungen, in: FS W Lorenz (1991) 359
HOLLATZ, Formularmäßige Gerichtsstandsvereinbarungen im vollkaufmännischen Verkehr (1993)
E LORENZ, Zur internationalen Zuständigkeit und zur Formwirksamkeit der Derogation deutscher Arbeitsgerichte nach dem autonomen Kollisionsrecht, IPRax 1985, 256

NICKLISCH, Internationale Zuständigkeit bei vereinbarten Standardbedingungen (VOB/B), IPRax 1987, 286
PFEIFFER, Halbseitig fakultative Gerichtsstandsvereinbarungen in stillschweigend vereinbarten AGB?, IPRax 1998, 17
PRINZING, Internationale Gerichtsstandsvereinbarung nach § 38 ZPO, IPRax 1990, 83
SCHACK, Derogation des Vermögensgerichtsstands zwischen deutscher lex fori und ausländischem Prorogationsstatut, IPRax 1990, 19
SCHÜCKING, Wirtschaftsrechtliche Schranken für Gerichtsstandsvereinbarungen, in: GS Arens (1993) 383
SCHÜTZE, Die Bedeutung der Durchsetzbarkeit eines Anspruchs im forum prorogatum für die Wirksamkeit einer internationalen Gerichtsstandsvereinbarung, RiW 1983, 773
SCHWARK, Zur Durchsetzung inländischen Rechts gegenüber Gerichtsstandsvereinbarungen ausländischer Gerichte bei Börsentermingeschäften, ZGR 1985, 466
TRAPPE, Zulässigkeit von Gerichtsstandsklauseln in Konnossementen, IPRax 1985, 8
TRUNK, Derogationswirkung von Gerichtsstandsvereinbarungen im deutsch-polnischen Rechtsverkehr, IPRax 1998, 448
WEYLAND, Zur Frage der Ausschließlichkeit internationaler Gerichtsstandsvereinbarungen, in: GS Arens (1993) 417.

I. Allgemeines

1. Begriff

Durch eine Gerichtsstandsvereinbarung können die Parteien einen vom Gesetz nicht eröffneten Gerichtsstand begründen und/oder einen gesetzlichen Gerichtsstand abbedingen. Im internationalen Rechtsverkehr wird als **Prorogation** die Begründung der internationalen Zuständigkeit eines Staates verstanden, dessen Gerichte kraft Gesetzes zur Entscheidung des Rechtsstreits nicht zuständig wären. Demgegenüber versteht man unter **Derogation** den Ausschluss der internationalen Zuständigkeit eines Staates, dessen Gerichte ohne die Vereinbarung international zuständig wären. Zwischen diesen beiden Funktionen einer Gerichtsstandsvereinbarung ist auch dann sorgfältig zu unterscheiden, wenn die Parteien Prorogation und Derogation in einer Klausel kombinieren (vgl GEIMER, IZPR^5 Rn 1652 ff).

2. Rechtsquellen

Wichtigste staatsvertragliche Rechtsquelle auf dem Gebiet der internationalen Gerichtsstandsvereinbarungen ist **Art 17 EuGVÜ** in der seit dem 1.1.1999 für die Bundesrepublik Deutschland geltenden Fassung vom 29.11.1996 (vgl dazu o Rn 2). Das **Luganer Übereinkommen** enthält in Art 17 Abs 1–4 mit dem EuGVÜ 1996 wörtlich übereinstimmende Vorschriften; eine Abweichung gilt nach Abs 5 lediglich für Gerichtsstandsvereinbarungen in *Arbeitssachen* (dazu u Rn 215). In Art 23 der geplanten EG-Verordnung (Rn 2a) werden die Regeln des Art 17 EuGVÜ mit geringfügigen Modifikationen, die den elektronischen Geschäftsverkehr und die Wirkungen von Gerichtsstandsvereinbarungen betreffen, übernommen. Der bisherige Art 17 Abs 5 wird als Art 21 nF in den 5. Abschnitt betreffend Arbeitssachen eingestellt. Regelungen über internationale Gerichtsstandsvereinbarungen enthalten ferner verschiedene Spezialabkommen, namentlich auf dem Gebiet des internationalen Transportrechts (zB Art 32 WA; Art 31 Abs 1 CMR; dazu u Rn 175 f). Nur soweit vorrangige staatsvertragliche Regeln nicht eingreifen, richten sich die Zulässigkeit und die Wirkungen einer internationalen Gerichtsstandsvereinbarung nach dem **autonomen**

Prozessrecht der jeweiligen lex fori. Im deutschen Recht gelten dann die §§ 38, 40 ZPO.

3. Normzweck

164 Auf der Grundlage der gesetzlichen Zuständigkeitsordnung sowohl der Staatsverträge wie des autonomen Prozessrechts (s o Rn 18–161) können die Parteien bei Abschluss eines Schuldvertrages keine sichere Prognose abgeben, in welchem Staat und vor welchem Gericht etwaige Streitigkeiten aus diesem Vertrag auszutragen sein werden. Denn die internationale Zuständigkeit hängt von Umständen ab, die – wie zB die Parteirolle im künftigen Prozess, der Wohnort der Parteien bei Klageerhebung oder der tatsächliche Erfüllungsort von Vertragspflichten – bei Vertragsschluss häufig noch nicht feststehen; hinzu kommt das anerkannte Recht des Klägers, zwischen einer Klage im allgemeinen Gerichtsstand und in konkurrierenden besonderen Gerichtsständen zu wählen (vgl § 35 ZPO). Vor allem im Interesse eines legitimen „forum planning" lassen daher sowohl das EuGVÜ wie auch die meisten nationalen Rechte Vereinbarungen der Parteien über die internationale Gerichtszuständigkeit zu (GEIMER, IZPR[5] Rn 1596 ff). Darüber hinaus sind die Parteien selbst am besten in der Lage, ihre Zuständigkeitsinteressen im Einzelfall zu steuern.

II. Der Anwendungsbereich der Staatsverträge

1. Art 17 EuGVÜ/LugÜ

165 Die Anwendung von Art 17 erfordert zunächst, dass die erhobene Klage in den sachlichen und zeitlichen Anwendungsbereich des EuGVÜ/LugÜ fällt (vgl Art 1 und 54; dazu o Rn 6–9). Ferner muss der räumlich-persönliche Anwendungsbereich nach Art 17 Abs 1 eröffnet sein; an den hierfür maßgeblichen Kriterien wird sich auch mit Inkrafttreten der EuGVVO (Rn 2a) nichts ändern (vgl Art 23 Abs 1 EuGVVO).

a) Wohnsitz einer Partei in einem Vertragsstaat

Zunächst muss mindestens eine Partei ihren Wohnsitz bzw Sitz (iSv Art 52, 53) im Hoheitsgebiet eines Vertragsstaates haben. Insoweit reicht es also – abweichend von den Grundregeln der Art 2 Abs 1 und 4 Abs 1 – aus, wenn lediglich der *Kläger* in einem Vertragsstaat wohnt (EuGH Rs C-412/98 – *Group Josi/UGIC* – NJW 2000, 2009, 2010 [Nr 41 f] = EuLF 2000, 49 m Anm GEIMER = IPRax 2000, 520 m Anm STAUDINGER 483; GEIMER/SCHÜTZE, EuZVR Art 17 Rn 16). Wohnt keine der Parteien in einem Vertragsstaat, so entscheidet das aufgrund einer Gerichtsstandsvereinbarung angerufene Gericht über deren Gültigkeit nach seinem autonomen Verfahrensrecht (KROPHOLLER Art 17 Rn 12; SCHACK, IZVR[2] Rn 463). Wird die Zuständigkeit der Gerichte eines Vertragsstaats vereinbart, so ist die darin liegende Derogation etwaiger gesetzlicher Zuständigkeiten in anderen Vertragsstaaten von den dortigen Gerichten nach Art 17 Abs 1 S 3 allerdings auch dann zu beachten, wenn *beide Parteien ihren Sitz in Drittstaaten* haben. In solchen Fällen dürfen die Gerichte anderer Vertragsstaaten in der Sache erst entscheiden, wenn sich das prorogierte Gericht nach seinem nationalen Verfahrensrecht rechtskräftig für unzuständig erklärt hat (GEIMER NJW 1986, 2991; ebenso künftig Art 23 Abs 3 EuGVVO). Wegen des Vorrangs der rügelosen Einlassung nach Art 18 wird Art 17 Abs 1 S 3 frühestens auf Rüge des Beklagten beachtet (MünchKomm/GOTTWALD Art 17 Rn 9; GEIMER/SCHÜTZE Art 17 Rn 229 f).

b) Gewähltes Gericht in einem Vertragsstaat

166 Die Parteien müssen nach Art 17 Abs 1 ferner die Zuständigkeit der Gerichte eines Vertragsstaats vereinbart haben; ein örtlicher Gerichtsstand muss nicht notwendig bezeichnet werden. Art 17 gilt ferner sinngemäß auch für den Fall, dass die Parteien lediglich eine Zuständigkeit in einem Vertragsstaat ausgeschlossen haben (sog *isolierte Derogation;* vgl GEIMER/SCHÜTZE I/1 199, 508 ff, 919; KROPHOLLER Art 17 Rn 15 mwN). Auf die Vereinbarung eines Gerichtsstands in einem *Drittstaat* ist Art 17 hingegen nicht anwendbar. Wird daher das Gericht eines Vertragsstaates entgegen einer solchen Vereinbarung angerufen, so hat es die Wirksamkeit der *Prorogation* nach dem Recht des forum prorogatum, die Wirksamkeit der *Derogation* hingegen nach seinem autonomen Prozessrecht – einschließlich des Kollisionsrechts – zu beurteilen (EuGH Rs C-387/98 – *Coreck Maritime/Handelsveem* – NJW 2001, 501, 502 = EuLF 2001, 213 [Nr 19]). Deutsche Gerichte haben die Derogation ihrer internationalen Zuständigkeit durch Vereinbarung eines drittstaatlichen Gerichts daher an § 38 ZPO zu messen (BGH NJW 1989, 1431 [1432] = IPRax 1990, 41 m Anm SCHACK 19; OLG Frankfurt IPRax 1998, 35 m Anm PFEIFFER 17; MünchKomm/GOTTWALD Art 17 Rn 3, 8, 11; aA GEIMER/SCHÜTZE, EuZVR Art 17 Rn 40 ff; vgl auch u Rn 209 m Nachw).

c) Bezug zu mehreren Vertragsstaaten?

167 Art 17 Abs 1 ist fraglos auf Gerichtsstandsvereinbarungen anzuwenden, die einen Bezug zu mindestens zwei Vertragsstaaten aufweisen. Ein solcher Bezug wird jedenfalls durch den *Wohnsitz* der Parteien in verschiedenen Vertragsstaaten sowie ferner dadurch hergestellt, dass Parteien, die ihren Wohnsitz im gleichen Vertragsstaat haben, einen Gerichtsstand in einem anderen Vertragsstaat vereinbaren; denn es muss jedenfalls ausreichen, dass forum prorogatum und forum derogatum in verschiedenen Vertragsstaaten des EuGVÜ/LugÜ liegen (vgl BARIATTI Riv dir int priv proc 1986, 824 f und 1992, 856 f; ANCEL Riv dir int priv proc 1991, 267; BERNASCONI/GERBER SZIER 1993, 60 f; BENECKE 143 ff; AULL 131 f; zust OLG Köln IPRspr 1991 Nr 165; aA Cass [Italien] Riv dir int priv proc 1986, 863 [867] m krit Anm BARIATTI 819 und JAYME/AULL IPRax 1989, 80 f; OLG Hamm IPRax 1999, 244 [245] m abl Anm AULL 226; ferner SAMTLEBEN Rabelsz 59 [1995] 691; PIERI, in: GS Giuliano 736). Haben die Parteien die Zuständigkeit eines Gerichts ihres gemeinsamen Wohnsitzstaates vereinbart, so ist Art 17 anwendbar, wenn sie damit gleichzeitig die internationale Zuständigkeit der Gerichte eines anderen Vertragsstaats – zB den dort gegebenen Gerichtsstand des Erfüllungsorts nach Art 5 Nr 1 für eine Vertragsklage – ausgeschlossen haben (AULL 116 ff; im Erg auch SCHLOSSER Art 17 Rn 6; SCHACK, IZVR² Rn 464; MünchKomm/GOTTWALD Art 17 Rn 6; KILLIAS 71 ff; aA SAMTLEBEN RabelsZ 59 [1995] 693; STEIN/JONAS/BORK § 38 Rn 22).

168 Besonders umstritten war lange Zeit die Frage, ob Art 17 Abs 1 auch Rechtsstreitigkeiten erfasst, die zwar keinen Zuständigkeitsbezug zu einem anderen Vertragsstaat, wohl aber **zu einem Drittstaat** haben. Dies trifft typischerweise auf Sachverhalte zu, in denen ein Vertragsinländer (zB Deutscher) mit einem Drittstaatsangehörigen (zB US-Amerikaner) die Zuständigkeit eines Gerichts im Wohnsitzstaat des Vertragsinländers vereinbart hat. Die deutsche Rechtsprechung beurteilte Gerichtsstandsvereinbarungen in dieser Fallkonstellation bisher nicht am Maßstab des Art 17 EuGVÜ, sondern wandte § 38 ZPO an, weil das EuGVÜ keine umfassende Zuständigkeitsordnung schaffen, sondern nur Beklagte mit Wohnsitz in den Vertragsstaaten schützen wolle (BGHZ 116, 77 [80] = ZZP 105 [1992] 320 m zust Anm BORK = IPRax 1992, 377 m krit Anm HESS 358; BGH NJW 1997, 397 [398]; OLG München IPRax 1991, 46 [47 f] m krit Anm GEIMER

31; OLG Karlsruhe NJW-RR 1993, 567 f; OLG Rostock RiW 1997, 1042; OLG Düsseldorf IPRax 1999, 38 [40] m Anm HAU 24; OLG Saarbrücken NJW 2000, 670; zust SAMTLEBEN RabelsZ 59 [1995] 692 ff; SCHACK, IZVR² Rn 464; STEIN/JONAS/BORK § 38 Rn 22; THOMAS/PUTZO/HÜSSTEGE Art 17 Rn 2; JUNKER ZZP Int 3 [1998] 179 [186] mwN). Dieser Auffassung hat sich auch der öst OGH angeschlossen (JBl 1998, 726 [728]).

169 Gegen diese Lehre vom ungeschriebenen *Erfordernis eines „gemeinschaftsrechtlichen Binnenbezugs"* spricht freilich bereits der eindeutige Wortlaut des Art 17 Abs 1, der sich im Fall der Prorogation der Gerichte eines Vertragsstaats mit dem Wohnsitz einer Partei im Hoheitsgebiet der Vertragsstaaten als Anwendungsvoraussetzung begnügt (MünchKomm/GOTTWALD Art 17 Rn 7; FRANZEN RiW 2000, 83). Diese Lehre ist ferner mit dem – auch im EVÜ zum Ausdruck kommenden – Bestreben, europäisches Einheitsrecht mit universellem Anwendungsbereich zu schaffen, nur schwer vereinbar (KROPHOLLER, in: FS Ferid 239; GEIMER IPRax 1991, 33 f; BASEDOW IPRax 1985, 135; SAENGER ZZP 110 [1997] 481). Hinzu kommen praktische Schwierigkeiten, weil der angerufene Richter gezwungen ist, den Sachverhalt auf mögliche Bezugspunkte zum Recht anderer Vertragsstaaten zu prüfen, um über die Grenzziehung zwischen Art 17 EuGVÜ/LugÜ und dem autonomen Prozessrecht der lex fori entscheiden zu können (GEIMER IPRax 1991, 32; HESS IPRax 1992, 359; HERNÁNDEZ-BRETÓN 163; KILLIAS 63 f). Gegen eine Reduktion des Anwendungsbereichs von Art 17 Abs 1 spricht aber vor allem der in der Präambel zum EuGVÜ betonte Zweck, den Schutz der im Geltungsbereich des Übereinkommens domizilierten Personen zu verbessern. Ein wichtiger Aspekt dieses Schutzes besteht nämlich auch darin, dass dem im Vertragsinland wohnhaften potentiellen *Kläger* das Recht eingeräumt wird, durch Abschluss einer internationalen Gerichtsstandsvereinbarung Rechtssicherheit zu schaffen (AULL 179). Dieses Ziel wird aber verfehlt, wenn die Gültigkeit der Gerichtsstandsvereinbarung von Wohnsitzerfordernissen im Zeitpunkt der künftigen Klageerhebung oder von der Feststellung eines möglichen Erfüllungsorts in einem anderen Vertragsstaat abhängt (KILLIAS 60 ff). Die Prorogation der Gerichte eines Vertragsstaats ist daher – wie nunmehr auch der EuGH (Rs C-412/98 – *Group Josi/UGIC* – EuLF 2000, 49, 51 [Nr 42] m zust Anm GEIMER = IPRax 2000, 520 m zust Anm STAUDINGER 483; Rs C-387/98 – *Coreck Maritime/Handelsveem* – EuLF 2001, 213, 215 [Nr 16 ff]) klargestellt hat – bereits immer dann an Art 17 zu messen, wenn auch nur eine Partei ihren Wohnsitz/Sitz im räumlichen Geltungsbereich des EuGVÜ/LugÜ hat, mag durch die Vereinbarung auch nur die Zuständigkeit eines drittstaatlichen Gerichts derogiert worden sein (vgl idS auch KROPHOLLER Art 17 Rn 4; SCHLOSSER Art 17 Rn 6; SOERGEL/KRONKE Art 38 EGBGB Anh IV Rn 86; GEIMER/SCHÜTZE Art 17 Rn 16; MünchKomm/GOTTWALD Art 17 Rn 7; BERNASCONI/GERBER SZIER 1993, 65 f; SAENGER ZZP 110 [1997] 481; HAU IPRax 1999, 24; KRÖLL ZZP 113 [2000] 139 f; AULL 164 ff mwN; zust OLG München RiW 1989, 901 = ZZP 103 [1990] 84 m krit Anm H SCHMIDT; für alternative Geltung von Art 17 EuGVÜ und § 38 ZPO in favorem prorogationis TRUNK IPRax 1996, 252 f).

170 Keine Anwendung findet Art 17 Abs 1 EuGVÜ/LugÜ hingegen auf **reine Inlandssachverhalte.** Vereinbaren Vertragsparteien daher einen Gerichtsstand in ihrem gemeinsamen Wohnsitzstaat, ohne hierdurch zugleich eine gesetzliche Zuständigkeit in einem anderen Vertragsstaat oder in einem Drittstaat zu derogieren, so hat das gewählte Gericht die Gültigkeit der Prorogation ausschließlich nach dem autonomen Prozessrecht der lex fori zu beurteilen (so AULL 71 ff, 106 ff; im Erg ebenso BENECKE 59; SCHACK, IZVR² Rn 464; MünchKomm/GOTTWALD Art 17 Rn 4; STEIN/JONAS/BORK § 38 Rn 24 mwN; differenzierend GEIMER/SCHÜTZE, EuZVR Art 17 Rn 29 ff). Der Auslandsbezug kann allerdings allein durch die Gerichtsstandsvereinbarung geschaffen werden (AULL IPRax 1999, 226 gegen OLG Hamm IPRax 1999, 244; KRÖLL ZZP 113 [2000] 139; BORGES RiW 2001, 935; KROPHOLLER Art 17 Rn 2).

d) Maßgeblicher Zeitpunkt

Die genannten Anwendungsvoraussetzungen des Art 17 Abs 1 müssen grundsätzlich **171** sowohl bei Abschluss der Gerichtsstandsvereinbarung (EuGH Rs C-387/98 [Rn 169] EuLF 2001, 213, 215 [Nr 21]) als auch zur Zeit der *Klageerhebung* vorliegen, denn eine Gerichtsstandsvereinbarung begründet „nur eine Zuständigkeitsoption, die erst bei Klageerhebung Wirkungen entfaltet" (EuGH Rs 25/79 – *Sanicentral/Collins* – Slg 1979, 3423, 3429 f [Nr 6] = RiW 1980, 285; zust OLG München NJW 1987, 2166; OLG Hamm IPRax 1991, 324 [325] m Anm KOHLER 299; ebenso zum LugÜ LG Bochum RiW 2000, 383 [384]; BGE 119 II 391). Dieser Grundsatz wird zT strikt durchgeführt mit der Folge, dass auch eine bei Vertragsschluss wirksame Zuständigkeitsvereinbarung durch Änderung der tatsächlichen oder rechtlichen Verhältnisse ihre Gültigkeit verliert (so SCHACK, IZVR² Rn 465; BENECKE 86; SAMTLEBEN RabelsZ 59 [1995] 703 f; zust für den Fall des Inkrafttretens des LugÜ im deutsch-schweizerischen Rechtsverkehr LG München I NJW 1996, 401 = IPRax 1996, 266). Indessen verdient das Vertrauen der Parteien darauf, dass ein im Zeitpunkt seines Abschlusses (form-)gültiger Prorogationsvertrag seine Wirksamkeit behält, rechtlichen Schutz (SCHLOSSER Art 17 Rn 9; STEIN/JONAS/BORK § 38 Rn 25; im Erg auch MünchKomm/ GOTTWALD Art 17 Rn 13 [Maßgeblichkeit des Zeitpunkts des Vertragsschlusses]; TRUNK IPRax 1996, 249, 251 [Geltung des autonomen Prozessrechts in favorem prorogationis]). Demgegenüber ist das Vertrauen in die *Unwirksamkeit* einer getroffenen Gerichtsstandsvereinbarung grundsätzlich nicht schutzwürdig; deshalb kann etwa der Mangel der vorgeschriebenen Form der Vereinbarung durch eine nachträgliche Rechtsänderung geheilt werden (vgl – zur Formerleichterung nach Art 17 Abs 1 S 2, 3. Fall EuGVÜ 1978 – OLG Koblenz IPRax 1987, 308 m Anm SCHWARZ 291; OLG Köln NJW 1988, 2182; zum LugÜ LG Bochum RiW 2000, 383 [384]; WAGNER ZIP 1994, 82 f; MAYR öWBl 1996, 381, 383; allg SCHLOSSER Art 17 Rn 10 f; THOMAS/ PUTZO/HÜSSTEGE Art 17 Rn 19; **aA** MünchKomm/GOTTWALD Art 17 Rn 13; KILLIAS 83 mwN; differenzierend STEIN/JONAS/BORK § 38 Rn 20).

2. Konkurrenzen

a) Vorrang des EuGVÜ/LugÜ vor dem innerstaatlichen Recht

Der anerkannte Vorrang der Zuständigkeitsvorschriften des EuGVÜ/LugÜ vor den **172** Regeln des autonomen Prozessrechts der Vertragsstaaten (vgl o Rn 16) hat zur Folge, dass Art 17 in seinem Anwendungsbereich die §§ 38, 40 ZPO in vollem Umfang verdrängt (vgl EuGH Rs 25/79 [Rn 171] Slg 1979, 3423, 3429 [Nr 5] = RiW 1980, 285; BGH NJW 1980, 2022 [2023]; OLG Hamm IPRax 1991, 324 [325]; LG Bochum RiW 2000, 383; RAUSCHER ZZP 104 [1991] 277 f; unrichtig daher OLG Köln RiW 1998, 148 f). Deshalb müssen auch Gerichtsstandsvereinbarungen zwischen Kaufleuten – abweichend von § 38 Abs 1 ZPO (dazu u Rn 208) – grundsätzlich in der Form des Art 17 Abs 1 abgeschlossen werden (OLG München NJW 1982, 1951; SCHACK, IZVR² Rn 469). Andererseits ist die Prorogationsfreiheit im europäischen Prozessrecht hinsichtlich der örtlichen Zuständigkeit – abweichend von § 38 Abs 2 S 3 ZPO – nicht beschränkt (LG München I NJW 1975, 1606; GEIMER/SCHÜTZE I/1 902 f). Art 17 regelt mithin *Zulässigkeit, Form und Wirkungen* einer Gerichtsstandsvereinbarung abschließend (OLG Düsseldorf NJW-RR 1989, 1330; OLG Saarbrücken IPRax 1992, 165 m Anm RAUSCHER 143; KROPHOLLER Art 17 Rn 17).

Deshalb sind innerstaatliche Vorschriften, die zusätzliche Wirksamkeitsvoraussetzungen für Gerichtsstandsvereinbarungen festlegen, im räumlichen Geltungsbereich des EuGVÜ/LugÜ nicht anwendbar. Dies gilt insbesondere für *strengere Formvorschriften* (EuGH Rs C-159/97 – *Trasporti Castelletti/Hugo Trumpy SpA* – Slg 1999 I, 1597, 1653 ff [Nr 37 ff] = IPRax 2000, 119 m Anm GIRSBERGER 87; **aA** noch OLG Koblenz, IPRax 1987, 308 m Anm SCHWARZ 291, jeweils zu Art 1341 f ital Cc) oder für besondere Anforderungen an die *Vertragssprache* einer Gerichtsstandsvereinbarung (vgl EuGH Rs 150/80 – *Elefanten Schuh/Jacqmain* – Slg 1981, 1671, 1688 [Nr 26] = IPRax 1982, 234 m Anm LEIPOLD 222). Auch ein „hinreichender Zusammenhang" zwischen dem streitigen Rechtsverhältnis und dem für zuständig erklärten Gericht darf nicht verlangt werden (vgl EuGH Rs 56/79 – *Zelger/Salinitri* – Slg 1980, 89, 97 [Nr 4] = WM 1980, 720 m Anm SCHÜTZE; SCHACK ZZP 104 [1991] 490); die Prorogationsfreiheit darf also nicht unter dem Gesichtspunkt des *forum non conveniens* eingeschränkt werden (KOHLER IPRax 1983, 270 f; GEIMER/SCHÜTZE I/1 505, 917 f). Deshalb ist auch die Vereinbarung eines Gerichtsstands in einem neutralen Staat, zu dem der geschlossene Vertrag keinen Bezug hat, nach Art 17 wirksam (**aA** noch OLG Karlsruhe NJW 1982, 1950).

173 Dem **Schutz der schwächeren Vertragspartei** trägt das EuGVÜ/LugÜ mit einer weitgehenden Einschränkung der Prorogationsfreiheit in Versicherungs- und Verbrauchersachen Rechnung (vgl Art 17 Abs 3 iVm Art 12 und 15; dazu näher o Rn 90, 115). Auch diese Regelung ist abschließend; eine Anwendung schärferer *nationaler Verbraucherschutzvorschriften* – wie zB §§ 7 HausTWG, 26 FernUSG – hat daher im Geltungsbereich des Art 17 auszuscheiden (vgl H ROTH IPRax 1992, 68; RAUSCHER ZZP 104 [1991] 277 f; vgl auch – zu § 53 Abs 3 KWG – BGH NJW 1980, 2022 [2023]; GEIMER/SCHÜTZE I/1 905). Demgegenüber entfaltet das EuGVÜ keine Sperrwirkung gegenüber Rechtsakten der Organe der EG oder dem in Umsetzung von EG-Richtlinien harmonisierten nationalen Recht auf dem Gebiet der internationalen Zuständigkeit (vgl dazu näher BORGES RiW 2001, 937 f m Nachw). Von praktischer Bedeutung ist dies insbesondere für die Inhaltskontrolle von Gerichtsstandsklauseln am Maßstab der EG-Richtlinie 93/13 über missbräuchliche Klauseln in Verbraucherverträgen v 5. 4. 1993, die nach Nr 1 lit q ihres Anhangs auch Gerichtsstandsklauseln erfasst (vgl dazu EuGH Rs C-240/98 und 244/98 – *Océano Grupo Editorial/Rocío Quintero* – EuLF 2000/01, 88 m Anm AUGI/BARATELLA 83 = DB 2000, 2056 m Anm STAUDINGER). Vor deutschen Gerichten unterliegen daher auch Gerichtsstandsvereinbarungen mit *Verbrauchern*, die in den Anwendungsbereich von Art 17 EuGVÜ fallen, der richtlinienkonformen Inhaltskontrolle am Maßstab des § 9 AGBG/§ 307 BGB nF (zutr PFEIFFER, in: FS Schütze [1999] 672 f; STAUDINGER DB 2000, 2056 [2059]; **aA** die bisher hM, vgl LG Karlsruhe NJW 1996, 1417 [1418]; KRÖLL ZZP 113 [2000] 148 ff; KUBIS IPRax 1999, 10 [12]; SAENGER ZEuP 2000, 664; STAUDINGER/COESTER [1999] § 9 AGBG Rn 370; BRANDNER, in: ULMER/BRANDNER/HENSEN, AGBG[8] Anh §§ 9–11 Rn 401; STEIN/JONAS/BORK § 38 Rn 28). Die praktische Bedeutung einer solchen Inhaltskontrolle bleibt freilich gering, weil die hiernach missbräuchliche Vereinbarung einer Zuständigkeit der Gerichte am Sitz des Verwenders (EuGH aaO [Nr 24]) idR bereits an Art 17 Abs 3 iVm Art 15 EuGVÜ scheitert (vgl aber zu Ausnahmen PFEIFFER aaO 673 ff). Demgegenüber ließen sich inhaltliche Schranken gegenüber unangemessenen Gerichtsstandsklauseln zwischen *Kaufleuten* oder Unternehmern im Geltungsbereich des EuGVÜ nur im Wege vertragsautonomer Auslegung/Rechtsfortbildung durch den EuGH entwickeln (SCHLOSSER Art 17 Rn 31); dieser ist zu einer solchen Missbrauchskontrolle jedoch nicht bereit, sondern prüft die Wirksamkeit von Gerichtsstandsvereinbarungen im kaufmännischen Rechtsverkehr aus Gründen der Rechtssicherheit nur an

Hand der Kriterien des Art 17, insbesondere der strengen Formerfordernisse (vgl EuGH Rs C-159/97 [Rn 172] Slg 1999 I, 1597, 1656 [Nr 46 ff]). Deshalb hat insoweit jegliche Inhaltskontrolle nach nationalem Recht (zB nach § 9 AGBG/§ 307 BGB nF) auszuscheiden. Auch innerstaatliche Vorschriften, die eine *Einbeziehung* von Gerichtsstandsvereinbarungen in AGB erschweren, werden im europäischen Prozessrecht durch Art 17 Abs 1 vollständig verdrängt. Mangels europarechtlicher Vorgaben kommt deshalb eine gegenüber Art 17 Abs 1 EuGVÜ verschärfte Einbeziehungskontrolle nach Maßgabe der §§ 2, 3 AGBG/§§ 305 ff BGB nF in Bezug auf Gerichtsstandsvereinbarungen – auch gegenüber Verbrauchern – trotz Geltung deutschen Vertragsstatuts nicht in Betracht (OLG München RiW 1989, 901 [902] = ZZP 103 [1990] 84 [89] m zust Anm H Schmidt; Schlosser Art 17 Rn 7; Geimer IPRax 1991, 34; Rauscher ZZP 104 [1991] 295 ff; Sieg RiW 1998, 103; Kröll ZZP 113 [2000] 147; Stöve 111 ff mwN; **aA** OLG Düsseldorf RiW 1990, 577 [579]; OLG Koblenz RiW 1987, 144 [146]). Aus dem gleichen Grunde ist für die im autonomen Verfahrensrecht einiger Vertragsstaaten enthaltenen Prorogationsbeschränkungen in *arbeitsrechtlichen Streitigkeiten* neben Art 17 Abs 5 kein Raum.

Schließlich dürfen den Anforderungen des Art 17 EuGVÜ/LugÜ genügende Zuständigkeitsvereinbarungen von den Gerichten der Vertragsstaaten auch zum Zwecke der **Durchsetzung international zwingender Normen** oder unter Berufung auf den ordre public nicht für unwirksam erklärt werden (Schack, IZVR[2] Rn 475; Gottwald, in: FS Firsching 103 f; Geimer/Schütze, EuZVR Art 17 Rn 74; **aA** Soergel/Kronke Art 38 EGBGB Anh IV Rn 87). Deshalb galt etwa das vom BGH auf § 61 iVm § 53 ff BörsG aF gestützte Verbot einer Prorogation ausländischer Gerichte in Verträgen über *Warentermingeschäfte* an ausländischen Börsen zu Lasten nicht termingeschäftsfähiger Deutscher (dazu u Rn 218) im Anwendungsbereich des Art 17 nicht (LG Darmstadt IPRax 1995, 318 [321] m zust Anm Thorn 294; Schlosser, in: FS Steindorff 1389; H Roth IPRax 1992, 68). Auch die zwingenden nationalen Vorschriften über die *Mindesthaftung des Verfrachters im Seerecht* (vgl zB § 662 HGB) schränken die Gültigkeit von Gerichtsstandsvereinbarungen nach Art 17 nicht ein (vgl EuGH Rs C-159/97 [Rn 172] Slg 1999 I, 1597, 1656 [Nr 51]; näher Mankowski, Seerechtliche Vertragsverhältnisse im IPR [1995] 291). Schließlich kann auch das aus § 130 Abs 2 GWB hergeleitete Verbot einer Derogation der internationalen Zuständigkeit deutscher Gerichte für nach deutschem Recht zu beurteilende *Kartellsachen* (vgl Immenga/Mestmäcker/Rehbinder, GWB[2] [1992] § 98 Abs 2 aF Rn 265) im Geltungsbereich des Art 17 nicht durchgesetzt werden (OLG Stuttgart RiW 1991, 333 [334 f] = IPRax 1992, 86 m zust Anm H Roth 67; Geimer/Schütze, EuZPR Art 17 Rn 71).

b) Vorrang besonderer Staatsverträge vor dem EuGVÜ/LugÜ

Art 17 EuGVÜ/LugÜ verdrängt nur entgegenstehendes *nationales* Recht. Hingegen tritt die Vorschrift ihrerseits gemäß Art 57 Abs 1 EuGVÜ/LugÜ gegenüber Regelungen der internationalen Prorogation in Staatsverträgen „auf besonderen Rechtsgebieten" zurück (Kropholler Art 57 Rn 3; Geimer/Schütze I/1 62 ff). Regelt das Spezialabkommen nur einzelne Aspekte internationaler Zuständigkeitsvereinbarungen, so bleibt Art 17 EuGVÜ/LugÜ allerdings für die nicht geregelten Fragen maßgebend (vgl – zu Art 21 EuGVÜ – EuGH Rs C-406/92 – *Tatry/The owners of the ship Maciej rataj* – Slg 1994 I, 5439, 5478 [Nr 25] = JZ 1995, 616 m Anm P Huber 603 = IPRax 1996, 108 m Anm Schack 80). So können etwa bei Streitigkeiten aus **internationalen Luftbeförderungsverträgen** die gesetzlichen Gerichtsstände nach Art 28 WA (dazu o Rn 123 ff) durch eine *vor* Eintritt des Schadens getroffene Parteivereinbarung nicht abgeändert werden (Art 32 WA). Dabei hat es auch sein Bewenden, wenn die Parteien ihren Wohnsitz/Sitz im Vertragsgebiet des EuGVÜ/LugÜ haben. Hingegen gilt für die Form und Auslegung einer *nach* Schadenseintritt getroffenen Zuständigkeitsvereinbarung Art 17 Abs 1 und 4 EuGVÜ (KILLIAS 100).

176 Abweichend von Art 32 WA lässt Art 31 CMR Gerichtsstandsvereinbarungen in **Beförderungsverträgen im internationalen Straßengüterverkehr** ausdrücklich zu. Es darf allerdings nur die internationale Zuständigkeit *in einem Vertragsstaat* vereinbart werden (KOLLER, Transportrecht[4] [2000] Art 31 CMR Rn 5). Die vereinbarte internationale Zuständigkeit darf ferner *keine ausschließliche* sein; die gesetzlichen Zuständigkeiten nach Art 31 Abs 1 CMR (dazu o Rn 122) bleiben vielmehr wegen der zwingenden Geltung des Übereinkommens (Art 41 CMR) stets konkurrierend bestehen (OLG Hamburg VersR 1984, 687 m Anm DANNENBERG; OLG WIEN TranspR 1987, 223). Dies gilt auch im räumlichen Anwendungsbereich des EuGVÜ/LugÜ (KROPHOLLER Art 57 Rn 4). Die Vereinbarung einer ausschließlichen *örtlichen* Zuständigkeit in einem Vertragsstaat, dessen Gerichte nach Art 31 CMR international zuständig sind, ist hingegen zulässig und bestimmt sich nach nationalem Recht (KOLLER Art 31 CMR Rn 2; OLG Hamburg IPRspr 1981 Nr 151 b). Art 31 CMR regelt allerdings die *Form* der zugelassenen Gerichtsstandsvereinbarungen nicht. Daraus wird zT gefolgert, dass die internationale Prorogation im sachlichen Geltungsbereich der CMR keiner Form bedürfe (AG Köln TranspR 1985, 179; LG München I RiW 1991, 150; KOLLER Art 31 CMR Rn 5; MünchKomm HGB/ BASEDOW, Bd 7 [1997] Art 31 CMR Rn 25). Dagegen spricht jedoch, dass Art 17 EuGVÜ/ LugÜ der CMR nach Art 57 Abs 1 nur insoweit den Vortritt lässt, als Gerichtsstandsvereinbarungen dort eine abweichende Regelung erfahren haben. In der von der CMR nicht geregelten Formfrage bleibt Art 17 EuGVÜ/LugÜ somit anwendbar (KROPHOLLER, IZVR I Rn 406; KILLIAS 98 f; BAUMBACH/HOPT, HGB[30] [2000] Art 31 CMR Anm 1; HAUBOLD IPRax 2000, 91 [93 f] mwN).

III. Unterscheidung zwischen kaufmännischer und nicht-kaufmännischer Prorogation im autonomen Recht

177 Das deutsche autonome Prozessrecht unterscheidet im Recht der internationalen Prorogation – abweichend von Art 17 EuGVÜ/LugÜ – zwischen kaufmännischer und sonstiger Prorogation.

1. Das Verhältnis von § 38 Abs 1 und Abs 2 ZPO

Nach § 38 Abs 1 ZPO sind Kaufleute aufgrund ihrer geschäftlichen Erfahrung uneingeschränkt prorogationsbefugt; die kaufmännische Prorogation bedarf zu ihrer Wirksamkeit auch nicht der Einhaltung einer bestimmten Form. Demgegenüber eröffnet § 38 Abs 2 ZPO Nicht-Kaufleuten die Möglichkeit zum Abschluss von wirksamen Gerichtsstandsvereinbarungen nur im *internationalen* Rechtsverkehr; allerdings hängt die Wirksamkeit der Prorogation nach § 38 Abs 2 ZPO zusätzlich davon ab, dass die dort vorgeschriebene Form eingehalten wird. Die Abgrenzung zwischen beiden Vorschriften ist umstritten. Teilweise wird die Regelung in § 38 Abs 1 ZPO auf den *inländischen Geschäftsverkehr* beschränkt (OLG Nürnberg NJW 1985, 1296 f; ZÖLLER/VOLLKOMMER § 38 Rn 25). Dagegen spricht freilich vor allem die Systematik der Vorschrift; durch § 38 Abs 2 sollte das bis 1974 unbestrittene Recht von Vollkaufleuten zur formlosen Prorogation auch im internationalen Rechtsverkehr nicht eingeschränkt, sondern nur das grundsätzliche Prorogationsverbot für Nichtkaufleute in grenzüberschreitenden Sachverhalten gelockert werden (OLG Hamburg RiW 1986, 462 [464]; OLG Saarbrücken NJW-RR 1989, 828 [829] und NJW 2000, 670 [671]; OLG Rostock RiW 1997, 1042 [1043]; PRINZING IPRax 1990, 83; STÖVE 87 f; GEIMER, IZPR⁵ Rn 1606, 1619; SCHACK, IZVR² Rn 438).

2. Kaufmännische Prorogation (Abs 1)

Über die Frage, wer Kaufmann iSv § 38 Abs 1 ZPO ist, hat das prorogierte oder **178** derogierte deutsche Gericht – vorbehaltlich einer abweichenden Vereinbarung der Parteien (vgl BGH WM 1996, 2294 [2298]) – primär nach *deutschem Handelsrecht* (§§ 1 ff HGB idF des Handelsrechtsreformgesetzes v 22. 6. 1998, BGBl I 1974) als lex fori zu entscheiden, auch wenn eine Partei ihren Wohnsitz bzw Sitz im Ausland hat (BGH NJW 1997, 397 [399] = IPRax 1999, 367 m Anm DÖRNER/STAUDINGER 338; [Bürge mit Wohnsitz in der Schweiz]; OLG Saarbrücken aaO [AG mit Sitz in Mali]; SCHACK, IZVR² Rn 439; KROPHOLLER, IZVR I Rn 500 mwN). Der prorogationsbefugte Personenkreis wird in § 38 Abs 1 ZPO aus Gründen der Rechtssicherheit *abschließend* festgelegt. Dehalb verbietet sich eine entsprechende Anwendung auf Personen, die ähnlich geschäftsgewandt sind wie Kaufleute, zB auf Rechtsanwälte, Notare oder Steuerberater (STEIN/JONAS/BORK § 38 Rn 5; krit GEIMER ZfRvgl 1992, 330). Dies gilt auch im *internationalen* Rechtsverkehr (**aA** STÖVE 102 ff); eine richterrechtliche Anpassung von § 38 ZPO an die Neufassung von Art 17 Abs 1 ZPO S 2 EuGVÜ 1996 kommt nicht in Betracht. Nach § 38 Abs 1 ZPO müssen notwendig *beide Partner* der Gerichtsstandsvereinbarung zu dem prorogationsbefugten Personenkreis gehören. Ist nur eine Partei Kaufmann, so kann durch Gerichtsstandsvereinbarung von den gesetzlichen Zuständigkeiten auch *zugunsten* der nicht prorogationsbefugten Partei nicht abgewichen werden (STEIN/JONAS/BORK § 38 Rn 7; THOMAS/PUTZO § 38 Rn 7; zu Recht krit dazu GEIMER, IZPR⁵ Rn 1625, 1632). Gerichtsstandsvereinbarungen prorogationsbefugter Personen sind auch dann wirksam, wenn das betroffene Geschäft *kein Handelsgeschäft* iSv § 343 HGB ist (STEIN/JONAS/BORK § 38 Rn 9; THOMAS/PUTZO § 38 Rn 9; HÄUSER JZ 1980, 761 mwN). Die Parteien müssen dem in § 38 Abs 1 ZPO genannten Personenkreis **bei Abschluss der Prorogation** angehören; denn ihre Schutzbedürftigkeit kann sinnvoll nur für diesen Zeitpunkt festgestellt werden. Der nachträgliche Wegfall der Kaufmannseigenschaft ist auf die Wirksamkeit der getroffenen Gerichtsstandsvereinbarung daher ohne Einfluß (OLG Köln NJW-RR 1992, 571; SCHACK IPRax 1990, 20). Umgekehrt führt ein nachträglicher Erwerb der Kaufmannseigenschaft nicht zur *Heilung* einer zunächst unwirksamen Prorogation (STEIN/JONAS/BORK § 38 Rn 8; zur Rechtsnachfolge s u Rn 224 f).

3. Nicht-kaufmännische Prorogation (Abs 2)

Eine wirksame Prorogation nach § 38 Abs 2 ZPO setzt voraus, dass mindestens **eine** **179** **Partei keinen allgemeinen Gerichtsstand im Inland** hat; hingegen kommt es auf die Staatsangehörigkeit oder die Kaufmannseigenschaft der Parteien nicht an. Der Abschluss einer vorprozessualen Gerichtsstandsvereinbarung mit einer im Ausland domizilierten Partei ist auch dann ausgeschlossen, wenn diese einen Zweitwohnsitz im Inland hat (BGH NJW 1986, 1438 [1439] m Anm GEIMER = IPRax 1987, 168 m Anm G ROTH 141; **aA** GEIMER, IZPR⁵ Rn 1614). Das Bestehen eines *besonderen* Gerichtsstands im Inland (zB nach §§ 21, 23, 29 ZPO) schließt hingegen eine wirksame Prorogation nach § 38

Abs 2 ZPO nicht aus (STEIN/JONAS/BORK § 38 Rn 14; GEIMER, IZPR[5] Rn 1613). Der allgemeine inländische Gerichtsstand einer Partei muss *im Zeitpunkt des Abschlusses der Prorogation* fehlen (STEIN/JONAS/BORK § 38 Rn 14 a; GEIMER, IZPR[5] Rn 1671). Für diesen Fall bleibt die Gerichtsstandsvereinbarung auch dann wirksam, wenn zur Zeit des Prozesses beide Parteien einen allgemeinen inländischen Gerichtsstand haben. Umgekehrt wird eine nach § 38 ZPO unzulässige Prorogation nicht allein dadurch wirksam, dass eine der Parteien ihren allgemeinen inländischen Gerichtsstand nach Abschluss der Vereinbarung ins Ausland verlegt. Für diesen Fall kann nur durch eine Prorogation nach § 38 Abs 3 Nr 2 ZPO vorgesorgt werden (vgl näher WIECZOREK/ SCHÜTZE/HAUSMANN § 38 Rn 79 ff). Die internationale Prorogation nach § 38 Abs 2 ZPO steht jedermann offen; ein Schutz von Versicherungsnehmern, Verbrauchern oder Arbeitnehmern nach dem Vorbild von Art 17 Abs 3 und 5 EuGVÜ findet nach autonomen Prozessrecht – bedauerlicherweise – bisher nicht statt (vgl aber Rn 216).

IV. Der Begriff der „Vereinbarung"

1. Autonome Auslegung in Art 17 EuGVÜ/LugÜ

180 Nach Art 17 Abs 1 EuGVÜ/LugÜ müssen die Parteien über die gerichtliche Zuständigkeit eine „Vereinbarung" getroffen haben. Der Begriff der (Gerichtsstands-)„Vereinbarung" ist dabei – ebenso wie der Begriff „Vertrag" in Art 5 Nr 1 (dazu o Rn 48 ff) – *autonom* auszulegen (EuGH Rs 214/89 – *Powell Duffryn/Petereit* – Slg 1992 I, 1745, 1774 [Nr 10 ff] = IPRax 1993, 32 m Anm KOCH 19; BGH IPRax 1997, 416; JAYME/KOHLER IPRax 1992, 353; RAUSCHER IPRax 1992, 143 f; STÖVE 12 ff; KRÖLL ZZP 113 [2000] 143 ff; MünchKomm/GOTTWALD Art 17 Rn 14; mit Einschränkungen auch SAENGER ZZP 110 [1997] 483 f; **aA** [lex causae] OLG Düsseldorf NJW-RR 1989, 1331 [1332]; OLG Saarbrücken NJW 1992, 987 [988]; OLG Celle IPRax 1997, 417 [418] m abl Anm KOCH 405 f; STAEHELIN 177; SCHLOSSER Art 17 Rn 3; THOMAS/PUTZO/HÜSSTEGE Art 17 Rn 4). Denn nur auf diese Weise kann sichergestellt werden, dass sich aus einer Derogation der gesetzlichen Zuständigkeiten des Übereinkommens für die betroffenen Personen soweit wie möglich gleiche und einheitliche Rechte und Pflichten ergeben. Aufgrund der gewollten Parallelität von EuGVÜ und LugÜ muss sich auch die Auslegung des Letzteren an der Rechtsprechung des EuGH zu Art 17 EuGVÜ orientieren (vgl näher KILLIAS 29 ff).

a) Die Kriterien des Art 17 Abs 1 S 2

181 Da Art 17 Abs 1 S 2 vor allem gewährleisten soll, dass Zuständigkeitsvereinbarungen *nicht unbemerkt Inhalt des Vertrages* werden, setzt die Willenseinigung voraus, dass beide Vertragsparteien ihr tatsächlich zugestimmt haben; diese Zustimmung muss klar und deutlich zum Ausdruck gebracht worden sein (EuGH Rs 24/76 – *Estasis Salotti/ Rüwa* – Slg 1976, 1831, 1841 [Nr 7] = RiW 1977, 104 m Anm G MÜLLER 163; EuGH Rs 150/80 – *Elefanten Schuh/Jacqmain* – Slg 1981, 1671, 1687 [Nr 23] = IPRax 1982, 234 m Anm LEIPOLD 222; BGH NJW 1996, 1819; OLG Dresden IPRspr 1999 Nr 115; OLG Düsseldorf RiW 2001, 63). Einer ausdrücklichen Abrede bedarf es freilich zu diesem Zwecke nicht; vielmehr reicht die *stillschweigende Vereinbarung* eines Gerichtsstands grundsätzlich aus (BGH NJW 1994, 2699; KROPHOLLER Art 17 Rn 23; GEIMER/SCHÜTZE, EuZVR Art 17 Rn 78, jeweils mwN). Dies gilt namentlich im Rahmen einer zwischen den Parteien unterhaltenen *laufenden Geschäftsbeziehung* (vgl OLG München RiW 1989, 901 = ZZP 103 [1990] 84 m Anm H SCHMIDT). Eine Ausnahme ordnet Art I Abs 2 des Protokolls zum EuGVÜ lediglich im Interesse von Parteien mit Wohnsitz in *Luxemburg* an (dazu Rn 207).

Zwar regelt Art 17 Abs 1 S 2 nach seinem Wortlaut nur **Formerfordernisse** für Ge- 182
richtsstandsvereinbarungen, die systematisch von den Anforderungen an die materielle Willenseinigung zu unterscheiden sind (GEIMER/SCHÜTZE, EuZVR Art 17 Rn 101).
Deshalb kann eine Gerichtsstandsvereinbarung trotz nachweislicher Einigung der
Parteien an der Nichteinhaltung der Form des Art 17 Abs 1 S 2 scheitern (KRÖLL ZZP
113 [2000] 144). Den Formvorschriften können freilich dann, wenn eine solche Einigung
fraglich ist, durchaus auch Kriterien für eine autonome Interpretation des Begriffs
der „Vereinbarung" entnommen werden (RAUSCHER ZZP 104 [1991] 278 ff). Die Willenseinigung der Parteien über den Gerichtsstand wird nämlich – widerleglich – *vermutet,*
wenn die Formerfordernisse des Art 17 Abs 1 S 2 beobachtet worden sind. Diese
Vermutung gilt insbesondere dann, wenn das Verhalten der Parteien einem Handelsbrauch in dem Bereich des internationalen Handels entspricht, in dem die Parteien
tätig sind, sofern sie diesen Handelsbrauch kennen oder kennen müssen (EuGH Rs
C-106/95- *MSG/Les Gravières Rhénanes* – Slg 1997 I, 932, 940 [Nr 19 f] = NJW 1997, 1431 = RiW 1997,
415 m Anm HOLL = JZ 1997, 839 m Anm KOCH = ZZP Int 1997, 161 m Anm HUBER = IPRax 1999, 31
m Anm KUBIS 10; EuGH – Rs C-159/97 – *Trasporti Castelletti/Hugo Trumpy SpA* – Slg 1999 I, 1597,
1648 ff [Nr 19 ff] = IPRax 2000, 119 m Anm GIRSBERGER 87 = EuZW 1999, 444 m Anm HASS).

Den in Art 17 Abs 1 normierten Formvorschriften sind allerdings nur **Mindestanfor-** 183
derungen an den materiellen Tatbestand einer Vereinbarung zu entnehmen; im Übrigen entscheidet über deren Zustandekommen das vom IPR des Forums für anwendbar erklärte nationale Recht (RAUSCHER ZZP 104 [1991] 280 ff; SAENGER ZZP 110 [1997]
482 ff; GOTTWALD, in: FS Henckel 302 f; SCHLOSSER Art 17 Rn 3; aA JAYME/KOHLER IPRax 1992,
346; KRÖLL ZZP 113 [2000] 147 f; STÖVE 20 ff). Nach der jeweiligen lex causae beurteilen
sich insbesondere solche Voraussetzungen einer wirksamen Willenseinigung, die –
wie etwa Geschäftsfähigkeit, Zugang, Bindungswirkung und Auslegung von Willenserklärungen, Folgen von Willensmängeln oder Stellvertretung – in Art 17 auch nicht
ansatzweise geregelt sind (vgl LG Essen RiW 1992, 227 [229]; M J SCHMIDT RiW 1992, 175;
KARRÉ-ABERMANN ZEuP 1994, 148; STAEHELIN 148 ff; GEIMER/SCHÜTZE, EuZVR Art 17 Rn 81 f;
KROPHOLLER Art 17 Rn 26, jeweils mwN; aA KOHLER IPRax 1983, 268: Recht am forum prorogatum;
KIM 81 f: lex fori). Hingegen haben schärfere oder mildere Anforderungen der lex
causae an den Begriff der „Vereinbarung" selbst – namentlich für die Einbeziehung
von Gerichtsstandsklauseln in AGB – im Geltungsbereich von Art 17 außer Betracht
zu bleiben (s o Rn 173). Deshalb kann auch die Frage, ob eine in *fremdsprachigen AGB*
enthaltene Gerichtsstandsklausel wirksam vereinbart worden ist, im Geltungsbereich
des Art 17 Abs 1 nur mit Hilfe von aus der Vorschrift selbst entwickelten Kriterien
und nicht durch Rückgriff auf nationales Recht beantwortet werden (SOERGEL/KRONKE
Art 38 EGBGB Anh IV Rn 88; aA OLG Hamm IPRax 1991, 324 m Anm KOHLER 299). Mangels
Kenntnisnahmemöglichkeit wird die in einer dem Empfänger nicht geläufigen Sprache abgefasste Gerichtsstandsklausel idR nicht Vertragsinhalt (SAENGER, in: FS Sandrock
[1999] 813; vgl dazu auch Art 31 Rn 104 ff).

b) Statutarische Gerichtsstandsklauseln
Auch die in der Satzung einer Aktiengesellschaft enthaltene Gerichtsstandsklausel 184
stellt eine „Vereinbarung" iSv Art 17 Abs 1 dar, die für sämtliche Aktionäre verbindlich ist (EuGH Rs 214/89 [Rn 180] Slg 1992 I, 1745, 1774 [Nr 16 f] = IPRax 1993, 32 m Anm
KOCH 19; krit JAYME/KOHLER IPRax 1992, 350 f). Dies gilt selbst dann, wenn der Aktionär,
dem gegenüber die Gerichtsstandsklausel geltend gemacht wird, gegen die Annahme
dieser Klausel gestimmt hat. Denn durch seinen Beitritt zur Gesellschaft hat er sich

damit einverstanden erklärt, dass ihn sämtliche Bestimmungen der Gesellschaftssatzung sowie die im Einklang mit ihr und dem anwendbaren nationalen Recht gefassten Beschlüsse der Gesellschaftsorgane binden. Andernfalls könnte für Rechtsstreitigkeiten aus dem Gesellschaftsverhältnis kein einheitlicher Gerichtsstand begründet werden; dies verstieße aber gegen den Grundsatz der Rechtssicherheit, welcher mit der Regelung in Art 17 verwirklicht werden sollte (EuGH aaO NJW 1992, 1671, 1672 [Nr 18 ff]; zur Form einer solchen statutarischen Gerichtsstandsklausel s u Rn 196). Lediglich für Gerichtsstandsklauseln in *trust*-Bedingungen wird gem Art 17 Abs 2 auf das Erfordernis einer Vereinbarung verzichtet.

2. Die Anknüpfung von Gerichtsstandsvereinbarungen nach § 38 ZPO

185 Im autonomen Prozessrecht hängt die Bestimmung des Statuts der Gerichtsstandsvereinbarung eng mit dem Streit um deren Rechtsnatur zusammen.

a) Die Rechtsnatur der Gerichtsstandsvereinbarung

Während die Rechtsprechung die Gerichtsstandsvereinbarung als einen „materiellrechtlichen Vertrag über prozessrechtliche Beziehungen" wertet, dessen Zustandekommen sich nach bürgerlichem Recht richtet (BGHZ 49, 384 [386 f] = NJW 1968, 1233; BGHZ 57, 72 [75] = NJW 1972, 391 m Anm GEIMER und SCHMIDT-SALZER; BGHZ 59, 23 [26 f] = NJW 1972, 1622 m Anm GEIMER = AWD 1972, 416 m Anm vHOFFMANN), hat sich in der neueren Literatur zu Recht die Qualifikation der Gerichtsstandsvereinbarung als **Prozessvertrag** durchgesetzt (vgl HAUSMANN, in: FS W Lorenz 361; STEIN/JONAS/BORK § 38 Rn 44; ZÖLLER/ VOLLKOMMER § 38 Rn 4; THOMAS/PUTZO vor § 38 Rn 2; ROSENBERG/SCHWAB/GOTTWALD, ZPR § 37 I 1; GEIMER, IZPR[5] Rn 1677; G ROTH ZZP 93 [1980] 163 f mwN). Denn die Vereinbarung zielt auch dann, wenn sie vor Entstehung eines Rechtsstreits getroffen wird, ausschließlich auf einen *prozessualen Erfolg* ab. Sie begründet keine schuldrechtliche Verpflichtung der Parteien, vor einem bestimmten Gericht zu klagen oder nicht zu klagen, sondern führt die Zuständigkeit oder Unzuständigkeit dieses Gerichts von sich aus herbei. Dementsprechend sind nicht nur die prozessuale Zulässigkeit und die Wirkungen, sondern auch die *Form* von Gerichtsstandsvereinbarungen, durch welche die internationale Zuständigkeit der *deutschen* Gerichte begründet oder ausgeschlossen wird, zwingend nach deutschem Prozessrecht zu beurteilen (vgl BGH NJW 1986, 1438 m Anm GEIMER = IPRax 1987, 168 m Anm G ROTH 141; BGH NJW 1989, 1431 [1432] = IPRax 1990, 41 m Anm SCHACK 19; ebenso OLG Bamberg RiW 1989, 221 [222] = IPRax 1990, 105 m Anm PRINZING 83; OLG Saarbrücken NJW-RR 1989, 828). Demgegenüber verbleibt es hinsichtlich des Zustandekommens und der materiellen Wirksamkeit bei der Geltung der lex causae, weil § 38 ZPO von einer „Vereinbarung" spricht, ohne für ihr Zustandekommen nähere Bestimmungen zu treffen (BGHZ 49, 384 [387]; BGH NJW 1997, 2885 [2886]; OLG Frankfurt IPRax 1998, 35 [36]; OLG Saarbrücken NJW 2000, 670 [671]; STEIN/JONAS/BORK § 38 Rn 46; GOTTWALD, in: FS Henckel 299 ff; HAUSMANN, in: FS W Lorenz 362). Weder der Wortlaut noch die Entstehungsgeschichte des § 38 Abs 1 ZPO rechtfertigen eine Auslegung iS einer einseitig auf deutsches materielles Recht verweisenden Kollisionsnorm (zutr STÖVE 90 ff).

b) Anknüpfungsgrundsätze

186 Treffen die Parteien die Gerichtsstandsvereinbarung – wie im Regelfall – als Teil des schuldrechtlichen Hauptvertrages, so geht die hM in Deutschland traditionell von einer **akzessorischen Anknüpfung** aus (vgl BGH NJW 1971, 323 m Anm GEIMER; BGHZ 59, 23

[27] = NJW 1972, 1622 m Anm GEIMER; BGH NJW 1997, 397 [399] = IPRax 1999, 367 m Anm DÖRNER/STAUDINGER 338; BGH NJW 1997, 2885 [2886] = IPRax 1998, 470 m Anm GOTTWALD/ BAUMANN 445; OLG Hamburg RiW 1986, 462; OLG Rostock RiW 1997, 1042 [1043]; OLG Frankfurt IPRax 1999, 247 [250] m Anm HAU 233; OLG Saarbrücken NJW 2000, 670 [671]; SCHACK, IZVR^2 Rn 436 f; KROPHOLLER, IZVR I Rn 482 ff, jeweils mwN). Seit der IPR-Reform von 1986 wird das wirksame Zustandekommen einer kombinierten Rechts- und Gerichtswahlklausel daher gemäß Art 27 Abs 4 iVm Art 31 Abs 1 EGBGB nach dem gewählten Recht beurteilt (BGHZ 99, 207 [209 f] = IPRax 1988, 26 m Anm BASEDOW 15; BGH NJW 1989, 1431 = IPRax 1990, 41 m Anm SCHACK 19; BGH WM 1996, 2294 [2298]; OLG Bamberg IPRax 1990, 105 m Anm PRINZING 83; OLG München IPRax 1991, 46 [48] m Anm GEIMER 31). Bei Fehlen einer ausdrücklichen oder stillschweigenden Rechtswahl entscheidet über das wirksame Zustandekommen der Gerichtsstandsvereinbarung dementsprechend das von Art 28 EGBGB zur Anwendung berufene Recht, idR also das Wohnsitz- oder Niederlassungsrecht der Partei, welche die für den Hauptvertrag charakteristische Leistung erbringt (vgl OLG Karlsruhe NJW-RR 1993, 567 [568]; OLG Rostock RiW 1997, 1042 [1043]). Ist die Gerichtsstandsklausel in einem *Verbraucher- oder Arbeitsvertrag* enthalten, so ist im Rahmen der objektiven Anknüpfung nach Art 29 Abs 2 bzw 30 Abs 2 EGBGB das Recht am gewöhnlichen Aufenthaltsort des Verbrauchers bzw am gewöhnlichen Arbeitsort maßgebend.

Da Gerichtsstandsvereinbarung und Hauptvertrag ganz unterschiedliche Zwecke **187** verfolgen, können sie freilich durchaus auch unterschiedlichen Rechten unterliegen (SCHACK IPRax 1990, 19 und IZVR Rn 444; GEIMER, IZPR^5 Rn 1677; STÖVE 92 ff). Die Parteien können insbesondere für die Gerichtsstandsvereinbarung eine vom Statut des Hauptvertrages abweichende Rechtswahl treffen (G ROTH ZZP 93 [1980] 165), und zwar auch stillschweigend durch ihr Verhalten im Prozess (OLG Bremen RiW 1985, 894 [895]). Eine **eigenständige Bestimmung des Prorogationsstatuts** liegt insbesondere dann nahe, wenn die Gerichtsstandsvereinbarung nicht als Bestandteil des Hauptvertrages, sondern nachträglich oder für mehrere Verträge, die unterschiedlichen Rechten unterliegen, getroffen wird (GEIMER NJW 1971, 391). Für diesen Fall dürfte dem Recht am gewählten Gerichtsort auch im Rahmen der objektiven Anknüpfung stärkeres Gewicht zukommen als den für den Hauptvertrag maßgeblichen Vermutungen der Art 28 Abs 2–4 EGBGB (allg für selbständige Anknüpfung an das Recht des prorogierten Gerichts auch vHOFFMANN, IPR^6 § 3 Rn 79; offen lassend BGH NJW 1997, 397 [399]).

c) **Reichweite des Prorogationsstatuts**
Nach dem Prorogationsstatut beurteilt sich – entsprechend Art 31 EGBGB – vor **188** allem das **Zustandekommen** internationaler Gerichtsstandsvereinbarungen mit Ausnahme der Form. Das Prorogationsstatut entscheidet insbesondere darüber, ob eine in AGB enthaltene Gerichtsstandsklausel Gegenstand einer Willenseinigung zwischen den Parteien war (BGHZ 99, 207 [209 ff] = NJW 1987, 1145; BGH NJW 1989, 1431 [1432]; OLG Koblenz NJW-RR 1988, 1401). Eine *Einbeziehungskontrolle* nach §§ 2 ff AGBG/§§ 305 ff BGB nF findet daher nur statt, wenn entweder deutsches Recht Vertragsstatut ist (BRANDNER, in: ULMER/BRANDNER/HENSEN, AGBG^8 Anh §§ 9–11 Rn 401; STÖVE 97) oder wenn sich der Schutz des deutschen Rechts nach Art 29 Abs 1, 30 Abs 1 EGBGB ausnahmsweise gegenüber einem gewählten ausländischen Vertragsstatut durchsetzt (zu Einzelheiten vgl Art 31 Rn 72 ff und REITHMANN/MARTINY/HAUSMANN Rn 2223 ff). Für die Einbeziehung einer Gerichtsstandsklausel in AGB durch schlüssiges Verhalten, insbesondere durch *Schweigen* (zB auf ein kaufmännisches Bestäti-

gungsschreiben), ist jedoch entsprechend Art 31 Abs 2 EGBGB auch bei Maßgeblichkeit deutschen Rechts als Prorogationsstatut auf das Aufenthaltsrecht desjenigen Rücksicht zu nehmen, dessen Verhalten rechtsgeschäftliche Bedeutung beigemessen werden soll (OLG München IPRax 1991, 46 [49 f]; OLG Karlsruhe NJW-RR 1993, 567 [568 f]; STÖVE 95 f; dazu allg o Art 31 Rn 39 ff mwN).

189 Das Prorogationsstatut bestimmt ferner über die **Auslegung** (vgl BGH WM 1996, 2295 [2298]; BGH NJW 1997, 397 [399] = IPRax 1999, 367 m Anm DÖRNER/STAUDINGER 338, jeweils mwN; dazu auch u Rn 217) und die **materielle Wirksamkeit** einer Gerichtsstandsvereinbarung. Dies betrifft etwa die Voraussetzungen und Rechtsfolgen einer Anfechtung aufgrund von *Willensmängeln* sowie die Frage der Nichtigkeit der Prorogation wegen Gesetzes- oder Sittenverstoßes (vgl näher Art 31 Rn 23 ff); insoweit kommen die §§ 119 ff, 134, 138 BGB also grundsätzlich nur bei deutscher lex causae zur Anwendung. Auch die Frage, ob formularmäßige Gerichtsstandsklauseln im internationalen Rechtsverkehr einer *Inhaltskontrolle* unterliegen, beurteilt sich in erster Linie nach dem Prorogationsstatut. Eine Inhaltskontrolle am Maßstab von § 9 Abs 2 Nr 1 AGBG/§ 307 Abs 2 Nr 1 BGB nF iVm §§ 12 ff ZPO kommt allerdings nicht nur bei Geltung deutschen Prorogationsstatuts in Betracht (vgl dazu BGH NJW 1983, 1320 [1322]; BGH NJW 1987, 2867; OLG Karlsruhe NJW 1996, 2041; STÖVE 100; dazu näher REITHMANN/MARTINY/HAUSMANN Rn 2227 ff), sondern in Verbraucherverträgen auch aufgrund der Sonderanknüpfung nach Art 29 Abs 1, 29a und 34 EGBGB (GOTTWALD/BAUMANN IPRax 1998, 445 [446]). Das Prorogationsstatut entscheidet schließlich auch darüber, ob das Zustandekommen einer wirksamen Gerichtsstandsvereinbarung von der Gültigkeit des Hauptvertrages abhängt (aA KROPHOLLER, IZVR I Rn 480: lex fori). Nach deutschem Recht ist dies nicht der Fall, weil die Gerichtsstandsvereinbarung im Zweifel gerade auch für einen Streit über die Wirksamkeit des Hauptvertrages gelten soll (JAYME IPRax 1989, 362; GOTTWALD, in: FS Henckel 303; GEIMER, IZPR[5] Rn 1719).

V. Die Form internationaler Gerichtsstandsvereinbarungen

1. Die Formalternativen nach Art 17 Abs 1 S 2 EuGVÜ/LugÜ

a) Allgemeines

190 Die Formerfordernisse von Gerichtsstandsvereinbarungen sind im Geltungsbereich des EuGVÜ/LugÜ mittels **autonomer Interpretation** aus Art 17 Abs 1 S 2 selbst zu entnehmen (SCHACK, IZVR[2] Rn 472; GEIMER/SCHÜTZE, EuZVR Art 17 Rn 97). Nationale Formvorschriften (zB § 126 BGB) finden mithin insoweit keine Anwendung (EuGH Rs 24/76 [Rn 181] Slg 1976, 1831, 1841 [Nr 11] = NJW 1977, 494; EuGH Rs C-159/97 [Rn 182] Slg 1999 I, 1636, 1653 [Nr 37 f]; OLG Düsseldorf RiW 1990, 577 [579]; zust KOHLER IPRax 1983, 269; KILLIAS 149 f; STÖVE 8 f; vgl auch o Rn 172 mwN). Den Parteien steht es aber frei, schärfere Formanforderungen zu vereinbaren. Da durch eine Gerichtsstandsvereinbarung von den im Übereinkommen festgelegten Gerichtsständen und den ihnen zugrunde liegenden Wertungen der Zuständigkeitsinteressen abgewichen wird, sind die Formerfordernisse in Art 17 Abs 1 grundsätzlich *eng auszulegen* (EuGH Rs 71/83 – *Russ/Nova* – Slg 1984, 2417, 2432 [Nr 14] = RiW 1984, 909 m Anm SCHLOSSER = IPRax 1985, 152 m Anm BASEDOW 133; EuGH Rs 221/84 – *Berghoefer/ASA* – Slg 1985, 2699, 2703 [Nr 1] = RiW 1985, 736; EuGH Rs C-106/95 [Rn 182] Slg 1997 I, 932, 939 [Nr 14] = RiW 1997, 416 m Anm HOLL; zust BGH NJW 1994, 2699; BGH NJW 1996, 1819 = IPRax 1997, 416 m Anm KOCH 405; KROPHOLLER Art 17 Rn 20, 32; krit dazu SCHLOSSER Art 17 Rn 18). Die Einhaltung der in Art 17 Abs 1 S 2 vorgeschriebenen Form dient auch nicht lediglich Beweiszwecken; ihre Beachtung ist vielmehr materielle Voraussetzung für die Wirksamkeit der Gerichtsstandsvereinbarung (EuGH Rs 24/76 [Rn 181] Slg 1976, 1831, 1841 [Nr 8]; ebenso KROPHOLLER Art 17 Rn 29; GEIMER/SCHÜTZE, EuZVR Art 17 Rn 102).

Die Formerfordernisse des Art 17 Abs 1 S 2 gelten freilich nur für Gerichtsstands- **191** vereinbarungen, nicht für bloße **Vereinbarungen über den Erfüllungsort.** Haben die Parteien also den Erfüllungsort nach dem auf den Vertrag anwendbaren innerstaatlichen Recht wirksam vereinbart, so wird hierdurch die Gerichtszuständigkeit nach Art 5 Nr 1 EuGVÜ ohne Rücksicht darauf begründet, ob die Formvorschriften des Art 17 Abs 1 beachtet sind (EuGH Rs 56/79 – *Zelger/Salinitri* – Slg 1980, 89, 97 [Nr 5] = WM 1980, 720 m Anm SCHÜTZE = IPRax 1981, 89 m Anm SPELLENBERG 75; BGH NJW 1985, 560 [561]; OLG Hamm IPRax 1986, 104 m krit Anm SCHACK 82; krit auch KILLIAS 20 f). Etwas anderes hat freilich dann zu gelten, wenn die Parteien die *Zuständigkeit des Gerichts* am Erfüllungsort vereinbart haben; denn dann handelt es sich um eine Gerichtsstandsvereinbarung, die an Art 17 Abs 1 S 2 zu messen ist (OLG München RiW 1989, 901 [902] = ZZP 1990, 84 m Anm H SCHMIDT). Dem Formzwang dieser Vorschrift unterliegen ferner „abstrakte" Erfüllungsortsvereinbarungen, die keinen tatsächlichen Leistungsort festlegen, sondern nur zuständigkeitsrechtlich wirken sollen (vgl EuGH Rs C-106/95 [Rn 182] Slg 1997 I, 932, 943 ff [Nr 31 ff] = RiW 1997, 416; SAENGER ZZP 110 [1997] 493 f; dazu o Rn 80 mwN). Art 17 regelt schließlich nur die Vereinbarung der Zuständigkeit staatlicher Gerichte; auf **Schiedsvereinbarungen** ist die Vorschrift auch nicht entsprechend anwendbar (BGH RiW 1979, 910; vgl zur Form internationaler Schiedsvereinbarungen näher u Rn 271 ff).

b) Schriftliche Vereinbarung
aa) Grundsatz
Der schriftliche Abschluss einer Gerichtsstandsvereinbarung iSv Art 17 Abs 1 S 2 **192** lit a, 1. Fall erfordert, dass die Willenserklärungen beider Parteien schriftlich niedergelegt sind und ihren Urheber erkennen lassen. Dagegen ist eine Unterzeichnung oder gar eine eigenhändige Unterschrift nicht erforderlich; vielmehr erfüllen auch Telegramme, Fernschreiben oder Telekopien das Formerfordernis, sofern nur die Identität des Erklärenden feststeht. Die schriftliche Vereinbarung muss ferner – abweichend von § 126 Abs 2 BGB – nicht notwendig in einer von beiden Teilen unterzeichneten Vertragsurkunde enthalten sein, sondern kann sich auch aus *getrennten Schriftstücken,* also einem Briefwechsel oder einem Austausch von Fernschreiben/Telekopien ergeben (BGH NJW 1994, 2699 [2700] = JR 1995, 456 m Anm DÖRNER; OLG Hamburg IPRax 1997, 419 [420]; GEIMER/SCHÜTZE, EUZVR Art 17 Rn 104; SIEG RiW 1998, 103). Auch elektronische Übermittlungen (zB e-mails) stehen – wie Art 23 Abs 2 EuGVVO (Rn 2a) klarstellt – der Schriftform gleich, sofern sie eine dauerhafte Aufzeichnung der Vereinbarung ermöglichen. Einer ausdrücklichen Vereinbarung über den Gerichtsstand bedarf es nicht; vielmehr reicht die pauschale Annahme eines Angebots, das eine Gerichtsstandsklausel enthält, grundsätzlich aus (BGH NJW 1996, 1819 = IPRax 1997, 416 m Anm KOCH 405; KROPHOLLER Art 17 Rn 30 mwN). Sonderregeln gelten lediglich für Parteien mit Wohnsitz oder Sitz in Luxemburg (dazu u Rn 207).

bb) Allgemeine Geschäftsbedingungen
Die Schriftform kann grundsätzlich auch durch eine ausdrückliche Bezugnahme im **193** Vertragstext auf AGB gewahrt werden, die eine Gerichtsstandsklausel enthalten (EuGH Rs 24/76 [Rn 181] Slg 1976, 1831, 1841 [Nr 10] = NJW 1977, 494; BGH EuZW 1992, 515

[516]; OLG Hamm NJW 1990, 652; SIEG RiW 1998, 102; SAENGER, in: FS Sandrock [1999] 811 ff; zu Einzelfällen aus der Praxis vgl REITHMANN/MARTINY/HAUSMANN Rn 2136 ff). Ein solcher Hinweis kann nur aufgrund der zwischen den Parteien entstandenen Gepflogenheiten (lit b) entfallen, ferner im kaufmännischen Rechtsverkehr, wenn die AGB branchenüblich sind und deshalb auch dem Vertragspartner des Verwenders bekannt sein mussten (lit c). Auf die Gerichtsstandsvereinbarung selbst muss weder eigens hingewiesen werden, noch braucht sie im Klauseltext besonders hervorgehoben zu werden (OLG Koblenz RiW 1987, 144 [146] = IPRax 1987, 308 m Anm SCHWARZ 291; OLG Hamm IPRax 1991, 324 [325] m Anm KOHLER 299; STEIN/JONAS/BORK § 38 Rn 28 mwN; aA H SCHMIDT ZZP 103 [1990] 91 [97 f] und LINDACHER, in: WOLF/HORN/LINDACHER, AGBG⁴ Anh § 2 Rn 98, die eine „qualifizierte Kenntnisnahmemöglichkeit" des Kunden fordern).

194 Nach dem Normzweck des Art 17 Abs 1 S 2 ist ausschlaggebend, dass der andere Vertragsteil von der in AGB enthaltenen Gerichtsstandsklausel Kenntnis nehmen konnte und damit gewährleistet ist, dass er sich mit dem Gerichtsstand tatsächlich einverstanden erklärt hat. Dies ist nur der Fall, wenn auf die AGB **hinreichend deutlich Bezug genommen** wurde (OLG Dresden IPRspr 1999 Nr 115). Die bloße Übergabe oder Beifügung der AGB reicht daher ebensowenig aus wie der Abdruck auf der Rückseite der Vertragsurkunde oder gar auf der Rückseite von Rechnungen (EuGH Rs 25/76 – *Segoura/Bonakdarian* – Slg 1976, 1851, 1860 f [Nr 8 ff] = NJW 1977, 495; OLG Hamburg RiW 1984, 916 = IPRax 1985, 281 m Anm SAMTLEBEN 261; LG Köln RiW 1988, 644 = IPRax 1989, 290 m Anm SCHWENZER 274; ZÖLLER/GEIMER Art 17 Rn 8 a). Erfolgen Angebot und Annahme in *verschiedenen Urkunden,* so muss der Offerent im Text seines – schriftlich angenommenen – Angebots ausdrücklich auf die AGB hingewiesen haben (EuGH Rs 24/76 [Rn 18] Slg 1976, 1831, 1842 [Nr 12]; OLG Celle RiW 1985, 571 [572] = IPRax 1985, 284 m Anm DUINTJER TEBBENS 262; OLG Köln NJW 1988, 2182; HandelsG Zürich SZIER 1995, 34 m Anm VOLKEN; KROPHOLLER Art 17 Rn 32 f). Eine stillschweigende Verweisung auf einen früheren Schriftverkehr reicht hingegen nicht aus (ZÖLLER/GEIMER Art 17 Rn 9). Ferner ist eine schriftliche Zustimmung des Offerenten auch dann erforderlich, wenn der Empfänger der Offerte in seiner Annahmeerklärung erstmals auf AGB Bezug nimmt, die eine Gerichtsstandsklausel enthalten (BGH NJW 1994, 2699 [2700]).

195 Weiterhin müssen die AGB dem Vertragspartner **bei Vertragsschluss tatsächlich vorgelegen** haben, also zB auf der Rückseite der Vertragsurkunde oder auf dem beigefügten Formular abgedruckt oder dem Vertragspartner des Verwenders aus einem früheren Geschäft bekannt sein; dessen bloße Möglichkeit, sich den Text zu verschaffen, reicht auch im Verkehr zwischen Kaufleuten nicht aus (OLG Köln TranspR 1999, 454; OLG Düsseldorf RiW 2001, 63 [64 f]; aA SCHLOSSER Art 17 Rn 20; MünchKomm/GOTTWALD Art 17 Rn 24). Eine formularmäßige Bestätigung des Vertragspartners, die AGB gelesen und verstanden zu haben, ist für die Beurteilung seiner Kenntnis von einer in den AGB enthaltenen Gerichtsstandsklausel nach Art 17 ohne Bedeutung (BGH NJW 1996, 1819 = IPRax 1997, 416 m Anm KOCH 405). Werden die AGB hingegen dem anderen Teil erst *nach Vertragsschluss* übermittelt, so kann nicht davon ausgegangen werden, dass dieser sich auch mit der in den AGB enthaltenen Gerichtsstandsklausel einverstanden erklären wollte. Die Schriftform ist ferner auch dann nicht gewahrt, wenn die auf der Rückseite abgedruckten oder dem Vertrag beigefügten AGB die Gerichtsstandsklausel nicht unmittelbar enthalten, sondern insoweit auf ein weiteres – nicht beigefügtes – Klauselwerk Bezug nehmen (RAUSCHER ZZP 104 [1991] 288; MünchKomm/GOTTWALD aaO; aA OLG München RiW 1987, 998 = IPRax 1987, 307 m Anm E REHBINDER 289). Art 17

Abs 1 S 2 lit a bezieht sich allerdings allein auf die wirksame Einbeziehung der in AGB enthaltenen *Gerichtsstandsklausel;* ob die AGB im Übrigen Bestandteil des Hauptvertrages geworden sind, ist nach dem auf diesen Vertrag anwendbaren innerstaatlichen Recht zu entscheiden (OLG Koblenz RiW 1987, 144 [146]; KOHLER IPRax 1983, 266, 269; GEIMER/SCHÜTZE I/1 484 f und 930 f; dazu näher Art 31 Rn 72 ff).

cc) Vereins- oder Gesellschaftssatzung
An die Form von Gerichtsstandsvereinbarungen in Satzungen können nach Ansicht 196 des EuGH nicht die gleichen strengen Anforderungen gestellt werden wie an die Form von Gerichtsstandsvereinbarungen in Schuldverträgen. Vereins- oder Gesellschaftssatzungen bedürfen in den Rechtsordnungen aller Vertragsstaaten wegen ihrer besonderen Tragweite der Schriftform. Die Mitglieder/Gesellschafter sind sich dabei im klaren darüber, dass sie an die Satzung und an solche Satzungsänderungen gebunden sind, welche die Organe der Gesellschaft in Übereinstimmung mit dem anwendbaren nationalen Recht und der Satzung vornehmen. Dies gilt auch für eine in der Satzung enthaltene Gerichtsstandsklausel. Wird die Satzung daher an einem den Aktionären zugänglichen Ort, etwa dem Sitz der Gesellschaft, hinterlegt oder ist sie in einem öffentlichen Register einsehbar, so genügt dies – unabhängig von der Art und Weise des Aktienerwerbs – zur Erfüllung der Formerfordernisse nach Art 17 Abs 1 S 2 (EuGH Rs 214/89 [Rn 184] Slg 1992 I, 1745, 1776 f [Nr 25 ff] = NJW 1992, 1671 = IPRax 1993, 32 m Anm KOCH 19; vgl dazu die Abschlussentscheidungen OLG Koblenz RiW 1993, 141 und BGH NJW 1994, 51 f).

c) Schriftliche Bestätigung einer mündlichen Vereinbarung
aa) Mündliche Vereinbarung
Nach Art 17 Abs 1 S 2 lit a 2. Fall genügt auch eine mündliche Zuständigkeitsver- 197 einbarung, wenn diese anschließend von einer Partei schriftlich bestätigt worden ist. Die Vorschrift hat nach der Auflockerung der Formstrenge durch lit b und c nur noch geringe praktische Bedeutung (SCHLOSSER Art 17 Rn 21). Die sog „halbe Schriftlichkeit" setzt voraus, dass sich die Parteien bereits bei dem mündlichen Vertragsschluss gerade auch über den Gerichtsstand geeinigt haben (OLG Hamburg IPRax 1997, 419 [420]); diese Willensübereinstimmung muss klar und deutlich zum Ausdruck gekommen sein (KROPHOLLER Art 17 Rn 37; KILLIAS 167 mwN). Ist die Gerichtsstandsklausel daher in AGB enthalten, so müssen diese dem Vertragspartner bereits bei dem mündlichen Vertragsschluss vorgelegen haben (BGH NJW 1994, 2699 f; OLG Hamm NJW 1990, 652; STEIN/JONAS/BORK § 38 Rn 28). Hingegen enthält die mündlich erklärte Bereitschaft, zu den AGB des Vertragspartners abschließen zu wollen, noch keine Unterwerfung unter eine in diesen AGB möglicherweise enthaltene Gerichtsstandsklausel. Werden die AGB daher erstmals der schriftlichen Auftragsbestätigung beigelegt, so muss die schriftliche Bestätigung des mündlichen Vertragsschlusses von der anderen Partei *schriftlich angenommen* werden (EuGH Rs 25/76 [Rn 194] Slg 1976, 1851, 1862 [Nr 12] = NJW 1977, 495; ebenso BGH NJW 1992, 2448 = EuZW 1992, 515 m Anm GEIMER).

Auch im kaufmännischen Rechtsverkehr führt also das **Schweigen auf ein Bestäti-** 198 **gungsschreiben,** dem erstmals eine Gerichtsstandsklausel beigefügt ist, nicht zur Fiktion einer mündlichen Einigung über den Gerichtsstand nach Art 17 Abs 1 S 2 lit a, 2. Fall (EuGH aaO; OLG Köln NJW 1988, 2182; OLG Hamm NJW 1990, 652; GEIMER/SCHÜTZE I/1 488 f und 937; KROPHOLLER Art 17 Rn 40). Die Formwirksamkeit der Gerichtsstandsvereinbarung kann sich in diesem Fall nur aus den zwischen den Parteien – zB im

Rahmen laufender Geschäftsbeziehungen – bestehenden *Gepflogenheiten* (lit b) oder aus einem *internationalen Handelsbrauch* ergeben (dazu u Rn 200 ff). Die Form des Art 17 Abs 1 lit a, 2. Fall wird hingegen auch im Rahmen laufender Geschäftsbeziehungen nur durch eine schriftliche Bestätigung erfüllt, der überhaupt eine mündliche Einigung der Parteien vorausgegangen war (vgl BGH NJW 1994, 2699 = EWiR 1994, 985 m Anm MANKOWSKI). Deshalb reicht es nicht aus, wenn eine Partei regelmäßig Bestätigungsschreiben oder Rechnungen mit einer *nur rückseitig abgedruckten* Gerichtsstandsklausel verwendet, ohne jemals ausdrücklich auf diese (bzw die eine solche enthaltenden AGB) hingewiesen zu haben (OLG Hamburg RiW 1984, 916; OLG Hamm NJW 1990, 1012; großzügiger SCHLOSSER Art 17 Rn 23). Ebensowenig kommt eine Gerichtsstandsvereinbarung dadurch zustande, dass eine Vertragspartei in einer Auftragsbestätigung auf nicht beigefügte AGB verweist, die eine Gerichtsstandsklausel enthalten (OLG Dresden IPRax 2000, 121 m Anm HAUBOLD 91: Hinweis eines deutschen Spediteurs auf Geltung der ADSp). Den Anforderungen des Art 17 Abs 1 S 2 lit a, 2. Fall wird hingegen genügt, wenn der Verwender der AGB seinen Vertragspartner während der Verhandlungen ausdrücklich auf die in seinen AGB enthaltene *Gerichtsstandsklausel* hingewiesen hat; die mündliche Zuständigkeitsvereinbarung muss dann lediglich noch schriftlich bestätigt werden (GEIMER/SCHÜTZE I/1 878).

bb) Schriftliche Bestätigung

199 Die schriftliche Bestätigung einer mündlich getroffenen Gerichtsstandsvereinbarung erfüllt die Formerfordernisse des Art 17 Abs 1 S 2 lit a, 2. Fall nur dann, wenn ihr Inhalt mit der vorher erzielten Einigung übereinstimmt. Die **Beweislast** hierfür trägt diejenige Vertragspartei, die sich auf die Gerichtsstandsvereinbarung beruft (OLG Köln NJW 1988, 2182; KILLIAS 168; HAU IPRax 1999, 24; **aA** EBENROTH ZVerglRW 1978, 382; SCHLOSSER EWiR 1997, 359: Beweislastumkehr, wenn die Bestätigung unwidersprochen bleibt). Ist die Gerichtsstandsklausel erstmalig in einer *Auftragsbestätigung* enthalten, so ist eine erneute schriftliche Bestätigung der anderen Seite notwendig, die das ausdrückliche Einverständnis mit der Gerichtsstandsvereinbarung erkennen lässt; das bloße Unterlassen eines Widerspruchs genügt nicht (EuGH Rs 25/76 [Rn 194] Slg 1976, 1851, 1860 ff [Nr 8 ff]; KROPHOLLER Art 17 Rn 39). Auf die konkludente Annahme eines schriftlichen Angebots ist Art 17 Abs 1 S 2 lit a 2. Fall auch nicht entsprechend anwendbar (zutr HASS IPRax 2000, 494 ff gegen LG Berlin 526). An den *Inhalt der Bestätigung* sind die gleichen Anforderungen zu stellen wie an einen beiderseits schriftlichen Vertrag (dazu o Rn 192 ff; vgl KROPHOLLER Art 17 Rn 41). Es genügt daher in jedem Falle die Bezugnahme auf eine Vertragsurkunde, in welcher die Gerichtsstandsabrede an herausgehobener Stelle außerhalb des Formulartexts eingefügt war (BGHZ 116, 77 [81] = RiW 1992, 142); ausreichend ist aber auch eine ausdrückliche Bezugnahme auf AGB, in denen die Gerichtsstandsklausel enthalten ist (LG Bayreuth IPRspr 1976 Nr 133). Die schriftliche Bestätigung muss nicht notwendig durch diejenige Vertragspartei erfolgen, der die Zuständigkeitsvereinbarung entgegengehalten werden soll; vielmehr genügt auch eine Bestätigung derjenigen Partei, die sich auf den Abschluss der mündlichen Gerichtsstandsvereinbarung beruft (EuGH Rs 221/84 [Rn 190] Slg 1985, 2699, 2703 [Nr 2] = RiW 1985, 736; BGHZ 116, 77 [82]; KROPHOLLER Art 17 Rn 42 mwN). Die Frage, innerhalb welcher *Frist* die mündliche Einigung über den Gerichtsstand schriftlich bestätigt werden muss, ist nicht durch einen Rückgriff auf nationales Recht (zB § 147 Abs 2 BGB), sondern autonom unter Berücksichtigung von Treu und Glauben in jedem Einzelfall zu entscheiden (HAU IPRax 1999, 25; GEIMER/SCHÜTZE, EuZVR Art 17 Rn 110; **aA** OLG Düsseldorf IPRax 1999, 98).

d) Vertragsschluss nach den Parteigepflogenheiten

Nach dem durch das EuGVÜ 1989 neu eingefügten Art 17 Abs 1 S 2 lit b genügt **200** neben der vollen und der halben Schriftform auch „jede sonstige Form, welche den Gepflogenheiten entspricht, die zwischen den Parteien entstanden sind". Damit sollte die Rechtsprechung des EuGH zur Formgültigkeit von Gerichtsstandsvereinbarungen bei laufenden Geschäftsbeziehungen der Vertragspartner auf eine klare gesetzliche Grundlage gestellt werden. Danach war nämlich die schriftliche Bestätigung eines mündlichen Vertragsschlusses unter erstmaliger Beifügung der (eine Gerichtsstandsklausel enthaltenden) AGB zur Wahrung der Form des Art 17 Abs 1 dann ausreichend, wenn sich der mündlich geschlossene Vertrag in **laufende Geschäftsbeziehungen** einfügte, die zwischen den Parteien auf der Grundlage dieser AGB bestanden. Der Empfänger der schriftlichen Bestätigung verstieße bei dieser Sachlage gegen Treu und Glauben, wenn er das Zustandekommen einer Gerichtsstandsvereinbarung mit dem Argument leugnete, es fehle an einer schriftlichen Annahmeerklärung seinerseits (EuGH Rs 25/76 [Rn 194] Slg 1976, 1851, 1861 [Nr 11]; Cass [Italien] Riv dir int priv proc 1996, 302 [309]; ZÖLLER/GEIMER Art 17 Rn 11). Die Annahme einer laufenden Geschäftsbeziehung bzw einer „Gepflogenheit" erfordert eine gewisse *Häufigkeit von Vertragsabschlüssen,* denen jeweils die AGB mit der Gerichtsstandsklausel zugrunde gelegen haben; eine einzige vorausgegangene Bestellung zu den AGB reicht hierfür nicht aus (vgl OLG Celle RiW 1985, 571 = IPRax 1985, 284 m Anm DUINTJER TEBBENS 262; OLG Köln RiW 1988, 555 [557]).

e) Vertragsschluss gemäß internationalen Handelsbräuchen

Nach Art 17 Abs 1 S 2 lit c EuGVÜ 1989 sind Gerichtsstandsvereinbarungen auch **201** dann wirksam, wenn sie in einer Form geschlossen werden, die „einem internationalen Handelsbrauch entspricht, den die Parteien kannten oder kennen mussten, und den Parteien von Verträgen dieser Art in dem betreffenden Geschäftszweig allgemein kennen und regelmäßig beachten". Diese Vorschrift bringt zwar ihrem Wortlaut nach nur eine Erleichterung von Formerfordernissen. Bezweckt war freilich vor allem eine Korrektur der EuGH-Rechtsprechung zum Tatbestandsmerkmal der „Vereinbarung" in Art 17 Abs 1. Denn im internationalen Handel muss der Vertragsschluss „aus Gründen der Kalkulation auf der Grundlage der momentan gegebenen Marktpreise rasch durch Auftragsbestätigung unter Einbeziehung von Bedingungswerken möglich sein" (SCHLOSSER-Bericht Nr 179; M J SCHMIDT RiW 1992, 176). Dieses Ziel würde aber verfehlt, wenn der neugefasste Satz 2 als bloße Formregelung verstanden würde. Die Berücksichtigung der internationalen Handelsbräuche ist deshalb in gewissem Umfang bereits auf die **materielle Willenseinigung** zu beziehen. Die Einhaltung der in lit c vorgeschriebenen Form indiziert also zugleich das Zustandekommen einer tatsächlichen Willenseinigung (EuGH Rs C-106/95 – *MSG/Les Gravières Rhénanes* – Slg 1997 I, 932, 940 f [Nr 17 f] = RiW 1997, 415 m Anm HOLL; STÖVE 12 ff; SAENGER ZZP 110 [1997] 488 ff). Den internationalen Handelsbräuchen ist also auch zu entnehmen, welche Anforderungen an den Begriff der „Vereinbarung" in Art 17 Abs 1 zu stellen sind (LG Essen RiW 1992, 227 [228]; G ROTH ZZP 93 [1980] 162; BASEDOW IPRax 1985, 137; RAUSCHER ZZP 104 [1991] 288 ff; KRÖLL ZZP 113 [2000] 143 ff; MünchKomm/GOTTWALD Art 17 Rn 37; aA SCHLOSSER Art 17 Rn 25). Besteht also in dem betreffenden Geschäftszweig des internationalen Handelsverkehrs ein das Zustandekommen von Gerichtsstandsvereinbarungen betreffender Handelsbrauch, der den Parteien bekannt ist oder als bekannt gelten muss, so wird auch die nach Art 17 Abs 1 erforderliche Einigung der Vertragsparteien über den Gerichtsstand vermutet (EuGH Rs C-159/97 – *Trasporti Castelletti/Hugo*

Trumpy SpA – Slg 1999 I, 1597, 1648 ff [Nr 19 ff] = IPRax 2000, 119 m Anm GIRSBERGER 87 = ZZPInt 4 [1999] m Anm ADOLPHSEN).

aa) Internationale Handelsbräuche

202 Der Begriff der „Handelsbräuche" ist weder nach der lex fori, noch nach der lex causae, sondern **autonom** zu qualifizieren (EuGH Rs C-106/95 [Rn 201] Slg 1997 I, 932, 941 [Nr 23] = IPRax 1999, 31 m Anm KUBIS 10; LG Essen aaO; KOHLER IPRax 1987, 204; STAEHELIN 60 f). Danach kommt es allein auf die faktische Gebräuchlichkeit einer bestimmten Form, nicht aber – wie nach § 346 HGB – auf die formelle Kaufmannseigenschaft der Parteien an (OLG Hamburg TranspR 1993, 25 [27]; OLG Celle IPRax 1997, 417 [418]; SCHLOSSER RiW 1984, 911 [913]; KROPHOLLER Art 17 Rn 49). Ob ein Handelsbrauch besteht, lässt sich auch nicht für den internationalen Handelsverkehr im Allgemeinen, sondern nur für den **Geschäftszweig** bestimmen, in dem die Vertragsparteien tätig sind (EuGH aaO). Maßgebend ist, dass die in diesem Geschäftszweig tätigen Kaufleute ein bestimmtes Verhalten allgemein und regelmäßig befolgen (EuGH Rs C-159/97 [Rn 201] Slg 1999 I, 1597, 1649 [Nr 26 f]). Erforderlich ist also eine tatsächliche ständige Übung in einem bestimmten Verkehrskreis (vgl näher STÖVE 51 ff), deren Feststellung dem zuständigen nationalen Gericht obliegt. Indiz für einen solchen Handelsbrauch kann sein, dass eine bestimmte Praxis von den Kaufleuten derjenigen Länder befolgt wird, die in dem betreffenden Geschäftszweig des internationalen Handelsverkehrs eine führende Stellung einnehmen. Ferner kann der Nachweis eines Handelsbrauchs auch dadurch erleichtert werden, dass Vordrucke von Formularen oder Allgemeinen Geschäftsbedingungen auf ihn Bezug nehmen, die von Fachverbänden oder -organisationen eines bestimmten Geschäftszweiges bereitgehalten werden; allerdings kann eine bestimmte Form der Publizität nicht systematisch verlangt werden. Die Qualifikation eines bestimmten – allgemein und regelmäßig befolgten – Verhaltens als Handelsbrauch wird auch nicht dadurch in Frage gestellt, dass dieses Verhalten vor Gericht beanstandet wird (EuGH aaO [Nr 27–30]).

203 International ist ein Handelsbrauch dann, wenn er sich **im internationalen Handelsverkehr,** dh bei grenzüberschreitenden Transaktionen (KRÖLL ZZP 113 [2000] 152 f) entwickelt hat. Nicht erforderlich ist hingegen, dass ein entsprechender Handelsbrauch in allen oder den meisten Vertragsstaaten des EuGVÜ besteht (EuGH Rs C-159/97 [Rn 201] [Nr 27]; zust GIRSBERGER IPRax 2000, 89; KROPHOLLER Art 17 Rn 52). Bei divergierenden Handelsbräuchen (zB am Sitz des Verkäufers und des Käufers) kommt es nicht auf eine kumulative Einhaltung aller einschlägigen Bräuche an; vielmehr reicht es aus, wenn am (Wohn-)Sitz einer der Prorogationsparteien für internationale Geschäfte ein entsprechender Handelsbrauch besteht (KOHLER Dir comm int 1990, 620; STÖVE 66 ff; GEIMER/SCHÜTZE, EuZVR Art 17 Rn 124). Dem Schutz der anderen Vertragspartei kann durch die Kriterien der Kenntnis (bzw des Kennenmüssens) und der Branchenüblichkeit ausreichend Rechnung getragen werden (TRUNK 48; KRÖLL ZZP 113 [2000] 154; dazu u Rn 205).

204 Internationalem Handelsbrauch entspricht es in den meisten Branchen, dass Kaufleute bei grenzüberschreitenden Vertragsschlüssen AGB zugrunde legen, in denen die Gerichte am Sitz des Verwenders für zuständig erklärt werden (LG Essen RiW 1992, 227; LG Münster RiW 1992, 230); dies gilt namentlich auch für international tätige *Spediteure* (vgl Ziff 30.2 ADSp 1999; ebenso zu § 65 b ADSp aF OLG Düsseldorf RiW 1990, 782). Darüber hinaus kann insbesondere das **Schweigen auf ein kaufmännisches Bestäti-**

gungsschreiben kraft internationalen Handelsbrauchs als Zustimmung zu einer darin (bzw in den in Bezug genommenen AGB) enthaltenen Gerichtsstandsklausel zu werten sein (EuGH Rs C-106/95 [Rn 201] Slg 1997 I 932, 940 [Nr 25]; ebenso speziell für die Rheinschiffahrt OLG Nürnberg TranspR 1998, 414; ähnlich schon früher LG Essen und LG Münster, jeweils aaO; OLG Köln NJW 1988, 2182; zust KROPHOLLER Art 17 Rn 53; SCHACK, IZVR² Rn 470; GEIMER/SCHÜTZE, EuZVR Art 17 Rn 124; H SCHMIDT, in: ULMER/BRANDNER/HENSEN, AGBG⁸ Anh § 2 Rn 33; STÖVE 146; STAEHELIN 94 ff; zweifelnd M J SCHMIDT RiW 1992, 178 f). Hingegen wird eine AGB-Gerichtsstandsklausel, die dem Vertragspartner nicht zugänglich gemacht wurde, durch bloße Bezugnahme im Vertragstext auch nach Art 17 Abs 1 S 2 lit c nicht Vertragsbestandteil (OLG Düsseldorf RiW 2001, 63 [65]). Ebenso wenig reicht allein der mangelnde Widerspruch gegen die in einer Auftragsbestätigung oder den ihr beigefügten AGB enthaltene Gerichtsstandsklausel für ihre Einbeziehung nach Art 17 Abs 1 S 2 lit c nicht aus, weil ein solcher Handelsbrauch nicht existiert (BGH NJW 1994, 2699; MünchKomm/GOTTWALD Art 17 Rn 39). Auf die großzügigere Haltung des deutschen Rechts in dieser Frage kommt es für die Auslegung des europäischen Prozessrechts nicht an (aA LINDACHER, in: WOLF/HORN/LINDACHER, AGBG⁴ Anh § 2 Rn 108). Ebenso wenig gibt es einen internationalen Handelsbrauch, demzufolge die bloße Durchführung des Vertrages das schlüssige Einverständnis mit einer Gerichtsstandsklausel in AGB beinhaltet, die dem Vertragsangebot beigefügt waren (OLG Hamburg IPRax 1997, 419 [420] m zust Anm KOCH 406). Deshalb dürfte auch die wiederholte widerspruchslose Bezahlung von Rechnungen, die einen vorgedruckten Hinweis auf den Gerichtsstand enthalten, nicht ohne weiteres als Einverständnis mit diesem Gerichtsstand zu werten sein (MANKOWSKI EwiR 1995, 577 [578]; SAENGER ZZP 110 [1997] 491 f; aA EuGH aaO; STÖVE 171 ff; MünchKomm/GOTTWALD Art 17 Rn 41). Auch die englische Praxis, wonach aus einer Rechtswahl für die Hauptsache auf eine Gerichtsstandsvereinbarung geschlossen werden kann, wird nicht als internationaler Handelsbrauch anerkannt (SCHLOSSER-Bericht Nr 175; MünchKomm/GOTTWALD Art 17 Rn 38; aA VOLKEN SchwJbIntR 1987, 97, 109); intertemporal ist aber Art 54 Abs 3 zu beachten (dazu WIECZOREK/SCHÜTZE/HAUSMANN § 40 Anh I Einl Rn 53).

bb) Kenntnis der Parteien

Auch die Einhaltung einer im internationalen Handel gebräuchlichen Form genügt **205** freilich nur dann, wenn die Parteien den betreffenden Handelsbrauch „kannten oder kennen mussten" und wenn ferner „Parteien von Verträgen dieser Art in dem betreffenden Geschäftszweig" diesen Handelsbrauch „allgemein kennen und regelmäßig beachten". Diese Formulierung lehnt sich an Art 9 Abs 2 des Wiener UN-Kaufrechts an, dessen Auslegung auch zum Verständnis von Art 17 Abs 1 S 2 lit c EuGVÜ/LugÜ beitragen kann (vgl etwa STAUDINGER/MAGNUS [1999] Art 9 CISG Rn 20 ff). Von der erforderlichen Kenntnis der Parteien ist jedenfalls dann auszugehen, wenn diese schon früher untereinander oder mit anderen in dem betreffenden Geschäftszweig tätigen Vertragspartnern Geschäftsbeziehungen angeknüpft hatten oder wenn in diesem Geschäftszweig ein bestimmtes Verhalten beim Abschluss von Verträgen allgemein und regelmäßig befolgt wird, so dass es als ständige Übung angesehen werden kann (EuGH Rs C-106/95 [Rn 201] Slg 1997, 932, 941 [Nr 24]). Darüber hinaus dürfte es aber auch genügen, dass der Handelsbrauch nur im Wohnsitzstaat derjenigen Partei besteht, der die Zuständigkeitsvereinbarung entgegengehalten werden soll, sofern ihn auch die andere Partei gekannt hat (J SCHMIDT RiW 1992, 177 f; HOLL/KESSLER RiW 1995, 457 [459]; aA LINDACHER [Rn 204] Anh § 2 AGBG Rn 107). Das Schweigen auf ein kaufmännisches Bestätigungsschreiben kann daher als Einverständnis mit einer darin enthaltenen Gerichtsstandsklausel angesehen werden, wenn der Empfänger nach seinem *Aufenthaltsrecht* mit einer solchen Bewertung seines Schweigens rechnen musste (so OLG Köln NJW 1988, 2183; OLG Düsseldorf RiW 1990, 577 [579]; STÖVE 121 ff; KRÖLL ZZP 113 [2000] 156 f; KROPHOLLER Art 17 Rn 53). Die Unterhaltung langjähriger Geschäftsbeziehungen unter Verwendung von AGB kann aber zur Folge haben, dass der Vertragspartner des Verwenders sich auch die Kenntnis eines Handelsbrauchs zurechnen lassen muss, der nur im Wohnsitz-/Sitzstaat des Verwenders gilt (LG Münster RiW 1992, 230; aA J SCHMIDT aaO; vgl auch vWESTPHALEN NJW 1994, 2113 [2119]). Das bloße Bestehen eines entsprechenden Handelsbrauchs nach dem auf die Vertragsbeziehungen anwendbaren Recht reicht hingegen – schon im Hinblick auf Art 31 Abs 2 EGBGB (dazu Art 31 Rn 93 ff) – nicht aus (EuGH aaO; LINDACHER aaO; aA MünchKomm/ GOTTWALD Art 17 Rn 40; SCHLOSSER Art 17 Rn 27).

cc) **Konnossement**

206 Erleichtert haben die Neufassungen des EuGVÜ von 1978/1989 ferner den formgültigen Abschluss von Gerichtsstandsvereinbarungen in Konnossementen. Unter Geltung des EuGVÜ 1968 hatte der EuGH deren Sonderbehandlung noch ausdrücklich abgelehnt und die Einhaltung der vollen oder halben Schriftlichkeit iSv Art 17 Abs 1 S 2 aF gefordert (EuGH Rs 71/83 – *Tilly Russ/Nova* – Slg 1984, 2417, 2433 f [Nr 10] = RiW 1984, 909 m Anm SCHLOSSER = IPRax 1985, 152 m Anm BASEDOW 133). Wurde das Konnossement also – wie üblich – nur vom Verfrachter, nicht aber vom Konnossementsberechtigten unterschrieben, so war eine darin enthaltene Gerichtsstandsklausel formnichtig; etwas anderes galt nur, wenn das Konnossement im Rahmen laufender Geschäftsbeziehungen zwischen Verfrachter und Befrachter ausgestellt wurde (vgl MANKOWSKI, Seerechtliche Vertragsverhältnisse im IPR [1995] 249 ff m Nachw). Seit Inkrafttreten des EuGVÜ 1978 entspricht die auf der Rückseite eines Konnossements abgedruckte Gerichtsstandsklausel indes einem *internationalen Handelsbrauch,* der jedem am Seehandelsverkehr Beteiligten bekannt ist oder bekannt sein muss. Im Verhältnis zwischen Verfrachter und erstem Konnossementsberechtigten erfüllt diese Gerichtsstandsklausel daher regelmäßig die Voraussetzungen des Art 17 Abs 1 S 2 lit c EuGVÜ (OLG Hamburg TranspR 1993, 25; OLG Celle IPRax 1997, 417 [418 f]; App Rennes Rev crit dip 1994, 803; Trib Genova Riv dir int priv proc 1990, 120; BASEDOW IPRax 1985, 133 [137]; STÖVE 165 f; MANKOWSKI 274 f mwN; vgl auch EuGH Rs C-159/97 [Rn 201] Slg 1999 I, 1636, 1649 f [Nr 22 ff]; zur Drittwirkung von Konnossementen s u Rn 225).

f) **Sonderregeln für Luxemburg**

207 Verschärfte Formanforderungen muss eine Gerichtsstandsvereinbarung erfüllen, die darauf abzielt, eine Person mit Wohnsitz bzw Sitz in Luxemburg der luxemburgischen Rechtsprechung zu entziehen. Für diesen Fall verlangt Art I Abs 2 des Protokolls zum EuGVÜ, dass die Gerichtsstandsvereinbarung von der in Luxemburg wohnenden Person „ausdrücklich und besonders" angenommen worden ist. Ist die Vereinbarung in einer von beiden Seiten unterzeichneten Vertragsurkunde enthalten, so muss sie Gegenstand einer Vertragsbestimmung sein, die ihr speziell und ausschließlich gewidmet ist und die von der Partei mit Wohnsitz in Luxemburg gesondert unterschrieben worden ist. Die Unterzeichnung des Gesamtvertrages reicht hierfür ebenso wenig aus wie eine Verweisung auf AGB (OLG Schleswig RiW 1997, 555 m Aufs MANKOWSKI 990; KROPHOLLER Art 17 Rn 61). Nicht erforderlich ist jedoch, dass die Vereinbarung in einem von der Vertragsurkunde getrennten Schriftstück niedergelegt ist (EuGH Rs 784/79 – *Porta-Leasing/Prestige International* – Slg 1980, 1517, 1524 [Nr 8] = RiW 1981,

58). Ist die Vereinbarung nur mündlich geschlossen, so muss die schriftliche Bestätigung stets von der in Luxemburg wohnenden Partei ausgehen (KROPHOLLER Art 17 Rn 61). Wird durch die Vereinbarung lediglich ein außerhalb Luxemburgs bestehender Gerichtsstand derogiert, so greift die Sonderregelung nach ihrem Schutzzweck nicht ein.

2. Die Form internationaler Gerichtsstandsvereinbarungen nach § 38 ZPO

Im autonomen Recht ist die Formgültigkeit der Gerichtsstandsvereinbarung nicht als **208** Frage ihres materiellen Zustandekommens zu werten mit der Folge, dass es nach Art 11 Abs 1 und 2 EGBGB wahlweise auf das Geschäftsrecht oder auf das Recht des Abschlussortes ankäme (so aber OLG Koblenz RiW 1987 144 [145] = IPRax 1987, 308 m Anm SCHWARZ 291; WIRTH NJW 1978, 463); vielmehr geht es um einen Aspekt der *prozessualen Zulässigkeit* der Vereinbarung. Aus diesem Grund richtet sich die Formwirksamkeit der vorprozessualen Prorogation oder Derogation deutscher Gerichte ausschließlich nach § 38 ZPO (BGHZ 116, 77 [80] = IPRax 1992, 377 m Anm HESS 358; OLG Düsseldorf IPRax 1999, 38 [40]; G ROTH ZZP 93 [1980] 164; E LORENZ IPRax 1985, 257 f; GEIMER, IZPR[5] Rn 1624; STÖVE 106 f; vgl auch schon o Rn 185). Demgemäß bedürfen vorprozessuale Vereinbarungen, durch welche die internationale Zuständigkeit der deutschen Gerichte begründet oder ausgeschlossen wird, im **nicht-kaufmännischen Rechtsverkehr** auch dann der Schriftform nach § 38 Abs 2 ZPO, wenn für das Zustandekommen der Vereinbarung ausländisches Recht gilt und dieses eine bestimmte Form nicht vorschreibt (BAG NJW 1984, 1320 = IPRax 1985, 276 m Anm E LORENZ 256; BGH NJW 1989, 1431 [1432] = IPRax 1990, 41 m Anm SCHACK 19; OLG Bamberg IPRax 1990, 105 m Anm PRINZING 83). Für die Prorogation *ausländischer* Gerichte ist dementsprechend auf die lex fori des prorogierten ausländischen Gerichts abzustellen (vgl HAUSMANN, in: FS W Lorenz 375 f; **aA** wohl BGH NJW 1989, 1431). Da § 38 Abs 2 S 2 ZPO dem Art 17 Abs 1 S 2 EuGVÜ 1968 nachgebildet worden ist, sind die vom EuGH entwickelten Anforderungen an die volle oder halbe Schriftlichkeit der Vereinbarung entsprechend heranzuziehen (BGHZ 116, 77 [81 f]; KROPHOLLER, IZVR I Rn 506; GEIMER, IZPR[5] Rn 1623; E LORENZ IPRax 1985, 259). Im **kaufmännischen Rechtsverkehr** ist die internationale Prorogation *deutscher* Gerichte hingegen auch dann formfrei wirksam ist, wenn die für das Zustandekommen der Vereinbarung maßgebliche Rechtsordnung hierfür eine bestimmte Form vorschreibt (OLG Bremen RiW 1985, 894; OLG Saarbrücken NJW-RR 1989, 828; SCHACK, IZVR[2] Rn 417; GEIMER, IZPR[5] Rn 1675).

VI. Die Zulässigkeit internationaler Gerichtsstandsvereinbarungen

1. Anwendbares Recht

Die Zulässigkeit internationaler Gerichtsstandsvereinbarungen bemisst sich im An- **209** wendungsbereich von Art 17 EuGVÜ/LugÜ ausschließlich nach dieser staatsvertraglichen Norm; ein Rückgriff auf Zulässigkeitsschranken des nationalen Rechts ist ausgeschlossen (s o Rn 172 ff). Demgegenüber entscheidet über die prozessrechtlichen Wirkungen einer internationalen Gerichtsstandsvereinbarung im *autonomen* Recht die lex fori des angerufenen Gerichts. Auf den Standpunkt des in der Sache anwendbaren Rechts (lex causae) oder des Rechts am Abschlussort der Vereinbarung (lex loci actus) kommt es insoweit nicht an (STEIN/JONAS/BORK § 38 Rn 18; THOMAS/PUTZO vor § 38 Rn 7; GEIMER, IZPR[5] Rn 1675, 1741 ff). Außerhalb des Anwendungsbereiches von

Art 17 EuGVÜ/LugÜ und sonstiger Staatsverträge bestimmen daher ausschließlich die §§ 38, 40 ZPO darüber, wann deutsche Gerichte eine internationale **Prorogation** anzunehmen haben (BGHZ 59, 23 [26 f] = NJW 1972, 1622 m Anm GEIMER; OLG Karlsruhe NJW-RR 1993, 567 [568]; STEIN/JONAS/BORK § 38 Rn 13). Wird hingegen in einem inländischen Verfahren die vereinbarte ausschließliche Zuständigkeit eines ausländischen Gerichts geltend gemacht, so ist zunächst zu prüfen, ob die darin liegende **Derogation** der internationalen Zuständigkeit der deutschen Gerichte nach deutschem Zivilprozessrecht (§§ 38, 40 ZPO) zulässig ist (BGHZ 49, 124 [126] = NJW 1968, 356; BGH NJW 1986, 1438 m zust Anm GEIMER = IPRax 1987, 168 m zust Anm G ROTH 141; BGH NJW 1989, 1431 [1432] = IPRax 1990, 41 m Anm SCHACK 19; BGHZ 123, 380 [382] = NJW 1994, 262; BGH NJW 1997, 2885 [2886]; OLG Frankfurt IPRax 1999, 247 [250]; OLG Hamm RiW 1999, 787). Da die Parteien die Gerichtsstandsvereinbarung im Zweifel aber nur als Einheit wollen, hat das deutsche Gericht auch die Annahmebereitschaft des vereinbarten ausländischen Gerichts nach dem dort geltenden Prozessrecht festzustellen (STEIN/JONAS/BORK § 38 Rn 13 a).

2. Hinreichende Bestimmtheit

a) Bestimmtes Rechtsverhältnis

210 Nach Art 17 Abs 1 S 1 EuGVÜ/LugÜ muss sich die Gerichtsstandsvereinbarung auf eine bereits entstandene oder auf eine „künftige, aus einem bestimmten Rechtsverhältnis entspringende Rechtsstreitigkeit" beziehen; eine damit übereinstimmende Regelung enthält das autonome Recht in § 40 Abs 1 ZPO. Damit soll „die Geltung einer Gerichtsstandsvereinbarung auf die Rechtsstreitigkeiten eingeschränkt werden, die ihren Ursprung in dem Rechtsverhältnis haben, anlässlich dessen die Vereinbarung geschlossen wurde" (EuGH Rs 214/89 [Rn 184] Slg 1992 I, 1745, 1777 [Nr 30 ff] = IPRax 1993, 32 m Anm KOCH 19; Vorlage: OLG Koblenz RiW 1989, 739 = EWiR 1989, 885 m Anm GEIMER). Dafür reicht es aus, wenn sich die Gerichtsstandsvereinbarung auf alle Verträge bezieht, die im Rahmen *laufender Geschäftsbeziehungen* auf der Grundlage eines Rahmenvertrages – etwa mit einem Vertragshändler – zustande kommen (OLG Oldenburg IPRax 1999, 458 m Anm KINDLER/HANEKE 435; SCHLOSSER Art 17 Rn 13; KROPHOLLER Art 17 Rn 64). Auch für sonstige Dauerschuldverhältnisse (zB ein Gesellschafts-, Versicherungs- oder Kontokorrentverhältnis) können Gerichtsstandsvereinbarungen im vorhinein wirksam getroffen werden (vgl OLG München ZZP 103 [1990] 84 [87] m Anm H SCHMIDT; STEIN/JONAS/BORK § 40 Rn 1; GEIMER, IZPR^5 Rn 1682 f). Die in der *Satzung einer Gesellschaft* enthaltene Gerichtsstandsklausel ist hinreichend bestimmt, wenn sie dahin auszulegen ist, dass sie sich auf Rechtsstreitigkeiten zwischen der Gesellschaft und den Gesellschaftern als solchen bezieht (EuGH aaO). Dies ist der Fall, wenn die Klausel für „alle Streitigkeiten mit der Gesellschaft und deren Organen" den Gerichtsstand am Gesellschaftssitz vorsieht (BGHZ 123, 347 [349 ff] = EWiR 1994, 49 m Anm BORK gegen OLG Koblenz RiW 1993, 141). Unwirksam sind hingegen Gerichtsstandsvereinbarungen, die ganze *Kategorien von Klagen* erfassen sollen, etwa alle künftigen Rechtsstreitigkeiten zwischen den Parteien oder alle Streitigkeiten aus der bestehenden Geschäftsverbindung.

b) Bestimmtes Gericht

211 Sowohl nach Art 17 Abs 1 EuGVÜ/LugÜ als auch nach § 38 ZPO muss sich ferner das zuständige Gericht mit hinreichender Bestimmtheit aus der getroffenen Vereinbarung ergeben. Diese muss allerdings nicht notwendig so formuliert sein, dass sich das zuständige Gericht bereits aufgrund ihres Wortlauts bestimmen lässt. Vielmehr

genügt es, wenn die Klausel die objektiven Bedingungen nennt, über die sich die Parteien zum Zwecke der Bestimmung des Gerichts oder der Gerichte, die über ihre bereits entstandenen oder künftigen Rechtsstreitigkeiten entscheiden sollen, geeinigt haben. Diese Kriterien müssen aber so genau festgelegt sein, dass das angerufene Gericht zumindest aufgrund der Umstände des jeweiligen Falles feststellen kann, ob es zuständig ist oder nicht (EuGH Rs C-387/98 – *Coreck Maritime/Handelsveem* – NJW 2001, 501, 502 = EuLF 2000/01, 213 [Nr 15]). So genügt die Vereinbarung des Gerichts am *Erfüllungsort*, sofern sich dieser aus dem Vertrag oder den wirksam einbezogenen AGB ermitteln lässt (OLG München ZZP 103 [1990] 84). Zulässig ist ferner die Vereinbarung von *alternativen oder Wahlgerichtsständen*. Die Parteien können mithin die Zuständigkeit von ihrer Rolle im künftigen Prozess abhängig machen. So können zwei in verschiedenen Staaten wohnende Vertragsparteien vereinbaren, dass jede – unter Ausschluss der besonderen Gerichtsstände nach Art 5, 6 EuGVÜ (bzw §§ 20 ff ZPO) – nur vor den Gerichten ihres Heimatstaates verklagt werden kann (EuGH Rs 23/78 – *Meeth/Glacetal* – Slg 1978, 2133, 2141 [Nr 5] = RiW 1978, 814; BGH NJW 1979, 2477 [2478]; OLG Koblenz RiW 1993, 934 [935]; Kropholler Art 17 Rn 66). Aber auch eine Prorogation der Gerichte am Wohnsitz bzw Sitz des jeweiligen *Klägers* ist zulässig (vgl zu Art 17 EuGVÜ: LG Frankfurt RiW 1986, 543; zu § 38 ZPO: BGH NJW-RR 1986, 1311). Schließlich kann dem Kläger auch die Auswahl zwischen mehreren für zuständig erklärten Gerichten überlassen (OLG München RiW 1986, 381 [382] = IPRax 1985, 341 m Anm Jayme/Haack 323; Geimer, IZPR[5] Rn 1660 f) oder das Recht eingeräumt werden, neben dem vereinbarten ein anderes Gericht anzurufen, das nach Art 2 ff EuGVÜ/LugÜ (bzw §§ 12 ff ZPO) international zuständig ist (Kropholler Art 17 Rn 65; **aA** OLG Köln IPRspr 1991 Nr 165). Eine Einschränkung gilt allerdings nach autonomem Recht im Rahmen des § 38 Abs 3 ZPO; denn mit dem dort normierten Erfordernis einer „ausdrücklichen" Vereinbarung ist die Verabredung von Alternativ- oder Wahlgerichtsständen nicht vereinbar (Stein/Jonas/Bork § 38 Rn 61; **aA** Geimer, IZPR[5] Rn 1753). In jedem Falle unzulässig ist eine Abrede, die einer Partei die freie Wahl des Gerichtsstands überlässt (OLG Karlsruhe OLGZ 1973, 479).

Die Parteien können sich nach dem Wortlaut des Art 17 Abs 1 EuGVÜ/LugÜ („Gerichte eines Vertragsstaats") auf die **Vereinbarung der internationalen Zuständigkeit** eines bestimmten Vertragsstaates beschränken. Die örtliche Zuständigkeit ergibt sich dann aus dem nationalen Verfahrensrecht des prorogierten Staates (Kropholler Art 17 Rn 69; ebenso zum autonomen Recht BGH AWD 1968, 189; Geimer, IZPR[5] Rn 1753 mwN). Sieht dieses Recht eine örtliche Zuständigkeit nicht vor, so sind die Vorschriften des international zuständigen Staates über die örtliche Ersatzzuständigkeit heranzuziehen, um die Gerichtsstandsvereinbarung nicht leerlaufen zu lassen (Kropholler Art 17 Rn 71; Geimer/Schütze, EuZVR Art 17 Rn 146; Aull 134 ff mwN; **aA** Schack, IZVR[2] Rn 443). Eine solche ist für Zivil- und Handelssachen in Deutschland bei dem Gericht, bei dem der Kläger seinen allgemeinen Gerichtsstand hat, ansonsten – analog §§ 15 Abs 1 S 2, 27 Abs 2 ZPO – am Sitz der Bundesregierung begründet (MünchKomm/Gottwald Art 17 Rn 51). Ferner kommt eine *Gerichtsstandsbestimmung* in entsprechender Anwendung von § 36 ZPO in Betracht (vgl Wieczorek/Schütze/Hausmann § 36 Rn 77). Ist die örtliche Zuständigkeit kraft nationalen Rechts bei bestimmten Gerichten konzentriert (zB nach § 689 Abs 3 ZPO für Mahnverfahren), so soll die Gerichtsstandsvereinbarung als Prorogation des gesetzlich bestimmten Gerichts auszulegen sein (BGH IPRax 1994, 447 m krit Anm Pfeiffer 421).

3. Keine ausschließliche Zuständigkeit

213 Nach Art 17 Abs 3 ist die Derogation von ausschließlichen Zuständigkeiten iSv Art 16 EuGVÜ/LugÜ unwirksam. Dieses Derogationsverbot gilt ohne weiteres für eine von Art 16 abweichende – ausschließliche oder fakultative – Wahl der Gerichte in einem anderen *Vertragsstaat* (vgl etwa AG Münster ZMR 1991, 183 m Anm BUSL 167; LG Frankfurt IPRax 1992, 241 [243]; dazu o Rn 28), dürfte aber darüber hinaus auch auf die Vereinbarung einer *drittstaatlichen* Zuständigkeit zu erstrecken sein (SCHACK, IZVR^2 Rn 467; MünchKomm/GOTTWALD Art 17 Rn 12). Art 17 Abs 3 iVm Art 16 schränkt die Prorogationsfreiheit allerdings lediglich in Bezug auf die *internationale* Zuständigkeit ein. Eine Bestimmung darüber, welches Gericht in dem nach Art 16 international zuständigen Staat *örtlich* zuständig sein soll, können die Parteien daher frei treffen, soweit das innerstaatliche Verfahrensrecht dieses Staates nicht entgegensteht (GEIMER/SCHÜTZE I/1 910; KROPHOLLER Art 17 Rn 78).

Nach dem *autonomen* deutschen Verfahrensrecht (§ 40 Abs 2 S 1, 2. Alt ZPO) begründet ein ausschließlicher inländischer Gerichtsstand zugleich die ausschließliche internationale Zuständigkeit der deutschen Gerichte (BGHZ 49, 124 [127] = ZZP 82 [1969] 302 m Anm WALCHSHÖFER; STEIN/JONAS/BORK § 38 Rn 7). Demgegenüber steht die von einem *ausländischen* Gericht in Anspruch genommene ausschließliche Zuständigkeit einer wirksamen Prorogation inländischer Gerichte grundsätzlich nicht entgegen (BGH AWD 1969, 115 [116]; OLG Köln OLGZ 1986, 210 [213]; STEIN/JONAS/BORK § 40 Rn 7; zu Einschränkungen dieses Grundsatzes REITHMANN/MARTINY/HAUSMANN Rn 2245 mwN).

4. Schutz der schwächeren Vertragspartei

a) Versicherungsnehmer und Verbraucher

214 Eine Derogation der im 3. und 4. Abschnitt des EuGVÜ/LugÜ abschließend geregelten Zuständigkeiten in Versicherungs- und Verbrauchersachen ist nur in engen Grenzen zulässig. Von dem Grundsatz, dass Versicherungsnehmer und Verbraucher grundsätzlich nur in ihrem Wohnsitzstaat verklagt werden können (Art 11 Abs 1, 14 Abs 2), darf im Wege der Vereinbarung nur nach Maßgabe der Art 12 und 15 EuGVÜ/LugÜ abgewichen werden, dh namentlich wenn die Vereinbarung nach Entstehung der Streitigkeit getroffen wird oder wenn sie die Klagemöglichkeiten des geschützten Personenkreises erweitert (vgl o Rn 90, 115). Auf diese Vorschriften nimmt Art 17 Abs 3 ausdrücklich Bezug (vgl zu Verbrauchersachen OLG Köln ZIP 1989, 838 ff; LG Berlin IPRax 1992, 243 [244]; ferner OLG Koblenz RiW 1987, 144 [145 f] = IPRax 1987, 308 m Anm SCHWARZ 291; LG Darmstadt NJW-RR 1994, 684 = IPRax 1995, 318 m Anm THORN 294). Darüber hinaus müssen freilich die allgemeinen Zulässigkeitsvoraussetzungen für Gerichtsstandsvereinbarungen nach Art 17 Abs 1, insbesondere die Formerfordernisse nach S 2 auch in Versicherungs- und Verbrauchersachen eingehalten werden (SCHLOSSER-Bericht Nr 161; MünchKomm/GOTTWALD Art 17 Rn 52). Der Schutzzweck des Art 17 Abs 3 verbietet auch die Prorogation der Gerichte von *Nichtvertragsstaaten*, wenn der beklagte Verbraucher seinen Wohnsitz in einem Vertragsstaat hat (DE BRA 192 ff; KROPHOLLER Art 17 Rn 76 mwN). Das deutsche *autonome Prozessrecht* kennt Sonderregeln für die Prorogation in Verbrauchersachen nur noch in § 7 Abs 2 HausTWG und in § 27 Abs 2 FernUSG (vgl dazu o Rn 116).

b) Arbeitnehmer

Im Anschluss an das LugÜ beschränkt das **EuGVÜ 1989** in dem neu eingefügten Art 17 Abs 5 die Prorogation in (Individual-)Arbeitsverträgen; hierdurch soll der Arbeitnehmer davor bewahrt werden, bereits vor Entstehung einer Streitigkeit auf den ihm nach Art 5 Nr 1 eingeräumten besonderen Schutz (dazu o Rn 70 ff) zu verzichten (JENARD/ MÖLLER-Bericht Nr 60; vgl zur Bedeutung des Arbeitnehmerschutzes im Zuständigkeitsrecht auch EuGH Rs 32/88 – *Société Six Constructions/Humbert* – Slg 1989, 341, 362 f [Nr 13] = IPRax 1990, 173 m Anm RAUSCHER 152). Das im LugÜ bestimmte Verbot jedweder vorprozessualer Gerichtsstandsvereinbarung in Arbeitsverträgen wurde indes in den Beratungen zum EuGVÜ 1989 kritisiert, weil danach auch „arbeitnehmerfreundliche" Prorogationsklauseln unwirksam sind (vgl DROZ Rev crit dip 1989, 36 f; JENARD J trib 1989, 175; TRUNK 110). Art 17 Abs 5 HS 2 EuGVÜ 1989 lockert das Prorogationsverbot in Arbeitssachen daher für den Fall auf, dass der Arbeitnehmer die Gerichtsstandsvereinbarung „geltend macht, um ein anderes Gericht als das am Wohnsitz des Beklagten oder das in Art 5 Nr 1 bezeichnete anzurufen". Damit bildet Art 17 Abs 5 HS 2 EuGVÜ 1989 – ebenso wie Art 12 Nr 2 und Art 15 Nr 2 – ein gesetzlich normiertes Beispiel für eine nur zugunsten einer Partei getroffene Zuständigkeitsvereinbarung (dazu u Rn 221). Der Arbeitnehmer kann also auf die Rechte aus der Gerichtsstandsvereinbarung verzichten und statt dessen an einem der sonstigen Gerichtsstände des EuGVÜ klagen. Anders als der Vertragspartner des Verbrauchers nach Art 15 Nr 3 hat der *Arbeitgeber* somit keine Möglichkeit, sich durch eine vorprozessuale Gerichtsstandsvereinbarung Rechtssicherheit zu verschaffen. Art 17 Abs 5 HS 2 EuGVÜ gilt allerdings nach seinem eindeutigen Wortlaut nur für *Aktivprozesse des Arbeitnehmers*. Wird dieser also vom Arbeitgeber vor den Gerichten seines Wohnsitzstaates (Art 2) oder am gewöhnlichen Arbeitsort (Art 5 Nr 1 HS 2) verklagt, so kann er die Zuständigkeit dieses Gerichts nicht unter Berufung auf die getroffene Gerichtsstandsvereinbarung bestreiten; diese Regelung dient vor allem der Rechtssicherheit und soll Verschleppungsmanöver vermeiden (KROPHOLLER Art 17 Rn 88). Die EuGVVO (dazu o Rn 2a) übernimmt diese Regelung in der Sache unverändert in Art 21.

215

Anders als das EuGVÜ und das Luganer Übereinkommen sieht das **deutsche autonome Zivilverfahrensrecht** für Gerichtsstandsvereinbarungen in Arbeitsverträgen keine Schranken vor. Die Vereinbarung eines ausländischen Gerichtsstands soll nur dann unwirksam sein, wenn es „im Einzelfall zum Schutz des Arbeitnehmers geboten ist, dass der Rechtsstreit vor deutschen Gerichten geführt wird" (BAG NJW 1979, 1119 = JZ 1979, 646 m Anm GEIMER; vgl auch schon BAGE 19, 164 = SAE 1967, 267 m Anm WEITNAUER; BAGE 22, 410 = AWD 1970, 577 m Anm TRINKNER). Ob diese schon vor Inkrafttreten der Gerichtsstandsnovelle entwickelte BAG-Rechtsprechung zur „Einzelfallschutzklausel" noch fortgilt (so BIRK SAE 1979, 122 [124]; VOLLKOMMER RdA 1974, 206 [213 f]) oder durch die Neuregelung in § 38 Abs 2 ZPO verdrängt worden ist (so BEITZKE RiW 1976, 7 [8 f]; SCHACK, IZVR² Rn 454; STEIN/JONAS/BORK § 38 Rn 75), ist ungeklärt. Jedenfalls sollte einer Derogation deutscher Arbeitsgerichte die Anerkennung immer dann versagt werden, wenn dem Arbeitnehmer hierdurch der Schutz des nach Art 30 EGBGB zwingend anwendbaren deutschen Arbeitsrechts entzogen wird (vgl näher WIECZOREK/SCHÜTZE/HAUSMANN § 38 Rn 68 ff). Weitergehend sprechen gute Gründe dafür, das Fehlen spezifischer Schranken für die Zulässigkeit von Gerichtsstandsvereinbarungen in Arbeitssachen nach autonomem Recht als planwidrige Lücke zu begreifen, die im Wege richterlicher Rechtsfortbildung durch eine analoge Anwendung von Art 17 Abs 5 EuGVÜ zu schließen ist (vgl FRANZEN RiW 2000, 86 f).

216

5. Weitergehende Einschränkungen nach autonomem Recht

217 Weitere Schranken werden im autonomen deutschen Verfahrensrecht insbesondere einer *Derogation* der internationalen Zuständigkeit deutscher Gerichte gezogen. Diese ist allerdings nach hM nicht schon dann unwirksam, wenn das Urteil des als ausschließlich vereinbarten ausländischen Gerichts – zB wegen fehlender Verbürgung der Gegenseitigkeit (§ 328 Abs 1 Nr 5 ZPO) – **in Deutschland nicht anerkannt und vollstreckt** werden kann (BGHZ 49, 124 [129] = NJW 1968, 356 [Iran]; BGH NJW 1971, 325 m Anm GEIMER [Südkorea]; BGH NJW 1971, 985 m Anm GEIMER 1525 [Thailand]; OLG Koblenz IPRax 1984, 267 m zust Anm SCHÜTZE 246 [Liechtenstein]; OLG Saarbrücken NJW-RR 1989, 828 [Mali]; GEIMER, IZPR[5] Rn 1765; SCHACK, IZVR[2] Rn 449, jeweils mwN; einschränkend REITHMANN/ MARTINY/HAUSMANN Rn 2262; **aA** [Verletzung des Anspruchs auf Justizgewährung] GOTTWALD/ BAUMANN IPRax 1998, 445 ff). Anders liegt es aber, wenn schon der Prozess vor dem ausländischen Gericht nicht durchgeführt werden kann. Denn die Gerichtsstandsvereinbarung soll nach dem Willen der Parteien nicht dazu führen, den Rechtsschutz durch staatliche Gerichte gänzlich auszuschließen (KROPHOLLER, IZVR I Rn 561 f; STEIN/ JONAS/BORK § 38 Rn 13 a). Dies trifft etwa zu, wenn das vereinbarte ausländische Gericht die Prorogation nicht annimmt (BGH AWD 1974, 221 m Anm vHOFFMANN = ZZP 88 [1975] 318 m Anm WALCHSHÖFER; GEIMER, IZPR[5] Rn 1763, 1782; SCHACK, IZVR[2] Rn 448) oder wenn die Rechtsverfolgung vor dem gewählten ausländischen Gericht aus *tatsächlichen Gründen* – zB Krieg, Bürgerkrieg, Stillstand der Rechtspflege – unmöglich oder dem Kläger unzumutbar ist (BAG NJW 1979, 1119 = JZ 1979, 647 m Anm GEIMER [Beirut]; LAG Frankfurt RiW 1982, 524 [Teheran]; KROPHOLLER, IZVR I Rn 568 f). Eine wirksame Derogation der deutschen internationalen Zuständigkeit scheitert schließlich auch dann, wenn vor dem prorogierten ausländischen Gericht ein geordnetes, elementaren rechtsstaatlichen Grundsätzen entsprechendes Verfahren nicht gewährleistet ist (BGH AWD 1974, 221 m Anm vHOFFMANN = ZZP 88 [1975] 318 m Anm WALCHSHÖFER [Thailand]; OLG Hamburg AWD 1973, 690 [Ukraine]; LAG Hamburg IPRspr 1980 Nr 137 A [Iran]; OLG Frankfurt IPRax 1999, 247 [250] m Anm HAU 232 [Irak]; GEIMER, IZPR[5] Rn 1764).

218 Eine weitere Schranke wird der Derogation der deutschen internationalen Zuständigkeit nach hM durch international **zwingende inländische Normen** iSv Art 34 EGBGB gezogen, wenn die Wahl eines ausländischen Gerichtsstands iVm der Wahl ausländischen Rechts im Ergebnis zur Nichtbeachtung dieser zwingenden Vorschriften führt (G ROTH IPRax 1985, 198 ff; GOTTWALD, in: FS Firsching 100; KROPHOLLER, IZVR I Rn 540). Demgemäß haben deutsche Gerichte internationalen Gerichtsstandsvereinbarungen die Anerkennung versagt, wenn für Streitigkeiten aus *Börsentermingeschäften* ausländische Gerichte für ausschließlich zuständig erklärt wurden, die den Termineinwand (§§ 53, 61 BörsG aF) nicht beachteten (BGH NJW 1984, 2037 = IPRax 1985, 216 m Anm G ROTH 198). Nach der Erweiterung der Börsentermingeschäftsfähigkeit in § 53 Abs 2 BörsG spielt diese Prorogationsschranke freilich nur noch eine begrenzte Rolle (vgl OLG Frankfurt RiW 1997, 600 [601]; dazu auch u Rn 302). Die Vereinbarung einer ausschließlichen Zuständigkeit ausländischer Gerichte wird ferner auch in *Seefrachtverträgen* nach dem Schutzzweck des § 662 HGB als unwirksam erachtet, wenn hierdurch die zwingende Haftung des Konnossementsverfrachters nach den Haager oder Visby-Regeln zu Lasten des deutschen Empfängers ausgeschaltet wird (vgl BGH NJW 1983, 2772 = IPRax 1985, 27 m Anm TRAPPE 8; OLG Bremen RiW 1985, 894; MANKOWSKI TranspR 1988, 410 [419 f] mwN). Schließlich wird auch eine Derogation der internationalen Zuständigkeit deutscher *Kartellgerichte* insoweit ausgeschlossen, als sie zur Umgehung international zwingender (vgl § 130 Abs 2 S 1 GWB) Vorschriften des deutschen *Kartellrechts* führen würde (vGAMM NJW 1977, 1353 [1356]; K SCHMIDT, in: IMMENGA/MESTMÄCKER, GWB² [1992] § 87 Rn 31 und E REHBINDER ebenda § 98 Abs 2 Rn 295 mwN; krit SCHÜCKING, in: GS Arens 389 ff). Diese in Rechtsprechung wie Lehre verbreitete Tendenz, eine Entscheidung des prorogierten ausländischen Gerichts nicht erst abzuwarten, sondern bereits die Prorogation wegen der befürchteten Nichtanwendung deutscher zwingender Vorschriften als unwirksam zu erachten, wird freilich zu Recht kritisiert (vgl GEIMER, IZPR⁵ Rn 1770; SCHACK, IZVR² Rn 453; SCHLOSSER, in: FS Steindorff 1380; dazu näher REITHMANN/MARTINY/HAUSMANN Rn 2258).

VII. Die Wirkungen der internationalen Prorogation

1. Ausschließliche oder fakultative Zuständigkeit

a) Art 17 EuGVÜ/LugÜ

Um bereits im Zeitpunkt des Vertragsschlusses Klarheit über das anzurufende Gericht zu schaffen, hat eine Zuständigkeitsvereinbarung nach Art 17 Abs 1 EuGVÜ/LugÜ die *ausschließliche* Zuständigkeit des prorogierten Gerichts zur Folge. Sie verdrängt sowohl die allgemeine Wohnsitzzuständigkeit nach Art 2 als auch die besonderen Zuständigkeiten nach Art 5 und 6 (EuGH Rs 24/76 [Rn 182] Slg 1976, 1831, 1841 [Nr 7] = NJW 1977, 494; EuGH Rs 22/85 – *Anterist/Crédit Lyonnais* – Slg 1986, 1951, 1962 [Nr 12] = IPRax 1987, 105 m Anm GOTTWALD 81; BGH NJW 1988, 646). Dem Interesse einer Vertragspartei, zusätzlich an weiteren Gerichtsständen klagen zu können, dient insbesondere die in Art 17 Abs 4 ausdrücklich eingeräumte Möglichkeit der einseitig begünstigenden Gerichtsstandsvereinbarung (dazu u Rn 221). Die Parteien sind allerdings nicht gehindert, einen Gerichtsstand zu vereinbaren, der nur *konkurrierend* neben die übrigen Zuständigkeiten des Übereinkommens treten soll (*Kurz v Stella Musical Veranstaltungs-GmbH*, [1992] 1 All ER 630 [Ch D] = RiW 1992, 139 m zust Anm EBERT/WEIDENFELLER; BGH IPRax 1999, 246 m krit Anm SCHULZE 229; OLG Dresden IPRspr 1999 Nr 115; JAYME/HAACK IPRax 1985, 323; KOHLER IPRax 1986, 342). Wegen der Ausschließlichkeitsvermutung nach Abs 1 muss ein hierauf gerichteter Wille der Parteien allerdings in der Vereinbarung *deutlich* zum Ausdruck kommen. In der EuGVVO (Rn 2a) wird die Ausschließlichkeit des vereinbarten Gerichtsstands abgeschwächt; nach Art 23 Abs 1 S 2 sind die vereinbarten Gerichte nur noch dann ausschließlich zuständig, wenn die Parteien nichts anderes vereinbart haben. Wird unter Missachtung der getroffenen Zuständigkeitsvereinbarung ein Gericht in einem anderen Vertragsstaat angerufen, so hat dieses die Wirksamkeit der Vereinbarung zunächst am Maßstab von Art 17 zu prüfen. Ist sie hiernach wirksam, so hat sich das Gericht gem Art 20 Abs 1 von Amts wegen für unzuständig zu erklären (GEIMER, in: FS Kralik [1986] 179 [185 ff]; KROPHOLLER Art 17 Rn 99). Eine Ausnahme gilt nur dann, wenn die beklagte Partei sich auf das Verfahren vor dem wirksam derogierten Gericht nach Art 18 *rügelos einlässt,* weil Art 18 einen Vorbehalt nur zugunsten der ausschließlichen Zuständigkeit nach Art 16 enthält (vgl EuGH Rs 150/80 [Rn 172] Slg 1981, 1671, 1684 [Nr 10] = IPRax 1982, 234 m Anm LEIPOLD 222; EuGH Rs 48/84 – *Spitzley/Sommer* – Slg 1985, 787, 799 [Nr 23 ff] = IPRax 1986, 27 m Anm GOTTWALD 10; OLG Koblenz RiW 1989, 310).

b) Autonomes Recht

Demgegenüber ist nach deutschem autonomen Prozessrecht jeweils anhand der Umstände und der Interessenlage der Beteiligten durch Auslegung zu ermitteln, ob diese die vereinbarte Zuständigkeit als ausschließliche gewollt haben (GEIMER, IZPR Rn 1736; SCHACK, IZPR Rn 458). Auch wenn durch die Gerichtsstandsvereinbarung zugleich die internationale Zuständigkeit geregelt wird, spricht eine Vermutung weder für noch gegen die Ausschließlichkeit (BGHZ 59, 116 [119 f] = NJW 1972, 1671 m Anm GEIMER 2179; BGH RiW 1998, 964 [965] = IPRax 1999, 246; OLG München RiW 1986, 381 = IPRax 1985, 341 m Anm JAYME/HAACK 323; OLG Bamberg NJW-RR 1989, 372 = IPRax 1990, 105 m Anm PRINZING 83; GEIMER, IZPR[5] Rn 1768; KROPHOLLER, IZVR I Rn 583 f; aA THOMAS/PUTZO vor § 38 Rn 8). *Für die Ausschließlichkeit* eines vereinbarten Gerichtsstands kann die Beteiligung eines staatlichen Unternehmens (BGHZ 49, 124 [130] = NJW 1968, 336) sowie eine parallel getroffene Rechtswahl für den Hauptvertrag sprechen (vgl OLG München NJW 1987, 2186; OLG Düsseldorf RiW 1990, 220 [221]). Wird ein Gerichtsstand „für alle Streitfälle" vereinbart, so ist idR die Auslegung gerechtfertigt, dass das prorogierte Gericht jedenfalls für Ansprüche gegen die am vereinbarten Gerichtsort ansässige Vertragspartei ausschließlich zuständig sein soll (so BGH NJW 1973, 422 m Anm GEIMER; BGH RiW 1997, 778 [779]; OLG München aaO; OLG Koblenz RiW 1997, 328; SCHACK, IZVR Rn 458; aA WEYLAND in: GS Arens [1993] 420). Deshalb begründen auch die üblichen Konnossementsklauseln eine ausschließliche Zuständigkeit am Hauptsitz des Verfrachters (BGH NJW 1971, 985 m Anm GEIMER 1525). Auch die Vereinbarung der Zuständigkeit am Sitz des jeweiligen *Beklagten* wirkt im Zweifel ausschließlich, weil ihr nur für diesen Fall eigenständige Bedeutung zukommt (vgl BGH IPRspr 1983 Nr 196; BGH RiW 1997, 778 [779]; WEYLAND, in: GS Arens [1993] 420). Gleiches gilt für die Prorogation eines neutralen Forums (PFEIFFER IPRax 1998, 17 [21 f]). *Gegen die Ausschließlichkeit* des vereinbarten Gerichtsstands kann insbesondere sprechen, dass das Urteil des prorogierten ausländischen Gerichts im Inland nicht anerkennungs- und vollstreckungsfähig ist (vgl BGHZ 49, 124, [129]; BGH AWD 1968, 189; OLG Hamburg RiW 1983, 124 [126]; GEIMER JZ 1979, 648 f; KROPHOLLER, IZVR I Rn 554). Ferner hat der Kläger häufig ein Interesse daran, den Prozess nicht nur vor den vereinbarten Gerichten seines Heimatstaates, sondern auch im Wohnsitzstaat des Beklagten führen zu dürfen, um rascher in dessen dort belegenes Vermögen vollstrecken zu können; aus diesem Grunde tendiert die Praxis im Zweifel zur Annahme einer nur fakultativen Zuständigkeit der Gerichte am vereinbarten Wohnsitz des jeweiligen *Klägers* (vgl BGHZ 59, 116 [119 f]; OLG München RiW 1986, 381; OLG Bamberg NJW-RR 1989, 372; OLG Frankfurt IPRax 1998, 35 [36]; WEYLAND, in: GS Arens [1993] 420 f).

2. Vereinbarungen nur zugunsten einer Partei

221 Art 17 Abs 4 EuGVÜ/LugÜ lässt ausdrücklich den Abschluss von Zuständigkeitsvereinbarungen „nur zugunsten einer Partei" zu. Danach ist das prorogierte Gericht nur für Klagen einer Partei ausschließlich zuständig, während die begünstigte Partei die Möglichkeit behält, stattdessen auch an jedem anderen Gerichtsstand nach Art 2 ff zu klagen (KOHLER IPRax 1986, 340, 342 f; GOTTWALD IPRax 1987, 81 [82]). Ob die vereinbarte Klausel nur zugunsten einer Partei wirken soll, ist im Wege der Auslegung zu ermitteln. Deutsche Gerichte haben es insoweit genügen lassen, dass eine Partei durch die Klausel *objektiv* begünstigt wurde, indem zB der Wohnsitzgerichtsstand des Klägers vereinbart worden war (LG Gießen IPRax 1984, 160 m zust Anm JAYME; LG Bonn IPRax 1983, 243 m zust Anm JAYME; OLG Saarbrücken RiW 1984, 478 [479] m Anm TOSI/HESS; OLG München RiW 1999, 621; SCHWARZ IPRax 1987, 292). Der EuGH hat eine solche extensive Auslegung des Art 17 Abs 4 mit Recht verworfen. Der Begünstigungswille müsse sich vielmehr „klar aus dem Wortlaut der Gerichtsstandsvereinbarung oder aus der Gesamtheit der dem Vertrag zu entnehmenden Anhaltspunkte oder der Umstände des Vertragsschlusses" ergeben (EuGH Rs 22/85 [Rn 220] Slg 1986, 1951, 1962 [Nr 14] = EWiR 1986, 793 m Anm GEIMER = IPRax 1987, 105 m Anm GOTTWALD 81; zust BGH RiW 1998, 964 = IPRax 1999, 246 m Anm SCHULZE 229; OLG Koblenz RiW 1987, 144 [147]; TOSI/HESS RiW 1984, 480; KOHLER IPRax 1986, 344 f). Diese Voraussetzungen sieht der Gerichtshof etwa bei Vereinbarungen als erfüllt an, „welche die Partei, zu deren Gunsten sie getroffen wurden, ausdrücklich nennen", sowie bei solchen, die „zwar angeben, vor welchen Gerichten jede Partei die andere verklagen muss, die aber einer von ihnen insoweit eine größere Wahlmöglichkeit einräumen" (EuGH [Nr 15]; vgl auch BGH NJW 1987, 3080 [3081]; LG Berlin RiW 1996, 960 [961]). Die bloße Durchsetzung einer neutral formulierten Gerichtsstandsvereinbarung durch eine Partei bei den Vertragsverhandlungen dürfte hingegen nicht ausreichen (SCHULZE IPRax 1999, 229 ff gegen BGH IPRax 1999, 246). Das EuGVÜ sieht einseitig begünstigende Gerichtsstandsvereinbarungen namentlich zum Schutze von Versicherungsnehmern, Verbrauchern und Arbeitnehmern vor (dazu o Rn 214 f). Die Auslegungsregel in Art 17 Abs 4 EuGVÜ wird – als selbstverständlich – mit Inkrafttreten der EuGVVO (Rn 2a) ersatzlos entfallen.

Demgegenüber lässt die deutsche Rechtsprechung zu § 38 ZPO bereits die objektive Begünstigung einer Vertragspartei ausreichen. Insbesondere Gerichtsstandsklauseln in AGB sollen danach grundsätzlich den Verwender begünstigen und primär nach seiner Interessenlage auszulegen sein; deshalb belasse eine Klausel in AGB, die als Gerichtsstand den Sitz des Verwenders vorsieht, diesem das Recht, den anderen Vertragsteil auch vor dessen Heimatgerichten in Anspruch zu nehmen (BGHZ 59, 116 [119 f]; BGH NJW 1973, 422; OLG München KTS 1982, 313; OLG Bamberg RiW 1989, 221 [223]; zust WEYLAND, in: GS Arens [1993] 425). Hieran kann im Lichte der EuGH-Rechtsprechung zu Art 17 Abs 4 EuGVÜ nicht länger festgehalten werden (PFEIFFER IPRax 1998, 17 [20]; gegen eine Auslegung von Gerichtsklauseln zugunsten des AGB-Verwenders auch GOTTWALD/BAUMANN IPRax 1998, 445 [447]).

3. Objektive Reichweite der Gerichtsstandsvereinbarung

Eine Gerichtsstandsvereinbarung kann auch für Ansprüche aus **unerlaubter Handlung** jedenfalls dann getroffen werden, wenn die Ansprüche bereits entstanden sind. Für künftige Deliktsansprüche ist die Prorogation zumindest insoweit zulässig, als diese mit vertraglichen Ansprüchen konkurrieren (vgl zu § 40 Abs 1 ZPO: BAG NJW 1970, 2180; vFALKENHAUSEN RiW 1983, 420 ff; KROPHOLLER, IZVR I Rn 516). Ob die Gerichtsstandsvereinbarung auch die gerichtliche Durchsetzung von außervertraglichen Ansprüchen umfasst, ist im Wege der *Auslegung* zu ermitteln und im Zweifel dann anzunehmen, wenn zwischen einer Vertragsverletzung und einer unerlaubten Handlung ein hinreichend enger innerer Zusammenhang besteht (vgl idS zu Art 17 EuGVÜ OLG München RiW 1989, 901 [902] = ZZP 103 [1991] 84 [88 f] m Anm H SCHMIDT; OLG Stuttgart RiW 1991, 333 = IPRax 1992, 86 m Anm H ROTH 67; GEIMER/SCHÜTZE I/1 929; **aA** App Paris RiW 1989, 569 m abl Anm STERZING). Demgegenüber erstreckt sich eine Gerichtsstandsvereinbarung für Streitigkeiten aus einem Vertrag im Zweifel nicht auf Ansprüche, die ihren Grund in einem Betrug oder einer sonstigen unerlaubten Handlung einer Partei bei Vertragsschluss haben (OLG Hamburg VersR 1982, 341).

Grundsätzlich erfasst eine Gerichtsstandsklausel auch Streitigkeiten über die **Rückabwicklung fehlgeschlagener Vertragsschlüsse,** mag es sich nach der maßgeblichen lex causae – wie zB nach deutschem Recht (§ 812 BGB) – auch um gesetzliche Ansprüche handeln. Da Gerichtsstandsklauseln nach dem Parteiwillen – wie Schiedsklauseln (dazu u Rn 264) – in ihrer Wirksamkeit nicht von dem Hauptvertrag, für den sie geschlossen wurden, abhängen sollen (vgl o Rn 189), kann auch eine auf die Nichtigkeit des Hauptvertrages gerichtete Feststellungsklage nur vor dem prorogierten Gericht erhoben werden, denn die mit Art 17 EuGVÜ/LugÜ angestrebte Rechtssicherheit bezüglich des Gerichtsstands wäre erheblich gefährdet, wenn eine Partei die Gerichtsstandsvereinbarung schon mit der Begründung zu Fall bringen könnte, der Hauptvertrag sei nach der lex causae unwirksam (EuGH Rs C-269/95 – *Benincasa/Dentalkit* – Slg 1997 I, 3767, 3795 [Nr 29 ff] = RiW 1997, 775; SCHLOSSER Art 17 Rn 39; aA Cass civ dip Rev crit 1983, 516 m Anm GAUDEMET-TALLON; KROPHOLLER Art 17 Rn 97). Etwas anderes gilt nur, wenn der Nichtigkeitsgrund (zB Geschäftsunfähigkeit einer Partei) ausnahmsweise auch auf die Gerichtsstandsvereinbarung durchschlägt.

4. Drittwirkungen der Prorogation

224 Art 17 Abs 1 EuGVÜ/LugÜ und § 38 Abs 2 ZPO lassen eine Wirkung von Gerichtsstandsvereinbarungen gegenüber Dritten, die am Zustandekommen der Vereinbarung nicht beteiligt waren, grundsätzlich nicht zu, weil die vorgeschriebene Form gerade *zwischen den Parteien* des Rechtsstreits eingehalten werden muss. Daher wirkt etwa eine Gerichtsstandsklausel, die von einem Hauptunternehmer mit dem Kunden vereinbart wurde, nicht gegen einen Subunternehmer mit eigener Rechtspersönlichkeit (App Paris ECC 1988, 291; KROPHOLLER Art 17 Rn 55; vgl auch Cass com Rev crit dip 1995, 721 m Anm SINAY-CYTERMANN und Rev crit dip 2000 m Anm LEDERC: Keine Bindung von Abnehmern des Erstkäufers an die von diesem mit dem Verkäufer getroffene Gerichtsstandsvereinbarung; dazu krit GEBAUER IPRax 2001, 471, 474 ff); anders liegt es freilich dann, wenn der Dritte den Vertrag, der die Gerichtsstandsklausel enthält, mitunterzeichnet (OLG Köln NJW-RR 1998, 1350). Eine Ausnahme gilt für die **Rechtsnachfolger** einer Partei, die ihrerseits eine formgültige Gerichtsvereinbarung getroffen hatten, und zwar gleichermaßen für Gesamt- wie Einzelrechtsnachfolger (vgl GEIMER NJW 1983, 533 [534]; KROPHOLLER aaO; STEIN/JONAS/BORK § 38 Rn 28 a; vgl auch OLG Rostock RiW 1997, 1042 [1043] zur Bindung des gewillkürten Prozessstandschafters). Die Frage, ob Rechtsnachfolge eingetreten ist, beurteilt sich dabei nach der jeweiligen lex causae (zB Erbstatut, Zessionsstatut). Nach autonomem Recht ist der Rechtsnachfolger an eine nach § 38 Abs 1 ZPO zwischen Vollkaufleuten getroffene Gerichtsstandsvereinbarung auch dann gebunden, wenn er selbst nicht dem prorogationsbefugten Personenkreis angehört (OLG Köln NJW-RR 1992, 571; zu Einzelheiten REITHMANN/MARTINY/HAUSMANN Rn 2279 f). Eine internationale Gerichtsstandsvereinbarung im Vertrag einer *Personengesellschaft* gilt auch für die einzelnen Gesellschafter (vgl zu § 38 ZPO: BGH NJW 1981, 2644 [2646] und OLG Bamberg IPRax 1990, 105 [106]). Ferner binden Gerichtsstandsvereinbarungen in der Satzung einer *Kapitalgesellschaft* (AG, GmbH) auch die Gesellschafter (EuGH Rs 214/89 [Rn 184] Slg 1992 I, 1756 = NJW 1992, 1671; dazu o Rn 196).

225 Eine erweiterte Drittwirkung gilt nach dem EugVÜ/LugÜ für Gerichtsstandsvereinbarungen in Versicherungsverträgen und in Konnossementen. So ergibt sich aus Art 12 Nr 2, dass Gerichtsstandsvereinbarungen in **Versicherungsverträgen** auch zugunsten eines vom Versicherungsnehmer verschiedenen Versicherten oder Begünstigten getroffen werden können. In diesem Fall bedarf es keiner Beteiligung des begünstigten Dritten am Zustandekommen der Gerichtsstandsvereinbarung; diese ist vielmehr schon dann formwirksam, wenn die Formerfordernisse des Art 17 Abs 1 S 2 EuGVÜ/LugÜ im Verhältnis zwischen dem Versicherer und dem Versicherungsnehmer eingehalten worden sind und die Zustimmung des Versicherers klar und deutlich zum Ausdruck gekommen ist (EuGH Rs 210/83 – *Gerling/Amministrazione del tesoro* – Slg 1983, 2503, 2517 [Nr 20] = IPRax 1984, 259 m Anm HÜBNER 237; App Aix-en-Provence IPRax 1996, 427 m Anm MANKOWSKI). Entsprechend wirkt die zwischen dem Befrachter und dem Verfrachter wirksam nach Art 17 EuGVÜ/LugÜ getroffene und in ein **Konnossement** eingefügte Gerichtsstandsvereinbarung gegenüber jedem Drittinhaber des Konnossements, sofern dieser nach dem anwendbaren nationalen Recht in die Rechte und Pflichten des Befrachters eingetreten ist; auch in diesem Fall bedarf es einer Zustimmung des Dritten zu der wirksam in den ursprünglichen Vertrag eingefügten Gerichtsstandsklausel nicht (EuGH Rs 71/83 – *Tilly Russ/Nova* – Slg 1984, 2417, 2435 [Nr 24 ff] = RiW 1984, 909 m Anm SCHLOSSER = IPRax 1985, 152 m Anm BASEDOW 133; EuGH Rs C-159/97 – *Castelletti/Hugo Trumpy* – Slg 1999 I, 1597, 1653 [Nr 41 f] = IPRax 2000, 119 m Anm GIRSBERGER 87; dazu RABE TranspR 2000, 389 ff). Nur wenn der am ursprünglichen Vertrag nicht beteiligte Dritte *nicht* in die Rechte und Pflichten einer der ursprünglichen Parteien eingetreten ist, hat das angerufene Gericht im Hinblick auf Art 17 Abs 1 EuGVÜ/LugÜ auch zu prüfen, ob er der ihm entgegengehaltenen Gerichtsstandsklausel nachträglich zugestimmt hat (EuGH Rs C-387/98 – *Coreck Maritime/Handelsveem* – NJW 2001, 501 [Nr 22 ff] = EuLF 2000, 213).

5. Widerklage und Prozessaufrechnung

Da der Gerichtsstand der **Widerklage** nach Art 6 Nr 3 EuGVÜ/LugÜ in Art 17 Abs 3 nicht für derogationsfest erklärt wird, kann er grundsätzlich durch eine Zuständigkeitsvereinbarung abbedungen werden (KOHLER IPRax 1983, 272; KROPHOLLER Art 17 Rn 104). Gleiches gilt auch im autonomen deutschen Prozessrecht (vgl zu § 33 ZPO BGHZ 52, 30 [36] = NJW 1969, 1536; BGH NJW 1981, 2644 = ZZP 96 [1983] 364 m Anm PFAFF; BGH NJW-RR 1987, 228 [229]; WIECZOREK/SCHÜTZE/HAUSMANN § 38 Rn 96 mwN). Ob die Parteien durch den Abschluss einer Gerichtsstandsvereinbarung auch die Zuständigkeit für Widerklagen regeln wollten, ist im Wege der Auslegung zu ermitteln (zu den hier maßgeblichen Kriterien vgl vFALKENHAUSEN RiW 1982, 386 ff; KROPHOLLER, IZVR I Rn 587 ff; REITHMANN/MARTINY/HAUSMANN Rn 2194 f, 2282 ff mwN). Ähnliche Erwägungen wie für die Widerklage gelten auch für die **Prozessaufrechnung.** Danach hindern Art 17 EuGVÜ/LugÜ und § 38 ZPO ein für den Hauptanspruch als ausschließlich zuständig bestimmtes Gericht nicht daran, die Aufrechnung mit einer *konnexen* Gegenforderung zu berücksichtigen, wenn dies mit dem Wortlaut und Sinn der Gerichtsstandsklausel vereinbar ist. Dies gilt auch dann, wenn für die klageweise Geltendmachung der zur Aufrechnung gestellten Gegenforderung die ausschließliche Zuständigkeit der Gerichte eines anderen (Vertrags-)Staates vereinbart ist (EuGH Rs 23/78 – *Meeth/Glacetal* – Slg 1978, 2133, 2142 [Nr 9] = RiW 1978, 814; KROPHOLLER Art 17 Rn 105; DAGEFÖRDE RiW 1990, 873 [878]). Eine Gerichtsstandsvereinbarung schließt aber auch die Aufrechnung mit *inkonnexen* Gegenforderungen am forum derogatum nicht zwingend aus; denn das Erfordernis der Konnexität ist als materielle Aufrechnungsvoraussetzung allein der vom IPR des Forums berufenen lex causae zu entnehmen (vgl EuGH Rs 48/84 – *Spitzley/Sommer* – Slg 1985, 787, 799 [Nr 25] = IPRax 1986, 27 m Anm GOTTWALD 10). Zulässig ist die Aufrechnung danach jedenfalls mit rechtskräftig festgestellten oder unstreitigen Forderungen (MünchKomm/GOTTWALD Art 17 Rn 71). Ob hingegen im deutschen Erkenntnisverfahren mit einer *streitigen* Forderung, für deren klageweise Geltendmachung die ausschließliche internationale Zuständigkeit eines ausländischen Gerichts vereinbart wurde, aufgerechnet werden kann, ist unter Berücksichtigung aller Umstände des Einzelfalles durch Auslegung zu ermitteln (vgl dazu – ablehnend – BGHZ 60, 85 [90 f]; BGH NJW 1979, 713; OLG Hamm RiW 1999, 787; KROPHOLLER, IZVR I Rn 590 ff; zu Recht differenzierend dagegen GOTTWALD IPRax 1986, 10 ff; GEIMER, IZPR[5] Rn 1777 ff; vFALKENHAUSEN RiW 1982, 388; REITHMANN/MARTINY/HAUSMANN Rn 2196 ff, 2285 ff mwN. Zur Auswirkung einer Gerichtsstandsvereinbarung auf die Zulässigkeit der **Streitverkündung** vor einem derogierten Gericht vgl MANSEL ZZP 109 [1996] 61 ff).

D. Internationale Schiedsvereinbarungen

Schrifttum

1. Internationale Handelsschiedsgerichtsbarkeit

a) Allgemein

ADEN, Internationale Handelsschiedsgerichtsbarkeit (1988)
BARBER, Objektive Schiedsfähigkeit und ordre public in der internationalen Schiedsgerichtsbarkeit (1994)
BARTOS, Internationale Handelsschiedsgerichtsbarkeit – Verfahrensprinzipien (1984)
BERGER, Internationale Wirtschaftsschiedsgerichtsbarkeit (1992)
ders, Aufgaben und Grenzen der Parteiautonomie in der internationalen Wirtschaftsschiedsgerichtsbarkeit, RiW 1994, 12
ders, Die Aufrechnung im Internationalen Schiedsverfahren, RiW 1998, 426
BERNSTEIN/TACKABERRY/MARRIOT/WOOD, Handbook of Arbitration Practice[3] (1998)
BLESSING, Mandatory Rules of Law versus Party Autonomy in International Arbitration, JIntArb 1997 Nr 4, 23
ders, Introduction to Arbitration – Swiss and International Perspectives (1999)
BÖCKSTIEGEL, Rechtsfortbildung durch internationale Schiedsgerichtsbarkeit (1989)
ders (Hrsg), Acts of State and Arbitration (1997)
ders, Die Anerkennung der Parteiautonomie in der internationalen Schiedsgerichtsbarkeit, in: FS Schütze (1999) 141
BÖSCH, Einstweiliger Rechtsschutz in der internationalen Handelsschiedsgerichtsbarkeit (1989)

BORGES, Das Doppelexequatur von Schiedssprüchen (1997)
BORK, Der Begriff der objektiven Schiedsfähigkeit (§ 1025 ZPO), ZZP (1987) 249
BORK/STÖVE, Schiedsgerichtsbarkeit bei Börsentermingeschäften (1992)
BROCHES, Commentary on the UNCITRAL Model Law on International Commercial Arbitration (1990)
BUCHER, Die neue internationale Schiedsgerichtsbarkeit in der Schweiz (1989)
BÜHRING/ULE, Arbitration and Mediation in International Business (1996)
CALAVROS, Das UNCITRAL-Modellgesetz über die Internationale Handelsgerichtsbarkeit (1988)
CRAIG/PARK/PAULSSON, International Chamber of Commerce Arbitration[3] (2000)
DASSER, Internationale Schiedsgerichte und lex mercatoria: Rechtsvergleichender Beitrag zur Diskussion über ein nicht-staatliches Handelsrecht (1989)
DAVID, Arbitration in International Trade (1985)
DOMKE, Towards an „international" public policy in commercial arbitration, in: FS Bülow (1981) 49
DROBNIG, Internationale Schiedsgerichtsbarkeit und wirtschaftsrechtliche Eingriffsnormen, in: FS Kegel (1987) 95
FOUCHARD/GAILLARD/GOLDMAN, Traité de l'arbitrage commercial international (1996)
GENTINETTA, Die lex fori internationaler Handelsschiedsgerichte (1973)

5. Abschnitt. Schuldrecht.
1. Unterabschnitt. Vertragliche Schuldverhältnisse

GLOSSNER/BÜHLER, Das Schiedsgericht in der Praxis[3] (1990)

GOLDMANN, Les conflits de lois dans l'arbitrage international de droit privé, Rec des Cours 1963 II 347

ders, La „lex mercatoria" dans les contrats et l'arbitrage international, Clunet 1979, 475

GOODE, The Role of the Lex Loci Arbitri in International Commercial Arbitration, ArbInt 2001, 19

GOTTWALD, Die sachliche Kontrolle internationaler Schiedsgerichte durch staatliche Gerichte, in: FS Nagel (1987) 54

ders (Hrsg), Internationale Schiedsgerichtsbarkeit (1997)

GRANZOW, Das UNCITRAL-Modellgesetz über die internationale Handelsschiedsgerichtsbarkeit von 1985 (Diss München 1987)

GRIGERA NAÓN, Choice of Law Problems in International Commercial Arbitration (1992)

HAAS, Die Anerkennung und Vollstreckung ausländischer und internationaler Schiedssprüche (1991)

HABSCHEID, Schiedsgerichtsbarkeit und Europäische Menschenrechtskonvention, in: FS Henckel (1995) 341

HABSCHEID/HABSCHEID, Ende der West-Ost Handelsschiedsgerichtsbarkeit? – Insbesondere zur deutsch-deutschen Schiedsgerichtsbarkeit, DtZ 1992, 370

HANOTIAU, L'arbitrabilité et la favor arbitrandum: un réexamen, Clunet 1994, 900

ders, What Law Governs the Issue of Arbitrability, ArbInt 1996, 301

HAUTOT, Arbitrage commercial international (1992)

HELLER, Der verfassungsrechtliche Rahmen der privaten internationalen Schiedsgerichtsbarkeit (1996)

vHOFFMANN, Internationale Handelsschiedsgerichtsbarkeit. Die Bestimmung des maßgeblichen Rechts (1970)

HOLTZMANN/NEUHAUS, A Guide To The UNCITRAL Model Law On International Commercial Arbitration (1989)

HUSSLEIN-STICH, Das UNCITRAL-Modellgesetz über die internationale Handelsschiedsgerichtsbarkeit (1990)

JUNKER, Deutsche Schiedsgerichte und IPR, in: FS Sandrock (2000) 443

KOHL, Vorläufiger Rechtsschutz in internationalen Handelsschiedsverfahren (1990)

KORNBLUM, „Ordre public transnational", „ordre public international" und „ordre public interne" im Recht der privaten Schiedsgerichtsbarkeit, in: FS Nagel (1987) 140

ders, Das „Gebot überparteilicher Rechtspflege" und der deutsche schiedsrechtliche ordre public, NJW 1987, 1105

KRAUSE/BOZENHARDT, Internationale Schiedsgerichtsbarkeit (1990)

LACHMANN, Handbuch für die Schiedsgerichtspraxis (1998)

LALIVE/GAILLARD, Le nouveau droit de l'arbitrage international en Suisse, Clunet 1989, 905

LALIVE/POUDRET, Le droit de l'arbitrage interne et international en Suisse (1989)

LANDO, Conflict of Law Rules for Arbitrators, in: FS Zweigert (1981) 157

LANDOLT, Rechtsanwendung oder Billigkeitsentscheid durch den Schiedsrichter in der privaten internationalen Handelsschiedsgerichtsbarkeit (1995)

LANGKEIT, Staatenimmunität und Schiedsgerichtsbarkeit (1989)

LASCHET, Die Mehrparteienschiedsgerichtsbarkeit, in: FS Bülow (1981) 85

LEW, Contemporary Problems in International Arbitration (1987)

LIONNET, Handbuch der internationalen und nationalen Schiedsgerichtsbarkeit (1996)

LÖRCHER, Wie zwingend sind in der internationalen Handelsschiedsgerichtsbarkeit zwingende Normen einer „dritten" Rechtsordnung?, BB 1993, Beil 17, S 3 und BB 1994, Beil 5 S 22

MARX, Der verfahrensrechtliche ordre public bei der Anerkennung und Vollstreckung ausländischer Schiedssprüche in Deutschland (1994)

MAYER P, L'autonomie de l'arbitrage international, Rec des Cours 1989 V, 319

MERRILLS, International Dispute Settlement[2] (1991)

NICKLISCH, Multi-Party Arbitration and Dispute Resolution in Major Industrial Projects, JIntArb 1994, 57

Anhang II zu Art 27–37 EGBGB

MUSTILL/BOYD, Commercial Arbitration² (1989)
PARK, The lex loci arbitri and International Commercial Arbitration, IntCompLQ 32 (1983) 21
RAESCHKE-KESSLER, Neuere Entwicklungen der deutschen internationalen Schiedsgerichtsbarkeit, AnwBl 1993, 141
RAESCHKE-KESSLER/BERGER, Recht und Praxis des Schiedsverfahrens³ (1999)
REDFERN/HUNTER, Law and Practice of International Commercial Arbitration³ (1999)
REINER, Handbuch der ICC – Schiedsgerichtsbarkeit (1989)
RUBINO-SAMMARTANO, International Arbitration Law (1990)
SAMUEL, Jurisdictional Problems in International Commercial Arbitration (1989)
SANDERS (Hrsg), International Handbook on Commercial Arbitration (1984; Loseblatt)
ders, Arbitration, in: IntEncylCompL XVI Chapter 12 (1996)
SANDROCK, Welches Kollisionsrecht hat ein internationales Schiedsgericht anzuwenden?, RiW 1992, 785
ders, Welche Verfahrensregeln hat ein Internationales Schiedsgericht zu befolgen?, in: FS Glossner (1994) 281
ders, Die objektive Anknüpfung von Verträgen nach § 1051 Abs 2 ZPO, RiW 2000, 321
SCHIFFER, Normen ausländischen „öffentlichen" Rechts in internationalen Handelsschiedsverfahren (1990)
ders, Sonderanknüpfung ausländischen „öffentlichen" Rechts in der internationalen Handelsschiedsgerichtsbarkeit, ZVerglRW 90 (1991) 390
ders, Wirtschaftsschiedsgerichtsbarkeit (1999)
SCHLOSSER, Die objektive Schiedsfähigkeit des Streitgegenstandes – eine rechtsvergleichende und internationalrechtliche Studie, in FS Fasching (1988) 405
ders, Das Recht der internationalen privaten Schiedsgerichtsbarkeit² (1989)
SCHÜTZE, Schiedsgericht und Schiedsverfahren² (1998)
SCHÜTZE/TSCHERNING/WAIS, Handbuch des Schiedsverfahrens² (1990)
SCHWAB/WALTER, Schiedsgerichtsbarkeit⁶ (1999)

SPICKHOFF, Internationales Handelsrecht vor Schiedsgerichten und staatlichen Gerichten, RabelsZ (1992) 116
STROBACH, Handbuch der internationalen Handelsschiedsgerichtsbarkeit (1990)
THORN, Termingeschäfte an Auslandsbörsen und internationale Schiedsgerichtsbarkeit, IPRax 1997, 98
TOOPE, Mixed International Arbitration: Studies in Arbitration Between States and Private Persons (1990)
TRIEBEL/PETZOLD, Grenzen der lex mercatoria in der internationalen Schiedsgerichtsbarkeit, RiW 1988, 245
UNGEHEUER, Die Beachtung von Eingriffsnormen in der internationalen Handelsschiedsgerichtsbarkeit (1996)
WALTER/BOSCH/BRÖNNIMANN, Internationale Schiedsgerichtsbarkeit in der Schweiz (1991)
WACKENHUTH, Zur Behandlung der rügelosen Einlassung in nationalen und internationalen Schiedsverfahren, KTS 1985, 193
WEIGAND, Die Internationale Schiedsgerichtsbarkeit und das EuGVÜ, EuZW 1992, 529
WOLF CH, Die institutionelle Handelsschiedsgerichtsbarkeit (1992)
ZIMMER, Zulässigkeit und Grenzen schiedsgerichtlicher Entscheidung von Kartellrechtsstreitigkeiten (1991).

b) New Yorker UN-Übereinkommen

ARFAZADEH, Arbitrability under the New York Convention: the Lex Fori Revisited, ArbInt 2001, 73
VAN DEN BERG, The New York Arbitration Convention of 1958 (1981)
BLESSING (Hrsg), The New York Convention of 1958 (1996)
BERTHEAU, Das New Yorker Abkommen vom 10. 6. 1958 über die Anerkennung und Vollstreckung ausländischer Schiedssprüche (1965)
BÜLOW, Zwischenstaatliche Fragen der Schiedsgerichtsbarkeit nach dem UN-Übereinkommen vom 10. 6. 1958, JBL 1961, 305
CHAPDELAINE, The Temporal Application of the New York Arbitration Convention of 1958: Retroactivity or Immediate Application, ArbInt 1992, 73

5. Abschnitt. Schuldrecht.
1. Unterabschnitt. Vertragliche Schuldverhältnisse

HESS, Sportgerichtsbarkeit im Lichte der New Yorker Konvention, ZZPInt 3 (1998) 457
KAPLAN, The writing requirement as expressed in the New York convention and commercial practice, ArbInt 1996, 27
KLEIN, La Convention de New York pour la reconnaissance et l'exécution des sentences arbitrales étrangères, SchwJZ 1961, 239 und 247
KUNER, The Public Policy Exception to the Enforcement of Foreign Arbitral Awards in the U.S. and West-Germany under the New York Convention, JIntArb 1990, 71
LUZZATTO, Accordi internazionali e diritto interno in materia di arbitrato: La convenzione di New York del 1958, Riv dir int priv proc 1968, 24
MARTINEZ, Recognition and Enforcement of International Arbitral Awards under the UN Convention of 1958: The „Refusal" Provisions, 24 Int Lawyer (1990) 487
PRYLES, Foreign Awards and the New York Convention, ArbInt 1993, 259
RENSMANN, Wo ergehen Schiedssprüche nach dem New Yorker Übereinkommen? (Hiscox v Outhwaite), RiW 1991, 911
ders, Anationale Schiedssprüche (1997)
SANDERS, A Twenty Years Review of the Convention on the Recognition and Enforcement of Foreign Arbitral Awards, IntLaw 1979, 169
WACKENHUTH, Ersetzbarkeit der Formerfordernisse des Art 2 Abs 2 des UN-Übereinkommens durch Klageerhebung und rügelose Einlassung vor dem Schiedsgericht, RiW 1985, 568
ders, Die Schriftform für Schiedsvereinbarungen nach dem UN-Übereinkommen und Allgemeine Geschäftsbedingungen, ZZP 99 (1986) 445.
Vgl ferner die laufende Kommentierung der Rechtsprechung zum UNÜ durch VAN DEN BERG im Yearbook for Commercial Arbitration.

c) Europäisches Übereinkommen
GENTINETTA, Das Verhältnis des Europäischen Übereinkommens über die internationale Handelsschiedsgerichtsbarkeit von 1961 zu anderen multilateralen Abkommen auf dem Gebiet der privaten Schiedsgerichtsbarkeit, SchwJbIntR 25 (1968) 149
KAISER, Das Europäische Übereinkommen über die internationale Handelsschiedsgerichtsbarkeit vom 21. April 1961 (Diss Zürich 1967)
KLEIN, La Convention européenne sur l'arbitrage commercial international, Rev crit 1962, 621 (deutsche Neubearbeitung: ZZP 76 (1963) 342)
MEZGER, Das Europäische Übereinkommen über die Handelsschiedsgerichtsbarkeit, RabelsZ 29 (1965) 231
MOLLER, Der Vorrang des UN-Übereinkommens über Schiedsgerichtsbarkeit vor dem Europäischen Übereinkommen über Handelsschiedsgerichtsbarkeit, EWS 1996, 297
ders, Schiedsverfahrensnovelle und Europäisches Übereinkommen über die internationale Handelsschiedsgerichtsbarkeit, NZG 2000, 57
MONACO, Le droit applicable au fond du litige dans la convention européenne sur l'arbitrage commercial, NTIR 9 (1962) 331.
Vgl ferner die laufende Kommentierung der Rechtsprechung zum EuÜ durch HASCHER im Yearbook for Commercial Arbitration.

2. Internationale Schiedsvereinbarungen
BARTELS, Multiparty Arbitration Clauses, JIntArb 1985, Nr 2 S 61
BASEDOW, Vertragsstatut und Arbitrage nach neuem IPR, JbPraxSch 1 (1987) 1
BERGER, „Sitz des Schiedsgerichts" oder „Sitz des Schiedsverfahrens"?, RiW 1993, 8
ders, Zur Geltung einer Schiedsabrede kraft Handelsbrauchs, DZWir 1993, 466
BERNARDINI, The Arbitration Clause of an International Contract, JIntArb 1992, 45
BÖCKSTIEGEL, Abschluss von Schiedsverträgen durch konkludentes Handeln oder Stillschweigen, in: FS Bülow (1981) 1
BUDIN, Les clauses arbitrales internationales bipartites, multipartites et spéciales de l'arbitrage „ad hoc" et institutionnel (1993)
BUHMANN, Das auf den internationalen Handelsschiedsvertrag anzuwendende Recht (Diss Regensburg 1970)
CZEMPIEL/KURTH, Schiedsvertrag und Wechselforderung im deutschen und internationalen Privatrecht, NJW 1987, 2118
EPPING, Die Schiedsvereinbarung im internationalen privaten Rechtsverkehr nach der Reform des deutschen Schiedsverfahrensrechts (1999)

FOUCHARD, Clauses abusives en matière de l'arbitrage, Rev arb 1995, 147
GILDEGGEN, Internationale Schieds- und Schiedsverfahrensvereinbarungen in Allgemeinen Geschäftsbedingungen vor deutschen Gerichten (1991)
GIRSBERGER/HAUSMANINGER, Assignment of Rights and Agreement to Arbitrate, 8 Arb Int 1992, 121
HAAS, Zur formellen und materiellen Wirksamkeit des Schiedsvertrages, IPRax 1993, 382
HASCHER, Recognition and Enforcement of Judgments on the Existence and Validity of an Arbitration Clause under the Brussels Convention, ArbInt 1997, 33
HABSCHEID/HABSCHEID, Wegfall einer internationalen Schiedsinstitution, Schiedsvertrag und Schiedsrichtervertrag, JZ 1994, 945
HAUSMANN, Einheitliche Anknüpfung internationaler Gerichtsstands- und Schiedsvereinbarungen, in: FS W LORENZ (1991) 359
HENN, Grenzen der Wahl des schiedsgerichtlichen Verfahrensrechts und Nationalität des Schiedsspruches, JbPraxSch 3 (1989) 31
HOCHBAUM, Missglückte internationale Schiedsvereinbarungen (Diss Münster 1995)
HOLEWEG, Schiedsvereinbarungen und Strohmanngesellschaften (1997)
vHOUTTE, Consent to Arbitration through Agreement to Printed Contracts: the Continental Experience, ArbInt 2000, 1
vHÜLSEN, Die Gültigkeit von internationalen Schiedsvereinbarungen (1973)
JARVIN, Zur Abtretung von Rechten aus einem Vertrag mit Schiedsklausel, BB 1998 Beil Nr 9 S 12
KIRRY, Arbitrability: Current Trends in Europe, ArbInt 1996, 373
KORNMEIER/SANDROCK, Internationale Schiedsgerichtsvereinbarungen, in: SANDROCK (Hrsg), Handbuch der internationalen Vertragsgestaltung, Bd 2 (1980) f §§ 19–23
LEVEL, L'arbitrabilité, Rev arb 1992, 213
LINDACHER, Schiedsklauseln und Allgemeine Geschäftsbedingungen im internationalen Handelsverkehr, in: FS Habscheid (1989) 167
LIONNET, Überlegungen zur Vereinbarung des auf das schiedsrichterliche Verfahren anwendbaren Rechts, JbPraxSch 3 (1989) 52

MATRAY, Rédaction d'une clause d'arbitrage et choix d'arbitres compétents en matière internationale, Clunet 1979, 51
MAYER C U, Die Überprüfung internationaler Schiedsvereinbarungen durch staatliche Gerichte, Bull ASA 1996, 361
vMEHREN, Choice of Law and Arbitration Clause, IntBusLawyer 1989, 302
MEZGER, Du consentement en matière „d'électio juris" et de clause compromissoire, Rev crit 1971, 31
MENTIS, Schranken prozeßualer Klauseln in AGB (1994)
MÜNZBERG, Die Schranken der Parteivereinbarungen in der privaten internationalen Schiedsgerichtsbarkeit (1970)
NOLTING, Mangelnde Feststellung des für Formwirksamkeit der Schiedsklausel und Schiedsfähigkeit maßgeblichen Rechts, IPRax 1987, 349
OPPETIT, La clause arbitrale par référence, Rev arb 1990, 551
POUDRET, Le droit applicable à la convention d'arbitrage, in: ASA Special Series Nr. 8 (1994) 23
ders, La clause arbitrale par référence selon la Convention de New York et l'art 6 du Concordat sur l'arbitrage, Mélanges Flattet (1985) 523
POUDRET/COTTIER, Remarques sur l'application de l'article II de la convention de New York, Bull ASA 1995, 383
RAHMANN, Ausschluß staatlicher Gerichtsbarkeit – Eine rechtsvergleichende Untersuchung des Rechts der Gerichtsstands- und Schiedsvereinbarungen in der BRD und den USA (1984)
SANDROCK, Gerichtsstands- oder Schiedsklauseln in Verträgen zwischen US-amerikanischen und deutschen Unternehmen: Was ist zu empfehlen?, in: FS Stiefel (1987) 254
ders, „Ex aequo et bono" – und „amiable composition"-Vereinbarungen: ihre Qualifikation, Anknüpfung und Wirkungen, JbPraxSch 2 (1988) 120
ders, Arbitration Agreements and Groups of Companies, in: FS Lalive (1993) 625
SCHLOSSER, Schiedsklauseln in Allgemeinen Geschäftsbedingungen, ZEuP 1994, 682
SCHMIDT K, Schiedsklauseln in Konnossemen-

ten unter einer Charterparty; in: FS Herber (1999) 281
SCHÜTZE, Zur Wirksamkeit von internationalen Schiedsvereinbarungen und zur Wirkungserstreckung ausländischer Schiedssprüche über Ansprüche aus Börsentermingeschäften, JbPraxSch 1 (1987) 94
SIEG, Internationale Gerichtsstands- und Schiedsklauseln in AGB, RiW 1998, 102
THÜMMEL, Die Schiedsvereinbarung zwischen Formenzwang und favor validitatis – Anmerkungen zu § 1031 ZPO, in: FS Schütze (1999) 935
TRAPPE, Zur Schiedsgerichtsklausel im Konnossement, in: FS Herber (1999) 305
VOLLMER, Kartell-Schiedsklauseln in internationalen Wirtschaftsverträgen, GRUR 1986, 589.
Vgl ferner die Nachw bei REITHMANN/MARTINY/HAUSMANN Rn 2294, 2321, 2389 und 2436.
Zur deutschen Reform des Schiedsverfahrensrechts s a Rn 233.

I. Internationale Handelsschiedsgerichtsbarkeit

1. Bedeutung

Die schiedsrichterliche Streiterledigung hat gegenüber einem Verfahren vor staatlichen Gerichten bereits in reinen Inlandsfällen Vorteile, wie zB Abkürzung der Verfahrensdauer, erhöhtes Maß an Vertraulichkeit, besondere Sachkunde der Schiedsrichter, Freiheit der Verfahrensausgestaltung und Kostenersparnisse (vgl SCHWAB/WALTER[6] Kap I Rn 8; SCHÜTZE/TSCHERNING/WAIS Rn 1 ff). Im internationalen Rechtsverkehr kommen weitere Verfahrenserleichterungen hinzu. So entfällt etwa das Erfordernis einer förmlichen Zustellung von Schriftstücken an im Ausland wohnende Verfahrensbeteiligte. Ferner kann auf die im Verfahren vor staatlichen Gerichten notwendige Übersetzung von Urkunden in die Gerichtssprache verzichtet werden (SCHÜTZE/TSCHERNING/WAIS Rn 5 ff). Auch haben die Parteien in die Streiterledigung durch von ihnen selbst ausgewählte kompetente Schiedsrichter häufig größeres Vertrauen als in den Spruch eines ausländischen staatlichen Gerichts. Vor allem aber ist die Durchsetzung von Schiedssprüchen im internationalen Rechtsverkehr in weit größerem Umfang staatsvertraglich gewährleistet als die Vollstreckung von ausländischen Zivilurteilen. Denn das UN-Übereinkommen über die Anerkennung und Vollstreckung ausländischer Schiedssprüche vom 10. 6. 1958 (dazu Rn 228) gilt derzeit in mehr als 120 Staaten. Darüber hinaus werden Schiedssprüche von den im internationalen Handel tätigen Unternehmen ganz überwiegend freiwillig erfüllt (vgl RAESCHKE-KESSLER/BERGER Rn 51). Aus diesem Grund enthalten heute ca. 80–90% aller grenzüberschreitenden Wirtschaftsverträge eine Schiedsvereinbarung (vgl BERGER RiW 1994, 12). **227**

2. Rechtsquellen

Das Recht der internationalen Schiedsgerichtsbarkeit wird heute in erheblichem Umfang von multi- und bilateralen Staatsverträgen beherrscht. **228**

a) Multilaterale Staatsverträge
aa) UN-Übereinkommen von 1958

Das bedeutendste multilaterale Regelungsinstrument der internationalen Handelsschiedsgerichtsbarkeit ist heute das UN-Übereinkommen über die Anerkennung und Vollstreckung ausländischer Schiedssprüche vom 10. 6. 1958 (BGBl 1961 II 122), das für die Bundesrepublik Deutschland am 28. 9. 1961 in Kraft getreten ist (BGBl 1962 II 102).

Ein aktueller Überblick über die mehr als 120 Vertragsstaaten des UNÜ findet sich bei JAYME/HAUSMANN[10] Nr 242 in Fn 1. Das Übereinkommen vereinheitlicht die Voraussetzungen, unter denen ausländische Schiedssprüche in den Vertragsstaaten anerkannt und vollstreckt werden können; es ersetzt insoweit das Genfer Abkommen zur Vollstreckung ausländischer Schiedssprüche vom 26. 9. 1927 (RGBl 1930 II 1068) und das Genfer Protokoll über die Schiedsklauseln im Handelsverkehr vom 24. 9. 1923 (RGBl 1925 II 47).

bb) Europäisches Übereinkommen von 1961

229 Das Europäische Übereinkommen über die internationale Handelsschiedsgerichtsbarkeit vom 21. 4. 1961 (BGBl 1964 II 426) ist für die Bundesrepublik Deutschland in Kraft seit 25. 1. 1965 (BGBl II 107). Es wurde vor allem im Interesse einer Verbesserung der Handelsbeziehungen zwischen West- und Osteuropa beschlossen (vgl zur Entstehungsgeschichte KLEIN ZZP 76 [1963] 344 f; KAISER 16 ff; STEIN/JONAS/SCHLOSSER vor § 1044 Rn 31 ff). Es ergänzt das UN-Übereinkommen insbesondere durch Regeln über das Verfahren vor dem Schiedsgericht und gewährleistet ausdrücklich die rechtliche Verbindlichkeit von Schiedsvereinbarungen, die das ständige Schiedsgericht einer Organisation für zuständig erklären. Das Europäische Übereinkommen wird ergänzt durch die **Pariser Vereinbarung** vom 17. 12. 1962 (BGBl 1964 II 449), die im Verhältnis der westlichen Mitgliedstaaten des EuÜ gewisse Kompetenzen auf die staatlichen Gerichte zurücküberträgt. Ein aktueller Überblick über die Vertragsstaaten des EuÜ und der Pariser Zusatzvereinbarung findet sich bei JAYME/HAUSMANN[10] Nr 243 und 244, jeweils in Fn 1; danach gehören sämtliche Mitgliedstaaten des EuÜ heute auch dem UNÜ an.

cc) Übereinkommen auf besonderen Rechtsgebieten

230 Während die vorgenannten Staatsverträge das Recht der privaten Schiedsgerichtsbarkeit für handelsrechtliche Streitigkeiten jeder Art regeln, hat die Bundesrepublik Deutschland eine Reihe von Staatsverträgen abgeschlossen, die eine schiedsgerichtliche Streiterledigung nur auf eng begrenzten Rechtsgebieten vorsehen. Zu erwähnen sind insbesondere:

– Übereinkommen über den Beförderungsvertrag im internationalen Straßengüterverkehr (CMR) vom 19. 5. 1956 (Art 33) (BGBl 1961 II 1919)

– Warschauer Abkommen zur Vereinheitlichung von Regeln im internationalen Luftverkehr vom 12. 10. 1929 (Art 32 S 2) (BGBl 1933 II 1040)

– Übereinkommen über den internationalen Eisenbahnverkehr (COTIF) vom 9. 5. 1980 (Art 12–16) (BGBl 1985 II 133)

– Übereinkommen zur Beilegung von Investitionsstreitigkeiten zwischen Staaten und Angehörigen anderer Staaten (WBÜ) vom 18. 3. 1965 (BGBl 1964 II 369)

b) Bilaterale Staatsverträge

231 Das Deutsche Reich und später die Bundesrepublik Deutschland haben ferner zahlreiche bilaterale Abkommen geschlossen, die auch Fragen der internationalen Handelsschiedsgerichtsbarkeit betreffen. Diese Abkommen regeln zwar in erster Linie die Voraussetzungen der gegenseitigen Anerkennung und Vollstreckung von

Schiedssprüchen; sie enthalten zT jedoch auch besondere Vorschriften über die Anerkennung von Schiedsvereinbarungen. Zu nennen sind insbesondere:

- Deutsch-amerikanischer Freundschafts-, Handels- und Schifffahrtsvertrag vom 29. 10. 1954 (Art VI Abs 2) (BGBl 1956 II 488)

- Deutsch-sowjetisches Abkommen über allgemeine Fragen des Handels und der Seeschifffahrt vom 25. 4. 1958 (Art 8) (BGBl 1959 II 222)

(Dieses Abkommen gilt nach Auflösung der UdSSR im Verhältnis zur Russischen Föderation sowie zu Armenien, Aserbaidschan, Belarus, Georgien, Kasachstan, Kirgisistan, Moldau, Tadschikistan, der Ukraine und Usbekistan fort.)

- Deutsch-tunesischer Vertrag über die gegenseitige Anerkennung und Vollstreckung gerichtlicher Entscheidung in Zivil- und Handelssachen sowie die Handelsschiedsgerichtsbarkeit vom 19. 7. 1966 (Art 47–50) – BGBl 1969 II 890.

c) UNCITRAL-Modellgesetz
Am 21. 6. 1985 beschloß die United Nations Commission on International Trade Law (UNCITRAL) den Entwurf eines Modellgesetzes über die Internationale Handelsschiedsgerichtsbarkeit (UN-ModG), der von der Vollversammlung am 11. 12. 1985 gebilligt wurde (vgl zur Entstehungsgeschichte des Gesetzes HOLTZMANN/NEUHAUS 9 ff; GRANZOW 51 ff; CALAVROS 1 ff). Das UN-ModG ist als Sondergesetz für die *internationale* Handelsschiedsgerichtsbarkeit konzipiert. Es regelt in 36 Artikeln die Wirksamkeit von Schiedsvereinbarungen und die Schiedseinrede vor staatlichen Gerichten, die Konstituierung des Schiedsgerichts und die Durchführung des schiedsrichterlichen Verfahrens, sowie die Aufhebung, Anerkennung und Vollstreckung von Schiedssprüchen (vgl zum Inhalt des UN-ModG näher CALAVROS 10 ff; GRANZOW 55 ff; HUSSLEIN-STICH 6 ff; ferner den Kommentar von HOLTZMANN/NEUHAUS). Das UN-ModG entwickelt die Konzeption des New Yorker Übereinkommens unter Berücksichtigung der UNCITRAL-Schiedsverfahrensregeln von 1976 fort. Durch die mit dem Modellgesetz angestrebte Harmonisierung der nationalen Schiedsverfahrensgesetze soll die Wahl des Schiedsorts an Bedeutung verlieren und die Vollstreckung von Schiedssprüchen im In- und Ausland erleichtert werden (vgl BERGER, Neues Recht der Schiedsgerichtsbarkeit 7 ff; GRANZOW 49 ff; EPPING 2 ff).

d) Deutsches Schiedsverfahrensgesetz 1997
Das weitgehend noch aus dem vorigen Jahrhundert stammende deutsche Schiedsverfahrensrecht im 10. Buch der ZPO ist durch das **Gesetz zur Neuregelung des Schiedsverfahrensrechts vom 22. 12. 1997** (BGBl 1997 I 3224)* der modernen Entwick-

---

* **Schrifttum:** Vgl zur Reform des deutschen Schiedsverfahrensrechts: BERGER, Das neue Recht der Schiedsgerichtsbarkeit (1998); ders, Das neue deutsche Schiedsverfahrensrecht, DZWiR 1998, 45; ders, International Economic Arbitration in Germany: A New Era, Arb Int 1998, 101; ders, Das neue Schiedsverfahrensrecht in der Praxis – Analyse und aktuelle Entwicklungen, RiW 2001, 7; BÖCKSTIEGEL, An Introduction to the New German Arbitration Act Based on the UNCITRAL Model Law, ArbInt 1998, 1; BORGES, Die Anerkennung und Vollstreckung von Schiedssprüchen nach dem neuen Schiedsverfahrensrecht, ZZP 111 (1998) 487; BREDOW, Das neue 10. Buch der ZPO – ein Überblick, BB 1998 Beil Nr 2 S 2; DIS (Hrsg),

lung auf dem Gebiet der Schiedsgerichtsbarkeit angepasst worden. Ziel der Neuregelung ist es vor allem, den bisherigen deutschen Standortnachteil für internationale Schiedsverfahren gegenüber Ländern mit modernen Schiedsgesetzen zu beseitigen und die Bundesrepublik Deutschland zu einem attraktiven Austragungsort für internationale Schiedsstreitigkeiten zu machen. Zu diesem Zweck hat der Gesetzgeber weitgehend das UN-ModG über die internationale Handelsschiedsgerichtsbarkeit von 1985 in die ZPO übernommen und das Verfahren betreffend die Aufhebung und Vollstreckung von Schiedssprüchen wesentlich vereinfacht. Das deutsche Reformgesetz beschränkt sich allerdings – abweichend vom UN-ModG – nicht auf die *internationale* Schiedsgerichtsbarkeit, sondern bevorzugt eine einheitliche Regelung, die gleichermaßen für internationale wie für nationale Schiedsverfahren gilt (vgl zu den Gründen SCHLOSSER RiW 1994, 723; SCHUMACHER, in: FS Glossner (1994) 344 f). Ferner zieht das neue deutsche Recht der Schiedsgerichtsbarkeit auch seinen sachlichen Anwendungsbereich weiter als das UN-ModG; denn es gilt nicht nur für Schiedsverfahren auf dem Gebiet des Handels- und Wirtschaftsrechts, sondern für die schiedsrichterliche Entscheidung aller privatrechtlicher Streitigkeiten (vgl § 1031 Abs 5 ZPO zu Schiedsverfahren mit Beteiligung von Verbrauchern; dazu u Rn 293).

3. Der Anwendungsbereich der Staatsverträge und die Abgrenzung zum autonomen Recht

a) UN-Übereinkommen

234 Das UNÜ regelt seinen Anwendungsbereich in Art 1 allein für die Anerkennung und

---

Neues deutsches Schiedsverfahrensrecht, neue DIS Schiedsgerichtsordnung, DIS – Materialien IV (1998); EPPING, Die Schiedsvereinbarung im internationalen privaten Rechtsverkehr nach der Reform des deutschen Schiedsverfahrensrechts (1999); GOTTWALD/ADOLPHSEN, Das neue deutsche Schiedsverfahrensrecht, DStR 1998, 1017; HABSCHEID, Das neue Recht der Schiedsgerichtsbarkeit, JZ 1998, 445; HAUSMANN, Die Aufhebung von Schiedssprüchen nach neuem deutschen Schiedsverfahrensrecht, in: FS Stoll (2001) 593; KREINDLER/MAHLICH, A Foreign Perspective on the New German Arbitration Act, 4 Arb Int 1998, 65; dies, Das neue deutsche Schiedsverfahrensrecht aus ausländischer Sicht, NJW 1998, 563; KRONKE, Internationale Schiedsverfahren nach der Reform, RiW 1998, 257; LABES/LÖRCHER, Nationales und Internationales Schiedsverfahrensrecht (1998); dies, Das neue deutsche Recht der Schiedsgerichtsbarkeit, MDR 1997, 420; LIONNET, The New German Arbitration Act – A User's Perspective, Arb Int 14 (1998) 57; LÖRCHER, Das neue Recht der Schiedsgerichtsbarkeit, DB 1998, 245; ders, The New German Arbitration Act, JIntArb 15 (1999) 85; LÖRCHER/LÖRCHER, Das Schiedsverfahren – national/international – nach neuem Recht (1998); OSTERTHUN, Das neue Recht der Schiedsgerichtsbarkeit, TranspR 1998, 177; SANDROCK, Procedural Aspects of the New German Arbitration Act, ArbInt 14 (1998) 33; SCHLOSSER, Bald neues Recht der Schiedsgerichtsbarkeit in Deutschland?, RiW 1994, 723; SCHUMACHER, Das neue 10. Buch der ZPO im Vergleich zum UNCITRAL-Modellgesetz über die internationale Handelsschiedsgerichtsbarkeit, BB 1998 Beil Nr 2 S 6; SOLOMON, Das vom Schiedsgericht in der Sache anzuwendende Recht nach dem Entwurf eines Gesetzes zur Neuregelung des Schiedsverfahrensrechts, RiW 1997, 981; WEINAND, Das neue deutsche Schiedsverfahrensrecht: Umsetzung des UNCITRAL-Modellgesetzes, WiB 1997, 1273; WINKLER/WEINAND, Deutsches internationales Schiedsverfahrensrecht, BB 1998, 597; ZERBE, Die Reform des deutschen Schiedsverfahrensrechts auf der Grundlage des UNCITRAL-Modellgesetzes über die internationale Handelsschiedsgerichtsbarkeit (1995).

Vollstreckung von Schiedssprüchen (vgl zur autonomen Qualifikation des Begriffs „Schiedsspruch" in Art 1 UNÜ näher REITHMANN/MARTINY/HAUSMANN Rn 2322 mwN).

aa) Territoriale Abgrenzung
Nach Art 1 Abs 1 S 1 UNÜ hängt die Anwendbarkeit des Übereinkommens in erster Linie davon ab, dass die Anerkennung und Vollstreckung des Schiedsspruchs in einem anderen Staat nachgesucht wird als in demjenigen, in welchem er erlassen wurde (vgl BGHZ 104, 178 = IPRax 1989, 228 m Anm WENGER 210). „Ergangen" ist der Schiedsspruch an dem Ort, den die Parteien, die von ihnen gewählte Schiedsorganisation oder die Schiedsrichter als „Sitz" des Schiedsgerichts festgelegt haben (BERGER RiW 1993, 8 ff; STEIN/JONAS/SCHLOSSER Anh § 1044 Rn 3). Dieser Sitz des Schiedsgerichts, der in Zweifelsfällen autonom in Anlehnung an Art 20 UN-ModG (= § 1043 ZPO) auszulegen ist (EPPING 18), bestimmt die Nationalität des Schiedsspruchs auch dann, wenn die Schiedsrichter ihn an einem anderen Ort unterschrieben oder verkündet haben (MANN, in: FS Oppenhoff 223 f; BÜHLER IPRax 1987, 253; RENSMANN RiW 1991, 911 ff; aA *Outhwaite v Hiscox* [HL; 1991], YbComArb XVII [1992] 599; VAN DEN BERG 294 f; GILDEGGEN 132 f). Ohne Einfluss auf die Anwendbarkeit des UNÜ nach Art 1 Abs 1 S 1 ist es hingegen, nach welchem Recht das Schiedsverfahren durchgeführt wurde (SCHWAB/WALTER Kap 42 Rn 2) oder welchem Recht die Schiedsvereinbarung untersteht (aA insoweit *National Thermal Power Corp v Singer Co* [Sup Ct India; 1992], YbComArb XVIII [1993] 403 [409 ff]; dazu PHADNIS/OTTO, RiW 1994, 475 f). Unerheblich sind auch Sitz oder Nationalität der Parteien (Cass [Italien] YbComArb IV [1979] 284; STEIN/JONAS/SCHLOSSER vor § 1044 Rn 10 mwN).

bb) Prozessuale Abgrenzung
Nach Art 1 Abs 1 S 2 erfasst das UNÜ auch solche Schiedssprüche, die zwar im **235** Vollstreckungsstaat erlassen wurden, aber dort deshalb nicht als „inländische" gelten, weil das Schiedsgericht *ausländisches Verfahrensrecht* zugrunde gelegt hat. Damit nimmt das UNÜ Rücksicht auf die sog „prozessuale Theorie", welche die Nationalität eines Schiedsspruchs allein vom angewandten Verfahrensrecht abhängig macht (vgl VAN DEN BERG 24; BERTHEAU 45; MünchKomm-ZPO/GOTTWALD Art 1 UNÜ Rn 12). Diese Theorie wurde bis zur Reform des Schiedsverfahrensrechts von 1997 namentlich von der deutschen Rechtsprechung befolgt (vgl BGHZ 21, 365 [367 ff]; BGH NJW 1986, 1436; BGH NJW 1988, 3090 [3091]; OLG Hamburg IPRspr 1990 Nr 236 a). Durch Art 1 Abs 1 S 2 UNÜ war deshalb sichergestellt, dass ein Schiedsspruch, den ein Schiedsgericht mit Sitz in Deutschland nach ausländischem Verfahrensrecht gefällt hatte, hier nach Maßgabe des UNÜ für vollstreckbar erklärt werden konnte. Demgegenüber kann es aufgrund des in § 1025 ZPO nF verankerten Territorialitätsprinzips künftig zu Schiedssprüchen, die im Inland nach dem Recht eines anderen (Vertrags-)Staats ergehen, nicht mehr kommen (WINKLER/WEINAND BB 1998, 597 f); Art 1 Abs 1 S 2 UNÜ ist damit für die Bundesrepublik Deutschland gegenstandslos geworden (MünchKomm-ZPO/GOTTWALD Art 1 UNÜ Rn 14).

cc) Territorialitätsvorbehalt
Nach Art 1 Abs 1 UNÜ ist die Anwendbarkeit des Übereinkommens nicht auf die **236** Anerkennung und Vollstreckung von Schiedssprüchen beschränkt, die in einem anderen *Vertragsstaat* ergangen sind. Allerdings räumt Art 1 Abs 3 S 1 den Vertragsstaaten das Recht ein, die Anwendung des Übereinkommens auf solche Schiedssprüche zu begrenzen. Diesen sog Territorialitätsvorbehalt hat ca die Hälfte aller

Vertragsstaaten erklärt (vgl die Übersicht bei JAYME/HAUSMANN[11] Nr 242 Fn 5; dazu näher STEIN/JONAS/SCHLOSSER vor § 1044 Rn 13 ff). Da § 1061 ZPO nF für die Anerkennung und Vollstreckung ausländischer Schiedssprüche nunmehr ohne Einschränkungen auf die Vorschriften des UNÜ verweist, so dass auch die Anerkennung von Schiedssprüchen aus Nichtvertragsstaaten in Deutschland nur noch nach Maßgabe von Art 5 UNÜ versagt werden kann, hat die Bundesrepublik Deutschland den auch von ihr eingelegten Vorbehalt mit Wirkung v 31. 8. 1998 zurückgenommen (BGBl 1999 II 7). Die Vollstreckung des in einem anderen Vertragsstaat nach dem (Verfahrens-)Recht eines Nichtvertragsstaats gefällten Schiedsspruchs scheitert aber nicht daran, dass der Schiedsstaat den Territorialitätsvorbehalt erklärt hat (SCHLOSSER Rn 69; MünchKomm-ZPO/GOTTWALD Art 1 UNÜ Rn 22; aA VAN DEN BERG 26 f; BERTHEAU 51; GILDEGGEN 32 f).

dd) Handelssachenvorbehalt

237 In Art 1 Abs 3 S 2 UNÜ werden die Vertragsstaaten weiterhin ermächtigt, den Geltungsbereich des Übereinkommens auf die Anerkennung von Schiedssprüchen zu beschränken, die in handelsrechtlichen Streitigkeiten ergangen sind. Diesen Vorbehalt hat bisher ca ein Drittel der Vertragsstaaten, nicht aber die Bundesrepublik Deutschland eingelegt (vgl die Übersicht bei JAYME/HAUSMANN[11] Nr 242 Fn 6). Vor deutschen Gerichten ist das Übereinkommen daher auch auf die Anerkennung von Schiedssprüchen in Verbraucherstreitigkeiten anzuwenden. Über die Qualifikation einer Streitigkeit als „Handelssache" entscheidet nach dem ausdrücklichen Wortlaut des Art 1 Abs 3 S 2 das innerstaatliche Recht des Staates, der den Vorbehalt erklärt hat (vgl näher SCHLOSSER Rn 73 f).

b) Europäisches Übereinkommen

238 Anders als das UNÜ geht das Europäische Übereinkommen bei der Bestimmung seines Anwendungsbereichs nicht vom Schiedsspruch, sondern von der Schiedsvereinbarung aus und erfasst Schiedssprüche nach Art 1 Abs 1 lit b nur, wenn sie auf der Grundlage einer nach dem Übereinkommen wirksam getroffenen Schiedsvereinbarung ergangen sind. Demgemäß können Streitigkeiten auf dem Gebiet des grenzüberschreitenden Handels auch dann in den Anwendungsbereich des Übereinkommens einbezogen werden, wenn das Schiedsverfahren in einem Nichtvertragsstaat und nach dessen Verfahrensrecht durchgeführt wird (vgl Cass [Italien] YbComArb IX [1984] 418; SCHWAB/WALTER[6] Kap 42 Rn 15).

aa) Sitz der Parteien in verschiedenen Vertragsstaaten

239 Nach Art 1 Abs 1 lit a setzt die Anwendbarkeit des EuÜ voraus, dass die Parteien der Schiedsvereinbarung ihren gewöhnlichen Aufenthalt bei Vertragsschluss in verschiedenen Vertragsstaaten haben; bei Gesellschaften und juristischen Personen kommt es stattdessen auf den effektiven Verwaltungssitz – nicht den Satzungssitz (vgl HASCHER YbComArb XVII [1992] 711 [715]) – an. Ist die Vereinbarung von einer *Zweigniederlassung* abgeschlossen worden, so muss diese nach Art 1 Abs 2 lit c EuÜ in einem Vertragsstaat begründet sein. Haben die Parteien ihren Sitz in demselben Staat oder hat auch nur eine ihren Sitz in einem Nichtvertragsstaat, so findet das Übereinkommen keine Anwendung (vgl OLG Düsseldorf IPRspr 1971 Nr 161; HASCHER YbComArb XVII [1992] 711 [716] mwN). Dies gilt auch dann, wenn das Schiedsverfahren in einem Vertragsstaat stattfindet (VAN DEN BERG 94; STEIN/JONAS/SCHLOSSER vor § 1044 Rn 36).

bb) Streitigkeit aus internationalen Handelsgeschäften

Die Schiedsvereinbarung muss ferner Streitigkeiten aus internationalen Handelsge- **240** schäften betreffen. Der Begriff des „internationalen Handelsgeschäfts" iSv Art 1 Abs 1 lit a EuÜ ist – anders als der Begriff „Handelssachen" in Art 1 Abs 3 S 2 UNÜ (dazu o Rn 238) – nicht nach nationalem Recht, sondern *autonom* zu qualifizieren, um die einheitliche Bestimmung des sachlichen Anwendungsbereichs des Übereinkommens in allen Vertragsstaaten sicherzustellen (App Lyon Clunet 1991, 1000 m Anm KAHN; KAISER 57; SCHLOSSER Rn 89; WACKENHUTH ZZP 99 [1986] 449; SCHWAB/WALTER[6] Kap 42 Rn 14; HASCHER YbComArb XVII [1992] 711 [716 f] mwN; **aA** [lex fori-Qualifikation] KLEIN ZZP 76 [1963] 346; SCHÜTZE/TSCHERNING/WAIS Rn 567). Da das Übereinkommen die Streitschlichtung durch internationale Schiedsgerichte erleichtern will, ist der Begriff *weit auszulegen*. Er erfasst – über § 343 Abs 1 HGB hinaus – jedes Geschäft, das auf eine grenzüberschreitende Leistung von Sachen, Kapital oder Diensten gegen Entgelt gerichtet ist (BGHZ 77, 32 [36 f]; vHÜLSEN 37; STEIN/JONAS/SCHLOSSER vor § 1044 Rn 35). Weiterhin muss zumindest ein Geschäftspartner in beruflicher, satzungsmäßiger oder amtlicher Eigenschaft beteiligt gewesen sein (SCHWAB/WALTER aaO; MünchKomm-ZPO/GOTTWALD Art 1 EuÜ Rn 7). Demgemäß ist das EuÜ auf *Verbraucherverträge* iSv Art 5 EVÜ/Art 29 EGBGB nicht anwendbar (GILDEGGEN 94). Hingegen müssen die Parteien keine Kaufleute iSv §§ 1 ff HGB sein. Erfasst werden schließlich auch *gesetzliche Ansprüche* (zB aus unerlaubter Handlung, culpa in contrahendo oder ungerechtfertigter Bereicherung), sofern sie in einem hinreichend engen Zusammenhang mit dem geschlossenen Handelsgeschäft stehen (vHÜLSEN 93).

c) Autonomes Recht

Im bisherigen deutschen Schiedsverfahrensrecht fehlte eine Regelung des räumli- **241** chen Anwendungsbereich. Daraus wurde überwiegend gefolgert, dass die Parteien kraft einer ungeschriebenen Kollisionsnorm in der Wahl des anzuwendenden Schiedsverfahrensrechts frei waren; demgemäß konnte ein in Deutschland stattfindendes Schiedsverfahren – unter Ausschluss der zwingenden Normen des deutschen Rechts – ausländischem Recht unterworfen werden (vgl BGH NJW 1986, 1436; SCHLOSSER Rn 230, 459; GEIMER, IZPR[5] Rn 3831; REITHMANN/MARTINY/HAUSMANN Rn 2512 mwN). Demgegenüber sind nach § 1025 Abs 1 ZPO nF die Vorschriften des 10. Bandes der ZPO anzuwenden, wenn der Ort des Schiedsverfahrens in Deutschland liegt. Damit hat der Reformgesetzgeber das **strikte Territorialitätsprinzip** des § 1 Abs 2 UN-ModG übernommen (vgl WINKLER/WEINAND BB 1998, 598 ff; KRONKE RiW 1998, 260 f; BERGER DZWiR 1998, 46 f; SCHÜTZE Rn 250; ZÖLLER/GEIMER § 1025 Rn 1 ff). Die Wahl ausländischen Schiedsverfahrensrechts ist daher nur noch kraft materiellrechtlicher Verweisung in den Grenzen der zwingenden Bestimmungen des deutschen Rechts zulässig (BT-Drucks 13/5274, S 31). Dieser Grundsatz wird allerdings durch eine Reihe von Ausnahmen durchbrochen, die teilweise weiterreichen als nach dem UN-ModG (vgl § 1025 Abs 2–4, 1032, 1033, 1050 ZPO; dazu EPPING 9 ff). ferner gilt das Territorialitätsprinzip des § 1025 Abs 1 ZPO nach dem ausdrücklichen Willen des Gesetzgebers nur für *inländische* Schiedsverfahren; die für ein im Ausland durchgeführtes Schiedsverfahren nach der dortigen lex fori zulässige Wahl deutschen Schiedsverfahrensrechts wird mithin auch in Deutschland anerkannt (BT-Drucks 13/5274, S 31).

d) Konkurrenzen

Konkurrenzprobleme ergeben sich, wenn eine Schiedsvereinbarung in den persönli- **242** chen und sachlichen Anwendungsbereich mehrerer (multi- oder bilateraler) Staatsverträge fällt. Dabei ist wie folgt zu unterscheiden:

aa) UN-Übereinkommen – Europäisches Übereinkommen
Zwischen beiden Übereinkommen kommt es nur selten zu Überschneidungen, weil das UNÜ vor allem die Anerkennung und Vollstreckung ausländischer Schiedssprüche regelt, während das EuÜ vornehmlich ergänzende Bestimmungen über das Schiedsverfahren enthält. In den verbleibenden Konfliktfällen sind zunächst die Öffnungsklauseln in Art 7 Abs 1 UNÜ und in Art 10 Abs 7 EuÜ zu beachten, die sicherstellen sollen, dass kein Staat durch seinen Beitritt zum UNÜ/EuÜ zu Völkerrechtsverletzungen gegenüber anderen Staaten verpflichtet wird (VAN DEN BERG 92; SCHLOSSER Rn 133). Im Übrigen gilt auch im Verhältnis UNÜ-EuÜ die Grundregel „lex posterior derogat legi priori" (STEIN/JONAS/SCHLOSSER vor § 1044 Rn 79; SCHWAB/WALTER[6] Kap 42 Rn 34 f). Daraus folgt etwa, dass die Einhaltung der Form einer Schiedsvereinbarung nach Maßgabe des später in Kraft getretenen EuÜ genügt, auch wenn die Schriftform nach Art 2 Abs 2 UNÜ nicht gewahrt wurde (BGH AWD 1970, 417; VAN DEN BERG 97; HAAS IPRax 1993, 383). Insoweit bedarf es keines Rückgriffs auf den Meistbegünstigungsgrundsatz in Art 7 Abs 1 UNÜ (STEIN/JONAS/SCHLOSSER aaO; SCHWAB/WALTER[6] Kap 42 Rn 27; aA OLG Köln RiW 1993, 499 = IPRax 1993, 399 m abl Anm HAAS 382). Ist hingegen der Schiedsstaat dem UNÜ später als dem EuÜ beigetreten (wie zB Jugoslawien, Luxemburg und die Türkei), so kann das EuÜ über Art 7 Abs 1 UNÜ dennoch zur Anwendung gelangen, soweit es die Anerkennung der Schiedsvereinbarung – zB hinsichtlich der Formgültigkeit gem Art 1 Abs 2 lit a (dazu u Rn 285) – begünstigt (WACKENHUTH ZZP 99 [1986] 451; SCHWAB/WALTER[6] Kap 42 Rn 36; zu weiteren Konkurrenzproblemen vgl STEIN/JONAS/SCHLOSSER vor § 1044 Rn 80 f; SCHWAB/WALTER[6] Kap 42 Rn 34 ff).

bb) Multilaterale und bilaterale Übereinkommen
243 Konkurrenzprobleme stellen sich aus deutscher Sicht vor allem zwischen dem UNÜ einerseits und den bilateralen Staatsverträgen mit den USA und der Russischen Föderation (Rn 231) andererseits. Grundsätzlich hat das UNÜ als *lex posterior* Vorrang vor den zweiseitigen Verträgen, soweit es die Anerkennung von Schiedsvereinbarungen und Schiedssprüchen erleichtert (MünchKomm-ZPO/GOTTWALD Art 7 UNÜ Rn 11). Aufgrund des Meistbegünstigungsprinzips in Art 7 Abs 1, 2. Alt UNÜ behalten Art 6 des deutsch-amerikanischen und Art 8 des deutsch-russischen Vertrages jedoch insofern Bedeutung, als sie ihrerseits die Anerkennung von Schiedsvereinbarungen oder Schiedssprüchen im Vergleich zum UNÜ begünstigen (SCHWAB/WALTER[6] Kap 42 Rn 30; vgl idS auch – zum deutsch-belgischen Abkommen vom 30. 6. 1958 – BGHZ 71, 131 [133 ff] = NJW 1978, 1744). Praktische Bedeutung erlangt der Meistbegünstigungsgrundsatz insbesondere für die Anerkennung von *Schiedsklauseln,* weil beide bilateralen Übereinkommen – abweichend von Art 2 UNÜ – die Einhaltung der Schriftform nicht zwingend vorschreiben.

cc) Staatsverträge und autonomes Recht
244 Soweit die staatsvertraglichen Vorschriften mit dem autonomen Recht der Vertragsstaaten konkurrieren, gilt im Anwendungsbereich des UNÜ der **Meistbegünstigungsgrundsatz** des Art 7 Abs 1. Danach berührt das UNÜ nicht das Recht des Schiedsklägers, die Anerkennung und Vollstreckung eines ausländischen Schiedsspruchs nach dem ihm günstigeren nationalen Recht des Exequaturstaates zu verlangen.

Im Vollstreckungsverfahren vor deutschen Gerichten konnte sich der Kläger daher bisher alternativ auf § 1044 ZPO aF stützen, sofern diese Vorschrift die Anerkennung begünstigte (BGH NJW 1976, 1591; BGH NJW 1984, 2763 = IPRax 1985, 158 m Anm SCHLOSSER 141; OLG Hamm RiW 1994, 1052 [1053]; REITHMANN/MARTINY/HAUSMANN Rn 2319 mwN). Im Zuge der Reform des deutschen Schiedsverfahrensrechts ist die Möglichkeit einer erleichterten Anerkennung und Vollstreckung ausländischer Schiedssprüche nach Maßgabe des autonomen Rechts entfallen. § 1061 ZPO nF verweist vielmehr insoweit in vollem Umfang auf die Vorschriften des UNÜ, die mithin – vorbehaltlich vorrangiger anderer staatsvertraglicher Vorschriften – die Anerkennung und Vollstreckung ausländischer Schiedssprüche auch dann als nationales Recht regeln, wenn der Anwendungsbereich des Staatsvertrags nicht eröffnet ist. Damit kommt aber dem Meistbegünstigungsgrundsatz des Art 7 Abs 1 UNÜ auch in Bezug auf die Wirksamkeit von Schiedsvereinbarungen im Exequaturverfahren vor deutschen Gerichten keine Bedeutung mehr zu (EPPING 104 ff [111 f]; MünchKomm-ZPO/GOTTWALD Art 7 UNÜ Rn 4).

II. Die internationale Schiedsvereinbarung

1. Begriff

Das neue deutsche Schiedsverfahrensrecht enthält – in Anlehnung an Art 7 Abs 1 **245** UN-ModG – eine Legaldefinition der „Schiedsvereinbarung" in § 1029 Abs 1 ZPO. Danach ist Schiedsvereinbarung „eine Vereinbarung der Parteien, alle oder einzelne Streitigkeiten, die zwischen ihnen in Bezug auf ein bestimmtes Rechtsverhältnis vertraglicher oder nichtvertraglicher Art entstanden sind oder künftig entstehen, der Entscheidung durch ein Schiedsgericht zu unterwerfen." Während das bisherige Schiedsverfahrensrecht vom „Schiedsvertrag" sprach (vgl §§ 1025 ff ZPO aF) verwendet das geltende Recht den Begriff „Vertrag" nur im Zusammenhang mit dem Hauptvertrag (vgl §§ 1029 Abs 2, 1031 Abs 3, 1040 Abs 1, 1051 Abs 4 ZPO); der bisherige „Schiedsvertrag" wird hingegen durchgängig als „Schiedsvereinbarung" bezeichnet. Diese kann sich – in Übereinstimmung mit Art 2 Abs 1 UNÜ (dazu REITHMANN/MARTINY/HAUSMANN Rn 2338) – sowohl auf bereits entstandene Streitigkeiten („compromis") wie auf künftig entstehende Streitigkeiten („clause compromissoire") beziehen. Nach § 1029 Abs 2 ZPO kann eine Schiedsvereinbarung sowohl in Form einer selbständigen Vereinbarung („Schiedsabrede") als auch in Form einer Klausel in einem Vertrag („Schiedsklausel") geschlossen werden. Allerdings ist auch die Schiedsklausel vom Schicksal des Hauptvertrages im Übrigen grundsätzlich unabhängig (vgl § 1040 Abs 1 S 2 ZPO; dazu näher Rn 264. Zur Abgrenzung der Schiedsvereinbarung von bloßen Verfahrensvereinbarungen s u Rn 272 aE. Zum Verhältnis zwischen Schiedsvereinbarung und Schiedsrichtervertrag vgl REITHMANN/MARTINY/HAUSMANN Rn 2303 f).

2. Rechtsnatur

Die deutsche Rechtsprechung wertet die Schiedsvereinbarung – ebenso wie die Ge- **246** richtsstandsvereinbarung (vgl o Rn 185) – als einen „materiellrechtlichen Vertrag über prozessrechtliche Beziehungen", dessen Zustandekommen sich nach bürgerlichem Recht richtet (BGHZ 23, 198 [200] = NJW 1957, 589; BGHZ 40, 320 [322] = NJW 1964, 591; zust SCHÜTZE/TSCHERNING/WAIS Rn 559). Demgegenüber befürwortet das zivilprozessuale Schrifttum zu Recht eine *prozessuale Qualifikation* der Schiedsvereinbarung. Denn deren charakteristische Wirkung besteht darin, dass sie einerseits ein Verfahren zur Streitschlichtung vorsieht, das mit einem urteilsgleichen Spruch endet; andererseits schließt sie den Zugang zur ordentlichen Gerichtsbarkeit aus und schafft eine prozesshindernde Einrede (HAUSMANN, in: FS W Lorenz [1991] 361; STEIN/JONAS/SCHLOSSER § 1025 Rn 1; SCHWAB/WALTER[6] Kap 7 Rn 37; ZÖLLER/GEIMER § 1029 Rn 15). Auch der BGH bezeichnet die Schiedsvereinbarung deshalb neuerdings ausdrücklich als „Unterfall des Prozessvertrages" (vgl BGHZ 99, 143 [147] = NJW 1987, 651).

3. Rechtsquellen

a) Staatsverträge

247 Während das EuÜ seinen sachlichen und räumlichen Anwendungsbereich in Bezug auf Schiedsvereinbarungen in Art 1 Abs 1 lit a ausdrücklich bestimmt (dazu o Rn 238 ff), erweist sich die Anwendung des UNÜ auf Schiedsvereinbarungen vor allem deshalb als schwierig, weil Art 2 deren Anerkennung anordnet, ohne die erforderliche Beziehung der Vereinbarung zur Rechtsordnung eines Vertragsstaats zu definieren. Ist über die Wirksamkeit der Schiedsvereinbarung als *Vorfrage* im Verfahren über die Anerkennung des auf ihrer Grundlage ergangenen Schiedsspruchs zu entscheiden (vgl Art 5 Abs 1 lit a UNÜ), so erfasst das Übereinkommen alle Schiedsvereinbarungen, die anerkennungspflichtigen Schiedssprüchen zugrunde liegen (STEIN/JONAS/SCHLOSSER vor § 1044 Rn 23; MünchKomm-ZPO/GOTTWALD Art 2 UNÜ Rn 3). Daraus kann indes nicht gefolgert werden, Art 2 UNÜ gelte in früheren Verfahrensstadien uneingeschränkt, namentlich auch für Schiedsvereinbarungen, die keinerlei Auslandsbezug aufweisen (VAN DEN BERG 63; SCHLOSSER Rn 76). Im *Einredeverfahren vor staatlichen Gerichten* soll – im Hinblick auf die vom UNÜ bezweckte Erleichterung der Streiterledigung im internationalen Handelsverkehr – nach verbreiteter Ansicht *jeder internationale Zuschnitt* einer Vertragsbeziehung (zB ausländischer Wohnsitz/Sitz einer Partei oder ausländischer Erfüllungsort von Vertragspflichten) zur Anwendbarkeit des Übereinkommens auf Schiedsvereinbarungen ausreichen (so öst OGH JBl 1974, 629 = YbComArb I [1976] 183; LG Hamburg RiW 1978, 124; Cass civ Rev arb 1990, 134; vHÜLSEN 46 f; VAN DEN BERG 61 ff; GENTINETTA 286 ff; im Erg auch BGE 110 II, 54). Dementsprechend wendet die US-amerikanische Rechtsprechung das UNÜ bei hinreichendem Auslandsbezug sogar dann an, wenn das Schiedsverfahren im späteren Vollstreckungsstaat stattfindet (vgl *Corcoran v AIG, Inc* [Sup Ct NY; 1989], YbComArb XV [1990] 586 [591 f]). Demgegenüber erscheint es vorzugswürdig, die Anwendung von Art 2 UNÜ auf solche Schiedsvereinbarungen zu beschränken, die – aus der Sicht des staatlichen (Einrede-)Gerichts – zu Schiedssprüchen führen können, die dann ihrerseits nach dem UNÜ anerkennungspflichtig wären (OLG Hamm BB 1995, Beil Nr 14, S 21; HandelsG Zürich ZEuP 1994, 682 [683] m Anm SCHLOSSER; WACKENHUTH ZZP 99 [1986] 448; NOLTING IPRax 1987, 350; GILDEGGEN 37; MünchKomm-ZPO/GOTTWALD Art 2 UNÜ Rn 4; zu Einzelheiten REITHMANN/MARTINY/HAUSMANN Rn 2332 ff mwN). Deutsche Gerichte haben Art 2 UNÜ daher grundsätzlich nur anzuwenden, wenn der Ort des Schiedsverfahrens im Ausland liegt oder im Zeitpunkt der Entscheidung noch nicht feststeht, aber mit der Bestimmung eines ausländischen Schiedsorts gerechnet werden muss (STEIN/JONAS/SCHLOSSER vor § 1044 Rn 24; SCHWAB/WALTER[6] Kap 42 Rn 10; EPPING 20 f mwN).

b) Autonomes Recht

248 Folgt man dieser Auslegung von Art 2 UNÜ, so ergibt sich daraus zugleich, dass für die Anwendung des autonomen deutschen Schiedsverfahrensrechts auf Schiedsvereinbarungen nur insoweit Raum ist, als Art 2 UNÜ nicht eingreift. Die §§ 1029 ff ZPO sind daher – vorbehaltlich der Geltung des EuÜ oder sonstiger vorrangiger multi- bzw bilateraler Staatsverträge – auf Schiedsvereinbarungen grundsätzlich nur dann noch anzuwenden, wenn der **Schiedsort im Inland** belegen ist und schließen damit die im UNÜ diesbezüglich bestehende Lücke (EPPING 21 f). Dies hat Bedeutung insbesondere für die von Art 2 Abs 2 UNÜ zT stark abweichenden Formerfordernisse nach § 1031 ZPO, die daher bei Vereinbarung eines ausländischen Schiedsorts keine Anwendung finden, soweit nicht die Meistbegünstigungsregel des Art 7 Abs 1 UNÜ eingreift (dazu u Rn 282, 287).

III. Die Anknüpfung internationaler Schiedsvereinbarungen

1. Staatsvertragliche Kollisionsnormen

Soweit die Staatsverträge auf dem Gebiet der internationalen Schiedsgerichtsbarkeit das Zustandekommen und die Wirkungen von Schiedsvereinbarungen nicht durch einheitliches *Sachrecht* regeln (vgl etwa zur Formgültigkeit u Rn 270 ff), stellt sich die Frage nach dem auf internationale Schiedsvereinbarungen anzuwendenden Recht.

a) UN-Übereinkommen

Diese Frage beantwortet für das UNÜ dessen Art 5 Abs 1 lit a. Danach unterliegt die Gültigkeit der Schiedsvereinbarung vorrangig dem von den Parteien gewählten Recht, hilfsweise dem Recht des Landes, in dem der Schiedsspruch ergangen ist. Die Vorschrift bezieht sich ihrem Wortlaut nach allerdings nur auf die Anknüpfung der Schiedsvereinbarung im Rahmen des Verfahrens zur Anerkennung und Vollstreckung eines ausländischen Schiedsspruchs. Für die vorausgehenden Verfahrensstadien fehlt es hingegen an einer ausdrücklichen kollisionsrechtlichen Regelung. Umstritten ist daher insbesondere, nach welchem Recht über die Gültigkeit der Schiedsvereinbarung in der Einredesituation zu entscheiden ist. Art 2 Abs 3 UNÜ bestimmt hierzu lediglich, dass das Gericht die Parteien auf Antrag einer Partei auf das Schiedsverfahren zu verweisen hat, „sofern es nicht feststellt, dass die Vereinbarung hinfällig, unwirksam oder nicht erfüllbar ist". Die Tatbestandsmerkmale des Art 2 Abs 3 UNÜ können allenfalls insoweit vertragsautonom ausgelegt werden, als den Gerichten der Vertragsstaaten damit die Befugnis genommen ist, völlig aus dem Rahmen fallende Unwirksamkeitsgründe anzuerkennen (SCHLOSSER Rn 248; EPPING 41 f; aA MünchKomm-ZPO/GOTTWALD Art 2 UNÜ Rn 24; für Annahme einer weitergehenden „presumtion in favor of arbitration" insbesondere die US-amerikanische Rechtsprechung, vgl dazu REITHMANN/MARTINY/HAUSMANN Rn 2362 mwN). Innerhalb dieses Rahmens sind die Begriffe „hinfällig, unwirksam, nicht erfüllbar" jedoch bereits im Einredeverfahren nach dem von Art 5 Abs 1 lit a UNÜ bezeichneten Recht auszulegen. Würde man den Anwendungsbereich dieser Kollisionsnorm nämlich auf die Anknüpfung der Schiedsvereinbarung im Rahmen des Anerkennungs- und Vollstreckungsverfahrens (vgl dazu BGH RiW 1976, 449 [450]) beschränken, bestünde die Gefahr, dass eine Schiedsvereinbarung im Einredeverfahren nach dem autonomen Kollisionsrecht der lex fori für wirksam erachtet wird und deshalb zur Unzuständigkeit des staatlichen Gerichts führt, dem anschließend ergehenden Schiedspruch aber die Anerkennung versagt werden könnte, weil das Anerkennungsgericht nach dem von Art 5 Abs 1 lit a UNÜ für maßgeblich erklärten Recht die Unwirksamkeit der Schiedsvereinbarung feststellt. Um einander widersprechende Entscheidungen über die Gültigkeit einer Schiedsvereinbarung in den verschiedenen Verfahrensstadien zu vermeiden, empfiehlt sich daher eine entsprechende Anwendung des Art 5 Abs 1 lit a UNÜ bereits im Einredeverfahren, sofern die Schiedsvereinbarung zu einem Schiedsspruch iSv Art 1 Abs 1 UNÜ führen wird (OGH JBl 1974, 629; App Genova YbComArb XVII [1992] 542 [543]; BG [Schweiz] Bull ASA 1996, 255 [260], [C.A.] YbComArb XXII [1997] 815 [823]; vHÜLSEN 99 f; 255 [260]; GILDEGGEN 135 ff; SCHLOSSER Rn 246, 251; SCHWAB/WALTER[6] Kap 43 Rn 2; EPPING 40 f mwN).

aa) Rechtswahl

250 Art 5 Abs 1 lit a UNÜ bekräftigt den Grundsatz der Parteiautonomie: Die Parteien haben daher das Recht, das für das Zustandekommen und die Wirkungen einer Schiedsvereinbarung maßgebende Recht zu wählen. Die Rechtswahlfreiheit ist nach Art 5 Abs 1 lit a UNÜ nicht durch das Erfordernis eines tatsächlichen Bezugs der Schiedsvereinbarung zum gewählten Recht eingeschränkt; die Parteien dürfen vielmehr ebenso ein „neutrales" Recht wählen (GILDEGGEN 127 ff; MünchKomm-ZPO/ GOTTWALD Art 5 UNÜ Rn 10). Dies kann auch ein anderes Recht als das für das Schiedsverfahren maßgebliche Recht sein; dies folgt schon daraus, dass das UNÜ selbst die Schiedsvereinbarung und das Schiedsverfahren bei Fehlen einer Rechtswahl unterschiedlichen Rechten unterwirft (vgl Art 5 Abs 1 lit u und lit d; zust BERTHEAU 86; SCHLOSSER Rn 216; SCHWAB/WALTER[6] Kap 43 Rn 1; GILDEGGEN 129 f). Die Rechtswahl kann auch *stillschweigend* getroffen werden (BERTHEAU 72; vHÜLSEN 101; vHOFFMANN 108 f; GILDEGGEN 126; EPPING 50 f; **aA** FOUCHARD/GAILLARD/GOLDMAN Rn 436); allerdings kann die für den Hauptvertrag getroffene ausdrückliche Rechtswahl idR nicht als eine stillschweigende Rechtswahl in Bezug auf die Schiedsvereinbarung gewertet werden, wenn das gewählte (Haupt-)Vertragsstatut nicht mit der lex fori des Schiedsgerichts übereinstimmt (VAN DEN BERG 293; GILDEGGEN 127; BERGER 117; STEIN/JONAS/SCHLOSSER Anh § 1044 Rn 23, 59; vgl auch *Deutsche Schachtbau- und Tiefbohr GmbH v Ras Al Khaimah National Oil* [CA; 1987], YbComArb XIII [1988] 522; dazu auch u Rn 255; **aA** *National Thermal Power Corp v Singer Co* [SupCt India; 1992], YbComArb XVIII [1993] 403 [404 ff]; vHÜLSEN 101 f).

bb) Objektive Anknüpfung

251 In Ermangelung einer Rechtswahl wird die Wirksamkeit der Schiedsvereinbarung im Rahmen des *Anerkennungsverfahrens* gem Art 5 Abs 1 lit a UNÜ nach dem Recht des Landes beurteilt, in dem der Schiedsspruch ergangen ist (vgl Hof Den Haag YbComArb XIX [1994] 703 [706]; zur Bestimmung des Schiedsorts s o Rn 235). Für die objektive Anknüpfung der Schiedsvereinbarung im Verfahren vor dem *Schiedsgericht* oder dem staatlichen *Einredegericht* kommt es entsprechend auf den Ort an, an dem der Schiedsspruch ergehen *soll* (High Ct Tokio YbComArb XX [1995] 745; SCHWAB/WALTER[6] Kap 43 Rn 1 aE). Ist der Schiedsort im Zeitpunkt der Entscheidung über die Gültigkeit der Schiedsvereinbarung noch nicht bekannt, so ist – mangels einer Regelung im UNÜ – auf das autonome Kollisionsrecht der lex fori zurückzugreifen (vHÜLSEN 104 f; GILDEGGEN 135 ff; STEIN/JONAS/SCHLOSSER Anh § 1044 Rn 24; EPPING 41; dazu u Rn 253 ff).

b) Europäisches Übereinkommen

252 Das EuÜ enthält in Art 6 Abs 2 eine mit Art 5 Abs 1 lit a UNÜ weitgehend übereinstimmende Kollisionsnorm. Auch danach unterliegen Schiedsvereinbarungen in erster Linie dem von den Parteien (ausdrücklich oder stillschweigend) gewählten Recht (lit a). In Ermangelung einer Rechtswahl gilt das Recht des Landes, in dem der Schiedsspruch ergehen soll (lit b). Haben die Parteien mithin den Schiedsort in ihrer

Vereinbarung bereits bestimmt, so gilt das dortige Recht (vgl BGHZ 77, 32 [37] = NJW 1980, 2022; OLG Hamburg RiW 1992, 938 und 1996, 510). Ist hingegen zur Zeit der Entscheidung über die Gültigkeit der Schiedsvereinbarung noch nicht voraussehbar, in welchem Staat der Schiedsspruch ergehen wird, so gilt hilfsweise das Kollisionsrecht der lex fori (lit c). Diese Kollisionsregeln sind nicht nur von staatlichen Gerichten (zB im Einredeverfahren), sondern auch von Schiedsgerichten zu beachten, die nach Art 6 Abs 3 EuÜ über die Gültigkeit einer Schiedsvereinbarung zu befinden haben (MünchKomm-ZPO/GOTTWALD Art 6 EuÜ Rn 7).

2. Autonomes Recht

a) Verfahren vor dem Exequaturgericht

Im Verfahren zur Anerkennung und Vollstreckung *ausländischer Schiedssprüche* nach § 1044 ZPO aF wurde die Vorfrage der materiellen Gültigkeit der Schiedsvereinbarung *unselbständig* angeknüpft. Machte der Beklagte mithin geltend, der ausländische Schiedsspruch sei deshalb nicht anerkennungsfähig, weil er auf einer ungültigen Schiedsvereinbarung beruhe, so war zur Beurteilung dieser Frage vom Kollisionsrecht der ausländischen lex fori des Schiedsgerichts auszugehen (SCHLOSSER Rn 800; GEIMER, IZPR[5] Rn 3766 ff; GILDEGGEN 154 ff; HAUSMANN, in: FS Lorenz 378; BGH RiW 1984, 644 [646 f] m Anm MEZGER = IPRax 1985, 158 m Anm SCHLOSSER 141). Die Reform des deutschen Schiedsverfahrensrechts von 1997 hat indes die Möglichkeit der Anerkennung und Vollstreckung ausländischer Schiedssprüche außerhalb der Vorschriften des UNÜ beseitigt (vgl § 1061 ZPO nF). Damit gelten auch im Exequaturverfahren künftig ausschließlich die Kollisionsnormen des UNÜ für die Anknüpfung der einem ausländischen Schiedsspruch zugrunde liegenden Schiedsvereinbarung (SCHWAB/WALTER[6] Kap 43 Rn 6; dazu o Rn 249 ff).

253

b) Verfahren vor dem Einredegericht

Über das Zustandekommen und die materielle Wirksamkeit einer Schiedsvereinbarung haben die deutschen Gerichte außerhalb von Verfahren zur Anerkennung und Vollstreckung ausländischer Schiedssprüche bis zur Reform des Schiedsverfahrensrechts von 1997 in entsprechender Anwendung der Vorschriften des internationalen Schuldvertragsrechts (Art 27 ff EGBGB) entschieden (BGHZ 40, 320 [322]; BGH NJW-RR 1993, 1519 [1520]; zust vHÜLSEN 108 ff; GILDEGGEN 157 f; SCHÜTZE/TSCHERNING/WAIS Rn 560; SCHLOSSER Rn 244, 385; REITHMANN/MARTINY/HAUSMANN Rn 2438 ff mwN; aA GEIMER, IZPR[5] Rn 3786). Demgegenüber bestimmt § 1059 Abs 2 Nr 1 a ZPO nF nunmehr ausdrücklich, dass im Rahmen eines *Aufhebungsverfahrens* über die Gültigkeit der Schiedsvereinbarung „nach dem Recht, dem die Parteien sie unterstellt haben oder, falls die Parteien hierüber nichts bestimmt haben, nach deutschem Recht" zu entscheiden ist. Die nämliche Anknüpfung ist in § 1060 Abs 2 ZPO für die *Vollstreckbarerklärung inländischer Schiedssprüche* maßgeblich. Das Interesse am inneren wie internationalen Entscheidungseinklang gebietet es daher, Schiedsvereinbarungen – nicht anders als im Anwendungsbereich des UNÜ (dazu o Rn 249) – auch in den vorangehenden Verfahrensstadien, insbesondere im Einredeverfahren vor staatlichen Gerichten, nach dieser Kollisionsregel anzuknüpfen. § 1059 Abs 2 Nr 1 ZPO enthält damit heute eine spezielle Kollisionsnorm für Schiedsvereinbarungen, die Vorrang vor der entsprechenden Anwendung der Art 27 ff EGBGB hat (EPPING 45 f; MünchKomm-ZPO/MÜNCH § 1029 Rn 15; ebenso die hM zu Art 36 Abs 1 lit a [i] UN-ModG,

254

vgl HOLTZMANN/NEUHAUS 803; GRANZOW 94 f; HUSSLEIN-STICH 49; **aA** SCHÜTZE Rn 93; KRONKE RiW 1998, 258).

aa) Rechtswahl

255 Nach § 1059 Abs 2 Nr 1 a ZPO gilt – ebenso wie im staatsvertraglich vereinheitlichten Kollisionsrecht (vgl o Rn 250) – der Grundsatz der Parteiautonomie. Die Parteien sind mithin – wie schon bisher (vgl SCHLOSSER Rn 230, 249 ff; GILDEGGEN 160 ff) – berechtigt, das auf eine Schiedsvereinbarung anzuwendende Recht durch Rechtswahl zu bestimmen. Da es an einer auf die Schiedsvereinbarung bezogenen ausdrücklichen Rechtswahl in der Praxis regelmäßig fehlt, wird das Statut der Schiedsvereinbarung zumeist mit Hilfe des *stillschweigenden Parteiwillens* bestimmt. Da indes die Anknüpfung an den Schiedsort der typischen Interessenlage der Parteien einer Schiedsvereinbarung Rechnung tragen und die Gerichte von der schwierigen Suche nach deren objektivem Schwerpunkt entlasten möchte, sind an eine abweichende konkludente Rechtswahl strenge Voraussetzungen zu stellen. Sie muss sich – ähnlich wie nach Art 27 Abs 1 S 2 EGBGB für Schuldverträge – „mit hinreichender Sicherheit" aus den Umständen des Falles ergeben (EPPING 51). Am hierfür erforderlichen Erklärungsbewusstsein der Parteien fehlt es regelmäßig, wenn eine konkludente Wahl deutschen Rechts allein aus dem *Prozessverhalten* entnommen wird (so aber – zum früheren Recht – BGHZ 40, 320 [324]; BGHZ 50, 191 [193]). Denn der mangelnde Widerspruch der Parteien gegen die Anwendung deutschen Schiedsverfahrensrechts im Einredeprozess vor einem deutschen Gericht kann auch darauf beruhen, dass die kollisionsrechtliche Fragestellung schlicht übersehen wurde. Darüber hinaus gefährdet die großzügige Annahme einer konkludenten Rechtswahl durch Prozessverhalten einen internationalen Entscheidungseinklang (vHÜLSEN 102 f; EPPING 51 f).

256 Nach verbreiteter Auffassung soll sich insbesondere eine **im Hauptvertrag enthaltene Rechtswahlklausel** kraft stillschweigenden Parteiwillens auch auf die in den gleichen Vertrag integrierte Schiedsklausel erstrecken; ein solcher Wille folge ohne weiteres aus der räumlichen und zeitlichen Nähe von Hauptvertrag und Schiedsvereinbarung (BGHZ 40, 320 [323] = NJW 1964, 591; BGH NJW 1969, 750 = ZZP 82 [1969] m Anm KORNBLUM; OLG Hamburg RiW 1989, 574 [575]; OLG München RiW 1990, 585 [586]; vHÜLSEN 101 f; dazu näher REITHMANN/MARTINY/HAUSMANN Rn 2439 mwN). Findet das Schiedsverfahren allerdings nicht in dem Staat statt, dessen Recht auf den Hauptvertrag anwendbar ist, kann idR keine Rede davon sein, dass die Rechtswahl sich „mit hinreichender Sicherheit" aus den Bestimmungen des Vertrages oder aus den Umständen des Falles ergibt (ZÖLLER/GEIMER § 1029 Rn 96). Dagegen spricht vor allem, dass zwischen Schiedsvereinbarung und Schiedsverfahren ein innerer Zusammenhang besteht, so dass es bei einem Auseinanderfallen von Schiedsvertrags- und Schiedsverfahrensstatut zu Störungen des inneren Entscheidungseinklangs kommen kann (vgl dazu die Beispiele zum neuen deutschen Schiedsverfahrensrecht bei EPPING 54 f), während ein Parteiinteresse am Gleichklang von Hauptvertragsstatut und Statut der Schiedsvereinbarung nicht erkennbar ist, denn der Zweck des Hauptvertrages als Austauschvertrag unterscheidet sich wesentlich vom Zweck der Schiedsvereinbarung, die lediglich die Art und Weise der Streitbeilegung festlegt (KRONKE RiW 1998, 258; MünchKomm-ZPO/MÜNCH § 1029 Rn 16). Der wünschenswerte Gleichklang von Schiedsvertrags- und Schiedsverfahrensstatut legt es vielmehr nahe, die *Bestimmung des Schiedsortes* durch die Parteien zugleich als stillschweigende Wahl des Statuts der Schiedsvereinbarung zu werten (so zuletzt ausdrücklich BGH NJW 1998, 2452 = IPRax 1999, 104 m Anm SCHÜTZE 87; ferner GILDEG-

GEN 160 f; BERGER 117; THORN IPRax 1997, 98 [103]; LACHMANN Rn 96; SCHLOSSER Rn 254; GEIMER, IZPR⁵ Rn 3789 f; EPPING 54 ff mwN). Dies gilt insbesondere dann, wenn die Parteien ein institutionelles Schiedsgericht vereinbart haben, dessen Schiedsordnung auf einem nationalen Verfahrensrecht aufbaut (vgl OLG Hamburg RiW 1979, 482 [484] m zust Anm MEZGER und RiW 1992, 938 [Schiedsgericht des Warenvereins der Hamburger Börse eV]; Schiedsgericht Hamburger Freundschaftliche Arbitrage RiW 1999, 394).

Bis zur Reform von 1997 wurde die Parteiautonomie für Schiedsvereinbarungen in **Verbraucher- und Arbeitsverträgen** zT in entsprechender Anwendung der Art 29 Abs 1, 30 Abs 1 EGBGB durch diejenigen zwingenden Vorschriften zum Schutz von Verbrauchern bzw Arbeitnehmern beschränkt, welche im Aufenthaltsstaat des Verbrauchers bzw im Staat des gewöhnlichen Arbeitsorts galten (vgl GILDEGGEN 165; REITHMANN/MARTINY/HAUSMANN Rn 2441). Demgemäß wurden Schiedsvereinbarungen mit inländischen Verbrauchern trotz Vereinbarung ausländischen Rechts der Einbeziehungs- und Inhaltskontrolle nach Maßgabe des deutschen AGB-Gesetzes unterworfen (vgl OLG Düsseldorf IPRax 1997, 115 und 118 m krit Anm THORN 98 [104 f]: Vereinbarung eines englischen Schiedsgerichts für Börsentermingeschäfte in Vertrag mit inländischem Verbraucher verstößt gegen § 3 AGBG). Ferner wurde auch § 1027 Abs 1 ZPO aF als verbraucherschützende Vorschrift unter Berufung auf Art 29 EGBGB gegen das ausländische Statut der Schiedsvereinbarung durchgesetzt (BGH IPRspr 1998 Nr 209). Da § 1059 Abs 2 Nr 1 a ZPO der Parteiautonomie uneingeschränkt Raum gibt, dürfte dieser Weg über Art 29, 30 EGBGB nach geltendem Recht versperrt sein. Dem Schutz von Verbrauchern wird stattdessen durch die verschärften Formerfordernisse in § 1031 Abs 5 ZPO Rechnung getragen, die durch Rechtswahl nicht abdingbar sind (vgl u Rn 286). Ansonsten bleibt nur die Inhaltskontrolle von Schiedsklauseln nach dem auf ihr Zustandekommen anwendbaren nationalen Recht (dazu Rn 262 f) oder der Rückgriff auf die allgemeine Vorbehaltsklausel des Art 6 EGBGB (dazu Rn 301). **257**

bb) Objektive Anknüpfung
In Ermangelung einer (ausdrücklichen oder stillschweigenden) Rechtswahl der Parteien wurden Schiedsvereinbarungen schon bisher zumeist nicht akzessorisch an das Statut des Hauptvertrages, sondern an das *Recht des vereinbarten Schiedsortes* angeknüpft (vgl BGHZ 55, 162 [164] = NJW 1971, 986; OLG Hamburg VersR 1982, 894; vHOFFMANN 59; GILDEGGEN 171 f; SCHLOSSER Rn 254). Dies galt jedenfalls dann, wenn die Schiedsvereinbarung zeitlich nach dem Hauptvertrag abgeschlossen wurde und Vorschriften über das Verfahren und die Bildung des Schiedsgerichts enthielt oder wenn sie für eine Vielzahl von Verträgen getroffen wurde, die unterschiedlichen Rechten unterlagen (vgl REITHMANN/MARTINY/HAUSMANN Rn 2442). § 1059 Abs 2 Nr 1 a ZPO erklärt für das Aufhebungsverfahren nunmehr das **deutsche Recht** für maßgeblich; dies ist im Hinblick auf den Territorialitätsgrundsatz des § 1025 Abs 1 ZPO konsequent. In entsprechender Anwendung von § 1059 Abs 2 Nr 1 a ZPO ist über die Gültigkeit einer Schiedsvereinbarung auch schon im Einredeverfahren nach deutschem Recht zu befinden, wenn die Parteien einen Schiedsort im Inland bestimmt haben (im Erg ebenso LACHMANN Rn 96; EPPING 46; MünchKomm-ZPO/MÜNCH § 1029 Rn 15, 17). Steht zur Zeit der Beurteilung der Schiedsvereinbarung noch nicht fest, in welchem Land das Schiedsgericht tagen soll, so kommt für die Beurteilung der Schiedsvereinbarung in Ermangelung einer Rechtswahl nur die entsprechende Anwendung von Art 28 EGBGB in Betracht; die „engste Verbindung" der Schiedsvereinbarung besteht dann idR zu dem auf den Hauptvertrag anzuwendenden Recht (GILDEGGEN 172; **258**

GEIMER, IZPR⁵ Rn 3791; STEIN/JONAS/SCHLOSSER Anh § 1044 Rn 24; EPPING 46 f). Wird die Schiedseinrede hingegen auf die Vereinbarung eines Schiedsgerichts gestützt, das *im Ausland* zusammentreten soll, so findet das autonome Kollisionsrecht keine Anwendung; es gilt dann – vorbehaltlich vorrangiger Staatsverträge – Art 5 Abs 1 lit a UNÜ (dazu o Rn 249 ff).

cc) Einheitsrechtliche Schranken

259 Die Geltung des nach § 1059 Abs 2 Nr 1 ZPO bestimmten Statuts der Schiedsvereinbarung wird allerdings – in Übereinstimmung mit dem für die Auslegung von Art 2 Abs 3 UNÜ geltenden Grundsätzen (dazu o Rn 249) – durch das Einheitsrecht eingeschränkt. Danach wird der Rahmen für die Auslegung der aus Art 2 Abs 3 UNÜ übernommenen Begriffe „hinfällig, unwirksam oder nicht erfüllbar" auch in § 1032 Abs 1 ZPO durch das Konventionsrecht – unabhängig von dem auf die Schiedsvereinbarung anwendbaren Recht – gezogen (EPPING 47; aA MünchKom-ZPO/GOTTWALD Art 2 UNÜ Rn 24 aE).

c) Verfahren vor dem Schiedsgericht

260 Ein internationales Schiedsgericht ist nicht an die Kollisionsnormen seines Sitzrechts gebunden, weil es – anders als für ein staatliches Gericht – an einer vorgegebenen lex fori fehlt, als deren Bestandteil die Kollisionsnormen anzuwenden wären (SANDROCK RiW 1992, 785 [787]; BERGER 352 ff, jeweils mwN; aA vHOFFMANN 110 ff; BÖCKSTIEGEL in: FS Beitzke 443 ff; WIECZOREK/SCHÜTZE § 1034 Rn 14). Auch ein Schiedsgericht mit Sitz in Deutschland muss daher die seiner Tätigkeit zugrunde liegende Schiedsvereinbarung nicht notwendig nach dem von § 1059 Abs 2 Nr 1 a ZPO zur Anwendung berufenen Recht beurteilen; ihm kommt vielmehr bei der Festlegung der maßgeblichen Anknüpfungskriterien ein Ermessensspielraum zu (SANDROCK RiW 1992, 785 [789 ff]; SCHLOSSER RiW 1994, 723 [727], jeweils mwN). Ausgangspunkt muss freilich auch für ein internationales Schiedsgericht der Grundsatz der Parteiautonomie sein; insoweit ist auch eine Rechtswahl zulässig, die sich auf die Festlegung des vom Schiedsgericht anzuwendenden *Kollisionsrechts* beschränkt (STEIN/JONAS/SCHLOSSER § 1034 Rn 4; dazu o Art 35 Rn 8). In der Praxis orientieren sich internationale Schiedsgerichte idR an solchen Anknüpfungskriterien, die in den betroffenen Kollisionsrechten – der Heimatstaaten der Parteien, des Vertragsschwerpunkts sowie des Schiedslandes – übereinstimmend gelten (vgl SANDROCK RiW 1992, 785 [794] mwN). Ergänzend greift man auf die in Staatsverträgen kodifizierten Anknüpfungsprinzipien, zB auf den Grundsatz der „engsten Verbindung" (Art 4 EVÜ) zurück (vgl SCHLOSSER RiW 1994, 725 ff mwN). Grundsätzlich tut ein in Deutschland tagendes Schiedsgericht freilich gut daran, sich bereits im Rahmen der Entscheidung über seine Zuständigkeit an der in § 1059 Abs 1 ZPO enthaltenen Kollisionsregel zu orientieren (so auch die Gesetzesbegründung zu § 1040 ZPO, BT-Drucks 13/5274 S. 43).

3. Reichweite des Statuts der Schiedsvereinbarung

a) Zustandekommen und materielle Wirksamkeit
aa) Staatsvertragliche Regelungen

261 Die vereinheitlichten Kollisionsnormen in Art 5 Abs 1 lit a UNÜ bzw Art 6 Abs 2 EuÜ entscheiden im Anwendungsbereich dieser Übereinkommen insbesondere über das Zustandekommen und die materielle Wirksamkeit der Schiedsvereinbarung, soweit das vereinheitlichte Sachrecht hierzu keine Regelung trifft. Das Statut der

Schiedsvereinbarung gilt daher insbesondere für die Frage des Zugangs der sie begründenden Willenserklärungen sowie für das Vorliegen von Willensmängeln. Hingegen sind den Formerfordernissen in Art 2 Abs 2 UNÜ bzw Art 1 Abs 2 EuÜ – ähnlich wie nach Art 17 Abs 1 EuGVÜ (dazu o Rn 180 ff) – auch gewisse Mindestanforderungen für eine autonome Auslegung des Merkmals der „Vereinbarung" zu entnehmen (GILDEGGEN 141; EPPING 136 ff). Danach ist ein materieller Konsens über die Einbeziehung einer in AGB enthaltenen Schiedsklausel nur anzunehmen, wenn der Vertragspartner des Verwenders bei Unterzeichnung der Vertragsurkunde oder mit Zugang der auf die AGB verweisenden Vertragserklärungen eine zumutbare Möglichkeit der Kenntnisnahme von der Schiedsklausel hatte. Im Hinblick auf den Zweck der staatsvertraglichen Formvorschriften, die Zustimmung des Vertragspartners zu der in AGB enthaltenen Schiedsklausel normativ sicherzustellen (dazu u Rn 272), verdrängen diese alle Vorschriften des nationalen Rechts, die eine *Abschlusskontrolle* von Schiedsklauseln in AGB ermöglichen. Aus diesem Grund finden die §§ 2, 3 AGBG/§§ 305 Abs 2, 305 c Abs 1 BGB nF auf das Zustandekommen von Schiedsvereinbarungen im Geltungsbereich des UNÜ/EuÜ keine Anwendung (GILDEGGEN 140 ff; SCHWAB/WALTER[6] Kap 44 Rn 9; EPPING 140 f). Auch auf die Frage, ob die AGB nach dem Statut des Hauptvertrages überhaupt Vertragsbestandteil geworden sind, kommt es – im Hinblick auf die Autonomie der Schiedsklausel – insoweit nicht an (zutr EPPING 136 gegen HandelsG Zürich ZEuP 1994, 682 [683]; SCHLOSSER ebenda 693). Demgegenüber bleibt eine *Inhaltskontrolle* von formularmäßigen Schiedsklauseln unter dem Gesichtspunkt einer unangemessenen Benachteiligung einer Partei im Geltungsbereich des UNÜ/EuÜ – anders als im Recht der Gerichtsstandsvereinbarungen nach Art 17 EuGVÜ/LugÜ (s o Rn 173) – nach nationalem Recht (zB nach § 9 AGBG/§ 307 BGB nF) zulässig (VAN DEN BERG 288; GILDEGGEN 142; EPPING 141; SCHWAB/WALTER aaO; STEIN/JONAS/SCHLOSSER Anh § 1044 Rn 26). Schließlich ist auch die Frage, ob die Unwirksamkeit von Teilen einer Schiedsklausel zu ihrer Gesamtnichtigkeit führt, nach dem Statut der Schiedsvereinbarung zu beantworten (vgl App Paris Rev arb 1990, 863). Eine Sonderanknüpfung *vorkonsensualer Elemente* – wie sie nach Art 31 Abs 2 EGBGB für Schuldverträge vorgeschrieben ist – findet hingegen im Rahmen der Beurteilung des Zustandekommens einer Schiedsvereinbarung nach dem UNÜ bzw EuÜ nicht statt, weil die Art 5 Abs 1a UNÜ/Art 6 Abs 2 EuÜ insoweit abschließend sind (GILDEGGEN 134 f; EPPING 161; aA HOLL IPRax 1997, 103 f).

bb) Autonomes Recht

Im deutschen Recht wurde das **Zustandekommen** einer *kombinierten Rechtswahl- und Schiedsvereinbarung* bisher gem Art 27 Abs 4 iVm Art 31 Abs 1 EGBGB dem für den Hauptvertrag gewählten Recht unterstellt (OLG Hamburg RiW 1989, 574 = EWiR 1989, 933 m Anm BREDOW; OLG München RiW 1990, 585; GILDEGGEN 159 f). Auch § 1059 Abs 2 Nr 1 a ZPO betont insoweit den Primat der Parteiautonomie. Erforderlich sind freilich hinreichende und eindeutige Anhaltspunkte für einen Willen der Parteien, die Schiedsvereinbarung dem gleichen Recht wie den Hauptvertrag zu unterstellen (vgl o Rn 256); ansonsten gilt das Recht am vereinbarten Schiedsort in entsprechender Anwendung von Art 31 Abs 1 EGBGB auch für das Zustandekommen der Schiedsvereinbarung und in entsprechender Anwendung von Art 27 Abs 4 EGBGB für die damit verbundene Rechtswahlvereinbarung (EPPING 57). Ist die Schiedsvereinbarung nach dem gewählten Recht unwirksam, so entscheidet dieses Recht auch, ob daraus die Nichtigkeit der mit ihr verbundenen Rechtswahlklausel folgt (OLG Hamm RiW 1995, 681 f). Ob eine Schiedsvereinbarung, die in einem *kauf-*

männischen Bestätigungsschreiben enthalten ist, durch das bloße Schweigen des Empfängers wirksam zustandekommen kann, beurteilt sich primär ebenfalls nach dem Statut der Schiedsvereinbarung. Da aber § 1031 Abs 2 ZPO ausdrücklich den formgültigen Abschluss von Schiedsvereinbarungen durch Schweigen einer Partei zulässt (vgl u Rn 290), muss sichergestellt werden, dass der Schweigende nicht an einem Verhalten festgehalten wird, dessen rechtliche Relevanz er nach seinem Aufenthaltsrecht nicht erkennen konnte; insoweit ist daher Art 31 Abs 2 EGBGB auf Schiedsvereinbarungen entsprechend anzuwenden (EPPING 160 ff; ebenso schon früher BGH RiW 1970, 417; MEZGER RiW 1984, 649; dazu allg Art 31 Rn 39 ff). Dem Aufenthaltsrecht des Schweigenden ist auch zu entnehmen, ob die Schiedsklausel „überraschend" (vgl § 3 AGBG/§ 305 c Abs 1 BGB) ist (HOLL IPRax 1997, 104. Zum Abschluss von Schiedsvereinbarungen nach neuem deutschen *Sachrecht* vgl LACHMANN Rn 120 ff; SCHWAB/WALTER[6] Kap 3).

263 Das Statut der Schiedsvereinbarung entscheidet ferner entsprechend Art 31 Abs 1 EGBGB über deren **materielle Wirksamkeit.** Da die Staatsverträge nur wenige Unwirksamkeitsgründe regeln (dazu u Rn 300), kommt dem nationalen Recht insoweit besondere Bedeutung zu (STEIN/JONAS/SCHLOSSER Anh § 1044 Rn 26; SCHWAB/WALTER[6] Kap 44 Rn 25). Es gilt insbesondere für die Beurteilung von *Willensmängeln* (zB Irrtum, Arglist, Drohung) und ihrer Rechtsfolgen (zB Anfechtung; vgl SCHÜTZE/TSCHERNING/ WAIS Rn 25), für die Nichtigkeit wegen Gesetzes- oder Sittenverstoßes (vgl zum deutschen Sachrecht REITHMANN/MARTINY/HAUSMANN Rn 2455 f mwN) sowie für die *Inhaltskontrolle von AGB* (vgl BGHZ 115 [324] = NJW 1992, 575 m krit Anm SCHUMANN 2065 = EwiR 1992, 721 m krit Anm TESKE; REITHMANN/MARTINY/HAUSMANN Rn 2457 f mwN). Zu einer unangemessenen Benachteiligung iSv § 9 AGBG/§ 307 BGB nF kann inbesondere die Schiedsklausel in einem Verbrauchervertrag führen, wenn sie den Verbraucher in verfahrens- oder materiell rechtlicher Hinsicht im Vergleich zur Durchführung eines Verfahrens vor staatlichen Gerichten unangemessen benachteiligt (vgl RAESCHKE-KESSLER/BERGER Rn 249 ff, bes 260). In diesem Zusammenhang ist auch die EG-Richtlinie über missbräuchliche Klauseln in Verbraucherverträgen v 29. 4. 1993 (Abl EG Nr L 95, 29) zu beachten, die nach lit a des Anhangs auch Schiedsklauseln umfasst (vgl dazu auch EuGH Rs C-290/98 – *Océano Grupo Editorial/Rocío Quintero,* – EuLF 2000/01, 88 m Anm AUGI/BARATELLA 83).

264 Dem Statut der Schiedsvereinbarung ist schließlich zu entnehmen, welchen Einfluss die **Nichtigkeit des Hauptvertrages** auf die Schiedsvereinbarung hat (SCHLOSSER Rn 190; EPPING 24 ff). Nach deutschem Sachrecht schlagen Gründe, die zur Nichtigkeit des Hauptvertrages führen, nur ausnahmsweise auf die Schiedsvereinbarung durch; im Regelfall geht der Parteiwille dahin, dass das Schiedsgericht auch darüber entscheiden soll, ob der Hauptvertrag wirksam ist und welche Folgen (zB Rückabwicklungsansprüche) sich aus seiner möglichen Unwirksamkeit ergeben (§ 1040 Abs 1 S 2 ZPO; ZÖLLER/GEIMER § 1040 Rn 3; SCHWAB/WALTER[6] Kap 4 Rn 16 ff mwN; ebenso schon vor der Reform BGH NJW 1991, 2215 f = IPRax 1992, 382 m Anm SAMTLEBEN 362; OLG Hamburg IPRspr 1999 Nr 178). Dieser Grundsatz der „separability of the arbitration agreement" bzw der „autonomie de la clause compromissoire" hat sich auch in anderen Rechtsordnungen weitgehend durchgesetzt (vgl für England *Harbour Assurance Co v Kansas General Int Assurance* [CA; 1993], YbComArb XX [1995] 771; für Frankreich die Grundsatzentscheidung Cass civ Clunet 1994 432 m Anm GAILLARD und LOQUIN 692 = Rev crit dip 1994, 683 m Anm P MAYER = Rev arb 1994, 116 m Anm GAUDEMET-TALLON [„Dalico"]; App Paris Rev arb 1995, 275 m krit Anm Schlosser ZZPInt 1996, 450; für die USA USDC New York [S.D.], YbComArb XXI [1996] 799); er wird auch in Art 6 Abs 4 der ICC-Schiedsordnung 1998 ausdrücklich betont.

b) Auslegung und objektive Reichweite
aa) Staatsvertragliche Regelungen
Nach dem Statut der Schiedsvereinbarung ist weiterhin die objektive Reichweite **265** einer Schiedsvereinbarung zu beurteilen (OLG München RiW 1990, 585; ZÖLLER/GEIMER § 1029 Rn 67; VAN DEN BERG 150 ff). Insoweit kann zwar weder dem UNÜ noch dem EuÜ eine allgemeine Auslegungsmaxime entnommen werden, wonach Schiedsvereinbarungen im Zweifel weit auszulegen sind (SCHLOSSER Rn 420 mwN; **aA** OLG Hamburg RiW 1989, 574 sowie insbesondere die US-amerikanische Rechtsprechung, vgl *Mitsubishi Motors Corp v Soler Chrysler-Plymouth Inc* [Sup Ct; 1985], YbComArb XI [1986] 555 [557 ff]). Die Gerichte der Vertragsstaaten tendieren freilich dazu, Schiedsklauseln auch auf **gesetzliche Ansprüche** auszudehnen, die im Zusammenhang mit der Vertragsdurchführung entstanden sind, wie zB Ansprüche aus *Delikt* (vgl REITHMANN/MARTINY/HAUSMANN Rn 2375 m ausf Nachw; einschränkend aber BGH NJW-RR 1991, 432) oder aus der (zB bereicherungsrechtlichen) *Rückabwicklung* eines unwirksamen Vertrages. Ferner gilt die im Grundvertrag enthaltene Schiedsklausel im Zweifel auch für Vereinbarungen über eine **Vertragsverlängerung** sowie für Ergänzungsverträge (SCHLOSSER Rn 421 mwN).

bb) Autonomes Recht
Auch im autonomen Recht ist über die objektive Reichweite einer Schiedsverein- **266** barung entsprechend Art 32 Abs 1 Nr 1 EGBGB nach der lex causae zu entscheiden (SCHLOSSER Rn 420; GEIMER, IZPR^5 Rn 3806). Die deutsche Praxis neigt grundsätzlich zu einer schiedsfreundlichen Auslegung (OLG Hamburg RiW 1989, 574 [578] = EWiR 1989, 933 m Anm BREDOW; BERGER RiW 1993, 702 [707 f]; SCHLOSSER Rn 390; GEIMER, IZPR^5 Rn 3807); dies gilt jedenfalls dann, wenn die Parteien die Schiedsvereinbarung weit gefasst haben, indem sie nicht nur Streitigkeiten „aus dem Vertrag", sondern auch solche, die nur „im Zusammenhang mit dem Vertrag" stehen, der staatlichen Gerichtsbarkeit entzogen haben (vgl BGH NJW 1994, 136 [137] = JZ 1994, 370 m Anm SCHÜTZE; RAESCHKE-KESSLER/BERGER Rn 282 ff). Auch nach autonomem Recht erfassen Schiedsvereinbarungen daher grundsätzlich Ansprüche aus **unerlaubten Handlungen,** soweit diese sich mit Vertragsverletzungen decken (BGHZ 102, 199 [201] = NJW 1988, 1215; OLG Düsseldorf NJW 1983, 2149 f; OLG Hamburg aaO; STEIN/JONAS/SCHLOSSER § 1025 aF Rn 12). Demgegenüber werden deliktische Ansprüche außerhalb des Vertrages stehender *Dritter* von einer Schiedsklausel nur dann erfasst, wenn dies in der Vereinbarung hinreichend deutlich zum Ausdruck gekommen ist (BGH WM 1991, 384 [386] = IPRax 1992, 240 m Anm VOLLKOMMER 207; krit dazu RAESCHKE-KESSLER/BERGER Rn 289 f. Zur Bedeutung einer Schiedsvereinbarung für **Wechselforderungen** vgl BGH NJW 1994, 136 = JZ 1994, 570 m Anm SCHÜTZE; OLG Hamburg RiW 1992, 938; OLG Düsseldorf BB 1996, Beil Nr 15 S 23; CZEMPIEHL/KURTH NJW 1987, 2118 ff).

c) Maßnahmen des einstweiligen Rechtsschutzes
aa) Staatsvertragliche Regelungen
Welche Kompetenzen staatliche Gerichte auf dem Gebiet des einstweiligen Rechts- **267** schutzes haben, richtet sich im Geltungsbereich des UNÜ nicht nach der lex fori des angerufenen Gerichts. Maßgebend ist vielmehr das nach Art 5 Abs 1 lit a auf die Schiedsvereinbarung anwendbare Recht, weil nur so die Sperrwirkung der Schiedsvereinbarung gegenüber einer Zuständigkeit staatlicher Gerichte in allen Vertragsstaaten einheitlich bestimmt werden kann. Das UNÜ selbst hindert jedenfalls Maßnahmen des einstweiligen Rechtsschutzes durch staatliche Gerichte nicht (vgl *Channel Group Ltd v Balfour Beauty Construction Ltd* [HL; 1993], 3 WLR 262; dazu KARRER IPRax 1994, 56 f;

SCHLOSSER ZZP 99 [1986] 241 ff mwN). Für den Geltungsbereich des EuÜ stellt Art 6 Abs 4 klar, dass die Beantragung einstweiliger Maßnahmen beim staatlichen Gericht nicht als Unterwerfung der Hauptsache unter die staatliche Gerichtsbarkeit gewertet werden kann. Der Antragsteller ist mithin nicht gehindert, in einem späteren Hauptsacheverfahren vor dem staatlichen Gericht die Schiedseinrede zu erheben (vgl MünchKomm-ZPO/GOTTWALD Art 6 EuÜ Rn 19). Andererseits wird die Beantragung einstweiliger Maßnahmen beim staatlichen Gericht auch durch die Schiedsvereinbarung nicht ausgeschlossen. Hingegen ist die Frage, ob derartige Maßnahmen auch vom Schiedsgericht getroffen werden können, weder im UNÜ noch im EuÜ geregelt; maßgebend bleibt insoweit das anwendbare nationale Verfahrensrecht (STEIN/JONAS/ SCHLOSSER Anh § 1044 Rn 126).

bb) Autonomes Recht

268 Ob dem Schiedsgericht die Ermächtigung zur Anordnung von Maßnahmen des einstweiligen Rechtsschutzes verliehen worden ist, muss auch im autonomen Recht der Schiedsvereinbarung im Wege der – ggf. ergänzenden – Vertragsauslegung entnommen werden. Auch hierfür gelten die Auslegungsgrundsätze des Statuts der Schiedsvereinbarung, während das jeweilige Verfahrensstatut darüber entscheidet, ob und ggf mit welchem Inhalt ein Schiedsgericht einstweiligen Rechtsschutz gewähren darf. Ob Schiedsgerichte bei Geltung deutschen Verfahrensrechts Maßnahmen des einstweiligen Rechtsschutzes treffen konnten, war bis zur Reform des deutschen Schiedsverfahrensrechts umstritten (vgl BÖSCH, Einstweiliger Rechtsschutz in der internationalen Handelsschiedsgerichtsbarkeit [1989]; KOHL, Vorläufiger Rechtsschutz in internationalen Handelsschiedsverfahren [1990]). Heute sind Schiedsgerichte mit Sitz in Deutschland gem § 1041 Abs 1 ZPO auch zum Erlass von Maßnahmen des einstweiligen Rechtsschutzes ermächtigt, sofern die Parteien nichts anderes vereinbart haben (vgl dazu näher LACHMANN Rn 657, 672 ff; RAESCHKE-KESSLER/BERGER Rn 587 ff). Diese Ermächtigung hindert die Parteien freilich nicht, statt dessen beim staatlichen Gericht vorläufige oder sichernde Maßnahmen in Bezug auf den Streitgegenstand zu beantragen (vgl § 1033 ZPO). Hierfür zuständiges Gericht der Hauptsache nach § 919 ZPO ist das Gericht, das für die Vollstreckbarerklärung des zu erwartenden Schiedsspruchs zuständig wäre (OLG Hamburg RiW 1996, 857 mwN). Nach neuem Recht ist dies das örtlich zuständige Oberlandesgericht (§§ 1060 Abs 1 Nr 4, 1062 Abs 1 Nr 4 ZPO). Im Interesse der Effektivität einstweiligen Rechtsschutzes wurde die Schiedseinrede in Verfahren des einstweiligen Rechtsschutzes vor staatlichen Gerichten bereits nach bisherigem Recht nicht beachtet (WIECZOREK/SCHÜTZE § 1025 Rn 73); das geltende Recht stellt dies in § 1033 ZPO ausdrücklich klar.

d) Beendigung der Schiedsvereinbarung

269 Auch die Frage, unter welchen Voraussetzungen eine Schiedsvereinbarung wegfällt oder erlischt, bestimmt sich nach dem Statut der Schiedsvereinbarung. Als Beendigungsgrund kommt insbesondere eine Kündigung der Schiedsvereinbarung aus wichtigem Grund in Betracht (vgl zum deutschen Recht REITHMANN/MARTINY/HAUSMANN Rn 2506 ff; ZÖLLER/GEIMER § 1029 Rn 81 ff; ferner OLG Hamburg RiW 1996, 510 [511 f]). Darüber hinaus kann eine Schiedsvereinbarung auch dadurch unwirksam werden, dass die von den Parteien bestimmte Schiedsinstitution wegfällt (vgl BGHZ 125, 7 = NJW 1994, 1008 = ZZP 107 [1994] 533 m Anm WALTER/HAUCK = JZ 1994, 945 m Anm HABSCHEID; REITHMANN/ MARTINY/HAUSMANN Rn 2510 ff mwN). Lediglich soweit die Schiedsvereinbarung durch die Verwirklichung *prozessualer* Tatbestände weggefallen sein kann (zB durch Versäumung von Fristen zur Erhebung der Schiedseinrede, vgl Art 5 EuÜ), ist die lex fori des angerufenen staatlichen Gerichts maßgebend (WACKENHUTH KTS 1985, 635 ff; STEIN/ JONAS/SCHLOSSER Anh § 1044 Rn 34). Demgegenüber beurteilt sich die Qualifikation von Schiedsklagefristen (iS von materiellen Ausschlussfristen oder von prozessualen Klagefristen) wiederum nach dem Statut der Schiedsvereinbarung (vgl BGH RiW 1976, 449 f; VAN DEN BERG 317).

IV. Die Form internationaler Schiedsvereinbarungen

Die Form von Schiedsvereinbarungen beurteilt sich in erster Linie nach internationalem Einheitsrecht, nämlich im Geltungsbereich des UNÜ nach dessen Art 2 Abs 2, im Geltungsbereich des EuÜ nach dessen Art 1 Abs 2. Im autonomen deutschen Verfahrensrecht ist die Form von Schiedsvereinbarungen in § 1031 ZPO neu geregelt worden. Das autonome Recht kommt im Geltungsbereich der Staatsverträge freilich nur zur Anwendung, wenn es geringere Formerfordernisse aufstellt als das UNÜ bzw EuÜ (THORN IPRax 1997, 98 [103] gegen OLG Düsseldorf IPRax 1997, 115 ff und 118 ff; vgl Rn 282). Seine Hauptbedeutung hat es, wenn das Schiedsverfahren im Inland stattfindet. **270**

1. Art 2 Abs 2 UNÜ

a) Auslegung und Normzweck

Die nach Art 2 Abs 2 UNÜ an die „schriftliche Vereinbarung" zu stellenden Anforderungen sind im Interesse einer einheitlichen Beurteilung in allen Vertragsstaaten **autonom** unter Berücksichtigung von Sinn und Zweck der Vorschrift und nicht unter Bezugnahme auf nationales Recht zu bestimmen (VAN DEN BERG 173 ff; SCHLOSSER Rn 370; SCHWAB/WALTER[6] Kap 44 Rn 7; zust auch die Gerichtspraxis der Vertragsstaaten, vgl BGH NJW 1976, 1591; REITHMANN/MARTINY/HAUSMANN Rn 2341 m ausf Nachw). Nach Art 2 Abs 2 UNÜ ist die Einhaltung der vollen (doppelten) Schriftform erforderlich; die schriftliche Bestätigung einer mündlichen Vereinbarung durch eine Partei – wie sie gem Art 17 Abs 1 EuGVÜ und § 38 Abs 2 ZPO für internationale Gerichtsstandsvereinbarungen (dazu o Rn 197 ff, 208) und gem § 1031 Abs 2 ZPO auch für Schiedsvereinbarungen nach autonomem Recht (dazu u Rn 290) genügt – reicht also nicht aus (EPPING 65). Die Schriftform muss auch im *kaufmännischen* Rechtsverkehr beobachtet werden; anders als nach Art 17 Abs 1 S 2 lit c EuGVÜ 1989 (dazu o Rn 201 ff) und § 1031 Abs 2 ZPO (dazu u Rn 290) kann sie auch durch die Geltung abweichender Handelsbräuche nicht ersetzt werden (VAN DEN BERG 221; GILDEGGEN 51). **271**

Das Schriftformerfordernis in Art 2 Abs 2 UNÜ hat nicht nur Beweisfunktion, sondern bezweckt primär die **Warnung vor Übereilung** (WACKENHUTH ZZP 99 [1985] 453 f; GILDEGGEN 53 ff; vgl auch LINDACHER, in: FS Habscheid 167 f). Mit diesem Schutzzweck ist der Abschluss mündlicher oder stillschweigender Schiedsvereinbarungen grundsätzlich nicht vereinbar (VAN DEN BERG 206). Andererseits steht Art 2 Abs 2 UNÜ einer differenzierenden Auslegung, die an die Formgültigkeit von Schiedsvereinbarungen im Rechtsverkehr mit *Verbrauchern* strengere Maßstäbe anlegt als im kaufmännischen Verkehr, nicht entgegen (GILDEGGEN 57 ff; vgl idS auch BGE 110 II 54 [59]). Ist die Schiedsvereinbarung in *Allgemeinen Geschäftsbedingungen* (AGB) enthalten, so soll durch das Schriftformerfordernis des Art 2 Abs 2 sichergestellt werden, dass die Parteien sich über die Schiedsklausel tatsächlich geeinigt haben (LINDACHER aaO; WAC- **272**

KENHUTH ZZP 99 [1986] 454; VAN DEN BERG 173). Der Formzwang gilt auch im Anwendungsbereich des UNÜ freilich nur für die eigentliche *Schiedsvereinbarung,* nicht für ergänzende Vereinbarungen über das Schiedsverfahren (vgl zu dieser Unterscheidung OGH IPRax 1989, 302 [303] m Anm HELLER 315; SCHLOSSER Rn 258 ff; GILDEGGEN 17 ff, 85). Die Frage, welche Abreden notwendige Bestandteile einer Schiedsvereinbarung sind und deshalb der Form des Art 2 Abs 2 UNÜ bedürfen, ist wiederum im Wege autonomer Qualifikation zu entscheiden (GILDEGGEN 87 ff; **aA** SCHLOSSER Rn 388). Danach ist Inhalt der Schiedsvereinbarung iSv Art 2 UNÜ allein die Unterwerfung der Parteien unter die Entscheidungskompetenz eines Schiedsgerichts; demgegenüber beurteilt sich die Form zusätzlicher Vereinbarungen – etwa über die Zusammensetzung und Konstituierung des Schiedsgerichts oder die Gestaltung des Schiedsverfahrens – nicht nach Art 2 Abs 2, sondern nach dem Verfahrensstatut des Art 5 Abs 1 lit d UNÜ.

b) Schriftlichkeit
aa) Grundsätze

273 Die Schriftform nach Art 2 Abs 2 UNÜ ist gewahrt, wenn der **Vertrag von beiden Parteien handschriftlich unterzeichnet** wird; eine mechanische Unterschriftsleistung (Faksimile) genügt nicht (STEIN/JONAS/SCHLOSSER Anh § 1044 Rn 36; MünchKomm-ZPO/ GOTTWALD Art 2 UNÜ Rn 10; **aA** vHÜLSEN 54). An die Unterschrift werden allerdings keine hohen Anforderungen gestellt (vgl Cass [Italien] YbComArb VI [1981] 230 [231 f]: „minimum of individuality which cannot be automatically reproduced by others"). Eine gesonderte Abzeichnung der Schiedsabrede – wie sie zB früher Art 1341 Abs 2 ital CC vorsah – ist nicht erforderlich; vielmehr genügt die beiderseitige Unterzeichnung des Gesamtvertrages, der eine solche Schiedsklausel enthält (BG [Schweiz] YbComArb XV [1990] 509 [511]; VAN DEN BERG 192). Ausreichend ist aber auch die im schriftlichen Vertrag enthaltene Verweisung auf einen früher geschlossenen Vertrag, der seinerseits die Schiedsklausel enthält (BGE 110 II 54 [57 ff]; App Genève YbComArb XXIII [1998] 764). Die einseitige Unterzeichnung durch diejenige Partei, die sich auf die Schiedsklausel beruft, erfüllt die Form des Art 2 Abs 2 UNÜ allerdings nicht (Cass [Italien] YbComArb IV [1979] 296 [300]).

274 Wird der Vertrag hingegen durch einen **Austausch von Dokumenten** (zB Briefen) geschlossen, so ist eine handschriftliche Unterzeichnung entbehrlich (Trib Genf YbComArb I [1976] 199; VAN DEN BERG 194; HAAS 168; SCHWAB/WALTER[6] Kap 44 Rn 7; SCHLOSSER Rn 373). Aus diesem Grunde wird der Schriftform des Art 2 Abs 2 UNÜ auch bei Verwendung moderner Kommunikationsformen genügt, die zu einer automatisierten schriftlichen Niederlegung des übermittelten Textes führen und den Absender erkennen lassen (zB Telex, vgl OGH JBl 1974, 629 [630]; BGE 111 I b 253 [255]; VAN DEN BERG 204; WACKENHUTH ZZP 99 [1986] 464 f; ebenso für Vertragsschluss per Telefax Cass civ YbComArb XX [1995] 660; *AM Fahem v Mareb Yemen Ins. Co,* YbComArb XXIII [1998] 789 [QB]; LINDACHER, in: FS Habscheid 170 f; REITHMANN/MARTINY/HAUSMANN Rn 2343 mwN). Die Form des Art 2 Abs 2 UNÜ wird ferner auch dadurch gewahrt, dass ein nicht unterschriebenes Vertragsangebot oder Bestätigungsschreiben vom Empfänger unterzeichnet und zurückgeschickt wird (vgl LG Zweibrücken YbComArb IV [1979] 262 [263]; öst OG Basel YbComArb IV [1979] 309 [310]; OGH YbComArb X [1985] 418 [419]). Ausreichend ist ferner, dass die Parteien in ihrer schriftlichen Korrespondenz auf eine früher geschlossene mündliche Schiedsvereinbarung Bezug nehmen (OLG Hamburg NJW-RR 1999, 1738; STEIN/JONAS/ SCHLOSSER Anh § 1044 Rn 37).

Enthält allerdings erstmalig die Annahmeerklärung/Auftragsbestätigung die **275**
Schiedsklausel, so bedarf es notwendig einer schriftlichen Reaktion des Empfängers
(Wackenhuth ZZP 99 [1986] 455; Gildeggen 61). Die Antwort muss zwar nicht ausdrücklich auf die in der Offerte oder der Auftragsbestätigung enthaltene Schiedsklausel
Bezug nehmen (OG Basel-Land YbComArb 1996, 685 [686]; van den Berg 199; Stein/Jonas/
Schlosser Anh § 1044 Rn 37; Gildeggen 51 f), sie muss jedoch auch die *Schiedsklausel
decken* (Wackenhuth ZZP 99 [1986] 460 f; Schwab/Walter[6] Kap 44 Rn 8). Enthält eine
schriftliche Bestellung daher eine Schiedsklausel, so wird diese nach Art 2 Abs 2
UNÜ bereits dadurch wirksam vereinbart, dass der Verkäufer mit einer Rechnung
antwortet, die auf die Kauforder Bezug nimmt (App Firenze YbComArb IV [1979] 289
[290 f]). Enthält die Annahmeerklärung hingegen eine *Gerichtsstandsklausel,* dann
wird weder diese noch die im Angebot enthaltene Schiedsklausel Vertragsinhalt
(vgl – zu Art 1 Abs 2 EuÜ – AG Singen RiW 1985, 73; Gildeggen 79 ff; **aA** Cass [Italien] YbComArb XI [1986] 513). Demgegenüber ist die Form des Art 2 Abs 2 UNÜ auch dann
gewahrt, wenn Angebot und Annahmeerklärung inhaltlich voneinander abweichende Schiedsklauseln enthalten, die zB Schiedsorte in unterschiedlichen Ländern
vorsehen; denn insoweit handelt es sich um bloße Verfahrensvereinbarungen, auf die
sich Art 2 Abs 2 UNÜ nicht bezieht (vgl *Podar Brothers v ITAD Associates, Inc* [4th Cir; 1981];
YbComArb VII [1982] 379; Gildeggen 80; **aA** MünchKomm-ZPO/Gottwald Art 2 UNÜ Rn 11
aE). In keinem Fall genügt aber die mündliche oder stillschweigende Annahme eines
schriftlichen Vertragsangebots zur Einhaltung der Form des Art 2 Abs 2 UNÜ.

bb) Bezugnahme auf AGB
Die Form des Art 2 Abs 2 UNÜ kann auch dann gewahrt sein, wenn die Schieds- **276**
klausel lediglich in den **Allgemeinen Geschäftsbedingungen** einer Partei enthalten ist.
Hierzu ist nicht erforderlich, dass diese AGB in den Text der beiderseits unterschriebenen Vertragsurkunde integriert sind; vielmehr genügt auch die bloße Bezugnahme
im Text der Vertragsurkunde oder in den ausgetauschten Schreiben auf die AGB,
wenn diese entweder auf der Rückseite der Vertragsurkunde bzw des Angebots
abgedruckt (BayObLG RiW 1998, 965 [966]; Trib Supremo [Spanien] YbComArb X [1985]
493) oder der Vertragserklärung als Anlage beigefügt worden sind (vgl BGH NJW
1976, 1591). Die von den Parteien unterzeichnete Urkunde oder die gewechselten
Schreiben müssen allerdings *ausdrücklich* auf die AGB Bezug nehmen, weil nur
dann für die andere Vertragspartei hinreichend deutlich wird, dass die AGB einschließlich der Schiedsklausel Vertragsbestandteil sein sollen. Das bloße kommentarlose Mitverschicken der AGB erfüllt also die Schriftform nach Art 2 Abs 2 UNÜ
nicht (Wackenhuth ZZP 99 [1986] 456; Schlosser Rn 380; Gildeggen 62 ff); ebensowenig
genügt der nachträgliche Hinweis einer Partei, der geschlossene Vertrag sei wie ein
früherer auf der Basis ihrer AGB zustandegekommen (Cass civ Clunet 113 [1986] 735
m Anm Jacquet; Stein/Jonas/Schlosser Anh § 1044 Rn 41 a). Verwendet eine Partei verschiedene AGB, so muss der Einbeziehungshinweis auch eindeutig erkennen lassen,
welche AGB Vertragsinhalt werden sollen (App Genève YbComArb XVI [1991] 612). Ein
besonderer Hinweis auf die in den AGB enthaltene *Schiedsklausel selbst* ist hingegen
nicht erforderlich (Wackenhuth ZZP 99 [1986] 458; Schütze/Tscherning/Wais Rn 566; einschränkend Lindacher, in: FS Habscheid 171).

Damit der Vertragspartner des Verwenders eine ausreichende **Möglichkeit zur Kennt- 277
nisnahme** der formularmäßigen Schiedsklausel hat, müssen die AGB dem anderen
Teil weiterhin spätestens *beim Vertragsschluss* übergeben oder übersandt werden.

Die bloße Bezugnahme auf die AGB genügt also nicht, wenn diese der beiderseits unterschriebenen Vertragsurkunde oder den ausgetauschten Schreiben nicht beilagen (OLG Köln RiW 1993, 499 = IPRax 1993, 399 m Anm HAAS 382; OLG München RiW 1996, 854 f; Cass civ Rev arb 1990, 134 m zust Anm KESSEDJIAN; Cass [Italien] YbComArb XX [1995] 739; SCHWAB/WALTER[6] Kap 44 Rn 9; SCHLOSSER ZEuP 1994, 692 f; SIEG RiW 1998, 106), es sei denn, es wird im Hauptvertrag besonders auf die in den AGB enthaltene *Schiedsklausel* hingewiesen (BGE 110 II 54; VAN DEN BERG 218; LINDACHER, in: FS Habscheid 173). Wurden die AGB dem Vertragspartner allerdings bereits bei früherer Gelegenheit – zB im Rahmen *laufender Geschäftsbeziehungen* – übermittelt, so ist die erneute Mitversendung der AGB entbehrlich (BGE 121 III 38; App Genève Bull ASA 1997, 667; Trib Supremo [Spanien] YbComArb XIII [1988] 512 [513]; VAN DEN BERG 220 f; GILDEGGEN 70 f); einer ausdrücklichen Bezugnahme auf die AGB bedarf es freilich auch in diesem Fall (Hof Den Haag YbComArb X [1985] 485 [486]; GILDEGGEN 76 f). Schließlich müssen die AGB in der *Vertragssprache* oder einer sonstigen dem Empfänger geläufigen Sprache abgefasst sein; eine Obliegenheit des Empfängers, fremdsprachige AGB übersetzen zu lassen, besteht nach Art 2 Abs 2 UNÜ grundsätzlich nicht (vgl HandelsG Zürich ZEuP 1994, 682 m Anm SCHLOSSER; GILDEGGEN 81 f; dazu allg o Art 31 Rn 104 ff).

278 Auf eine Übersendung kann auch dann verzichtet werden, wenn die Schiedsklausel in AGB oder Formularverträgen enthalten ist, die **in bestimmten Branchen weit verbreitet** und deshalb branchenangehörigen Kaufleuten bekannt sind (VAN DEN BERG 231 ff; SCHLOSSER Rn 379; vgl – zum Standardvertrag der „Grain und Feed Trade Association" – App Venezia YbComArb VII [1982] 340; HandelsG Zürich YbComArb XVIII [1993] 442; ferner App Paris Clunet 1996, 110 m Anm LOQUIN). Demgegenüber wahrt die schriftliche Bezugnahme einer Vertragspartei auf ihre – der anderen Seite nicht übermittelten – *eigenen AGB* die Form nach Art 2 Abs 2 UNÜ auch dann nicht, wenn AGB der in dieser Branche tätigen Unternehmen regelmäßig Schiedsklauseln enthalten (Cass civ YbComArb XV [1990] 447 [448]; **aA** App Paris Rev arb 1987, 482 m Anm KESSEDJIAN = Clunet 1987, 934 m Anm LOQUIN). Etwas anderes gilt nur dann, wenn zwischen den Parteien laufende Geschäftsbeziehungen bestehen oder wenn die von einer Seite in Bezug genommenen AGB der anderen Seite sonst nachweislich bekannt waren (SCHLOSSER ZEuP 1994, 892; vgl auch Cass civ Rev arb 1994, 108 m Anm KESSEDJIAN).

cc) **Schranken**

279 Da Art 2 Abs 2 UNÜ Einschränkungen des Formzwangs aufgrund internationaler Handelsbräuche nicht vorsieht, genügt die Bezugnahme auf eine Schiedsklausel in einem **kaufmännischen Bestätigungsschreiben** dem Schriftformerfordernis auch dann nicht, wenn damit eine nachweislich mündlich zwischen Kaufleuten geschlossene Schiedsvereinbarung bestätigt wird (vHÜLSEN 58; WACKENHUTH ZZP 99 [1986] 464; SCHLOSSER Rn 380; GILDEGGEN 77 ff). Erst recht kann das bloße Schweigen auf ein kaufmännisches Bestätigungsschreiben das Schriftformerfordernis nach Art 2 Abs 2 UNÜ nicht erfüllen (OLG Düsseldorf IPRspr 1971 Nr 161; Cass [Italien] YbComArb XVII [1992] 554; REITHMANN/MARTINY/HAUSMANN Rn 2353 mwN). Gleiches gilt für sonstige Formen der stillschweigenden Annahme, etwa die Erfüllung des Hauptvertrages, der die Schiedsklausel enthält (VAN DEN BERG 198; BERGER 104 f).

280 Eine Formerleichterung wird auch für Schiedsklauseln in **Konnossementen** nicht zugestanden. Daher steht die bloße Entgegennahme des einseitig vom Verfrachter unterzeichneten Konnossements durch den Empfänger (oder weitere Indossatare)

dem Austausch von Briefen iSv Art 2 Abs 2 UNÜ nicht gleich. Eine Bindung an die Schiedsklausel, die in rückseitig abgedruckten AGB oder in der Charterparty enthaltenen ist, wird vielmehr – anders als nach § 1031 Abs 4 ZPO (dazu u Rn 292) – erst dadurch begründet, dass der Empfänger des Konnossements in einem nachfolgenden Schriftstück auf dessen Bedingungen Bezug nimmt (Cass civ Rev arb 1990, 616; Cass [Italien] YbComArb XVII [1992] 562 f; SCHLOSSER Rn 384; EPPING 65 ff mwN; aA BGE 110 II 54). Art 2 Abs 2 UNÜ tritt allerdings im Verhältnis der Vertragsstaaten des Hamburger UN-Übereinkommens über den Gütertransport zur See von 1978 hinter dessen Art 22 Abs 2 zurück (SCHLOSSER Rn 269; GILDEGGEN 74 ff).

c) **Heilung von Formmängeln**
Da das UNÜ keine Heilungs- oder Präklusionsvorschriften enthält, ist über die **281** Frage, ob eine Heilung formnichtiger Schiedsvereinbarungen durch das Verhalten der Parteien im Schiedsverfahren in Betracht kommt, im Geltungsbereich des UNÜ autonom nach dem Sinn und Zweck des Art 2 Abs 2 zu entscheiden (VAN DEN BERG 185; SCHWAB/WALTER[6] Kap 44 Rn 10). Dabei muss die Überlegung den Ausschlag geben, dass Parteien, die durch Klageerhebung und rügelose Einlassung vor dem Schiedsgericht den Vollzug ihrer formnichtigen Schiedsvereinbarung angezeigt haben, der Schutz- und Warnfunktion des Art 2 Abs 2 nicht mehr bedürfen. Das Verbot widersprüchlichen Verhaltens – als ein dem UNÜ innewohnendes Rechtsprinzip – ist damit auch im Rahmen des Art 2 Abs 2 zu beachten; eines Rückgriffs auf das Verfahrensrecht am jeweiligen Schiedsort bedarf es insoweit nicht (OLG Hamburg YbComArb IV [1979] 266 [267]; BGE 111 I b 253; VAN DEN BERG 185; WACKENHUTH RiW 1985, 569 f; HAAS IPRax 1993, 384; SCHWAB/WALTER aaO; aA OLG Düsseldorf AWD 1972, 478; MünchKomm-ZPO/GOTTWALD Art 2 UNÜ Rn 16). Darüber hinaus kann es derjenigen Partei, die selbst die Schiedsvereinbarung ordnungsgemäß unterschrieben hat, nach diesem Rechtsgedanken nicht gestattet sein, sich im Schiedsverfahren oder im Einredeverfahren vor dem staatlichen Gericht auf die Formnichtigkeit zu berufen (Cass [Italien] YbComArb XVI [1991] 588 [590]; STEIN/JONAS/SCHLOSSER Anh § 1044 Rn 39).

d) **Meistbegünstigung**
Da Art 2 Abs 2 UNÜ die Vereinheitlichung der an eine Schiedsvereinbarung zu **282** stellenden Formerfordernisse bezweckt, werden im territorialen Anwendungsbereich des UNÜ Formvorschriften des nationalen Rechts, die – wie zB § 1031 Abs 5 ZPO – *schärfere* Formanforderungen stellen, verdrängt (unstreitig, vgl OLG Hamm RiW 1995, 681; BERTHEAU 36; VAN DEN BERG 170 ff; WACKENHUTH ZZP 99 [1986] 552; REITHMANN/MARTINY/HAUSMANN Rn 2358 mwN). Demgegenüber ermöglicht der in Art 7 Abs 1 UNÜ normierte Grundsatz der Meistbegünstigung die Anerkennung von Schiedsvereinbarungen, die – obwohl nicht schriftlich iSv Art 2 Abs 2 UNÜ geschlossen – den Formerfordernissen des anwendbaren nationalen Rechts genügen (App Versailles Rev arb 1991, 291, 296 m Anm KESSEDJIAN; VHÜLSEN 52; VAN DEN BERG 179 f; GILDEGGEN 99). Dies gilt nicht nur im Rahmen der Anerkennung und Vollstreckung ausländischer Schiedssprüche, sondern zur Vermeidung von Rechtsschutzlücken bereits im Einredeverfahren. Vor einem deutschen staatlichen Gericht konnte daher die Schiedseinrede auch im Anwendungsbereich des UNÜ schon bisher auf eine formlos gültige Schiedsvereinbarung nach § 1027 Abs 2 ZPO aF bzw nach ausländischem Recht gestützt werden (BGH NJW 1993, 1798 = DZWir 1993, 465 m Anm BERGER 468; BGH NJW-RR 1993, 1519 = WuB I G 5 – 2.94 m Anm THODE; VAN DEN BERG 86 f; STEIN/JONAS/SCHLOSSER Anh § 1044 Rn 91). Daran ist auch nach der Reform des deutschen Schiedsverfahrensrechts festzuhalten, obwohl

die Gefahr widersprechender Entscheidungen im Einrede- und Vollstreckungsverfahren durch die Beseitigung der autonomen Anerkennungsvorschrift in § 1044 ZPO aF deutlich zurückgegangen ist (vgl MünchKomm-ZPO/GOTTWALD Art 2 UNÜ Rn 13; näher EPPING 118 ff; zur Anknüpfung s u Rn 287).

2. Art 1 Abs 2 EuÜ

283 Auch das EuÜ macht in Art 1 Abs 2 lit a seine Anwendbarkeit vom Abschluss einer formgültigen Schiedsvereinbarung abhängig. Die Vorschrift wird darüber hinaus allgemein im Sinne einer Verpflichtung der Vertragsstaaten interpretiert, Schiedsvereinbarungen, die den Formanforderungen des Übereinkommens entsprechen, auch anzuerkennen (STEIN/JONAS/SCHLOSSER Anh § 1044 Rn 94; GILDEGGEN 100). Da das EuÜ ebenfalls die Anerkennung von Schiedsvereinbarungen erleichtern will, steht es allerdings jedem Vertragsstaat, der zugleich dem UNÜ angehört, im Hinblick auf Art 10 Abs 7 EuÜ frei, Schiedsvereinbarungen in allen Verfahrensstadien aufgrund des Meistbegünstigungsgrundsatzes (Art 7 Abs 1 UNÜ) auch dann als formgültig zu erachten, wenn allein die Form des vom nationalen Kollisionsrecht zur Anwendung berufenen Rechts eingehalten ist. Das EuÜ ist auf solche Vereinbarungen allerdings dann insgesamt nicht anwendbar (OLG Hamburg RiW 1979, 482 [483] m Anm MEZGER; vHÜLSEN 64 f; GILDEGGEN 89).

a) Schriftlichkeit

284 Die Formanforderungen nach Art 1 Abs 2 lit a, 1. HS EuÜ entsprechen Art 2 Abs 2 UNÜ (KLEIN ZZP 76 [1963] 346; GILDEGGEN 102). Fernschreiben sind Briefen ausdrücklich gleichgestellt (vgl Cass [Italien] YbComArb XX [1995] 1061); auf den Austausch von Telex- oder Telefaxmitteilungen ist die Bestimmung entsprechend anzuwenden (HASCHER YbComArb XVII [1992] 711 [720]). Die schriftliche Zustimmung zur Schiedsklausel kann auch noch nachträglich – zB im Prozess vor dem Schiedsgericht oder vor dem staatlichen Gericht – erklärt werden (vgl BGH NJW 1983, 1267 [1269] = IPRax 1984, 148 m Anm TIMMERMANN 136; OLG Köln RiW 1992, 760). Ebenso wie Art 2 Abs 2 UNÜ verdrängt Art 1 Abs 2 lit a EuÜ *strengere* Formvorschriften des nationalen Rechts der Vertragsstaaten (BGH aaO; Cass [Italien] aaO).

b) Günstigeres Landesrecht

285 Abweichend von Art 2 Abs 2 UNÜ ist die Einhaltung der Schriftform im Rahmen des EuÜ allerdings *nicht zwingend* vorgeschrieben; es reicht vielmehr nach Art 1 Abs 2 lit a, 2. HS EuÜ aus, wenn die Schiedsvereinbarung den Formerfordernissen „der nationalen Rechte" entspricht. Abzustellen ist insoweit auf die Rechte derjenigen Vertragsstaaten, in denen die Parteien bei Abschluss der Schiedsvereinbarung ihren gewöhnlichen Aufenthalt bzw Sitz haben (KAISER 40; GILDEGGEN 103 f; SCHLOSSER Rn 376, EPPING 68 mwN). Da über die Formgültigkeit der Schiedsvereinbarung bereits bei Vertragsschluss Klarheit herrschen muss, kann es auf das Recht des Staates, in dem das Schiedsverfahren stattfindet oder auf die lex fori des staatlichen Gerichts im Einrede- bzw Vollstreckungsverfahren nicht ankommen (**aA** noch KLEIN ZZP 76 [1963] 346; BERTHEAU 117). Dabei gilt der **Grundsatz des „strengeren Rechts"**, dh die nicht schriftlich iSv Art 1 Abs 2 lit a 1. HS EuÜ geschlossene Schiedsvereinbarung ist nach dem Übereinkommen nur anzuerkennen, wenn sie nach den nationalen Rechten *beider Vertragspartner* formgültig ist (KAISER 39 f, 107 f; SCHWAB/WALTER[6] Kap 44 Rn 14; GILDEGGEN 105). Die Wahrung der Form nach dem Statut der Schiedsvereinbarung genügt hingegen nicht (SCHÜTZE/TSCHERNING/WAIS Rn 567; STEIN/JONAS/SCHLOSSER Anh § 1044 aF Rn 95; aA OLG Köln RiW 1993, 499 = IPRax 1993, 399 m abl Anm HAAS 382; SCHWAB/WALTER aaO). Beruht ein Schiedsspruch auf einer Schiedsvereinbarung, die nach den nationalen Rechten am Sitz beider Vertragsparteien formgültig ist, so muss er in Staaten, die sowohl dem EuÜ wie dem UNÜ angehören, nach Maßgabe von Art 5 UNÜ anerkannt und vollstreckt werden, selbst wenn die Form des Art 2 Abs 2 UNÜ nicht eingehalten ist (WACKENHUTH ZZP 99 [1986] 450 f; HAAS IPRax 1993, 383; aA GILDEGGEN 98 f).

3. Autonomes Recht

a) Anknüpfung
aa) Inländisches Schiedsverfahren

Die bisher hM beurteilte die Formwirksamkeit von Schiedsvereinbarungen nach den **286** für Schuldverträge geltenden Kollisionsregeln der lex fori. Danach waren Schiedsvereinbarungen aus der Sicht eines deutschen Einrede- oder Vollstreckungsgerichts gem Art 11 Abs 1 EGBGB formgültig, wenn entweder die Form des Statuts der Schiedsvereinbarung oder aber die Form des Rechts am Abschlussort beachtet worden war. Der von Art 11 Abs 1 EGBGB bezweckte favor negotii hatte mithin zur Folge, dass sich ein ausländisches Geschäfts- oder Ortsrecht gegenüber der Regelung in § 1027 ZPO aF immer dann durchsetzte, wenn dort *geringere* Anforderungen an die Formgültigkeit von Schiedsvereinbarungen gestellt wurden (vgl BGHZ 71, 131 [137] = NJW 1978, 1744; BGH WM 1993, 2121; OLG Hamburg RiW 1989, 574 f; vHÜLSEN 66 f; BASEDOW JbPraxSch I [1987] 12 f; SCHLOSSER Rn 363). Eine Ausnahme galt gem Art 29 Abs 3 S 2 EGBGB iVm § 1027 Abs 1 ZPO aF lediglich für Vereinbarungen mit deutschen Verbrauchern (BGH IPRspr 1998 Nr 209). An dieser Auffassung wird zT auch noch nach der Reform des deutschen Schiedsverfahrensrechts festgehalten (vgl SCHWAB/WALTER[6] Kap 44 Rn 17; BAUMBACH/LAUTERBACH/ALBERS § 1031 Rn 2). Sie ist freilich für die Fälle, in denen ein *inländischer* Schiedsort vereinbart wurde, mit dem in § 1025 Abs 1 ZPO verankerten strikten Territorialitätsprinzip (dazu u Rn 241) nicht vereinbar. Auf dem Boden dieser Auffassung steht auch der deutsche Reformgesetzgeber, der einer für die Schiedsvereinbarung getroffenen Rechtswahl der Parteien im Aufhebungsverfahren (vgl § 1059 Abs 2 Nr 1 lit a ZPO) in Bezug auf die Formgültigkeit der Schiedsvereinbarung keine Bedeutung beimisst (vgl BF-Drucks 13/5274, S 36). Die einseitige Kollisionsnorm des § 1025 Abs 1 ZPO verdrängt daher in Bezug auf inländische Schiedsverfahren als lex specialis den Art 11 EGBGB (zutr EPPING 95; im Erg auch ZÖLLER/GEIMER § 1031 Rn 1; MünchKomm-ZPO/MÜNCH § 1031 Rn 9). Danach haben deutsche Gerichte mithin eine Schiedsvereinbarung nach autonomem Schiedsverfahrensrecht in jedem Verfahrensstadium als ungültig zu behandeln, wenn die Formerfordernisse des § 1031 ZPO nicht erfüllt sind.

bb) Ausländisches Schiedsverfahren

Liegt der Schiedsort im Ausland, so haben deutsche Gerichte die Form der Schieds- **287** vereinbarung sowohl im Einrede- wie im Vollstreckungsverfahren grundsätzlich nach Art 2 Abs 2 UNÜ zu beurteilen. Für das autonome Kollisions- und Sachrecht auf dem Gebiet der Form von Schiedsvereinbarungen bleibt hiernach aufgrund der Meistbegünstigungsregel des Art 7 UNÜ nur ein äußerst schmaler Anwendungsbereich (vgl näher EPPING 114 ff). Über die Anknüpfung der Form von Schiedsvereinbarungen bei ausländischem Schiedsort herrscht in Ermangelung einer ausdrücklichen Kollisionsnorm keine Einigkeit. Teilweise wird – wie früher – eine alternative Anknüpfung in entsprechender Anwendung von Art 11 EGBGB befürwortet (Schwab/Walter[6] Kap 44 Rn 17; MünchKomm-ZPO/München § 1031 Rn 10). Diese Lösung steht freilich in auffälligem Widerspruch zur Anknüpfung der Formgültigkeit von *Gerichtsstandsvereinbarungen;* denn diese wird bekanntlich als ein Problem der prozessualen Zulässigkeit von Prorogation oder Derogation begriffen und deshalb ausschließlich nach § 38 ZPO bestimmt (so Rn 208). Andere sprechen sich für eine reziproke Anwendung von § 1025 Abs 1 ZPO iS einer allseitigen Kollisionsnorm aus; damit wäre das (Sach-) Recht des ausländischen Schiedsstaates maßgebend (so Epping 120 ff). Vorzuziehen ist demgegenüber ein Rückgriff auf die *lex fori;* danach haben deutsche Gerichte die Form von Schiedsvereinbarungen auch im Falle der Bestimmung eines ausländischen Schiedsortes nach deutschem Recht (§ 1031 ZPO) zu beurteilen. Diese Lösung stimmt mit der Anknüpfung der Form von internationalen Gerichtsstandsvereinbarungen überein und verhindert, dass die einer Derogation der deutschen staatlichen Gerichtsbarkeit in § 38 ZPO gezogenen Schranken durch eine kombinierte Rechtswahl- und Schiedsgerichtsklausel umgangen werden, die – entgegen § 1031 Abs 5 ZPO – zu einer formfreien Unterwerfung inländischer Verbraucher unter die Jurisdiktion ausländischer Schiedsgerichte führen könnte (vgl idS schon vor der Reform des deutschen Schiedsverfahrensrechts Hausmann, in: FS W Lorenz 370 ff; Gildeggen 176; Schack RabelsZ 58 [1194] 50).

b) Die Neuregelung in § 1031 ZPO

288 Der deutsche Gesetzgeber hat die Form von Schiedsvereinbarungen in § 1031 ZPO – einem Schwerpunkt der Reform des Schiedsverfahrensrechts – in Anlehnung an Art 34 UN-ModG neu gefasst. Danach bedarf eine Schiedsvereinbarung künftig auch im *nicht-kaufmännischen Rechtsverkehr* grundsätzlich **nur der Schriftform.** Darin liegt eine erhebliche Erleichterung gegenüber der bisherigen Regelung in § 1027 Abs 1 S 1 ZPO aF (zu dieser näher Reithmann/Martiny/Hausmann Rn 2463 ff). Das Erfordernis der Niederlegung der Schiedsklausel in einer besonderen Urkunde wird nach § 1031 Abs 5 ZPO nur noch für Schiedsvereinbarungen in *Verbraucherverträgen* aufrechterhalten. Auf der anderen Seite verschärft die Neufassung die Formanforderungen im kaufmännischen Rechtsverkehr, weil die nach § 1027 Abs 2 ZPO aF bestehende Möglichkeit eines mündlichen oder stillschweigenden Abschlusses der Schiedsvereinbarung nicht übernommen wurde (vgl Zöller/Geimer § 1031 Rn 5). § 1031 Abs 1 ZPO knüpft insoweit an die staatsvertraglichen Vorschriften in Art 2 Abs 2 UNÜ bzw Art 1 Abs 2 EuÜ an (Rn 270 ff). In Abweichung von diesen staatsvertraglichen Formvorschriften wie von Art 7 Abs 2 UN-ModG sieht das deutsche Recht in § 1031 Abs 2–4 ZPO allerdings *Ausnahmen* von Erfordernis der „doppelten" Schriftlichkeit vor (vgl näher MünchKomm-ZPO/München § 1031 Rn 1 ff).

289 Bezieht sich die Schiedsvereinbarung auf ein Geschäft, bei dem die Beteiligten zu einem Zweck gehandelt haben, der ihrer gewerblichen oder beruflichen Tätigkeit zugerechnet werden kann, so ist die **Schriftform** nach § 1031 Abs 1 ZPO – in Übereinstimmung mit Art 2 Abs 2 UNÜ – gewahrt, wenn die Schiedsvereinbarung entweder in einem beiderseits unterzeichneten Schriftstück (§ 126 BGB) oder in einer Nachrichtenübermittlung enthalten ist, die einen Nachweis der getroffenen Vereinbarung sicherstellt. Dies ist nicht nur bei den ausdrücklich erwähnten Schreiben (vgl OLG Hamburg BB 1999 Beil Nr 4 S 13 [15]), Fernkopien (Telefax) und Telegrammen, sondern auch beim Austausch von *e-mails* (Schwab/Walter[6] Kap 5 Rn 4) und beim

Vertragsschluss per *Internet* gewährleistet, sofern die Nachrichten zum Beweis der Schiedsvereinbarung abgesichert werden (RAESCHKE-KESSLER/BERGER Rn 226).

Über Art 2 Abs 2 UNÜ hinaus geht § 1031 Abs 2 ZPO, der die Einhaltung der **290** Schriftform durch eine Partei genügen lässt, sofern das Schweigen der anderen nach der „Verkehrssitte" als Zustimmung zu dem schriftlichen Angebot anzusehen ist. Durch die Vorschrift soll – in Anlehnung an Art 17 Abs 1 S 2 lit c EuGVÜ (dazu o Rn 201 ff) – eine Schiedsvereinbarung insbesondere durch **Schweigen auf ein kaufmännisches Bestätigungsschreiben** wirksam geschlossen werden können (BT-Drucks 13/5274, S 36; EPPING 73 ff), wie dies schon bisher unter Kaufleuten nach § 1027 Abs 2 ZPO aF anerkannt war (vgl BGHZ 7, 187 [189 ff]; BGH AWD 1970, 417 [419]; STEIN/JONAS/SCHLOSSER § 1027 aF Rn 14). Da zumindest einseitige Schriftlichkeit gefordert wird, genügt die Branchenüblichkeit schiedsgerichtlicher Streiterledigung allein – anders als bisher (vgl BGH NJW 1993, 1798 = DZWir 1993, 465 m Anm BERGER; STEIN/JONAS/SCHLOSSER § 1027 Rn 13 a) – allerdings für die Annahme einer formgültigen Schiedsvereinbarung kraft Handelsbrauchs nicht mehr aus (EPPING 77; RAESCHKE-KESSLER/BERGER Rn 229; Münch-Komm-ZPO/MÜNCH § 1031 Rn 14; **aA** SCHWAB/WALTER[6] Kap 5 Rn 10). Abweichend von Art 17 Abs 1 S 2 lit b EuGVÜ (dazu o Rn 200) erkennt § 1031 ZPO auch die zwischen den Parteien entstandenen „Gepflogenheiten" nicht als eigenständige Formalternative an, soweit diese nicht als „Verkehrssitte" anerkannt sind. Das Schweigen auf die erst auf der Rechnung abgedruckte Schiedsklausel genügt der Form des § 1031 ZPO daher auch dann nicht, wenn es einer ständigen Übung in den Geschäftsbeziehungen der Parteien entsprach (EPPING 77 f).

In § 1031 Abs 3 ZPO wird klargestellt, dass auch die vertragliche Bezugnahme auf **291** ein Schriftstück, das die Schiedsklausel enthält, der Form genügen kann. Damit soll insbesondere der im Handelsverkehr verbreiteten Praxis Rechnung getragen werden, in Verträgen auf **Allgemeine Geschäftsbedingungen** zu verweisen, die eine Schiedsklausel enthalten. Voraussetzung hierfür ist zum einen, dass das verweisende Schriftstück (zB ein Vertragsangebot oder ein Bestätigungsschreiben) den Formerfordernissen des Abs 1 oder 2 genügt. Zum anderen muss der in diesem Schriftstück enthaltene Verweis die Schiedsklausel zum Vertragsbestandteil machen. Hierzu bedarf es keines ausdrücklichen Hinweises auf die in den AGB enthaltene Schiedsklausel; es genügt vielmehr eine globale Bezugnahme auf die AGB, die nach deutschem Recht (§§ 145 ff BGB, §§ 3–8 AGBG/§§ 305 ff BGB nF) geeignet ist, diese AGB in den geschlossenen Vertrag einzubeziehen (vgl zu Einzelheiten Art 31 Rn 71 ff). Die besondere Form des § 2 AGBG/§ 305 Abs 2 BGB nF ist im Rechtsverkehr zwischen Kaufleuten bzw Unternehmern nicht einzuhalten; im Falle der Beteiligung von Verbrauchern findet § 1031 Abs 3 ZPO aber ohnehin keine Anwendung (vgl § 1031 Abs 5 ZPO). Nur ausnahmsweise wird eine Schiedsklausel in Verträgen zwischen Unternehmern als „überraschend" iSv § 3 AGBG/§ 305 c Abs 1 BGB nF gewertet werden können (SCHWAB/WALTER[6] Kap 5 Rn 13). Die inhaltliche Gültigkeit und Kontrolle von Schiedsklauseln in AGB ist von der Formgültigkeit iSv § 1031 Abs 3 ZPO zu trennen (RAESCHKE-KESSLER/BERGER Rn 236 f; **aA** SCHÜTZE Rn 104; THOMAS/PUTZO § 1031 Rn 6). Sie beurteilt sich nach dem auf die Schiedsvereinbarung anwendbaren materiellen Recht (dazu Rn 286 f). Nach deutschem Recht (§ 9 AGBG/§ 307 BGB nF) stellt eine Schiedsklausel idR keine unangemessene Benachteiligung des Vertragspartners dar (vgl SCHWAB/WALTER[6] Kap 5 Rn 14).

292 § 1031 Abs 4 ZPO trifft eine Sonderregelung für die in der seerechtlichen Praxis besonders bedeutsamen **Konnossemente**. Danach hat der Verfrachter die Möglichkeit, allein durch die Begebung eines Konnossements an einen Dritten eine Schiedsvereinbarung formgerecht abzuschließen, ohne dass diese im Konnossement selbst enthalten sein müsste. Das Konnossement muss jedoch zumindest eine Inkorporationsklausel enthalten, in der *ausdrücklich* auf die im Chartervertrag enthaltene *Schiedsklausel* Bezug genommen wird; eine allgemeine Verweisung auf die Bedingungen des Chartervertrags genügt dagegen nach § 1031 Abs 4 ZPO ebenso wenig wie nach Art 2 Abs 2 UNÜ (ZÖLLER/GEIMER § 1031 Rn 21; RAESCHKE-KESSLER/BERGER Rn 238; MünchKomm-ZPO/MÜNCH § 1031 Rn 20). Da § 1031 Abs 4 ZPO vom Gesetzgeber als eine „Sonderregelung für Konnossemente" konzipiert ist (BT-Drucks 13/5274, 537), bedarf es – anders als nach Abs 2 – der Feststellung einer entsprechenden „Verkehrssitte" nicht (EPPING 79).

293 Da die Vereinbarung schiedsgerichtlicher Streiterledigung auch bei grenzüberschreitenden Verbrauchergeschäften – zB im elektronischen Handel oder bei Börsengeschäften an ausländischen Terminbörsen (dazu BGH NJW 1991, 2215; OLG Düsseldorf IPRax 1997, 115 und 118 m Anm THORN 98) an Bedeutung zunimmt, enthält § 1031 Abs 5 ZPO eine besondere **Schutzvorschrift für Verbraucher** (vgl zum Begriff des Verbrauchers § 13 BGB; MünchKomm-ZPO/MÜNCH § 1031 Rn 23). Um ihnen die Risiken, die mit einem Verzicht auf den Rechtsschutz vor staatlichen Gerichten verbunden sind, hinreichend deutlich vor Augen zu führen, muss die Schiedsvereinbarung in einer von den Parteien *eigenhändig unterzeichneten* Urkunde enthalten sein (Satz 1), so dass – abweichend von Abs 1, 2. Alt – der Austausch von Dokumenten nicht ausreicht; darüber hinaus darf diese Urkunde andere Vereinbarungen als solche, die sich auf das schiedsrichterliche Verfahren beziehen, nicht beinhalten (Satz 2). Die Vorschrift lehnt sich damit eng an § 1027 Abs 1 ZPO aF an. Danach ist zwar die ausdrückliche Bezugnahme auf die – zB in AGB oder einem anderen Vertrag enthaltene – Schiedsvereinbarung oder auf eine Schiedsgerichtsordnung ausreichend, nicht hingegen die globale Verweisung auf AGB, die eine solche Schiedsklausel enthalten. Durch notarielle Beurkundung wird die Form des § 1031 Abs 5 ZPO in jedem Fall gewahrt (Satz 2, 2. HS); das Tennungsgebot gilt insoweit also nicht.

294 Schließlich ordnet § 1031 Abs 6 ZPO – in wörtlicher Übereinstimmung mit § 1027 Abs 1 S 2 ZPO aF – die **Heilung von Formmängeln** der Schiedsvereinbarung durch die rügelose Einlassung auf die schiedsgerichtliche Verhandlung zur Hauptsache an. Dabei ist unerheblich, ob sich die Parteien bewusst waren, dass durch ihre rügelose Einlassung die Zuständigkeit des Schiedsgerichts begründet wird (BGHZ 48, 35 [45]). Die bloße Mitwirkung an der Bildung des Schiedsgerichts ist allerdings noch keine rügelose Einlassung (vgl § 1040 Abs 2 S 2 ZPO; BGH WM 1987, 1084 [1085]; zu weiteren Einzelheiten SCHWAB/WALTER[6] Kap 5 Rn 5 ff). Die Vorschrift enthält keine eigenständige Formvariante; vielmehr ersetzt das Verhandeln zur Hauptsache das Formerfordernis. Der allgemeinen Präklusionsvorschrift des § 1040 Abs 2 ZPO kommt daneben nur eine untergeordnete Bedeutung zu (vgl EPPING 90 ff).

V. Die Zulässigkeit internationaler Schiedsvereinbarungen

1. Hinreichende Bestimmtheit

a) Staatsvertragliche Regelungen

Ähnlich wie die Form regelt das **UNÜ** auch die Bestimmtheitserfordernisse einer internationalen Schiedsvereinbarung in Art 2 Abs 1 durch international vereinheitlichtes Sachrecht, das unabhängig von kollisionsrechtlichen Verweisungen autonom unter Beachtung von Sinn und Zweck des UNÜ auszulegen ist (allgM, vgl VAN DEN BERG 173 ff; SCHWAB/WALTER[6] Kap 44 Rn 7; STEIN/JONAS/SCHLOSSER Anh § 1044 aF Rn 16). Damit unerfahrenen Parteien nicht die Möglichkeit zur Anrufung staatlicher Gerichte für eine unabsehbare Vielzahl künftiger Streitigkeiten abgeschnitten wird, muss sich die Schiedsvereinbarung auf ein „bestimmtes Rechtsverhältnis" beziehen; insoweit ergeben sich in der Sache kaum Abweichungen gegenüber der Regelung in § 1029 Abs 1 ZPO (dazu u Rn 296). Nach dem ausdrücklichen Wortlaut des Art 2 Abs 1 UNÜ kann die schiedsrichterliche Entscheidungsbefugnis auch auf nichtvertragliche Ansprüche (zB aus Geschäftsführung ohne Auftrag, Bereicherung oder Delikt) erstreckt werden. Davon abweichend enthält das **EuÜ** keine Beschränkung auf Streitigkeiten aus einem bestimmten Rechtsverhältnis; es ist vielmehr nach seinem Art 1 Abs 1 auf alle Schiedsvereinbarungen anwendbar, die „zum Zwecke der Regelung von bereits entstandenen oder künftig entstehenden Streitigkeiten aus internationalen Handelsgeschäften" geschlossen werden. Damit kann eine Schiedsvereinbarung also für Streitigkeiten aus mehreren oder sogar sämtlichen künftig abzuschließenden internationalen Handelsgeschäften zwischen den Parteien getroffen werden (v HÜLSEN 32 f; GILDEGGEN 92; SCHLOSSER Rn 372). Ein Rückgriff auf schärfere Bestimmtheitsanforderungen der jeweiligen lex causae (zB § 1029 Abs 1 ZPO) ist insoweit unzulässig (vgl – zu § 1026 ZPO aF – BGHZ 77, 32 [37]; MEZGER RabelsZ 29 [1965] 243; v HÜLSEN 33). Ist der Anwendungsbereich sowohl des UNÜ wie des EuÜ eröffnet, so können Schiedssprüche auch dann nach Maßgabe des UNÜ anerkannt und vollstreckt werden, wenn die zugrunde liegende Schiedsvereinbarung den Bestimmtheitserfordernissen des Art 2 Abs 1 UNÜ nicht genügt (vgl STEIN/JONAS/SCHLOSSER Anh § 1044 Rn 98).

b) Autonomes Recht

In Übereinstimmung mit Art 2 Abs 1 UNÜ ist eine Schiedsvereinbarung auch nach § 1029 Abs 1 ZPO nur wirksam, wenn sie sich auf alle oder einzelne Streitigkeiten bezieht, die zwischen den Parteien „in Bezug auf ein bestimmtes Rechtsverhältnis vertraglicher oder nicht vertraglicher Art entstanden sind oder künftig entstehen". Danach kennzeichnet die international übliche Formulierung „all disputes arising out of or in connection with this contract" den Kreis der erfassten Streitigkeiten hinreichend (OLG Hamburg RiW 1989, 574 [575 f]). Ferner darf sich die Schiedsvereinbarung auch auf eine Vielzahl von Einzelgeschäften beziehen, sofern diese ihre Grundlage in einem *Rahmenvertrag* haben (BGH KTS 1964, 104; STEIN/JONAS/SCHLOSSER § 1026 Rn 1 mwN). Zu unbestimmt und daher unwirksam ist hingegen etwa eine Schiedsvereinbarung über „alle Streitigkeiten aus der Geschäftsverbindung" oder „alle Streitigkeiten aus künftigen Leistungen" (SCHWAB/WALTER[6] Kap 3 Rn 15 f mwN). Für die Anknüpfung der Bestimmtheitserfordernisse gilt das zur Form Gesagte (vgl o Rn 286 f) entsprechend. § 1029 Abs 1 ZPO ist in Verfahren vor deutschen staatlichen Gerichten daher ohne Rücksicht darauf anzuwenden, ob das Statut der Schiedsvereinbarung strengere oder mildere Anforderungen an die Bestimmtheit der Schiedsabrede stellt, sofern der Schiedsort im Inland liegt; denn es handelt sich insoweit um eine **prozessuale Schranke** der Zulässigkeit schiedsgerichtlicher Streiterledigung (vgl idS schon zum bisherigen Recht HAUSMANN, in: FS W Lorenz [1991] 374; RAHMANN 41 f). In gleicher Weise richtet sich auch die Frage, ob die Parteien das *Schiedsgericht* hinreichend bestimmt bezeichnet haben, nicht nach dem Statut der Schiedsvereinbarung, sondern nach dem Verfahrensstatut (vgl zu den Anforderungen des deutschen Rechts BGH NJW 1983, 1267 = IPRax 1984, 148 m Anm TIMMERMANN; OLG Hamm RiW 1995, 681 [682]; REITHMANN/MARTINY/HAUSMANN Rn 2473 mwN). Liegt der Schiedsort hingegen im Ausland, so kommt im Rahmen der Meistbegünstigung nach Art 7 Abs 1 UNÜ das dortige Recht zur Anwendung.

2. Objektive Schiedsfähigkeit

a) Staatsvertragliche Regelungen

297 Die objektive Schiedsfähigkeit wurde im Rahmen des **UNÜ** früher überwiegend *kumulativ* sowohl nach Art 5 Abs 1 lit a als auch nach Art 5 Abs 2 lit a angeknüpft; danach war eine Schiedsvereinbarung also nur dann wirksam, wenn der Gegenstand sowohl nach dem Statut der Schiedsvereinbarung als auch nach der lex fori des staatlichen Einrede- oder Vollstreckungsgerichts schiedsfähig war (so BERTHEAU 36 f; vHÜLSEN 135 f; HAAS 256 f; BORK/STÖVE 58 f). Die Anwendung des Statuts der Schiedsvereinbarung nach Art 5 Abs 1 lit a überzeugt freilich dann nicht, wenn der Hauptvertrag einem „neutralen" Recht untersteht, das keinen hinreichenden Bezug zum Vertragsgegenstand hat. Vorzuziehen ist daher die Ansicht, die in der lex-fori-Anknüpfung des Art 5 Abs 2 lit a UNÜ eine *abschließende* kollisionsrechtliche Regelung der objektiven Schiedsfähigkeit des Streitgegenstandes sieht. Danach ist die objektive Schiedsfähigkeit im *Vollstreckungsverfahren* allein nach dem materiellen Recht des Vollstreckungsstaates zu beurteilen (OLG Hamm IPRax 1985, 218 m Anm WALTER/WACKENHUTH 200; App Genua YbComArb XXI [1996] 594 [599 f; zum Irak-Embargo]; STEIN/JONAS/SCHLOSSER Anh § 1044 Rn 29; EPPING 204 ff; **aA** [Statut der Schiedsvereinbarung kraft materieller Qualifikation der objektiven Schiedsfähigkeit] BARBER 185 ff). Dieses Recht entscheidet ferner darüber, ob die mangelnde objektive Schiedsfähigkeit der Vollstreckung eines ausländischen Schiedsspruchs überhaupt entgegensteht (MünchKomm-ZPO/GOTTWALD Art 5 UNÜ Rn 48). Hat ein staatlicher Richter bereits im *Einredeverfahren* über die objektive Schiedsfähigkeit zu befinden, so ist entsprechend die lex fori des Einredegerichts maßgebend (VAN DEN BERG 152; SCHLOSSER Rn 299 f; SCHWAB/WALTER Kap 44 Rn 1; THORN IPRax 1997, 98 [102 f]; EPPING 210 ff mwN; zust App Bologna YbComArb XVIII [1993] 422). In der Rechtsprechung der Vertragsstaaten wird die Anwendung von Art 5 Abs 2 lit a UNÜ freilich auch heute zT noch auf die Vollstreckung ausländischer Schiedssprüche beschränkt; hingegen wird die objektive Schiedsfähigkeit im Einredeverfahren entweder nach dem Statut der Schiedsvereinbarung beurteilt (so App Bruxelles J trib 1986, 93 [94] zust m Anm KOHL; Trib comm Bruxelles Rev arb 1995, 311 [315 f] mwN) oder im Wege vertragsautonomer Auslegung dem Art 2 Abs 1 UNÜ („capable of settlement by arbitration") entnommen (so Meadows Indemnity Co Ltd v Baccala & Shoop Insurance Services, Inc [EDNY; 1991], YbComArb XVII [1992] 686 [689 ff]; zust HANOTIAU Clunet 1994, 227). Auch im Anwendungsbereich des **EuÜ** wird die Schiedsfähigkeit zT noch kumulativ nach Art 6 Abs 2 S 1 und S 2 angeknüpft (so BGHZ 77, 32 [39]; MünchKomm-ZPO/GOTTWALD Art 6 EuÜ Rn 11). Die einheitliche Anknüpfung nach der lex fori des angerufenen Gerichts verdient jedoch auch hier den Vorzug (STEIN/JONAS/SCHLOSSER Anh § 1044 aF Rn 116; HASCHER YbComArb XVII [1992] 711 [733 f]).

b) Autonomes Recht
aa) Anknüpfung
Im autonomen deutschen Schiedsverfahrensrecht wurde eine Sonderanknüpfung der **298** objektiven Schiedsfähigkeit im *Einredeverfahren* bisher überwiegend abgelehnt; maßgebend sei insoweit das Statut der Schiedsvereinbarung (vHÜLSEN 146; SCHÜTZE/ TSCHERNING/WAIS Rn 563), während sie im Verfahren der *Vollstreckung* ausländischer Schiedssprüche – in Ermangelung einer dem Art 5 Abs 2 lit a UNÜ entsprechenden Vorschrift – allein im Rahmen des Ordre-public-Vorbehalts nach § 1044 Abs 2 Nr 2 ZPO aF berücksichtigt werden konnte (STEIN/JONAS/SCHLOSSER § 1044 Rn 38). Demgegenüber verweist § 1061 Abs 1 ZPO nF nunmehr für die Anerkennung und Vollstreckung ausländischer Schiedssprüche ausdrücklich auf Art 5 UNÜ. Ferner erkennt § 1059 Abs 2 Nr 2 lit a ZPO die mangelnde Schiedsfähigkeit des Streitgegenstands nach *deutschem* Recht ausdrücklich als Aufhebungsgrund für einen *inländischen* Schiedsspruch an. Die Einführung dieses – stets von Amts wegen zu berücksichtigenden – Aufhebungsgrundes erklärt sich aus dem modernen Verständnis der objektiven Schiedsfähigkeit im deutschen Sachrecht. Das hiernach bestehende Rechtsprechungsmonopol der deutschen staatlichen Gerichte für nicht schiedsfähige Streitigkeiten (dazu Rn 299) können die Parteien auch nicht dadurch unterlaufen, dass sie die Schiedsvereinbarung ausländischem Recht unterstellen (vgl idS bereits vor der Reform HAUSMANN, in: FS W Lorenz 370 ff; SCHLOSSER Rn 304). Aus diesem Grunde hat auch § 1059 Abs 2 Nr 2 a ZPO nF Vorrang gegenüber der für die Gültigkeit der Schiedsvereinbarung allgemein geltenden Kollisionsnorm in § 1059 Abs 2 Nr 1 a ZPO (vgl die Gesetzesbegründung in BR-Drucks 211/96, 185 f; RAESCHKE-KESSLER/BERGER Rn 165; MünchKomm-ZPO/MÜNCH § 1030 Rn 12; **aA** SCHÜTZE Rn 97). Ebenso wie Art 5 Abs 2 lit a UNÜ ist auch § 1059 Abs 2 Nr 2 a ZPO bereits im Einredeverfahren vor dem staatlichen Gericht entsprechend anzuwenden (EPPING 202 f; ZÖLLER/GEIMER § 1030 Rn 26); die lex-fori-Anknüpfung gilt auch bei ausländischem oder unbestimmtem Schiedsort (MünchKomm-ZPO/MÜNCH aaO).

bb) Deutsches Sachrecht (§ 1030 ZPO)
Das bisherige deutsche Schiedsverfahrensrecht knüpfte die objektive Schiedsfähig- **299** keit in § 1025 Abs 1 ZPO aF an die *Vergleichsfähigkeit* an. Dieser Ansatz wurde bereits seit längerer Zeit kritisiert; man forderte, nicht auf die materiellrechtliche Befugnis der Parteien zum Vergleichsabschluss, sondern auf die objektive Verfügbarkeit des Rechtsverhältnisses abzustellen. Schiedsvereinbarungen sollten danach nur dann unzulässig sein, wenn sich der Staat im Interesse besonders schutzwürdiger Rechtsgüter ein Rechtsprechungsmonopol vorbehalten habe, so dass niemand außer dem staatlichen Richter berechtigt sein sollte, den angestrebten Rechtszustand herbeizuführen: weder die Parteien durch Vergleich noch ein Schiedsgericht durch Schiedsspruch (vgl BORK ZZP 101 [1987] 249, 272; SCHWAB/WALTER[5] Kap 4 Rn 4; ZÖLLER/GEIMER[20] § 1025 Rn 37; zust BGH NJW 1991, 2215 [2216] = IPRax 1992, 382 m Anm SAMTLEBEN 362; BGHZ 132, 278 [282 ff] = NJW 1996, 1753). Dieser Auffassung hat sich der Gesetzgeber im Zuge der Reform des deutschen Schiedsverfahrensrechts angeschlossen. Da ein Interesse an einer ausschließlichen staatlichen Rechtsprechung im Wesentlichen nur für nichtvermögensrechtliche Ansprüche besteht, wird in § 1030 Abs 1 S 1 ZPO – nach dem Vorbild von Art 177 Abs 1 schweiz IPRG – die grundsätzliche **Schiedsfähigkeit von vermögensrechtlichen Ansprüchen** festgelegt (vgl näher RAESCHKE-KESSLER/ BERGER Rn 160 ff; LACHMANN Rn 100; ZÖLLER/GEIMER § 1030 Rn 1; EPPING 191 ff). Daraus folgt, dass Vorschriften über Verfügungs-, Vergleichs- oder Verzichtsverbote, wie sie insbe-

sondere im Handels- und Gesellschaftsrecht (zB § 89 b HGB; §§ 50, 302 Abs 2 AktG und §§ 9 b, 43 GmbHG) bestehen, die Schiedsfähigkeit der zugrunde liegenden vermögensrechtlichen Ansprüche nicht ausschließen (SCHÜTZE Rn 95). Demgegenüber sind **nichtvermögensrechtliche Ansprüche** nach § 1030 Abs 1 S 2 ZPO nur insoweit schiedsfähig, als die Parteien berechtigt sind, über den Streitgegenstand einen Vergleich zu schließen. Die Beschränkung der Schiedsfähigkeit von **kartellrechtlichen Streitigkeiten** in § 91 GWB aF (vgl dazu STEIN/JONAS/SCHLOSSER § 1025 aF Rn 29; REITHMANN/MARTINY/HAUSMANN Rn 2477, jeweils mwN) wurde durch den Reformgesetzgeber ersatzlos gestrichen (vgl MünchKomm-ZPO/MÜNCH § 1030 Rn 19).

3. International zwingende Normen und ordre public

a) Staatsvertragliche Regelungen

300 Das UNÜ spricht die Frage der inhaltlichen Gültigkeit einer Schiedsvereinbarung nur in seinem Art 2 Abs 3 an. Danach kann die Schiedseinrede nur auf eine Schiedsvereinbarung gestützt werden, die nicht „hinfällig, unwirksam oder unerfüllbar" ist. Durch diese Regelung wird den Gerichten der Vertragsstaaten die Befugnis entzogen, völlig aus dem Rahmen fallende Nichtigkeitsgründe eines nationalen Rechts unter die Begriffe „null and void, inoperative or incapable of being performed" zu subsumieren (SCHLOSSER Rn 248). Würde ein nationales Recht daher etwa aus der Unwirksamkeit des Hauptvertrages zwingend auf die Nichtigkeit der Schiedsvereinbarung schließen wollen, so wäre dies mit Art 2 Abs 3 UNÜ nicht vereinbar (SCHLOSSER aaO; ZÖLLER/GEIMER § 1029 Rn 1). Ebensowenig reicht die bloße Befürchtung, dass das Schiedsgericht aufgrund einer von den Parteien getroffenen kombinierten Schieds- und Rechtswahlklausel zwingende Normen des Rechts am Sitz des staatlichen Einredegerichts nicht anwenden werde, für die Annahme der Nichtigkeit der Schiedsklausel nach Art 2 Abs 3 UNÜ aus (vgl *Riley v Kingsley* [10th Cir; 1992], YbComArb XIX [1994] 775 [778]). Im Ausland wird die Vorschrift zum Teil noch restriktiver interpretiert. Namentlich die amerikanische Rechtsprechung, die von einer „presumption in favor of arbitration" ausgeht, beschränkt die Bedeutung von Art 2 Abs 3 auf Fälle von „duress, mistake or fraud" sowie auf Verstöße gegen „fundamental policies of the forum state" (vgl *Podar Bros v ITAD Associates,* Inc [4th Cir; 1981], YbComArb VII [1982] 379; dazu REITHMANN/MARTINY/HAUSMANN Rn 2362 mwN). Innerhalb des durch Art 2 Abs 3 UNÜ gezogenen Rahmens bestimmt hingegen das von Art 5 Abs 1 lit a UNÜ zur Anwendung berufene nationale Recht sowohl im Vollstreckungs- wie im Einredeverfahren über die Wirksamkeit einer Schiedsvereinbarung (SCHLOSSER Rn 247). Entsprechend hat das Einredegericht auch über die objektive Schiedsfähigkeit sowie über einen möglichen Verstoß der Schiedsvereinbarung gegen den ordre public gemäß Art 5 Abs 2 lit a und b UNÜ nach seinem eigenen Recht zu befinden (MünchKomm-ZPO/GOTTWALD Art 2 UNÜ Rn 23, 25).

b) Autonomes Recht
aa) Ordre-public-Verstoß

301 Nach autonomem deutschen Schiedsverfahrensrecht kann die Anerkennung einer nach dem ausländischen Schiedsverfahrensstatut gültigen Schiedsvereinbarung auch am ordre-public-Vorbehalt scheitern. Dies folgt für das Verfahren zur Vollstreckbarerklärung ausländischer Schiedssprüche aus der Verweisung in § 1061 ZPO auf Art 5 Abs 2 lit b UNÜ, für das Aufhebungsverfahren aus § 1059 Abs 2 Nr 2 lit b ZPO. Zu einer Kontrolle von Schiedsvereinbarungen am Maßstab der inländischen öffentli-

chen Ordnung ist aber auch das *Einredegericht* berechtigt, um widersprüchliche Entscheidungen im Einrede- und im Aufhebungs- bzw Vollstreckungsverfahren zu vermeiden. Das bisherige Recht hatte den deutschen ordre public in § 1025 Abs 2 ZPO aF dahin konkretisiert, dass Schiedsvereinbarungen unwirksam waren, wenn eine Partei ihre wirtschaftliche oder soziale Überlegenheit dazu ausgenutzt hatte, den anderen Teil zu ihrem Abschluss zu nötigen. Demgegenüber hat der Reformgesetzgeber auf die Übernahme dieser sog „Überlegenheitsklausel" verzichtet. Das neue Recht beschränkt sich vielmehr darauf, eine ausgewogene Zusammensetzung des Schiedsgerichts sicherzustellen (vgl § 1034 Abs 2 ZPO). Unter der Prämisse einer Gleichbehandlung der Parteien sowohl bei der Bildung des Schiedsgerichts als auch bei der Durchführung des schiedsrichterlichen Verfahrens wird der Abschluss einer Schiedsvereinbarung nicht mehr als Benachteiligung einer Partei erachtet, weil nach heutigem Verständnis der Rechtsschutz der Parteien durch ein Schiedsgericht in gleicher Weise wie durch ein staatliches Gericht gewährleistet ist.

bb) Verstoß gegen international zwingende Normen

International zwingende Normen iSv Art 34 EGBGB stellen die objektive Schiedsfähigkeit des Streitgegenstandes nicht grundsätzlich in Frage, weil bei Abschluss der Schiedsvereinbarung idR nicht vorhersehbar ist, ob sich die Schiedsrichter an das zwingende Recht halten werden oder nicht (vHÜLSEN 121; STEIN/JONAS/SCHLOSSER § 1025 aF Rn 23). Die deutsche Praxis hat freilich vor allem im Zusammenhang mit **Termingeschäften deutscher Anleger** an ausländischen Börsen einen anderen Standpunkt vertreten; danach konnte die Zuständigkeit eines ausländischen Schiedsgerichts nicht wirksam vereinbart werden, wenn die Schiedsvereinbarung in Verbindung mit einer Rechtswahlklausel dazu führte, dass einem deutschen Anleger der Termineinwand nach § 52 BörsG (BGH NJW 1987, 3193 = IPRax 1989, 163 m Anm SAMTLEBEN 148; BGH WM 1987, 1353) oder der Differenzeinwand nach §§ 764, 762 Abs 1 BGB (OLG Frankfurt RiW 1986, 902) abgeschnitten wurde. Seit der Novellierung des Börsengesetzes von 1989 und 1998 verstößt eine Schiedsabrede, die einem börsentermingeschäftsfähigen inländischen Anleger den **Differenzeinwand** nimmt, freilich nicht mehr gegen den ordre public (vgl BGH RiW 1991, 420 = IPRax 1992, 380 m Anm SAMTLEBEN 362); dies ist auch im Einredeverfahren vor deutschen Gerichten zu beachten (BGH WM 1993, 2121). Darüber hinaus ist auch die zwischen einem nicht börsentermingeschäftsfähigen Inländer und einem ausländischen Broker-Unternehmen getroffene Schiedsvereinbarung jedenfalls dann wirksam, wenn die Zuständigkeit eines *deutschen Schiedsgerichts* und die Anwendung deutschen Rechts vereinbart wird (BGH NJW 1991, 2215 = IPRax 1992, 382 m Anm SAMTLEBEN 362). Dies galt bisher sogar dann, wenn dem Schiedsgericht die „Kompetenz-Kompetenz" eingeräumt war (OLG Düsseldorf WM 1996, 1903); seit der Reform bindet eine „Kompetenz-Kompetenz"-Klausel die staatlichen Gerichte hingegen nicht mehr (vgl §§ 1040 Abs 3 S 2, 1062 Abs 1 Nr 2 ZPO; dazu LACHMANN Rn 204 ff. Demgegenüber hielt die Rechtsprechung an der Nichtigkeit von Schiedsvereinbarungen, die – verbunden mit einer Wahl ausländischen Rechts – einem deutschen Anleger den **Termineinwand** vor dem vereinbarten Schiedsgericht abschnitten, noch länger fest (vgl zuletzt OLG Düsseldorf IPRax 1997, 115 und 118). Darin kommt allerdings ein unangebrachtes Misstrauen gegenüber ausländischen Schiedsgerichten zum Ausdruck. Dem Schutz des deutschen Anlegers wird Genüge getan, wenn der ausländische Schiedsspruch im Vollstreckbarerklärungsverfahren am Maßstab des deutschen ordre public kontrolliert wird (vgl SCHLOSSER, in: FS Steindorff 1350 [1379]; THORN IPRax 1997, 98 [102 f]; BORK/STÖVE, Schiedsgerichtsbarkeit bei Börsentermingeschäften [1992] 41 ff mwN). Insoweit gehört aber auch der Termineinwand eines nicht aufklärungsbedürftigen, nicht termingeschäftsfähigen Inländers seit der Neuregelung der Termingeschäftigkeit in § 53 Abs 2 BörsG nicht mehr zum deutschen ordre public (BGH NJW 1998, 2358).

VI. Die Wirkungen internationaler Schiedsvereinbarungen

1. Einredewirkung

a) Art 2 Abs 3 UNÜ

303 Das UNÜ regelt die Einredewirkung in Art 2 Abs 3 durch eine *vereinheitlichte Sachnorm*. Danach sind die im Einredeverfahren angerufenen Gerichte der Vertragsstaaten verpflichtet, die Parteien auf das schiedsrichterliche Verfahren zu verweisen, sofern eine Partei dies beantragt. Diese Regelung bedarf freilich notwendig der Ergänzung durch nationales Recht. Dies gilt etwa für die Frage, in welcher Form und bis zu welchem Zeitpunkt die Schiedseinrede erhoben werden kann; insoweit ist das Verfahrensrecht des angerufenen Gerichts maßgeblich (BGE 111 I a 107; VAN DEN BERG 137 ff). Im Geltungsbereich des EuÜ sind allerdings vorrangig die vereinheitlichten Präklusionsfristen in Art 5 Abs 1 und 2 EuÜ zu beachten (vgl dazu REITHMANN/MARTINY/HAUSMANN Rn 2410 ff). Darüber hinaus ist auch die Qualifikation des Begriffs der „Verweisung" dem nationalen Verfahrensrecht überlassen (vgl SCHLOSSER Rn 401; SCHWAB/WALTER Kap 45 Rn 1). Dieses kann daher – wie das deutsche Recht (§ 1032 Abs 1) – eine Prozessabweisung verfügen, sich aber auch nach dem Vorbild des Common Law mit einer bloßen Aussetzung des Verfahrens („stay of court proceedings") bis zur Entscheidung des Schiedsgerichts begnügen. Eine eigentliche Verweisung auf das schiedsgerichtliche Verfahren wird hingegen vom UNÜ nicht verlangt; Art 2 Abs 3 UNÜ hindert die Gerichte der Vertragsstaaten lediglich an einer Sachentscheidung, solange das Schiedsverfahren noch durchgeführt werden kann.

b) Autonomes Recht

304 Soweit keine staatsvertragliche Regelung eingreift, bestimmt die lex fori des angerufenen staatlichen Gerichts – und nicht das Statut der Schiedsvereinbarung – über Form, Zeitpunkt und Wirkung der Einrede (OLG Düsseldorf RiW 1996, 776 [777] = IPRax 1997, 118 m Anm THORN 98). In einem Einredeverfahren vor deutschen Gerichten gilt daher § 1032 ZPO. Danach wird – in Übereinstimmung mit dem bisherigen Recht (§ 1027 a ZPO aF) – die Abweisung der Klage als unzulässig angeordnet, wenn sie eine Angelegenheit betrifft, die Gegenstand einer wirksamen Schiedsvereinbarung ist, und wenn der Beklagte sich im Prozess auf die Schiedsvereinbarung beruft. Die Schiedseinrede greift auch gegenüber einer *Vollstreckungsabwehrklage* durch, wenn die mit ihr geltend gemachte Einwendung der Schiedsvereinbarung unterliegt (BGHZ 99, 143 [146 f] = ZZP 100 [1987] 456 m Anm K H SCHWAB). Auch wenn die Schiedsklage bereits erhoben ist, wird die Rechtshängigkeit vor dem Schiedsgericht im Verfahren vor dem staatlichen Gericht jedoch nicht von Amts wegen berücksichtigt. Die erforderliche Rüge der Unzuständigkeit des staatlichen Gerichts ist – ähnlich wie in § 39 ZPO – vor Einlassung zur Hauptsache vorzubringen. Sie greift nicht durch, wenn die Schiedsvereinbarung ungültig oder undurchführbar ist; gleiches gilt, wenn sie (zB durch wirksame Kündigung) erloschen bzw nachträglich aufgehoben worden ist oder wenn das Schiedsgericht sich bereits für unzuständig erklärt hat (vgl OLG Düsseldorf RiW 1996, 239 [240]). Schließlich darf die Schiedseinrede vom Beklagten nicht

arglistig oder treuwidrig erhoben werden (vgl dazu REITHMANN/MARTINY/HAUSMANN Rn 2505 mwN).

2. Drittwirkungen

Zur Frage der subjektiven Reichweite einer Schiedsvereinbarung, dh zur Bestimmung der an eine solche Vereinbarung gebundenen Personen, enthalten weder das UNÜ noch das EuÜ eine Regelung. Insoweit ist daher auf das *autonome* Schiedsverfahrensrecht der Vertragsstaaten zurückzugreifen. Nach deutschem Schiedsverfahrensrecht entscheidet über die Drittwirkungen einer Schiedsvereinbarung nicht das Schiedsvertragsstatut, sondern dasjenige Recht, welches auf die Rechtsbeziehungen anwendbar ist, die zwischen einer Schiedsvertragspartei und dem potentiell gebundenen Dritten bestehen (STEIN/JONAS/SCHLOSSER Anh § 1044 aF Rn 33; **aA** OLG Düsseldorf RiW 1996, 239). Demgemäß ist etwa das Erbstatut bei Universalrechtsnachfolge und das Zessionsstatut bei Einzelrechtsnachfolge maßgebend (OLG Hamburg RiW 1989, 574 = EwiR 1989, 933 m Anm BREDOW). Entsprechend gilt das Gesellschaftsstatut für die Bindung der Gesellschafter oder das Insolvenzstatut für die Bindung des Insolvenzverwalters an eine von der Gesellschaft bzw vom Gemeinschuldner getroffene Schiedsvereinbarung. Nach deutschem Sachrecht erstreckt sich eine Schiedsvereinbarung insbesondere auf die Rechtsnachfolger der Parteien sowie auf Gesellschafter von Personengesellschaften (vgl LACHMANN Rn 196 ff; REITHMANN/MARTINY/HAUSMANN Rn 2500 f mwN). Von internationalen Schiedsgerichten werden Schiedsvereinbarungen darüber hinaus vor allem im Rahmen von Konzernverbindungen kraft Zurechnungsdurchgriffs auf weitere Konzerngesellschaften erstreckt, um den Problemen der Mehrparteienschiedsgerichtsbarkeit auszuweichen (vgl die ICC-Schiedssprüche Nr 4131, Clunet 1983, 899 und Nr 6519, Clunet 1991, 1065, jeweils m Anm DERAINS).

Sachregister

Die fetten Zahlen beziehen sich auf die Artikel, die mageren Zahlen auf die Randnummern.

ABB-Flugpassage EGBGB 28 468
Abgeschlossene Vorgänge
  Deutsch-deutsches Verhältnis
    EGBGB Vorbem 27-37 49 ff
  Europäisches Kollisionsrecht, berufenes
    EGBGB 29a 23
  IPR-Reform 1986 (intertemporales Recht)
    EGBGB Vorbem 27-37 46 ff;
    EGBGB 30 26
Abhängiger Vertrag
  Anknüpfung **EGBGB 28** 134
Abhängigkeit
  oder Selbständigkeit der Leistungserbringung **EGBGB 30** 37
Abkommen, Übereinkommen
  Athener Übereinkommen (Seetransport)
    s. dort
  Auslegung
    s. dort
  Beförderungsrecht
    s. Beförderungsverträge
  Bretton-Woods-Abkommen **EGBGB 32** 129
  CISG (UN-Kaufrecht)
    s. CISG
  Einheitsrecht
    s. dort
  EuGVÜ
    s. Europäisches Gerichtsstands- und Vollstreckungsübereinkommen
  Europäische Übereinkommen
    s. dort
  Europaratsübereinkommen (Gastwirtshaftung) **EGBGB 28** 330
  EVÜ
    s. Römisches Übereinkommen (EVÜ)
  Genfer Übereinkommen
    s. dort
  Haager Übereinkommen
    s. dort
  IWF-Übereinkommen
    s. Alphabetische Übersicht EGBGB Anh 34
  Luganer Übereinkommen
    s. dort
  Ottawa-Konvention (Factoring) **EGBGB Anh 33** 10 ff
  Straßburger Binnenschiffahrtsübereinkommen (CLNI) **EGBGB 28** 420 ff
  UN-Übereinkommen
    s. dort

Abkommen, Übereinkommen (Forts.)
  UNCITRAL
    s. dort
  UNIDROIT
    s. dort
  und zwingendes Recht **EGBGB 34** 43
Abschluß des Vertrags
  s. Vertragsstatut (Einheitsstatut)
Abschlußort
  als Anknüpfungsmerkmal **EGBGB 28** 45
  und Rechtswahlvereinbarung
    EGBGB 27 63, 85 f, 123
Abschlußstatut
  Einheitliche Anknüpfung von Abschluß- und Wirkungstatut
    s. Vertragsstatut (Einheitsstatut)
Abstraktionsprinzip
  Forderungsabtretung **EGBGB 33** 9, 21 f, 35 f
Abtrennbare Vertragsteile
  und Spaltung des Vertragsstatuts
    EGBGB 28 57
Abtretung
  Abstrakte oder kausale Übertragung
    EGBGB 33 35 f
  Abstraktionsprinzip **EGBGB 33** 9, 21 f, 35 f
  Anknüpfung **EGBGB Einl 27-37** A 73;
    EGBGB 33 8 ff, 26 ff, 31 ff, 40 ff, 48 ff
  Anzeige **EGBGB 33** 15 ff, 21, 23
  Aufenthaltsort **EGBGB 33** 39, 60
  Aufrechnung **EGBGB 33** 31, 48
  Bedingte Forderungen **EGBGB 33** 41
  Befreiende Schuldnerleistung
    EGBGB 33 45
  und cessio legis, Abgrenzung **EGBGB 33** 64
  CISG-Forderung **EGBGB 33** 46
  Dinglich gesicherte Forderungen
    EGBGB 33 57
  Drittwirkungen **EGBGB 33** 8 ff, 14 ff, 48 ff
  Einheitsrecht für die Forderung
    EGBGB 33 46
  und Einziehungsermächtigung
    EGBGB 33 34, 63
  Factoring
    s. dort
  Forderung aus Verbrauchervertrag
    EGBGB 29 37
  Forderungsinhalt **EGBGB 33** 42
  Forderungskauf **EGBGB 33** 31

Abtretung (Forts.)
Formfragen **EGBGB 33** 55
Geschäftsbesorgung, zugrundeliegende **EGBGB 33** 31
Geschäftsfähigkeit **EGBGB 33** 54
Gesellschaftsvertrag, zugrundeliegender **EGBGB 33** 31
Gesetzliche Verbote **EGBGB 33** 41
Gesetzliches Schuldverhältnis als Rechtsgrund **EGBGB 33** 32
Gläubigerschutz **EGBGB 33** 29, 48 ff
Globalzession **EGBGB 33** 31, 58 ff
Inkassozession **EGBGB 33** 63
IPR-Reform 1986 **EGBGB 33** 10, 37
Kausalgeschäft **EGBGB 33** 8 ff, 14 ff, 31 f, 35 f
Kontokorrentklausel **EGBGB 33** 41
Kreditverträge und Abtretungsverbote **EGBGB 33** 41
Lex fori (prozessuale Wirkungen) **EGBGB 33** 44
Lex rei sitae **EGBGB 33** 57
Lösungsmöglichkeit für den Schuldner **EGBGB 33** 42
Materielle Voraussetzungen (Verfügungsgeschäft) **EGBGB 33** 33
Mehrfachzession **EGBGB 33** 51 ff
und nachträgliche Rechtswahl **EGBGB 27** 112
Nebenrechte **EGBGB 33** 34
Niederlassungsort des Zedenten **EGBGB 33** 60
Ordre public **EGBGB 33** 7
Prioritätsfrage **EGBGB 33** 52
Prozeßführungsbefugnis **EGBGB 33** 44
Prozessuale Wirkungen **EGBGB 33** 44
Publizitätserfordernisse **EGBGB 33** 14 ff, 43
Rechtsvergleichung **EGBGB 33** 14 ff
Rechtswahl **EGBGB 33** 28, 38, 47
Rechtswahl, abweichende **EGBGB 33** 47
Regelungslücke (Drittwirkungen) **EGBGB 33** 9
Römisches Übereinkommen (EVÜ) **EGBGB 33** 1 ff, 9, 11, 12, 13, 27, 28, 36, 43
Sachenrecht **EGBGB 33** 57
Schenkung, zugrundeliegende **EGBGB 33** 31
Schuldnerschutz **EGBGB 33** 8, 11 f, 29 f, 40 ff
Schuldnerschutz und Gläubigerschutz, kollisionsrechtliche Gleichschaltung **EGBGB 33** 49
Schuldübernahme
s. dort
Sicherungsabreden **EGBGB 33** 31

Abtretung (Forts.)
Sicherungsabtretung **EGBGB 33** 7, 31, 58 ff
Sitzrecht **EGBGB 33** 39, 49, 50
Sonderanknüpfung (kollisionsrechtlicher Schuldnerschutz) **EGBGB 33** 54 ff
Stellvertretung **EGBGB 33** 56
Übertragbarkeit der Forderung **EGBGB 33** 41, 52; **EGBGB Anh 33** 9
Verbote **EGBGB 33** 41, 58; **EGBGB Anh 33** 30 ff
Verfügungsgeschäft **EGBGB 33** 8 ff, 14 ff, 26 ff, 33 f
Verpflichtungsstatut **EGBGB 33** 8 ff, 31 f
Vertragscharakteristische Leistung **EGBGB 33** 39
Vertragsstatut, Bedeutung **EGBGB 33** 34
Vertragsübernahme
s. dort
Wechsel- und Scheckforderungen **EGBGB 33** 32
Zedent-Schuldner-Verhältnis **EGBGB 33** 8 ff, 14 ff, 40 ff
Zedent-Zessionar-Verhältnis **EGBGB 33** 8 ff, 26 ff, 31 ff
Zessionsgrundstatut **EGBGB 33** 8 ff, 31 ff, 66 ff, 74 f, 84
Zukünftige Forderungen **EGBGB 33** 59 ff
Abwahl staatlichen Rechts EGBGB 27 45, 56
Ägypten
CISG **EGBGB 28** 149
UN-Verjährungsübereinkommen **EGBGB 28** 163
Änderung
Anknüpfungstatsachen
s. Statutenwechsel
Rechtswahl und Änderung des gewählten Rechts **EGBGB 27** 43
AGB, AGBG
AGBG-Eingriffsnormen **EGBGB 34** 16, 39, 71, 80
Auslegung, Anwendung ausländischer – **EGBGB Vorbem 27–37** 56
Auslegung ausländischer – **EGBGB 32** 32
Auslegung (Vertragsstatut) **EGBGB 32** 26
Banken-AGB **EGBGB 28** 525
Einbeziehungskontrolle, Vertragsstatut **EGBGB 31** 72 ff
Elektronische – **EGBGB 28** 647 ff
Gerichtsstandsvereinbarung **EGBGB Anh II 27–37** 173, 183, 188, 193 ff
Inhaltskontrolle, Vertragsstatut **EGBGB 31** 81 ff
Rechtswahl in – **EGBGB 27** 52 f, 80, 142, 144 ff
Rechtswahl ohne anerkennenswertes Interesse **EGBGB 27** 25

AGB, AGBG (Forts.)
  Rechtswahlklausel **EGBGB 27** 53, 132, 145 f
  Schiedsvereinbarung **EGBGB Anh II 27-37** 261 ff, 272, 276 ff, 291
  Sprachrisiko **EGBGB 31** 104 ff
  Vertragsstatut und AGB-Einbeziehung **EGBGB 31** 19
Akkreditiv
  Dokumentenakkreditiv
  s. dort
Akzessorische Anknüpfung
  Rechtswahlabrede **EGBGB 27** 136
Alleinvertriebsvertrag
  Anknüpfung **EGBGB 28** 293
Allg. dt. Spediteurbedingungen
  Rechtswahl **EGBGB 27** 77, 80
  Engste Verbindung **EGBGB 28** 480
Allgemeine Rechtsgrundsätze
  Rechtswahl unter Verweis auf – **EGBGB 27** 46
Altenteilsverträge
  Anknüpfung **EGBGB 28** 639
Alternative Rechtswahl EGBGB 27 44
Altersversorgung
  Anknüpfung betrieblicher – **EGBGB 30** 246 f
Amtliche Handlung
  Anknüpfungsmerkmal des Ortes **EGBGB 28** 47
Analogie
  EVÜ-Regeln **EGBGB 36** 24
  Verbrauchervertragsrecht, Vertragsstatut **EGBGB 29** 66, 83, 93 ff
Anationales Recht
  Rechtswahl **EGBGB 27** 45
Anbieter
  Enger Bezug zum Gemeinschaftsgebiet **EGBGB 29a** 42
Anfechtung
  Anknüpfung bei eigenen rechtsgeschäftlichen Erklärungen **EGBGB Einl 27-37 A** 77
  Anknüpfung bei Gläubigeranfechtung **EGBGB Einl 27-37 A** 78
  Anknüpfung bei Insolvenzanfechtung **EGBGB Einl 27-37 A** 80
  Forderungsabtretung **EGBGB 33** 33
  Qualifikation **EGBGB Einl 27-37 A** 76
  Vermögens- und Unternehmensübernahme **EGBGB 33** 108
  Vertragsstatut **EGBGB 31** 52; **EGBGB 32** 78
Angebot
  Enger Bezug zum Gemeinschaftsgebiet **EGBGB 29a** 42
  im Verbraucherstaat **EGBGB 28** 68 ff
  Vertragsstatut **EGBGB 31** 15

Angelehnter Vertrag
  Rechtswahl, stillschweigende **EGBGB 27** 81
Anknüpfung
  Abtretung (Forderungsstatut)
  s. dort
  Akzessorische Anknüpfung **EGBGB 33** 88
  Arbeitsverhältnis
  s. dort
  Aufenthalt
  s. dort
  und Auslandsbezug, fehlender **EGBGB 27** 121 ff
  Einheitsrecht
  s. dort
  und enger Bezug zum Gemeinschaftsgebiet **EGBGB 29a** 48
  Engste Verbindung
  s. Vertragsstatut (Engste Verbindung)
  und Ermittlung anwendbaren Rechts **EGBGB Vorbem 27-37** 56
  Europäisches Recht
  s. dort
  Gerichtsstandsvereinbarung **EGBGB Anh II 27-37** 186 f
  Geschäftsstatut
  s. dort
  Kollisionsrechtliche Lücken **EGBGB 37** 7
  und kollisionsrechtliche Parteiautonomie **EGBGB 27** 21
  Lex fori
  s. dort
  Lex loci protectionis **EGBGB 28** 599
  Lex rei sitae
  s. dort
  Ortsanknüpfungen
  s. Ort
  Raum- bzw. ortsbezogene – **EGBGB 35** 10
  Rechtsgeschäftslehre (allgemeine) **EGBGB Einl 27-37 A** 1
  Rechtsverteidigung, Selbsthilfe **EGBGB Einl 27-37 A** 66 ff
  Rechtswahlvereinbarung **EGBGB 27** 135 ff
  Schiedsvereinbarung **EGBGB Anh II 27-37** 251, 258
  Sitz
  s. dort
  Sonderanknüpfungen
  s. dort
  Statutenwechsel
  s. dort
  Teilanknüpfung
  s. dort
  Verbraucherverträge
  s. dort
  Verfahrensfragen **EGBGB 28** 137 ff
  Verjährung **EGBGB Einl 27-37** 65
  Versicherungsverträge
  s. dort

Anknüpfung (Forts.)
Vertragsstatut
s. dort
Vertragsstatut, ausgeschlossene Materien **EGBGB 37** 7
Vertragstypen, einzelne **EGBGB 28** 142 ff
Vertretung
s. dort
Verweisungsvertrag **EGBGB 27** 6, 30 ff, 54, 135 ff
Vollmacht
s. dort
Währung **EGBGB 28** 45, 130; **EGBGB 30** 136
Wertpapierrecht **EGBGB 32** 13
Zahlungsverkehr/Kapitalverkehr, zu berücksichtigende Beschränkungen
s. Alphabetische Übersicht **EGBGB Anh 34**
und zwingendes Recht (Rücktritt des berufenen Rechts)
s. Zwingendes Recht
Anlagenvertrag
Begriff **EGBGB 28** 316
CISG-Anwendung **EGBGB 28** 154, 316
Errichtungsort **EGBGB 28** 318
Rechtswahl **EGBGB 28** 317
Sitz des Anlagenerstellers **EGBGB 28** 317
Teilrechtswahl **EGBGB 27** 91
Anleihe
Anknüpfung **EGBGB 28** 239 ff
Annahme
Vertragsstatut **EGBGB 31** 15
Anteile
s. Gesellschaftsanteile
Anticipatory breach
Vertragsstatut **EGBGB 31** 51
Anwaltsvertrag
s. Rechtsanwalt
Anweisung
Anknüpfung **EGBGB 28** 519 ff
Anzeige
der Abtretung **EGBGB 33** 15 ff, 21, 23
Abtretung (Factoring) **EGBGB Anh 33** 16, 24, 34 f, 41
Arbeitnehmerähnliche Personen
Anknüpfung **EGBGB 30** 44
Arbeitnehmerentsendung
Anknüpfung **EGBGB 30** 103, 107 ff
Arbeitnehmerüberlassung
Anknüpfung und Schutzbedürftigkeit **EGBGB 30** 45
Arbeitnehmerklage **EGBGB Anh II 27-37** 78
Arbeitsort, gewöhnlicher **EGBGB 30** 104
AÜG **EGBGB 30** 172
Echte Leiharbeit **EGBGB 30** 167 ff
Gewerbsmäßige – **EGBGB 30** 168, 170
Überlassungsvertrag **EGBGB 30** 171

Arbeitnehmerüberlassung (Forts.)
Zwingende Vorschriften **EGBGB 30** 172
Arbeitserlaubnis
Notwendigkeit **EGBGB 30** 219
Arbeitsgemeinschaften
Anknüpfung **EGBGB 28** 626
Arbeitsgerichtsverfahren
Anwendung ausländischen Rechts **EGBGB Vorbem 27-37** 56
Arbeitssachen
s. Arbeitsverhältnis
Arbeitskampf
Anknüpfung **EGBGB 30** 275 ff
Geltungsbereich **EGBGB 30** 280
Rechtswahl **EGBGB 30** 276
Seeschiffahrt **EGBGB 30** 277 ff
Arbeitsort
als Regelanknüpfung
s. Arbeitsverhältnis
Arbeitsverhältnis
Abgeschlossener Vorgang **EGBGB Vorbem 27-37** 48; **EGBGB 30** 26
Abschlußort **EGBGB 30** 57, 136
AGB, AGBG **EGBGB 30** 67, 80
Alkoholgenuß **EGBGB 30** 25
Allgemeinverbindlichkeitserklärung **EGBGB 30** 257
Altersversorgung **EGBGB 30** 137, 246 f
Arbeitnehmerentsendegesetz **EGBGB 30** 201, 229, 261
Arbeitnehmerhaftung **EGBGB 30** 233
Arbeitnehmerüberlassung
s. dort
Arbeitskampf
s. dort
Arbeitskleidung, Anschaffungsgeschäfte **EGBGB 29** 35
Arbeitsordnungsrecht **EGBGB 30** 190 f
Arbeitsort, gewöhnlicher **EGBGB Anh II 27-37** 73; **EGBGB 30** 2, 93, 99 ff
Arbeitsort in keinem Staat **EGBGB 30** 119
Arbeitsort in mehreren Staaten **EGBGB 30** 117 f
Arbeitssachen
— Gerichtsstand des Erfüllungsortes **EGBGB Anh II 27-37** 70 ff
— Gerichtsstandsvereinbarung **EGBGB Anh II 27-37** 173, 215 f
— Schiedsvereinbarung **EGBGB Anh II 27-37** 257
Arbeitsunfähigkeitsbescheinigung **EGBGB 30** 225
Arbeitsunfall **EGBGB 30** 232
Arbeitsvertrag, Arbeitsverhältnis (Fallgruppen, Merkmale) **EGBGB 30** 35 ff, 38 ff
Arbeitszeitregelungen **EGBGB 30** 79, 211, 231

Arbeitsverhältnis (Forts.)
Aufhebungsvereinbarung **EGBGB 30** 240
Ausflaggung **EGBGB 30** 152
Auslandsbezug des Vertrags
 EGBGB 30 56 ff
Auslandskorrespondenten **EGBGB 30** 103
Ausstrahlung **EGBGB 30** 107, 269
Ausweichsklausel
 s. dort
Autonom-rechtsvergleichende Qualifikation **EGBGB 30** 20, 35
Bahnpersonal **EGBGB 30** 161, 166
Beendigung **EGBGB 30** 235 ff
Befristung **EGBGB 30** 217
Betriebsrat **EGBGB 30** 15, 238, 271
Betriebsübergang **EGBGB 30** 12, 79, 218, 243; **EGBGB 33** 107
Betriebsvereinbarung **EGBGB 30** 34, 60
Betriebsverfassung
 s. dort
Beweislast **EGBGB 30** 91
Bhagwan-Sekte **EGBGB 30** 38
Billigflagge **EGBGB 30** 146, 150, 279
Bodenpersonal **EGBGB 30** 165
Bohrinsel **EGBGB 30** 115, 119
Cessio legis **EGBGB 33** 79
EGBGB-zwingende Normen **EGBGB 34** 27
Einheitsrecht **EGBGB 30** 17 f
Erfüllungsort **EGBGB Anh II 27-37** 77 ff
EuGVÜ **EGBGB 30** 19, 282 ff
EuGVÜ-Zuständigkeit **EGBGB Anh II 27-37** 70 ff
EuGVVO-Neuregelung **EGBGB Anh II 27-37** 76 ff
Europäisches Recht **EGBGB 30** 8 ff
Faktisches Arbeitsverhältnis **EGBGB 30** 33, 101, 125, 216
Familienverhältnis **EGBGB 30** 46
Feiertage **EGBGB 30** 211 f, 231
Fernfahrer **EGBGB 30** 161, 166
Flagge
 s. dort
Fluglinie **EGBGB 30** 274
Flugpersonal **EGBGB 30** 105, 139, 161 ff
Form des Arbeitsvertrags **EGBGB 30** 178 ff
Formmängel **EGBGB 30** 62
Freier Mitarbeiter **EGBGB 30** 43
Freistellungsanspruch des Arbeitnehmers **EGBGB 30** 233
Freizügigkeitsrecht **EGBGB 30** 9
Gemeinnützige Tätigkeit **EGBGB 30** 38
Gerichtsbarkeit **EGBGB 30** 282
Gerichtsstands- oder Schiedsgerichtsklausel **EGBGB 30** 60, 286
Gleichbehandlung der Geschlechter **EGBGB 30** 79
Gruppenarbeitsvertrag **EGBGB 30** 34

Arbeitsverhältnis (Forts.)
Günstigkeitsprinzip
 s. dort
Haftung des Arbeitnehmers **EGBGB 30** 233
Handelsvertreter **EGBGB 30** 42
Heimarbeit **EGBGB 30** 41, 104
Heuerstatut **EGBGB 30** 145 ff, 158 ff
ILO **EGBGB 30** 17
Immunität **EGBGB 30** 282
Ingmar-Entscheidung des EuGH **EGBGB 30** 193
Inlandsfall, reiner **EGBGB 30** 53 ff
Interlokales Tarifrecht **EGBGB 30** 31
Internationale Organisationen, deren Beschäftigte **EGBGB 30** 48
Internationale Zuständigkeit **EGBGB Anh II 27-37** 70 ff; **EGBGB 30** 282 ff
Internet **EGBGB 30** 116
Intertemporales Recht **EGBGB 30** 26
IPR-Reform **EGBGB 30** 4 ff, 26, 141
Jugendschutz **EGBGB 30** 79, 238
Kleinbetriebsklausel **EGBGB 30** 237
Kollektives Arbeitsrecht **EGBGB 30** 15
Konkurs des Arbeitgebers (EG-RL) **EGBGB 30** 13
Kündigung **EGBGB 30** 235
Kündigungsschutz **EGBGB 30** 196 ff, 236 ff, 238 f
Kurzarbeitergeld **EGBGB 30** 228
Lex causae **EGBGB 30** 20
Lex fori **EGBGB 30** 20
Lex loci laboris **EGBGB 30** 4, 98
Lex loci protectionis **EGBGB 30** 234
Lohnfortzahlung im Krankheitsfall **EGBGB 30** 199, 222 ff
Lohngleichheit für Mann und Frau **EGBGB 30** 9, 79
Luftfahrtunternehmen **EGBGB 30** 274
Lugano-Übereinkommen **EGBGB Anh II 27-37** 75; **EGBGB 30** 288
Massenentlassungen **EGBGB 30** 11, 197
Mindesturlaub **EGBGB 30** 230
Mutterschutz **EGBGB 30** 79, 198, 226, 238 f
Nachvertragliche Pflichten **EGBGB 30** 244 f
Nichtiger Arbeitsvertrag **EGBGB 30** 33
Niederlassung, einstellende **EGBGB Anh II 27-37** 74; **EGBGB 30** 2, 114 ff
Objektives Statut **EGBGB 30** 2
Öffentlich-rechtliche Vorschriften **EGBGB 30** 190 f
Öffentlicher Dienst **EGBGB 30** 47
Ordre public **EGBGB 30** 24 f
Ortskräfte **EGBGB 30** 103, 270
Parteiwille, Parteiautonomie **EGBGB 30** 1, 51
Probezeit **EGBGB 30** 111

Arbeitsverhältnis (Forts.)
Qualifikationsfragen **EGBGB 30** 20 ff
Rangkollisionen **EGBGB 30** 205 ff
Rechtsanwendungsgesetz **EGBGB 30** 27
Rechtswahl
— durch AGB **EGBGB 30** 67
— Form **EGBGB 30** 65
— Inlandsfall, reiner **EGBGB 30** 53 ff
— Modalitäten **EGBGB 30** 59 ff
— Nachträgliche **EGBGB 30** 62
— Rechtswahlfreiheit **EGBGB Vorbem 27-37** 33; **EGBGB 27** 9, 137
— Seearbeitsverhältnisse **EGBGB 30** 142 ff
— Stillschweigende – **EGBGB 30** 60 f
— durch Tarifvertrag **EGBGB 30** 63 f
— für Tarifvertrag **EGBGB 30** 252
— Wählbare Rechtsordnungen **EGBGB 30** 52
— Wirksamkeit **EGBGB 30** 65
— Wirkungen **EGBGB 30** 68 ff
— Zustandekommen **EGBGB 30** 65
Referenzstatut **EGBGB 30** 1
Regelanknüpfung **EGBGB 30** 2
Registerort **EGBGB 30** 137
Renvoi **EGBGB 30** 23, 268, 276
Revisibilität ausländischen Rechts **EGBGB 30** 288
Rheinschiffer **EGBGB 30** 18
Römisches Übereinkommen (EVÜ) **EGBGB 30** 5 f, 19 ff, 26
Rosinentheorie **EGBGB 30** 85
Ruhen **EGBGB 30** 241 f
Scheinselbständigkeit **EGBGB 30** 44
Schutz der schwächeren Vertragspartei **EGBGB Vorbem 27-37** 35 f; **EGBGB 27** 28
Schutznormen **EGBGB 30** 72 ff
Schwangerschaft und Kündigungsschutz **EGBGB 30** 198, 238 f
Schwerbehindertenschutz **EGBGB 30** 79, 198
Seeforderungen **EGBGB 30** 288
Seeleute
s. dort
Selbständigkeit, Abgrenzung **EGBGB 30** 36 f
Sonderanknüpfungen **EGBGB 30** 49 f, 189
Sozialauswahl **EGBGB 30** 237
Sprache des Vertrags **EGBGB 30** 136
Staatsangehörigkeit **EGBGB 30** 57, 134 f
Statutenwechsel **EGBGB 30** 107, 127, 173 ff
Straßenverkehr (Übk. über Arbeitsbedingungen) **EGBGB 30** 18
Streitkräfte, stationierte **EGBGB 30** 266
Tarifvertrag
s. dort
Teilzeitarbeit **EGBGB 30** 39, 231
Telearbeit **EGBGB 30** 41, 104

Arbeitsverhältnis (Forts.)
Territorialitätsprinzip **EGBGB 30** 265
Unfallverhütung **EGBGB 30** 211
Urheberrecht **EGBGB 30** 234
Urlaub **EGBGB 30** 79, 230
Verbrauchervertrag **EGBGB 29** 52
Verfahrensrecht **EGBGB 30** 88, 90 f, 282 ff
Vergütungsanspruch **EGBGB 30** 221 ff
Verjährungsregeln **EGBGB 30** 80
Vertragsstatut
— Anwendungsbereich **EGBGB 32** 10
— Faktisches Verhältnis **EGBGB 32** 78
— Gewähltes **EGBGB 30** 51 ff
— Korrektur durch zwingendes Recht **EGBGB 30** 187 ff
— Objektives **EGBGB 30** 92 ff
— Reichweite **EGBGB 30** 214 ff
Völkerrecht **EGBGB 30** 18, 48
Vorvertragliche Pflichten **EGBGB 30** 215
Währung **EGBGB 30** 136
Wehrdienst **EGBGB 30** 242
Wettbewerbsverbot **EGBGB 30** 245
Wintergeld **EGBGB 30** 238
Zeitpunkt der Bestimmung des Vertragsstatuts **EGBGB 30** 173 ff
Zweitregisterschiff, deutsches **EGBGB 30** 151 ff, 158 ff
Zwingende Normen
s. dort
Architektenvertrag
HOAI als zwingendes Recht **EGBGB 28** 321 f
Niederlassungsort, Aufenthaltsort des Architekten **EGBGB 28** 319
Verbrauchervertrag **EGBGB 28** 320
Zwingendes Recht **EGBGB 34** 94
Argentinien
CISG **EGBGB 28** 149
Haager Stellvertretungsabkommen **EGBGB Einl 27-37** A 8
UN-Verjährungsübereinkommen **EGBGB 28** 163
Artenschutz
Zwingendes Recht **EGBGB 34** 107
Arztvertrag
Charakteristische Vertragsleistung **EGBGB 28** 248
Niederlassungs- oder Praxisort, Anknüpfung **EGBGB 28** 257
Rechtswahl **EGBGB 28** 257
Verbrauchervertrag **EGBGB 28** 258
Athener Übereinkommen
Seetransport (Personenbeförderung) **EGBGB 28** 380 ff
Aufenthaltsort
s. a. Sitz
als Anknüpfungsmerkmal **EGBGB 28** 40
der Arbeitsvertragsparteien **EGBGB 30** 134

Aufenthaltsort (Forts.)
des Architekten **EGBGB 28** 319
des Auftragnehmers **EGBGB 28** 356
Begriff **EGBGB 28** 84
des Bürgen **EGBGB 28** 487
und charakteristische Leistung
EGBGB 28 78 f
als Daseinsmittelpunkt, tatsächlicher
EGBGB 28 84
Dienstleistender **EGBGB 28** 248
Eingriffsnorm und inländischer –
EGBGB 34 81
des Garanten **EGBGB 28** 506
Gemeinsamer Aufenthaltsort beider Parteien **EGBGB 28** 130
im Gemeinschaftsgebiet **EGBGB 29a** 46
des Handelsvertreters **EGBGB 28** 280
des Kommissionärs **EGBGB 28** 270
des Maklers **EGBGB 28** 264
Private Tätigkeit und Anknüpfung an den –
EGBGB 28 84
Rechtswahlbedeutung **EGBGB 27** 84
Sachlicher Aufenthalt **EGBGB 29** 101
Sachwalterhaftung **EGBGB Einl 27-37** A 90
Schlichter – **EGBGB Anh I 37** 40
Schuldner charakteristischer Leistung
EGBGB 28 78
und Staatsangehörigkeit **EGBGB 28** 44
des Unterrichtsveranstalters **EGBGB 28** 259
Verbraucherverträge, Anknüpfung an
den – **EGBGB 29** 101, 112, 117
Verkäufersitz **EGBGB 28** 175
des Versicherungsnehmers **EGBGB**
Anh I 37 40
und Vertragsstatut **EGBGB 31** 6
Vertragsstatut und Sperrwirkung des
Rechts am – **EGBGB 31** 70
des Werkunternehmers **EGBGB 28** 304
des Zedenten (Sicherungsgebers)
EGBGB 33 60
Aufhebungsvereinbarung
Arbeitsverhältnis **EGBGB 30** 240
Aufrechnung
und Abtretung **EGBGB 33** 31, 48
CISG **EGBGB 32** 64
Devisenkontrakt **Anh 34** 33
Gerichtsstandsvereinbarung **EGBGB**
Anh II 27-37 225
Hauptforderungsstatut **EGBGB Einl**
27-37 A 72
Vertragsstatut (Anwendungsbereich)
EGBGB 32 60 ff
Auftrag
Begriff, Rechtsnatur **EGBGB 28** 337
Rechtswahl **EGBGB 28** 338
Sitz des Beauftragten **EGBGB 28** 339
Verbraucherverträge **EGBGB 28** 341

Auftragsbestätigung
Gerichtsstandsvereinbarung **EGBGB**
Anh II 27-37 199, 204
Schiedsvereinbarung **EGBGB**
Anh II 27-37 274 f
Auftrittsvertrag
Sitzrecht des Auftretenden **EGBGB 28** 263
Ausbildungsverhältnisse
Anknüpfung **EGBGB 30** 40
Ausdrückliche Rechtswahl EGBGB 27 52 ff
Ausfuhrbeschränkungen
als zwingendes Recht **EGBGB 34** 107
Auskunftsvertrag
Anknüpfung **EGBGB 28** 579
Ausländische Dienstleistungen
und kollisionsrechtlicher Verbraucherschutz **EGBGB 29** 53, 60 ff
Ausländische Investmentanteile
Vertrieb **EGBGB 28** 575
Ausländische Niederlassungen
Anwaltstätigkeit durch mehrere –
EGBGB 28 252
Ausländische Urkunden
Legalisation öffentlicher – **EGBGB 32** 114
Ausländischer Vermieter
Ferienhausmietvertrag mit – **EGBGB 29** 61
Ausländisches Börsengeschäft EGBGB 28 587
Ausländisches Recht
Arbeitsrecht, fehlerhaft angewendetes
EGBGB 30 290
Auslegung, Anwendung **EGBGB Vorbem**
27-37 56
Bestechungs- und Schmiergeldzahlungen,
verbotene **EGBGB 34** 124
Devisenrecht **Anh 34** 4 ff
als drittstaatliche Eingriffsnormen
s. Zwingendes Recht
Eingriffsnormen **EGBGB 34** 127; **EGBGB**
Anh I 37 21, 88
Embargo **EGBGB 34** 122
Forderungsabtretung **EGBGB 33** 14 ff
Formvorschriften **EGBGB 28** 146
und gesetzliches Verbot § 134 BGB
EGBGB 34 126
als international zwingendes Recht
s. Zwingendes Recht
Konkludente Rechtswahl **EGBGB 27** 78
Korrektur gewählten – **EGBGB 27** 18
Kulturgüterschutz **EGBGB 34** 123
Leistungsverbote aufgrund –
EGBGB 34 125
Öffentliches – **EGBGB 34** 119
Vertragsbezugnahme auf – **EGBGB 27** 75
Wahl der Sachvorschriften, der Kollisionsregeln **EGBGB 27** 36
Ausländisches Unternehmen
mit inländischer Niederlassung, anwendbares Recht **EGBGB 28** 88

Auslandsbezug eines Falles
  Binnensachverhalt, fehlender –
    EGBGB 27 121 ff
Auslandspersonal
  Rechtswahl EGBGB 27 59, 88, 102, 106
Auslegung
  von AGB EGBGB 31 90
  Ausländisches Recht EGBGB Vorbem
    27-37 56
  Autonom-rechtsvergleichende –
    EGBGB 34 52
  Deutsches Recht als Eingriffsnormen
    EGBGB 34 52 ff
  Einheitsrecht EGBGB 37 18
  EuGVÜ/LugÜ EGBGB Anh II 27-37 2, 6,
    29 ff, 48 ff, 72, 84, 93, 95 ff, 134,
    141
  Europäisch-einheitliche – EGBGB 29a 40
  EVÜ-Kollisionsnormen, einheitliche
    EGBGB 36 1 ff
  und EVÜ-Umsetzung EGBGB Vorbem
    27-37 29
  Gemeinschaftskonforme – EGBGB Vorbem
    27-37 7
  Gemeinschaftsrecht, gemeinschaftsnahes
    Völkerrecht EGBGB Vorbem 27-37 42
  Gerichtsstandsvereinbarung EGBGB
    Anh II 27-37 189
  IWF-Übereinkommen Anh 34 10 ff, 20
  Kollisionsrecht EGBGB Vorbem 27-37 40 ff
  Konventionsübergreifende – EGBGB 36 10
  Rechtsvergleichende – EGBGB 36 22
  Rechtswahlvereinbarung EGBGB 27 55
  Schiedsvereinbarung EGBGB
    Anh II 27-37 265 f
  Staatsverträge EGBGB 36 10
  und Vertragsstatut EGBGB 32 24 ff
  Vertragsstatut (Gebot einheitlicher Auslegung) EGBGB 36 1 ff; EGBGB 37 5
  Vertragsstatut und Zustandekommen des
    Vertrags EGBGB 31 53
Auslobung
  Anknüpfung EGBGB 28 598
Außenwirtschaftsrecht
  Zwingendes Recht EGBGB 34 68, 82,
    107 f
Außervertragliches Schuldrecht
  s. Schuldrecht (außervertragliches)
Austauschvertrag
  Devisenkontrakt Anh 34 36
Australien
  CISG EGBGB 28 149
  IWF-Übereinkommen Anh 34 19
  Rechtsspaltung EGBGB 27 16
  Rechtsspaltung, räumliche EGBGB 27 16
Ausweichklausel
  Arbeitsverträge
  — Bedeutung EGBGB 30 128 ff

Ausweichklausel (Forts.)
  — zu berücksichtigende Umstände
    EGBGB 30 132 ff, 150
  — Günstigkeitsprinzip EGBGB 30 138
  Dienstleistungsverträge EGBGB 28 249
  bei der engsten Verbindung
  — Ausnahmecharakter EGBGB 28 30, 126
  — Börsenkauf, Versteigerungen
    EGBGB 28 176
  — Einzelfallbezogenheit EGBGB 28 29
  — Handkauf EGBGB 28 177
  — Kriterien der engeren Verbindung
    EGBGB 28 129 ff
  — und Struktur des Art 28 EGBGB 28 26
  — Vermutungsregel, Relativierung
    EGBGB 28 7
  — Vertragsspaltung EGBGB 28 128
  — Voraussetzungen EGBGB 28 127
  Verbraucherverträge EGBGB 29 114

Bahnpersonal
  Anknüpfung EGBGB 30 161 ff
Bankenkonsortium
  Staaten, mehrere EGBGB 28 94
Bankverträge
  AGB-Vereinbarung EGBGB 28 525
  Auskunft EGBGB 28 579
  Bürgschaft der Bank EGBGB 28 497
  Charakteristische Leistung EGBGB 28 526
  Darlehensgewährung, Anknüpfung
    EGBGB 28 235
  Depotgeschäft EGBGB 28 576 f
  Diskontgeschäft EGBGB 28 533
  Dokumentenakkreditiv EGBGB 28 548 ff
  Effektengeschäft EGBGB 28 529 ff
  Einheitsrecht, nicht bestehendes
    EGBGB 28 522
  Einlagengeschäft EGBGB 28 529
  Factoring EGBGB 28 534 ff; EGBGB
    Anh 33 3, 5
  Forfaitierung EGBGB 28 539 ff
  Garantie der Bank EGBGB 28 506
  Geschäftsverkehr zwischen Banken
    EGBGB 28 527
  Girogeschäft EGBGB 28 542 ff
  Girosammelverwahrung (zwingendes
    Recht) EGBGB 34 102
  Inkassogeschäft EGBGB 28 567 ff
  Investmentgeschäft EGBGB 28 572 ff
  Kreditgeschäft EGBGB 28 532
  Kreditkarte EGBGB 28 546 f
  Niederlassung der Bank EGBGB 28 526
  Rechtswahl EGBGB 28 525
  Swapgeschäft EGBGB 28 578
  Verbraucherschutz EGBGB 28 528
  Verbraucherverträge EGBGB 29 62
  Zwingendes Recht EGBGB 34 101 ff

Bare boat charter
als Schiffsmietvertrag **EGBGB 28** 402
Bare-hull-charter
als Mietvertrag **EGBGB 28** 467
Baubetreuung
Anknüpfung **EGBGB 28** 248
Begriff **EGBGB 28** 343
als Geschäftsbesorgung **EGBGB 28** 342
Sitz des Baubetreuers **EGBGB 28** 343
Bauherrengemeinschaft
Anknüpfung **EGBGB 28** 344
Bauträgervertrag
Anknüpfung an die Grundstücksbelegenheit **EGBGB 28** 345
Makler- und Bauträgerverordnung **EGBGB 28** 347
Bauvertrag
Anknüpfung (engste Verbindung) **EGBGB 28** 103
Dingliche Sicherung des Lohnanspruchs **EGBGB 28** 313
Industrieanlagen, Großbaustellen **EGBGB 28** 133
Örtliche Bauregeln **EGBGB 28** 315
Ort der Baustelle **EGBGB 28** 133, 311
Pfandrecht an Bestellergegenständen **EGBGB 28** 314
Rechtswahl **EGBGB 28** 309
Sitz des Unternehmers mit charakteristischer Leistung **EGBGB 28** 310
Verbrauchervertrag **EGBGB 28** 312
VOB-Vereinbarung **EGBGB 28** 309
Bedingte Forderungen
Abtretung **EGBGB 33** 41
Bedingungen
Rechtswahl aufgrund ihrer Verwendung **EGBGB 27** 80
Beförderungsverträge (Güterbeförderung)
Anknüpfungsmerkmale **EGBGB 28** 110 f, 121 ff
Beförderer **EGBGB 28** 117
Begriff, Gegenstand **EGBGB 28** 112
Besonderheiten des Rechts der – **EGBGB 28** 110
Binnenschiffahrt (Straßburger Übereinkommen CLNI) **EGBGB 28** 420 ff
Charterverträge **EGBGB 28** 114
CMR-Übereinkommen (internationaler Straßentransport) **EGBGB Anh II 27-37** 4, 118 ff, 176, 230, 472; **EGBGB 28** 372 ff
Einheitliches Recht, Bedeutung **EGBGB 28** 110
Eisenbahntransport (COTIF/Anhang B ER/CIM) **EGBGB 28** 424 ff
Engste Verbindung **EGBGB 28** 111
Entladeort **EGBGB 28** 123
Europäisches Recht **EGBGB 28** 363

Beförderungsverträge (Güterbeförderung) (Forts.)
Gefährliche Güter (UN-Übereinkommen) **EGBGB 28** 374
Gerichtsstandsvereinbarung **EGBGB Anh II 27-37** 175 ff
Gesamtheit der Umstände **EGBGB 28** 367
Haager Konnossementenübereinkommen **EGBGB 28** 385 ff
Hauptniederlassung des Absenders **EGBGB 28** 124
Hauptniederlassung des Beförderers **EGBGB 28** 110, 119 f, 367
Internationale Zuständigkeit **EGBGB Anh II 27-37** 105, 118 ff, 123 ff
Konnossement, Anknüpfung **EGBGB 28** 403 ff
Lufttransport (Montrealer Übereinkommen) **EGBGB 28** 436 f
Lufttransport (Warschauer Abkommen) **EGBGB 28** 444 ff
Luftverkehr, internationale Zuständigkeit **EGBGB Anh II 27-37** 123 ff
Private als Beförderer **EGBGB 28** 112
Rechtswahl **EGBGB 27** 9; **EGBGB 28** 365, 378, 389 ff, 425
Seefrachtverträge **EGBGB 28** 384 ff
Seefrachtverträge, Rechtswahl/objektive Anknüpfung **EGBGB 28** 389 ff
Seetransport (Haager Konnossementsregeln) **EGBGB 28** 384 f
Seetransport (UN-Übereinkommen) **EGBGB 28** 387
Speditionsverträge **EGBGB 28** 113, 373
Transportmittel **EGBGB 28** 112
Verbraucherschutz, kollisionsrechtlicher, ausgeschlossene – **EGBGB 29** 58 f
Verladeort **EGBGB 28** 122
Vermutung für das anwendbare Recht **EGBGB 28** 6
Zeitpunkt, maßgeblicher **EGBGB 28** 125
Beförderungsverträge (Pauschalreisen)
Begriff, Verbraucherschutz **EGBGB 28** 63
Beförderungsverträge (Personenbeförderung)
Anknüpfung (charakteristische Leistung) **EGBGB 28** 366
Anknüpfung (engste Verbindung) **EGBGB 28** 115
Athener Übereinkommen über die Seebeförderung **EGBGB 28** 380 ff
Binnenschiffahrt (Genfer Übereinkommen CVN) **EGBGB 28** 418 f
CVR-Übereinkommen (internationaler Straßentransport) **EGBGB 28** 370 f
Eisenbahntransport (COTIF/Anhang A ER/CIV) **EGBGB 28** 424 ff
Lufttransport (Montrealer Übereinkommen) **EGBGB 28** 446 f

Beförderungsverträge (Personenbeförderung)
(Forts.)
  Lufttransport (Warschauer Abkommen)
    EGBGB Anh II 27-37 126 ff;
    EGBGB 28 444 ff
  Pauschalreise **EGBGB 28** 325, 327;
    EGBGB 29 55, 57 f, 63 f
  Rechtswahl **EGBGB 27** 9; **EGBGB 28** 365
  Verbraucherschutz, kollisionsrechtlicher,
    ausgeschlossene – **EGBGB 29** 58 f
Beherbergungsvertrag
  Bewirtung als Gegenstand **EGBGB 28** 335
  Europaratsübereinkommen über die
    Gastwirtshaftung **EGBGB 28** 330
  Gastwirtshaftung für eingebrachte Sachen
    EGBGB 28 334
  Heimunterbringung **EGBGB 28** 336
  Sitz des Gastwirts **EGBGB 28** 331 f
  Unterbringungsort, dort geltendes Recht
    EGBGB 28 331
  Verbraucherverträge **EGBGB 28** 333
Beitrittsgebiet
  Arbeitsverträge mit Drittstaatenbezug
    EGBGB 30 27
  Arbeitsverträge, interlokale **EGBGB 30** 28
  Interlokale Konflikte **EGBGB 35** 16
  Schuldverträge und intertemporales Recht
    EGBGB Vorbem 27-37 49 ff
  Überleitung der Arbeitsverträge
    EGBGB 30 30
  Verbraucherverträge **EGBGB 29** 17 f
  und Vertragsrecht, internationales
    EGBGB Vorbem 27-37 19 ff
Belegenheit des Sachverhalts
  in ein und demselben Staat **EGBGB 27** 7
Belegenheitsort
  s. Lex rei sitae
Belgien
  CISG **EGBGB 28** 149
  EVÜ-Ratifikationsstand **EGBGB Vorbem
    27-37** 31
  Forderungsabtretung **EGBGB 33** 17 f
  Gastwirtshaftung (Europaratsübereinkommen) **EGBGB 28** 330
  Vertragsstatut **EGBGB 31** 1
Beratungsverträge
  Anknüpfung **EGBGB 28** 248
  Verbraucherverträge **EGBGB 29** 62
Berufliche Geschäfte
  Ort charakteristischer Leistung
    EGBGB 28 86 ff
  und Verbraucherverträge, Abgrenzung
    EGBGB 29 33 f
Berufsgruppen
  und Dienstleistungsverträge, Anknüpfung
    EGBGB 28 247 ff

Berufstypische Handlung
  und Bestimmung charakteristischer
    Leistung **EGBGB 28** 72
Bestätigungsschreiben
  s. Kaufmännisches Bestätigungsschreiben
Bestechungsgelder
  Verstoß gegen ausländisches Recht
    EGBGB 34 124
  Vertragsstatut **EGBGB 31** 26
Bestellung
  Entgegennahme im Verbraucherstaat
    EGBGB 28 76 ff
Bestimmtheit
  Gerichtsstandsvereinbarung **EGBGB
    Anh II 27-37** 210 ff
  Schiedsvereinbarung **EGBGB
    Anh II 27-37** 295 f
Betreuungsvertrag
  Anknüpfung **EGBGB 28** 355
  Vertretungsmacht **EGBGB Einl 27-37 A** 6
Betriebliche Altersversorgung
  Anknüpfung **EGBGB 30** 246 f
Betriebsführungsverträge
  Anknüpfung **EGBGB 28** 348
Betriebsstätte
  des Versicherungsnehmers **EGBGB
    Anh I 37** 41
Betriebsübergang
  Anknüpfung **EGBGB 33** 107
Betriebsverfassung
  Anknüpfung **EGBGB 30** 265 ff;
    EGBGB 32 14
  Betriebsrat **EGBGB 30** 15, 238, 271
  Gegenstand der Mitbestimmung
    EGBGB 30 263 f
  Geltungsbereich **EGBGB 30** 272
  Luftfahrtunternehmen **EGBGB 30** 274
  Seeschiffahrtsunternehmen **EGBGB 30** 273
Beurkundungsort
  als Anknüpfungsmerkmal **EGBGB 28** 47
  und stillschweigende Rechtswahl
    EGBGB 27 89
Bewachungsvertrag
  Vertragsstatut **EGBGB 28** 103
Bewegliche Sachen
  CISG-Anwendung **EGBGB 28** 149
  Lieferverträge **EGBGB 29** 50
  Mietverträge **EGBGB 28** 215
  Transport **EGBGB 28** 112
Beweisrecht
  Anknüpfungstatsachen, streitige
    EGBGB 28 138
  Beweislastverteilung (Vertragsstatut)
    EGBGB 28 139
  Beweisregeln oder Rechtsvermutungen
    EGBGB 28 137
  Devisenkontrollbestimmungen **Anh 34** 59 f

Beweisrecht (Forts.)
und Vertragsstatut **EGBGB 32** 99, 102 ff
Bill of Lading
s. Konnossement
Binnensachverhalt
s. Inländischer Sachverhalt
Binnenschiffahrtstransport
Güterbeförderung (Einheitsrecht, Anknüpfung) **EGBGB 28** 420 ff
Personenbeförderung (Einheitsrecht) **EGBGB 28** 418 f
Börsengeschäfte
Anteilkauf an der Börse **EGBGB 28** 184
Börsenmaklergeschäfte, Anknüpfung **EGBGB 28** 264
Börsentermingeschäfte
— Gerichtsstandsvereinbarung **EGBGB Anh II 27-37** 174, 218
— Schiedsvereinbarung **EGBGB Anh II 27-37** 293, 302
— Verbrauchergerichtsstand **EGBGB Anh II 27-37** 101, 112
— Verbraucherverträge **EGBGB 29** 33
— Vertragsstatut **EGBGB 28** 583 ff
— Zwingendes Recht **EGBGB 28** 583 ff; **EGBGB 34** 103
Differenzeinwand **EGBGB 28** 588
Grundstücksgeschäfte **EGBGB Einl 27-37 A** 32
Hedge-Geschäfte **EGBGB 28** 589
Kaufvertrag, Anknüpfung **EGBGB 28** 176
Kommissions- oder Geschäftsbesorgungsverhältnis **EGBGB 28** 582
Ordre public **EGBGB 28** 591
Rechtswahl;Recht des Börsenortes **EGBGB 28** 581
Zwingendes Recht **EGBGB 28** 583 ff; **EGBGB 34** 101 ff
Bosnien-Herzegowina
CISG **EGBGB 28** 149
Gastwirtshaftung (Europaratsübereinkommen) **EGBGB 28** 330
UN-Verjährungsübereinkommen **EGBGB 28** 163
Brautgeld EGBGB 28 642
Brautgeschenke
Rechtswahl **EGBGB 27** 78
Bretton-Woods-Abkommen
Währungsrecht, vereinheitlichtes **EGBGB 32** 129
Bringschuld
Vertragsstatut **EGBGB 32** 36
Brüsseler EuGVÜ
s. Europäisches Gerichtsstands- und Vollstreckungsübereinkommen
Brüsseler Übereinkommen
über den Reisevertrag **EGBGB 28** 324

Bürgschaft
Anknüpfung, selbständige **EGBGB 28** 496
Aufenthaltsort des Bürgen **EGBGB 28** 497
Bankbürgschaft **EGBGB 28** 497
Bürgschaftsstatut, Umfang **EGBGB 28** 499
Cessio legis **EGBGB 33** 67, 79, 79 ff
Devisenkontrakt **EGBGB Anh 34** 29
Familienrechtliche Schranken **EGBGB 28** 501
Form **EGBGB 28** 500
Garantie, Abgrenzung **EGBGB 28** 504
Niederlassung des Bürgen **EGBGB 28** 497
Ordre public **EGBGB 28** 503
Prozeßbürgschaft **EGBGB 28** 497
Rechtswahl **EGBGB 27** 19, 81, 112; **EGBGB 28** 497
Schuldbeitritt **EGBGB 28** 497
Zwingendes Recht **EGBGB 34** 100, 135
Bulgarien
CISG **EGBGB 28** 149
Bulgarien-Entscheidung
Beschränkungen des int.Kapitalverkehrs **EGBGB Anh 34** 4, 25 f, 30 f, 71
Bundesrepublik
CISG **EGBGB 28** 149
EVÜ-Umsetzung **EGBGB Vorbem 27-37** 27 ff
Freie Konvertierbarkeit der DM **EGBGB Anh 34** 2
Freier Kapitalverkehr **EGBGB Anh 34** 2
Freier Zahlungsverkehr **EGBGB Anh 34** 2
Gastwirtshaftung (Europaratsübereinkommen) **EGBGB 28** 330
Haager Stellvertretungsabkommen **EGBGB Einl 27-37 A** 8
Internationales Vertragsrecht **EGBGB Vorbem 27-37** 3
IWF-Mitgliedschaft **EGBGB Anh 34** 4
UN-Verjährungsübereinkommen **EGBGB 28** 165 ff
UNIDROIT-Konvention zum int. Finanzierungsleasing **EGBGB 28** 221
Burundi
CISG **EGBGB 28** 149
UN-Verjährungsübereinkommen **EGBGB 28** 163

Cessio legis
und Abtretung, Abgrenzung zur rechtsgeschäftlichen **EGBGB 33** 64 f
Arbeitsverhältnis **EGBGB 33** 79
aufgrund öffentlich-rechtlicher Normen **EGBGB 33** 80
Bürgschaft **EGBGB 33** 67, 79, 81
Bürgschaft (Mitbürgen) **EGBGB 33** 85
EG-Regelung für die soziale Sicherheit **EGBGB 33** 90 ff
Forderungsinhalt **EGBGB 33** 70

Cessio legis (Forts.)
Freiwillige Leistungen Dritter
EGBGB 33 82
Gesamtschuldnerschaft und Zessionsregreß **EGBGB 33** 83
Haager Übk über das auf Unterhaltsrecht anzuwendende Recht **EGBGB 33** 89
Neugläubigermöglichkeit selbständiger Regreßansprüche **EGBGB 33** 81
Öffentlich-rechtliche Vorschriften **EGBGB 33** 80
Regreß bei gleichrangigen Verpflichtungen **EGBGB 33** 83 ff
Regreß bei subsidiären Verpflichtungen **EGBGB 33** 79 ff
Römisches Übereinkommen EVÜ: Inkongruenzen **EGBGB 33** 76 ff
Schuldnerschutz **EGBGB 33** 30, 40 ff, 69 ff
Sonderbeziehungen und Ausgleichsansprüche **EGBGB 33** 88
Verkehrsunfall (deliktische Schädiger) **EGBGB 33** 85
Verschiedene Rechtsordnungen verschiedener Schuldner **EGBGB 33** 86
Versichererleistungen **EGBGB 33** 79
Charakteristische Leistung
Bankleistungen **EGBGB 28** 526
Bauverträge **EGBGB 28** 310
Bestimmung **EGBGB 28** 71 ff
Engste Beziehung, Konkretisierung **EGBGB Vorbem 27-37** 19 f, 34, 52; **EGBGB 28** 28
Factoring **EGBGB Anh 33** 5
Fahrniskauf **EGBGB 28** 175
Geldleistung **EGBGB 28** 75
Grundsatzvermutung für das anwendbare Recht **EGBGB 28** 4
Inhalt **EGBGB 28** 70
Konzept **EGBGB 28** 64
Kritik **EGBGB 28** 65
Naturalleistung **EGBGB 28** 75
Personenbeförderung **EGBGB 28** 366
Räumliche Festlegung **EGBGB 28** 77 ff
Reiseleistung **EGBGB 28** 326
Römisches Übereinkommen (EVÜ) **EGBGB 28** 10
Schuldanerkenntnis **EGBGB 28** 514
Unbestimmbarkeit **EGBGB 28** 91 ff
Versicherungsvertrag **EGBGB 28** 485; **EGBGB Anh I 37** 10 f
als vertragliche Hauptleistung **EGBGB 28** 11
Zeitpunkt ihrer Bestimmung **EGBGB 28** 96
Charterverträge
Beförderungsverträge **EGBGB 28** 114
Luftverkehr, Anknüpfung **EGBGB 28** 462 ff
Seerecht, Anknüpfung **EGBGB 28** 396 ff

Chile
CISG **EGBGB 28** 149
China (Volksrepublik)
CISG **EGBGB 28** 149
CISG
Abwahl **EGBGB 28** 152
AGB-Einbeziehung **EGBGB 31** 7
Anlagenvertrag **EGBGB 28** 316
Anwendung **EGBGB 28** 150 ff
Aufrechnung **EGBGB 32** 64
Autonome Bestimmung des Anwendungsbereichs **EGBGB 32** 9
Bewegliche Sachen **EGBGB 28** 154; **EGBGB 29** 50
Deutsches Recht, ausdrücklich gewähltes **EGBGB 27** 52
Dienstleistungsverträge **EGBGB Anh 33** 14
Einheitsrecht, materielles **EGBGB Vorbem 27-37** 2
Erfüllungsortbestimmung **EGBGB Anh II 27-37** 66
Erfüllungsortgerichtsstand **EGBGB Anh II 27-37** 66
Exportgeschäfte **EGBGB 28** 153
Factoring (Forderungsstatut) **EGBGB Anh 33** 4
Factoring und Schuldnerschutz **EGBGB Anh 33** 8
Gemischte Verträge **EGBGB 28** 154
Immobilien, ausgeschlossene **EGBGB 28** 154
Importgeschäfte **EGBGB 28** 153
Internationalität des Vertrags **EGBGB Anh 33** 17
Kaufverträge **EGBGB 28** 154
Mängelrüge **EGBGB 32** 94
Mittelbare Anwendbarkeit **EGBGB Anh 33** 22
Niederlassungsort **EGBGB Anh 33** 19
und Ottawa-Konvention **EGBGB Anh 33** 14
Rechtswahl **EGBGB 27** 33, 52, 57, 70
Schweigen, bloße Untätigkeit auf ein Angebot **EGBGB 31** 8
Schweigen auf kfm.Bestätigungsschreiben **EGBGB 31** 8
Staatsangehörigkeit **EGBGB 28** 44
Typenzwang, fehlender **EGBGB Anh 33** 25
Unternehmenskauf **EGBGB 28** 182, 188
Untersuchungs- und Rügeobliegenheit **EGBGB 32** 88
Versorgungsverträge (Gas, Wasser, Strom) **EGBGB 29** 51
Versteigerungskäufe **EGBGB 29** 49
Vertragshändlervertrag **EGBGB 28** 287
Vertragsstaaten **EGBGB 28** 149
Vertragsstatut-Bestimmung **EGBGB Anh 33** 21
Warenkauf **EGBGB Anh 33** 14

CISG (Forts.)
Warenlieferungsverträge, Auslegung
EGBGB 29 46, 47
Werklieferungsverträge **EGBGB 28** 154;
EGBGB 29 47
CLNI
Straßburger Binnenschiffahrtsübereinkommen **EGBGB 28** 420 ff
CMR
Internationale Güterbeförderung auf der Straße **EGBGB 28** 372 ff
Code civil
Rechtswahl **EGBGB 27** 78
Consideration
Vertragsstatut **EGBGB 31** 17
Construction clause
als Rechtswahl **EGBGB 27** 76
Wahl des Auslegungsstatuts **EGBGB 32** 25
Consultingvertrag
s. Beratungsvertrag
Containermiete EGBGB 28 213
Contrat sans loi
Unwirksame Abwahl staatlichen Rechts
EGBGB 27 45
COTIF
Übereinkommen über den internationalen Eisenbahnverkehr **EGBGB 28** 424 ff
CRTD EGBGB 28 374
Culpa in contrahendo
Anknüpfung **EGBGB Einl 27-37** A 89;
EGBGB 32 117 ff
Deliktsstatut **EGBGB 32** 119
Internationale Zuständigkeit **EGBGB Anh II 27-37** 51
Qualifikation **EGBGB 32** 116
Vertragsanbahnung und Integritätsinteresse **EGBGB 32** 118
CVN
Genfer Binnenschiffahrtsübereinkommen
EGBGB 28 418 f
CVR
Internationale Personenbeförderung auf der Straße (Einheitsrecht)
EGBGB 28 370 f
Dänemark
CISG **EGBGB 28** 149
EVÜ-Ratifikationsstand **EGBGB Vorbem 27-37** 31
Darlehensverträge
Rechtswahl **EGBGB 28** 234
Sitz des Darlehensgebers, maßgeblicher
EGBGB 28 235
und VerbraucherkreditG (Frage zwingenden Rechts) **EGBGB 34** 90
Verbraucherkreditrichtlinie **EGBGB 28** 233

Datumstheorie
und Eingriffsnormen fremder lex causae
EGBGB 34 134 f
Dauerschuldverhältnis
IPR-Reform 1986 und Frage abgeschlossener Verträge **EGBGB Vorbem 27-37** 48;
EGBGB 28 23
Versicherungsverträge **EGBGB Anh I 37** 4
Vertragsstatut **EGBGB 32** 20
Vertragsstatut, unwandelbares
EGBGB 28 97
DDR
CISG **EGBGB 28** 149
Devisenrecht **Anh 34** 2, 84 f
Rechtsanwendungsgesetz **EGBGB Vorbem 27-37** 19 ff
Rechtswahl **EGBGB 27** 22, 40
UN-Verjährungsübereinkommen
EGBGB 28 164
Wahl ihres Rechts **EGBGB 27** 40
Delikt
s. Unerlaubte Handlung
Depecage
s. Teilrechtswahl
Depotgeschäft
Girosammelverwahrung im Ausland
EGBGB 28 577
Sitz der Bank **EGBGB 28** 576
Deutsches Recht
als international zwingendes Recht
s. Zwingendes Recht
Rechtswahl, ausdrückliche **EGBGB 27** 52
Devisenkontrakte
Abgrenzung, erfaßte Geschäfte **EGBGB Anh 34** 27 ff
Architektenverträge **EGBGB Anh 34** 32
Austauschverträge **EGBGB Anh 34** 36
Bauverträge **EGBGB Anh 34** 32
Begriff **EGBGB Anh 34** 23 ff
Bürgschaften **EGBGB Anh 34** 29, 78
Derivate **EGBGB Anh 34** 28
Devisen-Swaps **EGBGB Anh 34** 28
Devisengeschäfte, klassische **EGBGB Anh 34** 28
Garantie **EGBGB Anh 34** 29, 62, 78
Gegengeschäfte **EGBGB Anh 34** 32
Grundstückskaufverträge **EGBGB Anh 34** 32
Handelsvertretervertrag **EGBGB Anh 34** 29
Inkassovereinbarungen **EGBGB Anh 34** 29
Kommanditeinlage **EGBGB Anh 34** 30
Lizenzverträge **EGBGB Anh 34** 28
Mitgliederwährung betreffende **EGBGB Anh 34** 38 ff
musqasa **EGBGB Anh 34** 32
Schenkung **EGBGB Anh 34** 29, 37
Währungs-Swaps **EGBGB Anh 34** 28
Warenkaufverträge **EGBGB Anh 34** 28

Devisenrecht (internationales)
  s. Alphabetische Übersicht **EGBGB Anh 34**
Dienstleistungsverträge
  Anknüpfung **EGBGB 28** 247 ff
  Begriff **EGBGB 28** 307
  Devisenkontrakte **EGBGB Anh 34** 3, 23, 27 f
  Erfüllungsortbestimmung **EGBGB Anh II 27-37** 68
  und Factoring **EGBGB Anh 33** 3
  Finanzierung von Dienstleistungen **EGBGB 28** 62
  Rechtswahl **EGBGB 28** 248
  Verbraucherverträge **EGBGB 29** 4, 28, 52 ff
Dingliche Rechte
  Darlehensabsicherung **EGBGB 28** 236
  Schuldverträge, internationale **EGBGB 28** 102
  am Timesharingobjekt **EGBGB 28** 231
Dingliche Rechtsgeschäfte
  Einigung und Rechtswahlvereinbarung **EGBGB 27** 11
  und obligatorisches Rechtsgeschäft, Abgrenzung **EGBGB 27** 11
Dingliche Sicherungen
  s. a. Sicherungsverträge
Dingliche Sicherungen
  Forderungsabtretung **EGBGB 33** 57
  Vergütungsanspruch des Werkunternehmers **EGBGB 28** 313
Dingliche Wirkungen
  von Grundstückskaufverträgen, Anknüpfung **EGBGB 28** 148
Diplomatische Anerkennung
  und ausländisches Devisenkontrollrecht **Anh 34** 13
Diplomatische Vertretungen
  Anknüpfung für die Mitarbeiterdienste **EGBGB 30** 47, 172
Direktversicherung
  s. Versicherungsverträge
Diskontgeschäft
  Sitz der ankaufenden Bank **EGBGB 28** 533
Dokumentenakkreditiv
  Begriff, Durchführung **EGBGB 28** 548
  ERA der IHK **EGBGB 28** 550 ff
  Rechtswahl **EGBGB 28** 555
  Sitz der Bank **EGBGB 28** 556 ff
  Vereinbarung der einheitlichen Richtlinien **EGBGB 27** 48
Dominikanische Republik
  UN-Verjährungsübereinkommen **EGBGB 28** 163
Doppelvertretung
  Anknüpfung **EGBGB Einl 27-37 A** 47

Dritter, Dritte
  Cessio legis und freiwillige Leistungen – **EGBGB 33** 82
  Forderungsabtretung und Drittwirkungen **EGBGB 33** 8 ff, 14 ff, 48 ff
  Gerichtsstandsvereinbarungen, Drittwirkungen **EGBGB Anh II 27-37** 224 f
  Rechtswahl, nachträgliche und Rechte – **EGBGB 27** 112
  Schiedsvereinbarung, Drittwirkungen **EGBGB Anh II 27-37** 305
  Zurechnung des Drittverhaltens **EGBGB Einl 27-37 A** 98 ff
Drittleistungsstatut
  Forderungsabtretung und –
  s. Abtretung unter Zessionsgrundstatut

Ecuador
  CISG **EGBGB 28** 149
Effektengeschäft
  Rechtswahl **EGBGB 28** 570
  Sitz der Bank **EGBGB 28** 571
  Sitz des jeweils Veräußernden **EGBGB 28** 570
Ehegatten
  Rechtswahlvereinbarung unter – **EGBGB 27** 9
Eigenhändlervertrag
  s. Vertragshändlervertrag
Eigenmacht
  Anknüpfung **EGBGB Einl 27-37 A** 68
Einbettungsstatut
  Begriff, Beachtung **EGBGB 27** 115, 131
Einfuhrbeschränkungen
  als zwingendes Recht **EGBGB 34** 107
Eingriffsnormen
  s. Zwingendes Recht
Einheit eines Rechtsgeschäfts
  Anknüpfung **EGBGB Einl 27-37 A** 87 f
Einheitliche Auslegung
  EVÜ-Kollisionsnormen **EGBGB 36** 1 ff
Einheitliches Vertragsstatut
  s. Vertragsstatut (Einheitsstatut)
Einheitsrecht
  s. a. Abkommen, Übereinkommen
  Arbeitsrecht **EGBGB 30** 17 ff
  Auslegung **EGBGB 37** 18
  Beförderungsverträge
  s. dort
  Binnenschiffahrtstransport **EGBGB 28** 418 ff
  CISG
  s. dort
  CVR, CMR (internationaler Straßentransport) **EGBGB 28** 370 ff
  Eisenbahntransport (COTIF) **EGBGB 28** 424 ff

Einheitsrecht (Forts.)
Factoring **EGBGB 28** 534 ff; **EGBGB Anh 33** 4, 10 ff
für Forderungen, abzutrende **EGBGB 33** 46
Handelsvertreterrecht (Haager Übereinkommen) **EGBGB 28** 272
Immaterialgüterrecht **EGBGB 28** 599
Internationale Zuständigkeit **EGBGB Anh II 27-37** 2 ff
Internationales Finanzierungsleasing **EGBGB 28** 221
Kaufrecht (Warenkaufverträge) **EGBGB 28** 149 ff
Materielles Einheitsrecht **EGBGB Vorbem 27-37** 2
Rechtswahl als materiellrechtliche Verweisung **EGBGB 27** 33
Reisevertrag **EGBGB 28** 324
Scheckrecht **EGBGB 37** 33 f
Seetransportrecht (Athener Abkommen zur Personenbeförderung) **EGBGB 28** 380 ff
Seetransportrecht (Haager Übereinkommen zur Güterbeförderung) **EGBGB 28** 384 ff
Seetransportrecht (UN-Übereinkommen über die Güterbeförderung) **EGBGB 28** 387
Typenzwang **EGBGB Anh 33** 25
Vertragsgarantien, Stand-by Letters **EGBGB 28** 481
Vertragsrecht, internationales **EGBGB Einl 27-37** A 1; **EGBGB Vorbem 27-37** 1
und Vertragsstatut (Rangfrage) **EGBGB 32** 9
Wechselrecht **EGBGB 37** 17 ff
und Zumutbarkeitserwägungen **EGBGB 31** 56
und zwingendes Recht **EGBGB 34** 43
Einheitsstatut
s. Vertragsstatut (Einheitsstatut)
Einigung
s. Dingliche Rechtsgeschäfte
Einlagengeschäft
Anknüpfung **EGBGB 28** 529 ff
Einseitige Erklärungen
Anknüpfung an das Geschäftsstatut **EGBGB Einl 27-37** A 62
Gesetz- oder Sittenwidrigkeit **EGBGB Einl 27-37** A 84
Vertragsstatut **EGBGB 32** 5, 26
Einseitiges Schuldverhältnis
und Bestimmung charakteristischer Leistung **EGBGB 28** 74
Einstweiliger Rechtsschutz
Schiedsvereinbarung **EGBGB Anh II 27-37** 267 f

Einziehungsermächtigung
Anknüpfung **EGBGB Einl 27-37** A 37; **EGBGB 33** 34, 63
und Forderungsabtretung **EGBGB 33** 34, 63
Eisenbahntransport
Einheitsrecht (COTIF, Anhang A ER/CIV) **EGBGB 28** 424 ff
Einheitsrecht (COTIF, Anhang B ER/CIM) **EGBGB 28** 424 ff
Elektronische Kommunikation
Rechtswahlfreiheit, kollisionsrechtliche **EGBGB 27** 9
Emissionsbank
Anknüpfung bei Anleihen **EGBGB 28** 244
Enger Zusammenhang
zwischen Verbrauchervertrag und Gemeinschaftsgebiet **EGBGB 29a** 40 ff
England
Arbeitnehmerrecht **EGBGB 27** 15
Forderungsabtretung **EGBGB 33** 21 f
Engste Verbindung
Vertragsstatut-Bestimmung aufgrund der –
s. Vertragsstatut (Engste Verbindung)
Entladeort
als Anknüpfungsmerkmal **EGBGB 28** 42, 123
Erbrechtssachen
EuGVÜ-Ausschluß **EGBGB Anh II 27-37** 7
EVÜ-Ausschluß **EGBGB 37** 10 f
Erbschaft
Ausschlagung ausländischer – **Anh 34** 42
Erbstatut
Schenkung **EGBGB 28** 207
ER/CIM
Übereinkommen über den internationalen Eisenbahnverkehr **EGBGB 28** 424 ff
ER/CIV
Übereinkommen über den internationalen Eisenbahnverkehr **EGBGB 28** 424 ff
Erfüllung
Art und Weise **EGBGB 32** 84 ff
Begriff **EGBGB 32** 33
Erfüllungsstatut, Berücksichtigung **EGBGB 32** 91 ff
Haftung für Erfüllungsgehilfen **EGBGB 32** 38
Hol-, Schick- oder Bringschuld **EGBGB 32** 36
Leistungszeit, Leistungs- und Erfüllungsort **EGBGB 32** 35
Mängelrüge **EGBGB 32** 94
Maßnahmen bei mangelhafter – **EGBGB 32** 88 ff
Modalitäten allgemein **EGBGB 32** 79 ff
Nebenpflichten **EGBGB 32** 40
Örtliche Regeln **EGBGB 32** 79, 83
Schuldinhalt, Festlegung **EGBGB 32** 38

Erfüllung (Forts.)
Schuldnerposition, Gläubigerposition
EGBGB 32 37
Tilgungswirkung, Quittung **EGBGB 32** 39
Untersuchungs- und Rügepflicht
EGBGB 32 94 ff
Vertragsstatut, Ausnahme von seiner
Maßgeblichkeit **EGBGB 32** 5
Erfüllungsgehilfe
Vertragsstatut (Haftungsfragen)
EGBGB 32 38, 52
Erfüllungsort
als Anknüpfungsmerkmal **EGBGB 28** 42 f;
EGBGB 35 2
Bestimmung **EGBGB 28** 43
Rechtswahlvereinbarung **EGBGB 27** 63,
83, 86, 122
Erfüllungsortsgerichtsstand
Allgemein **EGBGB Anh II 27-37** 45 ff
Arbeitssachen **EGBGB Anh II 27-37** 70 ff
Erfüllungsort **EGBGB Anh II 27-37** 65 ff
Maßgebliche Verpflichtung **EGBGB
Anh II 27-37** 58 ff
Vertragliche Ansprüche **EGBGB
Anh II 27-37** 48 ff
Erlaß
Anknüpfung **EGBGB 28** 518
Vertragsstatut **EGBGB 32** 60, 74
Errichtungsort
Anlagenherstellung **EGBGB 28** 318
Ersetzungsbefugnis
Vertragsstatut **EGBGB 32** 138 f
Estland
CISG **EGBGB 28** 149
EU-Staaten
Europäisches Recht
s. dort
und EVÜ-Ratifikationsstand
EGBGB Vorbem 27-37 31
EU/EWR-Staaten
Verbraucherschutzrichtlinien, enger
Zusammenhang **EGBGB 29a** 4, 40 ff
Euro
Umstellung (Prinzip der währungsrechtlichen Vertragskontinuität) **EGBGB 32** 140
Europäische Union
Binnensachverhalt **EGBGB 27** 127
Europäischer Gerichtshof
Auslegung des Gemeinschaftsrechts, des
gemeinschaftsnahen Völkerrechts
EGBGB Vorbem 27-37 42
Ingmar-Entscheidung **EGBGB 34** 42, 57,
63, 93
Römisches Übereinkommen (EVÜ)
EGBGB Vorbem 27-37 7

Europäisches Gerichtsstands- und Vollstreckungsübereinkommen (EuGVÜ)
Anwendungsbereich **EGBGB
Anh II 27-37** 6 ff
und autonomes Recht, Konkurrenzverhältnis **EGBGB Anh II 27-37** 16
Einzelgerichtsstände
— Allgemeiner Gerichtsstand **EGBGB
Anh II 27-37** 18 ff
— Erfüllungsort **EGBGB Anh II 27-37** 45 ff
— Grundstücksmiete/Grundstückspacht
EGBGB Anh II 27-37 25 ff
— Niederlassung **EGBGB
Anh II 27-37** 131 ff
— Sachzusammenhang **EGBGB
Anh II 27-37** 139 ff
— Verbrauchersachen **EGBGB
Anh II 27-37** 92 ff
— Versicherungssachen **EGBGB
Anh II 27-37** 83 ff
und EuGVVO **EGBGB Anh II 27-37** 2a
Gerichtsstandsvereinbarung
— Anwendungsbereich **EGBGB
Anh II 27-37** 165 ff
— Begriff **EGBGB Anh II 27-37** 180 ff
— Form **EGBGB Anh II 27-37** 190 ff
— Konkurrenzen **EGBGB
Anh II 27-37** 172 ff
— Wirkungen **EGBGB Anh II 27-37** 219 ff
— Zulässigkeit **EGBGB Anh II 27-37** 209 ff
Hoheitliche Tätigkeit, ausgeschlossene
EGBGB Anh II 27-37 6
Internationaler Sachverhalt, erforderlicher
EGBGB Anh II 27-37 13
Intertemporales Recht **EGBGB
Anh II 27-37** 9
Luganer Übereinkommen als Parallel-Übk.
EGBGB Anh II 27-37 3
Persönlicher Anwendungsbereich **EGBGB
Anh II 27-37** 11 ff
Räumlicher Anwendungsbereich **EGBGB
Anh II 27-37** 10
Rechtsgebiete, ausgeschlossene **EGBGB
Anh II 27-37** 7
Rechtswahl **EGBGB 27** 65, 67
Staatsangehörigkeit **EGBGB 28** 44
und Staatsverträge, vorrangige **EGBGB
Anh II 27-37** 15
Vertragsstaatenbezug **EGBGB
Anh II 27-37** 14
Zivil- und Handelssachen, Begriff im –
EGBGB Anh II 27-37 6 ff
Europäisches Recht
Anknüpfungsregeln, allgemeine und Kollisionsregeln des Richtlinienrechts
EGBGB 29 23
Arbeitsrecht und EGV-Rechtsetzungskompetenz **EGBGB 30** 8

Europäisches Recht (Forts.)
Arbeitsrecht als Regelungsannex
EGBGB 30 9
Arbeitsrechtliches Richtlinienrecht
— Arbeitgeber-Insolvenz **EGBGB 30** 13
— Betriebsübergang **EGBGB 30** 12
— Entsendung von Arbeitnehmern in das EG-Ausland **EGBGB 30** 14
— Kollektives Arbeitsrecht (Betriebsräte) **EGBGB 30** 15
— Massenentlassungen **EGBGB 30** 11
Auslegung, gemeinschaftskonforme
EGBGB Vorbem 27–37 6
Beförderungsverträge, Verkehrsbereich
EGBGB 28 363
Binnenmarkt und kollisionsrechtliche Regeln **EGBGB Vorbem 27–37** 11; **EGBGB 29** 12
Direktversicherungsrecht **EGBGB 28** 484
Direktwirkung des Richtlinienrechts
EGBGB 29 85
EG-Regelung für die soziale Sicherheit
EGBGB 33 90 ff
Eingriffsnormen, nationale und entgegenstehendes Gemeinschaftsrecht
EGBGB 34 41
Einheitsrecht
s. dort
EuGVÜ
s. Europäisches Gerichtsstands- und Vollstreckungsübereinkommen
EuGVVO **EGBGB Anh II 27–37** 2a
Euro-Umstellung, vorrangiges EU-Recht
EGBGB 32 141
EVÜ
s. Römisches Übereinkommen (EVÜ)
Fernabsatz-FinanzdienstleistungsRL (Vorschlag) **EGBGB 29a** 17
FernabsatzRL **EGBGB 29** 12, 22; **EGBGB 29a** 8, 30, 56
Gebiet, Hoheitsgebiet der Vertragsstaaten
EGBGB 29a 37
Gemeinschaftsnahes Kollisionsrecht
EGBGB Vorbem 27–37 7
Gemeinschaftsrecht und nationales Kollisionsrecht **EGBGB Vorbem 27–37** 4 ff
Handelsvertreterrecht, Rechtskoordinierung **EGBGB 28** 271
Internationales Vertragsrecht und –
EGBGB Vorbem 27–37 4 ff
Investmentgeschäfte **EGBGB 28** 573
Kartellrecht, europäisches und deutsches
EGBGB 34 106
KlauselRL **EGBGB 29** 12, 22; **EGBGB 29a** 9, 30, 56
Kollisionsrecht der Richtlinien, Besonderheit **EGBGB 29a** 18

Europäisches Recht (Forts.)
Kollisionsrecht der Richtlinien, Bündelung durch deutschen Gesetzgeber
EGBGB 29 24; **EGBGB 29a** 1 ff
Kollisionsrecht der Richtlinien, Rang
EGBGB 29a 25
Kollisionsrecht als Sonderregeln und zwingendes inländisches Recht **EGBGB 34** 42
Kollisionsrecht in Verbraucherschutzrichtlinien **EGBGB 29** 22 f
Kulturgüterschutz **EGBGB 34** 108
Lizenzverträge und innergemeinschaftlicher Handel **EGBGB 28** 613
und Nicht-EU-Staaten des EWR (Richtlinienumsetzung) **EGBGB 29a** 36
Niederlassungs- und Dienstleistungsfreiheit **EGBGB Anh I 37** 27
Pauschalreiserichtlinie **EGBGB 28** 325
Rechtswahl und Sicherung des Schutzstandards der Richtlinien **EGBGB 29a** 11
Rechtswahlfreiheit und Grundfreiheiten
EGBGB Vorbem 27–37 9 ff
Richtlinienrecht mit und ohne eigene Kollisionsregeln **EGBGB Vorbem 27–37** 10; **EGBGB 34** 42
Richtlinienumsetzung, verspätete
EGBGB 28 325
Schutzniveau, vorrangiges **EGBGB 29a** 25
TimesharingRL **EGBGB 28** 226; **EGBGB 29** 12; **EGBGB 29a** 9, 30, 56
Verbraucherkreditrichtlinie **EGBGB 28** 233
Verbraucherschutzrecht **EGBGB 29** 11 f; **EGBGB 29a** 11 ff; **EGBGB Anh I 37** 16
Verbraucherschutzrecht, Schutzzweck des Richtlinien-IPR **EGBGB 29** 25
VerbrauchsgüterkaufRL **EGBGB 29** 22; **EGBGB 29a** 15, 30
Vergaberichtlinie und HOAI
EGBGB 28 322
Versicherungsverträge
s. dort
Vorrang des Gemeinschaftsrechts
EGBGB Vorbem 27–37 5
Wettbewerbsrecht und Franchising
EGBGB 28 301
Wettbewerbsrecht und Vertriebsverträge
EGBGB 28 294
Zahlungs- und Kapitalverkehr, freier internationaler **EGBGB Anh 34** 3
Europäisches Übereinkommen
über Fremdwährungsschulden
EGBGB 32 129
Europäisches Übereinkommen über internationale Handelsschiedsgerichtsbarkeit
Anwendungsbereich **EGBGB Anh II 27–37** 238 ff
Konkurrenzen **EGBGB Anh II 27–37** 242 ff
Schiedsvereinbarung

Europäisches Übereinkommen über internationale Handelsschiedsgerichtsbarkeit (Forts.)
— Anknüpfung **EGBGB Anh II 27–37** 252
— Bestimmtheit **EGBGB Anh II 27–37** 295
— Form **EGBGB Anh II 27–37** 283 ff
— Objektive Schiedsfähigkeit **EGBGB Anh II 27–37** 297

Europaratsübereinkommen
Gastwirtshaftung für eingebrachte Sachen **EGBGB 28** 330

EVÜ
s. Römisches Übereinkommen (EVÜ)

EWR-Staaten
Direktversicherungsverträge über Risikobelegung innerhalb der – **EGBGB Anh I 37** 24 ff
EU-weiter Richtlinienschutz, Erstreckung **EGBGB 29a** 11
und Versicherungsverträge **EGBGB 28** 473 f

Factoring
s. a. Abtretung
Anknüpfung **EGBGB 33** 31
Anzeige der Abtretung **EGBGB Anh 33** 16, 24, 34 f, 41
Arten **EGBGB Anh 33** 2
Begriff **EGBGB 28** 534; **EGBGB Anh 33** 1
Begriff i.S. der Ottawa-Konvention **EGBGB Anh 33** 13 ff
CISG **EGBGB Anh 33** 4, 8, 10, 14, 21 f, 25
CMR **EGBGB Anh 33** 4, 8
Delkredere **EGBGB Anh 33** 2, 15
Echtes, unechtes **EGBGB 28** 535; **EGBGB Anh 33** 2
Forderungsabtretung **EGBGB Anh 33** 8
Forderungsübertragung **EGBGB 28** 538
Globalzession **EGBGB Anh 33** 27 ff
Insolvenz **EGBGB Anh 33** 32
Internationales – **EGBGB Anh 33** 3, 17 ff
Kontokorrentklausel **EGBGB Anh 33** 9
Korrespondenzfactoring **EGBGB Anh 33** 3, 4, 6, 39
Nebenrechte, Übergang **EGBGB Anh 33** 33
Rechtswahl **EGBGB 28** 536
Sitz des Faktors **EGBGB 28** 536, 537
Unidroit-Principles **EGBGB Anh 33** 10
UNIDROIT-Übereinkommen **EGBGB 28** 535
Verbot der Abtretung **EGBGB Anh 33** 9, 30 ff, 42
Zwangsvollstreckung **EGBGB Anh 33** 32
Zwei-Factor-System **EGBGB Anh 33** 3, 4, 6

Fälligkeit
Vertragsstatut **EGBGB 32** 35

Faktisches Arbeitsverhältnis
Anknüpfung **EGBGB 30** 125, 216

Faktisches Arbeitsverhältnis (Forts.)
Vertragsstatut **EGBGB 32** 78

Familienrecht
und Bürgschaftsschranken **EGBGB 28** 501
EVÜ-Ausschluß **EGBGB Anh II 27–37** 7; **EGBGB 37** 12

Familienrechtliche Verträge
Anknüpfung **EGBGB 28** 641 ff

Feiertage
Vertragsstatut **EGBGB 32** 84

Ferienhausmiete
Internationale Zuständigkeit **EGBGB Anh II 27–37** 40 ff
Vertrag mit ausländischem Vermieter **EGBGB 29** 61

Ferienwohnungen
Pauschalreisevertrag mit Nutzung **EGBGB 28** 102

Fernfahrpersonal
Anknüpfung **EGBGB 30** 161 ff

Fernunterrichtsvertrag
Anknüpfung **EGBGB 28** 261
Internationale Zuständigkeit **EGBGB Anh II 27–37** 116
Teilnehmerschutzbestimmungen **EGBGB 28** 262
Teilnehmerschutzbestimmungen als zwingendes Recht **EGBGB 34** 71, 80, 92

Feststellungsklage
Internationale Zuständigkeit **EGBGB Anh II 27–37** 53, 63

FIATA EGBGB 28 477

FIDIC-conditions
als Klauselwerk **EGBGB 28** 309

Fiktionen
und Vertragsstatut **EGBGB 32** 101

Filmverleihvertrag
Anknüpfung **EGBGB 28** 619

Finanzierungsverträge
Liefer- und Dienstleistungsvertrag, zweckgebundene – **EGBGB 29** 55
Verbraucherverträge **EGBGB 29** 28, 54 ff

Finnland
CISG **EGBGB 28** 149
EVÜ-Ratifikationsstand **EGBGB Vorbem 27–37** 31

Firma
Übertragung, anwendbares Recht **EGBGB 28** 190

Flagge
als Anknüpfungsmerkmal **EGBGB 28** 48, 194; **EGBGB 30** 277
Arbeitskampf **EGBGB 30** 277 ff
Ausflaggung **EGBGB 30** 152
und Ausweichstatut **EGBGB 30** 146
Billigflagge **EGBGB 28** 6, 110, 381; **EGBGB 30** 146, 150, 279
FlaggRG **EGBGB 30** 151 ff

Flagge (Forts.)
  Heuerstatut **EGBGB 30** 145 ff, 158 ff
  Vertretungsmacht des Kapitäns
    EGBGB Einl 27-37 A 28
Flucht aus dem eigenen Recht EGBGB 27 115
  EGBGB-zwingende Normen **EGBGB 34** 27
Flugpersonal
  Anknüpfung **EGBGB 30** 139, 161 ff
Forderungskauf
  Rechtswahl, objektive Anknüpfung
    EGBGB 28 193
Forderungsrechte
  Abtretung
  s. dort
Forfaitierung
  Begriff **EGBGB 28** 539
  Forderungsübergang **EGBGB 28** 541
  Rechtswahl **EGBGB 28** 540
  Sitz des Forfaiteurs **EGBGB 28** 540
Form
  Anfechtung **EGBGB Einl 27-37 A** 77
  Anknüpfung, gesetzliche **EGBGB Einl 27-37 A** 1
  Anknüpfung, selbständige **EGBGB 32** 12
  Arbeitsverhältnisse **EGBGB 30** 178 ff
  Beweismittel **EGBGB 32** 109
  Bürgschaftsvertrag **EGBGB 28** 500
  Forderungsabtretung **EGBGB 33** 55
  Gerichtsstandsvereinbarung **EGBGB Anh II 27-37** 190 ff
  Gesellschaftsanteile, Erwerb
    EGBGB 28 185
  Grundstückskaufverträge **EGBGB 28** 145, 146; **EGBGB 34** 87
  Rechtswahlvereinbarung **EGBGB 27** 106 f, 147 ff
  Renvoi **EGBGB 35** 5
  Scheckerklärung **EGBGB 37** 37 ff
  Schenkung **EGBGB 28** 209
  Schiedsvereinbarung **EGBGB Anh II 27-37** 270 ff
  Verbraucherverträge **EGBGB 29** 3, 116 ff
  Verweisungsvertrag **EGBGB 30** 65
  Vollmachtsform **EGBGB Einl 27-37 A** 58 ff
  Wechselerklärung **EGBGB 37** 22 ff
  als Wirksamkeitsvoraussetzung oder zu Beweiszwecken **EGBGB 32** 27
  Zwingendes Recht und Formstatut
    EGBGB 34 44
Formgültigkeit
  eines Vertrags **EGBGB 27** 11
Formularmäßige Rechtswahl EGBGB 27 146
Franchising
  Begriff **EGBGB 28** 296
  Charakteristische Leistung **EGBGB 28** 93
  Kartellrecht **EGBGB 28** 301
  Rechtswahl **EGBGB 28** 297

Franchising (Forts.)
  Sitz des Franchisegebers, Anknüpfung
    EGBGB 28 297
  Sitz des Franchisenehmers, Anknüpfung
    EGBGB 28 297
Frankreich
  affacturage-Vertrag **EGBGB Anh 33** 13
  CISG **EGBGB 28** 149
  EuGVÜ **EGBGB Anh II 27-37** 10
  EVÜ-Ratifikationsstand **EGBGB Vorbem 27-37** 31
  Gastwirtshaftung (Europaratsübereinkommen) **EGBGB 28** 330
  Haager Stellvertretungsabkommen
    EGBGB Einl 27-37 A 8
  Handelsvertreter **EGBGB 30** 22
  IWF-Übereinkommen **Anh 34** 18
  Kaufvertrag, Vertragsstatut **EGBGB Anh 33** 21
  UNIDROIT-Konvention zum int. Finanzierungsleasing **EGBGB 28** 221
  Vertragsstatut **EGBGB 31** 1
  Wahl französischen Rechts **EGBGB 27** 78
Fraus legis
  s. Gesetzesumgehung
Freie Mitarbeit
  Anknüpfung **EGBGB 30** 43
Freie Rechtswahl
  im Vertragsrecht
  s. Vertragsstatut (Rechtswahl)
Freiwillige Leistungen
  und gesetzlicher Forderungsübergang
    EGBGB 33 82
Fremdes Recht
  s. Ausländisches Recht
Fremdwährungsschuld
  s. a. Währungsfragen
  Europäisches Übereinkommen
    EGBGB 32 129
  Verbot des Eingehens **Anh 34** 42
  Vertragsstatut **EGBGB 32** 132, 138
Fristen
  Vertragsstatut **EGBGB 32** 73
Frustration
  Vertragsstatut **EGBGB 32** 54

Garantie
  Aufenthaltsort, Niederlassung des Garanten **EGBGB 28** 506
  Bankgarantie **EGBGB 28** 506
  Bürgschaft, Abgrenzung **EGBGB 28** 504
  Devisenkontrakt **EGBGB Anh 34** 29
  Einheitsrecht (UN Convention)
    EGBGB 28 491, 505
  IHK-Richtlinien, vereinbarte
    EGBGB 28 508
  Rechtswahl **EGBGB 27** 81; **EGBGB 28** 506

Gastarbeiter
Vertragsschluß im gemeinsamen Aufenthaltsstaat EGBGB 28 44
Gastwirte
Europaratsübereinkommen über die Haftung für eingebrachte Sachen EGBGB 28 330
Gebietseinheiten eines Staates
Rechtswahl und räumliche Spaltung des Zivilrechts EGBGB 27 16, 37 f
Gebräuche
Vereinbarung ihrer Geltung EGBGB 27 39
Gebrauchsort
Vollmachtsstatut EGBGB Einl 27-37 A 13 ff
Gefälligkeitsverhältnisse
Auftrag EGBGB 28 337
Niederlassungsort, Aufenthaltsort des Gefälligen EGBGB 28 356
Gefahrübergang
Vertragsstatut EGBGB 32 36
Gegenleistung
Vertragsstatut EGBGB 31 17
Gelegenheitsgesellschaften
Anknüpfung EGBGB 28 626
Gemeinwohlinteressen
und international zwingendes ausländisches Recht EGBGB 34 113
und international zwingendes Inlandsrecht EGBGB 34 68
Genehmigung
Anknüpfung EGBGB Einl 27-37 A 57, A 62, A 93
und Vertragsstatut EGBGB 32 87
Genfer Abkommen
über das Einheitliche Scheckgesetz EGBGB 37 33 f
zum Einheitlichen Wechselrecht EGBGB 37 17 ff
Genfer Übereinkommen
UNIDROIT-Übereinkommen über Vertretung beim internationalen Warenkauf EGBGB Einl 27-37 A 8
Georgien
CISG EGBGB 28 149
Gerichtsstand des Sachzusammenhangs
Gewährleistungs- und Interventionsklage EGBGB Anh II 27-37 143
Streitgenossenschaft EGBGB Anh II 27-37 140 ff
Verbindung mit dinglicher Klage EGBGB Anh II 27-37 147
Widerklage EGBGB Anh II 27-37 144 ff
Gerichtsstand des Vermögens
EuGVÜ/LugÜ EGBGB Anh II 27-37 151
Inlandsbezug, erforderlicher EGBGB Anh II 27-37 156 ff
Inlandsvermögen EGBGB Anh II 27-37 152 ff

Gerichtsstand des Vermögens (Forts.)
Vermögensbegriff, eingeschränkter EGBGB Anh II 27-37 161
ZPO-Gerichtsstand EGBGB Anh II 27-37 150
Gerichtsstandsvereinbarung
AGB-Rechtswahlklauseln EGBGB 31 86 ff
als Anknüpfungsmerkmal EGBGB 28 51
Eigenständige Regelungen (GVÜ, ZPO) EGBGB 27 13
EuGVÜ
s. dort
EVÜ-Ausschluß EGBGB 37 13
Indizwirkung einer Rechtswahl EGBGB 27 64 ff
Luganer Übereinkommen
s. dort
Optionale, alternative Rechtswahl EGBGB 27 44
Rechtswahl ausschließlichen Gerichtsstandes: qui eligit iudicem, eligit ius EGBGB 27 64
ZPO
— Abgrenzung EGBGB Anh II 27-37 177 ff
— Anknüpfung EGBGB Anh II 27-37 186 ff
— Bestimmtheit EGBGB Anh II 27-37 210 ff
— Form EGBGB Anh II 27-37 208
— Rechtsnatur EGBGB Anh II 27-37 185
— Wirkungen EGBGB Anh II 27-37 220
— Zulässigkeit EGBGB Anh II 27-37 209 ff
— Zwingende Normen EGBGB Anh II 27-37 218
Gesamtschuldnerschaft
Ausgleichsansprüche (Cessio legis) EGBGB 33 83 ff
Schuldbeitritt EGBGB 33 95
Gesamtverweisung
Rechtswahl EGBGB 27 36
Geschäftliche Tätigkeit
Enger Bezug zum Gemeinschaftsgebiet EGBGB 29a 42 ff
Geschäftsbesorgung
Auftrag, Abgrenzung EGBGB 28 337
und Kauf sonstiger Güter EGBGB 28 196
Rechtswahl EGBGB 28 338
Sitz des Geschäftsbesorgers EGBGB 28 339
Verbraucherverträge EGBGB 29 52
Geschäftsbeziehungen (laufende)
Gerichtsstandsvereinbarung EGBGB Anh II 27-37 198, 200, 210
Schiedsklausel EGBGB Anh II 27-37 277 f, 290
Geschäftsfähigkeit
Anknüpfung, selbständige EGBGB Einl 27-37 A 1; EGBGB 32 11; EGBGB 37 9
Forderungsabtretung EGBGB 33 54

Geschäftsfähigkeit (Forts.)
Rechtswahlvereinbarung **EGBGB 27** 31
und Vollmachtserteilung **EGBGB Einl 27-37** A 42
Geschäftsführung ohne Auftrag
Nothilfe **EGBGB Einl 27-37** A 67
Geschäftsstatut
Einseitige Erklärungen **EGBGB Einl 27-37** A 62
Gesetz- oder Sittenwidrigkeit **EGBGB Einl 27-37** A 84
Handeln unter falschem Namen **EGBGB Einl 27-37** A 41
Vertretung **EGBGB Einl 27-37** A 40
oder Vertretungsstatut **EGBGB Einl 27-37** A 40 ff
Verwirkung **EGBGB Einl 27-37** A 86
und Vollmachtsstatut **EGBGB Einl 27-37** A 18
Willensmängel **EGBGB Einl 27-37** A 82
Willensmängel und Vertretungsgeschäft **EGBGB Einl 27-37** A 44
Geschäftsstelle
Zuständigkeitsanknüpfung **EGBGB Anh II 27-37** 122, 128 f
Geschäftstypen
Numerus clausus **EGBGB 29** 45 ff
Geschäftszeiten
und Vertragsstatut **EGBGB 32** 84
Gesellschaft
Allgemeiner Gerichtsstand **EGBGB Anh II 27-37** 20 f, 24
Erfüllungsortsgerichtsstand **EGBGB Anh II 27-37** 50
Gerichtsstandsvereinbarung **EGBGB Anh II 27-37** 184, 196, 210
Niederlassung **EGBGB Anh II 27-37** 136
Vertretung, organschaftliche **EGBGB Einl 27-37** A 7
Gesellschafterbeteiligung
Devisenkontrakt **EGBGB Anh 34** 30
Gesellschaftsanteile
Teilrechtswahl **EGBGB 27** 97
und Timesharing **EGBGB 28** 229
Unternehmenskauf durch Anteilserwerb (Anknüpfung) **EGBGB 28** 182 ff
Gesellschaftsrecht
EVÜ-Ausschluß **EGBGB 37** 52 ff
und Vertragsstatut **EGBGB 32** 13
Vorgesellschaft (Vertragsstatut) **EGBGB 37** 56
Gesellschaftsverträge
Gelegenheitsgesellschaften usw (fehlende Außenorganisation) **EGBGB 28** 626
Gründungsverpflichtung **EGBGB 28** 625
Kollisionsregeln, eigene **EGBGB 28** 624
Rechtswahl **EGBGB 27** 12

Gesellschaftsverträge (Forts.)
Sitz der tatsächlichen Hauptverwaltung **EGBGB 28** 624
Gesetzesumgehung
Rechtswahl **EGBGB 27** 29
Verbraucherverträge **EGBGB 29** 92
Gesetzesverstoß
Anknüpfung **EGBGB Einl 27-37** A 83 f
Forderungsabtretung **EGBGB 33** 33
Vertragsstatut **EGBGB 31** 23
Gesetzliche Vertretung
s. Vertretung (gesetzliche)
Gesetzlicher Forderungsübergang
s. Cessio legis
Gesetzlicher Schuldbeitritt
Anknüpfung **EGBGB 33** 97
Gesetzlicher Vertragsübergang
Anknüpfung, objektive **EGBGB 33** 106
Beispiele **EGBGB 33** 106
Betriebsüergang **EGBGB 33** 107
Rechtswahl **EGBGB 33** 106
Schutz schwächerer Vertragspartei **EGBGB 33** 106
Gesetzliches Schuldverhältnis
s. Schuldrecht (außervertragliches)
Gestaltungsklage
Internationale Zuständigkeit **EGBGB Anh II 27-37** 62
Gewerbliche Geschäfte
Ort charakteristischer Leistung **EGBGB 28** 86 ff
und Verbraucherverträge, Abgrenzung **EGBGB 29** 34, 36
Gewöhnlichder Aufenthaltsort
s. Aufenthaltsort
Gewohnheitsrecht
und IPR-Reform 1986 **EGBGB 30** 4
Kollisionsrechtliche Parteiautonomie **EGBGB 27** 22
Vereinbarung seiner Geltung **EGBGB 27** 39
Versicherungsverträge (Altverträge) **EGBGB Anh I 37** 5
Ghana
UN-Verjährungsübereinkommen **EGBGB 28** 163
Girogeschäft
Einheitsrecht **EGBGB 28** 544
Europäisches Recht **EGBGB 28** 523
Girosammelverwaltung **EGBGB 28** 577
Sitz der beauftragten Bank **EGBGB 28** 545
Gläubiger
Stellung als – **EGBGB 32** 37
Gläubigeranfechtung
Anknüpfung **EGBGB Einl 27-37** A 78 f
Gläubigerschutz
und Forderungsabtretung **EGBGB 33** 29, 48 ff

Gläubigerschutz (Forts.)
Vermögens- und Unternehmensübernahme
EGBGB 33 108 ff
Globalzession
Anknüpfung **EGBGB 33** 31, 58 ff
Forderungsabtretung (Factoring) **EGBGB Anh 33** 27 ff
GmbH
Geschäftsführerpflichten, Anknüpfung
EGBGB 37 6
Gran-Canaria-Fälle
Gesetzesumgehung **EGBGB 27** 29
Verbraucherverträge **EGBGB 29** 84;
EGBGB 29a 32
Griechenland
CISG **EGBGB 28** 149
EVÜ-Ratifikationsstand **EGBGB Vorbem 27-37** 31
Vermögens- und Unternehmensübernahme
EGBGB 33 108
Großbritannien
Arbeitnehmerschutz **EGBGB 27** 15
EVÜ-Ratifikationsstand **EGBGB Vorbem 27-37** 31
IWF-Übereinkommen **Anh 34** 18
Rechtsspaltung, räumliche **EGBGB 27** 16
Teilrechtsordnungen **EGBGB 27** 38
Großrisiken
Versicherungsverträge **EGBGB Anh I 37** 64 ff
Grundpfandrechte
Devisenkontrakt **EGBGB Anh 34** 32
und Forderungsabtretung **EGBGB 33** 57
Grundstücksgeschäfte
Anknüpfungszeitpunkt **EGBGB 28** 108
Bauverträge **EGBGB 28** 311
Bauverträge, Abgrenzung **EGBGB 28** 103
Belegenheitsort **EGBGB 28** 98 ff, 105, 106, 144
Bodenverkehrsvorschriften, deutsche
EGBGB 34 86
CISG-Ausschluß **EGBGB 28** 154
Devisenkontrakt **EGBGB Anh 34** 32
Dingliche Rechte an Grundstücken, Nutzung von Grundstücken
EGBGB 28 102
und Forderungsabtretung **EGBGB 33** 57
Grundstückstausch, internationaler
EGBGB 28 203
Inlandsbezug **EGBGB 34** 81
Internationale Zuständigkeit
EGBGB 28 109
Kaufverträge **EGBGB 28** 5, 28, 32, 98 ff, 142 ff
Maklervertrag **EGBGB 28** 264
Miete/Pacht - Gerichtsstand **EGBGB Anh II 27-37** 25 ff

Grundstücksgeschäfte (Forts.)
Rechtswahl **EGBGB 27** 9, 59, 89, 97, 111, 124, 147; **EGBGB 28** 104, 143
Schuldverträge, Qualifikation
EGBGB 28 101
Sicherheitenbestellung **EGBGB 28** 102
Sicherungsverträge **EGBGB 28** 493
Timesharingverträge
s. dort
Unternehmenskauf und Grundstücksübertragung **EGBGB 28** 189
Verbraucherverträge **EGBGB 28** 107; **EGBGB 29** 50
Vermutung für das anwendbare Recht
EGBGB 28 5
Verpflichtungsgeschäfte, Verfügungsgeschäfte **EGBGB 28** 99
Vertragsstatut **EGBGB 32** 10
Vollmachtsstatut **EGBGB Einl 27-37 A** 30
Zwingendes Recht **EGBGB 34** 44, 81, 86 f
Grundstücksverwaltung
Anknüpfung (engste Verbindung)
EGBGB 28 103
Gruppenarbeitsverträge
Anknüpfung **EGBGB 30** 34
Guadalajara
Internationaler Lufttransport (Zusatzübereinkommen) **EGBGB 28** 444 f
Gültigkeitsfragen
Anwendbares Recht und Vertragsgültigkeit
EGBGB 28 54
Rechtswahl **EGBGB 27** 135 ff
Vertragsstatut **EGBGB 31** 20; **EGBGB 32** 12, 41
Günstigkeitsprinzip
Arbeitsverträge
— Arbeitnehmerinteresse, besser dienende Regelung **EGBGB 30** 87
— Beachtung zwingenden Auslandsrechts **EGBGB 30** 212
— Gesamtvergleich **EGBGB 30** 86
— Gruppenvergleich **EGBGB 30** 84
— Günstigkeitsvergleich **EGBGB 30** 81 ff
— Kern des kollisionsrechtlichen Arbeitnehmerschutzes **EGBGB 30** 81
— Verhältnis Art 30/Art 34
EGBGB 30 209 f
— Zeitpunkt **EGBGB 30** 89
— Zwingendes Recht **EGBGB 30** 69 ff
Aufenthaltsrecht **EGBGB Vorbem 27-37** 37
und international zwingendes Recht
EGBGB 34 65
Verbraucher- und Arbeitsverträge
EGBGB Vorbem 27-37 36
Verbraucherschutz und Richtlinienstandard **EGBGB 29** 25
Verbraucherverträge **EGBGB 29** 2, 15, 24 ff, 100, 105 ff

Günstigkeitsprinzip (Forts.)
und vorbehaltenes europäisches Kollisionsrecht **EGBGB 29a** 54
Guinea
CISG **EGBGB 28** 149
UN-Verjährungsübereinkommen
EGBGB 28 163
GVÜ (EuGVÜ)
s. Europäisches Gerichtsstands- und Vollstreckungsübereinkommen

Haager Übereinkommen
Einheitliches Kaufrecht
— Altfälle **EGBGB 28** 159
— CISG-Ablösung des – **EGBGB 28** 157
— EKG, EAG **EGBGB 28** 157
Kauf-IPR-Übereinkommen
EGBGB 28 171, 173
Kindesentführungsübereinkommen
EGBGB 35 10
Konnossemente (Vereinheitlichung von Regeln) **EGBGB 28** 384 ff
Minderjährigenschutzabkommen
EGBGB Einl 27-37 A 6
Stellvertretungsabkommen **EGBGB Einl 27-37** A 3, A 8; **EGBGB 28** 272
auf Straßenverkehrsunfälle anzuwendende Recht **EGBGB 33** 97
auf Unterhaltspflichten anzuwendende Recht **EGBGB 33** 89; **EGBGB 35** 10
Haftung
Eigenhaftung des vollmachtlosen Vertreters **EGBGB Einl 27-37** A 54 ff
Vermögens- und Unternehmensübernahme
EGBGB 33 108 ff
Hamburg-Regeln
UN-Übereinkommen über die Beförderung von Gütern zur See **EGBGB 28** 387
Handelsbeschränkungen
und Devisenkontrollbestimmungen
EGBGB Anh 34 42
Handelsbrauch
Gerichtsstandsvereinbarung **EGBGB Anh II 27-37** 201 ff
Schiedsvereinbarung **EGBGB Anh II 27-37** 278, 290
Vertragsstatut **EGBGB 32** 40, 83
Handelsgerichtsbarkeit
Europäisches Übereinkommen über internationale –
s. Europäisches Übereinkommen
Handelsregister
und Vollmachtsstatut **EGBGB Einl 27-37** A 33
Handelssachen
EuGVÜ-Begriff **EGBGB Anh II 27-37** 6 ff

Handelsvertreter
Anknüpfung **EGBGB 28** 280 ff;
EGBGB 30 42
Aufenthaltsort, Sitz des – **EGBGB 28** 280 ff
Ausgleichsanspruch **EGBGB 28** 283
Auslandsbezug **EGBGB 28** 276
Einheitsrecht, kollisionsrechtliches
EGBGB 28 272
EU-Tätigkeit **EGBGB 28** 277
EuGH-Entscheidung Ingmar **EGBGB 34** 42
EWG-Richtlinie zur Rechtskoordinierung
EGBGB 28 271
Inlandsfall, reiner **EGBGB 28** 278 f
Qualifikationsfrage **EGBGB 28** 273 f
Rechtswahl **EGBGB 27** 125;
EGBGB 28 275 ff
Reisetätigkeit **EGBGB 28** 282
Vertretungsmacht **EGBGB 28** 285
Vollmachtsstatut **EGBGB Einl 27-37** A 24
Wettbewerbsrecht **EGBGB 28** 284
Zwingendes Recht **EGBGB 28** 283 f;
EGBGB 34 93
Handkauf
Anknüpfung **EGBGB 28** 177
Handschuhehe
Anknüpfung **EGBGB Einl 27-37** A 43
Hauptniederlassung
s. a. Niederlassung
Anknüpfung bei beruflicher/gewerblicher Tötigkeit **EGBGB 28** 86 ff
als Anknüpfungsmerkmal **EGBGB 28** 40, 251
der Bank **EGBGB 28** 235
des Beförderers **EGBGB 28** 475
des Beförderers, des Absenders
EGBGB 28 117 ff
Begriff der Niederlassung **EGBGB 28** 87
des Luftfrachtführers **EGBGB 28** 460
Wechselfähigkeit **EGBGB 37** 21
Hauptverwaltung
als Anknüpfungsmerkmal **EGBGB 28** 40
Ort zentraler Leitungsentscheidungen
EGBGB 28 85
Verkäufersitz **EGBGB 28** 175
des Versicherungsnehmers
Anh I 37 41
Hausreparaturverträge
Anknüpfung (engste Verbindung)
EGBGB 28 103
Haustürwiderrufsgesetz
Widerrufsrecht **EGBGB 31** 21
Zwingendes deutsches Recht
EGBGB 27 132; **EGBGB 34** 66, 85, 127
Heimarbeit
Anknüpfung **EGBGB 30** 40
Heimathafen
als Anknüpfungsmerkmal **EGBGB 28** 48;
EGBGB 30 137

Heimatrecht
s. Staatsangehörigkeit
Heimunterbringung
Anknüpfung **EGBGB 28** 336
Herkunftslandprinzip
Verbraucherverträge **EGBGB 29** 71
Heuerstatut
Seearbeitsverhältnisse **EGBGB 30** 140 ff
Hilfspersonen
Vertragsstatut (Haftungsfragen) **EGBGB 32** 38, 52
Hinterlegung
Anknüpfung **EGBGB Einl 27-37** A 71; **EGBGB 28** 358; **EGBGB 32** 60, 67
HOAI
Zwingendes Recht **EGBGB 28** 321; **EGBGB 34** 94
Höchstpersönlichkeit
Anknüpfung bei Vertretung **EGBGB Einl 27-37** A 43
Höhere Gewalt
Vertragsstatut **EGBGB 32** 54
Hoheitliche Tätigkeit
EuGVÜ-Ausschluß **EGBGB Anh II 27-37** 6
und gesetzlicher Forderungsübergang **EGBGB 33** 80
Holschuld
Vertragsstatut **EGBGB 32** 36

IATA-Beförderungsbedingungen
Luftbeförderung **EGBGB 28** 468 ff
IATA-Regelung
Lufttransport, internationaler **EGBGB 28** 446
IHK-Schiedsgericht
und Rechtswahlfrage **EGBGB 27** 69
Immaterialgüterrechte
Filmverleih **EGBGB 28** 619
Land der Nutzung **EGBGB 28** 300
Übertragungs- und Sendevertrag **EGBGB 28** 616
Urheberrecht **EGBGB 28** 610 ff
Verfilmung und Einspielung **EGBGB 28** 617 f
Verlagsvertrag **EGBGB 28** 606 ff
Vertragsstatut **EGBGB 28** 600
Wahrnehmungsvertrag **EGBGB 28** 620
Immaterieller Schaden
Vertragsstatut **EGBGB 32** 56
Incoterms
als einheitliches Klauselrecht **EGBGB 28** 174
Parteienvereinbarung **EGBGB 27** 33, 48; **EGBGB 32** 31
Inkassogeschäft
Anknüpfung **EGBGB 33** 63
Devisenkontrakt **Anh 34** 29
ERI der IHK **EGBGB 28** 568

Inkassogeschäft (Forts.)
Rechtswahl **EGBGB 28** 569
Sitz der beauftragten Bank **EGBGB 28** 569
Inländischer Sachverhalt
Arbeitsverträge **EGBGB 30** 25, 52, 53 ff
Factoring **EGBGB Anh 33** 6
Handelsvertretervertrag, anwendbares Recht **EGBGB 28** 278 f
und Inlandsrecht, außer Kraft gesetztes **EGBGB 27** 5
und internationale Reichweite zwingenden Rechts **EGBGB 34** 62 f, 72 ff
und Rechtswahl des Vertragsstatuts **EGBGB 27** 25, 115 ff
Seearbeitsverhältnisse **EGBGB 30** 143
Verbraucherverträge **EGBGB 27** 20, 98
Verhältnis Art 27 III/34 **EGBGB 27** 134
Zwingende Normen **EGBGB 34** 62 f, 72 ff
Inländisches Recht
als international zwingendes Recht
s. Zwingendes Recht
Inlandsgeschäft
mit Auslandssachverhalt **EGBGB 31** 108
Innengesellschaften
Anknüpfung **EGBGB 28** 626
Insolvenzanfechtung
Anknüpfung **EGBGB Einl 27-37** A 80
Insolvenzrecht
EuGVÜ-Anwendung bei Streitigkeiten **EGBGB Anh II 27-37** 7 f
Interlokales Privatrecht
Rechtsspaltung **EGBGB 35** 10 ff, 15 f
International zwingendes Recht
als Eingriffsnorm
s. Zwingendes Recht
Internationale Arbeitsorganisation
Anknüpfung für Beschäftigungsverhältnisse **EGBGB 30** 48
Arbeitsrecht, vereinheitlichtes **EGBGB 30** 17 f
Internationale Klauselwerke
Vereinbarung ihrer Anwendung **EGBGB 27** 48
Internationale Zuständigkeit
Allgemeiner Gerichtsstand **EGBGB Anh II 27-37** 18 ff
Arbeitsrechtsstreitigkeiten **EGBGB 30** 283 ff
Autonomes Recht (Übersicht) **EGBGB Anh II 27-37** 5
CMR **EGBGB Anh II 27-37** 4
COTIF **EGBGB Anh II 27-37** 4
Derogationsverbot **EGBGB Anh II 27-37** 213
EuGVÜ
s. dort
Gerichtsstandsvereinbarung **EGBGB Anh II 27-37** 163 ff

Internationale Zuständigkeit (Forts.)
Grundstücksmiete/Grundstückspacht
EGBGB Anh II 27-37 25 ff
Moselschiffahrt EGBGB Anh II 27-37 4
Niederlassung EGBGB Anh II 27-37 131 ff
Rheinschiffahrtsakte EGBGB
Anh II 27-37 4
Sachzusammenhang EGBGB
Anh II 27-37 139 ff
Staatsverträge EGBGB Anh II 27-37 2 ff
Transportrecht EGBGB Anh II 27-37 117 ff
Verbraucherverträge EGBGB
Anh II 27-37 92 ff; EGBGB 29 66, 119
Vermögensbelegenheit EGBGB
Anh II 27-37 150 ff
Versicherungssachen EGBGB
Anh II 27-37 83 ff
Vertraglicher Erfüllungsort EGBGB
Anh II 27-37 45 ff
Warschauer Abkommen EGBGB
Anh II 27-37 4
Internationaler Sachverhalt
EuGVÜ-Anwendung EGBGB
Anh II 27-37 13
Internationaler Währungsfonds (IWF)
s. Alphabetische Übersicht EGBGB Anh 34
Internationales Vertragsrecht
s. Vertragsstatut
Internetgeschäfte
Anknüpfung, objektive EGBGB 28 651
Anknüpfungsmerkmale, Geltung allgemeiner EGBGB 28 40
Auktionen EGBGB 28 176, 667 f; EGBGB 29 49
Ausschreibungen EGBGB 28 669 f
Bankverträge EGBGB 28 525
Charakteristische Leistung, räumliche Bestimmung EGBGB 28 78
Charakteristische Vertragsleistung EGBGB 28 63, 78
Enger Bezug zum Gemeinschaftsgebiet EGBGB 29a 43
Inlandsfall EGBGB 28 650
und Internationalisierung eines Vertrags EGBGB 27 124
Internetdienste EGBGB 28 671
Providerverträge EGBGB 28 662 ff
Rechtswahl EGBGB 27 9
Rechtswahlfragen EGBGB 28 646 ff
Shopping-Verträge EGBGB 29 71
Verbraucherverträge EGBGB 28 652; EGBGB 29 38, 71, 75 f
Versicherungen zur Abdeckung des Haftungsrisikos EGBGB Anh I 37 55
Vertragsabschlußfragen EGBGB 31 16
Vollmachtsstatut (Gebrauchsort) EGBGB Einl 27-37 A 20

Internetgeschäfte (Forts.)
Werbung über Internet EGBGB 28 71
Interpretationsklausel
als Rechtswahl EGBGB 27 76
Intertemporales Recht
Arbeitsverträge EGBGB 30 26
Dauerschuldverhältnisse, vor dem 1.9.1986 begründete EGBGB 28 23
Deutsch-deutsches Verhältnis EGBGB Vorbem 27-37 49 ff
EuGVÜ/LugÜ EGBGB Anh II 27-37 9
Europäisches Kollisionsrecht, berufenes EGBGB 29a 23
IPR-Reform 1986 und Frage abgeschlossener Verträge EGBGB Vorbem 27-37 46 ff; EGBGB 28 22; EGBGB 30 26
Rechtswahlumfang EGBGB 27 37
Verbraucherverträge EGBGB 29 16
Versicherungsverträge EGBGB Anh I 37 4
Investitionsverträge
Rechtswahl EGBGB 27 42, 51
Investmentgeschäft
Begriff EGBGB 28 572
EU-Recht EGBGB 28 574
Sitz des Anlageinstituts EGBGB 28 574
Zwingende Normen EGBGB 34 101
Zwingendes Recht EGBGB 28 575
Invitatio ad offerendum
Vertragsstatut EGBGB 31 15
IPR-Reform 1986
Abgeschlossene Vorgänge EGBGB Vorbem 27-37 46 ff; EGBGB 28 22; EGBGB 30 26
Forderungsabtretung EGBGB 33 4, 10
und früheres Gewohnheitsrecht EGBGB 30 4
Versicherungsverträge EGBGB Anh I 37 1
Vertragsstatut (Reichweite) EGBGB 30 5 ff
Zwingende Normen im IPR EGBGB 34 5 ff
Irak
CISG EGBGB 28 149
Irland
EVÜ-Ratifikationsstand EGBGB Vorbem 27-37 31
Gastwirtshaftung (Europaratsübereinkommen) EGBGB 28 330
Islamisches Recht
Rechtswahl EGBGB 27 38, 78
Island
CISG EGBGB 28 149
EWR-Zugehörigkeit EGBGB 29a 36
Isle of Man
Timesharingverträge und anwendbares Recht der – EGBGB 28 228
Italien
CISG EGBGB 28 149
EVÜ-Ratifikationsstand EGBGB Vorbem 27-37 31
Forderungsabtretung EGBGB 33 18 f

Italien (Forts.)
Gastwirtshaftung (Europaratsübereinkommen) **EGBGB 28** 330
IWF-Übereinkommen **Anh 34** 18
Kaufvertrag, Vertragsstatut **EGBGB Anh 33** 21
UNIDROIT-Konvention zum int. Finanzierungsleasing **EGBGB 28** 221
Vertragsstatut **EGBGB 31** 1
Vertragsübernahme **EGBGB 33** 103

Joint-venture
Anknüpfung **EGBGB 28** 633 ff
Jugoslawien
CISG **EGBGB 28** 149
Gastwirtshaftung (Europaratsübereinkommen) **EGBGB 28** 330
UN-Verjährungsübereinkommen **EGBGB 28** 163
Juristische Personen
Gerichtsstand **EGBGB Anh II 27-37** 20 f, 24
Organschaftliche Vertretung (Gesellschaftsstatut) **EGBGB Einl 27-37** A 7
Ort ihrer Hauptverwaltung **EGBGB 28** 85
als Verbraucher **EGBGB 29** 44

Kabotagegeschäfte
Zwingende Normen **EGBGB 34** 97
Kaffeefahrten
und Verbraucherverträge **EGBGB 29** 80 ff
Kanada
CISG **EGBGB 28** 149
Rechtsspaltung, räumliche **EGBGB 27** 16
Kapitän
Vertretungsmacht **EGBGB Einl 27-37** A 28
Kapitalverkehr
und internationales Devisenrecht
s. Alphabetische Übersicht **EGBGB Anh 34**
Kartellrecht
Franchising **EGBGB 28** 301
Gerichtsstandsvereinbarung **EGBGB Anh II 27-37** 174, 218
Lizenzverträge **EGBGB 28** 614
Schiedsvereinbarung **EGBGB Anh II 27-37** 299
Vertriebsverträge **EGBGB 28** 294 f
Vertriebsverträge, internationale **EGBGB 28** 295
Zwingende Normen **EGBGB 34** 68, 80 f, 106
Kaufleute
und Rechtswahlklauseln, übliche **EGBGB 27** 141
Kaufmännische Bevollmächtigte
Vollmachtsstatut **EGBGB Einl 27-37** A 24 ff
Kaufmännische Orderpapiere
Anknüpfung **EGBGB 37** 46

Kaufmännischer Rechtsverkehr
Erfüllungsortvereinbarung **EGBGB Anh II 27-37** 82
Kaufmännisches Bestätigungsschreiben
Gerichtsstandsvereinbarung **EGBGB Anh II 27-37** 198, 204
und Rechtswahl **EGBGB 27** 144
Schiedsvereinbarung **EGBGB Anh II 27-37** 262, 279, 290
Schweigen ausländischer Vertragspartei **EGBGB 27** 140
und Vertragsstatut **EGBGB 31** 91 ff
Kaufmann
Anknüpfung **EGBGB 28** 179;
EGBGB 30 11, 40
Kaufvertrag
CISG
s. dort
Devisenkontrakt **EGBGB Anh 34** 28
Einheitliches Klauselrecht **EGBGB 28** 174
Einheitsrecht **EGBGB 28** 149 ff
Erfüllungsortbestimmung **EGBGB Anh II 27-37** 68
und Factoring **EGBGB Anh 33** 3
Fahrniskauf, Vertragsstatut **EGBGB 28** 175 ff
Grundstücksverträge
s. dort
Haager Einheitliches Kaufrecht
s. Haager Übereinkommen
Haager Kauf-IPR-Übereinkommen **EGBGB 28** 171, 173
Klauselrecht, einheitliches **EGBGB 28** 174
Kollisionsrechtliche Übereinkommen **EGBGB 28** 171 ff
Praxiskauf **EGBGB 28** 181, 189
Rechtskauf, Forderungskauf **EGBGB 28** 192 f
Schiffskauf **EGBGB 28** 194 f
Sonderfälle **EGBGB 28** 176 f
UN-Verjährungsübereinkommen
s. UN-Übereinkommen
UN-Vertretungsübereinkommen **EGBGB 28** 170
Unternehmenskauf (Anknüpfung) **EGBGB 28** 41, 103, 181 ff
Verbraucherschutz **EGBGB 28** 187, 191, 198 f
Warenkaufvertrag **EGBGB 28** 149 ff
Kausalgeschäft
s. Schuldrechtliche Verpflichtung
Kausalität
Vertragsstatut **EGBGB 30** 47
Kirgistan
CISG **EGBGB 28** 149
Klage, Klagbarkeit
Devisenkontrollbestimmungen **EGBGB Anh 34** 48 ff

Klage, Klagbarkeit (Forts.)
Internationale Zuständigkeit
s. dort
Klauselrecht
Bedeutung einheitlichen – **EGBGB 28** 174
Vereinbarung ihrer Anwendung
EGBGB 27 48; **EGBGB 28** 309
Vertragsgarantien **EGBGB 28** 481
Know-how-Verträge
Anknüpfung **EGBGB 28** 621 ff
Kollektivvereinbarungen
Abschluß und Gültigkeit internationaler –
EGBGB 30 34
Kollidierende Rechtswahlklauseln
Lösung der Fälle **EGBGB 27** 142
Kollisionsrecht
s. Anknüpfung
Kollisionsrechtsvereinheitlichung
s. Einheitsrecht
Kommissionsvertrag
Anknüpfung **EGBGB 28** 270
Kompensationsgeschäft
Devisenkontrakt **Anh 34** 32
Konkurrenzen
s. Rangfragen
Konnossement
Anknüpfung **EGBGB 28** 403 f
Anknüpfungssonderregel Art 6 EGHGB
EGBGB 28 404 ff
Bestimmungshafen, Recht des Ortes
EGBGB 28 417
Einheitsrecht (Haager Regeln)
EGBGB 28 384 ff
Gerichtsstandsvereinbarung **EGBGB**
Anh II 27–37 206, 225
Handelbares – **EGBGB 28** 415
Rechtswahl **EGBGB 27** 53, 79, 81;
EGBGB 28 416
Schiedsvereinbarung **EGBGB**
Anh II 27–37 280, 292
Konsortialkredit
Anknüpfung bei internationalem –
EGBGB 28 237
Konsularisches Personal
Anknüpfung **EGBGB 30** 172
Koreanisches Recht
Rechtswahl ohne klare Zuordnung
EGBGB 27 38
Krankenversicherung
Private Krankenversicherung, substituierende **EGBGB Anh I 37** 80 f
Kreditkarte
Sitz der ausgebenden Bank **EGBGB 28** 546
Kreditverträge
Auslandsprojekt **EGBGB 27** 122
Devisenkontrakt **Anh 34** 31
Internationale Zuständigkeit **EGBGB**
Anh II 27–37 98

Kreditverträge (Forts.)
Sitz der kreditgebenden Bank
EGBGB 28 532
Verbraucherverträge **EGBGB 29** 38, 52, 54, 56
Kreuzfahrten
Verbraucherverträge **EGBGB 29** 63, 80
KriegswaffenkontrollG
Zwingende Normen **EGBGB 34** 108
Kroatien
CISG **EGBGB 28** 149
Gastwirtshaftung (Europaratsübereinkommen) **EGBGB 28** 330
Kuba
CISG **EGBGB 28** 149
UN-Verjährungsübereinkommen
EGBGB 28 163
Kündigung
Anknüpfung **EGBGB Einl 27–37 A** 62
Arbeitsverhältnis
s. dort
Vertragsstatut **EGBGB 32** 26, 50, 60, 75
Künftige Forderungen
Abtretung **EGBGB 33** 59 ff
Kulturgüterschutz
Zwingende Normen **EGBGB 34** 102, 123

Lagergeschäft
Anknüpfung **EGBGB 28** 360
Leasing
Anknüpfung **EGBGB 28** 220 ff
CISG-Ausschluß **EGBGB 28** 222
Grundstücksnutzung, internationale
Verträge **EGBGB 28** 102
Sitz des Leasinggebers **EGBGB 28** 223
UNIDROIT-Konvention **EGBGB 28** 221
Verbraucherverträge **EGBGB 28** 224;
EGBGB 29 47, 52
Legalisation
Ausländische öffentliche Urkunden
EGBGB 32 114
Leibrente
Anknüpfung **EGBGB 28** 638
Leiharbeitsverhältnis
s. Arbeitnehmerüberlassung
Leihe
Anknüpfung **EGBGB 28** 219
Grundstücksnutzung, internationale
Verträge **EGBGB 28** 102
Verbraucherverträge **EGBGB 29** 48
Leistungsbestimmung
Anknüpfung **EGBGB Einl 27–37 A** 62
Leistungshindernisse
Vertragsstatut **EGBGB 32** 54
Leistungsort
Vertragsstatut **EGBGB 32** 35 f
Leistungsverweigerungsrechte
Vertragsstatut **EGBGB 32** 21, 58

Leistungszeit
Vertragsstatut **EGBGB 32** 35
Lesotho
CISG **EGBGB 28** 149
Letter of credit
s. Dokumentenakkreditiv
Lettland
CISG **EGBGB 28** 149
UNIDROIT-Konvention zum int. Finanzierungsleasing **EGBGB 28** 221
Lex causae
Eingriffsnormen der –
s. Zwingendes Recht
Erfüllungsortermittlung **EGBGB Anh II 27-37** 65
Form der Rechtswahl **EGBGB 27** 148
Schadensbemessung **EGBGB 32** 56
Stabilisierungsklauseln **EGBGB 27** 42
Lex contractus
s. Vertragsstatut
Lex fori
Anscheinsbeweis **EGBGB 32** 106
Aufrechnung **EGBGB 32** 65
Beweis, Verfahren **EGBGB 37** 15
Beweiskraft von Urkunden **EGBGB 32** 113
Beweismittel **EGBGB 32** 108
Beweiswürdigung **EGBGB 32** 104
Deutsches Verfahrensrecht als –
EGBGB 32 4
Deutsches Verfahrensrecht, Grenzen **EGBGB 32** 43
Devisenrecht **EGBGB Anh 34** 17
Dinglicher/schuldrechtlicher Vertrag, Abgrenzung **EGBGB 27** 11;
EGBGB 28 100
Eingriffsnormen bei deutschem/ausländischem Vertragsstatut
s. Zwingendes Recht
Eingriffsnormen, fremde **EGBGB 34** 144
Erfüllungsortbestimmung **EGBGB 28** 43
Factoring und Schuldnerschutz **EGBGB Anh 33** 8
Forderungsabtretung, prozeßrechtliche Wirkungen **EGBGB 33** 44
Geltung zwingenden deutschen Rechts als der –
s. Zwingendes Recht
Gesetzliche Vermutungen, Beweislastfragen **EGBGB 32** 99
Kollisionsrechtsfragen **EGBGB Vorbem 27-37** 40 f
und ordre public **EGBGB 34** 22
Risikobelegenheit **EGBGB 37** 63
Schadensbemessung **EGBGB 32** 56
auf Schadensersatzanspruch anwendbares Recht **EGBGB 33** 93
Versicherungsrisiko, Belegenheit **EGBGB 28** 484

Lex fori (Forts.)
Vertragsstatut-Bestimmung (CISG, Ottawa-Konvention) **EGBGB Anh 33** 21
Vertretergeschäfte **EGBGB Anh 33** 19
Wertpapiere, handelbare **EGBGB 37** 45
Zinsanspruch **EGBGB 32** 57
Lex loci protectionis
Immaterialgüterrecht, Recht des Schutzlandes **EGBGB 28** 599
Lex mercatoria
als Vertragsstatut **EGBGB 27** 49 f
Lex monetae
s. Währungsfragen
Lex pecunieae
s. Währungsfragen
Lex rei sitae
Altenteilsverträge **EGBGB 28** 639
als Anknüpfungsmerkmal **EGBGB 28** 41, 105 f, 144
Bauträgervertrag **EGBGB 28** 345
Darlehensabsicherung **EGBGB 28** 236
Grundstückspacht **EGBGB 28** 217
und Grundstücksvollmacht **EGBGB Einl 27-37 A** 30
Internationale Zuständigkeit **EGBGB 28** 109
Internationales Sachenrecht **EGBGB 28** 100
Timesharing **EGBGB 28** 230
Verfügung über dinglich gesicherte Forderungen **EGBGB 33** 57
Vermögens- und Unternehmensübernahme **EGBGB 33** 113
Vermögensübernahme **EGBGB 33** 113
Liechtenstein
EWR-Zugehörigkeit **EGBGB 29a** 36
Liefervertrag
Verbraucherverträge **EGBGB 29** 48
Litauen
CISG **EGBGB 28** 149
Lizenzverträge
Anknüpfung **EGBGB 28** 609 ff
Devisenkontrakt **Anh 34** 28
Lloyd's Seeversicherungspolice
Bezugnahme auf englisches Recht **EGBGB 27** 77
Lohnzahlung
s. Arbeitsverhältnisse
Londoner Schuldenabkommen EGBGB 32 129
Lotterie- und Ausspielverträge
Sitz des Veranstalters **EGBGB 28** 596
Lufttransport
s. Beförderungsverträge
Luganer Übereinkommen
Arbeitsvertragliche Ansprüche **EGBGB Anh II 27-37** 75
und EuGVÜ **EGBGB Anh II 27-37** 17
Ferienhausmiete **EGBGB Anh II 27-37** 43 f

Luganer Übereinkommen (Forts.)
  Gerichtsstandsvereinbarung **EGBGB Anh II 27-37** 163, 215
Luxemburg
  CISG **EGBGB 28** 149
  EVÜ-Ratifikationsstand **EGBGB Vorbem 27-37** 31
  Gastwirtshaftung (Europaratsübereinkommen) **EGBGB 28** 330
  Gerichtsstandsvereinbarung **EGBGB Anh II 27-37** 207

Machttheorie
  und Eingriffsnormen fremder lex causae **EGBGB 34** 132
Mängelanzeige
  Anknüpfung **EGBGB Einl 27-37 A** 62
Mängelrüge
  Vertragsstatut **EGBGB 32** 26, 88, 93 ff
Mahnung
  Anknüpfung **EGBGB Einl 27-37 A** 62
  Vertragsstatut **EGBGB 32** 26, 45, 90
Makler- und BauträgerVO
  Zwingende Normen **EGBGB 34** 95
Maklervertrag
  Arbeitsvermittlung **EGBGB 28** 269
  Provisionsanspruch **EGBGB 28** 268
  Provisionsanspruch und vermittelter Vertrag **EGBGB 28** 267
  Recht der vermittelten Verträge **EGBGB 28** 265
  Rechtswahl **EGBGB 27** 81
  Sitz des Maklers, Anknüpfung **EGBGB 28** 264
  Wohnungsvermittlung **EGBGB 28** 269
Malta
  Gastwirtshaftung (Europaratsübereinkommen) **EGBGB 28** 330
Managementverträge
  Anknüpfung **EGBGB 28** 348
Marktort
  als Anknüpfungsmerkmal **EGBGB 28** 54
  Eingriffsnorm und inländischer – **EGBGB 34** 81
Massenrisiken
  s. Versicherungsverträge
Mauretanien
  CISG **EGBGB 28** 149
Mehrheit von Abtretungen
  Anknüpfung **EGBGB 33** 51 ff
Mehrrechtsstaat
  und Rechtsspaltung **EGBGB 35** 10 ff
Meistbegünstigung
  Schiedsvereinbarung **EGBGB Anh II 27-37** 242 ff, 282
Mexiko
  CISG **EGBGB 28** 149
  IWF-Übereinkommen **Anh 34** 19

Mexiko (Forts.)
  UN-Verjährungsübereinkommen **EGBGB 28** 163
Mietvertrag
  Bewegliche Sachen **EGBGB 28** 215 f
  Charter **EGBGB 28** 216, 466
  Fahrnismiete, Anknüpfung **EGBGB 28** 215 ff
  Grundstücks-und Raummiete, Anknüpfung **EGBGB 28** 210 ff
  Grundstücksmiete **EGBGB 28** 102
  Grundstücksmiete, Gerichtsstand **EGBGB Anh II 27-37** 25 ff
  Rechtswahl **EGBGB 28** 211, 215
  Verbraucherverträge **EGBGB 29** 48, 52
Minderung
  Vertragsstatut **EGBGB 32** 50
Mitverschulden
  Vertragsstatut **EGBGB 32** 48; **92** 48
Moldau
  CISG **EGBGB 28** 149
  UN-Verjährungsübereinkommen **EGBGB 28** 163
Mongolei
  CISG **EGBGB 28** 149
Montrealer Übereinkommen
  Beförderung im internationalen Luftverkehr **EGBGB 28** 446 f
Multimodaler Transport
  AGB **EGBGB 28** 477
  Einheitsrecht **EGBGB 28** 470 ff
  Vertragsstatut **EGBGB 28** 475 f

Nachträgliche Rechtswahl EGBGB 27 100 ff
Nachträgliches Parteiverhalten EGBGB 28 50, 71, 96, 136
Nachvertragliches Verhalten
  Vertragsstatut **EGBGB 31** 48
Naturalleistungspflichten
  und Bestimmung charakteristischer Leistung **EGBGB 28** 76
  Gleichgewichtige gegenseitige – **EGBGB 28** 93
Nebenansprüche
  Abtretung **EGBGB 33** 34; **EGBGB Anh 33** 33
  aus Vertretungsverhältnis **EGBGB Einl 27-37 A** 53
Nebenpflichten
  Vertragsstatut **EGBGB 32** 33, 40
Negative Rechtswahl EGBGB 27 56 f
Neuseeland
  CISG **EGBGB 28** 149
Nichterfüllter Vertrag
  Vertragsstatut und Einrede des – **EGBGB 32** 58, 90
  Vertragsstatut und Folgen des – **EGBGB 32** 6

Nichtigkeit
  Gerichtsstand **EGBGB Anh II 27–37** 53
  Rechtswahl **EGBGB 31** 33
  Vertragsstatut **EGBGB 31** 23, 28;
    EGBGB 32 76 ff
Niederlande
  CISG **EGBGB 28** 149
  EuGVÜ **EGBGB Anh II 27–37** 10
  EVÜ-Ratifikationsstand **EGBGB Vorbem 27–37** 31
  Forderungsabtretung **EGBGB 33** 23 ff
  Haager Stellvertretungsabkommen
    EGBGB Einl 27–37 A 8
  Vertragsstatut **EGBGB 31** 1
Niederlassung
  der Arbeitnehmereinstellung
    EGBGB 30 114 ff
  des Architekten **EGBGB 28** 319
  des Arztes **EGBGB 28** 257
  des Auftragnehmers **EGBGB 28** 356
  Ausländisches Unternehmen und inländische – **EGBGB 28** 88
  der Bank **EGBGB 28** 526
  Begriff **EGBGB 28** 87
  Begriff der Niederlassung **EGBGB Anh II 27–37** 135 ff
  des Bürgen **EGBGB 28** 487
  CISG **EGBGB Anh 33** 19
  Dienstleistender **EGBGB 28** 248
  Einstellende – **EGBGB 30** 147, 162
  und engste Verbindung **EGBGB Vorbem 27–37** 34
  EuGVÜ/LugÜ-Gerichtsstand **EGBGB Anh II 27–37** 131 ff
  der Factorbank **EGBGB Anh 33** 5
  des Garanten **EGBGB 28** 496
  Gerichtsstand **EGBGB Anh II 27–37** 131 ff
  des Handelsvertreters **EGBGB 28** 280
  Hauptniederlassung
    s. dort
  und kaufmännische Bevollmächtigung **EGBGB Einl 27–37 A** 24 ff
  Klage, betriebsbezogene **EGBGB Anh II 27–37** 138
  des Kommissionärs **EGBGB 28** 270
  des Maklers **EGBGB 28** 264
  des Managementgebers/Betriebsführers **EGBGB 28** 349
  Mehrheit in verschiedenen Staaten **EGBGB 28** 90
  Ottawa-Übereinkommen **EGBGB Anh 33** 19
  des Rechtsanwalts **EGBGB 28** 250 ff
  Rechtsschein **EGBGB Anh II 27–37** 136
  Rechtswahlbedeutung **EGBGB 27** 84
  des Reisebetreuers, Reisevermittlers **EGBGB 28** 326
  Sachwalterhaftung **EGBGB Einl 27–37 A** 90

Niederlassung (Forts.)
  Schuldner charakteristischer Leistung **EGBGB 28** 78
  und Sitz, Verhältnis **EGBGB 30** 121
  des Unterrichtsveranstalters **EGBGB 28** 259
  Verbrauchersachen **EGBGB Anh II 27–37** 12, 109 ff
  Versicherungssachen **EGBGB Anh II 27–37** 12, 87, 91
  Vertreter, Repräsentant ohne ständiges Büro **EGBGB 30** 122
  des Werkunternehmers **EGBGB 28** 304
  des Zedenten (Sicherungsgebers) **EGBGB 33** 60
  als Zweigstelle **EGBGB 30** 121
Nigeria
  UNIDROIT-Konvention zum int.Finanzierungsleasing **EGBGB 28** 221
  Verbot der Ausfuhr von Kulturgütern **EGBGB 34** 123
Norwegen
  CISG **EGBGB 28** 149
  EWR-Zugehörigkeit **EGBGB 29a** 36
  UN-Verjährungsübereinkommen **EGBGB 28** 163
Notar
  Rechtsbesorgung, Anknüpfung **EGBGB 28** 250
Nothilfe
  Anknüpfung **EGBGB Einl 27–37 A** 67
Notwehr
  Anknüpfung **EGBGB Einl 27–37 A** 67
Nutzung
  Grundstücksnutzung, internationale Verträge **EGBGB 28** 102

Objektive Anknüpfung
  Bestimmung **EGBGB 28** 33 ff
Öffentlicher Dienst
  Anknüpfung für das Beschäftigungsverhältnis **EGBGB 30** 47
Öffentliches Interesse
  Zwingende Normen **EGBGB 34** 19, 46, 50, 65, 119, 136
Öffentliches Recht
  Ausländisches – **EGBGB 34** 119
  und Vertragsstatut, Abgrenzung **EGBGB 32** 14
  als zwingendes Recht **EGBGB 34** 46
Österreich
  CISG **EGBGB 28** 149
  EVÜ-Ratifikationsstand **EGBGB Vorbem 27–37** 31
  Forderungsabtretung **EGBGB 33** 12, 14
  IWF-Abkommen **Anh 34** 8
  Schuldübernahme, privative **EGBGB 33** 98
  Vermögens- und Unternehmensübernahme **EGBGB 33** 108, 113

Österreich (Forts.)
Vollmachtsstatut **EGBGB Einl 27-37 A** 15
Ordre public
Anknüpfung an die engste Verbindung **EGBGB 28** 18
Arbeitsverträge **EGBGB 30** 24
und ausländisches Devisenkontrollrecht **EGBGB Anh 34** 14
Börsentermingeschäfte **EGBGB 28** 584, 591
Bürgschaft **EGBGB 28** 493
und Eingriffsnormen, Verhältnis **EGBGB 34** 28
Europäisches Kollisionsrecht, berufenes **EGBGB 29a** 22
und Lex fori **EGBGB 34** 22
Rechtsanwalt-Erfolgshonorar **EGBGB 28** 256
und Rechtswahlfreiheit **EGBGB 27** 17 ff
Verbraucherverträge **EGBGB 29** 15
Versicherungsverträge **EGBGB Anh I 37** 22
Vertragsstatut **EGBGB Vorbem 27-37** 45; **EGBGB 31** 10; **EGBGB 32** 20, 53, 56
und zwingendes Recht, Verhältnis **EGBGB 34** 22, 28, 40, 77, 130
Organisierte Verkaufsfahrten
Verbraucherverträge **EGBGB 29** 79 ff
Organschaftliche Vertretung
Gesellschaftsstatut **EGBGB Einl 27-37 A** 7
Organspendeverträge
Anknüpfung **EGBGB 27** 673 ff
Ort
s. a. Sitz
der amtlichen Handlung **EGBGB 28** 47
Arbeitsort
s. Arbeitsverhältnis
Aufenthaltsort
s. dort
der Leistung
s. Leistungsort
der Niederlassung
s. dort
der Praxis
s. Praxisort
Registerort
s. dort
Ottawa-Konvention
über das internationale Factoring **EGBGB Anh 33** 10 ff

Pachtvertrag
Belegenheitsort als Anknüpfungsmerkmal **EGBGB 28** 217
Grundstücksnutzung, internationale Verträge **EGBGB 28** 102
Grundstückspacht, Gerichtsstand **EGBGB Anh II 27-37** 25 ff
Unternehmenspacht **EGBGB 28** 218

Pachtvertrag (Forts.)
Verbraucherverträge **EGBGB 29** 48
Panama
UNIDROIT-Konvention zum int.Finanzierungsleasing **EGBGB 28** 221
Parteiautonomie
und internationales Arbeitsrecht **EGBGB 30** 51
Kollisionsrechtliche – **EGBGB 27** 1
und Rechtswahlvereinbarung **EGBGB 27** 1, 18, 21 ff, 99
und Vertragsstatut **EGBGB Vorbem 27-37** 11, 33, 38
Parteiinteressen
und Rechtswahl **EGBGB 27** 88
Parteiverhalten
und Vertragsstatut **EGBGB 32** 26, 58
Parteiwille
und anwendbares Recht **EGBGB 28** 11 ff
hypothetischer – **EGBGB 28** 11 f, 22, 51
und Rechtswahl **EGBGB 27** 21, 45, 60 f
Patentrecht
Vertragsstatut **EGBGB 28** 599
Patronatserklärung
Begriff **EGBGB 28** 509
Rechtswahl, Sitz erklärender Muttergesellschaft **EGBGB 28** 509 f
Pauschalreise
s. Beförderungsverträge (Personenbeförderung)
Personenbeförderung
s. Beförderungsverträge (Personenbeförderung)
Personenstand
Anknüpfung, eigenständige **EGBGB 37** 9
Personenzusammenschlüsse
Organschaftliche Vertretung (Gesellschaftsstatut) **EGBGB Einl 27-37 A** 7
Ort der Hauptverwaltung **EGBGB 28** 85
Peru
CISG **EGBGB 28** 149
Pfandrecht
an Bestellergegenständen **EGBGB 28** 314
Pflegschaft
Vertretungsmacht **EGBGB Einl 27-37 A** 6
Pflichtversicherung
Anknüpfung **EGBGB Anh I 37** 76 ff
Polen
CISG **EGBGB 28** 149
Gastwirtshaftung (Europaratsübereinkommen) **EGBGB 28** 330
UN-Verjährungsübereinkommen **EGBGB 28** 163
Portugal
EuGVÜ **EGBGB Anh II 27-37** 10
EVÜ-Ratifikationsstand **EGBGB Vorbem 27-37** 31
Forderungsabtretung **EGBGB 33** 20

Portugal (Forts.)
Haager Stellvertretungsabkommen
EGBGB Einl 27-37 A 8
Positive Forderungsverletzung
Vertragsstatut EGBGB 32 44
Praxiskauf
s. Kaufvertrag
Praxisort
des Anwalts EGBGB 28 250
des Arztes EGBGB 28 257
Preisausschreiben
Anknüpfung EGBGB 28 598
Preiskontrollen
und Devisenkontrollbestimmungen
EGBGB Anh 34 42
Private Geschäfte
und Anknüpfung des Vertragsstatuts
EGBGB 28 81, 83 ff
Bankverträge EGBGB 28 528
Beförderung von Gütern EGBGB 28 112
und Verbraucherverträge EGBGB 29 40 ff
Privatrecht
EVÜ als gemeinschaftsnahes vereinheitlichtes – EGBGB 36 9
Interlokales Privatrecht EGBGB 35 10 ff, 15 f
Sonderprivatrecht als zwingendes Recht EGBGB 34 60
als zwingendes Recht EGBGB 34 46
Produkthaftung
Internationale Zuständigkeit EGBGB Anh II 27-37 52
Prokura
Vollmachtsstatut EGBGB Einl 27-37 A 24
Providerverträge
Anknüpfung EGBGB 27 662 ff
Prozeßaufrechnung
Gerichtsstandsvereinbarung EGBGB Anh II 27-37 226
Internationale Zuständigkeit EGBGB Anh II 27-37 148 ff
Prozeßbürgschaft
Anknüpfung EGBGB 28 487
Prozeßführungsbefugnis
Forderungsabtretung EGBGB 33 44
Prozeßstandschaft
Versicherermehrzahl EGBGB Anh I 37 82 f
Prozeßverhalten
und Anknüpfung EGBGB 28 50
und Rechtswahl EGBGB 27 70 ff, 86
Prozeßvollmacht
und Vollmachtsstatut EGBGB Einl 27-37 A 34
Publizitätserfordernisse
Forderungsabtretung EGBGB 33 14 ff, 43, 73

Punitive damages
und ordre public EGBGB 27 19;
EGBGB 32 56

Qualifikationsfragen
Anfechtung EGBGB Einl 27-37 A 76
Arbeitsrecht EGBGB 30 20 ff
Aufrechnung EGBGB 32 65
Autonom-rechtsvergleichende Methode
EGBGB Vorbem 27-37 42; EGBGB 29 13;
EGBGB 30 20, 35; EGBGB 32 19
Autonome Qualifikation (EuGVÜ) EGBGB
Anh II 27-37 6 ff, 29 ff, 48 ff, 64, 72,
84, 93, 95 ff, 134, 141, 180, 202;
EGBGB 36 6
Autonome Qualifikation (EVÜ) EGBGB
Anh II 27-37 240
Autonome Qualifikation (UNÜ) EGBGB
Anh II 27-37 271
Beweislastregeln EGBGB 32 105
Culpa in contrahendo EGBGB 32 116
Europäisch-rechtsvergleichende Methode
EGBGB 29a 19
Gesellschaftsrecht EGBGB 37 53
Handelsvertretereigenschaft
EGBGB 28 273 f
Lex causae-Qualifikation EGBGB 30 20
Lex causae-Qualifikation (EuGVÜ)
EGBGB Anh II 27-37 65 ff
Lex-fori-Qualifikation EGBGB Vorbem
27-37 40 f; EGBGB 27 11; EGBGB
Anh II 27-37 29, 82, 134; EGBGB 28 20,
68, 100; EGBGB 30 20
und Qualifikationskonflikte EGBGB 30 22;
EGBGB 32 19
Rechtsvergleichende Qualifikation (EVÜ)
EGBGB Vorbem 27-37 41; EGBGB 28 20,
68, 100
Subrogation, vertragliche EGBGB 33 64
Tarifverträge EGBGB 30 250
Tatbestandsmerkmale des Kollisionsrechts
EGBGB Vorbem 27-37 40 ff
Verbraucherverträge EGBGB 29 1, 13 ff, 52, 61
Verjährung EGBGB 32 71
Vertragskategorien EGBGB 28 68 ff
Vertragsstatut EGBGB 28 20 f
auf Vertragsverhältnisse einwirkende andere Rechtsgebiete EGBGB 34 17
Vertretung EGBGB Einl 27-37 A 3, A 9
Quittung
Vertragsstatut EGBGB 32 39

Räumliche Rechtsspaltung
und Rechtswahl EGBGB 27 16, 37 f
Rahmenvertrag
und ausfüllende Einzelverträge, Anknüpfung EGBGB 28 134

Rahmenvertrag (Forts.)
  Vertragshändlervertrag **EGBGB 28** 291
Rangfragen
  Eingriffsnormen, unterschiedliche
    (Konkurrenzverhältnis)
    EGBGB 34 146 ff
  EuGVÜ/LugÜ **EGBGB Anh II 27-37** 15 ff
  Europäisches Recht
    s. dort
  Staatsvertragliches Recht **EGBGB 34** 43
  Zwingendes Recht und Schutz besonderer
    Personengruppen **EGBGB 34** 29 ff
Rechnungsformular
  und Rechtswahl **EGBGB 27** 65
Rechte
  Kaufvertrag, anwendbares Recht
    EGBGB 28 193
Rechtsanwalt
  Ausländische Sozietät mit inländischer
    Niederlassung **EGBGB 28** 88
  Erfolgshonorar **EGBGB 28** 256
  Niederlassungsort des Anwalts, Anknüpfung **EGBGB 28** 250 ff
  RBerG als zwingende Inlandsnorm
    EGBGB 28 255
  Rechtsberatung, geschäftsmäßige (zwingendes Recht) **EGBGB 34** 91
  Rechtswahl **EGBGB 28** 250
  Sozietäts-Niederlassungen in verschiedenen Staaten **EGBGB 28** 251 ff
  Verbrauchervertrag **EGBGB 28** 254;
    EGBGB 29 60
Rechtsanwendungsgesetz
  der DDR **EGBGB Vorbem 27-37** 19 ff, 51
  Kollisionsrechtliche Parteiautonomie
    EGBGB 27 22
Rechtsfähigkeit
  Anknüpfung, selbständige **EGBGB Einl 27-37** A 1; **EGBGB 32** 11
Rechtsgeschäft
  Anknüpfungsgrundsätze zur allgemeinen
    Rechtsgeschäftslehre **EGBGB**
    Einl 27-37 A 1
  Einheit/Trennung, Anknüpfung
    EGBGB Einl 27-37 A 87 f
  Nichtberechtigter **EGBGB Einl 27-37** A 93
  Vertretung
    s. Vertretung (rechtsgeschäftliche)
Rechtsnachfolge
  Gerichtsstandsvereinbarung **EGBGB**
    Anh II 27-37 224 f
  Schiedsvereinbarung **EGBGB**
    Anh II 27-37 305
  und Verbraucherverträge **EGBGB 29** 37
Rechtsordnungslose Verträge
  Unwirksamkeit **EGBGB 27** 45

Rechtsscheinvollmacht
  Anknüpfung **EGBGB Einl 27-37** A 35 ff, A 54
Rechtsspaltung
  Rechtswahl und räumliche – **EGBGB 27** 16, 37 f
Rechtsvereinheitlichung
  s. Einheitsrecht
Rechtsvergleichung
  Qualifikationsmethode **EGBGB Vorbem 27-37** 41
Rechtsverteidigung
  Anknüpfung **EGBGB Einl 27-37** A 66 ff
Rechtswahl
  und AGB **EGBGB 27** 52 f, 80, 142, 144 ff
  Elektronische AGB **EGBGB 28** 647 ff
  Europäisches Recht (Grundfreiheiten)
    EGBGB Vorbem 27-37 9
  Gerichtsstandsvereinbarung **EGBGB**
    Anh II 27-37 186
  Scheckerklärung **EGBGB 37** 42
  Schiedsvereinbarung **EGBGB**
    Anh II 27-37 250, 255 ff, 262
  Vertragsstatut
    s. Vertragsstatut (Rechtswahl)
  Vollmachtlose Vertretergeschäfte
    EGBGB Einl 27-37 A 57
  Vollmachtsstatut **EGBGB Einl 27-37** A 12
  Wechselrechtliche Erklärungen
    EGBGB 37 31
  Wertpapierrechtliche Verpflichtungen
    EGBGB 37 48
Referenzstatut
  als objektives Vertragsstatut **EGBGB 30** 1
Registereintragungen
  Beweismittel **EGBGB 32** 111
Registerort
  als Anknüpfungsmerkmal **EGBGB 28** 48;
    EGBGB 30 137
Regress
  s. Cessio legis
Reisevertrag
  s. a. Beförderungsverträge (Personenbeförderung)
  Brüsseler Übereinkommen (Einheitsrecht)
    EGBGB 28 324
  EG-Pauschalreiserichtlinie **EGBGB 28** 325
  Niederlassung, Einschaltung ausländischer
    EGBGB 28 326
  Pauschalreisevertrag und Hausnutzung
    EGBGB 28 102
  Rechtswahl **EGBGB 28** 323
  Reiseleitervertrag **EGBGB 28** 248
  Sitz des Veranstalters (charakteristische
    Leistung) **EGBGB 28** 326
  Verbrauchervertrag **EGBGB 28** 327
Reisevertreter
  Vollmachtsstatut **EGBGB Einl 27-37** A 27

Renvoi
Anknüpfung an die engste Verbindung
EGBGB 28 17
Arbeitsverträge EGBGB 30 23
Betriebsverfassungsrecht EGBGB 30 268
Europäisches Kollisionsrecht, berufenes
EGBGB 29a 21
Forderungsabtretung EGBGB 33 5 f
Rechtswahl EGBGB 27 14 ff
Rückverweisung, Begriff EGBGB 35 1
Scheckrecht EGBGB 37 43
Verbraucherverträge EGBGB 29 14
Vertragsstatut EGBGB Vorbem 27-37 44;
EGBGB 31 9; EGBGB 32 18 f;
EGBGB 35 2, 4, 6 ff, 12
Vollmachtsstatut EGBGB Einl 27-37 A 61
Wechselrecht EGBGB 37 32
Weiterverweisung, Begriff EGBGB 35 1
Zwingendes Recht EGBGB 34 151 f
Reparaturvertrag
Anknüpfung EGBGB 28 305
Risikobelegenheit
s. Versicherungsverträge
Römisches Recht
Rechtswahl EGBGB 27 40
Römisches Übereinkommen (EVÜ)
Abtretung EGBGB 33 1 ff
Analogie EGBGB 36 24
Anknüpfung an die charakteristische
Leistung EGBGB 28 66
Anwendbares Recht bei fehlender Rechtswahl EGBGB 28 1, 9 f
Arbeitsvertragsrecht EGBGB 30 5, 19 ff, 26
Aufenthaltsort, gewöhnlicher EGBGB 28 84
Ausgeschlossene Materien EGBGB 37 7 ff
Ausländisches Recht als zwingendes Recht
EGBGB 34 4
Auslegung, einheitliche der Kollisionsnormen EGBGB 36 1 ff
Auslegungsgebot EGBGB 29a 19
Ausschluß, ausdrücklicher EGBGB 27 58
Autonom-rechtsvergleichende Auslegung
EGBGB 30 21
Beweis, Verfahren EGBGB 37 15
Cessio legis EGBGB 33 76 ff
Charakteristische Leistung EGBGB 28 10
Deutsche Umsetzung EGBGB Vorbem
27-37 27 ff
Drittstaatliche Eingriffsnormen, Geltung
EGBGB 34 25, 110
EGBGB-zwingende Normen, Herkunft aus
dem – EGBGB 34 26
Eingriffsnormen und erforderlicher Fallbezug EGBGB 34 77
Entstehung EGBGB Vorbem 27-37 22 ff
Erb-und familienrechtliche Verträge,
ausgeschlossene EGBGB 37 10 ff

Römisches Übereinkommen (EVÜ) (Forts.)
EuGH-Auslegung EGBGB Vorbem 27-37 7, 25
und Europäisches Recht EGBGB 33 91;
EGBGB 36 9
Forderungsabtretung EGBGB 33 9, 11 ff
Forderungsabtretung (Rechtsvergleichende Hinweise) EGBGB 33 14 ff
Gesellschaftsrecht, ausgeschlossenes
EGBGB 37 52
Immaterialgüterrechte EGBGB 28 600
Kollisionsrechtliche Parteiautonomie
EGBGB 27 2, 7
Kollisionsrechtlicher Verbraucherschutz
EGBGB 29 1, 7, 23 ff, 58 ff, 69 f, 75, 78 ff, 89, 101 f, 116 f
Kollisionsregeln, Rang EGBGB 29 23, 24
Kopiermethode, problematische
EGBGB Vorbem 27-37 29
Mängelrüge EGBGB 32 94
Mehrrechtsstaat EGBGB 35 15
Personenstand, Geschäftsfähigkeit, vom
Anwendungsbereich ausgeschlossene
EGBGB 37 9
Qualifikationsmethode EGBGB Vorbem
27-37 41; EGBGB 28 21, 68, 100
Ratifikationsstand EGBGB Vorbem
27-37 31
Rechtsfortbildung EGBGB 36 25
Rechtswahlfreiheit, Grenzen
EGBGB Vorbem 27-37 9
Reform EGBGB Vorbem 27-37 32;
EGBGB 29 9
Renvoi EGBGB 35 3
Schieds- und Gerichtsstandsvereinbarungen, ausgeschlossene EGBGB 37 13
Schuldrecht, außervertragliches
EGBGB Vorbem 27-37 22, 24 f
Schuldübernahme, gesetzlicher Schuldübergang EGBGB 33 94
Staatsangehörigkeit EGBGB 28 44
als staatsvertragliche Kollisionsnormen
EGBGB 33 91
Stellvertretung, ausgeschlossene
EGBGB 37 57 ff
Texte EGBGB Einl 27-37 B 1 ff
Treuhandvereinbarungen EGBGB 37 14
Trust, ausgeschlossener EGBGB 37 14
Unmittelbare Anwendung EGBGB Vorbem
27-37 28 f
Verbraucherbegriff, Verbraucherbeteiligung EGBGB 29 31 ff
Verbraucherschutzrecht, Nationalisierung
EGBGB 28 65
Vertragsrechtsvereinheitlichung
EGBGB Vorbem 27-37 22 ff
Vertragsstatut (Anwendungsbereich)
EGBGB 32 5 ff

Römisches Übereinkommen (EVÜ) (Forts.)
Vertragsstatut und Aufenthalts- bzw. Sitzrecht **EGBGB 31** 6
Vertragsstatut, sachlicher Anwendungsbereich **EGBGB 37** 1, 8 ff
Vertretung **EGBGB Einl 27-37** A 9
Wertpapierrechtliche Verpflichtungen, ausgeschlossene **EGBGB 37** 16
Zwingende Normen im IPR **EGBGB 34** 5 ff

Rückabwicklung
Factoring **EGBGB Anh 33** 37
Internationale Zuständigkeit **EGBGB Anh II 27-37** 62
Vertragsnichtigkeit **EGBGB 32** 76 ff
Vertragsstatut **EGBGB 32** 76 ff

Rücktritt
Vertragsstatut **EGBGB 32** 50

Rückversicherung
s. Versicherungsverträge

Rückverweisung
s. Renvoi

Rügeobliegenheit
und Vertragsstatut **EGBGB 32** 26, 88, 93 ff

Rumänien
CISG **EGBGB 28** 149
UN-Verjährungsübereinkommen **EGBGB 28** 163

Rußland
CISG **EGBGB 28** 149
UNIDROIT-Konvention zum int. Finanzierungsleasing **EGBGB 28** 221

Sachenrecht
s. a. Dingliche Rechtsgeschäfte; Verfügungsgeschäfte
und Forderungsabtretung **EGBGB 33** 57
Internationales Sachenrecht/internationales Vertragsrecht (Abgrenzung) **EGBGB 28** 100
und Rechtswahl **EGBGB 27** 11

Sachgesamtheit
Unternehmenskauf (Anknüpfung) **EGBGB 28** 188 ff

Sachnormverweisung
Rechtswahl **EGBGB 27** 14, 32, 36, 96
Vertragsrecht (Renvoi) **EGBGB Vorbem 27-37** 44

Sachrechtswahl
Rechtswahl als – **EGBGB 27** 14

Sachwalterhaftung
Anknüpfung **EGBGB Einl 27-37** A 90; **EGBGB 32** 121

Sachzusammenhang
Gerichtsstand
s. Gerichtsstand des Sachzusammenhangs

Saint Vincent und Grenadinen
CISG **EGBGB 28** 149

Sambia
CISG **EGBGB 28** 149
UN-Verjährungsübereinkommen **EGBGB 28** 163

Schaden
Bemessung **EGBGB 32** 6, 42 f, 56
Pauschalierung **EGBGB 32** 53
Schätzung **EGBGB 32** 56

Scheckrecht
Anknüpfung **EGBGB 37** 34 f
Devisenkontrakt **Anh 34** 29
Einlösung des Schecks **EGBGB 37** 52
Erklärung **EGBGB 37** 38
Falschangaben **EGBGB 37** 24
Form der Scheckerklärung **EGBGB 37** 38 ff
Fremdsprachen **EGBGB 37** 39
Haftung **EGBGB 37** 41
Kollisionsnormen, eigenständige **EGBGB 28** 15; **EGBGB 37** 35 ff
Rechtswahl **EGBGB 37** 43
Renvoi **EGBGB 37** 44
Schadensersatz **EGBGB 37** 52
Scheckfähigkeit **EGBGB 37** 36
Scheckrechtsabkommen **EGBGB 37** 34
Scheckrechtsstatut **EGBGB 37** 36
Sonderanknüpfung **EGBGB 37** 42

Scheinselbständigkeit
Anknüpfung **EGBGB 30** 44

Schenkung
Bewegliche Sachen, Rechte (Anknüpfung) **EGBGB 28** 205
Devisenkontrakt **Anh 34** 37
Ehegattenschenkungen, unbenannte Zuwendungen **EGBGB 28** 206
Grundstücksschenkung, Anknüpfung **EGBGB 28** 102, 204
von Todes wegen, Anknüpfung **EGBGB 28** 208

Schickschuld
Vertragsstatut **EGBGB 32** 36

Schiedsrichtervertrag
Rechtswahl **EGBGB 28** 351
Schiedsverfahren, hierfür geltendes Recht **EGBGB 28** 352

Schiedsvereinbarung
Anknüpfung **EGBGB Anh II 27-37** 249 ff
als Anknüpfungsmerkmal **EGBGB 28** 51
Anwendbares Recht **EGBGB 28** 15
Ausländisches Devisenrecht **Anh 34** 21
Begriff **EGBGB Anh II 27-37** 245
EVÜ-Ausschluß **EGBGB 37** 13
Form **EGBGB Anh II 27-37** 270 ff
und kollisionsrechtliche Parteiautonomie **EGBGB 27** 9
Prozeßvollmacht **EGBGB Einl 27-37** A 34
Rechtsnatur **EGBGB Anh II 27-37** 246
Rechtsquellen **EGBGB Anh II 27-37** 247 f

Schiedsvereinbarung (Forts.)
Rechtswahl **EGBGB 27** 13, 36, 49 f, 63, 68 f, 120
Reichweite des Vereinbarungsstatuts **EGBGB Anh II 27-37** 261 ff
und stillschweigende Rechtswahl **EGBGB 27** 68
UN-Übk. über Anerkennung und Vollstreckung **EGBGB Anh II 27-37** 228 ff
Vereinbarung der IHK- **EGBGB 27** 69
Wirkungen **EGBGB Anh II 27-37** 303 ff
Zulässigkeit **EGBGB Anh II 27-37** 295 ff

Schiffskauf
Dingliche Wirkungen **EGBGB 28** 195
Kaufvertrag, anwendbares Recht **EGBGB 28** 194 f

Schiffsmiete
Bare boat charter **EGBGB 28** 402

Schiffspersonal
Anknüpfung **EGBGB 30** 139 ff
Arbeitskämpfe auf Schiffen **EGBGB 30** 277

Schmiergeld
Verstoß gegen ausländisches Recht **EGBGB 34** 124
Vertragsstatut **EGBGB 31** 26

Schuldanerkenntnis
Rechtswahl; Recht der anerkannten Verpflichtung **EGBGB 28** 514

Schuldner
Charakteristische Vertragsleistung s. dort
Stellung als – **EGBGB 32** 37

Schuldnerschutz
Factoring **EGBGB Anh 33** 8
und Forderungsabtretung **EGBGB 33** 8, 11 f, 29 f, 40 ff, 69

Schuldrecht (außervertragliches)
EVÜ-Anwendung **EGBGB Vorbem 27-37** 22, 24 f
Gerichtsstandsvereinbarung **EGBGB Anh II 27-37** 222
Internationale Zuständigkeit **EGBGB Anh II 27-37** 49, 54
und rechtsgeschäftliche Abtretung **EGBGB 33** 32
Rechtswahlvereinbarung **EGBGB 27** 10
Schiedsvereinbarung **EGBGB Anh II 27-37** 265 f

Schuldrecht (Vertragsrecht)
Kollisionsrechtliche Parteiautonomie **EGBGB 27** 1 ff
Vertragsstatut s. dort

Schuldrechtliche Verpflichtung
Forderungsabtretung **EGBGB 33** 8 ff, 14 ff, 31 f, 35 f
Schuldübernahme **EGBGB 33** 98 ff
Vertragsübernahme **EGBGB 33** 103

Schuldstatutstheorie
Ausländisches Devisenrecht **EGBGB Anh 34** 83
Eingriffsnormen der lex causae **EGBGB 34** 130 f
Geltung des Vertragsstatuts **EGBGB 31** 3

Schuldübernahme
Abtretung, Vertragsübernahme und – **EGBGB 33** 102
Anknüpfung **EGBGB Einl 27-37 A** 74
Gesetzlicher Schuldbeitritt **EGBGB 33** 97
Interne, externe – **EGBGB 33** 99 ff
Kumulative – **EGBGB 33** 95 ff
Privative – **EGBGB 33** 98 ff
Rechtsgeschäftlicher Schuldbeitritt **EGBGB 33** 95 f
Schuldbeitritt und privative – **EGBGB 33** 94
Schuldübernahmevertrag und Kausalgeschäft **EGBGB 33** 94

Schuldversprechen
Form **EGBGB 28** 512
Sitz des Erklärenden **EGBGB 28** 511
Wertpapierverpflichtung, handelbare **EGBGB 28** 513

Schutz der schwächeren Vertragspartei
Arbeitnehmer, Verbraucher **EGBGB Vorbem 27-37** 33, 35 f
EGBGB-zwingende Normen **EGBGB 34** 27
und kollisionsrechtliche Parteiautonomie **EGBGB 27** 28; **EGBGB 30** 1

Schutzland
Lex loci protectionis **EGBGB 28** 599, 605, 608

Schwebend unwirksame Rechtsgeschäfte
Anknüpfung für Zustimmung Dritter **EGBGB Einl 27-37 A** 93

Schweden
CISG **EGBGB 28** 149
EVÜ-Ratifikationsstand **EGBGB Vorbem 27-37** 31
IWF-Übereinkommen **Anh 34** 19

Schweigen
Rechtswahl **EGBGB 27** 140, 144
Sonderanknüpfung **EGBGB 31** 39 ff
Vertragsstatut und Bewertung des – **EGBGB 31** 18

Schweiz
Ablösungsrecht für fremde Schuld **EGBGB 33** 82
CISG **EGBGB 28** 149
Eingriffsnormen, fremde **EGBGB 34** 139
IWF-Abkommen **EGBGB Anh 34** 6
Konzept charakteristischer Leistung **EGBGB 28** 64, 70
Rechtswahl und Arbeitsverhältnis **EGBGB 30** 52
Schuldübernahme, privative **EGBGB 33** 98
Verbraucherschutz **EGBGB 27** 9, 59, 137

Schweiz (Forts.)
Vermögens- und Unternehmensübernahme **EGBGB 33** 108, 113
Vertragsstatut **EGBGB 31** 1
Vollmachtsstatut **EGBGB Einl 27-37** A 15
Seeleute
Arbeitskampf **EGBGB 30** 277 ff
Betriebsverfassung **EGBGB 30** 273
Heuerstatut **EGBGB 30** 145 ff
Rechtsgrundlagen **EGBGB 30** 140 f
Rechtswahl **EGBGB 30** 142 ff
Zweitregisterschiff **EGBGB 30** 151 ff, 158 ff, 262
Seetransport
s. a. Beförderungsverträge
Güterbeförderung, internationale **EGBGB 28** 384 ff
Personenbeförderung, internationale **EGBGB 28** 380 ff
Selbständigkeit
oder Abhängigkeit der Leistungserbringung **EGBGB 30** 37, 37 ff
Selbsthilfe
Anknüpfung **EGBGB Einl 27-37** A 66 ff
Sendeverträge
Anknüpfung **EGBGB 28** 616
Sicherheitsleistung
Anknüpfung **EGBGB Einl 27-37** A 71
Sicherungsverträge
Anknüpfung **EGBGB 33** 58 ff
Art der Sicherheit **EGBGB 28** 493
Devisenkontrollbestimmungen **Anh 34** 62
Einheitsrecht (UN Convention) **EGBGB 28** 491
Enger Zusammenhang mit anderem Geschäft **EGBGB 28** 495
Forderungsabtretung **EGBGB 33** 57
Grundstücksrechte **EGBGB 28** 493
Grundstückssicherheiten **EGBGB 28** 102
Rechtswahl **EGBGB 27** 81; **EGBGB 28** 492
Sitz des die Sicherheit Stellenden **EGBGB 28** 493
Verbraucherverträge **EGBGB 29** 36
Vertragsstrafe **EGBGB 28** 494
Singapur
CISG **EGBGB 28** 149
Sitten und Gebräuche
Vereinbarung ihrer Anwendung **EGBGB 27** 39
Sittenwidrigkeit
Anknüpfung **EGBGB Einl 27-37** A 83 f
Forderungsabtretung **EGBGB 33** 33
Kauf sonstiger Güter **EGBGB 28** 196
Vertragsstatut **EGBGB 31** 23, 25
Zwingendes Recht **EGBGB 34** 85
Sitz
s. a. Ort
des Anbieters (als Regelfall) **EGBGB 29** 3

Sitz (Forts.)
als Anknüpfungsmerkmal **EGBGB 28** 40
des Anlageinstituts (Investmentgeschäfte) **EGBGB 28** 574
des Anlagenerstellers **EGBGB 28** 317
des Anleiheschuldners **EGBGB 28** 241
der Arbeitsvertragsparteien **EGBGB 30** 134
des Auftretenden **EGBGB 28** 263
des Auslobenden **EGBGB 28** 598
der Bank **EGBGB 28** 244, 531, 556 ff, 576, 579
des Baubetreuers **EGBGB 28** 343
des Bauunternehmers **EGBGB 28** 310
des Beförderers **EGBGB 28** 419
Bestimmung des Sitzes **EGBGB Anh II 27-37** 20 f, 24
des betreuten Unternehmens **EGBGB 28** 349
Darlehensgewährung und Darlehensgebersitz **EGBGB 28** 235
Dienstleistender **EGBGB 28** 248
und enger Bezug zum Gemeinschaftsgebiet **EGBGB 29a** 48
Fahrniskauf, Verkäufersitz **EGBGB 28** 175
des Gastwirts **EGBGB 28** 331
des Gemeinschaftsunternehmens (joint venture) **EGBGB 28** 634
des Handelsvertreters **EGBGB 28** 280
Inländischer Sitz und Eingriffsnorm **EGBGB 34** 81
Juristische Person **EGBGB 28** 40, 78 ff, 85
des Leibrentenschuldners **EGBGB 28** 638
des Lizenzgebers **EGBGB 28** 610
des Lotterie- und Ausspielveranstalters **EGBGB 28** 596
des Maklers **EGBGB 28** 264
Mietvertrag, Vermietersitz **EGBGB 28** 215
der Patronatserklärenden **EGBGB 28** 509
Private/gewerbliche Schuldnerleistung **EGBGB 28** 81
Rechtswahlbedeutung **EGBGB 27** 84
des Reiseveranstalters **EGBGB 28** 326
Schuldner charakteristischer Leistung **EGBGB 28** 78
des Schuldversprechenden **EGBGB 28** 511
des Sicherheitenbestellers **EGBGB 28** 493
des Spediteurs **EGBGB 28** 481
Timesharing und Veräußerersitz **EGBGB 28** 230
des Treuhänders **EGBGB 28** 343
des übertragenen Unternehmens **EGBGB 33** 111
Unternehmenskauf und Verkäufersitz **EGBGB 28** 189
des Urheberrechtsveräußernden **EGBGB 28** 602
des Verlegers **EGBGB 28** 607
des Versicherers **EGBGB 28** 487

Sitz (Forts.)
　des Vertragshändlers **EGBGB 28** 288
　und Vertragsstatut **EGBGB 31** 6
　des Verwerters **EGBGB 28** 617, 620
　Wechselfähigkeit **EGBGB 37** 21
　des Wissensübertragenden
　　EGBGB 28 621 ff
　des Zedenten (Sicherungsgebers)
　　EGBGB 33 60
Slowakische Republik
　CISG **EGBGB 28** 149
　UN-Verjährungsübereinkommen
　　EGBGB 28 163
Slowenien
　CISG **EGBGB 28** 149
　Gastwirtshaftung (Europaratsübereinkommen) **EGBGB 28** 330
　UN-Verjährungsübereinkommen
　　EGBGB 28 163
Software
　CISG-Anwendung **EGBGB 28** 154
　Veräußerung von Standard – **EGBGB 29** 50
Sonderanknüpfungen
　Arbeitsverhältnisse **EGBGB 30** 49 f, 189
　Ausländisches Devisenrecht **EGBGB Anh 34** 86 ff
　Ausländisches zwingendes Recht **EGBGB 34** 115 ff
　Deutsches zwingendes Recht gegen das anwendbare Vertragsstatut **EGBGB 34** 48 ff, 82 ff
　EG-Regelung für die soziale Sicherheit **EGBGB 33** 90 ff
　Forderungsabtretung (kollisionsrechtlicher Schuldnerschutz) **EGBGB 33** 40 ff
　Forderungsabtretung (Rechtsfragen, gesonderte Anknüpfung) **EGBGB 33** 54
　Geschäftsfähigkeit **EGBGB 31** 37
　Haager Übk über das auf Unterhaltspflichten anzuwendende Recht **EGBGB 33** 89
　Interessenabwägung, umfassende **EGBGB 31** 55
　Schweigen, rechtsgeschäftliche Bedeutung **EGBGB 31** 39 ff
　Sprachunkundiger Empfänger **EGBGB 31** 99
　Stellvertretung **EGBGB 31** 38
　Verbraucherverträge **EGBGB 29** 9, 22 ff
　Versicherungsverträge **EGBGB Anh I 37** 17 ff, 87
　Vertragsstatut **EGBGB Vorbem 27-37** 39; **EGBGB 31** 5
Sonderprivatrecht
　als zwingendes Recht **EGBGB 34** 60
Sorgfaltsmaßstab
　Vertragsstatut **EGBGB 32** 38

Sowjetunion
　IWF-Beitritt von Staaten nach dem Zusammenbruch der – **Anh 34** 57
Sozialrechtsstatut
　EG-Regelung für die soziale Sicherheit **EGBGB 33** 90 ff
Sozialversicherungsträger
　und gesetzlicher Forderungsübergang **EGBGB 33** 80
Sozietät
　Rechtsanwälte, Anknüpfung **EGBGB 28** 251 ff
Spaltung des Vertragsstatuts
　Ausnahme **EGBGB 28** 55
　und Ausweichklausel **EGBGB 28** 128
　Beispiele **EGBGB 28** 59, 90
　Einheitlicher Vertrag/unterschiedliche Verpflichtungen **EGBGB 28** 12
　Lokale Rechtsspaltung **EGBGB 35** 10 ff
　und Qualifikationsfragen **EGBGB 28** 69
　durch Sonderanknüpfungen **EGBGB 27** 90 ff
　Teilanknüpfung **EGBGB 28** 55 ff
　und unbestimmbare charakteristische Leistung **EGBGB 28** 92
　Vertragsstatut, einheitliches **EGBGB 31** 12
　Vertragsstatut, gespaltenes **EGBGB 31** 35
　Vertragszerlegung, erforderliche **EGBGB 28** 57
　Voraussetzungen **EGBGB 28** 57 f
　Zulässigkeit **EGBGB 28** 60
Spanien
　CISG **EGBGB 28** 149
　EuGVÜ **EGBGB Anh II 27-37** 10
　EVÜ-Ratifikationsstand **EGBGB Vorbem 27-37** 31
　Forderungsabtretung **EGBGB 33** 20
　als Mehrrechtsstaat **EGBGB 35** 15
　Vertragsstatut **EGBGB 31** 1
Speditionsvertrag
　ADSp-Einbeziehung **EGBGB 28** 480
　als Beförderungsvertrag **EGBGB 28** 113
　Frachtvertrag, Abgrenzung **EGBGB 28** 478
　Klauselwerke **EGBGB 28** 479
　Rechtswahl **EGBGB 28** 480
　Sitz des Spediteurs **EGBGB 28** 481
Spiel- und Wettverträge
　Klagbarkeit **EGBGB 28** 595
　Recht des Ortes der Durchführung **EGBGB 28** 593
　Zwingende Normen **EGBGB 34** 104
Sponsoring
　Sitz des Gesponserten, Anknüpfung **EGBGB 28** 302
Sprache des Vertrags
　s. Vertragssprache

Staaten
als Vertragspartner, Anknüpfung
EGBGB 28 49
Staatliche Interessen
und zwingendes Recht EGBGB 34 29
Staatsangehörigkeit
als Anknüpfungsmerkmal EGBGB 28 44,
130
der Arbeitsvertragsparteien EGBGB 30 134
Inlandsgeschäft und fremde –
EGBGB 31 108
Lebensversicherungsverträge EGBGB
Anh I 37 60
und Rechtswahlfrage EGBGB 27 63, 85 f,
124
Staatsanleihen
Anknüpfung EGBGB 28 242
Staatsgebiet
und Arbeitsort EGBGB 30 119
Staatsverträge
s. Abkommen, Übereinkommen
Stabilisierungsklausel
Wirksamkeit EGBGB 27 42
Stammessitten
Vereinbarung ihrer Geltung EGBGB 27 39
Stand-by Letters
Einheitsrecht (UN Convention)
EGBGB 28 505 f, 565 f
Stationierungskräfte
und Rechtswahlfrage EGBGB 27 88
Statutenwechsel
Änderung der Anknüpfungstatsachen
EGBGB 28 19
Arbeitsverhältnisse EGBGB 30 107 ff,
173 ff
und nachträgliche Rechtswahl
EGBGB 27 108
und Zeitpunkt für Bestimmung engster
Beziehung EGBGB 28 61
Stille Gesellschaft
Anknüpfung EGBGB 28 626
Stillschweigen
Rechtswahlvereinbarung EGBGB 27 3,
59 ff, 103, 120, 126, 138
Strafschadensersatz
s. Punitive damages
Straßburger Übereinkommen
Hatungsbeschränkung in der Binnenschifffahrt (CLNI) EGBGB 28 420 ff
Straßentransport
s. a. Beförderungsverträge
Güterbeförderung, internationale
EGBGB 28 372 ff
Personenbeförderung, internationale
EGBGB 28 370 f
Straßenverkehrsunfälle
Haager Übk über das anzuwendende Recht
EGBGB 33 97

Stundung
Vertragsstatut EGBGB 32 35
Subunternehmervertrag
Anknüpfung EGBGB 28 308
Südafrika
IWF-Übereinkommen Anh 34 19
Sukzessivlieferungsverträge
Verbraucherverträge EGBGB 29 47
Swapgeschäfte
Anknüpfung EGBGB 28 578
Syrien
CISG EGBGB 28 149

Tarifvertrag
Allgemeinverbindlichkeitserklärung
EGBGB 30 257
Anknüpfung (Tarifvertragsstatuts)
EGBGB 30 251 ff
Entsende-Richtlinie, AEntG
EGBGB 30 261
Internationaler Geltungsbereich
EGBGB 30 258 ff
Internationales Tarifvertragsrecht
EGBGB 30 248 ff
Kollektivvereinbarungen, Abschluß internationaler EGBGB 30 34
Qualifikationsfrage EGBGB 30 250
Rechtswahl durch – EGBGB 30 63 f
Rechtswahl für – EGBGB 30 252
Schutznormen EGBGB 30 78
Tarifbindung EGBGB 30 255
Tariffähigkeit EGBGB 30 254
Tausch
Anknüpfung EGBGB 28 200 ff
Charakteristische Leistung EGBGB 28 93,
202
Devisenkontrakt EGBGB Anh 34 32
bei Grundstücken EGBGB 28 102, 203
Rechtswahl EGBGB 28 201
Verbraucherverträge EGBGB 29 48
Technologietransferverträge
Anknüpfung EGBGB 28 621 ff
Teilanknüpfung
Einheitliches Statut als Regel EGBGB 28 56
bei objektiver Anknüpfung (engste Verbindung) EGBGB 28 55 ff
Spaltung des Vertragsstatuts
s. dort
Teilrechtsordnungen
und Rechtswahl EGBGB 27 16, 37 f
Teilrechtswahl
Aufspaltung des Vertragsstatuts
EGBGB 27 90 ff
Grenzen EGBGB 27 94
Wirkung EGBGB 27 95 ff
Teilzahlungskauf
Internationale Zuständigkeit EGBGB
Anh II 27–37 95 ff

961

Telearbeit
Anknüpfung **EGBGB 30** 40, 104
Termingeschäfte
Börsentermingeschäfte
s. Börsengeschäfte
Rechtswahl **EGBGB 27** 29, 144
Territorialitätsprinzip
und Anwendbarkeit ausländischen öffentlichen Rechts **EGBGB 34** 136
und Arbeitserlaubnis **EGBGB 30** 219
und ausländisches Devisenkontrollrecht
EGBGB Anh 34 11
Ausländisches Devisenrecht **EGBGB Anh 34** 84 f
Zwingende Normen **EGBGB 34** 136 f
Tilgung
Vertragsstatut **EGBGB 32** 39
Time-Sharing
Anknüpfungsregeln **EGBGB 28** 227 ff;
EGBGB 29a 57 ff
Begriff, Gegenstand **EGBGB 28** 225
Belegenheitsort **EGBGB 28** 230
Dingliche Rechte, eingeräumte
EGBGB 28 231
EU-Richtlinie **EGBGB 28** 226;
EGBGB 29 12; **EGBGB 29a** 9, 30, 56
Gesellschaftsanteil, verbundener
EGBGB 28 229
Internationale Zuständigkeit **EGBGB Anh II 27-37** 34, 101
Recht der Isle of Man **EGBGB 28** 228
als Schuldvertrag **EGBGB 28** 102
Verbraucherverträge **EGBGB 28** 232;
EGBGB 29 12, 22, 50
Zwingende Normen **EGBGB 34** 42, 71, 76, 80, 89
Transportverträge
s. Beförderungsvertäge
Trennung eines Rechtsgeschäfts
Anknüpfung **EGBGB Einl 27-37** A 87 f
Treu und Glauben
Zwingendes Recht **EGBGB 34** 85
Treuhandschaft
als Geschäftsbesorgung **EGBGB 28** 353
Niederlassung, Aufenthaltsort des Treuhänders **EGBGB 28** 353
Vertragsstatut **EGBGB 37** 14
Trust
Anknüpfung **EGBGB 28** 354
EVÜ-Ausschluß **EGBGB 37** 14
Rechtliche Einordnung **EGBGB 28** 354
Tschechische Republik
CISG **EGBGB 28** 149
UN-Verjährungsübereinkommen
EGBGB 28 163
Typenzwang
und Einheitsrecht **EGBGB Anh 33** 25

Übertragungs- und Sendeverträge
Anknüpfung **EGBGB 28** 616
Überweisungsverkehr
Internationaler – **EGBGB 28** 523, 542 ff
Uganda
CISG **EGBGB 28** 149
UN-Verjährungsübereinkommen
EGBGB 28 163
Ukraine
CISG **EGBGB 28** 149
UN-Verjährungsübereinkommen
EGBGB 28 163
Umgehung
s. Gesetzesumgehung
UN-Kaufrecht
s. CISG
UN-Übereinkommen
Anerkennung und Vollstreckung von Schiedssprüchen **EGBGB Anh II 27-37** 228 ff
Beförderung gefährlicher Güter
EGBGB 28 374
Beförderung von Gütern zur See
EGBGB 28 387
Umschlagsbetriebe im int.Handelsverkehr
EGBGB 28 359
Verjährungsübereinkommen
— Anwendung durch deutsche Gerichte
EGBGB 28 165, 166
— Einheitliche Frist **EGBGB 28** 168
— Kaufverträge **EGBGB 32** 72
— Unterbrechung, Verjährung
EGBGB 28 169
— Vertragsstaaten **EGBGB 28** 163
Vertragsgarantien, Stand-by Letters
EGBGB 28 491, 505
Vertretungsübereinkommen
— Ratifizierungsstand **EGBGB 28** 170
UNCITRAL
Modellgesetz für den int.Überweisungsverkehr **EGBGB 28** 523, 544
Übereinkommen über international gezogene Wechsel und internationale eigene Wechsel **EGBGB 37** 20
Unenforceable
Devisenkontrollbestimmungen **Anh 34** 48 ff
Unentgeltliche Zuwendung
Devisenkontrakt **Anh 34** 37
Unerlaubte Handlung
Ausgleichsansprüche (Cessio legis)
EGBGB 33 85 f, 86
Devisenkontrakt **Anh 34** 35
und gesetzlicher Schuldbeitritt
EGBGB 33 97
Rechtsverteidigung, Selbsthilfe
EGBGB Einl 27-27 A 67
Rechtswahl der Parteien **EGBGB 27** 10

Unfair Contract Terms Act
Zwingendes Recht **EGBGB 27** 133
Ungarn
CISG **EGBGB 28** 149
UN-Verjährungsübereinkommen
EGBGB 28 163
UNIDROIT-Konvention zum int.Finanzierungsleasing **EGBGB 28** 221
Ungerechtfertigte Bereicherung
Devisenkontrakt **Anh 34** 34
Internationale Zuständigkeit **EGBGB Anh II 27-37** 49
Vertragsnichtigkeit, Rückabwicklungsfragen **EGBGB 32** 76 ff
und Vertragsstatut **EGBGB 32** 76 ff
UNIDROIT-Konventionen
Internationales Factoring **EGBGB Anh 33** 10 ff
Internationales Finanzierungsleasing **EGBGB 28** 221
UNIDROIT-Prinzipien
Vereinbarung ihrer Anwendung **EGBGB 27** 48
Unklagbarkeit
s. Klage, Klagbarkeit
Unternehmenskauf
durch Anteilserwerb (Anknüpfung) **EGBGB 28** 182 ff
Rechtswahl **EGBGB 27** 89
als Sachgesamtheit (Anknüpfung) **EGBGB 28** 188 ff
Unternehmensnachfolge
Anknüpfung, objektive **EGBGB 33** 112
Kontinuitätstheorie **EGBGB 33** 111
Unternehmenspacht
Recht am Unternehmensort, anwendbares **EGBGB 28** 218
Unternehmensübertragung
Gläubigersicherung **EGBGB 33** 108
Rechtswahl **EGBGB 33** 110
Übernahmevertrag und Übernehmerhaftung **EGBGB 33** 109
Unterrichtsvertrag
Fernunterrichtsvertrag
s. dort
Niederlassung des Veranstalters, Anknüpfung **EGBGB 28** 259
Verbraucherverträge **EGBGB 29** 55
Untersuchungsobliegenheiten
Vertragsstatut **EGBGB 32** 88
Untervertretung
Vollmachtsstatut **EGBGB Einl 27-37 A** 48
Unvollkommene Verbindlichkeit
Devisenkontrollbestimmungen **EGBGB Anh 34** 74 ff
Urheberrechte
Anknüpfung bei Erwerbsvorgängen **EGBGB 28** 601 ff

Urkunden
Legalisation ausländischer –
EGBGB 32 112 ff
Uruguay
CISG **EGBGB 28** 149
UN-Verjährungsübereinkommen
EGBGB 28 163
Usbekistan
CISG **EGBGB 28** 149

Valutaschuld
s. Fremdwährungsschuld
Verbot
Abtretung **EGBGB Anh 33** 30 ff
Forderungsabtretung **EGBGB 33** 41
Kauf sonstiger Güter **EGBGB 28** 196
VerbraucherkreditG
Zwingende Normen **EGBGB 34** 90
Verbraucherverträge
Abgrenzungen gegenüber
— Art 6 EGBGB **EGBGB 29** 91
— Art 27 EHBGB **EGBGB 29** 19 ff, 86 ff
— Art 28 EGBGB **EGBGB 29** 21, 30
— Art 29a EGBGB **EGBGB 29** 24 ff
— Art 31 EGBGB **EGBGB 29** 88
— Art 34 EGBGB **EGBGB 29** 26 ff, 90
— Kollisionsregeln, spezielle **EGBGB 29** 22 ff
Abtretung durch den Verbraucher **EGBGB 29** 37
Abzahlungskauf **EGBGB 29** 47
AGB-Einbeziehung und Sprachrisiko **EGBGB 31** 107
AGB-Inhaltskontrolle **EGBGB 31** 84
Allseitige Kollisionsregel **EGBGB 29** 96
Analogie **EGBGB 29** 66, 83, 93 ff
Angebot/Werbung im Verbraucherstaat **EGBGB 29** 68 ff
Anknüpfung **EGBGB 28** 199
— Allgemein **EGBGB 29** 9, 22, 66 ff
— Alternativanknüpfung **EGBGB 29** 67
— Charakteristische Leistung **EGBGB 28** 65
— Dienstleistungsverträge **EGBGB 29** 4
— Ersatzanknüpfung an den Aufenthalt **EGBGB 29** 101
— Form **EGBGB 29** 3, 19, 116
— Pauschalreisevertrag **EGBGB 29** 4
— Rechtswahl, fehlende **EGBGB 29** 3, 112
Anwaltsverträge **EGBGB 29** 60
Anwendungsbereich, beschränkter **EGBGB 29** 28 ff
Arbeitsverträge **EGBGB 29** 52
Arztvertrag **EGBGB 28** 258
Aufenthalt (gewöhnlicher) **EGBGB 29** 101, 112, 117
Aufenthalt (schlichter) **EGBGB 29** 101

Verbraucherverträge (Forts.)
Aufenthaltsort, maßgeblicher
  EGBGB 32 109
Aufenthaltsort, objektive Anknüpfung
  EGBGB 29 112 ff
Auslandsbestellung **EGBGB 29** 77
Auslandsschwerpunkt des Vertrags
  EGBGB 29 53, 57, 60 ff, 65, 75, 81,
  88, 93 ff
Auslegung **EGBGB 29** 1, 29, 42, 47 ff, 50,
  82
Ausnahmen **EGBGB 29** 57
Ausweichklausel **EGBGB 29** 114
Autonom-rechtsvergleichende Auslegung
  EGBGB 29 13
Bankverträge **EGBGB 29** 62
Bauverträge **EGBGB 28** 312
Beförderungsverträge **EGBGB**
  Anh II 27–37 105; **EGBGB 29** 4, 53,
  57 ff, 63
Begriff des Verbrauchers **EGBGB**
  Anh II 27–37 93 f
Beratungsverträge **EGBGB 29** 62
Berufliche Geschäfte **EGBGB 29** 33 f
Berufliche, unselbständige Tätigkeit
  EGBGB 29 35
Berufliche/gewerbliche Verwendung
  EGBGB 29 38
Beteiligung eines Verbrauchers, erforderliche **EGBGB 29** 31 ff
Bewegliche Sachen **EGBGB 29** 50
Börsentermingeschäfte **EGBGB 29** 33, 62
CISG **EGBGB 28** 154, 198; **EGBGB 29** 32,
  38, 42, 46 f, 49 ff
Computersoftware **EGBGB 29** 50
Darlehensverträge **EGBGB 28** 238
DDR **EGBGB 29** 18
Dienstleistungen **EGBGB 29** 4, 28, 52 ff
Dienstleistungen im Ausland **EGBGB 29** 60
Dienstleistungen (EuGVÜ/LugÜ) **EGBGB**
  Anh II 27–37 101
Dienstleistungsbegriff **EGBGB 29** 52
Dienstverträge **EGBGB 29** 52
Drittstaatliches Recht, Geltung von
  EU-Richtlinienrecht gegen Verdrängung
  EGBGB 29a 1 ff
EGBGB-zwingende Normen **EGBGB 34** 27
Eingriffsrecht **EGBGB 29** 90
Einkaufsgemeinschaften **EGBGB 29** 44
Elektronischer Geschäftsverkehr
  EGBGB 29 71
Elektronischer Handel **EGBGB**
  Anh II 27–37 106; **EGBGB 28** 652 ff
Enger Zusammenhang zum Gemeinschaftsgebiet **EGBGB 29a** 40 ff
Erweiterter Verbraucherschutz
  EGBGB 29 88 ff
EU-/EWR-Gebietsschutz **EGBGB 29a** 1 ff

Verbraucherverträge (Forts.)
EU-/EWR-Verbraucherschutzrichtlinien,
  enger Zusammenhang mit
  EU/EWR-Gebiet **EGBGB 29a** 4, 40 ff
EuGVÜ **EGBGB 29** 13, 29 f, 37, 46 f, 50,
  66 ff, 94
EuGVÜ/LugÜ-Sondergerichtsstände
  EGBGB Anh II 27–37 92 ff
EuGVVO-Neuregelung **EGBGB**
  Anh II 27–37 106
Europäischer Verbraucherschutz
  EGBGB 29 1 ff, 9, 11 ff, 33
Europäisches Recht, Direktwirkung
  EGBGB 29 85
Ferienhausmietverträge **EGBGB 29** 61
Fernabsatzrichtlinie **EGBGB 29** 12, 22
Fernunterrichtsverträge **EGBGB 28** 261
Finanzdienstleistungsverträge
  EGBGB 29 62
Finanzierungsleasing **EGBGB 29** 47
Finanzierungsverträge **EGBGB 29** 28, 54 ff
Form **EGBGB 29** 3, 116 ff
Fraus legis **EGBGB 29** 92
Freiberufler **EGBGB 29** 34
Gerichtsstandsvereinbarungen **EGBGB**
  Anh II 27–37 173
Gerichtsstandsvereinbarungen
  (EuGVÜ/LugÜ) **EGBGB**
  Anh II 27–37 115, 214
Gerichtsstandsvereinbarungen, Schranken
  (EuGVÜ/LugÜ) **EGBGB**
  Anh II 27–37 115 f
Geschäftlicher Zweck/privater Zweck,
  Abgrenzung **EGBGB 29** 31 ff
Geschäftsbesorgungsverträge
  EGBGB 29 52
Gesetzesumgehung **EGBGB 29** 84, 92
Gewerbliche Geschäfte **EGBGB 29** 34, 36
Gran-Canaria-Fälle **EGBGB 29** 84
Grundstücksgeschäfte **EGBGB 28** 107;
  EGBGB 29 50
Günstigkeitsprinzip **EGBGB 29** 2, 15,
  24 ff, 100, 105 ff
Günstigkeitsvergleich **EGBGB 29** 106, 108,
  110 ff
Haustürwiderrufsrichtlinie **EGBGB 29** 54
Herkunftslandprinzip **EGBGB 29** 71
Herstellerwerbung **EGBGB 29** 73
Informations- und Erfahrungsungleichgewicht **EGBGB 29** 1
Inlandsbezug, hinreichender **EGBGB 34** 75
Inlandsverträge **EGBGB 29** 20, 98
und internationale Reichweite zwingenden
  Rechts **EGBGB 34** 64, 71
Internationale Zuständigkeit **EGBGB**
  Anh II 27–37 112 ff; **EGBGB 29** 66, 119
Internationaler – **EGBGB 29** 33

Verbraucherverträge (Forts.)
  im Internet EGBGB 28 652 ff;
    EGBGB 29 38, 71, 75 f
  Internet-Shopping-Verträge EGBGB 29 71
  Internetauktionen EGBGB 29 49
  Intertemporale Fragen EGBGB 29 16
  Invitatio ad offerendum EGBGB 29 69
  Juristische Personen EGBGB 29 44
  Kaffeefahrten EGBGB 29 80 ff
  Kasuistische Festlegung, problematische EGBGB 29 6
  Kauf beweglicher Sachen auf Teilzahlung (EuGVÜ/LugÜ) EGBGB Anh II 27-37 95 ff
  Kaufmannsbegriff EGBGB 29 68
  Kausalität Vertragsabschluß/Angebot und Werbung EGBGB 29 72
  Klagen des Verbrauchers, gegen den Verbraucher EGBGB Anh II 27-37 113 f
  Klauselrichtlinie EGBGB 29 12, 22
  Kollisionsrechtlicher – EGBGB 29 58, 60, 65
  Kollisionsregeln, spezielle und Geltung gegen drittstaatliches Recht EGBGB 29a 1 ff
  Kreditgeschäft zur Kauffinanzierung beweglicher Sachen (EuGVÜ/LugÜ) EGBGB Anh II 27-37 98 ff
  Kreditverträge EGBGB 29 38, 52, 54, 56
  Kreuzfahrten EGBGB 29 63, 80
  Leasingverträge EGBGB 29 47, 52
  Lebensmittelpunkt EGBGB 29 101
  Leihe EGBGB 29 48
  Lieferung beweglicher Sachen (EuGVÜ/LugÜ) EGBGB Anh II 27-37 100
  Lieferverträge EGBGB 29 28, 47 ff
  Mietkauf EGBGB 29 47
  Mietverträge EGBGB 29 48, 52
  Nachträgliche Rechtswahl EGBGB 27 102, 106
  Niederlassungsgerichtsstand (EuGVÜ/LugÜ) EGBGB Anh II 27-37 108 ff
  Normzweck EGBGB 29 1, 24, 29
  Numerus clausus von Geschäftstypen EGBGB 29 45 ff
  Ordre public EGBGB 27 19; EGBGB 29 10, 15, 91
  Organisierte Verkaufsfahrten EGBGB 29 79 ff
  Ort des Vertragsabschlusses EGBGB 29 75 ff, 80, 101
  Pacht EGBGB 29 48
  Pauschalreisevertrag EGBGB 29 55, 57 f, 63 f
  Private als Vertragspartner EGBGB 29 40 ff

Verbraucherverträge (Forts.)
  Qualifikationsfragen EGBGB 29 1, 13 ff, 52, 61
  Rechtsanwaltstätigkeit EGBGB 28 254
  Rechtswahl EGBGB 27 9, 28 f, 123, 137, 149; EGBGB 29 5, 19, 92, 97; EGBGB 29a 1
  Rechtswahl (AGB) EGBGB 29 19, 89, 98 f
  Rechtswahl außerhalb EU/EWR-Gebiets EGBGB 29a 1 ff
  Rechtswahlbeschränkung EGBGB 29 2 ff, 12, 20, 92, 94
  Rechtswahlklauseln, Inhaltskontrolle EGBGB 29 89
  Rechtswahlwirkung und Günstigkeitsprinzip EGBGB 29 2
  Reisevertrag EGBGB 28 327
  Renvoi EGBGB 29 14
  Römisches Übereinkommen (EVÜ) s. dort
  Schutz der schwächeren Vertragspartei EGBGB Vorbem 27-37 33, 35 f
  Schutzniveau EGBGB 29 24
  Schutzzweck der Norm EGBGB 29 5, 20, 32, 66
  Sicherungscharakter EGBGB 29 36
  Sonderanknüpfung EGBGB 29 9, 22 ff
  Stillschweigende Rechtswahl EGBGB 27 59
  Strukturelle Unterlegenheit EGBGB 29 41
  Sukzessivlieferungsverträge EGBGB 29 47
  Tausch EGBGB 29 48
  Timesharing EGBGB 28 232; EGBGB 29 12, 22, 50
  Übergangsregelungen EGBGB 29 16 ff
  Unterrichtsverträge EGBGB 29 55
  Verbraucher
  — Begriff EGBGB 29 1, 31 ff, 38
  — Gestörte Vertragsparität EGBGB 29 2
  — Lebenssphäre EGBGB 29 33
  — Natürliche Person als Verbraucher EGBGB 29 44
  — Rechtssphäre EGBGB 29 65
  — und Rechtswahl außerhalb EU/EWR-Gebiets EGBGB 29a 36
  Verbrauchersachen EGBGB Anh II 27-37 92 ff
  Verkaufsfahrten EGBGB 29 79
  Verordnungen EGBGB 29 11
  Versicherungsverträge EGBGB 29 30, 45, 53; EGBGB Anh I 37 14 f, 85 f
  Versteigerungsverkäufe EGBGB 29 49
  Vertragsabschluß EGBGB 29 65, 74 f
  Vertragsklagen EGBGB Anh II 27-37 107
  Vertragsschlußhandlungen des Verbrauchers EGBGB 29 74 f
  Vertragsstatut EGBGB 32 10
  Vertragstypen, erfaßte EGBGB 29 45 ff
  Vertretung EGBGB 29 74, 78

Verbraucherverträge (Forts.)
Verwahrungs- und Lagerverträge
EGBGB 28 361
Verwendungszweck EGBGB 29 38, 38 ff
Warenkaufverträge EGBGB 29 47
Werbung EGBGB 29 70 ff
Widerrufsrechte EGBGB 31 21
Wohnsitzstaat des Verbrauchers, prozessualer Schutz EGBGB Anh II 27-37 102 ff
Zwingendes Recht EGBGB 29 15, 90, 100, 102 ff; EGBGB 34 14, 27, 31 ff, 39, 64, 66, 71, 149
Vereinigte Staaten
CISG EGBGB 28 149
Rechtswahl und Teilrechtsordnung EGBGB 27 38
UN-Verjährungsübereinkommen EGBGB 28 163
US-Embargo, Verstoß EGBGB 34 122
Vereinigtes Königreich
EuGVÜ EGBGB Anh II 27-37 10
Gastwirtshaftung (Europaratsübereinkommen) EGBGB 28 330
als Mehrrechtsstaat EGBGB 35 15
Vereinsmitgliedschaft
Gerichtsstand EGBGB Anh II 27-37 50
Verfahrensrecht
Anwendbares Recht, Feststellung EGBGB Vorbem 27-37 55 f
Verfassungsrecht, Verfassungsmäßigkeit
und internationale Reichweite zwingenden Rechts EGBGB 34 64
Verfilmungs- und Einspielverträge
Anknüpfung EGBGB 28 617 f
Verfügungsgeschäft
Factoring EGBGB Anh 33 8
Forderungsabtretung EGBGB 33 8 ff, 14 ff, 26 ff, 33 f
Schuldübernahme EGBGB 33 98 ff
Vergleich
Anknüpfung EGBGB 28 515 ff
Vergütung
Arbeitsverhältnis
s. dort
Verjährung
Anknüpfung EGBGB Einl 27-37 65
Qualifikationsfrage EGBGB 32 71
UN-Verjährungsübereinkommen
s. UN-Übereinkommen
Vertragsstatut EGBGB 32 59, 68 ff
Verkehrsschutz
und Rechtswahl EGBGB 27 150
Verladeort
als Anknüpfungsmerkmal EGBGB 28 122
Verlagsvertrag
Anknüpfung EGBGB 28 606 ff
Charakteristische Leistung EGBGB 28 93

Vermögensgerichtsstand
s. Gerichtsstand des Vermögens
Vermögensübernahme
Anfechtung EGBGB 33 108
Anknüpfung, objektive EGBGB 33 110
Haftung des Vermögensübernehmers EGBGB 33 108
Rechtswahl EGBGB 33 110
Übernahmevertrag und Übernehmerhaftung EGBGB 33 109
Vermutungen
Grundsatz der engsten Beziehung EGBGB 28 28 ff
Vertragsstatut EGBGB 32 99 ff
Verpflichtungsgeschäft
s. Schuldrechtliche Verpflichtung
Verschulden
Vertragsstatut EGBGB 32 46
Versicherungsverträge
Altverträge, fortgeltendes Gewohnheitsrecht EGBGB Anh I 37 6
Anknüpfung, objektive EGBGB 28 8, 15, 483 ff; EGBGB Anh I 37 9 ff, 29 ff, 73 ff
Aufenthaltsort EGBGB Anh I 37 40, 44, 49
Ausschluss aus EVÜ EGBGB 37 61 ff
Charakteristische Leistung EGBGB 28 475; EGBGB Anh I 37 10 f
Dauerschuldverhältnis und Vertrauensschutz EGBGB Anh I 37 4
Direktversicherung EGBGB Anh I 37 19
Direktversicherung/Rückversicherung - zu unterscheidende EGBGB 37 61 ff; EGBGB Anh I 37 2
Direktversicherungsverträge (Risikobelegenheit außerhalb EWR) EGBGB 28 483 ff; EGBGB Anh I 37 7 ff
Direktversicherungsverträge (Risikobelegenheit innerhalb EWR) EGBGB Anh I 37 24 ff
Divergenzfälle EGBGB Anh I 37 46, 63
EG-Angleichung EGBGB Anh I 37 24 ff
EG-Grundfreiheiten EGBGB Anh I 37 27
EG-Richtlinien EGBGB Anh I 37 1, 24 f, 28
EGBGB-Geltung, ergänzende EGBGB Anh I 37 84 ff
Eingriffsnormen, ausländische EGBGB Anh I 37 21, 88
Eingriffsnormen, inländische EGBGB Anh I 37 17 ff, 87
Engste Verbindung EGBGB 28 8, 15, 483 ff; EGBGB Anh I 37 9 ff, 73
EuGVÜ/LugÜ EGBGB Anh II 27-37 12, 83 ff
Europäischer Wirtschaftsraum EGBGB 28 474
Europäisches Verbraucherschutzrecht EGBGB 29 45, 53; EGBGB Anh I 37 16

Versicherungsverträge (Forts.)
EVÜ-Ausschluß EGBGB 37 61 ff
Fahrzeugversicherungen EGBGB
Anh I 37 37
Forderungsübergang (Cessio legis)
EGBGB 33 6, 67, 79
Gefahrtragungstheorie EGBGB Anh I 37 10
Geldleistungstheorie EGBGB Anh I 37 11
Gerichtsstandsvereinbarung EGBGB
Anh II 27–37 91
Geschäftliche Tätigkeit EGBGB
Anh I 37 51 f
Geschäftsbesorgungstheorie EGBGB
Anh I 37 10
Gesetzliche Krankenversicherung ersetzender Vertrag EGBGB Anh I 37 80 f
Gesetzlicher Schuldbeitritt (Haftpflichtversicherung) EGBGB 33 97
Gewerbliche, bergbauliche, freiberufliche Tätigkeit EGBGB Anh I 37 51 f
Gewohnheitsrecht EGBGB Anh I 37 6
Großrisiken EGBGB Anh I 37 64 ff
Haftpflicht- und Immobiliarversicherungen (Vertragsklagen) EGBGB
Anh II 27–37 88
Hauptverwaltungsort EGBGB Anh I 37 44, 49
Internationale Zuständigkeit EGBGB
Anh II 27–37 85 ff
Internet-Risiken EGBGB Anh I 37 55
Intertemporales Privatrecht EGBGB
Anh I 37 4
IPR-Reform 1986 EGBGB Anh I 37 1
Klage gegen den Versicherer, des Versicherers EGBGB Anh II 27–37 85 ff
Kollisionsnormen, eigenständige
EGBGB 28 15, 483 ff
Konvergenzfälle EGBGB Anh I 37 44, 63
Korrespondenzversicherung EGBGB
Anh I 37 56 ff
Krankenversicherung EGBGB Anh I 37 80 f
Lebensversicherung EGBGB Anh I 37 40, 60 f
Lloyd's of London EGBGB Anh I 37 82 f
Massenrisiken EGBGB Anh I 37 47, 69
Mehrfachbelegenheit EGBGB Anh I 37 42, 68
Meta-Kollisionsnorm EGBGB Anh I 37 7, 33
Mittelspersonen EGBGB Anh I 37 58
Ordre public EGBGB Anh I 37 22 f
Ort des versicherten Risikos EGBGB 28 476
Pflichtversicherung EGBGB Anh I 37 76 ff
Prämienzahlungspflicht EGBGB 28 476
Produkterpressungs- und Lösegeldversicherungen EGBGB Anh I 37 23
Prozeßstandschaft bei Versicherermehrzahl
EGBGB Anh I 37 82 f

Versicherungsverträge (Forts.)
Rechtsquellen, zu unterscheidende EGBGB
Anh I 37 1
Rechtswahl EGBGB 27 12, 28, 106;
EGBGB 28 475, 495; EGBGB Anh I 37 4, 8, 44, 47 ff, 62 ff, 70 ff, 81
Rechtswahlerweiterungen bei Großrisiken
EGBGB Anh I 37 62 ff
Reise- und Ferienrisiko-Versicherungen
EGBGB Anh I 37 38 f
Risikobelegenheit EGBGB 28 474;
EGBGB 37 63; EGBGB Anh I 37 7, 34 ff
Risikobelegenheit, gespaltene EGBGB
Anh I 37 42
Risikobelegenheit/Ort der Risikoverwirklichung EGBGB Anh I 37 53 ff
Risikoverwirklichung EGBGB
Anh I 37 53 ff
Rückversicherungen EGBGB 28 473, 477, 478; EGBGB Anh I 37 13
Sachnormverweisung EGBGB Anh I 37 90
Schadensversicherung EGBGB
Anh I 37 40 f
Schuldvertragsanknüpfung (Art 27 ff)
EGBGB Anh I 37 2 f, 7 ff
Schutz des Versicherungsnehmers EGBGB
Anh I 37 45, 87
Sitzrecht des Versicherers EGBGB 28 477
Staatsangehörigkeit EGBGB Anh I 37 60
Statutenspaltung EGBGB Anh I 37 42, 75
Unbewegliche Sachen EGBGB
Anh I 37 34 f, 34 ff
Verbraucherschutzbestimmungen EGBGB
Anh I 37 14 f, 85 f
Verbraucherverträge EGBGB 28 479;
EGBGB 29 45, 53; EGBGB Anh I 37 14 f
und Versicherungsaufsichtsrecht EGBGB
Anh I 37 26
Wählbare Rechtsordnungen EGBGB
Anh I 37 47 f
Zwingendes Recht EGBGB 28 490;
EGBGB 34 99; EGBGB Anh I 37 17 ff, 87 f

Versorgungsverträge
Anknüpfung EGBGB 28 640

Versteigerungen
Grundstücksgeschäfte (Vollmacht)
EGBGB Einl 27–37 A 30
im Internet EGBGB 28 667 f
Kaufvertrag, Anknüpfung EGBGB 28 176
Verbraucherverträge EGBGB 29 49
und Vollmacht EGBGB Einl 27–37 A 32

Versteinerungsklauseln
Devisenkontrollbestimmungen Anh 34 56
Wirksamkeit EGBGB 27 41, 152

Vertrag (gegenseitiger)
und Bestimmung charakteristischer
Leistung EGBGB 28 75

Vertrag (gemischter)
  Charakteristische Leistung **EGBGB 28** 95
  CISG-Anwendung **EGBGB 28** 154
Vertrag zu Lasten Dritter
  Unzulässigkeit **EGBGB 33** 95
Vertrag mit Schutzwirkung für Dritte
  und nachträgliche Rechtswahl
    EGBGB 27 112
  Vertragsstatut **EGBGB 32** 37
Vertrag zugunsten Dritter
  und nachträgliche Rechtswahl
    EGBGB 27 112
  Vertragsstatut **EGBGB 32** 38
Vertragsaufhebung
  Vertragsstatut **EGBGB 32** 50, 59, 90
Vertragsfreiheit
  Kollisionsrechtliche Parteiautonomie
    EGBGB 27 23
Vertragshändlervertrag
  Begriff, Inhalt **EGBGB 28** 286
  CISG-Anwendung **EGBGB 28** 287
  Einheitliche Anknüpfung **EGBGB 28** 291
  Rahmenvertrag, einzelne Liefergeschäfte
    EGBGB 28 292
  Sitz des Vertragshändlers als Anknüpfung
    EGBGB 28 288
  Vertragspartner-Leistungen **EGBGB 28** 290
Vertragsleistung
  Charakteristische Vertragsleistung
    s. dort
Vertragsparität
  Störung bei Verbraucherverträgen
    EGBGB 29 1
Vertragssprache
  AGB-Einbeziehung und Sprachrisiko
    EGBGB 31 104 ff
  als Anknüpfungsmerkmal **EGBGB 28** 45,
    130; **EGBGB 30** 136
  Inlandsgeschäft und sprachunkundige
    Vertragspartei **EGBGB 31** 108
  und Rechtswahlfrage **EGBGB 27** 63, 79,
    85 f
  Risiko fehlerhaften Verständnisses
    EGBGB 31 97 ff
  Sprachprobleme im deutschen Sachrecht
    EGBGB 31 101 ff
  Vertragsstatut und davon abweichende –
    EGBGB 32 30
  Wechselerklärung **EGBGB 37** 22
Vertragsstatut
  Abschlußstatut, Wirkungsstatut
    s. Vertragsstatut (Einheitsstatut)
  Änderung **EGBGB 27** 43
  Anfechtung **EGBGB Einl 27-37** A 77
  Anknüpfung
    s. dort
  Anknüpfung zu allgemeinen Rechtsgeschäftsfragen **EGBGB Einl 27-37** A 1

Vertragsstatut (Forts.)
  Anknüpfung engster Verbindung als
    zentrale Auffangnorm **EGBGB 28** 14,
    27, 34
  Arbeitsverhältnis
    s. dort
  Auffangnorm der Anknüpfung an die
    engste Verbindung **EGBGB 28** 14
  Begriff **EGBGB 32** 1
  Culpa in contrahendo **EGBGB Einl 27-37** A
    89
  Deutsche Einigung **EGBGB Vorbem**
    27-37 19 ff
  Drittverhalten, Zurechnung **EGBGB Einl**
    27-37 A 98 ff
  EGBGB 1900 **EGBGB Vorbem 27-37** 14 f
  Eigenmächtige Rechtsdurchsetzung
    EGBGB Einl 27-37 A 69
  Einheitliches Vertragsstatut
    s. Vertragsstatut (Einheitsstatut)
  Einheit/Trennung eines Rechtsgeschäfts
    EGBGB Einl 27-37 A 87 f
  Engster Bezug zum Gemeinschaftsrecht
    EGBGB 29a 40 ff
  und Europäisches Recht **EGBGB Vorbem**
    27-37 4 ff
  Geschichtliche Entwicklung
    EGBGB Vorbem 27-37 14 ff
  Gesetz- oder Sittenwidrigkeit **EGBGB Einl**
    27-37 A 83 f
  Grundprinzipien des internationalen –
    EGBGB Vorbem 27-37 33 ff
  Günstigkeitsprinzip
    s. dort
  Internationale Zuständigkeit
    s. dort
  und internationales Devisenrecht
    s. Alphabetische Übersicht **EGBGB Anh**
    34
  Internationales Vertragsrecht, Begriff und
    Bedeutung **EGBGB Vorbem 27-37** 1 ff
  IPR-Neuregelung 1986 **EGBGB Vorbem**
    27-37 16 ff
  Ordre public **EGBGB Vorbem 27-37** 45
  Reichweite
    s. Vertragsstatut (Einheitsstatut)
  Renvoi **EGBGB Vorbem 27-37** 44
  Sachverhalt als vertragliches Geschehen
    EGBGB 34 46
  Schutz der schwächeren Vertragspartei
    EGBGB Vorbem 27-37 35
  Sicherheitsleistung, Hinterlegung
    EGBGB Einl 27-37 A 71
  und Sonderanknüpfungen **EGBGB Vorbem**
    27-37 39
  Spaltung
    s. dort

Vertragsstatut (Forts.)
Sprache
  s. Vertragssprache
und Teilrechtswahl **EGBGB 27** 94
Verbraucherverträge
  s. dort
Verwirkung **EGBGB Einl 27-37 A** 85
Willensmängel **EGBGB Einl 27-37 A** 81
Zurechnung von Drittverhalten
  EGBGB Einl 27-37 A 98 ff
Zusammenhängende Verträge
  EGBGB 28 134
Vertragsstatut (Einheitsstatut)
Abschlußstatut **EGBGB 31** 1 ff, 12 ff, 30 ff
Allgemeine Geschäftsbedingungen
  s. AGB, AGBG
Alternativ anwendbare Rechte
  EGBGB 32 109
Anfechtung **EGBGB 31** 22, 52
Angebot **EGBGB 31** 15
Anknüpfungsregeln, eigenständige und
  abzugrenzende ggü dem – **EGBGB 34** 16
Annahme **EGBGB 31** 15
Anscheinsbeweis **EGBGB 32** 106
Anwendungsbereich, sachlicher
  EGBGB 37 1 ff
Aufhebung von Vertragspflichten
  EGBGB 32 74
Aufrechnung (Statut der Hauptforderung)
  EGBGB 32 61 ff
Auslegung **EGBGB 31** 53, 73 ff
Ausschlußfristen **EGBGB 32** 73
Ausschlußregel des Art.37 **EGBGB 32** 13
Bedingung **EGBGB 31** 14
Befristung **EGBGB 31** 14
Begriff des Vertragsstatuts **EGBGB 32** 15
Bestechungsgelder **EGBGB 31** 26
Beweiskraft ausländischer Urkunden
  EGBGB 32 112 ff
Beweislast **EGBGB 32** 102 ff
Beweismittel **EGBGB 32** 108 ff
CISG
  s. dort
Consideration **EGBGB 31** 17
Culpa in contrahendo **EGBGB 32** 116 ff
Dissens **EGBGB 31** 14
Distanzgeschäfte **EGBGB 31** 57, 63
Drohende Vertragsverletzung
  EGBGB 32 51
Einheitliche europäische Auslegung
  EGBGB 31 13, 88
Einheitsrecht, vorrangiges **EGBGB 32** 9
Erfüllung, Erfüllungssurrogate
  EGBGB 32 59 ff
Erfüllung der Verpflichtungen
  s. Erfüllung
Erklärungsgepflogenheiten **EGBGB 31** 67
Erlaß **EGBGB 32** 74

Vertragsstatut (Einheitsstatut) (Forts.)
Erlöschen der Verpflichtungen
  EGBGB 32 59 ff
Factoring **EGBGB Anh 33** 7
Fiktionen **EGBGB 32** 101
Form von Rechtsgeschäften **EGBGB 32** 12
Formgültigkeit **EGBGB 31** 36
Formgültigkeit und alternativ anwendbares
  Recht **EGBGB 32** 109
Gegenleistung **EGBGB 31** 17
Gerichtsstandsklausel **EGBGB 31** 40, 86 f
Geschäftsfähigkeit **EGBGB 31** 37
Gesetzliche Vermutungen **EGBGB 32** 100 f
als Grundprinzip **EGBGB Vorbem**
  27-37 38 f
Haftungsbeschränkungen **EGBGB 32** 55
Haftungshöchstgrenzen **EGBGB 32** 56
Hauptvertrag, nichtiger **EGBGB 31** 33
Hauptvertrag und Verweisungsvertrag
  EGBGB 31 11, 31 ff, 40
Hilfspersonen, Einstehen hierfür
  EGBGB 32 52
Hinterlegung **EGBGB 32** 67
Inlandsgeschäfte **EGBGB 31** 64, 79, 108
Interessenabwägung **EGBGB 31** 55 ff, 63 ff
Internet-Vertragsschluß **EGBGB 31** 16, 72,
  80, 85, 104, 106
Internetgeschäfte **EGBGB 28** 644 ff
Invitatio ad offerendum **EGBGB 31** 15, 34
Kaufmännisches Bestätigungsschreiben
  EGBGB 31 8, 42, 48, 91 ff
Kausalität **EGBGB 32** 47
Kündigung **EGBGB 32** 75
Kündigung nach Vertragsverletzung
  EGBGB 32 50
Kündigungsrecht **EGBGB 31** 14, 44 f
Laufende Geschäftsbeziehungen
  EGBGB 31 66, 79
Leistungshindernisse **EGBGB 32** 54
Leistungskondiktion **EGBGB 31** 28
Leistungsverweigerungsrechte
  EGBGB 32 58
Lex causae und Reichweite des –
  EGBGB 34 14
Materielle Wirksamkeit des Vertrags
  EGBGB 31 13, 20 ff, 30 ff, 41
Mitverschulden **EGBGB 32** 48
Nachvertragliches Verhalten **EGBGB 31** 48,
  69, 95
Nichtigkeitsfolgen **EGBGB 31** 28, 49;
  EGBGB 32 76 ff
Öffentliches Recht, abzugrenzende Regelungen **EGBGB 32** 14
Ordre public **EGBGB 31** 10
Prinzip des Einheitsstatuts **EGBGB 31** 1 ff;
  EGBGB 32 2
Rechtsgebiete, anwendbares Recht anderer
  EGBGB 34 17

Vertragsstatut (Einheitsstatut) (Forts.)
Rechtsgeschäftslehre, dispositive Regeln
EGBGB 34 16
Rechtsscheinhaftung EGBGB 31 46
Registereintragungen EGBGB 32 111
Renvoi EGBGB 31 9
Rückabwicklung EGBGB 32 76 ff
Rücktritt EGBGB 32 50
Rücktrittsrecht EGBGB 31 14, 44 f
Sachwalterhaftung EGBGB 32 121
Schadensersatz EGBGB 32 56
Schadenspauschalen EGBGB 32 53
Schäden, materielle und immaterielle
EGBGB 32 56
Scheingeschäft EGBGB 31 21
Schiedsklausel EGBGB 31 40
Schmiergeld EGBGB 31 26
Schuldstatutstheorie EGBGB 31 3
Schweigen (Anwendung des Vertragsstatuts) EGBGB 31 2 ff, 18
Schweigen auf Bestätigungsschreiben
EGBGB 31 8, 42, 91 ff
Schweigen (Sonderanknüpfung)
EGBGB 31 2 ff, 18, 39 ff, 42, 78 ff,
93 ff
Sittenverstoß EGBGB 31 25 f
Sonderanknüpfungen
s. dort
und Spaltung durch Sonderanknüpfungen
EGBGB 27 90 ff
Spediteurbedingungen EGBGB 31 57
Sprachenstatut EGBGB 31 97 ff
Sprachrisiko EGBGB 31 97 ff
Stellvertretung EGBGB 31 38
Teilnichtigkeit EGBGB 31 28
Umdeutung EGBGB 31 28
Unklagbarkeit von Ansprüchen
EGBGB 31 27
Unmöglichkeit, objektive EGBGB 31 27
Unwirksamkeit des Vertrags EGBGB 32 10
Verbraucherverträge
s. dort
Verhandlungssprache EGBGB 31 104 ff
Verjährung EGBGB 32 68 ff
Verschulden EGBGB 32 46
Vertragsabschluß im Drittstaat
EGBGB 31 65
Vertragsabschluß, Gültigkeit EGBGB 31 40
Vertragsabschluß im Inland EGBGB 31 64,
79, 108
Vertragsabschluß, innerer und äußerer
Tatbestand EGBGB 31 13 ff, 32, 39
Vertragsänderung EGBGB 31 29, 48, 69
Vertragsaufhebung EGBGB 31 29
Vertragsaufhebung nach Vertragsverletzung EGBGB 32 50
Vertragssprache EGBGB 31 105
Vertragsstrafe EGBGB 32 53

Vertragsstatut (Einheitsstatut) (Forts.)
Vertragstyp, Bedeutung EGBGB 34 16
Vertragsverletzungen, Folgen
EGBGB 32 42 ff
Vertrauensschaden EGBGB 31 22
Verwirkung EGBGB 32 73
Verzicht EGBGB 32 74
Verzug EGBGB 32 45
Veto-Wirkung der Anknüpfung
EGBGB 31 4, 18, 51
Vorfragen, abzugrenzende EGBGB 32 11
Währungsfragen
s. dort
Weiterverweisung EGBGB 31 9
Widerrufsrechte EGBGB 31 14, 21, 44 f
Wiedergutmachungsformen nach Vertragsverletzung EGBGB 32 56
Willensmängel EGBGB 31 14, 21 f, 28, 46
Zinsanspruch EGBGB 32 57
Zugang von Willenserklärungen
EGBGB 31 15, 47
Zustandekommen des Vertrags (Grundsatzanknüpfung) EGBGB 31 13 ff, 30 ff;
EGBGB 32 12
Zustandekommen des Vertrags (Sonderanknüpfung) EGBGB 31 41 ff, 51 ff
Zwingendes Schuldrecht EGBGB 31 24, 27
Vertragsstatut (Engste Verbindung)
ABB-Flugpassage EGBGB 28 468
Abgewähltes Recht und Geltung der –
EGBGB 27 56
Abkommen, Übereinkommen
s. dort
Abschlußort des Vertrags EGBGB 28 45,
129 f
Absender bei der Güterbeförderung
EGBGB 28 124
AGB der Banken EGBGB 28 535
Agent EGBGB 28 133
Akkreditiv EGBGB 28 548 ff
Alleinvertriebsvertrag EGBGB 28 293
Allg dt Spediteurbedingungen
EGBGB 28 480
Altenteilvertrag EGBGB 28 639
Altes Recht EGBGB 28 13
Altfälle EGBGB 28 22
Amtliche Handlung (Ort) EGBGB 28 47
Anhaltspunkte EGBGB 28 36, 38 ff
Anknüpfung einzelner Vertragstypen
EGBGB 28 142 ff
als Anknüpfung, objektive EGBGB 28 1,
17, 34
Anknüpfung als Zielvorstellung
EGBGB 28 33
Anknüpfungsgrundgedanke EGBGB 28 2,
14
Anknüpfungsmerkmale, gesetzlich verwendete EGBGB 28 40 ff

Vertragsstatut (Engste Verbindung) (Forts.)
Anknüpfungstatsachen, streitige
  EGBGB 28 138
Anlagenmontage/Anlagenvertrag
  EGBGB 28 59, 132, 133, 316 ff
Anleihe **EGBGB 28** 239 ff
Anteilserwerb **EGBGB 28** 182 ff
Anwaltssozietät **EGBGB 28** 88, 131, 251 f
Anwaltsvertrag **EGBGB 28** 250 ff
Anweisung **EGBGB 28** 519 ff
Anwendung, primäre des Art 28 Abs 1
  EGBGB 28 37
Anwendungsbereich des Art 28 Abs 1,
  sekundärer **EGBGB 28** 37
Arbeitsvertrag **EGBGB 28** 8, 14, 23, 42,
  44, 247
Architektenvertrag **EGBGB 28** 319 ff
Arztvertrag **EGBGB 28** 257 f
Asset deal **EGBGB 28** 181, 190
Aufenthaltsort, gewöhnlicher
  EGBGB 28 40, 78
Auffangnorm, zentrale des internationalen
  Vertragsrechts **EGBGB 28** 14, 27, 34
als Auffangregel **EGBGB 28** 34
Auftrag **EGBGB 28** 337 ff
Auftrittsvertrag **EGBGB 28** 263
Auskunftsvertrag **EGBGB 28** 579
Ausländisches Unternehmen/inländische
  Niederlassung **EGBGB 28** 88
Auslegung von Rechtswahlvereinbarungen
  EGBGB 32 28
Auslegung eines Vertrags **EGBGB 32** 24 ff
Auslegung des Vertrags als Ganzes
  EGBGB 32 26
Auslegungsstatut, selbständiges
  EGBGB 32 25
Auslobung **EGBGB 28** 598
Australien, Gebietsrecht **EGBGB 28** 17
Ausweichklausel
  s. dort
Bankverträge
  s. dort
Bare boat charter **EGBGB 28** 402
Bare hull charter **EGBGB 28** 467
Baubetreuung
  s. dort
Bauvertrag
  s. dort
Beförderungsverträge
  s. dort
Begriff der engsten Verbindung
  EGBGB 28 34 ff
Beherbergungsvertrag **EGBGB 28** 329 ff
Belegenheitsort **EGBGB 28** 41, 106, 109,
  144, 148, 204
Belgien **EGBGB 28** 161
Beratungsvertrag **EGBGB 28** 248, 339

Vertragsstatut (Engste Verbindung) (Forts.)
Berufliche Schuldnertätigkeit
  EGBGB 28 81
Berufstypische Handlung **EGBGB 28** 72
Betriebsführungsvertrag **EGBGB 28** 348 f
Beurkundungsort **EGBGB 28** 47
Bewachungsvertrag **EGBGB 28** 103
Beweislast und Rechtsvermutungen
  EGBGB 28 137 ff
Bezugnahme auf eine Rechtsordnung
  EGBGB 28 52
Billigflagge **EGBGB 28** 6, 110, 381
Binnenschiffahrtstransport
  EGBGB 28 428 ff
Börsengeschäfte **EGBGB 28** 591 ff
Brautgeld **EGBGB 28** 652
Bürgschaft **EGBGB 28** 496 ff
Charakteristische Leistung
  s. dort
Charterverträge **EGBGB 28** 114, 216, 392,
  396, 706 ff
CISG
  s. dort
CMR **EGBGB 28** 1, 372 ff, 472
Combined Transport Bill of Lading
  EGBGB 28 477
Comfort letter **EGBGB 28** 509
Containermiete **EGBGB 28** 213
COTIF **EGBGB 28** 424, 429, 432, 473
CVN **EGBGB 28** 418
CVR **EGBGB 28** 370
Darlehensverträge **EGBGB 28** 233 ff
Dauerschuldverhältnisse **EGBGB 28** 23,
  61, 97
DDR **EGBGB 28** 64
Depotgeschäft **EGBGB 28** 576 f
Deutsche Bahn AG **EGBGB 28** 443
Devisenrecht
  s. dort
Dienstleistungen **EGBGB 28** 247 ff
Dingliche Rechte, von Schuldverträgen
  erfaßte **EGBGB 28** 102
Dokumentenakkreditiv **EGBGB 28** 548 ff
Effektengeschäft **EGBGB 28** 580 f
Ehegattenzuwendungen **EGBGB 28** 206
Eheliches Güterrecht **EGBGB 28** 641
Einheitliches Statut als Regel **EGBGB 28** 56
Einladeort, Verladeort **EGBGB 28** 122 f
Einseitig verpflichtendes Schuldverhältnis
  EGBGB 28 74
Einzelfallgerechtigkeit **EGBGB 28** 33
Eisenbahntransport **EGBGB 28** 424 ff
Elektronische Kommunikation
  EGBGB 28 63
Engste Verbindung
  — Anhaltspunkte **EGBGB 28** 36, 38 ff
  — Anwendungsbereich **EGBGB 28** 37
  — Bedeutung **EGBGB 28** 34

Vertragsstatut (Engste Verbindung) Sachregister

Vertragsstatut (Engste Verbindung) (Forts.)
— als Grundsatzanknüpfung
 EGBGB 28 33 ff
— Zeitpunkt **EGBGB 28** 61
ERA **EGBGB 28** 550 ff
ER/CIM **EGBGB 28** 424 ff, 437 ff
ER/CIV **EGBGB 28** 424, 430 ff
Erfüllungsort **EGBGB 28** 42 f
Erfüllungsort, früher hilfsweise maßgeblicher **EGBGB 28** 12
ERI **EGBGB 28** 568
Erlaßvertrag **EGBGB 28** 518
EuGH-Rechtsprechung **EGBGB 28** 87
EVO **EGBGB 28** 436, 443
EVÜ-Vergleich **EGBGB 28** 1, 9, 10
Factoring **EGBGB 28** 534 ff; **EGBGB Anh 33** 5
Fahrniskauf **EGBGB 28** 175 ff
Familienrechtliche Verträge (Schuldrechtsbeziehungen) **EGBGB 28** 641 ff
Favor negotii **EGBGB 28** 54, 135
FBL **EGBGB 28** 477
Ferienhaus/Ferienwohnung **EGBGB 28** 40, 102, 106, 130, 213
Fernunterrichtsvertrag **EGBGB 28** 261
FIATA **EGBGB 28** 477
FIDIC-conditions **EGBGB 28** 309
Filmleihverträge **EGBGB 28** 619
Finanzierungsleasing **EGBGB 28** 221
Finanzierungsvertrag **EGBGB 28** 59
Firma, Übergang **EGBGB 28** 190
Flagge **EGBGB 28** 48, 194
Flugzeugcharter **EGBGB 28** 216
Forderungskauf **EGBGB 28** 192
Forfaitierung **EGBGB 28** 539 ff
Form **EGBGB 32** 27
Form von Grundstücksverträgen **EGBGB 28** 145 ff
Franchising **EGBGB 28** 93, 296 ff
Freight contract **EGBGB 28** 399
Garantievertrag **EGBGB 28** 504 ff
Gastarbeiter **EGBGB 28** 44
Gastwirt **EGBGB 28** 329 ff
Gebäudereparaturen **EGBGB 28** 103
Gebietseinheiten eines Staates **EGBGB 28** 17
Gebrauchsüberlassung **EGBGB 28** 212
Gefährliche Güter **EGBGB 28** 374
Gefälligkeitsverhältnis **EGBGB 28** 356
Gegenseitiger Vertrag **EGBGB 28** 75
Geldleistung **EGBGB 28** 75
Gemeinschaftsunternehmen **EGBGB 28** 633
Gemischte Verträge **EGBGB 28** 95
Gerichtsstandsregeln, ausgenommene **EGBGB 28** 15
Gerichtsstandsvereinbarung **EGBGB 28** 51

Vertragsstatut (Engste Verbindung) (Forts.)
Gesamtheit der Umstände **EGBGB 28** 35, 290
Geschäftsbesorgung **EGBGB 28** 247, 337 ff
Geschäftstätigkeit, Ort **EGBGB 28** 85
Gesellschaften **EGBGB 28** 85
Gesellschaftsverträge **EGBGB 28** 15, 624 ff
Gewöhnlicher Aufenthaltsort **EGBGB 28** 40, 78
Girogeschäft **EGBGB 28** 542 ff
Großbritannien, Gebietsrecht **EGBGB 28** 17
Großprojekte **EGBGB 28** 133
Gründungsort **EGBGB 28** 85
Grundprinzip des internationalen Vertragsrechts **EGBGB Vorbem 27–37** 34; **EGBGB 28** 33 ff
Grundschuld **EGBGB 28** 102
Grundstücksmiete **EGBGB 28** 211 ff
Grundstücksschenkung **EGBGB 28** 102, 204
Grundstückstausch **EGBGB 28** 203
Grundstücksverträge **EGBGB 28** 5, 28, 32, 98 ff, 142 ff
GÜKUMB/GÜKUMT **EGBGB 28** 379
Güterbeförderung
 s. Beförderungsverträge (Güterbeförderung)
Güterrecht, eheliches **EGBGB 28** 641
Haager Einheitliches Kaufrecht **EGBGB 28** 157 ff
Haager Kauf-IPR-Übereinkommen 1955, 1986 **EGBGB 28** 171 ff
Haager Regeln **EGBGB 28** 385, 406 ff
Haager Stellvertretungsübereinkommen **EGBGB 28** 272
Hamburg-Regeln **EGBGB 28** 387
Handelsvertretervertrag **EGBGB 28** 271 ff
Handkauf **EGBGB 28** 177
Hauptniederlassung
 s. dort
Hauptverwaltung
 s. dort
Hauptzweck des Vertrags **EGBGB 28** 69, 83, 95
Haus-und Grundstücksverwaltung **EGBGB 28** 103
Hausratsteilung **EGBGB 28** 641
Hedge-Geschäft **EGBGB 28** 589
Heilberufe **EGBGB 28** 257
Heilpraktikerausbildung **EGBGB 28** 259
Heimathafen **EGBGB 28** 48, 111, 195
Heimunterbringung **EGBGB 28** 336
Hilfsvertrag **EGBGB 28** 134
Hinterlegung **EGBGB 28** 358
Honorarordnung für Architekten/Ingenieure **EGBGB 28** 321
Hypothek **EGBGB 28** 102

Vertragsstatut (Engste Verbindung) (Forts.)
Hypothetischer Parteiwille, früher maßgebender **EGBGB 28** 11
IATA-Beförderungsbedingungen **EGBGB 28** 468
Immaterialgüterrechte **EGBGB 28** 300, 599 ff
Incoterms **EGBGB 28** 174
Inkassogeschäft **EGBGB 28** 567 ff
Inländische Niederlassung ausländischer Unternehmen **EGBGB 28** 88
Inlandsfall **EGBGB 27** 115 ff; **EGBGB 28** 18
Interessenlage der Parteien **EGBGB 28** 54
Interlokales Privatrecht **EGBGB 28** 17
Internationale Zuständigkeit
 s. dort
Internetverträge **EGBGB 28** 644 ff
Intertemporales Recht
 s. dort
Investmentgeschäft **EGBGB 28** 572 ff
IPR-Neuregelung 1986 **EGBGB 28** 9, 22
IPR-Vorschriften, allgemeine **EGBGB 28** 17 ff
Isle of Man, Timesharingrecht **EGBGB 28** 228
Israel **EGBGB 28** 161
Italien **EGBGB 28** 106
Joint-Venture **EGBGB 28** 633 ff
Juristische Personen **EGBGB 28** 85
Kabotageverkehr **EGBGB 28** 371
Kanada, Gebietsrecht **EGBGB 28** 17
Kauf beweglicher Güter **EGBGB 28** 175
Kauf von Grundstücken **EGBGB 28** 143 ff
Kauf sonstiger Güter **EGBGB 28** 196
Kaufmannseigenschaft **EGBGB 28** 179
Kaufverträge **EGBGB 28** 142 ff
Klauselbenutzung **EGBGB 32** 31
Klauselrecht **EGBGB 28** 174, 478
Know-how-Verträge **EGBGB 28** 621 ff
Kommissionsvertrag **EGBGB 28** 270
Komplexe Verträge **EGBGB 28** 76
Konnossement **EGBGB 28** 385 ff, 390 f, 393, 403 f
Konsortialkredite **EGBGB 28** 237
Konsumentenkredit **EGBGB 28** 528
Kontokorrentkredit **EGBGB 28** 235
Kreditkarte **EGBGB 28** 546 f
Kreditverträge **EGBGB 28** 75, 233 ff, 532
Kreuzfahrt **EGBGB 28** 368
KVO **EGBGB 28** 379
Lagergeschäfte **EGBGB 28** 359 ff
Leasing **EGBGB 28** 220 ff
Leibrente **EGBGB 28** 637
Leihe **EGBGB 28** 219
Lex loci protectionis **EGBGB 28** 599, 605
Lex rei sitae **EGBGB 28** 100, 211, 629
Lizenz **EGBGB 28** 59, 609 ff

Vertragsstatut (Engste Verbindung) (Forts.)
Lotterie- und Ausspielverträge **EGBGB 28** 592 ff
Lückenfüllung **EGBGB 28** 16
Lufttransport **EGBGB 28** 444 ff, 454 ff
Makler- und Bauträgerverordnung **EGBGB 28** 347
Maklervertrag **EGBGB 28** 103, 264 ff
Managementvertrag **EGBGB 28** 348 f
Mehrheit von Schuldnern **EGBGB 28** 94
Mengenvertrag (freight contract) **EGBGB 28** 399
Mietvertrag **EGBGB 28** 210 ff
Mittelpunkt des Daseins **EGBGB 28** 84
Multimodaler Transprt **EGBGB 28** 470 ff
Nachträgliches Parteiverhalten **EGBGB 28** 50, 71, 96, 136
Naturalleistung als charakteristische Leistung **EGBGB 28** 75
Naturalleistungen, gleichwertige **EGBGB 28** 93
Network Liability System **EGBGB 28** 476
Niederlassung
 s. dort
Normzweck **EGBGB 28** 1 ff
Notar **EGBGB 28** 250
als objektive Anknüpfung **EGBGB 28** 1, 17, 34
Objektive Gegebenheiten **EGBGB 28** 34
Öffentliche Auftragsvergabe **EGBGB 28** 322
Österreich **EGBGB 28** 64, 529
Ordre public
 s. dort
Organspendeverträge **EGBGB 28** 673 ff
Ortsbedeutung
 s. Ort
Pacht **EGBGB 28** 217
Paramount clause **EGBGB 28** 391
Parkplatzmiete **EGBGB 28** 102, 213
Parteiautonomie, Ergänzung kollisionsrechtlicher **EGBGB 28** 1
Parteiwille **EGBGB 28** 1
Parteiwille, hypothetischer **EGBGB 28** 11 f, 22, 51
Patentrecht **EGBGB 28** 599
Patronatserklärungen **EGBGB 28** 509 f
Personenbeförderung
 s. Beförderungsverträge (Personenbeförderung)
Praxiskauf **EGBGB 28** 181 ff
Preisausschreiben **EGBGB 28** 598
Private Schuldnertätigkeit **EGBGB 28** 81, 83 ff
Prospekthaftung **EGBGB 28** 243
Providerverträge **EGBGB 28** 662 ff
Prozeßverhalten **EGBGB 28** 50

Vertragsstatut (Engste Verbindung) (Forts.)
Qualifikationsfrage **EGBGB 28** 20 f, 68 f, 100
Qualifikationskonflikte **EGBGB 32** 19
Räumliche Leistung charakteristischer Leistung **EGBGB 28** 78 ff
Rahmenvertrag **EGBGB 28** 134
Rangverhältnis innerhalb Art 28 **EGBGB 28** 25 ff
Raumfracht **EGBGB 28** 392, 396
Raummiete **EGBGB 28** 210 ff
Rechtsänderung und Schuldrechtsvertrag **EGBGB 28** 101
Rechtsanwendungsgesetz **EGBGB 28** 64
Rechtsberatungsgesetz **EGBGB 28** 255
Rechtskauf **EGBGB 28** 192
Rechtsordnung, Geltung möglichst einer einzigen **EGBGB 32** 21
Rechtsvergleichende Qualifikation **EGBGB 28** 21, 68, 100
Rechtswahl, vorrangige
s. Vertragsstatut (Rechtswahl)
Regelanknüpfungen **EGBGB 28** 28, 63 ff
Regelungsgegenstand der – **EGBGB 28** 1 ff
Registerort **EGBGB 28** 48, 111, 194 f
Registersitz **EGBGB 28** 85
Reichweite des Statuts **EGBGB 32** 21 ff
Reisefrachtvertrag **EGBGB 28** 400
Reisevertrag **EGBGB 28** 95, 323 ff, 368
Renvoi **EGBGB 32** 18 f
Revisibilität falscher Anwendung von Kollisionsregeln **EGBGB 28** 140 f
Rück- oder Weiterverweisung, ausgeschlossene **EGBGB 28** 17
Rückversicherungsvertrag **EGBGB 28** 15, 487 f
Sachenrechtsfragen **EGBGB 28** 99
Scheckverpflichtungen, ausgenommene **EGBGB 28** 15
Schenkung **EGBGB 28** 74, 102, 204 ff
Schenkung von Todes wegen **EGBGB 28** 207
Schiedsrichtervertrag **EGBGB 28** 350 ff
Schiedsvereinbarung
s. dort
Schiffskauf **EGBGB 28** 194 f
Schuldrechtliche Verträge **EGBGB 28** 99 ff
Schuldversprechen, Schuldanerkenntnis **EGBGB 28** 511 ff
Schutz der schwächeren Vertragspartei **EGBGB 28** 14
Schweiz **EGBGB 28** 64, 70, 241
Seetransport **EGBGB 28** 380 ff
Sicherungsverträge **EGBGB 28** 134, 491 ff
Sittenwidrige Geschäfte **EGBGB 28** 196
Sitz
s. dort
Softwarekauf **EGBGB 28** 154

Vertragsstatut (Engste Verbindung) (Forts.)
Spaltung des Vertragsstatuts
s. dort
Spanien **EGBGB 28** 105
Speditionsvertrag **EGBGB 28** 113, 373, 478 ff, 488 ff
Spiel- und Wettverträge **EGBGB 28** 592 ff
Sponsoring **EGBGB 28** 302
Sprache und Auslegung **EGBGB 32** 30
Sprache des Vertrags **EGBGB 28** 45, 129 f
Staaten als Vertragsparteien **EGBGB 28** 49
Staatsangehörigkeit **EGBGB 28** 44, 129 f
Staatsanleihen **EGBGB 28** 242
Stammhaus **EGBGB 28** 87
Stand-by Letter of Credit **EGBGB 28** 505 f, 565 f
Statutenwechsel
s. dort
Stellplatzmiete **EGBGB 28** 102, 213
Steuerberater **EGBGB 28** 248
Straßentransport, internationaler **EGBGB 28** 370 ff
Strohmann **EGBGB 28** 82
Subjektive Anknüpfung **EGBGB 28** 1
Subunternehmervertrag **EGBGB 28** 308
Swapgeschäfte **EGBGB 28** 578
Tausch **EGBGB 28** 202 f
Technologietransferverträge **EGBGB 28** 621 ff
Teilanknüpfung **EGBGB 28** 55 ff
Teilrechtswahl **EGBGB 27** 90 ff; **EGBGB 28** 55, 57
Time charter **EGBGB 28** 397
Timesharing **EGBGB 28** 102, 104, 196, 225 ff
Treuhandvertrag **EGBGB 28** 240, 353 f
Trust **EGBGB 28** 354
Typenlehre **EGBGB 28** 70
Übereinkommen
s. Abkommen, Übereinkommen
Übertragungs- und Sendeverträge **EGBGB 28** 616
Überweisungsverkehr, internationaler **EGBGB 28** 523, 542 ff
Umzugstransporte **EGBGB 28** 378
Unbestimmbarkeit charakteristischer Leistung **EGBGB 28** 91 ff
Unentgeltliche Verträge **EGBGB 28** 74
Unterhaltsvertrag **EGBGB 28** 641
Unternehmensberatung **EGBGB 28** 248
Unternehmenskauf **EGBGB 28** 41, 103, 181 ff
Unterrichtsvertrag **EGBGB 28** 259 ff
Unwirksamkeit des Vertrags **EGBGB 28** 54, 135
Urheberrecht **EGBGB 28** 599 ff
Valutaverhältnis **EGBGB 28** 521
Verbotene Geschäfte **EGBGB 28** 196

Vertragsstatut (Engste Verbindung) (Forts.)
Verbraucherverträge **EGBGB 28** 199
Verdingungsordnung für Bauleistungen
  EGBGB 28 309
Vereine **EGBGB 28** 85
Verfilmungs- und Einspielverträge
  EGBGB 28 617 f
Verfügungsgeschäft **EGBGB 28** 99 f
Vergabe öffentlicher Verträge
  EGBGB 28 322
Vergleich **EGBGB 28** 515 ff
Verlagsvertrag **EGBGB 28** 93, 606 ff
Vermutungen **EGBGB 28** 2 ff, 26, 28,
  30 ff, 62 ff
Vermutungen, Widerlegung
  EGBGB 28 130 ff
Versicherungsverträge
  s. dort
Versorgungsausgleich **EGBGB 28** 641
Versorgungsverträge **EGBGB 28** 637 ff
Versteigerungen **EGBGB 28** 46, 176
Vertragliche Bezugnahmen auf ein Recht
  EGBGB 28 52 f
Vertragsgarantie **EGBGB 28** 508
Vertragsgepräge **EGBGB 28** 70
Vertragshändler **EGBGB 28** 286 ff
Vertragsspaltung **EGBGB 28** 57
Vertragssprache **EGBGB 28** 45
Vertragsstatut, einheitliches **EGBGB 28** 56
Vertragsstrafe **EGBGB 28** 494
Vertragstyp und Parteivereinbarung
  EGBGB 28 71
Vertragstypen, Anknüpfung einzelner
  EGBGB 28 142 ff
Vertragsverhandlungen **EGBGB 28** 46
Vertriebsvertrag **EGBGB 28** 93, 286 ff
Verwahrung **EGBGB 28** 357 ff
Verwertungsgesellschaft **EGBGB 28** 620
Verzichtsvertrag **EGBGB 28** 518
Visby-Regeln **EGBGB 28** 386, 406 ff
Voyage charter **EGBGB 28** 400
Wahrnehmungsverträge **EGBGB 28** 620
Warenkauf **EGBGB 28** 149 ff
Warentermingeschäft **EGBGB 28** 587
Wechselverpflichtungen, ausgenommene
  EGBGB 28 15
Werbeagentur **EGBGB 28** 248
Werklieferungsvertrag **EGBGB 28** 197, 306
Werkvertrag **EGBGB 28** 303 ff
Wertpapiere **EGBGB 28** 15, 94, 523
Zeitfrachtvertrag **EGBGB 28** 397
Zeitpunkt, maßgeblicher für die Anknüpfung **EGBGB 28** 19, 61, 96, 108, 136
Zinsen **EGBGB 28** 57
Zivilrecht, räumlich gespaltenes
  EGBGB 28 17
Zusammenarbeitsverträge **EGBGB 28** 59,
  93, 631 f

Vertragsstatut (Engste Verbindung) (Forts.)
Zwangsvergleichsverfahren **EGBGB 28** 525
Zweigniederlassung **EGBGB 28** 87
Vertragsstatut (Rechtswahl)
Abschlußort **EGBGB 27** 85 ff
Abtretung **EGBGB 33** 28, 38, 47, 96, 110
Abtretung und nachträgliche Rechtswahl
  EGBGB 27 112
Abwahl und Berufung bestimmten Rechts
  EGBGB 27 57
Abwahl bestimmten Rechts **EGBGB 27** 56
Abwahl objektiv geltender Vertragsrechtsordnung **EGBGB 27** 32
Änderung im gewählten Recht
  EGBGB 27 43
AGB, elektronische **EGBGB 28** 637
AGB-Bedingungen einer Seite, vereinbarte
  EGBGB 27 80
AGB-Rechtswahlklausel **EGBGB 27** 53,
  140 ff; **EGBGB 31** 85
Akzessorische Verknüpfung (Verweisungsvertrag) **EGBGB 27** 136
Allg.dt.Spediteurbedingungen
  EGBGB 27 77, 80
Allgemeine Rechtsgrundsätze, Verweis
  hierauf **EGBGB 27** 46, 47
Alternative Rechtswahl **EGBGB 27** 41, 44
Anationales Recht **EGBGB 27** 45
Angelehnter Vertrag **EGBGB 27** 81
Anknüpfung **EGBGB 27** 135 ff
Anlagenbauvertrag **EGBGB 27** 91
Anlagenverträge **EGBGB 28** 317
Anleihe **EGBGB 28** 240
Anschein einer Rechtswahl **EGBGB 27** 140
Anteilskauf **EGBGB 27** 97;
  EGBGB 28 183 ff
Anwaltsvertrag **EGBGB 28** 250
Anweisung **EGBGB 27** 530
Anwendungsbereich **EGBGB 27** 9 ff;
  EGBGB 37 1 ff
Arbeitsverhältnisse
  s. dort
Architektenvertrag **EGBGB 28** 319
Arztvertrag **EGBGB 28** 257
Aufspaltung des Statuts **EGBGB 27** 90 ff
Auftrag **EGBGB 28** 338
Auftrittsvertrag **EGBGB 27** 263
Ausdrückliche Rechtswahl
  EGBGB 27 52 ff; **EGBGB 29** 19
Auskunftsvertrag mit einer Bank
  EGBGB 28 579
Ausländische Staatsangehörigkeit, Bedeutung **EGBGB 27** 124
Ausländischer Abschlußort, Bedeutung
  EGBGB 27 123
Ausländisches zwingendes Recht
  EGBGB 27 133
Auslandsbezug, fehlender **EGBGB 27** 121 ff

Vertragsstatut (Rechtswahl) (Forts.)
  Auslandspersonal **EGBGB 27** 59, 88, 102, 106
  Auslegung von Rechtswahlvereinbarungen **EGBGB 27** 55
  Auslobung **EGBGB 28** 608
  Außervertragliche Schuldrechtsbeziehung **EGBGB 27** 10
  Bankverträge **EGBGB 28** 526
  Baubetreuungsvertrag **EGBGB 28** 343
  Beförderungsverträge **EGBGB 27** 9; **EGBGB 28** 365
  Beherbergungsvertrag **EGBGB 28** 330
  Belegenheit des Sachverhalts **EGBGB 27** 7
  Bestätigungsschreiben **EGBGB 27** 140, 144
  Betriebsführungsvertrag **EGBGB 28** 348
  Betriebsübergang **EGBGB 33** 107
  Binnenschiffahrtstransport, internationaler **EGBGB 28** 429
  Börsengeschäfte **EGBGB 28** 581
  Brautgeschenke **EGBGB 27** 78
  Bürgschaft **EGBGB 27** 19, 81, 112; **EGBGB 28** 497
  Charterverträge **EGBGB 28** 396
  CISG **EGBGB 27** 33, 52
  Code civil **EGBGB 27** 78
  Contrat sans loi **EGBGB 27** 45
  Darlehen **EGBGB 28** 234
  DDR-Recht **EGBGB 27** 40
  Deliktsansprüche **EGBGB 27** 10
  Depotgeschäft **EGBGB 28** 576
  Deutlichkeit der Wahl, Erkennbarkeit eines Parteiwillens **EGBGB 27** 3
  Deutscher Binnensachverhalt, zwingende deutsche Normen **EGBGB 27** 132
  Deutsches Forum und Behandlung ausländischer Rechtsordnung **EGBGB 27** 70
  Deutsches Recht **EGBGB 27** 52, 70 ff, 148
  Dienstleistungsvertrag **EGBGB 28** 248
  Dokumentenakkreditiv **EGBGB 27** 48; **EGBGB 28** 548 f
  Drittinteressen, betroffene **EGBGB 27** 112 ff
  Drittrechte und Statutenwechsel **EGBGB 27** 111
  EGBGB-zwingende Normen, Schutz vor Abänderung durch eine – **EGBGB 34** 27
  Ehegattenvertrag **EGBGB 27** 9
  Einbettungsstatut, zu beachtendes **EGBGB 27** 115, 131
  Einheitsrecht **EGBGB 27** 33
  Einigung, jederzeit wandelbare **EGBGB 27** 99
  Einigung (Zustandekommen, Wirksamkeit) **EGBGB 27** 30 ff, 135 ff
  Eisenbahntransport, internationaler **EGBGB 28** 430, 437

Vertragsstatut (Rechtswahl) (Forts.)
  Elektronische Kommunikation **EGBGB 27** 9
  Engste Verbindung bei fehlender Rechtswahl
  s. Vertragsstatut (Engste Verbindung)
  Erfüllungsort **EGBGB 27** 63, 83, 86, 122 und Erfüllungsstatut **EGBGB 32** 98
  EU-Binnensachverhalt **EGBGB 27** 127
  Europarecht, vorrangiges **EGBGB 27** 128
  EVÜ-Grundsatz **EGBGB 27** 2, 25 f, 55, 137
  Ex-nunc-Wirkung/Ex-tunc-Wirkung **EGBGB 27** 98, 109
  Factoring **EGBGB 28** 534; **EGBGB Anh 33** 4, 5
  Fahrniskauf **EGBGB 28** 175 ff
  Familienrechtliche Verträge (schuldrechtliche Vereinbarungen) **EGBGB 28** 641
  Filmleihverträge **EGBGB 28** 619
  Flucht aus dem eigenen Recht **EGBGB 27** 115
  Forderungskauf **EGBGB 28** 192
  Forfaitierung **EGBGB 28** 540
  Form der Rechtswahl **EGBGB 27** 147 ff
  Formgültigkeit und neues Statut **EGBGB 27** 111
  Formmilderes Statut, nachträgliche Wahl **EGBGB 27** 111
  Formvorschriften, ausländische **EGBGB 28** 146
  Formzwang und nachträgliche Wahl **EGBGB 27** 107
  Franchising **EGBGB 28** 297
  Französisches Recht als gewähltes Recht **EGBGB 27** 78
  Fraus legis **EGBGB 27** 29
  Garantie **EGBGB 27** 81; **EGBGB 28** 506
  Gebietseinheiten eines Staates **EGBGB 27** 16, 37 f
  Gebräuche **EGBGB 27** 39
  Gefälligkeitsverhältnis **EGBGB 28** 366
  Gemeinschaftsunternehmen **EGBGB 28** 634
  Gerichte eines Landes (allgemeine Wahl) **EGBGB 27** 67
  Gerichtsstandsvereinbarung **EGBGB 27** 13, 44, 63 ff
  Gesamtverweisung **EGBGB 27** 36
  Geschäftsbesorgung **EGBGB 28** 338
  Geschäftsfähigkeit **EGBGB 27** 30
  Gesellschaftsvertrag **EGBGB 27** 12
  Gesellschaftsvertrag (Vorvertrag, auf Gründungspflicht bezogener) **EGBGB 28** 625, 628
  Gesetzesumgehung **EGBGB 27** 29
  Gewohnheitsrecht **EGBGB 27** 39
  Girogeschäft **EGBGB 28** 544

Vertragsstatut (Rechtswahl) (Forts.)
Gran-Canaria-Fälle **EGBGB 27** 29, 123
Großbritannien **EGBGB 27** 15, 38
Grundsatz kollisionsrechtlicher Parteiautonomie **EGBGB 27** 1
Grundstücksverträge **EGBGB 27** 9, 59, 89, 97, 111, 124, 147; **EGBGB 28** 104, 142 ff
Gültigkeit der Rechtswahl **EGBGB 27** 135 ff
Handelsvertreter **EGBGB 28** 275 ff
Handelsvertreterverträge **EGBGB 27** 125
Haupt- und Verweisungsvertrag (Selbständigkeit, akzessorische Anknüpfung) **EGBGB 27** 30, 135
Haustürwiderrufsgesetz **EGBGB 27** 132
Hypothetischer Parteiwille **EGBGB 27** 61
IHK-Schiedsgericht **EGBGB 27** 69
Immaterialgüterrechtsvereinbarungen **EGBGB 28** 600
Incoterms, vereinbarte **EGBGB 27** 33, 48
Indizien für eine Rechtswahl **EGBGB 27** 86, 103, 138
Inhaltskontrolle von Rechtswahlklauseln **EGBGB 29** 89
Inkassogeschäft **EGBGB 28** 569
Inlandsfälle, reine **EGBGB 29** 20
Inlandsfall **EGBGB 27** 5, 17, 25, 27, 115 ff, 145
Inlandsrecht, zwingendes **EGBGB 27** 2, 5
International zwingendes Recht **EGBGB 27** 134
Internationale Klauselwerke, vereinbarte **EGBGB 27** 48
Internetausschreibungen **EGBGB 28** 669
Internetdienste **EGBGB 28** 672
Internetverträge **EGBGB 28** 646 ff
Interpretationsvorschriften im Vertrag (construction clause) **EGBGB 27** 76
Intertemporales Recht, einbezogenes **EGBGB 27** 37
Investitionsverträge **EGBGB 27** 42, 51
Investmentgeschäft **EGBGB 28** 574
Islamisches Recht **EGBGB 27** 38, 78
Joint-venture **EGBGB 28** 634
Kaufleute **EGBGB 27** 141, 144
Kaufmännisches Bestätigungsschreiben **EGBGB 27** 140, 144
Kaufverträge **EGBGB 28** 142 ff, 175 ff
Klauselmäßige Rechtswahl **EGBGB 27** 140 ff
Klauselrecht **EGBGB 28** 174
Know-how-Verträge **EGBGB 28** 632
Kollisionsnormen, Wahl **EGBGB 35** 7 f
Kollisionsrechtliche Parteiautonomie **EGBGB 27** 1
Kollisionsrechtsausschluß, bestimmter **EGBGB 27** 58

Vertragsstatut (Rechtswahl) (Forts.)
Kommissionsvertrag **EGBGB 28** 270
Konnossemente **EGBGB 27** 81; **EGBGB 28** 416
Koreanisches Recht **EGBGB 27** 38
Kreditverträge **EGBGB 28** 234, 532
Kreditvertrag (Auslandsprojekt) **EGBGB 27** 122
Lagergeschäft **EGBGB 28** 360
Leasing **EGBGB 28** 223
Leibrente **EGBGB 28** 638
Leihe **EGBGB 28** 219
Lex causae **EGBGB 27** 42, 148
Lex fori und Wirksamkeit einer Rechtswahl **EGBGB 27** 140
Lex fori und Zulässigkeit einer Rechtswahl **EGBGB 27** 137
Lex mercatoria **EGBGB 27** 50
Lizenzvertrag **EGBGB 28** 610
Lloyd's Seeversicherungspolice **EGBGB 27** 77
Lufttransport, internationaler **EGBGB 28** 452
Maklervertrag **EGBGB 27** 81; **EGBGB 28** 274 ff
Managementvertrag **EGBGB 28** 348
Materielle Wirksamkeit der Rechtswahl **EGBGB 27** 143
Materiellrechtliche Verweisung **EGBGB 27** 33, 47, 49, 51
Mehrheit von Rechten, nebeneinander geltende **EGBGB 27** 91
Mengenvertrag (freight contract) **EGBGB 28** 399
Miete (Grundstücksmiete, Raummiete) **EGBGB 28** 211 ff
Mißbrauch der Rechtswahlfreiheit **EGBGB 27** 24, 26
Nachträgliche Rechtswahl **EGBGB 27** 100 ff; **EGBGB 30** 62
Nationale Rechtsordnung **EGBGB 27** 35
Negative Rechtswahl **EGBGB 27** 56 f
Nichtigkeitsfolge **EGBGB 31** 33
Normengemisch aus mehreren Rechtsordnungen **EGBGB 27** 93
Objektives Statut, geltendes **EGBGB 27** 62
Österreichisches Recht **EGBGB 27** 145
Optionale Rechtswahl **EGBGB 27** 44
Ordre public **EGBGB 27** 17 ff
Organspendeverträge **EGBGB 28** 673 f
Pacht **EGBGB 28** 217
Parteiautonomie, kollisionsrechtliche **EGBGB 27** 1, 18, 21 ff, 99
Parteiinteresse **EGBGB 27** 88
Parteiverhalten im Prozeß **EGBGB 27** 70 ff
Parteiwille **EGBGB 27** 21, 45, 60 f
Partielle Rechtswahl **EGBGB 32** 22
Patronatserklärung **EGBGB 28** 510

Vertragsstatut (Rechtswahl) (Forts.)
Providerverträge EGBGB 28 663
Punitive damages EGBGB 27 19
Qualifikationsfrage EGBGB 27 11
Rechnungsformular EGBGB 27 65
Rechte, Wahl zwischen mehreren EGBGB 27 41
Rechtsanwendungsgesetz (DDR) EGBGB 27 22
Rechtsgrundsätze, Verweis auf allgemeine EGBGB 27 46 f
Rechtsmittelverfahren und deutsches Recht EGBGB 27 73
Rechtsordnungsloser Vertrag EGBGB 27 45
Rechtswahl und Änderungen im gewählten Recht EGBGB 27 43
Rechtswahlfreiheit EGBGB 27 3 ff, 21 ff
Rechtswahlwille, nicht feststellbarer EGBGB 27 62
Reisevertrag EGBGB 28 326
Renvoi EGBGB 27 14 ff; EGBGB 35 2, 4, 6 ff, 12
Römisches Recht EGBGB 27 40
Sachenrechtliche Verträge, Ausschluß freier Rechtswahl EGBGB 27 22
Sachgesamtheit EGBGB 28 188 ff
Sachnormverweisung EGBGB 27 14, 32, 36, 96
Schiedsgerichtsbarkeit der IHK in Paris, Bedeutung ihrer Wahl EGBGB 27 69
Schiedsgerichtsvereinbarung und Rechtswahlbestimmung EGBGB 27 68 f
Schiedsrichtervertrag EGBGB 28 351
Schiffskauf EGBGB 28 194
Schranken freier Rechtswahl EGBGB 27 26 ff
Schuldanerkenntnis EGBGB 28 514
Schuldbeitritt EGBGB 33 96
Schuldrechtliche Verträge EGBGB 27 9
Schuldrechtsbeziehungen, außervertragliche EGBGB 27 10
Schutz schwächerer Vertragspartei EGBGB 27 29
Schweigen als Zustimmung EGBGB 27 140, 144
Schweiz EGBGB 27 9, 59, 137
Seetransport EGBGB 28 381, 389
Sicherungsgeschäfte EGBGB 27 81; EGBGB 28 492
Sitten und Gebräuche EGBGB 27 39
Sitz der Parteien, Bedeutung EGBGB 27 84
Spaltung des Statuts EGBGB 27 90 ff
Spiel- und Wettverträge EGBGB 28 593
Sprache des Vertrags, Bedeutung EGBGB 27 63, 79, 85 f
Staatsangehörigkeit, Bedeutung EGBGB 27 85 ff
Stabilisierungsklauseln EGBGB 27 40

Vertragsstatut (Rechtswahl) (Forts.)
Stammessitten und Gebräuche, Einbeziehung EGBGB 27 39
Stationierungskräfte EGBGB 27 88
Statutenwechsel aufgrund nachträglicher Rechtswahl EGBGB 27 108
Stille Gesellschaft EGBGB 28 626
Stillschweigende Rechtswahl EGBGB 27 3, 58 ff, 103, 120, 126, 138; EGBGB 28 36, 50, 52 f, 105; EGBGB 29 19; EGBGB 30 60
Strafschadensersatz EGBGB 27 19
Swapgeschäfte EGBGB 28 588
Tarifvertrag EGBGB 30 252
Tausch EGBGB 28 201
Technologietransfer EGBGB 28 632
Teilrechtswahl EGBGB 27 90 ff, 101
Termingeschäfte EGBGB 27 29, 144
Time charter EGBGB 28 397
Timesharing EGBGB 28 225 ff; EGBGB 29a 60 ff
Transportverträge EGBGB 28 381 ff
TreuhandvertraG EGBGB 28 353
Übertragungs- und Sendeverträge EGBGB 28 626
Umgehung des Gesetzes EGBGB 27 20, 29
Unfair Contract Terms Act EGBGB 27 133
UNIDROIT-Principles EGBGB 27 48
Unternehmenskauf EGBGB 27 89; EGBGB 28 183 ff
Unterrichtsvertrag EGBGB 28 259
Urheberrechtserwerb EGBGB 28 612
USA-Einzelstaatenproblem EGBGB 27 38
Verbraucherverträge s. dort
Verbraucherverträge, Rechtsordnung außerhalb EU/EWR-Gebietes EGBGB 29a 29
Vergleich EGBGB 28 517
Verkehrsschutz und Rechtswahlfrage EGBGB 27 150
Vermögens- und Unternehmensübernahme EGBGB 33 110
Versicherungsverträge s. dort
Versorgungsverträge EGBGB 28 640
Versteigerungskauf EGBGB 28 46, 176, 668
Versteinerungsklauseln EGBGB 27 40
Vertrag mit Schutzwirkungen für Dritte EGBGB 27 112
Vertrag zugunsten Dritter EGBGB 27 112
Vertragsanlehnung EGBGB 27 81
Vertragsbezugnahme auf bestimmtes Recht EGBGB 27 75 ff
Vertragsfreiheit EGBGB 27 23
Vertragssprache EGBGB 27 63, 79, 85 f
Vertragsübernahme EGBGB 33 105

Vertragsstatut (Rechtswahl) (Forts.)
 Vertretung **EGBGB 27** 30, 74
 Vertriebsverträge **EGBGB 28** 288
 Verwahrung **EGBGB 28** 357
 als Verweisung, bloß materiellrechtliche (Ergänzungsfunktion) **EGBGB 27** 33
 Verweisungsvertrag **EGBGB 27** 6, 30 ff, 54, 135 ff; **EGBGB 30** 65; **EGBGB 31** 31
 Völkerrecht als Vertragsstatut **EGBGB 27** 50
 Vollmachtsstatut **EGBGB 27** 31
 Vornahmeort **EGBGB 27** 148
 Vorvertragliches Verhalten **EGBGB 31** 30
 Wählbare Rechte **EGBGB 27** 34 ff
 Währung des Vertrags, Bedeutung **EGBGB 27** 63, 85 f
 Wahrnehmungsverträge **EGBGB 28** 630
 Werklieferungskauf **EGBGB 28** 197
 Werkvertrag **EGBGB 28** 304
 Wertpapierrecht **EGBGB 27** 11, 12, 53
 Wertpapierverwahrung **EGBGB 28** 576
 Widersprechende Rechtswahlklauseln **EGBGB 28** 648; **EGBGB 31** 32
 Wirksamkeit **EGBGB 30** 65
 Wirkung gültiger Rechtswahl **EGBGB 27** 151 f
 Zeitpunkt der Rechtswahl **EGBGB 27** 4, 99 ff, 126, 152
 Zinsen **EGBGB 27** 91
 Zusammenarbeitsverträge **EGBGB 28** 632
 Zustandekommen der Rechtswahl **EGBGB 27** 140 ff
 Zwingende Vorschriften eigenen Rechts (Inlandsfall) **EGBGB 27** 121 ff, 130 ff
 Zwingendes Recht s. dort
Vertragsstrafe
 Anwendbares Recht **EGBGB 28** 494
 Vertragsstatut **EGBGB 32** 53
Vertragstyp
 und Anknüpfung an die charakteristische Leistung **EGBGB 28** 63 ff
 und Qualifikationsfragen **EGBGB 28** 68
Vertragsübernahme
 Abtretung, Schuldübernahme und – **EGBGB 33** 102
 Anknüpfung **EGBGB Einl 27-37** A 75
 Betriebsübergang **EGBGB 33** 107
 als einheitliches Rechtsinstitut **EGBGB 33** 102
 Gesetzlicher Vertragsübergang **EGBGB 33** 106 ff
 Rechtsgeschäftliche – **EGBGB 33** 103 ff
Vertragsverhandlungen
 als Anknüpfungsmerkmal **EGBGB 28** 46
Vertragsverletzungen
 Vertragsstatut **EGBGB 32** 42 ff

Vertretung
 Zurechnung des Drittverhaltens **EGBGB Einl 27-37** A 100
Vertretung (gesetzliche)
 Anknüpfung, gesetzliche **EGBGB Einl 27-37** A 1
 Juristische Personen, Personenzusammenschlüsse **EGBGB Einl 27-37** A 7
 Natürliche Personen **EGBGB Einl 27-37** A 6
Vertretung (rechtsgeschäftliche)
 Anknüpfungsregeln, autonome **EGBGB Einl 27-37** A 10 ff
 Börsengeschäfte **EGBGB Einl 27-37** A 32
 Börsenmakler **EGBGB Einl 27-37** A 32
 Drittschutzinteresse **EGBGB Einl 27-37** A 13 ff
 Einseitige Erklärungen **EGBGB Einl 27-37** A 62
 Erklärungsabgabe, Erklärungsentgegennahme **EGBGB Einl 27-37** A 20
 EVÜ-Ausschluß **EGBGB Einl 27-37** A 9; **EGBGB 37** 57 ff
 Forderungsabtretung **EGBGB 33** 56
 Gebrauchsort **EGBGB Einl 27-37** A 13, A 16, A 20 ff
 Geschäftsstatut **EGBGB Einl 27-37** A 11, A 40, A 44, A 62
 Grundstücksgeschäfte **EGBGB Einl 27-37** A 30, A 60
 Haager Vertretungsübereinkommen **EGBGB Einl 27-37** A 8
 Handeln unter fremdem Namen **EGBGB Einl 27-37** A 41
 Handelsvertreter **EGBGB 28** 285
 Höchstpersönliche Geschäfte **EGBGB Einl 27-37** A 43
 Internetgeschäfte **EGBGB Einl 27-37** A 20
 Kapitän **EGBGB Einl 27-37** A 28
 Kaufmännische Bevollmächtigte **EGBGB Einl 27-37** A 24
 Offenlegung der Vertretung **EGBGB Einl 27-37** A 40
 Prozeßvertretung **EGBGB Einl 27-37** A 34
 Qualifikation **EGBGB Einl 27-37** A 3
 Rechtswahl **EGBGB Einl 27-37** A 12
 Schiedsverfahren **EGBGB Einl 27-37** A 34
 Selbstkontrahierungsverbot **EGBGB Einl 27-37** A 47
 UN-Vertretungsübereinkommen (Ratifikationsstand) **EGBGB 28** 170
 Verbraucherverträge **EGBGB 29** 78
 Versteigerungen **EGBGB Einl 27-37** A 30
 Vertretung für den, den es angeht **EGBGB Einl 27-37** A 40
 Vertretung ohne Vertretungsmacht **EGBGB Einl 27-37** A 54 ff
 Verweisungsvertrag **EGBGB 27** 31

Vertretung (rechtsgeschäftliche) (Forts.)
und Vollmachtsstatut **EGBGB Einl 27-37** A 10
Wirksamkeit **EGBGB 27** 12
Wirkungsland **EGBGB Einl 27-37** A 13, A 18
Zulässigkeit **EGBGB Einl 27-37** A 43
Vertriebsverträge
Alleinvertriebsvertrag **EGBGB 28** 293
Charakteristische Leistung **EGBGB 28** 93
und Kartellrecht **EGBGB 28** 295
Vertragshändlervertrag s. dort
Verwahrung
Anknüpfung **EGBGB 28** 357
Verwaltungsverträge
Anknüpfung (engste Verbindung) **EGBGB 28** 103
Verweisungsvertrag
Einigung über anwendbares Recht **EGBGB 27** 6, 30 ff, 54, 135 ff
Form **EGBGB 30** 65
Hauptvertrag, beigefügte Vereinbarung **EGBGB 27** 30
und Vertragsstatut **EGBGB 31** 11
Verwertungsverträge
Anknüpfung **EGBGB 28** 616 ff
Verwirkung
Anknüpfung **EGBGB Einl 27-37** A 85 f
Vertragsstatut **EGBGB 32** 73
Verzicht
Vertragsstatut **EGBGB 28** 518; **EGBGB 32** 73
Verzug (Schuldnerverzug)
Vertragsstatut **EGBGB 32** 44 f, 57
Visby-Regeln EGBGB 28 386, 406 ff
Völkerrecht
und Alleinvertretungsanspruch **Anh 34** 5
Auslegung gemeinschaftsnahen – **EGBGB Vorbem 27-37** 42
Dienstrecht internationaler Organisationen **EGBGB 30** 48
als Vertragsstatut **EGBGB 27** 51
Völkervertragsrecht
und internes Recht **EGBGB 29** 24
Vollmacht
s. a. Vertretung (rechtsgeschäftliche)
Anknüpfung **EGBGB Einl 27-37** A 13 ff
Auslegung **EGBGB Einl 27-37** A 46
Begründung, Inhalt, Wirkung und Erlöschen (Vollmachtsstatut) **EGBGB Einl 27-37** A 38 ff
Börsengeschäfte, Versteigerungen **EGBGB Einl 27-37** A 32
Doppelvertretung **EGBGB Einl 27-37** A 47
Einseitige Erklärungen **EGBGB Einl 27-37** A 62

Vollmacht (Forts.)
und Einziehungsermächtigung **EGBGB Einl 27-37** A 37
Form **EGBGB Einl 27-37** A 58 ff
Gebrauchsort, Festlegung **EGBGB Einl 27-37** A 20 ff
Generalvollmacht **EGBGB Einl 27-37** A 43
Grundstücksgeschäfte **EGBGB Einl 27-37** A 30
Handelsvertreter **EGBGB 28** 285
Kaufmännische Bevollmächtigte **EGBGB Einl 27-37** A 24 ff
Mißbrauch **EGBGB Einl 27-37** A 50
Offenlegung **EGBGB Einl 27-37** A 40
Prozeßvollmacht **EGBGB Einl 27-37** A 34
Recht des Wirkungslandes bzw. Gebrauchsortes **EGBGB Einl 27-37** A 13 ff
Rechtsscheinvollmachten **EGBGB Einl 27-37** A 35
Rechtswahl **EGBGB Einl 27-37** A 12
Registrierte Vollmacht **EGBGB Einl 27-37** A 33
Reichweite des Vollmachtsstatuts **EGBGB Einl 27-37** A 38 ff
Renvoi **EGBGB Einl 27-37** A 61
Selbstkontrahieren **EGBGB Einl 27-37** A 47
Tod des Vollmachtgebers **EGBGB Einl 27-37** A 51
Überschreitung erteilter – **EGBGB Einl 27-37** A 50
Untervollmacht **EGBGB Einl 27-37** A 48
Verkehrsinteressen **EGBGB Einl 27-37** A 19
Verkehrsschutz **EGBGB Einl 27-37** A 21
Vollmachtloser Vertreter **EGBGB Einl 27-37** A 54 ff
Vollmachtsstatut **EGBGB 27** 31
Vollmachtsstatut, selbständige Anknüpfung **EGBGB Einl 27-37** A 10
Widerruflichkeit **EGBGB Einl 27-37** A 52
Vorgründungsverträge
Anknüpfung **EGBGB 28** 629; **EGBGB 37** 56
Vormundschaft
Vertretungsmacht **EGBGB Einl 27-37** A 6
Vornahmeort
Form der Rechtswahl **EGBGB 27** 148
Vorvertragliche Pflichten
Arbeitsverhältnis **EGBGB 30** 215

Währungsfragen
Anknüpfungsmerkmal **EGBGB 28** 45, 130; **EGBGB 30** 136
Devisenkontrakt **EGBGB Anh 34** 28
Devisenrecht, internationales s. Alphabetische Übersicht **EGBGB Anh 34**
Erfüllungsfragen **EGBGB 32** 85, 86
Ersetzungsbefugnis **EGBGB 32** 137 f

Währungsfragen (Forts.)
Euro-Umstellung **EGBGB 32** 140 f
Freie Wahl der Währung **EGBGB 32** 123, 131
Fremdwährungsschuld, vereinbarte **EGBGB 32** 132
Internationales Währungsrecht **EGBGB 32** 128 ff
Preissicherungsklauseln **EGBGB 32** 132
Rechtswahl **EGBGB 27** 63, 85 f
Schadensersatz **EGBGB 32** 139
Schuldwährung **EGBGB 32** 125, 131 f
Swaps **Anh 34** 28
Vertragsstatut **EGBGB 32** 21, 131, 133, 136
Währungsänderung **EGBGB 32** 135 f, 140 f
Währungsstatut (lex pecuniae/monetae) **EGBGB 32** 127, 134 ff
Währungsstatut, Umfang **EGBGB 32** 134
Zahlungswährung **EGBGB 32** 126, 133
Zweifel über geschuldete Währung **EGBGB 32** 131
Zwingendes Recht **EGBGB 34** 68, 81 f, 108
Wahrnehmungsverträge
Anknüpfung **EGBGB 28** 620
Warenkaufvertrag
s. Kaufvertrag
Warschauer Abkommen
Lufttransport, internationaler **EGBGB 28** 444 ff
Wechselrecht
Anknüpfung **EGBGB 37** 19
Bürgschaft **EGBGB 37** 28 f
Devisenkontrakt **Anh 34** 29
Einlösung des Wechsels **EGBGB 37** 52
Erklärungsfolge **EGBGB 37** 26 ff
Falschangaben **EGBGB 37** 24
Forderungsabtretung **EGBGB 37** 30
Form **EGBGB 37** 22 ff
Fremdsprachen **EGBGB 37** 22
Kollisionsnormen, eigenständige **EGBGB 28** 15
Protest **EGBGB 37** 26, 31
Rechtswahl **EGBGB 37** 32
Renvoi **EGBGB 37** 33
Rückgriffsrechte **EGBGB 37** 29, 31
Schadensersatz **EGBGB 37** 52
Schiedsvereinbarung **EGBGB Anh II 27-37** 266
Solawechsel **EGBGB 37** 16
Sonderanknüpfung **EGBGB 37** 31
UNCITRAL-Übereinkommen **EGBGB 37** 20
Unterschriftsort **EGBGB 37** 24
Wechselfähigkeit **EGBGB 37** 21, 33
Wechselrechtsstatut **EGBGB 37** 21

Wechselrecht (Forts.)
Wechselrechtsübereinkommen **EGBGB 37** 20
Zahlungsortrecht, Zeichnungsortrecht **EGBGB 37** 27
Wegfall der Geschäftsgrundlage
Vertragsstatut **EGBGB 32** 56, 141
Weißrußland
CISG **EGBGB 28** 149
UN-Verjährungsübereinkommen **EGBGB 28** 163
UNIDROIT-Konvention zum int. Finanzierungsleasing **EGBGB 28** 221
Weiterverweisung
s. Renvoi
Werbung
Anknüpfung **EGBGB 28** 248
Enger Bezug zum Gemeinschaftsgebiet **EGBGB 29a** 42
im Verbraucherstaat **EGBGB 29** 68 ff
Werklieferungsvertrag
Anknüpfung **EGBGB 28** 197, 306
CISG **EGBGB 29** 47
CISG-Anwendung **EGBGB 28** 154
Werkvertrag
Niederlassung, Aufenthaltsort des Unternehmers **EGBGB 28** 304 ff
Rechtswahl **EGBGB 28** 304
Subunternehmervertrag **EGBGB 28** 308
Typen **EGBGB 28** 303
Wertpapierrecht
Anknüpfung, selbständige **EGBGB 32** 13
Börsengeschäfte
s. dort
EVÜ-Ausschluß **EGBGB 37** 16, 44
Handelbare Papiere **EGBGB 37** 44 ff
Kaufmännische Orderpapiere **EGBGB 37** 46
Rechtswahl **EGBGB 27** 11 f, 53; **EGBGB 37** 48, 50
Scheckrecht
s. dort
Wechselrecht
s. dort
Wertpapierstatut, allgemeines **EGBGB 37** 48 ff
Widerrufsrechte
Vertragsstatut **EGBGB 31** 21
Willensmängel
Anknüpfung der materiellen Gültigkeit **EGBGB Einl 27-37 A** 81 f
Vertragsstatut **EGBGB 31** 21, 46
Vertretungsgeschäft **EGBGB Einl 27-37 A** 44
Wirksamkeit
s. Gültigkeitsfragen; Willensmängel

Wirkungsland
  als Vertretungsstatut **EGBGB Einl 27-37 A** 38 ff
  Vollmachtsstatut **EGBGB Einl 27-37 A** 13 ff
Wirkungsstatut
  Gesetz- oder Sittenwidrigkeit **EGBGB Einl 27-37 A** 84
  Willensmängel **EGBGB Einl 27-37 A** 82
Wohnraummiete
  Zwingendes Recht **EGBGB 34** 59, 68, 81, 88
Wohnsitz
  s. a. Aufenthaltsort
  Zuständigkeitsanknüpfung **EGBGB Anh II 27-37** 19, 22 f, 165

Zahlungsverkehr
  und internationales Devisenrecht
  s. Alphabetische Übersicht **EGBGB Anh 34**
Zession
  s. Abtretung
Zessionsgrundstatut
  s. Abtretung
Zinsen, Verzinsung
  Devisenkontrakt **EGBGB Anh 34** 31
  Teilrechtswahl **EGBGB 27** 91
  Vertragsstatut **EGBGB 32** 16, 57
Zivilsachen
  EuGVÜ-Begriff **EGBGB Anh II 27-37** 6 ff
Zollvorschriften
  und Devisenkontrollbestimmungen **EGBGB Anh 34** 42
  und Vertragsstatut **EGBGB 32** 87
Zugang
  von Willenserklärungen, Vertragsstatut **EGBGB 31** 47
Zurechnung
  Verhalten Dritter, Anknüfung **EGBGB Einl 27-37 A** 98 ff
Zurückbehaltungsrecht
  Vertragsstatut **EGBGB 32** 58
Zusammenarbeitsverträge
  Anknüpfung **EGBGB 28** 631 ff
  Charakteristische Leistung **EGBGB 28** 93
Zusammenhängende Verträge
  und Anknüpfung für den abhängigen Vertrag **EGBGB 28** 134
Zusammenhang
  Enger Zusammenhang zum Gemeinschaftsgebiet **EGBGB 29a** 40 ff
Zuständigkeit
  Internationale –
  s. Internationale Zuständigkeit
Zustandekommen
  und Wirksamkeit des Vertrags
  s. Vertragsstatut (Einheitsstatut)

Zustimmung
  zu Rechtsgeschäften Dritter, Anknüpfung **EGBGB Einl 27-37 A** 93 ff
Zweigstelle
  als Niederlassung **EGBGB 30** 121
Zwingendes Recht
  AGBG **EGBGB 34** 16, 39, 71, 80
  An sich anwendbares Recht und Bedeutung des – **EGBGB 34** 10
  Anwaltsvertrag **EGBGB 34** 91
  Anwendungsbereich **EGBGB 34** 44 ff
  Arbeitsverhältnis
  – Arbeitsschutzgesetze **EGBGB 34** 39
  – Ausländisches Recht **EGBGB 30** 211 ff
  – Betriebsverfassungsstatut/Vertragsstatut **EGBGB 34** 18
  – Eingriffsnormen, Konkurrenzverhältnis **EGBGB 34** 149
  – Günstigkeitsvergleich **EGBGB 34** 149
  – Ingmar-Entscheidung des EuGH **EGBGB 30** 193
  – International zwingende Normen **EGBGB 30** 73 f, 191 ff; **EGBGB 34** 57
  – Rangverhältnis Art 34/Art 30 **EGBGB 34** 29 ff
  – Schutzbedürftigkeit, besondere **EGBGB 34** 27
  – Schutzcharakter **EGBGB 30** 75 ff
  – Schutznormen **EGBGB 30** 72 ff
  – Verhältnis Art 30/Art 34 **EGBGB 30** 203 ff
  – Vertragsstatut, korrigiertes **EGBGB 30** 187 ff
  Architektenvertrag **EGBGB 34** 94
  Artenschutz **EGBGB 34** 107
  Ausländische Investmentanteile, Vertrieb **EGBGB 28** 575
  Ausländisches Recht **EGBGB 27** 133; **EGBGB 30** 211
  Ausnahmecharakter der Norm **EGBGB 34** 45, 69
  Außenwirtschaftsrecht **EGBGB 34** 68, 82, 107 f
  Bank- und Börsengeschäft **EGBGB 34** 101 ff
  Baubetreuungsvertrag **EGBGB 34** 95
  Bedeutung, tatsächliche **EGBGB 34** 1
  Begriff der zwingenden Bestimmung **EGBGB 34** 49 f
  Besonderer Geltungsanspruch, höherer Verbindlichkeitsgrad **EGBGB 34** 12
  Bestechung und Schmiergeldzahlung **EGBGB 34** 124
  Börsengesetz **EGBGB 34** 80, 103
  Bürgschaft **EGBGB 28** 502; **EGBGB 34** 100, 135
  CMR **EGBGB 34** 43
  CMR-Regeln **EGBGB 28** 377

Zwingendes Recht (Forts.)
  Darlehen **EGBGB 34** 90
  Datumstheorie **EGBGB 34** 134
  DepotG **EGBGB 28** 577
  Deutsches Recht als lex fori (Anwendungsbereich) **EGBGB 34** 2
  Devisenrecht, internationales
    s. Alphabetische Übersicht Anh 34
  Drittstaatliche Eingriffsnormen, Geltung **EGBGB 34** 24 f
  Ebenen der Beachtung **EGBGB 34** 13 ff
  EGBGB-Normen, zwingende **EGBGB 34** 26 ff
  Eingriffsakt **EGBGB 34** 69
  Eingriffsnormen
  — Ausländische – **EGBGB 34** 4, 24 f, 110 ff
  — Begriff **EGBGB 34** 10 ff, 51 ff, 113 f
  — Deutsche – **EGBGB 34** 2, 20, 85 ff
  — Konkurrenzverhältnis **EGBGB 34** 146 ff
  — Kriterien **EGBGB 34** 55 ff
  — Lex causae **EGBGB 34** 1, 14 ff, 19 ff, 110, 129 ff, 147 ff
  — Lex fori **EGBGB 34** 1 f, 8, 20, 22 f, 77 ff, 147
  — Maßgebendes Recht **EGBGB 34** 52
  — Normzweck **EGBGB 34** 53 f, 56 ff
  — Rangverhältnis **EGBGB 34** 7, 84
  — Sonderprivatrecht **EGBGB 34** 60
  — Versicherungsverträge **EGBGB Anh I 37** 17 ff, 87 f
  Eisenbahntransport **EGBGB 28** 420, 426, 433
  Europäisches Recht **EGBGB 34** 41 f, 96, 106 ff
  Europäisches Verbraucherschutzrecht, Bündelung international zwingenden Rechts **EGBGB 29a** 27
  EVO **EGBGB 34** 98
  FernUG **EGBGB 34** 71, 80, 92
  Formstatut und – **EGBGB 34** 44
  Gemeinwohlinteressen **EGBGB 34** 67 f
  Gerichtsstandsvereinbarung **EGBGB Anh II 27-37** 174, 218
  Grundstücksverkehrsrecht **EGBGB 34** 81, 86 f
  GüKUMT **EGBGB 34** 98
  und Günstigkeitsprinzip **EGBGB 34** 65
  Handelsvertretervertrag **EGBGB 34** 93
  Haustürwiderrufsgesetz **EGBGB 34** 66, 85, 127
  HOAI **EGBGB 28** 321; **EGBGB 34** 94
  Ingmar-Entscheidung des EuGH **EGBGB 34** 42, 57, 63, 85, 90, 93
  Inlandsbezug **EGBGB 34** 80 f
  International zwingender Charakter **EGBGB 34** 51 ff

Zwingendes Recht (Forts.)
  International zwingendes Recht
    s. oben unter Eingriffsnormen
  Internationalisierungsfähigkeit **EGBGB 34** 70
  Internetfragen **EGBGB 27** 661
  Investmentgeschäft **EGBGB 34** 101
  IPR-Reform **EGBGB 34** 6 ff
  Kabotagegeschäft **EGBGB 34** 97
  Kartellrecht **EGBGB 34** 68, 80 f, 106
  Kartellrechtliche Schranken **EGBGB 28** 614
  Konkurrenz zwingender Normen **EGBGB 34** 146 ff
  Konnossement **EGBGB 34** 97
  Konsumentenkredit **EGBGB 34** 90
  KriegswaffenkontrollG **EGBGB 34** 108
  Kulturgüterschutz **EGBGB 34** 108, 123
  Leistungsverbote, ausländische **EGBGB 34** 125
  Lex causae
    s. oben unter Eingriffsnormen
  Lex fori
    s. oben unter Eingriffsnormen
  Machttheorie **EGBGB 34** 132 f
  Makler- und BauträgerVO **EGBGB 28** 347; **EGBGB 34** 95
  Maklervertrag **EGBGB 34** 93
  Markt- und Gewerberegulierung **EGBGB 34** 81
  Normzweck **EGBGB 34** 1 ff
  Öffentliches Interesse **EGBGB 34** 56 ff
  Öffentliches Recht **EGBGB 34** 19, 46, 50, 65, 119, 136
  Ordre public **EGBGB 34** 22, 28, 40, 77, 130
  Parteidisposition, entfallende **EGBGB 34** 49
  Qualifikation **EGBGB 34** 17
  Rangfrage (zwingendes Recht Art 34, Schutz besonderer Personengruppen Art 29, 30) **EGBGB 34** 29 ff
  RechtsberatungsG **EGBGB 34** 91
  Rechtsfolgen **EGBGB 34** 82 f, 145
  und Rechtswahl **EGBGB 34** 11
  Regelungsgegenstand **EGBGB 34** 1 ff
  Reichweite **EGBGB 34** 45 ff
  Renvoi **EGBGB 34** 151 f
  Richterrecht **EGBGB 34** 50
  Römisches Übereinkommen (EVÜ) **EGBGB 34** 1, 4 ff, 12
  Schiedsvereinbarung **EGBGB Anh II 27-37** 302
  Schuldrecht **EGBGB 31** 27
  Schuldstatutstheorie **EGBGB 34** 130
  Schwerbehinderte **EGBGB 34** 31, 37
  Sitz einer Partei **EGBGB 34** 81

Zwingendes Recht (Forts.)
Sonderanknüpfungen **EGBGB Vorbem 27-37** 39; **EGBGB 34** 21, 48, 82, 115 ff, 138 ff
Sonderprivatrecht **EGBGB 34** 60
Sonderstatute und Vertragsstatute **EGBGB 34** 16 ff
Sozialrecht **EGBGB 34** 18
Spiel- und Wettverträge **EGBGB 34** 104
Staatlicher Befehl **EGBGB 34** 11
Staatsverträge **EGBGB 34** 43, 96
Tatbestandswirkung **EGBGB 34** 15
Teilrechtswahlbedeutung **EGBGB 27** 97
Territorialitätsprinzip **EGBGB 34** 136 f
Timesharing **EGBGB 34** 42, 71, 76, 80, 89
US-Embargo **EGBGB 34** 112
Verbindlichkeitsgrad, höherer **EGBGB 34** 12
VerbraucherkreditG **EGBGB 34** 90
Verbraucherverträge **EGBGB 29** 102 ff; **EGBGB 34** 14, 27, 31 ff, 39, 64, 66, 71, 149

Zwingendes Recht (Forts.)
Verbraucherverträge (Verhältnis Art 29/34) **EGBGB 29** 26, 90
Verfassungsrecht **EGBGB 34** 64
Versicherungsrecht, deutsches **EGBGB 28** 490
Versicherungsvertrag **EGBGB 34** 99
Vertragsrecht **EGBGB 34** 85
Vertragsstatut **EGBGB 31** 23; **EGBGB 32** 17, 23; **EGBGB 34** 14 ff, 65
Vertragsstatut und fremde Eingriffsnormen **EGBGB 34** 145
Vertragsstatut und Sonderstatute **EGBGB 34** 16 ff
Währungsrecht
s. dort
Wertsicherungsklausel **EGBGB 34** 82
Wettbewerbsrecht **EGBGB 34** 106
Wohnraummietrecht **EGBGB 34** 59, 68, 81, 88

Zypern
Gastwirtshaftung (Europaratsübereinkommen) **EGBGB 28** 330

J. von Staudingers
Kommentar zum Bürgerlichen Gesetzbuch
mit Einführungsgesetz und Nebengesetzen

Übersicht Nr 75/25. März 2002

Die Übersicht informiert über die Erscheinungsjahre der Kommentierungen in der 12. Auflage sowie in der 13. Bearbeitung und deren Neubearbeitung 1998 ff. (= Gesamtwerk STAUDINGER). Die Übersicht ist für die 13. Bearbeitung und für deren Neubearbeitung zugleich ein Vorschlag für das Aufstellen des „Gesamtwerks STAUDINGER" (insbesondere für solche Bände, die nur eine Sachbezeichnung haben). Es wird empfohlen, die Austauschbände chronologisch neben den überholten Bänden einzusortieren, um bei Querverweisungen auf diese schnell Zugriff zu haben. Bei Platzmangel sollten die ausgetauschten Bände an anderem Ort in gleicher Reihenfolge verwahrt werden.

	12. Aufl.	13. Bearb.	Neub. 1998 ff.
Erstes Buch. Allgemeiner Teil			
Einl BGB; §§ 1–12; VerschG	1978/1979	1995	
§§ 21–103	1980	1995	
§§ 104–133	1980		
§§ 134–163	1980	1996	
§§ 164–240	1980	1995	2001
Zweites Buch. Recht der Schuldverhältnisse			
§§ 241–243	1981/1983	1995	
AGBG	1980	1998	
§§ 244–248	1983	1997	
§§ 249–254	1980	1998	
§§ 255–292	1978/1979	1995	
§§ 293–327	1978/1979	1995	
§§ 255–314			2001
§§ 315–327			2001
§§ 328–361	1983/1985	1995	
§§ 328–361 b			2001
§§ 362–396	1985/1987	1995	2000
§§ 397–432	1987/1990/1992/1994	1999	
§§ 433–534	1978	1995	
Wiener UN-Kaufrecht (CISG)		1994	1999
§§ 535–563 (Mietrecht 1)	1978/1981 (2. Bearb.)	1995	
§§ 564–580 a (Mietrecht 2)	1978/1981 (2. Bearb.)	1997	
2. WKSchG (Mietrecht 3)	1981	1997	
MÜG (Mietrecht 3)		1997	
§§ 581–606	1982	1996	
§§ 607–610	1988/1989	./.	
VerbrKrG; HWiG; § 13 a UWG		1998	
VerbrKrG; HWiG; § 13 a UWG; TzWrG			2001
§§ 611–615	1989	1999	
§§ 616–619	1993	1997	
§§ 620–630	1979	1995	
§§ 631–651	1990	1994	2000
§§ 651 a–651 k	1983		
§§ 651 a–651 l		2001	
§§ 652–704	1980/1988	1995	
§§ 705–740	1980		
§§ 741–764	1982	1996	
§§ 765–778	1982	1997	
§§ 779–811	1985	1997	
§§ 812–822	1979	1994	1999
§§ 823–825	1985	1999	
§§ 826–829	1985/1986	1998	
ProdHaftG		1998	
§§ 830–838	1986	1997	
§§ 839–853	1986		
Drittes Buch. Sachenrecht			
§§ 854–882	1982/1983	1995	2000
§§ 883–902	1985/1986/1987	1996	
§§ 903–924	1982/1987/1989	1996	
Umwelthaftungsrecht		1996	
§§ 925–984	1979/1983/1987/1989	1995	
§§ 985–1011	1980/1982	1993	1999
ErbbVO; §§ 1018–1112	1979	1994	
§§ 1113–1203	1981	1996	
§§ 1204–1296	1981		
§§ 1204–1296; §§ 1–84 SchiffsRG		1997	
§§ 1–25 WEG (WEG 1)	1997		
§§ 26–64 WEG; Anh Besteuerung (WEG 2)	1997		

	12. Aufl.	13. Bearb.	Neub. 1998 ff.
Viertes Buch. Familienrecht			
§§ 1297–1302; EheG u. a.; §§ 1353–1362	1990/1993		
§§ 1297–1320; NeLebGem (Anh §§ 1297 ff.); §§ 1353–1362		2000	
§§ 1363–1563	1979/1985	1994	2000
§§ 1564–1568; §§ 1–27 HausratsVO	1994/1996	1999	
§§ 1569–1586 b	1999		
§§ 1587–1588; VAHRG	1995	1998	
§§ 1589–1600 o	1983	1997	
§§ 1589–1600 e; Anh §§ 1592, 1600 e			2000
§§ 1601–1615 o	1992/1993	1997	2000
§§ 1616–1625	1985	2000	
§§ 1626–1665; §§ 1–11 RKEG	1989/1992/1997		
§§ 1666–1772	1984/1991/1992		
§§ 1638–1683		2000	
§§ 1684–1717; Anh § 1717		2000	
§§ 1741–1772		2001	
§§ 1773–1895; Anh §§ 1773–1895 (KJHG)	1993/1994	1999	
§§ 1896–1921	1995	1999	
Fünftes Buch. Erbrecht			
§§ 1922–1966	1979/1989	1994	2000
§§ 1967–2086	1978/1981/1987	1996	
§§ 2087–2196	1980/1981	1996	
§§ 2197–2264	1979/1982	1996	
BeurkG	1982		
§§ 2265–2338 a	1981/1983	1998	
§§ 2339–2385	1979/1981	1997	
EGBGB			
Einl EGBGB; Art 1–6, 32–218	1985		
Einl EGBGB; Art 1–2, 50–218		1998	
Art 219–221, 230–236	1993	1996	
Art 222		1996	
EGBGB/Internationales Privatrecht			
Einl IPR; Art 3, 4 (= Art 27, 28 aF), 5, 6	1981/1984/1988	1996	
Art 7–11	1984		
Art 7, 9–12		2000	
IntGesR	1980	1993	1998
Art 13–17	1983	1996	
Art 18		1996	
IntVerfREhe	1990/1992	1997	
Kindschaftsrechtl. Ü; Art 19 (= Art 18, 19 aF)	1979	1994	
Art 20–24	1988	1996	
Art 25, 26 (= Art 24–26 aF)	1981	1995	2000
Art 27–37; 10	1987/1998		
Art 27–37		2002	
Art 38	1998	1992	
Art 38–42			2001
IntWirtschR		2000	
IntSachenR	1985	1996	
Alphabetisches Gesamtregister	1985		
BGB-Synopse 1896-1998		1998	
BGB-Synopse 1896-2000			2000
100 Jahre BGB – 100 Jahre Staudinger (Tagungsband 1998)	1999	1999	
Demnächst erscheinen			
§§ 741–764			2002
§§ 830–838			2002
§§ 903–924			2002
UmweltHaftR			2002
ErbbVO; §§ 1018–1112			2002
§§ 1113–1203			2002
§§ 1204–1296; §§ 1–84 SchiffsRG			2002
Art 19–24 EGBGB			2002

Nachbezug: Um sich die Vollständigkeit des „Gesamtwerks STAUDINGER" zu sichern, haben Abonnenten jederzeit die Möglichkeit, die ihnen fehlenden Bände früherer Jahre zu für sie erheblich vergünstigten Bedingungen nachzubeziehen (z. B. 52 bis Dezember 1999 erschienene Bände [1994 ff.; 35. 427 Seiten] seit 1. Januar 2002 als Staudinger-Einstiegspaket 2002 für [D] 4.598,-/sFr 7.357,- ISBN 3-8059-0960-8). Auskünfte erteilt jede gute Buchhandlung und der Verlag.

Dr. Arthur L. Sellier & Co. KG – Walter de Gruyter GmbH & Co. KG oHG, Berlin
Postfach 30 34 21, D-10728 Berlin, Telefon (030) 2 60 05-0, Fax (030) 2 60 05-222